RÉPERTOIRE
DES
CONNAISSANCES USUELLES

LISTE DES AUTEURS QUI ONT CONTRIBUÉ A LA RÉDACTION DU 5ᵉ VOLUME DE CETTE ÉDITION.

MM.

Albin (Sébastien).
Arago (Jacques).
Aubert de Vitry.
Audiffret (H.).
Auger, de l'Académie française.
Bandeville (l'abbé).
Bardin (le général).
Barthélemy (l'abbé J.).
Baudry de Balzac (docteur).
Berville (Saint-Albin), premier avocat général à Paris.
Béthune (Max. de).
Bordas-Demoulin.
Bouchitté, rect. de l'Acad. d'Eure-et-Loir
Bouillet, ancien proviseur.
Bourdon (Dʳ Isid.), de l'Acad. de médec.
Bradi (Mᵐᵉ la comtesse de).
Breton, de la *Gazette des Tribunaux.*
Brunet (Gustave), à Bordeaux.
Buchon.
Carné (comte Louis de), ancien député.
Castil-Blaze.
Chabrol-Chaméane (E. de).
Champagnac.
Champollion-Figeac.
Charbonnier (Docteur).
Chateaubriand, de l'Académie française.
Clavier, de l'Institut.
Coquerel (Charles).
Corcy (B. de).
Cottereau (Dʳ P. L.).
Cuvier (G.), de l'Académie des sciences.
Danjou (F.).
Degrange (Edmond).
Delaforest (A.).
Delbare (Th.).
Démezil.
Denne-Baron.
Desclozeaux (Ernest), ancien secrétaire général du ministère de la justice.
Des Genevez.
Diderot.
Dubard, ancien procureur général.
Dubois (Louis), ancien sous-préfet.
Duchesne aîné, conservateur de la Bibliothèque impériale.

MM.

Duckett (W. A.).
Duclos (P. L.).
Dufau, directeur de l'institution des jeunes aveugles.
Dufey (de l'Yonne).
Dulaure.
Du Rozoir (Charles).
Duval (Dʳ V.).
Esménard, de l'Institut.
Fauche (H.), anc. profess. de rhétorique.
Fayolle (Frédéric).
Ferry, anc. examinat. à l'École polytechn.
Fiévée.
Flaugergues (Pauline de).
Forget (Docteur), professeur à la Faculté de médecine de Strasbourg.
Fossati (docteur).
Français de Nantes (comte).
Gaftois (Napoléon).
Gaultier de Claubry.
Gellé (L. N.).
Genevey (A.).
Gervais (Paul), professeur à la Faculté des sciences de Montpellier.
Ginguené, de l'Institut.
Golbéry (P. de), anc. procureur général.
Guizot (F.), de l'Académie française.
Héreau (Edme).
Huet (F.).
Jamet.
Janin (Jules).
Jaucourt (Chevalier de).
Labat (Dʳ Léon).
Lacabane, profess. à l'École des chartes.
Lafage (Adrien de).
Lainé, anc. généalogiste des ordres du roi.
La Roche-Aymon (le général comte de).
Laurent (Dʳ I.), ancien chirurgien en chef de la marine.
Laurentie, anc. insp. gén. de l'Université.
Lecomte (Jules).
Legoyt (Alfred).
Le Guillou (docteur).
Lemoine (Théodore).
Lenoir (Chevalier Alex.).
Leroux de Lincy.

MM.

Louvet (L.).
Luchet (Auguste).
Mantz (Paul).
Matter (Albert).
Merilhou (Ed.).
Merlin.
Millin, de l'Institut.
Monglave (Eugène Garay de).
Munk (S.).
Nisard, de l'Académie française.
Norvins (J. de).
Ollivier (G.).
Ortigue (Joseph d').
Ourry.
Paffe (C. M.), professeur de philosophie.
Pagès (de l'Ariége), ancien député.
Parent-Réal.
Pelouze père.
Pichot (Amédée).
Pietkiewicz.
Rabou (Charles).
Reiffenberg (baron de).
Reybaud (Louis), de l'Institut.
Rochefort (Henri de).
Romey (Charles).
Saint-Prosper.
Saint-Prosper jeune.
Salvandy (N. A.), de l'Académie franç.
Sarrans jeune, anc. membre de l'Ass. nat.
Saucerotte (Docteur).
Savagner (Aug.).
Say (J.-B.), de l'Institut.
Silvestre de Sacy, de l'Institut.
Simon (docteur Léon).
Sismondi (J. C. L. S. de).
Staël (la baronne de).
Tastu (Mᵐᵉ Amable).
Teyssèdre.
Tiby (F.).
Tissot (P. F.), de l'Académie française.
Tollard aîné.
Vaudoncourt (le général G. de).
Vaulabelle (Achille), ancien ministre de l'instruction publique.
Viennet, de l'Académie française.
Virey (J.-J.), de l'Académie de médecine.

DICTIONNAIRE

DE LA

CONVERSATION

ET DE LA LECTURE

INVENTAIRE RAISONNÉ DES NOTIONS GÉNÉRALES LES PLUS INDISPENSABLES A TOUS

PAR UNE SOCIÉTÉ DE SAVANTS ET DE GENS DE LETTRES

SOUS LA DIRECTION DE M. W. DUCKETT

Seconde édition
ENTIÈREMENT REFONDUE
CORRIGÉE, ET AUGMENTÉE DE PLUSIEURS MILLIERS D'ARTICLES TOUT D'ACTUALITÉ

Celui qui voit tout abrège tout.
Montesquieu.

TOME CINQUIÈME

PARIS

LIBRAIRIE DE FIRMIN DIDOT FRÈRES, FILS ET Cⁱᵉ
IMPRIMEURS DE L'INSTITUT, RUE JACOB, 56

M DCCC LIX

8.54336 (5)

DICTIONNAIRE
DE
LA CONVERSATION
ET DE LA LECTURE.

CENTLIVRE (Susannah), auteur dramatique célèbre en Angleterre.

Par une belle matinée d'automne, un jeune homme, monté sur un petit bidet, trottinait le long du grand chemin de Cambridge : c'était un étudiant de l'université, qui retournait à ses études après avoir passé ses vacances chez ses parents. Devant lui marchait une jeune fille, simplement vêtue, un petit chapeau de paille sur la tête, un panier au bras. Sa jolie tournure, sa démarche leste, donnèrent au jeune étudiant la curiosité d'apercevoir son visage, et il mit son cheval au galop. La voyageuse, retournant la tête, montra une figure expressive, et se rangea tranquillement sur le bord de la route pour le laisser passer. Piqué de produire si peu d'effet, l'étudiant ralentit son allure, et s'approchant au pas de la jeune fille, il la regarda fixement; mais à ce regard du don Juan de l'université, un jeune homme en herbe répondit sur-le-champ un autre regard, dédaigneusement moqueur, de la jeune fille. Un peu déconcerté de l'aventure, il piqua brusquement des deux, et galopa de nouveau jusqu'à un endroit de la route où la pluie avait formé une mare boueuse assez profonde et assez large pour qu'un piéton eût peine à la traverser. Là il attendit avec une joie maligne la sémillante voyageuse, pour jouir de son embarras. La pauvre enfant, arrivée sur le bord de la mare, s'arrêta, cherchant de l'œil un endroit guéable; n'en trouvant pas, elle se tourna vers le témoin de son anxiété, et lui jeta un regard de reproche. A ce regard, le jeune homme se sentit désarmé; il eut honte de sa malice, et, s'adressant à la jeune fille du ton le plus poli, il lui offrit de la prendre en croupe. Elle remit son panier l'étudiant, et, s'aidant de la main qu'il lui tendait, elle s'élança légèrement derrière lui; il traversa la mare lentement et avec précaution, puis, pressant un peu le pas : « Maintenant, dit-il en riant à sa compagne, vous êtes en mon pouvoir, et il ne tiendrait qu'à moi de vous emmener où je voudrais ? — Essayez, dit-elle, mettez votre cheval au galop, et vous verrez si je ne saute pas à terre. » Le ton résolu qui accompagnait cette menace disait assez que celle qui la faisait était capable de l'exécuter. « Rassurez-vous, reprit le jeune homme, je n'ai nulle envie de vous contraindre; mais puisque nous allons du même côté, pourquoi ne ferions-nous pas route ensemble? — Cela ne se peut pas. — Pourquoi? — Il est déjà tard, et je n'ai pas encore déjeûné; il faut que je m'arrête. — Qu'à cela ne tienne, je ne suis pas pressé, j'attendrai. » Elle ne répondit pas, et lui, se hâtant d'interpréter ce silence comme un consentement, après l'avoir aidée à descendre, la suivit jusque auprès de la haie, où elle s'assit. Là, tandis qu'elle tirait du panier ses petites provisions, lui, debout devant elle, la regardait faire. Tout à coup elle releva la tête. « J'ai partagé votre monture, dit-elle en riant, voulez-vous partager mon déjeûner? » Il se hâta d'accepter, non qu'il eût faim, mais c'était un moyen d'avancer la connaissance. Après avoir attaché son cheval aux branches de la haie, il s'assit près de la jeune fille et prit sa part du frugal repas. L'entretien ne tarda pas à s'animer, et l'intimité alla grand train.

Le jeune homme se nommait Anthony Hammond; la jeune fille, Susanne Freemann; elle était née en 1667, à Holbeach, au comté de Lincoln; son père y possédait un bien considérable; mais, dissident zélé, il avait été obligé, à la restauration de Charles II, de se réfugier en Irlande, et tous ses biens avaient été confisqués. Sa mère, au moment de la mettre au monde, était restée seule dans un état de pauvreté, sinon de misère. Trois ans après, son père mourut. Elle n'en avait pas douze quand elle perdit sa mère. Dès son enfance, elle avait montré une disposition particulière pour la poésie, et composait à sept ans une chanson qui a mérité d'être conservée. Les mauvais traitements qu'elle reçut de ceux à qui son éducation fut confiée l'avaient engagée à s'enfuir, à quinze ans, et à se rendre à Londres, sans savoir ce qu'elle y deviendrait. Ce fut dans ces circonstances que, voyageant seule, à pied, elle rencontra le jeune Anthony Hammond, qui devait être un jour le père de l'auteur des *Élégies d'Amour*. Frappé de la jeunesse et de la beauté de Susanne, il lui offrit ses secours, et lui proposa de l'accompagner à Cambridge, en prenant des habits d'homme. Elle voulait étudier, elle aussi, et, pour ce but, elle échangea son nom contre celui de *Georges Freemann*, qui était celui de son père.

Arrivés à Cambridge, Hammond conduisit sa jolie capture chez un baigneur, lui accommoder ses cheveux à l'unisson du costume qu'elle allait prendre, et lui prêta des habits qu'on arrangea facilement à sa taille, ce qui fit de l'éveillée petite fille le plus gentil et le plus drôle petit garçon du monde. Hammond, selon sa promesse, la présenta comme un jeune parent qui était venu passer quelque temps avec lui, pour voir l'université et se fortifier dans ses études. Susanne joua si bien son rôle qu'on n'eut d'abord aucun soupçon de la ruse, et son camarade, à sa grande joie, l'installa sans obstacle dans sa chambre. La liaison qui s'ensuivit est facile à supposer. Susanne cependant ne perdait pas de vue son projet : elle commença à étudier avec zèle; sans cesse elle persécutait Anthony pour lui donner des leçons dont il s'amusa quelque temps, et se fatigua ensuite. Mais l'opiniâtre Susanne ne se rebutait pas ; outre les livres anglais de la bibliothèque d'Hammond, qu'elle lut avidement, elle étudiait le latin et le français, et, douée d'une prodigieuse mémoire, d'une intelligence peu commune, d'une persévérance infatigable, elle fit des progrès si rapides qu'elle étonna son maître et ne tarda pas à le surpasser. D'un autre côté, grâce à son déguisement, que personne ne soupçonnait, elle se trouva initiée à toutes les folies de la vie de garçon par les jeunes étudiants, qui la traitaient en camarade.

Ce train de choses durait depuis quelques mois. Hammond cependant devenait triste : tout était prétexte à son humeur. Tantôt il reprochait à Susanne cette rage d'étude dont elle était possédée, lui demandant avec une colère ironique si elle comptait se faire recevoir docteur à l'université; quant à lui, il avait les femmes savantes en horreur. Tantôt il se fâchait de sa familiarité avec les étudiants, du plaisir qu'elle paraissait prendre à la licence de leurs entretiens. Enfin la brouille éclata. Susanne se vanta d'avoir appris en six mois ce qu'Anthony avait mis dix ans à savoir. Anthony déclara à Susanne qu'elle ne pouvait rester davantage avec lui, son long séjour à Cambridge commençant, disait-il, à donner des soupçons. Il l'engagea à se rendre à Londres, où il promettait d'aller bientôt la rejoindre. Là-dessus, il lui donna une lettre de recommandation pour une dame de sa connaissance, qui louait des chambres garnies, lui remit une assez forte somme d'argent, le petit paquet qui contenait ses habits de femme et l'accompagna jusqu'à la voiture qui devait la conduire à Londres. « J'y serai au plus tard le 1er septembre, dit Anthony. — Je vous y attendrai jusqu'au 15, répondit Susanne, et si alors vous n'êtes pas venu, nous serons libres tous deux. — Au revoir! dit Antony. — Au revoir! répéta Susanne; et pourtant je ne puis m'empêcher de penser que c'est un adieu que nous nous disons là. » Elle avait raison : on ignore quels motifs empêchèrent l'étudiant de tenir sa promesse; mais elle ne le revit plus.

Son fâcheux début dans la vie ne l'empêcha pas d'épouser, à l'âge de seize ans, un neveu de sir Stephen Fox, qui mourut au bout d'un an de mariage. L'esprit et les agréments personnels de la jeune veuve ne tardèrent pas à lui procurer un autre mari, nommé Carrol. Celui-ci, officier dans l'armée, fut tué en duel dix-huit mois environ après l'avoir épousée, et la laissa veuve pour la seconde fois. Il paraît qu'elle avait un sincère attachement pour ce M. Carrol, et que sa perte la plongea dans une profonde affliction. C'est à cette époque qu'elle devint auteur dramatique, et qu'elle y fut probablement contrainte, en partie, par les difficultés de sa position. Ses premiers ouvrages furent publiés sous le nom de Carrol. Elle s'essaya d'abord dans la tragédie par une pièce intitulée L'Époux Parjure (The Parjured Husband), qui fut représentée, avec un médiocre succès, à Drury-Lane, en 1700, et publiée in-4° la même année. En 1703 elle fit paraître Le Duel d'un Beau, ou le Soldat des dames (The Beau's Duel, or a Soldier for the ladies), comédie, et Les Ruses de l'Amour (Love's Contrivances), qui n'est qu'une traduction de Molière. L'année suivante elle donna une autre comédie : L'Héritière escamotée, ou le Docteur de Salamanque dupé (The stolen Heiress, or the Salamanca Doctor out-witted). En 1705, sa pièce du Joueur (The Gamester) fut représentée à Lincoln's Inn-Fields avec un très-grand succès, et elle a été depuis reprise à Drury-Lane. Le plan est emprunté à la comédie française de Destouches Le Dissipateur, Le prologue fut écrit par Rowe.

Le penchant de Susanne pour la scène était si vif, qu'elle voulut s'y distinguer non-seulement comme auteur, mais comme actrice. Il est probable toutefois qu'elle n'eut pas un grand talent de comédienne, puisqu'elle ne se montra sur aucun théâtre de la capitale. Cependant, en 1706, elle joua à Windsor, où se trouvait la cour, le rôle d'Alexandre le Grand dans Les Reines Rivales, de Lee, et y fit une si puissante impression sur le cœur d'un certain Joseph Centlivre, premier maître-d'hôtel de la reine Anne, qu'il l'épousa et vécut heureux avec elle.

Dans le cours de cette même année elle publia deux comédies : La Table de Bassette (The Basset Table), et L'Amour par aventure (Love at aventure). La dernière fut représentée par la maison du duc de Grafton au nouveau théâtre de Bath. Enfin, en 1708, son drame le plus célèbre, The Busy Body (l'affairé, le brouillon, l'officieux maladroit), fut joué sur le théâtre de Drury-Lane. Il fut d'abord si mal reçu des acteurs que longtemps aucun d'eux ne voulut y accepter un rôle, et qu'on ne put en obtenir la représentation que vers la fin de la saison. Wilks montra un tel mépris pour le sien qu'il le jeta sur la scène pendant une répétition, en déclarant « qu'il n'y avait pas de parterre capable d'avaler une pareille drogue ». Cependant la pièce fut accueillie avec de grands applaudissements par le public, et elle est restée au répertoire. En 1711 l'auteur donna également à Drury-Lane Marplot, ou la Suite de L'Affaire. Cette comédie, quoique très-inférieure à la première, obtint également du succès; et le duc de Portland, auquel elle était dédiée, fit à mistriss Centlivre un présent de quarante guinées. Sa comédie : Un Coup hardi pour une femme (A bold Stroke for a wife) fut représentée à Lincoln's Inn-Fields, en 1717 : elle se fit aider dans cet ouvrage par Mottley, qui écrivit une ou deux scènes. La pièce eut beaucoup de vogue; on la joue encore assez souvent. Mistriss Centlivre a écrit plusieurs autres ouvrages dramatiques, entre autres, The Wonder! a woman keeps a secret (La merveille! une femme garde un secret), jouée en 1714. Son compatriote d'Hèle tira de cette pièce le joli opéra de L'Amant jaloux, dont Grétry composa la musique.

Susanne Centlivre vécut dans l'intimité de la plupart des hommes distingués de son temps, dans celle, entre autres, de Steele, Rowe, Sewell, Farquhar, Budgell; mais, par malheur, elle encourut la colère de Pope en écrivant une ballade contre sa traduction d'Homère. Le poète, irrité, s'en vengea en la faisant figurer dans sa Dunciade; cependant, aux dernières éditions il en effaça les traits les plus injurieux. Susanne mourut à Spring-Garden, Charing-Cross, le 1er décembre 1723.

Sa beauté était remarquable, son caractère porté à la bienveillance et capable d'amitié, sa conversation animée et attachante ; on voit par ses ouvrages qu'elle entendait le français, le hollandais, l'espagnol, et qu'elle avait même quelque connaissance du latin. En 1761 ses œuvres dramatiques furent recueillies et publiées en 3 vol. in-12. Elle avait aussi composé un recueil de vers sur différents sujets, et des Lettres spirituelles, politiques, et morales, qui furent réunies et publiées par Boyer.

Les drames de Suzanne Centlivre se distinguent plus par une intrigue amusante et bien nouée que par l'étude approfondie des mœurs et des caractères ; le personnage de Marplot (The Busy Body), mélange de curiosité, d'urbanité officieuse et de maladresse sans méchanceté, est finement et spirituellement touché, mais ce n'est qu'une esquisse. Une fois pourtant elle s'éleva jusqu'à la vraie comédie dans la peinture du quaker Prim et de sa pupille, de A bold Stroke for a wife. Ce n'est plus ici le type banal de ses personnages de comédie; il semble que quelque chose de plus que le talent ait guidé sa plume ; ce ne sont point des créations, ce sont des portraits. En vain elle emprunte à Molière ce mouvement : Prenez-moi ce mouchoir, etc., ce trait n'est pas si complet, qu'il ne vient pas à l'esprit qu'elle ait pu avoir d'autre modèle que la nature. Avec quelle haine vigoureuse, avec quelle impitoyable sagacité, ne poursuit-elle pas sous le masque religieux le vice sensuel et grossier. Il y a dans cette pièce des scènes supérieures encore sous le rapport du talent dramatique, mais leur cynisme les rend impossibles à citer; chose singulière chez une femme, mais qui fait la critique du temps où elle vivait plus que la sienne. La licence qu'on reproche justement à Susanne Centlivre ne tient en effet ni au choix des sujets, qui n'ont rien d'immoral, ni à l'indécence des situations, qui n'approchent pas de celles de certains drames modernes, mais seulement à l'inconcevable grossièreté du langage, qui semble révéler une égale grossièreté de mœurs dans la société qui n'en était point choquée. Amable Tasto.

CENTON. Ce mot, signifiant habit fait de divers morceaux d'étoffe, vient du latin *cento*, dérivé du grec κεντρων, qui est fait de κεντεω, je pique, à cause de la multitude de points d'aiguille qu'il fallait pour coudre tous ces morceaux. C'était le nom général par lequel les anciens désignaient toute étoffe, tout habillement faits de morceaux de diverses couleurs. Les soldats romains, dans les guerres de siège, se servaient de *centons* mouillés en guise de cuirasses, pour se préserver du feu et des traits de l'ennemi, comme depuis on s'est servi des gabions et des sacs à laine. On couvrait aussi les machines de guerre, les constructions mobiles, les galeries, et en général toutes les pièces d'approche et de siège, de peaux de bêtes fraîchement écorchées, que les auteurs appellent également *centons*. Il y avait dans les légions romaines des officiers, nommés *centonaires*, chargés d'en prendre soin.

Ce qui précède autoriserait à faire remonter aux temps les plus anciens le vêtement d'arlequin. Il en est déjà fait mention dans Apulée sous le nom de *mimi centunculus* (guenille de mime).

En passant du sens propre au figuré, le mot *centon* a été appliqué à une espèce de poëme composé en entier de vers ou de passages pris à droite et à gauche, soit dans un seul ouvrage, soit dans plusieurs, empruntés à un seul ou à divers auteurs. Ausone a donné des règles pour la composition des *centons*. Il n'est pas permis, suivant lui, de prendre au même auteur deux vers de suite, ni d'en prendre moins de la moitié. Virgile et Homère sont les deux poètes qui ont été mis le plus fréquemment à contribution pour ces jeux d'esprit. Ausone, joignant l'exemple au précepte, avait fait de divers morceaux empruntés ainsi à Virgile un épithalame fort libre. Plus tard, sous le règne d'Honorius (an 379), Proba Falconia, femme du proconsul Adelfius; plus tard encore, Étienne de Pleurre, chanoine régulier de Saint-Victor de Paris, ont écrit la vie de Jésus-Christ en *centons* pris dans le même poëte. En voici un exemple, tiré de l'*Adoration des mages*:

ADORATIO MAGORUM (*Matth. c.* II, *v.* 1, *et seq.*).

Æneid., l. VI, v. 255.	Ecce autem, primi sub lumine solis et ortu,	
Ibid., l. II, v. 694.	Stella, facem ducens, multa cum luce cucurrit,	
Ibid., l. V, v. 526.	Signaviyque viam [cœli in regione serena	*Æneid.*, l. VIII, v. 528.
Ibid., l. VIII, v. 330.	Tum reges [credo quia sit divinitus illis	*Georg.*, l. I, v. 415.
Georg., l. I, v. 416.	Ingenium, aut rerum fato prudentia major,	
Æneid., l. VII, v. 98.	Externi veniunt, [quæ cuique est copia, læti	*Æneid.*, l. V, v. 100.
Ibid., l. XI, v. 333.	Munera portantes, [molles sua thura Sabæi,	*Georg.*, l. I, v. 37.
Ibid., l. III, v. 464.	Dona dehinc auro gravia, [myrrhaque madentes	*Æneid.*, l. XII, v. 100.
Ibid., l. IX, v. 639.	Agnovere Deum, [regem regumque parentem.	*Ibid.*, l. VI, v. 765.
Georg., l. I, v. 418.	Mutavere vias, [perfectis ordine votis:	*Ibid.*, l. III, v. 548.
Æneid., l. VI, v. 16.	Insuetum per iter, [spatia in sua quisque recessit.	*Ibid.*, l. XII, v. 129.

Les frères Capilupi ont fait aussi plusieurs poëmes latins en centons, et nous pourrions en citer une infinité d'autres, si cela en valait la peine.

On a donné, par extension, le nom de *centon* à un ouvrage composé de morceaux dérobés : les *Politiques* de Lipse ne sont que des centons, où il n'a guère ajouté que les conjonctions et les particules.

En musique, le *centon* est un opéra composé d'airs de plusieurs maîtres. Les Italiens disent *centone* ou *pasticcio*. Dans le plain-chant, c'est un morceau de traits recueillis et arrangés pour la mélodie qu'on a en vue. De là le verbe *centoniser*, qui n'est pas de l'invention des symphonistes modernes. Saint Grégoire en effet est le premier qui ait centonisé en recueillant des chants épars pour en former son *Antiphonier*.

CENTRALE (République). *Voyez* GUATEMALA et CENTRO-AMÉRICAINS.

CENTRALES (Forces). On appelle ainsi, en physique, les forces ou puissances par lesquelles un corps mû tend vers un centre de mouvement ou s'en éloigne : ce qui partage ces forces en force centri pète et force centrifuge. La théorie des *forces centrales* forme une partie considérable de la philosophie naturelle de Newton, et surtout occupé les mathématiciens, à cause de ses nombreuses applications dans la théorie de la pesanteur et autres branches des sciences physiques et mathématiques. Dans cette théorie on suppose que la matière est également indifférente au mouvement et au repos; qu'un corps en repos ne se meut jamais de lui-même; qu'un mobile ne change jamais de lui-même la vitesse ou la direction qu'il a reçue; enfin que tout corps mis en mouvement continuerait indéfiniment à suivre sa direction rectiligne, si quelque force ou résistance extérieure ne l'affectait point ou n'agissait point sur lui. Il suit de là que si un corps à l'état de repos tend toujours à se mouvoir, ou bien que si la vitesse d'un mouvement rectiligne est sans cesse accélérée ou retardée, ou encore que si la direction d'un mouvement est sans cesse changée, et qu'une ligne courbe se trouve ainsi décrite, on en conclut que ces diverses circonstances proviennent de l'influence de quelque force agissant incessamment; force qui peut être mesurée, dans le premier cas, par la pression du corps à l'état de repos contre l'obstacle qui l'empêche de se mouvoir, et, dans le second cas, par la vitesse gagnée ou perdue, et dans le troisième cas, par la courbure de la courbe décrite, en tenant compte du temps dans lequel les effets sont produits et d'autres circonstances encore, suivant les lois de la mécanique. Or, la force ou puissance de la pesanteur produit des effets de chacun de ces genres, que nous pouvons constamment observer près de la surface de la terre : car la même force qui rend des corps pesants lorsqu'ils sont à l'état de repos, accélère leur mouvement lorsqu'ils descendent perpendiculairement, et fait décrire une ligne courbe à ce mouvement, quand ils sont projetés dans une direction oblique à celle de leur pesanteur. C'est ce qui fait que les propriétés des forces centrales jouent un si grand rôle dans la théorie des mouvements planétaires.

Le célèbre mathématicien hollandais Huygens est le premier qui se soit occupé des lois des forces centrales, et qui les ait découvertes; mais il se borna au seul cas où le corps en mouvement décrit une circonférence de cercle. Plus tard, d'autres savants démontrèrent les propositions d'Huygens, et Newton étendit la théorie des forces centrales à toutes les courbes possibles. Il démontra cette proposition fondamentale : Les aires décrites par le rayon mené d'un centre immobile à un corps en révolution, dans un même plan immobile, sont proportionnelles au temps pendant lequel elles sont parcourues. De plus, il prouva que ce théorème de Kepler ne peut s'appliquer, quand un corps a une tendance, par sa gravité, vers un autre que ce seul et même point, comme la lune et tous les satellites nous en offrent l'exemple. Newton posa alors cette loi : Un corps sollicité par deux forces tendant constamment vers deux points fixes décrira, par les lignes tirées de ces deux points fixes, des solides égaux dans des temps égaux, autour de la ligne joignant ces deux points.

Pour démontrer les lois des forces centrales, le marquis de L'Hôpital commence par enseigner la manière de les comparer avec la pesanteur ; mais, si on veut se contenter de les comparer entre elles, on peut raisonner d'après ce théorème : que les *forces centrales* de deux corps sont entre elles comme les produits de leurs masses multipliées par les carrés de leurs vitesses, divisés par les rayons ou par les diamètres des cercles qu'ils décrivent. On démontre, d'après Newton, cette proposition, sans calcul, de la manière suivante : La circonférence de tout cercle pouvant être regardée comme un polygone régulier, composé d'une infinité de côtés, il est évident que deux corps qui se meuvent dans des circonférences de cette espèce, semblables entre elles, frappent les angles des polygones avec des forces qui sont comme les produits de leurs masses par leurs vitesses. Or, dans un même temps ils se rencontrent d'autant plus d'angles que leur mouvement est plus accéléré et que le cercle est d'un rayon plus petit : donc le nombre des chocs dans un même temps est comme la vitesse divisée par le rayon ; donc le produit du nombre des chocs par un seul choc, c'est-à-dire par la *force centrale*, sera comme le produit de la masse multipliée par le carré de la vitesse, divisé par le rayon ; donc si deux corps M, m, décrivent les circonférences C, c, de deux cercles, avec des vitesses V, v, pendant des temps T, t, et que les concentrations de ces corps soient F, f, et les rayons des cercles qu'ils décrivent R, r, on aura cette proportion :

$$F : f :: \frac{M \times V^2}{R} : \frac{m \times v^2}{t} ;$$

de plus, on a

$$V : v :: \frac{C}{T} : \frac{c}{t} :: \frac{R}{T} : \frac{r}{t} ;$$

donc, on aura encore

$$F : f :: \frac{MR}{T^2} : \frac{mr}{t^2}.$$

De là on tire un grand nombre de conclusions, telles que celle-ci : Les forces centrales de deux corps de poids égaux, qui se meuvent dans des circonférences de cercles inégaux dans des temps égaux, sont entre elles comme les diamètres de ces cercles ; etc.

CENTRALISATION. Un gouvernement est *centralisé* lorsque l'autorité supérieure n'y laisse rien à la décision de ses subordonnés, et se réserve même plusieurs détails de l'administration. Indépendamment des distances, de l'embarras et des pertes de temps qu'entraînent la correspondance et la multitude d'agents intermédiaires, cette manière de compliquer la machine, de la surcharger de rouages dont elle eût pu se passer, ne peut être économique ni conforme aux vœux et aux intérêts des gouvernés ; elle leur fait sentir plus fréquemment l'action de l'autorité, impose plus d'obligations, rétrécit l'espace laissé aux mouvements spontanés. Tandis que les sujets demandent avec instance que l'autorité suprême se borne à la *moindre somme de gouvernement*, le pouvoir s'attache à tout réglementer, à étendre son action sur tout et partout. Il parvient ainsi, disent ses partisans, à établir dans la marche des affaires une régularité que l'on n'eût jamais obtenue par d'autres moyens ; mais afin d'apprécier cet avantage et de pouvoir juger s'il n'est pas acheté à trop haut prix, citons quelques résultats de la centralisation administrative en France.

La commune de Méréville (Seine-et-Oise) ayant à faire des dépenses assez considérables pour son église paroissiale, sacrifia pour cet édifice la jouissance d'une belle promenade, dont les arbres furent abattus et vendus. Le prix de cette vente fut déposé, conformément aux ordonnances, dans la caisse des consignations, et n'en sortit point ; il fallut que les habitants pourvussent par d'autres moyens à l'achèvement de leur église. Dans un autre département (celui de l'Oise), le toit de l'église de Bailleval était endommagé, et un devis très en règle portait les dépenses à une soixantaine de francs ; mais il fallait que le préfet autorisât cette dépense : les papiers relatifs à cette affaire séjournèrent deux ans dans les cartons de la préfecture ; la dégradation à réparer fit des progrès, et lorsque l'autorisation arriva, la dépense dut être portée à plus de quatre cents francs, et un nouveau devis fut nécessaire, ainsi qu'une nouvelle autorisation, qui heureusement ne se fit pas attendre aussi longtemps. Dans le même arrondissement, la petite commune de Monceville avait le plus urgent besoin d'un pont sur un ruisseau ; un entrepreneur se chargeait de le construire, et la dépense s'élevait à la somme de quinze francs. Cette estimation parut sans doute suspecte au préfet ou à ses bureaux ; car un expert fut envoyé sur les lieux, aux frais des habitants, et chargé de faire un rapport circonstancié. Il trouva le pont construit, car les cultivateurs ne pouvaient s'en passer ; la dépense n'avait pas excédé la somme convenue, mais les frais d'expertise furent beaucoup plus considérables.

Ces faits recueillis autour de la capitale, et presque sous les yeux de l'autorité suprême, peuvent donner une idée assez juste des inconvénients qu'entraîne la centralisation, même lorsqu'elle est réduite à l'étendue d'un département : mais les abus les plus graves sont ceux qui proviennent de la concentration à Paris, dans les bureaux ministériels, d'une multitude d'affaires pour lesquelles on ne peut envoyer au loin des indications locales que l'on serait même fort embarrassé de rédiger d'une manière intelligible. Non-seulement l'autorité qui se charge exclusivement de ces sortes d'affaires ne peut être assez éclairée pour les traiter convenablement, ni assez promptement avertie pour ne pas exposer à de fâcheux retards des intérêts et des besoins pour lesquels il fallait une prompte décision ; mais elle se prive encore elle-même, ainsi que les administrés, de la garantie qu'elle eût trouvée dans la responsabilité de ses subordonnés. Comme tous les actes émanent d'elle, c'est à elle aussi que les reproches sont légitimement adressés ; mais comme ils ne sont ordinairement suivis d'aucun résultat, parce que nulle autorité ne peut venir à leur appui, toute responsabilité devient illusoire, et la source des abus ne peut être tarie. C'est ce que M. Gonilh a fait voir très-clairement dans son ouvrage intitulé : *De la science des finances et du ministère de M. de Villèle*. « La centralité, dit-il, est un moyen de couvrir les abus, de les sanctionner, de les légitimer. Comme ils dérivent, soit par erreur, soit par surprise, soit par prévention ou préjugé, du pouvoir suprême, de qui tout émane, il n'existe point de contrôle qui puisse les dévoiler, point d'autorité qui puisse les réprimer. Ses agents, ses subordonnés, qui seuls pourraient l'éclairer, se taisent par prudence, et trop souvent ils approuvent ce qu'ils devraient blâmer. Que de vertu il leur faudrait pour faire céder l'intérêt de leur place ou de leur avancement au sentiment de leur devoir ! Quand l'action administrative part du degré supérieur pour descendre par échelons jusqu'aux administrés, tout redressement devient impossible ; car on ne peut l'attendre que d'un pouvoir supérieur. »

La centralisation administrative est un fléau dont le gouvernement impérial affligea la France, et dont la restauration n'eut garde de la délivrer. Napoléon l'introduisit pour effacer entièrement tous les vestiges de la république, dominer seul et sur tout. Tant que la France put s'agrandir par des conquêtes et s'enivrer d'une gloire qui, dans les circonstances les plus avantageuses, ne pouvait durer que pendant la vie active de l'homme qui réglait ses destinées, elle ne donna que peu d'attention à son intérieur, et put même ne pas sentir un malaise qui devint très-pénible lorsqu'elle ne fut plus distraite par la contemplation de sa grandeur éphémère. Bonaparte a laissé des modèles de l'application de la *science du pouvoir*, et ils ne manqueront point d'imitateurs plus ou moins habiles. La centralisation est un des objets qui exigent le plus de connaissance des hommes et des choses, de force morale et matérielle. Bonaparte fut bien pourvu de tous ces moyens de succès, et pour marcher sur ses traces il faudrait ne lui être pas trop inférieur. Est-ce bien en fortifiant le *pouvoir* qu'on rendra la France plus heureuse? au lieu de vouloir tout diriger, il serait plus sûr, plus court, moins pénible pour tout le monde et moins dispendieux de laisser faire partout et à tous ce qui ne nuit à personne. FERRY.

Avant 1789 la France était divisée en provinces, qui avaient leurs coutumes, leurs franchises, leurs privilèges, leurs juridictions, leurs administrations propres. L'Assemblée constituante supprima les anciennes provinces, renversa toutes les barrières, toutes les démarcations, tous les priviléges, toutes les distinctions, toutes les différences, et rassembla toutes les parties du territoire en un seul tout, uniforme et indivisible, obéissant à la même impulsion, à la même autorité centrale, régi par les mêmes lois, encadré dans le même système judiciaire et administratif. Depuis lors les mœurs, les idées, les sentiments, tous les rayons du génie français sont entrés dans le même cadre, et l'unité morale a couronné l'édifice de l'unité territoriale et politique. Unité territoriale, unité politique, unité législative et administrative, unité morale et intellectuelle, voilà ce qu'on appelle aujourd'hui *centralisation*. Plusieurs pays étrangers se plaçant sous l'influence constitutionnelle, ont cherché à établir la centralisation politique; mais aucun n'a poussé cette manie aussi loin que la France, où les provinces voient tous les jours disparaître les derniers restes de leur antique personnalité. La télégraphie et les chemins de fer favorisent outre mesure cette tendance regrettable. Si toute la vie vient au cœur, il y aura pléthore. Pourquoi donc nos chaires de province n'ont-elles plus d'éclat? Pourquoi nos tribunaux de départements semblent-ils sans échos? Pourquoi ne cite-t-on plus de véritables journaux provinciaux? Pourquoi le titre d'académicien de n'importe quelle ville prête-t-il à rire? Qui donc ferait imprimer aujourd'hui un livre au delà d'un certain rayon de la capitale! C'est que le gouvernement a voulu porter l'unité partout. C'est qu'on a créé une inspection sur inspection, pour que la France ressemblât en tous points à Paris; c'est qu'il n'est nulle part en France permis de penser autrement qu'à Paris; c'est que les récompenses sont plus communes au siège du gouvernement, l'attraction immense; c'est, en un mot, que par la centralisation Paris a pu croire qu'il était la France, ou du moins qu'il en était la tête et le cœur, et avait le droit de penser et de sentir pour elle. Plaignez-vous après cela de l'arrivée de tant de provinciaux à Paris! Où trouver un élément à l'émulation? Paris règle dans ses cénacles, non-seulement le goût, les modes, les arts, l'industrie, mais l'agriculture, les chevaux, le commerce d'outre-mer: aussi, que d'industries essentiellement françaises, qui enrichiraient des provinces entières, languissent et meurent parce que cela importe peu à la capitale.

Tout le monde se défend de vouloir porter atteinte à la centralisation politique de la France; mais la centralisation administrative a été souvent attaquée, notamment après la révolution de Juillet et après la révolution de Février. Quelques-uns demandèrent alors une certaine omnipotence pour les conseils généraux, qui en cas de révolution à Paris eussent pu devenir des juntes de gouvernement. Ces projets ne pouvaient guère aboutir: c'eût été organiser la guerre civile en permanence. « Vouloir la centralisation politique sans vouloir la centralisation administrative, disent les partisans de l'unité absolue du pouvoir, c'est vouloir le principe sans vouloir la conséquence, ou au moins c'est l'énerver, le tronquer, c'est en supprimer l'application la plus générale et la plus réelle. » Tout le monde était d'accord cependant sur les abus de la bureaucratie parisienne. Chacun convenait qu'il serait bon d'abréger le long circuit de procédures et de formalités que doit traverser toute commune qui veut réparer son école ou son clocher, tout citoyen qui veut établir une fabrique ou creuser un fossé dans son héritage; d'élaguer les demandes en autorisation des enquêtes, des rapports, des dossiers qui voyageaient pendant des années de la commune à Paris et de Paris à la commune; de retrancher, par exemple, aux dix-sept formalités qu'il y avait à remplir pour établir une machine à vapeur, ou aux dix-huit qui sont nécessaires pour obtenir l'autorisation de placer un batelet sur la rivière. Aussi en 1852 le gouvernement actuel décréta-t-il qu'un certain nombre d'affaires s'arrêteraient à la préfecture. C'est un pas de fait vers une décentralisation nécessaire, mais un pas bien faible encore. Ira-t-on plus loin, et, sans donner un pouvoir proconsulaire aux préfets, saura-t-on confier aux conseils généraux et communaux des attributions plus étendues, qui, en excitant leur zèle, ne sauraient nuire à l'unité politique du pays?

CENTRE (du latin *centrum*, dérivé du grec χέντρον). Le centre d'un cercle est un point qui, situé dans l'intérieur de la circonférence, est à égale distance de tous les points de cette ligne. Si nous nous bornions à cette définition, le cercle serait la seule figure plane dans laquelle existerait un centre; mais on est convenu d'appeler *centre* d'un polygone régulier le centre du cercle inscrit ou circonscrit à ce polygone (car on sait que ces deux cercles sont concentriques); et on a même donné le nom de *centre* au point d'intersection des diagonales du parallélogramme. Généralisant ensuite la définition du centre pour l'appliquer à des courbes quelconques, on a dit qu'une ligne avait un centre, lorsqu'un point situé dans son plan jouissait de la propriété de partager en deux parties égales toutes les cordes passant par ce point: définition qui renferme évidemment la précédente. Mais beaucoup de courbes n'ont pas de centre: tandis que l'ellipse, l'hyperbole et leurs développées, la cassinoïde, la lemniscate, etc., ont un centre, la cissoïde, la cycloïde, la logarithmique, etc., en sont dépourvues.

Ici, comme dans tant d'autres points de la géométrie, on trouve de grands rapports entre les propriétés des solides et celles des surfaces. Le centre de la sphère est le point à égale distance duquel se trouvent tous les points de la surface de ce corps: définition qu'il suffit de rapprocher de celle du centre du cercle pour en saisir l'analogie. De même qu'il existe un centre pour les polygones réguliers, nous en trouvons un dans les polyèdres réguliers; c'est celui de la sphère inscrite ou circonscrite. Enfin, par une généralisation semblable à celle de l'heure, nous voyons que certaines surfaces ont aussi un point qui est le milieu de toutes les cordes passant par ce point: tels sont le tore, l'ellipsoïde, etc.

Pour distinguer le centre que nous venons de définir de ceux dont nous allons avoir à parler, on lui donne aussi le nom de *centre de figure*. Il est évident qu'une ligne ou une surface ne peut avoir qu'un seul centre de figure, et cependant les architectes et les ingénieurs construisent souvent des lignes à trois, à cinq centres. C'est qu'il s'agit alors d'une anse de panier, ligne qui ne constitue pas une courbe unique, mais qui est un ensemble de portions de circonférences. Les prétendus centres de cette ligne ne sont donc que ceux des divers cercles qui la composent.

Mais il existe pour une ligne ou une surface courbe donnée une infinité de points qui portent le nom de *centres de courbure*, et, en général, à chaque élément de la ligne ou de la surface considérée correspond un centre de courbure particulier. Il ne faut donc pas confondre le centre de figure d'une ligne ou d'une surface avec le centre de courbure de l'un de ses éléments (*voyez* COURBURE). La considération des figures semblables donne aussi lieu à la détermination de certains points qui portent le nom de *centres de similitude* (*voyez* SIMILITUDE).

Si de tous les points d'une ligne, d'une surface ou d'un solide, on mène des perpendiculaires à un plan, il existe toujours un point tel que sa distance à ce même plan est une moyenne arithmétique entre toutes les autres, ce point, qui joue un rôle important dans la géométrie (*voyez* CENTROBARIQUE) et dans la mécanique, ne varie pas quand on change le plan par rapport auquel on mène les perpendiculaires. Il reçoit le nom de *centre des moyennes distances*. Il se confond avec le centre de figure, lorsque la ligne, la surface ou le solide que l'on considère en ont un. Dans certains cas particuliers, comme par exemple celui de l'homogénéité de composition, le centre des moyennes distances et le *centre de gravité* coïncident.

En traitant du centre de gravité nous parlerons du *centre des forces parallèles*. Le *centre d'oscillation* du pendule trouvera sa place à ce dernier mot.   E. MERLIEUX.

On donne quelquefois le nom de *centre* au lieu de convergence de plusieurs directions : c'est ainsi que l'on dit qu'un monument, un grand édifice, une place publique, sont le *centre* où aboutissent les rues principales d'une ville. D'autres fois, le *centre* est un lieu d'où partent des actions divergentes : un général d'armée choisit une place, un pays pour en faire le *centre* de ses opérations. Le même mot désigne quelquefois une position au milieu d'un foyer de grande activité ; on est au *centre* des affaires lorsqu'on habite le quartier où il plus commerçant, à portée des administrations, etc. Enfin, le mot *centre* est employé comme synonyme de *milieu* : le centre d'une ville, d'une armée, etc.

Dans l'art militaire, le *centre* d'une armée, d'une troupe, est la partie d'une armée, d'une troupe rangée en bataille, qui occupe le milieu, qui est entre les deux ailes. Dans chaque bataillon, on appelle *compagnies du centre* les compagnies de fantassins qui ne sont ni grenadiers ni voltigeurs. Ce nom leur vient de ce qu'en ligne ces compagnies sont flanquées des compagnies d'élite. C'est toujours dans le *centre* que le troupier fait le premier apprentissage de son état. Aussi est-ce là que l'artiste va généralement chercher le type de son *Jean-Jean*; mais quand le *pioupiou* a obtenu l'épaulette et le pompon de laine rouge ou jaune, suivant sa taille, il devient crâne et guerrier ; il a un sabre, il n'attend plus que des galons pour retourner dans les compagnies du centre, afin de s'exercer au commandement. Aujourd'hui il y conserve au moins des épaulettes vertes, heureuse couleur, couleur d'espérance et d'avenir, sous laquelle il peut rêver à son aise le bâton de maréchal de France, son congé ou sa retraite, sans cesser de plaire à sa Dulcinée.

En anatomie, le cerveau, le cervelet et la moelle épinière constituent le *centre nerveux céphalo-rachidien*, qui forme avec les nerfs qui en dépendent le système cérébrospinal. Une partie du cerveau a reçu aussi le nom de *centre ovale*.

Du sens propre et scientifique le mot *centre* a passé dans le sens moral et figuré, où il a donné naissance à une foule d'acceptions proverbiales. C'est ainsi que les uns appellent Paris le *centre des lumières*, tandis que d'autres le nomment un *centre de corruption*. Chacun son goût.

Être dans son centre, c'est se trouver en un lieu où l'on se plaît, avec des personnes dont la compagnie charme et réjouit, ou se livrer à son aise à une occupation, à un plaisir favori. On dit d'un homme qui se donne de l'importance dans une coterie, qu'il s'en fait le *centre*; « L'univers, a dit Pascal, est une sphère dont le centre est partout et la circonférence nulle part; » phrase antithétique qui montre bien la difficulté de définir l'*indéfinissable*. « Le méchant, dit J.-J. Rousseau, se fait le *centre* de toutes choses; le bon mesure son rayon, et se tient à la circonférence. Alors il est ordonné par rapport au *centre* commun, qui est Dieu, et par rapport à tous les cercles concentriques, qui sont les créatures. »

CENTRE (*Histoire parlementaire*). On appelle ainsi la partie d'une assemblée qui siège au milieu de la salle, et qui constitue en quelque sorte le tronc de ce corps délibérant, le tronc avec l'estomac, moins les parties nobles. Ce n'est que depuis la Restauration, et particulièrement depuis la session de 1815, que cette acception du mot *centre* a été irrévocablement consacrée. Dans l'Assemblée législative (de 1791-1792), et dans la Convention, on avait honoré le *centre* de trois dénominations assez peu polies : *le Ventre, le Marais, la Plaine*. C'étaient les députés qui flottaient entre les deux partis, qui n'avaient le courage d'aucune opinion, qui votaient d'ailleurs pour le ministère en place. On les appelait *crapauds du marais*, et plus souvent *sans-culottes*. De ces dénominations, une seule s'est appliquée de nos jours au *centre*, et en est même devenue synonyme dans ce langage trivial que l'esprit de parti a introduit dans les salons. On dit le *ventre*; on a dit, sous la Restauration, de certain député, qu'il était *le nombril du ventre*. Combien depuis, parmi nos honorables, se sont disputé la noble succession ! Ce qu'il y a de curieux, et ce que l'histoire n'oubliera pas sans doute, c'est que les séides du *centre* sous Louis-Philippe, ceux qui s'y groupaient au point ombilical, sont précisément ceux qui durant la Restauration avaient fait, tant en vers qu'en prose, les plaisanteries les plus piquantes sur les *ventrus* de Louis XVIII et les *trois cents* de la chambre introuvable.

Sous la Restauration il y a eu presque constamment cinq fractions dans la chambre des députés : les deux côtés appelés *extrême droite* et *extrême gauche*, puis trois centres : le *centre gauche*, le *centre droit*, et le *centre* proprement dit. On aurait tort d'accuser le *centre gauche* et le *centre droit* d'avoir rempli un rôle réprouvé par l'honneur et par la patrie. Ces deux classes de modérés étaient des hommes estimables, bien intentionnés, prudents surtout, qui croyaient l'alliance possible entre la charte de Louis XVIII et la légitimité bourbonienne, mais qui réciproquement partaient d'un premier principe tout opposé : *Le roi, puis la charte*, telle était la religion du *centre droit*; *la charte, puis le roi*, tel était le dogme du *centre gauche*. Malgré cette divergence, ces deux centres s'entendaient fort bien toujours, soit pour arrêter le zèle contre-révolutionnaire du côté droit, soit pour neutraliser les progrès de cette *démocratie coulant à pleins bords*, alors représentée dans la chambre par une soixantaine de députés de l'extrême gauche, dont vingt tout au plus étaient de bonne foi. Citer parmi ces centres les noms des Royer-Collard, des Maine de Biran, des Lainé, des Cassaignoles, des Roy, des Blanquart-Bailleul, des Flaugergues, des Camille Jordan, des Raynouard, etc., etc., c'est dire que nous ne prétendons pas confondre ces deux nuances d'opinions loyales et modérées avec l'opinion du *centre* proprement dit, du *centre* ministériel avant tout, composé d'hommes sans conviction ou sans caractère, ne venant à la chambre que pour faire leurs affaires d'abord, puis celles de leurs clients et de leur famille, quelquefois celles de leur localité, et en dernier lieu celles du pays. Qu'on prenne la liste des membres du *centre-centre*, ou plutôt du *ventre*, depuis 1815 jusqu'en plein règne de Louis-Philippe, on le verra toujours grossi des mêmes hommes. Ces inamovibles, dont quelques-uns sont devenus plus tard de *nobles* pairs, avaient depuis la

Constituante (de 1789-1791) voté toutes les mesures acerbes, repoussé par leurs scrutins tous les progrès sociaux, et cependant applaudi à tous les systèmes mixtes, à toutes les bascules, à tous les *justes-milieux*. Tel homme du centre a conservé la peine de mort en 1789, sous prétexte qu'elle était nécessaire en politique; il l'a conservée en 1830, comme indispensable pour les crimes civils; enfin, en 1834, d'une main glacée par l'âge, il a apporté l'invariable tribut de sa boule ministérielle pour introduire la mort dans une loi toute politique. Le centre s'est composé ainsi des hommes fossiles de nos révolutions. La servilité politique était stéréotypée dans leur cœur : ils mouraient ce qu'ils avaient été.

Quels étaient les mœurs privées de l'homme du centre? Il était ordinairement souple et accort dans les antichambres et les salons ministériels, bavard et tranchant dans les bureaux de la chambre, muet à la tribune, à l'exception du jour où, pour se recommander aux électeurs, il prononçait l'invariable discours en faveur des intérêts locaux. Mais combien sur les bancs du centre ne se dédommageait-il pas du silence que lui imposait l'exiguité de ses moyens oratoires et *la faiblesse de son organe*, pour emprunter l'expression consacrée par les journalistes! Au banc où il siégeait, l'honorable membre du centre était toujours s'agitant : il criait, il tempêtait, il interrompait. *La question préalable! L'ordre du jour! La clôture! A la question! A l'ordre! C'est insulter les ministres, c'est attaquer la majesté royale! Vive le roi! Bravo! Il est six heures! Allons dîner!* Tel était, je crois, l'arsenal complet de l'éloquence du *centre!* Voilà tout ce que depuis plus de quinze ans l'imagination des Mirabeaux du *centre* avait pu inventer de formules assourdissantes pour étouffer toutes les motions généreuses, éluder toutes les questions, enfin pour abréger et clore toutes les discussions. Sur son banc, l'homme du centre était presque toujours rouge de fureur. L'apparition d'un orateur de l'opposition lui donnait des spasmes, et produisait sur lui le même effet que la couleur écarlate sur un bœuf irrité. Mais qu'un ministre, qu'un commissaire du gouvernement vînt à prendre la parole, la physionomie de l'homme du centre devenait tout autre : elle rayonnait, il se pâmait d'aise et d'admiration, il se frottait les mains, il applaudissait, et les *très-bien! très-bien!* ne se faisaient pas attendre. Un ministre n'entrait pas dans la chambre que l'homme du *centre* ne vînt lui demander des nouvelles de sa santé, et lui recommander quelque petite requête. De retour à sa place, il avait toujours les yeux fixés sur le banc ministériel, et l'on pouvait attribuer à cet obséquieux acolyte du pouvoir ces vers fameux d'un de nos poètes :

Où tes saints inclinés, d'un œil respectueux,
Contemplent de ton front l'éclat majestueux.

Les ministres, pour diriger le *centre* à volonté, pour le faire manœuvrer, c'est-à-dire voter *par assis et levé*, n'avaient pas moins souvent les yeux fixés sur le *centre* que le *centre* sur eux. A cet égard, ils ressemblaient au grand Lama, qui, dit-on, a constamment les yeux fixés sur son nombril : c'était une force *centripète*, qui sans cesse agissait et réagissait sur elle-même. Descendrai-je dans le détail des interpellations inconvenantes, hostiles, de certains membres du *centre*, dont l'exemple prouvait que la modération du caractère était rarement la vertu privée de ceux qui prenaient pour enseigne la modération politique?

Le *centre* n'a-t-il donc jamais fait défection au pouvoir? Oui, mais au pouvoir déchu, ou près de tomber : ainsi, peu de jours avant le 18 brumaire le *centre* tournait le dos au Directoire; ainsi les folles témérités de M. de Polignac aliénèrent le *centre*. L'homme du *centre* a sous ce rapport un instinct merveilleux : c'est la cigogne qui dit adieu au bâtiment qui va tomber en ruines.

Mais n'y avait-il donc point d'honnêtes gens dans le *centre!* Pourquoi pas? N'est-il pas certains hommes chez qui la passion de l'ordre et du repos est si forte qu'ils se font serviles sans aucun calcul d'ambition ou d'intérêt; à peu près comme chez d'autres l'esprit de modération est une rage qui les pousse de la meilleure foi du monde aux moyens extrêmes?
Charles Du Rozoir.

Jusqu'à la fin de la monarchie constitutionnelle, le centre resta dans les mêmes dispositions. La substance budgétaire convenait si bien à sa nature, qu'il ne fit que s'arrondir. Il se déclara *satisfait*; on l'accusa d'être *borné*. La chose lui plut; il s'en vanta. La corruption, l'apostasie accrurent ses rangs disciplinés; et plus il grossissait, plus il se réjouissait de la prospérité croissante. Mais bien que le pays légal fût avec lui, la campagne des banquets montra la nécessité d'une réforme. Le centre ne répondit qu'en accusant de faiblesse un ministère qui laissait discuter la valeur de ses défenseurs, et le 24 février 1848 le centre plaçait encore dans sa rotondité la force du gouvernement. Hélas! il eut beau ce jour-là se rallier bien vite à l'opposition dite *constitutionnelle*, tout était dit, le ventre devait périr avec le corps entier; que disons-nous? avec le régime constitutionnel lui-même. Peu de membres du centre reparurent dans les assemblées républicaines. En revanche, l'ancienne gauche les peupla, et prit à peu près la place de l'ancien centre; puis les assemblées disparurent, et comme dans les corps délibérants actuels il n'y a plus de place pour l'opposition, ils ne sauraient en vérité se diviser.

CENTRE (Canal du), autrefois *canal du Charolais*, commence à Digoin sur la Loire et se termine à Châlons sur la Saône. Il a 127 kilomètres de long, et passe à Paray, à Saint-Léger et à Chagny, et a son bief de partage à Montchanain, où se trouve un vaste bassin alimenté par les étangs du voisinage. Entre ce bief et la Saône il y a cinquante et une écluses; le versant du côté de la Loire n'en a que trente. Ce canal sert de communication entre les bassins des deux rivières, qu'il joint, et par suite avec le Rhône, auquel il porte les denrées de la France centrale pour en recevoir celles de la France méridionale et même les pays du Levant, par Marseille, Arles et Tarascon. Ce même canal, par le moyen de celui du Rhône au Rhin ou du Doubs, joint le bassin de la Loire avec celui du Rhin, et par le canal de Briare avec le bassin de la Seine, reliant ainsi l'Océan à la Méditerranée, Marseille au Havre. Ce canal ne fut complètement terminé qu'en 1792.

CENTRE DE GRAVITÉ. C'est un des principes élémentaires de la statique que si l'on considère un système quelconque de forces parallèles, appliquées à un assemblage de points, et qu'on incline successivement tout le système de ces forces dans diverses situations, de manière que les mêmes forces passent toujours par les mêmes points et conservent leurs grandeurs et leur parallélisme, les résultantes générales qu'on trouvera successivement dans chacune des positions se croiseront toutes au même point. Ce point d'intersection des résultantes successives se nomme le *centre des forces parallèles*. Or, comme les forces de la pesanteur, quand elles agissent sur les corps sublunaires, peuvent être regardées comme parallèles, il s'ensuit qu'il existe toujours, pour un tel corps, un point unique par lequel passe continuellement la direction du poids, lorsque l'on fait occuper au corps diverses positions à l'égard du plan horizontal. En effet, dans les diverses situations qu'on lui donne, les forces de la pesanteur qui animent toutes les molécules, ne cessent pas d'être les mêmes, d'agir aux mêmes points, d'être parallèles, et, par conséquent, leurs résultantes successives ne cessent pas de se couper au même point. La position de ce point ne dépendant que de la manière dont sont disposées les molécules les unes à l'égard des autres, quelques géomètres ont cru convenable de le nommer *centre de masse*; mais on a généralement préféré donner le nom de *contre de gravité* à ce point unique, centre des forces parallèles de la pesanteur.

De cette définition du centre de gravité d'un corps, il résulte que, ce point étant fixe, le corps demeure en équilibre dans toutes les positions possibles. Cette remarque donne une méthode pour déterminer le centre de gravité. On suspend un corps à un fil par un point quelconque; il est évident que, une fois l'équilibre établi, la direction du fil passe par le centre de gravité. Si l'on change le point de suspension, on a une seconde direction, sur laquelle se trouve également ce centre. Il est donc déterminé par l'intersection de ces deux directions que l'on peut obtenir, soit par des procédés matériels, soit par les méthodes de la géométrie descriptive.

Si le corps dont on cherche le centre de gravité est homogène, ce point est en même temps centre des moyennes distances. Dans ce cas, on voit de suite que le centre de gravité d'une ligne droite est au milieu de sa longueur; que le centre de gravité d'un parallélogramme est à l'intersection de ses deux diagonales; que le centre de gravité d'un parallélipipède est à l'intersection de ses quatre diagonales; etc. On voit encore que le centre de gravité du contour ou de l'aire d'un cercle est au centre de ce cercle, et que, lorsqu'une figure est douée d'un centre, ce point est le centre de gravité, en supposant toujours l'homogénéité. Par la géométrie, on démontre que le centre de gravité d'un triangle est situé sur la droite menée de l'un des sommets au milieu du côté opposé, et se trouve au tiers de cette ligne à partir du côté; proposition au moyen de laquelle on trouve le centre de gravité d'un polygone quelconque, en le décomposant en triangles. Pareillement le centre de gravité d'une pyramide est sur la droite qui joint le sommet de la pyramide au centre de gravité de sa base, et se trouve au quart de cette ligne en partant de la base; proposition qui donne le centre de gravité d'un polyèdre quelconque, en le décomposant en pyramides triangulaires.

Pour trouver le centre de gravité d'un système de corps, on s'appuie sur le théorème : La somme des produits de la masse de chaque corps par la distance de son centre de gravité à un plan quelconque est égale au produit de la masse totale par la distance du centre de gravité du système au même plan; de sorte que, m, m', m'' etc., désignant les masses, d, d', d'', etc., les distances respectives, on a pour la distance cherchée :

$$\delta = \frac{md + m'd' + m''d'' + \ldots}{m + m' + m'' + \ldots}$$

En calculant cette distance par rapport à trois plans différents, on détermine trois plans parallèles à ceux-ci, et dont l'intersection est le point demandé.

Pour qu'un corps soumis à la seule action de la pesanteur reste en équilibre, il faut que la verticale menée par son centre de gravité tombe dans l'intérieur de la base sur laquelle il s'appuie. Cette condition explique beaucoup de mouvements que l'homme et les animaux exécutent instinctivement pour conserver l'équilibre. Ainsi, suivant que l'on porte un fardeau sur le dos ou dans les bras, on est obligé de s'incliner en avant ou en arrière. Lorsqu'une personne se sent tomber vers la droite, elle étend vivement le bras gauche, ce qui ramène le centre de gravité vers ce côté. C'est sur les mêmes considérations que repose l'emploi du balancier par les danseurs de corde. Pour se rendre compte des conditions dans lesquelles peut se maintenir l'équilibre de l'homme, il suffit de savoir que lorsqu'il est placé verticalement, les jambes rapprochées l'une de l'autre et les bras appliqués sur les côtés du tronc, le centre de gravité de tout le corps répond généralement, dans la cavité du bassin, au-devant de la dernière vertèbre lombaire.

E. MERLIEUX.

CENTRIFUGE (Force), de *centrum*, centre, et *fugare*, fuir. C'est l'effort que fait un corps décrivant une courbe pour s'éloigner d'un point central, en s'échappant par la tangente : tel est l'effort que la pierre, la balle qu'on fait tourner rapidement au moyen d'une fronde, exerce dans la main du frondeur pendant qu'elle tend à s'en éloigner, en suivant une ligne droite. Figurons-nous donc un corps pesant suspendu à un fil auquel on imprime un certain mouvement dans une direction perpendiculaire à celle du fil; ce corps décrira un cercle qui aura son centre au point de suspension, et pour rayon la longueur du fil; pendant son mouvement, que nous supposerons uniforme, le mobile fera éprouver au fil une certaine tension, laquelle représentera la *force centrifuge*; si l'on suppose une autre force égale à la tension du fil et qui tende à pousser le mobile vers le centre de rotation, le fil devenant inutile, on pourra considérer le corps mobile comme absolument libre. C'est donc en vertu de cette *force centrale* inconnue, combinée avec l'impulsion primitive, que le cercle est décrit. Si le mouvement est uniforme, les secteurs circulaires décrits par le rayon, en temps égaux, seront égaux. Si l'on appelle v la vitesse imprimée au mobile, s l'arc parcouru dans un temps t, on aura $s = vt$.

Rien ne s'oppose à ce que l'on puisse considérer la force centrale comme constante en grandeur et en direction pendant un intervalle de temps infiniment petit : ainsi donc, pendant que le mobile décrit un arc infiniment petit, l'action de la force centrale est parallèle à celle du rayon; d'où il faut conclure que si la force centrale agissait seule sur le mobile dans ce court intervalle de temps, elle lui ferait parcourir une droite égale au sinus (partie du rayon comprise entre l'arc et sa corde) de cet arc. De ce raisonnement, qu'on ne peut exposer ici en entier, on tire la conséquence que la force centrifuge est égale au carré du rapport de l'arc parcouru au temps mis à décrire cet arc divisé par le rayon; et comme ce rapport est la vitesse, que nous désignerons par v, il s'ensuit qu'en appelant r le rayon et f la force, on a

$$f = \frac{v^2}{r}$$

Tous les corps qui se meuvent affectent un mouvement rectiligne, attendu que ce mouvement est le plus facile, le plus court et le plus simple. Toutes les fois donc qu'ils se meuvent dans une courbe, il faut qu'il y ait quelque chose qui les détourne de leur mouvement rectiligne et qui les retienne dans leurs orbites. Si cette force venait à cesser d'être, le corps en mouvement irait tout droit devant lui en décrivant une tangente à la courbe en ce point même, et il irait ainsi s'éloignant toujours davantage du foyer ou centre de son mouvement curviligne.

Il peut arriver que, dans une courbe où la force de gravité varie sans cesse dans le corps qui la décrit, la force centrifuge varie aussi sans cesse de la même manière, et qu'ainsi l'une puisse suppléer à la faiblesse ou restreindre la surabondance de l'autre, et, par conséquent, que l'effet soit partout égal à la gravité absolue du corps en révolution. Un corps obligé de décrire un cercle le décrit aussi grand qu'il lui est possible : la courbure d'un grand cercle étant moindre que celle d'un plus petit, l'action de la force centrifuge est toujours proportionnelle, toutes choses égales d'ailleurs, à la courbure du cercle dans la circonférence duquel le corps est emporté.

Pour démontrer les effets de la force centrifuge, les physiciens se procurent un anneau de matière élastique et très-flexible : ils le disposent verticalement comme une roue de voiture; un pivot qui la traverse de haut en bas le maintient dans cette position. Au moment de l'expérience, ils impriment à l'anneau un mouvement rapide de rotation; au même instant il se déforme par l'effet de la force centrifuge, et il prend la figure d'un ovale d'autant plus allongé que le mouvement qu'il reçoit est plus rapide.

CENTRINE (de κέντρον, aiguillon). Quelques ichthyologistes ont donné ce nom à certains poissons de la famille des squales, et dont Cuvier a formé le genre *humantin*.

CENTRIPÈTE (Force), de *centrum*, centre, et *pelo*, je demande, je recherche. C'est ainsi qu'on appelle la force en vertu de laquelle un corps qui circule autour d'un point comme centre tend continuellement à se rapprocher de ce centre. Telles sont, par exemple, la pesanteur ou la force par laquelle les corps sont attirés vers le centre de la terre, et la force, quelle qu'elle puisse être, qui fait continuellement dérier les planètes de leurs mouvements rectilignes et qui les contraint à décrire des courbes. Toutes choses égales, plus un corps aura de masse, et plus sa force centripète sera grande (*voyez* CENTRALES [Forces]).

La valeur de la *force centripète* d'un corps qui circule ou la quantité dont ce corps se rapprocherait, dans un temps donné, du centre de sa révolution, si sa force centripète agissait seule sur lui, est égale au carré de la portion de la courbe qu'il décrit dans le même temps, divisé par le diamètre de cette courbe. Dans les mouvements des corps célestes, cette force prend le nom de *gravitation* et son action est en raison inverse du carré de la distance comprise entre le centre de rotation et le corps mobile.

CENTRISQUE (de κεντρον, aiguillon), genre de poissons de la famille des tubulirostres, ayant pour caractères : Corps ovale et comprimé, prolongé par un museau tubuleux, que termine une petite bouche fendue obliquement; trois rayons grêles à la membrane des ouïes; deux nageoires dorsales, dont la première, reculée en arrière, consiste en une longue et forte épine supportée par un appareil osseux qui tient à l'épaule et qui est recouvert par des plaques larges et dentelées; écailles du corps petites et rudes; intestin grêle sans cœcum, replié quatre fois sur lui-même; vessie natatoire très-grande. On n'a encore trouvé qu'une seule espèce de ce genre, le *centriscus scolopax*, petit poisson de la Méditerranée, où il est connu des riverains sous les noms vulgaires de *bécasse de mer* et de *bouche en flûte*. Cette dernière dénomination s'explique par la forme singulière de l'organe auquel elle est empruntée.

CENTRO-AMÉRICAINS (États) ou *États de l'Amérique centrale*. On appelle Centro-Amérique, ou Amérique centrale, la partie du continent américain qui unit les deux grandes masses continentales de l'Amérique du Nord et de l'Amérique du Sud, et qui affecte la forme d'un isthme immense, se prolongeant sur une étendue d'environ 300 myriamètres, c'est-à-dire entre le 9° et les 18° de latitude septentrionale. On dirait un pont que la nature aurait jeté là pour relier entre eux ces deux continents, de même que les Antilles semblent être les piles demeurées debout d'un autre pont situé plus à l'est et dont les arches auraient été enlevées jadis par quelque cataclysme dont le souvenir même a péri. L'Amérique centrale en effet est comme une digue gigantesque destinée à séparer les eaux du grand Océan de celles de l'océan Atlantique, et elle n'est liée aux deux continents voisins que par des isthmes très-étroits, au sud par l'isthme de Panama, large tout au plus de six myriamètres, qui la joint à l'Amérique méridionale; au nord, par l'isthme de Téhuantépec, large de 15 myriamètres, et qui la rattache à l'Amérique du Nord. Les eaux du grand Océan, en venant expirer sur la côte sud-ouest, y décrivent une vaste courbe dont la régularité n'est çà et là interrompue que par des baies peu étendues, telles que celles de Conchagua, de Nicoya et de Panama, tandis que les vagues de l'océan Atlantique, en se brisant sur la côte orientale, dans la mer du Mexique et dans celles des Caraïbes, y ont creusé des baies bien autrement profondes, par exemple le golfe de Mosquitos, le golfe de Honduras, le golfe de Campèche, etc. Sur ce versant, le littoral est donc bien autrement déchiré et accidenté que sur l'autre. Que si, au sud, la petite presqu'île de Veragua avec celle de Morro de Puercos forme la saillie la plus vive, par contre, au nord, la côte des Mosquitos et le cap de Gracias à Dio, constituent des anfractuosités bien autrement accusées, comme aussi la presqu'île de Yucatan avec le cap Catoche, que 25 myriamètres seulement séparent de l'île de Cuba.

Dans l'Amérique centrale, comme dans le reste de l'Amérique, les *Cordilleras de los Andes* prolongent en sens divers leurs puissantes ramifications, et elles reçoivent dans l'espace situé entre les isthmes de Panama et de Téhuantépec le nom générique d'*Andes de Guatemala*. C'est dans la vallée du San-Juan qu'elles prennent tout à coup leur plus large développement, et de là, par une succession de terrasses roides et escarpées, elles attaquent l'étroit littoral baigné par le grand Océan, dans le voisinage duquel elles forment de vastes plateaux élevés de 12 à 1600 mètres au-dessus du niveau de la mer, avec des crêtes de 2,000 mètres d'élévation, dominées par une foule de pics volcaniques dont la hauteur varie de 2,500 à 3,500 mètres. Du côté de l'océan Atlantique, elles forment une série de talus diversement accidentés, et, dans le prolongement insensible de leurs ramifications jusqu'à la côte, se trouvent interposées des plaines immenses, dont la plus considérable est celle de la côte des Mosquitos, qui n'a pas moins de 10 à 15 myriamètres de profondeur. De toutes ces ramifications, celle qui s'éloigne le plus de la souche commune est la *Sierra de Yucatan*. Parmi les quarante montagnes volcaniques que l'on compte aujourd'hui dans tout ce système, les plus remarquables sont l'*Amilpas*, le *Sapotitlan*, l'*Agua*, la *Pacaya*, l'*Isalco*, le *San-Salvador*, la *Costiguina*, l'*Orosi*, le *Mirabelles*, l'*Erradura* et la *Barba*. Nous mentionnerons encore les noms suivants, donnés à quelques ramifications isolées : la *Sierra-Nicaragua*, située au nord du lac du même nom; la *Serrania de Salamanca*, et la *Cordillière de Veragua*, tout à l'extrémité sud-est. Sauf les plateaux les plus élevés, toute cette contrée jouit d'un vaste système d'irrigation, bien qu'il ne soit pas alimenté par quelqu'un de ces fleuves immenses qu'on rencontre dans les continents du nord ou du sud. En revanche, une foule de cours d'eau, chacun d'une importance secondaire, mais dont l'ensemble constitue le plus magnifique réseau, vont se déverser dans la mer, et, de préférence, dans l'Atlantique. Nous citerons, comme les principaux, à l'ouest, le *Sacatecoluca*, et, sur le versant est, l'*Oufoumasinta*; le *Polochic*, qui a son embouchure dans le lac d'Isabal; le *Motagua*, le plus grand de tous; la *rivière de Ségovie*, celle de *Blewfields* et le *San-Juan*, qui déverse dans l'Atlantique les eaux du lac de Nicaragua et celles du lac de Managua.

Disons encore, à ce propos, qu'il y a cinq points de la côte entre lesquels on pourrait choisir pour y creuser le canal au moyen duquel les deux mers se trouveraient unies; ce sont : les isthmes de Choco et de Darien ou de Cupica, dans l'Amérique du Sud proprement dite, et les isthmes de Panama et de Téhuantépec, ainsi que le détroit de Nicaragua, appartenant complétement à l'Amérique centrale, plus intéressée que tout autre pays dans l'exécution de ce grand projet.

Sous le rapport du climat, grâce, d'une part, à sa situation tropicale, et, de l'autre, au voisinage de l'Océan, les États Centro-Américains sont au nombre des contrées les plus favorisées de la nature; car l'homme, sous cette heureuse température, demeure à l'abri des fièvres pernicieuses qui décimèrent la population des contrées voisines. Un intervalle de deux à trois mois y sépare la saison sèche de la saison humide. Mais ces variations atmosphériques n'ont pas lieu partout en même temps, et la durée n'en est pas uniformément la même. A cet égard, il y a une notable différence entre les régions des côtes septentrionales et méridionales, et les régions de l'intérieur, qui s'élèvent à 500 mètres au-dessus du niveau de la mer. En effet, sur les côtes, le temps sec dure pendant les trois mois de février, mars et avril, et la saison des pluies pendant les mois de juillet, août et septembre, tandis que dans les hautes terres elle commence en mai et n'atteint qu'environ six semaines, après sa plus grande intensité, qui continue pendant trois mois. Pendant la saison de la sécheresse, le sol y est rafraîchi pendant la nuit par de fortes rosées, tout à fait inconnues dans les hautes terres, même sur les plateaux situés à 11 et 1,200 mètres au-dessus du niveau de la mer : aussi à cette époque, cette région présente-t-elle l'aspect d'un désert enflammé. Sur les plateaux, la chaleur moyenne est de 21°, et sur les côtes, de 27°, température qui suffit pour y produire un printemps perpétuel et y développer, dans toute sa magnificence et toute sa puissance, la luxuriante végétation particulière aux contrées tropicales. Dans sa partie occidentale, l'Amérique centrale paraît avoir été partout, dans l'origine, déchirée par des commotions et des éruptions volcaniques; mais le sol n'a pas tardé à s'y couvrir d'une épaisse couche d'humus, où croît la plus riche végétation : aussi a-t-il été bien plus tôt mis en culture que celui de l'est, dont la base calcaire et granitique, recouverte d'une non moins épaisse couche de terre végétale, apportée par alluvion, n'offre d'ailleurs pas moins d'avantages au travailleur qui entreprend de la féconder. Là aussi se trouvent de riches mines de fer, de plomb et de cuivre, mais dont, jusqu'à ce jour, l'exploitation a été à peu près dédaignée, sans doute parce que, dans l'Amérique centrale, le règne végétal offre des trésors bien autrement faciles à recueillir. L'indigo, la vanille, le cacao, le café, le coton, la cochenille, le sucre, le tabac, les bois les plus durs et les plus fins, y offrent au commerce une inépuisable source de bénéfices; le cocotier, l'oranger, produisent des fruits en abondance ; le maïs, le riz, le froment, les haricots et les fèves y donnent de riches moissons ; enfin, le manioc, la pomme de terre, l'igname, la patate, la tomate, le piment et l'ananas, complètent ce vaste ensemble de ressources nutritives mises par la nature à la disposition de l'homme sous cet heureux climat. Les méthodes de culture qu'on y emploie, varient à l'infini, et suivant que ce sont des Indiens, des créoles ou des Européens qui exploitent le sol. A proprement parler, l'Indien ignore encore aujourd'hui, ce que ce peut-être que l'industrie agricole; on le rencontre rarement dans les régions voisines du littoral, et presque jamais sur les côtes. Il suffit, avec peu de travail, trouver des moyens de subsistance suffisants pour lui et les siens dans la culture des fèves, des haricots et du maïs, et son industrie ne va pas au delà. Il ne connaît donc encore ni la charrue, ni la herse, ni la bêche, et creuse la terre à l'aide d'une *maquette*, espèce de sabre, qui constitue en même temps son principal moyen de défense. L'agriculture des créoles et des Européens a une tout autre importance. Ceux-là, en effet, cultivent non-seulement pour assurer la consommation de leurs familles, mais encore pour fournir aux transactions d'un commerce important, et ils se livrent surtout à l'élève du bétail, genre d'industrie qui a son centre dans leurs diverses *haciendas*.

Indépendamment de tous les animaux domestiques de l'Europe, on trouve aussi dans l'Amérique centrale des bêtes sauvages, mais, en général, d'un caractère peu féroce et partant peu redoutables. Le couguar, la panthère, le tigre et le chat sauvage n'abandonnent que bien rarement leurs repaires. Dans les forêts et les savanes, on chasse le tapir, le sanglier et toute espèce de gibier. Plusieurs espèces de serpents habitent les fourrés des bois les plus épais, et ce n'est guère que vers l'embouchure des fleuves qu'on rencontre des caïmans d'une grandeur moyenne, ne dépassant pas, en général, un mètre 33 centimètres. On se garantit la nuit par de légers filets de la piqûre des *mosquitos* et des *zancudos*.

Comme dans le reste du Nouveau-Monde, la population y est très-clair-semée, et se compose de diverses peuplades indiennes, de créoles et d'Européens, formant en tout à peine un million d'âmes. Les peuplades aborigènes, qui diffèrent beaucoup entre elles sous le rapport de la langue, par exemple, les *Quiches*, les *Mosquitos*, etc., sont presque toutes catholiques, et, quoique adonnées encore aujourd'hui à la vie nomade, se distinguent par la douceur de leurs mœurs et la loyauté de leur caractère. On ne saurait en dire autant des *Ladinos*, nom générique donné aux métis et même aux créoles espagnols vivant depuis des siècles au milieu des Indiens; on remarque chez eux beaucoup d'indolence, de faiblesse, et un vif amour de la vengeance. Sur la côte septentrionale, on trouve quelques villages habités par des nègres, c'est-à-dire par des créoles nègres, qu'on appelle *Caribes*, et qui sont remarquables par leur amour du travail, par leur adresse dans tous les travaux manuels, et par leur habileté dans l'art de la navigation. Les créoles sont aujourd'hui les maîtres du sol; mais le nom d'un puissant et glorieux royaume des Quiches subsiste encore, religieusement transmis par la tradition orale parmi les Indiens.

Quand il eut terminé la conquête du Mexique, Fernand Cortez envoya Pedro Alvarado, à la tête de 400 Espagnols et de 4,000 auxiliaires mexicains, prendre possession des contrées de l'Amérique centrale. Celui-ci s'acquitta de sa mission dans l'intervalle compris entre les années 1524 et 1535, fonda *Guatemala-Vieja*, et fut le premier créé capitaine générale de la nouvelle capitainerie général de G u a t e m a l a. Cette province resta pendant trois siècles fidèle à la mère-patrie, sans d'ailleurs recevoir de celle-ci les secours nécessaires pour y développer l'activité industrielle et la vie de l'intelligence.

Quand, en 1808, les mots magiques de *liberté* et *d'indépendance*, prononcés avec enthousiasme en Espagne, traversèrent les mers et retentirent dans les colonies, l'Amérique centrale ne tarda pas à subir l'influence de la fermentation universelle qui se manifestait tout autour d'elle, et le rigoureux régime qu'y voulut maintenir le gouverneur Jose Bustamente y Guerra ne fit que hâter le moment où devait avoir lieu l'explosion du mécontentement général. Au mois de décembre 1811, la province de San-Salvador donna la première le signal de l'insurrection, auquel répondirent tout aussitôt les villes de Léon, de Nicaragua, de Grenade, et ensuite la province de Nicaragua tout entière; mais, après une lutte de peu de durée, ce mouvement put être comprimé, grâce au manque d'union de ceux qui le dirigeaient. Toutefois le feu n'en couva pas moins en secret. Carlos Urruta, nommé gouverneur en 1818, n'était pas de force à lutter contre le mécontentement général, et son successeur immédiat, Gavino-Gainza, laissa d'abord apercevoir qu'il se prêterait facilement à l'émancipation de la colonie. Mais l'antagonisme des partis rendit bien difficile une émancipation pacifique; car les libéraux exaltés exigeaient une déclaration de complète indépendance, tandis que les modérés voulaient qu'on suivît l'exemple du Mexique, et qu'on attendît le résultat qu'auraient les efforts de ce pays luttant alors, sous la direction d'Iturbide, pour sa séparation d'avec la mère-patrie. Les exaltés l'emportèrent. Le 15 décembre 1821, eut lieu la proclamation de l'indépendance de l'Amérique centrale, en même temps qu'un congrès était convoqué pour le 1er mars 1822, époque jusqu'à laquelle Gavino-Gainza devait rester gouverneur, et chargé du pouvoir exécutif sous la surveillance d'une junte consultative composée de représentants des diverses provinces. Mais, avant même que fût arrivée l'époque fixée pour la réunion du congrès, et dès le 5 janvier 1822, on se décidait, à renoncer à l'indépendance politique, et à s'adjoindre à la monarchie d'Iturbide, qui, le 19 mai suivant, se fit proclamer empereur du Mexique, sous le nom d'Augustin 1er. L'opposition d'Honduras et de Nicaragua amena une violente guerre civile, dans laquelle Guatemala finit par avoir le dessous. Le général mexicain Filisola vint au secours de Guatemala. Il entra dans cette ville au mois de juin, et se mit immédiatement en marche sur San-Salvador, qu'il força, le 10 septembre, à signer un acte conditionnel de réunion à Guatemala, et par suite au Mexique. Mais la chute d'Iturbide, qui arriva peu de temps après, changea encore une fois les destinées de l'Amérique centrale, car Filisola lui-même reconnut alors l'impossibilité d'une union entre les deux pays, et convoqua un congrès chargé de constituer l'Amérique centrale en état indépendant.

Cette assemblée commença ses travaux au mois de janvier 1823, et publia le 1er juillet suivant un décret en vertu duquel les cinq états de *Guatemala*, de *San-Salvador*, d'*Honduras*, de *Nicaragua* et de *Costa-Rica* étaient constitués en *États-Unis de l'Amérique centrale*. Pedro Molina le premier en fut président. Il eut pour successeur, en 1824, Manuel-José Arco. Le premier congrès qui se réunit ensuite (1825) et le suivant (1826) se passèrent tranquillement; et on eût pu espérer voir la jeune république arriver bientôt à l'état le plus florissant, si la discorde n'était pas venue alors éloigner un pareil moment. Dans ces contrées, en effet, la société était constamment tourmentée, agitée par la lutte intestine de deux opinions ennemies. L'une, aristocratique par essence, dirigée par les riches familles, appuyée par le clergé et les vieux Espagnols, dominait à Guatemala, et avait à sa tête le président Arco. L'autre, démocratique, avait son foyer à San-Salvador, et reconnaissait pour chef le général Morazan. Il en résulta bientôt entre les deux États une guerre ouverte, dont le résultat fut que le général Morazan entra victorieux à Guatemala le 18 avril 1829. José-Francisco fut élu président provisoire, et en 1830 le général Morazan fut proclamé pour huit années président de la république fédérale. Bien intentionné, actif, ami de la liberté, le général Morazan fit tout ce qu'il put pour améliorer la malheureuse position du commerce, et par là rétablir un peu les affaires de son pays; mais il n'avait pas les ressources nécessaires pour comprimer les dissensions intérieures, pour prévenir la séparation temporaire de quelques états, de Nicaragua et d'Honduras, par exemple, d'avec l'union fédérative, et pour comprimer des luttes de partis, qui finirent par dégénérer en luttes de races et de tribus. La confusion et le désordre en vinrent au comble en 1839, époque où l'on vit Carrera, Indien métis, jouer un rôle de plus en plus important dans les affaires publiques. Se mettant à la tête de ses Ladinos et de ses hordes d'Indiens, il ravagea tantôt Guatemala, tantôt Santa-Rosa, tantôt San-Salvador, pillant, massacrant, dévastant tout sur son passage, et finit par vaincre le général Morazan, qui venait précisément alors de triompher momentanément de l'opposition des états de Nicaragua et de Honduras, et de les faire rentrer sous les lois de la fédération.

En 1839, l'union fédérative proclama solennellement sa dissolution, et les cinq états qui la composaient, renonçant désormais au centralisme, se déclarèrent indépendants les uns des autres. Au commencement de 1842, Carrera s'empara de vive force de la ville de Guatemala, et contraignit Morazan à prendre la fuite. Celui-ci, accompagné de vingt-sept amis restés fidèles à sa fortune, gagna Libertad, port de l'océan Pacifique, s'y embarqua pour le sud, et depuis le commencement de 1842 fixa son séjour à Costa-Rica, à l'effet d'y continuer à main armée son système de centralisme. Il avait déjà réuni un millier de soldats et était à la veille d'entreprendre une expédition contre Nicaragua, lorsque, le 11 septembre, la ville même du jour fixé pour son entrée en campagne, les habitants de Costa-Rica, mécontents de son administration, se soulevèrent contre son autorité, entraînèrent une grande partie de ses troupes, et le forcèrent à se renfermer, avec ce qui lui restait d'hommes, dans la ville de San-José, où les insurgés vinrent aussitôt l'assiéger. Toutes les villes de l'état, à l'exception de Carthago, se déclarèrent alors contre lui. Morazan, qui ne put rester que deux jours à San-José, l'évacua le 13 septembre et se retira à Carthago; mais il fut fait prisonnier tout de suite après, ramené à San-José, et fusillé le 15 septembre avec le général Villaseñor. Les quatre États de Guatemala, d'Honduras, de Nicaragua et de San-Salvador, conclurent bien un traité d'alliance offensive et défensive le 7 octobre 1842; mais, à la suite de nouveaux troubles qui éclatèrent à Guatemala et à San-Salvador dans les premiers jours de février 1845, les liens bien faibles de cette confédération se brisèrent encore une fois. Depuis lors, cinq États indépendants existent dans l'Amérique centrale, à savoir : Guatemala, San-Salvador, Nicaragua, Costa-Rica et Honduras.

CENTROBARIQUE. Dans le siècle dernier, on appelait ainsi à une méthode géométrique très-ingénieuse, reposant sur une seule proposition générale qui porte encore le nom de *théorème de Guldin*, quoique ce jésuite n'en soit nullement l'auteur, puisqu'elle se trouve consignée dans les *Collections Mathématiques* de Pappus. Le père Guldin ne put même que la vérifier dans quelques cas particuliers, et la première démonstration complète en fut donnée par Antonio Roccha, disciple de Cavalieri; depuis, la découverte des calculs différentiel et intégral en a fait trouver plusieurs autres.

Voici ce théorème : *Toute figure formée par une ligne ou une surface tournant autour d'une droite, a pour mesure le produit de la grandeur génératrice par l'arc que décrit son centre des moyennes distances autour de l'axe de révolution* (arc qui, dans le cas d'une révolution complète, devient la circonférence ayant pour rayon la distance de ce point à l'axe). Il est bien entendu que l'on suppose la ligne ou la surface génératrice tout entière du même côté de l'axe. A l'aide de cette proposition, on mesure toutes les surfaces et tous les solides de révolution. Si, par exemple, on veut trouver la surface du cylindre engendrée par un rectangle qui tourne autour de sa hauteur h et dont la base est représentée par b, il faudra multiplier la ligne génératrice h par la circonférence que décrit son centre des moyennes distances; cette circonférence a évidemment b pour rayon et est, par conséquent, égale à $2\pi b$; donc la surface cherchée est représentée par $2\pi bh$, résultat qui concorde avec celui qu'on obtient par les autres méthodes. Dans tous les cas, on opérera de même. On pourra aussi, lorsqu'on connaîtra la mesure d'un solide ou d'une surface de révolution, déduire de cette mesure, pour la surface ou la ligne génératrice, la position du centre des moyennes distances, qu'il est quelquefois difficile de déterminer directement.

Souvent, dans l'énoncé du théorème fondamental, au lieu de l'expression *centre des moyennes distances*, on emploie celle de *centre de gravité*, parce que dans certains cas particuliers, comme nous l'avons dit à l'article CENTRE, ces deux points coïncident. Mais il n'en est pas toujours ainsi, et cette substitution de mots pourrait induire en erreur. D'un autre côté, elle pourrait faire supposer que la méthode centrobarique dérive de considérations mécaniques, tandis qu'elle est du domaine de la géométrie pure. Les mêmes raisons ont dû faire abandonner aux géomètres le mot *centrobarique* (formé de κέντρον, centre, et βάρος, pesanteur, gravité), et on ne le rencontre plus guère que dans les traités modernes.
E. MERLIEUX.

CENTROLOPHE (de κέντρον, aiguillon, et λόφος, cou), genre de poissons de la famille des scombéroïdes, voisins des coryphènes, et qui se distinguent de celles-ci par le palais, qui est lisse et sans dents. Le profil de la tête est aussi moins élevé. Le nom de *centrolophe* fut donné à ce genre par Lacépède, qui, n'ayant eu à sa disposition qu'un de ces poissons conservé dans l'alcool, avait vu sur sa nuque trois petites saillies pointues. Ces saillies n'étaient qu'un résultat du dessèchement de l'animal, qui laissait poindre sous la peau l'extrémité des trois premiers intérépineux. L'erreur a été reconnue depuis par M. Valenciennes; mais le nom est resté.

CENTROPOME (de κέντρον, aiguillon, et πῶμα, opercule). Sous ce nom, Lacépède avait formé un genre de poissons assez nombreux, dans lequel les ichthyologistes modernes n'ont laissé qu'une seule espèce, caractérisée par l'absence d'épines à l'opercule. Cette espèce, assez commune dans toutes les parties chaudes de l'Amérique méridionale, est désignée à Cayenne sous le nom de *brochet de mer*.

CENT-SUISSES, troupe d'infanterie qui, suivant quelques historiens, existait depuis 1443. Elle prit sous Louis XI, en 1496, le titre de *compagnie des Cent-Suisses ordinaires du corps du roi*. C'était un corps privilégié, armé de hallebardes ou de cannes d'armes; ceux qui le composaient étaient costumés à l'espagnole et habillés en bleu, galonné d'or. Quatre *trabans* étaient préposés à la défense du capitaine, deux autres étaient chargés de défendre l'enseigne. Plus tard, quand la forme des armes se modifia, les Cent-Suisses furent composés de *piquiers* et de *mousquetaires*, divisés en deux *manches*. Quand Louis XIV visitait la tranchée, les Cent-Suisses en occupaient la tête. Ils cessèrent d'exister depuis la fin du règne de Louis XVI jusqu'à celui de Louis XVIII. Rétablis alors, ils subirent bientôt une refonte par suite de laquelle ils devinrent, en 1817 (21 mai), un corps d'élite français, sous la dénomination bizarrement prolixe de *grenadiers gardes à pied du corps du roi*. En 1825 (27 février), leur force était de 86 soldats. Les événements de 1830 (juillet) opérèrent encore une fois leur licenciement.
Gal BARDIN.

CENTUMVIRS. Dès une époque très-reculée, que Niebuhr fait même remonter à Servius Tullius, certaines causes, notamment celles qui avaient rapport aux questions d'état, aux droits de famille et de succession, à la propriété quiritaire et à ses démembrements, étaient renvoyées devant un collége de juges dont le nombre fut porté approximativement à cent, et qui prit le nom de *tribunal des centumvirs*. Le tribunal centumviral n'avait pas ce que les Romains appelaient la *juridiction*; le rite sacramentel de l'action de la loi avait toujours lieu devant le magistrat, et de là les parties étaient renvoyées devant les centumvirs, s'il y avait lieu. Une lance (*centumviralis hasta*) était dressée devant le tribunal, comme le symbole du domaine et de la souveraineté. Il se divisait en quatre sections ou conseils (*consilia, tribunalia*); les affaires se plaidaient quelquefois devant deux sections (*duplicia judicia, duæ hastæ*), quelquefois devant les quatre réunies (*quadruplex judicium*). C'était une sorte de jury permanent. Les centumvirs étaient nommés par les tribus pour un an; il y en avait trois par chaque tribu. Quand les tribus furent portées au nombre de trente-cinq, il y eut cent cinq juges au tribunal centumviral; Pline plus tard en compte cent quatre-vingts. Ce tribunal s'assemblait au Forum, et par la suite la basilique *Julia* lui fut affectée. Les questeurs sortant de charge avaient mission de le convoquer et de le présider; le préteur exerçait la surveillance supérieure sur toute l'institution. Sous Octave la présidence en fut attribuée à des magistrats spéciaux nommés *décemvirs judiciaires*. Le tribunal des centumvirs acquit son plus haut degré d'importance à l'époque de l'empire; cependant il fut complétement supprimé, l'an 395 après J.-C., à la mort de Théodose.

En résumé, quoique les centumvirs aient vraisemblablement été choisis d'abord parmi les patriciens, seuls versés dans la connaissance du droit, leur institution n'en fut pas moins plébéienne, au moins par le principe de l'élection.

Il y avait à Carthage un tribunal de *centumvirs*, juridiction suprême de l'État.
W.-A. DUCKETT.

CENTURIES, subdivisions des diverses classes de citoyens romains. L'organisation des centuries et des *comices par centuries*, dont les détails ne nous sont pas entièrement connus, fut une innovation importante introduite par Servius Tullius dans la constitution primitive de Rome. Son but était de conférer aux citoyens, en proportion de leur fortune particulière, le pouvoir et les armes, qui sont le moyen de le conserver. Les comices, par centuries, remplaçant les *comices par curies*, substituèrent au vote par races le vote par classes de richesses. C'était déjà un immense progrès. La commune plébéienne, habituée depuis longtemps à la prépondérance d'une oligarchie, devait accepter avec joie une constitution qui faisait succéder l'aristocratie mobile de la richesse à une aristocratie de race exclusive.

Chacun alla prendre dans les classes de Servius la place que lui assignait sa fortune. Ces patriciens, qui faisaient la loi au peuple dans leur vingt curies et dont le plus pauvre avait en réalité plus d'importance que le plus considérable des plébéiens, se virent séparés les uns des autres, mêlés au peuple, pesés dans la balance du magistrat censeur. A la clôture du lustre le patricien, dont la fortune était diminuée, se voyait contraint de descendre, et sa place était donnée à un plébéien sans naissance.

Les cinq classes furent inégalement subdivisées en centuries, chaque classe ayant un nombre de centuries proportionné à la masse de biens qu'elle représentait par rapport au résultat total du cens, en sorte que la première classe, quoique la moins nombreuse, comprenait à elle seule presqu'autant de centuries que toutes les autres réunies. Il résulta de cette organisation que lorsque les comices furent assemblés par centuries, comme on ne comptait que les suffrages collectifs des centuries et non pas les suffrages individuels, les riches, qui avaient un bien plus grand nombre de centuries, avaient aussi, quoique moins nombreux, un plus grand nombre de suffrages que les pauvres. L'équilibre de cette combinaison était tel, au rapport de Cicéron, que s'opposant la première classe en opposition sur un projet de loi avec toutes les autres, les centuries des chevaliers faisaient pencher la balance du côté où elles se portaient.

Les centuries de la première classe étaient complétement armées, ayant pour la défensive un bouclier ovale, un casque, une cuirasse et des cuissards d'airain, et pour l'offensive la lance, l'épée et le javelot. Les centuries de la deuxième classe, au lieu du bouclier ovale, en portaient un carré; elles étaient sans cuirasse; la quatrième classe n'était armée que de frondes et de pierres. Il n'y avait avant Servius que six centuries de chevaliers, composées de jeunes gens appartenant aux meilleures familles du patriciat. Le roi réformateur en créa douze nouvelles prises dans les familles plébéiennes les plus distinguées par leur fortune et leur considération. Les dix-huit centuries de chevaliers furent assimilées, dans les comices, aux centuries de la première classe, et votèrent avec elles. Enfin l'on ajouta aux centuries des cinq classes quelques centuries additionnelles où l'on fit entrer comme musiciens, ouvriers ou hommes de remplacement les *accensi* dont le cens était au-dessous de 11,000 as, les *proletarii* qui possédaient moins de 1,500 as et plus de 375 et les *capite censi* qui n'avaient rien ou presque rien. D'après Tite-Live la première classe, y compris les dix-huit centuries de chevaliers, comptait 98 centuries. On y adjoignit deux centuries d'ouvriers; la seconde classe en avait 20, ainsi que la troisième et la quatrième; la cinquième en avait 30; ce qui, en y ajoutant les quatre centuries additionnelles, donne un total de 194 centuries. Denys d'Halicarnasse n'en compte que 193. D'après Cicéron, la 1re classe ne comprenait que 88 centuries. Ces divergences tiennent peut-être à ce que le nombre des centuries de chaque classe a varié suivant les produits généraux du cens.

Dans la légion, la centurie fut d'abord de trente hommes; on en réduisit l'effectif à vingt après les désastres que Porsenna fit essuyer aux Romains; mais quand la légion fut de six mille hommes, chaque centurie comprit cent hommes que commandait un centurion. W-A. DUCKETT.

Les quatrains prophétiques de Nostradamus sont intitulés *centuries*. Gombaud, poëte du dix-septième siècle, a divisé ses épigrammes par *centuries*.

CENTURIES DE MAGDEBOURG. On nomma ainsi le premier ouvrage complet publié par les protestants sur l'histoire de la religion chrétienne, parce qu'il est divisé en *siècles* dont chacun forme un volume, et que c'est à Magdebourg que cette vaste entreprise fut commencée. Mathias Flacius en conçut le plan en 1552, à l'effet de démontrer l'accord de la doctrine évangélique avec la foi des premiers chrétiens, et de prouver combien l'Église catholique s'en était écartée. Il eut pour collaborateurs J. Wigand, M. Judex, B. Faber, A. Corvinus et Th. Holzhuter; plusieurs princes et seigneurs protestants se déclarèrent les patrons d'une entreprise qui exigeait des dépenses considérables, et qui reçut l'appui d'une foule de savants de l'époque. Les *centuriateurs de Magdebourg* (c'est ainsi qu'on appela les collaborateurs de Flacius) n'ont poussé leur travail que jusqu'à l'année 1300. Il parut à Bâle, en 13 volumes in-fol., de 1559 à 1574. Il en a été fait depuis diverses éditions; nous citerons celle de Baumgarten et Semler (6 volumes in-4°; Nuremberg, 1757-1765). Les catholiques, attaqués dans leurs doctrines et par les raisonnements et par les faits, sentirent le besoin de réfuter un livre dont l'effet avait été immense. Dans ce but Baronius écrivit les Annales, qui devaient être la réfutation des Centuries.

CENTURION, mot qui rappelle un des grades de la légion romaine, et qui donne l'idée d'un officier d'infanterie dont l'emploi et les attributions ont varié. Voilà pourquoi les auteurs qui n'ont pas fait la distinction de ces diverses périodes se contredisent entre eux, et présentent comme absolues des vérités relatives. Les centurions étaient scrupuleusement choisis par les tribuns, mais en vertu de l'ordre des consuls, sous l'approbation desquels la nomination avait lieu. L'avancement des centurions roulait ensuite par ancienneté de grade, sur toute la légion : ainsi le dixième ou dernier centurion des hastaires devenait dixième ou dernier centurion des princes ; celui-ci devenait dixième ou dernier centurion des triaires, etc. De là vient qu'on trouve dans les auteurs : *a decimo hastato ad decimum principum* : ce qui signifiait que le centurion du dixième manipule des hastaires avait obtenu le centurionat du dixième manipule des princes ; *a decimo principe ad decimum pilanum* : ce qui exprimait que le centurion du dixième manipule des princes avait obtenu le commandement du dixième manipule des triaires. D'ordre en ordre, ou, si l'on veut, d'arme en arme, les centurions du dixième devenaient neuvième, huitième, etc., et enfin premier centurion ou centurion en chef; car le rang que tenaient entre eux les centurions d'une légion était égal au numéro de leur troupe : ainsi, dans une légion, les premiers centurions étaient d'abord ceux des triaires, ensuite ceux des princes, etc. Au temps des empereurs les anciennes règles se corrompirent : la faveur, le privilége, la richesse, décidèrent de la nomination des centurions ; leurs places furent vénales, et pour se dédommager du prix qu'elles leur avaient coûté ils exerçaient toutes sortes d'exactions sur leurs soldats, qui s'en consolaient ou s'en vengeaient en pillant le peuple. Les abus étaient devenus si criants, suivant Tacite, que les soldats réclamèrent unanimement contre les injustices et les rapines de leurs centurions. L'empereur, n'osant pas sévir, de peur de s'aliéner des privilégiés puissants et des chefs sans discipline, apaisa ces plaintes par des libéralités, remède non moins préjudiciable que le mal ; aussi le désordre se perpétua-t-il ; et Végèce nous apprend que depuis plusieurs siècles on ne s'élevait au rang de centurion que par l'intrigue et la corruption.

Les prérogatives des centurions étaient étendues, et, quoiqu'ils n'eussent sous leurs ordres qu'un ou deux officiers ou sous-officiers, ils jouissaient d'une considération bien plus grande que nos capitaines actuels; car du tribun au centurion il n'existait pas de grade intermédiaire, non plus que du tribun au consul ou général commandant. Les centurions de première classe avaient le droit, comme nous l'apprend César, d'assister, avec voix délibérative, aux conseils de guerre. Les centurions exerçaient sur leurs troupes une véritable juridiction, puisqu'ils faisaient plaider devant eux, comme on le voit dans Juvénal (*sat.* XVI), les causes qui intéressaient civilement leurs soldats ; aussi la considération attachée au titre de centurion égalait-elle presque le respect dont jouissaient les tribuns. Plusieurs empereurs avaient modifié le grade de centurion, en y introduisant des *augustales*, des *flaviales*, etc., qui étaient en quelque sorte des sous-centurions. Dans les usages de l'empire d'Orient, les centurions ou *centeniers* devinrent *centarques*, *hécatontarques, taxiarques*. Gal BARDIN.

CÉORLS. A l'époque des Anglo-Saxons, la troisième classe, le troisième rang des habitants de l'Angleterre, était composé de ceux qui étaient complétement libres et descendaient d'une longue filiation d'hommes libres. Le corps nombreux et respectable d'hommes qui étaient appelés *céorls* constituait une classe moyenne entre les laboureurs et les artisans (qui en général étaient esclaves ou descendaient d'esclaves) d'un côté, et la noblesse de l'autre. Ils pouvaient aller où ils voulaient, et suivre le genre de vie qui leur était le plus agréable ; mais il y en avait parmi eux un si grand nombre qui s'appliquaient à l'agriculture, et qui s'occupaient d'affermer les terres de la noblesse, que *céorl* était le nom que l'on donnait le plus souvent au laboureur ou au fermier du temps des Anglo-Saxons. Cependant ces *céorls* paraissent avoir été, en général, des espèces de gentils-hommes fermiers ; et si l'un d'eux prospérait assez pour acquérir la propriété de cinq *hydes* de terres sur lesquelles existait une église avec grande porte ; s'il obtenait un logement ou un office à la cour du roi ; s'il s'appliquait à l'étude et parvenait à l'ordre de la prêtrise ; s'il se livrait au commerce et qu'il eût fait trois voyages sur mer dans un vaisseau dont il fût propriétaire, ou avec une cargaison qui lui appartint ; ou bien encore si, montrant plus de goût pour les armes que pour les sciences, le commerce ou l'agriculture, il devenait le *sithcundman*, ou compagnon militaire de quelque comte puissant ou guerrier, et se conduisait assez bien pour obtenir de son patron, comme récompense de sa valeur, ou cinq hydes de terre, ou une épée, un casque et une cuirasse dorés, il était de droit regardé comme un *thane*. En d'autres termes la carrière des honneurs était ouverte à ces céorls dès qu'ils s'appliquaient à l'agriculture, aux lettres, au commerce ou aux armes.

CÉOS ou **ZEA**, une des Cyclades de la mer Égée, en face du cap Sunium et de l'Attique, était fort vantée pour sa fertilité; elle n'a pas moins de cinq mille habitants, et la ville du même nom est la résidence d'un évêque. Ce fut dans cette île, et parmi les ruines de *Iulis* ou *Iulice*, que fut découverte la célèbre chronique connue sous le nom de *marbres de Paros*. Céos est bâtie sur l'emplacement de l'ancienne *Carthæa*. Bronstedt a fait sur les antiquités de cette île de précieuses recherches, qu'on peut lire dans son *Voyage en Grèce* (Paris, 1826). On rapporte qu'à raison de l'exubérance de la population, il était permis aux hommes de Céos âgés de plus de soixante ans de se détruire. Ils rassemblaient leurs parents et leurs amis, puis, le front ceint de couronnes, ils avalaient un breuvage de pavots, et s'endormaient pour toujours. P. DE GOLBÉRY.

CEP, souche ou pied de vigne. Chaque année le cep se dépouille de son écorce par parcelles longues et étroites, et comme par écailles ; elles s'accumulent les unes sur les autres, jusqu'à ce que les pluies et les vents les détachent entièrement du tronc. La grosseur et la hauteur du cep varient suivant les plants et les méthodes de culture adoptées dans les différents pays. « Si on cultivait la vigne pour le simple agrément, comme l'amateur soigne un arbre précieux, je conseillerais, dit l'abbé Rozier, dans son *Cours d'Agriculture*, d'enlever chaque année ces débris d'écorce, parce qu'ils servent de retraite pendant l'hiver aux insectes, qui en sortent pour dévorer les bourgeons, les feuilles et les fleurs sur la grappe, aussitôt que la vigne végète et pousse. » Mais on conçoit que cette opération serait beaucoup trop longue et beaucoup trop coûteuse dans les grands pays de vignobles, où l'on a déjà tant d'autres soins à donner à la vigne; et il est douteux même que les résultats fussent assez grands pour dédommager du temps et de la peine qu'on y aurait employés. Un autre inconvénient, cependant, en résulte encore; c'est l'humidité qui se conserve sous ces écorces, de manière que lorsqu'il a plu ou neigé, et que le froid survient, cette eau se glace, et fait périr beaucoup de ceps, surtout les vieux; les jeunes s'en garantissent plus facilement, parce que leur écorce, encore lisse et peu gercée, laisse glisser l'eau et se soustrait mieux, par conséquent, aux rigueurs de la gelée.

CÉPE ou CEPS. *Voyez* BOLET.

CÉPHAËLIS, genre de plantes de la famille des rubiacées. L'espèce la plus connue est le *cephaelis ipecacuanha*, qui fournit au commerce une des racines émétiques auxquelles on donne le nom d'*ipécacuanha*. Cette plante est vivace, et croît dans les lieux ombreux et humides couverts de forêts des provinces de Pernambuco, Bahia, Rio-Janeiro, Paulensia, Mariana et autres contrées du Brésil. Elle fleurit en décembre, janvier, février et mars. Ses baies mûrissent au mois de mai. La racine est simple et garnie de courtes et rares radicules; elle est arrondie, longue de huit ou dix centimètres sur quatre à six millimètres d'épaisseur; courbée en différentes directions, brune à l'intérieur, elle est couverte d'anneaux proéminents, inégaux et rudes. La tige est penchée à sa base, et s'élève depuis quinze jusqu'à vingt-cinq centimètres; elle est arrondie, de l'épaisseur d'une plume à écrire, lisse, brune, dénuée de feuilles et nouée dans la partie basse, mais feuillée au sommet. Après la première année elle pousse des jets stolonifères, d'où s'élèvent, à distance d'environ quinze centimètres, de nouvelles tiges droites. Les feuilles inférieures sont caduques, de manière qu'il finit ordinairement par n'en plus rester que huit au sommet de chaque tige à l'époque de la floraison. Ces feuilles sont presque sessiles, opposées, étalées, ovales, pointues aux deux extrémités, longues de huit ou dix centimètres et larges de moins de cinq, d'un vert foncé à la face supérieure, et d'un vert blanchâtre, duvetées et veinées en dessous. A la base de chaque paire de feuilles se trouvent des stipules engaînantes sur la tige, qui sont sessiles, frangées, courtes et caduques. Les fleurs sont agrégées en un épi solitaire, sur un pédoncule arrondi et tomenteux, qui termine la tige; elles sont entourées d'un involucre à quatre folioles. Les fleurons sont sessiles, au nombre de quinze jusqu'à vingt-quatre, interrompus par de petites bractées. Le calice est très-petit, à cinq dents, supérieur et persistant; la corolle est monopétale, avec une partie élargie plus courte que le tube, et divisée en cinq segments ovales, aigus, recourbés; les filaments sont courts, capillaires, insérés à la partie supérieure du tube, et portent de longues anthères droites; l'ovaire est inférieur, et porte un style filiforme, avec deux stigmates obtus de la même longueur que les anthères. Cet ovaire se change en une baie molle, uniloculaire, d'un rouge pourpre, passant au noir, et qui renferme deux semences ovales.

PELOUZE père.

CÉPHALALGIE. Ce mot, formé du grec κεφαλή, tête, et ἄλγος, douleur, signifie *douleur de tête*. Si la céphalalgie est invétérée, chronique, on la nomme *céphalée*; si elle n'affecte que la moitié de la tête, on l'appelle *migraine* (*hemicrania*); et si elle se limite, avec une douleur très-vive à un seul point de la tête, (ordinairement à l'endroit qui correspond à l'un des sourcils), on la nomme *clou*. Les médecins ont donné différentes dénominations aux douleurs de tête, d'après les causes différentes qui ont pu les produire, ou d'après les maladies diverses dont elles sont un des symptômes.

Rarement la céphalalgie est une maladie par elle-même; plus ordinairement elle est le symptôme précurseur et accompagnant la fièvre et presque toutes les maladies aiguës, spécialement celle du cerveau et des méninges. Très-souvent la céphalalgie est sympathique de quelque affection d'autres organes que l'encéphale. L'estomac, surtout lorsqu'il est irrité par la présence de quelque substance stimulante ou de difficile digestion, ou lorsqu'il est surchargé d'aliments, propage immédiatement son irritation au cerveau, laquelle se manifeste par la douleur et la pesanteur à la tête. Les excitants du cerveau, l'opium, le vin, les liqueurs alcooliques, causent la céphalalgie, quand leur action n'arrive pas à produire l'ivresse ou des dérangements plus graves dans l'organisme. La pléthore ou l'excès du sang se fait sentir également sur le cerveau, en donnant des signes de compression générale de cet organe, et la céphalalgie en est le principal. Le travail prolongé de la méditation, une forte et vive impression morale, les affections de l'âme, la frayeur, le chagrin profond, le désespoir, l'attente et l'incertitude du résultat d'une affaire qui nous intéresse, etc., produisent le même effet. Un coup de soleil, la chaleur excessive, et quelquefois seulement un bain trop chaud, causent une forte céphalalgie. D'autres fois, elle est aussi la suite des lésions de l'encéphale après des chutes ou des coups portés à la tête. Cette sorte de céphalalgie est grave et demande des soins assidus; les abcès, les épanchements séreux, le ramollissement du cerveau et la mort en sont souvent la suite.

Tous les exemples que nous venons de citer tendent à prouver que la cause immédiate de la céphalalgie est en général dans le système sanguin cérébral, et qu'elle a lieu lorsque le sang est porté avec force vers la tête, et comprime en tout ou en partie les organes qui s'y trouvent renfermés. La quantité exubérante de sang qui engorge les mouvants vaisseaux sanguins des membranes du cerveau doit aussi apporter et déposer une quantité considérable de sang dans la cavité crânienne, et par-là le sang doit concourir à produire la sensation douloureuse des parties contenues dans cette cavité. S'il pouvait se faire, comme il arrive dans les autres parties du corps, quelque sorte d'évaporation des humeurs séreuses, la chaleur diminuerait naturellement, et la douleur, dans les cas que nous venons de citer, serait moins intense et plus passagère; mais la boîte osseuse du crâne ne le permet pas. La douleur, dans la céphalalgie, a son siége dans le cerveau et dans les fibres nerveuses dont il est composé; mais l'état des méninges et du système vasculaire cérébral sera, dans presque tous les cas, la condition pathologique de cette affection.

Lorsque la céphalalgie n'est que le symptôme d'une autre maladie, elle ne peut pas avoir un traitement spécial; la céphalalgie cessera avec la maladie principale. Ainsi si la goutte, par exemple, s'était portée à la tête, ou si la céphalalgie reconnaissait pour cause une affection catarrhale ou rhumatismale, c'est à la cure de la goutte, du catarrhe ou du rhumatisme, que l'on devrait appliquer les moyens curatifs. Il en est de même pour la céphalalgie syphilitique, dont le caractère essentiel est d'augmenter la nuit et par la chaleur du lit, et de diminuer et de cesser entièrement le jour; lorsque les malades se lèvent et agissent. C'est au traitement mercuriel que ces sortes de céphalalgies cèdent, mais ce traitement doit être sagement dirigé. Trop souvent le mercure est mal administré, et alors le vulgaire et le praticien inexpérimenté attribuent au remède les maux qui sont encore la suite de la maladie. Il y a souvent des exostoses et des caries du crâne qui exigent du temps pour leur résolution ou leur séparation, et une cure mercurielle précipitée et mal entendue peut alors devenir très-dangereuse.

Quand la céphalalgie reconnaît pour cause la pléthore, ou bien une lésion de l'encéphale par suite de coups portés à la tête, il n'y a pas de doute que le meilleur, le plus prompt et le plus sûr remède est la saignée ; à plus forte raison si la céphalalgie n'était qu'un symptôme de la *céphalite*, c'est-à-dire d'une véritable inflammation du cerveau. La saignée, dans de pareilles circonstances, doit être répétée hardiment, si l'on veut prévenir les désordres plus graves qui menacent le cerveau. Le repos, la diète sévère et les différents moyens antiphlogistiques seront mis en usage avec utilité.

La céphalalgie qui vient à la suite de la suppression des menstrues ou des hémorrhoïdes ne doit pas être regardée ni traitée de la même manière que celles qui ont pour cause la pléthore générale. C'est une erreur de croire que dans ces évacuations périodiques il n'y a qu'une perte plus ou moins considérable de sang : il y a sécrétion et élimination, expulsion de certains matériaux dont l'organisme doit se débarrasser. Si donc dans ces sortes de céphalalgies quelque application de sangsues peut convenir, la première indication pour le médecin sera toujours de chercher à rétablir les évacuations supprimées.

Nous avons dit plus haut que toutes les fois que le sang est poussé avec force vers la tête, il y a céphalalgie plus ou moins forte. C'est une sorte de pléthore locale, passagère, qui cède facilement aux moyens curatifs ordinaires. Cette céphalalgie est la plus commune et la plus fréquente, parce que les causes qui la déterminent se présentent partout et se répètent très-souvent dans la vie. Aussi il n'y a presque pas de personnes qui n'aient souffert des maux de tête à la suite de quelqu'une des causes de la nature de celles que nous avons indiquées. Le repos, l'obscurité, les boissons rafraîchissantes, les lotions froides à la tête et au front, quelque légère purgation, suffisent d'ordinaire pour calmer ces sortes de céphalalgie.

Mais lorsque les vaisseaux sanguins ont souvent éprouvé ces genres de distention et de plénitude, il s'ensuit une sorte de dilatation générale ou de relâchement dans leurs parois, dans leurs tuniques membraneuses, et cela fait qu'ils se vident par la suite avec plus de difficulté, et rarement complétement. C'est ainsi que nous nous rendons compte de ces *céphalalgies chroniques opiniâtres*, qui résistent à tous les traitements curatifs, et dans ces cas surtout que nous avons trouvé très-utile l'emploi de la digitale pourprée, portée quelquefois à des doses très-élevées. Cette manière d'interpréter la plupart des céphalalgies chroniques nous met à même d'expliquer pourquoi sont généralement inutiles les sétons, les vésicatoires, les cautères et tous les tourments extérieurs dont beaucoup de médecins font un étalage luxueux et insensé. Ces moyens de traitement sont également inutiles pour les cas de tumeur aux méninges, pour les varices et les anévrismes que l'on trouve quelquefois aux veines et aux artères contenues dans la cavité du crâne, de même que pour toute sorte d'altération organique. Il y a des céphalalgies séreuses, c'est-à-dire qu'il y a quelquefois compression au cerveau, par suite du versement d'eau, soit entre le crâne, les méninges et le cerveau, soit dans les cavités du cerveau même. Quand la céphalalgie est la suite d'une hydropisie générale, elle est presque toujours mortelle, et son traitement sera celui de l'hydropisie en général. Mais quand il y a des raisons pour croire qu'il y a une hydropisie partielle au cerveau, comme il arrive à la suite de quelque légère inflammation à la tête, ou après quelque lésion de ses parties, ou bien après quelque expulsion rentrée ou mal terminée, alors on doit agir avec activité et persévérance. Les boissons nitrées, les purgations, les vésicatoires et la digitale doivent être employés avec confiance, et l'on peut obtenir avec de pareils moyens des résultats étonnants.

Les médecins reconnaissent une autre espèce de céphalalgie, tout à fait différente de celles dont nous avons parlé jusqu'ici, et qu'ils appellent improprement *nerveuse*. Rappelons-nous que toute douleur ne peut être perçue ni sentie que par le cerveau, qui est le centre du système nerveux et le siége des sensations ; dès lors toutes les céphalalgies sont nécessairement nerveuses. Mais l'on appelle *nerveuses* certaines céphalalgies auxquelles sont assujetties les personnes douées d'une extrême irritabilité, les femmes hystériques ou celles qui se trouvent dans leurs premiers mois de grossesse, les hypocondriaques ; les céphalalgies qui sont déterminées par certains vents qui viennent des régions chaudes et humides, etc., et celles qui sont la suite d'un état d'épuisement des forces et d'une véritable faiblesse générale. Il n'y a que cette dernière espèce qui mérite ici quelque attention de notre part. Les premières rentrent en général dans la classe de celles qui reconnaissent un degré plus ou moins fort d'excitation cérébrale.

Les céphalalgies qui reconnaissent pour cause une véritable faiblesse de l'organisme, et plus spécialement dans le système nerveux, sont très-difficiles à reconnaître, parce qu'elles affectent des personnes de tout âge, et lors même qu'elles nous présentent l'apparence d'une bonne santé. Une affection morale déprimante, le chagrin ou la peur, en sont souvent la cause, si toutefois elles ne sont pas la suite d'évacuations copieuses, de quelque hémorrhagie ou de l'abstinence prolongée. Ces sortes de céphalalgies guérissent avec une bonne nourriture, le bon vin, les stimulants, et surtout avec l'opium. Dans le temps du choléra, en 1832, nous avons eu occasion de traiter plusieurs céphalalgies par cette méthode, et avec le plus grand succès.

Il ne nous reste plus qu'à dire quelques mots sur les céphalalgies qui résultent d'une indigestion et d'une indisposition quelconque de l'estomac. Elles sont très-fréquentes, et nous voyons les médecins appliquent des sangsues à la tête, tandis qu'ils devraient penser à l'estomac. Dans ce cas, les boissons chaudes, le thé, le café, etc., sont d'une très-grande utilité. L'émétique est souvent le médicament le plus efficace pour rétablir les fonctions de l'estomac, pour le débarrasser des matières âcres et irritantes qu'il contient, et pour faire cesser promptement les céphalalgies sympathiques.

Dr FOSSATI.

CÉPHALALOGIE. Ce mot n'est pas nouveau. Les meilleurs dictionnaires de la langue française portent qu'il signifie traité du cerveau, de la tête (κεφαλή, tête ; λόγος, traité). Un auteur italien, Cornelius Ghirardelli, publia en 1630 un traité ayant pour titre : *Céphalalgie ou Céphalogie physionomique*. Dans ce livre, l'auteur examine la forme et l'expression extérieure de cent têtes humaines, que l'on voit gravées dans l'ouvrage. Il y a en outre une tête gravée et marquée depuis le front jusqu'à l'occiput, avec les lettres *a b c d e f*, et à côté on lit cette explication : *a, cerebrum per totum ; b, sensus communis ; c, imaginatio ; d, fantasia ; e, æstimativa ; f, memoria*. D'après les nouvelles connaissances acquises sur le cerveau et ses fonctions, ces qualités étant des attributs généraux, ne pouvaient pas avoir un organe spécial dans le cerveau (*voyez* PHRÉNOLOGIE) ; mais l'on voit cependant que les anciens avaient déjà admis en principe la pluralité des organes cérébraux, et en cherchaient le signe à l'extérieur de la tête. L'auteur de cet article a pensé que le mot *céphalalogie* était préférable à tous ceux que l'on a employés jusque ici pour indiquer la doctrine qui traite de l'anatomie, de la physiologie et de la pathologie du cerveau, du système nerveux en général, et du crâne ; et c'est sous ce titre qu'il a annoncé les cours publics qu'il fait sur cette doctrine.

Le mot *crâniologie*, par lequel l'on désigne la doctrine fondée par Gall, n'indique nullement ce qu'elle est. Gall se plaignait déjà, en 1798, de cette fausse dénomination, et il publiait dans le *Mercure allemand* que les savants avaient baptisé son enfant avant sa naissance. Le mot *phrénologie*, que l'on a adopté depuis, et qui sera gardé probablement par les savants, est bien loin d'exprimer exactement l'ensemble de cette doctrine. En effet, phrénologie veut dire *traité sur l'esprit*, et dans la science que l'on croit désigner par ce mot, et dont elle s'occupe, l'on étudie le cerveau et ses organes, le crâne et la forme extérieure de la tête etc., qui ne sont certainement pas des substances spirituelles.

Dr FOSSATI.

CÉPHALANTHE (de κεφαλή, tête, et ἄνθος, fleur), genre de la famille des rubiacées, renfermant une douzaine d'espèces. Ce sont des arbrisseaux à rameaux cylindriques, à feuilles opposées ou ternées, à fleurs jaunâtres, sessiles, agglomérées, mais distinctes en capitules globuleux. Ils croissent en Amérique et en Asie.

Richard donne aussi ce nom au mode d'inflorescence des synanthérées (*voyez* CAPITULE).

CÉPHALE et PROCRIS. Ces deux noms ne sont point, comme ils sembleraient l'être, absolument mythologiques; ils tiennent à l'histoire des temps appelés héroïques; ils ont figuré au premier rang dans l'Attique, dans la Crète, dans les îles de la mer Ionienne. Céphale était contemporain de Minos second, c'est-à-dire qu'il vivait cent années environ avant la guerre de Troie. Bisaïeul d'Ulysse, il était lui-même, du côté de son père, l'arrière petit-fils de Deucalion, et fils de Déion, roi de la Phocide, qui l'avait eu de Diomède.

Deux héroïnes célèbres par leur beauté, et filles d'Erechthée, auquel Athènes, par reconnaissance, avait donné le trône, les deux sœurs, *Orithyie* et *Procris*, faisaient alors l'admiration des princes de la Grèce et des contrées voisines. Le fougueux Borée enleva la première, et Céphale, le fils de Déion, obtint la seconde par son amour, sa jeunesse et son nom. Les charmes, la fidélité, la tendresse, les malheurs de ces époux, qui dans les mythologies, les poèmes et les opéras ont tant fait verser de pleurs, s'évanouissent désenchantés sous la plume de cet Apollodore, qui fouilla si avant dans l'intérieur des antiques familles de la Grèce. Il dit que Céphale, qui était éperdument amoureux de Procris, ne fut que médiocrement aimé d'elle, et qu'elle lui associa comme amant un certain Ptéléon. Céphale, qui en eut quelque soupçon, quitta un des bois et la chasse, dont il faisait ses délices, et accourut à Thoricus, où était son palais, afin de surprendre Procris; mais cette princesse l'avait prévenu : elle s'était enfuie en Crète, où elle demanda à Minos un asile et une sauvegarde contre le courroux de son mari. Moins sage que aïeul, ce roi ne put tenir contre les charmes de Procris. Pasiphaé fut négligée, et la fugitive la remplaça dans la couche royale. L'épouse légitime méprisée ne respira plus que vengeance. Averti à temps des sinistres projets de Pasiphaé, Procris s'enfuit de Crète, et revint à Thoricus. Céphale ne put résister aux charmes de son épouse, charmes déjà si bien appréciés de plusieurs princes; sa passion se réveilla plus ardente que jamais. Les suborneurs Ptéléon et Minos s'effacèrent de son esprit; il se réconcilia avec elle. Mais son bonheur dura peu, car il eut le malheur de tuer par mégarde son infidèle dans une partie de chasse. L'Aréopage, jugeant que c'était à dessein et non par mégarde qu'il avait tué Procris, le condamna à un exil perpétuel. On dit qu'en récompense des services que lui avait rendus Céphale dans son expédition contre les Téléboens, Amphitryon lui donna une petite île, qui changea son premier nom de Samé en celui de *Céphalénia*, du nom de son possesseur. Céphale a donc laissé dans la Méditerranée une trace ineffaçable de son existence. *Céfalonie* ou *Céphalonie*, est encore le nom que porte cette île, et que plus de vingt siècles n'ont pu altérer.

Cette histoire de Céphale et de Procris, que nous venons de raconter d'après Apollodore, a trouvé cependant des contradicteurs. Plusieurs ont prétendu que ces deux époux furent des modèles de tendresse, dont la seule jalousie causa tous les malheurs. L'imagination douce et riante d'Ovide ne manqua pas de s'emparer de cette dernière tradition; il en forma son récit des amours de Céphale et de Procris. Ici tout change de couleur. Céphale inspire une vive passion à l'Aurore, qui l'enlève; mais le beau chasseur reste insensible, et, pour se venger, la déesse aux doigts de rose lui donne le pouvoir de se changer à volonté. Il se présente à son épouse sous les traits d'un riche marchand, et après quelques refus, il se croit sûr de triompher lorsqu'il reprend sa forme. Procris, honteuse ou indignée, s'enfuit. Céphale, errant dans les bois, perce par erreur son épouse d'un javelot. Quelques mythographes ajoutent qu'il se punit lui-même de sa méprise avec la même arme.

CÉPHALÉE. *Voyez* CÉPHALALGIE.

CÉPHALIQUE (de κεφαλή, tête), c'est-à-dire qui appartient à la tête, ou qui a rapport à la tête. La *veine céphalique*, autrement et mieux dénommée par Chaussier *veine radiale cutanée*, est la grande veine superficielle externe du bras et de l'avant-bras. Les anciens l'avaient ainsi nommée parce qu'ils croyaient qu'elle avait des rapports avec la tête, et que c'était elle qu'il fallait ouvrir dans les affections de cette partie. Chaussier donne le nom de *veine céphalique* à la veine jugulaire interne, et celui d'*artère céphalique* à la carotide primitive.

CÉPHALITE. *Voyez* CÉPHALALGIE.

CÉPHALOBRANCHES (de κεφαλή, tête, et βράγχια, branchie). *Voyez* BRANCHIE.

CÉPHALOÏDE (de κεφαλή, tête, et εἶδος, forme), qui ressemble à une tête. En botanique, ce mot est synonyme de *capité*.

CÉPHALOMANCIE (du grec κεφαλή, tête, μαντεία, divination), sorte de divination qui se pratiquait au moyen d'une tête d'âne mise sur un brasier.

CÉPHALONIE, la plus grande des îles Ioniennes, bien qu'au point de vue de l'importance commerciale et politique elle n'occupe parmi elles que le second rang, située par 38° 10' de latitude septentrionale et 38° 10' de longitude orientale, à l'extrémité occidentale du royaume de Grèce, à l'entrée du golfe de Patras et séparée d'Ithaque seulement par un détroit de peu de largeur, présente une côte échancrée par plusieurs baies, et un grand nombre d'anses offrant d'excellents ancrages, a, sur une superficie totale de 9 myriamètres carrés, compte une population de plus de 70,000 habitants appartenant pour la plupart à l'Église grecque. Elle est traversée en tous sens par une chaîne de montagnes appelée *Montagna Negra*, dont le pic le plus élevé, le mont Ænos des anciens, atteint une élévation de 1766 mètres; et le petit nombre de plaines qu'on y rencontre sont d'une grande fertilité. Le sol ne produit cependant pas assez pour suffire à la consommation de la population, qui n'élève non plus que très-peu de bétail. En revanche tous les fruits du sud y réussissent; on y récolte notamment d'excellent vin muscat, qui était déjà en grand renom dans l'antiquité, des grenades, des melons, etc., ainsi que du coton, qui, avec l'huile d'olive et les raisins secs, fait l'objet d'un grand commerce d'exportation.

Les habitants ont la réputation d'être d'excellents marins, et ils possèdent en propre plus de 400 navires. Le chef-lieu de l'île est la ville d'*Argostoli*, souvent ravagée par des tremblements de terre, siège d'un évêché, avec 6,200 habitants et un collège. On peut encore citer, en fait de villes, *Licuri*, siège d'un évêché catholique et ancrage important, avec 5,300 habitants; *Asso*, forteresse construite en 1595 contre les Turcs et aujourd'hui à peu près démantelée, avec un port; et enfin le bourg de *Cephalonia*, où l'on trouve aussi un château fort.

Au point de vue administratif, l'île est partagée en onze

cantons. A l'époque héroïque des Grecs, Céphalonie était désignée sous le nom de *Samé* ou *Samos*, et aussi d'*Epirus Melœna* ; elle faisait alors partie du petit royaume d'Ulysse. On la retrouve plus tard sous le nom *Kephallenia* comme tétrapole républicaine, composée de quatre villes : *Palé*, *Kranii*, *Samé* et *Pronos*, dont il existe aujourd'hui à peine quelques vestiges. Les ruines qui en marquent encore l'emplacement sont de construction cyclopéenne. Lors de la guerre du Péloponnèse, cette île dut se soumettre aux Athéniens. Plus tard elle passa sous la domination romaine, en conservant d'abord une apparence de liberté, et finalement sous celle des empereurs de Byzance ; puis elle eut des comtes particuliers (*voyez* l'article suivant). A partir des premières années du treizième siècle, elle appartint aux Vénitiens ; mais elle fut alors à diverses reprises conquise par les Turcs. Après la chute de la république de Venise (1797), les Français s'en emparèrent ; les Russes la leur enlevèrent ensuite, mais ils durent la leur rendre aux termes de la paix de Tilsitt. En 1809 les Anglais se rendirent maîtres de Céphalonie, qui depuis est restée leur propriété comme le reste des îles Ioniennes. En 1849 une insurrection éclata à Céphalonie. Elle avait pour but, dit-on, d'opérer la réunion de cette île avec le royaume de Grèce. Les autorités anglaises durent proclamer la loi martiale, et en très-peu de temps la rébellion fut étouffée.

[Quand les Anglais s'emparèrent de Céphalonie, ils n'y trouvèrent d'autres voies de communication que des sentiers ; il fallut ouvrir des routes, perfectionner le port d'Argostoli, et donner à la circulation intérieure les moyens dont elle était entièrement dépourvue. Le gouvernement vénitien en effet avait depuis longtemps cessé de regarder ces possessions lointaines comme une partie de territoire qu'il lui importât de conserver : il les faisait exploiter par les gouverneurs qu'il y envoyait, au lieu de les gouverner conformément à leurs intérêts et à ceux de la métropole.

L'industrie y est encore réduite au strict nécessaire, et aucune mine n'y est exploitée. L'aisance et la richesse s'y procurent par la voie du commerce des divers objets d'agrément, de commodité ou de luxe qui sont à leur usage. Autrefois, les manufactures du continent étaient en possession de ce débouché, mais actuellement l'industrie anglaise pourvoit à tout, même à des besoins encore plus impérieux ; le blé est importé d'Afrique ; Malte est substituée à Venise. De toutes les îles Ioniennes, Céphalonie est celle qui gagnera le plus à ce changement, car c'est dans ce pays qu'il y a le plus de bien à faire ; à tous égards, les autres îles sont moins arriérées. Des préjugés singuliers y sont quelquefois un obstacle aux améliorations les plus désirables. L'introduction de la pomme de terre y a été repoussée, parce que, suivant les docteurs du pays, ce fut par le moyen de cette *pomme* que le tentateur séduisit notre mère Ève, et perdit le genre humain. Comme le clergé grec est fort ignorant dans les îles Ioniennes, et très-nombreux dans celle de Céphalonie, loin de seconder les vues les plus utiles du nouveau gouvernement, il n'y voit que des innovations impies, et les combat opiniâtrément. La forme de ce gouvernement est un autre obstacle au bien ; l'autorité militaire y domine tout, et , comme on sait, elle n'est pas propre à créer des institutions durables. L'instruction élémentaire commence à se répandre, mais la jeunesse studieuse est encore réduite à chercher sur le continent des leçons qui ne lui sont offertes dans aucun établissement national. On a remarqué que les Céphaloniotes se livrent à l'étude de la médecine de préférence à celle de toute autre division des connaissances humaines, et qu'ils vont pratiquer cet art dans les différentes villes de la Turquie d'Europe et de la Grèce. On cite quelques auteurs nés dans cette île, mais, à l'exception d'un seul auquel on doit la traduction en grec moderne d'un ouvrage italien sur les sections coniques, ils n'ont traité que des sujets de controverse théologique. Ferry.]

CÉPHALONIE (Comtes de). La dernière moitié du douzième siècle fut une époque d'anarchie pour l'empire de Byzance. Tandis que les membres de la famille Comnène s'arrachaient mutuellement la couronne par l'assassinat de leurs plus proches parents, et que la capitale de l'empire ne semblait occupée qu'à renverser tour à tour les maîtres qu'elle se donnait, les provinces éloignées profitaient de cet affaiblissement de toute autorité pour aspirer à l'indépendance. Les îles de la mer Ionienne devenaient la proie du premier occupant. Un pirate entreprenant, nommé Maion, s'empara de Céphalonie, d'Ithaque, de Sainte-Maure et de Zante, et y consolida tellement sa domination, qu'au moment du grand choc des croisés français contre l'empire grec et du démembrement de toutes ses provinces, il tint bon dans sa seigneurie, et défendit ses îles contre leur occupation. Le voisinage du despotat d'Arta, fondé par Michel Comnène, était un véritable appui pour lui. Il eut toutefois devoir, en 1207, recourir à un patronage plus respecté des Francs, et se mit sous la protection du pape Innocent III. Renonçant à son métier d'écumeur de mer, il put se maintenir toute sa vie dans son empire ; mais après sa mort les Français étaient devenus trop puissants dans la principauté d'Achaïe pour ne pas aspirer à la domination des îles voisines.

Le nom du premier conquérant franc de Céphalonie, Zante, Ithaque et Sainte-Maure ou Leucade, n'est pas venu jusqu'à nous. Nous savons seulement qu'il appartenait à une illustre famille française. On l'appelait *le grand comte de Zante*, et il avait épousé une sœur de Théodore Comnène, qui défit le corps d'armée de l'empereur Pierre de Courtenay, en 1217. Ce premier comte, devenu homme-lige du prince Geoffroi II de Ville-Hardouin, eut pour successeur son fils, nommé *Richard*, qui porta le titre de comte palatin de Céphalonie, et fut un des hauts barons de la principauté d'Achaïe.

Ce comte Richard, qui est mentionné dès 1258 dans le *Livre de la Conqueste de la Morée*, vécut fort vieux. D'un premier mariage il eut deux fils, Jean, qui lui succéda, et Guillaume, et deux filles. Sa première femme étant morte, il épousa en secondes noces Marguerite de Ville-Hardouin, veuve aussi d'un premier mariage, dont elle avait eu une fille nommée Isabelle, mariée depuis à Fernand de Majorque, et mère de Jacques, roi de cette île. Lorsque Nicéphore Comnène, despote d'Arta, eut à soutenir la guerre contre l'empereur Andronic Paléologue, il chercha à se fortifier par l'appui du comte Richard de Céphalonie ; mais celui-ci refusa de s'aventurer sans otage, et Nicéphore lui livra sa fille Marie Comnène. L'expédition terminée, Richard refusa de rendre Marie Comnène, et la fit épouser à son fils Jean. Nicéphore, d'abord irrité, finit cependant par se réconcilier avec son gendre, qui resta auprès de lui à Arta jusqu'en 1301. Cette année-là, le comte Richard fut tué à Clarentza, en Morée, par un de ses chevaliers, nommé Lion, qu'il avait gravement offensé.

Jean vint aussitôt prêter hommage au prince d'Achaïe, et prit possession du comté de Céphalonie. Il eut de son mariage avec Marie Comnène deux fils, nommés Thomas et Jean. Le premier lui succéda. Il eut des débats avec son oncle maternel Thomas, despote d'Arta, fils de Nicéphore, l'assassina, et épousa sa veuve, Anne Paléologue, fille de l'empereur Michel II et de Rita d'Arménie. Lui-même fut à son tour assassiné par son propre frère Jean, qui devint ainsi comte de Céphalonie. Ce *Jean II* avait épousé Anne Paléologue, fille du protovestiaire Andronic Paléologue et petite-fille d'Anne Comnène, sœur de l'empereur Andronic l'Ancien. La crainte qu'eut la comtesse Anne de périr victime des embûches de son mari Jean la décida à le prévenir, et elle l'empoisonna, en 1335. Elle avait eu de son mariage avec lui deux filles et un fils, nommé Nicéphore, qui succéda à son père, Jean II.

Pendant qu'Anne formait le projet de conduire son fils à

l'empereur grec et de se soumettre à lui, le jeune Nicéphore se sauva, avec son gouverneur français, auprès de l'impératrice Catherine de Valois, alors établie à Patras, et alla ensuite le trouver dans sa principauté de Tarente. Là il fut fiancé avec une des filles de Catherine de Valois ; mais ce mariage n'eut aucune suite. Nicéphore retourna en Grèce, et l'empereur Jean Cantacuzène lui fit épouser sa fille, Marie Cantacuzène. Nicéphore mourut sans enfants, vers 1355. Outre le comté de Céphalonie, il avait possédé le despotat d'Arta, dont il avait dépouillé son beau-frère Siméon, mari de sa sœur aînée Thomaïs.

A sa mort, Céphalonie fit retour à la cour féodale de la principauté d'Achaïe, dont elle relevait. Robert, prince alors régnant, avait emmené avec lui de sa principauté de Tarente en Grèce, lorsqu'il se rendit dans ce pays avec sa femme, l'impératrice Marie de Bourbon, en 1356, un Napolitain, nommé Léonard de Tocco, en faveur de qui il disposa du gouvernement du comté palatin de Céphalonie. Après la mort de Robert, Tocco s'y établit définitivement pour son compte, en ajoutant à son titre celui de duc de Leucade. Il mourut vers 1375. Il avait épousé Françoise, fille naturelle de l'empereur Philippe de Tarente, et en avait eu une fille et deux garçons, Charles et Léonard. L'aîné, *Charles Ier*, lui succéda dans le comté de Céphalonie et le duché de Leucade. Il s'allia avec la puissante famille des Acciajuoli, en épousant la fille du duc d'Athènes. Un de leurs parents communs, le Florentin Esaü Buondelmonte, était venu chercher fortune en Grèce. Charles Ier s'unit à lui : ils se jetèrent ensemble sur le despotat d'Épire, et s'en partagèrent les lambeaux. Esaü prit pour lui Janina, Charles eut Arta pour sa part. A la mort de son beau-père, le duc d'Athènes, en 1396, il prit aussi possession de la seigneurie de Corinthe, en la faisant gouverner par son frère Léonard ; mais il la vendit plus tard à Constantin Paléologue, depuis empereur de Constantinople, qui avait épousé sa nièce Théodora, fille de Léonard. Il mourut en juillet 1420. Ne laissant pas d'enfants légitimes, les siens lui ayant été enlevés par la peste, il légua ses États à son neveu, Charles II, fils aîné de ce Léonard qui avait administré Corinthe.

Charles II eut à lutter contre les prétentions des parents naturels de son oncle, auxquels avait été donnée l'Acarnanie en partage, et qui voulaient, avec l'aide du sultan, à lui arracher encore l'Étolie. Dangereusement pressé par les Turcs, il eut recours à la protection des Vénitiens, et mourut en 1452. Il avait épousé Ragonde de Vintimille, dont il avait eu trois fils, *Léonard*, Jean et Antoine. *Léonard II* lui succéda. La puissance des Turcs allait grandissant. Sa première femme, Melizza, fille de Lazare Brancowitz, despote de Servie, était morte, après une année de mariage, en lui laissant un fils unique, nommé Charles. Léonard II crut acquérir un puissant allié en épousant Francesca Mariana d'Aragon, nièce de Ferdinand, roi de Naples. Les Vénitiens, jaloux de l'autorité des rois de Naples dans la mer Adriatique, ne lui pardonnèrent pas cette alliance, et ils ne le firent pas comprendre dans le traité de paix qu'ils conclurent avec Mahomet II. Dès 1468 il avait été dépouillé de sa paisible solitude de Leucade, et obligé de payer une redevance annuelle de 500 ducats au pacha d'Arta. En 1479, sous prétexte d'un retard dans ses payements, il fut attaqué de nouveau, et obligé de se réfugier à Naples avec ses frères, sa femme et ses enfants. De là, avec le secours du roi de Naples, il fit quelques armements pour reconquérir ses possessions, et déjà même son frère Antoine s'était rendu maître de la forteresse de Céphalonie, lorsque les Vénitiens, qui convoitaient ces îles pour eux-mêmes, battirent sa petite flotte, et reprirent Céphalonie aux Turcs. Léonard mourut à Naples, en 1494. Son fils, *Charles*, prit à sa mort le titre de comte de Céphalonie, duc de Leucade et despote d'Arta ; mais ce n'étaient plus là que de vains titres ; les Turcs étaient maîtres de tout le pays. Il épousa Andronica Comnène Paléologue, sœur d'Amarite Comnène Paléologue, qui se qualifiait de prince de Macédoine, et en eut un fils appelé *Léonard*, qui lui succéda dans ses titres, mais sans pouvoir plus que lui reconquérir ses terres. Buchon.

CÉPHALOPODES (de κεφαλή, tête, et ποῦς, ποδός, pied), dénomination créée par Cuvier pour une série considérable d'animaux, dont Lamarck, dans la seconde édition de ses *Animaux sans Vertèbres*, a fait son quatrième ordre de *Mollusques*, qu'il divise en trois grandes coupes, de la manière suivante : 1° *céphalopodes testacés, polythalames* (immergés), dont la coquille est multiloculaire, subintérieure ; 2° *céphalopodes testacés, monothalames* (navigateurs), avec coquille uniloculaire, tout à fait extérieure ; 3° *céphalopodes non testacés* (sépiaires), qui n'ont point de coquille, soit intérieure, soit extérieure. Les animaux dont il s'agit ici ont été ainsi nommés par Cuvier, parce que chacun d'eux porte sur la tête des espèces de bras inarticulés, rangés en couronne autour de la bouche, qui est terminale. Lamarck pense que les céphalopodes peuvent être encore considérés comme des mollusques, puisqu'ils ont, comme ces derniers, le corps mollasse et inarticulé, un manteau distinct, une tête libre et un mode de système nerveux à peu près semblables, mais il reconnaît que de tous les mollusques ce sont ceux-ci les plus avancés en complications d'organes. Cependant, dit-il, ces animaux, extrêmement nombreux et diversifiés, ont une conformation si singulière qu'elle ne paraît nullement devoir conduire à celle qui est propre aux poissons. Il est donc probable que les céphalopodes ne sont pas encore les mollusques qui avoisinent le plus les animaux vertébrés.

Le corps des céphalopodes est épais, charnu, et contenu inférieurement dans un sac musculeux, formé par le manteau de l'animal. Ce manteau, fermé postérieurement, n'est ouvert que dans sa partie supérieure, de laquelle sort la tête ainsi qu'une portion du corps. La tête est libre, saillante hors du sac, et couronnée de bras tentaculaires, dont le nombre et la grandeur varient selon les genres. Elle offre sur les côtés deux gros yeux sessiles, immobiles et sans paupières. Ces yeux sont très-compliqués dans leurs humeurs, leurs membranes, leurs vaisseaux, etc. La bouche est terminale, verticale, et armée de deux fortes mandibules cornées, qui sont crochues et ressemblent à un bec de perroquet. Enfin, l'organe de l'ouïe, quoique sans conduit externe, comme dans les poissons, se distingue dans ces mollusques. Pour la circulation de leurs fluides, les céphalopodes ont trois cœurs ; mais peut-être pourrait-on dire qu'ils n'en ont qu'un, puisque ce n'est qu'en outre ils ont deux oreillettes séparées et latérales. En effet, le principal tronc des veines qui rapporte le sang se divise, comme on le sait, en deux branches, qui portent ce fluide dans les oreillettes latérales ; celles-ci le chassent dans les branchies, d'où il est rapporté dans le vrai cœur, qui est au milieu, et cet organe le renvoie dans tout le corps par les artères.

Ces animaux vivent tous dans la mer, où ils nagent vaguement, se fixant, quand il leur plaît, aux corps marins, et les autres ne font que se traîner à l'aide de leurs bras au fond des eaux ou sur leur bord. La plupart de ces derniers se retirent dans les sinuosités des rochers. Tous sont carnassiers, et se nourrissent de crabes et autres animaux marins qu'ils peuvent saisir. La position de leur bouche favorise singulièrement le besoin qu'ils ont d'amener leur proie jusqu'à leur bouche, où deux mandibules très-fortes suffisent pour briser les corps dont ils se sont emparés.

Des travaux très-remarquables sur cette classe d'animaux sont ceux de M. Alcide d'Orbigny, qui en a fait connaître un grand nombre jusque ici complètement ignorés. La plupart, il est vrai, sont microscopiques ; mais l'auteur a donné les moyens de les étudier facilement en les modelant en plâtre et en les représentant cinquante fois plus gros qu'ils ne le sont effectivement. Le résultat de ces travaux a donné une nouvelle classification dans laquelle les céphalopodes sont partagés en deux ordres, les *acétabulifères* et les *tentaculifères*, dont nous ne suivrons pas la subdivision en tribus et en familles. De plus, M. A. d'Orbigny a séparé tout à fait des autres coquilles les espèces microscopiques sous le nom de *foraminifères*.   P.-L. Duclos.

CÉPHALOPTÈRE (de κεφαλή, tête, et πτερόν, aile : tête ailée), genre d'oiseaux dont on ne connait encore qu'une espèce, le *cephalopterus ornatus*, à laquelle Geoffroy Saint-Hilaire a donné ce nom, à cause de la grande huppe dont est ornée sa tête. Ce qui distingue encore le céphaloptère des autres oiseaux connus, c'est une sorte de jabot ou fanon qui lui pend au bas du cou, et qui est formé par un paquet de longues plumes. Les organes d'un ordre supérieur dans ces oiseaux sont le bec et les pattes : à cet égard, le céphaloptère diffère des deux ordres dont il se rapproche le plus, les corbeaux et les cotingas ; car si son bec est fort, légèrement arqué, et aussi long que dans les corbeaux, il est beaucoup plus renflé sur les côtés ; il est moins large et surtout plus haut à la base que dans les cotingas. Les pieds du céphaloptère sont dans le même cas, plus faibles que dans les corbeaux, et plus courts que dans les cotingas. Les narines sont couvertes de cinquante à quatre-vingts plumes droites, très-hautes, formées, dans plus de leur moitié inférieure, d'une tige blanche et roide, et terminées par un épi de barbes noires qui se renversent en devant ; les flancs extérieurs de chaque tige sont garnis de barbes rares, très-courtes et écartées les unes des autres. Le haut de la tête et la racine du bec sont aussi revêtus de pareilles plumes, mais elles sont plus courtes et à tige plus mince et plus noire : elles diminuent de grandeur d'avant en arrière, de manière que le magnifique panache qu'elles forment s'abaisse insensiblement vers l'occiput. Toutes ces plumes viennent leurs épis en avant mettent la tête de l'oiseau sous une espèce de parasol, ou lui composent une large huppe, qui est d'autant plus grande que ces plumes, en s'écartant comme les rayons d'une sphère, s'éloignent davantage les unes des autres. Ce luxe de plumage, inconnu partout ailleurs, a comme son pendant dans le jabot, qui est dans le céphaloptère une expansion cutanée, dont les côtés et le dessus se trouvent recouverts de plumes assez longues, qui vont toujours en élargissant. Cette production bizarre ressemble assez au fanon des bœufs. La queue du céphaloptère est longue, légèrement arrondie, et formée de dix pennes; tout le plumage est d'un noir très-foncé, sauf l'extrémité des plumes de la huppe et du jabot, qui est d'un violet à reflets métalliques.

Le mot πτερόν signifiant aussi *nageoire*, M. Duméril a établi sous le nom de *céphaloptère* un genre de poissons de la famille des raies. La tête de ces poissons, obtuse et carrée à sa partie antérieure, porte à chaque angle une petite nageoire dirigée en avant, simulant une sorte de corne. Les nageoires pectorales sont grandes, élargies et pointues. La queue, grêle et filiforme, porte à sa base une petite nageoire, derrière laquelle il y a un aiguillon. Les céphaloptères sont d'une taille énorme et d'un poids considérable. On en trouve une espèce dans la Méditerranée et plusieurs autres dans l'Atlantique et dans les mers de l'Inde.

CÉPHALOTE. Geoffroy Saint-Hilaire a établi sous ce nom un genre de l'ordre des cheiroptères, pour des chauves-souris voisines des roussettes, mais qui en diffèrent par leur index, manquant d'ongle, par les membranes de leurs ailes, qui se réunissent au milieu du dos, auquel elles adhèrent, et par l'absence des incisives, réduites quelquefois au nombre de deux. On en connaît deux espèces, dont l'une a été observée aux Moluques et l'autre à Timor.

CÉPHÉE, roi d'Éthiopie et l'un des Argonautes, fut l'époux de Cassiopée et le père d'Andromède : Jupiter le plaça lui, sa femme, sa fille et son gendre, au rang des astres. Ce personnage appartient plutôt à l'histoire héroïque qu'à la mythologie. « Le centaure Chiron, ayant formé, dit Lalande, les constellations 1350 ans avant J.-C., y comprit Céphée. Sous le nom d'*Homme royal*, de *Régulus*, de *fils d'Iasus*, de *Nérée*, l'astérisme Céphée brille au pôle boréal. » Il a treize étoiles dans le catalogue de Ptolémée, onze dans celui de Tycho, quarante dans Hévélius, et dans le catalogue britannique cinquante-cinq : elles se composent de tertiaires et de quartaires.   Denne-Baron.

CÉPHISE ou **CÉPHISSE,** en grec Κηφισσος, aujourd'hui *Mavronero*, fleuve de la Grèce. Il a sa source près de Lilæa, ville de la Phocide ; elle jaillit des rochers du mont Œta. Son cours est du nord-ouest au sud-est. L'hiver il règne vers sa source un froid excessif, à cause des neiges dont les cimes qui le dominent sont couvertes. Arrivé dans la Béotie, ce fleuve y recevait l'Hercyna à sa droite et le Mélas à sa gauche, puis se jetait, au sud d'Orchomène, la patrie des Grâces, dans le lac Copaïs, nommé quelquefois dans les auteurs *lac Céphissis*, d'après le fleuve qui l'alimentait de ses eaux ; aujourd'hui le nom de ce lac est *lago di Stivo*.

La Fable dit que ce fleuve, épris des charmes de plusieurs nymphes, fut toujours dédaigné. Il s'en consolait par la vue ravissante des Grâces, qui se plaisaient à se baigner dans ses ondes limpides. C'était sur ses rives qu'on célébrait la fête de ces déesses. Pindare, dans une ode charmante adressée aux Grâces, les nomme les déesses du Céphisse.

CÉPHISE, autre fleuve ou plutôt torrent de la Grèce, dans l'Attique, commençait à se montrer au nord de *Decelia*, coulait au sud jusqu'à *Cephissia*, puis au sud-ouest par le nord d'Athènes, baignait le mur septentrional du Pirée, traversait les *longs murs* et se jetait dans le port de Phalère. Lord Byron, qui séjourna à Athènes, décrit ainsi les lieux arrosés par le Céphise, tels qu'ils sont de nos jours :

> The groves of olive scatter'd dark and wide
> Where meek Cephisus pours his scanty tide.

« L'humble Céphise verse son mince filet d'eau sous de sombres bocages d'épais oliviers. » En été les eaux de ce torrent disparaissent tout à fait, et laissent son lit à sec.   Denne-Baron.

CEPS, fers qu'on mettait autrefois aux pieds et aux mains des prisonniers. On appelait aussi de ce nom deux ais ou pièces de bois échancrées dont on se servait pour donner la question.

CEPS (*Mycologie*). *Voyez* Bolet.

CERACCHI (Joseph), né à Rome, vers 1760, élève de Canova, était un sculpteur distingué. Après avoir pris une part active aux mouvements révolutionnaires dans les États Romains, il fut obligé de se réfugier en France. Lié à Paris avec des artistes républicains, il nourrissait un ressentiment violent contre Bonaparte, qu'il accusait d'aspirer à la monarchie absolue. Peut-être aussi un mécontentement personnel se mêlait-il à l'exagération de ses sentiments politiques : Ceracchi avait voulu élever par souscription une statue colossale au général Bonaparte ; mais cette souscription n'avait pas été encouragée, et le consul s'était contenté de demander au sculpteur romain un simple buste. Quoi qu'il en soit, il se mit en relation avec Aréna, Demerville et Topino-Lebrun, et forma avec eux un complot contre la vie du premier consul pendant l'automne de 1800.

Le premier consul fréquentait alors assidument le Théâtre-Français et l'Opéra. La représentation de l'opéra des *Horaces*, le 11 octobre 1800, fut le jour fixé pour l'exécution du projet tramé depuis plus d'un mois. Les conjurés s'étaient flattés d'avoir pour complices Fouché, le ministre de la police lui-même, et jusqu'au général Bernadotte. Le premier rendez-vous manqua, parce que, disait-on, Bernadotte n'avait pas touché au trésor une somme de 60,000 fr., montant d'un rappel de solde arriérée pendant les dernières campagnes. Les chefs du complot berçaient-ils de ces ridicules

2.

chimères ceux qu'ils voulaient associer à leurs desseins hasardeux, ou bien étaient-ils trompés eux-mêmes par ce qu'on a appelé depuis des agents provocateurs? C'est ce que les débats ne purent éclaircir. Toujours est-il que le notaire italien Diana, désigné comme devant porter le premier coup, fut renvoyé de l'accusation. Il avait été arrêté porteur d'un poignard et d'une somme de 40 francs, après avoir payé 7 francs une place de balcon à l'Opéra.

La conspiration échoua par les révélations d'un faux frère, et par les demi-confidences que fit Demerville à son ancien ami le conventionnel Bertrand Barrère. Celui-ci, invité par Demerville à ne point assister à la représentation des *Horaces*, parce que le théâtre pourrait bien être cerné, fit part de ses craintes à un ami, qui se hâta d'en donner avis à Bourrienne, secrétaire intime du premier consul. Les conjurés et tout leur arsenal, consistant en une douzaine de poignards formés de simples lames grossièrement emmanchées, furent saisis. Ceracchi, arrêté avec Diana dans un des couloirs de l'Opéra, ne s'efforça point d'abord de lutter contre les preuves qui l'accablaient. Il convint qu'il avait conspiré contre le *général Bonaparte*, mais non contre les jours du premier consul. Cette distinction n'était pas aussi subtile qu'elle peut le paraître : les dispositions du Code pénal de 1791, relatives aux complots contre la vie et la personne du chef de l'État, étaient formellement abrogées.

Un jury spécial, c'est-à-dire soigneusement choisi par l'administration municipale, au lieu d'être tiré au sort sur une liste de 1,200 noms, dressée le premier de chaque mois sur l'universalité des contribuables, rendit son verdict dans la nuit du 19 nivôse an IX (9 janvier 1801). Il déclara Demerville, Ceracchi, Aréna et Topino-Lebrun, l'ancien juré au tribunal révolutionnaire, coupables d'avoir pris part à un complot tendant au meurtre du premier consul. On fut alors étonné de voir Guichard, défenseur d'Aréna, prendre des conclusions signées d'un avoué, et demander *l'absolution* des accusés, attendu que le fait dont ils étaient convaincus n'était point prévu par la loi pénale. La cour criminelle, attendu que le complot déclaré constant par le jury tendait *implicitement* à troubler la république par une guerre civile, condamna les accusés à la peine de mort. Le pourvoi en cassation dirigé contre cet arrêt donna lieu à de sérieuses controverses. Après plusieurs heures de délibération, la cour déclara qu'il y avait partage.. Je crois voir encore l'un des frères d'Aréna franchir, tout joyeux, les banquettes de l'enceinte, passer, en quelque sorte, par-dessus les têtes des spectateurs et courir vers le cabriolet qui devait le conduire à Bicêtre, porteur de la bonne nouvelle. Cette joie fut courte; de nouvelles plaidoiries ouvertes, le surlendemain devant le même tribunal, augmenté de trois nouveaux juges, eurent pour résultat le rejet de la requête à une seule voix de majorité.

Le premier consul, avant les sénatus-consultes organiques qui *désorganisèrent* successivement la constitution moitié républicaine et moitié monarchique de l'an VIII, n'avait pas expressément le droit de faire grâce, mais il aurait pu accorder un sursis indéfini. Demerville demanda, en son nom et en celui de ses trois compagnons d'infortune, à faire des révélations. Le préfet de police, Dubois, se rendit près de lui. Demerville déclara « qu'il était dans l'intention de ne faire aucune révélation s'il n'avait la garantie du premier consul que la peine à laquelle il était condamné serait commuée en une simple déportation. » Le préfet de police n'ayant ni pu ni voulu prendre un tel engagement, les quatre condamnés laissèrent achever les affreux préparatifs déjà commencés de la *toilette*, et furent immédiatement conduits à l'échafaud, qui les attendait depuis plus d'une heure. Le procès-verbal constatant l'exécution est du 11 pluviôse an IX (31 janvier 1801). Il a été imprimé à la suite du procès sténographié, sorti des presses de l'imprimerie de la république. Je puis affirmer, malgré l'opinion contraire émise dans plusieurs ouvrages, que les autorités n'ont fait aucune altération au texte livré par les deux sténographes, ce dont il est facile de s'assurer à la simple lecture. Il suffirait en effet, pour s'en convaincre, de la déposition fort énergique du général Lannes, en voici le texte fidèle : « Lorsque Barrère m'avertit du rassemblement qui devait se former à l'Opéra, je lui répondis comme indigné : « C'est de la *racaille*, qui n'est pas à craindre; le « consul à quinze grenadiers avec lui; s'ils se montrent, ils « seront exterminés. Je fus moi-même au parquet de l'O- « péra, je parcourus toute la salle et ne vis rien; si j'avais « cru ces individus capables de former un rassemblement, « il y aurait eu assez d'un invalide avec une jambe de bois « pour les mettre à la raison. » Et aussitôt Ceracchi de s'écrier : « Il suffit des paroles du général Lannes pour démontrer que tout ce qui a été dit dans les interrogatoires qu'on a arrachés à Demerville contre moi est faux. »

BRETON.

CÉRAMIQUE (de κέραμος, terre à potier, vase ou morceau de terre cuite). Sous cette dénomination générale on comprend la fabrication de toutes sortes d'objets en terre, en faïence, en porcelaine, tels que briques, vases, etc. Dès le début de la civilisation, l'homme se livra à l'art de pétrir des argiles et de les cuire au soleil et au feu. Les vestiges de cet art se trouvent même placés quelquefois dans des circonstances qui embarrassent le savant lorsqu'il essaye de deviner l'histoire des premiers âges du monde, et qui tendraient à faire croire que l'homme n'est pas tout à fait aussi nouveau venu sur la terre qu'on le supposerait d'ailleurs. On trouve des débris de poteries enfouis dans les cavernes si fréquentes des terrains calcaires, pêle-mêle avec les ossements d'animaux qu'on est porté à regarder comme antérieurs à l'homme. Ainsi la grotte de Miremont, près de Sarlat (Dordogne), renferme, avec les restes de bêtes antédiluviennes, des fragments de poterie gauloise bien caractérisés. Dans la petite île de Bréha, qui est séparée de la côte de Bretagne par un canal de 2,000 mètres de large, des débris de poteries se présentent au milieu de couches d'alluvion qui n'ont pu être formées qu'alors que l'île tenait au continent, et ainsi de tel cataclysme qui l'isola de la terre ferme n'eut lieu qu'après que l'homme eut apparu. M. Alcide d'Orbigny a observé des faits semblables dans l'Amérique méridionale.

Les arts céramiques remontent donc à l'antiquité la plus reculée. Leur histoire se rattache à celle de l'homme et tend à le vieillir. Ils sont variés non-seulement dans leurs procédés et dans les matières qu'ils emploient, mais encore par leurs usages. Il y a d'abord les poteries d'utilité domestique : celles qui contiennent les aliments, celles où on les prépare; et c'est déjà une variété presque infinie. Il y a les jarres, les cuviers ou amphores qui servent à contenir les approvisionnements, où les anciens mettaient leur blé, où les modernes mettent encore leur huile. Il y a les vases funéraires que tous les peuples anciens à l'envi ont placés dans leurs tombeaux, en témoignage de leur respect et de leur pieuse sollicitude pour les morts. Il y a les vases d'ornement, ces coupes magnifiques où la peinture ou le simple dessin se déploie et dispute au modèle l'admiration de qui les contemple, ces urnes, ces calices élancés qui quelquefois imitent le *phore*. Il y a encore les poteries dont l'industrie se sert pour ses opérations, celles qui ont à résister au feu ou à supporter l'effet de l'eau qui demande à fuir et profite de la moindre fissure, de la moindre porosité; les creusets qui tiennent bon contre la température et se fondent le fer et l'acier; les tuyaux de conduite imperméables, solides, tels que ceux qu'on a fabriqués près de Châtillon (Nièvre), qui résistent à une pression de dix atmosphères sans qu'il se manifeste aucune fuite. Une autre destination des poteries est celle à laquelle répondent les alcarazas. La tuile, la brique, les carreaux, sont encore d'autres produits des arts céramiques et des plus usités. Dans plusieurs contrées méridionales, on revêt les façades des maisons et les dômes des monuments avec des carreaux émaillés, où des fleurs à vif coloris se dessinent sur des fonds blancs ou d'une autre teinte légère. Les poêles, par où l'Allemagne se distingue, les grandes plaques de faïence blanche de nos cheminées, les pots des jardiniers, sont encore d'autres variétés de la poterie. M. Polonceau avait même proposé de faire en poterie des grès artificiels pour le pavage. A Toulouse, qui est située dans un terrain d'atterrissement, et où la pierre est chère, on a eu l'idée de construire en terre cuite des corniches, des chambranles, des pieds-droits, des colonnes, en même temps que des médaillons et autres ornements d'intérieur; on a ainsi embelli la ville, et établi une industrie intéressante dont les produits, peu chers, s'acclimatent de plus en plus dans le midi.

Les matières qui servent à faire des poteries sont extrêmement variées aussi. Les argiles, plastiques par leur nature, sont pour le potier des matériaux naturels; mais les poteries en général résultent de pâtes plus ou moins composées. Toute pâte, une fois qu'elle est cuite, est un silicate, c'est-à-dire une combinaison, aux proportions plus ou moins définies, de silice (substance du sable pur), avec de l'alumine ou quelquefois de la magnésie. Il y entre de 55 à 75 pour 100 de silice, de 35 à 25 d'alumine, et puis des proportions variables d'éléments accessoires, qui se combinent aussi avec la silice, tels que la chaux, la potasse, l'oxyde de fer; quelquefois du phosphate de chaux, du plâtre. Pour composer ces mélanges, on associe certaines matières dites *plastiques* par excellence, formées principalement de silice et d'alumine, tantôt avec des substances qui les rendent d'une fusion plus difficile, qu'on nomme *dégraissantes*, tantôt, au contraire, si naturellement la matière plastique est trop dure à fondre, avec des corps qualifiés de *fondants*. Les matières *plastiques* sont presque toutes des argiles, et il en existe une grande diversité dans la nature : le kaolin est la plus remarquable. Les matières *dégraissantes* sont d'abord toutes les formes diverses de la silice, qui est essentiellement infusible, à savoir, le quartz, le sable, le silex; puis les terres cuites, l'amiante, les escarbilles des fourneaux. Les *fondants* sont nombreux; les plus usités et les plus renommés sont le feldspath ou pétunzé des Chinois, et tous les dérivés du feldspath; le calcaire, les marnes calcaires, le plâtre, la baryte sulfatée, qui existe en grande quantité dans la nature, les os calcinés. Enfin toute poterie doit avoir sa pâte recouverte d'un vernis qu'on nomme, selon les cas, *émail, couverte, glaçure* ou *lustre*. On se sert à cet effet du feldspath, du plâtre, de l'acide borique et du borax, que recèlent certains lacs de la Toscane, du sel marin, de la potasse et de la soude, des oxydes de plomb, d'étain, de manganèse, de fer, etc.

De tout temps, avons-nous dit, les hommes ont fait des poteries. C'est un sujet à propos duquel il serait aisé de recommencer la discussion sur la supériorité des anciens ou des modernes. Les anciens ont fait des poteries justement admirées des hommes de goût. La renommée des potiers de Samos date du temps d'Homère, et Phidias lui-même passe pour avoir tracé des contours de vases aux artistes du Céramique d'Athènes. Rien de l'élégance des formes que les artistes donnèrent aux vases campaniens, communément nommés *étrusques*, quoiqu'ils ne viennent pas de l'Étrurie, et que les vases étrusques proprement dits composent une variété à part. Rien ne surpasse la grâce des dessins qui les recouvrent. Ils sont dus à des artistes grecs, dont il paraît que le génie prit un essor nouveau dans les colonies de la Grande-Grèce. L'antiquaire, le sculpteur et le peintre s'en délectent également. C'étaient des vases votifs ou des vases reçus en prix, ou des vases d'ornement qu'on enterrait avec celui qui les avait possédés, comme une de ses plus précieuses richesses. On les partage en trois époques : la première du septième au sixième siècle avant J.-C. ; à cette époque appartient la célèbre coupe d'Arcésilas, et la non moins célèbre coupe de la chasse au sanglier. La troisième époque, la moins reculée, offre les vases de la plus grande légèreté et du dessin le plus correct. Elle est elle-même fort ancienne, car elle est antérieure à Jésus-Christ de quelques siècles, et les produits en étaient devenus fort rares et fort recherchés au temps de Jules César. Les bonnes traditions s'étaient déjà perdues parmi les potiers romains. Les amateurs modernes, fort riches en vases campaniens, ont tiré tout ce qu'ils en possèdent des tombeaux découverts depuis un siècle environ dans le royaume de Naples, dans l'ancienne Campanie, proche de Capone, aux environs de Nola surtout. L'amour de l'art a servi d'excuse à la violation du dernier asile de ces générations éloignées. On estime que toutes les collections réunies renferment aujourd'hui plus de 50,000 de ces vases.

Les vases anciens offrent dans la civilisation grecque et romaine des pâtes fines d'un rouge pâle le plus souvent; les figures y sont tantôt en noir ou en blanc sur un fond couleur de la pâte (c'est la première époque), tantôt réservées sur fond noir; quelquefois offrant une plus grande variété de teinte, particulièrement à la seconde époque. Mais pourquoi les décrire même sommairement et pourquoi les louer? Tout le monde ne les regarde-t-il pas avec admiration? Oui, tout le monde, sauf les chimistes et les ménagères.

C'est que, utilitairement parlant, les vases antiques, y compris ceux des dix premiers siècles d l'ère chrétienne, ont les plus grands défauts. D'une cuisson très-faible, ils sont fragiles, tendres, aisés à rayer, et, ce qui est plus grave encore pour la plupart des usages domestiques, ils sont poreux, perméables, et ne pouvant contenir des liquides ou des matières graisseuses fondues. Ce n'est que par accident pour ainsi dire qu'ils échappent à ces inconvénients fâcheux. Cependant on se servait à table de vases de terre, mais ce devaient être des assiettes fort malpropres; aussi quand les Grecs furent devenus plus somptueux, au temps d'Alexandre, on eut des services en argent et même en or. L'absence de bons ustensiles de poterie devait être une de ces nombreuses incommodités de la vie antique, pour lesquelles le moindre de nos jours des classes non pas opulentes, mais seulement, aisées, serait au supplice s'il lui fallait mener l'existence tant vantée du Lucullus, et mieux vaudrait manger dans la plus grossière faïence de cabaret ou dans la plus commune terre de pipe que dans les vases les mieux tournés de la Campanie ou de Samos. D'abord les anciens ne savaient pas choisir leurs matériaux ; ils prenaient les marnes argileuses et sablonneuses les plus superficielles, mêlées quelquefois de matières charbonneuses; ensuite ils étaient très-peu avancés dans l'art de la cuisson des vases, et enfin ils ignoraient à peu près complètement l'art de recouvrir la poterie d'un émail résistant, et d'y appliquer des couleurs riches et variées.

Quant aux poteries celtiques, leur mélange dans les tumulus avec les poteries gallo-romaines les rendent assez difficiles à distinguer. Cependant on peut s'en faire une idée par le passage suivant de M. de Caumont : « La poterie découverte dans le tumulus de Fontenai-le-Masmion (Calvados) est formée d'une terre noire, mal préparée et remplie de petits cailloux, qui a produit une pâte courte et sans liaison. Tous les morceaux que j'ai examinés sont fragiles et très-peu cuits; leur cassure n'est jamais nette, mais toujours celluleuse. Leurs surfaces interne et externe ont une couleur approchant de celle de la rouille, et qui est due au commencement de cuisson qu'ils ont éprouvé; à l'intérieur, la terre est demeurée d'un noir intense. Soumise à l'action du feu, la poterie dont je parle prend extérieurement une couleur rouge-brique; l'intérieur reste noir; elle devient plus fragile après cette opération qu'auparavant. Les vases découverts à Fontenai ne paraissent pas avoir été faits à l'aide du tour : ils ne portent aucunes moulures ; ils ont seulement été frottés à l'extérieur avec un outil qui les a polis irrégulièrement, de manière qu'ils offrent des facettes plus ou moins lisses. »

Par tous ces côtés matériels, les modernes ont singulièrement perfectionné l'art. Le progrès de la chimie les a conduits à beaucoup mieux composer leurs pâtes. La géologie leur a montré où ils pouvaient espérer de découvrir les matériaux qui avaient réussi quelque part. La cuisson s'est infiniment améliorée, et pour les glaçures ou couvertes, ils ont enrichi la céramique de vingt substances nouvelles. Quant aux couleurs, il n'en est aucune qu'ils ne sachent transporter sur la pâte de leurs porcelaines.

C'est dans le onzième siècle seulement que l'Europe a commencé à avoir des poteries à pâte compacte, imperméable et dure comme celle qu'on nomme le *grès*, et ce n'est qu'alors qu'on a recouvert la poterie d'un émail ; celui dont on se servit alors fut l'émail plombifère, le plus imparfait de tous les émaux. A la chute de l'empire romain, au onzième siècle, les Européens, en cela comme en tant de sujets, profondément barbares, n'eurent ni la poterie de grès, si commune actuellement, dont la pâte même est imperméable (c'est celle qui sans vernis fait nos bouteilles à l'encre, d'où rien ne suinte), ni le moyen de vernisser leur poterie grossière et perméable. La glaçure, infiniment mince, dont s'étaient servis les Grecs et les Romains pour quelques uns de leurs vases s'était perdue dans le même gouffre ouvert par ces brutaux conquérants où disparurent la plupart des connaissances humaines.

Les Arabes furent les premiers en Europe à employer un vernis plombeux, et probablement, ainsi que tant d'autres inventions utiles, celle-ci leur est venue de l'Orient extrême, officine des découvertes. Un peu plus tard, au quatorzième siècle, on renforce l'émail au moyen de l'étain, qui le blanchit ; ce sont encore les Arabes de Grenade et de Cordoue qui ont l'initiative, et aussitôt après, la faïence, première poterie à vernis brillant et blanc, se répand, à la grande satisfaction des peuples, parmi lesquels cette production causa une sensation profonde. Elle saisissait les populations par la vie de tous les jours. C'est à l'Italie que l'honneur en revient, au quinzième siècle.

Lorsque Lucca della Robia, à Florence, vers 1400, Orazzio Fontana, à Pesaro, vers 1540, découvrirent et portèrent rapidement à un haut degré de perfection la belle faïence connue dans ces temps sous le nom de *majolica* et de *terra invetriata*, les ducs de Toscane, et notamment le duc Guidobaldo de la Rovère, admirant ces belles productions, en favorisèrent la fabrication par toutes sortes d'encouragements. Les plus célèbres artistes s'en occupèrent à l'envi, et cette faïence, qui porta alors le nom de *faïence d'Italie*, servit pour les présents fastueux de prince à prince, de même qu'aujourd'hui les magnifiques produits de Sèvres, de Vienne ou de Berlin, figurent dans ces cadeaux d'apparat. Vers le même temps, en France (1580), Bernard Palissy chercha et, après des peines et des dépenses infinies, trouva le secret de ces poteries brillantes par leurs couleurs, et ces reliefs colorés, partie difficile de l'art du faïencier, qui, après avoir pris naissance en Italie, venait de s'y perdre. François 1er et son successeur Henri II encouragèrent Palissy, en lui permettant de prendre le titre de *potier royal*.

Au moyen âge il y avait à Lisieux une poterie célèbre, dont les produits, aux seizième et dix-septième siècles, rivalisaient avec ceux de Palissy ; on vend encore dans le commerce de curiosités des plats de Lisieux comme étant de Bernard de Palissy. Un historiographe de cette ville, qui écrivait dans le dix-septième siècle, dit qu'on y fabriquait de la poterie à l'instar de Venise. Rien de plus ordinaire aujourd'hui que la poterie de Lisieux. Mais si l'art perd dans certains lieux, il gagne dans d'autres. Ainsi, à Forges-les-Eaux (Seine-Inférieure), on fabrique de la poterie fort remarquable, qu'on exporte jusqu'en Angleterre.

Rouen avait encore au dix-septième siècle des fabriques de faïence à dessins bleus sur fond blanc avec ornementation fort riche. L'Alsace possédait autrefois une très-belle faïencerie connue sous le nom de *Cailloux de Strasbourg*; elle a aussi disparu. Saint-Germain-de-la-Poterie, près de Beauvais, cité par Rabelais, était également célèbre, et par sa poterie et par les pavés des églises de Gournay. On compte actuellement trois fabriques en France de ces pavés qui jadis décoraient les églises. Un champ immense s'ouvrirait encore à la céramique si on lui donnait, comme au moyen âge, la décoration des surfaces des chapelles et le carrelage des églises ainsi que cela se pratiquait dans une grande partie de la France du douzième au seizième siècle, dans le nord de la France, et en suivant les bords de la Loire jusqu'à Angers. Les Anglais possèdent aujourd'hui trois fabriques de carreaux destinés à décorer les édifices. Ils appellent ces carreaux : *tuiles normandes*, en souvenir de celles qui se fabriquaient autrefois dans la Normandie.

Ce n'est que vers l'année 1725 que la vraie porcelaine à pâte dure et quasi-vitreuse fut fabriquée en Europe. Les souverains voulurent d'abord s'attribuer la fabrication presque exclusive de cette belle poterie, ou du moins ils cherchèrent à l'encourager par tous les moyens possibles.

Une troisième découverte, celle-ci tout à fait européenne, eut lieu en Angleterre, vers le milieu du dix-huitième siècle. On y fabriqua une sorte de poterie toute différente des précédentes, et dont on ne pourrait guère trouver quelque rudiment de modèle qu'en Chine : c'est la faïence à pâte fine et dure, mais non vitrifiée, et à couverte vitreuse et transparente, portée presque du premier jet à un degré de perfection qu'elle a à peine dépassé depuis, par le célèbre manufacturier Wedgwod. Cette poterie est remarquable par sa légèreté, sa solidité, et par bien d'autres qualités.

La première fabrication de la porcelaine dure en Europe est due à l'Allemand Bœttcher, et remonte à 1708. On en fabriqua à Sèvres en 1770. Enfin, la faïence fine, dure, perfectionnée d'Angleterre et de France, date de 1830. On lui donne souvent le nom de *porcelaine opaque*.

Pour qu'une poterie fasse un bon service, il faut qu'elle ait de la solidité, de la légèreté, de l'imperméabilité ; pour les usages culinaires, il lui faut un émail tenace, brillant, que l'acier ne raie point. Telles sont en effet les qualités que les modernes lui donnent de plus en plus. La porcelaine véritable, la porcelaine dure, celle qui se compose essentiellement à l'instar de celle de la Chine, pour la pâte, de kaolin, pour la couverte, de petunzé, et qui se distingue aisément par le signe exclusif de la translucidité, possède au plus haut degré ces caractères. Les faïences perfectionnées qu'on fait depuis 1830 tirent leur supériorité de ce qu'on a introduit une certaine dose de kaolin dans la pâte et de petunzé dans leur émail. Quand la pâte d'ailleurs a l'éblouissante blancheur de la porcelaine, et qu'il est facile à des artistes de goût de créer des produits aussi beaux que bons. Enfin, à tous ces avantages les modernes ont joint celui du bon marché.

Dans le rapide exposé qui précède, on a pu suivre pas à pas les progrès de l'art céramique, et voir par combien de modifications il a dû passer pour arriver de la grossière poterie celtique aux produits actuels de Sèvres. C'est dans cette manufacture nationale que l'on pourra désormais étudier cette curieuse histoire, dans le *Musée Céramique*, auquel ont concouru quarante siècles et tous les coins de l'univers, par les mains de tous les antiquaires, de tous les voyageurs, de tous les naturalistes ; il a fallu l'assistance empressée, cordiale, reconnaissante d'une myriade de manufacturiers, de chimistes, de dessinateurs et d'artistes divers. Cette collection, unique dans le monde, est due aux soins éclairés de l'illustre Brongniart, qui a consacré une partie de sa vie à la fonder.

CÉRAMIQUES, nom de deux quartiers de la ville d'Athènes, qui, selon Pausanias, tiraient leur nom de *Céramus*, fils de Bacchus et d'Ariadne. Mais on connaît le faible des Grecs pour les origines illustres; il faut donc s'en rapporter plutôt à l'opinion de Pline, qui dit que ce nom avait été donné à l'un des quartiers les plus considérables d'Athènes, parce qu'on y fabriquait de la tuile (en grec κεραμος.) Quoi qu'il en soit, le nom de *Céramique* s'étendit, à ce qu'il paraît, à plus d'un quartier : on distinguait le *Céramique* dans l'intérieur de la ville et le *Céramique* du dehors. Le premier était un des plus beaux quartiers d'Athènes; il était orné de plusieurs beaux portiques, de théâtres, de temples, et servait en même temps de lieu de réunion et de promenade; l'autre était un faubourg de la ville, où étaient les jardins de l'Académie de Platon. La porte de ce faubourg s'appelait aussi *porte Céramique*.

CÉRASTE (de κέρας, corne). C'est la *vipère cornue* (*vipera cerastes*, Daud.), ainsi nommée de la petite corne pointue qu'elle porte sur chaque sourcil; elle est d'un gris jaunâtre, marqué de taches noirâtres, irrégulières. On la trouve dans la vallée du Nil et dans les contrées chaudes de l'Afrique septentrionale, où elle se tient cachée dans le sable brûlant. Sa morsure passe pour être dangereuse.

Quelques zoologistes ont aussi donné ce nom à un genre de mollusques testacés, plus connu sous celui de *bucarde*.

CÉRAT (de κηρός, cire), mélange gras employé pour hâter la cicatrisation des plaies superficielles; espèce d'emplâtre dont la cire fait la base. Le *cérat simple* ou *de Galien* se prépare avec cette substance, de l'huile et de l'eau; en y joignant, soit de l'extrait de Saturne, soit du soufre, on en fait du *cérat de Saturne*, ou du *cérat soufré*. Pour obtenir le *cérat simple* ou *rafraîchissant de Galien*, on prend 120 grammes de cire blanche et un kilogramme d'huile récente d'amandes douces; on fait fondre au bain-marie, dans un vase de faïence; on retire du feu, on verse le mélange dans un mortier de pierre ou de marbre, on agite avec un pilon de bois; on ajoute peu à peu 360 grammes d'eau de rivière; on mêle exactement, puis on laisse égoutter sur un tamis de crin.

CÉRATITES (de κέρας, corne). Ce mot désigne, d'après De Haan, professeur à Leyde, les espèces d'ammonites qui ont le bord des cloisons simplement anguleux et onduleux, au lieu de l'avoir découpé et foliacé ; ce caractère n'a point paru suffisant aux paléontologues modernes.

Cératites est aussi le nom d'un genre établi par M. Serville, pour les coléoptères de la famille des longicornes, tribu des lamiaires.

Enfin, Link a donné ce nom même à quelques champignons de la famille des *œcidinées*. E. Le Guillou.

CÉRATOTOMIE (de κέρας, corne, et τομή, incision). C'est le nom que l'on donne en chirurgie à la section de la cornée transparente, qui se pratique dans l'opération de la cataracte, pour donner issue au pus épanché dans l'œil. Wenzel est auteur d'un instrument chirurgical nommé par lui *cératotome*, destiné à cette opération, et qui a subi depuis lui plusieurs modifications avantageuses.

CÉRAUNITE (de κεραυνός, foudre). *Voyez* Aérolithe.

CERBÈRE (en grec Κέρβερος), chien à trois têtes, auquel Hésiode en donne cinquante, et Horace cent, était né, selon l'auteur de la *Théogonie*, du géant Typhon, qui en avait aussi cet lui-même, et d'Échidna, monstre moitié nymphe et moitié serpent. L'hydre de Lernes et la Chimère, étaient ses sœurs; il avait pour frère le lion de Némée et Orthus, chien à deux têtes, gardien des troupeaux de Géryon, et pour neveu Sphinx. C'était une famille de monstres. Pluton en fit le gardien de ses sombres palais : presque toujours couché en travers du vestibule des enfers, son corps immense en obstruait l'entrée. Ses aboiements faisaient trembler tout le sombre empire de Pluton, et quand il lui arrivait de briser les cent chaînes qui le retenaient, les furies elles-mêmes étaient impuissantes à le rattacher. Jamais le doux repos ne fermait les paupières de ce chien, surnommé le *sans-sommeil* ; il fallait des moyens irrésistibles, tels que la lyre ravissante d'Orphée, le gâteau de miel de la Sibylle, pour clore ses yeux infatigables; au lieu de poils, son cou était hérissé de couleuvres sifflantes; il flattait les ombres qui entraient, et menaçait d'engloutir dans ses entrailles celles qui voulaient sortir.

Hercule, dédaignant les moyens timides du tendre époux d'Eurydice et ceux de la nymphe de Cumes, l'arracha avec violence du trône de Pluton, sous lequel il s'était réfugié, l'enchaîna et le traîna dans les plaines de Thessalie, où l'écume qui filtrait entre ses dents noires et tranchantes souilla les herbes; l'aconit en naquit : c'est cette plante qui, au dire des poètes, attire, quand la nuit est tombée, la foule des sorcières et des enchanteresses sur les monts d'Émonie. Selon d'autres, ce fut par une caverne du promontoire Ténare, en Laconie, qu'Alcide traîna à la lumière du soleil, qu'il n'avait jamais vue, ce chien terrible. Depuis, Hercule eut un temple sur le cap Ténare, en commémoration de sa victoire. Les Hermionens, de leur côté, montraient dans les environs de leur ville une fosse où ce triomphe aurait eu lieu.

Selon les uns, le fils d'Alcmène tua Cerbère ; selon d'autres, Eurysthée, qui lui avait commandé de lui amener enchaîné le chien à trois têtes, se serait contenté de voir ce monstre redoutable hurler de frayeur à la vue de la lumière, et l'aurait renvoyé à son triste poste. La victoire d'Alcide sur Cerbère, au sentiment de quelques-uns, ne serait autre que celle de ce héros terrassant les énormes chiens molosses auxquels Aïdonnée ou le *Ténébreux*, le Pluton d'Épire, aurait confié la garde de ses mines profondes. Après s'être emparé des trésors de ce roi, il aurait chargé de chaînes le plus furieux d'entre eux, qu'il aurait ainsi traîné aux pieds d'Eurysthée. D'autres veulent que cette fable ait été construite sur ce que Aïdonnée, roi d'Épire, faisant garder son épouse adorée, Proserpine, par un chien molosse, ce dernier combattit et terrassa Thésée et Pirithoüs, qui voulaient ravir cette princesse, mais qu'Hercule, survenant, tua le chien, détrôna le roi et délivra les deux héros prisonniers. Selon l'opinion la plus commune, cette fable est égyptienne. Dans le pays des pyramides et des hypogées, des chiens veillaient à l'entrée des temples; la garde des tombeaux et des momies leur était également confiée ; le respect que ce peuple sévère avait pour les morts s'étendait jusque sur ces sentinelles des tombeaux, aussi fidèles que redoutables. La religion simple et austère de l'Égypte, en passant chez les Grecs, comme ces magnifiques papillons qui, en se transformant, prennent la teinte des fleurs, du ciel, ou des feuillages, désormais leur séjour, se chargea des mille couleurs sombres ou riantes de leur vive imagination. De toute cette race de chiens, conservateurs des restes de l'humanité, ils en firent un seul, mais terrible, mais aux cent têtes, comme le peint Aristophane, et gardien unique des innombrables ombres.

Les Étrusques, peuple superstitieux par excellence, dans leur commerce avec les Pélasges et dans leurs courses fréquentes à travers la Méditerranée, s'étant fait raconter les dogmes de l'Égypte, et ayant vu souvent l'Achéron de la brumeuse Épire, ainsi que ses molosses, chiens monstrueux, transportèrent dans un site lugubre de la vieille Campanie ce fleuve d'enfer et ses bois affreux, et, renchérissant sur les Grecs, ils y ajoutèrent l'Averne, que la nature avait entouré d'une atmosphère mortelle. « Non loin, dit Scymnus de Chio, on voyait un souterrain où Cerbère avait un oracle. » Voilà donc Cerbère, tradition égyptienne de l'aboyant Anubis, divinisé chez les peuples occidentaux.
DENNE-BARON.

CERCAIRE, genre d'infusoires homogènes, type de la famille des *cercariées*. Les cercaires ont le corps ovoïde et cylindrique, obtus à sa partie antérieure et aminci à sa partie postérieure, où il se termine insensiblement en un appendice égal à la longueur du corps, ou rarement plus long. Ce sont des monades avec une queue. On en connaît une dixaine d'espèces, dont quelques-unes se développent dans les infusions, tandis que les autres vivent dans les eaux des marais parmi les lenticules. La plus commune ressemble pour la forme à un têtard de grenouille, mais doit être un million de fois plus petite que le plus petit de ces têtards. C'est à l'aide d'un grossissement de cinq cents fois qu'on la distingue, toute transparente qu'elle est, nageant sur le porte-objet du microscope, comme le ferait la larve d'un batracien dans un étang. Sa queue ondoyante lui sert de gouvernail; sa tête se porte toujours en avant ; on la voit aller, venir, tourner, s'arrêter, tâter avec sa partie obtuse les corps qui lui font obstacle, passer dessus ou dessous, les tourner au besoin, et donner les preuves les moins équivoques de vouloir et de liberté.

CERCARIÉES (de κέρκος, queue), tribu d'infusoires homogènes, à corps rond ou ovale, plus ou moins aplati et muni d'un petit prolongement caudal pour tout organe extérieur. On ne distingue dans les cercariées aucun organe rotifère, circulatoire ou digestif, et nulle ébauche de système nerveux, quelle que soit la force du verre qu'on emploie pour observer leur structure. Aucune espèce n'est visible à l'œil désarmé ; il faut un grossissement de deux ou trois cents fois pour discerner les plus considérables. Bory de Saint-Vincent, qui a fait une étude toute particulière de cette famille, y établit plusieurs groupes génériques, au nombre de six : les *cercaires*, les *histrionelles*, les *tripos*, les *turbinelles*, les *virgulines* et les *zoospermes*. La plus remarquable est certainement cette dernière. Cependant les recherches de M. Coste tendraient à faire considérer les corpuscules spermatiques d'une manière toute différente; ce ne seraient plus des animalcules, mais bien des produits de l'organisme, analogues aux ovules des femelles.

CERCEAU (du latin *circulus*, cercle), cercle de bois ou de fer, qui sert principalement à lier les cuves, les tonneaux et les barriques. Les meilleurs cerceaux sont ceux qui se font en bois de châtaignier; après lui viennent dans un ordre inférieur et décroissant, le frêne, le saule-marceau, le tremble, le noisetier, le peuplier, que l'on peut employer également avec plus ou moins d'avantage à leur confection. Les cerceaux périssent ordinairement ou s'endommagent par l'écorce et par l'aubier ; les insectes y déposent leurs œufs, d'où sortent bientôt des milliers de petits êtres qui vivent aux dépens du bois, jusqu'à ce qu'ils se métamorphosent en insectes ailés. Nous conseillerons donc, avec l'abbé Rozier, aux propriétaires vinicoles d'apporter la plus grande attention au choix du bois dont ils veulent faire confectionner leurs cerceaux; de les prendre, autant que possible, dans le cœur du bois, ou du moins de les faire écorcer et d'en faire enlever l'aubier avec la plane : de pareils cerceaux dureront six fois plus que les autres.

Le *cerceau*, qui est un des meilleurs moyens de gymnastique pour développer les grâces de l'enfance, et que l'on a bien fait d'introduire dans ses jeux, était employé comme but par les anciens, qui le mêlaient à tous leurs exercices; mais il paraît qu'ils ne le faisaient pas rouler, comme nous, sur son axe, et qu'ils se bornaient à l'agiter au-dessus de leur tête, à le lancer et à le recevoir sur des baguettes, à peu près comme nous faisons de ces petits cerceaux que deux personnes se renvoient ainsi de l'une à l'autre en guise de volant. Voici les détails que nous trouvons à ce sujet dans le *Recueil d'Antiquités* de Caylus : Cet exercice était divisé en deux espèces, dont la première s'appelait *cricelaria*, de deux mots grecs qui signifient *agitation du cercle*. Suivant le témoignage d'Oribase, celui qui se livrait à cet exercice prenait un grand cercle, autour duquel étaient attachés plusieurs anneaux ; il l'élevait en l'air et le faisait tourner transversalement au-dessus de sa tête, en le dirigeant avec sa baguette. Le mouvement communiqué au cerceau était quelquefois très rapide, et alors on n'entendait pas le bruit des anneaux qui roulaient dans la circonférence ; d'autres fois, on l'agitait avec moins de violence, afin, est-il dit, que le son de ces anneaux produisît dans l'âme une sensation agréable. L'autre espèce de cerceau était le *trochus* des Grecs et des Romains, plus petit que celui qui était employé dans l'exercice dont nous venons de parler. Xénophon nous en a indiqué l'usage en parlant d'une danseuse qui prenait à la main douze de ces cerceaux, les jetait en l'air et les recevait en dansant au son d'une flûte. Il n'est point parlé dans ce passage des petits anneaux attachés dans la circonférence du *trochus*, mais il en est fait mention dans plusieurs épigrammes de Martial, entre autres dans celle-ci :

Garrulus in laxo cur annulus orbe vagatur,
Cedat ut arguis ebria turba *trochis*.

Edme Héreau.

CERCEAU (ANDROUET DU). *Voyez* ANDROUET.
CERCEAU (JEAN-ANTOINE DU). *Voyez* DU CERCEAU.
CERCLE (en latin *circus, circulus*, du grec κίρκος). C'est une figure plane, terminée par une circonférence, ligne courbe dont tous les points sont également distants d'un point intérieur nommé *centre*. Les droites égales qui du *centre* aboutissent au contour du cercle en sont les *rayons*. Toute droite terminée de part et d'autre à la circonférence reçoit le nom de *corde*. Les cordes passant par le centre sont des *diamètres*, et comme un diamètre se compose de deux rayons, tous les diamètres sont égaux.

De toutes les surfaces planes terminées par une ligne courbe, le cercle est la seule dont s'occupe la géométrie élémentaire. Pour mesurer cette figure, elle emploie diverses méthodes. Par exemple, on peut regarder le cercle comme un polygone régulier d'un nombre infini de côtés infiniment petits; et comme un polygone régulier a pour mesure son périmètre multiplié par la moitié de son apothème, il s'ensuit que la surface du cercle est égale à sa circonférence multipliée par la moitié de son rayon ; en d'autres termes, cette surface est la même que celle d'un triangle qui aurait pour base une droite égale à la circonférence et pour hauteur le rayon. Ce raisonnement a l'avantage de faire retrouver facilement l'expression générale de la mesure du cercle ; mais il n'offre pas à l'esprit cette rigoureuse exactitude que l'on aime à rencontrer dans les spéculations mathématiques. Par la méthode *des limites*, il en est autrement; le cercle étant toujours compris entre deux polygones réguliers inscrit et circonscrit d'un même nombre de côtés, on démontre qu'en doublant constamment le nombre de ces côtés, la différence entre les polygones peut être rendue plus petite que toute quantité donnée; d'où l'on conclut que l'aire du cercle est la limite vers laquelle tendent les aires des polygones. On arrive ainsi à la même conclusion que tout à l'heure. Donc, si r désigne le rayon d'un cercle, la circonférence étant représentée par $2\pi r$, il faut multiplier cette expression par $\frac{r}{2}$, et le résultat πr^2 est la mesure cherchée ; c'est-à-dire que la surface du cercle est égale au carré de son rayon multiplié par le nombre π qui représente le rapport de la circonférence au diamètre ($\pi = 3,1415926...$).

Le problème de la *quadrature du cercle*, qui a été l'objet de tant de recherches infructueuses au moyen âge et dans les temps modernes, a acquis une certaine célébrité. Ce problème peut s'énoncer ainsi : Trouver un carré ayant même surface qu'un cercle donné. Appelant x le côté du carré cherché, on devra donc avoir $x^2 = \pi r^2$, d'où $x = r\sqrt{\pi}$; et π étant un nombre incommensurable, ainsi que Lambert l'a démontré dans les *Mémoires de l'Académie de Berlin* pour 1761, la valeur du côté x ne pourra être calculée qu'approximativement. Mais on sait, par

CERCLE

exemple, que la racine carrée de 2, quoique incommensurable, est représentée exactement par la diagonale du carré qui a pour côté l'unité. Dès lors on pourrait supposer que le problème de la quadrature du cercle est susceptible d'être résolu géométriquement, c'est-à-dire avec l'unique secours de la règle et du compas. Il n'en est pas ainsi, et toutes les solutions trouvées du problème font usage de courbes que l'on ne peut construire que mécaniquement : telle est la quadratrice de Dinostrate.

Si l'on parvenait à rectifier la circonférence, c'est-à-dire à construire géométriquement une droite qui lui fût égale, le problème serait résolu, puisqu'on aurait transformé le cercle en un triangle, figure que l'on peut à son tour transformer en un carré équivalent. Or, outre que π est incommensurable, Legendre a prouvé qu'il en est de même de son carré. Seulement il n'a pas démontré que π ne pût pas être racine d'une équation complète du second degré, et là est la question. Cependant tout porte à croire que l'on ne doit espérer aucune solution donnée pas des intersections de droites et de cercles : ainsi, dans les *Mémoires de l'Académie des Sciences* pour 1772, Vandermonde a donné une expression élégante du nombre π, qui nous apprend que ce nombre est une quantité irrationnelle d'un ordre supérieur aux irrationnelles élémentaires; de plus, on sait que lorsque le nombre des côtés d'un polygone régulier augmente, le degré de l'équation qui donne le rayon en fonction du côté augmente aussi; enfin M. Terquem a démontré, dans le *Journal de Mathématiques* de M. Liouville, que l'hexagone est le seul polygone régulier dont le côté soit commensurable avec le rayon; ce qui ne permet pas de supposer que π puisse être racine d'une équation du second degré. Tout cela n'empêche pas chaque année de voir éclore plusieurs prétendues solutions du problème qui vont grossissant toujours le nombre de celles dont Montucla a conservé la mémoire dans son intéressante *Histoire des recherches sur la quadrature du cercle*. Aussi l'Académie a-t-elle décidé depuis 1775 qu'elle passerait à l'ordre du jour sur toutes les communications qui lui seraient adressées, tant relativement à cette question qu'à celle du mouvement perpétuel.

Charles-Quint avait promis cent mille écus à celui qui carrerait le cercle; les États de Hollande avaient mis aussi cette question au concours avec une forte récompense pour celui qui en donnerait la solution; plusieurs académies avaient suivi cet exemple. Mais depuis les travaux que nous venons de citer, le problème peut être considéré comme mathématiquement résolu, puisque le nombre π a été calculé par des méthodes sûres, jusqu'à 200 décimales (*voyez* CIRCONFÉRENCE), et que, si besoin était, on l'obtiendrait avec une approximation plus grande encore : on peut donc à très-peu de chose près *mesurer* un cercle quelconque. Quant à la solution géométrique, elle serait sans utilité.

« L'erreur de ceux qui se livrent à la recherche de la quadrature du cercle, disent les auteurs du *Dictionnaire des Sciences Mathématiques*, imprimé sous le nom de Montferrier, c'est de supposer qu'il doit nécessairement exister une ligne droite égale en longueur à toute ligne courbe donnée, ce qui n'est pas plus vrai que de supposer qu'il existe nécessairement un nombre entier ou fractionnaire égal à une racine de tout nombre donné. » Mais en vérité l'auteur perd ici sa géométrie en croyant faire de la métaphysique; car une ligne droite croissant d'une manière continue, passe nécessairement par tous les états de grandeur depuis zéro jusqu'à l'infini et se trouve toujours être à un certain moment égale à une longueur donnée. Il existe donc certainement une ligne droite égale à une ligne courbe quelconque; nos moyens pratiques ne nous permettent de la trouver qu'approximativement; voilà tout ce qu'il fallait dire.

E. MERLIEUX.

En technologie, le mot *cercle* est parfois synonyme de *cerceau*, qui a la même origine et la même étymologie; mais on réserve généralement la première de ces appellations pour les cercles en fer, et l'on appelle cerceau ceux qui sont en bois. Ce qui prouve qu'on avait autrefois confondu ces deux mots dans l'usage, c'est que l'on donne le nom de *cerclier* à l'ouvrier qui travaille à la confection de ces derniers, et que l'on dit *cercler* et *décercler* une pièce, un tonneau, une cuve. Il y a aussi un ancien proverbe qui dit qu'*on ne connaît pas le vin au cercle*, pour dire qu'on ne connaît pas le caractère d'une personne à son extérieur.

Dans la marine on appelle *cercles de pompe* deux cercles de fer, dont l'un, rond, embrasse le haut de la pompe pour l'empêcher de se fendre, et l'autre carré sert à joindre la potence à la pompe. Les *cercles de hunes* sont de grands cercles ou cerceaux de bois qui font le tour des hunes par en haut, et qui empêchent les matelots de tomber en manœuvrant; les *cercles de boute-hors* sont des cercles doubles de fer placés au bout des vergues où l'on passe les *boute-hors*, qui servent à mettre les voiles d'étai.

En termes de guerre, on appelle *cercles goudronnés* de vieilles mèches ou de vieux cordages trempés dans le goudron et tournés en cercle, que l'on met dans des réchauds pour éclairer l'intérieur d'une ville assiégée. Il a existé aussi anciennement une machine de guerre nommée *cercle à feu*, qui était composée de plusieurs cercles ou cerceaux de bois, liés ensemble avec du fil d'archal, autour desquels on mettait plusieurs grenades et autres pièces d'artifices, et que l'on jetait dans les travaux des assiégeants, après y avoir mis le feu au moyen de mèches calculées pour la distance et le besoin de l'explosion.

Cercle se dit aussi, en termes de blason, de tout ce qui est rond, uni et percé. Quand il y a un chaton, on appelle le cercle *anneau* (*annulus*), quand il y a un ardillon, on l'appelle *boucle* (*fibula*). Quand il est lié en cercle, il faut que le lien soit d'un autre émail. On appelle *cercle perlé* une couronne de vicomte.

Dans la description des magnificences d'un palais de Thèbes, en Égypte, destiné à servir de tombeau au roi Osymandès, Diodore de Sicile fait mention d'un cercle d'or, dont la circonférence avait 365 coudées de tour, sur une coudée de largeur. Chacune des 365 coudées répondait à un jour de l'année; et pour ce jour-là, on y avait marqué le lever et le coucher des astres, avec le pronostic des temps, que les astronomes égyptiens y avaient attaché. Ce cercle, enlevé, dit-on, par Cambyse, lorsqu'il pilla l'Égypte, était donc un monument fort ancien de l'année égyptienne de 365 jours.

Les *cercles* étaient fort en usage aussi dans les opérations magiques. On les traçait avec de la craie blanche exorcisée pour y enfermer les esprits, afin qu'ils ne pussent nuire ni à l'opérateur ni aux assistants. Tout le monde sait l'analogie de la figure circulaire avec l'unité, qui est le symbole parfait de Dieu. La différence des cercles magiques consistait dans les noms et les figures, qui y étaient ou différentes ou différemment placées; et ce changement avait ses raisons dans les proportions numériques.

Le mot *cercle*, passant des choses aux personnes, s'applique par analogie au rond que forment plusieurs individus pour une conférence plus ou moins secrète, ou plus ou moins intime. Ordinairement les sous-officiers *forment le cercle* pour écouter les instructions particulières et le mot d'ordre de leurs officiers, après quoi ils *rompent le cercle*.

Cercle se dit, au figuré, de tout ce qui revient de temps en temps ou à des époques déterminées. Edme HÉREAU.

CERCLE, synonyme d'assemblée, réunion, société, coterie, répond parfaitement au mot anglais *club*, que nous avons naturalisé en France, mais en restreignant sa signification à un but politique. *Cercle* s'est dit d'abord des assemblées qui se tenaient à la cour, parce que les dames y étaient rangées en rond autour de la reine. De là cette locution encore usitée : *Il y a cercle chez le roi, chez la reine.* Les courtisans, qui se modèlent toujours sur le souverain (ainsi qu'un valet copie son maître), et leurs femmes surtout, voulurent aussi tenir cercle. Mais ces cercles ne furent que des demi-cercles; car la maîtresse de la maison, n'osant pas se donner les airs de singer la reine, restait au coin de la cheminée, devant laquelle la société s'était rangée en demi-cercle. Ensuite il n'y eut plus même de demi-cercle. Lorsque les assistants se levant, se mêlant, formaient différents groupes, on y voyait un jeune abbé de cour minauder et chanter des romances devant des douairières; un commandeur et un fermier général faire un whist ou un reversi avec une duchesse et une présidente; un colonel ou un marquis rivaliser avec une jeune comtesse pour le talent de broder, de faire des nœuds ou de la tapisserie; un médecin à la mode donner, en style précieux et fleuri, des conseils et des ordonnances à quelques femmes à vapeurs, non pour les guérir, mais pour prolonger leurs maux imaginaires; quelques beaux esprits s'efforcer en vain, au milieu du caquetage de tous ces originaux, de faire entendre une lecture commencée et interrompue vingt fois par les propos les plus superficiels, par les digressions les plus puériles.

Ce tableau de la société de Paris sous le règne de Louis XV, Poinsinet l'a si bien peint dans sa comédie *Le Cercle, ou la Soirée à la mode*, qu'un suppôt habituel de ces ridicules assemblées disait très-sérieusement qu'il fallait que l'auteur *eût écouté aux portes*. Avant Poinsinet, Palissot avait fait jouer à Nancy une comédie intitulée *Le Cercle, ou les Originaux*; mais c'est moins le tableau d'un cercle qu'une suite de portraits dignes d'y figurer. Aussi sa pièce a-t-elle été mise à contribution par Poinsinet.

D'après ce que nous venons de dire des cercles, où les beaux esprits avaient tant de peine à se faire écouter, on voit combien ils différaient des **bureaux d'esprit**; où ces messieurs tenaient le dé de la conversation, où leurs discours, leurs moindres mots, étaient avidement recueillis comme des oracles. Il n'est donc pas étonnant que les bureaux d'esprit aient disparu et que les cercles se soient conservés et multipliés; mais les cercles n'en sont pas moins, en général, comme les bureaux d'esprit, de véritables coteries. Chacun a la prétention d'être seul possesseur du bon ton, de réunir la meilleure compagnie. Cela tient aux localités, au rang, au quartier; car la fusion opérée par nos différentes révolutions dans l'esprit et les mœurs des diverses classes de la société est loin encore d'être aussi complète qu'on le prétend. Les cercles du faubourg Saint-Germain, où domine l'aristocratie, se font encore remarquer par leurs habitudes d'étiquette et d'urbanité un peu glaciales. Ceux du Marais ne sont plus aussi guindés que les bourgeoises et les femmes de magistrats qui l'habitaient, ni aussi empesés que les rabats des anciens présidents et conseillers; mais il en reste encore quelque chose. Les cercles de la Chaussée-d'Antin se composent principalement de financiers, de riches parvenus, parmi lesquels on retrouve trop souvent le type de Turcaret. Les gens de lettres, suivant leurs opinions ou suivant celles qu'ils savent être admises, sont admis dans ces différents cercles, et se plient aisément au ton qui y règne; mais que d'auteurs prônés, applaudis dans un cercle, sont honnis dans un autre! que d'ouvrages admirés, portés aux nues dans une de ces assemblées, ont été sifflés dans les autres, et même par le public! Là on entend rarement des hommes d'esprit, mais plus infiniment de bavards, de pédants; là, les penseurs, les observateurs sont regardés comme des ours, parce qu'ils ne veulent pas s'abaisser aux rôles de singes et de perroquets. Les hommes qui réussissent le mieux sont ceux qui colportent de cercle en cercle les nouvelles, les histoires qu'ils ont apprises, les contes, les bons mots qu'ils ont étudiés, et jusqu'aux traits qu'ils viennent d'entendre et qu'ils s'approprient sans scrupule; ils savent adroitement, avec l'aide de quelque compère, amener la conversation sur le sujet pour lequel ils ont leur leçon toute faite. Au reste, ne médisons pas de ces cercles! Comme on y voit toujours des femmes, et qu'il y en a quelques-unes qui, avec plus ou moins d'esprit et de talent, ambitionnent la gloire littéraire, y obtiennent des hommages dictés par la justice, et quelquefois accordés par la complaisance, il y règne nécessairement de la politesse. Et que serait un cercle sans le mensonge ingénieux de la politesse?

A Paris, comme dans les départements, il y a cependant des cercles où l'on ne trouve point de femmes. Jadis ceux de Paris se composaient principalement de savants et de gens de lettres; mais ce n'étaient ni les plus gais ni les plus amusants. Millin, Langlès, Gail et d'autres littérateurs, ont tenu de ces cercles, où étaient admis plusieurs de leurs confrères et des étrangers distingués par leur savoir ou leur rang. Tout s'y passait en conversations particulières; c'était un lieu de réunion, une bourse littéraire, où l'on était sûr de se rencontrer, de se mettre au courant des publications nouvelles, de tous les événements du domaine de la science, de la littérature ou de l'érudition. On s'y rapprochait des gens avec lesquels on avait des rapports et de la sympathie; et l'on se dispensait de saluer ceux pour qui l'on ne sentait ni estime ni penchant. Tout autres sont les sociétés qu'on appelle aujourd'hui *cercles* à Paris, ou encore *casinos* dans plusieurs villes de province, lesquelles ne se composent que de gens payant un abonnement annuel pour servir aux frais de loyer, de chauffage et d'éclairage d'un local, plus ou moins vaste, où ils lisent les journaux, jouent au billard, aux dames, aux échecs, aux cartes surtout, etc., et causent, soit de politique, soit du cours des marchandises ou des effets publics, du scandale du jour ou de la pièce de la veille. Ces sortes de cercles sont exécrés des femmes des abonnés, qui se voient obligées de se réunir à part et s'en vengent quelquefois cruellement. A Paris ils ont plus d'extension ou un but plus spécial; ils offrent aussi plus de variété, plus d'intérêt, plus de ressources, surtout à ceux qui en sont les meneurs et qui les exploitent à leur profit. Ne fonde pas d'ailleurs aujourd'hui un cercle qui veut. Il faut l'autorisation préalable de la police, qui, on le devine, ne se donne jamais qu'à bon escient. Une permission de ce genre, sous le gouvernement de Louis Philippe, se revendait de la main à la main 100,000 fr., ni plus ni moins qu'un privilège de théâtre ou encore une ligne d'*omnibus*. Le pouvoir récompensait ordinairement de la sorte quelqu'un de ces bons offices rendus dans la presse ou dans la police occulte, pour lesquels le ruban rouge n'eût été qu'une insuffisante et dérisoire rémunération.

Les entrepreneurs des cercles de Paris rivalisent maintenant de luxe dans l'ornementation de ces établissements, pour la plupart situés sur le boulevard, et auxquels ils ont grand soin d'adjoindre une table délicate et bien servie, où viennent prendre place ceux des abonnés qui se sont fait inscrire avant une heure déterminée de la journée, et encore les étrangers qu'ils prient à dîner. C'est là une précieuse ressource pour les vieux garçons, qui peuvent ainsi rendre *à peu de frais* les politesses qu'on leur fait dans le monde. Ces cercles se recrutent par voie de *présentation*; les admissions et les rejets ont lieu au scrutin secret. On a vu sous le dernier règne la présentation et l'admission d'un homme de *château*, dans un cercle où avait jusque alors dominé l'opinion légitimiste, acquérir les proportions d'un événement politique.   H. AUDIFFRET.

CERCLE AZIMUTAL. C'est un des instruments les plus employés en astronomie. Il se compose d'une lunette adaptée à un cercle vertical mobile autour de son axe et pouvant aussi tourner autour d'un axe vertical. On lit sur ce cercle les hauteurs observées au-dessus de l'horizon, tandis qu'un cercle horizontal fixé invariablement à l'axe vertical, donne la valeur de l'azimut dans lequel l'observation a été faite.

Si ce dernier axe est placé parallèlement à l'axe du monde, l'instrument prend le nom d'*équatorial*. Il peut alors servir à observer directement les ascensions droites et les déclinaisons.

Le *secteur zénithal* et le *théodolite* sont des modifications du cercle azimutal. Le premier, destiné à des observations très-exactes des étoiles dans le voisinage du zénith, a un rayon d'une grande longueur et un limbe d'un petit nombre de degrés. Le second est spécialement destiné aux mesures angulaires à la surface de la terre.

CERCLE D'ARPENTEUR. *Voyez* GRAPHOMÈTRE.

CERCLE MURAL. Cet instrument d'astronomie diffère du cercle azimutal en ce que la lunette s'y trouve adaptée à un cercle vertical qui ne peut tourner que dans le plan du méridien. L'axe de ce cercle devant être parfaitement horizontal, est invariablement fixé à un mur solidement construit; d'où vient le nom de l'instrument. Le cercle mural sert à observer les plus grandes hauteurs des astres, et par suite leurs déclinaisons.

CERCLE RÉPÉTITEUR. Cet instrument, bien préférable au graphomètre, est disposé de telle sorte que l'on puisse à volonté entraîner avec le cercle gradué une des lunettes qu'il porte, ou cette lunette seule. Il est alors facile de *répéter* les angles, c'est-à-dire d'obtenir par des observations successives (reportées sur le limbe du cercle à la suite l'une de l'autre) le double, le triple,... le décuple de l'angle. Les erreurs de lecture, d'observation et de graduation se compensent; et l'angle décuplé, par exemple, étant obtenu avec autant d'approximation que l'aurait été l'angle simple, ce dernier n'est plus affecté que d'une erreur dix fois moindre que celle qui résulterait probablement d'une observation unique. Le principe de la répétition des angles avait déjà été émis par l'allemand Tobie Mayer; mais Borda eut l'heureuse idée de l'appliquer à cet instrument.

Le *cercle répétiteur à réflexion*, que l'on doit encore à Borda, est pour les observations nautiques ce que le cercle répétiteur est pour les observations terrestres; aussi remplace-t-il avantageusement le sextant.

Ces instruments, exécutés aujourd'hui avec une grande précision, ont été perfectionnés par Lenoir, Pictet et Gambey.

CERCLES (*Cosmographie*). On sait que de quelque manière que l'on coupe une sphère, la section est toujours un cercle, dont le centre est sur celui des diamètres de la sphère, qui est perpendiculaire au plan de section. On sait aussi que le diamètre d'un cercle qui passe par le centre de la sphère est égal à celui du cercle par la révolution duquel on peut concevoir que la sphère a été formée ; enfin, on sait que le diamètre d'un cercle qui ne passe pas par le centre de la sphère est seulement égal à une des cordes du cercle générateur ; et comme le diamètre est d'ailleurs la plus grande de toutes les cordes, ces considérations fournissent une division des cercles de la sphère en *grands* et en *petits*.

Les *grands cercles* de la sphère céleste sont ceux qui la divisent en deux parties égales, ou en deux *hémisphères*, et qui ont le même centre qu'elle. Il s'ensuit que tous les grands cercles sont égaux, et qu'ils se coupent tous en portions égales, ou en *demi-cercles*. Les grands cercles de la sphère sont : l'*horizon*, l'*équateur*, le *méridien*, l'*écliptique*, les deux *colures* et les *cercles verticaux* qu'on appelle aussi *azimuts*.

Les *petits cercles* de la sphère sont les *parallèles*, parmi lesquels on distingue les *tropiques* et les *cercles polaires*. Ces deux derniers sont tracés de manière que la circonférence de chacun d'eux passe par le pôle correspondant de l'écliptique. Il résulte de là que leur distance aux pôles de la terre est égale à l'inclinaison de l'écliptique sur l'équateur. Le cercle polaire qui est proche du pôle boréal s'appelle *cercle polaire arctique*, et l'autre reçoit le nom de *cercle polaire antarctique*.

Le *cercle d'apparition perpétuelle* est un petit cercle parallèle à l'équateur, décrit du point le plus septentrional de l'horizon, et que le mouvement diurne emporte avec lui. Toutes les étoiles renfermées dans ce cercle ne se couchent jamais, mais sont toujours présentes sur l'horizon. On nomme cercle d'*occultation perpétuelle* un cercle parallèle à l'équateur, décrit du point le plus méridional de l'horizon, et ne contenant que les étoiles qui ne sont jamais visibles sur notre hémisphère. Les étoiles situées entre ce cercle et le cercle d'apparition perpétuelle se lèvent et se couchent alternativement à certains moments de la révolution diurne.

Les *cercles d'ascension droite* passent par les pôles du monde, et, coupant l'équateur à angle droit, déterminent l'ascension droite des astres. On les nomme ainsi, parce que, passant par les pôles du monde, ils servent d'horizon à la sphère droite, à laquelle les ascensions droites se rapportent. Le premier de ces cercles est le colure des équinoxes. Le *cercle d'ascension oblique* est unique, c'est-à-dire qu'on n'en peut concevoir plus d'un pour chaque élévation du pôle, puisqu'il n'est autre chose que l'horizon de la sphère oblique, lequel, ne passant pas par les pôles du monde, et étant déterminé par rapport à une élévation particulière du pôle, ne peut être que seul; au lieu qu'on peut imaginer une infinité de cercles d'ascension droite, parce qu'ils passent tous par les mêmes pôles, qui sont ceux du monde, et qu'ainsi on peut les prendre pour des méridiens.

Les *cercles de déclinaison* sont de grands cercles qui se coupent aux pôles du monde.

Les *cercles diurnes* sont des cercles immobiles qu'on suppose que les différentes étoiles et les autres points des cieux décrivent dans leur mouvement diurne autour de la terre, ou plutôt qu'ils paraissent décrire dans la rotation de la terre autour de son axe. Les cercles diurnes sont tous inégaux; l'équateur est le plus grand.

Les *cercles de hauteur* sont encore nommés *almicantarats*.

Les *cercles de latitude*, ou *cercles secondaires de l'écliptique*, sont de grands cercles perpendiculaires au plan de l'écliptique, et qui passent par les pôles, ainsi que par l'étoile ou planète dont ils marquent la latitude. On les nomme ainsi parce qu'ils servent en effet à mesurer la latitude des étoiles, laquelle n'est autre chose que la partie de l'un de ces cercles interceptée entre l'étoile et l'écliptique. Les *cercles de longitude* sont de petits cercles parallèles à l'écliptique, lesquels diminuent à proportion qu'ils s'en éloignent. C'est sur ces cercles que se compte la longitude des étoiles, d'où leur est venu leur nom.

Les *cercles verticaux*, appelés par les Arabes *azimuts*, sont de grands cercles qui s'entrecoupent au zénith et au nadir, et dont les plans sont par conséquent perpendiculaires à l'horizon. On en compte ordinairement cent quatre-vingts. C'est sur ces cercles que l'on mesure la hauteur des astres et leur distance du zénith.

Ajoutons que la plupart des cercles de la sphère dont nous venons de faire mention se transportent des cieux à la terre, et trouvent par là leur place dans la géographie aussi bien que dans l'astronomie. On conçoit pour cela que tous les points de chaque cercle s'abaissent perpendiculairement sur la surface du globe terrestre, et qu'ils y tracent des cercles qui conservent entre eux la même position et la même proportion que les premiers. Ainsi, l'équateur terrestre est un cercle tracé sur la surface de la terre, et qui répond précisément à la ligne équinoxiale que le soleil paraît tracer dans les cieux, et ainsi du reste.

Les cercles de la sphère armillaire représentent les cercles de la sphère céleste.

CERCLES D'ALLEMAGNE. A la fin du quatorzième siècle, les ligues contraires des princes et des villes impériales continuant à devenir de plus en plus formidables à toute l'Allemagne, Wenceslas convoqua, vers 1387, une diète à Nuremberg, pour aviser aux moyens de pacifier l'Empire. Il y forma une confédération des États qui voudraient avant tout le repos public, et les distribua en quatre cantons ou *cercles*, composés de la manière suivante : le premier comprenait la Haute et la Basse-Saxe ; le second, toute la province Rhénane, depuis Bâle jusqu'en Hollande ; dans le troisième se trouvaient l'Autriche, la Bavière et la Souabe ; et le quatrième renfermait la Thuringe et la Franconie. L'empereur prétendait n'avoir eu en vue dans cette division politique que d'exercer plus facilement sa surveillance d'un canton à l'autre, tandis qu'en réalité il ne voulait par là que rompre les ligues particulières en distribuant ceux qui les composaient dans ces divers cercles. Les villes impériales ne s'y trompèrent pas, et refusèrent pendant longtemps de faire partie des cercles ainsi créés.

Sous Albert II, en 1438, l'Allemagne fut de nouveau distribuée en six cercles. Le premier fut composé de la Franconie et du Haut-Palatinat, sous la direction de l'électeur de Brandebourg ; le second devait comprendre les États de l'ancien duché de Bavière, et la direction en fut confiée à l'archevêque de Saltzbourg ; le troisième fut formé de la province de Souabe, et le comte de Wurtemberg en fut le directeur ; le quatrième devait s'étendre sur les deux rives du Rhin, depuis Bâle jusqu'à Coblentz, sous la direction de l'évêque de Mayence ; on comprit dans le cinquième tout le Bas-Rhin, les Pays-Bas et la Westphalie, et l'électeur de Cologne fut mis à la tête des États qui le composaient ; enfin, le sixième réunissait tous les États de la Haute et de la Basse-Saxe, sous la direction de l'électeur de Saxe. Par cette nouvelle division, on voulait, comme par la première, mettre un terme aux divisions qui agitaient l'Allemagne, mais ce remède fut à peu près inutile. Il paraît même que cette mesure ne fut pas accomplie.

Ce ne fut en réalité qu'en 1500, sous l'empereur Maximilien Ier, que les États germaniques exécutèrent enfin les idées de Wenceslas et d'Albert II, en partageant l'Allemagne en six cercles ; savoir : ceux de Bavière, de Saxe, du Rhin, de Souabe et de Westphalie. Les électeurs et les États de la maison d'Autriche ne furent pas encore compris dans cet arrangement, peut-être parce qu'ils y auraient vu une atteinte à leurs prérogatives. Le roi de Bohême et la Prusse teutonique refusèrent aussi de se laisser inscrire sur le rôle des cercles.

En 1512, une diète fameuse, convoquée à Trèves, et transférée à Cologne, consomma l'établissement des cercles, en ajoutant quatre cercles nouveaux aux six qui existaient depuis 1500, et en répartissant les États de la maison d'Autriche et ceux des électeurs qui n'avaient pas été compris dans la première création. Les États de la maison d'Autriche situés en Allemagne furent réunis dans le cercle d'Autriche. On appela *cercle de Bourgogne* ce qu'elle avait hérité du duc Charles le Téméraire dans les Pays-Bas et dans la Franche-Comté. Les trois électeurs ecclésiastiques et l'électeur palatin formèrent le cercle du Bas-Rhin ; et les électorats de Saxe et de Brandebourg, avec les États qui en dépendaient ou qui s'y trouvaient enclavés, composèrent le cercle de Haute-Saxe. La Bohême et la Prusse refusèrent de nouveau de se laisser comprendre dans cet arrangement.

A. SAVAGNER.

CERCLES HORAIRES. Voyez CADRANS SOLAIRES.

CERCLE VICIEUX, terme de logique, un des sophismes les plus insidieux auquel ait jamais eu recours l'esprit de dispute. Il consiste à supposer prouvée une proposition qui ne l'est pas encore, et qu'il s'agit, au contraire, de démontrer ; puis à baser sur cette proposition comme un principe certain, acquis, incontestable, la proposition que l'on veut défendre. Dans cette argumentation, on revient toujours inévitablement à son point de départ, c'est le serpent qui se mord la queue, voilà le *cercle vicieux*. Il n'est pas impossible, du principe faux, ou, pour le moins, non démontré, que l'on invoque, de déduire une conséquence vraie, que l'adversaire ne pourra s'empêcher de vous accorder, si, de prime abord, il n'a pas aperçu le vice radical de votre argument. On tombe encore dans le cercle vicieux quand les mêmes termes sont prouvés par les mêmes termes, ou quand les membres d'un syllogisme le sont alternativement l'un par l'autre, directement ou indirectement.

Il y a deux espèces de cercles vicieux, le *formel* et le *matériel*. Dans le premier, la même chose devient cause et effet d'elle-même, et conduit tout droit à l'absurde. Le second consiste en deux syllogismes, prouvant l'un la cause par l'effet, l'autre l'effet par la cause. Ici il n'y a point *pétition de principe*; on n'invoque point un principe contesté. Le cercle vicieux matériel n'est point un sophisme.

CERCOPES, êtres plaisants et assez semblables à nos farfadets, qui jouent un rôle dans la fable d'Hercule, tantôt le lutinant et tantôt le divertissant. Les Thermopyles paraissent avoir été le plus antique théâtre de ce mythe, que d'autres transportent en Lydie, ou bien à Œchalie, dans l'île d'Eubée.

CERCOPITHÈQUE (de κέρκος, queue, et πίθηκος, singe). Ce genre d'Erxleben comprend ceux des singes de l'ancien monde que Buffon appelait *guenons*. M. Is. Geoffroy Saint-Hilaire n'a point trouvé le genre ainsi établi parfaitement naturel ; il en a réparti plusieurs espèces dans les genres voisins, et a mieux précisé les caractères sur lesquels on devait fonder le genre *cercopithèque*.

CERCUEIL, espèce de boîte dans laquelle on renferme les corps des personnes décédées, pour les déposer dans la terre ou dans des caveaux destinés aux sépultures. Suivant ces destinations, le cercueil peut être, ou une simple caisse, en minces planches de sapin à peine assemblées au moyen de quelques chevilles, que l'on nomme enfin une *bière*,

Robe d'été, robe d'hiver
Que les morts ne dépouillent guère,

comme dit La Fontaine ; ou une boîte de plomb, soigneusement soudée ; ou un coffre de bois de chêne, quelquefois même d'un bois plus précieux, bien joint, orné, dans certaines circonstances, de plaques de métal. On dépose fréquemment les dépouilles mortelles des rois et des heureux du siècle dans des cercueils de plomb, enfermés dans des cercueils de bois d'ébène ou d'acajou, couverts encore de velours.

[Chez les Égyptiens, le cercueil consistait en une caisse ordinairement de bois de sycomore ou de cèdre, quelquefois en cartonnage, et même de pierre calcaire ou de granit, dans laquelle on déposait la momie, après l'avoir embaumée et enveloppée de bandelettes, plus ou moins fines, selon l'état du défunt et la dépense qu'on pouvait faire pour lui. Le cercueil proprement dit est d'une seule pièce ; des peintures ou des sculptures le couvrent en dedans et en dehors ; elles représentent des scènes funéraires, et ce mot y est souvent répété. Le couvercle, également d'une seule pièce, est aussi orné de peintures analogues, quelquefois en dedans et en dehors et sur sa partie supérieure ; le visage est en relief, peint et quelquefois doré. Une barbe tressée est attachée au menton quand la momie est celle d'un homme ; l'absence de cet appendice indique les momies de femmes. Un grand collier et des symboles couvrent ordinairement la poitrine, une inscription perpendiculaire est au milieu, et des scènes funéraires sur les côtés. Ce cercueil est quelquefois enfermé dans un second, et celui-ci dans un troisième d'assez grande dimension : ils sont également couverts de peintures et d'inscriptions. Ces cercueils, ainsi emboîtés les uns dans les autres, étaient déposés dans les chambres sépulcrales, où on les trouve encore. Diverses offrandes étaient placées tout auprès, et quelquefois des simulacres d'instruments de la profession du défunt : des coudées s'il était architecte, des palettes s'il était scribe, etc. ; enfin, des figurines et des vases.

L'usage des cercueils fut rétabli par les chrétiens; on en trouve un grand nombre en France; quelques-uns remontent aux premiers siècles de l'ère chrétienne. Il y eut aussi dans la Gaule des lieux spécialement consacrés aux sépultures dès le septième et le huitième siècle; une grande partie des nombreux cercueils qui y furent réunis ont traversé les orages politiques et religieux, et se sont conservés jusqu'à nous. Parmi les provinces de France où l'on en trouve en plus grand nombre, on peut citer le Poitou, où les cercueils de Civeaux ont acquis une certaine célébrité. On découvrit en effet, en 1737, dans ce village, voisin de Poitiers, de six à sept mille cercueils de pierre, presque tous à fleur de terre, quelques-uns un peu enterrés, et un très-petit nombre au-dessus de terre. Leur forme approche du carré long; il y en avait de toutes les grandeurs, depuis 1ᵐ jusqu'à 12. Chacun de ces cercueils était couvert d'une grande pierre, souvent plate, quelquefois convexe en dessus, large de 0ᵐ,70 à 0ᵐ,75, et longue de 2ᵐ à 2ᵐ,20. Quelques-uns furent ouverts, et l'on n'y trouva que des ossements altérés, se réduisant en poussière. On ne découvrit ni médailles, ni armes, ni ustensiles d'aucune espèce. Quelques-uns de ces cercueils portaient des inscriptions, d'autres des figures allégoriques et des croix latines, mais en très-petit nombre. De nombreuses recherches assignent pour origine à ces cercueils le règne de Charlemagne.   CHAMPOLLION-FIGEAC.]

En Chine, le luxe des cercueils est porté jusqu'à la recherche. On y consacre souvent sa vie entière à se procurer ce dernier vêtement dans le goût le plus exquis. Le cercueil de Charles-Quint joue un grand rôle dans l'histoire d'Espagne.

Au Tong-King la bière est un meuble très-recherché. « Très-souvent, dit l'abbé Masson, évêque de Laranda, les enfants des familles aisées se réunissent pour offrir un cercueil à leur père ou à leur mère. Les disciples en font autant pour leurs maîtres. C'est là une très-grande marque de piété filiale. Ce jour-là on fait une grande fête, et tous les amis y sont invités. »

Le simple cercueil du pauvre, la bière, est ce qu'il y a de plus convenable pour les inhumations, attendu que, bientôt altéré, il permet la décomposition rapide du corps qu'il renferme, et cette considération d'hygiène publique devrait être assez puissante pour faire défendre l'usage de cercueils plus durables des caveaux et à l'exception des corps embaumés. Six francs cinquante centimes, tel est le coût à Paris de la plus modeste bière. Mais l'administration des pompes funèbres, qui a le privilége de la faire payer beaucoup plus cher qu'elle ne vaut, est tenue, en revanche, de la fournir *gratis* aux indigents. Les personnes mortes dans les hôpitaux, hospices, prisons, etc., se passent de cercueil, et sont enveloppées seulement dans une toile grossière, à moins que la famille ne demande à faire les frais de ce dernier meuble inutile.

CERCYON, fils de Poséidon, et suivant d'autres d'Hœphestus, et d'une fille d'Amphitryon, frère consanguin de Triptolème, fit mettre à mort sa fille Alopé. Doué d'une force prodigieuse, il courbait les plus gros arbres, en amenait les cimes vers la terre et y enchaînait ses victimes; puis il lâchait les branches, qui en se relevant leur déchiraient les membres. Éleusis était le séjour de sa domination. De là il ne cessait de porter la terreur et le deuil dans l'Attique, lorsque Thésée le vainquit enfin, et le punit du même supplice.

CERDA (LA). *Voyez* LA CERDA.

CERDAGNE (en espagnol *Cerdaña*), ancien comté situé dans la partie orientale des Pyrénées, et qui depuis la paix des Pyrénées de 1659 est partagé entre la France et l'Espagne. La partie méridionale ou espagnole, qui appartient à la Catalogne, comprend la vallée de la Sègre, avec son chef-lieu Puycerda, depuis Livia jusqu'à Urgel. La partie septentrionale, qui est la moindre et qui fut adjugée à la France en même temps que les comtés de Conflans et de Roussillon, qui l'avoisinent, a pour chef-lieu *Mont-Louis*, et fait partie du département des Pyrénées-Orientales. Dans l'antiquité, cette contrée était habitée par les *Ceritani*, qui faisaient un grand commerce de porcs. Au moyen âge ce comté était désigné sous le nom de *Cerritania*, et son chef-lieu sous celui de *castrum cerritanense* (aujourd'hui Puycerda).

CERDIC, l'un des chefs saxons qui, vers la fin du cinquième siècle et au commencement du sixième, envahirent la Grande-Bretagne. Après une lutte qui dura plus de vingt ans, Cerdic prit le titre de *roi*, et fonda, en 519, le royaume de Wessex ou des West-Saxons, c'est-à-dire des Saxons de l'Ouest. Les chefs qui défendirent le plus intrépidement contre lui la nationalité romano-bretonne furent Aurelius Ambrosius et le célèbre prince Arthur; mais les renforts que recevaient les envahisseurs, par l'arrivée continuelle de nouvelles bandes sorties de la Germanie, devaient finir par faire pencher la balance en leur faveur. Aussi voyons-nous qu'après quarante ans de guerre, Cerdic avait réussi à ranger sous ses lois toute la partie de la Grande-Bretagne qu'occupent aujourd'hui le Hampshire, le Dorsetshire, le Wiltshire et le Berkshire, ainsi que l'île de Wight. Il mourut en 534, et eut pour successeur son fils Cynric ou Chinric, qui avait partagé ses périls et ses travaux.

CERDONIENS, anciens hérétiques qui admettaient la plupart des erreurs de Simon le magicien, de Saturnin et des manichéens. Ils prirent leur nom de leur chef CERDON, né en Syrie, qui vint à Rome au temps du pape Saint Hygin, et y abjura ses erreurs, mais seulement en apparence; car plus tard il fut convaincu d'y persister, et, par suite, encore une fois rejeté du sein de l'Église. Cerdon reconnaissait deux principes, l'un bon et l'autre mauvais : ce dernier, selon lui, était le créateur du monde et le dieu qui se manifesta sous l'ancienne loi; le premier, qu'il appelait *Inconnu*, était le père de Jésus-Christ, qui ne fut incarné qu'en apparence, et ne naquit pas d'une vierge; il ne souffrit de même la mort qu'en apparence. Cerdon niait la résurrection et rejetait tous les livres de l'Ancien Testament, comme provenant du mauvais principe. Marcion, son disciple, succéda à ses erreurs.

CÉRÉALES. Ce mot, fait du nom de Cérès, déesse des moissons, a d'abord été employé sous la forme adjective, et l'on a dit les *plantes céréales*, pour désigner celles dont les graines servent à la nourriture de l'homme, telles que le froment, l'orge, le seigle, le maïs, l'avoine, etc. Il se prend aujourd'hui substantivement, et s'entend collectivement des graminées que nous venons de nommer. On l'étend aussi quelquefois aux plantes légumineuses, telles que haricots, lentilles, etc. Mais le plus souvent ce mot est synonyme de grains.

Prises dans cette dernière acception, les céréales se divisent en deux espèces, les céréales d'automne, qui se sèment en octobre ou en novembre, et celles de mars; la culture de ces dernières est moins productive en masse, et leur qualité ainsi que leur poids sont inférieurs à ceux des précédentes; mais elles sont d'une grande ressource, la saison d'automne ne permettant pas toujours d'effectuer toutes les préparations de terre qu'exige la culture des céréales en général.

Ces céréales sont considérées en agriculture comme des plantes très-épuisantes, ce qu'il faut attribuer à plusieurs causes : 1° à leurs racines traçantes; 2° à leur mode d'assimilation, qui s'opère plus par les racines que par les feuilles; 3° à leurs tiges grêles, qui favorisent la végétation des plantes gourmandes; 4° enfin, à leur essence annuelle même, qui ne permet pas de les récolter avant l'accomplissement de la végétation et la maturation du fruit. Aussi a-t-on soin, dans une bonne culture, d'alterner toujours les céréales avec les plantes bisannuelles, telles que la betterave, le colza, le chou, etc. (*voyez* ASSOLEMENT), qui se nourrissent différemment, et que l'on sarcle d'ailleurs avec soin; ce qu'on devrait bien faire aussi pour les céréales, et ce qu'on fait effectivement en Belgique.

Les céréales sont d'une grande importance pour l'alimentation de l'homme. Aussi toutes les questions qui se rattachent à leur commerce ont-elles été traitées à divers points de vue par les économistes. Nous en parlerons à l'article GRAINS.

[Le froment paraît être originaire de Sicile; c'est du moins l'opinion de Diodore surnommé le Sicilien. Plusieurs passages intéressants des anciens rendent assez vraisemblable que la plupart des espèces de blé d'Europe sont originaires du nord de la Perse et de l'Inde, où elles croissent spontanément. Le froment d'été, suivant Strabon, croit sans culture dans le nord de l'Inde. Un fragment de Bérose nous apprend que la Babylonie, c'est-à-dire la plaine entre l'Euphrate et le Tigre, produisait d'elle-même le blé sauvage, l'orge, le sésame et le lupin. Le botaniste Michaux a assuré à M. Dureau de la Malle, qui a consigné de curieuses recherches à ce sujet dans le dixième volume des *Annales des Voyages*, avoir observé l'épeautre sauvage près d'Hamadan, et en avoir trouvé des pailles dans l'argile de la tour dite de Nemrod.

L'orge, appelée par Pline *antiquissimum frumentum*, se trouve à l'état sauvage, selon Moise de Chorène, sur les bords de l'Araxe ou du Kour en Géorgie, et, suivant Marc-Pol, dans le Balaschiana, province de l'Inde septentrionale. Il s'étendit par la route du commerce des Indes dans la Phrygie et jusque dans l'Attique, le premier pays de la Grèce qui l'ait cultivé. Selon Pline, l'orge fut la première plante céréale cultivée et la première employée à la nourriture des hommes.

Le blé dur ou *triticum durum* a été apporté, dès la plus haute antiquité, de l'Afrique aux habitants de l'Italie, et pendant trois cents ans le peuple romain ne connut que cette nourriture, qu'il nommait *far adoreum*. Le seigle, au contraire (*secale*), vient du Nord. Pline dit quelque part qu'il était fort cultivé chez les Taurins, peuple des Alpes. Les Romains ne le connurent que très tard. L'olyre, qu'ils nommaient *arinca*, était indigène d'Égypte. DE REIFFENBERG.]

[Si l'on consulte les hommes qui passent leur vie au milieu des champs, on les trouvera fous convaincus de l'idée que les céréales dégénèrent et se transmutent l'une dans l'autre; cette opinion, très-vague sans doute, est généralement considérée comme un préjugé absurde par les savants, mais des hommes éminents de tous les temps n'ont point traité aussi cavalièrement cette opinion populaire, et quelques-uns même ont prétendu l'avoir vérifiée d'une façon incontestable.

Ainsi, Gérarde écrivait en 1632 : « J'ai en ma possession la preuve de la transmutation des espèces; c'est un épi de blé blanc, très-beau, au milieu duquel on trouve trois ou quatre grains d'avoine, parfaitement conformés. » De nos jours, M. Latapie de Bordeaux prétend avoir transformé par la culture un gramen vulgaire, l'églops, en froment.

M. Raspail assure qu'en semant du blé le plus beau sur des terrains infertiles, il l'a vu souvent se dégrader et prendre les formes sauvages qui clendent ou de quelque autre de ses congénères. « Le blé le plus anobli par la culture, dit-il, ne tarde pas à s'abâtardir dès que l'homme l'abandonne à ses tendances spéciales; et qui sait s'il ne va pas passer dans le corps de quelque gramen, sous la baguette magique de la transformation? »

Un savant botaniste anglais de notre époque, M. Lindley, qui a provoqué des recherches expérimentales sur la transformation du blé, dit qu'il n'est plus disposé à rire de ceux qui croient qu'une céréale puisse accidentellement se transformer. « Mes convictions, ajoute-t-il, sont ébranlées par les transmutations que j'ai vues s'opérer sous mes yeux dans la famille des orchidées; n'est-il pas rationnel de croire que la même loi physiologique gouverne tout le règne végétal, les céréales aussi bien que les orchidées? Nous ignorons complétement l'origine du blé, du seigle, de l'orge et de l'avoine, qu'est-ce qui nous assure que ce ne sont pas quatre variétés d'une même espèce que nous ne savons pas reconnaître? »

En 1843, Lord Arthur Hervey sema une poignée d'avoine, dont on retrancha pendant l'année toutes les tiges florales, puis en 1844 on la laissa fructifier, et l'on récolta pour la plus grande partie des épis d'une orge très-allongée, ayant l'apparence du seigle, un peu de froment, et très peu d'avoine.

Dans un ouvrage du docteur Anderson, publié en 1800, on remarque un passage duquel il résulte qu'un cultivateur allemand, ayant semé de l'avoine, la fit couper trois fois en vert; au printemps suivant, le peu de tallles qui avaient survécu poussèrent quelques tiges nouvelles et ces tiges produisirent des épis bien formés de seigle.

Ce phénomène physiologique a été reconnu par sir Richard Philips, qui le mentionne dans ces termes dans son *Million of Facts* : « L'orge, dit-il, dégénère en avoine dans les années pluvieuses, et l'avoine se change en orge dans les années sèches. Pline, Galien et Matthiole ont relaté des faits analogues, et les expériences de plusieurs naturalistes en ont prouvé la vérité. »

Une des expériences les plus remarquables qui aient été faites sur cette intéressante question est celle que rapporte M. London, dans son *Magasin d'Histoire Naturelle* de 1837 : « Ces années dernières, dit-il, deux essais ont été faits avec un soin tout particulier sur la transmutation des céréales. Le premier fut exécuté en Livonie. Au milieu d'un jardin potager, on traça un carré de quatre mètres; on brûla et on pulvérisa la terre, puis on l'ensemença avec des grains d'avoine vers la fin de juin 1836. On coupa les tiges deux fois avant l'hiver, et l'année suivante ce carré s'est trouvé couvert de touffes épaisses de seigle, seulement un peu moins nombreuses qu'il n'étaient les touffes d'avoine. L'autre essai a été exécuté par le lieutenant-colonel de Schauroth, qui cinq ans avant avait vu réussir sept fois la même expérience. »

Le docteur Weissenborn, en 1838, parlait de nouveau de cette question dans son *Magasin d'Histoire Naturelle* : « Quant à la transformation de l'avoine en seigle, dit-il, non-seulement ce phénomène a été vérifié par de nouvelles expériences, mais encore, dans le but de convaincre les incrédules, nous avons préparé des portions de terre pour y semer de l'avoine, et nous annonçons que cette semence produira des épis de seigle au milieu de talles sur lesquelles on verra les tiges mortes d'avoine produites l'année précédente. Cette transformation s'opère toutes les fois qu'on sème l'avoine de bonne heure; c'est-à-dire vers le milieu de l'été, et que l'on coupe les tiges deux fois au moment où l'épi va paraître. Cette opération a pour conséquence forcée d'empêcher plusieurs pieds d'avoine de mourir pendant l'hiver, et de les transformer le printemps suivant en talles de seigle tout à fait semblables aux plus beaux seigles d'hiver. L'expérience peut manquer si l'on sème l'avoine trop tôt, mais nous affirmons qu'en la semant dans la dernière quinzaine de juin, on la verra certainement se transformer l'année suivante. »

M. Monselgnat, député de l'Aveyron, écrivait en 1847 : « Je puis attester qu'il m'est arrivé dix fois de semer de l'orge dans un champ, et de n'y récolter que de l'avoine; ce fait se renouvelle souvent dans nos terres à seigle. »

Il nous semble maintenant, d'après ces témoignages, que la transformation des céréales est un phénomène assez bien établi pour engager au moins les hommes de bonne foi à former leur conviction de nouvelles expériences, afin de ne plus laisser aucun doute sur cette curieuse loi physiologique.   L.-N. GELLÉ.]

CÉRÉALES, fêtes en l'honneur de Cérès, célébrées par les dames romaines. Comme les Athéniennes dans les Thesmophories, elles étaient vêtues de blanc et portaient des flambeaux en mémoire du voyage de la déesse. Du

temps de Plaute, ces fêtes avaient lieu de nuit; mais comme il s'y introduisit des désordres, le sénat ordonna qu'on les célébrât le jour. On faisait venir de Naples ou de Vélie des prêtresses grecques, qui étaient chargées des cérémonies. On offrait à la déesse des gâteaux saupoudrés de sel et des grains d'encens, du miel, du lait et du vin. A défaut d'encens, on brûlait des torches de pin, ce qui, selon Denys d'Halicarnasse, fait remonter ces fêtes à une haute antiquité, le culte de Cérès ayant été introduit à Rome par des Arcadiens, longtemps avant la fondation connue de cette ville. D'ailleurs, suivant Ovide, Cérès, cherchant Proserpine, mit le feu à deux pins, qui lui servirent de torches. Il était défendu de sacrifier des bœufs à la déesse des moissons; mais on lui immolait des porcs, parce que ces animaux nuisent aux champs et dévorent les semences. Suivant Festus, on couvrait d'ornements d'or et d'argent ceux qu'on offrait en sacrifice. Les Céréales étaient des fêtes gaies; les habits de deuil en étaient proscrits : aussi n'eurent-elles pas lieu après la bataille de Cannes. Pour représenter l'enlèvement de Proserpine, on faisait disparaître dans ces fêtes une des prêtresses de Cérès. Les *jeux céréaux* commençaient le 12 avril, et duraient huit jours. Pendant ce temps-là on s'abstenait, pour honorer Cérès, de vin, et de commerce avec les femmes. On faisait des ablutions avec de l'eau chaude. Les vêtements blancs étaient de rigueur pour assister aux courses et aux combats qui avaient lieu dans le grand cirque, et les plébéiens se donnaient entre eux des repas. Il fallait être au moins édile pour présider aux jeux céréaux.
Th. DELBARE.

CÉRÉBRAL (Système). C'est le centre auquel viennent aboutir toutes les sensations du corps de l'animal par le moyen des cordons nerveux qui émanent de ce système, ou plutôt qui s'y rattachent. C'est aussi de ce foyer central que partent les déterminations de la volonté et les irradiations rapides de tous les mouvements des animaux. En un mot, c'est, pour ainsi dire, la citadelle de la vie, de la force qui nous anime, la puissance excitatrice qui réagit sur les extrémités et leur transmet ses ordres, comme elle en reçoit les communications par le moyen des sens et des autres organes placés à la circonférence du corps. Pour sentir, il faut des nerfs; pour vouloir, il faut un cerveau, ou un centre vital, un nœud, un principal ganglion d'où partent plusieurs nerfs, pour transmettre le mouvement plus ou moins volontaire (ou même involontaire des actes instinctifs). Cependant, tout mouvement organique, même à l'occasion d'un contact et d'un coup, ne suppose pas la sensibilité nerveuse ni la présence du nerf, dans les plantes dites *sensitives*, par exemple. On a cru pouvoir assimiler à des globules médullaires de la pulpe nerveuse des animaux certaines molécules dans le tissu des tiges de la sensitive et d'autres *mimosa*, et dans les filets staminifères de plusieurs fleurs, des *oxalis*, des *cistus*, des *berberis*, des *parietaria*, etc. Toutefois, M. Dutrochet et les autres physiologistes qui ont tenté d'établir cette similitude ou cette analogie ne pouvaient apporter que d'ingénieuses conjectures : ainsi, le système nerveux proprement dit n'appartient essentiellement qu'au règne animal. Il en constitue même le principe fondamental.

De là deux sources d'action organique chez les êtres vivants : 1° la *force végétative*, ou celle qui suffit à la croissance, à tous les développements involontaires de la vie chez les plantes, et qui opère spontanément les actes organiques dans les animaux, même pendant leur sommeil, pour les faire grandir, développer, pour élaborer leurs organes, durant l'enfance surtout ; et 2° la *force sensitive* des animaux seuls, émanant d'un appareil nerveux, soit général, soit spécial, distribuant la faculté de sentir et de se mouvoir par la volonté, au moyen des muscles et autres organes de locomotion, mis en jeu par l'élément excitateur du nerf qui les anime. *Sentir* est percevoir la douleur et le plaisir, soit des corps, soit des impressions de ce qui n'est pas nous comme de ce qui est nous. Si l'animal possède un cerveau, un centre cérébral, ces impressions lui sont transmises; elles sont plus ou moins comparées et jugées à ce foyer gouvernemental de toute l'économie, et de là résulte une détermination de la volonté, chez l'homme surtout.

Mais tous les animaux ne possèdent point un système cérébral, quoiqu'ils puissent avoir déjà quelques ramifications nerveuses. En effet, ce qu'on nomme les zoophytes ou animaux-plantes, comme les polypes, les actinies et anémones de mer, les échinodermes, tels que les oursins, les étoiles de mer, tous les polypiers, les ascidies, les acalèphes, les physalides, etc., sont essentiellement acéphales ou sans tête, sans système cérébral, bien que plusieurs d'entre eux aient montré à Tiedemann, à Carus et à d'autres anatomistes, les rudiments d'un système nerveux. Aussi ces animaux, qu'on nomme imparfaits (quoique rien ne soit imparfait dans la nature, mais seulement par comparaison avec de plus complètes espèces), sentent et se meuvent spontanément, mais ne possèdent aucun organe de sens spécialement, excepté le tact, et peut-être le goût, autre espèce de tact.

En remontant l'échelle zoologique, on rencontre des animaux possédant déjà un centre nerveux plus ou moins complet et développé, même sans la présence d'une tête, comme dans les huîtres et autres coquillages *acéphales* bivalves; mais ce n'est qu'un ou plusieurs ganglions, sortes de nœuds auxquels viennent aboutir des rameaux ou divers trousseaux nerveux. Enfin les animaux céphalés constituent chez les articulés et les mollusques, avec les vertébrés, tout le reste de la série zoologique, jusqu'à l'homme; celui-ci élève seul, au faîte de la création, la tête proportionnellement la plus vaste, l'encéphale le mieux développé et le plus complet, comme maître et roi dominateur de tous les êtres.

L'*encéphale* ou *cerveau* est cette masse médullaire nerveuse, molle ou pulpeuse, renfermée dans la cavité osseuse de la tête, et qui envoie, soit par elle-même, soit par le gros cordon nerveux nommé *moelle épinière*, descendant le long du dos dans la cavité des vertèbres du rachis, une quantité déterminée de prolongements nerveux dans toutes les parties du corps des animaux. Ainsi, toutes les espèces douées d'un *crâne*, d'une série de *vertèbres* dorsales, sont pourvues du cerveau et de la moelle épinière, contenus dans ces boîtes osseuses. Tel est le système cérébral dans son état complet; il appartient essentiellement à l'homme, aux mammifères, aux oiseaux, aux reptiles et aux poissons, c'est-à-dire aux quatre classes de vertébrés possédant un squelette osseux intérieur articulé. Au contraire, les animaux sans vertèbres, ou des races inférieures de céphalopodes et autres mollusques, de crustacés, d'insectes, de vers, etc., bien qu'ils possèdent une tête et des organes des sens, n'ont pas un véritable système cérébral, mais seulement un ou plusieurs ganglions plus ou moins volumineux, qui en tiennent lieu.

Afin de bien établir cette importante distinction, il faut considérer que tout animal vertébré présente deux ordres de système nerveux, par la raison qu'il jouit de deux classes de fonctions vitales, les unes concernant la vie générale, les autres la vie particulière ou de relation. La vie générale commune aux plantes et aux animaux, dite *organique* par Bichat, est une sorte de propriété des tissus et des organes en action, comme la nutrition, l'assimilation, et même la respiration, la circulation, les sécrétions; elle ne peut être totalement suspendue sans que l'animal périsse, excepté dans quelques exemples de mort momentanée par l'excès du froid, ou par asphyxie, etc. Elle est fondamentale et primitive; elle agit seule pendant le sommeil, qui suspend tous les actes de la seconde vie. Cette dernière n'appartient complètement qu'aux animaux pourvus d'un système cérébral, encéphale et moelle épinière, avec leurs dépendances. Ces organes centraux, ou l'axe cérébro-spinal, sont en effet soumis à des intermittences d'action qu'on appelle sommeil, tandis que la vie générale joue sans cesse jusqu'à la destruction de l'individu. Chacune de ces vies, ou classes de fonctions, chez les animaux, est gouvernée par un appareil nerveux, qui lui est approprié. Il y a donc un système nerveux commun à tous les animaux, et de plus un système cérébro-spinal approprié aux animaux plus complets, surtout aux vertébrés.

Le système nerveux général à tous est celui qu'on nomme *grand sympathique*, *intercostal*, ou *trisplanchnique* et *ganglionique* dans l'homme. On a reconnu qu'il n'émanait pas essentiellement du cerveau, mais, bien qu'il se rattache par des anastomoses aux nerfs spinaux, il constitue un système à part, distinct et existant par lui-même. C'est un assemblage assez nombreux de réseaux et filets nerveux, dont les diverses branches se réunissent en trousseaux, en méandres, ou s'entre-croisent en plusieurs sens, forment des entrelacements, des plexus, et sont pourvus de ganglions, c'est-à-dire de renflements ou nœuds qui peuvent être considérés comme autant de petits cerveaux, selon beaucoup d'anatomistes. Cet appareil nerveux, distribué dans les cavités intestinales, préside à toutes les fonctions de la vie intérieure, telles que la nutrition, l'assimilation, la circulation, la respiration et les diverses sécrétions des glandes; il jette aussi plusieurs rameaux de communication avec les nerfs du système cérébro-spinal. Or, les animaux sans vertèbres (mollusques, crustacés, insectes, vers et zoophytes), n'ayant guère que la vie générale, sont uniquement dotés de cet *appareil nerveux ganglionique*, ou *grand sympathique*, qui gouverne toutes leurs fonctions et tient aussi lieu du système cérébro-spinal de la vie extérieure ou de relation. On peut dire qu'ils n'ont pas de véritable cerveau.

Cependant, ne trouve-t-on pas un corps analogue à l'encéphale dans la tête chez les vers, les insectes, les crustacés, les mollusques céphalés, etc.? Examinons ce sujet.

Aucun zoophyte, aucun animal radiaire, ou formé en rayons, en fleur circulaire, tel que les actinies, les méduses, les échinodermes, ne possède même de ganglion nerveux auquel on puisse accorder le nom de cerveau, puisque ces animaux sont privés de tête. Chez les vers et les insectes il existe bien une tête, qui présente l'orifice extérieur de l'œsophage ou la bouche de l'animal. C'est vers la région supérieure de leur tête qu'on observe un ganglion simple ou double, lequel projette deux branches latéralement. Celles-ci embrassent l'œsophage comme un collier, et se réunissent en dessous pour se prolonger dans la longueur du ventre de l'animal en un double cordon nerveux, offrant, selon la structure des individus, d'espace en espace, des nœuds ou ganglions, desquels sortent des ramifications nerveuses, pour se distribuer à toutes les parties. Cette disposition du système articulé devient particulière aux insectes, aux vers, dont le corps est de forme allongée. Les distributions des rameaux nerveux et de leurs diverses masses ganglioniques sont différentes chez la plupart des mollusques bivalves, univalves ou autres, d'après la conformation de leur corps; il est aussi diverses modifications d'embranchements nerveux et de masses ganglioniques chez les crustacés, suivant qu'ils sont allongés comme les langoustes, écrevisses et autres macroures, ou arrondis comme les crabes. Néanmoins, l'appareil nerveux chez tous les invertébrés ne consiste que dans ces masses ganglioniques réunies par diverses ramifications nerveuses, avec un collier œsophagien et un double ganglion cérébral faisant fonction d'encéphale. Loin donc que les invertébrés soient doués de moelle spinale, d'un cerveau proprement dit, leurs appareils ganglioniques, répartis dans l'intérieur, fonctionnent comme le nerf grand sympathique des animaux supérieurs ou vertébrés. C'est par cette raison que les invertébrés ne meurent pas aussitôt qu'on leur tranche la tête; le double ganglion qu'elle contient ne représente nullement chez eux un organe central de vie; au contraire, plusieurs vers et des colimaçons décapités reproduisent une nouvelle tête, un nouveau ganglion céphalique en place de celui qu'on a retranché, sans que les fonctions de la vie intérieure du reste du système soient arrêtées. Néanmoins, le ganglion cérébral des insectes, des mollusques et crustacés, envoie des filets nerveux aux yeux, aux antennes et tentacules, aux tubes auditifs, lorsqu'il en existe, pour les facultés de la vie extérieure; il commence déjà plus ou moins à remplir les fonctions d'un véritable cerveau; mais la mouche privée de tête agit encore longtemps.

Dans l'homme et chez tous les vertébrés ayant un véritable axe cérébro-spinal, il existe donc un cerveau proprement dit, centre de la vie extérieure, ou de cet ensemble de facultés qui établit des liens de communication avec tous les êtres environnants, et qui devient le commun réservoir auquel aboutissent toutes les impressions de l'extérieur reçues par l'animal. Chez les espèces privées de moelle épinière, le seul instinct les dirige, sans la moindre opération de la volonté ni de l'intellect, même lorsqu'elles sont décapitées et qu'elles survivent encore. On en trouve la preuve lorsqu'on reconnaît que toutes les actions des insectes, des crustacés, des mollusques, des vers et zoophytes, sont toujours les mêmes, invariables, en quelque sorte mécaniques, sans se montrer ni plus ni moins parfaites. Aussi ces animaux ne sont point capables d'instruction, soit de la part de l'homme, soit de leurs semblables, car l'instruction résulte de la mémoire, du jugement et autres opérations qui exigent le secours d'un cerveau. Au contraire, on peut bien enseigner quelque action à un poisson, à un reptile, on en a des exemples, et à plus forte raison à des oiseaux, à des quadrupèdes; mais qui peut communiquer quelque idée à un zoophyte, à un ver, à un mollusque, à un insecte même? Ces derniers êtres n'obéissent qu'à leurs instincts, tout merveilleux qu'ils soient dans leur spontanéité; mais, privés de vraie cervelle, ils ne peuvent communiquer avec nous par aucune idée convenue, tandis que ce fait est possible, d'après l'expérience, avec les animaux pourvus d'un cerveau et d'une moelle spinale.

Après ces considérations, examinons le *système cérébral* en lui-même. D'abord, la moelle vertébrale ou spinale, le cordon rachidien, mérite d'être étudiée avant le cerveau, parce qu'elle est formée la première des embryons, qu'elle donne le branle primitif à toute l'économie, et paraît plus essentielle comme organe vivifiant que le cerveau lui-même. Elle s'étend du coccyx non-seulement jusqu'à la première vertèbre cervicale, mais même au bulbe rachidien; et sans doute la protubérance annulaire, les pédoncules cérébraux, les couches optiques et les corps striés, quoique renfermés dans le crâne, en sont des dépendances plus ou moins immédiates. La moelle spinale, au contraire de l'encéphale, renferme sa substance grise à l'intérieur de la substance blanche. Elle constitue un cordon cylindroïde composé de deux moitiés latérales appliquées l'une contre l'autre, mais avec deux scissures médianes. Chacun des cordons de la moelle spinale est lui-même divisible en deux moitiés, l'une, antérieure, plus forte, l'autre, postérieure, plus petite. Ces bandelettes antérieures offrent des entre-croisements ou décussations vers la région supérieure de cette moelle, ce qui sert à expliquer pourquoi plusieurs lésions d'une région de la moelle spinale font sentir leurs effets du côté opposé, comme on l'observe dans les contre-coups et parmi les paralysies. Nous ne décrirons pas ici le canal médian, que quelques anatomistes disent avoir observé, ni les autres détails d'organisation de ce prolongement, ni les trente paires de nerfs qui en émanent depuis la première vertèbre jusqu'à l'extrémité coccygienne, pour se répartir à tous les membres et appareils externes de locomotion, ou qui s'anastomosent avec les prolongements du grand sympathique intercostal (*voyez* NERVEUX [Système]).

Dans la boîte osseuse de la tête des animaux à sang rouge et à squelette articulé se trouve une masse pulpeuse, formée principalement de deux lobes latéraux ou hémisphères. Cette pulpe est composée de deux matières, la corticale, qui est grisâtre, et que Gall considérait comme la substance nourricière de la partie blanche médullaire, qui en est enveloppée. La première est d'autant plus abondante que le cerveau est plus gros proportionnellement à l'animal. Au-dessous de ces lobes du cerveau, ou derrière eux, se trouve le *cervelet*, communiquant également avec les hémisphères cérébraux et la moelle épinière, dont il est comme l'intermédiaire. Ces deux hémisphères coïncident à leur base par le *corps calleux* ou *mésolobe*. Entre les *tubercules quadrijumeaux* se trouve la *glande pinéale*, que Descartes supposait être le siège de l'âme. Dans les mammifères herbivores et frugivores, on a remarqué que les *nates*, ou les deux tubercules antérieurs, étaient plus volumineux que les *testes*, ou les deux tubercules postérieurs; le contraire a lieu assez généralement chez les carnivores. Tous les mammifères ont également un cerveau formé de deux hémisphères, lesquels renferment deux ventricules ou cavités, et enveloppent ces quatre paires de tubercules nommés les *corps cannelés*, les *couches optiques*, les *nates* et *testes*. On observe toujours aussi chez ces animaux un troisième ventricule, entre les couches optiques, et il communique avec un quatrième ventricule, situé sous le cervelet. Les jambes ou racines du cervelet forment le pont de Varole, proéminence transversale située sous la moelle allongée. Chez tous les ovipares, oiseaux, reptiles, poissons, les hémisphères sont très-minces et non réunis par un corps calleux; les *nates*, qui acquièrent un grand développement et ne sont plus recouvertes par les hémisphères, mais demeurent apparentes aux côtés et au-dessus du cerveau, sont creusées par un ventricule; enfin les jambes ne se réunissent plus en forme de proéminence pour le pont de Varole, comme chez les mammifères. Le cerveau de ces espèces ressemble assez à celui de l'homme; toutefois ses proportions, relativement au corps, sont moindres, ce qui a fait dire que l'homme possède le plus grand cerveau de tous les êtres animés. Les petites races de mammifères et d'oiseaux ont un encéphale proportionnellement plus vaste que les grosses espèces: ainsi, le bœuf n'a pas même la moitié d'encéphale d'un enfant: son cerveau ne fait guère que la 860ᵉ partie, en poids, de son corps, tandis que le cerveau du rat est la 76ᵉ partie de son corps; dans la souris, le cerveau est 1/45ᵉ, dans le moineau 1/25ᵉ, le serin 1/14ᵉ. Chez l'éléphant, dont on vante cependant l'intelligence, le cerveau est 1/500ᵉ du poids du corps; dans le cheval 1/400ᵉ et dans l'âne 1/212ᵉ. Celui-ci a donc plus de cervelle que le cheval: cette proportion peut varier suivant les âges et l'état gras ou maigre des individus. Les jeunes animaux offrent proportionnellement un cerveau plus volumineux que dans l'âge adulte; ils apprennent et étudient ou se développent plus que les vieillards, dont le cerveau se dessèche. Dans l'homme, la masse du cerveau forme tantôt 1/22ᵉ, ou 1/25ᵉ, ou 1/30ᵉ, ou 1/35ᵉ de son corps; dans le gibbon, grande espèce de singe à forme humaine, le cerveau est 1/18ᵉ; chez les nègres, la proportion varie, selon les races, depuis 1/47ᵉ jusqu'à 1/161ᵉ. La relation entre les hémisphères cérébraux et le cervelet varie également selon les espèces: chez l'homme, le cervelet est 2, lorsque le cerveau est 9. Dans le chien, le cervelet est comme 1 est à 8, chez le bœuf de 1 à 9, et dans le cheval de 1 à 7.

Chez tous les animaux vertébrés, la proportion de l'encéphale entier avec la masse de la moelle allongée et des nerfs qui en émanent détermine assez exactement le degré de l'intelligence de chacun d'eux, suivant les recherches de Sœmmering et Ebel. Ainsi, plus la masse encéphalique l'emporte sur celle de la moelle allongée et de ses nerfs, plus l'animal aura d'intellect. En effet, l'homme, qui a le cerveau fort gras à proportion des nerfs qui en sortent, annonce que sa force d'entendement doit être plus étendue et ses sensations moins brutales, moins impérieuses: au contraire, chez les bêtes qui ont de gros nerfs et un petit cerveau, les appétits sensuels et grossiers remplacent la pensée et le jugement; aussi chez eux, le museau, la gueule, le groin, s'avancent, tandis que le front, le cerveau, vont en arrière, comme s'ils mettaient l'appétit, le plaisir de manger et de boire avant la pensée; comme s'ils repoussaient celle-ci derrière leurs sens brutaux. De là est née aussi cette considération de l'angle facial mesuré par P. Camper, comme indice de la noblesse de l'intelligence. Ainsi, plus le museau se prolonge, chez le plupart des animaux, plus le crâne se rapetisse, ou le cerveau se rétrécit; de là l'individu devient plus brut et stupide. Ce résultat peut déjà se préjuger par l'angle facial du nègre, qui est moins droit que celui du blanc; aussi le cerveau des nègres est sensiblement plus rétréci que celui des blancs, et leur encéphale pèse moins.

Outre la moelle spinale et ses paires de nerfs, il émane du cerveau dix paires, dont la plus antérieure ou la première est celle de l'odorat, qui se rend aux narines; la seconde, qui se croise, de l'optique, laquelle se rend aux yeux; les troisième, quatrième et sixième aux muscles des yeux; la cinquième, qui est fort étendue et considérable, se divise en trois principales branches, et porte le nom de *nerfs trijumeaux*: elle distribue le sentiment et la force motrice à la plupart des organes des sens et des parties de la face; la septième ou l'*acoustique*, dans sa portion molle, se distribue à l'oreille interne; sa portion dure se ramifie à diverses régions de la face: c'est le *petit sympathique* de Winslow; la huitième paire, dite *paire vague*, se ramifie entre certains muscles de la face, en descendant le long du pharynx jusqu'aux poumons et à l'estomac; c'est pourquoi on lui donne aussi le nom de *pneumo-gastrique*. Sa section empêche la voix et la fonction respiratoire. Ce nerf joue même un grand rôle chez les poissons, et il anime l'appareil électrique des torpilles, car si on le coupe chez ces poissons, la source de leur électricité est aussitôt tarie. La neuvième paire se distribue aux muscles du larynx et de la déglutition; la dixième paire se rend à la langue et aux organes de la gustation.

Le *névrilème*, ou la membrane qui enveloppe la pulpe intérieure des nerfs envoyés dans tout le corps, se trouve aussi autour du cerveau. Ainsi tout l'appareil nerveux cérébro-spinal et ses annexes sont entourés de tuniques délicates: la première, qui enveloppe immédiatement l'encéphale, dans toutes ses circonvolutions ou sillons, et pénètre jusque dans ses ventricules, est déliée, et se nomme *pie-mère*; une enveloppe plus épaisse, tapissant les parois intérieurs du crâne, se nomme la *dure-mère*. Entre ces deux tuniques s'étend une troisième, extrêmement mince, appelée par cette raison *arachnoïde*. On a considéré cette enveloppe générale du névrilème autour de la pulpe cérébrale et nerveuse de tout le système comme un vrai appareil colibant et isolateur de l'élément excitateur, dit *fluide nerveux*. Sans doute, il y a quelque analogie entre le principe d'action et le fluide électrique (ou galvanique), mais on est encore réduit à des conjectures à cet égard.

Chez les oiseaux le cervelet n'a qu'un seul lobe; ils manquent de corps calleux, de voûte, de cloison transparente, de tubercules mamillaires, de même que les reptiles et les poissons; car cette disposition est commune à tous les ovipares. Le cerveau des reptiles est dépourvu de *circonvolutions*. Le nombre de leurs plis paraît être d'autant plus considérable que l'animal est plus intelligent (cependant le castor n'en a presque aucune); aussi l'homme en a plus que toutes les autres espèces. Le cerveau des poissons est allongé comme un double chapelet dont les éminences forment les petits nœuds ou tubercules. Leurs hémisphères sont aussi très-petits, puisqu'ils décroissent en grosseur à mesure qu'on descend l'échelle de perfection des êtres. Le cerveau des squales ou chiens de mer est extrêmement petit, quoique ce soient de gros poissons: il ne remplit pas même entièrement la cavité de leur crâne. On ne trouve point dans leur cervelet, non plus que dans celui des reptiles, la figure nommée *arbre de vie*. A mesure que l'appendice du corps cannelé, formant la voûte des hémisphères du cerveau, est plus volumineux, il paraît que l'animal est plus capable d'intelligence, d'après la remarque de G. Cuvier.

Aujourd'hui, loin d'envisager l'organe encéphalique comme l'origine de l'arbre nerveux, on le considère plutôt comme le rendez-vous général des nerfs et le bulbe terminal de l'axe spinal. Reil a vu que les nerfs extrayaient leur propre nourriture et leur substance du sang artériel, par le moyen du névrilème, ou de l'enveloppe qui sécrète la substance médullaire.

Selon Malacarne, les lamelles du cervelet sont plus nombreuses chez les individus humains et les animaux qui jouissent d'une intelligence plus vaste. Rolando considérait cet organe lamelleux comme une sorte de pile voltaïque développant le fluide électrique ou nerveux pour animer toute l'économie. Gall établissait que les hémisphères cérébraux sont formés d'une sorte de membrane médullaire, composée de fibres convergentes et d'autres divergentes. Cette membrane, diversement repliée en circonvolutions, constitue plusieurs départements d'organes dont chacun posséderait une faculté, soit morale, soit intellectuelle. Selon que domineraient les uns ou les autres de ces organes, plus ou moins protubérants, l'homme et l'animal seraient portés, entraînés vers tel genre d'action ou de pensée dépendant de l'activité de ces protubérances cérébrales. Les formes saillantes extérieures du crâne, moulées sur ces organes de l'encéphale, annonceraient l'existence de ces penchants prédominants, chez les hommes et les animaux. De là l'étude cranioscopique de ces attributs pourrait faire connaître les dispositions naturelles, les propensions vertueuses ou vicieuses des individus ; certains exercices continués, des études spéciales, pourraient agrandir des organes, ou l'inaction en effacer d'autres, etc. Par là s'expliqueraient aussi la plupart des instincts de chaque espèce d'animaux, et de là naîtraient ces vocations irrésistibles, cette fatalité des criminels, qui s'excuseraient sur une sorte de nécessité, comme celle du loup et du tigre, formés pour exercer des massacres. Les voleurs y trouveraient facilement leur justification, comme les maniaques (*voyez* PHRÉNOLOGIE).

De même que, dans l'ordre de perfection zoologique, l'encéphale s'élève au sommet de tout l'appareil nerveux, les hémisphères au-dessus du cervelet et des tubercules quadrijumeaux, pareillement l'embryon développe progressivement toutes les parties de l'encéphale, en commençant par les plus inférieures, et se terminant par les plus élevées, au-dessus du cordon rachidien. Ainsi, les tubercules quadrijumeaux sont d'abord plus considérables que toutes les autres portions de l'encéphale, comme chez les poissons. Ensuite, toutes les parties encéphaliques originairement simples, unies, dans l'embryon, se plissent, se compliquent, pour atteindre la conformation de l'homme. De cette sorte, l'embryon humain parcourt, dans la formation successive de son cerveau, tous les développements qu'on remarque dans la série des animaux inférieurs, depuis l'état de cerveau tuberculeux du poisson, en remontant à ceux des reptiles, des oiseaux, des mammifères, jusqu'au rang de perfection propre à notre espèce. C'est surtout par le déploiement des parties antérieures et supérieures des lobes hémisphériques que l'homme obtient le complément des organes les plus aptes à l'exercice de l'intelligence. Alors il domine tout le reste des créatures, il est l'orgueil et l'honneur de la terre, sur laquelle l'empire lui a été dévolu par la suprême puissance.
J.-J. VIREY.

CÉRÉBRO-SPINAL (Système nerveux), partie centrale du système nerveux de la vie animale, comprenant le cerveau, le cervelet et la moelle épinière (*voyez* CÉRÉBRAL [Système]). Ces organes sont logés dans une gaîne osseuse, formée par les os du crâne et par les vertèbres, dont l'assemblage constitue cette partie flexible que l'on nomme *colonne vertébrale*, ou plus vulgairement *épine dorsale, échine*. Vu dans son ensemble, cet appareil se compose de deux moitiés symétriques, placées sur les côtés d'un plan médian et qu'enveloppent plusieurs membranes protectrices. Toutes ces parties ne sont pas au complet dans toutes les classes de vertébrés. Les seules dont l'existence soit constante, sont : la moelle épinière et les lobes optiques ou tubercules quadrijumeaux. La communication entre l'axe cérébro-spinal et les diverses parties du corps est établie par les nerfs qui proviennent soit du cerveau, soit de la moelle épinière, au nombre de quarante-trois paires.
Dr SACCEROTTI.

CÉRÉMONIAL, ordre observé dans les occasions solennelles, de quelque nature qu'elles soient, et nécessité d'abord pour éviter la confusion qui résulte d'une réunion de gens et d'une multiplicité d'actions, mais dont s'emparèrent par la suite l'orgueil, la vanité, le caprice et la sottise. Il n'est point de culte qui n'ait un cérémonial, et d'hommes vivant en société qui n'en observent un. Cette espèce de loi que s'imposent les créatures *raisonnantes* paraît être tellement dans leur goût, que l'on n'a découvert, que nous sachions, aucun peuple qui ait voulu s'en dispenser, et que l'on pourrait encore dans cette observation trouver une preuve de plus que le genre humain n'est qu'une grande famille, issue d'un seul père. Le cérémonial, comme tout ce que les hommes instituent, a varié selon les temps et selon les lieux : celui que Moïse imposa aux Hébreux était sûrement un des plus pénibles à suivre qui se puisse imaginer ; les actions les plus communes de la vie, telles que la préparation des aliments, se faisaient en observant une foule de règles, qu'il ne faut pas confondre avec les coutumes ; car celles-ci procèdent, sans préméditation, de l'habitude, tandis que le cérémonial est toujours la suite d'une combinaison d'idées régularisées, et formant une loi, à laquelle un pouvoir quelconque soumet quelques individus. Le cérémonial usité dans la religion chrétienne participe beaucoup de celui de Moïse, quoiqu'il rappelle parfois celui des païens. La loi mahométane, toute minutieuse, et embrassant les plus petits détails corporels, se rapproche encore plus par son fatigant cérémonial de la loi judaïque. Les rapports de l'homme avec la Divinité sont partout réglés d'une manière particulière, et les pompes religieuses doivent une grande partie de leur beauté au cérémonial, qui dispose dans une ordre régulier les vases, les flambeaux, les voiles, tous les objets employés au culte, et qui règle jusqu'aux mouvements des prêtres. Lorsque ce cérémonial a pour but de rappeler des mystères révérés, qu'il transmet aux générations d'antiques vérités, et que par des formes il rend sensibles toutes les beautés intellectuelles renfermées dans la pensée d'un Dieu, d'une religion et de toutes les vertus qu'elle prescrit, il est éminemment respectable. Le cérémonial observé à Rome pendant la *semaine sainte* excite l'admiration des étrangers qui ne professent point la religion catholique, et exalte la piété de ceux qui lui sont dévoués.

Trois circonstances de la vie de l'homme sont, dans tous les pays qu'il habite, sujettes à un cérémonial particulier, alors même qu'il n'y fait pas intervenir sa religion : la naissance, le mariage et la mort se célèbrent d'une manière prévue, et que l'on est convenu de reproduire toutes les fois que ces occasions se représenteront. Mais quelle diversité dans l'expression des mêmes sentiments ! Que se passe-t-il chez nous lorsqu'une femme, après le plus douloureux travail, a mis un enfant au monde ? Qu'elle repose sur un grabat ou sur une chaise-longue, richement ornée ; qu'elle porte une cornette de toile, ou que la mousseline, les dentelles, se chiffonnent sur sa tête, elle reçoit les hommages

CÉRÉMONIAL

de tous, tandis qu'au sud de l'Afrique, la reine du pays, ainsi que ses sujettes, dont les maris ont crié tant qu'a duré l'enfantement, établissent ces derniers sur leurs nattes, déposent entre leurs bras le nouveau-né, et vont vaquer aux travaux du ménage. C'est l'époux qui, d'une voix languissante, remercie des compliments que l'on vient en foule lui adresser, gémissant sur la rigueur des lois qui président à la reproduction. Combien de femmes se réjouiraient de voir adopter une partie du cérémonial qui s'observait à Sparte lors des noces, et qui consistait à revêtir d'habits d'homme l'épousée, en signe du pouvoir qu'elle allait partager avec son époux! Mais que deviendraient nos mariées, avec leurs habits blancs, leurs voiles transparents, leur couronne, tout ce charme de neige fleurie et parfumée, si quelque voyageur (le Byron ou le Walter-Scott des Voyages) mettait à la mode les cérémonies nuptiales des Hottentots, dont la plus importante consiste à se prosterner devant le sacerdote du lieu, que l'on a fait boire aussi abondamment que possible, et dont la fonction est de préserver de maléfices les mariés par le moyen qu'employa Gulliver pour préserver d'incendie le palais du roi de Lilliput? Quant à la mort, ce dénoûment si peu varié de l'histoire de l'homme, le cérémonial qui l'accompagne ne lui a jamais paru indifférent. Les Indiens brûlent le corps des brahmines et jettent dans un fleuve sacré les cendres qu'ils ont recueillies ; les Américains servent de grands repas à leurs morts; le *talewake* est une danse au son du violon qui complète le cérémonial funéraire des highlanders écossais; les veuves corses s'arrachent les cheveux, s'égratignent le visage, improvisent sur le cercueil de leurs maris, enterrés à visage découvert, et qu'elles conduisent jusqu'au caveau sépulcral; les nôtres se renferment et couvrent de tentures noires jusqu'aux fenêtres de leur appartement, qu'éclairent des bougies de cire jaune. D'une province à une province voisine l'expression de la joie ou de la douleur diffère dans ses formes, et ces formes sont toujours le résultat d'une règle consentie par le plus grand nombre.

Le cérémonial dans les cours porte le nom d'*étiquette*, et c'est là que ses lois ont été longtemps inflexibles comme la nécessité ; car les souverains, qui commandaient à tout, lui étaient soumis. On cite surtout la Chine comme le pays du globe où le cérémonial le plus minutieux est, depuis un temps immémorial, en vigueur. Viennent ensuite l'Espagne, le Portugal, l'Autriche, l'Italie. Marie-Antoinette de France perdit beaucoup, dit-on, en voulant s'y soustraire. Et que l'on ne croie pas que ce fût un joug léger que voulut secouer la jeune et gaie enfant dont Marie-Thérèse avait confié le bonheur au plus aimable peuple de l'Europe. Bien que le cérémonial de la cour de France eût une apparence de bonhomie bourgeoise en comparaison de celui de la cour d'Espagne , il entraînait une foule d'observances qui ne répandaient pas d'agrément sur la vie privée. Une seule citation suffira pour le prouver : changer de chemise est, dans l'ordre commun des actions humaines , une des plus simples opérations que l'on puisse faire; cependant le cérémonial avait compliqué cette circonstance pour Louis XIV , chaque matin, de la manière que nous allons fidèlement décrire, en passant sur toutes les formalités qui ont précédé l'instant où le valet de garde-robe « apporte la chemise du roy, qu'il a chauffée, s'il en est besoin, et prête à donner, couverte d'un taffetas blanc; pour donner la chemise à S. M., si Mgr. le Dauphin se trouve dans ce moment au lever, le grand chambellan ou un premier gentilhomme de la chambre, le grand-maître de la garde-robe, ou autre officier supérieur, reçoit cette chemise du valet de garde-robe , et la présente à Mgr. le Dauphin, pour la donner à S. M. Tout de même, en l'absence de Mgr. le Dauphin, si MMgrs ses enfants, Monsieur frère du roy, ou M. le duc de Chartres s'y rencontrent : le grand chambellan ou un premier gentil-homme de la chambre, le grand-maître de la garde-robe, ou autre officier supérieur, leur présente pareillement la chemise, pour la donner au roy. Les autres princes du sang ou légitimés la prennent des mains du valet de garde-robe, à qui ils donnent à tenir leur chapeau, leurs gants et leur canne. Au défaut des princes du sang ou légitimés, le grand chambellan , un premier gentil-homme de la chambre, le grand-maître de la garde-robe, le maître de la garde-robe, le premier valet de garde-robe et les autres officiers de la garde-robe, en leur rang, donneraient la chemise au roy. Au moment que le roy a sa chemise blanche sur les épaules et à moitié vêtue, le valet de garde-robe qui l'a apportée prend sur les genoux du roy, ou reçoit des mains de S. M. la chemise que le roy quitte. Pendant que S. M. ôte sa chemise de nuit pour mettre sa chemise de jour, aux côtés de son fauteuil il y a deux valets de chambre qui soutiennent sa robe de chambre pour le cacher. Or, sitôt que sa chemise lui a été donnée, le premier valet de chambre en tient la manche droite, et, en son absence, un valet de chambre; et le premier valet de garde-robe, ou un autre valet de garde-robe en tient la manche gauche. Après, le roi se lève de son siége, et le maître de la garde-robe lui aide à relever son haut de chausse. Si S. M. veut mettre une camisole, c'est le grand-maître de la garde-robo qui la lui vêt. » Il peut paraître simple de désirer mettre sa chemise avec moins de solennité; cela n'est pas, cependant : car à peine Napoléon Bonaparte eut-il , à la mode des rois , réuni le pouvoir en sa personne, qu'il refit un cérémonial. Il n'en était pas encore à la chemise, mais l'*habit*, le *chapeau*, les *gants*, avaient leurs règles. Enfin, article 52 : « Le répétiteur des cérémonies , dans les répétitions, doit enseigner à tous ceux qui figurent dans les grandes cérémonies, ce qu'ils doivent faire pour la symétrie des groupes , l'ordre des évolutions , la distance dans les marches , et la dignité dans les mouvements. » Et l'empereur Napoléon voulut se soumettre lui-même au *cérémonial*, ce qui doit valoir à ce dernier autant de considération dans les temps à venir qu'il en obtint dans les siècles passés.

C^{sse} DE BRADI.

Le cérémonial disparut en France avec la branche aînée des Bourbons. La cour bourgeoise de Louis-Philippe ne pouvait s'accommoder de ces parades de convention où chacun semble jouer un rôle appris d'avance. A cette cour cérémonieuse succéda un débraillé encore moins digne, et Louis-Napoléon, en revenant aux anciennes coutumes, rétablit autant qu'il put le cérémonial et le costume, croyant ramener ainsi le respect de l'autorité.

Outre le cérémonial dont il vient d'être question et qu'on observe dans les cours ou dans les solennités publiques, il existe, d'après le droit des gens, un autre cérémonial, qui règle les rapports des différents États entre eux. Le premier est une affaire de réglementation intérieure dans chaque État; le second a pour bases des conventions internationales. Dans les États monarchiques, la cour étant le centre autour duquel se meut et s'agite toute la vie publique, il en résulte que dans les solennités , telles que couronnements, prestations de serment, de foi et hommage, investitures, mariages, funérailles, etc., tous les détails sont prévus, fixés et ordonnés à l'avance par les grands dignitaires de chaque cour, tels que le grand-maréchal du palais et le grand-maître des cérémonies ou encore le grand-chambellan. Le rang à donner à chaque individu, l'ordre dans lequel on doit marcher, les moments où l'on doit s'asseoir, se lever, agir, les formules que l'on doit employer en parlant, forment la base fondamentale du cérémonial. Le rang à observer dans les rencontres de souverains, dans les audiences solennelles qu'ils accordent aux ambassadeurs et envoyés étrangers, de même que le mode de salutation en usage entre navires de guerre, font partie du cérémonial international. Le cérémonial international est l'ensemble des règles qu'on observe dans les chancelleries écrits, soit entre les diverses autorités et à l'égard des particuliers de chaque pays, soit entre les différentes puissances les unes vis-à-vis des autres.

3.

CÉRÉMONIAL

A proprement parler, aucune puissance n'a le pas sur une autre; mais comme les petits recherchent l'amitié et l'appui des plus puissants, il en résulte naturellement une prééminence des uns sur les autres. De là vint que peu à peu on détermina les dignités, le rang et les honneurs des États, de leurs gouvernants et de leurs représentants, ce qui, par opposition au cérémonial intérieur des cours, constitua un cérémonial politique, sur l'observation duquel on se montra souvent plus rigoureux que pour l'exécution des traités les plus sacrés.

C'est le hasard qui a fait les titres d'empereur et de roi, les titres les plus élevés, qui par cette seule raison ont donné lieu à des privilèges particuliers, abstraction faite d'ailleurs de la puissance réelle de celui qui en est investi. Depuis Charlemagne les empereurs romains ont passé longtemps pour les chefs suprêmes de la chrétienté, ont eu, en cette qualité, le plus haut rang, et ont compté jusqu'à des rois parmi leurs feudataires. Par contre, et comme pour témoigner de leur indépendance, plusieurs rois joignirent à leur couronne l'épithète d'*impériale*. C'est ainsi que le gouvernement anglais emploie encore de nos jours dans ses actes officiels l'expression de *imperial crown* (couronne *impériale*) et de *imperial parliament* (parlement *impérial*). Plus les rois étaient bas placés sur l'échelle de la hiérarchie européenne, et plus ils se refusèrent obstinément à reconnaître la prééminence du titre d'empereur sur celui de roi.

Jadis le pape et l'empereur s'arrogeaient le droit de conférer les dignités; mais plus tard le principe prévalut que chaque peuple était libre de donner à son souverain le titre qu'il lui plaisait, sauf à obtenir par des traités particuliers la reconnaissance officielle de ce titre par les autres puissances. Voilà pourquoi l'histoire nous offre tant d'exemples de princes dont les titres ne furent reconnus par leurs voisins que fort tard, et quelquefois jamais. Nous rappellerons ce qui arriva pour le titre de roi de Prusse, que prit l'électeur de ce pays, en 1711; d'empereur, que le cabinet de Versailles ne reconnut au tsar de Russie que vers la fin du dix-huitième siècle, et des nouveaux titres pris par quelques princes d'Allemagne, etc.

Le droit d'avoir des ambassadeurs de première classe était attaché à ce qu'on appelait les *honneurs royaux*, honneurs qui furent attribués toutefois à des États qui n'étaient pas plus des empires que des royaumes, comme Venise, les Pays-Bas, la Suisse et les électorats. Il existe un point fort controversé, celui de la préséance entre les ayant-droit aux honneurs royaux, c'est-à-dire le droit d'occuper la place d'honneur dans les différentes occasions qui peuvent se présenter, soit personnellement dans les assemblées de princes, soit par leurs représentants dans les réunions solennelles, soit par écrit lors de la rédaction et de la signature des actes diplomatiques. Comme, au moyen âge, les conciles offraient des occasions fréquentes de disputer sur cette prérogative, les papes s'y trouvèrent tout naturellement mêlés, et, entre autres règlements hiérarchiques des puissances européennes qui furent projetés à cette époque, le plus célèbre est celui que le pape Jules II fit publier en 1504, par son maître des cérémonies, Paris de Crassis, et par lequel les diverses nations de l'Europe étaient classées dans l'ordre suivant : 1, empereur Romain; 2, roi des Romains ; 3, roi de France; 4, roi d'Espagne; 5, roi d'Aragon; 6, roi de Portugal; 7, roi d'Angleterre; 8, roi de Sicile; 9, roi d'Écosse; 10, roi de Hongrie; 11, roi de Navarre; 12, roi de Chypre; 13, roi de Bohême; 14, roi de Pologne; 15, roi de Danemark; 16, république de Venise; 17, duc de Bretagne; 18, duc de Bourgogne; 19, électeur de Bavière; 20, électeur de Saxe; 21, électeur de Brandebourg; 22, archiduc d'Autriche; 23, duc de Savoie; 24, archiduc de Florence; 25, duc de Milan; 26, duc de Bavière; 27, duc de Lorraine. À la vérité, cette ordonnance ne fut jamais généralement reconnue. Pour soutenir les prétentions de préséance, on mit en avant tantôt l'ancienneté de l'indépendance de la famille souveraine, tantôt celle de l'introduction du christianisme, tantôt la forme de gouvernement, le nombre des couronnes, des titres, des hauts faits, l'étendue des possessions, etc. Au congrès de Vienne, il fut question de déterminer le rang des puissances européennes entre elles et tout ce qui s'y rattache; la commission nommée à cet effet par les huit puissances signataires du traité de Paris divisa dans son projet les puissances en trois classes. Mais les opinions n'ayant pu s'accorder, parce que la plupart des plénipotentiaires opinaient pour trois classes, tandis que l'Espagne et le Portugal n'en voulaient admettre que deux, lord Castlereagh repoussa le système de classification comme une source de nouvelles contestations, et on abandonna la question de l'ordre à établir entre les différentes puissances, se bornant seulement à une division en trois classes des ambassadeurs des différentes têtes couronnées.

Lorsque des souverains du même rang se font visite, ils se cèdent mutuellement le pas; et dans les circonstances où la question est douteuse, eux ou leurs ambassadeurs alternent, en attendant que les points en litige soient définitivement éclaircis. Beaucoup d'États ne demandent pas la préséance, mais seulement l'égalité. Lorsqu'un État ne peut prétendre ni à l'une ni à l'autre, on a recours à des moyens évasifs, afin d'éviter les scènes de scandale qui autrefois se renouvelaient fréquemment. Tantôt le souverain arrive incognito, tantôt il envoie un ambassadeur d'un autre rang que celui avec lequel il est en contestation pour la préséance. Lors de la conclusion d'un traité entre deux puissances, il en est fait deux exemplaires; chacun de ces exemplaires n'est signé que d'une des parties, ou les deux parties le signent, de manière à ce que chacun reçoive l'exemplaire dans lequel la place d'honneur lui est assignée. D'après la décision sur les rapports hiérarchiques des ambassadeurs, qui forme le 17e supplément à l'acte définitif du congrès de Vienne, dans les traités entre plusieurs puissances qui sont ensemble sur le pied de l'*alternat*, c'est le sort qui décide de l'ordre que suivront les ambassadeurs dans l'apposition des signatures.

Lorsqu'un prince adresse une lettre à un égal ou à un inférieur en dignité, il commence par énumérer ses propres titres, celui qui écrit, ceux de celui à qui la lettre est adressée, la description de leurs rapports respectifs, la formule du salut, enfin la matière qui fait l'objet de la lettre. Dans les lettres adressées par des princes d'un rang inférieur à celui à qui ils écrivent, on commence tout de suite par l'exorde d'usage. Les empereurs et les rois se qualifient réciproquement de *frère*, et donnent le titre de *cousin* aux princes qui leur sont inférieurs. Les princes allemands se donnent également entre eux le nom de cousin. Dans le courant de la lettre, celui qui écrit, parle de lui à la première personne du pluriel *nous*, et donne à celui à qui il écrit le titre qui lui appartient, *majesté*, *altesse*, etc. La lettre se termine par une ancienne formule de conclusion. Puis vient, à la ligne, la désignation du lieu, la date du jour, de l'année, et celle du règne de celui qui écrit. La formule est de la main même du prince, si la lettre est adressée à une personne plus élevée, ou égale en dignité; si elle est adressée à une personne d'un rang inférieur, la formule est écrite à la chancellerie, de manière que lorsque la lettre a été contresignée par le ministre, le prince n'a plus que son nom à mettre. La suscription porte tous les titres de celui à qui la lettre est adressée, et ses rapports envers celui qui écrit.

Les empereurs et les rois s'écrivent ordinairement en français, langue devenue depuis le dix-septième siècle celle de la diplomatie. Actuellement les princes se servent, dans leur correspondance, du style de cabinet, qui se rapproche beaucoup du style épistolaire ordinaire.

En France, le cérémonial de chancellerie a été de tout temps beaucoup moins minutieux. Les rois et Napoléon luin-ème prialent Dieu *d'avoir sous sa sainte et digne garde le roi, le prince, le grand seigneur ou le haut fonctionnaire à qui ils écrivaient.* Pour les simples particuliers, comme pour les plus hauts fonctionnaires, et même pour les princes du sang, la formule qui termine une pétition, un rapport ou une lettre à l'empereur, est celle-ci : « Je suis, Sire, de Votre Majesté, le très-humble et très-obéissant serviteur. » Sous le dernier gouvernement, on a souvent tenté d'ajouter : *et sujet*; et les organes de l'opposition ne manquaient jamais de crier à la violation du pacte fondamental, à l'abomination de la désolation, toutes les fois que ce malencontreux complément de la formule officielle se trouvait au bas d'un rapport au roi. Il y avait là pour ces journaux matière à violents *premiers-Paris* pendant huit jours au moins; et l'orage se prolongeait encore souvent au-delà de ce terme.

CÉRÉMONIE. Cette expression, empruntée au mot latin *cærimonia*, n'a été communément employée dans notre langue que vers la fin du seizième siècle. C'est dans le culte rendu par tous les hommes à la Divinité que se sont manifestés les usages que ce mot désigne; et peu à peu se sont étendus aux principales actions de la vie; aujourd'hui encore les cérémonies religieuses sont les plus répétées et les plus imposantes. Pour se convaincre de l'étendue, de la diversité, du nombre des matières que comprennent les cérémonies religieuses des peuples anciens et modernes, il suffira de jeter les yeux sur un grand ouvrage exécuté dans le dernier siècle et intitulé : *Histoire générale des Cérémonies, mœurs et coutumes religieuses de tous les peuples du monde, représentées en 243 figures dessinées par B. Picart.*

Les cérémonies civiles de la vie publique ou privée ne sont pas moins considérables : elles occupent dans l'histoire de tous les peuples une place importante. La naissance, le mariage, la mort de chaque individu, et, à plus forte raison, des personnages illustres par leur rang ou la renommée qu'ils se sont acquise, ont été célébrés par des cérémonies qui ont varié dans les détails suivant le pays, les croyances et les époques, mais qui dans le fond avaient le même motif, celui d'un hommage rendu par l'homme à son semblable. Les mêmes cérémonies, jointes à plusieurs autres, spécialement en rapport avec le rang des personnages, ont été observées à l'égard des rois, des reines, des princes souverains et de leurs enfants. La naissance, le baptême, le couronnement, le mariage, l'entrée dans quelques villes principales, les victoires de ces différents personnages, ont été, à toutes les époques, le sujet de réjouissances et de pompes dont le cérémonial était réglé par l'usage. Un grand nombre de livres relatifs à l'antiquité donnent sur les cérémonies civiles des peuples anciens des renseignements qui nous sont parvenus.

Les cérémonies religieuses, politiques ou civiles de la France ont été aussi l'objet de recherches nombreuses; mais ces recherches disperses dans des livres d'ouvrages différents. Un seul, qui est resté incomplet, traite spécialement de cette matière; c'est *Le Cérémonial Français, recueilli par Théodore Godefroy, conseiller du roy en ses conseils, mis en lumière par Denys Godefroy, advocat en parlement et historiographe du roy* (Paris, 1649, 2 vol. in-fol.). Le premier volume contient : les cérémonies observées en France aux sacres et couronnements des roys et reynes, et de quelques anciens ducs de Normandie, d'Aquitaine et de Bretagne, comme aussi à leurs entrées solennelles, et à celles d'aucuns dauphins, gouverneurs de province, et autres seigneurs dans diverses villes du royaume. On trouve dans le second : les cérémonies observées en France aux mariages et festins, naissances et baptesmes, majoritez des roys, estats généraux et particuliers, assemblées de notables, lictz de justice, hommages, sermens de fidélité, réceptions et entrevues, sermens pour l'observation des traitez, processions et *Te Deum.* D'après les indications données par Théodore Godefroy dans l'avertissement au lecteur, un troisième volume devait être consacré aux tournois et autres cérémonies chevaleresques, aux pompes funèbres, et à un choix de relations et de pièces justificatives qui auraient ajouté un grand prix à ce travail. Ce troisième volume n'a jamais été achevé, et le manuscrit de Godefroy, conservé à la Bibliothèque de l'Institut, ne renferme qu'un petit nombre de matériaux relatifs à cette partie du travail. Tel qu'il nous est parvenu, ce livre n'en a pas moins un grand intérêt. On peut y étudier les usages observés dans toutes les cérémonies depuis le règne de saint Louis environ jusqu'à celui de Louis XIV.

Bien avant le treizième siècle le cérémonial de la cour de France était devenu une affaire de la plus haute importance. Souvent il occasionnait du trouble et devenait une cause de scandale. C'est ainsi qu'en l'année 1270, aux obsèques de Louis IX, son fils, Philippe le Hardi, près d'entrer dans l'église cathédrale de Saint-Denis, fut arrêté tout à coup, et que les portes se fermèrent devant lui. La cause en était que l'évêque de Paris et l'archevêque de Sens assistaient à la cérémonie, ainsi que plusieurs autres prélats, revêtus de leurs habits pontificaux, et que les privilèges de l'abbaye s'opposaient à ce qu'ils entrassent ainsi dans l'église. « Le roy fut devant la porte, son père sur ses épaules, disent avec énergie les auteurs des *Grandes Chroniques de France*, et les barons et les prélats, qui en l'église entrer ne povoient. Doncques il fut commandé à l'archevesque et à l'évesque qu'ils s'alassent devestir, et que ils ne fissent nul empeschement à si haute besoigne. » Des querelles de la même nature qui eurent lieu dans différentes circonstances furent cause que l'on prit le plus grand soin pour régler avec une minutieuse exactitude les lois du cérémonial. Les rois d'armes de France et des grands fiefs dépendant de la couronne furent principalement chargés de ce soin. Ils consultaient, pour leur servir de guide, la tradition, et avaient recours soit aux souvenirs des personnages considérables parvenus à une vieillesse avancée, soit, à leur défaut, aux chroniques officielles, déposées à l'abbaye de Saint-Denis.

Vers l'année 1490, une dame de la cour de Bourgogne, Aliénor de Poitiers, vicomtesse de Furnes, composa un petit ouvrage qui faisait connoitre le cérémonial que les seigneurs suzerains observaient entre eux quand ils se rendaient visite, ou au moment de leur mariage, ou quand une dame de leur maison était en couches. Dans cet ouvrage, intitulé : *Les Honneurs de la Cour*, publié par Sainte-Palaye à la suite de ses *Mémoires sur l'ancienne Chevalerie*, on trouve le détail des cérémonies que les princesses, les duchesses, et autres grandes dames des cours de France et de Bourgogne, pratiquaient entre elles au quinzième siècle. Cette importance qui s'attachait dès lors aux moindres actions des princes souverains ne fit qu'augmenter dans l'intervalle compris entre les règnes de Louis XI et de François Ier (1461-1546). Des querelles de préséance s'élevèrent à plusieurs reprises, non-seulement entre les particuliers, mais encore entre les corps importants de l'État. Aussi voyons-nous Henri II, au mois de décembre de l'année 1548, nommer une commission pour rédiger un cérémonial officiel de la cour de France. Mais son ordonnance ne paraît pas avoir reçu d'exécution, car peu d'années après, en 1583, le roi consultait son conseil d'État sur les mesures à prendre pour mettre un terme aux querelles qui s'élevaient entre les princes, ducs, comtes, et les membres des cours souveraines dans les cérémonies différentes. L'assemblée répondit : « Qu'il plaise à Sa Majesté commander au maistre de ces cérémonies de luy recueillir un mémoire bien ample de toutes les disputes qui sont entre les princes, officiers de la couronne, et autres grands seigneurs, pour raison des dits rangs, ensemble de ce qu'il trouvera sur les registres et mémoires concernant les dites disputes, pour, avec le temps, y estre pourveu par Sa Majesté comme elle verra bon estre. » Enfin, le 2 janvier 1585, le roi, en donnant au sieur de Rhodes la charge de grand-maître des cérémonies de France, voulut qu'il se tint au courant de toutes les difficultés qui pourraient s'élever à l'avenir. Malgré ces ordonnances réitérées, le cérémonial français ne fut exécuté que sous Louis XIV, qui, chacun le sait, mettait la plus grande importance aux moindres détails de ce genre. Il suffit pour s'en convaincre de lire quelques-uns des mémoires de cette époque, ceux de Saint-Simon, entre autres, ou la vaste collection, restée manuscrite, bien que d'assez longs fragments en aient été imprimés, du *Journal de Dangeau*. Outre ces ouvrages, on peut encore consulter avec fruit les travaux du père Montfaucon, d'Estienne Pasquier, du président Fauchet, du greffier du Tillet, du père Ménestrier et du père Lelong.   LE ROUX DE LINCY.

CÉRÈS, une des grandes déesses des mythologies grecque et latine, et qui n'est autre que l'*Isis* des Égyptiens. Elle était fille de Cronos ou Saturno et d'Ops, la même que Rhéa, Vesta et Cybèle; de ces quatre derniers noms, le premier signifie *secours*, le second *abondance des eaux*, le troisième *feu*, et le quatrième *cube*, et par analogie la solidité de la terre. D'une mère si bonne, à laquelle la reconnaissance des humains avait donné de si beaux noms, il ne pouvait naître qu'une fille bienfaisante, l'amour des hommes : elle naquit, et les Grecs en firent la nourricière des peuples, la déesse des moissons; ajoutez à cela que la physique était d'accord avec eux, et les fruits de la terre ne doivent leur accroissement qu'à l'heureux concours de l'eau et du feu.

Le nom de Cérès ne fut jamais celui que les Hellènes donnèrent à cette divinité : il était affecté à la seule Italie, quoique l'origine en soit toute phénicienne; *kàrats*, en hébreu, signifie *couper*, *fendre*; c'est l'action du soc qui déchire la glèbe. Les Grecs appelaient cette déesse *Déméter*, *Damater*, *Démétra*, nom qui répond à *Ghéméter*, la Terre-mère, dans leur idiome.

Le dixième mois de leur année, qui correspond à peu près à juillet, le temps des moissons, en reçut le nom de *démétrios*. Cérès était belle, non de la beauté de Junon, de Pallas, et encore moins de Vénus; mais sa flottante chevelure blonde, mais ses yeux couleur du ciel, mais ses formes arrondies, et surtout son air de bonté, le charme le plus puissant qui soit sur la figure d'une femme, jetèrent dans le cœur de Jupiter, son frère, une passion violente. Pour la tromper, le maître des dieux prit la figure d'un taureau, et la rendit mère de *Phérephata*, que les Grecs nommèrent *Persephonè* ou *Proserpine* ou *Hécate*.

Cette métamorphose ne doit point paraître une idée monstrueuse, puisque c'est le taureau, ce grand et animal laboureur, qui ouvre le sein de la terre au germe des semences qu'elle féconde : elle présente, au contraire, une riante image. Phérephata, fille de Cérès, est le *blé détruit*, c'est-à-dire amolli et transformé sous la glèbe (en hébreu, *pheri* veut dire *fruit*, et *phâtat*, périr); Perséphonè, que les Grecs ont pris aux Phéniciens, veut dire textuellement le *blé caché* (*phéri*, fruit, *blé*, et *séphan*, *égarer*). Quant à la Proserpine des Latins, elle peut s'expliquer dans leur langue par *pro*, en avant, et *serpere*, ramper; c'est l'effet de toutes les racines des plantes, et des germes, qui se retournent pour percer l'humus, qui les couvre. Cette fille de Cérès est donc le froment.

Neptune aussi ne put résister aux charmes de cette belle déesse; il lui fit violence sous la forme d'un cheval fougueux, parce qu'elle-même, afin de fuir ses poursuites, avait pris celle d'une jument. Cérès, honteuse, quitta ses vêtements d'or et son diadème d'émeraude, prit le deuil et alla gémir, loin du jour, dans une grotte, où elle resta si longtemps cachée, que les moissons avaient disparu de la surface de la terre, et que les humains étaient menacés d'une famine dont le terme devait être la mort. Pan, le dieu de la nature, découvrit son asile; et en instruisit le Père des dieux et des hommes, qui ordonna aux Parques d'essayer de ramener Cérès à des sentiments plus doux. La bonne déesse se rendit à leurs larmes, et revint donner la vie au monde. N'est-ce point là l'histoire d'une irruption de la mer sur les terres, ou même d'un déluge partiel de la Grèce, de celui au moins de Deucalion, et une image de l'abondance et de la sérénité reparues ensuite sur un coin du globe?

Cette déesse, si froide aux immortels, fut, selon les uns, sensible à la jeunesse et aux charmes de Jasius ; selon d'autres, elle attendit que ce héros lui fit violence. De ces amours mutuelles ou forcées naquit **Plutus**, le dieu des richesses. Ici l'allégorie est manifeste : ce simple mortel qui lui inspire si vive tendresse, est l'homme laborieux, le pieux agriculteur, qu'elle comble de sa faveur divine, mère de la richesse véritable, de l'innocent Plutus, qui nourrit les humains, et non de celui qui naquit aveugle dans les entrailles d'or de la terre. C'est avec cette conviction que le bucoliaste Hésiode établit dans un guéret les premières caresses de ces deux amants.

Cérès passa bientôt dans la Trinacrie, où elle donna à une ville, à l'ouest de cette île, le nom de Drepanum, *faucille*, de cet instrument des moissonneurs qu'elle portait souvent à la main. Le choix qu'elle fit de ce lieu, qui communiquait aux enfers, selon les poètes, par la bouche fumante de l'Etna, servit admirablement bien la passion de **Pluton**, épris des charmes de Proserpine. Il s'élança de la région des mânes sur la prairie d'Enna, pendant qu'elle cueillait des fleurs, l'enleva, et en un instant ses chevaux noirs l'eurent dérobée à la lumière du jour, entre les lacs de Cyane et d'Aréthuse. Les poètes varient d'ailleurs sur l'endroit où ce rapt fut commis. Il en est qui le placent dans l'île de Crète, d'autres en Arcadie, ou bien à Nysa en Asie, ou encore sur les bords du Céphise en Attique.

Vainement Cérès demanda-t-elle sa fille aux villes, aux antres, aux forêts de la Sicile. Après avoir allumé deux torches de pin aux flammes de l'Etna, elle abandonna cette île, qui lui avait été si funeste, et, parcourant, nuit et jour, l'univers, elle cherchait sa fille bien aimée. Emportée sur un char attelé de dragons, signes de vigilance, la déesse s'arrêta d'abord dans l'Attique, où elle enseigna à **Triptolème** l'emploi de la charrue et l'art d'ensemencer la terre, en reconnaissance de l'hospitalité qu'elle avait reçue de Céléus, père de ce jeune prince.

Cependant, ses malheurs avaient tant soit peu aigri la bonté naturelle de Cérès. Dans l'Attique, un jeune enfant qui la regardait s'étant pris à rire de ce qu'elle buvait avec trop d'avidité un breuvage qu'une bonne femme, nommée Baubo, lui avait offert, elle le changea en lézard, afin qu'il portât à la fois la figure et le nom, qui était *Stellio*.

De l'Attique, Cérès passa en Lycie ; elle y changea en grenouilles des paysans qui troublaient l'eau d'un étang où elle étanchait sa soif. De cette contrée, dit-on, elle revint en Sicile, où elle apprit de la nymphe Aréthuse le sort de sa fille. Ses larmes obtinrent de Jupiter qu'elle passerait six mois dans la couche ténébreuse de son époux, et six mois sur la terre. C'est un emblème visible du blé, qui, enseveli à peu près la moitié de l'année sous la glèbe, la perce et reparaît à la lumière, pour en jouir à peu près un temps égal à son séjour sous la terre.

Le culte de Cérès était simple : parmi les animaux, on lui consacrait la grue, la tourterelle, le surmulet de mer, le serpent ailé, la truie pleine et le bélier; parmi les végétaux, le blé noirs, le safran, et les pavots, dont la pourpre égaie ses guérets et dont le suc endormit ses douleurs, étaient ses offrandes; on craignait de lui faire des libations de vin, parce qu'au temps de son deuil, quand Hippothoon et Mégarine la reçurent, elle refusa le vin qu'ils lui offraient, comme incompatible avec l'excès de sa douleur.   DENNE-BARON.

Cérès était l'objet d'un culte tout particulier dans l'île de Crète, à Délos, en Sicile, en Asie Mineure, en Arcadie, à Mégare, en Attique; tandis que chez les populations d'origine dorienne le culte d'Apollon et d'Artémise l'avait presque complétement remplacé. Les différentes fêtes que les Romains célébraient en l'honneur de Cérès étaient comprises sous le nom générique de *cerealia* (*voyez* CÉRÉALES). Il faut surtout mentionner celles que les gens de la campagne célébraient avant la moisson, vers la mi-juillet, vêtus de blanc, couronnés de feuilles de chêne, en chantant des chansons relatives à la moisson et accompagnés de danses mimiques, de même que les fêtes qui avaient lieu au mois d'avril, qui duraient plusieurs jours et auxquelles étaient joints des jeux du cirque. On représente ordinairement Cérès sur un char attelé de dragons, avec une torche à la main, la tête couronnée de pavots et d'épis.

Tous les rapports de Cérès avec l'agriculture, avec la civilisation qui en est la conséquence directe, étaient exprimés dans les deux grandes fêtes consacrées à cette déesse, les Éleusinies et les Thesmophories.

CÉRÈS (*Astronomie*). Cette planète fut aperçue pour la première fois, à Palerme, par l'astronome Piazzi, qui dut en partie cette découverte au hasard. Il raconte lui-même qu'occupé de la confection de son grand catalogue, il cherchait une étoile mal indiquée dans la collection de Wollaston, et qu'il s'attachait à déterminer les petites étoiles voisines, lorsque, le 1 janvier 1801, il en observa une qui le lendemain lui parut avoir changé de place; il en suivit la marche pendant trois semaines, et il s'assura que c'était une planète encore inconnue, ayant un mouvement diurne et rétrograde de 4' en ascension droite et de 3',5 en déclinaison boréale; il lui donna le nom de *Cérès*. Cette découverte vint confirmer les prévisions de Képler, qui avait soupçonné l'existence d'une planète entre Mars et Jupiter; en même temps elle donna une nouvelle force à la *loi de Bode*. On sait qu'elle a été suivie de la découverte d'un grand nombre de petites planètes dans les mêmes régions de l'espace (*voyez* ASTRONOMIE, t. II, p. 155).

La durée de la révolution sidérale de Cérès est de 1681 j. 2h. 21m 7s,2. Sa distance moyenne au soleil est représentée par 2,77, celle de la Terre au même astre étant prise pour unité. L'excentricité de son orbite est 0,076, et l'inclinaison de cette ligne sur l'écliptique est égale à 10° 37' 12". L'extrême petitesse de cette planète n'a pas encore permis de déterminer tous ses éléments. Cependant Schrœter lui assigne un diamètre de 259 myriamètres. E. MERLIEUX.

CÉRESTE. *Voyez* BRANCAS.

CERET, ville de France, chef-lieu d'arrondissement dans le département des Pyrénées-Orientales, à 25 kilomètres de Perpignan, à 6 kilomètres des frontières d'Espagne, sur la rive droite du Tech, avec une population de 3,510 habitants. Cette ville possède un tribunal de première instance et un collége. On y fabrique des bouchons de liége; on y trouve plusieurs tanneries, et il s'y fait le commerce des huiles. On traverse le Tech sur un pont jeté avec une hardiesse extrême entre deux rochers, et formé d'une seule arche de 46 mètres de développement. Cette ville vit tenir dans ses murs en 1659 et 1660 un congrès de plénipotentiaires chargés de déterminer la délimitation des territoires français et espagnol. Le 20 avril 1793 Ricardos y battit les Français; mais le 30 avril de l'année suivante Dugommier mit en complète déroute les Espagnols commandés par le comte de l'Union, au village de Boulou sur le Tech, située à 8 kilomètres au nord-est, et qui fut également le théâtre d'affaires meurtrières en octobre et décembre 1793 et le 13 août 1794.

CERF (en latin *cervus*), genre d'animaux mammifères appartenant à l'ordre des ruminants, caractérisés par des cornes pleines, de nature osseuse, qui tombent et se reproduisent chaque année, et qui ont reçu le nom de *bois*. Les cerfs sont, en général, remarquables par la légèreté de leurs formes, l'élégance de leurs proportions, l'aisance de leurs mouvements et la rapidité de leur course. Leur corps est svelte; leur cou allongé porte avec grâce une tête fine; leur queue est courte; leurs jambes élevées, fines et nerveuses, sont terminées, comme dans les autres ruminants, par un pied fourchu; leur pupille est allongée horizontalement, et ils paraissent avoir la vue fort bonne; ils ont l'oreille grande et l'ouïe très-délicate; leur langue est douce, leur odorat fin. Plusieurs ont des larmiers ou cavités formées par un repli de la peau un peu au-dessous des yeux, et dans lesquelles s'amasse une humeur jaunâtre qui s'écoule au dehors. Il en est aussi qui ont des brosses ou paquets de petites taches blanches à l'articulation des jambes de devant qui correspond au poignet. Le poil des cerfs est ordinairement court et brillant; le fauve plus ou moins brun est la couleur la plus commune du pelage en dessus; le ventre est en général blanc, ainsi que les fesses, la queue plus foncée que le dos. Quelques espèces, et notamment l'*axis*, ont leur robe marquée de petites taches blanches disposées en séries longitudinales et parallèles entre elles; mais, dans le plus grand nombre, cette disposition de couleurs ne se voit que chez les jeunes individus, qui, dans les animaux de ce genre, reçoivent le nom de *faon*.

L'espèce de végétation périodique à laquelle est dû le développement annuel du bois est un des phénomènes les plus singuliers que présente le règne animal. Lorsque ces sortes de cornes commencent à se montrer, elles sont minces, sensibles et recouvertes d'une peau velue. Une base offre un bourrelet de même nature, appuyé sur deux protubérances plus ou moins allongées du os frontal; ce bourrelet devient peu à peu solide et osseux, le bois acquiert la même consistance; les vaisseaux sanguins qui y portaient la nourriture peu à peu rétrécis, puis enfin tout à fait oblitérés; la peau qui recouvre le bois meurt, se dessèche, se détache par lambeaux, et finit par laisser à nu la surface solide, qui présente encore les traces des vaisseaux; enfin, ce bois lui-même se détache de sa base et tombe. Un nouveau commence à se développer immédiatement après; mais la forme de ces bois successifs change avec l'âge, et en général se complique chaque année davantage. Lorsque l'animal devient vieux, son bois ne se reproduit plus avec la même exactitude : il se rapetisse, s'amincit, et finit par prendre des formes irrégulières. Les femelles en sont privées, à l'exception d'une seule espèce, le *renne*.

Les cerfs sont timides et farouches; mais ils ne manquent pas d'intelligence, et sont féconds en ressources dans le danger. Leur voix est en général un braiment désagréable : On le qualifie par le verbe *bramer*. Leur nourriture, comme celle de tous les ruminants, est purement végétale : ils préfèrent à tout les bourgeons et les jeunes pousses des arbres et arbustes. Les uns sont polygames et les autres vivent par paires. Les femelles, qui ont quatre mamelles placées entre les jambes de derrière, ne font le plus souvent que deux petits, et dans les espèces monogames les petits sont ordinairement, dit-on, de sexe différent, et ne se quittent jamais. Le rut a lieu en automne dans nos climats, et les petits naissent au printemps.

Les espèces de ce genre sont répandues dans l'ancien et le nouveau monde. On n'en a point trouvé à la Nouvelle-Hollande. Les plus remarquables sont le *cerf commun*, le *daim*, le *renne*, l'*élan* et le *chevreuil*.

Le *cerf commun* (*cervus elaphus*, Linné) est « l'un de ces animaux innocents, doux et tranquilles, qui ne semblent être faits, dit Buffon, que pour embellir, animer la solitude des forêts, et occuper loin de nous les retraites paisibles de ces jardins de la nature. » Il est répandu dans toute l'Europe et toute l'Asie jusqu'au Japon, et les Portugais l'ont transporte à l'île Maurice. Sa taille est fort différente selon les lieux qu'il habite : les cerfs des plaines, des vallées ou des collines abondantes en grains, ont le corps beaucoup plus grand et les jambes plus hautes que les cerfs des montagnes sèches, arides et pierreuses : ceux-ci ont le corps bas, court et trapu ; ils ne peuvent courir aussi vite, mais ils vont plus longtemps que les autres. Le *cerf de Corse*, le plus petit et le plus bas sur jambes de tous les cerfs de montagne, n'a guère que la moitié de la hauteur des cerfs ordinaires. Les caractères communs à toute l'espèce, et qui le font distinguer de ses congénères sont : la tige des bois courbée en dedans, deux ou trois *andouillers* à la partie antérieure dirigée en avant, les divisions de l'extrémité supérieure partant d'un centre commun, des canines dans le mâle, l'extrémité du museau nue, formant un mufle. Le mâle et la femelle adultes ont en été le dos, les flancs et le dehors des cuisses d'un fauve brun, avec une ligne noirâtre, régnant tout le long de l'épine, et garnie de chaque côté d'une rangée de petites taches fauves pâles ; en hiver, ces parties sont d'un gris brun uniforme. La croupe et la queue sont en tout temps d'un fauve très-pâle, avec une ligne noirâtre aux côtes des fesses. La tête, les côtés du cou, le dessous du corps et les pieds sont d'un brun grisâtre, une large bande brune sur le chanfrein. Toutes ces couleurs se foncent avec l'âge, chez les mâles surtout. Les oreilles sont simples, pointues et de moyenne grandeur. Le mâle se distingue de la femelle par ses bois et par ses canines, ou crochets, à la mâchoire supérieure. On prétend néanmoins qu'il se rencontre quelquefois des *biches* qui ont un bois comme le cerf. Il en est aussi qu'on appelle *bréhaignes*, et qui sont stériles ; elles sont plus grosses et sont plus tôt en chaleur que les autres. Les *faons*, c'est-à-dire le cerf ou la biche de moins de six mois, ont tout le corps parsemé de petites taches blanches sur un fond brun fauve, et l'on aperçoit déjà la couleur pâle des fesses. D'ailleurs, les cerfs varient un peu pour la couleur ; il y a des races plus brunes : tels sont les cerfs de Corse, dont nous avons déjà parlé ; tels sont encore ceux que l'on nomme en France *cerfs d'Ardennes* et en Allemagne *brand-hirsch* (cerf brûlé). De plus, chez les vieux cerfs, le poil du cou s'allonge de manière à former une sorte de crinière.

Lorsque le faon mâle atteint l'âge de six mois, il commence à paraître sur son os frontal deux tubercules que l'on appelle les *bosses* ou *bossettes* : alors il prend le nom de *hère*. Les bossettes croissent, s'allongent, deviennent cylindriques, et dans cet état on leur donne le nom de *couronnes*. Elles sont terminées par une face concave, sur laquelle porte l'extrémité inférieure du bois. Ce n'est qu'après la première année que ce bois commence à paraître ; il n'a alors qu'une simple tige sans aucune branche, et se nomme *dague* ; le cerf lui-même se nomme *daguet* pendant toute sa seconde année. A la troisième, il lui vient un bois dont chaque perche jette deux ou trois cors ou *andouillers*. Celui de la quatrième année se couronne, et l'âge ne fait qu'amener plus de grosseur dans les perches et un plus grand développement dans cette couronne, qui se divise quelquefois en dix ou douze branches ; mais jamais il n'y a plus de trois andouillers à la partie antérieure de chaque perche ; quelquefois même il n'y en a que deux. Tout ceci n'est pourtant vrai que des bois développés régulièrement, mais souvent le bois d'un côté se déforme, il a plus d'andouillers que celui de l'autre côté ; ces andouillers changent de direction, etc. ; on dit alors que les andouillers sont *mal semés*. Quelquefois aussi les andouillers se bifurquent. Dans la troisième année jusqu'à la sixième, le cerf porte le nom de *jeune cerf* ; à six ans, on le nomme *cerf dix cors jeunement* ; à sept ans *cerf dix cors*, quoiqu'il puisse avoir un bois chargé de douze ou quatorze branches en comptant les andouillers et les divisions de la couronne. Passé huit ans, on le nomme *vieux cerf*.

Les anciens attribuaient à cet animal une longévité prodigieuse. Ainsi on a dit autrefois que la durée de sa vie s'étendait à plusieurs siècles ; on a même avancé qu'il vivait quatre fois aussi longtemps que les corneilles, auxquelles on donnait neuf fois la durée de la vie de l'homme. On peut juger de ces fables par le résultat de cette dernière assertion, qui assignerait aux cerfs trois mille six cents ans de vie. Pline assurait qu'on en avait pris un plus de cent ans après la mort d'Alexandre, portant un collier d'or avec une inscription qui témoignait qu'il lui avait été donné par ce prince. On a dit aussi que la biche d'Auguste avait été retrouvée plus de deux siècles après sa vie. On sait enfin l'histoire du cerf chassé par Charles VI, dans la forêt de Senlis, et qui avait un collier de cuivre doré avec cette inscription latine : *Cæsar hoc me donavit* (César m'a donné ce collier). Il n'y a pas d'apparence, dit Mézerai, que ce cerf eût appartenu à Jules César ou à Charlemagne ; il s'agit sans doute de quelque empereur d'Allemagne beaucoup plus moderne dont le cerf avait passé en France. Toutes ces fables ont été réfutées dans les temps modernes, et l'on sait aujourd'hui que le cerf ne vit guère plus de vingt ans.

Le cerf est en état d'engendrer dès l'âge de dix-huit mois, quoiqu'il ne soit alors qu'aux deux tiers de son accroissement. Les biches mettent bas leurs petits au printemps, les vieilles les premières, vers la fin de février ; celles de dix cors au milieu de mars ; celles de dix cors jeunement en avril ; les jeunes biches en mai. Après la chute du bois les cerfs se retirent et se cachent dans les taillis, jusqu'à ce que le nouveau soit revenu, et il n'est entièrement développé et durci que vers le mois d'août ; ils se frottent alors contre les arbres pour le dépouiller de la peau desséchée qui y adhère encore. Le rut commence vers le mois de septembre, et il produit sur le cerf mâle les effets les plus extraordinaires : cet animal, habituellement timide, est alors animé d'une fureur aveugle, et devient très-dangereux ; il court les forêts et les plaines ; sa gorge se gonfle ; il *rait*, c'est-à-dire qu'il fait entendre une voix âpre et forte ; il mange peu, ne dort pas, et dès que deux individus se rencontrent, ils se battent à outrance. Les biches les fuient d'abord, et il faut qu'ils les contraignent. Le rut commence plus tôt chez les vieux cerfs, qui sont aussi les plus forts, et que les biches préfèrent, et comme il dure à peu près trois semaines pour chaque âge, on trouve des cerfs en rut jusqu'à la fin de novembre. Après la saison du rut, les cerfs sont très-faibles, et plus aisés à forcer qu'en tout autre temps ; ils se rétablissent d'autant plus vite qu'ils trouvent une nourriture meilleure et plus abondante. Les glands surtout, quand il y en a beaucoup, leur rendent promptement des forces.

La biche porte huit mois et quelques jours. Elle ne fait ordinairement qu'un faon, qu'elle élève avec le plus grand soin. Si des chiens la poursuivent, elle se présente, se fait chasser elle-même pour les détourner, et retourne ensuite auprès de son petit. Le faon ne la quitte point pendant tout l'été. En hiver, les cerfs et les biches de tous les âges se rassemblent en troupes nommées *hardes*. Ils se divisent au printemps. Les biches se cachent pour mettre bas, comme les mâles pour refaire leur bois.

« Le cerf, dit Buffon, mange lentement ; il choisit sa nourriture, et lorsqu'il a *viandé* (pâturé), il cherche à se reposer pour ruminer à loisir ; mais il paraît que la rumination ne se fait pas chez lui avec autant de facilité que chez le bœuf ; ce n'est pour ainsi dire que par secousses que le cerf peut faire remonter la nourriture contenue dans son premier estomac. Il a la voix d'autant plus forte, plus grosse et plus tremblante, qu'il est plus âgé ; la biche a la voix plus faible et plus courte ; elle ne rait pas d'amour, mais de crainte. Le cerf rait d'une manière effroyable dans le temps du rut ; il est alors si transporté, qu'il ne s'inquiète ni ne s'effraye de rien : on peut donc le surprendre aisément ;

et comme il est surchargé de venaison, il ne tient pas longtemps devant les chiens ; mais il est dangereux aux abois, il se jette sur eux avec une espèce de fureur. Il ne boit guère en hiver, et encore moins au printemps ; l'herbe tendre et chargée de rosée lui suffit ; mais dans les chaleurs et les sécheresses de l'été, il va boire aux ruisseaux, aux mares, aux fontaines ; et dans les temps du rut, il est si fort échauffé qu'il cherche l'eau partout, non-seulement pour apaiser sa soif brûlante, mais pour se baigner et se rafraîchir le corps. Il nage parfaitement bien, et plus légèrement alors que dans tout autre temps, à cause de sa venaison, dont le volume est plus léger qu'un pareil volume d'eau : on en a vu traverser de très-grandes rivières ; on prétend même qu'attirés par l'odeur des biches, les cerfs se jettent à la mer dans le temps du rut, et passent d'une île à une autre à une distance de plusieurs lieues. Ils sautent encore plus légèrement qu'ils ne nagent ; car lorsqu'ils sont poursuivis, ils franchissent une haie, et même un palis d'une toise de hauteur. Leur nourriture est différente suivant les différentes saisons : en automne, après le rut, ils cherchent les boutons des arbustes verts, les fleurs de bruyères, les feuilles de ronces, etc.; en hiver, lorsqu'il neige, ils pèlent les arbres et se nourrissent d'écorces, de mousses, etc., et lorsqu'il fait un temps doux, ils vont viander dans les blés ; au commencement du printemps, ils cherchent les chatons des trembles, des marsaules, des coudriers, les fleurs et les boutons du cornouiller, etc. ; en été, ils ont de quoi choisir, mais ils préfèrent les seigles à tous les autres grains, et la bourgène à tous les autres bois. La chair du faon est bonne à manger, celle de la biche et du daguet n'est pas absolument mauvaise, mais celle des cerfs a un goût désagréable et fort. »

La peau du cerf fait un cuir souple et durable ; le bois est employé pour faire des manches de couteaux et autres instruments. Autrefois on le râpait pour en préparer des poudres, des tisanes, des électuaires, auxquels l'ignorance prêtait une foule de vertus médicinales. On en retire encore une gélatine qui est purement du domaine de l'art culinaire où on l'emploie pour former la *gelée de corne de cerf*.

La chasse du cerf a fait de tout temps l'amusement des hommes puissants ou riches. Elle constitue un art étendu, qui a même un vocabulaire particulier, et qui forme la principale et la plus difficile partie de l'art de la *vénerie*. Le *veneur* doit connaître les lieux où le cerf se tient dans chaque saison, afin de pouvoir l'y chercher ; il doit savoir reconnaître par l'empreinte des pieds l'âge et le sexe de l'individu qu'il poursuit ; les *fumées* ou *excréments*, les *portées*, c'est-à-dire la hauteur à laquelle le bois atteint les branches des arbres, aident aussi le veneur dans son jugement. Il faut encore qu'il connaisse et prévoie toutes les ruses de l'animal, comme celle de passer et de repasser sur la voie, de se faire accompagner d'autres bêtes pour donner le change, de faire un grand saut pour se jeter à l'écart, de se coucher sur le ventre pour laisser passer les chiens devant lui, enfin de se plonger dans l'eau en ne laissant sortir que le bout du nez. Cette ressource est ordinairement la dernière ; le cerf est alors bientôt aux abois, et ne fait plus que disputer sa vie, qu'il fait quelquefois chèrement payer

DÉMEZIL.

La chasse au cerf était fort connue des anciens, comme l'attestent les monuments qu'ils nous ont laissés. Nous en voyons une représentation sur le sépulcre des Nasons. Elle se fait dans un parc où il n'y a que deux issues, à chacune desquelles se tiennent deux hommes, sans doute pour les empêcher de s'échapper ; un chien, dans le parc, court après les cerfs ; il y a apparence qu'il les lassait ainsi par la course. D'autres monuments nous représentent des cerfs attelés à des chars, ce qui semble confirmer ce que dit Martial, que ces animaux se laissaient mettre à la gueule des mors d'or fin.

Sur les médailles, le cerf marque Éphèse et les autres villes où Diane était particulièrement honorée ; mais le cerf n'était pas seulement consacré à cette déesse, il l'était aussi à Hercule.

En termes de blason, un *cerf sommé* est un cerf ramé de 9, 10, 11 ou 13 cors, quelquefois sans nombre ; quand on ne voit que la tête seule, elle doit montrer les yeux et les deux oreilles, et alors on l'appelle *massacre*.

Cette tête séparée du corps, ou *massacre*, est à la chasse le droit du veneur qui a détourné le cerf. Il en fait le premier droit à son limier. Les menus droits sont la langue, le mufle et les oreilles. On lève le *pied droit* du cerf pour le présenter au maître ou seigneur de la chasse. On appelle *cimier* le dessus du dos approchant des cuisses, et *nappe du cerf* sa peau. On ôte le *parement du cerf*, c'est-à-dire une chair rouge qui est attachée à sa peau, quand on fait la curée. *Lancer le cerf*, c'est le faire partir ; le cerf qu'on a lancé s'appelle *droit* ; celui qu'on rencontre en chemin s'appelle *le change*. On dit aussi qu'un cerf est *au ressui*, quand il est au soleil après la rosée ou après sa course. On appelle *muse de cerf* la triste contenance où il se trouve tandis qu'il est en amour. On dit aussi qu'il fait le *rouge* pour dire qu'il rumine. On appelle le *lit*, la *chambre*, ou la *reposée du cerf*, son fort, sa demeure, un lieu où les arbres et les herbes sont touffus. Un *écuyer de cerf*, ou un *broquart*, c'est un jeune cerf en compagnie d'un vieux. On dit encore que le cerf est de *bon temps* ou de *hautes erres*, quand il va vite et loin, ou quand ses pistes sont fraîches ; qu'il va de *vieux temps*, quand il est las et recru ou qu'il va sur les vieux vestiges ; qu'il *balance*, quand il est incertain dans sa course. On dit enfin qu'un cerf prêt à se rendre va *feignant son corps*, lorsqu'en chancelant il fait de grands bonds, de grandes glissées, et donne des os en terre, et qu'il est *aux abois* quand il est las et qu'il n'a plus la force de courir. C'est alors qu'il pleure, comme s'il voulait demander grâce par ses larmes.

CERF DU CAP. Voyez CAAMA.

CERFEUIL. On donne vulgairement ce nom à une plante bien connue, que les botanistes placent dans le genre *anthriscus*, de la famille des ombellifères. Tout le monde connaît le *cerfeuil commun* et son emploi comme fourniture de la salade ; nous avons à en signaler une variété, le *cerfeuil frisé*, dont les feuilles crépues sont plus abondantes, circonstance qui le fait rechercher. On cultive aussi le *cerfeuil musqué*, connu encore sous les noms de *cerfeuil d'Espagne* et de *cerfeuil à feuilles de fougère*, qui est vivace, s'élève à soixante ou quatre-vingt-dix centimètres, et sert aux mêmes usages que le cerfeuil commun et le cerfeuil frisé. Les deux premiers se reproduisent par semis, et le cerfeuil musqué, étant vivace, se multiplie par les doubles procédés de la semaison de ses graines et de la séparation de sa souche. C. TOLLARD aîné.

CERFS (Parc aux). *Voyez* PARC-AUX-CERFS.

CERF-VOLANT, jouet d'enfant, composé d'une carcasse d'osier recouverte de papier, avec des oreilles et une longue queue. Ce jouet s'enlève dans l'air au moyen d'une longue ficelle, qu'on lâche plus ou moins, selon le vent.

Le *cerf-volant électrique* est un cerf-volant ordinaire auquel on attache un fil de métal pour le rendre propre à soutirer la matière électrique des nuages. On s'en sert en physique pour faire des expériences. C'est à l'aide de cet instrument que Franklin a pu constater l'identité de l'électricité qui se dégage des nuages avec celle que produisent nos machines.

Les tanneurs appellent encore *cerf-volant* un cuir tanné dont le ventre a été ôté.

CERF-VOLANT (*Entomologie*), nom vulgaire de deux coléoptères pentamères du genre *lucane*, le *lucanus cervus* et le *lucanus capreolus*. Ils sont ainsi appelés parce qu'ils portent des cornes dentelées semblables à celles d'un cerf. Ces cornes sont mobiles, et leur servent de pince pour leur défense ; les femelles en sont privées. Celles-ci sont aussi connues sous le nom de *biches*.

CERIGNOLA (La), ville de la province napolitaine de *Capitanata*, à 4 myriamètres au sud-est de Foggia, agréablement située sur une hauteur, compte environ 7,000 habitants, qui se livrent surtout à la culture des amandiers et du coton. Le 28 avril 1503 les Espagnols, commandés par le duc Gonsalve de Cordoue, y battirent les Français, commandés par le duc de Nemours, qui périt dans la mêlée. Non loin de là, sur le bord occidental du lac de Salpi, on voit les ruines de l'antique ville d'Apulie, *Salapia*, où Annibal eut une intrigue d'amour avec la fille d'un bourgeois, et qui fut détruite par les Romains en punition de l'appui que les habitants avaient prêté aux Carthaginois.

CÉRIGO, la *Cythère* des anciens et la plus méridionale des îles Ioniennes, du groupe principal desquelles elle est entièrement séparée, à l'extrémité sud de la Morée, et à l'entrée de l'archipel grec, est située par 36° 6' de latitude nord et 40° 30' de longitude est. Avec les îlots voisins, *Cerigotto* et *Pori*, elle présente une superficie totale de 3 myriamètres carrés. Ses côtes, escarpées et rocheuses, affectent une forme à peu près circulaire, et sont dominées au nord par le cap Plataniste ; son sol, montagneux, renferme un grand nombre de cavernes. En raison de la nature même de ses montagnes, les anciens lui avaient aussi donné le nom de *Porphyris*. Placée dans les mêmes conditions physiques que les autres îles Ioniennes, Cérigo a également pour produits principaux les céréales, le vin, l'huile d'olive, les fruits du sud, les moutons et les chèvres, des lièvres, des lapins, des cailles et une foule d'espèces différentes de poissons ; tous objets qui forment la base d'un commerce d'exportation des plus actifs, que favorise singulièrement l'heureuse situation de cette île, qui en fait la clef de deux mers. Il s'y traite surtout des affaires considérables en bestiaux et en raisins secs. La population, forte d'environ 12,000 habitants, se compose pour la plus grande partie de Grecs, et, avec les îles d'Ithaque et de Paxo, envoie un député à l'assemblée législative.

Kapsali ou *Cerigo*, située sur la côte méridionale de l'île, dont elle forme le chef-lieu à titre de siège d'évêché, est une petite ville de 1,500 âmes, avec un certain nombre de couvents et d'églises et un assez bon mouillage.

Au sud-est de l'île de Cérigo et à moitié route de l'île de Crète, on trouve la petite île de *Cerigotto*, appelée *Ægiala* par les anciens, et jadis repaire fameux de pirates.

Cythère était en grande réputation chez les anciens, parce que c'était, disait-on, dans cette île que Vénus avait abordé en sortant des ondes ; et on peut encore voir aux environs du chef-lieu actuel quelques débris du temple célèbre qu'elle y possédait. En raison même de sa situation géographique, Cérigo dut fréquemment changer de maîtres. D'abord colonie phénicienne, elle passa vers la fin du sixième siècle avant J.-C. au pouvoir des Argiens, puis, des mains de ceux-ci dans celles des Lacédémoniens, des Athéniens et des Romains, partagea successivement toutes les destinées du reste de la Grèce et finissant comme elle par obéir aux empereurs de Byzance. A la chute de l'empire d'Orient, elle passa sous l'autorité des Vénitiens, qui, sauf les trois années 1715 à 1718, pendant lesquelles les Turcs en furent maîtres, en conservèrent la possession jusqu'à la dissolution de leur république (1797). Depuis lors Cérigo a toujours suivi le sort des îles Ioniennes.

CÉRINTHE, appelé aussi par dérision MÉRINTHE, mot qui signifie *corde*, hérétique contemporain des apôtres et à l'égard duquel nous ne possédons que des renseignements très-incertains et très-confus. On raconte qu'il arriva d'Égypte dans l'Asie Mineure, et qu'il séjourna à Éphèse en même temps que l'apôtre saint Jean. La tradition veut qu'il ait inspiré une telle horreur à celui-ci, qu'il refusa un jour de se baigner en même temps que lui dans les thermes d'Éphèse, de crainte de les voir s'écrouler sur la tête de l'audacieux blasphémateur. Il était aussi admis assez généralement dans la primitive Église que l'Évangile de saint Jean avait été écrit contre Cérinthe ; et le presbyte romain Caius estimait, vers la fin du deuxième siècle, que c'était par vengeance que Cérinthe avait attribué l'Apocalypse à saint Jean.

Il y a beaucoup de choses contradictoires dans ce que les Pères de l'Église rapportent au sujet des doctrines de Cérinthe ; les uns veulent en faire tout à fait un gnostique, tandis que les autres prétendent qu'il se rattachait aux idées sensuelles et grossières du chiliasme, ou tout au moins qu'il recommandait aux chrétiens l'observation d'une partie du cérémonial et de la loi des Juifs. Peut-être n'utilisait-il pour sa gnose qu'une partie de ce cérémonial et de cette loi, et en employant les expressions usitées par les chiliastes ne leur donnait-il qu'un sens tout spirituel. On pourrait encore admettre que tout l'ensemble de la gnose que lui prête saint Irénée, entre autres, n'était que le résultat d'une fausse interprétation de la doctrine de l'existence du Verbe dans le Christ. Consultez Paulus, *Historia Cérinthi* (Iéna, 1799).

CERISIER. Tournefort réunit les cerisiers en un genre *cerasus* de la famille des rosacées, tandis que Linné n'en fait qu'une espèce très-variée du genre *prunus*, sous le nom de *prunus cerasus*. Le seul caractère botanique qui distingue ce cerisier du prunier, c'est que le noyau, qui est lisse et arrondi dans le premier de ces arbres, est, dans l'autre, ovale-oblong, comprimé, sillonné et anguleux à ses bords. En considérant cette faible différence jointe à la couleur du fruit comme suffisant pour faire des cerisiers un genre à part, nous les diviserons d'après Duhamel en quatre ordres : 1° les *griottiers*, portant des cerises acides, parmi lesquelles on distingue comme une des meilleures la *cerise courte queue* ; 2° les *guigniers*, dont les fruits presque cordiformes, rouges ou noirâtres, ne sont point acides ; 3° les *merisiers*, dont les fruits, petits, globuleux, noirâtres, sont d'une saveur douce et sucrée ; 4° les *bigarreautiers*, dont les fruits sont en cœur, assez gros, marqués d'un côté d'un sillon longitudinal, de consistance ferme et cassante.

Suivant Pline, ce serait Lucullus qui, après sa conquête du Pont, rapporta le premier un de ces arbres des environs de Cérasonte, d'où est venu le nom de *cerisier* (en latin *cerasus*), donné à tout le genre. Sans nier ce fait, il n'est cependant pas douteux que l'Europe ne possédât déjà dans ses forêts des merisiers sauvages ; Lucullus ne put donc importer qu'une variété améliorée par la culture. Depuis, les pépiniéristes en ont obtenu un grand nombre. Leurs fruits, généralement abondants, ornent nos tables dès la fin de juin et jusqu'au mois de septembre. On peut même en conserver une partie pour l'hiver, soit en faisant sécher au soleil ou à la chaleur modérée d'un four les cerises de meilleure qualité, soit en les mettant dans de l'eau-de-vie. On en fait aussi des confitures. Les merises donnent un excellent raisiné ; on en fabrique un petit vin ; enfin on en extrait le kirschenwasser et le marasquin.

Le bois de merisier, dont on fait des meubles, est dur, pesant, uni, d'un grain serré, d'une couleur approchant de celle de l'acajou ; il prend un beau poli et est fort recherché par les ébénistes, les tourneurs et les menuisiers ; les luthiers s'en servent aussi. Pour donner à ce bois une couleur d'un rouge brun durable, on le met tremper pendant vingt-quatre heures dans de l'eau de chaux, et on le polit après l'avoir fait sécher. Ce bois est encore un bon combustible : il donne beaucoup de chaleur, et fournit d'excellent charbon. Il découle d'entre les fentes de l'écorce une gomme douce et nourrissante, qui diffère de la gomme arabique en ce qu'elle ne fait que se gonfler dans l'eau sans s'y dissoudre ; elle est moins transparente et moins blanche.

On trouve en Europe quelques cerisiers dont les fruits

sont sans emploi; dans ce nombre, nous ne citerons que le *cerisier à grappes*, le *cerisier mahaleb* et le *laurier-cerise*.

Le *cerisier à grappes* (*cerasus padus*, Juss.; *prunus padus*, Linné) s'élève à la hauteur de trois à quatre mètres. Cet arbrisseau, introduit dans les bosquets, y forme, par ses belles grappes de fleurs blanches, une décoration agréable. Son écorce est très-lisse, d'un brun rougeâtre; elle a une saveur amère, qui a porté à croire qu'on pouvait la substituer au quinquina dans les fièvres intermittentes.

Le *cerisier mahaleb* (*cerasus mahaleb*, Juss.; *prunus mahaleb*, Linné), connu plus généralement sous le nom d'*arbre* ou *bois de Sainte-Lucie*, est un arbrisseau également recherché à cause des agréments que ses fleurs répandent dans les bosquets. Il est très-commun aux environs de Sainte-Lucie dans les Vosges, d'où lui est venu son nom. Son bois dur, roussâtre, susceptible d'un beau poli, est employé à la fabrication de jolis petits meubles; il répand une odeur assez agréable, surtout quand on le travaille. Les fruits du cerisier mahaleb fournissent aux teinturiers une couleur purpurine. Les feuilles introduites dans le corps d'une volaille lui communiquent un fumet qui tient de celui de la perdrix.

Le *laurier-cerise* ou *laurier-amande* (*cerasus laurocerasus*, Juss.; *prunus laurocerasus*, Linné) croît naturellement dans les environs de Trébisonde. Transporté en Europe en 1576, il s'est acclimaté dans nos parcs et nos jardins, où il se fait remarquer par la beauté de son port et de son feuillage toujours vert. Ses fleurs sont blanches, disposées en belles grappes axillaires, d'une odeur douce. On se sert, dans les cuisines, des feuilles de cette plante pour donner le goût d'amandes au lait et aux crèmes; mais ces feuilles renferment dans leur arome un principe délétère, l'acide prussique; il ne faut donc en user qu'avec beaucoup de réserve.

[Sans chercher à établir une classification des cerises, ce qui serait bien difficile, nous nous bornerons à nommer et à décrire succinctement les meilleures variétés et sous-variétés le plus ordinairement admises dans les jardins, et nous prendrons pour point de départ le type originel même du sujet, c'est-à-dire les merises ou cerises sauvages, dont les variétés les plus remarquables sont le *cerisier-merisier à petit fruit* (*cerasus avium*), dans lequel on observe plusieurs sous-variétés à *fruit blanc*, à *fruit noir* et à *fruit rose*. Ce merisier est connu encore sous le nom de *merisier commun*: c'est un sujet de greffe pour tous les cerisiers. C'est le plus grand de tous les cerisiers, et celui dont le bois est le meilleur et le plus recherché dans les arts; aussi s'en fait-il de grandes plantations. Les merises qu'il produit servent à faire une espèce de vin et diverses liqueurs alcooliques. Ce merisier est le type du *bigarreautier*. La seconde variété est le *cerisier-merisier à gros fruit*. Dans ce merisier le fruit est plus gros, doux, sucré, plus succulent, et se mange comme les grosses cerises: c'est la *merise proprement dite*; elle est le type des cerises douces appelées *guignes*; elle présente également plusieurs couleurs dans ses fruits. Enfin, on observe dans nos forêts une *merise légèrement acide*, qui se présente également sous plusieurs couleurs, et qu'on croit être le type le plus ancien des griottes, type bien plus éloigné que l'époque de l'introduction du cerisier en Europe par Lucullus. Non toutefois que nous voulions contester au cerisier de l'Asie Mineure l'avantage d'avoir produit dès le moment de son introduction (l'an 680 de Rome) de plus beaux fruits que l'on produisait alors et que n'en produit même de nos jours dans nos forêts cette troisième variété du *cerasus avium* ou merisier des forêts européennes; mais il est évident que cette troisième variété est identique avec le cerisier de Lucullus; et l'on voit que quand même la cerise de Cérasonte ou griotte ne nous aurait pas été apportée de l'Asie, la cerise griotte et ses nombreuses sous-variétés n'en seraient pas moins dans nos jardins, comme une conséquence inévitable des progrès agricoles en Europe. Les trois variétés principales du cerisier merisier des bois que nous venons de signaler se multiplient par la semaison de leurs noyaux, et servent, comme nous l'avons dit, la première variété, qui est la plus robuste, à produire le bois de merisier; la seconde et la troisième, les cerises qui sont plus spécialement recherchées pour faire le vin, le cassis et l'eau-de-vie de cerises, et autres liqueurs spiritueuses, telles que le *marasquin* et le *kirschenwasser*.

Le merisier des bois, transporté dans les jardins, a changé ses fleurs simples blanches en de magnifiques fleurs doubles, et a pris le nom de *merisier à fleurs doubles*. Le merisier double est sans contredit l'un des plus beaux arbres d'ornement, soit par la beauté de son feuillage, soit par la beauté, la richesse et l'élégance de ses innombrables fleurs, disposées en bouquets: on le multiplie par la greffe sur son type originel ou sur le mahaleb ou bois de Sainte-Lucie.

La première amélioration obtenue dans le merisier des bois a été: 1° le *bigarreautier* (*cerasus bigarella*), qui s'élève moins que son type, et qui a produit en Europe les plus anciennes cerises de table; il a pour sous-variétés le *bigarreautier à gros fruit rouge*, dont la cerise, très-grosse, convexe d'un côté et aplatie de l'autre, est divisée par une rainure profonde, dont la chair est parfumée, rouge, la peau d'un rouge foncé d'un côté et d'un rouge pâle du côté opposé: ce bigarreau est excellent, c'est l'un des meilleurs; 2° le *bigarreautier à gros fruit blanc*, aussi bon que le précédent, dont il ne diffère que par sa couleur blanche; 3° et 4° les deux *bigarreautiers hâtifs*, l'un à *fruit rouge*, l'autre à *fruit blanc*; chair moins consistante que dans les deux bigarreautiers précédents, plus suave, plus tendre; fruit moins gros, mais plus délicat que les gros bigarreaux; 5° le *bigarreautier couleur de chair*, à cerises presque transparentes, belles, suaves, délicates: cette sous-variété est très-recherchée, sous le double rapport de la beauté de son fruit et de sa qualité. Il faut rapporter aux bigarreautiers la *cerise dite de quatre à la livre* ou à *feuilles de tabac*, dont le feuillage est très-grand, mais dont les fruits n'ont pas justifié les promesses faites au nom de cette variété. C'est un arbre très-remarquable par la forme et la grandeur de ses feuilles.

Le second perfectionnement obtenu dans le merisier des Gaules a produit, après les bigarreaux dont nous venons de parler, le *cerisier-guignier* (*cerasus juliana*), qui s'élève moins que le bigarreautier, ayant produit la seconde cerise de table connue de nos pères, et qui a pour sous-variétés la *guigne à fruit noir*, dont la peau est fine, brune, la chair rouge, adhérente au noyau, et qui mûrit en mai et juin; la *guigne à fruit noir luisant*, plus volumineuse dans toutes ses parties que la précédente, et qui mûrit en juin; les deux *guigniers*, l'un à *gros fruit blanc*, l'autre à *gros fruit rouge*, et le *guignier à rameaux pendants*, qui réunit à la qualité de ses fruits, d'un goût très-fin, une sorte d'élégance dans ses rameaux, inclinés comme ceux du saule pleureur, ce qui en fait tout à la fois un arbre d'agrément et d'utilité.

De la troisième variété du merisier des bois, dont nous allons parler, et dont les fruits sont légèrement acides, est sorti, selon Dutour, le *griottier*, que d'autres auteurs pensent provenir uniquement de l'Asie, comme si on ne pouvait raisonnablement admettre qu'il existe dans les forêts européennes une variété du merisier qui peut être considérée comme le type des griottiers, en même temps que ce type existe en Asie, où une longue culture l'a amélioré et amené à l'état de perfection où était la cerise de Cérasonte lorsque Lucullus introduisait ce fruit à Rome. Le *cerisier-griottier* (*cerasus sativa*) est moins élevé que le guignier et que le bigarreautier; ses rameaux sont grêles et nombreux, ses feuilles et ses fleurs sont petites, et ses fruits plus ou moins acides. Les meilleures variétés sont : le *griottier nain* ou *cerisier nain précoce*, s'élevant à deux mètres ou deux mètres et demi seulement, propre à être mis en espalier, sous châssis ou dans les serres, et dont le mérite principal est d'être très-précoce : on le greffe ordinairement sur la Sainte-Lucie ou cerisier mahaleb ; le *cerisier-griottier commun* ou *cerisier-ratafia*, le plus productif des griottiers, et qui, indépendamment des fruits qu'il fournit chaque année en abondance, a produit le *cerisier à fleurs doubles* et le *cerisier à fleurs semi-doubles*, qui décorent nos jardins ; la *cerise-griotte*, dite *cerise à la feuille*, qui vient dans les bois, où elle se reproduit naturellement, dont le fruit est acide et petit : ce griottier est le type des griottes pour ceux qui pensent que le griottier est d'origine européenne ; le *cerisier-griottier à trochet*, dont les fruits, d'un rouge foncé, sont très-nombreux et très-délicats ; le *griottier à bouquets*, dont les fruits sont disposés en bouquets de six à sept cerises rouges, qui mûrissent en juin ; le *cerisier de Montmorency*, connu encore sous le nom de *griottier de Montmorenci*, de *gros gobet* et de *gobet à courte queue*, fruit gros et déprimé à ses extrémités, d'un rouge vif, et l'une des meilleures cerises ; le *cerisier-griottier hâtif de Montmorenci*, variété des précédents, plus petite et très-précoce, et d'un rouge plus foncé ; le *cerisier de Hollande*, fruit gros, peu rouge, ayant la chair fine et d'un blanc teint de rose ; la *cerise de Villenne ambrée*, fruit gros, très-abondant, doux, sucré, et que je considère comme étant, avec le gros gobet, les deux meilleures cerises ; le *griottier commun*, dont les fruits sont rangés en anneaux autour des branches ; le *griottier de Portugal*, *royal archiduc*, *archiduc de Hollande*, fruit plus gros que dans le précédent, peau d'un rouge-brun, chair abondante, très-bonne cerise ; le *griottier d'Allemagne* ou *griotte de chaux*, dont le fruit est presque noir, la chair rouge et abondante ; le *griottier-guindoublier*, dont le fruit est très-gros, charnu, très-coloré, très-parfumé, excellente espèce ; la *cerise royale*, *cherry duck*, ou *cerise d'Angleterre*, dont le fruit rouge tire sur le brun, devient entièrement noir dans son extrême maturité, très-multiplié, espèce excellente ; la *cerise royale*, *may-duck* ou *royale-hâtive*, variété de la précédente, dont elle ne diffère que par sa hâtiveté ; la *cerise royale tardive*, qui ne mûrit qu'en septembre ; le *cerisier de la Toussaint*, qui donne des fleurs depuis mai jusqu'à la Toussaint, et dont les fruits sont très-gros, très-tardifs, acidulés, et assez agréables, eu égard à la saison où ils paraissent sur nos tables ; la *cerise griotte dite belle de Choisy*, fruit très-grosse, l'une des plus estimées, des meilleures et des plus recherchées ; le *griottier à feuilles de pêcher*, le *griottier à feuilles de saule*, le *griottier à feuilles panachées*, intéressants sous le double rapport de leur feuillage et de leur fruit.

On a proposé une autre division sous le nom de *cerisier du Nord*, dans laquelle on comprend le *cerisier de Sibérie à gros fruits et à rameaux pendants*, dont le fruit ovale, noir et très-tardif, sert à faire des confitures et du ratafia ; le *cerisier de Sibérie à fruit rond*, qui sert aux mêmes usages ; le *griottier commun*, le *griottier nain précoce*, et le *griottier d'Allemagne*, dont la cerise est rouge et très-estimée ; mais nous ne séparerons pas ces fruits des griottiers, auxquels ils nous semblent se rapporter.

Quoique presque toutes les cerises se reproduisent par leurs noyaux, il faut les greffer, afin d'obtenir de plus beaux et de meilleurs fruits ; le merisier commun (*cerasus avium*) est la meilleure ; mais pour obtenir des quenouilles de cerisier, il faut greffer sur la Sainte-Lucie ou mahaleb ; et c'est surtout une opération indispensable pour obtenir abondamment des fruits dans les terres marneuses et crayeuses les plus ingrates, terres dans lesquelles le mahaleb croît bien et toujours mieux que tout autre arbre. Cet arbre peut ainsi servir à utiliser les plus mauvaises superficies en sol crayeux et marneux. On serait toujours à peu près certain de vendre un fruit que tout le monde aime, et dont on n'a assez nulle part ; ou bien on en ferait sécher les cerises, soit au soleil, soit autrement ; on en ferait du vin de cerises, du *kirschenwasser*, du rossolio ou marasquin de Zara, qui ne s'obtient pas toujours, comme plusieurs le pensent, du *griottier marasquin*, qui croît naturellement en Dalmatie, mais, au contraire, de toutes les cerises, comme cela a lieu également pour le kirschenwasser, qui se fait avec le mélange de toutes les cerises qu'on a à sa disposition.

C. TOLLARD aîné.]

CÉRISOLES (Bataille de). Cérisoles (en italien *Cercsole*) est une petite ville des États Sardes, à 7 kilomètres de Carmagnola, ayant aujourd'hui 1,650 habitants, où les Français remportèrent une victoire sur les Impériaux, en 1544.

[Le comte d'Enghien venait de remplacer Boutières dans le commandement des troupes de François Ier en Piémont. Il avait reçu des renforts, et assiégeait Carignan. Del Guasto, général de Charles-Quint, fit tous ses efforts pour délivrer cette place. Enghien fit demander au roi de France la permission de livrer bataille. Les conseillers de François le dissuadaient d'accorder cette permission ; mais il céda aux instances de Montluc, consentit à ce qu'une action fût engagée, et vit ses jeunes courtisans se hâter de se rendre en Piémont pour partager la gloire que devait acquérir le comte d'Enghien.

Cependant del Guasto voulait tourner les Français et se placer entre eux et le marquisat de Saluces. Son armée avait eu beaucoup à souffrir de pluies fort opiniâtres et du manque de vivres ; il était averti que de son côté la garnison de Carignan n'en avait plus que jusqu'au 15 avril, et il était résolu à livrer bataille pour la délivrer. Il paraît qu'il fit lui-même donner avis aux Français qu'il songeait à passer le Pô au pont des Sablons, au-dessous de Carignan, tandis qu'il se proposait, au contraire, de le passer au-dessus de Sommariva ; mais la permission de livrer bataille qu'avait reçue le comte d'Enghien rendit son stratagème inutile : le général français, au lieu de se porter à la défense du point menacé, envoya Montluc à la découverte avec un parti de chevau-légers, dans l'intention d'attaquer del Guasto pendant sa marche. Ceux-ci le rencontrèrent qui de Cérisoles marchait à Sommariva, dans la direction contraire à celle qui leur avait été indiquée. Enghien fit alors occuper par ses arquebusiers un bosquet, le long du chemin que les Impériaux devaient suivre, et il mit toute sa cavalerie en bataille sur le bord d'un coteau qu'ils devaient gravir, tandis que, derrière ce coteau, il déployait tout le reste de son armée. Mais del Guasto, se voyant prévenu, rebroussa chemin, et rentra à Cérisoles pour y passer la nuit. De son côté, le comte d'Enghien abandonna le terrain avantageux qu'il avait choisi pour y attendre la bataille, et ramena son armée à Carmagnola. Il laissa, pour observer l'ennemi, un parti de deux cents chevaux, qui s'acquitta mal de ses fonctions.

Le lundi de Pâques, 14 avril 1544, les Français se mirent en mouvement dès le matin pour occuper le même coteau sur lequel ils s'étaient rangés la veille ; mais ils s'étaient laissé prévenir par leurs adversaires : quand ils s'en approchèrent, ils s'aperçurent que toutes ces hauteurs étaient déjà occupées par del Guasto, qui avait mis en bataille son armée. Celui-ci avait placé à sa gauche le prince de Salerne avec les Italiens ; au centre un corps de landsknechts, commandés par Alisprand de Madruce ; à la droite enfin, sous les ordres de Raymond de Cordoue, six mille vieux soldats moitié Espagnols, moitié Allemands : une batterie de dix pièces de canon était placée devant les Allemands ; une autre devant les Espagnols. Sur chaque aile étaient rangés environ huit cents chevaux.

Quoique le comte d'Enghien eût perdu l'avantage du terrain, quoique les Français fussent de plus persuadés qu'ils avaient au moins trois mille hommes de moins que les Impériaux, il jugea qu'il ne pouvait reculer de nouveau sur

Carmagnola sans jeter le découragement dans son armée, et il résolut de combattre. Il s'arrêta à une portée de coulevrine des impériaux. Son armée était également formée de trois gros bataillons de gens de pied ayant chacun leur aile de cavalerie et s'avançant de front. A droite les cinq ou dix mille Gascons que commandait le sieur de Tais ; au centre les Suisses, sous leurs deux chefs, Saint-Julien et Guillaume Frœlich ; à gauche les Provençaux, Italiens et Vaudois, sous le comte de Gruyères. De Termes, Boutières et Dampierre commandaient les trois divisions de la cavalerie ; d'Enghien lui-même prit sa place avec les hommes d'armes au centre, devant les Suisses; deux ou trois mille arquebusiers, sous la conduite de Montluc, furent jetés en avant en enfants perdus.

Au moment où le soleil s'était levé, les deux armées avaient paru rangées l'une en face de l'autre, et les escarmouches avaient commencé entre cinq ou six mille arquebusiers qui s'étaient avancés entre elles, et qui cherchaient a se surprendre ou à se tourner. Cependant del Guasto ne voulait pas descendre de sa colline, ni Enghien aller l'y chercher, en sorte que l'escarmouche dura quatre ou cinq heures, c'est-à-dire jusqu'à onze heures du matin. Enfin, le sire de Tais s'ébranla pour attaquer le prince de Salerne ; mais au même moment les landsknechts impériaux commencèrent à descendre la colline pour charger les Suisses. Du Bellay, Montluc et Vieilleville s'attribuent chacun dans leurs *Mémoires* l'honneur d'avoir remarqué le premier le mouvement des ennemis et rappelé le sire de Tais. La manœuvre était décisive en effet. Si de Tais avait continué à marcher, il se serait écarté du centre et eût laissé un vide par lequel les landsknechts auraient rompu la ligne française. Les deux divisions se réunirent, au contraire, à temps pour soutenir ensemble la charge des Allemands, tandis que le prince de Salerne, inquiet de la première démonstration faite contre lui, et chargé ensuite par la gendarmerie de Termes, se contenta de garder le poste qu'il occupait, et ne prit réellement avec toute son aile droite aucune part à la bataille. L'impétuosité de neuf mille Allemands qui descendaient ensemble la colline semblait cependant devoir renverser tout ce qui leur était opposé ; mais la valeur des jeunes Français, dont un grand nombre arrivés de la cour n'avaient pas encore eu le temps de se pourvoir de chevaux et combattaient à pied, au premier rang des fantassins, aida les Suisses et les Gascons à soutenir ce redoutable choc. En même temps le sire de Boutières, à la tête de la gendarmerie, renversa la cavalerie légère des Impériaux, la repoussa sur la colonne allemande, où elle fit plier le flanc une trouée, et, pénétrant à son tour par cette ouverture, renversa les landsknechts et les mit en fuite. Del Guasto, qui comptait principalement sur eux, fut entraîné dans leur déroute, avant d'avoir pu donner des ordres au prince de Salerne, qui restait immobile à son aile droite, ou de s'être rallié aux vieilles bandes espagnoles et allemandes, qui avaient l'avantage à gauche.

Celles-ci étaient opposées aux Provençaux, aux Italiens et aux vassaux du comte de Gruyères, qui se montrèrent tout à fait indignes des Suisses, auxquels on les avait assimilés. D'Enghien, voyant sa droite irrésolue, avait quitté le centre pour se rapprocher d'elle avec sa gendarmerie. Lorsqu'il vit approcher les vieilles bandes espagnoles et allemandes, il chargea sur elles avec l'impétuosité d'un jeune homme. Tous les jeunes seigneurs qui l'entouraient, voulant l'emporter l'un sur l'autre en intrépidité, cette troupe téméraire traversa de part en part toute la compagnie impériale ; mais dans cette action hasardeuse, elle perdit beaucoup de monde, Enghien, arrivé de l'autre côté des Impériaux, sentit qu'il s'était beaucoup trop éloigné de son infanterie, et voulut la rejoindre ; il reforma donc sa troupe, bien diminuée, puis il se rejeta une seconde fois au travers des Allemands et des Espagnols. Il franchit de nouveau toute leur bataille, quoique ces vieux soldats fussent accoutumés à opposer à la cavalerie une barrière impénétrable ; mais cette nouvelle charge lui coûta plus de monde encore que la première, et lorsque, avec une perte immense, il eut regagné la place d'où il était parti, il n'y retrouva plus son infanterie ; les gens du comte de Gruyères, et Provençaux et Italiens, qui devaient l'appuyer, avaient pris la fuite. Un pli du terrain lui cachait tout le reste de l'armée française ; il la crut aussi en déroute ; et, suivi de sa petite troupe, qui ne comptait plus guère que cent chevaux, il se trouva aux prises avec quatre mille hommes d'infanterie. Ni lui cependant ni aucun de ceux qui l'entouraient n'eurent d'autre pensée que celle de vendre chèrement leur vie. Tandis qu'Enghien ralliait ses gendarmes pour se préparer à une dernière charge, le corps de bataille, vainqueur des landsknechts, parut sur les flancs des Espagnols. Ceux-ci, se voyant tournés, prirent la fuite, et furent poursuivis par d'Enghien, dont la colère facilita la victoire. Les Suisses, auxquels naguère del Guasto avait manqué de foi, ne voulurent prendre personne à rançon ; ils tuèrent même beaucoup de prisonniers faits par les Français. La perte des Impériaux fut en effet très-considérable. On prétend qu'ils laissèrent douze mille morts sur le champ de bataille, et trois mille prisonniers aux mains des vainqueurs ; du Bellay ne confesse que deux cents morts du côté des Français, qui probablement en perdirent plus de deux mille. Trois cent mille francs en argent monnayé ou en vaisselle, quatorze canons, tous les pontons, et sept ou huit mille corselets de soldats tombèrent au pouvoir des vainqueurs, avec le camp du marquis del Guasto.

Enghien voulait ensuite mettre à exécution de grands projets sur le Milanez ; mais François 1er rappela ses troupes, et perdit les fruits de la victoire. La journée de Cérisoles facilita, quelques mois plus tard, la conclusion de la paix de Crespy.   J.-C.-L. S. DE SISMONDI.]

CÉRITE (*Minéralogie*). C'est le minéral que l'on extrait les combinaisons du métal nommé *cérium*. Il se présente en masses amorphes, opaques, de couleur rouge ou brune, à poussière grise, assez dure pour rayer le verre, d'une pesanteur spécifique de 4,66. Ses éléments essentiels sont l'eau, la silice et le protoxyde de cérium ; mais il est toujours mélangé de peroxyde de fer et de chaux. Quoiqu'on ne l'ait encore trouvé que dans les déblais d'une mine de fer près de Ryddarhytta, en Suède, on n'a pas à craindre qu'il manque jamais aux besoins des laboratoires.
                                                          A. DES GENEVEZ.

CÉRITE (*Malacologie*), genre de mollusques gastéropodes à coquilles univalves, dont il existe beaucoup d'espèces à l'état fossile dans le sein de la terre. C'est à M. Bruguière que l'on doit la vraie classification de ces coquilles, que Linné avait confondues avec ses *murex*, ses *strombus* et ses *trochus*. L'ouverture qui constitue ce qu'on nomme vulgairement la bouche de ces coquilles est courte, un peu oblique, et offre dans sa partie supérieure un sillon en gouttière renversée, qui est plus ou moins exprimé, ou distinct, selon les espèces. La spire de cette coquille fait au moins les deux tiers de sa longueur ; elle se présente sous la forme d'un cône allongé en pyramide, dont la surface est rarement lisse, et presque toujours chargée, au contraire, de stries, de granulations, de tubercules, d'épines et quelquefois de varices ou bourrelets persistants, diversifiés d'une manière admirable dans les espèces, qui sont en très-grand nombre. Les cérites vivent toutes dans la mer, et doivent leur existence à un mollusque céphalé, qui rampe sur un disque charnu, auquel est attaché un petit opercule orbiculaire mince et corné.

CÉRIUM, métal découvert en 1804 par les chimistes suédois Hisinger et Berzélius, qui ont tiré son nom de celui de la planète Cérès découverte peu d'années auparavant. Il est fort douteux qu'on ait encore obtenu le cérium à l'état de pureté. Ses propriétés paraissent le rapprocher du manganèse. Comme il est sans usage dans les arts, nous n'entrerons dans aucun détail sur les divers composés dans lesquels l'habile curiosité du chimiste lui fait jouer un rôle. Nous dirons seulement quelques mots de ses combinaisons naturelles. Ce sont des fluorures simples ou multiples, et parmi ces derniers il faut citer l'*yttrio-cérite*, fluorure triple de cérium, de calcium et d'yttrium. Ce sont surtout des silicates de cérium, dont le plus important est la *cérite*, dans laquelle on a trouvé le nouveau métal ; puis l'*allanite*, la *gadolinite*, l'*orthite* et la *pyrorthite*. Tous ces minerais, fort rares jusqu'à présent, ne se trouvent qu'en Suède et au Groënland. Ils sont en général reconnaissables à leur seul *faciès*. Mais le minéralogiste possède un moyen fort simple de vérification, c'est la flamme de chalumeau. Elle favorise la formation du peroxyde de cérium, dont la couleur rouge-brique est caractéristique.

A. Des Genevez.

CERNEAU. On appelle ainsi l'amande de la noix avant sa complète maturité. Elle est ainsi nommée sans doute de ce qu'il faut *cerner* l'intérieur de la noix verte avec un couteau pour enlever cette amande. Les cerneaux se mangent avec du sel et du verjus. Ils sont moins indigestes que les noix sèches. Cependant il ne faut pas en manger avec excès ; ils ne conviennent qu'aux estomacs robustes.

On appelle *vin de cerneaux* certain vin rosé qui est bon à boire dans la saison des cerneaux.

CÉROMANCIE (du grec κηρός, cire, et μαντεία, divination), sorte de divination, qui se faisait au moyen de la cire, et qui était en usage jadis chez les Turcs. Elle consistait à faire fondre de la cire, et à la verser goutte à goutte dans un vase d'eau ; et selon la figure que formaient les gouttes, on en tirait des présages heureux ou malheureux. On a également donné ce nom à une superstition répandue en Alsace vers la fin du seizième siècle. « Lorsque quelqu'un est malade dans ce pays, dit le jésuite Delrio, dans ses *Disquisitiones Magicæ*, les bonnes femmes, voulant découvrir quel saint lui a envoyé sa souffrance, prennent autant de cierges du même poids qu'elles soupçonnent de saints, en allument un en l'honneur de chacun d'eux, et celui dont le cierge est le premier consumé, passe dans leur esprit pour l'auteur du mal. »

CERONE (Dominique-Pierre), qui a écrit sur la musique, naquit à Bergame, en 1566, fit ses études dans cette ville, y apprit la musique et y fut ordonné prêtre. Il passa en Espagne en 1598, où il remplit la fonction de chapelain du roi Philippe II et de son successeur. De retour à Naples au commencement du dix-septième siècle, il y publia, en 1609, *Regole per il canto fermo*, ouvrage peu remarquable, et qui ne donnait pas une haute idée de la science musicale de l'auteur. Mais quatre ans plus tard il mit au jour, sous le titre de *Il Melopeo y Maestro, tractado de musica theorica y pratica*, une énorme compilation qui comprend 1200 pages in-fol., et embrasse toutes les doctrines musicales émises avant son apparition, et éparses dans les traités de Bocce, Gafurio, Glareau, Zarlino, Galilée, etc. Il renferme en outre une foule de renseignements précieux pour l'histoire de l'art. À tous ces mérites se joint celui d'une rareté telle que le père Martini, il y a plus d'un siècle, en paya un exemplaire 100 sequins, à Naples, où il avait été imprimé. La comparaison des deux ouvrages de Cerone a fait soupçonner qu'il pouvait bien ne pas être l'auteur du dernier. Un passage de Zarlino, où cet auteur assure avoir terminé un travail considérable du même genre, a donné lieu de croire que Cerone ayant eu en sa possession le manuscrit de Zarlino, s'etait contenté de le traduire en espagnol, en le publiant sous son nom. Cette opinion a besoin de preuves plus certaines pour être admise. F. Danjou.

CÉROPLASTIQUE (de κηρός, cire, et πλάσσω, je forme), art de modeler en cire. L'origine de cet art se perd dans les temps reculés. On aura essayé de former des figures d'une matière molle avant de travailler des masses plus dures ; cet art a vraisemblablement commencé dans l'Égypte et dans la Perse, parce que les habitants de ces deux pays se servaient de la cire pour embaumer les cadavres. On voit par le titre de la dixième ode d'Anacréon, adressée à un Amour de cire, que cet art était alors connu chez les Grecs, qui probablement l'empruntèrent des Égyptiens. Selon le témoignage de Pline, Lysistrate a été le premier qui ait modelé des figures humaines, et coulé de la cire dans ces moules ; cet artiste, né à Sicyone, vivait dans la 114ᵉ olympiade, du temps d'Alexandre le Grand. Lysistrate faisait des portraits coulés dans des moules pris eux-mêmes sur la nature, et ces portraits étaient semblables à ceux que l'on voit dans ces collections foraines appelées *cabinets de figures*.

Les Romains, imitateurs des Grecs, avaient aussi vraisemblablement des figures en cire. Pline raconte que dans les vestibules de leurs palais les familles romaines avaient placé les bustes en cire de leurs ancêtres, et qu'on mettait un certain luxe à les faire porter devant le défunt lors des funérailles. C'était encore une coutume des clients de rechercher les bonnes grâces de leur patron en plaçant chez eux le buste en cire de leur protecteur, accompagné souvent d'inscriptions flatteuses. Wichelhausen pense que les Lares et les Pénates des pauvres étaient probablement faits en cire. L'autel placé dans le laraire des maisons romaines était aussi enduit de cire, et on le rendait luisant en le frottant souvent. Cette opération avait pour but d'y graver des désirs secrets, et les vœux qu'on adressait aux divinités et aux pénates. Quelquefois les anciens n'enduisaient ainsi de cire que quelques membres de leurs pénates. Lucien, dans sa satire intitulée *Les Incrédules*, raconte d'un certain Eucrates qu'il avait enduit de cire le cuisse de Pélichus dans son laraire domestique. Les Grecs et les Romains employaient aussi la cire coloriée pour une espèce de peinture appelée e n c a u s t i q u e. C'est à cela sans doute qu'était dû l'emploi qu'on a fait de la cire coloriée pour différents ouvrages.

Dans le moyen âge la céroplastique eut le sort des autres arts ; les cérémonies religieuses paraissent avoir contribué à la conserver ; du moins on sait que les visages des figures des saints étaient en cire. On se servait aussi de cire pour faire des images qui ressemblaient, autant qu'il est possible, à l'être qu'on voulait tourmenter. On torturait cette image, on la faisait fondre à un feu doux. Cette espèce de maléfice s'appelait *envoûter* (en latin *invultare*).

A.-L. Millin, de l'Institut.

Les anciens étaient sans doute arrivés à une certaine perfection dans l'imitation des objets naturels par le secours de la cire, puisque nous voyons Sphærus, trompé par Ptolémée-Philopator, avancer la main pour prendre des grenades en cire que le roi avait fait servir au philosophe pour réfuter sa doctrine sur la vérité des images reçues par les impressions des sens. En outre Lampridius raconte que l'empereur Héliogabale se plaisait à donner des repas où il faisait servir, imités en cire, tous les mets qu'il mangeait lui-même en nature. Après chaque service, les convives étaient obligés, selon l'usage, de se laver les mains, et on leur présentait ensuite un verre d'eau pour aider à la digestion.

Des images de beaux enfants décoraient les chambres à coucher des Grecs. Un ancien et pieux usage voulait qu'aux fêtes d'Adonis on disposât dans chaque maison un petit jardin, garni de pots de fleurs et de corbeilles de fruits ; mais comme à cette époque (mars et avril) la saison n'était pas assez avancée pour offrir tout ce que l'on eût pu désirer, on y suppléait au moyen de couronnes, de fleurs et de fruits en cire. On employait aussi chez les anciens des figures de cire dans les opérations magiques et pour l'explication des songes. Tout le monde connaît ces petits enfants Jésus, ces petits saint Jean que l'on met sous verres, et ces grandes figures habillées qui ornent la montre des coiffeurs. Curtius et plusieurs autres ont appliqué la céroplastique à la représentation de la figure de personnages célèbres ou fameux qu'ils font voir dans les foires et sur les boulevards. On rencontre quelquefois dans ces *salons* ou dans ces *cabinets* de figures en cire des portraits assez ressemblants ; mais cette imitation servile ne mérite pas d'occuper une place dans l'histoire de l'art.

L'emploi le plus utile qui ait été fait des imitations en cire s'applique à la préparation des pièces anatomiques en cire qui ont rendu de si grands services à l'étude de l'anatomie. On attribue généralement le premier emploi de ce procédé à l'abbé Gaetano-Giulio Zumbo, de Syracuse, qui apporta à l'Académie des Sciences de Paris, en 1701, une tête faite d'une certaine composition en cire, qui imitait parfaitement une tête naturelle préparée pour une démonstration anatomique. D'autres ont revendiqué l'honneur de cette invention pour de Nones, médecin de l'hôpital à Gênes, vers la fin du dix-septième siècle, et dont l'abbé Zumbo n'aurait été que l'aide et l'exécuteur mécanique en cette occasion. Quoi qu'il en soit, il est certain que cet art fut connu longtemps en Italie, à Florence surtout, avant qu'on pensât sérieusement à en tirer parti en France ; mais, pour avoir été tardifs, les essais n'en furent pas moins heureux dans notre pays, et bientôt il y fit des progrès rapides, grâce au talent des Pinson, des Benoît, des Laumonier, qui ont eu de nos jours pour successeur et pour émule le célèbre Dupont, dont le cabinet a été visité et admiré par tout ce qui a un nom dans la science, et acheté enfin pour nos collections publiques. Ils ont découvert des procédés nouveaux qui donnent à la cire le ton nacré des tendons, la transparence des membranes, l'œil onctueux des graisses, les différents pourpres qu'offrent les veines plus ou moins remplies, et ont su donner à cette substance, naturellement opaque, la transparence que les vaisseaux lymphatiques doivent nécessairement avoir ; enfin, ils ont appliqué tous ces moyens avec tant de patience et un sentiment si parfait de ressemblance, qu'il n'y a pour ainsi dire que le tact et l'odorat qui avertissent que ce n'est point un cadavre que l'on a sous les yeux. Mais ces imitations d'une vérité si frappante ne présentaient guère que la surface des objets ; et comme les détails intérieurs, encore plus nécessaires à l'étude, ne pouvaient être rendus par ce moyen, elles étaient plus convenables à un musée qu'à un amphithéâtre. Leur nature, d'ailleurs, n'aurait pas permis qu'on les maniât impunément sans altérer bientôt leurs formes et leurs couleurs. Le docteur Auzoux, avec une composition semblable au carton-pâte, qui se coule dans des moules, et prend, en se séchant, la dureté du bois, est parvenu, depuis 1822, à construire des pièces anatomiques et des sujets tout entiers, dans lesquels tous les organes et tous les détails des parties externes et internes sont fidèlement représentés.

Ce que M. Auzoux a fait pour l'étude de l'anatomie, d'autres artistes l'ont tenté également avec succès, depuis quelques années, pour l'étude de la botanique et pour les arts du dessin et de la peinture, en leur offrant des modèles artificiels, parfaits d'imitation, et dignes à leur tour d'être imités ; et cette fois la cire, gardant toute sa prééminence, a fait en même temps de ces modèles des objets d'agrément et de luxe ravissants pour l'œil, et qui méritent de figurer dans les appartements des riches à côté des plus beaux produits des arts. La première personne qui se soit occupée en France de la reproduction des fleurs et des végétaux en cire est Mme veuve Didot, dont les essais avaient été admis, en 1823, à l'exposition des produits de l'industrie. Les expositions suivantes ont offert de nouveaux modèles et signalé de nouveaux progrès dans cet art d'imitation.

CÉROXYLON (de χηρός, cire, et ξύλον, bois). MM. de Humboldt et Bonpland ont établi sous ce nom un genre de la famille des palmiers, renfermant un arbre (le *ceroxylon andicola*, vulgairement nommé *arbre à cire*), de cinquante à soixante mètres de hauteur, qui croît dans la partie des Andes la plus élevée de l'Amérique méridionale.

Cet arbre, qu'on a reconnu depuis appartenir au genre *iriartera* de Ruiz et Pavon, fournit une matière résineuse très-abondante, qui exsude de son tronc, et que les habitants fondent avec un tiers de suif pour faire des cierges et des bougies. Cette matière polie, blanchâtre, inflammable, est, suivant Vauquelin, un mélange de deux tiers de résine et d'un tiers de cire. Le *ceroxylon andicola* est caractérisé encore par des spathes d'une seule pièce, renfermant les unes des fleurs mâles et des fleurs hermaphrodites, les autres des fleurs femelles seulement, tous sur le même pied, et par des calices également d'une seule pièce, divisés en trois parties égales par des corolles de trois pétales dans toutes les fleurs. La racine pivotante de ce palmier est plus épaisse que son tronc, dont l'épaisseur moyenne est de quatre décimètres. Les anneaux dont ce dernier est marqué indiquent sa longueur proviennent de la chute des feuilles. Celles-ci sont pinnées, et acquièrent jusqu'à six et sept mètres de long ; leur nombre n'excède jamais dix. Les fruits du cégueur ; roxylon ont une saveur légèrement sucrée, et sont recherchés par les oiseaux et les écureuils.

CERQUOZZI (Michel-Angelo), peintre remarquable de l'école romaine, était né à Rome, en 1600 ou 1602. Son père, qui était joaillier, le plaça d'abord dans l'atelier de Jacques d'Asé, peintre flamand, chez qui il resta trois ans, puis il entra à l'école de Petro Paolo Cortonèse. Il excella d'abord dans la peinture de batailles, d'où le surnom *delle battaglie*, qu'on lui donna, et plus tard se rendit non moins célèbre dans la représentation des scènes de la vie commune dans lequel il imita Pierre van Laar, genre dans et qui lui valut le sobriquet de *delle bambocciate*. Ses toiles sont exécutées avec non moins d'habileté que d'énergie. L'une des plus célèbres, qu'on voyait autrefois dans la galerie Spada à Rome, représente *Masaniello au milieu d'un groupe de lazzaroni*. Notre musée du Louvre possède de lui une *Mascarade italienne*. Ses tableaux de fleurs et de fruits sont également estimés. Cerquozzi mourut à Rome, en 1660.

CERRITO (Francesca, dite Fanny), une des gloires actuelles du corps de ballets de l'Opéra, est née à Naples, en février 1823, et elle fit preuve d'un ancien officier au service de Murat. Dès ses premières années elle fit preuve pour l'art de la danse de dispositions remarquables, qui furent cultivées avec soin par les maîtres à danser Itro et Paradice ; et elle avait à peine atteint l'âge de treize ans qu'elle était admise à débuter dans les rôles de *premier sujet* au théâtre Saint-Charles de Naples. L'ingénieuse et aimable artiste devint bientôt l'objet du plus vif enthousiasme de la part des amateurs de sa ville natale. Dans les années suivantes, elle dansa successivement et avec un succès toujours croissant sur tous les grands théâtres de l'Italie, notamment, en 1838, au théâtre de la Scala de Milan, à l'occasion des fêtes du couronnement de l'empereur Ferdinand. De là elle se rendit à Vienne, où elle conclut un engagement de deux années avec le théâtre de la Porte de Carinthie. Pendant cette première partie de sa carrière théâtrale, elle se produisit également sur la scène de l'Opéra à Paris, où elle obtint les plus brillants succès. De 1840 à 1845, Fanny Cerrito donna des représentations à Londres, à l'époque de chaque saison ; et elle y fut l'objet d'un enthousiasme extraordinaire. Dans cette capitale on la vit exécuter un pas de quatre avec Fanny Elssler, Marie Taglioni et Carlotta Grisi, et elle se montra la digne rivale de ces célèbres danseuses. Il faut toutefois reconnaître que Fanny Cerrito est inférieure à Fanny Elssler pour l'expression de la pantomime, et que ses mouvements ne répondent pas toujours à l'élément dramatique. En revanche, elle est inimitable pour tout ce qui tient à la représentation des rôles naïfs et espiègles, auxquels la rendent d'ailleurs admirablement propre sa petite taille, ses formes harmonieusement arrondies et la gentillesse naturelle de toute sa personne. Depuis 1815 elle a donné alternativement des représentations à Londres, à Paris et en Italie. Elle a épousé Saint-Léon (né en 1822, à Paris), danseur et violon distingué, qui l'accompagnait dans ses tournées artistiques, composait les ballets où elle devait danser et dansait d'ordinaire avec elle ; mais cette union n'a pas été longtemps heureuse. Les journaux ont raconté que, réengagée en 1852 à l'Opéra, où elle craignait de ne plus reparaître, elle fit offrir au curé de Notre-Dame de Lorette un magnifique collier en argent, pour remplir un vœu qu'elle avait fait de porter son humble offrande à l'autel de la Vierge si jamais elle remontait sur notre première scène.

CERRO-GORDO, petit village du Mexique, à six myriamètres environ de Vera-Cruz, sur la route conduisant à Xalapa, est célèbre par la déroute que le général de l'Union américaine du Nord, Scott, y fit essuyer, le 18 avril 1847, au général mexicain Santa-Anna, qui occupait une position retranchée sur les hauteurs environnantes. Dans cette affaire, la Véga et quatre autres généraux mexicains furent faits prisonniers avec 5000 hommes.

CERTALDO, bourg du grand-duché de Toscane, avec 2,500 habitants, sur une montagne qui domine le cours de l'Elsa, aujourd'hui station du chemin de fer central toscan (d'Empoli à Sienne), passe à tort en Italie pour être le lieu de naissance de Boccace, tandis qu'il est avéré que ce grand poète naquit à Paris, en 1313 ; mais sa famille était originaire de Certaldo, et lui-même y mourut, en 1373. On y montre encore sa maison, qui est restée toujours depuis dans le même état où elle était alors, et qui porte cette inscription : *Has olim exiguas coluit Boccacius ædes.*

CERTIFICAT. C'est un acte par lequel une personne atteste un fait qui ne l'intéresse pas directement. On conçoit l'influence que peut avoir dans certaines occasions l'attestation d'un fait : aussi la loi, pour conserver aux certificats le caractère de vérité qu'ils doivent avoir, punit des peines du faux soit ceux qui attestent dans un certificat des faits qu'ils savent n'être pas vrais, soit ceux qui fabriquent de faux certificats. Le certificat diffère de l'acte de notoriété en ce que celui-ci ne constate pas le fait lui-même, mais seulement l'opinion publique sur ce fait. On peut diviser les certificats en deux classes : ceux qui émanent de simples particuliers, et ceux qui ont le caractère authentique. Parmi les premiers nous mentionnerons ceux que délivrent les maîtres pour attester la bonne conduite des domestiques qu'ils ont employés; ceux que les médecins donnent dans une foule de cas pour attester un état de maladie, etc. Les certificats authentiques sont délivrés, suivant leur objet, soit par les fonctionnaires de l'ordre administratif, soit par les notaires et les magistrats de l'ordre judiciaire. Les fonctionnaires publics de l'ordre administratif, et particulièrement les maires, ont à délivrer des certificats dans une infinité de circonstances ; par exemple, pour attester l'indigence, la moralité, etc., de leurs administrés. L'arrivée, le déchargement ou la sortie des marchandises expédiées par acquit-à-caution doivent être constatés par un *certificat de déchange*; le percepteur des contributions doit donner des extraits certifiés de ses rôles. Les maires délivrent des certificats de vie aux invalides de la marine et aux personnes qui jouissent de pensions sur les fonds de retenue des diverses administrations; le certificat de bonne vie et mœurs est exigé dans un grand nombre de cas.

Les certificats que les notaires ou les magistrats de l'ordre judiciaire délivrent sont le *certificat d'individualité*, le *certificat de propriété*, le *certificat de vie*. Les notaires ne peuvent délivrer de certificats que dans les cas déterminés par la loi. Ainsi ils ne pourraient, sans contrevenir à la loi du 13 brumaire an VII sur le timbre, délivrer, au lieu d'extraits et d'expéditions, des certificats attestant des faits résultant d'actes par eux reçus ou étant au nombre de leurs minutes.

Le *certificat d'individualité* est un acte délivré à une personne pour lui servir d'attestation authentique de ses nom, prénoms, âge, qualités et demeure, et de pièce de comparaison certaine à l'effet de vérifier ses autres signatures. Il y a lieu au certificat d'individualité, dans les cas où un agent de change est chargé d'opérer le transfert d'une rente sur l'État appartenant à un individu qu'il ne connaît pas personnellement, parce qu'il est responsable de la validité du transfert en ce qui concerne l'identité du propriétaire, la vérité de sa signature et des pièces produites.

Le *certificat de propriété* est l'acte par lequel un officier public atteste le droit de propriété ou de jouissance d'une ou plusieurs personnes à une rente ou aux arrérages d'une rente ou d'une pension viagère sur l'État, à un cautionnement, à des actions de la Banque de France, etc. Le nouveau propriétaire d'une rente, qui dans le cas de mutations autres que celles par transfert veut se faire immatriculer doit rapporter l'ancien extrait d'inscription et un certificat de propriété. Ce certificat est délivré par le notaire détenteur de la minute lorsqu'il y a un inventaire ou partage par acte public ou transmission gratuite à titre entrevifs ou par testament; il l'est par le juge de paix du domicile du décédé sur l'attestation de deux citoyens, lorsqu'il n'existe aucun desdits actes authentiques, conformément à la loi du 28 floréal an VII, quoique dans l'usage, autorisé du reste par le trésor, ce soit encore un notaire qui reçoive cette attestation sans égard à la résidence ; et enfin lorsque la mutation résulte d'un jugement, c'est le greffier dépositaire de la minute qui délivre le certificat. Délivré par un juge de paix, le certificat de propriété prend aussi le nom d'acte de notoriété, attendu qu'il tient à la fois de ce dernier acte. Le certificat de propriété n'atteste pas seulement la pleine propriété, mais aussi la nue propriété et l'usufruit. Quand le certificat de propriété est destiné à faire recevoir les arrérages courus jusqu'au jour du décès du titulaire d'une rente ou d'une pension viagère sur l'État, la production doit en être faite dans les six mois du décès du rentier ou du pensionnaire à peine de déchéance. Selon l'usage du trésor public, le certificat doit être accompagné d'une expédition de l'acte de décès. Dans les autres cas le titre de la rente, du cautionnement ou de l'action doit également accompagner le certificat de propriété.

Quant aux successions ouvertes à l'étranger, les certificats délivrés par les magistrats autorisés par les lois du pays seront admis lorsqu'ils seront rapportés dûment légalisés par l'agent du gouvernement français, porte la loi du 28 floréal an VII. Malgré cette disposition formelle, le trésor n'admet pas ces sortes de certificats ; ils sont considérés comme *certificats de coutumes*, et déposés chez un notaire qui, sur la foi des attestations et contenues, délivre le certificat de propriété. Le certificat de propriété, hors les cas où la loi en prescrit la représentation, ne supplée ni aux titres de propriété ni aux pièces justificatives de l'hérédité. Les notaires, juges-de-paix et greffiers sont responsables de la sincérité des faits qu'ils attestent dans les certificats de propriété. Le certificat de propriété doit contenir les nom, prénoms et domicile de l'ayant-droit, la qualité en laquelle il procède et possède, l'indication de sa portion dans la rente, et l'époque de sa jouissance. Ce n'est point un acte ordinaire ; il n'est astreint à aucune des formalités des actes notariés, mais il doit être timbré, enregistré et dûment légalisé.

Le *certificat de vie* est un acte qui constate l'existence d'un individu. Lorsqu'on veut demander le payement des arrérages d'une rente viagère, d'une pension ou de prestations en nature également viagères, on est obligé de justifier de l'existence soit du créancier, soit de la personne sur la tête de laquelle a été constituée la rente. On distingue deux sortes de certificats de vie : ceux qui sont produits à des particuliers, à des compagnies, sociétés et corporations, et ceux qui sont produits au trésor public ou à des administrations publiques. Chacune de ces sortes de certificats est soumise à des règles différentes. Les premiers peuvent être délivrés soit par les notaires, soit gratuitement par les magistrats désignés par l'article 11 de la loi du 27 mars 1791, c'est-à-dire les présidents des tribunaux de district et les maires des chefs-lieux d'administration. S'ils sont délivrés par des notaires, ils sont soumis aux formalités ordinaires des actes notariés. Les seconds furent attribués exclusivement à un nombre limité de notaires, appelés dès lors *notaires certificateurs*, en vertu du décret du 21 août 1806, qui retira ainsi aux magistrats désignés dans la loi de 1791 le droit de délivrer ces sortes de certificats, parce qu'ils avaient commis des erreurs irréparables dont le trésor sur l'identité des personnes dont il fallait constater l'existence. L'ordonnance du 6 juin 1839 a étendu à tous les notaires indistinctement cette faculté. Les rentiers ou pensionnaires de l'État résidant hors de l'empire peuvent s'adresser pour certifier leur existence aux ambassadeurs, envoyés et consuls dans les pays qu'ils habitent, soit même aux magistrats ou fonctionnaires publics du lieu ayant qualité à cet égard, pourvu que ces actes soient légalisés.

Le *certificat de coutume* est l'attestation donnée par des magistrats ou des jurisconsultes portant sur un point de jurisprudence locale, dans les cas prévus par les articles 590, 603, 674, 1159, 1753, 1757 et suiv., 1777 du Code Civil, ou bien lorsqu'il y a lieu à appliquer les principes de l'ancien droit, par exemple pour une servitude commencée avant le nouveau système de législation, et sur un point de jurisprudence étrangère, et alors le certificat de coutume est admissible dans tous les cas. C'est surtout devant les tribunaux de commerce que le certificat de coutume devient indispensable. Quand il porte sur un usage local, il prend le nom de *parère*; quand il constate un point de législation étrangère, il conserve celui d'*acte de notoriété*.

Le *certificat de capacité* est un diplôme délivré, après examen, pour attester un certain degré d'instruction qui permet d'aspirer à quelques fonctions. C'est ainsi que ceux qui se destinent à la profession d'avoué doivent se munir d'un certificat de capacité donné par la faculté de droit après examen sur la législation et la procédure civile et criminelle. Ceux qui se destinent à l'enseignement primaire doivent aussi posséder un certificat de capacité.

Les diverses chambres de discipline délivrent aux aspirants aux fonctions de notaire, d'avoué et d'huissier un *certificat de moralité et de capacité*, qui atteste qu'ils sont aptes à remplir ces fonctions et qu'ils ont une conduite sans reproche.

Il y a deux sortes de *certificats d'origine*, qui ont pour objet : l'un de constater l'origine de la propriété d'inscription de rentes sur l'État; l'autre de constater l'origine de marchandises importées en France. Le premier est délivré par le trésor sur ce qu'on appelle une demande d'origine. Il est nécessaire lorsqu'il s'agit d'établir les causes de la possession d'une rente, pour reconnaître, par exemple, dans le cas de dissolution de communauté, si cette rente est un conquêt ou un bien propre. Le second certificat d'origine est relatif au commerce maritime, et émane d'un consul. Il porte l'indication du pays d'où viennent les marchandises, et constate que l'entrée en France n'est pas prohibée.

Pendant la Révolution on appelait *certificats de civisme* des attestations délivrées par un corps administratif légalement constitué, affirmant qu'en toute circonstance la personne à qui il était accordé avait rempli tous les devoirs et satisfait à toutes les obligations imposées aux citoyens. On les sollicitait alors de toutes parts, surtout pendant le régime de la terreur; mais ils n'étaient rigoureusement imposés qu'à ceux-là seuls qui voulaient prendre part au maniement des affaires publiques. La loi du 18 thermidor abolit la nécessité de ces certificats. Il y eut aussi alors des *certificats de résidence*, dont le but était de montrer que le porteur n'avait jamais émigré.

CERTIFICATEUR DE CAUTION. *Voyez* CAUTION.

CERTITUDE. Dès l'origine de la philosophie, les opinions sur la question de la certitude se sont partagées en deux grandes catégories, qui dans l'antiquité se sont personnifiées dans les doctrines d'Aristote et de Platon, pour se reproduire aux temps modernes sous une forme plus précise et plus sévère, dans les systèmes de Descartes et de Bacon. L'une supposait qu'il n'y avait rien dans l'intelligence qui n'eût passé par la filière des sens, tandis que l'autre voulait que chacun de nous portât en lui le germe de toutes les connaissances qu'il acquérait par la suite, et que les impressions produites par les objets extérieurs ne remplissent d'autre rôle que celui d'excitateurs des idées qui sommeillaient en nous. Selon que l'on s'arrêtait à l'une ou à l'autre de ces deux hypothèses, le fondement de la certitude philosophique se trouvait placé dans l'homme ou hors de l'homme; et soit qu'à chaque époque on ait donné à ces deux opinions les noms d'*idées innées* ou de *méthode d'induction*, c'était toujours le même fait qui se présentait, tantôt sous une dénomination et tantôt sous une autre.

Entre ces deux hypothèses, il s'en est présenté une troisième, qui a pris beaucoup de faveur chez les esprits rigoureux, surtout depuis que Kant lui a donné l'appui de sa logique ferme et élevée. Cette opinion consiste à soutenir qu'il n'est point donné à l'homme d'arriver, à l'aide de la raison pure, c'est-à-dire par les seules armes de l'observation et du raisonnement, à une *certitude absolue* sur Dieu, sur l'homme ou sur l'univers, et qu'il ne peut réussir à dissiper les incertitudes qui l'accablent qu'autant qu'il fait appel à la *raison pratique*, ce que, dans un autre langage, nous traduirions ainsi : la raison est impuissante à amener l'homme de l'état d'ignorance complète ou de doute à la pure clarté de la vérité, en d'autres termes, à la certitude; pour cela faire, il doit aller puiser à une source plus élevée, au *sentiment*, par la parole comme les philosophes, autrement dit à la *foi*, ainsi que s'exprimeraient les religionnaires.

Aux époques où la foi est ardente et la religion puissante sur les cœurs, toute dispute sur la nature, la source et l'étendue de la certitude est entièrement ignorée. Pour l'individu, comme pour l'espèce, les choses qu'il peut et doit croire sont nettement posées, déterminées et circonscrites. Chacun sait ce qu'il doit croire et espérer, et tout le travail du sentiment humain et de la pensée humaine consiste à mettre la pratique de la vie en harmonie complète avec la croyance établie. Mais lorsque la science a disputé à la foi, et que, par conséquent, les sociétés et les individus en sont venus à se demander si c'est à tort ou à raison qu'ils se sont arrêtés à une croyance ou à une autre, de nouveau se pose le redoutable problème de la certitude, et recommencent avec lui les luttes intellectuelles inséparables de son élaboration. C'est alors qu'à l'exemple de Descartes, on n'hésite point à incliner devant la pensée Dieu, l'univers et jusqu'à cette partie de notre être que, par un effort de l'intelligence, il est possible d'abstraire de l'homme tel que Dieu l'a créé; ou qu'à l'exemple de Bacon, on fait de l'homme une sorte de réceptacle des impressions qui viennent du dehors; ou qu'en suivant les traces de Kant, on dénie à l'humanité la puissance d'*objectiver* le *subjectif*, c'est-à-dire d'affirmer que les choses sont ce qu'elles nous paraissent être, c'est-à-dire encore de donner une existence réelle aux impressions que nous recevons, qu'elles nous viennent du dehors ou du dedans, de l'interne ou de l'externe, pour parler le langage métaphysique.

Enfin, à mesure que la question de la certitude se discute

et s'éclaircit, peu à peu on abandonne les points de vue exclusifs auxquels on s'était arrêté, et c'est ainsi que, sans nier que les sens soient un des éléments de la certitude humaine, ou que l'homme trouve dans les phénomènes qui se passent en lui un autre élément de certitude, on ramène ces deux moyens de conviction à un seul et même fait que l'école écossaise a appelé conscience, et que Jacobi appelait le *sentiment humain*, auquel il voulait qu'on en revînt pour trouver de nouveaux axiomes métaphysiques, lorsque ayant concentré toute la force de son intelligence sur l'étude du système panthéistique de Spinosa, et n'en ayant tiré que des motifs pour douter encore, de nouveau il s'appuyait sur ce qu'il y a de réel, de positif et de vivant dans la foi, c'est-à-dire sur le sentiment humain, comme sur une ancre de salut.

Ainsi, dans la marche logique du développement intellectuel de l'humanité, comme dans le développement de l'individu, l'homme ne quitte la foi que pour y revenir après avoir épuisé toutes les formes du scepticisme; mais à la foi agrandie de toutes les acquisitions qu'il a faites dans la route pénible que la science l'a obligé de suivre. Aujourd'hui la question n'est plus de savoir si l'homme peut ou non arriver à une certitude absolue, mais à quelles conditions il peut atteindre à la certitude humaine. Le fameux axiome d'Aristote, qui disait : *Nihil est in intellectu quod prius non fuerit in sensu*, doit-il être admis dans les termes où il a été exprimé, reçu et consenti? Non. Les connaissances qui nous viennent par les sens ne peuvent jamais se rapporter qu'au *non-moi*. Or, le *non-moi* n'existe pour nous qu'à la condition qu'il y ait un être auquel il se rapporte, c'est-à-dire *un moi*. De ce dernier les sens ne peuvent rien nous apprendre. Le moi puisera donc en lui-même, toutes les connaissances qui se rapportent à son objet. Mais les révélations du moi et du non-moi n'épuisent pas toute la science humaine. Elles ne donnent que l'*actuel*, autrement dit le *présent*. Et l'homme est à la fois un être de présent, de passé et d'avenir, de tradition, d'actualité et d'espérance. Il puise donc dans l'étude de l'histoire de nouveaux éléments de certitude lorsque, l'étudiant dans le but de saisir à la fois ce qu'il y a de constant et de variable dans les différentes périodes de l'évolution humanitaire, il y cherche la confirmation de ce que lui fournit l'observation interne et externe, et la prévision des événements que le présent renferme en son sein et que l'avenir fera éclore. Cette harmonie de l'observation actuelle avec tous les faits accomplis dans le passé nous élève jusqu'à concevoir des espérances nouvelles, et à déployer toute notre activité pour en obtenir la réalisation. Or, l'espérance dans l'homme, c'est la foi.

La philosophie et la religion, la science et la foi, pour être deux choses distinctes, ne sont donc point antipathiques par nature : loin de s'exclure, elles se confirment et se vivifient l'une et l'autre. Les opposer, c'est les anéantir. Toute science qui ne conduit pas à la croyance, et ne sait pas en agrandir le cercle, est stérile en elle-même. Toute foi qui trébuche en face de la science ne tarde pas à languir et à s'effacer.

Quelque ardu que paraisse au premier abord le problème de la certitude humaine, lorsqu'on l'enveloppe de théories abstraites, qui ne prétendent à rien moins qu'à saisir l'absolu dans son immensité, et à épuiser l'inépuisable, en le ramenant à ses termes les plus simples et à des éléments réels, il se réduit à une question assez simple. L'observation du moi et du non-moi, voilà les deux éléments de toute certitude sur ce qui est. L'étude du développement de l'humanité nous donne deux autres éléments de certitude sur ce qui a été. Le rapport analogique qui lie le passé au présent, ce qui est à ce qui a été, nous donne la prévision de l'avenir. Cet avenir, qu'on prévoit et qu'on aime, est celui qu'on espère; et tout espoir désiré et voulu devient la foi qu'on se propose et vers laquelle on marche sans dévier. Léon SIMON.

CERTON (SALOMON), poëte français, né à Gien, vers 1550, étudia la médecine, puis le droit; mais, s'étant lié, à l'université de Paris, avec Baïf, du Bartas et Rapin, il abandonna la jurisprudence pour la poésie. Il eut toutefois assez de discernement pour ne pas mettre au jour de trop bonne heure les vers échappés de sa muse. Il se maria, et obtint une charge de conseiller-notaire et secrétaire du roi. Sa traduction en vers de l'*Odyssée*, publiée en 1604, obtint un succès encourageant. Cependant la versification en est communément faible ; mais on y trouve quelques pages remarquables. Son intention n'était pas de faire paraître les essais de sa jeunesse : un de ses amis s'en étant procuré une copie à son insu, et l'ayant communiquée à l'un des Estienne pour la faire imprimer, Certon, qui en fut averti, se vit forcé de les revoir pour les rendre moins imparfaits. Estienne étant mort sur ces entrefaites, il les remit à Jean Jannon, imprimeur de Sedan, qui les publia sous le titre de *Vers léipogrammes et autres œuvres en poésie* (1620, in-12). Ces vers léipogrammes sont des vers dans lesquels une lettre de l'alphabet est omise à dessein. Certon s'est donné la peine ou le plaisir de composer un sonnet sans *a*, un autre sans *b*; il a trois fois soumis l'alphabet à ces rudes procédés d'exclusion et de décomposition, renouvelés des Grecs. On trouve encore dans ce recueil des *Sestines*. Ce sont des odes divisées en six stances de six vers chacune. La dernière est composée de six vers de six syllabes. Le même volume contient une traduction du poëme latin de De Thou, intitulé *Le Chou*, des odes en vers mesurés et rimés, des psaumes traduits en vers mesurés par longues, brèves et douteuses, et quelques poésies latines, la plupart imitées du grec. On y remarque de la facilité, de la grâce, et l'on ne peut que regretter de voir l'auteur si mal employer son talent. On lui attribue un poëme latin intitulé *Geneva* (Genève, 1618, in-4°). Il est mort vers 1610. On peut conjecturer d'après plusieurs pièces de son recueil qu'il était protestant.

CERTOSA DI PAVIA, l'un des plus célèbres monastères qu'il y ait au monde, situé tout près de Pavie, fut fondé en 1396, par Jean Galeas Visconti. Dès l'an 1399 des moines chartreux vinrent s'y établir ; et peu de temps après le duc mourut, laissant des sommes considérables destinées à l'achèvement de l'église et du monastère. Ses revenus montaient à un million de francs quand l'empereur Joseph II supprima ce couvent. Depuis cette époque l'édifice, dont l'aspect produit l'impression la plus grandiose, est toujours demeuré à peu près désert. L'église, bâtie en forme de croix latine, a 77 mètres de long, sur 44 de large. Sur chacun des bas-côtés on a ménagé sept chapelles, deux aux extrémités de la nef transversale : une plus grande chapelle termine l'extrémité de la nef principale, où se trouve placé également le maître-autel. Au centre formé par la croix s'élève une vaste coupole. La façade, qui est d'une richesse et d'une magnificence extrêmes et date de la fin du quinzième siècle, présente déjà un style tout à fait moderne. On dit que le plan en fut donné dès l'an 1473 par Ambrogio Fossano, dit Borgognone ; cependant on l'attribue ordinairement à Bramante. Tous les détails de cette façade sont surchargés d'ornements, et la partie inférieure en est littéralement couverte ; c'est ainsi que les montants des fenêtres affectent la forme de riches candélabres. Différents monuments intérieurs de l'église présentent la même richesse de sculptures, où l'on retrouve l'empreinte de l'art lombard au quinzième siècle avec toute sa grâce et sa délicatesse. Au nombre des sculpteurs qui travaillèrent à embellir la *Certosa di Pavia* on cite Antonio Amadeo et Andrea Fusina. Dans l'intérieur de l'église domine le style en ogive. La voûte est recouverte de panneaux bleus ornés d'étoiles d'or. Les murailles de la chapelle où se trouve le maître-autel, dont la richesse est incomparable, furent peintes à fresque, en 1630, par Dan. Crespi. Dans la nouvelle sacristie se trouve une *Assomption de la Vierge* par Andrea Solario. Le maître-autel est aussi orné d'une magnifique toile d'Ambrogio Fossano, représentant *La Passion de Jésus-Christ*. Dans l'un des bras de la nef on voit le mausolée du fondateur, en forme de temple, morceau d'une riche ornementation, commencé en 1490 et terminé en 1562. C'est près de ce couvent que se livra le 24 février 1525, entre les Impériaux et l'armée française, la fameuse bataille de Pavie, dans laquelle le roi de France François Ier essuya une déroute complète. Ce fut dans le parc même de l'abbaye que le monarque rendit son épée au comte Charles de Lannoy. Consultez Pirovano, *Descrizione della celebre Certosa presso Pavia* (Milan, 1823); Durrelli, *La Certosa di Pavia* (Milan, 1838).

CERUMEN, mot latin fait de *cera*, dérivé du grec κηρος, cire, par lequel on désigne cette espèce d'humeur onctueuse, semblable à la cire par ses propriétés physiques, que l'on trouve à l'intérieur du conduit auditif externe. Les bases de cette substance, d'après l'analyse de Fourcroy et de Vauquelin, sont du mucus albumineux, de la soude, du phosphate de chaux et une huile grasse, colorée par un principe jaune, analogue à la matière jaune de la bile. Elle se dissout dans l'alcool et donne à la distillation beaucoup de carbonate d'ammoniaque. Les *glandes cérumineuses*, ou *follicules cérumineux*, sont les organes sécréteurs de cette humeur.

CÉRUSE. Le carbonate de plomb est ainsi désigné dans le commerce, où il porte encore les noms de *blanc de plomb*, *blanc de Krems*, *blanc d'argent*, *blanc de céruse*. Employée dans la peinture, l'éclat que cette matière présente et la propriété qu'on lui a si bien reconnue de couvrir beaucoup la font préférer à un grand nombre de substances que l'on cherche à y substituer, à cause des graves inconvénients qu'elle offre pour les ouvriers qui la préparent ou qui l'emploient.

Plusieurs procédés sont mis en usage pour préparer la céruse. Nous les décrirons ici très-brièvement. Le moyen le plus anciennement employé, qui est connu sous le nom de *procédé hollandais*, consiste à couler du plomb en lames minces; le plomb laminé se prête moins bien à l'opération, parce que sa surface est trop unie et se trouve trop difficilement attaquée par l'acide. Les lames, coupées de dimensions convenables, si elles ne les avaient déjà, sont pliées en deux et suspendues à cheval sur des bâtons de bois, de manière à ne pas toucher les parois, soit des caisses, soit des pots dans lesquels on les renferme. Dans le procédé hollandais, on se sert de pots en terre; à Krems, on emploie des caisses en bois, dont le fond a été enduit d'une couche de poix. Au fond des vases destinés à contenir les lames de plomb, on a mis préalablement un mélange de vin et de vinaigre. Ces pots ou caisses sont placés dans des couches de fumier, qui y maintiennent une température douce, à laquelle est due la marche de l'opération. La fermentation que subit le fumier développe une assez grande quantité d'acide hydrosulfurique, qui a pour caractère de noircir le blanc de plomb; si les caisses ou les pots étaient mal fermés, la céruse aurait une teinte grise et perdrait toute sa valeur: on ferme soigneusement les vases en collant autour des bandes de papier. Ou bien on ajoute au mélange du carbonate de potasse, qui fournit l'acide carbonique nécessaire à la formation de la céruse. Alors, l'échauffement par le fumier devient inutile, et les vases n'ont pas besoin d'être fermés aussi soigneusement. Pour que l'opération marche bien, il faut que la température soit maintenue à 30° environ; le plomb s'oxyde peu à peu, et se convertit en carbonate, qui recouvre une mince couche de métal, que l'on retrouve à l'intérieur. Quand on croit l'opération terminée, on retire les lames, qui ont considérablement augmenté de volume, et on les secoue pour faire tomber la céruse qui les recouvre, et qu'on lave ensuite soigneusement pour dissoudre l'acétate de plomb qu'elles pourraient contenir, et le plomb métallique qui se sépare souvent en plus ou moins grande quantité quand on secoue les lames. Comme le métal est plus pesant que la céruse, il reste au fond des caisses, et la céruse est entraînée; on la recueille en pâte, que l'on verse dans des moules, qui sont ensuite portés dans une étuve pour en opérer la dessication.

Au fumier, qui a l'inconvénient de fournir de l'acide hydrosulfurique, dont l'action est nuisible à l'éclat de la céruse, on a substitué, d'abord en Angleterre, et l'on emploie maintenant aussi en France, des couches de tan, qui procurent une température convenable, sans donner lieu à aucun inconvénient. On se sert aussi de paille seulement; la formation de la céruse s'opère absolument d'ailleurs dans les mêmes conditions, c'est-à-dire par l'action de l'air et de l'acide carbonique fourni par la décomposition du vinaigre. Un procédé fondé sur un moyen entièrement différent a été inventé il y a une cinquantaine d'années, et de très-grands établissements se sont formés pour son exploitation; il repose sur la décomposition par l'acide carbonique d'un acétate de plomb au travers duquel on fait passer ce gaz. On fait d'abord dissoudre dans du vinaigre toute la proportion de litharge qu'il peut prendre, ou bien on met en contact de l'acétate de plomb, ou sucre de Saturne, avec de l'eau et de la litharge, qui se dissout. La liqueur étant bien tirée à clair, on la réunit dans des cuves en bois, au moyen de tuyaux convenablement recourbés, on fait arriver le gaz carbonique, que l'on produit par la combustion de charbon dans des tuyaux en fonte placés dans un fourneau, et que recueille une pompe aspirante et foulante, qui le refoule dans la liqueur: en y arrivant, le gaz carbonique précipite toute la quantité d'oxyde de plomb qui avait été dissoute dans l'acétate, et laisse celui-ci dans la liqueur, qui, séparée du précipité, est employée à dissoudre une nouvelle proportion de litharge, et soumise de nouveau à l'action du gaz carbonique. Le précipité de céruse, lavé avec soin, est ensuite séché comme celui que l'on prépare par le premier procédé. Si des pertes inévitables dans toute opération n'enlevaient pas une certaine quantité d'acétate, comme à chaque transformation il a pour but de dissoudre la litharge, qui donne naissance à l'acétate, et que la céruse, qu'il abandonne en entier par l'action du gaz carbonique, on pourrait obtenir indéfiniment du blanc de plomb avec une proportion donnée d'acétate.

Excepté le blanc de Krems, connu aussi sous le nom de *blanc d'argent*, toutes les céruses sont mélangées, en plus ou moins grande proportion, avec divers corps blancs qui servent à les étendre. On emploie ordinairement ou la craie ou le sulfate de baryte, qui n'ont d'autre inconvénient que de diminuer l'opacité de la céruse, de manière qu'elle couvre une moindre surface; mais ces mélanges sont nécessaires pour que l'on puisse donner cette substance à bon marché.

La préparation de la céruse donne lieu, pour les ouvriers qui s'en occupent, à des accidents très-graves, connus sous le nom de *coliques de plomb*, auxquels un grand nombre succombent, et qui pour beaucoup occasionnent d'autres maladies incurables. La poussière légère de céruse qui s'élève dans le travail, et plus souvent encore le contact des mains imprégnées plus ou moins de cette substance avec les aliments, occasionnent ces accidents. Quelques soins de propreté en diminueraient beaucoup les chances, mais il est extrêmement difficile d'en faire prendre l'habitude aux ouvriers. Plusieurs fabricants se sont bien trouvés de l'emploi d'un moyen extrêmement simple, et qui consiste à faire à la cessation de leur travail laver les mains de leurs ouvriers avec de l'eau contenant un peu d'acide hydrosulfurique, qui décompose complètement le blanc de plomb, et le convertit en une substance qui n'a pas d'action sur l'économie animale. On a augmenté les moyens de ventilation dans les fabriques; on a conseillé l'usage d'éponges humides qui placées devant les narines laissent passer l'air et re-

4.

tiennent la poussière délétère. Malgré tout cela, l'insalubrité de cette matière a fait chercher à la remplacer par une autre qui n'ait pas les mêmes inconvénients. Jusque ici le blanc de zinc semble être celle qui satisfait le mieux aux exigences de l'hygiène et de l'industrie.

On se sert de blanc de céruse pour recouvrir le papier lissé et les cartes de visite, qui acquièrent ainsi un éclat assez vif ; mais ces objets deviennent par là dangereux. Des confiseurs, pour procurer à leurs bonbons un éclat ou des couleurs particulières, avaient fait usage de beaucoup de couleurs minérales plus ou moins dangereuses. Le blanc de plomb avait été employé en grande quantité, et pouvait donner lieu à de graves accidents : une ordonnance de police a défendu l'usage de ces substances. Rien n'est plus facile du reste que de reconnaître la présence du blanc de plomb, qui noircit immédiatement par le contact de l'acide hydrosulfurique. Il est également défendu de se servir, pour envelopper les bonbons, de papier lissé contenant du blanc de plomb et d'autres substances minérales.

H. GAULTIER DE CLAUBRY.

CÉRUTTI (JOSEPH-ANTOINE-JOACHIM), naquit à Turin, le 13 juin 1738. Élevé dans un collège que dirigeaient les jésuites, il s'y distingua par ses succès. La compagnie, déjà vivement attaquée, avait plus que jamais besoin de garantir son avenir et de se créer de fervents et éloquents défenseurs. Cérutti ne portait pas un nom historique, il n'avait pas à espérer une grande fortune, mais il montrait du dévouement, et il ne fut pas difficile à ses instituteurs de diriger dans leurs intérêts un jeune homme sans expérience. L'abbé Cérutti, admis dans leur ordre, fut d'abord professeur à Lyon. Il remporta successivement trois prix dans les académies de Dijon, Montauban et Toulouse. Puis il fut appelé à Lunéville par le roi Stanislas. Tous les parlements de France s'étaient ligués contre les jésuites ; la banqueroute du P. Lavalette, les arrêts flétrissants rendus contre la société par les parlements de Provence et de Bretagne, et le supplice de Malagrida à Lisbonne, qui fut le prélude de leur expulsion du Portugal, tout annonçait l'abolition prochaine et inévitable de la trop célèbre compagnie. Cérutti ne recula pas devant tant d'obstacles, et, en présence d'une opposition dont le triomphe paraissait infaillible, il osa publier l'*Apologie des Jésuites*, manifeste dans lequel il montra autant de courage que de talent. Le succès en fut complet. L'auteur se soumit aux arrêts et à l'ordonnance d'abolition, et vint à Versailles, où il fut accueilli avec bienveillance par le dauphin, père de Louis XVI. La duchesse de Brancas lui donna même un asile dans sa belle terre de Fléville, près de Nancy.

Cependant une passion imprévue et malheureuse pour une dame d'une famille distinguée, Mme la comtesse de Tessé, consumait alors l'infortuné Cérutti. Une fièvre ardente brûlait son sang. Il était prêtre ; ses vœux et ses serments le condamnaient au célibat. Les événements politiques offrirent à son âme, avide d'émotions fortes et généreuses, un nouvel aliment. Il se dévoua, avec toute l'impétuosité de son caractère et toute l'énergie de son talent, à la cause de la révolution. Il ne s'abandonna pas à de virulentes et stériles déclamations ; ses brochures, qu'il publia en 1788 et 1789, n'empruntent leur force qu'à une conviction éclairée. C'est le langage calme et toujours logique d'un homme mûri par une longue expérience et par une étude approfondie des matières qu'il traite. Il publia successivement : 1° *Mémoire pour le peuple français*; 2° *Vues sur la constitution française*; 3° *Les Soixante articles, ou exposé des droits de l'homme*; 4° *Traité de la sanction royale*; 5° *Idées simples et précises sur le papier-monnaie*; 6° *L'Aigle et le Hibou*, fable, etc. Convaincu que la civilisation ne peut être que le résultat de l'instruction, il se consacra tout entier à l'éducation politique des campagnes, et publia sa *Feuille Villageoise*, journal hebdomadaire, dont la pensée dominante se résume par les derniers mots de l'introduction :

« Si la liberté se conquiert par la force, elle se conserve par l'instruction. » Ce journal de 16 pages in-8° ne coûtait que 7 liv. par an. Il obtint un succès rapide. Cérutti le continua tant qu'il vécut ; il publiait en même temps de petits volumes remarquables pour l'utilité et la pureté des doctrines, la clarté et la précision du style. Il eut toujours le courage de son opinion : en n'obéissant qu'à ses convictions, on l'a vu défendre avec le même zèle des hommes qui suivaient un système politique opposé. L'amitié qu'il avait vouée à Mirabeau, qui s'aida souvent de sa collaboration, ne l'empêcha point de se montrer le panégyriste le plus dévoué de Necker. La mort de l'illustre orateur fut pour la France un grand événement et l'objet d'un deuil national. Ses obsèques revêtirent le caractère d'une grave et magnifique solennité. Le nombreux cortège n'arriva à l'église Saint-Eustache qu'à la nuit close et à la clarté de mille flambeaux (3 avril 1791). Ce temple de la religion était en ce moment celui de la patrie. Cérutti y prononça une oraison funèbre civique, dans laquelle, considérant le génie de Mirabeau comme révolutionnaire et comme constitutionnel, il lui rendit à ces deux titres les hommages de la France entière.

L'ex-jésuite était membre de l'administration du département de la Seine quand il fut élu député à l'assemblée législative en septembre 1791. Il en fut nommé secrétaire le 3 octobre suivant, et, le lendemain, sur sa proposition, la nouvelle assemblée vota des remercîments à celle qui l'avait précédée. Il ne parut plus à la tribune, et mourut en février 1792. Il chargea dans son testament ses amis Grouvelle, qui, comme lui, avait été jésuite, et Ginguené, de continuer sa *Feuille Villageoise*. Vingt années n'avaient pu affaiblir la passion qui avait fait le malheur de sa vie. Le célibat lui était insupportable. Le souvenir de cette passion et l'instruction des campagnes, à laquelle il s'était dévoué, occupaient encore ses dernières pensées. Il exprima ses regrets dans des strophes qu'il composa sur son lit de mort, et dont tous les journaux de l'époque citèrent ces derniers vers :

Et vous, bons villageois, que je brûlais d'instruire,
Avant que d'expirer, j'ai deux mots à vous dire :
De tous les animaux qui ravagent un champ
Le prêtre, *qui vous trompe*, est le plus malfaisant.

Il était difficile de reconnaître dans ce quatrain satirique l'auteur de l'*Apologie des Jésuites*. Cérutti a laissé quelques morceaux de poésie fugitive : on cite avec éloge un petit poème sur le jeu d'échecs. La rue d'Artois, où il mourut, substitua à son nom celui de Cérutti, qu'elle conserva jusqu'en 1814. Elle reprit alors son nom originaire, qu'elle devait changer encore en 1830 contre celui de rue *Lafitte*, qu'elle porte encore.

DUFEY (de l'Yonne.)

CERVANTES-SAAVEDRA (MICHEL), naquit en 1547, de parents nobles, mais pauvres, à Alcala de Hénarès, dans la Nouvelle-Castille. L'état ecclésiastique, la ressource des familles peu aisées dans ce pays, alors si dévot, était une voie ouverte à la fortune. Les parents du jeune Cervantes, voyant avec satisfaction son penchant pour les lettres, voulurent le lui faire embrasser. Cervantes, qui faisait déjà des vers et rien que des vers, s'y refusa ; il ne voulut pas même être médecin, profession assez lucrative dans cette province, quoiqu'il eût eu la douleur de voir ses premiers essais en poésie, ses élégies, ses romances, ses sonnets, son poème pastoral de *Filena*, fort mal accueillis. Chassé de sa patrie par le besoin à vingt-deux ans, à cet âge des illusions, dont déjà une des plus séduisantes, celle de la gloire poétique, semblait l'abandonner, il courut à Rome chercher la fortune : la trompeuse ne lui offrit, sous le nom pompeux de page, qu'une place de valet de chambre auprès du cardinal Jules Acquaviva. Il l'accepta d'abord ; mais bientôt, son noble sang de Castillan lui montant au cœur, il quitta cet emploi dégradant, et vint s'enrôler sous les drapeaux du duc de Paliano, Marc-Antoine Colonne, général de l'armée navale envoyée au secours de l'île de Chypre, dans la guerre entre le grand-seigneur et les Vénitiens. Les armes de la chrétienté ne furent pas heureuses dans cette expédition ; mais la victoire de Lépante, qui, l'année d'ensuite, leur rendit tout leur éclat, fit rejaillir quelque peu de sa gloire sur le simple soldat Cervantes, qui dans cette bataille reçut deux coups de feu, dont l'un lui rendit pour toujours difficile l'usage d'une main. Hélas ! croirait-on que cette mutilation honorable, mais stérile, fut sa seule consolation dans ses infortunes, qui n'eurent jamais de fin ? Il parle souvent avec complaisance de cette blessure dans ses écrits. Le glorieux soleil de Lépante, qu'il lui semblait toujours revoir, ranima plus d'une fois ses yeux mornes de vieillesse et d'autres misère de soixante-neuf années.

Malgré cet accident, plein de courage et de zèle, il resta encore attaché trois ans au service d'Italie, à Messine, à Navarin, à Tunis, en Sardaigne, en Lombardie, à Gênes, en Sicile, lorsque enfin, le souvenir de sa patrie ne lui laissant plus de repos, il s'embarqua, en 1575, sur une galère qui faisait voile pour l'Espagne : sa sinistre étoile l'y suivit. Cette galère fut attaquée par le corsaire arnaute Mami. L'équipage, trop faible pour résister, fut pris et avec lui Cervantes, puis on les dirigea sur Alger. Là des fers étreignirent le bras mutilé du soldat ; on le parqua avec d'autres esclaves du pirate. Il passa six ans et demi dans cette rude captivité, à laquelle il fait plusieurs fois allusion dans le célèbre épisode du *Don Quichotte* intitulé *Le Captif*. Quoiqu'il soit parfaitement démontré aujourd'hui que l'auteur n'y a pas raconté ses aventures personnelles, les renseignements donnés par son plus récent et son plus sagace biographe, Martin Fernandez de Navarete, sur les souffrances et les persécutions qu'il eut à souffrir comme esclave de deux maîtres d'une cruauté sans pareille, le renégat grec Dali Mami et Hassan-Pacha, et sur les diverses tentatives, aussi hardies qu'aventureuses, qu'il fit pour briser ses fers et ceux de ses compatriotes, et même pour conquérir Alger à son souverain, sont cependant si extraordinaires et si romanesques, qu'il n'a pas fallu moins que les documents authentiques rapportés dans cet ouvrage pour les mettre à l'abri de tout doute. A quatre reprises différentes, Cervantes faillit perdre la vie dans les plus horribles tortures, parce que toujours il prit seul la responsabilité de tentatives faites en commun ; et il lui arriva même une fois de se livrer aux gens envoyés à sa recherche, à l'effet d'éloigner le danger qui menaçait l'ami chez lequel il avait trouvé un asile. Mais ce fut précisément son courage, sa présence d'esprit et son généreux dévouement qui lui valurent l'estime du farouche Hassan ; et cet homme finit par se contenter de soumettre désormais à la plus étroite surveillance. Enfin ses parents et ses amis le rachetèrent en 1580.

De retour en Espagne, au commencement de l'année suivante, il ne tarda pas à rentrer dans son ancien régiment, qui se trouvait alors faire partie de l'armée envoyée en Portugal par Philippe II à l'effet d'appuyer ses prétentions à la souveraineté de ce royaume. Il prit part à l'expédition des Açores, et y trouva de nouvelles occasions de se distinguer. Vers la fin de 1583, il revint pour toujours dans sa patrie, où il rentra dans la vie privée. A partir de ce moment il vécut dans une studieuse retraite, tout entier au culte des muses. Doué d'une inépuisable faculté d'invention, de l'imagination poétique la plus vaste, d'une admirable sagacité d'esprit et d'un grand fonds de gaieté, joints à une intelligence claire, nette et précise, ainsi qu'à une grande connaissance pratique des hommes et des choses, il trouva dans le monde qu'il se créa une ample compensation de celui qu'il avait abandonné. Ce ne fut qu'à cette époque, à l'âge de trente-quatre ans, qu'il commença sérieusement à écrire. Le premier ouvrage qu'il publia fut *Galatée*, roman pastoral, qu'il mit au jour en 1584. Cette pastorale lui avait été inspirée par sa vive tendresse pour Catherine Salazar y Palacios, dont la famille, anciennement connue à Esquivias, petit bourg de la banlieue de Tolède, existait encore en 1813. Il l'épousa presque aussitôt la publication de son roman, qui, plein de vers tendres, lui servit comme d'épithalame. Sa plume seule l'alimentait, lui et celle qu'il aimait à l'égal de sa gloire. Pedro Fernandez de Castro, comte de Lémos, et le cardinal Sandoval, archevêque de Tolède, passeraient pour avoir été ses bienfaiteurs, s'il n'était avéré qu'ils l'empêchèrent tout au plus de mourir d'inanition. Une reconnaissance de Michel Cervantes de la dot de sa femme à lui apportée, et que l'on trouve dans la vie de ce romancier écrite par Juan-Antonio Pellicer, donne un échantillon de la pauvreté des deux époux. Voici les objets, parmi d'autres de plus ou de moins de valeur, qui y sont relatés : 1 dévidoir, 1 poêlon de fer, 3 broches, 1 pelle, 1 râpe, 1 vergette, 6 boisseaux de farine, 5 livres de cire, 2 petits escabeaux, 1 table à quatre pieds, 1 matelas garni de sa laine, 1 chandelier de cuivre, 2 draps de lit, 2 enfants Jésus avec leurs petites robes et leurs chemises, 44 poules et poulets avec 1 coq..., etc. Il n'y est parlé aucunement d'argent.

De 1588 à 1599 Cervantes habita Séville, où il vivait, dans un cercle fort restreint, des modestes appointements d'une petite place. Philippe II régnait alors. Il ne mourut qu'en 1598, sept ans avant la publication du *Don Quichotte*. L'orgueilleuse et morne gravité de ce roi, semblable à celle des inquisiteurs, qu'il protégeait, eût de son dédain frappé de mort à sa naissance ce roman, satire rieuse autant que profonde des ridicules et des vices du siècle. Ce fut sous le règne de Philippe III, fils du précédent, que fut publié cet ouvrage, le plus beau monument de la gloire littéraire des Espagnols. Tout en prenant l'air de dédaigner cette œuvre folle, ce prince, d'une insupportable gravité, y déridait son front mélancolique. « Tu ris, roi ingrat, et tu laisses Cervantes dans sa misère profonde, » eût dû s'écrier ce siècle indigné ; mais le siècle était aussi ingrat que le souverain. Toutefois, le prince insensible fit, sans s'en douter, le plus bel éloge qu'on puisse faire du premier des romans comiques. Voyant, un jour, des fenêtres de son palais, un jeune homme donner, en lisant, les marques excessives de plaisir : « Ce jeune homme est fou, dit-il à ses courtisans, ou bien il lit *Don Quichotte*. » Cervantes composa aussi des œuvres dramatiques, au nombre d'au moins trente, dont, quant à la plupart, on a perdu la trace. S'il faut en croire Cervantes, aucune d'elles ne manqua d'un grand succès. *Numance*, tragédie, et *Les Intrigues d'Alger*, imprimées à Madrid, en 1784, ne nous les font point regretter. Florian cite comme une des meilleures tragédies de Cervantes celle qui est intitulée *L'Heureux Rufien*, dans laquelle le héros, après avoir été au premier acte le plus grand coquin de Séville, se fait jacobin au Mexique dans le second acte : il est l'exemple du couvent ; il a de fréquentes combats sur le théâtre avec le diable, et demeure toujours vainqueur. Appelé pour exhorter à la mort une dame dont la vie avait été scandaleuse, il se charge de ses péchés, et lui donne ses mérites. Les diables aussitôt s'emparent du jacobin, et couvrent son corps d'un ulcère épouvantable. Au troisième acte, il meurt, et fait des miracles. Il est présumable que toutes ces pièces n'étaient que d'inextricables imbroglios, alors à la mode, sans règles et sans unité. Nous avons encore de Cervantes huit petites pièces, que les Espagnols nomment *entremeses*, intermèdes ; la plupart ont du comique et du naturel.

Fécond, comme presque tous les auteurs espagnols, Cervantes composa encore des *Nouvelles*. Ce sont douze petits romans pleins de variété et d'intérêt, dont le fond est le plus souvent des amours de tout genre, et l'accessoire des peintures de mœurs et de ridicules. Les plus remarquables sont celle de *Rinconete et Cortadite*, satire contre les habitants de Séville, où Cervantes avait demeuré longtemps ; *Le Curieux impertinent*, et surtout *La Force du Sang* : toutes ces nouvelles ont eu en France un grand nombre de traducteurs. Le *Voyage au Parnasse* de Cervantes est un poëme divisé en huit chants, faiblement versifié, dépourvu d'imagination et sans couleur ; c'est une série non interrompue de louanges et d'exclamations admiratives que l'auteur adresse aux auteurs contemporains, n'oubliant pas toutefois, après les avoir bien encensés, de retourner sur lui-même l'encensoir, sans néanmoins s'être privé du petit plaisir d'en ridiculiser plusieurs autres. Sa plume infatigable enfanta encore *Les Travaux de Persilis et de Sigismonde*, histoire septentrionale ; elle a été traduite en français. C'est un vrai labyrinthe d'événements inconcevables, dont le style diffus et enflé encombre chaque détour. Il chérissait cependant au-dessus de toutes ses productions cet embryon de sa vieillesse, dans lequel on ne remarque guère que l'épisode de *Rupeste*. Le *Don Quichotte* est donc le seul monument qui assure à jamais la gloire de Cervantes. En composant cet ouvrage, il se proposait de réformer le goût et les idées de ses compatriotes ; il voulait en finir avec cet esprit rodomont dont les conséquences, aussi ridicules que fâcheuses, engendraient les romans de chevalerie. La première partie parut en 1605. Très-froidement accueillie d'abord, elle fut longtemps à obtenir ce succès bruyant qui devait un jour s'étendre sur toute l'Europe, sur tout le globe. Le *Don Quichotte* prouvait tout ce qu'il y avait de poésie dans l'esprit de Cervantes, le but tout prosaïque de l'œuvre et sa direction satirique ne l'empêchant point d'y déployer la plus riche imagination poétique. Avec une universalité qui est le propre du génie, il a su y représenter, sous des formes en apparence locales et temporaires, ce qui appartient essentiellement à la nature humaine et à tous les âges, à tous les pays, à tous les temps. On y trouve cette pensée profonde que ce sont souvent les plus nobles natures qui cherchent à réaliser l'idéal de la manière la plus extravagante, et qu'alors elles ne paraissent plus à la froide raison et au sens commun que de pures folies. A quelque point de vue qu'on se place pour juger ce livre, on reste ébloui. Une grande richesse de poésie épique, une admirable vérité des caractères, la multitude des événements, la diversité des situations, l'art suprême de les enchaîner les uns aux autres, et une rare connaissance du cœur humain, telles sont les principales qualités de cet ouvrage, auxquelles il faut joindre cette inexprimable grâce, ce caractère d'amabilité que respire l'œuvre toute entière, cette merveilleuse facilité d'invention qui fait qu'on n'y aperçoit pas la moindre trace de travail ni d'effort.

Don Quichotte a été traduit dans toutes les langues que parlent les peuples civilisés. C'est un chef-d'œuvre inimitable. La grande figure du héros, si flegmatique et si fou, apparaît tout d'abord dans cette composition ; elle a cent pieds de haut, et domine tout le roman et tous ses personnages. Comme Minerve du cerveau de Jupiter, elle est sortie, armée de toutes pièces, la lance au poing, la salade en tête, avec cette dimension, du cerveau du romancier, pour être vue de toute l'Europe chevaleresque. C'est avec un art admirable que Cervantes, en créant un personnage si ridicule, qu'il excite à chaque instant un rire qui serait inextinguible si de touchants épisodes ne survenaient pas et ne faisaient couler les larmes ; c'est avec un art divin qu'il a su jeter sur lui un intérêt si puissant. Comme l'homme vertueux admire et plaint le misanthrope Alceste, tout vrai héros admire et plaint le brave gentil-homme de la Manche, redresseur de torts. Sa loyauté, son courage à toute épreuve, sa volonté inébranlable, cette âme de Fabricius fermée à toute épouvante, sa bonne foi, sa sobriété, son sang-froid dans les dangers, son humanité après la victoire, ses chastes amours même, sont autant de vertus, dont chacune prise à part composerait un héros ; l'emploi insensé qu'il en fait est son seul ridicule. Et c'est de ces vertus mal entendues que le génie de Cervantes a su faire jaillir le rire, sans ternir l'éclat d'aucune d'elles. Et ce bon Sancho Pança, si philosophe, et si gourmand, si d'accord avec son âne ! Que si son type est dans le vieux Silène monté sur son onagre, riant et buvant à la suite du vainqueur de l'Inde, combien ne le surpasse-t-il pas par sa sagesse si populaire, si gaie, si profonde, et par ses proverbes applicables à toutes les circonstances de la vie humaine, et qui sont devenus ceux de toute la terre! N'oublions pas le pauvre *Rossinante*, non moins patient que son maître, non moins sobre que lui, identifié avec toutes ses aventures, et vivant, pour ainsi parler, de la vie de son maître ; combien est-il plus intéressant mille fois que les chevaux parlants d'Achille ! Et sur quoi sont brodées tant d'aventures si grotesques, si divertissantes, et si touchantes souvent, qui font les délices de l'homme, depuis l'enfant, qui les dévore à l'école, jusqu'au vieillard, qui prend ses lunettes pour les relire encore? Sur le plus mince canevas. Montesquieu l'a dit : « Le seul des livres espagnols qui soit bon est celui qui a fait voir le ridicule de tous les autres. »

Et ce fut dans l'obscurité d'un cachot que fut composé ce roman si gai! Hélas! il n'est que trop vrai que les Espagnols méconnurent longtemps ce chef-d'œuvre, cette gloire des lettres castillanes, qui brilla simultanément avec celle de leurs armes, au même temps où l'or du Nouveau-Monde inondait leurs provinces. La Péninsule regorgeait de richesses, et Cervantes, pauvre, méconnu, méprisé, était appelé *vieux manchot*, *hargneux*, *bavard*, *calomniateur*, et *misérable*, par un misérable nommé Alonso-Fernandez Avellaneda, son continuateur ; car Cervantes, si maltraité, n'osait se continuer lui-même ; il ne s'y décida que plus tard. Bien mieux, il fut obligé de se calomnier par sa propre plume dans une petite brochure intitulée le *Busca Pié* (le Serpenteau). « Ce roman, disait-il dans ce pamphlet, renferme, sous le nom d'un héros imaginaire, une satire des personnages les plus distingués de la cour. » On a prétendu effectivement depuis que Cervantes avait caché sous le masque de Don Quichotte le duc de Lerme, premier ministre de Philippe III, peu ami des lettres et entiché de la chevalerie. Cela n'est pas probable : le duc de Lerme n'était pas le seul chevalier ; il y en avait alors en Europe autant que de nobles. A la honte des lettres, on vit dans la patrie de Cervantes des hommes d'un talent distingué ne pas rougir d'approuver l'infâme malveillance d'Avellaneda, et que les honneurs d'être traduit, corrigé et augmenté par notre Lesage. Celui-ci, sous ce travestissement, parvint à tromper les rédacteurs du *Journal des Savants*, qui, n'ayant pas lu l'original, lui donnèrent des éloges.

L'infortuné Cervantes vit se prolonger sa vie et sa misère jusqu'à sa soixante-neuvième année. Atteint d'une maladie sans remède, on voit encore sa belle âme dans ce fragment de la dernière lettre qu'il écrit au comte de Lémos, pour le remercier de ses minces bienfaits. Après avoir reçu l'extrême-onction, il trace de sa faible main ces paroles touchantes, dignes d'un plus noble bienfaiteur : « Je me meurs ; je suis bien fâché de ne pouvoir pas vous dire combien votre arrivée en Espagne me cause de plaisir. La joie que j'en aurais dû me rendre à la vie ; mais la volonté de Dieu soit faite! Votre excellence saura du moins que ma reconnaissance a duré autant que mes jours. Il faudrait pour me garder un miracle du Tout-Puissant, et je ne lui demande que d'avoir soin de votre excellence. A Madrid, ce 19 avril 1616. » Il rendit le dernier soupir le 23 du même mois, la même année que Shakspeare, âgé de soixante-neuf ans. Il fut enterré, d'après sa demande, dans l'église des religieuses de la Trinité de cette ville. C'est là qu'il commença à jouir pour l'éternité d'un repos que l'homme ne peut ravir à l'homme ; c'est là que, sans aucune pierre tumulaire, dormaient, d'abord oubliées, puis bientôt inconnues comme ses ouvrages, ses illustres cendres, lorsque Charles III, l'ami plutôt encore que le protecteur des lettres et des beaux-arts en Espagne, d'accord avec l'Académie de Madrid, vers la fin du dernier siècle, vengea, avec tout l'éclat possible, ce grand homme du mépris de ses contemporains. Il enrichit les lettres d'une magnifique édition de ses œuvres, et l'on chercha, par son ordre, sa patrie avec le même orgueil et les mêmes soins que jadis celle d'Homère, pauvre comme lui.

Le buste de Cervantes, œuvre du sculpteur espagnol Antonio Sala, fut placé en 1835 sur le fronton de la modeste maison qu'il habitait à Madrid, et qu'il fallut alors reconstruire. Indépendamment de l'édition de luxe du *Don Quichotte* (4 vol., Madrid, 1780) et de celle de Pellicer (9 vol. Madrid, 1798), nous citerons encore, parmi les meilleures, la quatrième de celles qu'en a données l'Académie, et en tête de laquelle se trouve la *Vie de Cervantes* par Navarete (3 volumes, Madrid, 1819), et celle de *Diego Clemencin*, avec un excellent commentaire (6 vol., Madrid, 1833-1839). Il a paru à Madrid (1803-1805) une édition complète de ses œuvres, non compris les comédies, et une autre en 11 volumes (Madrid, 1829), dans laquelle ne se trouve pas son *Voyage au Parnasse*. D. Aug. Garcia Avrieta a publié à Paris ses *Œuvres choisies* (1826-1832, 10 volumes).

DENNE-BARON.

CERVEAU. Dans aucun temps on ne s'est tant occupé de l'étude du cerveau et de ses fonctions qu'on l'a fait de nos jours. Le cerveau n'était autrefois étudié que par les anatomistes, qui en faisaient une description exacte sous le rapport de ses qualités physiques et matérielles. Mais quant à ses fonctions, l'anatomiste n'en disait rien, et le physiologiste se contentait d'indiquer les faits les plus marquants du désordre qui arrivait, à la suite des altérations graves de cet organe, pour les facultés de l'âme; mais ils n'avaient jamais établi aucune doctrine sur la nature et sur l'étendue de ses fonctions, jamais une véritable physiologie du cerveau. De leur côté, les philosophes psychologistes et moralistes parlaient de l'âme comme d'un *être* possédant en propre toutes les facultés et qualités, et ils ignoraient complétement l'importance de ce viscère dans l'économie animale. Il se présentait à eux encore un très-grand obstacle qui rendait impossibles les progrès de la science et l'établissement des vérités importantes que nous avons connues depuis; ils ne tenaient aucun compte de l'intelligence, des instincts et des aptitudes industrielles des animaux; ils avaient continuellement sous leurs yeux les animaux domestiques dont ils se servaient; ils voyaient l'attachement, le courage, l'intelligence et les passions de leurs chiens et de leurs chevaux, etc.; mais comme il n'y avait, selon eux, que l'homme qui eût une âme, et que ce n'était qu'en vertu de l'âme qu'il avait toutes ses facultés, les animaux ne pouvaient lui être comparés en rien, et ne devaient pas, à cause de leurs instincts, venir dégrader le seul être fait à l'image de Dieu, le plus parfait de la création!

Avec de tels principes, la science de l'homme ne pouvait faire de grands progrès. Si les anatomistes et les physiologistes ne se croyaient pas autorisés à s'occuper des facultés de l'âme et de l'esprit, et si les psychologistes croyaient indignes d'eux les recherches sur la structure et les fonctions du cerveau, et si pourtant ces études étaient tellement liées qu'elles ne pouvaient pas être cultivées séparément, ni faire des progrès sans marcher ensemble, il est clair qu'on ne pouvait pas établir une doctrine philosophique sur les fonctions du cerveau. C'est à Gall que nous devons particulièrement les connaissances positives que nous avons sur cette science; c'est à lui aussi que nous devons l'impulsion que les études sur le cerveau ont reçue de nos jours. Plusieurs autres savants marchèrent sur ses traces, et jamais un si grand nombre de questions très-obscures de la psychologie ne furent mieux résolues qu'elles le sont actuellement.

Dans l'étude du cerveau il y a à considérer deux choses : sa structure, l'*anatomie*; et ses fonctions, la *physiologie*.

Plusieurs anatomistes appellent indistinctement *cerveau*, *encéphale*, *masse encéphalique*, toute la masse nerveuse contenue dans la cavité du crâne. Ils confondent ainsi sous la même dénomination le cerveau proprement dit, les appareils nerveux des cinq sens extérieurs, la moelle allongée et le commencement de la moelle épinière. Ces dernières parties cependant doivent être considérées à part, ayant une origine et des fonctions différentes de celles du cerveau. *Voyez* CÉRÉBRAL [système].

Pour comprendre la physiologie du cerveau il faut admettre préalablement que : 1° Tout le système nerveux résulte de deux substances : l'une de couleur grise, plus ou moins variée, et gélatineuse ou granuleuse; l'autre, blanche et fibreuse. Les nerfs et les filaments nerveux sont constitués par la substance blanche. 2° De la substance grise naissent les filaments nerveux, et plus elle est abondante, plus elle engendre de ces filaments. 3° Les différents systèmes nerveux ne naissent pas les uns des autres, mais chacun prend son origine dans une masse propre de substance grise, et ils sont, en outre, essentiellement différents entre eux. Il existe partout des appareils de communication qui les mettent en rapport les uns avec les autres. 4° Tous les systèmes nerveux peuvent produire des sensations dans le cerveau; mais chaque système reçoit et transmet une irritation ou une sensation déterminée, et qui lui est propre. 5° Les fonctions de chaque système nerveux ne se manifestent qu'en proportion de leur développement; et leur force est ordinairement en raison directe de ce même développement, ou, pour parler plus clairement, de leur masse respective.

Ceci posé, tâchons de connaître la structure du cerveau. Or, pour saisir les rapports des différentes parties qui le composent ont entre elles, il faut commencer à le disséquer par sa base. Gall fut le premier qui abandonna l'ancienne méthode de le couper par tranches; et il se mit à examiner chaque partie en partant de la première origine des faisceaux fibreux, qu'il vit naître de la substance grise, et en suivant leurs cours jusqu'à leur dernier épanouissement. Il put ainsi reconnaître les renforcements successifs fournis dans leur trajet par la rencontre des différents amas de la substance grise, et il parvint à étendre toute la substance du cerveau sous la forme d'une membrane.

Le cerveau, dans l'état naturel, remplit entièrement la cavité du crâne. La forme qu'il présente est celle d'un sphéroïde allongé supérieurement, plus rétréci sur le devant que postérieurement. Dans le cerveau, on considère une partie supérieure et antérieure, les *hémisphères*, et une partie inférieure et postérieure, moins considérable, qui s'appelle le *cervelet*. Les hémisphères, l'un à droite, l'autre à gauche, sont séparés longitudinalement et très-profondément par la *faux* de la *dure-mère*. Chaque hémisphère, dans leur face inférieure, est divisé en trois portions qu'on nomme *lobes*. Le lobe antérieur pose sur la voûte des orbites, et il est séparé du moyen par un sillon profond; le moyen n'est presque pas séparé du postérieur : celui-ci est placé en partie dans la fosse temporale interne du crâne, et en partie sur la tente du cervelet. Sur toutes les faces des hémisphères, on voit des *circonvolutions* plus ou moins grosses et plus ou moins saillantes; elles se séparent par des sillons tortueux appelés *anfractuosités*, dans lesquels la *pie-mère* s'enfonce, tandis que les deux autres membranes, l'*arachnoïde* et la *dure-mère*, passent directement sur les circonvolutions, et enveloppent tout le cerveau. Toutes les parties qui composent le cerveau sont doubles, les unes à droite, les autres à gauche. Elles ne sont pas exactement symétriques, et l'un des côtés est ordinairement un peu plus fort que l'autre. Les faisceaux du même genre de chaque côté sont joints ensemble et mis en action réciproque par des fibres nerveuses transversales, que nous appelons *commissures*.

Le *cervelet* est une masse nerveuse séparée des hémisphères. Il occupe, comme nous avons dit, la partie postérieure et inférieure de la cavité du crâne, et il est renfermé dans l'espace qui est sous le repli transversal de la dure-mère appelé la *tente du cervelet* et les fosses inférieures de l'os occipital. Sa forme est globuleuse, plus étendue d'un côté à l'autre que de devant en arrière. Les sillons qui sont creusés sur la surface externe du cervelet sont profonds, très-rapprochés et non tortueux, comme dans le cerveau, d'où il résulte pour le cervelet des *feuillets* au lieu des circonvolutions, lesquelles appartiennent seulement aux hémisphères.

Pour connaître la structure interne du cerveau, il faut le renverser et le disséquer par sa base. Extérieurement, l'on voit la situation et la sortie des différents nerfs, tels que le nerf olfactif ou le devant, puis successivement les nerfs optiques, l'oculo-moteur, le pathétique, le trijumeau, le facial, l'abducteur de l'œil, l'auditif, le glosso-pharyngien, le vocal, etc. L'on remarquera la moelle allongée avec les corps olivaires et les corps pyramidaux, la grande réunion du cervelet, les corps restiformes, les cuisses du cerveau, etc. La dissection ne se fait pas en coupant, mais simplement en séparant, en raclant soigneusement les parties qui doivent être mises à découvert, au moyen d'un manche de scalpel aplati. Les premières racines du cervelet et celles des hémisphères du cerveau naissent de différents amas de substance grise placés dans l'intérieur de la moelle allongée, qui suit immédiatement les nerfs cervicaux. Ces premières racines fibreuses grossissent continuellement en avançant ; elles rencontrent des amas de substance grise, que nous appelons des *ganglions*, qui leur fournissent de nouveaux faisceaux nerveux, et elles s'étendent, ainsi renforcées, jusqu'à la périphérie, d'où résultent les feuillets du cervelet et les circonvolutions du cerveau. Pour le cervelet, les premières fibres nerveuses partent des *corps restiformes* pour entrer dans le cervelet ; elles rencontrent un amas de substance grise, le *corps ciliaire*, et là, renforcées par de nouvelles fibres, elles vont se perdre dans les feuillets. Pour les hémisphères du cerveau, les corps pyramidaux et les corps olivaires fournissent les premières fibres nerveuses : ces fibres passent sous la protubérance annulaire dite *pont de Varole*, et sont renforcées dans leur trajet par de nouvelles fibres, et spécialement à leur rencontre avec les *couches optiques* et les *corps striés*, jusqu'à ce qu'elles s'épanouissent en grande masse dans les circonvolutions cérébrales. A cet endroit les fibres cérébrales viennent se joindre aux appareils de réunion, dont les fibres primitives naissent de la substance grise corticale, qui couvre les mêmes circonvolutions et les feuillets du cervelet. C'est là l'origine de la grande commissure du cerveau ou *corps calleux*, de celle du cervelet, ou *pont de Varole*, et de plusieurs autres. De cette manière, on peut se faire une idée de la double origine et de la double direction du système nerveux du cerveau, appelées par Gall, l'une *divergente*, l'autre *convergente*. Par la connaissance de cette disposition des fibres nerveuses qui composent le cerveau, l'on peut parvenir à déplisser artificiellement les circonvolutions cérébrales et les étendre en forme de membrane.

Nous ne parlerons pas ici de plusieurs parties internes du cerveau, savoir : les *ventricules*, de la *glande pinéale*, des *tubercules quadrijumeaux*, etc. ; toutes ces parties ne paraissent pas d'une grande importance dans la physiologie du cerveau.

Parmi les divers principes qui constituent la *physiologie du cerveau*, nous ne nous attacherons dans cet article à démontrer qu'une vérité fondamentale, savoir : que le cerveau est le siège des penchants, des instincts, des talents et des facultés morales et intellectuelles ; que lui seul est l'instrument destiné exclusivement à la manifestation des facultés de l'âme. Ailleurs nous donnerons la démonstration de plusieurs autres principes. Ainsi, il nous restera à prouver : 1° que les penchants, les instincts, les talents et les dispositions aux qualités morales et intellectuelles sont innées (nous ne disons pas les idées) ; 2° que le cerveau n'est pas un organe unique, mais une agrégation de plusieurs organes qui ont des qualités communes et des qualités propres et particulières ; 3° qu'il doit y avoir une masse cérébrale essentiellement distincte et différente pour chaque faculté essentiellement différente ; 4° enfin, nous ferons connaître quelles sont ces facultés fondamentales, quels sont ces organes, et quelle est la place qu'ils occupent dans le cerveau.

Pour revenir à notre première proposition, commençons par écarter les opinions des philosophes et des physiologistes qui placent les affections, les passions, les instincts et les penchants dans le sang, dans le tempérament, dans les viscères du bas-ventre et de la poitrine, dans les ganglions ou dans les nerfs ganglioniques : nous savons parfaitement que toutes ces parties ont dans l'économie animale des fonctions bien différentes de celles qu'on a bien voulu leur attribuer. La nature a destiné ces dernières parties aux opérations de la vie automatique ou végétative, et elles ne peuvent pas être conséquemment le siège des facultés de l'âme. L'on a confondu dans toutes ces questions l'*influence* et les *modifications* que l'état de santé, le tempérament et les sympathies nerveuses des viscères du bas-ventre et de la poitrine peuvent exercer sur les facultés elles-mêmes, avec l'*origine* et le *siège* de ces mêmes facultés.

Nous avons dit plus haut que les métaphysiciens, et les philosophes à leur suite, cherchaient dans l'essence de l'âme elle-même l'explication des phénomènes de l'instinct et de l'intelligence. A ceux-là il ne coûtait rien d'ajouter hypothèse sur hypothèse : ils n'avaient pas besoin de cerveau pour tout expliquer à leur manière ; seulement ils se donnaient beaucoup de peine pour nous rendre compte de la manière dont l'âme pouvait agir sur le corps et le corps sur l'âme ; quel était le point imperceptible où l'âme immatérielle avait son siège dans le cerveau ; s'il y avait une substance intermédiaire entre l'âme et le corps, etc. ; et ils s'égaraient prodigieusement à la poursuite de pareilles chimères. Nous n'avons rien à faire avec les philosophes de cette classe ; ils n'ont rien à nous apprendre. Il en est de même pour ceux qui n'ont vu dans le cerveau qu'une pulpe, une substance médullaire, une masse informe non organisée, et sans aucune destination spéciale. Ceux-là ne pouvaient ni concevoir les fonctions importantes que nous attribuons à cet organe, ni se livrer à des recherches pour s'éclairer sur les questions qui nous occupent. Laissons donc de côté toutes les questions oiseuses, et attachons-nous à prouver par des faits et des observations quelles sont les fonctions véritables du cerveau.

Il faut se rappeler d'abord qu'il y a dans l'existence de l'homme et des animaux deux ordres de fonctions bien différentes entre elles, les fonctions de la *vie végétative*, et celles de la *vie animale* proprement dite. Les premières ont lieu au moyen d'appareils nerveux qui leur sont propres (le système ganglionique), et se passent dans l'individu sans sensations, sans conscience, sans un sentiment quelconque de leur action, comme sont celles de la nutrition, des sécrétions, de la croissance, etc. ; elles s'exercent sans interruption, pendant le sommeil, et jusqu'au dernier moment de la vie. Les fonctions de la vie animale sont accompagnées de conscience et de perception. Ainsi, depuis la sensation la plus simple jusqu'à l'opération la plus compliquée de l'entendement, toutes ces fonctions rentrent dans le système d'activité de la vie animale, et doivent être considérées comme des phénomènes auxquels le cerveau prend plus ou moins de part. En voici les preuves. Les sensations et la perception, chez l'homme, ont lieu dans le cerveau, et par lui se font les mouvements volontaires : il en est le centre.

En effet, si on serre ou si on coupe un nerf, il perd aussitôt la faculté de donner des sensations, et quand même on l'irriterait au-dessous de la ligature ou de la lésion, l'on ne sent plus rien. Une compression à l'origine d'un nerf produit le même phénomène : ainsi, une compression à l'origine du nerf optique produit la cécité, une compression à l'origine de la moelle épinière produit la paralysie, etc.; si la compression cesse, les facultés suspendues reparaissent. La compression du cerveau, par un épanchement d'humeur dans la cavité du crâne, par une tumeur interne, par le seul gonflement des vaisseaux sanguins, peut entraîner la perte de l'usage des sens : du moment où la pression du cerveau cesse, les sens reprennent leur activité. Les personnes amputées d'un membre croient, après la guérison, sentir encore la douleur dans l'endroit où le membre qui n'existe plus était attaqué. Toutes ces sensations ne peuvent avoir lieu que dans le cerveau : donc il est le siège des sensations.

Quant aux mouvements volontaires, on sait que nous sommes dans l'impuissance de mouvoir un muscle lorsqu'il y a une forte pression au cerveau. Lorsqu'il est irrité par la présence d'un corps étranger, il se manifeste des convulsions dans les membres et à la face, lesquelles cessent aussitôt que cette cause est enlevée. Les mouvements des muscles produits par la pensée, par la volonté, ne peuvent partir que du cerveau, parce que seul il en est le siège : c'est là qu'ils commencent, et ils sont effectués au moyen des nerfs qui sont en communication avec cet organe. Les mouvements que l'on a crus volontaires après la décapitation de l'homme ou des animaux ne sont que des phénomènes de la vie végétative, de la simple irritabilité, qu'il ne faut pas confondre avec ceux qui sont le résultat du sentiment et de la volonté.

Cependant nous devons dire que parmi les animaux appelés *imparfaits*, chez lesquels on ne rencontre aucun cerveau, il y a des sensations et des mouvements volontaires : il paraît donc que chez eux les ganglions et leurs nerfs remplacent sous ce rapport le système cérébral. Nous devons aussi faire observer que chez l'homme il y a des raisons pour croire que la manière d'agir de chaque sens, de chaque nerf destiné aux mouvements volontaires, est circonscrite dans ce nerf, dans ce sens, et que le cerveau n'a d'autre part à cette action que de recevoir les impressions et de les élaborer à d'autres fins. L'activité ou la force des sens extérieurs, de la vue, de l'odorat, etc., n'est jamais en proportion de la masse cérébrale, mais bien de l'appareil nerveux propre à chaque sens. L'aigle a un petit cerveau et un nerf optique très-gros, le chien a un petit nerf optique et un gros nerf olfactif : l'aigle a la vue très-forte, comme le chien un odorat très-fin. Il y aurait plusieurs questions à examiner sur ce sujet, mais il nous suffit de démontrer que le cerveau est l'organe exclusif des forces morales et intellectuelles. En voici d'autres preuves.

La première résulte du perfectionnement graduel des instincts, des penchants, des talents des animaux, qui est en rapport direct avec le perfectionnement graduel de leur cerveau. Que l'on examine les zoophytes, les insectes, les poissons, les amphibies, les oiseaux, les mammifères, et l'on verra que leurs instincts, leurs penchants et leurs facultés intellectuelles sont plus nombreux et plus énergiques à mesure que l'on remonte dans l'échelle du perfectionnement; que leur système nerveux s'étend et se multiplie, et qu'il existe un petit cerveau, ou que leurs cerveaux sont de plus en plus composés. A la fin, on arrive à l'homme, qui est fourni de parties cérébrales concédées à lui seul, et l'on reconnaît ainsi, par cette disposition du Créateur, la condition physique qui le place au-dessus de tout le règne animal, par rapport à ses facultés morales et intellectuelles.

Une autre preuve bien frappante, c'est que la manifestation de ces facultés n'est possible qu'avec le développement et l'énergie du cerveau et de ses parties. Il est de fait que nos penchants et nos facultés se manifestent, augmentent et diminuent, suivant que les parties cérébrales qui leur sont propres se développent, se fortifient et s'affaiblissent. Chez les enfants nouveau-nés, les fibriles nerveuses sont plutôt visibles dans les lobes postérieurs et moyens du cerveau que dans les lobes antérieurs : tout le reste n'a que l'apparence d'une pulpe. Aussi les fonctions de l'enfant à cette époque sont très-imparfaites, et se bornent à celles des cinq sens, du mouvement volontaire, la faim, la sensation de bien-être et de douleur, et le besoin du sommeil. Au fur et à mesure que le cerveau se développe et prend de la consistance, les facultés dans l'individu s'étendent, les talents et les penchants se manifestent, jusqu'à ce que, à l'âge de vingt à trente ans, il ait atteint l'accroissement relatif à chaque individu. Les facultés alors ont acquis leur maturité. Le cerveau reste dans un état à peu près stationnaire de l'âge de trente à quarante ans jusqu'à l'âge de soixante, et il en est de même pour les forces morales et intellectuelles. Enfin, toute la masse cérébrale diminue, et ces mêmes forces baissent dans la même proportion. Arrive la décrépitude, et alors il ne reste plus que la démence, la faiblesse d'une seconde enfance.

Lorsque le développement du cerveau en général ou d'un organe en particulier ne suit pas l'ordre graduel ordinaire, la manifestation des fonctions s'écarte aussi de l'ordre ordinaire. Quelquefois toutes les facultés intellectuelles se manifestent dans toute leur force dès l'enfance : chez quelques individus, cette activité précoce n'a lieu que pour une seule faculté. Les talents précoces sont toujours accompagnés d'un développement prononcé du cerveau ou d'une de ses parties. L'on observe des individus dont les facultés ne se développent que très-tard. Pour ceux-ci, cette manifestation tardive provient ordinairement d'une faiblesse de l'encéphale. L'organisation cérébrale des deux sexes explique parfaitement pourquoi certaines qualités sont plus énergiques chez l'homme, et d'autres chez la femme. L'homme a d'ordinaire le front plus haut et plus large; la femme a la tête plus allongée à la région supérieure de l'os occipital, et le cervelet communément plus petit que celui de l'homme. Par cette disposition organique, on conçoit pourquoi l'homme possède des facultés à un degré plus éminent que la femme, tandis que la femme l'emporte sur l'homme sous le rapport de certaines autres facultés.

Le cerveau n'est pas nécessaire pour la vie automatique. Des enfants naissent forts et bien nourris, quoique entièrement privés de cerveau. Si cette partie du système nerveux, la plus volumineuse, ne devait pas servir aux fonctions de la vie organique, n'est-il pas naturel d'inférer que sa destination doit être la plus noble, la plus élevée, celle de réaliser les qualités et les facultés qui trouvent leur explication dans aucun autre système ?

Toutes les fois que la structure du cerveau pour l'essentiel est la même, les facultés de l'animal sont essentiellement les mêmes. On peut établir comme règle certaine que le nombre des propriétés s'accroît avec celui des parties du cerveau. La différence d'individu à individu dépend du développement différent des mêmes parties du cerveau : et elle n'est en proportion ni avec les sens, ni avec les viscères, ni avec les autres parties du corps. Ainsi, lorsque les enfants présentent la même organisation cérébrale que leurs pères, ils leur ressemblent par leurs qualités morales et intellectuelles. Cette même observation est applicable aux frères et sœurs et à tout autre individu. Si la conformation de la tête est différente, les qualités diffèrent entre elles, malgré la ressemblance de leurs physionomies.

Une très-grande contention d'esprit fatigue, épuise et irrite le cerveau. Il s'ensuit des insomnies, des maux de tête, des vertiges et des apoplexies. Lorsque le cerveau est affaibli ou rendu trop irritable par suite d'une lésion, d'une maladie ou d'une commotion violente, la moindre application cause des céphalalgies. Lorsque les organes cérébraux ont acquis un grand développement, il en résulte pour ces organes la possibilité de manifester leurs fonctions avec beaucoup d'énergie. Il n'y a qu'à comparer les têtes des idiots, des hommes médiocres et des hommes à grand talent, pour reconnaître l'énorme différence qui existe entre elles. L'organisation du cerveau incomplète ou défectueuse entraîne l'imperfection des qualités morales ou intellectuelles. Les imbéciles de naissance ont le cerveau infiniment plus petit que les hommes ordinaires. Lorsque la défectuosité est moins marquée, l'imbécillité est moins complète dans les mêmes proportions. Quelquefois il y a imbécillité avec un cerveau bien développé, mais alors il y a maladie du cerveau.

Pourvu que le cerveau reste intact, toutes les parties du corps peuvent être lésées, la masse nerveuse de la colonne vertébrale même peut être comprimée et altérée à une certaine distance du cerveau, sans que les fonctions de l'âme soient anéanties ou en souffrent immédiatement. On voit quelquefois dans la rage et dans le tétanos, lorsqu'il est causé par des blessures, les facultés intellectuelles et les qualités morales exister dans toute leur plénitude jusqu'à la mort, quoique tous les systèmes nerveux autres que le cerveau soient affectés de la manière la plus violente. Si le cerveau est comprimé, irrité, lésé ou détruit, les fonctions intellectuelles sont modifiées ou dérangées en totalité ou en partie, ou même elles cessent tout à fait. L'homme qui éprouve ces accidents s'endort, devient insensible, stupide ou fou; une inflammation cérébrale produit le phrénésie ou la stupeur. Si le vice de l'encéphale disparaît, la connaissance et les facultés renaissent à l'instant. Une grande quantité de faits prouvent la vérité de cette observation. La manie a son siége dans le cerveau. Si le dérangement des facultés de l'âme a lieu dans cet organe, il faut bien admettre qu'il est aussi l'organe de ces mêmes facultés dans leur état d'intégrité! Les médecins sont presque entièrement d'accord pour admettre que le siége de la folie est dans le cerveau. Depuis les travaux de Gall et de tant d'autres, il ne doit plus rester de doute sur cet article : nos connaissances pathologiques nous font voir aisément les traces des altérations souffertes par l'encéphale dans les aliénations mentales, particulièrement quand elles ont duré longtemps. Les causes des aliénations mentales, du reste, sont généralement celles qui agissent directement sur le cerveau, soit physiquement, soit moralement. Par toutes les preuves que nous avons rapportées ci-dessus, nous croyons avoir démontré jusqu'à l'évidence que le cerveau est l'organe seul et indispensable pour la manifestation des facultés de l'âme.

Dr FOSSATI.

Cerveau est dérivé du latin *cerebrum*. Hors du langage scientifique, le mot *cervelle* se prend au figuré comme synonyme d'*esprit*, *entendement*, *pénétration*. Il paraît toutefois que c'est moins à la masse cérébrale qu'à la configuration du cerveau qu'il faut rapporter les différences que l'on remarque dans l'intelligence comparée de plusieurs classes d'hommes ou d'animaux; on ne peut rien citer de positif ni de la masse absolue du cerveau, ni de la proportion entre le volume du cerveau et les nerfs : l'éléphant a une masse de cerveau plus forte que l'homme; le bœuf et l'âne ont une masse cérébrale plus considérable que le cochon et le singe; le loup, la brebis, le cochon et le tigre ont à peu près la même masse, et leurs facultés sont bien différentes. C'est à la *phrénologie* d'expliquer, si elle peut, toutes ces distinctions. Il paraît à peu près certain du moins que dans des circonstances égales plus il y a de masse cérébrale dirigée vers le front, siége des plus hautes et des plus nobles facultés, plus il y a de chance pour la capacité, l'intelligence et le génie. Quoi qu'il en soit, on continuera toujours dans le monde à faire l'application du mot *cervelle*, dans le sens figuré, à ceux qui font plus ou moins preuve d'esprit ou de jugement; on continuera de dire d'un homme de bon sens c'est une *bonne cervelle*, et de celui qui manque de sens ou d'esprit, c'est une *pauvre cervelle*, une *petite cervelle*, une *cervelle légère*, une *cervelle évaporée*, une *cervelle éventée*, d'où l'on a fait aussi le mot *écervelé*, employé comme synonyme d'étourdi. On dit, dans le même sens, qu'un tel homme a le *cerveau débile*, *démonté*, *timbré*, *fêlé*, *brûlé*, *malade*, *étroit*, *petit*, ou bien qu'il a le *cerveau creux*, pour dire qu'il est fou, qu'il est visionnaire. On dit d'un homme que l'inquiétude tourmente qu'il a *la cervelle à l'envers*, pour dire qu'il en deviendra fou. *Brûler la cervelle à quelqu'un*, c'est lui casser la tête d'un coup de pistolet ou de fusil, tiré à bout portant. On dit dans le même sens : *se brûler*, *se faire sauter la cervelle*. On sait que la *cervelle* de plusieurs animaux est un mets recherché. Le palmier fournit une moelle douce et succulente qui sert de nourriture à plusieurs peuples, et que l'on nomme *cervelle de palmier*.

Edme HÉREAU.

CERVELET. *Voyez* CERVEAU et CÉRÉBRAL (Système).

CERVELLE. *Voyez* CERVEAU.

CERVERA, ville d'Espagne, d'une haute antiquité, bâtie sur le versant d'une montagne, dans la province de Catalogne, au bas d'un affluent du même nom de la Sègre, compte une population d'environ 6,000 âmes; elle est entourée de murailles, et percée de sept portes servant d'issues à autant de rues larges et bien pavées. Un fort, bâti au sommet de la montagne, protège la ville. L'ancienne université, fondée en 1717, par Philippe V, était la seule qu'il y eût en Catalogne. Elle comptait environ 40 professeurs et 500 étudiants, et possédait une bibliothèque considérable. Une autre ville de *Cervera*, située sur l'Alama, dans la province de Soria, compte une population de 2,000 habitants, dont le tissage du chanvre constitue la principale industrie.

CERVICAL (en latin *cervicalis*, fait de *cervix*), mot par lequel on désigne la partie postérieure du cou. On donne ce qualificatif aux *artères*, aux *veines*, aux *ganglions*, aux *ligaments*, aux *muscles*, aux *nerfs*, au *plexus nerveux*, aux *vertèbres*, etc., qui correspondent à cette région.

CERVOISE, espèce de bière faite de blé ou d'orge macéré, puis séché, rôti et moulu, qu'on faisait tremper et cuire avec du houblon. C'était, au rapport de Pline (liv. XXII), la boisson des anciens Gaulois, et les Latins leur avaient emprunté la chose et le mot, en l'appelant *cervisia*.

CERVOISIER. *Voyez* BRASSEUR.

CÉRYCES. On appelait ainsi à Athènes les hérauts ou messagers du sénat et du peuple, pris dans une famille du même nom, dont on faisait remonter l'origine à Mercure. C'était une fonction sacerdotale et une des plus hautes dignités chez les Grecs, où des hérauts présidaient aux mystères d'Éleusis, aux fêtes de Cérès et à toutes les cérémonies. Un autre droit attaché particulièrement à la famille des Céryces, c'était de fournir tous les ans deux *parasites* au temple d'Apollon, et c'était là également une des premières fonctions de la magistrature à Athènes; car ce nom n'avait pas alors l'acception basse et ridicule qu'on lui a donnée depuis : les *parasites* avaient l'intendance des blés sacrés; c'étaient eux qui étaient chargés de recueillir ceux qui appartenaient aux dieux, et de les déposer dans le bâtiment public destiné à les conserver. Une inscription gravée dans le temple leur attribuait un tiers de certaines victimes offertes dans les sacrifices.

CÉSAIRE (Saint), archevêque d'Arles, naquit en 470, à Châlons-sur-Saône. Aussitôt ses études achevées, il se retira dans le monastère de Lérins, pour y vivre sous la direction de l'abbé Porcaire. Sa santé, affaiblie par les austérités du cloître, l'ayant obligé de venir à Arles, il s'y lia d'amitié avec l'évêque Éonus, qui était son compatriote et son parent. Celui-ci, désirant le retenir auprès de lui, l'ordonna successivement diacre et prêtre, et lui confia la conduite d'un monastère dans les faubourgs de la ville; puis, sur le point de mourir, il le désigna pour son successeur. Quelle que fût la résistance de Césaire, il fut forcé d'acquiescer au vœu du peuple, qui le demandait pour pasteur. Pendant le cours de son pontificat, il présida divers conciles, entre autres, en 529, celui d'Orange, dans lequel furent condamnées les erreurs des semi-pélagiens. Les vingt-cinq canons de ce concile, ouvrage de saint Césaire, furent approuvés par le pape Félix IV, et reçus dans toute l'Église avec le même respect que les décisions des conciles généraux. Ce fut surtout pendant les hostilités auxquelles le pays d'Arles se vit en proie, que ses vertus brillèrent avec le plus d'éclat. Après avoir épuisé tous ses revenus à réparer les désastres de la guerre, il fit fondre les vases sacrés, arracher l'or et l'argent qui décoraient les églises, pour les employer au rachat des prisonniers. Ces actes de bienfaisance déplurent à certains censeurs : les uns trouvèrent mauvais que les trésors de l'Église fussent ainsi dissipés ; les autres, qu'ils servissent à soulager des ennemis. « Je voudrais bien savoir, répondait le prélat, si ceux qui nous blâment ne seraient pas charmés qu'on les rachetât eux-mêmes de cette manière. » Césaire ne put toutefois éviter les soupçons de trahison que firent naître les interprétations perfides données à sa charité. Né Bourguignon, il était facile de le supposer attaché au parti du roi de Bourgogne, qui était allié des Français dans la guerre contre les Visigoths. Sous Alaric, ce motif le fit exiler à Bordeaux ; pendant le siège d'Arles, en 508, il fut jeté dans les fers ; une troisième fois, il fut arrêté par ordre de Théodoric, et conduit sous bonne garde à Ravenne ; mais chaque fois la calomnie tourna contre ses auteurs, et ne servit qu'à mieux établir l'innocence du saint évêque. Ce fut dans le voyage de Ravenne qu'il reçut le pallium des mains du pape Symmaque. Césaire mourut en 542, après un pontificat de quarante ans, tout entier employé à l'instruction et à l'édification des peuples.

On a de lui un grand nombre de discours, des homélies, des explications de l'Écriture, des lettres sur différents sujets, un livre sur la grâce et le libre arbitre, des règles monastiques, et, en particulier, celle qu'il composa pour les religieuses qu'il avait instituées, et qui vivaient sous la direction de sa sœur Césarie. Ces ouvrages, quoique écrits avec la plus grande simplicité, ne sont pas dépourvus d'élégance ni de noblesse ; ils se distinguent surtout par la grande solidité de jugement. A force de lire les ouvrages de saint Augustin, saint Césaire s'était tellement approprié le style et la manière de ce docteur que la plupart de ses discours ont été attribués à celui qu'il avait pris pour modèle, et imprimés parmi ses ouvrages. Il faudrait n'avoir rien lu de saint Césaire pour lui attribuer certaine prophétie qui a couru sous son nom, dans laquelle on a prétendu voir la révolution française, et bien d'autres choses. Cette prophétie, qui est tirée du *Mirabilis Liber* d'un certain Vatiguerro, ouvrage barbare, rempli de fables ridicules, de révélations apocryphes, et qui fut publiée à Paris, en 1814, ne paraît pas, non plus que l'ouvrage où il aurait fallu la laisser enfouie, devoir remonter au delà du seizième siècle.

L'abbé C. BANDEVILLE.

CÉSALPIN (ANDRÉ), né à Arezzo, petite ville de Toscane, au commencement de l'année 1519, mort à Rome, le 23 février 1603, à l'âge de quatre-vingt-quatre ans, a laissé un nom illustre dans les annales de la science, à la fois comme médecin, comme naturaliste et comme philosophe. En effet, devançant son époque par la mise en circulation d'idées neuves et fécondes, il pressentit un des premiers la circulation du sang. Peut-être même l'honneur de cette grande découverte lui revient-il tout entier, et Harvey n'eut-il d'autre mérite que de la compléter plus tard par une importante série d'expériences. Bayle n'hésite pas à dire qu'à cet égard « les preuves en sont si claires, qu'il n'y a point de chicane qui puisse les éluder ». On les trouvera textuellement au livre V, chapitre 4, des *Quæstiones Peripateticæ*, ouvrage publié par Césalpin à Florence, en 1569. Notons d'ailleurs, en passant, et seulement pour mémoire, qu'Harvey ne dit pas un seul mot des idées émises bien avant lui par Césalpin sur un fait dont la constatation devait immortaliser son nom.

Après avoir longtemps enseigné avec le plus grand éclat la médecine à Pise, où une nombreuse et studieuse jeunesse se pressait constamment autour de sa chaire, et s'être même vu dénoncer à l'inquisition par des rivaux jaloux de ses succès et de sa célébrité, Césalpin fut appelé à Rome par le pape Clément VIII, qui le choisit pour son premier médecin, et qui le nomma professeur de médecine au collége de la Sapience. Quoi que l'on puisse penser de Césalpin comme médecin et comme physiologiste, c'est incontestablement comme botaniste qu'il a laissé la réputation la mieux établie. Il eut en effet la gloire d'imaginer le premier, pour classer les végétaux, une méthode fondée sur leur organisation, et notamment en s'aidant des diverses parties de la fleur et du fruit, ainsi que du nombre et de la position des graines. Les affinités et les rapprochements que cette étude comparative lui permit d'observer le conduisirent à l'idée de la classification par familles, devenue depuis la base même de la science. Ajoutons qu'il appelle la moelle la force vitale de la plante, et que parfois il reconnaît le sexe dans les organes de la fleur ; faits sur l'existence desquels Linné devait plus tard ne pas laisser le moindre doute. Enfin, comme philosophe, Césalpin, qui se fit remarquer par sa connaissance profonde des écrits d'Aristote, embrassant la secte des péripatéticiens averrhoïstes, envisageait Dieu non pas comme la cause, mais comme le fonds de la substance même de toutes choses ; doctrine hardie, qui le fit accuser de panthéisme, d'athéisme même, et qui fut combattue par Samuel Parker, archidiacre de Cantorbéry, et par Taurel, médecin de Montbéliard, avec une aigreur voisine du fanatisme.

CÉSAR (CAIUS-JULIUS), nom moins célèbre comme général que comme homme d'État et historien, naquit le 10 juillet (*quintilis*) de l'année 100 avant J.-C. Il était fils du préteur C.-J. César et d'Aurélia, fille d'Aurélius Cotta. Dès son enfance il montra les talents les plus extraordinaires. Doué d'un esprit vif et pénétrant, d'une force de mémoire peu commune et d'une riche imagination, il était infatigable au travail et pouvait tout à la fois, à ce que rapporte Pline l'ancien, écrire, lire, écouter et dicter simultanément quatre et même sept lettres différentes. Lorsque le parti de Marius était encore tout-puissant à Rome, Cinna lui avait donné en mariage Cornélie, sa fille, dans l'espoir de l'attacher plus fortement à ses intérêts. Mais Sylla, rentré victorieux dans la capitale du monde, l'engagea à répudier sa femme. Le refus de César excita la colère du dictateur, qui, en s'abstenant de lancer contre lui un décret de proscription, ne céda qu'aux sollicitations et aux prières de ses amis. Ce mot cependant, « qu'il voyait déjà dans ce jeune homme, objet de tant d'intérêt de la part de ceux de son parti, un futur Marius, » détermina le fils d'Aurélia à s'éloigner de Rome. Il parcourut le *Sabinum*, fut arrêté par les soldats de Sylla, et ne leur échappa qu'au prix de deux talents. Il se rendit alors à la cour de Nicomède, roi de Bithynie, puis auprès de M. Minucius Thermus, préteur en Asie, qui lui confia le commandement d'une flotte chargée de faire le siège de Mitylène. Il se distingua dans cette expédition, bien qu'il n'eût pas encore vingt-deux ans. Il alla ensuite à Rhodes étudier l'éloquence du barreau sous Apollonius. Dans le trajet, il fut pris par des pirates, et obligé de leur payer une rançon de cinquante talents. Pour se venger, il se rendit à Milet, y équipa quelques vaisseaux, revint attaquer les forbans à l'improviste, les prit presque tous, et les fit mettre en croix. Il retourna alors à Rome, où il devint successivement tribun militaire, questeur et édile.

Par sa constante affabilité, par ses largesses, il gagna l'amour du peuple, et ne craignit plus, dès ce moment, de relever les statues et les trophées du vainqueur des Cimbres, de ce Marius tant haï du sénat et des patriciens. Au moyen d'un de ses parents, Lucius-Julius César, qu'il avait fait élever au consulat, il bannit un grand nombre de partisans de Sylla, et en fit même condamner quelques-uns à mort. Il est hors de doute que dans la conspiration de Catilina, ou tout au moins qu'il en eut le secret, et que, sans se compromettre, il s'était réservé d'agir selon que son intérêt le lui conseillerait. Caton l'ayant à cette occasion violemment interpellé du haut de la tribune, César souleva dans l'auditoire un tumulte qui mit la vie de l'orateur en péril. Le premier l'emporta toutefois, et le second fut pendant quelque temps privé de la préture. Mais le peuple le choisit bientôt après pour succéder à Métellus dans les fonctions de grand-pontife. Au jour de l'élection, qui lui était disputée par deux hommes puissants, voyant sa mère en pleurs, il l'embrassa, et lui dit : « Vous me verrez aujourd'hui souverain pontife ou exilé. » Quelque temps après cette élection, Clodius ayant été publiquement accusé de s'être introduit nuitamment dans la maison d'Aurélia, pour essayer de corrompre Cornélie, son épouse la répudia; mais, ne voulant pas, disait-il, que la femme de César pût même être soupçonnée, il refusa de poursuivre Clodius en justice. Il était alors préteur. En sortant de cette charge, le sort lui assigna le gouvernement d'Espagne; mais, retenu à Rome par ses créanciers, qui réclamaient de lui la somme énorme de 830 talents (environ cinq millions de francs), il ne put partir que lorsque Crassus eut consenti à se porter caution pour lui.

C'est en se rendant en Espagne qu'à l'aspect d'un misérable village des Alpes il répondit à ses amis, qui lui demandaient si ce n'était pas aussi le pouvoir excitait l'ambition : « J'aimerais mieux être le premier dans cette bicoque que le second à Rome ! » Il fit plusieurs conquêtes importantes dans la péninsule hispanique, où il soumit même la Galice et la Lusitanie, et rentra dans sa patrie, tellement enrichi par ses exactions, qu'il put non-seulement payer tous ses créanciers, mais encore se faire par ses largesses un plus grand nombre de créatures. Afin de parvenir au consulat, il réconcilia Crassus et Pompée, dont les dissensions divisaient la république, et se servit ensuite du crédit de l'un et de l'autre. Ces trois hommes résolurent de partager la puissance suprême, et alors s'établit le premier triumvirat dont fasse mention l'histoire romaine (l'an 60 avant J.-C.). César fut fait consul en même temps que M. Calpurnius Bibulus; en cette qualité, il confirma tout ce que Pompée avait fait précédemment; et, malgré l'opposition déclarée du sénat et de ses collègues, il fit passer une loi qui ordonnait la distribution immédiate des terres appartenant à l'État dans la Campanie entre vingt mille de ceux des citoyens romains qui avaient au moins trois enfants. Cette victoire remportée par le nouveau consul sur le sénat mit le comble à la faveur dont il jouissait dans le peuple. Pour s'attacher Pompée davantage, il lui donna sa fille Julia en mariage. Il ramena à lui l'ordre équestre en faisant diminuer d'un tiers l'impôt qui pesait sur les chevaliers, sur ces mêmes hommes qui, de garde au sénat lors de l'affaire de Catilina, avaient voulu le massacrer pour le punir de la chaleur avec laquelle il avait recommandé aux conjurés la clémence du sénat. En vain les chefs du parti patriote, Cicéron et Caton, essayèrent d'élever la voix contre les triumvirs, ils ne firent que s'exposer à leur vengeance.

Lorsque l'année de son consulat fut écoulée, César obtint le gouvernement des Gaules et de l'Illyrie pour cinq ans, avec le commandement supérieur de quatre légions. Après avoir épousé la docte Calpurnie, fille de Calpurnius Pison, l'un des nouveaux consuls, il franchit les Alpes, où il triompha d'abord des Helvétiens, dont il refoula l'invasion, et qu'il força de se renfermer dans leurs montagnes. Il attaqua et vainquit ensuite Arioviste, qui, à la tête de peuplades germaines, avait voulu s'établir dans le pays des Éduens, et assujetit les Belges, les plus redoutables de ses adversaires. Dans l'espace de neuf années, il soumit toute la Gaule, passa deux fois le Rhin (en 55 et 53 av. J.-C.), et vint à deux reprises planter les aigles romaines sur le sol de la Bretagne. Il défit dans plusieurs batailles la belliqueuse population de cette île, et la contraignit à lui remettre des otages de sa soumission future. Le sénat avait prolongé pour cinq années la durée de son commandement dans les Gaules, pendant qu'il accordait pour cinq ans à Pompée le gouvernement de l'Espagne et à Crassus celui de l'Égypte, de la Syrie et de la Macédoine. La mort du dernier, qui périt dans une bataille livrée aux Parthes, fut le signal de la dissolution du triumvirat, de même que la mort de Julia, arrivée vers le même temps, refroidit l'amitié qui jusque alors avait existé entre Pompée et César. Cependant, la puissance et la considération de celui-là s'accroissaient sans cesse; de son côté, celui-ci ne négligeait rien pour maintenir son crédit à Rome : il y jetait l'or à pleines mains, pendant qu'il transformait la Gaule en province romaine, et réparait par la sagesse et la douceur de son administration les maux énormes causés aux habitants de ces contrées par les dévastations et les exactions de toute espèce qui avaient accompagné ses diverses expéditions, exactions dont le scandale avait été tel que le sénat avait dû songer à nommer des commissaires pour examiner sa conduite; mais l'éclat de ses victoires, l'affection du peuple, l'argent qu'il avait fait répandre, firent échouer les tentatives de ses ennemis. Au lieu de le condamner, la ville éternelle vota aux dieux immortels, en commémoration de ses victoires, vingt-quatre jours consécutifs d'actions de grâce ou de fêtes, chose qui ne s'était pas encore vue. C'est qu'à Rome tout était devenu vénal, et que César avait trouvé dans les Gaules assez de trésors pour tout acheter.

Cependant ses succès, sa puissance encore plus que ses projets connus, avaient enfin éveillé la défiance de Pompée, qui commençait à redouter de se voir la dupe de celui dont il s'était imaginé être le protecteur. Il fit tout dès lors pour porter au consulat des ennemis déclarés de son rival, et réussit à obtenir du sénat un décret qui lui enjoignait d'abandonner son armée et de résigner son commandement. César, exactement informé de ce qui se tramait dans sa patrie, s'était avancé jusqu'à Ravenne à la tête d'une légion ; il répondit au message du premier corps de l'État qu'il était prêt à obéir, à la condition que Pompée, de son côté, résignerait son commandement. Le sénat n'accueillit cette proposition que par une déclaration qui portait que le général, s'il n'avait pas résigné son commandement et son titre dans un délai déterminé, serait considéré comme traître à la patrie, déclaration qui investissait en même temps Pompée du titre de commandant en chef des troupes de la république. Trois tribuns du parti de César, Marc-Antoine, Curion et Cassius Longinus, protestèrent contre ce décret. Chassés avec violence de l'assemblée, ils réussirent à gagner, déguisés en esclaves, le camp du vainqueur des Gaules. Leurs récits soulevèrent les passions des soldats, que l'habitude de marcher à la victoire sous les ordres de César avait fanatisés. Quant à lui, profitant de ce moment d'exaltation, il en appela à leur dévouement, et leur remit le soin de défendre l'honneur de leur général outragé. La guerre civile était déjà commencée lorsqu'en apprenant la déclaration du sénat, et pesant à la fois les ressources et les dangers de sa situation, il s'était écrié : « Le sort en est jeté! » et avait fait passer le Rubicon à son armée, l'an 49 avant J.-C. La lutte éclata donc entre Pompée, qui ne voulait pas de supérieur, et César, qui ne voulait pas d'égal ; lutte parricide, qui n'aurait pas eu lieu si depuis longtemps la république n'avait pas été un vain nom. Quand le second, avec cette célérité dont il connaissait le prix, comme il l'avait mille fois montré dans les Gaules, arriva à Rimini, la consternation à Rome fut sans bornes. Le premier, surpris à l'improviste et sans armée, au milieu d'une population dont les dispositions tout en faveur de son rival lui étaient bien connues, craignit avec raison, en armant le peuple, de faire de nouveaux soldats à son adversaire; il sortit de la ville avec les consuls et les principaux sénateurs, et se retira d'abord à Capoue, puis à Brindes. L'heureux César se trouva donc maître de l'Italie sans avoir eu besoin de tirer l'épée; et après dix années d'absence, il entra, aux acclamations d'une multitude ivre d'enthousiasme, dans sa patrie, dont les portes lui furent ouvertes par ceux des sénateurs qui n'avaient pas suivi Pompée dans sa fuite. Celui-ci et ses partisans, dans le désordre inséparable d'une pareille catastrophe, avaient oublié d'emporter le trésor public, déposé dans le temple de Saturne. Ils s'étaient niaisement imaginé qu'il leur suffisait d'en prendre avec eux la clef pour empêcher César de toucher à un dépôt que les préjugés religieux du peuple faisaient regarder comme sacré. Les pouvoirs les plus corrompus et les plus corrupteurs ont en effet toujours et en tous lieux affecté de croire à la sainteté des serments, et de penser que la morale et la religion devaient enchaîner leurs ennemis. Le vainqueur sut fort bien ouvrir le trésor, malgré l'opposition que le tribun Métellus mit à la consommation de cette espèce de sacrilége.

Toutes les ressources de la république une fois à sa disposition, César s'en servit pour porter les derniers coups à son ennemi et asservir le monde romain à sa domination. Vainement il avait, avant d'entrer à Rome, poursuivi Pompée jusqu'à Brindes: celui-ci était parvenu, à la faveur de la nuit, à s'embarquer pour Dyrrachium, et à gagner l'autre rive de l'Adriatique, d'où il allait organiser la résistance dans les provinces orientales de l'empire, où se trouvaient les légions sur lesquelles il pouvait compter. César, de son côté, laissant à Marc-Antoine le commandement et la défense de l'Italie, envoya des lieutenants dans quelques provinces, et se rendit en Espagne, où il défit les lieutenants de Pompée. A son retour, il soumit, après un siége justement célèbre par ses péripéties héroïques, que la muse patriote de Lucain a immortalisées, la ville de Marseille, qui s'était déclarée contre lui, et revint à Rome, où le préteur Lépide, qui devait être un jour triumvir, le nomma dictateur, de sa propre autorité. Le peuple, dans l'intérêt duquel il fit plusieurs lois, lui conféra en même temps le consulat pour l'année suivante. Pompée était alors en Grèce à la tête d'une armée nombreuse et aguerrie, qu'il avait recrutée dans les provinces de l'orient. César comprit que le moment décisif était venu, et qu'il fallait enfin combattre un rival qui avait encore été moins vaincu que surpris, et dans le camp duquel se pressaient tous les grands noms historiques de Rome. Il passa donc en Grèce avec cinq légions. Les vaisseaux qui devaient lui amener le reste de son armée ayant été ou dispersés ou enlevés par la flotte de son adversaire, il lui proposa un compromis; mais celui-ci, enivré de ce premier succès, déclina toute espèce de négociations. C'est dans ce moment critique que César, résolu d'aller à la rencontre de son lieutenant Antoine, qui devait lui amener de nouvelles légions, se jeta seul dans une barque de pêcheur. Une bourrasque terrible étant venue assaillir cette frêle embarcation dans la traversée, le pilote, effrayé de l'immensité du péril, laissait percer la plus vive émotion : « Ne crains rien, lui dit le général romain, toujours de sang-froid au milieu des plus grands dangers, tu portes César et sa fortune ! » Le secours d'Antoine arriva enfin, et César vint présenter la bataille à Pompée, dont le camp s'étendait sous les murs de Dyrrachium. Pompée refusa la bataille; mais, se voyant investi dans ses retranchements par l'armée de César, il résolut enfin de tenter un coup hardi et de se frayer un passage à travers les légions de son rival. Cette manœuvre lui réussit. César battit en retraite sur Pharsale, où Pompée le suivit, et où se livra, l'an 48 avant J.-C., la sanglante bataille de ce nom, qui décida cette grande querelle entre deux hommes qui avaient, dans leurs positions respectives, l'immense avantage de représenter, personnifiés en eux, les deux grands principes qui à Rome se disputaient l'empire de la cité et par suite celui de l'univers. L'armée de Pompée fut complétement défaite, et son général réduit à chercher son salut dans une fuite précipitée, en abandonnant à son rival jusqu'à sa tente et ses bagages personnels. La générosité dont César fit preuve après cette mémorable victoire lui fait honneur; l'ordre qu'il donna de brûler sans les lire les lettres trouvées dans la tente de son rival est un des beaux traits de sa vie. Pompée s'était retiré en Asie pour y former une nouvelle armée ; de là sa mauvaise étoile le conduisit en Égypte, dont le jeune roi avait été son pupille. Il avait comblé le père de Ptolémée de ses bienfaits; celui-ci le fit traîtreusement assassiner. César, après avoir traversé l'Hellespont, où Cassius vint se rallier à lui avec la flotte qu'il commandait, avait suivi son rival en Égypte; en y arrivant, il apprit la mort de son adversaire, dont la tête lui fut présentée par ordre du roi. A cette vue, César ne put retenir ses larmes, et fit rendre les plus grands honneurs à la dépouille mortelle d'un homme qui, avant d'être son plus redoutable ennemi, avait été son ami et même son allié. Il fit plus, il combla de bienfaits ses partisans, conduite qui décida quelques-uns d'entre eux à s'attacher sincèrement à sa fortune.

Retenu en Égypte par des vents contraires et par la passion que lui avait inspirée Cléopâtre, sœur du roi, il en profita pour aplanir les différends survenus dans la famille de Ptolémée. C'est pendant le séjour qu'il fit à Alexandrie qu'il vit éclater autour de lui une sédition qui devint bientôt une guerre ouverte, dans laquelle il montra plus de courage que de prudence, et courut de grands dangers. Sur ces entrefaites, le sénat et le peuple rivalisaient à Rome d'adulations pour capter les bonnes grâces du vainqueur de Pharsale : on le nomma consul pour cinq ans, dictateur pour un an, et tribun du peuple à vie. Après un séjour de plusieurs mois en Égypte, il s'arracha enfin aux délices d'Alexandrie, marcha droit à Pharnace, roi du Bosphore Cimmérien, l'un des fils du grand Mithridate, qui avait tenté de reconquérir les anciennes possessions de son père en Asie, pardonna, en passant, au roi de la petite Arménie, Déjotarus, l'un des partisans de Pompée, et termina cette guerre avec tant de rapidité qu'il la raconta tout entière à ses amis par ces mots, devenus si célèbres : *Veni, vidi, vici !* (Je suis venu, j'ai vu, j'ai vaincu!). Ce fut le front ceint de ces nouveaux lauriers qu'il revint à Rome, où, par sa clémence à l'égard des partisans de Pompée et son affabilité envers les moindres citoyens, il acheva de gagner tous les cœurs. Quand le terme fixé pour sa dictature expira, il se fit de nouveau élire consul et dictateur pour l'année suivante. C'était son troisième consulat et sa troisième dictature. Cependant la guerre n'était pas finie : le parti de Pompée s'était relevé en Afrique, où Scipion, Labienus, Caton et Juba, roi de Mauritanie, commandaient de nombreuses armées. César débarqua en décembre au port d'Adrumète, avec trois mille hommes d'infanterie et cent cinquante chevaux ; le reste de ses forces ne lui arriva que lentement et successivement. Néanmoins, dès le mois de juillet de l'année suivante il était de retour à Rome. L'Afrique était soumise ; Scipion avait péri au moment où il espérait encore pouvoir passer en Espagne ; Juba, chassé de ses États, avait perdu la vie, et Caton, enfermé dans Utique, avait mieux aimé se donner la mort que de tomber entre les mains de son ennemi. La campagne d'Afrique est une de celles qui font le plus d'honneur au génie militaire de César. Dans les Gaules il avait eu à combattre contre des hommes accoutumés à compter plus sur leur courage que sur la tactique et la ruse ; ici, au contraire, il avait à lutter contre des tacticiens savants et avec des forces bien inférieures.

César, après avoir déclaré la Mauritanie et la Numidie provinces romaines, et donné l'ordre de reconstruire Carthage, revint en Italie. Il fut reçu à Rome avec les démonstrations du plus vif enthousiasme; on prolongea sa dictature de dix années, on lui conféra la dignité de censeur, et on déclara sa personne inviolable. Tant de fois vainqueur, il n'avait pas encore triomphé; il n'en avait pas eu le temps. Le repos dont il commençait à jouir le lui offrait enfin. Il en profita pour triompher, dans le courant du même mois, des Gaules, de l'Égypte, de Pharnace et de Juba. A cette occasion, il fit de nouvelles largesses aux soldats, il en fit au peuple, et donna des spectacles de toutes espèces, dont la magnificence surpassa de beaucoup tout ce dont on avait été témoin jusque là. Il porta ensuite toute son attention sur l'administration publique, réforma les lois, appela à Rome des savants étrangers, et entreprit de corriger le calendrier, dans lequel il y avait une erreur de soixante-sept jours. On sera surpris qu'au milieu d'une vie si active, il ait encore trouvé des moments pour s'appliquer aux sciences. Il a cependant écrit sur l'astronomie, et Ptolémée le cite parmi les observateurs auxquels il doit des lumières. Il employa à la réformation du calendrier l'astronome Sosigène.

Pendant qu'au sein de sa patrie il se montrait aussi grand magistrat que naguère il s'était montré grand capitaine sur les champs de bataille, les fils de Pompée, réfugiés en Espagne, y formaient un nouveau parti. La présence de César au delà des Pyrénées devenait indispensable, s'il ne voulait pas exposer à de nouveaux hasards sa domination. Pour l'assurer, il fallait vaincre encore. La bataille de Munda, qui, de son propre aveu, fut si opiniâtrement disputée qu'il combattit moins pour la victoire que pour la vie, termina la guerre civile. Quand il rentra à Rome, après sept mois d'absence, il était enfin maître du monde. Le triomphe qu'il se décerna alors blessa vivement l'opinion, car le peuple, malgré l'attachement qu'il lui avait voué, ne pouvait oublier que c'étaient des concitoyens qui venaient d'être vaincus par les légions en Espagne. Il est vrai qu'il y fut, en quelque sorte, invité par le sénat, qui, à la nouvelle de la victoire de Munda, se livra aux démonstrations d'une joie excessive, et ordonna des fêtes en actions de grâce. On lui permit de porter constamment une couronne de lauriers, et d'assister aux jeux dans une chaise dorée, avec un diadème d'or sur la tête. On lui décerna la dictature à vie, le nom d'empereur, qui comportait l'exercice du pouvoir suprême, et le titre de *père de la patrie*. On lui éleva une statue avec cette inscription : *A César demi-dieu*, et on la plaça dans le Capitole, vis-à-vis de celle de Jupiter. On lui décerna même des honneurs divins, sous le nom de Jupiter Julius, et il eut des autels, des temples, des prêtres.

Les projets conçus par le dictateur auraient beaucoup contribué à sa gloire s'il avait eu le temps de les exécuter. Il se proposait d'embellir Rome, d'y fonder une bibliothèque publique, de faire rédiger un corps de droit civil, de dresser une carte de l'empire, de creuser, à l'embouchure du Tibre, un port capable de recevoir les plus grands vaisseaux, de dessécher les marais Pontins, de creuser l'isthme de Corinthe, pour réunir la mer Égée et la mer Ionienne; de relever enfin de leurs ruines Corinthe et Carthage, ces deux cités victimes de la vengeance implacable de Rome. En attendant, il continuait de se réconcilier avec ses ennemis à force de générosité, et de se faire de nouvelles créatures par ses largesses. C'est ainsi que, pour avoir plus de places à donner, il porta le nombre des préteurs à seize et celui des questeurs à quarante; qu'il créa de nouveaux patriciens, entre autres Octave, son neveu, et Cicéron, ce qui ne s'était pas vu depuis les rois; et qu'il porta le nombre des sénateurs de trois cents à neuf cents. Ce n'est pas toutefois qu'il attachât une grande importance à l'action politique de ce corps, qui naguère s'était déclaré ouvertement contre lui, et que maintenant il voyait à ses pieds; mais cette augmentation insolite avait pour but de détruire dans cette assemblée toute velléité d'opposition, en y introduisant des créatures dévouées. Aussi bien, souvent, sans daigner même le consulter, publiait-il des décrets qu'il donnait pour des sénatus-consultes, après les avoir souscrits au hasard des premiers noms de sénateurs qui s'offraient à sa mémoire. On assure même qu'il délibéra s'il ne prendrait pas sans détour le titre de roi; on peut dire du moins qu'il essaya, en quelque sorte, le diadème. Un jour, qu'il assistait aux jeux publics dans sa chaise d'or, Marc-Antoine lui présenta une couronne royale. Remarquant que le peuple restait muet devant cette démonstration, et comprenant que de la surprise il pouvait facilement passer à l'indignation, il la refusa, et le peuple éclata en applaudissements. Cependant ses créatures pensèrent pouvoir encore réitérer cette maladroite tentative : le lendemain même, on trouva ses statues ornées de diadèmes. Le peuple, cette fois encore, resta muet à cet appel. Les tribuns les firent enlever, et donner l'ordre d'arrêter les individus soupçonnés de les avoir apposés : César s'en vengea en les déposant.

Cependant, si le sénat était humilié, si les patriciens gémissaient en secret quand ils considéraient la révolution qui les précipitait aux pieds d'un dictateur, le peuple, qui le regardait comme son ouvrage, jouissait de l'humiliation du sénat, et s'applaudissait d'avoir réuni l'administration entre les mains d'un homme à lui. Séduit par ses exploits, il ne voyait en César que ce qu'il y avait de grand, et, sans se précautionner contre sa tyrannie, il se livrait avec le même enthousiasme qu'il avait montré jadis en défendant la liberté. Pourtant quelques républicains austères jugèrent que la tyrannie devait cesser à la mort du tyran, et conspirèrent contre lui. Les uns, tels que Marcus Brutus, croyaient s'armer pour la patrie; les autres, comme Cassius, ne songeaient qu'à leurs injures personnelles. La plupart étaient comblés des bienfaits du dictateur, et avaient toujours été attachés à son parti. Quelques-uns avaient la plus grande part à sa confiance, et il s'abandonnait à eux sans précaution. Arrivé au pouvoir suprême par la victoire, il en voulait jouir comme s'il l'avait reçu de ses aïeux : il bannit trop tôt les inquiétudes qui troublent presque toujours la jouissance d'une autorité nouvelle. Contre l'avis de ses meilleurs amis, il avait licencié sa garde espagnole, jugeant qu'il vaut mieux mourir une fois que de craindre toujours la mort. Son extrême sécurité causa sa perte. Désirant venger la défaite de Crassus, il se proposait de porter la guerre en Orient; ses partisans, que l'inutilité de leurs précédentes tentatives n'avait pas rebutés, assurèrent alors qu'on lisait dans les livres des Sibylles que les Parthes ne seraient vaincus que par un roi. En conséquence, ils s'imaginèrent qu'en conservant César dictateur à Rome et en Italie, on pourrait le proclamer roi dans les autres provinces, et ils convinrent avec lui d'en faire la proposition au sénat, qu'il convoqua pour les ides de mars, c'est-à-dire pour le 15. Ce fut aussi ce jour que les conjurés, saisissant le moment qui paraissait leur assurer l'approbation du peuple, choisirent pour exécuter leur complot.

La conspiration ne fut pas cependant tenue si secrète qu'il n'en transpirât quelque chose; mais César refusa de croire au danger et de prendre aucune précaution. Calpurnie, que des songes effrayants avaient inquiétée, consulta des devins; leurs réponses achevèrent de la convaincre de la réalité du péril que courait son époux. Elle le conjura instamment de ne pas sortir le jour des ides : ému par les larmes et les prières de son épouse, il consentit à ce qu'elle désirait. Mais D. Brutus, l'un des conjurés, lui ayant représenté l'importance des matières sur lesquelles le sénat allait délibérer, triompha de ses répugnances. En sortant de chez lui, et en se rendant au sénat, il reçut plusieurs billets dans lesquels on l'avertissait du danger auquel il s'exposait; mais, pressé par la multitude qui l'environnait et le saluait de ses acclamations accoutumées, il n'eut pas le temps d'en prendre lecture, et les remit à ses secrétaires. A peine fut-il entré dans l'assemblée, que les conjurés, comme pour lui faire honneur, l'entourèrent. Ils étaient convenus que l'un d'eux, Metellus Cimber, lui demanderait la grâce de son frère exilé, et que, sur son refus, il lui arracherait son manteau : à ce signal, tous devaient le frapper de leurs poignards. Celui de Casca fut le premier qui toucha le dictateur; il l'avait grièvement blessé au cou. Aussitôt, César, se retournant, saisit l'épée de son meurtrier et se jette sur lui en s'écriant : « Scélérat de Casca, que fais-tu? » Ceux des sénateurs qui ne savaient rien du complot n'eurent ni le temps ni la force de secourir le chef de l'État. Pendant qu'il luttait contre Casca, tous les conjurés tirèrent leur épée, et lui portèrent de nouveaux coups. Cassius, plus animé que les autres, lui fit à la tête une blessure profonde. César cependant se défendait encore quand il aperçut Brutus l'épée levée sur lui, Brutus, le plus intime de ses amis, le dépositaire de toutes ses pensées, de tous ses projets, Brutus, qui passait même pour son fils naturel, car la liaison de Servilia, sa mère, sœur de Caton, avec César, avait été l'un des scandales de la jeunesse orageuse du héros. A cette vue, il s'écria douloureusement : « Et toi aussi, mon fils Brutus ! » Alors, se couvrant le visage de sa robe, il tomba percé de coups, au pied d'une statue de Pompée. Sans écouter ses assassins, qui entreprennent de se justifier aux yeux de leurs collègues, les sénateurs, saisis d'effroi, se dispersent et répandent de tous côtés les regrets, la crainte ou l'horreur, suivant les sentiments qui les agitent. Les conjurés, qui n'ont pu les arrêter, se jettent après eux dans les rues. Leurs poignards sanglants à la main, ils crient qu'ils ont tué le roi de Rome. Ils parlent d'un tyran cher à la multitude comme on eût parlé autrefois d'un tyran détesté, et bientôt ils sont effrayés eux-mêmes de la consternation qui les environne. Reconnaissant alors, mais trop tard, qu'ils ont mal apprécié les véritables dispositions de leurs concitoyens, ils se réfugient au Capitole, et pour se mettre en garde contre la fureur du peuple qu'ils avaient cru délivrer, ils arment une troupe de vils gladiateurs.

Le cadavre de César fut rapporté dans sa maison par trois esclaves. Lorsqu'on lut son testament à la tribune aux harangues, la foule, qu'il n'avait pas oubliée dans ses largesses, fit éclater sa douleur, et menaça les conjurés. Ses funérailles furent célébrées avec une grande magnificence. Le sénat, qui n'avait osé ni le défendre ni punir ses meurtriers, le mit au rang des dieux, et ordonna qu'il ne fût rien changé à ses lois, attendu que s'il avait été tyran, il avait du moins été un tyran légitime, contradiction par laquelle on conciliait tout pour le moment.

Ainsi périt, à l'âge de cinquante-six ans, l'un des hommes les plus extraordinaires dont fasse mention l'histoire. Il possédait une valeur à toute épreuve, une âme élevée, un esprit vaste, une éloquence persuasive. D'une taille grande et svelte, il avait de la noblesse dans le maintien, de la grâce dans ses mouvements, et dans toutes ses manières un air d'affabilité qui lui gagnait les cœurs. Dans les dernières années de sa vie, une calvitie prononcée était venue déparer sa figure, empreinte d'une grande pâleur. Quoique sujet à des atteintes d'épilepsie, sa constitution robuste lui permettait de supporter les fatigues de la guerre et les excès de la volupté. Il était doué de toutes les qualités aimables ; mais les mœurs de son siècle lui douvèrent tous les vices, à la cruauté près. Avide, prodigue, sans décence, il ne respecta rien ; quoiqu'il ne fût pas cruel par caractère, il l'aurait été par politique, si la cruauté eût pu contribuer à son élévation.

Tous ses écrits sont perdus, à l'exception de quelques-unes de ses lettres, de ses *Commentaires sur la guerres des Gaules et sur la guerre civile*, ouvrage qui pour nous est aujourd'hui un monument national, et de quelques fragments réunis dans les bonnes éditions des Commentaires.

CÉSAR (en latin *Cæsar*). C'était originairement le nom de famille de l'antique race patricienne des *Julii*. Octave, devenu plus tard empereur sous le nom d'Auguste, prit le nom de César en sa qualité de fils adoptif de Jules César, et, après lui, les empereurs régnants donnèrent à leur fils ou à ceux qu'ils désignaient pour leur succéder à l'empire le titre de *Cæsares*. Depuis Néron le nom de *César* fit également partie des titres de l'empereur régnant et précéda son nom particulier, par exemple : *Imperator Cæsar Vespasianus Augustus*, tandis que d'ordinaire il venait après le nom particulier de l'héritier du trône (*voyez* EMPEREUR).

CESARE (GIUSEPPE, *cavaliere di*), célèbre historien italien, est né à Naples, vers 1783. Quoique ses premiers ouvrages historiques témoignent d'études profondes et d'une rare sagacité, il n'acquit cependant une réputation incontestée et durable que lorsqu'il eut publié sa *Storia di Manfredi, re di Sicilia e di Puglia* (2 vol., Naples, 1837). Indépendamment des recherches immenses qu'il nécessita, cet ouvrage doit l'accueil favorable qu'il obtint en Italie à la fidélité et à l'impartialité avec lesquelles Césare y a défendu la mémoire du fils de Frédéric de Hohenstaufen (*voyez* MANFRED) contre les calomnies dont l'ont chargé pendant tant de siècles les historiens du moyen âge dévoués à la cour de Rome et au parti de la maison d'Anjou. On trouve aussi un grand nombre d'excellentes dissertations historiques sur Naples dans la revue intitulée *Il progresso*, qu'il rédige depuis plusieurs années. On écrit *Sulla Filosofia della Storia*, publié dans la *Bibliotheca di Scienze Morale, legislative ed economiche*, rédigée par le célèbre jurisconsulte Mancini, est une œuvre extrêmement remarquable. Il y a quelques années, Cesare annonça une *Storia della Lega lombarda ;* mais il s'est abstenu jusqu'à ce jour de publier ce travail, dans la crainte, dit-on, qu'il ne lui attirât des persécutions politiques. Parmi les autres ouvrages qu'on a de lui, il faut surtout mentionner *Arrigo di Abbate*, roman historique dont le sujet est les Vêpres Siciliennes sous le sujet, et les *Lettere Romane*, correspondance entre divers Romains illustres des premiers temps de l'ère impériale, auxquels l'auteur fait peindre avec les plus vives couleurs la honte et l'ignominie du despotisme. Le but de l'auteur en composant ces deux ouvrages était de développer dans les générations contemporaines l'amour de la liberté et le sentiment national. Destitué de sa place de directeur général des douanes, à cause de la part qu'il avait prise à l'agitation constitutionnelle de Naples en 1827, il mena depuis lors une vie retirée et toute consacrée à ses travaux littéraires. En 1848 le gouvernement constitutionnel le nomma intendant général de Bari, l'une des provinces les plus importantes du royaume. Au rétablissement de l'absolutisme, il rentra de nouveau dans la vie privée, mais cette fois sans attendre une destitution.

CÉSARÉE (*Cæsarea*). On comptait dans le monde romain plusieurs villes et une île de ce nom, qui leur avait été donné en l'honneur de quelque empereur romain. La plus célèbre était CÉSARÉE, chef-lieu de la Cappadoce, dans la Sargarausène, au pied du mont Argée ; elle s'appelait anciennement *Mazaca* ou *Eusebia*. Elle reçut le nom de *Cæsarea* quand Tibère réduisit la Cappadoce en province romaine (l'an 18 après J.-C.). Cette ville était l'un des grands ateliers monétaires de l'Empire Romain en Asie, et elle demeura jusqu'aux derniers temps de l'empire de Byzance, un centre militaire et militaire pour l'Asie Mineure. Les ruines de l'ancienne Césarée, qui fut détruite par un tremblement de terre, se trouvent près de la *Kaïsarieh* d'aujourd'hui.

CÉSARÉE en Palestine, appelée auparavant *Stratonis Arx*, était située au bord de la mer, aux frontières de Galilée et de Samarie. Cette ville fut agrandie, l'an 13 après J.-C., par le roi Hérode, qui, en l'honneur d'Auguste, lui imposa désormais le nom de *Cæsarea*. Hérode l'entoura d'une muraille, et l'embellit en y faisant construire divers palais en marbre blanc. Il y éleva aussi un temple à Auguste, et dota la ville d'un port que les anciens considéraient comme l'un des meilleurs qu'ils eussent. Césarée devint l'une des villes les plus importantes de la Judée, le siège du gouverneur romain et le chef-lieu de la province. Vespasien, qui y fut proclamé empereur, et Titus l'érigèrent en colonie romaine, et lui accordèrent de nombreux priviléges. Cette ville porte encore aujourd'hui le nom de *Kaisarïeh* ; mais elle n'est plus guère qu'un monceau de ruines, et son port, jadis excellent, s'ensable chaque jour davantage.

CÉSARÉE, ville de Cilicie, est plus ordinairement désignée sous le nom d'*Anazarbe*. Elle était bâtie sur le Pyramus, à quelque distance de la mer.

CÉSARÉE (*Ak-Saher*), appelée aussi *Antioche*, et qu'il ne faut pas sous ce dernier nom confondre avec la ville principale de la Syrie, était la capitale de la Phrygie, et se trouvait sur les confins de la Lycaonie et de la Pisidie.

L'ancien port de Ravenne s'appelait aussi CÉSARÉE. La ville d'Alexandrie, en Piémont, porta d'abord ce nom, qui était encore celui d'une île de l'océan Britannique, située à l'ouest des Vénètes, peuple gaulois.

CESARI (ALESSANDRO), célèbre graveur en médailles et sur pierres fines, florissait vers l'an 1550. Son véritable nom était *Cesati*, et il descendait d'une famille milanaise. Son habileté extraordinaire, qui permet de le placer sur la même ligne que les plus célèbres artistes grecs, l'avait fait surnommer *Il Grecho*. Parmi les nombreux portraits de grands personnages que son art a immortalisés, on regarde comme son chef-d'œuvre la belle tête du roi de France Henri II gravée sur cornaline. Sa médaille de Paul III n'est pas moins célèbre. Ses pierres gravées sont fort rares, et se payent fort cher, parce qu'elles l'emportent sur tout ce qu'on possède en ce genre.

CESARI (GIUSEPPE). *Voyez* JOSÉPIN.

CESARI (ANTONIO), né à Vérone, vers 1760, se consacra à l'état ecclésiastique, et entra de bonne heure dans la congrégation de Philippe de Néri. Il se voua à l'étude des classiques grecs et latins, de la littérature du moyen âge, et des écrivains, tant anciens que modernes, de l'Italie, avec un zèle que l'âge même ne put affaiblir. Antonio Cesari mourut membre de la plupart des académies et sociétés savantes de son pays, à Ravenne, au mois d'octobre 1828. Quoique l'un des plus vigoureux athlètes de cette école pédantesque, qui, pour éviter toute innovation dans la langue, en serait volontiers revenue à celle du quatorzième siècle, il n'a pas laissé que de rendre de véritables services à la régénération nationale de la langue italienne, corrompue et gâtée par l'influence de la langue française. Pendant toute sa vie il fit preuve du plus infatigable zèle pour ramener dans la langue la pureté qu'elle possédait à l'époque du *trecento* d'or, soit en publiant et annotant les classiques italiens, soit au moyen de traductions du latin, ou encore par d'autres ouvrages. Parmi ses plus remarquables travaux en ce genre, il faut surtout citer son édition du *Vocabolario della Crusca* (6 volumes, Vérone, 1806), publiée à l'occasion de la *Proposta* de Monti, et qu'il a enrichie de plusieurs milliers de mots et de locutions vieillis. Ses traductions les plus estimées sont celles de Térence (Vérone, 1806), des *Odes* d'Horace (Vérone, 1788, nouv. édit. 1817) et des *Lettres* de Cicéron (9 vol., Milan, 1826; 3 vol., 1845). Il a donné en outre des éditions des *Vite de' santi Padri* (4 vol., Vérone, 1799); de *La Vita B. Giovini Colombini* (Vérone, 1817; Palermo, 1818); des *Fioretti di San Francisco* (Vérone, 1822); de divers ouvrages de Jacopo Passavanti, Domenico Cavalca et autres écrivains italiens de l'ancienne époque littéraire. Dans les *Bellezze di Dante* (4 vol., Venise, 1824; Parme, 3 vol., 1844, souvent réimprimé depuis), il a largement commenté les œuvres du Dante. Nous mentionnerons encore de lui : *Dissertazione sopra lo Stato presente della Lingua Italiana* (Vérone, 1810; Milan, 1829), et le dialogue *Le Grazie* (Milan, 1829), qui ont aussi été compris dans ses *Prose scelte* (Milan, 1830). Cesari s'essaya également comme poète dans ses *Alcune Novelle* (Venise, 1810). La biographie de Cesari a été faite par Manuzzi (Florence, 1829), Bonfanti (Vérone, 1832) et Azouchi (Rome, 1836).

CÉSARIENNE (Opération). Cette opération, encore nommée *gastro-hystérotomie*, *hystérotomie abdominale*, consiste en une incision pratiquée aux parois du bas-ventre et à celles de la matrice, pour en extraire le fœtus. Ce moyen d'opérer l'accouchement d'une manière artificielle paraît remonter à une très-haute antiquité, et on pourrait ne voir dans le fils de Jupiter, retiré du ventre de Sémélé par Mercure, et dans Esculape lui-même, extrait du ventre de sa mère par Apollon, que des allégories chères aux anciens, à l'aide desquelles ils voulaient confier à l'imagination des peuples des événements extraordinaires que la mémoire aurait pu laisser échapper. Virgile dit que Lycus dut la naissance à cette opération, et Mausfeld, dans le *Bulletin des Sciences Médicales*, fait entendre qu'elle n'était pas ignorée des Juifs. Cependant on n'a pas de faits authentiques qui prouvent qu'elle ait été réellement pratiquée avant l'année 1520. Guy de Chauliac rapporte le nom de cette opération à celui de César, qui serait venu au monde par des moyens artificiels; mais on est forcé de reconnaître qu'il existe la même obscurité pour l'étymologie que pour l'origine de l'opération césarienne.

Elle a été rarement pratiquée; souvent elle l'a été par des mains étrangères à la chirurgie. C'est ainsi que Dauhin parle d'une femme opérée par son mari, châtreur de bétail. Les succès sont même peu nombreux dans l'opération césarienne. D'après Baudelocque, elle ne paraît avoir réussi que vingt-quatre fois depuis 1750 jusqu'à 1800. A Nantes, elle a été pratiquée deux fois avec succès sur la même femme par Bacqua, une fois par Dariste à la Martinique, etc. A la Maternité, sur quatre fois, elle n'a pas réussi une seule. Sur soixante-treize cas relatés par Baudelocque, elle fut suivie de mort chez 42 femmes. D'après Burns et Samuel Cooper, elle n'a réussi en Angleterre qu'une seule fois sur vingt cas dans lesquels on la pratiqua, et les auteurs s'accordent à dire qu'elle est mortelle une fois sur deux.

Voici les circonstances dans lesquelles on doit recourir à ce moyen extrême : 1° quand le petit diamètre du bassin de la femme a moins de trois centimètres et demi de longueur, que l'enfant soit mort ou vivant, car alors on ne pourrait pas, même en faisant l'embryotomie et en se servant des crochets, extraire le fœtus par la voie naturelle; 2° quand il a quatre à six centimètres, si l'on veut sauver le fœtus, dans ce dernier cas il resterait à savoir si on ne devrait pas préférer, comme en Angleterre, sacrifier ce dernier au lieu de faire courir des chances si terribles à la mère; 3° M. Velpeau dit qu'on peut la pratiquer si le petit diamètre du bassin de la mère a 68 à 74 millimètres, la forceps, la version, la symphyséotomie n'étant point alors praticables; 4° sur une femme qui vient de succomber à une mort violente, car le fœtus ne cesse pas de vivre immédiatement après la mère. C'est ainsi que la princesse de Schwartzemberg, morte à la suite d'une brûlure, fut ouverte le lendemain : l'enfant vivait encore. Gardien cite un cas dans lequel bien qu'on ait ouvert une femme enceinte quarante-huit heures après sa mort, on put encore retirer l'enfant vivant.

Ces faits étaient connus depuis longtemps, car la loi dite *Lex regia*, attribuée à Numa Pompilius, défend sévèrement d'enterrer une femme enceinte avant qu'on en ait enlevé son fruit. La même mesure fut ordonnée longtemps après par différents États, et en 1749 le roi de Sicile rendit une ordonnance par laquelle tout médecin qui laissait des femmes mortes enceintes était condamné à mort. Malgré ces considérations terribles, dans l'espérance de sauver l'enfant, il ne faut point mettre trop de précipitation à ouvrir une femme, qui pourrait n'être atteinte que de mort apparente : c'est ainsi que Van Swieten et Baudelocque citent trois femmes qui revinrent à la vie à la première incision qu'on leur pratiqua.

Les variétés dans le mode d'exécution constituent les différents procédés opératoires. Voici les principaux : 1° celui de Mauriceau, dans lequel on arrive à la matrice en pratiquant à la partie moyenne et antérieure du ventre une incision qui de l'ombilic, à peu près, irait vers le pubis, en suivant la *ligne blanche* ; 2° le procédé des anciens, dans lequel on fait sur le côté gauche du ventre une incision de douze à quinze centimètres, toujours pour arriver à la matrice : ce procédé à donné naissance à cette phrase populaire : *accoucher par le côté* ; 3° celui de Lauverjat, qui ne diffère de celui des anciens que parce que l'incision est directement transversale ; 4° celui de Ritgen, dans lequel on incise les téguments sur la crête iliaque, puis, lorsqu'on est arrivé dans le ventre, on soulève les intestins pour inciser le haut du col de la matrice ; 5° celui de Baudelocque neveu, dans lequel on agit comme dans le procédé de Ritgen, mais en allant attaquer le vagin ; 6° enfin le procédé dû au docteur Physick consiste à aller chercher l'enfant en arrière de la vessie, en parcourant un trajet semblable à celui que l'on suit dans l'opération de la pierre par le haut appareil.

CÉSARISME. Ce mot date d'hier. Il a été créé pour exprimer ces tendances à en appeler au pouvoir absolu d'un autre César, comme sauvegarde contre l'anarchie et ses dangers, que témoignent bruyamment de nos jours certains renégats éhontés de la liberté, et aussi, il faut bien le reconnaître, quelques esprits droits mais timides, profondément découragés par le triste spectacle que le temps actuel offre à l'observateur désintéressé et sans passions. La lassitude produite par les luttes violentes et incessantes des partis, par leur mauvaise foi, par leur impuissance à faire le bien ; le dégoût inspiré par les excès d'une presse sans pudeur ni moralité, par les jongleries de la tribune, qui trop souvent sert d'estrade aux plus pitoyables des baladins, aux baladins politiques, ont détruit chez beaucoup la foi aux institutions libres que tous les peuples éclairés ont aspiré de nos jours à se donner. Suivant eux, la liberté, parce qu'on a quelquefois toléré qu'elle dégénérât en licence, devrait être étouffée, bâillonnée en tous lieux ; et ce serait du despotisme, du despotisme enté, au besoin, sur une usurpation militaire, que les nations devraient désormais attendre leur bonheur et leur prospérité. Ces pessimistes ne mettent même pas à leur formule cette atténuante restriction que le despotisme devra du moins être *éclairé* ; non, c'est dans la force brutale, pourvu qu'elle soit aux mains d'un seul, qu'ils voient aujourd'hui le salut de toute société.

Pour l'honneur du dix-neuvième siècle, nous protestons hautement contre cette hérésie politique, ou plutôt contre cette lâcheté. En effet nous persistons à penser que les générations contemporaines ne sont pas indignes d'être libres, et nous espérons même qu'elles le redeviendront encore à un très-prochain jour, sous l'égide de gouvernements dans l'organisation desquels le législateur saura cette fois plus sagement pondérer les pouvoirs, et surtout mieux définir les droits, limiter les devoirs, qu'on ne l'a fait jusqu'à présent.

CESAROTTI (MELCHIOR), célèbre poëte et littérateur italien du dix-huitième siècle, né à Padoue, le 15 mai 1730, d'une famille noble et ancienne, mais pauvre, fit de bonne heure concevoir les plus belles espérances, et fut nommé, jeune encore, professeur de rhétorique au séminaire de Padoue. Il se montra dans cette chaire l'adversaire déclaré des préjugés et de la vieille routine en honneur alors dans les écoles, et en 1762 il alla à Venise faire l'éducation des jeunes Grimani. Mais en 1768 il était de retour à Padoue, où on lui confia la chaire des langues grecque et hébraïque. Lors de la fondation de l'académie des sciences et des arts de cette ville, il fut nommé secrétaire perpétuel de la classe des beaux-arts.

Ayant adressé à Napoléon, en 1807, son poëme en vers blancs *Pronea* (la Providence), ce prince l'en récompensa par une pension.

Cesarotti, mort le 3 novembre 1808, appartient, comme écrivain, à cette classe d'hommes, d'une trempe peu commune, qui savent se frayer des voies nouvelles ; et qui, s'ils réussissent à provoquer d'ardentes admirations et des imitations plus ou moins heureuses, se font aussi de la sorte des adversaires et des détracteurs acharnés. Sa prose est pleine de vivacité, d'énergie et de feu ; on lui reproche toutefois d'abonder en néologismes et surtout en gallicismes. Les ouvrages qui ont le plus contribué à rendre son nom célèbre sont : sa traduction en vers d'*Ossian* (2 vol., Padoue, 1763 ; dernière édition, Milan, 1827), travail pour lequel Alfieri admirait surtout l'art du versificateur ; sa traduction de l'*Iliade d'Homère* (1795), et celle des *Vies de Plutarque* (2 vol., Padoue, 1763). Le plus important de ses livres est son *Saggio sulla Filosofia delle Lingue* (Paris, 1785), où il s'élève contre le pédantisme despotique de la Crusca. On trouvera dans ses *Opere scelte* (4 vol., 1820) un grand nombre de poésies fugitives, de lettres, de dissertations académiques, etc. Il avait commencé une édition complète de ses œuvres, qui a été terminée après sa mort par Barbieri (42 volumes, Pise, 1800 et années suivantes).

CESENA, ville des États de l'Église, située dans la légation de Forli. Elle est régulièrement bâtie, ornée de portiques, baignée par le Savio, et siège d'un évêché. Sa cathédrale et son vaste hôtel de ville, qui s'élève sur la place du marché, sont les plus remarquables de ses édifices publics. Sur cette place du marché, on voit la statue colossale du pape Pie VII, né dans cette ville, et qui y a fondé un bel hôpital. La population de Cesena n'est pas moindre de 15,000 âmes ; la culture de la vigne, du chanvre, de la soie et des légumes, l'extraction et le raffinage du soufre, constituent ses principales ressources. Non loin de cette ville, se trouve la magnifique église de Santa-Maria-del-Monte. Dominée successivement au moyen âge par diverses familles patriciennes, cette ville fut en dernier lieu enlevée aux Malatesta par le pape Alexandre VI, qui en fit don à son fils César Borgia. A la mort de Borgia, elle fit retour au patrimoine de Saint-Pierre. On vante à bon droit le vin récolté dans les vignobles voisins de Cesena.

Le 30 mars 1815 Murat battit les Autrichiens à Cesena ; et le 20 juin 1832 cette ville fut livrée à toutes les horreurs de la guerre par les troupes pontificales aux ordres de Barbieri, qui venait de mettre en complète déroute les insurgés à peu de distance de là, sur la route de Savignano.

CESI (BARTOLOMMEO), peintre bolonais, né en 1556, se distingua de la plupart des artistes contemporains sortis de la même école, par un respect plus vrai pour la nature. Aussi, quand les Carrache commencèrent à Bologne leur réaction contre les *maniéristes*, qui repoussèrent cette tentative avec une hostilité non déclarée, Cési ne les soutint-il de toute son influence. Ce fut lui qui apprit à Tarini la peinture à fresque. Cesi exerça aussi une décisive influence sur le développement des dispositions artistiques de Guido Reni, qui fit de ses tableaux une étude approfondie. On vante surtout les tableaux exécutés par Bartolommeo Cesi sur des murailles, et particulièrement ceux qui se trouvaient dans les chartreuses de Bologne, de Ferrare, de Florence et de Sienne. Il mourut en 1627 ou 1629, objet de l'estime générale, à cause de la loyauté de son caractère et de son noble dévouement à l'art.

CESPEDES (PABLO DE), également célèbre comme peintre, comme architecte, comme sculpteur, comme poëte et comme savant, naquit à Cordoue, en 1538. Il commença dans sa ville natale des études qu'il alla terminer, à partir de l'année 1556, à l'université d'Alcala de Henarès, où il acquit dans les langues classiques et dans les langues orientales des connaissances d'une étendue peu commune à l'époque où il vivait. Plus tard il se rendit à Rome, où comme peintre il se forma de préférence à l'école de Michel-Ange. Aussi ne tarda-t-il pas à se distinguer par son habileté dans cet art, et exécuta-t-il plusieurs peintures à fresque et des sculptures qui le mirent dès lors en grande réputation. En 1577 il obtint un canonicat à la cathédrale de Cordoue, et depuis cette époque vécut alternativement dans cette ville et à Séville. Il mourut le 26 juillet 1608 dans la cité qui l'avait vu naître.

Cespedes fut incontestablement l'un des peintres les plus instruits qui aient existé, et comme praticien il fut aussi au nombre des artistes les plus distingués de son pays et de son siècle. On admire surtout dans ses œuvres l'élégance et le grandiose du dessin, la vérité anatomique, la hardiesse des raccourcis, les heureux effets de clair-obscur, son brillant coloris et le génie de la composition. On voit de ses tableaux à Séville, à Cordoue et à Madrid. Son chef-d'œuvre se trouve dans la cathédrale de Cordoue; c'est le fameux tableau de *la Cène*. Cespedes fut son temps le chef de l'école andalouse. Les plus distingués et les plus renommés d'entre ses élèves sont : Juan-Luis Zambrano, Antonio Mohedano, Juan de Peñalosa, Antonio de Contreras et Cristoval Vela. Il n'est pas resté moins célèbre comme poète et comme écrivain critique, bien que de ses nombreux ouvrages on n'ait conservé que quelques fragments, publiés sous la première fois, soit par son ami et contemporain Francisco Pacheco, dans son *Arte de la Pintura* (1649), soit par Cean-Bermudez, dans l'appendice au cinquième volume de son *Diccionario historico de los mas ilustres Profesores de las Bellas Artes en España* (Madrid, 1800). Le poème de Cespedes sur la peinture, dont on doit la publication à Cean-Bermudez, quoique resté inachevé, n'est pas seulement le meilleur que possède la littérature espagnole sur cette matière, mais encore l'un des poèmes didactiques les plus remarquables des temps modernes.

CESSAC (Comte de). *Voyez* LACUÉE.

CESSART (Louis-Alexandre de), l'un de nos plus illustres ingénieurs, né en 1719, à Paris, embrassa de bonne heure la carrière militaire. Il servit pendant les guerres de Flandre dans les gendarmes de la maison du roi, et se distingua particulièrement aux affaires de Fontenoy et de Rocoux. Après avoir fait quatre campagnes, la faiblesse de sa santé l'obligea à renoncer au service. Il entra donc alors, pour se créer une nouvelle carrière, à l'école des ponts et chaussées, et s'y distingua tellement par son application et l'étendue de son savoir, qu'en 1751 il était déjà ingénieur de la généralité de Tours. Transféré en la même qualité à Rouen, en 1773, ce fut lui qu'on chargea de la direction des immenses travaux entrepris à Cherbourg vers cette époque, et dont l'exécution offrait, comme l'on sait, des difficultés peu communes. Ces travaux ont immortalisé son nom. Il mourut en 1806, au moment où il s'occupait de la description des importantes opérations d'art dont l'exécution lui avait été confiée. Dubois d'Arneuville, son ami, a publié ses manuscrits sous le titre de *Description des Travaux Hydrauliques de L.-A. de Cessart* (Paris, 1806 et 1809, 2 vol., in-4°).

CESSION. C'est l'abandon ou le transfert que l'on fait d'une chose à un tiers. Il n'y a que les choses qui sont dans le commerce qui puissent devenir l'objet d'une cession. Ainsi on ne peut céder une succession qui n'est pas encore échue. On ne peut pas céder non plus les droits personnels, tels que, par exemple, les droits d'usage et d'habitation et ceux d'affouage.

CESSION DE BIENS. C'est l'abandon qu'un débiteur fait de tous ses biens à ses créanciers, lorsqu'il se trouve hors d'état de payer ses dettes. Telle est la définition donnée par l'article 1265 du Code Civil de cette espèce de contrat, qu'en général on comprend assez mal, et dont l'explication exige quelques développements.

Il résulte d'abord des termes mêmes de la loi que la cession est un avantage accordé au débiteur malheureux; et puisque c'est une sorte de bienfait, il faut que le débiteur en soit digne, c'est-à-dire qu'on ne puisse pas lui faire le reproche de mauvaise foi, et qu'il ne soit devenu insolvable que par l'effet du malheur : aussi les stellionataires, les banqueroutiers frauduleux, les personnes condamnées pour vol ou escroquerie, ne peuvent prétendre à ce bienfait. Au terme de l'article 54 du Code de Commerce, les débiteurs commerçants sont encore exclus du bénéfice de cession. Par une mesure de garantie et de sûreté dont il est facile de comprendre les motifs, la loi en prive également les étrangers. En outre, indépendamment de ces incapacités *absolues*, il en est de *relatives* à certaines personnes à raison de leur position particulière : ainsi les comptables, les tuteurs, administrateurs ou dépositaires ne peuvent y être admis; la loi a voulu les détourner de la pensée d'un abus de confiance, en déployant à leur égard une prudente sévérité et en les privant d'un moyen de libération trop facile, puisqu'il ne consisterait souvent que dans l'abandon illusoire de leurs biens.

Si la cession est *volontaire*, c'est-à-dire si elle est le résultat d'un arrangement fait librement entre le débiteur et ses créanciers, il est tout simple que les effets en soient réglés par l'acte même qui intervient entre les parties. Mais si les créanciers refusent leur consentement, et si, à défaut de ce consentement, c'est la loi qui arrive au secours du débiteur malheureux, la cession prend un autre caractère : de libre qu'elle était, elle devient en quelque sorte forcée, et on la définit alors : un bénéfice que la loi accorde au débiteur de bonne foi, auquel il est permis, pour avoir la liberté de sa personne, de faire *en justice* l'abandon de tous ses biens à ses créanciers, nonobstant toute stipulation contraire.

L'origine de la cession de biens est fort ancienne, et les lois romaines contiennent un titre spécial sur cette matière (*voir* au *Digeste*, liv. XLII, tit. 3); mais les formalités et les effets de la cession variaient presque à l'infini, et en France chaque parlement avait adopté une jurisprudence particulière. Le Code Civil ayant établi l'uniformité si désirable, et le Code de Procédure ayant complété la législation, ce sont les règles consacrées par ces grands corps de droit que nous allons analyser.

Le débiteur qui veut être admis au bénéfice de cession doit se pourvoir devant le tribunal de son domicile, et déposer au greffe de ce tribunal son bilan, ses livres, s'il en a, et ses titres actifs. La demande doit être communiquée au ministère public, et néanmoins les poursuites dirigées contre le débiteur ne doivent point être suspendues; car il serait possible que cette demande n'eût pas d'autre but que de retarder la marche de la justice. Toutefois, les juges, après avoir fait appeler les parties intéressées, peuvent ordonner un sursis provisoire. Et lorsque enfin ils auront cru devoir accueillir la demande, l'admission n'aura lieu qu'à la charge par le débiteur de réitérer sa cession *en personne, et non par procureur* (ses créanciers appelés), à l'audience du tribunal de commerce de son domicile, s'il n'y en a pas, à la maison commune, un jour de séance. Dans ce dernier cas, la déclaration sera constatée par un procès-verbal dressé par un huissier et signé par le maire. Si le débiteur est détenu, le jugement qui l'admettra au bénéfice de cession ordonnera son extraction, avec les précautions en tel cas requises et accoutumées (ce qui s'entend de la présence de la force publique), à l'effet de faire sa déclaration. Les nom, prénoms, profession et domicile du débiteur doivent être insérés dans un tableau public à ce destiné, placé dans l'auditoire du tribunal de commerce de son domicile ou du tribunal civil qui en fait les fonctions, ainsi que dans le lieu des séances de la maison commune.

Le but de toutes ces précautions et formalités se trouve clairement expliqué dans ces paroles de Berlier faisant au

Corps législatif l'exposé des motifs du III° livre du Code de Procédure : « Quelques égards que mérite l'infortune, il est juste et utile que la position du débiteur admis au bénéfice de cession soit connue de ceux qui peuvent contracter avec lui. » Autrefois les lois exigeaient de plus un autre genre de publicité, qui tenait en quelque façon de la barbarie : c'était l'obligation imposée à ceux qui avaient obtenu la cession de porter un *bonnet vert*. Cet usage avait été établi par un arrêt de réglement du 26 juin 1582, et il n'avait alors rien d'extraordinaire, si l'on se reporte aux formalités bizarres et ignominieuses qui avaient lieu auparavant dans les pays de coutume. Tantôt celui qui voulait être admis à faire faillite ou cession de biens était obligé de se mettre nu en chemise, au milieu de la maison ou du domaine qu'il abandonnait; il prenait ensuite une poignée de poussière, et la jetait par-dessus son épaule, en se sauvant à toutes jambes sans jeter les yeux derrière lui ; c'est de là que l'on a dit proverbialement d'un homme ruiné qu'il était *riche par-dessus l'épaule*. Gui-Pape nous apprend qu'à Lyon de son temps celui qui demandait à faire cession de biens s'asseyait nu en public, sur une pierre qui était devant l'auditoire; dans la suite il dut seulement se présenter à l'audience dans une attitude humble, et là, en présence du juge, il ôtait sa ceinture, qu'il abandonnait à ses créanciers. La peine du bonnet vert avait cessé d'être en usage même avant la révolution; on n'en faisait plus l'application que dans quelques-unes des provinces méridionales , et encore le nombre des cas était-il infiniment restreint : l'article 1011 du Code de Procédure civile en a définitivement abrogé la coutume.

Il ne faut pas croire que par la cession de la totalité de sa fortune le débiteur se libère irrévocablement. La loi, en l'autorisant à céder ses biens, suppose qu'il est dans l'impossibilité actuelle de faire davantage pour ses créanciers : dès lors il peut bien se soustraire à certaines poursuites; mais si ses biens n'ont pas suffi pour éteindre sa dette, et s'il lui en survient d'autres par la suite, il est obligé de les abandonner jusqu'au parfait payement. Telle est la disposition de l'article 1270 du Code Civil. Du reste, quand il y a lieu à la cession , et lorsqu'elle est admise en justice, les créanciers ont le droit de faire vendre les biens, meubles et immeubles de leur débiteur, en se conformant aux formalités prescrites par la loi. (Art. 904 du Code de Procédure civile et 574 du Code de Commerce.)

« La cession de biens entraîne avec elle , dit Merlin, une espèce de note d'infamie, qui consiste particulièrement en ce que ceux qu'on a admis à cette cession sont incapables de posséder aucune charge et d'exercer aucun des droits politiques attachés à la qualité de citoyen. » Mais ils ne sont point privés de tous les droits civils, et il ne faut pas croire, comme on l'a quelquefois prétendu, qu'ils n'aient plus la faculté d'ester en jugement, soit en demandant, soit en défendant. On conçoit très-bien , d'ailleurs, que si après la cession le débiteur fait avec ses créanciers un contrat d'a-t e r m o i e m e n t par lequel ils consentent à lui remettre une partie de sa dette, ce contrat devienne alors la loi des parties, et que le débiteur rentre dans la jouissance de ses droits. A plus forte raison doit-il en recouvrer la plénitude, s'il parvient à acquitter toutes ses dettes et à payer tous ses créanciers. Dans ce cas, il peut même obtenir un jugement de réhabilitation. Durand, ancien procureur général.

CESTE (en latin *cestus*, fait du grec κεστός), ceinture mystérieuse, dont l'imagination des poètes de l'antiquité avait pris plaisir à doter Vénus, et dont l'effet le plus merveilleux était de rendre aimable la personne qui la portait, même aux yeux de celui qui avait cessé d'aimer. Le glacial Hymen lui-même n'était pas à l'abri de son prestige, et Jupiter s'en aperçut bien sur le mont Ida, lorsque Junon vint se présenter subitement à lui parée de cette ceinture magique, qu'elle avait empruntée à la déesse de la beauté (*voyez* CEINTURE DE VÉNUS).

Les *cestes* étaient aussi , chez les anciens , des espèces de gantelets composés de plusieurs courroies ou bandes de cuir de moyenne largeur entrelacées de manière à couvrir exactement le dessus de la main, ainsi que les premières phalanges des doigts, en se croisant, passaient par-dessous la paume de la main, pour venir, conjointement avec d'autres, qui garnissaient le dessus, s'attacher, après plusieurs circonvolutions, autour du poignet et de l'avant-bras. Quelques modernes ajoutent, et *autour des épaules*, en s'appuyant de l'autorité de Servius , mais contrairement à ce que nous offrent les anciens monuments , où les différents contours de ces courroies ne paraissent pas monter plus haut que le coude. On se servait pour la confection des cestes d'un cuir plus ou moins dur, selon l'usage auquel on les destinait : tantôt on n'y employait que de simples courroies, tantôt on fortifiait, on hérissait ou on garnissait ces courroies de clous, pointes, plaques ou bossettes de cuivre, de fer ou de plomb, qui en rendaient la superficie inégale , dure et raboteuse : cette dernière espèce de ceste était réservée pour les jeux gymniques; les autres servaient aux athlètes qui s'exerçaient dans les gymnases , et qui n'avaient pas besoin de porter des coups aussi décisifs. Les Grecs avaient plusieurs espèces de *cestes*, qui recevaient divers noms de leurs divers emplois : 1° les *imantes*, qui étaient faits de simples courroies (en grec ἱμάς); 2° les *myrmèces*, mot fait de μύρμηκες, fourmis, parce que celui qui était frappé de cette espèce de gantelet devait éprouver dans la partie lésée des picotements semblables à ceux que fait éprouver la morsure de cet insecte; 3° les *meiliques* (de μέλι, miel), ceste mou et uni, dont on se servait dans les exercices gymnastiques ; 4° les *sphères*, qui étaient, comme l'espèce que nous venons de nommer, destinés aux simples exercices ou aux jeux qui ne devaient pas être ensanglantés. Les Latins n'ont connu ces armes du pugilat que sous le seul nom de *ceste* (*castus*, du verbe *cædo*, je bats, je frappe).

On trouve dans plusieurs auteurs la description du combat du ceste. Virgile, dans l'*Énéide*, a chanté celui d'Entelle et de Darès. Il est aussi question du combat d'Hercule avec Éryx. Valerius Flaccus, dans les *Argonautiques*, a décrit celui de Pollux et d'Amycus, roi des Bébryces, qui défiait tous les voyageurs et faisait périr ceux dont il était victorieux.

Un vase cylindrique de métal que possède la galerie du Collége Romain représente ce combat. Nulle part le ceste n'est aussi distinctement représenté que sur un bas-relief de la villa Aldobrandini. Une belle statue de Pollux, dans le Musée Napoléon , le représente avec les avant-bras et les poings armés du ceste. On sait que ce fils de Léda était invincible au pugilat. Cette statue vient de la villa Borghèse. Une main armée du ceste est représentée sur les médailles de Smyrne, ville d'Ionie.

CESTE (*Zoologie*). On a donné ce nom, fait de *cestus*, ceinture de femme, à un genre du groupe des acalèphes béroïdes à corps symétrique, très-remarquable par l'excessif développement de ses parties latérales: l'espèce type, le *cestus Veneris*, découverte dans les mers de Nice par M. Lesueur, le savant compagnon et l'ami de l'illustre Péron , a plus d'un mètre et demi de large sur cinq centimètres de hauteur. Plus récemment, MM. Eschoitz et Mertens en ont fait connaître deux nouvelles espèces plus petites, de la mer du Sud.

CESTIUS (Pyramide de). Ce tombeau romain du siècle d'Auguste, et qui est resté jusqu'à nos jours dans un état de conservation notable, se distingue autant des autres monuments de ce genre par le caractère particulier de sa forme, qu'il offre d'intérêt en raison des peintures murales qu'on y voit. Il n'en reste plus malheureusement que de bien faibles traces, mais nous en possédons plusieurs copies, entre autres celles qui ont été publiées par l'archéologue Falconieri lequel, en 1661, les fit graver sur cuivre à la suite d'un examen attentif de la structure intérieure du monument. Sur un soubassement de trois palmes 3/4 de hauteur, en pierre noire, s'élève la pyramide, construite en briques, revêtue d'épaisses plaques de marbre blanc, et haute de 34 mètres. A l'intérieur se trouvent deux caveaux sépulcraux, de grande dimension. Les murailles en sont enduites d'une épaisse couche de stuc, et aboutissent à une voûte en plein cintre. Le plafond de même que les murailles étaient ornés de peintures représentant des figures de femmes. On ne sait pas bien au juste quel était ce Caius Cestius à qui appartenait ce tombeau ; cependant il est à présumer que c'est celui dont parle Cicéron dans son discours *pro Flacco*. C'était un riche homme d'affaires, qui, n'ayant pas d'enfants, avait laissé par son testament une somme considérable destinée à construire un monument de ce genre. Les deux colonnes en marbre blanc qui le précèdent furent tirées du milieu des décombres accumulés au pied de la pyramide, ainsi que deux autres blocs de marbre, dont l'une portait un grand pied en bronze. Ce fut le pape Alexandre VII qui le premier songea à prendre des mesures propres à assurer la conservation de ce monument. Près de cette pyramide est situé le cimetière particulier où l'on dépose les restes des protestants qui meurent à Rome.

CESTOÏDES. Ce mot n'a aucun rapport avec le genre *ceste*, auquel nous avons consacré un article spécial. Il désigne tout simplement, dans la classification de G. Cuvier, la quatrième famille de ses vers intestinaux parenchymateux, ceux où l'on n'observe point de suçoirs extérieurs. On n'en connaît qu'un genre, les *ligules*, dont les différentes espèces se logent dans l'abdomen de quelques oiseaux et de divers poissons d'eau douce.

CESTRE, mot qui vient du grec et du latin, *cestrophendona*, *cestrophendonus*, *cestrus*, et qu'on trouve dans Suidas. C'était une flèche projectile ou un petit trait que les Grecs lançaient à l'aide d'une grande fronde, qui s'appelait, suivant Gebelin, *spendone*. Cette arme avait été tout récemment inventée par les Macédoniens, à ce que rapporte Tite-Live, lorsque les Romains en essuyèrent les premiers coups : ce fut dans une affaire où le tribun Pompeius eut à se défendre contre Persée ; ses troupes souffrirent beaucoup d'une grêle de flèches et de cestres. Cette dernière arme avait un fer aigu, long de deux palmes (0m,32) ; sa hampe empennée, ou garnie de lames de bois, en guise de plumes, était longue d'une demi-coudée (0m,21 à 0m,27) et grosse comme le doigt. Le cestre, légèrement retenu dans le culot de la fronde, au moyen d'une boucle ou d'un nœud, en pouvait cependant être facilement chassé. Gal Bardin.

CÉSURE (en latin *cæsura*, du verbe *cædere*, couper). Ce mot désigne en effet cette coupure ou ce repos suspensif qui doit séparer les deux parties d'un vers, après un certain nombre de syllabes. Peu gênante dans les vers grecs et latins, où elle peut porter indifféremment sur toutes les syllabes d'un mot, la césure est ou du moins était une loi beaucoup plus sévère de la poésie française, exigeant toujours sur une syllabe finale un repos non-seulement pour l'oreille, mais pour le sens. Notre vers alexandrin se compose de deux hémistiches égaux, de six syllabes chacun, et la césure se trouve placée au milieu du vers. Dans le vers de dix syllabes, la césure doit se trouver après la quatrième, et elle coupe ainsi le vers, d'une manière inégale, en deux hémistiches, l'un de quatre, l'autre de six syllabes. Les autres vers français de huit, de sept, de six syllabes, n'ont point de césure. Dans l'alexandrin, qu'elle partage en deux hémistiches égaux, son uniformité est parfois fatigante. Le talent et le goût peuvent cependant remédier à cet inconvénient ; Racine surtout y a réussi. Voltaire a été moins heureux dans l'emploi de ce mètre, et la monotonie du rhythme a principalement nui aux beautés poétiques de *La Henriade*. En revanche, personne n'a su mieux que lui accoupler les vers de cinq pieds et en varier le mouvement.

La césure, habilement ménagée, contribue beaucoup à la cadence et à l'harmonie du vers ; mais plusieurs circonstances peuvent rendre la césure défectueuse. Le repos après le premier hémistiche ne doit être formé que par la terminaison d'un mot, et il faut que ce mot permette une sorte de suspension dans le discours ; les articles, étant inséparables des noms, ne peuvent former la césure : elle ne saurait tomber sur un substantif dont l'adjectif commencerait le second hémistiche, à moins de plusieurs épithètes de suite comme :

Morbleu ! c'est une chose indigne, lâche, infâme.

Elle ne doit pas séparer les pronoms personnels des verbes dont ils sont les nominatifs, ni les pronoms conjonctifs des verbes dont ils sont les régimes, etc. Enfin l'oreille seule doit indiquer si le repos qui marque la césure peut être observé ou non, et de dernier cas le vers est toujours faux.

La césure est aujourd'hui fort peu respectée des chefs de l'école romantique et de leurs pâles imitateurs surtout, qui s'affranchissent sans gêne de ses lois toutes les fois qu'elles les contrarient. Ces deux vers d'une parodie peuvent donner une idée de la tolérance qu'ils s'accordent sur ce point :

Madame, puisque ce — fou va bientôt paraître,
Voulez-vous que je le — jette par la fenêtre ?

Ces licences sont peut-être moins choquantes au théâtre, où le débit de l'acteur peut donner de la variété aux vers et en dissimuler la césure. Mais dans les compositions destinées à être lues, il est difficile qu'elles ne blessent pas l'oreille.

CÉTACÉS (de κῆτος, baleine). En histoire naturelle, les cétacés ont été d'abord rangés parmi les poissons. On les a en effet désignés sous les noms de *poissons cétacés* ou *poissons plagiures* (de οὐρά, queue, et πλάγιος, transversale), pour les distinguer des vrais poissons, dont la queue est toujours droite ou verticale. Le célèbre botaniste Bernard de Jussieu a eu le premier l'idée de ranger les cétacés parmi les mammifères. Il la communiqua à Brisson, qui la publia le premier. Depuis cette époque, Linné, Cuvier, Duméril, Desmarest, Goldfuss, Tiedmann, Gray, Eichwald, Ficinus et Carus en ont fait un ordre de mammifères, tandis que Blainville considère les cétacés comme une famille de l'ordre des édentés dans la classe des animaux vivipares à mamelles.

Presque tous les zoologistes distinguent les cétacés en herbivores et en cétacés vrais ou ordinaires. Les premiers comprennent les lamantins, les dugongs et les stellères. Ces animaux, en raison des particularités de leur organisation, doivent être séparés des vrais cétacés et rapprochés des éléphants. Ce sont cependant les seuls mammifères qui, de même que les cétacés proprement dits, sont dépourvus de membres postérieurs. Les mammifères aquatiques, qui constituent la famille ou l'ordre des vrais cétacés, sont les dauphins, les marsouins, les narvals, les cachalots, les baleines et les baleinoptères. Tous les vrais cétacés ont de véritables mamelles, qui sécrètent du lait. Ils n'ont ordinairement qu'un seul petit. Le nourrisson s'attache à un mamelon bien développé, et détermine par la succion la sortie du liquide nutritif, qui est ainsi versé dans sa bouche. On désigne en général ces animaux sous le nom de *souffleurs*, parce qu'ils produisent des jets d'eau qui les font reconnaître de loin. C'est en recevant leur proie dans leur bouche qu'ils y introduisent une quantité d'eau, dont ils se débarrassent en la faisant passer dans leurs narines. Ainsi, au moment où la proie est avalée, l'eau, qui entre en passant dans les fosses nasales au moyen d'une disposition particulière du voile du palais, s'amasse dans un sac, d'où elle est chassée avec violence par la contraction de muscles puissants au travers d'une ou de deux ouvertures étroites, placées au-dessus de la tête. Les cétacés diffèrent donc des poissons en ce que dans ces derniers l'eau avalée avec la proie sort de la bouche par les ouïes, et non par les narines (*voyez* Évents). Le sens de l'odorat doit être très-obtus chez les cétacés, en raison de l'extrême petitesse de leur nerf olfactif, et même de l'imperforation complète de l'os ethmoïde observée chez les dauphins et les cachalots. La membrane qui tapisse leurs narines, sans cesse baignée par des courants d'eau, n'est guère propre à percevoir les odeurs. Cependant, l'odorat existe dans les baleines, d'après les observations de Hunter et d'Albert. Leur larynx, de forme pyramidale, s'avance dans les arrière-narines pour recevoir l'air et le transmettre aux poumons, ce qui dispense le cétacé de soulever sa tête et d'ouvrir sa bouche hors de l'eau. Quoiqu'on ait avancé que leur peau n'offrait plus aucun vestige de poils, il est facile en l'observant avec attention de reconnaître les filaments cornés et agglutinés qui forment la couche épidermique, et on aperçoit ainsi la modification que le système pileux a dû subir pour s'adapter à la continuité de l'existence d'un mammifère dans un milieu aqueux.

Parmi les changements divers que le plan de l'organisation mammalogique des animaux vivants sur terre a dû subir chez ceux qui habitent plus ou moins longtemps ou toujours les eaux, on aurait à signaler tous ceux que présente successivement l'organisation des castors, des loutres, des phoques, des morses, des lamantins, etc., et enfin des cétacés. La forme du corps, devenant de plus en plus semblable à celle du corps des poissons, amène enfin dans les cétacés la brièveté du cou, la longueur de la queue, l'absence de sacrum et de membres postérieurs, dont on ne retrouve profondément que des vestiges, et enfin la transformation des membres antérieurs en vraies nageoires. La suspension plus ou moins longue de la respiration aérienne, pendant que le cétacé se meut au-dessous de la surface de l'eau, nécessite des dispositions anatomiques dans le système circulatoire, qui consistent, non dans la persistance du trou de Botal, comme on l'a avancé, mais dans l'existence de grands sinus veineux dans les veines caves et hépatiques.

Les caractères différentiels que les zoologistes emploient pour établir les genres et les espèces de cétacés se tirent de la tête, qui est plus ou moins grande, du ventre, uni ou plissé, d'une éminence ou d'une nageoire dorsale, de l'évent, qui est unique ou double, de la forme du museau, court ou allongé en bec, des dents calcaires, dont le nombre, l'existence, offrent des variations aux deux mâchoires, ou de lames cornées dites fanons, et de la coloration de la peau.

L. LAURENT.

CÉTÉRACH, mot arabe par lequel on désigne un genre de la cryptogamie et de la famille des fougères, dont une espèce, le *ceterach des boutiques* (*ceterach officinarum*), qui croît en France sur les rochers et sur les vieilles murailles, était employé autrefois comme pectoral, adoucissant, astringent et apéritif.

CÉTINE (de κῆτος, baleine). Cette substance, que l'on appelle encore *blanc de baleine* et plus improprement *sperma ceti*, est une matière grasse que l'on peut être considérée comme tenant le milieu entre le suif et la cire. Elle est fournie par plusieurs espèces du genre cachalot (les *physeter macrocephalus*, *tursio*, *microps* et *orthodon*) et par le *delphinus edentulus*, animaux mammifères, appartenant à l'ordre des cétacés. Liquide chez l'animal vivant, ou plutôt dissoute dans une huile qui occupe de vastes cavités pratiquées au-dessus du cerveau, la cétine se concrète par le refroidissement, et se sépare de son dissolvant, mais non pas d'une manière complète, car elle en retient toujours une certaine portion, qu'on ne parvient à enlever qu'à l'aide de divers traitements, tels que l'expression, les lotions avec une faible lessive de potasse caustique, puis avec l'eau, et enfin la fusion dans l'eau bouillante. Ainsi purifiée, elle est versée dans le commerce, où elle se présente sous forme de pains blancs, brillants, demi-transparents, fragiles et à cassure lamelleuse et cristalline, onctueux au toucher, d'une odeur faible, d'une saveur douce, d'une pesanteur spécifique moindre que celle de l'eau. Elle est fusible à 44 degrés centigrades, insoluble dans l'eau, légèrement soluble dans l'alcool, mais très-soluble dans l'éther et les huiles grasses et volatiles. Elle doit être garantie avec soin du contact de l'air et de la lumière, parce que le premier de ces agents la fait rancir, et que sous l'influence du second elle prend une teinte jaunâtre. On l'a employée autrefois en médecine, à l'intérieur, sous forme de pilules ou en potion, comme calmant et béchique; à l'extérieur, sous forme de cérat, de pommade ou de liniment, comme adoucissant et cosmétique. Mais aujourd'hui elle est presque tout à fait abandonnée par les thérapeutistes. Dans les arts, elle sert à la fabrication des bougies translucides, connues sous le nom de *bougies diaphanes*, sans pouvoir toutefois rivaliser avec la cire, en raison de son prix élevé.   P. L. COTTEREAU.

CÉTOINE, genre d'insectes coléoptères pentamères, remarquables par la richesse et la variété de leurs couleurs, et qui vivent sur les fleurs : une de ces espèces, la *cétoine dorée* ou *émeraudine* (*cetonia aurata*), qui vit particulièrement sur les roses, a été confondue quelquefois, mais à tort, avec la cantharide. Elle n'a aucune propriété vésicante.

CÈTRE. Ce mot, tout latin, *cetra*, désigne, suivant Tite-Live, un bouclier analogue par la forme et les dimensions à la pelte et à la targe de la milice romaine. Jabro affirme qu'il était rond, léger, de 0^m,65 de diamètre, à l'usage de l'infanterie et de la cavalerie, mais non pas de toute espèce d'infanterie, ni dans tous les temps. Isidore dit qu'il était de cuir, et qu'il n'y entrait pas de bois. Il se composait, suivant lui, de courroies entrelacées dont se servaient les Africains et les peuples de Mauritanie. La cètre était de peau d'éléphant ou de cuir de l'animal de Gétulie nommé *oryx*, espèce de chèvre de grande taille; de là vient aussi que certains manteaux s'appelaient *oryx*. Les Lusitaniens, au rapport de Strabon et de César, se servaient de cètres. Silius Italicus dit que les Espagnols exécutaient une sorte de musique militaire lorsqu'ils frappaient en cadence sur leurs cètres. Il est question de cètres dans quelques descriptions de l'armure des cavaliers francs : c'étaient des boucliers légers, échancrés en demi-lune. Depuis la création de la milice française, l'histoire ne mentionne plus la cètre. Gal BARDIN.

CETTE ou SETTE, ville de France, chef-lieu de canton, dans le département de l'Hérault, avec une population de 19,124 habitants. Place de guerre de première classe, défendue par une citadelle et des forts. Cette a une bourse et un tribunal de commerce, un tribunal de prud'hommes-pêcheurs, un entrepôt de sel, un entrepôt réel, un bureau principal de douanes. La ville est riche et commerçante ; elle doit ses avantages non-seulement à sa pêche, à ses salaisons de sardines, à son cabotage, à ses salines, à ses chantiers de construction de navires, à ses manufactures de verre, de savon, de bouchons, à sa fabrication importante de tonnellerie, à ses distilleries d'eaux-de-vie, d'esprit de vin, de liqueurs et d'eaux de senteur, à l'imitation des vins de Madère, que l'on y fait en grand, surtout pour l'étranger, avec les vins blancs secs du Roussillon, et à ses exportations des productions des départements du midi, principalement des articles fabriqués dans les villes environnantes; mais encore à sa position topographique et maritime.

Située au centre des vignobles, elle communique avec Toulouse par le canal du Midi, et de cette ville avec Bordeaux par la Garonne, en attendant qu'un chemin de fer, aujourd'hui concédé, relie directement Cette et Bordeaux ; avec Lyon, par le canal de Beaucaire et le Rhône : un chemin de fer la relie à Montpellier, dont elle n'est qu'à vingt kilomètres, et un canal navigable qui porte son nom la fait communiquer avec le lac ou étang de Thau; elle forme ainsi le point intermédiaire du commerce et de la navigation des départements du sud-ouest de la France avec ceux du sud-est et des ports de l'Italie, de l'Espagne et du Levant.

L'ancienne localité appelée *Sitius Mons, Setium Promontorium*, Σέτιον ὄρος par Strabon et Ptolémée, *Sita* dans un diplôme de Louis le Débonnaire, de 1837, s'élevait à une petite distance de la ville moderne de Cette, sur un promontoire, formant, à l'orient, la limite du territoire de Narbonne. Au sixième siècle, les Francs et les Visigoths s'en disputèrent plusieurs fois la possession. La ville moderne ne doit son origine qu'à la construction de son port, fondé en 1066.

Depuis que la mer Méditerranée, en se retirant, n'avait laissé que des marais dans les environs d'Aigues-Mortes, où saint Louis s'était embarqué pour ses deux croisades, le Bas-Languedoc n'avait plus de port. Cette pénurie dans une province maritime si étendue, si importante, ne pouvait échapper aux lumières et à la sagacité du grand Colbert. Le cap de Cette fut prolongé au sud par une jetée au bout de laquelle on bâtit un phare, et on construisit au nord une autre jetée, séparée de la première par un goulet, qui forme l'entrée du port. Ces chaussées, qui mettent les bâtiments à l'abri des vents, n'empêchent pas que lorsque la mer est agitée, elle ne jette beaucoup de sable dans le port, qui aurait fini même par être comblé, si la province n'avait établi des fonds suffisants pour l'entretenir toujours à quatorze ou quinze pieds de profondeur. Quoiqu'il ne serve qu'aux tartanes et aux autres petits navires marchands, qui prennent peu d'eau, il est d'une grande utilité pour le département de l'Hérault. Louis XIV, pour favoriser l'accroissement de la population de Cette, accorda des privilèges à ceux qui viendraient s'y établir. La juridiction de cette ville appartenait autrefois à l'évêque d'Agde, qui en était prieur et seigneur. C'est dans le port de Cette que la duchesse de Berry, après son échauffourée sur Marseille, débarqua en 1832 pour se rendre dans la Vendée. Les forts Saint-Louis et Saint-Pierre reçurent, en 1845, un certain nombre d'Arabes faits prisonniers à l'affaire de Biskarah. H. Audiffret.

CEUTA, ville de la côte nord-ouest de l'Afrique, appartenant à l'Espagne, dans le sulthanat de Fez, à l'extrémité d'un isthme qui se termine par le cap d'Almina, en face de Gibraltar, est le siège d'un évêché et le plus important des quatre *présidios* (*voyez* Présides) que l'Espagne possède sur cette côte. Ceuta a un château bien fortifié, mais un mauvais port. Sa population, généralement très-misérable, et qui atteint le chiffre d'environ 10,000 âmes, fait un peu de pêche et de cabotage, et, comme celle des autres *présidios*, se compose d'un mélange d'Espagnols, de Maures, de Nègres, de mulâtres et de juifs. La plus grande partie des Espagnols sont des exilés ou des condamnés politiques, et la garnison elle-même n'est guère composée que de condamnés militaires. Cette ville doit sa principale force à sa position sur le penchant d'une colline, au pied de la montagne des Singes, qui a sept sommets tellement semblables qu'on les appelle les *Sept-Frères*. De ce nom s'est formé celui de *Septum* ou *Septa*, que les Romains donnèrent à cette ville et qui a produit par altération le nom de Ceuta. Les Arabes et les Maures, qui la placent dans le *Maghreb-al-Aksa* (l'extrême occident de l'Afrique), l'appellent encore *Sebthah*, et donnent au détroit de Gibraltar le nom de *Khalidj-al-Sebthah*.

On attribue aux Carthaginois la fondation de Ceuta; elle appartient ensuite aux Romains, qui y établirent une colonie. Sous le règne de Claude, elle devint la métropole de la Mauritanie tingitane. Conquise par les Vandales, elle rentra bientôt sous la domination des empereurs d'Orient par la valeur de Bélisaire. Les rois visigoths d'Espagne se rendirent maîtres de Ceuta vers le commencement du septième siècle, et en firent la capitale du pays qu'ils possédaient au delà du détroit. Dans les premières années du siècle suivant, le comte Julien en était gouverneur au nom de son parent le roi Witiza, qui fut détrôné par Rodéric. Trahissant un prince qu'il regardait comme usurpateur, ou, suivant une tradition romanesque, voulant venger un outrage sanglant commis sur sa fille Cava ou Florinde, par Rodéric, Julien livra cette place, l'an 709, à Mousa, conquérant et gouverneur de l'Afrique pour le khalife de Damas, et lui facilita ainsi la conquête de l'Espagne. Ceuta fit partie du gouvernement de l'Afrique musulmane, dont elle partagea toutes les vicissitudes jusqu'en 1415, époque où elle fut prise par Jean Ier, roi de Portugal, à la tête d'un corps de chevaliers français et anglais. Le but de ce prince, en s'emparant de cette place, était de se délivrer des hardis corsaires dont le port de Ceuta était le repaire.

En 1418 elle fut vivement attaquée par les Maures; mais l'infant dom Henri les força de lever le siège. Édouard, fils et successeur de Jean, chargea, en 1437, ses frères Henri et Ferdinand d'une expédition contre Tanger; elle fut des plus désastreuses. Ferdinand demeura prisonnier, et Ceuta devait être le prix de sa rançon; mais ce prince, connaissant l'importance de cette place pour les Portugais, préféra rester dans les fers jusqu'à sa mort. Ceuta eut alors un évêché suffragant de Lisbonne. Elle passa avec le Portugal, en 1580, sous le joug espagnol; mais, lorsque les Portugais s'en affranchirent, en 1640, Ceuta, gouvernée alors par un Espagnol, n'ayant pu être mise dans le secret de la révolution, demeura au pouvoir de l'Espagne, et lui fut cédée par la paix de 1668.

L'empereur de Maroc, le féroce Muley-Ismael, fier d'avoir enlevé une bicoque aux Espagnols, et de se voir maître de Tanger, que les Anglais avaient évacué, résolut de chasser les chrétiens de tout ce qu'ils possédaient encore dans ses États. En 1694 il vint assiéger Ceuta, à la tête de quarante mille hommes. La résistance qu'il éprouva lui fit convertir le siège en blocus deux ans après, et l'aurait déterminé à renoncer à son entreprise, si les troubles et les guerres qui éclatèrent dans la Péninsule par suite de la mort de Charles II et de l'avènement de la maison de Bourbon au trône d'Espagne n'eussent donné l'espoir au monarque africain de s'emparer de la place. Il fortifia son camp, et y fit bâtir des maisons pour les officiers, des cabanes pour les soldats. Le siège de Ceuta, dirigé par le rénégat Ripperda, est le plus long dont les annales du monde fassent mention; il durait depuis vingt-six ans, et avait coûté à Muley-Ismael plus de cent mille hommes et des trésors immenses, lorsque Philippe V, en 1720, envoya une armée sous les ordres du marquis de Leyde, qui vainquit les Maures et les força d'abandonner leurs retranchements. Mais après le départ de ce général les fugitifs revinrent dans leur camp, qui, devenu camp d'observation, subsistait encore vers la fin du siècle dernier. Deux successeurs de Muley-Ismael recommencèrent le siège de Ceuta, en 1732 et en 1790; mais les révolutions si fréquentes dans les États musulmans, surtout en Afrique, contribuèrent plus encore que le courage de la garnison à repousser toujours les longs et constants efforts des Maures et à conserver cette ville à la monarchie espagnole. En 1810, le 23 mars, des forces anglaises vinrent occuper Ceuta; mais elles n'y firent pas long séjour. H. Audiffret.

CEVA, ville des États Sardes, dans la province de Piémont, à 3 myriamètres environ de Coni, sur le Tanaro et la Cerettа, compte 7,000 habitants, dont la culture de la vigne et le tissage de la soie constituent la principale ressource. Ils fabriquent aussi de la grosse quincaillerie et des fromages fort estimés (*Rubiola*). Sous la domination des Romains, *Céra* était déjà célèbre par ses fromages. Chef-lieu d'un marquisat, cette ville fut entourée de fortifications au seizième et au dix-septième siècle par les ducs de Savoie; elle fut à cette époque plusieurs fois assiégée, et prise tour à tour par les Espagnols et par les Français. Le 16 avril 1796, Augereau l'enleva en même temps que le camp des Piémontais, qui le 19 du même mois, commandés par le général Colli, y soutinrent bravement les efforts combinés d'Augereau, de Masséna et de Serrurier. Du 24 au 31 mai 1799, Grouchy y assiégea inutilement les insurgés; mais l'année suivante la place succomba, et les Français en démantelèrent alors la citadelle, qui avait à diverses reprises servi de prison d'État. C'est ainsi qu'en 1731 on y avait renfermé l'épouse du roi Victor-Amédée II.

CEVA (Tommaso), aussi grand mathématicien que poëte distingué, né à Milan, le 3 février 1648, entra de bonne heure dans la compagnie de Jésus, et demeura chargé, des fonctions de l'enseignement dans divers de leurs colléges, jusqu'à sa mort, arrivée le 3 février 1736. Son poëme latin en neuf livres, *Puer Jesus*, que lui-même, dit-on, présentait moins comme un véritable poëme épique que comme un poëme héroï-comique, prouve qu'il n'était pas seulement versificateur, mais poète dans l'acception complète du mot. Sa dissertation *De Natura Gravium* (Milan, 1669) fit la première connaître à l'Italie la doctrine de la gravitation de Newton. Ses *Opuscula Mathematica* (Milan, 1699) contiennent différents essais : par exemple, sur la division des angles. Il imagina aussi un instrument propre à la trisection de l'angle. Des nombreuses notices biographiques qu'il composa en italien, nous ne mentionnerons que celle qu'il écrivit sur le poëte italien Lemene, et à laquelle il ajouta de précieuses observations sur la poésie.

CÉVADILLE ou **SÉBADILLE** (de l'espagnol *cevadille*, petite orge). On nomme ainsi les graines pulvérisées du *veratrum sabadilla* (*voyez* VÉRATRE). La cévadille est une substance très-énergique, qu'on administre à l'intérieur contre les vers, particulièrement contre le tœnia, et à l'extérieur en poudre ou en pommade, contre les poux. Ce dernier emploi est journalier dans le midi de l'Europe, bien qu'il en résulte parfois des maux de tête ou des vertiges. La cévadille doit ses propriétés à la grande quantité de vératrine qu'elle renferme. Elle a été ainsi nommée par les Espagnols parce que les graines dont elle provient ressemblent grossièrement à des grains d'orge.

CEVALLOS (Pedro), ancien ministre espagnol, naquit en 1764, à Santander, d'une vieille famille castillane, et, après avoir fait ses études à l'université de Valladolid, débuta dans la carrière diplomatique comme secrétaire d'ambassade à Lisbonne. Il s'y maria avec une nièce du prince de la Paix (Godoy), et devint ensuite ministre des affaires étrangères, fonctions dans lesquelles il fit preuve d'autant de prudence que de modération. Quand la politique de Napoléon commença à jeter la discorde dans la cour de Madrid, Cevallos embrassa le parti des Asturies, en qui les patriotes plaçaient alors toutes leurs espérances. Il accompagna à Bayonne, et fut ainsi témoin oculaire de tous les événements qui s'y accomplirent. Joseph-Napoléon, croyant devoir s'attacher Cevallos, à cause de la popularité de son nom, lui fit offrir le titre de conseiller d'État. Cevallos accepta d'abord cette proposition; mais, à peine arrivé à Madrid, il se prononça hautement contre le nouveau souverain imposé à son pays, et, embrassant le parti de la junte d'Espagne, il partit pour l'Angleterre avec une mission relative aux intérêts de la cause nationale. C'est à Londres qu'il publia son célèbre *Mémoire sur les affaires d'Espagne*, et notamment sur les négociations de Bayonne, ouvrage qu'on peut à bon droit considérer comme l'une des causes qui contribuèrent le plus puissamment à provoquer le mécontentement et l'hostilité de l'Europe contre la politique impériale. Pendant toute la durée de la guerre de l'indépendance Cevallos remplit les fonctions les plus importantes, et après la restauration de Ferdinand VII exerça d'abord sur son esprit une assez grande influence. Mais il ne tarda pas à perdre tout crédit et toute faveur auprès de ce prince, parce qu'il désapprouva son mariage avec une princesse portugaise. On lui enleva ses fonctions de secrétaire d'État, et on colora cette disgrâce en lui donnant l'ambassade de Naples. Plus tard il alla occuper le même poste à Vienne; mais il fut rappelé en 1820, et vécut depuis cette époque loin des affaires publiques. Il est mort en 1838.

CÉVENNES. Le point le plus élevé du canal du Languedoc, le col de Narouze, près de Castelnaudary, détermine l'origine d'une suite de montagnes étrangères à la chaîne des Pyrénées, bien qu'elles n'en soient séparées que par cette coupure. Sa direction générale est d'abord droit au N.-E. jusqu'au mont Pilat, l'un des sommets les plus remarquables du Lyonnais; mais à partir de ce point elle se dirige au nord jusqu'au canal du Centre, qui la sépare de la Côte-d'Or. Ainsi la chaîne des Cévennes (en latin *Cebennæ*), formant le groupe occidental du système alpique, tient le milieu entre les Alpes et les Pyrénées. Sa longueur est d'environ 480 kilomètres, dont 230 doivent être comptés depuis le commencement des montagnes Noires jusqu'à la source de l'Allier, et 260 depuis cette source jusqu'à l'extrémité des montagnes du Charolais. C'est à la première de ces deux parties qu'appartient proprement le nom de *Cévennes*; mais on peut lui donner le nom de *Cévennes méridionales*, en désignant les hauteurs qui sont au nord de la Lozère ou de la source du Lot par le nom de *Cévennes septentrionales*. La chaîne des Cévennes sépare les bassins de la Garonne et de la Loire de ceux du Rhône et de la Saône, et forme ainsi, dans toute sa longueur, la ligne de partage entre les eaux qui se rendent dans l'Océan et celles qui se jettent dans la Méditerranée. La chaîne générale se subdivise du sud au nord, 1° en *montagnes Noires*, 2° *montagnes de l'Espinous*, 3° *montagnes de l'Orbe*, 4° *Garrigues*, 5° *Gévaudan* (formant ensemble les *Cévennes méridionales*), s'étendant du nord de Castelnaudary à la source du Lot; 6° *montagnes du Vivarais*, 7° *du Lyonnais*, 8° *du Beaujolais*, 9° *du Charolais* (formant ensemble les *Cévennes septentrionales*).

Les *Cévennes méridionales* s'étendent dans les anciens diocèses de Mende, d'Alais, d'Uzès, et dans une partie de ceux de Nîmes, de Montpellier et de Viviers, habitent à tout ou partie des départements du Gard, de la Lozère, de la Haute-Loire, de l'Hérault. Du côté de l'orient, l'origine des Cévennes n'est séparée des Alpes et du Dauphiné que par le Rhône, qui coule entre les deux chaînes, ce qui fait qu'on regarde avec raison les Cévennes comme une branche de la chaîne alpique. Au sud-ouest, la partie appelée la *Montagne-Noire* va, par une suite de coteaux et de vallons peu considérables, se joindre aux Basses-Pyrénées par le pays de Foix.

Les Cévennes donnent naissance à un grand nombre de rivières tributaires de l'Océan et de la Méditerranée. Celles qui se perdent dans l'Océan, soit directement, soit en se jetant dans d'autres rivières, sont : la Loire, l'Allier, le Cher, l'Indre, la Creuse, la Vienne, la Charente, la Vezère, la Dordogne, le Lot, l'Aveyron et le Tarn. Le versant oriental et celui qui fait face au sud n'ayant pas une grande surface, les eaux qui en proviennent tombent dans le Rhône ou dans la Méditerranée avant d'avoir pu recevoir un assez grand nombre d'affluents pour devenir des rivières considérables. Ce sont : l'Ardèche, la Cèze, le Gardon, qui ont leur embouchure dans le Rhône, le Vidourle, l'Orbe et l'Hérault, qui se perdent dans la Méditerranée. Le tronc méridional des Cévennes paraît avoir généralement de 780 à 1170 mètres de hauteur; mais le massif de la Lozère, entre les sources du Lot et du Tarn, atteint une élévation de 1,490 mètres. Il donne son nom à un département. Les hauteurs de la partie septentrionale sont bien plus considérables.

Une partie de ces montagnes est constamment couverte de neiges. La partie qui avoisine les monts de l'Esperou et de l'Agoual offre aux naturalistes des pierres de différentes espèces, parmi lesquelles le granit semble dominer. Il y a dans la paroisse de Mandagour, au-dessus du hameau de *La Curée*, un espace couvert de rochers de granit entièrement, hors de terre, et qui présentent des figures bizarres : il en est un qui a jusqu'à près de 100 mètres de diamètre. Dans un espace de quatre kilomètres près de l'Hérault, on rencontre des montagnes dont la base est en ardoise tendre. Il y a dans les Cévennes des grottes très-curieuses, surtout aux environs d'Alais : ce sont celles d'Anjou, près de Saint-Laurent ; de Montardier, de Bréau, près du Vigan, de Bramébion, près de Canrieu. Il existe dans le Vivarais d'anciens volcans très-bien conservés. Vers les sources de la Loire, dans la partie la plus élevée du Languedoc, le sol est recouvert d'une couche très-épaisse de matières volcaniques. La cime volcanique du mont Mezen, laquelle est élevée de près de 2,000 mètres au-dessus du niveau de la mer, à 300 mètres d'épaisseur. La matière qui compose cette couche est une espèce de basalte gris. Le mont Coiron est également recouvert d'un plateau basaltique, et porte en divers endroits des indices de cratère. On trouve encore des vestiges de volcans entre Alais et Anduze, entre Lodève et Bédarieux, au nord et à l'ouest de Pézenas, et depuis cette contrée, en passant par Saint-Hippolyte, jusqu'à Agde : car le rocher sur lequel est bâti le fort de Brescou est volcanique.

Peu de contrées renferment une aussi grande quantité de couches et de sillons métallifères que les Cévennes. Les Romains tiraient de l'or de ce pays ; et l'on y trouve plusieurs vestiges de leurs anciennes exploitations. Dans le douzième siècle, de grandes mines d'argent, situées près de l'*Argentière*, étaient en pleine activité. Les environs de Villefort, de Genouilhac, du mont Lozère, de Vallerangues, contiennent une grande quantité de mines de plomb argentifère. Les sillons métalliques se montrent en grande quantité le long des frontières du Rouvergue, dans la contrée qui est à l'ouest de Lodève, vers le Laure, dans les Corbières, au midi de Grasse, etc. Les mines de fer, de plomb, de cuivre, sont très-multipliées dans les Cévennes. Il y a en outre des mines de calamine, d'antimoine, de manganèse, de couperose, d'asphalte et de houille, des carrières de granit, de marbre, de porphyre, d'ardoise, d'ocre brun et rouge, enfin de pierres de taille. Les Cévennes renferment un grand nombre de sources minérales.

On y recueille généralement peu de grains, mais la châtaigne et la pomme de terre forment la base de la nourriture des habitants. Les Cévennes possèdent une immense quantité de chênes. Quant aux châtaigniers des Cévennes, il suffit de rappeler que les fameux marrons de Lyon ne se trouvent que sur la partie orientale de cette chaîne. Il y a dans ces montagnes plus de trente mille hectares plantés de beaux hêtres. Bien que d'un accès très-difficile, cette contrée est extrêmement peuplée : les habitants en sont fort industrieux. Les petits lainages ou *cadisseries*, les grosses toiles, occupent un grand nombre de bras. Le mûrier vient dans les plaines, et la culture du ver à soie est pour ce pays une source de richesse. Les pâturages sont excellents. Le gibier, le poisson, d'une qualité supérieure, y abondent. On y élève une grande quantité de mulets. On rencontre dans les montagnes beaucoup de loups, la race des ours et celle du loup-cervier y deviennent chaque jour plus rares.

Indépendamment de plusieurs causes morales et politiques, la situation géographique des Cévennes les rendent éminemment propres à la guerre de partisans. De temps immémorial en effet leurs vallées recelaient une population industrieuse, simple dans ses mœurs, pleine de courage, imbue des idées le plus arrêtées d'indépendance religieuse et politique. Pour ne pas remonter plus haut que la guerre des albigeois, il suffit de rappeler qu'après les catastrophes et les changements territoriaux amenés par cette sanglante lutte entre la France du nord et la France du midi, l'inquisition établie dans le Languedoc exerça son triste ministère sur la population *albigeoise*, nom général des hétérodoxes du midi, et continua à petit bruit l'œuvre commencée par les soldats de Simon de Montfort. Les Cévennes recueillirent alors un grand nombre d'albigeois. Inutile de rapporter les sinistres exécutions dont les Languedociens et les Cévenols furent sourdement victimes pendant trois siècles. Mais, malgré les efforts de l'inquisition, les Cévennes furent toujours un foyer inextinguible d'hétérodoxie. Aussi, au seizième siècle, lorsque Zwingle et Calvin prêchèrent en Suisse une réforme encore plus radicale que celle de Luther, le Piémont, le Dauphiné, les Cévennes, s'empressèrent-ils d'adopter des principes qui avaient une si frappante analogie avec leurs antiques doctrines. François 1er autorisa par son exemple d'autres persécuteurs, qui allèrent bien plus loin que lui. En 1546 le midi de la France devint le théâtre d'une exécution religieuse qui semblait annoncer la Saint-Barthélemy ; c'est le massacre de Cabrières et de Mérindole, dont le président d'Oppède, l'avocat général Guérin, le baron de La Garde, le vice-légat d'Avignon et l'inquisiteur de Provence, frère Jean de Rome, furent les instigateurs et les auteurs. Il périt dans ce petit pays cinq à six mille personnes de tout sexe et de tout âge ; les soldats exécuteurs de ces atrocités joignirent au meurtre le viol et l'incendie. La clameur publique monta jusqu'au trône, et François 1er parut disposé à punir d'Oppède et ses complices ; mais il céda bientôt aux conseils du cardinal de Tournon, qui lui présenta cet acte de justice comme capable de décourager les progrès de l'hérésie. Cependant, à son lit de mort, à ce moment où toutes les illusions disparaissent devant la crainte d'un Dieu rémunérateur et vengeur, François 1er recommanda à son fils Henri II de punir les auteurs du massacre. L'avocat général Guérin, moins en crédit et non plus criminel que d'Oppède, fut seul puni : il périt au gibet.

Sous les trois fils et successeurs de Henri II, les protestants des Cévennes prirent part à toutes les guerres, et furent victimes de toutes les persécutions religieuses de ce temps. Ils ne furent pas plus épargnés dans les massacres de la Saint-Barthélemy. A cette époque un grand nombre de réformés trouvèrent un asile dans les retraites inaccessibles de ces montagnes. Depuis l'édit de Nantes, on voit les protestants des Cévennes jouer un rôle important dans les guerres religieuses qui marquèrent le règne de Louis XIII. Les réformés tinrent plus d'un synode, plus d'un concile national dans les villes cévenoles. Quelques-unes furent aussi le théâtre de scènes sanglantes occasionnées par les violences réciproques des catholiques et des calvinistes. On peut citer, entre autres lieux, Privas, Belestat, le château de Walls en Vivarais. Sous Louis XIV, ce même canton fut, en 1632, marqué par la prise d'armes appelée *guerre de Walls*, suscitée par le comte de Rieux, qui de son autorité privée prétendait établir dans le Vivarais le culte catholique à l'exclusion de tout autre. Sous ce règne, des persécutions contre les protestants précédèrent la révocation de l'édit de Nantes. Dès 1681 avaient eu lieu les *missions bottées* de Toulouse. Le 16 octobre 1632, un arrêt du parlement de Toulouse, provoqué par la cour, défendit l'exercice du culte calviniste à Montpellier, et ordonna la démolition du temple de cette ville. L'exécution eut lieu le 2 décembre. Toutes les représentations au roi ayant été sans résultat, seize députés des Cévennes, du Vivarais, du Dauphiné et des deux Languedocs, assemblés à Toulouse, convinrent d'avoir recours à une résistance que rendait légale non-seulement l'édit de Nantes, mais l'édit de Nîmes, publié par Louis XIII en 1629. D'après cette convention, tous les temples protestants se rouvrirent le 27 juillet 1683. Les Catholiques de courir aux armes ; deux ou trois cents calvinistes sont dispersés dans le Dauphiné ; les supplices suivent leur défaite. L'intendant du Languedoc, Henri d'Aguesseau, le même qui fit rouer vif le ministre Chomel, s'entremit ; et une amnistie, qui exceptait les ministres et cinquante coupables, fut offerte par la cour. Le Vivarais refusa de souscrire à la clémence cruelle de Louvois, et la rigueur des exécutions militaires redoubla dans cette province.

Les *dragonnades*, commencées en Béarn sous le commandement du marquis de Boufflers, au mois de mars 1685, se propagèrent dans les généralités de Bordeaux et de Montauban. Enfin, le 22 octobre 1685, Louis XIV signa la révocation de l'édit de Nantes. Dès ce moment les *dragonnades* se répandirent dans toutes les parties du royaume où il pouvait y avoir des protestants à *convertir*. Toutefois, dans les Cévennes, « la secte subsistait et paraissait écrasée, dit Voltaire. Elle espéra en vain que dans la guerre de 1689 le roi Guillaume, ayant détrôné son beau-père catholique, soutiendrait en France le calvinisme. » Mais durant la guerre de 1701 la résistance et l'enthousiasme religieux éclatèrent dans les montagnes cébenniques et dans toutes les contrées voisines. Cet enthousiasme était excité par les prophéties du ministre Jurieu, qui, au milieu de cette population d'hommes simples et singulièrement impressionnables, avait établi une école de prophètes à l'instar des anciens *voyants* hébreux. On a eu raison de condamner cette prescience fanatique ; mais si elle doit être mise au nombre des momeries ridicules, que dire de cette baguette divinatoire, qui, entre les mains d'un paysan soudoyé par l'astucieux Basville, indiquait les Cévenols qui avaient pris part à quelque émeute, et les envoyait à la mort?

On peut voir à l'article CAMISARDS que le meurtre de l'abbé du Chayla, missionnaire inexorable, amena la *guerre des Cévennes* (1708). Le cri de guerre, qui retentit de montagne en montagne, depuis le mont Lozère jusqu'au Mont Sarrane, était : *Point d'impôts! liberté de conscience!* Mais, si l'on en excepte quelques prédicants, pas d'hommes appartenant à la noblesse et même à la bourgeoisie prirent part à ce mouvement, qui fut tout populaire. Aussi, sans nier que sous ce rapport les catholiques rivalisèrent avec eux, les camisards se montrèrent non moins féroces que braves. « On doit avouer, dit encore Voltaire, que la guerre qu'une populace sauvage fit vers les Cévennes, sous Louis XIV, fut le fruit de la persécution. Les camisards agirent en bêtes féroces ; mais on leur avait enlevé leurs femelles et leurs petits : ils déchirèrent les chasseurs qui couraient après eux. » Le comte de Broglie, qui se trouvait dans la province, ne montra contre les camisards qu'un zèle cruel, mais aucun talent. Moins inhabile, le maréchal de Montrevel, que le roi envoya avec quelques troupes, « fit la guerre aux rebelles avec une cruauté qui surpassait la leur, » dit Voltaire. On rouait, on brûlait les prisonniers, et souvent les *Cévenols* exercèrent dans toute son étendue le droit de représailles. L'intendant de Nîmes, Lamoignon de Basville, était encore plus féroce que Montrevel. Fléchier, qui était évêque de ce diocèse dans ces temps funestes, montra de la tolérance et de la modération ; mais ses insinuations conciliantes furent rarement écoutées. A Montrevel, dont la cour désapprouva la conduite, succéda le maréchal de Villars, en 1704. Comme il lui était plus difficile encore de trouver les Cévenols que de les battre, après s'être fait craindre, il leur fit proposer une amnistie, qui fut acceptée par quelques-uns de leurs chefs seulement. De ce nombre était Jean Cavalier, le plus brave des camisards, mort gouverneur de l'île de Jersey. Le maréchal de Berwick vint (le 16 janvier 1706) remplacer Villars. Le choix de cet habile général prouve que Louis XIV était loin de regarder la guerre comme finie. Les défaites de la France enhardissaient alors les calvinistes ; cependant, secondé par le féroce mais habile intendant Basville, Berwick, qui est comme Villars allier la modération à la vigueur, défendit avec succès la province contre les projets des étrangers, et acheva la répression des Cévenols.

En 1711 la paix était rétablie dans le Languedoc ; c'était un peu celle des tombeaux, car la population protestante, décimée, exilée, n'existait plus que dans ses débris, et les grottes des Cévennes cachaient désormais ce culte proscrit, comme les catacombes romaines avaient caché le culte des premiers chrétiens. Depuis lors jusqu'au règne de Louis XVI un joug de fer pesa sur les religionnaires des Cévennes. Les dragonnades et restèrent en permanence. L'édit de 1724 multipliait les cas où les galères devaient être le prix de certains actes de protestantisme. Les amendes accablaient les peuples : pour cet objet seul, les Cévennes et le Languedoc furent divisées en 123 arrondissements de perception. Les années 1745, 1746, 1748, 1749 et 1750, furent encore marquées par des *dragonnades* et des arrestations en masse à Saint-Hippolyte, à Saint-Ambroise, près d'Uzès, et dans d'autres localités. Cependant, un digne successeur de Fléchier à l'évêché de Nîmes, M. Bec-de-Lièvre, adoucit dans son diocèse les rigueurs de la persécution. Les nouvelles routes que Basville, Villars et Berwick avaient fait percer dans les Cévennes, devinrent un bienfait pour le pays, et ont offert à son industrie d'utiles débouchés. C'était du moins un dédommagement pour tant de villages et de châteaux ruinés, pour tant de sang répandu.

L'histoire de la guerre des Cévennes a été entreprise par beaucoup d'auteurs. *Le Fanatisme renouvelé* (4 vol. in-12, 1704-1706), par Louvreleuil, prêtre catholique, est un livre écrit avec simplicité et bonne foi. Il n'en est pas de même de l'*Histoire du Fanatisme* (4 vol. in-12, 1709-1713). L'auteur est Brueys, si connu par sa collaboration dramatique avec Palaprat. C'est un libelle contre les calvinistes. Brueys, qui avait défendu la réforme contre Bossuet, venait d'embrasser le catholicisme. Après lui, Court, auteur du *Patriote Français*, a fait l'*Histoire des Troubles des Cévennes* (3 vol. in-12, 1760, réimprimés à Paris en 1819), ouvrage écrit avec impartialité, sur des pièces authentiques. L'auteur a puisé ses principaux documents dans les *Mémoires de Cavalier*, publiés à Londres en anglais (1726, 1 vol. in-8°). Rabaut Saint-Étienne, dans *Le Vieux Cévenol*, publié en 1780, a dramatisé la législation contre les réformés, depuis la *révocation de l'édit de Nantes* jusqu'à l'avènement de Louis XVI. Il a paru sur la guerre des Cévennes un roman, *Les Camisards*, par M. Dinocourt (4 vol. in-12, Paris). Enfin, dans l'édition du *Vieux Cévenol* publiée en 1821 par le comte Boissy-d'Anglas, se trouve un *hommage* de l'éditeur à *la mémoire de M. Bec-de-Lièvre, évêque de Nîmes*. Cet éloge est d'autant plus touchant qu'il sort de la plume d'un protestant. Charles Du Rozoir.

CEYLAN, dans l'ancienne langue des Hindous, *Lankâ-Dvipa*, appelée par les historiens indigènes *Singhala* ou *Singhala-Dvipa*, et par les Tamoules, peuplade qui en habite la partie septentrionale, *Ilangeï*, la *Taprobane* des Grecs et des Romains, nommée aussi par les Arabes du moyen âge *Sevan* ou *Selan-Dib*, belle île de la mer des Indes, séparée de la pointe sud-est de la presqu'île de l'Inde par le détroit de Palks, dont la largeur varie entre 120 et 160 kilomètres. Sa plus grande étendue, entre le cap Palmyre au nord et le *Thunderhead* au sud, est d'environ 30 myriamètres, sa plus grande largeur d'environ 25, le développement total de ses côtes d'environ 140, et sa superficie carrée d'à peu près 1,100 myriamètres carrés. Sa configuration géographique affecte la forme d'un cœur ou d'une perle, et c'est dans sa partie sud qu'elle offre le plus de largeur. Une des bancs de sable et de récifs, désignée sous le nom de *Pont d'Adam*, presque partout à fleur d'eau, et qui au moment du retrait du flot devient tellement à sec qu'on peut y passer à pied, l'unit à la terre ferme, et rend extrêmement difficile aux navires d'en faire le tour. La côte orientale est escarpée et garnie de rochers ; les côtes nord et nord-ouest sont plates et basses, mais celles du sud et du sud-est sont plus élevées. L'intérieur de l'île forme un plateau de 700 à 2,000 mètres d'élévation, dont les points extrêmes se trouvent au centre et au sud, et qui s'abaisse insensiblement au nord pour y former une contrée presque plate ;

le groupe des montagnes du sud porte le nom de *Neura Eliya*, et présente une élévation moyenne de 1,700 mètres; cependant certaines cimes atteignent encore une plus grande altitude, par exemple l'*Adam's Peak*, ou Pic-d'Adam, dont l'élévation est de 2,227 mètres, et qui forme comme le noyau central auquel viennent se rattacher toutes ces différentes chaînes. Ce plateau est entrecoupé par des vallées de toute beauté. Les contreforts de ces diverses montagnes sont couverts de forêts gigantesques, qui au centre finissent par n'en plus former qu'une seule, à peu près impénétrable, dans les fondrières de laquelle de nombreux cours d'eau se précipitent en formant de majestueuses cataractes. Des massifs amphiboliques constituent le noyau de l'île. Des pierres stratifiées s'y appuient, tandis que dans la partie nord on remarque des soulèvements du sol à la formation desquels des polypiers paraissent avoir contribué.

L'île de Ceylan possède un riche système d'irrigation, et la plupart de ses fleuves sont navigables. Les plus importants sont les quatre *Gangâs*, à savoir : la *Mahâvali-Gangâ*, qui, se dirigeant à l'est par la grande et belle vallée de Kotmala, baigne Paradenya, puis, à 40 kilomètres de Kandy, traverse le pays de Bintenne, et va se jeter dans la mer, à environ 15 myriamètres de Trincomali; la *Kalou-Gangâ*, qui prend sa source au versant sud du Pic-d'Adam (qu'on peut du reste considérer comme le grand réservoir de ces différents cours d'eau), et a son embouchure à 20 myriamètres environ au sud de Colombo; la *Kalani-Gangâ*, qui prend sa source sur le versant occidental de ce même pic, et se jette dans la mer à 2 myriamètres au nord de Colombo; enfin, la *Walawa-Gangâ*, qui descend du versant oriental du Pic-d'Adam, et va se jeter dans la mer à l'est.

Le climat de Ceylan est chaud, mais très-salubre, parce qu'il est uniforme et l'air de la mer le rafraîchit. A l'époque des sécheresses, les pluies n'y sont pas rares, tandis que tout languit et meurt alors sur le continent indien. Une luxuriante végétation y donne presque tous les produits particuliers à l'Inde et aux contrées tropicales; ils constituent également la principale richesse de l'île. Le riz, le tabac, le poivre, la canne à sucre, le café, le pisang, le tamarin, plusieurs espèces de palmiers, notamment de magnifiques palmiers à cocos, le palmyra, l'arbre à pain, l'ébénier, le talapat, le noyer d'arica, les cardamomes, le cotonnier, le chanvre, etc., y croissent naturellement. Le plus important des végétaux particuliers à l'île est le véritable cannellier, qu'on y trouve soit à l'état sauvage, soit en culture. Les plus belles plantations de cannelliers sont situées sur les côtes. Les habitants qui les possèdent, et dont le nombre est d'environ 26,000, constituent une caste à part, se consacrant exclusivement à cette culture. On y confectionne aussi beaucoup d'essence et d'huile essentielle de canelle, de même qu'avec les racines du cannellier on y fabrique du camphre de première qualité. La terre donne trois récoltes par an. Les épaisses forêts contiennent une foule d'animaux sauvages, des troupeaux d'éléphants, déjà célèbres dans l'antiquité, des sangliers, des léopards, des singes, des chacals, etc. L'île abonde aussi en animaux domestiques, en oiseaux et en poissons. La présence du crocodile rend les côtes très-dangereuses. La pêche des perles, qui s'exploite sur la côte occidentale, dans la baie de Manaar, et plus au sud encore, près de Négombo et de Chilaw, n'est plus aussi productive qu'elle l'était jadis.

Les habitants, dont on estime le nombre à environ 1,500,000, forment, indépendamment des colons portugais, hollandais et anglais, qui sont venus successivement y former des établissements, et de leurs descendants, quatre nations complétement distinctes, à savoir : 1° les *Wéddas* ou *Beddas*, peuple grossier, dernier débris des aborigènes, vivant au fond des bois, sans obéir à aucune espèce d'ordre social, sans cultiver la terre ni élever de bétail, et ne subsistant que du produit de sa chasse. « Ils parlent, dit C.-H. Sirr, une langue spéciale, ne se rasent jamais, ne se servent pas d'argent pour leurs échanges, et n'ont aucune espèce de communication avec le reste des habitants de l'île. Leur nudité habituelle est si complète, qu'ils aiment mieux ne pas réclamer de justice et ne paraître jamais devant les tribunaux quand on leur a fait tort, que de se vêtir d'une façon un peu plus civilisée et de satisfaire à la décence et aux convenances. Voici plus de deux mille trois cents ans que cette race existe sans mélange; jamais les filles ne se marient aux descendants des divers conquérants dont l'île est devenue la proie. Les Wéddas se regardent d'ailleurs comme appartenant à une race noble; car il semble que ce soit une loi de l'histoire, loi à laquelle servent de preuve les Bretons, les Gallois et les montagnards de l'Écosse actuelle, que les débris des vieilles tribus, symboles nobles du passé, reculent sans cesse devant des conquérants plus civilisés. » 2° Les *Singhalais* ou *Cingalais* (descendant soit des Singhs ou des Radjpoutes de l'Hindostan, soit des Shans du nord de l'Inde), qui habitent l'intérieur, le sud et le sud-ouest de l'île, jadis la nation prépondérante de l'île, ayant atteint un certain degré de civilisation, sachant travailler le fer et l'or, et tisser le coton ; les *Malayalas* ou Hindous de la côte de Malabar, arrivés en conquérants sur la côte opposée de l'île ; enfin les *Maures*, usuriers avides et rapaces, qui jouent dans l'île le même rôle que les juifs en Pologne : ils descendent d'Arabes émigrés ou de mahométans de l'Hindostan supérieur, dispersés sur tous les points de l'île, mais formant plus particulièrement la grande masse de la population dans l'un des districts de la côte occidentale. Il faut encore y ajouter un certain nombre de Malais, de Caffres, de Javanais, de Chinois et de Parsis. La religion des Singhalais est le bouddhisme. On rencontre dans l'île une énorme quantité de temples de Bouddha, appelés *Wihard*, mot, qui au propre désigne les monastères adossés aux temples. D'ailleurs Ceylan est le grand foyer du bouddhisme dans le sud. L'introduction de cette doctrine y date de la fin du quatrième siècle avant J.-C. Les livres saints sont écrits, soit dans l'ancien pali, dialecte du sanscrit, soit dans la langue que parlent encore aujourd'hui les Singhalais. C'est à Colombo qu'on la parle avec le plus de pureté ; celle qui est en usage à Candy n'en est qu'un dialecte. Les rapports originels de cette langue avec la famille des langues du Dekkan ont été singulièrement altérés par des influences étrangères, par exemple malaises, tamoules, etc. La littérature complète notamment l'ancienne littérature indienne, quoiqu'elle n'offre que bien peu de documents relatifs à l'ère de Bouddha; mais en dépit de toute sa richesse, elle a un caractère essentiellement théologique et ascétique, la même où elle pourrait servir de développements à une poésie naturelle. Tout s'y meut dans un cercle de sentences morales, d'histoires de démons et de légendes de Bouddha. La langue tamoule est parlée en outre au nord de l'île par les Tamoules; un portugais extrêmement mélangé d'éléments indous est la langue commune aux colons portugais, aux Singhalais de la côte qui font le commerce et aux Hollandais.

Quoique la culture du cannellier ait été entreprise avec succès dans d'autres contrées, l'île de Ceylan n'en a pas moins toujours une grande importance commerciale, surtout depuis qu'affranchie du joug des Portugais et des Hollandais, elle est administrée par les Anglais. Sa richesse en produits du règne végétal est inépuisable. La valeur des exportations baissa, il est vrai, en 1848, comparativement à 1847; mais il semble que ç'ait été là un accident passager, et un accroissement sensible s'est manifesté depuis lors, surtout pour ce qui est des produits du sol. La sollicitude toute particulière qu'il témoigne pour ses intérêts commerciaux n'empêche pas le gouvernement anglais de tout faire pour assurer le bien-être de cette île, placée aujourd'hui sous la dépendance immédiate de la couronne britannique, et dont le gouverneur réside à Colombo. Les missionnaires notamment y ont fondé de nombreuses écoles, et en 1847 le gouvernement consacra à cet objet une somme de 10,868 liv. sterl. Colombo possède une académie. La propagation du christianisme a lieu à Ceylan par les efforts de l'Église anglicane, dont un évêque, institué en 1845, réside à Colombo, par ceux des actifs missionnaires Wesleyens, qui dans la seule année 1848 conférèrent le baptême à 694 individus, et aussi par les baptistes américains. Il est sérieusement question d'établir dans l'île de grandes voies de communication desservies par des locomotives à vapeur.

L'île se divise généralement en quatre provinces. Celle de l'ouest comprend les districts de Colombo, Negombo, Calpentyne, Pantoura, Caltoura et Barberyne; celle du nord, les districts de Galle, Dodandorevo-Modero, Balleypitto-Modero, Belligavie, et Girdurrah; celle du nord, Jaffra, Point-Pedro, Manaar; celle de l'ouest, Trincomali et Batticaloa. Les localités les plus importantes, après Candy, résidence de l'ancien roi, et Colombo, capitale actuelle, sont : *Trincomali*, sur la côte orientale, avec un port magnifique et extraordinairement spacieux, mais qui n'a qu'une entrée fort incommode, de sorte que les navires préfèrent généralement jeter l'ancre dans la baie de Back, qui le précède; *Galle*, sur la côte méridionale, avec un excellent port, la place de commerce la plus importante après Colombo; *Jaffnapatam*, au nord; *Matoura*, à 26 kilomètres environ de Galle, *Battacala*, sur la côte orientale; *Calpentyne*, sur la côte occidentale; enfin *Negombo*. Il faut encore mentionner les remarquables ruines d'*Anarajapoura* ou *Anourddhâpoura*, l'Anurigrammon de Ptolémée, qui dans l'antiquité était la capitale de l'île entière et qui fut fondée, l'an 246 après J.-C., par le roi Woundou-Kabadjah. C'était le centre de la religion de Bouddha, et on y adorait jadis la dent sacrée de Bouddha, qu'on voit aujourd'hui à Candy. Ses principales constructions consistent en grandes terrasses pour les figuiers sacrés, parmi lesquels on remarque surtout le *Serimahabad*, objet d'une vénération extrême, et but de nombreux pèlerinages que viennent y faire les adorateurs de Bouddha, lequel dit-on, avait coutume de venir souvent se reposer sous son ombrage, et en un grand carré formé par des colonnades. Consultez Knox, *Historical account of Ceylon* (1657; nouv. édit., Londres, 1827); S. de Vries, *T'Eyland Ceylan* (Amsterdam, 1692); Perceval, *An account of Ceylon* (Londres, 1803); Cordiner, *Description of Ceylon* (2 vol., Londres, 1807); Davy, *An Account of the interior of Ceylon* (Londres, 1821); Forbes, *Eleven years in Ceylon* (Lond., 1844); De Butt, *Rambles in Ceylon* (1842); J. Selkirk, *Recollections of Ceylon* (1844); Pridham, *An historical, political and statistical Account of Ceylon* (1849); Sirr, *Ceylon and the Cingalese* (2 vol., 1850).

La civilisation de Ceylan remonte fort avant dans l'antiquité; et quand la religion de Bouddha s'y introduisit, elle y rencontra un ordre social régulier. Le catalogue des rois comprend, sans aucune interruption, depuis le premier Vidshaja (an 543 av. J.-C.) jusqu'au dernier, qui fut déposé en 1815; mais cette liste, en ce qui touche les temps anciens, est extrêmement incertaine et peu digne de foi. « Comme les Hindous n'ont pas de chronologie, dit encore l'écrivain anglais que nous avons cité plus haut, il est parfaitement impossible de se rendre un compte exact de l'époque où la première invasion hindoustanique eut lieu ; les annales réelles de l'île, jusqu'à la conquête portugaise, sont mêlées de ces fables sanglantes et ridicules qui composent la majeure partie des souvenirs orientaux. Aussi est-il inutile de copier ces étranges et barbares traditions, les seules qu'aient mises en œuvre les Hérodotes singhalais. Ce qui est certain, c'est que des temples immenses attestent la haute antiquité de l'île, antiquité dont les habitants sont très-fiers. Ils montrent aux voyageurs avec orgueil le jardin d'Éden et le pic d'Adam. La chronologie des Hindous et des Singhalais concorde parfaitement avec la chronologie mosaïque relative à l'époque du déluge que les écrivains de Ceylan rapportent à l'an 2390 avant le Christ, c'est-à-dire, à très-peu de chose près, à la même époque que les écrivains sacrés. Pline l'Ancien fait mention de quatre ambassadeurs de la *Taprobane* venus à Rome après qu'un vaisseau naufragé romain eut été poussé à la côte et que les naufragés eurent été recueillis par le roi de l'île. Quelques médailles romaines, que l'on a déterrées récemment, paraissent justifier Pline, dont l'assertion avait été l'objet de beaucoup de critiques et de beaucoup de doutes. »

Dès le premier siècle de l'ère chrétienne, de nombreux rapports commerciaux s'établirent entre les habitants de l'Europe méridionale et ceux de l'Inde et de Ceylan. Marco-Polo et Nicolas da Conte font mention l'un et l'autre de ces premières relations, qui dès lors ne furent plus interrompues. La domination portugaise commence en 1505 et finit en 1650. Ce fut par accident que les Portugais découvrirent l'île, alors divisée en trois principautés distinctes, et dont l'une, la plus importante, était sous la loi du roi Prakrama IX. Faute de plans politiques et de prudence, ces conquérants héroïques, dont l'épée avait frayé aux Européens la route de l'Inde, ne parvinrent pas à se rendre maîtres de l'île entière, dont ils n'exploitèrent ni le sol ni les provinces maritimes, et dont ils ne firent pas même circuler les produits. La domination hollandaise, qui s'établit en 1650, ne se montra ni plus honorable ni plus civilisatrice; le monopole du commerce était le but des Hollandais; tous les moyens leur semblèrent légitimes pour l'atteindre. En vain Colbert indiqua-t-il à Louis XIV l'occasion admirable qui se présentait de fonder une colonie française dans ces régions; après une seule tentative incomplète, nos agents furent abandonnés, et le plan de Colbert échoua.

Quand les Hollandais avaient tenté d'enlever cette importante possession aux Portugais, les populations indigènes, voyant en eux des libérateurs, leur avaient porté aide et assistance; mais l'erreur de celles-ci dura peu; et, après avoir abandonné aux nouveaux conquérants quelques-uns de leurs plus fertiles districts, elles ne tardèrent pas à comprendre qu'elles n'avaient fait que changer de maîtres. Il s'ensuivit des guerres sanglantes, dans lesquelles l'avantage fut pour la tactique européenne, et qui forcèrent les populations indigènes à se réfugier successivement dans les parties les plus inaccessibles de l'île, où elles se maintinrent indépendantes du joug européen. Quand, en 1795, la Hollande eut été transformée par les Français en République Batave, les Anglais prirent possession de Ceylan, qui leur fut formellement cédée par la paix d'Amiens, et qui se soumit complétement à eux à la suite de la captivité du roi singhalais de Candy, *Wikrama-Singha*. Ce prince était monté sur le trône en 1798, comme cent soixante-dixième roi de Ceylan; il fut fait prisonnier le 18 février 1815, à Gallihevatti, et sa capitale tomba en même temps au pouvoir du vainqueur. Le 2 mars suivant ce roi fut formellement détrôné, et une convention intervenue entre sir Robert Brownrigg et les principaux chefs de Candy régla d'une manière provisoire les conditions d'ordre et de gouvernement. Mais la tranquillité ne dura que deux années. Le 10 septembre 1817 éclata une insurrection dans laquelle on vit un prêtre de Bouddha figurer comme prétendant au trône. La loi martiale fut proclamée dans l'île le 21 février 1818, et les dispositions en furent appliquées avec la plus effrayante sévérité. Il fallut toute une année pour étouffer complétement ce mouvement. Au commencement de 1820 on n'en vit pas moins surgir un nouveau prétendant; mais il ne tarda point à perdre la plupart de ses partisans, et, après la mort de l'ex-roi de Vellore, arrivée en 1832, la tranquillité semblait tout à fait rétablie. En 1835 on n'eut que des soupçons au sujet d'une conspiration ourdie, dit-on, par un parent du dernier roi; mais en 1848 une insurrection essentiellement bouddhiste, provoquée par la dureté du gouverneur et commandant supérieur vicomte Torrington, ne put être comprimée que par le déploiement de forces considérables. Elle eut d'ailleurs pour suite la dévastation et la ruine d'un grand nombre de plantations. A la suite de ce mouvement, le vicomte Torrington dut donner sa démission, et l'île de Ceylan fut alors de la part du parlement anglais l'objet d'une enquête très-sévère. Consultez Turnour, *Epitome of the History of Ceylon* (d'après les sources originales; Colombo, 1836); Knigton, *History of Ceylon* (Londres, 1845).

CEYLANITE, pierre du genre *spinelle*. La ceylanite a été ainsi nommée parce qu'on l'a trouvée pour la première fois à Ceylan. Haüy avait changé ce nom en celui de *pléonaste* (πλεονάζω, surabonder), voulant marquer par là que les cristaux de cette espèce sont plus chargés de facettes que ceux du spinelle ordinaire. La forme primitive de la ceylanite est l'octaèdre régulier; sa pesanteur spécifique, d'après Haüy, est de 3,79. Elle raye le quartz; sa cassure est vitreuse; en masse, elle paraît noire, opaque; quelquefois elle est demi-transparente et d'un blond de silex; réduite en poudre fine, sa couleur est d'un gris verdâtre; elle n'est point électrique par la chaleur, est absolument infusible au chalumeau, et ne paraît pas même être attaquée par le borax. Elle est composée, sur 100 parties, de 2 de silice, 68 d'alumine, 12 de magnésie et 16 d'oxyde de fer.

CEYX, fils de Lucifer (Hesperus) et de la nymphe Philonis, époux d'Alcyone, père d'Hippase, ami intime d'Hercule, et même, suivant quelques auteurs, son neveu, roi de Trachine, dans la Phocide, fit naufrage dans la mer Egée en se rendant à Milet, et fut, ainsi que son épouse, changé en alcyon.

CHABAN, CHAHBAN, ou CHAVAN, troisième mois de l'année des anciens Arabes, qui répondait à notre mois de mai. La lune de chaban était une des trois pendant lesquelles les mosquées étaient ouvertes pour le *tomgid* ou la prière de minuit.

CHABANNES (Famille de). Cette maison descend des anciens comtes d'Angoulême. Elle doit à ses alliances directes avec la maison de France le titre de *cousin du roi*, qu'elle a conservé pendant quatre siècles. Elle a donné de grands-officiers de la couronne, trois grands-maîtres et un maréchal de France.

*Jacques I*er *de Chabannes*, grand maître de France, mourut, le 20 octobre 1453, des blessures qu'il avait reçues au siège de Castillon, dans le combat où Talbot et son fils avaient été tués.

Antoine de Chabannes, comte de Dammartin, grand-maître de France, frère du précédent, favori de Charles VII et de Louis XII, fut d'abord page du comte de Ventadour, puis du brave Lahire, et partagea les exploits de Jeanne d'Arc contre les Anglais. A la suite de ces guerres, les *écorcheurs* désolant la France, loin de les combattre, Chabannes se mit à leur tête, poussa le pillage et l'incendie jusque sous les murs de Bâle, où se tenait un concile. Il épousa, en 1439, Marguerite de Nanteuil, qui lui apporta le comté de Dampierre, et s'attacha dès lors à Charles VII. Il présida la commission chargée de juger Jacques Cœur, et l'histoire lui reproche de s'être fait adjuger à vil prix plusieurs terres du condamné. Quand Louis XI, que Chabannes avait poursuivi comme dauphin, succéda à son père, la disgrâce du grand-maître devint complète, et sa charge fut donnée à Antoine de Croy. On saisit ses biens, on le déclara criminel de lèse-majesté; mais la peine capitale fut commuée en un exil perpétuel, puis en l'emprisonnement à la tour du Louvre. Le roi enfin le gràcia, lui rendit ses biens et sa charge, et en fit son confident intime. Il le comprit même dans la première nomination de l'ordre de Saint-Michel, quand il le créa en 1469. Après s'être distingué dans toutes les guerres de Louis XI, Chabannes, dans sa vieillesse, vivait retiré de la cour, quand Charles VIII le nomma gouverneur de l'île de France et de Paris. Il mourut le 25 décembre 1488, à l'âge de soixante-dix-sept ans.

Jacques II de Chabannes, seigneur de La Palisse, est plus connu sous ce nom.

Antoine de Chabannes, évêque du Puy, de la même maison, fut arrêté par ordre de François Ier, en 1523, comme complice du connétable de Bourbon.

Jean de Chabannes, compagnon d'armes de Bayard et digne frère de Chabannes de La Palisse, et surnommé à cause de sa bravoure *le Petit Lion*. Brantôme nous dit qu'il était fort petit de taille, mais fort grand de courage. A Agnadel ce fut lui qui eut l'honneur de faire prisonnier le fameux l'Alviane, et il ne se distingua pas moins à Marignan. Renfermé à son tour dans Como, il fut réduit à rendre cette ville au général Pescaire, mais à des conditions honorables. Le vainqueur ayant ensuite violé la capitulation, Chabannes lui demanda personnellement raison de ce manquement à la parole donnée, et, après bien des tergiversations, Pescaire accepta un duel qui devait avoir lieu à la première suspension d'armes; mais Chabannes fut tué peu de temps après, en 1524, lors de la retraite de Rebec.

Jean-Baptiste-Marie-Frédéric, marquis de Chabannes, né en 1770, entra de bonne heure dans la carrière des armes, émigra au commencement de la révolution, servit dans l'armée de Condé, soumissionna l'éclairage de la ville de Londres, rentra en France après le 18 brumaire, et organisa avec son parent Talleyrand des voitures publiques connues sous le nom de *Vélocifères*. En avril 1814 il se rendit en Angleterre au-devant de Louis XVIII, le précéda à Calais, et devint son aide de camp. Réfugié à Londres durant les Cent-Jours, il publia des lettres contre Blacas, des lettres contre Talleyrand et divers pamphlets écrits sans mesure. Nommé pair de France en 1815, il cessa de siéger après les événements de 1830, et couvrit les murs de Paris de diatribes contre le roi Louis-Philippe. Il est mort en 1851, entièrement effacé de la scène politique.

Alfred-Jean-Adolphe de Chabannes La Palisse, né le 13 janvier 1789, général de brigade en retraite, ancien aide de camp du roi Louis-Philippe, fut rayé de l'état-major de l'armée après la révolution de 1848 par un décret du gouvernement provisoire. Fidèle à ses sentiments politiques, il fut un de ceux qui portèrent le cercueil de l'ex-roi à ses obsèques.

CHABANON (Michel-Paul-Gui de), membre de l'Académie française et de celle des Inscriptions et Belles-Lettres, né à Saint-Domingue, en 1730, était l'un de ces hommes qui, n'ayant pas reçu de la nature les dons sacrés du génie et ses hautes inspirations, embrassent le culte des lettres par une secrète prédilection pour elles, et conquièrent, à force de patience et de travail, une réputation viagère et une assez grande considération. Leurs succès n'excitent pas l'envie; mais ils ne sont pas douteux, surtout quand un caractère estimable, des mœurs douces et polies, attirent à l'auteur l'amitié de ses confrères et la bienveillance d'une société choisie. Chabanon dans son enfance avait été dévot comme Mme Guyon. Détrompé du mysticisme, et enlevé à la dévotion par la découverte des intrigues que les jésuites avaient ourdies pour l'attirer dans leur société, il se jeta dans des passions romanesques, où il apporta trop de bonne foi, trop de faiblesse et trop d'illusions pour ne pas éprouver d'amers repentirs.

Trois femmes attachèrent tour à tour à leur char cet amant crédule, qui s'obstina, malgré lui peut-être, à leur demeurer fidèle. Et pourtant, à lire ses poésies, jamais on ne se douterait que son cœur ait été en proie à la plus ardente des passions. Ses vers ne brûlent pas du feu dont le poëte a brûlé. Ils manquent de chaleur, d'enthousiasme, de mouvement. Aussi se trompa-t-il quand il se crut appelé au théâtre. Sa tragédie d'*Éponine*, jouée en 1762, était frappée d'une froideur mortelle, et n'eut aucun succès. Dénuée de verve, de relief et de saillie, il ne pouvait pas mieux réussir dans la comédie, qui veut surtout qu'on ait *le diable au corps*, comme disait Voltaire. Le genre tempéré de l'épître convenait davantage à la nature de l'esprit de Chabanon. Plusieurs de celles qu'il a faites sont remplies d'observations ingénieuses, qui prouvent la connaissance du monde, de sentiments aimables, qui font chérir l'écrivain, et de morceaux entiers écrits avec une élégance qui annonce le disciple des bons maîtres.

Quoique plein de prévention contre les anciens, contre Homère surtout, Chabanon se mit à traduire ou à imiter les Idylles de Théocrite, et il le fit avec plus de bonheur qu'on ne devait s'y attendre. Sa version est facile, élégante, et se fait lire avec un certain agrément, surtout par ceux qui n'ont pas le texte présent et ne peuvent lire l'original. Voltaire, qui avait loué outre mesure la traduction que Chabanon a faite de Pindare, loua encore plus celle de Théocrite; mais on sait combien ses compliments étaient peu sincères et tiraient peu à conséquence.

Chabanon avait embrassé sincèrement la cause philosophique. Il avait cultivé avec succès la musique; ses observations sur ce bel art sont d'un ordre supérieur. On ne saurait en dire autant de ses dissertations critiques: on y chercherait en vain le grand goût, c'est-à-dire le sentiment profond du vrai, du naïf et du sublime, dont l'école grecque est empreinte; mais le talent de l'analyse, la finesse des aperçus, la solidité du jugement, et l'art de mettre les règles dans leur jour le plus favorable, enfin un style vraiment convenable au genre, recommandent les travaux de Chabanon comme critique. Ce littérateur traversa sans obstacle les premiers orages de la révolution, et mourut le 10 juillet 1792.   P.-F. TISSOT, de l'Académie Française.

CHABASIE, substance minérale, autrefois nommée *zéolithe cubique*. Sa cristallisation n'a cependant pas pour type le cube, mais un rhomboèdre obtus qui s'en rapproche beaucoup. L'aspect de ses cristaux est vitreux; leur couleur est le blanc plus ou moins légèrement obtus, de jaunâtre et de rose. Ils rayent à peine le verre, et fondent facilement au chalumeau en émail blanc et spongieux.

Sous le rapport chimique, la chabasie est un silicate hydraté à base d'alumine, de chaux, de potasse et de soude; quelquefois la chaux est complètement remplacée par les alcalis, changement qui ne suffit pas pour justifier la formation d'une espèce nouvelle sous le nom de *levyne*, proposé par Berzélius; car la forme cristalline de la substance n'est point altérée par la différence de composition.

Sous le rapport géologique, la chabasie appartient essentiellement aux terrains ignés et volcaniques. On en trouve fréquemment dans les géodes d'agate d'Oberstein dans le Palatinat. Les laves scorifiées des volcans éteints de l'Auvergne contiennent assez souvent de la chabasie et de l'analcime. On cite encore cette espèce dans le Tyrol, la Suède, l'Islande, le Groënland, etc.   A. DES GENEVEZ.

CHABERT (JOSEPH-BERNARD, marquis DE), chef d'escadre, membre de l'Académie des Sciences, naquit à Toulon, le 28 février 1734. Fils d'un officier de marine, il entra dans ce corps en 1740, et s'y fit tellement remarquer, qu'il fut nommé chevalier de Saint-Louis n'étant encore qu'enseigne de vaisseau, circonstance fort rare, et même à peu près unique à cette époque. Il fit vingt-sept campagnes, dont trois seulement en temps de paix, fut blessé plusieurs fois, notamment, en 1781, pendant la guerre d'Amérique, dans un combat où, commandant *Le Saint-Esprit*, il sauva *le Diadème*, et ramena enfin l'année suivante un convoi marchand de cent trente voiles, malgré la rencontre de forces ennemies très-supérieures aux siennes. C'est à l'étendue de ses connaissances en hydrographie, et surtout en astronomie, qu'il dut sa grande réputation. Ses observations lui permirent de faire des rectifications aux cartes marines des lieux où le conduisirent ses campagnes, et il en consigna un grand nombre dans son *Voyage sur les côtes de l'Amérique septentrionale*, qu'il publia en 1753. Il fit huit campagnes le long des côtes de la Méditerranée, et, tout en protégeant le commerce français contre les pirates barbaresques, il fixa les points de longitude les plus importants. Lorsque la révolution éclata, il était occupé à recueillir les résultats de ses travaux, et se proposait de publier, sous le titre de *Neptune français*, un atlas général des *Côtes de la Méditerranée*. Malgré son âge déjà avancé, il partit pour l'émigration.

Dès le commencement de 1792, le marquis de Chabert avait été élevé au grade de vice-amiral, et Bertrand de Molleville, alors ministre de la marine, lui avait écrit pour lui faire connaître l'obligation où il était de prêter le serment exigé à cette époque. Chabert se détermina à refuser ce grade.

En 1802 le marquis de Chabert rentra en France, et, quoique entièrement aveugle, il s'occupa avec un zèle miraculeux à mettre en ordre les matériaux de son ouvrage. Nommé bientôt membre du bureau des longitudes, il mourut à Paris, le 2 décembre 1805.   Charles RABOU.

CHABLIS, bois abattu dans les forêts par le vent. « Ce sont, dit le *Dictionnaire de Trévoux*, des arbres de haute futaie abattus, renversés, brisés ou arrachés par le vent. Les vieux titres latins leur donnent le nom de *Chablitia*. » Les maîtres des eaux et forêts avaient l'obligation, après les grands orages, de se transporter dans les bois, et d'y dresser procès-verbal du nombre d'arbres ainsi abattus, pour les faire vendre ensuite.

CHABLIS (Vin de), le meilleur vin blanc de Bourgogne après celui de Meursault, dont le bouquet est plus fin. Il se récolte dans le département de l'Yonne, et tire son nom d'une petite ville de l'arrondissement d'Auxerre. Ce vin est spiritueux, a de la finesse et du bouquet; il conserve une limpidité parfaite, surtout si l'on a soin de le garder deux ans en tonneau et un an en bouteille avant d'en faire usage. Il avait déjà de la réputation au moyen âge. Les meilleurs crus sont ceux du Clos, de Valmur, de Vaudesir, de Bouguereau et du Mont-du-Milieu. D'autres côtes, telles que celles de Chapelot, de la Preuse, du Bas-du-Clos, de Vossegros, etc., donnent un vin de Chablis inférieur. Il arrive souvent que le commerce mélange les deux qualités.

CHABOISEAU. Voyez CHABOT.

CHABOT, genre de poissons remarquables en ce que lorsqu'ils sont irrités ils renflent leur tête armée d'épines et horizontalement aplatie, en remplissant d'air leurs ouïes. Leurs nageoires pectorales sont amples; les ventrales sont thoraciques, et les deux dorsales profondément divisées. Ils cherchent les rochers des rivages, et vivent quelque temps hors de l'eau. Cuvier divise ce groupe de poissons en trois sous-genres, qui sont les *chabots* proprement dits, les *aspidophores*, et les *platycéphales*. Les espèces les plus communes sont le *chabot commun*, un meunier (*cottus gobio*, L.), qu'on prend très-fréquemment sur nos côtes, et le *chabot* ou *scorpion de mer* (*cottus scorpius*, L.), dont les noms vulgaires sont crapaud de mer, diable de mer ou chaboiseau.   L. LAURENT.

CHABOT (Famille de), illustre maison originaire du Poitou, connue depuis l'an 1040. Elle se divisait en plusieurs branches, savoir: 1° la branche des barons de *Retz*; 2° la branche des seigneurs *de La Grève*; 3° celle des seigneurs *de Jarnac*; 4° celle des seigneurs *de Saint-Aulaye*, qui, par le mariage de l'un d'eux avec l'héritière des Rohan-Gié, prit le titre de *Rohan-Chabot* (*voyez* ROHAN); 5° celle des seigneurs de *Brion*, comtes de *Charny*; 6° enfin celle des marquis de *Mirebeau*.

CHABOT (PHILIPPE DE BRION-), comte de Charny et de Busançois, le membre le plus connu de la famille de Chabot, fut élevé au château d'Amboise avec François Ier, qui monté sur le trône lui conserva une faveur toute particulière. En 1524 il se jeta avec deux cents lances et trois mille fantassins dans la ville de Marseille, assiégée par les Impériaux, qu'il obligea bientôt à lever le siège.

Dans les guerres d'Italie Chabot servit avec distinction. Il fut l'un de ceux qui conseillèrent la bataille de Pavie, où il fut fait prisonnier. Le roi lui donna la charge d'amiral, vacante par la mort de Bonnivet, et, en 1529, l'envoya en Italie pour y faire ratifier par Charles-Quint la paix de Cambray. En 1535 il fut chargé de conduire la guerre contre le duc de Savoie. Il s'empara de Turin et des principales places de presque tout le Piémont. Il assiégeait le duc dans Verceil, et se disposait peut-être à envahir le Milanais, lorsque le cardinal de Lorraine, qui se rendait à Rome pour négocier la paix, vint arrêter ses succès.

Chabot eut plus tard la maladresse de se mêler aux intrigues qui divisaient la cour de France, et il en fut la victime. Lorsqu'en 1541 François Ier résolut de faire rechercher juridiquement ceux qui s'étaient enrichis aux dépens du trésor public, le faste de Chabot fournit à son ennemi le connétable de Montmorency un prétexte pour le perdre. Il fut arrêté et enfermé au château de Melun; une commission formée pour le juger fut présidée par le chancelier Poyet, vendu au connétable, et le 8 février 1540 Chabot fut condamné comme convaincu de concussions, d'exactions, de malversations et autres entreprises sur l'autorité royale, à autant d'amendes qu'il y avait de chefs d'accusation : réunies ; elles formaient la somme de un million cinq cent mille livres, applicables aux différentes provinces ou aux particuliers auxquels l'amiral avait fait tort. Les commissaires prononcèrent de plus contre lui la confiscation de ses biens et le bannissement.

François Ier, que Chabot avait eu l'imprudence d'irriter en protestant trop hautement de son innocence, n'avait pas rougi d'influencer les juges et de déposer secrètement eux contre un de ses sujets. Mais la condamnation de l'amiral Chabot ne fut pas longtemps maintenue. La duchesse d'Étampes, maîtresse de François Ier, était dans ses intérêts, et elle ne cessa d'intercéder en sa faveur ; Chabot lui-même avait été introduit devant François Ier, et celui-ci lui ayant demandé s'il se targuait toujours de son innocence, Chabot lui répondit qu'il avait trop appris que nul n'est innocent devant Dieu et devant son roi.

Il obtint d'abord des lettres qui le déclaraient exempt des crimes de lèse-majesté et d'infidélité au premier chef ; puis, au mois de mars 1542, d'autres lettres qui déclaraient *abolies et éteintes toutes les offenses, peines, confiscations et amendes portées audit procès.* Il mourut le Ier juin 1543, par suite, à ce qu'assure Brantôme, de l'émotion que lui avait causée sa sentence. On conserve à la Bibliothèque impériale un manuscrit des *Lettres écrites en 1525 par l'amiral de Chabot*, 2 vol. in-fol. C'est à Chabot que l'on doit l'idée de la colonisation du Canada.

Léonor de Chabot, son fils, lui éleva, aux Célestins, un monument remarquable. L'amiral y est représenté vêtu de sa cotte d'armes, qui recouvre son armure, et sur laquelle sont brodées ses armoiries, ayant au cou le cordon de Saint-Michel, et tenant à la main son sifflet en signe de commandement. Il est couché, appuyé sur son casque. Ce monument fut plus tard apporté des Célestins au Musée des Monuments français, d'où il a été transféré dans les galeries du Louvre ; il est de Jean Cousin, quoiqu'on l'ait attribué parfois à Paul Ponce ; la statue, en albâtre de Lagny, a un mètre soixante centimètres de long.   A. SAVAGNER.

CHABOT (François), célèbre par la part importante qu'il prit aux événements de notre première révolution, naquit à Saint-Geniès, en 1759, et fit de bonnes études au collège de Rodez. Il était le fils d'un pauvre cuisinier, qui le plaça chez les capucins ; ceux-ci remarquèrent l'esprit, l'intelligence de Chabot, et tirent de lui le gardien du couvent. Chabot avait lu les ouvrages des philosophes, et la ferveur religieuse avec laquelle il s'était voué à la prêtrise avait disparu : aussi, quand la révolution éclata, en adopta-t-il les principes avec enthousiasme. Quand l'abbé Grégoire fut appelé à l'évêché constitutionnel de Blois, Chabot l'y suivit en qualité de vicaire général ; les électeurs de Loir-et-Cher l'envoyèrent, en 1791, à la Législative, où il se fit remarquer entre les plus ardents révolutionnaires. On a prétendu qu'avant le 10 août, pour donner prétexte à une insurrection populaire, il avait proposé à Grangeneuve de le tuer d'un coup de feu, afin qu'on le supposât victime des royalistes; que Grangeneuve vint au rendez-vous, mais que Chabot y manqua. Cela paraît un conte de roman.

Envoyé aux prisons lors des massacres de septembre, il en revint pour dire ce que Pétion devait écrire, lui aussi, deux mois plus tard, qu'il n'y avait pas possibilité d'arrêter la fureur, l'exaspération du peuple : dans ces terribles journées, il sauva de la mort l'abbé Sicard, avec qui il avait été lié autrefois.

Chabot fut élu membre de la Convention, où il siégea au milieu des montagnards. Quand Manuel, dans les premières séances, demanda avec assez peu de jugement que le président de la Convention reçût des honneurs qui n'étaient point dans les mœurs démocratiques, Chabot s'écria : « Je suis étonné qu'après avoir éloigné toute comparaison avec les rois, on ait proposé de vous assimiler un de vos membres. Ce n'est pas seulement le nom de roi que nous voulons abolir, mais tout ce qui peut sentir la prééminence ; défiez-vous de ce penchant aux formes aristocratiques ; gardez-vous d'ériger en idole ou en sultan le simple officier ou mandataire du peuple. » Au point de vue démocratique, Chabot avait parfaitement raison.

Chabot était un des membres les plus assidus des Jacobins et des Cordeliers. C'est dire assez qu'il prit une part active à cette journée du 31 mai, que les Girondins avaient fatalement amenée, et qui ne pouvait avoir d'autre alternative que de placer un pouvoir violent soit dans leurs mains, soit dans celles de leurs adversaires. Chabot, toujours en avant pour aller en avant, sembla vouloir reculer ; il demanda un jour qu'aucun député ne pût être arrêté avant d'avoir été entendu ; une autre fois, parlant de la nécessité d'une opposition qui éclaire ses adversaires, il demanda qu'il y eût un côté droit dans l'assemblée, déclarant qu'au besoin il le formerait tout seul ; enfin, il épousa une Autrichienne, une sœur du banquier Frey, et s'endormit dans les délices de l'opulence. Dans cette tourmente révolutionnaire qui enleva à la France tant d'hommes remarquables, Chabot disparut avec tant d'autres, mais il disparut par le mauvais côté ; il trempa, avec Delaunay et Julien, dans cette altération du décret concernant la Compagnie des Indes qui valait à ses auteurs quelques centaines de mille francs, et qui aboutit pour eux à l'échafaud. De sa prison, Chabot avait fait appel à la vieille amitié de Robespierre ; mais Robespierre n'aimait pas les voleurs, et ce fut surtout comme voleur, et non pas comme ayant été l'ami de Danton, que Chabot fut jugé en même temps que celui-ci. On sait que sa présence sur les bancs des accusés, dans la condition où il s'y trouvait, contraria vivement le colosse de la révolution. Chabot fut exécuté, le 5 avril 1794, avec Danton, Camille Desmoulins, etc.

CHABRIAS, célèbre général athénien, vécut dans les quatrième et cinquième siècles avant notre ère. Il fut le rival souvent heureux d'Agésilas, qu'il eut à combattre dans diverses guerres. Il lutta avec Conon contre les forces navales des Lacédémoniens, défit à Naxos Pollis, leur général (376 avant J.-C.), et contribua largement à enlever à Sparte le sceptre des mers, que celle-ci avait ravi à Athènes, vaincue. Pendant six ans il prit part aux combats que les Athéniens livrèrent aux Lacédémoniens, autour de Corinthe. Grâce à ses généraux, au nombre desquels il faut surtout mentionner Chabrias, Athènes avait repris dans la Grèce ce premier rang dont elle était déchue depuis quelque temps. Le traité conclu entre Lacédémone et la Perse ramena la guerre entre Sparte et Athènes ; les Thébains s'étaient soulevés contre la première ; Athènes envoya à leur secours Chabrias avec une armée ; Agésilas commandait les Lacédémoniens. La rencontre eut lieu ; elle fut si terrible, que les Thébains lâchèrent pied, abandonnant les Athéniens à la fureur du vainqueur. Chabrias, par une manœuvre aussi hardie que nouvelle, les arrêta. Il fit mettre ses soldats l'un contre l'autre, genou en terre, le bouclier appuyé contre l'autre genou, et la lance en arrêt. Les soldats d'Agésilas s'arrêtent devant cette muraille de fer, d'où la mort les menaçait de tous côtés, et qu'ils ne savaient par quel côté et comment entamer. Lorsque, plus tard, les Athéniens érigèrent une statue à Chabrias, statue que quelques-uns croient être le *gladiateur*, ils le représentèrent dans l'attitude où il avait placé son armée dans cette célèbre bataille. Chabrias, dans cette guerre, fit encore beaucoup de mal à la marine lacédémonienne. Un peu plus tard , apportant à Évagoras le secours des Athéniens, il lui soumit toute l'île de Chypre.

Nous le retrouvons plus tard combattant pour le roi d'Égypte , Tachos, disent les uns, Nectanabis, disent les autres, entre autres Cornelius Nepos ; Agésilas était cette fois l'émule, le compagnon d'armes de Chabrias ; car tous deux combattaient avec les Égyptiens contre les Perses. Chabrias fut plus fidèle qu'Agésilas à celui dont il avait embrassé la cause ; il rétablit Nectanabis sur le trône d'Égypte. Les satrapes du roi de Perse ayant porté plainte aux Athéniens contre l'immixtion de Chabrias dans les affaires de l'Égypte et de la Perse, Athènes le rappela, lui assignant un délai qu'il ne devait point dépasser, sous peine de mort. Mécontent de ses concitoyens, n'étant point d'ailleurs à son aise dans cette ville pour s'y livrer à ses goûts de dépense et de somptuosité, Chabrias alla habiter une autre contrée. Néanmoins, il participa à d'autres expéditions militaires décidées par les Athéniens : nous le voyons prendre part à l'expédition dirigée, lors de la guerre sociale, par Charès contre l'île de Chios ; les uns disent que Chabrias commandait comme général en second, d'autres le représentent comme combattant en simple volontaire. Le vaisseau que montait Chabrias, et qui devait suivre le reste de la flotte, pénétra dans le port de l'île assiégée ; mais il y pénétra seul, la flotte ne l'ayant pas suivi. Il fut accablé par les ennemis, qui coulèrent son navire ; son équipage se jeta à la nage, et se sauva ; Chabrias aurait pu en faire autant, il préféra mourir glorieusement à son poste. Sa mort arriva dans la 3ᵉ année de la 104ᵉ olympiade (l'an 355 avant notre ère).

Chabrias avait été disciple de Platon, qui seul prit sa défense dans une occasion où Callistrate l'accusait, devant l'Aréopage, d'avoir laissé surprendre Oropc par les Thébains. Démosthène dit que, dans sa carrière militaire, Chabrias prit dix-sept villes, soixante-dix vaisseaux, fit 3,000 prisonniers et dota le trésor de cent dix talents, sans avoir jamais été battu par l'ennemi. Sans examiner s'il y a de l'exagération dans cette assertion du grand orateur, nous constaterons seulement que Chabrias est un des derniers généraux qui aient laissé quelque lueur de gloire sur la Grèce, près de sa décadence militaire. Plutarque, à cause de la lenteur de ses mouvements, et surtout de la lenteur avec laquelle il se décidait à attaquer, le trouve trop lourd dans sa tactique ; c'est cependant cette tactique, celle de Fabius *Cunctator*, qui assura souvent ses victoires. Chabrias connaissait le secret de la force des armées ; il disait un jour, avec beaucoup de sens : « J'aimerais mieux une armée de cerfs commandée par un lion, qu'une armée de lions commandée par un cerf. »

CHABRILLAN (Famille de). La maison de *Moreton de Chabrillan*, dont plusieurs membres figurent avec éclat dans nos annales, est une des plus nobles du Dauphiné, où est située la terre de son nom, qui fut son principal domaine pendant plus de trois siècles, et qu'elle possède encore. Elle lui est venue, par échange, en 1450, du dauphin, depuis Louis XI, et a été érigée en marquisat par lettres patentes de 1674.

Hyppolite-César-Guignes de Moreton, marquis DE CHABRILLAN, né en 1767, émigra en Espagne, et fut fait prisonnier au moment où il s'apprêtait à passer en Angleterre. Sauvé, par les généraux Biznaet et Bonaparte, du massacre des prisons de Toulon, au mois de mars 1795, il fut rendu deux ans après à la liberté. Le marquis de Chabrillan devint à la Restauration gentilhomme d'honneur de Monsieur, depuis Charles X, lieutenant-colonel, député et président du collége électoral de la Drôme. Il siégea à la chambre élective près de MM. de Villèle et de Corbière, et ne prit la parole qu'une seule fois, pour repousser le titre de *représentants du peuple*, qu'un pétitionnaire avait donné aux députés.

Alfred-Philibert-Victor-Guignes de Moreton, marquis DE CHABRILLAN, fils du précédent, né en 1800, épousa la fille du comte de Saint-Vallier, pair de France, et lui succéda, en 1824, dans la chambre héréditaire, en vertu de lettres patentes de substitution. Il vit dans la retraite depuis 1830.

CHABROL (Famille de), originaire de l'Auvergne, et aujourd'hui l'une des plus anciennes de la province. Un testament fait en Terre Sainte à l'époque des croisades, et conservé à la Bibliothèque impériale, relate au nombre des témoins un *Chabrol d'Auvergne*. Elle comptait beaucoup d'illustrations dans les armes, la magistrature et les lettres, lorsque naquit dans son sein un jurisconsulte dont les remarquables travaux et la science profonde devaient jeter sur elle un nouvel éclat.

Guillaume-Michel CHABROL, avocat du roi au présidial de Riom, vit le jour dans cette ville, en 1714. Il publiait en 1784 un *Commentaire sur la Coutume d'Auvergne*, en 4 vol. in-4°, ouvrage qui eut un immense succès, et dans lequel l'auteur sut allier à une savante discussion du droit romain et du droit coutumier un style remarquable de pureté, de concision et d'élégance. Le premier volume contient de précieuses discussions historiques, et le quatrième des documents généalogiques d'une grande valeur. Les légistes le consultent encore et le classent au premier rang des ouvrages de ce genre. En 1767 Louis XV accorda à Guillaume-Michel Chabrol des lettres *de rappel* de noblesse, dans lesquelles ses alliances avec les Sirmond, les Arnauld de Pomponne, d'Andilly et Jean de Basmaison sont établies comme autant de titres honorables. Il fut nommé plus tard conseiller d'État pour Louis XVI, et mourut à Riom, en 1792.

De ses deux fils, l'un, selon l'usage des anciennes familles, embrassa la carrière des armes, et devint colonel du régiment d'Auvergne ; l'autre, suivant les traditions de son père, se consacra à la magistrature ; il devint président au présidial de Riom, conseiller d'État, et fut plus tard élu député de la noblesse aux états généraux par l'assemblée bailliagère que son père présidait. A la Restauration, Louis XVIII lui donna le titre de comte, et les lettres patentes attribuèrent le même titre aux quatre enfants mâles qui lui restaient ; il mourut vers 1820.

Gaspard-François, comte DE CHABROL DE TOURNOELLE, était l'aîné des cinq fils du membre de l'Assemblée constituante. Élu en 1815 député dans le Puy-de-Dôme, au collège, qu'il avait présidé après l'ordonnance du 5 septembre 1816, lui renouvela son mandat aux élections qui eurent lieu alors, et à celles de 1821. Quand il mourut (janvier 1830), il venait d'être gentilhomme de la chambre.

Antoine-Joseph, comte DE CHABROL DE CHAMÉANE, émigra, fit les campagnes de l'armée de Condé, et ne rentra en France que sous l'empire. Maire de Nevers, gentilhomme de la chambre du roi, et député de la Nièvre depuis 1820 à 1828, il se retira des affaires en 1830, après avoir, comme son frère aîné, voté constamment avec la majorité

royaliste. Son fils, le vicomte *Ernest* DE CHABROL-CHA-
MÉANE, d'abord substitut du procureur du roi à Versailles,
aujourd'hui chef d'une des premières maisons de banque de
Paris, a publié plusieurs ouvrages de droit, parmi lesquels
on cite son *Dictionnaire de Législation usuelle*, qui compte
cinq éditions. Il a également enrichi le *Dictionnaire de la
Conversation et de la Lecture* de plusieurs articles remarquables.

Christophe-Jean-André, comte DE CHABROL DE CROUSOL,
le troisième des petits-fils de l'auteur de *La Coutume d'Auvergne*, né à Riom, en 1771, fut destiné dès sa jeunesse à
l'état ecclésiastique, et passa ses premières années dans la
congrégation de l'Oratoire, qu'il quitta en 1791, par suite de
son refus de serment à la constitution civile du clergé. Emprisonné, avec toute sa famille, pendant la Terreur, il ne recouvra la liberté qu'au commencement de 1795, et demeura
dans la retraite jusqu'à la première formation du Conseil
d'État, dans laquelle Napoléon l'avait fait comprendre. Successivement maître des requêtes, président de la cour impériale d'Orléans, président du conseil souverain de liquidation de Toscane, il fut rappelé en 1811 pour occuper une
présidence qui lui avait été réservée dans la nouvelle organisation de la cour impériale de Paris. Quelques mois
après, la manière dont il s'était acquitté des fonctions de
l'intendance générale des provinces illyriennes lui valait les
témoignages les plus flatteurs de Napoléon, et la même
charge dans le Piémont après l'évacuation des armées françaises. Louis XVIII nomma M. de Chabrol d'abord conseiller d'État, puis préfet du Rhône. Durant les Cent-jours
il suivit le comte d'Artois dans sa retraite, et ne rentra à
Lyon qu'en 1815. Il cessa ses fonctions à la suite de l'enquête dont fut chargé le duc de Ragusa en 1817 pour examiner la conduite du général Canuel. Nommé ensuite sous-
secrétaire d'État à l'intérieur, puis directeur général de l'enregistrement et des domaines, il fut appelé, en qualité de
secrétaire d'État, au département de la marine en 1823, et à
la chambre des Pairs. A la chute du ministère Villèle, M. de
Chabrol fut choisi par Charles X pour composer un nouveau cabinet, dans lequel il conserva le même portefeuille.
Il le résigna en 1828, pour reprendre, en 1829, celui des
finances, qu'il abandonna le 9 mai 1830; retraite honorable, qui le devint encore davantage par l'éloignement plein
de modération dans lequel il se tint depuis juillet 1830. Il
est mort en 1839.

Gilbert-Joseph-Gaspard, comte DE CHABROL DE VOLVIC,
naquit à Riom, en 1773. Après avoir fait une campagne
comme simple soldat, et avoir été emprisonné pendant la Terreur avec les autres membres de sa famille, il se trouva
néanmoins avoir acquis assez de connaissances spéciales
pour obtenir, en temps utile, le numéro 1er dans l'examen
d'entrée à l'École Polytechnique, numéro qu'il eut le talent
de conserver à sa sortie. Il en profita pour suivre Bonaparte en Egypte et devenir plus tard l'un des collaborateurs
du grand ouvrage sur cette contrée, en même temps qu'il
publiait avec beaucoup de succès un mémoire remarquable
sur les mœurs des Egyptiens modernes. La capacité multiple
que M. de Volvic déploya dans la sous-préfecture de Pontivy, où il avait été d'abord nommé à son retour d'Egypte,
le fit choisir pour la préfecture de Montenotte, position difficile, dans laquelle il montra tout ce qu'il valait. Ce fut lui
qui traça et commença cette magnifique route de la Corniche,
qui fait aujourd'hui l'admiration des voyageurs. Pendant le
séjour du pape à Savone, la convenance parfaite qu'il sut,
sans oublier ses devoirs, apporter dans ses relations avec le
souverain pontife, mit le sceau à sa réputation. Napoléon
avait jugé dès lors que c'était lui qu'il lui fallait dans
la capitale de son empire; il y appela en 1812. La restauration survint, et M. de Volvic fut maintenu dans ses hautes
fonctions en dépit de toutes les intrigues. Pour mettre fin à
ces tracasseries, Louis XVIII, qui lui avait voué la plus
grande estime, répondait un jour à ses détracteurs : *M. de
Chabrol a épousé la ville de Paris, et j'ai aboli le divorce.*
Son administration dura jusqu'à la révolution de Juillet,
époque à laquelle il se retira des affaires, comme tous les
membres de sa famille. On sait ce que la ville lui doit d'améliorations dans tous les genres : il porta son attention éclairée sur
tous les points; les travaux d'utilité publique et d'embellissement qu'il fit exécuter sont trop nombreux pour qu'on
en puisse donner ici l'énumération, mais nous ne saurions
passer sous silence l'intelligence qu'il apporta dans la direction des beaux-arts de la ville de Paris, et les artistes se
souviendront toujours des encouragements bienveillants et de
la haute protection qu'il leur accorda. Député, d'abord de
la Seine, puis de la ville de Riom, pour laquelle il avait
opté, il fut appelé à l'Institut en 1820, à l'occasion de la découverte qu'il fit de la peinture émaillée sur lave volcanique. Il est mort à Paris, au mois de mai 1843.

CHABROL DE MUROL, le dernier frère des précédents, naquit à Riom, en 1775, et fut admis au premier rang à l'École
Polytechnique, d'où il dut sortir sous le Directoire pour
refus de serment de haine à la royauté. Il n'en continua pas
moins ses études de mathématiques transcendantes. Il rédigeait dans la solitude des mémoires remarquables sur les
plus hautes questions, les problèmes les plus ardus, et il
les remettait anonymes chez le concierge de l'Institut. Ils
attirèrent bientôt l'attention de ce corps savant, au point
que Lalande regardait M. de Murol comme son remplaçant
naturel. Sa réputation était telle qu'à l'âge de vingt ans il
avait déjà été présenté trois fois comme candidat à une place
dans ce corps savant. Mais d'autres idées le poussaient
vers d'autres destinées. Enflammé par l'exemple des missionnaires, il entra tout à coup au séminaire Saint-Sulpice,
et prit les ordres, avec l'intention d'aller prêcher l'Évangile
en Chine. La mort, que hâtèrent des travaux excessifs et les
austérités d'une piété fervente, vint l'empêcher de mettre à
exécution ses projets. Il s'éteignit en 1805.

CHABROUD (CHARLES), naquit en 1750, à Grenoble,
où l'esprit, dit-on, court les rues. Chabroud avait pris sa
bonne part dans ce trésor commun, et il joignit à l'esprit
un vaste savoir du droit et de la jurisprudence. Député aux
états généraux, il devint l'un des présidents de l'Assemblée
constituante, et parmi plusieurs travaux qu'il lui présenta,
l'on doit distinguer un *Projet d'organisation du pouvoir
judiciaire*, qui partagea les suffrages de l'Assemblée pour
l'obtention de la priorité. Le rapport qu'il fit de la procédure du Châtelet sur l'affaire des 5 et 6 octobre à Versailles
le rendit surtout fameux. A la suite de ce rapport, dont
Mounier, membre de l'Assemblée nationale, appela au
tribunal de l'opinion publique, l'Assemblée déclara qu'il n'y
avait pas lieu à accusation contre Mirabeau l'aîné et
Louis-Philippe-Joseph d'Orléans.

Lors de l'établissement du gouvernement consulaire, par
un grand oubli, ou par une grande injustice, Chabroud ne
fut point maintenu juge de cassation, et il devint le premier
avocat du barreau de ce tribunal. Sous des formes simples,
qui commandaient la conviction, il avait l'art presque inap-
perçu d'introduire dans son argumentation un peu de la subtilité des légistes romains. On le voyait dans son cabinet,
un dossier en main, l'étudier avec la plus grande contention d'esprit, et y découvrir avec bonheur des moyens de
cassation. On attribue à Chabroud cette réponse à un client
qui s'inquiétait de ce qu'il pensait de son affaire : « Ah!
mon cher monsieur, j'ai perdu de si bonnes causes, et j'en
ai gagné de si mauvaises !... — C'est assez, répliqua le client,
je vous prie de défendre la mienne. » Nous ne prétendons
aucunement insinuer par cette anecdote que Chabroud se
chargeât jamais sciemment de mauvaises causes, et nous
devons à ce sujet une explication, qui pourra être utile à
la plupart de nos lecteurs. En affaires contentieuses, la justice n'est pas toujours le droit, et le droit d'une cause juste

est plus ou moins incertain. Voilà de ces affaires qu'un avocat peut défendre sans scrupule.

Lorsque Chabroud avait ôté sa robe du palais, il était l'homme le plus aimable et le plus gai dans son intérieur. La perte de sa femme fut pour lui une cause de douleur inconsolable, et les malheurs publics vinrent achever de jeter le découragement dans son esprit. Il ferma la porte de son cabinet, et se retira chez sa fille, à la campagne, près Paris. Là, ne s'occupant plus des affaires du monde, il se laissa mourir lentement, du poison combiné du chagrin et de l'ennui. Il succomba le 1er février 1816.   PARENT-RÉAL.

CHACABOUT, solitaire siamois, fondateur d'une secte qui porte son nom, et qui s'est répandue dans les royaumes de Siam, de Tonquin et dans l'empire du Japon. Son décalogue est inspiré par la morale la plus pure. Il y condamne l'homicide, le vol, le mensonge, l'impureté, la colère, la médisance, la perfidie et autres vices de l'humanité. Il enseignait aux hommes à fuir cette vaine curiosité qui les porte à vouloir connaître ce qu'il ne leur est pas donné de savoir; il leur commandait de se borner à l'étude des sciences propres à leur état. On ferait un excellent peuple avec la doctrine de ce sage : un chrétien n'eût pas mieux dit; mais il reste à savoir si les disciples de Chacabout observent plus exactement sa loi que les chrétiens n'observent celle du Christ. Comme le fils de Dieu, il annonçait des récompenses éternelles pour ceux qui suivaient sa doctrine, et des peines sans fin pour ceux qui la rejetaient. Il admettait une sorte de métempsycose pour ceux qui la reconnaissaient sans l'observer. Il les condamnait à passer trois mille ans dans différents corps pour se purifier. La récidive était possible, et pouvait les mener loin. Mais que sont des milliers d'années auprès de l'éternité?
VIENNET, de l'Académie Française.

CHACAL. Cette espèce, le *canis aureus* des *Catalogues méthodiques*, appartient au genre *chien*; elle est répandue en Afrique et en Asie. Le chacal est un animal vorace, un peu moindre pour la taille que le loup, et dont la queue, tombante comme celle du renard, est moins grosse et n'atteint guère que le talon. On le trouve en Asie et dans l'Afrique, depuis la côte de Barbarie jusqu'au Sénégal, et dans le pays des Cafres. Il paraît avoir subi quelques modifications, et il n'est pas même certain qu'il ne forme qu'une seule espèce. Ceux du Sénégal, par exemple, sont plus élevés sur jambes, et paraissent avoir le museau plus fin et la queue plus longue. F. Cuvier en a fait une espèce distincte sous le nom de *canis anthus*. Les chacals, de même que les chiens sauvages, vivent par troupes, et se nourrissent le plus souvent d'animaux morts abandonnés par les lions et les autres grandes espèces. Lorsqu'ils attaquent quelque proie, ils ne le font jamais seuls, mais réunis plusieurs ensemble. Ces traits de leur caractère et quelques autres encore les ont fait rapprocher de nos chiens domestiques, et ont donné à penser qu'ils pourraient en être la souche. Cette opinion paraît encore aujourd'hui la plus probable. Quelques personnes, qui l'avaient d'abord soutenue, l'ont plus tard repoussée, à l'exemple de F. Cuvier, se fondant sur la mauvaise odeur que répandent ces animaux, laquelle aurait suffi pour empêcher l'homme de se les associer. Mais ne pourrait-on pas se demander aussi comment ce même homme qui aurait repoussé le chacal, se serait associé le bouc, dont l'odeur est bien autrement désagréable?

Buffon a décrit sous le nom d'*adive* une espèce que l'on regarde comme étant la même que le chacal; cependant, ce que nous connaissons de cet animal est loin de lui être applicable : c'est ainsi qu'il est dit que l'adive est une jolie espèce de *chien sauvage*, vivant en Afrique, mais jamais par troupes comme le chacal; de plus, si l'on veut en croire la chronique, les dames de la cour de Charles IX auraient eu des adives au lieu de petits chiens, car ces petits animaux sont d'une grande propreté. Si l'adive favori de ces dames et

DICT. DE LA CONVERS. — T. V.

l'adive de Buffon appartenaient à la même espèce, on ne peut douter que cette espèce diffère des chacals, que leur mauvaise odeur aurait bien certainement fait repousser de la cour.   P. GERVAIS.

CHACO ou **EL GRAN CHACO**, vaste contrée sauvage et que foule rarement le pied d'un voyageur européen, située dans l'Amérique du Sud, et appartenant partie à la république Argentine, partie à la Bolivie, entre le Parana et le Paraguay à l'est, les derniers contre-forts orientaux des Andes à l'ouest, la chaîne de Bolivia et de Matto-Grosso au nord et le Rio Salado au sud, couvre une superficie de près de 20,000 myriamètres carrés. Ce pays est une immense plaine, qui n'est traversée que par quelques chaînes montagneuses dans ses parties occidentale et septentrionale; montagnes qui forment le bief de partage entre le Rio Salado, le Vermejo et le Pilcomayo, ces trois grands affluents du Paraguay, navigables sur un très-long parcours, et qui coulent à travers cette contrée dans la direction du sud-est. La partie septentrionale du Chaco est comparativement bien boisée, et couverte de la plus riche végétation tropicale, tandis que sa partie méridionale, comprise entre 26° et 30° de latitude méridionale, ressemble à un désert faute de cours d'eau et de pluies. Le sol de cette contrée est généralement d'une nature sablonneuse; dans beaucoup d'endroits il est couvert d'incrustations salines, dans d'autres on trouve des marais salants, mais dans un fort petit nombre seulement, de bons pâturages. Cette partie du Chaco n'est point habitée; c'est seulement sur les bords du Rio Salado que quelques familles ont tenté de former des établissements. Par contre, les parties de ce territoire qui s'étendent entre le Vermejo et le Paraguay et sur les deux rives du Pilcomayo, connues sous le nom de *Llanos de Manso*, sont habitées par quelques tribus indiennes, d'ailleurs fort peu nombreuses. Les unes, les Tobas, les Mataguayos et les Matacos, errent sur les bords du Vermejo, et les Guanas, les Guaycurus, les Yagas, les Linguas et les Iviravaras, entre le Pilcomayo et le Parana. Toutes ces peuplades, à l'exception des Guanas et des Matacos rendues sédentaires par les missionnaires jésuites et qui pratiquent l'agriculture, sont nomades et vivent des produits de leurs troupeaux et de leur chasse. Elles entretiennent d'ailleurs d'amicales relations avec les blancs des états voisins. Leur nombre dépasse à peine 30,000 têtes. Dans les luttes intestines auxquelles la république Argentine a été en proie depuis près de cinquante ans, ces solitudes incultes ont offert de sûrs asiles aux vaincus et aux fugitifs.

CHACONNE. C'est ainsi que fut appelée au seizième siècle une certaine danse que l'on disait venue d'Italie, ainsi que son nom l'indique. D'autres prétendent qu'elle fut inventée par les Espagnols, et Ménage a écrit : « J'ai ouï dire à M. de Beauchamp, l'homme le plus intelligent pour la danse, que la *chaconne* nous est venue d'Afrique. » Quoi qu'il en soit, du mot italien *ceconne*, qui signifie aveugle, on a formé ce nom, parce qu'un aveugle inventa, dit-on, le mouvement de cette danse. Sous Louis XIV, on appela *chaconne* un ruban qui servait à attacher le col de la chemise, et dont les deux bouts pendaient négligemment; c'est Pécourt, fameux danseur de l'Opéra, qui, au rapport de Ménage, en fit venir la mode, ayant porté, dans une chaconne qu'il dansa, un ruban attaché de cette manière.
LE ROUX DE LINCY.

Ce nom s'appliquait aussi aux airs qui accompagnaient la danse dont il vient d'être parlé. Leur beauté consistait particulièrement dans la manière dont le rhythme y était marqué. On les écrivit d'abord à deux ou à trois temps; puis ce dernier mouvement prévalut et fut adopté de préférence par Lulli et par son successeur Rameau, qui composa un grand nombre de chaconnes, et leur donna un développement considérable. Les dernières chaconnes se trouvent dans les œuvres de Gluck.

6

CHAGRE ou **CHAGRES**, situé à l'embouchure du fleuve du même nom, au nord-ouest de l'isthme de Panama, dans une contrée malsaine, chaude et humide, est, dans la mer des Caraïbes, de même que *Porto-Bello*, situé à l'est, l'un des ports les plus importants du district d'Istmo, dans la Nouvelle-Grenade. Il n'est cependant accessible qu'aux navires d'un faible tonnage. Un fort, qui domine cette côte plate et nue, le met suffisamment à l'abri de toute insulte. Les habitants, au nombre d'environ 3,000, s'occupent surtout de commerce de transit avec Panama, situé au sud-est, sur la côte opposée. Les marchandises remontent d'abord le Chagres, navigable dans la moitié de son parcours, c'est-à-dire jusqu'à Cruces, où il se dirige à l'est; puis on les transporte à dos de mulet par des routes détestables.

Quand Chagres était encore au pouvoir des Espagnols, l'amiral Vernon, après avoir pris la ville, fit sauter le San-Lorenzo, château qui défendait l'entrée du port.

CHAGRIN, état maladif de l'âme, contre lequel il arrive plus d'une fois que tout remède est impuissant. Le chagrin n'est pas l'apanage exclusif de telle ou de telle position, il ne se glisse pas sous une seule forme, il les revêt toutes. Les malheurs réels, les privations rigoureuses, n'engendrent guère un profond chagrin; il n'en est pas de même d'une blessure faite à la vanité : on en meurt souvent dans toutes les classes. Ce déplorable résultat précède la civilisation; on le rencontre au milieu de la vie sauvage : pour qu'il existe, il suffit que plusieurs individus soient réunis. Mais c'est surtout lorsqu'il est unique que le chagrin est redoutable : comme une idée fixe, il ne laisse ni trêve ni repos; la pensée vous ramène toujours à un même point, contre lequel vous venez sans cesse vous briser. Est-on en proie, au contraire, à un nombre assez considérable de chagrins, il est impossible qu'on ne triomphe pas soit des uns, soit des autres : ces victoires vous rendent le sentiment de vos forces. Il y a en outre dans cet emploi d'une heureuse énergie une dissipation forcée, qui éveille et aiguillonne l'esprit. Un travail excessif, de quelque genre qu'il soit, adoucit les chagrins les plus déchirants. Au milieu des désastres de la Révolution française, les femmes les plus illustres auraient toutes expiré de douleur si des occupations matérielles ne leur fussent devenues indispensables pour gagner le morceau de pain qui soutenait leur vie : l'espérance la plus éloignée produit le même effet. On meurt rarement de chagrin en prison, parce qu'on rêve sans cesse aux moyens de conquérir sa liberté. J'ai connu un homme qui au secret et plongé dans un cachot a corrigé de mémoire une œuvre poétique assez considérable, qu'il avait publiée dix années auparavant. C'est en général aux hommes peu aux puissants que le chagrin est funeste; ils ne s'en détachent ni le jour ni la nuit : ils sont maîtres de tout leur temps. Habitués à tout voir ployer sous leur commandement, ils ne reçoivent la plus légère contrariété que comme une insolence du sort, contre laquelle ils s'irritent, sans pouvoir toujours la repousser. Mais qu'une sensation subite et profonde les saisisse, alors ils sont arrachés au chagrin le plus opiniâtre : la mort d'une personne chérie a plus d'une fois fait oublier à un ambitieux la perte du pouvoir.

Les femmes résistent mieux que nous au chagrin : leur esprit parcourt plus les objets qu'il ne s'y arrête; elles ont aussi une flexibilité de caractère qui se plie aux circonstances pour les mieux modifier. La vie intérieure et de détail à laquelle elles sont vouées leur procure des diversions sans cesse renaissantes; leur présence dans la famille est si indispensable, que, pour ne pas manquer à ceux qu'elles aiment, elles s'inspirent d'un courage, qui faiblit bien quelquefois, mais qui ne les abandonne jamais entièrement. Elles vivent donc de longues années sous un chagrin qui nous tue sur-le-champ. Il en est un néanmoins sous lequel les femmes succombent, c'est ce qu'on appelle le *chagrin d'amour*; mais il faut qu'elles aient été élevées dans la solitude ou qu'elles s'attachent à un homme qui soit séparé d'elles par l'éducation ou le rang : leur cœur a soif d'une félicité si infinie qu'il se brise de douleur au moment où elle leur échappe.

Maintenant quel spécifique à indiquer contre le chagrin? Le meilleur, comme le plus sûr, c'est de multiplier ses devoirs : si vous êtes blessé dans votre vanité, secourez vos frères dans leurs souffrances de tous les jours; en comparant la légère piqûre qui vous a été faite, aux profondes blessures des autres, vous vous en sentirez mieux. Vous a-t-on calomnié dans les services que vous avez rendus à votre patrie, faites du bien aux hommes de tous les pays. Enfin il faut toujours s'efforcer de tenir à distance le chagrin; ici la lutte est soulagement. En un mot, c'est un ennemi qu'on a à moitié vaincu dès qu'on l'éloigne de soi, ne fût-ce que par intervalles.

SAINT-PROSPER.

CHAGRIN (Peau de). C'est une espèce particulière de cuir qui offre un aspect grainé. Cette grainure consiste en papilles arrondies, solides, très-rapprochées entre elles. Le meilleur chagrin nous est apporté de Constantinople, où il arrive d'Astrakhan et de Perse; on en tire aussi de Tunis, d'Alger, de Tripoli, de plusieurs parties de la Syrie, et même de quelques cantons de la Pologne. Dans tout l'orient on le désigne sous le nom de *saghir*. Les gainiers font un grand usage de la peau de chagrin pour couvrir les boîtes à instruments et les étuis qu'ils fabriquent. On a tenté en France, et jusque ici avec assez peu de succès, la fabrication de cette espèce de cuir, dont les Levantins font un grand mystère. Ils y emploient de préférence les peaux d'ânes, de mulets, de chevaux; et la partie des peaux qui convient le mieux pour cette fabrication est celle qui recouvre la croupe ou train de derrière de l'animal. D'abord on tanne ces peaux, et on les réduit par l'écharnage au moindre degré possible d'épaisseur. On sème sur ces peaux ainsi préparées et légèrement humectées de la graine de moutarde, qu'on étend avec le plus de régularité qu'il est possible; on met la peau sous presse et on l'y laisse sécher. Si la graine prend bien sur la peau et s'y imprime uniformément, l'opération a réussi; mais souvent il reste des places, dites *miroirs*, sur lesquelles la graine ne s'incruste pas bien, et c'est alors une opération manquée. Le vrai chagrin ne doit jamais s'écorcher : c'est cette durabilité qui le distingue du maroquin chagriné. Les peaux chagrinées prennent facilement toutes les couleurs dont on veut les imprégner; cependant le vert de mer est celle qui réussit généralement le mieux.

PELOUZE père.

CHAH, titre équivalant en Perse à celui de roi ou d'empereur, et dont les souverains de ce pays font précéder ou suivre leur nom, comme *Feth-Ali-Chah*, *Chah-Nadir*, *Chah-Abbas*. Les fils du roi le prennent aussi, et tout prince du sang du roi est droit *Chah-Zadéh*. Cependant le roi Zérym, mort en 1779, n'eut jamais que le titre de *rekyl*, gouverneur, et d'autres souverains n'adoptèrent que celui, plus banal encore, de *khan*. Divers chefs des Afghans ont été traités de *chah*, mot qu'on joint quelquefois au nom de certaines provinces de la Perse, comme *Kerman-Chah*. Le *Chah-Nameh*, enfin, ou *Livre des Rois*, est un recueil de poésies, révéré de ce peuple, qui ne lui attribue pas moins de huit siècles d'existence.

CHAHUT. *Voyez* CANCAN.

CHAILLOT, l'une des enclaves de Paris, premier arrondissement, quartier des Champs-Élysées. Ce village, car, en dépit des conventions municipales, Chaillot est resté village, ce dernier donc possédait jadis un château. Si le fait n'est pas bien prouvé, il est du moins très-probable, puisqu'à la place de l'église actuelle, il y avait à Chaillot une chapelle seigneuriale, dont les dîmes et produits furent concédés dans le onzième siècle au prieuré de Saint-Martin des Champs. Toujours est-il qu'en 1659 le village de Chaillot fut érigé par Louis XIV en faubourg de Paris : ce fut alors seulement qu'on agrandit la chapelle. En 1740 on éleva la nef et le portail; on refit en grande partie le sanctuaire; enfin, cette chapelle, devenue église sous l'invocation de Saint-Pierre, reçut en 1802 le titre de troisième succursale de la Madeleine. Les *Chaillotins* sont fiers de leur église comme d'une antiquité romaine.

En 1784, lorsque sur la demande des fermiers généraux, alarmés par les progrès que faisait la contrebande, leur ennemie naturelle, Calonne fit enceindre Paris, on comprit tout simplement dans l'enceinte Chaillot, village qui jusqu'à cette heure n'avait pas même joui de son titre de faubourg. Un matin donc, en s'éveillant, les habitants apprirent qu'ils étaient Parisiens. Ils demeurèrent très-longtemps, dit-on, frappés de la surprise que cette nouvelle leur avait causée : c'est de là qu'ils prirent et gardèrent le sobriquet moqueur d'*ahuris*. Mais, en dépit de leur intercalation dans la capitale, les habitants de Chaillot s'obstinèrent à rester villageois; ils ne se regardent point encore aujourd'hui et ne se sont point regardés comme Parisiens. Ils sont essentiellement de la banlieue, et n'ont de commun avec les citadins purs, ni le langage, ni la tournure, ni les mœurs. Chaillot est une petite ville départementale tombée par hasard dans un coin de Paris. Séparé du reste de la grande cité par la Seine d'une part et les Champs-Élysées de l'autre, il semble que cet espace d'arbres et d'eau mette 100 kilomètres entre le Palais-Royal et lui. C'est au point que ceux de Chaillot disent : Je vais à Paris; et font vraiment un voyage pour venir dans l'intérieur de la ville, tandis que le Parisien proprement dit loue une chambre à Chaillot pour aller le dimanche à *la campagne*. Les voisins se connaissent et s'appellent par leur nom, à Chaillot : l'herbe pousse dans les rues; on se couche à neuf heures; on est dévot et médisant, comme en province.

Au reste, c'est un joli quartier à habiter : l'air y est vif, les points de vue charmants; il y a des jardins à presque toutes les maisons, trois motifs qui expliquent l'industrie toute particulière de Chaillot. Cette industrie est de rendre la santé. Tout le monde à Chaillot est malade, garde-malade ou médecin. Le versant du coteau qui regarde la rivière est couvert de maisons pittoresquement jetées au milieu de jardins superbes et peuplées de pensionnaires que l'on y guérit vraiment très-bien. En outre de ces utiles établissements, Chaillot possède une institution remarquable, destinée à l'adoucissement des dernières années de la vie, et connue sous le nom de *Sainte-Perrine*. Là, moyennant une somme une fois payée, ou une pension annuelle de 650 francs, les vieillards septuagénaires trouvent une bonne gîte, bon lit, bonne nourriture, et tous les égards qu'ils pourraient exiger d'enfants les plus tendres et les plus dévoués. En cas de maladie, le traitement leur est fourni gratis; des attentions délicates les attendent à leur convalescence. Sainte-Perrine est, en un mot, comme un hôtel des invalides civils, qui, par son excellente tenue, ne fait point regretter aux contribuables la légère subvention qu'il leur coûte chaque année. On trouve encore à Chaillot une crèche, deux ou trois usines importantes, une belle fonderie, enfin la *pompe à feu*, machine à vapeur qui fournit d'eau presque toute la capitale. Tout au bout de Chaillot, vis-à-vis du pont d'Iéna et du Ch a m p-de-M a r s, une rampe rapide a été pratiquée, sous la Restauration, sur l'emplacement où l'empereur voulait faire bâtir un palais pour son fils, et qui reçut alors le nom de *Trocadéro* parce qu'on y représenta l'assaut de Cadix dans les fêtes militaires qui furent données en l'honneur du duc d'Angoulême à son retour d'Espagne. C'est à peu de distance qu'était située la manufacture de tapisseries dite de la *Savonnerie*, fondée en 1604 par la reine Marie de Médicis, et qui a été réunie depuis à celle des G o b e l i n s. Auguste LUCHET.

CHAINE. Les chaînes sont des sortes de cordes métalliques. Les plus simples sont formées d'anneaux ovales ou circulaires, en fer, en acier, en cuivre, etc., engagés les uns dans les autres.

Une chaîne bien simple et bien ingénieuse est celle de Vaucanson. Cet habile mécanicien s'étant occupé de métiers à dévider, substitua une chaîne de son invention aux cordes ou courroies, et donna ainsi un moyen fort simple de faire engrener deux roues dentées placées à une certaine distance l'une de l'autre. Les *chaînes à la Vaucanson* sont plates, à mailles régulières et non soudées, flexibles seulement dans deux sens opposés. Elles se composent de petits rectangles en fil de fer articulés sur une traverse commune, de manière à offrir, lorsqu'elles sont tendues, l'aspect d'une échelle qui aurait une brisure à chaque échelon. Les chaînes à la Vaucanson ne sont pas appropriées aux cas où il y a à vaincre une certaine résistance, parce que leurs mailles n'étant pas soudées, sont incapables de supporter sans s'ouvrir un effort un peu considérable; d'un autre côté, dans les machines de fatigue, telles que les bancs à tirer, le frottement qui a lieu incessamment à chaque articulation use les mailles et les allonge, de sorte que la denture des tambours, qui est invariable, n'étant plus exactement en rapport avec l'espacement des mailles, l'engrenage devient défectueux et même impossible au bout de quelque temps. Ces chaînes se font au moyen d'une machine composée par Vaucanson. Elle est digne de son génie inventif.

Les chaînes ordinaires à mailles soudées, qui remplacent les cordes et câbles en chanvre, dans les grues, chèvres, cabestans, moufles, etc., se font en enroulant autour d'un mandrin d'un diamètre égal à celui de l'intérieur de l'anneau, une tringle de fer rond d'excellente qualité et de grosseur convenable, préalablement chauffé au rouge. En coupant ensuite obliquement chacune des spires, on obtient autant d'anneaux ronds prêts à être soudés et sensiblement égaux. La soudure se fait, comme à l'ordinaire, à l'aide d'un petit feu de forge et sur la pointe arrondie d'une bigorne. Le forgeur, après avoir passé l'anneau à souder dans l'anneau précédemment soudé, rapproche l'un de l'autre les deux bouts coupés obliquement et les soude en une seule chaude. Il donne en même temps à la maille la forme qu'elle doit conserver. Des tourneurs habiles font aussi en buis ou en ivoire de petites chaînes de ce genre, dont les anneaux sont tirés d'un seul morceau.

Une troisième espèce de chaînes à mailles étançonnées rend de grands services principalement à la marine (*voyez* CABLES.)

Parmi les *chaînes*, on doit distinguer aussi celles qui sont employées dans les montres, pour transmettre l'action du grand ressort au mécanisme qui fait marcher les aiguilles. On a fait honneur de leur invention à un Génevois, nommé Gruet, qui s'était établi à Londres. L'exécution de ces petites chaînes, qui sont fort simples, rencontre néanmoins quelques difficultés, à cause de la petitesse des pièces dont elles sont formées; ces pièces sont de petites plaques de métal percées d'un trou vers leurs extrémités; ces *maillons* sont égaux entre eux, car il sont découpés comme les pièces de monnaie, au moyen d'un outil appelé *emporte-pièce*; les extrémités de deux maillons s'attachent à l'extrémité d'un seul au moyen d'une cheville ou goupille qui les traverse tous les trois, etc., de façon que la chaîne présente une suite de charnières. On construit aussi sur ce principe des chaînes capables de résister à de très-grands efforts. Telles sont les chaînes sans fin des machines à draguer, celles des bancs à tirer, etc., et celles de Galle, employées avec succès dans les mines. Ces dernières portent d'un côté des saillies découpées en dents, de sorte qu'une pareille chaîne étant tendue représente une crémaillère.

La *chaîne d'arpenteur*, employée dans le levé des plans, sert à mesurer les distances. Elle est formée de tiges, toutes de la même longueur, d'un demi-mètre ordinairement, en gros fil de fer. Le bout de chaque tige est recourbé pour recevoir un anneau qui l'unit à la suivante. Aux deux bouts de la chaîne sont deux poignées qui servent à la tendre. Sa longueur est ordinairement de 10 mètres.

En termes d'architecture et de construction, on appelle

chaînes des parties d'ouvrages faites pour donner une plus grande solidité à d'autres, comme, par exemple, pour entretenir les ouvrages construits en moellons ou en briques. Ces sortes de chaînes se composent de pierres de taille posées les unes sur les autres, de telle sorte que l'une paraît plus courte et l'autre plus longue. Les parties des pierres longues qui excèdent les courtes, pour former liaison avec les moellons ou les briques, se nomment *harpes*.

En termes de marine, la *chaîne du port* est un corps flottant qui barre l'ouverture du port, pour empêcher les navires et bateaux d'y entrer ou d'en sortir, quand cela est nécessaire au bien du service. Les ports marchands n'ont point de chaînes, mais tous les ports militaires en ont une.

Avant qu'on leur eût substitué des g r i l l e s, les chaînes servaient aussi très-souvent de barrières; on les emploie encore quelquefois aujourd'hui à cet usage. On en met un rang, ou plusieurs rangs espacés également et attachés à des bornes, au-devant des places, des palais et des maisons, pour en interdire l'approche. Il y en avait aussi autrefois dans les villes pour fermer les rues, empêcher le passage aux troupes et se *barricader* dans les émeutes populaires (*voyez* BARRICADES). Quand on voulait punir une ville rebelle, on lui ôtait ses *chaînes*, ses barrières. Les armes de Navarre sont des *chaînes d'or* en champ de gueules, parce que, dit-on, les rois d'Espagne, ligués contre les Maures, ayant remporté en 1212 une grande victoire sur ces infidèles, le magnifique pavillon de l'émir-almoslemin échut, dans la distribution du butin, au roi de Navarre, qui en avait rompu les *chaînes*.

Les *chaînes* et les *fers* ont été pendant longtemps et sont encore des instruments réels de gêne et de torture trop souvent et trop légèrement peut-être employés, non-seulement pour les criminels et les malfaiteurs, mais encore pour les simples prisonniers. Espérons que le système correctionnel et p é n i t e n t i a i r e, mis en pratique surtout, non par des machines purement administratives et routinières, mais par des hommes éclairés et véritablement animés du désir du bien, amèneront dans le moral des condamnés des améliorations qui permettront, sinon de renoncer entièrement à l'usage des chaînes, du moins d'en restreindre l'emploi à un petit nombre de cas. Jusque ici non-seulement les condamnés aux t r a v a u x f o r c é s, mais aussi les déserteurs subissent en France la peine de la *chaîne* et du b o u l e t. Les premiers sont ordinairement pendant tout le temps que dure leur condamnation.

Le *ferrement* des forçats s'accomplissait dans la principale cour de B i c ê t r e et le *départ de la chaîne* étaient autrefois un spectacle hideux, auquel ne manquait pas d'assister la société parisienne, toujours avide d'émotions. L'affluence des curieux était énorme; et comme tous ne pouvaient en jouir, les journaux s'empressaient le lendemain d'initier fidèlement leurs lecteurs aux angoisses de ces malheureux et aux ignobles accents que leur avaient inspirés leur endurcissement ou leur forfanterie. Voici en quoi consistait le ferrement des forçats. Au cou de chacun était rivé le collier de fer qui devait l'accompagner au bagne. Une chaîne suspendue à ce collier le rattachait à une autre chaîne plus longue et plus pesante qui séparait en deux files un *cordon* composé de trente hommes environ. La chaîne était formée de quatre, cinq, ou six cordons. A la suite de cette opération, les condamnés, placés sur de longues charrettes dos à dos, étaient dirigés vers le lieu de leur destination, sous la responsabilité d'un entrepreneur, qui payait 3,000 francs pour chaque évasion. Cet entrepreneur formait une compagnie de vingt à trente hommes de garde à sa solde, qui durant le voyage veillaient sans relâche sur les prisonniers; ceux-ci gardaient leurs fers le jour et la nuit. Une ordonnance du 9 décembre 1836 a supprimé cette barbare coutume. Depuis, les condamnés furent conduits au bagne dans des voitures cellulaires, et là un ferrement au pied les rattache à un co-détenu au moyen d'une chaîne.

Les Romains portaient aussi avec eux, quand ils allaient à la guerre, des *chaînes* destinées pour les prisonniers. Ils en avaient de fer, d'argent, et même quelquefois d'or; ils les employaient selon le rang et la dignité des prisonniers. Pour accorder la liberté, ils n'ouvraient pas la chaîne; ils la brisaient ou ils la coupaient avec une hache : les débris en étaient ensuite consacrés aux dieux Lares.

Mais si les *chaînes* sont les indices de l'esclavage et de la misère, elles accompagnent aussi l'homme dans des situations meilleures, et servent même, comme marques de distinction ou comme ornement, à flatter son orgueil et sa vanité. La chaîne était chez les Gaulois un des principaux ornements de ceux qui avaient le pouvoir et l'autorité; ils la portaient en tout temps; et dans les combats elle les distinguait des simples soldats. Pline met les chaînes entre les choses qui entraient dans la parure des femmes. Saint Clément en parle dans le même sens. Celles qui étaient riches en avaient d'or et d'argent; les autres se contentaient de chaînes de cuivre. Chez les modernes, les *chaînes* ont servi longtemps aussi de marques de distinction; on en donnait autrefois aux soldats qui avaient fait quelque action d'éclat dans le combat; plus tard, elles ont été remplacées par des armes d'honneur, puis par des décorations. La *chaîne* était aussi la marque de la dignité du lord-maire à Londres : ce magistrat la conservait même après être sorti de fonctions, en souvenir de l'autorité qu'il avait exercée. On appelait en France *huissier à la chaîne* un huissier du conseil privé du roi, qui avait la charge de transmettre ses ordres, et qui était tenu, dans l'exercice de ses fonctions, de porter au poignet une chaîne d'or que les premiers titulaires portèrent d'abord autour du cou. L'usage de cette chaîne s'est transmis aux huissiers de la chambre du roi, de la reine, des princes, des chambres législatives et des différents ministères, qui en portent, ainsi que les bedeaux de nos églises, soit en argent, soit en acier, dans l'exercice de leurs fonctions; mais à ces chaînes s'attache plutôt aujourd'hui, comme on le voit, l'idée d'un service et d'une espèce de servitude que celle de distinction et d'honneur dont elles ont été la marque dans l'origine.

Quant aux chaînes d'or, d'argent, et de matières précieuses dont les femmes de l'antiquité aimaient à se parer, elles ont passé à nos sociétés modernes, et l'art de la bijouterie continue à en fabriquer de toutes sortes. D'ingénieuses machines ont été inventées pour les faire plus facilement : mille dessins, mille replis ont été imaginés pour donner aux chaînons des formes nouvelles sans ôter à leur solidité, et quelques-unes défieraient la force d'un athlète. Elles servent ordinairement à porter une montre, un lorgnon. Les hommes en mettent également, mais en général elles ne vont aujourd'hui que de la boutonnière à la poche du gilet. L'ancien *jaseron* a fait place à d'autres formes que la mode change chaque année.

On a étendu, par analogie, le mot *chaîne* à plusieurs travaux manuels dans lesquels on figure ou on imite une suite d'anneaux; et ce mot est devenu un terme de tisserand, commun à tous les ouvriers qui ourdissent le fil, la laine, le lin, le coton, le crin, la soie, etc. Ils appellent ainsi la partie des matières tendues sur les *ensuples*, distribuée entre les dents du peigne et divisée en portions qui se baissent, se lèvent, se croisent, et embrassent une autre partie des matières qui entrent dans la fabrique des mêmes ouvrages et qu'on appelle la *trame*.

Par suite de la même analogie, on appelle *chaîne* la réunion de plusieurs personnes qui se donnent la main pour un travail commun ou pour prendre le divertissement de la danse. Les individus que l'humanité, le zèle ou quelquefois une indiscrète et stérile curiosité appellent sur le théâtre d'un incendie, sont ordinairement requis de *faire la chaîne* pour aider à transmettre de main en main, jusqu'au foyer même de l'incendie, les secours, et principalement l'eau que l'on va puiser à la source la plus proche. Dans nos fêtes, surtout à la campagne, après les travaux de la moisson ou de la vendange, on se réunit le soir pour danser en rond sur l'herbe, en formant une longue chaîne, vingt fois interrompue et reprise par la folie. Dans la contre-danse française, on forme aussi diverses chaînes, en se donnant la main, soit pour tourner en rond, ce que l'on nomme *la grande chaîne*, soit pour traverser et changer successivement de place, en pratiquant la *chaîne des dames*, ou la *chaîne anglaise*, simple ou double. Cette dernière est ainsi appelée parce qu'elle a été empruntée à nos voisins d'outre-mer, qui l'emploient dans leurs danses appelées *colonnes*.

Dans l'ancienne jurisprudence, on nommait *chaîne* une sorte de pot de vin ou addition de prix stipulée par une femme lorsqu'elle vendait une propriété ou donnait son consentement à une vente faite par son mari.

En physique, on nomme *chaîne électrique* une suite de personnes qui se tiennent par la main, ou qui sont mises en communication par un corps intermédiaire pour recevoir toutes en même temps la commotion électrique.

Au figuré, nous trouvons encore le mot *chaîne* employé dans une foule de circonstances et de locutions, tantôt dans le sens de liens ou d'entraves, tantôt avec l'acception de suite ou continuation dans les choses.

Dans le premier sens, *chaînes* se dit au moral des engagements, des liaisons ou des attachements des sens et de l'esprit, de la servitude et de l'esclavage où l'on est réduit, soit par les passions, soit par une force ou une puissance supérieure. Les amants, tout en se plaignant de leurs *chaînes*, s'y complaisent, parce qu'elles sont volontaires; l'idée qu'il ne dépend que d'eux de les rompre, les leur rend plus légères. Il n'en est pas ainsi des *chaînes de l'hymen* ou *du mariage*, qui, tout honorables qu'elles sont, obligent à un attachement nécessaire. Sans le droit, la société serait continuellement exposée à voir le fait détruit par le fait, et son existence, son repos, mis chaque jour en question. Les peuples assez peu éclairés pour ne pas reconnaître cette vérité, ou assez ennemis de leur bonheur pour y rester indifférents, ou bien assez légers pour la mettre en oubli, travaillent eux-mêmes à forger leurs *chaînes*, et l'on voit souvent une partie d'entre eux prêter les mains à subjuguer l'autre. Ne devraient-ils pas, au contraire, s'entr'aider, se liguer contre les projets liberticides de quelques ambitieux, se rappeler que tous les hommes sont frères et qu'ils sont liés entre eux par une *chaîne* naturelle : le besoin qu'ils ont les uns des autres? Quant aux *chaînes du monde*, on semble, au lieu de chercher à les alléger, vouloir en augmenter encore le poids par l'étiquette, la fierté, la morgue, le défaut de confiance et de franchise, et mille petits obstacles que les hommes sont toujours si ingénieux à créer, comme s'il n'y avait pas ici bas assez d'obstacles naturels au bonheur. Puis viennent les passions et les désirs immodérés, dont nous sommes tous plus ou moins esclaves, quand nous devrions apprendre à leur commander.

Dans le second sens, *chaîne* se dit de la continuité ou d'une longue suite de choses qui se succèdent sans intervalles, et qui semblent liées entre elles comme les anneaux qui forment une chaîne matérielle. On dit la chaîne des *êtres*, *des événements*, *des jours*, *des années*, *des siècles*, *des faits*, *des idées*, *des raisonnements*. Dans le même sens, on appelle *chaîne* une suite de notes ou de commentaires abrégés et liés ensemble sur les livres de l'Écriture, principalement des Pères de l'Église grecque, comme l'œuvre d'Origène, ou une collection de tous les auteurs qui ont travaillé sur quelques-uns des livres de l'Écriture.

On appelle aussi *chaîne des êtres créés* cette gradation d'êtres qui s'élève depuis le plus léger atome jusqu'à l'Être Suprême, et qui, en frappant l'esprit d'admiration, atteste la puissance et la sagesse infinies de l'auteur des mondes.

Edme Béreau.

CHAÎNES DE MONTAGNES. Il existe dans la nature des *chaînes de montagnes*, de *rocs* et de *rochers*, qui offrent, soit sur la terre, soit sous la mer, une suite de remparts naturels, dont la formation est l'objet de diverses hypothèses de la part des géologues. Les montagnes, dit Balbi, sont isolées ou assemblées en *chaînes*, *groupes*, ou *systèmes*. Une *chaîne* peut être définie : une suite de montagnes dont la base se touche; un *groupe* est l'union de plusieurs chaînes, et un *système* l'ensemble de plusieurs groupes. Le point où des chaînes de montagnes se réunissent s'appelle *nœud*. Indépendamment de ces deux grandes divisions des montagnes, il existe des groupes de plusieurs chaînes irrégulières, qui semblent ne suivre aucun ordre dans leur direction, et dont aucune ne peut être regardée comme la chaîne principale : on peut ranger dans cette classe les montagnes de la Perse. On regarde comme *chaîne principale* d'un groupe ou d'un système de montagnes celle des revers ou des points culminants de laquelle dérivent les grands cours d'eau, considérés relativement à un grand réservoir, tel que l'Océan, les méditerranées. Les deux grandes faces d'une chaîne principale, d'un chaînon, d'un contre-fort, etc., sont appelées *versants*, *flancs* ou *revers*. Par *chaînon*, *embranchement*, ou *chaîne secondaire*, on entend une série irrégulière, mais assez suivie, de hauteurs, qui, se détachant de la chaîne principale, prend, à plus ou moins de distance de son point de départ, une direction tendant au parallélisme, et formant de grandes vallées longitudinales, ou légèrement inclinées sur l'axe de la chaîne : à cet égard on peut citer les Apennins. Le *contre-fort* ne diffère du chaînon qu'en ce qu'il a moins d'étendue; que sa direction, par rapport à l'axe de la chaîne, s'approche plus de la perpendiculaire; qu'il n'accompagne et n'alimente pas toujours un grand cours d'eau, et qu'il se termine ordinairement en s'abaissant dans une vallée longitudinale, ou d'une manière abrupte sur la côte. Les subdivisions latérales ou terminales des chaînons et des contre-forts qui ont quelque étendue et qui forment les vallons de la vallée principale, se nomment *rameaux*. Ceux-ci, à leur tour, se subdivisent en *collines*, entre lesquelles se trouvent les sources des ruisseaux.

Pour les *chaînes hydrographiques*, voyez Bassin.

CHAÎNETTE, petite chaîne. Les éperonniers appellent ainsi deux petites chaînes placées dans le bas d'un mors pour en contenir les branches et les empêcher de s'écarter l'une de l'autre; les bourreliers, la partie du harnais des chevaux de carrosse qui sert à soutenir le timon et à le reculer. Les passementiers et les rubaniers donnent le même nom à une espèce de tissu de soie qu'on fait courir sur toute la tête de la frange, et les brodeurs nomment *point de chaînette* une espèce d'ornement courant, qui forme une sorte de lacinium.

En géométrie, la *chaînette* est la ligne courbe formée par une corde parfaitement flexible, qui, suspendue à deux points fixes, est abandonnée à la seule action de la pesanteur. On démontre mathématiquement qu'une voûte dont le profil représente une chaînette ne doit pas avoir de poussée. Les architectes font souvent usage de ces sortes de voûtes pour soustraire les plates-bandes ou les murs ou des parties des entablements qui sont au-dessus.

CHAÎNON, anneau d'une chaîne. On applique aussi ce nom, en géographie, à certaines parties des chaînes de montagnes.

CHAIR (du latin *caro*). Ce nom, très-usité dans le langage usuel, signifie, dans son sens propre le plus rigoureux, substance molle et sanguine qui est entre la peau et les os d'un animal. Lorsque cette substance est considérée sous le rapport de la faculté de nourrir et faire vivre les animaux qui s'en servent comme aliments, elle est synonyme du mot *viande*. La viande est considérée par les physiologistes comme un des meilleurs aliments, d'où le proverbe : *La chair nourrit la chair*.

En termes de tanneur et de mégissier, *chair* signifie le côté de la peau qui touchait les muscles de l'animal, et où l'on en voit des portions plus ou moins minces et adhérentes au derme; l'autre côté s'appelle *fleur*.

Si, dans le langage vulgaire, on distingue le plus souvent la *chair* ou substance des muscles, on réunit aussi quelquefois sous ce nom toutes les parties molles des corps organisés, tant végétaux qu'animaux. *Chair*, considérée comme aliment, se dit des animaux et des végétaux; exemple : *ce brochet a la chair ferme*; *la chair du melon, de la pêche, des champignons, de certaines racines*. Ce nom s'emploie aussi comme synonyme de peau, teint d'une personne : *avoir la chair douce, rude, blanche, noire*; *chair potelée*, c'est-à-dire ferme et délicate. En termes de fauconnerie, on dit *être bien à la chair*, au lieu de chasser avec ardeur : *cet oiseau est bien à la chair*. *N'être ni chair ni poisson* signifie proverbialement n'être bon à rien, ou être dans une position ambiguë, n'embrasser aucun parti.

On a donné le nom de *chair de poule* à cet état de la peau qui accompagne le *frisson*, sorte d'horripilation dans laquelle chaque bulbe pileux semble gonflé, donnant à la peau l'aspect rugueux de l'épiderme d'une volaille plumée.

En anatomie et en physiologie, on ne confond plus de nos jours la *chair* proprement dite, ou le tissu des muscles, avec toutes les autres parties molles des animaux. La chair musculaire, la fibre charnue, le tissu charnu, n'existent que dans les animaux. En outre des matériaux nécessaires pour alimenter toutes les sécrétions et les diverses nutritions de tous les tissus non charnus, le sang contient cette substance que les chimistes désignent sous le nom de *fibrine*, et que les physiologistes regardent comme devant être mise en œuvre pour la réparation des chairs musculaires. Cette substance nutritive des tissus charnus est susceptible de se coaguler dans les vaisseaux et d'y former des concrétions fibrineuses : c'est pourquoi Bordeu avait nommé le sang *chair coulante*.

Le *tissu charnu*, ou tissu des muscles, qui sont les organes actifs dans les mouvements de translation, est un assemblage de fibres primitives microscopiques, réunies en fascicules, ou fibres secondaires, formant elles-mêmes des faisceaux plus considérables. Lorsque ces faisceaux ont revêtu une forme déterminée, qui les distingue des parties voisines, et sont terminés par des fibres tendineuses pour s'implanter sur les organes solides, on leur donne le nom de *corps charnus des muscles*. On doit donc distinguer et différencier le tissu charnu, qui est formé d'une seule sorte de fibres, et ne pas le confondre avec le *tissu musculaire*, qui résulte de la combinaison du tissu charnu et du tissu tendineux, qui se transforme dans quelques points en cartilages et en os, et s'associe avec des membranes synoviales propres à favoriser les grands mouvements.

La *fibre charnue* est l'élément contractile; on la distingue de la *fibre pulpeuse ou nerveuse*, qui sert à la manifestation des phénomènes de sensibilité et d'incitation, et d'une autre substance, qui, persistant à l'état de glu, est l'agent essentiel de la nutrition, et forme les tissus cellulaires, ou qui, se condensant de plus en plus, se transforme en tissus durs ou scléreux, destinés à la protection. La *chair musculaire*, obéissant à l'irritation produite par la pulpe nerveuse, et agissant sur les autres parties, soit fluides, soit solides, qui subissent son action, est donc un agent puissant dans la manifestation des phénomènes de la vie animale; mais cet agent est toujours subordonné à l'innervation, soit instinctive, soit intelligente.

En morale comme en physiologie, la chair est toujours soumise à la puissance nerveuse et à la force animatrice, qui peut en accroître et en exalter l'action à un très-haut degré. La chair est l'agent matériel indispensable de la *force musculaire ou locomotrice*; elle se traduit à l'extérieur par des saillies anguleuses plus ou moins abruptes ou arrondies. Ses actes, quoique très-variés, se réduisent toujours à deux grands résultats : *détruire* et *construire*. Mais le tissu charnu est adapté dans l'économie animale à tous les degrés de mouvements, à imprimer aux diverses parties solides ou fluides, pour la formation des êtres, l'entretien de la vie, et toutes les manifestations de l'industrie des animaux. Ainsi, pour les mouvements les plus volontaires, les plus remarquables par leur énergie et leur intensité, de même que pour les mouvements instinctifs ou les moins volontaires et les plus obscurs, il a bien fallu une grande variété de tissus moteurs, les uns durs, rendus élastiques par l'effet de la texture, les autres d'une substance charnue ou d'une chair dense, jaune, élastique et non contractile, et d'autres encore d'une vraie chair molle, mais très-contractile et également douée d'élasticité; il a bien fallu que ces trois genres de tissus moteurs, qui se combinent harmoniquement dans les divers appareils organiques de l'homme et des animaux, offrissent toutes les nuances de la texture qui leur est propre, et que la fibre charnue présentât toutes les modifications de consistance, de mollesse, de condensation nécessaires; il a fallu, enfin, que partout la chair, à divers degrés de contractilité et d'élasticité, s'associât à des organes solides et plus ou moins élastiques à leur manière.

En pathologie, on donne le nom de *bourgeons charnus* aux végétations cellulo-vasculaires qui s'élèvent de la surface des plaies et des ulcères : lorsque ces bourgeons s'affaissent et se condensent, ils forment la *cicatrice*; lorsqu'ils se présentent sous divers aspects, on dit que les chairs sont rouges, grenues, blafardes, fongueuses, etc.; enfin, lorsqu'ils forment une tumeur considérable, on l'appelle *excroissance de chair*; mais ce n'est toujours qu'un tissu cellulo-vasculaire plus ou moins infiltré de sucs concrets. L. LAURENT.

Les pythagoriciens ne mangeaient point la *chair* des animaux. Le seul doute qu'il y ait sur ce fait ne concerne que le plus ou le moins de généralité de la défense. Il y en a qui prétendent qu'elle ne concernait que les pythagoriciens *parfaits*, ceux qui, s'étant élevés au plus sublime degré de la théorie, étaient comptés au nombre des disciples *ésotériques*; d'autres ajoutent qu'il était même permis, en sûreté de conscience, à ces derniers de toucher quelquefois à la chair des animaux sacrifiés. Sénèque donne pour raison de ce scrupule des pythagoriciens que, les âmes circulant sans cesse d'un corps dans un autre, ces philosophes craignaient que l'âme de quelques-uns de leurs parents ne leur tombât sous la dent s'ils se hasardaient à manger de la chair des animaux.

On sait que certains peuples sauvages n'ont aucune répugnance pour la chair humaine; que ces anthropophages se nourrissent des criminels condamnés à la mort et des prisonniers qu'ils font; que ces cannibales mangent même leurs amis qui ont été tués à la guerre, et qu'ils vont jusqu'à manger leurs pères quand ils sont vieux, s'imaginant par là leur témoigner beaucoup mieux leur amour et leur respect qu'en les laissant mourir et qu'en les inhumant. Ces barbares croient que leur corps est un tombeau beaucoup plus honorable pour eux que le sein de la terre, et qu'il vaut mieux que la chair des pères serve d'aliment aux enfants que d'être la pâture des vers.

Les Hébreux n'usaient point de la chair de certains animaux, parce qu'ils la croyaient impure. Les catholiques s'abstiennent de la chair des animaux terrestres et volatiles aux jours de jeûne, pendant le carême, et deux fois par semaine :

Vendredi *chair* ne mangeras,
Ni le samedi mêmement,

dit un commandement de l'Église. Saint Paul nous apprend que plusieurs fidèles se faisaient scrupule de manger de la chair des animaux consacrés aux idoles; mais il nous apprend aussi que tout est pur à ceux qui sont purs, et que le royaume de Dieu ne consiste pas dans la nourriture ni dans le choix des viandes ni des boissons.

Qui nous donnera sa chair, afin que nous la dévorions? disent les ennemis et même les domestiques de Job dans sa disgrâce. Le Psalmiste dit à son tour : *Ceux qui me veulent perdre sont près de fondre sur moi, comme pour me manger tout vivant.* Faut-il en conclure que la coutume de manger de la chair humaine n'était pas inconnue des Hébreux, ou ne voir là qu'une expression figurée de la haine la plus outrée? L'auteur du livre de *La Sagesse* reproche formellement aux Chananéens d'avoir mangé des entrailles d'hommes. On trouve dans l'Histoire Sainte et dans celle de Josèphe quelques exemples de cette barbarie. Jérémie menace les habitants de Jérusalem de les réduire à une telle extrémité qu'ils seront contraints de manger la *chair* de leurs enfants et celle de leurs amis. Ce prophète, dans ses *Lamentations*, nous apprend que la chose arriva effectivement. Le même fait se reproduit dans Ézéchiel. Josèphe raconte l'exemple d'une pareille inhumanité exercée par une mère sur son fils pendant le dernier siége de Jérusalem par les Romains.

Le mot *chair*, dans l'Écriture, se prend encore en différents sens ; il se prend pour l'homme vivant et même pour tous les animaux en général. *Nous sommes votre chair et vos os, la chair de votre chair et les os de vos os*, sont autant d'expressions familières dont se sert l'Écriture pour marquer la parenté, la liaison du sang et de la chair. Dieu y dit aussi : *La fin de toute chair est arrivée en ma présence*; car je suis résolu de faire périr tout ce qui a vie. *Faites entrer dans l'arche de toute chair*; c'est-à-dire des animaux de toutes les espèces. Et encore : *Toute chair avait corrompu sa voie*, etc.; *Mon esprit ne demeurera plus dans l'homme, parce qu'il est chair*. La chair se prend aussi pour une chose opposée à l'esprit; l'Écriture dit : « La chair a des désirs contraires à ceux de l'esprit, et l'esprit en a de contraires à ceux de la chair..... Conduisez-vous selon l'esprit, et vous n'accomplirez pas les désirs de la chair..... Les œuvres de la chair sont la fornication, l'impureté, la dissolution, l'idolâtrie, les empoisonnements, les inimitiés, les jalousies, les hérésies..... Les fruits de l'esprit, au contraire, sont la charité, la joie, la paix, la patience, l'humanité, la bonté, la douceur, etc. » L'esprit est donc faible, a dit le Christ lui-même. L'œuvre de la *chair*, ou *l'œuvre de chair* se prend quelquefois pour la conjonction charnelle ; le *péché de la chair* pour le péché d'impureté. L'Écriture dit encore qu'il faut « crucifier sa *chair* avec sa concupiscence; ne point accomplir les *désirs de la chair*. » Elle distingue les Juifs *selon la chair* et les Juifs *selon l'esprit*; enfin la *sagesse de la chair*, la *prudence de la chair*, *l'aiguillon*, les *faiblesses*, les *infirmités*, le *démon de la chair* etc., sont des expressions familières à l'Écriture et à la théologie. Jésus-Christ dit aussi à ses apôtres, en faisant la Pâque avec eux : « Mangez, car *ceci est la chair de ma chair*; buvez, car *ceci est le sang de mon sang*; » et ces paroles sont la base du sacrement de l'*eucharistie*. Le verbe *s'est fait chair*, s'est revêtu de notre chair, pour purifier et sauver le monde. Le jour du jugement dernier verra la *résurrection de la chair*, c'est-à-dire la résurrection du corps de l'homme ; quant à son âme, on sait qu'elle est immortelle.

Mais si le christianisme a pour principe de *crucifier*, de *mortifier*, de *mater la chair*, pour sauver l'esprit, certains novateurs ont pensé que dans bien des cas ce principe allait contre le but de la création, et que l'esprit ne se trouverait pas plus mal si la chair avait moins à souffrir. Quelques-uns ont même tenté la *réhabilitation de la chair*. En tout il faut prendre garde de tomber dans l'excès.

La représentation des chairs est un des objets les plus importants dans la peinture. Les chairs sont susceptibles d'une infinité de gradations, de finesses et de tons, ce qui exige une grande étude de la nature et une grande légèreté de pinceau. Le Corrége, Le Guide, Van Dyck, Rubens, Le Titien, L'Albane ont surtout excellé à peindre les chairs (*voyez* CARNATION).

CHAIRE (du grec καθέδρα), siége élevé avec une devanture ou lambris, à hauteur d'appui, de figure ronde, carrée, ou à pans coupés, où l'on monte par un escalier, et qui est d'usage dans les lieux d'enseignement, tels que les écoles, les colléges, et dans les églises, où elles servent de tribune aux prédicateurs. Les chaires de la première espèce se font ordinairement en menuiserie, et ne comportent aucun ornement. Les chaires d'église doivent, ainsi que les précédentes, leur origine à la nécessité d'exhausser l'orateur, et de le faire dominer sur l'assemblée qui l'écoute. Les temples des Grecs et des Romains ne renfermaient rien qui ressemblât à une chaire, parce que le service de leurs prêtres ne consistait qu'en cérémonies et dans l'observance des rites sacrés. L'usage des chaires dans les églises des chrétiens paraît venir du banc élevé, sur lequel les rabbins des juifs sont assis dans leurs synagogues derrière un bureau ; et dans l'origine elles ne paraissent avoir été que des tribunes consacrées à la lecture des livres sacrés. Dans la suite, ces chaires ne servaient qu'au débit des harangues sacrées, et on en plaça une dans chaque église, au milieu de l'auditoire ; c'est de là que l'art de l'orateur qui débite ses sermons a été appelé *éloquence de la chaire*. Les anciennes chaires étaient couvertes de véritables tribunes, avec un pupitre et un siége ; dans plusieurs anciennes églises de Rome on en voit en marbre, et sans aucun couronnement. Bientôt on les éleva sur les colonnes. La chaire de Saint-Laurent à Florence, placée sur quatre piliers, n'offre point un coup d'œil satisfaisant, mais on admire les bas-reliefs exécutés par Donatello et son élève Bertoldo, qui ornent cette espèce de coffre carré. On imagina ensuite de les adosser à un pilier de l'église ; et Benedetto da Mayano alla même jusqu'à pratiquer dans l'intérieur d'un pilier l'escalier de la chaire dans l'église de Sainte-Croix à Florence. Cette méthode d'attacher aux piliers ces tribunes, suspendues sans aucun support apparent, fit qu'on les composa de bois ; mais cela donna en même temps lieu à des figures ridicules relativement à la forme et à la décoration des chaires. Ce fut alors qu'on imagina d'exécuter au-dessus de la chaire ces couronnements ou *abat-voix*, dont les dais d'étoffe avaient été le modèle et suggérèrent l'imitation. La forme la plus bizarre d'une chaire paraît être celle de Saint-Sulpice à Paris ; celle de Saint-Roch était une des plus remarquables par ses dorures et ses ornements.

Le genre de construction des églises doit influer sur celle des chaires qu'on y place. Si l'église est formée par des murs sans piliers ni colonnes, la chaire pourra se construire à demeure, de quelque matière qu'on la fasse. Si les murs de l'église sont ornés de niches, celle du milieu sera la place naturelle qu'il faudra choisir. Les chaires d'une construction inamovible ne conviennent point aux églises en arcades soutenues par des pieds-droits ; il vaut mieux y placer une espèce de tribune dans le milieu d'une arcade.

A.-L. MILLIN, de l'Institut.

Parler *ex cathedra* (de la chaire) c'est dogmatiser. Le mot *chaire* tient surtout aux idées chrétiennes. On dit *la chaire de saint Pierre*, *la chaire apostolique* ; et toujours dans l'emploi de ces mots il y a une idée d'enseignement et d'autorité. Lorsque le pape prononce en des matières de croyance, il *enseigne du haut de la chaire* : c'est une expression consacrée. On distingue par là les paroles du saint-père qui se rattachent à des objets qui ne sont pas de foi, et celles qui se rattachent à l'enseignement formel des dogmes de l'Église. Cette distinction est essentielle. Elle laisse au pape, comme homme, la triste participation aux erreurs de l'humanité, et elle lui conserve, comme vicaire de Jésus-Christ, l'autorité de la parole de Dieu. La supériorité de la chaire de saint Pierre sur toutes les chaires n'est pas contestée, elle est seulement entendue diversement. Chaque évêque a sa chaire, d'où il enseigne comme le pape; mais on ne dit que d'une seule chaire la *chaire apostolique*.

Il y a dans l'Église une fête qu'on nomme *la chaire de saint Pierre*, et qui se célèbre à Rome le 18 janvier; c'est une fête ancienne, et dont le nom seul indique l'objet.

Des habitudes chrétiennes ce mot de chaire a passé aux habitudes du monde. On dit une *chaire d'histoire*, une *chaire de chimie*, une *chaire de belles-lettres*. Mais ici il n'y a plus l'idée d'une autorité qui soumet les esprits. Chaque enseignement a sa liberté. Seulement, à défaut d'autorité, la chaire donne le pédantisme, qui en est une ridicule imitation. LAURENTIE.

Dans les églises catholiques, où abondent les ornements symboliques, et même dans les églises protestantes du rit anglican et luthérien, où l'on dresse un autel surmonté d'un crucifix, la *chaire* est un objet, en quelque sorte, accessoire. Il n'en est pas ainsi dans les nombreuses églises calvinistes, fidèles à l'esprit de leur fondation, et qui proscrivent absolument toute espèce de symbole esthétique. Chez elles, où le culte est une chose de parole et d'exhortation, toutes les cérémonies sans exception se font dans la chaire, hormis celles de l'administration des sacrements. La chaire est donc le meuble le plus essentiel du temple calviniste. Elle est toujours fort simple, c'est-à-dire en bois non sculpté, et non doré. Une chaire imposante, couverte d'or et d'azur comme celle de Saint-Sulpice de Paris, ou comme celle de Saint-Roch, avec des figures colossales de quatre apôtres, serait un objet de scandale pour le rigide calviniste. A peine tolère-t-il que la chaire soit décorée de quelques franges de drap vert d'une couleur sombre; et lorsque, dans les temples de Paris on drapait la chaire, aux jours de commémoration funèbre, de quelques ornements noirs frangés d'argent, cette innovation ne fut pas du goût de tout le monde. La chaire des églises luthériennes comporte plus de luxe; elle est souvent ornée et sculptée avec soin. Quant à la chaire des anglicans, elle est souvent travaillée avec une grande élégance : on en voit dans les cathédrales anglaises qui offrent l'aspect de véritables édifices d'acajou, richement sculptés en ronde bosse, et montrant partout l'écusson royal avec la jarretière de la maîtresse d'un roi libertin.

Dans les églises réformées de France, la chaire n'a pas dégénéré de son antique simplicité. On sait que le beau temple de Charenton, qui pouvait contenir dix mille personnes, et où avait longtemps retenti la voix éloquente des Drelincourt, des Daillé, des Mestrezat et des Claude, fut démoli de fond en comble le 6 octobre 1685, le lendemain même de la *révocation de l'édit de Nantes*; les jolies gravures de S. Leclerc, dont il n'est pas rare de rencontrer encore de bonnes épreuves, sont le seul souvenir qui reste de cet édifice, on y voit la chaire, d'une forme extrêmement simple et sans aucune espèce de décoration, disposée vers le fond de la nef rectangulaire, à trois quarts de distance de l'entrée. La pièce la plus importante de la chaire calviniste en France, en Écosse, en Suisse et en Hollande, c'est la planche acoustique ou *abat-voix*, destinée à empêcher les ondulations sonores de se perdre dans le vaisseau de la voûte.

En général, dans les pays où d'anciennes églises du style ogival ont été transformées par la réforme en temples calvinistes, on est souvent fort embarrassé de bien placer la chaire. Il est certain que rien n'est plus disgracieux que de voir en Angleterre et en Hollande une chaire de bois simple, à formes anguleuses, plaquée à un magnifique pilier gothique; c'est marier violemment la réforme avec le moyen âge.

Dans le temps des longues persécutions du dix-huitième siècle, sous Louis XIV et Louis XV, les églises méridionales de France avaient *la chaire du désert*, qui se transportait à dos de mulet ou sur une petite charrette au lieu de l'assemblée; le joli tableau de Boet, *Le Prêche du désert*, qui a été gravé par Fling, en donne un dessin très-fidèle. Enfin, on voyait encore il y a quarante ans sur le bord des chaires calvinistes de la Hollande et de l'Écosse un petit appareil chronométrique : c'était le *sablier de la demi-heure*, dont les derniers grains, en tombant, avertissaient l'orateur qu'il était temps de finir. Charles COQUEREL.

CHAIRMAN. *Voyez* BILL.

CHAISE, siège qui a un dos sur lequel on s'appuie, en latin *sella*, *cathedra*. S'il a des bras, c'est un *fauteuil*; s'il n'a ni dos ni bras, c'est un *tabouret*. Telle duchesse qui assise dans son fauteuil tirait vanité de ne présenter qu'une chaise à dos aux femmes de qualité qui venaient la visiter, ne se croyait pourtant pas déshonorée de n'avoir elle-même qu'un tabouret à la cour. Que de variétés n'a pas subies la forme des chaises! Que de matières n'a-t-on pas employées, depuis la chaise en ivoire, en airain, ou en fer des anciens, depuis l'éternelle chaise en bois, jusqu'à la chaise eu fer creux des modernes; depuis la planche unie ou recouverte d'étoffe ou de peaux de bêtes, jusqu'à la chaise en paille, en cuir, en tissu à claire-voie, rembourrée et recouverte de tapisseries, de velours, de drap, de damas, de perse, etc. !

Pour épargner la susceptible délicatesse de nos lecteurs, nous voudrions bien ne pas nommer certaine chaise dont les services secrets sont bien connus de tous, et qu'on appelait chez le roi *chaise d'affaires* et chez les particuliers *chaise privée*. Sur une chaise de cette espèce nous avons vu, à Paris, un *dilettante* méridional jouer du violoncelle, après avoir pris médecine le matin. Mais pourquoi user de détours et de périphrases, quand, malgré notre répugnance, nous sommes obligé de trancher le mot et de nommer la *chaise percée du pape*? Cette fameuse chaise existe à Rome, et l'on y fait asseoir le souverain pontife nouvellement élu. Dans quel but? On a prétendu que c'était afin de s'assurer que le sacré collège n'avait pas élu une seconde papesse Jeanne. Mais les zélés catholiques ne voient là qu'un conte absurde, et dom Mabillon soutient qu'on ne place le pape sur cette chaise que pour lui rappeler le néant le plus absolu des vanités humaines.

A la chaise percée de Rome moderne nous préférons la *chaise curule* de l'ancienne Rome.

Les *chaises* que l'on voit dans les chœurs des églises sont des bancs en bois de noyer dont les places sont séparées par des espèces de bras. On les nomme *formes* ou *stalles*. Celles de haut rang sont réservées, dans les chapitres, aux chanoines dignitaires, et dans les paroisses au curé et à ses vicaires. Celle du bas chœur sont pour les chanoines hebdomadiers et les bénéficiers, le bedeau et les petits choristes. On sait que les gens d'église tiennent éminemment à la hiérarchie des pouvoirs, des titres, des rangs, de la préséance, et qu'ils ne pardonnent point les négligences ni les usurpations en ce genre, témoin la querelle comique du trésorier et du chantre dans *Le Lutrin*. Les personnes invitées aux cérémonies nuptiales ou funéraires sont néanmoins admises à se placer à côté des prêtres dans des chaises ou stalles, hautes et basses.

Nous donnons un article spécial aux *chaises à porteur*.

Chaise est aussi le nom que l'on donne à des voitures légères où l'on est assis, et dont on se servait jadis à la ville et surtout à la campagne. Ce nom, ayant été depuis remplacé par d'autres, est resté spécialement affecté aux *chaises de poste*, de voyage, traînées par des chevaux de poste. Leur établissement date de 1664, sous le ministère de Colbert.

En termes d'arts et métiers, on donne le nom de *chaise* à la charpente qui supporte la cage d'un clocher et à celle sur laquelle tourne la cage d'un moulin à vent. On appelle enfin *chaise de roue* la menuiserie qui supporte la roue des couteliers.

Chaise, en terme de fiefs nobles, se disait des quatre arpents de terre qui environnaient de plus près un château ; ils appartenaient par préciput à l'aîné de la famille. On nommait aussi cela le *vol de chapon*.

Le mot *chaise* s'emploie aussi proverbialement : on dit qu'un homme se trouve *entre deux chaises, le cul par terre*, lorsqu'il a formé à la fois deux entreprises dont aucune n'a réussi : la variante *entre deux selles* a le même sens, puisque *sella* en latin signifie également chaise et selle. On dit qu'un *âne, un ignorant assis dans une chaise représente les armes de Bourges*, mais il ne faut pas prendre à la lettre une phrase qui n'a rien d'offensant pour les habitants de cette ville. H. AUDIFFRET.

CHAISE (La). En astronomie, c'est un des noms vulgaires de Cassiopée.

CHAISE À PORTEURS. C'est une petite caisse de voiture, fermée de glaces et couverte, dans laquelle une seule personne est portée par deux hommes, au moyen de bricoles qu'ils ont sur les épaules et de deux longues barres entre lesquelles ils se placent, l'un devant, l'autre derrière. Sous ce dernier rapport, les chaises à porteur ressemblent aux brancards et aux civières, qui, n'ayant point de caisse, ne servent qu'à transporter soit des meubles, soit des blessés ou des malades couchés sur un matelas, etc. Elles ressemblent davantage aux litières et aux brouettes, ou *vinaigrettes*, dont elles ne diffèrent que parce que les premières sont portées par deux chevaux ou par deux mules, et que les secondes, placées sur deux petites roues, sont traînées par un seul homme. L'usage des chaises à porteurs est fort ancien en France ; il a dû précéder celui des carrosses, beaucoup plus embarrassants et surtout plus dispendieux. Tous les gens du grand monde avaient leur chaise et leurs porteurs, que sans doute ils ne payaient pas fort exactement, si l'on en juge par Mascarille dans *Les Précieuses ridicules*, qui datent de 1659. Les chaises à porteurs, les brouettes, ont disparu depuis longtemps du centre de Paris, où elles risquaient à chaque instant d'être renversées ou écrasées par les voitures. Il faut être cul-de-jatte, paralytique ou podagre pour se hasarder à s'y faire porter ou traîner encore dans les environs des quartiers tranquilles du Luxembourg et du Jardin des Plantes. A Versailles, où les rues sont laissées et moins encombrées, les chaises à porteurs ont longtemps résisté aux progrès des lumières et de la civilisation. Du reste, à Paris, comme dans tous les grands centres de population, on en trouvait jadis sur les places et carrefours, ainsi que des fiacres. Les porteurs de chaises étaient nombreux, et formaient un corps que la révolution a dissous. Dans les villes de provinces, point de famille aisée qui n'eût ses porteurs et sa chaise, placée ordinairement dans le vestibule.

C'est en chaise à porteurs qu'on allait en visites, à l'église, ou au spectacle. Devant tous les lieux de grande réunion, la file des chaises à porteurs était plus nombreuse que celle des voitures : les *aboyeurs* appelaient les porteurs de madame la marquise, de madame la présidente. Quand une dame allait à la messe, son laquais, portant le livre de prières, marchait à côté de la chaise et en ouvrait la portière. C'était aussi en chaise à porteurs que les cordons-bleus de la médecine visitaient leurs malades. La duchesse de Nemours, morte en 1707, allait tous les ans en chaise à porteurs de Paris dans sa principauté de Neufchâtel ; quarante porteurs, la suivaient des chariots et se relayaient alternativement ; elle faisait ainsi, en dix à douze jours, un voyage de plus de cinq kilomètres sans fatigue et sans péril. Les palanquins de l'Inde et de l'Amérique ont quelques rapports avec nos chaises à porteurs. Seulement ils sont portés par des esclaves sur l'épaule et non à bras. H. AUDIFFRET.

CHAISE CURULE, espèce de siège fait ou revêtu d'ivoire ; c'était une marque de la dignité des dictateurs, consuls, préteurs, censeurs et des édiles curules, qu'on appelait pour cette raison *magistrats curules*. Les pontifes et les vestales avaient aussi le droit de se servir de la chaise curule. Les monuments des Étrusques nous offrent souvent cette chaise, et c'est de ce peuple que les Romains en avaient adopté l'usage sous Tarquin l'Ancien. Numa en avait déjà accordé l'usage au flamine de Jupiter, comme marque de sa dignité. Elle fut donnée à des princes étrangers sur la fin de la république et sous les empereurs. C'est ainsi que, selon Tite-Live, Eumène, roi de Pergame, reçut du peuple Romain une chaise curule et un sceptre d'ivoire. Il paraît que quelquefois ces chaises curules étaient faites en bronze. On en voit deux dans le cabinet de Porticî ; la partie inférieure du siège connu sous le nom de fauteuil de Dagobert, autrefois à Saint-Denis, aujourd'hui au cabinet des antiques de la Bibliothèque Impériale, paraît avoir été une chaise curule, à laquelle on a adapté un dossier dans le moyen âge. A.-L. MILLIN, de l'Institut.

CHAÏTAKS (Les). *Voyez* CAUCASE, tome IV, page 690.

CHAIX-D'EST-ANGE (VICTOR-CHARLES), avocat au barreau de Paris, est l'un des orateurs les plus éminents de la génération qui a succédé aux Dupin aîné, aux Mauguin, aux Hennequin, aux Barthe, aux Berryer. Une élocution pleine de clarté et de facilité, une action animée et dramatique, un organe sonore, le don de la passion et le don de l'ironie, une aptitude merveilleuse à saisir le côté dramatique de toutes les affaires, tels sont les caractères principaux de son talent, propre surtout aux affaires d'éclat, aux défenses criminelles, aux séparations de corps, aux questions d'art et de droit littéraire. M. Chaix-d'Est-Ange est né à Reims, le 11 avril 1800. Son père y avait exercé avec distinction des fonctions de magistrature. Sa place supprimée, il vint à Paris avec sa famille, composée d'une fille et d'un fils. A peine le jeune Chaix-d'Est-Ange avait-il, à dix-neuf ans, prêté son serment d'avocat, qu'il perdit en peu de mois son père et sa mère, et resta orphelin avec une jeune sœur à soutenir et 600 francs pour tout héritage. Il ne se découragea point. Son début au Palais avait été favorablement accueilli : son langage facile, sa parole animée, les grâces de son action, avaient frappé les magistrats, que l'extrême jeunesse et les manières presque enfantines du débutant avaient intéressés plus encore. Bientôt il put paraître dans quelques affaires politiques, celle *des évènements de juin* (1820), celle *de la conspiration du 19 août*, plaidée devant la cour des pairs, celle des *sergents de La Rochelle* (*voyez* BORIES), dont le dénoûment fut si douloureux. Un peu plus tard, en 1828, il se distingua dans la défense de M. Cauchois-Lemaire, poursuivi pour une lettre adressée au duc d'Orléans, depuis roi des Français.

En 1830 M. Chaix-d'Est-Ange occupait déjà une position élevée au barreau, lorsque la révolution de Juillet, en appelant aux affaires publiques presque tous les hommes qui en formaient la première ligne, porta tout à coup à leur place les jeunes talents qui en composaient la réserve. M. Chaix-d'Est-Ange ne fit pas défaut à cette position nouvelle. Son talent grandit avec sa situation : il en donna des preuves dans une foule d'affaires dont le palais a conservé la mémoire, et parmi lesquelles nous citerons celle du parricide Benoît, celle de Clément de la Roncière, accusé d'un attentat à la pudeur tenté sur la fille d'un officier général, et plus récemment celle du jeune Donon-Cadot, également accusé de parricide, et acquitté après la défense de M. Chaix-d'Est-Ange. On se souvient que dans la première de ces trois affaires l'avocat, plaidant pour une partie civile, fit une telle impression sur l'accusé, en lui retraçant les détails de son parricide, que ce malheureux, dans un moment d'égarement, laissa échapper une sorte d'aveu de son crime. Beaucoup de causes civiles ont fait également honneur au beau talent de M. Chaix : il nous suffira d'indiquer le procès de MM. Pouillet et Gosselin (question de Propriété littéraire), et le procès de *Le Roi s'amuse*, de M. Victor Hugo, dans lequel s'élevait la question de la censure dramatique et de sa légalité.

Trois fois, en 1831, en 1837 et en 1844, M. Chaix-d'Est-Ange a été élu député par sa ville natale. Plusieurs fois il a été porté aux fonctions de bâtonnier de l'ordre des avocats du barreau de Paris.   Saint-Albin Berville.

Député conservateur, mais indépendant, M. Chaix-d'Est-Ange parla à la chambre contre la loi de disjonction en 1837, et attaqua la politique du ministère du 15 avril en 1839. En 1841 il fit un rapport sur le projet de loi relatif à la navigation intérieure, et en 1842 il prit part à la discussion du projet de loi concernant la propriété des ouvrages de littérature, de science et d'art. En 1845 il fit un rapport sur la proposition Roger, tendant à modifier quelques articles du Code d'Instruction criminelle touchant la liberté individuelle. En 1850 M. Chaix-d'Est-Ange plaida à la barre de l'Assemblée nationale législative pour le gérant du *Pouvoir*, accusé du délit d'offense envers cette assemblée, et qui fut condamné à 5,000 fr. d'amende. Enfin, en 1852 on le vit défendre avec moins de succès encore devant le jury l'accusé Bellière, maire d'Houdan, accusé de complicité dans l'avortement, suivi de mort, de sa maîtresse.

CHALAIS (Famille de). La terre et seigneurie de Chalais, ou la Roche-Chalais (*Calescum*), en Périgord, qui portait le titre de principauté, formait un des apanages de la maison de Talleyrand, à près de 28 kilomètres de Barbezieux. Elle a donné son nom à plusieurs rejetons de cette famille. Le titre de *prince de Chalais* est aujourd'hui porté par le fils aîné du duc de Périgord.

CHALAND. Ce mot a deux significations différentes : on l'emploie premièrement pour désigner un bateau plat, de moyenne grandeur, particulièrement usité sur la Loire, dont on se sert pour conduire les marchandises par eau à Paris : dans ce sens, il vient de la basse latinité *chelandum*, fait du grec χελανδιον, qui était le nom d'une espèce de petite galère à rames, dont nous avons formé également le mot *chaloupe*. Par la seconde acception de ce mot, qui est la plus usitée, on entend celui qui a coutume de se fournir chez un marchand, d'acheter chez lui, ou simplement un *acheteur*. Pain *chaland* se disait jadis d'une espèce de pain de ménage que les boulangers cuisaient pour leurs *pratiques*. *Chaland*, dans le sens d'*acheteur*, vient du grec καλειν, appeler, parce qu'autrefois les marchands avaient coutume de se tenir sur leurs portes et d'appeler ceux qui passaient, pour les engager à venir acheter chez eux, ce que pratiquent encore certains petits marchands, et surtout nos marchandes des halles.

CHALANDRITZA (Baronie de). Parmi les croisés français qui s'établirent dans les provinces démembrées de l'empire grec, on trouve un Robert de La Trémoille, qui obtint, dans la première répartition des terres faite en Morée, en 1206, par Guillaume de Champ-Litte, la seigneurie et baronie de Chalandritza. Il devint ainsi un des douze *bers* de terre ou hauts barons de la principauté française d'Achaïe. Chalandritza est située dans l'ancienne Achaïe, au midi de Patras, à l'entrée des montagnes, à quatre kilomètres du cours de La rivière de Gomenitza et de l'antique Pharæ. Robert de la Trémoille y fit bâtir une forteresse, et prit le nom de seigneur de la Calandrice, porté par ses descendants gallo-grecs. Un petit fort, dont il ne reste plus que des débris, mais qui a conservé le nom de *Tremoula*, marquait les dernières limites de cette seigneurie du côté de celle de Calavryta. Le petit fort de Tremoula s'élève sur un mamelon détaché et fort rapproché de la grande forteresse de Calavryta. Les La Trémoille possédèrent cette seigneurie de mâle en mâle jusqu'au commencement du quatorzième siècle. A cette époque, Guy de la Trémoille ou de Trémolay, comme on l'appelait en Morée, maria sa fille unique à Georges Guys, fils du grand connétable d'Achaïe, Barthelémy Guys, et lui laissa en héritage la baronnie de la Chalandritza, qui sortit ainsi de la famille La Trémoille. Sur la fin du quatorzième siècle, Chalandritza passa entre les mains de la famille Centurione, et fut donnée par Zaccaria Centurione en dot à sa fille, lorsqu'il la maria à un frère de l'empereur Constantin Comnène, sous lequel l'empire grec et les possessions franques furent conquis par les Turcs.
    Buchon.

CHALASE ou **CHALAZE** (de χαλαζα, grêle). Les botanistes, d'après Gærtner, désignent sous ce nom le point qui correspond sur la tunique interne d'une graine à l'insertion du cordon ombilical.

En anatomie comparée, les deux ligaments ou cordons ligamenteux blanchâtres qui tiennent suspendus le jaune de l'œuf des oiseaux et la membrane qui l'enveloppe portent le nom de *chalases*. Ils se présentent sous forme de tortillons, et sont fixés d'une part à la membrane vitelline ou du jaune, et de l'autre, l'un au grand et l'autre au petit bout de l'œuf, et par conséquent dans la direction du grand axe. D'après les recherches des embryogénistes, MM. Coste et A. Delpech, les deux chalases serviraient à introduire dans la cavité de la membrane du jaune le liquide albumineux du blanc de l'œuf, qui diminue progressivement et va se mêler au jaune pendant que le poulet se développe.

Χαλασις signifiant aussi relâchement de la fibre, on a été conduit à donner le nom de *chalastiques* aux médicaments propres à remédier à la tension et à la rigidité des tissus vivants.   L. Laurent.

CHALCÉDOINE, ville de Bithynie, bâtie vers l'an 685 avant J.-C., par des Mégariens, était située à l'entrée du Bosphore, à peu de distance de Skutari et en face de Constantinople, sur l'emplacement occupé de nos jours par le village de *Kadi-Kevi* ou *Kadikjos*. Sa décadence date déjà de l'an 140 avant J.-C., époque où ses habitants furent transférés à Nicomédie. Au troisième siècle de notre ère, sous le règne de l'empereur Gallien, elle tomba à diverses reprises au pouvoir des barbares du Nord; mais Justinien la reconstruisit, et, sous le nom de *Justinianea*, lui rendit sa splendeur première. Complètement détruite plus tard par les Othomans, il ne reste plus aujourd'hui que quelques ruines pour indiquer les lieux où elle s'élevait jadis. Sous les empereurs de Byzance, elle fut la capitale d'une province appelée *Pontica prima*.

C'est à Chalcédoine que dans l'automne de 451 l'empereur d'Orient Marcien réunit le quatrième concile œcuménique pour combattre la doctrine des monophysites, qui avait alors conquis une certaine suprématie, grâce à l'ascendant exercé par le patriarche d'Alexandrie, Dioscure, dans le synode dit *des Brigands*, tenu à Éphèse en 449, et en même temps pour arrêter relativement au Christ une formule qui, aussi éloignée des doctrines nestoriennes que des doctrines monophysites, donnât satisfaction à tous les partis qui divisaient les chrétiens orthodoxes. Le concile de Chalcédoine ne fut pas présidé par l'évêque de la cour, Anatole, mais par les légats de l'évêque de Rome, Léon 1er, qui avait bien essayé de fixer la foi sans le concours du concile, mais qui s'y fit représenter pour y maintenir son influence et aussi pour se venger de l'anathème lancé contre lui par Dioscure. Le concile, qui se composait de 600 évêques, presque tous appartenant à l'Église d'Orient, déposa Dioscure et, à la suite de vives discussions, adopta sa formule de foi, sur la proposition des légats du pape, indépendamment des articles précédents par les conciles œcuméniques de Nicée et de Constantinople, et de deux lettres synodales de l'ancien patriarche Cyrille d'Alexandrie condamnant les doctrines de Nestorius, le contenu d'une lettre de Léon à l'ancien patriarche de Constantinople, Flavien, contre Eutychès, promoteur des doctrines monophysites. Cette formule déclare que la mère de Jésus a donné le jour à Dieu, que le Christ est un en deux natures, réunies sans mélange ni transformation (ceci contre les monophysytes), mais aussi sans division ni partage (ceci contre les nestoriens), de sorte que leur union ne détruit ni le caractère propre de chaque nature ni l'unité de la personne.

Indépendamment de cette formule de foi, le concile publia aussi 30 canons relativement aux abus qui s'étaient glissés dans le clergé. Le 18ᵉ de ces canons accorde au patriarche de Constantinople les mêmes droits et privilèges qu'à celui de Rome, et ne concède à cet évêque que la prééminence, ainsi que l'avait déjà fait auparavant le 3ᵉ canon du concile de 381; disposition qui fut maintenue malgré l'opposition des légats.

De sanglantes insurrections en Palestine et en Égypte furent les suites immédiates des décrets rendus à Chalcédoine contre Dioscure et les monophysites; et ce ne fut qu'après cent années de luttes intestines dans l'Église, et pendant lesquelles les monophysites se séparèrent complètement de l'Église orthodoxe pour former une Église particulière, que la formule du concile de Chalcédoine reçut le caractère immuable d'un symbole qu'elle a encore aujourd'hui dans les Églises catholique, grecque et protestante.

CHALCIDE (*Erpétologie*), genre de reptiles très-voisins des *seps*, et formant avec eux, les *chirotes* et les *orvets*, le passage très-naturel de l'ordre des sauriens à celui des ophidiens : en effet, leur corps long et arrondi, la disposition de leurs écailles, etc., les feraient prendre pour de petits serpents, si l'on ne remarquait sur les parties latérales de leur corps deux paires de pattes tout à fait rudimentaires et fort éloignées l'une de l'autre. Les espèces de ce genre ont les mêmes habitudes que les orvets; elles se nourrissent, comme eux, de petits insectes et de vers, qu'elles cherchent sous les pierres, dans les écorces d'arbres ou à terre, parmi les feuilles. Ces animaux sont très-fragiles, ils se brisent au moindre choc. Leur génération est ovovivipare, c'est-à-dire que les œufs (au nombre de dix à douze) éclosent dans le corps de la femelle, de telle sorte que les petits sortent vivants. Les chalcides habitent l'ancien monde et particulièrement l'Afrique : tels sont le *chalcide ordinaire*, qui a trois doigts à tous les pieds, et le *chalcide monodactyle* de Daudin, qui n'en a qu'un seul.

Sauvage rapporte qu'une poule qui avait avalé un de ces reptiles le rendit un instant après par l'anus, sans qu'elle ni le patient en ressentissent aucun mal; elle le reprit de nouveau et le rendit de même : ce ne fut qu'à la troisième fois que cette poule ayant eu soin de couper le chalcide avant de l'avaler, on ne le revit point sortir. En Italie, où ces animaux existent aussi, on pense qu'ils produisent des enflures de ventre aux bœufs et aux chevaux qui les mangent en paissant, opinion sans doute erronée. P. GERVAIS.

Les chalcides ont sans doute reçu leur nom (en latin *chalcis*, fait du grec χαλκος, airain) de ce que leur couleur approche de celle de ce métal. Pline avait le premier donné ce nom à une espèce de lézard du midi de l'Europe, dont il dit : *Genus lacertorum quasdam ænei coloris lineas in tergo habens; unde et nomen habet.*

CHALCIDE ou CHALCIS (*Entomologie*), genre d'insectes hyménoptères, de la famille des pupivores. Ce genre, confondu par Geoffroy avec celui des guêpes, est caractérisé par ses jambes postérieures, très-arquées et terminées en pointe, ses cuisses, grandes, son abdomen, pédiculé, lequel abdomen présente une tarière, ou dard, droite et intérieure. Les chalcis à vol parfait voltigent sur les fleurs au bord des ruisseaux et des marais; ils déposent leurs œufs dans les larves de quelques diptères aquatiques. Nous avons en France plusieurs espèces de ces insectes, et entre autres le *chalcis sispes*, qui est noir, avec le pédicule de l'abdomen et une partie des cuisses postérieures jaunes. Le *chalcis clavipes* est noir, et les cuisses de ses jambes postérieures sont d'un fauve rougeâtre : ces deux espèces se trouvent aux environs de Paris. P. GERVAIS.

CHALCIS, aujourd'hui *Egripo* ou *Negroponte*, était l'antique capitale de l'île d'Eubée, et un pont la mettait en communication avec le continent. Ce nom lui venait de ce que ses habitants avaient été les premiers à se servir de l'airain (en grec χαλκος) pour en fabriquer des armes. Elle prospéra par les développements que prit son commerce; et dès une époque reculée elle avait eu à soutenir contre *Eretria* une guerre opiniâtre, à laquelle prirent part les villes les plus importantes. Mais elle s'était vue ensuite obligée d'accepter la domination des Athéniens, longtemps avant la guerre des Perses, et son assujettissement se prolongea jusqu'à la guerre du Péloponnèse. Plus tard elle passa successivement sous les lois des Macédoniens et des Romains, mais sans jamais complètement perdre son éclat et sa prospérité.

C'était aussi le nom d'une petite île de la Propontide, à l'entrée du Bosphore de Thrace, vis-à-vis de Byzance, île célèbre également par ses mines de cuivre et d'airain. La *Chalcidique* était une contrée maritime de Thrace ou de Macédoine, qui formait une sorte de presqu'île, dont l'isthme était au nord et renfermait la ville d'Apollonie. Pausanias parle d'un canton et d'un bourg de l'Asie Mineure nommés *Chalcitis*, et Ptolémée de deux contrées du même nom, l'une dans la Mésopotamie et l'autre dans l'Inde, au delà du Gange, qui avaient reçu également leur dénomination des mines de cuivre qu'elles renfermaient.

CHALCOGRAPHIE (de χαλκος, cuivre, et γραφω, je grave). Ce mot n'est guère en usage que pour l'art de graver sur cuivre en général, et se trouve ainsi opposé à *xylographie*, qui est l'art de graver sur bois. On se sert cependant aussi du mot *chalcographie* pour désigner le lieu où l'on a réuni un grand nombre de planches gravées. On conserve à la *chalcographie* de Rome quelques planches gravées par Marc-Antoine Raimondi, et aussi des ouvrages représentant les peintures du Vatican, les monuments antiques par Pietro-Santo-Bartoli, les fontaines de Rome par Falda, un recueil de statues par divers graveurs, etc., etc.

Mais la chalcographie du Louvre est surtout digne d'intérêt. Louis XIV venait de créer le *Cabinet des Estampes*, lorsqu'en 1670 il décida, afin d'encourager l'art de la gravure et d'en continuer l'histoire, que l'on graverait les événements militaires de son règne, les vues des palais, des jardins et des fontaines, ainsi que les tableaux qui décoraient les résidences royales : décision qui nous a valu bien des chefs-d'œuvre dus aux burins des Mellen, J. Morin, H. Sylvestre, Nanteuil, Edelinck, Le Pautre, Audran, Van-Scuppen, S. Leclerc, Drevet, etc. De plus, ce prince voulut, comme on l'apprend par un article du *Mercure galant* d'août 1699, que toutes les gravures qu'il fit faire fussent données à très-bas prix au public. Louis XV, Louis XVI et le gouvernement républicain, continuèrent l'œuvre de Louis XIV. Enfin, en 1797, le général Pommereul eut l'idée de faire des riches collections du Louvre une ressource pour l'État, tout en encourageant l'art de la gravure, si négligé à cette époque. Pour atteindre ce double but, le général proposa de fonder un établissement qui fût dès son origine supérieur à la chalcographie apostolique de Rome, et d'en faire un musée de gravure national. Quoique la sagesse et l'opportunité de ce projet eussent frappé tous les bons esprits, ce ne fut qu'après d'assez grandes difficultés qu'on put le mettre à exécution, en vertu d'un arrêté du ministère de l'intérieur daté du 28 floréal an V, qui autorisa l'administration centrale des arts à joindre à ses produits celui des planches gravées dont elle avait été mise en possession.

Sitôt que la chalcographie fut fondée, elle prospéra. Des commandes intelligentes furent faites à des artistes distingués, et le résultat prouva bientôt que les encouragements placés avec discernement, loin d'être à charge au trésor public, tournent à son profit. C'est ainsi que la planche gravée d'après le tableau de la *Belle Jardinière* de Raphael, par M. Desnoyers, et qui lui fut payée 5,000 francs, rapporta, de 1804 à 1805, 15,000 francs, et jusqu'à ce jour 50,000. Malheureusement cette prospérité ne fut qu'un éclair, et l'impulsion si heureuse donnée à cet établissement nouveau ne tarda pas à se ralentir. Le règlement tomba en désuétude, et peu à peu on laissa tarir une source qui aurait pu devenir féconde. De 1801 à 1804, le musée ne fit graver que huit tableaux de la galerie du Louvre, et il abandonna bientôt cette tâche à des entreprises particulières telles que celles de Laurent, de Filhol et de Bouillon. Les entrepreneurs furent loin de s'enrichir et ne mirent au jour que des ouvrages incomplets; en somme, le produit de la vente de la chalcographie, qui s'était élevé en 1803 à 8,788 francs, descendit successivement jusqu'en 1847 à 924 francs.

Sous l'Empire la chalcographie avait été augmentée des planches du sacre de Napoléon, de son mariage avec Marie-Louise et des bas-reliefs de la colonne de la Grande armée. Pendant la Restauration l'administration ne fit graver que le portrait de Louis XVIII et le sacre de Charles X, ouvrage resté inachevé. Ce n'est qu'en 1848 que l'on s'occupa de rendre la vie à la chalcographie, et l'administration actuelle persévéra dans cette voie. Aussi les recettes de cet établissement, qui ne dépassaient pas la somme de 1,000 francs il y a six ans, s'élèvent-elles aujourd'hui à celle de 6,000. Le nombre des planches monte à 4,142, dont l'administration du Louvre fait tirer des épreuves qu'elle livre à très-bas prix. Elle réalise ainsi les intentions de Louis XIV, en popularisant les ouvrages si remarquables des graveurs de l'école française, en facilitant les études des jeunes artistes, et en répandant le goût d'un art qui appartient essentiellement aux temps modernes.

CHALCOICHTHYOLITHE (de χαλκος, cuivre, ιχθυς, poisson, λιθος, pierre). On donne ce nom à des schistes ardoisiers pyriteux portant l'empreinte de poissons ou renfermant des poissons fossiles.

CHALCONDYLE (Démétrius), grammairien grec du quinzième siècle, élève de Théodore Gaza, et aussi justement célèbre par sa profonde érudition que par l'élévation de son caractère, naquit à Athènes, vers l'an 1424, et, après la prise de Constantinople par les Turcs, passa en Italie, où il enseigna la langue grecque, d'abord à Pérouse, puis à Florence, où, par la faveur de Laurent de Médicis, il devint le collègue de Politien; enfin, en dernier lieu, et avec plus d'éclat que partout ailleurs, à Milan, où il mourut, en 1511. Il écrivit en grec ancien, sous le titre d'*Erotemata* (Milan, 1493, in-folio; Paris, 1525, in-4°; et Bâle, 1546), une grammaire pratique de la langue grecque. Mais ce qui a surtout contribué à rendre son nom célèbre, c'est qu'il dirigea à Milan l'impression des premières éditions d'Homère (1488), d'Isocrate (1493), et de Suidas (1499), qui sont de véritables chefs-d'œuvre typographiques, encore bien que dans la révision des textes, il soit accusé d'avoir quelquefois agi trop arbitrairement.

CHALCONDYLE (Laonicus), qui florissait aussi vers l'an 1470, fut témoin de la chute de Constantinople, et se réfugia auprès de son frère, alors déjà établi en Italie. On a de lui une *Histoire des Turcs et de la Chute de l'Empire Grec*, de 1298 à 1462, qui fait partie de la Byzantine (*voyez* BYZANTINS [Historiens].) Blaise de Vigenère l'a traduite en français (1577). On en a plusieurs continuations, dont une est de Mézeray. M. Hamaker s'est chargé de publier Chalcondyle dans la nouvelle édition de la Byzantine qui paraît à Bonn.

CHALDÉE, CHALDÉENS. Le nom de Chaldée, dans sa signification la plus large, particulièrement dans les écrits des anciens prophètes hébreux et chez les écrivains grecs et romains qui leur sont postérieurs, répondait à celui de Babylonie. C'était, à proprement parler, celui de la partie sud-ouest de cette contrée, sur la rive orientale de l'Euphrate, près du désert d'Arabie. Il fut donné à la Chaldée à cause d'un peuple qui originairement n'appartenait pas à la Babylonie, les *Chaldéens* dont il est fait mention dans l'Ancien Testament sous le nom de *Chasdim*, et qui habitait les montagnes du nord. On ignore, au reste, s'il s'agit de celles du Kourdistân, ou bien de celles du Caucase situées plus au nord encore. Malgré l'extrême difficulté des recherches relatives à leur identité avec quelque autre peuple connu aussi sous un autre nom, et l'insuffisance des matériaux qu'on possède pour résoudre une pareille question, on peut aujourd'hui, après les résultats obtenus dans leurs investigations, quelquefois un peu trop hardies, il est vrai, par Schlœzer, Heeren et Gesenius, ramener les anciens Chaldéens, de même que les Kourdes de nos jours, à une souche commune originaire de l'Irân. Ainsi s'expliquent les nombreuses similitudes existant entre les cultes assyrien et babylonien et le culte des anciens Perses; de même, la direction cosmique qui dominait jusque dans ses moindres détails toute la religion des Perses ou Guèbres, reparaît naturellement chez les Chaldéens dans leur culte des astres. On comprend d'ailleurs facilement que des éléments perses aient pu pénétrer du nord jusque dans la Babylonie, puisque la zone des populations médo-perses se prolongeait, par le Kourdistân et l'Arménie, jusque dans l'Asie Mineure. Il faut en outre ne pas perdre de vue ce fait si essentiel dans la généalogie des peuples, à savoir que les Chaldéens et les Perses ont originairement été appelés *Képhènes*, comme descendants d'un certain *Képhèn*, nom dont on obtient la complète et parfaite signification en recourant aux éléments de la langue médo-perse. Il serait bien difficile de préciser l'époque à laquelle ces peuplades descendirent de leurs montagnes dans la vallée de la Babylonie; ce qu'il y a de certain, c'est que la donnée ordinaire qui veut que leur arrivée dans cette contrée date du septième siècle avant J.-C. est fausse. En effet, Diodore dit expressément que les Chaldéens furent du nombre des plus anciens habitants de la Babylonie; et dans la caste des rois de la Babylonie que cite Eusèbe, on trouve longtemps avant l'époque de Sémiramis, une dynastie de quatre-vingt-six rois babyloniens, après une dynastie de huit rois mèdes et une autre composée de huit rois dont les noms ne sont pas indiqués, une suite de quarante-neuf rois chaldéens. Il se peut qu'au septième siècle avant notre ère ait eu lieu une nouvelle et nombreuse suite de souverains chaldéens, de laquelle sera résultée une direction nouvelle imprimée aux affaires intérieures de la Babylonie.

Les Chaldéens étaient une nation brave et guerrière. Mais, de même que les Arabes habitants du désert, cela ne les empêcha pas de se rendre familière la connaissance des astres et de leurs mouvements, favorisés qu'ils étaient à cet égard par l'aspect d'un ciel pur et sans nuages, au milieu de vastes plaines où rien ne venait borner leurs regards; et on s'explique dès lors comment il aura pu arriver que, dépossédés d'une science particulière et d'une foi nouvelle, après avoir été pendant quelque temps (notamment avant qu'ils se fussent de nouveau emparés de la suprême puissance au septième siècle) relégués à l'arrière-plan comme pouvoir politique, ils aient conservé la suprématie de la science et de la foi, ainsi que les castes de l'Inde nous en offrent des exemples. En ce qui est de leur astronomie et de sa priorité, se présente, comme dans tout ce qui tient à l'antiquité, la question de savoir si sous ce rapport ils n'avaient point été devancés par les Égyptiens. Ceux-ci, à ce que dit Diodore, regardaient les Chaldéens comme une colonie de leurs prêtres, que Bélus avait transplantée sur les rives de l'Euphrate, et qu'il y avait organisée à l'instar de leur mère patrie. Tout récemment Lepsius, dans sa *Chronologie Égyptienne*, s'est efforcé de démontrer scientifiquement la justesse de cette prétention, et il a fait preuve dans la défense de cette thèse d'une remarquable sagacité; mais il n'y a là que des analogies purement apparentes; et l'astronomie des Chaldéens constitue un système si complet et entier, qu'il est bien difficile d'admettre qu'il ait été formé à l'aide d'emprunts. Elle remonte évidemment à la plus haute antiquité. Thaut, Bélus et autres, qu'on désigne comme ayant été les premiers astrologues, ne sont que des personnages allégoriques appartenant bien plus au mythe qu'à l'histoire. Aussi bien, comme observateurs des phénomènes célestes, les anciens désignent toujours les Chaldéens sous cette dénomination collective, d'où il semble permis d'inférer qu'ils formaient une espèce de corporation. Suivant Diodore, qui rapporte que leurs connaissances en philosophie et en astronomie se transmettaient de père en fils, ils paraissent en tous cas avoir constitué une caste à part, bien que certains faits contredisent cette donnée, par exemple l'admission d'un étranger, de Daniel, dans leurs rangs. Comme dans toute l'antiquité, et ainsi que c'est encore aujourd'hui le cas en Orient, l'astronomie était parmi eux étroitement liée à l'astrologie; il y a même lieu de penser que c'était celle-ci qui donnait à celle-là sa consécration et sa signification, et il existait très-certainement une doctrine secrète à laquelle on n'initiait pas le commun du peuple. Il est, en tout cas, hors de doute que les Chaldéens s'occupèrent plus que tout autre peuple de l'observation des astres; et à cet effet ils employaient le jour des cadrans solaires, et la nuit des clepsydres. Ils avaient aussi un jour fort exactement divisé en douze heures. Simplicius rapporte, d'après Porphyre, que Callisthènes, qui accompagna Alexandre le Grand dans ses expéditions, rapporta et communiqua à Aristote une suite d'observations faites à Babylone pendant l'espace de 1903 années; d'où il faudrait conclure que les Chaldéens s'occupaient déjà d'astronomie plus de 2200 ans avant notre ère. Cette donnée est, il est vrai, contredite par d'autres renseignements, suivant lesquels les observations astronomiques des Chaldéens ne remonteraient guère qu'à l'année 1100 avant J.-C. Il faut d'ailleurs qu'ils aient fait des observations pendant plusieurs siècles, pour avoir pu découvrir la période *Saros* (se rattachant probablement au mot syriaque *Sahro*, lune) qu'on appelle ordinairement la *période chaldéenne*, à laquelle on a aussi donné dans ces derniers temps le nom de *période de Halley*, et qui, au rapport de Suidas, est d'origine chaldéenne. Elle comprend un espace de 6585 jours $^1/_3$, ou de 18 années juliennes et 11 jours (à 365 jours $^1/_4$) dans lesquels la lune accomplit 223 révolutions synodiques.

La lune à la fin de cette période se trouvant, par rapport au soleil, à ses nœuds et à la proximité de la terre, dans la même position qu'au commencement de la période, elle leur servit à compter le temps et à calculer les éclipses de soleil et de lune, qui cette période de temps une fois écoulée se représentent assez exactement dans le même ordre et la même grandeur. Pendant cette période la lune accomplit 223 révolutions synodiques, 239 révolutions anomalistiques, 242 par rapport à ses nœuds; or, il fallait assurément une perspicacité peu commune pour arriver à de tels résultats scientifiques. On attribue encore aux Chaldéens la découverte de plusieurs autres périodes de ce genre, mais de moindre importance.

Pendant la durée et la splendeur de leur puissance, et aussi après la chute de leur empire, les Chaldéens jouirent d'une grande réputation comme astronomes; et les Grecs d'Alexandrie eux-mêmes, ainsi que nous le voyons par l'*Almageste de Ptolémée*, n'empruntèrent point aux Égyptiens, mais aux Chaldéens, leurs observations astronomiques les plus anciennes. Les premières observations scientifiques qu'ils eussent eu occasion de faire se rapportaient, au dire de Ptolémée, à deux éclipses de lune arrivées dans les années 720 et 719 avant J.-C. Diodore de Sicile nous apprend qu'ils admettaient que la lune est l'astre le plus voisin de notre planète, qu'elle reçoit sa lumière du soleil, et que les éclipses sont causées par la projection de l'ombre de la terre. Il paraît fort douteux que d'autres assertions de Diodore, d'après lesquelles les Chaldéens auraient ignoré et la forme ronde de la terre et la cause des éclipses de soleil, soient fondées. Suivant Stobée et Sénèque, ils regardaient les comètes comme des planètes qui ne nous deviennent visibles que lorsque dans leur cours elles s'approchent de la terre.

Selon l'astronome arabe Albategni, ils fixaient la durée de l'année sidérale à 365 jours 6 heures 11 minutes; d'où il suivrait qu'ils connaissaient déjà la précession des équinoxes. Il paraît fort probable que l'usage des cadrans solaires remontait chez eux à une haute antiquité, et qu'ils avaient divisé le jour en douze parties égales. Leur principal observatoire était situé à Babylone, dans un grand temple dont Hérodote (vers l'an 500 avant J.-C.) nous a laissé la description détaillée. Il le trouva bien conservé à l'extérieur, mais vide. Diodore de Sicile, qui écrivait 50 ans avant J.-C., n'en connaissait que les débris, dont Pietro della Valle a cru, dans ces derniers temps, avoir retrouvé la trace. Après la chute de Babylone la célébrité des Chaldéens comme astronomes déclina beaucoup. Un de leurs astrologues, Osthanès, qui faisait partie de la suite de Xerxès dans son expédition, fut, dit-on, celui qui introduisit en Grèce la connaissance de cette science, dont plus tard la superstition grecque et romaine sut tirer un si utile parti. On peut voir par un passage de Cicéron qu'au temps d'Eudoxe (400 ans avant J.-C.) l'astrologie chaldéenne était fort prisée en Grèce. Plus tard, malgré les mépris dont elle était devenue l'objet, elle se répandit tellement que pour les Romains les mots *chaldéens*, *astrologues*, *devins* et *imposteurs*, étaient à peu près synonymes, et que plusieurs empereurs bannirent les Chaldéens de l'empire, par des édits très-sévères, comme formant une corporation nuisible à la société.

Divers signes transmis par les Chaldéens, ou tout au moins dénommés d'après eux, exercèrent longtemps une certaine puissance dans les formules employées au moyen âge pour conjurer les démons et dans d'autres actes superstitieux de même nature.

Aucun des écrits des Chaldéens n'est parvenu jusqu'à nous, pas même ceux de Bérose, dont il est tant question, qui n'était peut-être pas le même personnage que l'historien, mais qui en tous cas jouissait d'une telle considération qu'à Athènes une statue avait été érigée en son honneur.

Langue Chaldéenne.

La *langue chaldéenne*, dans le sens qu'on attache aujourd'hui à cette expression, n'était pas celle des anciens Chaldéens; mais le nom de ce peuple, dont l'origine était toute différente, et qui descendait des habitants de l'Iran, se transmit aux Babyloniens, race sémitique et prédominante. Ce sont les Alexandrins qui les premiers se servirent des mots *langue chaldéenne* pour désigner le babylonien-araméen, tandis que dans Jérémie, et même dans Daniel, qui lui est postérieur, il est question sous le nom de langue chaldéenne d'une langue tout à fait distincte du babylonien-araméen, et que les Juifs ne comprenaient pas. Aussi entend-on aujourd'hui par *chaldéen* ce dialecte sémitique du nord, qui, uni au syriaque, forme le rameau araméen des langues sémitiques. On le nomme encore quelquefois *araméen oriental*; mais pour parler plus exactement il faudrait l'appeler *le babylonien*, à cause de Babylone, lieu de son origine, habité par une nation ayant une souche commune avec les Hébreux et les Syriens. Nous manquons complètement de renseignements sur la manière dont, à l'époque de l'indépendance de cet empire, ce dialecte arriva à former une langue à part; et nous ignorons également s'il parvint jamais à l'état de langue écrite. Mais les traditions de l'époque primitive du genre humain, qui très-vraisemblablement se relient historiquement avec les données mosaïques, les renseignements mythologiques, les récits des Grecs, notamment ceux d'Hérodote et de Diodore sur Ninus et Sémiramis, autorisent à penser qu'il existait, écrite dans cette langue, une poésie traditionnelle avec des ornements épiques; de même l'existence d'une liste de rois fait supposer l'existence de récits historiques ou tout au moins de simples annales. Bérose composa d'après les sources babyloniennes, mais en langue grecque, une histoire de la Babylonie complétement perdue aujourd'hui, à l'exception d'un petit nombre de fragments. Très-certainement les nombreuses inscriptions qu'on trouve dans les ruines de Ninive ou dans les amas de décombres de Babylone, écrites dans l'espèce d'écriture cunéiforme la plus compliquée, appartenaient à cet ancien dialecte; mais très-certainement aussi il s'y trouve bien plus de mélanges d'iran que n'en admettent les interprétateurs modernes. Peut-être est-ce la seule influence qu'ait exercée la langue chaldéenne proprement dite, laquelle d'ailleurs ne préjudicia point à la langue babylonienne aborigène. En effet, les Juifs trouvèrent cette dernière en usage dans les différentes provinces de la Babylonie où ils furent transportés après la destruction de leur capitale. Par suite de son affinité avec l'hébreu, les Juifs, pendant leurs soixante-dix années d'exil, adoptèrent complétement cette langue babyloni-chaldéenne, qu'ils rapportèrent à leur retour dans leur ancienne patrie comme langue commune, et dont ils finirent même par faire une langue écrite; de telle sorte qu'à partir de l'époque des Machabées l'hébreu cessa tout à fait d'être la langue commune, et ne fut plus que la langue des savants. Encore bien que dans la bouche des Juifs l'araméen de l'antique Babylonie ait pu être quelque peu hébraïsé, on ne saurait en conclure qu'ils corrompirent cette langue soit tout à fait, soit en partie.

L'établissement d'une domination perse, puis d'une domination grecque, aux lieux qui avaient été le berceau de cette langue, eut pour résultat d'y introduire successivement des mots empruntés à la langue des Perses et à celle des Grecs; mais la domination arabe, qui s'étendit sur la Babylonie vers l'an 640 après J.-C., et à la suite de laquelle Bagdad devint la capitale du khalifat, y amena insensiblement le complet anéantissement du babyloni-chaldéen, cette antique langue du pays, qui n'est plus parlée aujourd'hui que dans quelques localités isolées où se sont maintenues indépendantes des communautés chrétiennes et judaïques, et encore d'une manière très-corrompue. Nous avons conservé quelques fragments du dialecte babyloni-chaldéen, tel que les Juifs l'avaient formé comme langue écrite, dans les livres canoniques d'Esdras (ch. IV, VIII, XVI, XVIII, et ch. VII, XII, XXVI), et de Daniel (ch. II, IV, VII, XVIII), ainsi qu'une suite de traductions et de paraphrases des livres de l'ancien Testament, appelées *Targumim* provenant de diverses époques, et différant beaucoup entre elles sous le rapport de leur caractère linguistique et exégétique. Les originaux chaldéens de beaucoup de livres apocryphes que nous ne connaissons que par des traductions grecques sont à jamais perdus. Josèphe lui-même avait primitivement écrit en langue chaldéenne son ouvrage sur la guerre des Juifs.

On donne communément aussi le nom de *langue chaldéenne* à celle dans laquelle est rédigé le Talmud; cependant il faut bien distinguer dans ce livre la première et la plus ancienne partie, appelée *Mischna*, de la seconde, interprétation plus moderne, dite *Gemara*. L'une est écrite dans un dialecte qui se rapproche de l'hébreu, et qui n'est défiguré que par quelques formes chaldéennes; tandis que la diction de l'autre, la *Gemara*, porte tout à fait le caractère grammatical et lexicologique du chaldéen, mais son chaldéen évidemment très-corrompu. Les meilleures sources à consulter pour l'étude de la langue chaldéenne sont les grammaires de Winer (Leipzig, 1812), de Furst (Leipzig, 1835), de Petermann (Berlin, 1841), et de Bertheau (Gœttingue, 1843), le dictionnaire *Arouch*, par Nathan-Bar-Iachiel de Rome (mort en 1106) avec les additions de Moussaphia (mort en 1674), publié par Landau, sous le titre de *Dictionnaire Rabbinique-Araméen et Allemand* (5 vol., Prague, 1819), travail qui a servi de base au *Lexicon Chaldaico-Tamulgicum et Rabbinicum* de Buxtorf (Bâle, 1640).

CHALDÉENS (Chrétiens). *Voyez* SYRIE (Chrétiens de).

CHALDRON, nom d'une mesure de capacité employée en Angleterre pour la vente du charbon de terre équivalant à 36 *bushels* ou boisseaux, le boisseau équivalant à 36 de nos litres environ.

CHÂLE, sorte de vêtement long ou carré, qui dans l'Orient sert aux deux sexes de turban, de manteau et de ceinture; aux maisons opulentes, de tapis et de tenture, et qui en Europe entre dans la parure des femmes, qui le placent sur leurs épaules. Ce nom, tiré du langage hindoustani, et dérivé du sanskrit *chala*, se prononce de la même manière dans les diverses langues de l'Europe, quoique les Anglais l'écrivent *shawl* ou *shall*, les Allemands *schall* et les Italiens *sciale*. Son orthographe est enfin fixée, et c'est sous le nom de *châle* qu'il figure dans le *Dictionnaire de l'Académie Française*. La fabrication des châles doit être fort ancienne; car le tissage des étoffes remonte chez les nations de l'Asie aux temps les plus reculés. Le riche voile de Sara, femme d'Abraham, les voiles ou manteaux de Thamar et de Ruth, cités dans la Bible; le précieux manteau décrit par Aristophane dans sa comédie des *Guêpes*, et peut-être les *scindons* de Babylone, étaient de véritables châles. Or, comme l'Asie a été la première partie du monde habitée et civilisée, et que l'Inde a toujours été la plus belle, la plus riche et la plus industrieuse contrée de l'Asie, il est évident que c'est dans l'Inde que les premiers châles ont été fabriqués, et qu'ils y ont pris leur nom. Il est indubitable aussi que la laine et le poil des animaux ont été les premières matières employées dans le tissage des étoffes, longtemps avant le chanvre, le lin, le coton et la soie, de même qu'elles furent également les premières trempées dans la teinture; et puisque c'est dans le nord de l'Inde, dans le Thibet et dans les autres parties de la haute Asie que se trouvent de temps immémorial les plus belles laines, les poils et les duvets les plus fins d'animaux, nul doute encore que ce ne soit là où l'on a su, où l'on a dû le plus anciennement les mettre en œuvre.

C'est à Sirinagor, capitale du Kachemire, qu'est la principale fabrication des châles, et de là vient le nom vulgaire de *cachemire* qu'on leur a donné. Mais quelle est la matière primitive des châles? Est-ce la laine des moutons? est-ce le poil de quelques espèces particulières de chèvres ou de chameaux? Les voyageurs, les historiens, les érudits, les fabricants, sont divisés sur cette question, qui après trois siècles n'en est pas plus avancée. Ce qui paraît du moins certain, c'est que chacune de ces matières est exclusivement employée à la fabrication des châles suivant les localités, et que de là provient la différence dans les qualités et dans les prix de ces superbes tissus. Ainsi, la *touz* ou laine des moutons de Kachemire semble fournir la matière la plus fine, et par conséquent les plus beaux châles. Les chèvres du Thibet, du Kerman, d'Angora, des pays voisins du Caucase et de la mer Noire donnent un duvet plus ou moins doux, qui sert à faire des châles, dont quelques-uns, égalent, dit-on, ceux de Kachemire. Viendraient ensuite les châles fabriqués avec le poil des chameaux de la Grande-Boukharie, du Khoraçan et d'autres contrées de l'Asie. Le voyageur Legoux de Flaix assure même que les plus beaux châles de l'Inde sont faits avec le poil des dromadaires; mais son assertion est contredite par celle de plusieurs voyageurs anglais, et les observations les plus récentes sembleraient démontrer que certaines petites chèvres particulières au Thibet fournissent un duvet exclusivement vendu aux négociants kachemiriens qui fabriquent les châles. Le climat et la nourriture contribuent à rendre plus doux et plus soyeux le poil et la laine des animaux de l'Asie centrale, qui transplantés sous une latitude plus chaude, dans le Bengale ou autres provinces de l'Inde et de la Perse, ne tardent pas à y dégénérer. Les moyens, les ingrédients employés au dégraissage de ces matières doivent ajouter à leur perfection. Tout ce qui concerne la fabrication des *châles de Kachemire*, le mécanisme de la filature et du tissage, la forme des métiers, les procédés relatifs à la nuance des couleurs, à la symétrie du dessin, des fleurs, des palmes, tant pour le fond que pour les bordures, était il y a peu de temps encore un mystère non moins impénétrable que celui de la matière première, et que n'avaient pu découvrir ni Bernier, Forster et Legoux, qui ont visité le Kachemire, ni des voyageurs plus modernes qui ont parcouru l'Inde. Mais aujourd'hui l'on sait que les plus grands et les plus beaux châles, surtout les longs, sont faits par deux ouvriers et en deux morceaux joints ensemble par une reprise fort adroite, ainsi que les larges et superbes bordures qu'on y adapte. Il n'y a d'une seule pièce que les châles carrés plus petits et à bordure étroite; du reste, plusieurs sont, à la lettre, faits de pièces et de morceaux, dont les dessins sont disparates, mal assortis, et les sutures désagréablement visibles à l'œil le moins exercé.

Il y a soixante-dix ans à peine que les châles de Kachemire n'étaient connus en France que de réputation et d'après les relations des voyageurs. Les femmes de nos ambassadeurs à Constantinople, de nos consuls dans les échelles du Levant, qui pouvaient en avoir reçu en présents, les gardaient comme simples objets de curiosité. En un fait de même de ceux que les ambassadeurs de Tippou-Saïb laissèrent à Paris en 1787. Legoux de Flaix en apporta en 1788; mais les dames auxquelles il en fit hommage en firent peu de cas. L'expédition d'Égypte fit connaître davantage les châles de l'Inde, en introduisit la mode; et si l'élévation des prix empêcha que l'usage en devînt général, elle contribua au progrès de l'industrie, et donna naissance à de nouvelles manufactures, dont le nombre s'est si fort multiplié depuis dans toute la France. Les fabricants de gaze furent les premiers qui firent des châles, et les ouvriers gaziers se trouvèrent propres pour ce nouvel objet d'industrie. Ce fut à l'exposition publique de 1801 qu'on étala les premiers essais, brochés en deux ou trois couleurs, imitation libre des châles de Kachemire. Alors parurent aussi les châles de Vienne, plus brillants et imprimés à six ou sept couleurs sur un tissu de coton à fond croisé. Leur succès stimula les fabricants français, qui parvinrent à les imiter. En 1804 et 1805 on vit les premiers châles soie et laine, imitant les dessins des cachemires. L'exposition publique au palais Bourbon en 1806 montra un châle de cinq quarts carré, à bordure de dix-huit lignes, orné d'une rosace au milieu; et un châle long, soie et laine, fond blanc, avec bordure de neuf lignes, et aux deux extrémités des palmes hautes de neuf pouces.

On chercha dès lors à perfectionner la filature des laines: l'émulation gagna toutes les parties de la France. Un superbe cachemire français fut admiré à l'exposition de 1819; mais l'inconstance et la bizarrerie du goût des femmes sur le choix des fleurs arrêta les progrès des fabricants dans l'imitation de ce genre de dessin. Si les dames de l'Inde étaient aussi légères, aussi capricieuses que les Françaises, il y a longtemps que les cachemires seraient passés de mode, et nous n'en parlerions que comme de l'histoire ancienne. Il faut donc admirer le courage des manufacturiers français qui exposent des capitaux immenses à perfectionner, à varier, à multiplier les produits d'une branche d'industrie qui causerait leur ruine si l'usage de ces produits, comme celui de tant d'autres, venait à tomber en désuétude; heureusement le cachemire est toujours de mode, et s'il est délaissé un instant, pour quelque manteau baroque, il n'en est pas moins toujours *bien porté*. Après le coton, la soie et la laine de mérinos, on s'était avisé d'employer dans les cachemires français le duvet de certaines chèvres qu'on achète en Russie. En 1819, M. Amédée Jaubert fit un voyage dans les pays entre la mer Noire et la mer Caspienne, afin d'y acheter pour le compte de M. Ternaux aîné un nombreux troupeau de la race des chèvres qui paissent dans les steppes des Kirghiz, non loin d'Astrakhan. La spéculation n'a pas réussi. Le gouvernement, qui s'y était intéressé, y a perdu 300,000 francs. Ces animaux, que des mystificateurs ont fait passer pour des chèvres du Thibet, n'ont pas prospéré en France; et l'on a préféré tirer directement de la Russie le duvet de ces chèvres qui a contribué à rendre plus parfaite la fabrication de nos châles. Les progrès ont continué, et aujourd'hui ces produits de nos manufactures égalent presque en finesse ceux qui viennent de l'Inde, les surpassent pour l'élégance et la variété des dessins, et coûtent dix ou douze fois moins cher. Les dernières expositions doivent achever de convaincre sur ces faits les plus incrédules. On a imité aussi les cachemires avec des tissus de bourre de soie, à Nîmes, à Lyon, à Saint-Quentin. On en a imprimé à Rouen, à Jouy, et dans diverses parties de la France et de l'Allemagne. On en a aussi brodé et broché. Les cachemires font aujourd'hui partie intégrante et obligée des corbeilles de mariage. Mais laissant à l'opulence les cachemires de l'Inde, les fortunes médiocres peuvent, sans craindre de déplaire, recourir aujourd'hui aux châles français. H. AUDIFFRET.

Ajoutons à ce qui précède quelques détails techniques sur les procédés de fabrication de châles. En ne considérant que la nature du travail, une distinction se présente tout de suite à faire entre le châle dit *épouliné*, fait au fuseau, à la manière indienne, et le châle broché au lancé, tel qu'on le fabrique en France. Du reste, cette distinction est plutôt théorique que pratique. Dans les deux modes de fabrication, on monte la chaîne de la pièce, ainsi que cela se pratique généralement pour le métier à la Jacquart. Le châle broché au lancé s'exécute avec autant de navettes qu'il y a de couleurs dans le dessin. Les navettes sont passées à travers la chaîne dans l'ordre convenable. Tous ces fils n'étant introduits que par intervalles dans la trame, lorsque la confection du modèle l'exige, ils restent flottants sur le dos de la pièce, et sont ensuite coupés, ce qui n'altère en rien la qualité du tissu, le feutrage empêchant les fils de s'échapper; mais il y a une grande perte d'étoffe, laquelle est toute employée dans les tapis.

Dans le tissage en imitation des véritables cachemires, non-seulement les fils destinés à former la trame sont égaux en nombre à celui des couleurs du modèle, mais en outre il y a autant de petites navettes (semblables à celles dont se servent les brodeuses) remplies de ces fils, qu'il doit y avoir de couleurs répétées dans la largeur de la pièce; ce nombre est très-considérable, lorsque le modèle est un peu compliqué ou chargé de couleurs. Chacune de ces navettes passe seulement à travers la partie de la fleur sur laquelle la couleur de son fil doit paraître, et elle revient ensuite sur elle-même après avoir traversé le fil de la navette contiguë; de cet entrelacement réciproque de tous les fils de navettes, il résulte que, quoique la trame soit composée d'un grand nombre de fils différents, ils n'en constituent pas moins une ligne continue dans toute la largeur du tissu sur lequel le battant agit de la manière ordinaire. Ce qu'il y a de plus difficile dans la fabrication des cachemires, c'est d'éviter la confusion des navettes et de ne pas frapper le battant avant que toutes n'aient rempli leurs fonctions. Une femme et deux aides suffisent pour la fabrication de châles de 1^m, 20 à 1^m, 50 de large. Ces châles demandent environ cent jours de travail.

Dans le travail indien, toutes les figures en relief sont faites avec un mince fuseau, sans la navette qu'emploie le tissage européen. La fleur et le fond s'exécutent au fuseau, par le moyen d'un crochetage qui les rend pour ainsi dire indépendants de la chaîne. Dans l'imitation des châles orientaux, qui se fait à Lyon, la mécanique lève les fils de la chaîne, le fuseau broche, et la fleur est liée à la chaîne par les coups de trame lancés dans toute la largeur. On épargne ainsi beaucoup de main-d'œuvre; on fait illusion à l'œil, et les châles qu'on obtient ne coûtent guère plus cher qu'au lancé.

On divise les châles de fabrique française en *châles de Paris*, *châles de Lyon*, et *châles de Nîmes*. La fabrique de Paris exploite trois sortes de châles, genre et imitation de cachemire, savoir : le *cachemire pur*, dont la chaîne et toutes les matières tissées et lancées sont en duvet de cachemire; le *châle indou-cachemire*, qui se fabrique avec les mêmes matières que le cachemire pur, à l'exception de la chaîne, qui est en soie de fantaisie; le *châle indou-laine*, dont la chaîne est la même que celle de l'indou-cachemire, mais dont la trame et le lancé sont en laine plus ou moins fine. C'est sur ce dernier article que se porte la plus grande consommation du châle parisien : on peut l'évaluer annuellement à la somme de douze ou quinze millions.

La fabrique de Lyon abandonne à Paris le cachemire pur, mais elle lui dispute avec succès l'exploitation du cachemire indou pure laine. Toutefois, son article le plus important est le *châle thibet*, mélange de laine et de bourre de soie, se conformant, pour les dessins et les qualités, aux exigences de la consommation, de manière à pouvoir descendre à la portée des plus petites fortunes. Au-dessous du châle thibet arrive le *châle tissé*, chaîne et trame en bourre de soie, long ou carré. Lyon fabrique encore une grande variété de châles de fantaisie carrés pour l'été, en cachemire, en laine douce, en thibet, en laine, en soie damasquinée, en soie pure, etc. On compte dans cette ville environ quatre mille métiers de châles, occupant chacun trois personnes.

La fabrique de Nîmes met toute son industrie à imiter les dispositions en vogue à Paris et à Lyon; elle trouve à l'étranger un débouché considérable pour ses produits. Il faut encore citer la fabrique de Reims, qui la première a monté ses châles sur des chaînes simples, ce qui lui a permis d'en réduire les prix.

CHÂLET, cabane de branches d'arbres, à toit plat et bas, couverte de chaume, en usage dans les montagnes de la Suisse, particulièrement aux environs de Gruyères, et dans laquelle on fait des fromages. Les plus solitaires de ces rustiques habitations sont à près de 2,200 mètres au-dessus du lac de Genève, dans une belle prairie, coupée de nappes d'eau, à l'extrémité d'un quasi-désert, nommé le *Plan du Rain* ou la *plaine qui dure*, car elle a une longue journée de chemin. Les seules occupations des familles dans ces châlets sont de traire les vaches deux fois par jour, et de fabriquer avec leur lait le fromage si vanté qui rapporte à la Suisse quinze millions par an. Chaque famille peut en faire, poids réparti, environ soixante kilogrammes dans une journée; ces braves gens le vendent et en vivent. Leur délassement est de surveiller leurs troupeaux, de fendre du bois, et leur promenade, de l'aller chercher sur leur dos, à la distance de 32 kilomètres. Ces familles hospitalières naissent et meurent la plupart sur leurs rochers, contentes de leur sort. Dans cette région des aigles, des chamois et des ours, à peine entendent-elles arriver les dernières rumeurs des orages politiques, montant des cités populeuses qui gisent à leurs pieds : elles s'endorment dans le silence du ciel et de leur conscience, sur un lit d'herbes qu'elles étendent, chaque soir, dans leur châlet.

Mais hélas! parmi ces roches, vieilles forteresses du globe, que dédaignent d'escalader la cupidité et la fureur des hommes, la nature, le plus souvent riante, s'arme quelquefois d'un aspect redoutable; et prise dans une nuit son front de glace, et, avec une voix sourde et menaçante, elle ensevelit sous d'immenses avalanches châlets, familles et troupeaux. Heureusement, le cœur de l'homme est si bon dans ces solitudes qu'il répare tous les maux. Celui qui échappe, dénué de tout, à cette catastrophe, la seule qui attriste ces montagnes paisibles, n'a pas le temps de dire : « J'ai besoin : » on lui refait le jour même sa petite fortune. La misère est inconnue sur ces rochers bénis des cieux! C'est sur un fromage que sont gravées les archives de ces familles innocentes. Un enfant vient-il à naître, un mariage est-il sanctifié par le prêtre, elles cisellent sur un bloc de lait durci, en style lapidaire, la date de la cérémonie nuptiale ou du baptême et les noms des époux ou du nouveau-né.

Rousseau, dans sa *Nouvelle Héloïse*, a décrit ainsi ces habitations patriarcales : « Près des coteaux fleuris d'où part la source de la Vévaise, il est un hameau solitaire, qui sert quelquefois de repaire aux chasseurs, et ne devrait servir que d'asile aux amants! Autour de l'habitation principale sont épars assez loin quelques châlets, qui de leurs toits de chaume peuvent couvrir l'amour et le plaisir. Amies de la simplicité rustique, les fraîches et discrètes laitières savent garder pour autrui le secret dont elles ont besoin pour elles-mêmes. Les ruisseaux qui traversent les prairies sont bordés d'arbrisseaux et de bocages délicieux. Des bois épais offrent au-delà des asiles plus déserts et plus sombres. L'art ni la main des hommes n'y montrent nulle part leurs soins inquiétants; on n'y voit partout que les tendres soins de la mère commune. C'est là qu'on n'est que sous ses auspices et qu'on peut n'écouter que ses lois... » DENNE-BARON.

CHALEUR (du latin *calor*). Ainsi que l'a dit à l'article CALORIQUE un de nos savants collaborateurs, tous les corps sont capables d'exciter en nous des sensations particulières que l'on appelle sensations de *chaleur* ou de *froid*, et qui se produisent soit au contact immédiat, soit à de grandes distances. Ces affections sont d'une telle nature que nous ne pouvons pas attribuer la cause à la substance propre des corps. Ainsi, en présence d'un foyer allumé, nous jugeons facilement que ce n'est pas la matière du charbon qui vient sous forme invisible nous toucher et nous réchauffer, de même que quand nous recevons les rayons solaires, nous jugeons que ce n'est pas la matière pondérable du soleil qui descend vers la terre, pour produire sur nos yeux l'impression de la lumière et sur toutes les parties sensibles de notre organisation l'impression de la chaleur. Il y a donc, suivant certains physiciens, un *agent* qui est distinct de la substance propre des corps, qui est engagé dans leur masse, qui s'échappe, qui se transmet à distance, qui établit une communication continuelle entre eux et nous, et qui est la *cause* des sensations de chaleur ou de froid que nous éprouvons. Cet agent a reçu différents noms. D'abord, confondant la cause avec l'effet, on l'a appelé *chaleur*; ensuite, par des notions plus justes sur son mode d'existence, on l'a nommé *fluide igné*, *matière du feu*, etc.; enfin, à la réforme de la nomenclature chimique, Lavoisier, Berthollet, Morveau et Fourcroy l'ont appelé *calorique*.

Un système plus moderne admet que la chaleur, comme la lumière, est due à un mouvement vibratoire des molécules d'un corps, transmis aux molécules des corps environnants par l'intermédiaire de l'*éther*. Du reste, nous n'avons pas à refaire ici l'exposé des propriétés de la chaleur, car les deux hypothèses conduisent aux mêmes résultats. Un grand nombre de physiciens préfèrent aujourd'hui la seconde, que les travaux de Th. Young, Fresnel, de MM. Arago, Melloni et Forbes, ont puissamment contribué à corroborer. Delaroche et d'autres avaient déjà constaté que de même qu'il existe des corps *diaphanes* pour la lumière, il en est de *diathermanes* pour la chaleur. M. Melloni a trouvé que la proportion de chaleur rayonnante qui peut traverser un corps diathermane est d'autant plus grande que l'épaisseur du corps est plus petite et que la température de la source est plus élevée. Ce savant a vu que cette proportion varie avec les substances, que les rayons de chaleur qui ont traversé librement une lame diathermane acquièrent dans ce trajet des propriétés qui les distinguent des rayons venant directement de la même source, car ceux-là traversent en beaucoup plus grande proportion une lame de même nature que la première, et peuvent être totalement arrêtés par telle autre espèce de lame qui laisserait cependant passer une portion des rayons directs, etc. De tous ces faits il résulte qu'il existe différentes espèces de rayons de chaleur, tout aussi distincts les uns des autres que les rayons de diverses couleurs composant la lumière blanche, de sorte qu'on peut concevoir un *spectre calorifique* analogue au *spectre solaire* ; qu'une source de chaleur émet un nombre d'espèces d'autant plus grand que sa température est plus élevée ; qu'une lame est diathermane pour certaines espèces et *athermane* pour les autres, absolument comme les verres colorés sont transparents pour telles couleurs et opaques pour les autres. Une seule substance, le sel gemme, se laisse traverser dans une même proportion par toutes les espèces de rayons de chaleur, quelle que soit l'énergie de la source qui les émet, et quelles que soient les lames diathermanes que ces rayons aient traversées ; le sel gemme est en quelque sorte pour la chaleur rayonnante ce que les verres blancs incolores sont pour la lumière. « Ces conclusions, dit M. Lamé, sont fort embarrassantes pour les partisans de l'ancienne hypothèse de l'émission du calorique, qui attribuait les effets de la chaleur à des molécules impondérables que les corps pouvaient s'approprier ou rejeter. Pour que cette hypothèse pût embrasser les nouveaux faits, il faudrait admettre autant d'espèces de molécules calorifiques qu'il y a de rayons de chaleur de qualités distinctes, c'est-à-dire une infinité ; et l'hypothèse primitive, toute simple qu'elle paraisse au premier abord, deviendrait d'une complication extrême. D'ailleurs, après avoir admis toutes ces espèces de calorique, comment expliquerait-on l'identité des effets qu'ils produisent quand ils sont absorbés par les corps pondérables ? Car on ne remarque aucune différence dans la chaleur émise par un corps primitivement échauffé soit par son exposition au soleil avec ou sans l'interposition d'une enceinte de verre, soit par sa présence au-dessus d'une lampe, soit par son contact avec un vase contenant du mercure bouillant, de l'eau en ébullition ; et cependant les rayons absorbés qui ont déterminé l'échauffement dans ces diverses circonstances étaient de qualités différentes. »

La seconde hypothèse a encore l'avantage d'apporter dans l'étude de la physique une grande simplification, puisque les lois de la chaleur étant convenablement modifiées peuvent s'appliquer à la lumière. Cependant, malgré les grandes analogies de la chaleur et de la lumière, tout semble indiquer qu'il n'y a réellement aucune lumière chaude ni aucune chaleur lumineuse ; car en combinant convenablement des substances thermaisantes, comme par exemple le verre vert et l'alun, on arrive à absorber presque toute la chaleur, sans atténuer beaucoup l'éclat de la lumière ; au contraire, avec des verres noirs ou du cristal de roche enfumé, on absorbe toute la lumière du soleil, en laissant passer une portion considérable de sa chaleur.   E. MERLIEUX.

CHALEUR (*Physiologie*). Cet état particulier qui revient périodiquement chez la plupart des animaux et qui les porte à s'accoupler, a reçu le nom de *chaleur* quand il s'agit plus particulièrement d'animaux domestiques, et celui de *rut* lorsqu'on parle des animaux sauvages. La périodicité du retour de cet état, périodicité dont l'homme seul est exempt, varie avec les espèces. Chez quelques animaux, ce retour a lieu plusieurs fois dans une même année : ce sont principalement ceux que nous avons réduits à la domesticité, le chien, le chat, le bœuf, le cheval, etc. Chez d'autres, il n'arrive que plus rarement ; mais la plupart ne ressentent l'influence qu'à des époques déterminées de l'année : ainsi, le cerf a sa saison des amours en automne, le loup et le renard en hiver, beaucoup d'oiseaux au printemps, tandis que le plus grand nombre d'animaux, surtout ceux

DICT. DE LA CONVERS. — T. V.

des degrés inférieurs, les poissons, les reptiles, les mollusques, les insectes, y sont sujets en été. Durant la période de leurs amours, tous les animaux présentent des symptômes remarquables : la plupart ont un cri particulier ; d'autres jouissent d'un lustre et d'un brillant qu'ils ne possèdent pas habituellement, et qui dans le lampyris devient une lueur phosphorique ; chez beaucoup de quadrupèdes on remarque une odeur particulière, et les femelles rendent un écoulement plus ou moins abondant ; enfin, le physique ne subit pas seul de profondes modifications, car même parmi nos animaux domestiques on en voit chez qui la douceur habituelle se change en une sorte de fureur à l'époque de l'accouplement.

CHALEUR ANIMALE. *Voyez* CHALEUR VITALE, et ANIMAL (tome 1er, p. 607).

CHALEUR CENTRALE. *Voy.* CHALEUR TERRESTRE.

CHALEUREUX (on écrivait autrefois *chaloureux*), ce qui a beaucoup de chaleur naturelle. Il ne se dit au propre que des personnes, et dans ce sens il est peu usité. En revanche, on s'en sert assez souvent au figuré : on dit, par exemple, d'un écrivain qu'il a le *style chaleureux*, et d'un orateur, qu'il a une *âme chaleureuse*, un *débit chaleureux*, une *éloquence chaleureuse*. Dans les arts, cette épithète est appliquée, par formule d'éloge, aux ciels des tableaux, quand ils sont peints avec la vigueur et le ton *chaud* commandés par les sujets qu'ils représentent.

CHALEUR LATENTE. On sait que le changement d'état d'un corps est toujours accompagné d'une absorption ou d'un dégagement de chaleur qui s'effectuent sans que la température du corps subisse aucune variation (*voyez* CALORIQUE, t. IV, p. 251). Par exemple, on a vu que quand on expose de la glace à une température supérieure à 0°, un thermomètre plongé dans le vase qui le contient marque cette température depuis le commencement jusqu'à la fin de la liquéfaction. Cependant la glace a reçu une certaine quantité de chaleur, puisque le milieu dans lequel elle se trouve a, par hypothèse, une température supérieure à 0° : il faut donc admettre qu'elle absorbe cette quantité de chaleur, sans que sa température augmente et uniquement pour changer d'état. C'est là ce que les physiciens nomment *chaleur latente*, pour la distinguer de la *chaleur sensible*, appréciable par le thermomètre.

C'est à Black que l'on doit la découverte de la loi fondamentale de la chaleur latente, loi qui peut s'énoncer ainsi : Un corps quelconque pour passer de l'état solide à l'état liquide, ou de l'état liquide à l'état gazeux, absorbe une certaine quantité de chaleur sans que sa température s'élève ; et réciproquement, en revenant de l'état gazeux à l'état liquide, ou de l'état liquide à l'état solide, il restitue la quantité de chaleur qu'il avait absorbée, sans que sa température s'abaisse. Depuis on a reconnu que cette quantité de chaleur change avec la nature des corps. De plus, pour un même corps, la chaleur latente de fusion n'est pas égale à la chaleur latente de vaporisation, c'est-à-dire qu'il faut des quantités de chaleur différentes pour liquéfier ce corps à l'état solide et pour le volatiliser lorsqu'il est à l'état liquide. La détermination de ces chaleurs latentes s'obtient par des procédés et des appareils semblables à ceux qui servent à mesurer les chaleurs spécifiques, comme la méthode des mélanges, etc. (*voyez* CALORIMÈTRE).

CHALEUR SPÉCIFIQUE. On appelle *capacité pour la chaleur* ou *chaleur spécifique* d'une substance, la quantité de chaleur nécessaire pour élever d'un degré la température d'une certaine substance prise sous l'unité de poids. Pour évaluer cette quantité, on prend pour unité la chaleur spécifique de l'eau. On la détermine à l'aide du calorimètre.

La détermination des chaleurs spécifiques a conduit à la découverte d'une loi extrêmement remarquable. En rapprochant des nombres trouvés pour les chaleurs spécifiques de plusieurs corps simples les nombres qui représentent les poids atomiques de ces mêmes corps, Dulong et Petit ont constaté que les atomes de tous les corps simples ont la même capacité pour la chaleur. Pour vérifier cette loi, il faudrait diviser le calorique spécifique d'un corps simple par le nombre d'atomes que contient ce corps sous l'unité de poids, et on devrait trouver un quotient constant. Comme le nombre d'atomes contenus dans l'unité de poids d'un corps est en raison inverse du poids de ces atomes, il revient au même de multiplier la chaleur spécifique par le poids atomique correspondant; et si la loi énoncée est vraie, on devra trouver un produit constant. En adoptant les nombres donnés par Dulong et Petit pour les valeurs des poids atomiques et des chaleurs spécifiques, on trouve en effet que ces produits ne différent les uns des autres que de quantités assez petites pour qu'elles puissent être attribuées aux erreurs d'observation. Mais quand on substitue à ces nombres ceux qu'on a déterminés depuis par des moyens plus exacts, et qui ne laissent aujourd'hui aucune incertitude, on n'arrive pas au même résultat. La loi de Petit et Dulong ne doit pourtant pas être rejetée.

« Cette loi, dit M. Regnault, représenterait probablement les résultats de l'expérience d'une manière tout à fait rigoureuse si l'on pouvait prendre la chaleur spécifique de chaque corps à un point déterminé de son échelle thermométrique, et si l'on pouvait débarrasser sa chaleur spécifique de toutes les causes étrangères qui la modifient dans l'observation. Ces causes peuvent être de diverses natures. Les corps qui passent par l'état de mollesse avant de fondre complétement renferment probablement déjà, avant leur liquéfaction, une portion de leur chaleur de fusion, qui s'ajoute dans l'expérience à la chaleur spécifique. D'un autre côté, la capacité calorifique des corps, telle que nous la déterminons par expérience, s'obtient d'après l'observation de la quantité de chaleur que le corps a dû absorber pour produire son élévation thermométrique; or, c'est là, à proprement parler, sa chaleur spécifique plus la quantité de chaleur qu'il a dû prendre pour produire sa dilatation. Cette dernière quantité de chaleur, que l'on pourrait appeler *chaleur latente de dilatation*, s'ajoute, dans l'expérience, à la chaleur spécifique; elle est très-grande dans les corps gazeux, beaucoup plus faible dans les corps solides et liquides; mais dans aucun cas elle n'est négligeable; et elle doit faire varier nécessairement d'une manière sensible la chaleur spécifique observée. Toutes ces causes d'erreur sont encore compliquées par le choix arbitraire de l'origine à partir de laquelle on compte pour chaque corps les élévations thermométriques, choix qui n'est déterminé par aucune propriété physique, telle que le point de fusion ou d'ébullition de la substance, mais se trouve le même pour des corps de nature complétement différente. » On peut donc dire que la loi de Dulong et Petit doit être adoptée, sinon comme absolue, au moins comme très-approchée de la vérité.

CHALEUR TERRESTRE. Il n'est pas dans la physique générale de question plus importante que celle de la chaleur intérieure de la terre. De ce phénomène dépendent : pour le passé, l'histoire des révolutions du globe; pour le présent, la condition première de toute vitalité; pour l'avenir, les chances de durée ou d'anéantissement qui attendent l'état actuel d'équilibre et d'organisation. L'observation a reconnu que la chaleur provenait de trois sources principales : 1° la température de l'espace planétaire dans lequel la multitude d'astres versent sans cesse du calorique par le rayonnement; 2° les rayons solaires; 3° le foyer brûlant que la terre recèle dans son sein.

La chaleur des rayons solaires, modifiée par la température de l'espace, température qui approche de 62° au-dessous de zéro, produit à la surface du globe de puissants effets.

C'est elle qui échauffe notre atmosphère, favorise la fermentation des matières organisables, en un mot qui nourrit la vie. Comme les roches qui constituent l'écorce solide de la terre se laissent très-difficilement traverser par le calorique, il en résulte que le sol ne peut suivre les variations étendues et fréquentes de l'état thermométrique de l'atmosphère. Dans les oscillations diurnes et annuelles de ses couches superficielles, il obéit à des lois plus régulières, rendant à l'espace, pendant la nuit, une partie de la chaleur reçue du soleil pendant le jour, pendant l'hiver la chaleur accumulée pendant l'été. Le sol produit ainsi l'utile effet du volant dans une machine ; il emmagasine la chaleur solaire et régularise son influence bienfaisante sur l'atmosphère. Outre ces oscillations dans le sens vertical, la différence de situation des divers points de la terre par rapport au soleil produisant une différence par rapport à la quantité de chaleur accumulée, cette chaleur est assujettie à un mouvement lent et uniforme, qui la porte incessamment des deux côtés du plan de l'équateur vers les pôles.

Toutes ces variations, qui jouent le rôle le plus important dans la constitution des climats, ont lieu dans d'étroites limites. A une profondeur variable, mais qui nulle part ne dépasse 30 à 40 mètres, les effets périodiques s'équilibrent complétement, et la température reste pendant toute l'année exactement la même. Cassini est le premier qui ait reconnu ce fait intéressant dans les caves de l'Observatoire de Paris, et les observations nombreuses faites depuis plus d'un siècle dans toute l'Europe ne laissent aucun doute sur la constance de la température des caves. Ce fait est même devenu populaire, chacun sait que les caves paraissent chaudes en hiver, fraîches en été. Mais ce que tout le monde ne sait pas, c'est que cette température fixe représente à peu de chose près la température moyenne de la surface, de sorte qu'il suffirait de placer un thermomètre dans le sol, à une profondeur calculée d'après la latitude du lieu, pour avoir immédiatement la température moyenne d'un pays.

C'est cette constance de la température intérieure du sol qui conserve la vie à beaucoup d'arbres et de plantes d'une nature délicate, et dont l'hiver dévore les feuilles, les branches et la tige même. Ainsi, dans le midi de la France, lorsque le froid fait périr les oliviers, il suffit de les couper à fleur de terre, et ils repoussent avec vigueur. Dans les Alpes et dans tous les pays de montagnes que les neiges couvrent une partie de l'année, lorsque les ardeurs du soleil de printemps délivrent la terre de ce manteau glacé, le sol apparaît tout d'abord revêtu de verdure et de fleurs. Dans le nord de la Sibérie, au contraire, où le sol reste toute l'année gelé à quatre ou cinq mètres de profondeur, aucune végétation n'est possible que celle de quelques chétifs lichens.

C'est à la même cause qu'il faut attribuer la différence de température qui existe entre l'atmosphère et la plupart des sources, toutes celles du moins qui ne viennent pas de grandes profondeurs et qui résultent de l'infiltration des eaux superficielles à travers les couches poreuses du sol jusqu'à des couches imperméables. Sous des latitudes élevées, leur température est en général plus forte que celle de l'air; sous des latitudes basses, c'est-à-dire voisines de l'équateur, elle est, au contraire, souvent moindre. Quant aux sources qui possèdent une haute température, et qui sont connues sous le nom d'*eaux thermales*, il est évident qu'elles reçoivent d'une autre cause, bien autrement puissante, le calorique dont elles sont chargées. Il en est de même des *puits artésiens*, qui offrent toujours une température plus élevée que la température moyenne du pays. Autrefois on croyait expliquer cette température des eaux thermales et des fontaines jaillissantes par la chaleur que dégage la décomposition des pyrites (sulfures de fer). Mais si l'on réfléchit que cette décomposition ne peut avoir lieu sans le contact de l'air, et que rien ne justifie cette intervention de l'air à de grandes profondeurs dans l'intérieur du sol, si de plus on reconnaît que beaucoup de sources thermales sortent des terrains primitifs, dans lesquels les pyrites sont fort rares, on se hâtera de repousser cette hypothèse, sur laquelle les géologues ont longtemps fondé l'explication des phénomènes volcaniques, et l'on sera conduit à penser que la terre renferme dans son sein un foyer puissant de chaleur, indépendant de l'action solaire ou des réactions chimiques.

Depuis longtemps on avait reconnu que la température des mines était supérieure à celle de l'atmosphère; mais l'étude de la chaleur souterraine n'est devenue du domaine de la physique expérimentale qu'au dix-huitième siècle. Gensanne fit le premier, en 1740, des expériences suivies dans les mines de Giromagny. Leur exactitude fut confirmée par les travaux de De Saussure, Humboldt, d'Aubuisson. Trebra fit faire en Saxe, pendant plusieurs années, des observations avec toutes les précautions convenables; mais c'est surtout M. Cordier qui a mis hors de doute les résultats suivants : 1° au-dessous de la couche invariable où toutes les oscillations thermométriques de la surface viennent s'éteindre, les températures restent parfaitement constantes, pendant des années, à quelque profondeur qu'on les observe; 2° au-dessous de cette même couche, c'est-à-dire à partir d'une profondeur de 30 à 40 mètres, la température du sol augmente rapidement, à mesure que l'on s'enfonce suivant la verticale. Cet accroissement n'est pas exactement le même par toute la terre; il est plus ou moins rapide d'un pays à un autre; mais ces différences ne paraissent pas dépendre du gisement des localités en latitude ou en longitude : on les attribue avec probabilité au plus ou moins d'épaisseur de l'écorce du globe. Voici les principaux résultats de l'observation : l'accroissement de chaleur a été trouvé de 1 degré centésimal pour une profondeur de 15 mètres à Decise, 19^m à Litthy, 19^m, 71 à La Rochelle, 28^m à Paris, 35^m à Carmo, 40^m à Poullaouen, 26^m à Gex (Suisse), 40^m dans diverses mines de Saxe, 25^m à Guanaxuato (Mexique), 20^m,20 aux monts Ourals (Russie), etc. En admettant pour moyenne 20 à 30 mètres, on trouve qu'à 2 kilomètres de la surface, la température du sol est celle de l'eau bouillante, et qu'à 10 myriamètres il possède une chaleur suffisante pour fondre toutes les laves et la plupart des roches connues. Au-delà, plus près du centre de la terre, règne sans doute une excessive chaleur qui tient en fusion le noyau du globe. La distance à laquelle commence la fluidité intérieure n'est pas 1/60° du moyen rayon terrestre. Le sol sur lequel l'humanité promène fièrement sa domination n'est donc qu'une croûte très-mince, une simple pellicule, cristallisée à la surface d'un immense océan de laves incandescentes, et il y a dans ce fait menaçant de quoi rabattre un peu de la présomption des philosophes qui annoncent l'éternelle durée de l'espèce humaine.

D'où vient à la terre cette chaleur? Est-ce du soleil? Son influence, si active à la surface, a-t-elle donc pénétré jusqu'au centre? Si la température centrale de la terre provenait de la chaleur solaire accumulée dans son sein pendant des siècles, cette température serait décroissante de la surface au centre, ou tout au plus constante jusqu'aux plus grandes profondeurs à partir de la couche invariable; mais il serait contraire à toute raison, à toute science, d'admettre qu'elle pût croître à mesure que l'on s'éloigne de la surface. Or, quoique les expériences qui constatent cet accroissement aient eu lieu à des profondeurs très-petites par rapport au rayon terrestre, puisqu'elles ne descendent pas à un kilomètre de la surface, on ne peut mettre en doute un résultat constaté par tant d'habiles expérimentateurs, et que plusieurs sciences s'accordent d'ailleurs à confirmer. En effet, que dit la géologie? Si la terre devait sa chaleur intérieure au soleil, il est évident qu'elle se serait échauffée graduellement depuis son origine, et que la température de sa surface devant profiter de l'accumulation de la chaleur solaire à l'intérieur, elle jouirait maintenant d'un climat plus chaud qu'elle n'en eut jamais. Mais les observations géologiques conduisent à admettre que la température superficielle n'est pas toujours restée la même, et qu'elle a éprouvé un décroissement considérable. On trouve enfouis dans les couches du sol, à des latitudes où il leur serait aujourd'hui impossible de vivre, faute de chaleur, des débris d'animaux et de végétaux qui ont évidemment peuplé à des époques reculées le sol même où ils sont ensevelis. La température de ces latitudes était donc plus élevée qu'elle ne l'est aujourd'hui, il y a donc eu perte de chaleur. Pour démontrer que ce phénomène était indépendant de l'état thermométrique de l'intérieur du globe, on a eu recours à diverses hypothèses : ainsi, on a fait osciller à plusieurs reprises la terre sur son axe de manière à présenter les pôles à l'action verticale des rayons solaires, et à faire de l'équateur une courbe méridienne. Cette variation dans la position relative des différents points de la terre, par rapport au soleil, pouvait avoir produit les changements de température qu'accuse la géologie. Mais c'est là seulement reculer la difficulté; car on ne voit pas de raison suffisante à ces oscillations supposées de la terre.

On ne peut davantage, malgré la déférence due aux opinions de sir William Herschell, admettre qu'une diminution de température à la surface de la terre ait pu venir d'un changement dans l'ellipticité de l'orbite que parcourt notre planète, cet orbite devenant peu à peu de plus en plus circulaire. Car une variation dans l'excentricité de la terre s'effectue si lentement, qu'il faudrait plus de dix mille ans pour qu'elle amenât une variation mesurable au thermomètre dans la température de la surface; et devint-elle aussi considérable que celle de la planète Pallas, la moyenne radiation solaire n'en serait accrue que d'un centième, accroissement tout à fait insignifiant par rapport aux phénomènes géologiques qu'il prétend expliquer; car il est certain que dans une seule période, la période tertiaire, la température a changé de 10°, puisque dans le nord de la France, où la température moyenne est de 10 à 11°, ont végété des palmiers, arbres qui exigent 20 à 21° de chaleur. Le décroissement des températures terrestres ne peut donc venir de la position relative de la terre et du soleil. Suivant M. Lyell, géologue qui fait école en Angleterre, il pourrait résulter de variations dans la hauteur des continents au-dessus du niveau des mers. L'altitude des terres est en effet un des éléments les plus importants de la constitution des climats, et un exhaussement ou un abaissement de quelques mètres peut altérer assez sensiblement la température moyenne d'une contrée pour changer complètement les conditions de la vie végétale et animale. Cette théorie, qui manque de preuves bien plus que de probabilités, n'invoque plus seulement les causes extérieures; car les oscillations qu'auraient subies les continents exigent le concours de causes intérieures. Ne pouvant attribuer avec quelque certitude le refroidissement à une influence extérieure, il faut le chercher dans la terre elle-même, dans l'existence d'une chaleur centrale et primitive, qui s'est graduellement dissipée dans l'espace par le rayonnement.

Si, malgré tant de preuves, on se refusait encore à croire qu'à l'origine des choses la terre s'élança toute brûlante dans l'espace, comment alors concevoir la forme de notre globe? Quand la terre commença à tourner sur son centre, pour qu'elle s'aplatît dans le sens de son axe de rotation et se renflât à l'équateur, et pour qu'elle prît en définitive la figure générale d'un ellipsoïde, il fallait nécessairement, le calcul le démontre, qu'elle fût dans un état de fluidité tout au plus pâteuse; car si elle eût été primitivement solide, la rotation n'eût pas changé sa figure; il n'est pas probable que dans l'infini des formes possibles elle eût reçu ses motifs, par un pur hasard, celle d'un ellipsoïde. Les idées de figure arrondie, de rotation et de fluidité sont nécessairement liées

7.

entre elles. Mais ici une question se présente qui a longtemps séparé les géologues en deux camps, alors qu'on était plus pressé de deviner la nature qu'attentif à l'observer. Cette fluidité dont le globe a incontestablement joui était-elle aqueuse ou ignée? avait-elle pour cause l'eau ou le feu? Devait-on en croire les *neptuniens* ou les *plutoniens*? Un coup d'œil rapide sur l'histoire de cette grande querelle, qui a commencé avant la science, et qui, terminée aujourd'hui pour la plupart des géologues, trouve cependant encore d'opiniâtres champions, ne sera pas sans intérêt et sans utilité : pour ne pas sortir de la spécialité de cet article, nous citerons principalement les partisans de l'opinion plutonienne.

L'origine de ce débat se trouve dans les plus anciennes cosmogonies des peuples : tandis que l'Inde et l'Égypte adoraient l'eau comme la mère de toutes les choses, la Perse et la Scythie offraient leurs hommages au feu, principe de toute lumière et de toute existence, créateur de la terre et de ses habitants. Les mythes phrygiens disent que Jupiter voulant réveiller Cybèle (la terre), encore endormie et ignorante d'elle-même, introduisit dans son sein un feu liquide qui amollit et féconda les dures entrailles du rocher. La Grèce, qui reçut presque toutes ses traditions, toute sa science, de l'Orient, par les invasions pélasgique et égyptienne, accueillit dans ses écoles philosophiques les doctrines de l'eau et du feu. Thalès y développa le principe égyptien (ἄριστον μὲν ὕδωρ). Héraclite et les stoïciens après lui enseignèrent que tout ce qui existe est sorti du feu. Aussi durent-ils attribuer à l'action du feu les bouleversements de la surface terrestre et les phénomènes volcaniques. Aristote, au rapport de Censorin (*De Die Natali*), pensait que le monde était alternativement la proie de l'eau et du feu. Hésiode, Strabon, Diodore de Sicile, renferment des idées assez précises sur l'influence des feux souterrains. Mais c'est surtout dans les auteurs latins, Justin, Ovide, Virgile, Lucain, qu'on trouve des opinions nettement formulées sur ce sujet. Et il faut remarquer que dans tout ce qui était accessible à la seule imagination les anciens ont fait preuve d'une merveilleuse sagacité. Leur méditation active et profonde, parcourant incessamment le champ des possibilités, a remué presque toutes les grandes découvertes complètement mises en lumière par la science moderne. Ils ont soupçonné la forme de la terre, l'attraction universelle, la *chaleur centrale* et la connexion de ce dernier fait avec les phénomènes volcaniques et le soulèvement des montagnes.

Les Arabes, successeurs des Grecs dans la culture de l'intelligence, durent combiner les notions venues de la Grèce avec les traditions répandues dans l'Asie. On trouve dans Kaszwini, historien arabe du treizième siècle, des idées géologiques fort remarquables sur l'action du feu central. Dans l'occident de l'Europe, les sciences ne furent d'abord qu'une traduction du grec et du latin, un écho des universités arabes. Aussi à l'époque dite de la renaissance voit-on se développer les deux grands systèmes géogoniques de l'antiquité. Comme l'esprit religieux des sociétés européennes faisait une loi de placer toute science dans la Bible, et que la Bible ne parle pas explicitement du feu central, l'hypothèse égyptienne, celle de Thalès, eut d'abord plus de sectateurs. Mais au dix-septième siècle, époque de doute et d'affranchissement scientifiques, la théorie plutonienne commença à reprendre faveur. Etienne de Clave (1635), Becher (1645), Kircher (1668), Stenon (1679), plaident pour le feu central. En 1671 René Barry développait des opinions presque identiques à celles de Kaszwini. Certes cette question est un frappant exemple de cet instinct merveilleux qui guide le génie vers la vérité, de cette sorte d'illumination divine qui lui fait devancer et prophétiser la science, et il est bien digne de remarque que Descartes, Newton et Leibnitz aient été partisans de la fluidité originelle du globe. Ils la regardaient comme un soleil éteint et encroûté à sa surface. Leibnitz surtout a développé cette idée dans son *Protogœa* (1683).

Whiston (1708), Mairan (1715), Lazzaro-Moro (1740), nous conduisent à Buffon (1749), qui, par la grandeur dont ses vues pénétrantes revêtirent l'hypothèse du feu central, par des faits habilement combinés, par un style majestueux comme la nature, en a fait en quelque sorte sa propriété, quoiqu'il ait puisé dans Leibnitz et Whiston ses principales opinions. Toutefois, Buffon, consultant plus son génie que l'observation, n'a réussi à construire sur une donnée réelle qu'un roman ingénieux. Suivant lui et suivant Bailly (1780), la chaleur qui s'échappe de la terre serait 29 fois en été et 400 fois en hiver celle qui nous vient du soleil. Ainsi, la chaleur solaire serait presque sans influence sur l'alternative des saisons, et l'état climatérique de la surface terrestre dépendrait essentiellement du rayonnement de la chaleur centrale. Si ce système était vrai, le refroidissement continuant avec rapidité, et le soleil étant impuissant à compenser cette perte de chaleur, les glaces polaires envahiraient successivement toutes les mers, chassant la vie devant elles, et le globe finirait par n'être plus qu'un vaste désert pâle et froid comme la lune. Mais les grands géomètres, Laplace et Fourier, ont soumis ces conjectures à la sévère épreuve des mathématiques. Fourier a établi que, quoique la quantité de chaleur perdue par la terre pendant un siècle soit assez grande pour fondre une couche de glace de 3 mètres d'épaisseur étendue sur toutes les terres, l'abaissement de la température est très-petit, et que la chaleur intérieure du globe n'élève maintenant la température de la surface que de 1/30° de degré au-dessus de la température fixe des espaces planétaires. Laplace a fait voir combien le refroidissement était devenu lent par suite de l'épaisseur de l'écorce solidifiée du globe, en comparant les observations faites il y a 2,000 ans, par Hipparque d'Alexandrie, sur la durée du jour sidéral, avec les observations actuelles; cette durée n'a pas varié d'une quantité appréciable; par conséquent la vitesse angulaire de rotation de notre planète est la même qu'il y a 2,000 ans, d'où il suit nécessairement que son volume n'a pas diminué. Or, un refroidissement de 1/10° de degré aurait produit une contraction assez sensible pour altérer son volume, sa vitesse de rotation et par suite la durée du jour sidéral. Ainsi, non-seulement le refroidissement de la terre, qui à des époques reculées devait être très-rapide et changer fréquemment les conditions de la vie animale et végétale, est devenu très-lent, mais il est même à peu près accompli à la surface, et l'a livrée pour toujours à l'influence régulière et vivifiante du soleil.

Je reviens à l'histoire. Les idées systématiques de Buffon ne jouirent pas d'une longue faveur; elles tombèrent complètement en discrédit vers la fin du dix-huitième siècle. Needham, qui en 1769 expliquait avec beaucoup de justesse par la force expansive des feux intérieurs le soulèvement des chaînes de montagnes, et Bailly, qui quelques années plus tard développait avec éloquence l'opinion de Buffon, s'attirèrent les railleries de Voltaire et de D'Alembert. Cependant les progrès des autres sciences dans la voie expérimentale devaient finir par entraîner un mouvement parallèle de la géologie. Werner, Pallas, de Saussure, Deluc, créèrent la géognosie positive, et l'autorité acquise à leurs noms par d'excellents travaux fit prévaloir l'hypothèse neptunienne, qu'ils avaient embrassée. Cependant le feu central trouva en Angleterre d'ardents défenseurs. Hutton (1788), Playfair (1802), et leurs disciples à l'université d'Édimbourg, luttèrent avec passion contre l'école wernerienne de Freiberg en Saxe. Les géologues français, presque tous élèves de Werner, avaient accepté les opinions de cet illustre maître. Dolomieu fut un des premiers que l'observation des phénomènes volcaniques ramena à l'hypothèse de Leibnitz et de Buffon. En effet, lorsque l'on considère l'uniformité des phénomènes volcaniques et des produits volcaniques sur toute la surface de la terre, il est impossible de ne pas les considérer comme produits par une seule et même cause, et cette cause ne peut être placée qu'à de grandes profondeurs. C'est cette importante considération qui a conduit les naturalistes du dix-neuvième siècle à étudier de nouveau la théorie de la chaleur centrale, que les travaux mathématiques de Laplace et de Fourier, les expériences de M. Cordier, l'opinion des De Buch, des Humboldt, et d'un grand nombre d'autres géologues distingués, ont complétement instaurée dans la science. On s'étonne maintenant que le système neptunien ait jamais pu jouir de quelque crédit; mais tel est l'empire des traditions et des noms, que les erreurs les plus grossières se propagent pendant des siècles, faute du plus simple calcul. Si l'on eût comparé la masse des eaux du globe avec la quantité de matières solides qu'elles auraient dû dissoudre ou tenir en suspension, on n'aurait pas cru un seul instant à la possibilité de la fluidité aqueuse de la terre. Le poids de toutes les eaux du globe n'excède pas la cinquante millième partie du poids total de notre planète : comment concevoir qu'un kilogramme d'eau ait jamais pu dissoudre ou contenir 50,000 kilogrammes de matières solides ?

Ainsi, la terre a été fluide, et cette fluidité était produite par le feu; sa surface seule est refroidie, et son noyau est encore incandescent et liquide. Cette notion est depuis la théorie newtonienne la plus belle acquisition de la physique générale; car elle est singulièrement riche en applications d'une haute importance. Nous ne pouvons ici qu'indiquer en peu de mots ces applications, qui trouveront leurs développements dans les principaux articles de géologie.

Les volcans, soit qu'ils vomissent des laves, comme les volcans proprement dits, soit qu'ils rejettent de la boue, du pétrole et des gaz irrespirables, comme les salses, sont des cheminées qui établissent une communication permanente entre l'intérieur de la terre en fusion et l'atmosphère qui enveloppe la croûte endurcie et oxydée de notre planète. Leur action se lie aux tremblements de terre, à l'origine des sources thermales, à la formation des bancs de gypse et de sel gemme anhydre, à l'existence des mines métalliques déposées à diverses époques de bas en haut en filons ou en amas, enfin aux soulèvements de quelques parties de la surface du globe instantanés, comme ceux de la côte du Chili et de l'île Nerita, ou très-lents, comme celui des rivages de la Baltique. La relation intime de tous ces phénomènes entre eux indique l'action d'une cause générale, et a conduit M. de Humboldt à définir la volcanicité: « l'influence qu'exerce l'intérieur d'une planète sur son enveloppe extérieure, dans les différents états de son refroidissement. » Cette définition, appliquée aux époques reculées qui ont précédé les temps historiques, comprend : et la formation des grands massifs de roches cristallines (granit, gneiss, porphyres, etc.), et l'injection violente de ces roches en colonnes énormes à travers les matières déjà solidifiées, et le soulèvement des grandes arêtes du monde (Himalaya, Andes, Cordillères, Alpes, Pyrénées, etc.), et les rides nombreuses qui conduisent dans leurs plis les fleuves et les torrents, et l'inondation à diverses reprises des terres émergées, enfin les modifications successives qu'a subies la température de l'atmosphère, d'abord impropre à la vie organique, puis uniformément favorable aux productions tropicales, et maintenant soumise à l'influence des latitudes et des altitudes, parce qu'elle dépend presque exclusivement des rapports de position de la terre et le soleil.

Un jour peut-être on saura combien il a fallu de siècles à notre planète pour traverser tant de transformations; on connaîtra par la science l'âge de la terre. En effet, parmi les formules dues au génie de Fourier, il en est une qui donne le nombre des siècles écoulés depuis l'origine du refroidissement, d'après la quantité séculaire de ce refroidissement. Cette quantité, nous ne la connaissons pas encore, et l'excessive petitesse de la variation thermométrique renvoie la solution du problème à un avenir très-éloigné. Nous sommes également impuissants à présumer quelle pourra être à une époque donnée l'influence du refroidissement sur le sort de la terre. Mais il nous semble que, pour n'avoir plus à craindre l'affreuse congélation dont la menaçait Buffon, la surface du globe n'est pas quitte de tout danger. Les forces qui l'ont plus d'une fois bouleversée sont assoupies plutôt qu'éteintes, et elles manifestent encore par moments leur puissance dynamique en ébranlant des continents entiers, en poussant des îles au-dessus du niveau des mers. Quoique la croûte oxydée du globe soit maintenant assez épaisse pour opposer une grande résistance aux réactions souterraines, quand on songe qu'elle ne forme pas un soixantième du rayon de la terre, on doit s'avouer qu'il peut arriver avec le temps dans les entrailles du globe telle accumulation de fluides élastiques, de gaz, qui brise tous les obstacles, soulève une immense chaîne de montagnes, et, jetant les mers sur les continents, engloutisse une partie de l'humanité dans un nouveau déluge. Si l'on blâmait la hardiesse de semblables conjectures, je répondrais par ces paroles de Humboldt : « Qu'il soit quelquefois permis à l'esprit curieux et actif de l'homme de s'élancer du présent dans l'avenir, de deviner ce qui ne peut pas être encore connu clairement et de se plaire aux mythes géognostiques de l'antiquité qui se reproduisent de nos jours sous des formes diverses. »

A. DES GENEVEZ.

CHALEUR VITALE, CHALEUR ANIMALE, CHALEUR VÉGÉTALE. Les animaux présentent deux grandes divisions, chez l'une desquelles la température du corps est la même à peu près que celle du milieu où ils se trouvent placés, et varie avec celle du milieu : ce sont les animaux à *sang froid*; dans l'autre, elle diffère de celle du milieu, et est à peu près invariable, ce sont les animaux à *sang chaud*. La chaleur animale est différente dans les diverses espèces d'animaux, mais elle est la même pour chaque espèce, et de nombreuses expériences ont prouvé que la rapidité de la circulation est comme la mesure de cette chaleur, qui doit être étudiée pendant la santé ou durant le cours des maladies.

Chez l'homme et les animaux, la température vitale offre des modifications déjà indiquées à l'article ANIMAL (tome Ier, p. 607). Les anciens en plaçaient la source dans le cœur, et Descartes l'expliquait en admettant une ébullition de sang dans cet organe. Mais il est des animaux qui n'ont ni cœur ni vaisseaux, et dont le tissu n'en est pas moins abreuvé d'un fluide nourricier qui représente le sang. Van Helmont, Vieussens, Borelli, croyaient à une effervescence, à la fermentation du sang, ou bien à un esprit igné, qui se dégageait par les mouvements du cœur. Les physiologistes modernes, qui dans leurs explications sur le siége de la calorification ont plus ou moins heureusement apprécié les conditions organiques nécessaires pour sa manifestation, ont émis sur ce sujet des opinions dont le résultat est que l'innervation, la respiration, la circulation et la nutrition concourent, chacune à sa manière, à la production de la chaleur animale; la première, en stimulant tous les organes par l'agent innervateur; la seconde, en puisant dans l'air l'oxygène ou le *pabulum vitæ*, qui s'unissant au sang le rend nutritif, plus chaud et plus excitant; la troisième, en distribuant le sang, plus ou moins chaud, dans les diverses espèces animales, dans tous les tissus et surtout dans le tissu nerveux, qui en dégage l'agent incitateur; la quatrième, enfin, ou la nutrition, y contribue par la solidification et la fluidification alternatives des humeurs et des tissus, et par le jeu des combinaisons chimiques qui s'effectuent pour les renouveler et réparer leurs pertes. De cette appréciation générale du mode de production de la chaleur animale, qui nous paraît suffisamment exacte, il est facile de conclure qu'en raison des divers degrés de complication ou de simplicité d'organisation des appareils innervateur, respiratoire, circulatoire et nutritif, qu'on observe dans toute la série animale, depuis l'homme jusqu'à l'éponge, la température vitale de tous ces êtres plus ou moins animés offre des différences depuis le plus haut degré d'élévation de chaleur, qui a été constaté chez les oiseaux, jusqu'aux animaux les plus inférieurs, dont la chaleur est égale à celle du milieu dans lequel ils vivent.

Les faits nombreux exposés par Decandolle dans sa *Physiologie végétale* prouvent, comme il l'a avancé, que la chaleur interne des plantes, qui diffère plus ou moins de celle de l'atmosphère, doit être attribuée à l'eau du sol, qui, plus chaude que l'air en hiver et plus fraîche en été, est absorbée par des racines plus ou moins profondes, et répandue dans tout le tissu du végétal. « Ainsi, dit-il, tandis que l'ascension de la sève met perpétuellement le centre du tronc en équilibre de température avec le sol, toute la structure du corps ligneux, et surtout de l'écorce, empêche le tronc de se mettre en équilibre de température avec l'air extérieur : il doit nécessairement résulter de ce double effet que la température de l'intérieur des troncs doit être analogue à celle du sol où plongent leurs racines, c'est-à-dire plus chaude que l'air en hiver et plus froide en été, et que pour expliquer ces faits il n'est pas nécessaire d'admettre dans les végétaux une faculté calorifique analogue à celle des animaux à sang chaud. » Après ces notions générales sur la chaleur végétale, étudiée dans les plantes dicotylédones, il convient de faire remarquer que la température vitale des végétaux dont l'organisation se simplifie de plus en plus est beaucoup plus subordonnée à celle de l'atmosphère qu'à celle du sol. Mais il reste encore à apprécier l'influence que l'absorption des éléments gazeux et de l'humidité aérienne et la nutrition doivent exercer sur la température propre aux divers végétaux. A ces faits, puisés dans l'observation des corps organisés dans l'état normal, il faut joindre ceux de l'accroissement de la chaleur, soit animale, soit végétale, pendant la reproduction. Ainsi, l'augmentation de la température remarquée par un grand nombre de botanistes dans plusieurs plantes s'est élevée dans la fleur de l'*arum cordifolium* de l'île de France à 40° et même à 49°, l'air ambiant étant à 19°.

Pendant la saison des amours, la chaleur des êtres animés est augmentée dans tout le corps et dans les organes génitaux, en raison de leur turgescence sanguine. Les oiseaux qui couvent leurs œufs, en outre des précautions qu'ils prennent pour conserver la chaleur produite, offrent de plus pendant l'incubation un accroissement réel de leur température habituelle. Mais c'est pendant les maladies des animaux que la chaleur présente le plus de modification. Le froid glacial de la peau et des membres, du bout du nez, accompagné d'un sentiment de chaleur ardente dans les viscères, qui précède toutes les affections graves, annonce toujours une lésion profonde. Mais on peut ne pas s'inquiéter de ces frissons légers, de ces bouffées de chaleurs erratiques que des personnes d'une grande susceptibilité nerveuse éprouvent, surtout lorsque leur genre de vie est trop sédentaire, et lorsque les plus légères contrariétés troublent momentanément leurs habitudes, par trop régulières et monotones.

Nous ne pourrions passer ici en revue toutes les variétés de *chaleur morbide* qui accompagnent les affections, soit locales, soit plus ou moins générales, de l'organisme de l'homme. Si ces sensations sont quelquefois douces, agréables et de bon augure (*chaleur halitueuse*), quelquefois elles ont un caractère douloureux, et en effet la chaleur accompagne les douleurs des inflammations, des névralgies et des fièvres. Toutes ces expressions, *chaleur vive, ardeur, chaleur fébrile, chaleur âcre et mordicante, chaleur sèche, humide, générale, partielle, fugace, passagère*, servent à désigner les principales variétés de la chaleur morbide, qu'il faut rapprocher en pathologie des sensations de froid dans les maladies, alternant plus ou moins avec des phénomènes d'augmentation de la température vitale.

La vie et la chaleur propre des diverses espèces, soit végétales, soit animales, s'entretiennent malgré les différences de la température extérieure. Diverses plantes croissent et vivent dans des terrains dont la chaleur est de 30, 31, 62, 77 et même 80°. Un *phormium tenax* eut les feuilles entièrement brûlées, mais sa souche résista sans périr à l'extrême chaleur de l'incendie d'une serre qui eut lieu à Paris au Jardin des Plantes. D'autres végétaux poussent et fleurissent malgré l'influence d'un froid considérable. Le chêne peut supporter sans périr, dans le nord de l'Europe, jusqu'à 25°; et le bouleau jusqu'à 32 et même 36° au-dessous de zéro. Presque tous les végétaux sont au contraire appelés à vivre dans une température moyenne.

Les températures extrêmes sont nuisibles en général aux manifestations de la vie animale. Les animaux sont donc forcés de vivre dans des températures moyennes, soit atmosphériques, soit aquatiques; mais plusieurs animaux vivent dans l'intérieur des plantes ou dans d'autres animaux, non-seulement à la surface de leur peau ou de leurs intestins, mais encore dans l'intimité de leurs tissus les plus profonds: ces parasites puisent à la fois la chaleur et la nourriture dans l'individu où ils se développent. Quelques animaux vivent dans des eaux thermales, et on a rapporté de l'Inde des poissons qui ont été trouvés vivants dans une eau minérale dont la température est voisine de celle de l'eau bouillante. Nous ne pouvons indiquer ici tous les moyens dont la nature a pourvu les animaux pour les garantir de la perte de leur chaleur inhérente ou de l'introduction de celle de l'extérieur. Nous pouvons encore moins passer en revue les diverses industries des espèces animales pour se soustraire au froid ou aux fortes chaleurs. Nous devons nous borner à dire que l'homme a développé toute la puissance de son génie non-seulement pour s'abriter par ses vêtements, par ses constructions architecturales, par les ombrages frais de ses jardins de plaisance, contre toutes les températures qui l'offensent et s'opposent à son libre développement, mais encore pour faire la conquête des climats où les vicissitudes et les rigueurs des saisons semblent ne plus exister pour lui. C'est dans les milieux gazeux que les élévations de température les plus considérables peuvent être supportées momentanément sans accident. Banks, Fordycer, Bogden, M. Berger, ont supporté pendant 7 à 8 minutes une chaleur forte, les uns de 79°, les autres de 100° et même de 115°; au rapport de Tillet et Duhamel, un séjour de 12 minutes dans un four chauffé à 128° fut supporté par une jeune fille qui n'en éprouva aucune incommodité. Les mémoires de l'Académie des Sciences rapportent un autre cas, de deux jeunes filles qui purent soutenir sans accidents graves, pendant quelques minutes, une chaleur de 150°. Il n'est pas rare d'observer dans les capitales de l'Europe des individus qui font métier de ces expériences, et se donnent le titre d'*hommes incombustibles*.

Les expériences de MM. De Laroche et Berger sur eux-mêmes et sur des grenouilles ont donné pour résultat, que dans *un milieu de vapeurs aqueuses* l'élévation de la température ne peut être supportée qu'environ de 10 à 12 minutes par l'homme et d'environ 5 heures par les grenouilles, depuis 37° jusqu'à 48° et 53°. Lorsque le milieu ambiant est liquide, on ne peut l'endurer qu'un temps plus court le plus souvent. Le Monnier a été forcé de sortir d'un bain d'eau thermale de Barège à 45° après 8 minutes de séjour. Des reptiles plongés dans l'eau à 40° succombent après 2 minutes d'immersion, quoique la tête soit maintenue dans l'air, pour que l'animal puisse respirer. Enfin, l'application des corps solides chauffés jusqu'à 40° ne peut être supportée quelques instants sans danger; mais l'habitude peut modifier beaucoup ces premières impressions.

L'homme peut supporter le froid plus facilement que la chaleur. Il réagit contre lui par une plus grande production de sa chaleur inhérente, développée par les mouvements musculaires, par une nourriture abondante et stimulante, et par l'énergie de sa force morale. Cependant, lorsque la soustraction de la chaleur du corps humain est trop brusque et trop continue, sa température vitale habituelle, qui est de 32°, descend à 26. Alors se manifeste le besoin d'un sommeil invincible : c'est la torpeur ou l'engourdissement, précurseur d'une mort produite par l'épuisement des forces nerveuses, et probablement aussi par l'action directe du froid sur le sang, qui se coagule dans les vaisseaux.

La chaleur animale de l'état sain présente des différences suivant les âges et les espèces; elle semble se communiquer dans les embrassements maternels, dans les douces étreintes de l'amitié, de l'amour; tous les sentiments généreux la raniment. C'est ainsi que la chaleur vitale devient elle-même vivifiante et animatrice.   L. LAURENT.

CHALIBAUDE. On donnait ce nom dans plusieurs provinces de France à la fête de saint Jean, à cause des feux qu'on allumait pour sa célébration.

CHALMERS (GEORGES), historien, né en 1742, à Fochabers, dans le comté de Murray (Écosse), après avoir achevé ses études à Aberdeen, alla suivre un cours de droit à Edimbourg, puis passa en Amérique, où il exerça la profession de jurisconsulte jusqu'au moment où y éclata la révolution. A son retour en Angleterre, il se fixa à Londres, obtint un emploi au ministère du commerce (*board of trade*), et mourut dans cette capitale, en 1825. On a de lui : *Political Annals of the United Colonies* (Londres, 1780, in-4°); *On the comparative Strength of Great Britain during the present and four preceding reigns* (Londres, 1782 et 1786); enfin *Collection of Treatises between Great Britain and other powers* (2 vol., Londres, 1790). Mais son principal ouvrage est sa *Caledonia, or a topographical History of North Britain* (4 vol. in-4°, Edimbourg 1807), livre plein de recherches profondes sur les antiquités historiques de l'Écosse, et riche en faits curieux et instructifs. Il est également l'auteur de quelques biographies, notamment de celles de Daniel de Foe (Londres, 1790) et de Thomas Payne (Londres, 1790). Il prit, en 1796, la plus vive part à la discussion littéraire qui s'éleva sur de prétendues œuvres posthumes de Shakspeare, et en défendit l'authenticité.

CHALMERS (THOMAS), l'un des théologiens et des prédicateurs les plus distingués de la Grande-Bretagne, et en même temps fondateur de l'Église presbytérienne libre d'Écosse, né le 17 mars 1780, à Anstruther dans le comté de Fife, en Écosse, fit ses études de 1795 à 1799 à Saint-Andrews, où il s'occupa surtout de mathématiques, de philosophie naturelle et de chimie, quoiqu'il n'y eût point dans cette université de chaire consacrée à l'enseignement de cette dernière science; et sa prédilection pour ces études toutes spéciales ne diminua point alors même qu'il eut été pourvu d'une charge dans la commune presbytérienne de Wilton. En 1802 il revint même en qualité de professeur suppléant de mathématiques à Saint-Andrews, où il passa quelques années jusqu'au moment où il fut nommé curé à Kilmany. Il ne tarda pas à y développer l'activité physique et intellectuelle qui le distinguait à un si haut degré. Sans négliger un seul instant ses devoirs ecclésiastiques, il fit dans diverses villes des cours publics sur la chimie et sur d'autres matières, fut nommé officier dans la milice créée à l'époque des guerres contre la France, écrivit un ouvrage sur les ressource du pays et diverses brochures, et prit part à la fondation de l'*Encyclopédie d'Edimbourg*, pour laquelle il écrivit le remarquable article *Christianisme*. Un cercle d'activité plus vaste s'ouvrit devant lui lorsqu'en 1814 il fut appelé aux fonctions de prédicateur dans l'église Saint-Jean de Glasgow, ville où il prononça et publia la plus grande partie de ses sermons. Sa réputation se répandit de proche en proche sur tous les points de la Grande Bretagne, et gagna même l'Amérique. En 1823 il vint visiter Londres, où il prêcha à diverses reprises devant une foule innombrable d'auditeurs, au milieu desquels se trouvaient toutes les notabilités du jour. Canning, notamment, était l'un de ses chauds admirateurs, et le mettait au-dessus des autres orateurs sacrés de l'Angleterre. L'année suivante il reçut, comme juste rémunération de son mérite et de ses travaux, la chaire de philosophie morale à Saint-Andrews, c'est-à-dire la plus haute dignité académique qu'il y ait en Écosse. L'Institut de France l'élut au nombre de ses membres correspondants, et l'université de Cambridge lui conféra le titre de docteur en droit. Lorsque éclata la scission de l'Église d'Écosse, Chalmers se montra le ferme champion des vieilles doctrines presbytériennes et de l'indépendance de l'Église. Il fut par conséquent du nombre des dissidents, et en 1843, pour demeurer fidèle à ses convictions, il se démit de ses charges et emplois, et se sépara de l'Église dominante. Ses adversaires eux-mêmes déplorèrent une telle résolution de sa part; car ce n'avait pas été sans un vif regret qu'ils s'étaient vus abandonnés par un tel homme. En revanche, les communautés dissidentes (ce qu'on appelait l'*Église libre*) le choisirent pour premier pasteur; et il s'acquitta avec son zèle habituel de ses nouvelles fonctions jusqu'au moment où la mort vint inopinément le frapper, à Morningside, près d'Édimbourg, le 31 mai 1847.

Chalmers était un écrivain fécond et en même temps un brillant orateur sacré. De son vivant même on fit paraître une édition de ses œuvres complètes. La plupart ont trait à la théologie critique et polémique, ainsi qu'à l'homilétique. Dans le nombre il s'en trouve aussi qui ne roulent que sur la philosophie morale et politique, sans que l'auteur sache toujours bien nettement tracer la ligne de démarcation existant entre ces deux sciences. On y reconnaît bien vite aussi la prédilection de l'écrivain pour les sciences exactes.

Parmi ses ouvrages théologiques, le plus célèbre est celui qui a pour titre : *The Evidence and Authority of the christian Revelation* (Édimbourg, 1817), et dont on ne compte plus les éditions. Ses *Discourses on Astronomy* (1817) contiennent également des morceaux d'une rare élévation et d'une grande beauté. Nous signalerons encore parmi ses nombreux écrits : *Commercial Discourses* (1818); *Occasional Discourses* (1819); *The adaptation of external nature to the moral and intellectual condition of man* (1839); *The civil and christian Economy in connexion with the moral prospects of the society* (1832), livre où il prend la défense de la théorie de Malthus, et s'efforce comme lui de prévenir la trop grande extension de la population par des restrictions apportées au mariage, invitant le clergé à contribuer à un tel résultat par ses enseignements et par ses exhortations.

Le style de Chalmers n'est pas toujours correct ni élégant; trop souvent il est gâté par de l'enflure et des déclamations, et déparé par une phraséologie particulière à l'auteur. Ces défauts, sensibles surtout dans ses sermons, sont rachetés par une éloquence chaleureuse et entraînante, par une grande force de logique, et richement compensés par l'originalité, par la rare profondeur et par l'énergie des pensées. L'éditeur Constable, d'Edimbourg, acheta 10,000 livres sterl. les œuvres posthumes de Chalmers; elles ont été publiées par les soins de son gendre W. Hanna (1847), auteur lui-même de *Memoirs of the Life and Writings of Chalmers* (2 vol., 1850), dont la lecture offre un vif intérêt.

CHÂLONNAIS. Avant la Révolution on appelait ainsi une partie de la Champagne dont Châlons-sur-Marne était le chef-lieu. Il y avait aussi un Chalonnais de Bourgogne, subdivisé en Chalonnais propre, chef-lieu Chalon-sur-Saône; et *Bresse Chalonnaise*, chef-lieu Saint-Laurent-lès-Chalon.

CHÂLONS-SUR-MARNE ou CHAALONS, ville de France, chef-lieu du département de la Marne, à 135 kilomètres de Paris, sur la rive droite de la Marne, avec une population de 13,733 habitants, siége d'un évêché suffragant de Reims, et dont le diocèse comprend le département, l'arrondissement de Reims excepté. Chef-lieu de la quatrième division militaire et du dixième arrondissement forestier, cette ville possède un tribunal de première instance, un tribunal de commerce, un collége, un séminaire diocésain, une école normale primaire, l'une des trois écoles impériales d'Arts et Métiers qui existent en France, une bibliothèque publique, riche d'environ 20,000 volumes, un jardin botanique, une chambre consultative des manufactures et un dépôt de mendicité.

Entourée de murailles et de fossés, Châlons est heureusement située au milieu de vastes prairies; mais elle est généralement mal bâtie; un grand nombre de ses maisons sont en pans de bois, les rues sont étroites, les places peu régulières; cependant on y voit quelques constructions remarquables, comme la cathédrale, commencée vers 450, consacrée en 1147, détruite trois fois par des incendies, dont le portail, bâti sous Louis XIII, est d'architecture grecque, tandis que ses deux tours gothiques s'élancent en pyramides découpées à jour; l'hôtel de la préfecture, ancien hôtel de l'intendance, construit en 1744; l'hôtel de ville, construit en 1772, et dont le fronton est orné d'un beau bas-relief; l'église Notre-Dame, édifice du quatorzième siècle, ou l'on remarque un pavé en mosaïque, couvert d'inscriptions curieuses; les églises Saint-Alpin, Saint-Jean et Saint-Loup, la caserne Saint-Pierre, le manége, la salle de spectacle, la porte Sainte-Croix, le pont sur la Marne, bâti en 1787; l'ancienne enceinte de murailles, assez bien conservée, et la belle promenade *du Jard*, qui occupe une surface de plus de sept hectares.

On fabrique à Châlons de la bonneterie de coton, des lainages, des toiles, des sangles et des surfaix, des futailles, du blanc d'Espagne et du bleu français; on y trouve des tanneries et des chamoiseries estimées, et trois typographies. Le commerce a quelque importance, grâce au magnifique système de communication qui rattache Châlons à la capitale, à plusieurs villes de premier ordre et aux riches et fertiles vallées de l'Aube, de la Seine, de la Meuse, de l'Alsace, de l'Aisne, de la Somme et du Pas-de-Calais. Il consiste en grains et farines, vins de Champagne, chanvre, graines et huiles de graines, bois et plâtre.

Châlons est une ville très-ancienne; c'était la capitale des *Catalauni*, et l'une des villes les plus importantes de la Gaule-Belgique. Les Romains l'embellirent et la fortifièrent. Saint Memmie y prêcha le christianisme vers 250, et en fut le premier évêque. En 273 une bataille eut lieu sous ses murs entre Aurélien et l'usurpateur Tétricus; en 451 ce fut aux environs de Châlons, dans les champs Catalauniques, qu'Attila fut défait par Aétius. En 963 Herbert et Robert de Vermandois l'assiégèrent et la brûlèrent avec le château qui en faisait la principale défense. Au dixième siècle Châlons, qui avait depuis longtemps le titre de comté, forma une espèce d'État libre, sous le gouvernement de ses évêques. Ceux-ci furent alors investis du titre de grands-vassaux de la couronne, et leur autorité subsista jusqu'en 1360, époque où le roi Jean réunit le comté de Châlons au domaine royal. C'est durant cette période que la ville atteignit son plus haut point de prospérité; sa population s'éleva, dit-on, jusqu'à soixante mille âmes; et sous les premiers rois de la troisième race, c'était la place la plus industrieuse et la plus commerçante de tout le comté de Champagne. Les franchises et les priviléges dont elle jouissait alors attiraient les marchands, non-seulement des extrémités du royaume, mais encore de l'Allemagne, de l'Italie, et notamment de Florence, de Milan, de Gênes, de Venise. Ils venaient y échanger contre les cuirs, les laines et les draps du pays, les étoffes d'or et d'argent, les épiceries précieuses et les denrées rares que fournissaient exclusivement aux voyageurs italiens et les caravanes du Levant. Les édits de Philippe de Valois, en frappant ces marchandises de lourds impôts, portèrent un coup mortel à la splendeur de cette cité. Les Anglais tentèrent vainement de s'en emparer en 1430 et en 1434. Sous la Ligue elle resta fidèle à Henri III, et suivit plus tard avec la même constance le parti d'Henri IV. Le 19 juin 1591 le parlement de Châlons déclara scandaleux et plein d'impostures le monitoire lancé contre ce prince par Grégoire XIV, et le fit brûler sur la place publique par la main du bourreau. Avant la Révolution Châlons était le siége d'une généralité, d'un bailliage présidial, d'une élection et d'une grande-maîtrise des eaux et forêts.

CHALON-SUR-SAÔNE, ville de France, chef-lieu d'arrondissement, dans le département de Saône-et-Loire, à 50 kilomètres au nord de Mâcon, sur la rive droite de la Saône, à l'origine du canal du Centre, avec une population de 16,589 habitants. Cette ville, siége de la cour d'assises du département, possède des tribunaux de première instance et de commerce, une chambre de commerce, une société d'agriculture et une bibliothèque publique de dix mille volumes; elle est le chef-lieu de la 3ᵉ subdivision de la 8ᵉ division militaire.

Chalon est une ville bien bâtie, dans une situation agréable; mais ses rues sont mal percées et mal pavées. Elle possède des quais spacieux et des ports commodes pour le mouvement des marchandises. Le faubourg Saint-Laurent, sur la rive gauche de la Saône, est relié à la ville par un pont de pierre d'une architecture assez remarquable. Les principaux édifices sont la cathédrale, monument gothique de la fin du treizième siècle, bâtie sur l'emplacement d'une autre église, construite en 532; l'église Saint-Pierre, surmontée de deux hauts clochers à doubles dômes; l'hospice Saint-Laurent; l'hôpital Saint-Louis; l'hôtel de ville; la fontaine de Neptune, sur la place de Beaune; la fontaine Saint-Vincent; l'obélisque érigé en mémoire de l'ouverture du canal du Centre, et qui fut terminé en 1793, etc.

Chalon renferme de vastes ateliers d'horlogerie et d'orfévrerie, d'autres pour la taille des cristaux, le moulage du fer; des fabriques considérables de toiles et de tissus, des mégisseries, une fabrique de ciment hydraulique, trois typographies ; il s'y fait une fabrication importante de vinaigre et de moutarde, et on y prépare avec des écailles d'ablettes l'*essence d'Orient*, qui sert à faire de perles fausses. Le commerce consiste en vins, grains et farines, bois et plâtres; mais la véritable richesse de la ville, c'est son commerce de commission, admirablement favorisé par sa position géographique et la navigation de la Saône et du canal du Centre. Le chemin de fer de Paris à Lyon n'est encore aujourd'hui livré au public que jusqu'à Chalon, où se trouve une station de bateaux à vapeur pour Lyon.

L'origine de Chalon est très-ancienne; elle s'appelait jadis *Cabillonum*. César dit, dans ses *Commentaires*, qu'elle appartenait aux Éduens ; il y forma des magasins de vivres. On prétend que cette ville reçut le christianisme de saint Marcel et de saint Valérien, qui tous deux souffrirent le martyre, en 179. Pillée et brûlée par les Germains, vers 254, par Attila en 451, puis par Chramne, fils de Clotaire Iᵉʳ, elle fut reconstruite par Childebert, et fut la capitale de Gontran. Brunehaut y résida. Dévastée en 732 par les Sarrasins d'Abdérame, elle le fut encore trente ans plus tard par le duc d'Aquitaine Waïfre. Rebâtie de nouveau par Charlemagne, elle fut encore saccagée par Lothaire, en 834. C'est par les ordres de ce dernier que la sœur du duc de Septimanie, Gerberge, fut enfermée dans un tonneau et jetée dans la rivière. Les Hongrois prirent la ville en 937; au quinzième siècle elle fut la proie des écorcheurs; elle eut ensuite beaucoup à souffrir des guerres de religion. Elle embrassa le parti de la Ligue; Mayenne s'y retira en 1588, et lors de la trêve de 1595 cette ville fut du nombre de celles qu'on lui accorda pour sûreté. En 1814 ses habitants rompirent deux arches du pont sur la Saône, et tinrent pendant deux jours en échec une division autrichienne. Pour les récompenser de cette belle confuite l'empereur leur fit don de quatre pièces d'artillerie.

Chalon était autrefois la capitale du *Chalonnais* de Bourgogne, petit pays borné à l'est par la Franche-Comté, au nord par la Bourgogne propre, à l'ouest par l'Autunois, au sud par le Mâconnais, et qui fut longtemps le siége d'un comté. Ce comté remontait à une époque très-ancienne ; en 1113 il fut partagé entre le comte et l'évêque, et finit par être incorporé au duché de Bourgogne, avec lequel il fut réuni à la France. Le dernier comte de Châlon fut Jean, comte d'Auxonne, qui avait épousé une sœur de Hugues IV, duc de Bourgogne. Il s'est tenu huit conciles à Chalon, savoir : en 579, 644, 813, 886, 894, 1063, 1115, et 1129.

CHALOTAIS (LA). *Voyez* LA CHALOTAIS.

CHALOUPE. Ce mot, qui a la même origine que *chaland*, désigne une embarcation destinée au service des navires, que l'on dirige au moyen d'avirons, et qui est quelquefois pourvue d'un petit mât et d'une voile. Lorsque les navires sont en pleine mer, la chaloupe reste fixée sur le pont, et on ne s'en sert qu'en rade pour le transport de tous les objets nécessaires au navire, ou bien encore en mer, lorsque le péril est tel que l'équipage doit abandonner le bâtiment.

Les *chaloupes canonnières* sont des chaloupes *pontées*, dont les plus grandes sont gréées en *bricks* ou *bricks-goélettes*. Ces embarcations sont pourvues au plus de 24 avirons, et portent quelques pièces de canon, tant en batterie qu'à l'avant et à l'arrière. Elles servent à défendre l'approche d'une côte ou une passe entre deux écueils.

On appelle *chaloupier* tout homme faisant partie de l'équipage ou du service d'une chaloupe, lequel se compose ordinairement d'un patron, d'un brigadier et d'autant d'hommes que d'avirons.

CHALUMEAU (*Technologie, Chimie*). Lorsque deux pièces en or ou en argent doivent être réunies ensemble, comme cela a lieu dans la fabrication des bijoux, la jonction s'en opère au moyen d'un alliage d'or et d'argent plus fusible que ces métaux eux-mêmes ; une petite quantité de borax répandue sur les deux surfaces empêche leur oxydation et facilite la soudure. La température doit être élevée, mais dans le point seulement de la soudure ; de telle sorte qu'il est indispensable de diriger la chaleur sur ce point : on y parvient en se servant du chalumeau, qui n'est dans ce cas autre chose qu'un tuyan en cuivre ou en fer, dont le diamètre diminue depuis l'embouchure, que l'on tient entre les lèvres, jusqu'à l'extrémité, très-effilée et recourbée, que l'on place à une petite distance de la flamme d'une chandelle ou d'une lampe ; en soufflant par ce tube l'air poussé sur la flamme la projette de côté en formant un dard très-vif que l'on fait tomber sur le point qu'il s'agit de chauffer ; la température est parvenue au rouge en quelques instants. Lorsque l'on se sert pendant quelque temps du chalumeau, l'air expiré renfermant une grande quantité d'humidité, une portion se dépose dans le tube, et sort par jets qui font pétiller la flamme : pour obvier à cet inconvénient, on a imaginé de placer à la partie inférieure du tuyau, avant sa courbure, un réservoir cylindrique, sphérique, ou de toute autre forme, qui reçoit l'eau et la retient, de sorte qu'il suffit après un certain temps de démonter ce réservoir pour faire tomber celle qu'il renferme.

Sous le rapport des arts le chalumeau est donc un instrument précieux ; il ne l'est pas moins dans les mains du chimiste et du minéralogiste, auxquels il procure le moyen de constater de la nature, et même, jusqu'à un certain point, la proportion des principes qui composent les substances minérales. C'est en Suède que l'emploi du chalumeau a acquis cette importance. Swab imagina dès 1738 de l'employer aux recherches chimiques ; après lui Cronstedt, auquel on doit des travaux importants sur la minéralogie, s'en servit avec un grand avantage ; un des plus illustres chimistes du siècle dernier, Bergmann, publia en 1779 un traité sur cet instrument, que l'un de ses élèves, Gahn, a porté à un grand degré de perfection. Berzélius, qui avait travaillé avec Gahn, s'est beaucoup occupé du chalumeau : l'ouvrage qu'il a publié sur ce sujet ne laisse rien à désirer sur ses applications. En France, Le Baillit a modifié d'une manière ingénieuse l'usage du chalumeau pour un grand nombre d'essais : au lieu de fondre sur des fils de platine les substances qui doivent passer à l'état vitreux, et pour constater facilement la couleur et les caractères des boutons obtenus, il recommande l'emploi de petites coupelles faites avec un mélange d'os calcinés et de terre de pipe, sur lesquelles la substance fondue se répand en couches très-minces, dont on distingue aisément les teintes, qui servent de caractères aux substances que l'on essaye.

Quand on souffle dans l'intérieur de la flamme d'une chandelle avec le chalumeau, on obtient deux dards très-différents : l'un, très-rouge, qui donne une température extrêmement élevée, et fait brûler et oxyder les corps ; l'autre, qui est peu brillant, et qui désoxyde facilement les substances soumises à son influence. C'est à produire à volonté l'un ou l'autre, et à les faire réagir sur les corps que l'on examine, que doit s'attacher celui qui veut se servir du chalumeau. L'usage de cet instrument demande beaucoup d'habitude : quand on commence à s'en servir, on éprouve une grande fatigue dans les organes de la respiration ; mais cette fatigue ne doit pas même se présenter pour celui qui sait employer le chalumeau : l'air est introduit par le nez, et les joues ne servent qu'à régulariser l'action de cette masse d'air ; on ne souffle donc pas avec la poitrine.

Quand on emploie pendant longtemps le chalumeau pour un essai pyrognostique, l'extrémité se brûle ou s'obstrue par le dépôt d'une certaine quantité de fuliginosité provenant de la flamme ; les becs en cuivre ne peuvent être facilement nettoyés, et se détériorent très-vite ; on y ajoute de petits becs en platine, qu'il est extrêmement facile de nettoyer en les faisant rougir, et qui se conservent indéfiniment si on ne les brise pas par maladresse.

Si l'on veut rendre la fusion plus prompte, ou si l'on juge les corps trop réfractaires, on substitue à l'air de la bouche un jet d'oxygène. On renferme alors ce gaz dans une vessie, et par le moyen d'une pression graduée on nourrit la flamme du chalumeau. Pour obtenir la température la plus élevée à laquelle on puisse atteindre, on remplace l'oxygène par un mélange d'une partie de ce gaz avec deux parties d'hydrogène (proportion nécessaire pour former de l'eau) ; on fait passer ce mélange par l'ouverture d'un chalumeau garni d'un tube capillaire en platine, et on l'enflamme. La flamme ainsi obtenue fond facilement le quartz et même l'alumine. Seulement, pour éviter une détonation dangereuse, il faut mettre entre le réservoir qui contient le gaz et le tuyau par lequel il s'échappe un certain nombre de toiles métalliques très-fines.   H. GAULTIER DE CLAUBRY.

On a aussi employé le chalumeau pour boire. Alors ce peut être une simple paille, un roseau ou une canne. De là on avait créé le verbe *chalumer*, qu'on trouve quelquefois dans nos anciens auteurs :

Ésope quelquefois, la nuit,
De complot avec la servante,
Chalumait, sans faire de bruit,
Les tonneaux de son maître Xante.

CHALUMEAU (*Liturgie*), instrument d'or ou d'argent, à l'aide duquel on humait autrefois le sang eucharistique contenu dans le calice. Bocquillot le décrit ainsi : « Le bout que l'on trempait dans le calice était large et convexe ou fait en bouton, et l'autre bout, qui se mettait dans la bouche, était plus petit et tout uni. On le tenait enfermé dans un petit sac de toile ou d'étoffe fait exprès..... Après que le prêtre avait pris le corps du Seigneur, il mettait le gros bout du chalumeau dans le calice, prenait le précieux sang par le petit bout, et donnait ensuite au diacre le calice et le chalumeau. Le diacre prenait le calice de la main gauche, et tenait le chalumeau directement au milieu avec les deux premiers doigts de la main droite; il le tenait ainsi sur le côté droit de l'autel jusqu'à ce que tout le monde, et enfin lui-même et le sous-diacre, eussent communié. Il tirait ensuite le chalumeau du calice, le suçait par les deux bouts l'un après l'autre, et le donnait en garde au sous-diacre. »

Le cardinal Bona dit que le pape, quand il officie, se sert d'un chalumeau pour boire le sang divin, et en laisse pour les ministres du sacrifice, qui en prennent avec le même chalumeau. Cet usage est encore en vigueur aujourd'hui. Le chalumeau eucharistique était inconnu dans l'Église primitive. Le sixième *Ordo* romain, qui ne remonte pas au delà du dixième siècle, est le premier qui en fasse mention.

CHALUMEAU (*Musique*), instrument à vent fort ancien, et le premier peut-être que l'on ait inventé. Cet instrument pastoral n'était dans l'origine qu'un roseau percé de plusieurs trous : ce qui explique son nom, dérivé de *calamus*, roseau. Le chalumeau moderne était une espèce de petit hautbois, que l'on a abandonné, à cause de la mauvaise qualité de ses sons. Les chalumeaux de la musette sont les tuyaux d'ivoire qui s'adaptent au corps de cet instrument. Le *la* placé entre les lignes (la clef étant celle de *sol*) divise le diapason de la clarinette en deux parts : celle qui est en dessous de ce point s'appelle *chalumeau* ; celle qui se trouve au-dessus du même point prend le nom de *clarinette*. Cette distinction vient de ce que les sons graves de la clarinette, ayant quelques rapports avec ceux du chalumeau rustique, sont nasards si l'exécutant ne s'est point appliqué à les corriger au moyen de l'embouchure. Quelques-uns croient que le nom de *chalumeau* a été donné à la partie basse du diapason de la clarinette à cause du petit chalumeau de cuivre placé dans l'intérieur de l'instrument, sur le trou qu'il faut tenir ouvert pour obtenir le *la* ci-dessus désigné, et les autres sons qui le suivent à l'aigu, lesquels appartiennent tous à l'autre demi-diapason, appelé *clarinette*. Mozart s'est servi le premier du chalumeau de la clarinette pour accompagner, en arpèges par quatre et ensuite par six notes, l'admirable trio des masques de *Don Juan*. Rossini a de même employé cette octave grave de la clarinette dans le trio du premier finale d'*Otello*. Weber en a tiré des effets merveilleux dans ses opéras, dans le *Freischütz* surtout. Le mot *chalumeau* placé sur un trait de clarinette note sur la portée avertit que ce trait doit être exécuté à l'octave basse, ou dans la région du chalumeau. Le mot *loco* ou *clarinette* fait connaître le moment où l'on doit jouer sans transposition d'octave. CASTIL-BLAZE.

CHAM, l'un des fils de Noé, naquit cent ans avant le déluge, au rapport de Josèphe. Il avait deux frères, Sem et Japhet. L'Écriture le nomme toujours après Sem, ce qui donnerait lieu de croire qu'il était né avant Japhet. Il y en a cependant qui pensent qu'il était le dernier des enfants de Noé. Cham fut père de Chanaan. Lorsque Noé, étourdi par le jus de la vigne, parut devant ses enfants dans une posture peu décente, Cham au rebours de ses frères, en fit un objet de risée et d'amusement. Noé, apprenant ce qui s'était passé, s'écria : « *Chanaan* sera maudit ; il sera le serviteur des serviteurs ; » puis il ajouta : « Que le Seigneur, le Dieu de Sem soit béni, et que *Chanaan* soit le serviteur de Sem ! Que Dieu étende la possession de Japhet ! qu'il habite dans les tentes de Sem, et que *Chanaan* soit le serviteur de Japhet ! »

Par un effet de la malédiction prononcée par Noé contre *Cham* et son fils *Chanaan*, non-seulement leur postérité fut asservie à celle de ses frères, et tomba ainsi dans l'esclavage, mais tout à coup, selon l'auteur du Tharik-Thabari, la couleur de leur peau devint noire ; de là cette opinion que tous les noirs viennent de *Cham* et de *Chanaan*. Un autre auteur arabe nous assure que Cham fut le premier qui répandit l'idolâtrie sur la terre, qu'il fut l'inventeur de la magie et l'auteur de diverses superstitions. La postérité de Cham, comme celle de tous les malheureux, fut très-nombreuse. Il fut père de *Chus*, de *Mesraim* et de *Phuth*, qui eurent chacun plusieurs enfants, aussi bien que *Chanaan*, leur frère. Cette famille, suivant l'opinion commune, alla s'établir dans l'Afrique. Pour Cham, il demeura dans l'Égypte, qui passe pour la plus fertile partie de l'Afrique. Cette dernière en effet est nommée la *terre de Cham*, en plus d'un endroit des psaumes.

Un caricaturiste contemporain, dont le spirituel crayon a acquis une grande popularité, a cru devoir prendre le nom de *Cham* ; nous n'apprendrons rien à personne en ajoutant que sous ce pseudonyme biblique se cache l'un des fils du comte de Noé, ancien pair de France.

CHAMADE, mot dérivé du portugais *chamar*, appeler : rappel, batterie de caisse, comparable, suivant quelques opinions, au *classicon* des anciens. Les bateleurs de Portugal, d'Espagne et d'Italie appelaient le peuple au son de la chamade. Quand les assiégeants avaient infructueusement tenté l'attaque d'un chemin couvert, ils demandaient, au moyen de la chamade, la permission d'enlever leurs morts. Dans les attaques de place, à l'instant de donner l'assaut, l'assiégeant faisait battre la chamade, comme pour amener l'assiégé à résipiscence, et lui donner à connaître l'imminence du danger. Dans le siècle dernier, la chamade battue sur la brèche d'un bastion, ou sur le rempart, vis-à-vis des attaques, équivalait à la proposition d'une suspension d'armes, ou une ouverture de capitulation : le tambour, après avoir battu, criait : « Ceux de la place demandent à traiter. » Il était d'usage, sitôt la chamade entendue, de suspendre les hostilités et de discontinuer et les travaux du siège et les réparations des brèches. L'usage du drapeau blanc se joignait au signal de la chamade, soit afin d'en rendre l'effet plus efficace, soit parce que, depuis l'invention de l'artillerie, le bruit du canon s'opposait à ce qu'on entendît facilement celui de la caisse. Ainsi le tambour arrivait le drapeau blanc à la main, et l'arborait avant de battre. Il était autrefois consacré en point de droit qu'en cas de chamade battue de la part des assiégés, les bataillons montant la tranchée pouvaient se refuser à être relevés, afin d'entrer les premiers dans la ville rendue. Gal BARDIN.

CHAMÆDORE (de χαμαί, à terre, δόρυ, tige). Genre établi par Willdenow pour quelques petits palmiers venant la plupart du Brésil, dont la tige, à peine de la grosseur du pouce, acquiert un ou deux mètres de hauteur. Plusieurs espèces sont actuellement cultivées dans les serres de nos jardins, parce qu'elles ont l'avantage de fleurir assez promptement, et de ne pas exiger une culture aussi difficile que la plupart des autres plantes de cette famille.

CHAMÆROPS (de χαμαί, à terre, ῥώψ, arbrisseau). Genre de palmiers établi par Linné, et remarquable parce qu'il renferme les espèces de cette famille qui dans notre hémisphère s'éloignent le plus de l'équateur. Tout petit qu'il est, le *chamærops nain* (*chamærops humilis*) a pour nous un intérêt particulier : seul de sa famille, on le voit croître en Europe, adoptant, il est vrai, les contrées les plus chaudes, telles que l'Italie, la Sicile, dont il borde les côtes, l'Espagne, où il se montre parfois aussi commun que l'herbe des champs. On le dit originaire de Barbarie, où il acquiert de trois à quatre mètres de hauteur ; en Europe, il s'en faut qu'il parvienne à cette taille ; le plus souvent il est privé de tige, et ses feuilles, profondement digitées et portées sur un pédoncule épineux, font l'effet d'un large éventail planté en terre, d'où lui est venu le nom de *palmier éventail*. Il a réussi dans la Provence ; le Jardin des Plantes de Paris en possède deux pieds d'une vaste étendue et d'une végétation assez vigoureuse.

En France, le chamærops est seulement une plante d'ornement ; à Gênes et ailleurs, on emploie ses feuilles à faire des balais. E. LE GUILLOU.

CHAMANISME, une des plus anciennes et en même temps la plus répandue de toutes les religions idolâtres, professée aujourd'hui par les Finnois et les Tatars idolâtres, les Mongols, les Samoïèdes, les Ostiakes, les habitants de la Sibérie orientale, les insulaires de l'océan Pacifique, les Bourètes et plusieurs autres peuplades sauvages, tributaires de la Russie.

Les *chamanistes* adorent un Être Suprême, créateur du monde, dieu tout-puissant, qui voit tout et connaît tout, mais qui ne s'intéresse nullement aux actions de l'homme; il ne punit ni ne récompense. D'après l'opinion générale, il est invisible et habite ordinairement le ciel ou le soleil; quelques-uns même adorent le soleil, comme son image. Selon les Téléoutes et les Tatars de l'Altaï, cet Être Suprême révèle quelquefois sa volonté à ses élus, et alors il leur apparaît dans les rêves sous la figure d'un vieillard à longue barbe, revêtu de l'uniforme d'un officier de dragons. Il est d'ailleurs toujours entouré de nombreux cortège; et lorsqu'il monte à cheval, le bruit de son coursier produit le tonnerre, et l'éclair jaillit du choc de ses fers contre les cailloux qui se trouvent sur la route céleste. Les chamanistes croient qu'après la création l'Être Suprême confia le gouvernement du monde et le sort du genre humain aux soins d'une foule de dieux qui lui sont subordonnés, mais qui souvent agissent de leur propre gré et sans attendre son impulsion. Ces dieux du second ordre se partagent en bons et mauvais : il en existe des deux sexes, mais ils ne contractent pas de mariage entre eux. Les dieux de la première série, ou les dieux favorables, président chacun à une branche spéciale dans l'administration du monde : quoiqu'ils soient, en général, portés à faire le bien, ils sont très-vindicatifs lorsqu'ils se trouvent offensés, et punissent sévèrement le coupable. Les *mauvais dieux* ne sont pas moins nombreux. Le plus grand d'entre eux, qu'on nomme ordinairement *Chaïtan* (Satan), est presque aussi puissant que l'Être Suprême lui-même; sa méchanceté est excessive, et il ne peut être que très-rarement apaisé par les prêtres ou *chamans*, qu'il honore de sa faveur. Les autres dieux malfaisants qui sont sous ses ordres habitent au sein de la terre, des eaux, des volcans ou des forêts, et ils sont les principaux auteurs de tous les malheurs qui arrivent dans ce monde.

Les chamanistes rendent aussi après la mort un culte divin à leurs ancêtres, à leurs héros et à leurs prêtres, qu'ils vénèrent comme demi-dieux ou saints, servant de conseillers et d'aides aux dieux supérieurs. Ceux qui vivent plus près de la Russie adorent saint Nicolas, auquel ils attribuent toute la puissance dont jouit cet empire : erreur qui d'ailleurs est commune à la populace russe, si l'on veut se rappeler toutes les jongleries de Souvarof vers la fin du siècle dernier. Les dieux, évoqués par les prêtres, leur apparaissent sous la forme d'ours, de serpents ou de hiboux, qui sont pour cela l'objet d'une adoration particulière. Les cochons, les grenouilles, les insectes et les vers sont réputés immondes, et ne peuvent être apportés en sacrifice. Les chamanistes pensent aussi que le monde ne finira jamais. Selon eux, le sort des hommes et des animaux ne change point après leur mort et reste tel qu'il était pendant leur vie. L'homme se compose du corps et de l'âme; il jouit du libre arbitre : cependant sa bonne ou mauvaise fortune dépend des dieux et des démons, qui punissent sévèrement l'impiété, l'irrévérence envers les idoles, la fourberie et la cruauté. Dans toute autre circonstance, il ne peut s'attirer leur courroux, parce qu'ils ne se soucient guère s'il est fainéant ou laborieux, gourmand ou sobre, mangeant du gibier qu'il a tué lui-même, ou bien le dérobant aux autres. Quoiqu'ils aient une croyance ferme dans l'autre vie, ils se la figurent pauvre et remplie d'amertume; ce qui fait qu'ils ont une grande peur de la mort : les prêtres seuls quittent la vie avec résignation, soutenus par l'espérance qu'ils jouiront dans l'éternité du bonheur des saints. Ils craignent beaucoup les revenants, et ils emploient une foule de sortilèges pour les conjurer. Au reste, ils n'ont qu'une idée très-vague d'un autre monde, et ils ne sauraient vous dire positivement s'il s'y trouve d'aussi bons endroits pour la chasse et pour la pêche que sur la terre.

Chez les chamanistes la femme est inférieure en tout à l'homme. Créée seulement pour les besoins de ce dernier, pour procréer des enfants et vaquer aux travaux domestiques, elle est méprisée et considérée comme une marchandise, qu'on peut échanger ou vendre, et traitée avec la dernière sévérité. Être immonde, en horreur aux dieux, son contact est réputé impur : aussi a-t-elle des chevaux, des selles, des bancs et même des vases et autres ustensiles de ménage qui sont particulièrement affectés à son usage, et dont les hommes ne peuvent se servir avant de les avoir purifiés. Il lui est défendu enfin d'assister aux cérémonies religieuses et de s'asseoir près du foyer commun. Malgré cette répugnance générale des chamanistes pour les femmes, il's ont des prêtresses qui possèdent le même pouvoir et jouissent de la même vénération que les prêtres.

Ces prêtres, qu'on nomme ordinairement *chamans*, comme nous l'avons dit plus haut, c'est-à-dire ermites soupirants et maîtres des passions, sont toujours choisis par les dieux eux-mêmes, qui manifestent leur choix par des convulsions et autres signes d'irritation nerveuse auxquels leurs élus sont sujets dès leur enfance. Ils ne se distinguent d'ailleurs de la populace par aucune règle particulière dans leur vie. Pour imposer au vulgaire, ils s'affublent d'un vêtement bizarre, et portent une longue tunique de cuir coupée dans le goût oriental, qu'ils surchargent de petites idoles, de sonnettes et de toutes sortes de quincaillerie. Leurs bonnets, en guise de casques, sont surmontés d'un panache fait avec des plumes de hibou. Ils ne mettent ce costume qu'au moment des sacrifices, affectant toujours d'éprouver dans cette occasion un tressaillement convulsif, comme si l'Esprit entrait alors dans leur corps. Le principal signe de leur profession sacerdotale est un tambourin d'une forme oblongue, recouvert de peau d'un seul côté, et dont l'intérieur est garni de petits morceaux de métal. Le pouvoir de cet instrument est véritablement magique : il appelle ou chasse les Esprits selon la différence du son qu'il produit. Chez les Jakoutes, le tambourin est remplacé par une queue de cheval. Les chamans se vantent d'avoir des relations fréquentes avec les êtres supérieurs, de connaître les motifs de leur courroux et les moyens de les apaiser; ils prédisent l'avenir, rendent des oracles, expliquent les songes. Pour évoquer les esprits, ils allument un grand feu, autour duquel ils dansent, se tordant convulsivement, hurlant, et faisant d'autres jongleries; quelques-uns même, feignant que leur âme se sépare de leur corps, tombent comme sans vie, et racontent ensuite ce qu'ils ont vu et entendu dans l'autre monde. Cet état d'exaltation continuelle leur fait fréquemment perdre la vue, et la cécité est la plus grande preuve de leur puissance et de leur sainteté. Les chamanistes n'ont point de temples ni d'autres édifices destinés au culte. Les cérémonies se font dans un champ, sur une colline ou sur les bords d'une rivière, le plus souvent pendant la nuit et toujours auprès d'un grand feu. Leurs idoles sont grossières et pour la plupart difformes. Leurs fêtes solennelles sont au nombre de trois : celle du *printemps*, celle de l'*été* et celle de l'*automne*. Lorsqu'ils prient, ils tournent leur visage vers le soleil ou vers les idoles, et quelquefois offrent des victimes offertes en sacrifice.

On voit, d'après ce rapide exposé, que le *chamanisme* offre des points de ressemblance avec toutes les autres religions connues. L'esprit inventif d'un philosophe à système pourra tirer de cette circonstance force conjectures, auxquelles il ne manquera que l'exactitude et la vérité; car la crainte ayant été le mobile primitif de toutes les croyances, il n'est pas étonnant que la même cause ait produit les mêmes effets, sans qu'il existe pour cela la moindre relation entre les peuples. Nous nous bornerons à ajouter que la vie dure et misérable de ces peuplades sauvages s'oppose et s'opposera longtemps encore à l'introduction du christianisme parmi elles.   PIETRKIEWICZ.

CHAMANS. C'est ainsi que sont appelés les prêtres dans le système religieux désigné sous le nom de chamanisme. Quelques étymologistes rattachent l'origine de ce mot à la propagation du bouddhisme dans les contrées auxquelles il s'applique; ils le font dériver du sanscrit *schama*, qui signifie compassion pour celui qui se trompe, et attention donnée à soi-même.

CHAMBELLAN. S'il fallait en croire nos plus anciens historiens, Grégoire de Tours, Aimoin, etc., l'établissement des *chambellans* serait aussi ancien que la monarchie. Ce grand officier de la couronne s'appelait tout simplement *cubicularius, camerarius, cambrerius*, dans la basse latinité (*voyez* CAMÉRIER, CAMERLINGUE), et enfin *cambellanus*. Ces mots, réduits à leur acception naturelle, n'expriment qu'un emploi domestique. Mais ces emplois, si modestes dans leur origine, acquièrent bientôt une grande importance : c'est l'histoire de toutes les hautes dignités monarchiques, les noms seuls ont changé. On a traduit successivement *cubicularius* par *chambrier, chamberlan* puis enfin par *chambellan*, comme *comes stabuli* par *connetable*. L'épithète de *grand* n'a été ajoutée que plus tard, pour distinguer le chambellan du roi du *chambellan* des princes. Cet officier, dans le principe, avait soin de la chambre du roi, et commandait aux domestiques nommés valets de chambre. Sous le nom de *præpositus sacri cubiculi*, c'était une des plus nobles charges de l'empire romain, et celui qui en était revêtu avait le titre d'*illustre*. Elle fut introduite plus tard dans diverses communautés et maisons épiscopales. Dans la Rome chrétienne, le grand chambellan (*camerlingue*) jouit de pouvoirs très-étendus. Clovis n'avait pas une cour brillante et nombreuse : sa *maison* ne se composait que d'officiers et de valets. Aurélien, qu'il envoya au roi de Bourgogne, n'étant et ne pouvait être qu'un officier de confiance. Les historiens l'ont décoré du titre d'ambassadeur, et Grégoire de Tours, Nicolas Giles, Gaguin, Aimoin, lui donnent la double qualité de prince et de chambellan. Ils citent sérieusement les noms de *chambellans* de quelques rois de la première race, par exemple *Gauthier*, seigneur d'Yvetot, sous Clotaire I, qui, dans un accès de mauvaise humeur, le tua, s'en repentit, et, popr *reparation, exempta* ses hoirs de l'hommage dû pour la terre d'Yvetot. Ils donnent deux chambellans à Gontran, roi d'Orléans, un à Sigisbert, roi d'Austrasie, trois à Childebert, un à Théodoric, qui régnait en Bourgogne : ce dernier chambellan, appelé Bertaire, s'était saisi par surprise de Theudebert, roi d'Austrasie, et l'avait livré à son frère Théodoric, qui pour récompense lui avait donné toute la *dépouille royale* du captif. Si dès cette époque les rois eussent eu des grands chambellans, les mêmes historiens, et surtout Grégoire de Tours, auteur contemporain, qui nous a transmis les moindres détails de la vie intérieure des rois et des princes au milieu desquels il vivait, n'auraient eu garde d'omettre un seul de ces grands *officiers de la couronne*. Ces offices, devenus de hautes dignités recherchées des plus nobles familles, à cause des prérogatives, des privilèges qui y étaient attachées, n'ont été et n'ont pu être sous les deux premières races que des emplois purement domestiques. Aussi le P. Anselme, dont le nom fait autorité en pareille matière, ne commence-t-il son catalogue des grands chambellans qu'au douzième siècle.

Le premier nom qui ouvre la liste est celui de Gauthier de Villebéon, sous Louis le Jeune et Philippe-Auguste. Le trente-neuvième et dernier, suivant le même auteur, fut Geofroi-Maurice de la Tour, duc de Bouillon, qui prêta serment en avril 1658. Son fils, Louis, prince de Turenne, qui avait depuis obtenu la survivance en 1632, mourut en 1692, des blessures qu'il avait reçues à la bataille de Steinkerque. Louis XIV formait alors sa fastueuse cour. Les chambellans s'appelèrent *premiers gentils-hommes de la chambre, grands maîtres de la garde robe*.

Le grand chambellan devait avoir beaucoup d'ascendant sur le roi ; il ne le quittait ni jour ni nuit. « Le grand chambellan de France, ainsi qu'il est porté par les estats de l'hôtel des rois Philippe le Bel et Philippe le Long, doit gésir, quand la reine n'y est pas, aux pieds du lit du roi....... Après la cure (soin) de l'âme, l'on ne doit mie être si négligent de son corps, que, pour négligence ou aultre mauvaise garde, nuls perils adviennent, speciament quand, pour une personne, pourraient estre plusieurs troubles, nous ordonnons, et de ce speciament chargeons nos chambellans, que nulle personne méconnue, ne garçon de petit estat, n'entrent en notre garde robe, ne mettent main, ne soient à nostre lict faire, et qu'on y souffre nuls draps estranges. »

La dignité de grand chambellan était classée au rang des cinq grandes charges de la *maison du roi*. Celui qui en était revêtu avait droit à la dépouille et aux habits du monarque, lequel devait en avoir *neuf par jour*; il lui présentait la chemise à son réveil, et portait pour marque de sa charge, derrière l'écu de ses armes, deux clefs d'or, passées en sautoir, dont les anneaux étaient terminés par une couronne royale. Une clef d'or pareille fut ensuite attachée au haut des basques de son habit. Quand les titulaires des grands fiefs rendaient hommage au roi, c'est lui qui leur transmettait ses réponses, et qui obtenait en récompense le manteau du vassal. Le jour du sacre il recevait de l'abbé de Saint-Denis les bottines royales pour en chausser le monarque, qu'il devait vêtir ensuite de la dalmatique. Il signait avec les autres grands officiers de la couronne les lettres importantes et chartes du roi, et assistait au jugement des pairs. Il jouissait des droits seigneuriaux en la ville de Paris. Tout le commerce qui tenait à l'habillement était sous son patronage, et ce patronage n'était pas gratuit : il avait sous ses ordres le roi *des merciers*, qui, moyennant une rétribution spéciale, délivrait tous les brevets des maîtrises et du commerce de draps, toiles, etc. A lui appartenait aussi la direction générale des poids et mesures. Tous les procès du corps des merciers étaient portés à sa juridiction et jugés en son nom à la table de marbre du Palais. Parmi les autres principales fonctions de ce grand dignitaire de la couronne, il ne faut pas oublier celle d'avoir soin des armes du roi, et lorsqu'il faisait des chevaliers, de préparer tout ce qui était nécessaire pour la cérémonie.... Il avait la garde du grand scel secret et du cachet du cabinet, ainsi que l'administration du trésor et des finances du royaume. A chaque cour plénière, il distribuait au nom de S. M. à tous les grands officiers de la couronne et aux grands dignitaires *les livrées* en gratification. « A présent, disait le P. Anselme dans son *Histoire des Grands Chambellans*, il commande dans la chambre du roi, en fait les honneurs, et quand le roi tient les etats généraux, ou son lit de justice au parlement, il est assis à ses pieds, sur un carreau de velours violet... »

La charge de grand chambellan fut définitivement supprimée par une ordonnance de François 1er en 1545, et les fiefs de *grande* et *petite chambrerie* firent retour au domaine de la couronne. Ses attributions furent cependant sous les Valois conférées en partie à de nouvelles charges de cour, comme celles de grand maître de la garde-robe et de gentil-homme de la chambre. Quelques-unes furent converties en ministères. Napoléon, devenu empereur, rétablit cet usage qui a fait la chose, mais le mot, et choisit ses chambellans dans les familles *historiques*. Louis XVIII fit revivre le titre de grand chambellan en faveur du prince de Talleyrand. Après la révolution de Juillet, le titre de chambellan ne figura plus que dans les almanachs officiels

CHAMBELLAN — CHAMBORD 109

des cours étrangères. Les grands chambellans et les chambellans ont été rétablis en France par la nouvelle cour impériale. DUPEY (de l'Yonne).

CHAMBERS (WILLIAM et ROBERT), libraires d'Édimbourg, qui ont bien mérité de leurs concitoyens comme auteurs et comme éditeurs d'ouvrages utiles, sont nés à Peebles, petite ville riveraine de la Tweed. *William* est né en 1800, et *Robert* en 1802. Contraints de bonne heure de demander au travail leur pain quotidien, ils y apportèrent cette infatigable activité, cette abnégation et cette constance qui sont le propre des Écossais. C'est à l'année 1819 que remonte la fondation de leur maison de commerce ; leur association ne date toutefois que de 1832. Jusque alors ils avaient travaillé chacun pour leur compte, et, par leur ardeur au travail de même que par leur économie, ils étaient parvenus à posséder deux des meilleures maisons d'Édimbourg ; mais à partir de ce moment ils unirent leurs efforts et leurs intérêts. Déjà ils s'étaient fait connaître comme auteurs de diverses publications littéraires. Vers 1826 Robert avait écrit ses *Traditions of Edinburgh*, ouvrage d'un grand intérêt local. Plus tard parurent successivement ses *Popular Rhymes of Scotland*, *Picture of Scotland*, et *History of the Rebellion of 1745*, ouvrage qui unit le mérite historique au charme du roman, et qui obtint un succès franc et décidé dans toutes les classes de lecteurs. En 1827 William fit paraître son *Book of Scotland*, où il décrivait les diverses institutions particulières à l'Écosse, et l'année suivante son *Gazetteer of Scotland*, laborieuse et utile compilation. Les deux frères composèrent ces divers ouvrages sur le comptoir même de leur boutique, incessamment interrompus dans leur travail par les nécessités d'un grand mouvement d'affaires. Initiés par ces travaux préparatoires aux besoins intellectuels des masses, ils commencèrent au mois de février 1832 leur *Chambers's Edinburgh Journal*, publication hebdomadaire contenant des articles de morale, des récits instructifs et des travaux d'intérêt général, qui obtint un succès immense et à se conserver jusqu'à ce jour sa popularité. Grâce au bon marché, environ 15 centimes par numéro, il obtint une circulation extrêmement étendue ; et aujourd'hui encore son tirage n'est pas moindre de 60,000 exemplaires. Presque en même temps se fondait à Londres le *Penny Magazine*, dont le succès fut plus grand encore.

Propriétaires du plus vaste établissement typographique qu'il y ait en Écosse, les frères Chambers, pour favoriser par d'instructives et amusantes publications la propagation des lumières et de l'instruction, ont publié dans ces dernières années toute une série de journaux et d'ouvrages à bon marché, dont ils sont eux-mêmes les auteurs, aidés dans cette tâche par d'intelligents collaborateurs. Dans le nombre nous mentionnerons plus particulièrement *Information for the People* (2 vol.) ; *Cyclopædia of English Literature* (2 vol., 1844) ; *Miscellany of Useful and Entertaining Tracts* (20 vol.) ; *Library for young People* (20 vol.) ; *Educational Course*, dont environ 70 volumes avaient paru à la fin de 1851, et constituant toute une série de livres élémentaires.

Les louables efforts des frères Chambers, leur vie de travail et de dévouement, ont trouvé dans le succès leur récompense. En 1849 l'aîné, William, faisait l'acquisition du beau domaine de Glenormiston, dans le Peeblesshire, et c'est là qu'il va maintenant passer la saison d'été. Le cadet, *Robert*, s'est dans ces derniers temps beaucoup occupé de géologie. L'ouvrage qu'il a publié sous ce titre : *On ancient sea margins* (1849), contient le résultat de ses observations personnelles, toutes marquées au coin de la plus scrupuleuse exactitude.

CHAMBERTIN, célèbre vignoble de la haute Bourgogne, d'une superficie totale de 25 hectares, produisant année commune environ 140 pièces d'un vin délicieux, mais que son prix, toujours fort élevé, ne permet qu'aux riches gourmets de déguster. Le vignoble de Chambertin dépend de la commune de Gevrey, situé dans le département de la Côte-d'Or, à 10 kilomètres au sud de Dijon. On donne trop souvent, par une complaisante extension, le même nom aux produits, d'ailleurs généralement de bonne qualité, des vignobles environnants, quoiqu'ils soient bien inférieurs au véritable vin de Chambertin, qui a besoin de quatre années pour acquérir toutes les qualités qui le distinguent. C'est seulement en effet après ce laps de temps qu'il commence à répandre son si remarquable bouquet.

CHAMBÉRY (en italien *Ciamberi* ou *Sciamberi*), chef-lieu du duché de Savoie, dans la province appelée Savoie proprement dite (*Savoia propria*), est le siège d'un archevêque, d'un commandant de place, du sénat ou cour d'appel civile et criminelle de la Savoie, et d'un tribunal de commerce. Cette ville, entourée de tous côtés par de hautes montagnes, et justement célèbre par sa situation pittoresque, se compose de rues extrêmement irrégulières et étroites pour la plupart, se dirigeant vers le nord, et que la rivière le Leysse coupe à angle droit. Quelques-unes aboutissent à de belles promenades publiques. On trouve à Chambéry plusieurs églises, dont la construction remonte en général au moyen âge, sept couvents, six hôpitaux, un théâtre pouvant contenir 1200 spectateurs, une bibliothèque publique de plus de 20,000 volumes et riche en manuscrits rares et précieux, un collège royal pour l'enseignement de la jurisprudence, de la médecine et de la chirurgie, un séminaire théologique et diverses autres institutions destinées à l'instruction. En fait de sociétés savantes, l'académie royale de Savoie et la société de commerce et d'agriculture méritent une mention toute spéciale.

Les manufactures les plus importantes de cette industrieuse cité sont celles de coton, de soie et de velours. La population, forte de 14,000 habitants, fait en outre un commerce considérable en produits du sol. Un grand nombre de familles nobles de la province de Savoie résident habituellement à Chambéry, et contribuent aussi à sa prospérité.

Depuis le onzième jusqu'au commencement du quinzième siècle, Chambéry eut ses comtes particuliers, qui étaient des souverains plus ou moins indépendants. En 1416 l'empereur Sigismond érigea la Savoie en duché, et Chambéry fut pendant longtemps le séjour d'une cour brillante. Vers le milieu du seizième siècle, cette ville tomba sous la domination française, et en 1630 Louis XIII y fit une entrée solennelle comme souverain. Aux termes des stipulations de la paix d'Utrecht, Louis XIV dut restituer Chambéry au duc de Savoie. A peu de temps de là les Espagnols s'emparèrent de cette ville. A l'époque de la Révolution française, les républicains occupèrent la ville et la province, qui demeurèrent françaises jusqu'en 1815. Chambéry était alors le chef-lieu du département du Mont-Blanc ; mais les traités de Vienne et de Paris la replacèrent alors tous deux sous les lois de la maison de Savoie. A l'avénement du roi Victor Emmanuel II, on forma le plan de relier Chambéry à Lyon et à Turin par deux chemins de fer ; et tout annonce que l'exécution de cet important projet ne tardera pas à avoir lieu. Les curieux vont visiter aux environs de Chambéry le petit domaine des *Charmettes*, qui, au siècle dernier, fut habité par madame de Warens, cette femme trop sensible dont J.-J. Rousseau, dans ses *Confessions*, nous a si indiscrètement révélé les nombreuses faiblesses.

CHAMBORD (Château de), situé dans le département de Loir-et-Cher, à 15 kilomètres de Blois. Dès l'an 1090, Chambord était un château de plaisance et un rendez-vous de chasse des comtes de Blois. Il porta longtemps les noms de *Chambost* et de *Chambourg*. Louis XII le réunit au domaine royal avec tout le comté de Blois, qui avait fait partie de l'apanage des ducs d'Orléans de la maison de Valois. Il était en ruines lorsque François Ier fit édifier sur l'emplacement de l'ancien château l'édifice qu'on admire encore de nos jours ; depuis 1523 jusqu'à la mort de ce roi on prétend que l'on employa à la construction de Chambord dix-huit cents ouvriers; et l'on dépensa, suivant les comptes du trésor royal, 444,570 livres, somme qui représente plus de cinq millions de notre monnaie. Le mauvais état des finances empêcha plus tard Henri II, Charles IX et Henri III de dépenser, pour la continuation de l'édifice, plus de 391,000 livres, somme qui réunie à la première donne une douzaine de millions de notre monnaie. Cependant, malgré de si énormes dépenses, jamais les bâtiments du château n'ont été complétement achevés. Louis XIV, plus ardent à fonder Versailles qu'à achever ce que ses prédécesseurs avaient laissé incomplet, se contenta de faire combler les fossés et de construire quelques bâtiments supplémentaires pour le service de sa maison.

Ce château, qui ne contient pas moins de 440 pièces à feu, est situé au milieu d'un parc de 5,400 hectares clos de murs, dont l'enceinte a près de 32 kilomètres. Ce parc d'un aspect fort pittoresque, par la variété des sites et les accidents du terrain, est disposé pour les différents genres de chasse à courre ou à tir. Il est coupé en tous sens par de larges allées d'où l'on découvre le château sous différents aspects. Le château se compose d'un vaste terre-plein quadrangulaire, entouré de constructions de trois côtés, flanquées de grosses tours à chaque angle et reliées par des ailes au corps de bâtiment principal ou donjon, qui occupe le centre d'une des faces, et est également flanqué de quatre tours à chacun de ses angles. On a voulu attribuer la construction de Chambord au Primatice; mais, selon Vasari, le Primatice ne serait venu en France qu'en 1531, et d'après Bartolomeo Galeotti du château même qu'en 1539. Or le château de Chambord a été commencé en 1523; d'ailleurs Primatice était bien plutôt peintre qu'architecte, et ce n'est qu'en 1541, après la mort du Rosso, son compatriote, qu'il fut nommé surintendant des bâtiments royaux. Il est donc plus rationnel de croire que l'architecture du château de Chambord est l'œuvre d'artistes français, qui, dans la conception de l'ensemble, sont restés sous l'influence des habitudes et du goût qui régnaient encore à cette époque. En effet le caractère de cet immense édifice consiste, comme nous l'avons observé, dans une ordonnance d'architecture assez fine et délicate, appliquée sur des masses lourdes et presque barbares. Chaque tour du donjon a plus de dix-neuf mètres de diamètre. Tout le château est bâti en pierres de Distant et de Menars, espèce de pierre très-blanche, très-tendre quand on la travaille et qui acquiert une grande dureté à l'air. Le corps de bâtiments, composé de trois ordres de pilastres, présente d'abord à l'œil une grande simplicité, mais au-dessus des combles et des terrasses surgit une profusion inouïe de lucarnes, de tourelles, de campaniles, de clochetons, de cheminées, de pinacles, de pyramidions avec des découpures dentelées et des sculptures de toute espèce qui donnent à l'édifice un aspect étrange et bizarre. Mais ce qu'il y a de plus remarquable dans le château, c'est son grand escalier central dont le couronnement s'élève comme un monument en forme de pyramide au-dessus des combles et des terrasses et est couronné par une belle lanterne à jour, surmontée d'une fleur de lis. Cet escalier, en spirale, est à deux rampes superposées, dont la disposition est telle que deux personnes y peuvent monter en même temps sans se rencontrer. La cage, tout à jour, est composée de pilastres qui suivent le rampant. Situé au centre même du château, il donne accès à chaque étage à quatre salles qui s'étendent jusqu'aux murs de face et servent elles-mêmes d'antichambres à quatre appartements complets. Outre cet escalier principal, on en avait ménagé de plus petits et de plus cachés dans plusieurs parties de cette vaste construction, dont les dégagements multipliés et secrets étaient parfaitement appropriés aux habitudes mystérieuses du prince et des courtisans. Dans l'intérieur des appartements, jadis décorés de fresques de Jean Cousin, et dans lesquels François 1er avait formé une galerie des portraits des principaux savants de l'Europe, on ne retrouve plus aujourd'hui aucune trace de décoration, et l'on chercherait en vain la vitre célèbre sur laquelle ce roi galant avait tracé de sa main ces deux vers si connus :

Souvent femme varie ;
Mal habil qui s'y fie.

Les deux seules pièces qui ont conservé leur décoration primitive sont la grande chapelle et l'oratoire, qui est un chef-d'œuvre de sculpture. Les marbres des voûtes sont parsemés d'F couronnés avec des salamandres entourées de flammes et la devise : *Nutrisco et exstinguo*. Dans des caryatides on reconnaît les traits de la duchesse d'Étampes et de la comtesse de Châteaubriant; ailleurs ce sont de nombreux emblèmes des amours d'Henri II et de Diane de Poitiers, des D et des H accompagnés de croissants et de la devise : *Donec totum impleat orbem*. Enfin on y trouve aussi le soleil de Louis XIV et sa devise : *Nec pluribus impar*. Le grand roi en effet habita ce château pendant plusieurs années, et y donna de brillantes fêtes. *Le Bourgeois gentil-homme* y fut joué pour la première fois au mois d'octobre 1670, par Molière et sa troupe. Stanislas Leczinski, roi de Pologne, y demeura pendant neuf ans, avant d'être mis en possession de la Lorraine. En 1745 Louis XV le donna au maréchal de Saxe, qui y fit construire des casernes pour deux régiments de cavalerie, et revivre pour quelques instants les magnificences des siècles passés; mais il y mourut dès 1750. La famille Polignac en obtint la jouissance de Louis XVI en 1777. Pendant la Révolution, un dépôt de remonte y fut établi. Sous l'Empire, Napoléon l'assigna en dotation à la Légion d'Honneur; puis, après la bataille de Wagram, il en fit don au maréchal prince Berthier, dont la veuve obtint en 1819 de Louis XVIII l'autorisation de mettre en vente ce magnifique domaine, mais sans trouver d'acquéreur. Plus tard, les *faiseurs* se formèrent en comité à l'effet d'organiser une *souscription nationale* ayant pour but d'offrir, au nom de la France, Chambord au duc de Bordeaux; et ils firent si bien que le 5 mars 1821 ils se trouvaient à même de passer contrat au prix de 1,749,677 fr. Tout le monde a lu le spirituel pamphlet que Paul-Louis Courier publia à l'occasion de cette souscription pour détourner les habitants de Chambord de contribuer à cette acquisition. A la suite de la révolution de Juillet, les agents de l'administration des domaines mirent Chambord sous séquestre, et les tuteurs du jeune prince durent intenter à l'État un procès en revendication, fondé sur ce que le don offert en 1821 au duc de Bordeaux constituait en sa faveur une propriété privée. L'administration soutenait que ce domaine ayant été indûment distrait du domaine de l'État, devait y faire retour. Elle épuisa tous les degrés de juridiction pour faire prévaloir son système, mais il fut repoussé partout; et un arrêt définitif de la cour de cassation de 1841 maintint le prince en possession de Chambord. Comme une loi de 1832 interdit aux princes de la maison de Bourbon de posséder des propriétés en France, sommation fut faite alors aux représentants du duc de Bordeaux d'avoir à vendre ce domaine ; mais il ne fut pas donné suite à cette sommation, nous ne savons par quels motifs, et depuis lors les choses sont toujours restées dans le même état.

Le revenu de Chambord ne suffit pas à beaucoup près à couvrir les frais de régie de ce domaine, dont l'état de délabrement va chaque jour en s'aggravant. Un architecte blaisois a cependant *restauré* deux ou trois salles destinées à loger les portraits de famille et plusieurs statuettes équestres et en pied de M. le comte de Chambord. Le seul meuble maintenant qu'on trouve dans ce château est la grande table de pierre sur laquelle fut ouvert et embaumé le corps de Maurice de Saxe. Une table de dissection dans ce sépulcre de la monarchie *légitime*, qu'il y a de philosophique ironie dans ce jeu du hasard !

CHAMBORD (Comte de). C'est le titre que M. le duc de Bordeaux (*Henri-Dieudonné* d'Artois, né à Paris, le 29 septembre 1820) a pris à la mort de son oncle, le duc d'Angoulême. Sept mois avant sa naissance, son père, l'infortuné duc de Berry, était mort poignardé, à la sortie de l'Opéra, par un fanatique, qui avait cru anéantir à jamais par ce crime l'espoir qu'avait conçu la branche aînée des Bourbons de se perpétuer dans la descendance de l'un de ses princes encore dans la force de l'âge, et marié, depuis trois ans seulement, à Marie-Ferdinande-Louise-Caroline, princesse des Deux-Siciles. La naissance de M. le duc de Bordeaux, après une si terrible catastrophe, parut tout à fait providentielle. Elle fut saluée avec enthousiasme par les partisans, encore fort nombreux à cette époque, de la famille que les événements de 1830 ont expulsée de France; et les écrivains à la solde de la police d'alors célébrèrent à l'envi, sur tous les tons, la venue de *l'enfant du miracle*. Par contre, cet événement sembla vivement contrarier certaines ambitions auxquelles le crime de Louvel avait peut-être fait entrevoir la prochaine réalisation d'espérances plus ou moins habilement dissimulées. En effet, de perfides rumeurs ne tardèrent pas à circuler, qui jetèrent dans le public des doutes sur la sincérité et l'authenticité des procès-verbaux officiels constatant la délivrance de la duchesse de Berry. On affecta dans un certain monde de croire que la grossesse, au développement normal de laquelle diverses tentatives criminelles eurent pour but d'apporter les plus graves perturbations, avait été simulée, et que l'accouchement de la veuve du duc de Berry n'avait, par conséquent, été qu'une de ces grandes fraudes que la politique n'autorise que trop souvent. Ainsi, ce n'était pas assez que le père de cet enfant, rejeton inespéré d'une race antique qui semblait condamnée à s'éteindre, fût mort misérablement assassiné; il se trouva alors des gens qui voulurent encore enlever au royal orphelin jusqu'à ce grand nom de Bourbon, qui est aujourd'hui sa seule fortune! Quelques jours après la naissance du jeune prince, les journaux anglais publièrent en effet une protestation formelle, très-perfidement rédigée, et portant la signature de M. le duc d'Orléans, lequel était censé faire, en sa qualité de premier prince du sang, telles réserves que de droit contre une supercherie qui tendait à dépouiller sa maison des légitimes éventualités que pouvait lui réserver l'avenir. Cette pièce apocryphe fut aussitôt désavouée hautement par la partie la plus directement intéressée dans la question.

Explique pourtant qui pourra par quelle bizarre coïncidence cette prétendue protestation de M. le duc d'Orléans contre la légitimité du fils posthume de M. le duc de Berry fut exhumée justement dix ans plus tard pour figurer parmi les proclamations et autres actes plus ou moins officiels répandus avec profusion dans la population parisienne au nom du prince appelé, en 1830, à prendre la lieutenance générale du royaume, et affichés, dans son intérêt, à tous les coins de rue de la capitale. On n'a jamais pu jusqu'à présent savoir quels furent les mystérieux agents qui à ce moment décisif, où tous moyens d'arriver au but pouvaient paraître bons, firent officieusement réimprimer et placarder ce document menteur et calomniateur; et nous ne rappelons d'ailleurs ici ce fait que parce qu'il est incontestablement acquis à l'histoire.

Quoi qu'il ait pu être, dans l'origine, de cette machiavélique conception, on ne saurait nier que l'effet qu'on s'en était promis ne fut pas entièrement manqué, et qu'il fallut même du temps pour effacer les doutes et les soupçons alors si habilement jetés dans les masses, et si avidement accueillis par l'esprit de parti. Cette tactique, du reste, n'était pas neuve, et il ne serait pas besoin de remonter bien haut dans l'histoire pour en retrouver des exemples. Ainsi, quand, en 1811, Napoléon eut enfin, de la fille des Césars, que la victoire lui avait donnée pour compagne, un héritier de son grand nom, lorsque naquit l'enfant que l'Europe salua tout aussitôt du titre de *roi de Rome*, qui paraissait alors destiné à ceindre un jour la plus glorieuse couronne de l'univers, et qui pourtant devait mourir obscur colonel autrichien, il n'avait pas manqué non plus de gens pour nier l'authenticité des témoignages les plus irrécusables, et prétendre que la grossesse et l'accouchement de Marie-Louise n'étaient qu'une des mille prestidigitations de la haute police impériale.

La joie bien naturelle que causa à la cour des Tuileries la naissance du fils du duc de Berry fut partagée par cette partie de la population qui aimait encore à y voir un gage de sécurité pour l'avenir, et donna lieu aux démonstrations les plus bruyantes, aux protestations les plus solennelles de la part des différents corps constitués de l'État, qui, suivant l'usage, jurèrent de faire, le cas échéant, pour la défense et le maintien des imprescriptibles droits de *l'enfant du miracle*, bien plus encore qu'on ne leur en demandait. La clique dévote, de son côté, qui avait pris décidément le dessus dans les conseils de la couronne depuis le fatal événement du 13 février 1820, crut frapper un grand coup et vivement impressionner les masses en faisant décider que le prince nouveau-né, qu'on se contenta d'abord d'ondoyer, serait baptisé en grande pompe avec de *l'eau du Jourdain* rapportée autrefois, disait-on, de la Terre Sainte par M. de Châteaubriand. On avait évidemment voulu agir sur les imaginations par l'évocation des idées mystiques que devait éveiller cette mise en scène toute biblique et orientale; mais l'on ne réussit qu'à être ridicule.

Matthieu de Montmorency, non plus celui qui à l'Assemblée nationale avait voté avec enthousiasme toutes les mesures d'émancipation et de liberté, non plus le philosophe qui avait passé plusieurs années dans la société de Mme de Staël, à Coppet, mais l'homme qui s'était pris à déplorer son patriotique passé, à maudire la Révolution et ses résultats, et qui, depuis trois mois allait faire une retraite chez les *Pères de la foi* de la rue de Sèvres, fut choisi pour gouverneur du jeune duc de Bordeaux. Cette nomination ouvrit la série des fautes politiques dont ce jeune prince devait être un jour l'innocente victime. Matthieu de Montmorency, âme droite et consciencieuse sans doute, mais esprit faible et affaibli, était notoirement comme l'un des plus ardents protecteurs des jésuites; et il ne manqua pas non plus de composer tout le personnel destiné à faire l'éducation de l'héritier du trône d'hommes affiliés à cet ordre si dangereux, qui a toujours eu l'habileté de faire croire aux dynasties caduques et condamnées à périr que lui seul pouvait les sauver, et qui en gouvernant sous leur nom ne fait jamais que précipiter leur chute.

Le duc de Bordeaux n'était pas encore sorti des mains des femmes, que Matthieu de Montmorency mourut de mort subite, le 24 mars 1826, dans l'église de Saint-Thomas-d'Aquin, où il faisait ses dévotions. Le roi Charles X lui donna pour successeur M. de Rivière, son ami personnel; mais deux ans plus tard il fallut encore combler une nouvelle vacance, causée par l'impitoyable mort, dans la maison du jeune prince. M. de Damas, l'un de ces émigrés qui avaient constamment porté les armes contre la France, et dont la poitrine était couverte de croix gagnées sur les champs de bataille les plus funestes à nos phalanges, fut appelé à continuer l'œuvre de MM. de Montmorency et de Rivière.

Ces choix, résultat d'un parti pris, n'ont pas besoin d'être commentés. Ils indiquent la pensée qui présidait à l'éducation de l'héritier présomptif du trône, et expliquent comment le nom même ne fut pas prononcé à l'occasion de la merveilleuse révolution des trois journées. Depuis ce moment, le duc de Bordeaux, exilé de France avec son grand-père et son oncle, est allé successivement résider en Écosse et en Autriche, et, à l'exception de quelques fidèles serviteurs qui persistent à rêver une troisième restauration, nul en France ne s'est plus soucié de savoir si son éducation s'était ou non terminée sous les influences qui en ont dirigé les débuts.

« Nous l'avouerons, nous ne connaissons pas d'infortune plus complète ni plus respectable que la sienne, disions-nous déjà en 1845, dans la première édition de ce livre, et nous nous reprocherions comme une lâcheté de ne pas la traiter ici avec tous les égards qu'elle mérite de la part des gens de cœur. Mais M. le duc de Bordeaux est devenu homme, par conséquent il peut entendre la vérité, et nous la lui dirons sans arrière-pensées. Sa position politique est nette; il est toujours le représentant de la plus grande race royale qui soit au monde, et les partis n'ont aucun reproche à lui adresser. Il est demeuré complètement pur du passé : qu'il ait donc le bon sens de le répudier franchement, car ce n'est qu'à ce prix que l'avenir peut encore lui réserver quelques chances. Les gens sages l'ont d'ailleurs vu avec plaisir, à la mort du duc d'Angoulême, son oncle, renoncer à invoquer le droit divin, et, au lieu de suivre les conseils d'imprudents amis, et de se poser en *prétendant*, se résigner philosophiquement au rôle modeste d'*en cas*. Dieu seul connaît l'avenir réservé à notre pays. Il se peut que l'édifice bâclé en sept jours dure longtemps encore, en dépit des prédictions sinistres qui sembleraient ne devoir lui assigner au contraire qu'une durée maintenant très-limitée ; mais nous ne craignons pas d'être démenti par les événements en avançant que, de toutes les combinaisons qui pourraient s'offrir dans le cas où quelque nouvelle tourmente révolutionnaire emporterait les institutions actuelles, celle d'une troisième restauration aurait le moins de chances en sa faveur. Cependant si, ce qu'à Dieu ne plaise, de nouvelles commotions politiques, un nouveau cataclysme social, pouvaient quelque jour ressusciter un passé dont le souvenir restera toujours odieux, que M. le duc de Bordeaux le sache bien, il n'y a plus désormais d'autre gouvernement possible en France que celui qui s'appuiera véritablement sur les masses, et qui donnera complète satisfaction à tous leurs besoins moraux. On peut bien, au temps où nous vivons, réussir à être pendant quelques jours le roi des gentils-hommes et des prêtres, ou bien le roi des riches bourgeois, mais il n'y aura jamais de royauté durable que celle du *roi de la nation*. Si quelque jour le trône élevé en Juillet s'écroule, la cause immédiate de cette grande ruine ne sera autre que l'oubli, que le mépris du contrat synallagmatique tacitement passé dans l'origine entre le prince et le peuple. Que si donc par impossible une race justement proscrite de notre sol devait alors nous être une troisième fois imposée, soit par un parti momentanément victorieux, soit par l'étranger intervenant dans nos dissensions civiles, que le prince qui la représente aujourd'hui ne l'oublie pas : ce serait encore une fois bâtir sur le sable et s'exposer à être infailliblement chassé plus tard à coups de fourches, comme son aïeul, que de vouloir gouverner d'après les principes et les doctrines que M. Tharin et ses autres précepteurs jésuites ont dû lui préconiser. »

Les événements se sont chargés de prouver, comme on sait, ce qu'il y avait de justesse et d'à propos dans nos appréciations; nous persistons à penser que la situation n'ayant pas changé, ce qui était vrai en 1845 l'est encore en 1853.

L'attitude prise à Londres, en 1843, par M. le comte de Chambord lors de son séjour à Belgrave-square, put bien agiter quelques-unes des couches supérieures de la société française ; mais le reste de la nation resta indifférent à la vue de ces maladroites démonstrations. Trois ans plus tard, le 16 novembre 1846, M. le comte de Chambord épousait la riche princesse *Marie-Thérèse-Béatrice-Gaetana*, née le 14 juillet 1817, sœur du duc de Modène, souverain qui jamais ne reconnut la monarchie de Juillet. A ce moment le chef de la maison de Bourbon, qui avait continué de résider jusque alors à Goritz, alla se fixer au château de Frohsdorf, près Vienne, domaine que la duchesse d'Angoulême, sa tante, habitait depuis 1844, et dont il hérita à la mort de cette princesse, en 1851. Ajoutons que ce mariage est jusqu'ici demeuré stérile ; circonstance qui semblerait donner raison à une opinion assez répandue, et suivant laquelle la branche aînée de la maison de Bourbon serait fatalement condamnée à s'éteindre en la personne de son représentant actuel, à cause d'un funeste accident arrivé à M. le comte de Chambord en 1841 (une chute de voiture suivie de blessures de la nature la plus grave).

La révolution de 1848 fournit au parti légitimiste, pour faire prévaloir son principe, une occasion qui vraisemblablement ne se représentera plus jamais ; et il y a justice à reconnaître qu'il fit alors d'immenses efforts pour en profiter. Exploitant avec beaucoup d'habileté l'effroi universel produit par les principes anarchiques que professait hautement la mauvaise queue du parti révolutionnaire, il réussit à faire adopter ses candidats par un bon tiers des collèges électoraux appelés à nommer les membres de l'Assemblée constituante. Certes, dans ce résultat de la première application du suffrage universel il y avait une preuve évidente de la répugnance profonde des masses pour la forme de gouvernement dont une poignée d'ambitieux avaient voulu doter la France malgré elle. Dès lors, nous sommes convaincu qu'à la place de M. de Chambord, son aïeul Henri IV n'eût pas hésité un instant sur le rôle qu'il avait à jouer. Il serait accouru, lui, s'interposer en conciliateur entre les partis ; et ou il eût ainsi reconquis sa couronne, ou il se fût noblement fait tuer sur les décombres de l'ordre social. De nos jours en effet les trônes ne se regagnent point à gémir de la grandeur qui vous attache au rivage, mais à payer de sa personne, et à risquer résolument sa vie pour sauver son pays. Les amis de M. le comte de Chambord furent d'un avis contraire ; et ce beau rôle, ils jugèrent que le chef de la maison de Bourbon devait le laisser à un autre. La candidature si nette et si franche de Louis Napoléon à la présidence de la république ; cette candidature dans laquelle tout aussitôt la France vit instinctivement son salut, et qui réunit une si formidable majorité en dépit des menées désespérées des partis ; cette candidature, disons-nous, une fois posée, il ne resta plus de chances à M. de Chambord, et bien moins encore aux représentants de la branche cadette de sa maison. Il fut bien alors un instant question de la fusion des prétentions et des intérêts des deux familles ; pour la faciliter, M. de Chambord se rendit même à Ems et à Wicebaden, où quelques uns des plus fidèles (et dans le nombre se trouvaient beaucoup de membres de l'Assemblée législative) vinrent le saluer du titre de *roi* et renouveler sur une plus large échelle les scènes de *Belgrave-square*; mais le projet de fusion échoua complètement, grâce aux intrigues de certains meneurs du parti orléaniste. Une espèce de manifeste à la France, sous forme de lettre circulaire adressée aux amis de M. de Chambord, ses serviteurs intimes, produisit à peu de temps de là le plus fâcheux effet sur l'opinion. Cet étrange factum n'a que quarante ans de distance on pouvait encore appliquer de tous points à ce prince le mot par lequel Napoléon avait si bien résumé en 1814 la situation des Bourbons, lors de leur rentrée en France à la suite de l'étranger : *ils n'ont rien appris ni rien oublié !*

CHAMBRAI (Toile de). *Voyez* BATISTE.

CHAMBRANLE, cadre en pierre ou en bois, qui orne ou soutient la baie d'une porte, d'une croisée, ou l'âtre d'une cheminée. Il est formé de deux montants verticaux et d'une traverse ou pièce horizontale. Souvent ce cadre est décoré par des moulures, des cannelures ou autres enjolivements.

CHAMBRE. L'origine de ce mot, dérivé du latin *camera*, qui a la même signification, et qui est fait lui-même du grec καμαρα, voûte, atteste qu'on l'appliquait dans le principe aux seules pièces voûtées. Aujourd'hui c'est le nom que l'on donne généralement à toutes les pièces d'un appartement quand elles n'ont pas une désignation particulière, telle que celles de *salon*, *salle à manger*, etc. Cependant, on peut dire aussi que ce mot s'emploie plus particulièrement pour désigner la *chambre à coucher* ; dans les grands appartements, on en distingue plusieurs : la chambre à coucher de monsieur, la chambre à coucher de madame. Dans les palais, il se trouve aussi une *chambre de parade*. Ces chambres doivent être situées, autant que possible, au midi, et couvertes de tapisseries ou d'étoffes, afin d'être plus chaudes. La richesse de leur décoration varie en raison de la fortune de ceux qui les habitent. On nomme *chambre à alcôve* celle dans laquelle le lit se trouve resserré dans une partie plus petite, ayant de chaque côté un cabinet qui sert de garde-robe, de dégagement ou de communication pour passer dans une autre partie de l'appartement. Les *chambres de domestiques* sont souvent séparées de l'appartement, et quelquefois situées à l'étage supérieur. On les nomme *chambres en galetas*, *chambres lambrissées*, quand elles sont dans la partie de la maison où le toit se fait sentir intérieurement par une partie rampante dans laquelle la fenêtre forme une avance, plus ou moins considérable, suivant que c'est une lucarne ou une mansarde.

On désigne sous le nom de *chambres garnies* celles qui sont pourvues de meubles et même de linge, tel que draps et serviettes, et sont louées ainsi à des voyageurs, à des étudiants, soit au jour, soit au mois. Ces chambres garnies, qu'on trouve dans tous les quartiers de Paris, offrent une grande économie à la partie flottante de la population de la capitale, qui s'y loge à bien meilleur compte que dans les *hôtels garnis*.

Les chambres des anciens étaient, en général, d'une petite dimension (c'est un reproche que l'on peut faire aussi aux constructions modernes) ; elles étaient, comme nous l'avons dit, ordinairement voûtées, et ne recevaient du jour que par une ouverture pratiquée au-dessus de la porte d'entrée. Les fenêtres, dans celles qui en avaient, étaient élevées de manière à ne pas pouvoir regarder au dehors. Les murs étaient couverts d'un enduit sur lequel on faisait des peintures ; mais, en général, elles étaient décorées très-simplement.
DUCHESNE aîné.

Chambre, dans l'histoire administrative, judiciaire et politique, se dit du lieu où siègent certaines assemblées, certains tribunaux, certaines administrations, et, par extension, de ces sièges de juridiction, de ces assemblées, de ces administrations mêmes. Ce mot dans ce sens a reçu de nombreuses acceptions. Les anciens états généraux étaient partagés en trois chambres : la chambre du clergé, celle de la noblesse, et celle du tiers état. La charte, sous les Bourbons de la branche aînée et de la branche cadette, avait établi deux chambres, celle des pairs et celle des députés. Le parlement d'Angleterre est divisé en deux chambres, la chambre haute, ou des lords, et la chambre basse, ou des communes.

Dans un sens absolu *la chambre* signifiait autrefois la chambre du roi ; on disait : *le premier gentil-homme*, *les pages*, *les huissiers*, *la musique de la chambre* ; et par extension ce mot s'entendait des officiers mêmes de cette chambre. C'est dans ce sens qu'il fallait prendre ces expressions, alors fort usitées : *la chambre est entrée* ; *avoir les entrées de la chambre*, ou le privilège d'entrer avec les officiers qui la composaient.

Le mot *chambre* se retrouve encore dans la qualification de certains domestiques affectés au service intérieur, comme les *femmes de chambre*, les *valets de chambre*.

Chambre se dit également des sections, des divisions de certaines cours, de certains tribunaux.

Il y avait dans les anciens parlements la grand'chambre, la chambre des requêtes, celle des enquêtes, la chambre tournelle, etc.

La cour de cassation se divise en trois chambres : la chambre civile, la chambre criminelle et la chambre des requêtes. Les cours impériales (*voyez* APPEL [Cours d']), se divisent en plusieurs chambres, dont une juge les appels de police correctionnelle ; une autre section statue sur les mises en accusation. Les tribunaux de première instance ont également plusieurs chambres, dont au moins une est spécialement affectée aux affaires correctionnelles. Tous les tribunaux ont d'ailleurs des chambres des vacations, qui expédient les affaires pendant les vacances. La cour des comptes se divise également en plusieurs chambres.

On appelle *chambres assemblées* des audiences solennelles que tiennent les tribunaux dans certaines circonstances, et où toutes leurs sections se réunissent ; telles sont les audiences de rentrée ou de réception, celles qui ont lieu pour vider un partage, et, en cassation, pour statuer sur un second pourvoi, formé dans la même cause et pour les mêmes motifs de cassation.

On donne encore le nom de *chambre* à des conseils disciplinaires directement élus par les avoués, les commissaires-priseurs, les huissiers, les notaires, et qui ont mission de surveiller ces officiers ministériels, sans avoir pourtant le pouvoir de les suspendre. Plusieurs corporations et quelques industries ont, en outre, des chambres syndicales.

Sous l'ancien régime, différentes juridictions avaient le nom de *chambres*. Plusieurs méritent des articles spéciaux. Parmi les autres, nous citerons les suivantes :

La *chambre aux deniers*, bureau où l'on réglait tout ce qui regardait la dépense de la maison du roi.

La *chambre du domaine*, nom sous lequel on désignait l'administration du domaine de la couronne, qui, par l'ordonnance du 25 septembre 1774, avait été confiée à une régie composée de vingt directeurs. Ils étaient subordonnés au ministre de la maison du roi, et déposaient d'avance un cautionnement de 200,000 francs, dont l'intérêt annuel leur était compté à raison de 9 pour 100. Ils avaient en outre part aux améliorations qu'ils pouvaient faire aux revenus de leur département.

La *chambre du trésor*, juridiction qui connaissait en première instance les affaires relatives au domaine du roi, et dont l'appel ressortissait au parlement.

La *chambre des blés* était une juridiction établie dans le parlement de Paris le 11 juin 1709 pour connaître de toutes les questions relatives au commerce des blés. Cette chambre, inutile et tracassière institution fiscale, n'eut pas une année d'existence ; elle fut supprimée le 4 avril 1710.

On donnait particulièrement le nom de *chambre civile* à une ancienne juridiction du Châtelet, dont le lieutenant civil était le seul juge ; un avocat du roi donnait ses conclusions ; on n'y jugeait que des affaires sommaires et dont l'importance ne dépassait pas mille livres.

La *chambre royale* était une commission établie le 25 août 1601, pour juger en dernier ressort les appellations interjetées des jugements des commissaires envoyés dans les provinces pour vérifier les comptes des traitants. Elle fut supprimée en 1604.

La *chambre syndicale de la librairie et de l'imprimerie*, juridiction commerciale ressortissant de la police, fut établie par un arrêt de règlement de 1818. Elle était composée de syndics et d'adjoints élus par les imprimeurs et les libraires, pour traiter de toutes les affaires concernant leurs professions. Il y avait en France vingt et une de ces chambres ; elles siégeaient à Amiens, Angers, Besançon, Bordeaux, Caen, Châlons-sur-Marne, Dijon, Lille, Lyon, Marseille, Montpellier, Nancy, Nantes, Nîmes, Orléans, Paris, Poitiers, Reims, Rouen, Strasbourg et Toulouse. Elles étaient chargées d'enregistrer les privilèges et permissions d'imprimer et, en outre, d'examiner les ballots de livres et estampes introduits en France. Les chambres syndicales de la librairie et de l'imprimerie furent supprimées en 1700 avec les corporations. Il s'en est réorganisé une autre de nos jours à Paris.

La *chambre de la maçonnerie* était une des juridictions de l'enclos du palais. Elle jugeait toutes les contestations des maçons, carriers, plâtriers, maîtres, ouvriers des professions employées à la bâtisse; les entrepreneurs, les maîtres, y étaient reçus et immatriculés : elle prononçait sur la validité des élections de leurs syndics, surveillait l'observation de leurs statuts, et veillait au maintien de l'ordre entre les maîtres et les ouvriers. Cette juridiction était composée de huit conseillers du roi, qui prenaient le titre de *juges et maîtres généraux des bâtiments de sa majesté*.

Nous rappellerons seulement pour mémoire beaucoup d'autres juridictions du premier degré, qui portaient les noms de chambre de la *marée*, de la *police*, du *procureur du roi*, des *commissaires du Châtelet*, à *sel*, etc., etc.,

A bord des vaisseaux, on nomme *chambres* certaines pièces où couchent les principaux officiers, où se tiennent les conseils, où logent parfois les passagers. Dans les monastères, la *chambre noire* était une pièce non éclairée, renfermant les religieux mis en pénitence ou qui se soumettaient à des retraites volontaires.

Garder la chambre, c'est être assez indisposé pour ne pouvoir sortir de sa chambre. *Travailler en chambre* se dit d'un artisan, d'un ouvrier qui ne tient pas boutique.

En termes de fonderie et d'artillerie, on entend par le mot *chambre* la partie d'un obusier, d'un mortier ou d'un canon, dans laquelle on place la poudre qui doit lancer l'obus, la bombe ou le boulet. On l'applique également à certaines cavités qui se trouvent dans l'épaisseur du métal des canons ou des cloches, qui les rend faibles, sujets à crever, et oblige quelquefois à les refondre quand on les a éprouvés. *Chambre* se dit encore, en termes de guerre, du lieu où l'on met la poudre quand on fait une mine, et qu'on appelle autrement *fourneau*.

Les selliers nomment aussi *chambre* le vide ou la cavité que l'on pratique dans une selle, un bât ou un collier, en retirant un peu de la fourrure quand l'animal qui le porte est blessé, afin d'empêcher que son mal ne s'augmente par le contact d'un objet trop dur. En termes de tisserand, c'est un espace qui se trouve entre deux lames de peigne, et par lequel passe une partie des fils qui forment la chaîne. En termes de vitrier, c'est le creux qui est dans la verge de plomb où l'on place le verre.

En termes d'hydraulique, on nomme *chambre d'écluse* l'espace d'un canal compris entre les deux portes d'une écluse.

En termes de vénerie, la *chambre du cerf* est l'endroit où le cerf se repose pendant le jour; et l'on emploie également ce mot pour désigner des espèces de pièges que l'on dispose pour prendre des loups et des renards.

CHAMBRE (Musique de). *Voyez* CAMERA (Musique *da*).

CHAMBRE À BLÉ. *Voyez* BLÉ (Chambre à).

CHAMBRE APOSTOLIQUE, juridiction des États de l'Église, à laquelle appartient l'administration des revenus du saint-siège. Elle est composée du camerlingue, d'un vice-camerlingue, d'un auditeur général, d'un trésorier général, et du doyen des clercs de la chambre.

CHAMBRE ARDENTE. On donnait ce nom dans l'origine au lieu où l'on jugeait les criminels d'État appartenant à d'illustres familles, parce que ce lieu, entièrement tendu de noir, était éclairé par un grand nombre de flambeaux. Dans la suite le nom de *chambre ardente* fut donné à tous les tribunaux d'exception, à toutes les juridictions spéciales et temporaires établies hors du droit commun. Ainsi, on appela *ardente* la chambre érigée dans chaque parlement par François Ier, vers 1535, pour l'extirpation de l'hérésie. Les arrêts de ces premières chambres *ardentes* étaient souverains et exécutés sans délai. Elles cessèrent de siéger vers 1560.

On a aussi appelé *chambres ardentes* les commissions extraordinaires établies sous Louis XIV contre les empoisonneurs, et pendant la régence contre les fermiers des revenus publics, de même que lors du *visa* des actions de la banque de Law (*voyez* ci-après CHAMBRE DU VISA et aussi COUR DES POISONS).

CHAMBRE CLAIRE. *Voyez* CHAMBRE OBSCURE.

CHAMBRE DE JUSTICE, nom par lequel on désignait communément les cours souveraines établies extraordinairement pour rechercher les malversations des financiers. La première dont il soit fait mention dans notre histoire fut établie en Guyenne par une déclaration du 26 novembre 1561. Une édit de 1584 en institua une autre, qui fut composée d'officiers de la chambre des comptes et du parlement; mais elle fut supprimée en 1585. En 1597 on en vit encore une autre, qui fut révoquée quelques mois plus tard. Au mois de mars 1607 Henri IV établit une nouvelle chambre de justice, qu'il supprima au mois de septembre suivant, après s'être fait donner un million de livres par les comptables. Le 8 avril 1608 on en institua une qui tint ses séances, sous forme de *grands jours*, dans la ville de Limoges. Au mois d'octobre 1624 nouvelle chambre de justice, édit portant que la recherche des officiers de finance aurait lieu tous les dix ans; mais dix ans après la plupart des financiers furent déchargés des poursuites, et à la seconde période décennale les prescriptions de l'édit de 1625 étaient complètement tombées en désuétude. Toutefois, cinq ans plus tard on reforma une chambre de justice, qui subsista jusqu'en décembre 1652. En 1651 amnistie et abolition des poursuites; en novembre 1661 nouvelle chambre de justice, supprimée en août 1669. Enfin une dernière fut créée par un édit du mois de mars 1716 pour rechercher toutes les prévarications commises par les comptables depuis 1689 jusqu'à cette époque. Les historiens du temps donnent quelquefois le nom de *chambre ardente* à cette chambre de justice. Elle fut révoquée en mars 1717. On l'appelle aussi c h a m b r e d u v i s a, ainsi que la dernière chambre de justice, qui fut établie en 1723, après la catastrophe de la banque de Law.

CHAMBRE DE L'ÉDIT, juridiction substituée par les édits d'avril 1598 et août 1599 aux c h a m b r e s m i-parties dans les parlements de Paris et de Rouen. Ces chambres jugeaient en dernier ressort les procès dans lesquels les réformés étaient parties principales. L'un des conseillers dont elles se composaient devait être protestant. Ces chambres furent supprimées le 4 février 1669.

CHAMBRE DE RÉUNION. Les traités de Westphalie, d'Aix-la-Chapelle et de Nimègue avaient stipulé que les villes données à la France étaient cédées *avec leurs dépendances*. Ce terme était très-vague, quand on se reporte à la complexité du régime féodal. Louis XIV établit une chambre dite *de réunion* dans le parlement de Metz à l'effet de rechercher les terres et les fiefs qui avaient relevé des Trois Évêchés, des villes d'Alsace ou de la Franche-Comté. Cette chambre de même que le parlement de Besançon et le conseil souverain d'Alsace, siégeant à Brisach, adjugèrent au roi de France : Saarbruck, Saarwerden, Falkenberg, Germersheim, appartenant à l'électeur de Trèves; Veldentz, appartenant à l'électeur palatin; Deux-Ponts, appartenant au roi de Suède; Lauterbourg, appartenant à l'évêque de Spire; Montbéliard, appartenant au duc de Wurtemberg. Des troupes furent dirigées sur tous ces points, et les occupèrent sans résistance. Vainement la diète de Ratisbonne protesta. Louis n'y répondit qu'en réunissant secrètement en Alsace vingt mille hommes qui investirent Strasbourg. Mais la paix de Ryswick, en confirmant les traités de Westphalie et de Nimègue, annula les arrêts de la chambre de réunion de Metz et des cours souveraines de Besançon et de Brisach. Louis XIV s'engagea à restituer à l'Empire tout ce qu'il avait occupé, soit pendant la guerre, soit auparavant, sous le nom de réunion; c'est-à-dire, il consentit à restituer toutes *les* réunions situées ou faites hors de l'Alsace. La ville de Strasbourg resta donc à la France. A. SAVAGNER.

CHAMBRE DES COMMUNES. Voyez PARLEMENT ANGLAIS et GRANDE-BRETAGNE.

CHAMBRE DES COMPTES, nom que l'on donnait autrefois aux cours établies pour connaître et juger en dernier ressort de tout ce qui concernait l'administration des finances et la conservation du domaine de la couronne.

La chambre des comptes de Paris était la plus ancienne et la principale de ces cours. Elle était d'abord ambulatoire, comme l'était aussi le parlement. Philippe le Long, par son édit daté de Viviers en Brie, en janvier 1319, la rendit sédentaire à Paris, et nomma *souverains*, ou présidents de cette juridiction, Sully et l'évêque de Noyon. Il lui donna au palais le local qu'elle a occupé jusqu'à sa suppression.

Les rois venaient souvent assister aux délibérations de la chambre des comptes. Philippe de Valois, Charles V, Charles VI et Louis XII s'y rendirent souvent pour traiter des affaires les plus importantes de l'État. Ce fut à la chambre des comptes que l'on examina s'il convenait de donner connaissance au peuple du traité de Brétigny et qu'il fut résolu qu'on le rendrait public.

Le *conseil secret*, que l'on appelait alors *grand conseil*, se tenait souvent à la chambre des comptes ; et les résolutions prises dans ces circonstances s'intitulaient *ordonnances rendues par le conseil tenu en la chambre des comptes*. Dans d'autres occasions les officiers de la chambre des comptes étaient mandés près du roi et admis aux délibérations qui avaient lieu dans le *conseil privé*.

On comptait dans le royaume, en 1566, six chambres des comptes, outre celle de Paris. Ces chambres étaient établies à Dijon, Grenoble, Aix, Nantes, Montpellier et Blois. Les quatre premières avaient été créées par le duc de Bourgogne, le dauphin de Viennois, le comte de Provence et le duc de Bretagne. Celles de Montpellier et de Blois avaient été instituées par François 1er en 1522 et 1525. Toutes ces chambres furent supprimées en 1566, excepté celle de Paris, dont la juridiction fut alors étendue à tout le royaume. Mais les six chambres supprimées furent rétablies deux ans plus tard ; et depuis, plusieurs autres chambres des comptes furent successivement créées, à Rouen en 1580, à Pau en 1624, à Dôle en 1672, et à Metz en 1679. Enfin les chambres des comptes de Lorraine et de Bar furent conservées après la réunion de ces deux provinces à la France. Celle de Blois fut supprimée en 1775.

La chambre des comptes de Paris se composait, dans les derniers temps de son existence, d'un premier président, de douze présidents de chambre, de soixante et dix-huit maîtres, trente-huit correcteurs, quatre-vingt-deux auditeurs, d'un avocat et d'un procureur général ; elle avait deux greffiers en chef, deux commis de greffe, trois contrôleurs de greffe, un commis au plumitif, un premier huissier, trente huissiers ordinaires, un payeur des *gages* et trois contrôleurs, un archiviste, un contrôleur des restes et un garde des livres ; vingt-neuf procureurs et préparaient et discutaient les affaires.

La chambre des comptes se divisait en plusieurs chambres particulières, telles que *la chambre des fiefs*, où étaient déposés les actes de foi et hommage, les aveux et dénombrements ; la *chambre des terriers*, où se faisait le dépôt des terriers de tous les héritages qui étaient en *la censive du roi*, des états détaillés de la consistance du domaine, que rapportaient les cinq ans à l'appui de leurs comptes les receveurs généraux des domaines en vertu de l'édit de décembre 1727 ; *la chambre des monnaies* ; *la chambre du conseil* ; *la chambre des procureurs*, etc. Les auditeurs des comptes délivraient des copies collationnées des titres originaux, et chaque copie mentionnait en tête l'arrêt de la chambre qui en autorisait l'expédition.

Les nombreux magistrats dont se composait la chambre des comptes ne siégeaient que par semestre, une moitié depuis le 1er janvier jusqu'à la fin de juin, l'autre moitié le reste de l'année. Ces charges conféraient la noblesse au premier degré ; les titulaires se qualifiaient commensaux du roi, et avaient tous les privilèges attachés à ce titre. Ils ne payaient point de décimes pour les bénéfices qu'ils possédaient, et étaient exempts de droits seigneuriaux, lods et ventes dans la mouvance du roi, de toutes charges publiques, taille, corvée, péages, subventions, aides, gabelles, etc.

Les dernières années du règne de Louis XIII avaient été signalées par les débats du parlement avec la chambre des comptes ; la rivalité dégénéra en lutte violente dans une des plus grandes solennités religieuses de l'époque. Il avait pris fantaisie à Louis XIII de déshériter sainte Geneviève du patronage de la capitale, de Paris, et de mettre la dynastie et le royaume sous la protection de la sainte Vierge ; c'est ce qu'on appelle *le vœu de Louis XIII*. « Ce fut une grande solennité dans Notre-Dame. Les cours supérieures y assistèrent. Le premier président du parlement marcha le premier à la procession ; les présidents à mortier ne voulurent pas souffrir que le premier président des comptes les suivit ; celui-ci, qui était grand et vigoureux, prit un président à mortier à *bras le corps*, et le renversa par terre ; chaque président des comptes gourma un président du parlement et fut gourmé ; les maîtres des comptes s'attaquèrent aux conseillers. Le duc de Montbazon mit l'épée à la main avec ses gardes, pour arrêter le désordre, et l'augmenta ; les deux partis allèrent verbaliser chacun de leur côté. Le roi ordonna que dorénavant le parlement sortirait de Notre-Dame par la grande porte, et la chambre des comptes par la petite. »

Tous les édits, déclarations, ordonnances, les lettres patentes relatives aux apanages des princes de la famille royale, les douaires des reines, étaient adressés à la chambre des comptes, pour y être enregistrés et déposés dans ses archives ; les contrats de mariage des rois, les traités de paix, les brevets et titres de nomination des chanceliers gardes des sceaux, des ministres secrétaires d'État, des maréchaux et des grands officiers de la couronne, les lettres patentes d'érection des duchés, pairies, principautés, comtés, baronnies, marquisats et lettres d'anoblissement, etc., étaient aussi soumis à l'enregistrement de cette chambre. Le contrôleur général du ministre des finances, le grand maître d'artillerie, les grands maîtres des eaux et forêts, les trésoriers de France et tous les agents supérieurs ou spéciaux de l'administration des deniers publics, n'entraient en fonctions qu'après s'être fait recevoir par la chambre des comptes, et y avoir prêté le serment d'usage.

Les archives de cette haute juridiction contenaient les actes les plus importants de l'autorité publique ; l'histoire pouvait y puiser d'utiles et précieux documents, mais l'on n'avait pris nulle précaution pour en avoir des copies authentiques. Un incendie éclata le 27 octobre 1737 dans une grande partie, et fit ainsi éprouver à l'histoire une perte irréparable. Cet incendie dura plusieurs jours. Trois greffes, deux dépôts des auditeurs, la chambre du terrier, celle du conseil et des procureurs furent entièrement détruites par le feu. Quelques liasses de papiers furent enlevées, et déposées aux Jacobins de la rue Saint-Jacques, aux Grands-Augustins : la chambre des comptes tint ses audiences dans ce dernier couvent, en attendant que le nouveau bâtiment destiné à la recevoir fût construit. Elle y reprit ses audiences le 3 mai 1740. La chambre des comptes eut pour premier président Michel L'Hôpital, depuis 1554 jusqu'en 1560, époque où il fut nommé chancelier. Depuis la fin du seizième siècle, jusqu'à l'époque de sa suppression, la charge de premier président a été *de fait* héréditaire dans la famille de Nicolaï. Aymar-Charles-Marie de Nicolaï présidait l'audience solennelle du 17 août 1787, lorsque Monsieur, comte de Provence (depuis

Louis XVIII), se présenta pour y faire enregistrer les nouveaux édits du timbre et de la subvention territoriale. Le discours que le premier président adressa alors au prince, et à la suite duquel l'enregistrement fut refusé, appartient à l'histoire de cette mémorable époque.

Toutes les chambres des comptes ayant été supprimées par l'article 12 de la loi du 7 septembre 1790, elles furent d'abord remplacées par la commission de comptabilité nationale, qui le fut elle-même par la cour des comptes en vertu de la loi du 16 septembre 1807.

CHAMBRE DES DÉCIMES. *Voyez* DÉCIMES.
CHAMBRE DES DÉPUTÉS. *Voyez* DÉPUTÉS.
CHAMBRES DES FIEFS. *Voyez* CHAMBRE DES COMPTES.
CHAMBRE DES LORDS. *Voyez* PARLEMENT ANGLAIS et GRANDE-BRETAGNE.
CHAMBRE DES MONNAIES. *Voyez* CHAMBRE DES COMPTES et MONNAIES.
CHAMBRE DES PAIRS. *Voyez* PAIRS.
CHAMBRE DES REPRÉSENTANTS. *Voyez* REPRÉSENTANTS.
CHAMBRE DES TERRIERS. *Voyez* CHAMBRE DES COMPTES et TERRIER.

CHAMBRE DU CONSEIL. C'est le lieu, ordinairement situé à côté de la salle d'audience, où se retirent les juges pour délibérer à huis clos, recueillir les avis et rédiger les arrêts ou jugements qui doivent être ensuite prononcés en audience publique, toutes les fois que la cause exige un examen plus direct des pièces, ou entraîne une discussion approfondie, ou bien lorsque la loi a déclaré qu'elle doit être instruite de cette manière. C'est en chambre du conseil que sont prises toutes les mesures relatives au service intérieur ou à la discipline judiciaire. Les cours et les tribunaux y prennent leurs délibérations secrètes contre ceux de leurs membres qui peuvent encourir, par leur conduite, la censure ou la suspension provisoire de leurs fonctions; sur les fautes de discipline commises à l'audience par les avocats et les officiers ministériels, et sur les plaintes qui leur sont adressées contre ces derniers par les particuliers ou par le ministère public. Les juges se retirent aussi la plupart du temps en la chambre du conseil pour juger les délits commis à l'audience par les particuliers. C'est là que tous les ans autrefois le procureur général adressait des mercuriales à ceux des membres de la compagnie qui pendant le cours de la dernière année judiciaire n'avaient pas rempli leur devoir avec exactitude, avaient outrepassé leurs pouvoirs, ou à ceux dont la conduite particulière n'avait pas été irréprochable et avait donné lieu à quelque scandale public.

François Ier, par un édit de 1544, avait établi une *chambre du conseil* au parlement de Paris, pour juger les appellations verbales que l'on disait alors *appointées au conseil*; on y faisait aussi les rapports des procès par écrit; la loi du 24 août 1790 ordonna que les rapports des affaires instruites par écrit seraient faits à l'audience, et le Code de Procédure civile a confirmé cette disposition. Cependant on prononce dans la chambre du conseil sur les demandes qu'une partie forme par requête, sans qu'aucune contradiction ait été ou dû être mise en cause, sur l'homologation des délibérations des conseils de famille. Le mari qui a refusé d'autoriser sa femme à paraître en justice doit être cité devant la chambre du conseil pour connaître les motifs de son refus; et s'ils ne sont pas trouvés valables, la chambre peut accorder l'autorisation. C'est encore à la chambre du conseil que le président du tribunal fait venir les époux qui demandent séparation de corps afin de tenter une réconciliation.

En matière criminelle, la chambre du conseil des tribunaux de première instance exerce une véritable juridiction; c'est devant elle que le juge d'instruction doit faire le rapport des affaires qu'il a instruites; la chambre du conseil rend dans ce cas des ordonnances de mise en prévention, de prise de corps ou de non lieu. Ces ordonnances ont toute la force des jugements ordinaires; elles peuvent être frappées d'opposition, soit par les parties, soit par le ministère public, et dans ce cas elles sont déférées aux chambres d'accusation des cours impériales.

CHAMBRE DU VISA, nom que l'on a donné aux deux dernières chambres de justice, l'une créée par un édit de 1716, et l'autre en 1723 après la chute du système de Law. *Voyez* VISA.

CHAMBRÉE. Ce mot, qui exprime un établissement d'hommes de troupe soumis à un chef spécial, et logeant dans une même chambre, soit à la caserne ou au gîte, soit dans une même tente ou baraque, rappelle le *contubernium*, ou petit manipule des légions romaines, les *décuries* romaine et grecque, et la *décarkie* byzantine; ces associations étaient de 10 à 25 hommes. Jusqu'au milieu du siècle dernier, le mot *chambrée* d'infanterie donnait seulement l'idée d'une réunion de six hommes, force coordonnée à la mesure des tentes. La *chambrée de cavalerie* n'était que de quatre hommes. Maintenant la force des chambrées se coordonne à celle des subdivisions et des escouades; elles sont sous la direction d'un caporal; elles concourent à la formation d'un ou de plusieurs ordinaires, suivant les localités.

On a souvent confondu le mot *chambre des soldats* et le mot *chambrée*, qu'il faut, au contraire, distinguer, comme exprimant, l'une la contenant, l'autre le contenu. Les chambrées sont, le plus généralement, composées d'une escouade; mais il y a des casernes qui contiennent des chambrées de plusieurs escouades; les chambres de caserne devraient même être construites de manière que la chambrée comprît tout l'ensemble d'une compagnie; et la formation sous les armes en serait plus rapide, l'administration plus facile, plus économique. Gal BARDIN.

CHAMBRE ECCLÉSIASTIQUE. *Voyez* DÉCIMES.

CHAMBRE ÉTOILÉE (*Camera stellata*). On désignait ainsi en Angleterre une cour de justice dont la juridiction s'étendait au delà de celle des tribunaux ordinaires, et ayant mission de punir les délits demeurés en dehors du droit commun. La *chambre étoilée* existait déjà avant Henri VIII; mais ce prince lui donna une plus large organisation, et, de même que la haute commission qui fut instituée plus tard, elle devint alors l'un des principaux instruments du despotisme royal. Le roi nommait et cassait les membres de cette cour de justice, suivant son bon plaisir. Quand il arrivait au roi d'y venir siéger en personne, il devenait alors l'unique juge, et les membres de la cour ne fonctionnaient plus qu'en qualité de conseillers. Les pénalités que la *chambre étoilée* prononçait sans autre règle que sa volonté n'étaient pas seulement l'amende, mais encore la prison et la mort. Dans les causes ordinaires elle ne pouvait, il est vrai, recourir à l'emploi de la torture; mais elle se servait de la question pour arracher des aveux, et recevait à cet effet une autorisation spéciale pour chaque cas, en vertu d'une décision du conseil privé ou d'un ordre d'un secrétaire d'État. Dès le règne de Henri VIII on avait compris combien peu une telle institution était compatible avec le droit et avec la liberté civile. Sous le règne d'Élisabeth, on ajouta encore, en 1584, à cette justice arbitraire la haute commission (*high commission*), destinée à être en matières ecclésiastiques ce que la chambre étoilée était en politique. Cette haute commission se composait de quarante-quatre membres nommés par la couronne, dont douze d'église. Elle servait à l'exercice du droit de suprématie de la couronne en matières ecclésiastiques; elle connaissait de toutes les hérésies et de toutes les opinions religieuses dissidentes, et veillait à l'observation du rituel fixé pour l'église. Afin de lui donner plus de considération et d'importance, on ajouta postérieurement à sa juridiction les procès entre époux et les délits charnels. L'autorité de ce tribunal s'étendait sur tout le royaume, sur toutes les classes de citoyens; et dans ses procédures il était autorisé à employer la torture et la peine du cachot sans avoir à rendre compte à personne. Les pénalités étaient de même laissées complétement à la discrétion des juges. On exigeait de quiconque comparaissait devant ce tribunal la prestation d'un serment dit *ex officio*, et par lequel il s'engageait à n'épargner dans sa déposition ni ses meilleurs amis, ni ses plus proches parents, ni lui-même.

Les rois Jacques Ier et Charles Ier ayant fait servir ces deux institutions judiciaires d'instruments à leurs plans d'oppression, le parlement, dès qu'il se trouva le plus fort, supprima en mai 1644 la *chambre étoilée* et la *haute commission*, et le roi dut donner sa sanction au bill qui les abolissait.

La *chambre étoilée* avait été ainsi dénommée en raison du local où ce tribunal exceptionnel tenait ses séances, et dont les murailles étaient ornées d'étoiles.

CHAMBRE IMPÉRIALE. C'était dans l'Empire d'Allemagne, avec le conseil aulique, le tribunal suprême; et elle avait été instituée en 1495 par l'empereur Maximilien Ier. Elle se composait d'un *juge de chambre* nommé par l'empereur et choisi par lui, soit dans l'ordre des princes, soit dans celui des comtes, de deux présidents et d'assesseurs, dont le nombre variait suivant les temps. Après la Réformation, ces assesseurs furent pris moitié dans la religion catholique et moitié dans la religion protestante; c'étaient les États de l'Empire qui les élisaient et qui faisaient les frais de leur traitement. La *chambre impériale* siégea à l'origine dans diverses villes, notamment à Spire, mais à partir de 1689 elle devint sédentaire à Wetzlar. Dans ses arrêts elle devait se conformer aux droits de l'Empire, au droit commun, aux ordonnances et aux statuts portant un caractère de légalité et de loyauté; et elle procédait d'ailleurs d'après ses précédentes décisions. Elle connaissait de tous les procès des États immédiats de l'Empire, et en même temps tribunal suprême et en dernier ressort pour les États médiats de l'Empire, mais seulement en matières civiles. Toutefois, sa juridiction dans ces causes était même limitée par le privilége *de non appellando* que possédaient différents États de l'Empire. Tous cependant avaient le droit d'en appeler des tribunaux ordinaires de chaque pays au tribunal de l'empire pour refus ou délai de justice, et encore pour cause de nullité dans des affaires criminelles.

Cette institution judiciaire a été l'objet de nombreuses critiques. On lui a, par exemple, reproché son extrême lenteur dans les procédures et sa vénalité. Cette lenteur aux formes minutieuses qu'elle était obligée d'observer; or il ne dépendait pas toujours d'elle de les abréger et de les simplifier. Quant à la vénalité des juges, elle s'explique par le traitement minime, tout à fait en disproportion avec leur position et les frais de représentation qu'elle exigeait, que leur faisaient les États. Au reste, ce reproche de vénalité n'était justifié que par les présents qu'il fallait offrir aux assesseurs pour obtenir la prompte présentation de leurs rapports sur les causes en litige.

Malgré les vices inhérents à son institution même, la chambre impériale a fait beaucoup de bien, et a singulièrement contribué à fixer le droit en Allemagne. Elle eut été bien autrement utile encore si les différents souverains membres de l'Empire ne s'étaient pas constamment efforcés, chacun dans ses États respectifs, de mettre des entraves à l'exercice de sa juridiction, en obtenant des privilèges d'appel. Il est donc exact de dire que *la chambre impériale*, de même que *le conseil aulique*, furent du nombre des meilleures institutions judiciaires de l'Empire.

Les décisions de la chambre impériale de 1495 et 1548, promulguées en 1555 et en 1613 sont fort importantes, et donnent la mesure du développement de la procédure civile en Allemagne.

CHAMBRE INTROUVABLE, surnom dérisoire donné, dit-on, par Louis XVIII lui-même à l'une de nos assemblées politiques les plus tristement fameuses, à celle qui se réunit, le 7 octobre 1815, à la suite des événements qui amenèrent la seconde restauration. En effet, par son fanatisme royaliste, par sa prétention hautement avouée de rétablir tous les abus de l'ancien régime et d'effacer de nos institutions politiques jusqu'aux dernières traces de la révolution, cette assemblée restera dans l'histoire la personnification de l'odieuse et imbécile réaction tentée à cette époque par le même parti qui quinze ans plus tard devait finir par faire son va-tout contre nos libertés et nos institutions, sous les auspices d'un ministère qui dès qu'il fut formé reçut le surnom de *ministère déplorable*.

La chambre, dont le brusque retour de Napoléon et la fuite de Louis XVIII à Gand avaient interrompu les travaux, avait été dissoute, comme suspecte d'indépendance et surtout de modération, par le ministère que Louis XVIII avait constitué à sa rentrée aux Tuileries, ministère que présidait Talleyrand. Une ordonnance royale convoqua les colléges électoraux d'arrondissement pour le 14 août 1815 et ceux de département pour le 22 du même mois; le nombre des députés à élire fut arbitrairement porté de 259 à 392. Afin d'être plus sûr d'arriver au résultat voulu, le cabinet avait fixé à vingt et un ans l'âge requis pour être électeur, et investi les préfets de la faculté de faire aux anciennes listes toutes les adjonctions qu'il leur plairait. Tous les hommes qui en France répudiaient les glorieux souvenirs de la Révolution et de l'Empire, tous ceux qui considéraient la charte comme une impolitique transaction avec la révolte, ou encore comme l'illégitime consécration de l'abolition des priviléges proclamée en 1789, accoururent prendre part à des opérations électorales destinées à rétablir en France la monarchie du bon plaisir, les castes privilégiées et tous les abus de l'ancien régime. Dans la plupart des départements, notamment dans ceux du midi, elles eurent lieu d'ailleurs sous l'influence des baïonnettes étrangères et de la terreur inspirée aux bons citoyens par les sanglantes violences que commettait impunément une vile populace soulevée au nom du fanatisme religieux. Partout la presse enchaînée restait muette, et les réacteurs se permettaient impunément les illégalités les plus criantes. On conçoit dès lors que le triomphe de la réaction dut être complet. Le résultat des élections dépassa même tellement l'attente du cabinet, que ses membres, effrayés, n'osèrent affronter la réunion d'une chambre dont la violence, rien qu'à en juger par les noms de ses principaux membres, les épouvantait, et qu'ils remirent leur démission. Ils furent remplacés par une administration composée de MM. de Richelieu, président du conseil, Decazes, Barbé-Marbois, de Feltre, Dubouchage et Vaublanc.

Alors éclata la Terreur dite de 1815. L'intervalle laissé entre les élections et la convocation des chambres fut signalé par les plus horribles excès. Le maréchal Brune périt assassiné à Avignon; les généraux Ramel et Lagarde éprouvèrent le même sort quelques jours après; les soldats du général Gilly furent massacrés à Nîmes, en violation expresse d'une capitulation formelle. Au souvenir de cette déplorable époque de notre histoire se rattachent les noms odieux des Trestaillon, des Truphémy et autres chefs de bandes royalistes restées fameuses sous le nom de *Verdets*, et qui, sous prétexte de réaction politique, mettaient le pays au pillage.

Enfin arriva le 7 octobre, et la chambre s'ouvrit. Dans son discours d'ouverture, Louis XVIII recommanda la modération, l'union, le respect pour la charte; et ces paroles royales parurent d'abord opérer une heureuse modification dans les tendances de la majorité. Mais dans une des séances subséquentes, Voyer d'Argenson, ayant invoqué l'intervention de l'assemblée en faveur des protestants du midi de la France, que l'on continuait à assassiner, fut interrompu par les plus violentes clameurs et rappelé à l'ordre.

A partir de ce moment, la chambre perdit toute tenue. Ne respirant que la haine de la liberté, n'ayant qu'un but, la ruine de la Charte et le rétablissement du pouvoir absolu appuyé sur une noblesse et un clergé privilégiés, elle s'impatientait des plus simples lenteurs législatives. L'ignorance grossière de tous les usages des assemblées délibérantes, que trahissaient à chaque instant ses membres les plus fougueux et les plus influents, quand ils essayaient de se servir d'une phraséologie nouvelle pour eux, ne faisait que plus tristement ressortir les odieux instincts dont la majorité était animée. Une loi relative aux cris séditieux ayant été présentée par le gouvernement, la chambre, par ses amendements aggrava le projet ministériel à tel point que la loi investit tout fonctionnaire public du droit d'arrêter et de bannir qui bon lui semblerait. Une loi portant création de cours prévôtales fut votée avec de frénétiques acclamations, et on la proclama hautement le seul moyen de consolider la monarchie. Mais de toutes les discussions auxquelles se livra cette tourbe d'énergumènes, la plus fameuse est celle de la loi dite d'*amnistie*, dénomination dérisoirement mensongère, donnée à une mesure qui avait précisément pour but de revenir sur les promesses les plus formelles, et de punir les votes et actes antérieurs à la capitulation de Paris. A ce propos, la portion la plus passionnée de la chambre imagina d'ajouter à la loi d'amnistie des exceptions nouvelles, qui furent rangées sous le nom de *catégories*, mot encore nouveau en politique, mais qui est resté comme un stigmate indélébile attaché au nom de ceux qui lui donnèrent cette application. Labourdonnais, entre autres, ne fut jamais autrement désigné sous la Restauration, dans les luttes de la presse, que par la flétrissante dénomination de l'*homme aux catégories*. Toutefois cet orateur et ses zélés collègues en furent pour l'odieux de leur tentative inhumaine, et la *chambre introuvable* elle-même recula devant le vote d'une monstruosité, qui ne fut toutefois rejetée qu'à une très-faible majorité. Mais la peine du bannissement fut prononcée à l'unanimité contre tous les conventionnels régicides qui avaient accepté des fonctions pendant les Cent-Jours ou adhéré à l'Acte additionnel.

Quand il s'agit de voter les voies et moyens à l'effet de payer à nos bons alliés les frais de la guerre, s'élevant à 1500 millions, quelques membres prétendirent que cette dépense devait être mise spécialement à la charge des hommes qui, par leur attachement à la cause de la Révolution et de l'Empire, avaient fait imposer cet énorme tribut à la France, ainsi qu'à la charge des fonctionnaires opulents qui s'étaient enrichis sous l'Empire et qui avaient appelé de leurs vœux l'*usurpateur*. La confiscation de leurs biens devait être prononcée, disait le député Chifflet, en vertu des principes de notre ancien droit public. Toutes ces maximes odieuses trouvaient des admirateurs et des prôneurs dans une presse dont la véhémence réactionnaire était à la hauteur des idées qui dominaient l'assemblée. Plus tard, on vit la majorité rejeter le budget et en refaire un autre, révoquer de sa pleine autorité la loi du 27 septembre 1814, qui avait affecté aux créanciers de l'État 300,000 hectares de bois, comme hypothèque de la dette publique, et s'efforcer de les rendre au clergé, qui les avait autrefois possédés. Au nombre des propositions contre-révolutionnaires qui furent encore faites à la *chambre introuvable*, dans le cours d'une session qui se prolongea jusqu'au 5 avril 1816, nous signalerons celle qui avait pour but de rendre au clergé tous ses anciens biens, celle qui devait lui restituer la tenue des registres de l'état civil, celle qui abolissait le divorce, etc.

Mais, en procédant sans cesse avec trop peu de ménagement, elle finit par indisposer le roi et la chambre des pairs, dont elle semblait se méfier. Elle oublia qu'un roi ne doit être d'aucun parti. D'un autre côté, la chambre des pairs, du haut de son hérédité, avait été blessée du ton tranchant des députés, et avait rejeté une loi d'élection qui eût rapproché la chambre représentative des anciennes assemblées de notables, en admettant les fonctionnaires de l'État parmi les électeurs. Le système financier de la *chambre introuvable* n'était pas non plus du goût de Louis XVIII, qui prit enfin le parti de la dissoudre.

Le 5 septembre 1816 parut l'ordonnance de dissolution, qui fut accueillie par des transports de joie. Le roi, dans son préambule, rappelait qu'à côté de l'avantage d'améliorer existait le danger d'innover, et que les besoins comme les vœux des Français se réunissaient pour conserver intacte la charte constitutionnelle, base du droit public et garantie du repos général. Il jugeait, par conséquent, nécessaire de réduire la chambre des députés au nombre déterminé par la charte, et de n'y appeler que des hommes de quarante ans. Pour y parvenir, après avoir déclaré qu'aucun article de la charte ne serait révisé, il prononçait la dissolution de la chambre, fixant le nombre des députés de départements au chiffre déterminé par la charte, et convoquait les collèges électoraux d'arrondissement et de département.

L'apparition de cet acte, qui menaçait le parti *ultra*, lui fit pousser des cris de fureur contre les ministres en général, et contre M. Decazes en particulier, qu'il accusait d'avoir été le principal instigateur de ce coup d'État. La chambre introuvable, de quelque manière qu'on la juge, mérite de fixer l'attention de l'histoire pour avoir conçu le projet de faire une révolution inverse de celle de 1789, et pour s'être vue réduite par la force des choses à n'en tracer que le plan, indiquant seulement les proportions d'un édifice gothique que les mêmes architectes essayeront de construire de 1824 à 1827 et dont la première assise sera la septennalité.

CHAMBRE MI-PARTIE. C'était une juridiction établie dans chaque parlement pour juger les procès où des gens de la religion réformée étaient intéressés. La moitié des juges devait appartenir à cette religion, et c'est de là que ces chambres avaient tiré leur nom.

Le premier des édits de pacification qui donna aux religionnaires quelques priviléges de ce genre fut celui du mois d'août 1570. Il leur fut en effet accordé, par l'article 35 de cet édit, la faculté de récuser, dans chaque chambre du parlement où ils auraient un procès, quatre conseillers pour le fait de religion, indépendamment des autres récusations de droit qu'ils pourraient faire. La même faculté était accordée aux catholiques. Un autre édit, du mois de mai 1576, établit au parlement de Paris une chambre mi-partie, composée de deux présidents et de seize conseillers; cette chambre allait tenir ses séances à Poitiers, trois mois de l'année, pour y rendre la justice aux habitants des provinces de Poitou, Angoumois, Aunis et La Rochelle. Il en fut établi de semblables à Montpellier pour le ressort du parlement de Toulouse et dans chacun des parlements de Dauphiné, Bordeaux, Aix, Dijon, Rouen et Bretagne. Celle du parlement du Dauphiné siégeait les six premiers mois de l'année à Saint-Marcellin, et les six autres mois à Grenoble. Celle de Bordeaux siégeait aussi une partie de l'année à Nérac.

Les édits suivants apportèrent quelques changements à cet état de choses; les chambres mi-parties de Paris et de Rouen furent remplacées en 1598 et 1599 par les chambres de l'édit; celles de Toulouse, de Grenoble et de la Guyenne furent supprimées en 1679; mais les autres subsistèrent jusqu'à la révocation de l'édit de Nantes.

CHAMBRE OBSCURE, CHAMBRE CLAIRE. On se sert de l'expression assez singulière de *chambre obscure*, ou de *chambre noire*, pour désigner un appareil d'optique dont les effets ne sont aperçus que dans un lieu où la lumière n'arrive que par un seul point, où se place l'appareil, qui consiste en un prisme de cristal, avec un verre convexe, qui amène la réflexion des objets sur un plan placé à une distance convenable, et qui varie en raison de la convexité du verre. Un des usages les plus fréquents de la *chambre noire* étant de l'employer à faire avec facilité des vues d'une grande exactitude, on a imaginé de construire un appareil portatif, et bien clos par des rideaux en étoffe noire, dans lequel on place seulement le haut du corps, afin de pouvoir dessiner la vue rapportée sur un papier blanc placé dans l'intérieur de la boite. La bonté d'une *chambre noire* dépend de la perfection avec laquelle sont construits et établis le prisme et le verre qui la composent. On attribue l'invention de cet appareil à Jean-Baptiste Porta, Napolitain, mort en 1515. Le daguerréotype, comme on sait, est une application de la chambre obscure.

La *chambre claire*, nommée aussi *camera lucida*, est également un instrument d'optique, dérivé du même principe que la *chambre obscure*, mais dont on se sert en pleine campagne sans avoir besoin d'être dans l'obscurité. Il n'est composé que d'un prisme, dont une des faces est légèrement concave. Pour s'en servir, on place son œil perpendiculairement au-dessus de l'appareil, afin de voir la représentation exacte du paysage reproduit sur un papier blanc par la refraction du prisme. La petitesse de cet instrument le rend d'un usage plus commode pour le transporter en campagne; mais pour s'en servir avec succès, il faut du talent et un peu d'habitude. La *chambre claire* ne peut être employée que par des artistes, pour faire des esquisses d'une grande exactitude, il est vrai, mais que l'on doit terminer à la *vue simple*. La *chambre noire* est d'un usage plus facile, et rend tous les détails avec la plus scrupuleuse exactitude; de sorte que celui même qui sait à peine dessiner peut en obtenir de beaux résultats.
DUCHESNE aîné.

CHAMBRES CONSULTATIVES DES ARTS ET MANUFACTURES.

On donne ce nom à une réunion de manufacturiers, fabricants ou directeurs de fabrique que le gouvernement établit ordinairement dans les grands centres industriels, et qui sont chargés de lui faire connaître soit spontanément, soit sur sa demande, les besoins et les vœux de l'industrie manufacturière. Ces chambres ont été créées par la loi du 22 germinal an xi et leurs attributions successivement étendues par l'arrêté du 10 thermidor an xi et par l'ordonnance du 16 juin 1833. Elles se composent de six membres, qui peuvent être choisis dans toute l'étendue du département où elles ont été établies. Nul n'est appelé à en faire partie, s'il n'a exercé une industrie manufacturière pendant cinq ans et s'il n'est âgé de trente ans au moins. Les anciens manufacturiers retirés des affaires peuvent être nommés; mais ils ne sauraient former plus du tiers des membres. Les fonctions de ces derniers durent trois ans; le renouvellement se fait par tiers. Pendant les deux premières années qui suivent la formation de la chambre, le sort désigne les sortants. Il est procédé pour les élections des membres des chambres consultatives comme pour celles des membres des chambres de commerce. Les premières sont présidées par les sous-préfets des communes chefs-lieux de la circonscription, et à Paris par le préfet de la Seine. Elles correspondent directement avec le ministre de l'intérieur, de l'agriculture et du commerce. La loi les autorise également à correspondre avec les chambres de commerce dans la circonscription desquelles elles se trouvent, sur les objets qui rentrent dans les attributions de ces chambres. Elles remplissent toutes leurs fonctions dans les villes où il n'en existe pas.
A. LEGOYT.

CHAMBRES D'AGRICULTURE.

Depuis longtemps les services rendus par les chambres de commerce faisaient désirer que l'agriculture fût dotée d'une institution représentative semblable. Une loi du 20 mars 1851 satisfit à ce vœu. Elle institua au chef-lieu de chaque département une chambre d'agriculture dont les membres, en nombre égal à celui des cantons du département devaient être nommés par les comices agricoles et rester six ans en fonctions. La durée de la session annuelle des 86 chambres était limitée à huit jours; elles en fixaient elles-mêmes l'époque et réglaient leurs travaux. Consultées par le gouvernement, sauf les cas d'urgence, sur tous les changements à opérer dans la législation relative aux intérêts agricoles, et notamment en ce qui concerne les contributions indirectes, les douanes et les octrois, la police et l'emploi des eaux, elles devaient l'être obligatoirement sur l'établissement des foires et marchés; sur la distribution des fonds généraux et départementaux destinés à l'encouragement de l'agriculture; sur l'établissement des écoles regionales et des fermes-écoles. Elles étaient reconnues, comme les chambres de commerce, en qualité d'établissements d'utilité publique, et avaient aussi le droit de correspondre directement avec le ministre compétent.

Un décret du 25 mars 1852 a modifié profondément l'économie de cette loi. Aujourd'hui chaque arrondissement est doté d'une chambre d'agriculture dont les membres sont nommés par le préfet, qui peut seul les convoquer et déterminer leurs travaux. Le gouvernement n'est plus tenu de les consulter, et elles ont perdu le droit de correspondre directement avec le ministre. Cette différence de traitement entre les organes officiels de l'agriculture et du commerce ne paraît pas suffisamment justifiée, et on sentira plus tard au moins la convenance de les soumettre à une législation uniforme.
A. LEGOYT.

CHAMBRES DE COMMERCE.

Les chambres de commerce sont des assemblées de négociants et d'anciens négociants chargées de donner au gouvernement, ou d'office, ou sur sa demande, leur avis sur les mesures qui peuvent favoriser le développement du commerce. La plus ancienne chambre de commerce en France est celle de Marseille, dont l'existence remonte à la fin du quatorzième ou au commencement du quinzième siècle. Investie d'attributions tout à fait extraordinaires, elle exerçait dans la ville une partie de l'autorité municipale, et concourait à l'administration de la justice en matière commerciale. Aussi eut-elle, à ce double titre, des luttes très-vives à soutenir contre l'autorité municipale et contre la juridiction consulaire. Supprimée et rétablie plusieurs fois, elle reçut une organisation définitive et régulière en vertu d'une délibération de la maison commune du 6 novembre 1650. La seconde chambre de commerce en France fut établie à Dunkerque, en 1700. Un arrêt du conseil du 29 juin de la même année ayant ordonné la formation à Paris d'un conseil général de commerce, et ce conseil devant se composer, outre six conseillers d'État, de douze marchands ou négociants délégués par les principales villes commerçantes du royaume, des chambres du commerce durent être établies dans ces villes. C'est ainsi que furent successivement créées celles de Lyon, en 1702; de Rouen et de Toulouse, en 1703; de Montpellier, en 1704; de Bordeaux, en 1705; de La Rochelle, en 1710; de Lille, en 1714, après le traité d'Utrecht; de Bayonne, en 1726; de Nantes et de Saint-Malo, un peu plus tard. Un arrêt du 30 août 1702 organisa des relations directes entre le conseil et les chambres de commerce. Elles furent, en outre, autorisées à transmettre au contrôleur général des finances, avec leur avis, les mémoires qui leur étaient remis sur les matières de commerce, et à lui adresser toutes les observations que pouvait leur suggérer la situation des grands intérêts qu'elles avaient mission de représenter. Il ne paraît pas qu'une législation uniforme eût réglé tout ce qui concernait l'élection des membres des chambres et leur organisation intérieure; ce qui est certain, c'est que les principaux agents du pouvoir central y avaient entrée et droit de présidence et qu'une grande part était faite dans la composition de leur personnel à l'autorité municipale et consulaire, représentée par les échevins, les juges et les consuls.

Les anciennes chambres de commerce furent supprimées par un décret de l'Assemblée nationale du 27 septembre 1791, sanctionné le 10 octobre suivant. Un arrêté consulaire du 3 nivôse an xi (24 décembre 1802) les rétablit. Cet arrêté détermina le chiffre de la population de la ville où elles pouvaient être établies, ainsi que le nombre de leurs membres, qui devaient être choisis parmi les négociants ayant fait le commerce en personne pendant dix années au moins. Soixante des plus notables commerçants, présidés par le préfet, ou, selon les localités, par le maire, étaient chargés d'élire au scrutin secret et à la majorité absolue les membre des chambres nouvellement créées. Elles procédaient ensuite, par voie de nomination directe, sauf l'approbation du ministre, au remplacement de leurs membres, dont le renouvellement s'effectuait par tiers, chaque année. Enfin, elles devaient présenter au gouvernement deux candidats aux fonctions de membre du conseil général de commerce institué près le ministre de l'intérieur à Paris. Cette organisation, objet de nombreuses critiques, fut modifiée par l'ordonnance du 16 juin 1832, qui enleva aux chambres de commerce le droit de pourvoir elles-mêmes directement au remplacement de leurs membres sortants, pour le remettre à un corps électoral composé de manière à donner satisfaction aux divers intérêts qui dans une même localité sont représentés par le tribunal de commerce, la chambre de commerce, le conseil municipal et les négociants n'appartenant à aucun de ces corps. L'ordonnance du 16 juin a elle-même été rappelée par un décret du 3 septembre 1851, qui forme aujourd'hui avec celui du 30 août 1852 la législation de la matière, et dont nous allons donner une analyse succincte. En exécution de ce dernier décret, les membres des chambres de commerce sont élus par les notables commerçants choisis par les préfets parmi les patentés, conformément aux articles 618 et 619 du Code de Commerce. Le nombre des membres de chaque chambre est déterminé par le titre même de son institution ou par un décret postérieur. Il ne peut être au-dessous de neuf ni excéder vingt et un. La durée de leurs fonctions est de six ans; le renouvellement a lieu par tiers tous les deux ans. Les membres sortants sont indéfiniment rééligibles.

Les attributions des chambres de commerce sont réglées ainsi qu'il suit : 1° elles donnent au gouvernement les avis et les renseignements qui leur sont demandés sur les faits et les intérêts industriels et commerciaux ; 2° elles lui font connaître leurs vues sur les moyens d'accroître la prospérité de l'industrie et du commerce; sur les améliorations à introduire dans toutes les branches de la législation commerciale, y compris les tarifs de douanes et les octrois; sur l'exécution des travaux et sur l'organisation des services publics qui peuvent intéresser le commerce ou l'industrie, tels que les travaux des ports, la navigation des fleuves, les rivières, les postes, les chemins de fer. Leur avis est demandé spécialement : sur les changements projetés dans la législation commerciale; sur les érections et règlements des chambres de commerce ; sur les créations de bourses et les établissements d'agents de change ou de courtiers; sur les tarifs des douanes; sur les tarifs et les règlements du service des transports et autres, établis à l'usage du commerce; sur les usages commerciaux, les tarifs et règlements de courtage maritime et de change en matières d'assurance de marchandises, de change et d'effets publics; sur la création de tribunaux de commerce dans leur circonscription; sur les établissements de banques, de comptoirs d'escompte et de succursales de la banque de France; sur les projets de travaux publics locaux relatifs au commerce; sur les projets de règlements locaux ou en matière de commerce ou d'industrie.

Quand il existe dans une même ville une chambre de commerce et une bourse, l'administration de la bourse appartient à la chambre, sans préjudice des droits du maire et de l'observation des règlements de police municipale dans les lieux publics. Les magasins créés pour l'usage du commerce, comme les magasins de sauvetage, entrepôts, conditions pour les soies, les cours publics pour la propagation des connaissances commerciales et industrielles, sont administrés par les chambres de commerce, s'ils ont été établis au moyen de contributions spéciales sur les commerçants. L'administration de ceux de ces établissements qui ont été formés par dons, legs ou autrement, peut leur être remise, d'après le vœu des souscripteurs et donateurs; enfin elle peut leur être déléguée pour les établissements de même nature qui seraient créés par l'autorité. Les chambres de commerce correspondent directement avec le ministère de l'intérieur, qui approuve leurs budgets et leurs comptes. Elles ne peuvent être établies que par un décret délibéré en conseil d'État. Elles ont le caractère d'établissements d'utilité publique, c'est-à-dire qu'elles peuvent recevoir des legs, donations, posséder, aliéner, etc. Leurs dépenses annuelles et courantes, qui comprennent le matériel et le personnel de leurs bureaux, sont acquittées avec le produit d'une contribution spéciale sur les commerçants, renouvelée tous les ans par les lois de finances. Cette contribution forme leurs ressources ordinaires. Leurs ressources extraordinaires se composent : 1° des revenus des divers établissements dont l'administration leur est confiée; 2° des revenus des propriétés mobilières ou immobilières qu'elles ont acquises à titre gratuit ou onéreux.

Il existe aujourd'hui quarante-sept chambres de commerce; en voici la liste : Abbeville, Amiens, Arras, Avignon, Bastia, Bayonne, Besançon, Bordeaux, Boulogne, Caen, Calais, Carcassonne, Châlons-sur-Saône, Cherbourg, Clermont-Ferrand, Dieppe, Dunkerque, Fécamp, Granville, Gray, La Rochelle, Laval, le Hâvre, Lille, Lorient, Lyon, Marseille, Metz, Montpellier, Morlaix, Mulhausen; Nantes, Nîmes, Orléans, Paris, Reims, Rochefort, Rouen; Saint-Brieuc, Saint-Étienne, Saint-Malo, Strasbourg, Toulon, Toulouse, Tours, Troyes, Valenciennes.

L'institution des chambres de commerce n'est pas spéciale à la France; elle existe dans les principaux États de l'Europe, même dans ceux où, comme en Angleterre, l'administration n'est pas centralisée. L'une des chambres de commerce de ce dernier pays est justement célèbre, pour avoir pris l'initiative de la réforme commerciale, et notamment de l'abolition de la législation des céréales, la chambre de Manchester.
A. LEGOYT.

CHAMBRES DE L'ŒIL. *Voyez* ŒIL.

CHAMBRES DE RHÉTORIQUE, institutions littéraires des Pays-Bas, que les uns croient avoir été calquées dans l'origine sur des associations analogues existant en France, et que d'autres regardent comme empruntées par les Flamands aux Italiens, avec lesquels ils avaient tant d'analogie, au moyen âge, sous le rapport des mœurs, du commerce et de l'organisation politique. Les chambres de rhétorique de Gand et d'Ypres passent pour les plus anciennes de la Flandre, quoiqu'elles ne semblent pas cependant antérieures au quatorzième siècle. Celle qu'on nomme *œil de Christ*, établie à Diest, petite et ancienne ville de Brabant, remonte, selon la tradition, à l'année 1302. Dans le courant du seizième siècle, il y avait de pareilles chambres dans la plupart des villes et bourgs de la Flandre et du Brabant. Un grand nombre avaient également pris naissance en Hollande. Louvain en comptait cinq, Bruxelles six, Anvers trois, Lierre, Malines, Diest et Breda chacune deux, Gand et Ypres trois, Bois-le-Duc trois, Amsterdam deux.

Les membres de ces chambres étaient divisés en *chefs* et en *frères camaristes ordinaires*. Les premiers portaient les titres d'*empereur*, *grand-doyen*, *capitaine*, *prince*, *facteur*, *expert*. Il y avait en outre un *fiscal*, chargé du maintien et du bon ordre, un *enseigne* et un *bouffon*. Les chambres approuvées par l'autorité et reçues par les autres chambres reconnues s'appelaient *libres*; les *non-libres* étaient celles qui n'avaient point obtenu de sanction légale. Dans leurs réunions, les rhétoriciens, ou *rederykers*, s'exerçaient à la composition de toutes sortes de vers, surtout de *chansons*, dites *refrains*, et s'essayaient même à l'improvisation, à laquelle se prête la docilité des langues flamande et hollandaise. Ces impromptus étaient appelés *kniedicht*, c'est-à-dire, *poésie écrite sur le genou*. Ils donnaient aussi des représentations dramatiques, et quelquefois les églises leur servaient de théâtre. Enfin, ils ouvraient des concours à certaines époques, et décernaient des prix à celles des autres chambres qui étaient jugées avoir le mieux répondu aux questions proposées, ou fait l'entrée la plus brillante. Les fêtes données dans ces occasions, si elles ne prouvent pas toujours un goût bien pur, attestent du moins une instruction généralement répandue, de la sympathie pour les plaisirs de l'esprit, les progrès de l'industrie et de la richesse publique, et même l'indépendance des idées.

Vers le temps de la réforme, et à l'approche des troubles politiques qui enlevèrent à l'Espagne une partie des Pays-Bas, les couplets satiriques des rhétoriciens tinrent lieu, jusqu'à un certain point, de liberté de la presse. La même observation peut se faire plus anciennement encore, à l'époque des querelles sanglantes des *Cabillauds* et des *Hameçons*. Aussi le gouvernement de Philippe II ne manqua pas de persécuter les *camaristes*. Un grand nombre se réfugièrent en Hollande. Mais là, ainsi qu'en Flandre et en Brabant, les réunions de rhétorique, en se multipliant dans les bourgades, se déconsidérèrent de jour en jour davantage dans les villes. Il faut convenir que ce qui nous en reste est d'une extrême médiocrité, et qu'on leur a peu d'obligation sous le rapport des services qu'ils ont rendus à la langue et à la littérature nationales. Exceptons seulement celle d'Amsterdam sous la devise : *Florissant en amour*, laquelle, vers la fin du seizième siècle, pouvait s'enorgueillir des noms de Spiegel, Coornhert, Visscher, et qui est considérée comme l'école où se formèrent les Hooft et les Vondel. Beaucoup de ces chambres existent encore, de nouvelles ont même été créées; mais elles ne sont fréquentées que par la petite bourgeoisie, tandis qu'autrefois des princes même tenaient à honneur d'en faire partie, témoin Jean IV, duc de Brabant, qui assistait souvent aux séances de la *chambre du livre*, fondée à Bruxelles, en 1401. DE REIFFENBERG.

CHAMBRES LÉGISLATIVES, expression employée, de 1814 à 1848, pour désigner les deux assemblées qui, de concert avec le roi, concouraient immédiatement à faire les lois : l'une portait le nom de *chambre des députés*, l'autre celui de *chambre des pairs* (voyez REPRÉSENTATIF [Système]). Les assemblées chargées de concourir à la confection des lois n'ont pas toujours été désignées en France par les mêmes noms. Celle qui fut formée en 1789 prit le titre d'*assemblée nationale*, et a été nommée plus tard *assemblée constituante*. La seconde, établie par la constitution de 1791, fut désignée sous le nom d'*assemblée législative*, et n'eut que quelques mois d'existence. Celle qui lui succéda après le renversement de cette constitution fut désignée sous le nom de *convention nationale*. Après celle-ci, le pouvoir législatif fut dévolu à deux assemblées; l'une fut appelée le *conseil des anciens*, l'autre le *conseil des cinq-cents*. Le *sénat* et le *corps législatif* succédèrent à ces deux conseils, après le renversement de la constitution de l'an III. La charte octroyée par Louis XVIII après l'invasion de la France par les armées des puissances coalisées désigna une des deux assemblées sous le nom de *chambre des pairs*, l'autre sous celui de *chambre des députés*. Ces dénominations furent conservées après la révolution de 1830.

Après la révolution de février, une *assemblée nationale constituante* fut élue par le suffrage universel pour voter une nouvelle constitution. A cette assemblée succéda, l'année suivante, une nouvelle *assemblée législative*, qui ne vit pas la fin de son mandat. Le coup d'État du 2 décembre 1851 ramena le *sénat* et le *corps législatif*.

CHAMBRIER, GRAND CHAMBRIER. Voyez CHAMBELLAN.

CHAMBRIÈRE. C'était proprement le nom qu'on donnait au quinzième, au seizième siècle et plus tard, aux domestiques femmes qui faisaient seules le service d'une ou de plusieurs personnes. Nicot dit à ce sujet « *chambrière*, par syncope de ce mot entier *chamberière*, qui vient du latin *cameraria*, et est proprement pris pour *une qui sert en la chambre* (que le François appelle *fille* ou *femme de chambre*), pour distinction de celle qui, estant appelée *chambrière*, sert en la cuisine et aux vils exercices du service de la maison, ayant le François ravallé ceste propriété.... » Et c'est surtout au temps où écrivait Nicot, sous Henri IV et Louis XIII, que l'on trouve ce mot ainsi employé en différents auteurs. Les chambrières ont exercé la verve comique des auteurs grivois et satiriques qui ont tant écrit au commencement du dix-septième siècle. Aussi les amateurs du genre facétieux recherchent-ils avec empressement de petits livrets, devenus assez rares, comme ceux-ci, par exemple (*Le Caquet des bonnes Chambrières, déclarant aucunes finesses dont elles usent envers leurs maistres et maistresses*, imprimé par le commandement du leur secrétaire Pierre Babillet ; *Le Banquet des Chambrières, fait aux Étuves le jeudi-gras* ; ou encore *Le Bannissement de l'espérance des Chambrières de Paris*. Dans toutes ces pièces, les ruses employées par ces femmes pour tromper leurs maîtres sont découvertes et expliquées, et celles qui servent gens d'église ou hommes non mariés, quolibets et satires ne sont pas épargnés. Il est impossible d'expliquer comment le nom de *chambrière* a été changé en l'appellation vulgaire de *bonne*, mais cet usage date, tout au plus, de la fin du dix-huitième siècle ; jusque-là le nom de *chambrière* avait toujours prévalu. LE ROUX DE LINCY.

CHAMBUCLE. Voyez CARIE (*Botanique*).

CHAMEAU, animal mammifère de la famille des caméliens, dont les chameaux forment le groupe le plus intéressant. Le nom du chameau en hébreu est *gamal*, en arabe moderne *gimel*, en chaldéen *gamala* ; les Grecs le nommaient κάμηλος, et les Latins *camelus* ; ces derniers noms donnés aux chameaux et ceux qu'ils portent aujourd'hui chez les peuples de l'Europe sont dérivés presque sans altération des langues orientales.

On distingue non pas deux races de chameaux, comme le pensait Buffon, mais bien deux espèces différentes, le *chameau à deux bosses* (*camelus bactrianus*), et le *chameau à une seule bosse* ou *dromadaire* (*camelus dromedarius*). Le premier est presque seul employé en Turquie, au Thibet et en général dans l'Asie méridionale. Le second est plus commun en Arabie et dans toute l'Afrique.

L'Arabie est le pays du monde le plus aride, celui où l'eau est le plus rare ; le chameau est le plus sobre de tous les animaux et peut passer plusieurs jours sans boire. Le terrain y est presque partout sec et sablonneux ; le chameau a les pieds faits pour marcher dans le sable et ne peut au contraire avancer qu'avec difficulté dans les terrains humides et glissants. L'herbe et les pâturages manquent à cette terre ; le bœuf y manque également ainsi que les autres animaux domestiques. Le chameau les remplace ; sa force et sa docilité en font une bête de somme des plus commodes ; sa chair est un bon aliment, et peut remplacer celle du mouton et du bœuf ; son lait donne du beurre et d'excellents fromages, et son poil fin et moelleux, qui se renouvelle chaque année par une mue complète, sert à fabriquer des étoffes d'un usage très-répandu ; aussi les Arabes regardent-ils le chameau comme un présent du ciel, sans lequel ils ne pourraient ni voyager, ni commercer, ni subsister.

En Turquie, en Perse, en Arabie, en Égypte, en Barbarie, etc., le transport des marchandises ne se fait que par le moyen des chameaux. Les marchands et les passagers, pour éviter les insultes et les pirateries des Arabes, se réunissent par troupes plus ou moins nombreuses, connues sous le nom de caravanes. Ces troupes sont presque exclusivement servies par des chameaux ; ceux-ci y sont en plus grand nombre que les hommes. On charge ces animaux, suivant leur force, de tous les objets nécessaires à la traversée, les uns de pain, de vin, de charbon, d'autres de volailles, de légumes, etc. Les dromadaires sont réservés aux voyageurs. Lorsque tout est disposé, l'Arabe conducteur se place en avant; les chameaux le suivent chargés de tout le bagage, et les dromadaires ferment la marche. Au moment du départ, le conducteur entonne en guise de chanson une espèce de râlement des plus singuliers; les quadrupèdes l'ont à peine entendu qu'ils se mettent en marche, accélérant le pas ou le ralentissant, selon que le chant est *allegro* ou *largo*. Aussi, lorsqu'une caravane veut aller à grandes journées, le conducteur ne cesse pas un instant de chanter; et s'il est fatigué, un autre Arabe reprend la musique. Comme les dromadaires, les chameaux ont été employés dans les armées.

Les chameaux les plus forts portent ordinairement un millier et 1200 pesants, les plus petits 6 ou 700. La facilité qu'ils ont de s'abstenir longtemps de boire n'est pas de pure habitude, c'est un effet de leur conformation; outre les quatre estomacs de tous les ruminants, ils présentent une cinquième poche, qui leur sert de réservoir pour conserver l'eau ou la sécréter; s'ils sont pris par la soif, ou qu'ils aient besoin de délayer les aliments secs dont ils se nourrissent, ils font, au moyen d'une simple contraction musculaire, remonter cette eau dans leur panse et jusque dans leur œsophage. Lorsqu'ils paissent dans de bonnes prairies, ils prennent en moins d'une heure tout ce qui leur est nécessaire pour environ vingt-quatres heures et plus. Mais si les pâturages sont rares, leur sobriété y supplée; ils n'ont pas besoin d'une nourriture délicate, ils semblent même préférer aux herbes les plus douces l'absinthe, le chardon, l'ortie et les autres végétaux épineux.

On a essayé de transporter les chameaux dans d'autres contrées : en Amérique ils n'ont pas réussi, non plus qu'en Espagne et en Italie. Ce n'est pas qu'ils ne puissent y subsister et même y produire; mais ils exigent des soins trop dispendieux, et sont plutôt à charge qu'utiles à ceux qui les élèvent. P. GERVAIS.

CHAMEAU (*Conchyliologie*), nom vulgaire d'une coquille du genre *strombe*, le *strombo lucifer*.

CHAMEAU (*Marine*), sorte de bâtiment inventé par les Hollandais, comme un auxiliaire indispensable pour faire passer leurs grands vaisseaux sur les petits fonds du Zuyderzée. Le chameau dans son ensemble n'est qu'un immense coffre à fond plat; l'une de ses faces, destinée à s'appliquer le long d'un vaisseau, est façonnée de manière qu'elle en creux ce que le vaisseau a en relief; en sorte que cette face peut s'adapter exactement au côté du vaisseau. Cela posé, deux chameaux de cette forme sont d'abord chargés d'eau, et sont ensuite amenés le long des flancs du grand vaisseau. Ils s'y appliquent et s'y lient par un appareil de forts cordages, qui, passant par-dessous le vaisseau, sont reçus à bord des deux chameaux, où ils sont tendus de toute la puissance des nombreux cabestans qui s'y trouvent. Ces dispositions étant prises, les chameaux sont vidés de toute l'eau qu'ils contenaient; ils flottent plus légers, et soulèvent le vaisseau, réduit à une faible calaison; celui-ci peut donc, à l'aide des chameaux qui le supportent, franchir des espaces où la faible profondeur de l'eau ne pourrait l'admettre dans son état de calaison normale. Lorsque tout le système est enfin arrivé dans une eau assez profonde pour recevoir le vaisseau, il est débarrassé des chameaux.

Les vaisseaux de ligne construits à Venise sous l'Empire ne pouvaient franchir la barre sans le secours des chameaux. Le baron Tupinier, étant chef du génie maritime à Venise, fit construire des chameaux perfectionnés, à l'aide desquels des vaisseaux tout armés franchissaient les bas-fonds, et se trouvaient immédiatement après en état de prendre le large. Ce perfectionnement fut une œuvre immense; car la différence que présente le poids d'un vaisseau léger avec celui d'un vaisseau armé, n'est pas moindre de 1,250,000 kilogrammes. Jules LECOMTE.

CHAMEAU DU PÉROU, synonyme de lama.

CHAMFORT (SÉBASTIEN-ROCH NICOLAS), né en 1741, eut pour patrie un village situé près de Clermont, en Auvergne. Dès l'enfance il annonça pour l'étude les dispositions les plus heureuses, et obtint une demi-bourse au collège des Grassins, sous le nom de *Nicolas*. L'université décernait cinq premiers prix et cinq seconds pour la classe de rhétorique; il n'y en eut qu'un seul qu'il n'obtint pas, celui de vers latins, et l'année suivante il remporta les cinq premiers prix. C'est de cette manière brillante qu'il termina ses études.

Nicolas ne connut point son père; il était le fruit d'une de ces unions libres que le monde réprouve : dans l'isolement où il semblait que cette funeste circonstance le condamnait à vivre, il reporta sur sa mère tout ce qu'il sentait dans son cœur de tendresse et de disposition aux soins affectueux. Sa jeunesse fut ardente et passionnée. Quoiqu'il fût d'un caractère fougueux et indépendant, il entreprit successivement plusieurs éducations; mais il lui fut bientôt impossible de persévérer dans cette position dépendante. Alors il se précipita avec ardeur dans la carrière littéraire. A cette époque, il fit la rencontre d'un riche Liégeois, qui avait la prétention d'aimer les lettres, et qui lui offrit de l'emmener avec lui dans sa patrie en qualité de secrétaire. Le jeune poète, qui avait pris le nom de *Chamfort*, tourmenté du désir de voyager, accepta cette proposition; mais, s'étant bientôt aperçu que son prétendu protecteur avait spéculé sur lui, en espérant s'attribuer une partie de ses travaux, il le quitta et revint à Paris, rapportant de Cologne et de Spa le découragement et la pauvreté.

Il se fit attacher à la rédaction du *Journal Encyclopédique*, et pendant deux ans vécut du fruit de divers travaux littéraires. Plus tard, le succès de *La jeune Indienne* le mit à même de se répandre dans le monde et de prétendre à une meilleure fortune. Il fut recherché et fêté. *Le Marchand de Smyrne*, petite pièce qu'il fit représenter à quelque temps de là, ajouta à sa réputation naissante, qui alla bientôt croissant, quand il eut publié plusieurs autres ouvrages, entre autres l'*Épître d'un Père à son Fils*, sur la naissance *d'un petit-fils*, puis les *Éloges de Molière* et de *La Fontaine*. Le premier de ces deux éloges remporta le prix proposé par l'Académie Française, en 1769, et le second fut couronné par l'Académie de Marseille, en 1774. *Mustapha et Zéangir*, tragédie qu'il donna ensuite, et dans laquelle la reine crut voir des allusions flatteuses, lui valut l'attention de la cour et quelques faveurs. Le prince de Condé le nomma son secrétaire des commandements, et peu temps après l'Académie Française le reçut dans son sein. Il devint plus tard lecteur ou secrétaire des commandements de madame Élisabeth, sœur du roi.

Ses deux *éloges* de La Fontaine et de Molière sont regardés comme ce qu'il a fait de mieux. On y trouve une appréciation exacte, juste, parfaitement sentie, non-seulement du talent littéraire, mais encore de l'âme, de la pensée intime de ces deux hommes illustres. Quant à ses œuvres dramatiques, elles n'offrent rien de remarquable. Ses deux pièces, *La jeune Indienne* et *Le Marchand de Smyrne*, sont bien écrites; on y rencontre parfois un dialogue facile et spirituel; mais l'action en est excessivement faible, et sous ce rapport elles ont coûté peu de travail à leur auteur, qui n'était pas né avec l'esprit des combinaisons théâtrales. Sa tragédie de *Mustapha et Zéangir* offre une nouvelle preuve de cette absence de talent de la composition.

Il nous reste à parler d'un autre ouvrage de Chamfort, de son Discours sur les Académies, monument d'ingratitude et d'inconstance, qui lui fait peu d'honneur. Dans ce discours, plein d'amertume, il appelait la prompte destruction des académies; cette œuvre paradoxale, où l'on retrouve son esprit et sa facilité, est une contradiction étrange dans la vie de cet homme et dans les sentiments qu'il avait d'abord publiquement professés. Néanmoins Chamfort passe pour un honnête homme, et il faut chercher la cause de cette ingratitude non dans son cœur, mais dans son esprit changeant et dans son caractère fougueux.

En 1789 Chamfort embrassa la cause de la Révolution, qui cependant lui devint fatale, car les premiers actes de l'Assemblée constituante lui enlevèrent ses pensions et sa place à l'Académie. Il n'en resta pas moins attaché aux principes que professaient les représentants de la nation. Le ministre Roland le nomma conservateur à la Bibliothèque Nationale. Cependant, quand la tempête politique devint plus forte, il ne craignit pas d'élever la voix en faveur de l'ordre, et dénonça les révolutionnaires à l'opinion publique. *La fraternité de ces gens-là*, disait-il, *est celle de Caïn, ou celle d'Étéocle et de Polynice*. Il traduisait ces mots : *Fraternité ou la mort*, inscrits sur tous les édifices publics, par ceux-ci : *Sois mon frère, ou je te tue*. Dénoncé au comité de salut public, il fut incarcéré, et quelque temps après rendu à la liberté ; mais le séjour de la prison lui avait été si pénible, qu'il jura de ne jamais retomber vivant au pouvoir de ses persécuteurs. Il tint parole : au moment où l'on vient pour l'arrêter une seconde fois, il passe dans son cabinet, s'y enferme, charge un pistolet, veut le tirer sur son front, se fracasse le haut du nez et s'enfonce l'œil droit. Étonné de vivre, et résolu de mourir, il saisit un rasoir, essaye de se couper la gorge, se porte plusieurs coups au cœur et aux jarrets ; enfin, vaincu par la douleur, il pousse un cri et tombe. On entre, on le trouve baigné dans son sang. Des gens de l'art et des officiers civils sont appelés ; et tandis que les premiers préparent l'appareil nécessaire à ses blessures, il dicte aux seconds la déclaration que voici : « J'ai voulu mourir en homme libre plutôt que d'être reconduit en esclave dans une maison d'arrêt ; je déclare que si, par violence, on s'obstinait à m'y traîner dans l'état où je suis, il me reste assez de force pour achever ce que j'ai commencé. Je suis un homme libre ; jamais on ne me fera rentrer vivant dans une prison. » Chamfort, après avoir souffert longtemps les douleurs les plus cruelles, expira, le 13 avril 1794. Il avait fait des travaux importants pour Mirabeau, qui employait beaucoup de collaborateurs différents. Cet écrivain était célèbre par ses bons mots, qui ont été réunis en 1800 (1 vol. in-12), sous le titre de *Chamfortiana*.

P.-F. TISSOT, de l'Académie Française.

CHAMIER (FRÉDÉRICK), romancier anglais, né à Londres, en 1796, entra dans la marine en 1809, en qualité de cadet, et se distingua dans les guerres d'Amérique. En 1833 il abandonna la marine, et remplit alors pendant quelque temps les fonctions de juge à Waltham-Hill, dans le comté d'Essex. Les succès retentissants obtenus par Marryatt dans la peinture des scènes de la vie maritime le déterminèrent à s'essayer dans le même genre. Cette tentative fut assez heureuse, bien qu'il n'ait ni l'aimable gaieté ni la riche imagination de son modèle. Ses meilleurs romans sont : *Ben Brace, the last of Nelson's Agamemnons* (3 vol., Londres, 1835) et *The Arethusa* (3 vol., 1836). On a encore de lui : *Life of a Sailor* (3 vol., 2ᵉ édit. 1834) ; *Jack Adams* (1838) ; *Tom Bowling* (1839) ; *Trevor Hasting* (Londres, 1841) ; *Passion and Principles* (1842).

Témoin oculaire de notre révolution de Février, F. Chamier a publié *Review of the French Revolution* of 1848 (Londres, 1849), ouvrage dans lequel il juge avec bien honorable impartialité les acteurs, les souffleurs, les comparses, les claqueurs et le public payant de ce grand drame.

CHAMIL, l'un des chefs les plus célèbres des montagnards du Caucase dans la lutte acharnée qu'ils soutiennent depuis plus de vingt ans contre les Russes pour la défense de leur indépendance nationale.

CHAMILLARD (MICHEL DE), l'un des derniers ministres de Louis XIV et le plus incapable de tous ceux qui tinrent sous ce règne les rênes du pouvoir. Fils d'un maître des requêtes, il fut d'abord conseiller au parlement de Paris ; mais, quoique magistrat, i. recherchait les plaisirs de la société, et excellait à tous les jeux, surtout au billard, que le monarque aimait avec une sorte de prédilection. Vendôme, Villeroi et quelques autres courtisans, qui avaient le privilège d'y jouer tous les jours avec le souverain, firent admettre Chamillard à ces royales parties : il plut au prince, et s'attira ainsi l'attention de Mᵐᵉ de Maintenon. Présenté à cette dame et bien accueilli par elle, il obtint un logement au château, distinction flatteuse et d'autant plus enviée qu'elle pouvait mener à tout. C'est en effet ce qui lui arriva. Nommé à l'intendance de Rouen en 1689, Chamillard venait passer de temps en temps plusieurs semaines à Versailles ; on trouva moyen de l'y fixer en le créant intendant des finances ; puis enfin Mᵐᵉ de Maintenon le choisit pour administrer les affaires temporelles de Saint-Cyr. Louis XIV, que la favorite avait associé à cette création, ne dédaignait pas de s'en occuper par lui-même, et admettait Chamillard à lui rendre compte de sa gestion. Celui-ci, ayant montré dans cet emploi de l'ordre et de la probité, parut digne de manier les finances de l'État. C'est ainsi qu'il parvint, en 1699, au contrôle général. Toutefois, il ne craignit pas de confesser son insuffisance au roi, qui lui ferma la bouche en disant : Je vous *seconderai*. L'aveu de Chamillard, loin de lui nuire, assura son crédit et le soutint en dépit de ses fautes, dont le prince s'attribuait en partie la responsabilité. Ignorant les ressources du crédit, qui seul aurait pu fournir les moyens de subvenir aux énormes dépenses de la guerre, il ne sut ni emprunter avec avantage, ni réussir à faire honneur à ses engagements.

Succombant déjà sous le poids des finances, il fut encore chargé du portefeuille de la guerre, à la mort de Barbezieux, fils et héritier des talents de son père. Dans cette nouvelle position, où il fallait déployer autant d'activité que de fermeté, on le vit dépérir entre ses mains, jusqu'au commandement. Au lieu de cacher son incapacité, il la découvrait avec une sorte d'humilité qui le rendait ridicule aux généraux, et odieux au public. Il écrivait au maréchal de Catinat : « Je suis un bon robin, qui fait son noviciat dans la guerre ; ainsi, entre vous et moi, ce que je dis ne veut rien dire. » Envoyé en Flandre pour apaiser les différends qui s'étaient élevés entre le duc de Bourgogne, voulant commander l'armée dont il était le chef titulaire, et Vendôme, refusant d'obéir, Chamillard était trop au-dessous de cette mission délicate pour la bien remplir. Il n'apaisa rien, et ne recueillit que les mépris de Vendôme, qui ne tint nul compte de ses décisions. Malheureux dans ses choix, faute de pouvoir comprendre et supporter le mérite, il écartait Catinat pour La Feuillade, dont l'impéritie échoua devant Turin, malgré tous les moyens de vaincre prodigués inutilement. Pour alléger un peu le poids qui l'écrasait, Chamillard fit créer en 1701 deux directeurs des finances, Armenonville et Rouillé ; puis, en 1708, il poussa au contrôle général le neveu de Colbert, Desmarets, expiant depuis vingt ans dans l'exil une infidélité coupable et le tort, plus grand, d'être le parent et l'élève d'un ministre dont les services étaient oubliés ou contestés.

Ne pouvant entrer dans le détail des opérations de Chamillard, il nous suffira de dire que bientôt tous les généraux se plaignirent à l'unisson des sottises du ministre. Le maréchal de Berwick s'adressa au roi lui-même, qui, tout en convenant que *son ministre de la guerre n'y entendait rien*, ne le maintint pas moins en place. La guerre de la succession avait épuisé toutes les ressources : il n'y avait plus d'emprunt possible, plus de charges réelles, plus de sinécures à vendre. Le ministre Chamillard avait largement exploité ce dernier genre d'impôt mis sur la vanité. « Toutes les fois, disait-il au roi, que Votre Majesté crée un office, Dieu crée un nouveau sot pour l'acheter. » Débordé par la gravité et la multitude des affaires, il avait fini par en être tellement accablé, qu'en 1701 aucun service ne se trouvait assuré, pas même celui des armées. Les soldats étaient sans vivres, sans paye, et quelquefois sans munitions.

Tel était l'état des choses, quand une intrigue de cour, conduite par les maréchaux de Boufflers et de Tessé, perdit le ministre, qui eût peut-être encore résisté au cri public et à l'énormité de ses fautes. On fit entendre au roi que la femme de Chamillard avait reçu de l'argent dans une affaire d'État. Cette calomnie, lancée à propos, vint grossir des mécontentements accumulés, et fournit à Mme de Maintenon un prétexte pour abandonner son favori, qu'elle se lassa de défendre contre l'opinion et les événements qui le condamnaient. Le 9 juin 1709 Chamillard quitta le ministère de la guerre. Il sentait lui-même tellement la justice et la nécessité de sa révocation, qu'il l'approuvait hautement et disait « que le roi ne pouvait se dispenser de prendre ce parti, d'après l'indisposition générale qui s'était déclarée contre lui ». Il laissait à payer la solde des troupes, auxquelles on devait sur les années 1706 et 1707 un arriéré de 36,000,000, puis 650,000,000 de dettes exigibles, et pour y faire face un papier dit de monnaie, sorte de billet de banque, perdant 30 p. 100 sur la place. Cet héritage financier était échu en 1708 à Desmarets, qui s'en tira par une banqueroute faite avec habileté. Éloigné dans les premiers moments de la personne du monarque, Chamillard ne perdit jamais son affection; il fut même rappelé à Versailles, où les bons procédés du maître le consolèrent des disgrâces de sa politique. Il mourut en 1721. « C'était, dit Saint-Simon, que l'avait connu fort intimement, un homme aimable, obligeant, modeste et compatissant, doux dans le commerce, et sûr, et jamais enflé, encore moins gâté par la faveur et l'autorité, l'abord facile à tous, etc.; peu d'esprit et de discernement, aisé à prévenir, à s'entêter, à croire tout voir et savoir...; tenant lui par attachement de cœur et point du tout à ses places. »   SAINT-PROSPER jeune.

CHAMISSO (ADELBERT DE), dont les noms véritables étaient *Louis-Charles-Adélaïde* DE CHAMISSO DE BONCOURT, l'un des poètes lyriques les plus remarquables qu'ait eus l'Allemagne, et célèbre aussi comme naturaliste, était né le 27 janvier 1781, au château de Boncourt, en Champagne. Émigré en 1790 avec ses parents, il fut admis, en 1796, au nombre des pages de la reine de Prusse, et, vers 1798, entra au service avec le grade de lieutenant. Mis en non-activité à la suite de la paix de Tilsitt, il rentra alors en France, long adversaire qu'il fût de Napoléon et de son système, mais sans pouvoir ensuite y obtenir une chaire au collège de Napoléonville qui lui avait été offerte.

Ramené bientôt en Allemagne par la nature et la tendance de ses idées, il s'y consacra entièrement à l'étude, à celle de l'histoire naturelle surtout, qu'il reprit et continua avec ardeur à Berlin, en 1811, après avoir fait un court séjour auprès de Mme de Staël, tant à Paris qu'en Suisse. Il accompagna pendant les années 1815, 1816, 1817 et 1818, l'expédition de découvertes entreprise sous les auspices du comte Roumanzof; mais le commandant de cette expédition, Othon de Kotzebue, le traita constamment avec une froideur évidemment malveillante, et la manière incomplète et incorrecte dont il présenta plus tard ses travaux dans l'ouvrage historique consacré au récit de l'expédition, lui fit perdre tout le mérite des services que, dans cette occasion il était parvenu à rendre à la science. Chamisso revint alors se fixer de nouveau à Berlin, où il obtint un emploi au Jardin Botanique, et où l'université lui accorda le diplôme de docteur. Il mourut dans cette capitale, le 21 août 1838, généralement aimé et regretté.

Comme naturaliste, il s'était avantageusement fait connaître par les ouvrages suivants (tous, à l'exception du premier, écrits en allemand) : *De Animalibus quibusdam e classe Vermium Linnæi* (Berlin, 1819); *Tableau des Plantes utiles ou délétères croissant au nord de l'Allemagne* (Berlin, 1827); *Observations et opinions recueillies dans un voyage de découvertes fait sous les ordres de Kotzebue* (Weimar, 1827); et *Voyages autour du Monde*. Cette dernière publication, qui forme les tomes I et II de ses œuvres complètes, contient sur la géographie et l'ethnographie de précieux renseignements. Le dernier ouvrage scientifique qu'il ait publié est son intéressante *Dissertation sur la Langue Hawaii* (Leipzig, 1837, in-4°).

Mais ce furent surtout ses productions poétiques qui rendirent son nom célèbre en Allemagne. Dès 1804-1806 il avait publié avec Varnhagen d'Ense un *Almanach des Muses*. En 1813 il composa son *Pierre Schlemihl*, que son ami Fouqué fit imprimer en 1814 (6° édition, Nuremberg, 1845), qui a été traduite en français, en anglais, en hollandais, en espagnol et dans d'autres langues encore, et que Cruikshank a illustrée dans une série de spirituelles vignettes demeurées célèbres.

Dans les poëmes, les ballades et les romances d'Adelbert de Chamisso domine un sentiment triste et douloureux : le poëte se complaît aux images saisissantes, désordonnées, terribles, repoussantes; enfin, à tout ce qui peut déchirer le cœur. Quelquefois aussi il traite avec tant de rudesse des idées déjà grossières en elles-mêmes, que le goût ne peut lui pardonner de semblables taches, encore bien qu'il les couvre par l'habileté de sa manière. La sombre tristesse qui faisait le fond du caractère de Chamisso tenait à la position particulière que les événements lui avaient faite, dépouillé qu'il était de l'héritage de ses pères, et devenu citoyen d'un pays qui n'avait pas tardé à engager une lutte à mort avec sa première patrie. Son long séjour au milieu des enfants de la Polynésie, de ces sauvages encore si purs de tout contact avec l'étranger, et dont il a tant célébré l'innocence et les vertus, ne fit qu'ajouter encore à cette disposition. De la l'ironie amère qui forme souvent le fond de sa poésie. Cependant il excelle souvent aussi dans l'expression des sentiments naïfs, spirituels et malicieux; et à cet égard bon nombre de ses ballades et de ses romances peuvent être citées comme des chefs-d'œuvre du genre. *Salas y Gomez*, vaste poëme, auquel il a su donner le caractère particulier de l'ère antique de l'Allemagne septentrionale, mérite une mention particulière ; les Allemands eux-mêmes s'étonnent qu'un étranger (c'est le mot propre, puisque Chamisso était né Français) ait pu s'identifier si complétement avec le génie de la poésie du Nord. N'oublions pas non plus que Chamisso a traduit en allemand un choix des chansons de Béranger (Leipzig, 1838).

CHAMOIS. Ce mammifère ruminant, le seul du genre *antilope* que possède notre Europe occidentale, porte dans les catalogues méthodiques de la zoologie le nom d'*antilope rupicapra*; les Allemands l'appellent vulgairement *gems*; *isard* est le nom que lui donnaient nos pères, et c'est celui sous lequel on le désigne encore aujourd'hui dans les Pyrénées.

Cet animal est facile à caractériser par la disposition de ses cornes, qui sont noires, courtes, lisses et arrondies, s'élevant verticalement du front pour se courber brusquement en arrière à leur extrémité. La fourrure des chamois est composée de deux sortes de poils, les uns soyeux, secs et cassants, les autres laineux, de couleur brunâtre, très-abondants, surtout en hiver; la tête est d'un jaune pâle, avec une bande brune, qui descend de l'œil vers le museau. Le mâle a le menton garni de barbe. Cette espèce, dont la taille est à peu près celle d'une chèvre, habite par petites troupes la région moyenne des Alpes et des Pyrénées ; les vieux mâles se tiennent ordinairement à quelque distance des *hardes* ou troupeaux; ils ne s'en approchent guère que pendant le rut, lequel a lieu vers la fin d'octobre, et dure un mois environ; ils commencent à répandre alors, comme les boucs, une odeur extrêmement désagréable. Les femelles portent cinq ou six mois; elles mettent bas au printemps, ordinairement un seul petit à la fois; celui-ci reste auprès de sa mère jusqu'au commencement de l'hiver; quelquefois même ce n'est que plus tard qu'il la quitte pour s'en aller former avec quelques jeunes comme lui une autre harde.

Les chamois se nourrissent des meilleures herbes; ils choisissent les parties les plus délicates des plantes, telles que les bourgeons et les fleurs; pendant que la troupe est à paître, il y a toujours, dit-on, un individu au guet : dès que celui-ci soupçonne quelque danger, il fait avec ses narines un bruit particulier, pour avertir la troupe, qui disparaît en un clin d'œil, franchissant avec une agilité qui tient vraiment du prodige les rochers les plus inaccessibles. Comme les chamois ont la vue très-perçante, l'ouïe et surtout l'odorat très-délicats, leur chasse est très-difficile; en outre, elle présente de nombreux dangers, à cause des avalanches et des étroits sentiers qui bordent les précipices.

La fourrure, les cornes, et surtout la peau de ces animaux, sont très-recherchées dans le commerce : une classe d'ouvriers appelés *chamoiseurs* est chargée de travailler les peaux, qui sont fortes et moelleuses, et servent principalement à faire des culottes, des vestes pour la fatigue, et des gants de bonne qualité. P. GERVAIS.

CHAMOISEUR. *Chamoiser* une peau, c'est, dit Roland de la Platrière, l'adoucir, l'assouplir, lui donner du corps, la colorer même. L'expression de *chamoiser* vient sans doute de ce qu'on a d'abord commencé à préparer ainsi les peaux de chamois. L'art du *chamoiseur* et celui du *mégissier* sont les mêmes pour les premières opérations que l'on fait subir aux peaux, telles que le travail des *plains*, le passage en *chaux*, la *dépilation*, les *lavages*, etc. Le chamoiseur remplace les graisses naturelles, dures, compactes, solubles dans l'eau, sujettes à la fermentation, par une huile douce, qui pénètre toute la peau, s'y incorpore, l'adoucit, la garantit de l'humidité et de l'eau surtout. Le mégissier, au contraire, ne remplace par rien les graisses qu'il a extraites des peaux; il s'attache spécialement à les dessécher et à les blanchir.

Les chamoiseurs préparent des peaux de daim, de chèvre, de bouc, de buffle, et surtout beaucoup de peaux de mouton. Ils les prennent chez les mégissiers pelées et prêtes à recevoir les préparations suivantes : d'abord on fait tremper les peaux pendant vingt-quatre heures environ dans le *plainmort*, bain composé d'eau et de chaux; on les jette ensuite dans le *plain-neuf*, ou bain d'eau et de chaux qui n'a pas encore servi; elles y restent environ un mois : c'est dans ce bain qu'elles déposent leur graisse, et deviennent propres à recevoir l'huile. Au sortir du plain-neuf, les peaux sont effleurées, c'est-à-dire qu'on en détache les parties dures, comme l'épiderme, en les raclant avec un couteau émoussé, après quoi on les lave dans une eau courante; on les écharne, puis on les met dans le *confit*, nom qu'on donne à un bain d'eau dans lequel on a jeté du son; en sortant du confit, les peaux sont tordues, pour les débarrasser de l'eau qu'elles contiennent, puis huilées, ensuite foulées dans une sorte de moulin à foulon, après quoi on les empile dans un endroit clos où elles s'*échauffent* (fermentent) : le but de cette opération est de dilater le tissu des peaux, afin que l'huile pénètre plus intimement dans leurs fibres.

Les peaux de bouc, de cerf, de chèvre, après avoir été foulées, ont encore besoin d'être *remaillées*, opération qui consiste à les racler avec le fer à écharner, afin d'enlever les restes de l'épiderme que les opérations précédentes auraient pu laisser. Lorsque la peau est remaillée, on la *dégraisse*, c'est-à-dire qu'on lui enlève l'excès d'huile qu'elle peut contenir, en la passant dans une lessive de cendres ou de potasse; enfin, les peaux sont étendues pour les faire sécher, après quoi on les étire pour leur redonner toute leur étendue et la souplesse dont elles sont susceptibles.

Depuis un certain nombre d'années, l'état de chamoiseur est tombé en décadence parmi nous; il est aisé d'en faire connaître les causes : autrefois, on faisait en peaux chamoisées non seulement des gants, mais encore des bourses, des ceintures, des culottes, des vestes même, et jusqu'à des bas; maintenant ces usages ont changé, non-seulement en France, mais encore en Espagne et en Portugal, qui autrefois tiraient une grande quantité de chamoiseries de notre pays.
TEYSSÈDRE.

CHAMOUNY ou **CHAMONIX**, et encore *Chamonis* et *Cammunita* (en latin *campus munitus*), vallée des Alpes extrêmement remarquable et célèbre par ses beautés naturelles, qui sont du genre le plus sauvage et le plus romantique, située en Savoie, dans l'arrondissement de Faucigny, à 1058 mètres au-dessus du niveau de la Méditerranée et à 680 mètres au-dessus du lac de Genève, loin de toute espèce de grandes routes. Isolée et séparée pour ainsi dire du reste du monde, la vallée de Chamouny forme un bassin longitudinal dans la direction du nord-est au sud-ouest, de quatre à cinq lieues de longueur sur une demi-lieue au plus de largeur, et que l'Arve parcourt d'une extrémité à l'autre, entre les Alpes Graiennes et les Alpes Pennines. Elle est bornée au nord-est par le *col de Balme* et au sud-ouest par les monts de Lacha et de Vandagne. Le mont *Brevent* et la chaîne des *Aiguilles rouges* la terminent au nord. Au sud s'élève le groupe gigantesque du Mont-Blanc, de la base duquel se détachent quatre énormes glaciers, ceux des *Bossons*, des *Bois*, d'*Argentière* et du *Tour*.

Indépendamment des admirables points de vue que le Mont-Blanc forme en différents endroits de cette vallée, et notamment de celui qu'on a du sommet du mont Brevent, elle offre au voyageur le plus puissant intérêt par ses alternatives de perspectives de glaciers, de monts de glace, de gigantesques blocs de rochers isolés et de hautes murailles résultant de la section abrupte des montagnes. Les points les plus remarquables sont le Montanvert, la mer de glace qui s'y trouve, sans son rocher solitaire offrant quelques faibles traces de végétation et appelé en conséquence *le jardin* ou *courtil*, espèce d'oasis dans un désert de glace, la source de l'Aveyron, le col de Balme, la Flégère, l'endroit d'où l'on jouit de la vue la plus étendue, et le glacier des Bossons. Jusqu'en 1741 la vallée de Chamouny était demeurée complètement inconnue des voyageurs et des touristes; on la regardait comme un désert impénétrable, et on la désignait sous le nom de *Montagnes maudites*. Deux Anglais, Pockocke et Windham, la visitèrent les premiers cette année-là; aussi un énorme bloc de granit qui se trouve sur le Montanvert, point extrême que ces voyageurs atteignirent dans leur excursion, a-t-il conservé aujourd'hui encore le nom de *Pierre des Anglais*. Toutefois, les premiers qui attirèrent l'attention des voyageurs sur cette localité furent Saussure (en 1760) et Bourret (en 1775).

La vallée de Chamouny abonde en plantes qui lui sont propres et est célèbre par le miel aromatique, et d'une entière blancheur, qu'on y trouve. Le sol en est peu fertile, mais bien cultivé : il produit de l'orge et quelques autres grains, du chanvre et un peu de fruits. L'hiver, qui y est extrêmement rigoureux, dure d'octobre à mai. Quoique court, l'été y est assez chaud. Le principal village, Saint-Prieuré de Chamouny, situé au centre de la vallée supérieure, sur la rive droite de l'Arve, avec une population de 3,000 habitants environ, doit son origine à un couvent de bénédictins qui y fut fondé en l'année 1099. On y trouve plusieurs auberges parfaitement tenues, les meilleurs guides pour parcourir la vallée ou pour entreprendre l'ascension du mont Blanc. Saint-Prieuré est le point de départ le plus ordinaire de ces sortes d'expéditions, et enfin de riches collections de cristaux et de minéraux. Les autres villages de quelque importance sont l'Argentière et Ouche; mais il en existe sur un très-grand nombre de points où ils sont constitués par l'agglomération d'un certain nombre d'habitations. Une partie de la population de cette vallée vit de l'argent que les voyageurs viennent chaque année y dépenser; le reste se compose de bergers et de chasseurs. Consultez Maiten, *Itinéraire et Abrégé du voyage de Chamouny* (1828).

CHAMP (du latin *campus*), espace de terre cultivée ou susceptible de l'être, qui n'est pas compris dans l'enclos d'une habitation, ou, selon la définition de l'*Academie*, étendue de terre, pièce de terre labourable, qui n'est point fermée de murailles. *Semer à champ, à plein champ* ou *à la volée*, c'est jeter la semence de manière qu'elle se distribue sans symétrie sur la terre labourée; les jardiniers emploient encore l'expression *fumer à champ* pour couvrir de fumier toute la superficie d'une portion de terrain. *Champ* se prend aussi pour toutes les terres qui dépendent d'une habitation champêtre. C'est dans ce sens que le sage trouve que *le champ de ses pères suffit à ses besoins*. Au pluriel il se dit, dans le sens de campagne, de tout ce qui est hors des villes et des faubourgs. Un citadin qui a une *maison de campagne* ou une *maison des champs*, *va aux champs*, quand il sort de la ville pour aller se distraire à la campagne. Les villageois *vont aussi aux champs*, quand ils quittent leur chaumière ou leur ferme pour aller se livrer aux travaux de la campagne, ou mener paître leurs bestiaux. On dit d'un homme qui loge à l'extrémité d'un faubourg qu'*il est aux champs et à la ville*. En plein champ (selon l'*Academie*), et mieux peut-être *en pleins champs*, c'est au milieu de la campagne, loin de toute habitation, à ciel découvert.

On *bat aux champs*, le tambour bat *aux champs*, pour faire lever un camp ou mettre une armée en marche; on bat également *aux champs* pour rendre les honneurs aux princes et grands dignitaires de l'Etat.

Champ s'emploie au figuré dans une foule d'acceptions. Le *champ d'honneur* se dit d'un champ de combats. On dit proverbialement d'un homme qui a perdu la raison ou qui tient des discours sans suite qu'*il est fou à courir les champs*, que *son esprit bat les champs* ou *bat la campagne*; et de celui qui est susceptible, qui se fâche, qui s'inquiète, qu'*un rien le met aux champs*. *Avoir la clef des champs, prendre la clef des champs, donner la clef des champs*, c'est, au propre, recouvrer ou faire recouvrer à quelqu'un la liberté au figuré, c'est avoir la liberté, prendre la liberté, donner à quelqu'un la liberté d'aller où il lui plaît, d'agir à sa guise, de suivre son penchant, ses passions, sa volonté, d'user en bien ou en mal de son libre arbitre.

Le *champ de bataille* est la place où combattent deux armées. On dit du vainqueur que *le champ de bataille lui est demeuré*, qu'il *est resté maître du champ de bataille*, qu'*il a couché sur le champ de bataille*; et l'on a transporté ces expressions du propre au figuré, pour faire entendre que l'avantage est resté à une personne dans une lutte ou dans une dispute, qu'elle a vaincu son adversaire, qu'elle a eu le dessus sur lui, qu'elle l'a réduit au silence.

« Le *champ clos*, au moyen âge, était dit Saint-Foix, un terrain qu'on couvrait de sable et qu'on entourait d'une double barrière, avec des échafauds pour le roi et les juges du champ (nommés plus tard *les juges du camp*), pour les dames, les gens de loi et le peuple. Ces espèces de théâtres, destinés à être arrosés du sang de la noblesse, se faisaient ordinairement aux dépens de l'accusateur; quelquefois l'accusé avait la fierté de vouloir qu'ils fissent à frais communs. » On se battait aussi *en champs clos* pour les jugements de Dieu ou dans les carrousels et les tournois. On disait *prendre du champ* pour dire prendre de l'espace, faire un tour, une caracole, enfin afin de mieux fournir sa carrière. Ce n'était pas, du reste, seulement pour combattre, pour lutter d'adresse et de force physique que l'on se réunissait en lice ou en champ clos. Les anciens et les peuples modernes ont tenu dans les lieux ainsi ouverts des réunions et des assemblées où il s'agissait de discuter des affaires publiques (*voyez* CHAMP-DE-MARS, CHAMP-DE-MAI). Le *champ de Mars* est souvent aussi un champ de manœuvres.

Le mot *champ* a reçu un grand nombre d'acceptions dans les arts. En matière d'architecture et de construction, par exemple, on appelle *champ* l'épaisseur, c'est-à-dire la face la moins large ou la plus étroite d'une pièce de bois, de fer ou de métal, ou bien d'une pierre, relativement à sa position. *Mettre de champ, poser de champ* des briques, des pierres, des solives, c'est les placer sur leur épaisseur. En mécanique, on nomme *roue de champ* celle qui est horizontale et dont les dents sont perpendiculaires. On qualifie encore de *champ* l'espace qui reste autour d'un cadre, ou le fond d'un ornement et d'un compartiment, ou bien encore la surface sur laquelle s'élève en saillie tout objet de sculpture, qu'il soit du même morceau que le fond ou appliqué après coup. *Champ* signifie aussi figurément un *fond* sur lequel on peint, ou grave ou l'on représente quelque chose; on dit le *champ* d'un tableau, d'une médaille, d'une tapisserie, d'un écusson: les anciennes armes de France étaient composées de trois fleurs de lis d'or *en champ d'azur*. *Champ* se dit enfin de l'étendue qu'embrasse une lunette d'approche.

A tout bout de champ c'est, en style familier, à chaque instant, à tout propos. *Sur-le-champ*, signifiant sans délai, est synonyme de *tout de suite*, adverbe de temps, qu'il faut ne pas confondre avec *de suite*, adverbe d'ordre.

CHAMPAGNE, jadis *Champaigne*, ancienne province de France. Nos vieux historiens ne sont pas d'accord sur l'époque où cette partie de la Gaule reçut le nom de *Champagne*. Pierre Pithou et Ménage pensent qu'elle le dut à ses vastes plaines, à ses plaines étendues; d'après une conjecture assez vraisemblable, le pays de Reims et de Châlons fut d'abord désigné sous le nom de *Campagne* ou *Champagne de Reims*, *de Châlons*, dénomination qui fut par la suite étendue à tout le pays réuni sous un même chef.

La Champagne était bornée au nord par le Hainaut et le comté de Namur, à l'est par la Lorraine et la Franche-Comté, au sud par la Bourgogne, à l'ouest par l'Ile-de-France, la Picardie et l'Orléanais. Elle était divisée en *Haute-Champagne*, comprenant le Rémois, le Perthois et le Rethélois; en *Basse-Champagne*, comprenant la Champagne propre, le Vallage, le Bassigny et le Senonais, et en *Brie-Champenoise*. On appelait *Champagne pouilleuse* la partie de la *Haute-Champagne* située à l'ouest de Vitry, dont le sol est moins fertile que dans les autres parties de ce pays. Un vieux dicton prétend que l'arpent de terre, quand il s'y trouve un lièvre, y vaut juste deux francs. La capitale de cette province était Troyes. La Champagne est aujourd'hui répartie entre les départements de l'Aisne, des Ardennes, de l'Aube, de la Marne, de la Haute-Marne, de la Meuse, de Seine-et-Marne et de l'Yonne. Les vignobles de la Champagne ont une réputation universelle.

Toute cette partie de l'ancienne France était, avant et depuis l'invasion des Romains, habitée par les *Remi*, les *Catalauni*, les *Tricasses*, les *Lingones* et les *Senones* et une partie des *Meldæ*; ces contrées faisaient partie de la Gaule chevelue, *Gallia comata*, et plus tard, lors de la division ordonnée par Auguste, de la Gaule celtique et belgique. La Champagne eut beaucoup à souffrir des invasions des barbares: ce fut au cœur de son territoire, dans les *Champs Catalauniques*, qu'Attila fut vaincu pour la première fois. Après la mort de Clovis, la Champagne fit partie du royaume d'Austrasie, et fut gouvernée par des ducs, depuis 570 jusqu'en 714. A ces ducs, chefs suprêmes de l'administration de ce pays, succédèrent des comtes palatins, héréditaires et pairs de France. Le premier fut Herbert, comte de Vermandois, qui mourut l'an 943. Les comtes de Champagne portaient à la cérémonie du sacre la bannière de France ; ils étaient, après les ducs de Bourgogne et de Bretagne, les plus puissants des grands vassaux de la couronne, et quelques-uns d'entre eux occupent une place notable dans l'histoire de notre moyen âge. Les débats qu'ils eurent à soutenir avec les comtes d'Auxerre et de Flandre, leurs voisins, n'ont guère d'importance ; mais leur intervention dans les longues querelles des rois de France avec les rois d'Angleterre et le saint-siége dut attacher leurs noms aux plus graves événements du douzième siècle. Thibaut IV, quatrième comte de Champagne, de la maison de Blois, eut à soutenir une guerre sanglante contre Louis le Jeune. Ce prince avait pris fait et cause pour Raoul de Vermandois, qui avait répudié une des parentes du comte afin d'épouser la sœur de la reine. La ville de Vitry fut bientôt envahie : la population entière périt sous le fer des soldats, sous les décombres des maisons incendiées. Treize cents personnes trouvèrent la mort dans une église où elles s'étaient réfugiées, et que l'armée royale avait livrée aux flammes. Cependant le roi ne tarda pas à être accablé de remords ; il envoya chercher Bernard, abbé de Clairvaux, l'oracle de son siècle. Le saint homme, pour réconcilier les deux princes ennemis, ne trouva pas de meilleur moyen que de déterminer le roi et le comte de Champagne à se croiser avec leurs chevaliers et leurs vassaux pour la Terre Sainte. Toutefois, le roi dut en outre envoyer un ambassadeur au comte, pour lui présenter des excuses et lui offrir de réparer le désastre de Vitry.

Ce fut en 1180 qu'un prince de la maison de Champagne, le cardinal de Sainte-Sabine, archevêque de Reims, sacra Philippe-Auguste, sur la demande de Louis le Jeune, son père. Depuis cette époque, et en vertu d'une décision du conseil du roi confirmée par une bulle, ce droit fut conféré exclusivement à l'église de Reims et à son archevêque.

Henri II, dixième comte de Champagne et neuvième comte de Brie, avait succédé depuis dix ans à Henri Ier le Libéral, son père, lorsqu'il partit pour la Terre Sainte avec Philippe Auguste et Richard, roi d'Angleterre. D'après la proposition de ce dernier, Henri devait succéder à Conrad, roi de Jérusalem ; mais il n'eut pas le temps de conquérir son royaume, car il tomba d'une fenêtre, à Acre, et mourut aussitôt.

Thibaut VI, dit *le Chansonnier*, est célèbre à deux titres, comme trouvère et par le rôle important qu'il joua dans les luttes de Blanche de Castille, régente en l'absence de Louis IX, son fils, contre les ducs de Bretagne et de Bourgogne. En 1234 Thibaut fut couronné roi de Navarre ; mais ce trône, que lui avait laissé son oncle, Sanche le Fort, ne demeura pas longtemps dans sa famille. Sa petite-fille Jeanne épousa, le 16 août 1284, Philippe le Bel, qui devint roi de France l'année suivante. Dès lors les comtés de Champagne et de Brie furent réunis de fait à la couronne, et cette réunion fut depuis confirmée par divers traités entre les rois de Navarre et de France, qui donnèrent en échange aux premiers quelques seigneuries. Elle devint irrévocable par les lettres que le roi Jean donna en 1361. Ce prince défendit en effet alors à son fils de jamais distraire ces provinces de la couronne ; il voulut même que les rois, en montant sur le trône, jurassent l'observation de cette loi.

La Champagne resta sous les rois de France telle qu'elle avait été sous ses comtes. Les droits acquis furent conservés, sauf le titre de *pairs de Champagne*, que la réunion de la province à la couronne rendait inutile. Les comtes de Champagne faisaient tenir *leurs états* par *sept pairs* : les comtes de Joigny, Réthel, Braine, Roucy, Bar-sur-Seine, Brienne, Grandpré ; mais l'archevêque de *Reims*, les évêques de *Châlons* et de *Langres* conservèrent le *domaine utile* et la *juridiction* de ces trois villes, et continuèrent de se qualifier, dans tous les actes de leur autorité spirituelle et temporelle, ducs de Reims, de Langres, comtes de Châlons-sur-Marne ; et même avant la réunion ils précédaient, au sacre des rois, en qualité de pairs ecclésiastiques, les comtes de Champagne.

La Champagne était un des douze grands gouvernements de France : on y comptait dix bailliages et siéges présidiaux, du ressort du parlement, de la chambre des comptes et de la cour des aides de Paris. Les *grands jours* de Troyes que Philippe le Bel avait rendus sédentaires ne furent supprimés que lorsque les tribunaux de Champagne furent placés dans le ressort du parlement de Paris. La généralité de Champagne se divisait en douze élections. Les seigneuries qui composaient le domaine particulier des comtes de Champagne avaient, depuis la réunion, été affectées au domaine de la couronne, et comprenaient six grandes châtellenies, dont dépendaient cent quarante terres seigneuriales, et un grand nombre de droits et de revenus. Les possessions du clergé séculier et régulier de cette province absorbaient la meilleure partie du territoire. On y comptait deux archevêchés : Reims et Sens ; quatre évêchés : Langres, Châlons, Troyes et Meaux ; et ces diocèses avaient plus de quatre-vingt-dix abbayes des ordres de Saint-Benoît, Cîteaux, Saint-Augustin, des Prémontrés, et un nombre plus considérable de collégiales et de prieurés conventuels. Au nombre de ces abbayes était celle du *Paraclet*, que les amours et la piété d'Abélard ont immortalisée ; du Pont-aux-Dames, où fut exilée la Dubarry, après la mort de Louis XV.

La Champagne fut le berceau du protestantisme en France : deux de ses évêques, Antoine Carraccioli et Guillaume Briçonnet, se prononcèrent les premiers en faveur de la réformation. Cependant les massacres de la Saint-Barthélemy commencèrent dans cette province en même temps qu'à Paris, et s'y accomplirent avec la même fureur. La guerre civile continua à désoler la Champagne jusqu'en 1594, époque où Henri IV y mit fin par des capitulations avec les principales villes. Après la Révolution, la Champagne fut envahie des premières ; mais la mémorable campagne de l'Argonne et la victoire de Valmy sauvèrent cette province et la France. En 1814 la Champagne fut le théâtre des derniers combats ; nul pays n'a plus souffert de l'invasion ; tout son territoire ne fut qu'un vaste champ de bataille. Ainsi la guerre de l'indépendance avait commencé en Champagne, et c'est encore en Champagne que se termina cette longue lutte de l'Europe entière contre une seule nation.

La Champagne était régie par diverses coutumes : celles de Troyes, de Meaux et de Chaumont étaient remarquables par un usage singulier, la *noblesse de ventre*. Voici quelle en fut l'origine. Les croisades et surtout la désastreuse bataille d'Azincourt ayant fait périr une partie des héritiers mâles des plus nobles familles, les femmes de haut lignage reçurent le privilège d'anoblir les *vilains* qui les épousaient ; de là le proverbe, *en Champagne le ventre anoblit*.

L'adage : *Quatre-vingt-dix-neuf moutons et un Champenois font cent*, était devenu proverbe ; proverbe aussi injuste que malveillant pour cette province, qui a produit tant d'illustrations. Heureusement presque tous les archéologues sont d'accord sur l'origine de ce dicton, dont le véritable sens n'est rien moins qu'offensant pour l'honneur des Champenois. Les troupeaux faisaient la principale richesse du pays. César imposa à tous les propriétaires une lourde taxe. Sur leurs réclamations, la taxe ne s'étendit qu'aux troupeaux de cent têtes et au-dessus. Alors les propriétaires se concertèrent pour éluder l'impôt et ne présentèrent aux préposés du fisc que des troupeaux de quatre-vingt-dix-neuf moutons. César, reconnaissant la ruse, ordonna que le berger compterait pour un mouton. D'autres veulent que ce proverbe naisse de ce que le mot latin *Campanus*, qui veut dire Champenois, sert également à désigner les habitants de l'ancienne *Campanie*, laquelle passait pour être peuplée de sots.

CHAMPAGNE (Vins de). On désigne ainsi les différents vins récoltés dans l'ancienne Champagne, c'est-à-dire dans les départements des Ardennes, de la Marne, de l'Aube et de la Haute-Marne. Il existe des vins de Champagne blancs, rouges et rosés; et parmi les blancs, on distingue les *mousseux* et les *non-mousseux*. Les vins mousseux s'obtiennent en ne laissant point fermenter dans la cuve le moût pressuré, et en le déposant dans des tonneaux ensoufrés, où il commence sa fermentation, mais sans l'achever, de telle sorte qu'il conserve encore assez de gaz acide carbonique; ce qui le fait mousser. Au mois de mars, on met en bouteilles le vin que dès le mois de décembre on a séparé de son marc et clarifié avec de la colle de poisson. On bouche fortement les bouteilles, on les incline successivement, et on les laisse reposer pendant quelque temps avec le col tourné en bas, afin que le vin se sépare de la matière mucilagineuse : c'est ce qu'on appelle mettre *sur pointe*. Au bout de quelque temps, on ouvre chaque bouteille avec précaution et on en retire le dépôt mucilagineux en tenant le goulot toujours renversé. Au moment où a lieu cette purification on ajoute ce qu'on appelle *la liqueur*, qui consiste en une dissolution de sucre candi dans de l'eau-de-vie de cognac; après quoi, on remplit la bouteille avec du vin déjà clarifié. On bouche alors les bouteilles dont les bouchons sont assujettis à l'aide de fil de fer, poissés, ou, comme l'usage en est devenu général dans ces derniers temps, parce que le procédé est plus propre, entourés d'étain en feuille; après quoi on les place horizontalement sur des tréteaux en bois sous lesquels sont disposées des rigoles en pierre à l'effet de recueillir le vin des bouteilles qui se cassent. Il est naturel que, placés dans de telles conditions, des vins dont la fermentation a été incomplète moussent. Au moment où l'on enlève le bouchon, l'air extérieur fait irruption dans la bouteille; la fermentation, tenue jusque alors en suspens, recommence, et le gaz acide carbonique expulsé du récipient le liquide avec toute son énergie. C'est au mois de mars seulement qu'on met en bouteilles le vin de champagne non mousseux. Les demi-mousseux, désignés aussi sous la dénomination de *vins crémants*, sont plus spiritueux, par conséquent plus forts que les vins tout à fait mousseux, mais moins riches en acide carbonique.

Les meilleurs vins de Champagne se récoltent dans les arrondissements de Reims et d'Épernay, du département de la Marne, sur des terrains crayeux et calcaires.

Les vins blancs de premier ordre sont le vin de Sillery, qui est couleur d'ambre, spiritueux, sec et d'un bouquet délicieux; celui d'Aï et Mareuil, fin, spiritueux, titillant, d'un bouquet agréable, mais moins spiritueux et moins stomachique que le précédent; celui d'Hautvilliers, estimé à l'égal du cru d'Aï; ceux de Dizy, d'Épernay et de Pierry. Les vins blancs de second ordre sont les vins de Cramont, d'Avise, d'Ogne et du Mesnil, tous fins, doux, légers et agréables. Les vins de Champagne de troisième, quatrième et cinquième qualités comprennent les petits vins, légers, agréables, mais faibles, qui se consomment généralement sur place, et qu'on emploie que dans les chaudes années pour en frabriquer des vins mousseux de troisième qualité.

Les vins rouges de première qualité, appelés aussi *vins de montagne*, sont surtout ceux de Verzy, Verzenay, Mailly, Saint-Basle, Douzy et Thierry, qui ont une belle couleur, beaucoup de finesse, de bouquet, d'esprit et un bouquet excellent. La seconde qualité comprend les vins de Hautvilliers, Mareuil, Dizy, Pierry, Épernay, Taissy, Ludes, Chigny, Rilly, Villers et Allerand. (*Voyez* BOISSONS.)

Les grands centres du commerce des vins de Champagne sont Reims, Avise, Épernay et Châlons-sur-Marne. Les maisons qui s'y livrent sont pour la plupart fort anciennes; dans le nombre nous citerons plus particulièrement les raisons sociales Ve Cliquot, duc de Montebello, Lambry, Moet et Chandon, Chanoine frères, Doll et Cie, Geldermann et Deutz, Jacquesson et fils, etc.

Du 18 avril 1846 au 1er avril 1847 il avait été expédié à l'étranger 4,711,915 bouteilles de vins de Champagne mousseux, et 2,355,366 en France hors du département de la Marne. Le commerce de vin de Champagne embrasse le monde entier. On en envoie en Chine, en Perse, dans l'Océanie, aussi bien qu'en Angleterre et en Russie. Ces deux derniers pays sont nos principaux débouchés. Il y a quarante ans le nombre des maisons qui faisaient le commerce des vins de Champagne était très-restreint; on en comptait peut-être quinze ou vingt au plus : aujourd'hui il y en a plus de trois cents. Depuis vingt ans la production du vin de Champagne a doublé.

Par suite des proportions immenses qu'a prises le commerce des vins de Champagne, il est naturel que ce produit soit l'objet de nombreuses sophistications. On en fabrique d'artificiels avec du sucre et du poiré, du jus de groseille, des décoctions de bouleau, mêlés à des vins légers d'autre provenance. On peut hardiment avancer que les deux tiers de ce qu'on boit sous le nom de vins de Champagne, en France comme à l'étranger, sont des produits chimiques où l'art introduit du gaz acide carbonique, qui en se développant leur donne l'apparence mousseuse du vin de Champagne, et dans la fabrication desquels il n'entra jamais un atome de jus de raisin.

On *champagnise* d'ailleurs aujourd'hui les produits d'un grand nombre de vins de la Bourgogne ou encore des côteaux du Rhône et de la Loire. En Allemagne on est parvenu à imiter à s'y méprendre les produits de la Champagne avec des vins du Rhin, du Main et du Neckar, et l'on trouve d'importantes fabriques de ce genre à Esslingen, à Heilbronn, à Berg, à Dresde, à Naumbourg, et jusqu'en Silesie à Grunberg. Quelques-unes de ces usines ont été fondées par actions avec un capital considérable.

CHAMPAGNE (*Blason*). C'est l'espace en bas de l'écu, qui occupe deux parties de sept de sa largeur. La champagne est aussi nommée *plaine*.

CHAMPAGNE (PHILIPPE) ou DE CHAMPAIGNE est l'école flamande modifiée par l'école française; c'est la couleur et la vérité matérielle de l'une avec un peu des intentions philosophiques de la seconde. Ce peintre n'a ni la richesse de Rubens ni la profondeur du Poussin, mais dans une certaine mesure il procède de l'un et de l'autre. Avec plus d'invention et une intelligence plus poétique, il se serait élevé au premier rang. Veut-il mettre sous les yeux une scène grande et imposante, il pèche par l'ensemble et l'unité. Se renferme-t-il, au contraire, dans un sujet simple, se borne-t-il, par exemple, au portrait, dont Van Dyck a su faire un tableau d'histoire, il est admirable par le naturel et le fini. Son coloris est *flou*, suave, frais, son pinceau moelleux, caressant. Il reçut le jour dans ce pays où, disait David avec sa plaisante brusquerie, les enfants viennent au monde une palette à la bouche. Il naquit à Bruxelles, en 1602, et fut pour un de ses premiers maîtres le paysagiste Fouquières. Les peintres alors, comme aujourd'hui, ne croyaient pas leur éducation complète s'ils n'avaient visité l'Italie. Mais avant de se rendre dans ce pays il alla à Paris, où il espérait se procurer les moyens de faire fructueusement ce voyage. Il y trouva Poussin, dont la mauvaise fortune avait empêché de parvenir jusqu'à Rome. L'amitié les eut bientôt unis. Obligés de travailler sous un artiste médiocre, appelé Duchesne, à la décoration du Luxembourg, ils éprouvèrent tout ce qu'il y a de petitesses et de tracasseries dans un esprit subalterne. Duchesne fut surtout irrité de ce que les ouvrages de Champagne avaient plu à la reine-mère, et celui-ci, dont le caractère était doux jusqu'à la timidité, prit le parti de s'en retourner à Bruxelles. A peine y était-il arrivé qu'il apprit que son persécuteur était mort; il revint, épousa, par une espèce de réconciliation posthume, la fille de l'homme qui s'était déclaré son ennemi, et fut installé dans ce Luxembourg, d'où l'envie avait essayé de le chasser. Il se livra alors à un travail immense et ne tarda pas à établir sa réputation sur des bases solides.

Il remplit de ses tableaux quantité de maisons religieuses : aussi la Révolution, qui détruisit ces pieux asiles, a-t-elle enseveli sous leurs ruines grand nombre des peintures capitales de Champagne. Quelques architectes ignorants, tels qu'Hubert, ne lui ont pas porté des coups moins rudes. On voit au Musée du Louvre, parmi ses œuvres, un magnifique portrait de Louis XIII couronné par la victoire, un portrait de Champagne lui-même à l'âge de soixante-six ans, d'autres portraits, du cardinal de Richelieu et d'Arnauld d'Andilly, *La Cène*, *Le Repas chez Simon le pharisien*, deux épisodes de la légende de saint Ambroise, et le tableau communément appelé *Les Religieuses*. Champagne, âgé de soixante ans, y a représenté sa fille, réduite à l'extrémité par une fièvre continue de quatorze mois. Abandonnée des médecins, elle se mit en prières avec la mère Catherine-Agnès de Port-Royal, et recouvra la santé. L'expression et le sentiment font de cette composition un morceau sublime. La tendresse du père et la foi du chrétien ont réchauffé la froideur de l'artiste et produit un chef-d'œuvre. Champagne mourut le 12 août 1674.

Il eut pour élève son neveu *Jean-Baptiste*, du même nom que lui, et né également à Bruxelles, en 1643. Ce disciple s'attacha constamment à imiter le maître; mais il resta fort au-dessous. Son défaut essentiel était de manquer de goût et de noblesse. Reçu à l'Académie de Peinture de Paris, il y devint professeur, et mourut en 1688, à l'âge de quarante-cinq ans. Il peignit pour Notre-Dame *La Mort de saint Paul*. Parmi les élèves de Philippe, on cite encore Mathieu Plattenberg, d'Anvers, qu'on appelle plus habituellement *Plate-Montagne* ou simplement *Montagne*. On estime encore en Allemagne ses paysages, ses petites marines et ses *Conversations*. DE REIFFENBERG.

CHAMPAGNY (JEAN-BAPTISTE NOMPÈRE DE), duc DE CADORE, né à Roanne, en 1756, fils d'un cadet de famille, qui, devenu veuf de bonne heure, avait épousé en secondes noces une sœur de l'abbé Terray, dut à la protection de ce ministre de Louis XV une bourse au collége de la Flèche, puis son admission à l'École militaire de Paris, d'où il sortit pour se consacrer à la marine. Il était major de vaisseau, lorsqu'une blessure grave lui valut, en 1782, la croix de Saint-Louis. A la convocation des états généraux, élu député par la noblesse du Forez, il se rallia aux esprits généreux de son ordre, qui s'unirent aux députés du tiers état; ce qui ne l'empêcha pas de protester contre l'abolition des titres et de la noblesse héréditaire à la séance du 4 août. En 1791 il cessa de faire partie de l'Assemblée nationale; mais, bien que vivant dans un complet isolement, il ne put, sous le règne de la terreur, échapper au soupçon de ne point partager les idées républicaines. Il fut donc arrêté, et ne sortit de prison qu'après le 9 thermidor.

La journée du 18 brumaire lui ouvrit la carrière des emplois publics. Conseiller d'État attaché à la section de la marine, il fut nommé en 1801 au poste important d'ambassadeur à Vienne. En 1804 il reçut le portefeuille de l'intérieur, et en 1807 celui des relations extérieures. C'est en qualité de chef de ce dernier département qu'il prit une part importante aux tristes négociations avec la cour de Madrid, qui aboutirent à l'abdication de Charles IV, à celle de Ferdinand VII, et provoquèrent l'invasion de la Péninsule par les armées françaises. Créé en 1808 par Napoléon *duc de Cadore*, avec une dotation de 100,000 fr., il dirigea, après la guerre d'Autriche de 1809, les négociations relatives au mariage de l'empereur avec l'archiduchesse Marie-Louise. En 1811 le portefeuille des relations extérieures lui fut retiré inopinément pour être remis au duc de Bassano; mais les titres de ministre d'État, d'intendant général des domaines de la couronne, de grand maître de l'ordre de la Réunion et de sénateur, vinrent à peu d'intervalle masquer cette disgrâce. Pendant la campagne de Russie il fut spécialement attaché, comme secrétaire d'État, à la personne de l'impératrice, et l'accompagna à Blois.

La Restauration était pour le duc de Cadore l'événement le plus capable de le consoler de la chute de l'Empire : il salua avec espérance le gouvernement du *roi légitime*, s'annonçant comme devant être *sage et doux*. Louis XVIII lui témoigna de la confiance, et le comprit dans la liste des pairs de 1814. Il voulut se tenir à l'écart au retour de l'île d'Elbe, et se présenta des derniers à l'empereur, qui ne l'en maintint pas moins au Luxembourg. Aussi encourut-il d'abord la disgrâce de la seconde restauration, et ne fut-il réintégré à la chambre des pairs qu'en 1819, dans la fameuse *journée* du ministre Decazes. L'année suivante il présidait le collége électoral du Loiret. Il fut du nombre des pairs qui prêtèrent serment à Louis-Philippe et à la charte de 1830. L'état de sa santé le força de renoncer tout à fait aux travaux de la chambre en avril 1833. Sa fin fut lente et douloureuse : il mourut en 1834. Sincère dans sa piété, le duc de Cadore s'efforça de relever le catholicisme en France; mais il prépara des dangers à la cause même qu'il voulait servir en favorisant le retour des jésuites.

CHAMPART. Ce mot, qui selon les uns dérive de *campi pars*, et selon d'autres de *campi partus*, désigne une redevance foncière consistant dans une certaine quotité de fruits qui se recueillaient sur l'héritage grevé de ce droit. Le droit de champart était connu sous un grand nombre d'autres dénominations; on l'appelait aussi *terrage*, ou droit de *quart*, de *cinquain*, *neuvième*, *vingtain*. Il y avait deux sortes de champarts, l'un *seigneurial*, l'autre purement *foncier*. Le champart était présumé seigneurial lorsqu'il avait été imposé par la première concession de l'héritage, *in recognitionem dominii*, ou, dit Loisel, lorsqu'il représentait le *cens* principal, la rente originaire ou directe. Le champart foncier ne dépendait pas d'un fief, ou quand celui qui le percevait à raison d'un fief percevait d'ailleurs un cens ou autre droit seigneurial. Les droits de champart, comme tous les droits féodaux, ont été abolis par l'art 5 du décret du 25-28 août 1792. L'article 17 du même décret réserve les droits de champart qui ne tiennent point à la féodalité.

CHAMP-AUBERT. Ce village de France, au département de la Marne, à 20 kilomètres d'Épernay, est un lieu sans importance, devenu seulement célèbre par une victoire de Napoléon sur les Russes.

Après la bataille de Brienne (1er février 1814), l'exaltation d'un succès qu'ils n'avaient osé prévoir et dont ils s'exagéraient outre mesure l'importance, avait fait croire aux alliés qu'ils avaient ruiné toutes les ressources de la France, et que la dernière armée de Napoléon était anéantie. Entretenus dans cette illusion par les notes et les messages de quelques traîtres, ils se décidèrent à marcher droit sur Paris. Les Prussiens aux ordres de Blücher devaient se porter d'abord à Châlons-sur-Marne, et de là se diriger le long de cette rivière. Le reste des coalisés, conduits par leur généralissime Schwartzemberg, avait ordre de s'avancer par Troyes, et ensuite par les deux rives de la Seine. L'empereur avait effectué sa retraite de Brienne sur Troyes, où il arriva le 3, ayant envoyé au maréchal Macdonald l'ordre d'évacuer Châlons-sur-Marne, et de se retirer par Épernay sur Meaux. Napoléon, sachant que Blücher se dirigeait sur Châlons, s'arrêta trois jours à Troyes, pour donner le temps à Macdonald de quitter Châlons et aux ennemis de développer leur mouvement. Le 6 il se porta à Nogent, où son armée se réunit le 7. Arrivé à Nogent, il apprit que Blücher s'était décidé à suivre Macdonald sur la Marne, pressé d'arriver à Paris, afin de jouir seul du profit des exactions qu'il comptait exercer sur les habitants, et principalement des caisses de l'entreprise des jeux, au lieu de risquer de perdre deux jours pour réunir un peu son armée, il la faisait marcher en longue colonne, chacun de ses corps

DICT. DE LA CONVERS. — T. V.   9

se suivant à une assez forte distance. Cette balourdise décida Napoléon à tenter sur les Prussiens une attaque de flanc, à l'aide d'un mouvement rapide qu'il dirigeait par Sezanne. Ayant donc poussé dès le 7 son avant garde vers ce point, lui-même quitta Nogent le 9, et vint occuper Sezanne dans la nuit du 9 au 10. Le 9 le corps du maréchal Macdonald, parti de Châlons, arrivait à la Ferté-sous-Jouarre. L'armée de Blücher était disséminée de la manière suivante : le corps de Sacken à Montmirail, celui d'York à Dormans, celui d'Alsufieff à Champ-Aubert, ceux de Kleist et de Kapezevicz à Vertus, ainsi que le quartier général de Blücher.

L'empereur ayant quitté Sezanne le 10 au matin, son avant-garde, composée des corps de Marmont et de la cavalerie du général Doumerc, se trouva bientôt en présence du corps russe d'Alsufieff, qu'elle rencontra en bataille devant le village de Baye, couvert par un bouquet de bois. Marmont se déploya aussitôt en face de l'ennemi, sur les les hauteurs de Pont-Saint-Prix. A neuf heures du matin, Napoléon ordonna l'attaque de front, pendant qu'il faisait tourner la droite de l'ennemi, en portant la cavalerie de Doumerc à Fromentières, sur la route de Paris. Le bouquet de bois qui couvrait le village de Baye ayant été emporté par une poignée de conscrits, l'ennemi évacua cette position, et se retira entre Andecy et le bois de Bannay. Le général Alsufieff ne tarda pas à y être attaqué par le corps de Marmont; voyant sa droite forcée, et inquiet du mouvement de notre cavalerie sur Fromentières, il voulut essayer de faire filer son artillerie, consistant en 24 canons, sur Étoges, et de se replier en carrés sur Champ-Aubert. Mais une nouvelle charge de cavalerie ayant renversé de nouveau sa droite, et la division Ricard ayant tourné Champ-Aubert, qu'il allait atteindre, il se dirigea par la route d'Épernay jusque près de Caure, où, changeant brusquement de direction, il voulut essayer de gagner Étoges par une tranchée qui traverse le bois du Désert. Mais, atteintes en flanc en ce moment par une charge des cuirassiers du général Bordesoulle, ses masses furent enfoncées, et tout s'enfuit en déroute à travers les bois. Les Russes perdirent environ 1,500 hommes tués ou noyés dans les étangs du Désert, 1,900 prisonniers, au nombre desquels les généraux Alsufieff et Poltaratzky ; 21 canons et tous leurs caissons. Quinze cents autres prisonniers furent ramenés par les paysans les jours suivants ; 2,000 hommes environ parvinrent à rejoindre Blücher. Nous ne perdîmes que 600 hommes.

Gal G. DE VAUDONCOURT.

CHAMPCENETZ (Le chevalier de), un des coryphées de la jeunesse aristocratique au moment de la révolution de 1789, était fils d'un gouverneur du Louvre. Né à Paris, en 1760, sa vie avait été toute frivole et quelque peu libertine ; déjà il s'était fait une réputation de bel esprit. Le scandale fut le premier élément de sa célébrité ; il en fit, pour ainsi dire, à corps perdu, non-seulement en vers et en prose, mais encore en action. Sans principes, représentant assez bien le côté frivole et entêté des hommes de l'ancien régime, il fut un des plus constants adversaires de la révolution, qu'il attaqua principalement dans *Les Actes des Apôtres*, journal moitié en prose, moitié en vers, dont il fut, avec Rivarol, son ami, un des plus assidus rédacteurs. Il avait précédemment travaillé au même Rivarol au *Petit Dictionnaire des Grands Hommes*, dans lequel tout ce qu'il y avait alors d'esprits distingués était outrageusement attaqué.

Champcenetz était officier au gardes françaises lorsque éclata la révolution, à laquelle ce corps prit une part active dans les rangs du peuple. La municipalité parisienne, pour récompenser cette patriotique conduite, ayant pris les gardes françaises à la solde de la ville de Paris, Champcenetz, que des engagements de famille et de débauche retenaient dans le camp de la cour, quitta le service, et se voua dès lors à combattre une révolution qui venait contrarier toutes les idées qu'il s'était faites de la société, et déranger ses habitudes d'homme de plaisir. Les épigrammes contre les hommes et les choses abondèrent sous sa plume, et il écrivit dans ce sens avec une déplorable facilité jusqu'à ce que la gravité des événements lui eut démontré l'impuissance des petits mots et du petit esprit contre cette grande et formidable crise politique qui devait changer à fond les bases de la société française. On ignore ce qu'il fit en 1792 et l'année qui suivit ; cependant 93 était passé : la déroute du vieux régime, dont il s'était fait le défenseur, était complète, la grande ruine s'achevait. Jusque là la terrible faux l'avait épargné ; mais il eut l'imprudence, quoique muni d'un certificat de civisme que lui avait procuré son ami le chevalier de Saint-Méard, de se mettre trop en évidence dans la commune de Joigny, où il s'était retiré. On l'arrêta, et il fut exécuté le 23 juillet 1794.

Champcenetz avant la Révolution française avait été plus d'une fois enfermé pour sa mauvaise conduite et ses pamphlets satiriques. Cette épigramme de Ruthières le fait assez bien connaître :

> Être haï, mais sans se faire craindre,
> Être puni, mais sans se faire plaindre,
> Est un fort sot calcul : Champcenetz s'est mépris :
> En recherchant la haine, il trouve le mépris...

Que si maintenant vous voulez avoir une idée de la moralité de ces grands champions de l'ancien régime, lisez la fameuse chanson que cite Laharpe dans sa correspondance, et qui se termine ainsi :

> Vieux parents, en vain vous prêchez,
> Vous êtes d'ennuyeux apôtres ;
> Vous nous fîtes pour vos péchés,
> Et vous vivez trop pour les nôtres.

Outre ce qu'il a écrit en compagnie de Rivarol, on a encore de Champcenetz plusieurs pamphlets et une *Réponse aux Lettres de madame de Staël sur le caractère et les œuvres de J.-J. Rousseau*. Ce dernier ouvrage parut si plein de grossièretés que plus de vingt libraires refusèrent de le faire imprimer. Il parut sous la rubrique de Genève (Paris, 1789, in-8°).

Charles ROMEY.

CHAMP-D'ASILE. Lors des proscriptions qui suivirent la restauration de 1815, un grand nombre de Français s'exilèrent, et presque tous arrivèrent aux États-Unis dans un dénûment extrême. Dispersés à New-York, à Philadelphie, à Boston, ils sollicitèrent du gouvernement américain des terres à défricher, des marais à assainir, du travail à tout prix. La législature leur accorda cent mille acres sur la *Mobile* et sur le *Tombig-Bec* pour y fonder une colonie. Mais la plupart, manquant de pain, avaient contracté des dettes qu'ils ne purent acquitter qu'en vendant leurs droits à la concession. Grâce enfin aux efforts des deux frères Lallemand, ils découvrirent un emplacement favorable à un établissement nouveau, au Texas, sur le golfe du Mexique, entre les rivières *del Norte* et *de la Trinité*, contrée qui leur sembla convenable sous le triple rapport de la fertilité, du climat et de la position géographique. Une goélette, équipée à Philadelphie, transporta à l'île de Galveston trois cents réfugiés, noyau de la république naissante, et le général Rigaud en amena bientôt trois cents autres. Chacun reçut cent hectares, avec les instruments de construction et de culture nécessaires, et la colonie prit le nom de *Champ-d'Asile*. Les réfugiés publièrent ensuite un manifeste témoignant de leurs sentiments pacifiques et de leur désir d'entretenir des relations amicales avec les peuples voisins.

La colonie, quoique essentiellement agricole et commerciale, était néanmoins militaire pour sa conservation : elle se divisait en cohortes ; chaque cohorte avait un chef, obligé de tenir registre des hommes qui la composaient. Un registre général, composé de ces registres partiels, était tenu par la direction de la colonie. Un code devait être rédigé.

Cette proclamation attira au Champ-d'Asile d'anciens colons de Saint-Domingue réfugiés aux États-Unis, où ils menaient une vie misérable, et la population de la nouvelle république s'accrut rapidement.

En France, vers la fin de 1818, M. Félix Desportes, ancien préfet de l'empire, et les rédacteurs de *La Minerve* ouvrirent une souscription en faveur des proscrits. Le banquier Davillier en reçut le produit, et établit à Charles-Town un comité chargé de distribuer des secours aux Français, soit pour vivre en Amérique, soit pour revenir en France. Mais tandis que Béranger célèbre ses frères errants dans le Nouveau-monde, le bruit se répand à Paris que le Champ-d'Asile n'existe plus. Il s'était formé sur un terrain que se disputaient l'Espagne et les États-Unis, avec l'autorisation de ce dernier gouvernement. Il avait été dispersé le premier.

Le 1er juillet 1819 la souscription était close; elle ne produisit guère plus de 95,000 francs. Les États-Unis cependant avaient songé à indemniser les colons du Texas, et leur offrirent en échange le pays d'Alabama, sur le Tombig-Bee. Bien que désavantageux, cet échange ne pouvait être refusé. Le général Lefèvre-Desnouettes traita avec le congrès de l'établissement, de ses limites, de la répartition des terres. La colonie fut organisée sous le nom d'*État* ou de *canton de Marengo*. Une ville fut tracée; on l'appela *Aigleville*; ses rues furent désignées par les noms des principales victoires de l'empire. Ce fut la dernière étape des Français proscrits en Amérique. Dès qu'ils purent rentrer en France, ils y revinrent pour la plupart; et aujourd'hui le *Champ-d'Asile* n'est plus qu'un souvenir historique.

E. G. DE MONGLAVE.

CHAMP-DE-MAI. Napoléon, à la suite de cette rapide conquête de la France qui reconstitua pour un instant en 1815 (*voyez* CENT-JOURS) son trône impérial, brisé un an auparavant par la coalition européenne, comprit bien vite la nécessité de consacrer de nouveau son pouvoir par le baptême de l'adhésion populaire. La faute immense que les Bourbons venaient de faire en s'appuyant exclusivement sur la légitimité du droit divin, faute qui n'avait pas peu contribué à amener leur chute, rendait cette consécration plus indispensable encore. L'empereur crut pouvoir l'obtenir en renouvelant ces antiques assemblées de la période carlovingienne, où la nation était appelée à exercer la souveraineté dans toute sa plénitude. A cet effet, il convoqua à Paris pour le 26 mai, puis, par un décret subséquent, pour le 1er juin, les membres de tous les collèges électoraux, ainsi que des députations de tous les corps de l'armée de terre et de mer. C'est à cette réunion, pour laquelle un vaste échafaudage avait été dressé à Champ-de-Mars, théâtre de la fédération de 1790, que l'histoire contemporaine a donné le nom de *Champ-de-Mai*. Ce fut un spectacle imposant, et dont ceux qui en ont été témoins conserveront toujours la mémoire. Sur un trône élevé, adossé à l'École-Militaire, et placé en face d'amphithéâtres demi-circulaires qui avaient pu recevoir quinze mille personnes, siégeait, dans son costume impérial, et entouré de ses frères, des dignitaires de l'État, des autorités judiciaires et civiles, des maréchaux, des représentants de la France, cet homme prodigieux que la fortune semblait vouloir de nouveau couvrir de ses ailes, après l'avoir un instant abandonné. Un autel avait été dressé dans l'hémicycle, et la messe y fut célébrée par l'archevêque de Tours, Barral. A l'issue de cette cérémonie, la députation centrale des électeurs, au nombre de deux-cents individus, vint s'échelonner sur les marches du trône. Duboys d'Angers, désigné comme orateur, se fit l'organe des Français confiants dans l'étoile de Napoléon et disposés à se grouper autour de lui pour l'aider à préserver, au prix des plus grands sacrifices, l'indépendance nationale. Alors le prince archichancelier Cambacérès, prenant la parole, déclara solennellement que l'acte additionnel aux constitutions de l'empire, au sujet duquel tous les citoyens avaient été appelés dans leurs communes respectives à émettre leur opinion, avait réuni 1,300,000 suffrages contre 4,206 votes défavorables, et qu'en conséquence cet acte était adopté par la nation française.

L'empereur apposa sa signature sur l'original, au milieu des bruyantes acclamations des assistants, et prononça, de sa voix claire et vibrante, un discours dans lequel la souveraineté du peuple fut par lui hautement proclamée : « Empereur, consul, soldat, je tiens tout du peuple, dit-il; dans la prospérité, dans l'adversité, sur le champ de bataille, au conseil, sur le trône, dans l'exil, la France a été l'objet unique et constant de mes pensées et de mes actions : comme ce roi d'Athènes, je me suis sacrifié pour mon peuple. » Puis, sans dissimuler les périls de la lutte acharnée qu'il était contraint d'entreprendre, il exprimait la ferme assurance que la victoire couronnerait comme jadis ses efforts, secondés par l'énergique dévouement des populations; et, la main sur l'Évangile, il jura de faire observer les constitutions de l'empire. Un *Te Deum* fut chanté. Après quoi, Napoléon, se dépouillant du manteau impérial, s'avança vers les premières marches de l'estrade. Dans ce moment, un long roulement de tambours fit faire silence, et l'empereur, montrant aux troupes les faisceaux de drapeaux que tenaient devant lui les trois ministres de l'intérieur, de la guerre et de la marine, s'écria : « Soldats de la garde nationale de l'empire, soldats des troupes de terre et de mer, je vous confie l'aigle impériale aux couleurs nationales; vous jurez de la défendre au prix de votre sang contre les ennemis de la patrie et de ce trône! vous jurez qu'elle vous servira toujours de signe de ralliement! vous le jurez!.... » Au milieu du cri répété : *Nous le jurons*! accompagné de longues acclamations, l'empereur descendit du trône, traversa l'hémicycle, et alla se placer sur une autre estrade, élevée au milieu du Champ-de-Mars, et là il distribua les drapeaux aux présidents des collèges électoraux et aux divers corps; enfin les troupes, au nombre de 50,000 hommes, défilèrent devant lui en manifestant le plus vif enthousiasme. Les Parisiens ne pouvaient se lasser d'admirer ces bataillons de la vieille et de la jeune garde, où la croix d'Honneur brillait dans tous les rangs : ils les saluaient des plus vives et des plus touchantes acclamations, comme des héros, comme des amis que peut-être ils ne devaient plus revoir. Mais l'espérance que Napoléon avait attachée à cette nouvelle alliance qui venait d'être jurée entre les Français et lui ne fut pas entièrement satisfaite. Beaucoup de personnes influentes avaient pensé que Napoléon dans cette circonstance proclamerait son fils, et déclarerait lui-même vouloir se retirer, en signant la paix, afin d'épargner la guerre à la France. D'un autre côté, les électeurs avaient attaché à cette cérémonie l'espérance d'une déclaration formelle de garanties réparatrices du passé et protectrices de l'avenir, qui aurait puissamment modifié l'impression si défavorable produite par l'acte additionnel. Il n'en fut rien. Cette solennité fut imposante sans doute. Mais si l'empereur eût entendu le vœu de tant de citoyens, il aurait su qu'il n'est pas même été absous de sa dictature impériale par la victoire.

CHAMP DE MANŒUVRE. Vaste terrain, appartenant au gouvernement ou loué par lui, pour exercer les troupes d'infanterie et de cavalerie aux grandes et aux petites manœuvres. La première disposition règlementaire relative à ces emplacements est du 15 octobre 1810. Avant ce temps, les dépenses affectées aux terrains de manœuvres étaient à la charge des villes de garnison. Une ordonnance du 5 août 1818 prescrit qu'elles entreront à l'avenir dans les prévisions du budget de l'administration de la guerre, qui seule pourvoira aux besoins de cette partie du service. Une nouvelle disposition, du 13 juillet 1819, fixe à l'automne, après les récoltes, l'époque à laquelle les troupes peuvent être exercées dans les *champs non labourés*, dans les villes où il n'y a pas de terrrain militaire, mais où il existe des *terrains vagues*. Cette disposition est encore en vigueur.

CHAMP-DE-MARS (*Campus Martius*, ou tout simplement *Campus*). Ainsi s'appelait à Rome une vaste plaine qui s'étendait en dehors du *Pomœrium*, entre les pentes du Monte Pincio (*collis Hortorum*), du Quirinal et du mont Capitolin, vers le Tibre, qui coule à l'ouest; elle ne fit d'abord pas partie de la ville; c'est sur son emplacement que s'élève aujourd'hui la plus grande partie de la Rome moderne.

Cette plaine avait été réservée par Romulus comme apanage du prince; lors de l'expulsion des Tarquins, elle fut consacrée à Mars, dieu de la guerre, et en prit le nom. Le Champ-de-Mars servait d'emplacement aux exercices gymnastiques et militaires; et sa partie méridionale, plus rapprochée de la ville, était affectée aux assemblées populaires, notamment aux comices par centuries, et aussi plus tard aux comices par tribus. Le Champ-de-Mars servait encore pour l'inhumation des grands citoyens; mais c'était un honneur que l'on décernait rarement. Il resta presque désert pendant les premiers siècles de la république, et ce ne fut guère qu'à partir du premier triumvirat qu'il se couvrit de monuments. Cependant dès l'an 434 avant notre ère on y avait construit la *Villa Publica*, vaste édifice composé d'un long portique à deux étages dont le premier était une suite d'arcades soutenues par des colonnes et le second une galerie également à colonnes, surmontée d'un toit à tuiles plates: une partie servait à recevoir le peuple quand on faisait le cens, l'autre à loger les députés des nations étrangères venus à Rome pour y traiter de la paix ou de la guerre. L'an 374 avant J-C. on y bâtit un temple à Lucine, entouré d'un bois sacré près duquel se trouvait le *Terentum*, emplacement où l'on célébrait les jeux séculaires. En 296 on y éleva le temple de Bellone, où se réunissait le sénat lorsque les généraux demandaient le triomphe; on sait en effet qu'ils ne pouvaient point entrer dans la ville avant que le sénat l'eût décidé, et qu'ils restaient avec leurs troupes dans le Champ-de-Mars. En 220 le censeur Flaminius fit construire dans sa partie méridionale, qui était la plus petite, le cirque qui prit son nom, et qui à partir du règne d'Auguste le donna même à la neuvième région de la ville, où il se trouvait, tandis que la zône orientale du Champ-de-Mars voisine des collines était comprise dans la septième région, qu'on appelait *via Lata* à cause de la route (aujourd'hui *via del Corso*) qui la bornait à l'ouest et conduisait du mont Capitolin à la voie Flaminienne. Le temple d'Hercule Musagète, en 189, de *Juno Regina*, en 188, de la Fortune équestre, en 181, de Diane et des Dieux Lares, en 180, le portique d'Octavius, en 159, vinrent encore embellir le Champ-de-Mars; mais ce fut surtout au premier siècle avant notre ère qu'il reçut les magnifiques constructions qui devaient en faire un des plus beaux ornements de la Rome impériale. En 63 Pompée y jeta les fondements du premier théâtre en pierre qu'eurent les Romains; il pouvait contenir 40,000 spectateurs. Un temple dédié à la victoire couronnait les gradins; adossé à celui-ci, s'étendait un vaste portique couvert, soutenu par des colonnes de granit, et formant un parallélogramme clos de toutes parts, au milieu duquel des fontaines jaillissantes arrosaient des parterres plantés d'arbres et de fleurs. Sur le côté de ce portique, et séparé seulement par le mur d'enceinte, l'*Hécatonstylon*, ou les cent colonnes, offrait une autre galerie aux promeneurs, qui venaient y chercher l'ombre et la fraîcheur. Du côté opposé une curie, construite également par Pompée, et qui portait aussi son nom, recevait l'assemblée du sénat quand il y avait quelque représentation théâtrale, afin que les sénateurs pussent accorder leurs devoirs avec leurs plaisirs. C'est là que César fut frappé, au pied de la statue colossale de Pompée. Sous le second triumvirat, en 42, on construisit un temple à Isis et un à Sérapis; devant chacun d'eux s'élevait un petit obélisque de granit rose; ils décorent aujourd'hui les places de la Minerve et du Panthéon. L'an 32 avant J.-C., Auguste, seul maître de l'Empire, dédia dans le Champ-de-Mars, sous le nom de sa sœur, les vastes portiques d'Octavie. Quelque temps après, Agrippa y fit construire ses Thermes, les premiers qui aient été publics à Rome, et le Panthéon, qui existe encore sous le nom de *Sainte-Marie de la Rotonde*. Ce fut également lui qui termina les *Septa Julia*, commencés par Lépide; ils consistaient en un immense portique en marbre de 466 mètres de longueur sur 60 de largeur entièrement composé d'arcades soutenues par des piliers, et servaient aux assemblées des comices par tribus; par son ordre on vit encore s'élever autour d'un ancien temple de Neptune un autre portique, qui fut consacré aux victoires navales de l'empereur, et un château d'eau, d'ordre corinthien, auquel l'eau était amenée par une longue suite d'arcades à plein cintre soutenues par des pilastres d'ordre dorique. Agrippa avait également fait dessiner et planter dans le Champ-de-Mars de magnifiques jardins; il les légua au peuple par son testament. Un temple de Saturne et deux temples de Minerve, dont l'un était consacré à Minerve Chalintique, et sur les ruines duquel on a élevé l'église de Sainte-Marie de la Minerve, faisaient face, ainsi que le portique de Neptune, aux *Septa Julia*. L'an 29 avant J.-C. Statilius Taurus dédia dans le Champ-de-Mars le premier amphithéâtre construit en pierre que Rome ait possédé. Il n'en reste plus de vestiges; et son emplacement même est un sujet de controverse. L'année suivante Auguste y fit élever son vaste tombeau, en forme de tour à trois étages, porté sur un soubassement rectangulaire. Sur le sommet était sa statue en bronze; devant l'édifice s'élevaient deux obélisques, dont l'un orne maintenant la place de *Monte-Cavallo* et l'autre celle qui précède l'entrée de Sainte-Marie Majeure, du côté de l'abside. Derrière le mausolée un bois touffu servait de promenade au peuple; entre le mausolée et la voie *Flaminia*, une enceinte circulaire, entourée d'un mur de marbre et d'une balustrade en fer, servait à brûler les corps de la famille impériale; on l'appelait le *Bustum*. Au midi de cette enceinte un obélisque d'Héliopolis, transporté à Rome par les ordres d'Auguste et consacré au soleil, servait de méridien, et indiquait par son ombre sur un cadran tracé à terre l'heure du jour dans les différentes saisons de l'année. Il fut retrouvé en plusieurs fragments sous le pontificat de Jules II, et fut érigé de nouveau sur la place du *Monte Citorio*, où on le voit encore. Les derniers édifices remarquables élevés au Champ-de-Mars par l'ordre d'Auguste furent le théâtre de Marcellus, construit pour 22,000 spectateurs et celui de Balbus. Une grande partie de l'hémicycle du théâtre de Marcellus borde aujourd'hui la *piazza Montanara*. Il consiste en trois ordres d'architecture superposés et de proportions si élégantes qu'ils sont étudiés par les artistes comme un des plus précieux modèles de l'art romain dans sa splendeur. Le théâtre de Balbus, dont il ne reste que quelques traces à peine visibles dans plusieurs maisons situées sous le palais Cenci, était séparé du théâtre de Marcellus par le portique d'Octavie. Plus tard Néron construisit dans ce même Champ-de-Mars ses thermes, qui furent agrandis par Alexandre-Sévère, dont ils prirent le nom. Ils occupaient l'emplacement actuel de l'église Saint-Louis-des-Français et du palais Giustiniani. Ce dernier empereur fit également élever le cirque Agonal, devenu aujourd'hui la place *Navone*. Antérieurement, sous le règne de Trajan, quelques basiliques avaient encore été élevées dans le Champ-de-Mars, que le règne glorieux des Antonins vint bientôt doter d'un monument imposant, la colonne Antonine, dédiée à Marc-Aurèle par le sénat à l'occasion d'une guerre contre les Marcomans. Il existait aussi une autre colonne, en granit rose, et un temple érigé en l'honneur d'Antonin; mais les derniers vestiges en ont disparu. Enfin, nous mentionnerons encore un arc de triomphe élevé en l'honneur de Gratien, de Valentinien et de Théodose, dont quelques restes subsistent encore, et le portique d'Europe, nommé ainsi parce que la mythologique aventure de cette sœur de Cadmus était peinte sur ses murs. Il y avait en outre dans le Champ-de-Mars un si grand nombre de statues, que, pour en peindre l'effet, les auteurs ont dit qu'on les eût prises de loin pour une armée. Ce ne fut, à ce qu'il paraît, que vers la fin de l'empire que le Champ-de-Mars commença à se couvrir de maisons particulières.

CHAMP-DE-MARS, CHAMP-DE-MAI (*Histoire du moyen âge.*) En Germanie, quand la nation n'était qu'une tribu ou une bande, quand les guerriers, toujours réunis et à peu près égaux, ne pouvaient rien entreprendre qu'après en avoir délibéré de concert, les assemblées de la nation étaient vraiment générales. Tout homme libre y assistait alors, et toutes choses y étaient débattues. Là résidait le gouvernement tout entier. Mais quand, après la conquête et l'établissement territorial, la nation, naguère compacte et mobile, se fut à la fois dissoute et fixée, les assemblées générales devinrent en même temps inutiles et impossibles : inutiles, car la plupart des hommes libres ne conservaient guère que des intérêts purement locaux, et n'attachaient d'importance qu'à leurs rapports avec leurs voisins ou avec le propriétaire dont ils habitaient les domaines ; impossibles, car il n'y avait pas moyen que des hommes disséminés sur un territoire immense, et engagés dans mille situations diverses, surmontassent les obstacles matériels et moraux qui s'opposaient à leur réunion, ni même qu'ils en soupçonnassent la nécessité. Rien n'est plus commun, il est vrai, que de rencontrer dans Grégoire de Tours, Frédégaire, Aimoin et tant d'autres, ou même dans les lois à l'occasion de certaines assemblées, ces expressions générales : *les Francs, tous les Francs, le peuple, tout le peuple, tous les hommes libres*, comme s'ils s'étaient tous réunis pour débattre et régler de concert les affaires de l'État. Mais ce n'est là qu'une tradition, un souvenir des anciennes coutumes germaniques, un hommage rendu, à dessein ou par habitude, aux droits d'une nation qui, en changeant d'état, avait cessé de les exercer. Ce n'est pas que ces droits aient complétement péri, ni que ce nouvel état ait entraîné la suppression immédiate et absolue des assemblées nationales. Sous les noms de *champ-de-mars* ou de *champ-de-mai*, de *conventus generalis*, de *placitum generale*, de *synodus*, on en retrouve partout la trace, et le langage des chroniqueurs prouve même qu'une certaine idée de généralité s'y attachait encore. Mais la composition et le pouvoir réel de ces assemblées cessèrent bientôt de correspondre à ce qu'elles avaient été jadis.

Elles paraissent, sous les premiers mérovingiens, comme des réunions de guerriers qui viennent passer une sorte de revue militaire, entreprendre quelque expédition ou se partager le butin. C'était à peu près tout ce qu'à cette époque avaient à faire en commun les Francs ; et comme ils étaient encore peu nombreux et moins dispersés qu'ils ne le furent plus tard, comme les habitudes de la vie errante prévalaient encore sur celles que la propriété territoriale devait faire naître, il y a lieu de croire qu'ils s'y rendaient à peu près tous, et y traitaient occasionnellement de toutes les affaires qui pouvaient les intéresser.

Depuis la fin du sixième siècle on aperçoit deux sortes d'assemblées. L'une, le champ-de-mars, conserve une apparence nationale : c'est là que les Francs apportent à leurs rois les dons annuels qui faisaient une partie de leurs revenus. On présume sans peine que des guerriers avides, éloignés, et qui n'avaient pour se rendre au champ-de-mars d'autre motif que cet usage, en tenaient d'ordinaire fort peu de compte. Aussi, sauf un petit nombre de cas, cette réunion se présente-t-elle comme une espèce de solennité périodique, où les rois se montrent en pompe à la portion du peuple qui vit près de leur palais, et demeure curieuse de les voir, plutôt que comme une assemblée politique qui intervient dans le gouvernement. D'autres assemblées, plus actives, paraissent çà et là dans l'histoire ; mais elles ne portent aucun caractère national. Ce sont tantôt de simples convocations militaires pour quelque expédition lointaine, tantôt des réunions d'évêques, de leudes, d'hommes puissants, qui se rassemblent auprès du roi dans leur intérêt personnel, pour régler leurs différends avec la royauté, mettre fin à quelque guerre entreprise au sujet des bénéfices, stipuler pour eux-mêmes des concessions ou des garanties : purs conseils privés ou judiciaires du prince, ou véritables congrès entre des puissances ennemies, qui conviennent d'une trêve ou d'un traité. Ces réunions sont irrégulières, accidentelles, provoquées par des nécessités momentanées, et qui ne touchent que ceux qui s'y rendent. Les mesures générales qui y sont quelquefois adoptées émanent uniquement du roi et de ses conseillers. Quelques-unes des conventions qui y sont conclues entre le prince et les grands deviendront plus tard des principes du droit féodal, des lois de l'État ; mais dans le présent, ce n'est point là une institution publique, une intervention de la nation dans le gouvernement du pays.

Quand on approche des rois carlovingiens, cette intervention paraît plus directe et plus efficace, du moins en Austrasie. Lorsque Pepin le Bref fut monté sur le trône, la nation, renouvelée comme la dynastie, fut plus active dans ses affaires, comme le nouveau roi dans son gouvernement. Quand je dis ainsi la nation, je suis loin de croire que les assemblées nationales redevinrent alors ce qu'elles étaient jadis en Germanie, et qu'on y vit se réunir tous les hommes libres. Étrangers à tout dessein général, vivant sur les terres et sous la patronage d'un seigneur, la plupart ne pouvaient s'y rendre et n'y étaient nullement représentés. Les grands, soit ceux qui résidaient habituellement à la cour, soit ceux qui avaient reçu de vastes bénéfices ou gouvernaient les provinces, se rassemblaient seuls autour du roi ; mais du moins leur participation aux affaires était réelle, et n'avait pas des intérêts personnels pour unique objet. Pepin avait transporté au mois de mai la convocation périodique des champs-de-mars, et elle avait lieu avec assez de régularité. L'histoire nous a conservé quelques détails sur huit placites généraux rassemblés sous son règne, de l'an 754 à l'an 767 ; et il s'en tint probablement un plus grand nombre. La plupart de ces placites se réunirent à l'occasion de quelque événement considérable, de quelque nécessité publique : les évêques, les ducs, les comtes, les grands bénéficiers, les chefs même des nations lointaines incorporées à la monarchie franque, ne manquèrent pas de s'y rendre. Des guerres, des traités, des lois, des mesures vraiment politiques et générales en furent la suite. Je ne vois point encore là une grande institution nationale, qui lie le pouvoir au pays et donne à tous les citoyens des gages garanties d'ordre et de liberté ; cependant il y a intervention réelle d'un certain nombre d'hommes puissants et indépendants dans le gouvernement du pays.

Charlemagne succède à Pepin, et les placites généraux prennent sous son règne une régularité, une importance jusque là inconnues. Mais qu'on remarque l'aspect général du tableau qu'en a tracé le célèbre archevêque de Reims Hincmar, qui prit lui-même, sous Louis le Débonnaire et Charles le Chauve, une grande part aux affaires de France. Charlemagne en remplit seul le cadre ; il est le centre de toutes choses, dans ces assemblées nationales comme de son propre conseil, de la plus grande assemblée comme de la plus petite. C'est lui qui fait qu'elles se réunissent, qu'elles délibèrent, qui s'enquiert de l'état du pays, des nécessités du gouvernement ; en lui résident la volonté et l'impulsion ; c'est de lui que tout émane pour revenir à lui. Ce ne sont point là les symptômes de la présence et de la liberté d'un peuple ; barbare ou civilisé, son activité politique, quand elle est réelle, a une allure plus spontanée. La liberté marche et agit pour son propre compte, avec ses propres desseins ; soit qu'elle résiste au pouvoir ou le possède elle-même, elle est pleine de diversité et d'agitation, vit de luttes et de conquêtes, se montre défiante et sur ses gardes en présence de ses chefs, lors même qu'elle les admire et les suit. Ce n'est point la nation franque qui vient dans ces assemblées surveiller et diriger son gouvernement; c'est Charlemagne qui rassemble autour de lui des individus pour surveiller et diriger sa nation. En cas de guerre, il est vrai, tous les guerriers y sont convoqués; en temps de paix, le prince y reçoit solennellement les dons de ses peuples. Mais quant au gouvernement proprement dit, quels sont les hommes qui y interviennent, et à quel titre? Ces *mayores*, ces *seniores*, qui seuls participent aux délibérations, ce sont les ducs et les comtes que Charlemagne a nommés; les évêques dont la plupart ont aussi reçu de lui leur office; les grands bénéficiers qu'il sait retenir dans une condition précaire. Ces *minores*, qui ne délibèrent sur rien, n'exercent aucune autorité, et doivent seulement confirmer *par l'adhésion de leur intelligence*, les décisions qui y seront adoptées, ce sont, en grande partie du moins, les vicaires, les centeniers, les officiers royaux d'un ordre inférieur.

Un capitulaire de Louis le Débonnaire, où Mably et d'autres ont voulu voir des députés vraiment élus par le peuple, me confirme dans cette idée : « Que chaque comte, y est-il dit, vienne à l'assemblée générale d'après les ordres de l'empereur; qu'il y amène avec lui douze *scabini*, s'il en a douze; sinon, qu'il complète ce nombre en prenant les *meilleurs hommes* de son comté. » Or, les *scabini* étaient des magistrats nommés par les *missi dominici* ou les comtes, bien plutôt qu'élus par les hommes libres. S'il n'y en a pas douze, c'est le comte qui choisit et amène avec lui des *meilleurs hommes*, qui doivent compléter ce nombre. Qui forme donc presque exclusivement l'assemblée? Les officiers royaux, les magistrats des provinces. On voit bien là, de la part du monarque, l'intention de réunir autour de lui ses agents pour les connaître et les diriger, de s'éclairer en les interrogeant, comme faisait Charlemagne, au dire d'Hincmar; je n'y puis découvrir une élection populaire, le résultat d'institutions libres, l'intervention spontanée et indépendante de la nation. Cependant, ce n'était pas non plus un gouvernement despotique; car pour les faibles, le maintien de cette leur valait bien plus de liberté qu'ils n'en avaient auparavant; et quant aux forts, Charlemagne, en s'astreignant, pour les gouverner et se servir d'eux, à recevoir périodiquement leurs conseils, s'imposait à lui-même la nécessité d'accepter souvent leur influence. Hincmar vante l'exactitude avec laquelle ce qui avait été convenu dans l'assemblée générale était maintenu et exécuté. Qu'était-ce donc, à tout prendre, que ce gouvernement? Un grand et noble fait, œuvre transitoire de la supériorité d'un homme, triomphe éphémère du système monarchique, uniquement dû au génie et à l'ascendant du monarque, qui ne fonda point et ne pouvait fonder par des institutions ni les libertés publiques ni la royauté, mais qui, appelant la nation à son aide pour être vraiment roi, sut imprimer un moment à son peuple et au pouvoir l'unité de sa pensée et de sa volonté. F. Guizot, de l'Académie Française.

CHAMP-DE-MARS, à Paris. En face de l'École militaire est un terrain vaste, régulier, entouré de fossés revêtus en maçonnerie, et d'une terrasse en talus. La longueur de ce parallélogramme est de 877 mètres; sa largeur, d'une extrémité intérieure du talus à l'autre, est de 428. Tout le long des grands côtés du parallélogramme, en dedans et en dehors du fossé, sont une plantations de quatre rangs d'arbres. Ainsi le Champ-de-Mars est bordé, dans sa longueur, de huit rangs de plantations formant deux grandes allées et quatre contre-allées. Dans l'origine cet enclos était destiné aux exercices des élèves de l'École militaire et aux revues des régiments des gardes-françaises et des gardes-suisses. Il a toujours servi depuis aux manœuvres d'infanterie et de cavalerie de la garnison: dix mille hommes en armes peuvent s'y mouvoir aisément. Le Champ-de-Mars est devenu célèbre par les événements qui s'y sont passés depuis la Révolution. En 1790 on y célébra la fête de la Fédération. A cette époque remonte la construction du plus vaste cirque qui ait jamais existé au monde : douze mille ouvriers avaient reçu ordre de creuser cette plaine et de transporter la terre sur les côtés pour élever un large et magnifique amphithéâtre; mais le travail n'avançait qu'avec lenteur; les districts invitèrent alors, au nom de la patrie, les bons citoyens à grossir le nombre des ouvriers. On ne saurait donner une idée de l'enthousiasme des Parisiens dans cette circonstance ; plus de soixante mille personnes de toutes les classes de la société répondirent à l'appel des districts. Des ducs et pairs, des évêques, des abbés, des gentils-hommes, des bourgeois, enfin des dames de la plus haute distinction, mêlés avec les ouvriers, se disputaient l'honneur de rouler les brouettes et les tombereaux qui servaient à apporter de la terre pour former les talus; et le 14 juillet quatre cent mille spectateurs remplissaient les amphithéâtres latéraux au milieu desquels était dressé l'autel de la patrie. Le 17 juillet de l'année suivante, après la fuite du roi à Varennes, un grand nombre d'individus se réunirent au Champ-de-Mars pour y signer sur l'autel de la patrie une pétition demandant l'abolition de la royauté; et ces lieux, témoins douze mois auparavant du patriotique enthousiasme de la nation, virent alors le sang couler. Obéissant aux ordres du corps municipal, Bailly dut proclamer la loi martiale pour dissiper le rassemblement. Ce fut encore au Champ-de-Mars que Robespierre, suivi de la Convention nationale, se rendit le jour de la fête de l'*Être Suprême*. Le 1er janvier 1793 on y célébra une fête à l'occasion de l'abolition de l'esclavage; et le 21 novembre Bailly y fut exécuté. Le 20 janvier 1794 autre fête pour la reprise de Toulon ; puis le 21 janvier 1796, pour l'anniversaire de la mort de Louis XVI ; le Directoire exécutif s'y rendit et prêta serment de haine à la royauté. Au nombre des fêtes les plus remarquables qui ont été célébrées dans cette enceinte figurent la distribution des aigles impériales, faite à l'armée par Napoléon Bonaparte, empereur des Français, le 3 décembre 1804, lendemain de son couronnement, et le Champ-de-Mai de 1815, où fut proclamé l'acte additionnel aux constitutions de l'Empire. Une fête y fut aussi donnée à la garde nationale par l'armée pendant les Cent-Jours.

Sous la première et la seconde Restauration et dans les premières années qui suivirent la révolution de Juillet, les revues de la garde nationale parisienne et de l'armée eurent lieu au Champ-de-Mars. C'est à la suite d'une de ces revues que la garde nationale fut dissoute par Charles X. Lors des réjouissances pour le mariage du duc d'Orléans, de fâcheux accidents arrivèrent dans cet emplacement par l'imprévoyance de la police, et rappelèrent les tristes présages qui avaient signalé les fêtes célébrées à l'occasion du mariage de Marie-Antoinette. Chr Alexandre Lenoir.

A la fin de 1830, des ateliers nationaux furent mis en activité au Champ-de-Mars, les quelques milliers d'ouvriers qu'on employa là pendant une couple de mois se bornèrent à reculer les talus.

Depuis longtemps, le magnifique emplacement du Champ-de-Mars a été affecté aux courses de chevaux du département de la Seine. Parmi les fêtes dont le Champ-de-Mars a été le théâtre après la révolution de Février, nous nous bornerons à citer celle du 21 mai 1848, dite fête de la Concorde, et la distribution des aigles faite aux soldats de l'armée par Louis-Napoléon, alors président de la république, le 10 mai 1852. On a le projet d'agrandir encore le Champ-de-Mars en même temps que l'École militaire.

CHAMP DU DRAP D'OR. *Voyez* CAMP DU DRAP D'OR.

CHAMPEAUX (GUILLAUME DE). *Voyez* GUILLAUME DE CHAMPEAUX.

CHAMPEIN (STANISLAS), compositeur français, né à

Marseille, le 19 novembre 1753, mort à Paris, le 19 septembre 1830, étudia la composition sous Peccico et Chauvet, et dès l'âge de treize ans fut nommé maître de musique de la collégiale de Pignan, en Provence. En 1776 il vint à Paris, et fit exécuter à la chapelle du roi un motet de sa composition. Son premier essai dans la musique dramatique fut un opéra-comique en deux actes, représenté par les comédiens du bois de Boulogne, sous le titre du *Soldat français*. En 1780 il donna au Théâtre-Italien *Mina*, et l'année suivante *La Mélomanie*, qui est son meilleur ouvrage. Dans le cours de sa vie Champein fit représenter vingt et un opéras, et après sa mort on en a trouvé quinze qu'il avait en portefeuille. Les compositions de Champein se distinguent par des mélodies heureuses, mais les accompagnements sont souvent incorrects. Après *La Mélomanie*, *Le Nouveau Don Quichotte* et *Les Dettes* sont ses ouvrages les plus estimés. F. DANJOU.

CHAMPIGNONS. Cette classe de plantes cryptogames se compose d'un très-grand nombre d'espèces aux formes bizarres et variées. Dans leur jeune âge, ces plantes sont tantôt nues, tantôt enveloppées d'une membrane plus ou moins consistante, qui se déchire par suite de leur développement, et que l'on nomme *volve*. Un champignon se compose en général de deux parties bien distinctes, l'une végétative, l'autre de reproduction. La première, appelée *mycelium*, et vulgairement *blanc de champignon*, paraît être l'origine de tout champignon; cette partie qui sert à la plante de supports et de racines, est formée de filaments d'abord simples, puis plus ou moins compliqués, résultant de la végétation des *spores* ou organes de reproduction. La seconde partie, qui naît de la première, se compose des spores rarement nues, plus souvent contenues dans un réceptacle de forme et de grandeur très-variées, nommé *peridium* : c'est souvent la seule partie visible à l'extérieur, et elle est communément regardée comme le champignon proprement dit. Sa forme la plus fréquente est celle d'un parasol. On y distingue alors un pied ou *pédicule*, quelquefois renflé à sa base; un *chapeau* ou partie supérieure, ordinairement convexe, quelquefois concave, et qui porte les organes de la fructification et leurs annexes. Entre le bord circulaire du chapeau, inférieurement, et la partie supérieure du pédicule, est étendue une membrane qui dans le jeune âge cache complétement la face inférieure du chapeau; c'est le *voile*, qui plus tard, en se détachant de la circonférence du chapeau et restant adhérent au pédicule, constitue l'*anneau*. Les spores sont tantôt nues, tantôt réunies plusieurs ensemble dans une enveloppe commune excessivement mince, formant une *sporange* ou *thèque*. Les spores et les thèques peuvent être éparses sur les filaments du *mycelium*, ou réunies dans le *peridium*, ou encore placées à la surface d'une membrane proligère nommée *hymenium*.

Le développement des champignons est en général plus rapide que celui de toutes les autres espèces de plantes; souvent leur existence est éphémère. Ils diffèrent des végétaux à expansions foliacées en ce qu'ils ne décomposent pas le gaz acide carbonique, ce qui s'explique par le peu de lumière qu'il leur faut pour vivre, et fait comprendre pourquoi ils ne sont presque jamais colorés en vert. Mais, placés sous l'eau, ils exhalent de l'hydrogène et de l'azote au lieu d'oxygène. Si les champignons recherchent peu la lumière, en revanche ils aiment l'humidité qu'exigent la formation de leur tissu spongieux et la rapidité de leur développement. De là leur station habituelle sur des substances ramollies par un commencement de décomposition ou à l'ombre des bois, et leur répartition en plus grand nombre dans les régions septentrionales que dans les pays chauds. Remarquons cependant qu'ils ne croissent jamais au sein même des amas d'eau; leurs rudiments seuls y sont quelquefois immergés, mais ils restent stériles et ne développent leurs fructifications qu'en s'élevant au-dessus de la surface du liquide : c'est une circonstance d'autant plus digne d'être notée, qu'elle forme la principale différence qui les sépare des algues.

Certains champignons se rapprochent singulièrement des animaux sous le rapport de leur composition chimique, puisqu'ils contiennent une assez grande quantité d'azote. Pour principes immédiats particuliers, ils ont fourni : la *fungine*; *l'acide fungique* et *l'acide bolétique*, qui s'y trouvent combinés avec des bases et ne se font remarquer par aucun caractère saillant; du sucre de champignon, distinct de celui de canne en ce qu'il est moins sucré et moins soluble dans l'eau et l'alcool; deux matières azotées, l'une soluble dans l'eau et l'alcool, l'autre soluble dans l'eau seulement; deux matières grasses, l'une cristalline, l'autre butyreuse, demi-fluide. On trouve aussi dans les champignons de l'albumine végétale, beaucoup d'eau, et quelques sels à base de potasse et d'ammoniaque. Quelques-uns renferment de la gomme, du mucilage végétal, de la résine. D'autres recèlent une matière particulière qui étourdit et enivre l'homme, et peut même, passé une certaine dose, lui donner la mort. A la connaissance de la composition chimique des champignons se rattache celle de leurs propriétés utiles ou nuisibles. Les uns servent à l'homme comme substances comestibles; les autres peuvent lui nuire directement par leurs qualités vénéneuses, ou indirectement par le tort qu'ils causent, soit aux plantes cultivées, soit à d'autres corps sur lesquels ils végètent. Deux ou trois espèces, par une préparation très-simple, se convertissent en amadou, et servent à arrêter les hémorrhagies : deux ou trois ont des vertus médicales particulières.

Les caractères botaniques permettent de distinguer les espèces vénéneuses; mais comme ces caractères ne sont pas connus de tout le monde, les champignons donneraient lieu à de fréquents accidents si de sages prescriptions n'avaient pas restreint leur vente sur le marché des grandes villes à une espèce seule dont l'innocuité n'est pas douteuse, le *champignon de couche* ou *agaric comestible*. Dans les autres localités, l'ignorance cause souvent des empoisonnements dont voici les symptômes : Huit, douze et même vingt-quatre heures après l'ingestion des champignons, on éprouve des nausées; on ressent de la chaleur et de la douleur à l'estomac et aux intestins; bientôt le malade est en proie à des vomissements, à des évacuations alvines; il ressent une grande altération; des convulsions, des défaillances surviennent; le pouls est petit et fréquent; souvent on observe du délire, qui s'annonce par la dilatation de la pupille, un état de stupeur, des sueurs froides; quelquefois les secours arrivent trop tardivement pour empêcher une terminaison fatale.

Pour combattre les effets délétères des champignons vénéneux, le premier soin à prendre est de les chasser de l'économie. On provoque les vomissements par l'ingestion d'une grande quantité d'eau tiède, ou bien en ayant recours aux émétiques. Si les douleurs d'entrailles indiquent que le poison s'est déjà introduit dans les intestins, il faut recourir aux purgatifs. Après l'expulsion du poison, on devra administrer une potion éthérée au malade, et ensuite des boissons mucilagineuses et adoucissantes. Une agitation, le délire, indiqueraient la nécessité des sinapismes.

La classe des champignons renferme cinq familles : les *hypoxylées*, les *champignons proprement dits* dont nous allons parler, les *lycoperdacées*, les *mucédinées*, et les *urédinées*. Les champignons proprement dits se reconnaissent à leur *hymenium* étalé à la surface extérieure du végétal; les sporules sont le plus souvent renfermées dans des thèques. Cette famille a été divisée en trois tribus : les *fungiνées*, les *trémellinées* et les *clathroïdes* ou *clathracées*. Ces deux dernières ne renfermant que des espèces inutiles à l'homme; nous dirons seulement que la tribu des trémellinées se compose de champignons difformes, membraneux ou gélatineux et mous, dont le tissu est filamenteux et dont l'*hymenium* confondu avec le réceptacle porte des sporules nues. Quant à la tribu des clathracées, elle comprend des végétaux d'abord renfermés dans une volve sessile, et dont les sporules sont placées dans une matière muqueuse qui finit par les entraîner avec elle sous la forme d'un liquide fétide : on y remarque les deux genres *clathrus* et *phallus* ; ce dernier doit son nom à sa forme singulière.

Mais la tribu des fungînées mérite plus d'attention. Elle est caractérisée par un *hymenium* limité et bien distinct, et a été elle-même subdivisée en trois sous-tribus : 1° les *agaricées*, comprenant les *agaricinées* (*agaric, amanite, chanterelle*), les *polyporées* (*bolet, polypore, dædalea*), les *hydnées* (*hydne, fistulina*) et les *auriculariées* ; 2° les *clavariées* (*sparassis, clavaire*) renferment des espèces utiles comme aliment ; 3° les *helvellacées*, qui se divisent en *helvellées* (*helvelle, morille*) et en *pezizées* (*pezize*, etc.).

E. MERLIEUX.

CHAMPIGNONS (Culture des). Le seul champignon que l'on ait cultivé jusque ici est l'agaric comestible. On l'obtient de plusieurs manières. 1° On met ensemble du terreau, du fumier et du crottin de cheval ou de mulet, dont on fait une couche ayant cinquante centimètres de hauteur et autant de largeur, sur laquelle on met du terreau d'une vieille couche qui ait produit des champignons ; on recouvre le tout de fumier court non consommé, qu'on arrose abondamment, et peu de temps après les champignons naissent et continuent à se succéder jusqu'au froid. En hiver, on fait cette couche dans une cave, sous un hangar, et partout où la température se soutient à huit ou dix degrés. 2° On obtient encore des champignons en jetant sur cette couche les parties de champignons qui restent après les avoir préparés pour la cuisine et l'eau dans laquelle on les a lavés. 3° Lorsqu'on manque de l'espèce de champignon ordinaire, on se sert de blanc de champignon, préparation sèche qu'on peut transporter partout, dans laquelle résident les rudiments des champignons sous la forme de stries blanches (*byssus*). On place ce blanc de champignon çà et là par pincées dans la couche dont nous venons de donner la composition, à quatre ou cinq centimètres de profondeur ; et ces stries blanches se communiquent de proche en proche, la couche en est assez imprégnée pour produire abondamment le champignon, qui naît de ces stries, dont il est le dernier et parfait développement. Ces diverses opérations se font pendant toute l'année, excepté quand il gèle.

Je me suis assuré, en visitant plusieurs galeries souterraines et carrières où le champignon est cultivé en grand pour l'approvisionnement de Paris, qu'il existe trois variétés de cette plante, qui sont l'*agaric* ou *champignon blanc*, l'*agaric* ou *champignon roux*, l'*agaric* ou *champignon brun*, et que les cultivateurs préfèrent le champignon blanc, comme étant plus petit, plus beau, plus tendre, et d'une vente plus facile que les champignons roux et bruns, qui ne sont pas, comme on l'avait pensé, le résultat d'accidents qu'on rapportait à diverses causes supposées, mais bien des variétés qui se perpétuent avec leurs qualités et leurs imperfections, comme les variétés de radis, de salades et autres plantes.

C. TOLLARD aîné.

CHAMPION, mot formé, selon Du Cange, du latin *cambium*, qui veut dire *échange*, et, suivant Ménage, de *campio*, que Grégoire de Tours emploie dans le même sens. Celui que l'ancienne loi des Francs condamnait à prouver son innocence par le duel ou que cette loi autorisait à venger ainsi l'injure qu'il avait reçue, était admis, en certains cas à se faire remplacer en *champ-clos* par un autre, qui devenait alors son *champion*. Pouvaient offrir un champion celui qui prouvait, sans fraude, la perte d'un de ses membres, celui qui avait passé l'âge de soixante ans, celui qui était attaqué de maladie imprévue, comme *goutte*, *mal des ardents*, *dentin* (c'est-à-dire douleur de dents), fièvre tierce ou quarte, et les femmes ; car *fame*, dit la loi, *ne se combat pas*. Les moines, les chanoines et les clercs, après en avoir toutefois instruit leur évêque, pouvaient aussi offrir un champion, et, d'après les statuts de David II, roi d'Écosse, les chevaliers et les nobles de ce royaume avaient aussi ce privilège quand il s'agissait de vol ou de rapt ; enfin, toutes les fois que la cause pour laquelle on se battait, n'emportait pas peine de mort ou perte d'un membre, il était loisible de présenter un champion. Mais un parricide ou un individu accusé de quelque grand crime (*atrocioris criminis accusatus*) ne pouvait se faire remplacer. Les voleurs chez les Saxons, quand ils réclamaient le duel, combattaient eux-mêmes, et, par ses statuts, déjà cités, le roi David obligeait les serfs et non nobles, principalement quand il s'agissait de leur liberté ou de leur droit, à se présenter eux-mêmes, et à ne pas offrir de champion. Chez quelques peuples d'Europe, chez les Frisons, par exemple, quand le champion était tué, celui qui l'avait amené, outre la peine à laquelle il se trouvait condamné, payait une somme pour racheter le meurtre d'un homme. On trouve quelques exemples de seigneurs ayant des champions à gage qui leur prêtaient foi et hommage, et les suivaient en guerre si l'occasion du duel ne se présentait pas ; et ce qu'il y a de singulier, c'est que ces champions aussi avaient des gladiateurs (*pugiles*), qui en certains cas se battaient pour eux.

Les armes du *champion* étaient le bâton et l'épée, plus souvent l'un que l'autre. Il avait aussi un écu dont la pointe était tournée en arrière, en signe d'infamie, ou, au moins, de roture. Il se présentait à *pied*, jamais à cheval, ainsi q e le prouve ce passage de Beaumanoir : « Quant hommes du poesté appellent l'un l'autre, ils se doivent présenter au jor qui leur est assigné, *à pié en armes de champion*, » les cheveux et ongles coupés, ajoute Brantôme et vêtus d'un surtout de cuir. Il ne faut pas croire que le *champion* vaincu en était quitte pour les coups qu'il avait reçus : voici un passage des assises ou coutumes données au royaume de Jérusalem quand il fut au pouvoir des chrétiens, qui nous fait connaître quel était le sort de ces spadassins à gages : « Si la bataille est de choses qu'à mort desservie (*méritée*) et le garant est vaincu, il et celui pour qui il fait la bataille, seront pendus. Et si le garant est tel qu'il puisse mettre champion pour soi et son champion est vaincu, ils seront tous trois pendus. Et se fame fait l'apeau (*l'appel*) et son garant et son champion est vaincus, elle sera arse (*brûlée*) et le garant, se combat et est vaincu, sera pendu, et se il met champion pour soi et il est vaincu, ils seront tous deux pendus et la fame arse. Et se la bataille est pour la quarel (*querelle*), tel que l'on ne doit nient recevoir qui en sera attaint, celui ou celle pour qui il combat, du quel ou du champion est vaincu, fiert la querelle, et vois et respons en court, et le champion doit estre pendu. » Comme on le voit, toujours le pauvre champion vaincu était puni de mort. Peut-être cette législation rigoureuse s'explique-t-elle par la nécessité de forcer le champion à faire son devoir, en le rendant personnellement solidaire des suites de la cause qu'il avait embrassée. En tout cas, on voit que ce n'est pas sans raison que ce mot a conservé, de nos jours, la signification de *protecteur* et *défenseur*.

LE ROUX DE LINCY.

CHAMPION (EDME), dit *le Petit manteau bleu*. Dans les dernières années de la Restauration, par une froide matinée d'hiver, on vit arriver sur le Pont-au-Change un individu escorté de deux hommes portant chacun une grosse marmite. L'inconnu fit une distribution gratuite de potage, et il annonça que cette distribution aurait lieu tous les jours à la saison rigoureuse. On parla bientôt dans tout Paris de cet original ; et comme il refusait de dire son nom, on le surnomma *l'Homme au petit manteau bleu*, car il portait un petit manteau bleu dans ses charités, comme Napoléon portait une petite redingote grise dans ses batailles. Les journaux raffolèrent de ce restaurateur de l'indigence, et les gens qui veulent trouver des motifs à toutes les actions d'autrui en firent l'agent d'un prince que sa popularité devait bientôt mener au trône. Cependant l'homme au petit manteau bleu finit par venir sans ses marmites. Les malheureux n'y perdirent rien ; il y avait alors sur les quais des marchands de soupe qui en fournirent autant qu'il était nécessaire. Le petit manteau bleu rangeait sa clientèle, la comptait, présidait à la distribution, mangeait le bouillon d'honneur avec une cuiller d'argent, et quand tout était consommé, payait et se retirait.

La complaisante réclame flattait infiniment ce philanthrope plein d'ostentation, qui en fin de compte dépensait beaucoup moins qu'il ne semblait le faire. On eût dû se rappeler pourtant que la Société Philanthropique faisait des distributions analogues, d'aliments meilleurs, en plus grand nombre, et que ses fourneaux étaient plus discrets. On eût dû se souvenir aussi du précepte de l'Évangile qui veut que la main gauche ignore ce que donne la main droite; ou les bienfaits du petit manteau bleu auraient dû paraître trop payés par la gloire qu'il en tirait. Devenu roi, Louis-Philippe lui donna la croix d'honneur; puis l'exposition du Louvre montra un superbe portrait d'un homme décoré couvert d'un manteau très-petit et très-bleu, que le livret annonçait être M. Champion, ajoutant : « On sait que tous les hivers ce respectable et bienfaisant citoyen distribue lui-même des soupes aux indigents. » Chacun alors de se dire à part soi : « Homme au petit manteau bleu, qu'avez-vous fait de votre modestie, de votre anonyme et de votre simplicité? » Mais notre philanthrope ne devait pas s'en tenir là! En 1837 le *Moniteur* annonça que M. Champion avait demandé l'autorisation d'ajouter légalement à son nom celui de *le Petit manteau bleu*.

Cet acte d'orgueilleuse vanité fut mal accueilli du public, et Champion crut devoir répondre aux attaques des journaux et à quelques lettres anonymes par une affiche où il disait : « Orphelin, arrivé à Paris dès l'âge de sept ans, j'ai été élevé par la charité publique. En 1776 j'ai fait ma première communion à Saint-Sulpice avec les vêtements que j'ai reçus de la bienfaisance parisienne ; je lui dois mon état ; je ne suis et ne peux être l'agent salarié de personne... Je regarde comme un devoir de rendre à autrui ce que j'ai reçu de la charité publique ; c'est par elle que j'ai prospéré, que j'ai acquis ma position actuelle ; ma carrière sera trop courte pour que je puisse m'acquitter de tout ce que j'ai tenu de la générosité publique. » Tout cela était bien ; mais on peut être charitable sans faire tant de bruit, et il y avait encore de la part de Champion une certaine ostentation à rappeler avec faste de complaisance qu'il avait su faire sa fortune après avoir eu besoin des secours de la bienfaisance publique.

Depuis lors, la vie de Champion fut moins secrète : on sut qu'il était né à Châtel-Censoir (Yonne), le 13 décembre 1764, d'un père flotteur de bois, qui mourut à la peine sans avoir pu l'élever. Amené à Paris, il trouva une bonne femme de portière, qui se chargea de lui et lui fit apprendre l'état de bijoutier. Il entra ensuite chez un joaillier, qui, forcé de partir en Angleterre, lui laissa son fonds. Les événements le servirent sans doute, car à la Restauration sa fortune était faite. Champion, qui s'était toujours fort peu occupé de sa famille, acheta des terres dans son pays natal, où il fonda des écoles et fit exécuter quelques travaux d'utilité publique. En 1848 il fut proposé comme candidat à l'Assemblée nationale, mais sa candidature échoua. Après les affaires de décembre 1851, l'espoir d'être utile aux familles victimes des événements politiques le ramena dans le département de l'Yonne. C'est là qu'il mourut peu occupé d'apoplexie, le 25 juin 1852. Mais ce n'était pas sur un si petit théâtre que pouvaient reposer ses cendres : elles furent aussitôt rapportées au cimetière du Père-Lachaise.

CHAMPIONNET (Jean-Étienne), né à Valence, en 1762, était fils naturel d'un avocat appelé Legrand et d'une paysanne de ce pays. On dit que les enfants, faisant allusion à sa naissance, s'étaient habitués à l'appeler *petit champignon* dans leur patois, et que le nom illustré par son courage lui venait de cette appellation familière. Sa première jeunesse accuse l'indifférence de son père. La place publique fut, pour ainsi dire, son domicile, et les dissipations du jeune âge ne firent qu'accroître la violence de ses passions. Un fonds d'honneur et de loyauté, qu'une indépendance fougueuse n'avait pu pervertir, le poussa cependant vers l'état militaire. Il s'engagea dans les gardes wallonnes, et fit son apprentissage de général au siège de Gibraltar, sous les drapeaux du roi d'Espagne. Toutes ses passions se tournèrent dès lors vers l'état militaire. Les vies des grands capitaines, les ouvrages de tactique, devinrent son unique étude, et quand la révolution de France éclata, Championnet se trouva tout formé pour profiter de ce grand mouvement. Un bataillon de volontaires le choisit pour son chef, et son début prouva l'heureux changement que l'étude avait opéré dans son caractère. Chargé de comprimer l'insurrection du Jura, il apaisa cette guerre civile sans verser une goutte de sang.

Appelé bientôt à l'armée du Rhin, puis à l'armée de la Moselle, il y servit sous le général Hoche, et se distingua si bien à la reprise des lignes de Weissembourg et dans l'invasion du Palatinat qu'à la fin de la campagne il fut élevé au grade de général de division. Ses troupes, placées à gauche de Fleurus pendant la bataille de ce nom (26 juin 1794), soutinrent le choc de la plus grande partie de l'armée autrichienne ; et, grâce à un renfort que lui amena le général en chef Jourdan, il contribua vaillamment à cette grande victoire. Entré le premier, avec le général Hatry, dans les murs d'Aix-la-Chapelle, il prit une part glorieuse à la bataille d'Aldenhoven, sur les bords de la Roër. Ce fut lui qui au passage du Rhin, le 6 septembre 1795, forma l'avant-garde de Jourdan. L'armée de Sambre-et-Meuse, ayant été rejetée sur la rive gauche par les armées de Wurmser et de l'archiduc Charles, ne put reprendre l'offensive que l'année suivante. Championnet força cette fois le passage du Rhin à Neuwied, le 2 juillet 1796, entra dans Wurtzbourg le 24, et se fit encore remarquer en plus d'une occasion, surtout pendant la retraite. En 1797 Championnet se retrouva sous les ordres de Hoche. Il assista au troisième passage du Rhin, à la bataille de Neuwied, et à la reprise d'Ukerath et d'Altenkirchen, où il détruisit le régiment autrichien de Barco. La paix de Campo-Formio lui donna enfin un répit, qui ne fut pas de longue durée.

La seconde coalition ne tarda point à se former. Aussitôt le roi des Deux-Siciles, Ferdinand IV, précipita sa marche sur Rome, et le 4 novembre il franchit la frontière à la tête de 50,000 Napolitains. Le Directoire appela Championnet à la défense de la république romaine, et n'oublia que de lui donner une armée. Arrivé à Rome le 18 novembre 1798, il rallia le peu de soldats que commandaient les généraux Macdonald, Rey et Lemoine, et, ne se croyant pas assez fort pour lutter contre l'armée napolitaine, après avoir mis une garnison dans le château Saint-Ange, il se replia sur Ancône et sur Civita-Castellana. Ferdinand et le général Autrichien Mack firent à Rome une entrée triomphale, et donnèrent carrière à l'enthousiasme sanguinaire de la populace. Ce triomphe ne dura pas longtemps. La défaite de l'avant-garde de Mack, à Terni, par le général Lemoine, le 27 novembre, annonça que Championnet reprenait l'offensive. Un autre corps napolitain fut battu à Fermo, le 30, par le général Rusca. La division de Colli fut accablée le 4 décembre par Macdonald à Civita-Castellana, et le 9 5,000 Napolitains se rendirent à Championnet, sans oser défendre les environs de Calvi. Le 12, un autre corps de 4,000 hommes mit bas les armes à la Storta. Mack et son armée étaient en pleine déroute, sans que Championnet eût reçu d'autres renforts que ceux d'une discipline sévère et d'une ingénieuse combinaison de manœuvres. Un seul général de Ferdinand se montra digne de combattre l'armée de France; c'était le comte Roger de Damas, émigré français, qui, cerné par les divisions de Championnet, se fit jour, à la tête de 4,000 hommes, et gagna Civita-Vecchia, après en avoir laissé la moitié sur les champs de bataille. Championnet rentra dans Rome le 13 décembre, et refusa, le 1er janvier 1799, l'armistice que Mack lui fit offrir, pendant que Ferdinand s'embarquait secrètement pour la Sicile sur l'escadre de l'amiral Nelson. Le général Mack ne se crut pas obligé d'être plus brave et meilleur Napolitain que le roi de Naples. Quoique ses troupes, retranchées entre Capoue et Caserte, eussent repoussé les attaques de Championnet dans les journées des 6 et 8 janvier, il se démit le 12 de son commandement, et, muni d'un passeport du général français, il se mit en route pour l'Autriche. Le Directoire ne confirma point cet acte de clémence, et le fit arrêter à Bologne. Le vice-roi Pignatelli désespéra, à son tour, du salut du royaume. La chute de Gaëte, où le général Rey, à la tête d'un bataillon, avait fait mettre bas les armes à 4,000 Napolitains, le décida à capituler devant Capoue, et Championnet, maître de cette place, marcha vers la capitale, où l'attendait un obstacle qu'il était loin de prévoir. Les lazaroni ne voulurent point partager la honte du roi, des grands et de l'armée. Ils choisirent pour général le prince Moliterni, et sortirent de Naples pour attaquer l'armée française. Battus le 19 sur la route de Capoue, ils livrèrent le 21 une bataille sanglante à Championnet sous les murs de leur ville, lui résistèrent encore le 22, et ne se rendirent qu'après le massacre de dix mille des leurs. L'historien des traités de paix assure qu'ils furent abandonnés par le prince Moliterni, qui, après avoir capitulé entre les mains de Championnet, fut quelques jours plus tard à la tête de la république parthénopéenne.

Le général français entra dans Naples le 23 janvier, désarma les lazaroni, et maintint l'ordre dans cette capitale par un habile mélange de clémence et de fermeté, jusqu'au moment où un commissaire du Directoire vint le troubler dans la jouissance de sa conquête. Dénoncé par cette pièce de proconsul, il fut récompensé de ses services par l'indigne ingratitude du stupide gouvernement qui pesait alors sur la France. Il remit son armée à Macdonald et sa personne aux gendarmes qui devaient se charger de l'arrêter. Le vainqueur de Naples fut traîné de prison en prison jusqu'à celle de Grenoble, où il se consola de tant d'ingratitude en écrivant ses Mémoires. Son éducation s'était faite au milieu des camps, et il avait rendu aux lettres un solennel hommage en faisant ériger un tombeau à Virgile sur le mont Pausilippe.

Une révolution directoriale lui rendit la liberté et une armée nouvelle. C'était les débris de celle d'Italie, battue à Novi, dont Moreau avait pris le commandement après la mort de Joubert, et que les Autrichiens avaient refoulée sur les montagnes du Piémont et de la Ligurie. L'armée des Alpes, dont Championnet prit le commandement le 23 septembre 1799, comptait environ 50,000 soldats. Gouvion-Saint-Cyr défendait la rivière de Gênes avec l'aile droite, forte à peine de 17,000; la gauche, sous les ordres de Grenier, gardait les défilés du petit Saint-Bernard, du mont Cenis, et la vallée du Tanaro. Championnet occupa le centre de la ligne dans les environs de Coni, avec 15,000 hommes. Toutes ces troupes étaient sans vivres, sans souliers, sans solde, sans chevaux ni mulets pour traîner l'artillerie et les bagages, tandis que l'armée autrichienne, commandée par Mélas, Kray et Klenau, avait de riches magasins derrière elle. Mais la défaite des Russes en Helvétie la jetait dans une fâcheuse incertitude, et Championnet voulut en profiter. Il rappela Grenier à lui, le chargea de garder la forteresse de Coni, et s'avança sur Mondovi avec le centre de son armée pour se placer entre la ville de Turin et l'extrême droite de l'ennemi. Malheureusement son projet fut deviné par Mélas, et le gros de l'armée autrichienne se porta sur le point d'attaque. Championnet, battu à Fossano, à Savigliano et à Genola les 3 et 4 novembre, évacua, le 14, les positions de Mondovi, après avoir perdu 8,000 hommes. C'était peu de l'ennemi : la désertion et le typhus minaient son armée. Atteint lui-même par l'épidémie, deux ou trois jours après la capitulation de Coni, il mourut, à l'âge de trente-sept ans, le 10 janvier 1800, deux mois après le 18 brumaire. S'il faut en croire les Mémoires de Saint-Cyr, la proclamation de Championnet en faveur du gouvernement consulaire déplut tellement à ses troupes que leurs regrets durent en être affaiblis.

VIENNET, de l'Académie Française.

CHAMPLAIN (Lac). Ce grand lac de l'est de l'Amérique du Nord, situé entre le 44° et le 45° de latitude septentrionale, à l'ouest des *Green Mountains* de Vermont, forme en grande partie la limite de cet État et de celui de New-York, tandis qu'à son extrémité septentrionale il touche au territoire du Bas-Canada. Sa longueur, du nord au sud-est, est de 175 kilomètres; et sa largeur, de l'est à l'ouest, de 12 kilomètres en moyenne. On peut évaluer sa superficie carrée à 156,000 hectares; dans sa partie septentrionale, sa profondeur varie de 100 à 200 mètres. Au sud, un canal naturel le met en communication avec le lac Saint-George. Aux *Narrows* il se rétrécit singulièrement, tout en conservant encore sur un fond de roches une profondeur de 30 à 50 mètres. Le canal du nord, ouvert depuis 1820, le fait communiquer avec l'Hudson, le canal de l'ouest avec le lac Érié, et par le Richelieu (qui sort du lac Champlain même, et porte aussi les noms de *Saint-John*, de *Chambly* et de *Sorel*), il déverse ses eaux dans le Saint-Laurent. Il a de 115 à 200 mètres de profondeur. Ses affluents les plus importants sont, sur sa rive orientale : le Missisque, l'Onion, l'Ottercreek; sur sa rive occidentale : le Saranack, le Goutt et le Chezy. Parmi les 60 îles qu'il renferme, le plus grand nombre se trouvent dans sa partie septentrionale, qui est aussi la plus large. Les plus considérables sont North et South-Hero, Motte et Pleasant, qui font partie de l'État de Vermont. Les rives de ce lac sont, surtout à l'ouest, escarpées et rocheuses, et échancrées par bon nombre de baies.

Le lac Champlain est un moyen de communication aussi utile qu'avantageux entre les États dont il est la limite et le Canada; en été il reçoit de grands navires, et en hiver il gèle si complètement que les traîneaux les plus lourdement chargés peuvent impunément le traverser traînés par des chevaux. Les rivières qui viennent déverser leurs eaux dans les siennes sont également navigables pour la plupart; mais le cours en est le plus souvent interrompu par des rapides ou par des cataractes. Les villes et bourgs qui s'élèvent sur ses bords font généralement un commerce assez actif, notamment Burlington et Albans, sur la rive orientale, et Plattsburg et Champlain sur la rive occidentale.

Ce lac a été ainsi appelé en l'honneur de Samuel Champlain, qui le découvrit en 1608, et dont on consultera utilement les *Voyages dans la Nouvelle-France* (Paris, 1629). Le 11 septembre 1814 les eaux du lac Champlain furent témoins d'une affaire entre les Américains et les Anglais, dans laquelle l'avantage resta du côté des premiers.

CHAMPMESLÉ (MARIE DESMARES), comédienne à qui l'amour de Racine a fait une poétique et touchante réputation, était née à Rouen, en 1644. Son père, fils d'un président au parlement de Normandie, avait été déshérité pour s'être marié sans l'agrément de sa famille. Vivant dans un état voisin de l'indigence à la maison paternelle, Marie Desmares fut contrainte de chercher des ressources, et se fit comédienne dès que l'âge le lui permit. Elle entra d'abord au théâtre de Rouen. Charles Chevillet, sieur de Champmeslé, était un des meilleurs comédiens de ce théâtre. Marie Desmares, d'une complexion tendre et affectueuse, s'en éprit, et ils s'épousèrent. Peu après ils vinrent ensemble à Paris. Il y avait alors au Marais un théâtre où ils débutèrent : c'était en 1669. Marie de Champmeslé ne fit pas d'abord sur le public une impression bien vive, et son mari réussit mieux. Cependant on la reçut, et elle sut si bien tirer parti de ses dispositions qu'en très-peu de mois elle parvint à jouer les premiers rôles à la satisfaction des juges les plus difficiles. Le théâtre de l'Hôtel de Bourgogne ne tarda pas à se l'attacher, et elle y débuta en 1670 par le rôle d'Hermione. Son succès fut complet. La Desœillets, qui jusque là avait été en possession des faveurs du public, assistait au triomphe de cette nouvelle rivale, et en sortit en disant : « Il n'y a plus de Desœillets. » Pendant près de dix ans la Champmeslé fut la plus aimée des actrices de l'Hôtel de Bourgogne ; elle en sortit pourtant en 1679, pour faire partie d'une troupe où il lui fut assuré, ainsi qu'à son mari, indépendamment des avantages ordinaires de la profession, une pension de 1,000 liv., stipulée par un contrat particulier. En 1680 les diverses troupes qui jouaient à Paris se réunirent, et Marie de Champmeslé fut chargée de l'emploi des premiers rôles tragiques, qu'elle continua de jouer jusqu'à sa mort, arrivée le 15 mars 1698. Pendant trente ans qu'elle était restée au théâtre, elle avait créé un grand nombre de rôles, dont les principaux sont Bérénice, Roxane, Monime, Iphigénie, Phèdre, Ariane et Médée.

Charles CHEVILLET, sieur DE CHAMPMESLÉ, naquit à Paris, on ne sait pas précisément en quelle année, d'un marchand de rubans, qui n'était pas sans quelque teinture des lettres. Sa carrière comme acteur est peu remarquable : après avoir joué à Rouen, où il connut et épousa Marie Desmares, il vint à Paris, et remplit jusqu'à sa mort les rôles tragiques et comiques. Il paraît qu'il s'acquittait assez mal des premiers, mais qu'en revanche il excellait dans les seconds. Chevillet de Champmeslé a beaucoup écrit pour la scène, et a laissé un théâtre où brillent par intervalles quelques beautés. Il mourut de mort subite, le 22 août 1701.

Charles ROMEY.

CHAMPOLLION le jeune (JEAN-FRANÇOIS), naquit à Figeac (Lot), le 23 décembre 1790. Il passa son enfance dans le Quercy, son adolescence dans le Dauphiné et sa jeunesse à Paris. A l'âge où il devait commencer ses premières études, il n'existait plus d'enseignement public. Son frère, plus âgé que lui de dix ans, fut son maître, et il continua d'en remplir le rôle jusqu'à ce que, suivant qu'il l'avoue lui-même, il se trouva un jour n'être que son élève. A l'âge de neuf ans les narrations merveilleuses d'Homère et de Virgile lui étaient aussi familières que le sont dans cet âge à d'autres enfants les admirables aventures de *Peau d'âne* et du *Petit Poucet*. Les vies des hommes illustres de Plutarque avaient aussi été mises entre ses mains ; il les avait lues avec avidité, et son heureuse mémoire se les était en quelque sorte appropriées. Il passait déjà alors ses journées entières dans la bibliothèque de son frère, riche en ouvrages historiques, et il eut ainsi le rare avantage de vivre avec les personnes et les choses les plus propres à développer les germes de ses talents et à favoriser les études de son goût. Il dut aussi beaucoup pour ce rapport à l'accueil que ses talents naissants lui obtinrent de l'illustre Fourier, alors préfet de l'Isère. Ce fut aux charmes dont se revêtaient, dans la conversation de cet homme supérieur, les monuments des arts et de la civilisation de l'Égypte, que la science a dû la constante et inébranlable vocation qui identifia, pour ainsi dire, le jeune savant avec l'antique patrie des Pharaons, et qui en fit le centre de toutes ses méditations, le pivot autour duquel devait se mouvoir toute sa vie.

Dès lors l'étude des langues et des diverses écritures de l'Orient devenait un instrument indispensable pour Champollion ; et le goût pour cette étude, qui n'était pas nouveau en lui, prit un caractère plus sérieux et plus réfléchi ; il composa très-jeune une explication de la fable des géants, fondée sur des étymologies hébraïques, et l'interprétation d'une inscription hiéroglyphique égyptienne par les caractères chinois. Le hasard lui ayant procuré un ouvrage dans lequel il puisa pour la première fois quelques notions sur la langue copte, la comparaison de l'Égypte ancienne avec l'Égypte moderne devint l'objet immédiat de ses recherches, et dès l'année 1807 il présenta à la Société des Sciences et Arts de Grenoble un travail sur la nomenclature copte des lieux de cette contrée, travail où il recherchait dans la langue égyptienne l'origine et la synonymie des dénominations sous lesquelles ces lieux sont mentionnés par les écrivains grecs et latins.

Paris seul pouvait offrir assez de ressources à l'ambition de savoir dont Champollion était dévoré. Il y vint en cette même année 1807, et y suivit les cours de l'école spéciale des langues orientales et ceux du Collége de France, où il profita avec ardeur des leçons de MM. Silvestre de Sacy, Langlès, Audran et autres illustres professeurs ; il trouva surtout auprès de Millin l'accueil le plus empressé. Il s'exerça en même temps sur les manuscrits coptes de la Bibliothèque Impériale, enrichie alors de ceux du Vatican. Il les lisait la plume à la main, s'attachant surtout à ce qui intéressait la nomenclature géographique et topographique, et à l'étude analytique des formes grammaticales. Champollion retourna à Grenoble, à l'âge de dix-neuf ans, avec le titre de professeur adjoint d'histoire à la faculté des lettres de cette académie, chargé de la moitié des cours, dont le professeur titulaire, presque octogénaire, ne pouvait supporter les fatigues. Mais son âge l'appelait à prendre les armes ; heureusement l'Isère avait encore Fourier pour préfet. L'attention de l'empereur fut attirée sur les travaux du jeune Champollion ; et un décret spécial l'exempta de la conscription.

Il avait fait transporter à Grenoble des caractères grecs et des caractères coptes, avec l'intention d'y commencer ses publications sur l'ancienne Égypte. Il avait réuni le fruit de ses travaux sous ce titre : *L'Égypte sous les Pharaons, ou Recherches sur la géographie, la religion, la langue, les écritures et l'histoire de l'Égypte avant l'invasion de Cambyse*. Il donna en 1811 l'*Introduction* à la partie géographique, et bientôt après, en deux volumes in-8°, cette partie géographique de l'Égypte des Pharaons considérée dans ses limites naturelles et politiques, ses divisions par nomes ou provinces, et dans chacun de ses lieux nommés par l'antiquité et reconnus par les observations des modernes. Cet ouvrage est terminé par un tableau synonymique des noms des provinces et des lieux en copte, arabe, grec, latin et en langues modernes. Ce fut le premier produit de ses veilles, et le prélude des travaux immenses dont le résultat devait être de déchiffrer enfin le voile épais qui recouvrait les annales de l'Égypte, et que l'on avait vainement cherché à écarter jusque alors. Le fruit des recherches faites en Égypte durant la mémorable expédition française commençait alors à se répandre par la typographie et la gravure. C'étaient autant de matériaux nouveaux que le génie de la France créait pour Champollion, et il s'adonna plus particulièrement à l'étude du plus important de tous, de la triple inscription de Rosette. Ses études sur ce monument existent encore, et la vue de cette masse de papiers écrits de la main de Champollion suffirait pour donner une idée de la ténacité, de la persévérance de ses efforts, de cette ardeur stoïque avec laquelle on peut dire qu'il s'acharna pendant quinze années après cette précieuse inscription et les autres monuments écrits de l'ancienne Égypte. L'espérance, on peut même dire une noble confiance dans les efforts de la critique française en ces difficiles recherches, ne cessa de le soutenir, et il osa dire en 1813, dans la préface de son ouvrage géographique, « qu'il concevait dès lors l'espérance flatteuse (illusoire peut-être) qu'on retrouvera enfin sur ces tableaux où l'Égypte n'a peint que des objets matériels les sons de la langue et les expressions de la pensée; » et cette prophétie, il l'a lui-même accomplie après huit années de nouveaux efforts.

CHAMPOLLION-FIGEAC.

C'était une idée juste qui dirigeait Champollion quand il s'attachait avec opiniâtreté à l'étude analytique et synthétique de l'idiome copte, comme instrument indispensable de toutes recherches sur le langage et l'écriture de l'Égypte des Pharaons. La constance avec laquelle il marchait dans cette voie et la connaissance qu'il avait acquise de cette langue sont prouvées par divers écrits qu'il publia de 1811 à 1817, et qui tous avaient pour objet des fragments ou des notices de manuscrits écrits en cette langue. Déjà il avait rédigé un dictionnaire de ses trois dialectes en trois volumes in-4°. La faculté des lettres de Grenoble ayant été supprimée en 1815, il mit doublement à profit la liberté que lui procura cette circonstance pour recommencer, d'une part, sur un plan tout nouveau son dictionnaire de la langue copte, et pour se livrer, de l'autre, avec zèle à divers travaux qui tous tendaient à propager l'instruction primaire. Il prit la plus grande part à l'établissement de l'enseignement mutuel dans les départements du Lot et de l'Isère, et composa une grammaire française très-élémentaire, qui est encore en usage dans ces écoles. Il fut aussi rappelé, sous le ministère Decazes, aux fonctions de bibliothécaire-adjoint de la ville de Grenoble, et Royer-Collard y rétablit pour lui la chaire d'histoire, qu'il occupa de nouveau jusqu'en 1821, ne cessant pas pour cela de consacrer un temps considérable à l'Égypte. La triple inscription de Rosette, où un texte égyptien est suivi de la traduction grecque, était sans cesse sous sa main et sous ses yeux.

Quelques réflexions et l'observation d'un fait, en apparence peu important, ouvrirent devant lui une route nouvelle. Dès qu'il eut distingué les trois espèces d'écritures égyptiennes, *hiéroglyphique*, procédant par des signes, images fidèles d'objets très-variés, *hiératique* ou sacerdotale, et *démotique* ou populaire, et qu'il eut reconnu que l'écriture hiératique n'est qu'une tachygraphie de l'hiéroglyphique, et la troisième qu'il doit être abréviation de la seconde, la comparaison des textes devait démontrer la certitude de ce premier aperçu, et c'est par-là en effet que Champollion recueillit le premier fruit de l'infatigable application, qui, sans aucun succès jusque là, avait gravé ineffaçablement dans sa mémoire la forme exacte de ce nombre immense de signes, alors qu'ils n'étaient encore pour lui que des figures sans vie. Familiarisé de longue main avec ces signes, la comparaison des deux textes ne fut qu'un jeu pour lui ; et quelle dut être la satisfaction quand il se vit maître du fil conducteur qui désormais allait diriger ses pas ! Cette première donnée certaine sur les anciennes écritures de l'Égypte fut communiquée, au mois d'août 1821, à l'Académie des Inscriptions et Belles-Lettres par son auteur, qui, se conformant aux expressions employées par Clément d'Alexandrie, donna le nom d'*hiérogrammatique* ou d'*hiératique* au second système d'écriture dont il venait de découvrir la véritable nature.

Mais quoiqu'il y ait toujours conquête pour la science à substituer une vérité à une erreur, la découverte de Champollion semblait plus propre à détruire l'espoir qu'on avait pu concevoir de parvenir à une intelligence quelconque des anciens monuments écrits de l'Égypte, qu'à le fortifier. Et sans la pierre de Rosette, il y eût eu plus de la témérité à persister dans des efforts dont on n'aurait pu se promettre aucun résultat. Plusieurs savants avaient consacré leurs méditations à l'explication de ce monument; et partant tous de la supposition qu'il était écrit en caractères *alphabétiques*, usant aussi de toutes les ressources qu'offrait la comparaison de cette partie du monument avec le texte grec, ils étaient parvenus, avec plus ou moins de succès, à reconnaître non-seulement dans le texte démotique, mais même dans l'inscription hiéroglyphique, les séries de traits ou d'hiéroglyphes qui devaient correspondre aux noms propres, tels que *Ptolémée*, *Bérénice*, *Alexandre*, *Arsinoé*, *Memphis*, *l'Égypte*, etc., et même à certains noms communs, comme *prêtres*, *temples*, *rois*, etc. Mais dès qu'il s'agissait de retrouver les mots de la langue égyptienne exprimés par ces prétendus éléments alphabétiques, et d'assigner à chaque trait de cette écriture démotique sa valeur propre, comme signe d'un son ou d'une articulation, ils échouaient constamment dans leurs efforts, et ne produisaient que des systèmes insoutenables, qui croulaient au premier examen. Leur erreur fut longtemps partagée par celui qui devait la détruire, et qui fut redevable de ce bonheur à une infatigable persévérance, jointe à cette heureuse disposition d'esprit par laquelle, se tenant en garde contre l'illusion de toute préoccupation systématique, il abandonnait, sans retour comme sans regret, ce qui lui avait apparu d'abord comme une découverte précieuse, dès qu'il reconnaissait qu'elle demeurait stérile en résultats satisfaisants.

« Du moment, disait-il lui-même dans un mémoire lu à l'Académie en 1822, où j'eus reconnu que le texte intermédiaire de la pierre de Rosette n'était point écrit dans un système alphabétique, mon travail sur ce texte prit une marche sûre ; elle était toujours lente à la vérité, mais elle me conduisait à des résultats fondés sur un principe bien établi. Cessant tout à fait de chercher des analogies alphabétiques dans les groupes de l'inscription, et me pénétrant des règles qui devaient nécessairement présider à la combinaison des éléments d'une écriture formée de signes d'idées, je parvins à placer sous la plus grande partie de ces groupes, sans efforts, sans supposition, sans rien changer, sans omettre enfin aucun signe du texte égyptien, les mots du texte grec qui leur correspondent constamment. Ce travail est tellement complet, que ses parties se justifient et se prouvent les unes par les autres. On ne peut s'empêcher de remarquer que l'ordre des mots du texte grec, soumis par ce rapprochement à la marche du texte égyptien, n'est que très-légèrement interverti, et ce changement d'ordre dans les mots est tout juste ce qu'il doit être, lorsqu'on soumet une phrase appartenant à une *langue à inversions*, comme l'est le grec, à l'ordre *logique* ou *naturel* que suivent ordinairement les propositions d'une langue formée de mots privés de terminaisons ou inflexions, comme la langue égyptienne. Cet aperçu ne perdait rien de son importance, quoique le texte intermédiaire de l'inscription de Rosette n'exprimât point le son des mots de la langue égyptienne : il est de toute évidence qu'en usant d'une écriture composée de signes d'idées, les Égyptiens ne purent procéder à la peinture combinée de plusieurs de ces idées que dans l'ordre même qu'ils avaient déjà adopté pour les exprimer dans la langue parlée. Les pensées, les jugements, en un mot, la génération des idées est essentiellement liée à l'ordre de la langue qu'on parle. »

Toutefois, si l'analyse rigoureuse de la partie démotique de l'inscription de Rosette n'avait eu d'autre résultat que de faire connaître les rapports de l'écriture démotique avec les écritures hiéroglyphique et hiératique, et les caractères propres qui les distinguent, elle aurait peu avancé Champollion dans l'intelligence de ces textes mystérieux ; cependant cette analyse lui découvrit et lui fit toucher au doigt une vérité qu'on aurait pu déduire avec confiance de la seule théorie, mais qui peut-être serait restée inaperçue, comme tant d'autres : L'Égypte avait dû nécessairement, comme la Chine, se procurer un moyen quelconque de suppléer au défaut de toute écriture idéographique, qui ne peut pas écrire les noms propres étrangers, et qui exige des caractères proprement alphabétiques. L'inscription de Rosette apprit à Champollion qu'elle l'avait fait, et de quelle manière elle y était parvenue en se formant, avec des caractères idéographiques dans le principe, mais dépouillés dans leur usage de toute valeur représentative des idées, une nouvelle sorte d'écriture, destinée à peindre les sons, et par conséquent rentrant plus ou moins dans la catégorie de nos écritures alphabétiques. Cette vérité, aperçue avant lui par d'autres savants, n'avait fait que les égarer, en les confirmant dans le préjugé qu'il ne fallait chercher que des lettres proprement dites dans l'écriture démotique. Champollion, au contraire, ne regardant cet usage de certains caractères idéographiques dans leur origine que comme une exception fondée sur la nécessité, et, de plus, étant parvenu à connaître, avec une précision rigoureuse, les signes qui appartenaient à chaque nom propre, acquit bientôt, par la comparaison des divers noms propres et autres mots étrangers que contient l'inscription de Rosette, la valeur de dix-neuf caractères de ce nouveau système d'écriture, et il donna le nom de *phonétiques* à ces signes, idéographiques dans leur principe, mais réduits dans leur emploi au rôle de peinture des sons. Le même jour devait éclairer nécessairement les deux autres branches du système graphique des Égyptiens : l'écriture hiéroglyphique et l'écriture hiératique. Par la suite, cette nouvelle route, qui semblait d'abord ne devoir mener qu'au déchiffrement des noms étrangers dans la langue égyptienne, s'élargit devant Champollion, et le conduisit à des résultats d'une autre nature et bien plus importants.

A ce mémoire était joint un tableau qui ne comprenait que les neuf dernières lignes de la partie démotique de l'inscription de Rosette, parce que, dans l'état de mutilation de ce monument, c'étaient les seules sur lesquelles il fût possible d'établir une comparaison complète entre les trois portions dont il se compose. Il est à regretter que cette partie si importante du mémoire ait disparu dans les derniers temps de la maladie de l'auteur. On ne saurait douter que, si l'ensemble eût été mis au jour, il eût obtenu l'assentiment de tous les hommes exempts de préjugés, et prévenu bien des critiques hasardées.

Presque au moment où Champollion communiquait à l'Académie ce mémoire, il publiait sa *Lettre à Dacier, sur les hiéroglyphes phonétiques*. Il y démontrait que dans l'écriture hiéroglyphique proprement dite, comme dans les deux autres systèmes égyptiens, l'emploi des caractères phonétiques avait eu pour but d'exprimer les noms propres grecs ou latins. Là se bornait encore pour Champollion l'usage phonétique des écritures égyptiennes, quoique déjà il eût acquis la conviction que cette fonction des signes idéographiques, étrangère à leur première institution, datait d'une époque antérieure de plusieurs siècles à celles de Cambyse et d'Alexandre. Mais ses idées étaient à cet égard bien près de se modifier, et le système de l'écriture phonétique allait prendre à ses yeux une tout autre étendue. La nouvelle théorie que la suite de ses réflexions et de longs tâtonnements lui firent adopter, fut portée à la connaissance des savants par l'ouvrage qu'il publia en 1824, sous le titre de *Précis sur le Système Hiéroglyphique des anciens Égyptiens*. Dans cet écrit il manifeste pour la première fois l'espoir de parvenir à lire toutes les inscriptions prodiguées sur les monuments et dans les tombeaux de l'Égypte; il y expose et y démontre la nature variée des trois espèces de signes qui composent l'écriture égyptienne. Il va plus loin : il croit pouvoir établir en thèse générale cette proposition, trop absolue cependant, et que par la suite il dut modifier, que les caractères phonétiques, quoique analogues aux caractères hiéroglyphiques, en ce qu'ils sont toujours, du moins dans leur origine et sous leur forme primitive et monumentale, des images, ou entières, ou réduites, d'objets physiques, produits de la nature ou de l'industrie, ne sont cependant jamais appliqués à aucun autre usage.

A Dieu ne plaise que nous pensions qu'il n'y ait rien à réformer dans les applications nombreuses que Champollion a faites de son système, et que nous osions affirmer qu'il ne se soit jamais trompé dans la lecture ou dans l'interprétation de quelques caractères ou de quelques mots ! Ce sera à ceux qui entreront dans la même carrière à faire ce qu'il aurait fait lui-même, avec sa bonne foi et sa franchise accoutumées. Nous ne voulons pas dire, non plus, que désormais les antiquités de l'Égypte n'auront plus aucun mystère. Ce qu'il y a de certain, c'est que la postérité n'en reconnaîtra pas moins, avec nous, que depuis la renaissance des lettres peu d'hommes ont rendu à l'érudition des services égaux à ceux de Champollion. Le prince qui régnait alors sur la France se fit rendre compte de ses travaux et de ses succès; il voulut même, par un témoignage public, s'associer aux suffrages et à la reconnaissance des savants, et accepta la dédicace de son *Précis des Hiéroglyphes*. Nous ne ferions point mention ici des prétentions qui s'élevèrent dans un pays voisin en faveur d'un homme distingué par de grands et utiles travaux dans la carrière des sciences, auquel on essaya de faire honneur de la découverte des hiéroglyphes phonétiques, si nous ne craignions qu'un silence absolu de notre part ne parût non un aveu tacite de la justice de ces prétentions, mais la preuve qu'elles n'étaient pas sans quelque vraisemblance. Pour tout esprit impartial elles ont été victorieusement réfutées par Champollion lui-même dans son *Précis des Hiéroglyphes*, avec tous les égards dus à un homme du mérite de Thomas Young, ainsi que ce savant se plaisait à le reconnaître lui-même.

Vers l'époque à laquelle nous sommes arrivé, le consul général de France en Égypte, Drovetti, avait expédié en Europe une magnifique et nombreuse collection de monuments égyptiens de tous genres, statues, inscriptions, amulettes, manuscrits: ce riche dépôt que la France avait laissé échapper, acquis par le roi de Sardaigne, était à Turin, et excitait au plus haut point la curiosité de Champollion. Le duc de Blacas porta ses vœux à Louis XVIII, et, grâce à la munificence royale, notre archéologue put, en étudiant cette riche collection, et visitant tous les monuments égyptiens que possédait l'Italie, se préparer à ce qui avait été le rêve de son adolescence, l'espoir de sa jeunesse, le soutien de ses longues études, le besoin de toute sa vie, à son voyage sur cette terre, devenue sa patrie adoptive, et que déjà il connaissait mieux que personne. Parti de Paris au mois de mai 1824, il n'y fut de retour que vers la fin de 1826. Il avait reçu pendant son absence la décoration de la Légion-d'Honneur.

Les trésors de l'ancienne Égypte que lui offrit la capitale du Piémont l'occupèrent neuf mois entiers, et contribuèrent puissamment au développement de ses idées, aux progrès et à la consolidation de ses découvertes. La Lombardie, la Toscane, Rome et Naples, capitales qu'il visita de deux en deux ou de trois en trois, l'enrichirent encore de précieux matériaux. Léon XII l'avait chargé de publier de nouveau les obélisques qui ornent la capitale du monde chrétien, avec tout ce que son érudition, sa sagacité, le résultat de ses études, pouvaient y joindre d'interprétations historiques et de développements littéraires et scientifiques. Cet immense travail, commencé avec ardeur, fut interrompu par la mort du généreux pontife qui avait résolu d'en faire tous les frais. A ce voyage en Italie se rattache l'origine du musée égyptien du Louvre. L'acquisition de la collection Salt pouvait consoler les lettres, les arts et ceux qui les aiment, du peu d'empressement que le gouvernement français avait mis à s'assurer la possession de celle de Drovetti. Par les sollicitations de Champollion, soutenues de l'appui du duc de Blacas, la liste civile reçut l'ordre d'acquérir ce cabinet et d'en doter la capitale de la France. Une ordonnance royale du 15 mai 1826, en créant le musée égyptien, en confia la conservation à celui qui avait appelé l'attention du monarque sur ce riche trésor. Champollion, qui était encore en Italie quand il en reçut la nouvelle, se hâta de revenir à Paris. Par ses soins, par son infatigable activité, en moins d'une année le musée égyptien fut placé au Louvre, disposé dans l'ordre le plus convenable, et livré aux études des savants, à la curiosité des amateurs et des artistes, à l'admiration de tous. Charles X sut apprécier comme Louis XVIII le zèle et le talent de l'érudit archéologue.

Une faveur bien plus importante pour Champollion, et qui le toucha bien plus vivement encore, ce fut la mission qu'il reçut du gouvernement d'aller explorer l'Égypte et de chercher dans la contemplation de ses monuments de nouvelles lumières. La décision royale était du mois de juin 1828, et dès le 31 juillet suivant Champollion et tous ceux qu'il avait associés à son expédition étaient en mer. Grâce aux mesures qui avaient été prises pour éclairer Méhémet-Ali sur le but du voyage et lever toutes les difficultés, la commission française, à laquelle s'était jointe une commission nommée par le grand-duc de Toscane, arrivée sur la terre d'Égypte le 18 août, ne reçut partout qu'un accueil favorable. Nous ne ferons point ici la relation de ce voyage. Et que pourrions nous dire que chacun n'ait déjà lu dans ces lettres tracées à la hâte, au milieu des courses et des travaux les plus pénibles et les plus assidus; lettres qu'on attendait avec tant d'impatience, qu'on dévorait avec tant d'intérêt, et qui promettaient de si importants résultats?

Champollion était de retour à Paris au mois de mars 1830. Dans toute la force de l'âge, après avoir résisté si heureusement aux fatigues d'un voyage dans lequel il ne s'était certes pas épargné, et avoir en moins de vingt mois exécuté des travaux dont la masse seule est, pour tous ceux qui les ont eus sous les yeux, le sujet du plus profond étonnement, il voyait s'ouvrir devant lui une carrière où il allait pouvoir jouir tranquillement et faire jouir sa patrie et le monde savant du fruit de tant de peines et de labeurs. L'Académie des Inscriptions et Belles-Lettres se hâta de l'appeler dans son sein le 7 mai 1830; et l'un des premiers soins du gouvernement, après qu'un moment de calme eut succédé, en 1831, aux secousses de 1830, fut de créer pour lui une chaire d'archéologie au Collège de France. Il y fut nommé le 18 mars. C'était là qu'il devait développer, devant une jeunesse avide d'instruction, les fruits de ses longues études et de son expérience. Mais déjà l'excès du travail et des fatigues avait commencé à altérer sa santé. A peine avait-il ouvert ses leçons, en mai 1831, qu'il fut obligé de les interrompre. Un voyage qu'il fit à Figeac durant l'automne, pour respirer l'air natal, semblait avoir réparé ses forces : il crut pouvoir reprendre les fonctions de l'enseignement; mais son tempérament épuisé ne résista pas à ce nouvel essai, et ce cours fut encore suspendu.

L'Académie avait été heureuse que le Collège de France : Champollion, dans le cours de 1831, lui avait communiqué un mémoire du plus haut intérêt, qui avait pour objet la *Notion graphique des divisions civiles du temps chez les Égyptiens*. Ce mémoire, fondé sur l'étude d'un grand nombre de monuments astronomiques et de tableaux relatifs à l'agriculture, était en même temps une preuve irrécusable de la critique sage, et de la lumière de réserve qu'il avait apportée dans l'étude des antiquités égyptiennes. M. Biot s'en servit pour porter la lumière dans les obscurités de l'histoire du calendrier égyptien et pour jeter un jour tout nouveau sur sa forme régulière et son usage dès les temps les plus reculés.

Dès avant la fin de 1831 une attaque d'apoplexie avait frappé Champollion, et les secours de la médecine n'en firent point totalement disparaître les tristes suites. Un nouvel accident, survenu un mois après, ne justifia que trop les alarmes causées par le premier, et le 4 mars suivant, lorsque sa famille commençait à concevoir quelque espoir d'un rétablissement auquel lui-même il ne croyait pas, il succomba à une troisième et dernière attaque, avant d'avoir accompli sa quarantième année. Le gouvernement ordonna que sa statue serait élevée dans la ville de Figeac, et une pension de 3,000 fr. fut votée à sa veuve par les deux chambres. Il avait commencé à rédiger une *Grammaire* et un *Dictionnaire hiéroglyphiques*, quand la mort l'enleva.

SILVESTRE DE SACY, de l'Institut.

CHAMPOLLION-FIGEAC (JEAN-JACQUES), archéologue, frère aîné du précédent, né à Figeac (Lot), en 1780, fut d'abord employé à la bibliothèque publique de Grenoble, dont plus tard il devint le conservateur, en même temps qu'on lui confiait une chaire de littérature grecque à la faculté des lettres de cette ville. Parmi les ouvrages dont la science lui est redevable, nous signalerons surtout ses *Antiquités de Grenoble* (Grenoble, 1807, in-4°) et ses *Annales des Lagides* (2 volumes, Paris, 1819), ouvrage auquel l'Académie des Inscriptions décerna un prix, et dont l'auteur donna l'année suivante une nouvelle édition, considérablement augmentée. Nous citerons en outre : *Lettre sur l'inscription du temple de Dendérah* (Grenoble, 1806); *Notice sur une édition d'Homère entreprise par Welstein* (Paris, 1806), et *Notice d'un manuscrit latin intitulé : Albani belli Libri V* (Paris, 1807). M. Champollion-Figeac a en outre publié, en société avec le lithographe Motte, *Les Tournois du roi René*, d'après les manuscrits et les dessins originaux qui se trouvent à la Bibliothèque Impériale, avec des notes et des planches gravées sur cuivre (Paris, 1826, in-folio). Ce livre, dont il n'a été tiré que 200 exemplaires, se vend 1,300 fr. En 1828 M. Champollion-Figeac fut nommé l'un des conservateurs des manuscrits de la Bibliothèque Royale à Paris, et depuis il rendit de nouveaux et importants services aux lettres et aux sciences par la publication d'une foule de documents importants : par exemple, des *Documents historiques tirés de la Bibliothèque Royale* (1 vol., Paris 1842), et des *Lettres des rois, reines et autres personnages des cours de France et d'Angleterre* (2 vol., 1840); *Mélanges historiques*, etc. Nous mentionnerons en outre la précieuse *Paléographie universelle* de Sylvestre (Paris, 1839, avec 300 planches), ouvrage dont il a fourni le texte en société avec son fils, M. Aimé CHAMPOLLION, à qui l'on doit la publication d'une série de pièces originales, authentiques et inédites, relatives à la *captivité de François Ier*. A la révolution de 1848, M. Champollion-Figeac perdit sa place de conservateur à la Bibliothèque Nationale, dont les fonctions ne lui ont pas été rendues depuis. Il y aurait de l'ingratitude de notre part à ne pas rappeler ici que le *Dictionnaire de la Conversation* est redevable à sa collaboration d'un grand nombre d'articles relatifs à l'archéologie et à l'histoire ancienne.

CHAMPS-ÉLYSÉES, CHAMPS-ÉLYSIENS ou ÉLYSÉE. Suivant la croyance des païens, c'était cette partie des enfers où allaient après la mort les âmes des héros et des gens de bien pour y goûter, dans les douceurs d'un repos éternel, la récompense de leurs travaux et de leurs vertus. Le mot *Élysée* vient du grec λύσω (délivrer), et signifie, par conséquent, lieu de repos. C'était sans doute le nom des cimetières des Égyptiens. Nous ne nous arrêterons pas à l'opinion du savant Waburton, qui probablement, d'après quelque ressemblance entre les mots *Élysée* et *Eleusis*, a cru que les *Champs-Élysées* n'étaient qu'un emblème de l'initiation aux mystères d'Éleusis et le séjour de ceux qui avaient mérité d'y être initiés.

Le système de l'enfer et des Champs-Élysées, ayant pour fondement le dogme de l'immortalité de l'âme, prit naissance en Égypte, d'où il fut porté dans la Grèce. Les anciens supposant que les Champs-Élysées étaient au centre de la terre, ils lui donnaient un ciel particulier, un soleil et des astres, les ténèbres étant incompatibles avec l'idée d'un séjour délicieux. Cette doctrine absurde a été adoptée par Homère et par Plutarque, bien qu'elle ne puisse se concilier avec les plus simples notions de la physique et de l'astronomie. Aussi Platon, qui l'avait suivie, la modifia-t-il, en plaçant les Champs-Élysées, non pas au fond de la terre, mais sous la terre, c'est-à-dire aux antipodes. D'après cela les uns fixèrent l'asile des bienheureux dans les îles Fortunées ou Canaries, d'autres dans l'Espagne méridionale, entre les deux bras que formaient alors, avant d'arriver à son embouchure, le fleuve Bétis (aujourd'hui Guadalquivir), et non loin de Tartesse, antique ville à laquelle paraît avoir succédé Rota, vis-à-vis de Cadix. Cette supposition était fondée sur ce qu'ils regardaient l'Espagne comme formant alors, du côté de l'occident, l'extrémité du monde connu, et que, près de Tartesse, il y avait un lac Averne et une rivière Léthé. Le lac a disparu, mais la rivière, nommée par les Arabes Guadi-al-leté ou Guadalète, est fameuse par la victoire qu'ils remportèrent sur Roderic, dernier roi des Visigoths.

Homère, dans le xi⁰ livre de son *Odyssée*, a donné une assez triste description des Champs-Élysées. Sa peinture, froide et peu agréable, était peu propre à faire naître le désir de les habiter; elle contrariait même le but que s'étaient proposé les législateurs en inculquant aux peuples l'existence de ce séjour des récompenses éternelles. Il y représente la gloire, mobile des grandes et belles actions, comme chose frivole et vaine. Toutes les ombres des héros qu'Ulysse y rencontre ont l'air mécontent et ennuyé, le ton dolent et plaintif. Agamemnon, Ajax, pleurent et regrettent leur existence terrestre. « Quoi! n'êtes-vous pas heureux, dit Ulysse à Achille ? — Non, répond le fils de Thétis; j'aimerais mieux être sur la terre le dernier esclave du plus pauvre laboureur que de commander dans le royaume des morts. » Virgile, dans son chef-d'œuvre (le vi⁰ livre de l'*Enéide*), est infiniment supérieur à Homère, tant pour la noblesse des sentiments que pour la richesse de la poésie. En décrivant les enfers et les Champs-Élysées, il a su y répandre un intérêt national et y rattacher un but moral et politique. Fénelon, dans son xix⁰ livre de *Télémaque*, a imité Virgile sur le même sujet. Toutefois, ses tableaux des Champs-Élysées, malgré l'éternel printemps, l'émail des fleurs, le murmure des ruisseaux, le gazouillement des oiseaux, la fraîcheur des bocages, et l'état paisible des ombres qui s'y promènent sans cesse, ne laissent que l'idée d'un séjour fort ennuyeux et d'une vie très-monotone. Voltaire, qui ne pouvait envoyer Henri IV aux Champs-Élysées, ni le faire aller vivant en paradis, l'y transporte en songe. Mais le tableau qu'il en fait n'est ni plus vrai ni plus séduisant que ce que l'Église catholique promet aux élus pour récompenses éternelles. Le bonheur de voir Dieu dans toute sa gloire et de chanter ses louanges jusqu'à la fin des siècles ne flatte ni l'esprit ni les sens; aussi est-ce moins par l'espoir du paradis que par la crainte de l'enfer, que les dévots sont dirigés dans la pratique des vertus chrétiennes. De même les païens étaient plus effrayés du Tartare que séduits par les Champs-Élysées.

Mahomet connaissait bien mieux le caractère des hommes et l'art d'enflammer leur courage en exaltant leur imagination. Persuadé que l'amour aurait suffi pour établir le dogme de l'immortalité de l'âme, il n'a pas oublié les plaisirs de l'amour dans ses récompenses futures. Les Gaulois, qui croyaient à un enfer, avaient aussi leur Élysée ou paradis, qu'ils appelaient *Flath-innis*. Leurs druides prétendaient que les âmes, revêtues d'un corps aérien, y étaient susceptibles de peines et de plaisirs. H. AUDIFFRET.

CHAMPS-ÉLYSÉES, à Paris. C'est d'après l'idée que les poètes nous ont transmise des Champs-Élysées de l'enfer, que l'on a donné ce nom à la vaste promenade qui forme à l'ouest de Paris une sorte de prolongation du jardin des Tuileries. L'emplacement qu'elle occupe était encore, il n'y a pas cent ans couvert de maisonnettes et de jardins, à l'exception de la partie nommée *Le Cours la Reine*, qui en forme l'angle sud-est, et qui s'étend, dans une longueur de 1170 mètres, sur les bords de la Seine, depuis la place de la Concorde jusqu'à la pompe à feu de Chaillot. Ce cours, planté en 1628, sous les auspices de la reine Marie de Médicis, et replanté en 1723, se compose de quatre rangs d'ormeaux formant trois allées, dont celle du milieu a vingt pas de large. Il y avait autrefois à chaque extrémité un portail fermé par une grille de fer, et celui du sud-ouest s'appelait barrière de la Conférence.¹ Le Cours-la-Reine est depuis longtemps passé de mode; il n'est fréquenté que par les piétons qui se rendent à la barrière de Passy.

Ce fut en 1760 que fut plantée la nouvelle promenade qu'on nomma *Le Grand Cours*, afin de la distinguer du Cours-la-Reine. Située hors de Paris, elle se terminait alors à une butte appelée *L'Étoile*, d'où l'on découvrait une partie de la ville et de la campagne. Mais en 1765 le marquis Poisson de Marigny, frère de la Pompadour et directeur des bâtiments, voulant agrandir le point de vue, depuis le château des Tuileries jusqu'au bois de Boulogne, fit arracher tous les arbres, aplanir la butte, niveler entièrement le terrain, et replanter en quinconces les Champs-Élysées, dans l'état, à peu près, où nous les voyons aujourd'hui, sauf qu'ils furent renfermés depuis dans l'enceinte des nouvelles barrières. Leur largeur est de 780 mètres jusqu'au rond-point de l'ancienne Étoile, où commencent l'avenue qui conduit à la barrière de Neuilly ou de l'Étoile, et l'allée des Veuves, qui va joindre à Chaillot le Cours-la-Reine. Toutes deux font partie des Champs-Élysées; l'une a 780 mètres de long, et l'autre 624. Celle-ci tire son nom de ce que les femmes en grand deuil allaient autrefois y respirer l'air l'après-midi. En 1819 l'architecte Lahure fit arracher un grand nombre d'arbres pour ménager des perspectives en faveur de l'esplanade des Invalides et agrandit le grand carré qui fut affecté depuis à l'exposition des produits de l'industrie de 1849 et où doit prochainement être élevé le *Palais de Cristal*.

On reproche avec juste raison aux Champs-Élysées d'être trop alignés, trop symétriques, trop peu diversifiés, et d'abonder en poussière. Malgré ce désagrément pour les promeneurs, le mélange des diverses classes de la société fait des Champs-Élysées un spectacle curieux et varié. De longues files d'élégants équipages se succèdent sans interruption de la place de la Concorde au Rond-Point, et jusques au delà de l'arc de l'Étoile, dans les avenues et les méandres du bois de Boulogne; d'élégants *gentlemen riders*, de brillantes amazones, de nombreuses cavalcades sillonnent incessamment la chaussée. Mais jetons un coup d'œil sur les deux côtés du bosquet. Voici une calèche en miniature traînée par des chèvres, ces chèvres indociles que Virgile aimait tant à voir pendantes au sommet des roches mousseuses brouter le cytise amer. Une petite fille blanche et rose s'étale sur les coussins comme une duchesse, tandis que son frère, armé d'un long fouet, tient les rênes sur le siège et s'imagine guider son paisible attelage. Ici c'est le dynamomètre, invention philanthropique qui permet à chacun d'essayer sa force sans faire de mal à personne... qu'à soi-même quelquefois. Un simple coup de poing appliqué sur un plastron rembourré prouve irrécusablement le plus ou moins de vigueur de vos bras. Maintenant asseyez-vous sur ce fauteuil surmonté d'un dais et placé sur une estrade comme un trône oriental, vous allez connaître votre poids : plus d'une en rougit; ce n'est pas ici comme au marché, on ne vaut pas en raison de ce que l'on pèse; en vain le corset déplace-t-il votre obésité, l'inflexible balance l'accuse. Plus loin les secrets de la physique vont vous être dévoilés par un professeur en plein vent, les auditeurs sont nombreux; le cours est plus suivi que ceux de la Sorbonne; la machine électrique fonctionne; la bouteille de Leyde éclate pour tout le monde. Aimez vous le tir à l'arbalète, on en a mis partout. Si quelque maladroit vient à toucher le but, on voit une Judith lever soudain son sabre et trancher la tête d'Holopherne, tandis que la servante, en costume de laitière des environs de Paris, tient le sac classique. Là c'est le théâtre Guignol, où devant un public d'enfants et de tourlourous se déroule éternellement l'éternelle épopée de Polichinelle, si prisée de Charles Nodier. Le succès de cet établissement dramatique a attiré plusieurs concurrents; et ces rivaux, peu scrupuleux, ont emprunté au créateur du genre le chat mélancolique, qui en fait le plus bel ornement. Plus loin, du côté de la place de la Concorde, passé le restaurant Ledoyen, sont les trois cafés lyriques qui ont le privilége de grouper chaque soir des milliers de dilettanti autour de la demi-tasse et de la bouteille de bière devant un kiosque où des ténors d'occasion et des *prime-donne* trop souvent enrouées débitent tour à tour le morceau d'opéra, la romance et la chansonnette dite comique. Mentionnerons-nous les splendeurs passées du cochonnet ? Les amateurs de cette innocente distraction ont reculé pas à pas devant l'envahissement des Champs-Élysées par les grands et petits entrepreneurs de plaisir; et ils ne se livrent plus aujourd'hui au lancé des boules que dans la partie voisine du Cours-la-Reine. N'oublions pas non plus le Diorama, le Géorama ; le Cirque-Olympique, où jamais une place n'est vide, et dont Auriol fait depuis si longtemps la fortune; la salle Lacaze, consacrée à la magie blanche, à la fantasmagorie et à la prestidigitation ; les chevaux de bois et leur jeu de bague ; les *vaisseaux aériens*, admirable invention qui donne le mal de mer, tout comme si l'on naviguait en plein océan, et les *tourbillons*, qui le donnent encore un peu plus. Vous y trouverez aussi des chiens savants, des bateonistes, des faiseurs de tours incroyables... Surtout gardez bien vos poches. Un mot encore sur les petits industriels de toute sorte qui gagnent leur maigre vie en exploitant les Champs-Élysées, bouquetières, marchands de coco, de limonade, de pain d'épice, de plaisir et de sucre d'orge, marchands de macarons de toile, pour débiter leur infernale pâtisserie, s'adressent aux plus mauvaises passions de l'humanité, et font de *la rouge et la noire* leur auxiliaire le plus puissant; et la loterie donc ?.. On la croyait supprimée. Ah, bien oui ! est-ce qu'on peut supprimer la loterie? Elle n'a pas cessé d'être en permanence aux Champs-Élysées. Deux cartons pour un sou ! Un mot surtout pour cet artiste (dont Dieu vous garde, lecteur !) qui, muni d'une brosse et d'une pierre ponce vous poursuit et veut, presque de force, dégraisser le collet de votre habit. Par exemple, ce que vous n'éviterez pas aux Champs-Élysées, ce que vous trouverez partout, c'est le chanteur ambulant, ce rhapsode du pauvre ; c'est la musique instrumentale qui vous persécutera sous toutes ses formes depuis la perçante clarinette jusqu'au trombone majestueux, en passant par ce brave aveugle qui est à lui seul un orchestre complet et qui joue de dix-sept instruments à la fois.

Telle est la physionomie des Champs-Élysées pendant huit mois de l'année. Mais c'est surtout aux jours de fête qu'il faut les voir ; alors c'est une fête qui atteint des proportions gigantesques. Aucune foire de France, d'Europe, d'Asie et d'Amérique, ne lui est comparable. Il faut y boire, y manger, y passer toute une journée pour s'en faire une idée. L'odorat est doucement chatouillé par les parfums qui s'échappent des cuisines et des fritures en plein vent ; l'œil, ébloui, s'étend sur une immense suite de tableaux-affiches représentant au naturel les plus curieuses merveilles du globe, géants et nains, hommes-poissons et femmes sauvages, monstres ailés, animaux empaillés, fœtus à l'eau-de-vie ; l'oreille se dilate au son des vingt grosses caisses et aux lazzis du jocrisse et du pitre qui jouent la parade d'usage avec accompagnement de talochés et de coups de pied. C'est une cohue, c'est un tintamare qui commence dès le matin et ne finit qu'après minuit. Il faut que ces gens là dorment la moitié de l'année pour travailler ainsi pendant l'autre. Et les illuminations des Champs-Élysées, quelle féerie ! On nous parle de Venise, de la Chine. Allons donc ! il n'y a qu'une illumination à citer au monde, c'est celle de ce grand salon d'un kilomètre et demi, qui a l'arc de triomphe pour porte et les Tuileries pour décoration, et qu'on appelle l'avenue des Champs-Élysées. Et ces jours-là que de monde il y a dans ces Champs-Élysées, et pourtant, quel *désert d'hommes !*

Le mercredi, le jeudi et le vendredi de la semaine sainte a lieu aux Champs-Élysées, ce que l'on appelle encore le pèlerinage ou plutôt la promenade de Longchamps. Ajoutons encore qu'autrefois dès qu'arrivait la nuit les bosquets des Champs-Élysées devenaient aussi peu sûrs que la forêt de Bondy, et qu'il s'y commettait journellement des vols, des assassinats, des turpitudes et des infamies de toute espèce ; mais aujourd'hui ils sont admirablement éclairés au gaz et l'on peut les traverser à toute heure sans courir plus de danger que sur l'asphalte du boulevard... Du moins on le dit.

La rue du Colysée rappelle encore cet édifice colossal qui au siècle dernier brilla comme un météore. En 1790 et 1791 deux salles de spectacle existaient à l'entrée des Champs-Élysées. Dans les dernières années du dix-huitième siècle et dans les premières du siècle actuel, les jardins de l'Hôtel-Marbœuf, du Palais-Bourbon, des Folies-Beaujon, convertis en jardins publics, étaient connus sous les noms d'Idalie, d'Élysées-Bourbon, puis de Hameau de Chantilly et de Montagnes-Beaujon. Des Champs-Élysées on pouvait en entendre la musique, en voir les feux d'artifice. De nos jours le jardin Mabille, le jardin du Châlet et le Château des Fleurs, situé tout en haut de l'avenue, remplacent ces merveilles évanouies. C'est aux Champs-Élysées qu'on vit, en 1802, Elleviou et Martin donner un concert impromptu de bienfaisance au profit d'un pauvre musicien qui chantait dans le désert.

Les Champs-Élysées ont été cédés à la ville de Paris par une loi du 20 août 1828, à la charge d'y faire différents embellissements. Ils faisaient autrefois partie du domaine de la couronne, et avaient été réunis au domaine national le 27 novembre 1792. A la fin de la Restauration, un quartier nouveau s'y éleva comme par enchantement; c'est le quartier François Ier. Figurez-vous qu'un jour un monsieur entre chez Bouilly, tuteur du jeune fils du poëte des femmes, Legouvé, lequel tuteur avait assez de peine à constituer une mince aisance à son pupille. Le monsieur lui apprend qu'il est prêt à lui acheter 40,000 francs un terrain vague qu'il sait appartenir au jeune homme, et qui se trouve abandonné à la vaine pâture entre l'allée des veuves et Chaillot. A cette proposition Bouilly ouvre de grands yeux, et sans laisser voir qu'il ne sait rien, fait bonne contenance, remet à répondre à un autre jour, s'assure que le terrain est bien à son pupille, puis, après s'être un peu fait tirer l'oreille, consent à céder les titres de propriété pour 100,000 francs. Certes Legouvé l'avait acheté moins que cela.

La ville de Paris resta longtemps aussi sans prendre grand souci de sa propriété nouvelle. Ce ne fut que sous la monarchie de Juillet, après l'achèvement de l'arc de triomphe de l'Étoile, qu'elle y songea sérieusement, et encore fut-ce toujours avec une certaine parcimonie. La ville a gardé la propriété des établissements qu'elle a fait construire aux Champs-Élysées, et c'est maintenant pour elle une source de revenus. Une foule d'embellissements y sont encore projetés. Statues, parterres, pavillons doivent y être prodigués. Les Champs-Élysées sont aujourd'hui la promenade favorite du régnant parisien, qui déserte les Tuileries et les boulevards, parce qu'il n'y trouve plus assez d'ombrage. Hélas! les arbres se meurent aussi aux Champs-Élysées. Bientôt il faudra aller prendre le frais au bois de Boulogne, qui appartient de même maintenant à la ville de Paris, et où l'on ne craindra sans doute plus de fâcheuses rencontres, mais où l'ombre sera peut-être un jour aussi rare.

Une nouvelle avenue, parallèle à l'allée Marigny, doit prochainement isoler complètement le palais de l'Élysée en joignant l'avenue Gabrielle à la rue du faubourg Saint-Honoré; les terrains de l'ancien hôtel Sébastiani, si tristement fameux par l'assassinat de la duchesse de Praslin, ont été acquis à cet effet par l'État. Les deux beaux groupes en marbre qui forment l'entrée principale des Champs-Élysées sont de Coustou le jeune, qui les a copiés à Rome, d'après deux antiques célèbres qu'on y voit sur la place de *Monte-Cavallo*, et qui, suivant Dupaty, sont, l'un de Phidias, l'autre de Praxitèle. Ces deux copies, connues sous le nom de *chevaux de Marly*, parce qu'ils faisaient partie des décorations de ce château royal, détruit à l'époque de la révolution, ont été transportées à Paris en 1797.

CHAMSIN. *Voyez* SAMOUM.

CHANAAN. *Voyez* CHAM.

CHANAAN (Terre de), **CHANANÉENS.** *Voyez* CANAAN.

CHANCE (du latin *cadere*, tomber), ce qui échoit par le sort ou par un coup au jeu, ce qui peut arriver d'heureux ou de malheureux par l'effet du hasard. Ce mot ne se dit jamais qu'en parlant des choses qui dépendent purement du hasard, et dont la cause, étant tout à fait en dehors de notre volonté, peut agir tout autrement que nous ne le désirerions, ou que nous ne nous y attendons. Il est donc tout à fait distinct des mots *bonheur* et *malheur*, qui sont proprement les résultats de la chance. On peut nuire ou contribuer soi-même à son bonheur ou à son malheur, la *chance* seule n'est pas à notre portée. Nous sommes plus ou moins *chanceux*, et cela dépend d'une façon d'être particulière que nous ne saurions modifier, et des circonstances où nous nous trouvons placés. Tout l'art consiste à savoir profiter d'une chance heureuse, et faire tourner jusqu'aux chances défavorables à l'accomplissement de nos projets, ou de notre instruction et de notre expérience. Quand on parle de *chances égales*, on modifie, comme on voit, la signification de ce mot; car on entend par là les avantages apparents que présentent deux choses ou deux personnes, avantages que l'on a pu jusqu'à un certain point apprécier, en faisant abstraction du hasard, qui suffit pour *rétablir* ou pour faire *tourner la chance* (*voyez* PROBABILITÉS).

CHANCELIER (en latin *cancellarius*). Beaucoup d'anciens auteurs, Turnèbe, Sarisberiensis, Chassanée, Budé, font dériver ce mot de *cancellare*, barrer, effacer, et prétendent que l'office du chancelier était d'annuler, en les barrant, les édits du prince qu'il jugeait contraires aux lois ou aux intérêts de l'État et du prince lui-même. Ménage n'hésite pas à rejeter cette opinion, et fait dériver ce mot de *cancelli*, « treillis ou barres à claire-voie enfermant le lieu où était l'empereur lorsqu'il rendait la justice, et le garantissant de la foule. La charge de ceux qu'on appelait *chanceliers* était de se tenir près de ces barreaux. » Ainsi, suivant Ménage, à Rome les chanceliers n'auraient-ils été que les sergents du palais impérial, que les auxiliaires des soldats du prétoire. Vopiscus rapporte que Numérien fit un choix honteux en nommant un de ces sergents gouverneur de Rome. Leurs écritures étaient payées au rôle, comme il appert du fragment d'une loi des Lombards, cité par Saumaise. Il n'en fut pas de même en France, où les fonctions, plus importantes, de chancelier ont été l'objet de savantes et nombreuses dissertations. Les annotations de G. Budé, de Bignon, de B. Brisson, de Vincent de la Loupe, de Cassiodore, Pierre Pithou, Juvénal des Ursins, sont réunies dans des ouvrages spéciaux, tels que *Les Grands Officiers de la Couronne et Maison du roi*, par Denis Godefroy; l'*Histoire de la Chancellerie*, par Tessereau, et l'*Histoire des Chanceliers*, par Duchesne.

Anciennement le titre de chancelier était commun à plusieurs dignités et offices qui avaient rapport à l'administration de la justice et de l'ordre politique. Le plus éminent de tous était le *chancelier de France*. Il ne fut d'abord pourtant que le cinquième des grands officiers de la couronne; mais les charges des quatre premiers, plus honorables qu'utiles, ayant été supprimées, il prit le rang suprême, et ses attributions s'en accrurent progressivement. Ce titre ne date, du reste, que de la troisième race. Le *chancelier de France* était l'interprète des volontés du roi. Sa place était au pied du trône, lorsque le roi tenait son lit de justice au parlement. Il était le président-né du grand conseil; avait le droit de présider les parlements et les autres cours du royaume; veillait à tout ce qui concernait l'administration de la justice en France; dressait les ordonnances, édits, déclarations et lettres patentes qui y avaient rapport; nommait aux offices de judicature et de toutes les *chancelleries* du royaume; avait la garde du sceau royal, et exerçait encore plusieurs autres droits et prérogatives. En 1290, son traitement était de *six sous* par jour, et il avait bouche à la cour pour lui et les siens; il ne recevait que *vingt sous* par jour lorsqu'il était à Paris et qu'il mangeait chez lui. Le chancelier ne portait jamais le deuil, pour quelque cause que ce fût.

Parmi les chanceliers de France, l'histoire a surtout gardé les noms de Duprat, Michel de L'Hospital, Morvilliers, Birague, Maupeou, Malesherbes, etc.

La formule du serment demandé au chancelier de France avait souvent varié. Le serment prêté par Duprat était très-explicite : il y promettait d'être obéissant au roi et de servir dans son emploi envers et contre tous, sans nul excepter, de faire justice à un chacun, sans acception de personnes, etc.

Il prit fantaisie à quelques rois de garder les sceaux de l'État et de faire l'office de chancelier. Lous XV les tint lui-même depuis le 24 mars 1757 jusqu'au 13 octobre 1761. Les fonctions qu'il s'était données n'étaient pas, au reste, gratuites; il en percevait exactement les *droits*, en en faisait une réserve particulière.

Par la fameuse déclaration de 1757 réorganisant la censure, la presse entra tout entière dans les attributions du chancelier. Le vague des définitions de crimes et délits ouvrait une voie sans limites à l'arbitraire. Malesherbes, qui n'avait pu s'opposer à cette loi draconienne, quitta le ministère, et, dans des mémoires remarquables, dénonça au roi toutes les dangereuses conséquences de l'ordonnance surprise à sa religion. Les nouvelles attributions du chancelier mirent ce chef suprême de la magistrature en relation de tous les instants avec la police; le sanctuaire de la justice fut pollué, la force brutale fut substituée à l'action calme et réfléchie de la raison, de la loi, qui ne doit être que la raison écrite; et les peines, les prohibitions, provoquèrent une résistance qui renversa tous les obstacles.

Cette magistrature suprême, si ancienne, si vénérée, qui avait traversé tant de générations et tant de siècles, disparut avec l'ancienne royauté. Le nom de chancelier ne fut pas même conservé. Duport du Tertre, qui avait succédé à Champion de Cicé, archevêque de Bordeaux, le 27 novembre 1790, fut continué en 1791, avec le nouveau titre *de ministre de la justice*. Sous le règne de Napoléon le titre de chancelier reparut, mais au superlatif, pour le mettre en harmonie avec les autres titres de création nouvelle. Il y eut un *archi-chancelier*, qui fut l'officier de l'état civil de l'empereur et des princes et princesses de la famille impériale. Puis, avec la Restauration, revint, après un quart de siècle, le titre de *chancelier de France*. M. de Barentin, qui en avait rempli les fonctions sous Louis XVI, vivait encore; Louis XVIII lui en rendit le titre et les honneurs. Pour rester fidèle aux anciennes traditions, qu'il connaissait si bien que son frère Louis XVI l'appelait monsieur *de l'Étiquette*, le titre de chancelier de France n'aurait dû tant que vivait M. de Barentin être donné à aucun autre; et cependant, par l'ordonnance du 13 mai 1815, Louis XVIII nomma Dambray chancelier de France et ministre de la justice; la présidence de la chambre des pairs fut, en outre, attachée à ce premier titre. Mais à la seconde restauration, en 1815, le ministère de la justice fut distrait de la *chancellerie de France*, et la présidence de la chambre des pairs fut l'unique prérogative du chancelier. Ce titre et cette prérogative s'effacèrent en 1830. Les mots *chancelier* et *chancellerie* disparurent de l'attique de la principale entrée de l'hôtel qu'occupait au Luxembourg le dernier titulaire et de l'hôtel qu'occupait le ministre de la justice. Était-ce oubli ou espérance? On le vit bien à la première occasion. Le titre de chancelier de France fut rétabli pour M. Pasquier, et la grande chancellerie continua d'enregistrer les actes de l'état civil de la maison du roi. Les insignes du chancelier de France consistaient en l'épitoge ou simarre de velours rouge, doublée de satin, le mortier et les masses portées devant le titulaire par quatre huissiers.

Ce titre se retrouve dans presque tous les pays avec des fonctions analogues ou différentes. En Autriche, le prince de Metternich, portait autrefois le titre de *chancelier de la maison, de la cour et de l'État*. En Prusse, le prince de Hardenberg en portait un semblable. En Angleterre, le *lord high chancellor* est le premier officier public auquel appartient le droit de présider la chambre des pairs. Il est en même temps le chef de la justice et le président d'une cour particulière (*court of chancery*). Il y a encore dans ce pays le chancelier de l'Échiquier. La Suède, le Danemark, l'Espagne, le Portugal, la Pologne, la Saxe, la Bohême, etc., ont eu leurs chanceliers. En Russie, le ministre des affaires étrangères est souvent décoré du titre de vice-chancelier de l'empire, tandis que celui de chancelier appartient à une charge de cour, ayant dans ses attributions les ordres de chevalerie et la garde des insignes impériaux.

Le fonctionnaire pontifical qui préside le bureau de contrôle et de vérification où les bulles et brefs sont examinés et vérifiés avant d'être expédiés par la *daterie*, était autrefois revêtu du titre de chancelier. Dans la plupart des pays du Nord, les universités ont à leur tête des chanceliers choisis d'ordinaire parmi d'illustres personnages : ainsi le czarévitch Alexandre Nicolaïévitch est chancelier de celle d'Helsingfors et le roi actuel de Suède a été pendant plusieurs années chancelier de celle d'Upsal. Longtemps en France l'université, l'église Notre-Dame, celle de Sainte-Geneviève, etc; la bazoche, l'empire de Galilée et d'autres corporations ont eu les leurs. Ce titre a été porté par plusieurs prélats, avec diverses attributions. Napoléon, en réorganisant l'université, rétablit le grade de chancelier; mais depuis longtemps, il n'est plus conféré. En Courlande le président du consistoire provincial possède ce titre; et personne n'ignore que de nos jours encore l'Académie Française a son chancelier ou vice-président, suppléant le directeur en cas d'absence.

Chez nous jadis la reine, les frères du roi, les princes du sang avaient des chanceliers; c'était sous un autre nom l'*intendant* de leurs revenus, le directeur du contentieux de leurs domaines. Le dauphin seul n'en avait point, parce qu'en sa qualité d'héritier présomptif il ne possédait point d'apanage. On en comptait dans le royaume beaucoup d'autres qui étaient les chefs de la justice dans les provinces, jadis pays d'états. Quant à la charge d'archi-chancelier, elle n'est pas, comme on pourrait le croire, de la création de Napoléon le Grand : elle existait en France sous les rois de la seconde et de la troisième race, et était commune dans l'Empire d'Allemagne aux trois électeurs ecclésiastiques de Mayence, Trèves et Cologne. En France, le titre de grand-chancelier de la Légion d'Honneur a été respecté par la Restauration et par les gouvernements qui lui ont succédé : dans presque tous les pays les ordres de chevalerie ont leurs chanceliers. Chez nous jadis le chancelier du grand prieuré scellait les commissions et mandements du chapitre et de l'assemblée des ordres de chevalerie, il tenait le registre des délibérations et en délivrait les expéditions sous le sceau de l'ordre.

Chancelier, en diplomatie, s'entend du fonctionnaire chargé de la partie administrative et contentieuse des ambassades, légations, consulats, ainsi que du dépôt et de l'expédition de toutes les dépêches ministérielles, passe-ports, actes de l'état civil des nationaux établis ou voyageant dans les pays étrangers où l'ambassadeur, le chargé d'affaires ou le consul dont il relève, est accrédité.

CHANCELLERIE, mot employé ordinairement pour désigner un lieu où l'on scelle certaines dépêches, certains actes, certaines expéditions pour les rendre authentiques. Il y avait autrefois en France plusieurs sortes de chancelleries, dont la plus importante était la *chancellerie de France*, qu'on appelait aussi *grande chancellerie*, par opposition à celles qui étaient établies près des parlements et des présidiaux. La chancellerie de France suivait partout le roi, expédiait les lettres du grand sceau sous la présidence du chancelier, scellait les édits, les déclarations, les lettres d'anoblissement, de légitimation, de naturalisation, d'abolition, de grâce, remises entières, de commutations de peines, priviléges, évocations, enfin tous les actes qui ne pouvaient être dressés que par les secrétaires du roi. C'était une juridiction souveraine, présidée par le chancelier, assisté de deux maîtres des requêtes, et de deux secrétaires du roi, rapporteurs. L'entrée de la salle du grand sceau n'était permise qu'aux officiers de la chancellerie, au grand-audiencier (premier huissier) et au chauffe-cire.

Chaque parlement avait, en outre, sa chancellerie pour l'apposition du sceau royal et de la cour sur les actes relatifs au ressort de chaque parlement, et qui étaient d'une importance moins grave que les actes soumis à la vérification de la grande chancellerie. Celle du parlement de Paris avait pour chef un maître de requêtes, qui suppléait le chancelier de France. Plusieurs présidiaux avaient aussi une chancellerie, dont les attributions étaient, quant au ressort spécial de ces sièges, les mêmes que les chancelleries de parlement. Le personnel de chacune de ces chancelleries se composait d'un gardien conservateur du sceau, d'un greffier archiviste et de quelques expéditionnaires.

Les petites chancelleries, chancelleries de parlements et de présidiaux furent supprimées par la loi du 7 septembre 1790, et la grande chancellerie ou chancellerie de France par celle du 27 novembre suivant. La chancellerie de France fut recréée en 1814, en ce sens que l'office de chancelier fut rétabli.

A Rome, les bulles, les brefs, avant d'être expédiés par la daterie, sont examinés et vérifiés par la chancellerie apostolique, bureau de contrôle présidé par un cardinal revêtu du titre de vice-chancelier.

La chancellerie, en Angleterre, est une juridiction souveraine, spécialement établie pour statuer en dernier ressort sur tous les procès civils de tous les comtés. Le lord chancelier ou garde du grand sceau en est le seul juge : il a douze assistants ou des assesseurs, mais il n'ont que voix consultative. Cette cour, qui est une véritable dictature judiciaire, a deux attributions distinctes, et se divise en deux juridictions, dont l'une peut, dans ses jugements, modifier en certains cas les sévérités de la loi, et l'autre doit se conformer au texte formel de la loi et à toutes ses exigences. La composition de cette juridiction, dans laquelle la politique et la justice se confondent, indique assez son origine féodale. Rien ne s'y résoud, et le malheureux qui y a un procès peut être sûr d'une chose, c'est que, gagnant ou perdant, il sera ruiné. En cas d'absence ou d'autre cause d'empêchement, le chef de la chancellerie est remplacé par le vice-chancelier ou par le *maître des rôles*. Le garde du grand sceau siège à la chambre haute à côté du lord chancelier qui la préside. Les lettres pour la convocation du parlement, les proclamations, tous les actes de l'autorité royale, sont expédiés à la chancellerie; vingt-quatre *clercs* sont attachés au travail des bureaux.

Le style aride usité dans les actes émanés des bureaux ministériels, dans les greffes de justice, etc., l'habitude de farcir ces pièces, déjà assez obscures par elles-mêmes, de mots latins ou barbares, a donné lieu au terme de *style de chancellerie*. Ce qui est rédigé dans ce style n'est ni bien élégant ni bien facile à comprendre.

CHANCIR, CHANCI, CHANCISSURE. Ces mots, synonymes de *moisir, moisi* et *moisissure*, expriment surtout la disposition à l'état que ces derniers constatent, c'est-à-dire un commencement de décomposition dans les fruits ou dans les aliments, qui s'annonce par la couleur blanche dont la surface de ces objets est alors affectée. Les blanchisseuses appellent *chanci* la moisissure qui recouvre le linge exposé longtemps à l'humidité.

Pour les jardiniers, le *chanci* est le fumier blanchi où se forment les filaments, la semence ou le blanc de champignon. Ils appellent aussi *racines chancies* celles qui étant éclatées, mutilées ou meurtries en terre, moisissent. Alors, dit l'abbé Rozier, il se forme autour d'elles une pellicule blanchâtre, qui, examinée au microscope, n'est qu'un tissu de petites plantes serrées les unes contre les autres, et qui finit par perdre l'arbre, ce qui arrive surtout dans les terrains trop humides.

CHANDELEUR, fête célébrée dans l'Église romaine le 2 février, en mémoire de la Présentation de Jésus-Christ au temple et de la Purification de la Vierge. Elle tire son nom des cierges bénits et allumés portés ce jour-là en procession par le peuple et le clergé, comme symbole de la vraie lumière dont le Christ est venu éclairer toutes les nations, comme le dit le cantique de saint Siméon, que l'on entonne en cette circonstance. Les Grecs donnent à cette fête le nom d'*Hypante*, qui signifie *rencontre*, parce que le vieillard Siméon et la prophétesse Anne rencontrèrent Jésus enfant dans le temple, lorsqu'on le présentait au Seigneur. On n'est pas entièrement d'accord sur l'époque de cette fête : les uns l'attribuent au pape Gélase, en 472, d'autres au pape Vigile, en 536. On lit dans un sermon d'Innocent III que la Chandeleur a été substituée aux fêtes de Cérès et aux Lupercales des païens ; c'est aussi le sentiment du vénérable Bède ; mais l'abbé Bergier, qui craint que les hérétiques et les incrédules ne s'autorisent de cette substitution pour reprocher à la religion catholique d'avoir conservé dans ses rites des restes du paganisme, nie le rapprochement, en donnant pour raison que les Lupercales se célébraient le 16 février, et non le 2.

CHANDELIER. Ce mot à deux acceptions : la première a trait à l'art de faire de la chandelle ; la deuxième s'applique à un ustensile destiné à servir de support aux cierges, aux bougies, aux chandelles, etc. Il se fabrique avec divers métaux, en porcelaine, en cristal, en bois, en or, en argent, en cuivre, en fer-blanc, en tôle, etc., et se compose de trois parties : le pied, la tige, et la bobèche, destinée à recevoir le suif ou la cire qui coulent. Il y en a de plusieurs sortes, à bobèche, à coulisse, ou qui se terminent en pointes coniques. Sur ces derniers, en usage dans les églises, on fait brûler des cierges. Les *chandeliers à ressort* ont la propriété de soutenir la bougie à la même hauteur : un ressort en tire-bourre produit cet effet. Les grands cierges qu'on voit sur les autels sont des chandeliers de cette espèce : ils portent à leur extrémité supérieure une espèce d'entonnoir renversé, qui s'adapte comme une baïonnette au bout d'un canon de fusil. Quand on veut garnir le chandelier, on enlève le petit couvercle, on introduit un petit cierge dans l'intérieur en poussant le ressort en bas ; on remet le couvercle de façon que la mèche et le bout du cierge se trouvent logés dans le trou du cône. Le cierge se raccourcit quand il brûle, et le ressort, en se débandant, le pousse continuellement dans l'intérieur de l'entonnoir. Lorsqu'on incline un chandelier de manière que sa direction fasse avec celle du fil-à-plomb un angle d'environ 30 degrés (le douzième de la circonférence), la chandelle brûle sans qu'il soit nécessaire de la moucher.

Dans les livres de l'Ancien Testament il est fait mention de deux chandeliers, l'un réel, l'autre mystérieux. Moïse fit faire le premier, et il le plaça dans le tabernacle. Il était d'or battu, et pesait un talent. De sa tige partaient sept branches, courbées en demi-cercle, et terminées chacune par une lampe à bec. Le sanctuaire, l'autel des parfums, la table des pains de proposition, n'étaient éclairés que par ces lampes, que l'on allumait le soir et qu'on éteignait le matin. Salomon fit faire dix chandeliers semblables, et les plaça de même dans le sanctuaire du temple, cinq au midi et cinq au septentrion. A la prise de Jérusalem par Nabuchodonosor, tous ces ustensiles précieux furent transportés en Assyrie ; et il n'est pas certain que les chandeliers de Salomon aient été rendus aux Juifs lorsque Cyrus leur fit restituer les vases du temple enlevés par les Assyriens. On sait seulement qu'à la prise de Jérusalem par Titus, il y avait dans le temple un chandelier d'or, qui fut emporté par les Romains, et placé, avec la table d'or des pains d'offrande, dans le temple de la Paix, que Vespasien avait fait bâtir. On voit encore aujourd'hui, sur l'arc de triomphe de Vespasien, ce chandelier avec les autres dépouilles de la Judée et du temple. Le chandelier de la vision du prophète Zacharie était aussi à sept branches ; il n'était différent de ceux de Moïse et de Salomon qu'en ce que l'huile tombait dans les lampes par sept canaux qui sortaient du fond d'une boule élevée à leur hauteur. Elle descendait dans cette boule de deux conques qui la recevaient des feuilles de deux oliviers placés aux deux côtés du chandelier.

Quant aux chandeliers qui ornent les autels de nos églises, l'origine en est aussi ancienne que celle des cierges que l'on allume pendant le service divin. Il est parlé dans l'*Apocalypse* (ch. i et ii), de sept chandeliers d'or, au milieu desquels saint Jean vit un personnage respectable sous un extérieur majestueux et terrible. C'était Jésus-Christ lui-même. Cette vision de saint Jean a fourni le premier modèle de la liturgie et du culte divin.

Les païens connaissaient aussi l'usage des chandeliers comme leurs monuments en font foi. Cicéron parle souvent de chandeliers dans les *Verrines*, et il en cite un qui était d'un travail admirable, revêtu d'or et de pierres précieuses. Ces chandeliers ne portaient point, comme les nôtres, à leur extrémité supérieure, des bobèches, mais ils se terminaient par un plateau qui servait à poser les lampes, et à les tenir à une hauteur convenable. Parmi les meubles trouvés dans les fouilles d'Herculanum, on distingue un chandelier par le beau choix et l'élégante distribution de ses ornements. Quoiqu'il ne soit que de bronze, il est travaillé avec le même soin que s'il était du plus précieux métal. Un autre, pareillement de bronze, trouvé au même endroit, est d'une forme inférieure ; mais le travail n'en est pas moins soigné ; sa tige est mobile et roule sur un pivot, que reçoit le pied du chandelier, de façon qu'en faisant marcher l'une des quatre pointes avancées et recourbées qui terminent le bas de la tige, on peut faire tourner à son gré le chandelier sans le déplacer, et donner à la lampe posée sur le plateau, la direction dont on a besoin.

CHANDELLE, masse de suif, communément cylindrique, allongée, pourvue au centre d'une mèche en tissu végétal, qui pendant la combustion aspire, par un effet de capillarité, le suif fondu qui l'entoure, de manière à servir à l'éclairage.

Toutes graisses ne sont pas également propres à la fabrication des chandelles ; celles dont on se sert presque exclusivement sont les graisses de mouton et de bœuf. Le mélange à parties égales est généralement usité. Pour les mèches, jusqu'ici on n'a rien trouvé de préférable au coton, soigneusement cardé avant le filage. On fabrique deux sortes principales de chandelles, comme deux sortes de bougies. Il y a des chandelles coulées *au moule* et des chandelles dites *à la baguette*. Celles-ci sont le résultat de plongements successifs dans du suif fondu, et de refroidissement subséquent, ce qui ne produit jamais une chandelle belle et d'une uniforme grosseur. Pour passer les mèches dans les moules et pour les tenir dans une position bien centrale, telle qu'elle doit être pour que la chandelle ne coule pas en brûlant, on les attache par un bout sur de petits morceaux de bois qu'on fait reposer en travers sur l'orifice supérieur du moule; l'autre bout de la mèche sortant par un autre orifice moins large situé au bas du moule, il est facile, au moyen d'un petit coin en bois, de maintenir la mèche dans un état convenable de tension. Alors on fait fondre le suif à une très-douce chaleur; on le verse dans un vase en fer-blanc muni d'une anse et d'un goulot, et à l'aide de cet instrument on remplit successivement tous les moules. Si l'on coulait le suif trop chaud, outre qu'il se colorerait et qu'il aurait d'ailleurs l'inconvénient de faire des éclaboussures, il serait fort difficile, après le refroidissement, d'enlever les chandelles des moules. On attend donc toujours, avant de couler, qu'il se soit formé par refroidissement une pellicule à la surface du suif fondu.

Pour les chandelles plongées, dites *à la baguette*, on se sert de baguettes de noisetier ou de sapin de 60 à 90 centimètres de long, et dont l'un des bouts est taillé en pointe pour faciliter l'enfilage des mèches. L'auge, ou *abîme*, dans laquelle on verse le suif fondu, est en bois, et repose sur une table qui a des rebords et une gouttière pour recevoir le suif qui découle des chandelles à chaque immersion, et pour le porter dans un autre vase, placé en dessous. On place d'autant plus de mèches sur chaque baguette qu'on veut avoir des chandelles moins grosses. Un ouvrier saisit ordinairement à la fois deux de ces baguettes; il en couche, pour la première fois, les mèches sur le suif fondu, puis les relève verticalement sur l'abîme, les y laisse égoutter, et lorsqu'elles sont sèches et totalement refroidies, il les plonge de nouveau, et ainsi de suite, jusqu'à ce que les chandelles aient acquis la grosseur qu'on désire. Il ne reste plus ensuite qu'à en couper les extrémités, pour leur donner une forme et un poids convenables, et à déprimer et rouler un des bouts pour former ce qu'on appelle le *tétin*.

L'exposition au grand air achève de sécher les chandelles et les blanchit. Pour enlever plus facilement la chandelle moulée hors des moules et en même temps pour qu'elle ait une surface plus unie et plus brillante, quelques fabricants plongent les moules refroidis dans de l'eau demi-bouillante; le moule s'échauffe et bientôt il fond la surface la plus extérieure de la chandelle; par là l'enlèvement hors du moule devient très-facile, mais il faut saisir le moment, et l'ouvrier doit être attentif à ce que la chaleur n'ait pas le temps de ramollir toute la masse.

Nous ne répéterons pas ici ce que nous avons dit à l'article BOUGIE (tome III, p. 515) de la torsion des mèches et des principes physiques de leur combustion. Mais nous dirons un mot sur l'effet, jusqu'ici peu expliqué, de l'emploi d'une décoction de marrons d'Inde pour le durcissement de la chandelle. Nous avions peine à attribuer cet effet à la prétendue résine du marron d'Inde; nous l'avons cherché dans l'action du tannin, qu'il contient bien certainement, et notre conjecture semble s'être vérifiée, puisqu'une petite quantité de dissolution de cachou projetée dans du suif fondu l'a instantanément blanchi et considérablement durci, en s'emparant probablement d'une portion de gélatine, qui reste opiniâtrément en combinaison avec le suif, en résistant aux procédés ordinaires de purification. Dans ce cas, le tannate insoluble de gélatine se précipite au fond du vase dans lequel le suif est tenu en fusion, ou vient en partie dans les écumes à la surface liquide.

Une addition d'alun en très-petite quantité dans le suif, addition fort usitée par presque tous les fabricants, le durcit et le blanchit : il y a lieu de penser que cet effet est dû à une union de l'alumine, base de l'alun, avec un reste de gélatine qui, combinée avec le suif, lui donne un état de mollesse et de colore. Il est fort essentiel de dépouiller le suif de la gélatine en combinaison ou mélange avec lui; car c'est principalement à cette gélatine qu'est due la qualité fumeuse et la mauvaise odeur des chandelles pendant leur combustion : il se forme dans ce cas des gaz hydrazotés et du carbonate d'ammoniaque.   Pelouze père.

CHANDOS (John), célèbre capitaine anglais du quatorzième siècle, seconda vaillamment Édouard III dans ses guerres en France. Il commandait une aile à la bataille de Poitiers; et ce fut son intrépidité qui décida le succès de cette journée: « Allons, mon prince, cria-t-il au Prince Noir, ils branlent; la victoire est à nous. Marchons au roi de France; je vous le livre prisonnier, car il est trop courageux pour fuir. » Après le traité de Brétigny, dont il avait conduit les négociations, Chandos devint lieutenant général du roi d'Angleterre pour les provinces qu'il possédait en France. A la bataille d'Auray, ce fut à Chandos que Bertrand Duguesclin se rendit prisonnier. Le capitaine anglais reçut du comte Jean de Montfort la seigneurie du Havre pour prix de ses services. Olivier de Clisson réclama cette terre sans succès, et cette déconvenue lui inspira la haine que celui-ci porta depuis à Montfort et aux Anglois. Duguesclin ne fut pas heureux dans ses rencontres avec Chandos; il lui était de nouveau opposé en Espagne, en 1366, lorsqu'il fut battu et fait prisonnier à la bataille de Navarette. Chandos obtint d'Édouard la mise en liberté de son rival en grandeur d'âme et en talents. En 1368 il fut chargé de faire rentrer dans le devoir des barons gascons révoltés, et il fut tué l'année suivante, dans une rencontre au pont de Lussac près de Poitiers.

CHANFREIN, du latin *camus*, licol, masque, mors, muselière de fer qu'on met aux chevaux qui mordent, et de *frænum*, frein. Ce nom, qui dans son sens étymologique devrait signifier l'union des deux moyens mis en œuvre par l'homme pour dompter le cheval, a été cependant employé dans des acceptions différentes. On entend par *chanfrein*, en anatomie comparée, la partie comprise entre le bas du front et l'extrémité de la face dans les mammifères. Cette région de la tête est plus ou moins étendue en longueur et en largeur, plus ou moins plane, ou convexe et même bombée, et la peau qui la recouvre est garnie quelquefois de poils dont la couleur diffère de celle des autres parties de la tête. Chez le cheval, le chanfrein s'étend depuis les oreilles et l'intervalle des sourcils jusqu'au nez. On donne aussi ce nom à une pièce d'armure et à un morceau d'étoffe noire qu'on met sur le dos du nez des chevaux en deuil et à une sorte de coiffure de plumes pour ces animaux. En ornithologie, on a encore appelé *chanfrein* l'ensemble des plumes effilées, en général assez rudes, qui, placées à la base du bec des oiseaux, se dirigent d'arrière en avant, et couvrent les narines en totalité ou seulement en partie.

Dans les arts, *chanfrein* signifie petite surface ou pan oblique formé par l'arête abattue d'une pierre ou d'une pièce de bois; d'où *chanfreiner*, terme de menuisier, de maçon, abattre les arêtes, etc.; *chanfreindre*, terme d'horlogerie, ébiseler un trou avec une fraise, le faire en cône.   L. Laurent.

Le *chanfrein* était anciennement une pièce d'armure, une partie qui avait une destination analogue à celle des bardes et des flancois; aussi disait-on : *cheval bardé et chanfreiné*. C'était un masque d'une matière solide, régnant depuis les oreilles du cheval jusqu'à ses naseaux, et se rattachait à la cervicale, au moyen de charnières. Il y a eu des chanfreins de cuivre ciselé, d'acier poli, de fer bronzé, de cuir bouilli, etc. La partie du chanfrein qui répondait au milieu du front, présentait quelquefois un dard, imitant l'arme fabuleuse des licornes; quelquefois un panache surmontait le chanfrein, la partie qui garantissait le nez s'appelait *nasal* ou *moytard*. On avait poussé à une dépense prodigieuse le luxe des chanfreins : si l'on en croit l'historien de Charles VII, le comte de Foix fit, après la prise de Bayonne, son entrée dans cette ville, en 1449, sur un cheval dont le chanfrein d'acier était garni d'or et de pierreries, et était estimé 15,000 écus d'or; ce qui équivaut à 125,000 fr. de notre monnaie. Montgommery dépeint les chanfreins dont on se servait sous Henri IV, et qui disparurent peu après. Les mamelucks n'avaient pas encore renoncé de nos jours à l'usage des chanfreins.

Gal Bardin.

CHANGARNIER (Nicolas-Anne-Théodule), général de division, est né à Autun (Saône-et-Loire), le 26 avril 1793. Elevé à l'École de Saint-Cyr, il fut incorporé le 10 janvier 1815 dans la compagnie de Wagram des gardes du corps du roi, comme simple garde, mais avec le grade de sous-lieutenant dans l'armée. Six ans plus tard il entra dans la légion départementale de l'Yonne, devenue bientôt après le 60° de ligne, et fit en 1823 la campagne d'Espagne dans ce corps. A la paix, il fut admis dans le 1er d'infanterie de la garde royale, qu'il ne quitta qu'en 1830. Après la révolution de Juillet, il fut incorporé au 2° léger, et arriva capitaine en Afrique. Promu bientôt au grade de chef de bataillon, son nom devint tout à coup populaire, à la suite de la première expédition de Constantine, dans cette journée du 24 novembre 1836, si fatale à nos armes, si glorieuse pour lui, et où toute l'armée applaudit à sa brillante conduite devant l'ennemi. Le grade de lieutenant-colonel au 10° de ligne fut la juste récompense de l'intrépidité et du sang-froid dont il fit preuve dans ce désastre. Depuis on le vit successivement, et toujours à la suite de glorieux faits d'armes, recevoir les épaulettes de colonel, de général de brigade et de général de division. Ce dernier grade lui fut conféré le 9 août 1843, à la suite d'une brillante expédition dans l'Ouarencenis.

Le général Changarnier commandait la place d'Alger au mois de février 1848, et se trouvait sous les ordres du duc d'Aumale. C'est à lui que ce prince, à la nouvelle de la révolution qui venait d'enlever la couronne à son père, remit le commandement supérieur de l'Algérie en attendant l'arrivée du général Cavaignac, retenu par son service sur un autre point de la colonie, et que les hommes de l'hôtel de ville avaient jugé à propos de lui donner pour remplaçant. Le général Cavaignac était trop nécessaire à Paris même à la coterie du *National*, qui alors gouvernait la France, pour rester longtemps en Afrique. Nommé membre de l'Assemblée constituante, il ne tarda pas à quitter l'Algérie pour venir remplir à Paris son mandat législatif; et le gouvernement provisoire lui donna alors pour successeur le général Changarnier, qui à peu de temps de là fut lui-même appelé par la confiance des électeurs de la Seine à siéger dans l'assemblée.

Quand le général Cavaignac, à la suite des événements de juin, eût été élu par l'Assemblée nationale chef du pouvoir exécutif, il appela le général Changarnier au commandement supérieur de la garde nationale de Paris, en remplacement de l'un des matamores du *National*, le *maréchal* (des logis) Clément Thomas, appelé à ce poste après l'échauffourée du 15 mai. Le gouvernement nouveau que l'élection du 10 décembre 1848 institua en France maintint le général Changarnier dans ce poste important; et le président de la république, Louis-Napoléon, ne tarda même point (9 janvier 1849) à réunir alors sa main le commandement supérieur de l'armée de Paris à celui de la garde nationale.

Il en fut ainsi jusqu'en mai 1849, époque où on crut devoir scinder les deux commandements. Mais un décret en date du 11 juin suivant les réunit de nouveau.

Nous ne serons que juste en reconnaissant les services essentiels rendus à la grande cause de l'ordre par le général Changarnier. A l'affaire du 29 janvier 1849, à celle du 13 juin de la même année, il prouva que, bien commandée, la force armée aura toujours facilement raison de l'émeute; et l'énergie avec laquelle il réprima ces deux tentatives insurrectionnelles le rendit bientôt en quelque sorte l'arbitre de la situation, en raison de l'influence qu'elle lui donna sur la majorité de l'assemblée. Toutefois, c'est aujourd'hui acquis à l'histoire que le général fit dès lors au président de la république, et à diverses reprises, des ouvertures ayant pour but de l'engager à traiter l'Assemblée nationale comme son oncle, au 18 brumaire, avait traité les Conseils, mais que Louis-Napoléon les repoussa. Il est vraisemblable que l'attitude de bascule prise par le général Changarnier entre les deux partis dynastiques, qu'il flattait également dans leurs espérances, n'inspirait au président de la république qu'une médiocre confiance dans la sincérité de ces avances. Se sentant fort de l'appui de l'assemblée, le général Changarnier en vint alors à affecter vis-à-vis du président de la république des airs d'indépendance qui devaient tôt ou tard amener un conflit. Le général, encouragé par les provocations de la droite, finit par se déclarer franchement hostile à la pensée de la prolongation des pouvoirs présidentiels, que dès 1850 une foule de bons esprits avaient mise en avant comme moyen d'éloigner la crise que chacun redoutait pour 1852, époque fixée par la constitution de 1848 pour l'élection d'un nouveau président de la république. Louis-Napoléon, usant des droits que lui conférait cette constitution, se décida enfin, au mois de janvier 1851, à enlever au général Changarnier son double commandement. Celui-ci n'eut plus dès lors dans l'assemblée d'autre influence que celle qu'il pouvait exercer comme homme d'action en disponibilité et toujours prêt à venir en aide aux deux partis dynastiques dans leurs projets anti-bonapartistes. Plein de confiance dans son mérite personnel, le général ne doutait pas que le rôle de Monk ne lui fût réservé dans un avenir très-prochain, et il ne faisait pas mystère de ses convictions à cet égard; seulement il persistait à rester impénétrable quand on cherchait à le sonder pour savoir lequel des deux prétendants, le comte de Chambord ou le comte de Paris, avait plus spécialement ses sympathies. Les projets de coup d'État qu'à tort ou raison on supposait au président ne laissaient pas de temps à autre que d'effrayer la majorité; mais alors le général Changarnier montait à la tribune pour la rassurer. Tant qu'il serait là, « les représentants de la France, disait-il, pouvaient délibérer sans crainte ». A la séance du 3 juin 1851, il n'hésita même pas à déclarer « que l'armée ne marcherait ni contre l'assemblée ni contre « les lois, et que pour inaugurer l'ère des Césars on ne « trouverait ni un bataillon, ni une compagnie, ni une « escouade ! »

Le 2 décembre 1851, le général, arrêté à six heures du matin dans son domicile par un commissaire de police, essaya d'abord de s'opposer à l'exécution du mandat dont il était l'objet. Mais bientôt, reconnaissant l'inutilité de toute résistance, il se laissa conduire à la prison de Mazas. Expulsé de France à peu de temps de là par mesure de sûreté générale, il réside aujourd'hui à l'étranger, et a refusé de prêter serment au gouvernement établi en vertu du plébiscite du 22 décembre 1851; condition mise à son maintien sur les cadres de l'armée. La même incertitude continue d'ailleurs à régner au sujet de ses sympathies dynastiques, et on ignore toujours au service duquel des deux prétendants il se réserve, le cas échéant, de mettre son épée.

CHANGE, CHANGER, CHANGEANT. Ces mots sont dérivés du latin *cambiare* ou *cambire*, et ils expriment proprement l'idée de passage d'un état, d'un sentiment ou d'une opinion à une autre. Le mot *change* a une acception particulière dans le commerce (*voyez* l'article suivant). En étendant cette acception, on en fait le synonyme de *troc* ou *échange*, et l'on dit alors *perdre* ou *gagner au change*. On dit aussi proverbialement *changer son cheval borgne contre un aveugle*, pour dire changer une chose mauvaise contre une plus mauvaise encore. *Troc* se dit plus particulièrement d'un *échange* de chevaux, de bijoux, ou d'autres choses mobilières et de service courant; *échange* de tout ce qui concerne les terres, les biens-fonds et les personnes : on fait entre puissance des échanges d'États et de prisonniers.

Change, en termes de vénerie, s'entend d'une meute ou d'un chien courant qui quitte la bête que le chasseur a lancée, pour s'attacher à une autre, qui est venue se jeter à la traverse, ruse souvent employée par les animaux auxquels on donne la chasse.

Par analogie, on dit au figuré *donner le change* à quelqu'un pour dire détourner adroitement quelqu'un d'un dessein, en l'engageant à en poursuivre un autre, ou employer des apparences trompeuses pour faire croire une chose contraire à la vérité ; on dit de celui qui cède facilement à de pareilles instigations ou tromperies, qu'il est aisé de lui faire *prendre le change*.

En termes de manége, *changer de main*, c'est porter la tête d'un cheval d'une main à l'autre pour le faire aller à droite ou à gauche.

En termes de marine, ce verbe a plusieurs significations : *changer les voiles*, c'est mettre un côté de la voile au vent, au lieu de l'autre côté, qui y était avant cette substitution. Changer les voiles de l'avant et les mettre sur le mât, c'est brasser tout à fait les voiles du mât de misaine du côté du vent, ce qui se fait afin qu'il donne dessus, et que le vaisseau étant battu par là, on puisse le mettre en route. *Changer d'amures ou de bord*, c'est virer de bord, c'est mettre un côté du vaisseau au vent à la place de l'autre, afin de lui faire prendre une autre route, une autre direction, expression que l'on a transportée du langage direct dans le langage figuré pour dire changer de parti ou de ligne politique. *Changer l'artimon*, c'est faire passer la voile d'artimon avec sa vergue d'un côté du mât à l'autre. *Changer le quart*, c'est faire entrer une partie de l'équipage en service, au lieu et place de celle qui était de garde et qu'on relève. *Changer la barre*, c'est mettre la barre du gouvernail du côté opposé à celui où elle était.

Changeant, qualificatif de ce qui change, ou de ce qui est sujet au changement, se dit surtout au propre des aspects du ciel et de la terre, qui sont, ainsi que l'atmosphère, sujets à de fréquentes variations. Une *couleur changeante* est celle qui prend un aspect ou une teinte différente selon la manière diverse dont la lumière la frappe et la pénètre ; les couleurs de l'iris et de la gorge des pigeons sont *changeantes*. En astronomie, on donne spécialement le nom de *changeantes* à certaines *étoiles* qui sont sujettes à des diminutions et à des augmentations alternatives de lumière. Au figuré, on dit un *esprit changeant*, une humeur *changeante*, pour un esprit et une humeur mobiles, sujets à changer de but et d'affection.

CHANGE (*Commerce*). La compensation des dettes réciproques des nations constitue le *change*. Considéré dans les rapports qu'il établit entre les particuliers, le *change* n'est autre chose que le commerce de l'argent ou des *lettres de change*, qui en sont la représentation. Le change ou commerce de l'argent se divise en *change menu*, qui est sans importance, et en *change réel*. Le *change menu* consiste à prendre des monnaies défectueuses, étrangères, ou hors de cours, pour des monnaies de cours, moyennant un léger bénéfice : on ne considère dans ce commerce que la valeur intrinsèque des monnaies que l'on prend. C'est un achat pur et simple de métaux fait par des marchands que l'on appelle *changeurs*. Mais le *change réel*, que l'on appelle plus simplement le *change*, consiste, pour les négociants et les banquiers, à vendre l'argent qui leur est dû dans différentes villes ; ils en reçoivent la valeur de ceux qui l'achètent, et leur donnent en retour une *lettre* adressée à leurs débiteurs ou correspondants, prescrivant de payer, à l'ordre de ces acquéreurs, les sommes qui leur ont été vendues. Ces lettres, qui servent à opérer ainsi l'échange des fonds à recevoir dans divers lieux contre de l'argent comptant ou toute autre valeur, sont ce qu'on appelle des *lettres de change*.

L'objet du change est d'éviter le transport des monnaies, et ses effets sont : 1° la création d'un signe représentatif des monnaies, c'est-à-dire des lettres de change, dont la circulation dans le commerce est susceptible du plus grand degré possible de rapidité ; 2° l'augmentation des richesses nationales en circulation ; 3° le payement des dettes réciproques des nations, sans exportation de numéraire. En compensant les dettes réciproques des nations, le change leur épargne les frais et les risques du transport des fonds qu'elles se doivent mutuellement. Mais une nation qui doit dans l'étranger plus qu'il ne lui est dû ne peut y payer ses dettes qu'en y faisant transporter des fonds. Lorsque les dettes entre deux nations sont inégales, rien ne peut empêcher la sortie des espèces de chez l'une et leur importation chez l'autre. L'importation ou l'exportation des espèces et les avantages ou désavantages du change résultent donc également de l'inégalité des dettes. L'unique moyen d'assurer l'avantage du change à une nation et d'empêcher la sortie de ses espèces, est d'augmenter et de perfectionner les produits de son territoire et de son industrie, en un mot, d'autres termes, de la mettre en état de vendre aux nations voisines plus de marchandises qu'elle ne leur en achète. Ainsi, les accroissements de l'agriculture, des manufactures et du commerce peuvent seuls influer avantageusement sur le change, et on ne peut les attendre que d'une bonne législation.

Mais les opérations de change des particuliers sont d'une grande facilité, parce qu'elles se réduisent toutes à prendre ou à négocier des lettres de change. Dans toutes ces opérations il ne s'agit que d'un achat ou d'une vente de monnaies étrangères. *Tirer* ou négocier des lettres sur l'étranger, c'est vendre des monnaies étrangères ; *remettre* dans l'étranger, c'est acheter des monnaies étrangères. Dans tous les problèmes relatifs à ces opérations, il ne s'agit donc que de changer les monnaies étrangères que l'on achète ou que l'on vend en monnaies de cours du pays où l'on en fait l'achat ou la vente. Dans la recherche du *pair du change* de deux nations il ne s'agit également que de chercher la valeur de la monnaie de celle des deux places où l'on donne le *certain*. Dans les *arbitrages de banque*, il ne s'agit encore que de chercher les voies les plus avantageuses pour tirer des lettres de change sur l'étranger ou pour y faire des remises, c'est-à-dire pour vendre ou acheter des monnaies étrangères. Sous tous les rapports, l'idée générale des *opérations de change* est donc renfermée dans celle de l'achat ou de la vente des monnaies étrangères, dont les lettres de change sur l'étranger que l'on prend ou négocie sont le signe représentatif.

Les opérations de change se subdivisent en opérations de changes intérieurs et étrangers. Les premiers consistent à vendre ou céder des lettres dont la valeur doit être reçue dans l'une des villes de l'intérieur du pays, et les secondes à vendre ou céder des lettres dont la valeur doit être reçue dans l'étranger. Le prix auquel on vend dans un lieu l'argent qui doit être reçu dans un autre est ce qu'on appelle le *prix du change*.

Lorsque certaines circonstances n'influent pas sur la valeur des lettres de change tirées sur des villes de l'intérieur, ces lettres ne perdent ou ne gagnent rien à être échangées pour l'argent qu'elles représentent : on en donne la même somme de monnaie que l'on doit en recevoir par le même moyen au lieu du payement : c'est ce qu'on appelle le *prix du change intérieur*. Ainsi, lorsque le change est au pair, entre Paris et Marseille, par exemple, une lettre de change de 1,000 francs qu'on voudrait acheter à Paris sur Marseille, coûterait 1,000 fr. en espèces. Quand il y a perte ou bénéfice, le prix du change se fixe à raison de 1/8, 1/4, 1/2, ou 2 pour 100, plus ou moins. Ces cours varient selon la rareté ou l'abondance du papier, la difficulté ou les frais de transport du numéraire, et autres circonstances ; aussi la plupart du temps, les lettres de change gagnent ou perdent à être échangées contre de l'argent.

De deux nations qui changent ensemble, l'une donne toujours à l'autre une de ses monnaies, ou une quantité fixe de sa monnaie, pour laquelle cette autre lui donne en retour en la sienne un prix plus ou moins grand, selon les circonstances. Ainsi, le prix des changes étrangers est toujours exprimé par deux termes, dont l'un, fixe et invariable, est appelé le *certain*, et l'autre l'*incertain*, parce qu'il est sujet à de fréquentes variations : c'est l'*incertain* qui exprime le *prix du change*. Par exemple, Londres change avec Paris en lui donnant *une livre sterling* (qui est le *certain*), pour en recevoir 25 francs ou 25 fr. 50, plus ou moins, qui est l'*incertain*. Les négociants des différentes places commerçantes de l'Europe envoient par tous les courriers le cours des changes de chacune à leurs correspondants, et on imprime même ces cours dans les journaux, afin que les négociants puissent juger de l'avantage ou du désavantage des changes de chaque pays; mais la note du cours des changes de chaque place de commerce ne contient que le prix variable ou l'incertain que cette place reçoit ou donne, et on n'y fait aucune mention de la quantité fixe de monnaie ou du *certain* que cette place donne ou reçoit en retour, parce qu'on suppose qu'étant constamment le même, le certain est assez connu de toutes les personnes pour l'usage desquelles on publie le cours du change.

Dans les tableaux du cours du change, on relate ordinairement le prix du papier à différentes dates; comme à un mois, à trois mois, etc. Une colonne porte pour tête *papier*, l'autre *argent*. *Papier* veut dire que les prix placés dans la colonne qui porte ce titre sont ceux auxquels on trouve du papier, ou, en d'autres termes, ceux auxquels le papier est offert, et *argent* signifie que les prix cotés dans la colonne ainsi intitulée sont ceux auxquels on trouve de l'argent pour du papier, ou, en d'autres termes, ceux auxquels le papier est demandé. Par exemple, *Amsterdam* 54 placé dans la colonne intitulée *argent, un mois*, indique que le papier d'Amsterdam à un mois est *demandé* à ce prix, et 54 1/2 dans la colonne *argent, trois mois*, que celui de trois mois l'est à 54 1/2. L'absence de prix dans les colonnes intitulées *papier* veut dire que le papier sur la ville en regard n'est pas offert. *Hambourg* 188 et 187, placé dans les deux colonnes *papier, un et trois mois*, signifie que le papier sur Hambourg à un et trois mois est *offert* à ce prix. Les colonnes *argent* étant vides, indiquent qu'il n'est pas demandé. Enfin, *Londres* 24 et 23.50, placés dans les quatre colonnes, veut dire que le papier sur Londres est également *offert* et *demandé* ; c'est-à-dire qu'on trouve également à négocier ou à prendre ce papier.

Quelquefois les prix cotés dans la colonne intitulée *trois mois* sont plus hauts, quelquefois plus bas que ceux cotés dans la première, intitulée *un mois*, cela provient de ce que le preneur de papier exige pour le plus long terme de trois mois un prix plus avantageux pour celui d'un mois, et que le prix est plus avantageux avec certaines places quand il est plus bas, et avec d'autres quand il est plus haut. Par exemple, pour toutes les places qui donnent le certain, comme Hambourg, Londres, Cadix, etc., le plus avantageux est le plus bas prix; et pour celles qui donnent l'incertain, comme Amsterdam, Lisbonne, etc., c'est le plus haut prix qui offre le plus d'avantages. Les *p* qui sont à côté des 1/2, 3/8 p. 0/0, etc., expriment que le papier *perd*. S'il y avait un *b*, cela voudrait dire *bénéfice*, c'est-à-dire qu'il gagne; mais il est très-rare que dans un commerce régulier le papier gagne sur l'argent, et c'est déjà beaucoup qu'il soit au pair. *Venise*, 2 1/2 p. *Anvers*, 3/8 p. *Bâle, Francfort, Bordeaux*, etc., 1/2 p. 0/0 p., veut dire que toutes ces places perdent avec Paris 2 1/2, 3/8, 1/2 p. 0/0.

Lorsque le prix que l'une des deux places donne de la quantité fixe de monnaie qu'elle reçoit toujours de l'autre est composé d'un poids d'or ou d'argent par égal à celui dont cette quantité fixe de monnaie est composée, cette parfaite égalité de poids en matière pure constitue ce qu'on appelle le *pair du change*. On dit que le prix du change entre deux places est *haut*, lorsque le prix *incertain* que l'une reçoit de l'autre ou lui donne est au-dessus du *pair*; il est *bas*, au contraire, lorsque ce prix *incertain* est au-dessous du pair : par exemple, le pair du change entre Paris et Amsterdam est à 56 deniers de gros pour 3 fr. ; si le change est à 57, il est *haut*; s'il descend à 55 il est *bas*. On a dû en conclure ces principes généraux : 1° le prix du change le plus *haut* est le plus avantageux pour *prendre* des lettres de change sur les places qui donnent l'*incertain*; car en retour du prix certain que l'on donne, on reçoit plus que le pair; 2° le prix du change le plus *bas* est le plus avantageux pour *fournir* des lettres de change sur les places qui donnent l'incertain; car en retour du prix certain que l'on reçoit, on donne moins que le pair; 3° le prix du change le plus *bas* est le plus avantageux pour prendre des lettres de change sur les places qui donnent le *certain*, car on donne moins que le pair en retour du certain que l'on reçoit; 4° le prix du change le plus *haut* est le plus avantageux pour fournir des lettres de change sur les places qui donnent le certain, car on reçoit plus que l'on ne donne.

Les achats et ventes des sommes qui doivent être reçues en différents lieux par le moyen des lettres de change sont ce que les banquiers appellent les *opérations du change*. Les principales consistent : 1° à tirer des lettres de change sur l'étranger, à l'ordre d'une personne qui en paye la valeur en monnaie de cours : c'est donc vendre à cette personne les monnaies étrangères représentées par les lettres qu'on lui négocie : ainsi, faire le calcul de la négociation d'une traite, c'est faire celui de la valeur des monnaies étrangères que l'on vend; 2° à faire des remises dans des villes de l'étranger, ce qui est, en d'autres termes, envoyer aux personnes à qui l'on doit, des lettres de change tirées sur ces mêmes villes : or, pour effectuer la remise de ces lettres, il faut les acheter; *acheter* des lettres de change sur l'étranger, c'est donc acheter les monnaies étrangères qu'elles représentent. Ainsi, faire le calcul d'une remise, c'est faire celui de la valeur des monnaies étrangères que l'on achète. Conséquemment, dans les deux cas généraux des changes étrangers, il ne s'agit que de calculer, au prix du change, la valeur des monnaies étrangères que l'on achète ou que l'on vend. Pour opérer sans difficulté le change des monnaies d'une nation quelconque en monnaie d'une autre nation, il faut connaître, 1° les monnaies de ces deux nations (les monnaies de compte et d'échange, mais non les monnaies réelles ou effectives), ainsi que les subdivisions de ces mêmes monnaies; 2° le prix du change et la manière dont elles le règlent; 3° la règle conjointe.

Les changes immédiats des monnaies d'un pays en monnaies d'un autre pays sont ce qu'on appelle des *changes directs*, ou plus simplement des *changes*. Mais on ne peut pas toujours changer directement sans désavantage les monnaies d'un pays en monnaies d'un autre, et même il arrive quelquefois que deux nations n'ont pas de change ouvert entre elles, ou que l'une ne fait pas d'opérations de banque avec l'autre. En pareil cas, on peut néanmoins changer les monnaies de l'une en celles de l'autre lorsqu'on connaît la valeur des monnaies de ces deux nations en monnaies d'une troisième, ou bien les monnaies de la première en celles de la troisième, et ensuite les monnaies de cette troisième en celles de la seconde. Ces sortes d'opérations sont ce qu'on appelle des *changes indirects*.

Les opérations que les cambistes désignent sous le nom de *pair politique* ou d'*égalités*, et aussi de *parités de change*, ont pour objet de déterminer le prix du change de deux nations proportionnellement à celui de chacune de ces deux nations avec une troisième ou un plus grand nombre de places intermédiaires, ou, en d'autres termes, ont uniquement pour objet de découvrir à combien doit ressortir le prix du change entre deux nations, à raison du prix de change de chacune d'elles avec une troisième, qui sert de voie intermédiaire. Pour connaître ce qu'on appelle l'*égalité de change* de deux nations, c'est-à-dire à combien doit ressortir le prix du change entre elles proportionnellement aux prix de changes connus, il faut changer la monnaie de compte qui constitue le *certain* en monnaie de l'*incertain* par la voie indirecte intermédiaire.

Les arbitrages de banque ont pour objet de découvrir les voies les plus avantageuses pour tirer des lettres sur une ou plusieurs places étrangères, ou pour y faire des remises. On les opère en cherchant les voies directes et indirectes par lesquelles le prix du change proportionnel à d'autres prix connus est le plus avantageux entre deux places données. Il ne s'agit dans les opérations de cette nature que de chercher quel doit être le prix du change entre deux places données, 1° proportionnellement aux prix de leurs changes avec une troisième ; 2° proportionnellement aussi aux prix de leurs changes avec une quatrième, une cinquième place, etc.; 3° et que de choisir enfin entre tous les prix des changes proportionnels obtenus par ces opérations préalables celui qui offre le plus d'avantages. Or, l'opération relative à chaque pair proportionnel, ou, en d'autres termes, à chaque égalité de change qu'il s'agit de trouver en particulier se fait sur les principes déjà établis, et il n'y a rien à ajouter ici sur ce point. D'un autre côté, le choix d'un prix du change le plus avantageux ne peut offrir aucune difficulté, puisqu'on a déjà reconnu et établi précédemment : 1° que le prix du change le plus haut est le plus avantageux pour tirer des lettres de change sur une place qui donne le *certain*, et le plus bas, au contraire, est le plus désavantageux pour y faire des remises; 2° que le prix du change le plus bas est le plus avantageux pour tirer des lettres de change sur une place qui donne l'*incertain*, et le plus haut, au contraire, est le plus avantageux pour y faire des remises.

Edmond DEGRANGE.

CHANGE (Lettre de). *Voyez* LETTRE DE CHANGE.

CHANGEMENT. C'est un état de mobilité que l'on rencontre dans les personnes et dans les choses, et qui parait être une loi de la nature. Il serait difficile que l'homme seul ne changeât pas quand tout change autour de lui. Les changements physiques et matériels, tels que ceux d'âge, d'état et de condition, en amènent nécessairement d'autres dans notre manière d'être au moral; les goûts et les opinions de l'âge mûr ne peuvent plus être les mêmes que ceux de la jeunesse.

Le temps, qui change tout, change aussi nos humeurs,

a dit Boileau. Quant aux principes, qui, ils, devraient rester invariables une fois qu'ils ont été bien raisonnés, et néanmoins il n'y a pour ainsi dire, quelque constant qu'il soit, qui sur ce point n'ait *changé* quelquefois. Faut-il en conclure que c'est une condition inévitable de l'esprit humain, une conséquence de son imperfection et de sa faiblesse? Faut-il dire, avec un poète moderne :

L'homme absurde est celui qui ne *change* jamais.

Reconnaissons plutôt que si le changement est dû souvent au défaut de base réelle dans les idées et dans les principes, ou à une impulsion irrésistible du caractère, il est trop souvent aussi le résultat d'une spéculation. Autant il est honorable de céder à la conviction, et de reconnaître qu'on a pu se tromper, autant il est juste et louable de ne point persister dans l'erreur, autant il est coupable et honteux de faire ployer ses convictions devant les considérations d'intérêt personnel, et c'est ce dont malheureusement nous avons tous les jours des exemples sous les yeux. Maintenant essayerons-nous de répondre à l'ancienne accusation portée contre la nation française d'aimer le *changement* et d'être *le peuple le plus changeant du monde*? Les essais de *changement* que nous n'avons cessé de faire depuis plus de soixante ans nous ont si mal réussi, qu'ils devraient bien amortir un peu ce désir ardent, cette inquiétude continuelle qui nous faisait aspirer sans cesse à un nouvel état. Il en est même qui craignent que nous ne soyons pris d'une humeur toute contraire, et que le désir de *maintenir* et de *conserver* à tout prix ne fasse de nous la nation la plus routinière et peut-être la plus rétrograde du monde.   Edme HEREAU.

CHANGEUR. La profession du changeur consiste dans l'échange de pièces de monnaie contre des pièces différentes, de billets de banque contre des espèces, et de matières d'or et d'argent contre du numéraire. Cet échange n'est pas borné aux monnaies qui ont cours à l'intérieur; il s'applique également aux monnaies étrangères et aux papiers garantis par les gouvernements ou par certaines banques. Le rapport entre l'offre et la demande détermine le cours des espèces et fixe le bénéfice du changeur.

Il y avait des changeurs chez les Grecs et les Romains. A Paris les comptoirs des changeurs, presque généralement tenus par des Juifs ou par les Lombards établis dans cette ville vers la fin du douzième siècle, occupaient les maisons qui garnissaient les deux côtés du *Pont au Change*. A la différence des banquiers, qui n'étaient que des négociants, les changeurs avaient titre d'office, leur nombre était limité, et divers règlements déterminaient leurs droits et leurs obligations. Louis XIV, en confirmant leurs privilèges, leur enjoignit d'envoyer aux hôtels des monnaies toutes les espèces ou matières à réformer. Mentionnons aussi la déclaration du 7 octobre 1785, qui ordonna, sous peine de confiscation, de remettre aux hôtels des monnaies ou changes les plus prochains, contre le payement immédiat de leur valeur, toutes les vieilles monnaies de France trouvées sous les scellés, parmi les effets saisis, dans des démolitions, etc. Ce fut là l'origine du *Cabinet des Médailles* qui se trouve à l'hôtel des monnaies de Paris.

Aujourd'hui cette profession est libre. Cependant, dans les échanges ou achats de matières d'or et d'argent, le changeur doit suivre les prescriptions générales auxquelles sont soumis les fabricants qui travaillent ces matières. Ainsi, il doit tenir un registre régulier de ses achats, briser les pièces qui ne sont pas au titre légal, faire apposer les poinçons voulus, etc.

CHANNING (WILLIAM ELLERY), célèbre écrivain moraliste américain, né le 7 avril 1780, à Newport, dans l'État de Rhode-Island, perdit dès l'âge de treize ans son père, avocat de mérite, et fut élevé par sa mère. Son intention fut d'abord d'étudier la médecine : mais plus tard il se livra avec ardeur à l'étude de la théologie, et en 1803 il obtint une place de prédicateur à l'église presbytérienne de Boston. Dans les premières années de son ministère, ses opinions théologiques n'avaient rien qui le séparât du clergé orthodoxe de cette ville. Par la suite, un sermon qu'il prononça à l'occasion de l'ordination d'un ecclésiastique du nom de Jared Sparks, l'amena à exprimer sa pensée sans détour; et à partir de ce moment il déploya un tel zèle pour la propagation des principes des unitaires, qu'on le surnomma leur *Apôtre*. Ses *Sermons* (Boston, 1812) popularisèrent son nom dans toute l'Union. Ses *Essays* sur Milton, Napoléon, les sociétés de tempérance, la guerre, etc., accrurent encore sa réputation, et la répandirent jusqu'en Europe. Il est vrai qu'en Angleterre les meneurs de l'opinion publique lui refusèrent leur concours; mais ses écrits n'en ont pas moins leur chemin peu à peu, et le moment vint où sa réputation fut encore plus grande en Europe qu'en Amérique. Comme moraliste, comme généreux philanthrope, défendant alternativement avec toute l'énergie de son talent, la paix, l'instruction, la tolérance, l'abolition de l'esclavage, on pourrait citer peu d'hommes qui aient aussi bien mérité que lui de l'humanité. Son livre *On Slavery* (Boston, 1835) fit époque sous ce rapport, et fut regardé aux États-Unis comme un véritable événement politique, parce que l'auteur jettait, dans la balance de l'abolitionisme le poids de sa grande réputation. Ce fut le 1er août

1842, à Lenox, dans le Massachusetts, que Channing se fit entendre pour la dernière fois en public, dans une assemblée destinée à célébrer l'anniversaire de la déclaration d'indépendance des colonies anglo-américaines, et où il porta la parole avec l'éloquence et la dignité qui lui étaient propres. Il mourut le 2 octobre de la même année, à Bennington, dans l'État de Vermont, où il était allé faire un petit voyage. Beaucoup de ses sermons et de ses traités ont obtenu en Angleterre les honneurs de nombreuses éditions, par exemple : *On self culture* (Londres, 1839); *Lecture on war* (1839), etc. Il a publié lui-même une édition de ses œuvres (2 vol., New-York, 1836). Sous le titre de *Beauties of Channing* (Londres, 1849), Mountford en a publié en Angleterre les plus remarquables morceaux. Consultez *Memoirs of W. E. Channing* (3 volumes, Londres 1848), par son neveu, W. H. Channing.

CHANOINE (en latin *canonicus*, fait du grec κανών, règle, canon). Ce nom fut donné, dans le quatrième siècle, à des cénobites vivant sous une règle commune. Bientôt après, les clercs, en général, quelle que fût leur manière de vivre, adoptèrent cette dénomination, qui fut néanmoins appliquée plus rationnellement à ceux qui vivaient en communauté, comme ceux de Saint-Eusèbe de Verceil, de Saint-Augustin, etc. Dès 610 les chanoines de Rome avaient trois chefs : l'*archiprêtre*, ou chef des prêtres, l'*archidiacre*, ou chef des diacres, le *primicier*, ou chef des clercs inférieurs, dont les titres existent encore dans beaucoup de chapitres.

On considère Chrodegand ou Chrodogand, évêque de Metz en 763, comme le fondateur de cette institution. Il est du moins certain qu'il est l'auteur du plus ancien règlement connu pour les chanoines. C'est le régime claustral modifié et appliqué aux prêtres et aux clercs attachés spécialement au service des cathédrales. Ce règlement assujettit les chanoines au travail des mains, à la pratique du silence dans certains temps, à se confesser deux fois par an à leur évêque ou aux prêtres délégués par lui, à communier tous les dimanches et les jours de fête solennelle. Tous, à l'exception des archiprêtres, archidiacres et primiciers, sont tenus de *servir dans les cuisines*. Tous doivent assister chaque jour au chapitre, après l'office des primes, et recevoir les ordres et réprimandes de l'évêque. Ils habitaient une même maison appelée *monastère*, couchaient dans une salle commune et mangeaient à la même table, pourvoyant à tous leurs besoins matériels à l'aide d'une partie des domaines capitulaires et des dîmes assignées à leur entretien par l'évêque ou le doyen. Les évêchés, les cathédrales étaient assez largement dotés pour suffire à toutes ces dépenses. Saint Chrodegand ajouta un léger supplément à leurs revenus en imposant une taxe sur les messes, qui jusque alors avaient été gratuites.

En 816, l'empereur Louis le Débonnaire fit rédiger par les prélats assemblés en concile à Aix-la-Chapelle un règlement général pour les chanoines. Il en fut bientôt de celui-ci comme de tant d'autres : les parties intéressées s'affranchirent successivement des rigueurs de la clôture, de la table commune et des dispositions somptuaires pour leur vie intérieure et leur habillement. Dans l'origine leur vêtement et leur règle ne les distinguaient pas des moines cloîtrés. L'aumuce leur couvrait de la tête aux pieds. Ils trouvèrent plus commode de la porter sur le bras. Ce n'était plus un grossier sarreau d'étoffe ou de peau communes, mais une longue et large bande de pelleterie, parsemée d'hermine. Les chanoines, d'abord coremensaux des évêques, devinrent leur conseil obligé, plus tard leurs rivaux. Dans les querelles des prélats de France avec les papes, les chanoines, oubliant qu'avant d'être prêtres ils étaient Français, se firent les plus ardents auxiliaires des prétentions ultramontaines. Les pragmatiques sanctions de Charles VI et de Louis IX avaient rendu aux chapitres le droit d'élire les évêques, concurremment avec les magistrats; les chapitres restèrent bientôt seuls maîtres des élections des diocèses pendant la vacance du siége, et devinrent tout à fait indépendants. Rien n'était moins extraordinaire que des procès entre les évêques et les chapitres. Ils formèrent bientôt une classe à part dans le clergé, et pour se distinguer des curés et des prêtres de paroisses, ils n'appelaient cette partie si utile, si honorable, du corps ecclésiastique, que le *bas clergé*. Il y eut des chapitres de nobles, dont on ne pouvait faire partie qu'en prouvant un certain nombre de quartiers de noblesse : en bien des endroits on en exigeait seize. A Lyon les chanoines avaient le titre de *comtes*. Ils étaient en général moins hommes d'église qu'hommes du monde. Le clergé des paroisses restait seul chargé de l'administration des sacrements et de l'éducation religieuse des enfants. Les chanoines ne se montraient guère aux offices que dans les jours de solennité. Les prélats y paraissaient encore plus rarement. Chaque chapitre avait, outre les dignitaires que nous avons cités, ses grands-vicaires, son théologal, son grand-pénitencier, son grand-chantre; et ces charges étaient richement dotées.

Les chanoines se divisaient en *chanoines réguliers* et en *chanoines séculiers*. La première dénomination ne semble appartenir qu'à certaines congrégations vivant en communauté, et plus rapprochées de la vie claustrale, comme les chanoines de l'ordre de Saint-Augustin, les génovéfins, les prémontrés, tous portant l'aumuce, insigne caractéristique du *canonicat*. La seconde ne semble désigner que les chanoines des cathédrales, vivant dans une entière indépendance. Quant aux laïques, qui n'étaient qu'une exception, ils étaient parfaitement qualifiés par le titre de *chanoines d'honneur*. Mais on était convenu d'appeler chanoines réguliers tous ceux des cathédrales, des collégiales, et encore ceux qui appartenaient à des congrégations, soit cloîtrées, soit non cloîtrées. Il existait, en outre, parmi les chanoines un ordre hiérarchique et une échelle proportionnelle pour la répartition des revenus, basés, l'un et l'autre, sur leurs époques d'admission dans le chapitre. Les plus anciens prenaient les titres de *prévôt, doyen, senior, écolâtre, chantre* et *custode*. Les deux premiers, ainsi que le successeur élu de l'évêque, son *coadjuteur*, étaient des prélats de l'église. Le prévôt présidait le chapitre ; le doyen était chargé de la surveillance des domicellaires ; l'écolâtre et le chantre pourvoyaient à l'enseignement.

Le chef de la noble maison de Chastellux était *chanoine d'honneur* de la cathédrale d'Auxerre. Cette famille y avait sa chapelle et sa sépulture. Le titulaire se présentait à l'église, armé, bardé de fer, avec le surplis sur son armure féodale, l'épée au bras et le faucon sur le poing. Le chef de cette noble race pouvait être chanoine sans blesser en rien les usages reçus, puisqu'un enfant de dix ans pouvait obtenir ce titre, et qu'il suffisait d'être sous-diacre pour avoir voix au chapitre.

Les chanoines n'étaient pas tous également rétribués : les uns avaient une prébende entière, d'autres n'en avaient qu'une partie ; quelques-uns étaient titulaires. Les statuts réglementaires étaient les mêmes pour tous. De là les diverses dénominations données aux chanoines : 1° les *chanoines cardinaux* (in-cardinati), attachés à une église, comme les prêtres ordinaires à une paroisse ; 2° les *chanoines damoiseaux* (*domicillares*), cadets de famille qui n'étaient pas n'ayant pas voix au chapitre, recevant l'émolument canonial, mais 3° les *expectants*, attendant une prébende, et jouissant provisoirement du titre de chanoine, avec voix au chapitre et place au chœur ; 4° les *forains* (*forenses*), dispensés de desservir la chanoinie ou chapelle dont ils étaient titulaires, mais dont ils percevaient le revenu, et se faisant suppléer par un vicaire auquel ils payaient une légère rétribution ; 5° les *mansionnaires* ou *residents*, qui résidaient à la chanoinie et la desservaient eux-mêmes ; 6° les *chanoines de treize marcs*, du diocèse de Rouen, ainsi appelés du chiffre du revenu annuel de leur chanoinie ; 7° les *mineurs* ou *petits*, attachés à l'église de Londres, suppléant les grands chanoines en cas d'absence ou pour toute autre cause ; 8° les *chanoines mitrés*, de Lucques, autorisés par plusieurs papes à porter la mitre ; 9° les *chanoines de la pauvreté*, souvent cités dans l'histoire d'Annecy ; 10° les chanoines *ad succurrendum* ou plutôt *in extremis*, faveur accordée aux fidèles *mourants*, pour leur donner droit aux prières du chapitre ; 11° les *terciaires* (*tertiarii*), ne recevant que le tiers de la prébende.

Les *chanoines de Saint-Denis*, furent institués par décret impérial du 20 février 1806 pour desservir dans cette église la sépulture des empereurs. Ce *chapitre impérial* avait pour chef le grand-aumônier, et se composait de dix chanoines, choisis parmi les évêques âgés de plus de soixante ans, et qui se trouvaient hors d'état de continuer les fonctions épiscopales. Ils jouissaient des traitements, honneurs et prérogatives attachés à l'épiscopat. Aujourd'hui ce chapitre se compose de deux chanoines du premier ordre titulaires et un honoraire (tous trois évêques), et de sept chanoines du second ordre (prêtres).

Lors de la réformation, on laissa subsister en Allemagne l'organisation des chapitres des cathédrales, même dans celles dont les membres avaient embrassé le protestantisme. Mais plusieurs durent recevoir dans leur sein des membres du corps enseignant. A Meissen et à Mersebourg deux canonicats sont spécialement réservés aux deux plus anciens docteurs et professeurs de théologie et de jurisprudence de Leipzig. La plupart des collégiales allemandes sont dans ce cas. En Prusse le roi, en sa qualité de chef suprême de l'Église protestante, a la distribution de certains canonicats.

Dans tous les cahiers des bailliages, en 1789, la France avait émis le vœu d'une grande réduction dans les chapitres des cathédrales et des collégiales, et la réduction successive du clergé dans les limites des besoins des églises. L'Assemblée constituante, trouvant plus commode d'abattre l'arbre que de l'émonder, supprima les chanoines ; et quoique le concordat et les lois organiques les aient fait revivre, ils ne sont plus que l'ombre de ce qu'ils étaient autrefois.

DUFEY (de l'Yonne).

CHANOINESSE (*canonica virgo*). Le plus ancien établissement religieux de cet ordre était celui de Remiremont en Lorraine. Il était antérieur de plus de deux siècles à l'institution de saint Chrodegand. Pour se distinguer des autres *couvents*, ceux de chanoinesses s'appelaient *collèges*. L'abbaye de Remiremont, de l'ordre de Saint-Benoît, avait été fondée par Saint-Romaric, prince du sang royal, pour les filles de qualité qui voulaient vivre régulièrement. Ces chanoinesses avaient une règle particulière, qui fut approuvée par Louis le Débonnaire. Celles des autres collèges en différaient peu. L'abbesse et la prévôtesse ne pouvaient pas rentrer à leur gré dans le *siècle*. Les chanoinesses n'avaient point hors du *collège* de costume particulier ; rien ne les distinguait des autres femmes, et on les rencontrait dans tous les salons, au spectacle et dans les promenades publiques. Elles avaient de plus que les autres le privilège de porter la croix, des décorations féodales. Ces insignes les faisaient remarquer, et l'on était sans excuse si on ne les saluait pas du titre de *madame la chanoinesse*. La Lorraine avait trois autres collèges ; mais ils étaient rares dans les autres provinces de France. Mme de Tencin était chanoinesse de *Montfleury*, près de Dijon, quand elle obtint du saint-siège sa entière sécularisation.

Indépendamment de ses archi-chapitres, chapitres et collégiales, l'Allemagne possède de nos jours bon nombre de *chapitres de femmes*, qui, comme les chapitres d'hommes, sont ou *ecclésiastiques* ou *temporels et libres*. Les chapitres ecclésiastiques de femmes proviennent de la réunion des chanoinesses régulières, et sont tout à fait semblables à des couvents. Ce qui distingue les chapitres temporels et libres des chapitres cloîtrés, c'est que là les chanoinesses font bien vœu de chasteté et d'obéissance envers leurs supérieurs, mais ne se condamnent ni à la pauvreté ni à la réclusion, et conservent la liberté de dépenser où bon leur semble les revenus que leur fait le chapitre. Il n'y a d'ordinaire que la *prévôtesse* et quelques chanoinesses aimant la solitude, ou n'ayant pas d'autre asile, qui habitent les bâtiments du chapitre. La noblesse peut seule être admise dans ces chapitres ; elle a su assurer à ses filles le droit exclusif aux prébendes et bénéfices qui en dépendent. On les désigne sous la dénomination générique de *chapitres nobles et séculiers de dames*, et leurs chanoinesses sous celle de *dames chanoinesses*. A l'exception de l'engagement de vivre dans le célibat, elles n'en contractent pas d'autres ; et l'on peut à bon droit considérer ces canonicats comme un secours alloué aux filles pauvres de la noblesse pour tenir un rang convenable dans la société. Toutefois, quelques-uns de ces chapitres savent se rendre utiles en devenant des maisons d'éducation à l'usage des jeunes filles nobles. On cite dans le nombre celui de Sainte-Madeleine à Altenbourg. Les chanoinesses des chapitres protestants perdent lorsqu'elles se marient les bénéfices et revenus attachés à leur titre. Les signes distinctifs des chanoinesses catholiques ou protestantes sont ou une croix attachée à un ruban de diverse couleur en sautoir ou en écharpe, ou bien un crachat qu'elles portent à gauche. Comme jadis chez nous, comme autrefois les templiers et les chevaliers de Malte, elles jouissent à la fois de tous les privilèges des personnes engagées dans les ordres religieux, et de tous les plaisirs, de toute l'indépendance des gens du monde.

DUFEY (de l'Yonne).

CHANSON. Si l'on entend par ce mot toute espèce de poème propre à être chanté, il faudra faire remonter l'origine de la chanson aux premiers âges du monde. Le chant en effet est naturel aux hommes dans toutes les conditions, dans toutes les situations de la vie. Il peut servir d'expression à tous les sentiments, à la tristesse, à la joie, à la haine, à l'amour, à la douleur, au plaisir. Ce goût pour des paroles cadencées, jointes à un rhythme musical, a dû être général dans tous les siècles, chez toutes les nations. Aussi voyons-nous les Grecs, nos premiers maîtres et ceux de tous les peuples de la terre dans les sciences et dans les arts, cultiver déjà la musique et le chant avant même d'avoir les premiers éléments des lettres. Les louanges des dieux et celles des héros furent chantées par eux avant que d'être écrites ; c'est dans des chants qu'ils transmirent au monde les premiers événements de leur histoire et leurs premières lois.

En partant d'un point de vue aussi général, il faudrait donc comprendre sous le nom de *chansons* tous les poëmes qui constituent ce que nous appelons le *genre lyrique*, tels que hymnes, cantates, odes, dithyrambes, etc. Chaque profession en Grèce avait sa chanson particulière : il y avait la chanson des meuniers, celle des tisserands, des ouvriers en laine, des nourrices, des moissonneurs, des baigneurs, etc., celle des femmes mariées, celle des jeunes filles, la chanson des amants et celle des noces. Orphée et Linus passent pour avoir été les premiers auteurs de ces chansons, dont l'usage s'est perpétué jusque chez les nations modernes. Tout cela rentre, en grande partie, dans les *chants populaires*, dont il sera traité à part. Quant aux *chansons de table* (*voyez* BACHIQUE [Air]), il paraît que les premières, qui, au rapport de Plutarque, étaient consacrées aux louanges des dieux, se chantaient en chœur et d'une seule voix par tous les convives. C'étaient de véritables *pæans* ou cantiques sacrés. Tels sont les chants de Pindare, destinés en partie à célébrer la gloire des héros et celle des athlètes vainqueurs dans les jeux olympiques. Plus tard, l'usage vint de chanter chacun à son tour, en tenant une branche de myrte, qui passait de la main de celui qui venait de chanter à la main de celui qui devait chanter ensuite. Puis, quand la musique se fut perfectionnée dans la Grèce et qu'on connut l'usage de la lyre, on l'introduisit dans les festins pour s'accompagner en chantant; dès lors, cette espèce de chant, dont on attribue l'invention à Terpandre, s'appela *scolie*; mot qui signifie oblique ou tortueux, et par lequel, selon Plutarque, on voulait signaler la difficulté de ce chant, ou bien, selon Artemon, la position respective des convives, qui ne chantaient plus l'un après l'autre et selon leur rang, mais en faisant passer la lyre de main en main, d'une extrémité de la table à l'autre. Ceux qui ne savaient pas s'accompagner de la lyre s'en tenaient à l'ancienne manière de chanter, en se passant la branche de myrte; ce qui donna lieu au proverbe grec de l'homme *chantant au myrte*, ce qui voulait dire ne sachant pas chanter.

Les Romains, imitateurs des Grecs, ne reçurent les *chansons à boire* que lorsqu'ils commencèrent à cultiver la musique. D'abord, ils ne chantaient que les poèmes des Saliens et quelques cantiques grossiers en l'honneur des dieux. Vers la fin de la république, lorsque les richesses et le luxe les eurent plongés dans les plaisirs et la débauche, ils firent un grand nombre de chansons de table, qu'ils chantaient, ou seuls ou en chœur, en s'accompagnant de quelque instrument. Plusieurs des odes d'Horace ne sont que des chansons bachiques et galantes.

Si, traitant la question sous un point de vue plus restreint, on réduit la chanson à ce genre de poésie légère et gracieuse dans laquelle Anacréon et Horace ont été nos premiers guides, nous pouvons dire, sans blesser notre orgueil, que nul peuple ne l'a portée à un plus haut point de perfection que les Français.

Voltaire avait déjà dit avec raison qu'il n'y avait point de peuple qui eût un aussi grand nombre de jolies chansons que nous. « Tous les étrangers, disait aussi Rousseau, conviennent de notre supériorité dans cet art. De tous les peuples de l'Europe, le Français est celui dont le naturel est le plus porté à ce genre léger de poésie : la galanterie, le goût de la table, la vivacité brillante de son humeur, tout semble lui en inspirer le goût; et, en général, on peut assurer que l'humeur chansonnière est un des caractères de la nation. » Le Français, libre de soins, hors du tourbillon des affaires qui l'a entraîné toute la journée, se délasse le soir, dans des soupers agréables, de la fatigue et des embarras du jour : la chanson est son égide contre l'ennui; le vaudeville est son arme offensive contre la méchanceté; il s'en sert aussi quelquefois comme d'une espèce de soulagement des pertes ou des revers qu'il essuie : il chante ses défaites, ses misères ou ses maux aussi volontiers que ses prospérités et ses victoires. Battant ou battu, dans l'abondance ou dans la disette, heureux ou malheureux, triste ou gai, il chante toujours, et l'on dirait que la chanson est l'expression naturelle de tous ses sentiments. » Étienne, dans son discours de réception à l'Académie Française, où il succédait à Laujon, un de nos plus aimables chansonniers, a tracé un tableau délicat de la chanson, reproduit dans tous les traités de littérature, et qui est resté dans l'esprit de tous ses contemporains. « On chantait, dit un autre académicien, Jouy, on chantait quand les Anglais démembraient la France; on chantait pendant la guerre civile des Armagnacs, pendant la ligue, pendant la fronde, sous la régence; et c'est au bruit des chansons de Rivarol et de Champcenetz que la monarchie s'est écroulée, à la fin du dix-huitième siècle. »

Les choses se sont modifiées depuis, et l'on reconnaîtrait difficilement dans le Français d'aujourd'hui le portrait que Rousseau a tracé du Français d'autrefois. Ce changement, au reste, date déjà d'assez loin; car Étienne le constate dans le discours que nous avons cité : « Il faut le dire, se hâte-t-il d'ajouter, nous avons un peu négligé ce précieux héritage de la gaieté de nos pères. Qu'est devenue cette joie vive et franche qui charmait leurs loisirs et embellissait leurs fêtes?

Nous sommes sérieux, rêveurs, jusque dans nos plaisirs; la froide étiquette préside à nos festins, et la triste raison s'assied avec nous. » Et cependant Désaugiers vivait encore alors, Désaugiers, le roi de la véritable chanson; autour de lui se pressaient encore les gais convives de l'ancien *Caveau*, du *Caveau moderne*, des *Soupers* et des *Soirées de Momus*. Mais déjà une tendance politique se faisait remarquer dans certains couplets, où le mécontentement public commençait à demander raison de ces victoires si coûteuses, qui ne laissaient entrevoir aucun résultat pour le bien-être du pays. Déjà Béranger préludait à ses triomphes futurs par *Le roi d'Yvetot* et ses *Conseils à Lise*, qui furent reçus avec plus d'indulgence qu'on n'aurait pu s'y attendre de celui qui avait attelé tous les rois de l'Europe à son char. Bientôt les fautes et les malheurs de Napoléon, ceux de la première Restauration, les agitations et les rapides alternatives de succès et de revers des Cent-Jours, une seconde invasion, suivie d'une seconde Restauration, et l'essai du régime constitutionnel, qu'un peuple avide de liberté eut le tort peut-être de prendre un peu trop au sérieux, vinrent aider puissamment à la transformation de nos anciennes habitudes. Et lorsqu'en 1821 le poëte national donna une nouvelle édition de son recueil, qui devait éveiller toutes les foudres du réquisitoire, déjà il ajoutait ce post-scriptum à sa préface de 1815 : « J'ai fait quelques tentatives pour étendre le domaine de la chanson; le succès seul peut les justifier. Des amateurs du genre pourront se plaindre de la gravité de certains sujets que j'ai cru pouvoir traiter; voici ma réponse : la chanson vit de l'inspiration du moment; notre époque est sérieuse, même un peu triste : j'ai dû prendre le ton qu'elle m'a donné; il est probable que je ne l'aurais pas choisi. »

Depuis, les exigences toujours croissantes de la politique ont achevé de rendre nos mœurs sévères et de bannir avec les loisirs la chanson, qui en était le fruit et en même temps le plus innocent, l'aimable emploi. Trois nouvelles révolutions se sont encore opérées chez nous. Béranger s'est tu, et avec lui les jeunes émules dont il avait guidé les premiers pas. Est-ce découragement de leur part, ou bien croit-on le mal si grand qu'il faille autre chose que des chansons pour y porter remède? Nous laissons à d'autres le soin de décider cette question.   Edme Héreau.

Un homme d'esprit a dit de l'ancien gouvernement de la France que c'était *une monarchie absolue tempérée par des chansons*. « Liberté entière était du moins laissée sur ce point, disait M. Dupin plaidant pour Béranger. Cette liberté était tellement inhérente au caractère national, que les historiens l'ont remarquée... Chaque peuple a sa manière d'exprimer ses mœurs... Les plaintes du Français s'exhalent en couplets terminés par de joyeux refrains. Cet esprit national n'a pas échappé à nos meilleurs ministres; pas même à ceux qui, d'origine étrangère, ne s'étaient pas crus dispensés d'étudier le naturel français. Mazarin demandait : *Eh bien! que dit le peuple des nouveaux édits*? — *Monseigneur, le peuple chante.* — *Le peuple cante*, reprenait l'Italien; *il payera*; et satisfait d'obtenir son budget, le Mazarin laissait chanter. Cette habitude de faire des chansons sur tous les sujets, sur tous les événements, même les plus sérieux, était si forte et s'était tellement soutenue, qu'elle a fait passer en proverbe qu'*en France tout finit par des chansons*. La Ligue n'a pas fini autrement : ce qu'n'eût pu faire la force seule, la Satire Ménippée l'exécuta. Que de couplets vit éclore la Fronde! Les baïonnettes n'y pouvaient rien.

    Aux Qui vive! de l'ordonnance,
    Alors prompte à s'avancer,
    La chanson répondait : France!
    Les gardes laissaient passer. »

On ferait une curieuse histoire intime de la France, si l'on en puisait les matériaux dans ses chansons, où l'on trouve souvent des circonstances qui ont échappé aux historiens de profession. Durant les guerres civiles et les troubles de la Ligue, le goût des chansons alla plus loin que jamais : on en composa tant de licencieuses que, suivant de Thou, dans une assemblée tenue à Fontainebleau pour la réforme de l'État, il fut sérieusement question de réprimer cet abus. On chantait ces chansons sur des airs qui se sont conservés dans nos vieux noëls. On les nommait aussi *motets*, et on en rencontre dans le nombre de purement bachiques. Sous Louis XIII le goût des chansons satiriques redoubla : aucun évènement, aucun personnage illustre (Richelieu lui-même), n'échappèrent aux couplets. La chanson n'est-elle pas en effet essentiellement du parti de l'opposition? Mais ce fut surtout sous le règne de Louis XIV que la chanson se perfectionna, comme la poésie : cette époque produisait plus de chansons et de chansonniers que tous les règnes précédents. Le baron de Blot, surnommé *Blot-l'Esprit*, fit la plupart des couplets satiriques de la Fronde et les mazarinades, dont madame de Sévigné disait qu'*elles avaient le diable au corps*. En même temps, la cour et la ville roucoulaient les airs de Lambert et fredonnaient les chansons gracieuses de Benserade, de l'abbé Perrin, de Linière, les chansons à boire de Boursault et de Dufresny. On chantait aussi dans la bonne société les chansons de Coulanges, de La Monnaie, de Mme et Melle Deshoullières, tandis que la chanson populaire apparaissait sur le Pont-Neuf, où Philippe le Savoyard attirait la foule autour de ses tréteaux, et où le cocher de M. de Vesthamont effaçait par ses chansons de circonstances les couplotiers populaires du règne précédent, Tabarin et Gauthier-Garguille.

La régence, temps de plaisirs, de festins et de débauches, vit éclore beaucoup de chansons qui ont la couleur de l'époque; c'est alors qu'une foule d'anonymes fustigeaient sans pitié dans leurs couplets les jésuites, le quiétisme, la bulle *Unigenitus*, les convulsionnaires, la cour, les favorites, la paix et la guerre, les victoires et les défaites de la France. L'avènement de Louis XVI fit naître un déluge de chansons, critiques du passé, espérances de l'avenir. Le frère du roi lui-même, qui régna depuis sous le nom de Louis XVIII, passe pour avoir cueilli quelques *fruits* dans ce *verger*. Mais bientôt les chants de terreur et de mort épouvantaient la France. Cependant en vain la populace hurlait dans les carrefours *Le Çaira* et *La Carmagnole*, des voix plus pures répétaient à la frontière, en face de l'ennemi, *La Marseillaise* de Rouget de Lisle et *Le Chant du Départ* de Chénier; dans l'intimité ou dans la retraite retentissaient encore des romances pleines de sentiment et de délicatesse. Le journal royaliste *Les Actes des Apôtres* regorge de chansons satiriques et contre-révolutionnaires, qui ne manquent pas, non plus, dans l'*Almanach des Aristocrates* de 1791, dans l'*Almanach des Prisons* de 1795, et dans l'*Almanach des Gens de Bien* de 1797. D'un autre côté, on imprimait *La Guillotine de l'Amour*, chanson érotique, ainsi que *La République en Vaudeville*; et Marchand mettait *La Constitution en couplets*. Enfin le Directoire était chansonné sans pitié, ainsi que le Conseil des Cinq-Cents et celui des Anciens.

Sous l'Empire la chanson, d'abord enthousiaste, fut bientôt adulatrice. Puis, imitant la société qui se réorganisait, elle se constitua aussi et établit un petit empire. C'est dans *Les Diners du Vaudeville*, qui datent du Consulat, qu'il fut inauguré. Le sceptre passa ensuite au Caveau moderne. Néanmoins, en tous temps, des chansonniers payèrent de la prison la liberté d'allure de leur muse. On sait quelle importance la chanson prit sous la Restauration. Le poëte disait alors avec ironie :

Si l'on ne prend garde aux chansons,
L'anarchie est certaine.

Sous les régimes suivants, elle traita surtout des questions d'intérêt social, elle devint vague et rêveuse. Elle perdit sa gaieté, laissa tomber sa marotte. Aujourd'hui elle dort.

Qu'on nous permette toutefois d'enregistrer ici l'opinion d'un homme compétent, de Dumersan, enlevé depuis peu à la chanson, dont il avait été un des plus fervents apôtres : « Qu'on dise, s'écrie-t-il, que notre siècle positif et spéculateur ne s'occupe pas beaucoup de chansons! Il est vrai que les chemins de fer et les opérations de la Bourse lui paraissent bien plus importants, que le vaudeville a perdu sa marotte et sa férule, qu'on ne chante plus au dessert comme du temps de nos aïeux et même du temps de l'Empire; que le bon ton de sortir de table pour fumer un cigare et aller à l'Opéra-Buffa. L'Opéra-Comique n'a plus de ces petits airs chantants que tout le monde retenait. Mais la gaieté française s'est réfugiée dans la bourgeoisie et dans la classe ouvrière, où elle trouve encore quelques bonnes gens qui n'ont pas déserté son culte. Il ne faut pas désespérer : l'esprit français peut sommeiller, il se réveillera; et la chanson, au lieu de dire, comme le brave de la grande armée : *La garde meurt, mais ne se rend pas*, doit dire : *La chanson se rend, mais ne meurt pas.* »

CHANSONNETTE. Ce diminutif sert à désigner une petite chanson, et se dit, suivant l'Académie, par opposition aux airs graves, sérieux, et particulièrement des chansons pastorales. S. uveut, dit Boileau,

. . . L'auteur altier de quelque chansonnette
Au même instant prend droit de se croire poëte.

Depuis la révolution de Juillet, la chansonnette a complétement changé de face, comme tant d'autres choses. Ce n'est plus, de nos jours, ni une *chanson pastorale*, comme le veut l'Académie, ni une *chanson tendre*, comme la demandait la grande *Encyclopédie*. C'est juste l'opposé de tout cela; c'est une chanson grivoise, burlesque, décolletée, bon enfant, qu'un acteur comique d'un théâtre de vaudeville quelconque, aimé du public et pouvant tout se permettre avec lui, risque, à la clarté de la lampe, dans un entr'acte, après une pièce souvent ennuyeuse et avant une autre pièce qui ne le sera peut-être pas moins. C'est le véritable, le seul intermède de notre époque. Il a pour caractère distinctif un silence profond de la musique dans les couplets, silence pendant lequel le coryphée en faveur, avec un aplomb imperturbable, avec une volubilité sans frein, jette à la face d'un public qu'il fait pâmer d'aise par ses contorsions et ses grimaces, un déluge de lazzis en prose grotesque, apprise par cœur, ou improvisée dans un patois qui n'appartient d'ordinaire à aucune langue connue.

La chansonnette moderne ne respecte rien. Elle s'est acharnée dernièrement après les plus jolies fables de La Fontaine, et, se rappelant qu'on ne chante d'ordinaire que ce qui n'est pas bon à dire, elle s'est mise à travestir, à paraphraser, à estropier sans pudeur ces petits chefs-d'œuvre pour se donner le malin plaisir de les chanter. Ce fut une horrible profanation. Elle fixe partout le lieu de sa s ène : dans la boutique, dans la mansarde, dans l'antichambre, dans le salon, dans la cuisine, en fiacre, en omnibus, en diligence, en chemin de fer, en paquebot. Elle n'est pas plus difficile sur le choix de ses personnages. Tout lui est bon : grisette, modiste, lorette, lionne ou lion ; portière, gardemalade, gamin de Paris, ramoneur, enfant terrible ; conscrit, cicéron, trompette, tambour, tambour-major, grosse-caisse, beau chasseur d'ambassade, sapeur-pompier, sapeur porte-hache, cuisinière, femme de chambre ou bonne d'enfant, marin, corsaire, forban, pirate ou canotier, apothicaire, médecin, saltimbanque, charlatan, marchand d'images, artiste, employé, compositeur italien, ou lord anglais surtout, dont elle s'efforce de parodier, avec plus ou moins de bonheur, le *charabia* de convention.

L'artiste grimacier qui a fait de la chansonnette sa spécialité va aussi en ville, comme l'escamoteur Comte, comme le roi des marionnettes Guignol et son épouse. Il donne des soirées à tant le cachet dans le grand et le petit monde , se tenant modestement à l'écart de la foule quand le moment n'est pas venu pour lui de tapoter sur le piano patrimonial, pour préluder à son intarissable avalanche de chant et de prose à prix convenu. Il est un autre chanteur de chansonnettes, amateur inconnu, qui restera longtemps confondu comme moi, comme vous, comme tant d'autres, dans le personnel de la soirée à laquelle nous aurons été invités. Il sera vêtu de noir; sa tenue, au premier coup d'œil, vous paraîtra à peu près irréprochable, et pourtant, en le considérant bien, il vous semblera étriqué, mesquin, dépaysé : vous le prendrez pour un juge, un greffier, un sous-préfet en disgrâce. Cet Amphion, que nul autour de vous ne soupçonne, est presque toujours un épicier, un bonnetier, un daguerréotypeur, un opticien, un employé à quelque mairie, au Mont-de-Piété ou à la Caisse d'épargne, généralement bon époux, bon père, bon citoyen, excellent garde national et juré au besoin. Qui donc peut le pousser à abdiquer sa dignité d'homme sérieux pour jouer, pendant une soirée entière, le rôle de bouffon, de pantin, de pierrot, de polichinelle, de paillasse, devant une assemblée nombreuse? Bien peu de chose, mon Dieu ! La vanité. Ce brave homme n'aurait aucune chance de se faufiler dans les salons administratifs, financiers ou aristocratiques, s'il ne débitait pas gratis la chansonnette. Cela lui donne l'espoir d'arriver à tout : malheureusement il n'arrive à rien, et meurt épicier, bonnetier, daguerréotypeur, opticien ou modeste employé comme son père. Il a servi aux plaisirs des autres, voilà tout.

CHANSONNIER. Ce mot ne date guère que de la fin du règne de Louis XIV. On le trouve cependant déjà dans *Le Joueur* de Regnard, représenté en 1696 :

Je m'érige aux repas en maître architricilin ,
Je suis le *chansonnier* et l'âme du festin.

Certes bien des siècles avant cette époque il ne manquait pas en France de chansons ni de chansonniers; mais ils ne prenaient pas ce nom. Clément Marot, Saint-Gelais, Dubellay, Jodelle, Ronsard, Belleau, Passerat et Baïf exercèrent déjà leur verve dans ce genre, que cultivèrent aussi Desportes, Bertaut, Régnier, Malherbe et Henri IV lui-même. Sous Louis XIII nous vouons Rotrou, Théophile Viaud, d'Urfé, Maynard, Saint-Amand, L'Estoile et l'épicurien Desyveteaux. Puis pendant la minorité de Louis XIV nous rencontrons Malleville, Voiture, Sarrasin, Boisrobert, Scarron, Chapelle, Des Barreaux, Saint-Pavin, Patrix, Charleval.

Benserade, Boursault, Dufresny, de Coulanges et de La Monnaie furent certainement de véritables chansonniers, sous le règne de Louis XIV, qui vit aussi fleurir le fameux menuisier de Nevers, maître Adam Billaut, beaucoup trop vanté peut-être de ses contemporains. Le règne de Louis XV amène Vergier, Haguenier, l'abbé de Lattaignant, Crébillon fils, Saurin, Gentil Bernard, Moncrif, Vadé, Boufflers, Favart, Piron, Gallet et Collé sont les premiers à se parer du titre de chansonnier avec un légitime orgueil. Puis se montre à l'horizon la pléiade nombreuse des chansonniers de la République, du Consulat, de l'Empire et de la Restauration : de Piis, Fuzelier, Laujon, Barré, Radet, Desfontaines, Bourgueil, Léger, Ségur, Desprez, Deschamps, Dupaty, de Gassicourt, Coupart, Dieulafoi, Dumersan, Pain, Chazet, Ourry, Armand Goufflé, Désaugiers, Béranger, Francis, Brazier, de Rougemont, Étienne, Jourdan, Émile Debraux, Ch. Lepage, etc., etc., convives plus ou moins gais des *Diners du Vaudeville*, de ceux du *Caveau*, etc., sociétés chantantes sur les ruines desquelles on vit naître tant d'autres; sans compter un chansonnier devenu plus tard politique, entonnant ses refrains à l'écart, sur des airs qu'il composait souvent lui-même, Pierre Dupont; sans compter les Vatout, les Liadères, qui amusèrent les soucis du trône de Juillet; sans compter la *Lice chansonnière*, étoile filante qui n'a fait que traverser notre ciel brumeux, et la *Société des Enfants du Caveau*, qui ne fait pas grand bruit dans le monde.

« Les chansonniers sont en littérature ce que les ménétriers sont en musique, » a dit l'un d'eux ; et en effet, plus d'un, au temps où l'on chantait, croyait par un couplet payer le dîner auquel l'invitait le bourgeois qui l'avait promis à sa compagnie; et aujourd'hui encore, si l'on parcourt les différents recueils de chants qui saluent l'avénement de tous les gouvernements nouveaux, on est étonné de rencontrer presque toujours les mêmes noms. S'il en est quelques-uns qui ne jouent pas du violon pour tout le monde, la plupart semblent avoir pris pour devise :

Vienn' qui voudra, j'chant'rai toujours,
N' faut point qu' la r'cette baisse.
. . . .
Viv' ceux que Dieu seconde !

Dumersan calculait qu'il existe à Paris et dans sa banlieue 480 réunions de chansonniers autorisées. « En ne leur supposant au minimum à chacune que vingt membres, disait-il, cela ferait un ensemble de 9,600 chansonniers, et en supposant que chacun d'eux ne fit qu'une chanson par mois, il en résulterait 115,200 chansons nouvelles par an , sans compter toutes celles que composent des amateurs pour noces, fêtes, baptêmes, pour diverses autres circonstances, et dont le chiffre ne doit pas être moins élevé. Ainsi Paris seul fournirait 300,000 chansons par an. En en accordant un peu moins à tout le reste de la France, nous aurions une moyenne de 500,000 pièces, produisant au bout d'un siècle le total de dix millions de chansons, ce qui constitue un assez beau fonds social de chansonniers pour décourager toute concurrence exotique. »

Chansonnier se dit aussi d'un recueil de chansons, fournies par divers auteurs, qui souvent ne se connaissent pas, mais qui, ayant adressé leurs productions à un éditeur, jouissent quelques mois plus tard de la satisfaction de les voir paraître pêle-mêle dans tel ou tel volume plus ou moins en renom. Jadis les approches du jour de l'an étaient le signal de l'éclosion de ces recueils, qui allaient s'épanouir à la clarté de quinquets fumeux, au milieu des filles de joie, dans ces couloirs bas et infects du Palais-Royal, appelés alors galeries de bois. A ce signal, descendaient des hauteurs du Panthéon tous les étudiants du pays latin, curieux de voir si quelques-uns des chefs-d'œuvre qu'ils s'étaient empressés d'envoyer aux libraires avaient pu trouver place dans ces archives annuelles de la chanson française.

Le chansonnier-livre est contemporain du chansonnier-homme, et le même berceau les a reçus tous deux. Ils ne se séparèrent même pas aux jours de la Terreur; et *Le Chansonnier des Grâces*, *Le Chansonnier des Dames*, *Le Chansonnier des Demoiselles* continuèrent à paraître côte à côte avec *Le Chansonnier de la Montagne* et celui des *Sans-Culottes*. Vinrent ensuite *Le Chansonnier Français*, celui *du Caveau*, et beaucoup d'autres, affublés de divers titres, tels que *Les Étrennes à Polymnie*, *Les Étrennes aux Braves*, celles *d'Apollon*, *Les Étrennes Lyriques*, celles *du Parnasse*; puis une longue série de *Momus à la Goguette*, *à la Courtille*, *en prison*, *Le Momus Libéral*, *La Gaudriole*; une interminable d'*Almanachs* pleins de chansons. Tous ces bouquins se débitaient à profusion ; mais le succès était factice, et la critique en fit à la fin bonne justice.

Quelques mois après la révolution de Juillet, l'ami et le collaborateur d'Émile Debraux, Charles Le Page essaya une restauration chansonnière à l'aide d'un journal mensuel en couplets, qu'il intitula *Momus*. Malgré tout son esprit, il venait trop tard. Sa tentative n'eut et ne pouvait avoir aucun succès.

CHANSONS (Alphabet de). *Voyez* CAPILOTADE.
CHANSONS DE GESTES. *Voyez* GESTES (Chansons de).

CHANT, sorte de modification de la voix humaine, par laquelle on forme des sons variés et appréciables. Observons que pour donner à cette définition toute l'universalité qu'elle doit avoir, il ne faut pas seulement entendre par sons appréciables ceux qu'on peut assigner par les notes de notre musique et rendre par les touches de notre clavier, mais tous ceux dont on peut trouver ou sentir l'unisson et calculer les intervalles, de quelque manière que ce soit.

Chant, appliqué plus particulièrement à notre musique, en est la partie mélodieuse, celle qui résulte de la durée et de la succession des sons, celle d'où dépend en grande partie l'expression, et à laquelle tout le reste est subordonné. Les chants agréables frappent d'abord, ils se gravent facilement dans la mémoire; mais ils sont souvent l'écueil des compositeurs, parce qu'il ne faut que du savoir pour enchaîner des accords, et qu'il faut de l'imagination pour trouver des chants gracieux, originaux, expressifs, et beaucoup de talent pour les disposer avec artifice. Il y a dans chaque nation des tours de chant triviaux et usés, dans lesquels les mauvais musiciens retombent sans cesse; il y en a de baroques, dont il ne faut pas se servir, parce que le public les repousse. Inventer des chants nouveaux appartient à l'homme de génie; trouver de beaux chants appartient à l'homme de goût.

Enfin, dans son sens le plus resserré, *chant* se dit seulement de la musique vocale; et dans celle qui est mêlée de symphonie, on appelle *parties du chant* celles qui sont destinées pour les voix.

L'art du chant a pour objet l'exécution de la musique vocale. L'invention des chants et leur disposition appartiennent exclusivement à la science de la composition. On chante plus ou moins agréablement, à proportion qu'on a la voix plus ou moins agréable et sonore, l'oreille plus ou moins juste, l'organe plus ou moins flexible, le goût plus ou moins formé, et plus ou moins d'exercice de l'art du chant. Tous les hommes chantent bien ou mal, et il n'y en a point qui, en donnant une suite d'inflexions différentes de la voix, ne chantent, parce que, quelque mauvais que soit l'organe, ou quelque peu agréable que soit le chant qu'il forme, l'action qui en résulte alors est toujours un chant. On chante sans articuler des mots, sans dessein formé, sans idée fixe, dans une distraction, pour dissiper l'ennui, pour adoucir les fatigues : c'est de toutes les actions de l'homme celle qui est la plus familière, et à laquelle une volonté déterminée a le moins de part.

L'art du chant n'a guère plus de deux siècles d'existence : on avait chanté jusque alors tout naturellement et sans préparation aucune, sans exercices propres à rendre la voix plus sonore, plus flexible et plus solide dans ses intonations et la tenue du son. Pistocchi et Bernacchi de Bologne sont signalés parmi les premiers professeurs qui se sont occupés de former des chanteurs, et qui ont posé les premiers fondements de l'art du chant. Beaucoup de grands chanteurs, Rubini, Tamburini, par exemple, ont acquis leur talent sans étudier dans des conservatoires : ils ont chanté en imitant les virtuoses qui chantaient sur la scène, ils ont voulu faire comme eux, et leur organisation était assez heureuse pour les seconder merveilleusement dans cette audacieuse imitation.   CASTIL-BLAZE.

CHANTAGE. Savez-vous ce que c'est que le *chantage?* Allons... ne cherchez pas ce mot-là dans le dictionnaire des honnêtes gens, dans le langage accoutumé de ceux qui se lavent les mains et le visage, et qui prennent quelque soin de leur chevelure, car il est écrit : *Unge caput tuum et faciem tuam lava!* Non! le mot *chantage* appartient à l'argot des voleurs les plus enfoncés dans l'abîme du crime! On dit d'un homme qui a peur et qui paye, *il chante!* Il est un lâche, il est un sot, il est un poltron, il est un niais; les bandits de la plume ou de l'épée, les faiseurs de satires et de guet-apens en tout genre font *chanter* notre homme. Pendant que les simples voleurs vous demandent au coin d'un bois ou d'un carrefour mal famé *la bourse ou la vie!* Il y a des gens qui vous demandent *la bourse ou l'honneur!* C'est un métier. Le père de ce métier-là était un misérable Italien du seizième siècle, et l'on peut dire, à la honte de l'imprimerie, que le *chantage* et l'imprimerie ont eu la même origine. Un certain Thersite, il est vrai, avait indiqué leur profession aux Arétins à venir. Ulysse avait fait taire ce Thersite sous son sceptre pesant, et depuis lors, à défaut de sceptre, le bâton est devenu le salaire de ces misérables. Pierre Arétin était un écrivain dévot et obscène, plein de jactance et de fiel; il fut la honte de Florence, de la polie et l'élégante Florence, qui ne s'est pas encore pardonné d'avoir donné le jour à un pareil drôle Ce qui n'a pas empêché quelques amateurs d'appeler Pierre Arétin *le divin*, et le duc de Parme de demander pour lui au pape Jules III la pourpre des princes de l'Église. Le pontife se contenta d'embrasser l'Arétin. Il avait commencé par faire *chanter* une cuisinière qui lui avait refusé le premier bouillon de l'amour; il finit par faire *chanter* François 1er et Charles-Quint, deux rudes chanteurs. Avec une rame de papier et une bouteille d'encre, il se vantait de gagner mille écus d'or par année. Il avait agrégé à son *orchestre* un certain gueux de son espèce, qui était chargé du *chantage* en grec et en latin. Sa langue était aussi venimeuse que sa plume, et ne lui attira guère moins de désagréments. Sa sœur, digne sœur d'un tel frère, exerçait à Venise le chantage, aussi lucratif et moins honteux, des courtisanes; et cette dame, qui était fringante et de bonne garbe, lui raconta un jour une chose si plaisante qu'il mourut de rire. Étrange mort à qui avait échappé à l'épée de Pierre Strozzi et aux pistolets du Titien! Il aimait d'un amour égal la calomnie et l'argent, les femmes et la médisance, le jeu et le mensonge, le vin et les sales paroles, les beaux tableaux et les mauvais livres; il a écrit des ordures et des ouvrages de piété; il a vécu comme un bandit, il est mort comme un gueux; il a laissé, entre autres livres fameux, un traité sans nom et une paraphrase des *Sept Psaumes de la Pénitence*. On lui doit aussi des comédies, une tragédie et des sonnets obscènes, et voilà par quelle porte infâme et curieuse le *chantage* a fait son entrée ici-bas. Une variété du chantage a été parfaitement indiquée dans une satire de Juvénal quand le poëte désigne cette espèce de gens qui s'introduisent dans une maison pour en savoir les secrets et pour se rendre redoutables : *atque inde timeri!*   Jules JANIN.

CHANTAL (JEANNE-FRANÇOISE FRÉMIOT, baronne DE), naquit à Dijon, le 23 janvier 1572, de Bénigne Frémiot, président à mortier au parlement de cette ville. Dès son enfance, elle annonça une grande piété, et l'on raconte que toute petite, ayant interpellé de la manière la plus vive un gentil-homme protestant qui se trouvait chez son père, elle jeta au feu des bonbons qu'il lui donnait pour faire sa paix, en lui criant de sa frêle voix d'enfant, grossie par la colère : « Voilà, monsieur, comme les hérétiques brûleront dans l'enfer. » De ce zèle précoce au fanatisme il n'y avait qu'un pas. Heureusement elle ne le franchit point, et sa dévotion resta toujours contenue dans de sages limites. A vingt ans elle épousa Christophe de Rabutin, baron de Chantal, qu'elle fut involontairement la cause de perdre de ses parents, au bout de huit années de mariage. Le caractère de la jeune veuve, sa piété, la portaient vers la retraite et la vie contemplative; c'était avec peine et seulement pour plaire à son mari qu'elle s'était mêlée au monde. Devenue libre, elle y renonça tout à fait, et se consacra à l'éducation de sa famille et au soulagement des pauvres. Nourrissant l'idée de s'enfermer dans un cloître, elle avait pourtant résolu de ne le faire qu'au jour où l'établissement de ses enfants rendrait inutile sa présence auprès d'eux. Saint François de Sales, évêque de Genève, qui était venu prêcher un carême à Dijon, lui avait souvent parlé du projet d'établir de nouveaux couvents de filles selon la règle de Saint-Augustin, et elle s'était bien promis d'en être la fondatrice. Voyant, en 1610, le sort de ses enfants fixé selon ses désirs, elle coupa ses cheveux, qu'elle avait fort beaux, jeûna comme une religieuse, prit la haire, grava avec un fer rouge sur son cœur le nom de Jésus, et se retira, avec deux filles pieuses, à Annecy, où elle fonda le premier monastère de l'ordre de la Visitation. Elle prit alors le nom de *mère de Chantal*, et porta bientôt le nombre de ses couvents à soixante-quinze, tant en France qu'en Savoie. Cependant sa renommée s'était étendue si loin et si haut qu'Anne d'Autriche, en 1641, désirant la voir, la fit venir de Moulins, où elle résidait alors, à Saint-Germain-en-Laye, où se trouvait la cour. Elle expirait le 13 décembre, au retour; ses religieuses et le peuple la considérèrent dès lors comme une sainte. Béatifiée en 1751, canonisée en 1767, elle est honorée par l'Église sous le nom de *sainte Chantal*. Ses lettres parurent en 1660, in-8°; elles ont été réimprimées en 1833 à Paris en 2 volumes in-8°, augmentées de plusieurs lettres inédites. Quelque rigides et austères qu'elles soient, elles rappellent parfois cependant que celle qui les écrivit fut la grand'mère de Mme de Sévigné. En effet, le fils de la célèbre fondatrice, le baron de Chantal, tué en 1627 en défendant l'île de Ré contre les Anglais, était le père de l'illustre écrivain, qui, si l'on en croit Grouvelle, ne tint de Mme de Chantal qu'une espèce de fraternité héréditaire avec les sœurs de la Visitation, qu'elle ne manquait pas d'aller voir partout dans ses voyages.

CHANT AMBROSIEN. *Voyez* AMBROSIEN (Chant) et PLAIN-CHANT.

CHANTANTES (Sociétés). *Voyez* CAVEAU et CHANSON, CHANSONNIER.

CHANT DU DÉPART. Cet hymne patriotique, improvisé par Marie-Joseph Chénier pour le 14 juillet 1794, anniversaire de la prise de la Bastille, partage avec *La Marseillaise* l'honneur d'être resté la plus belle expression lyrique du grand mouvement révolutionnaire de la France à la fin du siècle dernier. La musique en fut composée par Méhul, qui l'improvisa aussi, dit-on, sur le chambranle d'une cheminée, au milieu des causeries d'un salon. C'est elle surtout qui a immortalisé l'œuvre du poëte; et la célèbre phrase: *La République nous appelle* est aussi sublime que le cri: *Aux armes, citoyens!* de La Marseillaise. Le *Chant du Départ*, que Chénier avait intitulé *Hymne de Guerre*, fut accueilli avec transport par les armées, et partagea l'enthousiasme de *La Marseillaise*. La révolution de 1830 fit revivre ces deux chants; Louis-Philippe les entonna lui-même du haut de son balcon du Palais-Royal, et la foule qui encombrait les cours et les avenues les répétait avec ivresse; puis un beau jour l'autorité les fit défendre avec autant de sévérité que sous la Restauration. Les deux hymnes démocratiques ne pouvaient manquer de ressusciter avec la révolution républicaine de 1848. Mais le besoin d'ordre a fait revivre la prohibition d'il y a vingt ans.

Aujourd'hui, qu'on peut juger de sang-froid les paroles de Chénier, on est forcé de convenir que toutes les strophes de son hymne sont loin d'être irréprochables, sous le double rapport de la poésie et de la pensée, et que les deux premières sont peut-être les seules qu'un goût délicat puisse avouer sans réserve. Les dernières surtout leur sont fort inférieures.

Vers la fin de la Restauration, la coterie bigote avait imaginé de faire parodier, à son usage, *Le Chant du Départ*. Dans les conférences religieuses que les missionnaires tenaient alors, chaque soir, sous les voûtes du Panthéon et de Saint-Sulpice, on entendait répéter en chœur le refrain de ce chant héroïque, mais fort peu chrétien, transformé comme il suit, au profit de pauvres jeunes filles et de bonnes vieilles femmes, auditoire habituel de ces colporteurs de reliques, de chapelets bénits et de principes monarchiques:

La religion vous appelle!
Parmi vous faites-la fleurir.
Un *chrétien* doit vivre pour elle,
Pour elle un *chrétien* doit mourir.

CHANTEAU (autrefois *chantel*). Ce mot se disait anciennement, en jurisprudence, d'une portion de bien possédée par indivis. L'usage l'a conservé comme terme de tonnelier, pour désigner la pièce du fond d'un tonneau qui est seule de son espèce, et qui est terminée par deux segments de cercle égaux.

On l'emploie également pour indiquer le premier morceau que l'on coupe en entamant un pain bénit, et que l'on envoie à celui qui doit le rendre à l'église le dimanche suivant. De là on avait donné le même nom à l'entame ou entamure du pain domestique, et à une grosse pièce de pâtisserie qu'une maîtresse de maison envoyait autrefois, quand elle cuisait, en cadeau à ses parents ou à ses amis.

Enfin les tailleurs nomment ainsi les espèces de pointes qu'ils sont obligés d'ajouter sur les côtés d'un manteau ou autre vêtement semblable, entre les deux lés du drap, tant pour lui donner l'ampleur nécessaire que pour l'arrondir.

On en avait fait aussi le mot *chantelage*, pour désigner un ancien droit que les seigneurs prélevaient sur leurs vassaux, pour le vin vendu en gros ou par broc sur le chantier de la cave et du cellier, dans l'étendue de la seigneurie.

CHANTELAUZE (JEAN-CLAUDE-BALTHAZAR-VICTOR DE), un des derniers ministres de Charles X, naquit à Montbrison (Loire), en 1787. Voué au barreau, il fut nommé en 1814, après le retour des Bourbons, procureur du roi dans sa ville natale. Dans les Cent-Jours il manifesta solennellement ses opinions royalistes et donna sa démission, sans que la France daignât s'en apercevoir. C'était pour lui une bonne note; et il lui en fut tenu compte par Louis XVIII: M. de Chantelauze fut nommé avocat général à Lyon. M. Sauzet, qui devait plus tard le défendre devant la cour des pairs, assure qu'à cette époque de réactions, où le tombereau des cours prévôtales parcourait, précédé du bourreau, les villes et les villages du département du Rhône, la conduite du nouvel avocat général fut aussi honorable que modérée. M. de Chantelauze n'en fut pas moins connu alors en France comme un ardent royaliste; on l'accusa même publiquement d'être un des membres les plus influents de la congrégation jésuitique. Ce qu'il y a de certain, c'est qu'il ne tarda pas à s'élever à la haute position de procureur général à la cour royale de Douai, puis à celle de Riom.

Envoyé, en 1824, à la chambre des députés par le grand collège de la Loire, il s'y lia avec l'un des hommes en qui étaient personnifiées toutes les tendances rétrogrades de la Restauration, M. de Peyronnet, dont il devait plus tard devenir le collègue. Ce que l'on a cité de plus libéral de la part du nouveau député, à cette époque de tendances anti-libérales, c'est son rapport sur la réélection des députés promus à des fonctions publiques, mesure réclamée de toutes parts comme un frein à la corruption qui gagnait le pouvoir parlementaire. Il accepta bientôt la première présidence de la cour royale de Grenoble, poste qui semblait suffire à son ambition, lorsque de vives et puissantes instances lui furent faites pour prendre un portefeuille dans le ministère Polignac. Ses refus avaient vivement contrarié le roi, qui écrivait alors au président du conseil qu'il voyait bien que M. de Chantelauze préferait les douceurs de fonctions inamovibles aux dangers d'une place qui ne l'était pas. Le duc d'Angoulême, à son passage à Grenoble, fut seul assez heureux pour triompher des scrupules du premier président, qui avait déjà refusé le portefeuille de l'Instruction publique. M. de Chantelauze donna la mesure de son royalisme dans la discussion de l'adresse des 221, en s'écriant qu'il faudrait faire un 5 septembre monarchique. Cet appel à un coup d'État était maladroit, et le député de la Loire le comprit si bien qu'il essaya d'en atténuer l'effet par une lettre adressée au *Constitutionnel*, dans laquelle il déclarait que le fond de sa pensée, c'était un appel à une dissolution.

Au mois de mai 1830, M. de Chantelauze fit enfin partie, comme garde des sceaux, de la déplorable administration Polignac. « J'ai cédé, écrivait-il à son frère, en lui annonçant sa nomination, j'ai cédé, après avoir longtemps résisté. Je regarde cet événement comme le plus malheureux de ma vie, et je me résigne au rôle de victime. » Il devait en effet être la victime de sa complaisance, non pas à accepter le pouvoir, mais à le suivre, à le pousser dans ces voies de violence et de despotisme où il devait se briser. L'homme qui a rédigé les rapports placés en tête des ordonnances du 25 juillet 1830 serait en effet mal venu à se poser en victime de trop de débonnaireté. Après la révolution, M. de Chantelauze, arrêté à Tours, vêtu pauvrement, sans argent, dans un abandon universel, fut traduit par la chambre des députés, ainsi que ses trois collègues présents, devant la cour des pairs, sous la prévention « d'avoir abusé de son pouvoir, afin de fausser les élections et de priver les citoyens du libre exercice de leurs droits civiques; d'avoir changé arbitrairement et violemment les institutions du royaume; de s'être rendu coupable d'un complot attentatoire à la sûreté de l'État; d'avoir excité à la guerre civile, en armant ou portant à s'armer les citoyens les uns contre les autres, et porté la dévastation et le massacre dans plusieurs communes. » Devant la cour des pairs, il nia les projets d'arrestation de députés, de banquiers et d'écrivains libéraux, et d'institution de cours prévôtales qui lui étaient attribués, fut déclaré coupable du crime de trahison, et condamné à la mort civile et à la prison perpétuelle, seul exemple de responsabilité réelle donné aux agents du pouvoir pendant plus de trente années de régime constitutionnel. L'amnistie Molé lui ouvrit les portes du château de Ham, quand son nom était déjà plongé dans un oubli dont il n'est plus sorti depuis.
Napoléon GALLOIS.

CHANT EN ISON ou **CHANT ÉGAL**. On appelle ainsi un chant ou une psalmodie qui ne roule que sur deux sons et ne forme par conséquent qu'un seul intervalle. Quelques ordres religieux n'ont dans leurs églises d'autre chant que le chant en ison.

CHANTE-PLEURE. On donne ce nom, en architecture, à une espèce de barbacane ou ventouse qu'on fait aux murs de clôture construits près de quelque eau courante, afin que pendant son débordement elle puisse entrer dans le clos et en sortir librement, sans endommager les murs.

En termes de tonnelier, c'est un grand entonnoir qui sert à remplir les tonneaux, dont l'orifice supérieur de la douille est recouvert d'une plaque de fer-blanc, percée de plusieurs trous, par lesquels le vin s'échappe dans le tonneau. Les jardiniers nomment aussi de même un arrosoir à queue longue et étroite.

Ce mot aurait été formé, disent les étymologistes, des deux mots *chant* et *pleurs*, de l'imitation du bruit que fait l'eau en sortant de l'instrument, et de ce qu'elle se répand en forme de pleurs. Quelque bizarre et quelque forcée même que puisse paraître cette étymologie, il serait difficile d'en trouver une autre à ce mot, qu'on a quelquefois écrit *chante-pleurs*.

CHANTEREINE (Salle). Combien d'honnêtes gens, amoureux de l'art dramatique et très-curieux des choses du théâtre, qui n'ont jamais su ce que cela voulait dire : le théâtre Chantereine, ainsi nommé parce qu'il est situé rue de la Victoire, à Paris, au fond d'un long corridor sombre! Allez encore et toujours! L'entrée est humide et froide; on y respire l'odeur fade des tragédies moisies, des vaudevilles écrus, des comédies en lambeaux. L'air, et le soleil, et la douce clarté du jour n'ont jamais pénétré dans ces abîmes. « On n'y voit que la nuit, on n'y entend que le silence, » pour nous servir à moitié prix d'un vers fameux de l'abbé Delille. Allez encore et toujours, jusqu'à ce que vous rencontriez une muraille;... alors vous tournez à votre gauche, et par un escalier qui crie et se plaint en son patois vous montez.... Enfin, au sommet de l'escalier vous avez la conscience d'un certain espace vide où s'est réfugié quelque vieil écho du Théâtre-Français, un écho poussif, un écho à la retraite, un asthme, une voix qui appartenait jadis à quelque vieux sociétaire de la Comédie Française.

Silence et respect! vous êtes dans le champ des morts de la tragédie antique! En ce lieu caché et solitaire se promènent, ombres inconsolables, fantômes obscurs, mânes affligés des grandes machines d'autrefois, les Agamemnons, les Achilles et les Eurybates poussifs, l'Andromaque éplorée et l'Ajax ventru! Tout ce qui disparaît et tout ce qui meurt au Théâtre-Français s'en vient prendre sa place dans ces limbes, et l'on revoit à l'état de mômes ces grands messieurs et ces grandes dames qui portaient autrefois des noms illustres. Ceci est le purgatoire du théâtre! Les comédiens viennent en ce lieu expier, pour un temps plus ou moins long, leurs fautes et leurs crimes contre la langue française, contre la poésie et contre le sens commun! Quel long *De profundis!* quel terrible *Dies iræ!* que de poisons, de calomnies, de médisances et de coups de poignard! Cigît.... l'art dramatique en ses divers compartiments!

La **salle Chantereine**, une ruine, une expiation, un *Campo-Santo*, un néant! Ces murailles suintent la mort, l'oubli, le vide et le *rien du tout!* Elles gémissent, elles pleurent, elles ont froid, elles gèlent; à peine si de temps à autre un lampion, qui brûle en cette enceinte sépulcrale, rappelle aux vivants une humble apparence de la lumière. Humble et triste lumière en effet; on dirait un feu sombre qui chancelle et va s'éteindre au pied d'une tombe oubliée au milieu de ce désert!

De temps à autre, à de longs intervalles irréguliers, cette porte est ouverte, on voit se glisser une à une, sur ce seuil bourrelé de remords et pavé de bonnes intentions, des ombres vivantes et jeunes, assez hardies pour affronter la désolation de ces solitudes! C'est même une surprise, et charmante, que ces limbes soient habitées par des jeunesses; celui-ci « vermeil comme Marc-Antoine, cet autre aussi fleuri que Dolabella! » princes et princesses du sang royal de Corneille et de Racine, jeunes bourgeois et jeunes bourgeoises du sang bourgeois de Molière. Ils arrivent, elles arrivent à l'heure de midi, pleins de force, d'audace et de jeunesse, et les voilà qui pénètrent, sans reproche et sans peur, dans ce sombre et auguste sanctuaire... En ce lieu ténébreux ils vont chercher, les uns et les autres, l'initiation à la grande science; ils vont étudier l'art suprême; ils vont tenter la fortune des sourires et des meurtres; ils vont apprendre à soulever les passions, à bouleverser les empires, à parler la langue des coquettes et des héros! Quoi! ce tombeau Chantereine, c'est une école? et cet abîme, c'est un théâtre? et cette voûte où la nuit habite en ses voiles, c'est la place éclatante où d'ordinaire on suspend le lustre aux mille reflets éclatants? Quoi, tout cela c'est le théâtre Chantereine! une tombe, un berceau, — la vie et la mort, — l'*alpha* et l'*oméga*, — le commencement et la fin de cet art dramatique exposé à tous les vents du nord?

Toute ruinée et toute vermoulue que vous la voyez, sous son manteau de mousse et de lichen, la salle Chantereine est la salle d'asile des plus jeunes et des plus vives intelligences de la comédie et de la tragédie à venir. En ce lieu de désolation, de misère et de silence, à travers ces obstacles, ces glaces et ces ténèbres, se réunissent plus d'un jeune homme et plus d'une jeune personne avides d'apprendre. O combles de la misère et de la fortune, ces combles de la salle Chantereine! ô ruines d'où s'exhalent les parfums de l'Attique! ô déserts où se font entendre à grands intervalles les chansons du mont Ida! ô marécages où chantent les cygnes! volcan éteint d'où s'échappent soudain ces étincelles brillantes! tu n'es pas morte encore, ô salle Chantereine, à ce point délabrée! au contraire, on dirait que te voilà changée en quelque théâtre sérieux et solennel! *Agnosco parvam Trojam!* « Voilà Troie en petit. J'embrasse avec ardeur les portes de la ville de Priam! » Doux mensonges! heureuses fictions! la poésie a ses miracles, elle ressuscite les villes éteintes, elle souffle sur les monuments dévastés : *Levez-vous et me suivez*, dit-elle! Elle commande, et les morts eux-mêmes, dociles à la voix fatidique, se lèvent et sortent de leurs tombeaux!

Non. Ce n'est pas en vain que ce théâtre appelle à lui les quelques braves gens qui aiment l'art dramatique pour lui-même et sans songer au luxe des habits, à la vérité de l'ameublement, à la grandeur de la décoration! Fi de ces accessoires qui sentent la Porte-Saint-Martin et les mélodrames les plus vulgaires! Fi de ces beautés qui ne sortent pas de la poésie, emprunts misérables que la Melpomène antique aurait eu honte de faire à des badigeonneurs de toiles peintes et à des tailleurs d'habits! Notre Muse, à nous, est chaste et peu vêtue; elle est parée avec un rien; au besoin, elle va se draper fièrement dans un haillon, en guise de manteau! La pourpre, à la bonne heure; on la laisse aux sociétaires du Théâtre-Français, on se contente à la salle Chantereine d'une apparence : un rideau paré d'un galon jaunâtre représente à Chantereine le manteau d'Agrippine ou le manteau de Néron! La couronne... on ne porte au théâtre Chantereine ni sceptre ni couronne; l'épée y est inconnue, et tout ce qui tient à la majesté extérieure! Ici on croit à la poésie, on croit aux poètes; on se contente de la majesté du drame; on est riche de la richesse de Corneille, de la beauté de Racine et de l'abondance de Voltaire! Il n'y a pas de trône au théâtre Chantereine; il n'y a pas de chaise curule ni pas de faisceaux pour les licteurs, et pas de licteurs! En vain l'ombre de Ninus demande un tombeau dans la salle Chantereine, à peine si l'on trouverait pour Rodogune une coupe, un poignard pour Brutus! La vérité pure et simple règne en ces catacombes! L'œuvre est seule appelée, l'œuvre est due, et pourvu que le comédien sache son rôle, on ne s'informe pas de son manteau, de sa chlamyde et de son peplum. Ainsi ni robes traînantes, ni manteaux, ni robes de cour, à peine une robe blanche et quelques petits bouts de rubans parci par-là, voilà la parure et l'ornement des Iphigénies, des Martons, des Achilles et des Clitandres de Chantereine! On n'y connaît pas les mensonges du costumier et les déguisements du marchand de fard! En revanche, et voilà le triomphe de ce tréteau au rez-de-chaussée sur les plus grands théâtres du monde, en revanche il y a de beaux cheveux sur toutes ces têtes sans couronne, il y a l'incarnat et la santé sur ces joues ignorantes de la céruse et du fard, il y a la vie et la jeunesse sous ces haillons. Certes et corsage est modeste; oui, mais sous ce corsage de basin vous sentez battre un cœur de seize ans. Et les voix justes, et les voix éclatantes, et les voix fraîches à travers ces dents blanches comme l'émail! Le soulier est un peu grand, j'en conviens, mais le pied est si petit! La main est un peu rouge, oui, mais une belle main franche, hardie et bien faite! On n'est pas riche, on n'est que de bien belle! On porte un vieux chapeau, mais ce beau front n'en rougit pas! Si bien que ce théâtre, enfoui sous le sol, écrasé sous cette voûte épaisse, oublié, dédaigné, méprisé, perdu, renfermé, en fin de compte, les plus rares éléments de qui fait vivre et réussir les chefs-d'œuvre! Et voilà pourquoi je l'aime et pourquoi je l'estime, cet humble et malheureux petit théâtre Chantereine, un théâtre très-habile, sans manteau, sans lustre et sans décorations!

il lui reste, et c'est là sa fortune, il lui reste au moins les grands décorateurs, les grands éclaireurs de l'humanité et de l'histoire, il lui reste les grands poètes et les grandes œuvres. Va, va, mon humble salle Chantereine, il y a encore des gens assez jeunes pour ne pas te demander ce que tu ne saurais offrir, à savoir : le bruit, le fracas, la lumière, et la pourpre, et l'or, et les couronnes, et le talon rouge, et la perle au fond de la coupe où s'enivre la reine d'Égypte! On se contente à moins chez toi, mon humble salle, on applaudit à moins; tu ne sais pas ce que c'est que la pluie et l'avalanche des bouquets, pauvres fleurs insultées sous les pas profanes des comédiennes émérites; en revanche, tu ne sais pas ce que c'est qu'un *chevalier du lustre,* — tu n'as pas de lustre et pas de chevaliers, et quand les applaudissements partent soudain des profondeurs frénétiques, c'est une louange à coup sûr méritée, un applaudissement vrai! Si l'on pleure, eh bien! laissons couler ces belles larmes, elles viennent de la bonne source! Ici pas de brigues et pas de compères! Ici tous les rôles sont bons, parce que chacun joue un rôle à sa taille! Ici pas d'envieux qui hue à plaisir le talent qu'il n'a pas, de charlatan qui vous impose l'œuvre obscure de son génie, et pas de rivales qui vous nuisent, et pas de rivaux qui vous insultent. Ici même il faut que le spectateur prenne garde à sa louange ou à son blâme : si la louange est exagérée, on la siffle; si la censure est cruelle, on crie : *A bas le censeur!* Ils prennent leur tâche au sérieux les uns et les autres, celui qui joue et celui qui écoute! Ils sont à l'œuvre, ardents, intrépides; ici chacun est glorieux avec soi-même, en attendant qu'il ait le droit d'être glorieux avec l'auditoire.

A la salle Chantereine, on s'appelle du nom de sa ville natale, c'est un des usages féodaux du lieu. A la salle Chantereine, quand on n'a pas de chapeau on s'en passe; j'ai vu une marquise qui devait aller chercher son chapeau dans la coulisse, ne plus revenir, et à la fin la toile s'est baissée. Je voilà comme à la salle Chantereine on tourne l'obstacle quand on ne peut pas le briser! A la salle Chantereine, un jour d'hiver, M. le comte arrive en visite chez Mme la marquise en souliers vernis et en bas de coton blanc. M. le comte a de si bons chevaux dans ses écuries qu'il peut bien se permettre ces raretés. A la salle Chantereine, les reines n'ont d'autres couronnes que des couronnes de fleurs. A la salle Chantereine, un héros vêtu à la façon d'Anthisthène laisse passer fièrement, non pas sa vanité, mais son orgueil à travers les trous de son manteau.
JULES JANIN.

CHANTERELLE, celle des cordes du violon et des instruments du même genre qui a le son le plus aigu. Comme les motifs du chant des instruments se placent le plus souvent dans les hautes régions de leur diapason, et que par cette raison le solo de violon, de viole ou de violoncelle s'exécute en grande partie sur la corde aiguë, on a donné à cette corde le nom de *chanterelle*, corde destinée au chant, tandis que les autres semblent être réservées plus particulièrement pour l'accompagnement. Les meilleures chanterelles de violon sont celles qu'on fait fabriquées à Naples.
CASTIL-BLAZE.

On appelle aussi *chanterelle* une espèce d'appeau usité pour la chasse aux cailles.

CHANTERELLE (*Mycologie*), genre de la famille des champignons proprement dits, de la tribu des funginées, sous-tribu des agaricées, section des agaricinées. Ce genre a pour caractères : Plis dichotomes, sporidies blanches, point de voile. Des vingt-cinq à trente espèces dont il se compose, la seule qui soit utile est la *chanterelle comestible* (*cantharellus cibarius*). Ce dernier champignon, ordinairement jaune chamois ou quelquefois couleur d'or, croît abondamment dans les bois. Son chapeau est d'abord arrondi et convexe; puis, en se développant, il prend la forme d'un petit entonnoir dont les bords sont diversement contournés et comme frisés; la face inférieure de ce chapeau est marquée de nervures une ou deux fois bifurquées et décurrentes sur un pédicule ordinairement court, plein et charnu.

La chanterelle comestible se plaît dans les lieux frais et ombragés; elle se montre depuis juin jusqu'en octobre; son usage répandu dans toute la France lui a valu une foule de noms vulgaires, tels que ceux de *girole*, *chevrette*, *giraudet*, *mousseline*, *crête-de-coq*, *oreille-de-lièvre*, etc.

CHANTEUR, CHANTEUSE, homme et femme qui font métier de chanter des airs, des chansons, des vaudevilles, des cantiques, des complaintes, etc. Cette classe d'artistes n'a jamais été plus nombreuse en France qu'aujourd'hui, puisqu'elle comprend ceux qui sont applaudis avec plus ou moins de justice à l'Opéra, au Théâtre-Italien, à l'Opéra-Comique, dans les concerts publics; ceux qui chantent plus ou moins mal dans les trop nombreux théâtres de vaudevilles; enfin ceux qui, à moins de frais, dans les cafés, dans les rues, et sur les tréteaux des Champs-Élysées, des foires, des quais et des boulevards, attirent ou font fuir les passants. Si aux *chanteurs de profession* l'on ajoute les *amateurs* qui se font entendre dans les concerts de société ou de bienfaisance, etc.; les chanteurs des loges maçonniques et des ci-devant sociétés du *Caveau* et des *Soupers de Momus*; les gens qui chantent de tout cœur aux noces et festins, dans les repas de corps et les banquets, ou forcément aux jeux de gages et au dessert des dîners bourgeois et provinciaux; ceux qui au logis, en voyage, à la promenade, chantent par désœuvrement, par ton, par ennui ou faute de savoir mieux faire; les ouvriers qui chantent pour alléger la fatigue et abréger le temps; les chanteurs religieux des temples, des couvents et des pensionnats des deux sexes; les ivrognes qui hurlent des chansons bachiques dans les cabarets; les militaires qui s'égayent par des chansons grivoises ou licencieuses dans les casernes et les corps-de-garde, on conviendra qu'il y a bien peu de Français qui ne fassent ou ne disent comme le *Mélomane* :

Sans chanter peut-on vivre un jour?

Mais si la France est un des pays où l'on chante le plus, c'est peut-être, après l'Angleterre, celui où l'on chante le plus mal, en exceptant toutefois ceux de nos départements qui avoisinent l'Allemagne, l'Italie et l'Espagne. Les Français en général ne sont pas organisés pour la musique, n'ont pas l'oreille musicale; ils manquent de voix; s'ils en ont, elle est fausse ou mauvaise; si elle est d'une bonne qualité, ils ne savent pas en tirer parti. Vous entendez parfois des ouvriers allemands, des hussards lorrains ou alsaciens, chanter en chœur, sans être musiciens et sans instruments, dés airs de leur pays; c'est ainsi que chantent dans les soirées d'été des troupes de jeunes filles dans le Béarn, dans le pays basque, en Provence et en Languedoc. Ces chants ne sont pas corrects, ils sont simples et peu variés; mais ils ont une certaine harmonie, un certain charme qui flatte l'oreille, et qui engage à les écouter. On entend aussi avec plaisir, dans les rues, des Italiens chanter par routine et avec des voix peu brillantes, des morceaux d'ensemble, accompagnés par quelques instruments. Les paysans en Espagne, en Italie, chantent en faisant des accords sur la guitare ou la mandoline. Il n'y a point de chanteurs chez les Turcs : le chant, la musique, leur sont interdits par la religion, et c'est dommage, car ils ont de belles voix, si l'on en juge par la mélodie de ces chants que du haut des minarets chantent l'*Ezan*, pour appeler les fidèles à la prière. Mais les Français, et surtout les Parisiens, ne se doutent pas du chant. Sont-ils plusieurs à chanter une seule et même partie, ils détonnent en mieux mieux : point d'unisson, point d'ensemble pour le ton ni pour la mesure. Les uns chantent de la gorge ou du nez, les autres comme s'ils râlaient ou s'ils étaient bâillonnés; ceux-ci ont l'organe sourd et sépulcral, ceux-là aigu et criard. Si l'un d'eux chante seul, c'est pour psalmodier avec ce qu'on appelle trivialement une *voix de seringue*, ou pour beugler comme un taureau, pour rendre des sons isolés semblables à l'aboiement d'un dogue ou au bruit d'un cornet à bouquin. S'ils chantent accompagnés par un violon ou par un orgue de Barbarie, ils sont toujours en discordance avec l'instrument. Les chanteuses ne valent pas mieux et déchirent davantage les oreilles. La plupart, enfin, chantent mal, parce qu'ils s'imaginent que pour bien chanter il ne s'agit que de chanter fort. Fuyez donc ces chanteurs, ou hâtez-vous de leur donner quelque pièce de monnaie, non pour récompenser leur talent, mais pour qu'ils aillent porter plus loin leur musique crucifiante. Ainsi en use-t-on lorsque des aveugles viennent dans les cours ou sous les portes cochères faire entendre leurs cantiques lamentables.

Le piano a eu beau s'introduire en ces derniers temps dans les plus petits salons, dans l'arrière-boutique et jusque dans la loge de la portière, les voix bourgeoises parisiennes n'en sont guère devenues plus justes; les innocents instruments semblent plutôt s'être mis à l'unisson des voix, aux dépens de l'accord. La création de l'*Orphéon* et de quelques autres institutions musicales doit cependant répandre quelques notions harmoniques dans une partie du peuple; mais c'est quelque chose de si difficile que le redressement de la voix, que nous serons sans doute longtemps sans nous apercevoir des bons résultats de ces excellentes institutions. Il faudrait d'abord faire quelque chose pour habituer nos oreilles à la mélodie. Comment le Parisien aurait-il l'oreille juste, quand il n'entend partout que des chants si discordants? Et si la police ne peut empêcher de détonner dans les salons, ni dans les concerts, ni à l'église, ni même au théâtre, ne pourrait-elle pas au moins exiger des instruments qu'elle médaille des accords moins bruyants, mais plus musicaux?

Les chanteurs publics mènent assez souvent une vie nomade et font au moins leur tour de France. Ils se multiplient dans Paris, à la suite de quelque événement politique, ou lorsque la police a besoin de remonter l'esprit public et d'étourdir le peuple pour apaiser quelque fermentation ou prévenir le mécontentement. Ces chanteurs, comme bien des gens qui ne chantent pas, sont de véritables girouettes. Ils chantent toujours pour le parti qui les paye ou les fait boire. Tel d'entre eux a chanté *Le Ça ira*, *La Marseillaise*, *Le Chant du Départ*; puis *Le Réveil du Peuple*, puis *La Fanfare de Saint-Cloud*; plus tard, *Vive Henri IV*, *Le Chant Français*, *Le Drapeau Blanc*, ensuite *La Parisienne* et *Le Drapeau Tricolore*, puis *Le Chant des Girondins* et *Les Peuples sont pour nous des Frères*, et enfin *Veillons au salut de l'Empire*, et *Partant pour la Syrie*. Tous ces chanteurs et chanteuses de cafés, de places publiques, avilissent l'art musical, dit-on, parce qu'ils mendient, parce qu'ils quêtent. Mais les chanteurs salariés d'opéras, malgré la supériorité de leur talent, que font-ils autre chose que quêter et mendier, lorsqu'ils vont mettre à contribution les théâtres de province, et surtout lorsqu'à leurs représentations à bénéfice ils se placent au bureau, ou y mettent à leur place quelque jolie quêteuse, pour surveiller la recette et pour tendre la main aux offrandes volontaires de l'opulence et de l'autorité?

Les bons chanteurs sont rares. On trouve difficilement des voix d'homme et de femme qui réunissent la douceur à la puissance, l'étendue au mordant, l'expression à la flexibilité, et ne se contente volontiers de celles qui possèdent la moitié de ces qualités. Si du moins l'art et le goût suppléaient aux dons de la nature! mais il y a chez les Français absence de goût, et, qui pis est, mauvais goût; et les règles, les bornes de l'art, sont trop variables, trop sujettes aux caprices de la mode pour diriger le goût, pour corriger le mauvais goût. Au milieu du dix-huitième siècle, il fallait pour être bon chanteur

Traîner en longs fredons une voix glapissante,

chevroter, prodiguer les ports de voix et les trilles. Alors brillaient à l'Opéra Jélyotte, Chassé et Mlle Lemaure. L'arrivée de trois troupes de chanteurs italiens, en 1752, 1778 et 1787; les chefs-d'œuvre composés par Gluck, Piccini et Sacchini ayant opéré une révolution dans la musique et dans le chant, on vit se distinguer à l'Opéra Larrivée, Legros, Mme Saint-Huberty, Chéron et sa femme, Rousseau, Chardini, Lais; à l'Opéra-Comique, Caillot, Mme Trial, Mlle Renaud, qui depuis épousa Davrigny; Solier, Chénard; dans les concerts, Mmes Todi, Portugaise, et Mara, Allemande; Richer, Garat, Mme Barbier-Valbonne. Cette époque, qui s'est prolongée jusqu'aux premières années du siècle actuel, a été véritablement le triomphe du chant à Paris. Il s'était opéré une fusion de la méthode italienne avec les exigences de la langue française. Quoique *Œdipe à Colone* et *Didon* eussent été composés par des Italiens, on n'y entendait qu'un chant noble, pur, touchant ou énergique, suivant les situations. Polynice, Yarbe, n'exprimaient point leur colère par des roulades ridicules. Gluck en avait mis dans deux airs de son *Orphée*, composé en Italie; mais ces deux airs faisaient tellement hors-d'œuvre à la pièce qu'on les passait le plus souvent. Orphée chantait sa belle romance sans ornements superflus. C'est par des accents simples et pathétiques qu'il attendrissait les divinités infernales. Elles lui auraient ri au nez s'il leur eût chanté des roulades. Gluck a eu raison de proscrire ce luxe bizarre et inutile dans les deux *Iphigénies*, dans *Alceste* et dans *Armide*. L'ariette de bravoure ou à roulades, empruntée des opéras italiens, était réservée à deux chanteurs, homme et femme, de l'Opéra-Comique. Mais ces chanteurs n'y attiraient pas la foule, comme Clairval et Mmes Dugazon et Saint-Aubin, qui n'excellaient pas dans le chant. Il y eut cependant des gens assez fous pour outrer la méthode italienne en composant et surtout en chantant : on défigurait la prosodie française, on baragouinait les paroles, on appuyait ridiculement sur les syllabes finales et muettes, en passant rapidement sur la pénultième. Les amateurs surtout se distinguaient par cette singerie extravagante. La permanence du théâtre Italien à Paris y a presque généralisé et naturalisé la méthode ultramontaine. Mais si elle s'est perfectionnée, comme on le prétend, grand Dieu! combien n'en a-t-on pas abusé! Autrefois, les roulades, les cadences, toute la pretintaille du chant, était réservée aux amoureux d'opéras-comiques. Il n'en est plus de même aujourd'hui, surtout depuis l'invasion du *rossinisme*.

Aimez-vous la *roulade*? On en a mis partout.

Père, mère, enfants, rois, bergers, princesses, soubrettes, tout le monde s'en mêle; c'est à qui fera assaut de roulades. Il en résulte une monotonie affreuse.

Nous nous dispenserons de donner la liste des chanteurs et chanteuses vivants, français et italiens. Il y en a de plus ou moins célèbres; mais les premiers y figureraient en très-petit nombre, malgré les soins du Conservatoire de Musique; nous craindrions de blesser l'amour-propre de ceux que nous aurions eu le malheur d'oublier; et l'on sait jusqu'où va l'amour-propre des chanteurs! Telle est même la vanité qui s'est attachée à cette profession, que les mots de *chanteur* et *chanteuse* sont proscrits aujourd'hui du langage du bon ton, lorsqu'il s'agit des virtuoses, des premiers sujets. On désigne les femmes par le nom de *cantatrice*, emprunté à la langue italienne et traduit du latin *cantatrix*. On laisse aux théâtres de province leur première chanteuse, qui est toujours en possession de chanter bien ou mal l'ariette de bravoure. Quant aux chanteurs, on les désigne par le genre de voix qui leur est particulier : on dit *premier soprano* (jadis premier haute-contre), *premier tenor*, *première basse* ou *basse-taille*. Le nom de chanteur et de chanteuse est resté aux hommes et aux femmes qui chantent dans les chœurs. Les théâtres de Vaudeville, qui tuent le chant, parce qu'ils favorisent la médiocrité, n'ont pas de chanteurs. On dit : acteurs du Vaudeville, du Gymnase, des Variétés.

Chanteur ne se dit que des chanteurs profanes; ceux qui chantent à l'église sont appelés chantres. Il arrive pourtant que dans les solennités religieuses on paye des chanteurs d'opéra pour chanter autre chose que ce qui est du domaine des chantres. H. AUDIFFRET.

CHANT GRÉGORIEN. *Voyez* GRÉGORIEN et PLAIN-CHANT.

CHANTIER. Ce mot a plusieurs acceptions, dont la plupart se rapportent aux constructions. Ainsi, l'on appelle de ce nom l'espace réservé auprès d'un bâtiment que l'on construit pour décharger le bois, la pierre, le sable, la chaux et autres matériaux propres à la construction de l'édifice. Les charpentiers, menuisiers, marbriers, tailleurs de pierre, etc., appellent de même le lieu où ils ont disposé leur bois, leurs planches, leur marbre et leurs pierres, soit à couvert sous des hangars, soit en plein air, où ils font la plus grande partie de leurs ouvrages. C'est aussi le nom des endroits où l'on construit les vaisseaux pour la marine. Les plus beaux *chantiers de construction* en France sont dans les ports de Brest et de Toulon.

Par analogie, les marchands de bois appellent *chantier* le lieu où est placé ou empilé le bois de construction ou de chauffage qu'ils exposent en vente; il y a aujourd'hui à Paris, pour le bois de chauffage, des *chantiers couverts*, qui permettent de livrer le bois aux consommateurs dans un état de sécheresse convenable.

Les marchands de vin donnent aussi le nom de *chantier* à deux pièces de bois sur lesquelles les tonneaux sont élevés dans les caves à la hauteur d'environ 30 centimètres, pour que l'humidité ait moins de prise sur les douves et sur les cerceaux. On conçoit aisément à combien d'autres usages ce même procédé est applicable.

CHANTILLY, petite ville du département de l'Oise, canton de Creil, arrondissement de Senlis, à 40 kilomètres de Paris, sur la rive droite de la Nonette, avec une population de 2,454 habitants. C'est une ville industrielle; on y trouve une manufacture renommée de blondes et de dentelles, une fabrique de porcelaine et de faïence, une bonneterie, une manufacture d'indiennes, une fabrique de montures de lunettes. La ville est bien bâtie; elle possède un hospice fondé et doté par les princes de Condé. On sait que tous les ans ont lieu à Chantilly des courses de chevaux qui attirent de nombreux spectateurs.

La terre et seigneurie de Chantilly, après avoir appartenu aux Montmorency, fut confisquée lorsque le maréchal Henri de Montmorency eut été décapité à Toulouse, en 1632. Après la mort de Louis XIII, Anne d'Autriche en accorda la jouissance au prince de Condé. Louis XIV s'en remit bientôt en possession; mais en 1661 il la céda en toute propriété au grand Condé, Louis II. Depuis cette époque Chantilly appartient à la maison de Condé, et lui doit sa splendeur, ses embellissements et sa célébrité européenne. Le grand Condé fit percer les routes de la forêt, exécuter les jardins sur les dessins de Lenôtre, agrandir le château principal sous la direction de Mansard, décorer le petit château et creuser les canaux, dont le plus grand a trois kilomètres de long. Quand les travaux furent terminés, le prince de Condé fit publier qu'il donnerait mille écus au poète qui composerait la meilleure inscription propre à être placée au-dessus de la porte d'entrée. Un Gascon fit ce quatrain :

> Pour célébrer tant de vertus,
> Tant de hauts faits et tant de gloire,
> Mille écus, morbleu, mille écus,
> Ce n'est pas un sou par victoire!

Le prince, dont la modestie n'était pourtant pas excessive, donna le prix à ce poète, mais n'osa pas faire usage du quatrain. En 1671 Louis XIV vint à Chantilly avec toute sa cour et c'est dans les fêtes splendides qui eurent lieu à cette occasion que le malheureux Vatel se perça de son épée. Le prince de Condé se plaisait dans ce délicieux séjour, où il se retira entièrement en 1675. Il y recevait les hommes les plus célèbres de cette époque, Molière, Corneille, Santeul, La Rochefoucauld, Bourdaloue, Bossuet, La Bruyère, Boileau, Racine, Lamoignon, le maréchal de Luxembourg, le jeune abbé, depuis cardinal, de Polignac, etc.; Il s'y livrait au jardinage, et c'est de lui qu'on a dit :

En voyant ces œillets qu'un illustre guerrier
Arrose de la main qui gagne des batailles,
Souviens-toi qu'Apollon bâtissait des murailles,
Et ne t'étonne plus que Mars soit jardinier.

Henri-Jules, prince de Condé, continua les embellissements de Chantilly commencés par son père. Il fonda l'église, et fit construire la maison et le jardin de *Sylvie*. Son fils, Louis-Henri, qui fut premier ministre sous le titre de duc de Bourbon, fit démolir l'ancien château, et en rebâtit un nouveau, dont une partie fut détruite par un incendie quelque temps avant la révolution. C'est encore lui qui fit construire l'hôpital pour la ville et ces superbes mais extravagantes écuries qui commencées en 1719 furent achevées en 1735. De loin on les prend pour le château; 240 chevaux y sont largement à l'aise; 50 appartements de maître occupent l'étage supérieur. Louis-Joseph, dernier prince de Condé, compléta les embellissements de ce séjour enchanté. On lui doit le château d'Enghien, le hameau de l'Ile-d'Amour, le jardin anglais, et des collections précieuses qui attestent son goût éclairé pour les sciences et les arts.

En 1789, des brigands pillèrent une grande partie de Chantilly. En 1792, la galerie de plus de 800 tableaux, peints par les plus grands maîtres, les nombreux morceaux de sculpture, la collection d'armures, réputée la plus complète de l'Europe, le cabinet d'antiquités et de médailles, les porcelaines, avaient été envoyés à Paris. En 1793 on transporta au Jardin des Plantes la superbe bibliothèque, la ménagerie et le cabinet d'histoire naturelle, classé par Buffon lui-même. Les potagers, les parterres, une partie des bois furent vendus. Le directoire du département fit détruire le pavillon de l'Ile-d'Amour et d'autres bâtiments. Converti en maison de réclusion pendant la terreur, le grand château fut ensuite vendu et démoli; le petit château aurait eu le même sort, mais les acquéreurs, encouru la déchéance, en furent dépossédés. Le château d'Enghien et les écuries devinrent des casernes de cavalerie. Sous l'Empire, la reine Hortense eut pour dotation la forêt de Chantilly. En 1814 le prince de Condé et le duc de Bourbon furent remis en possession du magnifique domaine de leurs ancêtres. Toutes les ruines eurent bientôt disparu; le château ne fut pas rebâti, mais on répara, on embellit tout ce que la révolution avait laissé debout. Un jardin anglais a remplacé les parterres de Lenôtre; on rétablit dans la galerie du petit château les tableaux retrouvés à l'hôtel des Invalides, et représentant les batailles du grand Condé, peintes par Lecomte d'après van der Meulen. On regrette le grand escalier de l'ancien château, la statue en pied du grand Condé qui ornait le péristyle, la statue équestre en bronze du connétable de Montmorency, placée sur la terrasse qui faisait face à la principale entrée, etc.; mais ce que Chantilly a conservé, c'est sa belle et vaste pelouse, ce sont ses nombreuses sources jaillissant du flanc des rochers, ses cascades imposantes, la limpidité de ses canaux, dont l'eau n'est pas croupissante comme celle de Versailles, la verdure, la fraîcheur de ses bois, ses sites variés et délicieux. La terre de Chantilly, après la mort du duc de Bourbon, appartint au duc d'Aumale, son héritier testamentaire. Vendue en exécution des décrets du 22 janvier 1852, elle a été achetée par M. Edward Marjoribanks et sir Edmund Antrobus, banquiers à Londres. Cette vente a eu lieu moyennant 11,072,812 fr. 55 c. La contenance totale du domaine est de 10,297 hectares 3 ares 70 centiares, dont 200 hectares pour les jardins et les parcs de Chantilly, Sylvie et Avilly, 50 pour la Pelouse, 1,000 pour le parc d'Apremont, 1,000 pour les terres et prés et 8,000 pour les forêts. La forêt de Hez, dite vulgairement *Forêt de la Neuville*, près de Clermont, contient avec ses dépendances 17,153 hectares 48 ares.

CHANTRE. Dans les premiers temps de l'Église, la fonction de chantre, considérée comme honorable et sainte, était confiée aux prêtres et aux diacres. Saint Grégoire s'éleva contre cet usage, qui empêchait les prêtres de se livrer aux occupations plus essentielles, la prédication et la distribution des aumônes. Dans les siècles suivants, la direction du chant ecclésiastique fut remise aux sous-diacres et aux autres clercs. Dans un grand nombre d'églises et de cathédrales, les chantres avaient un chef nommé *præcantor*, dont les pouvoirs étaient très-étendus. Dans l'église de Paris, entre autres, le *præcantor*, ou grand-chantre, avait le titre de *monseigneur*, présidait au chœur et aux cérémonies de l'église; dans ce cas, il avait autorité sur l'évêque lui-même; toutes les écoles de grammaire de la ville et de la banlieue étaient soumises à sa juridiction, et dans la longue liste des chantres de l'église de Paris, on trouve plusieurs hommes, remarquables par leur science et leurs vertus, qui furent élevés à la dignité d'évêque.

Les chantres de la chapelle des rois de France jouissaient de privilèges importants et possédaient des bénéfices considérables. Aujourd'hui, le corps des chantres a bien déchu de son antique splendeur ; l'exécution des cantiques sacrés est confiée à des gens ignorants pour la plupart, dont tout le mérite consiste à faire retentir les voûtes de l'église de leur voix rauque et bruyante en faisant les plus hideuses grimaces. Chez les protestants, le chantre assis au-dessous de la chaire du ministre, entonne et soutient le chant des psaumes que l'orgue accompagne. F. DANJOU.

Au figuré, *chantre* s'emploie pour désigner un poète. Ainsi on appelle Orphée *le chantre de la Thrace*; Hésiode, *le chantre d'Ascra*; Pindare, *le chantre thébain*; Homère, *le chantre d'Ionie, le chantre d'Achille, le chantre d'Ulysse, le chantre d'Ilion*; Virgile, *le chantre d'Ausonie, le chantre d'Énée*; Anacréon, *le chantre de Téos*; L'Arioste, *le chantre de Roland*; Delille, *le chantre des Jardins*, etc.

CHANTREY (FRANCIS), l'un des plus célèbres sculpteurs qui ait produits l'Angleterre, et qui exerça la plus heureuse influence sur les progrès de l'art dans ce pays, naquit à Jordanthorpe, dans le comté de Derby, le 7 avril 1781, et était le fils d'un pauvre paysan, qui au travail des champs joignait l'exercice du métier de menuisier. Après avoir reçu à l'école de son village quelques faibles éléments d'instruction, il fut, à l'âge de dix-sept ans, placé par son beau-père, Hall, en apprentissage chez un épicier de Sheffield ; mais il quitta bientôt cette maison, et, à force d'instances, réussit à se faire admettre dans l'atelier du peintre et sculpteur sur bois Ramsay. Il avait été convenu qu'il y resterait sept ans; mais quatre ans après, se sentant plus de disposition pour le modelage, il rompit son contrat, et se rendit à Londres, où il vécut en faisant des portraits au pastel et en miniature. Ses débuts furent des plus pénibles ; et ce fut seulement en 1804, après d'infructueuses tentatives faites pour se produire à Sheffield et à Dublin, où il se livrait avec ardeur au modelage tout en faisant des portraits, qu'il fut assez heureux pour pouvoir exposer à Londres le buste de son oncle Daniel Wale. Le buste de l'ingénieux philologue Horne-Took lui fit plus d'honneur ; et son mariage avec la fille de son oncle, qui lui apporta en dot une petite fortune, l'ayant mis en état d'acheter une maison et d'y monter un atelier, il ne tarda pas à se voir accablé de commandes. Il avait habitude de dire lui-même que son buste de Horne-Took lui avait valu 12,000 liv. sterl. de travaux.

La ville de Londres lui confia alors l'exécution d'une

statue en pied de Georges III ; et quand il eut terminé ce morceau, il dessina le modèle du monument à élever en l'honneur de Nelson, à Yarmouth, sur les bords de la mer. Mais son idée de placer la statue de l'illustre marin, haute de cent trente pieds anglais, sur une digue s'avançant au loin dans la mer, et ayant pour piédestal un amas de proues de vaisseau prises à l'ennemi ; la pensée, plus bizarre encore, qu'il avait conçue de faire servir de phare pendant la nuit la plaque de l'ordre que Nelson portait sur sa poitrine, étaient trop gigantesques pour pouvoir jamais être mises à exécution.

En 1814 Chantrey parcourut la France et l'Italie. Il admira les chefs-d'œuvre de l'art dans ces deux pays ; mais il n'en demeura pas moins fidèle à son style, copié sur la nature même. Celui de ses ouvrages qui a le plus contribué à établir sa réputation est un groupe, *deux Enfants endormis*, morceau dans tous les détails duquel il a su admirablement reproduire la pureté et le calme du jeune âge, et qui orne aujourd'hui la cathédrale de Lichfield. Il exécuta aussi une autre figure idéale, *La Résignation*. D'ailleurs, son ciseau fut exclusivement consacré à la statue-portrait, au buste et aussi au monument funéraire. Parmi ses bustes nous citerons ceux de William Roscoe à Liverpool, James Watt à Greenock, Pitt, Canning, pour l'abbaye de Westminster, Flaxman, Malcolm pour la ville de Calcutta, John Moore, Robert Burns pour Édimbourg, le duc de Sutherland. Citons aussi la statue colossale en bronze de Georges IV, pour la ville de Brighton. Il est en outre l'auteur de la statue équestre de ce prince, en bronze, qui orne la place de Trafalgar à Londres ; mais il a prouvé par cette statue qu'il ne savait pas faire un cheval, critique qui s'applique également à son dernier ouvrage, la statue équestre colossale du duc de Wellington, l'une de ses plus médiocres productions, et dont il termina seulement le modèle. Le cheval est au repos, avec la tête élevée ; le duc y est placé en costume de chasse et en pantalon collant, sans selle, sans étriers ni éperons. Il tient à la main un rouleau de papier écrit, et porte au côté un couteau de chasse. Après la mort de Chantrey, arrivée le 15 novembre 1842, à la suite d'une courte maladie du cœur, cette statue fut achevée par Weeks, et découverte en 1844.

Chantrey était depuis 1816 membre de l'Académie de Londres ; il faisait également partie de celles de Rome et de Florence. Comme sculpteur de portraits, le talent de Chantrey était des plus remarquables, et n'a peut-être pas été surpassé. Il excellait d'ailleurs dans la pose et le mouvement qu'il donnait à ses statues ; il traitait le costume avec autant de noblesse que de goût, sans jamais s'éloigner de la nature, sachant accorder la mode de chaque époque avec les exigences de l'art : comme homme privé, il était du caractère le plus sociable et le plus aimable.

CHANT ROYAL, nom que l'on donnait à une ancienne poésie composée de cinq strophes, chacune de onze vers de dix ou douze syllabes, rangés suivant un certain ordre, et terminée par un envoi de cinq ou sept vers semblables. Les rimes de la première strophe règlent celles des strophes suivantes, qui doivent être les mêmes et se présenter dans le même ordre, de sorte que toute la pièce roule sur cinq rimes seulement. Le dernier vers de la première strophe sert de refrain ou d'intercalaire pour les suivantes. L'envoi est une sorte d'application de l'allégorie. Le sujet de la pièce est d'ordinaire emprunté de la fable, des métamorphoses ou de quelque trait éclatant de l'histoire, d'où l'on tire à la fin quelque moralité. Toutes ces règles doivent s'observer avec rigueur, aussi qu'il soit permis de mettre deux fois un terme dans le même sens, ou de mettre le simple dans une strophe, et le dérivé dans une autre. L'expression doit être noble et aisée, le tour poétique et majestueux. Nous ne savons pourtant si une de ces pièces sans défaut vaudrait, comme le sonnet, un long poème.

CHANTS POPULAIRES. On ne devrait, à la rigueur, appliquer le nom de *populaires* qu'aux chants dont la musique et les paroles n'auraient pour ainsi dire jamais connu d'auteur, et qui, transmis de siècle en siècle parmi les enfants d'une même race, s'y trouveraient maintenant sans date ni lieu de naissance ; car il ne faut pas nommer *chant populaire* une romance, un vaudeville, une contre-danse, qui, sortis brusquement des salons, se mettent à courir les rues, revêtant au hasard des lambeaux de paroles grivoises. Pour qu'un chant soit populaire, il ne suffit pas que la guitare du lazzarone ou les castagnettes espagnoles l'accompagnent, et que l'orgue de Barbarie le stéréotype. Ce serait pareillement une erreur d'appeler *populaires* les chansons guerrières ou politiques composées par tel ou tel de nos contemporains à l'usage de nos révolutions. Le *God save the king* et le *Rule Britannia*, *La Chasse sauvage de Lutzow* et *La Marseillaise*, *Le Chant du Départ* et l'ode à *Kosciuszko*, compositions modernes, signées du nom de leurs auteurs, et les hymnes belliqueux qui depuis 1817 ont inondé l'Italie, l'Allemagne, l'Espagne, le Portugal, le Brésil et les républiques américaines, sont des *chants nationaux*, mais non point *populaires*. Le chant populaire est ce fils dévoué de la patrie, qui en revêt les mœurs, en garde les coutumes, et se fait l'arche dépositaire de ses plus précieux souvenirs ; c'est la ronde de noce, la chanson de berceau, de table ou de métier ; c'est la *ballade*, amoureuse ou guerrière ; c'est le *saga* scandinave, et le *rune* finnois ; c'est le chant que les mères de Lithuanie, d'Allemagne et de Norvège apprennent à leurs enfants pour les prémunir contre le danger des ondines ou du roi des aunes ; c'est la *dumka* russienne, le *crakowiak* polonais, la *saltarelle* ou la *tarantelle* napolitaine, la *barcarolle* vénitienne, le *yole* tyrolien, le *kuhreihen* des Alpes ; c'est enfin toute mélodie qui porte empreints la nationalité d'un peuple, ses guerres, ses mœurs, ses jeux, ses usages, ses traditions et ses croyances.

Sans doute, d'après cette définition, on s'imaginerait volontiers que les chants populaires présentent les dernières ruines où il faudra rechercher les débris de la musique primitive. Il n'en est rien. Ces chants, tout anciens qu'ils paraissent, ne sont cependant, en général, que de seconde formation, parce que les arts ne sortent pas de terre comme les fleurs, mais tombent d'en haut comme la rosée. Les premiers chants devaient remonter au berceau du monde. De l'autel la lyre a dû passer dans les festins, dans les palais, dans les camps, dans les jeux, dans les danses, partout où l'homme se sentit des joies et des souffrances à mettre en commun, des passions à distraire et des gloires à célébrer. Chez les Tupinambas, un voyageur de la fin du seizième siècle a entendu des psalmodies que chaque Indien devait savoir, mais qui néanmoins ne se chantaient qu'en assemblée, le jour de la fête des aïeux. Chez les Caraïbes, ces cérémonies se composaient de danses, de gestes, de vociférations *concertés*, durant lesquels un d'eux soufflait au visage des assistants de la fumée d'aromates, symbole de l'âme après la mort. Puis les hommes se mettaient à balancer leurs jambes, et les femmes à chanter une sorte de complainte, dont voici le refrain : *heu, heuraure, heura, heuraure heu, heura, ouah*, ce qui ressemble assez, comme on voit, au râle d'un agonisant. Lorsque la danse touchait à sa fin, tous les assistants frappaient du pied la terre, et, crachant devant eux, répétaient d'une voix lugubre : *he he hua, he hua hu ah !* Le but de ces chants était de désigner aux aïeux le regret qu'on ressentait de les avoir perdus, et l'adoucissement que l'on puisait dans l'espérance de les retrouver un jour derrière les hautes montagnes, où l'on danserait ensemble. Les Brésiliens avaient en outre des *chanteries* destinées à menacer leurs ennemis, d'autres dans lesquelles ils faisaient mention d'un déluge où périt toute la race humaine, à l'exception de leurs ancêtres, qui se sauvèrent sur les plus grands arbres du pays. Pfyffer de Neuck, qui a passé huit ans à Java, a découvert les mêmes idées dans les ballades populaires des *rougin* ou *bedojo*, qui sont les bayadères de l'île. Dans ces chants, qui contiennent les traditions du pays, plusieurs racontent qu'autrefois il y eut un singe géant, qui transporta et rassembla des montagnes. L'une de ces montagnes est appelée *Gunongprave* (la montagne du bateau), parce que c'est à son sommet que l'arche de Haby-Noah, le prophète, échoua après le déluge.

Sous le rapport de la mélodie, les chants du Brésil, rauques et rudes, sans tonalité ni mesure, sont un peu plus que de la parole, puisqu'ils peuvent se noter. Mais sont-ils déjà de la musique? Non assurément. Dans les îles de la mer du Sud, au contraire, les chants prennent un caractère singulier de mélancolie et de mollesse. C'est même souvent un contraste effrayant d'ouïr sur ces mielleuses mélodies des paroles sinistres et cruelles. Écoutez le chant des Cannibales, lorsqu'ils préparent le repas des guerriers : tandis que le malheureux prisonnier se tord au milieu des flammes qui le dévorent, pour se conserver jusqu'à la fin la haine et le mépris au visage, les femmes, avec une inaltérable douceur, lui chantent ces paroles : *A quoi bon la lumière? pourquoi la lumière? Pour rôtir l'ennemi. Son père pleure, sa mère pleure, ses enfants pleurent.* L'air de ce chant est un passage lent et doux de la tierce à la tonique, puis de la tonique à la tierce, où il s'arrête. Outre les chants religieux, il existe aux Sandwich et aux Philippines des airs amoureux, des espèces de romances non moins langoureuses que les nôtres, mais qui n'ont pas de paroles, et le sauvage les soupire sans rien articuler. En Afrique et dans les îles voisines, les pyrrhiques les plus lascives se dansent sur des airs vifs, ardents et très-rhythmés. La *Chéga*, si répandue parmi les races malaises, suffit à prouver ce fait curieux.

Si, quittant ces peuplades isolées, nous remontons à travers les temps jusqu'aux sociétés antiques, nous trouverons les premiers Égyptiens nourrissant une si haute opinion de l'influence de la musique, qu'ils attribuaient à ses heureux effets les bienfaits de leur civilisation. Il est fâcheux que ce respect n'ait pas assez duré pour nous révéler l'école musicale à laquelle se formèrent Mélampe, Orphée, Musée et le chantre de l'*Iliade*; mais depuis le règne des Pharaons l'Égypte fut inondée du flot de tant d'armées étrangères que ses coutumes nationales s'y engloutirent et disparurent. L'invasion des Perses chargea la musique égyptienne d'ornements qui la défigurèrent; puis vinrent les Ptolémées, qui, en augmentant les cordes des instruments, changèrent l'enharmonique ancienne, et mirent chaque poète à même de modifier la mélopée selon son caprice. Enfin, depuis les Maures, la musique copte ou égyptienne s'est rangée au niveau de celle des races sémitiques et tatares : ce n'est plus qu'une sorte de roucoulade incertaine de motif, chargée de fioritures, sans modulation régulière, mais semée d'intonations dystoniques, roulant au hasard sur une basse invariable, ressemble, à part l'exagération des termes, aux divers bruits de la foudre, mêlés au sourd mugissement des vents. Si donc nous voulons retrouver quelques sources de chants populaires antiques, ce ne sera pas autour des pyramides qu'il faudra diriger nos recherches, ce sera plus avant dans l'Orient à l'entour de l'Himalaya et du Gange.

Il y a des peuples en Asie chez qui depuis deux mille ans peut-être la musique demeure invariable. Ils ne connaissent, pour la plupart, qu'un certain nombre d'airs sacrés, qu'il leur est défendu de changer ou d'augmenter. A cet égard même, la sévérité des législateurs s'est souvent montrée excessive. En Chine, la loi civile menace de graves châtiments l'audacieux qui introduirait une fioriture parmi les airs contemporains du Tchoung-Young et du Chi-king. Les brahmes indiens ne se montrent pas moins fidèles à leurs antiques mélodies. Ils en possèdent, dit-on, trente-six, sur lesquelles ils chantent tout ce qu'il y a de sanskrit au monde, et il ne faudrait pas moins d'une nouvelle incarnation de Brahma en joueur de sistre ou de flûte pour les obliger à augmenter d'un air leur répertoire. Les Turcs eux-mêmes n'ont eu longtemps que vingt-quatre chants : six *mélancoliques*, six *gais*, six *furieux*, six *emmiellés* ou *amoureux*. Du reste, cet usage n'est pas complètement étranger aux nations de l'Europe : les peuples de race indo-caucasique fixés autour de la Baltique en ont un souvenir très-marqué; on en retrouve des traces fort sensibles chez les Écossais et les Anglais; on en découvre même chez nous dans nos cantiques.

Par une anomalie singulière, les mélodies persanes paraissent avoir échappé à cette immuabilité de nombre et de style. Elles se sont même répandues chez les peuples environnants. Par ce débord de la Perse, non moins que par le commerce des Francs, se sont augmentées la musique turque et celle des Indiens; car dans les idiomes indostani, tamoul et malabare, on rencontre des airs dont les cadences, placées sur les temps faibles de la mesure, accusent l'alliance récente de la prosodie nationale avec une mélopée étrangère. Mais en y ajoutant bien des chansonnettes que nos croisés et nos matelots ont dû répandre dans l'Orient, bien des chansons de berceau, de chasse, d'amour ou de métier, telles que les refrains des rameurs japonnais ou chinois, les cantilènes des moissonneurs de Carical, celles des baigneuses de Siam, et quelques romances de bayadères ou de *rougin*, tout cela réuni ne ferait pas encore l'Asie beaucoup plus riche de musique populaire, en dehors de ses chants religieux, que les tribus de l'Amérique sauvage.

Passant à l'antiquité grecque, nous y observrons les mêmes faits. Qu'apprenons-nous en effet de sa musique vulgaire? Théocrite rapporte un chant de *moissonneurs*; Aristophane cite celui des *éplucheuses de graines*; Athénée appelle *Himée* celui des esclaves qui puisent de l'eau. Les *ouvriers en laine* apprenaient aussi leur chant particulier; les tisserands le leur, nommé *Eline*; les meuniers avaient une *Épinoste* ou *Épinutie*, les vendangeurs une *Épilène*; enfin les esclaves berceuses savaient la *Calabaucalise*, pour calmer les cris des enfants, et la *Mammic*, pour les endormir ; toutes chansons insignifiantes, qui montrent seulement que chez les Grecs les mouvements mécaniques se réglaient, comme nos manœuvres de marine, sur un rhythme musical. Ajoutez les airs uniformes sur lesquels les rhapsodes anciens, pareils aux improvisateurs de la Rome moderne, avaient coutume de chanter leurs héros et leurs dieux, et vous aurez à peu près toute la musique populaire des anciens.

En parcourant les chants populaires de l'Europe, nous retrouverons au midi la tradition de la mélopée antique, toujours générale et prononcée, malgré l'invasion des prosodies gothiques. Il y a mieux : dans certaines contrées de l'Italie, nous reconnaîtrons encore les traces du style grec et latin. Écoutez en effet les airs siciliens et calabrois, la *Catanzarese*, la *Scillitana*, la *Dedda Eurilla*, mélodies molles, chromatiques, douces et tourées comme des préludes de flûte ; ne croyez-vous pas entendre un reste de mélopée antique appris à de jeunes barbares par un vieillard de l'ancienne Grèce? Autour du golfe de Naples, le ton déjà commence à changer ; ce n'est plus la même langueur, la chanson s'anime et devient plus gaie. Dans *Michelemma*, *lu gotio de na figiola*, la *Scarpotta*, *Cannetella*, le *quatto Moccatore*, la *Ricciolella* et la *Capuana*, sans doute la chromatique et la fioriture dominent encore, mais c'est néanmoins à la fermeté du rhythme qu'une race du Nord a posé ses tentes entre Sorrente et le vieux Pestum. Plus vous remonterez l'Italie, plus vous apercevrez le passage, l'influence gothique et germanique. Cependant les noëls des Zampognari, dans les Abruzzes, se ressentent encore du style des anciens. Mais une qualité remarquable des chansonnettes italiennes, c'est que, pour galantes et amoureuses qu'elles soient, elles n'offrent en général rien de licencieux. A la Chiaia, comme à Castellamare, le pagano et le lazzarone chantent trop près de la Madone pour ne pas voiler leurs chansons. En Espagne, c'est tout l'opposé. L'inévitable *Cachucha*, la *Pilla capa*, *las Doñas de Cuba*, et le vaste bouquet de boleros populaires n'offrent que propos grivois, gazés avec une filet de pêcheur. On trouve d'ailleurs peu de chants, au-delà des Pyrénées, annonçant de l'âge et de la mémoire. Nous savons bien une *Modinha* portugaise, qui rappelle le *Sweet home* des Anglais; nous savons bien que le *Tragalla perros* offre de frappants rapports avec une cantilène slave; mais ces ressemblances peuvent tenir à des échanges récents. Nous ne remarquons qu'un seul signe d'ancienneté dans quelques airs espagnols et portugais, c'est qu'ils se bornent à un motif repris et redit à satiété, d'où l'on peut présumer qu'ils allaient aux vers des *romanceros* qui, n'étant pas tranchés par couplets, se devaient psalmodier comme la poésie antique. Néanmoins cette multitude de *canzonette*, *saltarelle*, *serenate*, *tonadillas*, *tiranas*, *boleros* et *fandangos*, qui, chez les peuples insouciants du Midi, passent et se renouvellent à chaque printemps, n'offre qu'une abondance stérile de véritables chants populaires. Comment en serait-il autrement? Ces races ne chantent que pour oublier.

Au Nord, en revanche, c'est pour se souvenir qu'on chante. Aussi, là, ce n'est pas en glaneur qu'il faut recueillir la musique populaire, c'est en moissonneur économe, car la récolte est riche et précieuse. Toutes les vieilles traditions des pères se sont implantées autour de la Baltique, et elles mêlent les notes sourdes et monotones de leurs airs au bruit des pins et au souffle de la brise. Le Nord, outre le berceau de l'Europe moderne, en renferme aussi les archives. Mais ces archives, où sont-elles déposées? Dans les chants populaires. Depuis que les races du Caucase ont quitté la cité d'Asgard, elles n'ont pas connu d'autres annales. Tacite nous apprend que les seuls monuments chroniques des Germains étaient des chants immémoriaux, où ils célébraient Tuiston, né de la Terre, et son fils Mannus, fondateur de leur nation. Les Celtes et les Scandinaves avaient le même usage; partout l'hymne religieux a été le père de l'histoire. Le nom des *scaldes* est maintenant trop connu pour qu'il soit nécessaire de s'étendre sur leur vie. On a recueilli un grand nombre de leurs chants. Snorre-Sturleson en a fait toute une histoire scandinave; mais les paysans de la Suède et de l'Islande ne se sont pas pour cela crus en droit de les oublier. La Suède et le Danemark possèdent une multitude de ces chants naïfs, que les vieillards du pays murmurent dans leurs vallées, sur leurs montagnes, au bord de leurs grands lacs solitaires. Tous sont tristes et uniformes comme le ciel neigeux étendu sur leur tête. Les chants norvégiens, au contraire, ne manquent pas d'une certaine gaieté, mais d'une gaieté calme, d'une gaieté *mineure*, si cela se peut dire. Ceux de l'Islande, au contraire, sont les plus sombres de tous. Modelés sur un type commun, composé de notes égales, rarement ils franchissent plus d'une tierce en deux notes, rarement ils embrassent dans leurs intervalles les plus distants au-delà de quatre ou cinq notes. Ils ressemblent au bruit de la mer; et pourtant, c'est sur ces tristes mélodies, derniers débris peut-être des chants sacrés apportés de l'Asie, que depuis tant de siècles les Sagas de Reckner Lodbrog et d'Harald, le *havamal* et la *voluspa* se perpétuent sans altération.

Un fait curieux, c'est le voyage et la migration de quelques-uns de ces chants, d'un bout de l'Europe à l'autre. La croyance à certaines divinités des eaux, qui, semblables aux naïades meurtrières d'Hylas, attirent les jeunes hommes, paraît universelle dans le Nord. Vous trouvez ces nymphes perfides errantes en Lithuanie, au bord du lac *Switez*, où la chanson des *Switezianka* fournit à Mickiewicz une ballade pleine de charme. En Allemagne, Cœthe s'inspire de la tradition populaire *du Roi des Aunes*; en Suède, *Le Necken* et *Les Ondines* jouissent d'une égale célébrité; le chant du *Necken* offre une des mélodies les plus caractéristiques du type suédois; le chant norvégien de l'*Ondine*, recueilli par Jacobi : *Huldre mœ snog*, etc., rappelle merveilleusement dans la seconde période le ton de la barcarolle lourée, de la barcarolle suisse. Les *pactes avec le diable*, les *chasses sauvages*, les *revenants*, les *gobelins*, les *varous*, les *loups-garous*, fournissent pareillement toute la race septentrionale de ballades naïves et effrayantes. Il y a de ces traditions voyageuses qui ont réellement fait le tour du monde; qui, parties de la Slavie, du Caucase, peut-être même de l'Inde, ont circulé dans tout l'est de l'Europe, et qui, après avoir parcouru l'Allemagne, la Suède, la Norvège, l'Islande, sont venues mourir en Angleterre ou en Écosse, quelques-unes même en Normandie, et jusque dans le royaume de Naples.

Dans la Grande-Bretagne, les chants populaires rencontrèrent une population trop disparate, pour s'y conserver intègres. Cependant plusieurs survécurent aux orages, et c'est ainsi que la ballade suédoise de *Sven de Rosemmar* se retrouve textuellement dans les montagnes de l'Écosse. D'autre part, les longues guerres des clans, des Gallois, des Saxons et enfin des trois royaumes servirent de matière à des chants nouveaux, sinon d'air, au moins de paroles, tels que *Le Highlander*, *Robert Bruce*, *Caledonia*, *Nanie*, etc. Le caractère commun à la plupart des chants des clans écossais, c'est d'être composés d'intervalles sourds et rapprochés : on voit que la troupe qui les chante à bas bruit autour de son feu de bivouac craint de donner l'éveil à la bande ennemie, cachée dans une bruyère voisine. Depuis le dixième siècle les chants populaires des Anglais se sont parfaitement conservés, par une raison singulière : c'est que chez eux la musique s'est développée fort tard. Burney assure que jusqu'à la fin du dix-septième siècle le nombre des airs nationaux étrangers à l'Église n'y excédait pas de beaucoup celui des Turcs. A cette époque même, lorsque l'on commença à étudier l'instrumentation, au lieu de chercher à inventer, on se contenta de varier les thèmes populaires. Berd, Norley, Bull, Gilles, Farnaby et Gibbon ne firent pas autre chose. Malheureusement, en diversifiant ces airs nationaux, les violonistes les chargèrent de tant d'ornements, qu'ils les rendirent presque inintelligibles. Aujourd'hui, pour les reconnaître il faut les dégager de toutes ces fioritures, laisser à nu les notes principales; alors on découvre un type de chant original bizarre, passant rapidement et sans cause des sons de tête aux sons de poitrine, comme les *kuhreihen*, mais modulant constamment du mineur au majeur principal, comme les chants scandinaves, dont ils reproduisent du reste la coupe harmonique. Il faut cependant mettre à part les mélodies irlandaises, qui en général, par la douceur et la gracieuseté de leur dessein, forment une sorte d'oasis au milieu de la musique anglaise. Ces airs, selon Burney, remonteraient, non pas seulement aux bardes, mais aux plus antiques chants sacrés de la race saxonne. Le fait est que, très-simples et plus rhythmés que les récitatifs de l'Église, ils se prêtaient mieux que toute autre musique à l'improvisation. Tandis que la main du bard errait sur la harpe, sa voix se laissait guider à ces sons connus, et le poète, tout à sa poésie, pouvait aller au cœur de son sujet. Par cela même, ces chants devinrent héréditaires, et l'on conçoit qu'il en dut être ainsi de tous ceux des improvisateurs *scaldes*, *meistersinger*, *waidelotes*, *trouvères*, *troubadours*, *rhapsodes*. Il y a mieux : en prenant les airs traditionnels lithuaniens et danois, suédois, islandais et écossais, en et formant de leurs desseins mélodiques combinés avec leurs rapports harmoniques une sorte de moyenne, on trouve un type très-applicable à tous les plus anciens chants populaires de ces différents peuples.

Si nous entreprenons maintenant de parcourir notre propre fonds, où se rencontre un mélange de race latine et de race germanique, nous serons, au premier abord, frappé de sa stérilité ; il n'est pas une forêt de Finlande ou de Lithuanie qui ne sache plus de chants populaires que nos pères ne nous en ont appris, surtout de ce côté-ci de la Loire. Néanmoins, pour faire valoir notre modique fortune, nous diviserons nos chants populaires en deux parts : ce qui appartient à toutes nos provinces, et ce qui est propre à chacune. Le fonds commun se compose d'airs de chasse et de cantiques, héritage de la féodalité. Seulement la tradition des choses pieuses s'est promptement perdue; les airs de cantique, au lieu des vieilles légendes, chantent les complaintes des fameux criminels. Quant aux airs de chasse, ils sont fort répandus dans toutes nos provinces, mais surtout dans celles de l'est et de l'ouest. Quand les bannerets lançaient leurs meutes à travers ses moissons, le paysan n'entendait que trop le cor retentir. La nuit, ce bruit le poursuivait dans ses rêves, de là ces traditions de *La grande Chasse*, du *Chasseur sauvage*, et tant d'autres qui parcourent l'Allemagne. Plus tard, quand sa terreur fut passée, quand la puissance des hobereaux déclina, le manant ne se rappela plus les fanfares que pour en rire et en appliquer les airs à ses chants les plus pacifiques. *La Chasse de Saint-Judes* et *Le roi Dagobert* sont des fanfares du cerf ; *L'autre jour, cueillant de l'oseille*, est une fanfare de lièvre ; celles du loup, du renard, du blaireau, les deux hallalis, les appels, sont devenus le type mélodique d'autant de chants populaires.

Mais tandis qu'en deçà de la Loire les races franques formaient ainsi leurs rudes mélopées, de l'autre côté du fleuve, les provinces romaines d'origine empruntaient à l'Église les mélodies de leurs cantilènes, de leurs complaintes, et même de leurs barcarolles sur les rivages de l'Océan et de la Méditerranée. Dès les premiers temps de la prédication, les prêtres d'Aquitaine eurent soin de mêler aux liturgies latines quelques *proses* en l'honneur de la Vierge ou des saints, en patois vulgaire. L'hymne de saint Étienne, que l'on nommait *les Plaincts de saint Estève*, se chantait moitié en français moitié en latin dans l'église d'Aix en Provence. Lorsque la rigueur du rit grégorien eut exclu de l'église tout ce qui n'était pas en longue canonique, les proses en latin rimé demeurèrent dans l'office, mais celles *en patois*, bannies du sanctuaire, furent recueillies sous le chaume. Le peuple des campagnes continua de psalmodier devant ses grandes images rouges et bleues les aventures de sainte Magdeleine, de saint Alexis, de Julien l'Hospitalier, de Notre-Dame, du Juif errant ; et dans leurs chaumières, de pauvres fileuses aveugles chantèrent les martyrs, héros de la chrétienté, comme jadis les aveugles de la Grèce avaient célébré leurs demi-dieux. Puis vinrent les *Noëls*, bourguignons, poitevins, francomtois, gascons, béarnais, languedociens, provençaux ; chants parfois grossiers, souvent naïfs, empreints d'une critique railleuse à l'égard du dramatique introduit dans le culte par le spectacle des mystères. Orderic Vital nous dit que de son temps (en 1100) le public ne connaissait encore la vie des saints que par les chansons des ménétriers. De nos jours même, dans le Bessin normand, ainsi que dans les Abruzzes, des chanteurs, accompagnés de vielles et de violons, récitent le soir aux portes des maisons la Naissance, la Passion et la Résurrection du Seigneur Jésus-Christ.

Cependant, à côté des proses patoises, les romances et les ballades avaient commencé d'éclore ; depuis le douzième siècle, elles s'emparent de l'idiome vulgaire, qu'elles plient à tous leurs caprices, si bien qu'au règne de Philippe-Auguste elles se montrent déjà fort communes. Les aventures galantes, les jeux, les danses, en fournissent le sujet ordinaire. En veut-on retrouver aujourd'hui le souvenir, c'est parmi les chansonnettes avec lesquelles jouent les enfants qu'il faut les chercher ; c'est parmi les refrains comme : *J'irai dans ton champ*, ou *La tour, prends garde* ; ou parmi les rondes de danses, comme : *Nous n'irons plus au bois, Quand Biron voulut danser*. Plusieurs de ces rondes, débris défiguré des ballades de la chevalerie, rappellent les institutions du moyen âge, les tournois, les siéges des castels, les cours d'amour et les jeux des châtelaines. Aux mêmes usages se rattachent les *rotruenges* de nos campagnes du nord-ouest, chansons de table destinées à payer l'hospitalité. Le couplet de dessert est surtout demeuré en vigueur, comme une redevance que le convié doit à son hôte.

Ici commence le second ordre de nos chants populaires, nous voulons dire ceux qui sortent du fonds commun, et forment la part héréditaire que chaque province a reçue de ses ancêtres. Chacune, par exemple, a un certain nombre de chansonnettes, de temps immémorial en possession d'égayer tel village ou tel groupe de hameaux. Dans l'ancienne Ile-de-France, la Normandie et la Picardie, ces bluettes se lient encore par un caractère général de goguenardise ou de gaudriole, comme dit le peuple. Ainsi, *J'trouvis un chasseur auprès de ma belle ; Il était une fille, badinette; l'ariette de Nicolas*, si connue dans nos campagnes, et que toute l'Allemagne chante sur le même air que nous ; *J'ai vu la caille dessus la paille ; A la forêt du bois d'amour ; Un beau capitaine*, portent toutes une teinte de gaieté licencieuse ; les deux dernières ont de plus quelque chose de romanesque qui révèle leur origine septentrionale. D'autre part, le vieux type des sirventes se reconnaît dans la chanson normande qui raconte les mésaventures d'un conscrit à son régiment : *Ma mie, j'ou vidn t'annoncha...* et dans la chanson poitevine qui sont énumérées les bévues d'un paysan qui est venu à Poitiers pour visiter la ville, et qui ne l'a point vue, parce que les maisons l'en ont empêché. Cette dernière est, dit-on, fort en faveur dans les environs de Dantzig. En Normandie, en Bretagne, dans les pays les plus neufs, les chants sont conteurs, traditionnels, presque dramatiques. En Alsace, c'est le vin et la bonne chère qui en fournissent la matière la plus habituelle ; ceux du Béarn, au contraire, doux comme l'élégie, ont le coloris suave et des mœurs pastorales ; dans les romances provençales et languedociennes, c'est on ne sait quoi de pieux, de délicat, d'aimant. Les airs gascons offrent des espèces de roucoulades fort gracieuses, mais sans beaucoup de sens. A cet égard, la jolie ariette : *Aie rencontrara ma mia*, présente un type véritable ; en revanche, rien de plus lourd que les *érodes*, ou chants des bouviers de la Bresse. Chaque couplet se termine par un nombre de noms de bœufs égal à celui des attelages, énumération que couronne une simple excitation sur la dominante. Voici l'un de ces refrains :

> Man cadet, man bringuet,
> Man petio, man vremail,
> Ho !

En général, l'harmonie est peu cultivée dans les pays de labour ; elle s'y ressent toujours de la pesanteur des habitants ; elle y va terre à terre comme eux. Mais si, quittant les plaines, nous gagnons le Jura, les Alpes ou les Pyrénées, la musique populaire change totalement de caractère. Les mélodies s'épurent, s'animent, se poétisent, et les paroles elles-mêmes se relèvent au ton du paysage. Dans plusieurs chants du Jura brille une grande poésie naturelle ; mais elle est toute dans les paroles. Paroles et musique, elle embrasse tout, au contraire, dans les Pyrénées. Que dire des chants euscariens ou basques, et d'où viennent à ces tribus exilées entre le ciel et la terre une telle franchise de rhythme et de poésie ? Plusieurs datent de l'invasion romaine, et ne sont pas inférieurs aux plus beaux chants de la Grèce moderne, recueillis par Fauriel. Le souvenir des preux de Charlemagne est présent à l'imagination du pâtre euscarien ; toutes les ballades de la contrée sont empreintes de leurs belliqueux exploits. On montre ici au voyageur les jardins enchantés d'Armide, là de nombreux rochers que le paladin Roland a fendus de sa redoutable Durandal ; le monastère de Roncevaux conserve précieusement son fameux cor, dont le son ébranlait les rocs pyrénéens, et pourtant personne dans ces vallées n'a lu ni le faux archevêque Turpin, ni Boyardo, ni l'Arioste, dont ce peuple ignore même les noms.

On possède une centaine de chants de guerre euscariens, d'une grande beauté, parmi lesquels on cite surtout celui de *Lelo*, qui peint la résistance opiniâtre des Cantabres aux armes de Rome, *Le Chant d'Annibal*, qu'entonnèrent, dans les campagnes d'Italie, les guerriers euscariens qui avaient guidé le Carthaginois à la conquête de la reine du monde, et *Le Chant d'Altabiçar*, récit poétique de la célèbre bataille de Roncevaux par les descendants des vainqueurs. Ce chant, comme tout ce qui n'a été écrit que fort tard, a dû, ainsi que les deux précédents, changer en passant de bouche en bouche. Ce ne sont vraisemblablement que les échos lointains des ballades primitives, ressemblant à ces vieilles médailles que le temps et la main des hommes ont effacées sur bien des points. Mais le type original s'y retrouve, encadré parfois dans ces grandes tragédies improvisées que l'Euscarien représente de nos jours encore en rase campagne, adossé à ses grands monts, devant des populations nombreuses, accourues de fort loin, tragédies colossales, qui rappellent souvent les jeux scéniques de l'antique Grèce.

Ajoutons maintenant deux mots pour les chants des pâtres de la Corse, véritables romances amoureuses et plaintives, alliage singulier de Sicile et de Piémont, et nous aurons à peu près fait le tour de la France. Ainsi, de tout ce que les races gothiques ou celtes, latines ou germaniques, ibériennes ou maures, ont semé de chants sur notre sol, que nous reste-t-il aujourd'hui ? Des rondes villageoises, grivoises ou conteuses, des ballades guerrières sauvages, des débris de romances espagnoles ou de *lieder* allemands, des chansons à demi satiriques, restes des anciens sirventes, chants bizarres en général, affublés d'airs d'église ou de fanfares ; tel est l'amas confus de nos chants populaires, mine précieuse cependant, trop mal exploitée jusque ici, et peut-être trouverait-on dans la poésie patoise le secret de plus d'une énigme historique.

Maintenant voulez-vous trouver des airs d'un caractère primitif, original, populaire ? C'est dans les Alpes suisses qu'il faut aller les écouter. La Suisse, comme un isthme avancé du continent scandinave, a conservé dans ses chants on ne sait quoi de doux et de franc tout à la fois, qui les distingue de ceux du reste de l'Europe. Les petits Cantons possèdent même une ballade très-ancienne qui raconte cette origine, et les enfants de Berne jouent un jeu dans lequel ils récitent des paroles bizarres, tout à fait inintelligibles à ceux qui les prononcent. Mais allez en Danemark, les enfants de Copenhague vous feront connaître le même jeu et les mêmes paroles, avec le sens que leurs frères exilés ont désappris depuis longtemps. Dans ces chants suisses, tout porte le cachet d'une nature simple, forte et belle. Les airs du pâtre, du chevrier, du chasseur de chamois, ne sauraient être modulés, on le pressent d'avance, comme les *canzoni* que le Napolitain murmure sous un ciel énervé ; ce sont des notes hautes, pleines, qu'il faut aux montagnards, des notes espacées à de longs intervalles, qui puissent dominer le bruit des torrents, et retentir comme un cri d'appel d'une cime à cime prochaine. Tantôt ce sont des refrains de convention qui terminent chaque couplet, comme : *falleri fallera*, ou *falleri donda* ; tantôt ce sont des *yoles*, syllabes mâles et sonores, sur lesquelles les habitants du Tyrol et des Alpes passent par élans brusques et rapides de la voix de poitrine à la voix de tête, saccadant ainsi le chant par octaves, jusqu'à ce qu'ils l'arrêtent sur la tonique, lentement et longuement enflée.

Depuis que les versants du Righi et les coteaux du Montanvert ont des bancs comme les Tuileries pour asseoir les voyageurs, les chansons des batelières de Brientz et des cantons environnants sont connues de tous nos salons ; mais aucun de ces airs néanmoins, pour gracieux qu'ils soient, n'obtiendra la célébrité méritée du *kuhreihen*, ou *ranz des vaches*, ce chant qui est à lui seul tout le mal du pays pour les Suisses, et comme la voix naturelle du canton, rappelant à lui ses enfants. D'ailleurs, nous ne saurions plus où nous arrêter si nous nous donnions la tâche de rappeler ici tout ce que la Suisse offre de curieux en fait de chansons populaires, et les couplets satiriques où sont consacrés, comme dans un noël poitevin, les sobriquets des villes, et les cérémonies du lundi de carnaval, où les bourgades de l'Entlebuch s'envoient les unes aux autres le compte versifié de ce qu'elles ont commis d'absurde, et les complaintes amoureuses du Gouggisberg, et les rondes villageoises, comme la *Choraula* du pays de Fribourg, et enfin les débris des vieilles ballades qui se chantaient à l'assaut du château d'Amour dans l'ancien comté de Gruyères.

Nous n'en finirions pas si nous voulions parler en détail et des chants grecs modernes, recueillis par Fauriel, et des chants bosniaques ou illyriques ; car il en existe de fort poétiques, même en dehors de la Gusla. Mais avant de nous occuper des races slaves, un mot, en passant, sur les tribus de l'ancienne race finnoise, dont une partie erre encore dans les forêts de la Finlande, et dont l'autre vit heureuse dans les riches plaines de la Hongrie. Pour les *runes finois*, la seule remarque à faire à leur égard, c'est que tous leurs airs sont sur une mesure à cinq temps ; les airs hongrois méritent plus d'attention ; celui des premiers *huszars* de cette contrée est fort populaire. Celui des *pauvres garçons* ne l'est guère moins ; *pauvres garçons* est le nom modeste que se donnent les brigands de l'Hortobagy. Nous ne saurions taire non plus le fameux chant de Rakoczy pleurant sur sa patrie. Ne croyez pas que ce soit une ode sublime, une de ces vigoureuses poésies qui s'implantent dans le souvenir des peuples comme un lierre dans le ciment d'une ruine ; non, ce n'est rien qu'un air sans paroles, c'est le soupir d'un prisonnier ; mais Rakoczy, prince de Transylvanie, avait rêvé la chute de la monarchie autrichienne ; il avait entretenu des intelligences jusque dans la cour de Louis XIV ; l'empereur Léopold l'avait fait enfermer, et le sentiment mal éteint de l'indépendance hongroise suffit pour rendre populaire un air composé par son dernier soutien. A cette heure, il y a cent cinquante ans que le chant de Rakoczy parcourt tristement la Hongrie ; personne encore n'a su lui donner des paroles, mais personne ne l'a oublié.

Il ne nous reste plus à nous occuper que des Slaves. « Chaque branche de cette famille, dit Ampère, est riche en poésies originales. Les plus connues, les plus belles de toutes, sont les *chants serbes*. Les Russes possèdent aussi de fort anciennes poésies nationales , dont quelques-unes remontent, dit-on, jusqu'aux temps des grandes invasions des barbares, et chaque jour il s'en compose de fort belles, témoin le fameux *chant de milice*. A Prague, centre intéressant de la culture slave, on a publié récemment des collections de chants populaires polonais, moraviens, howaques. Dans toutes ces poésies on retrouve le même caractère de vivacité, de chaleur, de passion, souvent même une hardiesse et une imagination tout orientales. La Bohème a aussi ses chants populaires. Pour en recueillir un grand nombre, il suffirait de se promener pendant l'été dans les rues de Prague, où les gens de la campagne les chantent dès l'aube du jour. L'instinct musical, universellement répandu parmi les Bohèmens, y perpétue et y renouvelle sans cesse les mélodies populaires. » Il en est de même de toutes les nations qui composent l'ancienne Pologne. Toutes ont ce même goût inné de la musique, et cette puissance de souvenirs qui est le propre des peuples malheureux. Le caractère commun des chants polonais est une grande simplicité, un mouvement décidé, une harmonie pure et brillante. Ensuite chaque pays prête sa couleur propre à ce fonds national. En Lithuanie on retrouve les débris antiques des vieux chants waïdelotes, ballades pieuses, pleines de traditions primitives, chantées sur des airs sombres et uniformes, qui semblent dérobées à la harpe des scaldes. La Lithuanie aussi a ses zampognari, qui psalmodient aux portes, la veille de Noël, un cantique nommé *kolenda*. Dans la Russie-Rouge et l'Ukraine, le type slave se montre plus à découvert. Bien que triste et mélancolique, la *dumka* présente déjà cette netteté de dessein qui est le propre de la mélopée polonaise. Enfin le *mazurek* (ou la *mazurka*), qui appartient à la Mazovie, et le *krakowiak*, à la Pologne méridionale, sont aujourd'hui bien connus, de nom au moins, en France, quoique nous ne les ayons qu'horriblement défigurés. Le dernier est un chant plein de gaieté, qui se danse autour des chaumières; c'est le chant du dimanche; c'est aussi celui qui se prête avec bonhomie aux historiettes grivoises, aux couplets moqueurs et satiriques; c'est le vaudeville polonais. Le mazurek, au contraire, est le chant des passions tristes et des graves souvenirs; c'est lui qui rappelle Dombrowski du sein de l'Italie au secours de la patrie, c'est lui qui chante les espérances déçues de toutes les insurrections. Aussi c'est lui que retiennent les dames polonaises pour apprendre à leurs enfants les grands noms de leur patrie vaincue, les gloires du passé, les devoirs de l'avenir; c'est lui surtout qu'a célébré le poëte de Wilna, Mickiewicz, dans ces beaux vers : « Chants populaires! arche d'alliance entre les temps anciens et les nouveaux! c'est en vous qu'une nation dépose les trophées de ses héros, l'espoir de ses pensées et la fleur de ses sentiments. Arche sainte! nul coup ne te frappe, ne te brise, tant que ton propre peuple ne t'a pas outragée. O chanson populaire! tu es la garde du temple des souvenirs nationaux; tu as les ailes et la voix d'un archange; souvent aussi tu en as les armes. La flamme dévore les œuvres du pinceau, les brigands pillent les trésors, la chanson échappe et survit; elle court parmi les hommes. Si des âmes aviles ne la savent pas nourrir de regrets et d'espérances, elle fuit dans les montagnes, s'attache aux ruines, et de là redit les temps anciens : ainsi, le rossignol s'envole d'une maison incendiée, et se pose un instant sur le toit, mais si le toit s'affaisse, il fuit dans les forêts, et, d'une voix sonore, il chante un chant de deuil aux voyageurs, entre des ruines et des sépulcres. »

En vertu d'un décret du 13 septembre 1852, rendu sur la proposition du ministre de l'instruction publique, il doit être publié un *Recueil général des poésies populaires de la France*, imprimées, manuscrites, ou transmises par les souvenirs successifs des générations. Il comprendra les chants religieux et guerriers, les chants de fête, les ballades, les récits historiques, les légendes, les contes, les satires. Le comité de la langue, de l'histoire et des arts, établi près de ce ministère recevra les textes et les traductions, et désignera ceux qui devront être admis dans le recueil. Une médaille commémorative sera décernée, sur la proposition du comité, aux personnes qui auront le plus contribué à l'enrichir. C'est là une idée vraiment nationale. Reste à savoir comment elle sera mise en œuvre.

CHANT SUR LE LIVRE, plain-chant ou contrepoint à quatre parties, que les musiciens composent et chantent impromptu sur une seule : savoir, le livre de chœur qui est au lutrin ; en sorte que, excepté la partie notée, qu'on met ordinairement sur le livre, les musiciens affectés aux trois autres parties n'ont que celle-là pour guide, et composent chacun la leur en chantant. Il faut qu'ils soient bien habiles si de cette manière ils n'improvisent pas un charivari plus ou moins réjouissant. CASTIL-BLAZE.

CHANVRE, genre de plantes originaires d'Asie, de la famille des orties et de la vingt-deuxième classe de Linné,
la diœcie, celle où les fleurs mâles sont sur un individu et les fleurs femelles sur un autre. On en distingue deux espèces, l'une qui habite aux Indes (*cannabis indica*), l'autre cultivée en Europe depuis longtemps, et qu'on peut compter au nombre de nos plantes indigènes (*cannabis sativa*). La tige de ce végétal annuel s'élève à 1^m,50 environ, est droite et presque simple. Les feuilles, formées de cinq à six folioles étroites, pointues et disposées comme les doigts de la main, sont opposées. Les fleurs mâles, c'est-à-dire à étamines, sont jaunes, naissent dans les aisselles des feuilles supérieures et sont disposées en grappes. Les fleurs femelles, c'est-à-dire à pistils, ont deux styles, point de corolle et un calice à cinq divisions : d'une couleur blanchâtre, elles sont alors à pistils, ont deux styles; mais après la fécondation elles forment autour de la partie supérieure de la tige une sorte d'épi. Les habitants des campagnes donnent mal à propos, d'après les anciens, le nom de *chanvre mâle* à celui qui porte les graines, et celui de *chanvre femelle* aux pieds stériles qui ne portent que des fleurs mâles. La graine est une cariopse uniloculaire bivalve, entièrement recouverte par le calice, grise et luisante : on lui donne le nom de *chénevis*; elle sert à la nourriture de plusieurs oiseaux, et on en retire une huile qui est d'un très-grand usage dans diverses contrées. L'écorce est la partie importante du chanvre; c'est la *filasse*, qui sert à fabriquer du fil, de la toile et des cordes : elle adhère fortement à la partie ligneuse. Les tiges dépouillées de leur enveloppe et séchées servent à préparer d'excellentes allumettes. On peut encore employer le charbon léger qui en provient à la fabrication de la poudre; mais la préparation en est difficile, par suite de la rapidité de son incinération.

Toutes les parties vertes de ce végétal ont une odeur vive et pénétrante, qui affecte le cerveau; les feuilles et les fleurs du *cannabis indica* servent, en Asie, à composer des boissons enivrantes, dont la plus connue est le hachisch. Ces préparations sont aphrodisiaques; elles excitent la gaieté et engendrent les songes voluptueux.

Le chanvre demande une terre riche en *humus*. Il ne supporte ni excès de sécheresse, ni excès d'humidité : dans le premier cas, il reste bas; sa filasse est courte et dure; dans le second, il s'étiole et ne donne que de mauvais produits. Un labour profond à l'automne et deux plus superficiels au printemps sont les préparations indispensables du sol, qui doit être fumé avec des engrais chauds et bien consommés. L'époque du semis, qui se fait à la volée, varie suivant les localités, de mars à juin; mais cette opération doit toujours avoir lieu après que les gelées ne sont plus à craindre. Pendant tout le cours de la végétation du chanvre, un seul sarclage suffit. Au bout de trois ou quatre mois, c'est-à-dire de juillet en août, on arrache brin à brin le chanvre mâle (celui des botanistes) qui jaunit le premier, puis on le met sécher au soleil en petites bottes verticales. Un ou deux mois après, on arrache le chanvre femelle et on en récolte la graine, en la battant, ou en faisant passer la tête du chanvre à l'égrugeoir. Quand elle est ressuyée, on la met dans des tonneaux ou des sacs.

Lorsque le chanvre est sec, on le porte au *routoir*, afin d'obtenir, par la fermentation, la séparation des fibres ligneuses, unies entre elles par une matière gommo-résineuse (voyez ROUISSAGE). Dès que le rouissage est terminé, on ramasse le chanvre, on le fait rapidement sécher, et l'on sépare la filasse du chénevotte au moyen de trois manipulations, qui tendent au même but : le *teillage*, qui, ayant lieu à la main, occasionne une plus grande perte de temps, mais donne la filasse plus longue et plus belle; le *broyage* et le *ribage*, qui se font au moyen de machines, et n'ont d'autre avantage que plus de rapidité. Le *serançage*, destiné à affiner la filasse, termine la série des opérations qui doivent en précéder la mise en vente.

Employé dès la plus haute antiquité à la confection de

toutes sortes de cordes, le chanvre n'a pu être obtenu que dans les temps modernes en assez belle qualité pour faire de la toile. Du temps d'Olivier de Serres la filasse qu'on en tirait était encore très-grossière, et l'histoire cite comme une rareté les deux chemises de toile de chanvre que possédait Catherine de Médicis.

CHANVRE AQUATIQUE. *Voyez* BIDENT.

CHANVRE DE CANADA. On nomme quelquefois ainsi l'*apocynum cannabinum* (*voyez* APOCYN), plante qui, suivant plusieurs agronomes, mériterait d'être cultivée en grand pour utiliser l'excellente filasse que fournissent ses tiges.

CHANVRE DE CRÈTE. C'est le *datisca cannabina*, herbe lisse, à feuilles pinnées, qui croît dans l'île de Crète et l'Asie Mineure. Cette plante a une saveur amère, nauséeuse ; les Italiens l'emploient dans le traitement des fièvres intermittentes. Ses racines renferment une espèce de fécule, la *datiscine*, semblable à l'inuline.

CHAODINÉES. Bory de Saint-Vincent, dont les études microscopiques ont tant servi la science, imposa le nom de *chaos* à des végétaux amorphes des plus simples, principalement caractérisés par une sorte d'enduit muqueux, répandu à la surface des corps plongés dans l'eau ou pénétrés d'humidité, enduit qui se colore de diverses teintes, et qui renferme des corpuscules de nature ambiguë, animale ou végétale, que le célèbre naturaliste regarde comme les premiers éléments d'une organisation naissante. « Pour peu, dit-il, que l'on ait touché des rochers longtemps mouillés, les pierres polies qui forment le pavé où la pourtour de certaines fontaines fermées, et la surface de divers corps solides inondés ou exposés à l'humidité, on a dû y reconnaître la présence d'une mucosité particulière, qui ne se manifeste qu'au tact, dont la transparence empêche d'apprécier la forme et la nature, et dans laquelle le microscope n'aide à distinguer aucune organisation. Elle ressemble à une couche d'albumine étendue avec le pinceau. Cet enduit est ce qui rend souvent si glissantes les dalles sur lesquelles coulent les conduits d'eau et les pierres polies qu'on trouve quelquefois dans les rivières. Cette substance s'exfolie en séchant, et devient à la fin visible, par la manière dont elle se colore, soit en vert, soit en une teinte de rouille souvent très-foncée ; on dirait une création provisoire qui se forme encore pour attendre une organisation, et qui en reçoit de différentes, selon la nature des corpuscules qui la pénétrent ou qui s'y développent ; on dirait aussi bien l'origine de deux existences très-distinctes, l'une certainement animale, l'autre purement végétale. C'est cette sorte de création rudimentaire dont nous formons le genre *chaos*. C'est ce genre qui deviendra le type de la famille naturelle dont nous proposons l'établissement sous le nom de *chaodinées*. »

Après avoir donné lieu à de nombreuses discussions, ces productions sont aujourd'hui rapportées aux pleurococcoïdées, aux protococcoïdées et aux desmidiées.

CHAOS, mot dérivé du grec χάος, le vide, le gouffre (de χάω, χαίνω, je suis ouvert). Il y a peut-être autant de confusion dans les opinions philosophiques sur l'origine de l'univers que dans l'antique chaos des poëtes et des premiers physiciens qui se sont occupés des principes de toutes choses. C'est l'œuvre de la Divinité d'y faire pénétrer la lumière et d'en débrouiller les impénétrables et obscurs abîmes. Telles étaient, en effet, les idées des anciens sur une semblable question, qu'ils confondaient le chaos avec la Nuit et l'Érèbe ou les ténèbres infernales. Le monde, disait Démocrite, est un œuf pondu par la Nuit. L'*Amour*, qui, selon le vieil Hésiode, débrouilla le chaos, était le fils de la Nuit ; belle allégorie de l'*attraction*, qui préside en secret aux mouvements des grands corps de l'univers comme à la combinaison des moindres molécules de la matière. Tous les philosophes anciens admettaient une ou plusieurs substances originelles, éternelles, préexistantes à l'organisation de l'univers, d'après cet axiome, que rien ne peut provenir de rien : *Ex nihilo nihil, in nihilum nil posse reverti*, dit Lucrèce. Ainsi ils n'admettaient point la création primitive ou la production de la matière hors du néant. Il faut aller chercher dans les Indes ou dans la philosophie idéaliste des brahmes la première notion de la création, qui se trouve aussi dans la *Genèse*. Selon cette philosophie, avant qu'il existât quelque principe, Brahma, la Divinité seule *était*, par son essence éternelle ; car rien autre que cette substance divine ne se peut concevoir dans l'immensité vide du néant. Mais la Divinité, comme dit Fichte, c'est le *non-matière*, c'est une force virtuelle, toute puissante, tout intelligente, le pur esprit invisible ou sans forme ; c'est *la raison de tout*, laquelle n'a rien d'accessible aux sens. Brahma, voulant se manifester, réalisa par des corps tangibles son essence inaccessible en tirant de son sein toutes les substances élémentaires dont l'univers est construit : ainsi, dans les espaces fluides d'un ciel pur on voit parfois se former de légers nuages sous nos yeux par des condensations de vapeurs, d'abord inaperçues. Suivant cette hypothèse, il n'y a point de chaos, puisque la substance même de la Divinité revêt un corps pour former le monde, avec ordre et harmonie, à son image.

Toutefois, dans la *Genèse*, les matériaux de cet univers sont créés, mais *tohu bohu*, dit l'hébreu, c'est-à-dire sens dessus dessous, pêle-mêle, ce qui présente bien l'image du chaos avant que la main de Dieu même séparât les eaux de la terre et des cieux, et que la lumière y pénétrât.

> Unus erat toto naturæ vultus in orbe,
> Quem dixere chaos, rudis indigestaque moles....
> Hanc Deus et melior litem natura diremit.

C'est ainsi qu'Ovide dépeint l'origine du monde. Cependant d'autres philosophes ont voulu créer leur univers d'après un ou plusieurs principes matériels. Héraclite et les stoïciens, regardant le *feu* comme le plus actif des éléments, l'ont investi du pouvoir créateur de toutes choses ; le monde est un produit volcanique comme les astres enflammés de l'empyrée ; tout doit un jour finir dans un incendie universel ou l'*ecpyrose*. Thalès, au contraire, soutient que tout naît de l'*eau*, que l'Océan est le père et le générateur de toutes les productions vivantes, de toutes les cristallisations, dissolutions, comme de tous les germes des animaux et des plantes ; Aphrodite, ou Vénus procréatrice, de même que Protée, qui revêt toutes les formes, émane de ondes avec les tribus de tous les êtres animés : ceux-ci ne pourraient subsister dans les arides déserts sans les eaux vivifiantes. On reconnaît dans ces deux systèmes opposés les hypothèses encore subsistantes des neptuniens et des vulcaniens, qui se disputent la géologie de notre globe, et des chimistes qui font leurs opérations par la voie humide ou par la voie aride. Ainsi Leibnitz, qui veut que notre terre et les planètes soient des soleils éteints, encroûtés de cendres ; Buffon, qui suppose ces planètes formées des matières vitrifiées par la chaleur et le produit des éclaboussures du soleil frappé par une comète ; ainsi Hutton, Playfair et les autres vulcaniens, qui admettent le feu central dans le noyau terrestre, dont les volcans seraient des soupiraux. Enfin l'opinion des chimistes, qui considèrent tous les corps terreux comme des oxydes métalliques comburés, d'après H. Davy, etc., ont donné la vogue à cette opinion des vulcaniens. Les neptuniens comptent dans leurs rangs toute l'école minéralogique de Werner, et des géologistes qui considèrent la formation des *strata*, des couches terrestres, par les séjours des mers, avec des dépôts immenses des roches, des cristallisations et combinaisons salines, comme des produits incontestables de l'action des eaux. Des catastrophes diluviennes sont irrévocables, et les beaux travaux de Cuvier, de Buckland, etc., ne permettent plus d'en douter aujourd'hui.

Longtemps les *quatre éléments* d'Empédocle ont été

aussi considérés comme les bases dont le monde était constitué : telle est encore la physique du vulgaire; seulement ce philosophe attribuait à l'air la principale action, ainsi qu'Anaximène et Archélaüs, mais Zénon Cittien faisait intervenir Dieu comme agent, et il regardait les éléments comme entièrement passifs. Pythagore y joignait la loi des nombres ou des proportions harmoniques. Ce grand et beau principe d'ordre et d'unité que reconnut Pythagore, et qui lui fit placer le soleil au centre des sphères planétaires, est aujourd'hui une vérité démontrée par les lois chimiques dans toutes les combinaisons définies des corps de la nature. Ainsi les sels et autres composés minéraux, les produits organiques eux-mêmes, sont soumis à des proportions d'éléments en quantité déterminée, à des saturations plus ou moins régulières ou fixes. On voit donc que rien ne peut être le produit téméraire du hasard, mais que des lois constantes, primordiales, pénètrent ces matières élémentaires pour les amener à des états normaux de composition, soit organique, soit inorganique. Tel est le *pondus naturæ* entrevu par Stahl, étudié par Berthollet, devenu aujourd'hui l'une des plus importantes lois de la chimie mathématique, après Richter, Dalton, Berzélius, Proust, Gay-Lussac, etc.

Anaxagore avait constitué son monde d'*homœoméries* ou de parties similaires; car, voyant l'aliment, le pain ou l'herbe se transformer, dans l'acte de la nutrition, en toutes les sortes d'humeurs et dans tous les solides du corps animal, il en concluait que *tout était contenu dans tout*. Cette sorte de métamorphose semble être aujourd'hui vérifiée par la chimie, soit qu'elle transforme du bois ou des chiffons en sucre, en alcool, en vinaigre, etc., soit qu'elle rencontre dans le sang les éléments du cerveau, ceux de la bile, etc. Cependant la même transmutabilité n'existe point dans le règne minéral; jamais les alchimistes n'ont pu former de l'or avec leurs métaux imparfaits, et les principes simples peuvent s'allier sans se confondre. Les corps naturels sont donc constitués d'un nombre plus ou moins considérable d'éléments distincts, quoique associés, quand on les résout en leurs principes constitutifs. De plus, Anaxagore avait parfaitement compris que du chaos immense des éléments divers il ne pouvait surgir, sans cause et spontanément, des êtres aussi parfaitement organisés pour vivre, exercer des fonctions, que le sont l'homme, les animaux et même les plantes; il reconnaît la nécessité de l'intervention d'un *esprit* ou de l'intelligence providentielle, et ce principe de formation n'est pas autre que l'*idée archétype* des platoniciens, l'*entéléchie* et la *forme* des péripatéticiens, les *principes plastiques* de Cudworth, le *principe vital*, le *nisus formativus*, etc., des physiologistes modernes, qui se manifeste chez les animaux par le déploiement spontané de leurs instincts conservateurs, et dans leurs maladies par la *natura medicatrix*, sachant découvrir ou appéter les remèdes et repousser les choses nuisibles.

Une autre hypothèse, longtemps oubliée, fut celle de Parménide, qui créa son univers par la condensation ou la concrétion des particules de la matière autour de centres et de noyaux d'attraction dans les espaces infinis ; tels furent aussi probablement les principes d'Anaximandre et d'Archélaüs, qui posaient comme causes l'air ou des atmosphères gazeuses dans l'étendue, s'étendant en couches et accroissant les sphères des astres, comme celle du globe terrestre. On peut reconnaître dans l'hypothèse des tourbillons de Descartes et sa matière subtile, avec ses corps cannelés, une opinion analogue. Il semble que l'explication donnée par Laplace du développement des planètes autour de l'atmosphère solaire de notre système, et s'incorporant les matières dispersées dans les espaces éthérés, s'accorde également avec l'hypothèse de Parménide. Lorsque W. Herschel, considérant la voie lactée, reconnaît que la matière diffuse des étoiles nébuleuses se rapproche pour se concréter en soleils; lorsqu'on explique la formation des aérolithes et des bolides par la concrétion de vapeurs gazeuses qui perdent leur état aériforme; lorsqu'on soupçonne qu'il s'opère une production de plusieurs astéroïdes, petites planètes, dans les vastes espaces, d'après celles qu'on a déjà observées, il est permis de donner à ces vues cosmogoniques autant d'attention qu'en méritent les précédentes.

C'est principalement la *théorie atomistique* de Démocrite, embrassée par Épicure et ses sectateurs, qui présenta l'hypothèse la plus suivie dans l'antiquité. Considérer la matière comme préexistante à toutes choses et indestructible dans son essence, la supposer, dans l'origine, composée d'une agrégation infinie d'atomes, de particules réduites à un état de ténuité tel qu'on ne peut plus les diviser et qu'elles sont *insécables*, invisibles même, ainsi que les molécules de l'air, d'un gaz ou d'une vapeur; établir que tous les corps de la nature sont constitués de ces atomes, suivant des nombres, des proportions, des arrangements plus ou moins variés et compliqués ; démontrer que tout se résout en ces molécules atomiques, et que tout en dérive; soutenir la nécessité du vide pour que ces atomes puissent s'y mouvoir, afin d'engendrer toutes les formes possibles, dont les harmoniques et les régulières seules seront capables de subsister; n'admettre qu'un hasard aveugle ou la fatalité pour règle et pour loi dans tous les mouvements spontanés et fortuits de ses atomes; tels sont les principes généraux de cette hypothèse. Mais, parce qu'il en résulte une inévitable nécessité, un enchaînement fatal de causes et d'effets dans le mouvement de ces atomes, lequel exclurait toute liberté, toute volonté, chez l'homme et les êtres animés, Épicure admet un mouvement de déclinaison, un *clinamen* dans ces atomes, en sorte qu'ils peuvent s'accrocher, s'unir ou se séparer. Dans cette déclinaison le philosophe voit la faculté d'accorder la liberté humaine avec la nécessité, ou, comme dit Lucrèce, *fatis avulsa voluntas*. Mais Cicéron et Plutarque trouvent assez plaisant en effet que, pour ne pas faire périr notre liberté morale ou celle d'un papillon, il faille qu'Épicure détourne les astres et les mondes, qu'il déchire la grande trame des effets et des causes dans leur contexture et leur enchaînement dû à cette fatalité éternelle et immuable, afin de ne pas nous dépouiller de notre franc-arbitre. Ce système avait l'avantage, aux yeux de plusieurs personnes, d'écarter toute intervention divine, toute puissance religieuse, et de réduire à des actes purement physiques ou mécaniques la constitution de l'univers. Épicure, en admettant des dieux (pour éviter la haine du vulgaire), dit que leur félicité ne s'embarrasse nullement des soins de la machine du monde ni du sort des mortels. Il les met à la porte de son univers.

Rien de plus simple et de plus facile en apparence que de supposer tous les corps de la nature formés d'un assemblage d'atomes : tout le règne minéral, tous les agrégats de terres, de pierres, de sels, de métaux, etc., en effet, ne paraissent que des composés atomiques en divers ordres de cristallisation ou de combinaison. Aussi la théorie atomistique offre-t-elle de précieux secours dans l'explication du jeu des affinités chimiques et des proportions définies ; c'est pourquoi Higgins, Dalton et les plus célèbres chimistes de notre temps adoptent la théorie atomistique. Il a paru facile aussi, jadis, d'expliquer les sécrétions des humeurs dans les corps vivants par des cribles, des couloirs, dont les pores, les pertuis, les canaux, ne laissant filtrer que certaines formes moléculaires, donnaient ici la bile, là de la salive ou du lait, de l'urine, du sperme, etc., extraits du sang. De même, l'accroissement n'était qu'une addition ou superposition de particules ; mais on sait les tourments infinis que se donnait l'hypothèse atomistique lorsqu'on lui demandait les raisons de la formation des organes ayant un but déterminé, comme l'œil, l'oreille, les dents, les nombres, etc.; car s'il n'y avait aucune intelligence qui présidât au mouvement des atomes, il n'en résulterait que des hasards, et plus souvent le chaos que l'ordre. Rien n'expliquerait cette suite de générations et d'organisations si merveilleuses de l'homme, des animaux et des végétaux. Telle est la plaie incurable de cette hypothèse; car ce n'est pas répondre victorieusement que de s'en référer à d'heureux hasards lorsque tant de chances redoutables viendraient en un instant renverser l'œuvre de mille siècles de concours supposés favorables.

Toutes les opinions philosophiques qui ont tenté de débrouiller ainsi diversement les éléments de l'univers sont restées bien insuffisantes pour sortir du chaos, à moins de recourir à une intervention de suprême intelligence et de toute-puissance, soit par rapport aux êtres organisés, soit dans l'économie des cieux et les mouvements des astres. Les anciens désignaient en effet le monde sous le nom d'ordre et de beauté (*cosmos*, *mundus*), parce que tous les hommes ont reconnu dans les œuvres de la nature d'ineffables modèles de magnificence et de profonde sagesse. L'ordre, l'harmonie, sont donc les principales preuves d'une intelligence préordonnatrice; l'existence du chaos donnerait la démonstration du contraire. En vain on supposerait les atomes et toutes les particules de la matière brute douées de la faculté de penser et de la volonté, comme de l'attraction; il serait absurde de conférer à une roche brute, à la plus vile et imparfaite substance, un génie créateur, une prévoyance infinie. La Divinité est par excellence seule l'*être nécessaire*.

Les naturalistes ont nommé *règne chaotique* le monde microscopique qui s'observe soit dans les eaux croupies, soit dans ces débris fermentants et putréfiés des éléments organiques se décomposant, et au milieu desquels naissent une multitude infinie d'animalcules infusoires. Parmi les plus petits de ces animalcules, les *monades* sont accompagnées de productions soit végétales, soit animales, protéiformes ou revêtant toutes sortes de figures; c'est du sein de ce chaos que prennent leur origine ces troupes innombrables de vermisseaux, d'œufs, de germes presque imperceptibles, de moisissures, de races parasites, invisibles à l'œil nu. Tout y semble fourmiller de vie, quoique tout vienne de la destruction ou de la mort. Ainsi, sous ce grand monde céleste qui échappe à nos compréhensions par son immensité, et qu'entrevoit à peine le télescope, existe le monde des infiniment petits, ou des atomes, dont nos plus forts microscopes n'atteignent, pour ainsi dire, que les frontières. Notre monde intermédiaire, placé entre ces deux extrêmes, ne nous offre qu'une image imparfaite de leurs impénétrables merveilles. Nulle part le règne le chaos, œuvre incohérente du hasard : partout ordre, régularité, incompréhensible harmonie ; tout l'univers est pénétré de la substance divine, principe de vie, de force et d'intelligence, qui régit et soutient tous les êtres. J.-J. Virey.

CHAPE. Ce mot, qui s'est pris longtemps pour c a p e, ne sert plus qu'à désigner un vêtement d'église, en forme de manteau, qui s'agrafe par devant sur la poitrine et s'étend des épaules aux talons. Il est porté par l'évêque, le prêtre officiant, les chantres, etc., durant le service divin. Il a affecté différentes formes suivant la dignité de ceux qui s'en sont revêtus. Les évêques portaient ordinairement un *pallium*, ou manteau d'étoffe de soie et d'or, auquel le nom de chape était particulier. Les néophytes qui recevaient le baptême étaient couverts d'une *chape blanche*, et on observait cet usage à l'égard des enfants nouveau-nés que l'on présentait à l'église. Aujourd'hui, dans les processions solennelles, comme celle de la Fête-Dieu, tout le clergé est en chapes. La chape du pape est rouge, celle des cardinaux rouge ou violette, avec un capuce doublé d'hermine; celle des chanoines, de la même étoffe et de la même couleur que le camail. La chape change de couleur suivant l'office célébré : noire pour l'office des morts, blanche pour l'office du mariage, elle varie, en outre, aux différentes solennités. En Orient la chape sert de chasuble dans la célébration de la messe.

En droit féodal, à la chape de quelques évêques étaient attachées certaines redevances que payait le suffragant à une époque fixe de l'année. Dans un acte des archives de Dôle, de l'an 1181, cette charge est désignée sous le nom de *cappa pluvialis*. *Dans toute la terre de Carreore il y a trois arpents dont deux rendent à l'évêque deux chapes pour la pluie, quand il va à Rome.* On trouve encore dans d'autres chartes un droit pour la *chape de l'évêque* (*debitum pro cappa episcopi*).

Quelques savants prétendent que la chape du bienheureux saint Martin a été pendant longtemps la bannière de nos rois, et de ce qu'ils furent de toute antiquité abbés et chanoines français. La préférence donnée à cette relique venait de l'extrême vénération que les rois portaient à saint Martin, et de ce qu'ils furent de toute antiquité abbés et chanoines de son église. Cette *chape*, dont la garde était confiée aux comtes d'Anjou, fut, dit-on, l'origine de la dignité de grand-sénéchal, héréditaire dans cette famille.

Le Roux de Lincy.

Le mot *chape* est employé aussi dans une foule d'acceptions relatives aux arts et métiers. Le moule en terre des canons se fait de deux pièces, le modèle ou noyau, et le moule proprement dit, qu'on nomme *chape* ou *chemise*. En termes d'architecture et de construction, on appelle *chape* une espèce d'enduit, de mortier ou de ciment, mis sur l'extra-dos d'une voûte pour la conserver, et que Vitruve appelait *corica testacea*. En termes de pharmacie, c'est le couvercle d'un alambic; en termes de chimie, la partie qui termine par en haut la pièce de fusion; en termes de fonderie, une composition qui prend en creux la forme des cires et qui la donne en relief au métal fondu ; en termes de monnayage, le dessus des fourneaux où l'on met les métaux en bain; en termes de fonderie de cloches, un moule composé de terre, de fiente de cheval et de bourre, dont on couvre les cires des moules de modèle de cloche ; enfin, en termes d'horlogerie, on appelle *chape de poulie* la monture d'une ou plusieurs poulies.

CHAPEAU. Ce mot vient évidemment de *caput*, tête. On pourrait donc comprendre sous la dénomination de chapeau tous les vêtements, n'importe de quelle espèce, qui servent à couvrir la tête; mais l'usage a prévalu d'appeler de ce nom les coiffures de feutre, de soie ou de paille pour les hommes, de paille également tressée ou cousue, de feutre, de soie, de satin, de crêpe, de diverses étoffes pour les femmes. Les chapeaux de feutre pour hommes ne remontent pas, à ce qu'on croit, au delà du règne de Charles VI. Ils portent d'abord la forme d'une simple calotte fort petite, ornée d'une plume, et qui ne couvrait qu'une partie de la tête. François Ier, Charles-Quint, etc., portent de semblables chapeaux dans leurs portraits. Sous Henri IV, les chapeaux s'étendirent en ailes horizontales, dont un côté, relevé, retenu par une ganse, et orné d'un panache, dominait sur le front : tel était le fameux chapeau de Henri IV. Louis XIV et les seigneurs de sa cour portaient des chapeaux à ailes horizontales ; les plumes qui les ornaient étaient fixées tout autour de la coiffe : c'est ainsi qu'on le voit dans une ancienne estampe qui représente le cortège de ce prince passant sur le Pont-Neuf. Sous Louis XV, les ailes des chapeaux furent relevées, d'abord sur deux, puis sur trois côtés, d'où ils prirent le nom de *tricornes* (chapeaux à trois cornes). Les frères des écoles chrétiennes et quelques ecclésiastiques portent encore des chapeaux semblables. Par ordre du comte de Saint-Germain, ministre de la guerre sous Louis XVI, les soldats furent coiffés de chapeaux à quatre cornes; cette mode n'eut pas de durée. Le chapeau à trois cornes reçut une modification notable longtemps avant la révolution de 1789 : ses ailes, dont une plus grande que les deux autres, formèrent un triangle isocèle ; on en portait de ce genre sous Louis XVI, sous la première république, et au commencement du premier empire; la grande aile se plaçait en arrière et parallèlement aux épaules, de façon que l'angle formé par les petites ailes s'élevait directement sur le milieu du front : ainsi était fait et porté le chapeau de Bonaparte, dont le bronze de la place Vendôme nous a transmis la forme. Pendant et depuis la révolution de 1789, la grande aile du tricorne prit un accroissement considérable en hauteur, et le chapeau, placé un peu obliquement ou de travers, fut la coiffure favorite des *crânes* et des militaires, dont quelques-uns les portent encore.

Les chapeaux ronds, ces atroces tuyaux de poêle, qui ont la coiffe haute et cylindrique, sont fort anciens : il est dit dans les mémoires du maréchal de Grammont (le fils), que Jean de Wert portait un chapeau rond orné d'une plume. Ces sortes de couvre-chefs, qui commencèrent à prendre faveur sur la fin du dix-huitième siècle, sont maintenant la coiffure favorite de la bourgeoisie de l'Europe. Quoique leur forme soit très-simple, et qu'on ait rencontré cent fois les proportions qui lui conviennent le mieux, les chapeliers ne cessent de les tourmenter : ils les font coniques, cylindriques, bas, hauts, à grandes, à petites ailes, et les esclaves de la mode les adoptent tous avec un égal empressement. La Restauration a eu ses *Murillo*, à bords étroits, et ses *Bolivars* à larges bords, signes distinctifs des partis *ultra* et *libéral*. Plus tard, le roman Les Mystères de Paris, d'Eugène Sue, popularisa le chapeau *tromblon* du portier Pipelet. De nos jours, l'artiste incompris adopta *le pain de sucre* ou chapeau pointu Calabrois, dit aussi chapeau *Caussidière*, dont se coiffa bientôt le républicain rouge de 1848.

Dans ces derniers temps, les chapeaux de feutre ont été presque généralement détrônés par les chapeaux de soie. Ceux-ci se composent d'une carcasse mince de feutre gommé imperméable à l'eau, sur laquelle on colle une coiffe ou enveloppe de peluche de soie; les chapeaux de basse qualité ont des carcasses de carton, et sont recouverts d'une enveloppe de tissu de coton. Dans tous les cas, quelle que soit leur forme, les chapeaux sont des coiffures disgracieuses, sans goût, sans élégance, dignes des longues redingotes à la propriétaire, des paletots-sacs, des courts-manteaux, Talmas ou Crispins, et des autres pièces qui composent l'accoutrement bourgeois des peuples modernes.

Pour les chapeaux de femme, *voyez* MODISTE; pour les chapeaux de paille, *voyez* PAILLE D'ITALIE. Pour les chapeaux de mariées, *voyez* BOUQUET.

CHAPEAU (*Marine*). Dans le commerce maritime, ce mot s'entend d'une gratification accordée par l'armateur au capitaine, au maître, au patron d'un navire, pour remettre à bon port et bien conditionnées les marchandises chargées à fret.

CHAPEAU ou CHAPITEAU (*Mycologie*), partie supérieure du champignon.

CHAPEAUX, nom d'une faction politique en Suède, et d'un parti à l'Académie Française, au dix-huitième siècle. *Voyez* BONNETS.

CHAPELAIN (en latin *capellanus*), prêtre qui dessert une chapelle ou qui possédait jadis une *chapellenie* ou bénéfice d'une chapelle. Plusieurs étymologistes prétendent que *chapelle* et son dérivé *chapelain* viennent du mot c h a p e, et que ce nom leur a été donné à cause de la *chape* de saint Martin, longtemps portée comme étendard au milieu des armées françaises. Cette opinion est celle de Du Cange et du président Fauchet; Ménage, qui ne veut rien assurer, cite pourtant un passage de Froissard qui la confirme. Ce qu'il y a de certain, c'est que depuis Charlemagne nos rois eurent une chapelle ou oratoire dans laquelle on conservait les reliques; et la sainte C h a p e l l e du Palais de Justice nous en offre le modèle. Le *chapelain* ou *archi-chapelain* commis à la garde de ces reliques était même un grand du royaume, et nous avons beaucoup de chartes écrites ou signées par ces officiers. Assez longtemps même cette charge et celle de c h a n c e l i e r fut la même ; et Du Cange, en son *Glossaire*, au mot *Capellani*, nous a laissé une liste de ceux qui sous les rois de la seconde et de la troisième race exercèrent cet emploi. Le chapelain, à l'époque féodale, était le secrétaire, le lecteur du seigneur auquel il était attaché. Dans le roman de Garin, composé au douzième siècle, plusieurs fois les ducs ou comtes appellent leur chapelain pour écrire leurs dépêches ou lire celles qui leur sont adressées. L'Église, dans ses conciles, ne fut pas toujours favorable à ces fonctions laïques remplies par des prêtres; plusieurs fois elle en blâma l'usage et voulut le faire cesser. « Nous défendons aux clercs, aux chapelains, d'écrire les chartes de leurs seigneurs », est-il dit dans les ordonnances ecclésiastiques. Malgré tout, cette coutume était générale, et les princes féodaux rarement se soumettaient aux décrets des conciles. Dans plusieurs grandes familles, dans quelques châteaux de France, l'usage des chapelains s'est perpétué presque jusqu'à nos jours.

Les prêtres qui desservent aujourd'hui l'église Sainte-Geneviève à Paris portent le titre de *chapelains*.

LE ROUX DE LINCY.

CHAPELAIN (JEAN), poëte français, né à Paris, en 1595, mort en 1674, un des membres *de fondation* de l'Académie Française, etc.

Attaquer Chapelain ! ah ! c'est un si bon homme !

Non, lecteur, je ne me donnerai pas un si facile plaisir. Bien que l'auteur de *La Pucelle* soit devenu, depuis près de deux cents ans, un type de ridicule, tel il ne doit pas absolument paraître aux yeux des hommes peu portés à adopter sans examen des jugements tout faits ; un littérateur, s'il n'a quelque mérite, ne peut obtenir une réputation aussi généralement reconnue que le fut celle de Chapelain pendant les cinquante premières années de sa vie. Au lieu de répéter des anecdotes, des critiques et des plaisanteries qui traînent dans tous les *ana*, il me semble plus utile d'examiner sans prévention d'où vient qu'après avoir été quaranté ans le dictateur de la littérature, après avoir eu sa cour de partisans et d'enthousiastes, auxquels il dispensait, au nom des ministres, la fortune et la renommée, Chapelain fut tout à coup précipité du trône où l'avait élevé l'admiration générale pour tomber si bas. Deux causes expliquent ce fait bizarre au premier coup d'œil. La première, c'est que Chapelain, homme du monde, bien vu des seigneurs et des grandes dames qui faisaient alors la fortune et la réputation des gens de lettres, ne publia que sous leur patronage ses premiers écrits, œuvres sans prétention, et qui semblaient au-dessous de la portée de leur auteur. D'ailleurs, en ce temps-là, l'école des S c u d é r i faisait les délices de la cour et de la ville, et n'avait point encore été stygmatisée par les grands écrivains du siècle de Louis XIV, qui tuèrent sans pitié et sans retour tant de réputations usurpées. La seconde cause, c'est que Chapelain avait graduellement grandi sa réputation par l'annonce de son poëme de *La Pucelle*, que ses admirateurs prônèrent et vantèrent comme le *nec plus ultra* des œuvres de génie.

Ce fut cette anticipation d'éloges excessifs et d'enthousiasme frénétique, la plus funeste épreuve qu'ait à subir un écrivain, qui perdit l'auteur de *La Pucelle* : car, après vingt ans de louanges extrêmes d'une part et de vive attente de l'autre, l'œuvre, devenue géante par la voix publique, parut enfin, mais si petite et si naine, qu'elle fut d'autant plus déprécié qu'on s'en était fait une plus haute idée. Ainsi l'auteur, qui avait dû une réputation aussi prompte que peu contestée, à une traduction agréablement écrite de *Gusman d'Alfarache*, à une critique de *L'Adone*, poëme du cavalier Marini, enfin à quatre *odes*, l'une adressée au cardinal de Richelieu (1637), laquelle a trouvé grâce devant Despréaux, et les autres au duc d'Enghien, au comte de Dunois et au cardinal Mazarin (1646), vit en un moment sa couronne de gloire s'effeuiller et mourir. Néanmoins, *La Pucelle*, publiée en 1656, eut en dix-huit mois six éditions consécutives. Mais, à vrai dire, on chercherait en vain dans les douze chants qui ont été imprimés, une conception hardie dans le plan, une haute pensée dans l'ensemble, de la poésie dans les détails; l'impuissance et la nullité sont partout, et dans le plan, dont les proportions sont étranglées, et dans le style, si horriblement barbare, que Boileau, Racine, La Fontaine et Chapelle, s'imposèrent, dit-on, comme pénitence, la tâche d'en lire quelques pages lorsqu'il leur échappait une faute de diction. En vain aujourd'hui irait-on, pour faire du neuf en fait de critique, exhumer à grand'peine dans toute *La Pucelle* une vingtaine de vers heureux pour les opposer à l'opinion reçue; il serait en effet bien impossible de ne pas trouver dans *douze fois douze cents* alexandrins un seul hexamètre passable; mais la rareté de l'exception ne fait ici que confirmer la règle.

Qu'on n'aille pas s'imaginer que Chapelain ait voulu dans son poëme peindre à grands traits cette époque mémorable où la France, dévorée par la guerre étrangère et civile, battant en retraite de province en province, épuisée, haletante, abattue, sentant déjà le pied armé de l'Angleterre lui presser la gorge, tressaille tout à coup aux accents d'une femme qui se croit inspirée, se relève terrible, et, saisissant d'une main l'oriflamme, et de l'autre l'épée de saint Louis, marche haute et belle contre l'Anglais, et le contraint à s'agenouiller à son tour et à demander merci... Non, certes! dans cette conception admirable, il y avait pour le coryphée du Palais-Royal et de l'hôtel de Rambouillet une pensée première d'une bien autre espèce : c'était de présenter un tableau vivant de toutes les bonnes et mauvaises passions de l'homme, se disputant tour à tour l'empire de l'âme et réconciliées par la grâce divine. Les poëtes jusque alors avaient personnifié les idées : ce sont les personnes que Chapelain idéalise. Ainsi la France est *l'âme de l'homme en guerre avec elle-même;* le roi Charles, *la volonté, maîtresse absolue, portée au bien par sa nature, mais facile à entraîner au mal;* l'Anglais et le Bourguignon, *les transports de l'appétit irascible;* Amaury et Agnès, l'un favori et l'autre maîtresse du roi, *les différents mouvements de l'appétit concupiscible;* Dunois, le capitaine, *la vertu;* Tannegui, le ministre, *l'entendement;* enfin la Pucelle est la grâce divine, qui réconcilie la vertu et l'entendement (Dunois et Tannegui) avec la volonté (le roi), qui calme les penchants de la concupiscence (Agnès et Amaury), soumet les transports de l'appétit irascible (l'Anglais et le Bourguignon), et rend enfin à l'âme (la France) la paix et la félicité.

Il faut lire la préface de *La Pucelle* pour y voir tout au long quelles ont été les puissantes raisons qui ont poussé Chapelain à donner à son ouvrage, comme il le dit lui-même, *un sens allégorique, par lequel la poésie est faite un des principaux instruments de l'architectonique.* De bonne foi, que pouvait-il sortir d'un cerveau où un sujet si grand, si national, n'inspirait que des conceptions si mesquines et si baroques? Tout est curieux dans cette préface : on y voit que l'auteur pressent, en quelque sorte, la triste destinée de son poëme, et que pour le succès, le mauvais vouloir de ceux qui *n'ont souhaité de le voir que pour y trouver à redire* lui paraît moins redoutable que la *bonne opinion que peuvent en avoir conçue* ses amis. Chapelain, en outre, se défend contre la prétention au titre de poëte; et avec une fatuité qui appartient bien à la génération des Voiture, des Balzac et des Scudéri, il proteste n'avoir eu d'autre pensée en composant son ouvrage « que d'occuper innocemment son loisir » ; et, continue-t-il, « lorsque, après une vie assez agitée, je préférai la tranquillité de la retraite à la turbulence de la cour. » Ne semblerait-il pas entendre quelque rejeton des chevaliers qui combattirent avec la Pucelle? Loin de là, Chapelain était le fils d'un honnête conseiller garde-notes de Paris. Son père voulait absolument qu'il embrassât le notariat; mais Mme Chapelain la mère avait connu Ronsard, et elle obtint que son fils, laissant la poudre de l'étude, ne fût pas contrarié dans sa vocation pour les lettres. Le privilége pour l'impression de *La Pucelle* avait été obtenu dès l'an 1646 : il est conçu dans ces termes : « Notre cher et bien aimé le sieur Chapelain nous a fait remontrer qu'il a composé un poëme héroïque et autres ouvrages de vers et de prose, *lesquels il est sollicité de donner au public, etc.* » Ainsi la chancellerie du bon plaisir avait daigné adoucir la roideur de ses formes en faveur de maître Chapelain.

Occupé à travailler et à repolir son poëme avec « une persévérance assez ferme pour ne s'en laisser divertir ni par les charmes du plaisir ni par les tentations de la fortune, » ajoute-t-il dans sa préface, il ne publia pour la première fois cette œuvre que dix ans après, en 1556. L'édition *princeps* est un grand in-fol., superbement imprimé, enrichi de quinze gravures de grande dimension et d'une trentaine de vignettes et de culs-de-lampe. C'est matériellement un des plus beaux livres que l'on puisse voir; mais le poëme n'en est pas plus lisible. Ce qui frappe surtout dans ces vers, c'est non-seulement l'absence de tout intérêt de style, mais le vide de la pensée. Ce sont des compliments, des lieux communs de salon alignés en vers froids, durs et compassés. Rien de moins contestable que ce mot de la duchesse de Longueville, qui lisant *La Pucelle* répondait à un enthousiaste auditeur : « Oui, cela est parfaitement beau; mais il est bien ennuyeux » ; mot que Despréaux a rimé ainsi :

La Pucelle est encore une œuvre bien galante,
Et je ne sais pourquoi je bâille en la lisant.

Et pourtant *La Pucelle* avait été dédiée au duc de Longueville; son portrait, admirablement gravé par Nanteuil, d'après Champagne, décore même l'édition in-fol., avec six vers qui résument toute la manière poétique de Chapelain.

L'apparition de *La Pucelle* fut le signal d'un déluge de pamphlets, tant en vers qu'en prose. Chapelain ou ses admirateurs ne laissèrent pas de répliquer. Dans la *Lettre à Éraste pour response à son libelle contre* La Pucelle (Paris, 1656), l'auteur, renvoyant injure pour injure, dit à son correspondant : *asne vous-mesme, chimérique vous-mesme, hypocondriaque vous-mesme;* mais, en revanche, il appelle *La Pucelle* un *bel astre.* La querelle se prolongea deux ou trois ans; à la fin, les adversaires de *La Pucelle* l'emportèrent, et Linière, leur chef, eut pleinement gain de cause. C'est lui qui, inspiré par ces deux vers de Montmor :

Illa Capellani dudum expectata puella
Post longa in lucem tempora prodit anus!

décocha contre Chapelain cette épigramme, moins heureuse :

Nous attendions de Chapelain
Une Pucelle,
Jeune et belle;
Vingt ans à la former il perdit son latin ;
Et de sa main
Il sort enfin
Une vieille sempiternelle.

Depuis ce temps l'auteur de *La Pucelle* n'écrivit plus en vers; peut-être aurait-il dû commencer par là.

Ce fut Chapelain qui, à la sollicitation du cardinal de Richelieu, tint au nom de l'Académie, tenu la plume pour faire la critique d'une œuvre dont l'apparition excita la haine et la jalousie de tous les beaux-esprits à la mode, encourut l'anathème du cardinal ministre et poëte, et conquit l'admiration de tout Paris, qui sifflait à la fois le ministre, les beaux-esprits, la cour et le corps académique. Rappelons-le toutefois : les *Sentiments de l'Académie sur la tragédie du Cid* sont restés un modèle de critique polie, convenable et raisonnée. Néanmoins, quelque sévère qu'ait été le jugement porté par monsieur *Chapelain* sur le *Cid*, c'est pitié de voir l'auteur du *Lutrin*, juste et modéré lorsqu'il fustige l'auteur qui

... De son lourd marteau martelant le bon sens,
A fait de méchants vers douze fois douze cents,

descendre à des personnalités honteuses, en vilipendant un vieillard sexagénaire qui n'avait d'autre tort à ses yeux que d'avoir fait un mauvais poëme, et de porter sur sa nuque pelée une chétive perruque. Boileau est d'autant plus blâmable que Chapelain avait toutes les qualités d'un galant homme, ainsi que Boileau lui-même en est convenu plus tard. Pour connaître à fond l'âme de Chapelain, il faudrait lire toutes ses lettres, dont on a des recueils restés inédits comme les douze derniers chants de la malencontreuse *Pucelle*. Peu de personnes ont le courage de les consulter; mais on peut lire les *Mélanges de littérature, tirés des lettres manuscrites de M. Chapelain, de l'Académie Française* (Paris, 1726). Il est à regretter que ces extraits soient si courts, et que la dernière volonté testamentaire de Chapelain, qui ordonna que l'on imprimât ses lettres, n'ait été qu'imparfaitement accomplie. Dans ces *Mélanges* on trouve plus d'une note curieuse : tout est écrit d'un style qui nous fait applaudir aux regrets de Boileau :

Il se tue à rimer. Que n'écrit-il en prose ?

Les critiques sont judicieuses, délicates, toujours de bonne foi, toujours dictées par la bienveillance. La pièce la plus importante de ce recueil est le *Mémoire de quelques gens de lettres, vivant en 1662, dressé par ordre de M. de Colbert*. Le ministre avait demandé à Chapelain ce travail pour guider le roi dans la distribution des pensions royales à faire aux gens de lettres. Celui-ci fit un mémoire digne de la pensée royale. Les formes du style en sont variées sans prétention, et toujours avec bonheur. On juge bien de Chapelain quand on le voit apprécier avec cette convenance ses contemporains et ses rivaux. Ceux même qui l'avaient le moins ménagé lors de l'apparition de *La Pucelle* sont traités avec autant de bienveillance que s'il n'avait pas eu à se plaindre d'eux. S'il parle de Montmor, qui lui avait décoché une sanglante épigramme : « Il a beaucoup d'esprit, dit-il, et il y a plus témoigné dans plusieurs épigrammes faites qu'en beaucoup d'autres choses.... » S'agit-il de l'auteur du *Cid*? « Corneille, dit-il, est un prodige d'esprit et l'ornement du théâtre français. Il a de la doctrine et du sens, etc. » Que de finesse dans son appréciation de Thomas Corneille! Enfin, obligé de signaler les académiciens alors existants, Chapelain parle de lui-même avec cette candeur, cette modestie, ce savoir-vivre que tous ses contemporains se sont accordés à lui reconnaître. Encore une réflexion! Ce Chapelain, que la *Pucelle* a rendu si ridicule, que, dans ses derniers jours, son avarice et ses vêtements grimaçant de reprises et de pièces, firent surnommer *le Chevalier de l'Araignée*, avait pourtant été le littérateur à la mode, et non-seulement ce que l'on appelle *un poëte de salon*, mais un homme aimé, considéré des ministres. Richelieu, Mazarin, l'avaient employé, non pas seulement comme poëte, mais dans les négociations étrangères; enfin le sage Colbert l'avait cru digne d'être le juge de ses rivaux, de ses pairs.

Que ces souvenirs soient non-seulement une leçon pour ces littérateurs qui méprisent trop Chapelain, mais encore pour ceux qui, gâtés comme lui par des succès de salon, s'estiment trop eux-mêmes! Cessons de l'envisager du point de vue où étaient placés les Boileau, les Racine, les Furetière, en un mot tous les jeunes hommes de la génération de Louis XIV, pour lesquels les contemporains de Louis XIII et de Richelieu étaient ce qu'est aujourd'hui notre nouvelle littérature avec ses cheveux plats et ses belles barbes noires à l'égard de la littérature impériale avec ses têtes grisonnantes et ses toupets cardés.... Mais je m'arrête de peur d'éveiller la susceptibilité de deux générations à la fois; et pour terminer par une digne moralité un article consacré au vertueux Chapelain, je dirai : Son exemple prouve que les qualités de l'homme sont peu de chose dans la balance littéraire, et surtout que les coterie font, mais ne fondent pas les réputations.
Charles DU ROZOIR.

CHAPELET. Le père Ménestrier dit que l'invention des grains de chapelet est attribuée à Pierre l'Ermite, et qu'à cette cause les descendants de ce prédicateur portent en leurs armoiries un patenostre ou dizain de chapelets mis en chevron. Il est probable que de l'usage ordinaire aux pèlerins d'attacher leur rosaire au chapeau, qu'on appelait alors *chapel* et *chapeline*, ou *capal* et *capeline*, le nom de chapelet est resté à cet objet de dévotion. Selon Ménage, cette signification lui vient de sa ressemblance avec un chapel ou couronne de rose, qui l'aurait aussi fait appeler *rosario* (rosaire) par les Italiens. Les *chapelets* ou *patenostres* furent très-communs pendant le moyen âge, époque à laquelle tant de chrétiens ne savaient pas lire. En voyage, il était rare que l'on quittât ce signe de dévotion. Au seizième siècle, pendant les troubles de la ligue, l'usage du chapelet, si répandu en Espagne, dégénéra en abus. Parmi nos Français, et à Paris surtout, les zélés catholiques en firent un signe de ralliement, et plusieurs d'entre eux ne manquaient pas d'en orner la garde de leur épée. Durant le siége de Paris, il s'établit une société qui se nommait la *Congrégation du Chapelet* : les confrères devaient porter ostensiblement un chapelet, et ne pas manquer de le dire chaque jour. L'ambassadeur d'Espagne et les *Seize* étaient les principaux membres de cette association; et l'on dit que *Bussy Le Clerc*, retiré après la guerre à Bruxelles, ne sortait jamais sans avoir un gros chapelet à son cou. Encore aujourd'hui les catholiques zélés qui ne savent pas lire assistent à la messe avec leur chapelet, qu'ils récitent pendant l'office.
LE ROUX DE LINCY.

Le chapelet forme ordinairement un tiers du rosaire, ou cinq dizaines d'*Ave, Maria*, précédées d'autant de *Pater* et de *Gloria Patri*. Inventé du temps des croisades, il a été enrichi de force indulgences par les papes. Il fait partie du costume d'une foule d'ordres religieux : les sœurs de charité en ont un pendu au côté avec une grosse croix au bout. Il se fait un commerce considérable de chapelets à la porte des églises. Ceux qui viennent de Rome ou qui ont touché certaines reliques passent pour avoir des vertus particulières.

Les Turcs ont leur chapelet de cent grains, divisé en trois parties égales. Sur la première ils disent trente-trois fois *soubhan lallahi* (Dieu soit loué!), sur la seconde, trente-trois fois *elhamd lallah!* (Gloire à Dieu!) et sur la troisième, trente-trois fois *Allah echer!* (Dieu est grand). Pour compléter le nombre cent, ils récitent une prière d'introduction. On fait remonter l'origine de ce chapelet, qui ne quitte pas la ceinture des pieux musulmans, aux *mea beracoth* ou cent bénédictions que les juifs fervents sont tenus de réciter chaque jour, comme le prêtre catholique lit son bréviaire, et qu'on trouve dans tous les livres de prières autorisés par la Synagogue. Dans ses recherches sur *la Religion des Indous selon les Védah*, Lanjuinais remarque que « le chapelet est mentionné dans le *Ramayana*, où il est appelé *chapian* ou *djapian*, du radical *djapa*, réciter des prières. »

CHAPELET (*Hydraulique*). On donne ce nom à des chaînes sans fin, auxquelles sont fixés ou accrochés des godets ou de petits seaux destinés à élever l'eau. La chaîne sans fin embrasse deux tambours, dont l'un plonge dans le réservoir ou le puits dont on veut élever l'eau; on fait tourner l'autre au moyen d'une manivelle, ou par tout autre moyen, de manière que les godets descendent l'ouverture en bas, passent sous le tambour inférieur, se remplissent d'eau, puis remontent l'ouverture en haut, et aillent se vider au-dessus du tambour supérieur. Les effets d'une telle machine sont faciles à concevoir, mais on pourrait objecter que des vases qui plongent l'ouverture en bas dans un réservoir ne doivent pas en sortir parfaitement pleins. En effet, l'air que ces vases contiennent ne saurait céder entièrement à l'eau la place qu'il occupe. On obvie facilement à cet inconvénient, en adaptant aux fonds des godets qui composent un chapelet bien construit de petites soupapes : par cet artifice, l'air étant chassé par l'eau, celle-ci remplit exactement les godets.

Dans la crainte que la chaîne ne glisse sur les tambours, on ne les fait pas cylindriques, mais on leur donne la forme de prismes réguliers ; on donne ensuite aux maillons de la chaîne sans fin une longueur égale à la largeur des faces du tambour prismatique. Par-là il arrive que les charnières ou articulations de la chaîne tombent toujours sur les arêtes des tambours.

Les chapelets à godets peuvent aussi servir de moteurs ; car, si l'on se représente un courant d'eau tombant dans les godets, qui ont l'ouverture tournée en haut, le chapelet imprimera un mouvement de rotation aux tambours qui le soutiennent.

D'autres chapelets se composent d'une chaîne sans fin dont un côté passe dans l'intérieur d'un tuyau vertical ; sur la chaîne sont fixées, à des distances égales et suffisamment rapprochées, des rondelles circulaires d'un diamètre un peu moindre que celui de l'intérieur du tuyau, de manière qu'elles peuvent passer dedans sans frottement ou à peu près. La chaîne étant mise en mouvement par un tambour, les rondelles qui entrent par l'orifice inférieur du tuyau entraînent devant elles une certaine quantité d'eau qui va sortir par l'orifice supérieur, et le courant, comme il est aisé de le concevoir, continue tant que dure le mouvement de la chaîne. TEYSSÈDRE.

CHAPELLE, du latin *capella*, petite église ou oratoire particulier, avec un seul autel, n'ayant aucun des droits de cathédrale, de paroisse, ni de prieuré ; destiné au service d'un établissement, d'une maison, dans lequel on ne peut dire la messe qu'avec la permission de l'évêque diocésain et que les canonistes appellent *sub dio*. Les couvents, les séminaires, les collèges, les hospices, les prisons, ont toujours une chapelle. Autrefois il en existait aussi dans tous les palais, et même dans la plupart des châteaux. Enfin il y en avait d'érigées en bénéfices simples, et un plus petit nombre qu'on appelait *saintes chapelles*, collégiales fondées par les rois de France, pour conserver de précieuses reliques, comme celles de Bourges, de Dijon, de Vincennes, et le gracieux monument de ce nom au Palais de Justice de Paris. On rencontre encore quelquefois de petites chapelles dans les forêts, au milieu des campagnes : telles sont celles de Notre-Dame-de-Liesse, près de Laon, et de Notre-Dame-de-Fourvière, maintenant comprise dans la ville de Lyon. Par la suite, quelques maisons ayant été bâties autour, il en est résulté des villages qui portent sur plusieurs points, avec ou sans autre désignation, le nom de *chapelle*.

Les étymologistes font venir le mot *chapelle* du grec καπηλεία, petites tentes que dressaient les marchands dans les foires, et de la *chape* de saint Martin, ou de *capsa*, *capsula*, châsse à renfermer les reliques que l'on garda d'abord dans de petits édifices, à côté, mais hors des cathédrales, et que l'usage introduisit dans l'enceinte de ces églises sous la dénomination de *chapelles latérales*, *sub tecto*. *Chapelle* se traduit aussi en latin par *sacellum*.

On voit souvent en Italie des chapelles construites sur le bord des grands chemins. En offrant un aliment à la piété des voyageurs, elles leur présentent aussi un asile pour se délasser et une retraite contre les injures du temps. Ces chapelles ont été élevées pour satisfaire à des vœux ou sont consacrées à des dévotions particulières. Delille, dans son poëme des *Jardins*, a encadré un charmant épisode, où il parle avec sentiment de ces constructions pieuses. Parmi les petites chapelles qui existaient autrefois à Paris, on a vu jusqu'en 1790 celle de Saint-Honoré, celle des Orfèvres et celle de Sainte-Marie-Égyptienne, dont, par corruption, est venu le nom de la rue de *la Jussienne*, où elle était située. Dans plusieurs grands châteaux il existait des chapelles remarquables par leur élégance et leur richesse : on citait surtout celles de Fontainebleau, de Saint-Germain, de Versailles, de Sceaux, de Choisy et de Fresne. Quant aux chapelles des églises, ayant un autel avec une consécration particulière, elles sont ordinairement placées dans la croisée du temple et aussi tout autour dans les bas-côtés. La plus grande de ces chapelles, la plus ornée, la plus remarquable par sa position, est toujours la chapelle de la Vierge, qui ordinairement est placée au chevet de l'église ; cependant celle de la cathédrale de Besançon est au contraire opposée au chœur. Elle est si vaste et si richement ornée qu'en entrant par le côté, vers le tiers de l'église, on éprouve quelque incertitude pour reconnaître le maître autel, qui occupe la droite. Dans l'abbaye de Westminster à Londres, derrière le chœur, se trouve la chapelle de Henri VII ; elle est très-remarquable par la richesse et la singularité des ornements d'architecture moresque dont la voûte est surchargée. C'est là, et à la même hauteur, sur les deux côtés de cette chapelle, que se trouvent les tombeaux de Marie Stuart, reine d'Écosse, et d'Élisabeth, reine d'Angleterre. On y voit aussi celui de Marie-Joséphine de Savoie, femme du roi Louis XVIII.

Le mot *chapelle* est également employé pour désigner la croix, les chandeliers, le calice, les burettes et autres objets d'orfèvrerie, qui servent, soit à la décoration d'un autel, soit à la célébration de l'office. C'est ainsi qu'on dit qu'un évêque a acheté la chapelle de son prédécesseur. On donne aussi le nom de *chapelle* à la réunion complète des ornements sacerdotaux employés pour la célébration des offices, tels que chapes, chasubles, tuniques, dalmatiques, etc., qui sont de couleurs variées et en nombre différent, suivant la nature des fêtes auxquelles on les destine.

Chapelle ardente est l'expression employée pour désigner l'appareil funèbre et les nombreux cierges allumés qui environnent un cercueil, soit à l'église, soit dans un appartement. Chifflet prétend que ces chapelles ardentes ont été introduites pour simuler les bûchers sur lesquels les anciens plaçaient les corps morts pour les brûler.

Le *droit de Chapelle* était, avant 1789, une rétribution en argent que dans certaines corporations, telles que celles des avocats, des libraires, des boulangers, le récipiendaire donnait au moment de son entrée, pour l'entretien de la chapelle de la compagnie. DUCHESNE AÎNÉ.

Nous donnons un article spécial à la sainte Chapelle du Palais. La sainte chapelle de Vincennes fut fondée aussi par saint Louis, pour y conserver les reliques, achetées à grands frais par ce prince et par ses prédécesseurs. On y voyait une dent du lait de l'enfant Jésus, et une goutte du sang de Jésus-Christ, répandu sur le Calvaire.

Dans l'église des Carmélites (auparavant Notre-Dame-des-Champs), rue Saint-Jacques, à Paris, il y avait une chapelle souterraine, qui paraît avoir fait partie d'un ancien temple de Mercure, et l'on prétendait même que c'était la statue de ce dieu qu'on voyait au haut du pignon de cette église, quoique les dévots en eussent fait un saint Michel. Il y eut pendant longtemps dans la plupart des cimetières une chapelle dédiée à saint Michel, patron des morts et défenseur des tombeaux. Les cimetières de Paris doivent bientôt en avoir tous.

A Issy, près de Vaugirard, il y avait une chapelle de Notre-Dame-de-Lorette, si vénérée des sulpiciens qu'il n'était permis à personne d'y dire la messe avec une perruque sur la tête.

Chaque chapelle avait autrefois un but spécial de dévotion, comme elle avait son patron particulier. Les femmes stériles allaient à Sainte-Anne d'Auray, en Bretagne, pour avoir des enfants. Les mariniers d'eau douce avaient beaucoup de foi dans les chapelles de Saint-Nicolas. Notre-Dame-de-la-Garde, près de Marseille, Notre-Dame-de-Recouvrance à Brest, et plusieurs autres sous l'invocation de la Vierge, bâties sur le rivage de la mer, sont l'objet de la vénération des matelots. Mais on avait fait perdre beaucoup de leur valeur aux chapelles en les multipliant : ce n'étaient pas seulement les châteaux, mais les plus simples maisons de campagne, qui avaient la leur. Les enfants même faisaient et font encore de la chapelle un jeu, en imitant, dans les rues, sur la porte des maisons, les chapelles spontanées ou reposoirs de la Fête-Dieu.

Des chapelles sépulcrales avaient été érigées en l'honneur ou sur le tombeau de tels ou tels personnages qu'on regardait comme des martyrs ou des saints. A mesure que la superstition s'affaiblit, le nombre de ces nouvelles chapelles diminua; mais l'usage resta de construire de petites chapelles sépulcrales sur les tombeaux chrétiens dans les cimetières. En plein dix-neuvième siècle on a imaginé d'en bâtir pour rappeler certains événements malheureux, comme la chapelle de Notre-Dame-des-Flammes, à Bellevue, près du chemin de fer de Versailles (rive gauche), à l'endroit où une sanglante catastrophe engloutit des centaines de victimes, le 8 mai 1842; ou encore la chapelle de Saint-Ferdinand, élevée sur la place de la maison où, la même année, le duc d'Orléans rendit le dernier soupir, sur le chemin de la Révolte, à Neuilly. Henri III, Henri IV, avaient été assassinés, mais on ne bâtit de chapelles expiatoires ni à Saint-Cloud ni dans la rue de la Féronnerie à Paris. L'assassinat de Marat, en 1792, fut l'occasion ou le prétexte d'une ovation qui rappelait celle dont furent honorés les martyrs dans les premiers siècles du christianisme. Les démagogues lui érigèrent, sur la place (alors fort petite) du Carrousel une chapelle sépulcrale, qui se ressentait du mauvais goût et de la barbarie de l'époque. Ce hideux monument expiatoire n'eut que quinze à seize mois d'existence : il fut détruit par la jeunesse parisienne, après la réaction du 9 thermidor 1794, et les cendres de Marat furent jetées dans l'égout Montmartre. Sous la restauration, une *chapelle expiatoire* fut fondée, par ordre de Louis XVIII, dans la rue d'Anjou Saint-Honoré, d'après les plans et devis de MM. Percier et Fontaine, sur l'emplacement d'une partie de l'ancien cimetière de la Madeleine, en mémoire des victimes de la révolution. L'autel est bâti précisément sur le sol où les corps de Louis XVI et de Marie-Antoinette avaient dû être déposés ; le côté s'élèvent leurs statues, et leurs tombeaux sont placés dans une chapelle souterraine. Ce pieux et triste monument a été respecté par les révolutions de 1830 et de 1848. Il n'en fut pas de même de la chapelle expiatoire qui devait être élevée sur l'emplacement où périt le duc de Berry. Après la révolution de Juillet on détruisit ce qui était fait, et à la place on éleva une fontaine monumentale.

Les musulmans ont aussi leurs chapelles sépulcrales et expiatoires. On les appelle *turbé* en Turquie, *meschehd* en Arabie et en Perse, *marabout* dans l'Afrique mahométane. Mais comme chez eux la religion est le mobile de tout, que la politique elle-même lui est entièrement subordonnée, et que d'ailleurs le respect pour les morts y est sans bornes, ces monuments ont toujours été respectés, même par les partisans des sectes ennemies de celles à qui appartenaient de leur vivant les princes, guerriers, ministres ou docteurs qui y sont inhumés. Il faut en excepter le tombeau de Houçain, fils d'Ali et petit-fils de Mahomet, qui, en 1802, fut dévasté par les Wahabis, lorsqu'ils saccagèrent la ville d'Iman-Houssein. La plupart de ces chapelles sont fort simples ; d'autres sont décorées et enrichies par toutes les ressources du luxe oriental, surtout dans l'Inde. Il y en a dans les villes, dans les déserts, dans les campagnes, près des rivières et des sources, et plusieurs sont des lieux de dévotion pour les voyageurs et les pèlerins. H. AUDIFRET.

CHAPELLE (Sainte-), à Paris. Louis IX, au retour de sa première croisade, en 1252, fit bâtir près de son palais (*voyez* PALAIS DE JUSTICE) une chapelle royale pour y déposer la couronne d'épines et les autres reliques qu'il avait obtenues de Baudouin, empereur de Constantinople, au prix d'une somme considérable. Cette église, consacrée d'abord, en avril 1246, sous le titre de la *Sainte-Couronne* et de la *Sainte-Croix*, fut construite par Pierre de Montereau ; plus tard on la désigna sous le nom de Sainte-Chapelle. L'architecture sarracénique commençait à s'épurer : on peut regarder cette chapelle comme une église modèle, autant pour la pureté du plan et l'élégance de sa construction que pour la richesse des sculptures qui la décorent. Les plus beaux vitraux, admirables par l'expression du dessin et la vivacité des couleurs, garnissent les croisées ; ils représentent l'histoire de l'Ancien et du Nouveau Testament. Les douze apôtres, adossés aux principaux piliers, sont remarquables par la pureté du dessin, l'élégance et le bon goût des draperies, ainsi que par le fini de l'exécution. On est surpris de trouver autant de perfection dans un temps où la statuaire sortait à peine de la barbarie. Derrière le maître-autel, au rond-point de l'église, est une voûte posée sur quatre piliers formant une grande arcade en ogive et en pierre, ornée de sculptures, de dorures et d'incrustations imitant les pierres précieuses d'Orient. C'est là que se trouvait la châsse renfermant les saintes reliques, c'est-à-dire la couronne d'épines, un morceau de la vraie croix, le fer de la lance dont le côté de Jésus fut percé, une partie de l'éponge qui servit à lui donner à boire, un fragment du roseau, etc. En l'année 1791 ces reliques furent retirées de leurs châsses, qui étaient d'or et garnies des plus belles pierres de couleur que produise l'Orient. Ce dépouillement se fit en présence de Bailly, maire de Paris, de Gobel, évêque de Paris ; du chantre de la Sainte-Chapelle, de Poultier, huissier-priseur ; de Doyen, peintre du roi et de l'auteur de cet article, commissaire des objets d'art. Les reliques furent remises à l'évêque de Paris pour être déposées à l'église Notre-Dame ; les pierres précieuses furent portées à l'Hôtel des Monnaies. J'étais jeune et inconsidéré : la couronne d'épines étant débarrassée de sa châsse, me parut si volumineuse que j'eus la curiosité de l'essayer ; je la posai sur ma tête, et, à mon grand étonnement, elle me descendit sur les épaules. Cette couronne, enfin, n'aurait pas sur la tête d'un homme de neuf pieds : elle était faite de jonc marin et d'une plante épineuse. On conservait également dans le trésor de la Sainte-Chapelle le buste en agate de l'empereur Titus, que l'on avait métamorphosé en saint Louis, en gravant sur sa poitrine une croix et en l'armant de deux bras, dont l'un tenait une croix et l'autre une couronne d'épine ; ce buste surmontait le lourd bâton du grand-chantre. On y voyait encore la fameuse *agate onyx*, superbe camée antique d'une grandeur extraordinaire, représentant en trois tableaux l'apothéose d'Auguste. Elle fut donnée à la Sainte-Chapelle par Charles-Quint : on la voit aujourd'hui au cabinet des antiquités de la Bibliothèque Impériale. Ch^r Alexandre LENOIR.

La Sainte-Chapelle est longue de 35 mètres et large de 8 mètres : sa hauteur depuis le sol jusqu'au sommet de l'angle du fronton est de 35 mètres : ainsi sa hauteur égale sa longueur, ce qui donne à cet édifice une élévation d'un effet imposant. Cette église est d'une hardiesse admirable ; elle ne porte que sur de faibles colonnes, et n'est soutenue par aucun pilier dans œuvre. Ses voûtes en croix d'ogives sont très-élevées et parfaitement liées. Elle forme deux églises l'une sur l'autre : celle d'en bas était la paroisse de tous les officiers, domestiques, attachés au service du roi et de toutes les personnes qui demeuraient dans la cour du palais. Elle était dédiée à la Vierge. Le clergé de l'église était composé de cinq chapelains et de deux marguilliers, diacres ou sous-diacres. Saint Louis leur assigna des revenus considérables, que ses successeurs augmentèrent encore. Pendant la nuit du vendredi au samedi-saint, tous les possédés se rendaient dans cette église, afin de se faire guérir par la vue du bois de la vraie croix. On sait qu'une guerre de préséance entre le trésorier et le chantre, les deux principaux dignitaires du chapitre de la Sainte-Chapelle, devint le canevas du *Lutrin*, ce chef-d'œuvre de bonne plaisanterie. Boileau Despréaux ne se doutait certes pas qu'on l'enterrerait sous ce même lutrin qu'il avait rendu si fameux.

Lorsque la Sainte-Chapelle cessa d'être affectée au culte, elle reçut une partie des archives de l'État, et la série des monuments judiciaires de la collection des registres du parlement; ces pièces étaient rangées dans d'immenses armoires qui dérobaient aux yeux toute l'architecture intérieure.

La Sainte Chapelle a déjà eu trois flèches, et va bientôt en avoir une quatrième. La première, probablement contemporaine de l'édifice, fut détruite sous Charles VI, parce qu'elle menaçait ruine; une ordonnance datée de 1383, qui existe dans les archives de l'hôtel de ville de Paris, ne permet aucun doute à ce sujet, et fournit en outre le nom du charpentier auquel on doit la seconde: il se nommait Robert Fouchier.

Cette seconde flèche, détruite par un incendie le 26 juillet 1630, appartenait par le style à la dernière période de l'art gothique, comme la grande rose de la face occidentale, le pignon et les deux élégantes tourelles qui flanquent cette façade. C'était un modèle de grâce aérienne; et Sauval, qui l'avait vue, l'appelle avec regret *l'une des merveilles du monde*. Elle avait trois étages et se terminait par une élégante pyramide qui supportait une croix. A l'extrémité orientale du faîtage, on voyait une statue colossale d'ange tenant à la main une double croix. Cette statue ainsi que les ornements qui décoraient la couverture ne furent pas rétablis après l'incendie qui la consuma au dix-septième siècle.

La troisième flèche était fort lourde de forme et d'un assez pauvre goût; elle était du reste l'une des plus élevées de Paris. Depuis le faîtage jusqu'à son extrémité elle avait 30 mètres, et de hauteur 65 mètres depuis le pavé de la Sainte-Chapelle.

A la suite de l'incendie de 1630, on avait ménagé sur les voûtes un réservoir contenant environ quatre-vingts muids, qui se remplissait au moyen des eaux pluviales, et qui se vidait à volonté par un tuyau de plomb placé dans la cour de la Sainte-Chapelle. La boule qui supportait la croix contenait elle-même un muid d'eau. La flèche penchait au siècle dernier, et sa destruction eut lieu à la révolution pour ce motif, dit-on, et peut-être aussi à cause de la quantité de plomb dont elle était recouverte.

Le projet présenté par M. Lassus, architecte qui a succédé à M. Duban dans la restauration de la Sainte-Chapelle, doit reproduire autant que possible la flèche de Robert Fouchier.

CHAPELLE (*Musique*). Considéré sous le rapport musical, ce mot a plusieurs acceptions: il signifie, 1° le lieu de l'église où l'on exécute la musique; 2° le corps même des musiciens qui exécutent cette musique; et, par extension, tous les musiciens qui sont engagés par un souverain, quand même ils n'exécuteraient jamais dans les églises: c'est aussi de là que vient le terme de *maître de chapelle*.

C'est dans la chapelle du roi que la musique sacrée fut établie dès les premiers temps de la monarchie. Les cathédrales de Soissons, de Metz, de Tours, de Strasbourg, de Lyon, eurent ensuite des écoles où l'on enseignait le chant romain, et dont les professeurs adoptèrent successivement les diverses améliorations introduites dans l'art musical par les maîtres étrangers et français. Charlemagne fonda l'école de musique d'Avignon; et l'on voit encore en cette ville, dans l'église de Notre-Dame-des-Doms, une fresque représentant des enfants de chœur qui chantent sous la direction des virtuoses que l'empereur avait envoyés pour propager la bonne doctrine. Clovis lui-même ne fut point insensible aux charmes de la musique. Il fit demander un habile professeur à Théodoric, roi des Ostrogoths; sur cette invitation, le chanteur Acorède, choisi par le savant Boèce, vint à la cour de France. « Les prêtres et les chantres de Clovis apprirent à chanter plus doucement et plus agréablement, dit Guillaume du Peyrat; et ayant appris à jouer des instruments, ce grand monarque s'en servit depuis pour le service divin, ce qui a continué sous ses successeurs, et jusqu'au déclin de sa lignée, que la musique a toujours été en usage à la cour de nos premiers rois. » Voilà donc un corps de musiciens attaché au service du roi pour l'exécution des chants sacrés dans les grandes cérémonies. Le nom de *chapelle* n'était pas connu à cette époque; on ne le donna que plus tard à l'oratoire royal. Ce corps de musiciens fut augmenté successivement, et pour le composer des sujets les plus habiles, les maîtres de musique eurent le droit de choisir les meilleurs chanteurs et de prendre des enfants de chœur dans toutes les églises. Pepin, Charlemagne surtout, prirent un soin particulier de leur *chapelle-musique*, qui fut enrichie d'un orgue en 750. Charlemagne demanda au pape deux professeurs capables de corriger le chant français, qui n'avait pas conservé la pureté primitive du chant romain, et le pontife lui donna Théodore et Benoît, avec des antiphonaires notés par saint Grégoire lui-même. Charlemagne s'occupait sans cesse de sa musique; et pour éprouver si ses chantres savaient bien l'office, il faisait un signe du doigt ou bien avec une baguette à celui qu'il voulait faire chanter à l'instant. Un autre signe le faisait cesser, et commandait à un autre de commencer et de continuer l'antienne sans préparation.

Philippe-Auguste, saint Louis, protègent l'art musical. L'orgue fait inventer l'harmonie et propage le *déchant*, ou chant à plusieurs parties, dans toutes les églises. Louis XI, Charles VIII, Louis XII, augmentent la troupe chantante et sonnante, qui se trouve dans un état de gloire et de prospérité jusque alors inconnu sous le règne de François Ier. Ce prince fit construire des instruments pour tous ses musiciens par Daiffoprugcar, luthier italien d'un immense talent. Jusqu'en 1543 les musiciens de la chapelle avaient chanté aux fêtes et divertissements. François Ier créa un corps de musiciens indépendants du service divin, et l'attacha spécialement à sa chambre. Des joueurs d'épinette s'y faisaient remarquer; Albert, fameux joueur de luth, en faisait les délices. La musique, abandonnée sous Henri II, fut peu cultivée sous les règnes de Charles IX et d'Henri IV, reprit faveur sous Louis XIII, roi *dilettante*, qui composait et chantait. Louis XIV appela les artistes de toutes les nations pour donner le plus brillant éclat à sa chapelle; Lulli fit chanter un *Te Deum* avec chœur et symphonie à Fontainebleau, à la cérémonie du baptême de son fils aîné, que la roi et la reine tinrent en personne sur les fonts baptismaux, et parvint ainsi à établir l'orchestre dans la chapelle. Louis désirait vivement cette innovation, mais les anciens maîtres s'y opposaient: on les mit à la retraite. Lalande se signala en écrivant les motets, dont Louis XIV surveillait avec intérêt la composition. Ce prince était assez musicien pour inventer de petits airs et donner de bons conseils à son maître favori. La chapelle fut cruellement désorganisée par le régent; Louis XV la délaissa pour le théâtre de la Pompadour. La musique de la chapelle et celle de la chambre, que François Ier avait séparées, furent de nouveau réunies en un même corps en 1761. La dépense de la musique du roi fut fixée à 320,000 livres tout compris.

12.

Le canon du 10 août 1792 fit cesser les chants religieux, et dispersa les virtuoses de la chapelle. Depuis ce jour jusqu'au 20 juillet 1802, époque de l'organisation de la chapelle consulaire, nous comptons un intervalle de dix ans, pendant lesquels la musique religieuse fut abandonnée en France. Napoléon, devenu empereur, réunit un grand nombre de chanteurs et de symphonistes, et rendit à la chapelle-musique toute sa splendeur. Paisiello et Lesueur la dirigèrent; Zingarelli fut appelé pour composer divers motets ou messes, et Paër, directeur de la musique de la chambre, avait à sa disposition les premiers chanteurs de l'Europe, tels que Crescentini, madame Grassini, etc. La musique de l'empereur, tous les services compris, a coûté 350,000 fr. en 1812. Les frais de celle de Charles X n'étaient que de 200,000 fr. environ par an. L'ordonnance du 13 mars 1830 réduisait à 171,700 fr. la dépense du personnel de la chapelle-musique; cette nouvelle organisation ne devait être suivie qu'à mesure qu'il sur viendrait des vacances. La dépense de la musique du roi était bien plus considérable sous Louis XV, puisque, après les réformes et les réductions faites en 1761, elle s'élevait encore à 320,000 livres, bien que les artistes de la chapelle fussent moins nombreux. Cette différence provient de ce que la ville de Versailles, offrant beaucoup moins de ressources aux musiciens que la capitale, il fallait leur donner des appointements plus considérables. Le 25 juillet 1830 la chapelle-musique du roi Charles X chanta sa dernière messe et psalmodia ses dernières vêpres à Saint-Cloud ; les artistes qui la compossient furent congédiés, avec des pensions réduites à leur plus simple expression. Le canon du 27 juillet ne fut pas moins funeste à la musique et aux musiciens de la chapelle que le canon du 10 août. Depuis lors les chanteurs et les symphonistes de la chapelle avaient suspendu leurs instruments, comme les Hébreux le firent autrefois *Super flumina Babylonis*. Mais aujourd'hui le nouvel empereur vient, à l'exemple de son oncle, d'organiser sa chapelle. Dirigée par M. Auber, elle ne comprend pas moins de soixante personnes. La partie vocale est confiée à douze hommes et douze femmes. *Lauda, Sion, Salvatorem!*

CASTIL-BLAZE.

CHAPELLE (CLAUDE-EMMANUEL LHUILLIER), dont le nom est demeuré inséparable de celui de Bachaumont, son collaborateur

Dans le récit de ce voyage
Qui du plus charmant badinage
Fut la plus charmante leçon,

naquit en 1626, à La Chapelle Saint-Denis, village compris aujourd'hui dans la zone des fortifications de Paris, et dont on lui donna le nom en le présentant aux fonts de baptême. Il était le fils naturel de François Lhuillier, maître des comptes à Paris et conseiller au parlement de Metz, qui le fit légitimer en 1642. Ses contemporains nous représentent ce Lhuillier comme un spirituel épicurien, se livrant à tous les plaisirs, et surtout aux plaisirs défendus, sans le moins du monde se soucier du qu'en dira-t-on. Célibataire et jouissant d'une belle aisance, il était particulièrement choyé dans sa famille ; et en vue de l'héritage, ses dévotes sœurs, pensant sans doute

Qu'il est avec le ciel des accommodements,

ne manquaient jamais de lui envoyer, dans la saison des confitures, une servante aussi égrillarde et aussi bien troussée que faire se pouvait, sous prétexte de seconder la vieille ménagère de leur frère dans la fabrication de ces mille conserves sucrées qu'un gourmet apprécie tant, l'hiver une fois venu, car par goût et par parfum elles remplaçaient jusqu'à un certain point les fruits dont il aimait, dans la belle saison, à voir sa table se couvrir au dessert. Tallemant des Réaux, qui nous raconte le fait, s'égaye beaucoup au sujet de cette étrange attention. Ajoutons tout de suite, pour la moralité du récit, que les avides héritiers en furent pour leurs complaisances et leurs attentions. Le bon homme légua tout ce qu'il possédait au fils qu'il avait eu dans son automne, et qui lui rappelait tous ces péchés mignons de jeunesse dans le souvenir desquels il se sentait revivre, bien loin de les regretter comme font tant d'autres, alors qu'il leur est devenu impossible d'en commettre de nouveaux. Lhuillier eut soin d'ailleurs de faire donner une éducation complète à son fils. Il le plaça chez les jésuites de la rue Saint-Jacques, dans ce collége de Clermont que les bons pères, toujours flatteurs adroits, devaient plus tard mettre sous l'invocation de *Louis le Grand*. Quand il venait à Paris, le conseiller Lhuillier avait l'habitude de descendre chez Gassendi, qui était au nombre de ses amis particuliers, circonstance qui prouve de reste que notre épicurien était avant tout un homme de goût et d'esprit. Le jeune Chapelle eut ainsi occasion d'entendre Gassendi disserter sur la philosophie ; Bernier et Molière, eux aussi, étaient admis à ces doctes entretiens, qui ne purent qu'exercer une heureuse influence sur la direction des idées de l'élève du collége de Clermont. Plus tard, ce fut son père qui se chargea lui-même de l'initier à sa philosophie pratique ; et il avait à peine dix-huit ans, qu'il le présentait dans le cercle de femmes fort peu collet-monté dont il aimait à faire sa société habituelle.

Chapelle avait vingt-six ans quand il perdit ce modèle des pères complaisants et exempts de préjugés. Possesseur d'une honnête indépendance, il ne songea pas un instant à accroître l'héritage paternel en embrassant quelque lucrative carrière, dont sa fortune lui eût évidemment facilité l'accès. Il mit sa philosophie à mener la vie aussi gaiement, aussi joyeusement que faire se pourrait, et sa sagesse à user de sa fortune pour tenir sa place dans un cercle de littérateurs et de gens du monde, tous hommes d'esprit et amis du plaisir. Dire qu'il vécut à Chantilly dans l'intimité de M. le prince de Condé, à Auteuil dans celle de Boileau, de Racine et de Molière, c'est indiquer d'un mot la nature élevée de ses relations. Les plus grands seigneurs recherchaient la compagnie de ce joyeux convive, qui prenait la vie du bon côté, et qui tout en hantant les salons aux lambris dorés savait conserver une liberté de manières, une indépendance d'idées et de caractère, assez rares parmi les littérateurs. C'est à ce titre et parce que Chapelle était admis dans le grand monde ; et si son bagage littéraire paraît aujourd'hui bien léger, quand on le compare aux montagnes de volumes que nos beaux esprits contemporains, écrivant à toute vapeur, entassent incessamment les uns sur les autres, on ne peut s'empêcher de douter que leurs chefs-d'œuvre durent aussi longtemps que la bluette connue sous le titre de *Voyage de Chapelle et Bachaumont*. Ce serait d'ailleurs ne pas mettre Chapelle au rang qui lui appartient que de vouloir uniquement le juger d'après les œuvres inégales qu'il a laissées, en partie déjà oubliées, et où certes il ne mettait pas le meilleur de son esprit. Nous n'en voulons d'autres preuves que les anecdotes qu'on trouve dans tous les recueils du temps, et qui nous le peignent comme donnant des conseils à Boileau, à Molière et à Racine. Certes ce devait être un esprit bien distingué et bien ingénieux que celui de qui de tels écrivains recevaient et provoquaient même les critiques. Il représente parfaitement une classe d'esprits distingués, hommes au goût fin, délicat, qui savent tout, qui ont tout lu, et qui n'écrivent rien, soit paresse, soit découragement provenant de l'idée même qu'ils se font de la perfection, et qui s'ils laissent par hasard tomber une légère esquisse de leur plume, y apportent une négligence sincère, un laisser-aller et un sans-façons qui ne permettent pas d'apprécier ce qu'ils eussent vraiment été capables de faire.

Vers la fin de sa vie, Chapelle se montra peut-être sectateur encore plus zélé du culte de Bacchus que de celui des Muses. Avant de lui jeter la pierre à ce sujet, n'oublions pas que les gens d'intelligence qui avaient besoin d'excitants n'avaient point encore alors la ressource du café,

Cette liqueur aux poëtes si chère,

contre l'introduction de laquelle protestaient les louangeurs du temps passé, persistant à repousser cette innovation. Qui sait? Peut-être nous serait-il arrivé ce qui arriva à Boileau lui-même. Ayant rencontré un jour Chapelle déjà entre deux vins, il crut devoir lui adresser quelques observations que notre épicurien prit très-bien, mais dont il tira aussitôt une éclatante vengeance. Sous prétexte de mieux entendre l'utile sermon que lui débite son ami, il le fait entrer au cabaret le plus voisin (qu'on n'oublie toujours pas que les cafés n'existaient point alors); et voilà nos deux amis attablés devant une bouteille *de derrière les fagots*. Boileau, toujours prêchant, fait si bien honneur au bon vin que lui offre son incorrigible ami, que les bouteilles se succèdent sans qu'il y prenne garde et qu'il finit par être ivre lui-même. On se rappellera aussi à ce propos le fameux souper d'Auteuil, où après avoir bien bu, tous les convives, las de la vie, voulurent aller se jeter à l'eau, et n'en furent détournés que par Molière, qui avait conservé tout son sang-froid (car, hélas! il ne buvait que du lait), et qui leur remontra qu'une si belle action que celle qu'ils avaient résolue demandait à être éclairée par la lumière du grand jour. Or, l'histoire n'excepte pas le maître de la maison, qui parfois au dessert n'était pas, comme on voit, beaucoup plus sage que le pauvre Chapelle. Un mot de Voltaire, dans une lettre qu'il adresse à Chaulieu, peint d'un trait les habitudes de Chapelle dans les dernières années de sa vie. « C'est ici, dit-il en parlant du château de Sully, que Chapelle a demeuré, c'est-à-dire s'est enivré deux ans de suite. Je voudrais bien qu'il y eût laissé un peu de son talent poétique; cela accommoderait fort ceux qui veulent vous écrire. » Chapelle mourut à Paris, en 1686. On ne compte pas le nombre des éditions de ses Œuvres, toujours publiées de conserve avec celles de Bachaumont. La meilleure est celle de la Bibliothèque Elzévirienne (Paris, 1854).

CHAPELLERIE. On fabrique des chapeaux avec du feutre, du castor, des tissus de soie, de la sparterie, de l'osier, de la paille, du bois, du cuir, etc.

Chapeaux de feutre. Les *castors gris* constituent le genre le plus fin de cette fabrication, qui emploie des poils de castor appliqués sur une carcasse composée avec des poils de lièvre et de lapin. On fait avec un long archet, appelé *arçon*, le mélange des différents genres de poils qui composent la carcasse du castor. On bat le poil en faisant vibrer la corde de cet archet; le poil vole et se mêle. Lorsqu'on voit qu'il est assez battu, on partage en trois parties ce tas de poil; on en prend le tiers, dont on forme une figure triangulaire appelée en chapellerie une *pièce*; avec le second tiers on fait une figure absolument semblable; ensuite, avec le dernier tas de poil on forme une bande un peu plus large que le double de la base d'un des triangles. Cette bande sert à mettre en bas du cône que l'ouvrier forme par la réunion des deux autres pièces; car il faut que le bas de ce cône soit beaucoup plus fort que le reste, puisqu'il doit devenir le bord du chapeau. Les pièces assemblées par l'ouvrier forment ce qu'on appelle le *bastissage*. Ce bastissage doit être naturellement deux, trois et quatre fois plus grand que le chapeau, et c'est lorsque le bastissage est fini qu'on le foule, et qu'à force de le rouler, dans tous les sens en le trempant dans l'eau bouillante étendue d'acide sulfurique, le feutrage se réduit à la grandeur voulue. Quand la carcasse a la taille convenable, on lui applique un apprêt imperméable et on la laisse sécher, puis on pose le castor dessus; ce castor a été d'avance arçonné et disposé en feuilles ayant la forme des pièces de la carcasse; on les applique l'une sur l'autre. Quand l'ouvrier voit que le castor est pris suffisamment, il met quatre ou six de ces carcasses dans une grande couverture en laine, et pendant quatre ou six heures il roule ces fonds, qu'il trempe dans l'eau bouillante acidulée. Lorsque le poil de castor est devenu adhérent, l'ouvrier dresse chaque chapeau sur un cône, afin qu'il ne plisse pas. On fait sécher, puis on peigne le poil, on le fait lever, et on le tond à la longueur désirée. Le fouleur reprend alors ces chapeaux pour leur donner la forme habituelle, celle d'un cylindre terminé par un fond plat. Il faut donc qu'il élargisse le sommet du cône de manière à l'amener à la forme voulue, à l'aide de parties cylindriques et de coins en bois. Enfin, il retrousse ce qui déborde de la forme, et il en fait le bord du chapeau.

Le genre le plus cher après le castor gris est le *castor brossé* ou *flamand*. On prend pour ce genre de chapeau un mélange variable de poils de lièvre de Saxe, de lièvre de Russie et de lièvre de France. Le premier, moins long que le second, forme la partie velue; celui-ci forme chaîne en même temps qu'il fournit son poil, et le dernier, qui est plus court, fait serrer le tissu. Le bastissage, le foulage s'exécutent comme il a été dit plus haut. Les différences qu'offre ce genre de fabrication avec le précédent, c'est qu'après avoir donné une certaine force au feutre en le foulant longtemps, on le brosse en tous sens; ce qui amène le poil qui doit faire le velu du chapeau, tout en resserrant la chaîne. L'ouvrier laisse le castor brossé dans sa forme conique, le fait sécher, et ensuite tire au carrelet le poil qui est collé par l'eau. On fait arracher par une ouvrière, dite *éjarreuse*, le jarre, poil qui ne prend pas la teinture. L'éjarrage fait, on refoule un peu le chapeau, on lave bien le poil, on le brosse, on le dresse; on le fait ensuite sécher; on dégage de nouveau le poil avec un carrelet, et enfin on l'apprête. Lorsque l'apprêt est sec, on met le chapeau en teinture. L'apprêt, dans lequel la gomme laque entre pour une forte part, est imperméable; il s'amollit à l'eau chaude, mais il redevient ferme en séchant.

Les autres genres de feutres sont les *gris unis* et les *casimirs* ou chapeaux noirs imitant le drap. Dans les premiers, la composition varie suivant la nuance qu'on veut obtenir.

Chapeaux de soie. Plus brillants et moins coûteux que ceux de feutre, les chapeaux en peluche de soie, et même de coton, sont maintenant les seuls, à très-peu d'exceptions près, dont on fasse usage. On sait qu'ils se composent d'une carcasse ou galette légère en feutre, enduite ou imbibée de substances gommeuses qui la rendent imperméable à l'eau. Cette carcasse est comme une charpente sur laquelle on applique une sorte de calotte en peluche de soie ou de coton, et dont les pièces, cousues très-proprement ensemble, ont exactement les mêmes proportions que la carcasse sur laquelle on doit les coller.

Il y a de ces sortes de chapeaux dont la carcasse est en carton verni; ils sont d'un assez bon usage, eu égard à la modicité de leur prix. Les chapeaux de soie ont aussi donné naissance à une industrie qui n'est pas sans importance à Paris. Nous voulons parler de celle des chapeaux refaits. Les vieux chapeaux sont ramassés par des marchands d'habits, qui les revendent à des fabricants spéciaux. Ceux-ci enlèvent la peluche, dégraissent la carcasse, lui mettent sur des formes de mode, lui appliquent des peluches neuves, et livrent au commerce des chapeaux d'assez belle apparence pour le prix.

Chapeaux mécaniques. Ces chapeaux sont composés d'un bord en feutre sur lequel est assemblé un petit cercle en acier portant trois ou quatre montants verticaux, qui supportent par leur extrémité supérieure un second cercle également en acier, destiné à soutenir le fond du chapeau. Des articulations placées au milieu des montants verticaux permettent au cercle supérieur de s'abaisser sur le cercle inférieur, lorsque l'on veut plier le chapeau.

Chapeaux de cuir. Ces chapeaux, dits *bousingots*, sont faits de cuir qu'on moule après l'avoir ramolli. Lorsqu'ils ont pris la forme qu'on désire, et qu'ils sont parfaitement secs, on étend dessus une couche de vernis élastique.

CHAPERON, fait de *chape*, dérivé lui-même de *caput*. Le chaperon était une sorte de *capuchon* qui tenait à la chape ou *cape*, ou pouvait en être séparé. C'était la coiffure ordinaire du temps de Charles V. Au temps de Charles VII il avait un bourrelet sur le haut et une queue pendante par derrière. « Depuis, dit Pasquier, petit à petit s'abolit cette usance, premièrement entre ceux du menu peuple, et successivement entre les plus grands, lesquels, par une forme de mieux séance, commencèrent de charger petits bonnets ronds et portaient lors leurs chaperons sur les épaules pour les reprendre toutes et tant de fois que bon leur sembleroit..... Comme toutes choses par traict et succession de temps tombent en non chaloir (désuétude), ainsi s'est du tout laissée la coustume de ce chaperon, et est seulement demeurée par-devers les gens du palais et maîtres ès arts, qui encore portent leur chaperon sur les épaules, et leur bonnet rond sur leur teste. » C'était un acte de respect que d'ôter son chaperon devant quelqu'un : les rois et les dames ne l'ôtaient devant personne, et tout le monde le baissait devant eux ; au palais, les avocats et les procureurs ne l'ôtaient pas tout à fait, ils se bornaient à le tirer un peu en arrière. Les femmes quittèrent le chaperon plus tard que les hommes. Les classes se distinguaient par la couleur, l'étoffe et les ornements : ceux des princes, des nobles et de leurs dames étaient en tissu fin, soie ou velours, et chargés de broderies et même de pierreries. Les femmes des principaux magistrats avaient des chaperons en velours, les autres bourgeoises en satin, en camelot, en drap. La cornette, de toile très-fine et très-blanche, tenait au chaperon ; mais les dames ne conservèrent ensuite que la cornette. Le chaperon devint l'insigne caractéristique des magistrats, des avocats, des procureurs, de tous les gradués des universités et de tous les membres des municipalités ; ils le portaient sur l'épaule ; cet ornement n'avait de commun avec le chaperon des anciens que le nom, et tel qu'on l'avait fait, il ne pouvait plus être mis sur la tête ; les *rezilos* (*redocillas*) des Espagnols ne sont autre chose que l'ancien chaperon ; la coupe est la même, mais avec moins d'ampleur.

L'usage du chaperon avait disparu du palais avec la robe lors de la nouvelle organisation judiciaire, mais les us et coutumes monarchiques furent rétablis par le régime impérial. Le chaperon des nos magistrats et docteurs actuels qui a quelque ressemblance avec l'ancien chaperon, consiste en un bourrelet circulaire placé sur l'épaule gauche, d'où pend devant et derrière une bande d'étoffe garnie d'hermine à son extrémité. La couleur du chaperon diffère quelquefois de celle de la robe. On appelle aussi chaperon l'ornement relevé en broderie qui est au dos d'une chape.

Le chaperon servant à couvrir et à *protéger* la tête, on a donné, par extension et par analogie, ce nom, au figuré, à toute personne âgée qui accompagne une jeune personne, qui la protège contre les attaques du dehors, qui veille sur sa conduite, et qui en est pour ainsi dire le garant ; c'est aussi là l'occupation d'une *duègne*.

Ce mot s'emploie encore au propre dans plusieurs acceptions d'arts et métiers. C'est le nom qu'on donne en architecture au couronnement ou à la couverture supérieure d'un mur de clôture pour le préserver de l'action des eaux de pluie, ou de la filtration des eaux de la neige fondue. Il y a trois manières différentes de former les chaperons, savoir à un seul égout, lorsque le mur de clôture appartient à un seul propriétaire ; à deux égouts, lorsque le mur est mitoyen et bâti à frais communs par deux propriétaires voisins. La troisième manière est celle qui consiste à faire le chaperon arrondi, et de lui donner deux pentes : on l'appelle *chaperon en bahut*.

En termes de fauconnerie, le chaperon est un morceau de cuir dont on couvre la tête des oiseaux de leurre ; en termes d'horlogerie, c'est une plaque ronde, avec un canon, qui se place sur l'extrémité du pivot d'une roue ; en termes d'éperonnier, le cuir qui couvre les fourreaux des pistolets pour les garantir de la pluie ; en termes de cartonnier, une sorte de boîte sans couvercle, dans laquelle on met les cartes quand elles sont coupées ; enfin, en termes d'imprimerie, une certaine quantité de feuilles ajoutées à celles que l'on veut faire imprimer, et qui servent pour les épreuves ou pour remplacer les feuilles défectueuses.

Du mot *chaperon* ont été faits le verbe *chaperonner*, employé pour exprimer l'action de mettre un chaperon à un mur ou à un oiseau, et, au figuré, celle d'accompagner et de protéger une jeune personne.

CHAPERONS BLANCS. Trente-quatre ans après la mort de Jacob d'Arteveld, les Gantois se révoltèrent de nouveau contre leur comte. Le nouveau chef du parti populaire, Jean Hyons, homme plein de courage et d'audace, établit une sorte de confrérie où il enrôla tous les gens qui n'avaient rien à perdre, du moins c'est ainsi que les qualifient les chroniques. Ils portaient un chaperon blanc en signe de ralliement. Mais bientôt Jean Hyons périt par les machinations du comte : aussitôt la démocratie trouva un autre chef, Pierre Dubois, qui, continuant l'œuvre de ses prédécesseurs, porta l'exaltation populaire à son plus haut période. « Nous ne serons pas en sûreté, disait-il, tant qu'il y aura une maison ou un château de gentil-homme ; car c'est de là qu'on peut nous détruire ». Et soudain des milliers d'artisans, obéissant à sa voix, saccagèrent les manoirs des nobles, *courant sus aux loups et n'épargnant pas souvent les louveteaux*. De tels excès devaient bientôt perdre la cause populaire ; Pierre Dubois comprit que pour la sauver il lui fallait une direction forte et respectée ; il alla trouver Philippe d'Arteveld, le fils du brasseur-roi, qui vivait dans la retraite ; et, après lui avoir fait promettre de ne rien faire sans le consulter, il le fit proclamer chef et dictateur. « Soyez cruel et hautain, lui dit-il : ainsi veulent les *Flamands être menés, ne on doit entre eux tenir compte de vie d'homs, ne avoir pitié non plus que de arondeaux ou d'alouettes qu'on prend dans la saison pour manger*. » Philippe suivit ces conseils ; il rendit son pouvoir complètement absolu, et dès lors l'insurrection des Blancs Chaperons se personnifia complètement en lui.

En 1413 les Cabochiens, maîtres de Paris, arborèrent le chaperon blanc comme symbole de liberté et d'affranchissement, cherchant ainsi à se rattacher aux villes de Flandre qui avaient si vaillamment combattu pour les droits du peuple et aux anciens défenseurs de la liberté de Paris pendant la captivité du roi Jean ; mais ces hommes sanguinaires n'avaient pas à leur tête un Arteveld ou un Etienne Marcel, et leur faction s'éteignit dans le sang même qu'ils avaient répandu. W.-A. DUCKETT.

CHAPITEAU. Tel est le nom que l'on donne à la partie supérieure d'une colonne, et il vient du mot italien *capitello*, tous deux dérivés du latin *caput*, tête. En effet, le chapiteau forme la tête de la colonne. Les chapiteaux ont été variés à l'infini, et chaque peuple y a adapté des ornements conformes à ses goûts. Les Chinois seuls ont fait usage de colonnes sans chapiteaux ; cela tient sans doute à la nature de leur bois et au système de leur charpente, où les colonnes semblent être moins les supports d'un comble pesant que les barreaux d'une cage légère.

Il est facile d'imaginer comment le chapiteau a pris naissance. Des arbres étant coupés de la même longueur, on les a dressés pour soutenir la partie supérieure d'une habitation. Bientôt, on sentit la nécessité de les cercler pour les empêcher de s'éclater ; puis, pour éviter la pourriture du bout, on plaça dessus une pierre plate et carrée, qui préservait toujours une pierre ayant remplacé le bois, lorsque les progrès des arts en Grèce conduisirent à varier les formes et les proportions du chapiteau suivant l'ordre d'architecture adapté au caractère du pays ou du monument, il fut encore facile de retrouver dans les diverses parties du chapiteau ce qui en avait été le motif : ainsi, la pierre plate et carrée du haut est devenue l'*abaque* ou *tailloir*, le gros lien du bout de l'arbre a occasionné ce que l'on nomme *echine*, *ove* ou *quart de rond*; le second lien, placé plus bas, a reçu le nom d'*astragale*, et l'espace entre eux deux est le *gorgerin*.

Chez les Égyptiens et les Perses, les chapiteaux ont été aussi variés que bizarres. En Égypte, ils sont ornés tantôt de feuilles et de fleurs de lotus, ou bien de branches de palmiers; quelquefois ils offrent l'image d'Isis; en Perse, on y rencontre des têtes de chameaux ou de chevaux. Plus tard, nous retrouvons une infinité de bizarreries dans les chapiteaux qu'employèrent les Goths et les Lombards.

L'architecture grecque offre dans ses variétés plus de sagesse et plus de régularité. L'ordre *toscan* et l'ordre *dorique*, qui paraissent simples, et semblent être dérivés l'un de l'autre, n'offrent également aucune différence essentielle dans leurs chapiteaux; ce sont toujours de simples moulures en bourrelet dans le sens de la circonférence de la colonne. Le chapiteau dorique a éprouvé plusieurs variations sans importance. Parmi les nombreux monuments auxquels ils sont adaptés, nous citerons seulement les temples de Délos et de Syracuse, d'autres à Athènes, à Agrigente et à Pæstum.

Le chapiteau *ionique* se distingue par un caractère tout particulier : ce sont les volutes dont il est orné, et qui sont disposées de manière qu'aux faces antérieures et postérieures on voit leurs circonvolutions, tandis que sur les deux côtés on ne voit autre chose qu'un rouleau sur lequel souvent on trace quelques feuillages en sculpture. Quelques architectes cependant crurent qu'il vaudrait mieux faire disparaître cette différence, et on trouve de nombreux exemples de monuments où le rouleau latéral est supprimé et remplacé par deux volutes semblables accolées de biais et formant un angle avec celle de la face. Le tailloir, au lieu de rester carré, fut aussi échancré comme dans l'ordre corinthien, dont ces changements étaient une imitation. Ces caractères établissent une grande différence entre les chapiteaux de l'ordre ionique ancien et de l'ordre ionique moderne. Quelques-uns ont cru que cette invention était due à Michel-Ange, qui, le premier peut-être, en a établi les préceptes; mais on en trouve plusieurs exemples dans des monuments anciens, entre autres dans le temple de la Concorde, construit à Rome sous le règne de Constantin le Grand. Les chapiteaux de l'ordre dorique avaient toujours conservé une grande simplicité; mais il n'en fut pas de même du chapiteau ionique, qui a souvent été chargé d'ornements variés, suivant le goût de l'architecture et suivant la richesse ou l'élégance du monument. Ainsi l'*échine* ou quart de rond, au lieu d'être tout uni, est divisé par une ou plusieurs *oves* séparés par de petits filets auxquels on donne le nom de *langues de serpent*. Le *tailloir* est quelquefois orné de petits feuillages, et l'*astragale* composé d'un rang de perles. L'*œil* de la volute a été aussi décoré d'une rosace ou d'autres ornements. On trouve dans les Monuments inédits de Winckelmann la figure d'un chapiteau ionique qui est à Rome dans l'église de Saint-Laurent, et dont les deux volutes sont ornées d'une manière très-singulière, l'une ayant dans son milieu une grenouille, et l'autre un lézard. On a supposé que ce chapiteau antique venait d'un monument construit par les architectes Batrachus et Saurus, qui apparemment auront cherché à indiquer leurs noms de cette manière, une grenouille se nommant en grec βάτραχος et un lézard σαύρα. D'autres chapiteaux ioniques fort singuliers sont ceux que l'on voit à Rome dans l'église de Sainte-Marie *in Trastevere*, et dans les volutes desquels se trouve placé le buste d'Harpocrate, tenant un doigt sur sa bouche. Les chapiteaux ioniques les plus riches se trouvent au temple d'Érechthée et de Minerve, à Athènes, aux colonnes du grand théâtre de Laodicée, au temple de Bacchus, à Téos, à ceux de Minerve, à Priène, d'Apollon, près de Milet, et à un autre temple sur les bords de l'Ilissus.

Malgré les ornements que l'on a donnés quelquefois aux chapiteaux de l'ordre ionique, ils n'approchent cependant jamais de l'élégance, de la beauté et de la richesse des chapiteaux corinthiens. Les caractères distinctifs de ce chapiteau sont que le *tailloir*, au lieu d'être parfaitement carré, comme dans les autres ordres d'architecture, se trouve échancré dans le milieu de ses quatre faces, tandis que les angles sont tantôt aigus, tantôt arrondis, ou bien forment un pan coupé. Deux volutes soutiennent chacun des angles; deux autres, plus petits, viennent s'accoler dans chaque milieu, et une fleur, une rosace, ou tout autre ornement, s'élève d'entre eux et vient déterminer le point milieu du *tailloir*. Un autre caractère plus apparent encore est que le chapiteau a beaucoup plus de hauteur que ceux des autres ordres; puis toute la distance entre l'astragale et le tailloir se trouve garnie de deux rangs de feuilles imitées de l'acanthe, dont la forme gracieuse prête beaucoup à l'imagination du sculpteur. Il est même à remarquer que ce chapiteau est un exemple des plus frappants que dans l'architecture, où tout semblerait être le produit du calcul et du compas, il se trouve aussi des résultats du génie et du goût comme dans tous les autres arts. L'invention du chapiteau corinthien attribuée à Callimaque est même due à une circonstance singulière, dont le souvenir offre quelque chose de sentimental, et que nous avons racontée au mot ACANTHE. Cet ordre reçut le nom de *corinthien* à cause du lieu où il fut exécuté pour la première fois, et si, comme les autres ordres, il conserva des proportions dont on ne s'écarta pas, il n'en fut pas de même des ornements de son chapiteau, qui éprouvèrent nombre de variations, ainsi que l'on peut s'en convaincre en étudiant les chapiteaux du temple d'Apollon, près de Milet, ceux de divers monuments d'Athènes, puis à Rome, dans les temples de Vesta, d'Antonin et Faustine, de Jupiter-Tonnant et de Jupiter-Stator, au Panthéon, aux portiques d'Octavie et aux arcs de triomphe de Septime-Sévère et de Constantin. L'élégance de l'ordre corinthien et la richesse de son chapiteau en ont souvent déterminé l'emploi dans divers monuments modernes. Ceux de la chapelle de Versailles sont de bon goût, mais on doit remarquer bien davantage les chapiteaux de Sainte-Geneviève, de la Bourse et de la Madeleine, à Paris.

Nous aurons peu de choses à dire du chapiteau *composite*, puisqu'il ne diffère du corinthien qu'en ce qu'il lui associe les ornements de l'ordre ionique, et se prête encore à une plus grande richesse de sculpture et à une plus grande liberté de composition. Nous ne parlerons pas d'ailleurs des inventions barbares par lesquelles on a quelquefois cherché à sortir des voies ordinaires de l'art, ni des chapiteaux triangulaires et ovales, qui ne sont que des singularités, heureusement fort rares.

Le mot *chapiteau* prend un autre sens dans des arts étrangers à l'architecture. Ainsi, on donne ce nom à la partie la plus élevée de l'alambic où viennent se condenser les vapeurs de la matière en distillation. On appelle aussi *chapiteau* la boîte triangulaire qui couvre la lumière d'un canon. Pour les artificiers, le *chapiteau* est la partie conique qui surmonte une fusée, et par opposition, sans doute, on donne le même nom au cône renversé qui dans les convois est adapté vers le milieu des flambeaux de résine, pour éviter que ce qui en découle brûle la main de celui qui le porte.

DUCHESNE aîné.

CHAPITRE, encore un dérivé du latin *caput, capitis*, tête, une des parties qui servaient jadis beaucoup plus qu'aujourd'hui à subdiviser certains ouvrages, déjà divisés en livres. Cette dénomination vient de l'habitude qu'avaient nos pères d'inscrire le mot *caput*, avec un numéro d'ordre, en tête de chacun des relais qu'ils se ménageaient dans une œuvre, et ils en avaient tiré en outre les mots capitules et capitulaires. *Chapitre* s'appliqua bientôt aussi à des sentences morales et à des dispositions de lois. On dit dans un sens analogue, en termes de finances, le *chapitre* des recettes, le *chapitre* des dépenses, tel ou tel *chapitre* du budget. Figurément *chapitre* signifie la matière, le sujet dont on parle, le propos que l'on tient : trois personnes ne sont pas plutôt réunies, en général, que la conversation tombe insensiblement sur le *chapitre* des absents.

Nous avons dit qu'on entendait par *chapitres* des sentences morales et des dispositions de lois. Peu à peu cette dénomination s'étendit à ceux qui avaient le pouvoir de porter ces sentences et de décréter ces lois ; on l'employa pour exprimer la réunion d'un corps délibérant, quand il s'agissait surtout d'un corps ecclésiastique, à une époque où l'Église seule délibérait. Le *chapitre* était alors l'assemblée des pères ou frères faisant partie d'un couvent, d'un monastère, réunis, à l'origine, quotidiennement pour entendre la lecture d'un chapitre de leur règle. Cette dénomination fut également prise par les confréries et ordres, tant religieux que temporels, puis par les chapitres des évêques qui vivaient conventuellement. *Chapitre* signifia dès lors et signifie encore le corps des chanoines d'une église cathédrale ou collégiale, ou l'assemblée qu'ils tiennent sous la présidence de l'évêque pour traiter de leurs affaires. De là l'expression figurée *avoir voix au chapitre* pour dire avoir du crédit dans une compagnie, dans une famille, auprès d'une personne considérable. Le *pain du chapitre* était jadis distribué dans quelques-uns aux chanoines qui les composaient. Du mot *chapitre* on a fait le verbe *chapitrer* pour dire réprimander.

La réunion de certains membres du clergé en *chapitres* ne remonte pas au delà du huitième siècle. Le chapitre de la cathédrale représente l'ancien presbytère, qui avait part à la puissance de l'évêque, lequel ne faisait rien d'important sans le consulter. « L'évêque, dit l'abbé Fleury, consultait surtout les prêtres, qui étaient comme le sénat de l'église ; ils étaient si vénérables et les évêques si humbles, qu'il y avait à l'extérieur peu de différence entre eux. Les clercs avaient une espèce d'autorité sur l'évêque même, étant les inspecteurs continuels de sa doctrine et de ses mœurs. Ils l'assistaient dans toutes les fonctions publiques, comme les officiers des magistrats ou plutôt comme des disciples qui suivent leur maître. »

De grands changements s'opérèrent dans l'antique presbytère lorsqu'il devint *chapitre*, au temps de Charlemagne. Souvent l'évêque n'eut avec lui de rapports que devant les tribunaux, pour défendre ses droits ou pour attaquer les privilèges du *chapitre*, qui étaient immenses dans certains pays. On ne pouvait entrer dans certains *chapitres* sans avoir fait preuve de noblesse. La preuve exigée pour le *chapitre* de Strasbourg était si rigoureuse qu'on disait dans le temps que Louis XVI, descendant de Marie Leczinska, n'eût pas été assez noble pour y être admis.

Ce fut seulement au quatorzième siècle que les chapitres commencèrent à se limiter à un nombre de chanoines capitulaires, afin d'opposer une digue aux pressantes sollicitations des papes et des princes, ainsi qu'à la répartition, au partage des prébendes que les évêques se permettaient au profit de leurs protégés. Telle fut l'origine des *capitula clausa*, ou *chapitres clos*, composés d'un nombre de membres déterminé, bien que dans tous les chapitres il ne se trouvât pas toujours en proportion exacte avec leur origine et leurs biens.

Avant la sécularisation opérée en Allemagne, en vertu du recez de l'Empire de 1803, les *archichapitres* de Mayence, Trèves, Cologne, Salzbourg, Bamberg, Wurzbourg, Worms, Eichstædt, Spire, Constance, Augsbourg, Hildesheim, Paderborn, Freysingen, Ratisbonne, Passau, Trente, Brixen, Bâle, Munster, Osnabruck, Liége, Lubeck et Coire, de même que les prévôtés d'Ellwangen, de Berchtesgaden, etc., les abbayes-princières de Fulda, Corvei, Kempten, etc., exerçaient le droit de souveraineté, et avaient voix à la diète de l'Empire. C'est pourquoi on les appelait *chapitres immédiats*, et on les considérait comme égaux à des principautés. Lors de la réformation, on laissa subsister l'organisation des chapitres de cathédrales et même celle des archichapitres d'Allemagne dont les membres embrassèrent le protestantisme. L'intervention du pape et des princes catholiques qui espéraient toujours voir rentrer dans le sein de l'église ces chapitres apostats, leur assura même, aux termes de la paix de Westphalie, la jouissance de leurs biens et de leurs privilèges, à l'exception de la dignité épiscopale, incompatible avec la confession évangélique, à l'exception aussi de la souveraineté politique, qui passa aux princes protestants. Il n'y eut que l'évêché complétement protestant de Lubeck, le chapitre d'Osnabruck, composé par moitié de catholiques et de protestants, et un prince protestant de la maison de Hanovre, qui conservèrent l'élection épiscopale et le droit d'État immédiat de l'Empire. Mais aujourd'hui tous les chapitres d'Allemagne sont *médiats*, c'est-à-dire soumis, en ce qui touche les affaires civiles et les affaires de chapitre, à la souveraineté des princes dans le territoire desquels sont situés leurs domaines.

En France, la constitution civile du clergé avait supprimé les chapitres de cathédrales ; le concordat de 1802 les a rétablis pour la splendeur du culte et pour le gouvernement des diocèses pendant la vacance du siége épiscopal. Ils sont moins riches qu'autrefois, mais ils n'en sont que plus utiles, plus respectables. Quant aux chapitres des collégiales, hors celui de Saint-Denis, ils ont été tous supprimés par la révolution française de 1789, et personne ne s'en est plaint.

CHAPMESSAHIS, ou les *bons disciples du Messie*, secte de musulmans qui reconnaît la divinité et la mission de Jésus-Christ.

CHAPON, de la basse latinité *caput* ou *capo*, jeune coq ou poulet mâle que l'on engraisse après l'avoir châtré ou *chaponné* (*voyez* CASTRATION), opération qui facilite l'embonpoint et rend sa chair plus délicate. Il faut choisir, pour les *chaponner*, des poulets qui aient moins de trois mois ; l'époque la plus favorable à cette opération est le mois de mai dans nos provinces méridionales, et le mois de juin dans celles du nord. Les meilleurs chapons sont ceux du Mans. « Les malheureuses victimes de la sensualité de l'homme, dit l'abbé Rozier, n'ont pas, dans cet état, essuyé tous les maux qu'il leur prépare, il faut encore qu'il change l'ordre de la nature et qu'il les charge du soin d'élever les poussins. A cet effet, il choisit les chapons les plus vigoureux, leur plume le ventre, frotte la partie piquée avec des orties, enivre l'animal avec du pain trempé dans le vin, et après avoir réitéré cette opération pendant deux ou trois jours de suite, il met l'animal sous une cage avec deux ou trois poulets un peu grands : ces poulets, lui passant sous le ventre, adoucissent la cuisson de ses piqûres, et ce soulagement l'habitue à les recevoir. Bientôt il s'y attache, les aime, les conduit ; alors on lui en donne un plus grand nombre sur lesquels il veille plus longtemps que la mère n'aurait fait. »

Il paraît que l'usage de châtrer les coqs pour les engraisser existe depuis bien longtemps, et que cette opération fut inventée par les habitants de l'île de Délos, puisque les anciens désignaient sous le nom de *déliaques* ceux qui étaient chargés de la pratiquer. Il est parlé aussi dans le *Deutéronome* de poulets chaponnés par le frottement, par le feu ou par l'extraction des parties génitales. Les Romains pratiquaient sur les poules une opération semblable, laquelle consistait, au rapport de Columelle, dans l'extraction des ergots que l'on brûlait jusqu'au vif avec un fer chaud, après quoi on les frottait avec de la terre à potier. On les engraissait ensuite plus facilement, et il y en avait qui pesaient jusqu'à seize livres.

Le mot *chapon* entre dans plusieurs façons de parler adverbiales. On dit, par exemple, *Qui chapon mange, chapon lui vient*, pour dire que le bien vient plutôt dans la maison de ceux qui en ont déjà que chez ceux qui n'en ont point. On dit aussi d'une terre usurpée par quelqu'un, que ce n'est pas celui auquel elle appartient *qui en mange les chapons*. On appelait aussi autrefois *deux chapons de rente* deux personnes ou deux choses de taille différente ou d'inégale valeur, parce que sur les deux chapons que fournissait celui qui était assujetti à cette rente il y en avait presque toujours un gras et un maigre. On a dit aussi d'un homme sujet à dérober qu'il avait les mains *faites en chapon rôti*, c'està-dire crochues. On donne quelquefois aussi par ironie le nom de *chapon* à l'homme qui par son manque de vigueur et d'énergie ressemble à ces heureux animaux,

Exempts du tendre embarras
Qui maigrit l'espèce humaine.

En termes de jurisprudence, on appelait autrefois le *vol du chapon* une pièce de terre autour d'une maison noble dont l'étendue égalait celle que pouvait avoir le vol de cet animal. C'était, avec le manoir, dans le partage des biens, le droit de l'ainé de la famille : *prerogativi juris prædium*. Cette mesure était estimée, suivant la coutume de Paris, à un arpent de 72 verges, c'est-à-dire 1580 pieds ou 316 pas.

Les vignerons appellent aussi *chapons* des sarments de l'année qu'ils détachent d'un cep pour servir de plant ; cette expression est surtout usitée en Bourgogne ; ailleurs on leur donne le nom de *crossettes*.

Enfin, par métonymie, on appelle *chapon* un morceau de pain frotté d'ail que l'on met quelquefois dans la salade pour aiguiser l'appétit.

CHAPONNIÈRE. *Voyez* CAPONNIÈRE.

CHAPPE D'AUTEROCHE (JEAN), astronome français, né le 2 mars 1722, à Mauriac, en Auvergne, se destina d'abord à l'état ecclésiastique, puis s'appliqua de préférence à l'étude de l'astronomie. Membre de l'Académie des Sciences, il fut chargé en 1761 d'aller observer à Tobolsk le passage de Vénus sur le disque du soleil, et fut assez heureux pour jouir au moment de ses observations d'un ciel pur et serein. A son retour à Paris, il publia son *Voyage fait en Sibérie* en 1761 (2 vol. in-4° avec atlas, Paris, 1768), qui contient une foule de faits instructifs et curieux. Quelques remarques défavorables à la Russie qui se trouvaient dans cet ouvrage provoquèrent de la part de l'impératrice Catherine II et de Schouvalof une réfutation écrite du ton le plus vif, sous le titre de *Antidote ou Examen du mauvais livre superbement imprimé, intitulé : Voyage de l'abbé Chappe* (Amsterdam, 1771).

En 1769, à l'occasion d'une observation analogue à celle qu'il avait été faire, l'Académie des Sciences l'envoya en Californie. Peu après son arrivée dans ce pays, il fut attaqué d'une maladie contagieuse. Les efforts auxquels il se livra durant sa convalescence, pour observer une éclipse de lune, occasionnèrent une rechute, qui le conduisit au tombeau : il mourut à Saint-Lucar, le 1er août 1769, victime de son zèle pour la science. Ses dernières observations ont été publiées par C.-F. Cassini dans le *Voyage en Californie* (Paris, 1772, in-4°).

CHAPPE (CLAUDE), neveu du précédent, inventeur de la télégraphie, né à Brûlon (Sarthe), en 1763, éveilla tout jeune encore l'attention publique par quelques dissertations publiées dans le *Journal de Physique*. C'est dans sa ville natale, chez sa mère, que, réuni à ses quatre frères, il imagina un moyen de correspondre à une certaine distance par signes. Quand il eut réussi à exécuter son plan en grand, il soumit en 1792 à l'Assemblée nationale la description de l'appareil qu'il avait inventé, et qu'il appela *télégraphe*. Ce fut par suite de cette communication qu'en 1793 le gouvernement décréta l'établissement de la première ligne télégraphique. Le chagrin que Chappe éprouva en voyant qu'on cherchait à lui contester l'honneur de cette invention le fit tomber dans une mélancolie profonde, à la suite d'un accès de laquelle il se précipita dans un puits, où il trouva la mort, le 23 janvier 1805.

CHAPPE (IGNACE-URBAIN-JEAN), né à Rouen, en 1760. Après la mort de son frère, il le remplaça dans la direction du télégraphe, place qu'il perdit sous l'administration de M. de Villèle. Il mourut aussi à Paris, le 26 janvier 1829 ; il a publié une excellente *Histoire de la Télégraphie* (Paris, 1824, 2 vol.).

CHAPTAL (JEAN-ANTOINE), comte *de Chanteloup*, membre de l'Institut (Académie des Sciences), pair de France, membre du conseil général des hospices, etc., né le 5 juin 1756, à Nozaret, département de la Lozère, mort à Paris, le 29 juillet 1832, fut destiné par ses parents à la profession de médecin. Cependant, ses premières études furent plus littéraires que scientifiques. L'écolier devint bientôt l'objet de l'affection et des soins particuliers de ses professeurs ; il sut s'en rendre digne par des progrès rapides et de précieuses qualités morales, qui n'excluaient pas la bruyante vivacité de son âge. Lorsqu'il fut temps de commencer son instruction médicale, le jeune étudiant ne perdit pas le goût des succès littéraires, et parmi les diverses connaissances dont il devait se munir, la balance pencha fortement du côté de la chimie et de l'histoire naturelle ; mais enfin rien ne fut négligé.

Le futur médecin fut dirigé dans ses débuts par un guide très-habile : c'était un de ses oncles, médecin à Montpellier, où depuis un demi-siècle ses succès inspiraient aux malades une confiance sans réserve. Les nouvelles occupations du jeune Chaptal ne lui firent pas négliger la chimie ; tous ses loisirs étaient consacrés à cette science de prédilection ; il en parlait avec un enthousiasme que ses auditeurs ne pouvaient s'empêcher de partager, avec une lucidité, une justesse d'expression qui, sans qu'il le soupçonnât, répandaient autour de lui des connaissances dont il ne faisait encore provision que pour lui seul. Mais plus il apprenait, plus il éprouvait le besoin d'apprendre encore davantage, et pour le satisfaire il vint à Paris. Des séductions dont il ne se doutait pas faillirent enlever le jeune savant aux études qui étaient le but de son séjour dans la capitale ; la littérature fut sur le point de triompher de la chimie, fortement assistée comme elle l'était par l'abbé Delille, Roucher, Fontanes, et même Cabanis, qui n'était cependant étranger à aucune des sciences médicales. Heureusement, une chaire de chimie fut instituée à Montpellier par les états de Languedoc ; Chaptal fut nommé professeur, et, touché de la confiance que ses compatriotes lui témoignaient, il revint à Montpellier, où son auditoire fut nombreux. Bientôt après il goûta les douceurs d'une union conjugale qui fixa dans ses foyers le bonheur de la vie privée. Ses disciples avaient exprimé le désir que les leçons du professeur fussent imprimées ; les *Éléments de Chimie* ne tardèrent pas à paraître, et furent promptement répandus en France, adoptés et traduits par nos voisins. Dès cette époque, Chaptal s'attacha spécialement à diriger les sciences vers leurs applications, et l'influence de son enseignement fut assez remarquable pour que l'administration publique crût devoir récompenser des efforts couronnés par d'aussi grands succès. La décoration de Saint-Michel était alors décernée au mérite industriel ; on y joignit pour Chaptal des titres de noblesse, et il n'avait que trente ans lorsque ces honneurs non sollicités venaient le trouver au milieu de ses travaux scientifiques.

L'oncle du professeur, cet appui de sa jeunesse, ce témoin de ses premiers essais, fut enlevé à une population qui l'avait surnommé *le guérisseur* : il laissait toute sa fortune à son neveu, qui se vit ainsi possesseur de plus de cent mille écus, et en état de fortifier l'enseignement des arts chimiques en joignant l'exemple au précepte. Chaptal éleva des manufactures de produits chimiques, dont l'industrie française était encore mal pourvue. Cependant, la révolution approchait, et dès qu'elle fut déclarée, on dut s'attendre à ce qu'elle produirait chez un peuple comprimé depuis longtemps, et qui ne se pique point de modération. On ne sait que trop jusqu'à quel degré de violence il avait été poussé en 1792 et l'année suivante; des Français très-dignes d'estime avaient cherché un asile hors de leur patrie : Chaptal ne les imita point, quoiqu'il reçut à la fois les pressantes invitations de trois états, l'Espagne, le royaume de Naples et les États-Unis d'Amérique. Le sage Washington lui écrivit avec une cordialité qui honore également les sentiments de l'homme et les pensées du chef d'une grande république. La reine de Naples ne dédaigna point d'écrire elle-même au professeur de chimie, et l'Espagne promettait de se charger de tous les frais d'établissement de nouvelles manufactures, offrait au savant français un traitement aussi avantageux qu'honorable, etc.; mais le citoyen ne fut pas ébranlé; il voulut partager les souffrances et les périls de sa patrie. Appelé à Paris en 1793 par le comité de salut public, il partagea les travaux de Berthollet, Monge, Guyton-Morveaux, etc., et cette réunion d'hommes éminents opéra des prodiges : dans l'espace de quelques mois, les arsenaux, qui étaient presque vides, furent abondamment pourvus d'armes et de munitions de guerre.

Tandis que l'on préparait ainsi les moyens de résister aux ennemis du dehors, la république française s'organisait et fondait ses institutions. L'École Polytechnique assura la propagation des connaissances qui avaient contribué si efficacement au salut de la patrie, à la conservation de l'indépendance nationale; l'Institut remplaça les anciennes académies; la place de Chaptal ne pouvait plus être hors de Paris : il vint s'y fixer en 1798. Bientôt de nouvelles manufactures de produits chimiques s'élevèrent par ses soins près de la capitale, tandis que le frêle édifice de la république tombait en ruine. Bonaparte, maître de la France sous le nom de consul, voulut attacher Chaptal à sa fortune en le rendant encore plus utile à son pays; il l'appela d'abord au conseil d'État, puis il lui confia le ministère de l'intérieur. Mais l'homme qui convenait au premier consul pouvait n'être pas aussi propre à seconder les vues de l'empereur Napoléon : le ministre de l'intérieur fut remplacé en 1804, nommé sénateur, puis trésorier du sénat. A cette époque Chaptal avait déjà publié ses deux plus grands ouvrages, la *Chimie appliquée aux Arts*, et le *Traité de la Culture de la Vigne, de la Fabrication du Vin*, etc.; une nouvelle édition de ses *Éléments de Chimie* avait été mise au niveau des acquisitions que la science avait faites, et l'*Art de faire le Vin* répandait une instruction que malheureusement on s'est peu hâté de mettre en pratique. Ces importantes publications furent appréciées et convenablement récompensées à l'époque de la distribution des prix décennaux. Mais la fortune allait abandonner Napoléon; le vainqueur de la Moskowa ne put se défendre dans les plaines de la Champagne; l'empire disparut, un nouveau trône s'éleva. Chaptal ne fut pas du nombre des sénateurs admis dans la chambre des pairs, renouvelée de l'ancienne monarchie.

Les fautes du gouvernement royal ayant amené l'épisode des Cent Jours, quelques hommes condamnés précédemment à une retraite qui ne leur était nullement pénible furent ramenés malgré eux sur la scène politique; Chaptal fut de ce nombre : on sait qu'il fut bientôt rendu aux sciences et aux arts. Mais plusieurs parties de l'administration publique avaient fréquemment besoin de ses lumières; on se lassa de tenir à l'écart ce flambeau dont on ne pouvait se passer; la cour et le ministère furent d'accord pour sacrifier quelques répugnances, et le savant, toujours prêt dès qu'il s'agissait de faire du bien, se chargea volontiers de celui qu'on lui permettrait de faire. Sa complaisance fut reconnue par une nomination à la chambre des pairs. Depuis cette époque (1819) jusqu'à la fin de sa carrière l'uniformité de sa vie fut l'image de son caractère, de la paix intérieure dont il jouissait pleinement. La révolution de 1830 ne pouvait le troubler; l'avenir de sa patrie s'embellit à ses yeux; il put se livrer encore à des espérances qu'il croyait tout à fait perdues. C'est au milieu de ces consolations d'une âme pure que sa vie s'est terminée. Heureux dans sa jeunesse, à la maturité de son âge, à l'époque de sa vieillesse, il le fut encore à sa mort : on citerait difficilement une vie plus remplie de bonheur que celle de Chaptal. FERRY.

CHAR. Les chars, considérés comme voitures d'apparat, de représentation, ou de simple convenance, à l'usage des chefs de nation et de leur famille, datent de la formation des premières sociétés politiques. Les uns en attribuent l'invention à Érichtonius, roi d'Athènes, que ses jambes torses empêchaient d'aller à pied; d'autres à Tlépolème ou à Trochilus; quelques-uns en font honneur à Pallas. Quoi qu'il en soit, il est constant que l'usage des chars est fort ancien. La *Genèse* nous apprend que l'on se servait de ces voitures en Égypte dès le temps de Joseph. Les Grecs appelaient les chars et les chariots ἄρμα, ἄμαξα; les Latins *currus* et *carrus*, qui paraissent des noms génériques. Le *currus*, qui répondait à ce que nous avons successivement appelé *char*, *chariot*, *carrosse*, *calèche*, et à toute voiture roulante qui sert à voyager, se divisait en plusieurs espèces, qui avaient chez les Latins les noms de *biges*, *triges*, ou *quadriges*, suivant le nombre de chevaux dont ils étaient attelés; les *biges* étaient à deux chevaux, les *triges* à trois, les *quadriges* à quatre. Il y avait encore des chars à six chevaux de front, qu'on appelait *sejuges*; ou à sept, qu'on nommait *septijuges*; et même à dix chevaux de front; mais tous ces chars à six, à sept, à dix chevaux de front, n'ont guère servi, à ce que croit dom Bernard de Montfaucon, que pour les cirques et pour les triomphes. On appelait *birotum* ou *birota* un char à deux roues, comme son nom l'indique. Les anciens connaissaient encore d'autres espèces de chars, dont nous ne ferons qu'indiquer les noms, tels que les *thenses*, le *carpente*, le *carruque*, le *pilente*, le *cisium*, le *covinus*, les *essedes*, le *plaustrum*, etc. On peut les ranger tous sous quatre catégories : les chars armés de faulx, *currus falcati*; les chars couverts, *currus arcuati*; les chars de triomphe, *currus triumphales*; et les chars pour la course, ἄρμα chez les Grecs, et *currus* chez les Latins.

Les Scythes connaissaient aussi les chars ou chariots. Outre les chevaux, les ânes, les mulets et les bœufs, les anciens employaient d'autres animaux à tirer ces machines roulantes. Nous y voyons des éléphants dans plusieurs médailles, tantôt deux, tantôt quatre. On y attelait aussi des chameaux; cela s'est fait plusieurs fois à Rome, quoiqu'il n'en reste plus de monument. Les bêtes féroces étaient encore employées à cet usage. Marc-Antoine, au rapport de Pline, et Héliogabale, selon Lampridius, se servaient tous deux de lions. On y attelait enfin des tigres, des sangliers et d'autres animaux.

La forme des chars a dû varier selon les pays et les époques. Le char que montait Tullie, épouse du dernier des Tarquins, et qu'elle fit passer sur le corps de son père, qu'elle venait de faire assassiner, n'était sans doute qu'un chariot grossier comparé au char de triomphe de Camille ou de Scipion, et les chars de ces héros républicains devaient être moins fastueux, moins élégants que ceux des empereurs. Quand Rome fut descendue du trône du monde au dernier degré de prostitution morale et politique, les chants et les solennités de la victoire avaient cessé. Les *chars triomphaux* de Camille, de Scipion, de Paul-Émile, ne devaient plus reparaître sur la voie du Capitole. Les chars des empereurs n'étaient que les théâtres ambulants de la plus hideuse débauche. Montaigne, après avoir parlé des chars employés à la guerre comme moyens d'attaque et de défense, et des chars des rois de France de la première race, décrit, avec l'accent d'une naïve et juste indignation, les chars de Marc-Antoine et des dignes successeurs de Tibère et de Néron. « Marc-Antoine, dit-il, fut le premier qui se fit traîsner à Rome, et une garse ménestrière quand et luy, par des lions attelés à un coche. Héliogabalus en fit depuis autant, se disant Cybèle, la mère des dieux, et aussi par des tigres, contrefaisant le dieu Bacchus. Il attela aussi parfois deux cerfs et une autre fois quatre chiens et encore quatre garses nues, se faisant traîsner par elles en pompe tout nud. L'empereur Firmus se fit traîsner par des autruches de merveilleuse grandeur, de manière qu'il sembloit plus voler que rouler. » L'emploi des chars dans ces révoltantes saturnales était une véritable profanation : jusque alors on ne s'en était servi que pour les triomphes ou pour porter les images des dieux dans les cérémonies religieuses et les effigies des grands citoyens à leurs funérailles, ou pour la marche des consuls, lors de leur entrée en fonctions.

La mythologie avait doté Junon de deux chars, l'un tiré par des paons pour traverser les airs, l'autre attelé de deux chevaux pour assister aux combats. Celui de Mercure était tiré par des béliers, celui de Minerve par des chouettes, celui de Vénus par des colombes, celui d'Apollon par des chevaux ou par des griffons, celui de Diane par des cerfs, celui de Bacchus par des panthères. Le char de Bacchus est encore traîné par des Centaures sur le beau camée gravé par Buonarotti. Le char du soleil est célèbre dans la mythologie. Tout le monde connaît l'aventure de Phaéton, dont le nom a été donné proverbialement à tous les conducteurs de voitures et même à une voiture d'une forme particulière. Les archéologues ont tâché d'expliquer le sens emblématique des chars, si souvent reproduits dans les anciennes médailles, par la différence des attelages. Suivant eux, un char traîné par des chevaux, des lions, ou des éléphants, signifie le triomphe ou l'apothéose des princes. Le char couvert traîné par des mules ne signifie autre chose que leur consécration et l'honneur qu'on leur faisait de porter leur image au cirque. Les chars des dames romaines s'appelaient *basternes*. Nos anciens historiens décorent du nom de char la modeste voiture à bœufs sur laquelle Clotilde s'est transporter de la cour de son oncle Gondebaud, roi de Bourgogne, pour aller épouser Clovis. On appelle encore *chars* les voitures légères et de forme antique qu'on employait autrefois dans les carrousels, les fêtes publiques. C'est aussi le nom de l'immense charrette décorée sur laquelle étaient les Grâces bouchères avec l'Amour et le Temps, dans le cortège du bœuf gras. On donne le même nom à toute grande machine roulante, dans les fêtes et cérémonies publiques. Enfin tout corbillard, si peu qu'il sorte de la modestie, devient un *char*.

Les *courses en chars* étaient un intermède de solennités nationales sous la république, le directoire et même l'empire.

Au théâtre, on appelait *char de gloire* la machine soutenue par des cordes et mue par un contre-poids, sur laquelle se plaçaient les personnages, dieux, déesses, magiciens ou fées, que l'on faisait voyager en l'air.

Les *chars* occupent une grande et honorable place dans les Kermesses et les Ducasses des deux Flandres française et belge, et dans les fameuses processions d'Aix. Ici les divinités de toutes les époques et de toutes les croyances ont chacune leur char et leur cortège. *Le char de la mère-folle* ou de l'infanterie dijonnaise, monument bizarre, chargé d'ornements et d'emblèmes, était attelé de deux chevaux; la *mère-folle* n'était pas assise dans l'intérieur; le char était couvert de tapis entr'ouverts au centre. La mère-folle était assise de côté, les pieds posés sur le marche-pied ; les quatre roues étaient massives et peu élevées.

CHAR A BANCS, voiture dont le nom indique clairement la forme. C'est une espèce de chariot à ressort simple ou même sans ressort, à deux ou trois rangs de banquettes et à quatre roues. C'est la voiture obligée des familles d'artisans aisés et des petits marchands. Un char à bancs suffit à toute une famille. Ils sont moins nombreux à Paris depuis l'établissement des *omnibus*, qui exploitent l'intérieur et les environs de la capitale ; mais ils servent encore à des transports légers et rapides. On se rappelle l'immense *char à bancs* qu'avait fait construire Louis-Philippe pour ses promenades en famille à la campagne, voiture dont il fit faire une copie pour l'offrir à la reine Victoria, qui avait été charmée des douceurs de cet énorme véhicule. Le char à bancs de Louis-Philippe a été vendu, en 1849, avec les autres voitures de sa maison.

CHARADE. C'est une espèce de logogriphe qui consiste dans la simple division d'un mot en deux ou plusieurs parties, suivant l'ordre des syllabes, de manière que chaque partie soit un mot exprimant un sens complet ; et l'on propose alors de deviner le mot entier et ses parties, en définissant successivement chacune des parties et le tout.

Quatre membres font tout mon bien.
Mon dernier vaut mon tout, et mon tout ne vaut rien.

C'est *zéro*, composé de quatre lettres, dont la dernière, o, vaut zéro, qui est le tout, et ce tout ou zéro ne vaut rien. N'est-ce pas gracieux ?... Et celle-ci : — Ma première se sert de ma seconde pour manger mon tout — C'est *chiendent*, et c'est charmant !... Voici quatre petits vers qui réunissent les grâces de la charade au mordant de l'épigramme :

Pradon, pompeusement monté sur mon premier,
Offrait pour mon second son œuvre dramatique.
Mais on prétend que la critique
En retour de ses vers lui donnait mon entier.

Le mot est *chardon*. Pauvre Pradon, victime à la fois de l'épigramme et de la charade ! Aussi, comme il s'en vengeait sur Racine et sur son parterre ! J'ajouterai quelques lignes qui prouveront à mes contemporains qu'ils valent moins que leurs ancêtres, que l'esprit humain se détériore, et que la loi du progrès n'est qu'une chimère. Voici le fait : Le 1er avril 1760 tout Paris fut en émoi. On se cherchait, on s'interrogeait avec inquiétude, on ne se quittait avec douleur ; c'était un deuil général, une calamité publique. Qu'était-ce donc ? C'est que la charade du *Mercure* était introuvable, c'est que les plus habiles s'y brisaient le front ; que d'amours-propres furent froissés, que de vanités durent souffrir ! Avec quelle anxiété n'attendit-on pas le numéro suivant, qui devait livrer ce mot à la curiosité des salons ! Il parut enfin, mais, horreur ! la charade n'avait pas de mot ; c'était un piège, un guet-apens tendu par *Le Mercure* à la bonne foi de ses abonnés. L'indignation fut à son comble : on assure qu'un marquis se déclara le chevalier du public outragé, et se fit tuer en duel par un rédacteur du *Mercure*. Hélas ! que nous sommes loin de cette fraîcheur de sensations et de ce haut sentiment de dignité !
Jules Sandeau.

On cite encore comme un modèle du genre la charade suivante ; elle est adressée à une femme qui avait demandé que l'on composât pour elle une de ces petites pièces :

Mon premier de tout temps excita les dégoûts ;
Mon second est cent fois plus aimable que *vous*.
Quant à mon tout, dont vous êtes l'image,
Tout haut j'en fais l'éloge, et tout bas j'en enrage ;

Le mot est *vertu*, dans lequel se trouvent *ver* et *tu*.

L'école moderne n'a pas dédaigné de cultiver la charade. En voici une qui est attribuée à l'un des chefs du romantisme :

Mon premier, dans une bataille,
Taille
En morceaux bien des fantassins
Sains.
Mon tout dont la lame pointue
Tue,

Parfois fait taire maint brocard
Car
Mou second, s'il craint les blessures
Sûres,
Devient souvent, en se troublant,
Blanc ;
Au rire il impose un relâche
Lâche,
Et se comporte comme un Jean-
Jean.

Le mot est *fer-railleur*.

Avant la révolution, *Le Mercure de France*, comme on vient de le voir, était un vaste dépôt de charades, d'énigmes et de logogriphes. Tous les postereaux de la province se croyaient immortels lorsqu'ils avaient pu faire insérer dans ce recueil ne fût-ce même qu'une charade en deux vers, accompagnée des noms, prénoms, titres, et parfois demeure de l'auteur. Ce n'était pas non plus une médiocre gloire pour les Œdipes provinciaux que d'en avoir les premiers deviné le mot. Aujourd'hui quelques-uns de nos petits journaux littéraires de province insèrent encore des charades, mais on y met moins de prétention, et les auteurs gardent l'anonyme.

La *charade en action* est une sorte de *proverbe* joué à l'impromptu pour amuser une société. Ici, au lieu de définir le mot principal et les mots partiels de la charade, on représente le sens de chacun d'eux par une action ou façon mimique qui doit les faire deviner aux spectateurs. Les *charades en action* étaient à la mode au commencement de ce siècle ; elles fournirent même le sujet d'un vaudeville. On n'en joue plus guère maintenant, même dans les soirées d'artistes. Les gens du monde en sont revenus aux *proverbes* ; ils ont pensé que l'esprit tout fait d'un Théodore Leclercq ou d'un Musset valait bien celui qu'ils tenteraient de faire. Ils n'ont peut-être pas tort. OCHRY.

CHARADJ. Dans la langue arabe ce mot désigne le revenu public en général ; mais en Turquie on l'emploie spécialement pour désigner l'impôt particulier prélevé sur les sujets non mahométans, les *rajas*. Le *charâdj* est de double espèce. L'un consiste en un tribut qu'acquittent la Moldavie et la Valachie ; et le prélèvement s'en opère sur les contribuables uniquement d'après les décisions rendues par les hospodars, les Turcs ne se mêlant en rien dans ces provinces des détails relatifs au recouvrement de l'impôt. La seconde espèce de *chardâdj* consiste en une capitation (*charâdji raïs*) que la Porte prélève directement sur les habitants non mahométans des pays conquis. Les *rajas* assujettis à cette contribution sont divisés en trois classes : 1° ceux qui vivent du travail de leurs mains, et qui payent un sequin par an ; 2° ceux qui jouissent d'une fortune moyenne, et qui payent deux sequins par an ; 3° les riches, c'est-à-dire ceux qui jouissent d'un revenu d'environ 90 piastres par an, et qui payent quatre sequins par an, quelque grande d'ailleurs que puisse être leur fortune.

Tout *raja* de l'un ou l'autre sexe qui atteint l'âge de puberté devient assujetti à la capitation. La détermination de la classe du *charâdj* à laquelle appartenait un contribuable dépendait autrefois du bon plaisir du collecteur de l'impôt (*koldj*), attendu que tout contrôle légal sur les ressources de fortune des particuliers manque en Turquie ; et, par suite de l'absence de registres de l'état civil, la détermination de l'âge des particuliers a lieu par voie d'appréciation individuelle et arbitraire. En raison de la dépréciation de plus en plus grande des monnaies turques, la capitation fut fixée en 1803, pour les trois classes, à 3, 6 et 12 piastres. Par un édit postérieur, de 1834, la fixation et le recouvrement du *charâdj* dans les provinces furent confiés à une commission composée de fonctionnaires de la Porte et de rajas contribuables. Cet édit contient d'ailleurs plusieurs autres dispositions bienfaisantes, ayant pour but de mettre un terme à l'arbitraire, à la cupidité et à la vénalité des fonctionnaires turcs.

CHARANÇON, genre d'insectes coléoptères tétramères. Les anciens entomologistes avaient réuni aux charançons tous les tétramères ayant la tête prolongée antérieurement en une sorte de trompe ou de museau corné, d'où il résulte que ce genre renfermerait aujourd'hui plus de trois mille espèces. Aussi l'a-t-on subdivisé en un grand nombre de coupes génériques, dont la réunion forme une tribu de la grande famille des rhyncophores de Latreille, la même que celle des curculionites de Dejean. Les principales de ces coupes sont les genres *calandre*, *lixe*, *rynchène*, *brachycère*, etc. Dans le genre *charançon*, tel qu'il demeure aujourd'hui circonscrit, il n'existe aucune des espèces que le vulgaire appelle *charançons*, et qui sont les destructeurs des grains (*voyez* CALANDRE).

Les charançons ont les antennes en massue perfoliée, composées de trois articles ; leurs pieds postérieurs sont impropres au saut ; leur trompe est courte, et présente les antennes insérées près de son extrémité. Ce groupe renferme un très-grand nombre d'espèces, qui se trouvent dans la collection de tous les amateurs. Parmi ces espèces, les unes sont remarquables par leur grande taille et l'éclat de leurs couleurs ; tels sont : le *charançon impérial* (*curculio imperialis*), qui est d'un vert doré brillant, avec des lignes élevées, entremêlées de points enfoncés, et qui vient de l'Amérique méridionale ; le *charançon royal* (*curculio regalis*), qui se trouve à Saint-Domingue et à Cuba, n'est pas moins remarquable : il est bleu-verdâtre, avec des bandes cuivreuses ou verdâtres. Parmi les espèces les plus communes aux environs de Paris, nous devons indiquer le *charançon fulvipède* (*curculio fulvipes*), qui est d'un vert brillant, avec des pattes jaunes ; le *charançon quadrille* (*curculio quadritis*), cendré, avec deux points noirs sur chaque élytre et un point blanc intermédiaire ; le *charançon entre-coupé* (*curculio intersectus*), d'Olivier, autre espèce brune, avec le corselet et les élytres marqués de lignes longitudinales de couleur cuivreuse ; etc.

CHARBON. C'est le nom que prend le carbone dans l'état où il se trouve ordinairement comme résidu des substances carbonifères qui ont été soumises à l'action de la chaleur. Suivant l'origine des charbons, on peut les diviser en *charbon animal* (*voyez* NOIR ANIMAL) et en *charbon végétal*, ce dernier, qui, ainsi que son nom l'indique, provient de la combustion des végétaux, se rapporte le *charbon de terre* (*voyez* HOUILLE) ; mais nous ne nous occuperons ici que du *charbon de bois*.

Le moins impur des charbons provenant du bois est toujours un mélange de carbone, de terres diverses, d'alcalis et de sels alcalins et terreux, d'oxydes de fer, de manganèse, etc., d'un peu d'hydrogène, et peut-être, dans beaucoup de cas, d'une quantité encore moindre d'oxygène. La pesanteur spécifique du charbon est extrêmement variable. Elle diffère selon la nature des bois qui l'ont produit, le temps pendant lequel il est resté exposé à l'air, à l'eau, etc. Nous ferons seulement remarquer ici dès l'abord que le poids spécifique dépend beaucoup de l'âge des bois soumis à la carbonisation, et surtout des parties de l'arbre qui ont été carbonisées. Quoi qu'il en soit de plusieurs anomalies observées dans des cas assez rares, la pesanteur du charbon est en général sensiblement proportionnelle à celle du bois dont il provient, si la carbonisation a été régulièrement faite, et surtout si les bois n'y ont été soumis qu'après avoir été ramenés à un degré de dessiccation uniforme.

Le charbon, ainsi que toutes les substances poreuses, a la propriété d'absorber une assez grande quantité de tous les gaz ; mais, pour ce corps, ce n'est pas simplement une action physique dépendant de la nature des pores, car alors tous les gaz seraient absorbés en mêmes quantités, tandis qu'il y a des différences énormes entre les proportions de plusieurs d'entre eux, et en même temps quelques-uns sont altérés dans leur nature. Toutes les variétés de charbon n'absorbent pas également les mêmes gaz ; celui de buis offre ce caractère au plus haut degré. Un volume déterminé de charbon de buis, par exemple, un centimètre cube, absorbe : 90 volumes de gaz ammoniac, 80 d'acide chlorhydrique, 65 d'acide sulfureux, 55 d'acide sulfhydrique, 40 de protoxyde d'azote, 35 d'acide carbonique, 35 de gaz hydrogène carboné, 9,42 d'oxyde de carbone, 7,5 d'azote, 0,75 d'hydrogène.

Pour que l'absorption ait lieu, il faut que le charbon ait été chauffé pour en dégager tous les gaz qu'il renfermait, et refroidi dans du mercure. Les gaz absorbés se dégagent tous à 100 ou 150 degrés centésimaux, l'oxygène et le protoxyde d'azote en produisant une certaine quantité de gaz carbonique, et le dernier en dégageant en outre une partie de son azote. Le diamètre des pores du charbon a une grande influence sur la quantité des gaz absorbés : lorsqu'ils sont très-volumineux, elle est beaucoup moindre ; à une température au-dessus de 150°, et dans le vide, tout le gaz absorbé se dégage.

Cette propriété, qui semblerait au premier abord n'avoir d'intérêt que sous le rapport scientifique, en offre un très-grand sous le point de vue de ses applications : elle offre le moyen de purifier un grand nombre de corps, et d'en conserver d'autres qu'il est important de préserver de diverses altérations auxquelles ils seraient exposés ; nous ne citerons que trois exemples : c'est sur elle qu'est fondée la purification de l'eau que l'on emploie pour les usages domestiques ; et dans les voyages de long cours, on peut garder de l'eau potable pendant un temps indéfini, et c'est là sans contredit l'une des plus utiles applications que l'on en ait jamais faites. On peut aussi désinfecter instantanément des matières en décomposition putride par le moyen du charbon, telle est l'action du noir animal.

Lowitz, chimiste russe, avait remarqué que le charbon enlevait leur odeur à un certain nombre de corps : on appliqua bientôt cette observation à la purification de l'eau ; plusieurs établissements se formèrent sur ce procédé, et maintenant la capitale est abondamment fournie d'eau clarifiée par le moyen des *filtres-charbons* (*voyez* FILTRE). Berthollet avait proposé de conserver l'eau sans altération en la renfermant dans des tonneaux charbonnés dans leur intérieur. On a conservé pendant plus de quinze ans à l'École Polytechnique un tonneau semblable, rempli de ce liquide, qui n'avait pas éprouvé d'altération, tandis que dans des tonneaux ordinaires, l'eau prend après quelques mois un goût et une odeur dont la nécessité la plus pressante peut seule faire surmonter la répugnance. En charbonnant leur intérieur les tonneaux destinés à l'approvisionnement des navires, on est parvenu à éviter cet inconvénient. On a substitué depuis à ce procédé l'emploi des caisses en fer (*voyez* CAISSE A EAU).

Il n'est personne qui n'ait remarqué que quand, ce qui arrive fréquemment l'été, le pot-au-feu a été préparé avec de la viande un peu avancée, on peut enlever au bouillon toute odeur désagréable en y jetant quelques bûches rouges. La désinfection des substances organiques en décomposition a lieu instantanément lorsqu'on les mêle avec du charbon et particulièrement avec du charbon animal, pourvu qu'il soit dans un état de division convenable ; c'est sur cette action qu'est fondée la préparation d'*engrais* dont l'utilité est si bien appréciée maintenant. Il nous suffira de citer le fait suivant : les vidanges provenant des fosses d'aisances, dont l'odeur est si repoussante, la perdent au moyen du charbon, dans le temps seulement nécessaire pour opérer le mélange, et l'on obtient ainsi une matière facilement transportable, et qui ne développe qu'une légère odeur quand elle est humectée.

Le charbon est très-mauvais conducteur de l'électricité dans son état le plus ordinaire, mais lorsqu'il a été fortement calciné, il devient susceptible de conduire ce fluide avec une extrême facilité : on a mis cette propriété à profit pour garnir le pied des paratonnerres, et les rendre susceptibles de transporter plus facilement dans le sol l'électricité qui les traverse, seule condition qui leur permette de préserver des édifices de la fulguration.

Lorsque le charbon est mis en contact avec l'oxygène ou l'air à une température élevée, il brûle en développant une forte chaleur : son emploi comme combustible est trop généralement connu pour que nous ayons besoin d'insister sur ce caractère. Il ne nous reste plus qu'à donner quelques détails sur la fabrication du charbon de bois.

Comme toutes les substances organiques contiennent des sels qui pour la plus grande partie sont fixes, ils doivent rester dans le charbon, et ce sont eux qui constituent les cendres que ce corps laisse par la combustion. Obtenir la plus grande proportion possible de charbon dans lequel il ne reste pas de matière organisée, tel est le but qu'on se propose dans l'opération importante que l'on pratique dans nos forêts. Pour savoir quelle est la proportion que l'on peut obtenir, il faut d'abord connaître la nature du bois, isolé le plus possible de matière étrangère. Abstraction faite de ces substances, on trouve que le bois parfaitement sec, renferme sur 100 parties, 51 de charbon, et 49 d'oxygène et d'hydrogène. Mais le bois contient toujours de l'eau, dont la proportion varie suivant l'ancienneté de la coupe et l'état de l'atmosphère et du terrain sur lequel il a été placé. Cette quantité s'élève, terme moyen, à 34 pour 100 ; de sorte que le bois dans l'état ordinaire ne renferme en quintal que 39 à 40 de bois sec. Il semblerait d'après cela que l'on pourrait espérer obtenir plus de 40 pour 100 de charbon du bois sec ; mais il n'en est rien, parce que les combinaisons qui se produisent dans la distillation du bois renferment du carbone. Ce n'est que la quantité qui n'a pu entrer dans ces divers composés qui se retrouve après l'opération.

La carbonisation peut être opérée de deux manières tout à fait distinctes, par le procédé des forêts plus ou moins modifié, et par la distillation en vases clos.

Quand le bois exposé à l'action de la chaleur est en contact direct avec l'air, il se consume entièrement et ne donne pas de charbon ; mais si on le préserve autant que possible de cette action, il donnera d'autant plus de charbon que l'air aura moins réagi sur lui ; c'est là tout le but de l'opération que les charbonniers pratiquent journellement dans les forêts. L'assemblage du bois destiné à la carbonisation porte le nom de *fourneau*. Voici de quelle manière on le prépare : sur un plan assez horizontal, qui doit être battu, on enfonce une forte bûche qui a été taillée en pointe à l'une de ses extrémités, et fendue en quatre de l'autre. On place dans cette portion deux bûches, qui se croisent, et on dispose ensuite quatre autres bûches qui, légèrement inclinées, reposent sur le sol par l'une de leurs extrémités, et s'appuient par l'autre sur la bûche verticale ; on arrange symétriquement autour des bûches aussi droites que possible, qui touchent toutes la bûche centrale, et forment les rayons d'un cercle ; les intervalles sont remplis avec de petites bûches ; le tout est assujetti avec des chevilles de bois plantées en terre ; on élève sur ce *plancher* une couche de bûches qui s'inclinent toutes sur la bûche centrale, et forment un cône tronqué, dont la base repose sur le sol. Quand ce premier rang est formé, on plante au centre une nouvelle bûche autour de laquelle on place de petits morceaux de bois, et on arrange un second cône tronqué semblable au premier ; on augmente ensuite le diamètre du plancher, que l'on porte de six à sept mètres environ, et l'on continue la même disposition des deux couches de bois. On remplit tous les interstices avec du petit bois, que les charbonniers appellent *bois de chemise*, et ensuite on recouvre toute la masse avec des herbes ou des feuilles de la terre, et si le fourneau est établi sur un point où d'autres aient déjà existé, on se sert du mélange de terre et de poussier qui porte le nom de *frazin*. On enlève alors la bûche que l'on avait plantée dans le second cône, et l'on jette dans l'ouverture quelques morceaux de menu bois bien sec et du charbon enflammé. Quand la flamme paraît à l'ouverture, on recouvre celle-ci avec du gazon ; la flamme se dégage alors par toutes les ouvertures, que le charbonnier doit recouvrir successivement pour éviter une combustion qui occasionnerait de grandes pertes en charbon. Il faut que la distillation se fasse aussi également que possible, et comme l'exposition du fourneau, le vent qui règne, les abris qui peuvent se rencontrer dans les environs, apportent de très-grandes différences dans la marche du fourneau, c'est au charbonnier à diriger son opération de manière que le feu ne gagne pas quelques parties dans lesquelles le charbon se brûlerait, et qui pourraient en outre produire l'affaissement du fourneau d'un seul côté. Quand cela arrive, les charbonniers recouvrent cette partie avec de la terre et du gazon, et pratiquent dans la partie opposée des ouvertures qui donnent issue à la flamme. Il est souvent nécessaire d'abriter le fourneau avec des claies pour éviter l'action du vent, qui pourrait compromettre le fourneau.

Au bout de vingt heures environ, la température est arrivée à peu près au plus haut degré. La masse du fourneau devient peu à peu entièrement rouge. Il faut alors, en commençant par le bas, la recouvrir de terre et de frazin, que l'on unit avec soin au moyen d'une planche attachée après un long bâton. Quand le fourneau a presque entièrement cessé de fumer, on enlève la terre, et on la remplace par une nouvelle que l'on est souvent obligé de remplacer par une ou deux autres, pour refroidir entièrement le charbon, en le privant complètement d'air. Quand le fourneau est entièrement froid, ce qui a lieu ordinairement au bout de quatre jours, on le détruit en retirant le charbon avec des crochets en fer. Deux inconvénients graves se présentent habituellement dans ce procédé : une carbonisation imparfaite, qui donne beaucoup de *fumerons*, c'est-à-dire de bois imparfaitement brûlé, ou la formation d'une grande quantité de cendres. C'est par la conduite bien attentive du feu que le charbonnier peut les éviter en grande partie ; mais il est impossible qu'ils n'existent pas toujours.

On conçoit sans peine que, dans le procédé que nous venons d'exposer, on ne peut obtenir tout le charbon que serait susceptible de fournir le bois ; parce que l'air nécessaire pour la carbonisation brûle nécessairement une portion plus ou moins grande du charbon produit. On peut cependant en augmenter la quantité d'une manière extrêmement sensible, en diminuant autant que possible l'accès de l'air sur le fourneau. On y parvient en construisant des abris formés de claies garnies de terre, qui servent à entourer le fourneau, et que l'on recouvre avec des planches dans lesquelles on laisse deux ouvertures que l'on peut ouvrir à volonté pour donner un passage à la fumée au commencement de l'opération. On peut même, à l'aide de tuyaux convenables, recueillir une portion des produits volatils qui se perdent entièrement dans le procédé des forêts, et que l'on rassemble au contraire dans le procédé chimique. Faisons seulement remarquer combien est avantageux, sous le rapport de la quantité de charbon, ce procédé si simple, et que l'on s'étonne de ne pas voir pratiquer plus habituellement. Dans les forêts, on obtient de 16 à 18 au plus de charbon pour 100 de bois : dans le procédé des abris, la quantité s'élève presque à 24, et, si les localités rendent avantageuse la préparation de l'acide pyroligneux, on peut en recueillir environ 20 pour 100 à 4 degrés de cette quantité de bois.

Le procédé de carbonisation des forêts a été modifié, il est vrai, de manière à obtenir une plus grande proportion de charbon. Ce procédé, suivi dans quelques parties des Alpes, est exécuté depuis un assez grand nombre d'années en Styrie, où il procure de grands avantages. La modification consiste à former une cheminée intérieure, au moyen de plusieurs bûches, à faire reposer le plancher sur des morceaux de bois qui l'élèvent, à fermer complètement la partie inférieure avec la terre dans laquelle on pratique des ouvertures convenables pour diriger le feu ; et à faire brûler la masse en partant de la partie supérieure, en la faisant descendre successivement jusqu'à la partie inférieure, et recouvrant successivement les parties qui sont convenablement carbonisées pour propager du haut en bas l'action de la chaleur.

Si du bois est renfermé dans un vase clos, qui porte un conduit au moyen duquel on puisse recueillir les produits dégagés par la distillation, on obtient, par l'action de la chaleur, du charbon qui reste dans le vase et des produits liquides et gazeux qui sont conduits dans des appareils convenables. Ces produits liquides sont de l'eau, du vinaigre et de l'huile plus ou moins épaisse, et les gaz, de l'acide carbonique et beaucoup d'oxyde de carbone et d'hydrogène carboné. Les produits liquides étant réunis, l'huile se rassemble peu à peu au fond, et le liquide surnageant renferme l'eau et l'acide acétique, qui retient une petite quantité d'huile ou goudron qui lui donne une odeur infecte. Les gaz peuvent être perdus, mais on en tire facilement un produit avantageux en les conduisant dans le fourneau, où ils se brûlent et développent une quantité de chaleur considérable, qui sert à la carbonisation du bois. La matière grasse ou goudron sert à divers usages, différents de ceux pour lesquels on emploie le goudron des bois résineux ; son odeur est forte et désagréable ; il donne, quand on le chauffe, une huile essentielle très-pénétrante. Lorsqu'il est solide, il sert à fabriquer, en y mêlant du sable, d'excellent mastic pour les constructions sous l'eau. L'acide contenant du goudron ne peut être employé directement ; une série d'opérations assez compliquées est nécessaire pour le purifier.

Plusieurs grands établissements se sont formés pour la carbonisation par ce procédé. Les appareils employés pour ce but sont plus ou moins compliqués : les plus simples consistent en une fosse creusée dans la terre, dans laquelle on réunit le bois, et munie de conduits en terre, qui portent les produits de la distillation dans des réservoirs destinés à les recueillir. La fosse est fermée par un couvercle en tôle, que l'on garnit de terre pour produire la fermeture la plus exacte possible. Ces appareils, très-peu coûteux, ne permettent pas de recueillir autant de produits que ceux que nous allons décrire, et l'acide que l'on obtient est beaucoup moins fort. D'autres appareils consistent en de vastes fourneaux cylindriques en briques, dans lesquels on fait brûler une portion de bois de moindre qualité, qui sert à élever la température de cylindres en tôle remplis de bois qu'on veut carboniser. Un conduit latéral s'ajuste avec un appareil dans lequel la vapeur s'est condensée par une masse d'eau froide qui en enveloppe. On ne commence à les recueillir qu'alors que l'eau que renfermait le bois est dégagée, on obtient un acide beaucoup plus fort, dont on ne perd aucune partie. Les cylindres, enlevés par une grue, sont retirés tout rouges de leurs creusets, l'ouverture du conduit est bouchée avec soin, et un nouveau cylindre vient remplacer celui qui a été enlevé. Beaucoup plus dispendieux que les premiers, ces appareils donnent des produits plus purs et en plus grande quantité ; mais le capital employé à leur construction et à leur entretien est tellement élevé que l'exploitant n'y peut trouver aucun avantage.

Nous ne parlerons pas des autres appareils imaginés dans le même but. Bornons-nous à dire en finissant que si le charbon obtenu par les procédés chimiques offre l'avantage de ne jamais contenir de fumerons, en revanche il brûle beaucoup plus facilement que le charbon produit par le procédé ordinaire, et que si les appareils dans lesquels on l'emploie ne sont pas disposés de manière à profiter de la plus grande quantité possible de la chaleur, il est réellement moins économique que le charbon ordinaire.

Pour la confection de la poudre, le charbon doit être préparé d'une manière particulière. H. GAULTIER DE CLAUBRY.

CHARBON (*Pathologie*). On donne ce nom (en latin *carbunculus, anthrax*) à une espèce de tumeur inflammatoire, de nature essentiellement gangréneuse. On distingue le *charbon* en *bénin* et *malin* : le premier n'est qu'une modification, une extension du furoncle (*voyez* ANTHRAX), et la mortification des parties n'est alors que le résultat de leur étranglement ; tandis que dans le charbon malin, c'est le principe même de la maladie qui produit la gangrène. On donne aussi le nom de *charbon* à des tumeurs gangréneuses qui se développent chez les individus atteints de la peste ; enfin, on a désigné sous le nom de *charbon des enfants* une affection gangréneuse de la bouche, qui diffère du charbon proprement dit. Nous ne traiterons ici que du *charbon malin* local, essentiel, pour ainsi dire, de celui qui se communique par contagion des animaux à l'homme. Ainsi déterminée, cette maladie présente encore quelque vague, car certains auteurs décrivent à part le *charbon* et la *pustule maligne*, que plusieurs modernes, à l'opinion desquels nous nous associons, considèrent comme une seule et même affection, à cela près de quelques différences de formes, que nous allons établir.

Le *charbon* se manifeste d'abord par une petite tumeur, circonscrite, dure et très-douloureuse, livide et noire au centre, d'un rouge vif à la circonférence. Il se forme à la superficie une ou plusieurs vésicules remplies d'une humeur roussâtre ; la tumeur augmente et s'étend avec rapidité, détruisant la peau, le tissu cellulaire, les muscles, etc. Chez quelques individus, l'affection reste locale et ne détermine point de symptômes généraux ; mais le plus souvent les malades tombent dans un état adynamique semblable au typhus, et succombent plus ou moins promptement, à très-peu d'exceptions près. Dans la *pustule maligne*, le malade éprouve d'abord sur le point où s'est fait l'inoculation une démangeaison, un picotement plus ou moins vifs, sans tumeur ni rougeur ; il se forme bientôt une petite vésicule qui grossit, se remplit d'un liquide brunâtre, et que le malade déchire en se grattant ; puis il se développe en cet endroit, et dans l'épaisseur de la peau, un petit tubercule, du volume d'une lentille, dur, circonscrit, d'aspect livide, qui devient le siège de vives démangeaisons, de chaleur et de cuissons douloureuses ; alors la peau s'engorge, devient rouge, tendue, et forme une aréole inflammatoire autour du noyau central, aréole qui se couvre à son tour de phlyctènes roussâtres, tandis que la tumeur primitive se mortifie et s'étend aux dépens des tissus circonvoisins. Enfin, comme dans le charbon proprement dit, surviennent les symptômes généraux d'adynamie, et le malade succombe en proie à la décomposition gangréneuse. A l'ouverture des corps, outre les ravages extérieurs opérés par les tumeurs charbonneuses, on rencontre dans les viscères des taches et des tumeurs de même nature ; le sang paraît avoir subi un commencement de décomposition et se putréfie promptement.

Le charbon, avons-nous dit, se communique par contagion des animaux à l'homme ; il n'existe donc de causes générales que pour les animaux ; elles sont du ressort de la médecine vétérinaire, et, pour la plupart, offrent la plus grande analogie avec celles qui chez l'homme donnent lieu au développement des maladies dites *putrides*, et du typhus en particulier : telles sont les agglomérations d'individus, la malpropreté, l'air insalubre, la mauvaise nourriture, etc. Bayle dit pourtant avoir observé dans le département des Basses-Alpes, en 1796, une forme de charbon qu'il croyait se développer spontanément chez l'homme. Qu'il se soit ou non trompé sur l'origine de cette maladie, il n'en est pas moins vrai que le charbon s'observe particulièrement dans les contrées fertiles en bétail, et que les individus que leur profession expose à se trouver fréquemment en contact avec les animaux sont ceux qui s'en trouvent le plus souvent affectés : tel sont les bergers, les laboureurs, les maquignons, les bouchers, les équarrisseurs, etc. Une autre preuve de l'origine par contagion des maladies charbonneuses, c'est qu'elles affectent particulièrement les surfaces découvertes et exposées au contact des objets extérieurs, les mains, les bras, le cou, le visage. Enfin, l'observation journalière et les expériences directes constatent ce mode de transmission. Il est à remarquer que l'on peut manger impunément la chair des animaux charbonneux ; les règlements d'hygiène publique font cependant sagement d'en interdire l'usage, car des expériences modernes ont constaté les dangers de l'ingestion du sang de ces animaux. Il paraît que le charbon peut se communiquer d'homme à homme, à la différence de la rage ; qui, dit-on, ne se transmet que des animaux à l'homme. En quoi consiste le principe contagieux du charbon ? C'est ce qu'il est impossible de dire ; mais les expériences de M. Leuret ont constaté que l'introduction d'une portion de matière charbonneuse dans le tissu cellulaire d'un animal, ou la transfusion du sang des animaux charbonneux dans les veines d'un animal sain, donnent lieu au développement des symptômes de la maladie charbonneuse ; ces belles expériences, qui ont servi de base à l'humorisme moderne, ont permis de porter l'analyse dans l'évolution des maladies contagieuses, et ont fait considérer les phénomènes généraux qui suivent le développement des accidents locaux comme le résultat de l'infection générale par résorption de la matière charbonneuse.

Les faits que nous venons d'exposer permettent de poser les bases du traitement rationnel applicable au charbon. Ce traitement se résume en deux préceptes capitaux : 1° neutraliser le venin dans la tumeur charbonneuse elle-même ; 2° combattre les symptômes inflammatoires et autres qui suivent son inoculation. Pour neutraliser ou détruire le principe vénéneux, il faut avoir recours, le plus tôt possible, à la cautérisation, soit avec le fer rouge, ce qui est le plus sûr, soit avec les caustiques liquides, tels que les acides minéraux, le chlorure d'antimoine, etc. On favorise l'action du cautère au moyen d'incisions pratiquées de manière à faciliter sa pénétration. Quelques praticiens ont conseillé l'extirpation de la tumeur charbonneuse ; ce moyen, plus cruel que la cautérisation, est cependant moins efficace. Dans ces derniers temps, on a prétendu que l'emploi des saignées locales suffisait pour faire avorter l'affection charbonneuse ; quelque positifs que soient les faits dont on s'appuie, nous ne nous fierions pas à cette méthode, excellente, du reste, en tant qu'il s'agit de s'opposer au développement des accidents inflammatoires. C'est sous ce dernier point de vue qu'on a recommandé l'emploi de la saignée générale, dont les heureux effets ont encore été attribués à ce qu'elle procure l'évacuation d'une certaine quantité de virus répandu dans le sang. Nous n'insisterons pas davantage sur le traitement général, qui n'est autre que celui dont on fait usage dans les maladies dites *putrides*. Dr FONGET.

CHARBON (*Agriculture*), maladie propre aux semences des plantes graminées qui servent à la nourriture de l'homme et des animaux. La cause longtemps inconnue de cette maladie se rapporte à un cryptogame, appelé *uredo des blés*, qui se présente sous la forme d'une poussière noire, à laquelle les agriculteurs donnent encore le nom de *nielle*. Longtemps confondu avec la carie, le charbon en diffère essentiellement d'après les expériences faites par Tillet et Tessier, qui établissent que sa poudre est inodore, tandis que celle de la carie a une odeur nauséabonde. Le charbon se porte spécialement sur l'avoine, l'orge et le maïs, et attaque peu le blé, qui est au contraire la plante sur laquelle la carie exerce ses ravages avec le plus de fréquence et d'empire ; et quoiqu'il soit vrai de dire que la carie est plus abondante dans les lieux humides qu'ailleurs, cette vérité est beaucoup plus applicable au charbon, qui est une sorte de fléau dans les lieux humides, où il se jette quelquefois, non-seulement sur des plaines entières d'avoine et autres graminées cultivées, comme l'orge, le millet, le panis et le sorgho, mais encore sur beaucoup de plantes graminées sauvages, dont il détruit également les semences, tout en attaquant leurs tiges et leurs feuilles, qu'il fatigue moins, à la vérité, que celles des graminées cultivées. Mais la plante à laquelle il fait le plus de mal dans les terres froides, humides et malsaines, est l'avoine. Tessier a fait la remarque que plus la semence de l'orge est enterrée profondément, plus cette plante est accablée par le charbon. Ce savant, l'un des hommes qui ont répandu le plus de lumières sur les maladies des grains, conseille le chaulage pour préserver les plantes du charbon, comme on le pratique pour les préserver de la carie. Ajoutons que le charbon se développera d'autant moins que l'avoine et les autres plantes qu'il attaque seront cultivées dans des terres chaudes, saines et substantielles, et qu'ainsi il doit disparaître en raison directe des progrès de l'agriculture.

Quant au charbon des prairies naturelles, qui se remarque dans un grand nombre de graminées, et surtout dans le fromental (*avena elatior*), et dans les *avena canescens* et *flavescens*, qui croissent à côté du fromental et entrent dans la base des meilleures prairies, quoiqu'il paraisse mal à propos, et au premier coup d'œil, peu nuisible, c'est un indice que la prairie repose sur un sol trop froid. Non-seulement alors, pour faire cesser le charbon sur ces plantes sauvages, mais encore pour améliorer la totalité des autres herbes qui composent la prairie, il faut, selon les circonstances, procéder à l'écoulement des eaux stationnaires et superflues, ou échauffer le sol par des amendements et des substances salines appropriées à la qualité de la terre sur laquelle cette prairie est établie. C. TOLLARD aîné.

CHARBON DE PARIS. On désigne sous ce nom le produit d'une nouvelle industrie. Par une combustion sans courant d'air, on réduit en poussier carbonique impalpable les plus minces tiges des arbres, des arbustes, des bruyères, des plantes annuelles, etc. Un mélange de ce poussier avec du goudron ou du bitume, est façonné, pressé sous forme de prismes ou de cylindres; puis assez chauffé pour vaporiser tout ce qui n'est pas carbone dans ce bitume auxiliaire. L'opération terminée, il ne reste plus qu'un charbon végétal artificiel, admirable de pureté. Lorsqu'on le brûle, il se maintient au même état d'incandescence depuis son centre jusqu'à sa surface. Ce charbon, il est vrai, n'est pas propre à élever rapidement les corps à une haute température; mais, comme il brûle très-lentement, il leur conserve pendant longtemps la chaleur qu'ils ont précédemment acquise.

CHARBONNERIE. Voyez CARBONARI.

CHARBONNIÈRE. Deux espèces d'oiseaux du genre des mésanges ont reçu ce nom, la *mésange charbonnière* (*parus major*), et la *mésange petite charbonnière* (*parus ater*). Outre qu'elles diffèrent par la taille, ces deux espèces diffèrent aussi par la disposition de leurs couleurs. La première, qui est la plus grande du genre, se trouve par toute l'Europe septentrionale et tempérée, dans les bois, les vergers et les taillis. Elle est de couleur olivâtre sur le dos, jaune dessous, avec la tête noire et une bande longitudinale de même couleur sur la poitrine. Sa longueur totale, c'est-à-dire du bout de la queue à l'extrémité du bec, est de quinze centimètres. Cette mésange fait son nid près de terre; la femelle y dépose huit, dix et jusqu'à douze et quatorze œufs, qu'elle ne couve que peu de temps. Les petits quittent le nid quinze jours environ après être éclos. Quand ces oiseaux font choix d'un trou pour nicher, ils y viennent tous les soirs; si on les inquiète avec quelque instrument, une baguette par exemple, ils font entendre un petit sifflement, dont les enfants sont souvent épouvantés, parce qu'ils le prennent pour celui d'un serpent.

La mésange petite charbonnière n'a guère que onze centimètres de long; sa couleur est cendrée et non olivâtre en dessus, blanchâtre au lieu de jaune en dessous. Cette espèce se tient dans les bois et préférablement dans les bois d'arbres verts; la femelle pond huit ou dix œufs au plus.

En termes de chasseurs, *charbonnière* signifie une terre glaise et rouge, contre laquelle le cerfs, les daims et les chevreuils vont frotter leurs bois ou *têtes*, après avoir touché aux arbres. C'est ce qu'on nomme *brunir*, parce qu'en effet la tête prend alors une couleur brune. P. GERVAIS.

CHARBONNIERS. Dans l'ancien régime, où les divers métiers formaient autant de corporations, celle des charbonniers jouissait de priviléges assez remarquables. Lors des mariages, des naissances des princes de la famille royale, une députation des charbonniers était admise à la cour, et venait féliciter le couple heureux, ou haranguer le nouveau-né. Ces jours-là l'étiquette se relâchait de sa rigueur, et la monarchie donnait la main au peuple, représenté par les charbonniers et les dames de la halle, qui partageaient avec eux cet avantage. On pense bien que les discours n'étaient pas de la composition de ceux qui les prononçaient; mais quelquefois ceux qui faisaient parler ces orateurs illettrés reproduisaient assez bien la franchise et l'énergie du langage populaire, en ayant soin seulement d'en modifier un peu l'expression : comme les harangueurs, la harangue était endimanchée.

Un autre privilége des charbonniers et des poissardes était d'occuper par leurs délégués, aux représentations *gratis*, les deux grandes loges de l'avant-scène, dites loges du roi et de la reine. Cette sorte de distinctions aristocratiques accordées à une fraction de la démocratie a disparu devant le niveau de la révolution. La Restauration essaya bien de les ressusciter en partie, en admettant, dans une ou deux circonstances, une députation des charbonniers à lui présenter ses hommages, mais cet antique usage était trop en opposition avec les nouvelles idées pour qu'elles consentissent à l'adopter. OURRY.

Les priviléges des charbonniers dataient peut-être de l'aventure connue de François Ier ou d'Henri IV égaré à la chasse. Du moins la légende faisait-elle donner une leçon à la royauté; car, si les charbonniers allaient au palais féliciter le monarque et l'assurer de leur amour, ils pouvaient lui rappeler le proverbe que *charbonnier est maître chez lui*.

Parmi les charbonniers les uns étaient maîtres créés en titre d'office, et ainsi officiers de ville ; les autres servaient sous eux comme valets, et étaient appelés *plumets* ou *garçons de la pelle*. Sous l'Empire, les *charbonniers* ou *porteurs de charbons* furent réunis en corporation. Le nombre en était limité, eux seuls pouvaient enlever le charbon du bateau; alors le charbonnier vendait sa médaille un bon prix, s'il ne la laissait à quelqu'un de ses enfants. Après la révolution de Juillet, les principes de la liberté de l'industrie durent prévaloir. Les charbonniers perdirent leurs priviléges; leur emploi cessa d'être obligé, et leur médaille n'eut plus qu'une faible valeur.

CHARCUTIER (anciennement *chaircutier*). Ce nom convient évidemment, comme l'indique sa composition (cuiseur de chair), à tous les cuisiniers en général ; cependant il désigne spécialement les marchands qui préparent et vendent en détail de la chair de cochon. Infiniment variés sont les produits qu'ils firent de cet animal immonde dont tout est bon, *depuis les pieds jusqu'à la tête*. Jambon, saucisson, saucisse, pied , hure, hachis, oreille, langue, couenne, fromage de cochon, fromage d'Italie, lard, boudin, petit salé, cotelette, etc., telles sont les diverses pièces qu'offre avec orgueil la charcuterie à la gourmandise.

Le débit de la chair de porc fut longtemps, ainsi que celui des grosses viandes, entre les mains des bouchers, qui la vendaient fraîche ou salée, mais toujours crue. Lorsque les rôtisseurs furent établis en communauté, ils en étalèrent aussi chez eux, mais ils ne la vendaient que rôtie. Enfin quelques aubergistes s'avisèrent de vendre du porc cuit, et de joindre à ce petit commerce celui des saucisses toutes faites. Le débit de ces deux articles les fit nommer *charcuitiers* ou *saucissiers*. Bientôt cette profession devint si lucrative, et il y eut tant de gens qui l'embrassèrent ou la cumulèrent avec la leur, que le parlement se vit obligé de limiter le nombre de ceux qui pouvaient l'exercer. Il l'interdit, par un règlement de 1419, aux chandeliers et aux cornoyeurs, dont le métier n'était pas assez propre pour qu'ils pussent y joindre le commerce des comestibles. Enfin, en 1475, les charcutiers furent réunis en communauté. Par leurs statuts, que confirma un édit du roi, la vente du porc cuit leur fut attribuée; mais cette vente devait cesser pendant le carême, et alors ils pouvaient la remplacer par celle du hareng salé et du poisson de mer. On leur permit en 1513, de vendre du porc frais, comme les bouchers, qui continuèrent à jouir de ce privilége concurremment avec les charcutiers, jusqu'à ce que des lettres patentes de 1705 abandonnassent exclusivement à ces derniers le droit de vendre la chair de porc, quel que fût le degré de préparation qu'elle eût subi.

La communauté des charcutiers, supprimée avec quelques autres corporations vers le milieu du dix-huitième siècle, fut rétablie par un édit du mois d'août 1776. Elle reçut le 26 août 1783 les nouveaux règlements par lesquels elle était gouvernée à l'époque de l'abolition des jurandes et des maîtrises. Aujourd'hui cette profession, sans être limitée comme autrefois, est soumise, dans chaque localité, ainsi que celles des bouchers et des boulangers, à des règlements émanés de l'autorité municipale, et dont le but est de prévenir les falsifications et les fraudes dont l'effet pourrait être nuisible à la santé publique. Ces règlements ont été résumés et complétés par l'ordonnance du 19 décembre 1835.

Du reste les charcutiers ne se bornent plus à préparer pour la consommation simplement la chair et les abats de porc; on trouve chez la plupart d'entre eux un grand nombre de mets froids dont la base est le veau, la volaille et le gibier, et dans lesquels la chair de porc n'entre que comme accessoire.

Plusieurs préparations de la charcuterie pouvant se conserver pendant un espace de temps assez long, entrent dans le commerce et sont transportées au loin. Les entrefaites des Basses-Pyrénées, des Bouches-du-Rhône, du Rhône, du Haut-Rhin, du Bas-Rhin, des Vosges, de la Meuse, de la Moselle, de la Meurthe, de l'Aube, quelques contrées de l'Italie et la Bavière Rhénane, en expédient annuellement à Paris, sept à huit cent mille kilogrammes, et à peu près autant dans les principales villes de France. Il y a même à Paris une foire spéciale pour la charcuterie; elle est bien connue sous le nom de *foire aux jambons* et se tient les mardi, mercredi et jeudi de la semaine sainte; elle est annuellement fréquentée par environ trois cents charcutiers, dont la majeure partie viennent des départements cités plus haut. On y vend près de deux cent mille kilogrammes de charcuterie.

CHARDIN (JEAN), fils d'un riche joaillier de la place Dauphine, à Paris, naquit en cette capitale, le 25 novembre 1643, dans la religion réformée. A peine âgé de vingt-deux ans, déjà très-exercé dans la science commerciale, et fortifié par une éducation libérale extrêmement rare à cette époque dans la classe marchande, il fut envoyé par son père aux Indes orientales, pour des affaires relatives à son négoce. Après avoir traversé la Perse sans s'y arrêter, il s'embarqua à Hormouz, et du golfe Persique se rendit immédiatement à Surate. L'année suivante, il était de retour dans la capitale de la Perse, à Ispahan, où il résida six années entières. Six mois après son arrivée en cette ville, une des plus commerçantes de l'Asie, où trafique le roi lui-même, ses talents artistiques dans l'orfèvrerie et la bijouterie, joints à un certain éclat d'opulence que reflète ordinairement le haut négoce, le firent remarquer des grands de la cour, et surtout du chah, qui le breveta du titre de *marchand du roi*. Dès lors, Chardin fit marcher de front et les affaires et l'étude du persan. A l'aide de la langue vulgaire, qu'il parvint à parler parfaitement, il se livra avec ardeur à de savantes investigations sur les mœurs, les usages, les lois, la statistique, la force, la discipline militaire, le système politique et la forme du gouvernement de ce pays. Investi de la confiance des hauts personnages et vivant dans leur familiarité, il puisa à la source de leurs entretiens la justesse et la vivacité de ses relations, bien que peu exercé dans la langue littéraire, la langue des historiens et des poètes, toute semée des débris du vieil idiome arabe, qu'il ignorait. C'est à cette époque qu'accompagné de Grelot, habile dessinateur, Chardin explora deux fois, en 1666 et en 1667, les merveilleuses ruines de Persépolis, la *maison d'idoles*, comme l'appelle le peuple d'Ispahan.

Toutefois, il tardait à notre voyageur de revoir le doux ciel de la patrie et sa famille, dont il commençait à illustrer le nom. Il quitta donc Ispahan et débarqua en France en 1670. C'était l'époque où Louis XIV préludait à la révocation de l'édit de Nantes par les dragonnades. Chardin, qui, nous l'avons dit, était protestant, reprit le 17 août 1671 la route de l'Asie, muni d'une large pacotille de pierreries mises en œuvre, et bijoux fabriqués sur divers modèles, et dont le chah Abbas II lui-même avait, pour la plupart, fourni les dessins, le tout accompagné d'objets rares et précieux, laissant toutefois à ses concitoyens quelques fruits détachés de ses travaux, une description du couronnement de la Perse Soleïman III, fragment de son *Histoire générale de la Perse*, non encore publiée.

Après dix années de séjour, tant en Perse que dans l'Inde, Chardin se rembarqua pour l'Europe, doubla le cap de Bonne-Espérance, faisant voile vers l'Angleterre, où il prit terre, et de là se rendit à Londres. C'est dans cette ville que, le 14 avril 1681, lui et sa croyance trouvèrent un refuge contre la persécution. L'arrivée de ce voyageur célèbre fut aussitôt signalée à Charles II, le fils de l'infortuné Stuart, et, un peu plus d'une semaine après, il fut décoré par ce prince du titre d'*esquire* (chevalier). Le même jour il donna sa main à une demoiselle rouennaise de sa communion, que l'orage qui grossissait incessamment sur l'Église réformée avait aussi conduite sur les côtes hospitalières d'Albion. C'est dans cette ville que, de Londres, en 1686, que nous dûmes la première partie du *Voyage en Perse* de Chardin. Nommé, par les entrefaites, ministre plénipotentiaire du roi d'Angleterre auprès des États de Hollande, et agent de la compagnie anglaise des Indes orientales, il en suspendit la publication. Ce ne fut qu'en 1711 qu'il mit au jour la relation complète de ses voyages, en deux éditions, dont l'une se compose de 10 volumes in-12, avec 78 planches gravées d'après les dessins de Grelot, qui l'avait quitté à Stamboul. La dernière édition de ce bel ouvrage est de 1811; elle a été faite sous les yeux et par les soins du savant orientaliste Langlès, qui l'a enrichie de notes non moins curieuses qu'indispensables; elle se compose de 10 volumes in-8°. Ainsi ce négociant d'une probité intacte, cet érudit dont s'honore la France, ce voyageur d'une célébrité non contestée, dans les relations duquel les Rousseau, les Gibbon, les Montesquieu, les Helvétius, ne craignirent pas de puiser des documents certains sur les formes du despotisme en Asie, traqué qu'il fut dans sa patrie, se vit tour à tour Indien, Persan, Anglais, Hollandais. Et tel est le lamentable résultat des persécutions politiques et religieuses, qu'il laissa ses cendres bannies à la terre étrangère, lorsqu'il mourut, le 26 janvier 1713, aux environs de Londres.

L'œuvre de prédilection de Chardin était des notes sur l'Écriture Sainte, dont on retrouve l'esprit et le résumé dans ce seul titre d'un ouvrage de Samuel Burder, auteur anglais : *L'Écriture Sainte éclaircie par des rapprochements explicatifs des mœurs et coutumes des nations orientales*. Les manuscrits, assez nombreux, de Chardin contenaient une géographie persane, espèce de traduction des *Délices des Cœurs*, titre emphatique d'un ouvrage d'un géographe persan; elle n'a point été publiée. Quant au style du *Voyage en Perse*, on croit qu'il fut retouché par un certain Charpentier, de l'Académie Française, érudit sans élégance, lourd même, la bête noire de Boileau, gros homme que ce satirique appelait plaisamment l'*étable d'Augias*. Toutefois, la crudité du style, cette grosse franchise d'expressions, rassurent le lecteur; il est certain de la véracité des descriptions, des faits et des détails. DENNE-BARON.

CHARDON. Ce genre de plantes de la famille des composées sert de type à la tribu des *carduacées* et renferme une cinquantaine d'espèces offrant pour caractères communs : Capitules à fleurs égales; involucre composé d'écailles imbriquées et à sommet le plus souvent pointu; réceptacle garni de poils ou de paillettes très-fines; tube de la corolle court, à limbe quinquéfide; filets des étamines libres et velus; anthères appendiculées, linéaires, allongées; stigmates réunis; fruits oblongs, comprimés, glabres. On connaît environ cinquante espèces de chardons. Ces plantes épineuses, dont les fleurs sont recherchées des abeilles, se rencontrent dans une grande partie de l'ancien continent, surtout dans les lieux montueux.

Le *chardon penché* (*carduus nutans*), qui fleurit en été et qui croît sur le bord des chemins, est l'un des plus communs en Europe. Son aspect est assez agréable. Ses grosses fleurs purpurines, quelquefois blanches, inclinées, répandent une légère odeur de musc; les écailles du calice sont très-piquantes, les extérieures étalées, garnies d'un duvet qui ressemble à des toiles d'araignée. Les tiges sont épaisses, les feuilles très-épineuses, profondément sinuées, d'un vert blanchâtre.

Le *chardon lancéolé* (*carduus lanceolatus*), non moins commun que le précédent, croît aux mêmes lieux et fleurit à la même époque. Ses feuilles sont lancéolées, découpées en lanières étroites, divergentes, qui toutes sont terminées par une épine. Au milieu de ces épines inabordables paraissent de grosses fleurs purpurines ou blanchâtres. Les calices sont un peu velus, ainsi que les feuilles et les tiges. Les aigrettes sont plumeuses; aussi a-t-on essayé de les mêler avec un tiers de coton, pour en fabriquer du fil et de la toile. Dans certaines localités, les pauvres les font sécher au soleil, et quand ils en ont une quantité suffisante, ils en confectionnent d'excellents *lits de plumes*.

Le *chardon cotonneux* (*carduus eriophorus*) est aussi nommé *chardon aux ânes*, parce que c'est l'espèce que préfèrent ces animaux. On lui a attribué quelques propriétés médicinales. Ses fleurs purpurines qui se montrent en été, sont fort grosses. Avant leur épanouissement, leur réceptacle peut se manger comme celui de l'artichaut. Toutes les parties de ce chardon sont couvertes d'un duvet cotonneux. Sa tige est épaisse, très-haute; ses feuilles blanchâtres, amples et profondément découpées.

Parmi les autres espèces qui toutes sont sans usage, quelques-unes ont cependant été introduites dans nos jardins, comme plantes d'ornement; ce sont les *carduus acanthoides*, *alpestris*, *argemone*, *crispus*, et *personatus*.

CHARDON A FOULON. Connue encore sous le nom de *chardon à bonnetier*, *chardon à carder*, *chardon lainier*, etc., cette plante bisannuelle et de grande culture, appartenant au genre *cardère*, est d'un produit très-considérable dans les pays de manufactures, comme Louviers, Sedan, Carcassonne, etc.

On sème le *chardon à foulon* (*dipsacus fullonum*) en automne dans le Midi, et au printemps dans le Nord, dans la meilleure terre, sur trois labours profonds, et l'on donne à cette plante trois binages la première année, de manière que les pieds restent espacés de 25 à 30 centimètres. Le printemps suivant, cette plante produit ses tiges, au sommet desquelles sont des têtes appelées *têtes de cardère*, qu'on coupe à mesure qu'elles paraissent, pendant trois mois, avec le soin de laisser à ces têtes une queue (*pédoncule*) ayant au moins 30 centimètres de long, sans quoi elles ne pourraient servir à leur destination. Ces têtes, liées par paquets de cinquante, sont mises dans un lieu sec pour qu'elles se sèchent parfaitement et puissent attendre la demande des manufacturiers ou s'écouler par la voie du commerce, en Hollande surtout. Plus les têtes de cardères sont longues, plus elles sont estimées; mais c'est surtout la finesse que l'on recherche dans les *crochets* de ces cardes naturelles; les têtes les plus estimées sont longues de huit centimètres à peu près. Les fabriques de draps consomment une très-grande quantité de têtes de cardères; une seule pièce de cette étoffe en met 1,500 à 2,000 hors de service. Si l'importance de cette plante pour les manufactures de draps n'absorbait entièrement l'attention, on n'eût pas négligé, comme on l'a fait, le soin de la placer partout où il se trouve des abeilles, qui la recherchent avec une prédilection toute particulière, parce qu'elles y trouvent une nourriture abondante, chaque tête de cardère contenant cinq à six cents fleurs.

Le chardon à foulon est, selon l'opinion commune, originaire de la haute Asie, d'où nous sont venues beaucoup de plantes économiques; mais cette origine lui est contestée par quelques botanistes, qui inclinent à ne voir dans cette plante qu'une variété sortie de l'une de nos cardères européennes. Cette cardère est une grande et belle plante, d'un beau port; ses feuilles opposées, connées, dentées et épineuses en leurs bords, sont longues de 32 centimètres et larges de huit. Nos cardères indigènes à la France, qui sont la *cardère des bois*, la *cardère lacinide* et la *cardère velue*, sont aussi belles, et méritent, comme la cardère d'Asie, une place dans les jardins publics et dans les parcs.

Les cardères, soit d'Asie, soit d'Europe, ayant des feuilles opposées et connées, ces feuilles forment autour de la tige des cavités qui ont fait donner à la *cardère des bois* le nom de *cuvette de Vénus*, à cause de leur propriété remarquable et curieuse de conserver l'eau longtemps après la pluie. C'est encore une circonstance qui appelle les abeilles sur toutes les espèces de cardère, et particulièrement sur les champs de la cardère cultivée, où se trouvent des millions de fleurs dépositaires de leur nourriture et des milliers de cuvettes pleines d'eau pour leur boisson. Il n'est peut-être pas un lecteur de cet article ayant habité la campagne qui n'ait eu, dans son enfance, la curiosité de boire de cette eau que la *cardère des bois* contient presque toujours, même pendant les plus grandes chaleurs.

La cardère cultivée ou cardère d'Asie réussit sur tous les points de l'Europe, mais elle n'est une culture productive que dans les pays de manufactures. C. TOLLARD aîné.

CHARDON ARGENTÉ. *Voyez* CHARDON MARIE.
CHARDON BÉNIT, CHARDON ÉTOILÉ. *Voyez* CENTAURÉE.

CHARDON MARIE. Cette plante avait été rangée à tort par Linné dans le genre *carduus*. Les botanistes modernes en ont reformé le genre *silybum*, ainsi que l'avait fait Vaillant. Le genre *silybum* ne renferme que cette espèce, et ses caractères botaniques ne permettent plus de confondre avec les chardons : ainsi, tandis que les filets des étamines sont libres dans les chardons, ils sont soudés entre eux dans la plante qui nous occupe.

Le nom de *chardon Marie* (*silybum marianum*, Gærtner) vient des belles taches blanches étalées sur les feuilles de cette plante, taches que la superstition attribua à la chute d'une goutte de lait de la vierge Marie, légende renouvelée de celle de la voie lactée; de là encore les noms de *chardon Notre-Dame* et de *chardon argenté*. Cette plante ne pouvait pas manquer d'avoir des propriétés médicinales; on la prétendit fébrifuge, sudorifique, diurétique, souveraine contre la pleurésie, etc. Elle est d'ailleurs très-innocente, car ses jeunes feuilles débarrassées de leurs épines se mangent en salade dans plusieurs contrées de l'Europe. Si le réceptacle de ses belles fleurs purpurines était plus gros, il pourrait même remplacer l'artichaut.

CHARDONNERET. Ce charmant oiseau, l'un des plus beaux de nos contrées, doit son nom à l'habitude qu'il a de rechercher les graines de chardon pour s'en nourrir. Les ornithologistes le rangent dans leur système parmi les passereaux fringillés du genre *moineau*. L'espèce du chardonneret vit en Europe; elle se tient dans les bois et les parcs, et construit son nid sur les arbres les plus élevés, tels que les marronniers, les tilleuls, etc. Ce nid, presque toujours placé à l'extrémité de quelque branche bien garnie de feuilles, est aussi joli qu'il est doux et commode; c'est un petit chef-d'œuvre de propreté et d'industrie : des racines très-fines et quelques jeunes pousses de mille-feuilles ou d'autres menus herbages liés entre eux par des fils d'araignées ou de quelque autre insecte en forment l'extérieur; au dedans est un petit lit de coton sur lequel la femelle dépose quatre ou cinq œufs semblables à ceux de la linotte. Le mâle, qui n'a cessé d'aider sa compagne pendant qu'elle travaillait à la construction du nid, est maintenant chargé du soin de la nourrir; il la quitte rarement, on dirait qu'il cherche à la désennuyer par la douceur de son ramage. Après treize ou quatorze jours d'incubation petits éclosent, le père se charge de les nourrir; dès qu'ils commencent à voler, c'est encore lui qui les conduit. Cette espèce, que tout le monde connaît présente pour le mâle et la femelle deux systèmes différents de coloration : le premier, toujours mieux paré, plus vif, a le chant plus agréable; la femelle, dont les couleurs sont plus sombres, ressemble assez aux jeunes individus; elle est triste, et n'a d'autre ramage qu'un petit cri répété à de courts intervalles. Ces oiseaux sont assez communs : on les élève pour l'agrément; ils apprennent facilement à chanter et à exécuter une foule de petits tours; ils sont doux et familiers avec les personnes qui les soignent.

Le chardonneret femelle produit assez souvent dans nos volières avec le serin mâle; mais il est plus rare de voir une serine couver avec un chardonneret mâle. Les métis qui résultent de ces unions forcées ne sont pas toujours inféconds, si l'on vient à bout de les apparier avec une serine; ils ressemblent à leur père (si c'est un chardonneret qui a été le mâle) par la forme du bec, les couleurs de la tête et des ailes, et à leur mère par le reste du corps. « On a remarqué, dit le célèbre collaborateur du Buffon (*Histoire naturelle des animaux*), que ces métis étaient plus forts et vivaient plus longtemps; que leur ramage avait plus d'éclat; mais qu'ils adoptaient difficilement le ramage artificiel de notre musique. » Les chardonnerets pris dans le nid sont difficiles à élever; on les nourrit avec du chènevis pilé ou du jaune d'œuf mêlé à de la mie de pain; on dit qu'ils vivent assez longtemps : Gesner en a vu un à Mayence qui était âgé de vingt-trois ans; on était obligé de lui rogner toutes les semaines les ongles et le bec afin qu'il pût boire, manger, et se tenir sur son bâton.   P. GERVAIS.

CHARDON NOTRE-DAME. *Voy.* CHARDON MARIE.
CHARDON ROLLAND ou **CHARDON ROULANT**. *Voyez* PANICAUT.

CHARENTE (Département de la). Formé de l'Angoumois et d'une partie de la Saintonge, du Poitou et de la Marche, il tire son nom de la principale de ses rivières, et est borné au nord par les départements des Deux-Sèvres et de la Vienne; à l'est par celui de la Haute-Vienne, au sud, par celui de la Dordogne à l'ouest par celui de la Charente-Inférieure.

Il est divisé en cinq arrondissements, dont les chefs-lieux sont Angoulême, Barbezieux, Cognac, Confolens et Ruffec, et compte 29 cantons, 434 communes et 332,912 habitants; il envoie trois députés au corps législatif. Il forme avec les départements de la Charente-Inférieure, des Deux-Sèvres, de la Vendée et de la Vienne, le 24e arrondissement forestier, constitue la 3e subdivision de la 14e division militaire, dont le quartier général est à Bordeaux, ressortit à la cour d'appel de cette ville, et compose le diocèse d'Angoulême, suffragant de l'archevêché de Bordeaux. Son académie comprend un lycée, deux collèges, une école normale primaire, 21 établissements d'instruction secondaire, 406 écoles primaires de garçons, 158 de filles, une école ecclésiastique.

Sa superficie est de 602,849 hectares, dont 288,064 en terres labourables, 99,494 en vignes, 74,204 en bois, 70,692 en prés, 33,919 en landes, pâtis, bruyères, 8,202 en cultures diverses, 4,614 en propriétés bâties, 4,459 en forêts, domaines improductifs, 4,172 en vergers, pépinières et jardins, 2,480 en rivières, lacs et ruisseaux, 328 en étangs, abreuvoirs, mares, canaux d'irrigation, etc. On y compte 88,712 maisons, 1,444 moulins, 387 manufactures, fabriques et usines diverses, et 5 forges ou haut-fourneaux. Il paye 2,408,958 fr., d'impôt foncier, et son revenu territorial est évalué à 17,906,000, francs.

Le département de la Charente est situé en grande partie dans le bassin du fleuve dont il porte le nom; il est arrosé par ce fleuve et ses affluents la Touvre et le Né; au nord-est, dans le bassin de la Loire, il est traversé par la Vienne; au sud, dans le bassin de la Garonne, il est arrosé par la Dronne qui sépare ce département de celui de la Dordogne. Dans le bassin de la Charente plusieurs cours d'eau considérables se perdent dans les gouffres que présente leur lit; les deux principaux, la Tardouère et le Baudiat, sont considérés comme alimentant les sources de la Touvre. On trouve de nombreux étangs dans l'arrondissement de Confolens, dans le voisinage de la Vienne. Le pays est sillonné par de nombreuses chaînes de collines qui forment les contre-forts des montagnes de l'Auvergne entre les bassins de la Loire et de la Garonne.

Un assez grand nombre de loups, de renards, de blaireaux et de loutres se rencontrent dans ce département. On y trouve l'aspic, la vipère ordinaire et la vipère noire. Il y a peu de gibier à poil, mais le gibier à plume y est commun. Les rivières nourrissent une grande variété d'oiseaux aquatiques; elles sont en outre très-poissonneuses, ainsi que les étangs. Les forêts, assez nombreuses, sont peuplées principalement de frênes, de chênes, d'ormes et de charmes. Le châtaignier croît presque partout et donne des fruits en abondance. On recueille une assez grande quantité de truffes dans le département. Le sol renferme des mines de fer et de plomb argentifère, des mines de cuivre et d'antimoine; mais les premières sont seules exploitées. On trouve aussi du mica, du quartz, du gypse, des pierres calcaires, des meules à aiguiser et des pierres lithographiques d'un grain très-fin, qui paraissent d'une nature analogue à celles de Châteauroux.

Quoique la Charente soit un pays de petite culture, les terres y sont en général assez bien cultivées. On y recueille un peu de froment, du maïs, du seigle, de l'orge, de l'avoine, du sarrazin, du colza, de la navette, du lin et du chanvre. La culture du safran a été abandonnée. La principale richesse consiste dans les vignes, dont les produits, en général peu estimés, sont pour la plupart convertis en eaux-de-vie. Celles de Cognac sont surtout renommées. Le labourage, dans le département de la Charente, se fait avec des bœufs; on n'y élève presque point de chevaux; mais en revanche les mulets et les ânes y sont communs, ainsi qu'une espèce chétive de bêtes à laine qu'on ne cherche point à améliorer. Les pâturages, qui occupent plus de la neuvième partie du territoire, nourrissent des bestiaux, dont l'engrais a une

13.

branche assez importante de l'industrie agricole. L'engrais des porcs et des volailles y tient également une place notable. Un douzième du sol est occupé par des landes.

L'industrie manufacturière et commerciale du département consiste principalement dans la distillation des eaux-de-vie, la fabrication des fers et aciers et surtout les papeteries. Viennent ensuite les cuirs et les peaux mégissées, les toiles et cordages, les lainages, les huiles de noix, d'œillette, etc., les poteries, les bouchons de liège.

Cinq routes impériales, neuf routes départementales 10,425 chemins vicinaux sillonnent le département.

Les principales villes du département de la Charente sont : *Angoulême*, chef-lieu du département; *Cognac*; *Confolens*, sur la rive droite de la Vienne, avec 2,738 habitants et un collège; cette ville, qui n'offre de remarquable qu'un pont très-ancien, fait un commerce important de merrain, bois de construction, bestiaux et grains; *Barbezieux* avec 3,450 habitants, une grande manufacture de toiles fortes, une typographie, un commerce de grains, bestiaux, volailles, et chapons truffés; *Ruffec*, sur le Lien, ville bien bâtie, bien pavée et d'un aspect agréable, sise dans une contrée fertile, avec 3,027 habitants et un commerce de grains, graines fourragères, bétail, marrons, fromages, truffes, pâtés d'oies aux truffes; *Jarnac*; *La Rochefoucauld*, sur la Tardouère, avec 2,965 habitants, un comice agricole, des tanneries renommées, des peausseries, une fabrication de futailles, un commerce de fil à coudre et de bestiaux. Son vieux château, d'une architecture composée de sarrazin et de gothique, est d'un aspect très-pittoresque. Cette ville formait autrefois un duché-pairie appartenant à la famille de ce nom.

CHARENTE-INFÉRIEURE (Département de la). Formé de l'Aunis, d'une partie de la Saintonge et du Poitou, il est borné au nord par le département de la Vendée, à l'est, par ceux des Deux-Sèvres et de la Charente; au sud, par ceux de la Dordogne et de la Gironde ; et , à l'ouest, par l'océan Atlantique, où il comprend les îles de Ré, d'Oléron, de Madame et d'Aix.

Divisé en six arrondissements, dont les chefs-lieux sont La Rochelle, Jonzac, Marennes, Rochefort, Saintes, Saint-Jean-d'Angély ; il compte 39 cantons, 480 communes, et 469,992 habitants. Il envoie quatre députés au corps législatif, appartient au 24e arrondissement forestier, forme la 2e subdivision de la 14e division militaire, dont le quartier-général est Bordeaux, ressortit à la cour d'appel de Poitiers, et compose le diocèse de La Rochelle; son académie comprend un lycée, trois collèges communaux, une institution, 16 pensions et 501 écoles primaires.

Sa superficie est de 716,814 hectares, dont 328,603 en terres labourables ; 105,571 en vignes; 77,373 en prairies naturelles ; 20,450 en prairies artificielles; 67,799 en bois; 8,013 en landes, pâtis, bruyères ; 8,014 en étangs, abreuvoirs, mares, canaux d'irrigation; 7,804 en forêts, domaines improductifs; 5,058 en propriétés bâties, 5,696 en vergers, pépinières, jardins et oseraies; 4,212 en lacs, rivières et ruisseaux ; on y compte 124,629 propriétés bâties, dont 121,108 sont consacrées à l'habitation. — Il paie 2,408,958 fr. d'impôt foncier, et son revenu territorial est évalué à 22,637,000 francs.

Situé en grande partie dans le bassin de la Charente et arrosé par ce fleuve et ses affluents la Boutonne, la Seugne et le Né; au nord, dans le bassin de la Sèvre-Niortaise, qui marque la limite entre le département et celui de la Vendée; il forme au sud le bassin de la Seudre et plus au sud une petite partie du bassin de la Garonne, dont l'estuaire sépare le département de celui de la Gironde. C'est un pays bas et presque uniformément plat ; de nombreux marais existent sur le littoral ; les côtes sont en général basses, mais offrent pourtant de belles rades et forment plusieurs bons ports à l'embouchure des fleuves.

Entre autres animaux sauvages que renferment les parties boisées, le loup et le sanglier sont assez communs. Le gibier de toute espèce abonde dans le département. Le chêne est l'essence dominante des forêts. Les seules substances minérales exploitées sont le sel des marais salants, d'excellentes pierres de taille, des pierres à chaux, du gypse, des tourbières, et de la marne très-fine, de la terre à poterie et à creusets. On trouve quelques sources minérales à Archingeay, Pons et la Rouillasse, près Soubise. Le sel de la Charente-Inférieure passe pour le meilleur de l'Europe; et quant à la quantité de ce produit, le département est le plus important de l'empire.

Le sol est généralement fertile ; c'est un pays agricole et d'exploitation. On y récolte du froment, du seigle , de l'orge, de l'avoine, du maïs, des pommes de terre, des betteraves, du colza et de la navette, du chanvre et du lin. Les meilleurs vins du département, les vins rouges de Saintes et de Chapniers, et les vins blancs de Chérac et de Surgères , ne sont que de bons vins ordinaires. D'excellents pâturages permettent l'élève du bétail : on y trouve des chevaux estimés et d'assez nombreux moutons de race améliorée, des volailles en abondance et beaucoup d'abeilles.

L'industrie manufacturière et commerciale du département de la Charente-Inférieure consiste dans la fabrication des eaux-de-vie, qui approchent pour la qualité de celles de Cognac, de lainages grossiers, de savons, sucre de betterave, poterie, tuiles et creusets, dans la préparation de vinaigre et de criste-marine confite. On y trouve aussi des fours à chaux, des verreries, des tanneries, des mégisseries. On fait une pêche très-importante surtout d'huîtres et de sardines. Le département de la Charente-Inférieure est sillonné par neuf routes impériales, seize routes départementales et 10,000 chemins vicinaux. Il possède cinq rivières navigables, sans compter la Gironde et deux canaux : celui de Brouage et celui de Niort à la Rochelle. Les principales villes du département de la Charente-Inférieure sont *La Rochelle*, chef-lieu du département; *Jonzac*, avec 2,591 habitants, des huileries, des tanneries, des teintureries, des fabriques de gros lainages, calmouks, serges, droguets, toiles de chanvre, un commerce de grains, eaux-de-vie, bestiaux et volailles. On y voit un vieux château sur un rocher à pic. Elle soutint plusieurs sièges au quinzième et au seizième siècles; Marennes, Saintes; Saint-Jean-d'Angély et Rochefort.

CHARENTON, bourg du département de la Seine, arrondissement de Sceaux, situé au confluent de la Seine et de la Marne, à six kilomètres sud-est de Paris, et divisé en deux communes : *Charenton-le-Pont*, et *Charenton-Saint-Maurice*.

Charenton-le-Pont est agréablement bâti en amphithéâtre sur une colline qui borde la rive droite de la Marne et de la Seine, un peu au-dessus de la jonction de ces deux rivières, avec un pont de dix arches sur la Marne, construit en pierres, à l'exception des quatre arches du milieu, qui sont en bois, une station du chemin de fer de Lyon et 3,219 habitants. Il s'y fait une importante exploitation de pierres de taille; on y fabrique de la bijouterie d'acier, de la porcelaine et des produits chimiques.

Le pont de Charenton, bâti très-anciennement pour faciliter, par terre, les arrivages de Paris, a toujours été regardé comme un poste très-important soit pour l'attaque, soit pour la défense de Paris. Il n'était encore qu'en bois lorsque les Normands le brûlèrent en 865; plus tard on y construisit une tour pour le protéger, ce qui n'empêcha pas qu'il fut pris et repris bien des fois, dévasté et restauré bien souvent jusqu'aux guerres de la Fronde ; sa dernière reconstruction eut lieu en 1714. Mais le souvenir le plus intéressant qui s'y rattache date de la première invasion par les armées coalisées. Le 30 mars 1814 les alliés attaquèrent ce pont, qui n'était gardé que par une compagnie de vétérans, un bataillon des élèves de l'école vétérinaire d'Alfort et quelques canonniers pointeurs. Les bandes austro-wurtembergeoises ne s'en emparèrent qu'après une vive résistance. Les rois de France avaient autrefois à Charenton une maison de plaisance, qu'on appelait encore en 1578 le *séjour du roi*.

Charenton-Saint-Maurice est bâti sur la rive droite de la Marne, et renferme une population de 2,626 habitants. On y exploite les pierres de taille et les moellons et on y fabrique des produits chimiques. Charenton-Saint-Maurice est pendant la belle saison un lieu de résidence fort aimé des Parisiens. De nombreux enclos, pleins d'ombrages et entrecoupés de sources vives, justifient complétement ces prédilections. Henri IV y avait fait bâtir une petite maison pour Gabrielle d'Estrées; cette maison existe encore : c'est un bâtiment en briques que l'on voit sur la gauche de la route, un peu avant d'entrer dans le village par la route de Paris. Un reste d'habitude fait qu'on l'appelle assez improprement le château. Charenton-Saint-Maurice devint célèbre au commencement du dix-septième siècle parce qu'il fut assigné par Henri IV aux protestants pour y célébrer les cérémonies de leur culte. Ils y tinrent leur première assemblée, au nombre de 3,000, dès le dimanche 27 du même mois. Plus tard ils y firent bâtir, sur les dessins de Jacques de Brosse, un temple qui pouvait contenir plus de 14,000 personnes. Ce fut dans ce temple que se tinrent les synodes nationaux de 1623, 1632 et 1644. En 1671 la malveillance essaya d'y mettre le feu. Il fut démoli en cinq jours, aussitôt après la révocation de l'édit de Nantes, en 1685, bien que les murs fussent épais de près d'un mètre cinquante centimètres. Les matériaux en furent abandonnés à l'Hôtel-Dieu de Paris. Sur son emplacement, demeuré vide, on bâtit un couvent pour les *Nouvelles Catholiques* de la rue Saint-Anne; et en 1701 on y transféra les religieuses du Val d'Osne, couvent situé près de Joinville. A la révolution cet établissement fut détruit, et vendu en plusieurs lots.

C'est à Charenton-Saint-Maurice qu'est située la *Maison impériale de Santé pour les Aliénés*. Elle est administrée, sous l'autorité immédiate du ministre de l'intérieur, de l'agriculture et du commerce, par un directeur assisté d'une commission consultative. Le soin des malades y est confié à des sœurs de Saint-Vincent-de-Paule. Sa destination est de soigner et de traiter les aliénés des deux sexes, qui y sont reçus, soit à titre gratuit, soit comme pensionnaires. Les admissions d'aliénés à titre gratuit ne peuvent être autorisées que par le ministre. Il y a trois classes de pensions; celles de la première classe sont de 1,425 fr. au dessus, celles de la seconde de 1,125 fr., et celles de la troisième de 828 fr. compris le blanchissage. Tout aliéné présenté par un membre de sa famille ou par un ami peut être admis dans l'établissement, à la charge par la personne qui le présente de produire un certificat de médecin constatant l'état d'aliénation mentale du malade, et ayant au moins quinze jours de date; on doit également produire, autant que possible, son acte de naissance ou de mariage, et un extrait du jugement d'interdiction à l'égard des aliénés interdits. Les malades sont reçus tous les jours, à quelque heure qu'ils soient présentés : ce cas excepté, le public n'est admis à parler au directeur, aux médecins, aux surveillants et aux malades que les dimanches et les jeudis, depuis midi jusqu'à quatre heures du soir. Le public n'est point admis dans les parties de la maison qui sont occupées par les malades. La maison peut recevoir quatre cents aliénés.

La maison impériale de Charenton est construite sur le versant méridional de la colline. Le plan incliné est divisé dans ses deux tiers supérieurs en deux terre-pleins soutenus par des revêtements en maçonnerie et des contreforts réunis par des voûtes. Au milieu du terre-plein supérieur s'élève la chapelle; au milieu du terre-plein inférieur et dans l'axe de la chapelle est construit le bâtiment de l'administration auquel on arrive par des rampes d'un effet gracieux; de chaque côté de la chapelle et du bâtiment de l'administration sont à l'ouest la division des hommes, à l'est celle des femmes. Chacune de ces deux divisions forme une vaste série de bâtiments, qui se coupent à angle droit et dont les uns n'ont qu'un rez-de-chaussée, tandis que d'autres ont de plus un premier étage. Sur la façade, au midi, ces bâtiments circonscrivent des cours, au nombre de cinq sur chaque terre-plein. Ces cours sont élégamment disposées, mais d'un aspect nu et triste ; il y manque des fleurs et du gazon. Le bas de la colline est planté d'arbres, il est vrai, et deviendra avec le temps une jolie promenade ; mais les convalescents seuls en pourront jouir. Du côté du midi les cours sont fermées par un portique donnant sur un saut-de-loup; un portique élégant règne aussi au rez-de-chaussée et au premier étage. Les cours sont disposées en *impluvium*, le pourtour et les ruisseaux sont dallés en asphalte, le reste est sablé et planté d'arbres. Au milieu s'élève un candélabre à gaz dont le pied forme une fontaine. On monte du rez-de-chaussée au premier étage par des escaliers entre deux murs : cette disposition, de rigueur dans une maison d'aliénés, est aussi bien compensée que possible dans ce qu'elle a de triste par la construction vraiment monumentale de ces escaliers. Les bâtiments sont divisés en appartements séparés pour les pensionnaires les plus riches, en dortoirs et en cellules.

Dans les bâtiments de l'administration on a ménagé une salle à manger, un salon, une salle de billard, destinés à réunir avec les internes, surveillants et surveillantes, ceux des malades de première classe à qui l'on juge à propos d'accorder cette faveur. Ils partagent la table des internes et surveillants, et passent avec eux leur soirée. On joue à divers jeux, on fait de la musique. Les réunions durent de sept à neuf heures. Les malades, qui, suivant l'habitude des aliénés, sympathisent peu entre eux, paraissent très-flattés de cette réunion avec des personnes dont la présence leur semble une réhabilitation. La faveur d'être admis à ces réunions est vivement recherchée; c'est, comme on voit, un excellent moyen d'agir sur le moral des malades.

On doit regretter pourtant que l'on n'ait pas établi à Charenton un plus grand nombre de subdivisions sans communications obligées, de manière à pouvoir classer, suivant les indications médicales, les malades qu'on ne peut sans inconvénients pour eux laisser réunis. On semble n'avoir eu en vue que deux classes de malades, ceux qui sont agités et ceux qui sont tranquilles; encore n'a-t-on pas eu égard à la proportion des premiers relativement aux autres. Le nombre des cellules qui leur sont destinées suffirait pour un hôpital quatre à cinq fois plus considérable.

L'hôpital est chauffé dans presque toute son étendue par un calorifère à eau chaude. Les chambres ont toutes une bouche de calorifère et une grille d'appel pour le renouvellement de l'air. Enfin les bâtiments sont approvisionnés d'eau de Seine et éclairés au gaz. Les améliorations introduites dans le traitement par le docteur Esquirol, et que ses successeurs ont encore perfectionnées ont produit des résultats avantageux : dans le nombre des malades admis annuellement, et qui sur leur certificat de présentation ne sont pas déclarés incurables, plus des deux tiers sont renvoyés guéris.

Les constructions actuelles ont été exécutées aux frais de l'État, sauf une somme de six cent mille francs que l'établissement de Charenton a dû prendre à sa charge. L'ancien hôpital était situé au bord de la Marne, tout à fait au fond de la vallée; on ne pouvait s'y garder de l'humidité ; les cours étaient sales, les bâtiments n'étaient que des masures enfumées et mal construites. Fondé en 1641 par Sébastien Leblanc, contrôleur général des guerres, il n'eut d'abord que huit lits et ensuite douze, uniquement destinés au traitement des pauvres du pays afflig*é*s de maladies ordinaires ; ils y recevaient les secours spirituels et temporels des Frères de la Charité ou de Saint-Jean-de-Dieu. Devenu propriété de leur ordre, il prit un développement rapide, grâce à l'industrie de ces habiles infirmiers. Il en coûtait 12,000 fr. à une famille pour fonder à Charenton un lit dont elle pouvait disposer à perpétuité, et le nombre des lits parvint à 250. Chaque malade y couchait séparément, à une époque où ceux de l'Hôtel-Dieu de Paris étaient entassés trois ou quatre dans un même lit. On admit alors dans l'hospice de Charenton des insensés et des épileptiques; mais comme les meilleures choses enfantent souvent des abus, et en France plus qu'ailleurs, on vit bientôt cette maison métamorphosée en bastille, et les Frères de la Charité en geôliers. Malgré leurs pieux statuts, ils cédèrent aux vœux et aux ordres du ministère, et y reçurent, par *lettres de cachet*, des prisonniers d'État arbitrairement arrêtés, des jeunes gens débauchés et libertins, des hommes riches que d'avides héritiers faisaient séquestrer comme aliénés. Par suite de la sortie de tous les détenus en vertu de lettres de cachet, leur nombre se trouvait réduit à ceux qui étaient véritablement fous ou malades, lorsque la mise à exécution de la loi sur la destruction des ordres monastiques força les Frères de la Charité d'évacuer l'hospice de Charenton. En 1792 on désorganisa cette maison; elle devint propriété nationale; une partie des biens furent vendus, et l'établissement était à peu près anéanti, lorsqu'en 1797 l'abbé Decoulmiers, ex-membre de l'Assemblée constituante, en fut nommé directeur. Il en réunit les débris, obtint quelques secours du gouvernement, et en 1807 le remplacement des biens vendus, jusqu'à concurrence d'un revenu d'environ dix mille francs. Au reste, la maison de santé de Charenton était redevenue alors une véritable prison d'État, où Bonaparte consul et Napoléon empereur envoyait souvent, sans autre forme de procès, les poètes et les écrivains qui osaient se mettre en opposition avec son gouvernement. C'est aussi à Charenton que le marquis de Sade termina sa honteuse carrière.

CHARETTE DE LA CONTRIE (François-Athanase), sortait d'une ancienne famille noble, dont le chef, Pedro Caretto, marquis de Final, était venu s'établir, au treizième siècle, en Bretagne, où il avait épousé Jeanne Dubois de La Salle, demoiselle d'honneur d'Alix, duchesse de Bretagne. Ses descendants y ont toujours résidé depuis. F.-A. Charette naquit à Gouffé, près d'Ancenis (Loire-Inférieure), le 21 avril 1763. La fortune de son père n'était pas considérable, et sa famille était nombreuse : il avait trois filles et sept garçons, dont trois moururent en bas âge. François-Athanase devint l'enfant d'adoption de son oncle Charette de la Gascherie, conseiller au parlement, qui se chargea des frais de son éducation, et le fit ensuite admettre dans la marine royale. Charette fut reçu aspirant le 15 avril 1779, garde marine en 1781, lieutenant de vaisseau en 1787. Dans neuf ans de service, il fit six campagnes en temps de guerre. Il servit successivement sous les ordres du chef d'escadre Lamotte-Piquet et de La Bouchefière, commandant *La Cléopâtre* et la station des îles du Vent. Il termina son service actif en 1789, demanda et obtint sa retraite en novembre 1790, et épousa, peu de temps après, Mme Charette de Bois-Foucaud, veuve d'un de ses parents, riche et plus âgée que lui ; il n'en eut qu'un fils, qui mourut au berceau.

Entré à seize ans dans la marine, Charette en avait pris les goûts et les habitudes, et il ne put dans une autre carrière se corriger des défauts de caractère et de mœurs que l'on reprochait alors aux officiers de ce corps, braves d'ailleurs jusqu'à la témérité, mais hautains, opiniâtres, irascibles. Il n'avait pas attendu qu'on fit un appel à ses convictions pour se rendre auprès des princes à Coblentz. Homme de dévouement et d'action, il ne partageait pas l'exaltation furibonde de la plupart des émigrés. Il se trouvait mal à son aise au milieu de cette cour si agitée et si nulle. Son désappointement et une perte considérable qu'il fit au jeu, le déterminèrent à rentrer en France et à y attendre des temps meilleurs. Il fut bien accueilli et nommé chef de la garde nationale de son arrondissement. Il se trouvait à Paris, et se mêla aux défenseurs de la royauté dans la journée du 10 août 1792. Puis il revint s'établir dans son petit château de Fonteclause, à neuf kilomètres de Machecoul. Il s'était échappé de Paris, grâce au dévouement d'un cocher, qui l'avait reçu chez lui, et l'y avait caché huit jours dans un grenier à foin, où il lui apportait à manger.

De retour chez lui, Charette parut étranger au grand événement dont il avait été acteur et témoin : il semblait s'abandonner avec une entière sécurité à tous les plaisirs de son âge. Mais l'insurrection vendéenne avait déjà fait de rapides progrès depuis la captivité et le procès de Louis XVI, et les révoltés s'étaient rendus maîtres de Machecoul. Il leur manquait un chef brave et dévoué : ils prièrent Charette de se mettre à leur tête. Il avait d'abord refusé ; ils insistèrent ; il accepta le 18 mars 1793. « Vous m'y forcez, leur dit-il ; je marche à votre tête. Songez à m'obéir, ou je vous punirai sévèrement. » Il se rendit à Machecoul, et fut reconnu commandant en chef de tout le cantonnement, qui comprenait Machecoul, les Marais, Châteauneuf, Saint-Même, Grandlande, Faleron, la Garnache, Bois-de-Cené, Crosnay, Paux, Touvois, et d'autres communes du littoral. Déjà Bourgneuf, Peigné, le bourg des Moutiers, étaient au pouvoir des insurgés. La première campagne du nouveau général ne pouvait s'ouvrir sous de plus heureux auspices. Ces armées royales et catholiques n'étaient que des *guérillas*. Il eût fallu pour former le noyau de ce qu'on aurait pu appeler une armée que des troupes régulières se réunissent aux rassemblements de paysans bretons. Les émigrés s'étaient flattés que les régiments qui avaient été sous leurs ordres les rejoindraient au premier signal ; mais les proclamations des princes, les plus brillantes promesses, les plus violentes menaces, ne purent faire déserter une seule compagnie, et tous les soldats restèrent fidèles au drapeau national. Quant aux rassemblements vendéens, ils augmentaient ou diminuaient suivant les localités et les circonstances. Charette lui-même, l'homme de leur choix, n'avait d'armée que celle du moment : il se trouvait parfois à la tête de six, huit, dix mille hommes, et le lendemain il n'en commandait pas cinq cents ; ils n'avaient pour armes que des fusils de tout calibre, des faulx, des fourches, de longs clous ajustés à des bâtons ; point de solde régulière, point de subsistances assurées : on vivait au jour le jour aux dépens des habitants des pays, amis ou ennemis. Il y eut plus d'ensemble, moins de désordre et de confusion après la première campagne, lorsque l'Angleterre eut jeté sur les côtes des munitions et des armes.

Charette, comme tous les chefs éclairés, ne croyait pas à la durée d'un dévouement dont la cause était une déception. Il n'espérait de succès qu'avec un prince du sang royal à la tête du mouvement, et l'appui d'une puissante armée étrangère. Charette dut ses succès toujours à son courage et au courage des siens, mais souvent à l'impéritie, à l'imprévoyance des généraux envoyés pour les combattre. Toutes les circonstances de sa vie aventureuse démontrent qu'il n'agissait que par conviction et avec un dévouement tout à fait désintéressé. On l'a accusé d'avoir ordonné le massacre de Machecoul ; on peut lui reprocher au moins de ne pas l'avoir empêché. Un fait qui n'a pas besoin de démonstration, c'est la mésintelligence de Charette et des autres chefs vendéens. Ils se taxaient les uns et les autres de jalousie et même de trahison. Charette se plaignait de Stofflet, de Roirand, de Puisaye, de Bonchamp et de tous les autres ; il leur reprochait de l'avoir laissé seul aux prises avec les républicains, quand ils auraient pu le seconder utilement ; et, de leur côté, ses rivaux lui adressaient le même reproche. Charette ne voyait qu'un seul moyen de faire cesser ces rivalités, c'était la présence d'un prince dans la Vendée.

La Convention, adoptant un autre système pour mettre fin à une guerre impie, avait pris l'initiative des négociations. Une amnistie avait été proposée aux chefs royalistes, une suspension d'armes avait été conclue : Charette et les autres principaux Vendéens s'étaient rendus à Nantes pour conférer avec les commissaires de la Convention et les chefs de l'armée républicaine. Charette entra, suivi d'un brillant état-major, dans cette ville que naguère il avait attaquée sans succès. La seule condition imposée aux insurgés fut de déposer les armes. Des sauf-conduits, des moyens de transport, étaient accordés aux chefs pour regagner les pays où ils voudraient se retirer. Toutes les garanties leur avaient été données. La Convention exécuta le traité avec la plus scrupuleuse loyauté. Mais cette paix, qui devait être éternelle, ne fut qu'une trêve momentanée. L'étranger pensa enfin à venir au secours des Vendéens. On répandit par toute la Bretagne la nouvelle de la prochaine arrivée d'une flotte anglaise, portant à bord quatre mille hommes de troupes, des munitions considérables, quinze cents émigrés et le comte d'Artois. A cette nouvelle, les bandes vendéennes ont oublié le traité de pacification signé à Nantes. Charette et les autres chefs reparaissent à leur tête. La flotte a quitté l'île Dieu : elle s'avance vers les côtes de Bretagne. Mais Hoche a tout prévu : les côtes sont partout gardées. Les émigrés à bord de la flotte sont lancés en avant, et les rochers de Quiberon deviennent le théâtre d'une collision épouvantable. Les troupes anglaises, le prince, sont restés à bord : les émigrés, abandonnés à leurs seules forces, ne peuvent soutenir un combat inégal. Les vaisseaux anglais s'éloignent, et avec eux le prince qui devait combattre à la tête des émigrés et des Vendéens, et qui ne fut que le témoin de la catastrophe de Quiberon.

Charette et les autres chefs avaient repris les armes; ils avaient rompu la trêve, ils ne pouvaient plus invoquer le traité de pacification, qu'une cruelle déception leur avait fait violer. Si l'on en croit les Mémoires du comte de Vauban, incapable de comprimer sa juste indignation, il écrivit à Louis XVIII : « Sire, la lâcheté de votre frère a tout perdu; il ne pouvait paraître à la côte que pour tout perdre ou tout sauver. Son retour en Angleterre a décidé de notre sort. Sous peu il ne me restera plus qu'à périr inutilement pour votre service. Je suis avec respect etc. »

Charette avait été nommé par Louis XVIII généralissime. Ses rivaux ont contesté cette nomination. Quoi qu'il en soit, ses tristes prévisions ne tardèrent pas à se réaliser. Il continua de combattre, mais sans succès : *il devait périr inutilement pour le service du roi*. Il n'espérait plus la victoire, mais la mort. Depuis, il ne marcha plus que de revers en revers.

Stofflet avait été pris et fusillé à Nantes le 23 février 1796. Charette en fut vivement affecté. Resté seul avec un petit nombre d'amis fidèles : « Nous sommes trahis, vendus, leur dit-il; il ne vous reste plus d'espoir que de vous confondre dans la foule; qu'aucune considération ne vous arrête. Pour moi, lié par mon serment à mon roi, je ne puis quitter mon poste sans son ordre, et ma religion me prescrit d'attendre ma destinée. Résigné au décret de la Providence, je me défendrai en soldat, je mourrai en chrétien. » Bientôt, poursuivi, traqué, par les troupes du général Travot, il sent que sa dernière heure est venue. L'adjudant-général Valentin s'avance vers lui à la tête d'une colonne de grenadiers. Charette voit périr à ses côtés dix de ses compagnons. Blessé à la tête d'un coup de feu et à la main gauche d'un coup de sabre, il tombe baigné dans son sang; il se traîne jusqu'au taillis de la Chaboterie, où il est pris et conduit au général Travot. Ce général le fait transporter au château de Pont-de-Vie, avec tous les égards que l'on doit au courage malheureux. Le lendemain on le fait transporter à Angers, et de là à Nantes, où il arrive le 27 mars. Cinquante chasseurs de la ligne attendaient à la porte de la prison. Quatre grenadiers et un officier de la garde nationale furent chargés de le garder à vue. De retour à la prison, d'où il n'était sorti que pour être conduit devant le général Duthil, il mangea de bon appétit ; dans l'après midi, il vit sa famille. Le 29 au matin, sa sœur et une autre parente étaient avec lui quand on vint le chercher pour le conduire devant ses juges. Les débats durèrent cinq heures. Il entendit avec calme la lecture de son arrêt de mort. Sur sa demande, le curé assermenté de la paroisse Sainte-Croix, qui avait aussi assisté à ses derniers moments le chevalier de La Colinière, se présenta. Charette se mit à genoux, et se confessa; par intervalles il se levait, marchait à grands pas, et revenait s'asseoir. Déjà les tambours battaient, une foule immense et toutes les troupes de la garnison couvraient les rues que devait traverser le condamné. Arrivé sur la place des Agriculteurs, où devait avoir lieu l'exécution, il s'avança vers le lieu du supplice. A l'instant fatal, tout son corps fléchit; mais il se releva, en disant : « J'ai été cent fois à la mort sans crainte, et j'y vais pour la dernière fois. » Il refusa un mouchoir qu'on lui présentait pour se bander les yeux, et resta debout devant le piquet. Il tira sa main blessée de l'écharpe qui la soutenait, et reçut le coup mortel. Le plus profond silence régna avant, pendant et après l'exécution. Il avait dit en entrant dans la prison d'Angers : « Voilà où les Anglais m'ont conduit ! » Ce fut encore sa dernière pensée.

Dufey (de l'Yonne).

CHARGE, représentation exagérée, imitation bouffonne. Cette expression, dans les arts, est presque synonyme de *caricature*. On peut même dire que ce dernier mot a remplacé l'autre, car le premier est presque plus employé que dans les ateliers, tandis que le second est d'un usage général. Cependant on peut aussi trouver quelques nuances différentes dans leur acception : ainsi, une *caricature* est un dessin comique, satirique, exécuté dans l'intention de faire remarquer les défauts d'un individu, d'une composition ; une *charge* est l'action burlesque ou la mystification par laquelle on cherche à ridiculiser un camarade. Il faut faire *une charge* à un tel, on lui a fait une *bonne charge*, le professeur a trouvé que c'était une *mauvaise charge*. Les artistes font également des *charges* et des *caricatures* ; la charge est racontée à tout le monde, la caricature est mise sous les yeux du public. On s'est cependant servi autrefois du mot *charge* pour désigner des têtes dont le caractère était *charge* outre nature ; les charges de Léonard de Vinci ont été gravées par le comte de Caylus. D'autres peintres célèbres ont fait des caricatures : on cite surtout celles d'Annibal Carrache, de Ghezzi, et du fameux Hogarth. Le grand Titien s'est amusé à en faire : on en connaît une dans laquelle il s'est permis de ridiculiser le beau groupe de Laocoon et de ses enfants, en remplaçant ces malheureux personnages par un singe avec ses petits ; c'est à tort que cette critique a été attribuée à Raphael, elle est due à des peintres vénitiens. Callot, par la bouffonnerie de la *Tentation de saint Antoine* et par quelques autres productions du même genre, fut autrefois le peintre de la charge. Charlet a laissé également dans son œuvre d'excellentes charges. Le statuaire Dantan à peu près seul a fait de nos jours la charge, et l'on sait avec quelle supériorité.

Charge se dit par extension et figurément dans quelques autres arts d'imitation. Dans l'art scénique surtout, les charges que se permettent tels ou tels acteurs ne sont pas tolérables. La charge est la ressource ordinaire des comiques sans talent.

Duchesne aîné.

CHARGE (*Art militaire*). La *charge à l'arme blanche* est une marche vive et brusque, par laquelle des attaquants, soit à cheval, soit à pied, soit en bataille, soit en colonne, se précipitent sur l'ennemi pour le percer, le culbuter. La charge est le moyen de combat à peu près unique de la cavalerie. Les charges doivent, en plaine, être le but de la tactique et le résultat de ses efforts, à moins que la guerre ne soit expectante, ou que l'habileté des manœuvres ne fasse vaincre sans combattre; ce résultat est rare. Mais les charges ne peuvent être que partielles; la cavalerie surtout y doit être employée, parce qu'une mêlée d'infanterie soustrait l'armée à la puissance de son général. En toute attaque qui a lieu en rase campagne, les charges ont sur les actions de feu l'avantage d'entraîner les assaillants loin des morts et des blessés, dont le sang et les cris ébranlent la fermeté des meilleures troupes; mais leur inconvénient est de livrer à eux-mêmes les soldats, sur qui la discipline perd momentanément son action. Les charges sont ou silencieuses ou animées par le retentissement des instruments et les acclamations des houras : elles s'exécutent ou réciproquement ou par un seul parti. Les charges réciproques ou mutuelles sont rares : ce sont elles surtout qui produisent les *mêlées*. Les charges non réciproques sont plus communes : elles décident ordinairement la prompte déroute de l'un des deux partis. Les officiers espagnols, aux beaux temps de leurs milices, ne commandaient la charge que par ces mots dédaigneux : *à ellos* (à eux! à ces gens-là)! La précision apportée dans l'exécution des charges était sous Frédéric II le triomphe de la milice prussienne; quelquefois elles s'accomplissaient sans intervalles entre les corps; ce prince ne faisait pas exécuter de charges en colonne; il y eut cependant recours à Crevelt.

Mettre à profit les circonstances qui permettent de charger l'ennemi avec succès, c'est se montrer général consommé. Ces circonstances consistent à approprier ses opérations au terrain, à se donner la liberté des abords en les nettoyant par l'artillerie, à juger les manœuvres hasardeuses des colonnes ou l'indécision d'un ennemi qui mollit, à communiquer la confiance à ses propres troupes, à tirer parti de leur impulsion morale ou de leur impétuosité naturelle. Quand le moment du choc est venu, la sûreté et la promptitude du coup d'œil, la rapidité de l'exécution, l'à-propos et la vigueur de l'élan assurent le succès des batailles et les rendent décisives.

Le sujet se présente sous deux points de vue différents, les méthodes de la cavalerie et celles de l'infanterie. La gendarmerie et les chevaliers ne chargeaient au galop que dans les tournois; car ce n'était que de qu'ils avaient la facilité de se procurer des chevaux frais, et de se vêtir, s'étaient des combats de plaisance, d'une armure moins pesante; mais à la guerre, leurs armes étaient d'un poids trop considérable pour permettre au cheval de galoper; aussi chargeaient-ils au pas, quelquefois seulement au trot. Le coup de lance était moins puissant, à raison de cette allure, mais il était dirigé plus sûrement. De là l'usage de *prendre carrière*, c'est-à-dire de s'arrêter, se réunir, se raccorder, et commencer le train de la charge à soixante pas de l'ennemi. Il y avait alors, et même dans les siècles derniers, des gendarmeries et des cavaleries légères dont les charges s'exécutaient dans la forme des coups de lance; on appelait ainsi un genre d'évolution. Telle était la marche des escarres des Espagnols, lançant l'*arzegaie* à l'imitation des Maures. Telle était la manœuvre à tiroir des *reîtres*, venant faire, rang par rang, le coup de pistolet. Mais les Français, qui, comme disent les historiens, affectionnaient la lance, ne chargeaient que sur un rang; il en était ainsi dans les guerres où figure Henri IV. Ses *carabins* ou *carabiniers* entamaient le combat et se réunissaient ensuite, comme réserve, pendant qu'un rang de grosse cavalerie chargeait, c'est-à-dire s'avançait au pas et en ligne. Le mélange d'armes, car alors il y avait de l'infanterie, faisait de cette lenteur une loi.

Des charges plus sérieuses appartiennent aux temps plus modernes, où le mot cavalerie prend l'acception qu'il a conservée, et signifie, non de la chevalerie ou des gendarmes, mais des régiments de cavaliers; alors des corps à cheval commencent à s'assaillir à toute carrière, ou à s'abandonner, mais particulièrement et rarement, contre l'infanterie rangée en plaine rase. Sous Condé, les charges des régiments étaient de peu d'effet dans les grandes affaires, puisque la cavalerie ne marchait en bataille que du même pas que l'infanterie, et sur une seule et même ligne. Sous Turenne et dans la guerre de 1665, la cavalerie ne chargeait encore qu'au pas, et quelquefois elle suspendait une charge entamée, s'arrêtait à dix pas de l'ennemi, faisait feu, et ressaisissait l'épée pour fournir la charge à fond. Les cavaliers ne prenaient le trot que quand ils étaient à peu de distance du but de la charge, ou bien quand ils agissaient momentanément isolés de leur infanterie. Aux batailles de Nordlingen, d'Eusisheim, de Fleurus, de Hochstaedt, les cavaliers français chargèrent sans tirer. A la bataille de Sintzeim, Turenne n'ébranla sa cavalerie, pour la faire charger, qu'après lui avoir laissé essuyer le feu de l'infanterie ennemie : ce calcul, cette nouveauté, furent admirés comme un trait de génie, parce qu'à cette époque, le mousquet se chargeait avec trop de lenteur pour qu'une seconde décharge fût possible. Cette loi de l'alignement de deux armes, et par conséquent cette lourdeur, eut une longue durée. Frédéric II le premier sentit et corrigea ce vice; il apprit à la grosse cavalerie à charger au galop. Le général Seidlitz mit en mouvement une ligne de 6,000 cavaliers donnant alignés et sans désunion. Warnery et Guibert en rendent témoignage, et tournent en dérision les vieilles coutumes de la charge au pas. La cavalerie de Frédéric II, quand elle exécutait une charge, poussait le houra à cinquante pas du but; au contraire, la cavalerie autrichienne chargeait silencieusement.

Le sang-froid, le silence, l'immobilité, le mépris des houras, sont la principale résistance contre les charges de cavalerie; les serre-files de l'infanterie doivent se rapprocher comme pour former un quatrième rang, s'opposer aux tirailleries non ordonnées, veiller à l'exécution des feux de rang, empêcher qu'ils ne commencent avant trente pas, enjoindre aux soldats de tirer à la hauteur du poitrail, et n'agir qu'aux signaux de caisse, et aux commandements des officiers à cheval qui occupent le centre du carré, lesquels peuvent seuls juger, du haut de leur monture, si les charges de cavalerie dont on est menacé, sont simulées ou sérieuses. Quelques écrivains sont d'avis que les charges de cavalerie peuvent, sans désunion, franchir au galop 200 mètres, et arriver au but en trente seconde. C'est un peu plus de six mètres par seconde. Les ordonnances évaluent le galop à 300 mètres par minute; cette vitesse répond à dix-huit kilomètres à l'heure.

Donnons maintenant quelque attention aux charges de l'infanterie. La milice grecque les pratiquait. Les Athéniens passent pour avoir imaginé les premiers de faire charger au pas de course leur infanterie; les légions romaines imitèrent cet exemple. Jules César parle positivement de ce genre de charge à la course. Les charges d'infanterie se sont d'abord données l'épée à la main; le mousquetaire à pied prenait, en ce cas, son mousquet et sa fourchette de la main gauche, car on ignorait l'usage de la courroie, qu'on nomme actuellement bretelle de fusil. Quant à la mèche du mousquetaire, le maréchal de Puységur suppose qu'il l'éteignait de peur de se brûler. Ainsi se donnèrent les charges de Staffarde, en 1690: Feuquières y fit avancer l'épée à la main quatre régiments d'infanterie de la seconde ligne, ce qui décida le gain de l'affaire. A Steinkerque, en 1692, la brigade des gardes exécute une pareille charge. A Cassel, en 1677, deux compagnies de mousquetaires de la maison du roi chargent à l'épée et à coups d'épée deux bataillons des gardes du prince d'Orange. Enfin, à Hochstædt, en 1704, un régiment franco-irlandais détruit entièrement, l'épée à la main, un régiment anglais. Peu de temps auparavant, à la bataille de Spire, en 1703, Tallard avait triomphé d'une manière brillante, par une charge des régiments du Roi et de Navarre, en colonne, à la baïonnette. C'est la première de cette nature dont parle l'histoire. Cet essai ne se renouvela que huit ans après, à Denain : Montesquiou y conduisit à la charge quarante bataillons en colonne. La brigade du Maine et l'infanterie du duc de Vendôme chargèrent de même, la première à Almanza, et la seconde à Calcinato. Le système de l'attaque en colonne resta ensuite oublié jusqu'à la guerre de sept ans. Depuis la guerre de 1701, si l'on en excepte l'affaire de Denain, les charges d'infanterie étaient moins des attaques de front que des menaces d'attaque. L'infanterie ne pratiquait la charge que rarement, partiellement, seulement en bataille, et après avoir longtemps combattu par le feu; si elle se décidait à charger, c'était avec la volonté de s'emporter si peu loin qu'elle déposât à terre le havresac, pour le venir reprendre l'instant d'après, ainsi que le témoigne et le recommande d'Espagnac. Ce qu'on appelle charge d'infanterie se bornait même le plus souvent à des feux de charge. Depuis le milieu du dix-huitième siècle, Frédéric II établit des principes différents dans la milice prussienne, et les exemples qu'elle donna changèrent le caractère des charges d'infanterie. On essaya de rendre plus sérieuses les charges en ordre de bataille, en prescrivant à celui qui attaque de ne venir tirer qu'à bout portant; mais ce mode veut trop de calme et d'ensemble pour être transformé en précepte d'une facile exécution.

Actuellement les charges supposent une attaque brusque à la baïonnette; elles se livrent en ordre de bataille, en colonne d'attaque ou en colonne serrée.

On nomme également *charge* la quantité de poudre que l'on met dans une bouche à feu pour lancer un projectile ou de la mitraille. Elle est soumise à des règles fixes, basées sur la résistance de l'arme, la distance à parcourir et l'effet à produire. Pour la charge des *canons*, *voyez* ce mot, tome IV, p. 370.

La *charge* est encore l'action de charger une arme à feu portative. Il y en a de trois espèces, la *charge en douze temps*, la *charge précipitée*, et la *charge à volonté*.

C'est enfin un signal militaire exécuté par les tambours ou les clairons du corps d'infanterie qui va charger, commençant lentement, s'accélérant à mesure qu'on approche de l'ennemi, et atteignant son intensité à 120 pas par minute.

Gal BARDIN.

CHARGE, CHARGEMENT (*Marine*), tout ce qu'un bâtiment peut porter, tout ce qui est chargé sur un bâtiment. Le chargement d'un vaisseau de guerre se compose de ses armes, de ses munitions et de ses vivres. C'est aussi la quantité de marchandises chargées sur un navire de commerce. Dans ce cas et avec certaines restrictions, il est synonyme de cargaison. Chargement se dit enfin de l'action de charger un bâtiment : un navire fait son chargement pour tel ou tel port, il entre en chargement, il est en chargement, il commence, il finit son chargement. Le constructeur d'un navire doit le calculer rigoureusement la charge, c'est-à-dire prévoir ce qu'il pourra porter pour bien naviguer.

CHARGES. Ce mot, synonyme de fonctions publiques, judiciaires ou administratives, ne s'appliquait d'abord qu'aux magistratures électives, et celui d'*offices* aux fonctions, emplois ou commissions octroyées par l'autorité royale; on n'a appliqué indistinctement l'une ou les autres acceptions pour l'autre que depuis que la plupart des charges ont été confisquées au profit du gouvernement, et érigées en titre d'office.

Les anciens Romains appelaient les fonctions *munus, munera*, récompense : ainsi, la promotion d'un magistrat à une fonction plus élevée que celle qu'il avait exercée jusqu'alors était la récompense des services rendus à la république; c'était intéresser l'ambition au bien-être général des citoyens. Tant que subsista la république, le peuple élisait les magistrats : les empereurs s'arrogèrent ce droit, et les charges publiques ne furent plus que des offices accordés par commission spéciale du monarque, pour un temps fixe ou indéterminé. Dans certains cas, et pour certains emplois, les empereurs déléguaient les nominations à faire aux principaux dignitaires, ou aux grandes corporations de l'Empire, sauf leur approbation toujours obligée, soit que ces nominations se fissent sur une liste de candidature ou directement.

Sous la domination romaine, et dans la partie des Gaules qui depuis l'invasion des Francs a passé sous le sceptre de Clovis, on ne comptait pas moins de cent cinquante villes municipes, qui avaient le droit de se gouverner elles-mêmes. Toutes les charges publiques y étaient électives et temporaires. Clovis laissa en partie subsister ce régime; seulement il envoyait dans les nouveaux pays qui lui étaient soumis des commissaires qui, sous le titre de ducs et de comtes, se rendaient dans les cités pour y statuer au nom et dans l'intérêt du monarque sur ce qui était relatif à l'administration générale du royaume. Ces ducs, ces comtes, nommaient les fonctionnaires de leur ressort. Sous les descendants de Clovis, et sous la deuxième race, ils se rendirent indépendants, et leurs charges ou bénéfices devinrent héréditaires; ils s'arrogèrent dans leur ressort la plénitude de l'autorité royale, et les charges publiques ne furent plus que de simples offices dont ils s'étaient arrogé l'entière disposition.

L'élection des charges publiques fut le premier résultat de l'affranchissement des communes, à la fin du onzième siècle; la couronne, appuyée sur les communes, se releva; mais celles-ci furent abandonnées par l'autorité royale elle-même, qui leur devait tout. Les droits des communes leur furent par la suite enlevés un à un. Restriction du droit d'élection, liste de candidature substituée à l'élection directe, nouvelles catégories d'électeurs et d'éligibles, voilà tout ce que nous apprennent sur nos principales institutions les édits, déclarations, ordonnances des règnes de Louis VI, Charles VI, Louis XI, Charles VIII, Louis XII, François Ier; les ordonnances d'Orléans, du Roussillon, de Moulins, sous Charles IX. La *vénalité des charges* introduite par François Ier fut maintenue; les charges ne furent plus considérées que comme un moyen de finances, et Louis XIV, pour augmenter les recettes du fisc royal, créa par plusieurs édits successifs de nouvelles charges, ou plutôt de nouvelles sinécures. Des emplois considérés d'abord comme des brevets de commis furent érigés en charges publiques et vénales. Ainsi, en juillet 1690, création, dans tous les hôtels de ville de France, des offices de procureurs du roi et de *greffiers*; en avril 1692, des offices de maires et d'assesseurs; en mai 1702, des offices de lieutenants de maire et d'assesseurs; en janvier 1704, des offices d'échevins, de concierges d'hôtel de ville, de garde-meubles; dans le même mois, création de contrôleurs, de greffiers ordinaires, de greffiers de l'écritoire; en décembre 1706, nouvelles catégories d'offices de maires, de lieutenants de maire, appelés alternatifs et triennaux; en octobre 1708, création d'offices d'avocats du roi; en mars 1709, deux édits de création d'offices d'échevins alternatifs et triennaux, de greffiers alternatifs et triennaux, de sergents et valets de ville. Dans tous ces édits, le mot *offices* a été substitué à celui de *charges*. La *finance* de chaque office avait été réglée par un tarif proportionnel, suivant l'importance des localités, mais cette *finance* n'avait été exigée que pour les offices créés par les nouveaux édits.

Les besoins du fisc allant toujours croissant, Louis XV remit tous les offices en vente, sans distinction d'origine, par des édits d'août 1722 et décembre 1733. Jusque alors le gouvernement n'avait pas rencontré de résistance; mais en 1753 il éprouva pour la première fois l'opposition des parlements. Les questions de droit public, d'abord discutées à tuels clos et manifestées avec une timide circonspection, furent bientôt livrées au grand jour de la publicité dans les remontrances des parlements et dans les livres publiés sous leurs auspices, puis répandus avec profusion dans toute la France; l'opinion publique se forma, et devint une puissance. Le gouvernement, pour balancer l'influence des parlements et se concilier la nation, supprima tous les offices, et par deux édits d'août 1764 et mai 1765 rétablit les communes dans leurs droits; toutes les charges ou magistratures municipales furent déclarées électives et temporaires; ainsi, les charges furent rétablies telles que les avaient faites les anciennes chartes d'affranchissement. Toute la France salua par des acclamations de joie et de reconnaissance ces deux édits; mais cette concession n'était point sincère, et un nouvel édit de novembre 1771 érigea de nouveau les charges municipales en titre d'offices, et les déclara vénales; un nouveau tarif en fixa la *finance payable dans les trois mois* « en bons royaux, et après ce délai, en argent ». Cet édit était motivé sur la nécessité de mettre un terme aux scandales, aux dangers des brigues et des cabales des élections locales. Ce n'était qu'un prétexte, dont le gouvernement lui-même connaissait toute la nullité; car il offrait aux villes la faculté de racheter leur droit d'élection, et les villes s'empressèrent de profiter de cette faculté. L'établissement des assemblées provinciales assurait à toutes les communes de France les bienfaits de la libre élection des charges municipales; les parlements refusèrent l'enregistrement, et l'édit resta sans exécution. Enfin la France manifesta son vœu dans les cahiers des bailliages; il y eut unanimité pour l'abolition des *offices*, et pour l'établissement des *charges*, que l'Assemblée constituante maintint, telles qu'elles avaient été avant leur amortissement. Elles sont restées électives, collectives et temporaires jusqu'à l'Empire; seulement la vénalité ne fut pas rétablie. Cependant on avait tâté l'opinion sur cette innovation, et Napoléon l'eût fait s'il l'avait voulu. La charte, modifiée en 1830, maintint le gouvernement dans le privilége de nommer à toutes les charges ou fonctions, car l'élection des députés, des conseils municipaux et des officiers de la garde nationale n'étaient que des exceptions très-restreintes. La république de 1848, suivant les errements des gouvernements qui l'avaient précédée, n'osa pas régénérer la patrie par un retour aux principes de 89 et demander à l'élection populaire une nouvelle génération de grands citoyens comme celle qui s'était élevée avec la Révolution. On sait ce qu'il en résulta. Aujourd'hui toute espèce de charges ou de fonctions publiques est moins que jamais soumise au baptême de l'élection. Ne faut-il pas consacrer le principe de l'autorité?

On a accusé Montesquieu d'avoir fait l'*apologie* de la vénalité des charges; il y a ignorance ou mauvaise foi dans cette grave accusation : Montesquieu l'a franchement signalée comme un abus, et cet abus comme une conséquence nécessaire du pouvoir monarchique. « Cette vénalité, dit-il, est bonne dans les États monarchiques, parce qu'elle fait faire comme un métier de famille ce qu'on ne voudrait pas entreprendre pour la vertu; qu'elle destine chacun à son devoir et rend les ordres de l'État plus permanents, » et, réfutant l'opinion de Platon contre la vénalité, il ajoute : « Mais Platon parle d'une république fondée sur la vertu, et nous parlons d'une monarchie : or, dans une monarchie, où quand les charges ne se vendraient pas par un réglement public, l'indigence et l'avidité des courtisans les vendraient tout de même, le hasard donnera de meilleurs sujets que le choix du prince. » DUFEY (de l'Yonne).

Le mot *charge* a encore dans le langage des lois diverses autres significations. On s'en sert comme synonyme d'*offices* pour désigner certaines professions dont le titre est conféré par lettres du chef de l'État donnant à ceux qui en sont pourvus le droit de les exercer exclusivement, et les soumettant à une responsabilité pécuniaire; telles que celles de notaire, d'agent de change, d'avoué, de commissaire-priseur, d'huissier, de garde du commerce, etc.

D'autres fois il est synonyme d'obligation ou de condition. Ces sortes de charges sont *réelles* lorsqu'elles affectent la chose, *personnelles* lorsqu'elles affectent la personne, *mixtes* lorsqu'elles affectent la personne et la chose. Les *charges du mariage* sont les obligations qu'entraîne pour chacun des époux l'union conjugale.

Le mot *charge* se prend aussi pour *passif*; l'on dit dans ce sens qu'il faut prendre les bénéfices avec les charges; les forces et charges d'une succession, les charges de communauté.

Par les mots *charges publiques*, on entend les différents impôts qui pèsent sur la généralité des Français, ceux qui sont supportés par les citoyens d'un même département, et les habitants d'une même commune; on appelle aussi de ce nom les prescriptions imposées aux particuliers par l'autorité ou la loi dans l'intérêt de la salubrité, de la sûreté et de la tranquillité publiques.

En matière criminelle, les *charges* se composent des indices, des preuves, des dépositions des témoins, des pièces de conviction, de tous les documents qui peuvent servir à constater le *corps de délit* et la culpabilité de l'accusé. Les témoins sont *à charge* ou *à décharge*.

CHARGES (Cahier des). *Voyez* CAHIER DES CHARGES.
CHARIBERT. *Voyez* CARIBERT.
CHARICLO, nymphe qui fut femme d'Eurès et mère du devin Tirésias. Une autre Chariclo, fille d'Apollon ou de Persée, épousa le Centaure Chiron, et eut de lui Ocyrrhoé.

CHARIDÈME, chef de mercenaires que son manque de foi a rendu fameux, était né à Oréos, dans l'île d'Eubée. L'an 360 avant J.-C., à la suite d'une trahison qu'il commit à l'égard d'Iphicrate, général des Athéniens, il se retira auprès de leur ennemi, le roi de Thrace Cotys. Peu de temps après, il se mit au service des Olynthiens, contre l'Athénien Timothée, lequel, après l'avoir fait prisonnier, le prit à sa solde; plus tard, il fut comblé de distinctions par les Athéniens, dans l'espoir de le rattacher ainsi à leur cause. Renvoyé par Timothée, il se rendit en Asie auprès de Memnon et de Mentor, puis viola le traité qu'il avait conclu avec eux. Menacé de leur vengeance, il s'adressa de nouveau aux Athéniens, en leur promettant de leur livrer la Chersonnèse, s'ils voulaient lui venir en aide. Il ne fut pas plus tôt hors de danger qu'il s'en alla encore une fois trouver Cotys. Ce prince ayant été assassiné, l'an 358 avant J.-C., Charidème épousa sa fille, et prit les rênes du gouvernement pendant la minorité de Chersoclepsès, fils mineur de Cotys. Il entra alors tantôt en hostilité ouverte contre Athènes, tantôt seulement dans des intrigues dirigées contre elle, et finit, dit-on, par être assassiné en Perse.

CHARILÉES, fête célébrée à Delphes pour apaiser les mânes d'une orpheline inconnue, nommée *Charila*. Plutarque, dans ses *Questions Grecques*, raconte ainsi l'origine de cette fête : Une famine causée par la sécheresse ravageait Delphes; les citoyens, accompagnés de leurs femmes et de leurs enfants, allèrent en suppliants au palais du roi, qui fit distribuer à ceux qu'il connaissait de la farine et des légumes, car il n'en avait pas pour tout le monde. Une jeune orpheline s'approcha de lui, et le pria avec instance de lui donner de quoi manger. Le prince, un peu brutal, la frappa de sa chaussure, et la lui jeta au visage. La jeune fille avait le cœur fier : elle se retira de la foule, et alla dans un endroit écarté, où elle s'étrangla avec sa ceinture. Cependant la famine et les maladies dont elle était la source augmentaient chaque jour. Le monarque consulta l'oracle, et la pythie lui répondit qu'il fallait apaiser les mânes de Charila, qui s'était donné la mort : on s'informa du nom de la jeune fille, qui se trouva exact, et l'on institua un sacrifice particulier en son honneur. Tous les neuf ans ce sacrifice se renouvelait;

le roi y présidait; il distribuait de la farine et des légumes à tout le monde, aux étrangers et aux citoyens. Puis on apportait le simulacre de Charila; le prince le frappait avec sa chaussure, on le portait dans un endroit raboteux, où on lui attachait sa ceinture autour du cou, puis on l'enterrait comme jadis la pauvre fille.   Th. Delbare.

CHARINZARIENS, hérétiques qui portèrent en Arménie les erreurs des Nestoriens et le culte exclusif de la croix. C'est de ce culte que leur est venu leur nom, qui signifie en arménien *adorateurs de la croix*, et c'est pour la même raison que les Grecs du Bas-Empire les nommaient *staurolâtres*.

CHARIOT (du latin *carrus* ou *currus*), voiture à quatre roues, qui n'a qu'un timon et qui sert principalement aujourd'hui au transport des marchandises ou fardeaux, usage pour lequel il y en a aussi à deux roues seules, avec un fond et un long timon, garni de fortes chevilles ou barres, destinées à y adapter les cordes au moyen desquelles des hommes doivent les trainer. On se sert dans les arts et métiers de plusieurs ustensiles ou appareils auxquels on donne le nom de *chariot*. Les physiciens appellent *chariot électrique* une machine destinée à lancer en l'air, en temps d'orage, le cerf-volant électrique et à en développer la corde sans danger. Les astronomes ont donné le nom de *chariot* à la constellation de la *grande ourse*, composée de sept étoiles, disposées de manière que quatre figurent les quatre roues du chariot et les trois autres le timon. *Chariot* se prend dans quelques cas comme synonyme de *char*.

Les Gaulois, dans les guerres qu'ils soutinrent contre les Romains, depuis l'an 295 avant l'ère chrétienne, avaient adopté un genre de défense qui leur fut toujours d'une grande utilité pour soutenir leur infanterie contre la cavalerie romaine. C'étaient des chariots garnis de pointes acérées, et montés par de nombreux archers. Eux seuls en Italie en faisaient usage, et il les manœuvraient avec une dextérité remarquable. Chaque chariot attelé de chevaux, contenait plusieurs hommes armés de javelots ou d'épées, qui tantôt combattaient d'en haut, tantôt sautaient dans la mêlée pour y combattre à pied, réunissant à la fermeté du fantassin la promptitude du cavalier. Le danger devenait-il pressant, ils se réfugiaient dans leurs chariots, et se portaient à toute bride sur un autre point qui avait besoin de secours. Les Romains admiraient l'adresse des archers gaulois à lancer leurs chariots, à les arrêter sur des pentes rapides, à faire exécuter à ces lourdes machines toutes les évolutions exigées par les mouvements de la bataille; leurs conducteurs couraient sur le timon, se tenaient ferme sur le joug, se rejetaient en arrière, descendaient, remontaient, avec une adresse extraordinaire et la rapidité de l'éclair. Ces chariots de guerre servaient aussi bien à la défense qu'à l'attaque. Liés ensemble, ils formaient, avec les chariots de bagages, les seuls retranchements dont les Gaulois entourassent leurs camps. Dans plusieurs batailles qu'ils eurent à soutenir contre les Romains, on les vit, au moment où leur cavalerie était dispersée, ouvrir tout à coup les rangs de l'infanterie pour livrer passage, avec un bruit épouvantable, à leurs chariots qui rompaient et culbotaient tout sur leur passage. En un instant, la cavalerie romaine, jusque là victorieuse, était dispersée; les chariots pénétraient dans la masse compacte des légions, et l'infanterie et la cavalerie gauloise achevaient leur déroute.

CHARITÉ. Il est un sentiment que le cœur de l'homme recéla longtemps sans le connaître, que le christianisme alla découvrir et éveiller dans ses retraites profondes, et qu'il développa tout à coup, aux applaudissements de la terre étonnée, sentiment sublime, qui a prêté à l'humanité un appui qu'elle n'avait pas soupçonné jusque alors, a déterminé des rapports tout nouveaux entre les hommes, leur a révélé le plus beau privilége de leur nature, et a changé la face du monde par une révolution morale dont on est loin d'avoir atteint encore les incalculables conséquences. Ce sentiment est la *charité*, l'amour de l'homme pour ses semblables. Différent de tous les autres, en ce qu'il est infiniment plus large en lui-même et plus fécond dans ses résultats, il s'en distingue encore par le caractère d'activité morale qui lui est inhérent. Un sentiment peut habiter dans le cœur et se nourrir de lui-même sans se manifester au dehors par des actes. Il n'en est pas ainsi de la charité : l'action est pour elle une condition d'existence, car la religion chrétienne l'a condamnée à n'être rien sans les œuvres; et son action étant essentiellement morale, c'est-à-dire prodigue de bienfaits et de sacrifices, on ne sait si l'on doit l'appeler un sentiment plutôt qu'une vertu. Disons d'elle, pour expliquer sa double nature, qu'elle est un sentiment pratique, un sentiment que le christianisme a érigé en vertu.

Le christianisme comprit qu'il ne suffisait pas de convaincre les hommes qu'ils doivent travailler au bien de leurs semblables; il ne se contenta pas de leur prescrire la bienfaisance, il leur persuada de s'aimer. C'était une passion opposée à une autre passion, l'amour de soi, et qui pouvait n'être ni la moins énergique ni la moins profonde. Écoutons saint Paul : « Mes frères, quand je parlerais le langage de tous les hommes et des anges même, si je n'avais pas la charité, je ne serais que comme un airain sonore et une cymbale retentissante. Quand j'aurais le don de la prophétie, que je pénétrerais tous les mystères, et que j'aurais une parfaite science de toutes choses, quand j'aurais toute la foi possible, une foi capable de transporter les montagnes, si je n'avais point la charité, je ne serais rien. Et quand j'aurais distribué tout mon bien pour nourrir les pauvres, et que j'aurais livré mon corps pour être brûlé, si je n'avais point la charité, tout cela ne me servirait de rien. » En effet, si la morale et ses discours, si les actes même qu'elle inspire, ne sont pas vivifiés par cette chaleur brûlante dont la charité sait enflammer les cœurs, ils ne pourront avoir assez de retentissement dans les âmes, et n'exerceront qu'une influence médiocre et passagère.

La philosophie ancienne avait révélé les principales vérités du christianisme, et pourtant elle était encore en honneur quand les sentiments et les mœurs étaient parvenus à un tel degré de dépravation que la société était menacée de ruine. Le christianisme paraît, et sa main puissante soutient l'édifice croulant de toutes parts. Que fait-il pour cela ? Il parle le langage du cœur, il prêche l'amour et l'union entre les hommes; à la voix de la charité, l'esclave voit tomber ses fers, le sang qui coule, cause plus d'horreur, et cesse de réjouir une multitude avide d'affreux spectacles; les distances sociales se rapprochent, un lien d'affection unit le serviteur au maître, la bienfaisance se fraye un passage dans le cœur du riche, et les pauvres deviennent un objet d'attention et de sollicitude. La société jette un regard de compassion sur ses membres affligés, elle fonde des asiles pour l'indigence qui souffre; elle assure l'avenir du guerrier mutilé dans les combats; elle recueille le berceau de l'enfant abandonné, veille sur lui à sa naissance et jusque dans le sein de sa mère, soutient jusqu'à son tombeau le vieillard que l'ingratitude a laissé sans appui, et vient au secours de toutes les infirmités, de toutes les douleurs. C'est la charité qui inspire tous les sacrifices et les dévouements qui peuvent faire une histoire à part au milieu de nos annales; c'est elle qui, s'adressant au cœur des femmes (et qui pouvait mieux la comprendre), fonde ces associations admirables qu'elle nomme de son nom (*voyez* les articles suivants), et dont les membres consacrent leur vie entière au soulagement des misères de l'humanité; c'est elle qui envoie aux contrées lointaines ces hommes, plus braves que les soldats de Léonidas, qui vont, à travers mille morts, chercher, au sein des forêts et sous la hutte du sauvage, ceux qu'ils n'appellent pas des barbares, mais qu'ils nomment leurs frères, et qu'ils veulent élever à la dignité de leur nature.

L'amour, l'amitié, le respect filial, la tendresse maternelle, l'amour de la patrie, tous ces sentiments viennent se fondre dans la charité ; plus large qu'eux tous, elle les absorbe, pour ainsi dire, sans toutefois les éteindre. Elle n'est point seulement émue à l'aspect des souffrances physiques ; les douleurs morales exciteront en elle une vive sympathie, et si elle a des aumônes pour l'indigent, elle a des consolations pour l'affligé ; si d'une main elle sait étancher le sang d'une blessure, elle peut de l'autre essuyer les larmes que le malheur fait répandre. Également attentive à prévenir les maux extérieurs et les douleurs qui ne se laissent point voir, elle évitera ce qui peut porter atteinte à la réputation, ménagera l'amour-propre, dont les blessures cachées sont si cruelles ; elle sera ingénieuse à sonder toutes les plaies de l'âme et à les guérir, sans qu'on sente la main délicate qui les a touchées ; aussi jalouse d'épargner les peines les plus légères que de soulager les plus grandes infortunes, elle s'abstiendra soigneusement de tout ce qui peut blesser inutilement le cœur. Elle saura se plier habilement, selon les caractères, évitera de choquer les sentiments et les idées d'autrui, et mettra son langage à la portée de tous. Humble et modeste, affable et prévenante, sa douceur et sa grâce aimable s'insinueront dans les cœurs les plus durs, assoupliront les natures les plus inflexibles ; elle sera conciliante, s'efforcera de rapprocher les hommes, d'apaiser les haines, et ne craindra pas de s'y exposer elle-même, pour accomplir le bien qu'elle s'est proposé. Indulgente pour tout le mal qu'on peut lui faire, elle n'en conservera pas même de ressentiment ; elle immolera généreusement ses droits : l'injustice et les folies des hommes exciteront sa compassion et non sa colère. Ici nous ne pouvons nous empêcher de citer encore les admirables paroles de l'apôtre des Gentils : « La charité est patiente, elle est douce ; la charité n'est point envieuse ; elle n'est point téméraire et précipitée ; elle ne s'enfle point d'orgueil ; elle n'est point ambitieuse ; elle ne cherche pas ses propres intérêts ; elle ne s'irrite point ; elle n'a pas de mauvais soupçons ; elle ne se réjouit pas de l'injustice, mais elle se réjouit de la vérité ; elle tolère tout, elle croit tout, elle espère tout, elle souffre tout... Pratiquez en toutes choses l'humilité, la douceur, la patience ; supportez-vous les uns les autres avec charité, et travaillez avec soin à conserver l'unité d'un même esprit, par les liens de paix. Vous n'êtes qu'un corps et qu'un esprit, comme vous avez été appelés à une même espérance. Il n'y a qu'un Dieu, père de tous, qui étend sa providence sur tous et qui réside en nous tous. »

La charité devait faire le bonheur des sociétés. Après avoir commencé son œuvre, elle a disparu. Les cœurs l'avaient comprise, et elle a été bannie de leurs cœurs. Elle devait détrôner l'égoïsme, ce fléau de l'humanité, et maintenant l'égoïsme règne en maître sur le genre humain. Le christianisme, qui l'avait apportée au monde, a donc fait une œuvre incomplète. Des causes existent qui en ont amené la destruction, causes qu'il n'avait pas prévues, et dont l'influence fatale prouve qu'il n'avait pas mis son œuvre à l'abri de tout péril, et qu'il n'en avait pas suffisamment assuré le développement et la durée. On a dit souvent et toujours avec raison, il n'est point de si bonne chose dont on ne puisse faire un déplorable abus, si on la pousse à l'extrême, si on en fausse les conséquences par un manque de lumières, qui fait qu'on se méprend sur sa nature et sur son objet. Or, cette vérité est parfaitement applicable à la charité chrétienne. À l'époque où elle parut dans le monde, les ténèbres de l'ignorance la couvraient encore, et l'intelligence humaine n'était pas assez forte pour qu'un sentiment, quel qu'il fût, pût longtemps suppléer aux lumières de la raison. La charité, qui n'était pas appuyée et étayée, pour ainsi dire, sur une idée bien déterminée et bien comprise, a subi le sort de tout sentiment, qui livré à lui-même est fugitif et passager de sa nature. L'intelligence ne lui prêtant pas un secours suffisant, elle s'est affaiblie, elle a suivi sa loi de décroissance, elle a passé.

Il ne suffit pas, en effet, aux hommes d'être mus par une passion sublime, qui les porte à vouloir le bien de leurs semblables ; il faut encore qu'ils sachent en quoi consiste ce bien, et par quels moyens on peut l'atteindre. Or, quand le christianisme prononça le mot charité, on n'avait pas encore déterminé quel est le véritable bien pour l'homme. Cette idée était si peu déterminée, que la religion catholique nous a donné un triste exemple des erreurs où l'on peut tomber à cet égard. Comme elle comprenait mal la nature de l'homme, et qu'elle regardait la vie comme un temps d'exil, de misère et de pénitence, elle attacha uniquement ses regards sur les biens de la vie future, et crut faire beaucoup plus pour les hommes en les enfermant dans des monastères, en les livrant aux dangers et aux folies d'une vie ascétique et contemplative, qu'en leur inspirant l'amour du travail et d'une vie active, passée au sein de la société, au profit de cette société même. Aussi, sous prétexte d'assurer le salut des âmes, foula-t-elle aux pieds les lois saintes de l'humanité, et l'on vit les ministres d'un dieu de paix, les apôtres de sa charité et de sa miséricorde, faire périr de sang-froid leurs semblables dans des supplices que leur auraient enviés les siècles les plus barbares. La charité chrétienne aurait-elle éprouvé ces incroyables vicissitudes si elle avait été plus éclairée ? Aurait-elle laissé l'homme dans la misère et la douleur, si elle avait su que la misère abrutit l'homme et ne lui permet pas de se développer selon sa véritable nature et d'appliquer ses facultés à remplir la destinée qui lui est assignée sur la terre ? Aurait-elle permis qu'il croupît dans l'ignorance, si elle avait su que rien ne peut mieux combattre les mauvaises passions du cœur que le développement de la raison, si elle s'était doutée de cette vérité, pour nous triviale et naïve, que Dieu n'a donné à l'homme l'intelligence et l'activité que pour les exercer et en accroître la puissance, et qu'il n'a pu se proposer d'autre but en le douant de liberté que de le voir s'élever par lui-même à toute la dignité de son être, en travaillant sans cesse à améliorer sa nature, qu'il a reçue inculte et grossière, pour avoir la gloire et le mérite de la perfectionner et de l'ennoblir ? La charité, tout admirable et toute divine qu'elle était, n'a donc pas révélé à l'homme son véritable bien et les moyens de l'accomplir : voilà pourquoi elle ne l'a pas accompli ; voilà pourquoi l'homme l'a oubliée. Ce fut là sa faute capitale.

Tout entière préoccupée du soin des intérêts d'autrui, prêchant sans cesse la résignation, la patience, le sacrifice de ses intérêts propres et cette doctrine, si sublime dans certains cas, de rendre le bien pour le mal, elle enseigna parfaitement aux hommes leurs devoirs ; mais elle oublia de leur parler de leurs droits, ou ne leur en parla que pour leur en conseiller l'abandon. Elle ne comprit pas que par là elle engageait les voies à l'ambition à l'avidité, au despotisme ; que s'il se trouvait des hommes prêts à obéir et à souffrir, il s'en trouverait aussi beaucoup disposés à user tyranniquement de la puissance. Ainsi, elle ouvrit un champ libre à l'arbitraire et à toutes ses violences, elle encouragea les hommes aux mauvaises passions, au cœur dépravé, qui spéculent sur tout, même sur la vertu, et qui exploitèrent alors sans obstacle non-seulement l'ignorance de leurs semblables, mais encore l'humilité patiente, le désintéressement, la libéralité, les nobles sacrifices, en un mot toutes les vertus prêchées outre mesure par la charité. Qui pouvait mettre un frein aux abus et aux excès du pouvoir ? elle interdisait jusqu'aux murmures ; loin de conseiller à la victime de briser ses chaînes, elle lui ordonnait de les bénir et de prier pour ses tyrans. Et qui pouvait porter l'homme à voler au secours de ses frères opprimés ? Quand il regardait la résignation comme un devoir, pouvait-il prêcher la révolte, et ne devait-il pas se borner à leur porter des consolations et à les exhorter à la douceur et à la patience, quand la charité en faisait une loi à tous les hommes? Ainsi, l'abnégation de soi-même amenait à immoler, avec ses intérêts, les intérêts sacrés de ses semblables; elle prêtait à l'égoïsme des armes qui le fortifiaient tous les jours, et il arriva que la charité, sans le vouloir, avait banni la justice de la terre. Elle avait voulu, elle, que l'individu se sacrifiât pour l'humanité entière, et ce fut l'humanité qui se vit sacrifiée à quelques individus : car des masses qui n'ont pour armes et pour défense que la résignation, l'obéissance et le dévoûment, seront toujours plus faibles qu'une poignée d'ambitieux armés d'audace ou de fourberie. La charité toute seule fut donc impuissante à protéger le juste contre le méchant; elle ne sut pas élever une barrière qui défendît l'humanité contre les attaques de ses ennemis : elle apprit à faire le bien, mais elle n'apprit pas à empêcher le mal, et ainsi elle détruisit son ouvrage et se perdit elle-même.

Mais la société a d'autres griefs encore contre la charité et les abus qu'elle enfanta : elle n'a pas seulement à se plaindre de ce qu'elle a favorisé le despotisme et les violences, elle a aussi à lui reprocher d'avoir encouragé la mendicité et la paresse, véritables fléaux de la société. Ici, ce n'est plus l'homme puissant qui exploite au profit de son ambition le désintéressement et l'obéissance passive, c'est l'homme au cœur lâche, fourbe et vicieux, qui exploite la pitié et la bienfaisance : sûr de la sympathie qu'excitera dans les âmes la vue de sa misère, sûr des bienfaits que la charité ordonne de répandre les yeux fermés sur les malheureux, il trouve un moyen facile d'existence dans ces dons qu'il semble pouvoir exiger, et qu'il s'habitue bientôt à regarder comme un bien qui lui est dû. *La charité!* crie-t-il d'une voix plaintive; *la charité!* voilà le nom qu'il invoque, voilà le sentiment qu'il sollicite, qu'il sait ne pas solliciter en vain, et qui devient un aliment pour ses vices. De là naissent la paresse et l'hypocrisie, la paresse, qui attend la misère avec confiance, qui se familiarise avec la dépendance et l'abjection; l'hypocrisie, qui s'habille des haillons de la misère ou prend le masque de la souffrance, qui attire dans les pièges de sa basse flatterie et la bonté confiante et l'aveugle vanité; qui confisque à son profit les bienfaits dus au malheur réel, qui rougit et se cache. La paresse hypocrite engendre la mendicité; celle-ci, à son tour, amènera le vagabondage, dont les dernières conséquences, le vol et l'homicide, ne se feront pas attendre.

Il est triste, assurément, d'adresser ces reproches amers à la plus sublime des vertus que puisse nourrir le cœur de l'homme; mais n'y sommes-nous pas forcés par l'évidence? Consultons les faits, et qu'on nous dise si les temps où la charité était le plus prêchée et pratiquée ne furent pas aussi ceux qui virent pulluler cette foule de mendiants hypocrites ou assassins qui encombraient la plus grande partie de l'Europe? Niera-t-on ces pieux brigands de l'Espagne et de l'Italie demandant la charité une crucifix dans une main, un poignard dans l'autre? Niera-t-on la Cour des Miracles, ses redoutables truands, ses paralytiques imposteurs, qu'on signalait même alors comme des bandits homicides, et que soutenait pourtant la charité publique? Voyez les pays où la religion chrétienne est le plus en honneur, et où, dégagée de toutes les influences de la philosophie, elle s'est le plus largement développée dans ses bonnes comme dans ses mauvaises conséquences; leur physionomie est facile à tracer. Qu'y remarque-t-on avec l'ignorance, la misère et la servilité des peuples, le despotisme dans toute sa pureté, des lazzaroni, des courtisanes, des sicaires et des bourreaux.

Que conclure de ceci? Faut-il donc nous applaudir de ce que la charité est bannie de tous les cœurs? faut-il faire des vœux pour qu'elle n'y rentre jamais? Une telle conclusion est loin de notre pensée : placés à une époque où nous pouvons apprécier les causes qui ont agi sur la charité pour la dénaturer et en corrompre les fruits, où nous pouvons apprécier les immenses avantages de cette vertu guidée et préservée de ses propres excès par les lumières de la raison et de l'expérience, tous nos efforts doivent tendre à écarter les influences pernicieuses qui l'ont fait dégénérer, le mysticisme et l'ignorance; à l'entourer des préservatifs et des auxiliaires dont elle a besoin pour être durable et bienfaisante. Il faut que les préceptes d'une philosophie large et applicable enseignent aux hommes quel est leur véritable bien et par quels moyens ils doivent y tendre, leur apprennent en même temps à opposer une digue aux envahissements de l'ambition et de la cupidité, à se garantir de l'oppression et de l'injustice, à placer convenablement leurs bienfaits, à discerner le malheureux qui souffre sans avoir mérité ses maux, du fainéant qui se plaît dans sa misère.

On peut nous faire ici cette objection, assez fondée : Quand vous aurez fait connaître à l'homme sa véritable nature, quand vous l'aurez instruit de ses droits et de ses devoirs, quand vous aurez établi la justice sur des bases solides, aurez-vous pour cela ranimé la charité dans les cœurs? Ne faut-il pas plus que vos lois et votre science pour continuer l'œuvre du christianisme? Inspirez-vous la foi qu'il inspira? Avez-vous comme lui, des apôtres, dont l'âme naïve et brûlante communiquait aux âmes le feu qui les consumait? La philosophie, avec ses froides leçons, ne sera-t-elle pas impuissante à échauffer les cœurs, à allumer en eux ces sentiments tendres et passionnés qui ne peuvent naître que dans des hommes dont l'âme neuve n'est pas refroidie par la science et les longs raisonnements? Et d'ailleurs, où sont vos croyances? Avez-vous cette unité de dogmes au sein de laquelle se reposent les esprits? cette foi vive qui sert de base aux vertus comme de lien aux croyances? Le scepticisme et l'incrédulité n'engendreront jamais que l'égoïsme, et l'homme qui ne voit rien pour lui au delà du tombeau sera-t-il bien vivement porté à se priver pour ses semblables du seul bien-être auquel il croie?

Il est vrai que le plus grand obstacle à la renaissance des vertus philanthropiques est maintenant l'état des croyances, leur incertitude, leur confusion. Faut-il néanmoins désespérer de voir les hommes animés d'amour les uns pour les autres? Ce sentiment ne serait-il plus dans la nature? Une fois éteint, serait-il donc impossible de le rallumer? Et pourtant c'est ce qui manque actuellement au monde, c'est ce lien qu'on cherche maintenant de toutes parts, c'est cet élément qui est de moins dans la société, et qui peut seul la rajeunir et la vivifier. Dans un tel état de choses, les hommes de sens et de cœur ne doivent-ils pas s'unir pour fonder, avec les vérités de la religion naturelle et de la psychologie, un nouveau code de morale, qui parlerait à toutes les intelligences, les rallierait toutes, et serait adopté avec d'autant plus d'empressement qu'on soupire après lui, et qu'il s'appuierait sur la science, à laquelle seule maintenant le genre humain veut croire? A l'œuvre donc, amis de l'humanité! Ranimez la croyance en la mettant à la portée de tous et en vous appuyant sur la science! Et alors les sentiments qui découlent des croyances ne tarderont pas à se faire jour, car le sentiment suit la croyance comme l'ombre suit le corps. Seulement, comme les sentiments ne marcheront pas seuls et livrés comme autrefois à eux-mêmes, mais qu'ils seront placés sous l'empire de la raison et sans cesse dominés par elle, ils perdront de leur fougueuse énergie, de leur dangereuse exagération; ils échaufferont l'âme d'un feu plus tranquille et plus doux, ils seront moins exclusifs, et ce qu'ils perdront en vivacité et en violence, ils le gagneront en durée et en heureux résultats. S'il est vrai que l'homme a débuté par le sentiment, si l'inspiration et l'enthousiasme ont présidé à l'origine des sociétés, il est vrai aussi que le règne exclusif du sentiment est passé; ce-

lui de la raison lui a succédé, et c'est à la science qu'il appartient maintenant de régler les destinées de l'homme. Mais ce n'est point un motif pour qu'elle devienne exclusive à son tour, et qu'elle ne laisse pas de place au sentiment ; il l'avait précédée, il la suivra à son tour ; et c'est elle qui, prévenant ses écarts, le maintiendra dans de sages limites. N'en doutons point, il existe encore dans les cœurs des germes de ce sentiment précieux qu'on appelle *sympathie, générosité, bienveillance, amour de ses semblables.* Ce sentiment a été refoulé quelque temps au fond des âmes pour faire place à celui de l'individualité et de la justice, qui devait prendre sa place ; mais il n'est que comprimé, il n'est pas anéanti. L'humanité saura le réveiller d'elle-même et le retrouver. De même qu'elle est allée chercher au sein de la nature extérieure ces forces qu'elle a fait servir à ses divers usages et qu'elle exploite pour son bien-être matériel, de même elle saura, par un retour sur elle-même, s'emparer de tous les éléments que l'âme recèle, en étudier les lois, et les faire contribuer tous, selon leur part, à son bien-être moral et à l'accomplissement de sa destinée. Elle n'oubliera pas la charité, ce *sentiment-vertu,* dont elle peut tirer de si puissants avantages, et , avertie par les lumières de la réflexion et de l'expérience, elle saura la mettre en équilibre avec les autres éléments de la nature. La charité ainsi régénérée, débarrassée de son alliage impur, luira de nouveau sur le monde, pleine de force, de jeunesse et d'éclat ; elle dépouillera même son nom vieilli, qui rappellerait trop son dangereux cortège d'autrefois, le mysticisme, la foi aveugle et l'ignorance : elle se nommera *philanthropie.*
C.-M. PAFFE.

CHARITÉ (Bureau de). *Voyez* BIENFAISANCE (Bureau de).

CHARITÉ (Dames de). Elles sont encore, comme autrefois, attachées à chaque paroisse, à chaque succursale, avec l'autorisation de l'archevêque, ou de l'évêque du diocèse. Dans quelques arrondissements de Paris, elles sont attachées au bureau de bienfaisance ou de charité ; mais en général elles sont plus en rapport avec les curés et les marguilliers. Leurs fonctions sont de connaître et de soulager les besoins des pauvres. Elles vont dans les maisons particulières recueillir des aumônes, et les versent dans la caisse de l'église dont elles dépendent. Ces fonctions sont fort honorables ; et cependant, comme il arrive quelquefois que la vanité, l'ambition, l'hypocrisie, plutôt qu'une vocation véritable, déterminent ces dames à les accepter, elles les remplissent généralement avec une sécheresse, une morgue et une dureté qui ne leur concilient ni le respect ni l'affection de leurs paroissiens. Elles faisaient autrefois préparer et distribuer des remèdes et des aliments par les sœurs de charité ; mais celles-ci ne sont plus aujourd'hui sous les ordres de ces dames, et les choses n'en vont que mieux.
H. AUDIFFRET.

CHARITÉ (Frères de la). Cet ordre religieux fut établi, à Grenade, par saint Jean-de-Dieu, Portugais, qui, en 1540, y loua une maison, où il attirait et soignait les malades. Cette institution, autorisée par l'archevêque de Grenade, n'avait ni règle ni costume particulier ; ce ne fut qu'après la mort du fondateur, en 1550, qu'elle fut approuvée par le pape Pie V, qui en 1572 prescrivit aux frères l'habit et la règle de Saint-Augustin. Clément VIII leur interdit l'étude et la prêtrise, qui pouvaient les distraire du but principal de leur fondation ; mais en 1596 il les rétablit dans leur premier état, et Paul V, en 1609, leur permit de promouvoir au sacerdoce quelques-uns de leurs frères, afin qu'il y en eût un dans chaque hospice pour célébrer l'office divin et administrer les sacrements. Marie de Médicis les amena en France, en 1601 ; Henri IV leur accorda des lettres-patentes en 1602, et ils eurent bientôt plusieurs maisons, dont les principales furent l'hôpital de La Charité à Paris, et celui de Charenton. Plusieurs frères de la charité pas-saient pour très-habiles chirurgiens ; leur vigilance et leurs soins étaient dignes d'éloges. Ces religieux, qu'on appelait en Espagne *frères de l'hospitalité,* et en Italie *fate ben, fratelli,* parce que saint Jean-de-Dieu leur disait : *faîtes bien, mes frères,* ont porté différents noms en Europe, suivant les localités. Avant la révolution de 1789 ils n'avaient chez nous que vingt-quatre maisons et trois dans nos colonies. Leur habillement consistait en une robe, un scapulaire et un capuce de drap brun, avec une ceinture de cuir noir. Ils ont cessé d'exister en France en 1792, et n'ont été rétablis depuis que dans deux ou trois localités, quoique le frère Élisée, l'un d'eux, jouît auprès de Louis XVIII d'une faveur méritée ; il serait à désirer peut-être qu'ils le fussent partout, car on trouverait difficilement des infirmiers plus dévoués et plus adroits que les frères de la charité.

Il ne faut pas confondre leur ordre avec celui des *frères de la charité* de Saint-Hippolyte, institués, vers l'an 1585, à Mexico, par un habitant de cette ville, qui dédia son hôpital au saint patron du Mexique. Cet ordre, que le pape Innocent XII, en 1700, soumit à la règle de Saint-Augustin, ne s'étendit qu'en Amérique.

Un ordre plus ancien de religieux hospitaliers de la charité de Notre-Dame, fondé au treizième siècle, par Guy, seigneur de Joinville, à Châlons-sur-Marne, suivait aussi la règle de Saint-Augustin ; le déréglement causa sa ruine, et il fut réuni, en 1772, à l'ordre militaire de Saint-Lazare et du mont Carmel.

Henri III institua un ordre militaire de la *Charité Chrétienne,* en faveur des soldats blessés ou estropiés. Ils portaient sur le côté gauche de leur manteau une croix, autour de laquelle étaient brodés en or ces mots : *Pour avoir fidèlement servi.* Cet ordre devait flatter l'amour-propre des Français, et pourtant il s'éteignit avec les Valois.
H. AUDIFFRET.

CHARITÉ (Sœurs de la). Les *filles de la charité,* furent instituées dans la Bresse, en 1617, par saint Vincent de Paul, en confrérie, comme servantes des pauvres malades. Quoiqu'elles ne fussent destinées que pour la campagne, elles s'établirent à Mâcon, en 1623, puis à Paris, où Mme Legras (Louise de Marillac, nièce du garde des sceaux et du maréchal de ce nom) fonda, sous la direction de saint Vincent, leur première maison, sur la paroisse Saint-Nicolas-du-Chardonnet. Cette institution fut approuvée en 1651, par l'archevêque de Paris, J.-F. de Gondy, et les lettres furent expédiées par son neveu et coadjuteur, le vieux cardinal de Retz, qui les confirma en 1655 ; Louis XIV l'autorisa par lettres patentes de 1657, confirmées en 1660 par le cardinal de Vendôme, légat du pape. Saint Vincent rédigea les statuts et règlements des filles de la charité, et nomma leurs premières officières ; elles furent placées sous la direction du supérieur général des missions. Vêtues autrefois de gris, d'où leur est venu le nom de *sœurs grises,* elles ont pris depuis le noir-gris ; mais leur coiffure large et avancée, propre à les garantir du soleil, rappelle encore le premier but de leur institution.

L'humanité, le dévouement de ces pieuses, saintes et respectables filles les avaient rendues trop utiles, trop chères aux classes pauvres, pour qu'elles ne fussent pas épargnées pendant les orages de la Révolution. Elles continuèrent même à remplir secrètement, mais avec assez de liberté, leurs pieuses fonctions. Dès que le gouvernement eut acquis plus de stabilité, il s'empressa d'utiliser les sœurs de la charité. Napoléon les plaça sous la protection de sa mère, et les remit sous la juridiction immédiate du supérieur général des lazzaristes. Elles ne font que des vœux simples, environ cinq ans de noviciat, et les renouvellent, tous les ans, le 25 mars. Elles peuvent se retirer si elles le veulent, et la communauté est aussi en droit de les renvoyer quand il y a des motifs suffisants. Leur règle est imprimée en 2 vol. in-4°. Plusieurs maisons leur ont été assignées dans Paris ; elles y instruisent les jeunes filles de la classe indigente et leur apprennent à travailler. Elles visitent les pauvres malades, les soignent et leur administrent les médicaments, qu'elles manipulent elles-mêmes, d'après les prescriptions des médecins. Elles sont attachées au service des bureaux de bienfaisance et à celui de huit des hospices de Paris, savoir : les Enfants-Trouvés et Orphelins, les Ménages, les Incurables (tant hommes que femmes), l'hôpital Necker, l'hôpital de Bon-Secours, et l'hospice La Rochefoucault.

Il y a encore d'autres religieuses qui, sans porter le titre de sœurs de charité, en remplissent les devoirs avec le même zèle. Ce sont les *sœurs de Sainte-Marthe*, qui desservent les hospices Saint-Antoine, de la Pitié, Cochin et Beaujon; les *sœurs de la sagesse*, qui ont la maison de Sainte-Perrine à Chaillot; les sœurs de Sainte-Camille, connues par leur dévoûment lors de la peste de Barcelone. Il y avait aussi deux ordres de religieuses de *Notre-Dame de la Charité*, dont l'un, sous le nom de dames religieuses de Saint-Augustin, dessert aujourd'hui l'Hôtel-Dieu et l'hôpital Sainte-Marguerite, l'hôpital de La Charité et l'hôpital Saint-Louis. L'hôpital des Enfants est confié aux dames religieuses de Saint-Thomas de Villeneuve, celui de la rue de Lourcine aux sœurs de la compassion. Toutes rivalisent de zèle dans le soin des malades. H. AUDIFFRET.

CHARITÉ (La). *Voyez* NIÈVRE (Département de la).
CHARITÉ LÉGALE. *Voyez* BIENFAISANCE PUBLIQUE.
CHARITÉ MATERNELLE (Société de), association établie en 1788, en faveur des mères nourrices, dans le but religieux et moral de conserver à l'enfant le lait et les soins que la nature lui avait destinés. La charité maternelle eut pour fondatrice Mme Fougeret, fille de M. d'Outremont, longtemps administrateur des hôpitaux; elle savait et le grand nombre des enfants abandonnés et l'affligeante mortalité causée par l'encombrement de l'hospice. La plupart de ces innocentes créatures mouraient faute de nourrices, comme si la nature n'avait pas pourvu à leurs besoins. C'était à cette sage nature qu'il en fallait appeler des vices de la société; c'était dans ses voies qu'il fallait ramener les parents que la misère et la corruption en avaient détournés. Rattacher au sein de leurs mères ces enfants dévoués à l'abandon, leur rendre l'existence sociale qu'ils allaient perdre, le lait sans lequel ils allaient mourir, tel fut le but, l'inspiration de la fondatrice. Comme un germe fécond, cette idée, si juste et si heureuse, porta tout le fruit qu'on en pouvait attendre.

Au premier appel à la compassion du public, et particulièrement à celle des mères de famille, des dons considérables furent versés ou promis. La reine Marie-Antoinette accepta le titre de protectrice, et le premier cachet de la société, gravé sur un trait de Girodet, représentait Moïse sauvé des eaux et confié à sa propre mère par la fille de Pharaon. La tourmente révolutionnaire ne détruisit pas entièrement une œuvre encore si nouvelle. Dès le temps du Directoire, celles des dames qui avaient échappé aux proscriptions se réunirent de nouveau, en grande partie par les soins de Mme de Pastoret, qui, à l'imitation de la première fondatrice, et avec non moins de succès, se chargea, sous le titre de secrétaire, de toute la direction de l'œuvre. Pendant le règne de Napoléon, la *Société Maternelle* fut élevée par un sénatus-consulte au rang d'institution impériale. Elle dut, sous la protection de Marie-Louise, être établie dans toutes les grandes villes de la France. Une dotation De 500,000 francs lui fut allouée, et la cotisation des dames nommées par l'impératrice pour composer le comité central s'éleva pour chacune d'elles à 500 fr. Presque aucune des femmes associées, et particulièrement la fondatrice, n'étaient alors en état de fournir un tel impôt; les nouvelles dignitaires, de leur côté, étant peu libres peut-être pour cette tâche de surveillance et de soin, tout fut réglé par un accord tacite : leurs noms ornèrent la liste, leur argent fournit la caisse, et les modestes ouvrières, contentes de leur lot, virent avec joie leurs travaux s'étendre avec les moyens de faire le bien.

A la Restauration, la duchesse d'Angoulême accorda son intérêt à une association fondée sous les auspices de son auguste mère; elle reconnut avec attendrissement sa signature aux procès-verbaux des assemblées tenues en sa présence, et voulut, comme elle, présider chaque année une séance où les intérêts des pauvres étaient discutés comme dans les comités ordinaires, et dans laquelle le compte-rendu des recettes et des travaux de l'année lui était présenté. La reine des Français Marie-Amélie, après la révolution de Juillet, a suivi cet exemple, qui n'a pas manqué de trouver une imitatrice zélée dans la nouvelle impératrice Eugénie.

Il existe aujourd'hui en France quarante-trois de ces sociétés.

CHARITES, nom des Grâces chez les Grecs. La plus jeune s'appelait aussi *Charis* ou *Aglaé*, nom sous lequel on désigne quelquefois la déesse de la persuasion, de l'éloquence.

CHARITON et MÉNALIPPE, tous deux habitants d'Agrigente, en Sicile, au sixième siècle avant notre ère, sont demeurés célèbres dans l'histoire comme des modèles d'une amitié parfaite. Chariton avait conspiré contre la vie de Phalaris, tyran de sa patrie; mais il fut découvert, et il allait payer de sa vie son dévouement à la liberté d'Agrigente, lorsque Ménalippe vint se livrer à la justice, en s'accusant d'être le véritable, le seul coupable, attendu que c'était lui qui avait inspiré cette résolution désespérée à son ami. Touché de cette lutte de générosité, Phalaris leur accorda à tous deux la vie sauve, et se contenta de les bannir du territoire d'Agrigente.

CHARITON, romancier grec du quatrième ou du cinquième siècle de notre ère, originaire d'Aphrodisias en Carie, a raconté les aventures amoureuses de *Chæreas et Callirrhoe*, dans un style assez bon pour l'époque où il écrivait et d'une manière simple et assez décente. D'autres estiment que l'auteur de cet ouvrage n'a fait que prendre un nom et un lieu de naissance faisant allusion aux déesses de la grâce et de l'amour *Charis* et *Aphrodité*. La première édition en fut donnée, avec un commentaire extrêmement érudit, par d'Orville (3 vol., Amsterdam, 1750); Beck la réimprima avec un texte rectifié et une traduction latine par Reiske (Leipzig, 1783). Il en existe une traduction en français par Larcher (2 vol., 1762).

CHARIVARI, bruit nocturne que l'on fait avec des chaudrons, des bassins, des poêles et d'autres instruments ou ustensiles de cuivre et de fer au son lugubre et baroque, accompagné de cris discordants et de chants burlesques, pour donner des sérénades dérisoires à des gens qui convolent à de secondes ou troisièmes noces, aux barbons qui épousent des jeunes filles, aux vieilles femmes qui s'unissent à des jouvenceaux. Les acteurs de cette musique barbare se rassemblent sous les fenêtres des nouveaux époux, afin de les empêcher de dormir. Ces réunions tumultueuses étaient autrefois bien plus en usage qu'aujourd'hui : les reines même, quand elles se remariaient, n'étaient point à l'abri de leurs insultes. Elles furent défendues, sous peine d'excommunication, par le concile de Trente, et elles ont été prohibées depuis, en divers pays, par des règlements et ordonnances de police. Elles furent tolérées à Lyon plus longtemps que dans les autres grandes villes, et le charivari continuait jusqu'à ce que les nouveaux remariés eussent donné un bal au voisinage et du vin au peuple. Ces restes indécents des mœurs grossières du moyen âge sont punis par les tribunaux.

Charivari se dit aussi du bruit que font des bandes de masques ou de gens déguisés pour insulter quelqu'un. On donne encore ce nom à toute espèce de désordre et de vacarme occasionné par des disputes et des criailleries de poissardes, par des rixes, des injures et des voies de fait entre gens du peuple, surtout quand ils sont en débauche.

C'est dans le même sens que, suivant dom Lobineau, on appelle en Bretagne *chevalet* ou *charivari* les querelles scandaleuses entre maris et femmes, et qu'au jeu de l'ombre on nomme *charivari* un coup qui consiste à porter les quatre dames, sans doute parce qu'on a toujours observé que quatre femmes ensemble ne peuvent manquer de faire beaucoup de bruit. Par suite de la même idée, on dit des réunions où tout le monde parle sans s'entendre, des séances tumultueuses de certaines assemblées publiques : *Il y a un beau charivari*; et d'une musique discordante, telle que celle des peuples sauvages ou à demi civilisés, d'un mauvais concert, d'un opéra mal exécuté : *C'était un vrai charivari*.

Si ces diverses acceptions du mot charivari présentent toutes une idée de bruit, de trouble et de tintamarre, quels qu'en soient la cause et les résultats, ses différentes étymologies, malgré leurs divergences apparentes, remontent toutes à la même source. Nicot le dérive du grec χάρη βάρος, dont nous avons fait en français carébarie, pesanteur de tête, provenant d'excès de boisson, de bruit, etc.; Du Cange, de *cari, cari*, cri des Picards de Calais et de Boulogne contre les exactions des agents du fisc; enfin Scaliger, dont Noël a suivi l'opinion, le fait venir de *chalybarium* (vaisseau d'airain).

Les charivaris, comme les mascarades, étaient à peu près passés de mode en France, lorsqu'on les vit sous la Restauration ressusciter avec plus d'éclat et de fracas, et devenir des signes non équivoques de perturbation politique, de mécontentement et d'outrage envers des fonctionnaires publics. Si ces démonstrations indécentes, qui ne durèrent pas tout à fait autant que le gouvernement constitutionnel, étaient répréhensibles pour la forme, elles n'étaient pas au fond dénuées de raison et de justice. En effet, un préfet, un procureur du roi, se montraient-ils dévoués au gouvernement, c'est-à-dire au ministère du moment, les récompenses, les honneurs pleuvaient sur eux; montraient-ils de la répugnance, de la tiédeur, de la lenteur dans l'exécution des ordonnances royales, des décisions ministérielles, ils étaient bientôt destitués. Les députés qui votaient obséquieusement ou aveuglément pour les projets et les budgets ministériels, étaient aussi comblés des faveurs du pouvoir, et les seuls qui n'obtinssent rien, étaient ceux qui formaient l'opposition. Mais le peuple, qui payait de ses sueurs, du plus clair produit de son travail, les ministres et leurs créatures, qui, par l'intermédiaire de ses électeurs, nommait ses députés, leur accordait sa confiance et leur transmettait ses pouvoirs, séduit par des promesses et des professions de foi trop souvent illusoires; le peuple, qui n'avait ni le droit de les révoquer avant cinq ans, s'ils trahissaient leur mandat, ni les moyens et le pouvoir de les récompenser, s'ils avaient été fidèles; le peuple, pour qui manger, boire et chanter, est le bonheur suprême, et brailler le signe le plus naturel de réprobation, donnait des festins et des sérénades sous les députés qu'il aimait, des charivaris à ceux qu'il n'aimait pas. Avait-il tort ou raison de s'arroger et d'exercer à sa manière le droit de récompenser et de punir ? Ce n'est pas nous qui répondrons. Au reste, plusieurs députés ne se formalisaient pas de ces manifestations peu galantes, qu'ils savaient avoir méritées.

Les charivaris politiques ont donné naissance à un petit journal d'opposition qui paraît depuis plus de vingt ans, sous le titre de *Charivari*. Jadis il ameutait, au bruit de son cornet, le public qui avait payé à la porte et servait d'écho à un concert d'épigrammes, bonnes ou mauvaises, contre les hommes du pouvoir et les notabilités de toute espèce. Ce tapage a duré bien des années. Les *trois hommes d'État du Charivari* avaient alors dans les cafés et estaminets des villes de province plus de renommée que beaucoup de ministres. Mais, partisan du pouvoir sous la république, il avait perdu déjà une partie de son esprit lorsqu'il dut abandonner la politique au retour de l'empire; et *Le Charivari* n'est plus aujourd'hui qu'un petit recueil quotidien d'épigrammes bien inoffensives, décochées contre les propriétaires, les rapins, les étudiants et autres spécialités incolores, dont s'inquiète fort peu le public.

Qui se rappelle encore ce que ce fut jadis la mode de porter au cou, aux goussets, à la ceinture, deux montres et davantage, avec leurs chaînes surchargées de colifichets, de cachets, de clefs, d'emblèmes, de breloques enfin, appelées *charivari*, parce qu'elles annonçaient de loin l'heureux possesseur de toutes ces belles choses. *Charivari* a été aussi le nom d'une sorte de pantalon de guerre dont la mode a duré plus de vingt-cinq ans : ces charivaris, doublés en peau à l'extérieur, entre les jambes, étaient boutonnés de chaque côté du haut en bas en dehors, et pouvaient aisément se mettre sur un autre pantalon. Leur nom venait probablement de ce que les militaires qui en étaient vêtus portaient un grand sabre traînant, à la hussarde, dont le fourreau en cuivre faisait charivari sur le pavé. H. AUDIFFRET.

CHARIZI, ou mieux AL-HARIZI (YEHOUDA-BEN-SALOMON-BEN-), célèbre rabbin du treizième siècle, né à Xerès en Espagne et mort vers l'an 1235, fut un des écrivains les plus remarquables du moyen âge, et il avait reçu son éducation dans les écoles rabbiniques, qui jetaient alors tant d'éclat dans sa patrie. Comme beaucoup d'autres rabbins, il s'initia dans les études philosophiques et littéraires des musulmans, et ce fut surtout la poésie arabe qui charma ses loisirs. Cette poésie n'a laissé que trop de traces dans les écrits de Charizi; et bien qu'il ait été l'un des restaurateurs de la littérature hébraïque, ce n'est point la sublime simplicité de la Bible, mais bien le génie arabe avec tous ses merveilles et tous ses défauts, qui domine dans ses compositions poétiques. De l'Euphrate jusqu'au Tage retentissait à cette époque le nom du poète arabe Hariri, dont les *Makamat* ou *Séances* faisaient les délices des beaux esprits de l'Orient et de l'Occident. Ce poète, dans un chef-d'œuvre d'éloquence, avait déployé l'immense richesse de la langue arabe : les tours de force, les jeux de mots, les rimes, les consonnances y sont prodigués jusqu'à l'excès. Charizi eut l'idée, vraiment gigantesque, de reproduire les *Makâmât* avec tous les charmes de l'originale dans la langue biblique, qui lui permettrait de disposer à peine de six mille mots. Il voulut répondre ainsi par le fait à ceux de ses co-religionnaires qui méprisaient la langue sainte à cause de sa pauvreté, et lui préféraient celle d'*Ismael, fils de Hagar l'Égyptienne, esclave de Sara*. Enhardi par ce premier succès, Charizi, après avoir passé en Orient, entreprit de composer un ouvrage original du même genre en hébreu, sous le titre de *Tahkemoni*. Comme Hariri, il divisa son ouvrage en cinquante chapitres ou *Séances*, et il mit en scène deux personnages. *Hêman-Ha-Esrachi* raconte les aventures qu'il a eues avec son ami *Chéber Hakkêni*, homme d'un génie supérieur, qu'il rencontre partout dans ses voyages, et dont la conversation spirituelle lui fournit toujours, soit des leçons instructives, soit des distractions amusantes. De même que Hariri nous présente le tableau des mœurs musulmanes et de la sphère intellectuelle des Arabes, de même Charizi nous initie à la connaissance de la vie littéraire et religieuse de ses contemporains juifs. Çà et là il amuse le lecteur par des anecdotes et des facéties qui pourraient paraître un peu profanes pour la langue sainte, mais en général les sujets sont plus graves que dans les *Séances* de Hariri. Quant au style, c'est absolument celui des Arabes du moyen âge, et il ne saurait être apprécié que par ceux qui se sont familiarisés avec la littérature arabe de cette époque. Un hébraïsant qui n'aurait lu que la Bible trouverait le style de Charizi recherché, ampoulé et bizarre. C'est de la prose rimée, entremêlée de vers mesurés selon les règles de la prosodie arabe. Outre les tours de force de tout genre, on y trouve à tout moment des allusions à des passages bibliques, ou des fragments de versets, et il faut presque savoir la Bible par cœur pour saisir tout de suite l'association des idées et les jeux d'esprit contenus dans ces nombreuses allusions. Le *Thahkemoni* a été imprimé plusieurs fois, à Constantinople en 1578, et à Amsterdam en 1729.

On possède encore de Charizi quelques autres ouvrages de moindre importance. A Marseille, où il paraît avoir fait un assez long séjour, il traduisit de l'arabe en hébreu Le *Guide des Égarés* de Maïmonide, et une partie du commentaire de *la Mischna* par le même auteur. Plus poète que philosophe, Charizi n'obtint pas un grand succès par sa traduction du *Guide*, qui ne put se maintenir à côté de celle de *Samuel-Ibn-Tibbon*, et qui a fini par disparaître entièrement. Au reste, la vie de Charizi nous est peu connue, on n'est pas même bien d'accord sur l'époque où il vivait; mais il me semble très-probable que la première moitié du treizième siècle fut l'époque de sa célébrité. S. MUNK.

CHARKOW ou KHARKOW, chef-lieu du gouvernement russe du même nom (avec une superficie de 396 myriamètres carrés et une population de 1,500,000 habitants, répartis en 11 cercles), dans l'Ukraine-Slobode, bâti sur le Donez, qui y reçoit les eaux du Logan et de la Charkowa, d'où il résulte que cette ville forme trois parties distinctes, en même temps que des eaux stagnantes y rendent fort malsain, notamment à l'époque des chaleurs. Cette ville, siège d'un évêché et défendue par une bonne citadelle, compte 35,000 habitants; elle possède depuis 1804 une université, fondée avec le concours de la noblesse de la province, à laquelle l'empereur Alexandre Ier assigna sur les fonds du trésor impérial un revenu annuel de 130,000 roubles de papier, où 300 étudiants (dont 60 entretenus aux frais de l'empereur) suivent les cours d'environ 40 professeurs, et qui est dotée d'une bibliothèque riche de 40,000 volumes, d'un jardin botanique, d'un cabinet de physique, d'un cabinet de minéralogie et d'un cabinet de médailles. Il existe en outre à Charkow un gymnase, une école militaire, un hospice d'orphelins, de nombreuses et remarquables églises et deux couvents. La population fait un commerce de commission assez important, que favorisent singulièrement quatre grandes foires annuelles, extrêmement fréquentées. On fabrique surtout à Charkow des chapeaux de feutre et des tapis, puis des savons, de la chandelle, de l'eau-de-vie de grains et du cuir. Cette ville fut fondée en 1650 par l'hetman des Kosacks Chmielnicki.

CHARLATAN. Le nom de cet industriel, bien connu de la ville et de la province, vient évidemment de l'italien *ciarlatano*, formé, dans la même signification, de *ciarlare*, jaser. On le fait dériver aussi de *Ceretano*, natif de Cereta, ou de Cereto, ville et bourg de la Toscane et de l'État de l'Église, qui auraient été féconds en spéculateurs de ce genre. Ménage tire le titre de *circulatanus* pour *circulator* (pharmacopole ambulant). Quoi qu'il en soit de ces trois étymologies, qui se corroborent sans se contredire, on trouve des exemples de *charlatans* dans l'histoire médicale des Égyptiens et des Hébreux. Les Grecs et les Romains nous ont transmis les noms d'Eudamus, qui vendait des anneaux contre les bêtes vénimeuses, de Chariton et de Clodius, qui gagnaient de l'argent avec des sachets et des peaux contre l'épilepsie et l'apoplexie. Dans les temps modernes, les cures miraculeuses de Cagliostro étaient empreintes d'un charlatanisme de haute friponnerie. Le charlatan de nos jours est une des notabilités de la classe des bateleurs, mais il diffère sous plusieurs rapports du bateleur proprement dit : si ses prérogatives sont plus brillantes, ses fonctions sont plus circonscrites. Vêtu d'un habit rouge galonné ou d'une pelisse polonaise, coiffé d'un bonnet fourré ou d'un chapeau dont les glands et la bordure sont aussi faux que le galon de l'habit, le visage ombragé d'une épaisse moustache noire, le sabre au côté, les pistolets à l'arçon, quand il est à cheval, plus souvent en cabriolet, ou sur un char qui peut tout d'un coup se transformer en théâtre, il parcourt les villes et les foires pour y vendre ses poudres, son élixir, ses pilules, son oplat, son vulnéraire, son eau de Cologne ou ses tablettes qui enlèvent les taches; là, seul avec sa trompette, ou secondé par un gille ou par un paillasse et par trois ou quatre musiciens en livrée, qui voyagent avec lui ou qu'il prend temporairement à loyer, suivant la circonstance, il rassemble la foule, il la harangue du haut de sa tribune ambulante, pour vanter les propriétés de ses spécifiques et leurs cures merveilleuses. Mais, au total, ce n'est qu'un bavard, un hableur, un fainéant, qui parle plus qu'il n'agit, qui débite plus de paroles que de marchandises. Toutefois, les charlatans jouissaient jadis d'un beau droit, qui les mettait de niveau avec les prédicateurs : c'était de pérorer à la face de toutes les nations. Nul orateur n'avait alors le droit de parler en public; il n'y avait point de tribune nationale, et les audiences des tribunaux se tenaient à huis clos. Jaloux de cette prérogative honorable et des prétendus succès des charlatans, le premier médecin du roi les fit tous bannir huit ou dix ans avant la révolution. A cette époque, la Faculté ayant perdu sa cause, ainsi que tous les corps privilégiés, les charlatans jouirent de la liberté accordée à tous les genres d'industrie, mais dans les rues ils ne firent plus que glaner et végéter. Leur métier ne valut plus rien: trop de gens s'en mêlaient dans les salons. Le charlatanisme en effet envahit tout, et fit de la médecine, de la littérature, de l'administration, de la politique, et surtout de la philanthropie. Depuis que des bateleurs ont trouvé le moyen de se faire 100,000 livres de rente en vendant des journaux au lieu d'orviétan, on ne voit maintenant bien moins sur les places publiques. H. AUDIFFRET.

CHARLEMAGNE, fils aîné de Pepin le Bref, naquit en 742. Charlemagne se trouve en quelque sorte en tête de toutes les histoires modernes : l'église le réclame comme un saint; les Français, comme leur plus grand roi; les Allemands, comme leur compatriote; les Italiens, comme leur empereur. Le surnom de Grand, *Magnus*, qui a été donné à Charles par la postérité, et qui s'est identifié avec son nom propre, ne semble pas avoir été régulièrement joint à celui-ci durant la vie de cet empereur.

Pepin le Bref avait partagé ses États entre ses deux fils, Carloman et Charles: celui-ci était l'aîné et pouvait être âgé de vingt-six ans. Dès 754 Pepin avait fait couronner ces princes par le pape Étienne II. Depuis ce moment ils portaient le titre de *rois*, auquel ils joignaient celui de *patrices des Romains*. Pepin quelques jours avant sa mort avait rassemblé à Saint-Denis les grands de l'État. On y voyait les ducs et les comtes avec les évêques et les prélats; tous furent consultés, et donnèrent leur consentement au partage que Pepin fit de sa monarchie. Pepin aussi sans doute aussi ils le confirmèrent par leurs serments. Pepin ne chercha point à donner aux États de ses deux fils une consistance qui pût les rendre indépendants l'un de l'autre ; au contraire, il les accoia longitudinalement, de telle sorte que chaque prince réunit dans ses domaines les avantages des climats du nord aux jouissances des climats du midi. L'Occident fut assigné à Charles, et l'orient à Carloman. Le royaume du premier s'étendit jusqu'aux Pyrénées, à travers d'une partie de l'Austrasie, de la Neustrie et de l'Aquitaine ; celui du second, de la Souabe et du Rhin jusqu'à la mer de Marseille, et il comprit l'Alsace et l'Helvétie, la Bourgogne et la Provence. Ce partage ayant été suivi de près par la mort de Pepin, les deux princes furent couronnés le même jour, au milieu de leurs *fidèles*, qui les reconnurent pour rois, le dimanche 9 octobre 768, Charles à Noyon, et Carloman à Soissons. Ils vécurent dans une mésintelligence continuelle, qui toutefois ne se manifesta guère que par des propos amers et par les précautions injurieuses qu'ils prenaient l'un envers l'autre.

Pourtant ils marchèrent d'abord ensemble contre l'ancien duc d'Aquitaine, Hunald, qui était sorti du couvent où il vivait depuis quelques années, pour soulever cette province ; mais ils se séparèrent brouillés. Charles continua seul la guerre, et triompha de son ennemi. Puis il fit bâtir sur la Dordogne le château fort de Fronsac, pour tenir les Aquitains dans le devoir. C'est un trait caractéristique de l'art militaire et de la civilisation à cette époque, que la prétention de donner un frein par la construction d'un seul château fort à toute une province, qui formait près du quart de la France.

La reine Bertrade, veuve de Pepin, travaillait sans relâche à réconcilier ses deux fils, et à les réconcilier aussi avec ceux de leurs voisins qui étaient ennemis des Francs. Après avoir engagé à la paix Tassilon, duc des Bavarois, elle passa en Italie pour traiter avec Didier, roi des Lombards. Celui-ci demanda pour son fils Adalgise, Gisèle, sœur de Charles et de Carloman, et il offrit en retour sa fille à l'un ou à l'autre des deux princes. Le pape Étienne III s'efforça d'entraver cette négociation. Il écrivit aux rois francs pour leur représenter l'alliance avec les Lombards comme la plus coupable, la plus honteuse qu'ils pussent contracter, non-seulement parce que l'un et l'autre s'étaient déjà mariés du consentement de leur père, et que leurs femmes étaient vivantes, mais (ajoutait-il) *parce que la nation des Lombards, où ils comptaient prendre de nouvelles femmes, était la plus perfide et la plus dégoûtante de toutes les nations, celle qui avait donné la lèpre à la terre, et celle qui méritait le moins d'être comptée parmi les nations.* Le pape déclara qu'il ne pouvait être permis aux princes francs de prendre des femmes étrangères, de *s'allier aux ennemis de saint Pierre*, auquel ils avaient promis d'être fidèles, et qu'ils encourraient l'excommunication pour cette action honteuse. Carloman se laissa arrêter par ces invectives, et resta attaché à Giberga, qui lui avait déjà donné plusieurs enfants. Charles, au contraire, répudia sa première femme, de la nation des Francs, et dont nous ne savons pas même le nom (est-ce ou n'est-ce pas Himiltrude, dont nous parlerons plus bas ? c'est un point douteux, et dont nous abandonnons l'inutile solution aux généalogistes) ; puis il épousa *Desiderata* (Désirée), fille de Didier. Le mariage de sa sœur Gisèle ne paraît pas s'être accompli, car elle finit ses jours dans un couvent. Lui-même, une année après (771), répudia Désirée, sans en donner de raison, pour épouser Hildegarde, de la nation des Suèves, qui mourut en 783.

Dès lors les Francs et les Lombards furent ennemis mortels. Cette même année 771 Carloman mourut, et Charles s'empara de tous ses États, aux dépens de ses enfants. Giberga, sa veuve, et ses deux fils, auxquels se joignirent quelques seigneurs francs, se réfugièrent en Italie, auprès de Didier, roi des Lombards. Une expédition rapide et glorieuse mit au pouvoir de Charles Didier et toute l'Italie septentrionale. Le vainqueur se fit couronner roi des Lombards, et laissa à ce nouveau royaume ses lois et sa constitution (774). C'est durant cette guerre, et pendant le siège de Pavie, que Charles alla passer les fêtes de Pâques à Rome, où aucun roi franc n'était encore entré, et où il fut reçu en triomphe avec tous les honneurs réservés aux patrices et aux exarques. Il récompensa glorieusement l'hospitalité que le pape lui donna, puis il fit lire la donation que son père avait faite à l'Église ; il la confirma solennellement ; et si le compte qui nous en est rendu par les écrivains ecclésiastiques n'a pas été falsifié, cette donation, dont l'original est perdu, comprenait la plus grande partie du royaume des Lombards. Après la victoire, la veuve et les enfants de Carloman furent livrés aux mains de Charles. L'histoire garde dès ce moment sur eux un profond silence, qui pourrait autoriser des soupçons sur la conduite du roi franc envers ses neveux.

A partir de cette époque la puissance de Charles était dominante en Europe. Il n'avait pour voisins que de petits peuples et de petits princes, qui ne pouvaient songer à se mesurer avec lui, et qui s'efforçaient au contraire d'obtenir sa protection. Les Saxons habitaient le nord de la Germanie, depuis la mer Baltique jusqu'aux frontières des Francs : ils obéissaient à plusieurs rois ou chefs. Dans une de leurs assemblées générales, vers 772, ils insultèrent saint Libwin, qui leur prêchait l'Évangile, puis se livrèrent à des excès sur la frontière. Charles marcha contre eux, prit Ehresbourg, leur principale forteresse, et renversa l'idole qu'ils appelaient *Hermansul.* Tel fut le commencement des longues et cruelles expéditions qui attirèrent toujours Charles du côté de la Germanie, et lui firent souvent négliger des entreprises plus utiles. De nouveaux ravages commis par les Saxons pendant la guerre de Lombardie rappelèrent Charles au delà du Rhin (775). Il pénétra plus avant que la première fois dans le pays de ce peuple indomptable, et, après plusieurs victoires, le força à se soumettre. En 776, il venait de faire périr les Lombards Rodgaudes et Stabilinus, révoltés contre lui, quoiqu'il leur eût laissé leurs duchés, lorsqu'il apprit que les Saxons s'étaient soulevés encore une fois. Il fut de nouveau vainqueur, et les força à recevoir le baptême et à lui livrer des otages. Mais Wittikind, le plus brave et le plus habile de leurs chefs, alla demander l'hospitalité aux hommes de la Scandinavie, et chercha parmi eux des libérateurs et des vengeurs de sa patrie.

En 778, Charles fit une expédition en Espagne, pour protéger divers émirs arabes persécutés par les khalifes de Cordoue : il obtint d'éclatants succès ; mais au retour son perfide vassal Loup, duc des Gascons, qui s'était joint à ses armées, attaqua son arrière-garde dans la vallée de Roncevaux, et la tailla en pièces. C'est là que périrent plusieurs illustres guerriers, entre autres le paladin Roland, prétendu neveu de Charlemagne, si célèbre chez les romanciers et si inconnu dans l'histoire.

Les Saxons, sous la conduite de Wittikind, avaient repris les armes et commis d'effroyables ravages. Ils furent battus, d'abord par les généraux de Charles, puis par Charles lui-même, à Buchholz, en 779 : il ravagea tous leurs cantons, et les força d'embrasser le christianisme, comme moyen d'échapper au massacre. Ce fut alors que le vainqueur institua en Saxe ces riches et puissantes prélatures qui pendant près de dix siècles furent investies de presque tous les droits de souveraineté. La soumission de plusieurs petits princes voisins ou tributaires, la tranquillité de l'ambitieux Tassilon, duc de Bavière, et une alliance conclue avec l'empire d'Orient (*voyez* IRÈNE et NICÉPHORE) inspirèrent à Charles une sécurité entière. Mais Wittikind, sorti une seconde fois de la Scandinavie, excita les Saxons à reprendre les armes. Charles, pour venger la défaite de ses lieutenants, fit massacrer à Verden, sur le fleuve Aller, 4,500 Saxons (782). Toute la nation se souleva. Charles fut victorieux à Theutmold, près d'Osnabrück, et une grande partie des guerriers saxons furent menés captifs hors du pays. La guerre se poursuivit encore avec opiniâtreté ; mais enfin Wittikind et son frère Abo, aussi courageux que lui, traitèrent avec Charles, embrassèrent le christianisme à la diète d'Attigny-sur-Aisne, et prêtèrent, au nom de leur nation, le serment d'obéissance (785). Pendant huit ans la Saxe resta pacifiée.

Les affaires d'Italie occupèrent Charles pendant quelque temps : il soumit le duché de Bénévent. Puis, le duc de Bavière, Tassilon, qui avait conspiré contre lui, fut condamné à mort par l'assemblée nationale réunie à Ingelheim, non loin de Mayence (788). Mais Charles lui accorda la vie, sous condition qu'il entrerait, ainsi que son fils, dans un couvent. Adalgise, fils du roi Didier, qui avait tenté, avec le secours des Grecs, de reconquérir le trône de Lombardie, fut battu et tué dans l'Italie méridionale par l'armée de Grimoald, prince lombard, à qui Charles avait eu la générosité de laisser le duché de Bénévent.

En 789, les Francs commencèrent à passer l'Elbe pour protéger les Slaves-Abodrites contre les Wiltzes. Ces derniers furent soumis, et la frontière de l'empire fut étendue jusqu'à l'Oder. En 771, une première campagne contre les Huns de la Pannonie fut sans succès; en 793, une seconde expédition ne fut pas plus heureuse, car l'armée que Charles envoyait contre les barbares fut détruite à Rustringen, par les Saxons révoltés, tandis que lui-même découvrait une conspiration de Pepin, son fils naturel, et qu'il voyait échouer les travaux entrepris par ses ordres pour joindre par un canal le Rhin au Danube. Mais en 794 il soumit de nouveau les Saxons; il se fit livrer, dans plusieurs de leurs cantons, pour emmener dans les Gaules, le tiers des habitants, hommes, femmes ou enfants. Ce nombre prodigieux d'otages, ou plutôt de captifs, qu'il ramenait de chacune de ses expéditions, était ensuite distribué dans tous les villages des Gaules et d'Italie, jusqu'aux extrémités de sa vaste domination. Les Saxons se soulevèrent encore plus d'une fois; ils eurent toujours le dessous. Au milieu des ravages de la guerre, la civilisation commençait à pénétrer dans le nord de la Germanie. En 796, Charles, profitant d'une guerre civile chez les Huns et les Avares, envoya contre eux son fils Pepin, qui les battit, pénétra jusqu'au Raab, et s'empara du *ring* ou camp fortifié des Avares. En 797, des princes sarrasins d'Espagne vinrent demander des secours à Charles : celui-ci reçut à la fois à Aix-la-Chapelle les ambassadeurs du roi de Galice Alfonse II, du roi des Huns, et de Constantin V, empereur d'Orient, qui tous demandaient son appui ou son alliance.

Deux prêtres avaient formé une conjuration contre le pape Léon III : arrêté par les conjurés, et blessé, il leur échappa, et vint trouver Charles, qui le renvoya à Rome avec promesse de le venger, et entra lui-même dans cette ville le 4 octobre de l'an 800. Le pape se purgea par le serment des accusations que ses ennemis portaient contre lui. Le jour où Charles assista dans le temple de Saint-Pierre aux fêtes solennelles destinées à célébrer la naissance de Jésus-Christ, Léon III, en présence d'une foule innombrable de fidèles, plaça la couronne des empereurs d'Occident sur la tête du roi des Francs, et se prosterna devant lui : tout le peuple s'écria : *Salut et victoire à Charles, notre auguste et pacifique empereur, qui a reçu sa couronne de la main de Dieu!* C'est ainsi que Charles fit revivre la dignité impériale, 324 ans après qu'elle se fut éteinte dans la personne de Romulus Momilus Augustulus. Le serment du couronnement de Charles renfermait la promesse de maintenir la foi et les priviléges de l'Église; de riches offrandes déposées sur le tombeau du saint apôtre Pierre furent le premier fruit de cette promesse. L'empereur protesta, dans des entretiens familiers, qu'il n'avait pas connu le dessein de Léon; que s'il en avait été instruit, il l'aurait déjoué par son absence. Mais les préparatifs de la cérémonie devaient en avoir divulgué le secret, et le voyage de Charles annonce qu'il s'attendait à ce couronnement : il avait avoué que le titre d'empereur était l'objet de son ambition, et un synode tenu à Rome avait prononcé que c'était la seule récompense proportionnée à son mérite et à ses services.

Le couronnement de Charles ne fonda son pouvoir sur Rome, il ne changea rien à ses droits comme souverain, ou sur le peuple ou sur l'Église, ni à ses rapports avec le pape. Léon III essaya encore de réunir l'empire d'Orient à l'empire d'Occident, en faisant épouser à Charles l'impératrice Irène; mais ses négociations n'eurent pas de suite. Haroun-al-Raschid, khalife de Bagdad, admirant la puissance de Charles, lui envoya une brillante ambassade, de riches présents et les clefs du saint sépulcre (801).

L'empereur, à son retour d'Italie, était venu à Aix-la-Chapelle. Il approchait alors de soixante ans, et désormais il confia la conduite des guerres qu'il eût à soutenir à ses fils et à ses lieutenants. En 801 et 802, ceux-ci contraignirent les Saxons établis sur la droite de l'Elbe à abandonner leurs demeures aux Slaves-Abodrites, alliés des Francs, et à accepter en échange des établissements dans l'intérieur de l'empire; ils remportèrent quelques avantages sur les Sarrasins en Espagne. En 803, Nicéphore, devenu empereur d'Orient, envoya à Charles des ambassadeurs, qui se présentèrent à lui à Saltz, et confirmèrent la paix entre les deux empires. En 804, la soumission des Saxons fut pour jamais assurée, et on acheva de transporter en d'autres pays les hommes les plus opiniâtres de cette redoutable nation. D'autre part, Charles commençait à employer avec les Avares et les Huns les mêmes moyens de conversion et de conquête qui lui avaient si bien réussi avec les Saxons.

Charles, à cette époque, n'avait plus besoin de méditer de nouvelles conquêtes; elles s'accomplissaient d'elles-mêmes en quelque sorte : les peuples venaient volontairement se ranger sous ses lois. C'est ainsi qu'en 806 les ducs de Venise et de Zara en Dalmatie vinrent d'eux-mêmes à sa cour pour lui faire hommage. Mais l'unité de cette immense souveraineté pouvait à peine être maintenue par le génie de Charles. Celui-ci songeait d'autant moins à la transmettre sans partage à ses enfants qu'il avait alors trois fils légitimes arrivés à l'âge d'homme, et que tous les trois lui paraissaient avoir des droits égaux à lui succéder. Ces fils s'étant rendus auprès de lui à Thionville, l'année précédente, Charles convoqua une assemblée des grands de son royaume, pour régler entre eux, en champ de mai, le partage de ses vastes États. A l'aîné de ses fils Charles, et né en 772, il assigna la France, ou la partie septentrionale des Gaules avec la Germanie; au second, Pepin, né en 776, il donna l'Italie et la Bavière avec ses conquêtes en Pannonie; au troisième, Louis, l'Aquitaine, la Bourgogne, la Provence et la Marche d'Espagne. Le partage fut accepté par les trois frères et par le peuple, et sanctionné par la signature du pape. Dans l'article 14 de ce diplôme, qui nous a été conservé, Charles ordonne que s'il survient jamais quelque contestation entre les frères pour la fixation de leurs frontières, elle ne soit point terminée de par les armes, mais par l'épreuve de la croix.

Charles revint ensuite à Aix-la-Chapelle, tandis que ses fils, renvoyés aux extrémités de son empire, continuèrent pour lui la guerre, et obtinrent, chacun de son côté, de petits succès contre les Sorabes, les Bohèmes, les Maures de Corse et les Musulmans de Navarre. L'année 807 fut signalée par une nouvelle ambassade et de nouveaux présents du khalife Haroun-al-Raschid. Indépendamment de l'estime que celui-ci faisait de Charles, il le regardait comme l'ennemi de ses ennemis, les Maures d'Espagne. Les lieutenants de l'empereur continuèrent en effet avec vigueur la guerre contre ceux-ci. Dans la même année, le connétable Burchard, avec une flotte, la première dont il soit fait mention dans l'histoire de Charles, remporta plusieurs avantages sur les Sarrasins dans les îles de Sardaigne et de Corse (808).

On pouvait néanmoins reconnaître déjà, à plusieurs symptômes, cet affaiblissement général de l'empire qui fut signalé sous le successeur de Charles par tant de calamités. Les Danois étaient jusqu'alors un voisin qu'ils avaient jusqu'alors ménagé avec un soin extrême; il est vrai que le fils aîné de l'empereur exerça des représailles. Charles fit jeter les fondements d'une ville destinée à arrêter les incursions des Danois. Il fit choix pour son emplacement de l'endroit où la Store se jette dans l'Elbe, au nord-ouest de Hambourg, et il donna à la cité qu'il fit bâtir le nom d'Esselfeld (809). Sur les autres frontières de l'empire, en Aquitaine, comme en Italie, ses plus faibles ennemis s'enhardissaient contre lui.

L'empereur était à Aix-la-Chapelle; il faisait des prépa-

14.

ratifs pour porter la guerre dans les États de Godfried, roi des Danois, lorsqu'il apprit qu'une flotte de 200 vaisseaux normands, avait paru sur les côtes de Frise, qu'elle avait ravagé toutes les îles de ces parages, qu'elle avait ensuite débarqué une armée sur le continent, et que cette armée, après avoir vaincu les Frisons dans trois combats, leur avait imposé un tribut (810). « Cette nouvelle (dit Éginhard) causa tant de colère à l'empereur, qu'il envoya de tous côtés ses messagers pour rassembler son armée, et qu'il quitta son palais pour marcher contre ces Northmans débarqués; mais quand il les eut enfin réunies, il parut décidé à se tenir sur la défensive. Bientôt il apprit que la flotte danoise qui avait ravagé la Frise était repartie; que le roi Godfried avait été assassiné par un de ses gardes; qu'un château important, Hohbuoki, qu'il avait bâti sur l'Elbe, avait été pris par les Wilzes; qu'enfin son second fils, Pepin, était mort à Milan. Il revint à Aix-la-Chapelle, où il reçut les ambassadeurs des diverses puissances qui lui faisaient la guerre, et avec lesquelles il conclut la paix.

Pourtant il voulut mettre ses États à l'abri de nouvelles attaques. Pendant qu'il envoyait ses armées dans différentes directions, il entreprit lui-même la visite de ses ports de mer, pour inspecter les vaisseaux qu'il faisait construire afin de défendre les côtes. Ceux des Northmans ne portaient que de 60 à 70 hommes d'équipage; il n'est pas probable que ceux des Francs fussent plus considérables. Il en avait établi deux flottes, l'une à Boulogne, l'autre à Gand, et il avait donné ordre à son fils Louis d'en construire une sur la Garonne et une autre sur le Rhône.

Il était depuis quelque temps de retour à Aix-la-Chapelle, lorsqu'il perdit l'aîné de ses fils, Charles, roi de Germanie, qui mourut le 4 décembre 811. La douleur profonde que le vieil empereur ressentit pour la perte de ses enfants contribua peut-être à augmenter en lui une dévotion monacale à laquelle il s'était jusque alors montré moins enclin qu'un autre, mais qui était dans l'esprit du siècle; elle lui dicta le testament par lequel (812) il disposa de toute sa propriété mobilière pour des legs pieux, à la réserve d'un douzième, qui devait être partagé entre ses fils et ses filles. Cependant l'empereur s'occupa de pourvoir au gouvernement de ses États. Charles, son fils aîné, n'avait point laissé d'enfants; mais Pepin, le second, avait un fils et cinq filles. Charles destina le fils, Bernard, à la royauté d'Italie, et, après avoir annoncé cette résolution au champ de mai assemblé à Aix-la-Chapelle, il le fit partir pour la Lombardie avec Wala, fils de Bernard, et petit-fils, mais illégitime, de Charles Martel. Charles, par différents traités, assura de nouveau la paix sur les diverses frontières de son empire. Peu après, il fit venir d'Aquitaine son fils Louis (813), et il fit reconnaître par les grands plaids du royaume, assemblés à Aix-la-Chapelle, comme empereur et roi (voyez LOUIS LE DÉBONNAIRE).

La faiblesse de Charles augmentait chaque jour. Après le milieu de janvier 814, il fut saisi, au sortir du bain, par la fièvre; pendant les sept jours qu'elle continua, il cessa de manger, et ne prit plus qu'un peu d'eau pour se rafraîchir. Le septième jour il se fit donner les sacrements par Hildebald, son aumônier; le matin du jour suivant, il fit un dernier effort pour soulever sa faible main droite, et faire sur sa tête et sur sa poitrine le signe de la croix; puis, rangeant ses membres pour le repos éternel, il ferma les yeux, en répétant à voix basse : *In manus tuas commendo spiritum meum*, et il expira. C'était le 28 janvier de l'année 814; il était entré dans sa soixante-douzième année. Il avait régné quarante-sept ans sur les Francs, quarante-trois sur les Lombards, quatorze sur l'empire d'Occident. Il fut enterré à Aix-la-Chapelle, dans l'église de Sainte-Marie, qu'il avait bâtie.

Les expéditions de Charlemagne, d'après le tableau que j'ai donné dans mon *Cours d'Histoire Moderne*, sont au nombre de cinquante-trois, savoir : une contre les Aquitains, dix-huit contre les Saxons, cinq contre les Lombards, sept contre les Arabes d'Espagne, une contre les Thuringiens, quatre contre les Avares, deux contre les Bretons, une contre les Bavarois, quatre contre les Slaves au delà de l'Elbe, cinq contre les Sarrasins en Italie, trois contre les Danois, deux contre les Grecs, sans compter une foule d'autres petites expéditions dont il n'est resté aucun monument positif.

Les guerres de Charlemagne ne ressemblent point à celles de la première race : ce ne sont point des dissensions de tribu à tribu, de chef à chef, des expéditions entreprises dans un but d'établissement ou de pillage; ce sont des guerres systématiques, politiques, inspirées par une intention de gouvernement, commandées par une certaine nécessité. Quel est ce système? Quel est le sens de ces expéditions?

Divers peuples germaniques, Goths, Bourguignons, Francs, Lombards, etc., s'étaient établis sur le territoire de l'empire romain. De toutes ces tribus ou confédérations, les Francs étaient la plus forte, et celle qui, dans le nouvel établissement, occupait la position centrale. Elles n'étaient unies entre elles par aucun lien politique; elles se faisaient sans cesse la guerre. Cependant, à certains égards, et qu'elles le connussent ou non, leur situation était semblable et leurs intérêts communs. Dès le commencement du huitième siècle, ces nouveaux maîtres de l'Europe occidentale, les Germains-Romains, étaient pressés, au nord-est, le long du Rhin et du Danube, par de nouvelles peuplades germaniques, slaves, etc., qui se portaient sur le même territoire; au midi, par les Arabes répandus sur toutes les côtes de la Méditerranée, et un double mouvement d'invasion menaçait ainsi d'une chute prochaine les États naissant à peine sur les ruines de l'empire Romain. Voici quelle fut, dans cette situation, l'œuvre de Charlemagne : il rallia contre cette double invasion, contre les nouveaux assaillants qui pressaient sur les diverses frontières de l'empire tous les habitants de son territoire, anciens ou nouveaux, Romains ou Germains récemment établis. Suivez la marche de ses guerres. Il commence par soumettre définitivement, d'une part, les populations romaines qui essayaient encore de s'affranchir du joug des barbares, comme les Aquitains dans le midi de la Gaule; d'autre part, les populations germaniques arrivées les dernières, où dont l'établissement n'était pas encore bien consommé, comme les Lombards en Italie. Il les apaise, pour ainsi dire, aux impulsions diverses qui les animaient encore, les réunit toutes sous la domination des Francs, et les tourne contre la double invasion qui, au nord-est et au midi, les menaçait toutes également. Cherchez un fait dominant qui soit commun à presque toutes les guerres de Charlemagne, réduisez-les toutes à leur plus simple expression, vous verrez que c'est là leur sens véritable, qu'elles sont la lutte des habitants de l'ancien empire, conquérants ou conquis, Romains ou Germains, contre les nouveaux envahisseurs.

Ce sont donc des guerres essentiellement défensives, amenées par un triple intérêt de territoire, de race et de religion. C'est l'intérêt de territoire qui éclate surtout dans les expéditions contre les peuples de la rive droite du Rhin; car les Saxons et les Danois étaient des Germains, comme les Francs et les Lombards; il y avait même parmi eux des tribus franques, et quelques savants pensent avec beaucoup de prétendus Saxons pourraient bien n'avoir été que des Francs encore établis en Germanie. Il n'y avait donc là aucune diversité de race; c'était uniquement pour défendre le territoire que la guerre avait lieu. Contre les peuples errant au delà de l'Elbe ou sur le Danube, contre les Slaves et les Avares, l'intérêt de territoire et l'intérêt de race sont réunis. Contre les Arabes qui inondent le midi de la Gaule, il y a intérêt de territoire, de race et de religion tout ensemble. Ainsi se combinent diversement les diverses causes de guerre; mais, quelles que soient les combinaisons, ce sont toujours les Germains chrétiens et romains qui défendent leur nationalité, leur territoire et leur religion contre les peuples d'autre origine ou d'autre croyance qui cherchent un sol à conquérir. Leurs guerres ont toutes ce caractère, dérivent toutes de cette triple nécessité. Charlemagne n'avait point réduit cette nécessité en idée générale, en théorie; mais il la comprenait et y faisait face : les grands hommes ne procèdent guère autrement. Il y fit face par la conquête; la guerre défensive prit la forme offensive; il transplanta la lutte sur le territoire des peuples qui voulaient envahir le sien; il travailla à extirper les races étrangères ainsi que les croyances ennemies. De là son mode de gouvernement et la fondation de son empire : la guerre offensive et la conquête voulaient cette vaste et redoutable unité. A la mort de Charlemagne, la conquête cesse, l'unité s'évanouit; l'empire se démembre et tombe en tout sens; mais est-il vrai que rien n'en reste, que toute l'œuvre guerrière de Charlemagne disparaisse, qu'il n'ait rien fait, rien fondé ? C'est ce que nous examinerons plus loin.

Il est plus facile de résumer les guerres de Charlemagne que de résumer son administration. On parle beaucoup de l'ordre qu'il avait ramené dans ses États, du grand système d'administration qu'il avait essayé de fonder. Je crois en effet qu'il l'avait essayé, mais qu'il y avait très-peu réussi; malgré l'unité, malgré l'activité de sa pensée et de son pouvoir, le désordre était autour de lui immense, invincible; il le réprimait un moment sur un point, mais le mal régnait partout où ne parvenait point sa terrible volonté; et là où elle avait passé, il recommençait dès qu'elle s'était éloignée. Il ne faut pas se laisser tromper par les mots. Il serait facile de construire pour l'empire de Charlemagne une carte administrative semblable à nos almanachs Royaux, d'y placer des ducs, des comtes, des vicaires, des centeniers, des *échevins* (*scabini*), et de les distribuer sur le territoire, hiérarchiquement organisés. Mais ce ne serait qu'un vaste mensonge : le plus souvent, dans la plupart des lieux, ces magistratures étaient impuissantes, ou désordonnées elles-mêmes. L'effort de Charlemagne pour les instituer et les faire agir était continuel, mais échouait sans cesse.

Au fond, les *propriétaires d'alleux*, c'est-à-dire de terres qu'ils ne tenaient de personne, n'étaient (comme sous les Mérovingiens) soumis à aucun impôt public. Peu à peu le système de la propriété allodiale devait disparaître pour faire place au système de la propriété bénéficiaire. Pendant que cette inévitable révolution se préparait, la nécessité ne permit pas que les propriétaires d'alleux s'isolassent complétement, et imposa aux alleux certaines charges.

Les dons qu'on faisait au roi, soit à l'époque de la tenue des champs-de-mars, soit lorsqu'il venait passer quelque temps dans telle ou telle province, furent d'abord purement volontaires; mais l'habitude et la force les convertirent peu à peu en une sorte d'obligation dont les alleux n'étaient pas exempts. Des lois en déterminent la forme, règlent le mode d'envoi, etc.

Il en fut de même des denrées, moyens de transport, et autres objets à fournir, soit aux envoyés du roi, soit aux envoyés étrangers qui traversaient le pays en se rendant auprès du roi.

Charlemagne, le premier, imposa clairement l'obligation du service militaire à tous les hommes libres, propriétaires d'alleux ou de bénéfices, et la régla en raison de leurs propriétés. Cette obligation devient alors, non plus le résultat d'un consentement libre et spécial, non plus l'effet de la simple relation du compagnon à son chef, mais un véritable service public, imposé à tous les citoyens, à raison de la nature et de l'étendue de leurs propriétés territoriales. Tout possesseur de trois manoirs (*mansus*) et plus (1) est tenu de marcher en personne; les possesseurs d'un ou de deux manoirs se réunissent pour équiper l'un d'entre eux à leurs frais, de telle sorte que trois manoirs fournissent toujours un guerrier. Enfin, les pauvres mêmes qui ne possèdent point de terres, mais seulement des biens meubles de la valeur de cinq *solidi*, sont tenus de se réunir au nombre de six, pour équiper et faire marcher l'un d'entre eux. Charlemagne veilla très-sévèrement au maintien de ce système de recrutement fondé sur la propriété; son capitulaire en forme d'instruction aux *missi dominici* pour l'année 812 règle tous les détails de l'exécution. Non-seulement les alleux comme les bénéfices, mais les propriétés ecclésiastiques même étaient soumises à cette charge. En 803, Charlemagne défendit aux évêques et aux abbés d'aller en personne à la guerre, à la tête de leurs hommes, comme ils le faisaient auparavant, mais à condition qu'ils y enverraient leurs hommes bien armés, sous les ordres des chefs que l'empereur aurait désignés. Je remarque comme un monument des idées du temps, que les ecclésiastiques ayant paru penser que cette interdiction personnelle du service militaire avait pour but de rabaisser leur position sociale, Charlemagne se crut obligé d'expliquer ses motifs et de dire qu'il n'avait voulu que rétablir le respect des convenances. Bientôt après, on voit un grand nombre d'abbayes demander et obtenir pour leurs hommes l'exemption du service militaire.

Telles étaient les charges que supportaient les alleux; leur indépendance, fondée sur l'indépendance personnelle du possesseur, devait en partager les vicissitudes. S'ils étaient exempts d'impôts, c'était moins en vertu de leur condition particulière que parce qu'il n'y avait pas d'impôts généraux et proprement dits. Les rois, en de grandes et fâcheuses circonstances, imposaient certaines charges aux propriétaires sans distinction, pour pourvoir à quelque besoin pressant de l'État. Ainsi fit Charlemagne, en 779, à l'occasion d'une famine. Déjà avant Charlemagne les propriétaires des petits alleux furent peu à peu dépouillés ou réduits à la condition de tributaires par les envahissements des grands propriétaires. Les comtes eux-mêmes, les évêques, les abbés, se rendaient sans cesse coupables de spoliations semblables, et les capitulaires abondent en dispositions destinées à les réprimer. Les donations aux églises, tous les jours plus fréquentes, ne contribuèrent pas moins que les usurpations de la force à diminuer le nombre des propriétaires d'alleux. Peut-être les alleux auraient-ils bientôt complétement disparu, si une cause contraire et assez énergique, bien que d'une nature moins durable, n'eût agi pour en créer de nouveaux. La propriété des alleux était, dans l'origine du moins, pleine, perpétuelle, et celle des bénéfices précaire et dépendante. Tant que dura cette différence, et même plus tard, les possesseurs de bénéfices s'efforcèrent de les convertir en alleux. Les capitulaires déposent à chaque pas de ces efforts. Charlemagne interdit à ses bénéficiers de détourner les esclaves et les meubles de leurs bénéfices pour les transporter dans leurs alleux. Ailleurs, il ordonne à ses *missi dominici* de se faire rendre compte de l'état des bénéfices royaux et de l'informer de toute dilapidation, aliénation, etc. L'active surveillance de Charlemagne ne put prévenir quelques-unes de ces métamorphoses des bénéfices en alleux; mais le soin même qu'il en prend prouve qu'elles étaient continuelles. Dans l'espace de soixante ans, une grande révolution devait se déclarer : en même temps que les bénéfices acquirent la stabilité des alleux, la plupart des alleux disparurent ou se changèrent en bénéfices. Le système féodal prit possession de la propriété.

La révocation arbitraire des bénéfices est un fait qui se reproduit à chaque pas sous les rois mérovingiens; mais

(1) On a tenté de déterminer quelle était l'étendue d'un *mansus* : Du Cange, dans son *Glossarium mediæ et infimæ latinitatis*, l'évalue à douze arpents; il est plus probable qu'elle variait selon les lieux.

jamais les possesseurs ne reconnurent aux donateurs le droit de les dépouiller arbitrairement et sans motifs. « Charlemagne, dit Eginhard, ne souffrait pas qu'aucun seigneur, par quelque mouvement de colère, retirât sans raison ses bénéfices à un vassal. » Les bénéfices conférés par Charles Martel sur les biens ecclésiastiques se trouvaient convertis en bénéfices temporaires. Que les conditions de ces concessions fussent exactement observées, que le cens convenu fût payé, que les églises rentrassent en possession de leurs biens au terme fixé, on présume sans peine qu'il n'en fut rien, et les continuels efforts de Pepin et de Charlemagne pour obliger les détenteurs à titre précaire des domaines ecclésiastiques à remplir leurs obligations envers les propriétaires primitifs le prouvent clairement. Charlemagne ordonna qu'à l'expiration du terme de la concession les églises seraient libres de le renouveler ou de reprendre leurs biens. Mais cette législation était impuissante.

On ne peut douter que sous Charlemagne la plupart des bénéfices ne fussent concédés à vie ; la surveillance qu'il exerçait pour empêcher que les possesseurs ne les transformassent en alleux, c'est-à-dire en propriétés héréditaires, le prouve évidemment ; et non-seulement Charlemagne s'efforçait de prévenir cette transformation, il veillait aussi à ce que ces bénéfices fussent bien administrés par les détenteurs, afin que l'usufruit dont ils jouissaient ne tournât point au détriment du propriétaire ; il ordonne à ses bénéficiers de soigner les esclaves employés à la culture des domaines, de prendre garde qu'aucun d'eux ne meure de faim, *autant que cela se peut faire avec l'aide de Dieu*, et de ne vendre, pour leur propre compte, les denrées provenues du sol qu'après avoir pourvu à leur subsistance. On peut voir aussi un capitulaire de 806 sur l'usage des bénéfices pendant la famine. Ce ne fut qu'après la mort de Charlemagne que l'hérédité devint la condition commune des bénéfices.

Charlemagne régla avec un grand soin les obligations de ses bénéficiers, quant au service militaire. La perte du bénéfice fut la peine du refus. Le simple retard fut l'objet d'une disposition singulière : « Quiconque tenant de nous des bénéfices aura été convoqué pour marcher contre l'ennemi et ne sera pas venu au lieu assigné pour la réunion, sera tenu de s'abstenir de pain et de viande pendant autant de jours qu'il aura tardé à se rendre à la convocation. » Il prévit également les obligations des vassaux de ses bénéficiers, et ordonna qu'ils marcheraient sous la conduite du comte de leur comté, toutes les fois que leur propre seigneur, retenu par son service auprès de la personne du prince, ne pourrait lui-même les conduire. Le cas de guerre entre les grands propriétaires et les devoirs de leurs vassaux furent réglés aussi bien sous Charlemagne. « Si quelqu'un de nos fidèles, voulant combattre un de ses ennemis, convoque ses compagnons pour qu'ils lui prêtent secours, et que l'un d'entre eux refuse ou néglige de s'y rendre, que celui-ci soit dépouillé de son bénéfice, et qu'on le donne à celui qui s'est montré fidèle. »

Les mêmes obligations, les mêmes liens subsistaient entre les grands propriétaires autres que le roi et les hommes libres qui en avaient reçu des bénéfices. Par la multiplication de ces derniers, le roi cessait déjà d'être comme le centre du pouvoir. Charlemagne s'efforça de rattacher plus immédiatement tous ses sujets à sa personne et à son autorité. Il entreprit de traverser la hiérarchie féodale qui se constituait, d'entrer en communication directe avec les hommes libres, et de faire prédominer la relation du roi au citoyen sur celle du roi au vassal. La fidélité, qui jusque là n'avait été qu'une obligation personnelle, contractée envers le chef auquel chaque homme libre s'était attaché, et dont il avait reçu quelque avantage, devint, par les ordres de Charlemagne, une obligation publique imposée à tout homme libre envers le roi, qu'il en tînt ou non quelque bénéfice médiat ou immédiat, et réclamée au nom de la seule royauté. La formule de ce serment de fidélité fut réglée par les lois. Charlemagne le fit prêter aussi en faveur de ses fils Louis et Pepin, quand il les investit des royaumes d'Aquitaine et d'Italie ; et lorsqu'il fut sacré empereur d'Occident, il voulut que tous ses sujets, depuis l'âge de douze ans, renouvelassent au césar le serment qu'ils avaient prêté au roi. Enfin, il ordonna que les hommes ne jureraient fidélité à aucun autre qu'à lui-même et à leur seigneur, assimilant ainsi complétement les droits qu'il prenait sur eux comme souverain, et indépendamment de toute concession de bénéfices, aux liens qui unissaient le seigneur à ces bénéficiers.

Un tel système affranchissait évidemment la royauté de toutes les relations féodales, fondait son empire hors de la hiérarchie des personnes ou des terres, et la rendait partout présente, partout puissante, à titre de pouvoir public et de son propre droit. Soit que l'ascendant de Charlemagne prévint les résistances, soit que l'idée confuse de la nécessité et de la nature d'une autorité centrale et indépendante des relations personnelles eût déjà pris possession des esprits, soit que la plupart des seigneurs, irréfléchis et grossiers, ne prévissent pas les conséquences qu'entraînerait cette innovation si elle parvenait à s'affermir, on ne voit pas que les grands propriétaires se soient refusés à faire prêter par leurs vassaux le serment qui liait directement ceux-ci au souverain. Une seule trace de résistance se laisse entrevoir, et autant qu'on peut en juger, soit par les présomptions de la raison, soit par les expressions vagues, incomplètes, et peut-être tronquées, du capitulaire où on la rencontre, elle vint de quelques propriétaires d'alleux qui, ayant vécu jusque là dans une complète indépendance, refusèrent, *par orgueil*, de promettre au souverain une fidélité que, dans la hiérarchie des personnes et des terres, ils ne devaient à aucun supérieur. Charlemagne ne tint aucun compte de leur refus, et ordonna qu'ils seraient contraints de prêter le serment exigé de tous.

Malgré les efforts de Charlemagne, une foule de causes diverses multipliaient les bénéfices et préparaient l'établissement de la féodalité. La *recommandation* surtout, à laquelle Charlemagne eut le tort de donner du développement, eut de fâcheux effets.

La classification des conditions sociales sous Charlemagne ne différait pas de celle que l'on reconnaît durant la première race. Les propriétaires d'alleux restent, si l'on peut parler ainsi, les citoyens libres par excellence ; puis viennent les bénéficiers, qui ont donné naissance à l'aristocratie féodale ; ensuite, les possesseurs de terres tributaires, subdivisés en plusieurs classes. La classe des leudes, ou hommes personnellement attachés au roi, prenait chaque jour de l'extension. Marculf nous a conservé la formule par laquelle un homme considérable venait, suivi de ses propres compagnons ou *fidèles*, se mettre au nombre des fidèles du roi. Charlemagne veille par des lois expresses à ce que les hommes qui veulent venir à lui pour se placer sous sa foi n'éprouvent en route aucun obstacle. « Que personne, dit-il, ne se hasarde à leur refuser le logement, et que chacun leur vende les denrées qui leur sont nécessaires comme il les vendrait à son voisin. » Et les simples guerriers, comme les grands propriétaires, les pauvres comme les riches, sont reçus parmi les leudes du roi, car ses leudes sont presque les seuls hommes qu'il puisse regarder comme ses sujets, avec qui il soit vraiment en société. Les concessions de bénéfices étaient le principal moyen d'acquérir des leudes, mais ce n'était pas le seul. Les emplois publics et les charges de cour avaient le même effet. De très-bonne heure, les rois s'efforcèrent de placer leurs leudes au premier rang de la société, et les leudes de s'y placer eux-mêmes ; mais, sauf l'élévation du *Wehrgeld*, on ne voit pas que cette supériorité ait été légalement consacrée avant le neuvième siècle. Charlemagne est le premier qui l'ait écrite dans ses capitulaires ; encore ne sont-ce, à vrai dire, que des honneurs de cour, une prééminence de cérémonie, qu'il attribue à ses vassaux, et il paraît même qu'il fut souvent obligé de renouveler, à ce sujet, ses injonctions.

Dans le gouvernement de Charlemagne, aussi bien que dans celui des Mérovingiens, il faut distinguer les institutions locales et les institutions centrales. Dans les provinces, le pouvoir de l'empereur s'exerçait par deux espèces d'agents, les uns locaux et permanents, et les autres envoyés de loin et passagers. Dans la première classe étaient compris : 1° les ducs, comtes, centeniers, *scabini*, tous magistrats résidents, nommés par l'empereur lui-même ou par ses délégués, et chargés d'agir en son nom pour lever des forces, rendre la justice, maintenir l'ordre, percevoir les tributs; 2° les bénéficiers ou vassaux de l'empereur, qui tenaient de lui, quelquefois héréditairement, plus souvent à vie, plus souvent encore sans aucune stipulation ni règle, des terres, des domaines, dans l'étendue desquels ils exerçaient, un peu en leur propre nom, un peu au nom de l'empereur, une certaine juridiction et presque tous les droits de souveraineté. Rien n'était bien déterminé ni bien clair dans la situation des bénéficiers et la nature de leur pouvoir : ils étaient en même temps délégués et indépendants, propriétaires et usufruitiers; et l'un ou l'autre de ces caractères prévalait en eux tour à tour. A l'avénement de Charlemagne, dans chaque centène, dans chaque comté, les institutions libres, aristocratiques et monarchiques, étaient à peu près également désordonnées et impuissantes : son père et son grand-père avaient bien déjà essayé de porter quelque remède à cette dissolution de la société et du pouvoir, mais la nature même de la révolution qui éleva la famille des Carlovingiens ne permit pas aux premiers d'entre eux de s'inquiéter beaucoup de l'administration des provinces. Quand cette seconde invasion de la Gaule fut définitivement consommée, alors seulement on put gouverner, et Charlemagne gouverna en effet. Les institutions libres périssaient, les hommes libres ne venaient plus aux assemblées de la centène ou du comté, et le droit de convoquer ces plaids locaux n'était pour les centeniers ou les comtes qu'un moyen de s'enrichir par le produit des amendes infligées à ceux qui négligeaient de s'y rendre. Pour faire cesser ces vexations, Charlemagne restreignit à trois par an le nombre des plaids auxquels les hommes libres de chaque circonscription seraient tenus d'assister, et ordonna qu'en tout autre cas l'obligation n'atteindrait que ceux qui y seraient appelés pour leurs propres affaires. Cependant, aux procès il fallait des juges. A ce titre paraissent sous Charlemagne les *scabini* ou échevins, dont sept au moins, sur la convocation du centenier ou du comte, sont tenus de se rendre aux plaids, et qui depuis cette époque remplissent constamment l'office de magistrats locaux.

L'innovation était grave; le pouvoir judiciaire passait ainsi du peuple à un corps de juges. Mais nul ne se doutait qu'il y eût là quelque mal ou quelque danger; on ne croyait pas perdre un droit. Ceux qui voulaient l'exercer le pouvaient toujours; les autres étaient délivrés d'une charge; Charlemagne ne voulait que réprimer des abus et pourvoir à une nécessité. En résultat, le système monarchique prévalait dans le sein même des institutions libres; les plaids locaux n'étaient guère pour le prince qu'une forme d'administration, un moyen de pourvoir aux nécessités du gouvernement. Il en réglait les époques et le nombre, nommait et changeait à son gré les magistrats, interdisait aux hommes libres de s'y rendre en armes, car le maintien de l'ordre, de la paix publique, était le plus impérieux besoin de la société, le seul presque qui fût universellement senti; enfin, lorsque les grandes réunions d'hommes libres menaçaient le pouvoir royal au lieu de le servir, il les supprimait absolument. C'est ce que fit Charlemagne chez les Saxons.

Son intervention dans les institutions aristocratiques n'était guère moins directe ni moins active. Il ne retira point aux seigneurs la juridiction qu'ils exerçaient dans leurs terres, mais il étendait sur eux sa surveillance : « Si quelqu'un de nos vassaux, dit-il, ne rend pas justice à ses hommes, que le comte et notre envoyé s'établissent dans sa maison et vivent à ses dépens jusqu'à ce qu'il ait rendu justice à ses vassaux. Si des voleurs, dit-il ailleurs, se réfugient dans la juridiction de quelque seigneur, que les juges du lieu les remettent aux plaids du comte; celui qui négligera de le faire perdra son bénéfice, et s'il n'a pas de bénéfice, il payera une amende; il en sera de même à l'égard de nos propres vassaux. »

Charlemagne inspectait avec le plus grand soin, entre les mains même des bénéficiers, l'administration des bénéfices qu'il avait concédés, attentif à prévenir la détérioration des domaines. Enfin, il se réserva formellement le jugement de toutes les causes entre les évêques, les abbés, les comtes et tous les hommes puissants, soumettant ainsi leurs débats à son autorité personnelle, en même temps qu'il surveillait par ses délégués l'usage qu'ils faisaient de la leur.

Du cinquième au dixième siècle, le règne de Charlemagne est la seule époque où l'existence des grands propriétaires et leur pouvoir dans leurs domaines aient vraiment subi avec quelque régularité le contrôle et l'action du pouvoir royal. L'étendue et l'efficacité de ce pouvoir, dans la sphère même des institutions aristocratiques et des institutions libres, étaient dues, on le devine sans peine, au développement des institutions monarchiques et à l'habile emploi qu'en savait faire le souverain. Les offices publics, loin de n'être, comme sous les Mérovingiens, qu'un moyen de satisfaire, aux dépens des provinces, l'avidité des leudes du roi ou du roi lui-même, devinrent sous Charlemagne les éléments d'une administration véritable, qui portait et maintenait en tous lieux son autorité. Les ducs, les comtes, les vicomtes, les centeniers, furent bien réellement ses délégués et ses agents. Les capitulaires attestent par d'innombrables dispositions le soin qu'il apportait à les choisir, à les diriger, à faire en sorte que leurs fonctions fussent exercées dans l'intérêt des peuples. C'était par l'institution des *missi dominici* ou envoyés royaux que Charlemagne exerçait efficacement cette surveillance, faisait vraiment dominer le système monarchique, et en maintenait l'unité en rappelant sans cesse à lui, de tous les points de son empire, l'autorité qu'il avait confiée aux ducs, au comtes, et même celle que ces magistrats transmettaient à leur tour à leurs inférieurs, vicaires, centeniers ou échevins.

Je n'ai encore considéré ce système que dans les institutions locales; mais déjà, si je ne me trompe, sa nature est bien évidente. C'est le plus vigoureux essai de monarchie administrative qui ait été tenté depuis la fondation des États modernes jusqu'à Charles-Quint en Espagne, jusqu'au cardinal de Richelieu en France. Qu'on ne s'exagère point la valeur de ce terme; qu'on n'attribue point à l'administration de Charlemagne des effets pareils à ceux dont neuf siècles plus tard les monarchies européennes ont offert l'exemple. Malgré tous ses efforts, le désordre était immense, l'unité du pouvoir sans cesse rompue ou déjouée; en mille occasions, en mille lieux, les hommes et les choses lui demeuraient absolument étrangers, et n'appartenaient qu'à l'empire de forces irrégulières et indépendantes. Je n'ai pas besoin d'insister sur les causes qui s'opposaient alors à la réalité du système monarchique; elles éclatent dans tous les faits, et nulle part aussi hautement que dans les mesures de Charlemagne pour les surmonter. Mais que ce système ait prévalu dans son règne en principe et en fait, autant que le permettait l'état social, il est impossible de le méconnaître. Dans les assemblées d'hommes libres, dans les domaines des propriétaires, soit par une intervention directe, soit par une surveillance imminente, le prince était toujours présent; tous les pouvoirs locaux émanaient de lui ou lui étaient subordonnés. Il s'appliquait à en rendre l'exercice régulier et salutaire aux peuples, mais sans les laisser jamais échapper de ses mains, substituant partout, autant qu'il le pouvait, son autorité et son action à l'action et à l'autorité des pouvoirs spontanés et indépendants. C'est là ce qu'aujourd'hui, et avec raison, on appelle le *despotisme*. C'était aussi le despotisme au huitième siècle; mais il serait puéril de le juger par son nom. Il n'avait pas manqué avant Charlemagne de souverains impuissants et inactifs, qui si la nation en eût été capable n'auraient su ni pu l'empêcher de ressaisir et de fonder ses libertés; mais, loin de faire un pas vers ce but, la population, barbare ou romaine, qui occupait alors les Gaules, s'était de plus en plus dissoute, était devenue chaque jour davantage la proie de la force et du hasard. Les germes d'institutions libres que les vainqueurs avaient apportés de Germanie se perdaient dans le nouveau sol où ils étaient transplantés. Les éléments d'institutions aristocratiques que l'établissement territorial avait fait naître n'avaient acquis aucune consistance, aucune forme tant soit peu légale, et n'enfantaient que la domination déréglée des forts. Les premiers essais d'institutions monarchiques tentés par les rois avec l'aide du clergé, loin de tourner au profit de la sécurité publique et d'introduire quelque régularité dans l'exercice du pouvoir, n'avaient guère eu que l'avidité pour principe et la spoliation pour effet. Charlemagne le premier refusa d'accepter comme la condition naturelle d'un peuple et d'un roi cette brutale et stupide anarchie; le premier il s'éleva aux idées de gouvernement, de nation, de loi, d'ordre public, et voulut en régnant faire autre chose qu'asservir des passions ou des caprices personnels. Il ne fonda point des institutions libres, il ne soumit point sa volonté au contrôle et au concours nécessaire de forces indépendantes; il s'appliqua au contraire à la rendre partout présente et partout souveraine. Mais, ce que nul n'avait fait avant lui, ce que pendant plusieurs siècles ne devait tenter aucun de ses successeurs, il gouverna ses sujets pour eux-mêmes et non pour lui seul, d'après des vues générales, avec des intentions publiques, préoccupé des besoins sociaux en même temps que de ses propres intérêts. C'est ce qui caractérise sa législation et son administration des provinces, et aussi ses lois et sa conduite à l'égard des institutions placées au centre de l'État. C'est là ce qui du cinquième au treizième siècle fait de lui un homme unique et immense. Au milieu de la barbarie universelle, il n'appartenait qu'au plus noble génie de concevoir ainsi la royauté hors de l'égoïsme, et de considérer la société non comme la proie de la force, mais comme le but du pouvoir. La pensée était d'autant plus grande que la tentative était prématurée, et le succès purement individuel. On ne peut douter que l'influence des idées religieuses et du clergé n'ait puissamment contribué à faire entrer dans l'esprit de Charles cette haute pensée; et quoiqu'il fût loin de s'asservir aux ecclésiastiques, c'était surtout avec eux et par leur aide qu'il en poursuivait l'accomplissement.

Dans le gouvernement central (en mettant pour un moment de côté l'action de Charlemagne lui-même et de ses conseillers personnels, c'est-à-dire le vrai gouvernement), les assemblées nationales, à en juger par les apparences et à en croire presque tous les historiens modernes, occupaient une grande place. Elles furent en effet d'un règne fréquentes et actives. Mais que se passait-il dans leur sein? quel était à ce sujet le caractère de leur intervention politique? Il nous reste à ce sujet un monument très-curieux : un des contemporains et des conseillers de Charlemagne, son cousin germain, Adalhard, abbé de Corbie, avait écrit un traité intitulé *De Ordine Palatii*, destiné à faire connaître l'intérieur du gouvernement de Charlemagne, et spécialement des assemblées générales. Ce traité a été perdu; mais vers la fin du neuvième siècle Hincmar, archevêque de Reims, l'a reproduit presque en entier dans une lettre ou instruction, écrite à la demande de quelques grands du royaume, qui avaient eu recours à ses conseils pour le gouvernement de Carloman, l'un des fils de Louis le Bègue. Il résulte de ce document que la proposition des capitulaires, ou, pour parler le langage moderne, l'initiative émanait de l'empereur. Il en devait être ainsi; l'initiative est naturellement exercée par celui qui veut régler, réformer, et c'était Charlemagne qui avait conçu ce dessein. Cependant, je ne doute pas non plus que les membres de l'assemblée ne pussent faire de leur côté toutes les propositions qui leur paraissaient convenables; les artifices et les méfiances constitutionnels de notre temps étaient à coup sûr absolument inconnus de Charlemagne, trop sûr de son pouvoir pour redouter la liberté des délibérations, et qui voyait dans ces assemblées un moyen de gouvernement bien plus qu'une barrière à son autorité. La résolution définitive dépendait toujours de Charlemagne seul; l'assemblée ne lui donnait que des lumières et des conseils. Il n'est pas besoin de longues réflexions pour déterminer le véritable caractère de ces assemblées, il est clairement empreint dans le tableau que Hincmar en a tracé. Charlemagne le remplit seul; il est le centre et l'âme de toutes choses; c'est lui qui veut que les assemblées se réunissent, qu'elles délibèrent; c'est lui qui s'enquiert de l'état du pays, qui propose et sanctionne les lois; en lui résident la volonté et l'impulsion; c'est de lui que tout émane pour revenir à lui. Il n'y a point là de grande liberté nationale, point d'activité vraiment politique; il y a un vaste moyen de gouvernement (*voyez* Champ-de-Mars, Champ-de-Mai). Ce moyen ne fut point stérile : indépendamment de la force qu'y puisait Charlemagne pour les affaires courantes, là étaient en général rédigés et arrêtés les *Capitulaires*, dont nous nous sommes déjà occupés dans un autre article de ce Dictionnaire.

Sans parler ici des affaires ecclésiastiques sous Charlemagne, nous devons dire que plus de trente conciles nationaux ou provinciaux furent assemblés pour travailler à la prospérité spirituelle et temporelle de l'Église. Charlemagne lui-même prit part aux discussions que soulevaient les hérésies, fréquentes alors (*voyez* Carolins [Livres]). Si d'une part l'empereur augmentait la puissance du clergé, il restreignait de l'autre quelques-uns de ses privilèges, surtout le droit d'asile accordé aux églises. Un capitulaire de 803 autorise le comte de chaque province à réclamer de l'évêque ou de l'abbé un prévenu qui s'était réfugié dans sa franchise, pour l'examiner; et il semble que l'intention de Charles était de réduire les églises à mettre les fugitifs à l'abri seulement du ressentiment de ceux qu'ils avaient offensés, mais non de la vindicte de l'autorité souveraine. Il régla encore les nones et dîmes. Il assura aussi au clergé et au peuple la libre élection des évêques, qui sous les Mérovingiens avait été le plus souvent accomplie par le roi. Des faits incontestables prouvent néanmoins qu'il disposa souvent par sa seule volonté des évêchés et des abbayes. Il sépara enfin absolument les juridictions civile et ecclésiastique, et enleva le clergé à toute autre autorité qu'à celle de ses propres tribunaux.

Quoi qu'il en soit des causes de la décadence intellectuelle dans la Gaule franque du cinquième au huitième siècle, le fait est indubitable : à considérer dans son ensemble l'histoire de l'esprit humain dans l'Europe moderne du cinquième siècle jusqu'à nos jours, on trouvera, je crois, que le septième siècle est le point le plus bas où il soit descendu, le *nadir* de son cours, pour ainsi dire. Avec la fin du huitième siècle commença son mouvement de progrès. Il est assez difficile de caractériser ce mouvement avec précision, et de résumer en quelques traits l'état intellectuel de la Gaule franque sous Charlemagne. Aucune idée simple n'y domine; les travaux qui occupèrent alors les esprits ne forment point un ensemble, ne se rattachent à aucun principe; ce sont des travaux isolés, partiels; l'activité est assez grande, mais ne se manifeste pas par de grands résultats. Toute tentative de syatématiser ce temps sous le point de vue moral, de le réduire à quelque fait général et éclatant, le hausserait indubitablement. Un autre procédé me paraît plus propre à le faire connaître et comprendre. Un homme s'y rencontre, esprit plus actif et plus étendu, sans aucun doute, que tout autre, Charlemagne excepté; supérieur en instruction et en fécondité intellectuelle à tous ses contemporains, sans s'élever beaucoup au-dessus d'eux par l'originalité de sa science ou de ses idées; représentant fidèle en un mot du progrès intellectuel de son époque, qu'il a devancée en toutes choses, mais sans jamais s'en séparer. Cet homme est Alcuin. J'ai examiné dans mon cours de 1829 l'influence, le caractère véritable de ce savant; j'ai montré jusqu'à quel point on peut voir dans ses travaux le véritable tableau des connaissances et des idées du siècle et l'indication de la tendance nouvelle qu'un grand homme voulait imprimer à son époque.

Selon Eginhard, « l'éloquence de Charlemagne était abondante, et il pouvait exprimer avec facilité tout ce qu'il voulait, et, ne se contentant point de sa langue maternelle, il s'était donné la peine d'en apprendre d'étrangères. Il avait appris si bien le latin qu'il pouvait parler en public dans cette langue avec autant de facilité que dans la sienne propre. Il comprenait mieux le grec qu'il ne pouvait l'employer lui-même. » Il aimait les lettres et les arts, qu'il cultivait lui-même quoiqu'il *écrivit* avec peine. Il reçut, à l'âge de trente-deux ans, les premiers éléments des lettres de Pierre Pisan (ou de Pise), qui lui donna des leçons de grammaire et de langue latine. C'est ainsi que Charles se prépara aux leçons d'Alcuin, moine anglo-saxon, qu'il attacha à sa personne en 782. Il apprit de lui la rhétorique, la dialectique, et surtout l'astronomie, qu'il préférait aux autres sciences, après la théologie.

Charlemagne prit soin d'attirer dans ses États les hommes distingués étrangers, et parmi ceux qui l'aidèrent à seconder, dans la Gaule franque, le développement intellectuel, plusieurs étaient venus du dehors. Charlemagne faisait même davantage. Non-seulement il s'efforçait d'attirer dans ses États les hommes distingués, mais il les protégeait et les encourageait partout où il les découvrait; plus d'une abbaye anglo-saxonne eut part à ses libéralités, et les savants qui, après l'avoir suivi en Gaule, voulaient retourner dans leur patrie, ne lui devenaient pas étrangers. Ainsi l'éprouvèrent Pierre de Pise et Paul Warnefried, qui ne firent en Gaule qu'un assez court séjour. Alcuin s'y fixa tout à fait. Clément d'Irlande, les Italiens Théodulfe, Leidrade et Paulin d'Aquilée, y furent appelés aussi. Le commerce de ces illustres étrangers familiarisa les courtisans guerriers d'Austrasie avec la langue latine. Riculfe, Angilbert et Eginhard durent à leur savoir l'intimité du prince.

Les écoles anglaises, celles d'York surtout, d'où avait Alcuin, avaient à cette époque un enseignement assez étendu, plus étendu qu'on ne l'eût alors rencontré dans aucune école de la Gaule ou de l'Espagne; il comprenait la grammaire, la rhétorique, la jurisprudence, la poésie, l'astronomie, l'histoire naturelle, les mathématiques, la chronologie et l'explication des saintes Écritures. Ce sont ces études que Charlemagne, soutenu par Alcuin, répandit dans la Gaule. C'est encore alors que l'on commença le travail si important de la révision et de la correction des manuscrits sacrés et profanes. Charlemagne lui-même, s'il faut en croire Thégan, auteur contemporain, *corrigea soigneusement*, *dans l'année qui précéda sa mort*, *avec des Grecs et des Syriens*, *les quatre Évangiles de Jésus-Christ*.

Charles travailla aussi avec ardeur au rétablissement des écoles partout déchues; les études furent relevées dans les villes épiscopales et dans les grands monastères. De cette époque datent la plupart des écoles qui acquirent bientôt une grande célébrité, et d'où sortirent les hommes les plus distingués des siècles suivants; par exemple, celles de Ferrières en Gâtinais, de Fulde dans le diocèse de Mayence, de Reichenau dans celui de Constance, d'Aniane en Languedoc, de Fontenelle ou Saint-Vandrille en Normandie; et les hommes qui les honorèrent avaient été presque tous au nombre des disciples d'Alcuin, car, indépendamment de ses soins pour rétablir les écoles, il enseigna lui-même, et avec un grand éclat. Ce ne fut point dans un monastère ni dans un établissement public qu'eut lieu d'abord son enseignement: de 782 à 796, il fut à la tête d'une école intérieure, dite *l'école du Palais*, qui suivait Charlemagne partout où il se transportait, et à laquelle assistaient ceux qui se transportaient avec lui. Ses leçons, toutes puériles qu'elles peuvent nous paraître d'après ce qui nous en reste, méritent toute notre attention comme symptôme et principe de mouvement. Elles attestent cette curiosité avide avec laquelle l'esprit jeune et ignorant se porte sur toutes choses, et ce plaisir si vif qu'il prend à toute combinaison inattendue, à toute idée un peu ingénieuse; disposition qui se manifeste dans la vie des individus comme dans celle des peuples, et qui enfante, tantôt les rêves les plus bizarres, tantôt les plus vaines subtilités. Elle dominait sans nul doute dans le palais de Charlemagne; elle amena la formation de cette espèce d'académie dans laquelle tous les hommes d'esprit du temps portaient des surnoms puisés dans la littérature sacrée ou profane, Charlemagne-David, Alcuin-Flaccus, Angilbert-Homère, Friedgies-Nathanaël, Amalaire-Symphosius, Gisla-Lucie, Gundrade-Eulalie, etc.

Comme, dans l'opinion du temps et dans celle de Charles, la théologie était de toutes les sciences la plus importante et la plus utile, l'étude approfondie du latin et même celle du grec devenaient indispensables à ceux qui voulaient parvenir aux hautes dignités de l'Église. Aussi enseignait-on l'une et l'autre de ces langues dans quelques monastères. Le latin n'était plus la langue vulgaire: à peine pouvait-il être entendu du peuple, qui parlait un idiome grossier, appelé *langue romaine rustique*, source des langues et des patois méridionaux. Au nord de la Gaule et dans l'Austrasie, la langue dominante était celle des anciens Germains; c'est celle que parlaient Charlemagne et tous les Francs; il paraît même que le prince voulait la faire adopter dans tout son empire. Eginhard rapporte qu'il composa une grammaire tudesque, et qu'il fit recueillir les anciens chants guerriers des peuples germains. Charles s'efforça encore d'introduire le *chant grégorien* dans les églises de son empire.

Malgré les encouragements de Charles et la munificence des grands, les arts restèrent dans la décadence où ils étaient tombés depuis plusieurs siècles. L'architecture ne produisit aucun monument qui soit arrivé jusqu'à nous, au moins dans son intégrité; et les artistes étaient à la fois si rares et si médiocres en talent que pour élever le palais et la basilique d'Aix-la-Chapelle on fut obligé d'apporter de Ravenne les colonnes et les mosaïques qui décoraient la résidence des derniers empereurs. On cite encore parmi les travaux dont Charlemagne eut l'idée un canal qui devait établir une communication entre le Rhin et le Danube, ainsi que plusieurs ponts construits sur les grandes rivières.

La grandeur réelle de Charlemagne avait frappé d'admiration ses contemporains. Voici le portrait que nous a laissé de lui Eginhard, son secrétaire. « Charles portait les vêtements de sa patrie ou des Francs; il couvrait d'abord son corps d'une chemise et d'un caleçon de lin, puis il mettait une tunique bordée de soie et des tibiales (*hauts-de-chausses*); enfin il serrait ses jambes dans des bandelettes, et ses pieds dans leur chaussure. En hiver, il y ajoutait, pour couvrir ses épaules et sa poitrine, une veste de peau de loutre. Il s'enveloppait d'un manteau de Venise, et il ceignait toujours une épée dont la poignée et le baudrier étaient d'or ou d'argent. Quelquefois aussi, mais seulement dans les grandes fêtes, et quand il recevait les ambassadeurs de nations étrangères, il se servait d'une épée ornée de pierres précieuses. Quant aux habits étrangers, quelque beaux qu'ils fussent, il les repoussait, et ne voulait point permettre qu'on l'en revêtît. Deux fois seulement à Rome, à la prière du pape Adrien, et à celle de Léon, son successeur, il consentit à revêtir la longue tunique, la chlamyde et la chaussure à la romaine. Dans les grandes fêtes, il marchait aux processions avec une tunique tissue d'or, une chaussure couverte de pierreries, une agrafe d'or à son manteau, et un diadème d'or enrichi de pierreries. Dans les autres jours, ses habits différaient peu de ceux que portaient les hommes du peuple. Il était sobre pour la nourriture, mais plus sobre encore pour la boisson. En effet, il avait horreur de l'ivresse en tout homme, mais bien plus encore pour soi-même ou pour les siens. Quant à la nourriture, il ne pouvait point autant s'en abstenir, et il se plaignait souvent que les jeûnes nuisaient à sa santé. Il donnait très-rarement des repas, et seulement dans les plus grandes fêtes; mais alors c'était un très-grand nombre de convives à la fois. A l'ordinaire, on ne servait à sa table que quatre plats, outre le rôti, qu'il préférait à toute autre nourriture, et que ses chasseurs avaient coutume d'apporter sur la broche. Pendant le repas, il prêtait l'oreille ou à quelque récit, ou à son lecteur. On lui lisait les histoires et les exploits des anciens; il se plaisait aussi beaucoup à la lecture des livres de saint Augustin, et surtout de celui de *La Cité de Dieu*. A peine pendant tout le cours du repas buvait-il trois fois. Mais en été, après avoir mangé quelques fruits, il buvait encore ; puis, posant ses habits et sa chaussure, comme il l'aurait fait à la fin de la soirée, il se reposait deux ou trois heures. Pendant la nuit, c'était son usage d'interrompre son sommeil quatre ou cinq fois, non seulement en se réveillant, mais en se levant. Tandis qu'on le chaussait et qu'on l'habillait, il admettait ses amis ; bien plus, si le comte du palais lui annonçait qu'il eût quelque procès qu'il ne pouvait terminer sans son ordre, Charles faisait à l'instant entrer les plaideurs, et ayant écouté le procès, il rendait sa sentence comme s'il eût siégé sur son tribunal. En même temps, il expédiait les ordres à chacun pour ce qu'il avait à faire dans la journée, et il assignait le travail à ses ministres...... » (*Eginhardi Vita Caroli*).

L'histoire du règne de Charlemagne est un singulier mélange d'éclat et d'obscurité, de grandeur et d'incertitude : les documents incomplets que nous possédons ont permis, dit M. de Sismondi (*Histoire des Français*), à chaque historien de faire de Charlemagne un héros selon son cœur et selon sa pensée. Il est toujours représenté comme le grand homme, l'homme juste et l'homme sage par excellence; mais la conduite par laquelle il donne à connaître cette sagesse et cette vertu n'est point la même selon les divers historiens ou philosophes qui ont voulu faire de ce grand roi le champion de leur système. Suivant le comte de Boulainvilliers (*Mémoires historiques*), on lui doit surtout de la reconnaissance pour avoir établi l'hérédité des fiefs ; car, après avoir couvert la France de ducs et de comtes, il les avait jugés trop exposés aux attaques de leurs voisins pour ne pas les intéresser par le sentiment de la perpétuité à la défense de leurs gouvernements. L'abbé de Mably (*Observations sur l'hist. de France*) voit au contraire dans Charlemagne le fondateur de la liberté en France, et le protecteur du peuple contre les grands : « Il apprit aux Français, dit-il, à obéir aux lois, en les rendant eux-mêmes leurs propres législateurs. » Et Velly (*Hist. de France*), qui croit rendre l'histoire plus dramatique en ne présentant que de nobles personnages à la scène, des rois vertueux et des héros, jamais des peuples, à réuni pour le caractère de Charles toutes les perfections, même celle de la chasteté; il l'a peint toujours ayant trouvé toutes ses forces dans son génie, ayant tout conçu, tout exécuté, sans le concours des grands ni du peuple, par la seule supériorité de sa force d'âme. Montesquieu a de son côté fait de Charles le modèle des législateurs. Ceux qui sont venus depuis ont chacun à leur tour trouvé dans les chroniques ou dans les capitulaires quelque phrase sur laquelle ils ont pu appuyer tout un système, et Charles est devenu le représentant de leur opinion propre. Pour nous, nous avons présenté les faits, et nous n'avons exposé que les conséquences que l'on pouvait rigoureusement en déduire.

Charlemagne n'a été ni le premier de sa race ni l'auteur de son élévation. Il reçut de Pepin, son père, un pouvoir tout fondé. C'est lui cependant qui a donné son nom à la seconde dynastie (*voyez* CARLOVINGIENS), et dès qu'on en parle, dès qu'on y pense, c'est Charlemagne qui se présente à l'esprit comme son fondateur et son chef. Glorieux privilége d'un grand homme ! Nul ne s'en étonne, nul ne conteste à Charlemagne le droit de nommer sa race et son siècle. On lui rend même souvent des hommages aveugles ; on lui prodigue mème ainsi dire au hasard la génie et la gloire. Et en même temps on répète qu'il n'a rien fait, rien fondé; que son empire, ses lois, toutes ses œuvres, ont péri avec lui. Au premier aspect, il semble en effet qu'il en soit ainsi. Mais gardons-nous d'en croire les apparences. Pour savoir si réellement Charlemagne n'a rien fondé, il faut se demander si après lui les peuples qu'il avait gouvernés se sont retrouvés dans le même état; si cette double invasion qui au nord et au midi menaçait leur territoire, leur religion et leur race, a repris son cours; si les Saxons, les Slaves, les Avares, les Arabes, ont continué de tenir dans un état d'ébranlement et d'angoisse les possesseurs du sol romain. Évidemment il n'en est rien. Sans doute l'empire de Charlemagne se dissout, mais il se dissout en États particuliers, qui s'élèvent comme autant de barrières sur tous les points où subsiste encore le danger. Avant Charlemagne, les frontières de Germanie, d'Italie et d'Espagne, étaient dans une fluctuation continuelle : aucune force politique constituée n'y était en permanence; aussi était-il contraint de se transporter sans cesse d'une frontière à l'autre, pour opposer aux envahisseurs la force mobile et passagère de ses armées. Après lui, de vraies barrières politiques, des états plus ou moins bien organisés, mais réels et durables, s'élèvent : les royaumes de Lorraine, d'Allemagne, d'Italie, des deux Bourgognes, de Navarre, datent de cette époque ; et, malgré les vicissitudes de leur destinée, ils subsistent et suffisent pour opposer au mouvement d'invasion une résistance efficace. Aussi ce mouvement cesse, ou ne se reproduit plus que par la voie des expéditions maritimes, désolantes pour les points qu'elles atteignent, mais qui ne peuvent se faire avec de grandes masses d'hommes, ni amener de grands résultats. Quoique la vaste domination de Charlemagne ait disparu avec lui, il n'est donc pas vrai de dire qu'il n'ait rien fondé; il a fondé tous les États qui sont nés du démembrement de son empire. Ses conquêtes sont entrées dans des combinaisons nouvelles, mais ses guerres ont atteint leur but. La forme a changé, mais au fond l'œuvre est restée. Ainsi s'exerce en général l'action des grands hommes.

Sous d'autres rapports, ce qui est tombé avec Charlemagne, ce qui tenait à lui seul et ne pouvait lui survivre, c'est le gouvernement central. Après s'être prolongés quelque temps sous Louis le Débonnaire et Charles le Chauve, mais de plus en plus sans force et sans effet, les assemblées générales, les *missi dominici*, toute l'administration centrale et souveraine, ont disparu; mais il n'en a pas été ainsi du gouvernement local, de ces ducs, comtes, vicaires, centeniers, bénéficiers, vassaux, que sous Charlemagne en exerçaient les pouvoirs. Avant lui le désordre n'était pas moindre dans chaque localité que dans l'état en général : les propriétés, les magistratures changeaient sans cesse de main ; aucune régularité, aucune permanence dans les situations et les influences locales. Pendant les quarante-six années de son gouvernement, elles eurent le temps de s'affermir sur le même sol, dans les mêmes familles; elles devinrent stables, première condition du progrès qui devait les rendre indépendantes, héréditaires, c'est-à-dire en faire les éléments du régime féodal. Rien, à coup sûr, ne ressemble moins à la féodalité que l'unité souveraine à laquelle aspirait Charlemagne; et pourtant c'est lui qui en a été le véritable fondateur : c'est lui qui, en arrêtant le mouvement extérieur de l'invasion, en réprimant jusqu'à un certain point le désordre intérieur, a donné aux situations, aux fortunes, aux influences locales, le temps de prendre vraiment possession du territoire et de ses habitants. Après lui, son gouvernement général a péri comme ses conquêtes, la souveraineté unique comme l'empire; mais de même que l'Empire s'est dissous en États particuliers qui ont vécu d'une vie forte et durable, de même la souveraineté centrale de Charlemagne s'est dissoute en une multitude de souverainetés locales qui avaient puisé dans sa force, et acquis, pour ainsi dire, sous son ombre les conditions de la réalité et de la durée. En sorte que sous ce second point de vue, et en pénétrant au delà des apparences, il a beaucoup fait et beaucoup fondé. Je pourrais le montrer accomplissant et laissant dans l'Église des résultats analogues; là aussi il a arrêté la dissolution, jusqu'à lui toujours croissante; là aussi il a donné à la société le temps de se reprendre, d'acquérir quelque consistance et d'entrer dans de nouvelles voies; mais l'espace me manque pour entrer ici dans ces longs développements.

Quant à l'activité intellectuelle, elle fut grande sous son étoile. Du sixième au huitième siècle, on a peine à trouver quelques ouvrages, quelques noms; des sermons et des légendes sont presque les seuls monuments que l'on rencontre. Ici, au contraire, on voit reparaître presque tout d'un coup des écrits philosophiques, historiques, philologiques, critiques; on se retrouve en face de l'étude et de la science, c'est-à-dire de l'activité intellectuelle pure, désintéressée, du mouvement propre de l'esprit humain.

On n'est donc pas en droit de dire que Charlemagne n'a rien fondé, qu'il n'est rien resté de ses œuvres. Il a au contraire laissé les traces les plus profondes; si beaucoup de choses qu'il a faites ont disparu avec lui, beaucoup aussi lui ont survécu; l'Europe occidentale, en un mot, est sortie de ses mains tout autre qu'il ne l'avait reçue. Quel est le caractère général, dominant de ce changement, de cette crise à laquelle Charlemagne a présidé? L'histoire de la civilisation sous les rois mérovingiens est l'histoire d'une décadence constante, universelle. A partir de Charlemagne, la face des choses change; la décadence s'arrête, le progrès recommence. Longtemps encore le désordre sera immense, le progrès partiel, ou peu sensible, ou souvent suspendu. N'importe : on ne rencontre plus ces longs siècles de désorganisation, de stérilité intellectuelle toujours croissante ; à travers mille souffrances, mille lacunes, la force et la vie renaissent dans l'homme et dans la société. Charlemagne marque la limite à laquelle est enfin consommée la dissolution de l'ancien monde, romain et barbare, et où commence vraiment la formation de l'Europe moderne, du monde nouveau. C'est sous son règne, et pour ainsi dire sous sa main, que s'est opérée la secousse par laquelle la société européenne faisant volte-face, est sortie des voies de la destruction pour entrer dans celles de la création.

Veut-on savoir ce qui a vraiment péri avec lui, et quelle est, indépendamment des changements de formes et d'apparences, la portion de ses œuvres qui ne lui a point survécu? Si je ne m'abuse, le voici. En ouvrant l'histoire du moyen âge, le premier fait qui se présente à nos yeux, le premier spectacle auquel nous assistons, c'est celui du vieil empire romain se débattant contre les barbares. Ils ont triomphé, ils ont détruit l'empire. En le combattant, ils le respectaient; à peine l'ont-ils détruit qu'ils ont aspiré à le reproduire. Tous les grands chefs barbares, Ataulphe, Théodoric, Euric, Clovis, se montrent préoccupés du désir de succéder aux empereurs romains, de pousser leurs peuples dans les cadres de cette société qui est leur conquête. Aucun d'eux n'y réussit; aucun d'eux ne parvient à ressusciter, même un seul moment, le nom et les formes de l'empire ; ils sont surmontés par ce torrent d'invasions, par ce cours général de dissolution qui emporte toutes choses; la barbarie s'étend et se renouvelle sans cesse; mais l'empire romain est encore présent à toutes les imaginations; c'est entre la barbarie et la civilisation romaine qu'est posée la question dans tous les esprits un peu étendus, un peu élevés. Elle se posait encore ainsi quand arriva Charlemagne; lui aussi, lui surtout, rêva l'espoir de la résoudre comme avaient voulu la résoudre tous les grands barbares venus avant lui, c'est-à-dire en reconstituant l'empire. Ce que Dioclétien, Constantin, Julien, avaient tenté de soutenir avec les vieux débris des légions romaines, c'est-à-dire la lutte contre l'invasion, Charlemagne l'entreprit avec les Francs, des Goths, des Lombards ; il occupait le même territoire, il se proposa le même dessein. Au dehors, et presque toujours sur les mêmes frontières, il soutint la même lutte; au dedans, il essaya de ramener l'unité romaine qu'elle se portait ; c'était là ce qu'il voulait rétablir, avec des barbares pour instruments. Ce fut là aussi en quoi il échoua. L'empire romain et son unité répugnaient invinciblement à la nouvelle distribution de la population, aux relations nouvelles, au nouvel état moral des hommes; la civilisation romaine ne pouvait plus entrer que comme un élément transformé dans le monde nouveau qui se préparait. Cette pensée, ce vœu de Charlemagne, n'étaient point une pensée, un besoin public. Ce qu'il avait fait pour l'accomplir périt avec lui. De cela même, cependant, quelque chose resta : ce nom d'empire d'Occident, qu'il avait relevé, et les droits qu'on croyait attachés au titre d'empereur rentrèrent, si je puis ainsi parler, au nombre des éléments de l'histoire, et furent encore pendant plusieurs siècles un objet d'ambition, un principe d'événements. En sorte que, même dans la portion purement égoïste et éphémère de ses œuvres, on ne peut pas dire que la pensée de Charlemagne ait été absolument stérile, ni que toute durée lui ait manqué.

Dans les siècles postérieurs, et malgré le silence absolu des contemporains, on a rapporté à Charlemagne l'origine ou la création de presque toutes les institutions remarquables. Les universités, surtout celle de Paris, la pairie, les états généraux, que sais-je enfin! en Allemagne même les cours véhmiques, peut-être l'idée primitive de l'inquisition, tout cela remonte à ce grand homme. Les érudits ont épuisé leur science à discuter ces points obscurs, sur lesquels le doute régnera toujours, et où l'on a le droit de nier beaucoup plus que celui d'affirmer.

A la mort de Charlemagne son empire s'étendait, du nord-ouest au sud-ouest, de l'Elbe, en Allemagne, à l'Ebre, en Espagne; du nord au midi, il allait de la mer du Nord jusqu'à la Calabre, presque l'extrémité de l'Italie. Au bout de vingt-neuf ans, en 843, après le traité de Verdun, par lequel les fils de Louis le Débonnaire se partagèrent l'empire de Charlemagne, il formait trois royaumes : le royaume de France, le royaume de Germanie, et le royaume d'Italie. Le démembrement poursuivit son cours; quarante-cinq ans après cette époque, en 888, à la mort de Charles le Gros, le dernier des Carlovingiens qui ait paru réunir un moment tous les États de Charlemagne, au lieu de trois royaumes, nous en trouvons sept : le royaume de France, le royaume de Navarre, le royaume de Provence ou Bourgogne cisjurane, le royaume de Bourgogne transjurane, le royaume de Lorraine, le royaume d'Allemagne, et le royaume d'Italie.

La continence ne brillait point parmi les vertus de Charlemagne; il eut un grand nombre de femmes et de maîtresses, et il les menait avec lui dans les expéditions les plus lointaines. Sa première femme, nommée *Himiltrude*, n'est regardée que comme une concubine; elle eut un fils connu sous le nom de *Pepin le Bossu*. Charles renvoya Himiltrude pour épouser *Hermengarde* ou *Desiderata* (*Désirée*), fille de Didier, roi des Lombards, qu'il répudia au bout d'un an (771). *Hildegarde*, d'une famille noble de la nation des Suèves, fut la troisième femme de Charlemagne; c'est celle qu'il paraît avoir le plus aimée. Il en eut *Charles*, *Pepin*, *Louis*, et d'autres enfants encore; elle mourut en 784. Ensuite, Charlemagne épousa une femme impérieuse, injuste et cruelle, *Fastrade*, fille d'un seigneur franc; elle exerça sur lui un grand empire, dont elle abusa, car elle alla jusqu'à former contre lui des conspirations. Charlemagne venait de nommer rois d'Italie et d'Aquitaine ses fils Pepin et Louis, et il gardait près de lui Charles, comme héritier présomptif de sa toute-puissance. Pepin le Bossu, qui se voyait traité en bâtard, et que l'on destinait malgré lui à l'état ecclésiastique, résolut de se venger (792). Il se fit le chef d'une conspiration dont le but était d'assassiner le roi son père et des frères dans lesquels il ne voyait que d'insolents rivaux. On prétend même qu'il négocia avec les ennemis extérieurs pour obtenir leur appui; mais avant qu'ils pussent agir, la conspiration fut découverte par l'imprudence même des conjurés. Ceux-ci furent arrêtés et condamnés à divers supplices, selon leur qualité ou selon la part qu'ils avaient eue au complot. Pepin fut rasé et enfermé dans le monastère de Prum, où il finit ses jours du vivant de son père, en 811. Fastrade mourut en 794, après n'avoir donné que des filles à son mari. Elle fut remplacée par *Luitgarde*, de la nation des Allemands: celle-ci cessa de vivre en 800, sans laisser d'enfants. Charles eut ensuite successivement quatre concubines: *Madelgarde*, *Gersuinde*, *Adélaïde*, *Régine*; il eut des enfants de toutes les quatre, et même des fils des deux dernières; mais ils entrèrent tous dans l'état ecclésiastique. Il paraît que Charlemagne eut de plus beaucoup de maîtresses, et qu'il aima diverses femmes, dont une, au moins, sainte Amalberge, lui résista.

La *Vision de Wetin* (moine de Reichenau), ouvrage composé en 825, fait voir quelle idée les contemporains de Charles avaient de lui. On y rend justice aux grandes qualités de Charlemagne, on ne l'attaque que sur l'incontinence. Wetin est transporté en songe dans un lieu d'expiation, tel que le purgatoire; il est fort étonné d'y rencontrer Charlemagne. L'ange qui conduit Wetin, et qui lui explique tout ce qu'il voit, le rassure en lui déclarant que ce prince recevra dans l'éternité la récompense des justes, mais en attendant il est puni, dans ce lieu de souffrances, de son amour pour la volupté. En effet, un monstre semblable au vautour de Prométhée lui déchire le coupable organe de ses plaisirs, en respectant toutes les autres parties de son corps:

Oppositumque animal lacerare virilia stantis,
Laxaque per reliquum corpus lue membra carebant.

Si on peut reprocher à Charlemagne quelque chose dans sa conduite à l'égard de ses fils, ce n'est assurément pas un excès de sévérité. Quant à ses filles, il les aima trop, et des soupçons affreux ont été articulés, sans de grandes probabilités, par quelques historiens. Des désordres honteux déshonorèrent sa maison: *Rotrude*, l'aînée des filles que lui avait données Hildegarde, eut du comte Roricon un fils nommé Louis, qui fut abbé de Saint-Denis et chancelier du roi de France. *Berthe* eut deux enfants d'Angilbert, qui fut moine ou prêtre, savoir: Nitard, connu pour avoir écrit une partie de l'histoire contemporaine, et Harnide dont on ignore la destinée. Les galanteries d'*Hiltrude* (que Charlemagne eut de Fastrade, et qui devint abbesse de Farmoutier) avec un seigneur nommé Odillon furent encore plus scandaleuses. On parle aussi d'une *Emma*, fille de Charlemagne et d'une mère inconnue; c'est elle que, selon une tradition très-répandue, l'empereur fit épouser à son secrétaire Eginhard, après avoir découvert les liaisons qui existaient entre eux.

Charlemagne eut en tout vingt enfants connus, et il est permis de croire qu'il en eut d'autres, que l'on ne connaît pas.

Charles, fils aîné de Charlemagne et d'Hildegarde, sa troisième femme, ne se montra pas indigne de son père. Il se signala contre les Saxons, et à l'âge de douze ans il remporta sur eux une éclatante victoire. Plus tard, il soumit le *Boiohemum* (Bohème actuelle), et son père le nomma roi des Francs orientaux. Ce jeune prince, qui donnait de brillantes espérances, mourut en 811.

Nous avons jusque ici présenté tous les faits que l'histoire soumise à une saine critique fournit sur Charlemagne, et nous en avons déduit les conséquences les plus naturelles. Ce n'est pas tout; Charlemagne doit encore être considéré sous un point de vue moins important sans doute, mais extrêmement curieux, car on peut affirmer que son règne est la source de tous les romans de chevalerie (*voyez* aussi TURPIN). Selon le comte de Caylus, le roi Arthur même et les chevaliers de la Table-Ronde, si fameux chez les Anglais, ne sont qu'une imitation de Charlemagne et de ses douze pairs. F. GUIZOT, de l'Académie Française.

CHARLEMONT, hameau du département des Ardennes, qui fait partie intégrante de la ville de Givet, surtout célèbre par sa citadelle, qui fut construite en 1555, par Charles-Quint. La paix de Nimègue ayant adjugé à Louis XIV la possession de cette place, qui ne pouvait guère alors contenir que deux bataillons, le prince fit fortifier par Vauban le village de Givet, situé au pied de la montagne, et augmenter les fortifications de Charlemont; de sorte qu'aujourd'hui la place de Givet comprend en réalité quatre places fortes différentes: Charlemont et le Grand-Givet sur la rive gauche de la Meuse, sur la rive droite le Petit-Givet et le Mont-d'Haur, hauteur située en face de Charlemont. Le hameau de ce nom est construit sur un roc étroit, de 70 mètres environ d'élévation, dominant les points de la contrée environnante, taillé presque à pic du côté de la Meuse et de l'ouest, très-escarpé du côté du nord, et ne s'inclinant que vers l'est. Il est défendu par six bastions qui s'élèvent à l'est, le seul point où l'ennemi puisse l'attaquer, et, en outre, par un ouvrage à cornes, un ouvrage à couronne et plusieurs ouvrages détachés. Presque tous les fossés ont été taillés dans le roc, et la plupart des ouvrages sont bien casematés. Le Grand-Givet a quatre bastions, trois ravelins avec des fossés secs, et le Petit-Givet quatre bastions et des fossés inondés, mais point de chemin couvert. Le Mont-d'Haur est défendu par une fortification en forme d'ouvrage à couronne, et peut en même temps servir de camp retranché. La place est disposée pour une garnison de 11,000 hommes; mais elle peut, au besoin, recueillir une armée de 25,000 combattants et n'être défendue qu'avec 3 ou 4,000 hommes. S'il est possible d'aborder les deux Givet et le Mont-d'Haur, en revanche, Charlemont est inexpugnable, et de fait n'a jamais été assiégé non plus; car, bien qu'en 1815 les Prussiens aient fait mine de se disposer à l'attaquer, et que des capitulations eussent déjà fait tomber entre leurs mains les deux Givet et le Mont-d'Haur, ils n'osèrent rien entreprendre contre Charlemont, qui ne fut occupé par les Russes qu'en vertu des stipulations de la paix de Paris.

CHARLEROI, ville du royaume de Belgique, dans la province du Hainaut, bâtie sur la Sambre, qui y est navigable, située entre Mons et Namur et reliée par un chemin de fer à ces deux villes, compte près de 8,000 habitants.

La position de cette place, dont la possession est nécessaire à quiconque veut commander le cours de la Sambre en fait un des premiers objets d'opérations dans toutes les guerres qui ont la Belgique pour théâtre. Les premiers ouvrages de fortification élevés sur ce point datent de 1666, et furent construits par les Espagnols, qui donnèrent le nom de leur roi Charles II à cet endroit. L'invasion du Hainaut par une armée française, en 1667, les empêcha de terminer ces travaux ; mais Louis XIV les fit immédiatement continuer et terminer par Vauban. Aux termes de la paix conclue en 1668 à Aix-la-Chapelle, Charleroi fut cédée à la France; mais la paix de Nimègue la rendit à l'Espagne en 1678. Prise en 1693 par les Français, elle fut rendue aux Espagnols par le traité de Ryswick, en 1697. Au mépris de ce traité, l'électeur de Bavière y introduisit de nouveau une garnison française en 1701. Par le traité d'Utrecht, elle fut cédée à la Hollande. En 1746, cinq jours après l'ouverture de la tranchée, cette place dut se rendre au prince de Conti ; mais en 1748 la paix d'Aix-la-Chapelle la rendit à l'Autriche. Pendant la guerre de la révolution, elle fut à quatre reprises investie et canonnée par les Français ; trois fois secourue et dégagée, ce ne fut que lorsque sa garnison eut été réduite à quelques centaines d'hommes, qu'elle capitula ; et les vainqueurs se mirent tout aussitôt à la démanteler. La campagne de 1815 ayant de nouveau démontré la haute importance stratégique de ce point, les fortifications en ont été rétablies.

Charleroi possède une chambre de commerce, un tribunal de première instance, un collége, une société d'agriculture et une société académique des beaux-arts. Les riches mines de houille des environs sont d'un grand profit pour les habitants, qui possèdent d'ailleurs des filatures de laine, des manufactures de draps, et s'occupent en outre de la fabrication d'une foule d'objets et d'ustensiles en fer, tels que couteaux, fusils et aiguilles. On trouve aussi dans cette ville ou dans ses alentours un grand nombre de brasseries, de verreries, de hauts fourneaux, de distilleries de genièvre, de fabriques de sucre de betterave et de savon. A 2 kilomètres est situé le haut fourneau de Couillet, qui produit le tiers des fontes nécessaires à la consommation de la Belgique.

Charleroi est le centre des efforts de propagation de la société biblique de Belgique, et l'on y trouve une chapelle protestante construite au moyen de cotisations volontaires.

Le canal de Charleroi ouvert en 1832 forme jusqu'à Bruxelles une voie de communication par eau de 66 kilomètres de long, d'une grande ressource pour le transport des houilles, et qui se relie dans la capitale au canal de Willebrock unissant Bruxelles à Anvers.

CHARLES. Ce nom, dont la forme tudesque est *Karl*, et qui signifie robuste, a été porté par sept empereurs d'Allemagne. Les deux premiers ont régné en même temps sur la France.

CHARLES I*er*. *Voyez* CHARLEMAGNE.

CHARLES II. *Voyez*, parmi les rois de France, CHARLES II, dit *le Chauve*.

CHARLES III, dit *le Gros*, empereur d'Allemagne et qu'on compte aussi quelquefois parmi les rois de France, parce qu'il exerça les fonctions de régent pendant la minorité de Charles *le Simple*, était fils de Louis *le Germanique*. Celui-ci étant mort en l'an 876, ses fils se partagèrent son héritage. Carloman devint roi de Bavière, et en 877, après la mort de Charles *le Chauve*, il eut encore pour sa part l'Italie avec le titre d'empereur. Il mourut trois ans après, en 880, sans laisser d'héritiers légitimes. Louis II, dit *le Jeune*, eut en partage le royaume de Saxe ; mais lui aussi il mourut à fort peu de temps de là, en 882, sans laisser de postérité ; de telle sorte que le dernier des fils de Louis *le Germanique*, Charles dit *le Gros*, qui pour sa part de l'héritage paternel, lors du partage effectué en 876, eut le royaume de Souabe, hérita d'abord à la mort de son frère Carloman de l'Italie et du titre d'empereur, puis à la mort de Louis *le Jeune* se trouva souverain de toute l'Allemagne.

Dans cette même année, les seigneurs français vinrent lui offrir la couronne de France ou tout au moins la régence du royaume pendant la minorité de leur roi Charles *le Simple* ; de telle sorte que pendant quelque temps l'immense empire de Charlemagne se trouva encore réuni sous la même main. Malheureusement cette main était beaucoup trop faible pour suffire à une pareille tâche. Prince d'un esprit étroit, affaibli encore par les idées superstitieuses de son siècle, Charles le Gros n'avait pas seulement à lutter contre l'esprit d'insubordination des grands de son empire, aspirant en tous lieux à devenir de petits dynastes indépendants, il lui fallait encore réprimer les déprédations que les hommes du Nord commettaient sans relâche sur un littoral trop vaste pour être efficacement surveillé et protégé, à une époque de complète anarchie. Pour dominer une telle situation, ce n'eût pas été de trop que du génie d'un autre Charlemagne. Son sixième successeur ne voyait, lui, d'autres remèdes à tant de maux que de vaines cérémonies religieuses ayant pour objet d'implorer le secours du Très-Haut pour les populations soumises à ses lois, et qui, abandonnées à elles-mêmes, ne savaient non plus que prier le Seigneur de les délivrer de la fureur des Normands ; puis, quand les prières restaient sans effet, le lâche monarque avait recours à de honteuses compositions, qui en éloignant momentanément les barbares des contrées qu'ils ravageaient, ne les excitaient que davantage à entreprendre sur quelque autre point de l'empire des expéditions semblables et qui devaient avoir pour eux les mêmes résultats. C'est ainsi qu'au lieu de combattre résolument les terribles envahisseurs qui, remontant le cours de la Meuse, avaient pénétré jusqu'au cœur de la Lorraine, et dont il eût aisément pu triompher avec de fer, puisque déjà il les tenait bloqués dans une de leurs places d'armes, il acheta d'eux la paix, c'est-à-dire leur paisible retraite, au prix de 2,400 livres pesant d'argent, et qu'il céda à leur roi Gottfried la Frise orientale à la condition de défendre contre toute insulte ultérieure de la part de ses compatriotes les embouchures du Rhin, de la Meuse et de l'Escaut. Il lui donna en outre en mariage Giselle, fille de son frère Carloman et de Valrade. Une si indigne faiblesse acheva de le déconsidérer aux yeux des Allemands ; et les spoliations qu'il commit au détriment des fils des margraves d'Autriche excitèrent la guerre civile en Bavière. Il ne traita pas mieux en Italie les ducs Guy et Béranger, laissa les Sarrasins ravager tranquillement la péninsule, et s'arrogea le droit de modifier l'administration de la justice dans les terres relevant du saint-siége.

C'est aux désordres qui désolaient le royaume de France qu'il dut la couronne de ce pays. Enhardis par la faiblesse de Charles le Chauve et de ses successeurs, les Normands continuaient à faire de ce malheureux pays le théâtre de leurs brigandages. Carloman, petit-fils de ce prince, avait conclu avec eux un traité ; et moyennant douze cents livres pesant d'argent, ils s'étaient engagés à se tenir pendant douze années éloignés des terres de France. Mais Carloman étant mort quelque temps après la conclusion de cet arrangement, les Normands prétendirent que leurs serments ne les liait qu'à l'égard de ce monarque, et que si son successeur voulait obtenir d'eux la paix, il devait l'acheter au même prix. Hors d'état de satisfaire à ces exigences, les seigneurs français songèrent à se donner un chef capable de les protéger et de leur aider à chasser les Normands. Les souvenirs du glorieux règne de Charlemagne n'étaient point encore effacés de la mémoire des peuples ; son successeur parut l'homme de la situation, celui qui seul pouvait rendre le repos au pays. On le conjura d'accepter le diadème en lieu et place de Charles *le Simple*, fils posthume de Louis le Bègue et à peine encore âgé de cinq ans. L'empereur ayant reçu les serments des seigneurs français se mit en devoir de chasser de la France les barbares qui la désolaient. Gottfried, à qui il avait cédé la Frise orientale, ayant élevé des prétentions nouvelles, fut traîtreusement attiré par lui dans une île du Rhin, où il le fit massacrer. Il se débarrassa de la même façon de Hugues, frère de Giselle, qui réclamait la succession de son père, et qui, aidé par les Normands, dont il avait embrassé le parti avec d'autant moins de répugnance que Gottfried était devenu son beau-frère, aurait pu forcer l'empereur à la lui restituer. Cette perfidie, en excitant l'indignation des sujets de Gottfried, fournit de nouvelles armes à leur fureur. Ils appelèrent à leur secours les autres tribus de Normands établies depuis longtemps déjà sur différents points de l'empire, et réunirent ainsi une armée de plus de 40,000 combattants aux ordres de Sigfried, l'un des parents de Gottfried. Après avoir pris et saccagé Pontoise, les vainqueurs vinrent mettre le siège devant Paris. Cette ville eût été forcée de leur ouvrir ses portes sans la valeur déployée pendant les dix-huit mois par Odon ou Eudes, illustre comte qui, quelques années plus tard, devait être appelé au trône. Enfin, l'empereur arriva au secours des assiégés. Son armée, campée sur les hauteurs de Montmartre, était beaucoup plus forte que celle des Normands; mais cette fois encore le lâche monarque n'osa pas courir les risques d'une bataille : il aima mieux acheter la paix, et s'engagea à payer aux Normands sept cents livres pesant d'argent. Puis, comme il avait besoin de délais pour réunir cette somme, il leur donna la Bourgogne en gage de l'exact payement de la dette aux termes convenus.

Après ce honteux traité, Charles le Gros reprit le chemin de l'Allemagne, chargé de la haine et des malédictions de la nation française. Mais le mécontentement des Allemands était au moins égal à celui des Français; et le ministre de l'empereur, Luitvard, évêque de Verceil, son chancelier et son confident, partageait la haine publique avec son maître. Pour donner une apparente satisfaction aux sujets de toutes nations, révoltés par les lâchetés et ses iniquités, il sacrifia son confident, et poussa l'infamie jusqu'à élever en outre une accusation d'adultère contre l'impératrice Richarde, dont il accusait Luitvard d'avoir été le complice. Un repentir inutile suivit de près cette mauvaise action. Sachant bien que son ministre et sa femme étaient innocents, il forma le projet de les réhabiliter. C'est dans une assemblée des grands de la nation que la réparation devait avoir lieu. Les grands ne s'y rendirent qu'avec le ferme dessein de le déposer, et ils exécutèrent leur projet. Ils avaient à leur tête Arnout, duc de Carinthie, auquel Luitvard avait trouvé un refuge. Il n'y eut qu'une voix pour enlever à Charles le Gros les couronnes qu'il était indigne de porter. Retiré à l'abbaye de Reichenau, en Souabe, il y fut, dit-on, étranglé par ses propres serviteurs, en 887; et tel était alors le dénûment où se trouvait réduit celui qui naguère régnait de la mer Adriatique à la Manche, et des bords de la Vistule à l'Èbre, qu'il n'avait pour vivre que les aumônes de l'archevêque de Mayence.

CHARLES IV, empereur d'Allemagne (1316-1378), était fils du roi Jean de Bohême qui fut tué à la bataille de Crécy, et issu de la maison de Luxembourg. Il naquit à Prague, le 13 mai 1316, et reçut son éducation à la cour de France. Il succéda d'abord à son père dans les fonctions de vicaire de l'Empire en Italie, qui lui avaient été confiées par l'empereur Louis IV; et quand il devint impossible à ce prince de se maintenir plus longtemps en Italie, il obtint de lui le margraviat de Moravie.

Dans la guerre de Carinthie qu'il soutint contre l'empereur, il ravagea comme allié de son père les domaines du comte de Goritz; et plus tard, lorsque Jean recommença la lutte de la maison de Luxembourg contre l'empereur, il y prit également part. Élu déjà empereur du vivant même de Louis VI, le 11 juillet 1346, à Rense, à l'instigation du pape Clément VI, par cinq électeurs, qui le contraignirent à souscrire aux plus humiliantes conditions, il ne put pas, à la mort de son rival, Louis VI, parvenir tout aussitôt sans conteste à la possession de la couronne impériale, malgré l'appui du clergé, qui lui était tout dévoué, et celui de la noblesse.

Dans une espèce de congrès tenu à Oberlannstein, sous la présidence de l'archevêque de Mayence, qui avait déposé le pape Clément VI, les représentants des électeurs Palatin et de Brandebourg, ainsi que du duc de Saxe-Lauenbourg, déclarèrent l'élection de Charles IV nulle en fait et en droit, et élurent pour empereur, d'abord le roi d'Angleterre, Édouard III, beau-frère de l'empereur Louis IV, puis, au refus de ce prince, le comte Gunther de Schwarzbourg, au lieu et place de Charles. Redoutant d'entrer ouvertement en lutte avec un si redoutable adversaire, Charles IV eut recours à la ruse. D'accord avec les princes de la branche d'Ascanie de la maison de Saxe et avec l'archevêque de Magdebourg, il suscita, en Brandebourg, au margrave Louis le Vieux, dans la personne du faux Waldemar, un rival qui en peu de temps se rendit maître de la plus grande partie de cette contrée. Cette diversion força les princes de la branche de Wittelsbach de la maison de Saxe de sacrifier l'empereur de leur création et de reconnaître l'autorité de Charles, sous la condition qu'ils rentreraient en possession du Brandebourg. Quant à Gunther, la mort ne tarda point à le débarrasser de ce rival; mais avant cela même il avait réussi à lui arracher une renonciation formelle. Dès lors il chercha à se réconcilier également avec ses autres ennemis.

Il épousa en secondes noces Anne, fille de l'électeur Palatin, prit pour gendre le duc Rodolphe d'Autriche, et par là réussit enfin à se faire élire empereur à l'unanimité et couronner à Aix-la-Chapelle. La cérémonie ne fut pas plus tôt accomplie qu'il s'empara des insignes impériaux, propriété commune de l'Empire; et, en violation de son engagement formel, il les fit transporter en Bohême. En même temps il se préoccupait activement de l'accroissement de la puissance de sa maison. Lors de son mariage, son beau-père l'électeur Palatin avait déjà dû lui assurer le droit de succession dans le haut Palatinat; et en sachant employer à propos l'argent et les brillantes promesses, il parvint à déterminer les autres princes de la maison de Wittelsbach à renoncer à leurs droits d'hérédité sur ce territoire.

Après la mort de sa seconde femme Anne, il s'empressa de demander la main de la fille du duc Henri de Jauer, qui lui apporta en dot les droits de reversibilité des principautés de Schweidnitz et de Jauer. Ensuite, en 1354, il passa en Italie; mais, averti et effrayé par l'issue malheureuse des diverses tentatives de ses prédécesseurs, il eut le bon sens de n'entreprendre cette expédition que pour relever ainsi le prestige de la couronne impériale. Il confirma donc les Visconti dans la jouissance de toutes leurs usurpations, et fut couronné roi d'Italie; à Milan, au milieu des fêtes et des cérémonies les plus brillantes; à Rome, il fut également couronné en qualité d'empereur, mais avec bien autrement de pompe encore, pendant les fêtes de Pâques 1355, après avoir dû prêter entre les mains du pape les divers serments que le souverain pontife crut devoir exiger de lui. Fidèle à ses engagements, il ne resta qu'un jour dans les murs de Rome, refusant, malgré les instances des Romains, de faire acte de puissance impériale dans leur ville, et de rétablir la domination allemande dans l'Italie.

Satisfait des sommes immenses qu'il se fit compter pour prix des grâces et des privilèges qu'on vint solliciter de lui, objet des railleries des Guelfes et des malédictions des Gibelins, Charles IV se hâta de retourner en Allemagne, et n'y revint pas sans avoir plusieurs fois couru risque de la vie dans les embûches que lui tendirent des Italiens, furieux de se voir déçus dans leurs espérances. Quand il eut repassé les monts, en 1356, il publia la loi destinée à régler désormais tout ce qui se rapportait à l'élection des empereurs, la fameuse *Bulle d'Or*. A cet acte se borne à peu près tout ce qu'il fit pour l'Empire. En accordant au saint-siège le droit de prélever la dîme sur tous les revenus de l'Église d'Allemagne, il eut pour but d'apaiser le pape, courroucé de ce que la Bulle d'Or avait mis fin à son influence sur l'élection des empereurs. Quant aux princes de l'Empire, il trouva moyen de triompher de leur opposition et de leur mauvais vouloir en leur proposant une réforme du clergé : mesure qui équivalait à mettre la main sur une bonne partie des propriétés de l'Église. Mais il suffit au pape de faire entendre des menaces pour que Charles IV revînt à résipiscence. Non-seulement il renonça à toutes les réformes annoncées, mais encore, en 1559, il confirma toutes les immunités ecclésiastiques, toutes les propriétés actuelles et futures de l'Église, et rendit le clergé indépendant de toute espèce de pouvoir temporel.

Pendant ce temps-là Bernabo et Galeazzo Visconti gouvernaient en Italie d'une façon plus tyrannique que jamais, et commettaient en outre à l'égard de l'Église les plus horribles attentats. Charles IV, cédant alors aux instances du pape, se décida à franchir les Alpes, en 1368 ; mais cette fois ce fut à la tête d'une armée considérable. Les Visconti, effrayés, implorèrent la paix, et Charles IV leur accorda moyennant l'engagement qu'ils prirent de lui payer une grosse somme d'argent. L'empereur s'en revint alors en Allemagne, muni de trésors immenses, recueillis partout sur sa route sous le nom tantôt d'amendes, et tantôt de dons gratuits, et après avoir encore eu la joie de voir couronner à Rome même, en qualité d'impératrice, sa quatrième femme, Elisabeth de Poméranie.

Mais en Allemagne comme en Italie le résultat d'un règne si faible devait être un état constant de troubles et d'anarchie. Déjà, au retour de son premier voyage à Rome, Charles IV s'était vu contraint de recourir à la force des armes pour mettre fin, en 1350, aux sanglantes querelles existant entre la ville de Berne et le duc d'Autriche. Cette fois ce fut lui-même qui eut de longs démêlés à soutenir avec les villes de Souabe d'abord, puis avec le comte Eberhard de Wurtemberg, qu'il finit par faire prisonnier en 1360. De même, une foule d'associations de gentilshommes se livraient à toutes sortes de brigandages à l'égard tantôt des villes, tantôt des habitants des campagnes, de telle sorte que la seule ressource qu'eussent les princes et les villes pour se protéger contre les suites de cet état anarchique, c'était de se liguer et de se confédérer contre l'ennemi commun. En outre, en 1348, une grande partie de l'Allemagne fut ravagée par un tremblement de terre et par une meurtrière épidémie connue dans l'histoire sous le nom de peste noire, qui donna lieu à la secte des flagellants, et à d'horribles persécutions contre les malheureux juifs, accusés d'être la cause de ces fléaux.

Charles IV, sans autrement se soucier de toutes ces calamités, ne songeait pendant ce temps-là qu'à sa Bohême. C'est ainsi qu'il accorda à la noblesse et aux villes de cette contrée de nombreux privilèges, qu'il y publia, en 1350, un nouveau Code, que force lui fut toutefois de retirer plus tard ; qu'il y favorisa de tout son pouvoir les progrès du commerce et de l'industrie ; qu'il fonda la ville de Neustadt, qu'il construisit le palais de Hradschin à Prague, ainsi que le célèbre pont de cette ville, dans laquelle il établit un archevêché et où il fonda, en 1348, une université, à l'imitation de celle de Paris, et la première qu'ait possédée l'Allemagne, en même temps qu'il y attirait un grand nombre d'artistes et d'ouvriers allemands. En 1363 il avait conclu avec le Brandebourg un traité de succession ; et en 1368 il avait acheté la Silésie ainsi que la basse Lusace. Après avoir réuni en 1373 le Brandebourg à la Bohême et s'être rendu en 1375 à Lubeck dans le dessein d'y établir d'utiles relations commerciales pour ses États héréditaires, il eut la joie, au retour d'un voyage fait en compagnie de son fils Wenceslas à Paris, où le roi Charles V le reçut avec la plus grande magnificence, de voir ce fils reconnu en qualité d'héritier du trône impérial. C'est en leur donnant à chacun cent mille florins et en leur engageant les différents domaines et revenus de douanes appartenant à l'Empire dans leurs États respectifs qu'il était parvenu à obtenir le consentement des différents électeurs à cet arrangement, encore bien que la Bulle d'Or, proclamée par lui-même loi de l'Empire, interdît formellement tout acte de simonie.

A sa mort, arrivée, à Prague, le 29 novembre 1378, son fils aîné, Wenceslas, hérita de la Bohême, de la Silésie et de la couronne impériale ; le second, Sigismond, eut pour sa part le Brandebourg ; et le plus jeune, Jean, la Lusace. On ne peut pas dire de Charles IV que ce fut un grand empereur ; mais on ne peut lui refuser une grande habileté. En dépit de ses nombreuses campagnes, n'aimant point la guerre et ses hasards, il préférait demander la réussite de ses projets à la ruse, en concluant des traités équivoques, en faisant des acquisitions avantageuses, en signant des traités de succession réciproque, plutôt que de recourir à la force, toujours incertaine, des armes. En bon père de famille, il fit de l'agrandissement des siens la constante affaire de sa vie, sans trop s'inquiéter d'ailleurs de savoir si les moyens qu'il employait étaient de ceux qu'avouent l'honneur et la loyauté. Avec cela, c'était un rigide observateur de tous les commandements de l'Église, et un très-humble serviteur du saint-siége : il avait pourtant acquis des connaissances assez étendues, et parlait plusieurs langues.

Un historien contemporain, Villani, trace de lui ce portrait : « Il était d'une taille moyenne et un peu contrefait, de manière que la tête et le cou se portaient beaucoup en avant. Il avait le visage large, les yeux grands, les joues saillantes et épaisses, la barbe et les cheveux noirs, le front chauve. Ses vêtements étaient faits de bon drap ; il portait un habit descendant jusqu'aux genoux, sans broderies ni ornement, qu'il tenait toujours entièrement boutonné. Sa bonne santé continuelle ne fut troublée qu'une seule fois par une courte maladie. Dans la cinquante-sixième année de son âge, il perdit sa première dent, qui lui repoussa tout aussitôt après. Lorsqu'on lui adressait un discours, une harangue, il avait coutume de rompre en petits morceaux des baguettes d'osier, promenant alternativement ses regards d'un assistant à l'autre sans jamais les fixer sur l'orateur, dont cependant il ne perdait pas une seule parole. » Au rapport de Pelzel, il avait une grande aptitude pour la sculpture en bois ; et l'on voit encore au château de Karlstein plusieurs objets confectionnés de ses propres mains, tels que prie-Dieu, images de la Vierge, croix, etc. Il était également fort versé dans la Bible, et l'on a même encore de lui plusieurs commentaires de ce livre. Quand il voulait se délasser du poids des affaires, il avait coutume de visiter le Collegium Carolinum ou université de Prague, dont il était le fondateur, et d'assister aux exercices scientifiques et littéraires des professeurs et des élèves. Ses fils, Wenceslas et Sigismond, ne surent pas conserver l'édifice qu'il avait pour ainsi dire tiré du chaos.

CHARLES V ou CHARLES-QUINT, empereur d'Allemagne et roi d'Espagne, naquit à Gand, le 24 février 1500. Philippe le Beau, son père, archiduc d'Autriche, était fils de l'empereur Maximilien Ier, et de Marie, fille unique de Charles le Téméraire, dernier prince de la maison de Bourgogne. Jeanne la Folle, sa mère, était fille de Ferdinand, roi d'Aragon, et d'Isabelle, reine de Castille. Par une longue série d'événements, ce jeune prince se trouva l'héritier de domaines plus étendus qu'aucun monarque d'Europe n'en avait possédé depuis Charlemagne. C'est ainsi que les riches possessions de Marie de Bourgogne ne paraissaient assurément pas destinées à entrer un jour dans la maison d'Autriche, et pourtant elles y entrèrent. Le mariage d'Isabelle, reine de Castille, avec Ferdinand le Catholique, roi d'Aragon, réunit dans les mêmes mains les royaumes chrétiens d'Espagne. D'autre part, Ferdinand s'était rendu maître de ceux de Naples et de Sicile, en violant la foi des traités et tous les droits du sang. Christophe Colomb enfin avait ajouté à tous ces États un nouveau monde, dont les richesses devaient être une des principales sources du pouvoir et de la grandeur des rois d'Espagne. Philippe le Beau, mort en 1506, laissa à son jeune fils les domaines de la maison d'Autriche et ceux de la maison de Bourgogne. Ferdinand le Catholique, mort en 1516, laissa, de son côté, ses possessions à Charles, qui jusque alors avait résidé dans les Pays-Bas. Il n'avait pas encore hérité de Ferdinand lorsqu'en 1515 il envoya des ambassadeurs demander l'amitié de François Ier, qui venait de monter sur le trône de France. François lui promit en mariage sa belle-sœur Renée, fille de Louis XII : elle n'avait alors que six ans, elle ne devait être remise à son futur époux que lorsqu'elle en aurait douze. Charles lui-même n'avait que seize ans lorsqu'il fut appelé à recueillir la succession des royaumes d'Espagne. Le seigneur de Chièvres, son gouverneur, l'avait de bonne heure façonné aux affaires, lui faisant contracter des habitudes graves et réfléchies, qui devaient lui donner toute sa vie l'avantage sur François Ier, avec qui il allait entrer en lice.

En 1516, cependant, sa position était critique. Il pouvait craindre que les Espagnols, qui le regardaient comme un étranger, ne donnassent sa couronne à son frère Ferdinand, qui avait toujours été élevé dans la Péninsule. Le cardinal Ximenès, que le roi défunt avait, par son testament, nommé régent de Castille jusqu'à l'arrivée de son petit-fils, avait, malgré son grand âge, saisi avec vigueur les rênes de l'État ; mais déjà, avec le caractère à la fois audacieux et servile d'un moine qui fait de l'obéissance une vertu, il travaillait à ravir à la noblesse son indépendance et aux communes leurs libertés. D'un autre côté, Chièvres était jaloux de Ximenès, et il ne se souciait pas de mettre son pupille en contact avec ce prélat. Des difficultés de tout genre se présentèrent donc au nouveau monarque, et l'amitié de la France lui était nécessaire pour qu'il pût s'affermir sur le trône. Aussi s'empressa-t-il de signer avec François Ier, le 13 août 1516, le traité de Noyon, qui devait être pour les deux parties contractantes le germe de bien des guerres futures.

Après ce traité, Charles-Quint avait laissé écouler une année entière avant de passer en Espagne. En y arrivant, il ne voulut point voir Ximenès ; il lui écrivit même une lettre dédaigneuse, et le cardinal, déjà malade, mourut le jour même où il la reçut, le 8 novembre 1517. A en croire les Espagnols, il aurait été empoisonné par les Flamands.

Né et élevé en Flandre, Charles ne savait que le français, et toutes ses habitudes paraissaient étrangères à l'Espagne. Sa taille était médiocre, sa santé faible, sa lèvre inférieure pesante ; son visage, allongé, avait quelque chose de triste ; il parlait peu, lentement, et n'annonçait encore ni l'étendue de talents ni la force de caractère qu'il développa plus tard. Bien loin de là, les Espagnols, dans le principe, crurent qu'il avait hérité de l'incapacité de sa mère. Soumis avec une déférence timide à son gouverneur, de Chièvres, il ne disait que ce que celui-ci lui dictait, il ne voyait que par ses yeux et par ceux des Flamands dont il était entouré. A eux liberté entière d'assouvir leur rapacité sur la malheureuse péninsule. Il n'en fallait pas tant pour s'aliéner les Espagnols, déjà indignés du traitement infligé à leur grand cardinal, au primat des Espagnes. Ils furent plus irrités encore quand ils virent son archevêché de Tolède usurpé par un neveu de Chièvres, à peine adolescent, et toutes les dignités de la monarchie scandaleusement vendues à l'enchère par une nuée de courtisans venus de Flandres. Les cortès furent assemblées successivement dans divers royaumes d'Espagne pour reconnaître Charles comme roi ; mais partout elles témoignèrent une grande répugnance à renoncer à ce qu'elles appelaient les droits du sa mère, Jeanne la Folle, qu'elles s'obstinaient à reconnaître seule comme reine. Cependant celles de Castille, d'abord, puis celles d'Aragon, consentirent associer à cette princesse son fils avec le titre de roi. Mais beaucoup d'autres ne cédaient pas encore, lui disputant son autorité et ne lui accordant des subsides qu'avec une extrême réserve. Bientôt il se forma une union des villes prêtes à résister par les armes aux courtisans flamands. Ceux-ci étaient encore occupés à Barcelone à lutter contre les cortès de Catalogne, lorsque, en janvier 1519, la mort de Maximilien Ier ouvrit à Charles une nouvelle carrière. Pendant les derniers temps de sa vie, cet empereur s'était fort occupé de négociations pour faire désigner son successeur ; enfin, dans une diète, assemblée à Augsbourg au mois d'octobre 1518, il avait obtenu la promesse, de quatre électeurs seulement, qu'ils donneraient leur voix à son petit-fils Charles, roi de Castille. La maison d'Autriche avait déjà fourni six empereurs à l'Allemagne, et les trois derniers avaient occupé le trône quatre-vingts ans, comme par une succession héréditaire.

La liberté de l'Allemagne et le maintien du droit électoral semblaient demander qu'on choisît après Maximilien un prince d'une autre maison. Les Allemands y étaient généralement disposés, et la cour de Rome indiquait Frédéric le Sage, électeur de Saxe, ne considérant pas comme une révolte la protection qu'il accordait déjà à Luther. Cependant elle traitait secrètement aussi avec Charles, offrant de l'appuyer s'il y mettait le prix. Celui-ci, petit-fils d'un empereur, et héritier, à la mort de Maximilien, de ses domaines d'Autriche, pouvait encore par ses royaumes héréditaires du midi, par ses soldats, par ses richesses, devenir une barrière sérieuse aux empiétements de l'empereur turc Selim ; mais il fallait qu'il changeât beaucoup pour aspirer à un pareil rôle. Jusque ici il n'avait encore développé aucune qualité qui pût séduire les Allemands. Tout à coup François Ier donne une direction nouvelle à leurs délibérations en se présentant lui-même comme candidat à la dignité impériale. Après beaucoup d'intrigues et de discussions, l'empire est offert par les électeurs à Frédéric de Saxe ; mais celui-ci ne veut point s'exposer à remporter une pareille victoire sur deux adversaires aussi puissants : il refuse la couronne, et le lendemain même, 5 juillet 1519, l'archevêque de Mayence proclame, dans l'église de Saint-Barthélemi, Charles d'Autriche, comme ayant réuni tous les suffrages. Les électeurs avaient imposé aux ambassadeurs du roi de Castille, que nous nommerons désormais Charles-Quint, plusieurs conditions pour limiter son autorité, l'empêcher de rien faire pour le rendre héréditaire, l'obliger à prendre en toute chose conseil de la diète, et surtout des électeurs, le forcer à défendre leurs droits contre les ligues de la noblesse et des peuples, le contraindre enfin à revenir le plus tôt possible en Allemagne : ces conditions étaient pour la plupart contraires aux intérêts des États héréditaires de Charles. Aussi les Espagnols ne virent-ils pas avec plaisir l'élévation de leur monarque sur un trône étranger. Cependant Charles reçut à Barcelone l'électeur palatin qui lui apportait sa nomination, et l'accepta le 30 novembre 1519, malgré l'opposition unanime de la péninsule.

Déjà Charles et François Ier s'aigrissaient chaque jour davantage ; mais ils reculaient devant la responsabilité terrible qu'ils allaient encourir en allumant une guerre générale. Charles voyait le mécontentement croître dans toute l'Espagne. Les cortès de Valence refusaient de le reconnaître s'il ne venait les présider en personne ; celles de Castille, irritées d'avoir été convoquées à Compostelle en Galice, ne lui accordaient point de subsides ; plusieurs lui tenaient un langage menaçant. L'insurrection des communeros mettait en feu le royaume de Valence, tout semblait prêt à secouer le joug, lorsqu'il s'embarqua le 22 mai 1520 à la Corogne, pressé qu'il était de visiter les Pays-Bas et d'aller calmer la fermentation de l'Allemagne. En route, il eut une entrevue avec Henri VIII, roi d'Angleterre, pour contre-balancer l'effet de celle que ce prince venait d'avoir au *Camp du drap d'or* avec François Iᵉʳ; puis il se rendit à Aix-la-Chapelle, où il fut couronné roi des Romains et de Germanie, le 23 octobre 1520.

Charles-Quint, qui avait laissé l'Espagne à moitié soulevée, trouva l'Allemagne agitée par une fermentation violente à l'occasion des doctrines que commençait à y prêcher Luther. La nation, profondément émue dans ses bases, délibérait sur sa croyance; l'Église était ébranlée : aucun prince, aucun prélat n'osait substituer pourtant le glaive à la persuasion. Charles-Quint avait à peine pris la couronne d'argent à Aix-la-Chapelle qu'il convoqua une diète de l'Empire à Worms, pour le 6 janvier 1521, « afin, disait-il dans sa circulaire aux États, de s'occuper à réprimer les progrès des opinions nouvelles et dangereuses qui troublaient la paix de l'Allemagne et menaçaient de renverser la religion de leurs ancêtres. » Luther se présenta devant la diète avec un sauf-conduit de l'empereur, et plaida sa cause avec beaucoup de force et de courage. On le laissa partir; mais ensuite on prononça contre l'*hérétique* une sentence, à laquelle l'électeur de Saxe sut le soustraire.

C'est au milieu de cette fermentation que la guerre s'alluma entre la France et Charles-Quint. L'Italie et l'Espagne, l'Angleterre et l'Allemagne, chacune à peu près égale en puissance à la France, étaient toutes coalisées contre elle. En Italie, les Vénitiens, il est vrai, se divisaient encore alliés des Français; le duc de Savoie se maintenait neutre; mais l'empereur était souverain de Naples, il était maître de la Lombardie, dont il faisait trembler tous les petits princes; il était allié du pape et des républiques de Toscane. En Espagne, Charles avait réuni plusieurs royaumes; le Portugal était son allié, la Navarre était conquise, et le jeune prince Henri II, qui continuait à s'intituler roi de Navarre, n'était qu'un seigneur français, possédant quelques vallées au nord des Pyrénées. La vaste Allemagne reconnaissait Charles-Quint pour empereur; les duchés d'Autriche, héritage de Maximilien, avaient été abandonnés par Charles à son frère Ferdinand; mais l'empereur avait conservé sous sa domination immédiate le riche héritage de la maison de Bourgogne, les Pays-Bas, l'Artois et la Franche-Comté. L'Angleterre enfin laissait déjà prévoir sa prochaine hostilité, tandis qu'un enfant de dix ans, Jacques V, roi d'Écosse, était trop faible pour montrer à la France l'attachement que ses ancêtres avaient eu pour elle.

N'oublions pas toutefois qu'en 1520 et 1521 les deux royaumes de Castille et de Valence avaient cessé d'obéir à Charles. De violentes insurrections y avaient éclaté contre le cardinal Adrien, représentant de l'empereur; des confédérations avaient été formées entre les villes; l'esprit de liberté s'était réveillé dans toute l'Espagne, et la fermentation croissante dans le royaume d'Aragon indiquait assez qu'il était prêt à s'unir à la révolte générale. Malheureusement les *communeros* montraient plus d'acharnement encore contre les nobles que contre les officiers royaux, et ils avaient ainsi rejeté dans le parti de la couronne les hommes le plus en état de les diriger. L'armée des rebelles fut défaite à Villalar, le 23 avril 1521; son héroïque commandant Juan de Padilla eut la tête tranchée; sa femme, Maria Pacheco, défendit la ville, et ensuite la citadelle de Tolède, jusqu'au 10 février 1522. Ce fut le dernier combat livré pour la liberté de l'Espagne. Charles-Quint, maître de Tolède, exerça sur la péninsule espagnole un pouvoir plus étendu qu'aucun de ses prédécesseurs. Il y était revenu avec des talents et une expérience mûris par les difficiles négociations de l'Allemagne et des Pays-Bas. Il montra une clémence qu'on n'attendait pas de lui, s'attachant dès lors à se conformer aux mœurs espagnoles, à parler le langage du pays, à témoigner de la confiance aux nationaux, à leur réserver les dignités de l'État et de l'Église. Il avait vingt-deux ans, et la grâce d'un jeune homme unie à la sagesse d'un homme mûr.

Tout semblait réuni contre François Iᵉʳ, lorsque celui-ci commença la guerre contre son puissant rival. Elle fut signalée par de nombreuses vicissitudes. François demandait la restitution de la Navarre espagnole; il renouvelait ses prétentions sur Naples; il prenait le parti de son vassal Robert de La Marck, dans un différend sur les droits de suzeraineté. Charles-Quint, de son côté, faisait valoir ses prétentions sur Milan comme fief de l'Empire et sur le duché de Bourgogne réuni à la France par Louis XI. Charles attira dans ses intérêts Henri VIII, roi d'Angleterre, et le pape; François Iᵉʳ s'allia avec Venise, et renouvela, le 7 mars 1521, son traité avec les Suisses.

Le 22 avril 1522 a lieu le combat de La Bicoque. Les Français, commandés par Lautrec et Bonnivet, sont chassés d'Italie en 1523. Plus tard, Charles, en qualité de suzerain du duché de Milan, en investit François Sforza, fils puîné de Louis le More, et ne lui laisse que le nom de souverain. Une tentative malheureuse de l'empereur menace la Provence en juillet et septembre 1524. François Iᵉʳ passe les Alpes en personne; il échoue au siège et à la bataille de Pavie, où il est battu, fait prisonnier et conduit à Madrid.

La victoire remportée à Pavie par l'armée impériale effraya les alliés mêmes de Charles-Quint. Bientôt furent jetés dans toute l'Europe les fondements d'une ligue formidable ayant pour but de résister à sa puissance et de l'arrêter au milieu de ses triomphes. Malheureusement les destinées des nations étaient alors confiées à des hommes sans caractère et sans foi. Ils étaient assez clairvoyants pour comprendre les avantages de la hardiesse, mais assez pusillanimes pour ne la demander qu'aux autres. Ne conservant aucune loyauté en politique, ils ne cherchaient des amis que pour les sacrifier et se mettre en sûreté à leurs dépens. Au milieu des intrigues qui se croisaient en tout sens, la situation de l'armée qui avait remporté la victoire de Pavie n'était pas sans danger. Ses trois chefs, Bourbon, Lannoy et Pescaire, n'étaient pas d'accord, et s'accusaient réciproquement. Ils manquaient d'argent, et ne cessaient d'être menacés par leurs soldats. Ils redoutaient la haine des Italiens, voyant se former leurs ligues, et ne pouvaient prendre assez de précautions pour se tenir en garde contre eux. Tandis que Charles-Quint, parlant avec un tendre intérêt du malheur de son rival captif, et interdisant à ce sujet toute réjouissance publique, ne songeait qu'aux moyens de tirer le parti le plus avantageux du désastre de François Iᵉʳ, une vaste conspiration, dirigée par Jérôme Morone, menaçait de lui enlever l'Italie; Pescaire lui-même s'y était engagé; mais ensuite, sans que l'on puisse pénétrer le véritable motif de sa conduite, trahissant peut-être le parti de n'être pas trahi, il arrêta lui-même Morone, et la conspiration échoua. En résumé, Charles, qui par la victoire de Pavie semblait près de devenir le maître de l'Italie et l'arbitre de l'Europe, ne parvint pas à réaliser la première de ces espérances. L'état de son armée, ainsi que la vigilante jalousie de l'Angleterre et des divers États de l'Italie, l'empêcha d'exécuter aucun grand projet, et le traité de Madrid, signé le 14 janvier 1526, n'arracha à François Iᵉʳ que des promesses, contre lesquelles même ce prince avait déjà protesté en secret. Par ce traité, François renonçait à toutes ses prétentions sur l'Italie et à la souveraineté de la Flandre et de l'Artois; il abandonnait à Charles la Bourgogne, donnait ses deux fils aînés en otage, et épousait Éléonore, sœur de l'empereur.

La seconde guerre qui éclata entre les deux souverains, et qui dura de 1527 à 1529, fut la suite inévitable d'un tel traité. Son principal théâtre fut l'Italie et surtout le royaume de Naples. Malgré ses alliances avec l'Angleterre et avec plusieurs souverains d'Italie, François Iᵉʳ fut encore malheureux dans cette guerre; et tout ce qu'il put obtenir par le traité de Cambrai, en abandonnant l'Italie et en manquant de foi à ses alliés, ce fut que Charles promit de ne pas faire valoir pour le moment ses prétentions sur la Bourgogne.

Une alliance secrète avait été conclue à Cognac, le 22 mai 1526, entre François Ier, le pape, Venise et le duc de Milan. On réussit à y attirer Henri VIII en lui faisant de grandes promesses. Dès lors une expédition est entreprise par l'empereur contre le pape. L'armée impériale, sous les ordres de Charles de Bourbon, marche sur Rome, qui est prise et épouvantablement saccagée, le 6 mai 1527. Cet événement, auquel l'empereur n'avait point pris part, cause une grande indignation dans toute la chrétienté. Le pape Clément VII est assiégé au château Saint-Ange et capitule. Sous prétexte de la délivrance du souverain Pontife, non-seulement l'alliance de Cognac est plus étroitement resserrée, mais une armée française passe les monts, sous les ordres de Lautrec, pour soutenir les prétentions de la France au royaume de Naples. La capitale est assiégée d'avril en août 1528. La peste et la retraite de Doria obligent les Français à s'éloigner. En ce moment aucune puissance ne voulait et ne pouvait plus faire la guerre : le trésor de l'empereur était vide comme celui du roi de France ; les peuples étaient arrivés à un degré d'épuisement et de misère qui ne permettait plus de tirer d'eux de nouvelles contributions ; les gouvernements n'avaient plus de crédit, et la cruauté avec laquelle François avait traité ses financiers, ainsi que son manque de foi envers eux, ne lui laissait plus aucune chance de trouver de nouvelles ressources. L'Italie épuisée ne pouvait plus nourrir ses vainqueurs. Français, Allemands, Suisses, Espagnols y avaient tout pillé. On négocia, et la paix de Cambrai ou des Dames fut conclue, le 5 août 1529. Henri VIII y accéda. Clément VII avait déjà pris ses sûretés, le 29 juin, au moyen d'un traité séparé, à l'exception de ce qui concernait la Bourgogne et la délivrance des princes, que l'empereur renvoya volontairement. Les conditions de ce traité furent, du reste, les mêmes que celles du traité de Madrid.

Ce qui détermina encore l'empereur à s'arranger avec la France, c'est que sa situation était récemment devenue critique. Le jeune roi de Hongrie, Louis II, époux d'une de ses sœurs, venait d'être tué, le 29 août 1526, à la bataille de Mohacz, livrée contre les Turcs. Ferdinand, en vertu d'un ancien traité, avait réclamé sa couronne, tandis que les magnats de Hongrie, ayant choisi Jean Zapolski, comte de Scépus, pour successeur de Louis, l'avaient placé sous la protection de Soliman II. L'empereur et le sulthan avaient été ainsi mis aux prises, et le dernier marchait vers l'Autriche avec une armée formidable. Il arriva devant Vienne, le 26 septembre 1529, et en entreprit le siège. Les luthériens ne donnaient pas à Charles-Quint moins d'inquiétude que les Turcs. Un décret d'une diète assemblée à Spire en 1526 laissait à chaque État d'Allemagne le droit de régler ses affaires religieuses ; mais, par les efforts du parti catholique, une nouvelle diète assemblée à Spire, au mois de mars 1529, modifia ce décret, et donna de nouvelles garanties à l'ancienne religion. Cinq grands princes allemands et quatorze villes impériales protestèrent, le 19 avril 1529, contre ce second décret. Leur acte, qui était le signal d'une guerre civile et religieuse, fit prendre aux partisans de la réforme le nom de *protestants*.

Cependant, les deux guerres que Charles-Quint venait de soutenir contre François Ier avaient augmenté sa puissance en Italie : elle s'affermit encore par son entrevue avec le pape et son couronnement à Bologne, le 24 février 1530. Florence fut érigée en duché héréditaire ; et Gênes reçut une constitution. Aussitôt après son couronnement, l'empereur partit pour l'Allemagne. Il fit le 15 juin 1530 son entrée à Augsbourg, où une diète de l'Empire avait été assemblée par ses ordres. Avant d'y arriver, il avait déjà pu se convaincre que la plus grande partie de l'Allemagne penchait vers le protestantisme. Toutefois, les princes réunis à Augsbourg désiraient se concilier la faveur de Charles victorieux. Tous vinrent le recevoir hors de la ville, avec les plus grandes marques de respect : cependant, les ayant sommés le lendemain, jour du Saint-Sacrement, de l'accompagner à la messe, plusieurs s'y refusèrent. Appelés à exposer leurs principes, ils firent rédiger par Mélanchthon une confession de foi, dite d'*Augsbourg*, qui fut condamnée par la diète le 19 novembre 1530. Il fut interdit de rien changer à l'ancien culte ou de tolérer ceux qui enseigneraient quelque chose de contraire à la foi. L'absolution fut offerte par le légat Compeggio à ceux qui abjureraient leur erreur ; quant à ceux qui persisteraient dans leur impénitence, on ne leur laissa que le choix de l'exil ou de la mort.

Charles-Quint exposa ensuite à la diète qu'obligé de s'éloigner fréquemment de l'Allemagne, pour gouverner et défendre ses États d'Espagne, d'Italie et des Pays-Bas, il avait besoin de s'y faire représenter par un lieutenant. Il convoqua donc à Cologne, pour le 20 décembre 1530, une assemblée électorale, à laquelle il proposa de nommer roi des Romains son frère Ferdinand, archiduc d'Autriche. La sommation de s'y rendre parvint à l'électeur de Saxe en même temps que le décret qui proscrivait sa religion, et il y répondit en envoyant son fils protester contre une élection qu'il prétendait contraire à la *bulle d'or* et aux privilèges de l'Empire. En même temps il invita tous les princes et les États protestants de l'Allemagne à réunir pour le 22 décembre des députés à Smalkalde, petite ville de Franconie, afin d'y prendre ensemble des mesures pour leur défense commune. Cette opposition n'empêcha pas Ferdinand d'être élu roi des Romains par le reste des électeurs, le 5 janvier 1531. Cependant les États protestants, persuadés que l'intention de l'empereur avait été de charger son frère de les poursuivre et de les détruire, signèrent entre eux un traité d'alliance défensive, qui prit le nom de ligue de *Smalkalde* ; ils écrivirent ensuite, le 29 février, aux rois de France et d'Angleterre, pour les intéresser à la défense de la liberté germanique.

L'approche des Turcs terrifiait l'Allemagne. En présence des dangers qui menaçaient l'Empire, Charles-Quint résolut de se réconcilier avec les protestants. Les conditions de cette paix, convenues le 23 juillet 1532, à Nuremberg, furent ratifiées, le 3 août, à la diète de Ratisbonne. Les protestants en témoignèrent leur reconnaissance en accourant en foule sous l'étendard de l'empereur, et l'armée qu'il assembla sous les murs de Vienne fut la plus nombreuse que l'Allemagne eût réunie depuis longtemps. De son côté, Soliman était entré en Hongrie, à la tête de trois cent mille combattants, disait-on. Les deux souverains commandaient en personne ; et c'était pour la première fois qu'on voyait Charles-Quint à la tête d'une armée. Mais il ne se laissa pas séduire par l'éclat d'une fausse gloire, prit la tâche d'éviter le combat, couvrit l'Allemagne contre les Turcs, et rendit leur formidable armement inutile, sans que cette campagne fût signalée par aucune action meurtrière. Après cette guerre, il entreprit, en 1535, contre Barberousse, une expédition, qu'il voulut diriger en personne, fit rentrer dans Tunis le dey, qui en avait été chassé, et ramena en Europe vingt mille chrétiens délivrés de l'esclavage. Cette expédition donnait à son caractère une tournure chevaleresque qui le rendait cher à la chrétienté. Il affecta ce même esprit dans un discours qu'il prononça à Rome, devant le pape et les cardinaux, proposant de terminer ses hostilités avec François Ier par un combat singulier, en chemise, sur un pont ou sur une galère. Cette rodomontade étonna l'assemblée. Le lendemain il s'expliqua plus modérément avec l'ambassadeur de France, lui déclarant qu'il n'avait voulu faire qu'une figure de rhétorique.

Toutefois une troisième guerre était imminente entre Charles et François. Elle dura de 1535 à 1538. Ses causes reposaient dans les conditions de la paix de Cambrai. François Ier ne pouvait se consoler de la perte de l'Italie, et particulièrement du Milanais. Après de grands efforts, la plupart inutiles, pour former des alliances, il se détermina de nouveau à la guerre : l'exécution de Miraviglia à Milan n'en fut que le prétexte, et bientôt après l'extinction de la maison de Sforza renouvela ses prétentions et ses espérances. Il avait tenté d'infructueux efforts pour gagner à sa cause Henri VIII et les protestants d'Allemagne. Il conclut avec le pape Clément VII une alliance, dont la principale condition était le mariage de sa nièce, Catherine de Médicis, avec Henri, duc d'Orléans, second fils de François Ier. Ce mariage, source de tant de maux, n'eut pas même pour le roi de France les suites qu'il en avait espérées, Clément VII étant mort presque aussitôt, le 24 septembre 1534. L'alliance de François avec la Porte othomane, conduite à maturité par Latorêt en 1535, fut alors rendue publique.

Cependant l'Italie allait être, sinon le théâtre exclusif, du moins le théâtre principal de la guerre. Par la mort de François Sforza, dernier duc de cette maison, le Milanais était redevenu fief vacant de l'Empire. A cette nouvelle, François Ier s'empare de la Savoie et du Piémont, en 1535, au moment où Charles-Quint rentrait vainqueur de Tunis, ce qui dut l'irriter d'autant plus que le duc de Savoie Charles III était son beau-frère et son allié. Pour s'en venger, il dirigea, en août 1536, contre la Provence une attaque, que la sagesse des mesures de François Ier fit échouer. Soliman pénétrait, en 1537, dans la Hongrie et gagnait la bataille d'Essek, tandis que sa flotte pillait les côtes d'Italie. Cette redoutable invasion des Infidèles fit sentir aux chrétiens le besoin de l'union, et l'empereur, le roi de France et le pape Paul III, qui s'était porté médiateur, eurent à Nice une entrevue, dans laquelle, le 18 juin 1538, fut conclue une trêve de dix ans. Chacun resta en possession de ce qu'il avait ; François garda le Piémont et la Savoie, et le souverain pontife se réserva d'examiner les prétentions des deux concurrents. On ne décida rien non plus pour le Milanais, ce qui donna au roi de France l'espérance de l'obtenir pour son plus jeune fils.

Inconstant en amitié, sacrifiant toujours ses alliés, oubliant facilement les services rendus, François Ier se trouvait infiniment flatté de pouvoir se mettre sur la même ligne que Charles-Quint, comme rival ou comme ami. Sitôt qu'il cessait de le combattre, on le voyait se rapprocher de lui. Le connétable de Montmorency caressait de goûts. Il lui proposa de s'unir à Charles-Quint pour élever leurs trônes au-dessus de toute la chrétienté, et faire disparaître devant eux ces corporations, ces institutions populaires, qui prétendaient imposer des limites à la puissance royale en refusant au monarque les bras et l'argent de ses sujets. Les deux princes eurent à Aigues-Mortes une entrevue, où ils se firent de grandes protestations d'amitié, mais qui en définitive ne produisit rien de sérieux.

L'empereur était loin de se trouver dans une position aussi brillante que le roi de France semblait le supposer. Ses troupes espagnoles et allemandes opprimaient le Milanais. Il fut obligé de les envoyer en Illyrie, aux frontières des Turcs, pour rétablir parmi elles quelque discipline. Quatre mille de ces vieux soldats furent passés au fil de l'épée ou attachés au banc des galères, à Castel-Novo, lorsque cette ville fut reprise par Barberousse sur les impériaux, au milieu d'août 1539. Six mille Espagnols en garnison à la Goulette s'étaient soulevés parce qu'ils ne recevaient plus leur paye : on les fit passer d'Afrique en Sicile, au risque de perdre la première province par leur éloignement, la seconde par leurs désordres ; Fernand de Gonzaga, vice-roi de Sicile, les trompa par de faux serments, leur promit non-seulement une amnistie complète, mais des bienfaits, et, ayant enfin réussi à les disperser, il fit périr tous les chefs et un grand nombre de soldats dans les supplices. Dans le reste de ses vastes États, les troupes de Charles-Quint n'étaient pas mieux payées, et menaçaient également de se soulever. Pour les satisfaire, il ne pouvait guère espérer de lever des subsides dans l'Italie, dévastée par tant de guerres, ni dans l'Allemagne, suffisant à peine à sa propre défense. Tout son espoir était dans les cortès de ses monarchies espagnoles et les subsides des Pays-Bas. Mais les cortès de Castille assemblées à Tolède répondirent à ses sommations par des remontrances et des plaintes ; il les renvoya, et se contenta désormais de réunir trente-six commissaires des dix-huit principales villes, amalgame bizarre, illégal, sans indépendance et sans dignité, dont il obtint plus tard tout ce qu'il voulut.

La reine de Hongrie, Marguerite d'Autriche, gouvernante des Pays-Bas, leur avait demandé des subsides extraordinaires pour faire la guerre à la France. Les états généraux lui avaient accordé douze cent mille florins, et ils avaient mis le tiers de cette somme à la charge de la province de Flandre. Mais les Flamands, et surtout les Gantois, prétendaient que la levée de ce subside n'était pas légale, parce que leurs députés n'y avaient pas consenti. Pour les forcer à l'obéissance, Marguerite donna l'ordre d'arrêter comme otages, dans les villes des Pays-Bas, tous les bourgeois de Gand qui s'y trouvaient établis. Les Gantois, loin de se laisser effrayer par cette violence, adressèrent à leurs confédérés un appel pour la défense de leurs priviléges, et en même temps recoururent à la justice de Charles-Quint, auquel ils envoyèrent des députés en Espagne. Le monarque refusa de les entendre, et les renvoya au jugement du grand conseil de Malines, qui les condamna. Les Gantois prirent alors les armes, chassèrent la noblesse de leur ville, firent prisonniers les officiers impériaux, instituèrent un gouvernement provisoire, et envoyèrent des députés à Paris pour réclamer la protection du roi de France, qu'ils nommaient leur seigneur suzerain, mais qui, après avoir fait valoir ses droits sur eux dans un beau lit de justice, crut devoir rejeter leur offre. La discussion entre les Gantois et l'empereur durait depuis trois ans, lorsque celui-ci promit à François Ier l'investiture du duché de Milan pour un de ses fils. Presque tous les historiens français ont prétendu qu'il fit cette concession dans le but d'obtenir les secours de François pour la soumission de Gand ; mais il n'avait pas besoin de ces secours, les Gantois n'ayant pas réussi à soulever le reste de la Flandre, et se trouvant réduits à leurs propres forces. Cette concession, qui n'était, du reste, que conditionnelle, était le prix d'un accord bien plus important, d'une fusion complète des intérêts de François avec ceux de Charles, d'une alliance intime destinée à repousser le Turc, à subjuguer les protestants, et à déterminer une révolution en Angleterre, dont le roi, Henri VIII, avait répudié Catherine d'Aragon, tante de Charles-Quint, et s'était séparé de l'église catholique.

Au fond, l'offre que François Ier fit à Charles de traverser la France pour aller subjuguer les Gantois était plus avantageuse à l'empereur. Il l'accepta cependant, entra sur le territoire de son rival, et refusa les otages qu'on lui offrait pour sa sûreté. Partout il fut reçu avec un luxe éblouissant ; les provinces s'épuisèrent à l'envi pour déployer une telle magnificence. A Bayonne, à Bordeaux, à Poitiers, à Orléans il fit des entrées triomphales. Il était à Paris le 1er janvier 1540, et pendant les sept ou huit jours qu'il y passa les deux monarques ne parurent occupés que de fêtes et de réjouissances. Cependant, il était impossible de voir ensemble ces deux rivaux sans penser au sang qui avait été versé par leurs longues querelles, aux outrages qu'ils s'étaient faits réciproquement, à la tentation que pouvait éprouver François en voyant son rival entre ses mains. Cette idée, qui occupait toutes les têtes, reparaît dans toutes les anecdotes du temps. Éléonore, présentant la duchesse d'Étampes à l'empereur, lui dit : « Voyez-vous cette belle dame, elle me conseille de ne point vous laisser partir que vous n'ayez révoqué le traité de Madrid. — Eh bien, lui répondit froidement l'empereur, si l'avis est bon, il faut le suivre. »

15.

Charles-Quint trouva bientôt moyen de faire accepter à la belle dame un diamant de grande valeur, pour qu'elle ne donnât plus de semblables conseils. On rapporte que le duc d'Orléans, prince gai, folâtre et très-agile, sauta sur la croupe du cheval de l'empereur, et, le tenant embrassé, s'écria : « Votre majesté impériale est à présent mon prisonnier », mot qui aurait fait tressaillir Charles-Quint. On prétend que le dauphin, le roi de Navarre et le duc de Vendôme avaient pris effectivement des mesures pour l'arrêter à Chantilly, dans une visite qu'il projetait à ce château du connétable, et que celui-ci eut quelque peine à les faire renoncer à leur projet. Brusquet, le fou de François Ier, avait placé l'empereur dans son calendrier des fous, parce qu'il osait passer dans les Etats d'un prince qu'il avait maltraité, mais il se réservait d'effacer son nom et d'inscrire celui de François à la place, si celui-ci le laissait sortir en liberté.

Charles mit au moins trois mois à traverser la France. Les Gantois n'avaient fait aucun préparatif de défense; ils ne songeaient pas même à résister; ils le reçurent avec toutes les marques de respect et d'obéissance dues à un souverain, et les chefs de l'insurrection ne quittèrent pas la ville. L'empereur destitua tous les magistrats populaires, et les remplaça par des hommes qui lui étaient dévoués; il supprima ensuite tous les anciens priviléges de la ville, et y traça une forteresse qu'on éleva aux frais des habitants. Se jugeant alors assez fort pour pouvoir sévir, il fit trancher la tête d'abord à neuf des hommes qui s'étaient montrés les plus zélés pour la défense des libertés de leur pays, et bientôt après à seize autres.

Après avoir apaisé de la sorte les troubles des Pays-Bas, l'empereur voulut mettre le comble à sa gloire en conquérant Alger en 1541. Mais ayant mis en mer, malgré l'avis de Doria, dans la saison la plus rigoureuse de l'année, il perdit une partie de sa flotte et de son armée, et courut lui-même de grands dangers (*voyez* ALGÉRIE, t. 1er, p. 316).

Cependant Charles-Quint rêvait toujours à une alliance intime entre les deux plus grands souverains de l'Europe contre tous les autres; il cherchait comment offrir à François, pour l'y résoudre, une compensation suffisante. Après s'être entendu avec son frère, le roi des Romains, il avertit les ambassadeurs français que, quant à l'union qui lui avait été proposée avec la fille du roi, il persistait à ne vouloir point se remarier, mais qu'il comptait unir les deux familles par le mariage de son fils Philippe avec Jeanne d'Albret, héritière de Navarre, et fille de la sœur de François Ier, et celui de Charles, duc d'Orléans, second fils du roi, avec sa fille. Comme il comprenait que le roi de France verrait avec chagrin l'héritière de Navarre porter au roi de Castille les principautés de Béarn et de Basse-Navarre, situées en France, il avait consenti à ce que le roi pût les racheter; mais il les estimait au moins à 2,000,000. D'autre part, sa fille devait porter en dot au duc d'Orléans, ou le duché de Milan, ou, mieux encore, les Pays-Bas et les comtés de Bourgogne et de Charolais.

D'où pouvait venir de la part de l'empereur cette générosité inouïe, qui n'allait à rien moins qu'à se dessaisir en faveur d'un fils de France de tout l'héritage de la maison de Bourgogne, héritage bien supérieur au duché de Milan? Autant qu'il peut être permis de deviner sa politique, il nous semble qu'il avait reconnu que ses possessions, disséminées sur toute l'Europe, ne se prêtaient point un mutuel appui, et que pour en faire une puissante monarchie il fallait abandonner celles qui étaient détachées, éparses, et agrandir celles qu'on pouvait faire corps ensemble. Ainsi il en avait distrait les provinces héréditaires d'Autriche qu'il tenait de son aïeul Maximilien et les avait données à son frère Ferdinand pour les lui faire passer à l'Empire d'Allemagne, qu'il lui avait assuré d'avance en le faisant nommer roi des Romains. Ainsi il en voulait encore distraire tout l'héritage de son aïeule maternelle, Marie de Bourgogne, pour en former, en faveur de sa fille de prédilection, un nouveau royaume qui un jour pourrait s'étendre sur une grande partie de l'Orient. En même temps il réservait à son fils, non-seulement l'Espagne, mais l'Italie, qui, d'après ses arrangements avec la France, lui serait demeurée sans partage; il aurait été maître des îles Baléares, de la Corse, de la Sardaigne et de la Sicile; il avait rendu son tributaire le royaume de Tunis; il comptait bientôt attaquer de nouveau celui d'Alger, et la Méditerranée n'aurait presque été qu'un grand lac au milieu de ses États. Les liens du sang lui faisaient espérer que pendant un certain temps son frère et sa fille pourraient demeurer attachés à lui et à son fils, et que l'union même avec la France pourrait durer.

Charles-Quint tenait à ce projet; il ne se figurait point que la France pût le rejeter, car il offrait à François Ier, qui avait paru montrer de la prédilection pour son jeune fils, de plus grands avantages encore que celui-ci n'avait songé à en demander. Et pourtant François Ier ne dissimula pas son mécontentement, car il tenait à la possession du Milanais. Les anciens germes de discorde se développèrent donc avec une nouvelle force. Cependant, une nouvelle guerre n'éclata pas encore, parce que Charles était à cette époque occupé contre les Othomans. Mais en 1542 l'investiture du duché de Milan est formellement refusée au roi de France, ce qui le décide à une quatrième guerre : elle éclate à l'occasion du meurtre commis sur ses ambassadeurs dans le Milanais, et embrasse une plus grande étendue de pays qu'aucune de celles qui l'avaient précédée; car François Ier parvient non-seulement à renouveler ses traités avec le grand-seigneur et avec la république de Venise, mais il attire encore dans son parti le duc de Clèves, ainsi que le Danemark et même la Suède : à la vérité, l'alliance conclue avec ces deux dernières puissances n'eut pas de suite. D'un autre côté, Charles s'allia avec Henri VIII, et le fit entrer dans le projet d'une invasion en France. Cette guerre se termina en 1544, après la bataille de Cérisoles, par la paix de Crespy.

Le traité conclu n'était que le complément de ceux de Madrid, de Cambrai et de Nice; il supposait l'adoption définitive de la politique proposée, à plusieurs reprises, par Charles-Quint à François Ier. L'empereur avait toujours voulu éviter la guerre avec la France et acheter la paix par des concessions, que François n'était pas en état de lui arracher de force; il sentait que toute guerre avec la France, de même que toute guerre avec la Turquie, faisait diversion à l'accomplissement de son grand projet, celui de consolider sa monarchie en Allemagne comme en Italie, et de ramener les princes et les villes libres à une entière dépendance de ses volontés. Il avait en haine ce que les Allemands nommaient leurs droits et leurs libertés; il regardait la religion nouvelle comme les ayant encouragés dans l'insubordination : il voulait soumettre les consciences pour assombrir aussi les résistances politiques. La base du traité de Crespy était la position respective de chacun ; il renonçait de son côté et voulait que le roi de France renonçât du sien à tout ce que ni l'un ni l'autre ne pouvaient plus espérer conquérir par les armes; et pour que François y consentît avec moins de regret, il donnait en dot à sa fille ou à sa nièce ces possessions disputées (le duché de Milan), en lui faisant épouser le second fils du roi.

Charles était retenu à Bruxelles depuis plusieurs mois par une violente attaque de goutte quand les ambassadeurs français lui apportèrent le traité pour le ratifier. Il leur dit *d'assurer leur maître qu'il n'avait aucune envie de recommencer les hostilités, car sa main, loin de pouvoir manier l'épée, n'était plus bonne même pour tenir la plume.* Peut-être crut-il, comme moyen d'apaiser ses souffrances, et comme expiation de ses péchés, devoir recommencer à sévir contre les hérétiques, qu'il se reprochait d'avoir trop longtemps ménagés. Ce fut en effet à cette époque que sur sa demande l'université de Louvain dressa une confession de foi en 32 articles, qui tranchait les questions soulevées par les luthériens. Charles-Quint ordonna à tous ses sujets des Pays-Bas de s'y soumettre, sous peine de la vie, et les habitants de Tournai ayant appelé un prédicateur français, nommé Pierre de Breuil, pour leur prêcher en secret la doctrine de Calvin, Charles donna ordre de l'arrêter. Il fut saisi comme il venait de descendre du haut des murs, et brûlé à petit feu sur la place de Tournai, le 19 février 1545.

En Allemagne, les mêmes causes qui entretenaient la discorde entre les partis empêchèrent qu'on en vînt à une rupture générale. La guerre éclata enfin lorsque, par la paix de Crespy, l'empereur se trouva n'avoir plus affaire qu'aux confédérés, en même temps que le refus de reconnaître le concile de Trente ne laissait plus aucune autre issue. Mais ce ne fut pas à la diète que s'adressa la guerre, comme l'aurait voulu le pape, et comme il espérait l'avoir établi dans un traité qu'il avait conclu avec l'empereur, mais à la ligue de Smalkalde, rebelle à l'autorité impériale. Cependant cette confédération était travaillée de tous les maux qui peuvent concourir contre une union de ce genre; et avant même que les deux chefs eussent été pris, l'un à la bataille de Mühlberg, l'autre, par trahison, à Halle, toutes les probabilités se réunissaient pour faire présager la dissolution de la ligue.

Elle fut donc bientôt entièrement dissipée, et les États qui s'y étaient engagés furent surchargés d'impôts et de vexations de toutes espèces. Puis l'empereur convoqua à Augsbourg une diète où il se présenta en vainqueur. Il marchait donc à l'accomplissement de ses vastes projets. Il commençait à croire possible l'établissement d'une monarchie universelle, dont il avait à peine osé jusque alors s'avouer le désir. L'Espagne, où l'amour de la liberté fermentait partout au commencement de son règne, n'opposait plus d'obstacles à ses volontés. Les esprits les plus aventureux de la nation étaient entraînés vers l'Amérique par l'ardeur des découvertes, et le Pérou, à peine subjugué, était déjà ensanglanté par les guerres civiles. Le prince Philippe présida les cortès d'Aragon à Monzon, et celles de Castille à Valladolid. Dans les unes et les autres, les Espagnols marquèrent beaucoup de mécontentement, soit de ce que Charles-Quint voulait établir parmi eux l'étiquette de la maison de Bourgogne, soit de ce qu'il annonçait le projet d'assurer l'Empire à son fils, ce qui devait réduire les Espagnols à dépendre des Allemands et à être habituellement privés de la présence de leur souverain. Toutefois, l'opposition ne montra ni suite dans ses projets ni habileté dans sa conduite, ce qui fut attribué à la politique du duc d'Albe, qui n'avait appelé aux Cortès que les seuls procurateurs des villes, en excluant les grands et les prélats. Maximilien, neveu de l'empereur, qui vint à Barcelone pour épouser l'infante Marie, sa cousine, et remplacer ensuite Philippe dans le gouvernement de l'Espagne, fit oublier à la nation ses griefs au milieu des fêtes de son mariage; Philippe lui céda le gouvernement, et s'embarqua à Roses, sur les galères d'André Doria, pour passer en Italie, et de là rejoindre son père.

Cependant l'empereur retenait dans les fers, contre la foi des capitulations, deux des plus grands princes de l'Allemagne, l'électeur de Saxe et le landgrave de Hesse; mais il nourrissait les espérances de ceux qui demandaient leur mise en liberté; il caressait, il flattait Maurice de Saxe, l'électeur de Brandebourg et les princes protestants qui l'avaient secondé. Charles avait, en apparence, imposé à l'Allemagne, par la publication de l'*Intérim*, la paix et l'uniformité religieuse; mais il évitait de conclure cette paix dans le secret des consciences, et admettait dans sa cour et dans son armée les protestants à l'égal des catholiques. L'Angleterre, affaiblie par ses divisions, se montrait empressée, depuis la mort de Henri VIII, d'accueillir les conseils de l'empereur; la France seule, gouvernée par Henri II, semblait mettre obstacle à ses projets : elle était en paix avec lui, mais laissait percer son inimitié, et il la retrouvait comme motrice de tous les complots qu'il faisait successivement échouer. Il aurait eu des motifs suffisants pour lui déclarer la guerre; mais il aimait mieux attendre une occasion favorable et écraser auparavant ses autres ennemis. D'ailleurs, l'affaiblissement de sa santé l'avertissait qu'il était temps de confier la suite de ses projets à une volonté plus jeune et plus robuste que la sienne.

La guerre n'avait pas tardé néanmoins à recommencer avec les protestants. Maurice de Saxe se proposait de surprendre l'empereur et de le forcer d'assurer la tranquillité aux opinions religieuses et de mettre en liberté Philippe de Hesse, son beau-père. Les moyens lui en furent préparés par la mission qu'il reçut d'exécuter le ban de l'empire contre la fière ville de Magdebourg, qui capitula le 5 novembre 1551. Un mois auparavant, une alliance secrète avait été conclue par les protestants avec Henri II, roi de France. La guerre éclata en 1552, et se poursuivit avec impétuosité. L'empereur fut contraint de signer la convention de Passau, à laquelle Maurice survécut peu. Comme elle fut conclue sans l'assentiment de Henri II, la France continua ses hostilités, auxquelles Charles ne put mettre un terme qu'après une grande pertes, par la trêve de Vaucelles, le 5 février 1556.

Cette guerre et d'autres empêchements avaient retardé la tenue de la diète, qu'on préparait pour ratifier la paix de religion; elle s'assembla enfin à Augsbourg, et, après des négociations qui durèrent six mois, fut conclue cette paix, qui, ne s'appliquant qu'aux chrétiens de la confession d'Augsbourg, et stipulant le *reservatum ecclesiasticum*, ouvrait la porte à de nombreux différends.

Charles Quint, depuis le commencement de son règne, n'avait été servi que par des hommes cupides et impitoyables, doués, il est vrai, de grands talents, mais d'une volonté de fer, et qui sacrifiaient sans hésitation, sans remords, le bonheur, l'existence même des générations, à l'ambition de leur maître. On ne savait lequel devait inspirer le plus d'horreur, de Pescaire ou d'Avalos, de Leyva ou de Gonzaga, de Marignan ou de Tolède, du duc d'Albe ou du marquis de Piadena, et, en Amérique, de Pizarre ou d'Almagro. Tous ces hommes, également sanguinaires, ayant les uns et les autres usé l'avenir au profit du présent, avaient longtemps rendu facile à leur maître, parce que tant que dans le pays où ils commandaient il restait une pièce d'argent, ils étaient sûrs de l'obtenir par la torture. Mais maintenant partout le dernier écu était extorqué, partout régnait la misère. L'Espagne agonisait; les Français et les Turcs débarquaient chaque jour dans l'Italie centrale; la moitié de la Toscane était changée en désert. Le pape, enfin, qui venait d'être élu, Paul IV, avait reçu de la faction française la tiare, et déjà il manifestait, avec la fougue qui lui était propre, sa haine contre les Impériaux. Sur la frontière des Pays-Bas la guerre avait été empreinte d'une férocité dont les généraux de Charles-Quint avaient donné l'exemple, et qui avait attiré de cruelles représailles sur la terre natale de l'empereur. Les villes qui se rendaient à discrétion étaient pillées, brûlées et leurs habitants pendus, les villages rasés, les moissons fauchées, le bétail égorgé, les pays changés en désert, le commerce maritime ruiné par les corsaires.

Le recez de la diète d'Augsbourg sur la paix de religion était le dernier coup qui devait frapper l'empereur. Accablé par la goutte, il ne pouvait que rarement quitter le lit. Obligé de renoncer à la conduite personnelle de ses affaires, il voyait impatiemment le favoritisme de son fils Philippe, qui à tous ses vieux ministres opposait des préventions étroites et des préférences injustes. Il l'avait fait revenir d'Angleterre pour le dérober aux tendresses conjugales d'une reine pour laquelle il n'avait point d'affection, et à la haine, à la défiance d'un peuple qu'il irritait par sa hauteur. Déjà depuis longtemps il méditait un grand sacrifice en sa faveur; il l'avait communiqué aux reines de Hongrie et de France, ses sœurs, qui lui avaient promis de ne point l'abandonner. La nouvelle enfin de la mort de Jeanne la Folle, sa mère, survenue à Tordesillas, le 3 avril 1555, acheva de l'y déterminer. Quoique captive et incapable de se conduire, elle avait été toujours considérée par les Espagnols comme reine régnante.

Charles-Quint avait convoqué à Bruxelles, pour le 25 octobre 1555, les états des Pays-Bas. « Après le dîner (dit le P. Minana), il passa dans la grande salle du palais, accompagné de tout le sénat et d'un concours extraordinaire d'ambassadeurs, de grands et de nobles. Il s'assit entre les rois Philippe et Maximilien, aux côtés desquels étaient les reines Marie de Hongrie, Éléonore de France et Marie de Bohême, et, aux derniers sièges, Christine de Lorraine et Philibert de Savoie. Tous gardaient le silence, quand l'empereur ordonna à son conseiller, Philibert de Bruxelles, de lire à haute voix une cédule écrite en latin, qu'il lui remit et dans laquelle il annonçait sa détermination de se retirer des affaires, transmettant à son fils Philippe sa souveraineté de Bourgogne et de Flandre. Puis il se leva, appuyant sa main droite sur l'épaule de Scipion et la gauche sur celle du prince d'Orange; il lut un papier qu'il avait écrit pour soulager sa mémoire, dans lequel il récapitulait toutes ses actions depuis l'âge de dix-sept ans. Désormais, disait-il, sentant que ses forces, brisées par les infirmités et les travaux, n'étaient plus suffisantes pour soutenir le poids d'un si grand empire, il avait résolu, pour le bien public, de renoncer à ses royaumes, et de substituer à un vieillard déjà voisin du tombeau un jeune homme robuste, exercé dès l'âge le plus tendre à gouverner les peuples, tandis que lui-même, séparé des affaires du siècle, consacrerait ce qui lui restait de vie aux exercices de piété et à se préparer à une mort qui ne pouvait être éloignée. Philippe, s'étant découvert la tête et mis à genoux à ses pieds, dit avec beaucoup de respect que, se confiant dans les secours divin, et instruit par les conseils d'un père chéri, il chercherait à répondre à ses espérances; il lui baisa ensuite la main droite. Charles l'embrassa, lui mit la main sur la tête, et le proclama prince de Flandre avec la formule accoutumée, en faisant le signe de la croix au nom de la très-sainte Trinité. L'empereur ne put alors contenir ses larmes, et tous les assistants laissèrent échapper des sanglots. » Marie de Hongrie abdiqua en même temps le gouvernement de Flandre, qu'elle avait exercé vingt-cinq ans, le 16 janvier de l'année suivante, dans la même salle, et en présence de tous les grands d'Espagne. Charles-Quint transmit également à son fils Philippe tous les royaumes d'Espagne, tandis qu'il résigna l'Empire à son frère seulement le 27 août 1556, en lui envoyant le sceptre et la couronne par le prince d'Orange. Enfin, avant de quitter les Pays-Bas, il hâta la conclusion de la trêve de Vaucelles avec la France.

Lorsque tout fut prêt, il partit pour la péninsule hispanique. En y débarquant, il se prosterna sur le rivage, et, se regardant déjà comme mort au monde, il baisa la terre en disant : « O mère commune des hommes, je suis sorti nu du sein de ma mère, je rentrerai nu dans le tien. » Il eut à souffrir de l'ingratitude de son fils, qui le força d'attendre plusieurs semaines à Burgos le premier semestre de la modique pension qui était tout ce qu'il s'était réservé de tant de royaumes. C'est à Valladolid qu'il se sépara de ses deux sœurs, les reines de Hongrie et de France, qui voulaient le suivre dans sa solitude; puis il gagna la route vers Placencia, dans l'Estramadure. Il avait autrefois traversé cette ville, et il avait été singulièrement frappé de la belle situation du monastère de Saint-Just, appartenant à l'ordre de Saint-Jérôme; il avait dit que c'était un lieu où Dioclétien eût aimé à se retirer. Cette impression s'était gravée si profondément dans son esprit, qu'il se décida à faire de ce couvent le lieu de sa retraite. Lorsque le temps fut venu, il s'y rendit en effet, suivi seulement de douze domestiques. Pendant tout le temps qu'il vécut encore, il éloigna de lui toute étiquette, tout cérémonial, ne s'informant pas même des événements politiques. Il cultivait de ses propres mains les plantes de son jardin; ou, suivi d'un seul domestique à pied, il allait se promener dans un bois voisin, monté sur un petit cheval, le seul qu'il eût conservé. Souvent, ses infirmités le retenant dans son appartement, il recevait la visite de quelques gentils-hommes du voisinage, ou s'occupait à faire quelque curieux ouvrage de mécanique et à étudier les principes de cette science; il prenait un plaisir particulier à construire des horloges et des montres, réservant aussi une grande partie de son temps aux exercices de piété. Dans les derniers mois de sa vie, ses infirmités s'accrurent, et une superstition timide s'empara de son esprit. Il perdit le goût de toute espèce d'amusement, et tâcha de s'assujettir à toute l'austérité de la règle monastique.

Subjugué de plus en plus par des inquiétudes bizarres, il résolut de célébrer ses propres obsèques avant sa mort. En conséquence, il se fit élever un catafalque dans la chapelle du couvent; ses domestiques s'y rendirent en procession funéraire, portant des cierges noirs, et lui-même suivait, enveloppé d'un linceul. On l'étendit dans un cercueil avec beaucoup de solennité, on chanta l'office des morts; Charles joignait sa voix aux prières qu'on récitait pour le repos de son âme, et mêlait ses larmes à celles que répandaient les assistants, comme s'ils avaient célébré de véritables funérailles. Puis on jeta, suivant l'usage, de l'eau bénite sur lui, et, tout le monde s'étant retiré, les portes de la chapelle furent fermées. Charles sortit alors du cercueil, et se retira dans son appartement, la tête pleine d'idées lugubres que cette solennité n'avait pu manquer de lui inspirer. Soit que la longueur de la cérémonie l'eût fatigué, soit que cette image de mort eût produit sur son esprit une impression trop forte, il fut saisi de la fièvre le lendemain. Son corps exténué ne put résister à la violence de l'accès, et il expira, le 21 septembre 1558, à l'âge de cinquante-huit ans six mois et vingt-cinq jours. Il fut enterré à Grenade, et transféré, cent ans après, au palais de l'Escurial.

Charles-Quint avait la tenue la plus noble et les manières les plus polies. Il était grave, froid, et conséquent dans l'exécution de ses plans et de ses projets, employant souvent le masque de la dissimulation pour les faire réussir. Esprit dominateur et ambitieux, il eut toujours plutôt en vue la grandeur et la puissance de sa maison que le bien de ses peuples. Il avait épousé Isabelle, fille d'Emmanuel, roi de Portugal, née en 1503, mariée en 1526, morte en 1529. Il eut d'elle Philippe II, qui lui succéda sur le trône d'Espagne; Marie, née en 1528, femme de l'empereur Maximilien II, morte en 1603; enfin, Jeanne, femme de l'infant Jean, prince héréditaire du Portugal, mère du roi Sébastien, mariée en 1553, morte en 1578. Il eut deux maîtresses, dont l'une lui donna Marguerite, duchesse de Parme, et l'autre don Juan d'Autriche.   Auguste SAVAGNER.

CHARLES VI, empereur d'Allemagne, de 1711 à 1740, le dernier prince de la ligne mâle de la maison de Habsbourg, second fils de l'empereur Léopold Ier, né le 1er octobre 1685, devait d'abord, suivant les intentions de son père, obtenir la couronne d'Espagne. Dans ce royaume, des deux Habsbourg, Charles II, cédant aux habiles suggestions d'Harcourt, ambassadeur de France, avait déclaré par son testament le second des petits-fils de Louis XIV, le duc d'Anjou, héritier de la monarchie espagnole, au mépris des droits que la maison d'Autriche pouvait élever à cet héritage comme représentant un degré de parenté plus rapproché; et le duc d'Anjou, à la mort de Charles II, arrivée le 1er novembre 1700, avait pris possession du trône vacant. Inquiètes pour le maintien de l'équilibre politique de l'Europe, l'Angleterre et la Hollande se liguèrent pour s'opposer à cet arrangement; et l'Empire d'Allemagne de même que le Portugal et la Savoie ne tardèrent pas à adhérer à cette coalition contre la France. En 1703 Charles se fit proclamer à Vienne roi d'Espagne, sous le nom de Charles III, et se rendit en Angleterre en passant par la Hollande. De là il s'embarqua en janvier 1704 avec 12,000 hommes de troupes anglaises et hollandaises, pour l'Espagne, qui était déjà occupée presque tout entière par les Français, et, avec l'aide des Catalans, il s'empara de Barcelone, et de Valence le 9 octobre 1705, pendant que les Anglais se rendaient maîtres de Madrid. Proclamé roi dans cette capitale le 26 juin 1706, on ne put le déterminer à y recevoir en personne la prestation de foi et hommage, par le motif qu'il ne se sentait pas entouré de la pompe et de la magnificence nécessaires. Réduit bientôt de nouveau, par suite des nombreuses alternatives de cette guerre, à la possession de Barcelone, il y résida jusqu'au moment où la mort de son frère aîné, l'empereur Joseph Ier, arrivée en 1711, le rappela en Allemagne. Aux termes du testament paternel cet événement réunit toutes les couronnes de Charles-Quint sur la tête de Charles VI. A ses droits sur l'Espagne il ajouta la couronne impériale et la possession des États héréditaires de la maison d'Autriche, réalisant précisément de la sorte sur un autre point de l'Europe l'épouvantail de domination universelle dont l'idée seule mettait depuis neuf ans le moitié du continent en feu. Dès lors les puissances renoncèrent à leur plan de placer Charles VI sur le trône d'Espagne, après en avoir jusqu'à ce moment considéré l'exécution comme nécessaire au maintien de l'équilibre européen, et s'éloignèrent, d'abord en secret, bientôt même ouvertement de Charles VI. L'Angleterre fut la première à leur donner l'exemple de ce complet revirement politique, et la paix d'Utrecht fut signée avec la France en 1713, sans que l'empereur eût pris part aux négociations qui la précédèrent.

Pendant ce temps-là Charles VI avait été couronné comme empereur à Francfort en 1711, et l'année suivante il fut élu roi en Hongrie. Plein de confiance dans la légitimité de ses droits, il continua la guerre de succession, que son frère avait faite avec tant de bonheur dans les Pays-Bas, et il en confia la direction au prince Eugène. Mais, abandonné par ses alliés, et faiblement soutenu par les princes de l'Empire, il se vit forcé, en 1714, de signer le traité de paix de Rastadt, aux termes duquel il ne conserva des possessions espagnoles que celles qui étaient situées en Italie, Naples, Milan, la Sardaigne, et les Pays-Bas. Après avoir, l'année suivante, échangé la Sardaigne avec le duc de Savoie contre la Sicile, il prit fait et cause pour Venise, dans la guerre qui éclata en 1715 entre cette république et le grand Turc. Son armée, commandée par le prince Eugène, remporta les brillantes victoires de Peterwardein et de Belgrade. Puis, les Espagnols ayant attaqué la Sicile et manifesté le projet de replacer l'Italie sous la domination de leurs rois, Charles VI conclut, en 1718, la paix de Passarowitz, qui lui assura la possession de Belgrade, de la Servie septentrionale, de Temeswar et de certaines portions de la Slavonie, de la Bosnie et de la Valachie. La guerre nouvelle dans laquelle les intrigues d'Alberoni entraînèrent l'Autriche ne tarda pas cependant à se terminer, par suite de la quadruple alliance qui se forma entre la France, l'Angleterre, la Hollande et l'empereur. Avec l'appui d'une flotte anglaise, on battit les Espagnols et on les expulsa de Sicile.

Cependant un nouveau malheur était venu frapper Charles VI : il avait perdu son fils unique. Pour maintenir néanmoins sans partage dans sa maison, n'en subsistât-il plus qu'un rameau féminin, la succession de ses différents États, il désigna en 1713, dans une loi organique relative à sa maison, et connue dans l'histoire sous le nom de Pragmatique sanction, sa fille Marie-Thérèse pour lui succéder. Il obtint sans peine l'adhésion des filles de son frère Joseph, ainsi que celle des différentes assemblées d'états de la monarchie, à cette pragmatique sanction; mais la plupart des puissances étrangères refusèrent opiniâtrément de la reconnaître, notamment la France, ainsi que les électeurs de Bavière et de Saxe, dont les fils avaient épousé les filles de Joseph Ier. Charles VI n'en apporta pas moins une grande persistance à la réalisation de son projet; et, après l'inutile congrès tenu en 1725 à Cambrai, il réussit à mettre de son côté d'abord l'Espagne, puis, à l'occasion de l'alliance hanovrienne créée surtout contre lui et contre l'Espagne, à contracter, le 8 août 1726, à Vienne une alliance des plus intimes avec la Russie et la Prusse, qui donnèrent leur approbation à la pragmatique sanction. L'appui de la Prusse dans cette circonstance fut le prix de la promesse du droit de succession au duché de Juliers, qui lui fut faite. De leur côté, la France et l'Angleterre gagnèrent à leurs intérêts dans les années 1726 et 1727 la Hollande, le Danemark, la Suède, et jusqu'à Hesse-Cassel et Brunswick-Wolfenbuttel. Des armements avaient lieu partout, et une nouvelle conflagration de l'Europe paraissait inévitable, quand, sous la médiation du pape, un traité fut conclu à Vienne, le 16 mars 1731, aux termes duquel la pragmatique sanction fut reconnue également par l'Angleterre et par la Hollande, moyennant que l'empereur sacrifiât la nouvelle compagnie commerciale d'Ostende, qui promettait d'être pour les Pays-Bas une abondante source de bénéfices et de richesses, et qu'il consentît à assurer à l'infant d'Espagne don Carlos (voyez plus loin CHARLES III d'Espagne) la succession en Toscane, à Parme et à Plaisance, contrées jusqu'alors possédées par l'empereur.

Mais la France persévéra dans son hostilité déclarée contre Charles VI ; et les démêlés qui surgirent en 1733, à la mort d'Auguste II, pour l'élection au trône de Pologne, lui fournirent l'occasion de recommencer la guerre contre l'Autriche. En effet, tandis que cette puissance et la Russie se prononçaient en faveur du fils du dernier roi, la France, l'Espagne et la Sardaigne voulaient faire élire Stanislas Leczinski, beau-père de Louis XV. La guerre qui en résulta, et qui prit Charles VI au dépourvu, parce qu'il ne s'était pas attendu à être attaqué de tant de côtés à la fois, fut pour ce prince une série continuelle de revers. Le prince Eugène avait vieilli et les généraux qu'on lui donna pour successeurs étaient encore bien loin de le valoir. Abandonné par les puissances maritimes, faiblement secondé par les États de l'Empire et par la Russie, il se vit enlever par les troupes françaises Milan et toute la Lombardie jusqu'à Mantoue. En même temps une armée espagnole s'emparait de Naples et de la Sicile, tandis que sur les bords du Rhin il perdait Kehl, Philippsbourg, Trarbach et toute la Lorraine. Ébranlé par tant de revers, Charles VI consentit enfin, par la paix de Vienne du 3 octobre 1735, à sacrifier Naples, la Sicile et quelques districts du Milanais, de même que toute la Lorraine, donnée comme indemnité à Stanislas Leczinski, tout complètement séparée d'avec l'Empire; c'est à ce prix seulement qu'il obtint des puissances la reconnaissance de la pragmatique sanction, et aussi celle d'Auguste III en qualité de roi de Pologne.

Charles VI ne fut pas moins malheureux sur les champs de bataille, lorsque, à l'excitation de la Russie, il recommença la guerre contre les Turcs. Les armées autrichiennes commandées par Seckendorf et par Khevenhüller furent battues à peu près partout; et sur les instances de Marie-Thérèse, qui prévoyait que son père n'avait plus longtemps à vivre, le comte Neipperg signa, le 18 septembre 1739, la paix de Belgrade, par laquelle l'Autriche perdit presque toutes ses précédentes conquêtes, et notamment Belgrade avec la Servie et la Valachie.

Charles VI mourut le 20 octobre 1740. A des connaissances très-diverses, à celle des langues surtout, il unissait un cœur plein de bonté et de bienveillance. Mais, tenant sous ce rapport beaucoup plus de son père que son frère, il partageait l'engouement de Joseph Ier pour le clergé, les moines, l'aristocratie et le système féodal. La monarchie autrichienne, qu'il avait trouvée dans l'état le plus florissant à son avénement au trône, il la laissa à sa fille dans un état complet d'épuisement et de confusion. Les finances publiques avaient surtout été réduites au plus effroyable délabrement, par suite des dépenses exagérées dans lesquelles l'entraînait son goût pour la magnificence et pour les arts, de son indulgence à l'égard des dilapidations commises par les employés de l'État, et aussi des traitements magnifiques dont jouissaient les différentes charges de sa cour. Charles VI mit à profit un court intervalle de paix pour fonder diverses institutions utiles au commerce. Il visita en personne les côtes de l'Istrie, y fit tracer des routes, creuser des ports, construire des navires, et accorda toute aide et protection à la compagnie de commerce des Indes orientales fondée à Ostende sur le modèle de la compagnie des Indes d'Angleterre, jusqu'au moment où la jalousie commerciale et l'égoïsme politique des Anglais le forcèrent d'abandonner cette entreprise.

CHARLES VII (Charles-Albert), empereur d'Allemagne de 1742 à 1745, né à Bruxelles, en 1697, était le fils de Maximilien-Emmanuel, électeur de Bavière, alors gouverneur général des Pays-Bas espagnols. Lorsque l'Empereur Joseph Ier se fut emparé de tout l'électorat de Bavière et eut mis l'électeur son père au ban de l'Empire, il demeura prisonnier de l'empereur, qui le fit élever d'abord à Klagenfurt, puis à Goritz. La paix de Rastadt lui ayant rendu sa liberté en 1714, il commanda, de 1716 à 1718, l'armée mise par son père à la disposition de l'empereur dans sa guerre contre les Turcs, et il avait fini en 1722 par épouser la fille cadette de Joseph Ier, déjà mort à cette époque.

Après avoir succédé comme électeur de Bavière à son père, mort en 1726, il se prononça ouvertement contre la *pragmatique sanction*, garantie par la diète tenue en 1732 à Ratisbonne, s'allia avec la Saxe, qui alors suivait la même politique, et à la mort de Charles VI, arrivée en 1740, se posa ouvertement en adversaire et en rival de Marie-Thérèse pour la souveraineté des États autrichiens, fondant ses prétentions tout autant sur la proche parenté de sa femme avec la maison d'Autriche que sur une disposition du testament de Ferdinand Ier. Le roi de Prusse Frédéric II ayant au même moment commencé les hostilités contre l'Autriche à l'effet de faire valoir certaines vieilles prétentions sur une partie de la Silésie, Charles VII conclut, le 18 mai 1741, à Nymphembourg, un traité d'alliance offensive et défensive avec l'Espagne et la France ayant pour but le complet morcellement de la monarchie autrichienne.

A peu de temps de là il envahissait la haute Autriche à la tête d'une armée franco-bavaroise, et s'emparait sans coup férir de Linz, où il prit officiellement le titre d'archiduc d'Autriche et reçut l'hommage des états de la province; il envahit ensuite la Bohême avec un renfort de 20,000 Saxons, à l'effet de se mettre en possession de ce royaume, que lui assurait le traité de Nymphembourg. Le 27 novembre 1741 une surprise de nuit le rendit maître de Prague, où, le 19 décembre suivant, les états de Bohême lui prêtèrent serment en sa qualité de roi de Bohême. Élu alors à l'unanimité empereur romain, il courut à Francfort se faire couronner par son frère, l'électeur de Cologne. C'est lorsqu'il semblait avoir atteint l'apogée de sa fortune, que les jours de l'adversité commencèrent pour lui. Pleins d'enthousiasme pour Marie-Thérèse, les Hongrois coururent aux armes, reconquirent la Haute Autriche, envahirent ensuite la Bavière, et s'emparèrent même de Munich. On lui enleva en outre la Bohême, et il se vit réduit à s'enfuir à Francfort, où il vécut assez longtemps misérablement. La fortune sembla un instant, il est vrai, vouloir lui redevenir moins cruelle, et le général bavarois Seckendorf parvint à chasser les bandes autrichiennes et hongroises de la Bavière. Le 19 avril 1743 il put rentrer à Munich; mais les Autrichiens envahirent de nouveau l'électorat avec une armée de beaucoup supérieure aux ressources défensives qu'il avait à sa disposition, de sorte que force lui fut d'abandonner sa capitale dès le mois de juin suivant. Les Français, ses alliés, ayant été battus, le 27 juin 1743, à Dettlingen par Georges II, allié de Marie-Thérèse, et forcés de repasser le Rhin, son unique chance de salut fut dès lors l'alliance qu'il contracta, le 22 mai 1744, à Francfort avec le roi de Prusse Frédéric II, lequel entra en Bohême.

Seckendorf réussit encore une fois à chasser les Autrichiens de la Bavière, de sorte que Charles VII put rentrer dans sa capitale; mais il y mourut, le 20 janvier 1745, succombant au chagrin tout autant qu'à la maladie. « Le malheur ne m'abandonnera pas, tant que je ne l'abandonnerai pas lui-même », avait-il dit avec un grand fonds de vérité. Il eut pour successeur sur le trône impérial François Ier.

CHARLES. Dix princes de ce nom ont régné sur la France, depuis Charlemagne jusqu'à Charles X, mort dans l'exil, sans compter ce cardinal de Bourbon que les ligueurs avaient déjà salué du nom de *Charles X*. Les deux premiers de ces rois ont porté aussi la couronne impériale.

CHARLES Ier, dit *le Grand. Voyez* CHARLEMAGNE.

CHARLES II, dit *le Chauve*, roi de France et ensuite empereur, naquit à Francfort-sur-le-Mein, le 13 juin 823, de Louis le Débonnaire et de sa seconde femme, Judith. On a élevé des doutes sur sa légitimité, et l'on a prétendu qu'il avait pour père Bernard, duc de Septimanie. L'empereur Louis lui donna presque à sa naissance le titre de roi d'Alemannie, et celui de roi d'Aquitaine après la mort de Pepin, son fils aîné. Aussi le jeune prince devint un objet de jalousie pour ses frères Lothaire et Louis, et participa successivement à la bonne et à la mauvaise fortune de son père dans la lutte de celui-ci contre ses enfants révoltés.

Après la mort de Louis le Débonnaire, Charles fit alliance avec Louis le Germanique contre Lothaire, pour vouloir faire plier ses frères sous son autorité. Louis et Charles remportèrent sur leur aîné la victoire de Fontenay (841), et renouvelèrent ensuite leur alliance à Strasbourg. Charles prêta serment en langue allemande pour être compris de l'armée de Louis, et Louis prêta le sien en langue romaine pour être entendu de l'armée de Charles. Ces deux serments sont les plus anciens monuments que l'on possède de la langue allemande et de la langue française. Lothaire dut céder, et le traité de Verdun (843) régla le partage définitif de l'Empire. Charles reçut toutes les provinces comprises entre l'Océan, l'Escaut, la Meuse, la Saône, le Rhône, la Méditerranée et les Pyrénées.

Le règne de Charles le Chauve fut troublé par les invasions des pirates Normands, qui, tout en pillant pour leur propre compte, s'unirent à ses ennemis, aux Bretons, qu'il voulait soumettre, à Pepin II, qui lui disputait vaillamment l'Aquitaine. Mais la fortune ayant trahi ce prince, Charles put se croire maître du midi de la France, en même temps que, après la mort de Salomon, duc de Bretagne, l'ouest semblait se rattacher à la nouvelle monarchie française.

A l'est Charles fit aussi de grandes acquisitions; en 869, après la mort de son neveu Lothaire II, il s'empara de ses États, aux dépens de l'empereur Louis II, alors occupé dans l'Italie méridionale à combattre les Arabes; mais Louis le Germanique voulut entrer en partage dans cette spoliation, et força son frère, par le traité de Mersen (9 août 870), à lui céder la moitié de l'héritage de Lothaire. Charles ne garda que la partie occidentale et méridionale de la Lorraine, où étaient situées les villes de Lyon, Besançon, Vienne, Viviers, Uzès, Toul, Verdun et Cambrai; mais il se dédommagea en enlevant à Louis II la province viennoise.

Cependant le pouvoir royal n'était plus qu'une ombre; la

féodalité se constituait dans ses éléments les plus essentiels. La nécessité de défendre le pays contre les Normands avait couvert le territoire de châteaux et de tours fortifiées ; le roi défendit à plusieurs reprises d'en construire ; mais en présence de l'ennemi ces défenses mêmes étaient coupables, et l'on n'en tenait pas compte. Déjà l'édit de Mersen avait reconnu l'inamovibilité des bénéfices et obligé les hommes libres à la recommandation. C'est alors, au moment où l'œuvre de Charlemagne s'écroulait déjà de toutes parts, que Charles voulut ceindre la couronne impériale. Mais avant de tenter cette expédition d'Italie, il fut contraint, dans l'assemblée de Kiersy-sur-Oise (877), de laisser ses vassaux transmettre héréditairement à leurs enfants la part d'autorité royale dont ils étaient investis, et d'assurer la charge de leurs pères aux fils des comtes qui le suivaient par delà les Alpes. Cet édit de Kiersy fut comme la charte que la royauté vaincue accorda à la féodalité victorieuse. Cependant Charles, gagnant de vitesse les troupes de Louis le Germanique, se faisait couronner empereur à Rome, et ceignait à Pavie la couronne de fer des rois lombards. Pendant ce temps Louis le Germanique s'empare de son propre palais ; mais il meurt au sein du triomphe. Charles le Chauve aussitôt laisse la régence d'Italie à Boson, son beau-frère, et revient en toute hâte pour dépouiller ses trois jeunes neveux ; mais il est défait à Andernach, et meurt lui-même l'année suivante, dans une vallée des Alpes où il s'était arrêté après avoir fui honteusement de l'Italie devant une armée du roi de Bavière Carloman (877). On croit qu'il fut empoisonné par le juif Sédécias, son médecin.

Charles le Chauve eut deux femmes, Hermentrude et Richilde, et plusieurs enfants, parmi lesquels Louis le Bègue, qui lui succéda, et Charles, qui combattit contre Pepin II en Aquitaine. Demandé comme souverain à son père par les Aquitains, le jeune Charles inaugura son règne par une brillante victoire qu'il remporta sur les Normands dans le Poitou. Abandonné à son tour par les Aquitains, il fut redemandé par eux (856), puis délaissé de nouveau. Mais après la mort de Pepin (865), Charles, rappelé encore une fois par les Aquitains, retourna dans ce royaume. Il était languissant alors des coups que lui avait donnés, sans le connaître, un seigneur nommé Altuin, à qui il avait voulu faire peur en revenant de la chasse dans la forêt de Cuise près de Compiègne. Il ne put jamais guérir de cet accident, et mourut en 866.

CHARLES III, dit *le Simple*, fils posthume de Louis le Bègue, naquit en 879. On l'éloigna longtemps du trône, sous prétexte que sa légitimité était douteuse. Toutefois l'empereur Arnoul et son fils Zwentibold, duc de Lorraine, le soutinrent contre le roi Eudes, qui avait usurpé le trône ; et enfin la mort de ce prince le laissa sans compétiteurs. Le seul événement important de son règne fut la fondation du duché de Normandie. Cette partie de l'ancienne Neustrie fut cédée, à titre de fief de la couronne de France, à Rollon, chef des pirates scandinaves, par le traité de Saint-Clair-sur-Epte (911).

Le roi de Germanie Louis IV, dit l'Enfant, fils d'Arnoul et dernier Carlovingien d'Allemagne, étant mort, les Lorrains ne voulurent pas reconnaître Conrad, et appelèrent Charles le Simple, dont l'armée obtint d'abord de grands avantages. Puis, lorsque Henri l'Oiseleur eut succédé à Conrad, Charles faillit perdre non-seulement la Lorraine, mais encore les provinces de France dont il était maître. Cependant les plus dangereux ennemis de Charles étaient à l'intérieur. Les seigneurs continuaient à battre en brèche la royauté, afin de fonder sur ses ruines leur indépendance ; ils haïssaient surtout Haganon, habile et fidèle ministre, qui voulait relever la royauté. Hugues le Blanc, comte de Paris, attaque le faible descendant de Charlemagne, son roi légitime, qui n'a plus à lui que le comté de Laon ; il s'en empare, et l'oblige à fuir en Lorraine Aussitôt il fait proclamer roi son père Robert, duc de France et frère du roi Eudes. Sans se décourager, Charles lève des troupes en Lorraine, et livre bataille près de Soissons ; il est défait, mais il tue Robert Ier de sa main. Néanmoins la couronne est donnée au duc de Bourgogne Raoul, gendre de Robert ; et pour obtenir des secours de l'Allemagne, il est obligé de céder à Henri l'Oiseleur ses droits sur la Lorraine.

Ce sacrifice fut inutile. Herbert, comte de Vermandois, parvint à attirer Charles dans ses États, et se rendit maître de sa personne. Le parti de Charles fut anéanti. Plus tard, des querelles d'intérêts divisèrent Herbert et Raoul. Le roi de Germanie Othon le Grand et le duc de Normandie entrèrent dans le ressentiment du comte de Vermandois. Le pape même conjura celui-ci de remettre le descendant de Charlemagne sur le trône, Charles fut donc tiré de sa prison, conduit à Saint-Quentin, où il fut reçu aux acclamations de tout le peuple, et de là à la ville d'Eu, où le duc de Normandie lui rendit hommage. Ainsi presque tout le nord de la France se déclara hautement pour le souverain légitime. Pour conjurer l'orage, Raoul offrit de céder à Herbert la ville de Laon. C'était le véritable motif de la guerre ; le rétablissement de Charles n'en avait été que le prétexte. Ce malheureux roi, sacrifié de nouveau, fut renfermé à Péronne, où il mourut quelque temps après, en 929, dans la cinquantième année de son âge et la trentième de son règne. Il avait eu deux enfants, Louis d'Outremer, qui lui succéda, et Gisèle, qui épousa Rollon. Ce fut sans doute à la confiance imprudente qu'il avait témoignée à Herbert que Charles dut le surnom de *Simple* ; mais on aurait tort d'en conclure qu'il ait été le plus incapable des Carlovingiens.

CHARLES IV, dit *le Bel*, troisième fils de Philippe le Bel, né en 1294, succéda à Philippe le Long, son frère, le 3 janvier 1322, comme roi de France et de Navarre. Avant de monter sur le trône, il avait reçu en apanage le comté de la Marche et celui d'Angoulême. Le sacre du nouveau roi eut lieu à Reims, le 11 février 1322. Charles IV se sépara, sous prétexte de parenté, de sa première femme, Blanche, fille d'Othon IV, comte de Bourgogne, qui fut renfermée à Château-Gaillard, après avoir été convaincue d'adultère. Puis il épousa Marie de Luxembourg, fille de l'empereur d'Allemagne Henri VII, et sœur de Jean, roi de Bohême, que cette alliance attacha à la cour de France. Des exactions de tous genres signalèrent le règne de Charles IV. Girard La Guette, ministre des finances sous Philippe le Long, mourut des suites de la question, et ses biens furent confisqués. Pour remplir son trésor, le roi confisqua les biens des *Lombards*, et les exila de France ; il avait d'abord réformé les monnaies, fort altérées sous les règnes précédents ; mais il ne tarda pas à les altérer également. Cependant on doit remarquer les ordonnances qu'il rendit pour adoucir le sort des lépreux et des juifs, si cruellement persécutés sous le règne précédent. Il mit aussi en avant un projet de croisade, et heureusement s'en tint là. En 1324 mourut la reine Marie, et Charles épousa en troisièmes noces Jeanne d'Évreux, sa cousine.

Une intervention pacifique dans la Flandre révoltée contre son comte, et une guerre contre les Anglais que Charles de Valois, son oncle, fit en Guyenne, et qui fut signalée par quelques succès, tels furent les seuls événements de son règne. Il eut aussi à combattre quelques seigneurs gascons, qui, soutenus par les Anglais, avaient fait des incursions sur le domaine de la France. Cette guerre est dite *guerre des bâtards*, parce que les Gascons avaient pour chefs les bâtards de la noblesse. Il soutint également sa sœur Isabelle dans sa lutte contre son mari Édouard II, roi d'Angleterre. A l'intérieur, le supplice de Jourdain de l'Isle, neveu par sa femme du pape Jean XXII et l'un des plus puissants seigneurs de la Gascogne, fut un juste châtiment des crimes et des atrocités qu'il avait commis. Cependant la France, réunie en grande partie sous l'autorité royale, était déjà formidable par son unité, et menaçait l'indépendance de l'Europe; nous voyons en effet Charles IV, tenant le pape comme prisonnier dans Avignon, l'obliger à excommunier l'empereur Louis de Bavière, et être lui-même au moment de s'asseoir sur le trône impérial. Du reste, la fatalité qui semblait attachée à la race de Philippe le Bel l'atteignit comme ses deux frères. Il mourut sans laisser de postérité mâle, et avec lui s'éteignit la ligne des Capétiens directs.

Il tomba malade à Vincennes, le jour de Noël de l'année 1327, et souffrit longtemps de cruelles douleurs. « Quand il aperçut, dit Froissard, que mourir lui convenoit, il devisa que s'il avenoit que la reine s'accouchât d'un fils, il vouloit que messire Philippe de Valois, son cousin germain, en fust mainbourg (tuteur), et régent du royaume jusques à donc que son fils seroit en âge d'être roi; et s'il avenoit que ce fust une fille, que les douze pairs et hauts barons de France eussent conseil et avis entre eux d'en ordonner et donnassent le royaume à celui qui lui avoir le devoit. Sur ce, le roi Charles alla mourir environ la Chandeleur. Ni demeura mie grandement après ce que la reine Jeanne accoucha d'une fille. »

W.-A. DUCKETT.

CHARLES V, dit *le Sage*, fils de Jean II et de Bonne de Luxembourg, né à Vincennes, le 21 janvier 1337, d'abord duc de Normandie, est le premier fils de nos rois qui ait porté le titre de *dauphin*. Il succéda à son père le 8 avril 1364, et fut sacré et couronné à Reims par l'archevêque Jean de Craon, le 19 mai suivant, avec Jeanne de Bourbon, son épouse. Son extrême prudence et son habileté dans l'art de gouverner lui méritèrent de son vivant le beau surnom de *Sage*, que la postérité lui a conservé. A son avénement, la France, démembrée par le funeste traité de Brétigny, accablée d'une dette énorme, que le même traité lui avait imposée, déchirée au dedans par l'ambition remuante de Charles II, roi de Navarre, et par des bandes de brigands aguerris, connues sous le nom de *Compagnies*, semblait pour longtemps condamnée à ne jouer qu'un rôle secondaire et presque dépendant. Charles V monte sur le trône, et sa première pensée est de lui rendre une supériorité et une influence qu'elle n'eût jamais perdues sans les fautes et les imprudences accumulées des deux règnes précédents. Pendant quatre années qu'avait duré la captivité de son père, il avait gouverné le royaume, d'abord en qualité de lieutenant général, et ensuite comme régent; et cette courte apparition au pouvoir lui avait suffi, non-seulement pour triompher des mouvements populaires qui menaçaient l'autorité royale, mais encore pour étudier les besoins et les ressources du pays sur lequel il devait régner un jour, pour deviner et s'attacher déjà les hommes de mérite qu'il jugeait devoir le seconder efficacement dans l'exécution de ses projets futurs. Il n'était encore en effet que lieutenant général du royaume, lorsqu'il prit à son service celui qui devint par la suite le principal instrument de ses triomphes et de sa gloire, le héros de la France au moyen âge, Bertrand Du Guesclin, qu'il nomma capitaine général de la ville de Pontorson et du mont Saint-Michel, dans la Basse-Normandie, sur la fin de l'année 1357.

Charles II, roi de Navarre, à qui ses crimes et ses perfidies ont mérité le surnom de *Charles le Mauvais*, n'avait pas attendu la mort du roi Jean pour prendre les armes et commencer les hostilités. Le fameux Jean de Grailly, plus connu dans l'histoire sous le nom de *captal de Buch*, commandait les troupes navarraises. Jaloux de signaler son entrée en campagne par quelque coup d'éclat, il s'était vanté d'empêcher le sacre du roi à Reims. Charles V, qui connaissait le caractère entreprenant et audacieux de ce chef, voulant faire échouer son projet, lui opposa Du Guesclin, qu'il venait de nommer capitaine général en Normandie, entre la Seine et la Loire, et dans tout le bailliage de Chartres, au mois de mars 1364. Jamais choix plus heureux n'eut un résultat plus prompt et plus décisif. Deux mois s'étaient à peine écoulés depuis le départ de Du Guesclin pour son gouvernement, qu'il remportait une victoire complète sur les ennemis de l'État, et faisait le captal lui-même prisonnier. La nouvelle de cette action brillante, qui eut lieu à Cocherel, sur la rive gauche de l'Eure, entre Evreux et Vernon, le 16 du mois de mai, parvint à Charles V, à Reims, le matin même de son sacre, et fut considérée comme un heureux présage pour le règne qui commençait. Du Guesclin, à qui le signalé service qu'il venait de rendre à la patrie valut le don du comté de Longueville, poursuivait avec ardeur la conquête des pays appartenant aux Navarrais. Secondé par le duc de Bourgogne et Bureau de la Rivière, chambellan du roi, il soumit rapidement Valognes, Carentan et plusieurs châteaux et forteresses du comté d'Évreux. Enfin, Charles le Mauvais allait être entièrement dépouillé de ses possessions en France, lorsque le différend élevé entre les maisons de Montfort et de Blois, au sujet du duché de Bretagne, s'étant ranimé, fit suspendre les hostilités en Normandie. Du Guesclin, dévoué à Charles de Blois, pour lequel il avait longtemps combattu, reçut avec enthousiasme l'ordre que lui envoya Charles V de marcher à son secours. Il se mit en route pour la Bretagne le 15 septembre, tandis que les soldats des Compagnies, Anglais ou Navarrais, qui avaient porté les armes pour Charles le Mauvais, couraient offrir l'appui de leurs bras à Montfort. La fortune favorisa ce dernier. Charles de Blois, vaincu à la sanglante journée d'Auray, le 29 septembre, périt dans l'action, et Du Guesclin fut fait prisonnier par le brave Chandos. La question de la Bretagne, si longtemps débattue, venait d'être décidée par la victoire. Charles V aurait pu sans doute, avec l'appui du parti vaincu, la faire traîner encore en longueur; mais, en politique habile, il aima mieux reconnaître Montfort et recevoir son serment de vassal que de le forcer par un refus à se jeter dans les bras de l'Angleterre, et à porter son hommage à Édouard III, son beau-père et son protecteur. Aussi, le traité de Guérande, conclu le 12 avril 1365 entre Montfort et la veuve de Charles de Blois, fut-il en grande partie son ouvrage.

La paix ayant été faite vers la même époque avec le roi de Navarre, il ne restait plus, pour procurer à la France quelque repos, qu'à se défaire des Compagnies, qui depuis la fin de la guerre ne trouvant plus à vendre leurs services, s'étaient répandues dans les provinces, qu'elles ravageaient, et où elles occupaient plusieurs places fortes. C'était une mission difficile à remplir. Charles V en chargea Du Guesclin, que Chandos venait de rendre à la liberté moyennant une forte rançon; le vainqueur de Cocherel ne recule point devant le service qu'exigent de lui le roi et la patrie. Il va trouver les chefs des Compagnies, traite avec eux, et les emmène en Espagne au secours de Henri de Transtamare, qui disputait le trône de Castille à son frère Pierre le Cruel. Ce dernier, vaincu et chassé de ses États, se réfugie auprès du duc d'Aquitaine, dont il sollicite l'appui. Le prince anglais, au cœur grand et généreux, peu touché sans doute des malheurs de ce roi, que son caractère fourbe, cruel et vindicatif, avait fait tomber dans la haine et le mépris des peuples; mais pouvait-il se refuser à le seconder pour renverser du trône celui que l'or et les armes de la France avaient contribué à y placer? C'est ainsi que sans respect pour les conventions de Brétigny, les deux nations rivales ne laissaient échapper aucune occasion de se combattre sous le nom de leurs alliés. La bataille de Najara, gagnée le 3 avril 1367, par le prince de Galles contre Henri de Transtamare et les Français qui combattaient pour sa cause, Pierre le Cruel rétabli sur le trône de Castille, et Du Guesclin fait prisonnier, tel fut le triple échec que Charles V eut à essuyer. Mais pouvait ce dernier succès d'un ennemi qui devenait de jour en jour moins redoutable, contre sa sagesse et sa prévoyante activité?

Il y avait à peine une année que le royaume était en paix, et déjà la trace des malheurs passés était effacée. L'ordre introduit dans les finances et dans toutes les branches de l'administration avait ramené l'aisance parmi le peuple et l'abondance dans le trésor public. Cet état de prospérité était l'ouvrage du sage monarque qui gouvernait la France. La Guyenne était loin d'une situation aussi florissante, et payait cher la gloire d'être gouvernée par un héros. Soumise à un régime purement militaire, ses franchises et priviléges, qu'Édouard III avait cependant fait le serment de respecter, lors de la prise de possession du duché, avaient déjà reçu plus d'une grave atteinte. Longtemps elle avait courbé la tête sans murmurer, et commençait à éprouver le désir de rentrer sous une domination dont elle ne s'était séparée qu'à regret. Il ne fallait qu'une occasion pour l'accomplissement de ce vœu; elle ne tarda pas à se présenter. Le prince de Galles n'avait rapporté d'Espagne que des lauriers et une santé profondément altérée. Trompé par Pierre le Cruel, qui rétablit sur le trône refusa de tenir les engagements qu'il avait contractés envers lui, il fut forcé, pour ne pas manquer aux siens, de demander à ses propres sujets les moyens de faire face aux frais de son expédition et de satisfaire l'avidité des *Compagnies*, qui s'étaient mises à son service. Les états de la Guienne, convoqués plusieurs fois à cet effet, se refusaient obstinément à toute imposition nouvelle. Cependant, gagnés par les prières ou intimidés par les menaces, une partie des députés, dans une assemblée tenue à Angoulême le 18 janvier 1368, consentirent à la levée, durant cinq années consécutives, de 10 sols par feu, contribution qui de ce dernier mot fut appelé *fouage*. Mais pour arracher à ses peuples ce nouveau *sacrifice* le prince fut forcé de leur promettre solennellement dès le 26 le rétablissement de tous les privilèges dont le traité de Brétigny leur avait vainement garanti la conservation.

Cependant la plupart des grands vassaux et des villes du duché, jugeant de l'avenir par le passé, persistaient dans le refus de payer le fouage, dont le premier terme, d'abord fixé à Pâques, avait été reculé jusqu'à la fête de la Trinité. Les trois plus grands seigneurs de la Guienne, le comte d'Armagnac, le comte de Périgord et le sire d'Albret, résolus à ne pas céder, mais trop faibles pour résister seuls à la puissance des Anglais, se retirèrent auprès de Charles V, qu'ils considéraient toujours comme leur seigneur souverain, et appelèrent à lui des vexations du prince de Galles et de la violation de leurs priviléges. Ils furent accueillis avec bonté, traités avec distinction; mais avant de recevoir leur appel, Charles voulut faire examiner les articles des traités de Brétigny et de Calais, pour savoir jusqu'où pouvaient s'étendre ses droits vis-à-vis du prince de Galles et de ses sujets immédiats. Le résultat de cet examen ayant prouvé que la souveraineté de la Guienne n'avait pas cessé de lui appartenir, non-seulement il prit dès lors les appelants sous sa sauve-garde, mais, faisant droit à leurs justes réclamations, il cita, par lettres du 16 novembre 1368, le prince de Galles à comparaître, le 2 mai suivant, devant le parlement, pour y répondre sur les plaintes portées contre lui. Ces lettres furent adressées au sénéchal de Toulouse, qui les fit signifier sur la fin de 1368 ou dans les premiers jours de 1369 au prince lui-même, à Bordeaux, par un chevalier nommé Jean de Chaponval et par Bernard Palot, juge criminel de Toulouse. Le jeune Édouard, après en avoir entendu la lecture, resta quelque temps immobile de surprise et d'indignation : bientôt, sa fierté prenant le dessus : *Nous irons*, dit-il, *volontiers à notre ajour à Paris, puisque mande nous est du roi de France, mais ce sera le bassinet en tête et 60,000 hommes en notre compagnie*. Il ordonna ensuite aux envoyés de se retirer; mais, ne tardant pas à se repentir de ce mouvement généreux, il les fit arrêter dans l'Agénois, à leur retour à Toulouse, et jeter dans une étroite prison, d'où ils ne sortirent que longtemps après. Toutefois,

hâtons-nous de défendre ici sa mémoire du reproche que lui font plusieurs historiens de les avoir fait mourir. Il existe la preuve authentique que Bernard Palot était de retour à Toulouse dès le mois de novembre 1369, et on lit dans Froissard que Jean de Chaponval fut remis en liberté au commencement de 1370, ayant été échangé contre Thomas Banastre, chevalier anglais, que les Français avaient fait prisonnier.

A peine les lettres d'ajournement étaient-elles signifiées qu'un mouvement général d'insurrection se manifestait dans la Guienne. Des émissaires envoyés par les seigneurs appelants et par le duc d'Anjou, frère du roi et son lieutenant en Languedoc, parcouraient le pays et gagnaient les populations par toutes sortes de promesses. Les prêtres déclamaient en chaire contre les deux Édouard, et le seul archevêque de Toulouse, Geoffroi de Vayrols, fit adhérer à l'appel, outre les habitants de Cahors, sa patrie, plus de soixante villes ou châteaux du Querci, du Rouergue et du Périgord. Quoique Charles V ne se fût pas encore publiquement déclaré, il ne négligeait cependant aucune mesure jugée nécessaire pour soutenir avec avantage une lutte qui paraissait désormais inévitable. En attendant le jour où le prince de Galles était assigné à comparaître, il prenait à sa solde une partie des Compagnies, faisait réparer et approvisionner les places fortes et préparer dans le port de Harfleur une flotte considérable destinée à opérer une descente en Angleterre. Le duc d'Anjou, de son côté, ne montrait pas moins d'activité; si les ordres formels du roi ne lui permettaient pas de marcher encore en personne contre l'ennemi, il s'en dédommageait en envoyant du secours aux insurgés de la Guienne, qui, ayant pris les armes au commencement de l'année 1369, avaient déjà défait le sénéchal du Querci, près de Montauban, et oris d'assaut la place de Réalville, dont la garnison anglaise avait été passée au fil de l'épée. Telle était la situation des affaires, lorsque Charles V reçut l'heureuse nouvelle du triomphe de Henri de Transtamare, à la victoire de Montiel (mars 1369) et la mort de Pierre le Cruel assuraient désormais la possession paisible de la Castille. Ce prince n'oublia jamais ce qu'il devait à la France, dont il resta toute sa vie le fidèle allié.

Le prince de Galles, ne comparaissant pas au terme (2 mai) de la citation qui lui avait été donnée, est déclaré rebelle et félon; la guerre contre l'Angleterre est décidée, et l'on envoie un simple *varlet* de l'hôtel porter les lettres de défi à Édouard III. Les Français n'avaient pas attendu que ces préliminaires fussent remplis pour commencer les hostilités. Le comte de Saint-Pol et le sire de Chatillon étaient entrés dans le Ponthieu sur la fin du mois d'avril 1369; huit jours leur suffirent pour en faire l'entière conquête. Les succès n'étaient pas moins rapides dans la Guienne. Toutes les villes qui précédemment avaient adhéré à l'appel se hâtèrent d'ouvrir leurs portes aux Français. Montauban, tenu quelque temps en respect par le brave Chandos, qui y commandait, s'était soumis dès le 26 juin; et avant la fin de l'année 1369 tout le Querci et le Rouergue, et une partie du Limousin, du Périgord et de l'Agénais, avaient déjà secoué le joug des Anglais.

Cependant Édouard III, effrayé d'un soulèvement aussi général, et surtout du projet de descente en Angleterre, essaye de faire diversion en envoyant une armée en France. Le duc de Lancastre débarque à Calais, et ravage la Picardie. Observé et tenu en échec par le duc de Bourgogne et le comte de Saint-Pol, il tente vainement de brûler la flotte française dans le port de Harfleur, et termine la campagne sans avoir obtenu aucun résultat important. L'année 1370 ne fut pas moins favorable aux Français que la précédente. Du Guesclin, rappelé d'Espagne, se rend auprès du duc d'Anjou en Languedoc. Les troupes, encouragées par la présence de ce grand capitaine, volent de conquête en conquête, tandis que le duc de Berri, agissant de son côté, assiége

Limoges, qui lui est livré par l'évêque et les principaux bourgeois. Mais cette ville retombe bientôt au pouvoir du prince de Galles, qui l'emporte d'assaut, le 19 septembre, la livre au pillage et aux flammes, après en avoir fait massacrer les habitants. Ce fut là la dernière expédition de cet illustre guerrier, dont la santé s'affaiblissait de jour en jour. Peu de temps après, il partit pour l'Angleterre, où il ne fit plus que languir jusqu'à sa mort, arrivée le 17 juillet 1370. Tandis que le fils d'Édouard III ternissait l'éclat de sa gloire passée par l'affreux carnage de Limoges, Knoles, célèbre général anglais, débarqué à Calais avec 30,000 hommes, portait la désolation autour de Paris et dans les provinces voisines. Du Guesclin, que Charles V force à accepter l'épée de connétable, le 2 octobre, marche contre l'armée anglaise, qu'il défait dans plusieurs combats partiels et dissipe entièrement. Durant l'hiver de 1371, il enlève à l'ennemi plusieurs places dans le Limousin et le Rouergue, entre autres la forte petite ville d'Ussel. La flotte anglaise, battue par la flotte castillane devant La Rochelle, au mois de juin, et la prise du captal de Buch, qui avait été nommé connétable de Guienne, après la mort de Chandos, furent deux échecs également funestes au parti anglais. Amené à Paris, le captal est enfermé dans la tour du Temple, où il meurt cinq ans après, Charles V n'ayant jamais voulu le mettre à rançon. L'année 1372 fut remarquable par la soumission de La Rochelle, qui ouvrit ses portes aux Français le 8 septembre, et par celle d'Angoulême, de Saintes et de Saint-Jean-d'Angély. Thouars, assiégée depuis plusieurs mois, capitule à la Saint-Michel. Le vieux Édouard, rappelant un moment son ancienne énergie, avait promis de venir au secours de cette place; mais, tourmenté par les tempêtes, la flotte qui le portait ne put aborder en France, et fut forcée, après avoir éprouvé les plus fortes avaries, de regagner les ports d'Angleterre. C'est alors, dit-on, que ce prince, dans un moment de dépit, et peut-être de juste admiration pour le monarque qui dirigeait avec tant de sagesse les destinées de la France, s'écria : *Il n'y eut onques roy qui moins s'armât; et si n'y eut onques roi qui tant me donnât à faire.*

La conquête du Poitou, de la Saintonge, de l'Angoumois et du pays d'Aunis, est glorieusement couronnée par le combat de Chizay, où le connétable est vainqueur. Il marche ensuite contre le duc de Bretagne, qui, au mépris de ses serments, venait de traiter avec Édouard. Secondé par la population bretonne, ennemie mortelle des Anglais, il soumet rapidement toutes les villes du duché, à l'exception de Brest, d'Aurai et de Derval. Cependant, Édouard III veut tenter encore la fortune. Le duc de Lancastre débarque à Calais, le 20 juillet 1373, à la tête de 30,000 hommes, avec le projet de traverser la France pour se rendre à Bordeaux. Il met tout à feu et à sang dans la Picardie, le Laonnais, le Soissonnais et la Champagne. Mais, suivie et harcelée par le connétable et le duc de Bourgogne, à qui le roi avait ordonné d'éviter une action générale, cette armée, manquant de vivres, décimée par les armes des Français et par la famine, et succombant aux fatigues d'une route semée d'embuscades, arrive à Bordeaux réduite à moins de 6,000 hommes, et dans l'état le plus déplorable. Accablé par tant de revers, Édouard consent à une trêve, qui, conclue à Bruges pour un an et trois mois, le 27 juin 1375, est ensuite prolongée jusqu'en 1377. Ces deux années de calme suffirent à Charles V, non-seulement pour réparer les maux inséparables de la longue lutte qu'il avait si glorieusement soutenue, mais encore pour se préparer à la recommencer avec le même succès. La mort d'Édouard III, arrivée le 23 juin, presque en même temps que l'expiration de la trêve, favorisa ses projets. La flotte française, sous les ordres de l'amiral Jean de Vienne, descend, vers la fin de juin, dans le comté de Kent et dans l'île de Wight, pille et brûle plusieurs villes, et répand la désolation sur les côtes de l'Angleterre. En même temps, quatre corps d'armée se préparaient à agir simultanément dans l'intérieur de la France. Le premier, sous les ordres du duc d'Anjou, ouvre la campagne en Périgord par la prise de Bourdeilles, qui est attaqué le 9 août; Bergerac, investi le 22 du même mois, se rend après une vigoureuse résistance. Thomas Felleton, gouverneur de Bordeaux, étant accouru au secours de la place, est battu et fait prisonnier le 1er septembre, auprès de la petite ville d'Aymet. Enfin, le progrès des armes françaises fut tel dans cette campagne de Guienne que plus de 300 villes, bourgs ou châteaux fortifiés, se soumirent volontairement ou furent emportés de vive force. Dans la Bretagne, Ollivier de Clisson, après voir pris possession d'Aurai le 15 d'août, mit le siège devant Brest, la seule place qui tînt encore pour Montfort. D'un autre côté, le duc de Bourgogne resserrait des ennemis dans Calais et s'emparait d'Ardres, tandis que les ducs de Berri et de Bourbon attaquaient Carlat, château de la haute Auvergne, occupé par les Compagnies.

Au commencement de l'année 1378, l'empereur Charles IV vient à Paris, où il est reçu avec les plus grands honneurs. Mais Charles V, attentif à ne compromettre en rien son autorité, évite avec le soin le plus minutieux tout ce qui aurait pu donner à l'empereur la moindre idée de prééminence. Charles le Mauvais ayant voulu faire empoisonner le roi, Jacques de Rue, chargé d'exécuter ce régicide, est puni de mort, et les domaines que les Navarrais possèdent en France sont saisis et confisqués. La tentative faite la même année pour réunir le duché de Bretagne à la couronne n'a pas le même succès. La noblesse bretonne, voyant dans cette réunion la destruction de la nationalité du pays, s'y oppose et rappelle Montfort. Tous les efforts de la France viennent se briser contre la fermeté de ce peuple à défendre son indépendance, et pour la première fois Charles voit échouer ses projets. D'un autre côté, le connétable, envoyé en Languedoc, contre les Compagnies anglaises, qui y occupaient plusieurs places fortes, tombe malade devant Châteauneuf-Randon en Gévaudan, qu'il assiégeait, et meurt le 13 juillet 1380, à l'âge de soixante-six ans. Charles V ne lui survécut que six mois, étant mort au château de Beauté-sur-Marne, le 16 septembre, des suites du poison que le roi de Navarre lui avait donné lorsqu'il n'était encore que régent. Il était dans la quarante-quatrième année de son âge et le dix-septième de son règne. Le jour même de sa mort, il supprima une grande partie des impôts qu'il avait établis. Malgré les guerres continuelles qu'il eût à soutenir, ce grand prince laissa dans son trésor 17 millions, somme énorme pour ce temps-là, ce qui ne prouve pas moins sa sage prévoyance que son économie. C'est à Charles V qu'on doit l'ordonnance qui fixe la majorité des rois de France à l'âge de quatorze ans; elle fut donnée à Vincennes, au mois d'août 1374. La forteresse de la Bastille fut aussi construite sous son règne. Hugues Aubriot, prévôt des marchands, en posa la première pierre, le 22 avril 1370. « Charles V, dit le président Hénault, entre bien des éloges, en a mérité un qui doit servir d'instruction à tous les rois : c'est que jamais prince ne se plut tant à demander conseil, et ne se laissa moins gouverner que lui. »

D'un tempérament délicat, d'une santé faible, il ne pouvait supporter le poids d'une armure; aussi ne le voit-on paraître à la tête d'un corps d'armée qu'une seule fois en sa vie, à la bataille de Poitiers, en 1356. Mais il était loin de manquer de courage, comme on l'a prétendu. S'exprimant avec grâce et facilité, il saisissait avec plaisir l'occasion de montrer son talent pour la parole. L'empereur Charles IV, dans son séjour à Paris, ayant témoigné le désir de connaître les raisons qui avaient amené la rupture de la paix de Brétigny, le roi assembla son conseil et plaida lui-même la cause de la France contre l'Angleterre avec tant d'éloquence que l'empereur se prononça en faveur de la France

Il aimait et protégeait les lettres et les arts et ceux qui les cultivaient. Un jour, quelque courtisan murmurant de l'honneur qu'on portait aux gens de lettres, appelés *clercs* dans ce temps-là, ce prince lui fit cette belle réponse : *Les clercs où à sapience l'on ne peut trop honorer, et tant que sapiance sera honorée en ce royaume, il continuera à prospérité, et quand déboutée y sera, décherra.* On doit le considérer comme le fondateur de la Bibliothèque aujourd'hui Impériale. Il réunit plus de 950 volumes, qu'il fit placer dans une des tours du Louvre, et dont Gilles Mallet, son valet de chambre, dressa l'inventaire en 1373. Cette tour fut appelée depuis la *Tour de la Librairie*, et nous trouvons que ce prince donna en 1377 une somme de 40 francs à certains ouvriers, qui, dit-il, *ont fait et ordonné la librairie de notre chastel du Louvre*. C'étaient en général des livres de dévotion, d'astrologie, de droit, de médecine, des ouvrages historiques et des romans. Tous les auteurs des bons siècles, excepté Ovide, manquaient à cette collection ; mais on y trouvait plusieurs traductions françaises d'ouvrages importants, tels que la *Bible*, *La Cité de Dieu* de saint Augustin, *Les Politiques* et *Les Économiques* d'Aristote, Valère-Maxime et Tite-Live. Ce fut Raoul de Presles qui traduisit les 22 livres de *La Cité de Dieu*, travail pour lequel il lui fut adjugé 4,000 *fr. d'or pour chacun an*. Nicole Oresme, doyen de Rouen, et plus tard évêque de Lisieux, reçut 200 francs d'or pour la traduction des *Politiques* et des *Économiques*, et Jean Dendin, chanoine de la Sainte-Chapelle, une semblable somme pour avoir également traduit l'ouvrage de Pétrarque intitulé : *De Remediis utriusque fortunæ*. L'art de l'horlogerie dut faire quelques progrès sous ce règne. Henri de Vic, artiste habile, appelé d'Allemagne, fit la première horloge qu'on ait vue en France ; elle fut placée en 1370 sous la tour du palais, qu'on nomma depuis *Tour de l'Horloge*. La même année Jean Jouvence en fit aussi une pour le château de Montargis ; enfin, dès l'année 1377 Charles V avait un horloger en titre, nommé Pierre de Sainte-Beathe, qui enrichit de ses ouvrages presque tous les châteaux royaux. On a souvent reproché à ce grand roi d'avoir cru à l'astrologie judiciaire et entretenu des fous à sa cour, comme s'il était donné à l'homme de pouvoir se soustraire entièrement à l'influence de son siècle et à l'empire de l'exemple.

L. LACABANE, Professeur à l'École des Chartes.

CHARLES VI, fils de Charles V, naquit à Paris, le 3 décembre 1368. Il était âgé de onze ans et neuf mois à la mort de son père. Comme Louis, son frère, âgé de huit ans et demi, et Catherine, sa sœur, âgée de trois ans, il retombait naturellement sous la garde de ses oncles les ducs d'Anjou, de Berri et de Bourgogne, frères de son père, et le duc de Bourbon, frère de sa mère. Après les obsèques de Charles V, les quatre ducs vinrent à l'hôtel Saint-Paul, et y convoquèrent les prélats, les barons et autres personnages notables qui se trouvaient à Paris, avec les présidents des chambres du parlement, pour délibérer sur l'état du royaume, tandis que chacun d'eux faisait avancer ses troupes. On redoutait surtout les exigences du duc d'Anjou, et on craignait de lui confier le gouvernement du royaume. Enfin, le chancelier Pierre d'Orgemont mit un terme aux altercations en proposant de faire sacrer Charles VI, sans attendre sa quatorzième année. Les princes consentirent à nommer quatre arbitres, et promirent de s'en rapporter à leur décision. Il fut convenu par ces arbitres que le duc d'Anjou garderait tous les meubles, la vaisselle, l'or et l'argent dont il s'était emparé ; qu'il serait, de plus, constitué régent, mais que, comme tel, de sa propre autorité, il émanciperait le jeune Charles, afin de le mettre en état d'être sacré et de commencer son règne ; qu'après le sacre la régence finirait, mais que le duc d'Anjou demeurerait chef du conseil, tandis que l'éducation des princes et leur tutelle seraient confiées, selon la volonté de de Charles V, aux ducs de Bourgogne et de Bourbon.

Les soldats que les princes avaient appelés autour de Paris voyaient qu'il ne fallait plus compter sur le combat ; d'ailleurs, ils se trouvaient tout à coup sans paye ; le duc d'Anjou, poussant à la dernière rigueur la convention qui venait d'être faite, avait saisi tout l'argent qui se trouvait dans les caisses de l'État, et arrêté tous les services. A cette nouvelle, ils livrent tout le pays environnant au pillage, tandis que les exactions du duc d'Anjou causent sur plusieurs points des séditions qu'il n'est possible d'apaiser qu'à force de promesses. Nonobstant ce commencement de guerre civile, le sacre de Charles VI a lieu à Reims, le 4 novembre 1380. Des six pairs laïques, le duc de Bourgogne, oncle du roi, est le seul présent. Cependant les bourgeois de Paris s'étaient assemblés et avaient contraint le prévôt des marchands à les conduire chez le duc d'Anjou pour lui exposer leurs griefs. Le duc promit une réponse satisfaisante. Le lendemain le peuple revint, mais cette fois en armes ; il fallut lui accorder sa demande, et une ordonnance du roi abolit toutes les exactions établies depuis Philippe le Bel. Le peuple paraissait disposé à se retirer en paix, lorsque les nobles, qui pour la plupart avaient contracté envers les juifs des dettes considérables, jugèrent qu'une sédition pouvait être pour eux une occasion favorable de payer ces dettes, sans bourse délier. Ils ameutèrent facilement la multitude contre des malheureux qu'on ne haïssait déjà que trop, et profitèrent du pillage pour reprendre tous les titres de créances que les juifs avaient contre eux.

D'autre part, le duc de Berry se plaignait ; il demanda et obtint, avec des pouvoirs illimités, le gouvernement du Languedoc et de la partie de la Guienne soumise à la France. Les princes du sang, ayant ainsi partagé entre eux la royauté et pillé la France, ne trouvèrent plus de difficulté à convenir d'un nouvel accord d'après lequel toutes les affaires importantes de l'État devaient être décidées, à la majorité des suffrages, dans un conseil de régence présidé par le duc d'Anjou, et composé des quatre ducs et de douze conseillers à leur choix. On aurait pu craindre que les Anglais ne profitassent de cet état d'anarchie et d'épuisement ; mais d'autres soins les occupaient aussi. Buckingham, qui commandait leurs troupes en Bretagne, fut réduit à lui-même, et, le 15 janvier 1381, le duc de Bretagne fit sa paix avec Charles VI.

Paris cependant n'était pas tranquille. Le duc d'Anjou, qui ne cherchait qu'une occasion de rétablir les impôts, avait convoqué les états généraux dans la capitale ; mais les députés avaient fait entendre les mêmes plaintes que le peuple ; ils avaient surtout insisté pour la publication de l'ordonnance signée par Charles V le jour même de sa mort, dans laquelle il abolissait tous les impôts établis sans le consentement des états. Elle fut publiée en effet, et les états congédiés, sans qu'il restât trace de leurs opérations. Au dehors, sur ces entrefaites, l'alliance entre la France et la Castille était renouvelée, et le duc d'Anjou, prenant une part active au schisme qui divisait l'Occident, soutenait avec zèle le pape Clément VI. L'insurrection des Flamands contre leur comte Louis de Malo avait revêtu un caractère formidable. Après une suite de succès, Philippe Artevelt, chef des Gantois, avait été décoré du titre de *regard* ou régent. Au milieu de ces circonstances si favorables pour chasser l'Anglais de France, le duc d'Anjou ne songeait qu'à faire valoir ses droits sur le royaume de Naples, et pour subvenir aux frais de l'expédition qu'il méditait, il avait hâte de lever de nouveaux impôts. Mais à Rouen, à Paris, on résista fort à ses ordonnances. C'est alors qu'éclata dans la capitale la fameuse sédition dite des *maillotins*, qui fut punie par d'atroces supplices, tandis que le Languedoc n'était pas moins cruellement agité sous l'administration du duc de Berri. Les états généraux, assemblés à Compiègne, ne produisirent rien. Bientôt après, le duc d'Anjou partit pour son expédition d'Italie.

Partout alors la guerre était engagée entre les communes

et l'aristocratie. Le duc de Bourgogne n'eut pas de peine à décider Charles VI, à peine âgé de quatorze ans, à marcher contre les Flamands. Le jeune monarque alla prendre l'oriflamme à Saint-Denis, et entra en campagne. L'armée française remporta, vers la fin de 1382, la victoire de Rosebecq ou Rooseboque. La saison était avancée. Malgré les avis de son conseil, le roi ne voulait pas quitter la Flandre sans avoir contraint les Gantois à la soumission. On lui persuada bientôt que les Parisiens n'avaient pas été moins coupables, et qu'ils méritaient plus encore un châtiment exemplaire. Il se décida donc à revenir dans son royaume, mais avant de partir il fit piller Courtrai, malgré les vives instances du comte de Flandre, et ordonna le massacre de toute la population de cette ville. On assure que dans ce pillage les Français trouvèrent des lettres de plusieurs bourgeois de Paris donnant à connaître combien dans cette capitale on faisait de vœux pour le succès des Flamands, et à quel point la bourgeoisie de toute la France considérait la guerre comme allumée, non point entre deux nations, mais entre la noblesse et le peuple. Ces lettres augmentèrent le ressentiment des gentils-hommes et la fantaisie du roi de faire un grand exemple à Paris. Il revint à Saint-Denis au commencement de 1383. Le prévôt des marchands et les principaux habitants de Paris se présentèrent à lui, l'assurant que la ville l'attendait avec une parfaite soumission. Les Parisiens, pour lui faire honneur, firent sortir et disposer sur la route toute leur milice. Le connétable Olivier de Clisson leur ordonna de retourner dans leurs foyers et de déposer immédiatement les armes. Le roi fit son entrée à Paris, s'efforçant de montrer un visage courroucé, et faisant abattre les portes et arracher les chaînes qui barraient les rues durant la nuit. Pendant trois jours il garda un silence effrayant sur ses intentions; enfin, il fit commencer les supplices. Cent bourgeois des plus considérés périrent sur l'échafaud. Puis il annonça au peuple, convoqué dans la cour du palais, qu'il lui faisait grâce de la vie; mais toutes les richesses des bourgeois furent confisquées et les impôts rétablis. Pour ne point laisser au peuple d'organe par lequel il pût se plaindre, une ordonnance supprima le prévôt des marchands et les échevins, élus par les bourgeois, et les confréries religieuses, qui étaient pour eux des centres de réunion. Rouen fut châtié de la même manière, et des commissaires royaux furent envoyés à Reims, à Châlons, à Troyes, à Sens, à Orléans : ils traitèrent ces villes avec la même barbarie et la même rapacité. Le Languedoc, sous le duc Jean de Berry, n'était pas plus heureux : les confiscations et les supplices s'y succédaient sans relâche.

En 1384, à la suite de quelques hostilités peu importantes, auxquelles Charles VI prit une part active, la France et l'Angleterre conclurent une trêve où les Flamands furent compris. Le duc de Bourgogne hérita des possessions de la maison de Flandre. Pendant les fêtes qu'il donna à Cambrai, et auxquelles voulut assister le jeune roi, il fut question, pour la première fois, d'unir Charles VI à une princesse bavaroise, fille du duc Etienne, et ce mariage eut lieu à Amiens, le 17 juillet 1385. Charles VI avait seize ans et sept mois. Isabeau de Bavière ne comprenait pas le français, et ne parlait qu'allemand. Au milieu des fêtes qui amusaient la cour, on s'occupait avec activité des préparatifs d'une guerre nouvelle contre les Anglais. L'intention du gouvernement français était de les combattre à la fois en Guienne, en Écosse et en Flandre. Le duc de Bourbon les chassa des forteresses de la Saintonge. L'amiral Jean de Vienne fit en Écosse une descente qui n'eut aucun succès. Cependant les Gantois avaient surpris Damme; Charles VI se met de nouveau à la tête de son armée, et fait une dernière campagne en Flandre, où il ne se montre pas moins cruel que dans les guerres précédentes. Heureusement le traité de Tournai vint rétablir la paix. Mais bientôt on prépara, avec une magnificence royale, une descente en Angleterre, que Charles VI devait commander en personne ; son projet n'était pas seulement d'obtenir une paix glorieuse et de forcer les Anglais à évacuer la France; les chevaliers se promettaient encore : « Que par eux l'Angleterre seroit toute perdue et exillée (rendue déserte), tous les hommes morts, et femmes et enfants dessous âge amenés en France et tenus en servitude (Froissard). » Pour transporter l'armée, on avait réuni tous les vaisseaux qu'on avait pu saisir, acheter ou fréter, depuis les côtes d'Espagne jusqu'à celles de Prusse, et on les avait dirigés sur la Flandre; aussi se trouva-t-il entre L'Écluse et Blankenbourg 1,396 vaisseaux, lorsqu'on en fit le dénombrement. Il y avait là, ajoute Froissard, de quoi faire un pont de Calais à Douvres. Point de pompe, point de magnificence que les seigneurs de France ne voulussent étaler sur les navires qu'ils choisissaient pour les transporter. Pour que le roi, dès son arrivée en Angleterre, fût logé avec magnificence, on résolut de lui construire une ville en bois qu'il pût transporter avec lui, et dans laquelle il s'établirait dès son débarquement. Le connétable de Clisson se chargea de diriger cette construction dans les forêts de Bretagne, et de faire embarquer ensuite toute la charpente à Tréguier. La ville était carrée, de trois mille pas de diamètre, se composant d'une forte enceinte palissadée et de maisons. Elle devait s'aligner dans son intérieur, pouvait se démonter et se remonter aisément. Quand elle fut terminée, elle forma la charge de 72 vaisseaux. Il était facile de prévoir qu'au moment du débarquement, les Anglais auraient fait disparaître tous les vivres de la contrée. Aussi les approvisionnements furent-ils considérables. Mais il fallait des sommes énormes pour subvenir à de tels préparatifs ; et comme le trésor était épuisé, on emprunta tout l'argent que les prélats, les églises, les couvents, purent prêter ; on leva, tant sur les villes que sur le plat pays, les tailles qui dépassèrent tout ce qui s'était perçu depuis cent ans. En sortant de Paris (août 1386), Charles déclara qu'il n'y rentrerait qu'après avoir exécuté sa descente en Angleterre. Déjà il était à Lille, environné des seigneurs les plus puissants, et la contrée au loin était couverte de troupes; mais le duc de Berry n'arriva point, quoiqu'il eût déjà envoyé en Flandre une partie de sa suite.

Pendant trois mois, le vent avait été constamment favorable; la saison avançait, et le roi ne donnait point l'ordre d'embarquer l'armée : les vivres diminuaient; on payait quelque solde aux grands seigneurs, aucune au commun des gens de guerre; et ceux qui étaient arrivés les plus riches en Flandre se trouvaient déjà sans argent. On donna d'abord pour raison du retard l'attente du connétable de Clisson, qui, avec la ville de bois portée sur sa flotte, n'avait pas encore mis à la voile à Tréguier. Il ne partit que lorsque le vent eut tout à fait changé. Une partie de ses 72 vaisseaux, jouets d'une grosse mer, vinrent tomber entre les mains des Anglais, d'autres se perdirent en Zélande; à peine en put-il amener la moitié au port de L'Écluse. Mais après son arrivée le roi ne voulut encore attendre le duc de Berri. Celui-ci avait annoncé qu'il quitterait Paris et qu'il allait arriver; malheureusement le prince aimait peu le danger, et il était bien décidé à contrecarrer de tout son pouvoir le projet de descente. Il n'en eut plus besoin désormais. Ce grand armement avait produit tout l'effet qu'il s'en était permis : il lui avait fourni l'occasion de doubler les impôts. Il ne lui restait plus qu'à voir s'il n'y aurait pas aussi des bénéfices à faire sur les approvisionnements, quand le moment serait venu de les revendre. Il s'arrêta si bien dans toutes les villes, qu'il n'arriva à L'Écluse qu'après le 30 novembre. On voulut bien avouer tout de suite qu'il fallait renoncer à une descente en Angleterre, ce qu'il y avait de certain, c'est que les vents étaient changés, et que l'ennemi avait eu le temps de se mettre sur ses gardes : force fut donc de céder à la nécessité. On annonça qu'on ajournerait l'expédition jusqu'au mois d'avril suivant. Mais comme personne ne crut à la reprise d'un semblable projet, tous les approvisionnements furent vendus pour le dixième à peine de ce qu'ils avaient coûté ; le duc de Bourgogne se fit donner la ville de bois, les gens d'armes, renvoyés sans paye, pillèrent le pays en s'en retournant comme ils l'avaient pillé en venant. La plupart des vaisseaux qu'on avait rassemblés tombèrent, en se séparant, entre les mains des Anglais, et il ne résulta de cet immense armement que honte et dommage. Charles VI pourtant s'entêta, et fit encore préparer, pour une descente en Angleterre, deux armements, l'un à Tréguier, l'autre à Harfleur. Il devait également plus tard y renoncer.

Cependant on commençait par tout le royaume à s'indigner du faste, de la dureté et de l'incapacité des oncles du roi. Charles VI était sur le point d'entrer dans sa vingt-unième année. Il avait bien été émancipé dès sa douzième ; mais tout le monde savait que le plus fréquemment ses oncles agissaient sans même le consulter. Toutefois, quelques-uns des conseillers de son père, qui avaient conservé du crédit auprès de lui, désireux d'exercer eux-mêmes en son nom la puissance royale, lui donnèrent des preuves de l'incapacité, de la rapacité de ses oncles, et l'assurèrent secrètement les plaintes du peuple, lui donnèrent des preuves de l'incapacité, de la rapacité de ses oncles, et l'assurèrent qu'il ne pouvait sans danger pour lui-même laisser perpétuer des abus qu'il était désormais en état de réparer. Il se laissa persuader, et au commencement de novembre 1388, à la suite d'un conseil tenu à Reims, il remercia et renvoya ses oncles, déclarant qu'à l'avenir il gouvernerait seul. Le renvoi des oncles du roi et le renouvellement de l'administration répandirent la joie dans le peuple. Le nouveau conseil, formé des ministres de Charles V, s'annonçait sous de favorables auspices. Il s'occupa aussitôt (1330) de traiter de la paix avec l'Angleterre, et les deux puissances conclurent une trêve de trente-huit mois. Charles VI se prépara à partir pour Avignon, afin d'aller mettre un terme au schisme qui divisait l'Église. Mais sa passion pour les plaisirs et les fêtes le retint. A Saint-Denis, il donna une fête brillante ; il y fit célébrer aussi une pompe funèbre en l'honneur de Du Guesclin. Il n'avait pas encore laissé à ses conseillers le temps de mettre de l'ordre dans ses finances, que déjà à la suite de ces fêtes le trésor était épuisé. La chambre des comptes lui adressa des remontrances, nota sur ses registres ses dons immodérés pour les faire restituer un jour, résolut de fondre l'argent qui rentrait au trésor, pour qu'il fût moins facile à dépenser, et obtint même une ordonnance qui défendant au parlement d'obtempérer aux ordres injustes du roi.

Charles VI n'en était pas le moins du monde ému : il soupirait sans cesse après quelque fête nouvelle ; tout à coup il se souvient que la reine sa femme n'a point fait son entrée solennelle à Paris, quoiqu'elle habite depuis quatre ans cette capitale ; et cette entrée solennelle a lieu le 22 août 1389, avec un éclat et un luxe extraordinaires. Puis il célébra à Melun le mariage de son frère Louis, comte de Touraine, avec Valentine de Milan, fille de Galéaz Visconti. Après ces fêtes, il part enfin pour le midi, séjourne quelque temps à Avignon, et visite les villes des environs, mais, au lieu de s'occuper de la réforme des abus, il ne songe qu'à la galanterie. Seulement il fait périr Bétizac, le principal agent des concussions du duc de Berri, et il retire à son oncle le gouvernement du Languedoc ; mais le duc fait emprisonner son successeur.

La cour, de retour à Paris, était divisée par la haine des ducs contre le comte de Touraine et le connétable de Clisson : cette haine augmenta encore lorsque le comte de Touraine, fait duc d'Orléans (1391) l'héritage de Blois avec les trésors des Visconti. En Bretagne, le connétable de Clisson et le duc Jean IV se faisaient la guerre : Charles VI vint à Tours en 1392 pour mettre fin aux hostilités, et un traité conclu bientôt après pacifia cette province.

Il avait depuis trois ans repris des mains de ses oncles l'administration de l'État, lorsqu'une maladie mentale se manifesta en lui si forte que ses conseillers n'en purent plus faire mystère. Il n'avait jamais été soumis à aucune discipline ; il n'avait été formé par aucune étude ; il ne savait rien que ce que la conversation des cours lui avait appris. Cette conversation suffit pour donner un vernis léger d'idées et de notions communes ; elle forme l'élégance des manières ; elle accoutume à ce mélange de noblesse et d'affabilité qu'on remarquait dans Charles VI, et qui lui avait fait donner le surnom de Bien Aimé. Mais aucune connaissance positive, ou de science, ou d'administration, ou de politique, ou de religion, ou de morale, n'avait été développée en lui. Il excellait dans les exercices du corps, et leur consacrait tout le temps qu'il ne donnait pas à des plaisirs plus vifs encore ; mais il se livrait à ceux-ci sans aucune retenue, et ce n'était pas seulement dans les mascarades, les bals et les festins qu'il passait les jours et les nuits. Marié dès l'âge de dix-sept ans à une jeune femme remarquable par sa beauté, père de quatre enfants, il n'était pas fidèle à son épouse, et son incontinence fut une des causes qui le prédisposèrent à la folie. Ce fut peu de semaines après la signature du traité avec le duc de Bretagne, que Charles éprouva le premier accès de sa maladie. La cour s'était empressée de quitter Tours ; car le jour approchait où elle devait se trouver à Amiens pour une conférence avec les oncles du roi Richard II d'Angleterre. On était convenu d'y traiter de la paix entre les deux royaumes. Charles VI s'y rendit en février 1392. La trêve avec l'Angleterre fut prolongée d'une année, pour donner lieu de nouvelles négociations.

La cour venait de rentrer à Paris, lorsqu'elle fut troublée par le guet-apens dressé au connétable de Clisson par Pierre de Craon. Le meurtrier trouva un asile auprès du duc de Bretagne. Charles VI demanda qu'il fût livré à sa justice, et éprouva un refus. Blessé dans ses affections et dans son orgueil, il réunit une armée, sortit de Paris, et, après s'être arrêté quelque temps en route, arriva au Mans. Le jour choisi pour mettre les troupes en campagne était des plus chauds, et le roi resta exposé aux rayons d'un ardent soleil. Comme il traversait une forêt, un fou qui s'était caché parmi les arbres s'élança tout à coup de la tête de son cheval. Cet homme déchaussé, la tête nue, couvert à peine d'un sarreau blanc, saisit la bride du cheval de Charles, en s'écriant : « Roi, ne chevauche plus avant, mais retourne ; car tu es trahi. » Les gardes accoururent et firent lâcher prise à ce malheureux ; mais on ne songea ni à l'arrêter ni à le poursuivre, et il disparut. Le prince ne dit rien ; mais ces paroles avaient frappé son imagination. Au sortir de la forêt, on traversa une plaine sans ombrage, brûlée par le soleil ; il était midi. Un bruit de fer produit par un accident survenu au milieu des pages fit tressaillir le roi : il se crut attaqué par les traîtres dont l'homme de la forêt lui avait parlé, et, prenant furieux, dégainant son épée, lançant son cheval au galop, il s'écria : Avant ! avant sur ces traîtres ! Il fondit sur les pages et les écuyers les plus proches de lui, en tua plusieurs. Lorsqu'on le vit s'avancer l'épée haute sur le duc d'Orléans, son frère, qui lui échappa heureusement, on ne douta plus qu'il ne fût en démence. Il ne s'arrêta que lorsqu'il tomba épuisé de fatigue. Les ducs ses oncles s'emparèrent de sa personne, écartèrent ses conseillers, et revinrent à Paris, où le duc de Bourgogne, Philippe le Hardi, se saisit du gouvernement. L'expédition de Bretagne était devenue impossible, l'armée fut congédiée.

Pour quelque temps, le roi recouvra sa santé, et le duc de Bourgogne eut soin de lui faire entendre que, pour éviter une rechute, il devait éviter toute occupation sérieuse ; aussi Charles se livra-t-il sans réserve à son goût pour les plaisirs. Parmi les fêtes auxquelles il prit part, il y en eut une, dans la nuit du 29 janvier 1393, qui se termina de manière bien funeste. Il parut dans un bal, déguisé en sauvage, et traînant à sa suite cinq seigneurs enchaînés et revêtus du même costume. Le duc d'Orléans ayant approché un flambeau pour les examiner, le feu se communiqua à leurs habits, enduits de poix et couverts d'étoupes. Quatre des seigneurs en moururent. La duchesse de Berri recueillit Charles dans son manteau, et le sauva. Il crut voir dans cet accident un châtiment du ciel pour ses fautes, et, par une sorte d'expiation, il voulut, avant tout, éteindre le schisme d'Occident, qui durait toujours : il n'y réussit pas.

Aux premiers accès de la maladie on avait jugé convenable de régler la succession. On fit rendre au roi, en novembre 1392, une ordonnance qui confirmait celle de Charles V, et déclarait majeurs les monarques à venir au moment où ils entreraient dans leur quatorzième année. Deux ordonnances du mois de janvier suivant pourvurent à la tutelle de ses enfants, et à la régence du royaume, pour le cas où il viendrait à mourir avant que son fils eût atteint sa quatorzième année. Du reste, elles ne devaient être exécutables qu'à sa mort : rien n'était réglé pour le cas où il aurait un nouvel accès; mais Charles VI ne tarda pas à retomber dans sa démence. Souvent il était furieux : il repoussait sa femme, ses enfants, ses serviteurs : la seule Valentine Visconti, duchesse d'Orléans, conservait sur lui de l'empire. C'en fut assez pour qu'on répandît le bruit qu'elle l'avait ensorcelé. On amusa encore Charles avec des cartes à jouer ; et Jacquemin Gringoneur, peintre et enlumineur, occupa son talent à lui procurer cette récréation. On imagina aussi de lui présenter une jeune et belle personne, fille d'un marchand de chevaux, nommée *Odette de Champdivers*, qui prit sur lui un grand ascendant, et parvint seule à lui faire exécuter les ordonnances des médecins. Il en eut une fille, nommée Marguerite de Valois, reconnue par Charles VI et mariée à un sire de Belleville.

Lorsqu'au mois de janvier 1394 la raison du roi parut s'être un peu raffermie, on lui fit accomplir divers vœux qu'on avait faits en son nom pour obtenir du ciel son rétablissement : c'étaient pour la plupart des pèlerinages. A cette époque il avait réellement le désir du bien, et différentes ordonnances rendues par lui en sont la preuve. Seulement il se laissa persuader par son confesseur de révoquer les ordonnances favorables aux juifs, et de les expulser de nouveau du royaume. Il jouit, du reste, d'un assez long intervalle de santé, pour que la France pût profiter quelque peu, à son tour, de ses bonnes dispositions. Mais au mois d'août 1395 la raison l'abandonna de nouveau. L'année suivante un double traité fut conclu avec l'Angleterre : une trêve de vingt-huit ans fut stipulée; les deux rois eurent une conférence à Guines, et Richard II épousa Isabelle, fille aînée de Charles VI, encore enfant. Le 25 décembre 1396 la république de Gênes se donna au roi de France, sous certaines réserves. En 1397 le malheureux prince eut de nouveaux accès de folie, et l'on fit venir de Languedoc deux sorciers pour le soigner. Mais en 1398 le clergé de France, assemblé pour aviser au moyen de mettre un terme au brigandage, condamna au dernier supplice les deux sorciers, qui furent exécutés avec d'horribles circonstances. Le roi n'avait que de courts intervalles lucides; aussi sa volonté n'avait-elle que peu de part à la décision des affaires.

En 1400 la France était en paix, et pourtant l'argent manquait pour tous les services. La misère engendrait le brigandage. On voyait recommencer les folles largesses des princes et du monarque, qui ne manquait pas d'assurer à ses fils de riches apanages. Il avait perdu l'aîné, Charles, l'année même de sa naissance, en 1386. Le second, nommé aussi Charles, né en 1391, était tombé dans un état de langueur auquel il succomba en 1401. Le troisième, Louis, né en 1396, prit à la mort de son frère le titre de dauphin, que l'usage commençait alors à réserver à l'héritier présomptif de la couronne. Une ordonnance du 14 janvier 1401 joignit pour lui le duché de Guienne au Dauphiné. Le 12 juillet de la même année, une autre ordonnance accorda à Jean, le quatrième fils, le duché de Touraine; la réversion du duché de Berri et du comté de Poitiers lui était aussi assurée après la mort du duc de Berri. Le gouvernement du Languedoc fut rendu à celui-ci, qui délégua son pouvoir à Bernard d'Armagnac, son neveu et son gendre. De nouvelles grâces furent enfin accordées par le roi aux ducs de Bourgogne et d'Orléans.

Charles VI resta spectateur impassible des longs combats que se livrèrent les factions d'Orléans et de Bourgogne, ainsi que du désordre et des désastres qui perdaient le royaume, pendant que l'infâme Isabeau de Bavière donnait, avec toute la cour, le spectacle de fêtes licencieuses. En même temps les hostilités, à peine interrompues par des trêves partielles, continuaient avec les Anglais, sur le sol français même. Le roi souffrait; dans son cruel état de maladie, à peine le soignait-on, à peine lui fournissait-on les aliments et les objets de première nécessité pour soutenir l'ombre de vie qui paraissait l'animer encore. C'est ailleurs qu'on trouvera raconté comment le duc de Bourgogne, Jean sans Peur, fit assassiner au milieu de Paris le duc d'Orléans; comment il se rendit maître de Paris; comment la France se partagea entre les *Armagnacs* et les *Bourguignons*; comment chaque parti n'épargna pour triompher ni les spoliations, ni les proscriptions, ni les assassinats; comment les cabochiens furent maîtres de la capitale; comment enfin le duc de Bourgogne appela les Anglais. Quelle devait être la situation du malheureux Charles VI, lorsque, pour un instant, il recouvrait la raison! Malade comme il l'était, ne devait-il pas retomber aussitôt dans sa démence, à la vue d'une femme qui le déshonorait par ses vices ignobles; à la vue de ses oncles, de ses cousins, de ses neveux, qui s'entr'égorgeaient pour s'arracher son pouvoir? Et la guerre étrangère aussi dévastait la France. Le roi d'Angleterre, Henri V, remporta en 1415 la fameuse victoire d'Azincourt. Le dauphin Louis mourut à la fin de la même année. Jean, son frère, fut empoisonné l'année suivante. Le jeune Dauphin Charles (depuis Charles VII) devint l'instrument des Armagnacs. La discorde continua. Isabeau de Bavière prit parti contre son propre fils. Celui-ci fut déshérité par son père, au profit de Henri V, nommé régent durant la vie de Charles VI, dont il était le gendre. Henri V et Charles moururent à peu de distance l'un de l'autre, Henri le 28 août 1422, et Charles le 21 octobre de la même année. De douze enfants qu'il avait eus d'Isabeau de Bavière, il ne laissa qu'un fils et cinq filles.

CHARLES VII, fils de Charles VI, naquit le 22 février 1403, et devint dauphin en 1416, après la mort de son frère Jean. Il ne fut longtemps qu'un instrument passif entre les mains du connétable d'Armagnac, qui fit périr ou écarta les amis d'Isabeau de Bavière, licencia la maison de cette reine, saisit tout son argent, tous ses joyaux, et l'exila elle-même à Tours. Dès lors le connétable d'Armagnac gouverna sans partage le roi Charles VI, qui n'avait plus de volonté, et le dauphin, qui de longtemps ne devait en avoir une. Ce jeune prince avait été accoutumé à servir aveuglément les passions, la cupidité, l'ambition, les vengeances d'un parti dont il ne comprenait même pas le but. En 1418, lorsque Paris fut livré aux Bourguignons par la trahison de Perrinet-Leclerc, Tannegui Duchâtel s'empara du dauphin, s'enferma avec lui dans la Bastille, puis l'entraîna à Melun, à Bourges, à Poitiers. Il avait alors seize ans. Le duc de Bourgogne, Jean sans Peur, fit d'inutiles efforts pour se réconcilier avec lui, et ce fut vers ce temps que dans une conférence sur le pont de Montereau le dauphin le fit assassiner. Le meurtrier essaya vainement de se justifier de ce guet-apens dans des manifestes. La reine, indignée, fit signer à son époux, dont la démence était alors à son comble, l'odieux traité de Troyes, du 21 mai 1421, par lequel le roi d'Angleterre Henri V s'engageait à conserver à Charles VI et à Isabeau, durant la vie du premier, le sceptre et la dignité royale, avec les revenus nécessaires pour en soutenir la splendeur, à condition qu'après la mort de Charles VI, la couronne de France serait à tout jamais dévolue à Henri V et à ses héritiers. Les deux rois et le nouveau duc de Bourgogne, Philippe le Bon, promettaient de ne jamais traiter avec Charles, *soi-disant dauphin du Viennois*, si ce n'est d'un commun consentement, et avec le conseil des trois états du royaume, *à cause des énormes et horribles crimes qu'il avait commis*.

La guerre continua entre les partis. Les Bourguignons et les Anglais avaient l'avantage; chaque jour le dauphin perdait de nouvelles places. Pendant le siége de Meaux, il resta tranquille en Languedoc, et laissa cette ville tomber au pouvoir des Anglais. Un instant néanmoins il parut vouloir sortir de sa langueur en menaçant Cosne; mais il se retira devant le duc de Bourgogne. Sur ces entrefaites, Henri V mourut à Vincennes, le 31 août 1422, et peu de semaines après Charles VI le suivit au tombeau. Cependant la nation hésitait à reconnaître quel devait être le successeur de ce roi. D'une part, son fils unique, le dauphin Charles, alors âgé de vingt ans, doué de ces avantages de figure, de grâces, de manières qui gagnent les affections populaires, semblait désigné par l'ordre de la nature et des lois que la monarchie avait jusque alors suivies; de l'autre, Henri VI, roi d'Angleterre, petit-fils de Charles VI par une femme, avait été désigné comme successeur de son aïeul par un traité de paix confirmé par les états généraux; il était maître de la capitale, et reconnu par le plus grand nombre des princes du sang, par l'université et le parlement de Paris, par la majeure partie de la noblesse et du clergé. Le dauphin était indolent, ami du plaisir, disposé à se laisser gouverner par un favori ou par une maîtresse. Il avait pourtant de la bienveillance dans le caractère. Exilé de sa capitale, il ne cherchait pas à la remplacer par quelque grande ville de ses États; il les évitait toutes; il fixait son séjour dans quelque château, dans quelque site champêtre; il s'y dérobait autant qu'il pouvait, avec ses maîtresses, aux yeux de la noblesse, à ceux des bourgeois, à ceux des soldats, oubliant les affaires publiques et les troubles de son royaume. C'est dans une de ces retraites, au petit château d'Espally, près du Puy en Auvergne, ou, selon d'autres, à Mehun-sur-Yèvre en Berri, qu'il fut proclamé roi par ses serviteurs. De son côté, le duc de Bedford faisait reconnaître à Paris son neveu Henri VI, déjà roi d'Angleterre. Les bourgeois de la capitale commençaient à se sentir humiliés d'être soumis à des étrangers : ils formèrent une conspiration pour livrer la ville aux gens de Charles VII : elle fut découverte et punie par des supplices. Au reste, quoique la nation eût proscrit le dauphin, quoiqu'elle le vît rassembler autour de lui ces Armagnacs souillés de brigandages, ses yeux se reportaient sur lui, comme sur le représentant de l'indépendance nationale.

Sur ces entrefaites, Charles VII avait convoqué à Bourges les états généraux : on ne sait quelles provinces y envoyèrent des députés; ce qu'il y a de certain, c'est qu'ils accordèrent au roi fugitif le subside d'un million. Les états du Languedoc le reconnurent aussi, et il profita d'un voyage dans le midi pour se réconcilier avec les comtes de Foix et de Comminges, qui étaient frères, et jusque là avaient servi le parti anglais. Les hostilités se bornaient alors à de petits faits d'armes, à des surprises de places : les capitaines français éprouvaient des revers. Un commencement de brouillerie entre les Anglais et les Bourguignons était la seule circonstance qui semblât promettre à Charles VII un meilleur avenir. Plongé dans les plaisirs, il se mêlait point de guerre, ne donnait point d'ordre à ses capitaines, et ne correspondait pas avec les provinces : on ne se souvenait quelquefois de lui que pour l'appeler par dérision *le roi de Bourges*; et ses favoris, ses conseillers intimes, n'étaient pas moins oubliés. Ce fut durant cet abandon que sa femme, Marie d'Anjou, sœur de Louis III, qui se disait roi de Sicile, lui donna,

le 4 juillet 1423, à Bourges, un premier fils, qui fut plus tard le roi Louis XI. Cependant des Écossais vinrent augmenter le nombre des hommes de leur nation qu'il avait à son service, et le duc de Milan lui envoya des Lombards. Ses capitaines n'en obtinrent pas plus de succès. Pourtant les grands s'éloignaient de l'étranger; ils ne balançaient même plus autant à se réconcilier avec Charles VII, et entamaient des conférences avec lui : c'est ainsi que Richemond entra dans son parti. Il leva une armée, arracha en quelque sorte malgré lui le roi aux Armagnacs, et se fit donner en 1425 l'épée de connétable.

Chaque jour le joug des Anglais devenait plus intolérable. Si Charles VII avait eu quelque énergie, il eût pu profiter des nouvelles dispositions des Français; mais il était occupé tout entier de petites intrigues de cour et de la jalousie des seigneurs qui se disputaient ses bonnes grâces. Richemond surtout et le comte de Foix, gouverneur du Languedoc, ne cherchaient point à dissimuler la haine qu'ils se portaient mutuellement. Richemond, contrarié par les favoris du roi, fit tuer successivement le sire de Giac et Le Camus de Beaulieu; mais, après quelques revers éprouvés dans le Maine, il fut à son tour exilé de la cour par La Trémoille, qu'il avait lui-même donné au prince comme favori. Charles VII convoquait alors assez souvent les états généraux; mais les députés refusaient de s'y rendre, et il nous reste peu de traces de la réunion de ces assemblées. On guerroyait toujours; les Anglais arrivèrent jusque sur la Loire, et assiégèrent Orléans. Le danger était pressant; les états généraux, convoqués plusieurs fois en vain, se réunirent à Chinon; ils demandèrent plusieurs réformes, accordèrent au roi quatre cent mille livres, et invitèrent les grands feudataires du royaume à se rendre sous l'étendard royal avec toutes leurs forces. Le bâtard d'Orléans, Dunois, seul se mit en mouvement. La déplorable journée des Harengs refroidit le courage des Français. Il semblait désormais impossible que Charles VII, languissant à Chinon dans la mollesse, ses courtisans divisés, les princes du sang et la noblesse, qui l'abandonnaient pour se retirer dans leurs châteaux, pussent défendre Orléans ou sauver le royaume; mais il existait dans le peuple un sentiment ignoré de patriotisme, d'honneur national, d'indépendance, qui devait faire des prodiges du moment qu'il serait mis en action.

C'est à cette époque que parut Jeanne d'Arc, et qu'après plusieurs succès elle conduisit Charles VII à Reims, où il fut sacré le 17 juillet 1429. Un instant le roi vint mettre le siége devant Paris; mais La Trémoille, craignant de perdre son crédit, lui persuada de quitter l'armée et de retourner à Chinon, et Charles céda. Son éloignement découragea les amis qu'il avait auprès du duc de Bourgogne, et qui voulaient le réconcilier avec lui. Les villes perdirent aussi de leur enthousiasme. Loin d'imiter la générosité des peuples qui se dévouaient pour le replacer sur le trône, Charles VII ne savait pas même se résigner à supporter la fatigue des camps ou celle des affaires, à passer plus de deux mois des délices de la réunion de ces assemblées, de danses, ou d'autres plaisirs plus honteux. Il y eut au moment de son retour à Chinon un découragement général : pourtant on avait ensuite repris quelque courage. Mais quand, au printemps de 1430, le roi ne se remontra pas à l'armée, quand il n'y avait ni un seul de ses princes, aucun de ses grands officiers; quand l'héroïne qui l'avait fait sacrer se vit entourée d'aventuriers qui l'abandonnaient; quand enfin elle fut faite prisonnière sans que Charles fit aucun sacrifice pour la racheter, aucune démarche pour faire au moins respecter à son égard les lois de la guerre, un profond chagrin s'empara de tous les cœurs : les Français sentirent qu'il n'y avait plus de monarchie, plus de patrie, puisque le représentant de l'une et de l'autre n'avait plus de sentiment français.

« Ce n'est pas, dit Sismondi, un des moindres inconvénients des monarchies absolues que l'influence qu'elles donnent aux vices d'un seul homme pour anéantir l'effet de toutes les vertus, de tout l'héroïsme de ses sujets. Aucun caractère ne demeure plus inexplicable que celui de Charles VII, car le temps vint où ce même homme, qui semblait fait exprès pour déconcerter toute espèce de gouvernement, apporta aux maux de la France une main réparatrice. Il y avait autre chose que de la timidité, plus que de l'indolence poussée au dernier excès, dans ce roi de vingt-sept ans, qui se dérobait à tous les devoirs comme à toutes les charges de la royauté, pour cacher sa vie et peut-être de honteux plaisirs dans un château écarté, dans une retraite impénétrable; il y avait plus qu'une faiblesse ordinaire de caractère dans cet homme que tout le monde pressait de commander, et qui ne savait qu'obéir; dans cet homme qui recevait un nouveau favori de la main qui avait tué l'ancien, qui témoignait se défier de lui, lui sacrifiait cependant à l'instant même sa volonté, et le laissait dès lors régner à sa place, sans conserver un souvenir de ses affections précédentes. Depuis qu'au milieu de l'été 1427 le connétable Richemond avait donné La Trémoille au roi pour qu'il fût son favori, ce seigneur avait maintenu sans partage son autorité sur la cour; il avait beaucoup plus de capacité et de caractère que Giac et Beaulieu, ses deux prédécesseurs; on assure qu'il était brave et bon chevalier; son pouvoir n'en fut que plus fatal à la France. Sa défiance du connétable, qui n'était certes pas sans motif, lui fit exiler de la cour ce puissant capitaine, désorganiser le gouvernement, auquel il avait de nouveau donné un centre, et désoler même le petit nombre de provinces qui étaient restées à Charles VII, par une guerre civile, non de faction, mais de favoritisme. Son frère, Jean de la Trémoille, sire de Jouvelle, était demeuré attaché au duc de Bourgogne, et l'on ne pouvait s'empêcher de soupçonner le favori du roi lui-même d'une secrète correspondance avec les Bourguignons. Du moins s'opposait-il toujours à toutes les entreprises qui auraient pu étendre la domination de Charles; il l'empêcha d'aller à Orléans, il voulut l'empêcher d'aller à Reims; il le ramena en hâte de Saint-Denis à Chinon, et il l'y tint dès lors dans une langueur voluptueuse, écartant de lui tous les princes du sang, s'étudiant à ce qu'il ne vit personne, ne sût rien, ne prévît rien, ne pensât à rien. »

Tant que dure le règne honteux de La Trémoille sur Charles VII, l'histoire générale de la France semble interrompue : il faut interroger chaque province pour comprendre ce qu'elle devient pendant l'anarchie. Les intrigues de cour ne se faisaient proprement que dans le Berri, la Touraine et le Poitou, qui reconnaissaient l'autorité immédiate du roi et de son favori, et où les Anglais n'avaient point pénétré. Une grande partie de la France demeurait presque étrangère à la guerre : aucun Anglais, presque aucun Bourguignon, ne s'était aventuré dans les provinces au midi de la Loire. Le Berri même et la Touraine jouissaient d'un profond repos. D'autre part, les hommes de guerre de Charles VII étaient de vrais corsaires de terre-ferme, plus occupés de trouver de riches bourgeois à piller que des ennemis à combattre; leur esprit était sans cesse aiguisé par les stratagèmes de guerre et les surprises de places, par l'espoir du butin, non par celui des conquêtes ou de la gloire. Cependant, quelque gloire s'attachait encore à leur nom : la France était si impatiente du joug étranger, si humiliée de trembler devant une poignée d'Anglais, que lorsqu'elle trouvait unies à la cruauté et à la cupidité, vices qui semblaient alors inhérents à l'état de soldat, la bravoure, la constance et les ruses de guerre de nos capitaines, elle célébrait avec enthousiasme les noms de Pothon de Xaintrailles et de ses frères, Etienne de Vignoles, dit Lahire, Ambroise de Loré, Antoine de Chabannes, Dancourt et Guillaume de Flavy.

Ce fut la duchesse de Lorraine qui introduisit à la cour de Charles VII la fameuse Agnès Sorel. Charles VII conçut pour elle une violente passion. On assure qu'Agnès s'efforça dès lors de réveiller dans le cœur de Charles l'amour de la gloire ou celui de l'indépendance de sa couronne, qu'elle lui fit honte de sa lâcheté, et qu'avec son influence commença la réforme du caractère de son amant. Plusieurs des circonstances de cette réforme sont fabuleuses; cependant il faut bien qu'Agnès ait mérité de quelque manière la reconnaissance populaire qui s'est attachée à son nom. Les hostilités n'étaient pas interrompues, pourtant on négociait. Au milieu des complots continuels que l'on formait à la cour pour hâter la chute de La Trémoille, quelques seigneurs firent en 1433 leur soumission à Charles VII. A Paris les conspirations se succédaient en faveur du prince. Le parti anglais perdait chaque jour du terrain. Le duc de Bourgogne lui-même se réconcilia en 1435 avec le roi par le traité d'Arras, dont une des suites les plus heureuses fut d'ôter tout prétexte aux brigandages des *écorcheurs*. Les provinces se soulevaient contre les Anglais : l'Ile-de-France et le pays de Caux donnaient l'exemple. Paris s'insurgea, et le connétable de Richemond en prit possession au nom de Charles VII, qui tenait les états à Vienne lorsqu'il apprit la reddition de la capitale. Quoique depuis quelque temps il s'occupât des affaires avec plus d'activité, il avait encore trop de nonchalance pour terminer la guerre. Avant tout il eût fallu une grande énergie pour ramener à l'obéissance les capitaines qui se livraient sans réserve à leur rapacité; il eût fallu arrêter les combats qu'ils se livraient entre eux. Charles, après avoir tenu les états du Languedoc à Montpellier, avait rassemblé à Gien une armée contre les Anglais; il vint prendre part aux travaux du siège de Montereau, et fit en 1488 sa première apparition à Paris, où il ne séjourna pas longtemps. Alors le clergé de France s'assemblait à Bourges pour examiner les décrets du concile de Bâle, et après avoir, de concert avec les légistes, reconnu l'avantage des réformes proposées par ce concile, les prélats les résumèrent et les consacrèrent dans la pragmatique-sanction, qui dut avoir force de loi dans le royaume.

Nous sommes arrivés à une époque où il s'opéra dans les habitudes de Charles VII un changement que les historiens du temps n'expliquent pas, ne remarquent pas même, et qui restera cependant comme un des plus étranges phénomènes de l'esprit humain chez un prince. Jusque là celui-ci avait paru incapable de porter la moindre attention, le moindre intérêt à ses propres affaires, incapable d'activité, incapable de rien sacrifier à ses aises ou à ses plaisirs; à présent nous allons le voir montrer une ferme volonté de rétablir l'ordre dans son royaume, d'en chasser l'ennemi, de sacrifier son repos, ses plaisirs, à son devoir. Nous allons le voir déployer une rare intelligence dans le choix des moyens pour arriver à son but. Il avait trente-six ans accomplis; il en avait régné dix-sept avec une faiblesse indigne, au point d'être signalé par les Français et par les étrangers comme l'homme qui perdait la monarchie : il en régna encore vingt-deux comme son restaurateur. Malgré la détresse universelle, et contre l'attente du connétable de Richemond, il rassembla de l'argent, sans doute à l'aide de Jacques Cœur, riche marchand de Bourges, auquel il employa à solder les gens de guerre, les routiers, les écorcheurs, dont les provinces du midi étaient infestées, et que la famine, la misère universelle, avaient forcés à vendre leurs chevaux; il les équipa de nouveau, et les envoya à l'armée du connétable. Il lui envoya aussi Jean Bureau, nouveau maître de l'artillerie, qui le premier avait soumis à des règles précises l'art de battre en brèche les murailles. Bientôt après, le connétable assiégea Meaux, dont il fut le maître. Ensuite le roi vint à Paris, où il séjourna près d'un mois. Il songeait aux moyens de réprimer les excès des gens de guerre, lorsqu'il se rendit aux états généraux, qu'il avait convoqués à Orléans. Pendant ce temps ses capitaines obtenaient de nouveaux succès sur les Anglais. Ces états généraux de 1439 furent la plus brillante et la plus nombreuse des assemblées de ce genre qu'on eût vue depuis longtemps. On s'y occupa sérieusement des moyens de réparer les maux que la France avait soufferts. On y débattit la question de la paix ou de la guerre avec les Anglais ; on se prononça pour la paix, puis on s'occupa de réorganiser l'armée pour la ramener sous la dépendance du roi, la soumettre à l'ordre et à la discipline, et soustraire les citoyens paisibles à ses outrages et à ses vexations. Cette grande tâche fut accomplie. Les états accordèrent au roi les subsides nécessaires pour entretenir quinze compagnies d'ordonnance permanentes, et les barons, comme les capitaines, furent rendus responsables des crimes de leurs soldats. Désormais les Anglais eurent partout le dessous : la Normandie et la Guienne furent successivement conquises. Par la prise de Bordeaux en 1451 fut terminée cette longue et sanglante lutte dont les deux grands résultats furent l'agrandissement de la France royale aux dépens des Anglais et l'accroissement du pouvoir royal par la ruine de l'indépendance féodale.

La fin du règne de Charles VII fut troublée seulement par la révolte du dauphin, qui fut depuis Louis XI (*voyez* PRAGUERIE). Un autre prince, le duc d'Alençon, était accusé de traiter avec les Anglais. Il fut emprisonné. Le dauphin fut, par son père, dépouillé du Dauphiné. C'est là, du reste, que finit la période brillante du règne de Charles VII : il retomba dans son indolence naturelle et dans la défiance, dont il s'était fait une habitude ; ses courtisans ne firent rien pour l'en tirer, et il rentra entièrement dans l'ombre. En 1457, le duc de Bourgogne, Philippe le Bon, était brouillé avec son fils, comme Charles VII avec le sien ; il reçut Louis avec distinction et générosité, et lui donna pour résidence Genape, où il entretint une espèce de cour. D'autre part, le comte de Saint-Pol, vassal de Philippe et de Charles, excita le second contre le premier ; mais il ne put déterminer le roi à faire la guerre aux Bourguignons. Les Français, profitant des guerres civiles qui déchiraient l'Angleterre, firent dans ce pays une descente qui n'eut pas de résultat. Le roi, environné d'hommes qui ne cherchaient qu'à augmenter sa défiance, se figurait que son fils Louis, ne pouvant rentrer en grâce auprès de lui, voulait à tout prix lui succéder sur le trône et cherchait à le faire empoisonner. Effrayé du danger qu'il croyait courir, il refusa toute espèce d'aliments, et se laissa mourir de faim à Mehun-sur-Yèvre, en Berri, le 22 juillet 1461.

CHARLES VIII, fils de Louis XI et de Charlotte de Savoie, naquit à Amboise, le 30 juin 1470. Il était âgé de treize ans et deux mois lorsqu'en 1483 il succéda à son père. L'année suivante il fut sacré, à Reims. Il avait vécu dans une profonde retraite à Amboise, et comme il avait éprouvé plusieurs maladies, son père, pour ménager sa santé, avait ordonné qu'on suspendît ses études, assurant qu'il saurait assez de latin s'il entendait bien cette phrase : *Qui nescit dissimulare nescit regnare* (qui ne sait dissimuler ne sait régner). Son esprit, comme son corps, était affaibli, faute d'exercice. Il ne savait rien et ne pouvait rien apprendre ; il ne savait même ni lire ni écrire quand il monta sur le trône ; l'enivrement du pouvoir royal venant ajouter encore à cette incapacité, il repoussait les conseils de ceux qui étaient les plus propres à le diriger, et il n'en voulait suivre d'autres que ceux de ses anciens domestiques. Louis XI n'avait pourvu qu'au soin de sa personne en le recommandant au sire et à la dame de Beaujeu. Il n'avait point fait de testament qui indiquât ses intentions pour l'avenir. Légalement Charles, entré dans sa quatorzième année, était majeur ; aussi n'y avait-il eu ni tutelle ni régence nommées : mais cette fiction de la loi était démentie par le sentiment universel : chacun savait que Charles VIII n'était qu'un enfant, hors d'état de se conduire lui-même, et bien plus incapable encore de gouverner les autres. Les princes du sang accoururent donc tous auprès de lui à Amboise ; mais dès leur arrivée ils trouvèrent le pouvoir de fait aux mains du sire et de la dame de Beaujeu : celle-ci, sœur aînée du roi, sut garder la puissance malgré les princes du sang, et surtout malgré Louis, duc d'Orléans, qui fut depuis Louis XII. Charles VIII ne fut que spectateur passif des événements qui remplirent les premières années de son règne.

Ce fut seulement en 1491 que Charles VIII se saisit du pouvoir. Le premier usage qu'il en fit fut de mettre un terme à la captivité du duc d'Orléans ; puis il restitua leurs biens et leurs honneurs à ses cousins Jean et Louis d'Armagnac, fils de Jacques d'Armagnac, duc de Nemours. Charles VIII épousa bientôt après Anne de Bretagne, qui pourtant avait déjà été mariée, par procuration, à Maximilien, roi des Romains. Charles lui-même avait été fiancé à Marguerite d'Autriche, fille de ce même Maximilien, laquelle vivait près de lui et portait le titre de reine de France. Toutes ces difficultés n'arrêtèrent ni Charles ni Anne. Charles était un être presque difforme. Son esprit n'avait nullement progressé. Depuis qu'il avait secoué le joug de sa sœur, il ne s'occupait que d'idées romanesques, de fêtes et de chevalerie. Peu sensible à la beauté et à la supériorité d'esprit de sa femme, il ne lui laissa pas prendre sur lui l'ascendant qu'elle devait exercer sur son successeur. Du jour où il avait su monter à cheval et manier une lance, il s'était cru appelé à imiter les anciens paladins dont on lui racontait les exploits. C'était à Charlemagne surtout qu'il aimait à être comparé, et c'était la gloire de cet empereur qu'il se flattait d'effacer par ses conquêtes. Pour renouveler les héros de l'ancienne chevalerie, il donna le nom de Charles Roland ou Orland à son premier fils, né le 10 octobre 1492. Les jeunes gens qui l'entouraient ne laissaient songer qu'à des joûtes, des tournois et des combats à la barrière. Il accordait plus particulièrement sa confiance à deux hommes : l'un, Étienne de Vesc, avait été son valet de chambre, ensuite son chambellan ; il le fit sénéchal de Beaucaire, et le combla de biens. L'autre, Guillaume Briçonnet, était commis, dès le temps de Louis XI, à la généralité du Languedoc, et on le distinguait par le titre de *général*, qui à cette époque se donnait aux financiers lorsqu'ils étaient à la tête d'une généralité.

Maximilien d'Autriche, irrité de s'être vu enlever sa femme, engagea l'Empire à soutenir sa querelle, et menaça Charles VIII d'une guerre sérieuse ; mais, dépourvu d'argent, mal secondé par les états de Brabant et de Flandre, et indépendant des princes d'Allemagne, il accepta avec plaisir les propositions avantageuses que Charles lui fit. Ce prince lui rendit l'Artois et la Franche-Comté, et il acquit d'un trait de plume plus qu'il n'eût osé exiger après une suite de victoires. Charles acheta la paix de l'Angleterre et de l'Espagne par des sacrifices non moins considérables. Henri VII et Ferdinand le Catholique avaient paru vouloir faire cause commune avec l'empereur. Ces vaines démonstrations ne furent pas stériles pour eux : Henri, qui aimait l'argent, obtint des sommes considérables. Ferdinand profita de l'occasion pour se faire rendre le Roussillon et la Cerdagne, que Louis XI avait acquis, et il se trouva par cette restitution maître de tous les passages des Pyrénées. Charles VIII tenait à garantir la tranquillité de ses États, afin de pouvoir exécuter sans inquiétude un projet qui l'occupait tout entier ; il voulait faire valoir les prétentions des princes français sur le royaume de Naples, ajouter cette couronne à la sienne, chasser les Turcs de l'Europe, prendre Constantinople, et relever l'empire grec dans tout son éclat. André Paléologue, neveu du dernier empereur Constantin, mort en défendant sa capitale, devait lui céder ses droits pour une rétribution légère. Zizim, frère du sultan Bajazet II, qui, fuyant sa vengeance après avoir voulu le détrôner, croyait avoir trouvé un asile à la cour du pape Alexandre VI, devait servir les projets de Charles en divisant les forces des Turcs, semant la division parmi eux, et préparant ainsi leur ruine.

Ferdinand II venait à peine de monter sur le trône de Naples, lorsque Charles VIII, après avoir parcouru l'Italie du nord en conquérant plutôt qu'en allié, arriva sur le sol napolitain. Il avait été surtout appelé par Ludovic Sforza, duc de Milan, et par le pape Alexandre VI, qui ne devaient pas tarder à le trahir. Vingt mille Français et six mille Suisses achevèrent en peu de jours la conquête du royaume de Ferdinand II (1494); mais le triomphe du roi de France ne fut pas long : les mœurs des Français s'accordaient mal avec celles des Napolitains, et la conduite des vainqueurs irrita les vaincus. Charles lui-même ne possédait aucune des qualités qui commandent l'obéissance; il ne sut point se faire respecter par ses nouveaux sujets, et offensa ses voisins par sa hauteur. Bientôt toutes les puissances se réunirent pour chasser les Français d'Italie. Le pape Alexandre VI, l'empereur Maximilien, Ferdinand le Catholique, roi d'Aragon et de Castille, et les Vénitiens, formèrent une ligue à laquelle le duc de Milan, Ludovic le More, prit une part active, quoiqu'il eût été le premier instigateur de l'expédition de Charles. Instruit que les alliés voulaient lui couper la retraite, le roi de France reprit en hâte la route de ses États; l'ennemi l'attendait près de Fornovo ou Fornoue, sur les bords du Tanaro, et l'attaqua (1495) au moment où son armée, affaiblie par les maladies et par une marche longue et pénible, sortait lentement des défilés de l'Apennin. Son avant-garde, composée de Suisses, se fit jour à travers des forces triples des siennes; le roi ne perdit que deux cents hommes, les alliés trois mille. Il put continuer sa retraite. En 1496 les derniers débris des troupes qu'il avait laissées dans le royaume de Naples évacuèrent ce pays.

Charles VIII, de retour à Lyon, s'y livra sans réserve à son goût pour le libertinage. Il y apprit avec la plus grande indifférence la mort de son fils unique, Charles Orland, âgé de trois ans. La reine eut le 8 septembre 1496 un second fils, qui expira le 2 octobre; elle en eut un troisième en 1497, qui mourut aussi au bout de peu de jours. Charles s'abandonnait tellement à la débauche qu'il était déjà facile de prévoir que sa santé n'y pourrait résister. Durant son séjour à Lyon, il lui arrivait journellement des envoyés des divers États d'Italie; mais à peine daignait-il les recevoir. C'est ainsi qu'il perdait peu à peu les alliés qu'il avait dans la Péninsule, et décourageait les capitaines qui auraient volontiers combattu pour lui. Ce fut à grand'peine que les seigneurs français le décidèrent à annoncer une nouvelle expédition; mais avant de partir il manifesta l'intention d'aller visiter les sanctuaires de Saint-Martin de Tours et de Saint-Denis, pour s'assurer la faveur des protecteurs célestes de la France; il voulait aussi, disait-il, s'adresser en personne aux bourgeois de Paris pour obtenir qu'ils lui prêtassent une somme un peu considérable, et qu'ils donnassent ainsi un utile exemple aux autres villes de France. Son vrai motif était de suivre à Tours une dame d'honneur de la reine, dont il était amoureux. Il partit, et pendant son absence les préparatifs furent suspendus par Briçonnet, d'accord peut-être avec le pape Alexandre VI pour empêcher une seconde expédition. Charles, qui avait promis d'être de retour à Lyon au bout de peu de jours, passa quatre mois entiers à Tours, ne songeant qu'à ses amours. Tous les projets de campagne furent oubliés, toutes les dépenses perdues, tous les alliés de la France abandonnés à eux-mêmes. Trois entreprises furent manquées sur Milan, Gênes et Savone. Dans le Roussillon, les hostilités avaient recommencé avec l'Espagne. Une trêve fut conclue, en 1497; elle devint commune à tous les États d'Italie. Un autre traité, signé à Boulogne avec Henri VII, rassurait Charles du côté de l'Angleterre : il pouvait donc se livrer sans partage à son goût pour les plaisirs.

Toutefois, vers la fin de 1497, on put remarquer un changement dans son caractère: Il était revenu au château d'Amboise, où il était né, et qu'il avait pris en grande affection; il le faisait reconstruire sur un plan magnifique par des artistes qu'il avait amenés d'Italie. « Et si, dit Comines, avoit son cœur toujours de faire et accomplir le retour en Italie, et confessoit bien y avoir fait des fautes largement, et les contoit, et lui sembloit que si une autre fois il y pouvoit retourner et recouvrer ce qu'il avoit perdu, qu'il pourvoiroit mieux à la garde du pays qu'il n'avoit fait. Davantage avoit mis de nouveau le roi son imagination de vouloir vivre selon les commandements de Dieu, et mettre la justice en bon ordre et l'Église, et aussi de ranger ses finances, de sorte qu'il ne levât sur son peuple que douze cent mille francs, et par forme de taille, outre son domaine, qui étoit la somme que les trois états lui avoient accordée en la ville de Tours lorsqu'il fut roi, et vouloit ladite somme par octroi pour la défense du royaume. Et quant à lui, il vouloit vivre de son domaine, comme anciennement faisoient les rois, ce qu'il pouvoit bien faire, car le domaine est bien grand, s'il étoit bien conduit, compris les gabelles et certaines aides, et passe un million de francs. S'il l'eût fait, c'eût été un grand soulagement pour le peuple. Il avoit mis sus une audience publique, où il écoutoit tout le monde, et par espécial les pauvres, et si faisoit de bonnes expéditions, et l'y vis huit jours avant son trépas deux bonnes heures, et oncques puis ne le vis. Il ne se faisoit pas grandes expéditions à cette audience, mais au moins étoit-ce tenir les gens en crainte, et par espécial ses officiers, dont aucuns il avoit suspendu pour pillerie. »

Le 7 avril 1498, Charles VIII fut curieux de voir une partie de paume que ses courtisans jouaient dans les fossés du château d'Amboise. Pour y parvenir, il fallait traverser un passage infect; la porte en était si basse et le lieu si obscur que le roi s'y heurta le front. Ce petit accident ne causa d'abord aucune inquiétude, et n'avait probablement aucune gravité, car le roi resta longtemps dans la galerie à regarder les joueurs et à causer avec ceux qui l'entouraient. Tout à coup il tomba en arrière, frappé d'apoplexie; dès le premier instant on le jugea trop malade pour oser le transporter dans ses appartements; on apporta donc seulement une pauvre couchette, sur laquelle on l'étendit. L'évêque d'Angers, son confesseur, et tous ses courtisans s'empressèrent autour de lui; mais il ne recouvra point la parole, et après neuf heures de léthargie il expira dans ce triste lieu. La douceur de son caractère le fit regretter des peuples autant que des grands; du reste, il n'eut rien de remarquable, et ses contemporains eux-mêmes regardaient comme des effets du hasard et des circonstances les succès qu'il obtint.

Auguste SAVAGNER.

CHARLES IX, né à Saint-Germain-en-Laye, le 27 juin 1550, était le troisième fils de Henri II et de Catherine de Médicis. Son frère aîné, François II, n'avait fait que paraître sur le trône; Louis, le second de ses frères, était mort enfant. Charles n'était pas son véritable nom, il s'appelait *Maximilien*; ce nom lui avait été donné sur les fonts baptismaux par son parrain, l'archiduc Maximilien d'Autriche, qui depuis fut empereur et devint son beau-père. Le père Anselme et quelques autres chronologistes l'appellent *Charles-Maximilien*. Comme son père Henri II, comme son bisaïeul maternel, Louis XII, il avait avant de monter sur le trône porté le nom de duc d'Orléans. Rien n'avait manqué à l'éducation scolaire des quatre derniers Valois: ils avaient eu pour précepteur Jacques Amyot, l'un des hommes les plus distingués de l'époque par sa vaste érudition, ses talents et ses vertus. Plus qu'aucun de ses frères, Charles avait profité de ses leçons : il était l'homme le plus instruit et le plus spirituel de sa cour. Heureux si sa mère n'eût pas placé près de lui un de ces aventuriers italiens à la merci desquels elle s'était mise elle-même! Né avec le plus heureux naturel, un goût passionné pour les sciences, les lettres et les arts, une âme ouverte à toutes les inspirations généreuses, Charles, roi à onze ans, n'avait encore que des dispositions : le temps seul pouvait les mûrir et les développer; un sang italien bouillonnait dans ses veines. C'était un enfant prodigieux, précoce dans ses facultés physiques et morales, mais ce n'était qu'un enfant. Une autre mère que Catherine eût été heureuse et fière d'un tel fils. Mais dans ce qui aurait fait l'orgueil et le bonheur d'une autre, Catherine ne vit qu'un obstacle : régner était tout pour elle. Elle ne s'occupa qu'à épuiser avant le temps cette force de corps et de caractère par les plaisirs et les exercices violents. Et l'intéressant élève d'Amyot fut livré, sans expérience, sans appui, à l'aventurier Gondi, Florentin, fils d'un meunier, devenu maréchal de France, non par des talents et des services militaires, mais par son dévouement à tous les caprices, à toutes les exigences d'une femme puissante et passionnée. Gondi, maréchal de Retz, réunissait tous les vices, était capable de tous les crimes : il était à Catherine de Médicis corps et âme. Ce fut à un tel homme que fut livré le jeune roi.

La cour se trouvait à Orléans, où les états généraux avaient été assemblés. A la nouvelle de la mort inopinée de François II, les députés, dupes d'une intrigue de cour, voulaient se séparer. Catherine, qui convoitait à tout prix la régence, leur avait fait insinuer par ses affidés que la mort du roi avait mis fin à leur mandat; elle craignait la concurrence d'Antoine de Bourbon, roi de Navarre, qui avait un parti puissant dans l'assemblée; elle espérait qu'elle n'éprouverait aucune difficulté sérieuse de la part du parlement, dévoué aux Guises. L'assassinat d'Antoine de Bourbon avait été résolu, mais l'exécution manqua, par un incident tout à fait fortuit. Homme de plaisir et nullement homme d'État, le faible Antoine de Bourbon, séduit par de brillantes promesses, et qu'on avait effrayé sur les embarras et les dangers de la régence, avait renoncé à son droit, que l'assemblée avait déjà reconnu. Catherine enleva plus qu'elle n'obtint la régence. Elle aurait voulu tenir son fils dans un isolement absolu, et écarter tout ce qui aurait pu lui rappeler qu'il était roi. Elle aurait voulu faire ajourner indéfiniment le sacre. Mais comment différer cette cérémonie en présence de l'assemblée des états, et à une époque où, malgré la maxime *le roi est mort, vive le roi!* l'héritier du trône n'était censé roi qu'après son couronnement? Les Guises, qui ne voyaient entre le trône et eux que trois enfants, dont ils se débarrasseraient comme ils avaient fait de leur aîné, attachaient la plus haute importance à cet ajournement. Catherine, qui avait habitué ses enfants à n'avoir de volonté que la sienne, ne douta point que Charles ne se résignât sans la plus légère difficulté. Elle lui exagéra les embarras, les ennuis, la fatigante monotonie des cérémonies du sacre. Elle craignait qu'il n'eût pas assez de force pour les supporter, mais elle fut aussi surprise qu'affligée de recevoir cette réponse : « Madame, ne craignez rien ! Qu'on me donne des sceptres à ce prix, la peine me paraîtra douce : la France vaut bien quelques heures de fatigue. »

Charles fut sacré à Reims, le 15 mars 1561, par le cardinal de Lorraine. Son âge parut justifier le peu de magnificence de la cérémonie; les Guises affectèrent de s'y montrer au premier rang. Le duc se plaça avant les princes et les pairs, et se *fourra*, dit Mézerai, entre le roi de Navarre et le duc de Montpensier. Le prince de Condé était resté à Paris pour y solliciter sa réhabilitation; il ne l'obtint qu'au retour du roi.

Les deux premières années du règne de Charles IX sont célèbres dans l'histoire de notre législation. Toutes les branches de l'administration publique de l'ancienne monarchie, les droits et les obligations de tous les ordres de l'État, avaient été fixés par les décisions des états généraux d'Orléans, converties en ordonnances, formulées dans des termes qui en exprimaient l'origine. C'était l'œuvre constitutionnelle des représentants de la nation sanctionnée par le roi. L'expression, jusque alors en usage, *voulons, ordonnons, car tel est notre plaisir*, avait disparu. C'était un notable progrès. Ces ordonnances ont régi la France pendant deux siècles. Celle intitulée *de la marchandise* est devenue le droit commun du monde commerçant; elle a fondé les tribunaux de commerce. Ces tribunaux électifs et temporaires ont été maintenus par tous les gouvernements qui se sont succédé en France depuis le seizième siècle. Le règne de Charles ne pouvait commencer sous de plus heureux auspices. L'Hôpital avait tout dirigé. Franchement dévoué à la France et au jeune roi, il avait résolu de l'initier le plus tôt possible à l'action gouvernementale, persuadé que les Guises, dans leur audacieuse ambition, ne reculeraient devant aucun obstacle pour arriver à leurs fins.

Cependant les conférences du colloque de Poissy, brusquement rompues par l'insolente intervention de Laîné, général des jésuites, avaient déjà rendu tout rapprochement impossible entre les catholiques et les huguenots. Jamais, à aucune époque de notre histoire, la cour n'avait été le théâtre d'intrigues aussi compliquées, aussi hardies dans leur but, aussi atroces dans leurs moyens. Des trois fils qui lui restaient, Catherine n'aimait que le second, le duc d'Anjou; elle redoutait Charles, dont la raison et le courage avaient devancé l'âge. Le roi de Navarre, Antoine de Bourbon, le prince de Condé, Coligny, Dandelot, son frère, et les autres Montmorency, s'étaient mis à la tête des réformés; les Guises et le maréchal de Saint-André à la tête des catholiques. Catherine parvint à briser cette double ligue. Elle donna pour maîtresse à Antoine de Bourbon une des plus belles, des plus séduisantes personnes de sa cour, Mlle La Béraudière. Le voluptueux Bourbon oublia dans les bras de sa maîtresse qu'il était époux, père et roi. Sa défection imprévue étonna les protestants, sans les décourager. Catherine employa les mêmes moyens pour enlever Condé au parti dont il était le principal appui. Elle avait d'abord réussi; mais elle n'avait pu prévoir une autre coalition, plus compacte, et d'autant plus puissante qu'elle lui témoignait le plus grand dévouement et qu'elle ne se proposait rien moins que de lui ôter le pouvoir et même la vie. Ce parti, c'était le triumvirat composé du duc de Guise, du connétable de Montmorency et du maréchal de Saint-André. Catherine, effrayée, s'était d'abord jetée dans le parti protestant, qu'elle abandonna bientôt pour se remettre à la merci des Guises. Les traités, les ordonnances les plus contradictoires se succédaient, se détruisaient mutuellement; le nom du jeune roi était attaché à tous ces actes d'illégalité et de réaction. Une ordonnance de 1561 prescrivait la peine de mort contre les auteurs de libelles, sans en définir la nature. C'était une arme terrible entre les mains de la faction dominante pour se défaire de ceux dont elle redoutait le talent et le courage. Les Guises seuls avaient le secret de tant d'intrigues, dont les contradictions n'étaient qu'apparentes; c'était une combinaison du système arrêté pour affaiblir tous les partis en les divisant, les détruire l'un par l'autre et leur laisser sans défense le trône qu'ils convoitaient. La cour de Rome et celle d'Espagne, sous prétexte d'arrêter les progrès de l'hérésie, ajoutaient encore par leur intervention à l'irritation des partis. Quelques hommes habiles, vertueux et dévoués, ne désespéraient pas pourtant du salut de la France, et leurs actes ont honoré les premières années du règne de Charles IX. Tandis que le cardinal de Lorraine trahissait la France et le roi au concile de Trente, Amyot, évêque d'Auxerre, et Morvilliers, envoyés de Charles IX à ce concile, y soutenaient avec autant de courage que de talent les véritables principes de la religion, la dignité et l'indépendance de la couronne de France. Cependant le duc de Guise, se voyant rechercher à la fois par la cour, qui le redoutait, et par les Parisiens, qui avaient besoin d'un défenseur, résolut de se rendre dans la capitale. En passant près de Vassy, en Champagne, ses gens se prirent de querelle avec des huguenots qui chantaient des psaumes dans une grange. Il se présenta pour apaiser le tumulte, et fut frappé d'une pierre qui lui mit le visage en sang. Son escorte tomba alors sur les calvinistes, et en massacra une soixantaine, ce qui fit grand bruit parmi les réformés, qui, dans leurs prêches, ne manquèrent pas d'appeler leurs coréligionnaires aux armes, tandis que le duc, reçu en triomphe à Paris, était proclamé le sauveur de l'Église. Chacune des deux factions voulait dès lors avoir le jeune roi en sa puissance; les Guises l'emportèrent, et Charles revint avec sa mère de Fontainebleau à Paris. La guerre civile continuait avec un nouvel acharnement. Le duc avait mis le siège devant Orléans : la prise de cette ville devait ruiner la cause des protestants, lorsqu'au moment de s'en rendre maître, il fut assassiné par Poltrot, gentil-homme calviniste, le 15 février 1563.

Le jeune roi venait d'entrer dans sa quatorzième année. L'Hôpital pressait la reine mère de faire déclarer sa majorité. Catherine supportait impatiemment la domination insolente des Guises : certaine de régner avec plus d'indépendance sous le nom de Charles, elle approuvait le dessein du chancelier. Un grand événement allait précéder cette déclaration solennelle, et rendre à la France désolée l'espoir d'une paix solide, d'une franche et entière réconciliation entre tous les partis. Le prince de Condé, chef du parti protestant, n'avait obtenu les secours et l'appui de l'Angleterre qu'en livrant à cette puissance le Havre. Le siège de cette place importante fut résolu, et bientôt catholiques et protestants, marchant sous les mêmes bannières, arrivèrent sous les murs du Havre. Charles IX avait fait sommer le comte de Warwick, qui commandait cette place, de la rendre ; le général anglais répondit en demandant la restitution de Calais. Le roi partit quinze jours après pour Gaillon. Le prince de Condé, impatient d'expier sa faute, le vieux connétable de Montmorency, Coligny, son neveu, ne quittaient pas la tranchée. Les Anglais s'étonnaient de voir ces guerriers, naguère si acharnés à se combattre, marcher réunis pour la même cause. Il ne s'agissait plus de dissidence d'opinion politique ou religieuse, mais de la commune patrie, et tous se rappelaient qu'avant d'être protestants ou catholiques ils étaient Français. Tous rivalisaient d'efforts et de courage pour expulser l'étranger du sol national. Les Anglais capitulèrent après huit jours de siège. Le roi et la reine mère arrivèrent au camp le 1er août 1563, et firent leur entrée au Havre au milieu des acclamations d'une population heureuse d'être délivrée du joug de l'étranger. Les premiers moments avaient été donnés à la joie d'une si importante conquête ; le royal cortège partit pour Rouen, et le 17 du même mois le monarque tint au parlement un lit de justice, où il fut déclaré majeur. Après les harangues du chancelier et du premier président de Saint-Anthot, la reine mère, se levant pour s'avancer vers le trône, déclara qu'elle remettait à son fils toute l'autorité qu'elle avait reçue des états généraux ; Charles IX, après l'avoir embrassée, lui assura qu'elle gouvernerait autant et plus que jamais ; les princes, princesses, les grands officiers de la couronne, s'avancèrent ensuite, s'inclinèrent profondément devant le roi, et lui baisèrent la main. Le cardinal de Châtillon assistait à cette cérémonie, revêtu de tous les insignes de sa dignité, avec sa jeune épouse, qui était assise à côté de la reine mère. Ce cardinal avait, comme ses frères, embrassé la religion réformée. Rome l'avait excommunié, et sa présence dans une aussi importante solennité semblait être une nouvelle garantie des édits de pacification.

La vertu est confiante et crédule : le chancelier avait ajouté foi aux paroles de Catherine, et, pour arracher le jeune roi aux contagieuses séductions d'une cour corrompue et le familiariser à la pratique de ses droits et de ses devoirs, il proposa un voyage dans les provinces. La reine mère, dont ce voyage favorisait les desseins secrets, n'eut garde de s'y opposer. Charles témoigna une entière confiance au chancelier. Ce voyage fut long ; le roi s'arrêta dans toutes les grandes cités parlementaires, et là, comme à Rouen, le chancelier faisait appeler les causes du rôle, et elles étaient plaidées et jugées en présence du monarque. La reine mère, s'enveloppant du plus profond mystère, avait des conférences secrètes avec les affidés des Guises. Elle vit à Avignon les envoyés du saint-siège ; et tandis que partout le chancelier, en présence de Charles, se faisait rendre compte des travaux des tribunaux et de la réformation des abus, la reine mère et ses confidents intimes, Birague et Gondi, songeaient qu'à préparer les moyens d'exécution de leur infernal projet, l'extermination des protestants. Catherine et Élisabeth, sa fille, reine d'Espagne, confidente et complice de son époux Philippe II, se réunirent à Bayonne. Les deux cours rivalisèrent de luxe et de magnificence ; mais au milieu du tumulte des bals, des carrousels et des fêtes, les deux reines et le duc d'Albe méditaient de nouveaux crimes et de nouveaux massacres. Charles n'était pas admis à ces mystérieuses conférences : il avait signalé son séjour en Dauphiné par une ordonnance qui fixait au premier janvier le commencement de l'année, qui jusque alors datait de Pâques. Une assemblée de magistrats des cours souveraines et des grands de la cour fut convoquée à Moulins. Le roi y signa une ordonnance pour la réformation de la justice. Cette réunion avait une autre cause, non moins importante. Les hommes de bonne foi avaient cru à la fin des troubles par la réconciliation des Guises et des Montmorency : cette réconciliation fut jurée par tous les chefs de parti à Moulins ; mais si elle fut franche de la part des uns, elle ne fut pour les autres qu'une comédie, dont les rôles avaient été arrangés et convenus d'avance, pour mieux prendre leurs adversaires au piège.

Bientôt en effet de nouveaux massacres, de nouvelles persécutions, forcèrent les protestants à reprendre les armes. La bataille de Saint-Denis offrit le déplorable spectacle de parents, de frères, combattant les uns contre les autres. D'un côté le connétable de Montmorency à la tête des catholiques, de l'autre ses neveux à la tête des protestants. Le connétable, mortellement blessé, expira le lendemain. La reine mère s'était hâtée d'aller le visiter ; elle craignait une dernière entrevue de Charles, qui ne put recevoir les adieux de ce serviteur dévoué, dont les dernières paroles furent des paroles de paix. Catherine était à peine de retour au Louvre, que le connétable n'existait plus. L'événement de Meaux fit une vive impression sur Charles, jusque alors mieux disposé pour ses cousins, les princes de Condé et de Béarn, que pour les Guises, dont l'insolence révoltait sa fierté. Cette journée dut le jeter dans une indéfinissable perplexité. Là, comme à Amboise, le projet de Coligny et du prince de Condé était d'enlever les Guises, de les réduire à l'impuissance d'agir, en les renfermant dans une prison sûre, ou même de s'en défaire, de ramener à Paris le roi et sa mère, de lui rétablir dans la plénitude de leur autorité, et de convoquer une assemblée des états généraux pour assurer la paix intérieure. Mais les Guises, toujours bien servis par leurs affidés, et qui en avaient partout, découvrirent le complot. Ils n'eussent pu néanmoins en empêcher le succès si Coligny, par déférence pour le prince de Condé, ne lui eût laissé le commandement des troupes qui devaient agir : dans une telle affaire, le succès dépend de la promptitude de l'exécution. Le prince, incertain, irrésolu, perdit un temps précieux en négociations. Les Guises et Montmorency purent faire venir un corps nombreux de Suisses, et Condé les vit passer avec le roi et la reine mère, entourés d'une escorte supérieure en nombre, sans pouvoir retarder un instant leur marche. Les courtisans, partie à pied, partie à cheval, presque tous sans armes, environnaient la reine mère et le roi. Cette retraite, malgré son imposante escorte, avait l'air d'une fuite désespérée. C'était un roi se retirant avec une humiliante précipitation devant des sujets rebelles.

Charles IX en conserva un profond ressentiment contre les protestants : il suffisait de lui rappeler ce pénible souvenir pour exciter son antipathie. Néanmoins il lui était impossible de rester inoccupé. La chasse, qu'il aimait avec passion, ne pouvait remplir tous ses instants. Il était généreux, ou plutôt prodigue, comme tous les Valois : « Les rois, disait-il, doivent toujours donner ; c'est un or qui revient au trésor royal après avoir fait des heureux. » Il aimait les savants, les poëtes et les artistes, mais il ne se montrait pas prodigue pour eux. « Les poëtes, disait-il encore, sont comme les chevaux, il faut les nourrir, mais non pas les engraisser. » Il aimait la musique, et chantait souvent dans les concerts dont il égayait son intérieur. Sa forge et ses fourneaux l'occupaient souvent : il aimait à forger, à limer des canons de fusil, des fers de cheval, à combiner des alliages, à faire de la fausse monnaie. Il versifiait assez facilement en français, en latin, même en grec, et écrivait à Ronsard, dont il faisait le plus grand cas, des billets en vers que ce poëte n'aurait pas désavoués. L'amour lui inspira aussi des vers heureux pour ses maîtresses, ou plutôt pour la seule qu'il ait véritablement aimée, la belle Marie Touchet, fille, suivant Papire Masson, d'un parfumeur d'Orléans, qui lui fut présentée dans un rendez-vous de chasse et dont il eut deux fils. Il avait pris pour devise ces deux mots *justice et piété*; et sur toutes les livrées de sa maison, les enseignes, les armures de sa garde, on lisait : *pietate et justitia*.

L'histoire de la vie politique et privée de Charles IX se partage en deux périodes d'une durée presque égale : la première depuis 1560, date de son avénement au trône, jusqu'en 1570, époque où, privé des conseils de L'Hôpital, de J. de Montluc, évêque de Valence, d'Amyot, il s'abandonna à toute la fougue de son tempérament, à toutes les séductions du favoritisme. Les savants, les poëtes, les artistes, ne le virent plus qu'à de courts et rares intervalles; et cependant, son goût effréné pour les exercices violents, pour la chasse, le cor, les caresses passionnées d'une jeune et belle maîtresse, les saturnales extravagantes auxquelles l'habituèrent des favoris perdus de vices et de débauche, ne purent effacer entièrement ses premières affections.

Cependant la raison d'État exigeait que le jeune roi se mariât, et c'était encore la raison d'État qui devait décider du choix de son épouse. Catherine avait d'abord songé à Marie Stuart, veuve de François II, mais après la mort de ce prince était retournée en Écosse, et qui avait des droits à la couronne d'Angleterre. Son retour en France lui eût sauvé la vie. Mais Catherine avait craint qu'elle n'exerçât le même ascendant sur son second époux que sur son premier : celui-ci était mort empoisonné, et la veuve avait été renvoyée. Il fut décidé que Charles épouserait Élisabeth d'Autriche, fille de l'empereur Maximilien II, parrain de Charles IX. Les accords faits, les portraits échangés, Marie Touchet, voyant celui de la future épouse de son amant, dit froidement : *L'Allemande ne me fait pas peur*. L'Allemande était moins belle ; mais elle pouvait être ambitieuse, jalouse, et alors la favorite eût expié par une prompte et complète disgrâce son orgueilleuse présomption. C'est à l'impur Gondi, devenu comte de Retz, que fut déféré l'honneur de recevoir à Vienne la nouvelle reine. La guerre civile était dans sa plus grande intensité. Il importait que les illustres étrangers qui devaient accompagner la princesse Élisabeth ne fussent pas témoins des troubles qui désolaient la France. L'empereur Maximilien avait exigé qu'une paix durable mît fin aux dissensions civiles. Un nouveau traité de pacification fut signé à Saint-Germain-en-Laye : on l'appela *la paix boiteuse* ou *mal assise* parce qu'elle avait été conclue, au nom du roi, par Biron et Nesmes, le premier boiteux, le second propriétaire de la seigneurie de Malassise.

Catherine, sans s'écarter de ses projets, fit tourner à leur profit les exigences de l'empereur : elle ne négligea rien pour attirer les chefs des protestants à la cour. Les invitations les plus affectueuses furent adressées à la reine de Navarre, à Cotigny, à toute la noblesse protestante. Le prévôt des marchands Marcel avait été chargé de faire abattre la nuit la croix de Gâtine, au bout de la rue Saint-Denis. Ce monument avait été élevé sur l'emplacement de la maison démolie de Philippe de Gâtine, récemment pendu par arrêt du parlement pour avoir tenu dans sa maison des assemblées de protestants. Mais les agents des Guises veillaient, et, quelques précautions que prit le prévôt des marchands, il ne put opérer le déplacement sans encombre. Une foule furieuse se rua sur le magistrat : elle fut repoussée, et malheureux boutiquier, pris dans les groupes, fut immédiatement pendu à la fenêtre de la maison près de laquelle il venait d'être arrêté. Il fallait donc qu'une scène de sang et de deuil marquât chacune des fêtes de cette déplorable époque. Charles s'était rendu à Mézières pour y recevoir sa future épouse. Toute la cour y était. Catherine y déploya une magnificence extraordinaire. Les dames et les seigneurs allemands qui accompagnaient la princesse, ébahis du luxe des équipages, des livrées et des étoffes d'or et d'argent et des diamants dont étaient couverts la reine mère, le cortége, et toutes les notabilités de la cour, s'écriaient : « Le beau royaume ! le riche royaume ! il est inépuisable ! » Tout était magnifique, éblouissant, dans le royal cortége, mais au delà il n'y avait que larmes et misère. Charles IX et la reine, après leur avoir fait de riches présents, congédièrent de Mézières les seigneurs allemands et les dames qui avaient accompagné Élisabeth. D'autres fêtes attendaient les époux à Chantilly et à Villers-Cauterets. La nouvelle reine fit son entrée triomphale dans sa capitale, après avoir été couronnée à Saint-Denis. « Elle fut reçue, dit La Popelinière, avec presque plus de magnificence que le roi ; de manière que tel portait le quart, le portait le tiers, et tel le tout de son revenu sur ses épaules. » Dorat, poëte du monarque, orna de vers latins les tableaux qui embellirent ces fêtes. Charles IX y était représenté en Jupiter, la reine mère en Junon, et la jeune reine en Minerve; les huguenots y paraissaient sous le nom de géants et de Typhons. Ainsi la haine et les projets sinistres de Catherine se révélaient partout. Charles semblait enchanté de son épouse : « Je puis, disait-il, me flatter d'avoir la femme la plus sage, la plus vertueuse, non pas de l'Europe, mais du monde entier. » Et cependant il aimait toujours Marie Touchet, qu'il appelait *Amasie*, et à l'instant même où il exaltait les vertus, la sagesse de son épouse, il venait de voir sa maîtresse ou se disposait à se rendre auprès d'elle.

La chasse n'était point pour ce prince de vingt ans un simple exercice, mais une passion effrénée, à laquelle il se livrait jusqu'à l'entier épuisement de ses forces. Cet exercice l'avait familiarisé avec l'effusion du sang ; de là cette autre manie d'abattre d'un revers de son couteau de chasse le cou des ânes et des mulets qu'il rencontrait sur son passage ; les courtisans applaudissaient à *son adresse*; et ce qui n'eût été qu'un accident rare et passager était devenu une habitude. En examinant sans prévention les mœurs, les prouesses des coryphées de la cour, de ces héros de bravoure et de courtoisie, *dont les dames raffolaient*, on n'éprouve qu'horreur et pitié; leur courage n'était qu'une inutile et folle témérité, leur piété qu'un bigotisme ridicule et souvent atroce. Le maréchal Strozzi se vantait d'avoir fait noyer un jeudi saint cent filles publiques dans la Seine. Le duc d'Épernon trouvait du plaisir à sucer le sang des enfants. Le connétable Montmorency, le chapelet en main, n'interrompait ses patenôtres que pour dire : *pendes celui-ci ! noyez celui-là !* Il décima ainsi la population de

Bordeaux. Tavanes se faisait admirer en sautant d'un toit à l'autre le long de la rue Saint-Germain-l'Auxerrois ; un sauteur de profession ne l'eût pas osé : Tavanes fut fait maréchal de France. Le duc de Nemours montait et descendait au galop les escaliers de la Sainte Chapelle ; Blaise de Montluc, maréchal de France, s'honorait du titre de *bourreau royal*. Le duc de Montpensier se livrait dans son gouvernement aux plus scandaleux excès de débauche et d'impiété ; son guidon violait les femmes ; un cordelier, son aumônier, confessait les hommes que le bourreau pendait sans autre forme de procès. Le baron des Adrets forçait ses prisonniers à se précipiter un à un du haut d'une tour. Au milieu de cette monstrueuse anarchie, les saines doctrines que Charles IX avait reçues de ses sages et habiles instituteurs ne pouvaient plus être qu'un vague souvenir. Tout avait été prévu par les codes délibérés à Orléans et à Moulins. Ces lois étaient impunément violées. L'Hôpital n'avait pas été plus heureux dans une loi somptuaire de 1567 : il avait cru arrêter les progrès de la démoralisation politique et religieuse en réprimant le luxe ; et sa loi était plus propre à favoriser la vanité des classes privilégiées qu'à ramener les classes moyennes à l'austère simplicité des mœurs antiques. Elle ne fut jamais observée.

Le trône et la France même étaient menacés d'une ruine imminente ; les avertissements ne manquaient pas : en vain le vieux chancelier, retiré dans sa champêtre retraite du Vignay, répétait dans ses mémoires adressés à Catherine et au roi Charles ce que souvent il leur avait dit dans des entretiens particuliers et au conseil : que le seul moyen de garantir le trône, la dynastie et la France, était d'observer fidèlement les édits de pacification ; que la paix seule pouvait mettre un terme aux irritations, aux fureurs toujours croissantes des partis ; prévoyant l'inutilité de ses derniers conseils, il écrivait en 1570 : « Quand vous vous serez saoulés et rassasiés du sang de vos sujets, vous songerez à faire la paix ; il sera trop tard, il n'y aura plus de trône, plus de dynastie, plus de Valois, plus de France ; vos prétendus alliés, aujourd'hui vos auxiliaires et demain vos maîtres, s'en seront partagés les lambeaux ensanglantés. » Coligny recevait chaque jour des plaintes de ses co-religionnaires. Cependant, la cour observait une sorte de neutralité ; elle se montrait même si tolérante, que souvent les protestants tenaient leurs prêches dans le Louvre. Il fallait inspirer aux chefs une grande sécurité. Charles IX semblait avoir recouvré toute sa raison et toute son énergie pour hâter le mariage de sa sœur avec le roi de Navarre. Marguerite était catholique, et persistait à rester dans sa croyance. Henri IV repoussait alors la pensée d'une abjuration. Il était indispensable d'avoir des dispenses à Rome pour régler ce mariage. La réponse du saint-siège se faisait attendre, Charles s'impatientait ; enfin, il résolut de passer outre, et dit à Henri qu'il était résolu de ne plus souffrir de nouveaux délais : « Vous épouserez ma sœur, et, s'il le faut, je prendrai moi-même *Margot* par la main, et je la conduirai au prêche. » La résolution de Charles IX effraya sa mère et son conseil : on sentit la nécessité de prévenir à tout prix un grand scandale. Une fille de France, catholique, épouser un protestant en plein prêche, c'était presque une abjuration. Catherine et son intimes firent fabriquer de fausses dispenses, et le mariage eut lieu. Les véritables dispenses n'arrivèrent qu'après le mariage. Les noces furent célébrées sous les plus sinistres auspices. Le tocsin avait sonné l'heure de la Saint-Barthélemy. Coligny et une foule de protestants avaient perdu la vie dans ces horribles massacres (24 août 1572).

Ce qu'il y a de bien certain, c'est que depuis cette nuit fatale une fièvre brûlante dévora Charles IX ; il s'échappait secrètement de sa cour ; on sut qu'il avait été passer trois jours et trois nuits dans la forêt d'Orléans. On assurait qu'il avait de fréquents rendez-vous avec Marie Touchet. On attribua l'épuisement de ses forces aux fatigues excessives de ces derniers rendez-vous avec sa maîtresse, et à sa manie de donner du cor. Mais les plus judicieux historiens attribuent sa dernière maladie et son trépas au remords ou au poison. Charles venait d'annoncer hautement sa résolution de gouverner lui-même ; il avait réduit les dépenses de sa maison, diminué d'un tiers l'impôt de la taille. « Il avait résolu de chasser de la cour les conseillers des massacres, de laisser l'administration de la justice à ses parlements, celle des armées aux maréchaux de France, d'abaisser les maisons de Guise et de Montmorency, de quitter tous les vains divertissements de la chasse, du jeu et des femmes, pour s'appliquer à ses affaires, et, dans ses heures de loisir, à l'étude des plus belles sciences. » Ainsi s'exprime Mézerai. Cependant la maladie du roi empirait. La reine Élisabeth était venue lui donner ses soins, au château de Vincennes, d'où il ne sortait plus ; mais elle ne resta plus près de lui quand tout espoir de le sauver fut évanoui. Pourtant, il conservait toute sa raison, et avait assez de force pour soutenir les fatigues d'une conversation animée ; il demanda à sa mère de faire venir son frère ; elle envoya chercher le duc d'Alençon : « Non pas, lui dit Charles, mais mon frère de Navarre. » Catherine, craignant qu'il ne lui conférât la régence, voulut jeter l'effroi dans l'âme d'Henri ; elle ordonna à Nancey, capitaine des gardes, de le faire passer sous les voûtes entre les gardes placés en haie, et dans une attitude menaçante... Le roi de Navarre tressaillit, et recula quelques pas en arrière ; le capitaine des gardes lui jura qu'il ne lui serait fait aucun mal. Henri passa au milieu des arquebuses et des hallebardes, monta l'escalier du donjon, et arriva au lit de Charles, qui n'avait près de lui que son aumônier Arnaud Sorbin, dit Sainte-Foi, et sa nourrice. Charles l'embrassa en lui disant qu'il l'avait toujours aimé ; que s'il eût voulu croire tout ce qu'on lui disait, il ne serait plus en vie ; qu'il lui recommandait sa femme, sa fille et le fils naturel qui lui restait de Marie Touchet, Charles, duc d'Angoulême. Il cessa tout à coup de parler, et s'évanouit. Henri se retira. L'agonie de Charles fut longue et douloureuse ; le sang lui sortait par les pores ; il mourut dans d'horribles convulsions, le 31 mai 1574. Il n'avait pas atteint sa vingt-quatrième année. Après les quarante jours de dépôt dans la sainte chapelle de Vincennes, son corps fut transporté, le 10 juillet, à l'abbaye du faubourg Saint-Antoine sur un chariot traîné par six chevaux. La tête, séparée du corps, avait été déposée dans une chapelle sur le chemin de Vincennes à Paris ; elle fut aussi transférée à l'abbaye Saint-Antoine. L'effigie du feu roi, richement habillée, était sur un lit de parade, entourée des seize gentils-hommes de la chambre. Le parlement, le clergé et tout le cortège s'y rendirent le lendemain. Mais la marche funèbre du faubourg Saint-Antoine à Saint-Denis fut troublée par des questions de préséance. Le cortège se dispersa ; il ne resta auprès du char funèbre que cinq gentils-hommes et Vitry, capitaine des gardes, qui présenta le corps aux religieux de l'abbaye royale. Villeroi fit imprimer en 1625 l'ouvrage que ce prince avait écrit sur la chasse, et qui a pour titre : *La chasse royale, composée par Charles IX*. Les auteurs contemporains, Amyot, Ronsard, Belleforêt, Brantôme, en ont parlé avec éloge. Ses poésies ont été recueillies par les frères Sainte-Marthe. DUFEY (de l'Yonne).

CHARLES X, quatrième fils du dauphin fils de Louis XV, naquit à Versailles, le 9 octobre 1757, et reçut les prénoms de *Charles-Philippe*, avec le titre de comte d'Artois. Il était donc le frère puîné des deux princes qui régnèrent sous les noms de Louis XVI et de Louis XVIII. Il épousa, le 16 novembre 1773, Marie-Thérèse de Savoie, qui mourut en Angleterre, le 2 juin 1805 ; il eut d'elle le duc d'Angoulême et le duc de Berri.

Ce prince entra dans le monde lorsque Louis XVI monta sur le trône. Louis XVI fut élevé dans les principes religieux de la vieillesse de Louis XIV ; le comte de Provence

(Louis XVIII) s'était laissé séduire au persiflage irréligieux et à la philosophie novatrice du dix-huitième siècle. Le comte d'Artois, plus malheureux, avait été façonné par ses maîtres aux brillantes orgies de la régence et au libertinage obscur de la vieillesse de Louis XV. Ses belles manières, son air de prince, son goût pour les exercices du corps, sa galanterie pour toutes les femmes, faisaient revivre en lui ce vieux roi dont la France avait méprisé la vie, dont elle venait d'insulter le cercueil; et le jeune prince, esclave de cette éducation première qui pèse comme une fatalité sur la vie entière de l'homme, offrait le spectacle d'une corruption en contraste avec la régularité religieuse du roi, la retraite philosophique de Monsieur et l'hypocrisie d'une partie de la cour. Sa légèreté, embellie par ses grâces, son aménité, ses succès auprès des lambeaux corrompus de la cour de Louis XV, exercèrent une funeste influence sur l'esprit de la jeune reine, dont la bonté facile croyait la légèreté sans péril, et pour qui le désir de plaire était devenu un besoin exclusif. Mais, représentant d'une époque surannée, le prince ne trouva point de sympathie dans la nation, et sa jeunesse ne put lui faire pardonner de perpétuer une corruption honteuse pour la France, nuisible à la dignité du trône et prétexte de ces déclamations que les agitateurs du peuple fulminaient contre la cour. La vie privée était alors tributaire de l'épigramme et du couplet; la malignité publique fait toujours sa part: il y eut souvent vérité, quelquefois médisance, comme dans l'enlèvement du masque de la duchesse de Bourbon et dans le duel avec le jeune duc; il y eut même calomnie dans plusieurs anecdotes lâchement mensongères.

Ces scandales toutefois furent de courte durée : la révolution surgit, le tocsin sonna sur le peuple et le glas sur le trône. La vie privée du comte d'Artois l'avait mal façonnée à la vie politique. Il faut le dire, toutefois, il y eut du courage au jeune prince à se poser l'adversaire de toute innovation en face d'une conflagration générale. Dans l'assemblée des notables, il fut élu président d'un comité qui osa prendre le titre de *comité des Francs*. Lafayette faisait partie de ce bureau, et les deux hommes qui devaient, avec le plus de constance et d'honneur, défendre les deux principes opposés de la révolution, se trouvèrent en face dès le commencement de la lutte. Cette religieuse stabilité de principes, si rare dans les révolutions, avait inspiré à ces deux hommes une mutuelle estime: Lafayette, ennemi public de l'arbitraire royal, s'exprimait avec une heureuse inconséquence sur le caractère personnel de Charles X; Charles X, lorsqu'on lui demandait des juges contre les idées et les hommes protégés par le grand citoyen : « Il faut le respecter, répondait-il; je ne connais que deux véritables honnêtes gens politiques, le marquis de Lafayette et moi: toujours opposés l'un à l'autre, nous avons toujours été fidèles à notre conscience et à notre principe. » Malheureusement, le prince avait donné des arrhes à l'impopularité. Les murmures du peuple attestaient cette inopopularité; ils redoublèrent lorsqu'il eut le courage imprudent de défendre la honteuse administration de Calonne; ils se tournèrent en émeute lorsqu'il fit enregistrer l'édit du timbre et de l'impôt territorial ; et quand il sortit de la cour des aides, sa retraite ne fut pas sans péril. Aux états généraux, il refusa l'élection, et ne parut dans l'assemblée qu'après le 14 juillet; son air de tristesse et de morne abattement éveillèrent alors les soupçons des amis ombrageux de la liberté, et suscitèrent les clameurs des agitateurs populaires.

Le péril irritant leur colère, le comte d'Artois et les princes de la maison de Condé, séduits par l'idée chevaleresque de restituer à leur dynastie son pouvoir tout entier, résolurent de quitter la patrie. Les préparatifs du départ se firent au milieu des craintes que leur inspirait la France et de l'espérance trompeuse qu'ils fondaient sur l'étranger. Dans la nuit du 16 juillet, la famille des Bourbons se réunit pour ne plus se revoir. Le comte d'Artois croyait que l'émigration rallierait sur la frontière cette noblesse française qui viendrait bientôt, à main armée, apaiser les troubles et la révolte de la France. Les Parisiens entrèrent en fureur en apprenant la fuite du comte d'Artois : la cocarde alors était verte, Camille Desmoulins, à la suite d'une de ses véhémentes philippiques, ayant arboré pour signe de ralliement la feuille des arbres du Palais-Royal. La couleur verte fut proscrite parce qu'elle était celle de la livrée de ce prince, et les trois couleurs devinrent le drapeau de la France révolutionnaire.

Lorsque le ministère présenta les dettes du prince parmi les dépenses publiques, l'assemblée nationale se répandit en murmures. Lui cependant allait à Mantoue implorer le secours de l'empereur Léopold; à Worms, provoquer la désertion des officiers français; à Bruxelles, lier à sa cause l'archiduchesse Marie-Christine. Après un voyage à Vienne, il se réunit à Pilnitz avec l'empereur et le roi de Prusse. Là fut convenue la première coalition. Elle resta d'abord sans effet; bientôt même l'empereur, effrayé, refusa au prince un lieu de recrutement dans les Pays-Bas. L'Assemblée nationale, traitant en ennemi le comte d'Artois, qui lui suscitait des ennemis, lui enjoignit de rentrer en France, et le roi, après l'acceptation de la constitution, l'invita à revenir auprès de lui : « Fidèle à mon devoir et aux lois de l'honneur, lui répondit le prince, je n'obéirai pas à des ordres évidemment arrachés par la violence. J'ai fait connaître à votre majesté les sentiments et les principes dont je ne m'écarterai jamais. J'en renouvelle ici le serment. »

Cependant l'émigration redouble, les préparatifs de guerre se hâtent sur les bords du Rhin, et l'Assemblée législative décrète le prince d'accusation, supprime son traitement constitutionnel, et déclare ses rentes apanagères saisissables par ses créanciers. Lors de l'invasion en Champagne, le comte d'Artois eut le malheur, à jamais déplorable, de partager la régence et nomma son frère lieutenant général du royaume. Alors le prince partit pour Pétersbourg. Catherine II lui promit des troupes; mais le ministère anglais, incertain de sa majorité, craignit les débats orageux du parlement, et refusa de les transporter dans la Vendée, qui était déjà en pleine insurrection. Un prince français à la tête des insurgés eût pu, en présence des terribles mesures de la Convention, provoquer un vaste soulèvement. Mais l'Angleterre, notre ennemie, même lorsqu'elle est notre alliée, ne voulait que diviser et affaiblir la France. Le prince, protégé par une escadre britannique, aborda à l'île Dieu : il ralluma l'ardeur des Vendéens, et le commodore anglais ne lui communiqua l'ordre qu'il recevait de ramener son escadre que pour laisser le prince spectateur du désastre de Quiberon.

L'Empire vint peser du poids de toute sa gloire sur l'Europe et sur les Bourbons. La guerre civile était éteinte, l'ordre était rétabli et la Vendée avait succombé en face des victoires qui nous livraient l'Italie et l'Allemagne. Ce fut l'époque de la réconciliation du comte d'Artois avec le duc d'Orléans. Le malheur semblait resserrer des liens de famille que la régence avait affaiblis, que la révolution avait brisés. Ils parurent ensemble à la cour de Saint-James, et le prince demeura jusqu'en 1813 avec le comte de Provence, dans la retraite d'Hartwell, qu'il ne quitta que pour un voyage en Suède. C'est de là qu'ils publièrent leur protestation contre l'établissement de l'empire; et la conquête, avouée par la gloire de l'Europe, fut désavouée par la légitimité. Enfin, cette fatalité qui pèse sur les princes rétrograde détermina la guerre et les désastres de Moscou : c'était l'heure fatale de l'Empire, c'était le jour des Bourbons, et ce jour sans doute ils le crurent heureux. Le comte d'Artois arrive à Bâle, il pousse jusqu'à Vesoul ; mais, sur les représentations de François II, les souverains alliés arrêtent sa marche. Ce fut seulement lorsque la politique de l'empereur d'Autriche crut devoir abandonner le roi de Rome aux alliés, comme elle avait abandonné Marie-Antoinette aux bourreaux, que le rétablissement des Bourbons fut, sinon évident, du moins possible et probable. Alors le comte d'Artois pénétra en France, alors il fit entendre ces paroles : « Plus de tyrans, plus de guerre, plus de conscription, plus de droits réunis! que vos malheurs soient effacés par l'espérance, vos erreurs par l'oubli, vos dissensions par l'union! »

Il arrive à Paris, et, soit lassitude d'un gouvernement militaire, soit zèle pour les nouveautés, soit espoir d'un meilleur avenir, la capitale l'accueille par des acclamations qui ne prouvent rien, parce que Paris semble les réserver à tous les gouvernements qui arrivent. Le prince, au milieu de cet enthousiasme, en éprouva réellement la réaction. « Plus de divisions, s'écria-t-il, la paix et la France! rien n'y est changé, *il n'y a qu'un Français de plus!* » Le sénat, qui prononça la déchéance de tous les pouvoirs tombés et qui sanctionna l'avénement de tous les pouvoirs venus sans lui, défera le gouvernement provisoire à Monsieur en attendant que Louis XVIII eût accepté la constitution. Monsieur éluda cet impôt d'une charte que lui présentait un sénat avili par sa longue servitude. Il se borna à répondre : « Le roi reconnaîtra le gouvernement représentatif; l'impôt sera librement consenti, la liberté publique et individuelle assurée, la liberté de la presse respectée, la liberté des cultes garantie, les propriétés inviolables, les ministres responsables, les juges inamovibles, la dette publique garantie, les pensions, grades, honneurs militaires conservés, ainsi que l'ancienne et la nouvelle noblesse, la Légion d'Honneur maintenue, tout Français admissible à tous les emplois; » il promit enfin « l'oubli des votes et des opinions, et l'irrévocabilité des ventes des domaines nationaux. » Il remercia la chambre des Députés « de son courage à protester contre l'oppression qui pesait sur la France et de sa résistance à la tyrannie ». Mais il crut devoir céder à de funestes conseils et nommer des commissaires pour aller dans les départements rappeler l'existence des Bourbons et réchauffer le zèle royaliste. C'est en vain qu'il leur avait dit : « Portez au peuple l'espérance et rapportez au roi la vérité. » Ces ministres de paix et d'union se firent les champions de toutes les passions haineuses et intéressées : ils semèrent ces murmures et cette colère qui devaient bientôt éclater au 20 mars, et Monsieur rappela ces missionnaires de désordre.

Par un malheur de la conquête et d'engagements antérieurs, il signa le traité qui resserrait la France dans ses limites de 1792, et rendit à l'étranger toutes les places occupées par les Français. Il réduisit le nombre des bâtiments de guerre de nos transports à 21 frégates, 27 corvettes, 15 avisos, 13 flûtes et 60 transports. Il licencia l'armée française, sans penser que les trois couleurs, adoptées par la nation française, avaient été l'étendard de la gloire et pouvaient devenir celui de la rébellion.

Le comte d'Artois n'était plus alors l'homme d'une jeunesse orageuse et des voluptueuses passions. Il avait déjà revêtu le vieil homme : sa raison, peu exercée, ne l'avait pas conduit aux grands et salutaires principes de la religion chrétienne; il s'était laissé mener par quelques prêtres à une superstition sans lumière, qui avait aussi ses hypocrisies; c'est dans toute la sincérité de son âme qu'il croyait ce qu'on lui disait de croire, et sa vie, commencée par la jeunesse de Louis XV, devait s'achever par la vieillesse de Louis XIV. Son frère Louis XVIII apparut alors : les choses prirent un caractère politique, la restauration commença, plus que la révolution fût finie; car il est des conditions d'existence sans lesquelles les faits ne sauraient s'accomplir. Toutefois, la restauration n'était pas sans difficultés. Lorsque la tempête est calmée, les révolutions ouvrent avec joie les portes de la patrie. Il suffit d'abdiquer le vieil ordre social et de s'affilier au nouveau pour arriver à une adoption nouvelle. Le protectorat d'Angleterre rappela tous les royalistes qui de leur personne n'étaient pas attachés à la personne des Stuarts. La république, le consulat, l'empire, accueillirent tous les émigrés qui voulurent abandonner les Bourbons. Ainsi fait la politique. La morale, plus sévère, verrait je ne sais quelle trahison honteuse dans ces transfuges de l'usurpation qui s'enfuient avec la légitimité pour retourner à l'usurpation. Ils quittent l'une dans le péril, l'autre dans l'infortune. Mais la morale traite des hommes comme ils doivent l'être; la politique, des hommes comme ils sont : indigente pour les apostasies dont elle profite, elle pardonne à l'espèce humaine de fuir la faiblesse pour la force, et de répudier le malheur pour s'attacher à la prospérité.

Après la restauration de la dynastie, on essayait déjà de restaurer l'ancien régime. On hésitait seulement sur le choix de la route qui devait y conduire. On parlait déjà de ligne droite et de ligne courbe. Ce tableau appartient à l'histoire de Louis XVIII. Mais des hauteurs de l'île d'Elbe Napoléon vit que le règne des Bourbons effrayait déjà un assez grand nombre de Français pour que son génie osât concevoir une entreprise dont quelques empires usés de l'orient avaient seuls vu réussir la témérité. Il débarque à Cannes avec quelques centaines de soldats pour détrôner un roi de trente millions d'hommes! Et ce que l'Europe entière n'avait pu contre lui qu'après quinze ans de lutte, il l'exécute contre les Bourbons en quinze jours et sans qu'un seul régiment se présente pour le repousser (*voyez* CENT-JOURS). Monsieur partit en hâte pour Lyon, mais la défection était déjà dans l'armée; des murmures éclatèrent déjà dans la ville, et il fut contraint de partir pour Paris, suivi d'un seul homme, à qui Napoléon, qui savait que son métier de roi l'engageait à rémunérer les services rendus à la royauté, fit accorder la croix d'Honneur. Les Bourbons sentirent alors qu'ils ne régnaient pas par la légitimité, mais par la Charte, à laquelle toutefois la légitimité ajoutait tout l'éclat d'une antique dynastie, tout le respect d'une vieille constitution. Aussi, en présence du corps législatif : « Je déclare, en mon nom et au nom de toute ma famille, dit le prince, que nous partageons les sentiments du roi; c'est au nom de l'honneur que nous jurons tous de respecter la Charte constitutionnelle. » Serments tardifs, qui, comme toutes les promesses des rois, surviennent lorsque les peuples n'osent plus y croire! Impuissants à résister, les Bourbons partirent dans la nuit du 20 mars. Le comte d'Artois, à la tête de la maison militaire du roi, partit le dernier, et il eut la douleur d'être spectateur de plusieurs défections, qui de Paris à Gand réduisirent à un très-petit nombre les soldats qui l'accompagnaient.

Après le désastre de Waterloo, le prince revint à Paris : il présida le collége électoral de la Seine et le premier bureau de la chambre des pairs. Il assista aux premières discussions de la pairie. Quand, MM. de Polignac et de Labourdonnaie n'ayant consenti à prêter le serment qu'avec des restrictions, la chambre semblait vouloir exiger un serment pur et simple, le prince déclara « que ces restrictions ne pouvaient empêcher d'avoir égard aux principes de la Charte et porter la moindre atteinte à leur caractère de pairs; que ces restrictions provenaient de principes religieux toujours infiniment respectables, et qui devaient trouver des appuis et des protecteurs dans une assemblée dont le devoir était de maintenir la religion ». Le duc de Fitz-James proposa de voter des remercîments au duc d'Angoulême pour sa conduite dans le midi. Le comte d'Artois s'opposa aux honneurs qu'on voulait décerner à son fils. « Français, prince français, dit-il, le duc d'Angoulême peut-il oublier que c'est contre des Français qu'il a été forcé de combattre! combien a coûté à son cœur cette cruelle nécessité! Permettez, messieurs, que je refuse pour mon fils des remercîments acquis à ce titre. » Dès ce moment le comte d'Artois quitta la scène politique, et jusqu'à la fin de Louis XVIII il vécut au milieu de sa cour solitaire du pavillon Marsan. Sous beaucoup de rapports, il y renouvela cette cabale de Jacques II qui troubla le règne de son frère et qui finit par le perdre lui-même. C'était un système religieux qui, en dehors des libertés de l'Église gallicane, semblait vouloir rétablir l'autocratie papale; c'était un système politique qui, en dehors des libertés du royaume, semblait vouloir rétablir l'absolutisme monarchique. Des jésuites effrayaient la conscience du prince, et troublaient le pays par des missions politiques sous un masque religieux. La puissance sacerdotale menaçait l'ordre social. C'était un système monarchique tout de traditions surannées, rêvé par ces vieux courtisans qui, dédaigné par tous les pouvoirs, se vantaient d'une fidélité qu'aucun n'avait tenté de corrompre. Pour eux la monarchie était un état où la volonté du prince fait tout de ces hommes incapables d'être rien par eux-mêmes. Hors du palais, tout était athée ou traître : les têtes-rondes s'étaient transformées en puritains. Effrayés de cette tendance : « Mon frère ne mourra pas sur le trône, » disait Louis XVIII à ses amis.

Et toutefois, à l'avénement de Charles X, le roi parut avoir dépouillé le prétendant; il vit qu'en France le sceptre est au prix de la liberté; il parut avoir tout oublié, de l'échafaud de son frère à l'assassinat de son fils. « Plus de baïonnettes », disait-il, en se jetant au milieu des flots du peuple qui se pressait à la barrière de l'Étoile. « Plus de censure, » disait-il en brisant les entraves de la presse, comme avide de cette popularité royale qui veut connaître les plaintes et les vœux du pays. Mais à côté du roi populaire parut aussitôt le chrétien timoré. Il permit au clergé d'abandonner le cercueil solitaire de Louis XVIII, et cet anathème visible dont il frappait un frère, un roi qui avait pris la France sous la domination des factions et de l'étranger, et qui la laissait pacifique et prospère, signala tout d'abord que la conscience du prince ne lui appartenait pas comme celle de saint Louis, qu'elle était un sacerdoce, et que si l'on pouvait espérer un d'Amboise, on pouvait craindre un Duprat. Aussi, dès ce moment, deux partis s'établirent à la cour, l'un voulant dominer le roi par la conscience et l'État par le roi, l'autre voulant maîtriser le roi par la Charte et les chambres par la corruption. La même division éclata dans le sacerdoce et la noblesse. On vit une opposition s'établir où elle ne devait pas être; elle attaqua le pouvoir à la tribune, dans les journaux, dans les pamphlets, les salons, les châteaux, les presbytères, et toujours et partout sema à pleines mains une hostilité qui, ne pouvant avoir de résultat utile, était sans motifs réels. Et les hommes qui attaquaient ainsi étaient accablés de caresses, de décorations, de places, de pensions et du milliard d'indemnité. Les mêmes dissensions éclatèrent dans le clergé : quelques missionnaires furent suscités contre la plus vénérable partie du sacerdoce français, qui par l'austérité de sa vie, l'éclat de ses lumières et la sainteté de ses vertus, n'avait pas besoin de cet apostolat étranger, et rejetait comme novatrice cette tendance ultramontaine qui voulait défendre le trône par l'autel, pour placer ensuite l'autel sur le trône. Tout alors fut opposition : dans l'Église, les catholiques se séparent des jésuites; dans la pairie, les royalistes répudient les ultra; à la chambre des députés, les deux cent vingt et un surgissent contre les ministériels; dans la presse, le Journal des Débats, plus téméraire que les autres, porte l'esprit de résistance à la royauté dans les presbytères et les châteaux, lieux paisibles où la rébellion n'avait jamais pénétré.

Les partis qui attaquent ne signent pas un contrat d'union : auxiliaires les uns des autres, ils combattent ensemble dans le péril; après la victoire, ils se battent entre eux. Cette ligne força Charles X à toutes les fautes qu'il a faites : il en eût fait d'autres sans doute par sa propre volonté, mais il n'eût pas fait celles-là. A la cérémonie du sacre, Charles X avait juré la constitution; il avait pris cette haute et sage détermination, malgré les sourdes, les longues, les violentes intrigues dont il avait été obsédé. Ainsi tout porte à croire que le serment fut sincère, et que la foi royale fut promise avec loyauté. Malheureusement le roi se trouva bientôt entre deux écueils ! les jésuites voulant détruire la liberté au profit de la monarchie, les carbonari voulant renverser la monarchie au profit de la liberté. Un prince ferme n'eût pas laissé des sociétés secrètes s'établir dans le pays, y réunir toutes les hostilités, y grouper toutes les haines, y mettre toutes les factions en présence. Mais la faute n'en est pas à Charles X : durant les dernières années de Louis XVIII, lorsque l'aristocratie était occupée de son milliard d'indemnité, le ministère de ses jeux de chambre et de bourse, le sol politique resta vide, les partis l'envahirent. La servitude des trois cents suscita l'espérance orgueilleuse des jésuites et l'esprit de révolte des carbonari. Le péril était grand pour les Bourbons. Mais Charles avait trouvé toutes les hostilités sous les armes. Enclin à rétablir l'ancien régime, impuissant à le ramener, lui-même reculait devant ses désirs. Il espérait tout encore du système représentatif, sans penser que les majorités avilies ont perdu tout ascendant sur le peuple. L'opposition gagnait pied à pied le terrain parlementaire. La servilité redouta les anathèmes de la tribune et le dédain du pays, et la vénalité ne fut plus assez lucrative pour faire désirer l'impopularité : il y avait trop de honte et pas assez de profit, et la Charte vint s'asseoir sur le tombeau de la corruption.

Aussitôt, les hommes qui ne pouvaient vivre avec la constitutionnalité revinrent aux pensées de violence, et alors l'idée vague mais générale d'un coup d'État vint effrayer à la fois ceux qui croyaient se sauver et ceux qu'on voulait perdre par cette terrible péripétie. L'acte brutal nommé coup d'État doit être masqué d'une imminente nécessité ou d'une grande gloire. La guerre d'Espagne avait été sans péril; elle était déjà lointaine, et l'on ne se souvenait guère de cette promenade militaire de la Bidassoa au Trocadero. Elle ne pouvait exalter la fureur du soldat, le transformer en prétorien, en streltz, en janissaire : l'homme pour qui on se dévoue n'était pas là, comme au 18 brumaire; les hommes qui se dévouent pour leur propre cause n'étaient pas là, comme au 18 fructidor : le coup d'État était difficile. Le nuage empirait : les royalistes se divisaient, parce qu'on voulait les pousser à des idées exagérées. Les oppositions, au contraire, se prêtaient un mutuel secours, parce qu'elles devenaient les auxiliaires d'idées plus modérées. La cour, contrainte à faillir à ses principes, cherchait un ministère nouveau. La royauté était sauvée si elle eût pris ses ministres dans la véritable opposition parlementaire. Toutes les divisions libérales, soudain en présence, s'affaiblissaient par l'isolement ou se ruinaient par la lutte. On manquait de portée d'esprit et de courage, et l'on prend un ministère de transition. Cette mesure équivoque ne peut rien pour la royauté, dont on se défie, et laisse pied à pied gagner du terrain à la liberté, qu'on croit en péril; aussi, à cette chute, le ministère Martignac laissa la royauté plus affaiblie et la liberté plus ombrageuse.

Cependant la main qui avait fait présent à la France de la Charte, soumise à la politique du Nord, était allée détruire la liberté dans la péninsule ibérique. Elle s'était hâtée d'éteindre ces dernières étincelles d'indépendance que jetait çà et là le volcan moderne de la péninsule italique; elle avait laissé sans guide et sans appui cette monarchie de l'Amérique du Sud, dont les lambeaux se déchiraient en républiques diverses, dont la liberté, tournée en licence, n'offrait plus que des soldats voulant un débris de couronne ou des peuples tombés dans l'anarchie. Et comme tout abandonne ceux qui abandonnent les principes, les Bourbons, soumis encore aux espérances et aux craintes britanniques, portaient les lumières et l'esprit de révolte dans l'Egypte et dans la Grèce, y voulaient opposer la monarchie au despotisme et détruire plutôt qu'humilier cette Porte, la plus vieille et la plus sincère alliée de la France. L'Angleterre et nous, nous désintéressés dans la question, détruisîmes les forces navales de cette puissance dans cette fatale victoire de Navarin, brillante comme la flamme et funeste comme l'incendie; l'Angleterre et nous avions sollicité, enhardi l'expédition d'Ibrahim et placé le divan sur le bord de l'abîme; mais, par un juste retour, la Turquie fut contrainte à se placer sous l'égide de la Russie. L'Angleterre tomba dans son propre piège; et nous vîmes le colosse du Nord, qui deux fois avait foulé le sol de la France, convié par nos fautes à protéger un empire qu'il convoite, et devenir pour nous plus irrésistible et plus menaçant.

Cette fatalité des races royales, qui pèse sur elles incessante, éternelle, comme pour témoigner de l'impuissance des rois à lutter contre leur destinée, fit choisir enfin le ministère Polignac. M. de Polignac perdit le roi et la dynastie de Bourbon. Les idées de ce ministre, folles, parce qu'elles étaient surannées, étaient connues dès longtemps. La cour de Louis XVIII et de Charles X avait sans cesse répété que la contre-révolution se ferait homme en M. de Polignac. Le choisir, c'était sonner sur la France libérale le glas d'une contre-révolution ou le tocsin d'une révolution nouvelle. Dès son apparition, le jour demandait au jour sur quel point la liberté était en péril ou en révolte. Tout semblait calme cependant. Au premier aspect, la longanimité des peuples paraît favoriser les tentatives des partisans de la contre-révolution ; on cherche pourquoi, lorsque celle-ci lève ses bannières, celle-là ne déploie pas ses étendards. Mais croit-on que cette conflagration universelle soit libre de craintes et de péril? Est-il donné aux hommes d'allumer sans trembler l'incendie qui peut les consumer? Rendons, au moins cette justice à M. de Polignac : lui-même a reculé devant l'abîme qu'il creusait à la liberté et où la monarchie est allée se perdre. Il n'a franchi les idées parlementaires que lorsqu'il ne pouvait plus compter sur la corruption du parlement. Alors seulement il essayait de tuer la Charte par la Charte : il s'effrayait des 221 ; c'est du système représentatif qu'il fallait s'effrayer. L'élection rendit au ministre les hommes qu'il voulait éloigner. Alors il y eut péril pour le ministère, mais non pour la royauté. Les 221 convoitaient des portefeuilles, mais respectaient la couronne. Après Juillet, ils se firent révolutionnaires, mais à leur cœur défendant; s'ils le furent trop, c'est qu'auparavant ils ne l'avaient pas été assez. En face d'une révolution, ils lui donnèrent un dévouement sans bornes, en otage d'une sincérité suspecte.

M. de Polignac, qui craignait les chambres, avait voulu placer le pouvoir hors des chambres. Il voulut entourer la royauté de gloire, et résolut la prise d'Alger. La conquête était difficile : il fallait faire mieux que Louis XIV et que l'Angleterre. Il ne suffisait plus à notre civilisation de demander compte à des pirates d'un brigandage ou d'une insolence. Il fallait, pour la sécurité du commerce, ruiner le pays antique et la plus redoutable foyer de la piraterie. La France n'était pas heureuse sur mer, et depuis Cromwell le trident est passé dans d'autres mains. Bourmont, homme qui concevait avec promptitude, mais qui, paresseux, exécutait avec lenteur et décousu, s'empara d'Alger et des États de la régence. Si l'on bornait l'entreprise à une leçon de justice hautaine, les Barbaresques étaient humiliés, tout était consommé, et pour la première fois les trésors de la Casba offraient à la France une guerre d'orgueil dont le pays ne payait pas les frais. Mais soyons justes, Charles X avait des vues plus lointaines : sa pensée fut de conserver sa conquête. A peine cette pensée fut-elle connue que l'Angleterre se hâta de demander des explications par une dépêche altière, qui cachait mal sa crainte et son embarras ;

Charles X écrivit à la marge de la dépêche : « La France a pris Alger en ne consultant que sa dignité ; pour le conserver ou le rendre, je ne consulterai que son intérêt. »

Le coup d'Alger devait aussi perdre le roi de France. Le vainqueur allait suivre le vaincu. L'orgueil de la victoire enfla tellement le ministère, qu'il crut la liberté française abattue sur la grève africaine. De ce moment le succès des ordonnances sembla possible ; il paraissait facile même. La tentative contre-révolutionnaire avait pour elle toutes les puissances de l'Europe. Le continent tout entier, moins les whigs d'Angleterre, les libéraux de France, les patriotes disséminés dans les divers empires, approuvait une mesure de rigueur qui devait en finir avec la liberté et rendre à toutes les aristocraties cette sécurité de la servitude qui permet aux uns de compter avec l'orgueil et aux autres de s'enorgueillir avec l'argent. Les partis n'apprendront jamais qu'il ne se fait à la longue que ce que les peuples veulent : personne ne saurait faire ce que tout le monde ne veut pas. Aussi, l'armée, sur laquelle on comptait, refusa-t-elle de servir le pouvoir contre la liberté; les rois refusèrent de servir la royauté contre la révolution, l'aristocratie même renouvela sa honte du 20 mars, et Charles X, comme Louis XVIII, pût se souvenir de ce Jacques II, qui devant le péril se trouva seul et *pris au dépourvu*. Chacun le connaît, et je ne dirai rien de cet aveuglement qui fit tenter une contre-révolution sans armée, comme si la Providence s'était chargée d'en assurer le succès; je ne dirai rien de ce sophisme qui se servait de l'article 14 pour détruire la Charte tout entière. Le coup d'État nommé ordonnance du 5 septembre réussit : il était dans l'intérêt montuel du peuple et du roi. Le coup d'État du 26 juillet devait tout perdre : il était un attentat de la royauté contre la France. Cependant l'événement surprit toutes les têtes, et pas une n'était à la hauteur de cette audace et de ce péril. Les fatales ordonnances furent un coup de foudre, et comme la foudre aussi, le peuple gronda soudain sur les places publiques. Le mécontentement produisit une émeute, l'émeute une révolte, la révolte un révolution. La fatalité pesait sur les Bourbons. Polignac n'était pas une tête à coups d'État, Marmont n'était pas un bras de guerre civile ; ils comptaient faire par le retentissement du canon d'Alger ce qu'ils étaient incapables de faire par eux-mêmes. Cette victoire en effet semblait prophétiser le succès. Le canon l'annonce à la terre, le *Te Deum* l'annonce au ciel; mais dans ce moment même l'opposition tout armée sort de l'urne électorale au sein des fumées de poudre et d'encens ; mais le peuple eut le courage de se battre, l'habileté de vaincre et la générosité de céder la victoire à ceux qui n'avaient pas combattu (*voyez* JUILLET [Révolution de]).

Les ministres avaient-ils en effet refusé leur signature? Qu'importe? Un ministre approuve ou se retire, et s'il s'en trouve qui osent jouer un roi et un pays contre un portefeuille, je n'ai point d'épithète pour ceux-là. Disons toutefois que les membres de la famille royale étaient dans une ignorance complète du coup d'État; que Charles X, fasciné depuis longtemps par les absolutistes, croyait le coup d'État facile et le succès certain. Rien ne fut interrompu à Saint-Cloud, et pendant la bataille qui décidait d'un royaume, les règles de l'étiquette, la distribution des heures, le moment du jeu, rien ne fut retardé. Pour être vrai, il faut ajouter que M. de Polignac, rendant compte au roi de l'entrevue que le maréchal Marmont venait d'avoir avec MM. Mauguin, Laffitte et Bérard, insistait sur la nécessité, mais non sur l'urgence d'un traité avec l'insurrection. Il indiquait le retrait des ordonnances, le renvoi du ministère et la cessation des hostilités comme base première. Le maréchal approuve les mesures proposées par le ministre, mais il a l'imprudence d'ajouter que rien ne presse, qu'il occupe des points inexpugnables, qu'il espère la victoire, et qu'il répond de la résistance. Cet espoir décide du sort des Bourbons; ils s'endorment dans cette funeste sécurité. Le lendemain tout pour eux est perdu, et lorsqu'ils veulent reprendre les propositions de la veille, on leur répond : « *Il est trop tard.* » Les Bourbons ne paraissent pas à la tête de l'armée. Charles se retire à Rambouillet avec sa maison militaire et ce qui lui reste de soldats. On ne vit pas de courtisans dans ce palais. Le malheur avait frappé à la porte, ils en avaient franchi le seuil. Là le roi pouvait se défendre encore, réunir ses partisans, effrayer ses ennemis publics, imposer à ses adversaires secrets. Le peuple de Paris, exalté par la victoire, le poursuivit dans sa retraite avec tant de précipitation et de désordre que l'artillerie et la cavalerie suffisaient pour en exterminer les bandes éparses. Le prince pouvait vaincre, il ne sut pas combattre; et de nos jours, quand on veut vivre en roi, il faut savoir mourir en roi. L'armée l'abandonne. Charles reste seul. Il apparait alors avec cette vertu qui ne fut jamais infidèle aux Bourbons, cette résignation que la religion embellit. Le roi abdique, le dauphin abdique; le duc de Bordeaux prend le titre de Henri V. Les chambres ne lisent pas même ces abdications tardives, et prononcent la déchéance. Des commissaires accompagnent Charles jusqu'à la frontière. Les égards lui sont prodigués partout, l'infortuné ne trouve de sympathie nulle part. Du moins, dans sa route vers l'île d'Elbe, Napoléon avait vu quelquefois une larme d'adieu briller dans l'œil d'un soldat.

Ici commence la troisième vie d'exil réservée à Charles X. Il se retire au palais d'Holyrood, célèbre aussi par les malheurs d'une autre royauté. Il s'en éloigne bientôt à la suite d'un procès que lui intente un créancier, dont le titre remonte à la première émigration. La rigueur du climat d'Écosse lui faisait d'ailleurs désirer un ciel plus doux. Il put se retirer au Hradschin de Prague, où l'empereur d'Autriche mit à sa disposition une partie de l'ancien palais du Burg. Il y vivait en roi, entouré d'une cour de serviteurs fidèles, et trouvait dans les plaisirs de la chasse une consolation aux rigueurs de l'exil. Du reste, il avait perdu le sceptre de vue, et, pour oublier la France, on le voyait concentrer ses affections dans sa famille et porter ses vœux vers le ciel. La superstition l'avait égaré sur le trône, la religion le consolait dans le malheur. Sa fervente piété l'avait conduit à une résignation parfaite, et c'était avec une touchante modération qu'il parlait des hommes que sa chute avait élevés. Depuis plus de cinq ans, une loi avait prononcé son bannissement et celui de sa famille, quand il mourut à Gœritz, en Styrie, où il se proposait de passer l'hiver, 6 novembre 1836, des suites d'une inflammation aiguë des voies digestives. Il était dans sa quatre-vingtième année et avait passé six ans dans son troisième et dernier exil, le même nombre d'années que sur le trône.

P.-J. Pagès (de l'Ariège).

CHARLES. Deux princes de la maison des Stuarts régnèrent sous ce nom en Angleterre.

CHARLES Ier, roi de la Grande-Bretagne et de l'Irlande, de 1625 à 1649, second fils de Jacques Ier, né le 19 novembre 1600, à Dumferline en Écosse, devint en 1612 prince de Galles, par suite de la mort de son frère aîné, Henri. Quand à la mort de son père, arrivée en 1625, il monta sur le trône, le conflit qui existait entre le peuple et son roi ne pouvait que prendre plus de gravité. Charles, lui aussi, était convaincu que sa puissance souveraine, fondée sur le droit divin, n'avait point de limites; et, dans la transformation rapide et complète que subissait l'esprit national, il persistait à ne voir qu'une agitation factice produite par quelques ambitieux mécontents. Il favorisait donc, autant par conviction que par politique, l'église épiscopale, et traitait avec beaucoup de mansuétude, le catholicisme, en même temps qu'il menaçait et persécutait les presbytériens écossais et les puritains anglais. Dès l'année 1625 il épousa Marie-Henriette de France, princesse catholique. Il ne blessa pas moins vivement l'opinion en conservant pour premier ministre, pour conseiller et pour ami le duc de Buckingham, favori de son père. Le parlement, qu'il réunit pour la première fois en 1625, et qui était déterminé à remettre en vigueur les libertés et les franchises nationales confisquées depuis Henri VIII et Élisabeth, se montra extrêmement parcimonieux dans le vote des subsides. Charles Ier n'en continua pas moins les armements commencés sous son père, et entreprit au mois d'octobre une expédition sur les côtes d'Espagne, qui demeura sans résultats. Par cette guerre, favorable à l'intérêt du protestantisme, il avait espéré se concilier l'opinion publique; mais, au lieu de lui accorder des subsides, le parlement qui se réunit en 1626 intenta un procès de haute trahison à Buckingham; et le roi, après avoir fait jeter en prison les membres les plus audacieux des communes, Elliot et Digges, prononça le 15 juin la dissolution de cette assemblée. Des concussions, des emprunts forcés et une contribution spéciale dont on frappa les villes maritimes (*ships-money*), durent alors tenir lieu de subsides. Des actes arbitraires, joints à des exécutions militaires et à des amendes, provoquèrent la plus vive irritation dans les masses.

C'est dans ces circonstances si critiques que l'orgueilleux et capricieux monarque se laissa entraîner par son favori dans une guerre inutile contre la France. Au mois de juin 1627 Buckingham partit avec la flotte pour La Rochelle, dans le but de venir en aide aux huguenots assiégés dans cette place; mais il échoua dans ses efforts pour sauver la ville. Dans la pénurie des finances, la responsabilité qu'il avait acceptée dans les affaires de l'Allemagne protestante avec le roi de Danemark Chrétien IV, déterminèrent Charles Ier à convoquer encore une fois le parlement en 1628; mais le premier acte des deux chambres fut de rédiger ce qu'on appela *petition of right*, acte qui donnait des bases nouvelles et plus larges aux libertés populaires. Fatigué de sa mauvaise position, le roi sanctionna; et cette détermination provoqua dans les masses les manifestations de la joie la plus vive. Mais le parlement, avant d'accorder des subsides, refusa de sanctionner le droit de pesage et de tonnage (*tonnage and poundage*), arbitrairement prélevé jusque alors à titre de prérogative de la couronne, et se plaignit vivement que le gouvernement favorisât le papisme et l'arminianisme. Quoique l'assassinat de Buckingham eût fait disparaître le principal obstacle au rétablissement de la bonne intelligence entre les pouvoirs, cet impôt amena un conflit si violent, que le 10 mars 1629 le roi renvoya les deux chambres en exprimant des menaces et une profonde irritation. Charles Ier gouverna alors pendant onze ans avec ses ministres Laud et Strafford, sans convoquer de parlement et en employant les mesures les plus arbitraires pour opérer le recouvrement de l'impôt. Afin de donner l'apparence de la légalité aux concussions et extorsions, on eut recours aux arrêts de la chambre étoilée, tribunal n'ayant lui-même d'autre règle que l'arbitraire. L'Angleterre fit la paix avec la France en 1629, et avec l'Espagne en 1630, sans que la cause du protestantisme y gagnât quelque chose.

Un tel gouvernement, qui se montrait impuissant à l'extérieur, et qui à l'intérieur opprimait les libertés publiques et par une brutale fiscalité portait atteinte aux droits privés les plus sacrés, devait nécessairement provoquer contre le roi les haines les plus vives. Les principes républicains, pour lesquels le puritanisme témoignait en général une grande sympathie, se produisaient partout au grand jour, et entretenaient dans les esprits une menaçante fermentation. Charles Ier crut conjurer l'orage en poursuivant sévèrement les puritains et en opprimant le presbytérianisme en Écosse. Mais ce fut précisément cette pression exercée sur les consciences qui ouvrit l'abîme des révolutions. Les Écossais, à qui, en 1638, le roi finit par vouloir imposer la liturgie épiscopale, constituèrent un gouvernement révolutionnaire et souscrivirent le covenant. Mais quand le roi voulut recourir à l'emploi de la force, ils envahirent l'Angleterre à main armée, et y furent accueillis avec une joie peu déguisée. La guerre civile parut, à la vérité, momentanément écartée par un accommodement amiable. Mais dans un synode tenu à Edimbourg les Écossais déclarèrent l'épiscopat et sa liturgie des institutions illégales et blasphématoires; et le roi, qui, faute de ressources financières, se trouvait réduit à l'impuissance, se vit forcé, en désespoir de cause, de convoquer le parlement d'Angleterre au mois d'avril 1640. Les chambres se montrèrent d'abord de bonne composition; mais la cour, après avoir blessé les communes par d'intempestives menaces, crut prudent de les dissoudre immédiatement. A l'aide de moyens illégaux Charles Iᵉʳ réunit alors une armée assez considérable; mais, le 28 août, elle fut mise en déroute à Newburn par les Écossais, qui avaient de nouveau envahi le sol anglais. Découragé, irrésolu au milieu de cette crise, le roi se décida encore une fois, non sans une vive répugnance, à convoquer le parlement.

Cette mémorable session s'ouvrit le 4 novembre 1640. Les deux chambres étaient préparées à engager la lutte contre le despotisme royal (voyez LONG-PARLEMENT). Elles débutèrent par mettre en accusation les ministres et divers fonctionnaires qui avaient servi la cour pendant les onze années qui venaient de s'écouler, et cassèrent les arrêts rendus par la chambre étoilée et par la haute commission. Cette attitude du parlement inspira au monarque une telle frayeur, qu'il sanctionna sans résistance un bill réduisant à trois années la durée de chaque parlement (triennial bill), et renonça à la plus importante des prérogatives de la couronne, au droit de réunir et de dissoudre le parlement. Après avoir, le 13 mai 1641, signé avec autant de lâcheté que d'ingratitude l'arrêt de mort de Strafford, qu'il regardait comme innocent, il consentit le jour suivant à la prolongation illimitée de la session du parlement. L'absence absolue de caractère dont il fit preuve en cette circonstance encouragea le parlement à se mettre au-dessus des lois, dont le texte, d'ailleurs assez précis, avait été si souvent violé par les agents de la couronne. Il supprima alors la chambre étoilée, la haute commission et le ships-moncy, et, au mois d'août 1641, détermina les Écossais à évacuer le sol anglais, en leur accordant une indemnité de 300,000 livres sterling. Charles Iᵉʳ, dans l'espoir de regagner ainsi l'affection des populations du pays qui avait été le berceau de sa maison, venait d'entreprendre un voyage en Écosse, quand une insurrection effrayante éclata en Irlande contre les protestants. Cet incident exerça la plus décisive influence sur le bouleversement politique qui ne tarda pas à avoir lieu. On attribua les horribles massacres qui ensanglantèrent alors ce pays au roi, qui tout au moins avait négocié avec les Irlandais. Dépouillé de toute autorité, Charles Iᵉʳ abandonna la répression de la révolte au parlement d'Angleterre, lequel s'empara des arsenaux et équipa une armée, mais ne l'envoya pas en Irlande. Au lieu de cela, la chambre des communes rédigea une admonition ou remontrance dans laquelle se trouvait dévoilée la situation du pays, où l'on exigeait des garanties contre le papisme, l'abaissement du pouvoir spirituel, l'abolition de l'épiscopat, l'exclusion des évêques du parlement, et surtout l'introduction dans le pays de l'église presbytérienne.

Le roi, qui d'abord répondit avec beaucoup de modération à cette adresse, ne tarda pas, dominé par sa femme, à se laisser entraîner à prendre les mesures les plus imprudentes. Le 4 janvier 1642 il parut en personne dans la chambre des communes, accusa les députés Pym, Hampden, Hollis, Haslerig et Strode de haute trahison, et somma leurs collègues de les livrer à la justice. Cette attitude portée aux privilèges du parlement n'irrita pas moins vivement la chambre des lords que celle des communes; une agitation extrême éclata dans la ville de Londres, qui se montra déterminée à protéger par la force des armes la liberté des mandataires du peuple. En conséquence Charles se décida à quitter la capitale avec sa famille, le 10 janvier; mais c'était abandonner de fait la puissance matérielle au parlement. Celui-ci s'empara aussitôt de la flotte, déclara le royaume en danger, enrôla une armée, et décréta l'organisation et l'armement d'une milice générale ou espèce de garde nationale. Les négociations entamées subsidiairement avec le roi demeurèrent sans résultat, parce que Charles Iᵉʳ se refusa obstinément à concéder au parlement le choix du commandant supérieur de la milice. Le roi adressa alors de York, dans le courant de mars 1642, un appel à la noblesse, dont la majeure partie était demeurée fidèle à la couronne, et se disposa à défendre ses prérogatives les armes à la main. Secondé par une armée aussi courageuse que bien disciplinée, il engagea la lutte dans le mois d'août suivant, malgré l'exiguïté de ses ressources et de ses moyens d'action; et, pendant toute une année il conserva l'avantage sur les troupes, mal exercées, du parlement. Sur ces entrefaites, les Écossais, qui avaient tout à craindre pour leur Église du succès définitif de la cause royale, se liguèrent avec le parlement, et au mois de novembre 1643 entrèrent en Angleterre avec une armée forte de 20,000 hommes. Dès le mois d'avril précédent le roi avait traité avec les catholiques d'Irlande, et au mois de janvier 1644 il convoqua à York un contre-parlement, qui ne laissa pas que de se trouver assez nombreux, et qui accorda à la couronne les subsides qu'elle réclamait. Les troupes royales furent battues, il est vrai, à Marstonmoor, dans le courant de juillet 1644; mais au mois de septembre suivant elles défirent les parlementaires dans le pays de Cornouailles.

Malgré ce succès et d'autres encore, malgré l'appui de la noblesse, la perte du roi n'en était pas moins inévitable. La grande masse de la nation considérait le parlement comme la seule autorité légitime, et comme le véritable représentant des intérêts nationaux. Le parlement trouvait donc dans l'opinion une immense force morale et des ressources inépuisables. Charles, au contraire, qui avait trop habitué le peuple à séparer l'intérêt général des prérogatives de la couronne, était isolé; un seul coup pouvait anéantir sa puissance. Les négociations que les parties contendantes ouvrirent à Uxbridge dans le courant de janvier 1645 échouèrent encore une fois. Pour se mettre, lui et la nation, à l'abri d'une réaction plus que probable, le parlement exigeait qu'on lui abandonnât temporairement le commandement supérieur de la force armée; prétention que le roi persistait opiniâtrement à repousser. En conséquence on recourut de nouveau aux armes, et le 14 juin 1645 l'armée royale fut complètement anéantie à Naseby par les troupes du parlement aux ordres de Fairfax et de Cromwell. Privé désormais de tout appui, Charles Iᵉʳ se vit enfin réduit à venir, au mois de mai 1646, chercher un asile dans le camp écossais à Newark. Là, au lieu de s'unir aux Écossais en reconnaissant l'Église presbytérienne, ainsi que le lui conseillaient ses amis, il ne réussit, par sa conduite équivoque et par son attitude menaçante, qu'à semer la discorde dans les esprits. On le traitait avec déférence sans doute, mais plutôt en prisonnier qu'en roi; et après de longues négociations, dont il eût pu utilement tirer parti dans son intérêt, on finit par le livrer au parlement anglais, le 16 février 1647, en échange d'un subside pécuniaire important.

A ce moment les presbytériens songeaient à donner aux troubles politiques qui depuis si longtemps agitaient le pays une solution pacifique et conforme aux traités; mais pendant la guerre il avait surgi sous le nom d'indépendants un parti nouveau, qui repoussait toute suprématie, non pas seulement spirituelle, mais encore temporelle, et qui prétendait pousser la révolution jusqu'à ses conséquences les plus extrêmes. Ce parti fanatique, qui disposait complètement de l'armée et qui avait à sa tête l'ambitieux et fanatique Cromwell, s'efforça alors de gagner la haute main sur le parlement et sur les masses populaires, dont les sympathies étaient toutes presbytériennes. Les indépendants s'emparèrent d'abord, au mois de juin 1647, de la personne du roi, resté soumis à la plus sévère surveillance dans le château de Holmby, comté de Northampton, et le conduisirent au milieu de l'armée. La liberté relative dont le roi jouissait encore dans ce camp le décida à se mettre en rapport avec quelques officiers, et notamment avec Cromwell. Mais ce prince négociait en même temps avec le parlement et avec les Écossais, se servant de ceux-ci pour effrayer celui-là, et les menaçant également de l'intervention de la France; tactique qui n'aboutit qu'à le rendre odieux. Par ses paroles, empreintes de rancune et d'amertume, il repoussa ou ridiculisa les avances que lui faisait Cromwell, dont la popularité ne laissa pas que d'être un instant compromise par suite des marques visibles de déférence qu'il donnait au monarque. Quand Charles Ier comprit que Cromwell et les autres chefs de l'armée l'abandonnaient décidément, il s'enfuit, non pas peut-être à l'insu de ses ennemis, le 11 novembre 1647, du camp d'Hampton-court, et arriva quelques jours après dans l'île de Wight, d'où il espérait pouvoir gagner la France. Mais le gouverneur de cette île, Hammond, partisan zélé de Cromwell, le déclara son prisonnier, et l'enferma dans le château fort de Carisbrook. Au mois de novembre suivant, l'armée ou plutôt le parti des indépendants lui soumit une espèce d'ultimatum. On exigeait du roi qu'il abandonnât pendant douze ans au parlement la complète disposition des forces de terre et de mer du royaume, qu'il annulât toutes les proclamations qu'il avait lancées contre le gouvernement révolutionnaire, enfin qu'il reconnût au parlement le droit absolu de se réunir et de se séparer. Le refus de Charles de souscrire à ces conditions porta au comble l'irritation de l'armée et des indépendants, et on résolut alors ouvertement de traduire le roi en justice comme coupable de haute trahison. On contraignit le parlement à rendre un bill qui déclarait crime de haute trahison toute négociation qu'on essayerait désormais d'entamer avec le roi. Cette mesure, par laquelle, à bien dire, les indépendants réussirent à détrôner Charles Ier, jeta la terreur parmi les presbytériens. Des bandes royalistes parcoururent bien le royaume en armes; mais on ne tarda pas à les dissiper sans peine. Cependant les Écossais, qui comprenaient que les principes proclamés par les indépendants n'allaient à rien moins qu'à l'anéantissement de leur organisation ecclésiastique, conclurent avec le roi, le 26 décembre 1647, une convention ayant pour objet de le délivrer et de le rétablir dans la jouissance de ses droits et prérogatives; et au mois de juillet 1648 leur armée envahit l'Angleterre.

Tandis que dans le courant d'août suivant Cromwell, à la tête de ses bandes fanatiques, battait les Écossais et entrait lui-même à son tour en Écosse, le parlement, demeuré libre de ses actions à Londres, en profita pour rapporter le bill ci-dessus mentionné, et entra en négociations avec le roi en personne. Charles Ier était maintenant disposé à souscrire à tous les sacrifices; seulement, il ne put jamais se résoudre à abandonner l'épiscopat. Les subtilités théologiques auxquelles chaque parti attachait opiniâtrement une importance extrême furent un obstacle à la prompte conclusion d'un traité de paix. Il en résulta que les chefs de l'armée eurent encore le temps d'intervenir et de se jeter à la traverse des négociations. Fairfax, l'instrument de Cromwell, entra en triomphe à Londres au mois de novembre avec une partie de l'armée victorieuse. Il expulsa de vive force les presbytériens du parlement, et s'empara de la personne du roi. Ce coup d'État mit le pouvoir suprême aux mains des indépendants. Cromwell, l'âme de tout, obtint alors du parlement un vote ordonnant une instruction judiciaire. Le 2 janvier 1649 les communes apportèrent à la chambre haute un acte qui accusait le roi de haute trahison; et le petit nombre de pairs présents ayant refusé de se prêter à cette procédure, on établit un tribunal spécial composé de 133 individus choisis dans l'armée, dans la chambre des communes et dans la bourgeoisie de Londres; mais il n'y en eut guère que 70 qui répondirent à cet appel. Cromwell, Ireton, Harrison et les autres officiers supérieurs y jouèrent le principal rôle. Le tribunal, présidé par Bradshaw, fut ouvert en grande pompe dans Westminster-Hall, le 20 janvier. Malgré les constantes protestations de Charles Ier contre une telle procédure, on le condamna à mort le 27, comme tyran, comme meurtrier et comme ennemi public. Les protestations des Écossais, les supplications de la famille royale, les actives démarches des envoyés de la cour de France et des Provinces-Unies furent également inutiles. Cromwell sembla bien un instant hésiter au sujet de l'exécution de la sentence; mais son gendre Ireton le détermina à se porter aux dernières extrémités. Celui-ci avait fait venir à Londres 8,000 fanatiques choisis parmi les plus exaltés de l'armée, et qui réclamaient incessamment à grands cris la mort du roi. Enfin, le 30 janvier 1649, Charles Ier fut publiquement décapité à Londres, devant le palais de White-Hall. Dans les derniers moments de son existence, ce prince fit preuve d'autant de courage que de dignité. Comme caractère privé, c'était d'ailleurs un homme instruit, bienveillant et d'une grande pureté de mœurs. La reine sa femme et son fils le prince de Galles, qui régna plus tard sous le nom de Charles II, avaient réussi à passer en France dès l'époque des guerres civiles, et les autres membres de la famille royale n'avaient pas tardé à les y suivre.

Peu de temps après l'exécution de Charles Ier, il parut sous le titre d'Εἰκὼν βασιλική, et en anglais, un livre que ce prince composa, dit-on, dans les derniers instants de son existence, tout à la fois pour s'encourager et se consoler. Cet ouvrage produisit une vive sensation; et l'on prétendit que publié plus tôt il eût sauvé la vie à son auteur. Mais on a démontré péremptoirement dans ces derniers temps que Gauden, évêque d'Exeter, en était le véritable auteur. Browne a publié (La Haye, 1851) les ouvrages authentiques de Charles Ier.

CHARLES II, fils du précédent, né le 29 mai 1630, passa en France avec sa mère pendant la durée même de la guerre civile, et se trouvait à La Haye lorsque son père mourut sur l'échafaud. Il prit aussitôt le titre de roi, et il avait résolu de faire valoir ses prétentions en Irlande, quand, en 1650, les Écossais envoyèrent lui offrir la couronne. Ce ne fut qu'après l'insuccès complet de l'expédition de Montrose qu'il débarqua le 23 juin en Écosse, et il fut solennellement couronné à Scone, au commencement de l'année 1651. Les restrictions de toutes espèces au prix desquelles il avait pu monter sur le trône, et la vie sévère à laquelle le condamnait le clergé presbytérien, lui firent prendre sa position en dégoût. Après la défaite essuyée à Dunbar par les Écossais, il se mit donc de grand cœur à la tête de l'armée, et au mois d'août il entra en Angleterre, espérant y déterminer un soulèvement de la part des nombreux royalistes; mais il fut complètement battu à Worcester, le 3 septembre, par Cromwell. Ce ne fut qu'en courant d'extrêmes dangers qu'il parvint à se réfugier en France, où, négligé par Mazarin, il vécut misérablement avec sa famille. La paix conclue entre la France et l'Angleterre le contraignit à aller résider pendant quelque temps à Cologne; plus tard il s'établit auprès de son oncle le prince d'Orange, dans les Pays-Bas.

A la mort de Cromwell, le désir ardent qu'éprouvait le peuple anglais de voir un terme aux troubles et à la confusion générale, résultat de la révolution, et surtout les efforts du général Monk, firent facilement remonter sur le trône d'Angleterre, malgré le dénûment absolu où il se trouvait. De Bréda où il avait établi sa résidence, il entra en négociations avec le parlement, qui lui était favorable; et cette assemblée ayant pris le parti de rappeler les Stuarts, il débarqua le 26 mai 1660 à Douvres, et entra à Londres le 29 du même mois au milieu des plus vives acclamations du peuple. A ce moment, l'opinion était si favorablement disposée pour une restauration qu'on lui eût presque offert la couronne sans conditions. Bienveillant, spirituel, instruit des choses de la politique, d'ailleurs ardent au plaisir, ce fut bien moins lui que son parti, et surtout son chancelier Clarendon, qui songea à une réaction sanguinaire. Malgré une amnistie générale et formelle, l'échafaud se dressa bientôt pour tous ceux qui avaient directement pris part à la condamnation et à l'exécution de Charles Ier. On rétablit en outre l'épiscopat, et on rendit aux évêques leur banc à la chambre haute, en même temps qu'on opprimait les presbytériens d'Angleterre et d'Écosse avec tant de cruauté que Charles lui-même dut s'interposer pour modérer le zèle des persécuteurs.

Bien que, dans les premiers moments de l'ivresse générale causée par la restauration dans laquelle chacun aimait à voir la réconciliation des esprits et l'oubli du passé, le parlement eût accordé à la couronne des subsides immenses, le roi, par suite de sa légèreté et de ses prodigalités, ne tarda point à tomber dans les plus grands embarras financiers. Au mois de mai 1662 il épousa la princesse Catherine de Portugal, déterminé à conclure cette alliance par la riche dot que lui apportait sa fiancée. En octobre suivant il ne rougit pas de vendre à la France Dunkerque et Mardyk au prix de cinq millions de francs, et, dans le but surtout d'avoir de l'argent à sa disposition, il déclara aux Provinces-Unies une guerre, qui d'ailleurs s'accordait avec l'opinion générale et les intérêts commerciaux de l'Angleterre. Les avantages remportés sur mer par Charles II déterminèrent le Danemark et la France à conclure une alliance avec les états généraux; et il en résulta que la lutte prit dès lors une tournure défavorable à l'Angleterre. La flotte hollandaise, commandée par Ruyter, n'ayant pas craint de paraître dans les eaux mêmes de la Tamise, le roi signa la paix le 21 juillet 1667, à Breda.

La chute de Clarendon, dont la sévérité résistait aux catholiques, aux presbytériens et à l'arbitraire royal, amena un changement complet de direction dans la politique de la couronne. Il fut remplacé par le ministère désigné dans l'histoire sous le nom de ministère de la Cabale, et qui ne se proposait pas moins que le rétablissement du catholicisme et du pouvoir absolu en Angleterre. Pour calmer l'agitation publique, le roi, en 1668, conclut avec la Suède et les états généraux le traité de la *triple alliance*, à la suite duquel la France fut contrainte de signer la paix d'Aix la Chapelle. Mais la cour de France ne tarda pas à décider l'irrésolu Charles II à signer un traité d'alliance contre la Hollande, et fut surtout secondée dans cette négociation par l'influence qu'exerçait sur l'esprit de son frère la sœur du roi, Henriette, duchesse d'Orléans. Par ce traité déshonorant le roi d'Angleterre accepta de la France une rente viagère de trois millions, et en outre deux millions de subsides. N'osant point demander au parlement les ressources qui lui étaient nécessaires pour soutenir cette guerre impolitique, il eut recours aux mesures financières les plus désastreuses. Il commença les hostilités contre les Pays-Bas au mois de mars 1672; mais dès le mois de février 1674 il se voyait contraint de céder aux instances du parlement et des protestants et de conclure la paix.

Pendant la durée de cette guerre le ministère de la Cabale avait franchement avoué le but de ses efforts. Entre autres actes arbitraires, le roi avait osé de sa propre autorité la déclaration dite d'*indulgence*, qui suspendait les peines portées contre l'exercice du culte catholique. Énergiquement soutenu par l'opinion, le parlement combattit avec vigueur cet empiétement complet de la couronne, et finit par contraindre le roi, toujours besogneux d'argent, à donner, moyennant le vote de quelques subsides, sa sanction à l'acte du test et à une modification complète de cabinet. Pendant qu'aux négociations préliminaires pour la paix de Nimègue Charles II prenait le rôle de médiateur, le bruit d'une conspiration catholique tramée contre les jours de ce prince inspira aux basses classes surtout une vive terreur en même temps qu'un redoublement de fanatisme. Quoique cette intrigue n'ait jamais, à dessein sans doute, été parfaitement éclaircie, le secrétaire du duc d'York, Coleman, le comte Strafford et plusieurs Jésuites périrent sur l'échafaud. Un parlement nouveau, que le roi convoqua en 1679, opéra un changement radical dans le personnel du conseil privé, jusque là composé presque uniquement de catholiques. L'assemblée agita même la question de savoir s'il n'y avait pas lieu à déclarer exclu de la couronne le duc d'York, qui avait ouvertement embrassé le catholicisme, et, au grand déplaisir de la cour, elle rendit le célèbre acte d'*habeas corpus*. Toutefois Charles II se laissa entraîner peu de temps après par son frère, le duc d'York, et par le parti catholique dans une réaction des plus violentes. Le parlement de 1680, qui remit en délibération le bill d'exclusion, fut dissous; et une assemblée que la cour convoqua à Oxford en 1681 eut le même sort. En même temps Shaftesbury, qui avait contribué à la promulgation de l'acte d'*habeas corpus*, fut éloigné des affaires et bientôt mis en état d'accusation.

Après avoir complétement écrasé le presbytérianisme en Écosse, Charles II se trouva alors beaucoup plus puissant que ne l'avaient jamais été ses ancêtres. La ville de Londres se vit ravir ses privilèges, rien que pour avoir élu un sheriff mal en cour. C'est au milieu des luttes violentes des partis provoquées par la politique de la cour, que le fils naturel du roi, le duc de Monmouth, trama une conspiration, connue sous le nom de complot de *Rye-House*, dont le seul but était originairement de faire exclure du trône le duc d'York, mais qui prit bientôt de plus vastes proportions et à laquelle s'affilièrent les débris du parti républicain. Ce complot, découvert en 1683, coûta la vie à un grand nombre de personnes, entre autres à lord Russell et à Algernon Sidney.

Charles était à la veille d'abandonner la voie fatale dans laquelle il s'était engagé, et de réunir un parlement libre et indépendant, quand il mourut, le 6 février 1685. Quoique dans le cours de sa vie déréglée il eût toujours manifesté un profond mépris pour toutes les idées religieuses, au moment suprême ce prince réclama les consolations de l'Église romaine, à laquelle il appartenait depuis l'époque de son exil. Son cadavre présentait des traces de poison, et on accusa de ce crime les catholiques, dont les intérêts se trouvaient compromis par la modification survenue dans les idées du roi. Comme il ne laissait point d'héritiers légitimes de sa femme Catherine, infante de Portugal, il eut pour successeur sur le trône Jacques II, son frère.

CHARLES. L'Espagne a eu quatre rois de ce nom. Les deux premiers étaient de la maison d'Autriche; les deux derniers appartenaient à la maison de Bourbon.

CHARLES Ier est plus connu, comme empereur, sous le nom de *Charles-Quint*. *Voyez* CHARLES V, empereur d'Allemagne.

CHARLES II, fils de Philippe IV et de Marie-Anne d'Autriche, né le 6 novembre 1661, monta sur le trône à l'âge de quatre ans, sous la tutelle de sa mère et de six conseillers nommés par Philippe IV avant sa mort. La reine mit à la tête de ce conseil le père Nitard, jésuite, son confesseur, qu'elle nomma aussi grand-inquisiteur. En 1668 la paix fut signée, à Lisbonne, entre l'Espagne et le Portugal. La même année la Franche-Comté, qui venait d'être enlevée à l'Espagne par la France, lui fut rendue par le traité d'Aix-la-Chapelle. En 1669, don Juan d'Autriche, ayant fait soulever la Catalogne et l'Aragon, contraignit la reine à renvoyer Nitard, et prit sa place, que ne tarda pas à lui disputer l'amant de la princesse, Ferdinand de Valenzuela. L'Espagne souffrait tous les maux d'une administration faible et corrompue. Les flibustiers désolaient ses possessions d'outre-mer, et, pour surcroît de malheur, en 1673 la guerre recommençait avec la France.

En 1677 Charles II, ne pouvant plus supporter la servitude où le tenait sa mère, sortit seul de son palais pendant la nuit, se rendit à Buen-Retiro, et choisit pour son premier ministre don Juan d'Autriche, qui fit conduire la reine dans un couvent de Tolède; mais don Juan ne remplit pas les espérances de la nation. La corruption était extrême : on vendait les charges, les dignités, les gouvernements, et le trésor royal ne pouvait suffire à la solde de l'armée. Charles s'estima heureux d'obtenir la paix en cédant à la France la Franche-Comté et la plupart des villes qu'elle avait conquises dans la Flandre et le Hainaut. Cette paix, signée à Nimègue, fut cimentée par le mariage du roi d'Espagne avec Marie-Louise d'Orléans, nièce de Louis XIV.

Don Juan étant mort en 1679, le roi, faible d'esprit, faible de corps, ne connaissait même pas le nom des villes de son royaume, ne put empêcher la rentrée triomphale de la reine-mère à la cour. Philippe IV, aux abois, avait doublé la valeur nominale des pièces d'or et d'argent. Charles II, encore plus embarrassé, supprima, en 1680, la monnaie de billon, qui était montée presque au pair de la monnaie d'argent, et diminua des deux tiers la valeur des espèces d'argent et d'or. Il porta en même temps à des sommes énormes les traitements et les pensions des ministres et de la grandesse. Aussi l'Espagne, malgré ses riches mines du Nouveau Monde, marchait-elle de plus en plus à sa ruine.

Une loi bizarre défendait alors en Espagne de toucher à la souveraine. Un jour la jeune reine étant tombée de cheval, et son pied s'étant engagé dans l'étrier, fut traînée dans la cour du château. On trembla pour sa vie ; mais la loi condamnait à mort tout homme qui oserait toucher la reine. Deux nobles Espagnols se déterminèrent néanmoins à exposer leur vie pour sauver ses jours ; ils arrêtèrent le cheval, dégagèrent le pied, et prirent la fuite. Marie-Louise, revenue à elle, demanda ses libérateurs ; on lui expliqua tout, et elle fut obligée d'obtenir leur grâce pour les remercier.

Cependant, les tempêtes ajoutaient aux calamités de l'Espagne : cinq vaisseaux de la flotte des Indes étaient engloutis dans l'Océan avec vingt millions en or. Le duc de Medina-Celi, premier ministre, ne vit d'autre moyen de pallier les maux de l'État que de mettre la grandesse à l'encan. Enfin, en 1684, la France et l'Espagne convinrent à Ratisbonne d'une trêve de vingt ans ; mais elle ne dura que jusqu'en 1689. En 1698 Charles, qui avait perdu sa première femme en 1689, et qui avait épousé en secondes noces Marie-Anne de Bavière-Neubourg, fille de l'électeur palatin, se trouvant toujours sans enfants, Louis XIV et Guillaume d'Angleterre négocièrent à La Haye un traité de partage de la monarchie espagnole. L'électeur de Bavière devait avoir l'Espagne et les Indes ; le dauphin, Naples, la Sicile et les provinces basques ; et l'archiduc d'Autriche le Milanais. Charles II en même temps faisait, de son côté, un testament par lequel il instituait le jeune électeur son légataire universel. Celui-ci étant mort bientôt après, les puissances signèrent un nouveau traité à Londres, le 3 mars 1700 ; mais le 2 octobre suivant Charles II faisait un nouveau testament en faveur de Philippe, duc d'Anjou (*voyez* PHILIPPE V), deuxième fils du dauphin, et expirait lui-même le 1er novembre, à trente-neuf ans.

Auguste SAVAGNER.

CHARLES III, roi d'Espagne, fils de Philippe V et d'Élisabeth Farnèse, sa seconde épouse, succéda à son frère Ferdinand VI, qui ne laissait pas d'enfant. Le nouveau monarque avait vu le jour en janvier 1716. A l'époque de sa naissance, la mort de Louis XIV venait de briser le dernier lien qui unissait la France à l'Espagne. La quadruple alliance, signée en 1718, offrit à cette dernière puissance, en compensation de ses pertes, l'éventualité pour l'infant Charles de la succession du grand-duché de Toscane et des duchés de Parme et de Plaisance, si les maisons de Médicis et de Farnèse ne laissaient pas, comme c'était probable, d'enfants mâles. En 1731, il prenait possession de ces deux derniers États, et la même année le grand-duc Jean Gaston le reconnaissait publiquement pour son héritier présomptif. Deux ans après, Louis XV ayant déclaré la guerre à l'empereur, et l'Espagne et la Sardaigne s'étant alliées à lui, Charles marcha sur Naples, battit les Impériaux, s'empara de la Sicile, et se fit couronner roi non-seulement de l'île, mais de la terre ferme, à Palerme, le 3 juillet 1735, sous le titre de Charles VII, renonçant au grand-duché de Toscane et aux duchés de Parme et de Plaisance.

Il avait fait preuve de bravoure sur les champs de bataille ; il mérita par son administration l'amour et la reconnaissance de la population des Deux-Siciles. Il recueillait les fruits de son dévouement, lorsque, le 10 août 1759, il apprit que son frère, le roi d'Espagne Ferdinand VI, venait de mourir. Ne laissant pas d'enfant, c'était à lui, Charles, que revenait de droit cette couronne. Dans les précédents traités, l'indépendance des Deux-Siciles et leur non-réunion à l'Espagne avaient été stipulées ; il céda publiquement le sceptre à Ferdinand, son troisième fils, Philippe, l'aîné, était dès son enfance atteint d'aliénation mentale, et Charles-Antoine, le second, se trouvait destiné à gouverner un jour l'Espagne.

Une escadre napolitaine, portant la famille royale, mit aussitôt à la voile pour l'Espagne. Charles III débarqua à Barcelone, mais ne s'y arrêta que le temps nécessaire pour faire l'essai de sa clémence, en rendant à cette province les priviléges dont son père l'avait dépouillée. A peine arrivé à Madrid, il prit les mesures pour éteindre les énormes dettes laissées par ses prédécesseurs.

Cependant, la guerre entreprise en 1756 continuait dans les deux Mondes avec fureur. La France perdit en Allemagne des espérances bien fondées ; sur les mers, presque toutes ses flottes ; en Asie, en Amérique, en Afrique, presque tous ses établissements. Ivre de ses succès, l'Angleterre crut pouvoir violer impunément les droits des nations ; elle insulta le pavillon de l'Espagne, visita ses navires, et les rançonna. Ces atteintes à la neutralité que Charles III observait religieusement le forcèrent enfin à prendre les armes pour les réprimer et pour mettre à couvert ses possessions d'Amérique. Ce fut cette détermination par le fameux traité connu sous le nom de pacte de famille. En 1762, l'ordre fut expédié aux chefs de l'armée navale espagnole de mettre à la voile sur-le-champ ; de nombreux retranchements couvrirent les points les plus importants de la Péninsule, et, afin d'enlever à l'Angleterre l'assistance du Portugal, sur lequel le cabinet de Londres exerçait une influence sans bornes, on le somma d'accéder à la ligue.

Comme il ne répondait à cette menace que d'une manière évasive, le général espagnol O'Reilly s'empara de la province de Tra-os-Montès, et en disputa vivement le terrain au comte de Lippe et au général Burgoyne, chefs de l'armée anglo-portugaise ; mais il fut obligé de battre en retraite.

Sur ces entrefaites, la marine anglaise continuait à être heureuse dans ses expéditions ; elle prit aux Français la Guadeloupe, la Martinique et les îles adjacentes, surprit Québec, s'empara de Pondichéry, et acheva de les expulser du Canada et des Indes orientales. Les coups qu'elle porta à l'Espagne ne furent pas moins terribles ; elle lui enleva presque en même temps l'île de Cuba, les Philippines, la Havane, Manille, sept vaisseaux de ligne, et le grand navire d'Acapulco, chargé de trois millions de piastres.

La douleur que Charles III ressentit de ces cruels désastres fut adoucie par l'amour que son peuple lui témoigna : les habitants de Grenade, de Murcie, de Valence, de la Catalogne et de Majorque, enflammés du plus vif enthousiasme, déposèrent au pied du trône d'énergiques protestations de fidélité, et supplièrent le roi de leur confier la défense de leurs territoires respectifs. Le monarque n'eut heureusement pas besoin de mettre leur dévouement à l'épreuve.

Vers la fin de 1763, la paix fut conclue. Pendant les conférences qui précédèrent le traité, Charles III écrivit à son plénipotentiaire, le marquis de Grimaldi : « Je préfère céder de ma dignité que de voir souffrir mon peuple; et je ne serai pas moins honoré pour m'être montré bon père. » Les conditions ne furent avantageuses qu'aux Anglais. L'Espagne perdit la Floride, le fort Saint-Augustin, la baie de Pensacola, et plusieurs autres colonies.

En 1767, la Société de Jesus n'était plus modeste comme à sa naissance. On l'avait vue grandir rapidement, couvrir de ses établissements les quatre parties du Monde, s'emparer de l'instruction publique, diriger les consciences des rois et exercer ainsi un empire occulte sur tous les gouvernements. Son organisation intérieure était couverte d'un voile impénétrable. Seulement, de temps à autre, quelques-uns de ses membres se hasardaient à professer d'abominables maximes, que la compagnie ne désavouait pas. De grands crimes furent commis en Europe : on soupçonna les jésuites d'en être les instigateurs, ou du moins de les avoir préparés par la perversité de leurs doctrines. Bientôt un cri général d'indignation s'éleva contre eux, et le roi de France, en supprimant leur ordre dans ses États, donna un salutaire exemple, qui ne tarda pas à trouver des imitateurs.

Charles III sentait chaque jour davantage combien une semblable mesure devenait indispensable pour son royaume, où, favorisée par la superstition, cette dangereuse société avait jeté de profondes racines. Il résolut d'extirper de chez lui ce redoutable fléau, cette lèpre de la civilisation chrétienne. L'entreprise était hardie; elle pouvait blesser les croyances nationales et produire une commotion funeste. Avant de l'exécuter, le roi en conféra avec son sage ministre, le comte d'Aranda. Un plan fut secrètement arrêté, et la foudre frappa les proscrits avant que nul effort ou détourner ils eussent pu faire jouer aucune de leurs intrigues.

A minuit, leurs six collèges sont cernés : on enfonce les portes, on s'empare des cloches, on place un factionnaire à chaque cellule. Les pères assemblés entendent la lecture de l'ordre du roi qui les condamne à la déportation. Chacun n'a le droit d'emporter que les objets d'une nécessité absolue ; les scellés sont apposés sur le reste. Toutes les voitures publiques avaient été retenues; les pères y sont jetés, et prennent, sous une forte escorte, la route de Carthagène. Une morne consternation régna le lendemain parmi le peuple de Madrid ; un immense appareil militaire était prêt à étouffer tout symptôme de rébellion.

Trois jours après, à la même heure, la même opération eut lieu dans toutes les villes du royaume. Les biens de l'ordre furent confisqués, et une pension fut accordée à chaque membre, à la condition de résider dans le lieu fixé pour son exil : la désobéissance d'un seul devait entraîner la perte des pensions de tous les autres. Défense fut faite à tout sujet du roi d'Espagne de réclamer contre ce coup d'État et de correspondre avec aucun proscrit, sous peine d'être déclaré coupable de haute trahison. L'intention du gouvernement était de transporter les jésuites dans les États de l'Église; mais Clément XIV leur ayant refusé un asile, on les débarqua en Corse, où ils furent soumis à la plus stricte surveillance. Plus tard, l'ordre entier fut supprimé par ce pape.

L'activité, le zèle, les intentions de Charles III ne pouvaient manquer d'exercer sur l'Espagne une salutaire influence : on se disputait la gloire de seconder ses vues. Parmi les établissements d'utilité publique qui s'élevèrent sous son règne, on doit placer en première ligne la *Société des Amis de la Patrie*, ayant pour but le développement de l'économie rurale, de l'industrie, des arts, et l'accroissement de la population. Un vaste et fertile territoire, situé dans la *Sierra Morena*, était inculte depuis l'extinction de la dynastie autrichienne : Charles III y appela huit mille Allemands; et ce pays ne tarda pas à se couvrir de hameaux et de moissons.

En 1777, la France embrassa la cause de l'indépendance américaine contre l'Angleterre : l'Espagne, liée par le pacte de famille, prit part à cette guerre. Les débuts n'en furent pas heureux : les Anglais, avec des forces inférieures, échappèrent à une flotte espagnole et française qui gardait la Manche, et firent rentrer à sa vue, sans qu'elle pût y mettre obstacle, deux riches convois. En Amérique les chances furent diverses. Charles III voulut tenter alors de recouvrer Port-Mahon et Gibraltar. On prépara, en conséquence, une expédition; le duc de Crillon, après huit mois d'efforts, reprit la première de ces places, et fit rentrer sous la domination espagnole l'île de Minorque, qui en était détachée depuis soixante-quinze ans. Mais Gibraltar ne devait pas succomber. Bloquée depuis deux ans, cette redoutable forteresse bravait toutes les attaques. Crillon accourut : Français et Espagnols rivalisèrent d'intrépidité. D'immenses travaux furent exécutés par les assaillants. D'Arson, pour leur faciliter l'approche de la place, inventa les batteries flottantes. De nombreux vaisseaux couvraient la mer pour intercepter les communications et affamer les assiégés. Mais sur le rocher de Gibraltar commandait un chef auquel il ne manquait aucune ressource de la valeur et du génie, le général Elliot. Sous un feu continuel, il tint bon jusqu'à ce que les amiraux Rodney et Howe eussent eu le temps de ravitailler la forteresse. Les alliés voulurent en finir par un coup décisif : le 13 septembre 1782, ils livrèrent un assaut général ; mais Elliot fit pleuvoir sur eux une énorme quantité de bombes, d'obus, de boulets rouges, et réduisit leur armement en cendres. La tempête et de terribles ouragans accrurent leurs périls, et, pour ne pas périr jusqu'au dernier au pied de ce volcan, ils ne leur resta plus qu'à lever le siège.

La paix fut conclue le 20 janvier 1783. L'Angleterre reconnut l'indépendance des États-Unis, et céda les Florides et Minorque aux Espagnols, qui de leur côté lui abandonnèrent La Providence et Bahama.

Charles III songea à réprimer les pirateries des Barbaresques; mais deux tentatives qu'il fit contre Alger n'aboutirent qu'à une suspension d'armes, qu'il acheta quatorze millions de réaux (3,500,000 francs). Depuis, il ne cessa, secondé par le comte de Florida-Blanca, de travailler à relever la prospérité de l'Espagne : il fit ouvrir les canaux de Murcie et d'Aragon, fonda la banque de Saint-Charles et la Compagnie des Philippines, institua à Naples l'ordre de Saint-Janvier, à Madrid celui de Charles III, et fit rediger un code approprié aux besoins de ses peuples.

Ce prince mourut le 14 décembre 1788, à l'âge de soixante-treize ans, laissant trois fils, dont l'un fut son successeur, Charles IV, et deux filles, dont l'une épousa Léopold, grand-duc de Toscane, devenu depuis empereur. Il emporta dans la tombe l'estime de l'Europe et les regrets des Espagnols.

Eug. G. DE MONGLAVE.

CHARLES IV, fils de Charles III et de Marie-Amélie de Saxe, naquit à Naples, le 11 novembre 1748. Lorsque son père fut appelé au trône, Charles, âgé d'onze ans, reçut, suivant l'usage, le titre de prince des Asturies ; à dix-sept ans il épousa Marie-Louise, infante de Parme. Son père le tenait éloigné des affaires : « Vous n'êtes, mon fils, lui disait-il, que le moindre sujet de mon royaume, et vous êtes fait pour obéir plus qu'un autre à tout ce qu'il me plaira de vous ordonner. » Le jeune prince regardait le ministre marquis de Squillace comme la cause de cet éloignement : cette idée tourmentait tellement son esprit, qu'un jour il le poursuivit l'épée à la main, et le força de s'enfermer dans un appartement du palais. Jusqu'à l'époque où il fut attaqué d'une hydropisie de poitrine, Charles IV conserva une force musculaire prodigieuse : il brisait les matières les plus dures, il domptait les chevaux les plus fougueux, il ne se plaisait qu'aux exercices violents. Mais lorsqu'il fut monté sur le trône, en 1788, son caractère changea tout à coup : à son effervescence succéda un calme inaltérable, une débonnaireté qui, poussée jusqu'aux dernières limites, fit son malheur et celui de la nation ; il chérissait sa femme et ses enfants ; la moindre émotion lui faisait répandre des larmes, et il frissonnait quand il lui fallait signer un arrêt de mort.

Son avénement fut signalé par la convocation des anciennes cortès ; mais bientôt il renvoya du ministère le comte de Florida-Blanca, qui avait tant contribué à la prospérité de la Péninsule. La révolution française éclatait alors ; en vain le comte d'Aranda, son nouveau ministre, voulut-il le dissuader de se liguer avec les rois contre une nation que de longs abus et le progrès des lumières poussaient à se régénérer : Charles méprisa ses avis, l'exila de la cour, et préféra consulter dans cette conjoncture difficile l'un de ses gardes du corps, que l'indécente prédilection de la reine avait fait monter au comble des honneurs et de la fortune. C'était Manuel Godoy, à qui fut accordée, avec le titre de duc d'Alcudia, l'insigne faveur de donner sa main roturière à Thérèse de Bourbon, nièce du roi. Cet homme, appelé au timon des affaires, voulut d'abord, dit-on, sauver Louis XVI en rachetant à prix d'or la vie de ce monarque ; mais ses offres ayant été rejetées, il n'apporta dans ses relations avec la France qu'une arrogance présomptueuse, qui irrita la Convention. Des paroles on passa aux faits : l'Espagne déclara la guerre. De part et d'autre, il s'en fallait qu'on fût prêt à la soutenir.

La première campagne fit concevoir à l'Espagne l'espoir d'un rapide succès. On était alors en 1793. L'année suivante les Français devinrent menaçants. Charles IV fut ramené par l'effroi à des idées pacifiques ; il offrit de déposer les armes à condition que les enfants de Louis XVI seraient libres, et que des provinces limitrophes de la Péninsule formeraient un royaume pour le dauphin. La Convention nationale rejeta ces propositions ; elle y répondit par une sanglante bataille livrée sur la montagne Noire, le 20 novembre ; les chefs des deux armées, Urrutia et Dugommier, y trouvèrent la mort ; mais il ne fut plus possible de s'opposer de ce côté aux progrès des Français. Dans les Pyrénées occidentales, ils traversaient aussi la vallée de Bastan, franchissaient la Bidassoa, et s'emparaient de plusieurs villes. En 1795 les armes de la république étaient décidément triomphantes ; mais ses soldats avaient à lutter contre trois adversaires cruels, le typhus, la dyssenterie et la famine. Cependant tout à coup Madrid frémit en apprenant qu'ils étaient entrés dans Vittoria, dans Bilbao, dans Miranda, et que la barrière de l'Ebre était franchie. Dans ce pressant danger, Charles IV, cédant toujours aux conseils de Godoy, se détermina à conclure le traité de Bâle, en vertu duquel les deux puissances conservèrent leurs limites continentales, mais l'Espagne y perdit ses possessions de Saint-Domingue. A cette occasion, Godoy se fit donner un vaste domaine et le titre de *prince de la Paix*.

Lorsque la constitution de l'an III eut établi en France une forme régulière de gouvernement, Charles conçut l'extravagant projet de placer un prince espagnol sur le trône de Louis XVI ; les républicains le mystifièrent longtemps en l'entretenant dans cette idée, et se servirent de son ineptie pour l'amener à une alliance offensive et défensive, toute dans leur intérêt. Charles IV ne se mêlait presque plus d'affaires ; la chasse était sa principale occupation : avant le jour il s'enfonçait dans les bois, après dîner il y retournait encore ; le soir il donnait dans son cabinet une demi-heure d'audience à ses ministres faisait de la musique jusqu'à neuf heures et demie et se couchait à dix.

Godoy et la reine dirigeaient les affaires. Cette coupable intimité, que seul le roi paraissait ne pas soupçonner, scandalisait la cour elle-même ; des lettres anonymes ne cessaient de la lui dénoncer ; il en trouvait dans ses poches, sous sa serviette, au chevet de son lit, partout, mais en vain... Un moyen puissant employé par le favori pour se maintenir au pouvoir était d'indisposer le roi contre sa famille, qu'il chérissait tendrement. Ferdinand fut d'abord le point de mire de cette intrigue, à laquelle son caractère ne prêtait que trop. Puis pendant trois ans Godoy poussa Charles IV à déclarer la guerre au Portugal, parce que là se trouvait sur les marches du trône sa fille Charlotte, mariée au prince du Brésil ; cette guerre ne dura que quatre mois. Durant le consulat et les premières années de l'empire la meilleure intelligence ne cessa de régner entre la France et l'Espagne. Napoléon faisait l'éloge de Charles au sein du Corps législatif ; la Toscane était cédée, avec un titre royal, aux infants établis en Italie, et l'Espagne, en retour, abandonnait la Louisiane à Napoléon, qui la vendait aux États-Unis.

Dans la guerre entre la France et l'Angleterre, Charles IV obtint de Napoléon la faculté de rester neutre moyennant un tribut d'un million de piastres par mois ; mais les Anglais attaquèrent les frégates d'Espagne qui rapportaient l'or et l'argent de l'Amérique à Cadix, et le royaume, déjà en proie à la misère et désolé par la fièvre jaune, fut réduit à la nécessité d'armer contre la Grande-Bretagne. Une seule bataille navale, donnée devant Trafalgar, anéantit la marine de Charles ; Miranda souffla dans les colonies espagnoles le feu de la liberté, et Napoléon précipita du trône de Naples la famille du monarque dont Godoy trompait la faiblesse. Tous ces revers excitèrent dans le roi une énergie passagère ; on le vit faire un appel à la générosité nationale pour les blessés de Trafalgar et pour les parents de ceux qui avaient succombé dans ce désastre ; il osa même porter la main sur les biens du clergé et en aliéner une partie pour les besoins de l'État. Mais la voix de Napoléon se fit entendre ; il demandait, lui aussi, sa part des trésors de l'Espagne, pour soutenir la guerre contre l'Autriche et la Russie, et Charles obéit ; il voulait des hommes pour les reléguer dans le Danemark et dans la Toscane, et Charles lui abandonna ses plus belles troupes et deux de ses meilleurs généraux, La Romana et O'Farill. Enfin, il entama des négociations avec la France, et conclut avec son agent Izquierdo un traité ayant pour objet le démembrement du Portugal et la cession à la reine d'Étrurie de la province d'Entre-Minho et Douro, en échange de ses États. Cette convention stipulait, en outre, en faveur de Godoy, l'érection de l'Alemtejo, ainsi que des Algarves, en principauté souveraine, et l'occupation par des garnisons françaises des autres parties du Portugal, qui ne devaient être rendues à la maison de Bragance que contre La Trinité et Gibraltar. Alors la France et l'Espagne se seraient partagé les colonies portugaises, et Ferdinand VII eût pris le titre d'*empereur d'Amérique*. Ces dispositions furent délibérées et signées à Fontainebleau, en octobre 1807. Aussitôt dix mille Français passèrent les Pyrénées, et se disposèrent à exécuter cette injuste invasion aux frais de l'Espagne, qui elle-même destinait trente-six mille hommes à la soutenir. En même temps, Napoléon réunit dans le midi de l'empire un corps d'observation de quarante mille soldats, qui n'attendaient qu'un signal pour se mettre en marche, dans le cas où des résistances imprévues nécessiteraient leur coopération.

Ferdinand avait refusé d'épouser la belle-sœur de Godoy ; le favori ne lui pardonnait pas cet outrage. Pour se mettre à couvert de son ressentiment, le prince écrivit à Napoléon pour lui demander la main d'une de ses nièces. L'empereur ne lui répondit que sept mois après. Dans l'intervalle, Ferdinand avait fait parvenir à son père un mémoire pour lui dénoncer plusieurs abus dans l'administration de l'État, l'en-

17.

gager à se défier des hommes qui l'approchaient, et solliciter enfin pour lui-même une part dans la gestion des affaires. Cette démarche ne put être ignorée de la reine, dont elle enflamma le courroux; elle obtint que Ferdinand serait emprisonné; et comme elle supposait que tant d'audace lui était inspiré par Escoïquiz et par le duc de l'Infantado, elle les fit également arrêter. Dans cette circonstance, Charles IV, faible comme il l'était, se prêta à tout ce qu'on voulut de lui. A l'instigation du prince de la Paix, il écrivit à Napoléon que, son fils ayant attenté aux jours de la reine et formé le complot de le renverser du trône, il avait résolu de l'écarter d'une succession dont il s'était rendu indigne. Un décret royal annonça à la nation le prétendu crime de Ferdinand; mais une junte convoquée pour le juger le déclara innocent. Godoy l'engagea alors à se jeter aux genoux du roi et de la reine pour obtenir sa grâce. Ferdinand se résigna à cette humiliation, et par un nouveau décret les Espagnols apprirent qu'il avait reçu le pardon qu'il sollicitait. Son père promit d'oublier le passé quant à ce qui lui était personnel, mais il garda toute sa sévérité pour le chanoine Escoïquiz et le duc de l'Infantado, qu'il condamna à l'exil.

Sur ces entrefaites, les Français s'avançaient à travers l'Espagne, dans le but ostensible de poursuivre la guerre contre le Portugal. L'occupation de Figuières, de Barcelone, de Saint-Sébastien et de Pampelune n'avait pas encore dessillé les yeux du roi et de son favori sur le vrai motif de cette invasion, quand Izquierdo, agent du ministre près la cour de France, revint à Madrid en toute hâte pour révéler les vues secrètes de Napoléon, que Charles IV appelait toujours *son allié* et *son meilleur ami*. Effrayée des renseignements qu'il apportait, la cour de Madrid se prépara à quitter Aranjuez pour Séville; le bruit se répandit même qu'elle voulait s'embarquer pour le Mexique. A cette nouvelle, le peuple de la capitale se soulève aux cris de *vive Charles IV!* l'émeute est générale, on court à Aranjuez, on n'entend qu'une clameur unanime contre le favori; la garde royale se joint à la multitude irritée, et Godoy, qui à l'approche du péril s'était caché dans un grenier, y est découvert; déjà il est accablé d'injures et de mauvais traitements; on va l'immoler, quand Ferdinand accourt, et le sauve par la promesse de le livrer à la justice des lois. Charles IV, éperdu au milieu du tumulte, se hâta de donner avis à Napoléon que, Godoy s'étant démis du ministère, lui-même venait de prendre le commandement des armées de terre et de mer. Bientôt, craignant de ne pouvoir maîtriser l'émeute, il ne trouve d'autre moyen de salut que de résigner entre les mains de son fils un pouvoir dont le fardeau excède sa vigueur. Il abdique, et le lendemain un courrier est expédié à Napoléon pour lui notifier l'avénement de Ferdinand au trône. Trois jours après celui-ci fit son entrée solennelle dans Madrid, occupée par une garnison française sous les ordres de Murat. Ferdinand fit sur-le-champ partir trois grands d'Espagne pour annoncer à Napoléon qu'il venait de prendre les rênes de l'État; mais ils ne furent point admis : l'empereur leur fit répondre qu'il ne les recevrait qu'à Bayonne, où il arriva en effet lui-même au mois d'avril 1808.

L'effervescence populaire s'était calmée. Godoy, quoique détenu, conçut l'espoir de renouer ses intrigues : il se servit de son influence sur l'esprit de la reine pour exciter Charles IV à revenir sur tout ce qu'il avait fait, et ce prince, incapable de résister, dressa une protestation secrète, qu'il remit à Murat, et dans laquelle il déclarait son abdication nulle, comme lui ayant été arrachée par la violence. Le même jour la reine écrivit au général français pour le supplier de préserver la vie de son *cher Godoy*; elle lui exprimait, en outre, le désir de se retirer, avec le roi et le prince de la Paix, dans un lieu plus convenable à sa santé que Badajoz, destiné par Ferdinand à la résidence de l'ancienne cour. Dans l'espoir de ressaisir le sceptre, Charles IV ne discontinuait pas ses démarches; il adressait sa plainte à Napoléon, et le choisissait pour arbitre. Incertain du parti que prendrait l'empereur, Murat différait de reconnaître la royauté de Ferdinand; il donna à Charles une garde française, exigea de son fils la remise du prince de la Paix, et lui fit sentir la nécessité d'aller lui-même à Burgos à la rencontre de Napoléon, qui, disait-il, devait bientôt se rendre à Madrid. Le peuple vit avec douleur son nouveau monarque se disposer à adopter de tels avis; il murmura, et Ferdinand hésitait, quand le duc de Rovigo, ambassadeur de France, lui ayant apporté une lettre de l'empereur, il se décida à partir. Il poussa jusqu'à Vittoria sans rencontrer Napoléon. Quelques hommes éclairés lui firent entrevoir qu'il n'était pas prudent de dépasser cette ville; ses confidents Cevallos, Escoïquiz et le duc de l'Infantado l'engagèrent à se rendre à Bayonne, et il suivit leur conseil. Des attroupements se formèrent pour empêcher ce départ; ils furent dissipés par les troupes françaises, et Ferdinand arriva au quartier général de l'empereur, qui l'accueillit avec les démonstrations d'une amitié véritable.

Son illusion s'évanouit bientôt : après les premières entrevues, le duc de Rovigo eut mission de lui faire entendre que Napoléon désirait le voir renoncer au trône. Bientôt, sans l'avoir autrement préparé à ce grand sacrifice, on lui fit signifier que les Bourbons ne pouvaient plus prétendre à régner sur l'Espagne, et qu'ils recevraient en compensation l'Étrurie et quelques lambeaux du Portugal. Cette déclaration imprévue sembla si étrange aux diplomates espagnols, qu'ils furent tentés de penser qu'elle n'était pas sérieuse, et comme l'usage en pareil cas est de demander plus pour obtenir moins, ils imaginèrent que Napoléon restreindrait son exigence à quelques provinces de la Péninsule, ou bien encore à quelques-unes de ses colonies. Il y eut à ce sujet un échange fort actif de notes diplomatiques; mais plus Ferdinand faisait d'efforts et de concessions, plus il était facile de se convaincre que la volonté de l'empereur était irrévocable. Il ne tenait encore que Ferdinand et don Carlos, son frère. Pour hâter le dénoûment du drame, il eut besoin d'y mêler d'autres personnages : il fit inviter Charles IV à rejoindre ses fils. Ce monarque et la reine n'y consentirent qu'après avoir obtenu la liberté de Godoy, qu'ils suivirent à Bayonne, faisant ce voyage avec une célérité que ne comportait guère l'état de santé du vieux roi. Dès ce moment tous les acteurs se trouvèrent en présence; chacun prit son rôle, et la pièce commença. Charles IV était furieux contre son fils, qu'il traitait de sujet ingrat et rebelle; le prince de la Paix, ou plutôt la reine, que celui-ci excitait, enflammait encore son courroux. Cette femme poussa l'oubli de toutes les convenances et de tous les sentiments de mère jusqu'à demander à Napoléon d'envoyer Ferdinand à l'échafaud. Charles, tout entier à la colère qu'on lui inspirait, fit venir son fils, et lui donna, en présence de la reine et de l'empereur, l'ordre d'apposer son seing à un acte signé de lui et de ses frères, acte qui serait remis avant la sixième heure du jour suivant. Ferdinand voulut répondre; mais son père s'élança de son siége en le menaçant et en l'accusant d'avoir voulu lui arracher la vie avec la couronne. Toutes ces scènes indiquaient assez le funeste ascendant exercé sur l'esprit du vieux roi; l'infant fut obligé de rétrocéder à son père la couronne qu'il en avait reçue; Charles IV fit aussitôt une pareille cession de ses droits à Napoléon, l'invitant à choisir, dans l'intérêt de la nation, la personne et la dynastie qui règneraient sur l'Espagne. L'empereur adjugea ce trône à son frère Joseph, qui occupait alors celui de Naples; mais le peuple ne ratifia pas le choix de l'étranger. Du 2 mai 1808 au 10 août 1814, ce ne fut qu'un combat, où le sang ne cessa de couler de Cadix à Pampelune, de Grenade à Salamanque.

Cependant la France s'était engagée à faire subsister honorablement les princes déchus. Les infants furent conduits à Vafençay et relégués dans le château du ministre Talleyrand. Charles IV, la reine et l'indispensable Godoy se rendirent à Fontainebleau, ensuite à Compiègne, toujours escortés par la garde impériale. Ayant obtenu, quelque temps après, l'autorisation d'aller habiter un climat plus chaud, ils se retirèrent à Marseille avec la reine d'Étrurie et l'infant don Francisco de Paule. Le gouvernement français avait alloué à l'ex-roi une somme de deux millions par an : elle lui fut payée avec si peu d'exactitude qu'en 1810 il se vit obligé de vendre une partie de ses joyaux et de ses équipages pour vivre. Le caractère doux et affable de Charles IV, sa bienfaisance et sa dévotion l'avaient rendu cher aux dévots habitants de la Provence; aussi leurs regrets l'accompagnèrent-ils lorsque, pour raison de santé, il se rendit à Rome en 1811. Là il habita avec sa famille le palais Borghèse, où le pape venait souvent le visiter. Sa maison était modeste : un grand-maître, le comte de Saint-Martin, Piémontais, un chambellan faisant fonction de préfet du palais, un aumônier-confesseur, un médecin et un chirurgien composaient tout son service; deux dames d'honneur étaient attachées à la reine. Il vivait dans son intérieur en simple particulier, se livrant à d'innocentes occupations, faisant de la musique, se promenant en voiture deux fois par jour, achetant des tableaux et des statues. « Je suis, disait-il, plus heureux ici qu'à l'Escurial; ici au moins je fais ce que je veux. » Il acheta deux couvents, les réunit par une communication, et y fit construire une galerie, où il réunit les tableaux dont il allait lui-même faire emplette dans les greniers de Rome.

En 1815 il se réconcilia solennellement avec son fils, qui était remonté sur le trône d'Espagne. Un traité fut conclu entre eux et déclaré loi de l'État, à condition que Charles IV n'habiterait aucun pays soumis à Napoléon : l'empereur venait d'arriver de l'île d'Elbe. Par ce traité, Ferdinand, malgré l'état déplorable de ses finances, s'engageait pour lui et ses successeurs à payer au monarque absent une pension annuelle de trois millions de francs, indispensable, disait celui-ci, à son entretien et à celui de son auguste compagne. « Rien ne doit plus affliger, ajoutait-il, l'âme généreuse de mon fils que de voir les auteurs de ses jours manquer de ce qui leur est nécessaire pour exister convenablement et soutenir le titre de père du roi d'Espagne et les infirmités de la vieillesse : ces considérations intéressent l'honneur du roi et celui de tous les Espagnols. » Il demandait que cette pension lui fût payée d'avance et par mois. Il réclamait, en outre, quinze cent mille francs pour acquitter ses dettes, à moins que Ferdinand ne préférât s'arranger directement avec ses créanciers. La reine n'était pas oubliée dans ce traité. « Si mon épouse bien aimée, disait Charles, vivait plus longtemps que moi, rien de plus sacré pour mon fils que l'obligation de donner à sa mère les moyens d'exister d'une manière convenable à son rang, à l'honneur, à la dignité du roi d'Espagne. Mon amour pour mon épouse et mon devoir de chercher à la rendre heureuse, même après ma mort, m'ordonnent de fixer sa pension de reine douairière avant que le ciel dispose de mes jours. » Cette clause, que lui avait dictée un inaltérable amour pour une femme qui en était si peu digne, ne fut point mise à exécution; la reine mourut avant lui, le 27 décembre 1818. Il ne survécut pas à cette perte : vingt-quatre jours après, le 20 janvier 1819, il expirait, à l'âge de soixante-onze ans, comme s'il ne devait exister ici-bas de bonheur pour lui sans la femme qui avait été la cause de toutes ses infortunes.   Eugène GARAY DE MONCLAVE.

CHARLES, rois de Suède. Le nom de Charles est avec raison cher au peuple suédois : c'est celui qu'ont porté ses plus vaillants héros et ses plus sages administrateurs. Aussi, quand le vœu national a appelé des étrangers pour renouer la chaîne brusquement interrompue de l'hérédité monarchique, a-t-on eu grand soin de donner à ces enfants adoptifs de la patrie un nom qui réveille tous les souvenirs de gloire de la Suède. Le prince Christian-Auguste d'Augustenburg (voyez CHARLES-AUGUSTE) et le maréchal Bernadotte reçurent tous deux ce patriotique baptême de nationalité. Bien que ce dernier ait pris, en montant sur la Suède, le nom de *Charles XIV Jean*, il faut savoir que la Suède n'a eu en réalité que huit rois de ce nom. L'histoire n'explique pas ce fait singulier d'une manière très-satisfaisante. On est réduit à présumer qu'à une époque qu'on pourrait jusqu'à un certain point appeler héroïque, alors que la Suède obéissait à un grand nombre de chefs différents, qui tous prenaient bien le titre de rois, mais dont l'autorité et les prérogatives n'avaient aucune similitude avec les idées de souveraineté et de puissance qu'emporte aujourd'hui avec lui le mot de *royauté*, les chroniqueurs partisans, par tel ou tel motif, de quelques-uns de ces chefs ou rois appelés Charles, auront prétendu les intercaler de leur propre autorité dans la série des véritables rois, c'est-à-dire des princes à l'autorité desquels la Suède tout entière obéissait. La nation a fait justice de cette usurpation historique en ne reconnaissant le titre de rois de Suède qu'aux seuls princes du nom de Charles dont nous allons brièvement raconter la vie.

CHARLES VII monta sur le trône le 17 mars 1162, après avoir vengé la mort de son prédécesseur Éric le Saint, tué par un prince danois nommé Magnus. Charles, à la mort de son père Svearker, avait déjà concouru pour le trône avec le prince Magnus; mais un parti puissant, composé des habitants de la Suède proprement dite, choisit Éric, fils de Jedward-Bonde, et Charles resta roi de Gothie, province qui formait la partie méridionale et occidentale du pays. Plus tard, ayant délivré le royaume du joug du prince danois, il fut élu roi de toute la Suède. Il est le premier qui prit le titre de roi de Suède et de Gothie, titre porté depuis par tous les princes qui lui ont succédé. L'histoire parle de lui comme d'un bon prince; elle blâme toutefois sa trop grande faiblesse pour les prêtres et les intérêts de l'Église. Il obtint du pape l'érection du siége archiépiscopal d'Upsal. Pour témoigner de son obéissance à la volonté du saint-siége, il entreprit une croisade contre les habitants de l'Esthonie et de l'Ingrie, afin de les convertir au christianisme. Les assemblées générales, où le peuple avait coutume de se présenter armé pour veiller sur ses droits, subirent un changement remarquable sous ce règne. C'est en effet à partir de cette époque que pendant longtemps la nation fut représentée par les évêques, les *jarls* et les premiers juges (*tagman*), et que les diètes furent appelées *herredagar* (assemblées de seigneurs). Les juges qui étaient chargés de défendre les droits du pays étaient élus par le peuple. Charles, attaqué dans son château de Wisingsœ par Canut-Ericson, fils de son prédécesseur, périt l'an 1168.

CHARLES VIII, roi de Suède, de 1448 à 1470, fils de Canut-Bonde, descendant d'une ancienne famille noble, avait été nommé capitaine général du royaume par Éric XIII, devenu roi en vertu de l'union de Calmar, qui confondit la Suède, le Danemark et la Norwège sous un même sceptre. Mais lorsqu'en 1439 la nation suédoise eut cessé de reconnaître Éric comme roi, elle choisit Charles pour administrateur, fonctions qu'il remplit pendant deux ans, jusqu'à l'avénement de Christophe, lequel gouverna l'État pendant sept ans. Ce fut à la mort de ce roi, en 1448, que la noblesse suédoise éleva Charles au trône. Ses grandes qualités semblaient devoir assurer la prospérité de la monarchie; mais, contrarié sans cesse par les Danois, qui voulaient l'union des trois couronnes, et par les partis qui désiraient l'indépendance de la Suède, il ne put accomplir tout ce qu'il projetait. Les investigations qu'il ordonna pour forcer le clergé à restituer les domaines qu'il avait usurpés lui aliénèrent cet ordre puissant, qui se vengea en le forçant d'abdiquer la couronne, en 1457. Charles se retira à Dantzig, où il resta jusqu'en 1464, époque à laquelle il fut rappelé au trône par le parti qui en avait chassé Christiern Ier. Mais le clergé ne tarda pas à recommencer ses intrigues, et Charles, au bout d'une année, fut obligé de s'expatrier pour la seconde fois. La Suède tomba alors sous l'empire absolu du clergé, dont l'insatiable avidité la plongea bientôt dans un abîme de maux. Les nobles, parmi lesquels Charles comptait plusieurs parents, ne virent d'autre moyen pour sauver la patrie que de rappeler de nouveau l'ancien monarque. Charles, se rendant à leurs vœux, revint en Suède en 1467; mais il ne put, quoi qu'il fît, déjouer les intrigues qui s'agitaient sans cesse autour de lui, et à sa mort, qui arriva en 1470, la tranquillité était encore loin d'être rétablie.

CHARLES IX, roi de Suède, de 1604 à 1611, troisième fils de Gustave-Wasa et de *Marguerite Lejonhuprcd*, né le 4 octobre 1550, reçut une éducation très-soignée, et porta d'abord le titre de duc de Sudermanie, de Néricie et de Weemland. Il avait hérité de plusieurs des grandes qualités de son père, et se fit remarquer par l'énergie de son caractère; sa sévérité dégénéra même quelquefois en cruauté. A la mort de Jean III, arrivée en 1592, le fils de ce prince, Sigismond, se trouvait en Pologne, pays qu'il gouvernait depuis cinq ans, lorsqu'il fut élu successeur de son grand-père maternel. Le duc de Sudermanie prit provisoirement en mains les rênes du gouvernement, et fit avertir son neveu de se rendre en Suède dès qu'il aurait mis ordre aux affaires de la Pologne. Il convoqua en même temps les états à Upsal pour le 10 mars 1593, et leur exposa le danger que courait le pays sous le gouvernement d'un prince catholique. L'assemblée décida, à son instigation, que la doctrine évangélique serait seule professée dans le royaume, et que la confession d'Augsbourg serait déclarée la base de la foi religieuse des peuples. Cette décision déplut à Sigismond, qui avait été élevé dans la religion catholique; mais il n'en fut pas moins obligé de la sanctionner.

Sigismond arriva en Suède; il fut couronné en 1594, mais il retourna bientôt en Pologne, où il oublia les promesses solennelles qu'il avait faites à son pays natal. Il prit plusieurs mesures dont le but secret était de favoriser le catholicisme au détriment de la religion adoptée par la majorité, et confia un grand nombre d'emplois militaires à des Polonais. Le duc Charles convoqua l'année suivante une diète, qui l'élut administrateur du royaume en l'absence du roi: il fut décidé en même temps qu'aucune ordonnance royale ne serait publiée en Suède avant d'avoir été approuvée par la régence, et que les catholiques introduits par le roi dans l'administration quitteraient la Suède dans un délai de sept mois, s'ils refusaient de se conformer aux lois du pays. Sigismond désapprouva ces décisions; une nouvelle diète fut convoquée, qui supplia le roi de revenir se fixer dans le pays. Il le promit, et y revint en effet, mais à la tête d'une armée polonaise. Plusieurs combats eurent lieu entre le parti du roi et celui du duc: ils se terminèrent presque toujours en faveur de ce dernier. Enfin, une bataille décisive et mémorable fut livrée à Linkœping, le 26 septembre 1598: les partisans du duc y remportèrent une victoire complète, et Sigismond fut forcé d'évacuer la Suède avec les débris de son armée pour retourner en Pologne. L'année suivante on le somma de revenir en Suède gouverner conformément aux lois nationales, ou bien d'y envoyer son fils Wladislas, pour être élevé dans la religion du pays, et monter sur le trône à l'époque de sa majorité; mais le roi ne répondit pas. Les états, se regardant dès lors comme déliés du serment de fidélité qu'ils lui avaient prêté, le déclarèrent irrévocablement déchu du trône. On nomma de nouveau le duc de Sudermanie administrateur du royaume, et en 1604 on lui donna la couronne, qu'il accepta en prenant le nom de *Charles IX*.

La guerre s'alluma aussitôt entre la Pologne et la Suède, guerre acharnée, qui dura toute la vie de Charles, avec des succès balancés. Une autre guerre, contre la Russie, fut plus favorable aux armes de la Suède. Dans une troisième guerre, contre les Danois, ceux-ci occupèrent la forteresse de Calmar; ce revers irrita tellement Charles, qu'il défia le roi Christian IV en duel. Cette guerre, non plus que celle de Russie, n'était pas terminée quand arriva la mort de Charles, le 30 octobre 1611. Gustave-Adolphe, son fils, les continua avec honneur l'une et l'autre. Malgré les troubles de tout genre qui agitèrent le règne de Charles IX, on doit dire qu'il ne fut pas sans utilité pour la Suède. Les lois, rédigées dans un nouvel ordre, furent portées pour la première fois à la connaissance de tous par la voie de l'impression; et les lettres, ainsi que les sciences, encouragées et protégées par le prince, brillèrent de quelque éclat. Charles IX avait été marié deux fois, d'abord avec Marie, princesse palatine de Deux-Ponts, et ensuite avec Christine de Holstein, qui fut la mère du grand Gustave-Adolphe.

CHARLES X GUSTAVE, roi de Suède, de 1654 à 1660, né le 8 novembre 1622, à Upsal, était fils de Jean-Casimir, duc de Deux-Ponts-Cleebourg et de la princesse Catherine, fille de Charles IX. Il monta sur le trône en 1654, par suite de l'abdication de la reine Christine, sa cousine, après avoir été, cinq ans auparavant, déclaré héritier de la couronne. Son avénement eut lieu dans les circonstances les plus difficiles, quand le pays était accablé de dettes, résultat des prodigalités du règne précédent. Ce prince était doué de qualités éminentes, dont il avait de bonne heure donné des preuves pendant la guerre de trente ans, où il fit ses premières armes sous le célèbre Torstenson. Vers la fin de cette guerre, Christine le nomma généralissime de son armée en Allemagne, mais en cette qualité il n'eut pas d'occasions nouvelles de se distinguer.

En montant sur le trône, Charles s'efforça de rétablir les relations de bonne amitié que la Suède avait eues autrefois avec la plupart des souverains de l'Europe; cependant l'armée, qui avait partagé la gloire de Gustave-Adolphe et de ses généraux, souhaitait ardemment la guerre, et partageait l'ambition de son roi de voir la Baltique ne former qu'un lac suédois. Pour arriver à ce résultat, on pensait qu'il suffirait de s'emparer des ports de la Courlande. Aussi la paix fut-elle de peu de durée. Restait à savoir quelle puissance on attaquerait la première: Charles-Gustave se décida pour la Pologne. Le roi Jean-Casimir avait voulu mettre obstacle à son avénement au trône, en faisant valoir ses propres droits à la couronne de Suède: il y avait là un prétexte tout trouvé pour une guerre, qui aussitôt devint nationale. Vainement Jean-Casimir fit tout pour conserver la paix. Charles rejeta toutes ses propositions. Le général Wittemberg reçut l'ordre d'entrer en Pologne avec une armée de 17,000 hommes et 70 pièces de canon. Des Polonais mécontents, à toutes les époques de l'histoire de ce malheureux peuple il s'en est toujours trouvé un grand nombre, se réunirent aux Suédois, qui occupèrent sans coup férir les palatinats de Posen et de Kalisch, et firent prêter aux habitants serment de fidélité à la Suède. Une armée de 20,000 Polonais mit bas les armes. Si Wittemberg avait profité de ces premiers avantages, il aurait pu prendre Varsovie sans verser une goutte de sang; mais la gloire de s'emparer de cette capitale était réservée au roi en personne, qui s'approchait à la tête d'une armée de 30,000 hommes. 100 pièces de canon et de riches magasins furent le fruit de la prise de Varsovie, qui ne coûta que de légers combats.

Charles-Gustave poursuivit le cours de ses triomphes. Cracovie même tomba en son pouvoir après une faible résistance. Jean-Casimir, obligé de fuir devant le vainqueur, se réfugia en Silésie avec sa famille; et la Pologne tout entière ne tarda pas à être soumise à Charles-Gustave, qui se fit partout prêter serment de fidélité. Mais le clergé polonais, qui voyait avec une inquiétude bien naturelle un roi protestant occuper le trône, ne cessait de fomenter de secrets mécontentements. D'ailleurs, le roi fugitif comptait encore de nombreux et puissants partisans. Un traité d'alliance ne tarda point à être conclu entre lui et l'électeur de Brandebourg, qui réunit une armée de 28,000 hommes, avec laquelle il croyait pouvoir lutter contre le roi de Suède; mais Charles n'eut encore une fois besoin que d'ébranler ses vieilles bandes suédoises, et tout céda de nouveau à la terreur qu'elles inspiraient. Thorn, Elbing et plusieurs petites places prussiennes furent prises, et l'électeur se vit obligé d'entrer en négociations avec le vainqueur. Il fut alors convenu que le Brandebourg ferait désormais cause commune avec la Suède. Cependant les Polonais, profitant de l'absence de Charles-Gustave, s'étaient soulevés. Le roi se hâta de retourner en Pologne pour défendre ses conquêtes ; mais, par suite de quelques défections, il essuya d'abord des revers. Les traîtres ne tardèrent pas à se repentir de leur parjure, car Charles remporta sous les murs de Varsovie, au mois de juillet 1656, une victoire complète, après avoir fait personnellement des prodiges de valeur dans la mêlée.

Des succès si brillants et si constants devaient exciter la jalousie des puissances étrangères. Le Danemark ainsi que la Russie déclarèrent la guerre à la Suède. Les Russes entrèrent en Livonie, au nombre de 100,000 hommes, et ravagèrent cruellement le pays. Ils assiégèrent Riga, défendu par 5,000 Suédois sous le commandement des deux héros Lagardie et Helmfeld. Charles, après avoir laissé la garde de la Pologne à son frère, marcha contre les Russes, et les força à battre en retraite après avoir perdu 14,000 hommes. Les combats ultérieurs n'ayant offert aucun résultat décisif, une trêve de trois ans fut conclue en décembre 1658. Cependant, d'un autre côté, les Danois venaient de recommencer les hostilités contre la Suède. Charles-Gustave se décida aussitôt à les attaquer avec tout ce qu'il avait de forces disponibles. Son projet était de s'emparer du Danemark, dont il voulait donner le trône à son beau-père le duc de Holstein-Gottorp, après en avoir détaché toutefois les provinces de Halland, de Scanie et du Blekingie, ainsi que la Norvège, qu'il comptait réunir à la Suède. Le 23 juillet 1657 il entra dans le Holstein, que les Danois évacuèrent en toute hâte.

La saison avançait, et l'armée désirait vivement prendre ses quartiers d'hiver en Jutland; mais le roi résolut de passer immédiatement en Fionie. Déjà Wrangel avait ordre de prendre avec la flotte toutes les dispositions nécessaires à cet effet, lorsqu'un hiver rigoureux et prématuré vint rendre ses préparatifs inutiles. Le roi, prenant bien vite son parti de ce fâcheux contre-temps, décida que l'armée profiterait de la glace qui couvrait le petit Belt, large d'environ une lieue, pour passer en Fionie. On commença par en éprouver la solidité, puis l'on remplit de paille les interstices demeurés libres ; et cette paille y facilita la congélation de l'eau, empêchée par la force des courants. L'armée se mit en marche le 20 janvier, le roi à la tête de l'aile gauche. Après avoir effectué avec bonheur ce hardi trajet, les Suédois battirent l'armée danoise en Fionie, et s'emparèrent de toutes les places fortes de cette île. Charles assembla alors un conseil de guerre, auquel il soumit l'idée d'une des entreprises les plus audacieuses dont l'histoire ait conservé le souvenir. Il s'agissait de traverser encore sur la glace le grand Belt, large de sept lieues, pour passer dans l'île de Seeland. La plupart des généraux combattirent le projet du roi, qui insista pour qu'on tentât l'entreprise, et qui finit par faire prévaloir son opinion. Quelques soldats offrirent d'essayer la solidité de la glace ; ils passèrent effectivement en Seeland, d'où ils ramenèrent des paysans danois prisonniers, pour prouver qu'ils avaient bien réellement exécuté ce périlleux trajet. L'armée ne tarda pas alors à s'ébranler ; la glace avait un pied d'épaisseur. On se dirigea d'abord vers Langeland, puis vers Laaland, où l'on s'empara de la forteresse de Naskov, défendue par une garnison de 1,600 hommes. Le jour suivant on gagna Falster, où le roi s'arrêta pour attendre son artillerie et son infanterie, qui arrivaient sous le commandement de Wrangel. Quand ces corps eurent rejoint, on se remit en marche, et le 12 février le drapeau suédois flotta sur les remparts de Wordingborg en Seeland. Deux compagnies de fantassins et les équipages de l'ambassadeur de France périrent dans cette téméraire expédition. Claës Folt, envoyé en reconnaissance vers Copenhague, revint dire au roi que cette capitale serait facilement prise, pourvu qu'on l'attaquât la nuit même. Le roi hésita ; il eut lieu plus tard de s'en repentir. Il préféra entamer des négociations, dans l'espoir de conclure une paix avantageuse.

La paix fut en effet signée le 26 février 1658. Par ce traité le Danemark céda à la Suède les provinces de Scanie, de Halland, de Blekingie et de Bohm, le gouvernement de Drontheim en Norvège, et les îles de Hwen et de Bornholm. Toutefois, ces conditions ne furent point loyalement exécutées par les Danois. Ce manque de foi obligea Charles-Gustave à recommencer la guerre, dont les opérations se continuèrent avec des succès balancés. Le roi, ayant fait une descente à Amacker près Copenhague, faillit tomber dans les mains des ennemis avec Wrangel et un autre général. Il ne fut sauvé que par l'intrépidité du colonel Lœwenhielm. Dans cette reprise des hostilités, les Danois furent secourus par l'ancien allié de la Suède, l'électeur de Brandebourg, ainsi que par les Autrichiens et les Polonais ; la Hollande même prit parti contre la Suède. On voulait forcer Charles-Gustave à conclure une paix dont on espérait dicter les conditions. Les Hollandais envoyèrent à cet effet un plénipotentiaire porteur de propositions, mais Charles répondit : « Vous comptez sur vos flottes pour forger vos projets ; mais je veux les briser avec mon épée. » Le roi résolut alors de convoquer encore une diète à Gothembourg, pour aviser aux moyens de soutenir l'honneur des armes suédoises; il s'y rendit en personne, et les délibérations furent poussées avec activité. Mais Charles, dont tant de travaux avaient miné la constitution, tomba malade, et l'on ne tarda pas à reconnaître que son mal était au-dessus des ressources de l'art. Ce grand monarque succomba le 13 février 1660, après un règne de six ans, signalé par des guerres continuelles, qui ne lui permirent pas de donner ses soins à l'amélioration de l'administration intérieure. Charles-Gustave avait épousé la princesse *Hedwige-Éléonore*, fille de Frédéric, duc de Holstein-Gottorp. De ce mariage naquit un fils, *Charles*, qui succéda à son père.

CHARLES XI, roi de Suède, de 1660 à 1697, prince qui éleva la Suède à un degré de prospérité inconnu avant lui et qu'elle n'a pas atteint depuis, naquit le 24 novembre 1655. La mort prématurée de son père le rendit, à l'âge de quatre ans, possesseur d'une couronne. En vertu du testament du feu roi, la régence fut confiée à la reine-mère, au prince Adolphe-Jean, oncle du jeune monarque, et à quatre conseillers du royaume ; mais le prince Adolphe-Jean en fut bientôt exclu, par suite du mécontentement de la nation. Le premier soin de la reine fut de rétablir des relations de bonne amitié avec les six puissances contre lesquelles la Suède était alors en guerre. Les négociations entamées dès avant la mort de Charles X, sous la médiation de la France, furent continuées avec la Pologne, l'empereur et l'électeur de Brandebourg, et la paix se signa le 3 mai 1660, à Oliva, entre ces trois puissances. Celle avec le Danemark fut conclue à Copenhague, le 6 juin suivant; les conditions furent les mêmes que celles du traité de Roskild, sauf que Drontheim et Bornholm retournèrent au Danemark moyennant un équivalent donné à la Suède. La paix avec la Russie fut signée à Cardis en 1661. Quant à la Hollande, qui, sans déclaration de guerre, avait pris fait et cause contre les Suédois, elle s'abstint de tout acte d'hostilité, sans cependant conclure de traité formel.

L'éducation du jeune roi fut singulièrement négligée, parce

que, peut-être, il avait la plus tendre des mères, dont l'unique souci était de voir son fils gai et bien portant. Aussi, lorsqu'à l'âge de vingt ans il se rendit à l'armée, ne savait-il encore ni lire ni écrire, ce qui lui fit dire souvent depuis : « J'ai appris à la guerre ce que d'autres ont coutume d'y oublier, la lecture et l'écriture. » Déclaré majeur à dix-sept ans, le jeune roi prit lui-même les rênes du gouvernement en 1672. Le conseil de régence présenta une espèce de compte-rendu, que Charles ne se donna pas même la peine de faire vérifier, et n'en reçut pas moins décharge de sa gestion. Il avait longtemps résisté aux efforts faits par la France pour persuader à la Suède de conclure avec elle une alliance offensive et défensive. Cette puissance fut plus heureuse auprès du jeune roi, et un traité pour trois ans fut signé le 12 août 1672. Mais ce traité entraîna la Suède dans une guerre dangereuse contre l'empereur, plusieurs princes Allemands, le Danemark et la Hollande ; guerre qui lui fit perdre presque toutes les possessions qu'elle avait acquises en Allemagne pendant la guerre de trente ans.

Charles ne tarda point à ouvrir les yeux sur les dangers imminents auxquels ses États étaient incessamment exposés du côté du Danemark. Il se rendit en Scanie pour y diriger lui-même les opérations de la guerre, et son courage, secondé par un coup d'œil juste, lui fit remporter de grands avantages. Il bravait tous les dangers. Un jour, il donna un exemple bien remarquable de présence d'esprit. Étant tombé, par mégarde, au milieu de deux escadrons ennemis, il se met sans se déconcerter à leur tête, les commande comme s'il était leur chef, grâce à la similitude qui existe entre les langues suédoise et danoise, et marche avec les Danois jusqu'à ce qu'arrivé tout près des siens, il n'ait qu'à se retourner pour crier à ceux-ci : Sus à l'ennemi ! Les Suédois, tant chefs que soldats, donnèrent d'admirables exemples de courage et d'intrépidité dans les batailles de Lunden et de Landscrona. Pendant tout son règne, Charles ne manquait jamais de célébrer chaque année, le 4 décembre, l'anniversaire de la victoire de Lunden. La France, quand elle eut arrangé ses propres affaires, se hâta d'aller au secours de son alliée, dont les ennemis se virent par la force de songer à la paix. Elle fut signée à Saint-Germain en Laye le 20 juin 1679, et rendit à la Suède tout ce que cette puissance avait perdu en Allemagne. Le 26 septembre de la même année, un traité particulier, signé à Lunden, entre la Suède et le Danemark rétablit toutes choses sur l'ancien pied entre les deux États.

Cette guerre n'avait pas coûté à la Suède moins de 50 millions, de 100,000 hommes et de 40 vaisseaux. Charles n'eut plus d'autre désir que de réparer ces pertes immenses. Toutes ses vues tendirent dès lors à rétablir la prospérité intérieure de la Suède ; mais pour cela il crut nécessaire de s'affranchir des entraves que lui imposait la constitution. Ayant convoqué une diète à Stockholm, en 1680, il parvint, après quelque opposition de la part des états, à se faire déclarer monarque absolu, responsable de ses actions devant Dieu seulement. Investi de ce pouvoir, il s'occupa immédiatement de la *réduction*. Par cette mesure, si célèbre dans l'histoire de Suède, et que les historiens français ont jusqu'à présent fort improprement appelée *révolution de* 1680, on entendait la restitution forcée de tous les biens de la couronne illégalement aliénés, soit à titre de donations volontaires faites par les monarques précédents, soit par usurpation commise par les ministres et autres fonctionnaires publics. La haute noblesse eut surtout à souffrir de sa mise à exécution. Plusieurs familles qui jouissaient de biens de cette nature depuis près d'un siècle se virent réduites à la misère. Mais les ressources de la couronne furent ainsi considérablement augmentées, et le roi décida qu'une partie des domaines restitués à l'État serait consacrée à l'entretien des officiers de l'armée, une autre à solder les traitements des fonctionnaires de l'ordre civil et ceux du clergé, aux dépenses des universités, etc. Charles XI s'attacha aussi à organiser l'armée de manière qu'elle coûtât le moins possible au pays. C'est à lui que la Suède est redevable de l'admirable organisation militaire qui subsiste encore aujourd'hui dans ce pays, et que, à plusieurs reprises, l'on a vainement tenté de perfectionner. Son règne ne fut plus qu'une longue suite de bienfaits pour ses sujets, et la Suède put jouir alors d'une paix non interrompue de dix-huit années. Cette paix durait encore au moment de la mort de ce prince, arrivée le 5 avril 1697. Il avait épousé une princesse danoise, *Ulrique-Éléonore*, de laquelle il avait eu sept enfants, entre autres Charles XII et la reine Ulrique.

CHARLES XII, roi de Suède, de 1697 à 1718, fils de Charles XI et d'Ulrique-Éléonore, princesse de Danemark, naquit à Stockholm, le 17 juin 1682. La mère la plus tendre soigna sa première enfance, et le nourrit dans la pratique des vertus religieuses. On lui donna de bonne heure un gouverneur, qui reconnut bien vite les rares dispositions du jeune prince. Ses progrès furent rapides, surtout dans les langues et dans les mathématiques. Il avait une prédilection particulière pour la littérature et les écrivains de l'ancienne Rome, dont la langue lui devint si familière qu'il la parlait couramment. Il savait aussi le français, mais, comme son père, il haïssait cette langue, et ne voulut jamais la parler. Son gouverneur lui en ayant fait des reproches et lui ayant représenté qu'il y aurait convenance de sa part à parler français avec l'ambassadeur de France, il lui répondit : « Quand je rencontrerai le roi de France, je lui parlerai en français ; mais pour son ambassadeur, il me semble qu'il aurait plutôt dû apprendre le suédois pour parler avec moi, que moi le français pour m'entretenir avec lui, car je fais tout autant de cas de ma langue que lui de la sienne. » L'éducation de Charles, dirigée d'après le plan tracé par son père, fut solide ; on ne négligea rien pour faire de lui non-seulement un bon militaire, mais aussi un bon administrateur. A la mort de son père (1697), Charles n'avait pas quinze ans accomplis. Par son testament, le feu roi avait décidé que son fils resterait jusqu'à sa majorité sous la tutelle de sa grand'mère, Hedwige-Éléonore, et de cinq hauts fonctionnaires ; mais les états du royaume le déclarèrent majeur dès le 27 novembre 1697, et il fut couronné le 14 décembre suivant. On remarqua, comme un trait caractéristique, que dans cette cérémonie il se posa lui-même la couronne sur la tête.

La cour du jeune souverain fut d'abord très-brillante et très-gaie. Il se livrait surtout aux exercices qui développent les forces et qui demandent du courage et de l'adresse. La chasse aux ours était un de ses divertissements favoris, et il aimait à se servir des moyens les plus hardis pour prendre ces animaux tout vivants ; une fois, dans une grande chasse, on en prit ainsi quatorze, et le roi lui-même en tua un à coups de bâton. Charles, exclusivement livré à ses plaisirs, s'occupait alors très-peu des affaires de son royaume. Le bruit s'en répandit bien vite en Europe ; aussi les trois puissances voisines, la Russie, la Pologne et le Danemark, s'entendirent-elles tout aussitôt pour en profiter, et formèrent-elles, chacune d'ailleurs par des motifs différents, une triple alliance, qui amena la *guerre du Nord*. Affaibli et humilié par ses derniers traités avec la Suède, le Danemark, pour regagner quelque considération sur le continent, sentait le besoin de reculer ses frontières du côté du Holstein, qui, aux termes du traité d'Altona, sous la protection de la Suède. La Pologne, menacée à la fois par la Suède et par la Russie, voulait s'agrandir aux dépens de la première, et profiter pour cela du mécontentement de la noblesse de Livonie, laquelle, par l'organe du perfide Patkul, encourageait les projets du roi Auguste. Désireux d'élever son peuple au rang des nations civilisées, le tsar Pierre 1er savait combien quelques possessions de plus sur la Baltique lui seraient utiles pour former avec les pays étrangers des relations de commerce qui auraient pour résultat d'attirer en Russie des hommes instruits et capables d'y répandre les lumières et l'instruction.

Les rois de Danemark et de Pologne, quoique proches parents de Charles, furent les premiers à rompre avec lui. Il assistait à une grande chasse à Kungsœr, quand il reçut la première nouvelle des hostilités commises par les Polonais. « Eh bien, soit! s'écria-t-il, le roi Auguste viole tous ses engagements; mais notre cause est juste, donc Dieu la soutiendra! J'en terminerai d'abord avec l'un de mes cousins; après quoi, j'aurai tout le temps de parler à l'autre. » Ne songeant plus à la chasse, Charles revint précipitamment à la ville, et se rendit au conseil, où il dit : « Je m'étais proposé de ne jamais déclarer de guerre, mais puisqu'on m'attaque, je saurai me défendre; et je ne poserai les armes que lorsque j'aurai fait repentir mes ennemis de leur hardiesse. » Dès ce jour on remarqua un changement complet dans la direction des idées du jeune monarque; il devint tout à coup grave et sérieux. Renonçant à toutes les distractions qui lui avaient été habituelles jusque alors, son unique plaisir fut de converser avec les vieux officiers qui avaient suivi son grand-père en Pologne ou qui avaient fait avec son père la dernière guerre contre le Danemark. *Alexandre le Grand* et *Gustave-Adolphe*, tels furent les princes qu'il se proposa pour modèles, exprimant à tout propos sa haute admiration pour la valeur du premier et pour les vertus du second. Les préparatifs de guerre furent poussés avec une activité tenant du prodige.

Le roi de Danemark envahit le territoire du duc de Holstein-Gottorp, et ce prince, qui était marié avec la sœur de Charles XII, se rendit à Stockholm pour y réclamer les secours de son beau-frère. Comme Charles lui portait une affection toute particulière, il proposa au conseil l'adoption des mesures les plus vigoureuses contre le Danemark, et s'embarqua à Carlscrona en 1700 avec des forces imposantes. Sa flotte se composait de trente vaisseaux de ligne, avec un nombre correspondant de bâtiments de moindres dimensions, et, après avoir rallié les flottes anglaise et hollandaise, elle parut en vue des côtes de la Seeland, non loin de Copenhague. Sans attendre là l'arrivée des bateaux plats nécessaires pour opérer le débarquement, le roi, dans son impatience de toucher la terre ennemie, se jette dans l'eau jusqu'à la poitrine pour gagner le rivage. Son héroïque exemple électrise toute l'armée et est immédiatement imité par les soldats, qui tiennent leurs fusils en l'air. Pendant ce temps-là, un bruit encore inconnu frappait les oreilles de Charles XII; c'était celui des balles danoises sifflant autour de lui. Un vieil officier qui l'interrogea à ce sujet, ne lui dissimule pas le péril. « Tant mieux! s'écrie le roi, c'est là dorénavant la seule musique que je veuille entendre! » Les Danois, ne se trouvant pas en forces suffisantes, se replièrent sous les murs de Copenhague, que l'armée suédoise ne tarda pas à investir. On se disposait à entreprendre les travaux préliminaires indispensables pour un siège régulier, quand on reçut la nouvelle que la paix venait d'être signée, le 8 août 1700, à Traventhal, entre le duc de Holstein-Gottorp et le roi de Danemark, et le premier avait été réintégré dans tous les droits et privilèges dont le second avait voulu le dépouiller. Satisfait d'avoir vengé l'injure faite à son parent et à son allié, Charles fit preuve de la plus noble générosité et d'un désintéressement qui forma toujours le fonds de son caractère, en ne réclamant aucune indemnité de la Suède.

Une fois qu'il en eut terminé avec le Danemark, Charles XII courut répondre aux hostilités d'Auguste II et de Pierre Ier. Le premier assiégeait Riga, le second menaçait Narwa et les contrées voisines du golfe de Finlande. Le roi de Suède fit transporter 20,000 hommes en Livonie, et marcha de sa personne à la rencontre des Russes, qu'il trouva au nombre de 50,000 hommes et occupant un camp retranché sous Narwa. Le 10 novembre 1700, 8,000 Suédois à peine se mirent en ligne avec 37 pièces de canon sous le feu roulant des Russes, que commandait, en l'absence du tsar, le duc de Croy; mais en moins d'une demi-heure les retranchements étaient enlevés, et le camp au pouvoir des assaillants. Plus de 18,000 Russes restèrent sur le carreau ou bien périrent noyés dans la Narwa. Le reste fut ou dispersé ou fait prisonnier. Comme les vaincus étaient trop nombreux pour pouvoir être gardés par les vainqueurs, Charles XII, après les avoir désarmés, leur fit donner des bâtons de voyage, et les renvoya tête nue dans leurs foyers. Après ce triomphe, le roi se reposa sur ses lauriers jusqu'au printemps de 1701. Ce moment arrivé, il traversait la Dwina, attaquait les Saxons dans les retranchements qu'ils avaient élevés sur l'autre rive de ce fleuve, et remportait encore dans cette occasion une éclatante victoire. Les Saxons laissèrent en son pouvoir leur artillerie, leurs bagages et leurs magasins.

A ce moment Charles XII eût pu dicter les conditions d'une paix qui eût fait de lui l'arbitre suprême des destinées du nord de l'Europe. La Pologne, saisie d'effroi, demandait à traiter, alléguant qu'elle n'avait jusque alors pris aucune part à cette guerre. A ces ouvertures, Charles, qui dès lors nourrissait le projet d'enlever la couronne de Pologne à l'électeur de Saxe, répondit que la seule condition à laquelle il consentirait à la cessation des hostilités était la déposition du roi Auguste II par la diète du royaume. En vain Auguste eut recours à tous les artifices pour fléchir le courroux du jeune roi; en vain il lui envoya la belle comtesse Aurore de Kœnigsmark, Suédoise d'origine, dans l'espoir qu'elle serait plus favorablement écoutée que tout autre négociateur. La séduisante médiatrice ne fut pas même admise à l'audience du roi, et à peu de temps de là les Suédois occupèrent Varsovie sans éprouver grande résistance. Poursuivant leur marche victorieuse à travers la Pologne, ils rencontrèrent le roi Auguste II et son armée occupant à Klissow une position formidable; mais une victoire complète couronna encore une fois leurs efforts.

Le butin fut très-considérable, et les pertes de l'ennemi en tués, blessés et prisonniers furent immenses; cependant la joie du triomphe ne fut pure de toute amertume pour Charles XII. Le beau-frère qu'il aimait d'une affection si sincère, le duc de Holstein-Gottorp, mourut à Klissow, de la mort des braves. Poussant toujours son armée en avant, le roi de Suède arriva sous les murs de Cracovie, et s'empara sans coup férir, dans un acte de courage personnel, de cette importante place, la seconde ville de la Pologne.

Auguste, comprenant bien qu'il ne lui restait plus de chances de salut, eut recours alors aux plus humbles démarches, dans l'espoir d'obtenir la paix; mais ce fut très-inutilement qu'il alla jusqu'à offrir le payement comptant d'une somme de six millions de rigsdales, s'obligeant en outre à déclarer la guerre à la Russie. Une diète du royaume fut convoquée par Charles XII à Varsovie; et le primat ayant déclaré le trône vacant, cette assemblée, cédant à l'ascendant tout-puissant du vainqueur, élut pour roi Stanislas Leczinsky, qui fut couronné en grande pompe le 24 septembre 1705. Un traité d'alliance offensive et défensive fut alors signé entre la Suède et la Pologne, qui s'obligeait à faire la guerre à la Russie jusqu'à ce qu'elle eût reconquis les provinces que cette puissance lui avait enlevées. Toujours généreux d'ailleurs, Charles XII n'imposa à la Pologne le payement d'aucune contribution de guerre. L'élection de Stanislas comme roi ne fut cependant pas tellement incontestée qu'elle ne rencontrât sur divers points de sérieuses résistances, soutenues par les troupes saxonnes du roi Auguste, et ce ne fut qu'en 1706, à la suite d'une victoire remportée à Frauenstadt, que l'autorité de Stanislas Leczinsky fut reconnue dans toute la Pologne. Charles XII poursuivit son ennemi jusqu'en Saxe, où tout céda à ses troupes. La paix signée en 1706 à Altranstædt contraignit l'électeur de Saxe à renoncer de la manière la plus expresse à toute prétention au trône de Pologne et à reconnaître Stanislas en qualité de souverain légitime de ce pays. Auguste dut même s'obliger à livrer au roi de Suède le Livonien Patkul, l'âme de la coalition formée contre la Suède, qui remplissait à Dresde les fonctions d'envoyé russe, que Charles XII fit juger par une commission, et qui périt écartelé, comme traître, en 1707.

Dans les négociations qui se poursuivirent avant la conclusion de ce traité d'Altranstædt, Auguste, comme toujours, voulut faire avec le roi de Suède de la diplomatie et obtenir de lui des concessions moyennant force promesses. L'histoire a retenu les fières paroles par lesquelles Charles XII répondit au négociateur de l'électeur : « *Memento me esse Alexandrum, non mercatorem* (souvenez-vous que je suis Alexandre, et non un marchand)! » Elle lui rend aussi la justice de reconnaître que pendant tout le temps de son séjour en Saxe le roi de Suède fit preuve de modération et de générosité, et que ses troupes y observèrent partout la plus exacte discipline. Sur son intervention, l'empereur consentit à accorder aux protestants de la Bohême le libre exercice de leur culte. Ces différents résultats obtenus, Charles évacua la Saxe avec son armée, forte de 43,000 hommes, décidé à aller attaquer le tsar au cœur même de ses États, et à employer toutes ses forces contre une puissance qui prenait une extension de plus en plus formidable pour ses voisins, et à laquelle ses revers mêmes avaient servi d'instructives leçons pour s'initier à la connaissance et à la pratique des règles de la guerre. Aussi bien, ce n'est que là où Charles XII commandait en personne que la victoire s'était constamment prononcée en faveur des armes suédoises, et à la suite du long séjour du roi en Allemagne et en Pologne les affaires en étaient venues à prendre une tournure fort incertaine et même inquiétante, tant en Finlande qu'en Livonie. Il s'en fallait de beaucoup que dans ces provinces les généraux suédois agissent toujours d'accord et se tendissent fraternellement la main. Le tsar ne craignit donc pas d'y reprendre l'offensive ; il y remporta une suite de petits avantages partiels, qui remontèrent le moral de ses troupes et effacèrent à leurs yeux les hontes du désastre de Narwa. Pierre put envahir successivement diverses contrées riveraines de la Baltique ; et ces succès lui facilitèrent l'exécution des projets qu'il avait conçus pour la fondation de Cronstadt et de Saint-Pétersbourg.

Tel était l'état des choses au moment de la signature de la paix d'Altranstædt. Les efforts tentés alors par la France pour opérer une réconciliation entre Pierre Ier et Charles XII échouèrent, par suite des intrigues de l'Angleterre, Marlborough ayant tout intérêt à occuper ac loin un prince jeune et actif, dont l'armée n'eût pu s'approcher du Rhin sans peser pour beaucoup dans la balance des destinées de la France et de l'Angleterre.

Les troupes russes qui avaient envahi la Pologne en furent bientôt expulsées par Charles XII, qui crut devoir y laisser six mille hommes de son armée à la disposition de Stanislas Leczinski. On pensait que le roi songerait d'abord à reconquérir les provinces riveraines de la Baltique enlevées à la Suède par le tsar, et que, pour mettre à jamais la Suède à l'abri de tout danger de ce côté, il irait détruire Saint-Pétersbourg. Mais il se décida à prendre une autre direction et à aller dicter ses lois au tsar à Moscou même. Le printemps de l'année 1708 venu, il entra en Lithuanie, et faillit atteindre le tsar à Grodno. Le 4 juillet il remporta sur les Russes un avantage décisif, à Holofzin, et les poursuivit l'épée dans les reins jusqu'à Mohilef, où il attendit pendant un mois les 14,000 hommes de renforts et les approvisionnements que le général Lewenhaupt avait ordre de lui amener. Mal conseillé par son favori Rehnskœld, Charles XII résolut de ne pas attendre plus longtemps l'arrivée de Lewenhaupt, et, sur les instances de Mazeppa, hetman des Kosaks, il passa dans l'Ukraine, espérant déterminer les populations de ce pays à faire cause commune avec lui. Cette précipitation perdit tout. Le tsar profita habilement de cette faute pour attaquer Lewenhaupt à Liesna. Sans doute l'avantage resta cette fois encore aux Suédois ; mais il leur coûta cher : 3,000 hommes tués, blessés ou prisonniers, et une partie de leurs bagages et de leur artillerie. Quand Lewenhaupt rejoignit le roi, son armée ne présentait plus qu'un effectif de 6,000 hommes complètement épuisés.

Par une fatalité de plus, l'hiver fut cette année d'une précocité inouïe et d'une rigueur dont l'histoire offre peu d'exemples. Il commença dès le mois de septembre dans ces contrées, et les Suédois eurent d'autant plus à en souffrir que, ravagée précédemment par les troupes de Pierre Ier, l'Ukraine ne leur offrait aucune des ressources sur lesquelles le roi avait cru pouvoir compter. Charles XII donna à son armée l'exemple du plus admirable courage et de la plus héroïque constance, partageant toutes les fatigues et toutes les privations de ses soldats. Pendant ce temps-là, l'abondance régnait dans l'armée russe. Au printemps de 1709, Charles XII se décida à marcher sur Pultawa, place qui formait le centre des opérations de l'ennemi, et où le tsar avait réuni d'immenses approvisionnements. Il arriva sous les murs de cette place le 1er mai, et en commença immédiatement le siège. Blessé au pied le 10 juin, dans une reconnaissance, le roi resta encore à cheval pendant plusieurs heures sans consentir à se laisser panser. La blessure était cependant si grave qu'à la bataille qui se livra le 27 du même mois (8 juillet), et où vint se briser le prestige attaché jusque alors à ses armes, force lui fut de se faire porter sur un brancard ; circonstance qui l'empêcha d'être toujours là où sa présence eût été nécessaire, et qui, jointe à la mésintelligence profonde existant entre Rehnskœld et Lewenhaupt, peut être considérée comme la cause principale de la déroute complète et irréparable que l'armée suédoise éprouva ce jour-là. Les gens qui portaient le brancard du roi furent tués et remplacés à diverses reprises. On dut placer Charles tant bien que mal sur un cheval ; et quelques instants après ce cheval était tué sous lui. Le roi eut la douleur de voir ses meilleurs officiers, son ministre favori, le comte Piper, et la fleur de son armée tomber au pouvoir des Russes. Au milieu de ce désastre, Lewenhaupt ouvrit l'avis de brûler ce qui restait de bagages, et de passer la Worschla, pour gagner la Tatarie ; mais le roi préféra suivre Mazeppa et franchir le Dnieper ; 2,000 hommes environ purent le suivre. Le reste de son armée, présentant encore un effectif de 16,000 hommes et demeuré sous les ordres de Lewenhaupt, mais complètement démoralisé, se vit réduit à mettre bas les armes le surlendemain, 29 juin. Les soldats furent envoyés en Sibérie et traités par le vainqueur avec une grande inhumanité. Après avoir réussi à passer le Dnieper, Charles erra pendant trois jours dans un désert et atteignit alors enfin le Bug, d'où il se réfugia sur le territoire turc, à Bender, où il persista, envers et contre tous, à séjourner pendant cinq années. Ne pouvant pas y conserver les débris de son armée avec lui, il se décida à renvoyer de lui environ 1,400 hommes en Pologne ; mais, harcelé bientôt par les Russes, ce petit corps fut également fait prisonnier.

Quand ils reçurent la nouvelle de la déroute de Pultawa, les ennemis de Charles XII relevèrent aussitôt la tête. L'électeur de Saxe déclara nulles les stipulations de la paix d'Altranstædt ; Frédéric IV, roi de Danemark, débarqua en Scanie avec des forces considérables, et en même temps le tsar envahit la Livonie. Pendant ce temps, la régence établie à Stockholm prenait des mesures pour faire respecter l'ancien territoire suédois. A la tête de 14,000 paysans de Smolande, recrutés à la hâte, mal armés et plus mal exercés encore, le général comte Magnus Steenbock battit complètement, le 10 mars 1711, sous les murs d'Helsingborg l'armée danoise d'invasion, forte de 17,000 hommes de troupes aguerries, et la contraignit à évacuer la Scanie, avec une perte de 4,000 morts, de 3,000 blessés et de 3,000 prisonniers, tandis que la perte totale des Suédois ne fut que de 800 hommes. On envoya aussi quelques troupes en Finlande, mais en présence de forces ennemies, de beaucoup supérieures, elles n'y furent d'aucune utilité.

Charles XII n'était pas plus tôt arrivé à Bender qu'il avait formé le plan de décider les Turcs à faire cause commune avec lui et à porter la guerre sur le territoire russe. Effectivement le sultan déclara la guerre au tsar. Une sanglante bataille fut livrée sur les rives du Pruth, le 1er juillet 1711, entre les Turcs et les Russes. La perte de Pierre 1er semblait inévitable, quand, à force de résolution et d'habileté, sa femme Catherine réussit à amener entre les parties belligérantes la conclusion d'un traité de paix dans lequel il ne fut seulement pas fait mention du roi de Suède. Celui-ci, sans se décourager, continuait toujours à former de nouveaux plans, de nouveaux projets contre ses ennemis, envoyant des agents à Constantinople exciter le divan à faire cause commune avec lui. Mais les agents de la Russie ne déployèrent auprès du divan ni moins d'habileté ni moins d'activité à contre-carrer ses intrigues, prétendant que sa véritable intention était de se faire adjuger la couronne de Pologne, pour qu'il pût réunir ses forces à celles de l'empereur et chasser les Turcs d'Europe. La Porte crut à l'existence de tels projets de la part de Charles XII; en conséquence le séraskier de Bender reçut un jour l'ordre positif de contraindre le roi à quitter les États du grand-seigneur, et dans le cas où il s'y refuserait, de le faire enlever et conduire mort ou vif à Andrinople. Peu habitué à déférer à la volonté d'autrui, craignant d'ailleurs que le but véritable de la mesure dont il était l'objet de la part du gouvernement turc ne fût de le livrer au tsar, Charles XII résolut de défier toutes les forces du sultan avec la suite d'environ 300 personnes qu'il avait conservée auprès de lui, et d'attendre les armes à la main l'accomplissement de sa destinée. La maison qu'il habitait à Varnitza, près de Bender, fut attaquée par les Turcs, et il la défendit pied à pied contre toute une armée.

Pour en finir, les Turcs se décidèrent à y mettre le feu; forcé par la flamme de fuir, le roi s'étant alors embarrassé dans ses éperons tomba par terre. Un grand nombre de Turcs se précipitèrent aussitôt sur *Demis-Basch* (Tête de fer), surnom qu'ils avaient donné à Charles XII; mais ce ne fut pas encore sans peine qu'ils parvinrent à le désarmer. Ses cils et ses paupières étaient complétement brûlés par la poudre, et ses habits tout couverts de sang. Ceci se passait le 1er février 1713. Quelques jours après, on voyait arriver à Bender Stanislas Leczinski, qui venait supplier le roi de donner son assentiment à la convention que force lui avait été de souscrire avec Auguste II; mais Charles XII s'y refusa opiniâtrément. Les Turcs conduisirent alors le roi à Démotika près d'Andrinople, où il passa deux mois dans son lit, feignant d'être malade, pour être dispensé de recevoir le grand-vizir, trompant ses ennemis en lisant et en jouant aux échecs.

Quand il se fut convaincu qu'il n'y avait plus rien à attendre pour lui de la Turquie, Charles XII se décida enfin à regagner ses États. Il est assez probable d'ailleurs que ce qui ne contribua pas peu à lui faire prendre cette détermination, ce fut l'arrivée du comte de Lieven, qui venait l'instruire que s'il prolongeait davantage son absence, la diète suédoise était bien résolue à déclarer le trône vacant. Son parti une fois pris, Charles XII envoya à Constantinople en prévenir le gouvernement et, après s'être procuré chez un négociant anglais les fonds qui lui étaient nécessaires, il partit sous le nom de capitaine Charles Frisk, et en compagnie de deux officiers déguisés comme lui, l'adjudant général Rosen et le lieutenant-colonel During. Le voyage eut lieu constamment à cheval, et se fit avec une telle rapidité, jour et nuit, à travers toute la Hongrie et l'Allemagne, qu'il n'y eut qu'un de ses deux compagnons qui pût en supporter avec lui la fatigue.

Le 11 (22) novembre 1714, Charles XII arrivait à minuit aux portes de Stralsund, où on ne le reconnut pas d'abord et où on ne le laissa pas entrer sans quelque difficulté. En peu d'instants la nouvelle de son retour se répandit dans toute la ville, qui aussitôt se trouva illuminée comme par enchantement. A peu de temps de là, une armée combinée de Danois, de Saxons, de Prussiens et de Russes opérait une descente dans l'île de Rugen, puis s'en venait assiéger cette place dans la défense de laquelle le roi fit des prodiges de valeur. Quand elle dut capituler, le 23 décembre 1715, il monta, lui cinquième, dans une barque afin de se rendre à bord d'un vaisseau suédois, qui l'attendait pour le conduire à Trelleborg en Scanie. C'est alors qu'il lui fut donné pour la première fois, après une absence de quinze années, de fouler de nouveau le sol de la patrie; mais il n'y rapportait pour toute fortune que son courage et son épée. La situation de la Suède à ce moment était déplorable; la population avait été singulièrement diminuée par la mise en ordre des affaires intérieures et de cruelles épidémies. Les plus riches provinces de la monarchie étaient au pouvoir de l'ennemi, et dans les autres tout commerce, toute industrie, étaient depuis longtemps ruinés, anéantis. Dans ses années de prospérité, Charles XII n'avait eu de sollicitude que pour son armée, et en tout ce qui touchait l'administration intérieure de ses États, son incurie avait été sans bornes. Rien de plus naturel dès lors que l'anarchie et la confusion les plus complètes régnassent dans les divers services publics, abandonnés qu'ils étaient le plus souvent à des hommes n'ayant en vue que leur intérêt personnel et dont le criminel égoïsme aggravait encore les misères de la patrie commune.

Au lieu de se rendre à Stockholm, Charles s'arrêta à Lund, petite ville de la Scanie, où il déploya dans la mise en ordre des affaires intérieures du pays l'activité qui lui était propre, faisant à cette occasion preuve d'une capacité administrative dont il est à regretter que les guerres incessantes de son règne l'aient empêché de faire plus souvent profiter ses peuples. C'est ainsi notamment qu'il prit les mesures les plus propres à mettre les côtes de la Suède à l'abri de toute insulte de l'étranger. Plusieurs ordonnances remarquables par la sagesse toute pratique de leurs dispositions sont datées de Lund. Le roi y décréta entre autres la création d'une communication entre la mer du Nord et le lac Wener, par le canal de Trollhætta, et la construction de bassins de carénage dans le port de Carlscrona. Il songea aussi au commerce et à l'industrie, dont divers règlements empreints d'une grande sagesse favorisèrent les développements et les progrès, et n'oublia ni les sciences ni les lettres dans ses encouragements.

Tout porte à penser qu'à ce moment le roi désirait sincèrement la paix, mais, comme toujours, il était bien fermement résolu à ne jamais l'acheter au prix de l'honneur. Dès lors il devait songer aux moyens de se trouver en mesure d'en discuter les conditions au lieu d'être réduit à accepter celles qu'on lui imposerait. A cet égard il était admirablement secondé par son ministre et confident, le baron de Goertz, dont les projets témoignent d'autant de hardiesse de conception que d'originalité. Le baron estimait que le roi devait à tout prix se réconcilier avec le tsar, se dédommager des cessions de territoire que force serait à la rigueur de lui consentir, en mettant la main sur la Norvège et en l'annexant à la Suède, et de là opérer un débarquement en Écosse pour y rappeler les Stuarts et en expulser Georges 1er, qui s'était montré son adversaire personnel. Goertz, sachant bien que l'argent n'est pas moins le nerf de la politique que celui de la guerre, avait recours à des moyens aussi neufs qu'ingénieux pour remplir les coffres de son maître. Sans doute ses mesures furent bien entachées quelquefois d'un peu d'arbitraire et firent même de nombreux mécontents; mais on atteignit le but qu'on s'était proposé, le but essentiel. On se procura de la sorte les moyens de porter au complet l'armement de la flotte et de pouvoir appuyer par des démonstrations effectives les négociations entamées pour la paix.

Résolu d'utiliser la belle armée qu'il avait réussi à reconstituer, et dont l'effectif avait été porté à 70,000 hommes, le roi envahit la Norvège en 1716 par deux points à la fois. Mais une diversion heureuse tentée en Scanie par les Danois le contraignit à renoncer pour le moment à cette expédition, qu'il tenta de nouveau, deux ans plus tard, lorsque, à la suite de négociations entamées avec la Russie par Goertz et Fyllenborg au sujet de la cession des îles d'Aland, le tsar eut manifesté les dispositions les plus sincères à entrer dans l'alliance intime projetée entre lui et Charles XII. Rassuré désormais de ce côté, Charles XII, au mois d'août 1718, fit envahir de nouveau la Norvège par son armée, qui en eut rapidement conquis une grande partie. Il n'y entra cependant lui-même qu'en octobre suivant, à l'effet d'aller mettre le siége devant Fredericshall. Déjà le fort Gyldenlœw avait été emporté d'assaut sous son commandement en personne. Le dimanche 30 novembre (11 décembre), le roi, après avoir assisté à la célébration de l'office divin, fut frappé mortellement d'une balle à la tête, au moment où, appuyé contre le parapet, il regardait les travailleurs occupés en bas dans la tranchée. On le trouva mort, dans la même attitude, l'une de ses mains placée sur la garde de son épée à moitié tirée du fourreau. Cette circonstance semblerait prouver que la balle qui trancha le fil de ses jours ne partit point des rangs de l'ennemi, mais que le roi essaya un instant de défendre sa vie contre un lâche guet-apens. On n'a jamais eu en reste que des renseignements très-vagues sur l'auteur de cet assassinat, qu'on attribua dans le temps à un adjudant général du nom de Siguier.

La mort de Charles XII effaça la Suède de la liste des grandes puissances. La fermeté, le courage et l'amour de la justice furent les qualités distinctives de ce souverain; mais elles étaient déparées par une inflexible opiniâtreté. A son retour en Suède, il se montra toutefois des dispositions plus calmes, plus modérées, plus conciliantes. Sa manière de vivre était des plus simples. Il fuyait toute espèce de distraction et tout plaisir. Le vin était complètement banni de sa table, et il se contentait souvent de pain grossier pour toute nourriture. Une unique redingote bleue à boutons de cuivre composait toute sa garde-robe. Il portait constamment de grandes bottes montant jusqu'au-dessus du genou et des gants de peau de buffle. Dans les camps, il dormait, comme ses soldats, sur la terre nue, enveloppé dans son manteau. Il avait de grandes vertus et de grands défauts. Il put bien se laisser enivrer par la fortune, jamais mais, en revanche, l'infortune ne réussit à l'abattre ou à le décourager.

Sa sœur, Ulrique-Éléonore, qui avait épousé le prince héréditaire de Hesse, Frédéric, lui succéda sur le trône.

L'histoire de Charles XII par Voltaire est considérée à bon droit comme l'un des ouvrages les plus remarquables de ce grand écrivain. Charles XII a eu encore pour historiographe son chapelain, Norberg. On a aussi sur lui des mémoires militaires par Adlerfeld.

CHARLES XIII, roi de Suède et de Norvège, de 1809 à 1818, naquit le 7 octobre 1748, et était le second fils du roi Adolphe-Frédéric et de Louise Ulrique, sœur de Frédéric le Grand. Nommé dès le berceau grand-amiral de Suède, toute son éducation fut de préférence dirigée vers l'étude des sciences qui se rapportent à la marine. Après être revenu en Suède d'un grand voyage qu'il avait entrepris, et lorsque son frère Gustave III fut monté sur le trône, il prit une part importante à la révolution de 1772, et en fut récompensé par le titre de duc de Sudermanie et les fonctions de gouverneur général de Stockholm. En 1774 il épousa Hedwige-Élisabeth-Charlotte, princesse de Holstein-Gottorp, union demeurée stérile. Dans la guerre que la Suède eut à soutenir en 1788 contre la Russie, il fut appelé au commandement en chef de la flotte. Après avoir battu les Russes dans le golfe de Finlande, il ramena heureusement sa flotte à Carlscrona, dans la saison la plus défavorable de l'année. Le gouvernement récompensa sa belle conduite et les services qu'il avait rendus à la Suède en le nommant gouverneur général de la Finlande et en lui donnant le privilége d'avoir une garde particulière pour sa personne.

Après l'assassinat de Gustave III, en 1792, il fut mis à la tête du gouvernement; et pour le bonheur de la Suède, il la maintint en paix avec toutes les puissances, en même temps qu'il signait avec le Danemark une convention ayant pour but de protéger la navigation dans les mers du Nord. Mais on lui reproche de s'en être trop rapporté pour la direction des affaires à un odieux favori appelé Reuterholm. Pendant son administration, il dota la ville de Stockholm d'un muséum et d'une académie militaire; et c'est à lui que la Suède est redevable de l'achèvement du canal de Trollhætta qui met la mer du Nord en communication avec le lac Wener, et dont l'idée première remontait déjà à Charles XII.

En 1796, Gustave IV Adolphe ayant atteint l'époque de sa majorité, il lui remit les rênes de l'État, et rentra dans la vie privée. A la suite de la révolution de 1809, événement auquel il est bien difficile de croire qu'il soit demeuré complétement étranger, la diète lui confia d'abord la régence; puis, le 20 juin, elle lui déféra la couronne dans les circonstances les plus critiques où le pays pût se trouver. La paix que le nouveau roi conclut le 17 septembre 1809 à Fredrikshamm, avec la Russie, lui donna les moyens et le calme nécessaires pour apporter quelque soulagement aux souffrances générales. Déjà il avait adopté pour fils, et il avait désigné comme son successeur le prince Christian-Auguste de Holstein-Sonderburg-Augustenburg (*voyez* plus loin l'article CHARLES-AUGUSTE); mais une mort prématurée ayant enlevé ce prince, il adopta, au mois d'août 1810, le maréchal de France Bernadotte, prince de Ponte-Corvo, en faveur de qui s'était prononcée la majorité de la diète, et lui donna dès lors toute sa confiance. L'adroite politique dont il fit preuve en 1812, à l'époque de la guerre entre la France et la Russie, valut à la Suède en 1814 l'adjonction de la Norvège à son territoire, à titre d'indemnité pour la Finlande. Il mourut le 5 février 1818. Protecteur zélé de la franc-maçonnerie, Charles XIII avait créé, sous le nom d'*ordre de Charles XIII*, un ordre spécial de chevalerie à l'usage exclusif des francs-maçons.

CHARLES XIV JEAN. *Voyez* BERNADOTTE.

CHARLES, ducs de Lorraine.

CHARLES DE FRANCE, fils de Louis IV d'Outremer, naquit en 953. Son frère Lothaire devint roi de France. Quant à lui, il accepta plus tard, comme vassal d'Othon II, le duché de la Basse-Lorraine. Lorsqu'en 987 le fils de Lothaire, Louis dit le Fainéant, mourut, les droits de Charles à la succession de son neveu, et par conséquent à la couronne de France, étaient évidents, quoiqu'il eût accepté un fief du roi de Germanie. Mais il laissa passer dix mois avant de réclamer contre l'usurpation de Hugues Capet, et alors, profitant de l'absence de ce roi, il guerroyait dans le midi, il surprit la ville de Laon. Maître de cette forteresse carlovingienne, il s'empara de Soissons, et marcha sur Reims pour s'y faire sacrer. L'évêque, qui venait de mourir, avait été remplacé par Arnoul, fils naturel de Lothaire et neveu de Charles: le nouveau prélat ouvrit à son oncle les portes de sa ville épiscopale. Mais Charles ne put s'y maintenir: à l'approche de Hugues Capet, qui revenait vainqueur des Aquitains, il quitta la plaine, et se retrancha de nouveau dans la ville de Laon, où le roi de France vint l'attaquer, en 990. Charles lui tint alors, brûla le camp de Hugues, et le mit en déroute. Le vaincu lia alors une correspondance secrète avec l'archevêque de Laon, Adalbéron, qui avait eu à sa plaindre de Charles, et qui, arrêtant par surprise le dernier des Carlovingiens, avec sa femme et son neveu Arnoul, archevêque de Reims, les livra tous trois, en 991, à Hugues Capet. Charles fut enfermé dans une tour d'Orléans, où il mourut au bout d'une année. Sa femme accoucha dans cette prison de deux jumeaux, Charles et Louis, qui plus tard recouvrèrent leur liberté, et furent souvent désignés comme rois dans plusieurs chartes du midi de la France. Ce ne fut qu'au bout de vingt ans que ces deux princes allèrent chercher un asile en Allemagne, où leur postérité ne s'éteignit qu'en 1248. Othon, que Charles avait eu d'une première femme, lui succéda dans son duché de Lorraine, et mourut en 1006. Charles avait encore eu deux filles, qui furent mariées aux comtes de Namur et de Hainaut, et c'est ainsi que s'éteignit la race de Charlemagne.

CHARLES II, dit *le Hardi*, fils du duc Jean, lui succéda en 1391. Il était alors âgé de vingt-cinq ans. Peu de mois après sa proclamation, il partit pour l'Afrique avec le duc de Bourbon, à la prière des Génois, mit le siège devant Tunis, qu'il ne put prendre, battit ensuite l'armée des infidèles, et revint après avoir délivré tous les esclaves chrétiens. En 1396 il alla au secours des chevaliers Teutoniques en Prusse, avec Enguerrand de Coucy, son beau-frère. Cette expédition, dans laquelle il battit le duc de Lithuanie, le fit prisonnier, et l'envoya au château de Marienbourg, dura près de quatre ans. En 1407 il remporta une grande victoire sur les troupes de Louis, duc d'Orléans, frère du roi, qui était venu l'attaquer près de Nancy. Son attachement pour l'empereur Robert, son beau-père, lui avait attiré cette guerre.

Vers le même temps, il fut cité au parlement de Paris, pour avoir à y répondre au sujet des vexations qu'il exerçait envers les habitants de Neufchâteau, qui, quoique ses sujets, relevaient de cette cour. Charles ayant refusé de comparaître, la saisie fut ordonnée, et en conséquence des officiers furent envoyés pour arborer les pannonceaux du roi sur les portes de la ville, en signe de mainmise. Le duc les ayant fait arracher, les attacha à la queue de son cheval, et les traîna dans la poussière. Un arrêt du parlement le condamna à mort avec ses complices. Ce jugement, par la protection du duc de Bourgogne, dont le duc de Lorraine était partisan, n'eut point alors d'effet. En 1412 le duc Charles accompagna le roi de France au siège de Bourges. Au retour de cette expédition, il se rendit à Paris. Jean Juvenal des Ursins, avocat du roi, l'aperçut au moment où le duc de Bourgogne le présentait au roi. Il éleva la voix, et demanda qu'il fût livré au parlement pour qu'il en fût fait justice. Le duc de Lorraine se jeta aux genoux du roi, et le supplia de lui pardonner. Sa grâce lui fut accordée; il mourut en 1431.

CHARLES III succéda au duc de Lorraine François, son père, en 1545, à l'âge de trois ans, sous la régence de Christine de Danemark, sa mère, et du prince Nicolas, son oncle. En 1552, Henri II, roi de France, arriva à Nancy pour s'assurer de la Lorraine contre l'empereur Charles-Quint. Dans cette vue, il dépouilla la régence la duchesse Christine, nièce de l'empereur, fit prêter serment au jeune duc, et l'emmena avec lui pour être élevé à sa cour. L'an 1559, Charles revint en Lorraine après le sacre du roi François II. En 1571, il termina avec le roi Charles IX les difficultés concernant le Barrois mouvant, par un traité signé, le 25 janvier, à Boulogne près Paris. En 1572 selon quelques auteurs, et selon d'autres en 1580, il fonda l'université de Pont-à-Mousson. En 1588 il entra dans la ligue pour venger la mort du duc de Guise. En 1601 il érigea une église primatiale à Nancy, après avoir inutilement essayé d'y établir un évêché. Il mourut dans cette ville, en 1608 : il avait épousé, en 1559, Claude, fille du roi de France Henri II.

CHARLES IV, fils de François, comte de Vaudemont, frère du duc de Lorraine Henri II et de Christine de Salm, né en 1604, prit possession de la Lorraine avec la duchesse Nicole, sa femme, après la mort du duc Henri, son oncle, en 1624. Gaston d'Orléans, frère du roi de France Louis XIII, vint en Lorraine en 1631, et y épousa Marguerite, sœur de Charles. L'année suivante, par suite d'un traité signé avec Louis XIII, Charles fut obligé de congédier Gaston, dont il reprit bientôt après les intérêts. Louis s'avança pour le dépouiller de la Lorraine; Charles fit avec Louis un nouveau traité, à Liverdun; mais il le viola presqu'aussitôt en envoyant en Allemagne des troupes au secours des Impériaux. Nancy, assiégé par le roi en 1633, lui ouvrit ses portes en vertu du traité de Neufville. En 1634 Charles renonça à ses États en faveur du cardinal *Nicolas-François*, son frère, puis se retira en Allemagne avec son armée. Bientôt Charles alla se joindre à Ferdinand, roi de Hongrie, occupé contre les Suédois. Il commanda en chef les troupes de la ligue catholique, et gagna la bataille de Nordlingen contre Weimar.

En 1635 il rentra en Lorraine, et y fit des progrès qui déterminèrent Louis XIII à venir en personne dans ce pays. En 1636 il passa à Bruxelles, d'où il fut envoyé contre le prince de Condé, qui assiégeait Dôle, et qui leva le siège à son arrivée. Charles ne fut pas également heureux au siège de Saint-Jean de Losne, qu'il entreprit quelque temps après avec le comte de *Galas*. Cette mauvaise place, où Rantzau s'était jeté pour la défendre, fit une résistance si vigoureuse que les deux généraux, après un assaut où ils perdirent beaucoup de monde, furent obligés de se retirer. En 1638 Charles battit le duc de Longueville, près de Poligny. En 1640 il fit des prodiges de valeur pour forcer les Français à lever le siège d'Arras. En 1649 il délivra Cambrai, également attaqué par les Français. En 1652 il arriva à Paris, pour se joindre aux princes soulevés contre la cour; mais bientôt après il signa avec la reine Anne d'Autriche un traité en vertu duquel ses États lui furent rendus, moyennant certaines conditions. Il partit pour s'y rendre; mais, sur le refus que la garnison française de Bar-le-Duc fit de lui ouvrir les portes, il reprit la route de Flandre. Là il renoua avec la Fronde et l'Espagne, et revint quelque temps à Paris, d'où il ne tarda pas à sortir pour se retirer dans les Pays-Bas. En route il prit Vervins. En 1654 il fut arrêté à Bruxelles par le comte de Fuensaldagne, avec lequel il s'était brouillé : on le conduisit à Tolède, où il resta prisonnier pendant cinq ans.

En 1659 Charles, ayant obtenu son élargissement, assista aux conférences pour la paix des Pyrénées. À son arrivée, on avait déjà réglé ce qui le concernait : la Lorraine lui était rendue, et le Barrois restait à la France. Pourtant en 1661 il obtint du cardinal Mazarin la restitution du Barrois. Il partit alors pour ses États. En 1662, par un traité signé à Montmartre, il céda ses États à la France après sa mort. Cette singulière cession avait pour condition que les princes lorrains seraient déclarés habiles à succéder à la couronne de France au défaut des princes de la maison de Bourbon. Le prince Charles, neveu du duc, protesta contre ce traité, et passa en Allemagne. En 1163, le duc Charles ayant refusé de remettre au roi Marsal, Louis XIV se rendit à Metz pour aller faire le siège de cette place, avec ses troupes investissement déjà. Charles vint le trouver, et s'engagea à lui livrer Marsal dans trois jours. En 1670 le roi de France, ayant appris qu'il faisait tous ses efforts pour rompre la paix, envoya Créqui, à la tête de vingt-cinq mille hommes, pour s'emparer de la Lorraine. Charles se retira à Cologne. En 1673 il proposa de faire conclure une alliance entre l'empereur, l'Espagne et la Hollande, contre la France. En 1674 il commanda avec le comte Caprara l'armée des confédérés à la bataille de Sintzeim; le champ de bataille resta aux Français, que commandait Turenne. En 1675 Charles de Lorraine battit à Consarbrück l'armée française, que commandait le maréchal de Créqui. Celui-ci eut de la peine à se sauver ; il se renferma dans Trèves, que les Français occupaient alors. Charles vint l'assiéger dans cette place, le fit prisonnier, et l'envoya à Coblentz. Mais cette année même le duc de Lorraine mourut, âgé de plus de soixante-et-onze ans.

CHARLES V, fils du duc Nicolas-François, naquit à Vienne, en 1643. Il prit le titre de duc de Lorraine et de Bar en 1675, après la mort du duc Charles IV, son oncle. Il était déjà célèbre par plusieurs exploits militaires. En 1664, il s'était signalé à la bataille de Saint-Gothard, gagnée par les Impériaux sur les Turcs. Il avait fait la campagne de Hongrie en 1674, sous le général Sporck, qui le chargea du siège de Murau, dont il se rendit maître; il avait commandé la cavalerie impériale dans la campagne de 1672, sous Montecuculli. En 1674, il combattit, l'épée à la main, à la journée de Sénef, en Flandre, et y reçut une blessure à la tête. En 1676, chargé du commandement de l'armée impériale après la retraite de Montecuculli, il couvrit le siège de Philipsbourg, qui fut pris par le prince de Bade, à la vue d'une armée de 45,000 Français, commandée par le maréchal de Luxembourg. En 1683, nommé généralissime de l'armée impériale destinée à agir contre les Turcs, il marcha au secours de Vienne, qu'ils assiégeaient, les harcela par des courses continuelles, et à l'arrivée du roi de Pologne, Jean Sobieski, il attaqua leur camp de concert avec ce prince, les obligea à prendre la fuite, et délivra la place. La même année et les deux suivantes il fit plusieurs conquêtes en Hongrie, et battit les Turcs en diverses rencontres. En 1686 il prit Bude, à la vue du grand-vizir, après quarante-cinq jours de siège. En 1687 il remporta une victoire complète sur les Turcs, à Mohacz. Envoyé sur le Rhin, en 1689, il se rendit maître de Mayence après cinquante-deux jours de siège. Il mourut en 1690, à Wels, empoisonné, à ce que l'on crut généralement. Érudit, lettré, connaissant plusieurs langues, politique habile, guerrier infatigable, peu d'hommes ont mieux mérité la glorieuse réputation dont il a joui. En apprenant sa mort, Louis XIV dit que Charles V était le plus grand, le plus sage et le plus généreux de ses ennemis. Ce prince ne jouit pourtant jamais de ses États. A la paix de Nimègue, ils lui furent offerts par la France, mais à des conditions qu'il ne voulut pas accepter. En 1669 et 1674 il se mit inutilement sur les rangs pour être élu roi de Pologne. Charles V avait épousé en 1678 Éléonore-Marie, sœur de l'empereur Léopold et veuve du roi de Pologne Michel. Ce fut seulement la paix signée à Ryswick qui remit son fils aîné, Léopold-Joseph-Charles, en possession de la Lorraine.

Plusieurs autres princes de la maison de Lorraine ont illustré le prénom de *Charles*; nous les retrouverons à l'article consacré aux Guises. Auguste SAVAGNER.

CHARLES, rois de Naples et de Sicile. Les trois premiers appartenaient à la maison d'Anjou.

CHARLES Ier, comte d'Anjou et de Provence, né en 1220, était le neuvième et dernier fils du roi de France Louis VIII et de Blanche de Castille. Il épousa Béatrix, fille de Raymond Béranger, comte de Provence, et Louis IX, son frère, l'aida à s'assurer cet héritage, au préjudice de ses trois belles-sœurs, filles aînées du dernier comte de Provence, qui avaient épousé les rois de France, d'Allemagne et d'Angleterre. En 1249, il suivit saint Louis à sa croisade en Égypte. Il battit d'abord les Sarrasins, et marcha sur le Caire avec le roi. A la bataille de la Massoure, il combattit encore auprès de saint Louis. Le camp des Sarrasins fut forcé et pris; mais ceux-ci revinrent avec succès à la charge, et dans la retraite le comte d'Artois fut fait prisonnier avec son frère, en 1250, près de Damiette. Il parvint bientôt à se faire mettre en liberté. Pendant son absence, plusieurs villes du midi s'étaient déclarées indépendantes. Charles attaqua d'abord Avignon, et la soumit; Arles eut le même sort; Marseille dut sacrifier ses libertés pour obtenir son pardon (1251).

Pendant la captivité de saint Louis en Palestine, le comte d'Anjou jouit naturellement en France d'une certaine autorité. Marguerite, comtesse de Flandre, l'ayant pressé de soutenir la cause des enfants de son second mariage avec Guillaume de Dampierre contre ceux qu'elle avait eus de son premier mariage avec Bouchard, Charles embrassa cette querelle et attaqua le Hainaut, que Marguerite lui avait offert comme prix de ses services. Le retour de saint Louis ramena la paix de ce côté. Le comte d'Anjou dut renoncer au Hainaut et se contenter d'une indemnité en argent. Saint Louis dut aussi apaiser une querelle d'intérêts que son frère eut avec Béatrix de Savoie, sa belle-mère. Marseille essaya encore de secouer le joug; après un nouveau siège, en 1259, Charles fit couper le cou à tous ceux qui avaient ému le peuple.

Charles d'Anjou nourrissait de grands projets sur l'Italie. La mort de Conrad IV laissait le trône de Sicile à un enfant, Conradin de Hohenstaufen. Urbain IV offrit l'investiture de ce royaume à Charles d'Anjou, qui partit avec quelques galères, traversa la flotte des Pisans sans être vu, et entra dans le Tibre. Urbain IV était mort, mais son successeur, Clément IV, n'était pas moins dévoué au prince français. Couronné comme roi de Sicile au Vatican, en 1265, une croisade fut prêchée contre Manfred, prince de Tarente, oncle du jeune Conradin. Le saint père délia de leur vœu ceux qui avaient promis de passer en Palestine, à la condition de servir dans le royaume de Naples. Bientôt arriva de France une armée ayant à sa tête la comtesse d'Anjou et Robert de Flandre, et comptant 5,000 chevaux, 15,000 hommes de pied et 10,000 arbalétriers. Charles manquait d'argent : Manfred eût pu épuiser son ennemi en temporisant ; mais il était brave, et ne recula pas devant le combat. Le temps favorisa d'ailleurs Charles d'Anjou, qui dès le commencement du mois de janvier 1266 put se mettre en route et envahit le royaume de Naples. La lâcheté des Napolitains vint aussi en aide à l'élu du saint-siége. Charles, s'être emparé de plusieurs forteresses, Charles rencontra son rival à quelque distance de Bénévent. Le combat eut lieu dans la plaine de Gandella, le 26 février 1266. Manfred fut vaincu, et périt dans la mêlée. Le vainqueur lui refusa une sépulture chrétienne, et livra la ville de Bénévent à ses soldats.

Reçu dans Naples en souverain, Charles partagea un grand nombre de fiefs entre ses compagnons d'armes ; puis il rançonna le pays, et courut à Florence pour y soutenir les guelfes. Il poursuivit les émigrés gibelins jusque sur le territoire de Pise, et pour achever sa conquête il attaqua les postes que les Sarrasins tenaient encore sur les frontières. Il était devant Lucceria, quand le jeune Conradin parut en Italie. Les gibelins se levèrent à la suite de ce prince ; la Sicile se souleva. Il traversa la Lombardie, la Toscane et Rome. Les deux armées rivales se rencontrèrent dans les plaines de Tagliacozzo, près d'Aquila, le 23 août 1268. Les chances paraissaient être en faveur du jeune Conradin ; cependant, Charles d'Anjou usa avec bonheur d'un stratagème : il fit revêtir les habits royaux à un jeune seigneur de sa suite, et fit engager le combat avec le roi supposé seulement de son armée, tandis que lui-même se cachait au fond d'un ravin avec huit cents de ses meilleurs chevaliers. L'armée de Conradin battit le corps de troupes qu'elle avait devant elle. Croyant que Charles d'Anjou avait perdu la vie, chacun se mit à dépouiller les morts ou à poursuivre les fuyards. Charles parut à la tête de sa réserve, et renversa cette armée qui se reposait déjà sur sa victoire. Conradin, livré à son adversaire par un traître, fut condamné à mort, et périt sur l'échafaud le 26 octobre. La Sicile fut reconquise et les vaincus massacrés sans pitié. Les Sarrasins de Nocera, qui s'étaient déclarés pour Conradin furent passés au fil de l'épée, vingt-quatre barons calabrois furent envoyés au supplice, et tous les gibelins se virent frappés par des sentences de mort, d'exil ou de confiscation de biens.

Cependant, saint Louis partit pour une nouvelle croisade,

Charles alla bientôt le rejoindre, et il débarqua en Afrique le jour même où son frère expirait sur le territoire de Tunis. Charles y resta encore deux mois, négociant avec le roi de Tunis le rétablissement d'un tribut que ce dernier payait autrefois à la Sicile. Dès qu'il l'eut obtenu, il s'en retourna; mais la mer engloutit son trésor dans la traversée. Il rêvait mener la croisade contre Constantinople quand une tempête dispersa ses vaisseaux et engloutit ses soldats. Néanmoins, sa puissance s'accroissait, et il parvint à s'emparer de Saint-Jean-d'Acre. Ses ports lui donnaient l'empire de la Méditerranée. Les pontifes romains s'en inquiétèrent. Grégoire X avait déjà montré quelque résistance à ses projets. Nicolas III, qui, dit-on, avait éprouvé un refus désobligeant quand il avait offert une de ses nièces à Charles d'Anjou pour un de ses petits-fils, se tourna du côté de Rodolphe de Habsbourg. Il déposséda le roi guelfe des prérogatives qu'il s'était arrogées sur la haute Italie. Charles rendit tout sans réclamer. Nicolas III vint à mourir. Charles fit forcer les portes du conclave, et enlever deux cardinaux qui lui étaient hostiles. Maître de la majorité, il fit élire un Français, Martin IV, qui lui fut complétement dévoué, lui donna toutes les places fortes de l'État de l'Église, le nomma sénateur de Rome, et excommunia l'empereur Paléologue pour lui préparer le chemin de Constantinople. Charles s'apprêtait en effet à transporter une armée en Grèce lorsqu'il apprit le massacre connu dans l'histoire sous le nom de *Vêpres siciliennes* (30 mars 1282).

Don Pèdre d'Aragon, initié aux complots des Siciliens, avait mis en mer une flotte considérable. Sous prétexte d'une croisade, il attendait sur les côtes d'Afrique. La flotte de Charles d'Anjou était à l'ancre dans le port de Brindes. Il lui fallut trois mois pour débarquer devant Messine avec 5,000 gendarmes et un gros corps d'infanterie. La ville offrit de se soumettre. Altéré de vengeance, Charles refusa cette soumission. Il fit dire aux habitants révoltés d'avoir à se défendre jusqu'à la dernière extrémité, afin d'avoir plus à punir. Don Pèdre fit passer quelques secours à Messine, et enfin Roger dell' Oria parut dans le détroit avec la flotte d'Aragon. Charles n'avait que des bâtiments désarmés. A l'approche de Roger il fit précipitamment embarquer son armée, et repassa le détroit. Le général aragonais le suivit de près, et Charles était à peine débarqué, qu'il vit brûler ses transports sous ses yeux, près des côtes de Calabre. C'est alors qu'il offrit à Don Pedre de décider leur querelle sur le trône de Sicile dans un combat singulier. Don Pèdre accepta. Rendez-vous fut pris à Bordeaux, pour le 15 mai 1283, sous la garantie du roi d'Angleterre. Charles s'y trouva seul. Il reprit la route de Naples. Quand il parut en vue de Gaëte, sur ses galères provençales, il apprit que son fils s'était fait battre la veille, et qu'il était prisonnier.« Plût à Dieu qu'il fût mort, s'écria-t-il, puisqu'il nous a désobéi. » Il réunit encore une flotte, et se prépara à passer en Sicile ; mais la saison favorable se perdit en négociations. Tombé malade à Foggia, il mourut le 7 janvier 1285. Son corps fut porté à Naples et inhumé dans la cathédrale ; son cœur fut envoyé à l'église des Jacobins de Paris, où un monument lui fut élevé.

Charles d'Anjou avait embelli Naples et l'avait fortifiée. Il rétablit ou plutôt donna de nouveaux priviléges à l'université, mais enleva la ville aux assemblées et ses droits politiques. Il eut de Béatrix de Provence Charles le Boiteux, son successeur ; Philippe et Robert; et trois filles, Béatrix, impératrice de Constantinople, Blanche, comtesse de Flandre, et Isabelle.

CHARLES II, dit *le Boiteux*, fils du précédent, naquit en 1248. Il portait sous le règne de son père le titre de *prince de Salerne*. En 1284, il commandait à Naples, en l'absence de son père, quand Roger dell' Oria vint le défier. Emporté par sa valeur, et malgré les ordres formels de son père, qui lui avait enjoint de l'attendre, il se laissa aller à accepter la bataille. Fait prisonnier par les Aragonais, il fut conduit en Sicile, dans la forteresse de Mattagrifone, condamné à perdre la tête, en représailles de ce que son père l'avait fait couper à Conradin. Les Siciliens demandaient avec instance son supplice. Sa résignation toucha Constance, reine d'Aragon, et fille de Manfred, qui lui sauva la vie et l'envoya à Barcelone, où il resta détenu pendant quatre ans. Après la mort de Charles Ier, Robert, comte d'Artois, fils de Philippe le Bel, prit la régence de Naples. Charles II, mis en liberté par l'entremise du roi d'Angleterre, fut sacré à Rieti, le 29 mai 1289. Il eut deux compétiteurs dans Alphonse et Jacques d'Aragon. On proposa un accommodement, et il fut convenu que Charles conserverait le trône. Cependant Frédéric, frère de Jacques d'Aragon, s'empara de la Sicile, et Charles II ne put jamais l'en chasser, bien que Jacques eût donné des troupes pour agir contre son frère. Charles de Valois, appelé en Italie par Boniface VIII pour combattre les Siciliens, ne réussit pas mieux, et Charles II dut finir par reconnaître Frédéric comme roi de Sicile sous le titre de *roi de Trinacrie*, en 1302. En même temps il lui donna sa fille Éléonore en mariage. Il mourut à Casanova, le 6 mai 1309. Il avait épousé Marie, fille de Ladislas, roi de Hongrie, dont il eut neuf fils et cinq filles. Son fils aîné, Charles Martel, régna sur la Hongrie ; le second, Louis, fut évêque de Toulouse, et canonisé ; le troisième, Robert, succéda à son père sur le trône de Naples. Suivant Sismondi, Charles II avait mérité l'amour de ses peuples par son humanité, ses bonnes lois et son attachement à la justice.

CHARLES III DURAZZO, dit *de la Paix* et *le Petit*, naquit en 1345. Fils de Louis de Duraz, comte de Gravina, que la reine Jeanne 1re de Naples avait fait périr en prison, il fut d'abord adopté par cette reine, puis désavoué en 1380, au profit de Louis, duc d'Anjou, père de Charles V, roi de France. Charles Durazzo servait alors sous les ordres de Louis, roi de Hongrie. « Élevé au milieu des Hongrois, dit Sismondi, il avait adopté leurs mœurs guerrières et chevaleresques, partageait leur mépris pour le luxe et la mollesse, et leur haine contre Jeanne 1re. » Aidé du pape Urbain VI, qui voulait punir Jeanne de ce que dans le schisme elle s'était prononcée pour Clément VII, Charles III leva une armée et se mit en route pour envahir le royaume de Naples. En passant à Rome, le pape le couronna. Naples lui ouvrit ses portes le 16 juillet 1381, et il battit les troupes de la reine. Le quatrième mari de Jeanne, Othon de Brunswick, tomba prisonnier du vainqueur. Jeanne se remit à la générosité du vainqueur. Charles la pressa de confirmer son adoption, Jeanne s'y refusa ; il la relégua au château de Muro, et fit étouffer entre deux matelas en 1382. Bientôt Louis d'Anjou débarque, et Charles est obligé pendant deux ans de soutenir une guerre difficile. La mort de son compétiteur, en 1384, mit fin à cette lutte. Urbain VI était alors à Nocera, intriguant pour donner la couronne à son neveu Butillo. Charles était malade. Marguerite de Duraz, à la fois sa cousine et sa femme, voulant contraindre le pontife à retourner dans ses États, défendit le transport des vins à Nocera. Urbain excommunia Durazzo et l'interdit à son royaume en interdit ; une guerre s'ensuivit, mais elle fut poussée mollement de part et d'autre. Cependant les seigneurs hongrois, mécontents de la régence d'Élisabeth, veuve de Louis le Grand, invitèrent Charles Durazzo à prendre le gouvernement de Hongrie. Il accourut dans ce pays, et s'y fit couronner à Albe, royale en 1386 ; mais le 6 février 1387 il fut assassiné à Bude, par ordre et en présence d'Élisabeth. Il survécut trois jours encore à ses blessures. Charles III laissait un fils et une fille, qui régnèrent après lui sous les noms de Ladislas et de Jeanne II, l'un en Hongrie, l'autre à Naples.

CHARLES IV ou VII, roi de Naples de 1734 à 1759, régna ensuite en Espagne, sous le nom de Charles III (*voyez* p. 257).

D'autres princes de la maison d'Autriche régnèrent en effet

sur Naples avant ce dernier, et devinrent Charles Quint, Charles II d'Espagne, et Charles VI d'Allemagne.

CHARLES. Trois princes français de ce nom ont régné sur la Navarre. Le premier devint ensuite roi de France sous le nom de *Charles IV* (*voyez* plus haut, p. 233).

CHARLES II, surnommé *le Mauvais*, né en 1332, était fils de Philippe d'Évreux et de Jeanne de France, fille unique de Louis X. Élevé à la cour de Philippe de Valois, il était à Conflans, près de Paris, avec sa mère, lorsque celle-ci mourut, en 1349. Il partit presque aussitôt pour son royaume, et se fit couronner à Pampelune, le 27 juin 1350. Il joignait aux grâces du corps de l'instruction et de rares talents; mais la répression impitoyable qu'il exerça en Navarre après des troubles qui avaient signalé son avénement au trône le fit accuser de cruauté. Il revint en France en 1353, et y épousa la princesse Jeanne, fille du roi Jean.

Il importait au roi de France de s'assurer l'amitié du roi de Navarre, car celui-ci était puissant, par ses possessions en Normandie, comme héritier de Louis, comte d'Évreux, frère de Philippe le Bel ; la couronne de France lui appartenait incontestablement si la succession des femmes était admise ; enfin, il avait été injustement dépouillé de la Champagne et de la Brie, que son aïeule avait apportées à Louis X, et que les tuteurs de sa mère avaient abandonnées par une suite de traités iniques. Jean, loin toutefois de s'attacher Charles le Mauvais, l'abreuvait de dégoûts, ne lui payait pas la dot qu'il lui avait promise, et en même temps il lui refusait le comté d'Angoulême pour le donner à son favori le connétable Charles de La Cerda. Ne pouvant maîtriser sa haine, Charles le Mauvais fit assassiner le connétable (1354), et se retira en Normandie. Il écrivit aux villes de France et aux membres du conseil du roi que c'était bien lui qui avait fait tuer le connétable *pour plusieurs grands méfaits qu'il lui attribuait*. Puis il s'avança jusqu'à Mantes, entouré de tant de noblesse que le roi de France n'osa point l'attaquer. Un traité fut conclu, dans lequel une compensation fut assignée au roi de Navarre pour ses justes prétentions, en même temps qu'il s'engagea à faire une sorte d'amende honorable pour l'outrage qu'il avait fait à la couronne. Mais Jean conserva contre lui tout son ressentiment. Bientôt après il profita de ce qu'il s'était retiré à Avignon pour lui enlever des châteaux en Normandie. Charles le Mauvais s'allia aux Anglais : les hostilités commencèrent en Normandie (1355) ; puis il se réconcilia avec le roi de France par le traité de Valogne.

Dans une réunion des états généraux, Charles repoussa énergiquement certains impôts : Jean, irrité, l'arrêta par trahison. Lorsque sous la régence du dauphin (depuis Charles V), la vigueur des états généraux et la résistance de la cour amenèrent de graves complications dans la situation intérieure de la France, le roi de Navarre fut tiré de sa prison par Jean de Pecquigny, député de la noblesse de Picardie, qui surprit le château d'Arleux en Cambrésis, où il était gardé. Charles le Mauvais fut accueilli à Paris comme le libérateur du royaume. Il harangua le peuple, dont il gagna toute la confiance ; enfin, le dauphin, épouvanté de son influence, se réconcilia avec lui. Mais bientôt, sous différents prétextes, les hostilités recommencèrent entre le dauphin et le roi de Navarre. Celui-ci, en 1358, grâce à l'influence d'Étienne Marcel, fut choisi par les bourgeois de Paris pour leur capitaine général. Toutefois le prince n'entendait pas faire les affaires de ces gens-là, mais bien les siennes propres ; et sa conduite leur inspira une défiance qui s'accrut encore lorsqu'on sut qu'il avait eu une conférence secrète avec le régent, dont il devait repousser les attaques. On cria à la trahison, et on lui ôta le titre de capitaine général. Il sortit furieux de la ville, établit son quartier à Saint-Denis, désola les environs, et conclut un traité avec le dauphin, qui lui promit 400,000 florins pour acquitter ses anciennes créances. Cependant Étienne Marcel avait en même temps à Saint-Denis plus d'une conférence avec le roi de Navarre, qu'il ne désespérait pas de gagner sans retour au parti populaire. On sait ce qu'il en coûta la vie à Marcel pour avoir voulu l'introduire dans la ville en lui livrant la Bastille.

Cependant Charles le Mauvais continua à tenir la campagne après l'entrée du régent à Paris. La paix de Pontoise (21 août 1359) mit enfin un terme aux hostilités, et le traité de Brétigny assura à Charles le Mauvais la possession de ses domaines en France. Charles retourna alors dans son royaume de Navarre, et n'en sortit plus qu'à de longs intervalles et pour peu de temps. Il eut avec Pierre le Cruel, roi de Castille, plusieurs entrevues ; on les vit tour à tour se liguer contre le roi d'Aragon et se brouiller ensuite, suivant leurs passions ou leurs intérêts. Dans la guerre que Pierre eut à soutenir contre Henri de Transtamare pour la possession du trône de Castille, il prit alternativement parti pour l'un et pour l'autre, et il les trahit tous les deux. Ses intrigues dans cette circonstance le brouillèrent de nouveau avec le roi de France, qui soutenait les prétentions de Henri de Transtamare. D'un autre côté, ce dernier prince, qui venait de vaincre son rival et de conquérir la Castille, menaçait le roi de Navarre. C'est alors que Charles envoya son fils aîné en France avec son chambellan Jacques du Rue, sous le prétexte de voir la cour et de se lier d'amitié avec les princes français, mais en réalité dans le but d'entamer des négociations avec l'Angleterre.

Le roi de Navarre voulait profiter du renouvellement de la guerre entre les deux monarchies pour mettre à haut prix son alliance, et peut-être pour obtenir de la France de meilleures conditions, en faisant connaître celles que lui offrirait l'Angleterre. Il s'agissait d'une convention par laquelle le roi d'Angleterre céderait au roi de Navarre Bayonne et les vallées qui confinent à la Navarre, et le ferait aussi son lieutenant à Bordeaux et dans le reste de l'Aquitaine, sous condition que Charles le Mauvais s'alliât avec lui contre la France. Richard II aurait de plus épousé une princesse de Navarre. Pour rompre cette négociation, Charles V fit arrêter Jacques du Rue à Corbeil, et nomma pour l'examiner une commission à la tête de laquelle était le chancelier de France. Comme la France ne pouvait avoir aucune juridiction sur le ministre d'un monarque indépendant, on accusa l'envoyé du Navarrais de crimes qui pussent exciter l'horreur universelle : on répandit le bruit qu'il arrivait chargé de loin pour empoisonner le roi de France, et on l'interrogea non-seulement sur ce crime, mais sur l'empoisonnement de la reine de France, de la reine de Navarre, de l'un des fils de Charles le Mauvais, et de plusieurs autres personnes. Il fit des aveux qui paraissent lui avoir été arrachés par la torture, et qui, du reste, n'offrent aucune vraisemblance. Charles V, déterminé cependant à saisir ce prétexte pour chasser le roi de Navarre de la Normandie, d'où il avait presque chassé les Anglais de l'Aquitaine, fit arrêter le jeune Charles de Navarre, qui n'était alors âgé que de seize ans. Il obtint du jeune prince un ordre adressé à tous les gouverneurs des forteresses navarraises ou normandes de les ouvrir aux Français. Charles le Mauvais se trouva dépouillé en peu de temps de toutes ses possessions en France. Du Tertre, qui commandait pour le roi de Navarre le comté d'Évreux, fut conduit à Paris, et jugé par une commission. Il eut la tête tranchée ainsi que Du Rue ; ces têtes restèrent exposées aux halles, tandis que les membres dépecés de ces infortunés furent suspendus à huit potences, au dehors des principales portes de Paris. En même temps Henri, roi de Castille, envahissait la Navarre. En Normandie, le Navarrais ne possédait plus que Cherbourg, qu'il céda à Richard II, roi d'Angleterre. Il prit à sa solde un corps de troupes anglaises ; mais, accablé à la fois par les Français et les Castillans, il fut obligé de demander la paix. Il l'obtint en 1379, en donnant vingt places pour garantie.

Charles le Mauvais, à qui l'on a attribué plus de crimes qu'il n'en commit, mourut le 1ᵉʳ janvier 1387. On dit que pour ranimer ses forces épuisées il se faisait coudre dans un linceul imprégné d'esprit de vin, et qu'il y fut brûlé. C'est ainsi que presque tous les historiens français racontent sa mort; mais dans les chroniques de Saint-Denis on voit une lettre de l'évêque de Dax, son principal ministre, à la reine Blanche, sœur de ce prince, où il n'est fait nulle mention de ces affreuses circonstances, mais seulement des vives douleurs que le roi avait souffertes dans sa dernière maladie. Nous devons ajouter que les historiens de la Navarre traitent ce récit de fable, et qu'en général ils jugent ce prince avec beaucoup moins de sévérité que les Français. Selon Ferreras, il eut des défauts et des passions; mais ses bonnes qualités l'emportèrent sur ses vices. « Les Français l'ont surnommé *le Mauvais*, ajoute cet historien, à cause des troubles qu'il a fomentés dans leur pays. Si l'on envisage cependant ses actions, on conviendra qu'il n'a point été assez méchant pour mériter cette odieuse épithète. »

CHARLES III, dit *le Noble*, succéda sur le trône de Navarre à Charles le Mauvais, son père (1387), mais ne fut couronné que trois ans après. Il réforma les abus, obtint des Anglais la restitution de Cherbourg, et signa avec la France, en 1404, un traité par lequel il renonçait à toutes ses prétentions sur les comtés de Brie, de Champagne et d'Évreux, et cédait C h e r b o u r g, moyennant la ville et le territoire de Nemours, avec le titre de duc, une pension de douze mille livres par an, et de plus deux cent mille écus, pour le dédommager des revenus dont il n'avait été privé depuis la saisie de ses États sous le règne de Charles V. Il mourut, après un règne sage et heureux, en 1425.

CHARLES, ducs de Mantoue. *Voyez* GONZAGUE et MANTOUE.

CHARLES, duc de Bourgogne, surnommé *le Téméraire*, fils de Philippe le Bon et d'Isabelle de Portugal, naquit à Dijon, le 10 novembre 1435. Il avait reçu à son baptême le titre de *comte de Charolais*. Olivier de la Marche, son capitaine des gardes, a esquissé le tableau de ses premières années. « Il apprenoit à l'école moult bien, et retenoit ; il s'appliquoit à lire et à faire lire devant luy les joyeulx contes et faicts de Lancelot du Lac et de Gauvin. Il jouoit aux échecs mieulx qu'aultre de son temps, tiroit de l'arc et plus fort que nul de ceulx qui estoient nourris aveucques luy, jouoit aux barres à la façon de Picardie, *escouoit* par terre et loin de luy. Il fut nommé bon et puissant archer, et moult rude et fort adroit joueur de barres. » La lecture des romans de chevalerie échauffa sa jeune imagination : la flatterie assiégea son berceau, et il n'apprit que trop tôt qu'il était fils de ce duc de Bourgogne que les étrangers appelaient le *grand duc d'Occident*.

Il fit ses premières armes tout jeune à la bataille de Rupelmonde, et s'y comporta avec cet impétueux courage qui devint plus tard son seul guide. Il se distingua aussi à la bataille de Morbecque, en 1453. Une antipathie insurmontable qu'il nourrissait contre la maison de Croï, dans laquelle son père avait choisi ses favoris, le décida, après de vains efforts pour les éloigner, à s'exiler lui-même et à se rendre dans les Pays-Bas. En même temps il avait voué à Louis XI, avec qui ne devait pas sympathiser un homme de cette nature, une haine implacable, et il s'empresse de prendre les armes contre lui lors de la ligue du b i e n p u b l i c. Il entraîna dans cette guerre le duc son père, avec qui il s'était réconcilié, et marcha sur Paris à la tête de vingt mille hommes. Le roi lui envoya l'évêque de cette ville, G. Chartier, pour lui reprocher son injuste guerre contre son souverain; mais l'héritier de Bourgogne répondit : « Dites à votre maître qu'on a toujours des motifs suffisants d'attaquer un prince qui se sert de l'épée et du poison, et qu'on est toujours sûr de ne pas rester sans alliés quand il s'agit de l'attaquer. Au reste, je n'ai pris les armes que sur les instances du peuple, de la noblesse, des princes : voilà mes complices. » Il établit son camp près de M o n t l h é r y, où il rencontra l'armée royale ; il courut de grands dangers dans cette journée, dont l'honneur lui resta. Depuis ce temps Charles s'exagéra ses talents militaires.

Il s'était à peine mis en possession des domaines auxquels la paix de C o n f l a n s lui donnait droit, qu'il marcha sur Liége pour apaiser la révolte qui y avait éclaté. Cette puissante commune s'était liguée avec le roi de France et avait fait irruption dans les comtés de Brabant et de Namur. Le comte s'y porta avec son impétuosité ordinaire. Incapables de résister seuls, les Liégeois implorèrent l'intervention du vieux duc, et se soumirent aux dures conditions que le vainqueur leur imposa. Sur ces entrefaites Philippe le Bon mourut. Gand se souleva alors, sur la promesse d'un secours de Louis XI. Charles entra dans cette ville, les longtemps l'épuisa d'argent, en enleva les armes, et la fit démanteler. Cependant Louis XI, qui avait toujours conservé des intelligences en Flandre, avait préparé un nouveau soulèvement des Liégeois. Pour entretenir la sécurité du jeune duc de Bourgogne, il était venu le rejoindre à Péronne ; mais l'insurrection éclata plus tôt que ne le croyait Louis XI. Le duc Charles, en apprenant cette nouvelle, tout à fait imprévue, se plaignit hautement de sa déloyauté, et le força de le suivre avec quatre cents lances contre les Liégeois. L'armée du duc était nombreuse ; il marcha, outre ses troupes bourguignonnes, quatre mille Calabrois. Liége dut ouvrir ses portes. L'évêque, que les insurgés tenaient en prison, fut bientôt mis en liberté, et, loin de solliciter leur pardon, il s'associa au ressentiment du duc. La vengeance le rendit féroce, et la ville fut livrée à la fureur de la soldatesque.

Cependant cet accord forcé ne subsista pas longtemps entre Louis et Charles. La guerre des deux R o s e s, qui désolait alors l'Angleterre, fut pour eux un prétexte de rupture. Le duc de Bourgogne, toujours prompt à l'attaque, commença le premier les hostilités ; forcé de demander un armistice, il recommença pourtant la guerre un an après. Il porta le fer et le feu dans la Picardie. Ayant pris d'assaut la ville et le château de Nesles, il l'incendia, et dit avec une barbare impassibilité : « Voilà les fruits que porte l'arbre de la guerre. » Mais il échoua devant B e a u v a i s (1472). Il se jeta alors sur la Normandie, et poussa jusqu'à Rouen. A son retour à Dijon, il reçut de Louis XI, dit *le Glorieux*, une leçon dont il ne profita point. Il montrait avec orgueil son arsenal à un ambassadeur : « Voilà, disait-il, les clés de toutes les capitales de l'Europe ; son *fou* se mit à fureter parmi ce vaste amas d'armes, en disant : « Je cherche les clés de Beauvais. »

Des fêtes guerrières et religieuses célébrées à Dijon entretenaient l'humeur belliqueuse de ce prince ; son ambition était de faire ériger ses vastes États en un royaume, auquel il aurait donné le nom de Gallo-Belge ; il voulait en outre s'emparer de toute la vallée du Rhin depuis Bâle jusqu'à Nimègue. Il alla à Trèves rendre visite à l'empereur Frédéric III, pour lui rappeler la promesse qu'il lui avait faite de lui accorder le titre de roi et de vicaire général de l'Empire, à condition que Charles donnerait sa fille à l'archiduc fils de l'empereur ; mais aucun des deux princes ne voulut se lier par un engagement, et ils se quittèrent mécontents l'un de l'autre.

Cependant les projets de Charles inquiétèrent les Suisses, que Louis XI avait attirés dans son alliance, et leur fit conclure une ligue avec les villes du Rhin. En même temps Charles s'attirait, par ses desseins imprudents et par sa politique inhabile, un nouvel ennemi dans le jeune duc de Lorraine, René, qui osa lui déclarer la guerre, le tenant sans doute pour tout compromis par tant d'ennemis qu'il s'était faits. Charles, furieux, résolut de détrôner Louis, qui lui suscitait tant d'embarras, et à cet effet il se ligua avec le roi d'Angleterre ;

mais, forcé d'aller au secours de son parent l'évêque de Cologne, il perdit dix mois à assiéger Neus, et se tourna ensuite contre la Lorraine. Il s'empara de Nancy et de tout le reste du pays en 1475. Enhardi par ce succès, il dirigea alors son armée victorieuse sur la Suisse; il franchit le Jura, et sans s'arrêter aux représentations de ces braves montagnards, qui l'assuraient que tout ce qu'il trouverait chez eux n'aurait pas la valeur des éperons de ses chevaliers, il prit la ville de Granson, et fit passer au fil de l'épée 800 hommes qui l'avaient défendue. Mais cette cruauté fut bientôt vengée : les Suisses remportèrent sur lui, près de Granson, une victoire éclatante, le 3 mars 1476.

Cette première atteinte portée à sa réputation militaire grossit la ligue de ses ennemis. Cependant il ne renonça pas à prendre une revanche. Il demanda aux états de Bourgogne des soldats et de l'argent pour une nouvelle campagne contre les Suisses. L'assemblée refusa hommes et argent; la réponse fut franche et précise : « Cette guerre n'est point nécessaire, elle est injuste : il n'est besoin que les états y contribuent ni que le peuple soit molesté pour une querelle si mal fondée, sans espérance de réussir à bonne fin. » Le duc Charles avait une volonté immuable; il poursuivit son projet en réunissant les contingents de ses autres provinces, et parvint à mettre sur pied vingt-cinq mille hommes. Rentré sur les terres des Suisses, il se fit battre, le 22 juin, à Morat. Après ce nouveau désastre, il courut cacher sa honte et son désespoir dans son château de La Rivière près Pontarlier. Il y resta plongé dans une sombre mélancolie, laissant croître sa barbe et ses ongles, et ne changeant point d'habits; ses domestiques ne l'approchaient qu'en tremblant; son cœur, resserré, ne laissait au sang qu'un étroit passage; les secours de l'art prolongèrent sa douloureuse existence. La déroute de Morat n'était que le prélude d'autres revers.

Ses alliés l'ont abandonné, ses ennemis ont augmenté de nombre et d'audace. René, qu'il avait chassé de la Lorraine, y était rentré en triomphe à la tête des Suisses, qu'il commandait à Morat; toutes les villes lui avaient ouvert leurs portes. Le délire de Charles est à son comble; sa mélancolie n'est plus qu'une continuelle frénésie; ses pensées, ses mouvements, que des accès de fureur. Un étranger, Campo-Basso, flatte ses projets de vengeance et d'ambition, et obtient toute sa confiance. Le duc se hâte de rassembler les débris de ses armées, en même temps que ses commissaires demandent aux états assemblés de nouveaux impôts et de nouvelles légions. Mais cette proposition fut combattue par les sires de Charni, de Mirebeau et les députés des communes. Les commissaires n'obtinrent que cette réponse : « Dites à monseigneur que nous lui sommes très-humbles et obéissants sujets; mais quant à ce que vous nous avez proposé de sa part, il ne se fit jamais, il ne peut se faire et ne se fera pas. » Le duc Charles n'en poursuivit pas moins son entreprise, il comptait sur une victoire assurée; mais à l'instant où l'action allait s'engager, Campo-Basso passa avec toutes ses troupes du côté des Lorrains : cette défection réduisit l'armée du duc Charles à quatre mille combattants. Ils n'abandonnèrent pas le champ de bataille, mais leurs rangs furent bientôt enfoncés. Le duc, qui combattait avec le courage du désespoir, fut entraîné dans la déroute et tué par Claude de Beaumont, gentilhomme lorrain, qui ne le connaissait pas. Ainsi mourut, le 5 janvier 1477, ce prince, qui, depuis son avènement au trône ducal de Bourgogne, avait fait si souvent trembler l'Allemagne, l'Angleterre et la France même. Son corps ne fut reconnu que deux jours après la bataille. Il fut exposé pendant six jours dans une chapelle ardente tendue en velours noir, ensuite déposé dans l'église Saint-Georges de Nancy. En 1550 son petit-fils Charles-Quint le fit transporter à Bruges et inhumer dans un magnifique tombeau, à côté de celui de Marie de Bourgogne. Ses contemporains l'avaient surnommé *le Terrible, le Guerrier, le Belliqueux, le Téméraire*. Il avait été marié trois fois : 1° à Catherine de France, fille du roi Charles VII, morte à Bruxelles, âgée de dix-huit ans; 2° à Isabelle de Bourbon, dont il eut la princesse Marie, sa fille unique; 3° à Marguerite d'York, fille d'Édouard IV, roi d'Angleterre, veuve de Louis de Savoie (frère d'Amédée IX), décédée sans postérité, et enterrée aux cordeliers de Malines. Sa succession, en passant dans une famille étrangère, a créé une dynastie et une puissance nouvelles; elle a été la cause ou le prétexte des longues guerres qui ont agité l'Europe pendant les quatre derniers siècles.

DUPEY (de l'Yonne).

CHARLES. La maison de Savoie a eu trois ducs de ce nom, sans compter les princes de cette maison qui ont régné sous les noms de Charles-Emmanuel, Charles-Félix, Charles-Albert, et que l'on trouvera à leur ordre alphabétique.

CHARLES Ier, dit *le Guerrier*, fils du duc Amédée IX, naquit en 1468 : il fut le successeur du duc Philibert, son frère, en 1482. Il avait été élevé en France par le comte de Dunois, à qui Louis XI, son oncle, l'avait confié. Comme il n'avait que douze ans à la mort de son frère, Louis, pour ôter aux princes oncles du jeune duc toute espèce de prétention, se déclara son tuteur. En 1485 Charlotte, reine de Chypre, et veuve de Louis de Savoie (frère d'Amédée IX), confirma la donation qu'en 1482 elle avait faite de son royaume au duc de Savoie. C'est sur ce fondement que les ducs de Savoie ont pris le titre de rois de Chypre, quoique la donation de Charlotte n'ait jamais eu de résultat. En 1487 le duc Charles, après avoir soumis le comté de Bresse, son oncle, qui voulait dominer en Piémont, enleva, avec une surprenante rapidité, les États du marquis de Saluces, qui l'avait attaqué. Il mourut à Pignerol, en 1489, au retour d'un voyage qu'il avait fait à Tours pour régler l'hommage qu'il devait au roi de France pour sa nouvelle conquête, comme fief mouvant du Dauphiné. Il ne manquait pas de prudence, et aimait les lettres.

CHARLES II (JEAN-AMÉDÉE), fils du précédent, naquit en 1488. Il n'était pas encore âgé d'un an lorsqu'il succéda à son père, sous la tutelle de Blanche de Montferrat, sa mère. Le marquis de Saluces, qui s'était retiré en France, profita de cette minorité pour rentrer dans ses États. Le jeune duc ne vécut que huit ans : il mourut en 1496.

CHARLES III, dit *le Bon*, fils du duc Philippe II, était né en 1486. Il succéda, en 1504, au duc Philibert II, son frère. Jusqu'en 1516 il fut sincèrement attaché à la France, et rendit en Italie d'importants services aux rois Louis XII et François Ier; celui-ci était son neveu par sa mère. Mais lorsque Charles III fit ériger par le pape Léon X deux évêchés, l'un à Chambéry, l'autre à Bourg en Bresse, au préjudice des diocèses de Lyon, de Grenoble et de Mâcon, François Ier s'opposa aux bulles d'érection, et força le pape à les révoquer. A partir de cette époque Charles III flotta entre la France et l'Espagne, et favorisa, selon ses intérêts, tantôt l'une tantôt l'autre de ces puissances. C'est sous son règne que les Génevois s'érigèrent en république. Par suite de la versatilité de ce prince, ses États furent également désolés par ses amis et par ses ennemis. En 1553 Charles III mourut, accablé de chagrin, à Verceil.

CHARLES ducs de Parme et de Plaisance.

CHARLES Ier, dont nous avons parlé comme roi d'Espagne, sous le nom de *Charles III* (voyez p. 257), s'était porté pour héritier des duchés de Parme et de Plaisance, en vertu du traité conclu le 30 avril 1725, à Vienne, entre l'empereur Charles VI et le roi d'Espagne. En 1731 la princesse Dorothée, veuve du duc François, prit possession, au nom de don Carlos, de ces duchés, entre les mains du comte Stampa, plénipotentiaire de l'empereur, qui lui fit livrer les clés de la capitale, et ordonna aux troupes impériales de se retirer. Jacques Oddi, commissaire du pape, fit publiquement ses protestations pour mettre en sûreté les droits que le saint-siège prétendait avoir sur Parme et Plaisance. En 1737

Charles, monté sur le trône de Naples, renonça aux duchés de Parme et de Plaisance.

CHARLES II (LOUIS DE BOURBON), infant d'Espagne, prince de Lucques, archiduc de Parme, fils du roi Louis d'Étrurie et de l'infante Marie-Louise, fille du roi d'Espagne Charles IV, est né le 23 décembre 1799. Son grand-père Ferdinand, petit-fils du roi d'Espagne Philippe V, fut le dernier duc de Parme de la maison de Bourbon. Ce prince abandonna en 1801 le grand-duché de Toscane, que lui avait attribué le traité de Lunéville, à son petit-fils, le prince héréditaire Louis, qui à la mort de son père, arrivée en 1802, renonça au profit de la France aux duchés de Parme et de Plaisance, d'après une convention arrêtée dès 1801 avec l'Espagne : moyennant quoi, la Toscane fut érigée en *royaume d'Étrurie*. Après la mort prématurée du roi Louis, arrivée le 27 mai 1803, son fils Charles lui succéda au trône, sous la tutelle de sa mère. Cependant l'Étrurie passait le 10 décembre 1807 sous la loi de la France; et dès 1805 la sœur de Napoléon, Élisa, mariée au prince Bacciocchi, avait obtenu le duché de Lucques.

La paix de Paris et les actes du congrès de Vienne ayant promis les duchés de Parme, de Plaisance et de Guastalla à Marie-Louise, épouse de Napoléon, il fut décidé que l'ex-reine d'Étrurie et ses enfants conserveraient jusqu'à la mort de l'impératrice le duché de Lucques, qui alors ferait retour à la Toscane, tandis qu'ils entreraient en possession du duché de Parme.

Le duc Charles, quand il eut atteint l'âge de majorité, prit les rênes du gouvernement des mains de sa mère, qui mourut en 1824. Il avait épousé en 1820 la fille du roi Victor-Emmanuel de Savoie, *Marie-Thérèse*, née le 19 septembre 1803.

Le duc passait la plus grande partie de sa vie à voyager. En 1847 les mouvements de l'Italie se firent sentir à Lucques. Les Lucquois demandèrent une constitution, et à la suite d'une émeute le duc promit de créer une garde civique; mais bientôt il s'enfuit, laissant le gouvernement à une régence, et, moyennant une rente de 1,200,000 lire jusqu'à son entrée en jouissance du duché de Parme, il abdiqua et céda par anticipation le duché de Lucques à la Toscane, qui en prit possession le 5 octobre. L'ex-impératrice des Français étant venue à mourir presque aussitôt, le duc Charles fut peu de temps sans terre. Le 26 décembre il prit possession des duchés de Parme et de Plaisance par un manifeste, puis le 20 mars 1848 il établit une régence, qui fut remplacée par un gouvernement provisoire le 9 avril. Ayant quitté le pays le 19 avril, il renonça au gouvernement par un manifeste daté de Weistropp (Saxe), le 14 mars 1849, en faveur de son fils, le duc Charles III.

CHARLES III (FERDINAND-JOSEPH-MARIE-VITTORIO-BALTHASAR DE BOURBON), infant d'Espagne, duc de Parme et de Plaisance, né le 14 janvier 1823, succéda à son père suivant l'acte d'abdication du 14 mars 1849. Les Autrichiens occupaient son duché, dans lequel il rentra le 25 août. Il a épousé le 10 novembre 1845 la duchesse *Louise-Marie-Thérèse* DE BOURBON, née le 21 septembre 1819, fille du malheureux dernier duc de Berry, et sœur du comte de Chambord, dont il a deux fils et deux filles.

CHARLES, archiduc d'Autriche, duc de *Teschen*, feld-maréchal général impérial, troisième fils de l'empereur Léopold II et de Marie-Louise, fille du roi d'Espagne Charles III, oncle de l'empereur Ferdinand Iᵉʳ, naquit le 5 septembre 1771, à Florence. Dans sa première jeunesse, d'une constitution faible et maladive et d'un caractère assez taciturne, il témoignait une aversion prononcée pour toutes les sciences exactes et mécaniques. Mais quand plus tard le goût de l'art militaire lui vint, il s'adonna avec ardeur à l'étude de la géométrie et des diverses sciences militaires. A une réserve froide, glaciale même, ne tarda pas non plus à succéder une aimable franchise, qui associée à une rare modestie forma désormais le trait saillant de son caractère. D'Arival et Mack firent son éducation militaire, sous la direction supérieure du comte d'Hohenwart; plus tard il s'initia à la connaissance de la politique en Belgique, où il fut envoyé en 1790 après la compression de la révolution de Brabant, à l'effet de s'y préparer aux fonctions de gouverneur général des Pays-Bas auprès de son parent le duc Albert de Saxe-Teschen, qui administrait cette contrée de concert avec l'archiduchesse Marie-Christine, et qui quelque temps auparavant l'avait adopté et institué son héritier. Il y commença aussi, en 1792, sa carrière militaire pratique contre les Français, sous les ordres du duc Albert.

Il prit part à la bataille de Jemmappes, contribua beaucoup, comme commandant l'avant-garde du prince de Cobourg, aux victoires d'Aldenhoven et de Neerwinden, remportées sur Dumouriez; et quand la Belgique eut été reconquise par les Autrichiens, il fut nommé le 25 mars 1793 gouverneur général des Pays-Bas. En 1794 il commandait à Landrecies une division, à Tournay et à Courtray toute l'aile droite contre Pichegru, et à Fleurus le centre. Après avoir pris en 1796, en qualité de feld-maréchal général de l'Empire, le commandement en chef de l'armée autrichienne et de l'armée de l'Empire réunies sur les bords du Rhin, il combattit avec bonheur Moreau à Rastadt, battit le général Jourdan à Teining, à Amberg, et à Wurzbourg, contraignit les Français à repasser le Rhin, et couronna cette glorieuse campagne par la prise de Kehl, au milieu de l'hiver de 1797. Par suite des progrès rapides faits pendant ce temps-là en Italie par les Français, il y fut envoyé en février 1797, à l'effet de rendre la fortune des armes plus favorable de ce côté aux Autrichiens. Mais son armée, faible et démoralisée, ne put pas, en dépit de nombreuses preuves de bravoure, se maintenir longtemps en présence de l'armée française; et le gouvernement autrichien profita des premiers avantages que l'archiduc parvint à remporter, pour signer à Léoben, le 18 avril 1797, les préliminaires de la paix.

A la suite de l'inutile congrès de Rastadt, l'archiduc Charles fut de nouveau appelé en 1799 à prendre le commandement en chef de l'armée du Rhin. Après avoir battu Jourdan aux affaires d'Ostrach, de Oxfullendorf, et surtout à la bataille de Stockach, le 25 mars, l'archiduc fut entravé dans ses opérations ultérieures par les mésintelligences qui surgirent entre lui et les généraux russes Souwaroff et Korsakoff; et malgré l'avantage qu'il avait remporté le 18 septembre à Neckeran, et à la suite duquel il avait occupé Manheim, force lui fut, après la victoire complète remportée à Zurich par Moreau sur Korsakoff, de se borner désormais à couvrir la Souabe. Il réussit cependant à repousser les différentes colonnes de troupes françaises qui franchirent alors le Rhin, et à résister avec succès sur tous les points à Masséna.

Le délabrement de sa santé le contraignit, au mois de mars 1800, à quitter l'armée. Il fut alors nommé gouverneur général de la Bohême, et en profita pour y créer une nouvelle armée. Mais dès le mois de décembre de la même année, après la perte de la bataille de Hohenlinden, il revint se mettre à la tête de l'armée autrichienne. Il réussit bien à arrêter pendant quelques instants les rapides succès de Moreau; mais dès le 25 septembre il se voyait contraint de conclure une sous adversaire un armistice à Steyer, que suivit la paix signée à Lunéville, le 9 février 1801.

Nommé président du conseil aulique de guerre, le prince fut alors chargé de présenter le plan d'une nouvelle organisation à donner au système militaire de l'Autriche. Il fut en outre élu coadjuteur du grand-maître de l'ordre Teutonique, et, en 1805, appelé aux fonctions de ministre de la guerre. Dans la nouvelle guerre qui éclata cette même année contre la France, il commanda une armée en Italie contre Masséna, contre lequel il soutint plusieurs combats opiniâtres, notamment le 30 octobre à Caldiero. A la nouvelle des désastres que l'armée autrichienne avait essuyés en Allemagne, il commença, dans la nuit du 1ᵉʳ au 2 novembre, son admirable retraite des bords de l'Adige jusqu'en Croatie, à l'effet de faire servir son armée à la défense des provinces de l'Empire non encore entamées par l'ennemi. Après la paix de Presbourg, il fut investi du titre de généralissime de toute l'armée autrichienne, et nommé ministre de la guerre, avec des pouvoirs illimités. En cette qualité, il recommença encore une fois la réorganisation du système militaire existant, et créa notamment des réserves et une *landwehr* considérable.

Dans la guerre de 1809, il envahit la Bavière avec le gros de l'armée autrichienne, pénétra jusqu'à Landshut, et le 20 avril il arriva jusque sous les murs de Ratisbonne. Il eut alors à lutter contre le gros de l'armée française, commandé par Napoléon en personne. Une bataille sanglante, dont les plaines voisines du village d'Eckmuhl furent le théâtre, et qui dura cinq jours, ne tarda point à s'engager entre les Autrichiens et les Français. Malgré les héroïques efforts des premiers, elle se termina pour eux en une défaite, parce que leur aile droite fut tournée; et elle eut pour résultat de contraindre l'archiduc à battre en retraite en Bohême par Cham et Waldmünchen. Renforcé par de nouvelles troupes, l'archiduc Charles marcha alors au devant des Français, qui avaient franchi le Danube, et leur livra la glorieuse bataille d'Aspern et Esling, à la suite de laquelle il rejeta les Français de l'autre côté du Danube après leur avoir fait essuyer des pertes considérables. Malheureusement l'archiduc ne sut pas poursuivre cet avantage, qui portait une rude atteinte à la renommée de Napoléon. Il reprit la position qu'il occupait avant la bataille, et laissa à son adversaire le temps de réparer ses pertes par l'arrivée de nouvelles troupes françaises et allemandes. Dès qu'il se sentit complétement en mesure, Napoléon recommença la lutte à Wagram, le 5 juillet, contre l'archiduc. Malgré l'avantage que les Autrichiens eurent d'abord à leur aile droite, il réussit à enfoncer leur centre, à entourer leur aile gauche, et remporta ainsi sur eux une victoire complète. La retraite de l'archiduc eut lieu d'ailleurs dans le meilleur ordre, et ne fut qu'une suite non interrompue de combats partiels jusqu'à Znaïm, où fut conclu le 12 juillet un armistice suivi bientôt après d'un traité de paix.

A peu de temps de la, l'archiduc, découragé par le malheur constant qui s'était attaché à ses efforts, déposa son commandement, renonça à toutes ses charges et dignités, et vécut depuis dans une profonde retraite, d'abord à Teschen, plus tard à Vienne. Il ne prit pas part à la guerre de 1813 et 1814, et ce fut seulement au retour de Napoléon de l'île d'Elbe qu'il accepta pour quelque temps les fonctions de gouverneur de la forteresse fédérale de Mayence.

En 1815 il épousa la princesse Henriette de Nassau-Weilbourg, qui mourut en 1829 et de laquelle il eut quatre fils et deux filles : les archiducs *Albert*, né en 1817, marié depuis 1844 avec la princesse Hildegarde de Bavière; *Charles-Ferdinand*, né en 1818, feldmaréchal-lieutenant, commandant un corps en Italie; *Frédéric*, né en 1821, mort depuis, et qui en 1840 s'était distingué sur la flotte auxiliaire autrichienne dans la campagne de Syrie; *Guillaume*, né en 1827, général-major; l'archiduchesse *Thérèse*, née en 1816, mariée depuis 1837 avec le roi des Deux-Siciles, Ferdinand II; et l'archiduchesse *Marie-Caroline*, née en 1825, mariée en 1852 à l'archiduc Rénier-Ferdinand.

L'archiduc Charles mourut le 30 avril 1847. Il s'est fait un nom célèbre dans la littérature militaire par la publication de ses *Principes de Stratégie expliqués par le récit de la campagne de 1796 en Allemagne* (3 vol. [en allemand], Vienne, 1814), et de son *Histoire de la Campagne de 1799 en Allemagne et en Suisse* (2 vol., Vienne, 1819).

CHARLES ex-duc régnant de Brunswick. *Voyez* BRUNSWICK.

CHARLES (JACQUES-ALEXANDRE-CÉSAR), célèbre expérimentateur français, naquit à Beaugency, le 12 novembre 1746. Il se fit remarquer dans sa jeunesse par de nombreux succès dans ses études littéraires. Plus tard il se montra bon connaisseur en musique, en peinture, etc., apte à tout apprendre. Cependant, ne pouvant se résoudre à embrasser une profession spéciale, comme avocat ou médecin, il sollicita et obtint un mince emploi chez le contrôleur général des finances; mais une réforme étant devenue nécessaire par raison d'économie, son emploi fut supprimé. Dès ce moment le jeune Charles, maître de son temps, se jeta avec ardeur dans la carrière des sciences et des arts. Il entreprit d'abord de répéter les expériences de physique les plus difficiles; il y apporta tant de zèle et de dextérité que ses succès l'enhardirent assez pour en donner des démonstrations publiques. Alors il arriva que l'administration, se rappelant ses premiers services, lui offrit un nouvel emploi dans la trésorerie; il était trop tard, les sciences avaient conquis Charles, elles le conservèrent. Il lui fut loisible de disposer de sa place; il la vendit, et de l'argent qu'il en retira il enrichit son cabinet de physique de plusieurs intruments très-précieux. Le nombre de ses élèves s'accrut rapidement : il se les attirait par son élocution facile et brillante, par l'étendue et la variété de son instruction; il obtint le même succès pendant trente ans, et parmi une multitude d'expériences si diverses et si difficiles, on ne se souvient pas qu'il en ait manqué une seule.

Cependant une découverte inattendue, fabuleuse, vint frapper les esprits : nous voulons parler des aérostats. On sait que Montgolfier s'élevait dans les airs au moyen d'un ballon rempli d'air raréfié par la chaleur d'un foyer placé dessous. Charles refit cet appareil : il le composa d'une enveloppe de taffetas imbibé de gomme élastique dissoute dans de l'huile de térébenthine, et il remplit son ballon de gaz hydrogène, fluide de douze à quinze fois plus léger que l'air atmosphérique. Par ces heureux perfectionnements, il acquit le droit de partager la gloire de l'inventeur (*voyez* tome Iᵉʳ, p. 142). Sa première expérience eut lieu le 27 août 1783, et au mois de décembre suivant il s'éleva à la hauteur, alors extraordinaire, de 3,000 mètres. A cette occasion, Louis XVI, qui d'abord s'était vivement opposé à ces expériences, qu'il regardait comme imprudentes, lui fit une pension de 2,000 francs. L'Académie des Sciences l'admit au nombre de ses membres, en 1785; en même temps on lui donna un logement au Louvre, dans lequel il établit son cabinet de physique. En 1795 il fit partie de l'Institut, et plus tard on le nomma bibliothécaire de cette compagnie. Il était professeur de physique au Conservatoire des Arts et Métiers, qu'il est maintenant en possession de son cabinet, lorsqu'il mourut, le 7 avril 1823, trois jours après avoir été opéré de la pierre. On doit à Charles quelques mémoires de peu d'importance et l'invention du mégascope. TEYSSÈDRE.

CHARLES III (Ordre de). Cet ordre, fondé en 1771, en l'honneur de *l'Immaculée Conception*, par Charles III d'Espagne, et approuvé en 1772 par une bulle de Rome, a eu longtemps pour chancelier le patriarche des Indes. L'ordre se composait alors de 60 grand's-croix, de 200 chevaliers pensionnés à 4,000 réaux (1,000 francs) et d'un nombre illimité de chevaliers sans pension. Les grand's-croix avaient des priviléges religieux, consistant à pouvoir faire dire deux messes par jour dans leurs chapelles particulières, et quand ils étaient en voyage, sur des autels portatifs, dans les lieux même mis en interdiction; et pour leurs femmes et filles, à pouvoir rester deux fois par an toute une journée dans des couvents de religieuses cloîtrées. L'ordre de Charles III servait et sert encore à récompenser les services, soit civils, soit militaires. Les grand's-croix portent une image de la Conception brodée en argent sur le côté gauche de l'habit ou du manteau. La croix des chevaliers est blanche et bleue à huit pointes, ayant au milieu l'image de la Vierge, avec cette devise : *Virtuti et merito.* Le ruban est blanc et bleu.

CHARLES-ALBERT, roi de Sardaigne, de 1831 à 1849, naquit le 2 octobre 1798, et était le fils du prince Charles-Emmanuel de Savoie-Carignan, et de Marie-Christine, fille du duc Charles de Saxe et de Courlande, frère cadet de l'électeur Frédéric-Chrétien de Saxe. En 1800 il hérita du titre de prince de Carignan et des biens que son père possédait tant en Piémont qu'en France, sous la tutelle de sa mère, qui se remaria en secondes noces avec le prince de Montléart. Ses relations de proche parenté avec la maison de Saxe furent cause qu'il fit de fréquents séjours à Dresde, où il fut même élevé avec le plus grand soin, de même que sa sœur Marie-Élisabeth, qui épousa plus tard l'archiduc Renier d'Autriche.

Marié en 1817, à Marie-Thérèse, fille du grand-duc Ferdinand de Toscane, il vécut dans ses terres en Piémont jusqu'au moment où les instigateurs de la révolution dont ce pays fut le théâtre en 1821, et dont quelques-uns le touchaient de très-près, manifestèrent l'intention de le mettre à leur tête. Le prince se prêta à leur projet, non sans hésitation toutefois, et seulement dans l'espoir de maîtriser ainsi la révolution. Le 13 mars 1821 le roi *Victor-Emmanuel* de Sardaigne abdiquait, et, en attendant l'arrivée de son frère Charles-Félix, qui n'avait pas d'enfants, il appelait à la régence le prince de Carignan, désigné par le congrès de Vienne pour monter sur le trône de Sardaigne au cas où la branche aînée mâle de la maison de Savoie viendrait à s'éteindre.

Charles-Albert se déclara aussitôt prêt à jurer fidélité à la constitution, et institua une junte provisoire. Mais une armée autrichienne s'étant mise en marche sur le Piémont, et, de Modène, le roi Charles-Félix ayant déclaré nulles et de nul effet toutes les mesures prises depuis l'abdication de son frère, il abandonna secrètement Turin dès le 21 mars, sans laisser à la junte ni ordres ni instructions. Arrivé à Novarre, il renonça à la régence, puis se rendit au quartier général autrichien, et de là à Modène. Le nouveau roi de Sardaigne lui ayant interdit l'accès de sa cour, le prince de Carignan alla vivre à Florence. Plus tard, il accompagna comme volontaire en Espagne l'armée d'invasion aux ordres du duc d'Angoulême. Au retour de cette campagne, son passé révolutionnaire fut amnistié; on lui permit de reparaître à Turin, et en 1829 il fut même nommé vice-roi de Sardaigne. La mort du roi Charles-Félix, arrivée le 27 avril 1831, l'appela à monter sur le trône. On ne saurait disconvenir qu'il était difficile de ceindre une couronne dans des circonstances plus critiques. D'un côté, le nouveau roi avait tout à redouter des défiances de l'Autriche; de l'autre, il avait à lutter contre les exigences du carbonarisme, qui invoquait les souvenirs de 1821, pour le déterminer à se lancer dans les aventures politiques. Avant tout il avait à donner de l'unité à une monarchie encore mal cimentée, et dans laquelle fermentaient tous les éléments d'une dissolution violente. Le système de prudente temporisation adopté par Charles-Albert dut vivement irriter les esprits ardents du parti progressiste, provoquer des conspirations et par suite de rigoureuses répressions. Ce premier moment d'effervescence une fois passé, il put réaliser les projets qu'il avait conçus pour doter son pays d'une armée nationale, complétement organisée à la française. L'Autriche ne s'y trompa pas, et comprit parfaitement que cette armée était destinée à la combattre quelque jour; aussi l'augmentation incessante de l'effectif de l'armée sarde donna-t-elle lieu de sa part à des réclamations fort aigres, mais inutiles. Cependant un jour l'Italie sembla vouloir renaître à la liberté. L'élection d'un nouveau pape avait été comme le signal d'une nouvelle ère. Peuples et rois semblaient d'accord pour inaugurer le régime constitutionnel, qui devait enfin relever la péninsule de son abaissement, et lui rendre peut-être son indépendance. Charles-Albert donna alors une constitution à son pays; c'était la seule qui dût survivre en Italie aux catastrophes de 1848. Une garde civique fut organisée; une amnistie rouvrit les portes de la patrie aux émigrés de 1821; les Italiens que la tyrannie de l'Autriche forçait à quitter la Lombardie commencèrent à trouver en Piémont un accueil hospitalier; la presse, si longtemps atrophiée par la censure, osa parler d'union, de fédération, de droits politiques, d'indépendance nationale.

Il n'en fallait pas tant pour rendre Charles-Albert populaire. Le roi de Sardaigne devint tout à coup l'idole du peuple, non-seulement dans le Piémont, mais dans toute l'Italie. L'enthousiasme était universel; on avait les yeux fixés sur Charles-Albert comme sur le seul prince italien qui, possédant une bonne armée et ayant manifesté des sentiments conformes au vœu national, pût délivrer l'Italie des cohortes étrangères. Sur ces entrefaites arrive la révolution de février à Paris. Bientôt on se bat à M i l a n. Enfin le 23 mars, Charles-Albert n'hésite plus à faire passer la frontière à son avant-garde.

Nous retracerons ailleurs les épisodes de cette courte campagne de 1848 (*voyez* SARDAIGNE), qui dura quatre mois et se termina par un revers d'autant plus terrible qu'il était imprévu. Confiant en lui-même, le roi avait repoussé toute idée de secours étranger. « *L'Italia farà da se,* » disait-il avec orgueil. Après avoir enlevé une à une, à force de bravoure, toutes les positions de l'ennemi jusqu'à l'Adige, l'armée italienne, que le roi avait eu le tort de laisser disséminée sur une étendue de 300 kilomètres, fut tout à coup attaquée à son centre par une masse compacte de 60,000 hommes sans que les corps éloignés pussent venir à temps à son secours. On se battit pendant vingt-quatre heures sans interruption à Custozza et à Villafranca, avant de céder un terrain qu'on avait conquis par les faits d'armes les plus brillants; mais les soldats italiens, manquant de pain et souvent de munitions, tombaient de lassitude pendant que l'armée de Radetzki renouvelait ses rangs par des troupes fraîches qui sortaient de Vérone. Il fallut céder, et la retraite se changea en une déroute complète. Malgré sa bonne volonté, Charles-Albert ne put parvenir à rallier assez de forces pour tenir tête à la colonne que Radetzki dirigeait sur Milan; les lignes stratégiques et les villes importantes qui pouvaient offrir une digue à l'invasion furent à peine disputées, et le 4 août Charles-Albert rentrait à Milan avec 30 à 40,000 hommes de troupes désorganisées, démoralisées, brisées de fatigue et sans pain. Il espérait encore défendre cette malheureuse cité; mais tous les efforts furent inutiles, et malgré les nombreuses preuves de bravoure personnelle données par le roi dans cette occasion, Milan dut capituler et ouvrir ses portes aux Autrichiens.

Cependant l'année suivante Charles-Albert a entraîné à tirer de nouveau l'épée contre l'Autriche. Mais à la première rencontre son armée, commandée par le polonais Chrzanowski, est détruite à N o v a r e (mars 1849). Il est alors réduit à solliciter un armistice, et bientôt, navré de douleur de voir s'évanouir ce beau rêve de l'indépendance italienne, il abdique, laissant à son fils Victor-Emmanuel II le soin de rendre la patrie à son malheureux pays. Retiré à Oporto, il y mourut peu de temps après son arrivée, d'une maladie de foie, le 26 juillet de la même année. Ses restes furent rapportés à Turin, où une statue lui a été élevée par la reconnaissance publique. (Consultez Cibrario, *Gli ultimi giorni di Carlo Alberto a Oporto*; Turin, 1850.)

Ami des arts, Charles-Albert a doté son pays d'écoles de dessin et d'autres institutions artistiques; c'est à lui que le Piémont doit aussi ses premières expositions des beaux-arts. Partisan de la liberté commerciale, il avait conclu avec les États italiens qui avaient adopté le régime constitutionnel des traités d'union douanière et poussé hardiment son pays dans la voie des réformes commerciales.

CHARLES-AUGUSTE, prince royal de Suède, élu en 1809, et premier fils adoptif du roi Charles XIII, appartenait à une branche collatérale de la maison royale de Danemark. Il était frère du duc Frédéric-Christian de Schleswig-Holstein-Augustenburg, et avait son élection par la diète suédoise s'appelait *Christian-Auguste*. Né le 9 juillet 1768, il avait fait avec distinction plusieurs campagnes en Allemagne et en Italie sous l'archiduc Charles; et plus tard, au service de Danemark, il avait montré autant de talent que de bravoure en défendant la Norvége contre des forces de beaucoup supérieures à celles dont il disposait.

Le comte de Mœrner et quelques autres officiers supérieurs de l'armée suédoise eurent alors occasion d'apprécier les rares qualités de son cœur et de son esprit, et conçurent le projet de l'appeler à régner sur leur pays, où depuis longtemps l'opinion publique rendait toute justice à la noblesse de son caractère. Aussi, lorsqu'en juillet 1809 le roi de Suède Charles XIII, qui n'avait point d'enfants, vint proposer à la diète l'élection de *Christian-Auguste* de Schleswig-Holstein-Augustenburg en qualité de prince royal, pour lui succéder sur le trône, cette candidature réunit-elle l'unanimité. Le comte de Mœrner fut chargé d'aller porter les vœux de la nation suédoise au prince, qui déclara qu'il était prêt à accepter l'offre si honorable qu'on lui faisait, aussitôt que la paix serait rétablie entre le Danemark et la Suède. On conclut d'abord une suspension d'armes, mais un traité de paix formel ne put être signé que le 10 décembre, à Jœnkœping, lorsque déjà l'élection du prince avait eu lieu, le 28 août, à Stockholm. Après avoir signé le programme qui lui fut présenté au nom des états, le prince de Holstein-Augustenburg fit son entrée solennelle dans la capitale, le 22 janvier 1810, prêta serment à la constitution et reçut l'hommage des quatre ordres. Le roi Charles XIII publia le même jour l'acte d'adoption, document dans lequel le prince prenait officiellement les noms de *Charles-Auguste*. Son affabilité naturelle, sa bonté vraie, sa générosité, sa franchise toute militaire, lui eurent bientôt acquis dans les masses une popularité immense. Simple dans ses mœurs, il donnait à tous l'exemple de l'économie et du désintéressement, vertus si nécessaires dans l'homme appelé à régner sur une nation pauvre et ruinée par les folles dépenses auxquelles s'étaient livrés les derniers rois de la dynastie qu'elle venait d'expulser.

Tout annonçait donc à la Suède un avenir prospère, sous le règne du prince qu'elle avait choisi pour présider à ses destinées, et qu'un mariage facilement contracté dans quelque puissante maison souveraine étrangère aurait naturellement rattaché à la grande politique européenne. On peut dès lors se figurer combien la consternation fut générale à Stockholm, lorsqu'on y apprit que dans une tournée d'inspection, entreprise au midi du royaume, à l'effet d'y passer des troupes en revue, le prince, à la suite d'un déjeuner pris à la hâte, le 10 mai, et dans lequel il n'avait mangé qu'un morceau de pâté froid, avait été tout à coup saisi de coliques des plus douloureuses et de vomissements violents. Les termes dont le prince se servit à l'égard de son médecin accrédiérent immédiatement le bruit d'un empoisonnement. Quoi qu'il en ait pu être, il paraît certain que le prince était encore visiblement souffrant des suites de cet accident le 28 mai, lorsqu'il vint assister, dans la plaine de Quidinge, non loin d'Helsingborg, aux manœuvres du régiment des hussards de Mœrner. Les évolutions avaient à peine commencé, que le prince tombait de cheval à la renverse, comme frappé d'apoplexie, et malgré tous les secours de son médecin particulier (le Génevois Rossi, accouru de Stockholm à la nouvelle du premier accident), il avait cessé de vivre une demi-heure après. Le procès-verbal d'autopsie ne faisait pas mention de la moindre trace de poison; cependant le peuple, irrité contre la noblesse persista à croire que cette mort n'avait pas été naturelle; et lorsque le corps du prince arriva, le 20 juin, à Stockholm, pour y être solennellement exposé, la douleur publique prit bientôt tout le caractère de la fureur, et l'émeute la plus terrible éclata; émeute dans laquelle le grand-maréchal de la diète, Absalon Fersen, périt massacré, et qu'on ne réussit à comprimer que le lendemain 21, en fusillant et mitraillant sans pitié les révoltés.

Ces sanglantes funérailles faites au malheureux prince ne réussirent point à détruire l'opinion qui attribuait sa mort à un crime dont l'aristocratie était accusée, mais qui n'eût pu en réalité profiter qu'au roi de Danemark, en amenant une élection nouvelle qui lui permettrait de reproduire sa candidature, déjà repoussée une première fois par la diète. En vain le gouvernement fit publier tous les documents de l'enquête solennelle qu'il ordonna; comme on devait s'y attendre, elle eut pour résultat de complétement innocenter la famille de Fersen, plus ou moins compromise par les rumeurs en circulation dans la foule; mais le peuple persista longtemps à voir dans cette mort, si inattendue, un de ces lâches forfaits que, dit-on, la politique autorise quelquefois. Aujourd'hui encore dans la famille du malheureux prince on ne croit point qu'elle ait été naturelle. Le rapport publié par le docteur Lodin, le premier médecin dont on réclama les secours, et le récit très-étrange fait par le maître d'école Krook sur ce qui se passa à ce moment dans la maison curiale de Quidinge, où le royal moribond avait été transporté et où il rendit le dernier soupir, sont autant de circonstances qui semblent justifier les soupçons qui s'élevèrent tout de suite et qu'aucun fait réel n'est venu détruire. S'il n'y eut point de coupables, si le prince mourut *de la visitation de Dieu*, comme diraient les Anglais, pourquoi à la suite de l'enquête dont nous venons de parler le médecin Rossi fut-il banni de Suède? Peut-être l'obscurité qui règne sur cette affaire se dissipera-t-elle quelque jour, et des révélations d'outre-tombe feront-elles connaître la vérité sur cette énigme historique dont l'explication est des plus faciles à trouver, mais qu'il y aurait imprudence à donner ici, faute de pièces probantes bien authentiques.

CHARLES BORROMÉE (Saint). *Voyez* BORROMÉE.

CHARLES DE BLOIS ou DE CHATILLON, fils de Gui Ier, duc de Blois, et de Marguerite de France, sœur de Philippe de Valois, épousa en 1337 Jeanne de Penthièvre, fille de Gui de Bretagne. Les conditions du mariage furent que Charles prendrait le nom, le cri et les armes de Bretagne, et qu'il succéderait au duc Jean III, qui n'avait pas d'enfants. En conséquence, la plupart des seigneurs et des barons lui prêtèrent foi et hommage, comme à l'héritier présomptif du prince régnant. Mais Jean comte de Montfort, frère cadet du dernier duc, prétendait aussi hériter de ses États; toutefois, il dissimula jusqu'à la mort de son frère. Alors s'alluma une guerre sanglante, dont on peut lire les péripéties à l'article BRETAGNE (tome III, p. 689). Charles était soutenu par le roi de France, son oncle; Jean obtint le secours des Anglais. Charles avait pour partisans la plupart des barons et des prélats; mais le peuple des villes et des campagnes tenait plutôt pour Jean de Montfort. La lutte dura pendant vingt-trois années; la comtesse de Montfort y déploya une grande énergie ainsi que Jeanne de Penthièvre. Enfin Charles perdit la vie à la bataille d'Auray, de la main d'un Anglais (1364). Suivant des chroniques du temps, fait prisonnier, il aurait été conduit devant le prince Jean IV de Montfort, qui lui aurait fait trancher la tête en sa présence.

Charles de Blois était d'une piété plus vive qu'éclairée. Ses partisans disaient de lui qu'il était né pour être moine. Après sa mort on le trouva revêtu d'un cilice de crin. Le bruit se répandit que des miracles avaient lieu sur son tombeau, et une enquête fut ordonnée par le pape Urbain V pour sa canonisation; mais elle fut interrompue par Grégoire XI, à la prière de Jean IV, qui craignait de passer pour un impie et un persécuteur si l'ennemi qu'il avait vaincu était présenté comme un saint aux hommages des peuples.

CHARLES DE BOURBON. *Voyez* BOURBON.

CHARLES DE VALOIS, prince de la maison royale de France, était le troisième fils de Philippe le Hardi, et naquit le 12 mars 1270. Son père ayant réuni les quatre châtellenies de Crespy, La Ferté-Milon, Pierrefonds et Béthizy-Verberie, en forma le comté de *Valois*, qu'il lui donna en apanage. En 1284 Charles reçut l'investiture des royaumes d'Aragon et de Valence et du comté de Barcelone, que le pape Martin IV retirait à Pierre d'Aragon, pour le punir de sa désobéissance au saint-siége. Aussitôt Philippe le Hardi entra en Catalogne; mais cette expédition échoua, et le roi revint bientôt mourir en France. En 1290 Charles épousa Marguerite, fille de Charles le Boiteux, roi de Naples; il renonça alors, sur la demande de son beau père, à toutes ses prétentions sur l'Aragon, et reçut en dédommagement les comtés d'Anjou et du Maine. La guerre ayant éclaté quelque temps après entre la France et l'Angleterre, Charles fut chargé de dégager le connétable de Nesles, enfermé dans Bordeaux; il s'empara dans cette campagne de La Réole et de Saint-Sever. Puis il passa en Flandre, pour réduire Guy de Dampierre, qui avait embrassé le parti des Anglais. Celui-ci se rendit à lui, sur la promesse que son comté ne lui serait pas enlevé; mais le roi ne ratifia pas cet engagement. Charles de Valois, justement offensé, se retira de la cour. Devenu veuf, il épousa Catherine de Courtenay, petite-fille de Baudoin II, dernier empereur de Constantinople; puis il passa en Italie, où le pape Boniface VIII le reconnut pour empereur d'Orient, l'établit son vicaire en Italie, avec le titre de *défenseur de l'Église*, et lui accorda des décimes sur les revenus du clergé afin de conquérir ses États. Après avoir chassé de Florence les Gibelins, dont le Dante était l'un des chefs (*voyez* BLANCS ET NOIRS), il rejoignit à Rome Charles le Boiteux, et marcha avec lui contre Frédéric d'Aragon, son compétiteur. La Calabre et la Pouille rentrèrent bientôt sous la domination de la maison d'Anjou; une partie de la Sicile était déjà conquise, quand une épidémie se déclara dans l'armée força Charles de Valois à souscrire une paix avantageuse à Frédéric.

Sur ces entrefaites Philippe le Bel le rappela; il rejoignit l'armée de Flandre, et c'est en grande partie à sa présence d'esprit que l'on dut la victoire de Mons-en-Puelle. L'année suivante il vint à Lyon, assister au couronnement de Clément V, et il y fut blessé par accident. Il avait la pensée du nouveau pape pour son élection à l'Empire d'Allemagne; mais après la mort d'Albert Ier, Clément fit porter les suffrages sur un prince allemand, Henri de Luxembourg.

Sans avoir pris part à la condamnation des templiers, Charles de Valois ne se fit pas scrupule de s'enrichir de leurs dépouilles, car il se fit adjuger les terres qui leur avaient appartenu dans ses domaines. Après la mort de Philippe le Bel, ce fut lui qui gouverna en réalité, quoique son neveu Louis le Hutin fût parvenu à sa majorité; il dut faire alors de grandes concessions à la noblesse, et sacrifier Enguerrand de Marigny.

Une nouvelle guerre ayant éclaté contre l'Angleterre, le comte de Valois reparut en Guienne, et conquit rapidement une partie de cette province. Il mourut bientôt après, le 16 décembre 1325, d'une maladie de langueur ou peut-être de ses remords, car il faisait distribuer de larges aumônes en recommandant aux pauvres *de prier pour M. Enguerrand et pour Charles de Valois*. Son corps fut inhumé aux Jacobins de Paris, entre ses deux premières femmes, et son cœur aux cordeliers, à côté de Mahault, comtesse de Saint-Paul, sa troisième femme. L'aînée de ses fils, Philippe de Valois, monta sur le trône de France, et fut la tige de la dynastie des Valois. Charles passait pour le premier capitaine de son siècle; on a écrit de lui qu'il avait été *fils de roi, frère de roi, oncle de trois rois et père de roi, jamais roi!*

CHARLES D'ORLÉANS. *Voyez* ORLÉANS.

CHARLES-ÉDOUARD, dit *le Prétendant*. Pour les uns cet héritier d'une dynastie déchue du trône naquit *prince de Galles*, puis à la mort de son père il devint *Édouard VII* ou *Charles III*; pour les autres c'était le fils du *chevalier de Saint-Georges*, le *jeune chevalier*, le *Prétendant*, et enfin *le comte d'Albany*, dernière qualification, qu'il finit par adopter lui-même. Ce fut à Rome, le 31 décembre 1720, que naquit Charles-Édouard (Louis-Philippe-Casimir). Sa naissance fut notifiée à tous les cabinets de l'Europe; son père était Jacques Stuart, fils de Jacques II; sa mère, la princesse Sobieska, petite-fille du héros polonais Jean Sobieski. Au moment où il venait au monde, la sage-femme, se souvenant des doutes qu'on avait autrefois élevés sur la grossesse de la reine, femme de Jaques II, le montra à tous les témoins en s'écriant : « Ce n'est pas une supposition, au moins voilà bien un vrai prince ! » Quand il fut d'âge d'avoir un gouverneur, on le confia au chevalier Ramsay, l'ami et le disciple de Fénelon, qui fut remplacé plus tard par lord Murray, comte de Dunbar. Son éducation fut celle d'un enfant de roi, et l'on dirigea toutes ses idées vers les chances d'une restauration de sa famille. Les objections qui pouvaient être faites à cet avenir étaient écartées par une seule phrase : « La Providence veillait sur le droit imprescriptible de ses aïeux, l'injustice et l'usurpation n'ont qu'un temps. » Cette confiance d'une famille qui espérait plus en Dieu qu'aux rois de la terre avait donné une quiétude toute pacifique au chevalier de Saint-Georges; elle ne put calmer aussi facilement l'impatient courage de son fils; il tardait au jeune prince, à peine adolescent, de faire un appel à la force des armes, et il écoutait avec avidité ceux de ses partisans qui venaient le flatter d'un facile succès s'il voulait se mettre à la tête des fidèles sujets des Stuarts. D'autres, il est vrai, imposaient une condition à ce rétablissement de la dynastie légitime : l'envoi d'une armée d'auxiliaires français.

Ce ne fut qu'en 1740 que la mort de l'empereur Charles VI, devenue le signal de la guerre entre la France et l'Angleterre, fit entrevoir à la dynastie exilée la possibilité d'obtenir du cabinet de Versailles l'appui que sollicitaient depuis longtemps les jacobites des trois royaumes. Depuis trois ans, une association de sept chefs influents de l'Écosse s'était engagée à lever un corps de 20,000 montagnards, pourvu que Louis XV leur prêtât un secours d'armes et de munitions. Une association de gentils-hommes anglais avait une déclaration dans le même sens, et Charles-Édouard résolut d'aller en personne hâter l'invasion dont les ministres du petit-fils de Louis XIV avaient enfin reconnu l'opportunité. Il partit secrètement de Rome le 9 janvier 1746, courut la poste jusqu'à Gênes, s'embarqua sur une felouque espagnole, traversa une escadre anglaise, et aborda enfin heureusement le 23 janvier à Antibes, non loin du fameux golfe Juan. De là il monta à cheval, et voyagea à franc étrier jusqu'à Paris, où il se mit en rapport avec le maréchal de Saxe, et les officiers qui devaient servir sous ses ordres. Tout semblait préparé pour l'expédition; mais des obstacles imprévus, peut-être quelques intrigues de la diplomatie anglaise, la suspendirent cette année-là, et, après toutes les déceptions d'un délai prolongé de mois en mois pendant quatre ans, toujours plus impatient que découragé, le jeune prince résolut de tenter seul la fortune en Écosse, avec l'espoir d'entraîner les plus prudents par sa chevaleresque imprudence. Il donna rendez-vous à Nantes à ceux qu'il choisit pour l'accompagner, passa quelques jours à chasser chez le duc de Bouillon, pour tromper les agents de l'Angleterre, puis dans une terre du duc de Fitzjames, et arriva déguisé à Saint-Nazaire, où l'attendait *La Doutelle*, frégate de 35 canons, qui appartenait à M. Walsh, armateur originaire d'Irlande, et fils d'un des réfugiés de la révolution de 1688. Ce dévoué jacobite avait aussi frété et armé *L'Élisabeth*, vieux vaisseau de guerre, dont le commandement fut confié au marquis d'O, et qui devait convoyer *La Doutelle*.

Les deux équipages ignoraient qu'ils avaient à bord Charles-Édouard, déguisé en prêtre irlandais, et huit personnes dévouées à sa fortune. Les deux navires mirent à la voile pour l'Écosse le 4 juillet; deux jours après ils rencontrèrent *Le Lion*, capitaine Brett, qui attaqua *L'Élisabeth*. Charles-Édouard voulait prendre part au combat; mais M. Walsh, usant de son autorité de capitaine et de propriétaire-armateur de *La Doutelle*, le prit par le bras, et lui dit : Monsieur « l'abbé, votre place n'est pas ici; descendez à la chambre des passagers. » Laissant *L'Élisabeth* réparer comme elle put les avaries de cet engagement, dans lequel le marquis d'O fut tué, *La Doutelle* continua à cingler vers le lieu de sa destination, évita heureusement trois vaisseaux anglais, et jeta l'ancre entre South-Vis et Eriska, où le prince descendit, le 18 juillet 1745. Deux ou trois heures avant le débarquement, un aigle vint planer sur la frégate. Le marquis de Tullibardine, le montrant au prince, lui dit : « Prince, j'espère que voilà un excellent augure; le roi des oiseaux vient complimenter Votre Altesse Royale à son arrivée en Écosse! » Le merveilleux ne devait pas manquer à cette aventureuse expédition, qui ressemble encore plus à un épisode de roman de chevalerie qu'à un chapitre d'histoire.

Les chefs des highlands refusèrent d'abord de s'engager dans une entreprise qui leur semblait plus que téméraire sans les secours promis par la France. Charles-Édouard comprit que s'il différait d'arborer son étendard, il aurait l'air d'hésiter, et qu'hésiter c'était donner le temps au gouvernement établi de se reconnaître; il s'agissait d'étonner ses ennemis comme amis par cette audace qui peut tout ce qu'elle croit pouvoir : il supplia, menaça, versa des larmes, en appela à l'honneur de chacun en particulier et à celui de la nation entière. Les plus sages se laissèrent séduire, et tirèrent la claymore enfin le fourreau : les pibrocs, ou airs traditionnels, retentirent dans les montagnes, les clans fidèles se réunirent par nombreux détachements autour du morceau de taffetas blanc et rouge bordé de bleu que Charles-Édouard avait apporté de France pour se faire un étendard, et proclamèrent Jacques VIII roi, en saluant son fils comme régent des trois royaumes.

Charles-Édouard, à la tête de cette première armée de 2,000 hommes, qui se grossissait d'heure en heure, marcha à pas de course sur Édimbourg, riant de la mise hors la loi prononcée contre lui, ne s'arrêtant que pour assister à des bals ou passer des revues triomphales; il laissa derrière lui les soldats du général Cope, envoyés à sa rencontre, et entra à Édimbourg, le 17 septembre, au milieu des acclamations. C'était une ivresse comme on en voit à toutes les aurores de restauration. Il ne faut pas oublier que dans les manifestes le prince rendait à l'Écosse ses titres et ses priviléges chers à l'orgueil du pays; qu'il abolissait cette union des royaumes qui avait eu lieu sous la reine Anne, et était considérée par la plupart des Écossais comme un pacte d'avilissement; qu'il faisait enfin du rétablissement de la vieille monarchie des Stuarts une question de nationalité. Depuis longtemps Édimbourg se voyait négligée comme capitale, ou plutôt reléguée au rang de ville de province anglaise : la présence du fils de ses anciens rois rendait à la royale cité la poésie de sa vieille splendeur; il y avait dans l'imagination des whigs eux-mêmes toute une armée de souvenirs patriotiques qui combattait pour Charles-Édouard.

Cependant, le général anglais, égaré dans les montagnes pendant que le prince entrait solennellement au château d'Holy-Rood, revient sur ses pas, irrité de cette conquête sans bataille, et ne pouvant croire que les montagnards, ces *sauvages sans culottes*, résisteraient à la discipline des troupes régulières. Charles-Édouard ne voulait pas se faire assiéger dans Édimbourg : il fait sortir ses montagnards de la ville, et surprend Cope dans la plaine de Prestonpans, le défait, met en déroute ses bataillons, et rentre triomphant dans le palais de ses aïeux. Pendant que le jeune prince organise son parti et son armée, tout en donnant des fêtes, la France se décidait enfin à envoyer auprès de lui un agent, qui, moitié ambassadeur, moitié capitaine aventurier, devait, d'après ses instructions, se conduire selon les circonstances. C'était le marquis d'Éguilles, frère du fameux marquis d'Argens, tête ardente et provençale, assez mal choisie pour ce double rôle peut-être, mais qui du moins ne compromit en rien les intérêts du cabinet de Versailles. Autour de ce chef se groupaient plusieurs officiers français et irlandais, qui représentaient par un bien faible chiffre les secours tant promis par la France. Aussi le conseil de Charles-Édouard opinait toujours pour attendre des renforts plus considérables avant de pousser ses conquêtes au delà de la Tweed. L'Écosse presque entière s'était déclarée pour Jacques VIII de son propre mouvement, et les opposants y étaient contenus par la seule manifestation de l'enthousiasme des jacobites. L'avis de quelques-uns était de s'y concentrer et d'attendre que l'Angleterre appelât le prince par quelque rébellion ou du moins qu'elle lui envoyât un certain nombre de volontaires. Charles-Édouard réprima aussi longtemps qu'il put son impatience, de peur de déplaire aux chefs les plus influents de son armée. Cependant, toujours persuadé que l'Angleterre, comme l'Écosse, se laisserait séduire par sa présence, il monta aux fins incrédules les correspondances des gentils-hommes du pays de Galles, qui le sollicitaient de porter son étendard seulement sur la frontière des deux royaumes, et leur fit approuver le projet d'avancer au moins jusqu'à Carlisle.

Il se mit donc en marche à la tête de 4,000 montagnards, avec la pensée secrète de les conduire à Londres, quoi qu'il arrivât, et de livrer bataille si on lui opposait des troupes. Le gouvernement anglais, qui avait été surpris par l'expédition imprévue du jeune prince, cherchait à réchauffer le zèle des anciens whigs par ses proclamations et les sermons des ministres de la religion anglicane, en attendant qu'il pût faire venir des troupes de Flandre et d'Allemagne. Le peu d'énergie que montra le roi Georges et ses préparatifs de fuite en cas d'une défaite semblaient donner raison à la hardiesse en apparence irréfléchie de Charles-Édouard. Si au bout de deux mois passés à Édimbourg il put encore pénétrer sans opposition à trente lieues de Londres, qui eût pu l'empêcher d'arriver aux portes de la capitale en partant un mois plus tôt? Les souvenirs de 1688 commençaient à s'effacer, et les successeurs du roi Guillaume n'avaient pas fait pour les libertés publiques tout ce qu'avait promis le nouvel ordre de choses, fondé sur le bill des droits. Mais, d'un autre côté, les habitudes prosaïques du régime constitutionnel, l'industrialisme moderne, l'esprit bourgeois, avaient bien attiédi le feu sacré dans les cœurs jacobites. Les deux partis n'avaient plus de ces champions guerroyeurs de 1650, qui, alertes au premier signal, s'armaient au nom de la liberté religieuse ou au cri de *vive le roi!* Toutes les querelles politiques se vidaient depuis longtemps en Angleterre dans le champs-clos de la tribune ou par la guerre de plume des journaux et des pamphlets. Si Georges n'avait pu faire sortir les milices bourgeoises des villes pour aller se mesurer avec les sauvages Écossais, avec ces mangeurs d'enfants et ces bandits à la solde du pape, comme on les appelait parmi les bons protestants, Charles-Édouard ne vit pas non plus accourir sous sa bannière les descendants des braves *cavaliers* qui avaient laissé rouiller les épées de leurs pères depuis les grandes guerres civiles.

A Derby l'armée écossaise, n'ayant fait que très-peu de recrues, n'osa pas continuer sa marche jusques à Londres. Les chefs s'assemblent, et, doutant de la fortune, décident la retraite, lorsqu'il ne fallait plus peut-être que deux fois vingt quatre heures et deux étapes pour regagner sur Georges II la partie que Jacques II avait perdue en 1688 avec Guillaume. Charles-Édouard pleura de rage et de désespoir, quand il eut supplié en vain ses capitaines de revenir sur une résolution si funeste à sa cause. Le 6 décembre, ce mouvement rétrograde commença avant le jour, et les soldats murmurèrent lorsqu'ils virent qu'on entraînait ainsi le prince malgré lui. « Nous aurions été battus, dit le chevalier de Johnston, que notre chagrin n'eût pas été plus amer. » Du moins la retraite, ayant lieu sans défaite, put être opérée en bon ordre. Le duc de Cumberland, qui était revenu de Flandre pour prendre le commandement des troupes de Georges II, cantonnées à Lichtfield, n'en fut informé que deux jours après, lorsque l'armée jacobite était déjà à Leek. Désormais, les rôles allaient changer : le duc se mit à la poursuite de Charles-Édouard ; mais, dédaignant de courir après des fuyards, il abandonna ses fonctions au général Hawley, et au bout d'une semaine retourna à Londres, avec la conviction que les montagnards seraient facilement coupés par le maréchal Wade, qui était à Kendal, et avait reçu l'ordre de combiner ses mouvements avec ceux de son collègue. Le combat de Clifton prouva que le duc avait trop tôt oublié la leçon de Prestonpans : l'avantage resta aux montagnards, qui continuèrent leur retraite par Carlisle, Dumfries, Hamilton et Glasgow.

De Glasgow le prince Charles-Édouard porta son quartier général à Falkirk, dans la plaine déjà illustrée par les exploits de Wallace et de Bruce. Le général Hawley ne craignit pas de suivre jusque là cet ennemi qu'il ne cessait pas de mépriser, attribuant au hasard tous ses précédents succès. Déjà Édimbourg avait été repris par les troupes anglaises ; il s'agissait de frapper l'insurrection au cœur avant qu'elle se réfugiât dans les montagnes pour y attendre les secours étrangers et reparaître au printemps plus audacieuse et plus forte. Hawley livra donc bataille ; mais il fut vaincu, et il fallut la présence du duc de Cumberland pour rendre le courage à des troupes si souvent mises en déroute. Cependant Charles-Édouard, qui tournait toujours un regard de regret vers Édimbourg et vers Londres, s'arrêta quelque temps aux environs du champ de bataille où il venait de montrer aux soldats de Georges que l'élite de ses montagnards était toute volontaire. Ce fut là qu'il vit et aima Clémentine Walkenshaw, jeune Écossaise, qui devait plus tard le rejoindre en France, et le rendre père d'une fille. Mais ces romanesques amours ne sont qu'un des plus courts épisodes de cette expédition, où les femmes d'Écosse comptèrent des Amazones sous l'étendard de leur prince bien aimé, entre autres Jenny Cameron, que Charles-Édouard appelait son joli colonel, et lady Mackintosh, la châtelaine de Moy, qui préserva l'armée jacobite d'une surprise où le prince courut un grand danger.

De Falkirk Charles-Édouard se retira à Inverness, et il espérait renouveler la campagne avec avantage quand la belle saison rallierait de nouveau sous son étendard tous les clans fidèles à la rose blanche. Le duc de Cumberland comprit combien il était important de ne pas attendre que sa propre armée se décourageât dans un pays qui lui offrait peu de ressources, et où il se voyait peu à peu battu en détail. Il sut forcer son rival à accepter imprudemment la bataille dans la plaine de Culloden, le 14 avril 1746. La plaine mémorable de Culloden, où l'on aperçoit encore les traces de cette journée fatale aux Stuarts, est une vaste bruyère à cinq milles d'Inverness. Tous les avantages du terrain et du vent étaient aux Anglais, qui en profitèrent, ainsi que des fautes que commit l'ennemi. Les montagnards, frappés d'une terreur superstitieuse, se battirent plutôt avec un aveugle désespoir qu'avec cette valeur intelligente qui triomphe souvent du nombre. L'artillerie anglaise fit d'affreux ravages dans leurs rangs. Charles-Édouard se retira un des derniers du champ de bataille, et put se convaincre de la difficulté qu'il aurait à réparer une défaite si décisive. Le duc de Cumberland employa d'ailleurs tous les moyens dont il pouvait disposer pour empêcher les clans dispersés de former une nouvelle armée : il régna par la terreur sur l'Écosse conquise, et mérita par ses cruautés ce nom de *boucher*, qui suffirait pour flétrir des campagnes plus glorieuses que les siennes. Chaque jour c'était quelque exécution militaire ou une chasse aux proscrits. Les fugitifs de Culloden n'étaient pas les seuls que le fer et la flamme poursuivissent jusque dans le fond des cavernes. Les suspects eurent souvent le sort des coupables pris les armes à la main. Ni le sexe ni l'âge n'étaient des privilèges, quand une maison était dénoncée à la vengeance du duc.

Les aventures de Charles-Édouard après la bataille de Culloden prêtent une nouvelle couleur de merveilleux à son histoire. Pour se faire une idée de la vie que mena le prince depuis la bataille de Culloden jusqu'à son retour en France, il faut jeter un coup d'œil sur la carte de l'archipel des Hébrides, et lire dans le Voyage du docteur Johnson la description de ces îles sauvages. Les vaisseaux anglais croisaient en tout sens dans cette partie de l'océan Germanique ; les soldats et les espions du duc de Cumberland allaient et venaient sans cesse d'une plage à l'autre, visitant les châteaux et les chaumières ; point de lois pour protéger la liberté individuelle, ordre de fusiller sans procès tout individu qui refuserait de prêter main-forte aux habits rouges. Traqué comme une bête fauve, Charles-Édouard fut forcé de revêtir toutes sortes de déguisements, de subir toutes sortes de privations, pour échapper aux satellites du duc de Cumberland : couvert d'habits en lambeaux, sans souliers, dévoré par la vermine, plus d'une fois disputant à des voleurs le repas qu'ils lui avaient dérobé, mendiant avec les mendiants, tantôt passant la nuit et le jour dans une frêle barque tourmentée par tous les vents du ciel, parce que ses traces avaient été découvertes sur la terre ferme, tantôt n'osant sortir pendant toute une semaine de quelque grotte obscure dont il avait dépossédé quelque bête féroce, il ne perdit jamais l'espoir ni le sang-froid qui lui était si nécessaire ; il acquit même dans cette existence au jour le jour, dans cette succession de périls toujours nouveaux, une sorte d'insouciance et une gaieté philosophique, qui lui inspiraient souvent des bons mots, alors que tout semblait perdu à ses compagnons de fuite. L'excès de son infortune et la dignité qu'il sut quelquefois montrer sous ses haillons exaltaient le dévouement des fidèles montagnards : les femmes surtout, dans cette période critique, firent éclater ce royalisme passionné qui chez elles est quelquefois plus tendre que l'amour. Voilà ce qui explique comment le jeune et beau vainqueur, devenu le plus malheureux des proscrits, trouva à tous les dangers ceux qui s'intéressaient à son infortune, menacé lui-même de tous les genres de mort, fut toujours sauvé miraculeusement, comme si une force invisible le protégeait partout. Vainement sa tête fut mise à prix pour une grosse somme : il ne se trouva pas un traître pour le vendre, et, au contraire, plus d'un pauvre vassal, se précipitant pour lui au-devant d'un trépas sanglant, expira, trop heureux d'écarter le fer de cette tête chérie.

De tous ces dévouements celui de Flora Macdonald a été le plus souvent cité. Ce fut cette héroïne des ballades jacobites qui parvint à lui procurer un passe-port, et le conduisit avec elle, déguisé en servante. Elle en fut récompensée par la prison ; mais elle eût payé bien volontiers par des épreuves plus terribles l'honneur d'avoir été utile au royal proscrit. Grâce à elle, Charles-Édouard quitta les Hébrides, et alla se cacher dans une caverne du Benalder, où il attendit le moment favorable pour s'embarquer sur un navire français signalé à la côte. Ce fut vers la mi-septembre qu'il put enfin monter à bord du *Conti*, dans cette même baie qui l'avait vu arriver quatorze mois auparavant. Sa navigation fut heureuse; et le 29 septembre 1746 il entra dans le port de Roscoff, près de Morlaix, en Bretagne. En descendant du navire, il fléchit le genou pour remercier le ciel. La nouvelle de son débarquement se répandit, et plusieurs gentilshommes bretons accoururent pour lui offrir leurs services; mais Charles-Édouard voulut se rendre immédiatement à Paris. Il fut reçu en héros, et ses malheurs faillirent lui obtenir plus que ses succès; mais à l'enthousiasme succédèrent bientôt une stérile pitié, et puis l'indifférence. Le traité d'Aix-la-Chapelle vint lui enlever tout espoir d'être secouru par Louis XV. On lui intima même l'ordre de sortir de France, et sur son refus d'y obéir, on l'arrêta, on l'enferma à Vincennes, on le conduisit prisonnier jusqu'à la frontière, et il n'y eut plus pour lui d'hospitalité dans ce royaume de Louis XIV où reposaient les cendres de Jacques II.

Pendant les années qui suivirent, Charles-Édouard put se flatter encore par intervalles de l'espoir de tirer l'épée du fourreau. Les puissances d'Europe pensaient au prince légitime toutes les fois que leur politique cherchait un moyen d'inquiéter le cabinet de Saint-James. Ses partisans continuèrent à correspondre avec lui, et il fit même, assure-t-on, deux voyages secrets à Londres, pour conférer avec des conspirateurs, ou plutôt avec des mécontents, qui reculaient toujours au moment de donner le signal d'un complot ou d'une insurrection. D'après une lettre de Hume au docteur Pringle, le prince proscrit assista au couronnement de Georges III.

En 1766 Charles-Édouard perdit son père, et notifia aux divers cabinets son intention de prendre le titre de roi, quoiqu'il reçût plus habituellement la qualification de *comte d'Albany*. A peu près à la même époque, il épousa la princesse Louise-Maximilienne de Stolberg-Gredern, née à Mons, en 1752. Cette union, toute diplomatique, ne fut pas heureuse. La princesse avait trente ans de moins que son mari, et surtout un caractère qui ne pouvait guère sympathiser avec le sien. Le scandale de leurs discordes domestiques fit tort à la dignité de ce nom que l'infortune eût dû rendre sacré. Tous les torts ne furent pas d'un côté sans doute; mais on se plut à grossir ceux de Charles-Édouard, qu'on représentait comme le tyran brutal, grossier, ivrogne, d'une épouse belle et timide : la princesse finit par fuir le toit conjugal. Cette victime a eu, entre autres défenseurs, le comte Alfieri, et ce grand poëte a fort maltraité le prince dans ses *Mémoires* : il devait peut-être un peu plus d'indulgence à celui dont il épousa la veuve. Quant à cette passion du vin, tant reprochée à Charles-Édouard par les écrivains d'une cause opposée à la sienne, et surtout par les apostats du parti jacobite, je répéterai qu'on a beaucoup exagéré cette accusation, comme tant d'autres. Ce n'est pas assez de dire avec Châteaubriand qu'il jetait mépris pour mépris à la race humaine : la vue d'un héros qui abdique sa dignité d'homme dans une brutale ivresse inspire de bien tristes pensées sur l'humanité tout entière; mais en étendant le manteau des fils de Noé sur Charles-Édouard, il est juste de rappeler qu'à l'époque où il vivait presque aucun vice de grand seigneur. Il avait vu en France les courtisans de Louis XV; et en Angleterre, c'est depuis très-peu d'années que les princes et les nobles imitent plus rarement, dans leurs hôtels comme dans leurs clubs, les orgies de Henri V et de Falstaff.

Quoi qu'il en soit, c'est un triste tableau que celui de la vieillesse abandonnée de ce prince, qui n'avait pas même le bonheur obscur du foyer domestique pour se consoler des injustices de la fortune. Il appela enfin auprès de lui sa fille naturelle, que son mariage l'avait forcé d'éloigner. Hélas! il eut à s'alarmer de l'avenir qu'il laisserait en mourant à cette autre Antigone, lorsqu'il vit approcher sa fin. Ce n'était pas que les prévisions de son lit de mort lui montrassent la tempête qui devait bientôt frapper les rois le plus solidement assis sur leurs trônes, et les jeter proscrits, pauvres et errants, comme lui, à travers le monde. Ses dernières lettres adressées aux ministres de Louis XVI demandent l'aumône d'une pension pour la fille qui lui ferma les yeux le 31 janvier 1788.

Les funérailles de Charles-Édouard eurent lieu, selon le rit romain, dans la cathédrale de Frascati. Le second fils du chevalier de Saint-Georges, duc d'York, Henri-Benoît, avait renoncé à toute espérance de royauté terrestre pour entrer dans l'ordre ecclésiastique. Il était évêque et cardinal. Ce fut lui qui officia sur le cercueil de son frère ; religieuse et authentique renonciation à cette couronne d'Angleterre, perdue en grande partie par son aïeul pour la cause de la religion dont il était le ministre. L'épitaphe du mausolée de Charles-Édouard porte ces mots : « Ici gît Charles-Édouard, fils de Jacques III, roi d'Angleterre, de France et d'Irlande, fils aîné, successeur et héritier du droit paternel et de la dignité royale, etc. » On peut dire que ce droit et cet héritage n'avaient jamais été bien reconnus qu'à Rome et sur ce tombeau. Le cardinal d'York vécut jusqu'en 1807. Il a son sarcophage dans l'église souterraine de Saint-Pierre, avec son nom, et un chiffre qui atteste aussi sa royauté imprescriptible :

HENRICUS IX.

En 1819 Georges IV fit ériger à Rome un mausolée dont l'inscription proclame que la mort seule a terminé la longue rivalité des rois de droit et des rois de fait :

JACOBO III,
JACOBI II, MAGNÆ BRITANNIÆ, REGIS FILIO,
KAROLO EDVARDO,
et Henrico decimo, patrum cardinalium,
regiæ stirpis Stuardiæ postremis,
anno 1819.

On peut dire que les romans de Walter Scott sont venus aussi, depuis la mort du dernier des Stuarts, procurer à cette famille une sorte de restauration poétique. C'est là que nous voyons les portraits des Charles et des Jacques, qui décorent les galeries des châteaux d'Angleterre, s'animer tout à coup sur la toile de Van Dyck, et se détacher de leurs cadres, pour nous raconter les secrets de leur histoire, comme le tableau mystérieux du *Château d'Otrante*.

Amédée Pichot.

CHARLES-EMMANUEL, quatre princes de la maison de Savoie ont porté ce nom, deux comme ducs de Savoie, deux comme rois de Sardaigne.

CHARLES-EMMANUEL Ier, dit *le Grand*, duc de Savoie, de 1580 à 1630, né au château de Rivoli, le 12 janvier 1562, succéda à son père Emmanuel-Philibert. Mêlé aux luttes intestines des puissances qui se disputaient alors la domination de l'Italie, il prit parti tantôt pour l'Espagne, tantôt pour l'empereur, tantôt pour la France, suivant les avantages attachés par les belligérants comme rémunération de son appui. Il donna des preuves de son courage personnel aux combats de Montbrun, de Vigo, d'Asti, de Châtillon, d'Ostage, de Suse, etc. Enchaîné d'abord à la politique de l'Espagne, par suite de son mariage avec Catherine, fille de Philippe II, il disputa à Henri IV la possession du marquisat de Saluces, tombé en deshérence, et fut aussi entraîné dans une guerre avec Genève et Berne, qui se termina, à la suite de la déroute que l'armée savoisienne essuya à Saint-Isorie, au mois d'octobre 1589, par une paix qui rétablit les choses sur le pied où elles se trouvaient autrefois. Les ligueurs provençaux ayant ensuite invoqué son appui contre Henri IV, et lui ayant même offert le titre de *comte de Provence*, il s'empara de Barcelonnette, d'Antibes et de Fréjus, et fit une entrée triomphante à Aix, en 1590.

Après une lutte aussi longue que mêlée de vicissitudes, et dans laquelle la victoire se prononça tantôt en faveur de Lesdiguières, commandant des troupes royales, tantôt en faveur du duc de Savoie, la paix conclue à Lyon en 1601 attribua à Charles-Emmanuel 1er le marquisat de Saluces, libre de toute espèce de lien féodal à l'égard de la France; par contre, le duc de Savoie s'obligea à céder à Henri IV le Bugey, le Valromey et le pays de Gex avec les rives du Rhône depuis Genève jusqu'à Lyon, et, en Italie, la seigneurie et forteresse de Castel Delfino.

Pour s'opposer à la suprématie de plus en plus sensible de l'Espagne, il se coalisa avec la France et la république de Venise. Puis, irrité d'avoir été à quelque temps de là abandonné par la France quand elle avait traité pour son compte propre avec le roi d'Espagne, il épousa de nouveau les intérêts de la maison de Habsbourg. La ligne ducale de Mantoue ne se fut donc pas plus tôt éteinte qu'il éleva tout de suite des prétentions à la souveraineté du Montferrat; prétentions qu'il soutint d'ailleurs les armes à la main. Toutefois le premier résultat de cette politique fut d'attirer sur ses États un déluge de calamités; les Français, commandés par Bassompierre, Créqui et Schaumbourg, envahirent ses États, s'emparèrent de Pignerolles, menacèrent Turin, et finirent même par s'emparer de toute la Savoie.

C'est au milieu de ces alternatives de succès et de revers, qu'une attaque d'apoplexie foudroyante vint trancher les jours de Charles-Emmanuel 1er, en 1630. Son ambition n'était pas moindre que son esprit d'entreprise et sa hardiesse, et tous moyens lui semblaient bons et licites du moment où ils pouvaient le faire arriver au but qu'il avait en vue. Après l'insuccès de ses démarches et de ses brigues à l'effet de se faire offrir la couronne de France, il ne craignit pas, lors de la mort de l'empereur Mathias, de viser également à la couronne impériale, non plus que de briguer la couronne de Chypre, contrée dont il avait l'intention de s'emparer, et encore de songer à la Macédoine, dont les habitants, las de la tyrannie des Turcs, vinrent un jour s'offrir à lui. Jamais on ne vit d'homme plus concentré en lui-même; aussi pouvait-on dire à bon droit de lui que son cœur n'était pas moins impénétrable que son pays. Il construisit des palais et des églises, et fit preuve d'une remarquable prédilection pour les lettres et pour les artistes; mais il se souciait tout aussi peu de faire des heureux que de l'être lui-même. Son frère puîné, *Thomas-François*, est la souche première de la maison de Savoie-Carignan.

CHARLES-EMMANUEL II, fils du duc Victor-Amédée 1er, naquit en 1634, et fut reconnu duc de Savoie en 1638, après la mort de François-Hyacinthe, son frère. Les princes Maurice et Thomas, ses oncles, disputèrent la régence à Christine, sa mère, fille du roi de France Henri IV. L'Espagne les appuya, mais la France prit le parti de la duchesse. Après quelques hostilités, un arrangement fut conclu en 1642 entre Christine et les princes. Ceux-ci rentrèrent dans l'alliance de la France, et ne s'occupèrent, avec son secours, qu'à recouvrer les places que les Espagnols avaient envahies dans le Piémont. La paix des Pyrénées, conclue en 1659, rétablit la tranquillité dans les États de Charles-Emmanuel. Ce prince, dans la suite, s'attacha à faire prospérer les pays soumis à sa domination, à réparer les maux que la guerre y avait causés, à y répandre l'abondance, à y faire fleurir les arts et le commerce. La ville neuve de Turin est son ouvrage, ainsi que le palais royal. Mais ce qui a immortalisé sa mémoire, c'est un très-beau chemin qu'il fit construire, en 1670, sur la montagne des Échelles, à deux lieues de la Grande-Chartreuse, pour transporter les marchandises de France en Italie : on l'appelle le *chemin de la Grotte*. Charles-Emmanuel II mourut en 1675.

CHARLES-EMMANUEL III, roi de Sardaigne, fils de Victor-Amédée II, naquit à Turin, en 1701. Lorsque son père abdiqua volontairement, en 1730, Charles-Emmanuel sembla ne monter sur le trône qu'à regret, ou au moins avec indifférence. Pourtant, quand Victor-Amédée voulut presque aussitôt ressaisir le pouvoir, le nouveau roi eut recours à la contrainte pour l'en empêcher. Un des premiers actes de son gouvernement fut de défendre d'ordonner des prêtres dans son royaume sans sa permission. En 1731 le pape Clément XII ayant supprimé quelques priviléges accordés par Benoît XIII aux sujets du roi de Sardaigne, ce prince fit saisir tous les revenus du pape en Piémont, et défendit à ses sujets de reconnaître en aucune manière la juridiction du saint-siége et d'obéir à ses ordres. Cette affaire occasionna des démêlés avec la cour de Rome, que la fermeté de Sardaigne contraignit enfin à plier. En 1733 ce prince prit le parti de la France, et déclara la guerre à l'empereur; il joignit ses troupes à l'armée française, et marcha lui-même à leur tête. Son premier exploit fut la prise de Pavie. Par les préliminaires de paix signés en 1735 à Vienne, le Tortonais, le Novarais et le fief des Langhes furent adjugés au roi de Sardaigne. Après la mort de l'empereur Charles VI, Charles-Emmanuel forma des prétentions sur le Milanais, publia un manifeste dans lequel il exposait ses droits, mit des troupes sur pied pour les faire valoir, et accéda au traité d'alliance du roi de France et de l'électeur de Bavière, pour être soutenu. Mais, voyant les Espagnols, avec le même but que lui, faire passer des troupes en Italie, et craignant plus de voir ce duché entre leurs mains qu'entre celles de la reine de Hongrie, il changea tout à coup de parti, et conclut avec cette princesse, en 1741, une convention par laquelle, sans déroger à ses droits et prétentions, il s'engagea à lui conserver le Milanais, et à en défendre, conjointement avec elle, l'entrée aux Espagnols. Il tint parole. En 1742 il s'empara de Reggio, et força Modène à capituler. La suite de cette guerre ne fut pas toujours heureuse pour Charles-Emmanuel : deux fois il fut obligé d'abandonner la Savoie aux Espagnols et aux Français. Enfin, par la paix conclue en 1748, à Aix-la-Chapelle, le roi de Sardaigne fut confirmé dans la possession du Vigevanase, qu'il avait acquis en 1743, d'une partie du Pavésan et du comté d'Anghiera. Il refusa de prendre part à la guerre de 1756, et fut en 1763 médiateur de la paix qui rendit le repos à l'Europe. Il fit de sages réglements, réforma l'administration de la justice, dont il abrégea les longueurs, encouragea les arts et le commerce, introduisit l'ordre dans les finances, et mourut regretté, en 1773.

CHARLES-EMMANUEL IV, succéda sur le trône de Sardaigne à son père Victor-Amédée III, mort le 16 octobre 1796. A peine Charles-Emmanuel eut-il pris la couronne qu'il protesta, dans les termes les plus humbles, de son attachement à la république française, qui menaçait chaque jour davantage ses États. En décembre 1798 le général Joubert occupa Turin. Le roi de Sardaigne céda à la France tous ses droits sur le Piémont, et se retira à Cagliari. Le 4 juin 1802 Charles-Emmanuel abdiqua en faveur de son frère Victor-Emmanuel : l'île de Sardaigne était la seule possession dont la maison de Savoie ne fût pas dépouillée. Le roi démissionnaire se réserva son titre, une pension de 250,000 francs, et se retira dans un cloître. Il mourut à Rome, le 6 octobre 1819.

CHARLES-FÉLIX (JOSEPH-MARIE), roi de Sardaigne, frère de Victor-Emmanuel 1er, naquit à Turin, le 6 avril 1765. Quatrième fils de Victor-Amédée III, il reçut en naissant le titre de duc de Gênes. Placé loin du trône par son âge et son caractère simple, il se résigna sans peine à la position de l'un des derniers fils du monarque, partagea durant la première révolution française la captivité de sa famille, et la suivit en Sicile, dont il fut nommé vice-roi quand Victor-Emmanuel s'en éloigna en 1799. En 1807 il obtint la main de Marie-Christine de Naples, sœur de la dernière reine des Français. En 1821 les deux époux avaient été faire un voyage à Modène, quand éclata la révolution du

Piémont, liée à celles de Naples et d'Espagne. Le roi régnant, Victor-Emmanuel, déclara préférer renoncer à la couronne plutôt que de souscrire aux concessions qu'on exigeait de lui. La couronne revenait alors au duc de Gênes. A cette nouvelle, celui-ci répondit qu'il ne rejetait pas le fardeau du pouvoir dans ces circonstances difficiles, mais qu'il n'accepterait le titre de roi qu'après s'être bien assuré que son frère s'en était démis sans contrainte.

Quand il en fut certain, il quitta Modène pour rentrer dans ses États, dont la sainte-alliance lui avait aplani le chemin, et qu'hérissaient en ce moment une forêt de baïonnettes étrangères, se faisant précéder d'un acte d'amnistie fort peu rassurant, comme en lancent toujours en pareille circonstance les restaurateurs de monarchies. C'était en somme un prince médiocre, et qui fit peu de bien. Il fut dévoué aux prêtres et attaché aux idées rétrogrades. Comme il n'avait point d'enfants, sa succession fut l'objet de beaucoup d'intrigues, et la maison d'Autriche fit tous les efforts possibles pour se l'assurer : elle n'y réussit pas cependant. En 1831 Charles-Félix mourut, à Turin, après une longue et douloureuse maladie, ne laissant pas de postérité. En lui s'éteignit la branche aînée de la maison de Savoie. La couronne revint au prince de Carignan, son neveu, qui lui succéda sous le nom de Charles-Albert.

CHARLES-FRÉDÉRIC, grand-duc de Bade, l'un des princes les plus éclairés qu'ait eus l'Allemagne, naquit à Carlsruhe, le 22 novembre 1728. Son père, le prince héréditaire de Bade-Durlach, mourut dès 1732, et sa mère, Anne-Amélie-Charlotte de Nassau-Orange, à qui la douleur d'avoir perdu un époux tendrement chéri enleva l'usage de ses facultés intellectuelles, se trouva hors d'état de prendre part à son éducation.

A la mort de son grand-père, le margrave *Charles-Guillaume*, arrivée le 12 mai 1738, il passa sous la tutelle de sa grand'mère et du plus âgé de ses agnats, auxquels on adjoignit un conseil privé, et il alla ensuite faire ses études à Lausanne.

Des voyages entrepris en France et en Angleterre achevèrent une éducation dirigée de la manière la plus libérale, et un rescrit impérial, en date du 22 novembre 1746, ayant proclamé sa majorité, il prit comme margrave de Bade-Durlach, les rênes du gouvernement, sur un petit État dont la superficie ne comprenait guère que 29 myriamètres carrés, avec une population de 90,000 âmes, mais dont il sut faire un État modèle par les vues sages et libérales qu'il apporta dans l'exercice du pouvoir.

En 1771, à l'extinction de la ligne de Baden-Baden, il hérita de la souveraineté de ce pays, et son premier acte fut d'y abolir la corvée et toutes les servitudes personnelles. Il éteignit la dette publique, favorisa les arts et l'industrie, et réussit complètement dans l'application qu'il n'hésita pas à y tenter de certaines idées émises par les économistes d'alors, et dont il avait reconnu la supériorité et l'utilité. A cet égard, on peut consulter son *Abrégé des Principes de l'Économie politique* (Carlsruhe, 1772), ouvrage qu'il écrivit en français, et qui a été textuellement réimprimé par Will, dans son *Essai de Physiocratie* (Nuremberg, 1782).

Juste et sage dans sa politique, ce ne fut pas sans répugnance qu'il se décida à se joindre aux autres souverains de l'Europe pour combattre la révolution française. Mais il se détacha bientôt de la coalition, et fit une paix particulière avec le général Moreau (1796). Le traité de Lunéville (1801) lui enleva ses possessions sur la rive gauche du Rhin ; mais la convention de 1803 lui adjugea, comme indemnité, l'évêché de Constance et d'autres parties de territoire, et il prit le 1ᵉʳ mai de cette même année le titre d'électeur (*Kurfürst*) de Bade. Son accession (1805) à l'alliance que la Bavière et le Wurtemberg conclurent avec Napoléon lui valut, à la paix de Presbourg, un nouvel agrandissement de territoire, et il reçut alors le Brisgau et la ville même de Constance. En 1806 il accéda à la confédération du Rhin, prit alors le titre de *grand-duc*, qui est demeuré depuis dans sa maison, et obtint encore une augmentation de territoire. A sa mort (juin 1811), le grand-duché de Bade présentait une étendue totale de 280 myriamètres carrés, avec une population de 1,100,000 âmes. Il le laissait dans l'état le plus prospère à son petit-fils, Charles-Louis-Frédéric, dont le père, le prince Charles, était mort à Arboga, en Suède, n'étant que prince héréditaire, le 15 décembre 1801 (*voyez* BADE, tome II, p. 355).

Veuf de sa première femme, Caroline-Louise de Hesse-Darmstadt, Charles-Frédéric avait épousé morganatiquement, en secondes noces, la baronne Geyer de Geyersberg, élevée, en 1796, par l'empereur d'Allemagne, au rang de comtesse de Hochberg. Elle était née en 1768, et mourut en 1820. Il eut d'elle quatre enfants (trois fils et une fille) dont l'aîné régna sur Bade sous le nom de Léopold.

CHARLES-LOUIS, comte palatin, fils de Frédéric V, né le 20 décembre 1617, chercha à recouvrer par les armes les États que son père avait perdus ; mais ses troupes ayant été défaites en 1638 à Lemgow, il fut obligé d'attendre jusqu'au traité de Westphalie, en 1648. Alors le Bas-Palatinat lui fut rendu, et un huitième électorat, créé en sa faveur, avec l'attribution de la charge de grand-trésorier de l'Empire ; il fut aussi stipulé qu'à l'extinction de la ligne Wilhelmine de Bavière, le Haut-Palatinat retournerait à la maison palatine avec la dignité électorale, et qu'en ce cas le huitième électorat serait éteint. En 1657, après la mort de l'empereur Ferdinand III, Charles-Louis disputa le titre de vicaire de l'Empire à l'électeur de Bavière. En 1665 il voulut exercer le privilége de *wildfangiat* sur les habitants des bords du Rhin ; mais les trois électeurs ecclésiastiques et le duc de Lorraine prirent les armes pour défendre leurs sujets d'une pareille servitude. Ce différend fut apaisé en 1667, sous l'autorité de l'empereur, par la médiation de la France et de la Suède. Charles-Louis mourut en 1680. Il avait épousé, en 1650, Charlotte, fille de Guillaume V, landgrave de Hesse-Cassel, morte en 1686. Il en eut Charles, qui fut le dernier électeur palatin de la maison de Simmern, étant mort sans enfants, en 1685 ; Élisabeth-Charlotte, qui embrassa la religion catholique et fut mariée à Philippe, duc d'Orléans, frère de Louis XIV. Charles-Louis ne vécut pas toujours en bonne intelligence avec l'électrice. En 1657 il contracta un mariage illégitime, qui lui donna treize enfants : ceux-ci portèrent le titre de raugraves.

CHARLES MARTEL ou *le Marteau*, fils de Pepin d'Héristal, dit *le Gros*, et d'Alpaïde, seconde femme de ce maire du palais, naquit en 689. Il avait vingt-quatre ans à la mort de son père, et était l'aîné de ses enfants. Doué d'un caractère entreprenant, il avait par son ambition excité la jalousie de Plectrude, première femme de son père, que les historiens des temps, moines ou prélats, reconnaissent pour seule légitime, soumettant ainsi les mœurs des Francs aux maximes de l'Église, sans tenir compte des lois ou des usages qui les contredisent. Plectrude avait eu de son mariage deux fils, Drogon et Grimoald, qui moururent avant Pepin. Celui-ci légua alors, dit-on, l'Austrasie à Arnoul, fils de Drogon, et la Neustrie à Théodald, fils de Grimoald. Ce maire du palais se jouait ainsi du privilége qu'avait le peuple de nommer à cette dignité, et il essayait de la rendre héréditaire dans sa famille, ce qu'il n'avait pas osé usurper. Plectrude prit le gouvernement des deux royaumes comme tutrice de ses petits-fils, et le premier acte de son administration fut de s'emparer de Charles Martel, et de l'enfermer dans la forteresse de Cologne. Mais les Francs de la Neustrie s'indignèrent d'obéir à une femme ; ils élurent Rainfroy maire de ce royaume, et, suscitant des révoltes semblables dans l'Austrasie, facilitèrent, en 715, l'évasion de Charles, qui fut accueilli par les acclamations du peuple.

Dagobert II, descendant dégénéré de Clovis et de Clotaire, traînait son enfance dans une obscure oisiveté, et, ne conservant de son autorité que le vain titre de roi de France, restait étranger aux débats des usurpateurs qui se disputaient sa puissance. Rainfroy ne tarda point à reconnaître qu'il allait avoir à lutter contre un concurrent redoutable. Il fit alliance avec Ratbod, duc ou roi des Frisons, et grand-père maternel du jeune maire Arnoul. Charles Martel, à la tête de l'armée qu'il avait rassemblée à la hâte, fut battu par cette ligue, au mois de mars 716; mais les vainqueurs ne surent point profiter de leur triomphe : ils se crurent trop tôt délivrés de Charles, et celui-ci, prompt à rallier ses troupes, fondit sur Rainfroy au moment où il cherchait à regagner la Neustrie, le défit à Amblet, près de l'abbaye de Stavelo, dans les Ardennes, et tailla les Neustriens en pièces. Dagobert ayant terminé bientôt après son inutile vie, les deux maires, qui avaient besoin chacun d'un fantôme de roi de leur création, ne voulurent point reconnaître Thierry de Chelles, fils de Dagobert. Rainfroy tira d'un monastère Daniel, fils de Childéric, et le couronna dans la Neustrie sous le nom de Chilpéric II, et Charles, adoptant de son côté un Clotaire, fils de Thierry III ou de Clovis II, marcha immédiatement contre son rival. Rainfroy et Chilpéric vinrent à sa rencontre. Charles les battit à Vinciac dans le Cambrésis, le 20 mars 717, et les poussa jusqu'à Paris. Il se fit alors reconnaître de toute l'Austrasie; et Plectrude, forcée de lui livrer les trésors de son père ainsi que ses trois petits-fils, Arnoul, Théodald et Hugues, alla cacher et finir sa vie dans un château, qu'il lui laissa pour apanage. Les trois jeunes princes entrèrent en même temps dans les dignités ecclésiastiques.

Cependant Rainfroy ne se tenait point pour battu. Il appela Eudes, duc d'Aquitaine, à son secours, et fit une nouvelle incursion dans l'Austrasie, pendant que Charles était occupé à repousser les Saxons, qui avaient étendu leurs conquêtes jusqu'au Rhin. Charles, vainqueur de ce peuple, accourut au-devant de Rainfroy, le battit en 719, sous les murs de Soissons, le poursuivit jusqu'à la Loire, ravagea l'Orléanais et la Touraine, et s'empara de la Bourgogne et de tout le royaume de Neustrie. La mort de son roi Clotaire, arrivée dans la même année, lui suggéra l'idée de se passer désormais de ce fantôme de maître; mais les grands, jaloux de son autorité, firent parler le peuple contre cette prétention, et, n'osant résister encore à la volonté des Francs, il résolut du moins de conserver l'administration des trois royaumes de la monarchie française sans réunir leurs couronnes sur une même tête. Il traita, dans ce but, avec le duc d'Aquitaine, qui avait recueilli Chilpéric II, se le fit rendre roi des Neustriens pour gagner l'amitié de ce peuple, le proclama en Austrasie et en Bourgogne, et régna sous le nom de ce prince, qui, malgré ses qualités vraiment royales, n'osa pas même tenter de reconquérir son autorité. Le maire Rainfroy accepta le comté d'Angers, s'y retira en 720, et, laissant le champ libre au maire des trois royaumes, resta paisible dans son apanage jusqu'à sa mort, arrivée en 731.

Charles fit en 725 une nouvelle incursion en Allemagne. Il repoussa les Saxons au delà du Danube, s'empara de la Thuringe et de la Bavière, et revint en France après avoir ravagé ce territoire. La révolte de ces peuples le força d'y revenir en 728; mais un ennemi plus redoutable menaçait les frontières méridionales du royaume. Eudes d'Aquitaine, infidèle au traité qu'il avait conclu, était revenu en 731 sur la Loire; Charles l'avait repoussé une seconde fois dans son duché, et ce prince s'était vengé de sa nouvelle défaite par une alliance avec les Sarrasins d'Espagne. Le vaillant Abdérame s'avançait à leur tête, ravageant l'Aquitaine, le Périgord, le Quercy, le Poitou, incendiant les églises, pillant les monastères, et se gorgeant du sang des peuples. Eudes, accablé de tant de calamités, et pressé peut-être par le remords, se réfugia dans le camp de Charles, qui marchait à la rencontre des Sarrasins, et se jeta à ses pieds. Charles lui pardonna, atteignit les Sarrasins au delà des frontières de la Touraine, en fit un carnage effroyable, et sauva les peuples chrétiens de l'invasion de l'islamisme. Cette bataille fut livrée en octobre 732, sur les bords du Clain, dans les environs de Poitiers. Abdérame y perdit la vie avec un grand nombre des siens. Les uns le portent à 375,000, les autres à 175,000; mais ces deux chiffres paraissent également exagérés. C'est là que les Francs décernèrent à Charles le nom de *Martel* ou de *Marteau*, par allusion aux coups terribles qu'il avait portés aux Musulmans. L'année suivante, il s'empara de Lyon, et assura les frontières de la Bourgogne par des établissements de leudes dévoués. Chilpéric II, prétendu roi de France, étant mort à Noyon, pendant ces divers combats, sa couronne illusoire fut placée sur la tête de Thierry IV, dit *de Chelles*, fils de Dagobert II, par le véritable roi, Charles Martel. Sous ce règne le terrible maire du palais pénétra par mer et par terre sur le territoire des Frisons, conquit en 734 les comtés d'Ostergau et de Westergau, tua leur duc Popon, fils et successeur de Ratbod, détruisit les temples et les idoles de ces peuples, et leur donna quelques lois tirées du code des Francs.

Le duc d'Aquitaine, toujours remuant, voulut profiter encore de l'éloignement de Charles. Mais celui-ci, revenant sur ses pas en 735, réussit en une bataille à réduire ce prince et son duché. Eudes en mourut de chagrin; mais le vainqueur ne crut pas devoir réunir cette conquête lointaine à la monarchie; il la remit à Hunald, fils d'Eudes, s'en réservant seulement la suzeraineté. Il fondit alors sur la Bourgogne, révoltée, poussa ses conquêtes, en 736, jusque dans la Provence, et mit des gouverneurs dans les villes d'Arles et de Marseille. Mauronte, qui commandait dans la dernière de ces villes, s'était bientôt soustrait à son indépendance; et les Sarrasins profitèrent de cette division pour pénétrer de nouveau dans le royaume. Childebrand, frère et compagnon d'armes de Charles Martel, courut par ses ordres arrêter cette invasion nouvelle. Il le joignit lui-même à Avignon, en 737, avec le gros de son armée, fit un horrible carnage des musulmans, et les repoussa par delà le Rhône. Trop faible cependant pour leur faire repasser les Pyrénées, il fit alliance avec Luitprand, roi des Lombards, qui lui envoya des troupes, franchit alors le Rhône, s'avança dans la Gaule narbonnaise, mit le siège devant Narbonne, défit une dernière fois les Sarrasins, sur les bords de la Berre, près du bourg de Sigean, tua leur roi Amor, qui était accouru d'Espagne pour les soutenir, et les poursuivit sur la mer et à travers les Pyrénées, tandis que Childebrand luttait dans la Provence contre le rebelle Mauronte. Désespérant de conserver sa nouvelle conquête, Charles incendia les villes de Béziers, d'Agde, de Maguelone et de Nîmes. Il avait d'ailleurs besoin de son armée pour repousser une nouvelle incursion des Saxons, qui menaçaient de passer le Rhin. Il courut sur eux à la hâte, en 738, les rejeta un quatrième fois en Allemagne, reprit la Bavière, et se détermina à y établir des gouverneurs pour mieux les dompter. Il reparut l'année suivante en Provence, et acheva la défaite de Mauronte, qui chercha un asile dans les Alpes.

Charles Martel avait alors rétabli la monarchie de Clovis dans toute son étendue; et, Thierry de Chelles étant mort, il s'était cru assez puissant pour ne pas lui donner un successeur, et pour régner désormais seul avec le titre de *duc des Français*. Le pape Grégoire III, assailli par les Lombards, lui envoya des légats pour implorer son appui : dans ses lettres, il le nommait *sous-roi*, lui conférait les titres de *patrice* et de *consul*, ajoutant à toutes ces flatteries les clés du saint-sépulcre et les liens qui avaient servi, disait-il, au supplice de saint Pierre. Charles lui rendit des présents d'une autre espèce. Mais, fidèle à la reconnaissance qu'il devait à Luitprand pour les secours qu'il en avait reçus dans la guerre du Languedoc, il ne voulut point se mêler de cette querelle. Il était miné d'ailleurs par une longue maladie, suite de tant de fatigues, et dont les progrès alarmants lui annonçaient une fin prochaine. Arrêté à Verberie par une fièvre lente, il assembla les grands autour de lui, et fit le partage de ses États. Sa femme Rotrude, morte en 724, lui avait laissé deux fils, Carloman et Pepin le Bref. Le premier reçut l'Austrasie et les provinces d'Allemagne, le second la Neustrie, la Bourgogne et la Provence. Sonnechilde, sa seconde femme, désolée d'un partage dont Griffon, son fils, se trouvait exclu, le supplia de réparer cette injustice, et il lui fit un apanage de quelques lambeaux de ces royaumes. Puis, il mourut, le 22 octobre 741, à Crécy sur Oise.

Charles Martel avait alors un peu plus de cinquante deux ans, et sa gloire militaire était à son apogée. Peu de rois de France l'ont égalé. Il ne lui a manqué qu'un historien. La chronique de Frédégaire, celle de l'annaliste de Metz, d'autres ouvrages aussi peu étendus ne nous ont laissé de lui que des souvenirs tronqués. Les moines, qui en ont parlé après sa mort, ne lui ont pas pardonné d'avoir fait rendre gorge au clergé, tandis que Pepin le Gros, son père, avait ménagé les ecclésiastiques pour se maintenir, et avait favorisé leurs usurpations, dont le scandale avait dépassé toutes les bornes sous les successeurs de Clovis. Charles Martel, ayant moins à craindre des prêtres que des capitaines, réprima ce désordre par un autre, et, dépouillant le clergé pour les enrichir, il leur donna des abbayes, des cures, des évêchés même. Ce fut surtout après la défaite des Sarrasins que, fort de cet immense service rendu à la chrétienté, il multiplia ces spoliations au profit de ses compagnons d'armes. Les moines s'en vengèrent par des absurdités : ils attaquèrent sa mémoire, et publièrent que saint Eucher, évêque d'Orléans, en montant au ciel après sa mort, avait vu ce héros dans les enfers, tourmenté par les diables ; que, son tombeau ayant été ouvert, on n'y avait trouvé qu'un gros serpent et des murailles noires comme du charbon. Montesquieu, mille ans après, l'a noblement vengé des insultes des chroniqueurs enfroqués. Il déclare positivement que Charles Martel ne pouvait se maintenir qu'en opprimant les gens d'église, et le loue d'avoir fait cesser leurs rapines. Outre les enfants que nous avons cités, il en avait eu quatre autres, de diverses concubines : Remi, l'aîné, qui fut archevêque de Rouen ; Bernard, qui ne reçut que le titre de comte et fut le père de trois moines de Corbie, parmi lesquels le factieux Wala, qui se distingua par ses menées contre le fils de Charlemagne ; Jérôme, qui n'est connu dans l'histoire que par son fils Fulrad, abbé de Saint-Denis ; et Chiltrude, mariée à Odilon, duc de Bavière, mère de Tassillon, que Charlemagne relégua dans un monastère, pour mettre fin à ses continuelles révoltes. VIENNET, de l'Académie française.

CHARLES-MARTEL, roi de Hongrie. Lorsqu'en 1290 la nouvelle de la mort du roi de Hongrie Ladislas III ou IV, surnommé *le Cuman*, fut arrivée Naples, Marie, sœur de ce prince, et femme de Charles II, roi de Naples, fit valoir les droits de son fils aîné, Charles-Martel, sur la couronne de Hongrie. Le pape Nicolas IV se déclara pour ce jeune prince, alors âgé de dix-huit ans, et le fit couronner (selon Villani) à Naples, par ses légats, l'an 1290 : s'il en faut croire Madius, le pape Célestin V renouvela cette cérémonie l'an 1294. D'un autre côté, l'empereur d'Allemagne Rodolphe de Habsbourg mit sur les rangs pour la même couronne son fils Albert d'Autriche, mais, en 1291, Rodolphe et Marie s'accommodèrent par le mariage de Clémence, fille du premier, avec Charles-Martel et par ce moyen les prétentions de l'archiduc Albert s'évanouirent. Toutefois, Charles-Martel ne fut pas roi titulaire, car il ne sortit jamais d'Italie pour prendre possession de ses États.

Il mourut à Naples, à l'âge de vingt-trois ans, en 1295, laissant un fils en bas âge, nommé *Charles-Robert*, ou, par abréviation, *Charobert*, et une fille nommée Clémence, qui épousa, en 1315, Louis le Hutin, roi de France.

CHARLES-QUINT. Voyez CHARLES V, empereur d'Allemagne, p. 223.

CHARLES-THÉODORE, électeur palatin de Bavière, né le 10 décembre 1724, fils unique du comte palatin *Jean-Chrétien-Joseph* de *Sulzbach*, lui succéda à sa mort, arrivée le 26 juillet 1733, sous la tutelle de son cousin, l'électeur palatin *Charles-Philippe*, qui lui fit donner à Manheim une bonne mais sévère éducation. Par suite du décès de son cousin Charles-Philippe, arrivé le 24 décembre 1742, il hérita du Palatinat, de la dignité d'électeur et de la charge d'archi-trésorier de l'Empire. Homme instruit, ami des arts et très-zélé pour sa religion, il jouissait de l'estime générale, à cause des excellentes qualités de son cœur. Indépendamment du palatinat du Rhin et des principautés de Sulzbach et de Neubourg dans le Nordgau de Bavière, il possédait encore les duchés de Juliers et de Berg, la seigneurie de Ravensteim, etc. A la mort (30 décembre 1777) de l'électeur de Bavière Maximilien-Joseph III, dernier rejeton du sang de l'empereur Louis, Charles-Théodore, en sa qualité de plus proche héritier de ce prince, prit également possession de la Bavière.

En vertu de lettres d'investiture de l'empereur Sigismond, l'Autriche éleva alors des prétentions à la possession de la Basse-Bavière, et Charles-Théodore consentit à la lui abandonner ; mais la protestation élevée contre cet acte d'abandon par le duc Charles II, palatin de Deux-Ponts, en sa qualité de plus proche agnat, et aussi l'intervention armée du roi de Prusse Frédéric II (*voyez* GUERRE DE SUCCESSION), contraignirent l'Autriche, lors de la conclusion de la paix de Teschen, en 1779, à se contenter de l'*Innviertel*.

Les Bavarois étaient loin d'avoir à se réjouir d'obéir maintenant à un nouveau souverain, car une transformation complète s'était opérée dans le caractère de Charles-Théodore. Entouré de maîtresses insolentes et de bâtards orgueilleux, conseillé par un confesseur fanatique, un prêtre du nom de Frank, complètement isolé de sa nation par ses favoris d'origine étrangère, et oubliant trop ses devoirs de prince dans les plaisirs, il eut bientôt perdu l'affection de la Bavière, de sorte qu'en 1798 il s'éloigna de Munich pour venir résider de nouveau à Manheim. Grâce aux lourds impôts qu'il prélevait sur ses sujets, il lui fut donné toutefois de fonder diverses institutions utiles, d'élever un grand nombre d'édifices, de protéger les arts et d'enrichir les collections d'art existant dans le pays. Rendu par les événements de la révolution française d'une défiance extrême à l'endroit de l'opinion publique, l'influence de son entourage le poussa de plus en plus dans les voies du despotisme. Sa femme, Marie-Élisabeth-Auguste de Sulzbach, fille du prince Joseph-Charles-Emmanuel, étant venue à mourir, en 1794, il se remaria six mois après, quoique âgé de soixante-onze ans, avec Marie-Léopoldine, fille de l'archiduc Ferdinand-Charles d'Autriche. A l'approche de l'armée française, en 1796, il courut se réfugier en Saxe jusqu'à ce que le résultat des savantes manœuvres de l'archiduc Charles lui permit de rentrer dans ses États. Frappé d'apoplexie le 16 février 1799, au moment où il faisait une partie d'hombre avec quelques-uns de ses ministres, il succomba le même jour, fort peu regretté.

CHARLESTON ou **CHARLESTOWN**, la ville la plus considérable de l'État américain de la Caroline du sud, sur les bords de l'océan Atlantique, entre les embouchures de l'Ashley et du Cooper, compte aujourd'hui une population de 43,000 âmes. De même que dans le plus grand nombre des villes du sud de l'Union américaine, le maintien de l'esclavage s'y oppose à la rapide extension de la population. Les recensements officiels prouvent en effet que dès 1830 on comptait dans cette ville 30,229 habitants, tandis que l'augmentation proportionnelle de la population des villes et des

États où ne règne point l'esclavage a été dans cet intervalle autrement considérable. La population de Charleston avait même diminué de 1830 à 1840. Plus de la moitié des habitants de cette ville sont esclaves, dans l'autre moitié on compte quelques milliers d'Allemands, dont la situation est en général des plus prospères.

Le port de Charleston est sûr et spacieux ; mais une barre qui se trouve à l'entrée en rend l'accès difficile. L'exportation comprend surtout les deux principaux produits de la Caroline, le coton et le riz. La ville est bien bâtie et est la résidence de l'aristocratie. Pendant l'été elle devient le séjour des riches planteurs, qui la tiennent pour plus saine que la campagne, où ce qu'on appelle la *fièvre de campagne* est plus dangereuse que la fièvre jaune, laquelle d'ordinaire épargne les personnes déjà acclimatées. Charleston possède plusieurs banques, un arsenal et un des plus riches jardins botaniques qu'il y ait dans toute l'Union américaine. Des lignes de bateaux à vapeur établissent des communications régulières entre Charleston et New-York.

CHARLESTOWN, ville située dans la partie septentrionale de l'État de Virginie, avec 17,200 habitants, est reliée par des chemins de fer aux autres contrées de l'État et est le centre d'un commerce très-actif d'entrepôt et de produits de l'agriculture.

CHARLET (NICOLAS-TOUSSAINT), l'un des artistes les plus populaires de notre époque, naquit à Paris, en 1792. Fils d'un *dragon de la république*, il reçut sa première éducation dans l'une de ces écoles militaires qu'on appelait alors *écoles des enfants de la patrie*. En 1814 il avait obtenu un modeste emploi dans l'une des mairies de Paris ; mais, suspect de *bonapartisme* en 1816, les épurations de cette époque la lui firent perdre. Ne sachant alors que devenir, il se mit à dessiner d'après la bosse, dans l'espoir de se faire une ressource d'un art pour lequel il se sentait une irrésistible vocation. Quand parurent, en 1817, chez l'éditeur Delpech, les premières lithographies de ce peintre à part, de ce philosophe, de ce poète, de cet historien, les plus habiles se demandèrent comment il était possible que le crayon eût tant d'esprit, tant de malice et de couleur. Le pinceau ne disait pas mieux les nuances, le récit n'aurait pas mieux rendu l'action, le drame n'aurait pas mieux animé la scène. Élève de Gros, Charlet conquit sa place du premier coup, presqu'en quittant l'atelier : ses pochades, ses croquis, ses pages les plus achevées, on se les disputa avec une sorte de frénésie qui étalait leur incontestable mérite ; l'étalage des marchands de gravures fut entouré d'une foule compacte, avide des productions du maître, et les journaux annoncèrent bientôt les dessins de Charlet comme ils publiaient les *Messéniennes* de Casimir Delavigne ou les détails d'une grande lutte parlementaire.

Le grognard et Charlet ont toujours voyagé de compagnie ; ils sont inséparables, ils vivent de la même ration, ils bivouaquent sous la même tente, ils souffrent de la même misère, ils s'enorgueillissent de la même gloire, ils pleurent des mêmes désastres. Charlet frise leurs moustaches grises, polit leurs baudriers, cicatrise leurs fronts, creuse leurs joues, décore leurs poitrines. A l'aspect des grognards de Charlet, vous assistez à la prise d'Ulm, vous battez les Russes à Austerlitz, vous entrez dans Vienne tremblante, vous mettez le bronze de la Moskowa, vous vous mêlez aux héroïques phalanges de Brienne..., vous vous déchirez la poitrine au dernier râle de la patrie en deuil.

Mais quand Charlet eut fait passer sur la pierre toutes les émotions des soldats de l'immortelle armée, quand il eut habillé ses dragons, ses hussards, ses cuirassiers, ses sapeurs, ses lanciers, tous les grognards de Charlet, les envieux de sa gloire dirent : C'est un galbe, c'est un mécanisme ; il fait le grognard, et voilà tout. Aussitôt parurent, fraîches comme des roses de mai, les armées de bambins émancipés, les jeux de l'enfance, les galants plaisirs de la jeunesse ; on se battait à coups de boules de neige ; les livres en lambeaux volaient sur les figures endolories ; les maîtres étaient régentés, punis de leur sévérité de chaque jour ; les bonbons étaient volés ; les confitures barbouillaient les visages et les vêtements : c'était encore la guerre, mais une guerre qui ne coûtait point de sang, une guerre dont quelques bosses au front payaient tous les dommages, une guerre à outrance, où, après la lutte, vainqueurs et vaincus allaient s'asseoir sur le même banc et réciter ensemble l'A, B, C ou les premiers éléments de l'ennuyeuse grammaire. Oh ! alors l'envie changea de langage ; car elle est multiple. Charlet s'était fait enfant, ne pouvant plus rester homme ; le crayon de Charlet avait dégénéré. Doucement, messieurs, en voici de nouvelles garanties, de nouveaux chefs-d'œuvre, qui vont vous forcer au silence ! Le héros de Charlet, c'est maintenant le laboureur avec sa charrue, le paysan et ses travaux pénibles, le vieux père de famille prêchant la morale à un auditoire attentif ; c'est la cabane du pauvre, c'est le donjon en ruines, c'est la montagne neigeuse, c'est la forêt séculaire, c'est la vie des champs, c'est le bon pasteur exhortant ses paroissiens à la prière et à l'aumône.....

Charlet a dit adieu à ses soldats, il a congédié ses marmots, il s'est fait peintre de la vie humaine, il s'est créé homme de génie, et l'on applaudit des mains et du cœur. Eh bien ! ce n'est pas assez pour Charlet que cette admiration universelle, qui accueille chacun de ses chefs-d'œuvre, il veut la justifier, il prétend soumettre les plus rebelles, s'il en existe encore, et le voilà jetant en pâture aux connaisseurs, qui se les arrachent, ces magnifiques aquarelles, chaudes comme l'huile, ces sépia transparentes, qui font le désespoir de ses imitateurs... Charlet est sans rival ; ses dessins, ses aquarelles, ses peintures, sortent de son atelier pour aller enrichir les galeries et les musées ; mais Charlet n'a pas dit encore son dernier mot ; et le voilà nous brisant le cœur, nous arrachant des larmes de sang, faisant crier la neige glacée sous les pas de notre immortelle armée, vaincue seulement par les glaces de la Russie : c'est un désert, un horizon sans limites, un ciel bas, terne, pesant, une longue traînée d'hommes en uniformes déchirés, la paleur au front, la misère à l'âme ; c'est une colonne qui se développe d'abord incertaine, puis grandit, s'avance encore et montre enfin les visages assombris des grognards que l'énergie abandonne, et qui pourtant se réveilleraient encore pour la gloire au premier hourra des Cosaques, qui respectent peut-être cette poignante, cette héroïque retraite. On a froid, on souffre de la faim, on pleure, on frémit en présence de ce tableau déchirant, qui dit les désastres de la guerre et les colères écrasantes d'une mauvaise marâtre. J'ai vu ! — je voyais alors ! — j'ai vu un vieux soldat, appuyé sur la balustrade auprès de laquelle était placé cet admirable tableau de Charlet, pousser de profonds soupirs, et essuyer de temps en temps, de ses doigts calleux, les grosses larmes qui roulaient sur sa figure basanée. Je m'approchai de lui, je le questionnai. « J'étais là, me dit-il. — Et le souvenir de tant de misères vous arrache des pleurs ? — Oui, je cherche Nicolas Potel, mon serre-file, et je ne le vois pas. Je reconnais bien les autres, Bonne, Giraud, Castellan, Germain, surnommé le *Marengo*, mais lui, Nicolas, mon brave camarade, je ne le retrouve pas, et cela me brise le cœur. Nous nous dîmes *au revoir* à la Bérésina. Mais, hélas ! c'est un adieu que nous devions prononcer : il est là, là, mon pauvre ami, sous quelques pieds de neige, car les Cosaques n'étaient pas capables de l'entamer. » Pendant quatre heures, le vieux soldat avait fait halte devant le cadre de Charlet, pendant quatre heures il chercha son ami Nicolas, et le lendemain je l'y retrouvai encore.

Nommé professeur à l'École Polytechnique, Charlet composa pour ses studieux élèves des modèles à l'aide desquels il est défendu de ne plus apprendre le dessin : c'est que toutes les passions de l'âme, toutes les richesses de la charpente de l'homme, se trouvent si nettement expliquées dans ces admirables dessins, que l'œil même de l'enfance ne s'y laisse pas tromper. Souvent malade, accablé par cette haute pensée qui le dominait toujours, Charlet aurait eu besoin de repos ; mais de son art il avait fait sa vie, une longue maladie épuisa ses forces physiques sans atteindre la vigueur de son courage et de son talent, et il mourut le 30 décembre 1845, le crayon à la main, dessinant une figure de Napoléon.

Charlet nous a légué des pages qui font sa gloire ; et n'eût-il composé que Le Passage du Rhin, il devrait encore être placé au premier rang des peintres de batailles. Le soldat de Charlet se bat, tue et meurt. Sa palette s'enrichissait de tous les tons, se parait de toutes les nuances. Paysages, combats, escarmouches, fantaisies, sentinelle avancée mourant à son poste, vieux grognard à la charrue, soldat de Wagram à côté de sa vieille mère, vainqueur d'Austerlitz entouré de sa famille qui joue avec son sabre ébréché, brûlants étés, admirables hivers avec leur désolation et leur misère, tout est poétisé, tout est dramatisé par cet homme exceptionnel, par ce peintre sublime, qui a compris toutes les grandeurs de la France, qui n'a chanté que les gloires de son pays. Charlet et Béranger peuvent voyager côte à côte, comme le feraient Casimir Delavigne et Vernet. On me demandait un jour pourquoi Charlet n'avait point fait de grandes pages historiques. Un aveugle seul pouvait m'adresser cette question : les cadres de Charlet sont immenses, ses héros ont six coudées, ses horizons n'ont point de bornes. Jacques ARAGO.

CHARLEVAL (CHARLES FAUCON DE RIS, seigneur DE), l'un des plus beaux esprits du dix-septième siècle, né en Normandie, en 1612, d'une illustre famille de robe, fut un homme aimable et un écrivain gracieux. Sa complexion était si faible qu'on n'espérait point qu'il vécût. Grâce à un bon régime, il réussit pourtant à prolonger sa vie jusqu'à quatre-vingts ans, sans infirmités ni indispositions graves. C'est de lui que le burlesque Scarron disait, à propos de sa délicatesse de corps, d'esprit et de goût : « Les Muses ne le nourrissent que de blanc-manger et d'eau de poulet. » Charleval joignait aux brillantes qualités de l'esprit celle d'un cœur noblement généreux. Ayant appris que M. et Mme Dacier allaient quitter Paris pour vivre moins à l'étroit en province, il alla leur offrir aussitôt 10,000 fr. en or, et les pressa vivement de les accepter. Vers la fin de sa vie, il fit un tel usage de rhubarbe, qu'il s'enflamma le sang. Les médecins, comptant avoir chassé la fièvre à force de saignées, se disaient d'un air triomphant : « Enfin, voilà la fièvre qui s'en va. — Et moi, je vous dis que c'est le malade », répliqua Thévenot, sous-bibliothécaire du roi, l'un des amis de Charleval. La réplique était juste : deux heures après, le 9 mars 1693, le malade n'existait plus. Ses poésies sont gracieuses, légères, d'un ton fort agréable, mais assez faibles de conception et de style. Voici une imitation de Catulle :

> Bientôt ma vie achèvera son cours ;
> Le temps pour moi va finir toutes choses ;
> Le soleil tombe et remonte toujours ;
> On voit mourir et renaître les roses ;
> Il n'en est pas ainsi de mes beaux jours.

Sa prose valait en général mieux que ses vers. Témoin la fameuse Conversation du maréchal de Hocquincourt et du P. Canaye, que l'on trouve dans les œuvres de Saint-Évremont. Charleval cultivait les lettres pour son plaisir ; ce goût était entretenu chez lui par ses liaisons avec Voiture, Scarron, Sarrazin et Ninon de Lenclos. CHAMPAGNAC.

CHARLEVILLE, chef-lieu de canton du département des Ardennes, sur la rive gauche de la Meuse, à 1 kilomètre de Mézières, avec une population de 9,162 habitants. Siège d'un tribunal de première instance, de la cour d'assises et d'un tribunal de commerce, cette ville possède un collége, une école normale primaire départementale, une bibliothèque publique de 24,000 volumes, une direction de douanes, et une chambre consultative des arts et manufactures.

L'industrie y est très-importante ; il s'y fait une fabrication considérable de clouterie et ferronnerie, d'armes de guerre et de luxe, de machines à vapeur et autres, de cardes, de noir animal ; on y trouve d'importantes tanneries et corroieries, une fonderie de cuivre, de nombreuses brasseries, et trois typographies. Elle fait un commerce très-actif en houille, fers, vins, eaux-de-vie, marbre, ardoise et produits manufacturés.

Charleville fut fondée en 1605 par Charles de Gonzague, duc de Nevers et de Mantoue, souverain d'Arches, qui en fit dès lors la capitale de cette principauté. Elle est bien bâtie ; ses rues sont tirées au cordeau et sa grande place, où viennent aboutir les quatre rues principales, est ornée d'une belle fontaine. C'était autrefois une place forte ; mais quand la principauté d'Arches eut été cédée à la France, Louis XIV la fit démanteler en 1686. Naguère elle était le siége d'une manufacture royale d'armes à feu.

Arches, qui n'est plus aujourd'hui qu'un faubourg de Charleville, était autrefois un lieu considérable, où les rois de la seconde race possédaient un palais connu sous le nom d'Arcæ Remorum. Ce château fut ensuite possédé par les évêques de Liége, dont l'un le fit détruire en 983. La principauté d'Arches fit plus tard partie des domaines des comtes de Rethel, d'où elle passa aux ducs de Nevers.

CHARLEVOIX (PIERRE-FRANÇOIS-XAVIER DE), jésuite souvent cité par Chateaubriand, naquit à Saint-Quentin en 1682. Après avoir professé les humanités et la philosophie, il s'embarqua à La Rochelle, en juillet 1720, pour les missions du Canada. Il arriva à Québec vers la fin de septembre, remonta le Saint-Laurent et les lacs, navigua sur le Saint-Joseph et sur la rivière des Illinois, et descendit le Mississipi jusqu'à son embouchure. Il avait parcouru la grande partie des immenses déserts de l'Amérique du Nord. Après avoir visité Saint-Domingue, il débarqua au Havre en décembre 1722. Puis il fit un voyage en Italie, remplit diverses fonctions dans son ordre, fut pendant vingt-deux ans un des plus actifs collaborateurs du Journal de Trévoux, et fournit à ce recueil d'excellents extraits. Il mourut à La Flèche, en 1761, à soixante-dix-huit ans. C'était un religieux de mœurs pures et d'un profond savoir ; il est auteur de plusieurs ouvrages qui ont eu beaucoup de succès. Nous citerons : l'Histoire et la Description du Japon, l'Histoire de l'île de Saint-Domingue, celle du Paraguay, l'Histoire générale de la Nouvelle-France, et le journal de son voyage, qui renferme des détails curieux sur les mœurs des sauvages américains. Du reste, tous ses ouvrages sont écrits avec intérêt, exactitude et sagacité. CHAMPAGNAC.

CHARLIER (JEAN). Voyez GERSON.

CHARLIER (CHARLES) était homme de loi à Laon, sa patrie, lorsque éclata la révolution de 1789. Il fut nommé d'abord membre du directoire de Châlons-sur-Marne, et, en 1792, député à l'assemblée législative. Homme de luttes et de passions avant tout, il ne vit dans la députation qu'un moyen de combattre avec plus d'énergie ceux qu'il considérait comme les ennemis du nouveau régime. Il débuta par demander la fermeture des séminaires et la confiscation au profit de la nation des biens de tous les émigrés, sans exception. Il se prononça avec vigueur contre une adresse d'habitants des Rouen, improbative des événements du 20 juin, et quand les électeurs de la Marne le renvoyèrent à la Convention nationale, il était déjà enrôlé sous la bannière des Montagnards, et put, comme eux, combattre les Girondins. Charlier fut un des premiers à demander la mise en jugement de Louis XVI, contre lequel il vota la mort sans sursis. Il fit alors décréter l'exécution dans les vingt-quatre heures des prêtres déportés et des émigrés qui seraient trouvés sur le territoire français huit jours après la promulgation de la loi. Il s'opposa à la mise en accusation de Marat, demanda la suppression de la commission des douze, qui devait amener la chute des Girondins, et quand cette chute fut consommée, proposa que tous les députés suspendus déclarassent dans les vingt-quatre heures s'ils donnaient ou non leur démission. Il s'opposa à ce que la Convention dressât un acte d'accusation contre Marie-Antoinette, disant qu'elle devait être jugée par les tribunaux, comme toute autre femme, et demanda en même temps que celui qui devait être dressé contre les Girondins détenus le fût sous trois jours. Président de la Convention, Charlier fit décider par celle-ci qu'elle se rendrait à une fête de la Raison.

On est tout surpris de retrouver Charlier parmi ceux qui contribuèrent à la chute de Robespierre; mais il ne demeura pas longtemps dans le camp des thermidoriens, dont la marche rétrograde ne pouvait convenir à ses instincts révolutionnaires. A la suite des journées de prairial, son arrestation fut un instant proposée. Après le 13 vendémiaire an IV, lui, qui s'était opposé au décret en vertu duquel les seuls conventionnels devaient former le noyau de la nouvelle législature, fit partie du Conseil des Anciens. Il y demanda que ses collègues eussent toujours un poignard à la main pour frapper quiconque voudrait rétablir la royauté. Après avoir donné, en l'an V, quelques signes d'aliénation mentale, Charlier se suicida, le 1ᵉʳ mars 1797, dans un accès de fièvre chaude.

Sans être un orateur distingué, il occupa souvent la tribune à la Convention et aux Anciens, où il se faisait remarquer par un patriotisme véhément. Il émit peu d'idées d'organisation : la lutte était son seul élément. Les fripons ne trouvaient pas grâce à ses yeux : il tonna souvent contre eux, fit condamner à huit ans de fer et à l'exposition le représentant Perrin (de l'Aube), qui s'était intéressé dans une entreprise de fournitures pour les armées, proposa énergiquement un décret contre les faussaires, lors de l'affaire de Chabot, Bazire et Fabre d'Églantine; et, enfin, au Conseil des Anciens, renouvela la proposition, qu'il avait déjà faite à la Convention, de forcer chaque représentant à rendre compte de sa fortune depuis la révolution. Charlier s'éleva contre l'usure légalement pratiquée du Mont-de-Piété de Paris, s'opposa à l'établissement du droit de patente, réclama, à une époque de disette et d'accaparements, que l'on pût vendre les grains sous tous les marchés, et, enfin, proposa la réouverture de la Bourse, en vue de la facilité des transactions commerciales, avec réserve d'interdiction de tout trafic aléatoire. Napoléon GALLOIS.

CHARLOTTE, princesse DE GALLES, fille unique du prince de Galles qui régna plus tard en Angleterre sous le nom de Georges IV, et de Caroline de Brunswick, née le 7 janvier 1796, neuf mois presque jour pour jour après le mariage de ses parents, épousa, le 2 mai 1816, le prince Léopold de Saxe-Cobourg, aujourd'hui roi des Belges, et mourut le 6 novembre 1817 après être accouchée d'un enfant mort. Cette fin funeste de la jeune princesse excita en Angleterre des regrets d'autant plus vifs et plus universels, que les témoignages c'était déjà faire un acte d'opposition contre le gouvernement du prince régent, de tout temps objet de la profonde désaffection des masses populaires.

Le cabinet de Londres avait eu, dit-on, l'intention de marier cette princesse avec le fils aîné du roi Guillaume Iᵉʳ de Hollande. La réalisation de ce projet eût quelque jour placé sur la tête du souverain de l'Angleterre la couronne des Pays-Bas. Ce serait dans cette vue, ajoute-t-on, qu'au congrès de Vienne il aurait exigé qu'on annexât la Belgique à la Hollande, pour en constituer le royaume des Pays-Bas, au lieu de l'adjuger soit à la Prusse, soit à l'Autriche, qui la réclamaient toutes deux avec une égale instance. L'habileté du cabinet russe dans cette circonstance aurait été de seconder ostensiblement l'Angleterre dans ses vues au sujet de l'attribution définitive de ce riche territoire, puis de faire échouer la principale combinaison politique en inspirant à la princesse Charlotte une vive répugnance pour l'époux que les ministres de son père lui destinaient et que l'on parvint à rendre ridicule à ses yeux, en même temps qu'on faisait naître dans son cœur un tendre sentiment pour le prince Léopold. Ce serait à la sœur d'Alexandre, à la grande-duchesse d'Odenburg, qu'aurait été confiée cette mission, diplomatique si jamais il en fut, et qui réussit au gré du cabinet de Saint-Pétersbourg. La princesse Charlotte refusa le prince d'Orange, et déclara qu'elle n'aurait jamais d'autre mari que le duc de Saxe-Cobourg. On se figure sans peine la déconvenue de Castlereagh et de ses collègues; mais ce dut être bien pis encore quand, peu après la célébration de ce véritable mariage d'inclination, ils virent le prince d'Orange épouser une grande-duchesse de Russie. Si ces détails sont exacts, ils expliqueraient l'empressement avec lequel l'Angleterre en 1830 consentit à la séparation de la Belgique d'avec la Hollande.

CHARLOTTE (LOUISE-), princesse des Deux-Siciles, femme de l'infant d'Espagne don François de Paule. Voyez CARLOTTA DE BOURBON.

CHARLOTTE, sorte d'entre-mets qui se fait avec des tranches de mie de pain ou des lames de biscuit, que l'on dispose en forme de cube et qu'on emplit de fruits cuits ou de crème. En d'autres termes, c'est une compote ou une crème flanquée de pain grillé au beurre ou de biscuits. On fait des charlottes de poires *à la vanille*, de poires *à la Condé*, d'abricots, de pêches, de pommes d'api. Il y a aussi la *charlotte à la Brunoy*, la *charlotte russe*, la *charlotte anonyme*, la *charlotte à l'italienne*, aux macarons d'aveline, aux gaufres de pistaches. Chacune de ces variétés, lorsqu'elle est exécutée par un habile praticien, a des droits particuliers à la gratitude des gourmets. La charlotte la plus commune est la charlotte de pommes, qui est d'un goût agréable, mais quelquefois de difficile digestion.

CHARLOTTENBOURG, ville avec un château de plaisance, appartenant au roi de Prusse, dans le cercle de Teltow, arrondissement de Potsdam, sur les bords de la Sprée, à quatre kilomètres de Berlin et reliée à cette capitale par une belle route qui traverse le parc, promenade favorite des Berlinois, compte une population de 9,300 habitants. On y trouve bien quelques fabriques d'objets de première nécessité; mais l'argent qu'y fait circuler le séjour de la cour et l'industrie des locations garnies pour la belle saison constituent les principales ressources des habitants.

Il faut accorder une mention toute particulière au château royal, fondé en 1706 par Sophie-Charlotte, femme de Frédéric Iᵉʳ, autour duquel la ville s'est insensiblement formée, et qui porta d'abord le nom de *Lutselbourg*, à cause du village de Liezow, à proximité duquel il est bâti. Son vaste et magnifique parc, sa superbe orangerie, ne sont pas moins remarquables. Ce séjour est orné d'un grand nombre d'antiques et de chefs-d'œuvre des arts. Le château contient aussi une salle de spectacle. On trouve dans l'une des plus belles parties du parc le *Mausolée*, œuvre de l'architecte Schinkel, dans le caveau inférieur duquel reposent Frédéric-Guillaume III et la reine Louise, tandis que la pièce supérieure contient leurs statues en marbre, chefs-d'œuvre du sculpteur Rauch. Cette résidence royale fut singulièrement embellie par la reine Louise, qui en aimait beaucoup le séjour.

CHARME, genre de végétaux appartenant à la monœcie polyandrie de Linné, à la famille des amentacées de Jussieu, et qui se reconnaît aux caractères suivants : Fleurs monoïques, disposées en chatons; chatons mâles cylindroïdes, formés d'écailles imbriquées, concaves, ciliées à leur base, et contenant huit à quatorze étamines, dont les anthères sont velues supérieurement et s'ouvrent obliquement; chatons femelles composés de grandes écailles foliacées, lancéolées, à trois lobes, velues, renfermant un ovaire denticulé au sommet, surmonté de deux styles et autant de stygmates; cet ovaire a deux loges, mais l'une avorte pendant la maturation, et le fruit est une noix uniloculaire contenant une seule graine et enveloppée par l'écaille, qui a pris un grand accroissement.

Ce genre se compose d'un petit nombre d'espèces arborescentes, dont une seule est indigène à l'Europe : c'est le *charme commun* (*carpinus betulus*, L.), qui se rencontre fréquemment dans nos forêts. Il atteint la hauteur de douze à quinze mètres, quoique son tronc acquière rarement plus de trente centimètres de diamètre; ce tronc, revêtu d'une écorce assez unie, blanchâtre, avec des taches grisâtres, se divise en un grand nombre de branches. Les feuilles sont ovales-pointues, pétiolées, inégalement dentées en leur bord, glabres, relevées en dessous de fortes nervures. Les chatons mâles, solitaires, longs de 25 à 50 millimètres, paraissent au printemps, un peu avant les feuilles. Les chatons femelles sont lâches, composées de grandes écailles planes, coriaces, à trois lobes, dont celui du milieu est plus grand que les autres; ces écailles persistent, prennent de l'accroissement après la floraison, et finissent par enchâsser chacune une petite noix osseuse, couronnée par de petites dents. Comme les branches du charme sont à la fois nombreuses, très-ramifiées et très-touffues, il est facile de façonner cet arbre par la taille, de manière à lui faire prendre toutes sortes de formes; aussi en compose-t-on souvent dans les jardins des haies et des dômes de verdure, auxquels on donne le nom de *charmilles*. Son bois est blanc, d'un grain très-fin, très-serré, et devient très-dur par la dessiccation. La force et la ténacité de ce bois le rendent très-bon pour les ouvrages de charronnage; on en fait aussi des poulies, des dents de roues de moulin, des vis de pressoir, et différents petits ouvrages de tour; mais il est difficile à travailler au rabot, et les menuisiers n'en font pas usage. C'est d'ailleurs un excellent bois de chauffage, qui fait un feu vif et brillant, et produit beaucoup de chaleur. Il est aussi très-convenable pour la confection du charbon.

DÉNEZEL.

On cultive dans les bosquets une autre espèce, d'un port élégant, d'un feuillage gracieux; c'est le *charme houblon* (*carpinus ostrya*, L.), ainsi nommé parce que ses chatons femelles ressemblent à ceux du houblon; d'ailleurs il diffère peu du précédent. Son bois est très-dur et propre aux mêmes usages. Cet arbre, originaire de l'Amérique septentrionale, parvient à la hauteur de vingt mètres; il est connu à New-York sous le nom de *bois de fer*. Quelques auteurs en ont fait un genre particulier, sous le nom d'*ostrya*.

CHARME, CHARMES, mot qui vient du latin *carmen*, vers, comme *enchantement* vient d'*incantatio*, formé de *cantus*, chant; « ce qui prouve, disait Nodier, que les anciens attribuaient à la poésie de beaux privilèges, qu'elle a perdus. » *Charme* a deux acceptions. Dans la première, employé presque toujours au singulier, il est synonyme d'*enchantement* ou de *sort* magique; dans la seconde, diminuant d'importance et de valeur, il devient synonyme d'*attrait*, et se dit figurément de ce qui plaît aux yeux ou à l'esprit; puis, au pluriel, il s'entend plus spécialement de la réunion de tout ce qui séduit dans une femme. On dira dans la première acception : « Cet homme a *un charme* pour se faire obéir, cette femme en a un pour se faire aimer. » Mais aujourd'hui qu'on ne croit plus à l'influence magique, on recherche la source de ce *charme*, et on la trouve dans les qualités ou les avantages personnels qui provoquent l'obéissance ou l'amour. On dira dans le même sens : *le charme opère*, pour peindre l'action, l'influence de cette espèce de fascination d'une personne sur une autre; *le charme est dissipé*, pour indiquer le moment où elle cesse. Dans la seconde de ces acceptions, on dira de la nouveauté qu'elle a un *charme* dont on se défend difficilement. Enfin, appliquant le mot qui nous occupe à la beauté d'une femme, on dira que pour être sage il n'est pas nécessaire d'ensevelir ses *charmes* dans un couvent ou dans la solitude. Mais on ne dit point les *charmes* d'un homme, quoique Racine s'en soit servi deux fois en ce sens dans les tragédies d'*Alexandre* et de *Bajazet*. On dit néanmoins par extension les *charmes* de la campagne, de la solitude, de la vérité, etc.

On a prétendu qu'on avait donné à cette puissance magique par laquelle, avec l'aide du démon, les sorciers sont censés faire des choses merveilleuses, le nom de *charme*, (en latin *carmen*), parce qu'anciennement les conjurations et les formules des magiciens étaient conçues en vers. La crédulité sur ce point a été générale dans les siècles où les lumières de la raison et de la philosophie n'avaient pas encore dissipé les ténèbres de l'ignorance. C'était une erreur généralement répandue, et dont on retrouve encore quelquefois des traces chez les peuples modernes, que des hommes pervers, en vertu d'un pacte fait avec le démon, pouvaient causer du dommage, des maux, et la mort même, à d'autres hommes, sans employer immédiatement la violence, le fer ou le poison, à l'aide seule de certaines compositions ou préparations accompagnées de paroles magiques. Les poètes, dont l'imagination se plaît dans la peinture de tout ce qui est surnaturel, n'ont eu garde de laisser échapper ce moyen de parler fortement à l'âme, et ils ont fondé sur cette croyance un grand nombre de leurs fictions.

Il existe une différence sensible entre les *charmes* des belles et ce qu'on nomme leurs *attraits* et leurs *appas*. Ces derniers tiennent surtout aux formes : de beaux bras, une taille parfaite font la plus grande partie des *appas* d'une femme, et l'on y ajoute souvent par un art trompeur. Les *attraits* ont plus spécialement leur siège dans les traits du visage et dans la grâce des manières; ils naissent quelquefois d'un sourire, plus souvent encore ils doivent à l'esprit la plupart de leurs agréments. Les *charmes* sont un composé de tous les avantages personnels, et en particulier de ceux de l'esprit et du cœur, car une femme qui n'est pas *belle* peut quelquefois charmer, ce qu'elle doit surtout à la grâce, à ce *je ne sais quoi* qui frappe, enlève et séduit par une force secrète, mystérieuse, toute puissante, irrésistible, qui tient en quelque sorte du caractère surnaturel que l'on prête aux opérations de la magie. *Charmes* présente une idée plus morale qu'*attraits* et plus pur qu'*appas*, qui d'ailleurs est devenu d'un langage un peu libre. Ces mots s'emploient également au figuré. « La vertu, dit l'abbé Girard, a des *attraits* que les plus vicieux ne peuvent s'empêcher de sentir; les biens de ce monde ont des *appas* qui font que la cupidité triomphe souvent du devoir; le plaisir a des *charmes* qui le font rechercher partout. »

Charmer, comme *charme*, se prend dans diverses acceptions, et désigne d'abord l'action d'*exercer un charme surnaturel* sur quelqu'un ou sur quelque chose. C'est ainsi que l'on dit des sorciers qu'ils *charment* les armes et les empêchent de tirer. Une ancienne ordonnance des eaux et forêts défendait de *charmer* les arbres, c'est-à-dire de les faire mourir malicieusement. Ce mot s'applique ensuite soit à l'action des personnes, soit à celle des choses, et c'est ainsi que Molière a dit :

C'est la beauté qui commence de plaire,
Et la douceur achève de *charmer*.

Charmer, s'affaiblissant encore d'expression, signifie simplement adoucir, calmer. C'est dans ce sens que l'on dit que la lecture *charme* les ennuis de la solitude, et que la musique *charme* les plus grandes douleurs.

Charmé, s'éloignant de plus en plus de la force d'expression du radical, prend l'acception de *content* ou *satisfait* quand il ne s'applique pas aux objets qui ont subi l'influence d'une opération magique. Il en est de même de *charmant*, *charmante*, qu'on entend prodiguer à tout propos dans le monde, et dont l'emploi fréquent diminue nécessairement l'importance et la valeur. Un homme *charmant* dans la société est souvent un homme dont il ne serait ni sûr ni prudent de faire son ami.

On a dit autrefois *charmeur* et *charmeuse* dans le sens de *sorcier* et de *sorcière*, pour qualifier de prétendus êtres surnaturels, auxquels on supposait la vertu d'exercer un *charme* sur les personnes ou sur les choses; puis, par analogie, on l'a étendu plus loin, et l'on a dit que les poëtes étaient de *grands charmeurs d'oreilles*. Mais c'est un titre qu'ils n'ambitionnent plus depuis longtemps.   E. HÉREAU.

CHARMILLE et **CHARMOIE**. Ces deux termes ont la propriété commune de désigner une plantation ou une certaine quantité de charmes assemblés dans un même terrain; mais néanmoins la synonymie entre ces deux mots n'est qu'apparente : le premier signifie plus particulièrement un plant de jeune charmes propres à former des haies vives, et ces mêmes haies en état de culture, tandis que le second s'applique à un lieu planté simplement de charmes. Les *charmilles* s'emploient principalement pour séparer les unes des autres, à hauteur d'appui, les allées d'un jardin plantées d'arbres; on s'en sert aussi pour entourer les vergers et les potagers. Outre l'agrément qui résulte de leur verdure, elles offrent encore l'avantage de parer les coups de vent et d'en garantir les plantes qui pourraient en souffrir le plus. La taille des charmilles s'exécute au croissant et aux ciseaux avant le renouvellement de la sève du printemps et du mois d'août, et l'épaisseur qu'on doit leur donner dépend de leur longueur; mais il est prudent de tailler et de raccourcir toujours les branches vers le tronc, parce que les feuilles poussent seulement à l'extrémité des rameaux.

CHARNIER (du latin *carnarium*, dérivé de *caro*, *carnis*, chair : lieu où l'on met la chair, employé en ce sens dans Plaute). Ce mot, qui dans les usages domestiques de quelques contrées de la France s'entend du lieu ou réduit où l'on suspend les pièces de gibier, se dit surtout d'un ossuaire où l'on dépose les os des morts, espèce de galerie couverte, contiguë à quelques églises paroissiales ou à la chapelle de quelques hôpitaux anciens, dans laquelle on donnait jadis la communion aux paroissiens les jours de grande fête, et qui sert encore dans quelques communes peu considérables aux étalages des marchands les jours de foire.

Le *Charnier des Saints-Innocents*, ou vulgairement des *Innocents*, à Paris, était une galerie voûtée, entourant le cimetière du même nom, et dans laquelle on enterrait ceux à qui leur fortune permettait d'être séparés du commun des trépassés. Le cimetière à l'emplacement duquel a été construit le grand marché de la halle était jadis un vaste enclos, fermé par trois portes, la première du côté de la rue aux *Fers*, la seconde à l'angle de la rue de la *Ferronnerie*, la troisième à la *place aux Chats*. Le mur de clôture avait été bâti en 1186 sous le règne de Philippe-Auguste pour en fermer l'accès aux passants et aux animaux. Le charnier, sombre et humide, était pavé de tombeaux, tapissé d'épitaphes, de monuments funèbres, et bordé d'étroites boutiques de modes, de lingerie, de mercerie, de bureaux d'écrivains publics : de là l'insultante épithète *d'écrivain du charnier* donné aux auteurs qu'on voulait décrier. Cette galerie avait été construite à différentes époques aux frais de divers particuliers. Le maréchal de Boucicaut, au commencement du quinzième siècle, en fit bâtir une partie, et le philosophe hermétique Nicolas Flamel toute celle qui bordait la rue de la Lingerie, où l'on voyait le curieux monument de son épouse. Du côté de la rue Saint-Honoré était peinte la fameuse *danse macabre* ou *danse des morts*. Le mur du charnier avait été élevé pour garantir ce lieu des infamies qui s'y commettaient jour et nuit : c'était le rendez-vous des prostituées et de tous les mauvais garnements de la capitale.

Lors des premières constructions du Louvre, sous Charles V, en 1363, Raimond Dutemple, entrepreneur, acheta des marguilliers de la paroisse des Saints-Innocents dix tombes, qu'il paya quatorze sous parisis la pièce, pour en employer les pierres aux constructions du Louvre. Une partie du sol fut vendue par le clergé de la paroisse des Saints-Innocents au chapitre de Saint-Germain-l'Auxerrois, qui y fit construire des maisons. On remarquait encore dans le charnier les tombes de l'historien Mézeral et de la comtesse de Mailly, qui avait elle-même marqué sa place sépulcrale sous l'égout de la place aux Chats.

En 1786, l'église et le charnier des Innocents furent démolis. On enleva les ossements et une partie du terrain du cimetière, et on les transporta hors de la barrière Saint-Jacques, dans les catacombes.

Le *charnier* le plus célèbre dans l'histoire est celui de Morat, plus connu sous le nom d'*ossuaire*, établi par les Suisses après leur victoire sur Charles le Téméraire et renversé par les Français de l'armée de Masséna.

Charnier est aussi employé comme synonyme de *saloir*, pour la conservation des viandes salées. Il signifie encore une *botte d'échalas* destinés aux vignes. Le bon charnier doit être fait de cœur de chêne.

Charnier est enfin le nom improprement donné dans la marine à un large récipient de tonnellerie, de forme conique ou cylindrique, contenant l'eau qui doit servir à l'équipage entre les repas. Le charnier est ordinairement placé à l'entrée du gaillard d'avant. Là, dressé sur un chantier, il étale son large ventre, bardé de cercles de fer. Sa couverture, brisée par un jeu de charnières, est recouverte d'une toile peinte et se relève pour qu'on y puise à l'aide d'une corne de bœuf qui sert en même temps de gobelet. Les matelots attribuent à ce vase commun une vertu efficace contre la contagion. Le charnier, bien nettoyé, bien pourvu d'eau tout les matins, est livré à la capricieuse consommation du gaillard d'avant. Mais à part. Dans les longues traversées, lorsque la disette d'eau se fait sentir, le *charnier* est fermé par un lourd cadenas qu'on n'ouvre chaque matin que pour la distribution. Le voisinage du charnier est fécond en scènes de mœurs maritimes d'un puissant intérêt.

CHARNIÈRE, assemblage mobile de deux pièces ordinairement de métal, quelquefois de bois, enclavées l'une dans l'autre et jointes ensemble par une broche qui les traverse alternativement; c'est ainsi que le couvercle se trouve réuni au corps d'une tabatière. On fabrique aussi un grand nombre de charnières mobiles pouvant s'adapter à des objets quelconques : alors chacune des pièces de la charnière est percée d'un certain nombre de trous qui permettent de les visser à deux surfaces différentes. L'une de ces surfaces restant fixe, l'autre est donc assujettie à tourner autour d'un axe invariable. C'est ainsi que se meuvent les dessus de pupitre, de piano, et d'une infinité d'autres meubles. Dans certaines portes aussi, les charnières remplacent les gonds.

En mécanique, on nomme *charnière universelle* un appareil qui sert à transmettre le mouvement de rotation d'un axe à un autre axe de position variable. Les deux axes sont terminés en deux branches formant le demi-cercle, et dont les diamètres se croisent à angle droit. Chacun des demi-cercles, et par conséquent l'axe auquel il appartient, est parfaitement mobile autour de son diamètre ; de sorte que l'un de ces axes ne peut être en mouvement sans faire mouvoir l'autre. Suivant les circonstances, cette disposition reçoit diverses modifications ; mais dans tous les cas l'emploi de ces articulations entraîne toujours une grande perte de force.

En conchyliologie, on nomme *charnière* cette partie qui sert d'attache aux valves d'une coquille, et sur laquelle s'exécutent leurs mouvements. La charnière présente quelquefois sur chaque valve des *dents* (pointes ou lames saillantes), qui s'engrènent dans des fossettes correspondantes de l'autre valve.

CHARNUS (Corps, Tissus, Fibres, Bourgeons), du latin *carnosus*. *Voyez* CHAIR.

CHAROGNE. Ce mot entraîne l'idée de la chair en putréfaction, et de tout le cadavre d'une bête morte. De là le nom de *carogne*, si souvent employé par Molière.

CHAROLAIS, pays de l'ancienne province de Bourgogne, portant le titre de comté, dont la capitale était Charolles et les villes principales Paray-le-Monial et Semur, et qui fait aujourd'hui partie du département de Saône-et-Loire. Il était compris entre l'Autunois et le Mâconnais.

Dans l'origine le Charolais fut une simple châtellenie, qui appartint successivement aux comtes d'Autun et de Chalon. Jean, comte de Chalon, la céda en 1237 au duc de Bourgogne Hugues IV, lequel la donna en partage à Jean, son second fils. Béatrix, fille et héritière de celui-ci et d'Agnès, dame de Bourbon, de la famille de Dampierre, épousa en 1272 Robert de France, fils de saint Louis; ce roi érigea le Charolais en comté. Jean, son second fils, obtint plus tard le Charolais, qui passa ensuite à sa fille Béatrix; celle-ci épousa en 1327 Jean, comte d'Armagnac. En 1390 la maison d'Armagnac vendit le Charolais à Philippe le Hardi, duc de Bourgogne. Charles le Téméraire, lorsqu'il n'était encore que prince héréditaire, porta le titre de *comte de Charolais*. A sa mort, arrivée en 1477, Louis XI réunit ce comté à la couronne de France. En vertu de la paix de Senlis, Charles VIII le céda avec l'Artois et la Franche-Comté à l'archiduc Maximilien d'Autriche. Le Charolais fut ensuite entre Charles-Quint et François Ier l'objet de sérieux démêlés, qui furent terminés entre leurs successeurs, en 1559, par le traité de Câteau-Cambrésis. La propriété de ce comté devait demeurer à Philippe II et à ses successeurs, pour le tenir sous la suzeraineté des rois de France. Les traités de Vervins et des Pyrénées confirmèrent le droit des rois d'Espagne; mais le grand Condé, qui avait longtemps servi Philippe IV, sans pouvoir se faire payer les sommes considérables que le roi lui avait promises, fit saisir le Charolais, et s'en fit adjuger la possession; le haut domaine en fut réservé à la couronne de France.

Quoique le pays fit partie du duché de Bourgogne, ses députés néanmoins ne siégeaient point aux états généraux de cette province : le comté de Charolais tenait ses états particuliers, qui, après avoir reçu des états généraux du Bourgogne la commission pour la quotité de ce que le pays devait supporter, en faisaient l'imposition. Aug. SAVAGNER.

CHAROLAIS (Canal du). *Voyez* CENTRE (Canal du).

CHAROLLES, ville de France, chef-lieu d'arrondissement, dans le département de Saône-et-Loire, au confluent de la Semence et de la Reconce, avec une population de 3,470 habitants, un tribunal de commerce, un collège, une bibliothèque publique de 5,000 volumes et une typographie. On y trouve des fabriques de poterie et des hauts fourneaux, et il s'y fait un commerce actif de bestiaux, fers, blé et vins. Charolles était autrefois la capitale de l'ancien comté de *Charollais* ou *Charolais* : on y voit encore les ruines du vieux château des comtes de ce nom.

CHARON. *Voyez* CARON.

CHARONDAS, célèbre législateur grec, né à Catane, en Sicile, vivait vers l'an 650 avant J.-C. et fut contemporain de Zaleucus. Il ne donna pas seulement à sa ville natale, mais encore à Rhégium et à Thurii, colonies fondées en Italie par ses concitoyens, des lois excellentes, conçues au point de vue de la morale la plus sévère. Pour éviter toute modification arbitraire de sa législation, il fit décider que celui qui aurait à y proposer quelque changement devrait paraître la corde au cou pour que justice fût immédiatement faite de lui si sa proposition était rejetée. Il se perça, dit-on, de son épée, parce qu'il avait enfreint une loi portée par lui-même, et qui défendait de se présenter en armes dans l'assemblée du peuple. Le prologue des lois de Charondas nous a été conservé par Stobée. Aristote, dans sa *Politique*, cite plusieurs fois ce législateur. On trouvera quelques détails sur ses lois et sur sa personne dans les *Opuscula academica* de Heyne, et dans les *Opuscula philologica* de Bentley.

CHARONITÆ, CHARONITES. *Voyez* CARON.

CHAROST. *Voyez* BÉTHUNE.

CHAROST (ARMAND-JOSEPH DE BÉTHUNE, duc DE), l'un des descendants de Sully, né à Versailles, le 1er juillet 1728, en consacrant sa vie entière et son immense fortune au soulagement de l'humanité souffrante, a laissé un nom qui ne périra pas. La bataille de Fontenoy et l'enthousiasme militaire qu'elle réveilla dans toutes les classes de la nation lui ayant inspiré, à seize ans, le désir d'entrer au service, il obtint un régiment de cavalerie, et le courage persévérant dont il fit preuve durant le siège de Munster attira sur lui les regards de l'armée. En 1758 il envoya à la Monnaie toute sa vaisselle plate pour servir aux frais de la guerre, et lors du rétablissement de la paix il se retira dans ses terres de Bretagne, avec bon nombre de ses anciens compagnons d'armes, auxquels il assura du travail et du pain, en les employant, soit dans des ateliers ouverts à ses frais, soit à construire ou à réparer des routes. Vingt ans déjà avant la révolution il avait aboli dans ses domaines une grande partie des corvées. Pour soulager la misère des classes inférieures, il fonda dans les villages des institutions de bienfaisance, établit des pharmacies, des hôpitaux, des caisses d'assurances contre la grêle et l'incendie, et salaria des médecins et des sages-femmes pour qu'ils eussent à donner gratuitement à ceux qui les réclameraient les secours de leur art. Lorsque, sous l'administration de l'abbé Terray, l'état des finances du royaume devint chaque jour plus alarmant, il proposa un plan propre à assurer le remboursement de toutes les dettes publiques; mais les ministres refusèrent d'y donner la moindre attention, parce qu'il avait posé pour un principe alors encore nouveau, qui donnait à l'industrie la prééminence sur tous les autres intérêts dont l'agglomération compose la société.

Député à l'Assemblée nationale, il s'y prononça avec chaleur pour une égale répartition des charges de l'État entre tous les citoyens, et bien avant la publication du décret qui faisait un appel au patriotisme des citoyens pour contribuer, par des dons volontaires, à la défense et à l'armement du territoire, il avait fait don à la nation d'une somme de 100,000 francs. Quoique le comité de salut public eût déclaré qu'il était le bienfaiteur et le père des pauvres, il n'en fut pas moins arrêté et jeté en prison comme suspect de royalisme, et ne fut rendu à la liberté que le 9 thermidor. Il se retira alors de nouveau dans sa terre de Meillant, et y fonda une grande société agricole. Plus tard il introduisit dans le département du Cher, où il possédait aussi de vastes propriétés, la culture du lin, du tabac et de la rhubarbe, et contribua à améliorer dans tout le midi de la France la construction des moulins à vent, l'exploitation des forges et la culture des prairies artificielles. Toutes les sociétés philanthropiques ou de bienfaisance qui se formèrent à Paris le comptèrent au nombre de leurs membres, et après la journée du 18 brumaire il fut élu maire du dixième arrondissement de la capitale. A la suite d'une visite qu'il rendit en cette qualité à l'Institution des Sourds-Muets, il fut attaqué de la petite vérole, et succomba, le 27 octobre 1800, à cette maladie. Tous les partis, et les malheureux surtout, regrettèrent la mort de cet homme généreux, dont les vertus civiques avaient arraché des témoignages d'estime aussi bien à l'égoïsme sensuel de Louis XV qu'au farouche fanatisme des hommes de 1793. Les nombreuses dissertations qu'il a publiées sur diverses branches des intérêts sociaux ont été en partie réunies dans ses *Vues générales sur l'organisation de l'instruction rurale* (1795).

CHARPENTE, CHARPENTIER. Ces mots viennent probablement de *carpentum*, char. Ceux qui confectionnaient les chariots étaient sans doute employés aussi à la construction des machines de guerre, comme mantelets, tours roulantes, etc. Les charpentiers de nos jours font en général tous les gros ouvrages en bois, tels que toits, planchers, ponts, échafaudages, moulins, grues.

Un charpentier doit connaître la géométrie élémentaire et descriptive par théorie, ou du moins par pratique; il faut aussi qu'il soit instruit des principes de la mécanique, soit pour évaluer approximativement la force des bois, les charges qu'ils auront à supporter, soit encore parce qu'il peut se trouver dans la nécessité de composer un engrenage, et de savoir d'avance quels seront les effets produits par la force appliquée. Il ne faudrait donc rien de moins que les connaissances d'un bon géomètre pour faire un habile charpentier; aussi l'illustre Monge ne dédaigna-t-il pas de donner la théorie de cet art dans son *Traité de Géométrie descriptive;* il avait même coutume de dire que si les circonstances eussent voulu qu'il exerçât une profession mécanique, il aurait donné la préférence à celle de charpentier.

Parmi les opérations les plus importantes de l'art du charpentier, on doit distinguer celles qui ont pour but le tracé du dessin et la coupe ou taille des bois. Dans ce tracé, les charpentiers emploient la méthode des projections. Ils font usage du fil à plomb, de l'équerre, de la règle, etc. Ils travaillent pour ainsi dire par terre; leurs outils sont des scies, des haches, des tarières; l'outil qui leur est particulier, et qu'ils appellent la *besaiguë*, est taillé d'un côté en ciseau plat, et de l'autre en bec-d'âne; vers le milieu de sa longueur, il porte une douille qui lui sert de manche. C'est avec la besaiguë que le charpentier plane des surfaces creuses et finit des mortaises ébauchées auparavant avec des tarières.

Ce n'est qu'en nous appuyant sur des inductions tirées de monuments en pierre, de bas-reliefs, ou d'obscurs passages de quelques auteurs, que nous pouvons nous représenter le système de charpente des Grecs et des Romains. Mais toutes ces inductions concordent parfaitement pour indiquer des charpentes simples et solides, composées de longues et fortes pièces de bois et présentant peu d'assemblages. Ce système avait l'inconvénient de charger les murs d'un poids considérable, et il était d'ailleurs difficile et dispendieux de se procurer et de mettre en place les matériaux qu'il exigeait. On dut donc s'appliquer à se procurer, par de nouvelles combinaisons, plus de légèreté, d'économie et de facilité d'exécution. Dès le onzième siècle, de nouveaux principes apparurent dans la charpente des dômes de l'église Saint-Marc, à Venise. Ce mode de construction fut fréquemment appliqué depuis, et amélioré par Philibert Delorme, architecte des Tuileries, qui présenta au roi Henri II un système de charpente très-ingénieux, réunissant au plus haut degré les avantages de la légèreté et de l'économie de bois, puisqu'il est possible en l'adoptant de former un toit immense avec des bois de petite dimension. La halle aux farines de Paris était ainsi couverte avant l'incendie qui la dévora. Cet ouvrage, exécuté par le célèbre charpentier Roubo, passait pour un chef-d'œuvre : on peut s'en faire une idée par la coupole en fer et en cuivre qui couvre aujourd'hui le même édifice.

La charpente en fer tend à se substituer généralement à la charpente en bois : les toits des monuments modernes, les planchers des maisons que l'on construit ainsi aujourd'hui offrent beaucoup moins de chances d'incendie. D'un autre côté, l'emploi du fer dans les constructions civiles permet de réserver le bois pour les constructions hydrauliques, où il vaut mieux que le fer, car celui-ci s'altère dans l'eau, ce qui le rend impropre à ces constructions et même aux fondations ordinaires, qui ne sont jamais exemptes d'humidité.

TEYSSÈDRE.

CHARPENTE OSSEUSE. *Voyez* SQUELETTE.

CHARPENTIER (MARC-ANTOINE), compositeur français, né à Paris en 1634, vint à Rome à l'âge de quinze ans, dans le but d'y étudier la peinture, mais il ne tarda pas à s'y livrer avec le plus grand succès à l'étude de la musique, sous la direction de Carissimi. Déjà en Italie il produisait par ses compositions un tel effet sur ses auditeurs qu'on l'avait surnommé dans ce pays le *phénix* de la musique française. A son retour en France, Louis XIV le nomma maître de chapelle de son frère le duc d'Orléans, fonctions dans lesquelles toutefois Lulli le supplanta bientôt. Charpentier donna alors des leçons de musique à la duchesse de Guise, et composa une foule d'excellents morceaux dans le style de son époque. Toutefois, en haine de Lulli, il abandonna cette direction et se consacra à une harmonie savante et riche d'effets, comme on n'en avait encore jamais entendu en France. Aussi les ignorants décrétèrent-ils que ce n'était qu'un musicien grossier et barbare. Cela n'empêcha pas le duc d'Orléans de le prendre pour maître de chapelle et lui confier la direction de sa musique. Charpentier composa une foule d'opéras, de ballets et de divertissements. Le meilleur ouvrage qu'on ait de lui est encore sa *Médée*. Il est aussi l'auteur de la musique du *Malade imaginaire*, de Molière, faussement attribuée à Lulli. Toujours par suite de son aversion pour Lulli, Charpentier renonça complètement à la musique profane, et devint maître de chapelle, d'abord chez les jésuites, puis de la Sainte-Chapelle de Paris. Il exerçait cette fonction lorsqu'il mourut, au mois de mars 1702. Outre ses œuvres dramatiques, dont le nombre s'élève à plus de vingt-quatre, il a laissé beaucoup de messes, de motets et aussi plusieurs chansons à boire.

CHARPENTIER (FRANÇOIS-PHILIPPE), mécanicien français, qui s'est rendu célèbre par un grand nombre d'inventions, né de parents pauvres, à Blois, le 3 octobre 1734, fut élevé au collège tenu par les jésuites dans cette ville et fut plus tard mis en apprentissage chez un graveur. Il ne tarda pas à faire preuve d'une grande supériorité dans cet art, et aidé par la mécanique, qu'il étudiait avec ardeur, il inventa la manière de graver sur cuivre au lavis. Il vendit son secret au comte de Caylus, et l'Académie des Sciences décida ce en faveur la question de priorité d'invention que lui disputait le Suédois Floding. Les premières gravures au lavis qu'ait faites Charpentier lui-même sont : *Persée et Andromède*, d'après Vanloo; *La Décollation de saint Jean*, d'après Le Guerchin; *Une Fileuse; Un Berger; Une Mendiante; Le Concert italien; La Bacchanale d'Enfants*, d'après Jean de Witt, etc., etc. La cour lui fit délivrer le brevet de mécanicien pour le roi, et le chargea de créer une usine, dans laquelle il construisit une pompe à feu, devenue bientôt d'un usage général, plusieurs machines propres à la réparation des armes, une nouvelle espèce de lanternes à signaux et de phares, etc. L'Angleterre, la Russie et d'autres puissances lui firent faire des offres pour qu'il vînt s'établir chez elles; mais Charpentier repoussa toutes ces propositions, de même qu'il refusa la place de directeur des phares qu'on avait voulu créer pour lui en France. A l'époque de la Révolution il inventa une machine à l'aide de laquelle on pouvait percer un certain nombre de canons de fusil à la fois, de même qu'une machine à scier. Le Directoire lui fit allouer une gratification de 24,000 francs, et lui confia la direction supérieure de l'*atelier de perfectionnement*. En dépit de sa productive industrie, Charpentier, par suite de son trop grand désintéressement, finit par tomber fort dans la gêne, et se vit réduit à se retirer à Blois, chez sa fille, où il mourut, le 22 juillet 1817.

CHARPIE. Lorsque les animaux vivant dans l'état sauvage et les hommes même privés de tous les secours de l'art de guérir ne peuvent avoir recours aux moyens imaginés pour garantir leurs blessures du contact de l'air et des corps extérieurs, les humeurs qui se répandent à la surface des plaies et des ulcères se concrètent, et se convertissent en une couche plus ou moins solide, connue vulgairement sous le nom de *croûte*. La guérison peut avoir lieu sous cette couche défensive, mais il peut arriver que les fluides purulents s'y accumulent et y déterminent une irritation inflammatoire qui aggrave la maladie et en retarde la cicatrisation. Les animaux n'ont d'autre ressource pour se soulager que de lécher la surface de la plaie, et d'y verser les sucs muqueux et salivaires de leur bouche, soit avant soit après la formation de la couche croûteuse. Mais l'homme a recours dans les sociétés civilisées au moyen le plus convenable pour recouvrir les surfaces dénudées de ses tissus vivants. Ce moyen, qui s'adapte parfaitement à toutes les exigences de l'art chirurgical, est une substance ou corps spongieux connu sous le nom de *charpie*. On en distingue plusieurs sortes, qu'on peut ramener à trois, savoir : la *charpie ordinaire*, la *charpie préparée*, et la *charpie tissue*.

La *charpie ordinaire* est un amas de filaments plus ou moins longs, enlevés à du linge fin, à demi usé et blanc de lessive. Lorsqu'elle est employée telle qu'elle sort des balles dans lesquelles on l'entasse pour l'expédier en divers lieux, on la nomme *charpie brute*. Dans cet état elle est peu propre aux pansements, parce qu'elle forme des agglomérations dures et susceptibles d'irriter les plaies. Lorsque les filaments de la charpie brute préalablement choisis ont été jetés çà et là et forment une agglomération à intervalles très-grands, elle prend alors le nom de *charpie molette* ou *charpie ouverte*. D'autres fois, ces filaments, plus ou moins longs, sont rapprochés presque parallèlement et convertis en petits matelas auxquels on donne le nom de *plumasseaux*. On peut donner à la charpie ordinaire les formes : de *boulettes*, lorsqu'on la roule en globes légers ou denses propres à être amoncelés ; de *bourdonnets*, au corps ovoïdes, liés au milieu avec un fil ciré double, dont on se sert pour le tamponnement dans le cas d'hémorrhagies ; de *mèches*, qui sont composées de filaments très-longs et parallèles et disposés en couches minces, aplaties et allongées, et qu'on introduit dans une plaie seules ou enduites de substances médicamenteuses. Lorsqu'on râcle avec un couteau une pièce de linge bien tendue, on obtient par ce procédé une sorte de duvet fin qu'on nomme *charpie râpée*. On substitue quelquefois celle-ci à la charpie ordinaire, dans le cas où il convient d'exciter les surfaces des plaies et des ulcères atoniques.

La *charpie préparée* est faite avec du lin ou du chanvre, très-soigneusement arrangée par couches ou grands plumasseaux du poids d'un demi-kilogramme chacun, qui sont très-portatifs et très-commodes pour le service chirurgical des armées.

La *charpie en tissu* est connue sous le nom de *charpie anglaise*. C'est un véritable tissu de lin d'une blancheur éclatante, d'une très-grande finesse, dont une des faces est villeuse et absorbante, et doit être appliquée aux parties, tandis que l'autre est lisse et paraît gommée. Cette charpie est livrée pour le service chirurgical, sous forme de longues pièces roulées sur elles-mêmes comme la toile, dans lesquelles on taille, lorsqu'on en a besoin, des morceaux dont la grandeur est en rapport avec celle des plaies. Elle est inférieure à la charpie française, en ce que ces villosités ont trop peu d'épaisseur ; aussi les Bavarois, qui se sont servis longtemps de la charpie anglaise, l'ont abandonnée pour revenir à celle du linge usé.

Quoique le coton, la laine, la soie, l'étoupe, l'éponge et tous les corps secs absorbants et mous puissent être substitués à la charpie, aucun d'eux n'est aussi convenable ni aussi propre au traitement des plaies et des ulcères. On n'a recours à ces substances supplémentaires que dans le cas où l'on ne peut se procurer la charpie ordinaire.

L. LAURENT.

CHARRETTE, sorte de voiture qui sert aux travaux de l'agriculture, au transport des marchandises et à divers usages de la vie commune. Son nom est dérivé, comme celui du *char* et du *carrosse*, du latin *carrus* ou *currus*. La simplicité, l'uniformité de sa construction, chez presque tous les peuples anciens et modernes, prouvent assez que son invention et son utilité datent de la plus haute antiquité. La charrette se compose d'un ou de deux limons ayant de 4ᵐ 50 à 5ᵐ 30 de long, et réunis par plusieurs pièces de bois nommées *éparts*, qui en forment le fond ; de deux *ridelles*, sorte de râteliers qui en sont les côtés et que maintiennent deux *ranches* (échelles à une seule tige), horizontaux et quatre verticaux ; d'un essieu et de deux *échatignoles*, qui le fixent sous les limons ; de deux roues, plus ou moins grandes et plus ou moins fortes, suivant la destination et les dimensions de la charrette ; enfin quelquefois d'un *treuil*, cylindre horizontal, que l'on tourne avec des leviers pour serrer la charge. Les roues d'une charrette ou d'un chariot ont quelquefois deux mètres et plus de diamètre. Les grosses voitures ont généralement adopté les roues à jantes larges, dites *à la Marlborough*.

La charrette est préférable au chariot dans plusieurs circonstances : elle est moins lourde, moins dispendieuse, tourne plus facilement, tire moins, et mérite la préférence sur les chemins unis, pavés, bien entretenus et peu montueux.

Les conducteurs de charrettes de roulage se nomment *routiers*, ceux des autres charrettes s'appellent *charretiers*. Les uns et les autres sont malheureusement trop connus par leur grossièreté envers les hommes et leur brutalité barbare envers les chevaux, malgré la loi qui punit les mauvais traitements inutiles dont on se rend coupable à leur égard. Les charrettes sont toujours trop chargées, et plus que les chevaux ne peuvent traîner. Si le chemin est montueux ou le pavé glissant, les pauvres bêtes redoublent en vain leurs efforts, en faisant jaillir des étincelles. Le charretier redouble aussi ses jurements, ses cris et ses coups de fouet, déchirant sans pitié la peau de ses chevaux, et quelquefois coupant le visage ou crevant les yeux des passants : c'est pourquoi on dit proverbialement, *brutal comme un charretier*, *jurer comme un charretier*. Dans le midi de la France, où les charrettes sont traînées par des bœufs, les bouviers ne sont pas plus doux pour ces pauvres bêtes, qu'ils martyrisent avec la pointe de l'aiguillon dont ils sont armés.

On appelle *charretée* la contenance, la mesure, la capacité d'une charrette. On dit : une charretée de bois, de foin, etc.

Quand on veut faire servir une charrette à transporter les hommes, comme celle des convois militaires, des blanchisseuses, etc., on les couvre d'une toile posée sur des cerceaux ; on leur donne alors quelquefois le nom de *carrioles*, de *bastringues*, de *pataches*, etc. C'est sur une de ces charrettes non couvertes que les condamnés étaient autrefois conduits à l'échafaud, et qu'ils le sont encore dans certains pays. Louis XVI y fut mené en carrosse, mais sa veuve n'obtint pas le même honneur, et monta seule sur la fatale charrette, qui la transporta jusqu'au lieu du supplice.

On a imaginé depuis quelques années des voitures ou charrettes de déménagement, qu'on nomme *tapissières*, elles ont servi aussi en 1832 au transport des victimes nombreuses que le choléra faisait chaque jour dans Paris. Une charrette qui, au lieu de ridelles, est entourée de planches se nomme *tombereau*, et sert au transport du fumier et des immondices ; on nomme *haquets* les charrettes à petites roues, en usage pour le transport des tonneaux dans l'intérieur des villes ; et *charrette à bras* une petite charrette traînée par un ou deux hommes, et propre seulement au transport de légers fardeaux.

On nomme *voie charretière* l'espace compris entre les roues d'une charrette, lequel est ordinairement déterminé par les règlements de police (voyez ROULAGE [Police du]).

H. AUDIFFRET.

CHARRIÈRE (Madame DE SAINT-HYACINTHE DE), connue comme auteur sous le pseudonyme d'*abbé de La Tour*, naquit en 1750, d'une riche famille hollandaise appelée TUYLL, et dans sa jeunesse figura à la cour du stadhouder. Par amour pour le précepteur de son frère, gentil-homme pauvre, qu'elle épousa, elle n'hésita pas à renoncer à sa position et à sa famille, se retira avec son mari dans un domaine qu'elle possédait aux environs de Neufchâtel, et vécut longtemps heureuse. Mais plus tard des chagrins intérieurs la forcèrent à chercher une distraction et une consolation dans la culture des lettres, et elle acquit comme écrivain une certaine réputation. La révolution française lui ayant enlevé presque toute sa fortune, elle dut, pour pouvoir continuer à se montrer bienfaisante, s'imposer les plus grandes privations. Vers la fin de sa vie, de nombreux traits d'ingratitude dont elle fut victime assombrirent son caractère, qui avait été toujours si aimable, et elle finit même par ne plus avoir le moindre rapport avec le monde. Elle mourut en 1806. Elle a écrit sous son pseudonyme d'abbé de La Tour : *Les trois Femmes, Honorine d'Uzerche, Sainte-Anne, Les mines d'Yedbourg, Sir Walter Finch et son fils William*, ouvrages réunis en collection, à Leipzig, en 1798. Elle a publié en outre : *Castille, ou Lettres de Lausanne* (1786), *Mistress Henley*, et les délicieuses pièces de théâtre intitulées : *Le Toi et le Vous, L'Émigré, L'Enfant gâté*, et *Comment le nomme-t-on?* Son style est plein d'esprit et de vérité. Elle ne se distingue d'ailleurs pas moins par la gravité morale de sa pensée et par la dialectique toute philosophique avec laquelle elle l'expose.

CHARRON, CHARRONNAGE (de *carrus*, chariot). Les charrons font non-seulement des chariots, des charrettes, mais encore des charrues et autres instruments et machines aratoires. On trouve des charrons partout, jusque dans les plus petits villages. Du reste leurs ouvrages n'offrent guère de difficultés que dans l'exécution des roues.

Les premières roues de voiture se firent d'abord d'un seul morceau, pris dans un tronc d'arbre d'un grand diamètre et taillé en cercle; les monuments antiques en font foi. Un auteur anglais assure, dans un voyage qu'il fit en Orient sur la fin du dix-huitième siècle, que les paysans de la Troade font encore usage de chariots dont les roues sont d'une seule pièce et ressemblent singulièrement à celles des chars que montaient les héros de l'Iliade. Les roues pleines ou d'une seule pièce, fort solides au reste, ont deux grands inconvénients : elles sont trop lourdes, et leur diamètre est si court que la moindre inégalité qui se rencontre sur la voie qu'elles doivent parcourir réduit presque à rien la propriété qu'elles ont de diminuer le frottement par leur rotation sur le pavé. Depuis longtemps on fait très-peu de roues pleines; encore sont-elles d'un petit diamètre, comme celles pour camions, brouettes, chariots, dont cet usage dans les ateliers de construction, etc.; mais on fait partout des roues composées de plusieurs pièces, qui sont en général le *moyeu*, les *rais* (rayons) et les *jantes*. Une roue ordinaire de voiture étant rapportée au cercle, le moyeu en occupera le centre, les rais en seront les rayons, et l'assemblage des jantes la circonférence.

Pour exécuter une roue avec méthode, on trace d'abord sur une surface plane, un plancher par exemple, un cercle d'un diamètre égal à la hauteur qu'on se propose de donner à la roue; du même centre, et avec une ouverture de compas, moindre que la précédente, de la largeur qu'on veut donner aux jantes, on en trace un second, puis on divise la circonférence extérieure en autant d parties égales qu'on veut donner de jantes à la roue; du centre de la figure, et par chacun de ces points de division, on tire des lignes indéfinies, qui, divisant le cercle intérieur en autant d'arcs égaux, donnent enfin le profil et les dimensions que doivent avoir les jantes, non compris leur épaisseur. On taille ensuite une planche sur l'un de ces profils, et ce patron ou calibre sert de guide pour débiter convenablement les madriers dont on extrait les jantes. Le moyeu se fait d'un seul bloc de bois dur; les tourneurs lui donnent la forme et la régularité qu'il doit avoir ; il y a des charrons ambulants qui donnent à leurs moyeux une régularité satisfaisante, sauf à avoir recours au tourneur; leur procédé est fort ingénieux. Nous ne dirons pas comment on façonne les rais ni la manière dont ils sont assemblés, tout le monde peut facilement s'en rendre compte. Entre deux jantes consécutives, on place une cheville ou goujon, dont la direction est celle d'une corde de cercle; les goujons empêchent les jantes de se déplacer à gauche ou à droite, et la roue conserve le même plan. Les roues aujourd'hui sont entourées de bandes de fer qui les préservent de l'usure. Les habitants des campagnes qui sont trop pauvres pour faire cette dépense couvrent leurs roues de fausses jantes qu'ils arrêtent avec des chevilles. Les anciens ferraient leurs roues avec de l'airain (bronze). Voilà pourquoi les habitants du midi de la France appellent encore le contour d'une roue de voiture *Pérès* (*ex ære*).

Depuis environ cent ans l'art du charron a fait quelques progrès : dans le dernier siècle, un Français trouva le moyen de courber les bois à volonté : il fit des roues d'une seule jante. Cet art s'est perfectionné de nos jours, et l'on fabrique maintenant des roues d'une seule jante et des bois contournés de toutes les façons. M. Philippe a construit un système de machines au moyen desquelles il exécute avec une précision remarquable presque toutes les pièces qui entrent dans la composition d'une roue ; les jantes sont découpées en tout sens par des scies, d'autres machines tournent et percent le moyeu, et on a vu à l'exposition de 1834 non-seulement des produits des ateliers de M. Philippe, mais encore des modèles en petit des machines à l'aide desquelles ils sont confectionnés. Ces modèles, parfaitement bien exécutés, sont de petits chefs-d'œuvre. Ils sont maintenant déposés au Conservatoire des arts et métiers. TEYSSÈDRE.

CHARRON (PIERRE), célèbre écrivain et philosophe, né à Paris, en 1541, était fils d'un libraire, qui eut vingt-cinq enfants. Ses parents, reconnaissant de bonne heure en lui les dispositions les plus heureuses, résolurent, quoiqu'ils eussent bien de la peine à soutenir une famille aussi nombreuse, de ne rien négliger pour son éducation. Charron fit ses études universitaires à Paris, et se distingua surtout en philosophie. Puis il alla étudier le droit à Orléans, à Bourges, et prit le bonnet de docteur dans cette dernière ville. De retour à Paris, il se fit recevoir avocat au parlement, et fréquenta le barreau avec assiduité pendant cinq ou six ans. Mais, s'étant bientôt dégoûté de cette carrière, il se tourna vers la théologie, et fut au bout de peu d'années en état de recevoir les ordres. Il se contenta du simple titre de *prêtre*, et n'aspira point aux grades théologiques.

Les exercices du barreau l'avaient avantageusement préparé à l'éloquence de la chaire : aussi se fit-il bientôt remarquer par son talent pour la prédication. Il précha d'abord dans différentes églises de Paris, et y obtint un succès tel que la reine Marguerite, épouse de Henri IV, le choisit pour son prédicateur ordinaire, et que ce prince, même avant son abjuration, prenait plaisir à l'entendre, et assistait souvent à ses sermons. Plusieurs évêques l'ayant appelé dans leur diocèse, il alla faire diverses stations dans les principales provinces du midi. Il fut récompensé de ses travaux par des places avantageuses et des dignités honorables : il devint successivement *théologal* de Bazas, d'Acqs, de Lectoure, d'Agen, de Cahors, de Bordeaux et de Condom. Après dix-sept ans d'absence, il revint à Paris en 1589, voulant finir ses jours dans un monastère, pour accomplir un vœu qu'il avait fait d'entrer dans un ordre religieux. Il tenta d'abord de se faire admettre chez les Chartreux, mais il ne put y être reçu, à cause de ses quarante-sept années, qui ne lui eussent pas permis de s'accoutumer aux austérités qu'imposaient les statuts de l'ordre ; il fit alors tous ses efforts pour entrer dans un ordre un peu moins rigide, celui des Célestins, mais on lui fit les mêmes objections. Il fut donc forcé de renoncer à l'accomplissement de son vœu. Cependant sa conscience en était inquiétée ; elle ne fut tranquille que lorsque plusieurs graves docteurs de Sorbonne eurent décidé qu'il était dégagé de son vœu et pouvait vivre dans le monde en prêtre séculier.

Il reprit alors ses *stations*, et alla prêcher d'abord à Angers, puis à Bordeaux en 1589. Il séjourna quelque temps dans cette dernière ville, où il remplit les fonctions d'*écolâtre*. Il eut l'occasion d'y connaître Montaigne, qui venait de publier la seconde édition de ses *Essais*, et se lia étroitement avec lui. Il se mit en quelque sorte à son école, et puisa dans ses entretiens des idées toutes nouvelles, qui firent en peu de temps de celui qui avait été jusque là le théologien le plus orthodoxe et le prédicateur le plus zélé un des apôtres les plus fervents de la liberté de penser, un des philosophes les plus hardis de son siècle. La mort seule put rompre cette liaison intime. Montaigne, en expirant, crut ne pouvoir donner à son ami un témoignage plus flatteur de son affection et de son estime que de lui permettre de porter les armes de sa maison. Charron, de son côté, laissa par son testament la plus grande partie de sa fortune à la sœur de Montaigne, Mme de Camein, et à son mari, conseiller du roi au parlement de Bordeaux.

Deux ans après la mort de son ami (1594), Charron publia son premier ouvrage, le *Traité des Trois Vérités*, qui parut à Bordeaux, sans nom d'auteur : ces trois vérités sont : 1° qu'il y a un Dieu et une vraie religion ; 2° que de toutes les religions la chrétienne est la seule véritable ; 3° que de toutes les communions chrétiennes l'Église catholique romaine est la seule vraie Église. Dans la première, il combat les athées ; par la seconde, les païens, les juifs et les mahométans ; par la troisième, les hérétiques et les schismatiques. Ce traité, qui ne se ressentait encore que fort peu de cet esprit philosophique qui devait inspirer d'autres écrits de Charron, fut fort goûté du clergé, et valut en 1594 à l'auteur la charge de grand-vicaire de l'évêque de Cahors et la dignité de *théologal* de la cathédrale de cette ville. Ce qui fit surtout le succès de ce livre, c'est la dernière partie, lancée au milieu des querelles des catholiques et des protestants, et dans laquelle il combattait le *Traité de l'Église* de l'ami de Henri IV, Duplessis-Mornay ; cet ouvrage l'engagea dans une controverse fort longue, qui n'était pas encore terminée à sa mort. Peu de temps après être venu se fixer à Cahors, Charron fut, grâce à la réputation que lui avaient faite ses prédications et ses écrits, député par la province ecclésiastique du Quercy à l'assemblée du clergé qui se tint à Paris en 1595, et fut choisi par cette assemblée pour son secrétaire. Pendant son séjour dans la capitale, il fut invité à prêcher dans plusieurs églises, et il reparut avec un nouvel éclat sur le premier théâtre de sa gloire. Après avoir honorablement rempli la mission qui lui avait été confiée, il retourna à Cahors, où il séjourna jusque vers l'an 1600, époque où il fut appelé à Condom, avec le titre de théologal et la dignité de *grand-chantre*.

Depuis quelques années, il s'occupait à rassembler et à réviser les discours qu'il avait prononcés dans différentes occasions. Il les publia en 1600 sous le titre de *Discours chrétiens*. Ils sont au nombre de seize, et roulent sur des sujets théologiques, tels que la Création, la Rédemption, l'Eucharistie, etc. En même temps il mettait la dernière main à l'ouvrage philosophique qui a fondé sa réputation, son *Traité de la Sagesse*, qui parut à Bordeaux en 1601. Quoique le premier de ces deux ouvrages répondît de l'orthodoxie de l'auteur et dût servir de passe-port au second, celui-ci fut à peine publié qu'il excita un grand scandale, à cause de quelques propositions hardies, et fut attaqué avec violence par un grand nombre de théologiens fanatiques. Soit pour détourner l'orage, soit pour perfectionner son livre, Charron se mit à le revoir. Il corrigea les passages qui avaient été l'objet des censures les plus vives, développa quelques parties trop abrégées, composa enfin en même temps, sous le titre de *Petit traité de la Sagesse*, un nouvel écrit, qu'il se proposait de joindre au premier pour lui servir de complément : il y exposait ses principes de la manière la plus nette, afin de prévenir toute fausse interprétation et de confondre ses adversaires. Ayant achevé ce travail, il vint à Paris en 1603, afin de donner une nouvelle édition de son *Traité* ainsi modifié. L'impression de l'ouvrage était déjà assez avancée quand Charron fut frappé d'une attaque d'apoplexie, le 16 novembre 1603, au moment où il passait de la rue Saint-Jean-de-Beauvais dans celle des Noyers. Il avait soixante-trois ans.

Après sa mort, ses adversaires firent tous leurs efforts pour empêcher de paraître la deuxième édition d'un livre regardé comme dangereux. On souleva contre l'ouvrage l'Université, la Sorbonne, le Châtelet, le parlement ; les plaintes montèrent jusqu'au trône, et l'on obtint l'ordre de saisir les feuilles imprimées, ainsi que le manuscrit. Mais, grâce aux soins de Roche-Maillet, avocat au parlement et ami de l'auteur, qui lui avait recommandé son livre, un nouvel examen du *Traité de la Sagesse* fut ordonné : le président Jeannin, homme judicieux, ayant été chargé de faire le rapport de l'affaire au conseil d'État, déclara que c'était un ouvrage purement philosophique, *un livre d'estat*, dans lequel la religion n'était nullement intéressée ; et sur son rapport il fut permis d'en achever l'impression. Cette sentence ne fit qu'irriter davantage la colère des adversaires du livre. Le plus violent de tous fut le jésuite Garasse, qui, dans son *Apologie contre le prieur Ogier*, appelle Charron le patriarche des esprits forts, et l'accuse formellement d'athéisme, le déclarant plus coupable que Cardan, et même que ce malheureux Vanini, qui fut brûlé. Ce n'est pas seulement dans le clergé que l'auteur du *Traité de la Sagesse* trouva des adversaires : le médecin Chanet fit, après la mort de l'auteur, un livre intitulé : *Considérations sur la Sagesse de Charron*, où il attaquait avec violence un homme qui ne pouvait plus se défendre ; l'historien Scipion Dupleix l'a aussi fort maltraité. D'un autre côté, Charron trouva d'ardents défenseurs parmi des hommes aussi éclairés que respectables par leur caractère, tels que le docte Naudé, le prieur Ogier, l'abbé de Saint-Géran. Les injures de Garasse finirent par être oubliées, et le *Traité de la Sagesse* est resté comme un des plus beaux monuments de la philosophie de ce siècle.

Quel est donc ce livre, qui par son titre même semble devoir prêcher les doctrines les plus saines, inspirer les sentiments les plus modérés, et qui cependant suscita de si violentes querelles ? « Notre dessein en cette œuvre est, dit Charron, premièrement enseigner l'homme à se bien cognoistre et l'humaine condition, le prenant en tous sens et regardant à tous visages : c'est au premier livre ; puis l'instruire à se bien régler et modérer en toutes choses : ce que nous ferons en gros, par advis et moyens généraux et communs au deuxième livre ; et particulièrement au troisième, par les quatre vertus morales soubs lesquelles est comprise toute l'instruction de la vie humaine et toutes les parties du devoir et de l'honnête. » L'auteur, tout en reconnaissant la supériorité de l'homme sur l'animal, paraît, à l'exemple de Montaigne, tenté de donner la préférence au sort de la brute. « La conclusion de cette comparaison, dit-il, est que vainement et mal l'homme se glorifie tant par dessus les bêtes ; car, si l'homme a quelque chose plus qu'elles, comme les grandes facultés de l'âme, aussi en eschange est-il sujet à mille maux dont les bêtes ne tiennent rien. » Sa peinture de l'humanité, de la condition de l'homme, de sa vanité, de sa faiblesse, de sa misère, de sa présomption, mérite d'être comparée à ce que Pascal a écrit sur le même sujet. Prêtre, il donne au mariage l'avantage sur le célibat, et, après avoir tout tenté, comme on l'a vu, pour entrer dans la vie monastique, il donne la préférence à la vie séculière. Dans le chapitre sur la noblesse, il ne craint pas de dire « que la noblesse octroyée par le bénéfice et le rescript du prince, si elle est seule, est honteuse, » et qu'il n'y a de véritable noblesse que celle qui tient au mérite personnel. Il cite, à l'exemple de Bodin, plusieurs maximes machiavéliques qui avaient cours alors parmi les politiques, et, sans y donner une pleine approbation, il n'ose les condamner ouvertement; telles sont celles-ci : « qu'il y a pour les princes une justice et une probité différentes de celle des particuliers; qu'on peut faire mourir secrètement ou autrement, sans forme de justice, certain qui trouble et est pernicieux à l'Etat, et qu'on ne pourrait réprimer sans péril par voie ordinaire. En cela il n'y a que la forme violée; et le prince n'est-il pas sur les formes et plus »? C'est là sans doute ce qui explique comment le cardinal Duperron, qui n'était pas très-scrupuleux sur les moyens, appelait ce livre *le bréviaire d'un homme d'État*. On ne saurait assez remarquer les conseils que donne Charron aux pères et mères sur les devoirs qu'ils ont à remplir envers leurs enfants. Tout ce chapitre paraît avoir beaucoup servi à Rousseau pour son *Émile*. Il réunit tout ce qu'ont dit de mieux à cet égard les moralistes de l'antiquité, et particulièrement Sénèque, dont trop souvent néanmoins il reproduit les déclamations.

Tel qu'il est, malgré ses défauts et ses lacunes, ce livre est encore aujourd'hui le meilleur traité de morale pratique que nous possédions. On aurait donc peine à comprendre comment il a pu échauffer si fort la bile des théologiens du temps, si l'on n'y trouvait disséminées quelques pensées hardies, qui peuvent sinon justifier, au moins expliquer cette sainte colère. En voici quelques-unes de celles qui ont été le plus violemment attaquées : « L'immortalité de l'âme, dit Charron, est la chose la plus universellement, religieusement et plausiblement retenue de tout le monde.., la plus utilement crue, aucunement prouvée par raison naturelle, mais proprement par le ressort de la religion. » Dans le chapitre sur la piété, il parle des religions avec une hardiesse bien extraordinaire, surtout dans un prêtre : « Il faut que les religions soient apportées et baillées par révélation céleste.., ainsi aussi disent tous qu'ils la tiennent.., non des hommes, ains de Dieu. Mais à dire vray, sans rien flatter ni déguiser, il n'en est rien.. ; elles sont, quoi qu'on en die, tenues par mains et moyens humains. La nation, le pays, le lieu, ajoute-t-il, donnent la religion... Elle n'est pas de notre choix et élection; l'homme sans son sçu est fait juif ou chrétien, à cause qu'il est né dans la juiverie ou dans la chrestienneté; que s'il fût né dans la gentilité ou le mahométisme, il eût été de même gentil ou mahométan. » Ne croirait-on pas entendre Voltaire quand il dit par la bouche de Zaïre :

Chrétienne dans Paris, musulmane en ces lieux,
J'eusse été près du Gange esclave des faux dieux.

Un peu plus loin Charron prétend que rien n'a mis la discorde et la guerre dans le monde comme le zèle religieux, et il va jusqu'à répéter les vers de Lucrèce :

Tantum religio potuit suadere malorum !

Bayle a pris la peine de rassembler la plupart des passages attaqués et de répondre aux diffamations de Garasse et de ses semblables.

Dans les pensées hardies que nous venons de citer, on reconnaît facilement le disciple de Montaigne; on le reconnaît plus encore à la profession de philosophie et de scepticisme qu'il fait ouvertement, dans plusieurs passages et à la ressemblance ou plutôt à l'identité de leurs pensées et de leur style, identité qui a fait dire à Balzac l'ancien que Charron n'était que le secrétaire de Montaigne. On connaît le *Que sçais-je?* de Montaigne; mais on sait moins que Charron avait pris pour devise : *Je ne sçay*; il avait même fait graver ces mots au frontispice d'une maison qu'il avait à Condom, comme il nous l'apprend lui-même. Il les met aussi dans la bouche de la déesse de la Sagesse, sur le frontispice de l'édition originale de son traité. Il a fait en outre l'éloge le plus pompeux du scepticisme et de la liberté de penser dans le chapitre qui a pour titre : *Universelle et pleine liberté de l'esprit*. Au reste, le scepticisme de Charron, comme celui de Montaigne, n'a rien de bien rigoureux ni de systématique; c'est le scepticisme de l'homme du monde, d'un franc penseur, qui ne craint pas de soumettre à l'examen ce qui est cru sans réflexion par la foule.

Mais, outre cet esprit général que possèdent en commun nos deux philosophes, rien de moins rare que de trouver chez eux une ressemblance frappante dans une foule d'opinions, de pensées, de détails, d'expressions même ; souvent on rencontre dans les écrits de Charron des passages entiers empruntés textuellement aux *Essais* de Montaigne. On explique facilement l'analogie des opinions et des pensées par l'étroite union qui pendant plusieurs années lia les deux écrivains, et par l'attention et la docilité que paraît avoir apportées notre théologal aux leçons du philosophe. Quant à ce grand nombre d'emprunts textuels que l'on a remarqués, et qui a donné lieu d'accuser Charron de plagiat, on peut le justifier par le but de notre auteur, qui était moins de passer pour un écrivain original que de faire un bon livre où fussent recueillies toutes les pensées utiles, tous les conseils pratiques que lui avaient offerts ses lectures. Dans ce but, il extrait ce qu'il trouve de bon dans Montaigne, comme il avait extrait une foule de passages de Plutarque et de Sénèque, et de deux écrivains contemporains : Duvair, auteur de la *Philosophie morale des Stoïques*, et Bodin, auteur de *La République*. S'il fait un plus grand nombre d'emprunts à Montaigne, c'est un éclatant hommage qu'il rend à la supériorité de son génie, ce qui n'empêche pas Charron d'être aussi très-souvent original et jamais bizarre. Ce qui frappe le plus dans ses écrits, c'est l'ordre, c'est la méthode; on peut même l'accuser d'avoir porté ces qualités à l'excès : dans ses ouvrages philosophiques, comme dans ses sermons, il divisait, subdivisait à la manière d'Aristote les propositions les plus simples et les plus claires ; et à force de vouloir mettre de l'ordre dans ses discussions, il y introduisait souvent le désordre et l'obscurité. L'esprit se fatigue à le suivre dans le labyrinthe de ses arguments, et oublie ou ne peut plus distinguer le but qu'il s'était proposé d'abord. C'est là le véritable défaut des écrits de Charron, défaut racheté par des qualités si éminentes qu'on peut hardiment dire qu'après les *Essais* de Montaigne, le *Traité de la Sagesse* est le plus précieux monument philosophique que nous ait laissé le dix-septième siècle.

BOUILLET.

CHARRUE. Toute charrue est composée de quatre parties au moins : le *sep*, le *soc*, l'*âge* (qu'on appelle aussi *flèche*, *perche* ou *haie*), et le *manche*; très-souvent on y joint l'*oreille* ou le *versoir*, le *coutre*, le *régulateur* et l'*avant-train*. Le manche de la charrue est ce prolongement à l'aide duquel le laboureur la dirige. L'*âge* sert à transmettre à la charrue le mouvement de progression de l'attelage. Le *sep* reçoit le soc à sa partie antérieure, et assez communément l'origine du manche à la partie postérieure. Le *soc*, qui est en fer, varie de forme; il est destiné à détacher la bande de terre que le *versoir* soulève, déplace et retourne de côté dans la raie précédemment ouverte. Le *coutre* est une espèce de couteau fixé dans l'âge au moyen d'une mortaise et d'un coin, et dont la pointe descend vis à vis et un peu au-dessus de celle du soc; son objet est de couper la terre devant le soc, et d'en rendre le renversement plus facile.

Une charrue pourvue de toutes les parties dont nous venons de parler, s'appelle *araire*. L'araire, excellent pour les terrains secs et légers, serait insuffisant dans les terrains froids et argileux, ou dans ceux qu'on défriche; aussi dans le Nord n'emploie-t-on que des charrues à avant-train. L'*avant-train* se compose de deux petites roues dont l'essieu porte deux montants, soutenant deux traverses échancrées dans leur milieu, l'inférieure fixe, et la supérieure mobile; la première traverse supporte l'âge, la seconde l'empêche de vaciller; c'est par leur moyen que l'avant-train se lie à l'arrière-train. Souvent il n'y a qu'une traverse, qui alors est percée dans son milieu pour recevoir l'âge.

Le *régulateur* sert à régler l'enture de la charrue, et, dans son état de perfection, à modifier la largeur de la raie ouverte par le soc. Pour les charrues à avant-train, on se sert d'une simple broche qui maintient l'anneau où s'attache la chaîne de tirage, qu'on peut fixer plus ou moins haut sur l'âge. Dans les araires, le régulateur est toujours fixé à l'extrémité antérieure de la flèche, parce que c'est là qu'est le point d'attache des traits; il sert à les hausser ou à les baisser, suivant l'enture qu'on veut obtenir.

[La charrue, ainsi que plusieurs autres instruments des arts, a peut-être été inventée dans diverses contrées qui n'avaient entre elles aucune communication. Quand même on aurait constaté que l'Europe l'a reçue des Égyptiens, on ne serait pas fondé à conclure que l'Égypte elle s'est répandue vers l'Orient comme vers l'Occident, et qu'elle a fait l'immense trajet depuis les bords du Nil jusqu'à la Chine. On ne pensera pas non plus que le bois crochu dont les Péroviens se servaient pour gratter la terre fertile, qui, dans leur pays, pouvait se passer d'une meilleure culture, soit une imitation de celui qu'on a trouvé représenté dans quelques monuments de l'antique Égypte. Mais sans pousser bien loin les recherches sur ce point de l'histoire de l'art, on refusera aux Grecs tout droit à la reconnaissance des peuples cultivateurs, et leur Triptolème ne paraîtra jamais qu'une copie, une contrefaçon de l'Osiris égyptien. Lorsque les Romains eurent ajouté la Grèce et l'Égypte à leur vaste empire, l'orgueil des vainqueurs ne les empêcha point de reconnaître dans les vaincus une supériorité de lumières et d'industrie dont ils profitèrent pour leur propre instruction; ils devinrent les disciples des Grecs, fréquentèrent les écoles de leurs philosophes, accréditèrent leurs doctrines et même leurs traditions vraies ou fausses. Ils accordèrent volontiers aux Athéniens la gloire de compter parmi leurs concitoyens l'homme qui le premier dompta un jeune taureau, le soumit au joug et lui fit traîner une charrue. Athènes fut reconnue *mère des moissons* (*frugum parens*). Florus exprime son indignation contre Sylla, qui fit subir à cette illustre cité les horreurs d'un long siège et réduisit ses habitants à manger de la chair humaine. Mais le témoignage des historiens de Rome n'ajoute rien à celui des écrivains grecs, dont il n'est que l'écho. L'autorité des anciens monuments égyptiens, où l'on voit la charrue traînée par des bœufs et quelquefois par des hommes, ne permet pas de douter que l'art aratoire n'ait fait dans ce pays les pas successifs qui l'ont amené au degré de perfection où les Romains l'y trouvèrent : c'est là que la marche des inventeurs est reconnue avec certitude, et l'origine de l'invention ne peut être placée ailleurs.

Ces monuments de l'Égypte ont reproduit à nos yeux la forme de la charrue simple, d'une seule pièce de bois courbée, soit naturellement, soit par les soins et les efforts du cultivateur, qui contraignait un jeune arbre à se plier suivant le contour qu'il lui traçait et à végéter dans cette situation. C'est ainsi qu'aujourd'hui même quelques peuples du Nord préparent dans les forêts les jantes de roue d'une seule pièce et les autres bois courbés dont ils composent leurs attelages rustiques. La charrue *simple* était d'une forme assez compliquée pour qu'il fût très-difficile et très-rare de trouver des bois contournés naturellement suivant cette succession de lignes droites et de courbes : il fallait y trouver vers le milieu une masse assez volumineuse pour que l'on pût en tirer le *sep*, pièce à laquelle on attachait un soc en fer. D'un côté du sep, le *manche* devait être d'une longueur et d'une inclinaison telle que le cultivateur le tînt commodément dans ses mains pour diriger le travail. Une *âge* se courbait entre le sep et le *timon*, pièce droite qui servait à la traction, soit par des hommes, soit par des animaux, et quelquefois par la réunion de ces deux sortes de forces. Le soc était de fer afin qu'il pût conserver plus longtemps les formes aiguës et tranchantes qui divisent la terre et ouvrent le sillon. Il semble qu'une telle pièce de bois ne pouvait être très-légère; cependant, un bras vigoureux la maniait aisément même pour un autre usage que le travail des champs; on en jugera par le fait suivant : à la bataille de Marathon, un Athénien n'avait pas d'autre arme que sa charrue, qui entre ses mains devint une arme herculéenne, car il fit tomber sous ses coups un très-grand nombre d'ennemis. Autre preuve du peu de poids de cet instrument : après le travail du labourage, le laboureur rejetait la charrue sur le joug de ses bœufs, qui ne paraissaient nullement fatigués par cette charge. Virgile fait dire à Corydon, dans la seconde églogue :

Aspice : aratra jugo referant suspensa juvenci.

Image gracieuse de la cessation des travaux agricoles à la fin de la journée.

La fabrication des charrues devint beaucoup plus facile dès que l'on se permit de les composer de pièces solidement assemblées. La forme et les dimensions de l'ensemble ne subirent que de très-légers changements, mais des bois de nature différente furent associés pour la formation de cet instrument composé. Virgile recommande d'employer l'orme pour le sep, l'âge et le timon, le hêtre pour le manche et le *léger* tilleul pour le joug. Ces charrues composées diffèrent très-peu de l'*araire* des provinces méridionales de la France. Avec des modifications variées suivant les lieux et les temps, elles se sont répandues des bords du Nil jusqu'à ceux de l'Euphrate et du Tigre, le long des côtes septentrionales de l'Afrique, en Europe et dans le nord de l'Asie, etc. Cependant, la charrue primitive n'a pas totalement disparu; on la retrouve encore autour de la mer Noire, en Crimée et dans quelques provinces caucasiennes.

L'histoire de cet instrument d'agriculture laisse une grande lacune durant les ténèbres du moyen âge. L'addition d'un avant-train porté sur des roues précéda cette époque, et même le siècle d'Auguste. Depuis, il faut traverser de longs siècles pour rencontrer quelque amélioration apportée au principal instrument du premier des arts. Olivier de Serres, admirateur de la charrue des anciens, était peu disposé à y laisser faire quelques changements : « Ceux se sont fait plutôt admirer qu'imiter qui ont inventé de nouveaux socs; tant a de majesté l'antique façon de manier la terre, de laquelle on ne se doit départir que le moins que l'on peut, et avec grande considération. » Il faut arriver au dix-huitième siècle, si remarquable par les progrès des arts, pour apercevoir les premiers effets du mouvement imprimé aux études sur les charrues. Les mémoires, et les traités furent multipliés, prodigués peut-être; on fit plus de livres que d'expériences; mais la voie de la véritable instruction fut aussi fréquentée dans toute l'Europe, et surtout dans les pays où les sociétés d'agriculture entretenaient l'activité des recherches, et répandaient les connaissances à mesure qu'elles étaient acquises. On se plaît à voir la France, la Grande-Bretagne, le Danemark, la Suède, l'Allemagne, l'Italie et la Suisse entrer à l'envi les unes des autres dans cette carrière d'une noble émulation. Des charrues de formes très-variées ont été mises à l'essai, jugées avec une scrupuleuse équité; tous les éléments des questions à résoudre, analysés et discutés avec soin, sont actuellement préparés pour la solution : il y a tout lieu d'espérer que les charrues atteindront bientôt un degré de perfection dont on pourra se contenter.

C'est surtout depuis le milieu du dix-huitième siècle que la charrue fut un objet de recherches, qui ne demeurèrent pas infructueuses, et de controverses assez vives. La routine eut ses défenseurs, qui affichèrent sur leur bannière une sentence attribuée à Caton le Censeur : *Sulco vario ne ares*. Le traducteur, qui apparemment ne savait pas très-bien le latin, avait travesti la pensée de l'illustre Romain, et lui faisait dire : *Ne change point ton soc*. On argumenta longtemps de part et d'autre sans parvenir à s'entendre, mais enfin l'expérience fut consultée, et la supériorité de quelques nouvelles machines sur les anciennes devint incontestable. En 1766 plusieurs charrues se présentèrent à un concours qui eut lieu près de Châteauneuf sur le Cher ; on en vit une qui laboura très-bien des terres fortes avec deux bœufs seulement, tandis que la charrue du pays, attelée de huit bœufs, ne pouvait y pénétrer. Malheureusement ces concours instructifs ne furent pas continués en France : l'agriculture anglaise en profita mieux que nous, et leur fut redevable de plusieurs améliorations importantes.

Aujourd'hui les fermes-modèles donnent les moyens de faire les expériences agricoles avec les soins et la persévérance qu'elles exigent ; le problème de la construction d'une bonne charrue peut donc être résolu ; mais il faut des séries d'épreuves complètes, et non des essais isolés et partiels comme presque tous ceux auxquels on s'est borné jusqu'à présent. La question à résoudre est surchargée de conditions également impérieuses, et qui paraissent inconciliables, au premier coup d'œil. On demande une machine simple, d'une construction peu dispendieuse, durable, d'un entretien facile : elle est destinée à diviser, *ameublir* la terre en diminuant l'adhérence des molécules ; cette division doit être opérée jusqu'à une profondeur assez grande, afin que les racines des plantes s'étendent sans obstacle. De plus, cette division des molécules de la terre suivant toutes les directions doit être produite par un mouvement rectiligne et continu. En cherchant ce qui peut satisfaire à l'une de ces conditions, l'inventeur est exposé à perdre de vue des obligations non moins essentielles, et à ne pas atteindre le but. Le programme du prix proposé au commencement de ce siècle par la Société d'Agriculture de la Seine pour le perfectionnement des charrues exige des concurrents qu'ils ne présentent que des charrues attelées de deux bêtes, et qui dispensent le laboureur du secours d'un aide : il était facile de se conformer à cette injonction, car plusieurs contrées offraient déjà des modèles d'instruments de labourage amenés à ce degré de perfection ; mais il fallait aller plus loin, introduire des formes nouvelles et plus parfaites ; le génie des machines n'inspira pas les concurrents, et le problème est encore à résoudre.

Il n'y a certainement pas autant de sols d'une nature différente que de formes de charrues actuellement en usage. Chaque province a la sienne, non-seulement en France, mais en Angleterre, où les concours fréquents auraient dû faire connaître et adopter partout la meilleure. On remarque avec surprise que celle des environs de Paris est moins bonne que celle de la Brie, et que le foyer des lumières agronomiques paraît plus fortement à une certaine distance que dans son voisinage. Dans le midi de la France on a conservé l'*araire* ou charrue sans avant-train, qui est une importation de l'Italie, comme l'attestent les noms locaux de diverses parties de cette machine. Cependant, quelques auteurs assurent que la charrue munie d'un avant-train porté sur des roues est d'origine gauloise, qu'elle a franchi les Alpes, et que les cultivateurs du nord de l'Italie l'ont reçue avec empressement. Ainsi, les Romains et les Gaulois auraient fait l'échange de leurs instruments aratoires : il eût fallu nous apprendre comment ces deux peuples furent amenés à cette détermination très-singulière et dont on ne connaît point d'autre exemple.

Quoique l'araire soit plus simple que les charrues à roues, on y trouve une grande variété, parce qu'il a subi des transformations, ou tout au moins des modifications suivant les circonstances locales, et par l'action du temps. Il a conservé la possession de son pays natal, et il y a joint d'immenses conquêtes en Asie, en Afrique et dans le midi de l'Europe ; dans le Nouveau-Monde, il est entre les mains des laboureurs depuis les rives de la Plata jusqu'à celles du Mississipi. Ainsi, les autres charrues sont confinées dans le nord et le milieu de l'Europe, et en Amérique, dans les États-Unis et le Canada. On connaît assez l'hommage que les États-Unis rendirent à la charrue, après la conquête de leur indépendance : mais ce qui n'est pas moins honorable pour ce précieux instrument de culture, c'est le mémoire publié par l'un des chefs de cette puissante fédération, par le sage et vertueux Jefferson. Il décrit avec soin les procédés par lesquels tout ouvrier parviendra facilement à tailler le sep et l'oreille. La forme, les dimensions et la construction des autres pièces sont exposées avec la même précision.

Les préceptes du vénérable Jefferson sont fondés sur une théorie très-rigoureuse et susceptible d'être exprimée par des formules algébriques ; mais l'auteur s'adresse aux ouvriers, et leur enseigne ce que sa propre expérience lui a démontré. Avant l'apparition de ce mémoire, le savant Arbuthnot avait indiqué la cycloïde comme la courbe directrice la plus convenable pour construire des versoirs qui opposent la moindre résistance dans le labourage des terres fortes.

Parmi les étrangers qui ont mérité la reconnaissance des agronomes de toutes les nations, nous ne devons pas omettre Arthur Young, dont les observations sur nos méthodes agricoles ont déjà opéré de nombreuses et utiles réformes. Sa *charrue sans roues* (*swing plough*) est introduite en France depuis longtemps, et les cultivateurs qui en font usage la préfèrent à toutes celles qu'on y vante le plus, parce qu'elle possède au plus haut degré la faculté de tracer des sillons plus ou moins larges et profonds, au gré du laboureur. A un grand concours qui eut lieu dans la province de Suffolk en 1797, on la vit avec étonnement labourer en six heures moins quatre minutes un champ de plus de 4000 mètres carrés de superficie, c'est-à-dire les deux cinquièmes d'un hectare. Cette charrue si expéditive était conduite par un seul homme, et traînée par deux bœufs seulement, au lieu que les autres concurrents en employaient quatre. Cependant, les Anglais ont encore plus d'estime pour d'autres charrues, dont les processes sont bien dignes d'exciter sur le continent une noble rivalité. Une de ces merveilleuses machines, celle de lord Somerville, sans roue, à double soc, attelée de quatre bœufs, laboura les trois quarts d'un acre en 88 minutes ; c'est un peu plus que la moitié en sus du travail exécuté par la charrue d'Arthur Young. Mais il faut observer que cette dernière travailla près de six heures de suite, au lieu que la première n'eut à soutenir son activité que durant le quart de ce temps. En assimilant ces sortes de défis entre les charrues aux courses de chevaux, comparaison qui ne manque pas de justesse, on jugera que la vitesse doit décroître à mesure que le temps s'augmente, et que la somme totale des efforts doit être plus grande. Une autre épreuve de la charrue à double soc fut plus concluante : un travail modéré, soutenu pendant plusieurs jours, rapprocha beaucoup le produit des deux machines, et celle de lord Somerville ne l'emporta sur sa rivale que par un quinzième en sus de la superficie labourée.

Que notre admiration ne se lasse point : l'industrie agricole de l'Angleterre a beaucoup d'autres prodiges à nous manifester. L'un des plus importants est la charrue de M. Small, dont l'éloge retentit dans le nord de l'Allemagne autant qu'aux lieux de son origine. L'inventeur s'est attaché principalement à perfectionner le versoir, et il l'a fait en fonte de fer, matière dont on ne fait pas encore assez d'usage en France pour les instruments de culture. Sa dureté, sa longue durée, ses formes invariables et la modicité de son prix sont autant d'avantages attachés à son emploi. On a déjà fait en Angleterre l'essai d'arrière-trains de charrue coulés en fonte, d'une seule pièce, et le résultat n'a pas été au-dessous de ce qu'on espérait : la charrue de M. Cook, faite de cette manière, a été jugée préférable même à la célèbre charrue de Norfolk.

Le savant et laborieux Duhamel, qui rendit de si grands services aux arts, auxquels sa longue carrière fut consacrée, proposa plusieurs charrues ; mais on les trouva trop compliquées pour que des ouvriers ordinaires pussent les construire sans altérer des formes où rien ne doit être incorrect, et pour que des cultivateurs mal habiles pussent les manœuvrer avec succès. Parmi les concurrents au prix proposé par la Société d'Agriculture de la Seine pour le perfectionnement des charrues, ce fut un ancien officier du génie, M. Guillaume, qui approcha le plus du but indiqué par le programme.

Cette carrière, où des hommes d'un grand savoir ont prouvé que les sciences ne sont jamais inutiles pour les progrès des arts, peut aussi être parcourue avec succès par des hommes sans instruction, pourvu qu'ils aient l'esprit juste et observateur. L'année 1833 a reproduit en France ce phénomène intellectuel ; elle a vu paraître la *charrue Grangé*. L'inventeur de cette machine, né dans le département des Vosges, est fils d'un fermier qui se remit à cultiver la terre après avoir laissé une partie de ses membres sur le champ d'honneur, en défendant sa patrie. Ce digne père mourut en 1823, laissant sa veuve malade et son fils aîné (l'inventeur de la charrue) beaucoup trop jeune pour diriger seul l'exploitation de la ferme : le jeune Grangé avait à peine dix-huit ans il devint garçon de charrue, et depuis cette époque il s'occupa sans relâche des moyens de rendre moins pénible sa tâche journalière. Il y parvint enfin, et *par des moyens nouveaux*, suivant le rapport des commissaires de l'Académie des Sciences et de ceux de la Société d'Encouragement pour l'industrie nationale. Le laboureur ne parvenait à tracer un sillon à peu près régulier qu'en pesant plus ou moins sur les bras de sa charrue ; et au milieu de ce travail, qui exigeait une attention soutenue et l'emploi de presque toutes ses forces, il avait encore à diriger son régulateur, etc. ; il ne pouvait se passer d'un aide, chargé exclusivement de diriger la marche des chevaux ou des bœufs. Comme les charrues sans avant-train (araires) sont plus aisées à conduire, on paraissait généralement disposé à les adopter partout, et le chef des agronomes français, Dombasle, avait donné l'exemple de cette réforme, lorsque le jeune Grangé, s'occupant de la charrue de son pays natal, laquelle est sur des roues, est venu faire pencher la balance en sens contraire, et forcer en quelques lieux les araires à recevoir un avant-train. Le système de la charrue Grangé offre d'heureuses applications du levier, un moyen commode et sûr de diriger la traction vers le centre de tirage, et de diminuer ainsi la force de traction nécessaire, de profiter du poids de l'avant-train, défaut des autres charrues à roues, pour soulager le laboureur, en pesant sur le soc par la seule action d'un levier sur le talon du sep et en dégageant sans effort le soc au moyen d'un autre levier. De toutes les machines aratoires compliquées, celle-ci est peut-être la meilleure que l'on ait faite, parce qu'elle fonctionne très-bien, avec facilité, et qu'elle n'est pas moins solide que des charrues plus simples. FERRY.]

CHARTE ou **CHARTRE** (*Diplomatique*). Mot qui désignait jadis toute espèce d'actes, et qui ne s'applique plus aujourd'hui qu'aux titres anciens, comme ceux d'*instrument*, de *monument*, de *diplôme*, etc. Outre ces termes relatifs à toutes sortes de pièces, il y en avait d'autres qui caractérisaient plus spécialement les chartes : *evidentiæ* comprend surtout les chartes contenant des donations ; *apices* chez les Latins du moyen âge, les chartes en général ; enfin *titulus* (titre) avait la même signification. Quant au mot *charte* lui-même, il est dérivé du latin *carta* ou *charta*, qui signifie papier ou parchemin, et se prend dans le sens figuré pour ce qui est écrit sur le parchemin même ; c'est toute espèce d'acte constatant un accord, une convention, une transaction, soit entre égaux, soit entre supérieur et inférieur, durant le moyen âge. N'oublions pas que dans les premiers siècles on se servait plutôt de *chartula*, et que dans les onzième, douzième, treizième siècles, on n'employait pas seulement le mot *charta*, mais encore les mots *quarta*, *quartula* ou *karta*.

L'étude des chartes forme l'objet principal de la diplomatique. On les distinguait entre elles par leur objet. Tout acte où l'on contractait quelque engagement, comme serment de fidélité, d'obéissance, d'hommage, etc., où la religion du serment intervenait, s'appelait *charta jurata*, *sacramentalis* ou *sacramenti*. Presque toutes ces chartes étaient sans dates ni signatures, surtout si elles étaient jointes à d'autres pièces, principalement dans les onzième, douzième et treizième siècles. Un hérétique rentrait-il dans le giron de l'Église, on lui présentait une formule de foi opposée à son erreur, et il signait simplement cet acte, appelé *rétractation* dans les premiers siècles, et depuis *abjuration*, parce qu'il s'y joignait un serment.

On appelait *chartæ de mundeburde*, chartes de *mainbournie*, du mot latin *mundeburdis*, protection, employé souvent dans les lois des peuples germaniques, de défense, de protection, de tutelle accordées aux églises et aux monastères par les rois, les seigneurs et les évêques ; au onzième siècle celles qu'accordait un de ces derniers pour mettre le territoire d'une église à l'abri du pillage prenaient le nom de *salvitates*, sauvetés.

Quand un accident faisait perdre à une maison ses titres de propriété ou de privilège, le magistrat ou gouverneur du lieu faisait expédier deux chartes dites *apennes*, qui étaient à peu près des procès-verbaux du désastre, ce qui les fit appeler aussi *chartæ relationis* ; l'une était affichée dans un lieu public pour sauvegarder les droits des tiers, l'autre délivrée à celui qui avait perdu ses titres. Alors celui-ci adressait au prince cette charte avec une adresse dite *notitia suggestionis*, et le prince y répondait par une charte définitive ou diplôme dit *pancharta* ou *pantocharta*, au moins à partir du neuvième siècle. Par cet acte, le souverain confirmait les biens ou privilèges dont on avait perdu les titres ; mais sans rien spécifier. Les pancartes de Charles le Chauve sont les premières qui entrent dans le détail des biens on terres.

Sous le nom de *chartes bénéficiaires* (*chartæ beneficiariæ*), on entend les donations faites par les empereurs ou par les rois francs des deux premières races aux guerriers, aux nobles, et dans la suite aux ecclésiastiques même, à condition de vasselage ou de service militaire. La charte de donation portait souvent en tête le nom d'*épître ou de lettre*) ; elle en avait la forme, l'adresse et le salut. Elle s'appelait aussi *charta traditionis, transfusionis, offensionis, transfersionis, perpetualis transactionis, stabilitatis, confirmationis, confectoria, elemosinaria* ; on la nommait enfin *charte de cession, de cession à usufruit, charta semiplantaria* (de métayer), quand il s'agissait par exemple d'un terrain à convertir en vignoble, dont le propriétaire au bout de cinq ans partageait les produits avec le colon qui avait fait les frais du plant, etc. Les chartes de donation ou de dotation devinrent innombrables au dixième siècle. Il existait fréquemment une distinction réelle entre la charte de donation et la charte de tradition, en ce que cette dernière constatait l'investiture du bien donné. La charte de confirmation, qui à défaut des chartes de donation, en prouve suffisamment la vérité, enchérissait encore sur tous ces titres. Dans les onzième et douzième siècles, elle suivait de près les donations, parce qu'elle émanait, ou du bienfaiteur même, ou de son successeur. Les chartes de vente portent d'ordinaire des titres analogues à leur contenu.

La *charte de soumission* ou *d'assujettissement* (*charta obnoxiationis*) était un acte de vente de soi-même et de sa famille pour se procurer des aliments en temps de famine, satisfaire un créancier, solder une amende, ou restituer quelque bien mal acquis.

La *charte prestaire* (*prestaria*) était l'acte par lequel une église ou un monastère abandonnait à un particulier l'usufruit de quelque terre à certaines conditions. La *charte précaire* (*precaria*) était l'acte par lequel on demandait ou on acceptait cet usufruit. Ces deux sortes de chartes devinrent fréquentes dans le huitième et le neuvième siècle.

La *charte d'obligation et de caution* (*charta cautionis*) obligeait à terme le débiteur envers le créancier. Celle *d'engagement et de garantie* (*pignorationis*) contenait ordinairement une cession de terre jusqu'au remboursement de la somme prêtée.

La *charte d'héritage* (*hereditaria*) faisait entrer en partage de l'héritage de tout franc-alleu les filles, qui en étaient exclues par la loi salique. Cet acte émanait du père, qui pouvait également en gratifier les enfants inhabiles à hériter d'après la loi parce qu'il n'avait pas pu assigner de dot à sa femme.

La *charte de division* (*divisionis*) était l'acte qui était dressé par les frères ou ayant-cause faisant un partage de biens quand un père n'avait rien décidé par son testament.

La *charte audiencielle* (*audientialis*) n'était autre qu'une citation à comparaître devant un tribunal.

La *charte andelane* (*andelana*), avec ses dérivés, prenait ce nom des mots allemands *an die hand*, parce qu'elle passait de la main du donateur dans celle du donataire.

Le cartel de défi ou manifeste cassait les engagements contractés et déclarait la guerre ; on l'appelait *littera diffidentiæ*, plutôt que *charta*.

Si nous voulons maintenant distinguer entre elles ces différentes chartes par leur forme, nous devrons d'abord traiter des *chartes paricles*, non pas qu'elles aient précisément rien dans leur aspect extérieur qui les distingue des autres, mais parce qu'elles ont donné naissance à la plupart de celles qui ont des caractères extérieurs distinctifs. Ces *chartæ pariclæ* ou *paricolæ*, ainsi nommées dès le neuvième siècle, de ce qu'on en délivrait autant d'expéditions qu'il y avait de personnes intéressées à l'acte qu'elles mentionnaient, ne furent jamais complétement abolies, mais ne tardèrent pas à se transformer en *chartes-parties*, dont les *chartes ondulées*, *dentelées*, les *cyrographes*, ne sont que des modifications.

Les *chartes parties* (*chartæ partitæ*) étaient ainsi appelées de ce que la matière sur laquelle elles étaient écrites formait diverses parties d'un même tout divisé. Sur une même feuille de parchemin ou de vélin on écrivait un acte, en commençant un peu plus bas que le milieu de la feuille ; puis on retournait le vélin, et du même côté on transcrivait la teneur de l'acte, encore un peu au-dessous du milieu. Puis on partageait la feuille en deux. Mais, pour rendre la contrefaçon des actes presque impossible et procurer un moyen facile de vérifier leur authenticité, on avait dès lors recours au moyen que l'on emploie encore aujourd'hui pour les billets de banque, les actions, etc. ; seulement les deux actes étaient à la fois l'un pour l'autre souche et coupon, et c'était entre eux que se faisait le rapprochement. Lors donc qu'on les coupait en ligne droite, on avait soin d'écrire préalablement dans l'entre-deux quelques mots en gros caractères, de façon qu'après la séparation chaque partie eût la moitié de ces gros caractères. Le mot *cyrographum* (par corruption de *chirographum*, obligation signée du débiteur) était le plus usité pour servir de symbole intermédiaire entrecoupé par la division des chartes parties. De là le nom de *cyrographes*, qui leur est resté, lors même qu'elles contenaient toute autre énonciation dans le même but. Ainsi, tantôt on a ajouté au mot *cyrographum* les épithètes *memoriale* ou *commune*, tantôt on leur a substitué les noms des parties contractantes ou le signe de la croix, ou une inscription édifiante, comme *in nomine Domini, Jhesus Maria, Jesus, Jesu Merci, Ave Maria*, ou quelques sentences, ou même assez souvent des mots indéchiffrables. Par la suite, et pour plus de précaution, au lieu de couper en ligne droite la feuille qui contenait les deux chartes, on en fit la séparation par un trait ondulé, et l'on appela ces nouvelles chartes-parties *ondulées* (*undulatæ*). Enfin, pour multiplier les ondulations et rendre les fraudes plus difficiles, dès le dixième siècle on découpa les chartes parties en dents de scie, et on les nomma *chartes dentelées* ou *endentures*, en latin *chartæ indentatæ*, ou simplement *indatatura*. Ces dernières furent très-en vogue en France durant le quatorzième siècle. Le premier degré d'authenticité ajouté aux chartes parties après le cyrographe fut la signature des témoins, et le second, surtout à partir du douzième, l'addition d'un ou de plusieurs sceaux. *Le syngraphe* était une charte souscrite du débiteur et du créancier et gardée par les deux.

La perte possible des monuments originaux donna naissance aux copies. Les copies des chartes sont généralement divisées en quatre classes : la première comprenant celles que faisaient faire les autorités préposées à leurs conservation ; la seconde, celles que commandaient les parties intéressées ; la troisième, les actes cités textuellement dans d'autres actes contemporains ou postérieurs, entre autres, les *chartes de rénovation* et les *vidimus*, ainsi nommés de ce qu'ils étaient visés par les autorisés compétentes ; la quatrième enfin, les séries de copies renfermées dans des *cartulaires*. On reconnaît dans toute charte des caractères intrinsèques et des caractères extrinsèques. Les caractères intrinsèques sont tellement inhérents aux chartes qu'ils se retrouvent même dans les copies. Les caractères extrinsèques ou externes sont tellement attachés aux originaux qu'ils ne se reproduisent nulle part ailleurs. Les caractères intrinsèques sont le style propre aux chartes, les différentes manières successives d'orthographier, le langage employé, les différentes époques de l'usage des pluriels et des singuliers, les titres d'honneur pris et donnés dans les souscriptions, les noms et surnoms et le nombre distinctif des princes de même nom, les diverses invocations tant explicites que cachées, les adresses, les débuts, les préambules, avec leurs clauses, tant dérogatoires que comminatoires, les salutations ou adieu final, les formules générales, les annonces de précaution, les dates. Les signatures, les changements de règne ou les pertes des chartes mêmes en ont souvent occasionné le renouvellement.

On appelle *cartulaires* les recueils de chartes d'une même maison arrangées suivant l'ordre chronologique ou autrement. Le *chartrier* est le lieu où les chartes d'une même maison, sont mises en dépôt. On emploie quelquefois indistinctement les mots *cartulaire* et *chartrier* dans le sens de recueil de chartes. *Chartrier* était aussi le nom de celui qui avait la garde des chartes.

Outre les espèces de chartes (dont nous venons de parcourir, il y a les *chartes de communes* (*charta communis, communionis, communitatis*), lettres que les rois ou seigneurs délivraient pour l'érection des habitants d'un pays, d'une ville, d'un bourg, en corps ou communauté, moyennant un serment et certaines lois spéciales combinant l'exercice des droits acquis avec des obligations envers les rois ou seigneurs ; des *chartes de privilèges*, des *lettres de chartes* ou *lettres expédiées en chartes*, telles qu'arrêts, ordonnances, écrits, actes de rémission ou absolution, procédant de la pleine grâce du roi, et constituant un *droit perpétuel*; des lettres accordées aux Israélites dans leur chancellerie particulière pour s'établir sur tel ou tel point du royaume, appelées *chartes des juifs* ou *marans*; la *charte à deux visages*, que le roi accordait à ceux qui se prétendaient nobles et affirmaient ne pouvoir le prouver par suite de la perte de leurs titres.

Quelques actes importants ont gardé le nom de *charte*; telles sont : la *charte de paix* que Philippe-Auguste signa en 1222 à Melun comme transaction avec l'évêque et le chapitre de Paris, pour régler la compétence des officiers royaux et celle des officiers du prélat et des chanoines; la *charte normande*; la grande *charte anglaise* (*voyez* MAGNA CHARTA); enfin la *charte du roi Jean*, et les *chartes constitutionnelles*, dont nous parlerons plus loin, dans un article spécial.

En 1655, les chartes venant à se multiplier, même pour des objets d'un intérêt secondaire, Louis XIV jugea à propos de créer huit offices de secrétaires du roi *intendants des chartes* et de quatre *greffiers des chartes et expéditions* de la chancellerie, création qui dura moins de cinq ans.

On donnait jadis en France le nom de *trésor des chartes du roi* au dépôt des titres de la couronne et au lieu où ce dépôt était conservé ; il n'y eut de dépôt fixe qu'à partir de Philippe-Auguste. Ce nom s'était étendu aux lieux où l'on gardait les titres des seigneuries, des abbayes, des communautés, et devenait quelquefois, en ce sens, synonyme de cartulaire.

CHARTE DU PEUPLE. *Voyez* CHARTISME.

CHARTE NORMANDE ou CHARTE AUX NORMANDS. Ce nom est demeuré à deux ordonnances publiées, le 13 mars et le 22 juillet 1315, par Louis le Hutin, et destinées à confirmer les droits et priviléges des divers ordres du duché de Normandie. Dans la seconde, ce prince déclare qu'il a reçu les griefs des prélats, barons, chevaliers et menu peuple de son duché de Normandie, sur les tailles et subventions auxquelles on les a assujettis depuis saint Louis, en violation de leurs droits et franchises; et pour faire cesser ces plaintes, il prend, entre autres engagements, celui de ne plus altérer les monnaies, de ne plus tolérer qu'aucun homme franc de Normandie soit mis à la question, s'il n'est violemment suspect de crime capital; enfin de ne lever sur personne d'autres tailles et subventions que celles qui sont dues par un ancien usage. Ces ordonnances furent successivement renouvelées par Philippe de Valois, par Charles VI, Charles VII, Louis XI, Charles VIII, et en dernier lieu par Henri III. Quoique la plupart de leurs dispositions eussent depuis longtemps cessé d'être en vigueur, leur autorité paraissait telle que jusqu'en 1789 les édits, ordonnances, etc., applicables à la Normandie, se terminaient toujours par la clause suivante : *Nonobstant clameur de haro, charte normande et lettres à ce contraires*.

CHARTE PARTIE. C'est synonyme de *police d'affretement*; il désigne l'acte rédigé pour constater le contrat d'affrétement d'un navire. Cet acte a été nommé *charte partie*, en latin *charta partita*, parce qu'autrefois on l'écrivait une ou plusieurs fois sur un même parchemin qui était ensuite divisé entre les contractants (*voyez* l'article CHARTE). Toute charte partie doit énoncer le nom et le tonnage du navire, les noms du capitaine, du fréteur et de l'affréteur, le lieu et le temps convenus pour la charge et la décharge du bâtiment, le prix du fret, le mode de location, et enfin l'indemnité stipulée pour le cas de retard. Si les parties n'ont pas fixé le temps de la charge et de la décharge du navire, il est réglé par l'usage des lieux. La charte partie peut être sous seings privés, ou passée par devant un notaire ou un courtier.

CHARTES (École des). Cette école fut créée dans le but de ranimer en France l'étude des monuments de notre histoire nationale, genre de gloire qui avait illustré la France pendant les deux siècles passés, et qui était resté trop longtemps abandonné et privé de tout encouragement. La fondation de cette école remonte à l'année 1821 (Ordonnance royale du 22 février). Elle est due au comte Siméon, alors ministre de l'Intérieur. Ses principales dispositions étaient la nomination de douze élèves pensionnaires, recevant une indemnité de 600 francs, nomination faite par le ministre, sur la présentation d'une liste double par l'Institut. Leurs études se bornaient à apprendre à lire les manuscrits et à expliquer les dialectes du moyen âge. Les deux sections de l'école étaient absolument isolées l'une de l'autre. Les leçons n'embrassaient ni la diplomatique ni la paléographie. Aucune carrière n'était ouverte ensuite aux élèves. Aussi les cours furent-ils abandonnés quand l'institution comptait à peine deux ans d'existence.

Pour remédier à ce fâcheux état de choses, une nouvelle ordonnance royale, rendue sur le rapport de M. de La Bourdonnaie, ministre de l'Intérieur, le 11 novembre 1829, constitua de nouveau l'École des Chartes sur des bases plus larges. Elle eut à la fois des cours *élémentaires* et des cours de *diplomatique* et de *paléographie française*, durant ensemble trois années. Les élèves subirent des examens, et reçurent des diplômes qui leur donnaient droit à certaines places.

Une troisième ordonnance, du 31 décembre 1846, rendue sur la proposition de M. de Salvandy, a définitivement organisé l'École des Chartes, dont le siège est au palais des Archives impériales. Les cours sont publics et gratuits pour quiconque désire y assister comme simple *auditeur*, mais certaines conditions sont imposées aux *élèves*, qui doivent être âgés de plus de dix-huit ans et de moins de vingt-cinq, et être bacheliers ès-lettres. Le cycle complet des études dure trois ans. L'enseignement consiste en un certain nombre de cours coordonnés, faits par sept professeurs. Les élèves sont complètement libres; une bibliothèque spéciale est ouverte à leurs études. La première année, ils sont exercés, à l'aide de fac-simile, au déchiffrement des écritures anciennes usitées dans les chartes et autres manuscrits, ainsi qu'à l'intelligence de la langue latine ou vulgaire employée au moyen âge pour la rédaction de ces documents.

L'enseignement de la deuxième année aborde des sujets plus difficiles; il traite des monuments écrits dans leurs diverses catégories, de leurs formules, de leur authenticité, de leurs rapports avec l'histoire et les coutumes. Un cours spécial initie les élèves aux connaissances techniques nécessaires au bibliothécaire et à l'archiviste. L'enseignement de la troisième et dernière année forme le complément de ces études, et comprend la géographie, le système des poids et mesures, l'histoire des institutions, l'archéologie artistique et industrielle, les droits civil, canonique et féodal, en tant qu'appliqués à la France et remontant au delà de 1789. A la fin de chaque année scolaire, les élèves sont examinés et rangés par ordre de mérite pour avoir droit à une bourse et passer aux études de l'année suivante. A la fin de la troisième année l'élève soutient devant le jury d'examen, composé de tous les professeurs et du conseil de perfectionnement, une thèse sur un sujet paléographique choisi par lui. Alors, si le résultat des examens est satisfaisant, le candidat reçoit gratuitement du ministre de l'instruction publique le diplôme d'*archiviste paléographe*, et peut aspirer, ou exclusivement ou concurremment, aux emplois d'attaché aux travaux historiques ou littéraires du gouvernement ou de l'Institut, d'archiviste dans les départements, dans les bibliothèques publiques, d'employé aux archives centrales, de secrétaire ou membre du corps enseignant de l'École.

L'École est placée sous l'autorité d'un directeur, nommé par le ministre. L'ancienne commission de l'École est réorganisée sous le titre de conseil de perfectionnement. Ce conseil se compose du directeur, membre de l'Académie des

Inscriptions, de trois professeurs, membres de cette même académie, du répétiteur général, sous-directeur des études, et des trois répétiteurs. Le conseil de perfectionnement comprend sept membres, dont six appartiennent à l'Académie des Inscriptions (parmi eux se trouve l'administrateur général de la Bibliothèque Impériale) et du garde général des Archives de l'empire. Le secrétaire trésorier est un ancien élève de l'École des Chartes.

Des élèves de l'École des Chartes ont formé en 1838 une société, dans le but de resserrer les liens qui les unissent et de perfectionner leurs études. Depuis 1839 elle publie un recueil intitulé : *Bibliothèque de l'École des Chartes*. Cette publication, dirigée par une commission spéciale, et à laquelle se sont associés plusieurs membres de l'Institut, renferme des documents importants d'histoire, des monuments inédits de toute nature, des travaux de critique historique et littéraire, un bulletin bibliographique, une chronique mentionnant les découvertes utiles à l'histoire et à la paléographie.

CHARTES CONSTITUTIONNELLES. Une question des plus controversées est celle qui a pour but de découvrir si l'ancienne France a eu un droit public certain, positif. Les publicistes qui ont élevé ces doutes veulent bien seulement convenir que si ce droit existait, il n'était basé que sur des traditions. Par respect pour d'illustres morts, et par égard pour d'autres savants qui leur ont survécu, nous nous bornerons à indiquer ce singulier problème, qui ne peut soutenir l'épreuve d'une discussion sérieuse. Les chartes d'affranchissement des communes ont bien un caractère politique, mais les immunités qu'elles consacrent se bornent aux localités qui les ont achetées à prix d'argent, ou qui se les sont données à elles-mêmes; elles ont pu et dû rentrer sans conditions dans la jouissance d'un droit dont l'usurpation les avait dépouillées. Mais ce n'était pas là ce que l'on peut appeler des *constitutions*. Il ne s'agissait pas des droits de toute la nation, mais des privilèges de quelques parties de la nation. Il ne peut y avoir de constitution, de charte nationale, si la nation n'existe pas. Or, peut-on appeler nation l'ensemble des populations de la France avant l'affranchissement et même immédiatement après cet affranchissement? La France ne forma un corps de nation que lorsque toutes les communes de France furent représentées par leurs délégués spéciaux dans une assemblée générale. Ce n'est que dans le quatorzième siècle que furent posées les premières bases d'une *charte constitutionnelle*, quoique l'on ne la qualifiât pas ainsi. Elle est connue dans l'histoire de notre droit politique sous le nom de *grande charte*, ou *charte du roi Jean*. Jusque alors les rois n'avaient convoqué que des assemblées partielles, par province, ou de plusieurs provinces réunies. Les rois avaient partagé la France en deux parties, qu'on appelait *langue d'Oïl* et *langue d'Oc*, comprenant l'une les pays coutumiers, l'autre les pays de droit écrit.

En 1356 tous les députés de la langue d'Oïl et de la langue d'Oc furent convoqués dans une même assemblée. Le roi, comme ses prédécesseurs, avait altéré la valeur des monnaies. Ces évaluations arbitraires jetaient le désordre dans les transactions. Tous les ordres de l'État avaient intérêt à faire cesser cette désastreuse anarchie. Le fardeau des impôts pesait sur le peuple; d'autres abus, aussi injustes, aussi insupportables, étaient reprochés aux conseillers de la couronne. L'affranchissement des communes n'était plus qu'une déception ; la France était menacée d'une guerre intérieure, dont un intérêt dynastique était la cause ou le prétexte ; le trésor était épuisé. Les états généraux s'assemblèrent le mercredi après la fête de Saint-André, dans la grand' chambre du parlement de Paris. La noblesse et le clergé séculier et régulier étaient représentés par quatre cents députés; les communes ou tiers état en avaient un nombre égal. L'assemblée de 1328, moins nombreuse et incomplète, avait décidé la grande question de l'hérédité au trône, en faisant, par analogie, l'application de la loi salique, car cette loi est muette sur ce point; elle avait décidé l'exclusion des femmes et de leurs descendants du trône de France. Cette importante question de souveraineté n'avait pas été décidée par un principe de droit politique, mais par un motif emprunté au droit civil ordinaire, « attendu, dit le continuateur de Guillaume de Nangis, que la mère d'Édouard, n'ayant aucun droit, n'en pouvait transmettre aucun à son fils ». L'assemblée de 1355 prit l'initiative, et établit par le résultat de ses délibérations les principes d'une constitution, d'un véritable contrat social : elle proposa les articles constitutionnels, et le roi les accepta.

Cet acte se compose de deux parties bien distinctes. On décida d'abord, comme principe général, que tout ce qui serait proposé par les états ne serait valable qu'autant que les trois ordres y auraient concouru unanimement, que le vote de deux ordres ne pourrait être obligatoire pour le troisième qui aurait refusé son adhésion. Si l'on considère qu'alors la nation se divisait en trois ordres distincts, ayant chacun des intérêts, des droits spéciaux, on concevra facilement que ce *veto* attribué à un des trois ordres sur les décisions des deux autres, était le seul moyen de garantie d'indépendance du troisième. Il s'agissait alors du tiers état, car il ne pouvait y avoir de dissidence sérieuse que de sa part. Les trois ordres furent d'accord dans leur résolution ; il paraît même constant qu'ils délibérèrent en commun, car les procès-verbaux n'indiquent point d'autre local affecté aux séances que la grand'salle du palais. Les décisions furent développées par les orateurs de chaque ordre : Jean de Craon, archevêque de Reims, pour le clergé; le duc d'Athènes, duc de Brienne, pour la noblesse; Marcel, prévôt des marchands de Paris, pour le tiers état. Il fut décidé : 1° d'opposer à l'ennemi une armée de trente mille hommes d'armes, formant avec les archers un effectif de quatre-vingt-dix mille combattants; 2° de fixer la nature et la quotité de l'impôt nécessaire à la levée et à l'entretien de cette armée ; point d'exemption de l'impôt, même en faveur du roi et de la famille royale; 3° envoi de commissaires délégués par l'assemblée des états, pour en diriger la répartition, la perception et l'emploi; 4° impôts votés pour un an ; 5° session ajournée au mois de mars suivant.

Voilà quelle était la première partie de la charte; en voici la seconde : 1° le roi s'engage à faire bonne et forte monnaie; 2° il s'engage à prêter et à faire prêter par son fils, les autres princes de son lignage, son chancelier, les membres de son conseil, maîtres des requêtes, officiers du parlement, gardes et officiers des monnaies, serment d'exécuter à jamais ce règlement, et où il arriverait que quelqu'un osât conseiller autrement, il sera à l'instant destitué de son office et tenu pour l'avenir incapable d'en exercer un autre ; 3° le roi s'engage encore à supprimer le *droit de prise*, qui consistait à faire fournir par les habitants des lieux où se trouvaient le monarque, sa famille et ses principaux officiers, les vivres, meubles, linge, moyen de transport, etc., sans rien payer ; à faire juger et condamner comme larrons ceux qui persisteraient à les exiger ; à autoriser toutes personnes à leur résister, à les faire poursuivre d'office par les procureurs généraux ; 4° il s'engage à faire défense à tout créancier de céder et transporter sa dette à plus puissant que lui, aux officiers, seigneurs et autres personnes privilégiées, sous peine par les cédants de perdre leur créance et d'être condamnés à une amende arbitraire; 5° il s'engage à ordonner la prescription de dix ans pour les créances des lombards (usuriers), à leur défendre de citer leurs débiteurs ailleurs que devant leurs juges naturels, à permettre à ces débiteurs de ne pas déférer en pareil cas aux ajournements illégaux ; 6° à interdire les juridictions exceptionnelles ; 7° à réduire les garennes; 8° à interdire le commerce aux juges, aux officiers de la maison du roi et des seigneurs; 9° à ne convoquer l'arrière-ban que du consentement des états ; 10° à ne déclarer exigibles que les subsides votés pour un an par les états; 11° à réformer l'abus des revues qui devront établir l'effectif réel.

Cette charte du 23 décembre 1355, publiée, en audience publique du Châtelet, le 22 janvier, consacre en principe la périodicité des états généraux, le vote annuel de l'impôt, la valeur légale des monnaies, jusque alors arbitraire, le droit de refuser le payement des impôts illégalement établis et même de résister aux agents du fisc qui en exigeraient l'acquittement. Mais le roi avait conservé ses ministres, ses conseillers, ses chefs d'administration, dont les états avaient demandé le renvoi et la mise en jugement : les mêmes abus se renouvelèrent, les plaintes prirent un caractère violent et la captivité du roi mit le comble aux calamités publiques. Une nouvelle assemblée fut convoquée, et se montra plus sévère; de nouvelles propositions furent faites pour rétablir l'ordre dans l'administration, de nouvelles garanties furent exigées contre les usurpations du pouvoir ministériel, et le dauphin, en sa qualité de régent, par un acte de mars 1357, enregistré au parlement de Paris le 3, et au Châtelet le 30 du même mois, non-seulement confirma les engagements pris par son père, mais, stipulant même dans son ordonnance de nouvelles garanties contre les abus du pouvoir, reconnut les droits des états généraux dans leur plus large acception. Cet acte est plus étendu, plus explicite que la charte, dont il n'était que le complément. Il ne fut pas mieux observé. Les délibérations des deux assemblées n'en avaient pas moins conservé le caractère constitutionnel qui a complètement manqué à la charte de 1814. La première était l'œuvre des représentants des trois ordres qui composaient alors la nation, et du roi, qui en avait accepté les principes. La seconde, décorée du titre de *charte constitutionnelle*, n'était en fait considérée par le successeur immédiat de son auteur, que comme une ordonnance de réformation révocable à la volonté du roi qui l'avait octroyée.

Dès le 6 avril 1814 le sénat conservateur avait adopté un projet de constitution proposé par le gouvernement provisoire; l'article 29 et dernier était ainsi conçu : « La présente constitution sera soumise à l'acceptation du peuple français dans la forme qui sera réglée; *Louis-Stanislas-Xavier* sera déclaré roi des Français aussitôt qu'il l'aura jurée et signée par un acte portant : « J'accepte la cons« titution ; je jure de l'observer et de la faire observer. » Ce serment sera réitéré dans la solennité où il recevra le serment de fidélité des Français. » Signé, le prince de Bénévent, président; les comtes de Valence et de Pastoret, secrétaires; le prince archichancelier, etc. Ce projet de constitution fut présenté au comte d'Artois, à son arrivée à Paris. Ce prince, sans s'expliquer sur cet acte, en référa à ce que ferait son frère, et termina par une déclaration que Louis XVIII reproduisit dans celle qu'il fit lui-même à Saint-Ouen. C'était une reconnaissance formelle des principaux droits politiques acquis par la révolution de 1789. Cette double déclaration n'était qu'un programme, que l'on se garda bien de répéter en tête de la charte de 1814, dont il était ou du moins dont il devait être le préambule. Le gouvernement provisoire, pas plus que le sénat conservateur, n'avait eu le droit de faire une constitution nouvelle; mais leur projet devait être soumis à l'acceptation du peuple français : c'était un hommage au principe de la souveraineté nationale. Louis XVIII, au contraire, ne prétendait régner qu'en vertu du droit divin, et il datait ses actes de la dix-neuvième année de son règne. Les derniers termes du nouveau préambule de sa charte étaient une évidente protestation contre le principe de la souveraineté nationale : « Nous avons, y est-il dit, volontairement et par le libre exercice de notre autorité royale, accordé et accordons, fait concession et octroi à nos sujets, tant pour nous que pour nos successeurs et à toujours, de la charte constitutionnelle qui suit, » etc. Cependant il ne pouvait être irrévocablement lié par ses actes. Ce n'était pas un contrat politique comme la charte du roi Jean, qui d'ailleurs ne fut pas plus respectée, quoique ses auteurs l'eussent aussi déclarée irrévocable. La charte de 1814 était au reste conçue en termes si vagues qu'elle se prêtait avec une grande élasticité aux interprétations les plus contradictoires. Elle fut impunément violée, même dans ses dispositions les plus explicites. Ces faits appartiennent à l'histoire des deux restaurations de 1814 et de 1815. Les hommes les moins prévenus voyaient dans l'article 14 la justification prématurée des coups d'État, et d'une dictature absolue; l'opinion publique s'en était alarmée, et le gouvernement crut devoir rompre le silence dans *Le Modérateur*, publication politique subventionnée par le pouvoir et rédigée par les scribes du président du conseil Decazes. Sur ces derniers mots de l'article 14 ..... *fait les règlements et ordonnances nécessaires pour l'exécution des lois et la sûreté de l'État*, « je ne puis, disait un écrivain ministériel, Benaben, me rendre compte de certaines personnes qui ont vu dans cette disposition les *coups d'État légitimés* et la *dictature constituée*. Il n'y a pas de coups d'État, il n'y a pas de dictature possible dans un régime représentatif, parce que là et seulement là l'État est un. Je conçois la nécessité de la dictature dans la lutte du sénat et du peuple. La loi, n'étant qu'un traité de paix, ou plutôt une trêve entre deux rivaux, a des moments de défaillance. Son autorité, qui ne se maintient que par un équilibre merveilleux, décline ou se perd du moment où cet équilibre vient à se rompre : d'où la nécessité d'un arbitre; mais où il n'y a qu'un peuple, qu'une cité, où il y a fusion et non agrégation, l'arbitrage serait sans objet. » L'auteur termine par des conclusions positives : « Ainsi, dit-il, ces paroles : *la sûreté de l'État*, n'expriment pas une idée de plus que celles-ci : *l'exécution des lois*, et quand le législateur les a réunies, c'est comme s'il eût dit : l'exécution des lois nécessaires à la sûreté de l'État. » Les ordonnances royales de juillet 1830 ont révélé de la manière la plus évidente le sens que le *législateur* attachait aux expressions de l'article 14 de sa charte octroyée, et la nation a prouvé assez énergiquement qu'elle en avait compris la portée.

La *Charte de 1830* fut une modification de celle de 1814. Charles X avait dissous la chambre qui avait voté l'adresse des 221. Une nouvelle chambre avait été élue, conformément aux lois alors en vigueur; l'époque de l'ouverture avait été fixée; jusque alors il y avait des députés élus, mais il n'y avait pas d'assemblée; elle ne pouvait exister constitutionnellement qu'après la vérification des pouvoirs. L'ordonnance de Charles X. du 25 juillet 1830, néanmoins, en prononça la dissolution (*voyez* JUILLET [Révolution de]). Dans le fait, cette ordonnance ne faisait qu'annuler les élections; cependant les nouveaux élus se réunirent en assemblée au nombre de 229; ils formaient la majorité, ils prononcèrent la déchéance de la branche aînée des Bourbons, élurent roi Louis-Philippe d'Orléans, et révisèrent sans mandat la charte de 1814. Cette assemblée proclama le principe de la souveraineté nationale en supprimant le préambule de la charte octroyée en 1814. Elle formule ainsi dans le nouveau préambule le pouvoir qu'elle usurpe : « La chambre des députés, prenant en considération l'impérieuse nécessité qui résulte des événements des 26, 27, 28 et 29 juillet dernier et jours suivants, et de la situation générale où la France s'est trouvée placée à la suite de la violation de la charte constitutionnelle; considérant en outre que, par suite de cette situation, et de la résistance héroïque des citoyens de Paris, S. M. Charles X, S. A. R. Louis-Antoine, dauphin, et tous les membres de la branche aînée de la maison royale, sortent en ce moment du territoire français, déclare que le trône est vacant en fait et en droit, et qu'il est indispensable d'y pourvoir. La chambre des députés déclare secondement que, selon le vœu et dans l'intérêt du peuple français, le préambule de la charte constitutionnelle est supprimé, comme blessant la dignité nationale en paraissant octroyer aux Français des droits qui leur appartiennent essentiellement, et que les articles suivants de la même charte doivent être supprimés et modifiés de la manière qui va être indiquée (suit le texte des articles). » Les plus importantes modifications furent : 1° la déclaration implicite de la souveraineté nationale, qui eût pu et dû être énoncée en termes formels; 2° l'hérédité de la pairie mise en question (cette question était renvoyée à la prochaine session, qui la résolut négativement); 3° la suppression du double vote; 4° l'abolition irrévocable de la censure; 5° le jugement des délits politiques attribué exclusivement aux jurés; 6° la religion catholique de religion de l'État devenue seulement religion de la majorité des Français; 7° l'abolition de tous tribunaux exceptionnels, etc. Ces modifications admises, la charte fut votée dans la séance du 7 août, sur le rapport de M. Bérard; Louis-Philippe d'Orléans, sans mention d'appel au peuple, fut proclamé roi, après l'avoir acceptée et avoir prêté serment devant les deux chambres réunies, le 9 août 1830. DUFEY (de l'Yonne).

CHARTIER (ALAIN), né dans l'année 1386, en Normandie, et suivant quelques biographes à Bayeux, étudia à l'université de Paris, et acquit de bonne heure les titres d'excellent orateur, de noble poète et de très-renommé rhétoricien. A seize ans il forma le projet d'écrire l'histoire de son temps; le roi Charles VI, pour l'encourager dans ce travail, le nomma clerc, notaire et secrétaire de sa cour, et Charles VII le maintint dans ces fonctions. Il mourut en 1457 ou 1458. On lui attribue une histoire de Charles VII. Parmi ses œuvres, dont Duchesne a donné en 1617 l'édition la plus complète, on remarque une déclamation contre les abus qui régnaient de son temps, sous le titre du *Quadriloge invectif*, dont les interlocuteurs sont : France, Peuple, Chevalier, et Clergé. Ce recueil contient différents poèmes latins et français; ces derniers sont tous remarquables par leur naïveté. Alain Chartier a rendu de grands services à la langue française. On prétend qu'il fut l'inventeur du rondeau qu'on nomme *déclinatif*. Il jouissait de la plus haute estime. Pasquier rapporte que, s'étant un jour endormi sur une chaise, Marguerite d'Écosse, femme du dauphin de France, qui fut depuis Louis XI, s'approcha de lui, et lui donna un baiser sur la bouche. Alain était fort laid; les seigneurs et dames de la cour en témoignèrent leur étonnement à la dauphine, mais elle leur répondit « qu'elle ne baisait pas la personne, mais la bouche dont étaient sortis tant de beaux discours ».

CHARTIER (JEAN), frère d'Alain, moine de Saint-Denis, fut, sur la recommandation de son frère, nommé historiographe de Charles VII, qui le chargea de mettre en ordre les chroniques conservées dans le trésor de cette antique abbaye. Il l'emmena ensuite dans ses guerres contre les Anglais, et le combla de faveurs. On croit que Jean Chartier ne survécut pas longtemps à Charles VII. Les *Grandes Chroniques de France*, débrouillées par lui, et augmentées de l'*Histoire du règne de Charles VII*, ont été plusieurs fois imprimées. Elles font partie de la collection des historiens de France par dom Bouquet. On y trouve beaucoup de fables sans doute, mais aussi de curieuses anecdotes et des faits utiles, surtout en ce qui concerne la troisième race. On a encore de lui un manuscrit sur les *Différends des Rois de France et d'Angleterre*. Aug. SAVAGNER.

CHARTISME. Les causes du menaçant phénomène qui sous ce nom s'est récemment produit en Angleterre gisent dans l'état général de l'antagonisme et de désorganisation où s'y trouve aujourd'hui la société. En effet, là, comme chez tous les peuples d'origine germanique, les éléments sociaux ont à la longue subi une complète transformation. A côté de l'aristocratie de naissance et de la grande propriété se sont formées de compactes agrégations d'hommes, qui légalement parlant sont indépendants; qui à ce titre supportent une grande partie des charges publiques, mais à qui manque la première condition nécessaire pour participer activement à la vie politique et aux avantages sociaux, c'est-à-dire *la propriété*; qui ne sauraient jamais espérer d'y arriver par le seul emploi de leur activité physique, et qui dès lors doivent nécessairement tomber chaque jour d'autant plus profondément dans l'indigence et le besoin, que par suite de l'essor industriel des nations les masses sont fatalement entraînées dans les voies de la concurrence. Ces êtres qui ne possèdent rien, pas même l'espérance, et dont l'agrégation forme la population industrielle, constituent ce qu'on peut appeler le *prolétariat moderne*. Il se distingue de celui des anciens peuples, en ce qu'il serait capable de subvenir à ses besoins par les ressources de son travail; il n'accepte point son sort comme une destinée fatale, inévitable; tout au contraire, il a le sentiment de sa misère, et il attend des bouleversements politiques et sociaux une modification à sa situation. En France, trois révolutions ont appris au prolétariat que l'égalité des droits politiques ne saurait seule améliorer sa position; en conséquence, excité par les doctrines du socialisme, il s'est surtout attaché à la question de la propriété et de la répartition des avantages matériels de la société. En Angleterre, au contraire, l'égalité politique, base de l'égalité sociale, n'est point encore fondée : aussi le mouvement des intelligences y a-t-il suivi une autre direction. Là le clergé, l'aristocratie de naissance, qui est propriétaire du sol, et les grands capitalistes, constituent, en opposition au prolétariat et à la classe moyenne, une triple aristocratie, qui non-seulement tient entre ses mains presque toute la richesse nationale, mais encore, en vertu de la question de la propriété ou par le mécanisme de la loi électorale, fait les lois auxquelles la nation doit obéir, établit des impôts onéreux, et en général décide suivant son bon plaisir de tout ce qui regarde le bien-être matériel ou intellectuel du peuple.

Cet état de choses, et surtout le torysme, parti entêté, qui a pris racine dans l'aristocratie, et qui fait profession d'un souverain mépris pour le peuple, avaient déjà, peu de temps après la guerre d'Amérique, opéré dans la partie instruite et éclairée de la classe moyenne anglaise une réaction démocratique d'une nature tout à fait politique, et qui provoqua une foule d'associations libérales. La révolution française amena, il est vrai, un temps d'arrêt dans le développement du libéralisme démocratique; mais pendant les guerres contre la France il ne s'en réveilla qu'avec plus de force, et de la classe moyenne se communiqua au prolétariat proprement dit, où il revêtit bientôt une forme toute particulière. La nombreuse population manufacturière, sous le poids d'impôts excessifs, à cause de l'état des relations extérieures du pays, et toujours de plus en plus en proie à la misère, par suite des crises commerciales, du déplacement des marchés, et de la concurrence, ne tarda pas à voir dans la destruction de la constitution aristocratique et l'établissement de la souveraineté du peuple l'unique moyen d'échapper à la misère sociale; et plus tard elle inventa, pour la réalisation de ses désirs et pour atteindre son but, un mot magique autant que puissant : *la charte du peuple*. Aussitôt après les guerres contre la France, nous voyons ces masses opprimées et exhérédées prendre dans la vie politique de l'Angleterre une attitude menaçante, et poursuivre dans une série d'associations et d'émeutes un but tantôt purement économique, tantôt socialiste, tantôt démocratique et politique, jusqu'au moment où cette agitation donna naissance, en 1838, à des associations politiques, qu'en raison même du résultat tout spécial qu'elles avaient pour but d'atteindre, c'est-à-dire l'établissement de la charte du peuple, on appela des associations *chartistes*. L'histoire de ce mouvement intérieur du prolétariat est aussi celle du *chartisme*.

Dès l'année 1817 une pétition nationale, réclamant le suffrage universel, avait été provoquée par les efforts du major Cartwright, et présentée à la chambre des communes, revêtue de plus de 1,700,000 signatures, recueillies pour la plupart dans les classes laborieuses. Deux ans plus tard ent lieu, sous la présidence de Hunt, dans la plaine de Peterloo, près de Manchester, une immense assemblée de la population industrielle de cette grande ville, à l'effet de délibérer sur l'abolition des lois relatives aux céréales, ainsi que sur la situation générale du pays. Mais avant même que la délibération pût s'ouvrir, la force armée se précipita sur l'assemblée, et la dispersa; puis des actes législatifs, rendus sur la proposition de lord Castlereagh, étouffèrent pour longtemps toute démonstration politique de ce genre. Dans cette circonstance, le prolétariat eut ses martyrs, dont aujourd'hui encore la mort violente est chaque année l'objet d'une solennelle manifestation de regrets. Alors le mouvement se transforma, et devint socialiste. Owen se mit à la tête des masses, et ses idées furent propagées avec ardeur. Une association des classes laborieuses se forma en 1827, à l'instigation des partisans d'Owen, sous la dénomination de *National Union of the Working Classes*. La réforme des lois électorales et de la chambre des communes était le but qu'elle se proposait. Elle avait son grand centre d'action à Birmingham, d'où elle étendit bientôt ses nombreuses ramifications dans les diverses parties du pays. Benbow, homme de tête, d'abord cordonnier, puis cafetier, fut le fondateur de l'union, école à laquelle se sont formés les O'Connor, les Lovett, les Cleave, les Hetherington, les O'Brien, etc., qui devinrent les meneurs les plus marquants du parti chartiste. Aidé par Hibbet, original qui possédait une fortune assez considérable, Hetherington publia le *Poor Man's Guardian*, journal à un sou, paraissant sans timbre, ainsi que divers autres écrits républicains à bon marché. Ainsi naquit en Angleterre la presse populaire, qui plus tard amena la diminution du droit de timbre des journaux.

Les radicaux de la classe moyenne, craignant que le prolétariat ne s'organisât d'une façon tout à fait indépendante, et ne finît par opérer une révolution, réussirent à s'emparer de la direction de l'association. Dès 1831 l'intervention de sir Francis Burdett, de Duncombe et autres, amenait par la réunion des travailleurs avec la classe moyenne la formation d'une nouvelle association qui, jusqu'à l'adoption du bill de réforme, eut principal de ses efforts, entraîna la dissolution. Mais il s'en fallait de beaucoup que le prolétariat, à l'exemple de sir Francis, vît dans cette mesure la satisfaction de tous ses vœux et la cessation de ses misères; et alors, obéissant à l'impulsion d'Owen, à la précédente agitation politique il fit succéder des nombreux *meetings* de travailleurs, se réunissant pour aviser aux moyens de combattre l'arbitraire des fabricants et la diminution des salaires. En 1834 on prit dans ces *meetings* la résolution d'organiser une grève générale des travailleurs; mais il n'en résulta pour les travailleurs que des pertes et une aggravation de misère et de dépendance. En 1835 enfin s'organisa à Londres, à la suite du mécontentement produit par la nouvelle loi des pauvres, une association politique sous le nom de *Radical Association*; mais comme dans cette question c'était la classe moyenne surtout qui se considérait comme lésée, les classes laborieuses formèrent l'année suivante, sous la dénomination de *Working Men's Association*, une association politique de laquelle la classe moyenne fut exclue, et qui jusqu'en 1838 ne compta que peu de membres, mais qui à cette époque devint le véritable berceau du chartisme. Lovett, d'abord menuisier, puis cafetier, et enfin libraire, formula en six articles la future charte du peuple, qui fut ensuite présentée, dans l'un des cafés de Londres, à O'Connell, à Hume, à Warburton et autres radicaux de la chambre des communes. Il fut résolu dans cette réunion qu'on tiendrait à Birmingham un grand *meeting* des classes laborieuses, et cette assemblée eut effectivement lieu le 6 août 1838. On y décida qu'une pétition contenant le développement des six articles de la charte du peuple (*the people's charter*) serait adressée à la chambre des communes. Ces six articles sont l'introduction du *ballottage* dans les élections, l'établissement de parlements annuels résultant du vote universel, l'abolition du cens électoral, la division du territoire en cercles d'élection répartis suivant la population, et le salariement des députés.

Peu de temps après, pour arriver à la réalisation des vœux contenus dans la pétition nationale, la *Working Men's Association* résolut de convoquer, à Londres, sous la dénomination de *Convention nationale*, un comité de chartistes, qui se tint réuni pendant six mois. Cette *Convention* fut tantôt sous l'influence d'hommes ne voyant de remède aux souffrances du peuple que dans l'emploi de la force physique, tantôt sous celle d'hommes ne désespérant point d'arriver au même but par le seul emploi de la force morale. On y tomba toutefois d'accord sur les six questions qui devaient être traitées et développées dans la pétition, ainsi que sur l'envoi dans les provinces, d'*agitateurs* spécialement chargés d'en propager les principes. Cette charte du peuple se composait de trente-neuf articles, contenant, outre le développement des six articles, le redressement de quelques autres griefs populaires, tels que l'établissement d'un impôt sur le revenu, l'abolition de la nouvelle loi des pauvres, la diminution des charges publiques, etc., etc. En même temps, les hommes qui dans la Convention préconisaient l'emploi de la force physique se réunissaient en comité secret, dit *committee of safety* (comité de salut), et ayant pour but d'organiser l'insurrection. Frost fut chargé d'insurger le pays de Galles, Bussey le comté d'York et le comté de Lancastre, Cardo la capitale, Taylor le Northumberland et l'Écosse.

Après avoir remis au parlement leur pétition, au mois de juillet 1839, les membres de la Convention partisans de l'emploi de la force morale commencèrent de leur côté dans les provinces leur agitation pacifique. Le rejet de la pétition dans la chambre des communes, par 235 voix contre 66, l'arrestation de quelques chartistes de marque, de Lovett et de Collins, entre autres, enfin la dispersion des *meetings* par la police, produisirent bientôt une immense irritation dans toute la population laborieuse du pays. Il y eut des *meetings* nocturnes, dans lesquels des excès et même des crimes furent commis; et le 12 août 1839 le *committee of safety* décida à Birmingham, où il siégeait, que toute la population laborieuse suspendrait ses travaux pour célébrer une semaine sainte, provocation à laquelle toutefois les masses ne répondirent point. Enfin, le 4 novembre suivant, l'insurrection éclata ouvertement dans la partie méridionale du pays de Galles. Huit mille chartistes, réunis sous les ordres de Frost, de William et de Jones, attaquèrent la ville de Newport, mais furent mis en déroute par quelques décharges de mitraille que leur envoya la force armée. Les chefs du mouvement furent faits prisonniers, traduits en justice et condamnés à mort, peine que la reine commua en celle de la déportation. Les classes laborieuses bornèrent alors leur action à organiser des collectes en faveur des victimes de la cause populaire, de leurs veuves et de leurs orphelins.

Ce ne fut qu'en 1840 que des députés envoyés par les diverses provinces d'Angleterre se réunirent de nouveau à Manchester, et prirent la détermination de fonder une nouvelle association. En juin 1841 une pétition revêtue de 1,300,000 signatures d'individus appartenant aux classes ouvrières fut présentée au parlement, afin d'obtenir l'adoption de la *charte du peuple* comme loi de l'État.

Le chartisme fit acte de puissance politique influente, poursuivant un intérêt distinct de ceux de la classe moyenne, quand il tendit la main aux tories pour leur aider à renverser les whigs, et lorsque de leur côté les tories le secondèrent dans l'agitation qu'il entreprit à l'occasion de la nouvelle législation relative aux pauvres. Quand éclata la grande émeute des ouvriers mineurs du nord de l'Angleterre au sujet de la réduction des salaires, ce furent les chartistes qui la propagèrent parmi les ouvriers en coton de Manchester. A l'époque de l'agitation qui surgit à propos de la liberté commerciale et de la suppression des droits d'entrée sur les céréales (*voyez* CORN-LAWS), le chartisme ne resta sur l'arrière plan que jusqu'à un certain point, tout en se propageant et en se fortifiant d'ailleurs toujours de plus en plus. Ce résultat s'accomplit principalement en ce qui touche la question religieuse, attendu qu'une grande partie des chartistes se détachèrent alors de l'Église officielle.

Le contre-coup produit en Angleterre par la révolution française de février 1848 excita la plus vive fermentation parmi les chartistes. De nombreux *meetings* eurent lieu à ce moment, et on s'y borna d'abord à voter des adresses de félicitations au peuple français. Mais dès le mois de mars 1848 ces réunions provoquèrent des troubles graves à Londres, à Manchester, à Edimbourg, et surtout à Glasgow, où quelques milliers d'ouvriers sans pain exercèrent de déplorables dévastations dans des propriétés privées. Des boutiques d'armuriers furent pillées, et les cris de « *Vive la République! Mort à la Reine! Imitons nos frères les républicains Français!* » retentirent alors même en Angleterre. On construisit aussi des barricades à Glasgow; mais la garnison, secondée par les renforts qui lui furent envoyés et par les constables-spéciaux assermentés pour concourir au rétablissement de la tranquillité publique, eut facilement raison de ces troubles. A peu de temps de là la quinze jours furent employés par la Convention chartiste réunie à Londres en préparatifs pour une grande assemblée populaire. Elle eut lieu effectivement le 10 avril suivant, malgré les interdictions de l'autorité, mais sans atteindre les proportions numériques sur lesquelles les chefs du mouvement avaient sans doute cru pouvoir compter. Tout dès lors s'y passa tranquillement, les meneurs eux-mêmes ayant tout fait pour éviter une collision sanglante. De son côté le gouvernement avait pris de grandes mesures militaires de précaution, et 12,000 constables spéciaux avaient été assermentés à Londres à cette occasion.

A la suite de cette réunion, une gigantesque pétition, qu'on prétendit revêtue de 5,760,000 signatures, fut présentée à la chambre des communes pour obtenir l'adoption et la proclamation de la charte du peuple; mais l'assemblée la repoussa à une grande majorité. Depuis lors, l'essor puissant qu'a pris l'industrie, et l'heureux résultat produit par la suppression des droits d'entrée perçus sur les céréales, mesure dont une réduction considérable dans le prix du pain a été immédiatement la suite, ont singulièrement et pour longtemps fait perdre de sa force au chartisme. En ce qui touche les autres buts que les chartistes se proposaient d'atteindre, on voit dans leurs plus récents programmes qu'ils en sont arrivés à réclamer l'attribution de la propriété du sol à la nation. Ce qui est hors de doute, c'est que le chartisme, qui de temps en temps disparaît de la scène, mais pour s'y produire de nouveau au moindre orage qui vient à éclater dans la politique, et alors plus fort et plus menaçant que précédemment, amènera nécessairement un jour ou l'autre une modification profonde de l'état social et politique existant aujourd'hui dans les îles Britanniques. La question est uniquement de savoir si l'intelligence politique pratique des classes dominantes et l'élasticité des institutions démocratiques de l'Angleterre suffiront à maintenir toujours par d'opportunes et sages concessions l'agitation dans les bornes de la légalité, sans la laisser jamais dégénérer en révolution sociale et politique. On lira avec fruit sur ces graves matières le livre de notre honorable collaborateur Louis Reybaud, *Les Réformateurs modernes*, ainsi que *Le Socialisme et le Communisme de la France d'aujourd'hui*, par Stein (Leipzig, 1847), et *L'Angleterre*, par Raumer (1842) : ces deux derniers ouvrages sont en allemand ; enfin, *Le Chartisme*, par Carlyle (Londres, 1840).

CHARTRAIN (Pays), *Carnutensis ager*. Ce pays, dont Chartres était la capitale, faisait partie de la Beauce et du gouvernement général de l'Orléanais. Il était borné au nord par la Normandie et l'Ile-de-France, au sud par le Dunois et l'Orléanais proprement dit, à l'est par le Gâtinais, et à l'ouest par le Perche. Il avait quarante-huit kilomètres de longueur sur quarante de largeur.

Les Carnutes, qui l'habitaient lors de la conquête de Jules César, étaient le peuple le plus célèbre de la Celtique. Ils étaient d'origine gallo-kimrique, et formaient une nation importante dans l'ordre politique et surtout dans l'ordre religieux de la Gaule, ayant pour capitale *Autricum* (aujourd'hui Chartres), entouré de vastes forêts, et réputé le point central de tout le territoire gaulois. Leur seconde ville, *Genabum* (aujourd'hui Orléans), bâtie au sommet de la courbure que forme la Loire, en se repliant dans la direction de l'est à l'ouest, était une place de commerce florissante. Les Carnutes possédaient des terres sur la rive gauche de la Loire ; mais on ne connaît que très-vaguement leurs limites, comme celles de la plupart des peuplades gauloises. La plus solennelle des assemblées druidiques se tenait une fois l'an sur le territoire des Carnutes ; on y accourait avec empressement des provinces les plus éloignées (*voyez* DRUIDES). Après que la conquête romaine fut consolidée, le pays des Carnutes fit partie de la quatrième Lyonnaise. Depuis, le pays Chartrain suivit les destinées de sa capitale.

On donne quelquefois le nom de *Chartrain français* à la partie septentrionale et à la partie orientale du diocèse de Chartres, qui dépendaient du gouvernement de l'Ile-de-France. Le Chartrain français avait Mantes pour principale ville ; Dreux, Montfort-l'Amauri, Houdan et Dourdan, en faisaient aussi partie. Auguste SAVAGNER.

CHARTRE (Diplomatique). *Voyez* CHARTE.

CHARTRE (Pathologie). *Voyez* CARREAU (Pathologie).

CHARTRE-PRIVÉE. En vieux français le mot *chartre* signifiait *prison* (en latin *carcer*). *Chartrier* se disait d'un *prisonnier* et même quelquefois du *geôlier*. Quoique le mot *chartre*, pris isolément, ne soit plus d'usage, il a conservé sa signification rigoureuse dans une locution tout habituelle, *chartre-privée*, qui désigne la détention arbitraire d'une personne dans une habitation privée.

CHARTRES, ville de France, chef-lieu du département d'Eure-et-Loir, à 80 kilomètres de Paris, sur l'Eure, avec une population de 18,234 habitants. Siège d'un évêché suffragant de l'archevêché de Paris, et dont le diocèse comprend le département d'Eure-et-Loir, cette ville possède un tribunal de première instance, un tribunal de commerce, un collège, une école normale primaire départementale, une bibliothèque publique riche de 30,000 volumes et un jardin botanique. Chartres est encore le chef-lieu de la 8e subdivision de la 1re division militaire, et une des principales stations du chemin de fer de l'Ouest. L'industrie y est très-active ; il s'y fait une fabrication de bonneterie de laine, et de chapellerie, de pâtés de gibier renommés, de poterie et de faïence, de pains d'épices. On y trouve d'importantes tanneries, des corroieries et des mégisseries, des chanfourneries et trois typographies. C'est l'entrepôt du commerce des grains et farines de la Beauce ; cette ville renferme des marchés aux grains pour l'approvisionnement de Paris, les plus considérables de l'empire. Elle fait également un commerce important de laines, de bestiaux, de gibier, de graine de trèfle et de bois.

Construit en partie sur une hauteur, Chartres se divise en haute et basse ville ; il était autrefois entouré de murailles et de fossés, qui n'ont pas été complètement détruits.

De ses anciennes fortifications, transformées en boulevards qui offrent de fort belles promenades, il ne reste plus guère que trois portes, dont la plus remarquable par son antique construction est la porte *Guillaume*. L'Eure, qui forme en cet endroit deux bras, l'un en dedans, l'autre en dehors des remparts, arrose la ville basse, dont les rues sont étroites et tortueuses : celles de la ville haute sont mieux bâties et mieux percées, et les deux parties de la ville communiquent entre elles par des rampes tellement rapides qu'elles sont impraticables pour les voitures. Chartres, surtout dans sa partie basse, qui est la plus ancienne, offre encore aujourd'hui l'aspect d'une ville du moyen âge ; un grand nombre de ses maisons sont à pignons gothiques, toutes chargées de sculptures en bois et garnies de tourelles.

Parmi ses monuments nous citerons en première ligne la **cathédrale**, qui est non pas le plus beau, mais peut-être le plus curieux monument chrétien de toute la France, parce qu'elle est l'œuvre d'époques diverses. Le douzième siècle avait voulu bâtir un monument modeste ; mais le treizième siècle, modifiant complétement le plan primitif, du petit monument romain, fit un colossal édifice gothique, greffant le corps d'un géant sur les jambes d'un nain, a dit M. Didron. En effet, les portes du portail royal avec leurs proportions si réduites, au-dessous de cette haute et large nef centrale, blessent les regards par une disproportion choquante, et quelques superfétations, produits des siècles suivants, ont encore altéré sa beauté. Sous l'église, dans toute sa longueur, dans toute sa largeur, excepté à la nef, existe une autre église, souterraine, immense crypte peinte à fresque et percée de fenêtres. La cathédrale de Chartres a de longueur 128 mètres dans œuvre, 33 mètres de largeur d'un mur à l'autre et 34 mètres de hauteur sous la voûte. Les vitraux, admirablement conservés, forment un musée complet de la légende chrétienne, et produisent à l'intérieur des effets de lumière impossibles à décrire. Le chœur est fermé par des bas-reliefs encadrés et surmontés d'ornements de la plus grande élégance. Le jubé a malheureusement été détruit en 1772. Trois portails s'ouvrent au nord, au sud et à l'ouest, et deux flèches gigantesques surmontent la cathédrale. Celle-ci est ornée à l'extérieur par dix-huit cent quatorze statues qui sont appliquées sur les tympans, dressées sur les parois, accrochées aux voussures. C'est tout un poème, dont la conception est plus vaste que celle de l'*Iliade* ou de l'*Énéide*, car c'est l'histoire religieuse de l'univers depuis *la Genèse* jusqu'à l'*Apocalypse*, et chacune des statues en est une strophe.

La dédicace de la cathédrale fut faite le 17 octobre 1260, sous la protection de la sainte Vierge, par Pierre de Maincy, soixante-seizième évêque de Chartres. Une église probablement construite en bois, et qui existait sur son emplacement avait déjà été incendiée trois fois, lorsque l'évêque Fulbert, en 1020, s'adressa aux différents souverains de l'Europe, pour les engager à coopérer par leurs dons à la reconstruction de son Église. Il est probable qu'on avait eu le projet de construire les deux clochers sur le même dessin, mais il n'y eut d'achevé que celui qui est appelé le clocher vieux. L'autre ne fut construit en pierre que jusqu'à une certaine hauteur, et fut terminé par une flèche en charpente et en plomb. Cette flèche fut incendiée le 25 juillet 1506 par le tonnerre, qui en tombant embrasa toute la charpente et fondit les six cloches qui y étaient suspendues. Cet accident détermina le chapitre à la faire reconstruire en pierre, et ce fut Jean Texier, dit de Beauce, qui en fut chargé. Cette belle pyramide fut terminée en 1514 ; après avoir échappé, soixante ans plus tard, à un autre incendie, elle fut ébranlée en 1691 par un vent impétueux, qui la fit incliner d'une manière sensible ; enfin elle fut rétablie en 1692, par Claude Augé, sculpteur lyonnais, qui l'éleva de quatre pieds plus haut. En 1836, pendant la nuit du 4 au 5 juin, le feu prit, par la négligence de deux ouvriers, à la toiture du bâtiment et en détruisit complétement la charpente. Les fonds nécessaires à sa réédification en fonte furent votés par les chambres. Le clocher vieux a 111 mètres de haut et clocher neuf 122.

Après la cathédrale mentionnons encore le palais épiscopal, bâti en 1253 ; l'église de Saint-Pierre, autrefois église de la riche abbaye de Bénédictins, dite *monastère du Saint-Père* et bâtie au dixième et au onzième siècle. En 1851, la ville a élevé au général Marceau une statue en bronze, dont M. Préault a fourni le modèle.

Chartres était la capitale des *Carnutes*, le siége du collége des Druides : on considérait cette ville comme la principale de la Gaule Celtique. Elle s'appelait alors *Autricum*, nom qui fut remplacé au quatrième siècle par celui de *Carnutum*. Sous les rois de la première race, elle fut plusieurs fois prise et pillée ; plus tard les Normands la ravagèrent souvent, et notamment en 858. Vers la fin du onzième siècle elle eut des comtes héréditaires, qui le furent aussi de Blois, et qui devinrent comtes de Champagne. Le comté de Chartres passa ensuite dans la maison de Châtillon. Plus tard Philippe le Bel l'ayant acquis le donna au comte de Valois, son frère, et le roi Philippe de Valois le réunit à la couronne. Sous le règne de Charles VI, les Anglais s'emparèrent de la ville de Chartres, et la conservèrent jusqu'en 1432, époque à laquelle Dunois la leur enleva. Les protestants l'assiégèrent sans succès en 1568 ; Henri IV la prit en 1591, et s'y fit sacrer par l'évêque de cette ville trois ans après. Chartres fut érigé en duché par François Ier en faveur de Renée de France, duchesse de Ferrare ; il fut racheté en 1623 par Louis XIII, des mains du duc de Nemours, et devint ensuite apanage de la maison d'Orléans, dont le fils aîné porta le titre de duc de Chartres jusqu'à ce qu'elle fut montée sur le trône. C'est aujourd'hui le frère cadet du jeune comte de Paris qui porte ce titre.

CHARTREUSE (Grande). La Grande-Chartreuse, fondée par saint Bruno, tire son nom du village de Saint-Pierre de Chartreuse, Chartrouses, ou Chartroux, situé dans le département de l'Isère, à plus de seize kilomètres de Grenoble ; la Grande-Chartreuse est à deux kilomètres de ce village. Le monastère est entouré de montagnes dont les pointes se perdent souvent dans les nues ; on ne l'aperçoit qu'au moment d'y arriver. On y monte par un chemin qui côtoie toujours des précipices ou des montagnes dont les rochers semblent près de s'écrouler ; un torrent, le Guier-Mort, se précipite à travers les quartiers de rocs tombés des cimes qui bordent la vallée où il coule. Le cloître, avec les cellules, s'étend dans un espace de deux cents mètres de long ; il y existe au moins cent cellules, près desquelles s'épanche une eau limpide et glacée. C'est à un kilomètre de cet endroit que l'on voit la cellule de saint Bruno ; du fond d'une grotte sort une fontaine, auprès de laquelle il s'établit avec ses premiers disciples ; mais comme ils étaient trop près du pied des montagnes, et souvent menacés de la fonte des neiges et de l'éboulement des rochers, leurs successeurs se sont fixés au milieu du désert.

L'aspect général de la Grande-Chartreuse est sombre et sévère. Avant l'établissement des religieux, ce désert était stérile et inhabitable. Le travail des chartreux est parvenu à le féconder de manière à pouvoir y ensemencer des grains, y entretenir des prairies et y nourrir de nombreux troupeaux. Les efforts nécessaires pour atteindre ce but sont incalculables : faire sauter des rochers, soutenir les terres, changer le cours des torrents, partout il a fallu lutter contre une nature ingrate. De plus, huit fois la Grande-Chartreuse a été la proie des flammes, et huit fois elle a été rebâtie par les enfants de saint Bruno. Les bâtiments actuels datent de 1676.

Les religieux qui habitaient la Grande-Chartreuse furent dispersés en 1789. Depuis 1816 il s'en est de nouveau rassemblé quelques-uns dans ce monastère. Mais autrefois 300 personnes y vivaient en commun, et l'on n'en compte plus guère aujourd'hui qu'une trentaine.

CHARTREUX, CHARTREUSES. Nous avons, à l'article de saint Bruno, exposé les commencements de l'ordre des chartreux. A la mort du fondateur, il n'y avait encore que deux couvents habités par ses disciples : la *Chartreuse* de Grenoble et celle de Saint-Étienne en Calabre. Environ quarante-cinq ans après, Guigues, cinquième général, écrivit la *Coutume de la Grande-Chartreuse*, adressée de celle de Grenoble aux couvents des Portes, de Saint-Sulpice et de Mériac, celui de Saint-Étienne ayant été donné aux moines de Cîteaux, et depuis rendu, en 1513, à ses premiers possesseurs. Les principaux traits de leur discipline étaient : la récitation de l'office en commun aux heures déterminées par l'Église, et le silence, qu'il ne leur était permis de rompre que dans des circonstances assez rares. Ils prenaient leurs repas en particulier, sauf dans quelques cas déterminés, observant des jeûnes fréquents et une sévère abstinence. De ces coutumes et de beaucoup d'autres encore, que nous omettons, la plus singulière était de faire saigner les chartreux cinq fois par an, et les frères convers quatre fois. L'abstinence complète de viande, dont les plus grandes maladies, ne fut établie pas même dans les plus grandes maladies, ne fut établie que sous le généralat de dom Bernard de La Tour, en 1254. Le nombre des moines de chaque couvent avait été d'abord déterminé ; mais les revenus s'étant accrus, il augmenta aussi, et la Chartreuse de Grenoble, qui n'en comptait que quatorze en 1141, en avait cinquante-cinq au commencement du dix-huitième siècle, avec cinquante-cinq frères convers, et plus de cent quarante domestiques.

Le schisme qui affligea l'Église après la mort de Grégoire XI, en 1378, divisa aussi les chartreux, les uns ayant reconnu pour chef de l'Église Clément VII, les autres s'étant soumis à l'obéissance d'Urbain VI. L'union ne fut rétablie dans l'ordre que lorsque le concile de Pise, ayant, en 1410, déposé Grégoire XII et Benoît XIII, eut élu Alexandre V, à l'obéissance duquel tous les chartreux se soumirent.

Les statuts de l'ordre ont été rédigés ou modifiés à diverses époques. Nous avons d'abord la *Coutume de la Grande-Chartreuse*, dont il a été déjà question ; puis la compilation nommée les *Anciens Statuts*, confirmée en 1259 ; la *Troisième Compilation des Statuts*, de 1509 ; la *Nouvelle Collection des Statuts*, de 1580, et enfin la seconde édition de ces statuts modifiés et confirmés par un bref d'Innocent XI, du 27 mai 1682. L'habillement des moines ou religieux consiste en une robe de drap blanc, serrée par une ceinture de cuir blanc ou une corde de chanvre, avec une petite cuculle ou un scapulaire, auquel est attaché un capuchon, aussi de drap blanc. Ils portent au chœur une cuculle plus grande, et qui descend jusqu'à terre. Voici la formule de leurs vœux : *Moi, N., promets stabilité, obéissance et conversion de mes mœurs devant Dieu et ses saints et les reliques de cet ermitage, qui est bâti en l'honneur de Dieu, de la bienheureuse Vierge Marie et de saint Jean-Baptiste, et en présence de dom N., prieur.* L'ordre des chartreux, autorisé par le bref auquel, sous Urbain II, les premiers disciples de saint Bruno durent la possession de la Grande-Chartreuse, fut confirmé par une bulle d'Alexandre III, le 17 octobre 1170.

On comptait au commencement du dix-huitième siècle cent soixante-douze chartreuses, dont cinq de filles. Les plus considérables étaient la Grande Chartreuse près de Grenoble, celles de Florence, de Maurbach en Autriche, de Bologne, de Fribourg, de Pise, de Milan. Cet ordre a produit plusieurs saints, quelques prélats et un assez grand nombre d'écrivains distingués. Dom Martin, onzième général, lui donna pour symbole une croix posée sur le monde, avec la devise : *Stat crux, dum volvitur orbis.*

Il paraît que le premier couvent de religieuses chartreuses fut fondé en 1116, sous le généralat du bienheureux Guigues.

Dans les derniers temps, elles suivaient en tout point les règles des chartreux ; seulement elles mangeaient en commun. Ce qu'elles avaient de particulier dans leur habillement, c'est qu'elles portaient un manteau blanc ; leurs voiles et leurs guimpes étaient semblables à ceux des autres religieuses. Leurs monastères, au nombre de cinq, étaient situés à Prémol près de Grenoble, à Melan dans le Faucigny, à Salette sur le bord du Rhône, à Gosné au diocèse d'Arras, et à Bruges.

L'ordre des *chartreux*, dispersé par la révolution de 1789, se reforma en partie au rétablissement du culte, et se rallia dans la Grande-Chartreuse, sur la montagne qui avait été son berceau.   H. Boucarut.

L'ordre des chartreux était établi depuis cent quatre-vingts ans, lorsque saint Louis fit venir, en 1257, cinq moines de cet ordre à Paris, et les installa d'abord dans la banlieue, au village de Gentilly, où ils restèrent jusqu'en 1258. Au midi, et hors des murs de Paris, à l'entrée de la grande avenue qui du parterre du Luxembourg se dirige vers l'Observatoire, s'élevait, au milieu de prairies, un ancien château, entouré de hautes murailles et appelé le *château de Vauvert*. Ce manoir en ruines était pour les habitants de la capitale un objet d'effroi ; des revenants y apparaissaient, des diables y tenaient chaque nuit l'assemblée du sabat ; on y entendait des bruits affreux, et l'on se détournait du chemin qui conduisait de Paris à Issy, pour éviter la rencontre des esprits infernaux. La terreur qu'inspirait ce lieu a laissé de vestiges dans les œuvres de Villon, de Guillaume Coquillart, de Rabelais, de d'Assoucy, de Saint-Amand, etc. ; elle s'était si puissamment emparée des imaginations, que le souvenir s'en conserva longtemps et a donné lieu dans le peuple parisien à cette phrase proverbiale : *aller au diable auvert* (ou *au diable Vauvert*), pour exprimer une course pénible et dangereuse. La voie romaine qui conduisait à Issy, appelée en 1210 *chemin d'Issy* et ensuite *rue de Vauvert*, a dû à ces récits épouvantables le nom de *rue d'Enfer*, qu'elle porte encore. Ajoutons que les vastes carrières qui s'ouvraient alors sur cette rue justifiaient ce titre, en servant d'asile aux malfaiteurs.

Les chartreux, peu effrayés de ces bruits populaires, demandèrent à saint Louis, en 1258, le château de Vauvert, pour se trouver, disaient-ils, plus à portée de suivre les cours de l'université. Ce roi, toujours si libéral envers les nouveaux établissements monastiques, leur en fit don l'année suivante, et en y ajoutant même de nouvelles libéralités. Mais le curé de Saint-Séverin s'opposa de tout son pouvoir à ce qu'ils eussent une chapelle, un cimetière, des cloches, et principalement à ce qu'ils reçussent des offrandes à la messe ; ils en durent pour l'apaiser lui faire une rente de dix sous parisis. D'abord, ils n'eurent pour célébrer l'office que la chapelle de l'ancien château ; mais en 1260 saint Louis posa la première pierre de leur église, chef-d'œuvre d'architecture sarrasine, qui fut bâtie sur les plans de Pierre de Montreuil et qui fut ornée plus tard de tableaux de Louis et Bon Boullogne, Jouvenet, Philippe de Champagne, Antoine Coypel, Lesueur, etc.

Cette communauté, une des plus riches de l'ordre, et dont les bâtiments et l'enclos couvraient une superficie d'environ 229,634 mètres carrés, avait deux cloîtres, entourés de quarante appartements de plusieurs pièces, avec chacun son jardin. Dans le petit cloître on retraça, à diverses époques, les principales actions de la vie de saint Bruno, en 1350 à fresque, en 1500 sur toile. En 1648 Lesueur les peignit sur bois en vingt-cinq tableaux, qui sont autant de chefs-d'œuvre. Les chartreux en firent un jour hommage au roi. Transférés dans la galerie du Luxembourg, ils décorent maintenant le musée du Louvre. Les vitraux de ce cloître étaient admirables.

Les chartreux ayant été supprimés en 1790, leur église et leur monastère furent démolis ; la destination qu'on leur a donnée a été un bienfait pour le voisinage, une source d'agrément pour le quartier; de nouvelles rues se sont ouvertes, de nouvelles communications se sont établies. Le jardin du Luxembourg s'est agrandi vers le sud, en se resserrant à l'ouest, et une longue et large allée, plantée de quatre rangs d'arbres, entre les deux pépinières, unit le palais du Luxembourg à l'Observatoire et remplace les solitaires demeures des enfants de saint Bruno.

CHARTRIER. *Voyez* CHARTE *et* CHARTRE PRIVÉE.

CHARYBDE (*Charybdis*) était, suivant la fable, une fille de Neptune et de la Terre, qui, en punition de son insatiabilité, fut foudroyée par Jupiter et précipitée dans la mer, où, transformée en remote ou gouffre maritime, elle entraînait dans l'abîme et dévorait tout navire assez imprudent pour oser s'approcher d'elle. L'origine de ce mythe était le tourbillon existant dans le détroit de Sicile qu'on appelle aujourd'hui *Calofaro*. Il était autrefois d'autant plus périlleux pour les navigateurs inexpérimentés, qu'en voulant l'éviter ils risquaient de se briser, sur la côte opposée de la Calabre, contre les rochers de Scylla (aujourd'hui *La Rema*). De là le proverbe latin :

Incidit in Scyllam cupiens vitare Charybdim.

(Celui qui veut éviter Charybde tombe dans Scylla), qu'on applique à celui qui pour éviter un danger en affronte un plus grand encore. Disons tout de suite, en passant et puisque l'occasion s'en présente, que ce vers tant de fois cité appartient en propre (non à Virgile, ni à Horace, ou à tel autre poète de la même époque, comme on serait tenté de le supposer en raison du rôle que le souvenir de Charybde et de Scylla joue depuis Homère dans tous les poèmes antiques), mais à un poète bien obscur du treizième siècle, appelé Gaultier de Châtillon, quoiqu'il fût de Lille en Flandre, et auteur d'un poème en dix livres, *L'Alexandride*.

Depuis Homère et Virgile, sans doute, le fond volcanisé de cette mer aura subi des changements qui auront fait disparaître des périls alors si redoutés, puisqu'on y peut naviguer aujourd'hui sans crainte quand le temps est beau et surtout que le vent n'est pas au sud; périls qu'atteste encore d'ailleurs le tournoiement des flots en cet endroit, ainsi décrit par quelques auteurs anciens : « Là, disent-ils, les ondes s'engouffrent avec grand bruit; l'agitation est toujours plus grande lorsque règnent les vents du sud et du sud-est : ce qui a été englouti est rejeté du fond de cette abîme; souvent on voit flotter à vingt milles plus loin les debris des vaisseaux qui y périssent. » Homère, avec ses sombres couleurs, peignait déjà « Charybde absorbant trois fois le jour les eaux de la mer et trois fois les revomissant, et les vagues troublées bouillonnant comme l'onde enfermée dans un vase posé sur une flamme ardente. »

CHASARES ou **KHAZARS.** C'est la plus répandue et la plus connue des dénominations sous lesquelles sont désignés dans leur propre histoire les descendants des Turco-Scythes du nord de la mer Noire et de la mer Caspienne. Échappant à la domination des Goths et des Huns, des Sarmates et des Bulgares, beaucoup de Scythes s'étaient réfugiés plus au sud dans les contrées du Caucase, d'où ils tentèrent des irruptions dans l'Ibérie et l'Arménie; et au commencement du troisième siècle il en est fait mention sous différents noms, mais plus particulièrement sous celui de *chasir* ou *chaser*. Ce n'est que quelques siècles plus tard qu'il en est pour la première fois question dans les écrivains grecs et latins sous le nom d'*Akatiri*, *Akatziri* et *Katziri*. Quand les mahométans pénétrèrent dans les gorges du Caucase, il leur fallut pour conserver leurs conquêtes récemment tourner leurs armes contre les Chasares. Pendant le cours du huitième siècle on combattit avec des alternatives de revers et de succès réciproques aux environs de Derbend, en Géorgie et en Arménie. Tantôt les mahométans pénétrèrent au delà de la Porte des Portes, jusque dans les fondrières les plus sauvages du Caucase; tantôt les Chasares, franchissant l'Araxe, se répandirent au sud fort avant dans les provinces de la Perse. Vers la même époque les Chasares étendirent leur domination vers le nord et le sud-ouest, conquirent la Tauride, et, malgré une résistance aussi longue qu'opiniâtre dirigée par l'évêque Johannes, domptèrent et assujettirent les Ostrogoths fixés sur la côte méridionale de la presqu'île, entre Balaklawa et Soudak.

Chez les Chasares toutes les religions n'étaient pas seulement tolérées, mais leurs sectateurs jouissaient en outre des mêmes droits civils et politiques. La famille du *Chakan* et les grands de la nation avaient jadis embrassé l'islamisme; par la suite, s'il faut en croire les traditions toutes très-concordantes des Arabes, ils l'abandonnèrent pour le judaïsme. On voyait chez eux des chrétiens, des musulmans et des sectateurs du culte de la nature particulier à l'Asie centrale, vivre en parfaite intelligence à côté des juifs. Les juges et les fonctionnaires publics se choisissaient dans les religions les plus opposées, justice était faite à chacun par ses coréligionnaires, et des tribunaux mixtes connaissaient des difficultés survenant entre des sectateurs de cultes différents.

Les souverains Chasares vivaient généralement en fort bonne intelligence avec les empereurs de Byzance. Leur capitale, *Balangiar*, aujourd'hui Astrakhan, était située à grande distance de l'embouchure du Volga ou Itil. On construisit avec l'aide d'architectes byzantins une nouvelle capitale, appelée Sarkal ou *Ville blanche* (aujourd'hui Bjelajoweza, c'est-à-dire *Tour blanche*, au voisinage de la Staniza des Kosacks Katschalintens), qui plus tard, lorsque les Petchénègues eurent été refoulés par les Ouzes au delà du Don, servit à ceux-ci de forteresse-frontière contre ceux-là, mais qui tombait déjà en ruines vers 1300. Il est probable qu'avec ces architectes arriva aussi dans le pays des Chasares Constantin de Thessalonique, qui plus tard prit le nom de Cyrille, et, suivant la tradition, convertit au christianisme tout ou partie de cette nation. Cependant les écrivains ecclésiastiques peu exacts des âges suivants appellent indistinctement *Chasares*, du nom de leurs anciens maîtres, tous les habitants de la Crimée et du littoral de la mer Noire ainsi que de la mer Caspienne; aussi est-il fréquemment mention aux treizième et quatorzième siècles d'ambassadeurs envoyés aux Chasares.

Les Chasares atteignirent dans la seconde moitié du neuvième siècle l'apogée de leur puissance. Leur empire s'étendait depuis l'Iaïk jusqu'au Dnieper et au Boug, depuis la mer Caspienne, appelée d'après eux *mer de Chosar*, et depuis le Pont et les versants sud du Caucase voisins de Derbend, où il était limitrophe des possessions mahométanes, jusqu'au Volga central, aux sources du Donetz, de Toula, Kieff jusqu'à l'Oka. Une foule de hordes finnoises et slaves, et très-certainement aussi des hordes turques ayant la même origine, en dépendaient. Le souvenir de cette domination des Chasares s'est perpétué jusqu'à nos jours dans différents noms russes de localités. Swajatoslaf, le premier souverain russe à nom slave, vainquit les Wjatitsches, qui habitaient la contrée formant aujourd'hui les cercles de Kalouga, de Toula et d'Orel, et qui continuaient à payer tribut aux Chasares; il les battit ensuite dans une effroyable mêlée, et s'empara de leur forteresse de Sarkal. Il semble que les Russes aient conquis à cette époque tous les territoires chasares situés sur le littoral oriental d'Azoff et de Taman. Ce fut seulement en Crimée que continua de subsister encore un fantôme de l'ancienne puissance des Chasares, mais pour succomber aussi bien tard sous les forces combinées des Grecs et des Russes commandées par Motislaf de Tamatarcha, fils de Wladislas. Les *Kanaïm* ou *Kenaim*, qu'on rencontre au sud de la Russie et dans les ci-devant provinces polonaises, sont des débris de ce peuple, et surtout de la portion de ce peuple qui avait embrassé le mosaïsme.

CHASDIM. *Voyez* CHALDÉE.

CHASIDIM (pluriel de *chasid*), c'est-à-dire *les pieux*; gens qui pour plaire à Dieu font plus que ne commande la loi. Ce nom sert plus particulièrement à désigner une secte juive répandue en Pologne et dans les contrées slaves méridionales; mais c'est au propre la dénomination collective sous laquelle on comprend une foule de sectes juives. *Chasidim* et *zadikim* sont en effet les deux anciennes appellations par lesquelles on distingue les deux partis que les sectateurs de Moïse formèrent au retour de la captivité de Babylone. Lorsque ce qu'on appelle la *grande synagogue* fut chargée par le gouvernement perse d'établir un ordre civil et religieux parmi les émigrés revenus dans leur patrie, elle introduisit diverses prescriptions et innovations allant au delà de la loi mosaïque. Ceux qui reconnurent ces innovations se donnèrent la qualification de *chasidim*; et ceux qui les rejetèrent prirent celle de *zadikim*, c'est-à-dire *les justes*, ou gens fermement attachés à la loi, mais n'en faisant ni moins ni plus qu'elle n'ordonne.

Les *chasidim* ont engendré toutes les sectes qui, indépendamment de la loi mosaïque écrite, acceptent encore des explications et interprétations orales, que suivant eux Moïse reçut de Dieu en même temps que la loi, et qui ont été conservées par la tradition. Il s'ensuit qu'autrefois les pharisiens étaient des *chasidim*. Par contre, des *zadikim* proviennent les samaritains, les esséniens, les saducéens et les caréens helléniques. Mais plus tard les *chasidim* ou pharisiens se divisèrent en talmudistes, rabbinistes, et cabalistes, ou partisans de la cabale. Ce fut d'abord au sein du rabbinisme que par la réaction du cabalisme se manifesta une nouvelle scission ou division en *sogaristes* et *chasidim*. Les *chasidim* actuels ne sont pas, comme les anciens, ceux de l'époque des Machabées, les représentants d'une direction jusqu'à un certain point spiritualiste; ils se bornent à avoir une foi aveugle en leurs *zadiks* (c'est la qualification que prennent leurs chefs, pour se distinguer des *rabbis* et des *hachams* du reste des juifs), à leur témoigner un dévouement sans limites, à observer une abstinence complète à l'époque de la prière, etc.

Cette doctrine fut surtout propagée vers le milieu du siècle dernier par un certain Israel de Podolie, dit *Baal-Schem*, c'est-à-dire faiseur de miracles (mot à mot *seigneur du nom*, parce qu'il pouvait opérer des miracles au moyen du grand nom cabalistique de Dieu). Medrzybocz, en Gallicie, fut le principal théâtre de son activité; et, en dépit de tous les anathèmes lancés par les rabbins orthodoxes, à sa mort (1760) le nombre de ses adhérents s'élevait déjà à plus de 40,000.

Sa doctrine fondamentale était l'union mystique de l'âme humaine avec la Divinité, dont elle est émanée, et dont elle forme une partie: cette union s'appelle *dévékouth*. On y parvient par la vie contemplative; mais comme les hommes en général sont peu capables de s'abandonner continuellement à des méditations spirituelles, l'opération de la *dévékouth* peut se borner au temps de la prière; il faut y mettre la plus grande ferveur et s'aider de formules mystiques pour effectuer l'*union*. Aussi voit-on les *chasidim*, pendant la prière, se livrer à une espèce d'extase, à un véritable délire qui les rend insensibles pour tout objet extérieur, et ils ont sous ce rapport beaucoup d'analogie avec les théosophes mystiques des Persans, connus sous le nom de *sofis*. Pour que l'union puisse s'opérer, et même d'une certaine gaieté, ne fût-elle qu'artificielle; et pour cela les *chasidim* font usage de boissons spiritueuses, surtout de l'hydromel. Outre cela, Israel recommanda à ses disciples d'étudier le Talmud et surtout la cabale, et de se baigner souvent. Enfin il exigea une obéissance aveugle pour le chef de la communauté, qui devait porter le titre de *zadik* (juste). Il s'installa lui-même comme premier *zadik*. Le fondateur de cette secte a été en quelque sorte canonisé par ses disciples. Sa biographie a été publiée en 1780 et souvent réimprimée depuis à l'usage de ses fidèles. C'est un tissu des fables les plus absurdes. Comme de son surnom *Baal-Schem* on avait fait l'abréviation *Bescht*, la secte qu'il fonda ne prit pas précisément le nom de *chasidim*, mais celui de *beschtians*. Les deux ouvrages de Baal-Schem, *Sepher Chamidot* et *Sebaot Ribsch* sont la loi et les prophètes de ces sectaires. Leurs docteurs les plus importants furent les rabbins Beer de Medrzycz, Mendel de Przemysl et Maltsch de Lazantsch.

A la mort de Bescht, ses disciples se dispersèrent dans toute la Pologne; dispersion qui contribua sans doute à accroître la secte, mais aussi à en modifier l'organisation. En effet, Bescht avait enseigné qu'il ne pouvait y avoir qu'un seul *zadik* de la secte comme représentant de Dieu sur la terre; mais aujourd'hui il n'est pas un seul de ses disciples qui ne s'attribue le même privilège. Il en est résulté que la secte s'est fractionnée en une innombrable quantité de petites communautés, sous la dépendance absolue de leurs zadiks, dont la puissance va si loin qu'ils ne remettent pas seulement au chasid le péché du meurtre, mais qu'au besoin ils le lui commandent, que le chasid est tenu à leur égard à une obéissance absolue, et conserve la paix de la conscience, quelle que soit l'action qu'ils lui fassent faire. Les *zadiks*, pour se maintenir dans leur autorité, proscrivent toute espèce d'instruction, comme inutile et même dangereuse pour la religion; et l'ignorance du peuple sert à merveille leur ambition et leur cupidité. En outre, ils imposent aux masses par toutes sortes de cérémonies et de jongleries mystiques. Ce qu'il y avait de vie et de liberté intellectuelles chez les *chasidim*, ce qui les distinguait éminemment autrefois (à l'époque des Machabées, par exemple), et qui sous Bescht avait semblé renaître, malgré toutes les erreurs mystiques dont il entremêlait sa doctrine, a dès lors disparu devant cet absolutisme spirituel. Les cérémonies de ces diverses sectes sont grossières et bruyantes; elles se sont peu à peu affranchies de tout ce qu'il y avait d'incommode dans les usages talmudiques. Elles ne lisent même que fort peu le Talmud. Après les ouvrages précités de Bescht et quelques autres écrits de ses successeurs, le *Soghar* jouit parmi elles d'une grande réputation. Des ramifications de ces *beschtians*, issus des *chasidim*, sont répandues aujourd'hui sous les dénominations les plus diverses dans toute la Pologne, dans les principautés du Danube et dans quelques parties de la Gallicie et de la Hongrie, en dépit des anathèmes contre leurs doctrines par les rabbins de Pologne, qui les considéraient comme un nouveau sabbathianisme. Peut-être même auraient-elles fini par envahir les synagogues d'Allemagne, si l'école de Mendelsohn n'eût commencé alors à opérer une salutaire réforme dans le judaïsme.

CHASLES (VICTOR-EUPHÉMON-PHILARÈTE), l'un de nos plus ingénieux critiques, professeur de littérature étrangère au Collège de France, et l'un des conservateurs de la bibliothèque Mazarine, est né le 8 octobre 1799, à Mainvilliers, près de Chartres. Son père, qui avait joué un rôle dans la révolution, d'abord comme représentant du peuple, puis comme général de division, mit en pratique, pour l'éducation de son fils, les principes préconisés par J.-J. Rousseau dans son *Émile*. Dès qu'il eut atteint l'âge de quinze ans, et à sa sortie d'une école militaire, il le plaça en apprentissage chez un imprimeur de la rue Dauphine, ruiné, mais qui avait à ses yeux le mérite d'être resté fidèle aux doctrines de 1793. On était alors aux plus mauvais jours de 1815, et à ce moment où la réaction politique et religieuse la plus sanglante s'accomplissait parmi nous, protégée par les baïonnettes étrangères. Un pareil état de choses devait nécessairement amener des conspirations, cette dernière ressource des partis qu'on persécute et des peuples qu'on opprime. Le patron du jeune Chasles ayant été, à tort ou à raison, accusé d'avoir trempé dans un de ces nulle complots, un mandat d'arrestation fut lancé contre lui, ainsi que contre son apprenti, coupable aux yeux de la police de porter un nom révolutionnaire. L'intervention bienveillante de Châteaubriand put seule faire cesser, au bout de deux mois, l'emprisonnement préventif de Philarète Chasles ; et dès qu'il eut été remis en liberté, son père, partisan quand même du système de Rousseau, l'envoya de l'autre côté du détroit, afin qu'il pût y terminer, sans exciter les défiances de la police, un apprentissage qu'il persistait plus que jamais à regarder comme le complément nécessaire de toute éducation solide.

L'imprimerie dans laquelle M. Philarète Chasles fut placé se trouva être celle de Valpy, savant typographe, que ses éditions des classiques grecs et latins ont rendu célèbre; et Valpy lui confia la direction des travaux relatifs à la réimpression des auteurs de l'antiquité. Les occupations toutes littéraires que M. Chasles se fit dans cet établissement, bien plus scientifique qu'industriel, exercèrent une influence décisive sur son avenir et sur la direction de son talent. Elles lui permirent d'acquérir une connaissance approfondie de la langue et de la littérature anglaises. Après un séjour de sept années en Angleterre, il alla passer quelque temps en Allemagne pour y compléter sur la littérature allemande des études depuis longtemps commencées.

A son retour en France, et après avoir été pendant quelque temps le *blanchisseur* officieux de M. de Jouy et du baron d'Eckstein, M. Philarète Chasles débuta dans la presse périodique par des articles insérés dans la *Revue Encyclopédique*. On y remarquait une érudition aussi vraie que spirituelle, une critique large et bienveillante, un style chaleureux, et richement coloré; et le *Journal des Débats* s'empressa d'attacher à sa rédaction un écrivain que des succès de plus d'un genre signalaient coup sur coup à l'estime publique. C'est ainsi qu'en 1825 l'Académie Française avait couronné son *Éloge de De Thou*; et qu'en 1827 elle avait partagé *ex æquo*, entre lui et M. Saint-Marc Girardin, le prix proposé pour le meilleur *Essai sur l'histoire littéraire du seizième siècle*. Étranger aux coteries qui, par leurs bruyants débats, accaparaient la meilleure partie de l'attention, M. Philarète Chasles ne se mêla pas à la ridicule querelle des classiques et des romantiques; mais on se rappelle encore le talent qu'il déploya à cette époque dans une série d'appréciations pleines de finesse et destinées à mieux faire connaître parmi nous ces écrivains du Nord, dont les noms, incessamment répétés par de nouveaux iconoclastes (qui pourtant n'avaient la plupart, et pour cause, jamais lu les ouvrages qu'ils portaient ainsi aux nues), étaient, au moins de la médiocrité impuissante et jalouse, un moyen de battre en brèche les réputations les plus justement consacrées de notre littérature nationale. Un choix de ces articles a paru en 1827, réuni sous le titre de *Caractères et Paysages*.

La *Revue Britannique*, recueil consacré à suivre le mouvement social et littéraire de la Grande-Bretagne et à l'élucider au profit de notre nation, dut une partie de son succès à la collaboration de M. Ph. Chasles, qui *traduisait* pour elle, comme on ne les avait encore jamais traduites, les pages les plus intéressantes des *Reviews* et des *Magazines* de nos voisins. S'assimilant, avec une rapidité et une netteté admirables du coup d'œil, la pensée mère d'un article, il la dégageait de tout le fatras de phrases prétentieuses, ou, comme aurait dit Rabelais, supercoquentieuses dans lequel le *Reviewer* la noyait à son aise et à plaisir, et il la développait ensuite à sa façon, refaisant quelquefois d'un bout à l'autre le thème de son modèle, qui, si la fantaisie lui prenait plus tard de se regarder dans la *Revue Britannique*, était bien étonné de ne pas s'y reconnaître; mais à qui force était alors d'avouer que, contre l'usage, son *traduttore* avait eu la perfidie de lui prêter une richesse d'érudition, une profondeur d'aperçus, une puissance d'imagination, une vivacité de coloris, une vigueur et un éclat de style qui lui ôtaient le droit et l'envie de crier au *traditore*.

L'espace nous manque pour apprécier les nombreuses dissertations relatives à des questions d'histoire littéraire et d'esthétique, dont M. Philarète Chasles a enrichi la *Revue de Paris* et la *Revue des Deux Mondes*. En 1846 il fit paraître *Le Dix-huitième Siècle en Angleterre*; en 1847, *Olivier Cromwell, sa vie privée, ses discours publics, sa correspondance particulière*; et des *Études sur l'Antiquité*, précédées d'un *Essai sur les phases de l'histoire littéraire et sur les influences intellectuelles des races*. Ce serait faillir aux plus simples devoirs de la reconnaissance que d'oublier, dans cette rapide et d'ailleurs fort incomplète énumération des travaux de M. Philarète Chasles, les articles, si nombreux et si variés, qu'il a fournis au *Dictionnaire de la Conversation*.

CHASLES (Michel), né à Épernon (Eure-et-Loir), le 15 novembre 1793, ancien élève de l'École Polytechnique, s'était déjà distingué par diverses recherches mathématiques lorsqu'il fut nommé professeur d'astronomie et de mécanique appliquée à cette école, fonctions dont il se démit en 1851. Presque tous les recueils scientifiques de notre époque s'enrichirent successivement de savants articles de M. Chasles. On en rencontre dans le *Journal de l'École Polytechnique*, les *Annales de Mathématiques* de M. Gergonne, la *Correspondance Mathématique et Physique* de M. Quételet, les *Nouveaux Mémoires de l'Académie de Bruxelles*, le *Journal de Mathématiques* de M. Liouville, les *Comptes-Rendus de l'Académie des Sciences*, la *Connaissance des Temps*, etc. Entre autres, nous signalerons divers mémoires sur l'attraction des ellipsoïdes, des théorèmes généraux sur l'attraction des corps, etc.

Par tous ces travaux, M. Chasles avait déjà pris une place élevée dans la science, lorsqu'il publia son *Aperçu historique sur l'origine et le développement des méthodes en géométrie, particulièrement de celles qui se rapportent à la géométrie moderne, suivi d'un mémoire sur deux principes généraux de la science, la dualité et l'homographie* (Paris, 1837, in-4°). Personne jusque alors n'avait tenté d'écrire une histoire des méthodes dans une branche quelconque des mathématiques. M. Chasles, le premier, entreprit cette œuvre si difficile, et il se montra à la hauteur de la tâche qu'il s'était imposée. L'auteur donna dans cet ouvrage la solution de plusieurs questions qui étaient encore environnées d'une grande obscurité. Ainsi, il établit, en s'appuyant sur un passage de la *Géométrie* de Boèce, que nos chiffres et notre système de numération ne nous viennent pas des Arabes, comme on le croit à peu près unanimement. Plus tard, dans une communication faite à l'Académie des Sciences, il corrobora fortement cette opinion par une explication du fameux traité de Gerbert accompagnée de savants commentaires. Citons aussi, dans le même ordre d'idées, son travail sur l'*Arénaire* d'Archimède, où il conclut qu'on ne peut nullement arguer de cet ouvrage que notre système de numération ait été inconnu aux Grecs.

M. Chasles a encore ajouté un nouveau prix à son *Aperçu historique*, en le faisant suivre de notes où il rentre dans le domaine des théories purement mathématiques, pour donner une foule de résultats nouveaux, qui se rapportent à des parties très-variées de la géométrie : telles sont ses propositions sur les courbes et les surfaces du second degré, sur l'involution de six points, et sur la génération des courbes du troisième degré. La nouveauté des résultats n'est pas le seul mérite de ces recherches de géométrie : elles ont l'avantage de se rattacher à une méthode qui, plus simple dans ses procédés que celles de la géométrie analytique, offre cependant une généralité plus grande. Cette méthode est l'objet du cours de géométrie supérieure que M. Chasles fait à la Faculté des Sciences de Paris. Les recherches dont nous venons de parler contribuaient pour beaucoup à faire sentir les besoins de cette chaire depuis une vingtaine d'années, lorsqu'elle fut créée en 1846. On la confia naturellement au savant qui avait donné tant d'extension à cette science presque toute nouvelle. En 1852 il a résumé la première partie de son enseignement dans un *Traité de Géométrie supérieure*, dont les géomètres espèrent que la suite ne tardera pas à paraître.

M. Chasles, qui depuis longtemps était correspondant de l'Académie des Sciences, en fut élu membre en 1851.

E. MERLIEUX.

CHASSE, en général, est l'action de chasser, de poursuivre. Il se dit particulièrement de la poursuite des bêtes, subsidiairement des parties d'une terre, d'un domaine qui sont réservées pour la chasse, collectivement des chasseurs, des chiens, de tout l'équipage de *chasse*, et enfin du gibier que l'on prend. Ménage fait dériver ce mot du latin *captare*, poursuivre avec passion; Roquefort, de *cassare*, agiter, secouer, ébranler; Nodier, du vieux français *sacher*, emprunté lui-même au latin *sagittare*, percer de flèches. Ce qu'il y a de certain, c'est qu'on s'est servi dans la basse latinité des mots *cassa*, *chachia*, *chacca*, en italien *cacica*, dans le sens de *venatio*. Notre mot chasse, pris universellement, pourrait s'étendre à la vénerie, à la fauconnerie, à l'aviceptologie, et désigner toutes les espèces de guerre que l'homme fait aux animaux, aux oiseaux dans l'air, aux quadrupèdes sur la terre et aux poissons dans l'eau; mais son acception se restreint d'ordinaire à la poursuite de toutes sortes d'animaux sauvages, soit bêtes féroces ou malfaisantes, comme lions, tigres, ours, loups, renards, etc ; soit bêtes noires, telles que cerfs, biches, daims, chevreuils; soit menu gibier, tant quadrupèdes que volatiles, comme lièvres, lapins, perdrix, bécasses, etc. La chasse aux poissons prend le nom spécial de *pêche*. Cette réserve faite, la chasse se divise en *grande* et *petite*. La grande comprend le cerf, le daim, le chevreuil, le chamois, le bouquetin, le sanglier, l'ours, le loup, le renard, le coq de bruyère, le faisan, l'outarde, le héron, le cygne. La petite se borne au lièvre, au lapin, aux perdrix rouge et grise, à la caille, à la bécasse, à la bécassine, aux palmipèdes, tels que le canard, la sarcelle, le rouge, etc.

On distribuait encore autrefois la chasse d'après les animaux à l'aide desquels on la faisait : faite avec des oiseaux, on la nommait *fauconnerie*; avec des chiens, on l'appelait et on l'appelle encore en haut lieu *vénerie*. L'*aviceptologie* est la chasse des petits oiseaux à l'aide d'engins et de filets.

Les instruments dont on se sert pour atteindre les animaux fourniraient une troisième division, sous le titre de classe à courre, aux chiens, aux furets, aux oiseaux, au tir, aux armes offensives et aux pièges. Celle aux chiens se subdiviserait selon les chiens employés, comme au limier, au chien courant, au chien couchant, etc.; celle aux armes offensives, selon les armes, comme le fusil, la canardière, etc.; celles aux pièges, selon toutes les ruses auxquelles on a recours pour attaquer les animaux, tels que pipeaux, appeaux, miroirs à alouettes, vache artificielle, buisson artificiel, lanternes à réflecteur, etc., qui servent à attirer ou à approcher le gibier, et le traquenard, l'assiette de fer, les pincettes, les trapes, les bascules, les enceintes et les fosses, les toiles, les panneaux, les collets, les trébuchets, les collets à ressort, les raquettes, les rejets, les halliers, les gluaux, les pantières, les lacets, qui servent à le prendre.

La chasse prend aussi divers noms, selon les animaux chassés : on va à la *passée* de la bécasse ; selon le temps : de grand matin, c'est la *rentrée*; sur le soir, c'est l'*affut*; enfin selon les moyens qu'on emploie : si l'on contrefait la chouette par quelque appeau, c'est la *pipée*.

La chasse est un des plus anciens exercices. Les fables des poëtes qui nous peignent l'homme réuni en troupeau, avant de nous le représenter en société, lui mettent les armes à la main, et ne lui supposent pas d'autre occupation journalière. C'est encore celle de la plupart des tribus sauvages. L'Écriture Sainte s'accorde avec la fable pour en constater l'ancienneté : elle dit que Nemrod fut un grand chasseur devant Dieu, qui le rejeta. David pourtant et Samson se distinguèrent par leur adresse à poursuivre et à vaincre les animaux sauvages. C'était néanmoins une occupation proscrite par les livres de Moïse. Elle était, au contraire, divinisée par la théologie païenne. Diane était la patronne des chasseurs ; on l'invoquait en partant pour la chasse, on lui sacrifiait, au retour, l'arc, les flèches et le carquois. Apollon partageait avec elle l'encens des chasseurs. On leur attribuait à l'un et à l'autre l'art de dresser les chiens, qu'ils communiquèrent au centaure Chiron, pour honorer sa justice. Chiron eut pour élèves dans cet exercice et dans beaucoup d'autres la plupart des héros de l'antiquité. Hercule lui-même ne fut, d'après son histoire, qu'un chasseur infatigable. Oppien d'Anazarbe, dans son poëme *Sur la chasse*, cite encore Persée, Castor et Pollux, Méléagre, Hippolyte, Atalante, et Orion.

Voilà ce que la mythologie et l'histoire sacrée nous racontent de l'ancienneté de la chasse. Voici ce que le bon sens suggère sur son origine. Il fallut garantir les troupeaux des loups et des autres animaux carnassiers ; il fallut empêcher tous les animaux sauvages de ravager les moissons ; on trouva dans la chair de quelques-uns des aliments sains ; dans les peaux de presque tous une ressource pour se vêtir : on fut intéressé, sous plus d'un rapport, à la destruction des bêtes malfaisantes ; on n'examina guère quel droit on avait sur les autres, et on les tua toutes indistinctement, excepté celles dont on espéra des services en les épargnant.

L'homme devint donc un animal très-redoutable pour tous les autres animaux. Les espèces se dévorèrent les unes les autres. L'homme les dévora toutes. Il étudia leur manière de vivre pour les surprendre plus aisément ; il varia ses embûches selon la variété de leur caractère et de leurs allures ; il instruisit le chien, il monta le cheval, il s'arma du dard ; il aiguisa la flèche ; et bientôt il fit tomber sous ses coups le lion, le tigre, l'ours, le léopard ; il perça de sa main depuis l'animal terrible qui rugit dans les forêts jusqu'à celui qui fait retentir l'air de ses chants innocents ; et l'art de les détruire fut un art très-étendu, très-exercé, très-utile, et par conséquent fort honoré. Nous ne suivrons pas les progrès de cet art. Disons seulement qu'en général l'exercice de la chasse a été, dans tous les siècles et chez toutes les nations, même celles qui passent pour les plus civilisées. Nos pères, sans doute beaucoup plus ignorants que nous, étaient de bien plus grands chasseurs.

Les anciens ont eu la chasse aux quadrupèdes et la chasse aux oiseaux ; ils ont pratiqué l'une et l'autre avec l'arme, la fronde et le faucon. Ils surprenaient des animaux dans des embûches, ils en forçaient à la course, ils en tuaient avec la flèche et le dard ; les princes persans allaient au fond des forêts chercher les plus farouches, ils en enfermaient dans des réserves royales. Les chasses sculptées sur les bas-reliefs assyriens et babyloniens et sur les monuments de l'Égypte prouvent combien cet exercice y était en honneur, et il fallait certes qu'on y attachât un grand prix pour en reproduire l'image à côté de celles des dieux, à côté de la représentation des triomphes des rois. Alexandre chassait dans ses réserves royales. Darius, pour se consoler de la chasse, faisait écrire sur son tombeau qu'il avait été heureux à la chasse. Cyrus, suivant Hérodote, avait une si grande quantité de chiens que quatre villes étaient exemptes de tributs à condition qu'elles les nourriraient. Sous les Sassanides on faisait encore la chasse aux onagres avec dix et douze mille soldats. Ils les poursuivaient dans les campagnes et les plaines.

Platon appelle la chasse un *exercice divin*, *l'école des vertus militaires*, paroles singulières dans la bouche d'un philosophe aussi grave. Xénophon, Arrien et d'autres capitaines grecs ont écrit des traités sur la chasse. Mithridate passa sept ans à la chasse, sans entrer dans aucune ville et même dans aucune maison. Les monuments des empereurs romains nous les retracent souvent le *venabulum* à la main : c'était une espèce de pique. Ils dressaient des chiens avec soin ; ils en faisaient venir de toutes les contrées, ils les appliquaient à diverses chasses selon leurs différentes aptitudes naturelles. L'ardeur de la proie établit entre le chien, l'homme, le cheval et le vautour une espèce de société qui a commencé de très-bonne heure, qui n'a jamais cessé et qui durera toujours.

Nous ne chassons plus guère en France que des animaux innocents, si l'on en excepte l'ours, le sanglier et le loup. On y chassait autrefois le tigre, le lion et la panthère. Aujourd'hui quelques officiers et sous-officiers de notre armée d'Afrique y chassent seuls le lion, pour faire parler d'eux de temps en temps dans *le Journal des Chasseurs*. Recueillant avec exactitude tout ce que les anciens et les modernes ont dit pour ou contre la chasse et la trouvant presqu'aussi souvent louée que blâmée, on serait tenté d'en conclure que c'est chose assez indifférente. Le même peuple ne l'a pas également louée ou blâmée en tout temps ; à l'époque de Salluste, la chasse était tombée dans un souverain mépris, et le Romain, ce peuple belliqueux, loin de croire que cet exercice fût une image de la guerre capable d'entretenir l'humeur martiale, avait fini par n'y employer que des esclaves. Ce n'étaient pourtant pas des esclaves que Scipion l'Africain, Sylla, Sertorius, Pompée, Jules César, Cicéron, Marc-Antoine, Pline le jeune, l'empereur Trajan, et cependant ils ont loué la chasse ; ils ont fait plus, ils en ont appuyé et approuvé l'exercice par leur autorité et par leur exemple. Horace a célébré la chasse dans une de ses épîtres. Virgile en parle aussi très-souvent avec éloge.

De bonne heure chez les Francs la chasse fut considérée comme une occupation noble. Dans la note que Hincmar nous a conservée de l'ancienne cour de nos rois, on trouve jusqu'à cinq officiers des chasses, nombre considérable pour le temps Tacite et César, en nous retraçant les mœurs des Germains, racontent avec quelle passion ils poursuivaient le gibier qui peuplait leurs forêts, et en tête duquel figurait le buffle. Dans l'*Alsatia illustrata* de Schœpflin on trouve une curieuse description des chasses de Louis le Débonnaire dans les forêts des Vosges. Strabon et Arrien assurent que les bons chiens de chasse venaient des Gaules. Il est d'ailleurs prouvé que tout ce qui concerne la fauconnerie était à peu près inconnu des Grecs. Il n'y a nulle trace dans l'histoire que ces peuples aient introduit dans leurs meutes des ours et des lions dressés, comme il s'en trouvait aux chasses de Charlemagne : *orcs et leos*, dit l'auteur du *Roman de Gérard*.

« La chasse, dit Gaston Phœbus, sert à fuir tous péchés mortels ; bon veneur a en ce monde joye, lesse et déduit, et après aura paradis encore. » Quoique l'Église eût interdit cette occupation aux prêtres et aux moines, ils ne laissaient pas de s'y livrer avec passion, y dépensant les revenus de leurs abbayes et prébendes. Saint Bernard leur adresse à ce sujet de graves reproches, qui n'atteignent ni saint Eustache, ni saint Hubert, attendu qu'ils n'étaient point clercs, mais gentils-hommes. Un troubadour du douzième siècle, Rambaud, comte d'Orange, déclare à sa maîtresse qu'il veut être condamné à ne jamais chasser s'il lui est infidèle.

« Il n'existe pas de peuple chez lequel, dit la grande *Encyclopédie*, on n'ait été contraint de réprimer la fureur de cet exercice par les lois (*voyez* l'article suivant). Or la nécessité de faire des lois est toujours chose fâcheuse; elle suppose des actions ou mauvaises en elles-mêmes ou regardées comme telles, et donne lieu à une infinité d'infractions et de châtiments. Il fut un temps où l'on avait fait de la chasse un apanage si particulier de la noblesse qu'ayant négligé toute autre étude, elle ne s'était plus connue qu'en chevaux, en chiens et en oiseaux. Ce droit était la source d'une infinité de jalousies et de dissensions entre les nobles eux-mêmes, et d'une infinité d'offenses aux vassaux, dont les champs étaient livrés aux ravages des animaux réservés pour la chasse. L'agriculteur voyait ses moissons ravagées par les cerfs, les sangliers, les daims, les oiseaux de toute espèce ; le fruit de ses travaux perdu, sans qu'il lui fût permis d'y mettre obstacle et sans en espérer de dédommagement. L'injustice fut portée dans certains pays au point de forcer le paysan à chasser et à acheter ensuite de son argent le gibier qu'il avait pris. C'est dans la même contrée qu'un homme fut condamné à être attaché vif sur un cerf pour avoir chassé un de ces animaux. »

Cependant Rousseau recommande la chasse comme la seule occupation qui puisse prémunir un jeune homme contre les égarements des sens qui s'éveillent. « Non-seulement, dit M. Raoul de Croï, aux premiers temps de la monarchie la chasse était une nécessité pour les nations naissantes qui se fixèrent dans l'Occident, mais elle enfanta cette chevalerie errante qui caractérise tout le moyen âge. Chez nos bons aïeux, *prier* et *chasser* étaient les deux grandes affaires de la vie. Montfaucon, le livre du roi Modus et de la reine Racio *Sur le Dit de la Chasse*, retrouvé au quinzième siècle par Trapperel, du Tillet, Brussel, dans l'*Usage des Fiefs*, *Le Miroir de Phœbus* du comte de Foix, du Fouilloux, qui avait baptisé François 1er, le père des lettres, du surnom, beaucoup plus vrai, de *père des veneurs*, fournissent des milliers de preuves à l'appui de notre opinion. La première trace de musique chez les Francs remonte à leur passion pour la chasse : les fanfares sont les plus anciennes compositions de nos archives musicales. Réservé à quelques-uns, le plaisir de poursuivre et de tuer le gibier pouvait être réellement quelque chose autrefois : d'abord, il y avait du gibier, puis les habitudes d'une existence de province, de la vie de château, les traditions des piqueurs, de l'officier de fauconnerie, la meute héréditaire, les rapports que créaient ces grandes réunions, les habitudes militaires de presque toute l'aristocratie, contribuaient à faire de la chasse une jouissance exceptionnelle, à laquelle tout le monde ne pouvait atteindre, et qui par cela même avait son prix. Depuis que cette occupation est devenue une contribution indirecte, qui se classe au budget comme le tabac, la chasse n'est plus rien en France. Le gibier a disparu avec l'introduction du tir. Forcer un lièvre, un renard, un chevreuil, un sanglier est maintenant chose rare. On n'a plus de meute que pour lancer le gibier, et quand on en a une, elle se compose de chiens mal assortis, mal accouplés, de races diverses, hurlant, se coupant, chassant à vue, sans relais, sans retour, obligeant leur maître à leur courir sus pour leur disputer la moindre proie à coups de fusil. Le faucon ne s'élève plus majestueusement du poing de son maître dans les airs. Le plomb en cendrée massacre les perdreaux, déchire les cailles, et tout chasseur expérimenté doit prévoir la fin prochaine de cet exercice, qui n'est plus que le désœuvrement de la vie de campagne ou la spéculation du braconnier. D'ailleurs, le déboisement toujours croissant enlève au gibier toute retraite. L'introduction des prairies artificielles lui est funeste en temps de fauchaison. La grande chasse est morte en France. »

Mais elle vit dans le nord de l'Europe, en Russie, en Pologne, dans certaines parties de l'Allemagne, où elle est encore le noble exercice de l'aristocratie. Là, si le chasseur a pour lui sa force, sa ruse, ses armes, son nombreux cortège de piqueurs et de meutes, la bête fauve a ses bois impénétrables, ses marais, ses espaces immenses où elle règne seule. On connaît aussi les chasses d'Angleterre et d'Écosse, celle au renard, par exemple, si bien décrite par Walter Scott. Les romans de Cooper donnent une idée précise de la chasse en Amérique, et les *Chasses* d'*Orient* de Willamson contiennent de curieux détails sur celles du tigre et de l'éléphant dans cette contrée. Mais le pays des chasses royales par excellence fut longtemps la France. Là souvent les monarques ont négligé leurs sujets pour le gibier à poil et à plumes : témoin Gontran et tous les princes barbares de sa race, Charlemagne, que tous les romans de chevalerie représentent comme un chasseur intrépide, Philippe-Auguste, Louis IX, Louis XI, Charles VI, François 1er, Charles IX, Henri IV, qui se préparait à la guerre en combattant l'ours de ses montagnes, Louis XIII, qui ne dut qu'à son adresse à tirer de l'arquebuse le surnom que lui donnèrent ses contemporains de *Louis le Juste*, Louis XVI et Charles X. On voit par le *Livret des Chasses de 1817* que le budget de ce service s'élevait pour le personnel à 184,190 francs et pour le matériel à 265,810; total : 450,000. Ce livret donne le nombre des animaux tués dans les chasses à courre ou à tir, et les noms des chasseurs et même des chiens qui se sont distingués. L'état général des pièces de gibier abattues dans les réserves royales pendant l'année est de 12,580, et pour la seule journée du 28 décembre, afin probablement de bien finir l'année, de 1,054 pièces, dont 1,047 lapins, 3 lièvres, 3 perdrix grises, 1 perdrix rouge. Aujourd'hui, bien que notre nouvel empereur ait son grand veneur comme son oncle, la grande chasse, comme le dit si bien M. Raoul de Croi, est morte et bien morte en France ; mais la petite chasse vit encore bien en vie, et elle y vivra tant que nous aurons des bourgeois vaniteux, des rentiers qui s'ennuient, des officiers en retraite, des greffiers de justice de paix, des sous-préfets, des receveurs des domaines, des finances et des hypothèques, des huissiers, des poètes, des désœuvrés et des flâneurs.

Dans une acception plus étendue, *chasse* devient synonyme de poursuite. On donne la chasse à un parti de cavalerie, à des voleurs, etc.

Chasse se dit encore du plus ou moins de facilité d'un véhicule à se porter en avant, d'une certaine liberté de course qu'on laisse à une machine pour se prêter à des irrégularités accidentelles de force ou de mouvement ; du lieu où la balle finit son premier bond au jeu de paume. Pour nettoyer un port, un chenal, un bassin, on a imaginé les *écluses de chasse*. Les *huîtres de chasse* sont celles qu'apportent les chasse-marée. Enfin, en typographie *chasse* s'entend de la plus ou moins grande quantité de lettres qui entrent dans une composition, comparée à une autre ou à un manuscrit : c'est ainsi qu'un caractère plus gros *chasse* sur un plus petit, ce qui veut dire qu'il renvoie de la matière à la ligne ou à la page suivante.

Par analogie, *chasser* s'entend de l'action de pousser quelque chose en avant : *le vent chasse la pluie*. On dit proverbialement *un clou chasse l'autre*, pour exprimer qu'une nouvelle passion, un nouveau goût en font oublier d'autres, ou qu'un homme en faveur en supplante un moins adroit ou moins avisé. Dans le sens de la poursuite du gibier, on dit *chasser au plat*, pour avoir bon appétit, manger le gibier que d'autres tuent ; *bon chien chasse de race* s'applique à la famille héritant des inclinations du père ou de la mère ; *leurs chiens ne chassent pas ensemble* se dit de deux personnes qui ne peuvent pas se voir. *Chasser sur les terres d'autrui* c'est entreprendre sur les attributions, sur les droits de quelqu'un.
E. G. DE MONGLAVE.

CHASSE (*Droit*). Suivant le droit naturel le droit de chasse appartient à tous les hommes ; mais le droit civil de chaque nation apporta quelques restrictions à cette liberté indéfinie. Chez les Romains chacun pouvait chasser sur son propre fonds ; mais il lui fallait la permission du propriétaire pour chasser sur le fonds d'autrui. Il est probable qu'il en était de même en Gaule ; les Barbares respectèrent cet état de choses. La loi salique contenait cependant plusieurs règlements pour la chasse ; elle défendait de voler ou de tuer un cerf élevé et dressé pour la chasse, comme cela se pratiquait alors. Mais on ne trouve aucune loi qui restreignit alors la liberté naturelle de la chasse ; au contraire la loi salique semble dire qu'elle était permise à tous indistinctement. Nous voyons néanmoins que sous les rois des deux premières races tous les soins étaient donnés à la conservation de la chasse dans les forêts royales ; il y avait peine de mort contre quiconque y serait trouvé chassant, et l'on rapporte qu'un officier de Gontran, roi de Bourgogne, fut lapidé pour avoir tué un buffle dans la forêt de Vassac. Mais il n'était fait alors aucune distinction entre les nobles et les roturiers, qui tous devaient avoir droit de chasse sur leurs propriétés ; on voit pour la première fois cette distinction apparaître en 1270 dans les Etablissements de saint Louis ; encore défense est seulement faite aux roturiers de chasser dans les garennes du seigneur.

La prohibition générale de la chasse pour les roturiers ne se trouve que dans un règlement de 1396. A cette époque on considéra ce droit comme inséparable de la haute justice, et l'on admit bientôt que le roi seul avait droit général de chasse sur toute l'étendue du royaume, et que les seigneurs hauts justiciers en pouvaient seuls partager avec lui l'exercice, par suite de la délégation qui leur permettait de rendre justice ; alors nobles et roturiers furent également privés du plaisir de la chasse, réservé exclusivement au roi et aux seuls seigneurs hauts justiciers, qui consentirent seulement à concéder des priviléges. Ainsi, le seigneur de fief lui-même n'eut qu'à grand'peine la permission de chasser sur ses propres terres. Bien que l'on eût alors érigé en principe qu'il fallait faire preuve de noblesse pour avoir permis de port d'armes, on en vint à concéder le privilège à des corps entiers de bourgeoisie, aux habitants de certaines villes et de certaines provinces. Ce règlement de 1396 fut suivi de plusieurs autres à peu près semblables en 1515, 1533, 1578, 1601, et 1605. Les peines établies contre les délits de chasse étaient des plus sévères : les galères, le bannissement, le fouet, le carcan, la marque et tous les châtiments arbitraires que la législation permettait aux juges d'appliquer. Henri IV dépassa encore ces lois cruelles : il décréta la peine de mort contre le braconnier pris en récidive à chasser la grosse bête dans les forêts royales. L'ordonnance de 1669, qui défendit au moins d'appliquer la peine de mort, laissa cependant subsister tous les abus, et personne n'ignore combien ils étaient grands, puisqu'il n'était pas même permis de préserver les récoltes des dévastations des bêtes fauves, réservées aux plaisirs des grands seigneurs.

Les cahiers des bailliages aux états généraux de 1789 témoignent combien cette législation, qui n'avait d'autre point de départ que l'arbitraire et la violence, était impatiemment supportée, et l'on peut dire sans exagération que l'abolition des priviléges de la chasse féodale fut une des causes qui contribuèrent le plus puissamment à faire accueillir la révolution avec enthousiasme. Après avoir déclaré, par décret du 11 août 1789, que le droit exclusif de la chasse que s'étaient arrogé les anciens seigneurs hauts justiciers était à jamais aboli, l'Assemblée constituante rendit la loi du 20 avril 1790 pour prévenir les abus qui résultaient de la liberté illimitée de la chasse et des dommages que les chasseurs pouvaient causer dans les récoltes. Mais cette loi ne punissait pas les délits, et ne statuait pas d'une manière suffisante sur l'exercice de la chasse ; elle fut complétée par les décrets du 11 juillet 1810 et du 4 mai 1812, qui imposent à tout individu trouvé chassant l'obligation de justifier d'un permis de port d'armes, sous une peine correctionnelle de 30 francs à 60 francs avec confiscation de l'arme. Cette législation resta en vigueur jusqu'au 3 mai 1844, époque où fut promulguée une loi nouvelle, dans le but de réprimer les progrès du braconnage, qui avait pris dans les dernières années un développement effrayant pour la propriété, et laissait prévoir la disparition prochaine des différentes races de gibier. Cette loi, tout en abrogeant la législation antérieure, en a conservé les meilleures dispositions.

[Elle pose d'abord deux grands principes, savoir : 1° que nul ne peut chasser si la chasse n'est pas ouverte et s'il ne lui a pas été délivré un *permis de chasse*, par l'autorité compétente; 2° que nul n'aura la faculté de chasser sur la propriété d'autrui sans le consentement du propriétaire ou de ses ayant-droit. Ces deux principes avaient déjà été reconnus par la loi de 1790 et le décret du 4 mai 1812; mais ici ils ont reçu une consécration plus large, et la loi donne au mot *chasse* un sens plus étendu : aussi a-t-elle modifié l'ancienne législation, en ce qu'elle exige pour tous les procédés et moyens de chasse le permis de l'autorité, qui n'était exigé par le décret de 1812 que pour les chasses au fusil, et afin de qualifier ce permis d'une manière qui en indique la portée, elle lui donne le nom de *permis de chasse* au lieu du nom de *permis de port d'armes*, sous lequel ce décret le désignait. C'est aux préfets qu'il appartient à la fois de fixer *l'ouverture* et la *clôture de la chasse* et de délivrer le permis de chasse d'après la demande qui leur en est faite et sur l'avis du maire. La délivrance de ce permis donne lieu à un droit de 15 francs au profit de l'État et de 10 francs au profit de la commune.

Indépendamment du droit, assez étendu, qu'ont les préfets de refuser ce permis, la loi a pris soin de déterminer certaines catégories de personnes auxquelles il ne peut jamais être accordé ; telles sont : 1° les mineurs qui n'auront pas seize ans accomplis; 2° les mineurs de seize à vingt et un ans, à moins que le permis ne soit demandé pour eux par les père, mère ou tuteur; 3° les interdits; 4° les gardes champêtres ou forestiers des communes et établissements publics, ainsi que les gardes forestiers de l'État et les garde-pêche ; 5° ceux qui ont été privés par jugement du droit de port d'armes; 6° ceux qui n'auront pas exécuté les condamnations prononcées contre eux pour délits de chasse; 7° les condamnés placés sous la surveillance de la haute police. Le permis de chasse donne à celui qui l'a obtenu, et seulement dans les temps où la chasse est ouverte, le droit de chasser le jour à tir et à courre sur ses propres terres et sur les terres d'autrui avec le consentement des propriétaires.

Tous autres moyens de chasse, à l'exception des furets et des bourses destinées à prendre le lapin, sont formellement prohibés. Toutefois, les préfets, sur l'avis des conseils généraux, prendront des arrêtés pour déterminer : 1° l'époque de la chasse des oiseaux de passage autres que la caille, et les modes et procédés de cette chasse; 2° le temps pendant lequel il sera permis de chasser le gibier d'eau dans les marais, sur les étangs, fleuves et rivières; 3° les espèces d'animaux malfaisants ou nuisibles, que le propriétaire, possesseur ou fermier, pourra en tout temps détruire sur ses terres, et les conditions de l'exercice de ce droit, sans préjudice du droit appartenant au propriétaire ou au fermier de repousser ou de détruire, même avec des armes à feu, les bêtes fauves qui porteraient dommage à ses propriétés. Ils pourront prendre également des arrêtés : 1° pour prévenir la destruction des oiseaux ; 2° pour autoriser l'emploi des chiens lévriers pour la destruction des animaux malfaisants ou nuisibles ; 3° pour interdire la chasse pendant les temps de neige.

Afin de donner une sanction véritable aux arrêtés qui interdisent la chasse pendant un certain temps de l'année, la loi nouvelle a introduit une disposition qui n'existait pas dans la législation antérieure : c'est celle qui interdit la vente, l'achat, le transport et le colportage du gibier pendant le temps où la chasse n'est pas permise. Elle autorise même la recherche du gibier chez les aubergistes, marchands de comestibles et dans les lieux ouverts au public. Et comme l'un des principaux buts de la loi est la conservation du gibier, elle interdit de la manière la plus formelle de prendre ou de détruire sur le terrain d'autrui des œufs et des couvées de faisans, de perdrix ou de cailles.

La loi de 1790 ne prévoyait que deux infractions : la chasse sur le terrain d'autrui et la chasse en temps prohibé; et les amendes qu'elle prononçait étaient inflexibles, quelle que fût la gravité des délits. La loi nouvelle a été plus prévoyante et plus équitable; et après avoir déterminé d'une manière bien plus complète quels faits seront désormais des délits, non-seulement elle applique à ces délits des peines différentes, suivant que leur nature est plus ou moins grave, mais elle fixe à chacune de ces peines un minimum et un maximum, qui permettent dorénavant de ne pas confondre dans la même répression le délit commis accidentellement et le délit d'habitude. Les peines prononcées par la loi sont : 1° l'amende, qui varie de 16 à 200 francs ; 2° celle de l'emprisonnement, qui dans certains cas peut être portée à deux ans; 3° la privation du droit d'obtenir à l'avenir un permis de chasse, pour un temps qui peut aller jusqu'à cinq ans; 4° la confiscation des armes, engins, filets et autres instruments de chasse. Sous le rapport des peines, la loi nouvelle contient une innovation profonde : elle rétablit la peine de l'emprisonnement, que la législation de 1790 avait abandonnée, et peut-être l'a-t-elle trop aggravée, en déclarant que l'article 463 du Code Pénal, relatif aux circonstances atténuantes, ne pourra jamais être appliqué.

Les règles relatives aux poursuites et au jugement ne diffèrent guère des dispositions consacrées par la loi de 1790 et par le Code d'Instruction criminelle. Ainsi, au ministère public appartient de poursuivre d'office les délits commis en temps prohibés, tandis que ce magistrat ne peut poursuivre les délits de chasse sur le terrain d'autrui sans la permission du propriétaire, qu'autant que ce propriétaire se plaint. La loi de 1844, toutefois, introduit un principe qui n'est pas conforme aux éléments de la législation criminelle, en décidant que les co-auteurs d'un même délit de chasse seront solidairement condamnés à l'amende. L'amende est une peine, et il est de l'essence des peines d'être personnelles.

Les dispositions relatives à l'exercice du droit de chasse ne sont pas applicables aux propriétés de la couronne. Ainsi, ceux qui ont droit de chasse dans ces propriétés ne sont pas soumis aux permis de chasse ; il n'y a pas pour elles de temps prohibé, etc...... Toutefois, les délits qui s'y commettent par des étrangers sont poursuivis et punis conformément aux règles établies par la loi de 1844.

E. DE CHABROL.]

CHASSE (*Marine*). Ce mot, en général synonyme de poursuite, sert à exprimer la course hâtée d'un bâtiment de guerre dans le but de joindre un autre navire, qui fuit de toute la puissance de sa marche. Celui qui fuit *reçoit une chasse*, *prend chasse*; celui qui s'efforce d'atteindre le fuyard, *donne* ou *appuie la chasse*. S'il est aidé d'un second, on dit de celui-ci qu'il *soutient la chasse*. On *chasse* aussi sans rien apercevoir à l'horizon, manœuvre synonyme d'*aller à la découverte*. On *chasse* pour apercevoir la terre, on *la chasse* ensuite pour la reconnaître quand on l'a aperçue. *Lever la chasse*, *abandonner la chasse*, c'est cesser de poursuivre ou de se mettre en quête, soit en changeant de route, soit en diminuant de vitesse. Jadis la grande affaire des galères de Malte était de donner la chasse au *corsaires de Barbarie*.

Chasser, en marine, signifie donc poursuivre à outrance, s'attacher à joindre un navire pour le reconnaître, communiquer avec lui s'il est ami, ou le combattre s'il est ennemi. *Chasser sur ses ancres* est l'état d'un bâtiment à l'ancre qui, surpris par la violence du vent et par la grosseur de la mer, ne peut opposer une résistance suffisante à la tempête qui le pousse au rivage ou sur d'autres navires plus près de lui ; c'est en reculant qu'il s'approche de la côte, en traînant après lui ses câbles et les ancres, qui ne peuvent plus le retenir. Cette situation périlleuse se présente sur des rades dont les fonds, trop solides ou trop mous, n'offrent pas de points d'appui suffisants aux ancres qu'on leur confie. Certaines conditions du sol sont nécessaires aux fonctions de ces puissantes machines : elles ne peuvent pas mordre sur un plateau rocailleux, et elles labourent sans opposition une vase molle où elles s'enfoncent. On dit qu'une rade a de la *chasse* lorsqu'elle offre de l'espace aux bâtiments, qui, surpris par le mauvais temps, peuvent y *chasser sur leurs ancres* assez longtemps pour attendre du secours ou un changement de temps.

CHASSE (*Musique*). On nomme ainsi certains airs, certaines fanfares de cors ou d'autres instruments, dont la mesure, le rhythme, le mouvement, rappellent les airs que ces mêmes cors donnent à la chasse. On appelle encore *chasse* une symphonie, une ouverture, dont les divers motifs sont des airs de chasse, et dont les effets tendent à imiter l'action d'une chasse, telle que l'ouverture du *Jeune Henri*, de Méhul. On donne enfin le caractère et le mouvement d'une *chasse* à un chœur, à un air : les opéras de *Didon*, des *Bardes*, l'oratorio des *Saisons*, de Haydn, *Guillaume Tell*, de Rossini, en fournissent la preuve.

CASTIL-BLAZE.

CHASSE (Permis de). *Voyez* CHASSE (*Droit*).

CHÂSSE, autrefois *casse*, du latin *capsa*, boîte, espèce de coffre, de formes et dimensions diverses, en bois ou en métal, plus ou moins orné, dans lequel on conserve le corps d'un saint, d'une sainte, ou quelqu'une de leurs reliques, quelque objet leur ayant appartenu, pour les exposer ainsi à la vénération des fidèles. Jadis les châsses étaient ordinairement placées sous les principaux autels des églises ; quelquefois pourtant, comme aujourd'hui, on les exposait à une certaine élévation, d'une manière fort apparente, soit dans une chapelle décorée à cet effet, soit même dans le chœur de l'église, et souvent soutenues par de grandes figures ou bien par des supports considérables que la châsse alors était presque inaperçue. On a toujours soin cependant d'en vitrer quelques parties afin de laisser apercevoir ce qui s'y trouve contenu. On ne les ouvre que fort rarement, dans de pieuses cérémonies, pour montrer leurs reliques à de hauts personnages, ou pour constater leur authenticité par la lecture et la confrontation des titres placés près d'elles par l'ordre de ceux qui les ont envoyées ou données.

Les anciennes châsses avaient souvent la forme d'une église ou d'un tombeau ; quelquefois elles ne décoraient de l'image du saint auquel elles étaient consacrées, de celles de Jésus-Christ, de ses apôtres, de la Vierge, ou de quelques figures allégoriques. Souvent la dévotion les faisait enrichir d'un grand nombre de pierreries et de joyaux. Certaines châsses étaient l'objet d'une grande vénération ; les fidèles assistaient en foule à leur translation, à leur anniversaires qu'on célébrait à l'Église, aux processions dans lesquelles elles étaient portées en grande pompe pour demander la cessation de quelque fléau ou de quelque calamité publique. Des princes allant à la guerre se sont fait accompagner par une châsse célèbre, croyant par ce moyen rendre leur armée victorieuse. Sous les deux premières races, on portait à la tête des armées, avec leurs reliques, les châsses, qu'on appelait *capa* ou *capella*, et dont la garde était confiée à des *capellani* (chapelains), à qui Charlemagne accorda la permission de marcher en armes et de combattre pour les défendre. Dans d'autres circonstances, on a vu les rois Charles le Chauve, Robert, saint Louis, Charles IX, réclamer l'honneur de porter des châsses sur leurs épaules et se revêtir de la dalmatique pour remplir cette fonction. On a vu aussi transporter une châsse dans la chambre d'un prince en danger de mort, pour obtenir sa guérison par l'intercession du saint. On les descendait aussi dans les temps de sécheresse et à l'occasion de serments juridiques. Alors elles étaient placées au milieu de l'église, et l'accusateur ou l'accusé venait lever la main devant elles, ce qu'on appelait *jurare per sanctos*.

L'usage des châsses est tellement ancien, qu'il serait difficile de dire à quelle époque ont été fabriquées les premières ; mais on sait qu'elles ont été détruites à diverses époques, d'abord en Orient, dans le cinquième siècle, par les iconoclastes ; puis en Europe, dans les neuvième et dixième siècles, par les Normands, qui s'enrichissaient de leurs dépouilles ; en France et en Hollande, vers la fin du seizième siècle, œuvre de saint Éloi. On ignore ce que devint cette dernière. Ce qu'il y a de certain, c'est qu'en 1242 l'orfévre Bénard en fabriqua une seconde, à laquelle il employa 193 marcs d'argent et 7 marcs et demi d'or. Plus riche que celle-là, elle était surchargée de détails barbares, supportée par quatre statues de vierges, plus grandes que nature, et surmontée d'un bouquet et d'une couronne de diamants, offerts par Marie de Médicis et par Marie-Élisabeth d'Orléans, reine douairière d'Espagne ; c'est celle-là qui fut réduite en cendres dans la première révolution. On sait que sous la Restauration une souscription permit à M. de Quélen de faire fabriquer une châsse pour les restes de saint Vincent de Paul ; elle fut portée processionellement dans Paris, et donna lieu à de fâcheux procès.

CHASSÉ, pas de danse qui s'exécute en allant de côté, soit à droite, soit à gauche. Il devient *chassé-croisé* quand il s'exécute également de face.

CHASSÉ (DAVID-HENRI, baron), général d'infanterie au service du royaume des Pays-Bas, naquit à Thiel (Gueldre), le 18 mars 1765. Son père, major au régiment de Munster, le fit entrer au service des Provinces-Unies, en 1775, comme cadet. Après la révolution de Hollande en 1787, pendant laquelle il s'attacha au parti des patriotes, il s'expatria, et prit du service dans les armées françaises, où sa bravoure lui mérita, en 1793, le grade de lieutenant-colonel. Après avoir pris part à toutes les campagnes de la Révolution et de l'Empire, et notamment en Espagne, de 1808 à 1813, il fut nommé général de division dans la campagne de France, et vint rejoindre à la tête de la division sous ses ordres la grande armée, commandée par l'empereur en personne. Le 27 février il se défendit vaillamment à Bar-sur-Aube contre les Prussiens, et fut grièvement blessé dans cette affaire. Après la prise de Paris, redevenu libre par suite de l'abdication de Napoléon, il rentra dans sa patrie, où le roi Guillaume Ier le créa lieutenant général. A la bataille de Waterloo, par une attaque tentée en commun avec le général Vandermissen, il réussit à sauver une batterie anglaise contre laquelle était parvenue à faire taire, et par une charge à la baïonnette exécutée à propos il contribua au succès de cette journée.

La révolution dont la Belgique devint le théâtre en 1830 lui fournit une occasion nouvelle de prouver sa fidélité à son souverain. Gouverneur d'Anvers à cette époque, il se retira dans la citadelle lorsque l'insurrection éclata dans la ville. Les Belges ayant tenté de s'en emparer par un coup de main, le 27 octobre 1830, il foudroya Anvers pendant plusieurs heures; et du 29 novembre au 23 décembre 1832 il s'y défendit avec une héroïque intrépidité contre une armée française de 80,000 hommes, qui vint en faire le siège sous les ordres du maréchal Gérard. C'est en récompense de sa belle conduite dans cette circonstance que le roi Guillaume Ier lui conféra le grade de général d'infanterie (intermédiaire entre celui de général de division et le titre de maréchal). Forcé de capituler après vingt-cinq jours de tranchée ouverte, et lorsque enfin la brèche était devenue praticable, il fut conduit comme otage à Dunkerque, et ne put revoir le sol natal qu'après la conclusion du traité préliminaire du 12 mai 1833. Depuis lors il vécut dans la retraite, dans la terre qu'il possédait près de Thiel, en Gueldre. Il mourut à Bréda, en mai 1849.

CHASSELAS. *Voyez* VIGNE.

CHASSE-MARÉE, petit navire, communément employé au cabotage et au transport de la *marée* ou produit de la pêche; sa marche est avantageuse, surtout pour gagner de l'espace, malgré l'obliquité du vent. Le *chasse-marée* porte deux mâts principaux : le plus grand, planté juste au milieu de sa longueur, est fort incliné sur l'arrière; il porte une immense voile, qui s'amène sur le pont. Le mât de misaine est tout droit et presqu'à l'avant; sa voile est moins grande que la première, et s'amène également sur le tillac. Souvent les *chasse-marée* ont un troisième mât, placé à l'extrême arrière, et qu'on nomme, comme la petite voile qu'il porte, *tape-cul*. Le gréement de cette embarcation est fort simple et exige peu de bras pour la manœuvre; il y a des *chasse-marée* d'un plus fort tonnage, qui ont d'autres voiles, par dessus la misaine et la grande voile; ce sont des espèces de *huniers*, descendant de même sur le pont lorsqu'on les soustrait à l'action de la brise, différents en cela de la plupart des voiles semblables des autres navires, qu'on roule et serre sur leurs vergues, maintenues hautes dans la mâture.

CHASSEUR, celui qui chasse habituellement ou qui aime à chasser.

Chasseur se disait aussi jadis d'un domestique employé dans une terre à chasser pour son maître; et parce qu'il était armé d'un couteau de chasse, le même nom a été donné à ces grands laquais à riche livrée, à larges galons, à plumes flottantes, pourvus de la même arme, suspendue à un splendide baudrier, que nos derniers gentils-hommes, nos dernières duchesses, les ambassadeurs surtout et autres agents diplomatiques, français ou étrangers, dont les inclinations et les mœurs devraient être, par position au moins, beaucoup plus pacifiques que guerrières, traînent avec eux derrière leurs somptueux équipages, et dont toute l'occupation est d'ouvrir et de fermer une portière, de baisser et de relever le marche-pied d'une voiture, de porter le livre d'heures de madame à l'église, de la suivre dans les magasins en vogue, d'attendre sous les péristyles des théâtres et dans les antichambres des hôtels nobiliaires leurs hauts et puissants seigneurs, avec leurs manteaux, par-dessus, douillettes, pelisses, etc., sur le bras. Rien de plus humiliant pour un soldat que de voir ces mercenaires empanachés, et encore les suisses de nos églises, porter les épaulettes de colonel.

[Dans l'art militaire, les chasseurs sont un corps de cavalerie destiné, dans le service extérieur et avancé de l'armée. Les premiers soldats qui prirent ce titre en France furent ceux de la légion de Fischer, qui existait en 1740, et qui fut reconstituée en 1757; de là l'origine des *chasseurs à cheval* et des *chasseurs à pied*. Les chasseurs à cheval devinrent une sous-arme de la cavalerie légère, et il en est fait mention en 1754 sous le titre de *carabiniers à cheval*. En 1776 un escadron de chasseurs fut attaché à chacun des 24 régiments de dragons, pour être employé, partie au service d'avant-postes, partie à couvrir les flancs. Les régiments de chasseurs prirent un grand accroissement en 1784, par le dédoublement des légions. Déjà en 1779 on avait formé des 24 escadrons six régiments de chasseurs; la constitution de 1786 les réorganisa. En 1788 on en porta le nombre à 12. L'arrêté de l'an IV, pour récompenser les chasseurs à cheval de leur belle conduite, en institua 20 régiments à six escadrons, formant 10,920 hommes. La loi de l'an VII mentionnait 22 régiments de chasseurs à cheval, formant un total de 20,724 hommes : ils étaient traités, soldés et composés comme les dragons. Napoléon, lui aussi, prit en affection l'arme des chasseurs, et en 1814 l'armée française en comptait 34 régiments. Plus tard, on commença à en diminuer le nombre.

Le sabre demi-courbe, les pistolets, le mousqueton, ont été les seules armes des chasseurs jusqu'à l'époque où des lances ont été distribuées à un certain nombre d'entre eux par régiment. Cette diversité d'armement dans un même cadre était un retour vers l'enfance de l'art. En 1831 6 régiments de chasseurs devinrent lanciers.

Vers la même époque, on créa, pour le service de l'Algérie, des régiments à part, avec un uniforme particulier, montés sur des chevaux arabes, et on leur donna la dénomination de *chasseurs d'Afrique*. On en compte aujourd'hui quatre régiments, et treize de chasseurs proprement dits, formant, avec les neuf de hussards, nos 26 régiments de cavalerie légère. Les chasseurs français ne sont ni des uhlans ni des hussards allemands, et ne répondent pas complètement aux corps ainsi désignés dans ce pays : ils se rapprochent davantage des *chevau-légers* bavarois et autrichiens, des chasseurs à cheval russes, des dragons prussiens et des *light horses* anglais.

La question s'offre toute différente quand il s'agit des *chasseurs à pied*. On a cru généralement que cette arme était originaire de Prusse, parce que Frédéric II avait coutume de verser dans les compagnies d'élite ou des corps particuliers les fils des garde-chasse, quand ils étaient bons tireurs; cependant l'*Encyclopédie* et Rocquancourt pensent que les Français ont imité de la milice hanovrienne les chasseurs à pied. Cette question demanderait un long examen, lequel il ne faudrait pas oublier de comprendre le corps si agile des *chasseurs-patineurs* de Norvège, voyageant en hiver au moyen de patins de bois, longs de 1 mètre 60 c. à 2 mètres. La France a eu aussi les arquebusiers de M. de Grassin, si chers au maréchal de Saxe, les fusiliers de La Morlière, le royal Cantabre (depuis *chasseurs basques*), les volontaires de Gantès et les volontaires bretons, qui eussent pu lutter avec avantage contre les *tyroliens* de l'Autriche, les *barbets* des Alpes, les *miquelets* d'Espagne, les *caçadores* de Portugal et du Brésil. Les chasseurs à pied des légions mixtes de Louis XV étaient en quelque sorte l'infanterie légère des chasseurs à cheval.

Le mot *chasseur à pied* devrait indiquer un homme sûr, leste et nerveux, un bon tireur, un soldat qui sût habilement se battre isolé. L'armée française, en empruntant l'institution des chasseurs à pied, n'en fit d'abord que des soldats un peu différemment habillés; ils se formèrent, ou en compagnies d'élite, ou en compagnies du centre dans les régiments d'infanterie légère, ou en bataillons d'infanterie légère, mais sans que leur service, leur armement, l'instruction de leurs officiers eussent rien de particulier et répondissent à leur nom. Il y avait, en outre, des *chasseurs à pied* dans la garde consulaire, et ils acquirent un glorieux renom dans la garde impériale. Sous la Restauration jusqu'en 1830, chaque légion départementale comprenait un bataillon de chasseurs; mais ce n'étaient encore, sauf quelques différences d'uniforme, que des fantassins de bataille ou des fusiliers sous un nom différent. Voilà pourquoi le soldat français, si éminemment propre à la guerre de tirailleur, et possédant surtout l'aptitude individuelle du vélite romain ou du psilite grec, a montré si rarement sa supériorité en ce genre de guerre. Gal BARDIN.]

Les choses en étaient là lorsqu'en 1828 on agita dans le conseil supérieur de la guerre la question de la suppresion des régiments d'infanterie légère ; et un article apologétique de cette arme fut inséré, à cette occasion, dans Le Spectateur Militaire. La nécessité d'un corps spécial n'avait pas échappé à l'esprit organisateur du maréchal Soult, et l'ordonnance de 1833, relative à la réserve, porte : « Il sera formé dans chacun des dépôts de recrutement et de réserve une compagnie de *chasseurs francs-tireurs*, armés de carabines rayées, choisis parmi les *jeunes soldats* que leur éducation ou leurs habitudes rendent le plus aptes au service de tirailleurs. Des prix seront décernés aux plus adroits. » Enfin l'exposé des motifs du projet de loi sur la réserve présenté en 1834 à la chambre des députés par le maréchal ajoute : « Armés de carabines rayées, revêtus d'un uniforme approprié à leur destination, les *francs-tireurs* pourront être réunis en bataillons, dont le nombre sera de dix, et leur éducation nous donnera une véritable infanterie légère, qui nous manque. »

Quelques années se passèrent néanmoins avant que cette véritable infanterie légère fût définitivement organisée. Il fallut les perfectionnements apportés à cette époque aux carabines et le patronage du duc d'Orléans pour fixer sur cette question capitale l'attention des autorités militaires. Diverses tentatives infructueuses avaient déjà eu lieu, quand un ancien capitaine d'infanterie de l'ex-garde royale, M. Delvigne, inventa un mode de forcement de la balle, qui simplifiait le chargement de la carabine. De 1826 à 1837 il avait lutté sans succès pour faire adopter son invention dans l'armée. A cette époque le duc d'Orléans revenait d'Angleterre et d'Allemagne, où il était allé étudier l'organisation des troupes légères de divers États : il accueillit l'inventeur, et une compagnie d'essai fut formée à Vincennes. L'année suivante deux autres compagnies furent ajoutées à la première. Les hommes qui la composaient portaient le béret basque, la tunique à double rang de boutons, les épaulettes vertes, un sabre yatagan, qui, fiché à l'extrémité de la carabine, à l'exemple de celui des chasseurs allemands, hanovriens, tyroliens, portugais et brésiliens, en faisait la plus redoutable des baïonnettes.

Le bataillon provisoire de cette arme, créé par ordonnance du 14 novembre 1838, fut constitué sous la dénomination de *tirailleurs* (de Vincennes) par ordonnance du 28 août 1839. L'uniforme fut un peu modifié : on leur donna un léger schako de drap bleu, une tunique bleu de roi à simple rang de boutons blancs, un pantalon de drap gris bleuté, le sac noir, costume sombre qui convenait à leur emploi. Au camp de Fontainebleau, où ils reçurent l'ordre de se rendre, ils se firent remarquer par leurs mouvements rapides et précis, la supériorité de leur tir et la sévérité de leur tenue. Dans la même année ils furent embarqués pour l'Algérie, et les Arabes eurent promptement appris à redouter les *fantassins noirs*, *fils de la mort*, dont les balles les atteignaient à des distances qu'ils regardaient comme hors de portée de la poudre. Les bulletins du Teniah de Mouzaïa et des combats livrés en 1840 au retour de Milianah ne firent qu'ajouter à leur réputation.

Une ordonnance du 28 septembre 1840 créa les *dix bataillons* de *chasseurs à pied* qui existent aujourd'hui, et auxquels on donna le nom de *chasseurs d'Orléans*, en l'honneur du prince qui avait présidé à leur organisation, nom qu'ils perdirent après la révolution de Février pour celui de *chasseurs à pied*. Des détachements d'hommes choisis dans tous les régiments d'infanterie furent réunis, en novembre 1840, au camp de Saint-Omer, où ils reçurent leur première organisation et s'exercèrent aux nouvelles manœuvres. Le pas gymnastique fut adopté pour la marche ordinaire ; le clairon fut chargé de porter au loin la voix du commandement. Chaque bataillon fut composé de huit compagnies, avec une section hors rang, et l'effectif s'éleva à 1240 hommes. L'état-major comprit un chef de bataillon, un capitaine adjudant-major, un capitaine faisant fonctions de major, un lieutenant instructeur de tir, un lieutenant trésorier, un lieutenant d'habillement et un chirurgien aide-major. Les sept premières compagnies reçurent la petite carabine Delvigne perfectionnée par le chef d'escadron d'artillerie, aujourd'hui général, Thierry. La huitième fut pourvue d'une arme plus pesante et d'une portée plus grande. Cet armement a été perfectionné encore par MM. Thouvenin, Tamisier et Minié (*voyez* CARABINE), et nos chasseurs à pied se sont de nouveau distingués en Afrique.

« Quelle idée noble, grande et vraiment fraternelle, dit le capitaine Du Casse, que celle de lier les uns aux autres quatre soldats voisins dans le rang, en les nommant *camarades* de combat, et de leur dire : Chacun de vous est solidaire de la vie des trois autres ! C'est le faisceau de baguettes du vieillard moribond. Une baguette, on la rompt facilement, un faisceau résiste avec avantage... L'idée des *camarades de combats*, agissant par groupes pour se défendre, formant dans la plaine, pour résister à la cavalerie, autant de petits carrés, dont chaque élément est prêt à vendre chèrement sa vie pour protéger celle de ses frères d'armes, cette idée est une des plus heureuses, des plus fécondes qu'ait présentées l'organisation des chasseurs à pied !

« Appelés par leur service à se battre presque toujours isolément, et non par pelotons ou bataillons, les chasseurs avaient besoin d'une instruction individuelle beaucoup plus solide que celle des autres fantassins. L'ordonnance faite pour eux a su y pourvoir : au maniement d'armes régulier on a ajouté les mouvements de voltes, de demi-voltes, l'exercice à la baïonnette, la manière d'attaquer la cavalerie et de se défendre de ses coups. Puis on a modifié l'école de tirailleurs de façon à ce que ce service ne fût plus seulement un service accidentel, mais un service habituel, et que les hommes pussent combattre dans cet ordre une journée entière sans se rallier sur le peloton ou sur le bataillon, s'il n'y a pas nécessité absolue de le faire. Des ralliements par *camarades de combat*, par groupes de camarades, sur la réserve de la demi-section ou de la section, peuvent précéder le ralliement sur le peloton et sur le bataillon, en sorte que ces deux derniers ralliements ne sont ordonnés que lorsqu'il y a force majeure.

« Mais la plus importante amélioration introduite par la formation des bataillons de chasseurs a été consistée dans le tir. Cette formation a remis en honneur ce grand principe militaire : que la force principale de l'infanterie consiste dans son feu, celle de la cavalerie dans son choc. Dès lors on s'est occupé plus sérieusement d'améliorer le tir, en donnant aux fantassins de bons principes théoriques et pratiques, et surtout de bonnes armes. On a établi des écoles de tir ; on a formé à Vincennes une école modèle. C'est à la création des bataillons de chasseurs à pied que l'on doit réellement toutes ces améliorations. »

CHASSIDÉENS ou **HASSIDÉENS**. *Voyez* CHASIDIM.

CHASSIE (de *cæcare*, aveugler). L'humeur grasse, onctueuse et jaunâtre, désignée sous ce nom vulgaire, coule plus ou moins abondamment des bords des paupières et de l'angle interne de l'œil, lorsque ces parties sont le siège d'une irritation inflammatoire, qui a souvent un caractère chronique. Cet écoulement, fort désagréable, force les malades de recourir fréquemment aux soins de propreté, à des lotions émollientes, sans quoi la chassie, qui s'accumule autour des cils, sur les bords des paupières et au coin de l'œil, ne tarde pas à se concréter, et forme en se durcissant une bordure croûteuse, qui augmente l'irritation. L'épaississement de la chassie pendant le sommeil agglutine les paupières, et ne permet de les ouvrir qu'après qu'elle a été enlevée.

Dans l'état de santé, une humeur sébacée miscible aux larmes est sécrétée par les follicules de Meibomius, en quantité suffisante pour former un enduit sur les bords des paupières et donner aux cils la souplesse convenable. Cette humeur ne reçoit pas alors de nom particulier. Elle remplit à l'égard de l'œil le même office de protection défensive que le **cérumen** dans l'oreille, et que les fluides sébacés dans toute l'étendue de la peau; mais ici en se mêlant aux larmes, dans lesquelles elle est soluble, elle favorise considérablement les mouvements si fréquents des paupières, dans le clignotement, soit normal, soit convulsif, en rendant les frottements doux et non susceptibles d'irriter. C'est cette même humeur, formant dans l'état de santé un enduit convenable des bords palpébraux, qui prend le nom de *chassie* lorsque, plus ou moins altérée dans sa nature chimique, elle coule abondamment pendant l'inflammation des follicules de Meibomius, inflammation que les oculistes appellent *lippitude*. Pour guérir cet écoulement de chassie, lorsqu'il a un caractère chronique, sans être survenu à la suite de la petite vérole, on a recours à des pommades cathérétiques, connues sous le nom des praticiens qui les ont mises en vogue : telles sont la pommade anti-ophtalmique de Desault, celle de Régent, celle de Janin, etc.   L. LAURENT.

CHASSIS, assemblage de tringles en bois ou en fer, ordinairement dans la forme d'un quadrilatère, et ayant quelquefois une ou plusieurs traverses pour le consolider ou le diviser, soit par son milieu, soit dans les angles et en diagonale. Les châssis les plus ordinaires en menuiserie sont ceux qui, dans les fenêtres, servent à recevoir les vitres; il y en a de *mobiles* et d'autres qu'on nomme par opposition *dormants*. On donne le nom de *châssis à tabatière* à ceux qui, placés suivant la pente des toits, se lèvent à charnière par le haut. Les *châssis à coulisse*, qu'on appelait encore *à guillotine*, ne sont plus d'usage maintenant; on en voit cependant encore dans quelques anciennes maisons.

Au théâtre, on donne le nom de *châssis*, à de forts assemblages élevés perpendiculairement et sur lesquels on fixe les décorations. Ces châssis ont par en bas une armature en fer, au moyen de laquelle ils entrent dans une rainure du plancher, et peuvent cependant glisser lorsqu'il est nécessaire de faire avancer ou reculer la décoration.

Les paravents sont composés d'un certain nombre de *châssis*, auxquels on donne le nom de *feuilles*.

Les *châssis de jardin* sont d'assez grands panneaux vitrés, que l'on place sur les couches de melons ou autres, en les inclinant du côté du midi ou du levant; ils n'ont aucune charnière et sont seulement retenus par des crampons qui les empêchent de glisser.

Châssis en peinture est le nom que l'on donne à l'assemblage sur lequel est tendue la toile destinée à servir pour un tableau. Ces châssis sont ordinairement en bois blanc; quelques fois les tringles dont ils se composent sont seulement taillées à mi-épaisseur du bois, et fixées avec un ou deux clous. D'autres fois, les assemblages sont faits à tenon et mortaise; un coin de bois étant placé à l'entrée de chacune d'elles, on peut l'enfoncer plus ou moins pour tendre davantage la toile : c'est ce que l'on nomme *châssis à clef*. Les grands tableaux ont des châssis divisés par plusieurs traverses, assemblées et chevillées.

Les graveurs se servent ordinairement d'un châssis sur lequel ils tendent un taffetas, une mousseline ou simplement du papier, pour diminuer l'intensité de la lumière, dont le reflet sur le cuivre pourrait fatiguer les yeux.

Les fondeurs en sable donnent le nom de *châssis* à l'assemblage mobile dans lequel est retenu le sable qui sert de moule aux objets qu'ils doivent couler, soit en cuivre, soit en fer.

Les imprimeurs se servent de *châssis* en fer pour entourer et contenir leurs compositions. Ils sont formés de tringles carrées assez fortes pour soutenir l'impulsion des coins que l'on place intérieurement pour serrer les caractères et les empêcher de glisser. Ces châssis ont une traverse au milieu qui les rend plus solides et empêche l'écartement. Quand elle n'existe pas, on donne à ces châssis le nom de *ramettes*.

On nomme aussi *châssis* certaines feuilles de papier ou de carton découpées pour écrire secrètement, c'est-à-dire pour tracer une dépêche dont le sens se trouve défiguré par les phrases insignifiantes qui sont introduites dans les espaces irréguliers dont le châssis donne la disposition ; de sorte que celui à qui on écrit en ayant un pareil, il retrouve la dépêche primitive, le châssis cachant alors toutes les phrases intermédiaires (*voyez* CHIFFRES [Art. d'écrire en]).   DUCHESNE aîné.

CHASTELER (JEAN-GABRIEL, marquis DE), général autrichien, né en 1763, au château de Mulbais, en Hainaut, fut élevé à l'école des ingénieurs à Vienne, et fit ses premières armes dans la guerre de succession de Bavière. Quand éclata la révolution française, il était déjà parvenu au grade de major. A la conclusion du traité de Campo-Formio, le gouvernement autrichien l'envoya en Italie *prendre livraison* des provinces vénitiennes. La guerre ayant éclaté de nouveau, il servit sous les ordres de Souwaroff avec le grade de général-major, et rendit de notables services aux coalisés dans la campagne de 1799. Blessé au siège de Tortose, ce ne fut que l'année suivante qu'il se trouva en état d'aller prendre le commandement d'une brigade dans le Tyrol. Lors de la campagne de 1805, il servit encore dans le Tyrol et dans l'évêché de Salzbourg. Au début de la guerre de 1809, il commandait en qualité de feld-maréchal-lieutenant un corps dans l'armée de l'archiduc Charles en Italie. Mais on ne tarda pas à le détacher en Tyrol, afin de profiter de ses relations dans cette province et de sa parfaite connaissance des localités pour insurger le pays. Les succès qu'il obtint dans cette mission furent tels que, dans un ordre du jour adressé à Berthier, Napoléon offre une prime à qui livrera un certain Chasteler, *se disant* général autrichien, avec injonction expresse de le fusiller dans les vingt-quatre heures, pour avoir contribué à faire égorger des prisonniers de guerre français et bavarois. Battu par Lefèvre à l'affaire de Wœrgl, Chasteler se retira avec les débris de son corps par Salzbourg et la Styrie en Hongrie, et cessa de prendre part à la lutte. En 1813 on le voit commander de nouveau une division d'infanterie à la bataille de Dresde. Après la bataille de Kulm, il fut nommé gouverneur de Theresienstadt, d'où, vers la fin d'octobre, il amena des renforts au corps d'armée placé sous les murs de Dresde; mais ce fut la seule occasion où il prit part aux événements de la campagne. A la paix, et lors de la création du royaume lombardo-vénitien, le marquis de Chasteler fut nommé gouverneur de Venise; et il mourut dans cette ville, le 10 mai 1825.

Sans avoir jamais brillé en première ligne, le marquis de Chasteler n'en était pas moins un excellent officier. C'est surtout dans son arme spéciale, c'est-à-dire comme officier du génie, qu'il lui fut donné d'être utile à l'Autriche.

CHASTELLUX (Famille de). Cette maison est originaire du duché de Bourgogne. Quoique les historiens et les généalogistes ne la fassent connaître que depuis le milieu du quatorzième siècle, la haute position que lui donnaient alors ses alliances et ses possessions, ne permet pas de douter qu'elle ne soit d'ancienne chevalerie. Elle porta d'abord le nom de Beauvoir, qu'elle changea ensuite pour celui de Châtelus ou Chastellux, terre située près d'Avallon.

Claude de BEAUVOIR, seigneur de Chastellux, vicomte d'Avallon, reçut en 1418 le bâton de maréchal de France, comme récompense de ses exploits contre les Anglais, et mourut en 1453.

Henri-Georges-César, comte DE CHASTELLUX, créé maréchal de camp en 1789, devint quelque temps après le représentant de sa maison, par la mort de son oncle, le marquis *François-Jean* DE CHASTELLUX, membre de l'Académie Française, à qui nous consacrerons un article spécial.

César-Laurent, comte DE CHASTELLUX, né en 1781, émigra, avec sa famille, au commencement de la Révolution, pour ne rentrer qu'en 1814. Passé dans le Piémont pendant les Cent-Jours, il se rendit dans le midi de la France, auprès du duc d'Angoulême, et fut nommé colonel des chasseurs de la Côte-d'Or. Il présida en 1820 le collège électoral de l'Yonne, qui l'année suivante l'envoya à la chambre, où il siégea au côté droit. Créé maréchal de camp en 1820, le comte de Chastellux fit la campagne d'Espagne, et y obtint des succès, qui la même année déterminèrent son élévation à la pairie. Il se retira de la chambre et du service en 1830.

Henri DE CHASTELLUX, frère du précédent, reçut de Louis XVIII le titre de *duc de Rauzan* à l'occasion de son mariage avec la fille du dernier duc de Duras. Il fut substitué aux rang, titre et qualité de pair de France du duc de Duras, son beau-père, qui se retira de la chambre en 1830.

CHASTELLUX (FRANÇOIS-JEAN, marquis DE), de l'Académie Française, né à Paris en 1734, mort le 28 octobre 1788, se distingua, comme militaire, par son zèle et par ses services, et, comme écrivain, par des ouvrages dont l'esprit et le style signalaient un penseur et un littérateur remarquable. Formé à l'école de Voltaire et des encyclopédistes, il figura dans leurs rangs, et fut porté par eux à l'Académie, distinction dont il se montra fort jaloux. Son courage, son activité, son intelligence comme officier supérieur, s'étaient manifestés avec éclat, d'abord en Allemagne, pendant la guerre de sept ans, puis, comme major général, dans l'armée de Rochambeau, qui concourut si puissamment à l'indépendance des États-Unis. Son caractère, qui l'avait toujours fait aimer des soldats comme de ses égaux, le lia d'une amitié étroite avec Washington. Il prit le parti de se faire *inoculer* à une époque où l'*inoculation* trouvait encore beaucoup d'adversaires incrédules. « Me voilà sauvé, disait-il à Buffon, après le succès ; mais ce qui me touche davantage, c'est que mon exemple en sauvera bien d'autres. »

Le premier ouvrage qui fonda sa réputation littéraire fut son livre *De la Félicité publique*, publié pour la première fois en 1772. Les progrès de l'esprit humain, divinité nouvelle rêvée par Condorcet et ses amis, telle était la pensée inspiratrice de cette œuvre. Le plan, la méthode, y manquent, et la dernière partie en est bien inférieure à la première. Celle-ci se fait remarquer par une étude approfondie et par une appréciation alors toute nouvelle de l'esprit, des institutions et des mœurs des peuples célèbres de l'antiquité. Le style y a du nerf et de la vigueur. Le livre, au reste, est plutôt une déclamation historique qu'un traité composé avec maturité. En vain Voltaire, habitué à flatter les gens de lettres enrôlés sous ses drapeaux, le place-t-il au-dessus de *L'Esprit des Lois*, les curieux seuls consultent encore Chastellux, et le chef-d'œuvre de Montesquieu reste le bréviaire des hommes d'État. Le voyage de Chastellux en Amérique se fait toujours lire avec plaisir; et cependant, dans un examen critique qu'il en fit paraître en 1786, Brissot relève, avec une sévérité quelquefois éloquente, la légèreté qui a dicté à l'auteur des opinions sur les quakers et sur les nègres, fort peu d'accord avec cette philosophie amie de l'humanité qu'il avait jusque alors professée. Son discours sur les avantages et les désavantages de la conquête de l'Amérique a été signalé par Laharpe comme le meilleur des ouvrages de Chastellux pour les idées et pour le style. On a encore de lui un écrit sur la poésie et la musique, qui dénote un amateur éclairé.

AUBERT DE VITRY.

CHASTETÉ, vertu par laquelle nous modérons les désirs déréglés de la chair, en nous abstenant des plaisirs d'un amour illicite. Il ne faut pas confondre la chasteté avec la continence. La chasteté est de tous les temps, de tous les âges et de tous les états ; la continence n'est d'obligation que dans le célibat. La chasteté a lieu hors du mariage et dans le mariage : dans le mariage, en satisfaisant à tout ce que la nature exige de nous et que la religion et les lois de l'État ont autorisé ; dans le célibat, en résistant à l'impulsion de la nature, qui sans égard pour les temps, les lieux, les circonstances, les usages, le culte, les coutumes, les lois, nous entraînerait à des actions proscrites.

La chasteté constitue la partie essentielle de l'éducation des femmes ; elle est pour elles ce que la force est pour les hommes, un moyen continuel de défense. Pour bien sentir toute l'importance de la chasteté, il faut considérer que la civilisation ne cesse d'accroître chaque jour la portion de liberté accordée aux femmes. Le temps n'est pas loin où elles se mêleront à la fatigue de nos travaux. En multipliant ainsi la masse de leurs rapports, on augmente le nombre de leurs périls ; il importe donc de leur donner un point d'appui : la chasteté seule peut le leur offrir. C'est une vertu qui exige de la part de ceux qui l'enseignent, de la persévérance et de l'adresse ; ce n'est qu'avec une grande réserve qu'on peut indiquer aux femmes les pièges où l'on cherchera à les faire tomber. La raison n'est peut-être pas une garantie assez exclusive de la chasteté ; il faut tout appeler à son secours, même l'imagination. Celle-ci, en exagérant l'ineffable pureté qui doit s'attacher aux mœurs des femmes jusque dans leurs moindres détails, invente une surveillance inquiète qui sème partout des résistances en quantité bien supérieure aux attaques. Chez les sauvages, suivant que les femmes sont plus ou moins chastes, on peut déterminer l'espace qui sépare encore la peuplade de la civilisation. La chasteté n'est pas sans doute pour les hommes une vertu de premier ordre, mais elle ne doit pas leur manquer tout à fait. Le christianisme, voulant épurer la nature humaine, a fait de la chasteté quelque chose de plus qu'une vertu ; c'est le triomphe de la nature morale sur la nature physique. Les prêtres et la plupart des religieux et religieuses font *vœu de chasteté*. Il est bon sans doute que quelques-uns dépassent un peu le devoir, pour que les autres y arrivent. SAINT-PROSPER.

L'expression de *chaste* s'applique également aux choses, et signifie pur, éloigné de tout ce qui blesse la pudeur, la modestie. Ainsi l'amour peut être *chaste*. Il y a des *cœurs chastes, des oreilles chastes*, etc.

CHASUBLE (de *casula*, diminutif de *casa*), habillement sacerdotal que porte le prêtre pour la célébration de la messe. La chasuble est l'insigne caractéristique de la prêtrise. On l'a appelée *casula* (petite maison), parce que dans l'origine elle enveloppait le prêtre de la tête aux pieds ; sa forme était ronde, close dans toute sa longueur. C'est peut-être pour cette raison que quelques étymologistes font dériver chasuble de *capsula*, petit coffre. Les Italiens l'appellent indistinctement *casula* ou *pianeta*. Toute la partie comprise depuis le bas jusqu'à la hauteur des bras se retroussait en plis sur les bras, à droite et à gauche. Plus tard, on la fit moins longue, et on l'ouvrit de chaque côté pour laisser agir les bras. Sa forme actuelle est moins longue encore et plus échancrée dans la partie qui couvre la poitrine. L'Église grecque n'a point admis la chasuble : les prêtres célébrants officient en chape. Dans l'Église latine, le prêtre qui, dans les grandes solennités, *assiste* le célébrant porte la chape. La chasuble était un habit vulgaire du temps de saint Augustin, ainsi qu'il le dit dans *La Cité de Dieu*. Les prêtres devaient d'abord en effet porter l'habit commun. L'Église était alors persécutée, et ses ministres avaient le plus grand intérêt à ne pas se distinguer des autres citoyens par un costume spécial.

On appelle *chasubliers* les tailleurs qui confectionnent les *ornements* ou habillements à l'usage des prêtres de la religion catholique. DUPEY (de l'Yonne).

CHAT, genre d'animaux mammifères, appartenant à l'ordre des carnassiers, à la famille des carnivores et à la tribu des digitigrades. Notre chat domestique, dont ce genre a pris son nom, suffit pour nous donner une idée parfaite de la forme et des allures des autres, en ajoutant seulement aux traits qui le caractérisent la force supérieure qui accompagne nécessairement une taille beaucoup plus grande. Tous ont d'ailleurs comme lui une tête ronde, garnie de fortes moustaches, un cou épais, un corps étroit et allongé, des pattes fortes et peu élevées, celles de devant surtout; la plupart ont aussi une queue assez longue et fort mobile. La plante de leurs pieds est garnie de pelottes molles et élastiques; ils marchent sans bruit, avec lenteur et précaution, en fléchissant les jambes de derrière; ils se reploient très-facilement sur eux-mêmes, et font usage de leurs membres, surtout de leurs pattes de devant, avec une adresse qu'on aime à voir. Les mâles se distinguent généralement des femelles par une taille plus grande et une tête plus forte, plus large, plus arrondie. Les chats sont d'ailleurs de tous les carnivores les plus puissamment armés; leurs mâchoires courtes sont mues par des muscles prodigieusement forts; leurs ongles rétractiles, qui se redressent dans le besoin et se cachent entre les doigts dans l'état de repos, par l'effet de ligaments élastiques, ne perdent jamais leur pointe ni leur tranchant. Ils ont six incisives et deux énormes canines à chaque mâchoire, deux fausses molaires en haut et deux en bas de chaque côté; leur carnassière supérieure a trois lobes et un talon mousse en dedans; l'inférieure a deux lobes pointus et tranchants sans aucun talon; enfin, ils n'ont qu'une très-petite tuberculeuse supérieure, sans rien qui lui corresponde en bas. Leurs doigts sont au nombre de cinq aux pieds de devant, l'interne fort petit, et de quatre aux pieds de derrière; les doigts sont très-courts en apparence, parce que la dernière phalange se relève et se cache avec l'ongle. Leur ouïe est excessivement fine, et c'est le plus développé de leurs sens. Leur vue ne paraît pas avoir une portée fort longue, mais ils voient bien le jour et la nuit; leur prunelle se dilate et se resserre suivant la quantité de lumière : chez les uns, elle prend en se contractant une forme allongée verticalement; chez les autres, elle reste ronde. Quoique la brièveté de leur museau ne laisse pas une grande étendue à la membrane olfactive, ils font cependant grand usage de leur odorat : ils le consultent avant de manger, ou même lorsqu'une cause quelconque vient leur donner de l'inquiétude. Ils ont un mufle peu étendu et peu humecté; leur langue est revêtue de pointes cornées très-rudes; leur pelage est, en général doux et fin, et toute la surface de leur corps très-sensible au toucher; leurs moustaches paraissent surtout le siège d'impressions très-délicates, car lorsqu'ils en sont accidentellement privés on remarque dans leurs mouvements un embarras singulier.

Doués d'une vigueur prodigieuse et pourvus d'armes puissantes, qui en font des animaux carnassiers par excellence, les chats n'attaquent cependant jamais à force ouverte : la ruse et l'astuce dirigent tous leurs mouvements. Marchant sans bruit vers le lieu où ils espèrent trouver une proie, ils s'approchent en rampant de leur victime, puis, saisissant l'instant favorable, ils fondent sur elle en bondissant, la déchirent de leurs ongles et assouvissent la soif de sang qui les dévore. Si par bonheur elle a pu se soustraire à ce premier assaut, elle trouve dans une fuite rapide un salut presque assuré, car les chats, merveilleusement organisés pour sauter, pour bondir, pour garder leur équilibre sur des surfaces étroites, le sont beaucoup moins bien pour la course. Quand ils sont rassasiés, ils se retirent au centre du domaine qu'ils ont choisi, et attendent en dormant qu'un nouveau besoin les presse d'en sortir. Les grandes espèces se cachent au sein des forêts touffues, les petites s'établissent sous les arbres, ou dans des terriers quand ils en trouvent de tout faits. Ils couvrent soigneusement leurs excréments, soit par une recherche de propreté, soit pour que leur odeur n'écarte pas les animaux qui leur servent de proie. Ils vivent solitaires, leur voracité n'admettant point de partage; l'amour seul, aussi impérieux que la faim, rapproche les mâles des femelles. Ils s'appellent par des cris aigus, s'abordent avec défiance, assouvissent leur ardeur en se menaçant et se séparent avec effroi. Les mères seules éprouvent de la tendresse pour leur progéniture, que le mâle dévore souvent.

Tels sont dans l'état sauvage ces animaux, chez lesquels la force et la férocité réunies ont atteint leurs dernières limites. Et cependant l'homme, en prévenant leurs besoins, en les flattant par des caresses, en les punissant par la privation d'aliments, est parvenu à maîtriser ce naturel en apparence indomptable. Les espèces les plus grandes et les plus farouches se sont façonnées à son joug, se sont soumises à ses caprices, et ont fini par devenir entre ses mains des objets d'amusement et de curiosité : « La prudence, dit Lacépède, ne doit jamais permettre d'oublier que lorsqu'un animal très-fort a des appétits très-véhéments, des affections ardentes, des mouvements violents, des armes terribles, une impression soudaine et inattendue peut le ramener tout d'un coup vers le caractère naturel de son espèce; qu'il ne suffit pas de ne pas le laisser souffrir de la faim et de ne pas l'irriter par de mauvais traitements, et qu'il faut de plus être toujours en garde contre un de ces retours brusques et imprévus vers le sentiment de sa supériorité, l'horreur de la contrainte et sa férocité naturelle. »

Les espèces de ce genre sont répandues dans l'ancien et le nouveau continent. Aucune espèce ne se trouve en Australie. Les plus remarquables sont : le *lion*, le *tigre*, le *jaguar*, la *panthère*, le *léopard*, le *guépard*, le *couguar*, le *lynx* ou *loup-cervier*. Nous parlerons seulement ici des espèces qui ont conservé le nom générique.

Le *chat ordinaire* (*felis catus*, Linné), originaire des forêts de l'ancien continent, a été transporté en Amérique par les Européens. Dans son état sauvage, il est d'un tiers environ plus grand que nos individus domestiques, gris-brun, avec des ondes transverses plus foncées, le dessous pâle, le dedans des cuisses et des quatre pattes jaunâtre, la queue annelée de noir, les lèvres et la plante des pieds d'un beau noir. Il est encore commun dans nos forêts; et c'est surtout au mélange des femelles domestiques avec les mâles sauvages qu'il faut attribuer la plus grande ressemblance que conservent en général les chats des campagnes avec le type primitif de l'espèce. En domesticité, d'ailleurs, le chat varie, comme chacun sait, en couleur, finesse et longueur de poils. Les variétés qui ont été spécialement distinguées, et qui par leur mélange entre elles et avec les individus sauvages, donnent une foule de variétés secondaires, sont : 1° le *chat domestique tigré*, qui a le pelage très-analogue à celui du chat sauvage, et les lèvres et les plantes des pieds constamment noires : c'est la variété la plus défiante et la moins familière; 2° le *chat des chartreux*, qui après le *chat tigré* est le plus rapproché du *chat sauvage* par son naturel : son poil est très-fin, un peu long, partout d'une belle couleur gris ardoisé uniforme; il a les lèvres et la plante des pieds noires; 3° le *chat d'Espagne*, qui a le poil assez court et brillant, les pieds et les lèvres couleur de chair, la robe tachée, par plaques irrégulières, de blanc pur, de roux vif et de noir, dans les femelles, et dans les mâles au moins presque toujours de deux de ces couleurs seulement; 4° le *chat d'Angora*, originaire, comme son nom l'indique, d'Angora en Anatolie : son poil est doux et soyeux, très-long, surtout autour du cou, sous le ventre et à la queue; celui de la tête et des pattes est court; sa couleur est blanche, gris pâle, jaune pâle, ou mélangée de toutes ces teintes par plaques irrégulières; cette race est la plus éloignée du type primitif : elle a moins de vivacité que toutes les autres; 5° le *chat-cervier* des fourreurs (*felis rufa*, Guldenstedt), qui est un peu plus petit que le lynx ordinaire; il est de couleur fauve roussâtre ou grisâtre, moucheté de couleur brunâtre, avec des ondes brunes sur les cuisses; sa queue est annelée de brun ou de noir; il se trouve dans l'Amérique septentrionale; on le recherche pour sa fourrure, mais on ne connaît pas bien ses mœurs.

Le chat sauvage se tient, comme nous l'avons déjà dit,

dans des lieux boisés, où il vit isolé ou par paire. Il grimpe sur les arbres avec facilité pour y saisir les oiseaux, ou se blottit dans les buissons épais pour se jeter à l'improviste sur les jeunes lapereaux, les rats des bois, les perdrix, les faisans, etc. Quant aux *chats domestiques*, ils se rapprochent d'autant plus de la race sauvage par leur naturel défiant et farouche qu'ils en sont plus près aussi par leurs traits extérieurs. Les mâles et les femelles, hors le temps des amours, n'ont que peu de rapports entre eux. Ces dernières sont plus sédentaires; elles font trois portées par an, après une gestation de cinquante-cinq ou cinquante-six jours, et ces portées sont composées chacune de quatre à cinq petits. Ceux-ci sont allaités pendant quelques semaines, et pour l'ordinaire soignés avec une grande tendresse par leur mère, qui leur apporte des souris, de petits oiseaux, et les dresse à la chasse. Les jeunes chats sont très-joueurs, guettent le moindre objet comme si c'était une proie et sautent brusquement dessus. Adultes à l'âge de quinze mois, les mâles se battent entre eux pour la possession des femelles. Dans leurs combats, ils font entendre une voix entrecoupée de sons rauques ou plaintifs et de faux sifflements ; dans ces moments ils répandent une odeur de choux gâtés ou de mauvais musc très-remarquable. Les chats sont observateurs, et ne s'établissent ou ne séjournent jamais dans un endroit nouveau sans en faire d'abord une visite exacte. Ils aiment la chaleur en hiver, et en été recherchent les lieux frais pour y dormir; en général, leur sommeil est très-léger, et le moindre bruit les éveille. Le mouvement balancé de la queue est chez eux, comme chez les grands animaux du même genre, un signe de colère ou d'impatience. Ces animaux, qui conservent en domesticité un caractère plein d'indépendance, sont en général plus attachés aux habitations qu'aux hommes, et quand on leur fait quitter leur domicile, ils abandonnent souvent leurs maîtres pour y revenir, quelquefois de loin et même de plus d'une lieue. Ils font ce voyage de nuit, et se dirigent alors plutôt par la vue que par l'odorat. La durée de leur vie est de quinze ans environ.

DÉMEZIL.

Le chat était révéré comme un dieu en Égypte : on l'y adorait sous sa forme naturelle ou sous celle d'un homme à tête de chat. Caylus, dans son *Recueil d'Antiquités*, dit qu'il y était regardé comme le symbole d'Isis ou de la Lune, et que, dans le nombre des rapports qu'on lui trouvait avec cette planète, on supposait qu'il faisait autant de petits qu'il y a de jours dans un mois lunaire. On ajoutait que les portées étaient assujetties à la progression naturelle des nombres, depuis l'unité jusqu'à vingt-huit, c'est-à-dire que dans la première il mettait bas un petit; dans la seconde, deux ; dans la troisième, trois ; et ainsi de suite, jusqu'à ce que le nombre de vingt-huit fût atteint. Plutarque, qui rapporte cette extravagance, ne la réfute point. Du reste, le respect des Égyptiens pour les chats était si grand que Diodore de Sicile raconte qu'au temps où le roi Ptolémée recherchait l'amitié des Romains et avait le plus d'intérêt à les ménager, il ne put empêcher que le peuple ne mît à mort un citoyen de cette nation qui avait tué un chat par mégarde. S'il mourait un chat de sa belle mort, toute la maison prenait le deuil ; on se rasait les sourcils, et l'animal était embaumé, enseveli et porté à Bubaste, dans une maison sacrée, où on l'inhumait avec tous les honneurs de l'apothéose. En opposition avec cette vénération des Égyptiens pour les chats, nous pouvons citer l'aversion que témoignent pour eux plusieurs personnes : Henri III, roi de France, le portait si loin qu'il changeait de couleur et tombait en syncope lorsqu'il voyait un de ces animaux ; mais l'aversion de ce prince est presque un honneur pour les chats.

Ce quadrupède figure dans le blason ; on l'appelle *effarouche* lorsqu'il est rampant, *hérissonné* lorsqu'il lève le train de derrière plus haut que la tête. Les Alains, les Vandales et les Suèves portaient d'argent au chat de sable, symbole de liberté, dit Favyn (*Hist. de Navarre*). Il est même probable que les léopards, transmis par les Normands aux Anglais subjugués, ont dû être primitivement des chats.

Les chats comptent de nombreux panégyristes, ils ont même eu leur historiographe ou *historiogriffe* : M o n c r i f a en effet écrit une *Histoire des Chats*. On sait que Le Tasse fut réduit à une si grande pauvreté qu'il se vit contraint à prier sa *chatte*, dans un joli sonnet, de lui prêter, durant la nuit, la lumière de ses yeux pour suppléer à la chandelle qui lui faisait défaut.

Edme Héreau.

Le chat n'aurait peut-être pas tant d'ennemis, si on le jugeait d'après les animaux de son espèce qui ont reçu une éducation domestique, ou qui seulement ont été traités avec douceur, avec bienveillance et mis à même de développer leurs bonnes qualités; mais partout, à l'exception de Paris, capitale de la civilisation, comme chacun sait du reste, il est rudoyé, opprimé, battu, persécuté. Croit-on que si on en usait ainsi à l'égard du c h i e n dès son enfance, il offrirait les bonnes qualités qu'on lui reconnaît? Sans l'éducation, il serait traître, brutal et cruel. Sa servilité rampante, que l'on appelle *bonté*, peut être agréable à ses tyrans ; mais elle a attiré sur lui bien des mépris, sans compter celui de ses maîtres, dont il a la lâcheté de reconnaître les coups par des caresses. Aussi J.-J. Rousseau déclare-t-il aimer mieux le chat que le chien, parce que le chat est un animal libre et que le chien a le caractère servile. Ajoutons que le chien, l'un de nos plus utiles animaux domestiques, nous expose à une mort affreuse, sujet qu'il est à l'hydrophobie, dont il porte le germe en lui, tandis que si le chat en est attaqué, et le cas est excessivement rare, ce n'est que par la morsure du chien.

D'illustres suffrages ont consacré la bonne réputation du chat. C'est d'abord, comme nous l'avons vu, l'Égypte, *école des sages* ; puis l'Orient actuel. L'auteur du *Koran* faisait ses délices de cet utile et charmant animal. Type reconnu de l'indépendance, il devrait être aussi cher aux gens de lettres qu'il l'est aux belles dames à cause de sa douceur, de ses grâces et de sa propreté. Au lieu de consacrer aux chats une Bubaste, une ville funéraire, ce qui était, au reste, un témoignage de gratitude pour un animal utile, les barbares du moyen âge, abrutis par la verge de plomb des tyrans religieux et féodaux, jetaient vifs dans les feux de la Saint-Jean plusieurs chats à la fois, et cet usage cruel subsistait encore à Metz vers 1750, époque où la maréchale d'Armentières obtint de son mari, qui commandait la place, l'abolition de cet auto-da-fé périodique. Il est vrai que le chat, dont les griffes font quelquefois trembler ses adversaires, a pour ennemi le chien, qui poursuit aveuglément, bêtement, tout ce contre quoi l'homme a la barbarie de l'animer. Le chien, malgré d'excellentes qualités, est le type de la bassesse, de la servilité, un objet même de mépris, sans qu'on y pense ; car c'est de son nom que nous viennent les mots *cynisme*, *canaille*, et ces locutions outrageantes : *chien d'homme*, *chienne d'affaire*, etc.

A l'estime accordée au chat par Mahomet, par Le Tasse, par Moncrif, par Rousseau, nous ajouterons son bonheur celle de Pétrarque, de Montaigne, de la duchesse du Maine, de la princesse de Bouillon, de MM^{mes} de la Sablière, Deshoulières, de Lesdiguières, du ministre Colbert , du poète anglais Gray, de Fontenelle, de Bernardin de Saint-Pierre, du peintre Landon , du grand publiciste Sieyès , de l'économiste J.-B. Say, de Delille, dont la chatte, comme toutes les chattes bien élevées,

Fière avec douceur et fine avec bonté,
Ignorait l'égoïsme à sa race imputé,

et

Venait, le dos en voûte et la queue ondoyante,
Offrir sa douce hermine à la main caressante.

21.

Le chat a inspiré des poëtes et des peintres, sans compter le *Chat botté*, cette œuvre sublime, imitée tant de fois et jamais surpassée.

Les traits de vertu des chiens sont assurément aussi nombreux qu'incontestables; mais il ne faut pas croire que l'histoire du chat, lorsqu'elle sera consciencieusement écrite, comme tant d'autres, plus graves, devraient l'être, ne renfermera pas un grand nombre d'actes de fidélité, de dévouement et d'affection, qui prouveront que plusieurs de ces animaux tant calomniés méritaient l'attachement qu'on leur témoignait, et que même plusieurs d'entre eux n'ont pas survécu aux maîtres que la mort leur a ravis. « Ceux qui aiment les chats, dit le grand économiste J.-B. Say, se distinguent aussi par leur philanthropie... Ne pensez-vous pas que l'homme qui cherche des esclaves doit s'accommoder de préférence du chien, animal qui n'emploie les facultés dont le ciel l'a doué qu'au service d'un maître, qui se soumet aux caprices de celui-ci, à la main de l'injustice, comme celle de la bienfaisance? Ne trouvez-vous pas que l'autre caractère peut s'accommoder de l'indépendance, de l'égoïsme du chat, animal qui n'est point malfaisant quand il n'est pas poussé à bout par la faim ou par les mauvais traitements, mais qui conserve l'indépendance de ses goûts plus que tout autre domestique? Buffon fait un crime au chat d'aimer ses aises, de chercher les meubles les plus mollets pour s'y reposer et s'ébattre : c'est tout comme les hommes ; de n'être sensible aux caresses que pour le plaisir qu'elles lui font : c'est encore comme l'homme ; d'épier les animaux plus faibles que lui pour en faire sa pâture : c'est toujours comme les hommes ; d'être ennemi de toute contrainte : c'est comme les hommes encore. »

Louis du Bois.

Le chien et le chat sont des animaux tellement antipathiques qu'ils ont fait créer le proverbe : *Amis comme chien et chat*, pour exprimer une inimitié cruelle. Cependant l'éducation triomphe encore ici de la nature, et nous avons des exemples d'amitié durable entre chiens et chats. Mais le chien supporte la chaîne, le chat s'étranglerait plutôt que de subir l'attache. Le chien approuve tous les mauvais traitements de son maître, lèche bassement la main qui le blesse, le chat se révolte noblement contre l'injustice et se venge hardiment de la main qui le frappe. La menace suffit même à l'irriter. Le chat fait connaître sa colère par un jurement énergique, ses moustaches se hérissent, sa croupe se replie, ses griffes aiguisées se contractent, il bondit avec rage, et, comme les soldats de César, il aime à blesser au visage. Il griffe même ses amis, comme beaucoup de bipèdes, du reste ; et *sa patte de velours*, ainsi que la rose, recouvre des épines. Aussi dit-on *traître comme un chat*. S'il fuit généralement un ennemi plus fort, il l'attaque aussi quelquefois, et, pour défendre sa progéniture à la mamelle, la chatte oublie toujours sa faiblesse.

Le chien attend que son maître le vende, le chat quitte bien vite le toit qui lui semble inhospitalier, et sait trouver un autre gîte, nous ne disons pas un autre maître, il n'en reconnaît pas. Il consent bien à être l'hôte de l'homme, jamais son valet. S'il lui est utile, c'est à son heure, jamais quand on le lui commande. De là l'expression *volontaire comme un chat*. Il passe aussi pour avoir la vie dure. Il tombe souvent, même de haut, sans ne prendre de mal ; aussi, comme le remarque Helvétius pour notre instruction, ses chutes et rechutes ne le corrigent guère. C'est en fait toute sa vie comme après sa mort un *lapin de gouttière*. Le chien attend pour manger que son maître lui permette de toucher la nourriture qu'il veut bien lui destiner ; le chat prend sans gêne ce qu'il trouve à sa convenance. L'éducation n'y fait rien. Pour mieux tromper, il ferme les yeux, fait semblant de dormir, ronfle au besoin ; détournez la tête : ce qui lui faisait envie a disparu, et l'animal aussi, car il connaît son monde, il sait qu'on ne peut lui arracher ce qu'il tient, et il lui importe peu de manger en compagnie. Repu il reparaît, se glisse en tapinois, sonde le terrain, vient vous caresser si vous n'avez été vu, court se cacher s'il vous croit en colère et demande au temps son pardon. Aussi l'homme, qui aime tant à s'approprier ce qui lui plaît, et même ce dont il n'a nul besoin, appelle-t-il le chat *voleur*. Ce défaut est si bien exploité des gens qui ont quelque chose à craindre, qu'on n'hésite pas à mettre sur le dos de la *gent griffière* une foule de méfaits dont elle est parfaitement innocente ; mais on ne croit pas toujours ceux qui répondent à tout : *C'est le chat!* Il paraît même qu'on s'est habitué à faire supporter au pauvre animal les corrections que d'autres mériteraient, puisque, devant une faute légère ou pour faire cesser des plaintes sans fondement, on déclare gravement qu'*il n'y a pas de quoi fouetter un chat*.

Le chat est friand : il y a des mets qu'il préfère ; il y en a auxquels il ne touchera pas, quelle que soit sa faim ; il est même gourmand, et mange souvent plus que de raison. On a donc imaginé de dire d'une personne qui aime les bons morceaux qu'elle est *friande comme une chatte*. La chatte fait les avances à son mâle : de là certain nom donné aux femmes qui ne voient pas de mal à être *amoureuses comme des chattes* (voyez CATIN), mais en cela la chatte ne fait qu'obéir à la nature, et puis elle n'a pas d'âme à sauver, dit-on. Il n'en est pas de même des filles, qui doivent bien se garder de *laisser aller le chat au fromage*.

Le chat est organisé pour courir la nuit. Ses yeux brillent dans l'ombre ; mais l'homme n'a pas la vue si perçante, et *la nuit tous les chats sont gris* pour lui. Beaucoup d'autres animaux ont la même qualité, et le beau et le laid, le vieux et le neuf ne se distinguent guère dans les ténèbres : aussi le soir couvre-t-il bien des méprises. Sortir d'une maison sans bruit, sans dire adieu, c'est, dit-on, *emporter le chat*. Dieu vous préserve d'aller là où *l'on ne trouve pas un chat*, où *l'on vous jette un chat aux jambes*, où *l'on vous baille un chat par les pattes*.

J'appelle un chat un chat, et Rollet un fripon,

disait fièrement le satirique Boileau. C'est là, ce semble, appeler les choses par leur nom.

Chargé de faire la chasse aux souris et aux rats, le chat les attrape autant par la ruse que par l'adresse ; il faut donc dans ce petit monde, comme dans le nôtre, *à bon chat bon rat*, pour éviter une attaque dangereuse. La souris doit *se garder d'éveiller le chat qui dort* ; et nous aussi. Comme chez nous, *quand les chats sont dehors, les souris dansent*.

Il paraît que le singe, que l'on en croit le grand *fablier*, a plus de malice que le chat, qui en a pourtant déjà pas mal. Tout le monde connaît l'histoire qu'il raconte de ces deux commensaux d'un logis :

Bertrand avec Raton, l'un singe et l'autre chat,
D'animaux malfaisants c'était un très-bon plat.

Raton tire les marrons du feu, Bertrand les croque. C'est l'histoire de beaucoup de princes, dit La Fontaine. Hélas ! c'est à peu près l'histoire de tous les hommes. Le chat n'aime pas l'eau, quoiqu'il en boive ; son horreur pour l'élément liquide est telle que si en quelques brassées il ne peut se tirer de l'eau, il se laisse bravement noyer, quoiqu'il sache parfaitement nager. A bien plus forte raison a-t-il peur de l'eau chaude, et il n'y a pas que ce charmant animal qui une fois *échaudé craigne l'eau froide*, c'est-à-dire même l'apparence du danger. Tous les chats ne se valent pas à ce qu'il paraît, puisque le proverbe recommande de ne pas acheter *chat en poche*. Quoiqu'on ait essayé d'organiser des concerts de chats, on prise en général leur musique, et le chanteur, qui ne peut plus tirer de sons du gosier s'accuse *d'avoir un chat dans la gorge*. Les chats noirs passaient autrefois pour sorciers : il y en avait au sabbat ; sur ce motif, assez plausible, on a brûlé de ces pauvres bêtes. Dieu a sans doute ou pitié d'elles. Il est doux de penser qu'il veut bien réparer toutes nos injustices. L. LOUVET.

La *queue du chat* est une figure bien connue de la contredanse.

Chat se dit encore de plusieurs objets, de formes et d'usages divers. C'est, entre autres, un instrument à branches de fer élastiques et pointues, dont on se sert pour visiter l'âme d'une pièce de canon, afin de découvrir les chambres qui s'y trouvent.

CHAT (*Art militaire*), machine de guerre en usage dans le moyen âge, à l'aide de laquelle, après avoir comblé le fossé d'une place forte, on prenait position au pied des remparts, que les mineurs s'efforçaient de renverser, tandis que la machine les protégeait contre les projectiles des assiégés. Elle consistait en une tour mobile, de $2^m,30$ de haut, sur $2^m,60$ de large et $5^m,20$ de long, formée d'une charpente, plus ou moins solide, avec un double toit de planches et de claies. Ses flancs étaient défendus par un tissu d'osier, couvert de cuir frais, de peaux de mouton ou de couvertures de laine. On en joignait d'ordinaire plusieurs de front, on les remplissait de soldats armés d'outils, et on les faisait avancer sur des rouleaux, à force de bras, avec la prudente circonspection du *chat*. Quelquefois même leur flanc s'ouvrait, et il en sortait un soliveau, muni de griffes, simulant la patte du *chat*. On s'en servit jusqu'à la fin du treizième siècle.

CHÂTAIGNE. C'est le fruit du châtaignier.

CHÂTAIGNE (*Art vétérinaire*). *Voyez* CALLOSITÉ.

CHÂTAIGNE A BANDES, nom vulgaire et marchand d'un mollusque, le *murex nodosus* (*voyez* ROCHER).

CHÂTAIGNE D'EAU, CHÂTAIGNE CORNUE. On donne quelquefois ces noms au fruit de la macre.

CHÂTAIGNE DE MER, nom vulgaire des oursins, principalement sur les côtes de la Saintonge et de la Normandie. On l'a donné aussi à la graine du *mimosa scandens*.

CHÂTAIGNE NOIRE, nom vulgaire donné par Geoffroi à l'*hispa atra*, coléoptère du genre *hispe*.

CHÂTAIGNERAIE (LA). *Voyez* JARNAC.

CHÂTAIGNIER, grand arbre de l'Europe tempérée. Il est de la famille des amentacées, et classé dans le genre des *hêtres* par le plus grand nombre des botanistes; mais il doit en être séparé et former un genre à part, selon quelques autres, parce qu'il diffère des hêtres par plusieurs caractères, dont le plus saillant est que ses semences ne sont pas huileuses. On le cultive comme arbre fruitier dans plusieurs lieux où il n'est pas dans les forêts, et l'on commence à le répandre partout par des semis et par des plantations, en sorte qu'il semble destiné à remplacer un jour quelques-uns de nos arbres forestiers, soit pour le chauffage, soit pour les constructions et les arts.

Le chêne s'élève plus que le châtaignier, et il atteint même plus de grosseur, lorsqu'on lui en donne le temps; mais le châtaignier parvient aussi à une grosseur énorme : on en cite quelques-uns, dont le plus célèbre est le *castagno de' cento cavalli*, sur l'Etna; son ombrage peut couvrir, dit-on, cent cavaliers et leurs montures. Il n'est pas nécessaire d'aller chercher jusqu'en Sicile des exemples de ces arbres prodigieux : quelques-uns des châtaigniers des environs de Paris ont une cime aussi vaste que celle du géant de l'Etna, quoiqu'ils n'aient pas encore vécu un aussi grand nombre de siècles. Près de Sancerre (Cher) on voit un de ces arbres de près de dix mètres de tour, et qui produit régulièrement des fruits en très-grande abondance, quoiqu'il soit connu depuis six cents ans sous le nom de *gros châtaignier*, et que son âge ne soit pas au-dessous de dix siècles. On peut donc mettre sur la même ligne le chêne et le châtaignier quant à la durée; cependant, la végétation du chêne est plus lente. Si on considère ces deux arbres par rapport à leurs fruits, l'avantage est incontestablement au châtaignier, même pour la quantité. La glandée est quelquefois d'une abondance extraordinaire, mais le produit du châtaignier est plus régulier. Les châtaignes les plus médiocres sont mangeables, au lieu qu'à l'exception de trois ou quatre espèces, les chênes n'offrent pas à l'homme un aliment dont il puisse s'accommoder. Comme bois de chauffage, le chêne est préférable, parce qu'il brûle mieux, et non parce qu'il chauffe davantage; pour les constructions on est fondé à croire que le bois du châtaignier est moins altérable que celui du chêne. Quant aux arts du tonnelier, du charron, du treillageur, etc., on sait que les deux sortes de bois leur conviennent également bien (*voyez* BOIS).

Depuis que le châtaignier est cultivé, on a reconnu plusieurs variétés plus ou moins recommandables par la grosseur ou la bonté de leurs fruits, ou par les qualités de leur bois. Parmi celles dont le fruit est le plus estimé, on met en première lignes les *marrons*, châtaigne qui devient plus grosse parce qu'elle est ordinairement seule dans son enveloppe épineuse, nommée *hérisson*, *plon* ou *brou*. Lyon est pour Paris l'entrepôt de cet approvisionnement de luxe, et croit jouir d'un monopole qui ne lui est guère profitable, car des contrebandes très-innocentes arrivent de toutes parts sur les marchés de la capitale, où des châtaignes, meilleures à tous égards que les marrons de Lyon, se couvrent pourtant de ce nom pour être vendues à plus haut prix. Tout favorise cette sorte de fraude, et empêche qu'elle ne soit réprimée, car on n'a pas encore décrit les variétés réelles avec assez d'exactitude et de clarté pour qu'on puisse les distinguer l'une de l'autre, excepté un très-petit nombre, dont les caractères botaniques sont plus marqués. Comme pour les autres fruits, la greffe conserve ces variétés, mais avec des modifications successives qui finissent par les altérer sensiblement. Parmi celles qui méritent le plus d'être propagées, n'oublions pas la *verte* du Limousin, découverte par Cabanis, père du célèbre médecin : elle est grosse, de bon goût, et durable; l'arbre qui la porte conserve plus longtemps que les autres son beau feuillage. L'*exalade* vient de même pays, et passe pour la plus savoureuse de toutes, mais l'arbre est petit, d'un moins bel aspect que les autres châtaigniers, et il dure moins longtemps. Ces défauts sont rachetés, au jugement des cultivateurs, par une admirable fécondité, qui comble annuellement et excède quelquefois leurs vœux; le seul reproche qu'ils lui fassent, c'est de se *charger trop*. On a remarqué dans le département de la Dordogne que le marron sauvage nommé *couriande* l'emporte sur le marron greffé, tant par la saveur que par le volume : ce fait confirme une autre remarque très-ancienne, c'est que dans l'opération de la greffe on commet de temps en temps une maladresse et une injustice, en substituant le médiocre à l'excellent, parce que l'un est connu, et que l'autre ne l'est pas. Parmi tous les marrons, il en est un que l'on cultive aussi dans le même département, aux environs de Périgueux, et qui est connu sous le nom de *vrai marron*; il passe pour le meilleur de tous; mais il est plus petit que la châtaigne, et ne peut être confondu avec le marron de Lyon.

Dans les pays où les châtaignes sont une partie considérable de la nourriture journalière, on prolonge leur durée par des moyens variés selon l'état dans lequel on veut les conserver. Leur dessiccation par une chaleur modérée, obtenue en grande partie par la combustion des hérissons ou brous, est la préparation la plus sûre et la plus adoptée. Les châtaignes ainsi desséchées et dépouillées de leur *tan* (enveloppe intérieure) peuvent être moulues et réduites en farine, mais elles ne sont pas susceptibles de *panification*, et s'opposent même à la fabrication du pain lorsqu'on essaye de les mêler avec les céréales. Il faut donc se résoudre à les consommer seules, ou apprêtées suivant les préceptes de l'art du cuisinier, dont jusqu'à présent elles n'ont guère exercé le savoir, si ce n'est au profit des villageois. Les citadins se bornent à les faire rôtir ou cuire sous la cendre, procédé qui remonte à une haute antiquité, jusqu'au temps de Gargantua, selon le véridique historien de ce grand personnage : mais on assure que cette pratique ignorante est cause d'un grand préjudice, et qu'elle fait perdre aux gourmets les délices d'une saveur qu'ils n'ont jamais goûtée pure, bien dépouillée de l'amertume qu'elle contracte lorsque la châtaigne n'a pas été débarrassée de son *tan* avant la cuisson. Les Limousins, plus habiles en ce point que les experts de la capitale, commencent par *blanchir* les châtaignes avant de les faire cuire, et ils n'épargnent pas le temps et les soins que cette préparation exige. Ainsi, la cuisson des fruits n'est terminée que lorsqu'ils ont été préalablement dépouillés de leur double enveloppe. Ces manipulations successives dégagent des châtaignes la matière qui leur donne de l'amertume, et développe la saveur sucrée; le fruit devient à la fois plus agréable et plus alimentaire.

Une espèce de châtaignier indigène de l'Amérique ressemble beaucoup à l'espèce européenne; mais son fruit est petit et peu savoureux. Son écorce est, dit-on, préférable à celle du chêne pour le tannage des cuirs. Une autre espèce ou variété du nouveau continent est très-petite, ainsi que son fruit, dont on fait grand cas, et que l'on préfère même à nos marrons. Cette espèce naine est connue en France sous le nom de *chincapin*; elle convient surtout aux terrains sablonneux. FERRY.

Le *châtaignier des cent chevaux* dépasse de beaucoup les vastes proportions des fameux châtaigniers tant de lord Duris dans le Glocestershire que de Boussemont et de Sancerre en France. Il s'élève près de l'Etna, et doit son nom à ce que, dit-on, il tint à l'abri pendant un violent orage cent cavaliers et leurs chevaux qui accompagnaient Jeanne d'Aragon, lorsque d'Espagne elle se rendait à Naples. Cet arbre prodigieux n'est plus composé d'un tronc unique : au premier coup d'œil, il offre sept troncs distincts (cinq grands et deux petits), lesquels n'en formaient qu'un autrefois. Le tronc le plus volumineux a 10 mètres de tour ; les cinq gros troncs réunis n'en ont pas moins de 64. Son diamètre actuel est tellement considérable qu'une route assez large pour deux voitures le traverse facilement en le milieu. Louis Du Bois.

CHÂTAIN, qui est de couleur de châtaigne. *Voyez* BRUN.

CHATAIRE. *Voyez* CATAIRE.

CHATAM. *Voyez* CHATHAM.

CHÂTEAU, en latin *castrum*, *castellum*, d'où l'on a fait aussi les mots *castel*, *châtel*, etc., qui se sont dits dans le même sens, et qui ne sont plus usités aujourd'hui que dans les noms composés, d'hommes ou de lieux, qu'ils ont contribué à former. C'est au règne de la féodalité, dit Quatremère de Quincy, que l'on doit le nom de *château*, qui emporte toujours avec lui l'idée de fortifications, idée que la plupart des *châteaux* modernes ne nous retracent plus depuis longtemps, et que l'abolition du régime qui les avait produits a fait totalement disparaître. Cependant, ajoute le même auteur, il arrive souvent que les mots survivent aux idées qu'ils ne représentent plus, et cet abus a tout l'air de se perpétuer relativement au mot en question. On dira peut-être encore longtemps le *château des Tuileries*, les *châteaux* de *Versailles*, de *Chantilly*, de *Chambord*, etc., quoique rien ne ressemble moins à un *château* que ces palais. On emploie le nom d'abus, un *château de plaisance*, en parlant des habitations champêtres des grands et des princes, et l'on réserve l'appellation, plus convenable, de *maison de plaisance* pour l'habitation des riches particuliers. Les Italiens ont leurs *villas*, qui correspondent aux unes et aux autres.

La France possédait jadis un grand nombre de châteaux, ou peuplés d'illustres souvenirs, ou remarquables par leur situation, ou riches en accessoires curieux. La révolution de 1789 en avait fait disparaître une bonne partie; d'autres sont tombés, plus près de nous, sous les coups de ces spéculateurs ignorants et avides, flétris du nom de *bande noire*. Plus heureuses que nous, l'Angleterre, l'Italie et la haute Allemagne abondent en édifices de ce genre.

Le mot *château* (*chastel*, *chastiau*, etc.) désignait chez nos plus vieux historiens un bâtiment fortifié. C'était au moyen âge la demeure ordinaire des chevaliers ou la résidence des princes. Il n'était permis qu'à celui qui exerçait une certaine autorité dans l'État de se construire un château pour servir de refuge et d'abri en temps de guerre à lui et aux siens. Presque tous ces châteaux étaient bâtis sur le sommet d'une montagne ou d'un rocher dominant les alentours. Un mur d'enceinte, haut et solide, garni de meurtrières et de bastions, construits pour la défense et pour se garantir des attaques du dehors, entourait ordinairement un espace dont l'étendue variait selon les localités et aussi selon la puissance et la fortune du maître. Dans les endroits où la nature du terrain n'en rendait pas les approches assez difficiles, on avait coutume d'établir le long de la muraille un fossé profond, ordinairement plein d'eau, qu'on passait sur des *ponts-levis*, mûs par des leviers puissants, dont la herse s'abattait derrière les assaillants pour leur couper la retraite, ou qui leur lançaient à la tête de lourdes pièces de bois appelées *assommoirs*. Des tours et des tourelles pratiquées çà et là augmentaient les moyens de défense. Au milieu s'élevait une tour plus forte et beaucoup plus haute, le *donjon*, où battaient en retraite les assiégés et d'où ils faisaient pleuvoir des flèches, des pierres, de l'huile bouillante, sur les assaillants entassés dans des cours étroites. Toutes les issues, surtout la grande porte, étaient solidement fermées.

Ces châteaux destinés à défendre, soit un passage ou une position importante, soit la ville ou le village qui s'était insensiblement bâti à leurs pieds, servirent souvent, aux jours de la féodalité, d'asile à des hobereaux rapaces, qui de là fondaient sur les voyageurs, les marchands et les pèlerins pour les dévaliser. On trouve encore, au nord de l'Europe, des restes de châteaux datant des derniers Carlovingiens ou, au moins, de Guillaume le Conquérant, et il en est en Espagne qui remontent à la domination des Maures. Ceux qui couronnent les Vosges et quelques hauteurs du grand duché de Bade comptent parmi les plus remarquables. On voit dans nos chroniques que plusieurs soutinrent des sièges plus longs, plus difficiles, que certaines villes : témoins le Château-Gaillard, aux Andelys, assiégé par Philippe-Auguste ; Châlus, par Richard Cœur de Lion, qui y fut blessé à mort; la bastille de Dieppe, par Louis XI, encore dauphin.

On trouvait dans ces châteaux de grandes salles de réception, d'habitation, et de nombreuses chambres à coucher, pour la famille du maître, pour sa suite, souvent très-nombreuse, et pour les amis, voisins ou voyageurs, qu'il recevait selon les lois de l'hospitalité ; enfin une chapelle, avec des caveaux destinés à la sépulture de la famille. Toutes les salles de parade, et même les chambres à coucher étaient ordinairement voûtées, les fenêtres rares, et les escaliers nombreux. La garde du château se tenait près des ponts-levis. La salle d'armes était décorée des portraits et des lourdes armures des ancêtres de la famille. Les caves et les greniers, fort spacieux, regorgeaient toujours de provisions de toute espèce, dans la crainte d'un long siège. Il y avait aussi un ou plusieurs cachots pour garder les prisonniers, des oubliettes ou des *in pace*, où l'on enfermait pour toujours, ou l'on assassinait même au besoin un ennemi ; enfin beaucoup d'écuries spacieuses pour les chevaux, les chiens et les bestiaux. On y trouvait également un ou plusieurs puits, quelquefois même de vastes citernes. En temps de guerre, les vassaux venaient souvent se réfugier dans le château avec leurs familles et leurs domestiques, emportant avec eux tout ce qu'ils possédaient, ou, du moins, tout ce qu'ils pouvaient sauver.

On demandera à quoi les nobles, qui ne savaient ni lire ni écrire, passaient le temps dans leurs châteaux, lorsqu'ils ne faisaient pas la guerre. Selon les chroniques de leurs pieux chapelains, leurs fidèles compagnons pour la prière, les délibérations, la table et le vin, l'aumônier du lieu disait la messe en présence de la famille, de la suite et des domestiques; puis on allait à la chasse avec les chevaliers qui habitaient le château à titre d'hôtes; la chasse finie, on *festinait* joyeusement au son des verres et des gobelets, on buvait toute la soirée, et la nuit on se reposait des travaux de la journée. A chaque veille de grande fête, on se rendait chez le seigneur suzerain, ecclésiastique ou séculier; on y faisait ses dévotions du matin et on y célébrait la fête particulière du jour. Après avoir *festiné*, on aidait le seigneur ecclésiastique ou séculier dans l'expédition des affaires, qui se traitaient au bruit du choc des verres, et qui étaient ensuite enregistrées par un secrétaire intime, chancelier, notaire ou garde-notes; le procès-verbal, lu à haute voix, était scellé des anneaux de tous les assistants comme preuve de son authenticité. Les soirées se passaient à jouer aux quilles, à la balle, aux dés, aux échecs. Il n'y avait que l'âge qui pût dispenser un chevalier de se trouver à ces réunions aux jours de grande fête pour servir le seigneur dont il était le vassal, et dont il espérait s'assurer la protection. C'est là que les vieux chevaliers se rappelaient et se racontaient leurs anciennes prouesses; là seulement que les jeunes gens et les jeunes filles pouvaient se voir; que les seigneurs, les confesseurs et les prélats préparaient les mariages et les alliances; qu'on éteignait les vieilles haines; qu'on réconciliait d'anciens ennemis, ou qu'on semait quelquefois aussi le germe de nouvelles dissensions; on y arrêtait les fêtes et les tournois qu'on se proposait de donner; on y nommait les juges du camp et les nobles châtelaines qui devaient donner le prix au vainqueur; c'est là enfin que le vassal venait acquitter ses redevances, ou se soumettre à d'humiliantes coutumes, dont l'inconvenance le disputait souvent à l'absurdité, et que le seigneur lui demandait parfois encore de nouvelles marques de foi et hommage.

Avec la chute du système féodal et l'extinction de la chevalerie ont disparu ces mœurs de l'antique noblesse, et a cessé cette *vie de château* qui était toute la vie d'alors, et à laquelle ne ressemble presque en rien celle que mènent actuellement dans leurs habitations champêtres nos riches et nos grands d'aujourd'hui, qui ne font guère que s'y délasser des plaisirs plus bruyants de la capitale, vers laquelle la saison des affaires, des bals et des spectacles les ramène constamment. Aussi le mot de *château*, comme nous l'avons déjà fait remarquer, est-il devenu une locution impropre, que l'on devrait réserver spécialement pour ce que l'on nomme *château-fort*.

Passant aux diverses acceptions du mot *château* dans le langage figuré, nous trouvons celle de *château de cartes*, dont on se sert pour qualifier une maison de belle apparence, mais de peu de prix en réalité, et celle de *château branlant*, que l'on emploie familièrement pour indiquer une chose qui menace ruine. Au propre, les enfants font des *châteaux de cartes*, et souvent ils se fâchent quand un souffle renverse leur fragile édifice, nous autres, grands enfants, nous devenons soucieux et moroses quand la triste réalité vient détruire nos *châteaux en Espagne*. Chacun sait que l'on donne ce nom à des projets en l'air, à des entreprises chimériques, dont l'imagination aime à se repaître, sans aucune apparence raisonnable de réussite. D'où vient cette façon de parler? Nous l'ignorons, et les explications qu'on en donne sont loin de nous satisfaire. Ce que nous savons seulement, c'est qu'on lit dans les vieux auteurs, *châteaux en Asie*, au lieu de *châteaux en Espagne*, ce qui permettrait de croire qu'on regardait dans un temps comme extravagant de vouloir bâtir des châteaux dans ces deux pays. Le vieux *Roman de la Rose* dit déjà cependant *chasteaux en Espaigne*. Enfin on doit à Collin d'Harleville une fort jolie comédie en vers qui porte ce titre, et qui fut jouée en 1789.

CHÂTEAU (*Marine*). On nommait ainsi autrefois et l'on appelle plus communément aujourd'hui *gaillard* l'élévation qui règne sur le pont à l'arrière et rarement à l'avant d'un navire. On entend par *château d'avant*, *château de proue* (ou *gaillard d'avant*) celle qui est au-dessus du dernier pont, à l'avant du vaisseau, et *château d'arrière*, *château de poupe* (ou *gaillard d'arrière*) toute la partie de l'arrière du vaisseau, où sont la Sainte-Barbe, le timon, la chambre du conseil, etc.

CHÂTEAUBRIAND (Famille de). Cette maison, d'ancienne chevalerie de Bretagne, au diocèse de Nantes, se distingua dans les luttes sanglantes qui désolèrent ce duché après la mort d'Arthur et pendant la rivalité de Charles de Blois et des comtes de Montfort. *Geoffroi* de Chateaubriand ayant combattu à la Massoure, aux côtés du comte d'Artois, obtint de saint Louis de porter pour blason l'écu de *gueules*, *semé de France*, c'est-à-dire de fleurs de lis d'or. Mais le plus bel éclat de cette maison lui vient de l'illustre auteur des *Martyrs*, le vicomte de Châteaubriand (*voyez* l'article suivant).

CHÂTEAUBRIAND (François-Auguste de) naquit à Combourg, en 1769. Son enfance s'écoula paisible et solitaire au fond du château paternel, situé sur les grèves de la Bretagne. Combourg, comme presque tous les vieux manoirs de cette province, est bâti au milieu de grands bois; par-delà s'étendent de vastes bruyères, et la mer encadre d'un sombre azur cet âpre paysage. Là croissait un enfant faible et morose, au milieu d'une famille qui ne soupçonnait guère que son nom trouverait par lui une illustration bien autrement éclatante que celle qu'elle demandait à une obscure généalogie. Le jeune François fit ses premières études au sein de sa famille, et, grâce à la qualité de cadet sans fortune, qui semblait le consacrer à l'Église, vocation obligée que sa mère encourageait de ses vœux, ces premières études paraissent avoir été fortes et sérieuses. Les parfums d'Homère et de Virgile furent promptement aspirés par cette âme débordante de poésie, qui, au sein des distractions bruyantes d'un château breton, se nourrissait déjà de tant de rêves, se berçait de tant d'harmonies. L'enfant de Combourg n'avait pas encore vu le monde, il n'avait pas ressenti le choc des passions humaines, et déjà à l'aspect d'une mer en furie, à la vue d'une nuit scintillante d'étoiles, il se sentait poète, et sa voix exhalait des vers. Ses œuvres contiennent des pièces composées à l'âge de quinze ans et même avant; et l'auteur nous en a brûlé *de quoi tenir trois volumes*. Il y a dans ces poésies fugitives de la grâce, du nombre et déjà de la hardiesse. Cette adolescence fut-elle troublée par de mystérieux orages? une douloureuse tendresse s'est-elle abritée sous les bois de Combourg? Le frère d'Amélie pleurait-il sur la fatalité de la destinée humaine ailleurs que dans les forêts de l'Amérique? Ici gît un secret dont le monde n'a pas à demander compte à l'homme de génie : qu'il lui suffise à ce monde curieux et frivole de recueillir eu chants harmonieux les larmes du poète; le reste est entre le ciel et ces interprètes divins qui ne sont sublimes qu'à la condition de beaucoup souffrir.

Le jeune étudiant manifestant peu de dispositions pour l'état ecclésiastique, sa famille se décida à demander pour lui la sous-lieutenance de rigueur : il entra dans le régiment de Navarre, et cette nomination fut suivie de son premier voyage à Paris en 1789. Il fut présenté à la cour, où le mariage de son frère aîné avec Melle de Rosainbeau, petite-fille de M. de Malesherbes, mit le jeune sous-lieutenant sur un bon pied; mais, peu sensible au bonheur de monter dans les carrosses, de chasser avec le roi et de faire antichambre à l'Œil-de-Bœuf, M. de Châteaubriand se laissait aller, au pied du grand escalier de Versailles et dans les jardins de Marly, à des rêves de poésie et de voyages. Un pareil homme était incorrigible : au lieu de tirer parti des relations nombreuses que la position de son frère lui avait faites, il ne songea qu'à se rapprocher du cercle littéraire qui recueillait alors les tristes débris de la poésie du dix-huitième siècle. Delille florissait, et autour de Delille se groupaient Laharpe, Chamfort, Parny, Ginguené et Fontanes. Cette pâlissante pléiade déposait d'ordinaire ses pensées dans *Le Mercure de France*, et ses inspirations musquées dans l'*Almanach des Muses*. Tout entier au démon qui l'obsède, le futur auteur des *Martyrs* brigue timidement l'honneur d'accoler son nom à celui de ces célébrités qu'il devait bientôt précipiter du trône. L'*Amour de la Campagne*, idylle dans le goût du temps, mais toutefois sans bergers et sans houlettes, tel fut, en 1790, le début littéraire de l'auteur. L'idylle eut un certain succès. Laharpe trouva les vers bien tournés ; Chamfort déclara que ce n'était pas mal pour un gentil-homme ; enfin M. de Châteaubriand était en bon train pour arriver à l'Académie à travers les innocentes douceurs d'une vie de coulisses et de salons.

Il s'était nourri de Rousseau pendant la ferveur de ses premiers ans : cette parole vibrante avait remué au fond de son cœur mille fibres secrètes. En lisant Rousseau, il avait nourri, comme tous les jeunes gens de son âge, le dégoût, sinon des hommes, du moins de la société. Bernardin de Saint-Pierre lui faisait entrevoir un monde prismatique, paré de fleurs, d'innocence et de poésie. Aussi aspirait-il à la vie idéale par tous les pores, rêvait de nature vierge, d'une nature indécise et grandiose comme une pensée. Ces vastes mers sur les vagues desquelles il n'avait pas bondi tout enfant, comme Byron, mais dont il avait si souvent écouté les voix lointaines, les flots qui des forêts de l'Amérique venaient mourir sur les grèves armoricaines, ces descriptions de la vie sauvage, alors de mode, les éloges des États-Unis et de la liberté transatlantique, tout cela avait irrévocablement décidé de la vie du jeune chevalier de Châteaubriand. En présence de l'Amérique, de Lafayette et de Washington, des Indes orientales, de Virginie et de Bernardin de Saint-Pierre, les applaudissements de l'Athénée devaient paraître promptement chose insipide. Une puissante idée d'ailleurs travaillait l'imagination du jeune homme : Mackensie venait de parcourir les mers polaires, et avait vainement cherché le passage du nord-ouest par la baie d'Hudson : M. de Châteaubriand forma le projet d'attacher son nom à cette découverte. Il y avait là des forêts à traverser, des montagnes de glace à franchir, des nuits à passer sous des constellations inconnues, au centre de cette vie sauvage, dont il voulait tracer l'épopée, pour l'opposer au tableau de la vie civilisée, à peu près comme Tacite décrivait les mœurs des Germains pour insulter à celles de Rome. Tels furent peut-être les principaux motifs qui poussaient vers le pôle arctique un jeune homme, fort ignorant de mathématiques et de navigation, fort étranger aux études géographiques que la découverte du nord-ouest aurait exigées, mais qui suppléait à tout cela par des rêves de vingt ans.

Quoi qu'il en fût, il est probable que ces rêves, semblables à ceux que tant de jeunes gens ont formés au début de leur carrière, se seraient évanouis, comme ils s'évanouissent d'ordinaire sous les inexorables réalités de la vie, si le grand cataclysme de 1791, en entr'ouvrant la vie jusqu'aux abîmes, n'avait précipité la jeunesse française dans des voies de hasards et d'aventures. M. de Châteaubriand comprit que l'*Almanach des Muses* était d'un mince intérêt entre la prise de la Bastille et les journées d'octobre. Force était d'ailleurs de quitter Paris et la France. Toute la noblesse rejoignait les princes émigrés en Allemagne. Ce fut dans ces circonstances qu'il se décida à passer en Amérique, peut-être pour voir de loin les événements, mais plus probablement pour voir de près des forêts vierges, des lacs et des cataractes. Au printemps, il s'embarqua à Saint-Malo pour Baltimore. Il fit relâche aux Açores, salua le pic de Ténériffe, respira les parfums de l'île Gracieuse. Les vents contraires imposèrent une autre relâche forcée à Terre-Neuve : on passa trois semaines sur cette île désolée, et la vue de cette sombre nature, où la mer est monotone comme le ciel, où les eaux sont sans limpidité et les arbres sans verdure, inspira peut-être au voyageur quelques-unes de ces peintures qui devaient s'harmonier d'une manière si lugubre dans l'enfer des *Martyrs* et dans l'épisode de Velléda. M. de Châteaubriand écrivait ses impressions de chaque jour, et l'on trouve éparses dans le *Génie du christianisme* les esquisses qu'il traça à Saint-Pierre et Miquelon, sur le rocher du Colombier, en face des côtes fleuries de la Virginie, en face pendant l'orage, suspendu sur la lame au-dessus de l'abîme entr'ouvert. Sur le point d'aborder, une imprudence faillit lui coûter la vie. Quelques mois plus tard, au Niagara, une imprudence le mit encore à deux doigts de la mort. Sa jeunesse se jouait avec le danger et jetait de nobles défis au sort. Arrivé à Philadelphie, le voyageur se rendit chez le grand homme dont la persévérance et la probité avaient assuré l'avenir de tout un monde : une lettre de M. de la Rouarie, qui avait commandé un régiment français pendant la guerre de l'indépendance, lui prépara un affectueux accueil. M. de Châteaubriand annonça le projet de tenter la découverte du passage du Nord-Ouest, et aux observations bienveillantes du noble président sur l'impossibilité d'entreprendre une pareille tâche, sans expérience et sans l'appui de son gouvernement il répondit qu'il était plus facile de découvrir le passage que de créer un peuple. Cette observation fit briller un sourire sur la face sérieuse de Washington ; il tendit affectueusement la main au jeune homme qui venait mettre un avenir qu'il ignorait encore sous la protection de sa gloire.

Il est difficile, en suivant le tableau tracé par M. de Châteaubriand de ses voyages en Amérique, d'y découvrir un but spécial et déterminé. On le voit passant de Baltimore à Philadelphie, de Philadelphie à New-York, saluant à Boston « le premier champ de bataille de la liberté américaine », s'arrêtant « au champ de Lexington comme aux Thermopyles », puis voyageant dans les solitudes américaines sur de beaux fleuves qui arrosent aujourd'hui de populeux États. Le voici enfin au milieu de ces forêts tant rêvées, s'acheminant vers le village des Onondagas, causant avec un vieux sachem, puis entouré d'Iroquois, d'hommes rouges, de femmes aux yeux bleus, aux dents de perle, remontant les torrentueuses rivières sur les pirogues, vivant de la chasse, combattant les serpents et les tribus ennemies. Perdu dans les forêts du haut Canada, on le retrouve bientôt, tout brillant d'écume et de soleil, à la grande cataracte, qu'il veut examiner de trop près et où il roule jusqu'au fond du gouffre. Mais le Dieu de la poésie veille sans doute sur lui, car vous le revoyez aussitôt après sain et sauf, voguant sur le lac Ontario, sur l'Érié, sur le lac Huron, puis remontant l'Ohio et explorant en archéologue les gigantesques ruines que baigne ce fleuve, mystérieux témoin de siècles écoulés sans retour et sans souvenirs comme ses flots. René se repose enfin chez les Natchez ; Chactas l'adopte pour fils, Ontagamis lui donne le baiser fraternel, Céluta s'efforce en vain d'éclairer par ses regards plus doux que l'azur du ciel un front chargé de tristesse du nouvel hôte des sauvages. Cette bizarre épopée des Natchez est-elle un épisode de la vie aventureuse de M. de Châteaubriand ? Le voyageur est-il distinct du poète ? Il est difficile d'admettre que ce livre ait été écrit tout entier sous la tente, entre la chasse et la pêche ; mais ce poème est parfumé de l'air de la solitude, et l'on ne s'étonne point d'entendre dire à M. de Châteaubriand qu'il traçait chaque jour et à chaque heure le tableau de ses émotions, esquissant les accidents de sa vie américaine sur un album, vaste réservoir de poésie, d'où sont sans doute sortis, en leur temps, les *Natchez*, *Atala*, *René*, et les *Voyages en Amérique*.

Suivons cette vie qui se développe d'une manière si neuve et si puissante : M. de Châteaubriand a passé une année à deux mille lieues de la civilisation ; le bruit du Niagara a amorti à son oreille le bruit de la parole de Mirabeau et de nos premiers débats parlementaires ; mais le voici qui va retomber au milieu des plus sombres réalités. Le jeune voyageur s'est rapproché de ces défrichements américains dont Cooper nous a donné de si vivantes peintures. Un soir qu'il se reposait dans une ferme récemment bâtie dans une clairière ouverte par la cognée et l'incendie, il lui tombe sous la main un journal, et à la lueur de l'âtre il lit en gros caractères ces mots : *Flight of the king*. Louis XVI a voulu échapper à ses geôliers ; arrêté à Varennes, il est ramené dans sa prison ; tout s'assombrit en France, l'Europe est en armes, l'émigration est organisée, des cadres se forment, il faut partir. Cette résolution est à peine conçue, que M. de Châteaubriand s'embarque. Une heureuse traversée lui fait revoir promptement les côtes de cette Europe qui se levait alors pour la plus longue et la plus sanglante des querelles. M. de Châteaubriand fut accueilli comme un traînard par les fidèles de Coblentz. Incorporé comme garde noble dans un régiment de l'armée des princes, il fit la campagne de 1792, fut blessé au siége de Thionville, et faillit succomber à une maladie contagieuse qui décimait alors l'armée prussienne. Mourant encore, il passe à Ostende, est traîné à fond de cale en Angleterre, où on l'expose au coin d'une borne à la commisération publique. Les plaies dont il était couvert, son râle d'agonie, ne firent pas reculer la charité d'une vieille femme, dont les soins rallumèrent le flambeau de cette vie précieuse. Mais s'il échappa à la mort, ce fut pour retomber dans toutes les horreurs de la misère, de la misère sur la terre d'exil. Incapable de reprendre du service, condamné par les médecins, qui ne savaient d'autre moyen de consoler son désespoir que de lui montrer bien court l'espace qui lui restait à vivre, il traînait dans un grenier de Londres une existence que la religion ne consolait pas encore.

Cependant, comme la première condition est de subsister quand la nature nous condamne à vivre, M. de Châteaubriand essaya de gagner son pain par son travail, en donnant des leçons de français et en traduisant pour les libraires. Il se mit bientôt ainsi au-dessus des premiers besoins de la vie matérielle ; et ayant alors retrouvé cette liberté d'esprit sans laquelle l'homme serait incapable de s'élever au-dessus des nécessités de la vie organique, il se prit à lutter contre le sort avec toute l'énergie de sa jeunesse. Donnant le jour au travail de manœuvre qui le faisait vivre, consacrant les nuits à des études persévérantes, il enfantait mille projets d'ouvrages caressés et abandonnés tour à tour. Enfin, du milieu de ces fugitives pensées, il sortit une idée politique imposante : il lui donna un corps dans son esprit, et conçut le projet de faire un livre. Il ne s'agissait de rien moins que d'ouvrir les annales de tous les peuples anciens et modernes, et de montrer la nature humaine constamment la même, constamment soumise aux mêmes lois, poursuivant les mêmes espérances, et toujours détournée de son but par les mêmes passions ; il s'agissait enfin d'établir que les révolutions ne valent pas ce qu'elles coûtent, et que l'humanité fut dans tous les siècles soumise aux mêmes conditions de doute, de désenchantement et de despotisme. L'idée était hardie et neuve ; elle pouvait être favorablement accueillie après la Terreur et pendant le Directoire, et chez un homme de vingt-sept ans elle révélait une indépendance de jugement fort remarquable et une manière triste et amère d'envisager la vie, tout opposée au caractère du jeune enthousiaste de Combourg.

Deux ans furent consacrés aux études préliminaires que cette vaste composition réclamait, et l'*Essai historique* parut en 1796. Ignoré en France, cet ouvrage eut du succès en Angleterre. On sait que ce livre a été l'arsenal où, depuis la publication du *Génie du Christianisme*, on a cherché des armes contre l'auteur. Il y eut de l'injustice et souvent une insigne mauvaise foi dans ces récriminations. L'*Essai* est écrit au point de vue sceptique ; il reproduit contre la religion révélée les objections qui avaient cours de son temps, et pourtant il perce à chaque page des sympathies vagues encore, mais très-réelles, vers de meilleures et plus douces espérances. M. de Châteaubriand, en jugeant les grandes réputations du dix-huitième siècle, fit preuve d'une remarquable liberté d'esprit ; et si ses conclusions sont décevantes, si l'histoire de l'humanité apparaît dans ce livre sous un jour désespérant, c'est qu'il est impossible de ne pas la voir ainsi quand on n'est pas chrétien et qu'on est de bonne foi. Si M. de Châteaubriand, au lieu d'entrer par le christianisme en possession de la plénitude de son génie, était resté dans les vagues données de l'école philosophique, si une énergique nature n'avait brisé le scepticisme sous lequel son cœur aurait bientôt cessé de battre, c'en était fait de ces chants, de ces révélations intimes, préludes harmonieux d'une grande révolution littéraire. C'est le christianisme qui a fait M. de Châteaubriand ; hors de son sein, la vie de l'auteur des *Martyrs* se serait écoulée sans unité, sans but et sans courage. Il y a quelque chose de providentiel dans la composition du premier ouvrage de l'illustre écrivain. Ce livre témoigne de peu qu'aurait été l'auteur, malgré d'admirables qualités, s'il n'était sorti d'un rationalisme sceptique pour se retremper aux sources de l'enthousiasme et de la vie. On pourrait en dire autant des *Natchez*, composition fausse, où des idées neuves sont encadrées dans de vieilles formes convenues et où le génie chrétien ne domine qu'accessoirement, et en quelque sorte par bouffées.

L'âme ardente de M. de Châteaubriand eut promptement dévoré les vaines formules par lesquelles la philosophie s'efforce de contenir l'élan naturel de l'être créé vers son principe et vers sa fin. Comment un tel homme n'aurait-il pas compris qu'il n'y a de poésie ni dans la description scientifique d'une nature dont l'énigme nous échappe, ni dans le scepticisme qui réduit la vie humaine à une sale orgie ou à un effrayant cauchemar ? Brisé par le malheur, il avait tendu les mains au ciel, et le ciel lui avait répondu. Un dernier coup de la Providence le fit pénétrer dans les mystères sacrés de la mort. Sa mère était descendue au tombeau en 1798, et une lettre de Mme de Farcy, sa sœur, lui apprit « que le souvenir des égarements de son fils avait répandu sur ses derniers moments une grande tristesse ». Quand la lettre de Mme de Farcy parvint en Angleterre, cette sœur elle-même n'existait plus ; elle était morte, comme sa mère, des suites de leur emprisonnement. « Ces deux voix sorties du tombeau, cette mort qui servait d'interprète à la mort, me frappèrent, et je devins chrétien. » Voilà ce que déclare M. de Châteaubriand lui-même.

M. de Châteaubriand, rentré en France en 1801, avait partagé, conjointement avec son ami M. de Fontanes, le privilège du *Mercure*. Tout entier, depuis son changement, au projet d'élever un grand monument aux croyances qui l'avaient consolé, il conçut le plan du *Génie du Christianisme* ; mais avant cette publication il crut devoir essayer le public, et il détacha de ce grand ouvrage l'épisode d'*Atala*, dont la préface contient le récit des circonstances qui avaient conduit l'auteur à chercher dans la foi chrétienne la paix et la lumière de l'âme. *Atala* arracha à l'Europe un long cri d'étonnement et d'admiration, et jamais étincelle ne courut plus rapidement, jamais sympathie publique ne monta à ce degré de délire et de frénésie. D'innombrables éditions, des traductions dans toutes les langues, popularisèrent en peu de mois le nom de M. de Châteaubriand, de Lisbonne à

Saint-Pétersbourg. Le Grec lut *Atala* sur les ruines des propylées, et l'on dit même que les sultanes pleurèrent les malheurs de la fille de Simaghan, dans la solitude des harems. Mais *Atala* n'était que l'éblouissante aurore qui annonçait la levée de l'astre. La pensée de M. de Châteaubriand, une fois en commerce avec le ciel, en reçut des révélations sublimes; il comprit la nature comme elle ne l'avait pas été jusqu'à lui; son âme s'associa à tous ses mystères, s'ouvrit à toutes ses harmonies : poëte, il unit le monde des formes à celui des pensées par je ne sais quel lien mystique; peintre, la création s'anima devant lui; de sa main il écarta son voile sacré, et la rendit transparente comme une apparition diaphane. M. de Châteaubriand conçoit tout sous une forme vivante : le monde extérieur n'est lui-même qu'un magnifique symbole qu'il nous apprend à lire; pour lui tout vit, tout chante, tout aime, tout prie et tout parle. Le talent de l'écrivain chrétien eut bientôt bouleversé toutes les imaginations qui n'étaient point éteintes sous le matérialisme du siècle. Il les frappa comme les avait frappées le jeune vainqueur des Pyramides, et le sentiment religieux, auquel Robespierre même avait rendu un affreux hommage et que les théophilanthropes essayaient alors de satisfaire par de niaises cérémonies, renaquit soudain à la voix du chantre inspiré, évoquant les foudres du Sinaï et les promesses du Calvaire. Sous ce rapport, la publication du *Génie du Christianisme*, imprimé au commencement de 1802 et qui obtint en une année six éditions en France, sans compter de nombreuses réimpressions à l'étranger, fut un des grands événements du siècle. Cet ouvrage commença la réaction religieuse, continuée sous des formes diverses jusqu'à nos jours.

C'était quelque chose d'effrayant que l'immensité que l'idée abordée par M. de Châteaubriand : révéler au monde le génie du christianisme ne serait rien qu'établir par l'histoire, par le concours de toutes les sciences naturelles, par la psychologie et par la morale, l'identité du dogme révélé avec les lois de la création, avec la nature physique et morale de l'homme; ce serait montrer que le symbole catholique contient dans une synthèse sacrée tout ce qu'il est donné à l'esprit humain de découvrir pièce à pièce par une laborieuse analyse. Pour compléter cette tâche, il y aurait à scruter le cœur de l'homme, à montrer ce cœur gonflé d'orgueil et saignant de misère, incapable de repos jusqu'à ce qu'il se repose en Dieu, et à faire voir que l'homme est dans l'impossibilité de résister aux excitations des sens, aux sollicitations d'une nature rebelle, si cette nature n'est transformée par des influences surnaturelles, par de mystiques attouchements; en un mot, il y aurait à établir que la vie de la grâce est le complément sublime de la vie de la nature, et que les sacrements, possédés dans leur vivante réalité par l'Église catholique et par les antiques religions en promesses ou en figures, sont les moyens de communication par lesquels la grâce descend sur l'homme et le mûrit pour l'immortalité. M. de Châteaubriand ne réalisa qu'une partie de ce plan gigantesque; il se borna à tracer la poétique du christianisme. La partie dogmatique de son livre est faible et fort incomplète; la partie historique est à peine abordée; et quant au mouvement scientifique dont l'on peut pressentir que sortira la réhabilitation du christianisme, il était trop peu développé de son temps pour qu'on puisse lui reprocher de n'en avoir pas tenu compte. On sait d'ailleurs que l'auteur était préoccupé d'une seule pensée : il voulait surtout établir par la loi de providence universelle que le christianisme a révélée au monde, par le développement des passions humaines et le caractère plus moral de l'esthétique moderne, la supériorité de l'art chrétien sur l'art antique; il aspirait à donner une forte impulsion à son siècle et à le rendre chrétien, ne fût-ce qu'à la manière de Diderot, qui croyait sous la coupole de Saint-Pierre. Jamais mission de poète ne fut accomplie avec tant de bonheur et de génie.

Le restaurateur de la poésie chrétienne avait dû dès le début de sa carrière fixer l'attention du restaurateur de l'Église de France : Napoléon avait compris quel rôle M. de Châteaubriand était appelé à jouer dans son époque, et il ne négligea rien pour l'attacher à son gouvernement et à sa fortune. Le poète avait dignement répondu à la bienveillance du héros, et dans une épître dédicatoire, noble et simple, il mit le *Génie du Christianisme* « sous la protection de celui que la Providence avait marqué de loin pour l'accomplissement de ses desseins prodigieux ».

En 1803 M. de Châteaubriand fut nommé premier secrétaire de l'ambassade de France à Rome. Pendant son séjour en Italie, il adressa à M. de Fontanes ces lettres si belles de poésie, si riches d'anecdotes et de souvenirs classiques, qui furent pour la plupart publiées dans *Le Mercure de France*. A quelle hauteur ne devait pas monter l'imagination de l'écrivain, promenant la pensée des *Martyrs* entre le grand cirque et les catacombes? M. de Châteaubriand avait avancé que le christianisme était plus favorable que le polythéisme à la poésie épique : il fallait le démontrer et marcher devant ceux qui niaient le mouvement. Mais quelle œuvre qu'une épopée chrétienne! Justifier aux hommes *les voies humaines*, selon la belle expression de Milton, rendre visible l'action de la Providence dans un fait assez universel et assez vaste pour justifier son intervention spéciale, telle est la mission du poète épique depuis que le christianisme a substitué l'humanité à la nationalité, les lois générales de l'espèce aux traditions des races. La vocation des gentils par le sacrifice d'une prêtresse des Muses, d'une vierge du sang d'Homère, ce fut là le fait théologique auquel s'arrêta le poète, et qu'il s'attacha à décorer de tout l'éclat de sa palette étincelante. Mais du milieu des ruines de Rome et de l'air embaumé de Baïa sa pensée vagabonde franchissait les mers et suivait ses héros dans les vallées de la Grèce et sous les horizons étouffés de la Syrie et de la Palestine. Il fallait voir tout cela, car M. de Châteaubriand n'était pas homme à écrire d'après les autres et à peindre Jérusalem du fond du palais de Ferrare. Ce qui caractérise en effet sa poésie, c'est la vérité intime, non dans les détails, mais dans les émotions, c'est l'évocation d'une réalité *sublimée* par les harmonies qu'il y découvre. Avec ces dispositions la vie compassée d'une ambassade ne s'accordait guère; aussi M. de Châteaubriand ne tarda-t-il pas à soupirer après l'indépendance de l'homme de lettres, que le succès de ses ouvrages lui rendait facile. Il se brouilla avec le cardinal Fesch, chef de la légation et revint subitement à Paris. Cette levée de bouclier déplut fort à Bonaparte, qui comprit combien il serait difficile de passer un grand cordon au cou de cet homme et de le conduire en laisse. Il fit pourtant une dernière tentative, et la nomination de M. de Châteaubriand au poste de ministre en Valais prouva que le premier consul n'était pas sans indulgence pour les écarts d'un homme comme lui.

Mais Napoléon avait conçu la pensée de prouver que s'il aspirait au rôle de Cromwell, il n'était pas tenté par celui de Monk, et ce fut avec le sang d'un Condé qu'il fit signer aux hommes de la révolution le plébiscite qui l'appelait au trône. Le 21 mars 1804 la France apprit que ce fait était de la virginité de sa gloire. Le soir du même jour M. de Châteaubriand envoya sa démission. Cette protestation fut d'autant plus éclatante qu'elle était solitaire, et l'on peut voir dans tous les Mémoires du temps l'effet qu'elle produisit au sein d'un lâche et universel silence. Bonaparte, furieux, parvint pourtant à se contenir, et peut-être conçut-il une secrète estime pour celui qui osait envisager sans sourciller sa puissance et son crime. On peut le croire, si l'on en juge par les marques de la bienveillance impériale qui allèrent plus tard chercher M. de Châteaubriand au fond de sa retraite. Ce fut Napoléon qui le premier indiqua à l'Académie la convenance de l'appeler dans son sein, après la mort de Chénier; ce fut lui qui songea à faire décerner au *Génie du Christianisme* un des prix décennaux dont l'Institut avait la disposition. Mais dès la mort du duc d'Enghien les liens qui avaient attaché l'auteur d'*Atala* à Napoléon furent rompus sans retour. M. de Châteaubriand ne répondit plus aux avances du maître du monde que par d'impitoyables vérités; il rongeait le frein de la servitude, et sa pensée débordait quelquefois tout écumante dans le *Mercure*. Aussi le privilège de cet ouvrage périodique lui fut-il enlevé, et dans les dernières années de l'empire sa liberté fut-elle plus d'une fois sérieusement compromise. Comment ne pas rappeler à cet égard le célèbre discours de réception à l'Académie que le docile aréopage refusa d'entendre, et que le noble écrivain refusa de modifier? Oser flétrir le vote du 21 janvier et discuter les questions les plus ardues du droit public, au lieu de se traîner dans l'ornière des banalités laudatives, c'était là un exemple d'indépendance et de dignité personnelle qui n'allait pas aux traditions de ce corps, que l'insultant cynisme de son restaurateur avait baptisé du nom de *Classe de grammaire française*. M. de Châteaubriand était déplacé entre des conventionnels, des chambellans et des censeurs impériaux; il s'abstint, et bien il fit.

Débarrassé des entraves que la carrière diplomatique aurait imposées à sa vie, le poète réalisa en 1806 le projet de visiter les lieux qui devaient servir de théâtre à sa vaste épopée. Il revit l'Italie, s'arrêta à Venise, où il s'embarqua pour la Grèce; il mit pied à terre en Morée, traversa toute la presqu'île de Modon à Corinthe, appela sur les ruines de Sparte l'ombre de Léonidas; il séjourna à Athènes, dont M. Fauvel lui fit les honneurs à la manière d'un contemporain de Périclès, et alla prendre aux marais de Lerne le germe d'une fièvre que le médecin d'Épidaure n'était plus là pour guérir. Une navigation à travers les Cyclades le conduisit à Smyrne, d'où il passa à Constantinople, saluant de chants homériques le cap Sigée et le tombeau d'Achille; puis il reprit la mer, vit Rhodes et ses vieilles tours, Chypre et ses côtes vineuses, le Carmel et ses cèdres balancés dans la région des tempêtes. Ayant abordé à Jaffa, il traversa ce désert « qui semble respirer la grandeur de Jéhovah et les épouvantements de la mort », et tomba enfin à genoux à la vue de la ville sainte, recevant à la fois tous les souvenirs de l'histoire depuis Abraham jusqu'à Godefroi de Bouillon. Le voici maintenant nageant en pleine poésie hébraïque sur les ruines du temple, au torrent de Cédron, dans la grotte de Bethléem et dans celle de Jérémie; le voici tourbillonnant avec Isaïe au-dessus des nuages, pieux, pèlerin, l'itinéraire de la voie douloureuse. L'exploration de la Palestine terminée, commença celle de l'Égypte. M. de Châteaubriand y entra par Rosette, remonta le Nil, et revint à Alexandrie, d'où il partit pour l'Europe, en compagnie de quelques juifs et de quelques Barbaresques. Deux fois la tempête faillit briser le navire qui portait cet homme chargé de la poésie de tous les siècles écoulés. Il prit terre enfin aux côtes d'Espagne; et sur les débris de l'Alhambra de Grenade et de l'Alcazar de Séville la poésie mauresque apparut vivante et nue devant le puissant enchanteur qui venait d'évoquer du fond des cryptes et des hypogées celles de la Grèce, de la Syrie et de l'Égypte. M. de Châteaubriand enchâssa en courant les *Aventures du dernier des Abencerrages* dans des arabesques détachées des mille colonnes de la demeure des califes. Mais le public ne jouit de ce joli conte (car, malgré ses riches broderies, c'est là le nom qui lui convient) qu'en 1826. On dit qu'avant sa publication l'illustre écrivain, dans l'embarras de ses affaires, offrit ce dépôt précieux à un libraire, comme un roi qui, pressé d'argent, met en gage l'un des joyaux de sa couronne.

Les six années qui s'écoulèrent du pèlerinage de M. de Châteaubriand à son entrée dans la vie politique, furent consacrées à la publication des *Martyrs* et de l'*Itinéraire*. Retiré à la Vallée-aux-Loups, près d'Aunay, aux portes de Paris, retraite où l'ombrageuse police de l'empire surveillait l'homme qui aspirait au rôle de Tacite, il vivait tout entier pour les lettres et pour un petit nombre d'amis que les menaces n'écartèrent pas de sa personne. Ce fut dans cette solitude que le trouvèrent les grands événements de 1814, la chute de l'empire et la proclamation des Bourbons. De ce jour M. de Châteaubriand tourbillonna dans un monde nouveau. Si sa vie littéraire est empreinte d'une grande unité, rien n'est plus multiple que sa vie politique. La création de ses types immortels, expression d'une grande malade et d'une société qui croule, la naïveté de ses inspirations, la puissance de son coloris, ont empreint la littérature contemporaine d'un reflet de son génie. Mais cette unité d'action et d'influence est loin de se rencontrer dans son existence publique. Au en descendant au fond de l'âme du publiciste on y retrouve certains instincts permanents d'honneur et d'indépendance, qui revêtent d'une sorte d'harmonie latente les phases diverses de sa vie, on ne saurait disconvenir que cette vie n'ait été en butte à des influences contraires, fermée et ouverte tour à tour à des amitiés opposées, et que sa puissante parole n'ait été un levier pour ébranler comme pour construire, pour préparer l'avenir républicain comme pour rallier la France à la monarchie, pour lui faire devancer les temps, comme pour lui en faire remonter le cours.

On a demandé si les efforts de M. de Châteaubriand pour implanter dans le sol les racines de la monarchie restaurée ont eu plus d'influence sur son établissement que son opposition postérieure n'en a eu sur sa chute; il est facile de comprendre comment une telle question a été posée à propos d'un tel homme. L'harmonie entre la volonté et l'intelligence est la qualité la plus rare en ce monde : c'est comme le complément et le couronnement de toutes les autres. Cet heureux équilibre, dont sort la puissance humaine dans ses plus hautes manifestations, n'existe même chez la plupart des hommes éminents qu'à la condition de voir l'esprit absorber le cœur : voyez Charles-Quint, Richelieu, Frédéric II, Napoléon. Or, tout ardent désir qu'il pût avoir de jouer un rôle politique, M. de Châteaubriand ne pouvait faire subir une telle transformation à son être; de là la divergence constante de ses affections et de ses idées durant la restauration. Les idées politiques de M. de Châteaubriand se rapprochaient beaucoup de celles des professeurs et publicistes anglomanes alors à la tête de l'opinion lettrée. Par ses théories constitutionnelles, il était presque doctrinaire, tandis que ses affections restèrent constamment monarchiques et chevaleresques, à la manière de la noblesse de cour et de province. C'est par l'effet de la même tendance que depuis 1830 son esprit chemina grand train vers les idées républicaines, pendant que de grandes infortunes faisaient incliner de plus en plus son cœur vers des sentiments que l'exil avait revêtus d'une sorte de consécration pieuse.

Quand le lion eut roulé sous la massue européenne, M. de Châteaubriand s'approcha, et le frappa d'un coup de pied; mais ce coup lui seul avait le droit de le porter, car lui seul s'était redressé de toute sa hauteur devant le crime et la tyrannie; lui seul s'était constitué, au péril de sa tête, l'ennemi personnel du maître du monde. Oubliez cela, et l'écrit *De Buonaparte et des Bourbons* paraîtra presque une lâcheté; rappelez-vous ces circonstances, et cet écrit devient sublime. Cette brochure est d'un effet aussi solennel que tout ce que l'antiquité nous a laissé; aussi a-t-elle exercé une influence comparable à celle des grandes compositions du *forum* et de l'*agora*. Les belles formes de Tite-Live y sont à chaque instant relevées par des couleurs restées sur la palette de Tacite, après qu'il eut tracé sa galerie de monstres. Dans cet écrit, M. de Châteaubriand évoque toutes les gloires de la France pour les envelopper d'un sombre linceul. Les victimes de l'ambition de Bonaparte se lèvent de toutes les parties de l'Europe pour lui demander compte de tant d'héroïsme inutile, et l'on dirait que le terrible écrivain veut noyer la gloire de son ennemi dans la mer de sang dont il la baigne. Puis, ce sont les Bourbons, ces princes d'une race clémente et douce, appelés par la Providence à réparer tant de calamités et à renouer avec la France une alliance de dix siècles; ce sont toutes les gloires du passé enluminées à la moderne; c'est la liberté sortant de la paix, c'est la patrie revenant au culte de ses pères, sans cesser de marcher dans les voies qu'elle s'est frayées. On sait quel fut l'effet de cette brochure, qui, suivant l'expression de Louis XVIII, valut une armée de cent mille hommes aux Bourbons. A la première restauration, M. de Châteaubriand n'obtint pas pourtant des témoignages fort éclatants de reconnaissance. Les doctrines littéraires de Louis XVIII concordaient peu avec celles de l'auteur d'*Atala*, et sa personne ne parut jamais agréer à un prince, homme d'esprit, mais froid et formaliste dans toutes les habitudes de sa vie. La légation de Suède fut donnée à M. de Châteaubriand, qui n'accepta qu'avec répugnance un poste où ses doctrines sur la légitimité lui préparaient une situation difficile.

Mais au moment où l'ambassadeur se préparait à se rendre à Stockholm, l'homme du destin traçait l'itinéraire de son voyage à Paris; et en quelques bonds il eut, comme un dieu d'Homère, franchi l'espace qui sépare l'île d'Elbe des Tuileries. M. de Châteaubriand suivit Louis XVIII à Gand, et y fit partie de son conseil. Ce fut en qualité de ministre d'État qu'il rédigea ce *Rapport au roi sur la situation de la France*, qui est plutôt un beau morceau littéraire qu'une œuvre politique. L'auteur y envisage les choses d'un point de vue trop exclusivement bourbonien pour bien apprécier la véritable situation des partis. Du reste, l'action politique de M. de Châteaubriand s'exerça à Gand dans le sens le plus généreux et le plus loyal; mais il y contracta des liaisons, il y prit des engagements qui après les Cent-Jours le poussèrent dans des voies où il ne pouvait tarder à se trouver en contradiction avec ses principes libéraux. Les doctrines de M. de Châteaubriand, l'intelligence qu'il avait des intérêts nouveaux, auraient dû le jeter dans une vive résistance à la chambre de 1815. Il y avait en effet de la folie à attendre que les hommes qui en formaient la majorité, et qui n'aspiraient au pouvoir que pour satisfaire d'implacables vengeances, sanctionneraient jamais au fond du cœur des faits et des principes contraires à leurs doctrines, inconciliables avec leurs espérances. Ce fut cependant avec ces hommes que M. de Châteaubriand se trouva étroitement lié, encore qu'il n'eût de commun avec eux qu'un attachement d'honneur pour la race de saint Louis. L'illustre écrivain était une conquête trop précieuse pour qu'on ne lui passât pas bien des peccadilles en faveur de l'éclat dont il décorait une cause peu populaire. Sa voix retentissait comme un cor de chevalier au fond des châteaux de province, et ses invocations aux vieilles gloires de la monarchie faisaient pardonner son ardent dévouement à la charte, ses idées étrangement modernes et les conseils sévères qu'il donnait à ses amis. Il a été presque constamment dans la destinée de M. de Châteaubriand de marcher à la tête d'un parti à la pensée intime duquel il était étranger : aussi son influence était-elle nulle sur ses amis, alors même qu'elle était la plus puissante contre ses adversaires.

En 1816 M. de Châteaubriand se trouva engagé contre l'honorable ministère de M. de Richelieu dans une opposition violente, et la *Monarchie selon la Charte* fut une attaque à l'opinion des centres, sur laquelle la dynastie bien inspirée tentait alors de s'appuyer. Cette œuvre, dont le résultat fut de populariser certaines idées constitutionnelles et d'apprendre la langue parlementaire à ceux qui ne la bégayèrent jamais que du bout des lèvres, révèle dans toute sa vérité l'étrange position de l'auteur : M. de Châteaubriand, transformé en commentateur de Montesquieu, en imitateur exact de ses formes et de son style, y pousse les théories constitutionnelles jusqu'à leurs extrêmes limites; et pour faire accepter à ses amis la première partie de son livre, il en consacre la seconde à flétrir leurs communs adversaires, à les écraser sous les grands traits de sa colère et de son ironie. Cette situation se prolongea jusqu'à la chute du ministère Decazes et l'entrée de la droite aux affaires en 1821. M. de Châteaubriand avait trop contribué à cet événement pour qu'il fût possible de se passer de lui; mais un brillant exil l'écarta du pouvoir, qui passait aux mains de ses amis du *Conservateur*. Nommé ministre à Berlin, il quitta bientôt cette résidence pour l'ambassade de Londres, où il succéda au duc Decazes, dont sa destinée l'avait constitué l'ennemi personnel. Ce fut durant ce séjour à Londres qu'il composa *Les quatre Stuarts*, écrit froid, où l'exactitude du chroniqueur et la sévérité de l'homme d'État étouffent sous des formes de convention la chaleur du plus verveux des écrivains modernes. Pendant son ambassade d'Angleterre, comme durant son ambassade de Rome, M. de Châteaubriand ne put parvenir à tuer le vieil homme, et, *malgré qu'il en eût*, l'écrivain semblait toujours déguisé sous le costume diplomatique. Les visites à la chapelle gothique de Henri VII, aux créneaux chevaleresques de Windsor, les fouilles de Torre-Vergata et l'érection d'un tombeau au Poussin, dédommageaient l'ambassadeur de la contrainte qu'il s'imposait vainement pour paraître sous un autre caractère que le sien.

Pendant la mission de M. de Châteaubriand en Angleterre, son principal soin fut d'écarter une collision déjà imminente avec l'Espagne, qui pouvait compromettre nos rapports avec le cabinet britannique. Il seconda de tous ses efforts à Londres les vues pacifiques que conservait encore à cette époque le gouvernement français. A Vérone, où il fut appelé, ses idées concordaient sur ce point avec celles de M. de Villèle, et ce fut à cette concordance qu'il dut sa nomination au ministère des affaires étrangères, après la démission de M. de Montmorency, qui s'était prononcé au congrès pour la guerre immédiate. Le malheur du nouveau ministre fut d'entrer aux affaires trop tard pour faire prévaloir les vues qu'il y avait fait appeler : la guerre était résolue, à la fin de 1822, par les deux partis extrêmes qui s'étaient emparés du pouvoir à Madrid et à Paris. M. de Châteaubriand dut s'associer à un système dont il avait redouté les suites, et dont les conséquences n'avaient pas été préparées. Ce fut sans aucun plan arrêté que le gouvernement français s'engagea dans une expédition dont les chances politiques devaient être plus pesées que les chances militaires. Le ministère dont M. de Châteaubriand faisait partie ne sut ni préparer les résultats de l'intervention ni en profiter, et les actes plus spécialement émanés du département des affaires étrangères prouvent qu'on s'y laissait aller à la merci des circonstances et des passions du moment. M. de Châteaubriand, il est vrai, entreprit d'ouvrir des négociations avec la royauté restaurée de Madrid sur quelques questions, parmi lesquelles celle des colonies insurgées de l'Amérique était la plus grave; sa pensée caressait un vaste plan de monarchies constitutionnelles au delà de l'Atlantique, en même temps qu'elle se plaisait à jeter les bases d'un système de protection et de semi-affranchissement pour la Grèce. Mais le ministre des affaires étrangères n'était pas assez puissant au conseil et auprès du roi, assez influent dans son parti, pour imposer sa volonté et pousser les autres dans les voies généreuses où il aurait aimé à s'engager lui-même; aussi le ministère de M. de Châteaubriand se consuma-t-il en impuissantes velléités, qu'il faille l'attribuer à son hésitation en présence de circonstances graves ou à l'habileté d'un collègue dont l'astuce obtenait un triomphe facile sur sa franchise. Une fois au pouvoir, M. de Châteaubriand ne parut pas l'exercer avec cette suite et cette tenace volonté qui sont le propre de l'ambitieux, et l'on put croire qu'il était plus jaloux de l'appareil de la puissance que de sa réalité même : c'est que l'habitude de la gloire littéraire émousse l'ambition, parce que cette gloire amollit la vie en en relâchant les ressorts. Aussi le grand écrivain, enivré d'encens et chargé de couronnes dès sa jeunesse, inhabile désormais à se plier à l'existence austère de l'homme d'État, ambitionna-t-il toujours le ministère comme un triomphe sur ses ennemis plutôt que comme un moyen d'action pour ses idées : c'était autrement qu'il avait mission de les répandre.

On sait avec quelle brutalité il fut, en 1824, privé de son portefeuille par ceux auxquels sa plume avait frayé les voies du pouvoir : il fut chassé, s'écriait-il dans l'épanchement d'une légitime indignation, *comme un laquais qui aurait volé la montre du roi sur sa cheminée*. Cette éclatante rupture avec le premier écrivain du siècle, avec celui dont on ne pouvait se séparer sans manquer à la reconnaissance autant qu'à la politique, fut une des plus grandes fautes de la dynastie. La retraite de M. de Châteaubriand sépara du ministère et de la droite le *Journal des Débats*, alors le principal organe de la presse périodique, et toute la jeunesse littéraire et artiste. De cette retraite date l'investissement du trône, qui devait en si peu d'années obliger la royauté à se rendre à discrétion ou à tenter un effort désespéré. Des *Lettres à un pair de France* sur diverses questions politiques signalèrent le commencement d'une opposition dont la violence fit bientôt oublier celle du *Conservateur*. L'illustre écrivain descendit dans l'arène quotidienne, et fit partager à un public avide toutes les émotions d'une âme gonflée de colère. En butte à d'amères récriminations, à d'ignobles et maladroites attaques, M. de Châteaubriand allait chaque jour au delà du but qu'il s'était imposé la veille; et les fictions constitutionnelles n'étaient pas assez puissantes pour protéger longtemps les chancelantes réalités cachées derrière elles. Après une guerre acharnée de trois ans, le ministère Villèle tomba devant l'opinion, et M. de Châteaubriand, posé au milieu d'un nouveau public, se retrouva dans la même situation que celle où il avait été placé en 1821, avec la chute des hommes que ses efforts rappelaient au pouvoir en 1828. En entrant aux affaires, M. de Villèle l'avait écarté en l'exilant à Londres; M. de Martignac l'écarta en l'exilant à Rome : ce fut peut-être l'époque la plus éclatante de sa vie. Entouré d'une immense popularité, considéré par tous les partis comme la première puissance du temps, regardé par ses amis politiques comme leur appui nécessaire, par ses adversaires comme leur plus redoutable obstacle, dominant dans la capitale de la chrétienté et des arts, au double titre d'ambassadeur de France et de premier écrivain de l'Europe, M. de Châteaubriand *s'irradiait* dans tout l'éclat d'une gloire rehaussée par le titre politique qui se mariait le mieux avec elle.

Quand la nomination du ministère du 8 août eut rouvert l'abîme des révolutions, il refusa de s'associer au suicide de la monarchie, et envoya sa démission : elle était prévue, et n'en fut pas moins un coup de foudre. La calomnie insulta à des intentions dont un prochain avenir allait révéler toute la noblesse. Pour lui, il attendit la catastrophe, décidé à ne pas séparer son sort de celui d'une restauration qui pouvait en partie passer pour son ouvrage. On sait le reste. Personne n'ignore comment sa gloire grandit avec nos malheurs, comment vainqueurs et vaincus battirent des mains en la reconnaissant au milieu de nos rues sillonnées par la mitraille, comment il résigna à la chambre des pairs titres, fonctions, moyens d'existence, pour s'unir à la cause vaincue, balançant seul, à l'exemple de l'illustre Romain, les dieux et la fortune. Il suffit d'avoir étudié avec quelque soin la pensée de M. de Châteaubriand depuis la révolution de 1830 pour voir que son dévouement fut désintéressé, même de toute espérance. S'il tenta trois fois de rallier à un vague symbole de légitimité et de libéralisme une opinion en pleine dissolution ; s'il lui arriva encore de quitter son ermitage de Marie-Thérèse ou sa retraite des Paquis pour se mêler activement aux *agissements* des partis, ces efforts semblèrent provoqués par la fatalité de sa vie plutôt que par ses convictions spontanées.

Ses *Études historiques* sont d'admirables esquisses de l'histoire des révolutions, tracées du milieu de nos fumantes ruines, et où les vicissitudes du présent reflètent un jour nouveau sur les catastrophes du passé. Dans aucun de ses écrits antérieurs M. de Châteaubriand n'avait poussé à ce point l'intelligence philosophique de l'histoire et la compréhension instinctive de toutes les tendances de son temps. Ce livre résume dans une belle unité toutes les idées qui s'efforcent de se faire jour et de conquérir l'avenir. L'introduction est un morceau où viennent se fondre, par d'harmonieuses nuances, les traits épars de la physionomie du dix-neuvième siècle. Dans cette œuvre capitale, jetée au milieu de nos distractions et de nos discordes, il faut moins chercher une pensée originale et personnelle qu'un reflet de toutes les émotions du temps, qu'un écho de tout ce qui se remue de vague encore au sein de la société. Le dogme chrétien opérant la transformation sociale et lui survivant, telle est la pensée-mère des *Études historiques*, telle est aussi celle qui déborde aujourd'hui de toutes parts. M. de Châteaubriand a pendant tout le cours de sa carrière été le prophète et l'interprète inspiré de cette pensée cyclique ; il l'a présentée sous toutes ses formes et suivie dans toutes ses phases : c'est pour cela qu'il a été le poète du dix-neuvième siècle et sa plus haute expression. Louis de CARNÉ.

C'est en 1826 que Châteaubriand fit paraître pour la première fois une édition complète de ses œuvres. Le libraire Ladvocat en traita avec lui pour le prix de 600,000 fr., que plus tard l'auteur consentit bénévolement à réduire à 500,000.

Lors des journées de Juillet 1830, il se trouvait à Dieppe avec Mme Récamier, dont il fut toujours l'ami. A la première nouvelle de la révolution, il accourut à Paris, et fut reconnu par le peuple et porté en triomphe à travers les barricades aux cris de *Vive la liberté! Plus de Bourbons!* Quelques jours après, à la tribune de la chambre des pairs, il prononçait en faveur du duc de Bordeaux un discours dans lequel il jurait une fidélité éternelle à la branche aînée des Bourbons. Il refusa en même temps de prêter serment à Louis-Philippe, et renonça à son siége dans la chambre des pairs, de même qu'à une pension de 12,000 fr.

En 1831 il fit paraître un nouvel ouvrage, intitulé : *De la Restauration et de la Monarchie élective*, dans lequel on remarque cette phrase étrange : « Je suis bourbonien par honneur, royaliste par raison et par conviction, républicain par goût et par caractère. » La proposition faite aux chambres d'une loi qui bannissait la branche aînée des Bourbons, la captivité de la duchesse de Berry, l'arrestation de Châteaubriand lui-même lui fourniront encore la matière de plusieurs brochures plus ou moins légitimistes. Défendu par Me Berryer, il fut acquitté pour la fameuse devise : *Madame, votre fils est mon roi!* »

Ses voyages à Prague, ses *pèlerinages à la cour de l'exil* en 1833 et 1834, furent les derniers actes importants de sa vie politique. A partir de ce moment, ce qui l'occupa le plus, ce fut la rédaction et la révision de ses *Mémoires d'outre-tombe*, dont il parut cependant des fragments de son vivant. Avec ce travail il trouvait encore le moyen de faire marcher de front la composition d'autres ouvrages, tels qu'un *Essai sur la Littérature Anglaise* (2 vol., 1836) ; une traduction en prose du *Paradis perdu* de Milton (2 vol., 1837) ; le *Congrès de Vérone* (1838) ; et la *Vie de Rancé* (1844), entreprise par Châteaubriand *sur l'ordre du directeur de sa vie*. Depuis 1830, il parut plusieurs éditions de ses œuvres complètes.

Châteaubriand mourut le 4 juillet 1848. Sa dépouille mortelle fut conduite à Saint-Malo, et déposée dans la sépulture qu'il s'était depuis longtemps choisie lui-même sur une petite île voisine, appelée *le grand Bé*.

Ses *Mémoires* parurent aussitôt après sa mort en feuilletons dans *La Presse*, et furent ensuite réunis en douze volumes (Paris, 1849-1850). La poésie et la vérité s'y donnent la main pour produire un grand et riche tableau, qui n'a cependant pas répondu complètement à l'attente du monde lettré non plus qu'à celle de la librairie. Une société, au capital de 500,000 fr., s'était formée du vivant de l'auteur pour cette opération commerciale. Elle commença par donner 250,000 fr. à Châteaubriand, qui s'en servit pour éteindre ses dettes, car il fut toujours besogneux ; et elle s'engagea à lui faire une rente viagère de 12,000 fr. L'opération fut désastreuse. Les actionnaires vendirent à *La Presse* le droit de reproduire en feuilletons les *Mémoires d'outre-tombe*, et ce fut un vif sujet de chagrin pour Châteaubriand, qui ne pouvait se faire à l'idée de voir découper sa pensée en mille compartiments. « La triste nécessité, disait-il lui-même, qui m'a toujours tenu le pied sur la gorge, m'a forcé de vendre mes *Mémoires*. Personne ne peut savoir ce que j'ai souffert d'avoir été obligé d'hypothéquer ma tombe. » C'est que Châteaubriand était imbu de cette idée qu'un gentil-homme de sa sorte devait maintenir son rang dans le monde à tout prix, et qu'il ne devait pas hésiter entre le sacrifice de ses dernières ressources, et la honte d'être taxé d'économie bourgeoise.

Châteaubriand a été marié. « Mes sœurs se mirent en tête, dit-il dans ses *Mémoires*, de me faire épouser Mlle de Lavigne… Je ne me sentais aucune qualité de mari… Lucile aimait Mlle de Lavigne, et voyait dans ce mariage l'indépendance de ma fortune. Faites donc, dis-je. Chez moi l'homme public est inébranlable, l'homme privé est à la merci de quiconque veut s'emparer de lui ; et pour éviter une tracasserie d'une heure, je me rendrais esclave pendant un siècle. » Cette femme remplie de vertus qu'il se laissa imposer par sa famille, pour laquelle il avait sans doute peu d'inclination, mais qu'il traita toujours comme un ange, et qui faisait de son salut son unique occupation, mourut quelque temps avant lui.

Le dévouement de Châteaubriand envers la famille exilée était trop plein d'indépendance et trop empreint des idées révolutionnaires pour être convenablement apprécié à la cour de Goritz. La duchesse de Berry seule semblait parfois comprendre ce poète politique, ce champion de la monarchie légitime, qui croyait toujours à la liberté. Châteaubriand eut de moins fortes amitiés. Attaché toute sa vie à la famille Bertin, il fut l'ami constant de Ballanche, et trônait dans le salon de Mme Récamier. Béranger chanta Châteaubriand, et Châteaubriand porta aux cieux cette muse populaire, qui n'avait jamais consenti à chanter les puissants et qui voulait bien lui donner des conseils que le gentil-homme ne pouvait suivre.

« Au sein même de la domination qu'exerçait le *Journal des Débats* sur le jugement et le goût publics, et avec toute la faveur de ce journal, s'éleva, dit M. Guizot, le plus hardi novateur et le plus moderne génie de notre littérature contemporaine, M. de Châteaubriand : génie aussi étranger au dix-septième siècle qu'au dix-huitième, brillant interprète des idées souvent incohérentes et des sentiments troublés du dix-neuvième, et atteint de toutes les maladies de notre temps qu'il a si bien comprises et décrites, et tour à tour combattues et flattées. Qu'on relise l'*Essai historique sur les Révolutions*, *René* et les *Mémoires d'outre-tombe*, ces trois monuments où M. de Châteaubriand, jeune, homme fait et vieillard, s'est peint lui-même avec tant de complaisance : est-il une seule de nos dispositions et de nos infirmités morales qui ne s'y retrouve ? Nos espérances si démesurées, nos dégoûts si prompts, nos tentations si changeantes, nos ardeurs, nos défaillances et nos renaissances perpétuelles, nos ambitions et nos susceptibilités alternatives, nos retours vers la foi et nos rechutes dans le doute, cette activité à la fois inépuisable et incertaine, ce mélange de passions nobles et d'égoïsme, cette fluctuation entre le passé et l'avenir, tous ces traits mobiles et mal assortis qui caractérisent parmi nous depuis un demi-siècle l'état de la société et de l'âme humaine, M. de Châteaubriand les portait aussi en lui-même, et ses ouvrages, comme sa vie, en offrent partout l'influence et l'image. De là sa popularité, générale au milieu de nos dissensions, persévérante en dépit de nos révolutions politiques et littéraires. Ce gentilhomme lettré et voyageur, qui s'est livré si hardiment à l'exubérance de son imagination riche des trésors de tous les siècles et de tous les mondes, cet écrivain qui a fait de notre langue un emploi si nouveau et quelquefois si téméraire, ce prosateur poétique et romantique a eu l'admiration des juges les plus purs et plus rigides, de M. de Fontanes, de MM. Bertin, de toute l'école classique du *Journal des Débats*. Ce politique émigré et bourbonien, qui toutes les fois que la question souveraine et définitive a été posée s'est rangé dans le camp des anciens souvenirs, a toujours obtenu ou retrouvé la faveur des jeunes générations libérales, et même révolutionnaires. Il était attentif et habile à se concilier ces suffrages si divers ; il avait l'instinct des impressions publiques, et savait choisir dans ses propres sentiments ce qui pouvait leur plaire ; mais cette habileté n'eût jamais suffi à lui valoir tant de succès difficiles et contraires. Par ses mérites et par ses défauts, par les qualités et par les faiblesses de son caractère comme de son génie, il était en harmonie avec son temps ; il répondait à des penchants et à des goûts très-différents, mais également avides et charmés des satisfactions qu'il leur offrait. C'est par là que dans la politique, et malgré ses continuels revers, il a toujours été un adversaire si redoutable, et que dans la littérature il a exercé sur le public tant entier, sur les esprits qui s'en défendaient comme sur ceux qui s'y livraient en admirateurs ou en imitateurs aveugles, une si prompte et si éclatante influence. »

CHÂTEAUBRIANT, ville de France. *Voyez* LOIRE-INFÉRIEURE (Département de la).

CHÂTEAUBRIANT (FRANÇOISE, comtesse DE), fille de Jean de Foix, vicomte de Lautrec, née vers 1475 environ, fut mariée très-jeune à Jean de Laval-Montmorency, seigneur de Châteaubriant. Rien n'est plus incertain que l'histoire de cette dame et de ses amours avec François Ier. Voici ce qu'en a imaginé par Varillas dans son *Histoire de François Ier*.

Le comte de Châteaubriant éloignait avec soin de la cour sa femme, dont la beauté, quoique cachée au fond de la Bretagne, était fort fameuse. Le roi, curieux de la voir, exprima le désir qu'elle y parût ; le comte cependant différa longtemps d'obéir ; il écrivait à sa femme les lettres les plus pressantes, sous la dictée même de ceux qui soupçonnaient sa sincérité ; cependant la comtesse n'arrivait pas. Il avait fait faire deux anneaux d'une forme bizarre et parfaitement semblables : il en avait remis un à la comtesse et avait gardé l'autre ; la comtesse ne devait venir à la cour que lorsqu'elle aurait reçu l'anneau de son mari. Mais il garda mal son secret : on gagna son valet de chambre, on eut l'anneau, on en fit faire un troisième absolument pareil, et avec une lettre de Châteaubriant, on fit venir la comtesse. Se voyant trahi, le mari jaloux partit aussitôt pour la Bretagne, laissant à la cour la jeune de Foix, qui se consola par les plaisirs, par l'ivresse du pouvoir, et par l'orgueil d'avoir le roi pour amant. Après la bataille de Pavie, la comtesse de Châteaubriant vit tomber son crédit devant la puissance de la mère du roi, Louise de Savoie. Elle retourna près de son mari, espérant qu'elle parviendrait sans peine à le fléchir. Il la reçut, et ne voulut point la voir ; il l'enferma au fond de son château dans une chambre tendue de noir, où tout annonçait la mort qu'on lui préparait. Là Françoise de Foix n'avait d'autre consolation que de voir à l'heure des repas sa fille, âgée de sept ans. Le tyran regardait tout d'un lieu où il ne pouvait être aperçu, et ce spectacle ne l'attendrissait pas. La mort de l'enfant rompit tout lien entre les deux époux. Au bout de six mois, le mari entra pour la première fois dans la chambre de sa femme avec six hommes masqués et deux chirurgiens : il la fit saigner des deux bras et des deux pieds, et la laissa expirer. Il se déroba d'abord par la fuite au ressentiment de la maison de Foix et à la justice des lois ; mais, entraîné par une inclination nouvelle, François ne tarda pas à tout oublier. Montmorency, le connétable, devenu tout-puissant, fit obtenir des lettres d'abolition à Châteaubriant, qui lui fit, en retour, donation de ses biens.

Hévin, avocat au parlement de Rennes, a solidement réfuté ce conte de Varillas ; il révoque sans doute les amours de la comtesse avec François 1er, mais ces amours sont trop bien constatées par les contemporains, et surtout par Brantôme, pour qu'on ne soit pas forcé d'en reconnaître la réalité. Le récit de Brantôme est, du reste, bien différent de celui de Varillas. Il nous fait voir la comtesse, revenue à la cour après la délivrance du roi, luttant contre la nouvelle favorite, Mlle d'Heilly, depuis duchesse d'Étampes, employant son reste de crédit à l'avancement de ses frères, dont l'un était le célèbre maréchal de Lautrec, et se vengeant noblement de l'abandon du roi, qui, pour satisfaire à un caprice de celle qui avait succédé dans son cœur à la comtesse de Châteaubriant, n'eut pas honte de lui faire demander les joyaux qu'il lui avait donnés, et sur lesquels on avait gravé des devises amoureuses composées par la reine de Navarre. Aussitôt Mme de Châteaubriant fit fondre et convertir en lingots toutes ces bagues. « Portez cela au roi, dit-elle au gentilhomme chargé des ordres de son maître, et dites-lui que puisqu'il lui a plu de me révoquer ce qu'il m'avait donné si libéralement, je le lui rends et je le lui renvoie en lingots d'or. Quant aux devises, je les ai si bien empreintes et colloquées en ma pensée, et les tiens si chères, que je n'ai pu souffrir que personne en disposât, en jouit, et eût du plaisir que moi-même. » Il ne paraît pas, du reste, que la comtesse au temps où elle captivait l'inconstant monarque se soit jamais piquée d'une fidélité exemplaire, on lui propose en même temps pour amants l'amiral Bonnivet et le connétable de Bourbon. Brantôme raconte encore que, lors de l'entrevue de François 1er et de Clément VII à Marseille, Mme de Châteaubriant demanda dispense pour faire gras en carême, et que le duc d'Albanie, qu'elle avait chargé de cette commission, trouva plaisant de demander au Saint-Père pour la noble dame la permission d'enfreindre sans péché *trois fois par semaine* le sixième commandement du Décalogue.

Elle mourut le 16 octobre 1537, et l'époux qu'elle avait déshonoré fut soupçonné d'avoir contribué à sa fin. Le don qu'il fit de tous ses biens au connétable de Montmorency confirma la plupart des gens dans l'opinion qu'il redoutait les poursuites de sa famille. Pourtant il lui éleva dans l'église des Mathurins de Châteaubriant un tombeau décoré de sa statue et d'une épitaphe qu'on trouve dans le recueil des poésies de Marot, dont il était le protecteur zélé. Suivant les *Mémoires* de Vieilleville, cette donation n'eut pas d'autre motif que la crainte que conçut Châteaubriant d'être sévèrement puni pour ses malversations en Bretagne. Il s'accommoda de cette sorte avec le connétable chargé de rechercher les abus survenus dans les finances du roi, et une quittance universelle lui fut envoyée avec l'ordre de Saint-Michel.

CHÂTEAU-CHINON, ville de France, chef-lieu d'arrondissement dans le département de la Nièvre, située en amphithéâtre sur une haute montagne, près de la rive gauche de l'Yonne, avec une population de 2,962 habitants et une typographie. Cette ville fait un commerce considérable de grains, vins, chevaux, bestiaux et porcs, et surtout de bois de chauffage pour l'approvisionnement de Paris. On y voit les ruines de son ancien château fort.

Château-Chinon était autrefois capitale du Morvan, cette ville occupe, à ce que l'on croit, l'emplacement d'une forteresse romaine ; c'est du moins ce que tendraient à prouver de nombreux restes de monuments et de larges voies pavées. C'était autrefois une place importante, défendue par des fortifications considérables et un vaste château sous les murs duquel Louis XI défit, en 1375, l'armée du duc de Bourgogne. Sous la ligue, les royalistes s'en rendirent maîtres en 1591 et la saccagèrent.

CHÂTEAU D'EAU. On nomme ainsi un bâtiment destiné à recevoir les eaux qui y sont apportées par des aqueducs, et à les diviser en différents canaux, d'où elles se répandent et se distribuent pour les divers usages des villes et des campagnes. Ces monuments, dit Quatremère de Quincy, sont quelquefois d'un genre à ne point laisser apercevoir au dehors les eaux qu'ils renferment ; en ce cas, ils exigent une décoration et un caractère d'architecture qui indiquent leur nature et leur destination. Le plus souvent ils sont accompagnés de cascades, embellis de nappes et de jets d'eau ; tels sont ceux de la Rome moderne, tel était celui de la Rome antique dont on voit encore les restes sur le mont Esquilin, près de l'arc de Gallien, le seul qui soit resté des Romains : on l'appelle *Castello dell' aqua Giulia* (le château de l'eau Julia). Nous disons que la Rome moderne a plusieurs châteaux d'eau, parce qu'on peut donner ce nom à plusieurs de ses fontaines, à celle de Trevi, par exemple, comme on l'a donné à celle qui a été construite à Paris, en 1810, sur l'esplanade du boulevard Saint-Martin, près de la rue du Temple. Quant au soi-disant château d'eau qui avait été élevé en 1719 sur la place du Palais-Royal, d'après les dessins de Robert Cotte, et qui a été abattu à la suite de la révolution de Février, la renommée qu'il a eue pendant longtemps ne prouve autre chose, dit Quatremère, sinon qu'à certaines époques, la renommée s'obtient à fort bon compte.

CHÂTEAU-DU-LOIR, ville de France. *Voyez* Sarthe (Département de la).

CHÂTEAUDUN, ville de France, chef-lieu d'arrondissement dans le département d'Eure-et-Loir, à 42 kilomètres de Chartres, située en amphithéâtre près de la rive gauche du Loir, avec une population de 6,745 habitants, un collège, une bibliothèque publique de 6,000 volumes et une typographie. On y trouve des fabriques de couvertures de laine, des tanneries. Le commerce consiste en bois, graine de trèfle, bestiaux et laine. Parmi ses monuments on peut citer l'hôtel de ville et l'ancien château des comtes de Dunois, bâti au dixième siècle sur un rocher qui domine la ville ; la chapelle renferme le tombeau du célèbre Dunois.

Châteaudun s'appelait sous les Romains *Urbs clara, Rupes clara* ; elle eut ensuite des vicomtes particuliers, et appartint successivement aux maisons d'*Alençon*, de *Dreux*, de *Clermont*, de *Flandre* et de *Craon*. Après la mort de Jean de Craon (1415), décédé sans postérité, le vicomté de Châteaudun revint à Charles, duc d'Orléans, qui en échange du comté des Vertus le donna à son frère naturel Jean, le fameux bâtard d'Orléans. Châteaudun devint alors le chef-lieu du comté de Dunois. Cette ville fut presque entièrement détruite par un incendie, en 1723.

CHÂTEAU-GONTIER, ville de France. *Voyez* Mayenne (Département de la).

CHÂTEAU-HAUT-BRION (Vin de). *Voyez* Graves (Vins de).

CHÂTEAU-LAFFITTE, CHÂTEAU-LATOUR, CHÂTEAU-MARGAUX (Vins de). *Voyez* Médoc (Vins de).

CHATEAU-LANDON, ville de France, chef-lieu de canton dans le département de Seine-et-Marne, sur la rive gauche du Suzain, avec une population de 2,517 habitants. On y fabrique du blanc d'Espagne et des serges, et l'on fait dans ses environs une exploitation considérable de belles pierres de taille. L'Église paroissiale est remarquable par son clocher. Autrefois capitale du Gâtinais, Château-Landon fut pris par les Anglais en 1436.

CHÂTEAULIN. Voyez FINISTÈRE (Département du).

CHÂTEAU-MEILLANT, ville de France. Voyez CHER (Département du).

CHÂTEAUNEUF, nom de plusieurs villes de France; les plus importantes sont: *Châteauneuf de Randon,* chef-lieu de canton de la Lozère, à 18 kilomètres de Mende, avec 2,200 habitants : jadis place forte, Duguesclin en faisait le siége lorsqu'il mourut; *Châteauneuf en Thimerais* (Eure-et-Loir), 1,250 habitants : une mine de fer; *Châteauneuf sur Charente* (Charente) : 2,200 habitants, commerce de vin, de chevaux, etc.; *Châteauneuf sur Loire* (Loiret) : 3,075 habitants, raffinerie de sucre, tuilerie, etc.; *Châteauneuf sur Sarthe* : 1,240 habitants, filatures, tuileries, tanneries, etc.

CHÂTEAU-REGNAUD, ou CHATEAU-RENAULT. Voyez INDRE-ET-LOIRE (Département d').

CHÂTEAUROUX, ville de France, chef-lieu du département de l'Indre et de la 4ᵉ subdivision de la 19ᵉ division militaire, sur la rive gauche de l'Indre, à 215 kilomètres de Paris, compte 15,931 habitants.

Cette ville est le siége d'une cour d'assises, de tribunaux de première instance et de commerce; elle possède un collége, une école normale primaire départementale, une bibliothèque publique, une chambre consultative des manufactures, un parc des équipages militaires. C'est une station importante du chemin de fer du Centre, qui doit aller de là jusqu'à Limoges. L'industrie y est très-active; il s'y fait une fabrication considérable de draps; on y fabrique également du parchemin et de la bonneterie, et on y trouve des filatures de laine, des teintureries, des tanneries et des typographies. Il se fait dans ses environs une belle exploitation de pierres lithographiques. Principal entrepôt des vins du pays, Châteauroux fait encore un commerce de ses produits manufacturés, de laines, de grains, de fers et de bestiaux. C'est une ville petite, mal bâtie, mal percée et mal pavée, qui ne renferme aucun monument remarquable; elle doit son origine à un château bâti en 950 par Raoul de Déols. Elle fut incendiée en 1088, et rebâtie peu de temps après. La seigneurie de Châteauroux fut érigée en comté le 16 juillet 1497 par Charles VIII, en faveur d'André de Chauvigny, vicomte de Brosse. Plus tard elle passa dans la famille des princes de Condé. Louis XIII l'érigea en duché-pairie en faveur de Henri II de Bourbon, prince de Condé. En 1736 ce duché fut acquis par Louis XV, qui le donna à sa maîtresse Marie-Anne de Nesles, plus connue sous le nom de duchesse de Châteauroux. Après la mort de cette femme le duché de Châteauroux retourna à la couronne.

CHÂTEAUROUX (ANNE-MARIE DE NESLE, duchesse DE), née vers l'an 1717, mariée en 1734 au marquis de la Tournelle, veuve en 1742, fut, ainsi que trois de ses sœurs, maîtresse de Louis XV.

Les passions qui troublent les familles particulières ne maîtrisent pas avec moins de violence les personnes royales. La seule différence, c'est qu'elles dominent obscurément les simples citoyens, tandis que chez les monarques elles influent sur le sort des peuples, et leurs effets deviennent des événements historiques. Pour Louis XV surtout, l'histoire est obligée de descendre dans la vie privée. Aucun monarque n'a eu une conduite plus scandaleuse : il a vécu que pour ses maîtresses, et celles-ci ont régné pour lui. On sait qu'élevé dévotement et marié à seize ans avec Marie Leczinska, Louis XV fut jusqu'à l'âge de vingt-sept ans un modèle de fidélité conjugale : il n'avait des yeux que pour elle. Si l'on faisait devant lui l'éloge de quelque femme distinguée par sa beauté : « Est-elle plus belle que la reine? » demandait-il avec une naïveté d'autant plus remarquable que la nature n'avait pas été prodigue de ses dons extérieurs envers Marie Leczinska. Mais elle était fortement constituée; elle donna dix enfants à son mari; elle avait de l'esprit, elle annonçait du caractère; enfin, elle aurait pu dominer son époux. Les courtisans, craignant de ne pas y trouver leur compte, entre autres le cardinal Fleury, se liguèrent pour distraire de son épouse le cœur du jeune roi; ils n'y réussirent que trop bien : car on peut dire que ses premiers pas dans la carrière du vice furent des pas de géant.

Les *Mémoires* du temps, dont le témoignage n'a pas été contredit, expliquent ainsi la conduite du vieux cardinal premier ministre. Précepteur de Louis XV, il l'avait formé à la piété et à la vertu; mais, ayant conçu de longue main le projet de régner sous le nom de son élève, il se garda bien de lui donner les connaissances propres aux monarques. Il fomentait sa paresse, sous le vain prétexte de la faiblesse de sa complexion. Il en résulta que Louis XV, avec le tempérament le plus robuste, et un esprit éminemment juste, devint incapable d'une application soutenue : à vingt-sept ans il se laissait gouverner par son ancien précepteur, comme s'il eût été encore sous sa férule. Mais quand le cardinal reconnut l'ascendant rival que prenait la reine, grâce au tempérament de son époux, il n'eut pas honte, lui prêtre, lui sur le bord de la tombe, de détruire son propre ouvrage, en jouant le rôle de séducteur de son élève. Un jésuite, confesseur de Marie Leczinska, eut ordre de faire entendre à cette princesse, élevée dans la dévotion, qu'ayant rempli les devoirs de son état, en donnant un héritier au trône, l'intérêt de son salut devait la conduire à renoncer aux plaisirs du mariage. La reine accueillit indiscrètement ces conseils intéressés. Louis XV, après un repas où il s'était peu ménagé, vint une nuit auprès de son épouse. Elle repoussa ses embrassements avec une répugnance affligeante pour l'amour-propre du monarque : il jura qu'un pareil affront ne lui serait pas fait une seconde fois, et tint parole. Alors les corrupteurs se mirent en quête d'une maîtresse : l'homme de ce siècle de corruption, le trop fameux duc de Richelieu, trouva dans la comtesse de Mailly, de la maison de Nesle, dame d'atour de la reine, ce qu'il fallait pour vaincre, par les avances les plus effrontées, la timidité pudique du jeune monarque. D'abord Louis XV parut l'aimer avec emportement, si l'on peut donner le nom d'amour à cette liaison doublement adultère, dont il ne chercha point à dissimuler le scandale. Toute la cour en fut pour ainsi dire témoin; mais la reine ne fit rien pour ramener son époux, et se contenta de gémir au pied des autels, comme avait fait avant elle la vertueuse Marie-Thérèse, épouse également délaissée de Louis XIV. Le cardinal, fauteur secret des égarements de son auguste pupille, poussa l'hypocrisie jusqu'à vouloir faire des remontrances : « Je vous ai abandonné la conduite de mon royaume, lui répondit sèchement le roi; j'espère que vous me laisserez maître de la mienne. » Fleury se le tint pour dit, et mit sa politique à donner la plus grande publicité à cette réponse, qui le comblait de joie.

Il faut peindre cette comtesse de Mailly, qui la première entraîna Louis XV dans le vice. Elle avait trente-cinq ans, ce qui n'est jamais un défaut aux yeux des amants novices : elle n'était ni belle ni jolie; mais deux grands yeux noirs fort expressifs, des sourcils épais et bien arqués, un son de voix qui allait à l'âme, une démarche voluptueuse, la rendaient particulièrement séduisante. Sauf la principale vertu de son sexe, elle possédait toutes les qualités du cœur et de l'esprit; son amitié était sûre, son caractère aimant, son humeur égale, amusante, enjouée. Elle était généreuse, serviable, compatissante. Attachée à la personne du roi, et non pas au monarque, elle ne demanda jamais aucune grâce, ni pour elle ni pour les siens, et sortit de la cour aussi pauvre qu'elle y était entrée. Le comte de Mailly, qui se souciait fort peu de sa femme, s'avisa de trouver mauvais son commerce avec le roi. Pour toute réponse, on lui défendit d'user jamais de ses droits de mari, sous peine d'aller pourrir dans les cachots de Ham. Il s'éloigna de la cour. Le marquis de Nesle feignit de critiquer la conduite de sa fille; le vieux seigneur était fort embarrassé dans ses affaires : on lui ferma la bouche avec de l'or. Ainsi la nation, même avec une favorite désintéressée, commença à payer chèrement les plaisirs de ce Louis XV dont le trop long règne enfanta le *déficit* et amena la révolution de 1789.

Ce fut durant la faveur de la comtesse de Mailly que ce prince fit pratiquer ces réduits *consacrés à Bacchus et à Vénus*, pour me servir du langage de l'époque, et qui furent connus sous le nom de *petits appartements*. Mme de Mailly a été la première *grande prêtresse* des orgies nocturnes qui s'y passaient. Elle aimait le vin de champagne, elle en avait inspiré le goût au roi : on y renouvelait les défis des anciens buveurs; c'était à qui mettrait sous la table son adversaire. On a justement reproché à cette première maîtresse de Louis d'avoir entraîné son amant dans ces parties crapuleuses ; tout porte à croire qu'il n'y répugnait pas, lui qui se plaisait fort à faire la cuisine, à préparer de petits ragoûts, genre de divertissement qui décèle des inclinations assez peu royales. Au surplus, en corrompant le roi, elle eut le malheur de s'attacher à lui, et ne tarda pas à se repentir de lui avoir ôté un frein salutaire. Ce prince, n'étant plus contenu par aucune pudeur, donna l'essor à tous ses désirs. Il vit la plus jeune des sœurs de Mme de Mailly, il convoita sa possession. La princesse *de l'intimille*, qui n'avait sur son aînée que l'avantage de la jeunesse, était ambitieuse, entreprenante. Elle se donna au monarque avec le dessein de supplanter sa sœur. Le commerce fut tenu secret, et Mme de Mailly s'y prêta avec une condescendance qui prouve que le vice peut aussi avoir sa bonhomie. Au bout de neuf à dix mois, Mme de Vintimille périt en couches, laissant un fils, vivante image du roi, qu'on nomma le comte du Luc, qui devint un gentil homme accompli, et qui fut appelé à la cour le *Demi-Louis*, surnom qui perpétuait la mémoire de sa naissance. Cette mort coûta quelques larmes au roi, et toucha vivement Mme de Mailly; mais la cour regretta peu la défunte : c'était une âme altière, vindicative, aimant à gouverner et à se faire craindre. Elle ne pensait surtout qu'à tirer parti pour ses intérêts de la faiblesse du prince; et l'on crut dans le temps qu'elle avait été empoisonnée (1741).

Louis XV, bientôt consolé, revint à ses orgies avec la comtesse de Mailly, qu'il avait toujours conservée, pour voiler aux yeux des profanes sa liaison avec Mme de Vintimille. C'était pour une maîtresse d'une année en date une terrible tâche que d'amuser, comme on l'a dit, *Louis XV, l'homme le plus aimable et souvent le plus ennuyé de son royaume*. Quoique instruite par l'expérience du danger de faire connaître ses sœurs au roi, Mme de Mailly appela à son aide la plus jeune de ses sœurs, la duchesse *de Lauragais*, qui, dépourvue de grâces dans la figure et dans l'esprit, n'avait pour elle qu'un embonpoint accompagné de traîcheur. Ce contraste avec la maigreur de la comtesse de Mailly était un attrait pour le monarque, qui, devenu en si peu de temps connaisseur et libertin consommé, aimait les comparaisons. Au surplus, il s'aperçut bientôt de la duchesse, qui, toute bête qu'elle était, ne laissa pas de tirer bon parti de ses incestueuses complaisances. La quatrième sœur, Mme de Châteauroux, la fit, dans la suite, nommer dame d'atours de la première femme du dauphin (Marie-Thérèse d'Espagne), lorsque le duc de Lauragais, qui se laissa noblement *dorer la pilule*, alla chercher cette princesse dans l'île des Faisans, où les officiers du roi d'Espagne la lui remirent entre les mains, honneur brigué vainement par les seigneurs les plus grands et les plus méritants du royaume.

J'ai nommé la duchesse de Châteauroux ; il ne me reste plus qu'à parler d'elle. Douée d'une jolie figure, d'une taille élégante, d'un maintien noble et fier, son regard enchanteur frappa le roi, son manège acheva le reste. Elle avait depuis son veuvage trouvé dans le duc de Richelieu un consolateur : où ne pouvait-elle pas atteindre, dans la carrière de l'intrigue et de la prostitution, avec un pareil guide? Dès qu'elle s'aperçut que le cœur de Louis était surpris, elle lui tint rigueur jusqu'à ce qu'elle l'eût fait souscrire à toutes les conditions qu'elle exigeait. La première fut que sa sœur serait renvoyée sans ménagement ; la seconde, qu'elle aurait le titre de *duchesse de Châteauroux* ; la troisième, qu'on lui assignerait une fortune capable de la mettre à l'abri de tous les revers (80,000 livres de rente). La molle facilité avec laquelle le roi accéda à ces exigences annonçait la violence de sa passion. Mme de Mailly, attachée sincèrement au roi, trouva, nouvelle La Vallière, des armes contre son désespoir dans la religion, ce dernier refuge des âmes tendres. On la voyait visiter à pied les habitations des pauvres, et leur prodiguer elle-même des consolations et des secours. La place de dame d'atours de la reine lui fut ôtée, précisément lorsqu'elle devenait digne d'approcher de Marie Leczinska. La duchesse de Châteauroux se revêtit encore de cette dépouille de sa sœur. Ainsi s'établit sous Louis XV l'usage que la maîtresse en titre fût dame du palais de la reine.

La nouvelle favorite, infiniment supérieure par l'esprit à ses sœurs, devint l'arbitre du gouvernement. Le vieux cardinal Fleury venait de mourir (1743) : la maîtresse succéda au précepteur, et les petits appartements devinrent le centre de la politique. On ne peut nier qu'elle n'ait fait un assez bon usage de sa puissance. Le complaisant Richelieu avait espéré devenir ministre; elle ne consentit jamais à dicter à Louis XV un si mauvais choix. Toute la maison de Nesle avait de grandes obligations au maréchal de Noailles : c'était par lui que les cinq sœurs avaient été admises dans la société habituelle de la comtesse de Toulouse, princesse aimable et bonne, qui, parvenue à l'automne de la vie, avait sans donner prise à la médisance, formé pour le monde l'adolescence timide de Louis XV. C'était chez la comtesse de Toulouse qu'il avait connu les quatre sœurs; et tel fut le principe de leur faveur auprès du monarque, dès que le novice pudique eut chez lui fait place au débauché sans frein. La duchesse de Châteauroux songea, dit-on, à désigner à Louis XV le duc de Noailles pour remplacer le cardinal Fleuri. Sous la régence, Noailles avait fait ses preuves comme ministre ; mais par le malheur qu'ont la plupart des hommes de ne pas se connaître, il se croyait un grand général, et il se servit du crédit de la favorite pour obtenir le commandement d'une armée. Elle donna au roi d'Argenson pour ministre de la guerre, et Orry pour contrôleur général des finances : tous deux devaient justifier le choix par la direction plus ferme qu'ils imprimèrent à la politique extérieure de la France , secondés par Amelot, ministre des affaires étrangères, et qui n'était réellement qu'un commis. Leur dévouement pour la favorite était sans bornes, surtout celui du contrôleur général ; on en jugera par le trait suivant : elle aimait singulièrement Choisy, et, de concert avec le roi, elle avait épuisé toutes les ressources de l'art pour faire de cette résidence le séjour de toutes les aises et de toutes les voluptés. La dépense s'élevait à 1,200,000 livres. Louis n'osait en faire confidence au contrôleur général. Un jour qu'il avait travaillé avec Orry, il le laissa partir, puis, feignant d'avoir commis un oubli, il lui envoya sur-le-champ cet état de dépenses : le contrôleur, l'ayant lu, revint aussitôt : « Quoi, sire, votre majesté ne demande que cela? Mais que pourra-t-on faire avec une somme aussi modique, et pour le prouver à votre majesté, je prends la liberté de lui avouer que j'ai mis en réserve 1,500,000 livres. » C'est cependant de tous les contrôleurs généraux de ce règne celui qui a fait les plus grandes choses : il remonta la marine, défendit nos colonies, et soutint glorieusement la guerre contre la maison d'Autriche et l'Angleterre.

À cette époque, la duchesse de Châteauroux voulut être pour Louis XV ce qu'Agnès Sorel avait été pour Charles VII : elle l'engagea à se mettre lui-même à la tête de ses armées. Malheureusement pour la gloire de son royal amant, elle le suivit dans les camps, tandis que son devoir de dame du palais aurait dû la retenir auprès de la reine à Versailles. Le scandale fut au comble : bien qu'au quartier général la duchesse ne logeât point avec le roi, il y avait des ordres secrets à toutes les autorités de lui ménager une maison attenante à celle de S. M., et d'y ouvrir des communications intérieures. On voyait publiquement les ouvriers percer les murs ; et tout le monde savait dans la ville à quel dessein. Les soldats la chansonnaient sous le nom de *madame Anroux*, et ne la désignaient jamais que par l'épithète exclusivement réservée aux courtisanes de bas étage. Tandis que le peuple manifestait ainsi la justesse et la franchise de ses opinions, les courtisans, les généraux, voyant dans la favorite la distributrice des grâces, la comblaient des marques du respect le plus profond, et d'un attachement inviolable, suivant l'usage de la cour, de caresser ce qu'on déteste, et d'encenser ce qu'on méprise. Sous un certain rapport ces sentiments étaient sincères, en ce qu'ils s'adressaient à la place et non à la personne. L'événement ne tarda pas à le prouver. Le roi tomba malade à Metz, la duchesse ne quitta point son chevet : secondée par sa sœur Lauragais, elle adoucissait les souffrances du royal patient, en lui présentant d'une main chérie les remèdes destinés à le guérir. On aurait eu pourtant quelque raison de reprocher aux deux nobles garde-malade d'avoir entraîné le jeune monarque aux excès qui avaient enflammé son sang et ses humeurs. Le moment vint où l'on désespéra de ses jours ; il fallut lui administrer les secours que la religion offre aux mourants. Le duc de Chartres, petit-fils du régent, eut le courage de faire au roi cette lugubre ouverture, malgré l'opposition calculée du duc de Richelieu, premier gentil-homme de la chambre. Ce prince du sang le traita comme il le méritait : « Vil esclave, lui dit-il, tu refuseras la porte au plus proche parent de ton maître ! » Louis XV, en présence des terreurs de la mort, consentit à l'éloignement de sa maîtresse : elle reçut avec une rage qu'elle sut dissimuler le fatal message, monta en voiture avec sa sœur, et depuis Metz jusqu'à Paris, pendant quatre-vingts mortelles lieues, elle fut abreuvée des outrages et des malédictions de la population des villes et des campagnes.

Rendu à la santé, Louis XV, entouré des félicitations de sa famille et de sa cour, comblé des bénédictions de son peuple, qui, dans son enthousiasme irréfléchi, l'avait surnommé le *bien aimé*, Louis XV se trouva seul : il n'avait plus auprès de lui la seule femme qui pût l'attacher à la vie. Après avoir longtemps lutté contre lui-même, il céda encore une fois aux instigations de Richelieu, revit la duchesse, et elle reprit tous ses droits. L'évêque de Soissons, Fitz-James, qui avait administré le roi, reçut l'injonction de se retirer dans son diocèse. D'Argenson, qui lui avait apporté l'ordre de son exil, fut chargé de lui annoncer son rappel, et de lui demander de la part du roi le nom de tous ceux dont elle désirait l'éloignement. On assura dans le temps qu'elle mit d'Argenson lui-même à la tête de cette liste, et que le ministre, sans espoir de se réconcilier avec cette femme, dont les mains allaient tenir les rênes de l'empire, conçut l'abominable pensée de la faire empoisonner. L'histoire doit rejeter l'idée de ces crimes, que la malignité des contemporains suppose si légèrement, et qui, selon l'auteur de *La Vie privée de Louis XV*, » sont plus aisés à dire et à écrire qu'à commettre. » On explique de deux manières, plus vraisemblables, cette mort prématurée, qui arriva si à propos pour tant de gens, le 8 décembre 1744. Selon les uns, la révolution prompte qui emporta la duchesse fut causée par l'excès de la joie ; selon d'autres, par l'imprudence qu'elle eut de se baigner en plein hiver, dans un moment critique, pour recevoir plus tôt son royal adorateur. Voltaire énonce une quatrième opinion, qu'il exprime avec son talent inimitable de présenter les particularités de ce genre dans le ton qui leur convient : « Quand ce prince se porta bien, dit-il, il ne voulut être que le *bien aimé* de sa maîtresse. Ils s'aimèrent plus qu'auparavant. Elle devait rentrer dans son ministère. Elle allait partir de Paris pour Versailles, quand elle mourut des suites de la rage que sa démission lui avait causée : elle fut bientôt oubliée. » (*Mémoires pour servir à la vie de M. de Voltaire*, écrits par lui-même, 1759.)

Des historiens de notre époque ont traité avec assez d'indulgence Mme de Châteauroux : ils devaient laisser cette tâche aux faiseurs de romans, aux *suppositeurs* de correspondances. On a donné en 1806 de prétendues lettres de la duchesse de Châteauroux, et Mme Sophie Gay a publié en deux volumes un roman historique dont cette favorite est l'héroïne. Il est toujours piquant de voir un pareil sujet traité par une femme.

Un mot sur la cinquième sœur, la marquise *de Flavacourt* (qui fut la quatrième dans l'ordre des naissances). Tel était l'attrait que le sang de la maison de Nesle avait pour Louis XV, qu'il aurait bien voulu les posséder toutes les cinq. Il adressa donc ses vœux à la marquise de Flavacourt. C'était, disent les *Mémoires* contemporains, une beauté tendre, ingénue, ce qui la faisait appeler *la Poule*, par les courtisans accoutumés à tourner tout en ridicule : sa conduite répondait à sa figure, et ne donnait aucune prise à la médisance. Cependant, le monarque, loin de se rebuter, se montrait de plus en plus pressant ; mais le mari, homme d'honneur, et qui aimait sa femme d'une manière assez bourgeoise, la menaça si sérieusement de laver son injure dans son sang, que la marquise, qui connaissait son époux capable de brûler la cervelle à son rival et à elle-même et de se la brûler ensuite fort tranquillement, préféra la paix de son ménage et la sûreté de ses jours au plaisir, plus envié que flatteur, de captiver l'adorateur volage de ses sœurs.
Charles Du Rozoir.

CHÂTEAU-SALINS. *Voyez* MEURTHE (Département de la).

CHÂTEAU-THIERRY, ville de France, chef-lieu d'arrondissement dans le département de l'Aisne, à 55 kilomètres de Laon, sur la Marne, avec une population de 5,629 habitants, un tribunal de première instance, un collége et une bibliothèque publique. On y fabrique de la bonneterie et on y trouve une typographie ; le commerce consiste en bois, grains, farines et laines. On y voit un beau pont sur la Marne, une statue élevée à La Fontaine sur l'une des places, et les ruines de l'ancien château des comtes de Vermandois.

La ville doit son origine à un château-fort que fit construire Charles Martel pour servir de résidence ou plutôt de prison au roi Thierry IV. Il passa ensuite aux comtes de Vermandois et plus tard aux comtes de Champagne. En 1231 Château-Thierry obtint de son seigneur une charte de commune qui fut confirmée en 1301 par Philippe le Bel. En 1303 eut lieu dans cette ville une assemblée des grands du royaume. Assiégée inutilement par les Anglais en 1371, ils parvinrent à s'en emparer en 1421, mais ne purent la garder que quatre ans. Charles-Quint s'en rendit maître en 1544 ; et en 1591, sous la Ligue, elle fut encore prise par les Espagnols. En 1595 elle fit sa soumission à Henri IV, mais vingt ans plus tard elle se rendit au prince de Condé et au duc de Bouillon. Revenue au roi en 1616, elle fut saccagée en 1652 sous la Fronde. En 1814, Château-Thierry eut horriblement à souffrir du passage des alliés, qui, dans les premiers jours de février, la livrèrent trois jours au pillage. Le 12 février un glorieux combat eut lieu sous ses murs. Cette journée, qui ne coûta que quatre cents hommes aux Français, fit perdre à l'ennemi trois pièces de canon, douze cents hommes et dix-huit cents prisonniers.

CHÂTEL (JEAN), fils d'un riche marchand drapier de Paris, étudiait au collége de Clermont lorsque, le 27 décembre 1594, il s'introduisit à l'hôtel du Bouchage, situé près du Louvre, dans la chambre de Gabrielle d'Estrées, et frappa d'un coup de couteau Henri IV, au moment où ce prince se baissait pour relever deux gentils-hommes qui lui rendaient leurs devoirs.

Le coup ne l'atteignit qu'à la mâchoire supérieure, lui fendit la lèvre et lui rompit une dent. Le roi crut d'abord que le coup partait de Mathurine, sa folle, qui se trouvait près de lui, et dit avec colère : *Au diable soit la folle! elle m'a blessé.* Mathurine nia, et courut fermer la porte de la salle, afin de prévenir l'évasion de l'assassin. On aperçut alors un jeune homme complétement inconnu, dans un état de trouble et d'agitation qu'il ne pouvait maîtriser; il fut fouillé aussitôt, et l'on découvrit sur lui le couteau dont il venait de frapper le roi. Sans balancer il avoua son crime.

Le roi voulait pardonner à l'assassin ; mais, instruit que celui-ci était élève des jésuites, auxquels Henri venait de rendre un grand service en suspendant un arrêt du parlement qui tendait à les chasser du royaume, il dit : « *Fallait-il donc que les jésuites fussent convaincus par ma bouche!* » S'il faut en croire de Thou et Mézerai, le peuple en fureur se porta au collége de Clermont, tandis qu'on chantait le *Te Deum* dans l'église de Notre-Dame, pour la conservation du roi. Les jésuites eussent été massacrés si Henri IV n'eût envoyé des gardes pour les défendre. Toute la famille de Jean Châtel fut arrêtée, ainsi que le curé de Saint-Pierre-des-Arcis, des religieux de divers ordres et quelques vieux ligueurs. On mit les scellés sur les papiers des jésuites : on trouva chez le P. Guignard, l'un d'eux, des écrits séditieux; mais les principes de ces écrits étaient ceux de la ligue, ceux des jésuites et de la plupart des autres ordres religieux.

Jean Châtel, interrogé d'abord au For-l'Évêque, puis à la Conciergerie, déclara qu'il avait agi de son propre mouvement; qu'il n'avait été poussé à cet assassinat que par son zèle pour la religion, persuadé qu'il était permis de tuer les rois non approuvés par le pape : dès son enfance il avait, disait-il, contracté une malheureuse et coupable habitude qu'il ne pouvait vaincre, et il avait cru expier ce vice et se faire pardonner par Dieu en délivrant la France d'un roi hérétique. Le lieutenant criminel, Pierre Lugoli, déguisé en prêtre, essaya vainement d'obtenir du coupable d'autres aveux par la confession. Il dit seulement encore qu'admis aux exercices spirituels chez les jésuites, dans la *chambre des méditations*, où l'enfer, peint sur les murailles, pouvait exalter les têtes faibles et les caractères ardents, c'était en cet endroit qu'il avait conçu le dessein de tuer Henri de Bourbon.

Le 29 décembre, Jean Châtel fut condamné au plus affreux supplice, qu'il subit le même jour avec le courage du fanatisme. On lui mit dans la main le couteau dont il s'était servi pour commettre le crime : cette main fut coupée par le bourreau; puis il fut tenaillé, tiré à quatre chevaux; ses membres furent jetés au feu et les cendres au vent. Les ligueurs le considérèrent comme un martyr, et Jean Boucher, curé de Saint-Benoît, à Paris, composa un livre en cinq parties, où il soutint que l'assassinat commis par Jean Châtel était un acte héroïque. Le parlement, voulant faire preuve de son zèle pour la personne du roi, poussa la rigueur jusqu'à l'iniquité : il condamna le jésuite Guignard à mourir sur la potence, son corps à être brûlé et ses cendres à être jetées au vent, quoique rien n'eût prouvé qu'il fut complice de Châtel. Le père de l'assassin, contre lequel il n'existait aucune charge, si ce n'est d'avoir été ligueur, fut banni pendant neuf ans du royaume, et dut payer une forte amende. En outre les jésuites furent condamnés, comme *corrupteurs de la jeunesse, perturbateurs du repos public, ennemis du roi et de l'État*, à sortir dans trois jours de Paris, et dans quinze du royaume.

La maison de Châtel, qui était devant le palais de justice, fut rasée, et l'on éleva sur son emplacement une pyramide à quatre faces portant l'arrêt du parlement et diverses inscriptions latines et grecques. Cette pyramide fut abattue en 1605, à la sollicitation des jésuites rentrés en France.

François Miron, prévôt des marchands, fit, à la place de la pyramide, établir une fontaine, qui depuis fut transférée dans la rue Saint-Victor.

CHÂTEL (FERDINAND-FRANÇOIS), prêtre qui eut une espèce de célébrité après 1830 par le scandale de sa séparation d'avec l'Église catholique, non moins que par ses tentatives pour constituer une prétendue *église catholique française*, est né, le 9 janvier 1795, à Gannat (Allier). A peine sorti du séminaire de Clermont-Ferrand, il fut nommé vicaire de la cathédrale de Moulins, puis curé à Moiretay, dans son département natal. Mais il n'exerça ces très-peu de temps ces fonctions, et parvint bientôt à obtenir la place d'aumônier du 20ᵉ de ligne; puis, en 1823, il passa en la même qualité au 2ᵉ de grenadiers à cheval de la garde royale.

Dès avant la révolution de Juillet, ses supérieurs ecclésiastiques avaient cru avoir des motifs suffisants pour lui retirer ses pouvoirs spirituels; on l'avait vu alors essayer de donner le change à l'opinion sur la portée de cette mesure en se faisant passer pour une victime de l'intolérance rétrograde du haut clergé et en publiant un mauvais journal d'opposition religieuse intitulé : *Le Réformateur*, ou *l'Écho de la Religion et du Siècle*. La révolution une fois accomplie, l'abbé Châtel, aspirant à être le Luther, annonça avec éclat qu'il renonçait à la communion romaine et que, d'accord avec un certain nombre d'ecclésiastiques qui pensaient comme lui en matière de politique et de religion, il allait fonder une église *catholique-française*, indépendante de l'évêque de Rome, dont les cérémonies et les dogmes seraient en harmonie avec les progrès de l'esprit humain; dans laquelle, par conséquent, il ne serait question ni de confession, ni de jeûne, ni d'abstinence pour les fidèles, non plus que de célibat pour les prêtres, et qui dans toute sa liturgie remplacerait la langue latine par la langue française. Les promesses du prospectus furent ponctuellement remplies : la nouvelle Église s'installa au troisième étage d'une maison de la rue de la Sourdière, où les badauds ne manquèrent pas d'affluer. Le Luther de la révolution de Juillet trouva dès lors des commanditaires, dont les fonds lui permirent de donner un plus large développement à son entreprise. Un vaste local, situé rue de Cléry, fut loué quelques mois plus tard, et une belle enseigne apprit aux passants l'existence dans ce quartier, assez central, d'une boutique où l'on faisait concurrence au culte reconnu et salarié par l'État, au saint-simonisme, au fouriérisme, et même à la religion des templiers, cet ordre de moines guerriers que Philippe le Bel s'imaginait avoir détruit à jamais, auquel la révolution venait de donner une vie nouvelle, et qui avait alors pour grand-maître un certain docteur Fabré-Palaprat, lequel croyait de la meilleure foi du monde être le successeur en ligne directe de Jacques Molay.

Toutefois, l'abbé Châtel, comprenant les avantages de l'association, ne tarda pas à faire cause commune avec l'ordre du temple, et consentit même à recevoir la consécration épiscopale des mains de l'un de ses grands dignitaires, qui dans la vie civile consentait à n'être qu'un modeste mais utile épicier. Il prit alors le titre officiel de *primat des Gaules*, et installa successivement son église dans la salle *Valentino*, rue Saint-Honoré, dans un bazar du boulevard Saint-Martin, et enfin dans un grand magasin de la rue du Faubourg-Saint-Martin ; déménagements qui ne s'effectuèrent pas sans maints désagréments, provenant de l'état de gêne dans lequel les adeptes du nouveau culte laissaient ses desservants. Un certain nombre d'individus, ayant plus ou moins appartenu à l'Église catholique, prêtres interdits ou séminaristes défroqués, s'étaient groupés autour de l'abbé Châtel, dans l'espoir de vivre du produit des autels du néo-catholicisme. On cite même quelques communes, entre autres celles de Clichy et de Montrouge, près de Paris, qui voulurent à toute force avoir des prêtres appartenant à l'Église catholique française ; et l'indifférence que montra alors le pouvoir pour ces farces indécentes ne fut pas l'un des moindres scandales d'une époque si riche sous ce rapport.

A son tour, cependant, la nouvelle Église vit le schisme déchirer son sein, et ses fondateurs s'excommunier et s'anathématiser à belles dents. L'abbé Auzou, autre prêtre interdit, qui avait embrassé les idées de la prétendue réforme et était allé installer le *catholicisme français* à Clichy, se signala, entre tous, par la véhémence des attaques auxquelles il se livra contre celui que naguère il considérait comme son *évêque* et comme le *primat des Gaules*. Avec des circonstances plus favorables, on eût pu voir se renouveler la sanglante tragédie de Servet ; mais cette fois Calvin, plus modéré, ne songea même pas à invoquer le bénéfice de la loi sur la diffamation.

Le bon sens public finit par faire justice de ces jongleries ; l'*Église catholique française* vit de jour en jour diminuer le nombre de ses adeptes ; et quand, en 1842, le pouvoir, sortant tout à coup de sa longue somnolence, s'arma de la loi contre les associations pour faire fermer l'église primatiale de la rue du Faubourg-Saint-Martin et les quelques autres *preaching shops* que le nouveau culte possédait encore çà et là, l'opinion ne se méprit pas sur la portée véritable de cette tardive réparation faite à la morale publique et religieuse du pays. Elle comprit que la farce à l'aide de laquelle on avait voulu faire peur au clergé était jouée ; elle ne vit dans Châtel, Auzou, Blachère et consorts que ce qu'ils avaient réellement été : des pantins que le s y s t è m e avait fait mouvoir ; et elle pardonna à ceux d'entre ces malheureux qui témoignèrent un repentir sincère, les égarements dans lesquels les avait entraînés la surexcitation communiquée aux intelligences par une atmosphère tout imprégnée de réformes sociales et de révolutions politiques. L'Église ellemême ne refusa pas d'ouvrir le trésor de ses indulgences à certains prêtres *catholiques français* qui reconnurent et déplorèrent leurs fautes. Quant à l'homme au nom duquel se rattachera toujours dans l'histoire le souvenir de cette ridicule contrefaçon du mouvement religieux du seizième siècle, quant à l'abbé Châtel, il fut quelque temps directeur de la poste aux lettres d'un chef-lieu de canton du département de Saône-et-Loire, emploi dont nous ne voulons pas exagérer l'importance, car il suffisait à peu près à empêcher le titulaire de mourir de faim, mais dont la collation nous paraît une preuve de plus de la complicité du gouvernement de Louis-Philippe dans les indécentes parades dont nous venons de tracer le récit. Un de nos amis le vit plus tard, lui qui naguère prenait le titre de *primat des Gaules*, *d'évêque par la libre élection des fidèles*, chanter modestement sa partie, comme le maître d'école, au lutrin de l'église de son endroit. Malheureusement survint la révolution républicaine de 1848, qui échauffa de nouveau sa tête, le lança dans toutes les extravagances démagogiques et l'envoya réfléchir en prison. Plus sage sous ce nouveau régime, il s'est fait humblement magnétiseur, et l'on vante la lucidité hors ligne de la belle somnambule dont l'ex-patriarche a fait sa compagne.

CHÂTEL (Du). *Voyez* DUCHATEL.

CHÂTELAIN, CHATELLENIE. Le premier de ces mots était le titre du gentilhomme ou du magistrat investi de la seigneurie ou de l'office que désignait le second. Après la conquête de la Gaule par les Francs, les d u c s et c o m t e s, ne pouvant suffire eux-mêmes à l'administration des territoires dont ils étaient chargés, se firent remplacer par des lieutenants de divers rangs, dont l'éminence était proportionnée à la grandeur du district confié à leurs soins. Les moindres de ces districts étaient ceux qui formaient le territoire des bourgs appelés en latin *castella*, c'est-à-dire forteresses, parce que depuis les invasions des barbares il avait fallu fortifier tous les villages. De là les commandants de ces bourgs se nommèrent *castellani* ou *châtelains*. Ils réunissaient le pouvoir civil et militaire, choses que la féodalité ne séparait jamais ; ils menaient au combat les hommes de leur territoire et jugeaient leurs procès. Pendant longtemps ils ne furent, comme les supérieurs dont les pouvoirs leur étaient délégués, que de simples officiers, révocables à volonté ; mais quand les grands vassaux eurent usurpé la propriété de leurs charges et transformé en domaines patrimoniaux et héréditaires les offices, qu'ils exerçaient comme représentants du souverain, les *châtelains* les imitèrent et transformèrent aussi leur emploi en une seigneurie. Le duc s'était approprié une portion de l'autorité royale, le *châtelain* en vola ou du duc ou du roi une parcelle. Cette imitation continua ; et lorsque les hauts suzerains se firent représenter dans la dispensation de la justice par des délégués exclusivement chargés de ce soin, les *châtelains* en firent autant. Il y eut alors deux classes bien distinctes de personnes publiques munies de ce titre : le *seigneur châtelain* propriétaire de l'autorité militaire et civile dans l'étendue du bourg et de son territoire, et le *juge châtelain* investi par commission de cette autorité dans la même enclave touchant le fait de la justice.

Bientôt des *juges châtelains* furent, par analogie, institués par les ducs et comtes dans les villes principales de leurs duchés et comtés. Ceux-là, à vrai dire, étaient improprement nommés, puisqu'ils n'appartenaient point à une *châtellenie*. Toutefois, leur appellation trouvait sa justification étymologique dans cette circonstance, qu'ils avaient pour prétoire la cour du château ; c'était là, en effet, qu'ils tenaient leurs audiences. Dans l'origine ceux des bourgs n'avaient que la basse justice, et ceux des villes la moyenne ; en d'autres termes, les premiers ne connaissaient que des petites causes, les seconds que des médiocres. Mais comme le propre de toute usurpation est de tendre à l'accroissement, ils finirent par conquérir une compétence universelle ; si bien qu'en style de jurisprudence, *châtellenie* signifia justice pleine, c'est-à-dire haute, moyenne et basse. De la le tribunal autrefois si connu sous le nom de *Châtelet* de Paris. La marque extérieure de la justice du *châtelain* consistait en trois piliers.

En tant que degré hiérarchique de noblesse, la *châtellenie* était la dernière des seigneuries médiocres, c'est-à-dire non capables de souveraineté : le *châtelain* venait immédiatement après le *baron*, qui se distinguait de lui sous deux rapports essentiels : 1° le *baron* pouvait sans la permission du roi fortifier sa principale ville ou son principal bourg, et le *châtelain* seulement sa maison, qui devenait alors un château ; 2° la haute justice appartenait de droit au premier, au second seulement par exception et si ses prédécesseurs l'avaient prescrite par un long usage. Ajoutons qu'en fait d'armoiries, celui-ci n'avait pas de couronne pour timbrer son écusson, tandis que celui-là portait un cercle d'or, contourné d'un rang de perles. Il est inutile de dire que la *châtellenie*, comme seigneurie et comme justice, a fini lors de l'abolition du régime féodal par l'Assemblée constituante.   J.-J. JANET.

CHÂTELET. On appelait autrefois ainsi un petit château fortifié du dernier ordre (*castelletum*). On désignait aussi sous ce nom les prisons royales servant plus particulièrement aux prisonniers d'État. Les deux Châtelets de Paris sont à peu près les seuls dont l'histoire ait conservé la mention; c'étaient deux châteaux forts qui des deux côtés de la Seine fermaient les abords de cette ville, alors qu'elle était circonscrite dans l'île de la Cité. Deux ponts seulement servaient à la communication : c'étaient le Pont-au-Change et le Petit-Pont; la tête du Pont-au-Change, sur la rive droite de la rivière, était couverte par le *Grand-Châtelet*, et la tête du Petit-Pont, sur la rive gauche, se trouvait défendue par le *Petit-Châtelet*. On a voulu, sans aucune espèce de preuves, attribuer la construction de ces deux forteresses à Jules César; mais il est beaucoup plus probable que ce fut seulement sous la seconde race que l'on construisit l'une et l'autre, et qu'elles furent d'abord en bois. En 886 elles suffirent pourtant à arrêter les Normands victorieux. Louis le Gros les fit rebâtir dans des proportions plus considérables; mais on ne peut présumer qu'à l'exemple de la plupart des fortifications de cette époque, les deux châtelets n'étaient encore construits qu'en bois. On y percevait les péages et les droits d'entrée.

Le Petit-Châtelet fut reconstruit en pierre en 1369, sous le règne de Charles V, par le prévôt de Paris Hugues Aubriot. Charles VI, en 1402, destina cette sombre forteresse à la demeure du prévôt de Paris comme un logement honorable (*honorabilis mansio*). La présence de ce magistrat militaire n'empêcha pas, le 12 juin 1418, le massacre général des prisonniers commis par la faction des Bourguignons. En 1782 cet édifice, qui assombrissait et attristait tout le voisinage, et sous lequel était une route étroite, gênante et dangereuse pour les passants, fut aussi démoli. Quant au Grand-Châtelet, rebâti également sous Charles V, il le fut de nouveau en 1684. On l'appelait vulgairement *la Porte-Paris* ou *l'Apport-Paris*. Il restait avant la Révolution quelques vieilles tours de l'ancien édifice, sous lequel était encore un passage obscur et humide, qu'on était obligé de franchir en allant du Pont-au-Change à la rue Saint-Denis. En 1802 on démolit presque tous ces bâtiments, et sur leur emplacement on forma une place vaste, aérée, au milieu de laquelle s'élève aujourd'hui une fontaine monumentale, surmontée par une colonne que couronne une Victoire dorée. Cette place porte encore le nom de *Place du Châtelet*; on y a fait pendant longtemps les ventes mobilières par autorité de justice.

Les prisons du Grand-Châtelet étaient horribles; il paraît que les prisonniers étaient descendus dans le cachot dit *la Fosse* par une ouverture pratiquée à la voûte du souterrain, comme on descend une cuve dans un puits. Un autre portait le nom de *Chausse d'hypocras*; sa forme était celle d'un cône renversé; les prisonniers ne pouvaient s'y tenir ni debout ni couchés et avaient constamment les pieds dans l'eau. Ordinairement ils mouraient après quinze jours de détention. Un autre cachot avait reçu le nom de *Fin d'aise*. Il était plein d'ordures et de reptiles. Les prisons du Petit-Châtelet étaient moins célèbres.

Lorsque l'enceinte de Philippe-Auguste eut porté bien au delà des bords du fleuve les murailles de Paris, le Grand-Châtelet, devenu inutile à la défense de la ville, fut bientôt destiné au siège des juridictions de la prévôté et vicomté de Paris. On ne connaît point l'époque précise de l'établissement de ces juridictions dans cet édifice; mais on sait qu'en 1302 Philippe le Bel fit un règlement qui régularisa cette institution, laquelle existait bien antérieurement.

La cour du Châtelet avant la Révolution se composait du prévôt, qui la présidait, du lieutenant général civil, du lieutenant général de police, du lieutenant criminel et de deux lieutenants particuliers, de cinquante-cinq conseillers et de dix conseillers honoraires; des gens du roi, au nombre de treize, d'un greffier en chef et d'un auditeur particulier, qui était spécialement chargé de prononcer seul sur toutes les contestations dont l'intérêt pécuniaire ne s'élevait pas au-dessus de cinquante livres. Puis venaient quarante-huit commissaires au Châtelet, cent treize notaires, deux cent trente-cinq procureurs, trois cent quatre-vingt-cinq huissiers à cheval, deux cent quarante huissiers à verge et cent vingt huissiers priseurs. Quant aux avocats, ils réunissaient presque tous au titre d'avocat au Châtelet celui d'avocat au parlement. L'organisation militaire du Châtelet, dont le lieutenant criminel était le chef direct, comprenait deux compagnies : celle du lieutenant criminel, composée de quatre lieutenants, sept exempts et cent archers, qui étaient en même temps huissiers du Châtelet, et la compagnie du chevalier du guet, composée d'un capitaine, quatre lieutenants, un guidon, huit exempts et cinquante archers à cheval, ainsi qu'un enseigne, huit sergents de commandement et cent hommes de pied. Au Châtelet étaient aussi attachés un chirurgien chargé de faire les rapports sur les cadavres trouvés dans les rues; des sages-femmes et des médecins pour donner aux juges tous les renseignements nécessaires. La juridiction du Châtelet comprenait toutes les affaires de la ville, et toutes celles de l'université, dont le Châtelet fut chargé de conserver les privilèges lorsque le bailliage de Paris, qui avait été créé dans ce but, eut été réuni à la prévôté de Paris, en 1526; elle s'étendait aussi sur tous les actes passés sous le sceau du Châtelet : c'était ce que l'on appelait *le privilège du sceau*, attributif de juridiction. Mais ce tribunal devait veiller surtout à l'exécution des droits des bourgeois de Paris contre leurs débiteurs forains. Les commissaires du Châtelet avaient en outre *le droit de suite*, en vertu duquel, lorsqu'ils avaient apposé les scellés à l'ouverture d'une succession, c'était encore par eux que devaient être apposés tous les effets scellés dans tous les lieux où il pouvait se trouver des effets du défunt. L'inventaire devait également être fait par les notaires du Châtelet, à moins que les officiers du Châtelet n'eussent délivré à cet effet des commissions à d'autres. Les chambres d'audience du Châtelet s'appelaient le *parc civil*, le *présidial*, la *chambre civile*, la *chambre de police*, la *chambre criminelle*, la *chambre du juge auditeur*. En 1551 le tribunal du Châtelet avait été érigé en tribunal présidial; en 1674 on supprima les justices seigneuriales ainsi que les bailliages, qui formaient dans l'enceinte de Paris diverses justices, et on les réunit au Châtelet, qui fut divisé en deux sièges appelés *l'ancien* et *le nouveau*, distinction qui disparut par une ordonnance de 1684. Dans les temps de troubles, le Châtelet fut transféré, pour rendre la justice, d'abord au Louvre en 1506, puis à Mantes et à Saint-Denis, en 1581 et 1592, pendant la ligue. Parmi les privilèges du Châtelet, on doit noter que le parlement y venait tenir ses séances quatre fois l'an : le mardi de la Semaine-Sainte, le vendredi avant la Pentecôte, la veille de Saint-Simon-et-Saint Jude, et la surveille de Noël.

Le Châtelet avait, comme le parlement, sa basoche, composée de tous les clercs de cette cour travaillant chez les notaires, les commissaires, les procureurs et les greffiers. Cette basoche consistait en un prévôt et quatre trésoriers, et formait un tribunal qui jugeait les différends de ses membres. Au quinzième siècle elle représentait des mystères et des pastorales, comme les clercs de la basoche du Palais. On sait que celle-ci tenait ses audiences dans la grand'chambre du parlement; moins bien partagée, c'était seulement au cabaret que pouvait se réunir le tribunal de la basoche du Châtelet. W.-A. DUCKETT.

CHÂTELET (DU). *Voyez* DUCHATELET.

CHÂTELLERAULT, ville de France, chef-lieu d'arrondissement dans le département de la Vienne, sur la Vienne, avec une population de 12,433 habitants, un tribunal de première instance, un tribunal de commerce et un collège. C'est une des principales stations du chemin de fer de Tours à Bordeaux. Cette ville est particulièrement renommée pour sa coutellerie, qui occupe un grand nombre de fabriques; elle possède une manufacture impériale d'armes blanches, fondée en 1820, qui a fait de grands progrès. Il y a aussi des fabriques de dentelles imitant les *matines*, des blanchisseries de cire, des tanneries, une typographie. C'est l'entrepôt d'un commerce très-actif en meules de moulin, vins, eaux-de-vie, grains, légumes, graines de fourrage, ardoise, merrain et sel.

Châtellerault est situé dans un pays fertile et agréable; on y remarque un beau pont sur la Vienne, dont la construction est attribuée à Sully. Cette ville doit son nom à un château qu'y fit construire au onzième siècle un seigneur appelé Héraud, et dont il ne reste plus aucun vestige. D'abord vicomté, Châtellerault fut érigé en duché-pairie en faveur de Gilbert de Bourbon, comte de Montpensier, qui l'avait recueilli par héritage de la maison d'Armagnac. Mais quelques années après il fut réuni à la couronne, par arrêt de confiscation prononcé contre le célèbre connétable de Bourbon. En 1584 Henri III l'engagea, avec le même titre de duché, à François de Bourbon, duc de Montpensier. Lors de la révolution, il était possédé par le duc de La Trémouille à titre de domaine engagé.

La ville de Châtellerault, jadis place forte, fut plus d'une fois, pendant les guerres de religion du seizième siècle, prise et reprise par les protestants et les catholiques. C'est dans cette ville que le roi de Navarre publia, le 4 mars 1589, un manifeste adressé aux trois états de France. Cette pièce, rédigée par Duplessis-Mornay, était un chef-d'œuvre d'habileté. Henri de Bourbon s'y posait comme médiateur entre la ligue et la royauté, exhortant tous les Français à se réunir à lui pour le salut de la patrie. Un mois après, Henri III était avec lui.

CHATHAM ou CHATAM, ville fortifiée du comté de Kent (Angleterre), à l'embouchure de la Medway, est située si près de Rochester, qu'on ne la considère souvent que comme un faubourg de cette dernière. C'est la principale station de la flotte anglaise; on y trouve le plus vaste arsenal que possède l'Angleterre, et on y a construit en 1827 un magnifique hôpital pour la marine. La population de Chatham s'élève à 20,000 âmes, et elle a pour principale industrie la construction des navires sur les chantiers de la marine royale, dont l'établissement remonte au règne d'Élisabeth, ainsi que les travaux de l'arsenal. Telle est la richesse des approvisionnements de tout genre réunis sur ce point par l'habile prévoyance du gouvernement anglais, qu'on peut en très-peu de temps y armer les plus grands vaisseaux, et mettre en état de prendre la mer les flottes les plus considérables.

CHATHAM ou CHATAM (Îles). *Voyez* BROUGHTON (Archipel de).

CHATHAM (WILLIAM PITT, comte de), appelé aussi *Pitt l'ancien*, pour le distinguer de son fils cadet, le célèbre William Pitt, naquit le 15 novembre 1708. Il fut élevé successivement au collége d'Eton et à celui de la Trinité à Oxford, où il acheva son éducation. Sa famille lui dut son illustration. Il était petit-fils de Thomas Pitt, gouverneur du fort Saint-Georges à Madras, lequel avait vendu au roi de France, pour une somme de deux millions, le fameux diamant qui porte encore son nom. Mais son père Robert Pitt, de Boconnock, gentil-homme campagnard, ne lui ayant laissé que 100 livres sterling de rente, ses proches lui achetèrent une cornette de cavalerie. Cette carrière convenait aussi peu à ses goûts qu'à sa santé. Son génie le portait ailleurs, et la goutte, dont il fut tourmenté dès sa première jeunesse, ne lui permettait pas de suivre la carrière militaire. Ce fut à cette terrible maladie que l'Angleterre dut l'un de ses plus grands hommes, et W. Pitt sa haute fortune. L'étude des auteurs les plus graves de l'antiquité, tels que Cicéron et Thucydide, remplit tous les loisirs que lui laissaient ses souffrances et détermina sa vocation de même que son talent pour les affaires. En 1735 il entra au parlement comme représentant du bourg pourri d'Old-Sarum, dépendant de sa famille, et la chambre des communes le proclama bientôt l'un de ses premiers orateurs.

L'Angleterre était alors gouvernée par sir Robert Walpole, dont l'administration répugna bientôt aux principes du jeune orateur. Aussi s'empressa-t-il d'ajouter sa prépondérance à la résistance et aux attaques de l'opposition, où figurait en première ligne le prince de Galles.

Bientôt une discussion très-délicate entre le roi et son fils, à l'occasion du mariage annoncé au parlement entre l'héritier du trône et la princesse de Saxe-Gotha, donna à W. Pitt l'occasion de parler des deux illustres époux d'une manière si flatteuse et si entraînante, que le prince de Galles le nomma gentil-homme de sa chambre. Ce succès porta ombrage au ministre, qui pour se venger força W. Pitt de résigner son emploi de cornette. Sa popularité data de la persécution dont il était la victime, et la faveur publique le vengea amplement de la disgrâce du ministre. Cependant son ascendant sur la chambre et son influence sur l'opinion publique devinrent tels, que la cour jugea utile de se l'attacher par de lucratives fonctions. En 1746 il fut nommé payeur général en Irlande, et bientôt après membre du conseil privé et quartier-maître général de l'armée. Vers cette époque, la duchesse douairière de Marlborough lui légua par testament 10,000 liv. sterl., en témoignage de sa vive sympathie pour le patriotisme dont le courageux orateur avait déjà donné tant de preuves; et, par la suite, un legs de même importance lui fut encore laissé par un autre admirateur de son talent et de son caractère.

Quand, en 1755, Fox succéda à Robinson en qualité de secrétaire d'État, William Pitt se démit de sa charge de quartier-maître général, parce qu'il n'était pas d'accord avec le nouveau chef du cabinet sur les questions de politique extérieure. W. Pitt n'était hostile ni à l'alliance avec la Russie ni à la guerre avec la France; mais il eût voulu que ces questions le roi n'eût jamais en vue que les intérêts de l'Angleterre, alors que ce prince, inquiet pour ses possessions de Hanovre, projetait déjà l'envoi d'une armée sur ce point de l'Allemagne. En 1756, le roi s'étant vu contraint de céder à l'opinion et de renvoyer Fox, W. Pitt devint secrétaire d'État dans un cabinet constitué sous la présidence du duc de New-Castle; et dès lors il imprima à la guerre des proportions qu'elle n'avait point encore eues. Il organisa une milice nationale, et déploya toutes les ressources maritimes de l'Angleterre à l'effet d'opérer un débarquement sur les côtes de France. Le roi l'ayant contrecarré dans la mise à exécution de ses plans, W. Pitt donna sa démission en avril 1757; mais à quelque temps de là, au mois de juin, il la reprenait pour portefeuille, la couronne s'étant vue forcée de céder au mécontentement de l'opinion, singulièrement alarmée et irritée par la mauvaise tournure qu'avait prise la guerre de Hanovre sous la direction du duc de Cumberland. A partir de ce moment, W. Pitt fut l'âme de l'administration nouvelle formée pour remplacer celle du duc de New-Castle, à qui on faisait porter la responsabilité des désastres essuyés par les armes anglaises en Amérique, de la perte de Minorque et de la déroute de l'amiral Byng.

Cependant la majorité de ce cabinet même, dévouée à la faction hanovrienne, l'emporta; et cette fois W. Pitt ne donna point sa démission, il la reçut, ainsi que son collègue Legge, chancelier de l'échiquier, en avril 1757. Une indignation universelle avait accueilli le renvoi de ces deux ministres, que l'on nommait hautement *les sauveurs du pays*. Bientôt l'administration se ressentit de leur absence, puis elle reprit une marche plus régulière par la coalition du parti de l'illustre Fox avec celui du duc de New-Castle. Mais l'opinion voulait revoir son véritable protecteur à la tête des affaires, et Fox, trop éclairé, trop populaire lui-même pour ne pas apprécier ce vœu de la nation, eut le bonheur de déterminer le roi à sacrifier ses préventions à l'intérêt général et à appeler de nouveau Pitt dans ses conseils. Le 29 juin 1757 il fut rétabli dans l'emploi de principal secrétaire d'État, exerçant les fonctions de premier ministre. Ce titre était nouveau dans le cabinet, et prouva que le roi, malgré son éloignement personnel pour W. Pitt, avait voulu faire en sa faveur un sacrifice complet à l'opinion. Dès le moment où le chef du cabinet prit en mains le timon des affaires, sentant qu'il ne devait rien au roi ni à la faction aristocratique, il imprima à ses opérations toute l'indépendance et toute la fermeté de son caractère. Il fallait cependant balancer au moins nos succès en Amérique et en Allemagne. Pitt sentit alors qu'il devait abandonner son premier système, et occuper vigoureusement les Français en Allemagne, afin de leur enlever une partie des secours qu'ils destinaient pour l'Amérique. Dans ce système, tout a fait contraire à celui qu'il n'avait cessé d'opposer au roi, un subside annuel de seize millions fut accordé au roi de Prusse ; la capitulation de Closter-Seven fut violée, et quelques succès honorèrent les armes hanovriennes. D'un autre côté, l'effort de la marine britannique étant puissamment dirigé contre nos opérations en Amérique, nos escadres furent interceptées ou retenues dans les ports. Les deux Indes virent les triomphes de l'Angleterre, Québec et le Canada devinrent sa conquête dans le Nouveau-Monde ; la neutralité des Hollandais cessa d'être respectée ; et leurs navires, soumis à l'odieux droit de visite, furent saisis quand il se trouvait à leur bord des marchandises françaises. Les états généraux durent se ployer à cette tyrannie. La Grande-Bretagne, relevée tout à coup de ses humiliations et de ses pertes par le génie de W. Pitt, était parvenue au plus haut point de prospérité. Il ne lui manquait qu'une paix achetée par ses triomphes. Elle la proposa, ainsi que la Prusse ; mais la France et ses alliés la refusèrent. Ce fut à cette époque que mourut Georges II, le 25 novembre 1760. Pitt resta à la tête des affaires sous son successeur, et parvint à faire accueillir par la France des ouvertures de paix. Mais Pitt, irrité de quelques retards relatifs à l'armistice et de quelques expressions équivoques des plénipotentiaires, osa faire attaquer Belle-Ile, malgré la signature des articles convenus, et cette place tomba au pouvoir des Anglais au mois de mars 1761. Une pareille violation devait rompre toute négociation. Alors fut conclue entre la France et l'Espagne l'alliance devenue historique sous le nom de *pacte de famille*, création de Louis XIV détruite par le régent et heureusement alors reprise par Louis XV.

Les moyens de vengeance étaient entre les mains de Pitt ; il les employa, et fit attaquer l'Espagne avant qu'elle fût en état d'agir. Il ouvrit l'avis de commencer par s'emparer de la flotte espagnole, qui n'était pas encore rentrée, et de profiter de l'occasion d'humilier à la fois toute la maison de Bourbon. L'idée fut rejetée par les autres conseillers de la couronne. Alors W. Pitt, qui ne pouvait supporter aucune contradiction, même sur des questions moins importantes, déclara qu'il ne pouvait plus faire partie du cabinet, et le 5 octobre 1761 il résigna ses emplois entre les mains du roi, pour devenir le chef de l'opposition whig. La réalisation de ses prévisions ne fut pas tardive. On avait refusé d'attaquer la flotte espagnole ; on apprit bientôt la rentrée des galions dans les ports d'Espagne, et peu après la déclaration de guerre de cette puissance à l'Angleterre. L'année suivante pourtant (3 novembre 1762), les préliminaires de la paix furent signés, et ce traité, si défavorable à la France et à l'Espagne, dépassait, en ce qui est des avantages faits à l'Angleterre, ceux que Pitt lui-même avait demandés. La France perdit le Canada, le Sénégal et la Louisiane cédée à l'Espagne en échange de la Floride, etc. Cependant, trop fidèle au système de l'opposition, W. Pitt voulut, malgré un violent accès de goutte, venir attaquer ce traité au parlement. Il s'y fit transporter, et, en raison de ses souffrances, il obtint la faveur inusitée de parler assis. Son discours dura trois heures ; les douleurs qu'il ressentit furent si vives, qu'il fut impossible à l'assistance d'en entendre les dernières phrases. Mais, quel que fût le respect de la chambre pour son éloquence, et, quelque énergie qu'il déployât dans cette mémorable séance, le traité était évidemment si avantageux à la nation, qu'il fut signé le 10 février 1763.

Néanmoins lord Bute, chef du cabinet, se voyant tout à coup privé, par la mort du comte d'Egremont, d'un de ses membres les plus habiles, et comprenant qu'il lui serait bien difficile maintenant de résister aux attaques de l'opposition, crut devoir conseiller au roi de rappeler W. Pitt dans son conseil. Mais après deux entrevues toute négociation fut rompue, l'inflexibilité de Pitt n'ayant voulu accepter aucune modification aux conditions rigoureuses qu'il imposait pour sa rentrée au cabinet. Il continua donc de siéger sur les bancs de l'opposition ; mais, en raison de sa maladie, il ne paraissait plus au parlement que dans les occasions les plus importantes.

Enfin, en 1766, le ministère du marquis de Rockingham sentant le pouvoir lui échapper, Georges chargea définitivement W. Pitt de former un nouveau cabinet. C'est à cette époque que *le grand député des communes* entra à la chambre haute avec le titre de *vicomte de Burton, comte de Chatham*. Dès ce jour aussi sa popularité reçut une profonde atteinte. La puissance de l'opposition s'en accrut, et l'état maladif de lord Chatham ne faisant qu'empirer, il se vit obligé de se retirer du cabinet en 1768 ; mais par intervalles il reparaissait à la chambre haute, où son talent et son influence servirent souvent à décider plus d'une question importante. Les ministres persistaient à vouloir taxer les colonies ; de là une grande fermentation dans toutes l'Amérique. Lord Chatham, c'était en 1777, proposa de nouveau le bill soumis par lui à la chambre deux ans plus tôt, qui consistait à rappeler les troupes envoyées à Boston et à procéder par voie de conciliation avec les Américains. « Si vous persistiez dans vos désastreuses mesures, disait-il, la guerre étrangère est suspendue sur vos têtes par un fil léger et fragile. » Lord Chatham fut traité de visionnaire, et peu de temps après les événements lui donnaient raison.

Le 17 avril 1778 il se rendit encore à la chambre, malgré ses souffrances. Lord Richmond avait présenté un projet d'adresse au roi, dont le but était de reconnaître l'indépendance des colonies américaines, comme la seule manière de terminer la guerre. Le comte Chatham se leva pour protester. Le duc de Richmond déclara qu'il ne connaissait pas de moyens pour retenir l'Amérique sous la dépendance de la métropole, et demanda à savoir comment lord Chatham comptait prévenir un pareil malheur. Celui-ci essaya de se lever pour répondre à cette interpellation ; mais, en proie à la plus violente agitation, et incapable de proférer une seule parole, on le vit alors s'affaisser sur lui-même, et on ajourna la séance. Lord Chatham, quand il eut recouvré ses sens, fut transporté à sa maison de campagne de Hayes, où il mourut un mois après, à l'âge de soixante-dix ans. La chambre des communes vota une adresse au roi pour que le grand orateur fût enseveli aux frais de la nation, et qu'un monument fût érigé en son honneur dans l'abbaye de Westminster. Le lendemain, instruite du mauvais état de la fortune de lord Chatham, elle vota une nouvelle adresse au roi pour qu'une pension perpétuelle de 4,000 liv. sterling fût allouée à ses héritiers, et que 20,000 autres livres st. fussent affectées au payement de ses dettes. Le roi sanctionna ces vœux de la chambre.   J. NORVINS.

CHAT-HUANT, genre d'oiseaux de la famille des strigidés ou oiseaux de proie nocturnes (*voyez* CHOUETTE), caractérisé par un disque de plumes effilées qui n'est bien formé que sur les côtés et non sur la tête, par une conque auditive moins étendue, qui n'occupe pas moitié de la hauteur du crâne, par absence des aigrettes, qui sert à les distinguer des ducs et des hiboux, par des pieds emplumés jusqu'aux ongles, et par des ailes obtuses.

Le chat-huant (*strix aluco* et *stridula*, L.) est couvert partout de taches longitudinales, brunes, divisées sur les côtés en dentelures transverses. Il a aussi des taches blanches aux scapulaires et vers le bord antérieur de l'aile. Son bec est jaunâtre; la longueur de son corps est de 35 à 40 centimètres. Le chat-huant est un peu plus grand que le hibou commun. On distingue le mâle de la femelle par le fond du plumage, qui est grisâtre dans le premier et roussâtre dans la seconde : cette différence de couleur les avait fait considérer pendant longtemps comme deux espèces. Ces oiseaux nichent dans les forêts ; ils ne construisent pas toujours leurs nids, souvent même ils pondent dans ceux des autres oiseaux. Ils habitent pendant le jour les vieux troncs d'arbre, et en sortent la nuit pour aller à la recherche de leur nourriture, qui se compose de souris et de petits oiseaux ; c'est ce qui les a fait nommer *chats-volants*. On les a aussi appelés *chats-huants*, à cause de leurs yeux, qui ressemblent à ceux des chats, et du cri qu'ils font entendre. De même que dans tous les oiseaux de proie nocturnes, l'appareil relatif au vol n'a pas une grande force ; leur os furculaire (fourchette) est peu résistant. Les plumes à barbes douces, finement duvetées, permettent à leurs ailes de frapper l'air silencieusement pendant le vol, et ne les décèlent point aux oiseaux endormis qui doivent devenir leur proie.

L. LAURENT.

CHATILLON, nom d'un grand nombre de villes en France, parmi lesquelles nous citerons :

CHATILLON-LES-DOMBES, chef-lieu de canton dans le département de l'Ain, sur la Chalaronne, avec une population de 3,523 habitants. Saint Vincent de Paul a été curé de cette ville. Elle fut érigée en comté en 1561, et acquise en 1615 par Mademoiselle de Montpensier, qui la réunit à la principauté de Dombes.

CHATILLON-SUR-INDRE, chef-lieu de canton dans le département de l'Indre, ville très-ancienne avec une belle promenade. Elle compte 3,925 habitants. Son église date, dit-on, du dixième siècle. C'était jadis une place forte, et sa position sur la frontière du Berry lui donnait une assez grande importance. Elle fut réunie par confiscation à la couronne, en 1204.

CHATILLON-SUR-LOING, chef-lieu de canton du département du Loiret ; cette ville, qui a une population de 2,613 habitants, fait un commerce de bois et charbons. Elle est dominée par un ancien château aujourd'hui en ruines, où l'on voit le tombeau de Coligny. Après avoir appartenu à la famille de Brague, Châtillon-sur-Loing était passé par héritage à la maison de Coligny. Cette ville fut prise, pillée et brûlée en 1559 et en 1562 par les huguenots ; les catholiques la recouvrèrent en 1569. Après le meurtre de l'amiral, un arrêt du parlement de Paris ordonna, le 27 octobre 1572, que le château de Châtillon-sur-Loing serait rasé sans qu'on pût jamais le rebâtir ; mais ces dispositions furent révoquées par un autre arrêt, du 15 mai 1576. En 1648 Châtillon fut érigé en duché-pairie, et en 1698 Louis XIV en fit un duché héréditaire en faveur de Paul Sigismond de Montmorency, troisième fils de François-Henri, duc de Piney-Luxembourg.

CHATILLON-SUR-MARNE, chef-lieu du canton du département de la Marne, avec 931 habitants. C'était autrefois une ville considérable ; elle a donné son nom à une des plus illustres familles de la France. Hervée, premier membre connu de cette maison, y fit construire en 926 un château que Louis d'Outremer assiégea sans succès en 940 et 947. Prise et en grande partie détruite par l'armée de Charles-Quint en 1545, la ville de Châtillon tomba encore, en 1575, au pouvoir des calvinistes, qui achevèrent de la ruiner. Au siècle dernier elle appartenait à la maison de Bouillon.

CHATILLON-SUR-SEINE, chef-lieu d'arrondissement dans le département de la Côte-d'Or, avec une population de 5,061 habitants, un tribunal de commerce, un collège, une bibliothèque publique de 7,800 volumes, et une typographie. On y trouve des fabriques de draps, des tanneries, des blanchisseries de cire, des papeteries, et dans les environs une belle bergerie de moutons mérinos et saxons, des forges, des hauts fourneaux ; il s'y fait également une exploitation de pierres lithographiques. Le commerce consiste en fers et en bois. Châtillon-sur-Seine formait un comté qui fut réuni de bonne heure au duché de Bourgogne ; les ducs de Bourgogne de la première race y avaient un château, dont on voit encore les restes. En 1814 il s'y tint des conférences entre les plénipotentiaires de Napoléon et les alliés (voyez CHATILLON [Congrès de]).

CHATILLON-SUR-SÈVRE, chef-lieu de canton du département des Deux-Sèvres, avec 1,170 habitants. Cette ville très-ancienne s'appela *Mauléon* jusqu'en 1737, époque où la baronnie de Mauléon fut érigée en duché-pairie en faveur d'Alexis-Madeleine-Rosalie, comte de Châtillon, de qui elle prit le nom. Pendant les guerres de la Vendée, Châtillon fut le quartier général et le siège du gouvernement des royalistes. Elle fut prise plusieurs fois et brûlée complètement en octobre 1793 par Westermann, qui y fit un horrible carnage des Vendéens ; elle a été depuis entièrement reconstruite.

CHATILLON est encore le nom d'un village du département de la Seine, dans l'arrondissement de Sceaux, situé sur une hauteur d'où l'on jouit d'une vue magnifique sur Paris et ses environs ; on y compte 1,550 habitants, et il s'y fait une exploitation considérable de pierres de taille. On cite surtout une de ses carrières dans laquelle on descend à 85 mètres de profondeur, par une galerie souterraine dont la pente est si douce qu'une voiture attelée de trois chevaux peut y descendre et en sortir chargée.

CHATILLON (Congrès de). Après la catastrophe de Leipzig, le baron de Saint-Aignan, titulaire de la légation de France près de la cour de Saxe, fut arrêté à Weimar, le 24 octobre 1813, et, malgré ses réclamations, dirigé sur Prague deux jours après, sur la Bohème, avec une colonne de prisonniers français. Tout à coup, cependant, il est appelé à Francfort par une lettre du 3 novembre du comte de Metternich. Il s'y rend, et trouve chez ce ministre le comte de Nesselrode, chef du cabinet russe, et lord Aberdeen, plénipotentiaire britannique. Là a lieu entre ces quatre personnages une longue conférence : il s'agit, dit-on, d'une proposition récente dont l'empereur Napoléon a chargé le comte de Meerweldt, général autrichien, fait prisonnier à l'affaire de Wachau. Le premier mot de M. de Metternich fut que *personne n'en voulait à la dynastie de l'empereur Napoléon* ; « L'Angleterre, dit lord Aberdeen, est disposée à y entrer à pleines mains. » Le comte de Nesselrode, s'adressant au baron de Saint-Aignan, reprit : « Les choses s'arrangeront bien vite, si le duc de Vicence, votre beau-frère, est chargé de la négociation. » Enfin, M. de Metternich dicta lui-même à M. de Saint-Aignan une note destinée à être mise sous les yeux du souverain, et dont voici les principaux articles : « Il s'agit d'une paix générale ; la France sera renfermée entre le Rhin, les Alpes et les Pyrénées. L'Angleterre reconnaîtra la liberté du commerce et de la navigation à la France. Après l'acceptation de ces bases, une ville sera neutralisée sur la rive droite du Rhin pour la négociation. » M. de Metternich remit en outre à M. de Saint-Aignan une lettre de l'empereur François pour sa fille l'impératrice des Français.

Ceci se passait le 9 novembre, jour de l'arrivée de Napoléon à Saint-Cloud. M. de Saint-Aignan y fut bientôt. Il remit la note de Francfort au duc de Bassano, qui proposa à l'empereur d'y renvoyer M. de Saint-Aignan, avec autorisation de faire et de signer en son nom *une déclaration d'acceptation des bases proposées*, en présence des ministres qui les lui avaient dictées. Mais l'empereur, préoccupé d'un sentiment de déférence pour l'Autriche, voulut qu'il fût écrit à M. de Metternich. Le 16 le duc de Bassano proposa à ce ministre d'ouvrir à Manheim un congrès où se rendrait Caulaincourt comme plénipotentiaire. Le 25 M. de Metternich répondait que les puissances étaient prêtes à entrer en négociation dès qu'elles auraient la certitude que S. M. l'empereur des Français *admettait les bases générales et sommaires de* l'entretien qui avait eu lieu avec le baron de Saint-Aignan. Dans l'intervalle de ces répliques, parait, le 1er décembre, la fameuse déclaration de Francfort, où, par un arrêt européen, la coalition sépare l'empereur de la France, et le voue à la haine de son peuple. Or, c'était le lendemain même de la publication de cet acte monstrueux de déloyauté que le duc de Vicence avait écrit à M. de Metternich que Napoléon adhérait aux propositions faites. Le 10 M. de Metternich répond au duc de Vicence dans les mêmes termes qu'il l'avait fait à Prague au duc de Bassano le 18 août : « LL. MM. ont voulu que l'office de M. de Vicence fût porté sans délai à la connaissance de leurs alliés, ne doutant point qu'immédiatement après la réception des réponses les négociations ne puissent commencer. » Cette réponse n'avait d'autre but que de gagner du temps.

Ce fut sous de tels auspices que Napoléon ouvrit, le 19 décembre, la session législative. « Des négociations, dit-il, ont été entamées avec les puissances coalisées; j'ai adhéré aux bases préliminaires qu'elles m'ont présentées; rien ne s'oppose de ma part au rétablissement de la paix. » Cependant, fatigué du silence de M. de Metternich, il envoya le 4 janvier 1814 le duc de Vicence à Lunéville pour y attendre l'autorisation de se rendre sur la rive droite du Rhin auprès des souverains alliés. Le 6 le duc écrit à M. de Metternich pour lui demander les passe-ports nécessaires; mais le 8 le ministre autrichien répond de Fribourg en Brisgau que lord Aberdeen *n'est nullement muni de pouvoirs*, mais *que lord Castlereagh étant en route de Londres*, et *l'empereur de Russie momentanément éloigné*, l'empereur d'Autriche et le roi de Prusse se attendent pour qu'il soit donné suite à la dernière lettre du duc de Vicence. Dix jours après cette réponse dilatoire, c'est-à-dire le 15 janvier, Caulaincourt était encore à nos avant-postes!

Mais pendant que Napoléon se prépare à la guerre ses ennemis ont recruté un nouvel allié dans sa propre famille : le 11 janvier son beau-frère Murat a signé avec l'empereur d'Autriche un traité offensif et défensif, qui donne tout à coup 30,000 hommes en Italie à la coalition. Napoléon se résout alors à être au mobile le plus fier, et il fait écrire le 19 janvier au duc de Vicence : « .... La chose sur laquelle S. M. est revenue le plus souvent, c'est la nécessité que la France conserve ses limites naturelles. *Le système de ramener la France à ses anciennes frontières est inséparable du rétablissement des Bourbons!* S. M. ne voit que trois partis, ou combattre et vaincre, ou combattre et mourir glorieusement, ou enfin, *si la nation ne le soutient pas*, abdiquer. »

Le 25 Napoléon quitte Paris. La campagne de France commence. Obligé de céder, non sans combats, devant des masses supérieures, il apprend à Troyes, où il s'est retiré, que le 4 février le congrès dont il a proposé la réunion à Manheim dès le 16 novembre va s'ouvrir à Châtillon-sur-Seine, sous les influences de la guerre. Le duc de Vicence y attend depuis plusieurs jours les plénipotentiaires des alliés. L'Autriche y est représentée par le comte de Stadion, l'ennemi personnel de l'empereur; la Russie par le comte Razoumovski, qui ne lui est pas moins hostile; la Prusse par le baron de Humboldt, et la Grande-Bretagne par lord Castlereagh, chef du cabinet, accompagné des lords Aberdeen et Cathcart et de sir Ch. Stewart. Mais la position était bien changée. A Prague Napoléon, maître de Dresde,

de Hambourg, de Dantzig, de Magdebourg, etc., vainqueur dans trois batailles, était encore à la tête de 200,000 hommes; à Châtillon, au centre de la guerre, presque au centre de la France, il n'a à mettre dans la balance de la guerre que 50,000 hommes qui viennent de perdre la bataille de Brienne. Aussi les alliés ne veulent-ils plus des bases de Francfort. Le duc de Vicence est forcé de demander d'autres pouvoirs où il n'en soit plus question. L'empereur y consent avec répugnance : « Que Caulaincourt, dit-il, signe tout ce qu'il faudra pour obtenir la paix. Je pourrai en supporter la honte; mais qu'on n'attende pas que je dicte ma propre humiliation. » Ceci se passait le 4 février. Le lendemain le duc de Bassano écrit au duc de Vicence : « S. M. vous donne *carte blanche* pour conduire la négociation à une heureuse issue, sauver la capitale et éviter une bataille où sont les dernières espérances de la nation. »

Déjà les alliés venaient de décider à Brienne qu'ils marcheraient sur Paris par les deux rives de la Seine, lorsque Napoléon, arrivé le 7 à Nogent, reçoit la réponse de son plénipotentiaire à *la carte blanche* expédiée la veille. Dans cette dépêche, le duc de Vicence se plaint de *n'être pas éclairé sur les dangers* dont parle l'empereur, et attend des instructions positives *sur les sacrifices qu'il doit faire*. Le 6 il n'y a point eu de séance à Châtillon. Le 7 les alliés demandent que la France rentre dans les limites qu'elle avait avant la révolution, et qu'elle renonce à tous ses rapports de souveraineté et de protectorat sur l'Italie, l'Allemagne et la Suisse. Le duc de Vicence invoque les bases de Francfort, les limites naturelles, questions déjà abandonnées : il exige un projet qui développe les vues des alliés dans tout leur ensemble. Il restait encore à Caulaincourt un parti décisif, c'était d'aller traiter de la paix avec lord Castlereagh. Mais il n'y a pas de temps à perdre; les jours se comptent, et cependant le congrès est frappé d'inertie; il ne tient séance ni le 8 ni le 9; il y a donc le temps moral d'aller s'entendre avec l'Angleterre dans la maison voisine. Mais au lieu de prendre ce parti, que lui conseille la circonstance, Caulaincourt, se reportant aux déplorables souvenirs de Prague, écrit à M. de Metternich, qui est à Langres, à 80 kilomètres de Châtillon. Ainsi se perd l'irréparable occasion de prendre l'empereur dans ses propres ordres et de sauver la France. Le 9 au soir le ministre russe demande, au nom de son maître, la suspension des négociations. Le duc de Vicence en reçoit la signification officielle le 10, et réclame vainement contre une telle illégalité. Lord Castlereagh profite du congé pour aller à Langres conférer avec les souverains. Razoumovski s'est conduit en ennemi implacable, mais habile. Le 10 le duc de Vicence instruit Napoléon de ce guet-apens moscovite, et s'en plaint aussi à M. de Metternich.

Cependant, dans une conférence entre l'empereur et le duc de Bassano, Napoléon consent enfin à abandonner la Belgique, la rive gauche du Rhin, l'Italie, le Piémont, Gênes, etc. Il doit signer cette dépêche le 9 à sept heures du matin; mais à cinq heures il reçoit un rapport sur les mouvements des armées russe et prussienne. Le duc de Bassano se présente avec la dépêche pour Châtillon. « Il s'agit d'autre chose, lui dit l'empereur : je suis dans ce moment à battre Blücher, l'œil. Je marche par Montmirail; je pars : je le battrai demain, je le battrai après-demain; si je réussis, l'état des affaires va changer, et nous verrons. » Sa prophétie s'accomplit : le 10 il brise à Champ-Aubert l'armée de Blücher, et écrit au duc de Vicence *de prendre une attitude plus fière*. Sacken, York, Schwartzenberg sont battus à leur tour, et il écrit de nouveau, le 17, à son plénipotentiaire : « Votre attitude doit être la même. Vous devez tout faire pour la paix; mais mon intention est que *vous ne signiez rien sans mon ordre*, parce que moi seul je connais ma position... Je veux la paix; mais ce n'en serait pas une que celle qui imposerait à la France des conditions plus humiliantes que celles de Francfort... Je suis prêt à cesser les hostilités et à *laisser les ennemis rentrer tranquilles chez eux*, s'ils signent les préliminaires basés sur les propositions de Francfort... »

Ainsi, c'est à dater du 17 que la *carte blanche* cesse d'exister pour Napoléon; mais elle subsiste pour son plénipotentiaire jusqu'au 21, jour de réception de la dernière lettre. Napoléon l'a bien reconnue suffisante, puisqu'il la révoque. Il fallait avoir à Châtillon le courage d'obéir aux ordres de Troyes. Certainement si le 7, le 8 ou le 9, le plénipotentiaire français avait été déclarer à Castlereagh qu'il abandonnait pour la paix Anvers, la Belgique, le Rhin, la paix était faite malgré Stadion et Razoumovski! Le 8 du même mois (et c'est une confidence précieuse pour l'histoire) Metternich écrivit formellement de Chaumont à Caulaincourt : « ... Je ne doute pas que vous ne soyez journellement dans le cas de vous convaincre que l'Angleterre va rondement en besogne. *Le ministère actuel est assez fort pour pouvoir vouloir la paix..; mais pour arriver à cette paix il faut également en vouloir les moyens, et ne pas oublier que l'Angleterre dispose seule de toutes les compensations possibles.* » Le 18 Napoléon craint de n'avoir pas parlé assez positivement à son plénipotentiaire. Il lui fait écrire par le duc de Bassano : « ... S. M. ordonne que désormais les affaires suivent la marche ordinaire, et que vous lui rendiez compte de tout, afin qu'elle vous fasse connaître ses intentions. » Cependant, le comte de Paar se présente aux avant-postes français de la part de Schwartzenberg pour demander une suspension d'hostilités. Napoléon seul ne partages pas la joie de ceux qui l'entourent; il accueille avec dédain et ressentiment cette mission : il se ressouvient de Prague, et il est victorieux. Toutefois, M. de Paar est congédié porteur d'une lettre pour l'empereur d'Autriche.

Sur ces entrefaites, le congrès se rouvrait le 17, et les plénipotentiaires alliés présentaient leur projet de traité préliminaire. « ... L'empereur doit renoncer aux acquisitions faites par la France depuis 1792, ainsi qu'aux titres dérivant de son influence sur les pays placés hors des anciennes limites de la France. L'indépendance de l'Allemagne, de l'Italie, de la Suisse est déclarée. La Hollande rentre dans la souveraineté de la maison d'Orange, et l'Espagne sous celle de Ferdinand. » Le thème ainsi posé par les alliés, on ne voit pas pourquoi le duc de Vicence juge à propos d'intervenir à propos de la couronne d'Italie, pour le prince Eugène, pour le prince Jérôme, pour le roi de Saxe, et demande du temps pour répondre! Quatre ou cinq jours plus tard il n'était plus libre; il recevait les lettres des 17 et 18.

Après le glorieux combat de Méry-sur-Seine, l'empereur couche le 22 à Châtres, dans la boutique d'un charron. Là, de grand matin, se présente le prince Wentzell de Lichtenstein, aide de camp de Schwartzenberg, porteur d'une réponse du généralissime à la lettre du 17. Interrogé par Napoléon sur l'influence que les trois princes de la maison de Bourbon, arrivés en France, peuvent avoir sur les intentions des alliés, il répond « ... que l'Autriche ne se prêtera à rien de semblable; qu'on *n'en veut ni à l'existence de Napoléon ni à sa dynastie*, et que sa mission est une preuve sans réplique qu'on n'aspire qu'à la paix ». Après être convenu d'envoyer le jour même, aussitôt son arrivée à Troyes, un de ses généraux aux avant-postes ennemis pour y traiter d'un armistice, l'empereur reçoit le baron de Saint-Aignan, arrivant de Paris, en qualité de plénipotentiaire de l'opinion publique. M. de Saint-Aignan rend compte de sa mission avec autant de courage que de loyauté. Il doit demander et demande la paix à tout prix. « Elle sera assez bonne, dit-il, si elle est assez prompte — Elle arrivera assez tôt, répond Napoléon, si elle est honteuse. » On voit dans cette vive réponse l'inspiration des derniers succès et celle de la démarche autrichienne.

Le 24 Napoléon est entré à Troyes. Lusigny est choisi pour le lieu où sera traité l'armistice. Les plénipotentiaires sont nommés de part et d'autre. Le général Flahaut est celui de la France. Lusigny est occupé à force ouverte par l'effet du mouvement qui pousse l'ennemi sur Langres et sur Dijon. L'empereur demande que la ligne d'armistice s'étende d'Anvers à Lyon. Cette prétention étonne les alliés.

Cependant l'Angleterre, qui voit tout à coup Napoléon grandir de nouveau au sein de ses adversités, mécontente sans doute d'avoir vu sa suprématie éludée ou éconduite à Châtillon, inquiétée de plus par l'impression que semblent produire sur les alliés les succès de la France, croit devoir se les rattacher par un nouveau serment prêté entre ses mains. En conséquence le 1er mars voit naître à Chaumont le terrible traité de la quadruple-alliance. Ce traité garantit les dernières bases de Châtillon (auxquelles Napoléon répond le lendemain, do la Ferté-sous-Jouarre, par un contre-projet). « Chacune des quatre grandes puissances contractantes s'engage à tenir constamment en campagne active une armée de 150,000 hommes, pour lesquels la Grande-Bretagne payera un subside annuel de 120 millions. » Un article dicté sans doute par la méfiance de l'Angleterre, de la Russie et de la Prusse, stipulant : *qu'aucune négociation séparée n'aura lieu avec l'ennemi*, est évidemment une commémoration très-directe de la négociation incidentelle de Napoléon à Prague avec son beau-père, et un éveil sur celle de Lusigny demandée par Schwartzenberg. En réponse à ce traité, qui est pour lui un arrêt de mort, Napoléon fulmine à Fismes deux décrets, dont l'un prescrit des représailles sur les prisonniers pour tout citoyen qui sera tué, et le supplice des traîtres contre tout fonctionnaire qui refroidira, au lieu de l'exciter, l'élan patriotique des habitants. L'autre requiert tout Français de courir aux armes à l'approche de nos armées et de faire main basse sur les ennemis; la diplomatie du sabre répond à la diplomatie de la proscription.

La guerre se suit toujours à outrance comme la négociation. Après la journée de Craonne, succès sans trophées, Napoléon reçoit le 8, à Bray, M. de Rumigny, attaché au cabinet, arrivant de Châtillon. Le traité de Chaumont est expliqué. « Les propositions de Lusigny sont qualifiées à Châtillon d'infraction aux bases de la négociation. On ne veut point admettre de discussion. On persiste à exiger que le duc de Vicence souscrive à la condition des anciennes limites de la France, ou remette un contre-projet; sans cela, on menace de se séparer. » Telle est la dépêche de notre plénipotentiaire; elle est pressante, et demande une réponse péremptoire. Cette réponse, M. de Rumigny la reçoit de l'empereur, qui la dicte, selon son usage; il y est dit : « .... Le canevas que S. M. vous a envoyé avec sa lettre du 2 renferme les matériaux du *contre-projet* que vous êtes dans le cas de présenter et pour la rédaction duquel on vous laisse toute latitude. Le projet des alliés n'est que leur premier mot, *et ne saurait être leur ultimatum*. Vous lui répondrez *par l'acceptation des bases de Francfort*, et cette réponse, qui est pour vous *leur mot, n'est pas votre ultimatum*. S. M. consent à perdre le Brabant hollandais, Wesel, Cassel, Kell; au besoin, Mayence..... Si les alliés s'en contentent, rien n'empêche que nous terminions. S'ils veulent d'autres concessions, vous aurez à les discuter pour arriver à les faire modifier. Vous irez verbalement aussi en avant que vous le jugerez convenable, et quand vous aurez reçu un *ultimatum positif*, vous en référerez à mon gouvernement pour recevoir ses derniers ordres. » En remettant cette dépêche à M. de Rumigny, l'empereur ajouta : « S'il faut recevoir des étrivières, ce n'est pas à moi de m'y prêter, et ce n'est bien le moins qu'on me fasse violence. »

Napoléon, malgré ses succès, était loin cependant de s'aveugler sur sa position. A Reims il reçoit des nouvelles de Châtillon : « La conférence du 10, écrit-on, loin de concilier, n'a fait qu'irriter davantage les membres du congrès. Depuis six semaines de négociations la question de l'*ultimatum* des alliés n'est pas éclaircie, et l'on a répondu à leur projet de traité par des prétentions exagérées. On a présenté encore des notes, au lieu du *contre-projet* si impérieusement demandé et si minutieusement rédigé par Napoléon lui-même, et ces notes enflent plutôt qu'elles n'atténuent les propositions de l'empereur. » Après avoir pris connaissance de cette lettre, l'empereur écrit lui-même directement au duc de Vicence : « *Je vous donne l'autorisation de faire les concessions qui seraient indispensables pour maintenir l'activité des négociations, et arriver enfin à connaître l'ultimatum des alliés.* » Le même jour, 17, le duc de Bassano lui écrit encore sous la dictée de l'empereur : «... S. M. vous laisse toute la latitude convenable, non-seulement pour le mode des démarches qui vous paraîtraient à propos, mais aussi *pour faire par un contre-projet les cessions que vous jugerez indispensables, afin d'empêcher la rupture des négociations.* »

Mais le 18 M. de Rumigny reparaît à Fère-Champenoise, où Napoléon se prépare à la grande bataille à laquelle jusqu'à présent il n'a pu décider Schwartzenberg. Dans la séance du 13 les alliés ont enfermé Caulaincourt dans un cercle de vingt-quatre heures pour présenter son contre-projet. Il est certain, d'après cette décision, que leur projet est à peu de chose près leur *ultimatum*. Il demande un nouveau délai ; il l'obtient, et le 15, qui est la séance décisive, il présente un contre-projet, où il n'est nullement question des concessions spécialisées par l'empereur lui-même le 2 mars ; mais il réclame le grand-duché de Varsovie pour le roi de Saxe, et les souverainetés dont ils sont titulaires pour la princesse Élisa, le grand-duc de Berg, les princes de Neufchâtel et de Bénévent. Il s'occupe même des petits princes allemands, tandis que dans la dépêche du 8, dont M. de Rumigny a été porteur, l'empereur dit formellement à leur sujet *qu'il laissera les alliés faire à leur gré!*

Le 18 les alliés lui déclarent que les négociations sont terminées *par le fait de la France.* Cette fatale nouvelle arrive à Napoléon au hameau de Châtres, au moment où il écrivait à Caulaincourt : « Il est bien temps de parvenir à savoir quels sont les sacrifices que la France ne peut éviter de faire pour obtenir la paix. » Le 19 les alliés rappellent avec une dérision cruelle au duc de Vicence « que six semaines auparavant il a offert pour un armistice ce qu'il refuse aujourd'hui pour la paix ». Cependant, le même jour notre plénipotentiaire, qui attend des réponses à sa lettre du 13, leur déclare « qu'il ne peut encore regarder sa mission comme terminée, qu'il doit attendre les ordres de sa cour ». Ces ordres sont dans les dépêches de Reims du 17. Mais, au lieu d'attendre ces ordres, le 21 au matin le duc de Vicence quitte Châtillon, où sont encore les plénipotentiaires des alliés. Tout est fatal dans cette agonie de la France et de Napoléon. Des dépêches ont été confiées à l'auditeur Frochot. L'ennemi l'arrête en route. Il ne peut rejoindre le duc de Vicence que le 21, et il le rencontre à quelques lieues de Châtillon. Frappé de la teneur de ces dépêches du 17, Caulaincourt s'arrête à Joigny, d'où il écrit à M. de Metternich que le courrier qu'il vient de recevoir a augmenté ses regrets. « Ce qu'il m'apporte, dit-il, ne me laisse pas de doute sur la possibilité qu'on aurait eue de s'entendre, même à Châtillon. » C'était sans doute le cas d'y retourner. Les plénipotentiaires réunis avaient seuls titre pour recevoir cette importante communication. Mais le 23 Caulaincourt a rejoint l'empereur à Saint-Dizier, et il écrit encore à M. de Metternich sous la dictée de Napoléon : « Arrivé cette nuit seulement près de l'empereur, S. M. m'a sur-le-champ donné ses derniers ordres pour la conclusion de la paix. Elle m'a remis en même temps tous les pouvoirs pour la négocier et pour la signer. » Cette lettre était écrite lorsqu'au moment où Napoléon monte à cheval, on lui amène le baron de Wessenberg, ambassadeur autrichien, qui revient de sa mission d'Angleterre. L'empereur veut l'entendre avant le départ de la dépêche du duc de Vicence, qui est confiée au colonel Galbois. M. de Wessenberg est chargé d'une communication verbale pour l'empereur d'Autriche, que l'on croit toujours à Chaumont. Mais ce souverain, par suite d'un mouvement de l'armée française, a été violemment séparé de l'empereur Alexandre et contraint d'aller se réfugier à Dijon, accompagné d'un seul officier. Si l'empereur d'Autriche, comme cela manqua d'arriver, eût été pris dans ce boura de cavalerie, la paix eût été sans doute le prix de sa rançon. Au lieu de cela, Napoléon reçut un avis secret du comte Lavalette, directeur général des postes, lui annonçant *qu'il n'avait pas un moment à perdre s'il voulait sauver la capitale!* Il n'était déjà plus temps : ce jour-là même, 23 mars, Blücher et Schwartzenberg opéraient dans les plaines de Châlons leur jonction, et les souverains publiaient une proclamation dictée *par le comité conspirateur de Paris*, par laquelle ils annonçaient au peuple Français la rupture du congrès et leur marche sur la capitale!
J. DE NORVINS.

CHÂTILLON (Maisons de). Il a existé en France plusieurs familles du nom de Châtillon ou Chastillon. La plus célèbre est celle de Châtillon-sur-Marne, qui était alliée aux maisons souveraines de France, d'Autriche et de Jérusalem, et se divisait en un grand nombre de branches, dont les principales furent : les comtes de Saint-Pol, de Blois, et de Chartres, les comtes de Penthièvre, les comtes de Porcéan, les seigneurs de Dampierre, de Gandelus, Troissy, Crécy La Ferté, de Boisrogues, de Marigny, etc. Les généalogistes ont donné diverses origines à cette maison. Selon André du Chesne, *Ursus*, comte en Champagne vers l'an 880, épousa la sœur du comte *Hucbaud*, beau-frère de *Bérenger le Vieux*, roi d'Italie, et gendre de *Gisèle*, petite-fille de *Charlemagne*. De leur mariage sortirent *Eudes*, chevalier brave et puissant, et *Hérivée*, archevêque de Reims, légat du siège apostolique en France, et chancelier du roi Charles le Simple. Celui-ci inféoda à son frère *Eudes* plusieurs terres de son église, nommément celles de *Châtillon-sur-Marne*, de Basoches, et autres. *Eudes* fut père de *Hérivée*, qui fit bâtir une forteresse à Châtillon. De cet Hérivée sont venus tous ceux qui depuis ont porté le surnom de cette seigneurie. Parmi eux nous citerons *Eudes*, devenu pape sous le nom d'Urbain II, *Renaud* et *Gaucher* DE CHATILLON, à qui nous consacrons des articles particuliers. Cette maison s'éteignit en 1760.

La maison de Coligny ayant acquis la seigneurie de Châtillon-sur-Loing fut également le nom de *Châtillon*, sous lequel est plus particulièrement connu un de ses membres, le cardinal *Odet* DE CHATILLON, frère de l'amiral de Coligny et de Dandelot.

CHÂTILLON (RENAUD OU ARNOLD DE), suivit le roi de France Louis VII à la croisade, et épousa en 1152 Constance, princesse d'Antioche, veuve de Raimond de Poitou, mère de Boémond III, au nom duquel elle gouvernait. Par cette alliance Renaud exerça les droits de la principauté d'Antioche pendant la minorité de Boémond. En 1158, à la prière de Manuel, empereur de Constantinople, il déclara la guerre au roi d'Arménie Thoros, dont il dévasta les États. Mais l'empereur ne montra pas pour le service toute la reconnaissance que Renaud se croyait en droit d'attendre. Il résolut de se venger. En 1160 il fit une descente dans l'île de Chypre, où il commit des cruautés inouïes. Au mois de novembre de la même année, à son retour en Syrie, il fut fait prisonnier par les infidèles. Pendant ce temps le jeune Boémond se mit en possession de ses États. Rendu à la liberté, Renaud de Châtillon se retira dans le château de Karak de Krak, voisin du désert, qui formait une de ces baronnies chrétiennes fondées par les croisés et relevant du royaume de Jérusalem. De là Renaud pillait les caravanes, insultait la religion du prophète, et menaçait les villes saintes de l'islamisme. Saladin demanda une satisfaction qu'il ne put obtenir, et il attaqua immédiatement la Terre Sainte. La bataille de Tibériade fut fatale aux chrétiens (1187). Gui de Lusignan, roi de Jérusalem, fut défait et pris, ainsi que Renaud de Châtillon. Saladin fit offrir un sorbet à Lusignan, et le roi, qui croyait que cette marque d'hospitalité était en même temps une garantie, tendit la coupe à Renaud de Châtillon; Saladin s'y opposa : « La personne et la dignité d'un roi, dit-il, sont sacrées; mais ce brigand impie rendra sur-le-champ hommage au prophète, qu'il a blasphémé, ou souffrira la mort qu'il a si souvent méritée. » Soit orgueil, soit conscience, le guerrier latin refusa. Le sultan frappa Renaud sur la tête avec son cimeterre, et ses gardes l'achevèrent.

CHÂTILLON (GAUCHER DE), comte de Crécy et de Porcéan, connétable de France, naquit en 1249, servit d'abord en Italie dans l'armée de Charles d'Anjou, puis s'attacha au roi de France, Philippe III, qui lui fit épouser une princesse du sang royal après qu'il eût hérité des biens de son frère, Jean de Châtillon. Il se distingua dans une guerre en Navarre, et abandonna à un de ses oncles ses justes prétentions sur le comté de Chartres, puis il se porta pour champion de la reine Marie de Brabant, seconde femme de Philippe III, accusée d'empoisonnement. Il soutint pour elle un combat en champ clos, et, suivant les idées du temps, prouva par sa victoire l'innocence de cette princesse. Philippe III avait été reconnu comme roi de Navarre du vivant de son père, à l'occasion de son mariage avec Jeanne, héritière non-seulement de ce royaume, mais encore de la Champagne et de la Brie; il nomma en 1284 Gaucher de Châtillon connétable de Champagne. En 1291 Gaucher de Châtillon mit en fuite l'armée du comte de Bar, gendre du roi d'Angleterre, qui était entré en Champagne. A la fatale journée de Courtrai, il déploya une valeur vraiment héroïque. C'est après cette bataille que Philippe le Bel lui donna l'épée de connétable de France, et les succès inespérés qu'il obtint rendirent pour ainsi dire inutile le triomphe des Flamands à Courtrai. Ensuite Gaucher soutint énergiquement le roi dans ses démêlés avec le siège pontifical et les templiers, et devint premier ministre. En 1304, il eut la principale part à la victoire que les Français remportèrent à Mons-en-Puelle sur les Flamands. En 1307, il fit couronner roi de Navarre, à Pampelune, le fils de Philippe le Bel, qui depuis fut aussi roi de France sous le nom de Louis X. Ensuite, retiré dans ses domaines, il s'occupa d'y exercer une autorité paternelle; il affranchit les serfs dans les terres qui lui étaient nouvellement dévolues par la mort de son frère Gui de Châtillon et de sa tante Berthe de Vergy. Il cultivait aussi les lettres autant qu'on pouvait le faire à cette époque; il fonda dans la ville de Châtillon-sur-Marne une école de plain-chant et de langue romane. Il prit pourtant bientôt une nouvelle part aux affaires, et commanda l'armée française à la bataille de Cassel, en 1328. Il mourut en 1329.

CHÂTILLON (ODET DE), de la maison de Coligny, cardinal, frère de l'amiral de Coligny et de Dandelot, naquit en 1515. Il entra dans les ordres, fut prieur ou abbé, reçut la pourpre en 1533, des mains de Clément VII, fut nommé commendataire de plusieurs monastères, archevêque de Toulouse, à l'âge de dix-neuf ans, et évêque de Beauvais à vingt ans. Peu de temps après le Colloque de Poissy, où il avait assisté, il abjura le catholicisme, et Pie IV l'excommunia en 1563. Il ne quitta cependant pas tout de suite la pourpre romaine; car il assista, revêtu du costume de cardinal, au lit de justice qui se tint à Rouen pour la minorité de Charles IX. En 1564 il se maria à Élisabeth de Hauteville, et prit le titre de *comte de Beauvais*. Il combattit, en 1567, à la journée de Saint-Denis avec les protestants. « Il y eut très-bien, dit Brantôme, et montra au monde qu'un noble et généreux cœur ne peut mentir ni faillir en quelque lieu qu'il se trouve, ni en quelque habit qu'il soit. » La paix que Catherine de Médicis offrait ayant été rejetée, il fut décrété de prise de corps, condamné par le parlement de Paris comme hérétique et ennemi de l'État, et se réfugia en Angleterre, où il fut très-bien accueilli par la reine Élisabeth. Il se disposait à revenir en France après la pacification de 1570, lorsqu'il mourut à Hampton, le 14 février 1571, empoisonné par un de ses valets de chambre, qui périt sur l'échafaud. La veuve du cardinal réclama son douaire; mais sa demande fut rejetée par le parlement en 1604.

CHÂTIMENT, punition, correction, peine qu'on fait subir à celui qui a failli, conséquence naturelle du mal qu'on a fait. Sans doute Dieu s'est réservé le droit de punir l'homme qui transgresse les lois qu'il a seul écrites dans sa conscience. Souvent la Providence châtie le coupable en ce monde, et c'est un avertissement utile; quelquefois même l'innocent souffre: et l'on est amené à croire que *Dieu châtie ceux qu'il aime.*

La société s'est réservé le droit de châtier et de punir. L'homme aussi s'est arrogé ce pouvoir suprême sur les êtres placés sous sa dépendance, et la sagesse des nations a vu dans le châtiment une preuve d'amour : *Qui aime bien châtie bien!* dit le proverbe. Le châtiment qui frappe sans chercher à améliorer est répréhensible : au moyen d'une distinction aussi simple, les lois criminelles n'auraient pas été barbares chez tous les peuples (*voyez* PEINES, PÉNALITÉ). Dans l'ancienne société le droit de châtiment laissé au père de famille était immense. Il devait en être ainsi, puisque sa responsabilité s'étendait à tout ce qui lui appartenait. D'un autre côté, les mœurs se montrant féroces, on n'en appelait qu'à la force. Aujourd'hui encore en France il est reconnu dans *certaines classes* que le mari a droit de correction sur sa femme et sur ses enfants; le délit ne commence que s'il y a défaut de mesure dans l'application du châtiment : ainsi l'a déclaré la jurisprudence elle-même. L'éducation qui ne procède que par châtiment est mal entendue : elle ne purifie pas, elle corrompt; puis, c'est un moyen qui devient promptement stérile, puisqu'il est impossible de le ménager. De tous les genres de châtiments, les plus abjects sont les châtiments physiques : ils supposent un état de dégradation, qu'ils augmentent à leur tour en tourmentant le corps au lieu de réformer l'âme. Ils manquent le but; car c'est toujours à la moralité des hommes que le châtiment doit s'adresser. Ce n'est que par exception qu'il est permis de châtier la première enfance; et il y a toujours plus de profit à développer chez elle la raison que la crainte.

Ordre et pouvoir étant regardés jadis comme synonymes, tout ce qui était *chef* distribuait à son gré des châtiments physiques; dans quelques circonstances, ils ne s'arrêtaient pas devant les limites que semble poser la pudeur de l'âge : on frappait sans cesse et partout. Il y avait des supplices du *bon plaisir* de même comme pour le soldat; on comptait des cachots dans les abbayes comme dans les châteaux. Nul doute que, dans cette immense distribution de justice individuelle, des excès et des abus de tout genre devaient se glisser; mais depuis longues années les mœurs étaient parvenues à créer un utile contre-poids : elles adoucissaient, en attendant qu'elles réformassent. Aujourd'hui la masse de châtiments que quelques hommes peuvent distribuer à d'autres est diminuée; mais, par suite de nos troubles politiques, le nombre des vengeances particulières s'est peut-être accru. Naguère on ne souffrait, en général, que de son supérieur; aujourd'hui on est persécuté par tous les hommes dont on ne partage pas les doctrines : il y a changement; mais progrès : je ne sais. SAINT-PROSPER.

Dans le Code militaire, les châtiments, les peines, les punitions, les supplices, demanderaient à être l'objet d'une distinction raisonnée. Le *châtiment* diffère de la *peine* en ce que celle-ci est prononcée par l'autorité souveraine ou par le juge qu'elle délègue, tandis que le châtiment est prononcé et quelquefois même infligé par tout supérieur en grade. Quant à la punition, elle est du domaine de la discipline, non de la justice. Aucune théorie légale n'aidant, continuons à regarder le mot *châtiment* comme terme générique, par rapport à *peine* et à *punition*, tout en convenant que ce mot tombe en désuétude, parce que pris isolément il se complique de l'idée d'une correction manuelle. Les châtiments militaires s'infligeaient il n'y a pas un siècle encore à des femmes aussi bien qu'aux hommes de troupe; les chefs de corps faisaient fustiger publiquement celles qu'on surprenait avec des soldats; on appelait *marionnettes* la batterie de caisse qui couvrait les gémissements de ces malheureuses et qui accompagnait leur passage à travers les bretelles ou baguettes. On leur barbouillait ensuite le visage avec des caustiques ou du noir à l'huile : ce dernier moyen était de préférence l'usage du camp ou de la route; l'autre s'appliquait plutôt en garnison : c'était un passe-temps et un spectacle de la place d'armes.

Sous les Valois, qui les premiers ont donné une législation pénitentiaire à l'armée, les *châtiments*, ainsi les nommaient leurs ordonnances, étaient d'atroces supplices, qui s'exerçaient surtout sur l'infanterie, la cavalerie étant traitée avec plus d'égards, ayant souvent même le privilège de l'impunité : mais la *piétaille*, comme on l'appelait, encourait les peines mutilantes nommées *estrapade* ou *piquet*; elle subissait l'*amputation d'un poignet*, la *transforation de la langue*, l'*ésoreillade* ou extirpation des oreilles, peine la plus commune, comme le témoigne Roquefort, qui cite quantité de synonymes du mot *ésoreillade*. Depuis Henri IV les châtiments cessent presque tous d'être mutilants; ils ne consistent plus jusqu'à Louis XIV que dans le piquet ou la suspension par un bras, un seul pied pouvant s'appuyer; dans l'application des coups de plat d'épée; dans la *bastonnade* avec le manche de la hallebarde, peine réservée au fantassin, le cavalier ayant la prérogative de n'être châtié qu'à coups d'épée. Bellon, qui écrivait sous Henri IV, fait à cet égard une singulière et naïve recommandation : il invite les officiers à *ne se servir que du plat et à ne pas tuer le soldat*. Les châtiments maintenus depuis Louis XIV, surtout dans l'infanterie, étaient les *baguettes*, les *bretelles*, le *cheval de bois*, tant pour homme que pour femme; les *coups de plat de sabre*, et le *piquet*. Ces exécutions avaient lieu avant la parade, à l'ombre du corps-de-garde de la grande place. Qui croirait que l'ordonnance du 5 juillet 1764, relative au camp de Compiègne, faisait revivre le *percement de la langue* contre ceux qui blasphémeraient le saint nom de Dieu, de la Vierge et des saints ? Qui croirait que, non loin de la France, en Algérie, quelques chefs, heureusement en petit nombre, peu contents d'*enfumer* les Arabes dans leurs grottes, comme des lapins dans leurs terriers, ont fait revivre sur nos propres soldats l'*estrapade* et le *piquet* des Valois, rajeunis sous le nom peu gracieux de *crapaudine*? Gal BARDIN.

Les châtiments corporels, abolis dans l'armée française depuis la révolution de 1789, ne l'ont été dans la marine qu'après la révolution de Février. Ils subsistent encore à l'étranger. En Angleterre les soldats reçoivent le fouet, en Russie le knout, en Allemagne la schlague.

CHATOIEMENT, CHATOYANT, sont des expressions de lapidaire, par lesquelles on exprime l'action ou le jeu des pierres, qui, de même que l'œil du chat, offrent différentes couleurs, selon le côté où la lumière les frappe. On donne spécialement le nom de *chatoyante* ou d'*œil de chat* à une variété de quartz, luisante et transparente, dont le jeu et le changement de couleur sont fort agréables.

CHATON. Ce mot, qui proprement signifie un *petit chat*, est, en outre, usité dans plusieurs autres circonstances. Il se dit en botanique d'une espèce d'assemblage de fleurs disposées en épi sur un axe ou pédoncule commun, par l'intermédiaire des bractées, lesquelles font dans ce cas les fonctions de pédoncules particuliers. En arrachant les bractées, on enlève nécessairement les fleurs ; ce qui n'a point lieu dans l'épi proprement dit, où les bractées, lorsqu'il y en a, ont un point d'attache distinct. Les chatons sont unisexuels, et tirent leur nom de la ressemblance que les anciens botanistes ont cru leur trouver avec la queue d'un chat. Les chatons mâles et les chatons femelles naissent sur des pieds séparés dans le saule, le peuplier, et sur le même pied dans les pins et les sapins.

En termes de bijoutier, on appelle du même nom la partie d'une monture de pierreries, d'une bague ou d'un autre bijou qui contient le diamant, qui l'environne en dessus, et dont les bords sont sertis (rabattus) sur la pierre.

Ce même mot *chaton* se dit encore, en termes d'oculiste, de l'endroit de l'œil où le cristallin se trouve enchâssé; et les dérivés *chatonné* et *chatonnement* s'emploient dans le même sens en pathologie et en matière d'accouchement pour désigner certaines cavités où des calculs ou bien le placenta se trouvent quelquefois retenus.

CHATOUILLE. *Voyez* BRANCHIALE.

CHATOUILLEMENT. Ce mot, qu'il serait difficile de définir avec exactitude, sert à désigner tout à la fois un attouchement et une vive titillation des nerfs qu'on opère selon certaine condition. Le toucher pour produire le chatouillement doit être exercé doucement sur les régions du corps douées d'une grande sensibilité; telles sont : la paume des mains, la plante des pieds, les mamelons des seins, les lèvres, les narines, le conduit auditif, etc. On promène sur ces parties l'extrémité des doigts par saccades et en suivant diverses directions; on peut encore se servir pour cet effet de plumes, de houppes de poils, etc. Il faut presser plus fortement les flancs pour atteindre les nerfs de cette partie.

L'attouchement ainsi opéré détermine une sensation vive, voluptueuse et provoquant le rire : cette sensation, quand elle est modérée, est une source de plaisir, mais quand elle est intense et entretenue trop longtemps, elle se change en douleur, qui arrache des cris, excite des spasmes, des convulsions, et devient intolérable. Le chatouillement exagéré peut même avoir un résultat tragique, et on dit qu'il a servi de moyen pour infliger le supplice extrême. Ces accidents sont la suite du mouvement convulsif des muscles de l'abdomen, qui, refoulant les viscères de cette cavité sur la poitrine, entravent la respiration. La circulation du sang est également gênée par cette cause ; aussi voit-on les veines se distendre énormément et le visage prendre une couleur bleuâtre. Plusieurs muscles cessent de se contracter, et l'éjection des urines est souvent involontaire.

Il nous a paru utile de rappeler ces notions vulgaires, parce qu'elles démontrent que le chatouillement, dont on fait un jeu trop fréquent, peut avoir des conséquences graves, surtout chez les personnes qui sont quelquefois atteintes à leur insu d'affections du cœur ou de la poitrine. Le chatouillement modéré et qui procure un sentiment de plaisir a même des inconvénients, et il serait extrêmement nuisible d'en contracter l'habitude, car c'est un genre de sensualité qui énerve promptement et qui peut conduire au marasme. Les dames des colonies qui se font masser par des négresses sont assez fréquemment amenées par degrés à avoir besoin d'un chatouillement modéré sur les extrémités; plusieurs deviennent ainsi très-irritables et maladives.

Certains animaux éprouvent les effets de l'attouchement que nous avons indiqué, principalement les chats, observation de laquelle quelques écrivains ont tiré l'étymologie du mot *chatouillement*.

Le sujet de cet article, tout trivial qu'il puisse paraître, présente aux yeux des physiologistes un phénomène remarquable; ils y voient un exemple démontrant combien le principe de la vie, qu'on a personnifié sous le nom d'âme, est dépendant de l'organisation. Sous l'empire d'une action toute matérielle, ils voient éclater des mouvements que la volonté, que le *moi* humain, ne peut réprimer; ils trouvent un exemple du rôle important que l'innervation joue dans l'existence de l'homme, et qui est propre à éveiller les plus graves réflexions. En considérant encore qu'il suffit chez quelques personnes d'effleurer à peine la peau, de toucher seulement l'extrémité des poils qui se trouvent sur les jambes et les bras pour exciter un frémissement général, une sensation irrésistible, on arrivera peut-être aussi à accueillir avec moins de répugnance les phénomènes contestés qu'on attribue au magnétisme animal. Enfin, en voyant les changements si évidents que le chatouillement détermine dans l'ensemble de l'organisme, on doit penser qu'il serait possible d'en tirer un parti avantageux dans le traitement de quelques maladies.

Dr Charbonnier.

CHATOUILLEURS. Voyez Claqueurs.
CHATOUSIEUX (Bois de). C'est le nom qu'à Paris l'on donne au bois d'un arbre de Cayenne et de la Guyane, qu'on ne sait rapporter à aucun genre ni famille. Il est ordinairement couvert d'un aubier blanchâtre, d'une texture molle et lâche. A l'intérieur il est jaunâtre et veiné de rouge; mais souvent cet intérieur se trouve altéré, et alors il tourne au blanchâtre. Quand il est bien sain, ce qui est rare, on peut avec avantage l'employer dans la tabletterie. Il nous arrive en fortes bûches.

CHATRIAS, KSHATTRAS, KCHATRYAS, ou KHETTRIS, caste de guerriers chez les Hindous, dans laquelle on prend, dit-on, ordinairement les princes : à ce groupe on rattache quelquefois les Naïrs de la côte de Malabar, les Radjepoutes, les Sikhs et les Mahrattes; on peut encore y rattacher la caste des *vaishyas*, les Banians, les commerçants, les manufacturiers, les agriculteurs, les jardiniers, etc. M. Depping appelle les *Kshattras* une aristocratie guerrière qui n'existerait déjà presque plus. « Ceux qui prétendent encore à ce titre sont à peine Hindous, dit-il; mais ils se sont mêlés à d'autres castes, telles que celles des *Yates* et des *Polygars* du pays d'Orissa, originaires de castes inférieures, les naïrs du Malabar, les Nambouris-brahmanes, et enfin les Radjepoutes et les Mahrattes, possesseurs de fiefs militaires. » Suivant le baron d'Eckstein, « les *Kehatryas*, membres de la caste des guerriers, lisent les livres sacrés et sacrifient; mais ils ne peuvent pas se livrer à l'enseignement. Il n'en fut pas toujours ainsi : car il est dit dans les Védas que des Brahmanes étaient allés consulter les rois sages pour puiser dans leur entretien la connaissance des doctrines religieuses; ce qui prouve que la défense ne fut pas absolue, mais qu'elle s'introduisit graduellement. On voit même une famille royale s'emparer du sacerdoce les armes à la main. »

CHATS (Concerts de). Don Christoval Calvet de Estrella a décrit en espagnol le voyage de Philippe, prince de Castille, dans les Pays-Bas en 1549. A l'article *Bruxelles*, on y trouve un passage, traduit par le père Ménestrier et reproduit dans les *Mélanges* de Michault, les *Nuits Parisiennes*, l'*Année Littéraire*, etc., dans lequel il s'agit d'un concert de chats, prouvant incontestablement que l'instinct musical est développé à un haut degré chez ces animaux. Dans une procession en l'honneur de *Notre-Dame des Victoires* qui eut lieu à cette occasion, on remarqua l'orchestre le plus extravagant que jamais imagination humaine ait inventé: un ours, gravement assis, touchait d'un orgue, composé, non de tuyaux comme les autres, mais d'une vingtaine de chats enfermés séparément dans des caisses. Leurs queues sortaient en haut et étaient liées par des cordes attachées au registre de l'orgue. A mesure que l'ours en pressait les touches, il faisait tirer ces cordes, qui tiraient les queues des chats et leur faisaient miauler des basses, des tailles et des dessus, avec tant de justesse et de mesure que de cette musique grotesque il ne sortait pas un faux ton. Au son de cet orgue d'un nouveau genre dansaient des enfants habillés en ours, en singes, et , afin que rien ne manquât à la cérémonie , Charles-Quint , Philippe son fils et la reine regardaient ces représentations des fenêtres de l'hôtel de ville, et les reliques des saints suivaient ce cortége bouffon. J'ai lu, s'il m'en souvient , qu'à Londres on avait, il y a une quarantaine d'années, donné un pareil concert de chats, mais sans tout cet appareil religieux et monarchique. Les Anglais n'eurent donc pas le mérite de l'invention. Voilà certes du neuf : ce sont de pareilles choses que devraient mettre sur leurs programmes ceux qui veulent distraire le peuple de ses idées les plus chères, et qui seraient ravis de substituer à ses énergiques clameurs le cri des esclaves : *Panem et circenses !*

De Reiffenberg.

CHATTE-MITTE (de *cata* et *mitis*, chatte douce), dénomination que l'on applique familièrement à cette espèce de tartufe ou d'hypocrite que La Fontaine nomme si heureusement un *saint homme de chat*, et qui affecte un faux air de douceur afin de mieux tromper.

CHATTERIES ou CHATERIES (dérivé de *chat*), mot qu'en n'a pas encore admis le *Dictionnaire de l'Académie*, et qui se dit, dans le langage familier et enfantin, des bonbons, des sucreries, des friandises, des pâtisseries légères, dont le jeune âge est ordinairement avide et qui ne sont pas toujours, tant s'en faut, ce qui convient le mieux à sa santé. Pour en obtenir, l'enfant a recours à toutes les câlineries de la race féline, et la *maman-gâteau* cède, de peur de voir couler des larmes, sans songer qu'elle se prépare peut-être de plus grands chagrins pour l'avenir.

CHATTERTON (Thomas), poète anglais, devenu célèbre surtout par ses infortunes, né le 20 novembre 1752, à Bristol, était l'enfant posthume d'un pauvre maître d'école, et fut placé à l'âge de huit ans à l'école de charité de Colston, où sa tristesse et une apparente incapacité empêchèrent de remarquer le travail de son intelligence. Dès l'âge de onze ans il composa une satire contre une méthodiste qui avait abandonné sa communion par intérêt. Sa mélancolie se transforma dès lors en vanité : il ne rêva plus que gloire, richesse, immortalité, et crut pouvoir y parvenir à l'aide de moyens bizarres. Expéditionnaire chez un procureur de Bristol, il se livrait en même temps à l'étude approfondie des anciens dialectes anglais et des poètes du moyen âge. Né antiquaire et poëte, ses pensées se formulèrent naïvement dans ce vieux langage, et il se mit à écrire et à *imager*, si nous pouvons nous exprimer ainsi, dans la langue d'un autre siècle que le sien. Il s'était surtout épris d'amour pour les monuments gothiques de sa ville natale, et visitait souvent l'église de Sainte-Marie-Redcliffe.

En 1768, à l'occasion de l'inauguration du nouveau pont de Bristol, il fit paraître dans un journal de cette ville la description d'une procession de moines par laquelle avait été inaugurée l'ouverture de l'ancien pont ; et il la donna comme tirée de quelques vieux manuscrits du milieu du quinzième siècle, au sujet desquels il imagina toute une longue histoire pour expliquer comment ils avaient pu arriver en sa possession. La curiosité publique fut vivement piquée par la publication de cette pièce apocryphe, dont le succès détermina Chatterton à commettre de nombreux *faux* de cette espèce, grâce à l'habileté avec laquelle il contrefaisait le style et la manière du moyen âge, qu'il attribuait hardiment à tel ou tel poëte de cette époque, mais plus particulièrement à un certain Thomas Rowley, prêtre du quinzième siècle et ami de Canynge, riche marchand de Bristol, qui avait fait rebâtir la ville de Bristol sous le règne d'Édouard IV. Bientôt ce fut à qui aurait sa part dans ces précieuses exhumations d'œuvres antiques et vénérables. Le premier qui s'adressa à lui à cet effet, un certain M. Calcot, eut pour lot la *Bristowe-Tragedy* et une épitaphe de Rowley sur un ancêtre de Canynge. M. Bance, qui écrivait à ce moment une histoire de Bristol, participa aussi aux largesses et aux mystifications de Chatterton, et il n'y eut pas jusqu'à un plombier, du nom de Burgum, qui ne s'estimât heureux d'avoir pu obtenir de lui le roman du *Chevalier*, que notre clerc de procureur lui affirma être l'ouvrage d'un de ses ancêtres, mort quelques siècles auparavant. Les uns et les autres lui remettaient de petites sommes d'argent en échange de ses précieuses communications, et Chatterton faisait ainsi commerce des produits de son imagination avec de bons bourgeois plus ou moins lettrés de Bristol, qui s'imaginaient dérober à son ignorance de précieux fragments de l'histoire littéraire du moyen âge. Enhardi par l'impunité, il ne craignit pas d'adresser quelques poésies du même genre à Horace Walpole, en les lui donnant comme provenant de la source à laquelle il avait déjà puisé avec tant de bonheur. Par cette officieuse communication, il avait compté se faire de Walpole un ami, un protecteur. Walpole communiqua ces vers à Gray et à Mason, qui reconnurent bien vite la supercherie; et, piqué d'avoir été pris pour dupe, Walpole ne répondit à son jeune correspondant que pour lui conseiller ironiquement de s'en tenir à faire des grosses.

Cependant, Chatterton avait commencé une correspondance avec un journal de Londres, *The Town and Country Magazine*. Il y traita divers sujets relatifs aux antiquités de l'Angleterre; il y inséra en outre plusieurs fragments des prétendues poésies de Rowley, et des fragments, écrits dans le genre de Macpherson, qu'il donnait pour des traductions de poèmes saxons. Il écrivit aussi quelques pièces de vers en style moderne; mais elles n'avaient ni la grâce ni l'originalité des autres.

Enfin Chatterton quitta Bristol et l'étude de son procureur pour s'en venir chercher fortune à Londres, où il arriva à l'âge de dix-sept ans et cinq mois. Il courut les libraires, leur offrant d'écrire pour eux une histoire d'Angleterre, une histoire de Londres; il fit insérer des articles dans les *Magazines* et dans quelques journaux quotidiens; d'ailleurs, il n'avait pu s'approcher du foyer des passions politiques sans en prendre sa part : il était déjà connu de quelques chefs de parti. Son ardente imagination s'alluma. Il s'adressa au lord-maire Beckford; et si ce magistrat n'était pas mort si tôt, Chatterton aurait sans doute trouvé en lui un patron. Cette mort et quelque expérience acquise par Chatterton le dégoûtèrent de travailler pour l'opposition, et il écrivit à lord North une lettre où l'administration de ce ministre était portée aux nues. Pendant le peu de mois qu'il vécut à Londres, ses lettres à sa mère et à sa sœur, toujours accompagnées de présents, respiraient l'espérance et la joie. Mais c'était la vanité qui le faisait ainsi agir et parler; il voulait se donner des airs de gentil-homme alors qu'il était le plus souvent réduit, faute de travail, à vivre de pain et d'eau. A ce sentiment succéda bientôt le désespoir. Il comprit toutes les difficultés dont il aurait à triompher pour se faire un protecteur fort et puissant : il pressentait peut-être toutes les souffrances qu'endure *un protégé*. Il est permis de croire aussi que cette imagination puissante, qui s'était éveillée de si bonne heure, tourmenta son âme et égara son esprit. Il voulut s'embarquer pour l'Afrique comme aide-chirurgien. Il ne put réussir dans ce projet, et, quoiqu'on ait parlé d'une personne qui lui avait envoyé une guinée dans les derniers jours de sa vie, il y a trop de raisons de croire que les douleurs de son suicide furent précédées par les angoisses de la faim. Une couturière, dans la maison de laquelle il logeait, sachant qu'il manquait de pain, lui offrit à dîner la veille de sa mort; l'orgueil lui fit refuser cette offre charitable. Le 25 août 1770 on le trouva étendu sans vie dans son lit. Il avait succombé aux effets du poison qu'il avait avalé.

Ce jeune homme, qui venait d'expirer inconnu, fit bientôt l'admiration de l'Angleterre. M. Thomas Campbell l'a jugé avec bonheur dans ses *Specimen of the British Poets* : « L'inégalité des diverses productions de Chatterton, dit un excellent critique, peut être comparée à ce qu'il y aurait de disproportionné dans un géant qui n'aurait pas atteint toute sa grandeur. Ses ouvrages n'ont pas ce fini qui est l'indice d'un talent qui ne mûrira pas. Le Tasse seul peut lui être comparé pour la précocité du génie poétique. Aucun poëte anglais ne l'a égalé à son âge. » On s'est plu à considérer chez lui l'imitation du vieux langage comme un simple travail d'artiste, comme une fantaisie poétique. Nous croyons, nous, que celui qui conçoit si bien les idées du passé a besoin de les exprimer dans le langage du passé : on fait bien revivre les hommes des siècles éteints, pourquoi ne ferait-on pas revivre leur grammaire et leur langue? C'est ce qui surprend le plus dans Chatterton : ses poëmes ne sont pas une imitation ingénieuse, ce sont les chants du passé qui résonnent encore. Dans sa *Bataille de Hastings*, le patriotisme saxon n'est point analysé, épiquement décrit comme dans *Ivanhoé*; il pousse des cris sauvages au bord de la mer, dans d'épaisses forêts, comme il a dû le faire réellement : c'est qu'il y a en effet une poésie merveilleuse dans le passé; c'est que la civilisation en améliorant le monde le rend prosaïque, et que celui-là qui se retire dans les temps qui ne sont plus, qui se plaît à l'entretien de ceux qui ont disparu du monde, puise la poésie à une de ses sources les plus abondantes et les plus pures. Là se trouve, nous le pensons, le secret du génie de Chatterton.

Peu de temps après sa mort, Crabbe arriva à Londres avec un grand talent poétique. Lui aussi manquait de pain; mais il en demanda à Burke, qui lui donna de la gloire, en assurant son existence et en disant à l'Angleterre, de ce ton qui persuade : *C'est un homme de génie!* Chatterton avait été moins heureux : il s'était adressé à Walpole. Peut-être, au reste, y a-t-il eu plus d'éclat dans cette gloire commencée que si elle avait mûri : on a dans la vie mille chances de perdre la gloire aussi bien que le bonheur. La renommée de Chatterton ressemble à celle de Gilbert; elle est grande, peut-être parce qu'elle n'a pas duré. Dans un drame joué au Théâtre-Français, M. Alfred de Vigny a donné une analyse psychologique du caractère de Chatterton, considéré comme victime de l'injustice et de l'esprit de routine. Ce drame reproduit la lutte éternelle de la poésie et du monde réel.
Ernest Desclozeaux.

CHATTES. Voyez Cattes.
CHATTUARIENS. Voyez Cattes.

CHAUCER (Geoffroy). Le premier poëte lettré qui en Angleterre ait manié la langue nationale, né à Londres, en 1328, fils d'un marchand d'origine normande, comme l'indique assez son nom (Chaucier ou Chaussier), se fit connaître dès l'âge de dix-huit ans, à l'université de Cambridge, où il étudiait, par son poëme intitulé : *Court of Love*. Après avoir augmenté ses connaissances par des voyages en France et dans les Pays-Bas, il vint à la cour; et, bien que n'étant plus déjà de la première jeunesse, il fut admis au nombre des pages d'Édouard III. Il jouissait d'une grande faveur auprès de ce prince, et surtout auprès de son fils, Jean de Gand, le célèbre duc de Lancastre. Confident de Jean de Gand, il chanta son amour pour la duchesse Blanche; puis, celle-ci ayant rencontré une rivale dans la belle Catherine Swynford, il se maria avec la sœur de cette dernière, Philippa, mariage qui le consolida encore davantage dans la faveur du duc, à la cour; et, bien que n'étant des emplois importants et lucratifs.

La tradition veut qu'il ait eu une habitation près de la demeure royale de Woodstock, à la porte du Parc, et que là il ait composé quelques-uns de ses premiers ouvrages. On prétend aussi qu'il accompagna le belliqueux Édouard III en France, en 1359; mais cette guerre fut promptement terminée par le traité de Brétigny, et Chaucer ne porta plus les armes. En 1367 il reçut d'Édouard III une pension de vingt marcs par année.

En 1372 Chaucer fut envoyé en mission à Gênes; et on assure que ce voyage lui procura l'occasion de faire la connaissance personnelle de Pétrarque; toutefois il n'est nullement démontré que Chaucer se soit acquitté de cette mission, et même qu'il ait fait jamais le voyage d'Italie. Mais en 1378 il fut chargé d'aller négocier auprès du roi de France, Charles V, le renouvellement d'un armistice et le mariage de Richard, prince de Galles, avec la fille du roi; négociation qui, d'ailleurs, échoua complètement.

Son esprit, ses alliances, le maintinrent en prospérité pendant tout le règne d'Édouard et au commencement du règne suivant. Durant cette partie de sa vie il était dans un véritable état d'opulence, et il pouvait offrir à ses amis, comme il le dit dans le *Testament de l'Amour*, une abondante hospitalité; mais la fortune l'abandonna lorsque Jean de Gand vit diminuer son influence à la cour de Richard II, et quand notre poète eut l'imprudence de contracter des liaisons avec un parti contraire à la cour, qui se forma dans la cité. Cette faction, dont la résistance aux caprices d'une cour despotique, fut qualifiée de rebellion, avait pour chef Jean de Northampton ou Comberton. Les opinions religieuses de ce chef se rapprochaient de celles des sectateurs de Wiclef, et ses intérêts politiques étaient ceux du duc de Lancastre; circonstance qui explique comment Chaucer se trouva compromis dans cette affaire. Il paraît cependant que sa pension lui fut confirmée par Richard II, et qu'elle fut même augmentée.

En sa qualité de partisan de Wiclef, Chaucer écrivit contre le péché et contre l'ignorance des gens d'Église. Toutefois, les affaires politiques, pas plus que les intrigues de cour ou les querelles théologiques, ne purent interrompre ses travaux poétiques. Ainsi il composa successivement *Troilus and Cressida*, *The House of Fame* et d'autres ouvrages encore, imités en partie de Boccace, et en partie d'autres poètes, des troubadours particulièrement. Sans doute ces poèmes portent l'empreinte du goût frivole de son époque; on ne saurait toutefois leur refuser beaucoup de vérité dans la peinture des caractères et de délicatesse dans les sentiments.

Lorsque, en 1382, les partisans de Wiclef voulurent porter un des leurs aux fonctions de lord-maire de Londres, des troubles éclatèrent et provoquèrent de la part de la cour de dures persécutions contre ces sectaires. Chaucer, plus compromis qu'un autre, comme ami personnel de Wiclef, se réfugia en Hainaut, où il lui fut donné de goûter assez de tranquillité. Mais s'étant aventuré plus tard à rentrer secrètement en Angleterre, il fut arrêté, et perdit la perception d'un impôt sur le port de Londres: lucratives fonctions qu'il avait jusque alors pu faire remplir par un tiers. Il finit bien par être complètement en liberté; mais il tomba alors dans de grands embarras d'argent, et c'est à cette époque de misère et d'épreuves qu'il composa, à l'imitation du célèbre *Traité de la Consolation* de Boèce, traduit aussi par lui en anglais, son *Testament de l'Amour*, ouvrage allégorique et mystique, ayant pour but d'expliquer et de justifier certaines circonstances assez ambiguës de sa vie politique.

Sa situation changea complètement par suite du revirement inattendu qui s'opéra alors dans la fortune du duc de Lancastre, lequel, dans l'espoir d'hériter quelque jour de la couronne d'Espagne, avait épousé en secondes noces la fille de Pierre le Cruel, mais qui s'en revint d'Espagne en 1389 sans avoir réussi dans son projet, rapportant de ce pays des sommes immenses, qu'il employa à se reconstruire un parti à la cour. Quatre ans après, sa femme étant venue à mourir, le duc se remaria en troisièmes noces avec Catherine Swynford. Ce mariage, qui mettait Chaucer en relations de parenté avec la famille royale, lui valut le retour des faveurs de la cour. En 1394 une nouvelle pension lui fut accordée, et dans la dernière année du règne de Richard il lui fut octroyé un tonneau de vin par année.

La tradition assigne pour demeure à la vieillesse de notre poète Donnington-Castle, près de Newbury, dans le Berkshire. C'est là qu'il composa, dans la forme du *Décaméron* de Boccace, mais en vers, ses célèbres *Canterbury Tales*. Ces contes nous font entrer dans la vie intime de l'Angleterre au quatorzième siècle. Supérieur à celui du *Décaméron*, le plan des *Canterbury Tales* comporte des incidents qui tiennent la curiosité éveillée. Que si l'action du poème est un événement trop simple pour distraire l'attention des récits des pèlerins, le pèlerinage lui-même est un prétexte suffisant pour réunir dans le même cadre toutes les classes de la société, depuis le noble chevalier jusqu'à l'artisan, et pour peindre les vieilles mœurs et les vieilles coutumes. Chaucer excelle surtout dans les descriptions; on pourrait se passer de ses digressions morales, mais on ne voudrait perdre aucun de ses portraits.

On pense que ce fut en 1397 que Chaucer se retira au château de Donnington. Il avait alors près de soixante-neuf ans. L'année suivante, il paraît qu'il reçut une espèce de patente de protection contre ses créanciers, et qu'il obtint l'heureux privilège de ne pas payer ses dettes. Un an après, Bolingbrocke, fils de Jean de Gand, monta sur le trône d'Angleterre, sous le nom de Henri IV. Un fait honorable pour la mémoire de ce prince, c'est que, bien qu'il ait abandonné assez facilement certains amis de son père, il ne permit pas que la vieillesse du poète aimé par Jean de Gand finît dans la misère. Chaucer reçut d'Henri IV une pension additionnelle de quarante marcs; mais il ne devait pas jouir longtemps de cet accroissement de fortune, et il mourut à Londres, le 25 octobre 1400. On l'enterra dans l'abbaye de Westminster. Un siècle et demi après, un monument fut élevé à sa mémoire par Nicolas Brigham, un de ses fervents admirateurs, d'Oxford. La première édition des *Canterbury Tales* de Chaucer est celle que Caxton en donna en 1480. La première édition complète de ses œuvres parut à Londres, en 1542; et en 1721 Urry en publia une beaucoup plus complète. En 1782 il en parut une nouvelle, en 14 volumes. Tyrrwhitt a publié une édition critique des *Canterbury Tales*, avec glossaire (2 vol., Londres, 1798; souvent réimprimée depuis). Wright a donné la reproduction d'un manuscrit contemporain, et l'a enrichie de précieuses observations (3 vol., Londres, 1847-1851). On a de Nicolas (Londres, 1846) une édition des *Poetical Works of Chaucer*, ainsi que du *Romaunt of the Rose*, de *Troilus and Cressida, and minor poems*.

CHAUCES, peuplade germanique dont le territoire était situé dans la partie de l'Allemagne qu'on appelle aujourd'hui l'Ost-Frise ou Frise de l'est, l'Oldenbourg et le pays de Brême, c'est-à-dire la partie enclavée entre l'Ems, le Weser et l'Elbe, vers les côtes de la mer du Nord. On les divisait en grands et petits Chauces (*Chauci majores* et *Chauci minores*), et ils firent partie, vers le milieu du troisième siècle de notre ère, de la grande confédération franque, dont l'existence est regardée aujourd'hui comme un fait historique avéré.

CHAUD, CHAUDE, se dit au propre et au figuré, de tout ce qui a de la chaleur par soi-même, de tout ce qui est en état d'en procurer, d'en transmettre, ou de tout ce qui en a reçu; c'est ainsi qu'on dit : le soleil est *chaud*, le vin est *chaud*, les épices sont *chaudes*, un tempérament *chaud*, un écrivain, un orateur, un peintre, un ami *chaud*; un fer *chaud*, de l'eau *chaude* : l'action a été *chaude*, en parlant d'un combat, etc. On dit aussi pleurer à *chaudes* larmes. D'un homme vif, bouillant, emporté, on dit qu'il a la tête *chaude*. Le principe de presque toutes les fièvres est un excès de chaleur, mais on donne plus spécialement la dénomination de *fièvre chaude* à une fièvre dont les effets se font surtout sentir au cerveau.

On dit proverbialement *tomber de fièvre en chaud mal*, pour dire tomber d'un mal dans un mal plus grand ; *froides mains, chaudes amours*, pour dire que la fraîcheur des mains annonce d'ordinaire un tempérament ardent ; un homme avide *ne trouve rien de trop chaud* ; *il faut battre le fer pendant qu'il est chaud*, c'est-à-dire qu'il faut savoir profiter du moment, de la circonstance, des dispositions favorables pour conclure, pour terminer une affaire. *Se tenir les pieds chauds, la tête fraîche et le ventre libre*, est un des préceptes d'hygiène qu'il importe le plus de bien observer ; *avoir les pieds chauds* se dit figurément pour exprimer qu'on est à son aise, qu'on a de quoi vivre commodément ; il fait bon faire de la morale, de la philanthropie, du désintéressement et de l'optimisme *quand on a les pieds chauds et après un bon dîner*. Tout le monde connaît le jeu de la *main-chaude*.

Il n'est pas donné à tout le monde de prendre les choses froidement, avec calme et philosophie ; quelques hommes ont, au contraire, l'habitude de les prendre trop *chaudement* ; mais ce sont ordinairement les cœurs généreux qu'il faut savoir préférer à l'indifférent, à l'égoïste, à qui le malheur d'autrui *ne fait ni chaud ni froid*, qui ne s'émeut que de ce qui le concerne personnellement, ainsi qu'aux hommes faux et pervers, dont la bouche, alternativement, *souffle le froid et le chaud*, et qui, suivant les circonstances, sont toujours prêts à crier *Vive le roi! Vive la ligue!* Dans ce dernier exemple, *chaud* est pris substantivement ; comme on l'emploie adverbialement dans ces façons de parler : *boire chaud, se tenir chaud*. *Chaud* et *chaude* se prennent enfin adjectivement pour récent et récente : *cela est encore tout chaud, cette nouvelle est encore toute chaude*.

Chaude, pris substantivement, exprime un feu violent des forges, des mines et des verreries, employé pour diverses opérations : souder *à la chaude*, c'est saisir le moment où le métal est en fusion pour faire cette opération.

CHAUDEAU. On appelait ainsi un breuvage, fait avec du vin chaud et des épices, que de jeunes gens, grotesquement déguisés, apportaient jadis aux nouveaux mariés vers le milieu de la nuit des noces. Il se disait aussi d'une boisson composée de lait bouilli avec du sucre, des jaunes d'œufs et de la cannelle, qu'on donnait aux femmes nouvellement accouchées.

CHAUDES-AIGUES. C'est le nom d'une petite bourgade du Cantal, nom dont elle est redevable aux eaux très-chaudes, mais aujourd'hui fort négligées, qui se trouvent dans son voisinage, et qui autrefois étaient célèbres sous le nom de *Calentes Baixæ*. Ces eaux ont quatre sources assez distinctes, dont la température diffère de l'une à l'autre, et même semble varier pour chacune, selon les intempéries de l'air ou les saisons. La source du *Parc* à 87° cent.; la source du *Ban*, 70° ; la source de la *Ronde*, 74°, et celle des *Bains Falgère*, 73°. La première de ces quatre sources est d'une abondance extrême ; elle fournit près de 100 mètres cubes d'eau toutes les vingt-quatre heures. Quoique Sidoine-Apollinaire ait parlé de ces eaux en fort bons termes, et que M. Berthier les ait analysées, on les emploie néanmoins fort peu comme médicaments. Les habitants du pays se bornent à en boire la veille de la Saint-Jean. Ces eaux contiennent de petites quantités de muriate de soude, du sous-carbonate de soude, et de plus, un peu de magnésie, un peu de chaux et d'oxyde de fer. Les canaux dans lesquels cette eau circule renferment fréquemment une pyrite de fer fort curieuse, sur la formation de laquelle les théoriciens ne sont pas d'accord.

On devrait essayer de cette eau dans les rhumatismes chroniques, dans les paralysies locales sans affection du cerveau, et dans les phlegmasies lentes des organes internes. Il n'existe encore que quelques baignoires à Chaudes-Aigues, et c'est principalement à M. Falgère qu'on en doit l'établissement. Les sources de Chaudes-Aigues n'ont guère été employées jusqu'à présent qu'à des usages industriels ou domestiques : on les détourne dans les canaux ; on les conduit comme calorigènes dans des usines ou de simples maisons servant de rendez-vous commun et de lieu d'assemblée dans les longues et froides soirées d'hiver. Cet eau sert à blanchir des laines, à lessiver le linge, à tanner et corroyer le cuir, et principalement à aviver les couleurs qu'emploient les teinturiers et les chapeliers, à cause des sels martiaux et alcalins qu'elles recèlent. Cette eau pourrait de même servir, une fois *mitigée*, à des incubations artificielles, ainsi qu'à différents autres usages économiques. Après cinq minutes d'immersion, un œuf y durcit, et les aliments peuvent y cuire. Dr Isidore BOURDON.

CHAUDET (ANTOINE-DENIS) sculpteur et peintre, né à Paris, en 1763. A vingt et un ans, il remporta le grand prix de sculpture à l'École des Beaux-Arts, et il partit pour Rome. L'étude de la statuaire grecque et de l'art italien, à laquelle il s'appliqua avec ardeur durant cinq années de séjour à Rome, épura son goût. Abandonnant le mauvais style de son époque, il devint l'un des artistes les plus éminents de la nouvelle école, qui eut David pour chef. De retour à Paris, Chaudet exécuta un bas-relief pour le péristyle du Panthéon, *Un soldat mourant soutenu par le Génie de la Gloire*. Ce premier morceau, bien accueilli du public, commença sa réputation. Les statues du *Jeune Cyparis*, du *Berger sauvant Œdipe*, celle de *l'Amour séduisant l'âme*, le placèrent au premier rang parmi les sculpteurs de son époque. La dernière de ces statues surtout restera comme une des œuvres les plus remarquables du commencement du siècle. En 1805, il fut nommé membre de la classe des Beaux-Arts de l'Institut.

Chaudet fut choisi pour exécuter la statue qui devait être placée sur la colonne de la place Vendôme. Appropriant son sujet au style romain et triomphal du monument, il représenta Napoléon couronné de lauriers, en costume impérial, s'appuyant d'une main sur son glaive et tenant dans l'autre un globe surmonté d'une victoire. Cette statue avait douze pieds de haut. L'ajustement en était bon, la composition bien entendue, mais l'exécution maigre et sèche. En 1815, les alliés la firent descendre de la colonne ; elle fut fondue et employée à faire la statue de Henri IV. Chaudet fit encore, pour le Corps législatif, une seconde statue de l'empereur. Mais son plus beau titre de gloire est un buste de Napoléon, plein d'élévation, d'un style plus large que toutes ses autres œuvres, et qui donne une idée exacte du grand homme qu'il représente. On doit aussi à Chaudet un *Paul et Virginie*, la *Sensibilité* sous la figure d'une jeune fille qui devient rêveuse après avoir touché une sensitive, un *Bélisaire* en bronze et une statue de la Paix en argent, placée au château des Tuileries. Chaudet a peint *Énée sauvant Anchise*. C'est pour ainsi dire un bas-relief peint en peinture. Il fit encore des dessins remarquables pour la pureté du style, toutes réserves faites des défauts de son école ; des compositions pour le *Britannicus*, l'*Esther* et l'*Athalie*, gravées dans la belle édition in-folio de Racine donnée par P. Didot ; des modèles pour servir à l'histoire numismatique de Napoléon ; enfin, il prit une part active à la rédaction du *Dictionnaire des Beaux-Arts*. Chaudet mourut en 1810, de chagrin, dit-on, de n'avoir point été choisi pour faire le buste de Marie-Louise.

Sa femme, Mme CHAUDET, *Jeanne-Élisabeth* GABION, née à Paris en 1767, se distingua dans la peinture de portrait et de genre. Elle chercha à imiter Greuze. Ses œuvres ont du charme et de la naïveté dans la composition, elles sont exécutées avec facilité, mais avec mollesse. Godefroi a gravé deux de ses tableaux : une *Jeune fille apprenant à lire à son chien*, et *un enfant endormi veillé par un chien*.

Sébastien ALBIN.

CHAUDIÈRE, vase dont l'emploi est extrêmement fréquent dans les arts et dans l'industrie. Les chaudières servent pour la cuisson des drogues, de la bierre, etc. pour faire la lessive, les bains de teinture, la préparation des produits chimiques, et pour l'évaporation, comme dans les machines à vapeur, les calorifères, la distillation, etc. Leurs formes, qui varient selon l'usage auquel elles sont affectées, doivent toujours être telles, qu'elles donnent le meilleur emploi du combustible avec la plus grande commodité du service. C'est en leur donnant la plus grande surface de chauffe possible, c'est-à-dire de surface exposée au feu, qu'on fait le meilleur emploi du combustible; mais, comme toute la surface de chauffe n'est pas également efficace, et que c'est celle qu'on appelle *directe* (c'est-à-dire frappée dans une direction normale par la flamme du foyer) qui l'est le plus, c'est surtout de celle-là qu'il est essentiel d'augmenter l'étendue.

Les chaudières destinées à la cuisson des aliments ont ordinairement la forme d'un cylindre ouvert par le haut; dans la fabrication de la bière, elle offre celle d'une calotte sphérique. Dans les machines à vapeur, la chaudière est tantôt un simple cylindre terminé par deux portions hémisphériques; tantôt l'assemblage d'un cylindre plus gros communiquant avec un ou plusieurs autres beaucoup plus petits; tantôt enfin, c'est un cube, comme dans les grands appareils des bateaux à vapeur. Les chaudières des premières machines étaient sphériques; mais on y a bientôt renoncé à cause de la petitesse relative de leur surface de chauffe. Alors on leur a donné la forme d'une sorte de prisme dont la section perpendiculaire à l'axe est une surface limitée inférieurement et latéralement par des courbes concaves, et à la partie supérieure par un arc de cercle convexe : c'est ce que Watt a nommé *chaudière à tombeau*. Le foyer étant en dessous, la flamme se promène sur toute la longueur de la surface inférieure; ensuite elle revient, en suivant un *carneau* (conduit), échauffer les surfaces latérales avant de passer dans la cheminée.

Cette chaudière, qui est assez solide pour les machines à basse pression, ne le serait pas assez pour les machines à haute pression (*voyez* VAPEUR [Machines à]). Aussi, lors de l'apparition de ces dernières, a-t-on imaginé une troisième forme de chaudière. C'est un gros cylindre, uni par une ou deux tubulures à d'autres cylindres plus petits : le premier sert de réservoir d'eau et de vapeur; les autres, destinés à la production de la vapeur, sont, pour cette raison, appelés *bouilleurs*. Les bouilleurs sont toujours exposés à la flamme la plus ardente du foyer. Leur nombre varie avec la puissance de la machine; dans les petites machines, il n'y en a qu'un; dans les grandes, il y en a presque toujours deux et quelquefois trois. Dans les machines de bateau, on en voit jusqu'à quatre, cinq et six. Ils sont placés parallèlement à la chaudière, laquelle est quelquefois un peu plus longue qu'eux, suivant la disposition qu'on donne au foyer. Les tubulures qui unissent les bouilleurs à la chaudière doivent toujours être assez grandes, surtout quand elles sont uniques, pour que le passage de la vapeur et de l'eau s'y effectue librement. Sans cela, il pourrait arriver, en cas d'évaporation rapide, que l'eau de la chaudière fût empêchée d'y entrer par le courant de vapeur qui en sort, ce qui donnerait infailliblement lieu aux plus graves accidents.

On avait imaginé une autre forme de chaudière pour les machines à haute pression. C'était un gros cylindre qui contenait l'eau, avec un cylindre intérieur servant de foyer. Mais on a été obligé d'y renoncer, parce que la chaleur dégagée par le foyer, étant aussitôt absorbée par l'eau environnante, il n'en restait plus assez pour faire brûler le combustible de manière à lui faire produire toute la quantité de chaleur qu'il pouvait donner.

Les chaudières des locomotives ont une disposition toute particulière; ce sont des cylindres, qui contiennent un très-grand nombre de tubes d'un petit diamètre où passent les produits de la combustion, pour arriver du foyer à la cheminée. Ces tubes donnent une surface de chauffe très-étendue et très-efficace. Les chaudières de bateaux, pour les machines à basse pression, ont leurs foyers intérieurs, mais disposés toutefois de manière qu'il y reste assez de chaleur pour que le combustible y brûle bien. Les produits de la combustion arrivent dans la cheminée par des carneaux, qui font plusieurs circuits dans la chaudière, et où ils perdent toute la chaleur dont ils peuvent se dépouiller sans que le tirage en souffre.

La pression très-considérable que la vapeur exerce sur les parois des chaudières où elle se forme, peut amener des explosions. Pour s'en garantir, on emploie le *manomètre*, qui, donnant la mesure de cette pression, indique au chauffeur quand il est urgent de modérer le feu. De plus la loi exige que la chaudière soit munie de trois *soupapes de sûreté*, par où la vapeur puisse s'échapper quand la pression a dépassé une certaine limite fixée de manière à prévenir tout accident.

Les machines et chaudières à vapeur ont successivement été soumises à diverses mesures de sûreté par de nombreuses ordonnances qui ont été résumées, pour les machines et chaudières à vapeur employées sur terre, par l'ordonnance du 22 mai 1843, et pour les bateaux à vapeur, par celle du 23 mai de la même année. Il résulte des dispositions principales de ces dernières ordonnances que l'usage des chaudières en fonte est interdit sur les bateaux. Du reste, on n'en construit plus guère devant fonctionner sur terre; car, outre que leur prix est peu inférieur à celui des chaudières en tôle, par suite de l'épaisseur plus grande qu'on est obligé de leur donner, leur emploi est beaucoup plus dangereux, et occasionne une dépense de combustible plus considérable. D'un autre côté, les règlements exigeant dans les chaudières en cuivre laminé une épaisseur égale à celle qu'elles auraient si elles étaient en tôle de fer, leur prix est beaucoup plus élevé, et elles ne sont généralement employées que dans le cas où les seules eaux d'alimentation que l'on puisse se procurer sont tellement corrosives, qu'elles détruiraient trop rapidement les chaudières en tôle. On voit donc que ces dernières sont presque exclusivement employées.

Avant leur mise en activité, et toutes les fois que leur état ou de nouvelles réparations le rendent nécessaire, les chaudières à vapeur sont éprouvées sous une pression triple de celle qu'elles doivent supporter. Lorsque la tôle a l'épaisseur voulue par les règlements et que la chaudière est bien construite, cette pression d'épreuve n'est que le quart au plus de celle qui déterminerait la rupture.

[Dans les arts industriels, la considération d'économie n'est pas seule à déterminer le choix de la matière des chaudières, car toutes les opérations ne peuvent se faire indifféremment avec des vases d'un métal quelconque : les acides, les sursels, qui attaqueraient promptement le cuivre, l'étain, le fer, le zinc, ne peuvent être concentrés que dans le plomb, et il faut se résoudre à l'emploi de chaudières de ce métal si mou, si incommode dans les manœuvres, si fusible, lorsqu'on ne peut employer du platine. Quand les sujets sur lesquels on opère n'ont pas d'action dissolvante bien sensible sur les métaux facilement oxydables ou solubles dans les principaux acides, le choix reste généralement entre le fer battu et le cuivre, l'un et l'autre d'un emploi durable et commode. Ce qui décide presque toujours en faveur du cuivre, c'est que le vase usé de ce dernier métal conserve encore une assez grande valeur; tandis que la vieille tôle mérite à peine d'être recueillie. Dans certains cas, la fonte de fer remplace convenablement et avec économie la tôle battue; mais pour beaucoup d'opérations elle reste sujette à un grave inconvénient : c'est sa fragilité dans le passage d'une température élevée à une autre beaucoup plus basse; et, ce qui souvent n'est pas moins à redouter, elle est fort sujette à se voiler, à se déformer par l'action de la chaleur longtemps continuée. La tôle de fer employée à la confection des chaudières à vapeur doit être de la meilleure qualité, exempte de *pailles* ou gerçures, et bien malléable. On en emploie qui porte jusqu'à seize millimètres d'épaisseur; elles sont découpées à l'aide de fortes cisailles mues par un courant d'eau ou par une machine à vapeur, et les bandes sont largement superposées vers les joints et rivées à double rang de rivets frappés à froid.

Lorsque les chaudières n'ont pour objet que l'évaporation sans qu'il y ait utilité de recueillir le produit vaporisé, comme dans le cas de fabrication des sels, du sucre, des colles, etc., il faut chercher à tirer parti de la chaleur qu'entraînent avec eux les produits gazeux ou vaporeux de la combustion; de là, la nécessité de disposer à la suite des chaudières placées sur le premier plan des fourneaux, et qu'on appelle ici *réduisantes* (chaudières de concentration), d'autres chaudières dites *préparantes*, dans lesquelles le liquide s'échauffe aux dépens de la chaleur perdue pour les premières, et donne même lieu, dans beaucoup de cas, à une évaporation considérable. Il va sans dire que, des préparantes, les liqueurs sont transportées encore chaudes dans les réduisantes, après que celles-ci ont été vidées.

Pelouze père.]

CHAUDRET. *Voyez* Batteur d'or.

CHAUDRON (de *caldarium*), vase de forme cylindrique, plus petit que la chaudière, en cuivre ou laiton, fait au marteau, qu'on porte ou qu'on suspend au moyen d'une anse mobile.

CHAUDRON DE DODONE. Les chaudrons résonnants de Dodone ont été très-fameux dans l'antiquité. Voici la description qu'on en trouve dans Étienne de Byzance : « Il y avait à Dodone deux colonnes parallèles et proches l'une de l'autre. Sur l'une de ces colonnes était un vase de bronze de la grandeur ordinaire des chaudrons de ce temps; et sur l'autre colonne une statue d'enfant. Cette statue tenait un fouet d'airain mobile et à plusieurs cordes. Lorsqu'un certain vent venait à souffler, il poussait ce fouet contre le chaudron, qui résonnait tant que le vent durait; et comme ce vent régnait ordinairement à Dodone, le chaudron résonnait presque toujours. C'est de là qu'on fit le proverbe, *airain de Dodone*, qu'on appliquait à quelqu'un qui parlait trop, ou à un bruit qui durait trop longtemps. »

CHAUDRONNIER, nom de l'artisan qui fait au marteau toutes sortes de vases en cuivre, quelquefois même en fer-blanc, tôle de fer, zinc, etc. L'art du chaudronnier, dont l'origine remonte bien au delà du siège de Troie, ne jouit pas d'une haute importance parmi les hommes vulgaires; cependant celui qui l'exerce imite le plus souvent les procédés de l'orfèvre; une casserole se fait de la même manière qu'un gobelet d'argent. Le chaudronnier fait des moules à pâtés qui, comme on sait, sont ordinairement fort compliqués. Il fait prendre à une lame de cuivre la forme d'une fleur, d'un buste, d'un animal. Un chaudronnier de Berlin exécuta dans le dernier siècle un quadrige en lames de cuivre travaillées au marteau. Ce monument, chef-d'œuvre de *chaudronnerie*, fut apporté en France en 1806; on le déposa au Louvre; les Prussiens le reprirent en 1814.

Parmi les opérations les plus importantes de l'art du chaudronnier, on distingue celle du *retreint* (de *restringere*, resserrer); elle est fort simple en théorie, mais pour l'effectuer avec succès il faut de la dextérité dans la main et de la pratique. Supposons qu'il soit demandé à un chaudronnier de faire une baguette de tambour en cuivre battu : il taillera dans une feuille de ce métal une rondelle de grandeur convenable; il donnera ensuite quelques coups de marteau sur son centre pour y former une cavité; après quoi, appuyant le fond de cette cavité contre le bout d'une forte enclume, il frappera tout autour; la profondeur de la cavité augmentera tellement que la rondelle de cuivre prendra la forme d'un vase cylindrique : mais ce ne sera qu'en répétant plusieurs fois une semblable manœuvre qu'il parviendra à donner à la baguette la forme et les dimensions demandées.

Les casseroles, les chaudrons, se font avec des plaques de cuivre retreintes; quelquefois on soude le fond de ces vases, surtout quand on les raccommode. Les grandes pièces de chaudronnerie, comme les chaudières, sont assemblées au moyen de rivets. Les chaudronniers font aussi en cuivre battu des vases sphériques, des bouteilles à col étroit. Il y a certains de leurs ouvrages dont l'exécution présente au premier abord de grandes difficultés; nous voulons parler des tubes contournés en C, comme les anses des arrosoirs, ou en tire-bouchon, tels que les serpentins qui font partie des alambics, ou bien les tubes des cors de chasse, des trompettes, etc. Il est incontestable que ces instruments furent d'abord construits par des chaudronniers. Voici le moyen bien simple qu'on emploie pour vaincre la difficulté : le chaudronnier veut-il faire un serpentin, il forme d'abord un tube de cuivre d'une longueur et d'une grosseur convenables; puis il coule dans l'intérieur de ce tube un mastic composé en très-grande partie de bitume; lorsque la matière est figée, le tube de cuivre peut être traité comme un cylindre de matière ductile et à peu près homogène. Ainsi donc, l'ouvrier roule le cylindre sur un arbre, comme on roulerait sur un bâton un fil de fer dont on voudrait faire un tire-bourre. Le cuivre n'étant pas intimement fixé au mastic, il se forme des plis dans l'intérieur des spires du serpentin, mais on les fait aisément disparaître à petits coups de marteau. Cela fait on met le tout sur le feu; le mastic fond, sort des cavités qu'il contenaient, et le serpentin est terminé. Les anses des arrosoirs se font de la même manière; quand elles sont terminées, on les remplit ordinairement de plâtre pour les rendre moins sujettes à être bossuées et deformées par les chocs qu'elles peuvent recevoir. Autrefois, on faisait usage de plomb au lieu de mastic, mais aujourd'hui les chaudronniers emploient plutôt ce dernier à cause de sa légèreté relative au poids du plomb. Les fabricants d'instruments de musique en cuivre donnent au contraire la préférence au plomb.

Les vases de cuivre pouvant communiquer aux aliments qu'on y fait cuire des principes funestes à la santé, on est obligé de recouvrir leur intérieur d'une couche d'étain, métal à peu près innocent : les chaudronniers se chargent de cette opération, qui sera décrite au mot Étamage.

Les maîtres chaudronniers de Paris formaient une communauté très-ancienne. Leurs statuts, qui étaient antérieurs au règne de Charles VI, furent confirmés par lettres patentes de Louis XII, au mois d'août 1514. Ils avaient deux courtiers par eux élus à la pluralité des voix, et qui étaient tenus de les avertir de l'arrivée des marchands forains. Les fonctions de ces courtiers étaient incompatibles avec la profession de marchand; ils ne pouvaient acheter pour leur compte aucun des objets dont ils faisaient le courtage. Enfin, il était défendu à tous les forains de vendre dans Paris aucune marchandise de chaudronnerie, autrement qu'en gros et pour une somme au-dessus de quarante livres. A l'époque de l'abolition des jurandes, il fallait, pour être reçu maître chaudronnier, avoir fait six ans d'apprentissage et payer six cents livres; le brevet coûtait quinze livres.

Teyssèdre.

CHAUFFAGE. Tout emploi de combustible, dans le but d'élever la température dans un milieu quelconque, peut être appelé *chauffage*. Mais nous ne parlerons ici que de l'application du combustible aux besoins purement domestiques, c'est-à-dire au chauffage d'hiver pour les lieux d'habitation.

De tous les procédés de chauffage, le plus simple est le chauffage direct par la combustion. Ce procédé paraît avoir été d'un usage général chez les anciens. Quand un riche romain voulait tempérer le froid de son appartement, il y faisait porter des réchauds. Julien (depuis empereur) dit que pendant un hiver rigoureux qu'il passait à Paris, il fut asphyxié par les vapeurs d'un brasier qu'on avait placé dans sa chambre à coucher. En Orient, à Constantinople, par exemple, on se chauffe de la même manière : au-dessous d'une table ronde, couverte d'un tapis pendant tout autour, on place un brasier qui chauffe toute la société assise autour de la table : ce chauffoir s'appelle *tandour*. Le combustible qu'on emploie le plus souvent est le charbon de bois qui ne donne, en brûlant, ni flamme ni fumée, et qu'on a soin, d'ailleurs, de couvrir en partie avec de la cendre, pour que la combustion s'opère plus lentement. Les *braseros* espagnols offrent encore un exemple de ce mode de chauffage dont il est facile de voir les défauts. En effet, les gaz provenant de la combustion, c'est-à-dire l'acide carbonique et l'oxyde de carbone, se dégagent dans l'enceinte même qu'il s'agit d'échauffer et y altèrent la pureté de l'air. Dans les climats méridionaux, ces inconvénients ne sont pas considérables, parce que la température que doit produire le chauffage est peu élevée, et que, par suite, la quantité de charbon brûlé est toujours assez petite : de plus les habitations n'y sont jamais bien closes, et l'air peut ainsi se renouveler avec facilité. Mais, dans les pays froids, ces conditions n'existent pas, le chauffage direct par combustion est réellement inapplicable.

On a donc été conduit dans les pays tempérés à brûler du bois dans de vastes cheminées ouvertes : quelquefois ce n'est qu'un trou au toit, sous lequel on fait le feu, et par où s'échappe la fumée; d'autres fois, c'est un large tablier; d'autres fois enfin une conduite en briques ou en tuyaux. Ce mode de chauffage a fait dans le nord des progrès remarquables par la construction des poêles. Plus tard, l'introduction de la houille en Angleterre et en Belgique est venue lui donner une impulsion nouvelle et a fait imaginer de grands appareils qu'on nomme *calorifères*. Mais c'est surtout depuis cinquante ans que les travaux de Rumfort, Curaudeau, Désarnod, et depuis, de Tredgold, de Darcet, de Péclet, et d'un grand nombre d'ingénieurs français et anglais, lui ont donné le plus haut développement en y appliquant la méthode et les principes de la science.

Quelques moyens singuliers ont encore été proposés pour le chauffage en hiver. On sait que les Chinois mettent à profit certains puits de feu pour se chauffer, qu'à Chaudes-Aigues, les eaux thermales sont employées à cet usage, et on nous a fait espérer qu'un jour les puits artésiens auraient le même avantage. On sait aussi que les caves, les étables, les écuries servent de refuge dans l'hiver. On a outre imaginé qu'on pourrait employer au chauffage des appartements un procédé dont on fait usage pour les serres chaudes : c'est l'élévation de température qui résulte de la fermentation putride des matières organiques. Chacun connaît l'emploi qu'on fait journellement des bûches de tannée, des couches de fumier en décomposition, et chacun peut apprécier le *commodo* et l'*incommodo* de l'application aux lieux d'habitation. Un autre moyen se trouve dans la rapidité des combinaisons chimiques, d'où résulte émission de chaleur. On sait ce qui se passe, par exemple, dans les cas d'extinction de la chaux vive; en s'hydratant, elle dégage une chaleur prodigieuse; le mélange de l'acide sulfurique concentré à 66° avec de l'eau, ne produit pas moins de chaleur. Vient ensuite la chaleur dégagée par le frottement : ceci a été très-sérieusement proposé; en supposant qu'on ait à sa disposition un moteur qui ne coûte rien, tel qu'une chute d'eau, quelle devrait être l'étendue des surfaces soumises à la friction, quelle en serait la matière? Combien de temps résisteraient-elles? et comment assourdir l'épouvantable tapage qui accompagnerait cette opération? Quelque chose de plus spécieux, c'est la compression instantanée et vive de l'air. La découverte dite de Lyon, et qu'on a heureusement appliquée à la confection d'un briquet dans lequel s'enflamme l'amadou au moment de la retraite du piston, a fait concevoir l'espérance, en agissant sur une plus grande échelle, de produire assez de chaleur pour pouvoir en faire d'utiles applications. Mais c'est ici surtout qu'il faudrait pouvoir disposer de grandes forces motrices. L'électricité peut aussi produire de la chaleur; mais tout cela est encore dans la spéculation.   PELOUZE père.

CHAUFFE-CIRE, officier des anciennes chancelleries, dont la charge ou l'emploi consistait à chauffer, amollir, préparer la cire pour la rendre propre à sceller. On l'appelait aussi *scelleur*, parce que c'était lui qui appliquait le sceau, et il avait été qualifié antérieurement de valet *chauffe-cire*. Il n'y en eut d'abord qu'un à la grande chancellerie; plus tard on en mit deux; et ils augmentèrent ainsi jusqu'à quatre, servant par quartier, et suivant le chancelier à la maison du Roi, quand il y avait son logement. Cette charge devint héréditaire sous saint Louis, qui en gratifia les quatre fils de sa nourrice.

CHAUFFER, donner ou recevoir la chaleur. Au figuré, *chauffer* signifie pousser, activer. *Ce n'est pas pour lui que le four chauffe*, dit-on d'un homme qui ne doit pas obtenir ce qu'il convoite. Montrer à quelqu'un *de quel bois on se chauffe*, c'est lui faire voir de quoi l'on est capable dans une circonstance donnée. On dit d'un gros nuage éclairé par le soleil durant un temps chaud que c'est *un bain qui chauffe*.

CHAUFFERETTE ou CHAUFFE-PIEDS, petit meuble pour tenir les pieds chauds, et ordinairement composé d'une boîte en bois, en tôle ou en cuivre dans laquelle on met un petit vase de tôle renfermant du poussier ou de la braise en combustion. Il a été perfectionné par une dame Augustine Chambon de Monteau, et dans cet état il a été honoré du nom de sa patronne. Dans l'*augustine*, on a substitué à la braise et aux cendres chaudes, un petit quinquet disposé de manière à prévenir le renversement de l'huile en cas de mouvement brusque. Il serait peut-être plus agréable, beaucoup plus sûr et presque autant économique de se servir de bouts de bougies. Dans l'augustine, il y a aussi sur la table de la chaufferette un renfoncement ou bassin en tôle, qui reçoit à emboîtement une petite caisse plate d'environ trois centimètres d'épaisseur, et remplie de grès écrasé ou de sable lavé et desséché. Cette petite caisse, pour éviter l'odeur cuivreuse, est ordinairement étamée : c'est sur cette boîte qu'on pose les pieds. Le sable, qui ordinairement est chauffé suffisamment chaud au bout de quarante minutes, ne se refroidit plus qu'avec beaucoup de lenteur. La boîte étamée, alors qu'on quitte sa chaufferette, peut être employée avec beaucoup de commodité en guise de bonbe à eau chaude pour bassiner le lit.

Les gens de l'art ont blâmé avec sévérité l'usage que font les dames de chaufferettes, qu'elles recouvrent de leurs vêtements : nous ne sommes pas compétent pour juger du danger; nous eussions cru qu'il ne pouvait y en avoir qu'un bien faible en n'employant pour combustible que *des cendres chaudes*, de la braise complètement déshydrogénée. Au surplus, il est facile à la dame de salon de répudier la chaufferette; mais qu'offrirez-vous à la stationnaire du coin de la rue en place de son confortable *gueux*, quand la température est à 5 ou 6 degrés au-dessous de zéro?   PELOUZE père.

CHAUFFEURS, spécialité de brigands qui, de 1795 à 1803, exercèrent d'affreux ravages dans plusieurs départements de la France, et principalement dans ceux de l'est et du midi. Ils commettaient les mêmes crimes que les chouans et de la Bretagne et de la Vendée, avec cette différence que les hostilités de ceux-ci avaient pour motif ou pour prétexte des opinions politiques, tandis que pour les chauffeurs le vol, le pillage, le viol, le meurtre, l'incendie, n'étaient point les suites inévitables de la guerre civile, mais l'odieux résultat d'une démoralisation complète, qu'elle fût le fruit des habitudes révolutionnaires ou de l'indiscipline militaire... De quels éléments, en effet, se composèrent les premières bandes de chauffeurs? Des plus vils agents du régime de la Terreur, écume des villes, notés pour avoir volé dans les domiciles où ils allaient apposer les scellés, ayant joué des rôles de dénonciateurs, de faux témoins, de juges et même de bourreaux, et n'ayant ensuite d'autre ressource que la fuite pour échapper aux vengeances des réactionnaires. Ces bandes de vagabonds et de malfaiteurs, qui, dans un temps où les honnêtes gens portaient leur tête sur l'échafaud, avaient su se dérober aux peines qu'ils avaient encourues, voyaient à regret la chance tourner. Elles furent successivement renforcées par le licenciement de quelques corps particuliers, plus dangereux dans l'intérieur qu'utiles à la frontière ; par la désertion et la désorganisation de nos armées, battues en Allemagne ; par la réduction partielle de nos forces militaires après la paix plâtrée de Campo-Formio ; enfin, par les revers qu'éprouvaient encore nos troupes sur le Rhin sous Jourdan, et en Italie sous Scherer. Tout ce qu'il y avait de plus taré, de plus impur, de plus indiscipliné dans l'armée, désertait ou était réformé.

Ces hommes, accoutumés à l'oisiveté crapuleuse des villes ou à la vie licencieuse des camps, trouvaient plus de profit a se livrer au brigandage qu'à retourner dans leurs familles pour conduire la charrue ou exercer un métier. La faiblesse, l'ineptie du Directoire, l'insuffisance de ses mesures contre ces bandits, augmentèrent leurs forces, ainsi que la terreur qu'ils répandaient. On leur donna les sobriquets de *garrotteurs* et de *chauffeurs* : le premier n'a pas besoin d'explication ; le second vient de ce qu'après s'être introduits la nuit dans les fermes, dans les maisons isolées, soit de vive force, soit au nom de la loi, comme au temps de Robespierre, en se disant agents de l'autorité publique, ils se saisissaient des personnes qui s'y trouvaient, et leur mettaient les pieds dans le feu, pour les forcer de déclarer le lieu où elles avaient caché de l'argent ou des bijoux. Ils infestaient aussi les grandes routes, attaquaient les diligences, les malles-postes, détroussaient les voyageurs, massacraient tous ceux qui osaient leur résister, enlevaient les filles et les jeunes femmes, et combattaient souvent avec avantage des brigades de gendarmerie et des détachements envoyés à leur poursuite. Ils choisissaient de préférence pour leurs retraites les pays boisés et entrecoupés de montagnes. Les départements des Bouches-du-Rhône, de Vaucluse, de la Loire, du Doubs et du Jura furent les plus exposés à leurs excursions. En vain Pastoret fit au Conseil des Cinq-Cents, le 7 février 1797, un rapport contre eux ; en vain un projet de loi y fut décrété le 7 avril et adopté par le Conseil des Anciens, le 15 mai ; en vain le Directoire leur attribua les crimes qui se commettaient alors à Lyon, les affiliant maladroitement aux compagnons royalistes de *Jésus* et du *Soleil*, qui ne volaient pas, qui ne pillaient pas, qui ne brûlaient point les pieds, mais qui, sans forme de procès, jetaient dans le Rhône (au risque de noyer des homonymes innocents) ceux qui leur étaient désignés comme anciens agents du régime révolutionnaire. D'autres députés accusaient l'Angleterre, peut-être avec quelque raison, de stipendier les assassinats que les diverses factions commettaient en France.

Cependant, des arrestations, des exécutions partielles, ne pouvaient réussir à détruire les chauffeurs. Quelques juges même étaient intimidés au point de n'oser les condamner. Néanmoins, en 1799, ils avaient disparu de la Franche-Comté et du Vivarais, mais ils se montraient toujours redoutables sur plusieurs autres points. Dans le département de l'Oise, aux portes de Paris, un de leurs chefs, se disant bâtard du dernier duc de Choiseul, avait commis les atrocités les plus révoltantes : il fut condamné à mort et fusillé, à la fin de mars, avec vingt-sept autres scélérats de sa trempe, parmi lesquels il y avait neuf femmes. Enfin, sous le consulat, on prit des mesures plus énergiques. On forma un corps de gendarmerie mobile à pied, qui, les pourchassant comme des bêtes féroces, lattait corps à corps avec eux et les relançait jusque dans leurs repaires. Ceux de nos lecteurs qui seraient curieux de connaître les détails repoussants de l'horrible histoire de ces bandits, peuvent consulter la *Vie de Schinderhannes et autres chefs de brigands, dits chauffeurs et garrotteurs*, rédigée, d'après les pièces authentiques de leur procès, par Sevelinges (Paris, 1804, 2 vol. in-12). Ce fut en effet ce Schinderhannes, ou *Jean l'écorcheur*, le plus fameux, le plus actif, le plus redoutable de tous, qui prolongea leur résistance dans les nouveaux départements en deçà du Rhin, par la facilité qu'il avait de se transporter sur l'une ou l'autre rive du fleuve. Il fut pris enfin et exécuté à Mayence, avec dix-neuf de ses complices, en novembre 1803, et depuis on n'entendit plus parler de ces bandits.

H. AUDIFFRET.

CHAUFFOIRS PUBLICS. On nomme ainsi de vastes salles chauffées que, dans les contrées du nord, la bienfaisance publique ou privée ouvre aux pauvres pendant l'hiver. Quelquefois les chauffoirs servent d'asile aux malheureux, non-seulement pendant le jour, mais encore pendant la nuit. On emploie alors pour les coucher des lits suspendus que l'on retire chaque matin.

Pendant le rigoureux hiver de 1829, des chauffoirs publics avaient été établis sur plusieurs points de Paris.

CHAUFOUR, CHAUFOURNIER. Un *chaufour* est l'usine ou atelier où se prépare la chaux. Le *chaufournier* est l'industriel qui se livre à cette fabrication.

La chaux destinée aux usages de la maçonnerie, de l'architecture, etc., est cuite dans des fourneaux en plein air, que l'on construit exprès : ils ont ordinairement la forme d'une hutte dont le fond serait ouvert. On remplit la capacité de pierre calcaire ; on fait du feu dessous pendant plusieurs jours ; le bois, les broussailles, la bruyère, la paille, sont les combustibles dont on fait usage pour cuire la pierre à chaux, suivant les localités. On fait aussi de la chaux avec du charbon de terre, de la tourbe ; alors on remplit le fourneau en lits alternatifs de charbon et de pierre calcaire. On construit encore des *fours continus*, fondés sur le principe que les pierres qui sont immédiatement au-dessus du foyer sont nécessairement plutôt cuites que celles qui occupent la partie supérieure du fourneau. On retire donc de temps en temps les pierres inférieures ; la charge baisse et la vide qui se forme au sommet du fourneau est rempli par de nouvelles pierres.

TEYSSÈDRE.

CHAULAGE, terme d'agriculture par lequel on indique l'opération qui consiste à passer dans une lessive alcaline les graines que l'on veut semer afin de les préserver de la carie. Le procédé indiqué par Cadet de Vaux pour cette opération est celui du chaulage par immersion. On met les grains dans un cuvier et l'on verse par dessus de l'eau froide ou chaude dans laquelle on a délayé soit de l'hydrate de chaux, soit de la chaux vive. Un hectolitre de grain demande environ un kilogramme de chaux. On couvre le cuvier, et on le laisse pendant vingt-quatre heures dans un endroit chaud. On remue avec une pelle et on repasse deux ou trois fois dans les vingt-quatre heures l'eau sur le grain, en la soutirant par la bonde ; puis on lâche la bonde et on fait écouler l'eau que le grain n'a pas absorbée ; après quoi on le retire du cuvier et on l'étend sur une aire. On peut faire usage de cette semence le moment d'après ; sinon, on la met en tas et on a la précaution de la remuer, de peur qu'elle ne s'échauffe ; mais il vaut mieux, en général, que le blé soit chaulé quelques jours d'avance. Le grain ainsi chaulé est exempt de la carie : l'effet de la chaux est de détruire cette maladie sans incommoder le semeur, et à peine ce grain est-il confié à la terre qu'il germe ; les insectes ne l'attaquent point, parce qu'il est pénétré de la saveur âcre de la chaux ;

enfin, comme aucun grain n'échappe à la germination, on peut diminuer la semence, qui se trouve d'ailleurs diminuée par le seul fait de l'opération du chaulage, puisque 12 hectolitres de grains ainsi préparés en rendent 15.

Ce mode de chaulage est le plus en usage parmi les cultivateurs; cependant quelques-uns préfèrent celui qui a été indiqué par M. Laborie. Il consiste à prendre de la suie bien écrasée et à ajouter par décalitre de cette matière environ 20 litres d'eau bouillante. On brasse ce mélange avec un bâton pour qu'il soit opéré convenablement, et l'on ajoute ensuite de l'eau froide à peu près dans la même proportion que l'eau bouillante déjà employée. Durant les vingt-quatre heures qui suivent le mélange, on brasse encore trois ou quatre fois; après quoi, la lessive est faite. Les choses ainsi disposées et le blé destiné à la semence étant déposé dans une cuve, on le couvre de la préparation que nous venons d'indiquer, après l'avoir de nouveau remué, et de manière à ce qu'elle couvre le grain de huit ou dix centimètres. Le blé, ayant ainsi trempé pendant vingt-quatre heures, sort de la cuve fort renflé et enduit d'une couche légère de suie qui lui reste adhérente en séchant et qui l'accompagne dans le sillon.

Le sulfate de cuivre, l'arsenic, l'acide sulfurique, etc., préservent également les blés de la carie; mais les accidents auxquels ces substances peuvent donner lieu doivent leur faire préférer l'emploi de la chaux, qui n'offre aucun danger.

CHAULIEU (GUILLAUME AMFRYE DE), abbé d'Aumale et de Poitiers, de Chenel et de Saint-Étienne, en même temps que seigneur spirituel et temporel de Saint-Georges, en l'île d'Oleron, bienfaits du duc de Vendôme, avec un revenu de 30,000 livres, naquit en 1639 à Fontenai (Eure), et termina en 1720, au Temple, une vieillesse très-avancée. Sa famille, naturalisée en Normandie, tirait son origine d'Angleterre. Son père, maître des comptes à Rouen et conseiller d'État à brevet, fut employé par le cardinal de Mazarin dans l'affaire de Sedan, que le duc de Bouillon cédait à la France en échange de sa tête, due à l'échafaud de Cinq-Mars. Cette négociation prépara l'intimité de son fils avec la maison de Bouillon, où les Grâces, sous la figure de Marianne Mancini, attiraient tout ce que la France avait alors de plus distingué. Le jeune abbé sut y plaire aux deux Vendôme, et désormais, attaché à leurs personnes, il fit tour à tour les délices du *Temple* et d'*Anet*. C'est dans cette académie de volupté qu'il vit Chapelle, *ce maître qui lui apprit, sans rabot et sans lime,*

> L'art d'attraper facilement,
> Sans être esclave de la rime,
> Ce tour aisé, cet enjouement,
> Qui seul peut faire le sublime.

En effet, cette perfection du genre est la sienne, si elle consiste dans ce laisser-aller qui n'accuse ni soin ni étude; cette négligence transparente, où se laisse entrevoir un esprit qui ne cherche pas à surprendre; ce sourire spontané, cette gaieté sans effort; ces vers, qui ressemblent aux épanchements de l'amitié, aux saillies d'un festin, aux causeries de la promenade, au badinage du salon; ce naturel qui jaillit en rimes, comme une prose, dont elles ont la simplicité et l'abandon. Mais ce négligé, qui plaît, en ce qu'il ressemble à l'impromptu, ne devait point aller jusqu'à manquer aux règles de la versification, jusqu'à choquer la grammaire, jusqu'à laisser échapper des contradictions, soit quand il confond ensemble *le chien du Styx et le Dieu d'Israel*, le prêtre de l'Église romaine et les Euménides de la Fable, soit quand il *adore un Dieu moteur de tout* et reconnait à ses côtés l'*aveugle destinée*. Aussi Voltaire, tout en lui donnant une place au *Temple du Goût*, l'avertit-il charitablement de ne se croire que le premier des poètes négligés et non le premier des bons poètes.

Chaulieu fut chez Vendôme ce qu'Anacréon avait été chez Polycrate ou Horace chez Mécène. Il sait, comme eux, marier la philosophie à la volupté et mêler aux jouissances de la vie la pensée du tombeau. Mais cette ressemblance n'est pas la seule qu'il ait avec Anacréon. *A vous, l'Anacréon du Temple*, lui écrit Voltaire. En effet, ressuscitant le vieillard de Théos, Chaulieu conserva jusqu'au terme d'une longue carrière sa jeunesse de cœur, sa puissance d'amour, ses illusions de la vie au printemps, ses facultés d'émotions voluptueuses. L'amour n'est pas sur sa lyre une fiction poétique. Quand il chante cette douce magie, son âme est véritablement sous l'influence du charme, car, octogénaire et aveugle, il aima Mlle de Launay, avec la passion d'un adolescent, sans demander rien, sans rien attendre, mais pour le seul plaisir d'aimer.

Sans doute, tous les immortels à qui l'Académie a distribué ses fauteuils n'ont pas trouvé un siége au temple de Mémoire, où Chaulieu est assis. Quoi qu'il en soit, rendons grâces au président Tourreil, dont la cabale fit échouer notre abbé dans sa candidature à une place que Perrault laissait vide. Il semble que les palmes académiques eussent mal encadré ces *vers, enfants de la paresse*: Chaulieu s'adressant à la postérité eût gâté le Chaulieu écrivant à quelques amis; Chaulieu composant sous les yeux du public n'aurait plus été le Chaulieu jetant aux mystères d'une petite-maison ces chansons enfantées par le vin, l'amour et les émotions du moment; heureuses inspirations qu'il eut soin de recueillir et de classer lui-même en deux manuscrits. L'un, qui est la copie de l'autre, demeura entre les mains de son ami de Launay, et servit à l'édition donnée par celui-ci en 2 vol. in-8° (Amsterdam [Paris, 1731]). L'abbé se réserva l'original, qui échut, comme une partie de son héritage, au marquis de Talvende, son neveu; et c'est d'après ce dernier manuscrit que parut une nouvelle édition de Chaulieu en 1774.

Hippolyte FAUCHE.

CHAUME (de *calamus*, roseau, tuyau de paille). Ce mot désigne le plus souvent ce qui reste dans un champ de blé après qu'il est moissonné. On appelle aussi *chaume* les couvertures en paille, moins durables que celles en ardoises, tuiles, plomb, etc. Elles coûtent peu et défendent les habitations du froid mieux que toute autre espèce de couverture. On fixe le chaume par paquets sur des lattes au moyen de liens de paille ou de fils de fer; l'arête ou le faîte du toit est couvert de terre battue, ou mieux, de mottes de gazon. Un toit en chaume qui n'est pas trop exposé au soleil peut durer de trente à quarante ans, moyennant qu'on y fasse quelques réparations de temps en temps.

CHAUMES. On appelle ainsi, notamment dans les Vosges, des plateaux élevés quelquefois de 1,000 à 1,400 mètres, et dont on a entièrement abattu les arbres. L'herbe y est courte, abondante, de bonne qualité, presque uniquement formée de graminées, de composées et autres plantes aromatiques et nourrissantes. On conduit l'été dans ces précieux pâturages les grosses bêtes à cornes, les chèvres et les moutons, et c'est là que se fabriquent les fromages si renommés de Gruyère, de Gerardmer, de Vachelin, etc. Un trait caractéristique important à noter, c'est qu'en général les chaumes sont loués ou exploités par des anabaptistes, qui y ont des huttes pour leur bétail et d'autres pour la fabrication du fromage.

CHAUMETTE (PIERRE-GASPARD), né en 1763, était fils d'un cordonnier de Nevers; il fit d'abord quelques études, fut mousse, puis timonier sur un vaisseau; enfin, en 1789, il était copiste chez un procureur, à Paris. Il se lia avec Camille Desmoulins, fut admis au club des Cordeliers, travailla sous Prudhomme au journal qui avait pour titre *les révolutions de Paris*, et sortit de l'obscurité au 10 août 1792. Lorsque Manuel eut été nommé membre de la Convention, Chaumette le remplaça comme procureur de la commune de Paris. C'est alors qu'il quitta ses prénoms de *Pierre-Gaspard*, pour celui d'*Anaxagoras*, saint qui, disait-il, avait été pendu pour son incrédulité. Il domina sans réserve la commune de Paris, et provoqua l'établissement du **tribunal révolutionnaire**, la loi du *maximum*, la révolution du 31 mai, la formation de l'armée révolutionnaire et la loi des suspects. Il voulait que tous les Parisiens ne portassent que des sabots et que l'on plantât en pommes de terre les jardins des Tuileries et du Luxembourg. Il fut l'un des meneurs de la faction des *hébertistes*; c'est lui encore qui inventa et fit consacrer les *fêtes de la raison*. Lorsque Robespierre vainquit les *hébertistes*, Chaumette fut enveloppé dans leur proscription. Il mourut sur l'échafaud, le 13 avril 1794.   Aug. SAVAGNER.

CHAUMIÈRE ou CHAUMINE, demeure de villageois en certains pays, devant son nom à l'habitude où l'on est de la couvrir de paille, de **chaume**, de mousse, ce qui l'expose à de fréquents incendies. « Il serait à désirer, dit Thiébaut de Berneaud, qu'elle fût construite en terre argileuse, sur un parallélogramme de 5 mètres de large, sur 10 de long, et creusée de 30 centimètres en contre-bas du niveau du sol. On élèverait ce massif d'aplomb à deux mètres, puis on le continuerait en pente de 45 degrés jusqu'au sommet, pour former le comble, plaçant par intervalle des crochets en bois pour arrêter les perches de la toiture de chaume. Ainsi l'habitation serait saine et à l'abri du feu. Elle coûterait peu, l'argile abondant partout. Quand on peut dire *me voilà tranquille chez moi*, l'amour du travail vient de lui-même, accompagné du bien-être et de la santé. »

« On introduit, dit Quatremère de Quincy, cette espèce de fabrique dans les jardins dont le genre et l'aspect comportent la présence des bâtiments rustiques, mais ce rapport de rusticité n'est qu'extérieur : sous les dehors d'une pauvreté apparente, les *chaumières* dont on parle recèlent toute la richesse de la matière et toutes les recherches du goût. Cette humble couverture, ces murs d'argile, revêtus de mousse, ne sont qu'un déguisement qu'emprunte le luxe pour réveiller par un contraste inattendu l'attrait usé des plaisirs simples. C'est tantôt un cabinet élégant, tantôt un salon dont le fastueux ameublement dispute aux appartements des villes. »

Quant à *chaumine*, synonyme ou diminutif de chaumière, il est plus particulièrement du domaine de la poésie.

CHAUMIÈRE (La Grande). C'est le nom d'un bal-restaurant, situé à Paris, boulevard du Mont-Parnasse, non loin de la barrière d'Enfer.

La *Chaumière* a joué un grand rôle dans l'histoire contemporaine. Dès les premières années de la Restauration, ses bals étaient en quelque sorte des foyers d'opposition séditieuse et devenaient des occasions de collision entre les jeunes gens qui s'y rendaient et l'autorité. Après la révolution de Juillet, la jeunesse, éprise d'une liberté encore mal comprise, ne la voyait que sous la forme de la république, et dirigeait dans ce sens ses vœux, ses efforts, ses discours et toutes les démonstrations qu'elle pouvait faire pour manifester son hostilité. Les bals publics lui en offraient de naturelles et fréquentes occasions. La *Chaumière* était un lieu habituel de nombreuses réunions. Il était simple alors que, en continuant de se livrer, trois ou quatre fois par semaine, au plaisir de la danse, ces jeunes hommes, échauffés au frottement continuel de leurs sentiments démocratiques, fissent éclater ces sentiments par tous les signes extérieurs qu'ils pouvaient imaginer, et se plussent à braver les agents de l'autorité, qui les surveillaient et les comprimaient; c'est alors que la forme et la couleur des vêtements et des chapeaux devinrent pour les uns des signes de ralliement et de confraternité politique; pour les autres, des emblèmes de sédition et de révolte. C'était le temps des *bousingots*. A la sortie de chaque soirée dansante, les boulevards neufs retentissaient de chansons, de cris et de propos fort peu révérencieux pour *l'ordre de choses*, poussés et proférés par les danseurs et les danseuses qui regagnaient leurs domiciles, et qui, joignant l'irrévérence pittoresque à l'injure poétique, embellissaient ou salissaient les murs de toutes les rues voisines qu'ils avaient à traverser, de dessins charbonnés représentant des poires-monstres, entourées d'inscriptions et d'emblèmes singulièrement significatifs, et passablement injurieux. On voyait alors se renouveler des collisions journalières, sanglantes.

Au bout de quelques années, les commotions publiques s'étant apaisées, ces occasions et ces prétextes de lutte entre les agents de l'autorité et les jeunes opposants se présentèrent facilement par l'exercice du *chahut*, prohibé aux termes des règlements de police. Pour vexer et irriter les officiers policiers, les jeunes gens ne se faisaient pas faute d'exagérer encore l'indécence de la mimique du *cancan*, et alors ceux que l'on ne manquait pas de qualifier du nom d'*agents provocateurs* s'empressaient de vouloir mettre à la porte du bal les danseurs équivoques, lesquels se défendaient et faisaient naître ainsi des mêlées souvent meurtrières; aussi, de son autorité privée, le pouvoir fit plusieurs fois fermer le bal public. Enfin l'entrepreneur M. Lahire, qui se voyait près de la ruine obtint du chef suprême de la police l'éloignement des agents de la force publique du lieu de la danse; et la mission de mettre et de conserver lui-même, sous sa responsabilité personnelle, l'ordre et la décence dans ces réunions. Auprès des jeunes gens, les représentations et les exhortations de l'*impresario in angustie*, de l'entrepreneur embarrassé, furent également bien écoutées. Ils l'acceptèrent pour seul juge de leur conduite; ils promirent de se soumettre à sa surveillance, à ses appréciations, et à ses décisions, sans appel, sur les degrés d'excentricité chorégraphiques auxquelles ils se livreraient désormais. La paix fut signée et jurée dans ces termes, et les conditions en furent assez religieusement observées de part et d'autre jusqu'au jour où le fanatisme politique s'étant assoupi au quartier latin, les sergents de ville purent reparaître dans l'intérieur du bal sans que leur uniforme abhorré y déterminât la moindre émotion.

Après avoir fait l'histoire de la Chaumière passons à sa description topographique. L'entrée de ce lieu fameux offre, à la chute du jour, un des aspects les plus agréables qui se puisse voir. On passe sous une espèce de grotte en pierres meulières, tapissée de verdure, longue seulement de quelques pas, et au débouché de laquelle, à droite et à gauche, s'élèvent des talus de médiocre hauteur, tout garnis du gazon le plus frais, entremêlé de fleurs de toute nature, selon l'époque plus ou moins avancée de la saison du printemps, d'été ou d'automne, en suivant une allée légèrement escarpée et bien sablée; le tout éclairé par la lumière d'un grand nombre de quinquets adroitement placés et déguisés sous le feuillage des arbres, et qui jettent sur l'ensemble de cet agreste et champêtre vestibule les reflets les plus charmants. A droite, vous voyez un carré entouré d'un treillage, et dans lequel figurent quelques arbustes de haute taille, odorants ou inodores, encaissés et entretenus avec soin : grenadiers, orangers, lauriers. Mentionnons en passant que ces lauriers furent donnés par l'Empereur au maréchal Masséna après la bataille d'Essling. Quels jeux bizarres de la fortune! Napoléon mourant sur le rocher de Sainte-Hélène! les lauriers d'Essling dans une guinguette des boulevards neufs! *Sic transit gloria mundi*.

De loin, vous avez aperçu de grands arbres, enseignes attrayantes de bocages que vous avez hâte de parcourir; vous avez entendu l'harmonie joyeuse et pimpante d'un orchestre plein d'*entrain*, de mesure exacte, qui fait retentir l'air des *motifs* chorégraphiques les plus excitants. C'est le péristyle des Champs-Elysées mythologiques; c'est le vestibule du paradis oriental; c'est l'avenue de la *villa* de quelque célébrité opulente. Au dehors, une longue file de voitures de toute espèce : coupés à fringant attelage, cabs, cabriolets-mylords, tilburys, citadines, américaines, fiacres, vous portent à croire que ce n'est point une société sans distinction et sans élégance qui se réunit dans cet endroit. Il semble que vous ne devez rencontrer dans un tel séjour que de riants visages, de fraîches toilettes, des figures uniquement animées par le plaisir de la danse exercée avec une ardeur juvénile, mais tempérée, réglée par la grâce, la décence, les bonnes façons... Avancez donc pour jouir enfin complétement du spectacle des bienheureux habitués de ce lieu d'enchanteresse apparence... Avancez au milieu de cette foule qui se promène sous ces bosquets de lilas, d'acacias, d'ébéniers, autour de la salle de danse, devant ce café-restaurant, dont les colonnettes sont, à leurs pieds, bordées de fleurs et entourées de plantes grimpantes...... Avancez, regardez, écoutez...... et efforcez-vous de contenir la sorte d'effroi qui succédera bientôt à la stupéfaction que vous fera éprouver ce que vous allez voir, ce que vous allez entendre!

Toute cette foule est composée d'êtres auxquels il devient comme impossible de donner le nom d'hommes et de femmes, tant ils sont ou paraissent étrangers aux devoirs, aux règles, aux usages, aux conventions de toute espèce d'association humaine et sociale, aux plus simples égards qu'observent entre eux les moins bien élevés, les moins polis, les moins civilisés. C'est là le rassemblement des étudiants en droit, en médecine, en pharmacie, des clercs, des employés, des commis-marchands, des échappés de colléges. C'est là le rassemblement de ces jeunes filles de basse condition, ouvrières perdues de mœurs dès leur jeunesse, que l'espérance d'un établissement quelconque a pour jamais abandonnées ; de ces femmes sans nom, plus avancées en âge, par conséquent en vices, et qui, sans être soumises aux réglements de la police, mènent une existence sans définition possible, et achèvent de perdre celles qui, plus jeunes, pourraient conserver encore quelques chances d'un retour à une vie meilleure. Il faut se hâter de le dire : tout étranges, tout bizarres, tout dissolus que soient ou que paraissent les hommes dans ce fantastique séjour, ils sont loin encore d'égaler les femmes qui s'y montrent à leurs côtés.

Tous, les uns et les autres, sont bien également privés de bijoux de quelque valeur, de gants, et même, pour la plupart, de linge blanc. Si leurs vêtements les moins délabrés n'ont point été engagés au Mont-de-Piété, pour se procurer, non pas les moyens de vivre, mais de se livrer aux plaisirs qu'on n'a point à crédit ; si alors ils peuvent faire usage de ces vêtements pour se présenter dans ce bal public, n'allez pas croire, cependant, que leurs costumes ressemblent à ceux que vous portez ou que vous avez vus autre part ; non, il y a là, exclusivement là, des redingotes, des paletots, des gilets — peut-être —, des pantalons, des chapeaux, des bottes ou des brodequins, dont les formes et les couleurs n'ont qu'une analogie assez éloignée avec les vêtements auxquels on donne vulgairement les mêmes noms. Là, il n'y a jamais d'habits et probablement il n'y a point de bas. C'est non-seulement l'absence absolue de toute toilette disposée soit avec le désir de plaire, soit avec le simple sentiment de la convenance et de la propreté ; on dirait, au contraire, que, pour en laissant percer une certaine affectation vaniteuse de dédain pour le *vestiamente*, ils affectent le cynisme du désordre, le sans-souci de toute distinction dans le costume, par un esprit d'égalité sociale appuyée sur cette base : que ce n'est point l'habit qui fait l'homme, et que ce n'est pas sur cette étiquette qu'il faut le juger. Mais que dire du vêtement des femmes! car il serait impossible, dans cette circonstance, de faire usage des mots de *toilette* ou de *costume*. Il suffit de la plus rapide inspection pour être assuré que les habits qu'elles portent n'ont point été faits pour elles. Un reste de coquetterie féminine se fait bien apercevoir dans quelques prétentions d'arrangements ou d'étoffes. *Nous nous parons de robes de barége, de soie*;

nous avons des châles, des mantelets, des écharpes ; mais, bon Dieu ! ces robes ne vont pas à *nos* tailles ; les plis, parce qu'elles nous étaient trop larges, les déchirures, parce qu'elles nous étaient trop étroites, attestent qu'elles sortent de chez la dernière revendeuse à la toilette qui les a vendues ou même louées pour la soirée, ou qu'elles sont le prêt accidentel de quelque amie complaisante ; toutes, elles sont passées, froissées, fanées, sans garniture, sans rubans, quelquefois sans cordons. Ces châles, ces mantelets, ces écharpes, ces par-dessus, proviennent évidemment de la même fabrique, également fripés, également trop courts ou trop longs ; et ces chapeaux, miséricorde ! ces chapeaux dégarnis de rubans, à moins qu'ils n'en possèdent de tachés ou de décolorés, et dont les *passes*, à force d'être *rafraîchies* sur le devant, ont réduit ces prétendus chapeaux à l'état de *bibis* des plus exigus, parvenant à peine à couvrir le sommet de la tête ! Si *nous* avons des gants, à quelle époque ont-ils été d'une couleur quelconque ! Regardez ces visages que vous vous attendiez, pour les trouver en harmonie avec le charme extérieur du séjour, à voir frais, riants, animés, portant l'empreinte de la jeunesse et du plaisir ; ils sont sérieux, tristes, pâles, défaits, vieux de fatigues, d'insomnies, et ne portant d'autre marque que celle du vice et de la débauche. Ils ne rient pas, ils grimacent ; ils ne chantent point, ils crient. Écoutez leurs propos, si vous pouvez les comprendre et les entendre quelque temps ; ils ne révèlent que les habitudes de l'*argot* ou les pensées d'un libertinage obscène.

Mais la ritournelle de la contredanse ou de la valse prochaine se fait entendre ; vous croyez qu'avec un certain empressement, une certaine politesse, le cavalier va demander à sa dame si elle veut bien danser avec lui ? Allons donc ! vous connaissez bien votre monde. Cela *sentirait* l'homme honnête ; cela *puerait* l'homme bien élevé ; cela *empoisonnerait* les manières de la bonne compagnie ! Voici comment nous nous y prenons. Si nous sommes venus là avec *notre femme*, ce qui signifie *notre maîtresse*, que nous tenons sous la bras, nous nous rendons tous les deux, sans mot dire, dans l'endroit de la salle de danse où nous trouvons des *vis-à-vis* que nous connaissons ou que nous ne connaissons pas, ce qui nous est absolument égal. Si *notre femme* n'est pas avec nous, et que pourtant nous voulions danser, nous nous présentons, le chapeau sur la tête, devant celle que nous avons choisie, et nous lui disons, avec un signe de tête interrogateur : *Hein ?* ce qui signifie : voulez-vous danser ? Elle, qui comprend par l'habitude cette pantomime réduite à sa plus simple expression, ne nous répond, si elle accepte, qu'en se levant, ou en nous suivant, si elle est à se promener. Nous avons grand soin de garder notre chapeau sur la tête et de n'adresser aucune parole à notre partner, à moins que nous n'ayons, à son égard, d'autres intentions que des intentions dansantes, auquel cas, si elle n'est, par hasard, *la femme de personne* pour cette soirée, quelques mots échangés de part et d'autre suffisent pour établir sur-le-champ la liaison la plus intime, et que la nuit passée en commun dans le domicile de l'homme va bientôt consacrer ; — car on affirme que les trois quarts des créatures qui font le plus bel ornement, non pas de la société, mais de cette réunion immonde, n'ont pas d'autres demeures que celles qu'elles rencontrent ainsi dans ces occasions, qui se présentent trois fois par semaine : le lundi, le jeudi et le dimanche.

Lorsque le quadrille est fini, si toutefois cela ne nous *embête* pas trop d'attendre jusqu'à la fin, *nous nous* en allons avec notre danseuse, que nous ne prenons pas même la peine de reconduire à sa place, ce qui est naturel et juste, puisque nous n'avons plus besoin d'elle, à laquelle nous n'adressons pas le moindre remerciement, à laquelle même nous tournons immédiatement le dos, en la plantant là pour devenir ce que bon lui semblera, à moins, qu'elle ne soit *notre femme*, ou que nous voulions qu'elle le devienne jusqu'au lendemain, et, dans l'un de ces deux cas, nous la prenons sous le bras pour toute la soirée; nous la faisons entrer au café, où nous la régalons de bière, de *bischop*, d'eau-de-vie ou de punch, selon son goût, qui penche presque toujours pour ce dernier breuvage, lequel, en effet, est parfaitement agréable lorsqu'il est accompagné du cigare que *notre femme* se met à fumer pendant que nous en fumons un aussi de notre côté; car, dans ce délicieux séjour de plaisirs délicats, les *mâles*, — nous n'osons plus dire les hommes, fument tous ou à peu près tous, et les *femelles*, — nous osons encore bien moins dire les femmes, — se livrent aussi, en assez bon nombre, à cette suave satisfaction, sinon dans le jardin, du moins dans le café, qui n'est plus qu'une tabagie.

C'est lorsque, vers la fin de la soirée, — on est tenu de se retirer à onze heures, — échauffés par les propos, le cigare et les breuvages excitants, ces êtres des deux sexes se livrent à leurs passions pour la danse, que leurs figures, quasi-inanimées jusque-là, pâles, défaites, hâves, prennent une certaine expression d'étrange plaisir. Ils ne sont point enivrés par les boissons; c'est l'exercice violent d'une danse passionnée qui les anime et leur cause une sorte d'ivresse tourmentée par le mouvement et les allures de la *chahut*, du *cancan*; car, pour tout dire, c'est, plus que tout autre chose, le plaisir, le besoin, la passion de la danse qui attire les uns et les autres au bal de la *Chaumière*; les femmes surtout s'y adonnent avec une sorte de fureur. La salle du bal présente alors le spectacle de ce qu'on imagine pour le sabbat. On dirait la scène des nonnes de l'abbaye de Sainte-Rosalie, dans *Robert le Diable*. Ce sont là vraiment les femmes folles de leurs corps; elles sont comme possédées d'une espèce de vertige que leur donnent toutes les excitations dont elles sont entourées, et dont le tableau et l'observation causent au spectateur de sang-froid un dégoût mêlé de quelque horreur. Ce n'est pas toutefois que ce genre de chorégraphie, soit contredanse, soit valse, — mais toujours *chahutée*, — lorsqu'elle est bien exécutée, manque de piquant et de grâce; nous avons vu, entre autres, à la Chaumière, un jeune homme attirer les regards et même les applaudissements par la gracieuse et spirituelle expression qu'il apportait à cet exercice dansant. Il n'était aucun pas, aucun geste qu'il n'exécutât avec une justesse d'oreille parfaite, et jamais, au milieu des excentricités chorégraphiques les plus hasardées et les plus imprévues du *cancan*, jamais la mesure ne le trouva en défaut.

Maintenant regardez avec moi cet homme à la haute stature, aux cheveux bruns, qui se promène comme un amateur, les bras croisés derrière le dos, au milieu des groupes, des danseurs, des danseuses, dans les bosquets, le sourire sur les lèvres, une branche de lilas, ou une rose, ou un camélia à la bouche, causant amicalement, donnant, comme s'il sortait aussi de l'hôtel de ville, des poignées de main à tout le monde; c'est lui, c'est *le père Lahire*, c'est le dictateur de la *Chaumière*, c'est le chef suprême du *cancan*.

Je le vis..., son aspect n'avait rien de farouche,
Je sentis le reproche expirer sur ma bouche.

Mais un cri d'indignation s'élève dans notre poitrine contre la coupable tolérance des gouvernements qui ont souffert un tel scandale. Nous savons bien qu'à toute époque et en toute grande ville, c'est-à-dire dans ce qu'on trouve une grande agglomération d'hommes et de femmes de toute condition et de tout âge, les mauvaises mœurs ont toujours régné. Aussi en traçant ce tableau nous ne prétendons en aucune façon nous poser comme détracteur du temps actuel au profit du temps passé, *laudator temporis acti*. Ce qui différencie les époques à cet égard, c'est uniquement le mystère ou le scandale, et l'un et l'autre ne proviennent pas du fait du public, lequel, pris en masse, est plus honnête, plus pudique qu'on ne le pense, et ne regrette pas qu'on lui retienne la bride sur l'éclat de certains plaisirs, mais qui, surtout en France, se laisse volontiers aller à cet éclat quand on ne lui met pas de frein. A. DELAFOREST.

CHAUMONT, ville de France, chef lieu du département de la Haute-Marne et de la 4e subdivision de la 7e division militaire, est situé à 210 kilomètres de Paris sur la rive gauche de la Marne et près de la rive droite de la Suize, à deux kilomètres du confluent de ces deux rivières, avec une population de 6,374 habitants, des tribunaux de première instance et de commerce, un collége, une école normale primaire départementale, une bibliothèque publique de 35,000 volumes. L'industrie n'y manque pas d'activité; il s'y fait une fabrication importante de gants de peau, de bonneterie de laine drapée à l'aiguille, de coutellerie façon anglaise, de droguets, de chandelles, de bougies et de sucre indigène. On y trouve une filature hydraulique de laine et de coton, des tanneries, des corroyeries; des mégisseries, une blanchisserie de cire et deux typographies. Son principal commerce consiste dans la vente de fers, meules à émoudre et des produits de son industrie. La ville est en général mal bâtie, cependant on y remarque la grande place environnée d'assez belles maisons et de jolies promenades; parmi ses monuments on peut citer l'église Saint-Jean, l'hôpital, l'hôtel de ville et un arc de triomphe.

Chaumont n'était dans l'origine qu'un bourg défendu par un château, dont il ne reste plus aujourd'hui que les débris d'une grosse tour carrée. Elle faisait depuis longtemps partie des domaines des comtes de Champagne, lorsque l'un d'eux lui accorda par une charte de 1490 la coutume de Lorris. Une prévôté y fut établie en 1202. Elle fut fortifiée en 1500 par ordre de Louis XII; François Ier et Henri II y ajoutèrent quelques bastions : c'était alors une des clefs de la France; mais ses murailles sont maintenant à peu près détruites. En 1814 un traité d'alliance offensive et défensive contre Napoléon y fut signé entre l'Angleterre, l'Autriche, la Prusse et la Russie (*voyez* CHATILLON [Congrès de]).

CHAUSSARD (PIERRE-JEAN-BAPTISTE), naquit à Paris, en 1766, et mourut dans cette ville en 1823. Il avait fait ses études au collège de Saint-Jean-de-Beauvais, sous la direction de l'auteur de l'*Origine des Cultes*, qui devint son ami. A vingt-un ans, il publia une ode qui concourut pour le prix de l'Académie Française, *Sur le dévouement du duc de Brunswick* (1787). Il se fit recevoir avocat au parlement et fit paraître en 1789 une *Théorie des Lois criminelles*, qu'il adressa à l'Assemblée nationale. Il avait embrassé les principes de la révolution avec un ardent enthousiasme, et avait quitté son nom pour celui de *Publicola*. En 1791, il fit imprimer sa *Lettre d'un homme libre à l'esclave Raynal*, et *La France régénérée*, pièce en vers et à spectacle. En 1792 parut son livre *De l'Allemagne et de la Maison d'Autriche*, réimprimé en 1799 et en 1800.

En 1792 le ministre Lebrun l'envoya en Belgique avec le titre de commissaire du conseil exécutif; et, dans l'accomplissement de cette mission, il prit une part active à la réunion de la Belgique avec la France. Toutefois, Dumouriez, en arrivant à Anvers en 1793, se montra extrêmement mécontent de la conduite de Chaussard, qui avait déposé toutes les autorités de la ville, en ordonnant leur arrestation, ainsi que celle de soixante-sept habitants notables; ordre à l'exécution duquel le général Marassé avait refusé d'ailleurs de se prêter. La terreur était à l'ordre du jour dans cette importante cité, dont un grand nombre d'habitants avaient déjà pris la fuite. Pour faire cesser un état de choses qui pouvait compromettre la position de son armée, Dumouriez n'eut qu'à intimer à Chaussard l'ordre de sortir d'Anvers et de se rendre à Bruxelles.

A son retour de Belgique, il fut nommé secrétaire de la mairie de Paris, puis du comité du salut public, et enfin secrétaire général du ministère de l'Instruction publique. Il avait publié en 1793 un traité de *l'Éducation des Peuples* et des *Mémoires historiques et politiques sur la révolution de Belgique.* Quand La Révellière-Lepeaux fonda la religion des théophilanthropes, Chaussard s'en déclara l'apôtre, et prêcha à Saint-Germain-l'Auxerrois. Il fit successivement paraître, en 1797, *l'Esprit de Mirabeau*, 2 vol. in-8°.; en 1798, un *Essai philosophique sur la dignité des arts*; en 1799, son *Coup d'œil sur l'intérieur de la république française*, et le *Nouveau Diable Boiteux, tableau philosophique de Paris*, 2 vol. in-8°. Ces ouvrages furent suivis des *Fêtes des Courtisanes de la Grèce*, livre licencieux, annoncé par l'auteur pour faire suite aux *Voyages d'Anacharsis* et d'*Anténor*, de Barthélemy et de Lantier (1803, 4 vol.), et d'*Héliogabale, esquisse morale de la dissolution romaine sous les empereurs* (1803, in-8°). Il avait des titres plus honorables à invoquer dans ses odes patriotiques *sur la paix*, *sur le combat d'Algésiras*, etc., et dans sa traduction de l'*Histoire des expéditions d'Alexandre*, par Arrien (1802, 3 vol. in-8°, avec atlas).

Après 1803 il embrassa la carrière de l'enseignement, et devint successivement professeur de rhétorique aux lycées de Rouen, d'Orléans et de Nîmes. En 1811 il publia, sous le titre d'*Épître sur quelques genres dont Boileau n'a point fait mention dans son Art Poétique*, son meilleur ouvrage, qu'il retravailla depuis, et dont il fit un poème en quatre chants, intitulé *Poétique secondaire, ou Essai didactique sur les genres dont il n'est point fait mention*, etc. (1817, in-12).

A la Restauration, il avait obtenu de résider à Paris, où il touchait les appointements de sa place et était chargé, en outre, de travaux classiques pour l'université. Écarté tout à coup, sans pension, du corps enseignant, il ne s'occupa plus que de littérature. On lui doit encore *Des Monuments publics et de la Magistrature des Édiles* (1800, in-8°); *Jeanne d'Arc*, recueil historique complet (1806, 2 vol. in-8°); *Heur et Malheur* (1800, 2 vol. in-8°); *Le Pausanias Français, état des arts en France* (1807, in-8°); *Les Anténors modernes* (1807, 3 vol. in-8°); *Bibliothèque pastorale, ou Cours de littérature champêtre*, contenant les chefs-d'œuvre des meilleurs poètes bucoliques anciens et modernes.

Comme poète, Chaussard suivait les traces de Le Brun, dont il était admirateur enthousiaste; mais il n'avait pas, tant s'en faut, la verve de celui que ses contemporains ont surnommé avec un peu de jactance peut-être *le Pindare français*. Quand la mort le surprit, il s'occupait de la traduction en vers des *Odes d'Horace* et de celle des *poésies lyriques de Schiller*.

CHAUSSE. C'est *l'habillement de la jambe d'un homme ou d'une femme*, écrit Nicot; d'où il faut conclure qu'on nommait ainsi autrefois ce que nous appelons des *bas*. Chausse a été fait de *caliga*, comme *fraise* de *fraga*, dit Ménage, et c'est pourquoi, ajoute-t-il, si l'on suit l'étymologie il faudra écrire *chauce*. Mais cette opinion n'est pas celle de Wachter, qui, dans son glossaire germanique, prétend que *hosen* signifie ce qui couvre les bras, les jambes et les cuisses. Le latin barbare dit *hosa*, ajoute-t-il, l'anglosaxon *sein-hose*, le français *chausse*, que l'on dérive à tort du latin *caliga*. Dans les premiers temps, ce vêtement était lâche, et rayé de différentes couleurs, puis on le porta serré sur la jambe et marquant le mollet. Plus tard, ces chausses furent roulées sur les divers. Il ne faut pas les confondre avec l'espèce de caleçon large ou culotte qui fut d'usage pendant plusieurs siècles, et qu'on nommait *haut-de-chausses*, lequel finissait juste où commençaient les *chausses*. Ces vêtements étaient encore de mode sous Louis XIV.

Les *chausses* ont donné lieu à plusieurs locutions proverbiales, telles que, *tirer ses chausses*, pour s'enfuir; *y laisser ses chausses*, pour mourir, et d'autres encore, trop vulgaires, trop connues ou trop scabreuses pour trouver place ici.
Le Roux de Lincy.

CHAUSSÉE, levée plus ou moins étendue et exhaussée, qui sert soit à soutenir les eaux, soit aux grandes communications dans l'intérieur d'un pays.

Si ces constructions n'ont pas d'autre destination que de servir de digues, leurs dimensions sont fixées par des formules de statique dont les données sont la ténacité et la pesanteur spécifique des terres. On suppose d'abord qu'il ne s'agit que de mettre en équilibre la poussée des eaux, en raison de leur abaissement au-dessous du niveau de la surface, avec la résistance des terres au même degré d'abaissement. Après avoir déterminé cette limite du nécessaire absolu, on la recule beaucoup, on double même quelquefois l'épaisseur trouvée pour le cas d'équilibre, afin d'être parfaitement en sûreté contre le danger d'une rupture subite et des inondations désastreuses qu'elle pourrait causer. Quant à la forme de ces chaussées, il est évident que leur sommet est, sur toute la longueur, également élevé au-dessus des eaux soutenues, que par conséquent il est horizontal si les eaux sont stagnantes, et que, le long d'une rivière sa faible inclinaison ne peut être que celle du courant. Du côté extérieur, les terres sont abandonnées à leur talus naturel, et du côté des eaux la pente est ordinairement plus raide et revêtue de pierres pour empêcher les invasions que les eaux en mouvement ne manqueraient pas d'y faire si elles agissaient directement sur les terres. La face extérieure n'est exposée qu'à l'action des eaux pluviales, et le gazon dont elle se couvre bientôt la préserve suffisamment de toute dégradation.

Les chaussées digues font quelquefois partie d'une grande route : telles sont celles qui bordent une partie du cours de la Loire, et qui servent à garantir des campagnes fertiles de l'invasion des sables charriés par ce fleuve. Pour celles-ci, on est dispensé de tout calcul de solidité, elles ont toujours plus d'épaisseur qu'il n'en faut pour contre-balancer la pression exercée par les eaux, pourvu que le débordement ne les surmonte point, ce qui n'empêche pas quelquefois les eaux de les percer (*voyez* INONDATION). C'est parce que les digues du Pô ne sont pas assez hautes que les eaux du fleuve passent quelquefois au-dessus, y font de larges ouvertures et causent de grands dégâts dans les campagnes riveraines. Les chaussées d'étang servent aussi, en quelques lieux, de chemins à travers un vallon; dans ce cas, elles sont toujours assez solides, quelle que soit la hauteur des eaux qu'elles ont à soutenir.

Quant aux chaussées des grandes routes, le tracé de ces voies publiques suppose la solution de problèmes assez compliqués et des recherches qui ne peuvent être soumises à un calcul rigoureux. Il faut régler la pente qu'on leur donnera, fixer le *maximum* de raideur que le roulage peut tolérer ; vient ensuite l'étude du terrain, puis l'application sur son relief d'une ligne qu'il faut rendre la plus courte que l'on peut, sans que son inclinaison excède nulle part la limite qu'on doit se prescrire. Mais cette ligne la plus courte n'est pas toujours celle qui convient le mieux ; une autre un peu plus longue peut, en certains lieux, offrir les avantages d'une pente mieux réglée ou d'un moindre déblai, être parcourue plus facilement, même plus promptement, ou construite avec plus d'économie, etc. Il s'agit de consulter et de concilier autant qu'il est possible des intérêts nombreux et divers, de pourvoir aux besoins du moment sans perdre de vue ceux de l'avenir.

La largeur des chaussées des grandes routes est plus grande en France que dans aucun autre État de l'Europe ; ce qui ne prouve nullement que nous soyons le plus ambulant de tous les peuples. Chacun a pu se convaincre qu'une partie assez considérable de nos larges chaussées est tout à fait inutile, et par conséquent nuisible, en raison de ce qu'elle coûte et du terrain qu'elle enlève à la culture. Les *chaussées*

CHAUSSÉE — CHAUSSÉE-D'ANTIN

romaines, dont on vante la solidité, étaient fort étroites en comparaison des nôtres, et suffisaient néanmoins pour les transports, les voyages et la correspondance du vaste empire de Rome. Les chaussées romaines étaient solidement construites. Les nôtres sont généralement pavées. Dans les pays du Nord le bois joue un certain rôle; en Angleterre Mac-Adam donna les règles d'une construction en caillou que d'autres nations s'ingénient plus ou moins adroitement à s'approprier. FERRY.

CHAUSSÉE (LA). *Voyez* LA CHAUSSÉE.

CHAUSSÉE-D'ANTIN, nom qui, dans sa plus grande acception, désigne toute la partie de Paris comprise entre l'ancien boulevard, au sud-est, et l'enceinte des nouvelles barrières, au nord et au nord-ouest, et qui est bornée à l'est par les rues du Faubourg-Montmartre et des Martyrs, et à l'ouest par celles de l'Arcade et du Rocher. Toute cette vaste étendue de terrain était, vers le milieu du siècle dernier, occupée par des champs, des marais, des jardins, des maisons de campagne; par une voirie, le cimetière de Saint-Eustache et le village des Porcherons, où les ouvriers allaient s'enivrer avec du vin à quatre sous le pot. On y voyait aussi le *Château du Coq* presque en face de la rue actuelle de Clichy, la chapelle Sainte-Anne et celle de Notre-Dame-de-Lorette; enfin, la ferme nommée *la Grange Batelière*, qui existait depuis le douzième siècle. Cet espace était encore traversé par le grand égoût de la ville, ancien lit du ruisseau de Ménilmontant, qui, découvert et encombré sur plusieurs points, répandait l'infection par ses eaux croupissantes. En sens contraire, un chemin sinueux, partant de la porte Gaillon, croisait d'abord l'égoût, sur un pont anciennement nommé *Pont-Arcans*, près de la rue de Provence, et conduisait au village des Porcherons et à Clichy.

Tel était, vers 1700, le sol sur lequel devait s'élever le plus beau quartier de Paris. Le séjour de Louis XV dans la capitale, pendant sa minorité, y ayant attiré une grande affluence de courtisans et de valetaille, il fallut songer à loger tout ce monde-là et pour cela agrandir la ville. Les magistrats obtinrent, le 4 décembre 1720, l'autorisation d'acquérir tous les terrains et bâtiments qui formaient cet emplacement, pour y bâtir un nouveau quartier, y ouvrir une grande rue, depuis le boulevard jusqu'à la rue Saint-Lazare, et faire creuser un nouveau canal au grand égoût, qui serait prolongé et surtout voûté. L'exécution de ce plan fut commencée. On acquit des propriétés; on perça des rues; on bâtit quelques hôtels, mais fort peu de maisons. Ce quartier fut d'abord nommé quartier *Gaillon*, parce qu'il était près de la porte de ce nom; il fut appelé ensuite *Chaussée-d'Antin*, parce que sa principale rue s'ouvrait en face de l'hôtel qui, avant d'appartenir au maréchal de Richelieu, avait été possédé par le duc d'Antin, surintendant des bâtiments. Cette rue, l'ancien chemin des Porcherons, fut exhaussée, alignée et nommée successivement rue de l'*Égoût-Gaillon*, *Chaussée-Gaillon*, *Chaussée de la Grande-Pinte* (enseigne d'un cabaret), rue de l'*Hôtel-Dieu*, parce qu'elle conduisait à une ferme appartenant à cet hospice, dans la rue Saint-Lazare, et *Chaussée-d'Antin*, parce qu'elle fut la première et la plus belle rue du quartier de ce nom.

La partie de la rue Grange-Batelière qui donne sur le boulevard date de 1704; l'autre partie est plus ancienne. La rue Chantereine ou Chanterelle, et celle du Rocher, avaient été tracées en 1734, mais elles ne furent bâties que plusieurs années après; et, lorsque Louis XV mourut, la Chaussée-d'Antin ne présentait encore que des constructions clair-semées et entrecoupées de champs et de jardins. Ce n'est que sous Louis XVI et depuis la révolution qu'elle est devenue ce qu'on la voit aujourd'hui. Elle n'offre aucun intérêt aux antiquaires, aux érudits; mais elle est riche en souvenirs récents qui peuvent servir à l'histoire anecdotique des mœurs de Paris et de la France elle-même. Les premiers édifices construits dans la Chaussée-d'Antin furent occupés par des filles qu'entretenaient des libertins opulents ou titrés, par des financiers et de riches parvenus. Chacun voulait y avoir sa *petite maison*, et l'on sait à quel usage servaient ces petites maisons. Ainsi, aux miasmes fétides succéda la corruption morale. Le maréchal prince de Soubise, abandonnant son hôtel du Marais, vint habiter, rue de l'Arcade, un petit sérail, où il mourut en 1787. La Dervieux, actrice de l'Opéra, où elle ne fut que sept ans, avait assez gagné pour faire bâtir, rue Chantereine (nommée autrefois ruellette des *Porcherons*, puis ruelle et rue des *Postes*), un superbe hôtel, qu'elle habita depuis 1770 environ jusqu'aux premières années de la Révolution. Cet hôtel, dont le toit est en cuivre, fut ensuite possédé par un banquier belge, Vilain XIV, dont un ancêtre, pour services rendus à Louis XIV, avait obtenu d'ajouter à son nom, plus que roturier, les chiffres romains qui formaient la désignation numérique de ce monarque dans la série des Louis. Son descendant ayant fait de mauvaises affaires, l'hôtel passa à Louis Bonaparte, grand connétable de l'empire, qui en prit ensuite un autre. Un petit hôtel de la même rue appartenait, en avril 1791, à Julie Carreau, lorsqu'elle épousa Talma: elle y accoucha, douze jours après, de deux jumeaux baptisés le 2 mai sous les noms de Henri Castor et Charles Pollux. La comtesse Tascher de Beauharnais (*voyez* JOSÉPHINE) l'acheta, et, en 1795, elle s'y maria avec Napoléon Bonaparte, qui l'habita avant et après sa première campagne d'Italie. Ses faisceaux d'armes sont encore sculptés sur la porte cochère. La rue Chantereine, qu'il quitta pour aller s'installer aux Tuileries, reçut, en 1799, le nom de *la Victoire*, qu'elle perdit en 1816 et qu'elle a recouvré en 1830. Nous ne ferons ici mention que pour mémoire de la magnifique salle du Théâtre Olympique, remplacée, vers 1816, par un superbe et vaste établissement de bains. Presque vis-à-vis il y a un petit théâtre, construit à la même époque pour l'usage des amateurs et des débutants (*voyez* CHANTEREINE [Salle]). N'oublions pas les *Néothermes*, autre établissement de bains qui rivalise avec son voisin. Quant à la maison occupée autrefois par le général Bonaparte, elle a été depuis pendant longtemps habitée par le gérant du *Temps*, M. Jacques Coste, puis on y a établi une pension.

La célèbre danseuse Guimard, fort laide, mais fort spirituelle, fit bâtir, dans la rue de la Chaussée-d'Antin, par l'architecte Ledoux, une maison et un théâtre, qu'on nomma le *Temple de Terpsichore*. Elle y recevait, non la meilleure, mais la plus brillante société de Paris; on y jouait même par fois des pièces assez lestes. Terpsichore mit en 1786 sa maison en loterie. Deux mille cinq cents billets à 120 fr. formaient un capital de 300,000 francs, et l'immeuble, avec le mobilier, qui en faisait partie, avait été estimé à plus de 400,000 fr. Une comtesse Dulau gagna cet hôtel, qui, dix ans après, fut acheté par le banquier Perrégaux, depuis sénateur et pair de France. Là le général Marmont, depuis maréchal et duc de Raguse, épousa Mlle Perrégaux; là Jacques Laffitte commença sa fortune comme commis, puis associé de la maison de banque. Tout près habitait une des plus jolies femmes de Paris, Mme Récamier, laquelle y donnait des fêtes charmantes, qui cessèrent en 1805, lors des revers de son mari, l'un des premiers banquiers de la capitale; longtemps après, elle mourait à l'Abbaye-aux-Bois. De l'autre côté de la rue, au coin du boulevard, était la caserne du dépôt des gardes-françaises, dont une partie fermait le cul-de-sac Taitbout, qui, percé en 1799, reçut le nom de rue du *Helder*, en mémoire de la victoire récente de Brune sur les Anglo-Russes, en Hollande. Dans un petit hôtel de la rue de la Chaussée-d'Antin mourut Mirabeau, en avril 1791. Cette maison appartenait aussi à Julie Carreau, qui ne portait alors que le nom de sa mère, mais qui après avoir divorcé prit celui de Pioche, probablement le nom de son père, le seul qui figure dans son testament. Le nom de *Mirabeau*, donné à la rue de la Chaussée-d'Antin, avant que les papiers trouvés dans l'armoire de fer eussent compromis la mémoire du grand orateur, fut remplacé, au commencement de 1793, par celui du *Mont-Blanc*, département formé de la Savoie qu'on venait de réunir à la France. En 1816 cette rue a repris son premier nom. Le distique suivant, composé par Marie-Joseph Chénier ou par Talma, avait été gravé sur une plaque de marbre au-dessus de la porte de son hôtel, qui appartenait au grand tragédien :

L'âme de Mirabeau s'exhala dans ces lieux;
Hommes libres, pleurez! tyrans, baissez les yeux!

Talma l'avait fait enlever dès la fin de 1792. Un autre célèbre orateur patriote, le général Foy, est mort en 1825 dans un petit hôtel qu'il habitait dans la même rue, laquelle fut encombrée à cette occasion par la foule innombrable qui se portait à ses funérailles. La cité d'Antin, qui a deux issues dans la rue de Provence, a été percée sur l'emplacement de l'hôtel de Mme de Montesson, qui, avec le consentement de Louis XVI, avait épousé secrètement le duc d'Orléans aïeul du roi Louis-Philippe. Il y avait là aussi un théâtre où l'on donna des représentations pendant huit ou dix ans, jusqu'à la mort du prince, arrivée en 1785. La marquise y était applaudie par la société la mieux choisie, comme auteur, comme actrice et comme cantatrice. Les jardins de cet hôtel allaient jusqu'à la rue Taitbout. Mme de Montesson ne mourut qu'en 1806; mais déjà son hôtel avait passé à deux propriétaires successifs, le fournisseur Ouvrard et le banquier Michel. En 1810 il était occupé par l'ambassadeur d'Autriche, et c'est là qu'arriva, lors des fêtes pour le mariage de Napoléon et de Marie-Louise, l'incendie de la salle de bal où périt la princesse de Schwartzenberg. Dans la même rue était l'hôtel Montfermeil, que le cardinal Fesch, oncle des Bonaparte, avait embelli, ainsi que celui de la Duthé, célèbre courtisane, pour qui le comte d'Artois, depuis Charles X, dépensa des sommes considérables.

Les noms des rues d'Artois, de Provence, de La Rochefoucault, Thiroux, Chauchat, Taitbout, Caumartin, Pinon et Lepelletier, percées dans l'intervalle de 1770 à 1786, ne rappellent que l'hommage rendu à deux princes de la famille royale, à une maison illustre, à des magistrats, à des échevins plus ou moins obscurs, puisque Taitbout est le nom d'une famille de greffiers de la ville. D'autres rues, telles que celles du Houssaye, d'Astorg, de Sainte-Croix, des Trois-Frères, qu'habitait l'ermite de *la Chaussée-d'Antin*, Jouy, et plus récemment celles de Godot-Mauroy, Olivier, etc., ont donné leurs noms aux spéculateurs qui les ont percées ou qui en ont fourni les terrains. D'autres encore, telles que celles des Mathurins, de la Ferme, de la Pépinière, portent le nom de quelques localités non moins insignifiantes. Derrière la Madeleine de magnifiques maisons se sont élevées hautes et pressées. Je veux bien croire au martyre de saint Denis et de ses compagnons, mais il suffit que ce fait soit consacré par le nom de Montmartre, pour croire qu'il s'est passé; j'aimerais mieux que la rue des *Martyrs*, qui d'abord s'appela rue des *Porcherons*, et qui de 1793 à 1806 fut nommée rue *du Champ-du-Repos*, parce qu'elle conduisait moins directement au cimetière que deux ou trois autres, portât le nom de Lamoignon-Malesherbes, dont l'hôtel y était situé. La rue Blanche ou de la barrière Blanche, et primitivement de la Croix-Blanche (enseigne de cabaret), n'a rien de remarquable que quelques jardins qui disparaissent; la tragédienne Dumesnil y demeurait. Tout auprès, une rue, longtemps déserte, a reçu et conservé le nom du célèbre sculpteur Pigale; la rue Neuve-des-Capucines prit en 1799 le nom du général Joubert, qui venait d'être tué à la bataille de Novi.

La rue d'*Artois*, qui s'appelait rue *Cerutti* pendant la première révolution, et qui s'appelle aujourd'hui rue *Laffitte*, du nom du célèbre banquier qui y habitait l'ancienne demeure du banquier de la cour, Laborde, devenue hôtel garni,
fut percée sur des terrains appartenant à ce dernier. L'hôtel Laffitte, foyer de la révolution de 1830, lors des désastres de son propriétaire, racheté par une souscription nationale pour lui être offert. Cette rue, le sanctuaire de la banque, compte parmi ses habitants le célèbre baron Rothschild. L'hôtel Choiseul-Stainville où furent à deux époques les bureaux du ministère du commerce, et le bel hôtel de la reine Hortense, duchesse de Saint-Leu, y ont été remplacés par des constructions plus productives. La rue de Provence est une des plus remarquables de la Chaussée-d'Antin. Là étaient les serres et le théâtre du duc d'Orléans; contigus à l'hôtel Montesson, et vis-à-vis ses écuries. On y voyait encore l'hôtel de Regnault de Saint-Jean-d'Angely. En face de la rue Laffitte était l'hôtel romantique, bâti en 1780, pour Mme Thélusson, femme d'un opulent banquier de Londres. Après avoir servi à des réunions musicales et dansantes, il fut pendant longtemps occupé par la légation de Russie. Vers 1824, le fameux tailleur Staub l'acheta, le fit démolir, et le terrain démembré nu servit à prolonger la rue Laffitte. L'ancien égout, sur lequel est bâtie la rue de Provence, avait donné son nom à une rue qui en est la continuation, et qui depuis son élargissement a reçu celui de *Saint-Nicolas*. Dans la rue Saint-Lazare on remarquait le jardin des frères Ruggieri, artificiers, créé en 1813, qui a disparu lorsqu'on a continué la rue Saint-Georges et percé la rue de Bréda; on y voyait aussi plusieurs beaux hôtels, surtout celui du receveur général de la marine, Boutin, dont le magnifique jardin devint public en 1796, sous le nom de *Tivoli*, et dont il ne reste plus depuis 1826 qu'une minime partie, occupée par l'établissement des eaux thermales et minérales factices. Sur son emplacement s'est élevé le quartier de la Nouvelle-Europe. Plus tard on y construisit l'embarcadère provisoire du premier chemin de fer qu'ait vu Paris, celui de Saint-Germain. Cette tête de chemin de fer s'est avancée ensuite jusqu'à la rue Saint-Lazare; la rue du Havre, percée devant, la mit en relation avec le boulevard, en même temps que les rails s'étendaient jusqu'à Versailles, Rouen, le Havre, Chartres, etc. Une foule de belles maisons s'élevèrent près de la place de l'Europe; sur les bords du chemin de fer se construisent aujourd'hui les docks *Napoléon*. Cependant, un nouveau *Tivoli* fut créé au milieu d'un grand jardin qui entourait une ancienne *petite maison* du duc de Richelieu, et situé près du mur d'octroi, entre la rue de Clichy et la rue Blanche. Il n'eut point la vogue constante de l'ancien, malgré son bal, son ombrage, ses parterres, son ermite sorcier, son tir, ses feux d'artifice, et ses retraites secrètes. La spéculation s'en empara : des rues nouvelles y furent percées et bâties; il n'en reste plus que le square Vintimille.

La rue de la Tour-des-Dames n'était jusqu'en 1819 qu'une ruelle mal pavée, séparant de vastes jardins, et qu'en 1792 on appelait encore ruelle *Baudin*. On y voyait encore alors une vieille tour de moulin, qui datait de 1494, et d'où lui est venu son nom, porté auparavant par la rue de La Rochefoucault. Ses premiers habitants furent des artistes éminents, qui firent construire les jolies maisons qu'on y voit encore, entre autres MM^{lles} Mars et Duchesnois, Horace Vernet, et Talma, qui y est mort. Dans la rue de la Rochefoucault se trouvait l'hôtel du marquis de Fortia, avec un immense jardin, sur l'emplacement duquel on a bâti la rue d'Aumale. Dans la rue Taitbout, en face d'un petit hôtel où l'ancien évêque d'Autun Talleyrand se maria en 1797, on a bâti une salle, qui après avoir servi à des concerts, à des expositions, à des réunions de saints-simoniens, a fini par devenir un temple de dissidents du culte réformé. La rue Basse-du-Rempart doit son nom à ce qu'elle est sur un terrain plus bas que les rempart bâtis sous Louis XIII. On l'appela d'abord rue *Chevilly*, puis rue du *Chemin-du-Rempart*. On y remarqua surtout l'hôtel d'Osmont.

La Chaussée-d'Antin a plusieurs établissements publics :

le lycée Bonaparte (ancien couvent des Capucins), et l'Académie impériale de Musique, bâtie en 1821 dans la rue Lepelletier, et dont l'administration, située rue Grange-Batelière, y occupe l'ancien hôtel Choiseul. En face on voit la mairie du deuxième arrondissement, dans l'ancien hôtel d'Oigny, longtemps occupé par un tripot aristocratique connu sous le nom de *Cercle des Étrangers*, et acheté plus tard par le banquier Aguado, dont le jardin a fait place au passage Jouffroy unissant le boulevard à la rue Grange-Batelière et à la rue du Faubourg-Montmartre par sa continuation, le passage Verdeau; l'hôtel des commissaires priseurs ou des ventes mobilières est près de là, entre la rue Grange-Batelière et la rue Chauchat, où l'on voit le temple évangélique de la Rédemption. On remarque en outre dans la Chaussée d'Antin une caserne, rue de la Pépinière; la fontaine de la place Saint-Georges, place qu'habite M. Thiers, dans un hôtel qui n'a guère d'autre valeur que celle du terrain sur lequel il est situé; au bout de la rue Laffitte, la nouvelle église Notre-Dame-de-Lorette, au détriment de laquelle se sont successivement édifiées les églises Saint-Augustin, Saint-André, et de la Trinité; la poste aux chevaux, transférée avec raison dans le quartier où il y a le plus de gens qui voyagent en poste; la prison pour dettes, rue de Clichy, et le marché de la Madeleine.

Les mœurs de ce quartier se ressentent un peu, comme celles de toutes les colonies, de la nature de ses premiers habitants. Les femmes n'y ont pas l'air guindé et cérémonieux des dames du faubourg Saint-Germain; mais si la plupart ont su se mettre au-dessus de l'étiquette, plusieurs peut-être ont montré à cet égard trop d'abandon (*voyez* LORETTES). Nous avons vu de nos jours commencer et s'écrouler beaucoup de scandaleuses fortunes. Eh bien, la plupart avaient eu pour berceau la Chaussée-d'Antin, quartier de Paris où pullulent les agents de change, les courtiers, les marrons, les tripoteurs, les agents d'affaires, les banquiers, en un mot les agioteurs. Trois fois la police s'est avisée de faire la chasse aux *coulissiers* de la Bourse, et toujours elle les a trouvés dans la Chaussée-d'Antin: renvoyés de chez Tortoni, ils se réfugièrent au passage de l'Opéra, au Casino Paganini. Où ne sont-ils pas aujourd'hui?

CHAUSSÉE DES GÉANTS. On appelle ainsi le plus vaste et le plus extraordinaire des monuments ou plutôt des phénomènes basaltiques qui défient, en quelques lieux du globe, l'admiration des voyageurs et l'intelligence des savants. Il est situé à l'extrémité occidentale de l'Europe, au nord de l'Irlande, sur la plage qui fait face aux merveilles de l'île écossaise de Staffa et de sa grotte fameuse, dans le comté d'Antrim. Le comté d'Antrim, le plus septentrional de la province d'Ulster, a ses rivages sillonnés dans toute leur étendue des témoignages frappants de quelque effroyable catastrophe, celle apparemment qui a séparé l'Angleterre de l'Irlande, et laissé après soi la foule des îles qui couvrent ces mers. De Carrickfergus, ou même de Belfast, à Londonderry, quand on suit la côte, on marche au milieu des scènes les plus belles et les plus étranges. Le basalte aux prismes gigantesques y montre de toutes parts ses édifices, ses colonnades, ses obélisques, ses pilotis, ses digues, ses remparts, que nulle main humaine ne pourrait égaler pour la perfection, non plus que pour la grandeur. Et pourtant tous ces prodiges s'effacent devant la célébrité de la Chaussée des Géants, qui en effet les surpasse tous. Deux routes y mènent. De la commerçante cité de Belfast, on peut suivre, par Carrickfergus, la côte admirable. Mais le chemin le plus direct est par Antrim et les bords du lac Neag. C'est de la petite ville de Coleraine, colonie anglaise fondée par Élisabeth pour assurer les armes britanniques dans ces contrées, que l'on se rend à la chaussée. Vous montez vers la mer pendant trois milles. Car ici les côtes sont tellement escarpées, ce sont si bien des montagnes qui ont été déchirées dans le cataclysme qu'on ignore, qu'en effet il faut monter vers la mer. Un pays sauvage vous en sépare. Vous traversez des landes désertes, des collines incultes, ne rencontrant autour de vous que quelques cahuttes de terre où les habitants, debout sur le seuil, le visage livide, l'œil sombre, les pieds et les jambes nus, le corps à demi couvert de sales lambeaux, semblent étaler avec ostentation cette misère irlandaise, la plus effrayante qui existe au sein d'aucun empire civilisé.

Au lieu où la mer s'offre à vous, vos guides saluent avec émotion une de ces demeures antiques des chefs de clans qu'Ossian a chantés. Vous ayez devant vous Dunluce-Castle, gothique manoir, bâti sur la crête d'une vaste roche haute et droite, que ses murailles couvrent tout entière, et qu'elles surmontent, comme le chapiteau de ce pilier immense. Cette roche, qui s'élève du milieu des flots, à cinquante pas du rivage, est taillée à pic de tous côtés par la nature, et se tient debout à deux cents pieds au-dessus de l'Océan, telle qu'un géant sourcilleux. Son front est couronné de ces ruines de tours, de murailles, de fenêtres gothiques du château qui n'est plus. Un pont l'a unie à la terre. Il est détruit, comme tout le reste. Un de ses parapets a survécu. C'est là que vous passez, si vous voulez visiter ces nobles débris, suspendu à deux cents pieds au-dessus des flots mugissants, qui viennent se briser entre le rocher de Dunluce et le roc, non moins escarpé, du rivage. Cette mer que vous découvrez à travers les ogives vient de battre les rives de l'Amérique ou celles de l'Islande, avant d'apporter à vos pieds ses tempêtes. Car vous êtes là sur la dernière pierre du territoire européen. Devant vous s'étend l'Atlantique, l'Océan septentrional, un autre hémisphère et déjà un autre ciel. Ce ciel du nord de l'Islande et de l'Écosse, avec sa brume transparente et profonde, a quelque chose de vague et de mystérieux, qui est plein de poésie. On comprend Ossian dans cette atmosphère inspiratrice: on croit voir ses héros dans ces nuages mouvants; on jouit d'entendre l'homme qui vous accompagne répéter ses chants. Assombrie par le ciel qu'elle reflète, la mer a aussi un caractère à part. On sent bien, à la grandeur de ses flots, qu'elle arrive de lointains rivages, poussée par une force immense. On sent, à la grandeur de sa furie, qu'elle n'est pas accoutumée aux obstacles. Elle semble redoubler d'efforts pour déraciner celui qui l'arrête. C'est l'Irlande. L'océan la traite comme les Anglais. Il la bat de sa colère éternelle. Mais ces deux géants, l'Océan et la terre, se livrent un combat plus encien encore et plus opiniâtre que celui de l'Irlande et de la Grande-Bretagne. De là vient cette haute et menaçante falaise, partout tranchée en quelque sorte dans le vif. Son front avancé a l'air de menacer cet Océan, dont les flots battent ses pieds et les dévorent. Nul aspect n'est plus sauvage, ni plus grandiose. Les accidents extraordinaires, les excavations profondes, les masses de basalte éparses, leur couleur noirâtre, l'air de destruction à la fois et d'incendie répandu sur tout ce champ de bataille des deux éléments, laissent douter si un troisième n'est pas intervenu dans leur démêlé, et n'a pas joint ses éruptions volcaniques à tous ces témoignages de la puissance des flots.

A mesure qu'on avance, soit qu'on plane sur la scène du haut de la falaise superbe, soit qu'on ait cherché un sentier sur la grève, les monuments de ces convulsions se multiplient autour de vos pas. Bientôt s'ouvre une baie large et profonde. La falaise âpre et noire qui la dessine s'élève tout à l'entour comme une muraille circulaire faite de main d'homme, à quatre cents pieds au-dessus du niveau de la mer; et cette muraille, par les particularités de sa construction, fixerait d'abord vos regards, si votre attention n'appartenait entière enchaînée à la scène étrange qui s'étend à vos pieds. Vous êtes sur un chantier immense. De toutes parts des fûts de colonne, des piliers étendus à terre, des matériaux pour quelque grand ouvrage vous entourent. Cet ouvrage est commencé; il est gigantesque: c'est la chaussée célèbre, ou plutôt ce sont trois chaussées, deux plus petites, une plus grande, qui du sein des flots s'avancent majestueuses vers la falaise, puis tout à coup s'arrêtent interrompues. Les matériaux sont là; mais plus d'ouvriers! Où y en aurait-il, dans notre âge, qui pussent remuer ces masses, continuer ces constructions, et arriver là haut? C'est œuvre de géant. La tradition rapporte en effet que les géants avaient bâti sur les mers cette vaste jetée pour passer en Écosse. Les héros de l'Irlande, qui chassaient ces hôtes incommodes devant eux, arrivèrent avant que l'ouvrage fût achevé.

Des trois chaussées, la plus grande s'avance environ durant sept cents pieds jusque sous les flots. Plus vous approchez, plus votre étonnement augmente; car ce qui vous émerveille, ce n'est plus la grandeur du travail, c'est sa nature et sa perfection. La chaussée est formée tout entière de piliers basaltiques, qui s'enfoncent perpendiculairement dans la terre à des profondeurs que l'on ignore, et se dressent hauts, droits, pressés les uns contre les autres, de manière à ne pas laisser un vide entre eux. Ces piliers, si on peut employer ce mot, sont de forme irrégulière. Ils varient de trois à neuf côtés; mais les hexagones dominent, et chez tous les angles sont si habilement taillés, les faces sont si polies, que jamais main d'homme ne fit rien d'aussi exact ni d'aussi achevé. On les dirait coulés aux fonderies savantes de l'Angleterre. Ce qui est plus surprenant encore, c'est que lors même qu'ils n'ont que cinq faces ou qu'ils en ont sept et plus, leurs angles correspondent toujours si complétement à ceux des piliers contigus; leurs places respectives sont si bien calculées, que le faîte forme le plancher le mieux joint qui existe. La pointe d'un canif ne pourrait pas être glissée dans leurs intervalles, et l'eau n'y pénètre pas, quoiqu'avec un léger effort on pût séparer chacun d'eux de ceux qui l'entourent. Et ce n'est pas tout : ajoutez que ces prismes extraordinaires ne sont pas d'un seul jet, qu'ils se composent d'assises de deux ou trois pieds de haut chacune, et que bien que ces assises soient coupées régulièrement à l'œil, on trouve, en les détachant, qu'elles s'emboîtent les unes dans les autres par des accidents intérieurs toujours divers, les unes étant convexes, les autres concaves, mais toutes calculées de manière à ne pouvoir s'ajuster qu'à celles qui les supportent ou qui les surmontent, et le calcul a été fait si bien que pour les séparer on s'expose à les briser. Quand on les détache, on trouve un cercle noir d'une régularité parfaite, dessiné par l'artisan qui a fait ces prodiges comme pour mesurer les angles. Celles de ces colonnes dont le sol est jonché tout à l'entour, et qui semblaient préparées pour attendre la place qui devait leur être donnée, sont intactes comme si elles étaient d'un seul bloc, ainsi que les monolithes de l'Égypte.

Encore une fois, je ne saurais dire l'émotion qu'on éprouve lorsqu'en errant sur le large parquet de colonnes colossales, on cherche quelles machines ont enfoncé ces pilotis formidables, quels bras les ont amoncelés, et qu'on ne voit d'un côté que la mer qui les bat en vain de ses fureurs, de l'autre côté que le désert avec deux ou trois pygmées d'hommes qui ne pourraient ni mouvoir ces masses, ni les compter, et encore moins les comprendre. On se sent écrasé sous la main inconnue qui a jeté ces monuments sur le sable comme un défi à notre orgueilleuse faiblesse, comme une énigme à notre vaine science. Alors, on jette les yeux autour de soi, et on voit partout des prodiges. Vous apercevez une fontaine à l'eau la plus pure; elle est creusée dans un lit de colonnes régulières, et le guide vous dit : « c'est la *Fontaine des Géants*. » Vous remarquez que des digues habiles défendent le rivage contre les invasions de l'Océan : ce sont encore des digues comme n'en font pas les hommes. Vous vous tournez vers la falaise, vous y voyez la chaussée interrompue qui reprend, et vous apprenez qu'elle s'enfonce sous les terres, et, s'élevant graduellement, va, à plusieurs milles, paraître à la surface du sol et lier par-là l'Irlande à la chaussée interrompue.

Tout l'amphithéâtre qui se déroule à vos yeux présente les mêmes phénomènes. La falaise est formée de couches successives de roche broyée, pilée, confondue en mille manières, et de colonnades incrustées qui supportent ces masses, s'interrompent, reprennent, et suivent toujours des lignes si régulières que notre architecture n'a rien de plus uniforme et de mieux construit. Quelquefois ces prismes lointains présentent des formes bizarres. Sur la paroi orientale, c'est l'*Orgue des Géants*. En face, le *Métier des Géants*, ailleurs la *Chaise des Géants*. Les géants partout, l'homme nulle part; car ici tout dépasse et sa puissance et sa raison. La scène entière du côté de l'orient est sublime. Là on voit les promontoires, échelonnés jusqu'au Fair-Head et à Benmore, pointes extrêmes de l'Irlande, s'avancer les uns après les autres dans la mer, comme ces sphinx gigantesques assis à la porte des temples de l'Égypte. Tous ces promontoires se distinguent par une coupe, une couleur et des aspects à part. Ici quelques colonnades horizontales vous étonnent; plus loin elles sont droites, étagées en amphithéâtres et portent des terrasses successives, magnifiques propylées de palais magnifiques. En plusieurs lieux, c'est une colonne isolée, qui, avec les cinquante ou soixante assises dont elle se compose, résiste depuis l'origine des âges à l'ouragan et à la tempête. Les monuments que les puissants de la terre s'élèvent disparaissent sous une tempête d'hommes ou sous un pas du Temps. Et ceux-là, plus légers, bravent ce qu'il y a de plus destructeur, les siècles, les vents et les flots. Il est une de ces colonnes solitaires qui de plus a bravé les hommes. Debout au dernier plan, sur une plate-forme régulière, elle fut saluée des feux de l'invincible *Armada*, qui crut voir une forteresse assise entre tous ces monuments. Dans leur obstination à foudroyer l'ennemi, quelques navires vinrent s'échouer parmi tant de témoins de destructions plus grandes. On sait quel fut le sort de l'*Armada* : l'Espagne n'a plus eu de marine depuis ce jour. Une baie de ces parages a gardé le nom de *Port da Spagna*, en souvenir de cette catastrophe. La colonne naturelle de Pleaskin est le monument funèbre de la gloire navale de l'Espagne.

Comment expliquer les phénomènes qu'on vient de décrire? Quelles autres catastrophes que celles de nos empires ont suscité ces gigantesques et mystérieux monuments? Quelles autres guerres que les nôtres ont donné à ces rivages de si magnifiques, de si formidables remparts? L'homme, quand il veut comprendre ces prodiges, est réduit à les analyser. L'aire basaltique du comté d'Antrim est probablement la plus étendue qu'il y ait au monde. Elle forme la base du sol dans toute l'étendue du comté, et développe même plus loin ses curieux sillons jusques à travers le large lit du lac Neagh. Les prismes de la chaussée sont en même temps les plus réguliers et les plus grands du monde. Les piliers voisins de Pleaskin et Fair-Head surpassent tous les autres en élévation; le dernier n'a pas moins de 250 pieds de haut. Les rochers des Cyclopes, dans le voisinage de l'Etna, présentent des colonnes magnifiques, qui à la première vue ressemblent à ces piliers qui sont, du côté du nord, les contre-forts de l'Irlande; mais en y regardant de plus près on trouve cette différence, que les rochers cyclopéens se divisent en familles distinctes, de six ou sept à la fois, assemblés autour d'une colonne centrale plus forte que les autres, et dont ils semblent dépendre, tandis que les piliers de la chaussée ne paraissent se rapporter à aucun point central. Ils sont indépendants les uns des autres; chacun est complet et forme à lui seul un monument.

Deux systèmes se sont offerts à expliquer les bizarreries du basalte : d'abord le volcanisme (et l'action du feu semble en effet au premier aspect avoir laissé son empreinte sur ces parois noirâtres, sur ces tronçons de colonne ferrugineuses); d'autres ont recours à l'eau, et lui donnent la puissance que les Troyens attribuaient à Neptune, de bâtir des murailles; d'autres emploient également les deux éléments à la solution de l'insoluble problème : nous disons insoluble, car discerner l'origine du basalte ne serait pas expliquer les procédés dont s'est servie la nature pour mettre dans ses ouvrages une régularité qui semble le privilège et la conquête de l'art. La vérité est que c'est là un de ces mystères de la nature inaccessibles jusqu'à ce jour aux interprétations de la science. Ce qui reste de l'examen auquel nous nous sommes livré, c'est que la création est bien puissante, l'homme bien faible, mais heureux, dans sa faiblesse, de jouir du spectacle de ces merveilles et de pouvoir s'élever jusqu'à leur auteur.

N.-A. DE SALVANDY, de l'Académie Française.

La France possède aussi sa *Chaussée des Géants*. On trouve en effet dans le département de l'Ardèche, près du bourg de Vals, une belle suite de prismes basaltiques qui bordent la vallée du Volant. Ces colonnes de basalte, assez grandes sans être colossales, sont d'une forme agréable, disposées dans un bel ordre. De loin on croirait que c'est un ouvrage de l'art; mais à mesure que l'on en approche on voit les prismes se développer, former une belle mosaïque qui s'exhausse en talus et par gradation jusqu'au pied du grand rocher de granit. Tous ces prismes sont perpendiculairement placés les uns à côté des autres et imitent un buffet d'orgues; leur superficie est à découvert, et l'on peut se promener sur le plateau qu'ils forment. Près de là on remarque encore sur le même torrent une chaussée dont la plupart des prismes sont articulés; mais leur emboîtement n'est pas en général toujours exact, et les articulations ressemblent parfois plutôt à des cassures qu'à des disjonctions. Ces prismes sont d'ailleurs d'une grande beauté et bien proportionnés; quelques-uns renferment des noyaux de granit à fond blanc, d'une conservation parfaite.

CHAUSSÉES DE BRUNEHAUT, chaussées romaines, ainsi appelées en Picardie et en Belgique. Cette dénomination a fort embarrassé les savants. Jacques de Guyse, qui a toujours quelque histoire merveilleuse à sa disposition, nous raconte sérieusement, au commencement de ses *Annales*, qu'un archidruide, appelé *Brunehulde*, gouverneur, vers l'an 1026 avant J.-C., d'un formidable chariot de *Belgis*, fit établir sept grandes routes partant de sa capitale, lesquelles avaient toutes cent pieds de large, et dont quatre étaient recouvertes de briques cuites, ornées de colonnes de marbre et bordées d'allées de chênes. De là venait tout naturellement le nom de *chaussées Brunehaut*. Mais cette étymologie n'a pas satisfait les savants. Dom Grenier, savant religieux de Corbie, qui savait le celtique aussi bien que les membres de la Société impériale des Antiquaires de France, tire le nom de *Brunehaut* de deux mots celtiques signifiant *hauteur de cailloux*. Un historiographe veut qu'on écrive et qu'on prononce *chaussées Bruneaux*, ce qui n'éclaircit nullement la difficulté. Enfin, le plus grand nombre pense que Brunehaut, fille d'Athanagild, roi des Visigoths, et épouse de Sigebert, roi d'Austrasie, princesse qui mourut en 613, construisit ces routes, ou plutôt répara d'anciennes voies romaines auxquelles le peuple donna son nom. Cette dernière supposition paraît jusqu'ici la plus raisonnable. Un grand nombre d'écrivains se sont exercés sur cette matière; nous signalerons de préférence Berger, *Histoire des Grands Chemins de l'Empire Romain*, et Grégoire d'Essigny fils, *Description des Voies Romaines, vulgairement appelées chaussées de Brunehaut, qui traversent la Picardie*, etc. DE REIFFENBERG.

CHAUSSES DE MAILLES, portion du costume de mailles qui rappelle le temps où, dans les habitudes civiles, on donnait le nom de *chausses* à de longs bas qui s'unissaient au haut-de-chausses, à la trousse, à la jupe. Grégoire de Tours dépeint les chausses de mailles en usage de son temps, et le moine de Saint-Gall décrit celles de Charlemagne. Les chausses de mailles appartenaient à l'armure à haubert; les porter était, suivant Du Cange, interdit aux écuyers; elles formaient un pantalon de peau, extérieurement garni de mailles de fer, excepté aux parties qui appuyaient sur la selle; leur bord supérieur s'accrochait au bord inférieur de la cotte de mailles. Une modification de l'usage des chausses fut celle des tabliers de mailles. Ces modes s'éteignirent lors de l'adoption des armures à cuirasse, à grèves, à cuissards, à platines. Gal BARDIN.

CHAUSSE-TRAPE, ou *cacquetrippes*, suivant Roquefort, ou *clou d'attrape*, ou *tribule*. La première de ces désignations est dérivée du latin barbare *calcitrapa*, ou du moins y est analogue. Elle exprime un moyen de chicane, une machine de guerre, une étoile de fer à quatre pointes tellement disposées qu'en la jetant par terre, elle ait toujours un de ses piquants dressé à plus de cent millimètres au-dessus du sol. La chausse-trape appartient à une haute antiquité; les Grecs et les Romains l'ont nommée *tribolos*, *tribulus*, *chardon*; il en est question dans Quinte-Curce. Hérodien dépeint les ruses qu'employaient les Romains pour tirer un parti avantageux de cette machine: ils la semaient dans les lieux propres au passage de la cavalerie, des chameaux, des chars de guerre; ils l'employaient comme défense dans les assauts, pour estropier et rebuter les assaillants; ils le répandaient, quand ils faisaient la guerre en plaine, le long des chaussées et des défilés; ils en garnissaient les marécages, les prés, les terrains sablonneux; ils cachaient les chausses-trapes avec de la terre, des broussailles; ils le faisaient semblant de fuir dans une direction telle que l'ennemi, s'engageant à leur poursuite, se trouvait bientôt hors d'état d'avancer. Les légions romaines employaient aussi des tables de plomb garnies de clous de fer, ou des flèches, nommées *plumbatæ*, qui en tombant demeuraient la pointe en l'air. L'empereur Léon conseille à ses troupes l'usage de chausses-trapes; mais il veut qu'on les lie par une chaîne pour les retrouver aisément. On voit dans Mézeray et dans Villaret qu'en 1407 les assassins du duc d'Orléans jetèrent derrière eux des chausses-trapes pour n'être pas poursuivis. Au siège d'Orléans, en 1429, Jeanne d'Arc, attaquant un des boulevards anglais, se blessa à une des chausses-trapes jetées aux bords de l'ouvrage attaqué. Commines dit que Louis XI avait fait garnir, en 1483, les avenues du château de Plessis-lès-Tours de dix-huit mille chausses-trapes.

L'emploi des chausses-trapes est négligé maintenant, comme une ressource mesquine, une défense d'un succès incertain; cependant les traités publiés à la fin du siècle dernier mentionnent encore les chausses-trapes comme propres à rompre un gué, à embarrasser les brèches d'un siège, à être jetées dans les fossés, pour s'opposer aux escalades. Dans la défense des ouvrages de campagne, on a substitué aux chausses-trapes les abattis défensifs, les chevaux de frise, les herses d'attrape, les quinconces à pointes, les sauts de loup, les hérissons, etc. Quant aux chausses-trapes, elles sont reléguées maintenant parmi les meubles de blason. Le mot chausse-trape est du petit nombre de ceux que les Anglais ne nous ont pas empruntés, mais qu'ils ont tiré de leur propre langue; ils appellent cette machine : *crows-feet* (perce-pieds.) Dans le siècle dernier, les seules chausses-trapes dont les Français se soient servis étaient des chausses-trapes brûlantes. Au commencement de la guerre d'Afrique, une espèce de grande chausse-trape, sous le nom de hérisson-lance, a été employée défensivement par les Français. Gal BARDIN.

Chausse-trape se dit aussi de certains pièges que l'on tend pour prendre les bêtes puantes.

CHAUSSIER (François), l'un des médecins les plus illustres des temps modernes, naquit à Dijon, le 2 juillet 1746. Il acquit en cette ville la connaissance des langues anciennes. Il y étudia aussi la médecine dans une école, qui était en grande réputation, et il s'y livra ensuite à l'exercice ainsi qu'à l'enseignement de cet art. Il jouissait dans sa ville natale d'une grande renommée conquise par ses talents et son caractère, quand il publia, en 1785, deux écrits, l'un sur le traitement des morsures des animaux enragés, l'autre sur la pustule maligne. Ces deux ouvrages lui valurent l'honneur d'être associé comme membre régnicole à l'Académie de Chirurgie. En 1789 il se fit de plus remarquer dans le monde médical en publiant un exposé sommaire des muscles du corps humain, dans lequel il proposait une classification nouvelle pour l'étude de l'anatomie, qu'il enseignait à l'école de Dijon à de nombreux élèves.

Lorsque nos pères se mirent à reconstruire l'édifice social, Chaussier, déjà célèbre comme professeur, fut appelé pour concourir à la réorganisation des institutions relatives à l'instruction publique. Il entra comme professeur à l'École de Santé de Paris, dont il fut un des fondateurs avec Fourcroy, Cabanis et autres hommes illustres; il fut en même temps nommé professeur de chimie à l'École polytechnique. Chaussier présenta l'étude de l'anatomie et de la physiologie dans le vaste cadre que les progrès des sciences exigeaient déjà. Sous le nom de *zoonomie*, il considéra l'organisation et la vie des animaux dans leur ensemble, invoquant ainsi la comparaison, ce grand moyen de jugement. Pour faciliter l'étude de l'anatomie, il suivit la nomenclature dont il était le créateur, comme la plus propre à aider la mémoire, les mots indiquant par leur étymologie la situation, la destination et les rapports des organes. Cette méthode rationnelle n'a point été adoptée généralement, mais elle n'en est pas moins honorable pour son auteur, et elle aurait sans doute prévalu sur les anciennes dénominations conservées par tradition et peu sensées, si celles-ci n'eussent pas eu pour elles la force des préjugés.

Chaussier, dans son cours de physiologie, posa comme dogme fondamental de science le principe de la vie tel qu'Hippocrate l'avait admis, et il le signalait sous le nom de *force vitale*, s'attachant soigneusement à en déterminer les attributs. Toutefois, enseignant la physiologie, en plaçant les organes sous les yeux de ses disciples, il reconnaissait et faisait remarquer que la force animatrice se manifestait par des propriétés secondaires qu'il distinguait en *myotilité*, *sensibilité et caloricité*. Cette distinction fut entendue par Bichat, à qui elle suggéra probablement le partage de deux vies, l'une animale, l'autre organique, fusion mémorable du spiritualisme et du matérialisme. Chaussier, toujours le scalpel à la main et professant la physiologie, trouvait aussi dans la trame des organes des différences d'après lesquelles il distinguait des tissus primitifs, comme Bordeu avait déjà distingué le tissu muqueux. Les leçons de Chaussier, modèles de méthode, de démonstration et d'érudition, firent acquérir en France à la physiologie toute l'importance que mérite cette belle science. Malheureusement, ce cours, dont les prolégomènes étaient trop vastes, n'a jamais été achevé durant le professorat de Chaussier. Il remettait chaque jour à entreprendre la rédaction d'un traité qu'il promettait de composer sur la physiologie. Les détails de style lui répugnaient; son genre de talent était la précision et la clarté; c'est pourquoi il n'a laissé que des mémoires de peu d'étendue et des tableaux synoptiques, qui cependant sont des sources assez fécondes pour y puiser de gros volumes.

Les nombreux écrits du professeur dont nous esquissons la vie scientifique, traitent de l'histoire de la médecine, de l'hygiène, de la chimie, de l'anatomie générale, descriptive et pathologique, de la physiologie, des maladies du ressort du médecin et du chirurgien, de l'art des accouchements, des monstruosités, de l'orthopédie et des institutions relatives à l'enseignement, ainsi qu'à la pratique de l'art de guérir. La médecine moderne repose en grande partie sur les travaux de cet homme illustre, au dire de Broussais, qui, comme Bichat, a suivi l'impulsion donnée à la science par le professeur de Dijon. Au temps de l'empire, Chaussier était vénéré de ses collègues et de ses disciples pour l'étendue et la variété de ses connaissances, pour la sagacité de ses jugements, pour son amour de la vérité, et pour son caractère, mélange de bonhomie et de cette causticité qui dérive de l'expérience des hommes ainsi que des choses. Il prouva surtout combien il était exempt de préjugés à l'époque où la réforme prêchée par le fondateur de la doctrine physiologique causa dans le monde médical une révolution complète. Chaussier, septuagénaire, fut un des premiers à faire le sacrifice d'erreurs qu'il avait respectées comme principes vrais pendant plusieurs années, exemple qu'on rencontre rarement chez les vieillards. Lors de la dissolution de la Faculté de Médecine de Paris, sous la Restauration, Chaussier, déjà arraché de sa chaire de l'École Polytechnique, fut expulsé d'un établissement dont il était un des fondateurs. Ses ennemis l'auraient même chassé de l'hospice de la Maternité, où il était chéri et vénéré, sans l'appui qu'il trouva dans les administrateurs de cet établissement. L'affliction que lui causèrent des injustices aussi révoltantes porta une atteinte grave à sa santé; il éprouva une attaque de paralysie, qui toutefois n'altéra pas sa vaste intelligence. Privé de la faculté de marcher et de parler, il indiqua par des signes les moyens de le secourir; il les puisa non point dans les vieilles doctrines, encore suivies par la plupart de ses contemporains, mais dans celles que les progrès de l'art lui avaient fait évaluer comme les meilleures. Il parvint à pouvoir marcher au point de reprendre son service d'hôpital et à se rendre aux consultations où il était appelé. Son zèle et son amour pour la science ne l'abandonnèrent point dans sa retraite; il réunit autour de lui des jeunes gens studieux qui lui lisaient les ouvrages nouveaux, dont il faisait devant eux l'appréciation, et il faisait soumettre devant lui les découvertes nouvelles à des expériences. C'est au milieu de semblables occupations qu'il reçut une consolation digne de lui : les membres de l'Institut, qui montrèrent en ce temps une noble indépendance, et qui vengèrent plus d'une injustice, appelèrent Chaussier par la seule suggestion de sa renommée pour occuper le fauteuil resté vacant après la mort de Hallé. Octogénaire, il se fit encore remarquer dans le premier corps savant de la France par la rectitude de ses jugements et par son zèle, comme le témoignent les nombreux examens d'ouvrages dont il fut chargé. Il venait de donner à cette illustre compagnie une preuve signalée de l'activité et de la lucidité de son intelligence dans un rapport au sujet d'un cas de médecine légale, quand il mourut à l'improviste, le 19 juin 1828, à la suite d'une inflammation du cœur et des gros vaisseaux qui s'y aboutchent.

Dr Charbonnier.

CHAUSSURE. La forme de la chaussure a varié, dans tous les temps et chez tous les peuples, comme celle de toutes les autres parties du vêtement. Les Hébreux ne portaient guère de chaussures qu'à la campagne; ils se déposaient dans l'intérieur des maisons, ainsi que lorsqu'ils portaient le deuil; ils les quittaient aussi quand ils étaient ou voulaient paraître sous l'impression d'un sentiment de respect. Leurs chaussures étaient de cuir, de lin, de jonc ou de bois. Quelquefois les guerriers portaient des chaussures de fer ou d'airain. Les Égyptiens employèrent pour faire leurs chaussures des feuilles de palmier et de papyrus. Leurs souliers, par leur forme, ressemblaient assez aux nôtres. Les bas-reliefs de Persépolis nous représentent les Perses avec une espèce de chaussons. Sur les monuments, la chaussure des Grecs ne consiste ordinairement qu'en une simple semelle liée sur le cou-de-pied et jusqu'à la moitié de la jambe au moyen de deux bandelettes ou courroies croisées plusieurs fois : c'était le cothurne des voyageurs. Dans ses *Euménides*, Eschyle paraît avoir donné aux Furies le cothurne des chasseurs crétois, dont la semelle était très-épaisse; cette chaussure devint celle des chasseurs, des Amazones, des nymphes, de Diane. Les auteurs grecs parlent encore de plusieurs autres chaussures. On peut les réduire à trois sortes, ayant la forme de bottines, celle de souliers ou de chaussures pleines, et celle de sandales ou semelles simples. Ὑποδήματα était le nom général des chaussures de toute espèce ; l'action de se chausser se désignait par le verbe ὑποδεῖν (lier en dessous), et celle de se déchausser par le verbe λύειν ou ὑπολύειν (délier, délier par dessous). Les poètes se servaient pour désigner la chaussure du mot πέδιλον (garniture des pieds). Les courroies qui attachaient la chaussure sous la plante des pieds s'appelaient ἱμάντες. On désignait par le nom de διάβαθρα les chaussures communes aux deux sexes ; par celui du σάνδαλον, ou σανδάλιον dans les premiers temps, la chaussure des héroïnes et des femmes les plus élégantes. Les βλαῦται étaient des chaussures qui se portaient dans l'intérieur des maisons ; les κονίποδες ressemblaient à ces dernières, mais étaient moins élégantes. On appelait περιβαρίδες la chaussure des femmes d'un haut rang. Les κρηπῖδες étaient réservées aux militaires ; on les nommait encore ἀρπίδες. Les ἀρβύλαι étaient des chaussures larges et commodes ; les persiques, des chaussures propres aux femmes, de couleur blanche, et portées ordinairement par les courtisanes. Les laconiques ou ἀμυκλαῖδες, du nom de la ville lacédémonienne Amycla, étaient une chaussure lacédémonienne, de couleur rouge. On donnait le nom de καρβάτιναι à une chaussure grossière, qui servait aux habitants de la campagne. Le κόθορνος était une espèce de brodequin à l'usage de ceux qui déclamaient les tragédies ; il allait également aux deux pieds : les cothurnes étaient quelquefois appelés ἐμβάδες. Les ἀμβάται étaient plutôt la chaussure comique, le soccus des Latins.

Les Romains avaient différentes chaussures (*calceamenta*), mais surtout deux espèces principales : l'une, le *calceus* (soulier), couvrait la totalité du pied, à peu près comme nos souliers, et s'attachait en devant avec une courroie, un cordon ou un lacet. L'autre, *solea* (sandale), couvrait seulement la plante des pieds : elle était retenue par des courroies ou par des lanières de cuir. Il y avait plusieurs sortes de chaussures de cette dernière espèce. Les expressions *discalceati* (déchaussés) et *pedibus intectis* (à pieds découverts) désignaient ceux qui en faisaient usage. Le Romain qui paraissait en public portait toujours la chaussure appelée *calceus*. Aux fêtes on prenait ordinairement des sandales, mais on avait soin de les ôter pour les repas. Un homme en paraissant en public avec des sandales s'exposait à passer pour efféminé. Les femmes pouvaient prendre cette chaussure quand elles sortaient. La chaussure des sénateurs était de couleur noire et atteignait le milieu de la jambe ; un croissant d'or ou d'argent (*luna, lunula, littera C*) était placé au sommet du pied. Cette distinction, qui paraît avoir été particulière aux sénateurs patriciens, était appelée *luna patricia* (croissant patricien). La chaussure des femmes était ordinairement blanche, quelquefois rouge, écarlate ou pourpre, jaune, et ornée de broderie et de perles, surtout le dessus. Les souliers des hommes étaient généralement noirs ; quelques particuliers en portaient de rouges ou de couleur écarlate. Du temps des empereurs, on ornait fréquemment les souliers d'or, d'argent et de pierres précieuses. On en portait aussi dont le dessus était relevé en pointe à l'extrémité, ayant la forme de la lettre *f*, et que l'on appelait *calcei repandi*. Suivant divers écrivains, les sénateurs portaient quatre courroies à leur chaussure, et les plébéiens une seule. Les habitants de l'ancien Latium portaient des souliers faits de peau non tannée, et appelés *perones*. Les peuples connus sous les noms de *Marsi, Hernici, Vestini*, s'en servaient aussi. La classe indigente portait des chaussures de bois ou des sabots ; c'était aussi celle des condamnés pour crime de parricide. Il paraît que les gens de la campagne portaient une chaussure semblable, appelée *sculponeæ*, avec laquelle ils se frappaient quelquefois le visage réciproquement. Les courtisanes, s'il faut en croire Térence, caressaient leurs favoris à coups de sandale, comme fit Omphale à l'égard d'Hercule. On appelait *caligæ* (*voyez* CALIGE) la chaussure des soldats ; elle était quelquefois garnie de clous ; on nommait celle des comédiens *socci* (brodequins), mot souvent employé pour *soleæ*, et celle des acteurs tragiques, *cothurni* (cothurnes). Les Romains se servaient encore, pour s'envelopper les pieds, d'une espèce de chaussure qui était faite de laine ou de poil de chèvre (*udones*). Ils avaient pour les chevaux et les mules des chaussures de fer, qui ne s'attachaient pas au sabot avec des clous, comme de nos jours, mais que l'on ajustait aux pieds, de manière à ce qu'on les pût ôter et remettre à volonté ; quelquefois elles étaient d'argent ou même d'or.

Divers anciens monuments représentent Clovis avec une chaussure qui se rapproche beaucoup de celle que portaient de son temps les magistrats romains. Comme rien de semblable n'existe dans les statues ou les images des princes francs de la même époque, quelques auteurs en ont conclu que Clovis avait une chaussure particulière, à raison du titre de *patrice* que lui avait conféré l'empereur d'Orient Anastase. Du temps de l'historien Grégoire de Tours, on offrait une chaussure aux fiancées, en même temps que l'anneau de noce. Autrefois en Espagne on fabriquait des pantoufles avec du genêt. On va nu-pieds et le plus souvent nu-jambes aux îles Maldives ; mais, dans leur logis, les habitants se servent de pantoufles ou de sandales faites de bois, et, quand quelqu'un de qualité plus grande que la leur les vient visiter en leur maison, ils quittent ces sandales et demeurent nu-pieds. Les chaussures d'écorce de tilleul, nommées *lapti*, sont très-communes en Russie ; on calcule qu'un paysan russe en use au moins cinquante paires par an, et qu'elles emploient environ cent cinquante pieds de tilleul de trois au moins d'âge. Les Japonais se servent de chaussures de paille de riz, dont une grande partie est exposée en vente à vil prix dans toutes les villes et sur toutes les routes ; ils emploient aussi des sandales de bois, mais les gens riches portent des souliers de peau de chamois. Les habitants du Kamtschatka se fabriquent des souliers très-solides avec despeaux de baleine.

Au septième siècle de l'ère chrétienne, certaines chaussures, aujourd'hui très-communes, étaient à la portée d'un petit nombre de personnes. On a cité le legs de deux sandales fait à une église par Léoband, ancien abbé de Fleury-sur-Loire. Charlemagne ordonna formellement aux ecclésiastiques, dans l'un de ses capitulaires, de prendre des sandales pour dire la messe. Les bulles des papes du quatorzième siècle sont remplies de censures contre le luxe qu'étalaient dans leur costume, et particulièrement dans leur chaussure, les moines et les prêtres de ce temps. En 1337 l'archevêque de Trèves reprochait aux moines de porter les *solers destranchiés, com chevaliers*. Le khalife Hakken, fondateur de la religion des Druses, défendit aux cordonniers égyptiens, sous peine de mort, de fabriquer des souliers ou d'autres chaussures pour les femmes. Les bottes des Chinois sont de soie noire ou de cuir, fort larges et ne dépassant pas le mollet ; ils s'en servent, en guise de poches, pour y serrer leurs papiers et leur éventail. Leurs souliers ont une semelle épaisse, composée de gros papiers, renforcée par un cuir. Ils sont relevés par devant et tiennent les doigts écartés. Les bas des Chinoises ne leur descendent que jusqu'à la cheville ; elles enveloppent le reste du pied avec des bandelettes ; lorsqu'elles sortent de leurs maisons, elles mettent des souliers avec des talons de bois garnis de cuir ; elles ne se soutiennent que sur ces talons. Les monarques scandinaves faisaient porter par leurs vassaux, en signe de dépendance, la chaussure dont ils se servaient. D'anciens historiens rapportent qu'Olaüs Magnus, roi de Norvège, ordonna à un prince d'Irlande de porter sur ses épaules des souliers qu'il lui envoyait, et ils ajoutent que l'insulaire obéit sans murmurer, un jour de Noël, en présence de plusieurs ambassadeurs norvégiens. Au dire de Paul, diacre de l'église d'Aquilée, au huitième siècle, les Lombards portaient leurs souliers découverts jusque sur le gros orteil et liés de courroies de cuir par dessus le pied. Quelques paires de souliers faisaient souvent partie des présents offerts aux papes par les souverains. A l'époque de Louis le Débonnaire, Salomon III, duc de Bretagne, son contemporain, chargé des ambassadeurs qu'il envoie à Rome de présenter en son nom au chef de l'Église, avec une statue d'or de grandeur naturelle, un mulet scellé et bridé, trente tuniques, trente pièces de draps de toutes couleurs, trente peaux de cerfs, trente *paires de souliers* pour ses domestiques, etc.

Des chaussures très-bizarres ont eu autrefois beaucoup de vogue en France et dans les pays voisins : les chroniques et les sermonaires du moyen âge sont remplis d'invectives contre les souliers dits *à la poulaine*, imaginés du temps de Philippe-Auguste. Le bout de ces souliers se relevait par devant en forme de bec; le derrière était armé d'éperons; leur longueur, qui varia sous le règne de Philippe, suivant l'importance des personnages, était communément de quinze centimètres; des bourgeois aisés les voulaient quelquefois de trente, les seigneurs et les princes, de soixante à soixante-cinq. L'ordonnance royale du 10 octobre 1367, qui interdit en France les souliers à long bec, dits *à la poulaine*, prétend qu'ils ont été inventés *en dérision de Dieu*. On pouvait difficilement combattre ou même marcher avec cette bizarre chaussure. Aussi les chroniqueurs du quatorzième siècle remarquent-ils que les cavaliers du duc Léopold d'Autriche, défait et tué, en 1386, par les Suisses, à la fameuse bataille de Sempach, ayant mis pied à terre au commencement de l'action, coupèrent les longues pointes de leurs souliers : cette distinction était alors exclusivement réservée aux nobles. En France, sous Charles VI, cette chaussure si bizarre fut remplacée par une mode non moins grotesque : on porta des souliers de trente-deux centimètres de large. Dès l'année 1462, un statut du roi Édouard IV, que rapporte le jurisconsulte Blackstone, défend à tout gentil-homme anglais au-dessous du rang de lord de porter des souliers ou des bottes dont la pointe excède cinq centimètres. Du temps de François Ier et de Rabelais, c'est-à-dire au milieu du seizième siècle, quelques personnes n'avaient pas encore quitté les *souliers à la poulaine*.

Lorsque les chaussures échancrées, proscrites à Genève, reparurent douze années après, en 1555, le réformateur Calvin exhorta les magistrats de cette république à ne les interdire de nouveau. En Angleterre, les souliers eurent dès l'année 1633 la forme usitée aujourd'hui; on y adapta des boucles en 1670. Un éditeur de *Roman de la Rose* a prétendu que les moines de la fameuse abbaye de Saint-Martin de Tours portaient autrefois des miroirs à leurs souliers.

Henri IV, forcé de monter souvent à cheval, porta d'abord des bottes, et tous ses capitaines comme lui. Les magistrats et les gens d'église portaient des souliers, à moins qu'ils ne voyageassent à cheval; alors ils prenaient des bottes. Maître de son royaume, Henri IV se débotta, et adopta une chaussure légère. Sous Louis XIII, les modes espagnoles amenèrent l'usage des bottes justes au pied, mais hautes, larges, évasées, tombantes et ne montant qu'à mi-jambes, garnies de dentelles et armées d'éperons, même à la ville. Même chaussure sous Louis XIV. Seulement on portait à l'armée des bottes de cuir dépassant le genou, évasées du haut, dans lesquelles les courriers et les aides de camp serraient leurs dépêches. Plus tard, on n'eût pu sans blesser l'étiquette se présenter en bottes à la cour, dans une assemblée, dans une cérémonie, à moins qu'on ne fût militaire et en uniforme. Sous Louis XVI l'anglomanie fit reprendre la botte. La révolution de 1789, avec ses belliqueux instincts, la mit plus en honneur que jamais, même dans le civil. En 1793 les sans-culottes affectèrent de se montrer sans bas et en sabots. Sous le Directoire on eut des souliers pointus, fort découverts sur le cou-de-pied, concurremment avec des bottes à revers jaunes. Les odalisques de Barras cherchèrent à impatroniser en France les chaussures des dames romaines, une semelle avec des bandelettes, les pieds nus avec des diamants à chaque doigt : cette mode ne prit pas. Sous le Consulat et l'Empire on porta pendant quelque temps des souliers avec de petites guêtres; puis on opposa aux bottes à revers des bottes unies, montant au genou, dites *à la Souvarof*, et des demi-bottes, se terminant à mi-jambe, garnies de velours ou taillées en cœur et ornées d'un gland. Aujourd'hui on porte généralement sous le pantalon des bottes courtes ou des souliers à recouvrements qui les figurent; les dames persistent à garder les bottines de velours ou d'étoffes de différentes couleurs.

Auguste SAVAGNER.

Les chaussures propres à la jambe et remontant plus ou moins sur les genoux servent à défendre ces parties contre les intempéries de l'air et à les garantir du choc et du frottement des corps extérieurs. En outre, les chaussures des pieds diminuent les effets de la pression et du poids de tout le corps sur la région plantaire, qui appuie sur le sol, et la défend contre les aspérités anguleuses qui pourraient s'enfoncer dans les chairs. Le pied de l'homme offre à la plante des callosités naturelles, qui sont une sorte de semelle ou portion de chaussure; mais ces callosités sont évidemment insuffisantes pour prémunir le pied contre toutes les causes qui peuvent le blesser. L'utilité des chaussures est donc facile à constater. Depuis longtemps, selon les diverses idées de beauté qu'on a attachées aux formes de la jambe et du pied, les chaussures ont été employées, soit pour faire ressortir les belles formes, soit pour masquer les imperfections ou les difformités de ces parties. L'art, poussant alors trop loin ses prétentions, vint mettre à la torture tous les tissus vivants, comprimés douloureusement par d'élégantes chaussures. Voilà pourquoi abondent dans les villes les plus populeuses et les plus civilisées de notre vieille Europe les médecins pédicures pour la guérison des cors, oignons, durillons, inflammations, phlyctènes, excoriations, accès de goutte, ongles incarnés, etc., etc.

Si la constriction produite par les chaussures peut causer une foule de maladies, on sent la nécessité de les prévenir de bonne heure, en n'usant que de chaussures qui s'adaptent convenablement à la forme des pieds et des jambes. Les chaussures artificielles dont les orthopédistes font usage contre les difformités de ces deux parties du corps, sont l'une des ressources mécaniques les plus efficaces de leur art, lorsque la compression qu'elles produisent, est bien uniforme, lente, bien graduée; lorsque les redressements obtenus chez le jeune âge sont secondés et consolidés par un traitement hygiénique approprié à la constitution du sujet. Diverses chaussures sont aussi employées avec succès contre les varices des jambes, contre le gonflement habituel des pieds. En général, le choix du tissu et des formes de la chaussure est commandé par le besoin de conserver la santé des jambes et des pieds, et de sentir ces parties à l'aise. C'est pourquoi les chaussures plus ou moins légères ou plus ou moins défensives, varient nécessairement suivant les saisons, les climats, les professions et quelquefois aussi suivant la nature des animaux parasites et venimeux des pays que l'on habite ou dans lesquels on voyage. On n'y emploie pas seulement le bois, le cuir, les peaux, les étoffes, on en fait maintenant en caoutchouc. L. LAURENT.

CHAUVE, CHAUVETÉ. Le premier de ces termes signifie qui n'a plus de cheveux ou qui n'en a guère. C'est dans le sens le plus usuel qu'on dit : *une personne chauve*. Le deuxième, qui est de moins en moins usité, désigne aussi le plus vulgairement l'état d'une tête chauve; il a pour synonymes les mots *calvitie*, *alopécie* et *pelade*.

La perte plus ou moins précoce des cheveux qui grisonnent et blanchissent dans la canitie, ou qui tombent sans changer de couleur, a lieu quelquefois dans la jeunesse sur des personnes d'une constitution saine, et peut être attribuée à des dispositions organiques héréditaires. Ce genre de chauveté propre à certaines idiosyncrasies, commence par le front, le vertex, s'étend plus ou moins en arrière et sur les tempes. C'est en vain que les personnes qui l'éprouvent recourent aux cosmétiques, tels que la moelle de bœuf, les graisses d'ours et d'oie, une pommade faite avec l'axonge et les feuilles de noyer, et en général toutes les graisses fines, qu'on a regardées comme ayant la propriété de donner aux cheveux une végétation plus active. Ces moyens ne nous paraissent utiles qu'en remédiant à la sécheresse du cuir chevelu. Ils ne peuvent agir que comme défensifs contre les intempéries de l'air et préserver des affections rhumatismales de cette région de la tête plus ou moins dépourvue de son vêtement naturel. C'est dans ce but que les personnes chauves de bonne heure doivent se résoudre à faire usage soit de faux toupets, soit de perruques, pour se prémunir ou se guérir même des douleurs rhumatismales ou des névralgies de la peau du crâne. Ces ressources de l'art de la coiffure sont encore plus utiles dans la chauveté qui a lieu dans l'âge avancé, pour se garantir des effets du froid et de la chaleur. On voit cependant des individus n'en éprouver aucun inconvénient et pouvoir se dispenser de ces sortes d'abris artificiels.

Lorsque par l'effet de plusieurs maladies survenues à des intervalles plus ou moins grands, les cheveux et les poils tombent plusieurs fois, la première chute est suivie d'une nouvelle pousse de cheveux et de poils de même nature et en quantité presque aussi considérable, surtout si l'individu est jeune; après la seconde perte, les poils deviennent plus rares; enfin, après une troisième chute de cheveux, la tête reste largement chauve, et les autres parties du corps sont également plus ou moins épilées, selon la nature des maladies. On a remarqué constamment que les têtes chauves sont plus dégarnies, 1° dans les endroits les plus exposés aux pressions de la coiffure; 2° dans les parties où la peau est plus voisine des os, et réciproquement, que les tempes, le voisinage des oreilles et la nuque sont tout encore recouverts de cheveux quand le reste de la tête est tout dénudé, parce que des couches musculaires plus ou moins épaisses et des vaisseaux plus nombreux sont subjacents à la peau de ces trois parties de la tête.

Le moyen regardé généralement comme le plus sûr pour empêcher que la perte des cheveux et des poils soit complète est de les raser tous, et de répéter fréquemment cette opération, qui paraît activer la nutrition des bulbes pilipares, et par suite la sécrétion de la matière mucoso-cornée, qui se transforme en filaments pileux. Quelques pathologistes ont comparé la pousse des cheveux après leur coupe à celle des rejetons vigoureux d'un arbre qui languissait et dont on a retranché le sommet et les branches privées de vie.

En anatomie végétale, on a donné l'épithète de *chauves* aux semences nues qui ne sont ni chevelues ni aigrettées, et, en anatomie animale, à toutes les parties de l'enveloppe des animaux dépourvues des divers téguments de nature cornée. En botanique et en zoologie, on emploie aussi ce nom comme caractéristique des espèces, lorsque la nudité naturelle de certaines parties dépourvues de poils, de plumes, d'écailles, etc., est un signe certain pour les distinguer. Les chauves-souris ont été ainsi nommées parce qu'on les a regardées comme des souris volantes, et parce que leurs ailes sont *chauves* ou dégarnies de plumes.

Proverbialement, on dit : *l'occasion est chauve*, pour exprimer qu'il est difficile de la saisir, et qu'il ne faut pas la laisser échapper quand elle se présente. L. LAURENT.

CHAUVEAU-LAGARDE (CLAUDE-FRANÇOIS), né à Chartres, en 1763, fut reçu avocat à Paris sous l'ancien parlement. Pendant la Révolution il était défenseur au tribunal révolutionnaire. Il y avait acquis une haute réputation d'éloquence, et se fit plus tard une nombreuse clientèle, qui aurait suffi de nos jours pour le conduire à la fortune et à une bonne position politique; mais alors la carrière du barreau n'était pas aussi fructueuse qu'elle l'est devenue depuis. Défenseur de Miranda, de Brissot, de Charlotte Corday, de Marie-Antoinette, de madame Élisabeth, Chauveau-Lagarde plaida ces causes avec une hardiesse et un dévouement étonnant pour l'époque. Les jurés du terrible tribunal et le fougueux accusateur public lui-même, étaient bien aises de laisser à la défense une grande latitude, une liberté non-seulement apparente, mais réelle, afin de faire croire d'autant mieux à l'impartialité de leurs arrêts. « Je n'ai commencé, me disait Chauveau-Lagarde, à craindre pour ma tête qu'au moment où la loi de prairial supprima les plaidoiries, et déclara que désormais les accusés ne pourraient plus prendre de défenseurs que parmi les *jurés patriotes*; alors on n'avait plus besoin ni de Dommanget, ni de Julienne, ni de moi, et sans le 9 thermidor nous serions montés à notre tour sur le banc fatal. » En 1795, Chauveau-Lagarde était un des principaux orateurs de la section de l'Unité, et, comme président de cette section, il fut condamné à mort par contumace après le 13 vendémiaire. Il purgea sa contumace et fut acquitté.

Quoique chargé de causes civiles importantes, il se voua plus particulièrement à la défense criminelle. Il plaidait au moins aussi souvent à Reims, à Rouen, à Orléans, à Bordeaux et à Strasbourg qu'à Paris. Il défendit à Tours d'anciens chouans qui avaient séquestré le sénateur Clément de Ris, préteur du sénat, afin de lui extorquer une somme considérable. Un peu avant le 18 brumaire, il défendit à Paris, devant un conseil de guerre, un colonel préposé aux remontes de Versailles, accusé de machinations coupables contre la république, pour avoir reçu des chevaux au-dessous de la taille prescrite par les règlements, et avoir occasionné ainsi les désastres de nos armées en Italie. Le colonel fut condamné à mort. Chauveau-Lagarde et Blaque, défenseurs de l'accusé, eurent l'audace de faire distribuer aux membres des deux conseils et de faire afficher sur les murs de Paris une protestation où ils déclaraient que jamais ils n'avaient vu de jugement plus inique ni d'application plus odieuse de la loi. En effet, le jugement ayant été annulé pour vice de forme, un second conseil de guerre réduisit l'affaire à ses proportions plus justes : le colonel, convaincu d'une simple infidélité dans sa gestion, ne fut condamné qu'à quelques mois d'emprisonnement.

La révolution de Saint-Cloud s'était faite aux cris *à bas les avocats!* Il ne pouvait être question de rétablir leur ordre; mais le premier consul avait besoin d'appuyer la campagne qui se préparait et qui devait avoir de si glorieux dénoûments à Hohenlinden et à Marengo. On songea donc à créer des offices avec cautionnements; et c'est ainsi qu'on institua les *avoués*, de qui l'on exigea un cautionnement de 3,000 fr., qu'ils trouvèrent exorbitant. La plupart des notabilités du barreau d'alors, craignant d'éprouver des entraves, se firent inscrire parmi les *avoués* à la cour de cassation. Chauveau-Lagarde, Pérignon et Delacroix-Frainville furent seuls admis. Chauveau-Lagarde, d'abord *avoué*, puis bientôt après avocat à la cour de cassation et aux conseils, ne renonça point pour cela aux affaires criminelles. En 1816 il reparut au conseil de guerre pour défendre, de concert avec Girod (de l'Ain), le général Bonnaire, qu'ils parvinrent à soustraire à la peine capitale. Au nombre des causes civiles dont se chargea Chauveau-Lagarde, nous citerons le procès en calomnie suscité contre M. de Girac, ancien évêque de Chartres, par Mme de Montmorency-Matignon, l'une des dames d'honneur de l'impératrice Joséphine. Il plaidait pour l'évêque et Delamalle pour la demanderesse, qui obtint des dommages et intérêts. Vers le même temps, Chauveau-Lagarde défendit le principal accusé dans un procès d'escroquerie qui eut un grand retentissement. On avait persuadé au duc de Loos-Corswarem, membre de la noblesse immédiate de l'Empire, qu'il ne pouvait obtenir de la diète l'indemnité qu'il réclamait s'il ne faisait des sacrifices considérables pour un des frères de l'empereur. La malignité publique comparait cette affaire à celle du collier, parce qu'il y était question de deux colliers de diamants, l'un pour la femme d'un ambassadeur étranger, l'autre pour l'épouse d'un haut fonctionnaire de France. Ce qui est certain, c'est que, pour satisfaire à des exigences reconnues depuis chimériques, le duc de Loos fut obligé d'emprunter, par l'entremise du conseiller de Piton, son plénipotentiaire, au fameux financier Seguin, un ou deux millions, dont je crois que le prêteur ne fut jamais remboursé.

La manière dont Chauveau-Lagarde avait traité cette cause et celle de M. de Girac l'avait mis fort mal avec le gouvernement impérial : aussi dut-il voir arriver avec joie la Restauration, objet sans doute des rêves de sa jeunesse. Après s'être dévoué pour d'augustes victimes, il semblait pouvoir aspirer alors aux dignités les plus élevées de l'ordre judiciaire, même à la pairie. Suivant l'usage, tous les honneurs furent pour d'autres. On l'oublia, ou du moins on se contenta de donner son nom à l'une des rues aboutissant à la Madeleine; et ce fut deux années seulement avant la révolution de Juillet qu'il entra comme conseiller à la cour de cassation. On lui avait su mauvais gré de quelques précautions oratoires qu'il avait dû prendre en plaidant pour la veuve et la sœur de Louis XVI. Ces concessions furent taxées de faiblesse. Chauveau-Lagarde avait partagé avec Pontécoulant, depuis pair de France, la défense, nécessairement illusoire, de Charlotte Corday. Son plaidoyer en quelques lignes obtint l'approbation générale de l'auditoire, et lui valut les plus touchants remercîments de sa cliente.

Doué d'une santé robuste, sans laquelle il n'aurait pu se livrer à une existence en quelque sorte nomade, Chauveau-Lagarde était l'un des conseillers les plus assidus de notre première cour judiciaire. Il n'a cessé d'y siéger que quelques jours avant sa mort, arrivée en 1841.
BRETON.

CHAUVELIN (HENRI-PHILIPPE DE), abbé de Montier-Ramey, chanoine de Notre-Dame et conseiller au parlement de Paris, né en 1716, fut, au siècle dernier, l'un des artisans les plus actifs de la ruine des jésuites. Déjà en 1750 il s'était signalé par plusieurs écrits dans la grande affaire des immunités. Ayant fait rendre, en 1753, au parlement de Paris un arrêté par lequel cette cour déclarait qu'elle ne pouvait sans manquer à son devoir *obtempérer* à l'ordre du roi qui lui avait enjoint de suspendre toutes poursuites concernant le refus des immunités, Chauvelin fut, avec trois de ses collègues, arrêté le 9 mai et enfermé au mont Saint-Michel. Rendu à la liberté, il commença contre les jésuites une série d'attaques qui, le 9 mai 1767, aboutirent au bannissement de ces religieux. Il retomba ensuite dans l'obscurité, et mourut en 1770.

CHAUVELIN (GERMAIN-LOUIS DE), né en 1685, avocat général au parlement de Paris, s'éleva par son mérite aux fonctions de garde des sceaux, et de secrétaire d'État au département des affaires étrangères. Doué d'un génie actif, il devint l'homme de confiance du cardinal de Fleury, sur lequel il avait une grande supériorité. Ce fut grâce à son habileté qu'une guerre médiocrement conduite, et marquée par le honteux abandon de la Pologne, se termina par le traité de Vienne, le seul acte glorieux du règne de Louis XV. Néanmoins une intrigue de cour le fit disgracier par le premier ministre, aux yeux duquel on le représentait comme un homme avide de lui succéder. Exilé d'abord à Bourges, en 1737, puis à Issoire, dans les montagnes de l'Auvergne, il mourut, en 1762, à Paris, où il avait obtenu de rentrer peu de temps auparavant.

CHAUVELIN (FRANÇOIS-CLAUDE, marquis DE), fils du précédent, servit avec distinction en Italie, sur le Rhin et en Flandre, fut nommé maréchal de camp en 1745, puis ministre plénipotentiaire à Gênes et commandant des forces françaises en Corse. Lieutenant général en 1749, ambassadeur à la cour de Turin en 1753, il obtint en 1760 une des deux charges de maître de la garde-robe du roi, mourut subitement en 1774, à Versailles, dans l'appartement et sous les yeux de Louis XV, dont il faisait en ce moment la partie. Il a laissé quelques vers agréables et faciles.

[**CHAUVELIN** (BERNARD-FRANÇOIS, marquis DE), fils du précédent, né à Paris en 1766, mort en 1832, du choléra, fut attaché, fort jeune, à la cour de Louis XVI, comme maître de la garde-robe; il fut du petit nombre des membres de la noblesse qui, comme les Larochefoucault et les Lafayette, embrassèrent spontanément la cause populaire. En 1792 l'ancien évêque d'Autun demanda et obtint pour lui l'ambassade de Londres. Il y défendit la cause de la révolution avec autant de dignité que de courage. Après les événements du 10 août, il resta à son poste; mais à la mort du roi il reçut de la cour de Saint-James l'ordre de quitter immédiatement l'Angleterre.

Rentré en France, il fut envoyé comme ministre de la république auprès du grand-duc de Toscane, qu'il ne put déterminer à reconnaître le nouveau pouvoir de la France. Depuis cette époque jusqu'au 18 brumaire il vécut éloigné des fonctions publiques; mais après l'avènement du gouvernement consulaire il entra dans le tribunat, dont il devint bientôt un des membres les plus considérables. En 1801 il combattit avec force la création de la Légion d'Honneur. Dans cette institution il voyait un attentat au principe de l'égalité, pour laquelle la France avait fait de si longs et de si cruels sacrifices. « Il faut, dit-il, effacer les distinctions nobiliaires, et non les couvrir; les détruire par des principes, et non les combattre par d'autres préjugés. » Deux ans plus tard il était nommé lui-même chevalier du nouvel ordre.

A l'avènement de l'empire, il fut appelé à la préfecture du département de la Lys, et en 1810 il entra au conseil d'État. Bientôt après, Napoléon l'investit des fonctions d'intendant général de la Catalogne, qu'il conserva jusqu'à la chute du gouvernement impérial.

Élu député de la Côte-d'Or en 1817, il siégea dans les rangs de l'extrême gauche, et lutta avec une infatigable constance contre toutes les tendances réactionnaires de la Restauration. Improvisateur mordant, facile, spirituel, il s'engagea dans tous les combats parlementaires de cette époque, et il n'y eut pas une question importante dans laquelle la contre-révolution ne rencontrât en lui un ardent adversaire. Il demanda avec une courageuse et noble persévérance le retour des proscrits et le renvoi des soldats soisses, sur lesquels s'appuyait la Restauration. Lorsque, après la mort tragique du duc de Berry, la réaction s'attaqua à la liberté individuelle et à la liberté de la presse, il défendit énergiquement, quoique sans succès, ces deux grandes conquêtes de la Révolution. On n'a point oublié la fameuse séance dans laquelle la loi électorale, objet de toutes les fureurs des hommes de l'ancien régime, fut sauvée à la majorité d'une seule voix. C'est au patriotisme du marquis de Chauvelin que l'opposition dut ce difficile triomphe. Le député de la Côte-d'Or se fit porter mourant à la chambre, pour prendre part au scrutin, dans lequel la gauche obtint 128 voix contre 127. Cet acte de dévouement souleva toutes les fureurs du parti de la réaction, dont les satellites l'accablèrent d'outrages, à sa sortie du palais Bourbon, tandis que la jeunesse libérale lui décernait une tumultueuse ovation. En 1824 les rancunes et les intrigues du ministère parvinrent à l'éloigner de la chambre; mais il fut réélu en 1827, après la dissolution si impolitiquement prononcée par le cabinet Villèle. Enfin, fatigué d'une lutte qu'il croyait peut-être stérile, il donna sa démission en 1829, et quitta, pour se livrer à de grandes entreprises industrielles, dont il n'était point appelé à recueillir les fruits, une carrière qu'il avait traversée avec un incontestable éclat. B. SARRANS.

CHAUVES-SOURIS, mammifères de l'ordre des carnassiers, dont les zoologistes modernes ont fait la famille des **chéiroptères.** Les chauves-souris sont caractérisées par des bras, des avant-bras et des doigts excessivement allongés, soutenant un prolongement latéral de la peau du corps, et formant de véritables ailes autant et plus étendues en surface que celles des oiseaux. Aussi volent-elles très-haut et très-rapidement. Leur sternum présente dans son milieu, comme celui des oiseaux, une arête pour donner attache aux muscles pectoraux, dont l'épaisseur est proportionnée aux mouvements qu'ils doivent exécuter. Leur main, plus longue que le corps, a les quatre doigts dépourvus d'ongles ordinairement et réunis par la membrane de l'aile, où ils se trouvent entièrement engagés. Le pouce seul en est séparé : court, libre, et toujours armé d'un ongle crochu, il sert à ces animaux à se suspendre et à ramper. Leurs pieds sont faibles, divisés aussi en cinq doigts presque toujours égaux et terminés par des ongles aigus et tranchants. Les chauves-souris ont le corps couvert de poils, les yeux petits, mais les oreilles sont souvent très-grandes, et fournissent avec leurs ailes une énorme surface membraneuse presque nue et douée d'une exquise sensibilité.

Ce sont avec les musaraignes les plus petits animaux de l'ordre des carnassiers, et avec les rats les moindres en grosseur de la classe des mammifères. Leurs couleurs composées de brun, de gris et de fauve, sont en général peu variées dans leurs dispositions; le dessus du corps est toujours plus foncé que le dessous, ce que l'on ne peut attribuer, comme dans les espèces diurnes, à l'influence de la lumière, puisqu'elles se retirent le jour dans des lieux obscurs d'où elles ne sortent que la nuit. Dans nos climats, elles passent l'hiver en léthargie : les unes se recouvrent de leurs ailes comme d'un manteau, s'accrochent à la voûte de leurs souterrains par les pieds de derrière et y demeurent suspendues; les autres se collent contre les murs, ou se recèlent dans des trous. Elles se trouvent toujours en assez grand nombre pour se garantir du froid; elles restent ainsi l'hiver sans manger, ne se réveillent qu'au printemps et se retirent de nouveau vers la fin de l'automne. Elles supportent plus facilement la diète que le froid, et hors le temps de leur hibernation, alors qu'elles jouissent de toute leur activité, elles peuvent vivre plusieurs jours sans manger. Elles montrent beaucoup de voracité, et de vol, quand elles se sont introduites dans un office, s'attacher aux quartiers de lard et manger la viande cuite ou crue, fraîche ou corrompue. Leur nourriture se compose de moucherons, de cousins, de phalènes, qu'elles poursuivent au vol; elles les avalent pour ainsi dire tout d'une pièce, et l'on retrouve dans leurs excréments les débris des ailes et des autres parties sèches qui n'ont pas été digérées. Les grottes et les cavernes uniquement fréquentées par ces animaux sont souvent remplies d'une espèce de terre noire formée totalement de leurs déjections. Leur portée ordinaire est de deux petits, qu'elles tiennent cramponnés à leurs mamelles, et dont la grosseur est considérable, à proportion de celle de leur mère.

Ce genre a été subdivisé de diverses manières par les nombreux auteurs qui s'en sont occupés; nous ne parlerons ici que des *vespertilions* ou *chauves-souris proprement dites* et nous consacrerons un article particulier aux sous-genres *roussette* et *oreillard.*

Les *vespertilions* ont le museau sans expansion ni replis membraneux, les oreilles séparées, quatre incisives en haut, dont les deux moyennes écartées, et six en bas, à tranchant un peu dentelé. La gueule est très-fendue, et la mobilité de leurs lèvres rend leurs dents très-apparentes; les joues, plus ou moins renflées et velues, portent quelquefois de petites verrues; les yeux sont très-petits, noirs et brillants, placés latéralement, les ailes sont très-grandes et soutenues par les os métacarpiens, fort allongés, et par les phalanges, dont on compte une seule à l'index, trois au médius et deux à l'annulaire et au petit doigt. La membrane interfémorale, très-grande, enveloppe la queue de toute part depuis sa base jusqu'à sa pointe. Le poil est doux, généralement de couleur brune, tirant tantôt sur le gris, tantôt sur le roux. Les membranes et les oreilles sont à peu près nues, si l'on en excepte une espèce dont la membrane interfémorale est couverte en dessus d'un poil abondant, particulièrement au voisinage du corps. Les mamelles, qui sont au nombre de deux, sont placées sur la poitrine. Ce sont, comme nous l'avons déjà dit, des animaux nocturnes, qui ne sortent de leurs retraites qu'au crépuscule du soir pour y rentrer au crépuscule du matin; et c'est pendant la nuit qu'ils poursuivent les petits insectes, les phalènes, les noctuelles et autres lépidoptères, dont ils font leur proie. Les uns volent en troupe, les autres séparément. Pendant le jour, suivant les espèces, ils se retirent au milieu des forêts dans les trous des vieux arbres, dans les vieux édifices abandonnés, dans les cavités des rochers. Nommons les principales espèces de ce sous-genre.

La *chauve-souris ordinaire* (*vespertilio murinus*, Linné) a 40 à 45 centimètres d'envergure, mesurée d'un bout de l'aile à l'autre, les oreilles oblongues, de la longueur de la tête, le poil brun, marron dessus, gris-clair dessous; celui des jeunes est gris-cendré; la face est presque entièrement nue, la front très-velu; les narines ont leurs bords renflées; les yeux sont grands; les oreilles sont fortement inclinées en arrière, avec la pointe dirigée en avant. Elle habite les vieux bâtiments très-élevés, tels que les tours et les clochers, se tient écartée des autres espèces et même quelquefois le combat. Lorsqu'on en renferme plusieurs dans la même cage, elles se déchirent mutuellement, et se brisent les os des ailes et des jambes. La chauve-souris ordinaire habite le centre de l'Europe, et se trouve plus communément en Allemagne qu'en France.

La *chauve-souris noctule* (*vespertilio noctula*, Linné) a une envergure de 40 centimètres environ. Sa tête est forte et large, son museau court, épais et relevé, son front plat et très-velu; ses oreilles sont triangulaires, plus courtes que la tête; sa langue a une proéminence épineuse à sa base. Le pelage de la noctule est très-doux au toucher et épais, et les poils qui le composent sont d'un roux fauve très-égal depuis leur base jusqu'à leur pointe; seulement ceux des parties inférieures sont d'une nuance plus claire que ceux des parties supérieures. Les membranes sont d'un brun très-obscur, et c'est de la partie velue on remarque le long du bras et de l'avant-bras une partie velue qui a fait donner par Schreber à cette espèce le nom *vespertilio lasiopterus.* Les mâles ne diffèrent des femelles qu'en ce que celles-ci sont plus sveltes. Cette espèce sort de sa retraite avant toutes les autres, ce qui l'a fait nommer *vespertilio proterus* par Kuhl; elle paraît lorsque le soleil est encore fort élevé sur l'horizon, dès cinq heures du soir en été. Tant qu'il fait grand jour, elle se tient très-haut dans les airs, et ne se rapproche de terre, et particulièrement de la surface des eaux que vers le crépuscule. Elle vole par troupes composées d'une vingtaine d'individus qui se retirent pendant le jour, et quand le vent souffle trop fort, dans les vieilles tours et les clochers, et également dans les trous des vieux arbres. Elle est commune en Europe, mais, comme la précédente, on la trouve plus répandue en Allemagne qu'en France.

La *chauve-souris sérotine* (*vespertilio serotinus*, Linné) ressemble beaucoup par ses formes et sa taille à la *noctule*, avec laquelle on l'a quelquefois confondue. Son envergure a de 35 à 38 centimètres d'étendue; sa face est presque nue, sa lèvre supérieure très-renflée et garnie de verrues; son museau court, épais, large, et renflé; le front est velu, les yeux petits, les oreilles plus courtes que la tête;

son poil est d'un brun châtin foncé en dessus, jaunâtre gris en dessous, d'une couleur plus pâle chez les femelles. La sérotine paraît très-tard au printemps, et il y a lieu de croire que son sommeil est plus profond que celui des autres espèces. Elle vit par paire ou isolée, et ne produit qu'un petit vers la fin du mois de mai. Elle fait sa demeure habituelle dans les creux des arbres des forêts, dans les vieilles masures, ou bien dans les piles de bois des chantiers, le plus souvent au voisinage des eaux. Chaque soir elle sort plus tard que la noctule, et fait entendre sa voix, qui est très-sifflante. Elle est commune en France et en Allemagne.

La *chauve-souris pipistrelle* (*vespertilio pipistrellus*, Gmelin) est la plus petite espèce d'Europe et l'une des plus communes aux environs de Paris. Son envergure n'est que de 18 centimètres. Ses formes ont un rapport avec celles de la noctule; sa tête est large et convexe, son nez large et déprimé, ses oreilles plus courtes que la tête, la queue beaucoup plus longue que celles des autres espèces; son pelage est doux, soyeux, long, brun, noirâtre en dessus, brun fauve en dessous. Geoffroy Saint-Hilaire a rapporté d'Égypte une variété de cette espèce qui est particulièrement caractérisée en ce que les poils bruns du dos ont la pointe cendrée. La pipistrelle, qui se trouve fréquemment en France, en Allemagne et en Italie, se tient sous les combles des habitations rurales, et y dépose ses petits, au nombre de trois ou quatre par portés; à l'époque du part, les femelles se réunissent et paraissent soigner leur progéniture en commun.

La *chauve-souris échancrée* (*vespertilio emarginatus*, Geoffroy), espèce qu'on rencontre en Angleterre et en France aux environs d'Abbeville, à 25 centimètres d'envergure. Sa tête est semblable à celle de la pipistrelle, ses oreilles de la longueur de la tête; son pelage, gris roussâtre en dessus, est cendré blanchâtre en dessous. DÉMEZIL.

CHAUVIN, CHAUVINISME. Ceci est de la farce et du drame à la fois : du drame parce qu'il rappelle de nobles sentiments, de patriotiques pensées, de généreuses inspirations, un dévouement saint et sacré; de la farce, parce que la société, telle que nous l'avons faite, semble prendre à tâche de gâter tout ce qu'elle effleure du doigt ou des lèvres. Chez nous, ce qui tue beaucoup plus que le mépris, c'est le ridicule. Le ridicule est le glaive le plus fatal du monde, en ce qu'il n'arme jamais que l'intelligence et l'esprit : le crétin laisse passer toutes les gloires, et, s'il n'ôte pas son chapeau devant elles, du moins n'essaie-t-il pas de les flétrir. Voyez, nous en sommes à mettre en opposition le crétin et l'homme de génie! Le chauvinisme, c'est l'exagération d'un sentiment. On a fait du Chauvin comme on a fait des Macaire, comme on a fait des Jean-Jean, comme on a fait des Mayeux. La plume, le crayon, s'en sont emparés avec rage. J'ai vu un Chauvin à toutes les expositions du Louvre, et la foule hébétée riait devant lui........ Pauvre Chauvin! Chauvin était un soldat de la garde impériale. Vous voyez l'holocauste? Quand son capitaine disait : *Bonjour, Chauvin*, le brave soldat pleurait; quand son colonel le tutoyait, Chauvin pleurait, et ne saluait plus ses camarades; un jour que son général, en passant l'inspection, lui toucha, par mégarde, les boutons de son uniforme, Chauvin pleura; mais ce jour-là, voyez-vous, il jura de se faire tuer pour son général et pour sa patrie!... Voilà le grand mot lâché, je fais presque du *chauvinisme* en vous parlant de Chauvin.

Mon Chauvin, le Chauvin à moi, celui de l'histoire, le Chauvin type de tous les chauvins présents et futurs, non-seulement n'est pas un être imaginaire, mais il est multiple; il se trouve là et là, partout où il y a un sacrifice à accepter, et je vous défie de me désigner un régiment, un bataillon, une compagnie, que dis-je? une escouade, qui n'ait son Chauvin. Lorsqu'il naquit, ou plutôt lorsqu'il se sentit un cœur dans la poitrine, Chauvin se jura de ne vivre que dans une atmosphère d'enthousiasme. Un fusil était pour lui une sublime invention; un boulet lui semblait l'œuvre d'une intelligence plus qu'humaine, et il aurait créé un culte, il aurait dressé des autels à l'inventeur de la bombe. Si son caporal lui disait d'aller en avant, Chauvin était toujours à quelques pas de son peloton; quand l'ordre était donné de ne point faire de quartier, Chauvin mâchait sa cartouche avec frénésie, il eût volontiers mâché les chairs de l'ennemi vaincu. Chauvin, un jour, fut placé sous son drapeau, à l'ombre de son aigle....... Il se crut éclairé, brûlé par un soleil resplendissant. Oh! ce jour-là, il se vit si grand, si colossal, qu'il n'eût point ôté son bonnet à poil, de peur de toucher les étoiles. De ce jour, Chauvin fut un héros...... Un mois plus tard, on en fit une victime. On le licencia, on le renvoya dans ses foyers. Vive la république! Vive le consulat! Vive l'empire! Vive la restauration! Chauvin eût crié tout ce qu'on eût voulu; mais il n'eût pas fait comme vous et moi; son *vive quelque chose* serait parti du cœur, et il n'aurait pas hésité par devoir à faire de cette chose une chose solennelle.

Quel jour est né Chauvin?... On l'ignore, la renommée est muette à cet égard, et cela ne nous surprend pas : on ignore la patrie d'Homère, le Chauvin des temps fabuleux. Quand mourra Chauvin?.... Jamais. Sa vie est écrite en caractères ineffaçables sur les murs de toutes les capitales, qu'il a sapées; sur les dernières assises des pyramides égyptiennes, qu'il a gravies; sur le front des Alpes, qu'il a foulées du pied. Chauvin s'est battu sous toutes les zones, contre toutes les nations européennes, et si un repentir a traversé son existence guerrière, c'est de n'avoir pu escalader le firmament pour aller guerroyer contre les habitants de la lune. Et maintenant, si vous me demandez quelle était la religion de Chauvin, je vous répondrai que nul historiographe n'en fait mention, qu'on ignorera toujours s'il a adoré le dieu des juifs, celui des chrétiens, ou Mahomet ou Wishnou; mais nous pouvons attester du moins qu'il n'était pas sans dieu, et qu'il adorait son dieu...... *sa patrie!* Le *chauvinisme* n'est devenu un ridicule que par la faute de ceux qui n'ont pas compris le dévouement. Le *chauvinisme* est de tous les états, de tous les âges, de tous les pays. Il y a des *chauvins* chez les coiffeurs, chez les bureaucrates, chez le fumiste, chez l'épicier; il y en a dans l'opulence, il y en a dans la pauvreté; il y a du *chauvinisme* partout où il y a rivalité; vous voyez donc bien qu'il est éternel.

A peine achevions-nous cette étude, qu'un renseignement précis nous arrive des archives de la guerre... Nicolas Chauvin, celui-là même qui a francisé le mot placé en tête de cet article, est né à Rochefort. Soldat à dix-huit ans, il a fait toutes les campagnes. Dix-sept blessures, toutes reçues par devant, trois doigts amputés, une épaule fracturée, un front horriblement mutilé, un sabre d'honneur, un ruban rouge, deux cents francs de pension, voilà le vieux grognard qui se repose au soleil de son pays, en attendant qu'une croix de bois protège sa tombe... Le *chauvinisme* ne pouvait avoir un plus noble patron.   Jacques ARAGO.

CHAUX (en latin *calx*). Cette substance, connue de tout temps, était regardée comme simple; mais les belles expériences de Davy sur les alcalis, qu'il décomposa au moyen de la pile de Volta, ont appris que la chaux était formée de deux principes, d'une base métallique appelée *calcium*, et d'oxygène (100 parties de calcium sur 39,21 d'oxygène). La chaux, qui n'est donc autre chose que le protoxyde de calcium, est blanche, caustique, d'une saveur urineuse; elle ronge les parties molles des corps des animaux, verdit le sirop de violette, qu'elle jaunit ensuite; elle rougit la couleur du curcuma. Sa densité est 2,3. La chaleur la plus forte que l'on puisse produire dans les forges ordinaires ne peut l'altérer; mais à un feu violent, tel que celui qu'on obtient au moyen du chalumeau par un mélange d'oxygène et d'hydrogène, elle fond et se convertit en un verre transparent. Exposée à l'air, à la température ordinaire, la chaux se sature de l'humidité et de l'acide carbonique qu'il contient; elle se gonfle, tombe en poussière, et devient un carbonate. Aussi ne peut-on la conserver que dans des capacités hermétiquement fermées.

On trouve partout la chaux combinée soit avec les acides carbonique, sulfurique, fluorique, arsénique, nitrique, etc., soit avec les terres siliceuses, les argiles (*voyez* CALCAIRE). Les carbonates de chaux purs mélangés ou combinés avec d'autres substances sont les seuls matériaux dont on peut obtenir de bonne chaux, pourvu que la chaux carbonatée soit au moins les 80 centièmes de la masse totale. Les carbonates de chaux sont très-nombreux : les plus communs sont les craies, les pierres de taille, les marbres, les coquillages, les albâtres, les coraux, les madrépores, le spath d'Islande et l'aragonite. La chaux combinée avec l'acide sulfurique forme le plâtre; combinée avec l'acide phosphorique, elle produit la base solide des os (*voyez* PHOSPHATE). Quoique la chaux soit insoluble dans l'eau, néanmoins on en trouve dans plusieurs puits et dans quelques sources, telles que celles d'Arcueil près Paris, et de Saint-Allyre, à Clermont en Auvergne (*voyez* INCRUSTATION). On attribue la dissolution de la chaux par les eaux de ces sources à l'excès d'acide carbonique qu'elles contiennent. Les stalactites sont formées par la chaux que les eaux qui suintent dans les cavernes tiennent en dissolution.

Le protoxyde de calcium peut toujours être préparé en décomposant les différentes variétés de carbonate de chaux par la chaleur. En exposant ce sel à l'action de la chaleur rouge, l'acide carbonique est dégagé, et la chaux reste à l'état de liberté. On peut obtenir les produits de cette décomposition en opérant dans une cornue de grès, à laquelle on adapte un tube recourbé, destiné à recueillir le gaz sous l'eau. Dans les arts cette opération s'exécute en grand pour les besoins de la maçonnerie, qui l'emploie comme mortier, on calcine la pierre à chaux dans des fours dont il est parlé à l'article CHAUFOUR. Les pierres qui sortent du fourneau prennent le nom de *chaux vive*. Quand on veut employer cette substance pour en faire du mortier, on l'abreuve d'eau; elle devient alors *chaux éteinte*. On sait qu'il se développe une forte chaleur au moment où la chaux se combine avec l'eau; on peut donner une raison satisfaisante de ce phénomène : pour faire passer un corps solide à l'état liquide, ou le fondre, il faut le chauffer; par la même raison, un liquide qui passe à l'état solide se refroidit, et abandonne une grande partie du calorique qu'il contenait, comme l'eau, par exemple, qui passe à l'état de glace; l'eau qui se combine avec la chaux passe à l'état solide, et abandonne par conséquent la quantité de chaleur qui la maintenait à l'état liquide.

Il est rare que les pierres calcaires soient entièrement pures, ou exclusivement composées de chaux et d'acide carbonique. Leur pâte est ordinairement mêlée d'une manière intime à de la silice, à de l'alumine, à de la magnésie, à du fer oxydé, à du manganèse, etc. De là les dénominations adoptées par les minéralogistes de *calcaires argileux, magnésien, ferrugineux, manganésien*, etc. De là aussi les diverses sortes de chaux fournies par la cuisson, et que les constructeurs distinguent en plusieurs espèces; les *chaux grasses*, les *chaux maigres*, les *chaux hydrauliques*.

Les *chaux grasses* foisonnent beaucoup quand on les éteint : elles doublent alors de volume et au delà. Ce serait une propriété très-précieuse sous le rapport de l'économie; mais les chaux grasses restent longtemps molles, surtout au centre des maçonneries, partout où elles sont privées du contact de l'air; mais les chaux grasses se dissolvent jusqu'à leurs dernières parcelles dans les eaux fréquemment renouvelées, dans les eaux pures; mais cette dissolution de la chaux transforme à la longue en monceaux de pierres sèches, des murs de quai, par exemple, qu'on croyait convenablement maçonnés et d'une grande solidité. « Faut-il montrer par des citations, dit M. Arago, que le mortier fait avec de la chaux grasse n'acquiert point de consistance quand il est à l'abri du contact de l'air? Nous dirons que M. le général Treussart ayant eu à reconstruire à Strasbourg, en 1822, le soubassement d'un bastion qui datait de 1666, y trouva le mortier tout aussi frais que si les maçons l'eussent posé depuis quelques heures seulement. Pareille chose fut observée à Berlin par les architectes qui démolirent naguère un des piliers, de neuf mètres de diamètre, de la tour de Saint-Pierre, bâtie depuis environ quatre-vingts ans. Nous demande-t-on de prouver qu'un courant d'eau vive dissout rapidement la chaux grasse des maçonneries et en compromet la solidité? Nous invoquerons, pour choisir entre mille exemples, la démolition des restes des anciennes écluses de la Vilaine. Pendant cette opération, on reconnut que, par suite de la dissolution de la chaux grasse, il ne restait plus derrière les revêtements que des masses sans liaison, que de simples murs de pierre sèche. »

La *chaux maigre* a tous les défauts des chaux grasses, et de plus, comme son nom l'indique, elle foisonne à peine. Aussi évite-t-on, autant que possible, d'en faire usage.

Les constructeurs qui désirent donner de la durée à leurs œuvres doivent employer exclusivement de la *chaux hydraulique*, particulièrement lorsque les fondations reposent sur un terrain humide. On appelle *chaux hydraulique* celles qui se solidifient promptement dans l'eau. Cette propriété ne se montre pas toujours au même degré. Les plus caractérisées des chaux hydrauliques *font prise* du second au quatrième jour d'immersion; au bout d'un mois, ces chaux sont fort dures et complètement insolubles; dans le sixième mois elles se comportent comme certaines pierres calcaires : le choc les brise en éclats, leur cassure est écailleuse.

« Les calcaires naturels, dit M. Arago, ne se distinguent en général les uns des autres par aucun caractère physique particulier de texture, de dureté, de pesanteur spécifique, de coloration, qui puisse faire prévoir d'avance quelle espèce de chaux ils fourniront. Les chaux grasses, maigres, hydrauliques, sont indistinctement blanches, grises, fauves, rousses, etc. C'est dans la composition intime des roches, c'est dans la nature et la proportion de leurs principes constituants que les chimistes ont cherché les causes réelles de l'*hydraulicité*. Il est avéré depuis longtemps que les calcaires les plus purs, les marbres statuaires primitifs ou saccharoïdes, les marbres de Paros, de Carrare, donnent toujours, par la calcination, de la chaux grasse; on a su de bonne heure aussi que la propriété de durcir sous l'eau est communiquée à la chaux par des matières particulières qui se trouvent disséminées dans le tissu de la roche calcaire d'où la chaux a été tirée. Mais quelles sont ces matières, et en quelles proportions devaient-elles exister dans la roche pour que l'*hydraulicité* apparût à un degré suffisant? Sur ce point les opinions ont été longtemps flottantes. Bergmann, car des très-grands chimistes s'occupèrent de la question, attribuait les propriétés caractéristiques des chaux hydrauliques à la présence dans ces chaux d'une certaine proportion d'oxyde de manganèse. Guyton-Morveau adopta les idées de son illustre ami. Il était évident, toutefois, que l'hypothèse des deux chimistes ne révélait pas, du moins d'une manière générale, le secret de l'*hydraulicité*; on connaissait en effet des chaux hydrauliques naturelles dans lesquelles n'existait pas une trace d'oxyde de manganèse. Il a même été constaté que cet oxyde ne possède point la propriété qu'on lui attribuait. » Les conjectures de Smeaton, de Saussure, de l'ingénieur des mines Collet-Descotils, avancèrent la question, qui fut complètement résolue par M. Vicat. La chaux naturelle de Senonches était le type de la perfection; M. Vicat composa une *chaux artifi-*

cielle supérieure à celle de Senonches. Il obtint ce résultat capital en faisant calciner, dans des proportions convenablement choisies, de la craie ou de la chaux pure mêlée à de l'argile.

M. Vicat remarqua que si, d'après sa découverte, la chaux devient hydraulique à l'aide d'une simple addition d'argile, il devait y avoir dans la quantité innombrable de formations calcaires argileuses qui existent dans notre pays beaucoup de gîtes très-propres à fournir par la cuisson de la chaux hydraulique naturelle. Il résulte de ses explorations qu'il n'y a pas en France dix départements où la chaux hydraulique manque entièrement. La chaux hydraulique artificielle est donc remplacée aujourd'hui par de la chaux naturelle, dont le prix est plus bas, et qui, étant répandue dans toute la France, ne donne pas lieu, comme la chaux qu'on faisait venir de Senonches, à des frais de transport quelquefois considérables. De là de très-grandes économies dans les constructions; car le prix de la chaux entre presque toujours pour une part considérable dans le prix des maçonneries. Ainsi, tandis que Philibert Delorme pour arriver au maximum de solidité dans les édifices croyait nécessaire que la chaux eût été extraite du banc même de pierre d'où étaient tirés les matériaux de la maçonnerie, prescription qui étant suivie amènerait une augmentation de dépense incalculable, les constructeurs modernes trouvent partout sous leur main une chaux qui remplit toutes les conditions désirables.

La chaux est encore employée pour consumer les chairs des cadavres, désinfecter les lieux mal sains (*voyez* CHLORURES), fertiliser les terres; on l'applique quelquefois avec succès sur des plaies dartreuses, des teignes, etc. Combinée avec des sulfures de plomb, elle est propre à teindre les cheveux en noir; on la mêle aussi au blé pour le garantir des insectes (*voyez* CHAULAGE); de l'eau de chaux est propre à détruire les limaces, etc.

CHAUX (Eau et Lait de). Lorsqu'on délaye la chaux éteinte dans une plus grande quantité d'eau, elle reste quelque temps en suspension, et forme un liquide blanc, opaque, qu'on connaît sous le nom impropre de *lait de chaux*. Cette liqueur est formée d'une solution aqueuse de chaux et d'une grande proportion d'hydrate de chaux non dissous, qui se dépose peu à peu. On peut séparer ce dernier par la filtration, pour avoir la solution claire et limpide qu'on désigne ordinairement sous le nom d'*eau de chaux*.

L'eau de chaux a une saveur âcre et urineuse, comme l'oxyde de calcium lui-même. Elle verdit le sirop de violette. Exposée à l'air, il se forme promptement à la surface une pellicule blanche de sous-carbonate de chaux, due à l'action de l'acide carbonique que renferme notre atmosphère. Si l'on brise cette croûte, elle se précipite au fond du liquide, et il ne tarde pas à s'en former une nouvelle, jusqu'à ce que toute la chaux soit précipitée à l'état de sous-carbonate. Cette solution doit donc être conservée dans des vases fermés.

L'eau de chaux est d'une grande utilité dans les laboratoires de chimie, où elle permet de reconnaître dans les corps soumis à l'analyse les plus faibles traces d'acide carbonique.

Quant au lait de chaux, son emploi est très-fréquent dans les arts : il sert à donner sur les murs une première couche, qui précède celles de badigeon. Dans les intérieurs, on recouvre souvent les plâtres d'un enduit de lait de chaux avant de coller le papier.

CHAUX-DE-FONDS (La), ville du canton de Neufchâtel (Suisse), à peu de distance de la frontière de France, avec une population d'environ 9,000 âmes. Après Locle, La Chaux-de-Fonds est le principal centre de la fabrication de l'horlogerie. Depuis une trentaine d'années elle a pris un développement dont l'extrême rapidité rappelle l'accroissement prodigieux des villes nouvelles de l'Amérique du Nord. L'horlogerie est d'ailleurs l'industrie presque unique des habitants avec les travaux de joaillerie, de dorure, d'émaillage, de ciselage et de peinture qui s'y rattachent, comme aussi la taille des agates et des cristaux. En 1794 un incendie ayant détruit une grande partie de cette ville, elle fut reconstruite sur un plan plus beau. Les maisons en sont jolies, et quelques-unes même construites dans de grandes proportions. Elle a des rues droites et larges et la forme d'une étoile à sept pointes au centre de laquelle se trouve une grande place. Il faut aussi mentionner, à cause de sa toiture, artistement cintrée, l'église ovale et bien claire située sur une hauteur voisine. De la tour de cette église on découvre la contrée environnante, où des hauteurs toutes garnies d'arbres verts forment le plus frappant contraste avec la vallée de Fonds, où se presse une population compacte. La vallée sauvage et plate de la partie nord-est du Jura dans laquelle est située La Chaux-de-Fonds est à 1023 mètres au-dessus du niveau de la mer, et ne produit qu'un peu d'orge, d'avoine, de légumes et du bois.

[Voici ce qu'on raconte sur l'origine de cette production active de l'horlogerie à La Chaux-de-Fonds, qui en si peu de temps a changé complètement l'aspect du pays. On dit qu'en 1679 un certain Péters, marchand de chevaux, apporta dans ces montagnes la première montre qu'on eût vue dans le canton. Cette montre s'étant dérangée, il jugea que Daniel-J. Richard, dit *Bressel*, garçon d'intelligence, dont il avait remarqué les ouvrages ingénieux en mécanique, pourrait peut-être la lui raccommoder, et la lui confia. Ce jeune homme, au bout de dix-huit mois d'efforts parvint à en faire une pareille, après avoir imaginé et fabriqué lui-même tous les instruments nécessaires. Bressel enseigna l'horlogerie à ses cinq fils, qui eux-mêmes firent des élèves, de telle sorte qu'à sa mort, arrivée en 1741, on estimait déjà à 130,000 par an le nombre des montres que produisaient La Chaux-de-Fonds et ses environs, sans compter les horloges et pendules. B. DE CORCY.]

CHAVAN. *Voyez* CHABAN.

CHAVÈS (EMMANUEL DE SILVEIRA, comte d'AMARANTHE, marquis DE), le principal instrument de la contre-révolution qui s'opéra en Portugal au profit de l'absolutisme et de dom Miguel, descendait d'une ancienne famille de Tras-os-Montès. Avec l'appui patent de la reine douairière dona Carlotta, sœur de Ferdinand VII, de l'aristocratie et des moines du Portugal, et secrètement d'intelligence avec l'Espagne, le comte d'Amaranthe leva, pour la première fois, le 23 février 1823, à Villa-Réal, l'étendard de la révolte contre la constitution établie par les cortès; mais cette tentative échoua complètement. Le 4 mars suivant il était déclaré coupable du crime de haute trahison, et dépouillé de ses biens et de ses titres; le 23 du même mois force lui était de chercher un refuge en Espagne, où d'ailleurs il trouva bientôt les moyens de poursuivre sans danger l'exécution de ses projets contre la tranquillité de son pays. Quand dom Miguel eut été proclamé roi absolu, le premier héros de cette contre-révolution fit une véritable entrée triomphale à Lisbonne. Le nouveau roi créa alors le comte d'Amaranthe *marquis* de Chavès, mais, comme dom Miguel, il dut céder au parti constitutionnel, vainqueur sous la direction de Palmella. Il ne tarda pas, toutefois, à recommencer ses machinations, et prit une part active au mouvement qui amena la contre-révolution de 1829. Proclamant alors, à Villa-Réal, dom Miguel 1er en qualité de roi absolu, avec la reine-mère pour régente, il établit une junte de gouvernement à Tavira, et opéra d'abord avec assez de bonheur cette levée de boucliers contre la constitution; mais il finit par perdre la confiance de sa bande. Contraint de résigner son commandement, il dut, à quelque temps de là, se réfugier de nouveau sur le territoire espagnol. Ayant réussi à y former quelques guérillas, il rentra en Portugal, mais pour être réduit bientôt à chercher encore une fois un abri en Espagne. L'intervention du cabinet anglais força alors le cabinet de Madrid à éloigner Chavès des frontières du Portugal, et à le reléguer à Irun, d'où il alla, peu de temps après, s'établir à Bayonne avec sa femme. Les journaux de l'époque sont remplis de récits romanesques sur les prouesses de cette marquise de Chavès, espèce de virago, qui faisait le coup de sabre et le coup de pistolet avec autant d'intrépidité que son marquis, dont elle partagea fidèlement la bonne et la mauvaise fortune.

Dom Pedro, ignorant ce qui s'était passé en Europe, avait nommé son frère, dom Miguel, tuteur de dona Maria et régent pendant la minorité de cette princesse. Chavès intrigua de nouveau pour que son héros se fit proclamer roi absolu ; et celui-ci n'eut pas plus tôt réussi, en 1828, à triompher des derniers efforts des constitutionnels, qu'il le rappela en Portugal. Mais Chavès ne tarda pas à subir l'ingratitude de l'usurpateur. Conspué à la cour de dom Miguel, il finit par se retirer de la politique, et tomba dans une profonde mélancolie. La reine douairière seule continua de lui témoigner qu'elle appréciait les services qu'il avait rendus à la cause de l'absolutisme, et resta constamment sa protectrice. Il mourut à Lisbonne, le 7 mars 1830.

CHAVIRER, mouvement d'un navire qui se renverse sur la mer, lorsque, surpris toutes voiles dehors par une violente rafale, il n'est pas assez stable pour résister à la puissance du vent qui tend à l'incliner. Dans cet état désastreux, les mâts et les parties supérieures du bâtiment sont couchés sur l'eau, et une portion de la carène montre sa surface extérieure. *Chavirer* est presque synonyme de *capoter* (*voyez* CAPOT) ; seulement le premier s'applique aux grands bâtiments, et le second aux petites embarcations. Les marins, profitant de cette image, ont fait du verbe neutre *chavirer* un verbe actif pour exprimer le renversement sens dessus dessous d'une personne ou d'un objet quelconque.

CHAVISI (IEHUDA-BEN-SALOMON), le plus célèbre poète hébreu du treizième siècle, était Espagnol de naissance, et mourut en 1235. Outre sa traduction des célèbres *Makamen* de Hariri, qui n'a pas encore été imprimée, il écrivit, plein d'enthousiasme, et en l'honneur de la muse hébraïque, un ouvrage du même genre, intitulé : *Tachkemoni* (Constantinople, 1578 ; Amsterdam, 1729), dans lequel il fait preuve de talent et comme poëte et comme écrivain. M. Sylvestre de Sacy en a publié de curieux fragments ; et Dukes, Krafft et Zedner, des imitations allemandes. Le livre de Dukes, intitulé : *Ehrensæulen* (Colonnes d'Honneur [Vienne, 1737]), contient une appréciation étendue de Chavisi, qui s'est fait un nom à la fois comme littérateur, comme voyageur et comme traducteur de divers ouvrages arabes relatifs aux sciences.

CHAZAL (N., baron), général belge, ex-ministre de la guerre en Belgique, est né en 1808, dans le nord de la France, où son père, ancien républicain ardent et membre de la Convention nationale, s'était laissé plus tard créer *baron de l'empire* par Napoléon en même temps que, toujours par dévouement à sa patrie, il consentait à accepter de lui une préfecture. A la chute du gouvernement impérial, la famille Chazal alla s'établir en Belgique, où le jeune Chazal, destiné à la carrière commerciale, reçut une éducation conforme à la profession qu'il devait embrasser. En 1830 il était marchand de drap à Bruxelles ; mais, entraîné alors dans le tourbillon de l'agitation révolutionnaire, on apprit un beau jour qu'il venait d'être nommé aux fonctions d'intendant général de l'armée. Des études militaires faites avec beaucoup d'intelligence le rendirent apte, après l'organisation définitive de l'armée, à être appelé au commandement d'un régiment d'infanterie. De cette position il ne tarda pas à arriver aux grades de général de brigade et de général de division. Ses connaissances spéciales, mais surtout ses tendances libérales et l'estime dont il jouissait dans l'armée lui firent obtenir lors de la chute du ministère catholique, en 1847, le portefeuille de la guerre, qu'il conserva jusqu'en 1850, après avoir glorieusement surmonté les dangers de la terrible crise de 1848. La tolérance dont il fit preuve à l'égard d'un Français au service belge qui dans une brochure avait déversé le ridicule sur l'institution de la garde nationale, excita le mécontentement de ce corps, et le porta à donner sa démission comme ministre. Quelques jours plus tard il quitta le service, par suite d'une provocation qu'il avait adressée à un député ; mais ce fut pour peu de temps, car il compte encore aujourd'hui parmi les aides de camp du roi des Belges, et commande la 4ᵉ division militaire à Mons. Il est donc probable que son coup de tête aura pour son avenir une influence moins pernicieuse que le surnom de *Fransquillon*, dont l'a affublé la presse opposante parce qu'il arriva en Belgique comme enfant de sept ans. Dans la session de 1850, le général Chazal, qui jouit d'ailleurs de l'estime toute particulière du roi Léopold, parla avec beaucoup d'éloquence contre les réductions proposées au budget de la guerre, et défendit énergiquement les intérêts de l'armée.

CHAZARES. *Voyez* CHASARES.

CHAZET (ANDRÉ-RENÉ-POLYDORE ALISSAN DE), né à Paris, le 23 octobre 1775, était le fils de l'un des trente payeurs des rentes sur l'hôtel de ville. Après avoir fait avec succès ses études au collége de Juilly, il en partit en 1792 pour Naples avec son parent, M. de Mackau, père de l'amiral actuel, et alors ambassadeur de Louis XVI près de la cour des Deux-Siciles. Cette mission, à cause des événements, ne fut pas de longue durée. Le jeune Chazet voyagea alors en Allemagne, dont il apprit assez bien la langue pour traduire, une vingtaine d'années après, un roman d'Auguste La Fontaine. De retour en France, il se mit à écrire des pièces pour le théâtre du Vaudeville, de Louvois et des Variétés. On ne porte pas à moins de cent cinquante le nombre des œuvres dramatiques auxquelles il coopéra, et dont quelques-unes obtinrent assez de vogue. Son opinion royaliste perçait dans la plupart de ses couplets ; elle éclata surtout dans les articles fournis par lui au journal *Le Déjeûner* ; ce qui lui valut une inscription momentanée sur la liste des déportés au 18 fructidor. Rendu à la vie littéraire, Chazet faisait des pièces de circonstance sur tout et à propos de tout. Le fameux critique Geoffroy lui avait donné l'épithète d'*inévitable*, qui lui resta. Lorsque les orages de la révolution furent passés, Chazet demeura pendant les premières années du Consulat ce qu'il avait été sous le Directoire ; mais enfin, cédant, disait-il, à des menaces du ministre de la police, il parut se rallier au gouvernement impérial. Il composa alors de petits vers en l'honneur de Marie-Louise, et publia en 1812 un volume in-8° intitulé *Les Russes en Pologne*. Cet ouvrage, sorti des presses de l'imprimerie impériale, contient une traduction polonaise en regard du texte.

La double Restauration de 1814 et de 1815 rendit à Chazet toute la liberté de ses sentiments. Il fut un des premiers rédacteurs de *La Quotidienne*. Il s'y était chargé d'une partie assez ingrate, et pour laquelle il avait peu d'aptitude, le compte-rendu de la chambre des députés. Arrivé presque toujours au milieu ou à la fin de la séance, il prenait à la hâte connaissance des notes prises par d'autres rédacteurs, et faisait son siége à la manière de Vertot. Un jour, deux de ces rédacteurs, jeunes alors, Febvé et Charles D u Rozoir, lui dictèrent, à la suite d'une réunion secrète des bureaux, le récit imaginaire d'une séance publique qui n'avait pas eu lieu. Ils poussèrent l'espièglerie jusqu'à prêter un discours à M. Michaud, l'académicien, membre de la *chambre introuvable*. M. Michaud avait été absent ce jour-là de Paris ; lorsqu'il revint le soir, il alla, par hasard, à l'imprimerie, et fut fort étonné d'apprendre qu'il y avait eu séance à la chambre des députés, et surtout qu'il y avait parlé. On supprima l'article, et l'on pria le lendemain M. Chazet de passer à d'autres fonctions.

L'un des fondateurs de la société des Bonnes-Lettres, Chazet y avait conservé l'exaltation de ses idées monarchiques; mais il reconnaissait de bonne foi l'impossibilité de leur application. Peu de temps avant les journées de Juillet il ne croyait point aux ordonnances ni au coup d'État, que tout le monde alors regardait comme imminents. Quatre mois après il assistait, dans la tribune de la cour des pairs, au procès du prince Polignac, et s'exprimait avec une entière franchise. Lorsque M. le marquis de Sémonville fit ses dépositions, où il déclarait n'avoir pu vaincre l'obstination de Charles X qu'en lui parlant du danger d'exposer madame la dauphine à d'affreux malheurs, à d'horribles outrages, les seuls qu'elle ignorât encore, Chazet ne put retenir ses larmes, et sortit de la salle.

Dans les dernières années de sa vie, Chazet s'était voué de nouveau sans réserve au culte des lettres. Il donnait aux bains de Tivoli des séances littéraires. Un voyage fait par lui en Angleterre altéra profondément sa santé ; il mourut au mois d'octobre 1844.

BRETON.

Alissan de Chazet était un pétitionnaire intrépide. Sous l'empire, malgré ses vives répugnances, il s'était adressé à l'*usurpateur* pour obtenir de lui la première place de receveur général qui viendrait à vaquer. En 1815 il demanda tout d'abord, comme récompense de son constant dévouement pour la monarchie légitime, à remplacer Denon, comme directeur général des musées, laissant au reste le ministre de la maison du roi libre, s'il existait des engagements antérieurs, de ne le nommer que secrétaire général de cette importante direction. Quinze jours plus tard nouvelle pétition, dans laquelle il sollicitait la place du savant Barbier, celle de bibliothécaire du Louvre, d'ailleurs laissant toujours le ministre *libre* de ne le nommer que *sous-bibliothécaire*, dans le cas encore où il aurait déjà pris des engagements. Enfin, il se rabattit sur la place de bibliothécaire des châteaux de Versailles et de Trianon, et cette fois il réussit. Le ministre lui accorda en effet, de guerre lasse, en 1816, les fonctions qu'il ambitionnait et qui constituèrent pour lui, pendant toute la Restauration, la plus douce des sinécures ; car il ne manquait aux deux bibliothèques confiées à sa garde que..... des livres.

En 1808 Chazet concourut pour l'*Éloge de Corneille*, et l'Académie française accorda une mention honorable à son travail. En 1829 elle décerna l'un des prix Monthyon à son livre intitulé : *Des Mœurs, des Lois et des Abus*. Après la révolution de Juillet, il publia en outre, sous le titre de *Souvenirs*, trois volumes in-8° d'autobiographie.

CHÉBEC, sorte de bâtiment pointu des deux bouts, à voiles et à rames, qu'on arme en guerre contre les petits corsaires, et dont on se sert aussi pour transporter des munitions. Il est gréé à trois mâts, et porte voiles pointues et voiles carrées. Le mât de misaine est penché vers l'avant ; les deux autres sont presque droits. Les chebecs, qui sont peu élevés sur l'eau, ne naviguent point sur l'Océan ; ils sont en usage seulement sur la Méditerranée.

CHECKS ou CHÈQUES, c'est ainsi qu'on appelle en Angleterre les billets ou traites payables à vue. Il est généralement d'usage en ce pays d'opérer ses payements au moyen de *checks* tirés de la banque ou sur les banquiers dans les caisses desquels on a déposé son argent. Les *checks* sont extérieurement semblables en tout aux lettres de change ; toutefois ils ne leur sont tout à fait assimilés qu'à la condition d'être d'une livre sterling au moins ou de cinq au plus. Ils ne sont d'ailleurs valables que pendant les vingt et un jours qui suivent la date de leur signature.

CHEF (du latin *caput*) se prend quelquefois pour la tête de l'homme ; mais il ne s'emploie plus guère dans ce sens qu'en parlant des reliques des saints : le *chef de saint Denis*, le *chef de saint Jean*. Don Diègue, dans le *Cid* de Corneille, dit à son fils :

... Et ce mortel affront
Qui tombe sur mon *chef* rejaillit sur ton front.

Par extension, on donne ce nom à la partie la plus avancée, à la tête de divers objets ; par exemple le *chef de Baye* près de la Rochelle pour dire le *cap de Baye*. En termes de construction ; le *chef* est la partie qui termine le devant d'un bateau. On appelait autrefois, *chef*, en terme de chirurgie, un bandage employé pour la saignée du front ; c'est le nom qu'on donne encore au rouleau d'une bande. Les coffretiers, layetiers, etc., appellent *cousu à deux chefs* tout objet dont l'ourlet est fait avec un double fil, pour plus de solidité. Enfin, en termes de manufacture, le *chef* est la première partie ourdie d'une pièce d'étoffe quelconque et toujours la plus grossière, comme servant de mise en train.

Ce mot, prenant une plus grande extension, s'applique, dans le sens figuré, à plusieurs choses du domaine intellectuel : il devient alors synonyme de *chapitre* ou *article*. On dit d'une doctrine qu'elle peut se réduire à tant de *chefs* ; d'une requête, qu'elle contient plusieurs *chefs* de demande ; d'une plainte ou d'une enquête criminelle, qu'on a produit plusieurs *chefs d'accusation*. Autrefois on appelait en ce sens, au palais, sentence *au premier chef* celle qui portait avec elle une condamnation pécuniaire dont la valeur n'excédait pas la somme de 250 livres ; sentence *au second chef*, quand elle ne jugeait par provision que jusqu'à celle de 500 livres. On appelait aussi crime de lèse-majesté *au premier chef* celui qui concernait la personne même du roi ; crime de lèse-majesté *au second chef* celui qui concernait l'État, tel que le délit de fausse monnaie, etc. On est héritier *du chef* de quelqu'un, c'est-à-dire en vertu du droit antérieur de cette personne.

Chef-lieu se disait jadis des lieux principaux et dominants d'une seigneurie, d'un ordre, etc. ; il désigne encore, en géographie et en administration, la ville principale d'une province, d'un département, où siègent les délégués et les *chefs* de leur administration ; *chef d'ordre* était la principale maison d'un ordre, celle dont les autres dépendaient. Les abbayes *chefs d'ordre* étaient toutes régulières, et c'est là que se tenaient les chapitres généraux, tels que Cluny, Prémontré, Citeaux, etc. ; le *chef-seigneur* était le seigneur féodal, suzerain, censier, foncier, etc. Tout homme qui possédait un fief noble était *chef-seigneur*. Le *chef du nom et des armes* ou *chef de nom et d'armes* était le titre du premier de la branche aînée d'une grande maison.

Le mot *chef* dans sa relation avec les personnes indique la primauté dans l'ordre matériel ou intellectuel, et marque presque généralement le commandement ou une autorité morale ou politique quelconque : ainsi, Jésus-Christ est le *chef* de l'église ; ainsi, le père et après lui son fils aîné sont les *chefs* naturels de la famille. Le mari, d'après les lois civiles, est le *chef de la communauté* conjugale, et ce titre lui donne la disposition des biens. De la famille ce mot est passé dans tous les relations sociales : le *chef de l'État*, selon la forme du gouvernement, est le roi, l'empereur, le consul, le dictateur, le président, le sénat, etc. Si nous descendons dans la hiérarchie administrative, nous trouverons le *chef de la justice* ou garde des sceaux ; le *chef du parquet* ou procureur impérial ; puis viennent, dans les différents ministères ou départements, les *chefs de division* et les *chefs de bureau*, c'est-à-dire ceux qui sont à la tête d'une division administrative ou d'un bureau. Chaque office chez le roi avait anciennement son *chef* : il y avait le *chef de gobelet*, *de paneterie*, *de cuisine*, *d'échansonnerie*, *de fruiterie* ; de tous ces termes, celui de *chef de cuisine*, le seul usité aujourd'hui, est tombé dans le domaine commun. Dans les hôtels publics ou privés de la capitale ou des provinces, on dit même souvent le *chef* tout court pour désigner ce fonctionnaire éminemment utile. Le *chef d'orchestre*, comme son nom l'indique assez, est celui qui dirige la réunion de tous les musiciens d'un théâtre, d'un concert ou d'un bal. *Chef d'emploi* se dit au théâtre par opposition à *doublure*, et signifie le plus ancien des acteurs qui remplissent les rôles d'un même emploi.

En termes de guerre, le *chef* était autrefois celui qui conduisait les autres aux combats (en latin *dux*). On étendit ensuite ce mot aux principaux officiers. Les modernes ont donné des noms différents aux divers grades emplois ou offices militaires; de là sont venus les termes de *chef de bataillon, chef de poste, chef d'escadron, chef d'état-major*, auxquels nous consacrerons des articles spéciaux. Par assimilation, on appelle *chef de peloton, de division, de section*, celui qui dans les exercices militaires dirige les mouvements de ces fractions de troupes : *chef de pièce*, le canonnier qui sur terre et sur mer dirige la manœuvre d'une pièce de canon; *chef de file*, le soldat qui est au premier rang d'une file de gens de guerre, à pied ou à cheval, ou le vaisseau en tête de chaque ligne, dans un ordre quelconque de tactique navale. Les armées de mer ont leurs chefs particuliers, comme les armées de terre : le *chef d'escadre* était le nom de l'officier général qui commandait autrefois un détachement ou une division de vaisseaux, et dont le titre et les fonctions ont été remplacés par ceux de *contre-amiral*. Par analogie, on a dit un commandant en *chef*, un gouverneur en *chef*, un greffier en *chef*, pour désigner les titulaires de ces emplois.

Dans tous ces exemples, le mot *chef* représente un commandement, une autorité concédée légalement à quelqu'un; mais ce commandement, cette autorité, a quelquefois été prise aussi par des gens qui, forts de leur courage ou de leur talent, ont commencé par s'en rendre maîtres, sauf à la faire sanctionner par leurs succès. C'est presque toujours ainsi qu'ont commencé les *chefs* de bandes ou partisans armés, les *chefs de brigands* et même *les chefs de parti*, auxquels nous nous garderons cependant d'infliger la moindre assimilation avec les autres, quoique parfois ils fussent plus de mal. *Agir de son chef*, c'est agir à sa tête, sans ordre, sans motif, sans calculer les suites de son action. *Un chef d'œuvre* est une œuvre *capitale*, une œuvre *première*, considérée sous le rapport du mérite et de la perfection : l'église de Saint-Pierre à Rome est un chef-d'œuvre d'architecture; *Le Jugement dernier*, de Michel-Ange, un chef-d'œuvre de peinture; *Cinna, Les Horaces, Andromaque*, des chefs-d'œuvre littéraires. Chaque corps de métier avait autrefois son *chef d'œuvre*, convenu et arrêté d'avance, qui était comme le programme à infliger la maîtrise, et que chacun d'eux était tenu d'exécuter à la lettre. On dit aussi par extension et familièrement : *Un chef d'œuvre d'habileté, de malice, d'impertinence.* Edme HÉREAU.

CHEF (*Blason*), partie supérieure de l'écu. Les armes de France étaient avant la révolution de 1830 composées de trois fleurs de lis d'or en champ d'azur, deux en chef et une en pointe.

Chef se dit plus particulièrement d'une des pièces honorables dont l'écu est chargé : c'est celle qui se met au haut de l'écu, et qui doit contenir la troisième partie de sa hauteur; il est souvent chargé de diverses pièces et de divers ornements; on appelle *chef abaissé* celui qui est détaché du bord supérieur de l'écu par la couleur du champ qui le surmonte et le rétrécit du tiers de sa hauteur; *surmonté*, celui qui est séparé du bord par une autre couleur que celle du champ; *chef chevronné, palé, bandé*, etc., ceux qui ont un chevron, un pal ou une bande qui les touche du même émail qu'eux; le *chef cousu* est celui qui touche du même le champ de l'écu, mais différente; le *chef retrait* ou *chef rompu* est moindre que la troisième partie de l'écu. *Chef soutenu* se dit lorsque les deux tiers du chef sont au haut de l'écu; et que la troisième partie, qui est au bas, est d'un autre émail; le chef peut encore être *ajouré, bastillé, cannelé, chargé, coupé, denché, denticulé, écartelé, échiqueté, émanché, engrêlé, fretté, fuselé, losangé,* *semé, tiercé, treillissé, vergeté.* Il y a aussi des *chefs-bandes*, des *chefs-barres*, des *chefs-chevrons* et des *chefs-pals*.

En chef est une locution extrêmement fréquente. Elle ne dit pas que les objets dont on parle soient sur le chef, elle signifie seulement qu'ils sont vers le chef ou même à la place qu'il occupe ordinairement, mais jamais dessus.

CHEF DE BATAILLON. Quand le ministère de la guerre s'est-il enfin aperçu qu'il fallait une *tête* à un corps, qu'il fallait qu'un bataillon eût un *chef*? Seulement au commencement des guerres de la Révolution, tant les idées les plus simples éclosent avec lenteur! tant l'art militaire sort difficilement de son berceau, dépourvu qu'il est de précepteurs en crédit, de rudiments clairs, de dictionnaires bien faits! Ainsi les bataillons, inventés en 1635, suivant les uns, en 1668, suivant les autres, se sont traînés jusqu'en 1794 sous les ordres passagers ou d'un capitaine, ou du colonel, ou du major, ou du lieutenant-colonel; il y a eu, il est vrai, pendant quelques années, jusqu'en 1762, des commandants de bataillon, mais leur désignation était un titre honorifique donné au *premier factionnaire*, c'est-à-dire au plus ancien *capitaine*, qui n'en restait pas moins le chef de sa compagnie. Les bataillons de volontaires nationaux, créés en 1791 et 1792, avaient chacun non pas un chef, mais deux lieutenants-colonels, quoiqu'ils n'eussent pas de colonels. En revanche, à peine le titre de *chef de bataillon* a-t-il été créé, qu'il en a été fait abus par la langue militaire, de toutes la moins rationnelle. Des capitaines de la garde royale étaient chefs de bataillon, et ne commandaient qu'à une compagnie; des chefs de bataillon de cette garde étaient lieutenants-colonels : toutes ces anomalies étaient linguistiquement le triomphe de l'absurde.

D'Authville avait proposé, en 1762, de créer à titre permanent des chefs de bataillon. Ségur, en 1786, en eut la pensée et le projet : le décret du 21 février 1793 réalisa cette institution, sur laquelle l'armée dissertait depuis quarante ans. Ce grade a été primitivement égal à celui de lieutenant-colonel; il héritait même de l'épaulette du lieutenant-colonel en premier, quoiqu'en réalité son rang fût moindre, d'autant qu'il y avait quatre chefs de bataillon dans une demi-brigade de trois bataillons. L'autorité des chefs de bataillon a décru sous le consulat, lorsqu'un grade nouveau, celui de major à double épaulette, a pris place dans l'état-major des régiments. La position des chefs de bataillon s'est de nouveau amoindrie depuis la création des lieutenants-colonels; cette décadence est commune à toutes les qualifications de grades ou d'emplois dans les armées; l'esprit d'abus, au lieu de simplifier, surcharge : c'est une tendance fâcheuse de l'époque. Gal BARDIN.

L'ordonnance sur le service intérieur confie au chef de bataillon le soin de l'instruction théorique et pratique des officiers, sous-officiers, caporaux et soldats placés sous ses ordres, et l'en rend responsable. Elle le charge de surveiller tous les détails de la discipline, du service, de la tenue, du logement, de la subsistance. Il doit constamment s'assurer qu'il est pourvu aux besoins de tous ses subordonnés, en santé comme en maladie, à la caserne, en prison, en garnison, en cantonnement, en route. Dans le génie, où il y a des officiers de troupes et des officiers sans troupes, les chefs de bataillon remplissent à peu près les mêmes fonctions que les officiers du même grade dans l'infanterie. Parmi les officiers sans troupes appartenant à l'état-major de l'arme, on choisit des chefs de bataillon pour remplir les fonctions d'ingénieur en chef; et les lieutenants généraux de l'armée peuvent seuls en prendre pour aide de camp. En France et dans presque tous les autres États de l'Europe, c'est du grade de capitaine qu'on parvient à celui de chef de bataillon. Cet officier supérieur est qualifié de *major*, dans les armées anglaises, belges, portugaises, etc. En France, les nominations ont lieu moitié au choix, moitié à l'anciennété. On suit à peu-près les mêmes principes dans la plupart des armées étrangères, sauf l'Angleterre toutefois, où les grades supérieurs se vendent.

CHEF DE DIVISION. Il existait autrefois dans la marine française un grade intermédiaire entre celui de capitaine de vaisseau et celui de contre-amiral : l'officier supérieur qui en était investi portait le titre de *chef de division*. Une mesure qui se rapproche de cette disposition a été prise en octobre 1851 : le capitaine de vaisseau qui commande une force navale prend aujourd'hui, mais temporairement et pour la durée seulement de son commandement, le titre de *chef de division*, reçoit des honneurs particuliers et jouit d'avantages spéciaux. D'après la loi sur l'avancement, les capitaines de vaisseau devaient pour concourir au grade de contre-amiral avoir commandé une division d'au moins trois bâtiments de guerre. Le nouveau titre, qui est en rapport avec cette exigence de la loi, a de plus l'avantage de mettre les capitaines de vaisseau commandant des stations sur le même pied que les commandants étrangers, et particulièrement les commodores anglais, qui sont revêtus d'un grade équivalant à celui des anciens chefs de division français.

CHEF DE POSTE, officier ou sous-officier auquel échoit ce titre à l'instant où la portion de la garde montante qu'il commande entre en possession du poste qui lui est destiné. Le chef du poste, quand sa troupe prend les armes, tient la droite du premier rang s'il est sous-officier ; il se place en avant de la troupe s'il est officier. Son service est réglé par une consigne ; son droit consiste à punir de corvée les fautes légères, à se faire présenter les sentinelles relevantes et relevées, à faire l'appel de sa troupe sous les armes aussi souvent qu'il le juge nécessaire. Sa surveillance s'exerce sur ses sentinelles, leur tenue, leur ponctualité ; il reçoit les rondes et patrouilles, fait prendre les armes en cas d'alerte et détache une partie de sa troupe en cas d'incendie. Gal Bardin.

CHEF D'ESCADRON. L'histoire des chefs d'escadron est écrite dans celle des chefs de bataillon. Depuis quand existe-t-il des escadrons ? Il faudrait pour résoudre cette question une dissertation fort longue ; car le sens du mot a été mal défini, vague, changeant. Le terme apparaît sous Louis XII ; mais ce n'est que sous Henri II que son application répond quelque peu aux usages modernes. Pour lui donner une acception qui éclaircisse le sujet, convenons qu'il a signifié *ensemble de plusieurs compagnies de cavalerie et subdivision d'un régiment*. Il s'est vu des escadrons de ce genre pendant deux siècles, et ce n'est qu'en 1788 que des chefs d'escadron à titre permanent ont été créés. Il y avait nominalement, il est vrai, des chefs d'escadron dans les chevau-légers et les gendarmes de la garde de Louis XIV, mais ils exerçaient un emploi sans être revêtus d'un grade autre que celui de capitaine. Suivant que l'escadron a signifié *compagnie, accouplement de compagnies, agrégation de trois, de quatre compagnies*, le chef d'escadron était un capitaine dont l'emploi prenait tactiquement plus d'extension, et qui en manœuvres s'acquittait de fonctions qui avaient de l'analogie avec celles des chefs de division de l'infanterie.

Depuis les guerres de la Révolution, le chef d'escadron, élevé au rang d'officier supérieur, mais bien moins nécessaire dans la cavalerie que ne l'est le chef de bataillon dans l'infanterie, a pris un grade analogue à celui de ce dernier : il a de même hérité de l'épaulette de l'ancien lieutenant-colonel et presque du rang dont jouissait cet officier supérieur ; aussi la vanité de plus d'un chef d'escadron s'est-elle complu à faire revivre indûment la qualification de lieutenant-colonel à des époques où ce grade était éteint. L'ordonnance du 27 février 1825 reconnaissait par régiment de cavalerie de ligne deux chefs d'escadron ; par régiment de la garde royale, trois chefs d'escadron, car il est de l'essence des corps privilégiés de ne vouloir jamais être faits comme les autres. Alors la compagnie était escadron ; ainsi un chef d'escadron commandait souvent le régiment dont il faisait partie, ou deux ou trois escadrons, c'est-à-dire ou deux ou trois compagnies ; c'était une multiplication peu logique dans les rouages hiérarchiques. Depuis la création des compagnies-escadrons, le capitaine commandant est réellement chef d'escadron, quoique officier particulier ; pourtant il y a un *chef d'escadron* officier supérieur. Gal Bardin.

Chaque régiment de cavalerie a aujourd'hui en France trois compagnies-escadrons, commandées par autant de chefs d'escadron, ayant des capitaines sous leurs ordres. Il faut en excepter les quatre régiments de chasseurs d'Afrique et les trois de spahis, qui sont chacun à quatre escadrons. Le titre de chef d'escadron est improprement donné à chacun des deux chefs de bataillon commandant les deux bataillons de gendarmerie d'élite à pied, forts chacun de huit compagnies, et à chacun des deux chefs de bataillon commandant les deux bataillons d'infanterie de la garde de Paris, dont la force est la même.

Les chefs d'escadron sont, comme les chefs de bataillon, chargés de l'instruction théorique et pratique de leurs officiers, sous-officiers et soldats. Ils sont tenus de surveiller la discipline, le service, le logement, la subsistance de leurs hommes et de pourvoir à tous leurs besoins. L'artillerie, le corps d'état-major et le train ont aussi leurs chefs d'escadron. Dans l'artillerie, où il y a des officiers de troupes et des officiers sans troupes, les officiers supérieurs de ce grade remplissent dans les régiments de leur arme à peu près les mêmes fonctions que les chefs d'escadron de cavalerie. Les chefs d'escadron sans troupes appartiennent à l'état-major de l'arme, et sont chargés de l'inspection et de la direction des fonderies, des mines, manufactures d'armes, des fabriques de poudre et salpêtre. Les lieutenants généraux de l'arme peuvent seuls y prendre des chefs d'escadron pour aides de camp. En France et dans presque tous les États de l'Europe, c'est du grade de capitaine qu'on parvient à celui de chef d'escadron, moitié au choix, moitié à l'ancienneté. Le chef d'escadron se nomme *major* en Angleterre, en Belgique, en Portugal, etc.

CHEF D'ÉTAT-MAJOR. Ce titre n'est connu que depuis les guerres de la Révolution ; mais les fonctions auxquelles il se rapporte sont de tous les temps ; elles étaient celles du *taxiarque* grec, du *questeur* ou du *préfet d'armée* romain, du *maréchal de l'ost* des bas siècles, du *chancelier d'armée* du seizième siècle, du *maréchal général des logis* des dix-septième et dix-huitième. Les armées d'Allemagne et du Nord avaient et ont encore leurs quartiers-maîtres généraux. La dénomination de *chef d'état-major* est fausse et mal choisie : c'est le général d'armée qui est le chef de son état-major. L'officier général ou supérieur qu'on nomme chef d'état-major n'est en réalité qu'un chef de bureau, le sabre au côté. Tout grandissait sous Bonaparte, il fallut grandir les titres : celui de chef d'état-major, devenu infime, fut primé par la qualification de *major général* ; ce fut une nouvelle et plus étonnante aberration en fait de langage, car l'ancien major général, qu'on croyait faire revivre, n'avait au contraire jamais été qu'un aide d'étape peu élevé, c'était d'ordinaire un lieutenant-colonel, plus souvent un capitaine à double épaulette, qu'on appela d'abord sergent-major, puis major ; il devenait major général quand il avait charge de communiquer l'ordre à tous les majors d'un camp de siége. Les fonctions actuelles d'un chef d'état-major d'armée, ou d'un major général, consistent à régler les marches, asseoir les camps, poser les grand's-gardes, transmettre le mot d'ordre, expédier les dépêches, combiner les convois et les fourrages, surveiller la partie administrative, tenir état du matériel et des forces, répartir les guides, mettre en mouvement les espions et en administrer la partie secrète, subvenir aux avitaillements, assurer la solde, distribuer les cantonnements, assigner leur poste aux combattants avant la bataille, tenir la correspondance courante avec le ministre et lui adresser périodiquement les bulletins historiques, la carte des marches, le relevé graphique des batailles, enfin être ce qu'a été si longtemps le maréchal, vrai chef d'état-major d'autrefois, c'est-à-dire, suivant les termes de Biron, qui écrivait en 1611, « le sommier et le portefaix de l'ost et de l'armée ».

Gal BARDIN.

CHEF D'ORCHESTRE. *Voyez* ORCHESTRE.

CHEIKH ou SCHEIKH, mot arabe, qui signifie proprement *vieillard*, *ancien*, et qui désigne indistinctement tout homme respectable par son âge, sa piété, ses vertus, sa vie solitaire et l'austérité de ses mœurs, ou par son savoir et son autorité. De là vient que ce titre est l'attribut spécial des divers chefs des tribus d'Arabes et de Bédouins, tant en Asie qu'en Afrique, parce que le droit de commander aux autres y est généralement déféré au plus âgé. Les musulmans ont donné par respect cette épithète de *cheikh* aux deux premiers khalifes, Aboubekr et Omar, qu'ils nomment *cheikhein* (les deux cheikhs). *Cheikh* est aussi en Turquie le titre honorifique des supérieurs de différents ordres de *derviches*, et des prédicateurs des mosquées. Le mufty lui-même porte le titre de *cheikh ul islam* (chef de la loi ou de la religion). Plusieurs cheikhs suivent ordinairement les armées, comme aumôniers ou imans. Ce titre précède le nom d'un grand nombre de savants célèbres parmi les musulmans.

Ce mot signifie aussi prince, et c'est le titre que portait le souverain des Ismaéliens ou Bathéniens, plus fameux sous le nom d'*assassins*. Comme il régnait dans le Djebal, province montagneuse de la Perse septentrionale, on l'appelait *cheikh el djebal*. Mais nos historiens des croisades, traduisant littéralement ces mots par *senior montis*, en ont fait la dénomination de *vieux de la montagne*, dénomination d'autant plus ridicule que ce vieillard était quelquefois un prince imberbe. Lorsque sous la domination othomane l'Égypte fut livrée à l'anarchie militaire des mamelouks, le plus puissant des vingt-quatre beys portait le titre de *cheikh al beled* (prince ou gouverneur du pays), et en avait toute l'autorité au Caire et dans la Basse-Égypte. Ibrahim-Bey était revêtu de ce titre à l'époque de l'expédition des Français.

Enfin, le gouverneur de Médine, depuis que cette ville n'a plus de souverain particulier, porte le titre de *cheikh el harem* (prince du saint lieu), parce que Mahomet y est enterré. Cette charge est ordinairement donnée par le grand-seigneur à quelque ex-kislar-agha (chef des eunuques noirs) de Constantinople.

H. AUDIFFRET.

CHÉIROMYS, c'est-à-dire *rat à main* (de χείρ, main, et μῦς, rat), est le nom que les naturalistes donnent aujourd'hui à un singulier mammifère rapporté de Madagascar par Sonnerat, et décrit par ce voyageur dans son *Voyage aux Indes* sous le nom de *aye-aye*. Le chéiromys, dont on ne possède encore en Europe qu'un seul individu, conservé dans les galeries du Muséum de Paris, est très-remarquable par sa queue et ses dents, qui lui donnent quelque ressemblance avec les écureuils, tandis que ses membres postérieurs ont, comme ceux des quadrumanes, leur pouce opposable aux autres doigts, qui sont très-allongés et très-grêles. Une conformation si étrange, et dont la série des mammifères n'avait encore présenté aucun exemple, devait rendre très-difficile d'assigner aux chéiromys leur véritable place; aussi voyons-nous quelques naturalistes placer ces animaux parmi les rongeurs, comme espèce du genre *écureuil* ou comme genre distinct, tandis que d'autres en font un genre de quadrumanes, voisin des makis.

Ces animaux sont entièrement nocturnes; ils passent tout le jour sous terre, et ne sortent que la nuit, pour aller à la recherche des insectes, dont ils se nourrissent: Ils paraissent n'exister que sur la côte occidentale de Madagascar, et ils y sont même fort rares; les voyageurs qui ont visité cette île, si riche en produits nouveaux, depuis que Sonnerat y a passé, n'ont encore pu s'en procurer un second individu. Les indigènes connaissent à peine le chéiromys; lorsque Sonnerat le leur montra, ils firent entendre ces paroles d'étonnement, *aye-aye*, dont le voyageur fit un nom à l'animal.

P. GERVAIS.

CHÉIROPTÈRES (de χείρ, main, et πτέρον, aile). Ce nom, qui signifie animaux dont les mains sont transformées en ailes, a été introduit dans le langage zoologique par Blumenbach. Les mammalogistes ont groupé sous cette appellation commune tous les animaux connus sous les noms vulgaires de *chauves-souris* et de *roussettes*, dont les espèces, très-nombreuses, ont été distribuées dans environ quarante genres. Les chéiroptères forment la première famille des carnassiers, d'après G. Cuvier. Il la divise en deux grands genres, qui sont: les *chauves-souris* et les *galéopithèques*. Latreille en a formé son troisième ordre de la classe des mammifères, et de Blainville, après en avoir séparé les galéopithèques, qui doivent en effet être rangés parmi les singes, a considéré les chéiroptères comme une famille de l'ordre des carnassiers. Il en forme le groupe des *carnassiers anormaux, claviculés pour voler*, et les distingue ainsi de tous les autres carnassiers normaux, qui marchent avec leurs pieds, des carnassiers anormaux, claviculés, pour fouir, tels que les taupes, et de ceux non claviculés, qui nagent, ou les phoques. A l'aide de ces déterminations, qui sont exactes, la famille des chéiroptères est ainsi nettement caractérisée et différenciée de toutes celles soit du même ordre, soit de l'ordre des quadrumanes, avec lesquelles elle a des affinités plus ou moins nombreuses.

L. LAURENT.

CHÉLARD (ANDRÉ-HIPPOLYTE-JEAN-BAPTISTE), musicien et compositeur distingué, né à Paris, le 1er février 1789, dut sa première éducation musicale à son père, André Chélard, qui était professeur au Conservatoire, et à son oncle Rochefort, chef d'orchestre à l'Opéra. Il se perfectionna ensuite, à partir de 1805, au Conservatoire, sous la direction de Gossec, de Cherubini et de Méhul pour le contrepoint, et sous celle de Rodolphe Kreuzer pour le violon, d'Eler, de Berton et de Catel pour l'harmonie. Membre de l'orchestre de l'Opéra-Comique à partir de 1806, il remporta un grand prix en 1811, et fut envoyé comme pensionnaire à l'Académie de Rome, où il continua ses études sous Janaconi, Baini, et Zingarelli; puis plus tard, à Naples, sous Paisiello, Fioravanti et Tritta, essayant pendant ce temps-là ses forces par la composition de différents petits opéras, entre autres *La Casa da ventre* (1815). Ce dernier fut ensuite représenté avec succès en 1817 à Paris, où Chélard était revenu en 1816 et où il avait repris sa place à l'orchestre du grand Opéra. En 1826 il fonda à l'hôtel de ville de Paris, et pour l'encouragement des jeunes compositeurs, les *concerts de l'Athénée Musical*.

En 1827 il fit représenter à l'Académie Royale de Musique un grand opéra, intitulé *Macbeth*, qui n'obtint pas tout le succès qu'il était en droit d'espérer. Alors, d'après les conseils de quelques amis, il se rendit en Allemagne, d'abord à Munich, où son *Macbeth* fut monté dès 1828; l'audition de cet ouvrage détermina le roi Louis à faire choix de l'auteur pour son maître de chapelle. Revenu à Paris l'année d'ensuite, il y fit représenter les opéras comiques *La Table et le Logement* et *L'Étudiant*. A la suite d'un court séjour fait à Erfurt à l'occasion de la fête musicale de la Thuringe, Chélard fut nommé chef d'orchestre de l'opéra allemand au *King's Theatre* de Londres, fonctions qu'il remplit aussi en 1831 à *Drury-Lane*. A partir de 1832 il occupa pendant plusieurs années l'emploi de chef d'orchestre et de directeur de la Société Philharmonique d'Augsbourg, jusqu'à ce qu'en 1839 il eut été nommé directeur à vie de la musique de la chapelle du grand-duc de Weimar.

Dans l'intervalle il avait fait représenter, en 1834, à Munich, son grand opéra héroïque en cinq actes *La bataille d'Hermann*; plus tard il donna les opéras *Minuit* (représenté pour la première fois à Weimar, en 1839), et *Scheibentoni* (1841).

On a en outre de Chélard une grande quantité de messes, de cantates et d'airs à l'usage de son cercle immédiat d'action, mais encore assez peu connus. Depuis 1843 il est membre correspondant de l'Institut de France. Ce compositeur suit en général et avec bonheur les traces de Spontini. Il a toujours évité la manière facile et légère qui depuis quelque temps domine en France, se rattachant au contraire aussi vivement à l'école allemande que le lui permet la nature, essentiellement française, de son talent.

CHÉLIDOINE, genre de plantes de la famille des papayéracées et de la polyandrie monogynie. L'espèce la plus commune est la *grande chélidoine* (*chelidonium majus*). On l'a préconisée anciennement pour la guérison des maladies des yeux, et c'est de là qu'elle a pris le nom d'*éclaire*, sous lequel elle est vulgairement connue. Quant à celui de *chélidoine*, il a été tiré, par la même raison, du grec χελιδών, qui signifie *hirondelle*, parce qu'au rapport de Pline cette plante fleurit au retour de ces oiseaux, c'est-à-dire dans les premiers jours du printemps, ou parce que cette plante étant bonne pour la vue, les hirondelles, dit-il, s'en servent pour déterger les yeux de leurs petits.

CHÉLIF (*Chmalaph* des anciens), la rivière la plus considérable de l'Algérie, pour le volume de ses eaux et la longueur de son cours, prend sa source dans le désert du Sahara, au sud de la province de Tittery. Elle n'est pas obstruée par les sables, comme la plupart des autres rivières ; on la voit couler librement dans la Méditerranée, à huit kilomètres de Mostaganem, après avoir décrit une ligne de 80 à 100 myriamètres de l'est à l'ouest. Ses rives offrent une communication facile pour lier le territoire d'Alger avec celui d'Oran. La vallée du Chélif a 2 ou 3 myriamètres d'étendue; elle est peuplée d'Arabes, et peut être facilement parcourue, même avec des voitures, jusqu'à la Mina. Vis-à-vis de Miliannah, les bords du Chélif forment une grande plaine, qui prend le nom de *Bou-Korchefa*; le bois, l'eau et le fourrage vert y sont en abondance. C'est au sud, à deux jours de marche de Miliannah, que le bey En-Barcck, fit construire, en 1835, la ville de Thaza, destinée par l'émir à servir de refuge aux tribus qui habitent notre voisinage. A sept myriamètres de Bou-Korchefa se trouve l'unique pont du Chélif, bâti, en 1818, par des fondations romaines ; le mont Douis lui fait face. Sur la rive droite, entre la route et le Chélif, s'étend le marais de Sidi-Abid, alimenté par des sources auprès desquelles s'élèvent quelques arbres. La petite rivière de Ouariken, sur laquelle est située Mazounah, ancienne garnison turque, se jette à ce point dans le fleuve, qui, de plus en plus encaissé, traverse enfin le territoire des Beni-Zeroua, puis se jette dans la mer.

En mars 1836 le général Perregaux, à la tête d'une colonne qui venait d'infliger un châtiment sévère et mérité aux Garabas, encore chargés des dépouilles des Douairs et des Zmélas, nos alliés, se portant sur l'Habrah et la vallée du Chélif, parcourut pendant vingt jours ce territoire encore inconnu, qu'il trouva fertile et peuplé, et recueillit, dans le cours de cette longue reconnaissance, la soumission passagère des tribus, et les hommages qu'on refuse rarement à la force. Le prompt rappel de sa division ne permit pas de retirer à cette époque une utilité réelle de cette course. Mais plus tard, lorsque notre occupation, plus solide et plus active, de la province d'Oran, et nos alliances avec les tribus environnantes, eurent rendu difficile l'influence d'Abd-el-Kader dans cette contrée, on résolut de s'assurer le moyen de se porter en toute saison dans la vallée du Chélif, afin d'y poursuivre l'ennemi, dont les irruptions soudaines par la rive droite de la Mina inquiétaient beaucoup les tribus trop faibles pour lui opposer une barrière et trop craintives pour se ranger sous notre drapeau. En septembre 1842 la construction d'un pont sur la Mina et l'ouverture d'une route carrossable de Mostaganem à Sidi-Bel-Ahsel furent ordonnées. L'époque avancée de la saison ne permit point d'entreprendre ni pont en pierre ni même un pont en charpente sur pilotis. On se décida à franchir d'une portée la largeur de trente cinq mètres que la Mina présente à Sidi-Bel-Ahsel, au moyen d'un pont à la Town, dont les culées furent assises sur pilotis enfoncés dans la berge de la rivière. La route de Mostaganem à la Mina offrit un parcours de 40 kilomètres. Ces travaux, commencés le 5 novembre, étaient terminés le 10 décembre, et permirent désormais à nos généraux de diriger avec une promptitude extraordinaire leurs colonnes victorieuses d'un point à l'autre du territoire. Les bords du Chélif virent encore plusieurs fois passer nos bataillons victorieux, et en 1843 les Français formèrent sur la rive gauche, à 220 kilomètres d'Alger, Orléansville, en mémoire du dernier duc d'Orléans.

CHÉLONÉ, nymphe qui, suivant la Fable, fut changée en tortue, et voici comment : Jupiter, pour rendre plus solennelle son union avec Junon, avait ordonné à Mercure d'inviter aux noces les dieux, les hommes et les animaux. Tous vinrent, à l'exception de la nymphe Chéloné, qui poussa l'imprudence jusqu'à faire du mariage du maître des dieux l'objet d'insultants sarcasmes. Mercure, pour l'en punir, la précipita, avec sa demeure, dans le fleuve sur le bord duquel elle habitait, et la changea en un animal qui prit son nom (χελώνη, en grec), et qui depuis est condamné à porter sa maison sur son dos ; il l'astreignit en outre à un silence éternel. Il est aisé de voir que c'est la ressemblance des noms grecs qui a donné lieu à cette fiction et à la métamorphose de la nymphe Chéloné. Quoi qu'il en soit, la tortue était pour les dieux comme pour les empereurs romains le symbole du silence, ce qui est constaté par un grand nombre de médailles.

CHÉLONÉE (*Histoire naturelle*), genre auquel appartiennent les tortues de mer.

CHÉLONIENS (de χελώνη, tortue), premier ordre de la classe des reptiles. Une seule famille constitue cet ordre, qui dans le système de Linné ne renfermait qu'un seul genre appelé *tortue*, dont le nombre des espèces, porté à trente-trois, a augmenté considérablement de nos jours, ce qui a nécessité l'établissement de plusieurs genres dont les distinctions desquels nous n'entrerons point ici (*voyez* TORTUE). Ce qui distingue les chéloniens de tous les autres animaux vertébrés est une organisation très-singulière, qui, étudiée avec soin, conduit naturellement à les placer dans une classification zoologique entre les oiseaux les plus aquatiques d'une part, et les crocodiliens de l'autre.

Le corps des chéloniens, quoiqu'en général court et ramassé, offre beaucoup de différence dans sa longueur et dans sa hauteur, selon que les espèces sont plus ou moins terrestres ou aquatiques. Le cou et la queue, qui sont plus ou moins longs et rétractiles ou non sous la carapace, sont mobiles comme chez les oiseaux. La partie moyenne du corps, qui se compose d'un grand bouclier supérieur, qui est la carapace, et d'un bouclier inférieur plus petit, nommé *plastron*, est en général immobile dans toutes ses parties. Cependant, dans les tortues à boîte, tantôt le plastron est divisé transversalement, est mobile seulement en avant ou seulement en arrière, tantôt cette mobilité, obtenue à l'aide d'une articulation à charnière, existe en même temps en avant et en arrière, et permet à l'animal de fermer complètement la boîte après avoir rentré sa tête et ses pattes. La solidité de cette boîte protectrice présente des différences depuis les espèces dans lesquelles elle est complètement osseuse et recouverte d'écailles épaisses, jusqu'à celles dites *tortues molles*, dont la peau n'est plus écailleuse, et dont la carapace et le plastron ne sont osseux que dans une moindre étendue, et surtout dans le jeune âge. La carapace est aussi mobile en arrière, sur le plastron, dans quelques espèces.

Les membres des chéloniens sont au nombre de quatre, deux antérieurs et deux postérieurs. Les pieds sont terminés par des doigts courts ou en moignon dans les espèces terrestres, palmés dans celles qui sont aquatiques, et tout à fait en nageoires dans les tortues de mer. La locomotion de ces animaux ne peut avoir lieu que par les membres. Les chéloniens n'ont point de dents. Leurs mâchoires sont revêtues de gencives cornées (excepté dans les *chélydes*) qui les font ressembler à un bec de perroquet. Les femelles pondent des œufs revêtus d'une coque dure. Le mâle est souvent reconnaissable à l'extérieur, parce que son plastron est concave. Ces animaux sont très-vivaces. Ils se meuvent encore plusieurs semaines après qu'on leur a coupé la tête. Leur chair est bonne à manger. Elle est blanche, très-nourrissante et de facile digestion. Les bouillons qu'on en retire sont restaurants et sont adoucissants. Leurs œufs sont aussi très-estimés. Les chéloniens peuvent passer plusieurs mois et même des années sans manger. Les uns se nourrissent de poissons, de vers, de mollusques, de petits crocodiles, d'oiseaux; d'autres, et c'est le plus grand nombre, sont herbivores.   L. LAURENT.

CHELSEA, sur la rive gauche de la Tamise, relié aujourd'hui à Londres, était autrefois un village distant de cette capitale de 2 kilomètres, et la demeure d'un grand nombre de personnages célèbres dans l'histoire d'Angleterre, par exemple du chancelier sir Thomas More et sir Hans Sloane, fondateur du British Museum.

C'est à Chelsea que se trouve le magnifique hôtel des Invalides, construit sur les plans de Wren, et destiné à recueillir les soldats anglais mutilés sur les champs de bataille. Quatre cents invalides y sont entretenus aux frais de l'État, et l'hôtel distribue des secours à douze mille autres invalides habitant d'autres localités. L'édifice a 245 mètres de long, et avec ses dépendances occupe une superficie de 33 hectares de terrain. La grande salle, longue de 33^m,44, et large de 9^m,12, est ornée de drapeaux enlevés dans les campagnes contre les Français, les Américains, les Chinois et les habitants de la presqu'île de l'Inde. On trouve en outre à Chelsea le *Royal Military Asylum*, fondé en 1801 à l'instigation du duc d'York, et où sont élevés douze à quinze cents orphelins de soldats d'après la méthode du docteur Bell. L'Institut d'Ormond a pour but de former des jeunes marins. Enfin, une machine hydraulique d'une grande puissance, établie à Chelsea, fournit de l'eau à une partie de la capitale. On voit aussi à Chelsea un jardin botanique fondé par Sloane, qui appartient à la Société Pharmaceutique de Londres, et qui renferme plus de 6,000 plantes officinales. On y remarque surtout deux énormes cèdres du Liban, qui y furent plantés en 1685.

CHELTENHAM, jolie ville du comté de Gloucester, située sur les bords du Chelt, dans une vaste et fertile plaine que bornent à l'est et au nord les collines de Cotswold. Elle est bâtie avec la plus grande régularité, et compte aujourd'hui 41,500 habitants. Il y a vingt ans, ce chiffre n'était pas de moitié si élevé. Cheltenham est redevable de sa prospérité à des eaux minérales, qui attirent chaque année de 12 à 15,000 baigneurs. Elles contiennent du muriate de soude, du soufre, du fer et de la chaux, et offrent beaucoup d'analogie avec celles de Spa. Découvertes en 1716, elles ne furent utilisées par la médecine que vers 1738. Ce qui les mit surtout à la mode, ce fut le séjour que le roi Georges III y vint faire avec sa famille en 1788.

CHÉLYDE. *Voyez* TORTUE.

CHELYS. *Voyez* CITHARE.

CHEMIN, portion de terrain consacrée au passage, soit des hommes, soit des chevaux, soit des voitures. Ce mot, qui dans le langage usuel est à peu près synonyme de *route*, est réservé dans le vocabulaire administratif au troisième degré de la classification générale des voies de communication, les *chemins vicinaux*, qu'on a aussi nommés *chemins communaux*.

On appelle *chemins ruraux* ou *chemins d'exploitation* ceux qui ne servent qu'à la culture et à l'exploitation des terres; les *chemins de passage*, qu'on appelle aussi *sentiers* ou *sentes*, sont réservés aux piétons. Chemin de traverse se dit d'un chemin qui abrège une route ordinaire, qui joint directement deux routes, généralement à travers champs, que ce chemin soit carrossable ou non. On nomme *chemins de halage* un espace de 7 mètres 7 décimètres de large, que les propriétaires riverains sont obligés de laisser libre pour le passage des chevaux qui font remonter plus ou moins considérable. Sous le régime féodal, on appelait *chemins péageaux* des routes sur lesquelles le seigneur permettait de passer moyennant le payement d'un péage fait à chaque barrière.

CHEMIN COUVERT, ouvrage de fortification qui fait partie des dehors d'une place, et dont l'invention date du commencement des guerres de la Hollande contre Philippe II. Aussi le mot espagnol *corredor* (corridor) lui fut-il longtemps appliqué avant qu'on songeât à l'expression de *chemin couvert*. Si quelques traités du quinzième siècle parlent de chemins couverts, ce n'est pas dans le sens actuel, et si l'Italie nous a prêté presque tous les termes de fortification, elle a, au contraire, traduit du français son *strada coperta*, comme l'ont fait également les Anglais dans leur *covert-way*. Avant l'invention des *parallèles*, les sorties étaient d'un puissant effet; on chercha donc à les faciliter et à en multiplier les issues; à cet effet, on changea en chemin couvert l'ancien corridor de contrescarpe, en l'agrandissant.

Un *chemin couvert* est une voie ou un terrain à ciel ouvert; c'est l'espace compris entre la crête du glacis et le bord de la contrescarpe. Il a généralement une largeur de 10 à 12 mètres, est organisé d'une manière défensive, possède une banquette et un parapet destinés à recevoir et à couvrir les défenseurs placés pour faire la fusillade, et doit être palissadé pour être susceptible d'une bonne défense. Le chemin couvert règne sur tout le pourtour des ouvrages d'une place; dans tous ses retours ou angles on ménage des espaces assez grands pour recevoir un rassemblement de troupes plus ou moins considérable. Ces espaces s'appellent *places d'armes*, et on les distingue par les noms de *saillantes* ou *rentrantes*, suivant qu'elles sont aux angles saillants ou rentrants de la fortification.

Le chemin couvert est le plus important des ouvrages extérieurs. Son rez-de-chaussée est marqué par le parapet dont nous avons parlé, et qui lui a fait donner son nom, assez ambigu et assez mal inventé du reste. Le chemin couvert est vu des embrasures correspondantes de la place et des flancs des bastions dont il est voisin; il communique au fond du fossé au moyen de rampes ou d'escaliers; si le fossé est sec, il correspond avec les contre-mines du rempart; il recèle des galeries meurtrières, qui se rattachent aux galeries d'enveloppe et menacent au besoin la dernière parallèle que creuserait une armée assiégeante. Pour qu'il ne soit vu ni enfilé de la campagne, on y élève, de distance en distance, des *traverses* en terre, qui ont elles-mêmes un parapet pour recevoir des fusiliers, fournir un lieu de retraite aux défenseurs et leur donner le moyen de disputer le terrain pied à pied.

Le chemin couvert peut être attaqué de vive force ou par ruse. Dans le premier cas, on fait arriver un grand nombre de troupes, suivies de travailleurs, à découvert sur la crête du glacis : ces troupes font plusieurs décharges contre les défenseurs et les chassent du chemin couvert; jadis l'occupation principale des grenadiers était de l'assaillir à coups de grenades. Dans le second cas, quand l'assiégeant s'en approche méthodiquement, qu'il l'aborde par des demi-parallèles en se couvrant de travaux de sape et en faisant un feu continuel de *cavaliers de tranchées*, le chemin couvert devient un théâtre d'escarmouches et de luttes dans lesquelles l'attaquant est réduit aux travaux les plus meurtriers du siége. La prise du chemin couvert, lorsque l'ennemi en reste maître, est le préliminaire de la descente à ciel ouvert ou de la descente couverte, et ces opérations sont elles-mêmes le prélude de la batterie en brèche, de l'assaut et de la prise de la place. Au dernier siége d'Anvers, en 1832, les Hollandais abandonnèrent leur chemin couvert sans le défendre.

CHEMIN DE RONDE. On appelle ainsi une voie pratiquée au haut du rempart des places de guerre, ou autour des camps retranchés, pour faciliter le passage des rondes. Dans les places, c'est au haut du rempart, devant le parapet, que cette voie est tracée : elle se trouve immédiatement au niveau du terre-plain. Autour des prisons, elle règne entre les bâtiments et le mur dit *de ronde*, dernière barrière qui sépare le détenu de la liberté. Intérieurement, le mur d'octroi de Paris est longé par un chemin de ronde où se croisent les rondes et les patrouilles des préposés du fisc municipal.

CHEMINÉE (du latin barbare *caminata*, fait de *caminus*, dérivé de κάμινος, fourneau). Les anciens connaissaient-ils les cheminées? Il est permis d'en douter; le *jam procul villarum culmina fumant* de Virgile n'est pas une preuve que les habitants de l'Italie faisaient, il y a deux mille ans, du feu dans un foyer surmonté d'un tuyau; il est probable que les nations de l'antiquité, ignorant les quatre-vingt-dix-neuf centièmes de ce que nous appelons *commodités de la vie*, faisaient du feu et cuisaient leurs aliments dans des espaces surmontés d'un toit au milieu duquel ils ménageaient un trou par où sortait la fumée, comme font encore les peuples de l'Amérique méridionale (*voyez* CHAUFFAGE). Tout porte à croire que les cheminées sont d'invention moderne, et que la première idée en est venue aux peuples du Nord, qui, obligés de se tenir pendant une bonne partie de l'année dans des habitations fermées, ont été forcés, par l'incommodité de la fumée, de lui livrer une issue disposée de façon que la pluie ne pût tomber dans le foyer sans incommoder les personnes assises autour.

Ce mode de chauffage est très-agréable : il permet de voir le feu et de se chauffer les pieds. Il est aussi le plus salubre de tous. Mais il présente l'inconvénient d'être le plus coûteux, car la chaleur rayonnante n'est pour le bois que 25, pour la houille et le coke que 55 p. 100 de la chaleur totale dégagée, et la meilleure cheminée ouverte n'en utilise qu'un quart.

La construction de toute cheminée est basée sur le principe que deux colonnes d'air de même hauteur ne se font plus équilibre quand l'une d'elles devient plus chaude que l'autre, d'où il suit que la plus froide doit soulever la plus chaude.

Tout le monde sait que beaucoup de cheminées surmontées d'un tuyau ne sont pas exemptes des inconvénients de la fumée; aussi depuis et même avant Cardan a-t-on imaginé une foule de moyens pour empêcher les cheminées de fumer : peu de ces procédés sont dignes de quelque éloge. Nous citerons cependant le tuyau fumivore de Dalème, inventé au dix-septième siècle. Dans cet appareil, la fumée se brûle en traversant le combustible pour gagner le tuyau ascendant. Cet appareil fort ingénieux n'a pas été multiplié aussi généralement que son principe semblait le promettre, par la raison que le moindre accident suffit pour qu'une partie de la fumée s'élève au-dessus du foyer et se répande dans l'appartement.

Les larges dimensions des anciennes cheminées et de leurs conduits sont proverbiales; Rumford les a heureusement modifiées en diminuant la profondeur du foyer, en remplissant les deux côtés par des parois obliques, et en abaissant le tablier auquel même il ajusta en avant un registre. Les meilleures cheminées connues aujourd'hui sont celles de Lhomond. Dans les constructions modernes, les corps des cheminées situées au lieu de prendre du terrain dans les appartements, sont formés de poteries dissimulées dans les gros murs.

Les fumistes ont dirigé toutes les forces de leur *génie* vers l'orifice supérieur des tuyaux de cheminée; ils l'ont modifié de tant de façons qu'un volume accompagné de figures suffirait à peine pour en donner une idée; les appareils qui ont produit quelques résultats satisfaisants sont les cônes superposés. Le vent qui passe entre eux aspire jusqu'à un certain point l'air contenu dans le tuyau de la cheminée, et provoque le mouvement d'un courant ascendant. Les gueules de loup, dont on fait de fréquentes applications, ont pour but de garantir la sortie de la fumée de l'action contrariante des vents. Ce sont des bouts de tuyaux fermés en dessus, ouverts sur un de leurs côtés et portant une ailette qui les fait tourner à tout vent, tellement que l'ouverture se trouve toujours vis-à-vis du point de l'horizon vers lequel souffle le vent. Les mitres en terre cuite, plâtre, etc., ont eu beaucoup de succès : ce sont des trémies renversées qui ont pour but de rétrécir l'orifice extérieur des tuyaux de cheminée. Comme leurs faces sont inclinées, elles ont quelque chose de la propriété des cônes superposés.

L'auteur de cet article a proposé dans la première édition du *Petit Fumiste* un mécanisme qui, mis en action par la force du vent, établit nécessairement un courant ascendant dans le tuyau de la cheminée, quand même on ne ferait pas de feu dans le foyer. Cet appareil, signalé sans nom d'auteur dans plusieurs traités de caminologie, n'a pas été appliqué. La seconde édition du *Petit Fumiste* contient la description du foyer mobile inventé aussi par l'auteur de cet article. Ce foyer est fort simple. Représentez-vous un tiroir en tôle occupant le bas de l'âtre d'une cheminée quelconque, dans lequel sont placés les chenets et le combustible; quand ce dernier se répand plus de fumée, on tire le foyer mobile en partie hors de l'âtre, ce qui permet au calorique de se répandre plus facilement dans la pièce. TEYSSÈDRE.

On donne le nom de *cheminées-poêles* à des appareils métalliques placés au milieu de la salle à chauffer, ou quelquefois dans des coffrets de cheminée, disposés comme des poêles, mais ayant une large bouche fermée par une trappe verticale à crémaillère ou à contre-poids, qui, baissée, en fait un poêle, et ouverte, une cheminée. Ce sont des appareils propres et agréables, qui tiennent lieu de poêles ou de cheminées. Tels sont ceux que l'on nomme *cheminées à la prussienne*.

CHEMINS DE FER. L'invention des chemins de fer, c'est-à-dire de ce qu'ils ont de plus caractéristique, l'établissement d'une voie à ornières fixes, n'est pas aussi récente qu'elle paraît l'être au premier abord, car les Grecs et les Romains avaient déjà imaginé quelque chose de semblable. Les ruines du temple de Cérès à Eleusis nous offrent encore aujourd'hui des débris de pièces de bois évidemment disposées pour la plus facile traction des chariots; et les Romains connaissaient parfaitement les avantages qu'offrent, pour la facilité des transports, des voies aussi unies que possible, comme le démontre l'art avec lequel ils avaient établi leur célèbre voie Appienne. Il serait curieux de savoir comment les Égyptiens s'y prenaient pour transporter les masses énormes qui entraient dans la construction de leurs édifices, et il est à présumer qu'ils faisaient souvent usage de voies en bois. Il y a des siècles que dans les mines d'Allemagne on se sert de chemins de bois, dits *hundegestænge*, et composés de blocs de bois formant ornières; et quand la reine Élisabeth appela d'Allemagne en Angleterre des ouvriers expérimentés à l'effet d'améliorer les méthodes suivies jusqu'alors dans l'exploitation des mines de son pays, il est à présumer que ceux-ci y importèrent l'usage des chemins de bois, dont ils avaient habitude de se servir. Le chemin le plus merveilleux qu'on ait vu en cette matière était celui qui existait autrefois sur les flancs du mont Pilate, en Suisse, pour les bois de charpente, et connu sous le nom de *chute d'Alpnach* : c'était une voie creuse ayant la forme d'une auge ou d'une gouttière de douze kilomètres de long, couchée sur l'un des versants de la montagne. On avait employé dans sa construction 25,000 gros sapins dépouillés de leur écorce et fixés artistement les uns au bout des autres sans attaches métalliques. La *chute d'Alpnach* avait deux mètres de large et de un à deux mètres de profondeur; le fond ou la voie proprement dite était faite de trois gros arbres formant trois files dans toute la longueur du chemin ; sur la file que composaient ceux du milieu, on avait creusé une rigole dans laquelle on faisait couler de l'eau, soit pour diminuer les frottements, soit pour prévenir l'embrasement de la voie, que pouvait causer le frottement des arbres contre ses parois, lorsqu'ils la parcouraient avec des vitesses prodigieuses. En effet, des sapins de 30 mètres de long et deux décimètres de diamètre à leur petit bout, étant lancés par des temps humides dans cet immense plan incliné, arrivaient en trois minutes sur le bord du lac de Lucerne, distant de 12 kilomètres, ce qui donne une vitesse de 240 kilomètres à l'heure.

Nous dirons aussi, à propos des essais tentés dans différents pays et à diverses époques pour améliorer les moyens de transport et de traction, ce qui se fit en Russie au siècle dernier. Quand on eut fondu la statue équestre de Pierre le Grand, on eut l'idée de la placer sur un énorme bloc de granit pesant 1,500,000 kilogrammes, qui se trouvait dans un marais situé à six kilomètres de Saint-Pétersbourg. Pour l'amener dans cette ville, on l'établit sur une sorte de parquet, lequel se mouvait sur des sphères ou boulets de métal qui roulaient dans de longues gouttières aussi en métal, et que l'on changeait de place à mesure que le fardeau avançait. N'est-ce pas là un véritable chemin de fer? Revenant à notre sujet : ajoutons que dès l'an 1676 les chemins de bois étaient avantageusement employés pour l'exploitation des houillères de New-Castle-sur-Tyne. Un siècle plus tard, en 1776, Curr a 'apta aux blocs de bois des ornières en fer (*rails*), et munit le contour des roues d'un cercle faisant saillie et empêchant qu'elles ne déviassent de ces ornières. Les développements donnés à la fabrication du fer firent plus tard adopter, au lieu des longues pièces de bois jusque alors en usage, et qui se détérioraient promptement, de courtes solives posées de distance en distance en travers de la voie, et sur lesquelles furent placées des ornières en fonte de fer, de force suffisante, arrondies en dessus (*edge rails*), et que l'on pourrait appeler *ornières saillantes*. L'ornière saillante est la plus parfaite de toutes; l'ornière plate est trop facilement couverte par la poussière et les boues de la route, ce qui augmente considérablement le frottement. L'ornière plate paraît convenir le mieux pour un chemin provisoire, et l'ornière saillante pour un chemin continuellement fréquenté. Cette dernière a depuis été généralement adoptée. En 1797 Barns imagina de remplacer les traverses ou supports en bois par des supports en pierre ; mais son système n'a pas prévalu. Ce ne fut que beaucoup plus tard que l'on parvint à réunir invariablement, bout à bout, les pièces dont se compose le *rail* ; alors on les fit reposer sur les supports par l'intermédiaire de coussinets en fonte.

Les avantages extraordinaires qu'offraient les chemins de fer pour l'exploitation des mines et des fabriques attirèrent bientôt l'attention universelle, et firent naître le vœu d'en voir appliquer le principe à la construction des voies ordinaires. Le premier essai tenté en ce genre fut le chemin de fer de Stokton-Darlington, achevé en 1825, et que suivit peu de temps après la construction du chemin de fer de Manchester à Liverpool, en Angleterre ; de celui de Saint-Étienne à Andrézieux, en France ; de celui qui unit le Danube à la Moldau, en Autriche, et enfin de celui de Boston à Quincy, aux États-Unis d'Amérique. Mais ce n'est que par l'invention des locomotives et par le haut degré de perfection auquel elles sont aujourd'hui parvenues, que les chemins de fer ont acquis cette importance immense qui permet désormais de les assimiler, dans l'histoire des grandes découvertes de l'esprit humain, à la boussole, à la poudre à canon et à l'imprimerie. Après une lutte de courte durée contre les préventions suscitées par des adversaires dont les objections ne provenaient que de leurs préjugés ou de leur mauvaise foi, le système des chemins de fer a partout triomphé; et les nations qui naguère encore tendaient à s'isoler sont obligées d'obéir à cette impulsion générale. C'est ainsi que l'Espagne elle-même, malgré le déplorable état où elle se trouve, s'occupe de la création de plusieurs de ces nouvelles voies de communication, dont elle pressent que devra incessamment résulter de si notables profits pour sa civilisation et son industrie. Avant peu un vaste réseau de chemins de fer s'étendra donc sur toute l'Europe, et reliera l'est à l'ouest, le nord au sud. Des voyages qui naguère exigeaient des mois entiers ne seront plus que l'affaire de quelques jours ; la civilisation pénétrera jusque dans les contrées les plus éloignées ; les divers peuples feront entre eux de rapides échanges de connaissances comme de produits, et bien des barrières qu'on croyait avoir élevées pour des siècles devront nécessairement s'écrouler.

Les États-Unis d'Amérique, où le besoin de moyens de transport et de communications rapides sur des lignes d'une immense étendue se faisait si vivement sentir, adoptèrent avec une énergie extrême le principe des chemins de fer, qui leur promettait de si grands avantages, et bientôt ils possédèrent à eux seuls plus de chemins de fer que les divers peuples de l'Europe ensemble. Au 1er janvier 1852 on y comptait déjà 1740 myriamètres de chemins de fer achevés, et 1750 en construction. Les dépenses, pour les premiers, s'étaient élevées à environ 1,717,730,000 francs.

L'Angleterre est aujourd'hui sillonnée de chemins de fer dans toutes les directions, et environ 1,110 myriamètres y sont parcourus par des locomotives, sans compter les chemins de fer de desservis par des chevaux, et pour la plupart situés dans les mines. Les capitaux employés en Angleterre à l'établissement des chemins de fer, et qui tous ont été réunis au moyen d'actions, s'élevaient à la fin de 1851 à plus de 5,858,000,000 fr. Les chemins de fer qui comparativement ont le plus coûté à établir sont ceux de Londres à Blackwall et de Londres à Greenwich. Sur le premier, le kilomètre n'est pas revenu à moins de cinq millions de francs, et sur le second à quatre millions. Sur le chemin de fer le moins coûteux, le kilomètre est encore revenu a près de 120,000 fr.

La France touche à l'accomplissement de la tâche qu'elle s'est imposée, de faire traverser tout son territoire par un système de voies de fer. Au commencement de 1852 on y comptait 351 myriamètres livrés à la circulation, 67 en construction et 100 autres dont l'exécution était assurée. Nul doute que ces travaux seraient déjà terminés si les tâtonnements et les hésitations du pouvoir de Juillet avaient permis que la construction des différents chemins de fer qui nous avaient été promis fût poussée avec cette vigueur qui eût été si indispensable dans une pareille entreprise pour ne pas s'exposer à voir le commerce de transit nous échapper et des nations rivales s'en emparer à notre grand détriment. L'histoire conservera le souvenir du déplorable spectacle qu'a offert en ce moment une administration tiraillée en tous sens par les intérêts contraires, et ne sachant plus quel parti prendre au milieu des cupidités et des passions que sa politique corruptrice avait soulevées. C'est en vain que la presse indépendante a insisté avec tous les esprits sages pour que les chemins de fer fussent construits aux frais de l'État et restassent sa propriété; le génie de l'agiotage l'emporta, et la loi de 1842 consacra un système mixte et bâtard. Cette loi décida en principe que l'État se chargerait des premiers travaux de terrassement, qu'il entrerait pour un tiers dans l'acquisition des terrains nécessaires au tracé, et que les frais d'acquisition des deux autres tiers seraient à la charge des localités que traverserait la voie nouvelle. La même loi portait que l'industrie privée serait chargée sous certaines conditions de la terminaison des travaux d'art, de la pose des rails, de l'acquisition du matériel et de l'exploitation des chemins pendant un temps plus ou moins limité. A ce système on substitua les concessions aux compagnies avec prêts, contributions, garanties d'intérêts, longs termes d'exploitation, exécution d'une partie des travaux, etc., aliénant ainsi les ressources de l'État et laissant pour longtemps des sociétés de prêteurs d'argent maîtresses des prix de transport en France.

La Belgique a mis la première en pratique la sage maxime que la construction de l'ensemble d'un système de chemins de fer doit être entreprise par l'État, et les résultats les plus heureux n'ont pas tardé à démontrer tout ce que cette idée avait d'utile et de fécond. Les chemins de fer de la Belgique sont en effet ceux qui ont coûté le moins à établir, qui possèdent le meilleur matériel et qui sont le mieux desservis. Le territoire belge tout entier est parcouru par deux voies qui se coupent presque à angle droit, et dont l'une, partant d'Ostende, gagne la frontière de Prusse en passant par Gand, Malines, Liége et Verviers, tandis que l'autre part d'Anvers pour se diriger par Malines et Bruxelles sur Mons, et se relier de là au chemin de fer du Nord qui établit une communication entre Paris et Valenciennes. En y comprenant divers petits embranchements, par exemple le chemin de Saint-Trond à Lille, l'ensemble du système des chemins de fer belges comprend un développement de 620 kilomètres. Quoique le sol généralement plat de la Belgique semble n'avoir pas nécessité de grands travaux de terrassement, on n'en a pas moins dû construire à Tirlemont un tunnel d'un kilomètre de longueur; et le tronçon d'Auns à Liége, sur une étendue de 60 kilomètres, a nécessité l'établissement de 18 tunnels (ensemble d'une étendue de 1033 mètres et percés souvent à travers des rochers), de 20 ponts, viaducs et déblais ou remblais variant de 30 à 35 mètres.

La Russie possède depuis le mois d'octobre 1836 un chemin de fer de Saint-Pétersbourg à Zarskoje-Sélo et Pawlawsk; elle a achevé la ligne de Varsovie à Cracovie, et les travaux d'une ligne qui unira Saint-Pétersbourg à Moscou sont poussés avec une activité qui permet d'espérer leur prompt achèvement. La Hollande aussi a depuis septembre 1839 son chemin de fer qui relie Harlem à Amsterdam. Au mois d'octobre de la même année (1839), le chemin de fer de Naples à Portici a été livré à la circulation, et depuis octobre 1843 les chemins de fer de Livourne à Pise et de Padoue à Venise sont en pleine activité. Aujourd'hui une voie ferrée relie les deux capitales du royaume Lombardo-Vénitien : Milan et Venise. La Sardaigne projette un réseau ayant son point central à Alexandrie, et d'un développement de 814 kilomètres : plusieurs tronçons importants ont déjà été livrés à la circulation. Cependant, à la fin de 1851 on n'évaluait encore qu'à 296 kilomètres la totalité des chemins de fer en exploitation dans la péninsule italique.

L'Allemagne n'a pas été des dernières à s'approprier l'admirable invention des chemins de fer; car dès l'année 1828 une partie du chemin qui unit la Moldau au Danube avait été livrée à la circulation, et la ligne entière, commençant à Budweiss et aboutissant à Linz, longue par conséquent de 136 kilomètres, était achevée en 1832; plus tard, d'un an, c'est-à-dire en 1836, elle fut encore prolongée par une ligne nouvelle, desservie également par des chevaux et s'étendant jusqu'à Gmunden, sur le lac de Traun, par conséquent à une distance de 72 kilomètres. L'invention des locomotives ayant fait de rapides progrès, on songea bientôt à utiliser les voies en fer, avec la vapeur pour force motrice; et dès 1835 s'ouvrait le premier chemin de fer desservi par des locomotives qu'ait en Allemagne, reliant Nuremberg à Furth, d'une étendue de près de 6 kilomètres, et qui dès la seconde année donnait à ses actionnaires 20 pour 100 de dividende. En 1837 on commença en même temps les travaux du chemin de fer de Leipzig à Dresde, et ceux du chemin de fer de Ferdinand; bientôt l'activité apportée à établir de pareilles voies de communication fut si grande en Allemagne, qu'aujourd'hui (en y comprenant l'acquisition du matériel d'exploitation), 859 myriamètres sont livrés à la circulation. La Prusse, à elle seule, possédait à la fin de 1850 une longueur de 292 myriamètres de voies ferrées, répartis entre vingt-cinq chemins, et dont la construction avait employé un capital de 562,286,057 francs. Le système des chemins de fer appartenant à l'État l'emporte de plus en plus en Allemagne et surtout en Autriche; de sorte que les chemins de fer, propriétés particulières, n'y seront bientôt plus que l'exception.

Les frais d'établissement de chemins de fer en général (en y comprenant l'acquisition du matériel d'exploitation) varient extrêmement, suivant les difficultés locales, la méthode de construction et d'autres circonstances encore. En moyenne, la construction du kilomètre de chemin de fer revient, en Angleterre, à 525,918 fr.; en France, à 412,296 fr.; en Belgique, à 266,719 fr.; en Prusse, à 192,820 fr.; en Hanovre, à 124,536 fr.; dans le duché de Brunswick, à 112,604 fr.; et dans l'Amérique du Nord, à 97,463 fr. Il ne règne pas moins de diversité dans le produit brut annuel de l'exploitation, qui, d'après les derniers documents publiés, s'élève en moyenne, et toujours en prenant le kilomètre pour mesure de comparaison; en France, à 33,691 fr.; en Angleterre, à 32,290 fr.; en Belgique, à 23,689 fr.; dans le duché de Brunswick, à 17,928 fr.; en Hanovre, à 16,043 fr.; dans le grand duché de Bade, à 14,915 fr.

La première et la plus importante question que soulève l'établissement d'un chemin de fer devant servir de voie de grande communication est la détermination de son tracé. Il faut respecter les droits, consulter les intérêts, interroger les habitudes, en un mot se préoccuper avant tout de la question économique, ne pas négliger les parcours partiels, et procurer la plus grande somme d'avantages matériels au pays traversé. Deux conditions surtout doivent être conciliées : 1° s'approcher le plus possible des centres de civilisation, pour faciliter la circulation des voyageurs; 2° adopter entre les deux extrémités de la ligne le tracé le plus direct possible pour attirer les échanges de marchandises. L'étude, faite dans ces conditions, est encore soumise à deux considérations importantes; ce sont celles qui se rapportent aux pentes et aux courbes.

En principe, des pentes tant soit peu prononcées sont très-désavantageuses à la parfaite exploitation d'une ligne; mais l'importance des inconvénients qu'elles présentent varie singulièrement suivant la nature de l'exploitation. Les fortes déclivités sont, en thèse générale, extrêmement défavorables aux convois de marchandises, parce qu'elles obligent à réduire considérablement la masse composant chaque convoi; elles préjudicient beaucoup moins aux convois de voyageurs, parce que ces convois ne cheminant presque jamais à pleine charge, disposent toujours d'un excès de force qu'on réserve pour les parties difficiles du parcours. Dans ce dernier cas, les pentes n'ont pour conséquence qu'une diminution de vitesse qui, pour peu que la rampe ne soit pas trop longue, est peu sensible sur le temps du trajet total. Cependant, l'accroissement du temps de parcours pourrait dans des cas donnés devenir notable; car le temps employé à parcourir un kilomètre sur une pente de 0,003 est de 32 à 34 pour 100 plus long que le temps nécessaire au parcours d'un kilomètre horizontal ; sur une pente de 0,006, l'augmentation de temps est de 70 pour 100 ; sur une pente 0,011 le temps est doublé. Dans tous les cas, une conséquence des pentes est d'augmenter la dépense du combustible.

Une pente d'inclinaison déterminée ne peut, en général, être rejetée par le seul motif qu'elle est plus ou moins forte. Il importe moins de considérer la déclivité d'une pente que sa position et sa longueur. Si une rampe est très-courte, et placée à la suite d'une pente en sens opposé, elle sera franchie, fût-elle même très-roide, sans difficulté et sans ralentissement sensible de la marche, en vertu de la vitesse acquise par le convoi. Une même rampe d'inclinaison et de longueur déterminées pourra être ou n'être pas accessible aux locomotives, suivant qu'en raison de sa position sur la ligne de parcours elle pourra être abordée avec ou sans vitesse acquise. C'est ainsi que sur le chemin de Liverpool les plans inclinés de Sutton et de Rainhill (d'une inclinaison de 0,0104 sur une longueur de deux kilomètres et demi) sont franchis par les locomotives, tandis que sur la même ligne, à la sortie de Liverpool, un plan incliné de même pente et de même longueur (0,0113 sur $2^h,2$) est desservi par des machines fixes.

La déclivité des rampes franchies par les locomotives en service habituel ne dépasse donc guère 0,01. Entre 0,01 et 0,03, les plans inclinés sont desservis par des machines fixes, remorquant à la montée, ou retenant à la descente les convois, au moyen de cordes ou chaînes. On n'a guère construit en Angleterre, dans des chemins de grandes exploitations, des plans inclinés dont la pente excédât 0,028. En Belgique, un plan incliné de Liége a une inclinaison de 0,03 sur 1800 mètres de longueur. Les Américains ont poussé beaucoup plus loin la hardiesse : ils ont, sur de faibles longueurs il est vrai, des plans inclinés de $0^m,1$ à $0^m,2$ par mètre. C'est un peu trop se confier à la solidité des cordes. Mais celles-ci ne sont pas le seul motif de sécurité qu'aient les voyageurs : si la corde cassait, il serait facile de retenir le convoi à l'aide de freins, et de l'empêcher de prendre une accélération dangereuse en transformant le mouvement de rotation des roues en un glissement. Il est inutile d'ajouter qu'un des inconvénients des machines fixes, c'est de ne pouvoir s'appliquer qu'aux pentes en ligne droite, à moins qu'on ne remplace les cordes par quelque autre procédé, comme par les tubes des chemins de fer atmosphériques.

Souvent il est plus avantageux de percer un contrefort que de le gravir en plan incliné. Pour le passage des chaînes circonscrivant des bassins de certain ordre, le percement est de nécessité absolue ; alors on établit le chemin de fer en souterrain. Dans les derniers projets exécutés ou proposés, on a adopté pour les souterrains une hauteur de $7^m,50$ à 8 mètres. On leur donne une section presque circulaire et un revêtement en maçonnerie dans les terrains qui sont peu solides et susceptibles de s'affaisser par l'action des eaux. C'est surtout sur les chemins de fer de construction plus récente que ces *tunnels* sont fréquents et souvent très-longs. Ainsi, le chemin de fer de Sheffield à Manchester présente un tunnel de 5 kilomètres de développement ; sur le chemin de fer de Paris à Lyon, le tunnel de Blaisy a 4,100 mètres de longueur ; le chemin de fer d'Avignon à Marseille a un tunnel de 4,620 mètres. Il est même question de construire à travers le mont Cenis, pour le chemin de fer de Chambéry à Turin, un tunnel qui aura 12 kilomètres de développement.

Aux cours d'eaux, aux vallées et aux routes de traverse on oppose des ponts et des viaducs ; et ces derniers donnent souvent lieu à des dépenses considérables. Le chemin de fer du *North-Midland* présente ce cas que la voie ferrée passe *sous* le canal de Cromford, puis se continue au-dessus de la route ordinaire, laquelle à ce même endroit traverse la rivière Amber, de sorte que sur ce point on trouve quatre voies de communication superposées les unes aux autres. Les viaducs sont en général plus communs en Angleterre que sur le continent, où on préfère laisser le chemin de traverse passer sur la voie ferrée à laquelle on donne sur ce point une construction modifiée. Le plus grand viaduc du continent est celui qui a été construit sur le chemin de fer saxon-bavarois pour franchir la vallée de Gœltzsch ; il a 680 mètres de longueur et $79^m,33$ de hauteur dans son élévation extrême au-dessus du point le plus profond du sol de la vallée. Mais plusieurs lignes de chemins de fer aboutissant à Londres y offrent, là où ils passent au-dessus des rues et des maisons de cette ville, des viaducs d'un développement bien autrement étendu, quoique l'élévation n'en soit pas aussi prodigieuse. Il est inutile de faire remarquer que l'on ne peut établir de voie de fer sur un pont suspendu.

Les résistances que présente le passage des courbes tiennent au parallélisme invariable des essieux, à la solidarité des roues avec les essieux et à la force centrifuge. La résistance due au parallélisme des essieux provient du frottement des rebords des roues contre les rails. Pour le diminuer, il faut agrandir le rayon des courbes ou rapprocher les essieux. On facilite aussi le passage dans les courbes, soit en supprimant les plaques de garde destinées à maintenir le parallélisme des essieux, soit mieux en laissant entre elles et les boites à graisse un jeu tel qu'elles ne servent plus réellement que comme appareils de sûreté, en cas de rupture des ressorts, ce qui permet aux essieux de se déplacer légèrement et de converger un peu vers le centre de la courbe. La solidarité de la roue avec l'essieu force la roue extérieure à parcourir un développement plus grand que la roue intérieure. Pour que cela puisse avoir lieu sans qu'il y ait glissement d'une des roues sur les rails, on donne généralement aux bandages des roues une légère conicité, de manière à ce que dans une courbe la roue extérieure roule sur un plus grand diamètre que la roue intérieure. Enfin, on remédie à l'effet de la force centrifuge, qui tend à presser contre le rail le rebord de la roue qui parcourt la courbe extérieure, en soulevant plus ou moins le rail extérieur dans les courbes d'après leur rayon et la vitesse avec laquelle elles doivent être franchies.

Avec le système de matériel anglais, généralement adopté en Europe, il convient que le tracé d'un chemin de fer ne présente pas de courbes de moins de 500 mètres de rayon, et presque partout on a adopté comme minimum un rayon de 800 à 900 mètres. Avec le système de matériel américain, dans lequel on rapproche les essieux et on les assujettit deux à deux à un châssis partiel mobile autour d'une cheville ouvrière fixée au châssis général, on peut circuler sans de trop fortes résistances dans des courbes de 200 mètres, et même moins, de rayon.

On comprend aisément que dans nombre de cas la nécessité d'éviter des courbes d'un faible rayon augmente considérablement les frais de premier établissement d'un chemin de fer. C'est pourquoi M. Arnoux a proposé de remplacer le matériel actuellement employé par un système de matériel articulé de son invention, avec lequel on peut circuler sans danger dans des courbes de tous rayons et qu'il a appliqué en grand sur le chemin de fer de Paris à Sceaux. Chaque voiture est composée d'un avant et d'un arrière-train ; dans chaque train, l'essieu est traversé par une cheville ouvrière autour de laquelle il peut tourner ; une couronne horizontale y est attachée a le même axe que la cheville ouvrière. Les roues sont libres sur les fusées. Les deux trains sont réunis par une flèche à branches, aux extrémités de laquelle sont attachés, en dessous, des plateaux ou sassoires concentriques aux chevilles ouvrières, et qui tournent à frottement dur sur les couronnes. Des chaînes attachées sur la circonférence des couronnes, de manière à se croiser sur la flèche, unissent les deux essieux, les obligent à se mouvoir simultanément et en sens contraire autour des chevilles ouvrières en faisant des angles égaux avec l'axe de la voiture. Si donc on fait marcher cette voiture sur un railway circulaire, de manière que le premier essieu soit toujours normal à l'axe du chemin, le second essieu sera normal aussi au même axe. M. Arnoux fait diriger ce premier essieu par le chemin lui-même, au moyen de quatre galets ou petites roues qui roulent sur les faces intérieures des rails, et qui sont à l'extrémité des fourches attachées au-dessous de l'essieu. Les voitures sont liées l'une à l'autre : 1° par une espèce de timon traversé par la cheville ouvrière de l'arrière-train de la voiture qui précède, et par celle de l'avant-train de la voiture qui suit ; 2° par deux chaînes qui se croisent sous le timon et qui sont attachées, d'un bout, à la circonférence de la couronne de l'avant-train de la seconde voiture, et de l'autre bout, à la circonférence d'une couronne plus petite fixée sous la flèche de la première voiture et traversée par la cheville ouvrière de l'arrière-train. Ainsi, il y a trois couronnes horizontales à chaque voiture : deux de même rayon sont fixées aux essieux, et une autre d'un rayon plus petit fait corps avec la flèche de l'arrière-train. Il résulte de cette dernière disposition que la flèche de la première voiture ne peut changer de direction sans produire en même temps le changement de la direction des essieux de la seconde voiture, et, en déterminant convenablement le rayon de la petite couronne, les essieux de la seconde voiture seront, comme ceux de la première, normaux à la courbe que les deux voitures parcourent. La traction s'opérant par les flèches et les timons qui tournent autour des chevilles ouvrières, et l'inclinaison des essieux ayant lieu par le moyen des chaînes croisées qui sont attachées aux couronnes, toutes les voitures doivent venir successivement passer sur les traces de la première. Le développement du chemin de fer de Sceaux, construit d'après ce système, est de 11,450 mètres, sur lesquels 4,600 mètres sont en ligne droite, et 6,850 mètres en lignes courbes, tant en arcs de cercles que de paraboles. Entre Paris et Bourg-la-Reine, le rayon de courbure minimum est de 120 mètres ; entre Bourg-la-Reine et Sceaux, il est de 55 mètres ; dans cette dernière partie, dont la longueur est de 3,250 mètres, la pente est uniforme et de 0,0115. Aux bouts de ligne, à Paris et à Sceaux, la voie, dont la largeur est de 1^m,80, se termine par une espèce de raquette de petit diamètre de 50 mètres, disposition qui a l'avantage de simplifier les manœuvres de gare, en supprimant les plaques tournantes. Le chemin de fer du Nord doit incessamment faire un essai en grand du système de M. Arnoux.

Parmi les autres systèmes proposés, il faut citer celui du marquis de Jouffroy, qui se distingue surtout par l'établissement d'un rail central dans lequel roule l'unique roue motrice de la locomotive. Celle-ci, comme les wagons, est installée sur deux châssis articulés. Les roues, au lieu d'être placées sous les voitures, sont sur le côté. Il y a encore d'autres modifications, dans le détail desquelles nous n'entrerons pas, ce système n'ayant été jusque ici exécuté en grand sur aucune ligne.

Les chemins de fer sont à simple ou à double voie. Dans ce dernier cas, le service est plus facile, et les rencontres de trains ne peuvent arriver que par une grande négligence de la part de l'administration, puisque chaque voie est exclusivement affectée à l'un des sens du parcours. Le chemin est en même temps susceptible d'une circulation plus considérable. Aussi, sur les chemins à une seule voie a-t-on presque toujours soin de faire les terrassements et autres ouvrages d'art en prévision de la pose ultérieure d'une seconde voie. Il est indispensable, pour que le service des chemins de fer qui sont en communication les uns avec les autres se fasse économiquement, que le matériel de chacun d'eux puisse circuler indistinctement sur toutes les voies.

C'est pourquoi dans presque tous les pays des dispositions réglementaires ont prescrit une largeur de voie uniforme de 1^m,44. En Europe les seuls chemins qui fassent exception à cette règle sont : en Allemagne, le chemin du Taunus, qui a 1^m,50 de largeur entre les rails, et les chemins badois, dont la largeur de voie est de 1^m,60 ; en Angleterre, la ligne du Great-Western, où l'écartement des rails est de 2^m,13. Des raisons analogues ont fait adopter pour largeur de l'entre-voie de 1^m,80 à 2^m dans les chemins à double voie.

Dans les premiers temps les rails étaient toujours portés par des longrines en bois assises sur des traverses en bois ou sur des dés en pierre. Quoique la quantité de bois nécessaire pour l'établissement d'un système de supports à longrines ne soit pas beaucoup plus considérable que pour des traverses seules, on l'abandonne maintenant partout, principalement à cause des difficultés de pose et d'entretien ; en outre, les longrines gênent l'écoulement des eaux, dont on a tant d'intérêt à se débarrasser, tant pour la solidité de la chaussée que pour la conservation des bois. Les dés en pierre présentent également de grandes difficultés de pose, et ils offrent peu de résistance à l'écartement des rails. Les traverses le plus généralement employées sont en bois de chêne et quelquefois en bois résineux, placées en travers de la voie à une distance moyenne de un mètre l'une de l'autre ; comme elles se détériorent assez rapidement, et que leur renouvellement forme une portion importante des frais d'entretien de la voie, on a essayé d'augmenter leur durée sur plusieurs lignes par les procédés que nous avons indiqués pour la conservation des bois.

Les rails une fois placés, on procède au *balastage*, opération qui consiste à enterrer les traverses dans une forme en sable. La chaussée sur laquelle sont placées les traverses est aussi ordinairement formée à sa partie supérieure par une couche de sable ou *balast* perméable, qui atteint le triple but de donner une certaine élasticité à la voie, de contribuer à répartir le plus également possible sur toute la chaussée la pression exercée lors du passage des trains, et de préserver les traverses contre l'humidité en maintenant sec le sol sur lequel elles reposent immédiatement.

Les raccordements de deux voies se font, soit sous un angle très-aigu, soit à angle droit. Dans le premier cas, on se sert de rails mobiles ou *aiguilles*, que l'on manœuvre à l'aide d'excentriques ou de leviers, de manière à établir la communication de la voie unique avec l'un ou l'autre des embranchements. Tantôt le levier ou l'excentrique directeur est fixé dans chacune de ses positions par un verrou ou un cran ; tantôt il est muni d'un contre-poids qui ramène de lui-même les aiguilles dans une position déterminée. Les excentriques ou leviers qui servent à la manœuvre des aiguilles font également mouvoir des signaux qui servent à indiquer au mécanicien sur quelle voie les aiguilles peuvent livrer passage au train. Pour passer d'une voie sur une autre qui lui est perpendiculaire, on se sert de plates-formes qui tournent au moyen de galets. Elles sont construites en fonte, bois et tôle, ou seulement en tôle ; leurs dimensions, ordinairement calculées pour une locomotive ou une voiture, sont quelquefois suffisantes pour recevoir à la fois deux voitures ou une locomotive avec son tender, sans qu'il soit nécessaire de les désassembler. On manœuvre les petites plaques à bras d'hommes, et les grandes au moyen d'engrenages à manivelles. En employant deux plaques tournantes, on peut facilement faire passer les locomotives et wagons d'une voie sur une autre voie parallèle. Les plaques tournantes peuvent d'ailleurs être appliquées à tous les croisements de voie rectilignes, quel que soit l'angle de rencontre de ces voies.

On comprend que nous ne pouvons entrer dans tous les détails de l'exploitation des chemins de fer. L'exploitation comprend tous les services qu'il est nécessaire d'organiser, après la construction d'un chemin de fer, pour effectuer le mouvement des machines et des wagons. Elle se divise en trois branches principales, savoir : 1° l'entretien et la surveillance de la voie; 2° l'entretien du matériel; 3° la traction, le mouvement des voyageurs et des marchandises. Nous consacrerons seulement quelques mots aux signaux dont le service et l'organisation ont la plus grande influence sur la régularité de l'exploitation.

Les signaux fixes se composent d'objets tels que ballons, disques, girouettes, peints de diverses couleurs sur leurs faces, et que l'on hisse à diverses hauteurs le long d'un mât, ou que l'on fait tourner autour de ce mât de manière à présenter dans chaque position d'arrêt une silhouette et une couleur bien tranchées. La nuit, des lanternes jouent le même rôle, de sorte que le mécanicien se trouve toujours averti quand un obstacle doit lui faire ralentir ou arrêter sa marche. Les signaux mobiles sont des drapeaux et des lanternes de diverses couleurs, qui servent à transmettre au train les indications nécessaires. Mais dans les temps de brouillard ces divers signaux ne pouvant être aperçus, on a été conduit à employer sur les chemins anglais des signaux détonants, dits *cowper fog-signals*, qui consistent en une petite boîte en fer blanc, ayant la forme d'un cylindre aplati, et remplie d'une matière détonante. On fixe cette boîte sur le rail au moyen de deux petits morceaux de plomb coupés en lanière et soudés à la boîte. Lorsque la roue de la machine passe sur ce pétard, elle l'écrase en le faisant éclater avec un bruit qui ne peut manquer d'être entendu par le mécanicien. Les rapports administratifs de la Grande-Bretagne constatent que depuis l'application de ces signaux sur les chemins de fer on n'a eu à déplorer aucun accident provenant d'une rencontre ou d'un choc des trains entre eux. Le système de signaux, appliqué en France depuis quelque temps, a prévenu du reste déjà plusieurs accidents.

Il est impossible de parler des signaux de chemins de fer sans dire quelques mots du télégraphe électrique, comme auxiliaire général de l'exploitation. Son emploi n'exclut point celui des moyens de précaution que nous venons d'indiquer; mais, sur une grande ligne principalement, il est du plus grand secours, et il peut prévenir les accidents dans une limite très-étendue. La facilité qu'il procure de connaître les causes de retard des trains dispense d'envoyer des machines de secours, qui le plus souvent étaient expédiées inutilement. Disposé de l'accident, on en sait immédiatement le lieu et l'étendue, ce qui permet d'apporter les secours avec efficacité et rapidité.

On a nommé *chemins de fer atmosphériques* des voies à ornières sur lesquelles les convois sont mus au moyen de la pression atmosphérique produite à l'aide d'une machine fixe, de quelque nature qu'elle soit. Néanmoins dans les quelques essais qui ont été faits jusque ici la vapeur joue un rôle aussi important que dans les chemins de fer ordinaires. Seulement les machines, au lieu de marcher avec le convoi, sont fixes; mais elles n'en sont pas moins les véritables moteurs, et la puissance de l'atmosphère n'est qu'un intermédiaire, un moyen de transmission de la force, absolument comme les cordes qui servent à remorquer certains convois sur des plans inclinés.

On sait que c'est le poids de l'atmosphère qui fait arriver le liquide dans la bouche de celui qui boit à l'aide d'un chalumeau. La même cause peut engendrer les plus grands effets. Ainsi, en 1824, MM. Vallance et Pinkus firent en Angleterre une curieuse expérience d'un chemin sur lequel des voitures roulaient par l'effet de la pression de l'atmosphère. Pour se faire une idée de cette expérience, qu'on se figure une voie couverte d'une voûte dans toute sa longueur; si l'on suppose que la voûte et les murs qui la soutiennent ne sont percés d'aucune ouverture, il est évident qu'une porte qui fermerait cette enceinte d'un côté serait poussée en dedans, si l'air contenu dans la galerie était enlevé au moyen d'une pompe mise en mouvement par un moulin à vent, une machine à feu. A la place de la porte, supposez une forte voile fixée sur un chariot, à mesure que le vide se formera, la voile et le chariot, obéissant à la pression, ou, ce qui est la même chose, au poids de l'atmosphère, seraient entraînés dans l'intérieur de la galerie qu'ils parcourraient en entier si le tout était convenablement disposé. Tel serait de tous les systèmes de chemins atmosphériques le moins défectueux, si les frais qu'entraînerait la construction de galeries d'une longueur démesurée ne le rendaient impraticable.

Pour obvier à cet inconvénient, on a proposé de substituer à la galerie un long tuyau dans lequel on ferait le vide au moyen d'une machine à vapeur. Un bout de cylindre qui ferait fonction de piston coulerait à frottement doux dans l'intérieur du tuyau, et le parcourrait avec un certain degré de force qu'il recevrait de la pression de l'atmosphère. Jusque là, cette théorie est irréprochable; mais il se présente une très-grande difficulté à surmonter, quand il s'agit de transmettre le mouvement du piston aux chariots qui doivent rouler sur le chemin On n'y parvient qu'en fendant d'un bout à l'autre et en dessus le tuyau dans lequel se meut le piston. Ce moyen, dont on ne peut se dispenser, entraîne de graves inconvénients ; car, pour que le piston soit poussé par le poids de l'atmosphère, il faut que le vide se forme continuellement en avant de lui, ce qui serait impossible si la fente du tuyau restait ouverte. La solution du problème consiste donc à trouver un mécanisme, un système, par lequel cette fente reste fermée aussi exactement que possible pendant que le vide se fait : c'est à quoi l'on parvient assez bien en bouchant la fente par une série de soupapes qui s'ouvrent quand le piston est sur le point d'arriver au-dessous, et qui se ferment dès qu'il est passé au delà.

Pour que le piston entraîne dans sa marche le convoi qui est sur la route, il porte sur son côté une sorte d'aile qui coule librement dans la fente du tuyau qu'elle dépasse de quelques décimètres : c'est à l'extrémité de cette aile que le premier wagon du convoi est attaché. On conçoit donc qu'il doit avancer avec la même vitesse que le piston, attendu qu'ils sont inséparables l'un de l'autre.

Ce qui précède étant bien entendu, on comprendra aisément le jeu d'un chemin de fer atmosphérique : une pompe à feu fixe, disposée sur l'un des côtés de la voie, aspire l'air de l'intérieur du tuyau et produit le vide en avant du piston; celui-ci se met en mouvement, et, à mesure qu'il avance, l'aile qu'il porte écarte et soulève les soupapes, qu'une pièce adaptée au premier wagon ferme immédiatement en passant et pressant dessus. Afin que l'air ne puisse pas s'introduire dans le tuyau à travers les vides qui pourraient exister entre les soupapes, une large lanière de cuir bien graissée recouvre le tout. Cette lanière se conformant au jeu des soupapes, il en résulte que le tuyau se trouve fermé, comme si elle était par une soupape unique. Il va sans dire que pour faire le vide, il faut disposer des pompes à feu de distance en distance et en nombre suffisant; le corps de pompe de ces machines communique avec le tuyau dont il faut extraire l'air, par des moyens qu'il est facile d'imaginer.

L'avantage des chemins de fer atmosphériques consiste en ce qu'ils sont exempts des accidents que l'emploi des locomotives ne rend que malheureusement trop fréquents, et dont on a eu de si déplorables exemples. L'idée en fut émise en France dès 1837; mais aucune suite n'y fut donnée. Il était encore réservé à l'Angleterre de nous devancer à cet égard dans l'application de la théorie à la pratique. Le premier essai réalisé dans ce genre a eu lieu en Irlande, sur l'un des embranchements du chemin de fer de Dublin à Kingstown; il fut entrepris par MM. Clegg et Samuda frères, et réussit complétement. On en voit également un auprès de Paris : le système atmosphérique y est établi sur une longueur de 2,500 mètres, depuis la plaine, dans les bois du Vésinet, jusqu'au plateau, dans le parterre de Saint-Germain : la différence de niveau est de 51 mètres. Sur une partie du parcours on a appliqué le système de M. Hallette, qui diffère du système irlandais principalement dans la manière de fermer le tube atmosphérique, en remplaçant les soupapes et la lanière de cuir par deux lèvres ou bourrelets gonflés d'air entre lesquels glisse la tige qui relie le piston au convoi.

La pression de l'air atmosphérique pouvant être employée avec succès comme moteur sur les chemins de fer, il est évident qu'une masse d'eau dont le poids agirait sur le piston produirait un effet semblable. Un Anglais, M. Shuttelworth, a proposé en conséquence de faire marcher les wagons par la pression que l'eau sortant d'un réservoir élevé à une certaine hauteur exercerait sur le piston. Ce système, qui est resté à l'état de projet, a reçu le nom de *chemin de fer hydraulique*. Mais, au lieu de faire des dépenses considérables pour établir des réservoirs de distance en distance, dans lesquels on élèverait l'eau au moyen d'une machine à feu, il serait plus simple et beaucoup moins dispendieux d'introduire directement le liquide derrière le piston, en le soumettant à la pression nécessaire.

CHEMINS DE FER (Police, Contrôle des). A peine eut-on construit quelques lignes de chemins de fer, qu'on sentit la nécessité de leur accorder une protection spéciale, de réprimer les entreprises que les concessionnaires de ces chemins auraient pu commettre sur les autres portions du domaine public, enfin de protéger les citoyens contre les dangers auxquels la négligence ou la malveillance peuvent trop facilement les exposer sur ces voies de communication. Il était indispensable d'abord de bien déterminer leur nature; en effet selon que l'on considérait les chemins de fer comme faisant partie du domaine public ou bien comme constituant une sorte de propriété particulière, on se trouvait amené à leur appliquer des règles différentes. C'est le point de départ que fixa la loi du 15 juillet 1845, en déclarant que les chemins de fer construits ou concédés par l'État faisaient partie de la grande voirie. Si l'on envisage, en effet, les chemins de fer, soit dans la manière dont ils se forment, soit dans leur destination, il est impossible de méconnaître qu'ils appartiennent à la classe de ces objets que l'article 538 du Code Napoléon considère comme des dépendances du domaine public. Mais si l'on s'était référé d'une manière absolue et générale à la législation qui a spécialement pour but de protéger ce domaine, c'est-à-dire aux lois et aux réglements de la grande voirie, on eût imposé aux propriétés riveraines des charges inutiles, et d'un autre côté on ne leur eût pas demandé tous les sacrifices que réclamait l'intérêt public.

Après avoir déclaré que les chemins de fer font partie de la grande voirie, après avoir rendu applicables les dispositions de cette législation que réclamaient leur conservation et la sûreté publique, la loi porte que tout chemin de fer sera clos des deux côtés et sur toute l'étendue de la voie; quant au mode de cette clôture, c'est l'administration qui la détermine pour chaque ligne. Partout où les chemins de fer croisent de niveau les routes de terre, des barrières doivent être établies et tenues fermées conformément aux règlements. La loi impose ensuite en faveur de ces voies de communication des servitudes aux propriétés riveraines. Ainsi, aucune construction autre qu'un mur de clôture ne peut être établie dans une distance de deux mètres du franc-bord d'un chemin de fer. La limite de ce franc-bord est déterminée soit par l'arête supérieure du déblai, soit par l'arête inférieure du talus du remblai, soit par le bord extérieur des fossés du chemin, et, à défaut, par une ligne tracée à un mètre cinquante centimètres, à partir des rails extérieurs de la voie de fer. Les constructions existantes peuvent toujours être entretenues dans le même état, à moins que la sûreté publique ou la conservation du chemin de fer ne s'y opposent, auquel cas l'administration a le droit de les faire supprimer moyennant une juste indemnité. Dans les localités où le chemin est en remblai de plus de trois mètres, les propriétaires riverains ne peuvent, sans autorisation, pratiquer des excavations dans une zone de largeur égale à la hauteur verticale du remblai; il est défendu d'établir à une distance de moins de 20 mètres du franc-bord, des couvertures de chaume, des meules de grains, ou des dépôts de matières combustibles. Cette prohibition ne s'étend pas aux dépôts de récolte faits seulement pour le temps de la moisson; une autorisation préalable du préfet est nécessaire pour former des amas de pierre et autres objets non inflammables à moins de cinq mètres dans les localités ou le chemin de fer est en remblai. L'autorisation n'est pas nécessaire pour former des dépôts de matière non inflammables dont la hauteur n'excède pas celle du remblai du chemin, non plus que pour former des dépôts temporaires d'engrais et d'autres objets nécessaires à la culture des terres. Enfin ces distances peuvent être augmentées ou diminuées par un décret impérial, rendu après enquête, toutes les fois que les dispositions des lieux et la sûreté publique le permettront ou l'exigent. Les contraventions aux dispositions ci-dessus sont constatées, poursuivies et réprimées comme en matière de grande voirie; c'est-à-dire qu'elles sont de la compétence des conseils de préfecture. Elles sont punies d'une amende de seize à trois cents francs.

Lorsque le concessionnaire ou le fermier de l'exploitation d'un chemin de fer contrevient aux clauses du cahier des charges en ce qui concerne le service de la navigation, la viabilité des routes impériales et départementales, des chemins vicinaux, le libre écoulement des eaux, procès-verbal de la contravention est dressé, soit par les ingénieurs des ponts et chaussées ou des mines, soit par les conducteurs, garde-mines et piqueurs. Les procès-verbaux, après avoir été, dans les quinze jours de date, notifiés administrativement au domicile du concessionnaire ou le fermier, à la diligence du préfet, sont transmis, dans le même délai au conseil de préfecture du lieu de la contravention. Ces contraventions sont punies d'une amende de trois cents francs à trois mille francs, et l'administration peut d'ailleurs prendre immédiatement toutes mesures provisoires pour faire cesser le dommage, ainsi qu'il est procédé en matière de grande voirie.

Quiconque volontairement détruit ou dérange la voie de fer, place sur la voie un objet faisant obstacle à la circulation ou emploie un moyen quelconque pour entraver la marche des convois et les faire sortir de leurs rails, est puni de la réclusion; s'il y a eu homicide, de la mort; s'il y a eu blessures, des travaux forcés à temps. Si ce crime a été commis en réunion séditieuse, il est imputable aux chefs et provocateurs, qui sont punis des mêmes peines que ceux qui l'ont personnellement commis, lors même que ce n'était pas le but direct de la sédition. Toutefois, si la peine de mort leur est applicable, elle est remplacée par celle des travaux forcés à perpétuité. Quiconque a menacé, par écrit anonyme ou signé, de commettre un de ces crimes, est puni d'un emprisonnement de trois à cinq ans, dans le cas où la menace a été faite avec ordre de déposer une somme d'argent dans un lieu indiqué, ou de remplir toute autre condition. Si la menace a été faite verbalement, le coupable est puni d'un emprisonnement de quinze jours à six mois, et de trois cents francs à mille francs d'une amende de cent à cinq cents francs si la menace n'a été accompagnée d'aucun ordre ou condition. Dans tous les cas le coupable peut être mis par le jugement sous la surveillance de la haute police pour un temps qui ne peut être moindre de deux ans ni excéder cinq ans. Quiconque par maladresse, imprudence ou négligence, a involontairement causé sur les chemins de fer ou dans les gares et stations un accident qui a occasionné des blessures, est puni de huit jours à six mois d'emprisonnement et d'une amende de cinquante à mille francs. Si l'accident a occasionné la mort d'une ou de plusieurs personnes, l'emprisonnement est de six mois à cinq ans, et l'amende de trois cents à trois mille francs. Est puni d'un emprisonnement de six mois à deux ans tout mécanicien ou conducteur garde-frein qui aura abandonné son poste pendant la marche du convoi. Toute contravention aux ordonnances royales ou décrets impériaux portant règlement d'administration publique sur la police, la sûreté et l'exploitation du chemin de fer, et aux arrêtés pris par les préfets sous l'approbation du ministre des travaux publics, pour l'exécution desdites ordonnances ou décrets, est punie d'une amende de seize à trois mille francs. En cas de récidive dans l'année, l'amende est portée au double, et le tribunal peut, selon les circonstances, prononcer en outre un emprisonnement de trois jours à un mois. Les concessionnaires ou fermiers d'un chemin de fer sont responsables, soit envers l'État, soit envers les particuliers, du dommage causé par les administrateurs, directeurs ou employés à un titre quelconque au service de l'exploitation du chemin de fer.

Tous les crimes, délits et contraventions prévus par cette loi, peuvent être constatés par des procès-verbaux dressés concurremment par les officiers de police judiciaire, les ingénieurs des ponts et chaussées et des mines, les conducteurs, garde-mines, agents de surveillance et gardes nommés ou agréés par l'administration. Les procès-verbaux des délits et contraventions font foi jusqu'à preuve contraire. Au moyen du serment prêté devant le tribunal de première instance de leur domicile, les agents de surveillance de l'administration et des concessionnaires ou fermiers peuvent verbaliser sur toute la ligne du chemin de fer auquel ils sont attachés. Les procès-verbaux dressés par des agents de surveillance et gardes assermentés doivent être affirmés dans les trois jours, à peine de nullité, devant le juge de paix ou le maire, soit du lieu du délit ou de la contravention, soit de la résidence de l'agent.

Toute attaque, toute résistance avec violence et voies de fait envers les agents des chemins de fer dans l'exercice de leurs fonctions sont punies des peines appliquées à la rebellion suivant les distinctions établies par le Code Pénal.

Les circonstances atténuantes sont applicables aux condamnations prononcées en exécution de cette loi ; et en cas de conviction de plusieurs crimes ou délits prévus par elle, la peine la plus forte est seule prononcée ; les peines encourues pour des faits postérieurs à la poursuite peuvent être cumulées, sans préjudice des peines de la récidive.

La loi du 15 juillet 1845 fut suivie par un règlement d'administration publique du 25 novembre 1846, qui en forme le complément nécessaire.

Les principes généraux de ce règlement sont dignes de fixer l'attention. Ils laissent, dans une juste mesure, aux compagnies exploitantes la liberté d'action indispensable pour que leur responsabilité soit sérieuse et réelle. Ils ouvrent la carrière aux idées nouvelles, aux progrès de toute nature que les hommes préposés à la pratique des chemins de fer sont plus à même que tous autres de concevoir et de réaliser. Ils réservent enfin à l'administration publique la part d'autorité qui doit lui revenir et que, éclairée par les conseils de la théorie et de la pratique, elle est en position d'exercer plus utilement encore dans l'intérêt général.

En vertu de ce règlement, la surveillance des chemins de fer fut d'abord concurremment exercée par des ingénieurs des ponts et chaussées et des mines, et par des commissaires spéciaux de police et des agents de surveillance placés sous leurs ordres. Commissaires spéciaux et agents relevaient du préfet de police, dans son ressort, et des préfets, dans les départements. Un arrêté du chef du pouvoir exécutif du 29 juillet 1848 changea cet état de choses ; les commissaires spéciaux et leurs agents furent supprimés et remplacés par des commissaires et sous-commissaires de surveillance administrative placés sous les ordres des ingénieurs des ponts et chaussées et des mines et sous ceux des inspecteurs de l'exploitation commerciale, autrefois *commissaires royaux*. La loi du 27 mars 1850 consacra la création des commissaires et sous-commissaires de surveillance administrative ; elle leur conféra les attributions d'officiers de police judiciaire, et les soumit en outre aux procureurs impériaux pour tout ce qui concerne la constatation des crimes, délits et contraventions. Un règlement d'administration publique qui a suivi cette loi régularise le nombre, le rang et le traitement de ces agents. Il fixe en outre les modes d'admission et d'avancement ; mais un décret subséquent a supprimé le concours précédemment exigé pour l'admission.

Les nombreuses modifications successivement apportées aux dispositions de l'ordonnance du 15 novembre 1846 faisaient depuis longtemps désirer un remaniement complet de la matière. On s'en occupe en ce moment ; on prépare aussi sur cette intéressante spécialité un nouveau règlement d'administration publique. La réorganisation récente de la commission consultative des chemins de fer, composée d'hommes éclairés et compétents, permet d'espérer une solution prochaine.

Le contrôle et la surveillance des chemins de fer appartiennent, dans chaque gare importante, à des commissaires et sous-commissaires de surveillance administrative sous la haute direction d'un ingénieur en chef placé en tête de chaque grande ligne, et avec la coopération d'ingénieurs ordinaires des ponts et chaussées et des mines et d'inspecteurs de l'exploitation commerciale. Ce personnel de commissaires et sous-commissaires présente aujourd'hui un effectif de 130 à 150 individus, et devra s'accroître à mesure de l'établissement de voies nouvelles. Composé en grande partie, selon le vœu de la loi, d'anciens officiers et sous-officiers, il est appelé à former un corps aussi utile qu'honorable, dont l'avenir se trouvera complètement assuré quand il aura été compris par la prochaine loi sur les pensions de retraite au nombre des fonctionnaires y ayant droit.

Max. DE BÉTHUNE,
Commissaire de surveillance administrative.

CHEMINS VICINAUX. Pendant de trop longues années on parut oublier en France que les voies publiques du premier ordre ne pouvaient remplir leur destination si l'on n'améliorait aussi les voies de communication secondaires, si pour faire arriver leurs produits sur les grandes routes l'agriculture et l'industrie devaient d'abord leur faire parcourir des chemins de traverse impraticables les trois quarts de l'année. Que de siècles se sont écoulés entre l'édit qui fit le premier réglementa l'établissement des routes royales et la loi du 21 mai 1836, qui rend obligatoires les dépenses de construction et d'entretien des *chemins vicinaux!*

Nous ne rechercherons pas quel était avant 1789 l'état de la législation ou de la jurisprudence administrative sur l'entretien des chemins qui servaient à la communication des communes. Car les diverses provinces du royaume étaient, quant à leur administration, régies par des lois et des coutumes très-diverses. Nous nous bornerons à rappeler les actes de l'autorité publique qui depuis la Révolution ont eu pour objet l'entretien des chemins vicinaux. D'abord le législateur parut croire qu'il suffirait de faire appel à l'intelligence et au zèle des administrations locales, et que les populations rurales satisferaient d'elles-mêmes à un de leurs plus impérieux besoins, celui de communications viables. Ainsi, une loi du 5 octobre 1791 portait que les chemins reconnus par le directoire de district pour être nécessaires à la communication des paroisses seraient rendus praticables et entretenus aux dépens des communautés sur le territoire desquelles ils seraient établis ; mais pour l'application.

de ce principe, le législateur se bornait à dire qu'il pourrait y avoir à cet effet une imposition au marc la livre de la contribution foncière, laissant de cette sorte les administrations municipales seules juges de l'opportunité et de la nécessité qu'il pourrait y avoir d'user de cette faculté. Quelques années après, un arrêté du Directoire (23 messidor an V) ordonna la recherche et la reconnaissance générale de tous les chemins vicinaux; mais cette mesure n'eut aucun résultat. Un décret du 4 thermidor an X, relatif aux dépenses des communes, posa le principe que les chemins vicinaux sont à la charge des communes, et indiqua en premier ordre comme moyen d'entretien de ces chemins la prestation en nature, qui avait été généralement abandonnée depuis l'abolition de la corvée. Deux ans plus tard, par une circulaire du 7 prairial an XIII, le ministre de l'intérieur posa les bases de l'assiette et de l'emploi de la prestation en nature, quoique le décret du 4 thermidor an X ne l'eût pas rendu obligatoire; mais l'impulsion administrative suppléait souvent alors au silence de la loi. Aussi dans le plus grand nombre des départements cette ressource fut seule appliquée, et l'usage s'en maintint même après la chute de l'Empire. La loi des finances du 15 mai 1818 vint mettre obstacle à son emploi; la prestation en nature parut devoir être rangée parmi les impositions extraordinaires des communes qui devaient être votées par le conseil municipal avec adjonction des plus imposés et autorisées par ordonnance du roi ; c'est ce que porte formellement une circulaire du 22 mai 1818, adressée par le ministre de l'intérieur aux préfets.

De ce moment cessa complètement tout travail d'entretien des chemins vicinaux; et ces voies publiques arrivèrent peu à peu à un état de dégradation tel, que dans beaucoup de départements la culture des terres devenait impossible faute de pouvoir y transporter des engrais. L'excès du mal contraignit enfin le gouvernement à revenir sur les prohibitions qu'il avait portées ; et la loi du 28 juillet 1824 permit de nouveau l'emploi de prestations en nature, qui pourraient être votées par les conseils municipaux sans l'adjonction des plus imposés et sur la seule autorisation des préfets. En cas d'insuffisance de deux journées de prestation dont la loi autorisait l'imposition, les conseils municipaux pouvaient, mais avec l'adjonction des plus imposés, voter une contribution extraordinaire au maximum de cinq centimes. Enfin, lorsque des travaux indispensables exigeaient l'application de ressources plus considérables, il était loisible aux conseils municipaux de voter des contributions extraordinaires au delà de cinq centimes, sous la sanction d'une ordonnance royale. Cette loi posait encore quelques principes nouveaux en en réglementait l'application. Ainsi, elle permettait de demander des subventions spéciales aux entreprises industrielles dont les transports dégradaient les chemins vicinaux; elle appelait l'État et de la couronne à contribuer aux dépenses de ces chemins; elle décidait que lorsqu'un chemin vicinal intéresserait plusieurs communes, il serait entretenu à frais communs dans des proportions qui seraient réglées par le préfet ; enfin elle donnait aux préfets le droit d'autoriser les acquisitions, aliénations et échanges ayant pour objet les chemins vicinaux, lorsque la valeur des terrains ne dépasserait pas 3,000 francs.

Cette loi apportait d'incontestables améliorations; et tel était le besoin de rendre praticables des chemins si longtemps abandonnés, que pendant les premières années l'application de cette loi se fit avec zèle, et produisit d'utiles résultats. Mais bientôt les contribuables, méconnaissant les avantages qu'ils pouvaient attendre de communications plus faciles, ne virent plus dans la législation nouvelle que les charges qu'elle leur imposait; ils se plaignaient surtout de ce que la prestation en nature, contribution qui pèse sur l'habitant, l'atteignait toujours avant qu'il fût permis d'imposer la propriété par l'assiette de quelques centimes spéciaux, bien que celle-ci fût éminemment intéressée au bon état des chemins vicinaux. Les faibles résultats obtenus de l'emploi, mal dirigé, des prestations discréditait d'ailleurs ce moyen de travail; enfin l'obligation de faire concourir les plus imposés au vote des centimes spéciaux était presque partout un obstacle à ce vote. Les conseils municipaux s'abstinrent donc peu à peu de voter la prestation en nature; ce qui entraînait comme conséquence l'impossibilité de voter des impositions en argent. On s'aperçut alors que cette législation était également frappée d'impuissance, parce qu'elle avait oublié que bien rarement l'homme des campagnes sait faire un sacrifice actuel, quelque faible qu'il soit, en vue d'un avantage à venir, quelque certain qu'il doive paraître. Bientôt les chemins vicinaux devinrent de nouveau complètement impraticables.

Il n'était qu'un seul remède possible à un état de choses qui excitait d'universelles réclamations, c'était de transformer une *faculté* en *obligation* ; c'était de contraindre les communes à exécuter des travaux dont elles seules devaient recueillir les fruits. Une telle modification à introduire dans notre législation administrative était chose grave; car depuis l'établissement du gouvernement représentatif un principe sacré voulait que nul impôt ne pût être établi sans avoir été librement consenti et voté. Le gouvernement de Louis-Philippe n'hésita pas cependant et la loi du 21 mai 1836 a apporté de nombreuses et importantes améliorations.

Les ressources applicables au service vicinal ont été accrues d'une manière notable, non-seulement par l'élévation du nombre des journées de prestation imposables chaque année, mais encore par l'autorisation donnée aux conseils généraux d'affecter à ce service le produit de centimes spéciaux départementaux. Le vote des centimes spéciaux communaux n'est plus subordonné à l'emploi de la prestation en nature, et ces deux ressources peuvent être votées ensemble ou séparément selon les besoins du service ; les conseils municipaux ont encore été dégagés, pour le vote, de l'obligation d'appeler le concours des plus imposés. Le tarif du rachat de la prestation en argent n'est plus laissé à l'arbitraire de chaque conseil municipal ; c'est aux conseils généraux de départements qu'est remis le soin de fixer ce tarif chaque année. Un nouvel ordre de voies publiques a été créé sous le nom de *chemins vicinaux de grande communication*. Placés à ce titre sous l'autorité du préfet, dotés d'une portion considérable des ressources des communes intéressées à leur entretien et de subventions fournies par les départements, ces chemins sont devenus le complément des routes départementales, avec lesquelles ils rivalisent presque partout, soit pour l'étendue de leur parcours, soit pour leur bonne exécution.

Afin d'assurer le bon emploi des ressources considérables mises à la disposition de l'administration, les préfets ont été autorisés à nommer des agents voyers, hommes spéciaux, dont le concours pouvait seul garantir la bonne exécution des travaux et suppléer sous ce rapport à l'incapacité des fonctionnaires municipaux démontrée par l'expérience. Les agents voyers ont encore pour mission de constater les contraventions et les délits en matière vicinale.

Les droits de l'administration pour la reconnaissance, l'élargissement, le redressement et l'ouverture des chemins vicinaux ont été consacrés et étendus. Les nombreux détails de cette législation ne pouvant être réglés uniformément par la loi elle-même, les préfets ont reçu le droit de faire, chacun dans son département, un règlement général, qui doit, de toute, être soumis à l'avis du conseil général et recevoir l'approbation du ministre de l'intérieur.

Dès sa promulgation, la loi du 21 mai 1836 fit naître de vives espérances; et les populations contribuèrent aux résultats qu'elle produisit par un concert inouï de sacrifices et d'efforts. Pour faire apprécier tout ce dont le pays est redevable à cette législation, il suffit de dire qu'il y a des cantons où jamais les transports ne s'étaient faits qu'à dos de mulet et qui sont aujourd'hui percés de lignes carrossables, fréquentées non pas seulement par les transports de l'agriculture, mais sur lesquelles se sont établis des services de messageries et pour lesquelles on sollicite l'établissement de relais de poste. Là même où il n'y a pas eu création de lignes nouvelles, là où l'administration s'est bornée à améliorer les chemins existants, la facilité des transports est devenue telle, que le prix en a baissé d'un tiers, souvent même de moitié; et comme pour les matières encombrantes, pour les produits du sol, la dépense du transport au lieu du marché forme une partie considérable de leur valeur, l'économie obtenue a augmenté dans une forte proportion le revenu des propriétés territoriales.

CHEMISE, vêtement de linge et à manches qui touche immédiatement au corps. Les chemises de femme n'ont pas de cols; elles sont plus larges, plus longues que celles des hommes, quoique les manches soient plus courtes. Une coulisse arrête cette sorte de chemises sur la poitrine, à moins qu'elle ne soit à pièce, comme celle des hommes; des broderies, des dentelles les ornent quelquefois. Les chemises d'homme ont des cols, des manches longues, à poignets boutonnants. En général la poitrine est ornée de plis fixes; et ces plis sont quelquefois chargés de broderies. Le col est attaché par des boutons ou des cordons; dans quelques pays on se sert d'agrafes en métal mobiles ou fixes. Le *devant* est aussi garni de boutons pour fermer sur la poitrine. Dans un temps où la servitude à cet effet de boutons doubles en diverses matières, os, nacre, ivoire, or, argent, diamant, etc. Tout récemment on a imaginé de mettre le bouton derrière le cou; et la poitrine est alors complètement fermée.

Ce mot *chemise* vient du latin barbare *camisa, camisia,* qui lui-même, au sentiment de Caseneuve, a été fait du mot espagnol *cama*, lit, parce que (dit Isidore, qu'il cite à l'appui de son opinion) c'est le seul vêtement que nous gardons au lit. Mais, outre que cette origine est un peu forcée, il est douteux que l'usage, aujourd'hui général, de se coucher avec une chemise ait donné lieu à cette filiation de mots; car un grand nombre de monuments prouvent qu'il était ordinaire pendant tout le moyen âge de se coucher sans ce vêtement. Dans le roman de Gérard de Nevers une vieille qui aide une jeune demoiselle à se mettre au lit, est toute surprise de la voir garder sa chemise, et l'auteur des contes d'Eutrapel (imprimés en 1587), parlant des promesses ridicules à tenir, dit qu'elles ressemblent à celles d'une mariée qui entrerait au lit *en chemise*. Ce vêtement de dessous s'est aussi appelé dans la basse latinité : *camisile, camisilis, camisitus, camsile*; et en vieux français : *camise, chainse, chaisel, chainsil*, etc. Il en est question dans la loi salique. Les premières chemises que l'on porta furent en serge; celle qui servait au sacre des rois de France était en soie, ouverte et garnie de cordons aux endroits où le prince devait recevoir l'onction. Il est probable que la chemise faisait partie, comme de nos jours, de l'habillement de nos ancêtres.

D'après le *Naudeana*, dans lequel on prétend prouver l'extrême rareté du linge en toile au quinzième siècle, en disant qu'il n'y avait que la jeune épouse de Charles VII qui eût deux chemises de toile, on a cru longtemps que le linge de corps était inconnu à nos pères. Mais, outre que cette autorité n'est pas suffisante, la toile, dont l'invention remonte à plusieurs siècles avant J.-C., pouvait être si rare dans un pays où le chanvre et le lin étaient cultivés communément. Il est question dans plusieurs manuscrits du treizième et du quatorzième siècle de draps, autrefois nommés *linceuls*, faits de lin blanc; et dans un mandat de Henri IV roi d'Angleterre, daté de 1401, il est parlé de plusieurs centaines d'aunes de toile de chanvre et d'une assez grande quantité de linge et autres tissus. Enfin, il est probable que les chemises de lin ou de toile n'étaient pas aussi rares que l'affirme Naudé, puisque dès le huitième siècle on en fabriquait dans les maisons royales. Dans son capitulaire de l'an 813, *de Villis*, Charlemagne ordonne en effet qu'il soit fourni aux femmes des gynécées de la toile de lin pour en faire des chemises; au neuvième siècle, c'était une galanterie que de faire des présents de chemises; Salomon duc de Bretagne en envoya trente au pape Adrien II; on imposait aux arrière-vassaux des redevances en chemises; les chemises étaient au nombre des offrandes qu'on faisait à la Vierge et aux saints; pour se sanctifier, on touchait de sa chemise les châsses et les reliques; enfin il est avéré que dès 1266 de simples moines en portaient. Être forcé de paraître publiquement en chemise était au moyen âge une grande humiliation et une aggravation de peine. Quand un coupable était condamné à faire amende honorable, la loi voulait qu'il la fît, avec un cierge ou une torche, d'un poids fixé, à la main, les pieds nus et en chemise. Jusqu'en 1830 certains condamnés à mort, les parricides, les conspirateurs, avant d'avoir le poing droit abattu, étaient conduits à l'échafaud en chemise. D'un autre côté, exécuter un pèlerinage ou marcher en chemise à la suite d'une procession fut longtemps une œuvre pieuse, à laquelle on attribuait des grâces abondantes. Les rois Henri II et Henri III se montrèrent ainsi dans les rues de Paris.

Au lever du roi, avant la Révolution, la personne de la plus haute naissance parmi celles qui se trouvaient présentes, y compris les princes du sang, lui présentait sa chemise. L'usage de montrer sa chemise et de la faire sortir en rouleaux bouillonnés entre le pourpoint et le haut-de-chausses, fut de mode, on le sait, sous Louis XIII et Louis XIV. Depuis, ce fut à partir du col jusqu'au milieu de l'estomac que l'on découvrit sa chemise, et cet usage, plus ou moins modifié, a suivi les différents caprices de la mode.

Dans ces derniers temps, la culture du lin et du chanvre a pris un tel développement, et la coutume de faire des chemises de coton les a rendues si communes, que pour fournir la preuve qu'un homme est réduit au dernier degré de la pauvreté, on dit maintenant qu'*il n'a pas de chemise*.

Gorsas, ayant à apprendre aux lecteurs de son *Journal des Hommes libres* la fuite de Mesdames, tantes de Louis XVI, signala le fait comme une des mille preuves de la conspiration permanente de la cour contre le peuple, et accusa même les pieuses princesses d'avoir emporté une notable partie de la fortune publique. Les auteurs des *Actes des Apôtres* se crurent le droit de tourner en ridicule cette grave accusation et d'accumuler les quolibets les plus contre-révolutionnaires à propos du malheur affreux dont était victime ce pauvre Gorsas, à qui Mesdames de France venaient de si méchamment emporter sa garde-robe et jusqu'à ses *chemises*. Puis, s'interrompant tout à coup, ils se demandaient s'il était bien vrai que Gorsas eût des chemises, et la réponse à cette impertinente question était :

Oui, Gorsas avait des chemises :
Il en avait trois grises,
Du prix de son fatras sur le Pont-Neuf acquises.
Rendez-lui ses chemises.
Il en avait trois grises,
A Gorsas rendez ses chemises.

La *chemise ardente*, nommée aussi *san-benito*, était une espèce de chemise frottée de soufre, qu'on faisait endosser aux patients que l'on conduisait aux bûchers ou à un auto-da-fé. La *cotte de mailles* a aussi porté le nom de *chemise de mailles*.

CHEMISE (*Fortifications*). On appelle ainsi une muraille en maçonnerie, d'une mince épaisseur, dont on revêt quelquefois le talus intérieur d'un ouvrage pour empêcher l'éboulement des terres. Ce mot est aussi employé pour désigner le *revêtement* d'un rempart.

CHEMISIER. Il n'est pas rare de rencontrer des esprits mal faits qui s'en vont criant que la langue française est *une gueuse faisant la fière*, tandis que sa pénurie et son indigence sont extrêmes. Ces reproches ont pu être fondés jadis; mais nous avons bien changé tout cela depuis, car nous créons aujourd'hui des mots avec presque autant de facilité que nos voisins les Allemands. Celui de *chemisier*, par exemple, qui, pour nous servir des expressions mêmes des premiers prospectus de cette spécialité, est venu si à propos *combler une lacune et satisfaire un besoin généralement senti*, date de vingt ans au plus. Il fut inventé pour désigner une industrie qui tout d'abord acquit une véritable importance, sans doute parce qu'elle réhabilitait notre nation aux yeux des étrangers, chez lesquels des voyageurs, jaloux de notre élégance et de notre urbanité, étaient parvenus à accréditer le méchant bruit que nous faisions peu de cas de certain vêtement dont le changement fréquent est une garantie de propreté et de santé, et que nos merveilleux suppléaient le plus souvent à la chemise absente par un vêtement d'un genre particulier, appelé *chemisette*, d'une blancheur, d'une finesse irréprochables assurément, mais dont les dimensions étaient calculées avec une économie si rigoureuse, qu'il ne garantissait que d'une manière fort imparfaite la poitrine contre les influences de l'air. Ce préjugé est si fortement enraciné de l'autre côté du détroit, que de longtemps encore John Bull ne pourra se représenter le peuple français, et plus particulièrement le peuple parisien, autrement que comme une horde à laquelle l'usage de la chemise est demeuré inconnu, tout comme l'usage des fourchettes n'a pu jusqu'à ce jour pénétrer dans les habitudes sociales des Turcs et autres Orientaux. Peut-être ne devons-nous accuser que nous-mêmes de l'existence de ce ridicule préjugé, que fortifient trop souvent les caprices de la mode, en exigeant impérieusement de ceux qui se piquent d'élégance qu'ils fassent disparaître dans leur mise toute trace d'un vêtement au moins aussi indispensable que celui dont la pruderie des Anglaises n'ose prononcer le nom.

L'apparition du *chemisier* dans l'industrie parisienne, un des bienfaits incontestables de la révolution de Juillet, a eu pour résultat, sinon de perfectionner la coupe de nos chemises et d'en abaisser le prix, du moins de triompher des idées défavorables qui existent encore dans les pays étrangers contre nos habitudes, et de prouver que nous sommes une nation ayant non-seulement des institutions plus ou moins libres, mais encore... des chemises.

CHEMNITZ, la première ville manufacturière de la Saxe, dans l'arrondissement de Zwickau, au pied de l'Erzgebirge, dans une grande vallée, sur les rives de la Chemnitz, qui reçoit les eaux de la Kappel, du Bernbach et de la Gablenz. Sa population s'élève à 31,000 habitants, dont 300 catholiques. On y trouve cinq églises protestantes, une église catholique, et depuis 1847 une église catholique-allemande, des écoles publiques de divers degrés, des écoles industrielles, et depuis 1848 une école de commerce. En fait d'établissements de bienfaisance, elle possède un hospice d'orphelins, un hôpital, une maison de refuge, etc., et en fait d'institutions scientifiques ou littéraires, la société industrielle de Saxe, qui compte dans le royaume vingt-deux sociétés affiliées, mais qui dans ces derniers temps a beaucoup perdu de son ancienne importance. L'association d'ouvriers qui y fut fondée en 1829, dans le but de répandre des connaissances utiles parmi les travailleurs, et qui ne compte pas moins de mille membres, est aujourd'hui en pleine prospérité. L'industrie manufacturière jette un vif éclat à Chemnitz. Le tissage à la Jacquard, en laine, coton et soie, s'y fait à l'aide d'environ 3,000 métiers. Cette fabrication d'étoffes, secondée par une vingtaine de maisons d'impression, est surtout destinée à l'Allemagne. Six fabriques de machines, dont une, celle de Hatmann, ne compte pas moins de 800 ouvriers, y sont en pleine activité; et 90 filatures de coton situées dans les environs (dont deux renfermant environ 30,000 broches) ont leurs comptoirs d'expédition dans la ville, ou bien y trouvent un débouché assuré pour leurs produits. En 1850 il fut amené à Chemnitz, pour les besoins de sa fabrique, 50,000 balles de coton, 25,000 quintaux de fil anglais, 8,000 quintaux de laine filée, 10,000 quintaux de fil de coton teint, 10,000 quintaux de toiles brutes de coton, 40,000 quintaux de fer et 25,000 quintaux de matières tinctoriales.

Fondée à l'origine par les Sorbes-Wendes, Chemnitz fut entourée de fortifications au dixième siècle par le roi Henri 1er, dans sa guerre contre les Sorbes. En 936 l'empereur Othon 1er y éleva la première église chrétienne. Au commencement du douzième siècle, Lothaire II lui donna les droits de ville, et sous Rodolphe de Habsbourg elle fut érigée en ville libre impériale. Comme au temps des Sorbes, la fabrication et le blanchiment des toiles étaient alors la grande industrie des habitants. Les calamités de la guerre de trente ans détruisirent cette ville presque de fond en comble (1633 à 1636). Mais la paix lui permit bientôt de se relever de ses ruines; et l'introduction de la fabrication du coton dans la dernière moitié du dix-septième siècle vint y donner un nouvel élan à l'industrie. Ce genre de travail y occupait déjà 2,000 métiers en 1739, et vingt ans plus tard la manufacture de Chemnitz livrait à l'Allemagne toutes les toiles de coton dont elle avait besoin pour sa consommation. Depuis 1765 Chemnitz est devenu aussi un grand centre pour la fabrication des bas et autres articles de bonneterie. La première fabrique d'impressions sur étoffes y fut fondée en 1770, par Schlussel de Hambourg. La fabrication des piqués anglais y date de 1790; le filage du coton à la mécanique d'après le système d'Arkwright, de 1799. Les rigueurs du système continental ne contribuèrent pas peu aux rapides développements de ces divers genres de fabrication. La fausse politique du cabinet de Dresde, qui à la suite de la paix de Paris adopta les principes du libre échange, alors que tous les États voisins avaient exercé grand soin de protéger leurs différentes industries naissantes par des tarifs élevés et par des prohibitions, porta à l'industrie de Chemnitz un coup funeste, dont elle ne put se relever que lorsqu'en 1834 la Saxe adhéra au Zollverein.

CHEMNITZ (MARTIN), après Luther et Mélanchthon le plus remarquable des théologiens de l'Allemagne protestante au seizième siècle, né de parents pauvres, en 1522, à Treuenbritzen, dans la marche de Brandebourg, étudia d'abord à Magdebourg et à Francfort-sur-l'Oder, et devint, en 1544, maître d'école à Wriezen, sur l'Oder. Avec les modiques épargnes qu'il put faire sur le revenu de cette place, il alla continuer l'année suivante ses études à Wittenberg. C'est là qu'il connut Mélanchthon, d'après les conseils duquel il s'appliqua aux mathématiques et à l'astronomie; en 1547 il se rendit, avec le poète Sabinus, son parent, à Kœnigsberg où il fut nommé recteur de l'école de la cathédrale. Il y rédigea le calendrier pour 1549 et 1550, et le duc Albert, à qui il avait été recommandé à cause de ses connaissances en astronomie, le choisit pour bibliothécaire. Ce n'est qu'à dater de cette époque qu'il s'attacha spécialement à la théologie. Dans les disputes d'Osiander sur la justification, il prit parti contre lui avec Mœrlin; mais l'opinion d'Osiander ayant triomphé (1553), Chemnitz retourna à Wittenberg. Il y fit sur les *Loci communes* de Mélanchthon des cours publics, qui devinrent l'origine des *Loci theologici*, composés par Chemnitz et publiés à Francfort par Leyser, en 1591. Cet ouvrage, qui se distingue de ceux de cette époque par la méthode et l'érudition, est un commentaire très-estimé sur la dogmatique de Mélanchthon.

Chemnitz était prédicateur à Brunswick depuis 1554, lorsqu'il publia sa *Repetitio sanæ doctrinæ de vera præsentia corporis et sanguinis Domini in cœna sacra* (Leipzig,

1561) où il défendait contre les réformés les opinions de Luther au projet de la sainte Cène; ses *Theologiæ Jesuitarum Præcipua Capita* (Leipzig, 1562), livre où il exposait dans tout leur jour les immorales et pernicieuses doctrines de la Société de Jésus; et son *Examen Concilii Tridentini* (4 vol. in-f°), l'une des plus vigoureuses attaques qu'on ait dirigées contre les doctrines de l'Église romaine. Il contribua en outre beaucoup à fixer les doctrines de l'Église protestante. Son *Corpus Doctrinæ Prutenicæ*, qu'il écrivit en collaboration avec Mœrlin, est encore rangé aujourd'hui par les théologiens prussiens au nombre des livres symboliques. D'autres ouvrages du même théologien n'eurent pas moins de succès que ceux dont nous venons de présenter l'indication; il avait donné sa démission de surintendant ecclésiastique, lorsqu'il mourut à Brunswick, en 1586.

Son fils *Martin* CHEMNITZ, chancelier du duc de Holstein-Gottorp, eut cinq fils, dont l'un se rendit célèbre, sous le nom de *Hippolytus a Lapide*, par son livre *De Ratione Status in Imperio nostro Romano Germanico* (1640, in-4°), et mourut en Suède, l'an 1678.

CHEMNITZER (IWAN-IWANOWICZ), le plus naïf des fabulistes russes, naquit en 1744, à Saint-Pétersbourg, d'une famille originaire de la Saxe. D'après le désir de son père, qui était médecin, il commença l'étude de la médecine; mais sa répugnance pour les travaux anatomiques ne fit bientôt renoncer à cette carrière pour l'état militaire, qu'il abandonna en 1769 avec le grade de lieutenant et après avoir fait plusieurs campagnes. Manquant de toute espèce de ressources, il finit par s'estimer heureux de pouvoir entrer dans le corps des élèves mineurs. En 1776 il visita, avec l'un de ses protecteurs, l'Allemagne, la France et la Hollande; et, à son retour il fut nommé directeur d'une fonderie, fonctions auxquelles il dut renoncer en 1781, parce que son protecteur perdit alors lui-même son emploi. Envoyé bientôt après à Smyrne, avec le titre de consul général, il ne tarda pas à y tomber dans une profonde mélancolie, à laquelle il succomba, le 20 mars 1784. Un caractère presque enfantin uni à une grande bonté de cœur le faisait ressembler à La Fontaine, à qui d'ailleurs il a emprunté quelques fables, de même qu'à Gellert.

Ses fables parurent de son vivant même (1778-1781), mais sous le voile de l'anonyme; et ce ne fut qu'en 1799 qu'on y mit son nom. C'est depuis peu seulement qu'on a compris que Chemnitzer n'avait pas de rival pour la facilité des vers, pour la vivacité du dialogue, la naïveté de l'expression, l'art et la perfection de l'exposition, et que plusieurs de ses fables traverseront les âges comme d'inimitables chefs-d'œuvre. A une époque où le faux classicisme français exerçait en Russie le despotisme le plus absolu et où la langue se laissait de plus en plus entraver par le roideur des formes classiques, ce fut Chemnitzer qui, sans aucun modèle préexistant, donna le premier à la fable russe le caractère de nationalité et d'actualité qui plus tard signala à un haut degré les fables de Krylof. Un fait assez remarquable, c'est que les fables de Chemnitzer, imprimées sur d'affreux papier et criblées de fautes d'impression, ne circulent guère que dans le peuple, tandis que celles de Krylof, imprimées avec luxe, sont répandues dans les classes supérieures.

CHENAL, CHÉNEAU. On donne en général le nom de *chenal* à tout courant d'eau renfermé soit par des murs de quai, des pierrées, des terres en talus, etc. Mais ce nom a été principalement consacré à l'entrée d'un port pratiquée entre deux jetées en pierres sèches ou en murs d'appareil. Par extension, on a aussi appelé *chenal* ou *chéneau* le coursier d'un moulin.

Le mot *chéneau* s'applique aussi au conduit, ordinairement en plomb, qui recueille les eaux du toit et les porte dans la gouttière ou dans le tuyau de descente. On a dit autrefois *écheneau*, *échenez*, *écheno*, et *échenal*. Ce dernier mot est encore employé en technologie pour désigner la rigole servant de conduite au métal fondu pour couler une cloche, un canon, etc.

CHENAPAN. *Voyez* CARABINE.

Chez nous, on donne encore populairement le nom de *chenapan* à un mauvais sujet, à un vaurien, à un homme de sac et de corde.

CHÊNE, genre de plantes dicotylédonées, appartenant à la monœcie polyandrie de Linné, à la famille des amentacées de Jussieu et à celle des cupulifères de Richard, dont toutes les espèces ont la tige ligneuse, mais présentent les plus grandes différences sous le rapport de la hauteur, de la durée et de la force. Pendant que quelques-unes s'élèvent à trente mètres et plus, et que leur tronc a de $1^m,90$ à $2^m,60$ de diamètre, d'autres, formant de petits buissons, ne s'élèvent pas à plus de cinquante ou soixante centimètres au-dessus du sol. Leurs feuilles, souvent persistantes, sont alternes, simples, entières, ordinairement lobées plus ou moins profondément ou simplement dentées. Ces caractères, tirés de la feuille, servent à établir des divisions naturelles, parmi lesquelles on répartit les espèces nombreuses de ce genre. A la base de chaque feuille, on trouve deux stipules très-petites. Les fleurs sont toujours monoïques; elles sont incomplètes et sans pétales. Les fleurs mâles sont disposées en chatons longs et grêles, placés à la partie supérieure des jeunes rameaux. Les fleurs femelles sont groupées à l'aisselle des feuilles supérieures, où elles sont tantôt seules, tantôt soutenues sur des pédoncules dont la longueur varie. Chaque fleur mâle est composée d'une écaille caliciforme, concave et lobée sur les bords; ordinairement du centre de cette écaille naissent de quatre à dix étamines à filaments courts et à anthères assez larges. Chacune des fleurs femelles est presque totalement enveloppée par un involucre globuleux, formé par un grand nombre de petites écailles foliacées, imbriquées les unes sur les autres et plus ou moins serrées. C'est cet involucre qui contient la cupule dont le gland est environné, quand le fruit est parvenu à sa maturité. Le calice, offrant à son limbe plusieurs petites dents inégales et irrégulières, adhère par son tube à la surface externe de l'ovaire, qui est infère. Cet ovaire allongé, à parois épaisses, contient trois loges, dans chacune desquelles existent deux ovules. Sa partie supérieure se transforme au-dessus du limbe calicinal en un style épais, cylindrique, et de longueur variable. Ce style est terminé par trois stigmates épais, spatuliformes, et généralement marqués d'un sillon longitudinal sur le milieu de leur face interne, qui est légèrement glanduleuse.

Le fruit, qui porte le nom de *gland*, présente de très-grandes différences selon les espèces. C'est une sorte de capsule ou de coque, le plus souvent ovoïde, quelquefois sphérique, enchâssée par sa base dans une coupe ou cupule hémisphérique, assez épaisse. Cette coque, au sommet de laquelle on aperçoit un petit ombilic, formé par les dents du calice, est indéhiscente et d'une consistance cartilagineuse. Elle est à une seule loge et à une seule graine, par suite de l'avortement des cloisons et de cinq des ovules que contenait l'ovaire. Cette graine, qui est très-grosse, et qui remplit toute la cavité du péricarpe, se compose d'un embryon dépourvu d'endosperme, ayant les cotylédons extrêmement épais, charnus, souvent intimement soudés ensemble par leur face interne; la radicule est petite et conique. Il est important de remarquer que pour un grand nombre de chênes, deux années sont nécessaires à la parfaite maturité du gland, tandis que d'autres le fruit mûrit pendant l'été et une partie de l'automne.

Les chênes ne se rencontrent ni dans les pays tropicaux, ni dans les climats glacés; les contrées tempérées de l'hémisphère septentrional leur conviennent le mieux. Peu de végétaux sont d'une utilité aussi grande et aussi fréquemment employés dans les arts et l'économie domestique. Leur bois, en général dur et compacte, se conserve très-bien dans l'eau, et même y acquiert de la dureté, ce qui le rend très-propre à la construction des vaisseaux; il donne des charbons très-lourds. Toutes nos grandes forêts contiennent une partie de chênes dont l'exploitation suffit aux besoins de notre industrie; mais on trouve dans le commerce, sous le nom de *chêne de Hollande*, des bûches plus grosses que celles du chêne ordinaire, particulièrement recherchées par les menuisiers et par les facteurs de pianos. Il paraît que ce ne sont que des chênes des Vosges transportés en Hollande et immergés pendant deux ou trois ans au fond des canaux, où ils acquièrent les qualités que nous leur connaissons. L'écorce des chênes, riche en tannin et en acide gallique, sert au tannage des cuirs (*voyez* TAN); et enfin leurs glands, qui dans plusieurs espèces sont doux et d'une saveur agréable, peuvent servir à la nourriture de l'homme et à celle d'une foule d'animaux.

De toutes les espèces de chênes nous ne ferons connaître que les plus importantes. Nous les diviserons en trois sections, suivant qu'elles ont les feuilles plus ou moins profondément découpées en lobes arrondis, suivant que ces feuilles sont simplement dentées, ou enfin qu'elles sont tout à fait entières.

1re SECTION : *Feuilles lobées. Chêne rouvre* ou *roure* (*quercus sessiliflora*, Smith). Cette espèce, nommée aussi *chêne à fruits sessiles*, s'élève à une hauteur de 20 à 23 mètres. Ses feuilles pétiolées, souvent velues, surtout les jeunes, sont découpées latéralement en lobes obtus, et sont presque régulièrement opposées. Les fleurs mâles forment de longs chatons grêles, et les fleurs femelles sont sessiles ou presque sessiles à l'aisselle des feuilles supérieures. Ce chêne et le suivant sont pour ainsi dire la souche de nos forêts.

Chêne pédonculé (*quercus pedonculatus*, Hofm.). Ce chêne, qui, entre tous les autres arbres, fait l'ornement de nos forêts, est bien plus élevé que le chêne rouvre; son bois, plus dur et plus compacte, est beaucoup plus recherché. Les feuilles sont presque sessiles, glabres, élargies vers leur pointe, découpées sur les côtés en lobes irréguliers. Les glands sont portés sur de longs pédoncules axillaires. Il est répandu en abondance dans nos forêts, et souvent désigné sous le nom de *gravelin* et de *chêne à grappes*. Ses glands ont une saveur âpre et désagréable. Cependant il paraît que dans des temps de disette on en a préparé, dans les campagnes, une sorte de pain assez nourrissant. Dans les bois, ces fruits sont la nourriture principale des bêtes fauves, telles que les cerfs, les daims, les chevreuils pendant presque tout l'hiver. Notre porc domestique le recherche avec avidité et en est engraissé rapidement. Le chêne pédonculé croît lentement, et il arrive fort souvent qu'à cent ans il n'a pas plus de cinquante centimètres de diamètre. Sa durée n'est pas exactement connue; cependant on présume qu'elle est de trois à quatre siècles. On a remarqué qu'après ce laps de temps il cessait de s'accroître et même dépérissait. La plupart des plus gros chênes de la forêt de Fontainebleau sont *couronnés*, c'est-à-dire que la partie supérieure de leurs branches est dépouillée de feuilles et privée de vie. On en trouve dans cette forêt et dans celle de Compiègne dont le tronc, mesuré à la base, offre 10 à 12 mètres de circonférence, et s'élève à une hauteur de 13 mètres avant de donner naissance à aucune ramification. Le bois de ce chêne l'emporte sur celui de tous les autres arbres indigènes par sa dureté, sa solidité, et sa durée. Il peut rester des siècles sans éprouver d'altération. La propriété dont il jouit de se conserver mieux dans l'eau qu'à l'air le fait employer à la construction des navires, des pilotis et de toutes les machines qui demeurent submergées. Il a encore une foule d'autres usages suffisamment connus.

Chêne blanc (*quercus alba*, L.). Il ressemble beaucoup à notre chêne pédonculé; il a de 20 à 23 mètres d'élévation. Il est employé en Amérique à la construction des maisons, des vaisseaux et à divers autres usages. Il croît dans l'Amérique septentrionale, où il est très-commun.

IIe SECTION : *Feuilles dentées. Chêne à la galle* (*quercus infectoria*, Olivier). C'est sur cet arbre, qui mérite plutôt le nom d'arbrisseau, que l'on récolte la noix de galle. Il ne s'élève guère au delà de 1^m,30 à 2 mètres; ses branches sont tortueuses; ses feuilles, pétiolées, coriaces, glabres en dessus, pubescentes en dessous, sont profondément et inégalement dentées sur les côtés. Le fruit est cylindrique, long d'environ 3 centimètres; la cupule formée d'écailles fort petites, imbriquées et très-serrées. Ce chêne croît dans toute l'Asie Mineure.

Chêne yeuse (*quercus ilex*, L.). On l'appelle aussi *chêne vert*, parce qu'il conserve ses feuilles toute l'année; il croît dans les régions méridionales de l'Europe, l'Orient et l'Afrique. Il est commun dans le midi de la France. Son tronc, tortueux et branchu, acquiert souvent des dimensions colossales. Pline parle d'une yeuse qui existait près de Tusculum et dont le tronc offrait 11 mètres de circonférence à sa base et donnait naissance supérieurement à dix branches principales, chacune d'une grosseur étonnante. Son bois, d'un grain fin, dur et serré, est recherché pour la confection des poulies, des roues, et de tous les outils et ustensiles qui sont exposés à un frottement fréquent. Ses glands, dans les régions méridionales, sont d'une saveur douce et agréable, analogue à celle de la noisette. En Espagne, en Grèce, les gens du peuple s'en nourrissent une partie de l'année.

Chêne liége (*quercus suber*, L.). Il se distingue du précédent, avec lequel il a beaucoup de ressemblance, par l'épaisseur considérable de la partie herbacée de son écorce, qui est dure, fongueuse, élastique et connue sous le nom de *liége*. En Espagne et dans le midi de la France, on mange aussi ses glands. Il croît spontanément dans l'Europe méridionale et la Barbarie. Il est fort commun en Espagne, qui en fournit le reste de l'Europe. En France, on le trouve en assez grande quantité en Languedoc et en Provence. Tous les huit ou dix ans, on fait la récolte du liége. Pour cette opération, on fend la partie externe de l'écorce, que l'on détache avec soin. Par ce procédé, on n'enlève que l'épiderme et l'enveloppe herbacée; il reste encore les couches corticales et le liber, dont la présence est indispensable à la vie de l'arbre. On peut faire une douzaine de récoltes successives sur le même individu.

Chêne au kermès (*quercus coccifera*, L.). C'est un petit arbrisseau rabougri, tortueux, qui dans le midi de la France forme le long des chemins, dans les lieux pierreux et arides, des buissons peu hauts de 1^m à 1^m,30. Il nourrit un petit insecte de l'ordre des hémiptères, nommé *coccus ilicis*, et que l'on connaît dans le commerce sous le nom de *kermès* ou *graine d'écarlate*. Il a été longtemps l'objet d'un trafic très-étendu et très-lucratif pour les habitants des contrées méridionales, avant que la cochenille lui eût été préférée pour la teinture en rouge.

IIIe SECTION : *Feuilles entières*. Cette section ne renferme que des espèces exotiques. La plus remarquable est le *chêne à feuilles de saule*, qui croît dans les lieux humides de la plus grande partie des États-Unis. Par son port, il ressemble beaucoup à nos saules à feuilles étroites. Ses feuilles sont lancéolées, étroites, aiguës, minces et glabres. Ses glands sont petits et à moitié recouverts par la cupule, qui est imbriquée. On a naturalisé cet arbre dans plusieurs de nos jardins comme arbre d'agrément. DÉMÉZIL.

Consacré par les païens au plus puissant de leurs dieux,

Sacra Jovi quercus (OVIDE),

le chêne a été pendant une longue suite de siècles l'objet d'une vénération profonde. Les Grecs, dont l'imagination poétique décorait des formes les plus gracieuses les erreurs grossières des autres peuples, avaient placé sous l'écorce des chênes les hamadryades, dont la vie était intimement liée à celle de l'arbre. Les dryades vivaient également dans l'intérieur des chênes; mais elles pouvaient les quitter, et l'on avait, sans doute par mesure de police, défendu d'abattre un arbre avant que les prêtres eussent déclaré que les nymphes qui les habitaient s'en étaient retirées. C'est dans la profondeur de la forêt de Dodone qu'on allait religieusement recueillir les oracles rendus par les chênes sacrés. Les branches entrelacées de l'arbre dédié à Jupiter étaient la récompense des vertus civiques. Les adorateurs d'Odin et de Teutatès célébraient, au sein de sombres forêts de chênes, leurs sanglants mystères ; les druides y détachaient le gui sacré. Aujourd'hui le chêne a perdu son auréole poétique; mais il a conservé ses droits à la reconnaissance de l'homme, comme un des arbres forestiers les plus utiles.

Les anciens attribuaient au chêne une si longue vie, cause probable de leur vénération, qu'ils donnaient aux hamadryades 932,120 ans d'existence. Quoiqu'il faille beaucoup en rabattre, on a de nombreux exemples de chênes dignes d'être cités, tant pour leur longévité que pour leurs proportions remarquables. Ainsi, sur le coteau pierreux de Sainte-Anne, à Cunfin, près de Châtillon-sur-Seine, il existe un vieux chêne qui, suivant les annales ecclésiastiques de Langres, fut planté en 1070. Cet arbre vénérable produit toujours des glands. Sa hauteur sous branches est de 11^m, sur une circonférence de 7^m,33, au collet de sa racine. Nommons aussi le *chêne de Skarsine*. C'est dans le cercle de Breslau que cet arbre, auquel on attribuait mille années d'âge, marquait la frontière, et il annonçait naguère encore assez de vigueur pour traverser plusieurs siècles. La cupidité de quelques individus, qui voulaient y saisir un essaim d'abeilles, et la maladresse avec laquelle ils s'y prirent, en firent la proie du feu qu'on avait allumé pour enfumer ces industrieux insectes. A peu de distance de la ville de Domfront il y avait en 1805 un vieux chêne, creux comme les précédents, et connu sous le nom de *chêne de la Goulande*. Depuis plusieurs siècles il servait de pied-cornier, ou borne de coupes périodiques. Les Domfrontains avaient coutume d'y aller en pèlerinages gastronomiques au retour de chaque printemps, et trouvaient dans l'intérieur du vieux patriarche de ces bois un salon assez vaste pour recevoir de 20 à 25 convives. Auprès du sol, sa circonférence était de 8^m, 30. La haute Normandie présente aussi à notre admiration son chêne phénoménal : c'est le *chêne-chapelle d'Allouville*, ainsi surnommé parce que, en 1696, on trouva moyen de pratiquer dans son intérieur une chapelle au rez-de-chaussée, et même une chambre au-dessus. L'abbé du Détroit, alors curé d'Allouville, dédia cette chapelle à Notre-Dame de la Paix. Au collet des racines la circonférence de ce chêne est de 11^m, 05, qui à hauteur d'homme se réduisent à 8^m, 45. Deux chênes ont subsisté longtemps dans la commune du Fournet (Calvados); ils n'étaient qu'à trente pas l'un de l'autre. Ételés et creux aussi, le plus gros avait 13^m, 40 de circonférence au niveau du sol, 11^m,60 à hauteur d'appui, 9 à hauteur d'homme 9 mètres ; le plus petit présentait aux trois mêmes points 13^m, 30, 8^m, 30, et 6 mètres. Tant de rapports entre deux frères voisins ne sont pas chose commune, même dans les arbres, car

Rara est concordia fratrum.

CHÊNEAU. *Voyez* CHENAL.

CHÊNEDOLLÉ (Charles Lioust de), né à Chênedollé, près de Vire, en 1769, fit ses études à Juilly, et s'y distingua. A peine âgé de vingt-deux ans, il fut entraîné dans l'émigration, comme la plupart des gentils-hommes, dont au surplus il partageait, avec la vivacité de son âge et les préventions de sa caste, les opinions politiques et les folles espérances. C'était bien avant la Terreur. Le jeune Chênedollé ne tarda pas à s'apercevoir que les divisions des émigrés, qui ne s'entendaient pas entre eux, et les dédains de l'étranger ne présageaient pas d'heureux résultats aux entreprises de son parti ; mais il était trop avancé pour oser reculer. La campagne de 1792 et l'expulsion des Prussiens des plaines de la Champagne après la bataille de Valmy achevèrent de décourager le jeune émigré, qui chercha dans sa plume ce qu'il n'attendait plus de son épée. Après avoir passé de Bruxelles en Hollande et de là à Hambourg, il s'y lia avec Rivarol, qui était l'un des meilleurs bailleurs de fonds du *Spectateur du Nord*, feuille hebdomadaire, fort piquante, qui s'imprimait alors à Hambourg. C'est de cette ville et d'Altona, sa voisine, qu'après le 18 brumaire accoururent, dès qu'on voulut bien le leur permettre, beaucoup d'émigrés des deux sexes, tels que Chênedollé, Mme de Genlis et quelques autres, dont sept à huit ans d'exil avaient calmé l'effervescence et réveillé l'amour du sol natal. Chênedollé avait déjà composé quelques vers remarquables, lorsque, par l'entremise de Castel, son compatriote, lequel s'était fait un nom distingué par le poëme des *Plantes*, il fit la connaissance de Fontanes, devenu puissant à la cour consulaire, et qui chaque jour voyait croître son crédit et sa célébrité.

Le véritable titre de Chênedollé est *Le Génie de l'Homme*, poëme en quatre chants, qui parut en 1807, et offre quelques beaux vers, mais dont le style est froid, sec et tendu. Toutefois, comme il fut fort prôné par Castel, Fontanes et Châteaubriand, il eut d'abord du succès. Aussi, lors de la création de l'université, l'auteur fut-il nommé professeur à Rouen ; puis, en 1812, inspecteur de l'académie de Caen, et enfin, en 1830, inspecteur général de l'université. La quatrième et dernière édition du *Génie de l'Homme* est de 1825. Ce poëme, un autre intitulé *L'Invention*, qui avait paru à Hambourg en 1795 et qui est dédié à Klopstock ; l'*Esprit de Rivarol*, publié à Paris en 1808 ; les *Études poétiques*, qui parurent dans cette capitale en 1820 ; quelques poésies légères et plusieurs odes composent le bagage littéraire de Chênedollé. Il avait aussi entrepris un poëme épique (*Titus, ou Jérusalem détruite*). Chênedollé mourut, à l'âge de soixante-quatre ans, au château de Coisel, près de Vire, le 2 décembre 1833. Imitateur de Delille et de Fontanes, l'auteur du *Génie de l'Homme* fut encore plus froid et plus monotone, mais il est aussi pur et aussi correct.

Louis du Bois.

CHENET, ustensile de cuisine et de chambre, qu'on place par paire dans les cheminées, et qui sert à soutenir et à élever le bois, afin de le faire brûler plus aisément. On ne trouve chez les auteurs grecs aucune trace de cet ustensile. On peut croire avec assez de vraisemblance, dit Morellet, qu'on a commencé d'abord à soutenir les bûches par leurs extrémités sur d'autres bûches qui tenaient les premières élevées, en laissant sous leur milieu un passage à l'air. Les chenets ne paraissent pas non plus avoir été connus des Romains, même au siècle d'Auguste, puisqu'on ne trouve point de terme latin qui les désigne. D'ailleurs, le joli passage où Horace dit qu'il bravera la rigueur du froid, *ligna super foco large reponens*, ne signifie-t-il pas clairement que le favori de Mécène mettait les bûches immédiatement sur son feu, c'est-à-dire sur les autres bûches déjà enflammées, et que par conséquent il n'avait pas, comme nous, le bonheur de rêver les pieds posés sur ses chenets? Il est difficile de fixer l'époque où un homme ami de ses aises se sera le premier avisé de vouloir soutenir ses bûches par les extrémités sur quelque matière dure et solide. On se sera servi d'abord, sans doute, de pierres, puis de briques. C'est là probablement le premier perfectionnement apporté à l'art de faire le feu. Il s'en est accompli un plus considérable lorsqu'on a imaginé des supports de fer, soit forgé, soit fondu, pour soutenir le bois à une certaine hauteur au-dessus de l'âtre. Et pourtant nous ignorons l'époque et le nom de l'auteur de cette invention ! Toutefois, l'art n'en est pas resté là : après s'être longtemps servi de chenets de fer, un artiste aura imaginé d'en orner la partie antérieure de figures diverses d'hommes et d'animaux, de boules, de vases, de fruits, etc. On y aura employé le cuivre et l'or; on y aura greffé des lions et des tigres se chauffant avec nous les pattes croisées, des bergers jouant de la flûte, et des bergères dansant au coin de notre feu, des fleurs croissant dans les cendres, et des chasseurs forçant le cerf sous la cheminée. Que sais-je? Nos artistes modernes ont employé dans les formes de ce meuble toute la fécondité de leur génie, toute la richesse de leur goût, si l'on peut dire toutefois que la plupart de leurs ornements soient d'un goût bien pur et d'une appropriation bien entendue. On donne dans quelques provinces le nom de *landiers* à de grands chenets de cuisine, et celui de *marmousets* à des chenets très-simples qui consistent en deux pièces triangulaires de fer fondu, d'environ cinq centimètres de haut.

Quant à l'étymologie du mot, pas de doute qu'il ne vienne de ce que dans l'origine on a donné pour ornement à cet ustensile des figures de *chiens*. C'est là l'opinion de Borel, de Ménage, de Furetière, de Trévoux, de Gébelin et d'autres lexicographes. Le dernier prétend même que d'abord les chenets ont été appelés *chiennets* : « Ce sont, ajoute-t-il, les gardes du feu, les dieux lares. » A Rouen, où l'on nomme dans le peuple un petit chien *quenot*, on appelle de même les chenets. Les Anglais et les Allemands donnent comme nous, le nom de *chien* au *chenet*; ils l'appellent *dog* et *feuerhund* ou *feuerbock* (*chien ou bouc de feu*), nouvelle preuve à l'appui de l'origine que nous avons assignée à ce mot.

En marine, le chenet est une machine de fer servant à donner le pli aux bordages d'un navire que l'on chauffe en carène.
Edme Héreau.

CHÈNEVIS, CHÈNEVIÈRE, CHÈNEVOTTE. Le *chènevis* est la graine du chanvre. Cette graine, que l'on se borne à donner aujourd'hui comme nourriture aux oiseaux, et dont ils sont très-friands (ce que témoignent assez les dégâts qu'ils font dans les champs semés de chanvre), était autrefois au nombre des légumes que l'on servait frits au dessert, comme on le voit dans le *Traité de la Police*, par De La Mare. Ce mets y est signalé comme fort mauvais pour l'estomac et pour la tête, et capable d'aliéner l'esprit des personnes qui en mangeraient beaucoup. On fait aujourd'hui avec le chènevis de l'huile à brûler, dont on peut se servir comme assaisonnement lorsqu'elle est nouvelle, ainsi qu'on le fait de la plupart des huiles vierges; on a eu l'idée d'en préparer aussi une espèce d'orgeat, que l'on emploie en médecine dans les maladies des voies urinaires.

On appelle *chènevière* un champ semé de chènevis, et on se sert quelquefois de ce mot pour désigner le chanvre lui-même.

On donne le nom de *chènevotte* aux tiges ligneuses du chanvre, après que le rouissage et le teillage en ont séparé la filasse. On emploie les chènevottes, dans les campagnes, à chauffer le four ou à faire des allumettes. On a essayé avec assez de succès de les faire servir à la fabrication du papier.

CHÉNIER. Ce fut un phénomène réservé au milieu du dernier siècle que la naissance de deux grands poëtes dans la même famille. Nos annales n'en offrent point d'autre exemple : Racine le fils disparaît sous les rayons de son illustre père. Quant aux deux frères Corneille, Voltaire l'a bien dit en toute justice, Thomas vis-à-vis de Pierre ne fut jamais qu'un *cadet de Normandie*, tandis que la postérité plaçera les deux Chénier sur la même ligne.

CHÉNIER (ANDRÉ-MARIE), le troisième des quatre fils de *Louis Chénier*, écrivain distingué et consul général de France à Constantinople, naquit dans cette ville, le 29 octobre 1762; ils eurent pour mère une Grecque, également distinguée par la beauté et son esprit. Ainsi, par un hasard singulier, celui qui devait apparaître aux modernes comme un élève des Muses grecques, ses plus chères amours, na-

quit d'une Grecque, en face du célèbre rivage où Homère avait chanté ses ouvrages immortels, et sous un climat pareil à celui qui inspira Théocrite. Conduit en France, à peine au sortir du berceau, André fut confié jusqu'à l'âge de neuf ans aux soins d'une sœur de son père, qui habitait Carcassonne. Il visitait souvent la patrie d'Isaure; jamais il n'oublia ce pays de poétique influence, et souvent il revenait par la pensée à ces rives de l'Aude, où, gracieux et rêveur enfant, il avait passé des jours de délices. Son père, de retour en France, en 1773, le plaça avec ses deux frères aînés au célèbre collège de Navarre, où le jeune poëte travailla beaucoup. A seize ans il était habile helléniste, et fit, élève encore, la traduction d'une ode de Sapho, traduction pleine de sentiment et d'intentions poétiques.

A vingt ans il fut nommé sous-lieutenant dans le régiment d'Angoumois, résidant à Strasbourg. Il n'y resta que six mois. Ennuyé qu'il était de la vie monotone et paresseuse d'une garnison, il revint à Paris. L'amour des arts et le goût prononcé d'André Chénier pour l'étude, le charme d'une âme candide et pure, lui attirèrent l'estime et l'affection de Palissot, de David, le peintre des *Horaces*, et de Lebrun, qui pressentaient en lui un poëte. Excité par leurs suffrages, il se livra au travail avec excès, et ne tarda point à tomber malade. Les frères Trudaine, ses amis, l'emmenèrent voyager en Suisse. Chénier avait alors vingt-deux ans. Au retour, il s'attacha au comte de La Luzerne, ambassadeur en Angleterre. Mais, peu content des occupations diplomatiques, qui ne s'accommodaient pas avec les rêves de son imagination, il quitta la Grande-Bretagne, et revint à Paris en 1790, au moment où la révolution commençait. La liberté et la poésie s'emparèrent à la fois de lui comme deux génies familiers; c'est alors qu'il commença sérieusement à bâtir l'édifice de sa réputation : différents poëmes, esquissés sur des sujets élevés ou gracieux, attestent ses efforts pour mériter la gloire.

Mais pendant que le poëte rêvait avec les Muses, le peuple ébranlait le trône. Chénier aimait la liberté, mais il s'effrayait de la marche de la révolution; il tremblait des périls de Louis XVI, et souhaitait ardemment de sauver la personne et le pouvoir légitime de ce prince. Plein de ces idées, ou plutôt de ces sentiments, il se livra dès lors à la controverse politique. De concert avec Roucher et l'un des frères de Pange, il fonda le *Journal de Paris*, feuille également ennemie des jacobins et des royalistes. On ne se place pas ainsi sans danger entre deux partis acharnés l'un contre l'autre. Ce fut alors que la différence d'opinion le sépara de son frère Joseph, qui, plus clairvoyant et plus fortement trempé dans les feux de la révolution, défendait contre lui dans les sociétés populaires. Quelques personnes ont conclu à tort de ce dissentiment qu'André était partisan de Coblentz, ou que son frère l'avait abandonné comme un ennemi qu'on désespère de ramener. Rien de moins vrai que cette double supposition ; André Chénier voulait la royauté constitutionnelle, et Marie-Joseph, qui voulait autre chose, parce qu'il jugeait impossible de compter sur la conduite incertaine et mobile de Louis XVI, n'avait point cessé d'aimer la plume déposée, fidèles aux sentiments de la nature, ils s'embrassaient sous les yeux de leur mère.

André Chénier détestait les grands révolutionnaires : cette haine et l'effroi des propositions et des mesures qui préparaient la Terreur lui firent admirer et louer la courageuse fille qui donna la mort à Marat. André s'éleva aussi avec violence contre Collot-d'Herbois et Robespierre. Une pitié généreuse lui donna le conseil de concourir avec Malesherbes à la défense de Louis XVI : c'est lui qui avait rédigé la lettre par laquelle ce malheureux roi, après sa condamnation, réclama le droit d'appeler au peuple du jugement de la Convention. Cette lettre est imprimée sur la minute écrite de la main d'André Chénier, et corrigée en plusieurs passages d'après les avis de Malesherbes. Tant d'héroïques imprudences avaient compromis les jours d'André Chénier; on lui conseilla de s'éloigner de Paris; il alla d'abord habiter Rouen, d'où il revint à Versailles. Marie-Joseph, député de Seine-et-Oise, le protégea dans ce nouvel asile; son salut y eût été assuré sans un de ces inspirations du cœur auxquelles il ne savait pas résister : M. Pastoret, son ami, avait été arrêté à Passy. André Chénier y vole, et, surpris au milieu de la famille qu'il a voulu consoler, il est arrêté à son tour comme suspect, ainsi que toutes les autres personnes qui se trouvaient dans la maison. Une somme considérable fut vainement offerte pour obtenir sa liberté. Cependant, Marie-Joseph lui-même était à l'index, et s'attendait sans cesse à se voir arrêté; ainsi menacé, il s'abstenait de paraître à la Convention. L'oubli était le seul espoir de salut pour le malheureux captif. Marie-Joseph ne cessait de répéter cette vérité; mais un père, hélas! entraîné par les alarmes de sa tendresse, eut l'imprudence de réveiller les ennemis qui avaient proscrit son fils. « Quoi! lui répondit-on, est-ce parce qu'il porte le nom de Chénier, parce qu'il est le frère d'un représentant que depuis six mois on ne lui a pas fait son procès? Allez, monsieur, votre fils sortira dans trois jours. » Ces paroles étaient un arrêt de mort; le père ne les comprit pas.

Dans la prison où il attendait l'arrêt fatal, avec la certitude de n'y point échapper, André Chénier vécut ses derniers jours entre l'amitié et la poésie, entre les deux Trudaine et les Muses. C'est par leurs inspirations qu'il retoucha plusieurs de ses ouvrages avec toute la liberté d'esprit d'un homme dont la conscience est en sécurité et le courage incapable de faillir. C'est encore à Saint-Lazare qu'il composa pour mademoiselle de Coigny cette élégie de *La jeune Captive*, que l'on croirait sortie du cœur et de l'imagination d'une femme jeune et poète qui fait les plus touchants adieux à la vie et à l'amitié. Traduit devant le tribunal révolutionnaire, André Chénier dédaigna de se défendre. Déclaré ennemi du peuple, convaincu d'avoir écrit contre la liberté et soutenu la tyrannie, il fut encore condamné comme ayant conspiré pour sortir de prison. Ce jugement fut rendu pour être exécuté le 7 thermidor (25 juillet 1794), deux jours avant la mort de Robespierre! A huit heures du matin, Chénier monta dans la fatale charrette avec MM. de Montalembert-Créqui, de Montmorency, Loiserolles, qui allait plein de joie mourir pour son fils; enfin, Roucher vint s'asseoir à ses côtés. La charrette partit. Dans la route, Chénier goûta du moins le douloureux plaisir de s'épancher dans un cœur parent du sien. Au milieu de l'entretien suprême, il laissa échapper ces paroles, qui disent la perte que faisaient les lettres : « Je n'ai rien fait pour la postérité, disait-il, en se frappant le front, et pourtant j'avais quelque chose là! » Il aurait dû plutôt porter la main sur son cœur, véritable foyer de son génie et de son talent. Roucher et lui ne cessèrent de parler poésie pendant le trajet de la prison à l'échafaud. Ils achevaient de réciter la première scène d'*Andromaque* quand ils furent exécutés. Trente-huit compagnons de leur mort entendirent ce touchant entretien, dont le souvenir aurait été perdu pour la postérité sans un ami fidèle, qui eut le courage de suivre la route du char funèbre où les deux victimes donnaient un si noble exemple de mépris pour la mort et d'amour pour la poésie.

Ainsi tomba, si jeune encore et si riche d'avenir, l'un des plus nobles cœurs qui aient jamais battu dans une poitrine d'homme, une des têtes les plus heureusement douées pour obtenir des succès dans l'art qui a rendu immortels les noms de Virgile et de Théocrite. André Chénier est de leur école : souvent il reproduit avec le plus rare bonheur les beautés de l'antique, en leur ôtant cet air d'étrangeté qu'elles pourra'ent offrir quelquefois à nos yeux. Il conserve aux bergers de Théocrite toutes leurs grâces, sans jamais les altérer à son exemple par un mélange adultère de grossièretés qui blessent autant les mœurs que le goût. Son élégie du *Malade* est un chef-d'œuvre de passion, de grâce, de poésie et de sentiment. Sa *Jeune Tarentine* est un beau fragment de l'antique. André est moins vraiment pastoral que son modèle; il garde la naïveté du genre, en le relevant sans cesse par les grâces de l'idylle telle que les Grecs l'avaient conçue. Il s'en faut pourtant qu'il fût sans défaut. Égaré par Lebrun, il cherchait la poésie dans des combinaisons ambitieuses, dans des alliances bizarres de mots. Ses élégies, pleines de détails charmants, ne respirent pas l'abandon de Tibulle et de Parny; comme Lebrun, il veut être trop poète, et n'est pas assez amant. Il parle à sa maîtresse comme à une Muse dont il veut obtenir les suffrages. Et puis on sent que le public intervient entre elle et son amant. Tibulle et Parny ne songent point à la gloire auprès de Délie ou d'Éléonore. Mais au milieu de ces reproches, qu'on lui fait à bon droit, on se sent surpris par un délicieux parfum de poésie. Quand il est réellement inspiré, ses vers sont d'une mélodie qui donne de l'enchantement; on croit entendre la voix d'une jeune vierge qui chante avec un cœur et une voix d'ange. Et celui qui excite une si vive sympathie, celui qui faisait entendre de pareils accords au milieu des orages d'une révolution, celui qui, rendu à la liberté et aux Muses, aurait trouvé tant d'heureuses inspirations, est mort à trente-trois ans! et il a péri sur un échafaud! et voici ce qui sortait de son cœur avant l'instant fatal!

> Comme un dernier rayon, comme un dernier zéphyre,
>   Anime la fin d'un beau jour,
> Au pied de l'échafaud, j'essaye encor ma lyre!
>   Peut-être est-ce bientôt mon tour!
> Peut-être avant que l'heure, en cercle promenée,
>   Ait posé sur l'émail brillant,
> Dans les soixante pas où sa route est bornée,
>   Son pied sonore et vigilant,
> Le sommeil du tombeau pressera ma paupière!
>   Avant que de ses deux moitiés
> Ce vers que je commence ait atteint la dernière,
>   Peut-être, en ces murs effrayés,
> Le messager de mort, noir recruteur des ombres,
>   Escorté d'infâmes soldats,
> Remplira de mon nom ces longs corridors sombres :

CHÉNIER (MARIE-JOSEPH), naquit, le 28 août 1764, à Constantinople, comme son frère aîné. Transporté en France dès l'âge le plus tendre, il reçut une éducation si précoce et si rapide, qu'aussitôt ses premières études terminées, il sentit la nécessité d'apprendre de nouveau ce qu'on lui avait enseigné. Heureusement pour lui, il trouva dans sa famille et dans le commerce des écrivains et des artistes les plus distingués le goût des connaissances utiles et le profond sentiment du beau et du vrai. En 1781 Chénier embrassa la profession militaire. Officier dans un régiment de dragons, alors en garnison à Niort, il consacra deux années à recommencer toutes ses études, qui n'eurent pas toutefois pour objet la connaissance approfondie de l'antiquité. Chose étonnante! il composait des tragédies, et il ignorait ou du moins il savait très-superficiellement le théâtre grec. Voltaire était son oracle et son guide, et, comme cela n'arrive que trop souvent aux imitateurs, il contractait les défauts et ne reproduisait pas toutes les beautés de son modèle. Impatient de se révéler, il rêvait des triomphes, lorsqu'il donna sur le théâtre de la cour à Fontainebleau sa tragédie d'*Azémir*, qui bientôt représentée à Paris n'obtint et ne méritait aucun succès. Quoi qu'en ait dit l'amitié du savant Daunou, ce début ne donnait pas même de l'espérance. Mais le jeune auteur sentait en lui ce que le public ne pouvait y découvrir. Il puisait d'ailleurs son courage dans un amour-propre immense, qui blessait ses contemporains, mais servait d'aiguillon à sa Muse.

Le commerce de Voltaire, la religion de la philosophie, la haine de l'intolérance et du fanatisme, le désir de faire de la scène une grande école d'histoire et de morale, et enfin le mouvement de la révolution, auquel il s'était associé de toutes les forces d'un jeune enthousiasme, inspirèrent à Chénier le projet de mettre *Charles IX, ou la Saint-Barthélemi*, sur le théâtre. L'idée était heureuse. La pièce, représentée le 4 novembre 1789, après la prise de la Bastille, après les journées des 5 et 6 octobre, et lorsque la royauté était déjà en accusation devant le tribunal du peuple, avait, outre son mérite réel, l'avantage de l'à-propos : elle obtint un succès prodigieux ; ce n'est cependant point une de ces créations de l'art qui portent l'empreinte du génie ; on y sent la déclamation de l'école de Voltaire sans son éclat ; il y règne une certaine froideur ; mais à des beautés réelles et dramatiques, telles que la bénédiction des poignards et le délire de Charles IX, elle joint l'avantage d'une leçon sévère pour les rois et d'un spectacle fait pour un peuple qui s'apprête à les chasser. Pour comble de bonheur, ce fut dans cette pièce que Talma se révéla brusquement comme grand acteur.

Quoi que des juges habiles, et notamment Daunou, aient dit à l'éloge de *Henri VIII*, quoique cette tragédie présente un pathétique vrai, qui fait couler de douces larmes, on ne peut cependant la relire aujourd'hui sans reconnaître qu'elle manque de presque toutes les grandes qualités du genre : on n'y respire ni la verve d'Eschyle, ni la majesté de Sophocle, ni la profonde éloquence d'Euripide. Elle n'appartient point à la forte école de Corneille ; elle n'a point le prestige de Voltaire ; on y trouve seulement quelques passages empreints de la douceur de Racine dans son *Andromaque*, épouse et mère malheureuse. Le rôle d'Henri VIII n'est qu'une faible esquisse, surtout quand on le compare aux profondes peintures des caractères dans Shakspeare. De son propre aveu, l'auteur avait dépassé le but dans le spectacle déchirant qu'offre la mère de Jean Calas. *Caius Gracchus*, représenté en 1792, obtint un succès d'autant plus brillant que le sujet se trouvait en harmonie avec les sentiments des spectateurs, qui venaient applaudir les éloquentes paroles du tribun de Rome. Mais bientôt cette pièce, toute républicaine qu'elle était, parut suspecte, et le fameux hémistiche : ... *Des lois, et non du sang!* qui était applaudi avec fureur, en fit interdire la représentation. *Fénelon*, qui fut joué en 1793, sous les auspices de Monvel, obtint dans ce temps terrible la faveur marquée du public, et grâce devant les comités de gouvernement. Ils n'eurent pas autant d'indulgence pour le *Timoléon*, dont toutes les copies furent brûlées, hors une que Mme Vestris conserva en secret. Après ces ouvrages, tous empreints d'un amour exalté de la république, il est fâcheux d'avoir à citer le *Cyrus*, composé par Chénier pour célébrer l'avènement de Napoléon, nouvellement sacré empereur par le pape Pie VII. La pièce, qui rappelle trop *Mérope*, n'a pas l'excuse du génie. Grâce à cette faiblesse, l'auteur s'aliéna en pure perte l'opinion publique, sans contenter le nouveau maître, qui s'essayait à l'autorité absolue. *Philippe II*, mais surtout *Tibère*, que la scène n'a point vu représenter, demandent pardon pour la faute sans gloire commise par Chénier.

Dans notre opinion, trop sévère peut-être, la nature n'avait point appelé cet écrivain à la périlleuse carrière du théâtre. Le génie des grands maîtres de la scène n'était point en lui. Chénier est un homme d'esprit et de talent, qui a fait des tragédies, mais non pas créé de véritables drames fondés sur la terreur et la pitié. Philosophe sur la scène, ainsi qu'Euripide et Voltaire, il n'eut jamais leur pathétique. Ce mérite ne se trouve pas même dans *Tibère*, le plus parfait de ses ouvrages, quoiqu'il soit marqué d'un tel cachet de supériorité que, pour la conception, les caractères, les développements et le style, l'auteur lutte quelquefois avec bonheur contre Racine, et reproduit même avec succès les beautés sévères de Tacite. *Tibère* marque un progrès immense dans le talent de Chénier. Idolâtre de Voltaire et le prenant pour son oracle, il n'avait eu jusque là qu'une très-médiocre estime pour le théâtre grec, qu'il connaissait d'ailleurs très-imparfaitement. Averti par un ami du scandale et du danger de cette ignorance, Chénier, en butte d'ailleurs à des persécutions littéraires aussi violentes qu'injustes, s'appliqua dans le silence de la retraite à étudier Eschyle, Sophocle et Euripide. Dans un commerce assidu avec ces grands écrivains, il se forma une manière nouvelle, tellement opposée à la première qu'on ne saurait concevoir que *Charles IX* et *Tibère* soient de la même plume. Chénier, toujours de bonne foi devant la vérité une fois reconnue, se passionna pour Sophocle, dont il traduisit en vers l'*Œdipe roi* et l'*Œdipe à Colone*. Depuis lors jusqu'à la fin de sa vie il ne cessa pas de croître en talent ; on peut dire même qu'il grandissait chaque jour en présence de la mort, dont il voyait le bras sans cesse levé sur sa tête. « Je mourrai peut-être demain, disait-il ; étudions encore aujourd'hui et ne cessons de méditer sur un art sublime qu'on cessant de respirer. » A cette époque, la plus belle de son orageuse carrière, on ne pouvait le voir sans l'admirer ; ses ennemis les plus furieux eussent été désarmés par le spectacle de cette ruine d'homme qui ne subsistait que par la force de la pensée.

Des ennemis ! Chénier en comptait beaucoup. Il les avait mérités par un intolérable amour-propre, par les défauts d'un caractère irascible, et surtout par une vocation naturelle et un rare talent pour la satire. Avec ce talent, il fit souvent de profondes blessures à des rivaux ou à des adversaires. De là des haines implacables ; elles poussèrent contre lui la vengeance jusqu'à la barbarie, et le poursuivirent jusqu'à la mort. Ces haines, enflammées encore par l'esprit de parti, étaient si acharnées qu'on se fit un jeu d'inventer contre Chénier une calomnie atroce : on l'accusa de la mort de son frère André ! Tout le monde savait alors, mais on sait bien plus pertinemment encore aujourd'hui, que Marie-Joseph, loin d'avoir le plus léger crédit à cette époque, était à tout moment menacé de paraître devant le tribunal révolutionnaire, et que, bien loin de pouvoir sauver son frère, il n'eût fait, en le réclamant avec trop de force, qu'avancer sa perte, sans obtenir même la douloureuse consolation de pouvoir lui disputer le droit de préséance au pied de l'échafaud. Népomucène Lemercier, dont le témoignage est d'un si grand poids, Lemercier, qui connaissait intimement André Chénier, atteste, avec toute l'autorité de sa candeur et de son amour de la vérité, que les deux frères, même au temps de leurs dissentiments politiques, étaient unis par la plus tendre amitié. Chaque jour, pendant la détention de son frère, Marie-Joseph, désespéré de l'inutilité de ses prières auprès des membres du gouvernement, versait des torrents de larmes ; et dans quel sein ces larmes étaient-elles répandues ? Dans celui d'une mère adorée, que Marie-Joseph a consolée jusqu'à la fin de sa vie du plus irréparable des malheurs. Depuis la mort de Chénier, et peut-être pendant qu'il existait encore, un certain personnage a osé avouer, presqu'en riant, que tous les moyens paraissaient bons pour abattre un homme important du parti contraire, ses antagonistes n'avaient pas balancé à prêter un crime imaginaire à Chénier. Cette accusation était un trait mortel enfoncé dans son cœur : il ne guérit jamais de la blessure que des pervers lui avaient faite. Les souffrances d'un cœur malade donnèrent naissance à cette épître sur *La Calomnie*, la plus éloquente des protestations de l'innocence qui se justifie en accusant à son tour, mais de vrais coupables, convaincus devant le siècle, et qui ne s'absoudront jamais devant la postérité. Un recueil d'épîtres marquées au cachet d'une telle supériorité suffirait pour faire vivre à jamais le nom d'un écrivain.

Chénier, dans le cours de ses nouvelles et profondes études, était devenu non moins habile à écrire en prose qu'en vers : entre beaucoup de preuves de ce double progrès, nous devons citer son *Tableau de la Littérature*, tracé pour répondre à un vœu, ou plutôt à un ordre de Napoléon :

ce travail immense prouve une force d'examen, une puissance d'attention, une portée de jugement et une délicatesse de goût extrêmement rares. Il montre surtout une impartialité qui fait le plus grand honneur au cœur de Chénier. Ses plus implacables ennemis trouvent grâce devant lui du moment où ils se présentent sous la protection du talent. On eût dû dès lors cesser au moins de lui être hostile. Il n'en fut rien : il avait embrassé la révolution avec ardeur, il avait figuré dans la Convention nationale, il avait participé à un arrêt terrible, on ne lui pardonna point. Ceux même, et ils étaient en grand nombre, qu'il avait sauvés après le 9 thermidor, ne renoncèrent point au plaisir de le calomnier; c'était une manière de se dégager envers lui de la dette de la reconnaissance. Au reste, la justice ordonne ici un double aveu. Chénier ne fut exempt ni d'emportement ni de faiblesse pendant la grande période révolutionnaire. Jamais il ne se lavera du reproche d'avoir proposé, malgré le cri de sa conscience, les honneurs du Panthéon pour Marat, qu'il méprisait autant qu'il l'abhorrait. Peu de fautes ont été si cruellement expiées. Son père fut menacé, deux de ses frères arrêtés, lui-même dénoncé, cité, recherché, inscrit à son rang sur l'une des pages de la liste de proscription. Après le 9 thermidor, il délivra un grand nombre de victimes qui attendaient la mort; malheureusement aussi, en cédant trop souvent au mouvement de la pitié envers des ennemis déclarés de la liberté, il se laissa entraîner, contre les patriotes proscrits sous la dénomination générale d'agents de la terreur et de partisans de Robespierre, au torrent d'une réaction qui a fait répandre beaucoup de sang par les passions abandonnées à toute leur fureur. Chénier, il est vrai, s'arrêta dans cette funeste route; mais il n'aurait jamais dû y entrer. Au mois de prairial, il eut à se reprocher encore de n'avoir ni défendu ni protégé plusieurs de ses collègues, frappés de la plus injuste proscription, parmi lesquels il en connaissait dont l'innocence était aussi claire que le jour à ses propres yeux. Il n'osa pas roidir les bras contre le torrent de la réaction qui débordait de nouveau. Jamais, enfin, on ne pourra effacer le reproche d'une certaine faiblesse attaché au caractère de cet homme inégal et mobile.

Sous la constitution de l'an III et le gouvernement directorial, Chénier reprit pourtant le rôle de défenseur des institutions républicaines; mais il eut, dit-on, des sujets de mécontentement qui l'aigrirent : il paraîtrait avoir prétendu à l'ambassade de Constantinople, poste auquel il ne convenait nullement. Ennemi juré du parti clichien, ami particulier de Larevellière-Lepaux, lié avec Barras, il contribua à la journée du 18 fructidor. Le même ordre d'idées, dans un sens contraire, l'associa au fatal système des scissions par lesquelles le Directoire, dans l'an VI, osa casser les opérations électorales de la nation et faire nommer des intrus par des fragments de corps électoraux. A Paris, quarante ou cinquante personnes osèrent, en présence d'un corps électoral composé de huit cents citoyens, s'assembler et nommer des députés. Chénier ne rougit pas d'accepter le mandat de ces prétendus représentants de la volonté électorale du peuple, et de s'honorer d'avoir obtenu leurs suffrages. Alors il était en pleine réaction contre les défenseurs de la Convention au 13 vendémiaire, et faisait avec violence la guerre aux anarchistes, qu'il accusait d'embarrasser la marche du Directoire. Bientôt, le même homme qui avait voulu en 1797 mettre des entraves à la liberté de la presse la défendit avec la plus chaleureuse éloquence contre le Directoire. Nous étions en 1799. Chénier, convaincu, avec raison, que le dernier gouvernement en était venu au point de ne pouvoir plus se soutenir, entra avec Sieyès, Ducis, Boulay de la Meurthe, dans la conspiration du 18 brumaire. Absolvons Chénier par l'intention, mais ne craignons pas de dire que l'illusion qui lui persuada que Napoléon resterait dans les limites de la constitution de l'an VIII, improvisée en sa présence, annonçait des vues bien courtes et une singulière ignorance de ce que le héros avait fait en Italie ou en Orient. Croire qu'un tel homme consentirait à se mettre en tutelle entre les mains de Chénier, de Sieyès et des coryphées des deux conseils, qui sans lui allaient laisser tomber la république et la France dans une situation presque désespérée, attestait une grande faiblesse de vue.

Chénier et beaucoup de gens d'esprit comme lui crurent de bonne foi qu'ils avaient enchaîné Bonaparte. Détrompé de cette erreur, le poëte fit partie de cette opposition, plus honorable que sagement dirigée, qui entraîna la chute du tribunat. « Si je vous laissais faire, disait Bonaparte à quelques-uns d'entre eux, avant deux mois le gouvernement serait par terre. » Chénier, persistant avec ses amis à combattre les envahissements successifs de Napoléon, fut éliminé du tribunat; mais il garda sa place d'inspecteur général des études. Une *Épître à Voltaire*, dans laquelle respirait tout son enthousiasme pour le grand homme, l'objet de sa prédilection, lui fit perdre cette place. Cette épître renfermait quelques traits qui frappaient directement Napoléon, et qui avaient dû l'irriter. Sauf quelques approbateurs généreux et fidèles, les hommes qui avaient applaudi avec transport Chénier dans la bonne fortune ne tardèrent pas à le laisser dans l'isolement; quelques-uns allèrent jusqu'à l'accuser d'un excès d'imprudence. Les hommes serviles parlèrent même du crime de lèse-majesté. Fouché, qui avait entraîné Chénier à célébrer dans *Cyrus* le couronnement de Napoléon, avait trop d'esprit pour tenir le langage de ces gens-là; mais c'est sur son rapport, *fait dans l'intérêt de la morale*, que Chénier fut destitué. Grâce à ce service d'un ancien collègue, et à une sévérité, disons mieux, à une injustice indigne de Napoléon, Chénier se trouva sans pain. Il est vrai qu'à sa première demande, qui ne lui fut arrachée que par les besoins d'une mère adorée, Napoléon lui donna une pension de 8,000 fr. Il est vrai aussi qu'il le chargea de la continuation de l'histoire de France, en attachant à ce travail une indemnité annuelle. L'*Épître à Voltaire* avait eu un succès prodigieux; la *Promenade de Saint-Cloud*, élégie pleine de charme, dans laquelle Chénier avait exprimé sa douleur de l'apostasie de Bonaparte, infidèle à la grande gloire de conservateur de la liberté d'un peuple, aurait été répétée en France par tout le monde; mais, heureusement pour Chénier, cette plainte éloquente d'un patriote attristé n'était point connue. Elle resta comme un monument destiné à prouver que Chénier, malgré ses inconséquences et ses erreurs, avait dans le cœur un véritable amour de la liberté. Il l'avait célébrée par des hymnes où l'on trouve quelques belles inspirations, mais non pas le génie lyrique. Ces hymnes, surtout celui qui a pour titre Le Chant du Départ, ont fait battre le cœur des Français et inspiré des dévouements sublimes à nos soldats, c'est assez pour la gloire du poëte.

Il était membre de la deuxième classe de l'Institut (Académie française), et fut chargé de lire au nom de ce corps un rapport sur les progrès de la littérature de 1788 à 1808 pour les prix décennaux. Ce fut sur les mêmes données qu'il composa son *Tableau de la Littérature française*, dont nous avons déjà parlé. Le reste de sa vie s'écoula entre l'étude, qui était l'aliment de sa vie, les arts, dont il jouissait en connaisseur, et l'amitié, devenue son dernier culte. Chénier avait le courage militaire : il ne craignit jamais la mort; il s'est montré généreux même envers ses plus grands ennemis; libéral jusqu'à la prodigalité, il aimait le luxe, les beaux appartements, les beaux meubles, surtout les beaux livres, mais jamais il n'a descendu à des choses indignes de lui pour satisfaire ses goûts. Chénier mourant avait des besoins qu'il ne pouvait satisfaire faute d'argent : Napoléon lui envoya 6,000 fr. de sa cassette, avec des témoignages d'estime et de bienveillance, auxquels le poëte fut encore plus sensible qu'au secours qui lui était nécessaire. Il se plaisait à exprimer sa reconnaissance d'une voix affaiblie; et dans l'impossibilité où ses doigts glacés étaient d'en tracer l'expression, il priait ceux qui l'assistaient dans ses douleurs de payer cette dette sacrée. Ses amis ne quittèrent pas son lit de mort. Après s'être vu dépérir de jour en jour pendant dix ans, Chénier, dont l'existence avait été abrégée par des sensations immodérées, par des travaux excessifs, peut-être aussi par l'abus des plaisirs, s'éteignit paisiblement, le 10 janvier 1811, échappant peut-être, a dit Daunou, à d'autres infortunes (il avait voté la mort de Louis XVI). Arnault prononça, au nom de l'Institut, son éloge sur sa tombe. Ses œuvres complètes et celles de son frère André ont été réunies dans une très-belle édition en neuf volumes, enrichie de notices historiques et littéraires par Daunou, Arnault et Lemercier. Châteaubriand lui succéda comme membre de l'Académie Française. P.-F. Tissot, de l'Académie Française.

CHENIL, du latin *canile*, bâtiment qui sert à loger les chiens et surtout les meutes de chiens de chasse, en même temps que les officiers et les valets de la vénerie. Il est ordinairement composé de cours et de pièces au rez-de-chaussée, dont il est bon que les croisées s'ouvrent à l'est ou au nord, attendu qu'il est beaucoup plus facile de réchauffer les chiens quand il fait froid, que de les rafraîchir lorsqu'il fait chaud. Aussi l'exposition du midi est-elle considérée comme mauvaise et même dangereuse.

Au figuré, l'on dit familièrement d'un logement sale et en désordre : c'est un *chenil*.

CHENILLE. Ce mot désigne vulgairement un insecte à plusieurs pieds, qui ronge les feuilles des arbres, et qui se change en papillon. En entomologie, on nomme ainsi les larves des insectes lépidoptères. C'est le deuxième état sous lequel se présentent ces animaux. L'existence sous forme de chenille commence à la sortie de l'œuf, et dure jusqu'à la transformation en chrysalide.

Les chenilles sont en général un objet de haine pour l'économiste agriculteur, en raison des pertes qu'elles lui font éprouver. Mais pour le physiologiste et le naturaliste, ces animaux deviennent un curieux sujet d'observation. Leur corps allongé, cylindrique, est composé de douze anneaux, et terminé en avant par une tête écailleuse, où l'on remarque, 1° de chaque côté six points noirs, qu'on regarde comme des yeux; 2° la bouche, munie de deux fortes mandibules dures et tranchantes, de deux mâchoires ayant chacune un palpe très-court, et d'une lèvre inférieure offrant deux autres palpes semblables; 3° en haut, un mamelon cylindrique percé d'un petit trou, par où sort la soie que la chenille file, nommé *filière*; 4° deux antennes très-petites. Sous l'anneau terminal postérieur est l'anus, dont la figure est une espèce de prisme à faces inégales, tronqué à son extrémité et recouvert le plus souvent d'un petit chaperon charnu. Les autres anneaux sont tous membraneux, souvent arrondis à leur partie supérieure, et ordinairement aplatis en dessous. Les pattes sont au nombre de seize au plus, et jamais moins de huit. Les six premières ou antérieures sont écailleuses. Leur nombre est fixe, et ce sont les seules qui persistent dans l'insecte parfait. Les pattes postérieures sont membraneuses, contractiles, souvent terminées par une couronne plus ou moins complète de petits crochets, dont le nombre varie de dix à deux. Sur les côtés du corps, on voit de petites ouvertures, en forme de boutonnières, qu'on nomme *stigmates*, par lesquelles l'air pénètre dans l'appareil respiratoire, qui consiste en trachées ramifiées dans toutes les parties. L'axe vasculaire ou le vaisseau dorsal présente des battements alternatifs qu'on observe facilement dans les espèces qui ont la peau un peu transparente. L'intestin des chenilles consiste en un gros canal sans inflexions, qui va en ligne droite de la bouche à l'anus, et présente plusieurs renflements et étranglements. Le foie est remplacé par quatre vaisseaux biliaires très-longs, qui s'insèrent en arrière dans l'intestin.

Le système nerveux présente la même disposition que dans les insectes en général. Le corps graisseux, qui est ordinairement d'un beau blanc de lait, devient jaunâtre lorsque le moment de la métamorphose approche. Les chenilles muent, c'est-à-dire changent ordinairement trois ou quatre fois de peau, avant de se transformer en chrysalides.

Les distinctions les plus importantes à établir entre les nombreuses espèces de chenilles doivent être fondées sur la classification des insectes parfaits ou des lépidoptères, qui sont la forme la plus parfaite de leur organisation et leur dernier état. Les unes sont destinées à devenir des lépidoptères diurnes, les autres se transformeront en chrysalides de papillons crépusculaires ; enfin, les troisièmes iniront par être des lépidoptères nocturnes. L'impossibilité de poursuivre ici les caractères différentiels des chenilles en suivant l'ordre des familles nous détermine à énumérer rapidement les dénominations de *chenilles rases*, ou sans poils; *chenilles à livrée* (à coloration par bande); *chenilles chagrinées*, avec ou sans corne en arrière; *épineuses*; *tuberculeuses*; *velues*, à poils courts ou ras, ou longs; *chenilles à brosse*; *chenilles à mamelons*, les unes ras, les autres velus ou pourvus d'une corne en Y en avant; *chenilles cloportes*; celles dites *géomètres*, *arpenteuses* ou *arpenteuses en bâton*, les *semi-arpenteuses*, les *chenilles processionnaires* ou *évolutionnaires*, les *rouleuses*, les *plieuses de feuilles*; les *sociétaires* et les *solitaires*. Toutes ces distinctions, consacrées par la nomenclature des entomologistes, sont fondées sur des caractères anatomiques et sur des particularités de mœurs dans le détail desquels nous ne devons point entrer ici ; mais nous ne pouvons nous dispenser d'indiquer en quoi les chenilles nous sont nuisibles, quels sont leurs ennemis, et les ressources qu'elles fournissent à l'industrie. Il est facile de se rendre raison des dégâts causés par ces animaux, en observant que la plupart se nourrissent des feuilles des végétaux, qu'il en est qui dévorent les fleurs, les racines, les boutons, les graines et le bois même le plus dur, qu'ils ramollissent au moyen d'une liqueur qu'ils dégorgent, et que certaines espèces rongent nos pelleteries, nos étoffes de laine, nos draps, le cuir, la graisse, la cire et le lard. On a remarqué que plusieurs se nourrissent d'une seule matière, et qu'il en est qui attaquent diverses espèces de plantes ou d'autres substances. Ce sont donc réellement pour nous des ennemis domestiques très-préjudiciables. Le sentiment de haine qu'on leur porte est donc bien fondé, et pour prévenir leurs ravages, la loi même prescrit d'*écheniller* en temps utile les arbres et les haies (*voyez* ÉCHENILLAGE). L'homme figure donc le premier parmi les ennemis des chenilles. Les fortes gelées d'hiver, les pluies froides du printemps, en font mourir une partie. Parmi les oiseaux qui leur font une guerre continuelle et en détruisent des quantités prodigieuses quand elles sont jeunes, il faut surtout compter le rossignol, la fauvette, le pinson et le moineau pendant leurs nichées, pour lesquels elles sont un mets friand. Elles sont aussi la proie des grenouilles et des lézards. On a encore remarqué parmi les chenilles qui ne vivent que en société deux espèces dont les individus sont capables de s'entre-détruire. La punaise des bois, la guêpe, surtout la larve d'un carabe, sont d'autres ennemis de ces animaux. Certaines larves se tiennent sur leur corps et les percent pour les sucer. Enfin, les ichneumons déposent leurs œufs sous la peau des chenilles ou dans les œufs mêmes des papillons, et leurs larves dévorent ainsi la chenille avant sa naissance, ou la chrysalide.

Pour prévenir les inconvénients de la prodigieuse fécondité de ces chenilles et de leur trop grande multiplication, la nature leur a opposé, comme on voit, un nombre prodigieux d'ennemis destructeurs. Mais il était réservé à l'homme de multiplier à son gré l'espèce qui lui fournit les soieries, et que l'on connaît sous le nom de *ver à soie*, de retirer du corps de certaines chenilles la matière qui sert à faire des vernis admirables, et d'obtenir à l'aide de procédés ingénieux, sous forme de filaments très-solides et transparents, la substance soyeuse que les pêcheurs ajoutent à l'extrémité de la ligne où se trouve l'hameçon. Ces filaments sont connus dans le commerce sous le nom de *racines*, et dans le midi de la France, sous celui de *fils* ou *poils de Messine*. L'idée singulière de faire avec les vernis soyeux des étoffes qui ne seraient nullement tissues a été émise, mais elle n'a reçu aucune exécution. En étudiant avec soin toutes les espèces de chenilles qui pourraient être utilisées, l'industrie humaine pourra faire de nouvelles conquêtes.

L. LAURENT.

CHENILLETTE. Le genre *scorpiure*, appartenant à la famille des légumineuses, renferme deux espèces connues vulgairement sous le nom de *chenillettes*, parce que leurs gousses vertes mises dans une salade paraissent à presque tout le monde être des chenilles, tant est grande la ressemblance.

La *chenillette écailleuse* (*scorpiurus vermiculata*, Lin.), qu'on peut considérer comme le type du genre *scorpiure*, a des tiges longues de quinze à vingt centimètres, couchées sur la terre, ainsi qu'une partie des feuilles. Celles-ci sont peu nombreuses, alternes, légèrement velues, oblongues, lancéolées, rétrécies à leur base en un pétiole allongé. Les fleurs sont jaunes, petites, solitaires sur un long pédoncule axillaire. Le calice est à cinq dents profondes, aiguës. Les gousses épaisses sont couvertes d'écailles ou de tubercules blanchâtres.

Les chenillettes croissent principalement dans les contrées méridionales de l'Europe.

CHENONCEAUX, village du département d'Indre-et-Loire, à 10 kilomètres d'Amboise, avec une population de 325 habitants; on y récolte de bons vins rouges ordinaires et l'on y remarque un des plus beaux châteaux de la Touraine. Le fondateur de ce délicieux séjour fut Thomas Bohier, chambellan et conseiller, des rois Louis XI, Charles VIII, Louis XII et François Ier. L'emplacement qu'il choisit fut celui d'un moulin bâti dans le lit même du Cher. Thomas Bohier était, à sa mort, redevable envers le roi de 190,000 livres. On profita de cette circonstance pour forcer son fils à céder ce château, dont François Ier désirait faire une maison royale. Plus tard Henri II en fit don à Diane de Poitiers. Celle-ci fit élever le pont de cinq arches qui conduit sur la rive gauche du Cher; mais à la mort du roi elle dût abandonner cette belle terre à Catherine de Médicis, qui lui donna en échange le château de Chaumont-sur-Loire. La reine s'occupa alors d'agrandir Chenonceaux; son projet était de construire de l'autre côté du Cher un bâtiment faisant pendant à l'ancien et communiquant avec lui par une galerie régnant sur le pont élevé par Diane de Poitiers. La galerie fut seule terminée, ainsi que le grand bâtiment qui est au levant de l'avant-cour; elle agrandit aussi les *promenoirs*, et y donna quelques-unes de ces fêtes brillantes dont les mémoires du seizième siècle nous ont laissé de si curieuses descriptions. A sa mort elle légua ce domaine à sa belle-fille, Louise de Lorraine-Vaudemont, femme de Henri III, qui s'y retira quand ce prince eut été assassiné. Chenonceaux passa à sa nièce, Mlle de Mercœur, à l'occasion de son mariage avec César duc de Vendôme. La duchesse de Mercœur voulut habiter le château de la duchesse de Vendôme; et ce fut pour se conformer aux dernières volontés de la reine Louise, qu'elle fit pratiquer dans les combles du château des cellules que l'on voit encore, et qui étaient réservées à des religieuses Capucines.

Louis de Vendôme, fils de César, laissa ce domaine à son fils aîné, Louis-Joseph, si célèbre par son expédition d'Espagne. Celui-ci fit, dans son contrat de mariage, présent de Chenonceaux à sa femme Marie-Anne de Bourbon, petite-fille du grand Condé, qui mourut sans enfants. La princesse douairière de Condé, sa mère en hérita, et le vendit, en 1720, à son petit-fils le duc de Bourbon, premier ministre après la mort du régent. Le duc de Bourbon ne vint qu'une seule fois à Chenonceaux, qu'il revendit en 1733 au fermier général Dupin. Le goût et l'esprit des nouveaux possesseurs, leurs relations avec l'élite de la cour et de la ville, firent de Chenonceaux le rendez-vous de toutes les illustrations du dix-huitième siècle. Montesquieu, l'abbé de Saint-Pierre, Buffon, Voltaire, le comte de Tressan, l'abbé de Mably, son frère l'abbé de Condillac, Sainte-Palaye, lord Bolingbroke; Mmes de Boufflers, de Rohan, de Forcalquier, de Mirepoix, de Tencin, etc., formaient la société intime de Mme Dupin, qui avait alors pour secrétaire Jean-Jacques Rousseau. Chenonceaux appartient aujourd'hui au comte de Villeneuve, petit-neveu de Mme Dupin; il a fait restaurer le château en se conformant religieusement au style de son architecture.

On ignore le nom de l'architecte chargé par Thomas Bohier de donner les plans du château de Chenonceaux. Le vestibule divise le château en deux corps de logis. C'est du côté gauche que sont situés les principaux appartements; là se trouvent des chambres lambrissées et ornées de plafonds, véritables chefs-d'œuvre de sculpture en bois; on y voit les chiffres de Charles IX et de Catherine de Médicis, rehaussés d'or. Dans la salle dite de Catherine de Médicis, il existe une cheminée très-remarquable, qui a dû être faite pendant le séjour de Diane de Poitiers. A côté de cette salle est celle que Louise de Vaudemont fit tendre en noir après la mort de Henri III, et le petit cabinet où elle couchait ; cette salle donne entrée à la chapelle achevée entièrement par Thomas Bohier, comme l'indique la date de 1521, sculptée sur la jolie tribune qui la décore et sur ses armes peintes dans les clefs pendantes de la voûte. La bibliothèque occupe le pavillon qui fait pendant à la chapelle. Le plafond, richement décoré, est le plus remarquable de tous ceux du château. La galerie élevée sur le pont de Diane de Poitiers est de chaque côté percée de cinq grandes croisées, pendant chacune au milieu des cinq arcades; sur les piles s'élèvent en avant-corps de petites tourelles, ouvertes en arcades. Le second étage de cette galerie est de plain-pied avec les appartements; les fenêtres servent de portes pour entrer sur de petites terrasses d'où l'on découvre le cours du Cher, bordé de prés, de bois et de collines, qui forment le point de vue le plus pittoresque.

CHÉNOPODÉE. *Voyez* ANSÉRINE.

CHÉNOPODÉES. Ces plantes herbacées, rarement frutescentes, ont les racines longues et ordinairement tortues, les tiges le plus souvent droites, les feuilles simples et alternes. Leurs fleurs sont presque toujours hermaphrodites; leur calice, polyphyle ou monophyle, est ordinairement divisé en plusieurs découpures; leurs étamines, en nombre défini, sont insérées à la partie inférieure du calice; elles ont un ovaire supérieur, portant quelquefois un seul style, mais plus souvent plusieurs, terminés chacun par un stigmate simple, rarement bifide. Leur fructification consiste en une seule graine nue, ou enveloppée par le calice; quelquefois elle consiste en une baie ou capsule, où est un embryon circulaire ou roulé en spirale autour d'un périsperme farineux. La famille des chénopodées fournit des plantes potagères et d'autres émollientes. La médecine et l'art culinaire tirent surtout un grand parti des suivantes: l'*arroche*, la *bette*, la *blette*, le *chénopode* (*voyez* ANSÉRINE) et l'*épinard*. Les *soudes* appartiennent également à cette famille.

CHÉOPS, roi d'Égypte, appelé *Chembès* par Diodore de Sicile, régna vers l'an 1178 avant J.-C. Avant lui le gouvernement avait toujours été empreint de la plus grande modération. Chéops remplaça cet état de choses par une insupportable tyrannie. Ennemi de l'humanité, il eut aussi la religion en horreur; par lui les temples furent fermés, les

26.

sacrifices interdits, les revenus des prêtres (qui étaient très-considérables) confisqués. De rudes et mortels travaux accablèrent le peuple égyptien, qui fut condamné à fouiller sans relâche des carrières, à tailler des pierres, à construire des chaussées ; et tout cela pour élever la grande pyramide que Chéops destinait à devenir son tombeau. Un joug si honteux pesa sur l'Égypte pendant cinquante-six ans : les peuples crurent en vain que la mort de Chéops les soulagerait ; Chéphren, son frère, qui lui succéda, sembla chercher à le faire regretter. Du reste, Hérodote ne parle de ces deux rois que d'après les récits des prêtres égyptiens ; et on peut conclure de ses paroles que lui-même n'ajoutait pas une grande foi à leur histoire.

CHEPTEL ou **BAIL A CHEPTEL**. C'est un contrat par lequel une partie donne à l'autre des animaux susceptibles de croît ou de profit, pour l'agriculture ou le commerce, à l'effet de les garder, nourrir et soigner sous les conditions convenues entre elles. Il y a plusieurs sortes de cheptels : le *cheptel simple* ou *ordinaire*, le *cheptel à moitié*, le *cheptel donné au fermier* qu'on nomme encore *cheptel de fer*, le *cheptel donné au colon partiaire*, le *cheptel de vaches*.

Dans le bail de *cheptel simple*, la fonte et le croît seulement se divisent par moitié entre le bailleur et le preneur : le laitage, le fumier et le travail des animaux demeurent en entier au preneur. Il se fait ordinairement, soit dans le bail, soit par acte séparé, une prisée du bétail afin de fixer la perte ou le profit qui pourra se trouver à la fin du bail. Cette prisée ne confère aucun droit de propriété au preneur sur le fonds de cheptel. Le preneur ne répond pas au delà de sa moitié, des cas fortuits, à moins qu'il n'y ait donné lieu par sa faute. La preuve du cas fortuit est de droit à la charge du preneur et celle de la faute de ce dernier à la charge du bailleur. Dans tous les cas le preneur, déchargé par cas fortuit, est tenu de rendre compte des peaux, c'est-à-dire non pas de les payer, mais de faire connaître ce qu'elles sont devenues, par exemple si elles ont péri avec les bêtes, comme dans les maladies contagieuses où la police s'oppose à ce qu'on dépouille les bêtes mortes. Si l'accident était tel que le cheptel eût péri totalement, la perte ne serait pas même supportée par moitié par le preneur : elle le serait en entier par le bailleur. Pour éviter que le propriétaire de la ferme qu'exploite le preneur n'exerce son privilège sur le cheptel, on doit avoir soin de lui notifier le bail, et cela au moment même de l'introduction du cheptel dans la ferme. Plus tard cette notification du cheptel n'empêcherait pas l'exercice du privilège. Tant que dure la société résultant du bail à cheptel, il faut le consentement des deux parties pour disposer des bêtes ou même du croît. Cependant, le cheptelier qui vend sans l'autorisation du bailleur les bestiaux donnés à cheptel n'est passible que d'une simple action civile et non d'une action criminelle. S'il y a nécessité de vendre de vieilles bêtes, par exemple, et que le bailleur s'y refuse, le preneur doit se faire autoriser par justice. La fonte se divise par moitié où elle a lieu. Le preneur doit à cet effet prévenir le bailleur. A la fin du bail, qui dure trois ans, à moins de convention particulière ou de résiliation, on procède au partage après nouvelle estimation du cheptel. Si cette estimation est inférieure à la première, le bailleur prend tout ce qui existe, la perte se partage ; si elle est égale, le bailleur prend également tout, et il n'y a pas lieu par conséquent au partage. Si elle est supérieure, le bailleur prélève des bêtes de chaque espèce jusqu'à concurrence de la première estimation, et le surplus se partage. Toute stipulation contraire est interdite. La mort d'une des parties n'opère pas la dissolution de cette espèce de société que crée le bail à cheptel, leurs droits respectifs passent à leurs héritiers comme pour les baux ordinaires.

Le *cheptel à moitié* est une véritable société dans laquelle chacune des parties fournit la moitié des bestiaux qui demeurent en commun pour la perte et pour certains profits :

quant à celui du laitage, du fumier et du travail des bestiaux, il appartient au preneur lui seul, nonobstant toute stipulation contraire. Toutes les autres règles du cheptel simple s'appliquent au cheptel à moitié.

Le *cheptel donné au fermier*, qu'on nomme aussi *cheptel de fer*, parce qu'il enchaîne pour ainsi dire le fermier à la métairie, a lieu lorsque le propriétaire d'un bien rural le donne à ferme avec les bestiaux dont il est garni. Il est de règle que tous les profits des bestiaux, sans exception, appartiennent au fermier pour toute la durée du bail, sauf néanmoins l'obligation d'employer exclusivement les fumiers à l'amélioration de la ferme, s'il n'y a convention contraire ; que le fermier, recueillant tous les profits, est tenu même de la perte totale survenue par cas fortuit, s'il n'y a convention contraire ; que lors de la résolution du bail le fermier est tenu, même par corps, de laisser des bestiaux d'une valeur égale à celle qu'il a reçue. Il doit, par conséquent, être fait estimation du cheptel au commencement et à la fin du bail ; mais cette estimation, quoiqu'elle mette le cheptel aux risques du fermier, ne lui en transfère pas la propriété. Aussi n'a-t-il pas le droit de retenir le cheptel à la fin du bail, même en payant l'estimation ; il garde seulement l'excédant de la seconde estimation sur la première, comme il est tenu de suppléer au déficit s'il en existe.

Le *cheptel donné au colon partiaire* est soumis en général aux règles et clauses établies pour le cheptel simple, sauf les modifications suivantes. On peut y stipuler que le bailleur aura une plus grande part dans les laitages, au plus la moitié ; qu'il aura une plus grande part que le preneur dans les autres profits ; qu'il aura droit de prendre la part du colon dans la fonte à un prix inférieur à la valeur ordinaire. Si la loi permet ainsi au bailleur de faire sa condition meilleure, c'est qu'il contribue à la nourriture du cheptel, qui est prise sur les produits de la métairie, dont il reçoit une partie en nature, et que de droit c'est le preneur qui doit nourrir les bestiaux. Ce bail finit avec celui de la ferme, et le colon partiaire peut être contraint par corps à la représentation du cheptel.

Le *cheptel de vaches* a lieu lorsqu'une ou plusieurs vaches sont données à quelqu'un qui se charge de les loger et de les nourrir sous la condition d'en avoir tous les profits qui appartiennent au bailleur, lequel conserve également la propriété des vaches.

CHER, CHÈRE. Le mot *cher*, que l'on a écrit autrefois *chier*, vient du latin *carus*, opposé à *vilis*. Il se dit de toutes les choses auxquelles on attache du prix, soit au physique, soit au moral, et s'emploie dans les rapports du commerce, comme dans les relations de cœur, pour exprimer la valeur réelle ou supposée d'une chose. Très-souvent en effet ce n'est qu'une mode ou une circonstance passagère qui donne du prix à une chose, quoique cette chose en elle-même n'ait souvent point une grande valeur. C'est ainsi que l'on a vu payer mille écus et au-delà un simple caïeu ou oignon de tulipe, dans le temps où la tulipomanie était la maladie du siècle. La rareté d'une chose fabriquée et le peu de concurrence entre le commerce s'en trouve restreint en augmentent aussi beaucoup la valeur, comme la concurrence doit nécessairement la diminuer ; mais le prix n'en dépend pas toujours autant du vendeur que de l'acheteur, car l'offre ne saurait être appréciée là où il n'y a point de demande (*voyez* CHERTÉ).

Quant à ce qui regarde les affections du cœur et les relations de l'esprit, on pourrait croire qu'elles s'appuient, dans le plus grand nombre de cas, sur des qualités réelles et qu'une personne ou qu'une chose nous est *chère* en raison de son mérite ou de ses vertus ; mais il n'en est pas toujours ainsi : nos affections se portent quelquefois sur des objets qui n'en sont point dignes, et l'on a remarqué, par exemple, que l'enfant *chéri* est souvent celui de la famille qui mérite le moins la préférence dont il est l'objet, et qui répond le plus mal. Ce n'est donc pas toujours par ses perfections qu'une chose nous est *chère*; on peut même dire, en thèse générale, que nous nous attachons aux personnes moins par les services que nous en recevons que par ceux que nous sommes à même de leur rendre, et qu'elles nous sont chères en raison des sacrifices que nous leur avons faits : d'où il suit que le prix en est beaucoup plus dans l'appréciation que dans la valeur réelle.

Cher s'emploie adverbialement comme synonyme de *chèrement*, dans ces façons de parler : *vendre cher, acheter cher*. Il fait *cher* vivre à Paris et généralement dans toutes les grandes capitales. On dit d'un homme qu'il a *vendu cher sa vie*, quand il s'est défendu avec ce courage qui provient de la force d'âme plus encore que de la force physique, et que donnent aussi quelquefois aux plus faibles le désespoir et l'amour de la vie. On dit encore : *Vous me le payerez cher*, pour dire : Je saurai me venger du tort que vous me faites, ou du tour que vous m'avez joué; et adjectivement *le temps est cher, les moments sont chers*, pour dire le temps presse.

Mon cher, ma chère, s'emploient substantivement, dans l'acception de *mon cher ami, ma chère amie*, et se disent par ellipse, en sous-entendant ce dernier mot, comme *mon bon, ma bonne*, ou bien *cher, chère*, dans le même sens, avec la même intention, mais dans un style ou un langage encore plus familier.

CHER (Département du). Formé de la partie orientale du Berry, et d'une portion du Bourbonnais, il est borné au nord par le département du Loiret, à l'est par celui de la Nièvre, au sud par ceux de l'Allier et de la Creuse, et à l'ouest par ceux de l'Indre et de Loir-et-Cher.

Divisé en trois arrondissements, dont les chefs-lieux sont Bourges, Saint-Amand et Sancerre, il compte 29 cantons, 291 communes, et 306,261 habitants. Il envoie deux députés au corps législatif. Il appartient au vingtième arrondissement forestier, forme la première subdivision de la dix-neuvième division militaire, dont le quartier général est à Bourges; compose le diocèse de Bourges, et ressortit à la cour d'appel de la même ville. Son académie comprend un lycée, deux collèges, une institution, 6 pensions, et 347 écoles primaires.

La superficie est de 740,125 hectares, dont 375,098 en terres labourables; 111,319 en prés; 103,473 en bois; 62,828 en landes, pâtis, bruyères; 14,097 en forêts, domaines improductifs; 12,883 en vignes; 5,929 en vergers, pépinières et jardins; 5,166 en lacs, rivières et ruisseaux; 3,095 en étangs, abreuvoirs, mares, canaux d'irrigation; 1,842 en propriétés bâties; 983 en cultures diverses; 17 en oseraies, aulnaies, saussaies, etc. On y compte 48,935 maisons, 475 moulins à vent et à eau, 17 forges et hauts fourneaux, 43 fabriques et usines diverses. Il paye 1,027,052 fr. d'impôt foncier.

Situé dans le bassin de la Loire, le département est arrosé par ce fleuve et ses deux affluents, le Cher, qui lui donne son nom, et l'Allier, par l'Èvre grossie de l'Auron, la Grande-Saudre, la Petite-Saudre et l'Arnon. Le pays est plat en général, et sillonné par quelques chaînes de collines peu élevées; le sol n'est fertile que dans les vallées de la Loire et de l'Allier; au nord il est sablonneux, et ailleurs de médiocre qualité.

Le sanglier et le chevreuil abondent dans ce département ainsi que les renards et les loups; le gibier est aussi très-commun. Les rivières sont poissonneuses; on pêche la truite dans quelques-unes. Les essences dominantes des forêts sont le charme, le frêne et l'orme. Les produits minéraux exploités sont du fer excellent, qu'on y trouve en grande quantité, des pierres lithographiques, de belles pierres de taille, des pierres meulières, du silex, des marbres communs, du gypse, de l'ocre, de la terre à porcelaine et de l'argile à potier.

Pays agricole et d'exploitation, les principaux produits de sa culture sont les grains, et les vins en surabondance, le chanvre, les châtaignes et autres fruits. Les vins les plus estimés sont ceux de Chavignol et de Sancerre, bons vins rouges et très-bons vins blancs d'ordinaire. Dans les années communes, les vins gâtés seulement sont convertis en eau-de-vie. On élève beaucoup de bétail et surtout de moutons indigènes et de race améliorée, ainsi que beaucoup d'abeilles.

L'industrie la plus renommée du département est le travail des fers, dits *fers du Berry*, qui sont très-estimés. Les autres produits fabriqués sont des draps fins et communs, des lainages, de la porcelaine et de la poterie, des toiles de chanvre, du sucre de betterave, de l'huile de noix, des papiers et du verre.

Huit routes impériales, vingt-une routes départementales et 2517 chemins vicinaux sillonnent le département, qui possède en outre deux canaux, le canal du Berry et le canal latéral à la Loire de Digoin à Briare.

Les principales villes du département sont : Bourges, chef-lieu du département; *Sancerre*; *Saint-Amand-Mont-Rond*, sur le Cher, à l'embouchure de la Marmande, avec 8,232 habitants, un collège, des tanneries, des chamoiseries, deux typographies et un commerce important en bois, merrain, fers, laines, bestiaux gras, chanvre, châtaignes et peaux de chèvre : cette ville fut bâtie au quinzième siècle sur les ruines du bourg d'Orval, brûlé par les Anglais; *Vierzon*; *Mehun-sur-Yèvre*, avec 4,260 habitants, une station du chemin de fer du Centre, une fabrication considérable de toiles communes pour l'emballage des laines; des fabriques de droguets, une tannerie, et un commerce de laines et de chanvre : on y voit les ruines du château on Charles VII se laissa mourir de faim. *Château-Meillant*, chef-lieu de canton, à 29 kilomètres de Saint-Amand, avec 3,030 habitants, fut fondé, à ce qu'on croit, par les Romains, et est surtout remarquable par un ancien château, que l'on fait remonter au cinquième siècle. On y voyait encore au siècle dernier une grosse tour carrée, bâtie, suivant la tradition, par César, et sur la lanterne du dôme de laquelle était une figure en cuivre doré présentant Mélusine, personnage qu'on retrouve dans les armes de la maison de Saint-Gelais Lusignan, à qui la seigneurie de Château-Meillant a appartenu. *Charost*, chef-lieu de canton appartenait à la maison de Béthune, *Henrichemont, Aubigny, Lignières, Châteauneuf, Graçay, Menetou-Salon, Saint-Martin-d'Aubigny, Dun-le-Roi, Nérondes, Sancoins*, sont des bourgs qui n'offrent aucun intérêt.

CHÉRASKOFF (Michail Matwajévicz), poëte russe, né vers 1733, et qui passa la plus grande partie de sa vie à Moscou, où il remplit diverses fonctions à l'université, mort en 1807, est auteur d'une *Rossiada* (la Russiade), poëme épique froid et décoloré, dans lequel il raconte la conquête de Kasan, et de *Wladimir*, autre épopée dont la conversion de la Russie au christianisme est le sujet. Quoique dénués absolument de toutes les qualités que réclame l'épopée, ces deux ouvrages n'en furent pas moins considérés à leur apparition comme de véritables chefs-d'œuvre. Tous les contemporains de Cheraskof n'hésitent pas à le considérer comme un génie. Derjavine va jusqu'à qualifier la *Rossiada* de poëme immortel; Dmitrief et Karamsine eux-mêmes en parlent avec les plus grands éloges; mais peut-être aujourd'hui tombe-t-on dans l'excès contraire et le repousse-t-on trop. Si Cheraskof occupe encore une place dans l'histoire littéraire de la Russie, c'est à cause de l'immense réputation dont il jouit un moment, et aussi parce qu'il fut le maître de Bogdanowicz, le poëte sensuel qui a composé le charmant poëme *Duschurka*.

CHERBOURG, ville de France, chef-lieu d'arrondissement du département de la Manche, à 315 kilomètres nord-ouest de Paris, sur la Manche, à l'embouchure de la Divette, au fond de la large baie formée à l'extrémité de la presqu'île du Cotentin, entre les caps Levi et de La Hogue, avec une population de 28,012 habitants. Place de guerre défendue par des fortifications considérables, l'un des cinq grands ports militaires de l'empire et chef-lieu du 1er arrondissement maritime, cette ville a une direction d'artillerie, un tribunal de commerce, un collège, une école impériale d'hydrographie, une bibliothèque publique, une direction de douanes, un entrepôt réel. Un chemin de fer s'embranchant sur celui de Rouen doit relier incessamment Cherbourg à la capitale.

Cherbourg possède deux ports distincts, l'un réservé aux navires du commerce, et qui peut contenir 240 bâtiments de toute grandeur; l'autre aux vaisseaux de l'État. Le port militaire est devenu depuis les travaux ordonnés par Louis XVI et par Napoléon, et activement continués sous Louis-Philippe, l'un des plus beaux de l'empire; ses constructions les plus remarquables sont les deux bassins creusés à 19 mètres de profondeur dans le roc, ses cales couvertes pour la construction des plus gros navires, et la célèbre digue qui ferme la rade. Les bassins contiennent cinquante vaisseaux de ligne, qui peuvent y entrer à toute heure de la marée; quatre cents navires peuvent mouiller en sûreté dans la rade, l'une des meilleures de la Manche. Deux passes, l'une à l'est, de 1,000 mètres de large, l'autre à l'ouest de 2,300 mètres donnent accès dans la rade aux deux extrémités de la digue. Cette construction gigantesque, établie à 4,000 mètres de l'entrée du port du commerce, offre un développement de 3,768 mètres. La largeur est de plus de 80 mètres à la base et de 31 mètres au sommet. La base composée de blocs et de pierres perdues est de 0^m,70 au-dessus des plus basses mers de vives eaux ; la hauteur de la maçonnerie et du béton est de 7^m,50. Cette maçonnerie est revêtue de granit des deux côtés; elle s'élève à 1 mètre au-dessus des hautes mers de vives eaux. La construction de cette digue est une œuvre prodigieuse. On adopta le système inventé par l'ingénieur Cessart, et qui consistait à couler des caisses de charpente en forme de cône tronqué, de 45 mètres de diamètre à la base inférieure, et de 20 mètres à la base supérieure, sur 20 mètres de hauteur verticale. Pour soulever et transporter ces immenses caisses on adaptait à la circonférence de la grande base un certain nombre de tonneaux vides, puis on prenait l'appareil à la remorque pour le conduire à l'emplacement où l'on devait le couler après l'avoir rempli de pierres. Mais bientôt l'effort des lames détruisit entièrement les caisses coniques et l'on ne s'occupa plus que de verser des pierres ; la digue se trouva consolidée par l'effet des tempêtes, et notamment par celle qui survint le 12 février 1808. La montagne du Roule qui domine la ville a fourni ces blocs de pierre.

En fait de monuments, on remarque à Cherbourg le musée Henri; la salle de spectacle; la construction la plus considérable de l'ancienne ville est l'arsenal de la guerre, autrefois abbaye du Vou, fondée par la reine Mathilde. Les promenades sont belles et nombreuses.

La principale industrie de Cherbourg consiste dans les travaux de l'arsenal et des chantiers de construction de la marine militaire et du commerce; on y fabrique de la soude de varech, de l'iode, du muriate de potasse et autres produits chimiques; on y trouve des tanneries, des imprimeries d'indiennes et trois typographies. La pêche est active, et il se fait beaucoup de la pêche de la morue. Aux environs on exploite du beau granit et des ardoises. Le commerce ne manque pas d'importance; il est principalement alimenté par les besoins de port, on exporte des œufs, des volailles, des bœufs, des moutons et des porcs pour les îles anglaises; des mulets, des salaisons de viande et provisions pour les colonies; on importe des bois et des fers du Nord, du chanvre, du lin, du goudron et des denrées coloniales.

Cherbourg, qui est désigné au moyen âge sous les noms latins de *Cæsaris burgus*, *Caroburgus*, *Chereburgum*, *Cherebertum*, passe pour une ville fort ancienne; elle est bâtie sur l'emplacement d'une station romaine appelée *Coriallum* dans l'*Itinéraire* d'Antonin. On croit que son château était d'origine romaine; et Vauban, qui le fit démolir en 1688, y reconnut, dit-on, des traces de maçonnerie antique. Harald, roi de Danemark, y séjourna vers 945. Un acte de 1026 parle de son château. Guillaume le Conquérant y fonda un hôpital et construisit l'église du château. Le roi d'Angleterre Henri II y fit souvent de longs séjours, avec la reine Éléonore et toute sa cour. Lors de la conquête de la Normandie par Philippe-Auguste, Cherbourg tomba sans coup férir au pouvoir des Français. En 1295 elle fut pillée par les Anglais. En 1355, le Cotentin ayant été cédé à Charles le Mauvais, roi de Navarre, Cherbourg devint le principal appui de ce prince; et durant le reste du quatorzième siècle, ce fut là que débarquèrent constamment les troupes anglaises et navarraises qui venaient ravager la Normandie. En 1418 les Anglais s'emparèrent de cette ville après un siège de trois mois; mais en 1450 Charles VII la reprit. Sous la Fronde elle embrassa le parti du prince de Condé. Vers 1687, Louis XIV forma le projet de fonder à Cherbourg un port qui pût contenir un grand nombre de vaisseaux, et dans ce but il envoya le maréchal de Vauban visiter les côtes de Normandie; mais après quelques travaux préliminaires le projet fut abandonné. Le désastreux combat de La Hogue en 1692 fit vivement sentir la nécessité d'établir sur cette partie de nos côtes un port militaire. Toutefois, ce n'est qu'en 1777 que le gouvernement, après avoir longtemps hésité entre La Hogue et Cherbourg, se décida pour ce dernier point. C'est à Cherbourg que débarqua le duc de Berri, en 1814, et que Charles X s'embarqua pour la terre d'exil après les journées de Juillet 1830.

CHERCHELL (*Julia Cæsarea*), ville d'Afrique située sur la Méditerranée, dans le département d'Alger, à 80 kilomètres d'Alger, a été fondée quelques années avant J.-C., sur l'emplacement de l'ancienne *Iol*, par Juba II, qui lui donna le nom de *Césarée*, en commémoration des bienfaits qu'il avait reçus d'Auguste. Embellie chaque jour par Juba, cette ville devint bientôt la capitale de la Mauritanie césarienne, et témoigne encore aujourd'hui, par ses ruines, de l'importance et de la prospérité dont elle a joui. Tombée au pouvoir des Vandales, puis redevenue place romaine par les armes de Bélisaire, elle déchut rapidement pendant l'invasion des Arabes, qui, déjà maîtres de l'Égypte, s'élancèrent sur l'Afrique septentrionale. Les Maures chassés d'Espagne, vers les dernières années du quinzième siècle, la reconstruisirent en partie, à quelque distance des anciennes limites. En 1531, l'amiral André Doria s'en empara par un coup de main, quoiqu'elle fût protégée par un vieux château actuellement en ruines; mais elle ne tarda pas à rentrer sous la domination arabe, et les deys d'Alger la gardèrent jusqu'à l'époque de notre conquête d'Afrique.

La ville de Cherchell a 700 mètres environ de diamètre; elle est construite à la mauresque, dans le genre de Blidah, sur les pentes nord de collines élevées de 100 mètres au-dessus du niveau de la mer, dans un pays sain, fertile et abrité des vents du sud par la chaîne du mont Zakkar. Trois aqueducs amènent les eaux dans la place : ce sont les aqueducs des Roseaux, d'Anabord et des Beul-Menasser; ensemble, ils ne fournissent que 150 mètres cubes d'eau par vingt-quatre heures. Des restes d'aqueduc considérables, et dont quelques parties paraissent assez bien conservés, prouvent que l'antique Césarée était approvisionnée par des eaux venant de loin. Près de la porte Milannah il existe de vastes voûtes romaines, qui ont dû servir de réservoir à ces eaux. Les environs de Cherchell sont riants, pittoresques, chargés d'arbres fruitiers et de vignes. Le bois de chauffage y est abondant. Les champs et les jardins s'étendent sur tout le penchant septentrional d'un rideau de montagnes, ce qui permet une surveillance militaire facile et commode. Plusieurs cours d'eau, notamment l'Oued-Bellaa et l'Oued-el-Hachem, arrosent le territoire.

Sa position, qui lui permet d'être approvisionnée par mer, a l'avantage de dominer l'ouest de la Métidjah, dont la ville n'est séparée que par des collines faciles à franchir et un espace de cinq myriamètres, connu sous le nom de *Sahel des Beni-Menad*. Cherchell n'offre pas un bon mouillage; l'abord en est difficile pendant l'hiver; son port, qui ne peut être fréquenté que par des bâtiments de petite dimension, est formé par une langue de terre qui s'avance à une certaine distance de la mer, et qui paraît avoir été jetée par la main de l'homme. Avant l'occupation, ses habitants cultivaient le mûrier, nourrissaient des vers à soie et fabriquaient même des étoffes. Ils travaillaient assez bien le fer et l'acier, et faisaient un grand commerce de grains. La défense de la place se compose d'une enceinte avec un fort intérieur, d'un autre, qui protège le port, et de onze postes extérieurs bordant une ligne qui est à peu de chose près l'enceinte de la ville romaine. Un hôpital a été établi dans les bâtiments de la grande mosquée; on a construit une caserne pour mille hommes, des magasins de vivres et de fourrages, et un parc pour les troupeaux de l'administration. On s'est aussi occupé de mettre Cherchell en communication avec Miliannah, par un chemin de mulets sur les crêtes et une route carrossable par les pentes de la Metidjah.

L'armée sous les ordres du maréchal Valée prit possession de Cherchell le 16 mars 1840. En 1839 des pirates sortis de son port s'étaient emparés d'un bâtiment de commerce français; pour détruire ce nouveau foyer de piraterie, un corps expéditionnaire, réuni à Blidah et à Coléah, se mit en marche trois mois après, et détruisit tous les douars hadjoutes qu'elle rencontra. L'avant-garde, composée du 17ᵉ léger et du 2ᵉ bataillon d'Afrique, traversa l'Oued-el-Hachem devant 300 cavaliers arabes, qui se défendirent faiblement et s'enfuirent aussitôt; elle bivouaqua sur les bords de cette rivière. Le lendemain le corps expéditionnaire prit possession de Cherchell, abandonnée de ses habitants, y laissa une faible garnison, et rentra dans ses quartiers respectifs. Les Arabes tombèrent aussitôt en masse sur la ville, et pendant six jours tentèrent de surprendre ou de forcer la garnison. Le maréchal Valée, qui poursuivait alors l'ennemi sur les montagnes qui séparent la Metidjah de la vallée du Chéliff, fit exécuter bien vite un mouvement rétrograde à sa colonne, et vint débloquer Cherchell après une action assez vive, engagée avec les Arabes qui occupaient les hauteurs de l'Oued-el-Hachem. La garnison, renforcée et bien approvisionnée, eut les 15 et 16 août de la même année à repousser les attaques d'El-Barkani. Les tribus belliqueuses de l'Outhan, de Cherchell, les Beni-Menasser, les Chenouan et les Tsaouria, commencèrent à se lasser de combats inutiles qu'ils livraient à nos troupes ; elles demandèrent à fréquenter nos marchés ; mais, malgré la pénurie et la cherté des denrées, il leur fut répondu que le commerce étant un fruit de la paix, on n'en voulait faire aucun avec des populations insoumises. « Chassez, leur dit-on, les agents de l'émir, déclarez-vous contre lui, et alors nous vous regarderons comme des amis. » Cette politique résolue ébranla les Arabes; beaucoup d'entre eux mirent bas les armes. On fit prompte justice de ce qui resta d'aventuriers et de Bedouins pillards sur le pied de guerre. Quand la soumission, si difficilement obtenue, permit de songer à appeler des Européens dans Cherchell, un arrêté du 20 septembre 1840 décida que cent familles y seraient placées, chacune obtenant, à titre gratuit, la concession d'une maison et de 10 hectares de terre. Bientôt on dut délivrer de nouvelles concessions à tous les colons qui se présentaient pour repeupler la ville. En 1847 on y comptait 2,012 habitants, dont 967 Européens et 1045 indigènes. Cherchell a un commissaire civil, deux écoles primaires, une bibliothèque ; il s'y fabrique de la poterie commune, le commerce y est assez actif.

CHERCHEURS ou **EXPECTANTS**. Les Anglais donnèrent ce nom à des hérétiques de leur pays, qui, prétendant que la véritable religion n'était pas trouvée, passaient leur vie à la chercher. Ils avaient adopté pour patron saint Jean l'Évangéliste, dont ils attendaient toujours la venue pour rétablir la véritable Église. Leurs charlatans prêchaient que cet apôtre était en Transylvanie; d'autres assuraient l'avoir vu dans le Suffolk. Ils lui adressaient des lettres pour le supplier d'arriver. Cette secte se répandit en Hollande et passa même en France, vers l'an 1786. Une association de gens simples, dit l'abbé Grégoire, se forma à Paris, prêchant que saint Jean l'Évangéliste était parmi eux, avec le prophète Élie, et que sa présence se manifestait tous les jours par des miracles. Ces sectaires se traitaient de frères et sœurs. Une portière passait à leurs yeux pour une inspirée; elle fut visitée par la duchesse de Bourbon, par dom Gerle et par la fameuse Labrousse, qui fit le voyage de Rome pour conseiller au pape Pie VI de reconnaître la présence de l'apôtre sur la terre. Ces sectaires, suivant le journal prophétique de Pontard, étaient alors au nombre de cent. La portière fut regardée comme complice de Catherine Théos, et traduite devant le comité révolutionnaire de sa section au moment où la poudrière de Grenelle venait de sauter. « Je ne tremble pas devant vous, dit-elle, mais je pourrais vous faire trembler tous. » Le chef de la secte était un cordonnier. Les adeptes se rassemblèrent quelque temps au Pré-Saint-Gervais, et finirent par disparaître comme les chercheurs d'Angleterre et ceux de Hollande.   Viennet, de l'Académie Française.

CHÈRE, qu'on a écrit autrefois aussi *chière*, vient du verbe grec χαίρω, qui veut dire *se réjouir*, et s'est employé d'abord dans le sens de visage. C'est ainsi qu'on disait faire une *chère fade* à quelqu'un, pour dire lui faire mauvaise mine. De là, et par extension, le mot *chère* est devenu synonyme d'*accueil gracieux*, de *réception favorable*; puis on en a restreint l'application et la signification à ce qui regarde le service de la table, à la quantité, la qualité, la délicatesse des viandes, à la manière de les apprêter et de les servir, en un mot à un *bon repas*, ce qui est un des moyens, mais non pas le seul, sans doute, de bien recevoir et de bien traiter les gens. En tout cas, cette acception est la seule qui soit restée. On dit : *faire bonne chère* ou *mauvaise chère*, ou *maigre chère*. Certaines gens ont la réputation dans le monde,

D'aimer par trop la *bonne chère*,
Qui n'ont souvent chez eux qu'un fort mince ordinaire.

On appelait jadis *chère entière* un grand repas, suivi de jeux et de divertissements, et *chère de commissaire* un repas composé de *chair et de poisson*, sans qu'on puisse remonter à l'origine de ce vieux dicton. On dit aussi proverbialement : « Il n'est *chère* que de vilain ; quand il traite, tout y va. » Enfin, on dit encore faire *chère-lie*, pour dire faire un repas joyeux, de *lie*, *liesse* (en latin *lætitia*).
   Edme Héreau.

CHÉREBERT. *Voyez* Caribert.
CHÉRI (Rose). *Voyez* Montigny (Mᵐᵉ).
CHÉRIBON, ou plutôt *Tjai Rebon*, résidence hollandaise située au milieu de l'île de Java, bornée au nord par la mer de Java, à l'est par la rivière Losari ou Sangaron près Tagal et par la Banjumâs, au sud par la baie de Segara-Anakan, et par la régence de Preáng, et à l'ouest par cette même régence, ainsi que par la rivière Sewou près de la régence de Krawang, avec un sol très-inégal, montagneux au sud et uni au nord. Dans le petit nombre de ses montagnes proprement dites, la plus remarquable est le *Tjeï mai* ou Pic de *Chéribon*, haut, suivant Jungluhn, de 3776 mètres, avec un cratère de 160 mètres de profondeur. Le climat, malsain sur la côte, est très-salubre dans les hautes vallées du sud. Le sol, comme celui de toute la partie sep-

tentrionale de Java, est bien arrosé, d'une grande fertilité et particulièrement favorable à la culture de l'indigo, du sucre, du café (le meilleur qui se récolte à Java), du riz, qu'on y cultive sur une échelle chaque jour plus grande, du bois de Tek, etc. Le district de Chéribon proprement dit n'est point régulièrement arrosé; circonstance qui y nuit à l'agriculture. Au village de Pakendieng on trouve de la terre rouge (*Ampoh*), qu'on exporte par Tagal et qui se mange dans de certaines localités américaines. Parmi les animaux, on remarque une race de chevaux vigoureux et de buffles. La population, forte de plus de 500,000 âmes, se compose à l'ouest de peuplades originaires des îles de la Sonde et à l'est de Javanais. Les voyageurs rapportent n'avoir jamais rencontré dans tout l'archipel Indien autant de mendiants aveugles et estropiés qu'à Chéribon. Une école existe depuis 1824 dans la capitale, à l'usage de la partie européenne de la population composée de Hollandais et de Portugais. On compte pour les naturels qui sont mahométans plus de 200 écoles, dont les élèves ne payent aucune rétribution; seulement, les plus distingués eux-mêmes, y rendent une foule de services à leurs maîtres.

La résidence de Chéribon est divisée en cinq districts : *Chéribon*, *Indramayou*, *Madscha*, *Kouningan* et *Galou*. C'est dans le premier de ces districts qu'est située la capitale, *Chéribon*, dans une vaste baie de la côte septentrionale, à 25 myriamètres à l'est de Batavia, avec 15,000 habitants, de larges rues, un port ouvert et un fort qui le protége. Les habitants chrétiens, descendants des Portugais et des Hollandais, ont une église depuis 1841, et les Chinois un nouveau temple dans leur populeux quartier. Le quartier des Arabes ne se distingue que par son excessive malpropreté. Cette ville fait un important commerce d'exportation en produits du pays, et surtout en café. A une lieue au nord, on trouve à Kali Astana, sur le Gunong Dschati, le cénotaphe en forme de terrasse élevé à la mémoire du cheih Jbnu-Molanà (appelé aussi Sunan-Gunong Dschati), qui apporta la doctrine de Mahomet à Java. En 1802 les Chinois provoquèrent à Chéribon une révolte par suite de laquelle le radjah Karoman fut banni à Amboine; mais en 1808 il fut rappelé en qualité de sulthan dans la ville, que de 1804 à 1805 la peste avait presque entièrement dépeuplée. A partir de 1809 les sulthans en furent complètement assimilés à des fonctionnaires hollandais, et après l'insurrection de janvier 1818, bien rapidement comprimée d'ailleurs, ils furent directement soumis au gouvernement hollandais.

CHÉRIF ou SCHÉRIF, mot arabe dont la signification, comme titre, est *prince*, *seigneur*, *maître*, et comme épithète, *noble*, *illustre*, *excellent*, *élevé en dignité*. Avant l'islamisme ce titre était exclusivement dévolu aux dix membres du gouvernement aristocratique de La Mecque, qui fut détruit par Mahomet. C'est pour cela sans doute que lorsque cette ville secoua la domination des khalifes successeurs du législateur musulman, l'an de l'hégire 251 (de J.-C. 865), le titre de chérif est celui que s'attribuèrent les princes héréditaires, qui, sous quatre dynasties, y ont régné presque sans interruption et s'y sont maintenues jusqu'à nos jours. Médine leur appartenait; mais une autre branche de chérifs, les *Beno-Machenna*, ou *Hachemides*, l'enleva, en 1202, à la quatrième dynastie des chérifs de La Mecque, et la posséda jusqu'en 1451, qu'elle cessa d'avoir des souverains particuliers. Ainsi, l'on continue à dire le *chérif de La Mecque*, tributaire d'abord des sulthans d'Égypte, puis des empereurs ottomans; mais il n'y a qu'un gouverneur ou cheikh à Médine, nommé directement par ceux-ci. Toutes ces branches de chérifs sont issues de Mahomet par Fatime, sa fille, et Ali, son gendre. A cette illustre origine est attachée la prérogative de porter les titres de *chérif*, *émir* ou *séid*, que l'on donne à tous les descendants du législateur arabe par Fatime, quels que soient leur rang et leur fortune. Ce titre ne vaut aux simples particuliers

qui en sont décorés que le droit de porter un turban vert, et ne les exempte pas des peines afflictives et infamantes.

Outre les chérifs souverains dont nous avons parlé, il y en a eu trois branches qui ont régné en Afrique, savoir les *édrissides*, dont le chef Édris fonda la ville et le royaume de Fez, qu'ils ont possédé depuis l'an 172 de l'hegire (788-789 de J.-C.), jusqu'en 920. C'est à cette famille qu'appartenait le célèbre géographe Chérif-el-Édrissy. Les deux autres branches ont régné à Maroc et à Fez, l'une depuis l'an 1515 environ, et l'autre depuis 1650. C'est à celle-ci qu'appartiennent les empereurs actuels de Maroc, qu'il serait aussi ridicule d'appeler *chérifs* de Maroc que de dire le *sofy de Perse*.

L'épithète de chérif s'ajoute encore à des objets inanimés pour témoigner la vénération qu'ils inspirent aux Musulmans, ainsi on appelle *sandjak-chérif* l'oriflamme sacré, l'étendard de Mahomet, conservé religieusement depuis plus de douze siècles à Médine, à Damas, à Bagdad, au Caire et à Constantinople, comme le palladium de l'islamisme contre les ennemis du dehors et les séditieux de l'intérieur, quoiqu'il ait été souvent inefficace dans les guerres politiques et religieuses. *Katt-chérif*, et non *Hatti-chérif*, comme écrivent les journaux, est un firman, un édit quelconque signé de la main du sulthan. H. AUDIFFRET.

CHÉRIN (BERNARD), né à Ambouville, le 20 janvier 1718, historiographe et généalogiste des ordres du roi, se livra de bonne heure aux études paléographiques. Placé à la tête du cabinet des ordres de Saint-Lazare, de Saint-Michel et du Saint-Esprit, commissaire du conseil et censeur royal, chargé, en outre, par Louis XV de dresser les preuves de noblesse des familles qui voulaient être admises à monter dans les carrosses de sa majesté, il se fit dans l'exercice de ses fonctions une réputation de probité si sévère *qu'il était injuste*, disait-on, *à force de justice*. L'examen attentif des chartes, des diplômes et des autres pièces généalogiques, l'obligation de les déchiffrer, de les comparer, de les analyser, lui donnèrent une telle expérience, que ses travaux portent avec eux un cachet de vérité et d'authenticité incontestables. Ses décisions en matière généalogique avaient plus de crédit et de force morale que les arrêts du conseil d'État et des cours supérieures. Ses mémoires pour l'admission des familles aux honneurs de la cour sont des modèles du genre. Chérin mourut le 21 mai 1785.

CHÉRIN (LOUIS-NICOLAS-HENRI), fils du précédent, conseiller à la cour des aides, né à Paris, vers 1769, succéda à son père, comme généalogiste des ordres du roi, se livra d'abord aux mêmes études. Il publia en 1788 un excellent recueil de législation nobiliaire, sous le titre d'*Abrégé chronologique d'édits, déclarations, règlements, arrêts, et lettres-patentes des rois de France de la troisième race, concernant le fait de noblesse*. Mais l'année suivante il était forcé par la Révolution de suspendre ses travaux héraldiques et de prendre le parti des armes. De grade en grade il parvint, dans l'armée du Nord, à celui de général de brigade, et commanda aux soldats d'un bataillon de l'Yonne de faire feu sur Dumouriez, qui trahissait. En 1795 il fut nommé chef de l'état-major général de l'armée de l'ouest, commandée par le général Hoche, son ami, et eut une grande part à la première pacification de la Vendée. Plus tard il suivit le général Humbert dans l'expédition d'Irlande. Commandant de la garde du Directoire en 1797, chef de l'état-major général de l'armée du Danube sous Masséna, il fut blessé grièvement dans une des actions qui précédèrent la bataille de Zurich, et mourut le 14 juin 1799.

CHÉRIN DE BARBIMONT, cousin germain du précédent, qui avait fait aussi quelques travaux nobiliaires, mourut en 1829, léguant son cabinet à la Bibliothèque Royale.

CHEROKEES, dans leur propre langue *chelaké*, les plus civilisés de tous les Indiens de l'Amérique septentrionale, forment une nation assez étroitement unie à celle des

Creeks et, comme elle, appartenant au groupe Apalache. Ils habitaient jadis le territoire occupé aujourd'hui par les comtés d'Alabama, de Mississipi, de Tennessee, ainsi que par la partie occidentale de la Floride; territoire représentant une superficie d'environ 2400 myriamètres carrés. Autrefois ils formaient deux tribus bien distinctes, même sous le rapport de la langue, les *Ottare*, habitants des montagnes, et les *Airate*, habitants des vallées. Les Chérokées se montrèrent tout d'abord favorablement disposés envers les colons anglais. Wousatasaté fut le premier de leurs chefs qui, en 1721, reçut l'investiture royale des mains du gouverneur anglais Nicholson. Après la défaite du général Braddock, le conseil de la Virginie eut l'infamie d'offrir une prime live pour les crânes scalpés des Indiens qu'on lui présenterait; mesure qui donna lieu aux plus horribles assassinats. Il en résulta une guerre sanglante et acharnée, dans laquelle on commit de part et d'autre les plus effroyables actes de cruauté. Ce ne fut qu'en 1761 que les Anglais, commandés par le colonel Montgomery, réussirent complétement à soumettre cette nation.

Pendant la guerre de l'indépendance, les Chérokées se tinrent complètement inoffensifs; ce ne fut que vers la fin de la lutte qu'ils commencèrent des hostilités contre l'Union. Le général Pickens marcha contre eux, et après en avoir tué un grand nombre et détruit plusieurs de leurs bourgs et villages, conclut avec eux, le 17 octobre 1781, un traité de paix, qui, à d'insignifiantes exceptions près, a été jusqu'à ce jour fidèlement observé. Dans la dernière guerre que les États-Unis ont eu à soutenir contre l'Angleterre, on a vu maintes fois des Chérokées combattre dans les rangs des troupes américaines, et le général Jackson leur décerna publiquement cet éloge, qu'il y avait parmi eux des officiers de l'intelligence la plus élevée. Dans les différends qui surgirent en 1829 entre les Chérokées et l'État de Géorgie, la cour suprême de l'Union rendit bien un arrêt en leur faveur; mais elle se trouva trop faible pour donner une sanction à sa décision : de sorte que le pouvoir exécutif de l'Union se vit contraint de finir par céder aux exigences de la Géorgie et de transférer les malheureux Chérokées sur le territoire d'Arkansas. Après avoir inutilement essayé, en corrompant quelques chefs, de les déterminer à vendre leurs terres, il intervint enfin avec environ 600 d'entre eux un traité partiel, contre lequel protestèrent de la manière la plus solennelle 15,000 Chérokées, formant la très-grande majorité de la nation et de ses chefs. Le congrès n'en ratifia pas moins ce traité, le 14 mars 1836, et vota aux Chérokées une indemnité de 5 millions de dollars. Deux ans plus tard, le général Scott envahit, à la tête de deux mille hommes, le territoire des Chérokees, en leur ordonnant d'avoir à se réunir sur divers points pour de là gagner le territoire d'Arkansas. Les malheureux Indiens, que la civilisation avait habitués à des procédés plus doux, durent obéir, et peu de temps après ils avaient tous abandonné la terre de leurs pères pour émigrer vers l'Ouest.

Les Chérokées ont aujourd'hui une langue écrite, et avant les démêlés survenus entre eux et l'État de Géorgie ils avaient fait de notables progrès dans la civilisation. Ils avaient fondé des établissements fixes, et, indépendamment de l'agriculture et de l'élève des bestiaux, pratiquaient différents métiers. L'un d'eux, appelé Georges Guess, a inventé un alphabet syllabique, à l'aide duquel il a appris à ses concitoyens à écrire. Les Chérokées s'étaient même donné une espèce d'organisation politique reproduisant jusqu'à un certain point la constitution des États-Unis.

L'émigration forcée de cette peuplade l'a rejetée dans un état plus ou moins voisin de la barbarie. Les Chérokées se plaignaient vivement d'avoir reçu des terres peu fertiles. Au mois de juillet 1843 on vit arriver à Washington une députation de leur nation, ayant plusieurs de ses chefs à sa tête, et chargée de proposer au président de l'Union la vente de son nouveau territoire à très-bas prix. Effectivement le marché fut conclu; et les Chérokées s'enfoncèrent encore davantage dans l'ouest, au delà de l'Arkansas. Ils habitent aujourd'hui une belle contrée, située entre le 36° et le 38° degré de latitude, dans ce qu'on appelle le territoire indien. Au sud des Chérokées habitent les Creeks, et au nord les Wyandots. La large zone qui sépare leur territoire du Rio-Grande et du Nouveau Mexique est parcourue par les Comanches et les Apaches, peuplades restées à l'état sauvage.

Après avoir essuyé tant de malheurs, les Chérokées ont encore eu à souffrir de discordes intestines, qui les ont considérablement affaiblis. Leur nombre total ne dépasse guère aujourd'hui 10,000 têtes. Le bien-être auquel ils étaient parvenus a aussi singulièrement diminué.

CHÉRON (AUGUSTIN-ATHANASE), célèbre acteur de l'Opéra de Paris, naquit le 26 février 1760, dans un village près de Versailles. M. de Monville, architecte du roi, passant près d'une forge, dans le voisinage du couvent de Saint-Cyr, entendit une superbe voix de basse, et en parla au directeur de l'Opéra. On appela Chéron à Paris, où il reçut des leçons de chant, pour s'initier dans l'emploi qu'il devait remplir. Il fut en état de débuter en 1779 à l'Académie de Musique. Doué d'une belle physionomie et d'une taille majestueuse, il était très-bon musicien, et rendait ses rôles avec beaucoup d'intelligence. Parmi ceux où il s'est le plus distingué, on se rappelle celui du pacha dans *La Caravane*, d'Agamemnon dans *Iphigénie en Aulide*, et surtout d'Œdipe dans *Œdipe à Colone*. Sa retraite eut lieu en 1802. Après avoir vécu quelque temps à Tours, il se fixa à Versailles, où il mourut le 5 novembre 1829.

CHÉRON (ANNE), née *Cameroy*, épouse du précédent, naquit en 1767, dans un petit village aux environs de Paris. Sa sœur aînée, qui était servante chez M. Mittié, docteur en médecine, avait une assez belle voix ; et comme on l'en félicitait, *ma sœur*, dit-elle, *en a une plus belle encore*. Le docteur en parla à Gossec, qui venait d'être nommé directeur de l'École de Chant et de Déclamation, fondée par le baron de Breteuil aux *Menus-Plaisirs*. La jeune Cameroy y fut admise, et pendant quinze mois elle fut livrée à toutes sortes d'exercices, même au maniement des armes, pour donner à ses moyens plus de souplesse et d'agilité. Elle fut en état de débuter à l'Opéra le 17 septembre 1784, dans *Chimène*, opéra de Sacchini. Son succès donnait une rivale à Mᵐᵉ Saint-Huberty; mais elle ne soutint pas longtemps la concurrence. Mariée en 1786, elle joua avec Chéron le rôle d'Antigone, d'*Œdipe à Colone*, que Sacchini avait pris la peine de lui enseigner lui-même. Ce rôle était son triomphe. Elle joignait une grande intelligence à beaucoup de sensibilité ; et le timbre de sa voix, un peu voilé, la rendait plus touchante. Ses moyens s'étant affaiblis, elle quitta le théâtre en 1800, à l'âge de trente-trois ans. Elle vint d'abord à Tours avec son mari, et se retira ensuite à Versailles.

FAYOLLE.

CHÉRONÉE (*Cheronea*), ville forte de Béotie, située au nord-ouest, près des confins de la Phocide, sur la rive méridionale du Céphise, vit naître Plutarque dans ses murs.

Plusieurs batailles se livrèrent près de cette ville. La première remonte à l'an 447 avant J.-C., à l'époque de la *guerre sacrée*. Les Athéniens y furent battus par les Thébains, alliés de Sparte, et ce revers entraîna pour eux la perte de la Béotie.

La seconde bataille de Chéronée est plus célèbre. Les intrigues d'Eschine préparaient à Philippe II, roi de Macédoine et père d'Alexandre le Grand, un prétexte pour se mêler des affaires des principales républiques grecques, dont ce prince voulait se rendre maître. Une nouvelle guerre sacrée allait lui ouvrir l'entrée de la Béotie et de l'Attique. Les Locriens d'Amphissa étaient déclarés sacriléges pour avoir labouré le champ Cirrhéen, consacré à Apollon depuis plus de deux siècles; le peuple avait été de plus exclu par le conseil des Amphictyons du droit public et religieux de la Grèce. Eschine, alors revêtu de la charge de pylagore, fait donner à Philippe le soin d'exécuter la sentence contre les profanateurs du culte d'Apollon. Le roi de Macédoine, suivi des députés de toutes les villes qui ont condamné les Locriens d'Amphissa, envahit leur territoire, démantelle leurs villes, y met des garnisons, et surprend Élatée (338 avant J.-C.). A cette nouvelle, les Athéniens et les Thébains oublient leur rivalité pour ne s'occuper que du danger commun. Thèbes reçoit une garnison athénienne. L'armée des deux républiques confédérées, forte de trente mille hommes, commandée par des généraux inhabiles ou corrompus par l'or de Philippe, livre bataille aux Macédoniens, près de Chéronée. Philippe fut vainqueur. Alexandre s'y distingua. Les Athéniens et les Thébains avaient été poussés à la résistance par Démosthène surtout. Cet orateur prit honteusement la fuite dans cette bataille en jetant son bouclier. L'orateur Démade, au contraire, fait prisonnier par Philippe, se concilia l'estime de ce prince par une parole courageuse. Le roi de Macédoine était venu se montrer à ses prisonniers revêtu de tous les ornements de la royauté, et insultant à leur malheur, Démade lui dit : *Tu pourrais jouer le rôle d'Agamemnon, Philippe, et tu joues celui de Thersite.* Philippe rentra aussitôt en lui-même, et lui rendit la liberté. Longtemps après cette seconde bataille de Chéronée, on voyait aux environs de cette ville les tombeaux des Thébains morts en combattant celui qu'ils regardaient comme l'ennemi de la liberté hellénique.

Après bien des vicissitudes, la Grèce devint romaine. Le monde romain y fut en présence avec le monde asiatique; Sylla d'un côté, Mithridate de l'autre. Les environs de Chéronée servirent encore de champ clos dans ce duel. Taxile, général du roi de Pont, fut battu par le romain Sylla. Celui-ci éleva sur le lieu du combat un trophée qui devait perpétuer le souvenir de sa victoire. A. SAVAGNER.

CHERSON ou **KHERSON**, gouvernement de la Russie méridionale, dont le nom est tiré de l'ancienne ville grecque de Cherson, située en Crimée. Il est borné à l'ouest par la Bessarabie et la Podolie, au nord par les gouvernements de Kief et de Pultawa, à l'est par ceux de Iécatérinoslaf et de la Tauride, au sud par la mer Noire, et comprend la plus grande partie de la Nouvelle-Servie et la steppe occidentale du Nogaïs ou d'Oczakoff. Sa superficie est d'environ 660 myriamètres carrés, avec une population de 889,000 âmes.

Ce pays n'est pour la plus grande partie qu'une steppe aride, uniforme, s'élevant insensiblement vers le nord avec de gras pâturages, entremêlés de fondrières et d'étangs. Près de la côte, le sol est sec et maigre, mêlé partout de parties ferrugineuses, et particulièrement idoine à l'élève des moutons, parce qu'il nourrit offre une nombreuse variété de plantes salines. Quand on atteint l'intérieur de ce gouvernement, le sol devient plus fertile, et offre quantité de plantes aromatiques et d'herbes très-hautes. On n'y rencontre pas de forêts, et dans la saison des chaleurs le vent brûlant du sud y a bientôt fait disparaître toute verdure. Depuis que les Russes se sont emparés de cette contrée, jadis presque entièrement déserte, ils l'ont peuplée et défrichée en y établissant des colons venus d'Allemagne, de Bulgarie et d'autres pays encore. On y cultive aujourd'hui les céréales de toute espèce; on a même essayé la culture du coton aux environs d'Odessa. Les légumes, les fruits, les melons y réussissent parfaitement, de même que le mûrier, le cerisier et l'abricotier. Les cours d'eau les plus importants sont le Dnieper et le Dniester. Le premier a pour affluents l'Ingouletz et le Boug, qui, de même que les deux fleuves, sont utilisés pour l'arrivage du bois, qui manque totalement dans le pays, et favorisent un commerce important ainsi que l'exportation des grains. Les riches pâturages nourrissent une grande quantité de chevaux, de bêtes à cornes et de buffles. On estimait en 1849 le revenu total de ce gouvernement à 1,236,637 roubles argent. Les habitants, dont 147,000 seulement demeurent dans douze villes, sont de grands et de petits Russes, des Kosacks, des Polonais, des Serbes, des Bulgares, des Moldaves, des Grecs, des Arméniens, des Allemands et des Turcs.

Cherson fut en partie cédé pour la première fois par la Porte à la Russie en 1792, aux termes de la paix de Jassy, et est divisé aujourd'hui en cinq cercles : *Cherson, Alexandria, Jelissawetgrad, Olviopol* et *Tiraspol*. Son chef-lieu, CHERSON, ville fortifiée, bâtie sur le Liman du Dnieper, a 31,000 habitants. Elle comprend quatre quartiers : celui de la forteresse, où se trouvent une église, l'hôtel des monnaies, l'arsenal et une fonderie de canons; celui où sont situés les magasins et les chantiers de construction de la marine; le faubourg grec, avec une grande halle, et le faubourg des soldats. L'amirauté, établie autrefois à Cherson, réside aujourd'hui à Nicolajéf. Le port de Cherson, où existe un établissement de quarantaine parfaitement organisé, était autrefois le grand port militaire de la flotte russe de la mer Noire; mais il est aujourd'hui à peu près encombré par la vase. Il y entre annuellement environ quatre cents bâtiments plats grecs. La fondation de cette ville ne date que de 1778. Quand en 1787 Catherine II y rencontra à Cherson avec l'empereur Joseph, une alliance offensive et défensive contre la Turquie y fut signée entre ces deux souverains, au milieu de réjouissances et de solennités de tout genre. On voit dans les environs de Cherson les tombeaux de Potemkin et d'Howard.

CHERSONÈSE. Ce mot qui en grec signifie *presqu'île* a été donné par les Grecs et les Romains à plusieurs promontoires :

1° La *Chersonèse cimbrique*, située au nord de l'Allemagne, bornée au sud par l'Elbe, à l'ouest par l'océan Germanique, au nord et à l'est par la mer Baltique; territoire occupé aujourd'hui par deux populations bien distinctes de mœurs, de langage et d'intérêts, quoique réunies sous le même sceptre; la population allemande des duchés de Schleswig-Holstein, et la population danoise du Jutland. La dénomination de *cimbrique* fut vraisemblablement donnée à cette chersonèse, parce que c'est de ces contrées qu'on suppose que sortaient ces terribles Cimbres qui, à diverses reprises, s'en vinrent du fond de la Germanie frapper de terreur Rome, alors toute-puissante. Plus tard l'histoire nous la montre habitée par les Saxons, les Angles et les Jutes.

2° La *Chersonèse taurique*, actuellement appelée *Tauride* ou *Crimée*, située entre le Pont-Euxin, le Palus Mæotis et le Bosphore Cimmérien. Ses plus anciens habitants étaient les Taures ou Tauro-Scythes, comme Pline et Ptolémée les appellent : c'est d'eux qu'elle a pris le nom de *Taurique*. Plus tard, les Grecs y commencèrent et y fondèrent des villes. Mithridate, roi de Pont, posséda cette péninsule, qui assure qu'il en tirait annuellement un tribut de 200,000 mesures de grain, et de 2,000,000 de talents en argent. Les Romains en firent la conquête, et la donnèrent aux rois du Bosphore. Quelques tribus orientales d'Asie, que nous connaissons sous le nom de *Huns*, s'y établirent plus tard, et plusieurs y restèrent jusqu'au temps de l'empereur Julien. Elle passa ensuite aux princes de la famille de Gengiskhan. Les anciennes villes remarquables étaient *Taphræ* ou *Taphrus*, située sur l'isthme, où est aujourd'hui Przkop; *Chersonesus* ou *Cherson*; *Théodosie*, autrement appelée *Caffa*, sur le Pont-Euxin, et *Panticapée*, sur le Bosphore.

3° La *Chersonèse de Thrace*, grande presqu'île entourée au sud par la mer Égée, à l'ouest par le golfe de Mélas, à l'est par l'Hellespont, unie vers le nord au continent par une langue de terre de 37 stades de largeur. C'est ce qu'on appelle aujourd'hui la presqu'île des Dardanelles ou Gallipoli.

4° La *Chersonèse d'Or* (*Chersonesus Aurea*), située dans l'Inde, au delà du Gange : c'est aujourd'hui la presqu'île de Malakka.

CHERTÉ. Ce mot est l'opposé de celui de *bon marché*. La *cherté* est la haute valeur, le *bon marché* la basse valeur des choses. Mais comme la *valeur* des choses est relative, et qu'elle n'est haute ou basse que par comparaison, il n'y a de cherté réelle que celle qui provient des *frais de production*. Une chose réellement chère est celle qui coûte beaucoup de frais de production, qui exige la consommation de beaucoup de *services productifs*. Il faut entendre le contraire d'une chose qui est à bon marché. Ce principe ruine la fausse maxime : *quand tout est cher, rien n'est cher* ; car pour créer quelque produit que ce soit il peut falloir dans un certain ordre de choses faire plus de frais de production que dans un autre ordre ; c'est le cas où se trouve une société peu avancée dans les arts industriels ou surchargée d'*impôts*. Les impôts sont des frais qui n'ajoutent rien au mérite des produits. Les progrès dans les arts industriels sont soit un plus grand degré d'*utilité* obtenu pour les mêmes frais, soit un même degré d'utilité obtenu à moins de frais. La plus grande quantité d'un certain produit obtenu pour les mêmes frais est une plus grande somme d'utilité obtenue. Cent paires de bas produites par le métier à tricoter procurent pour les mêmes frais une utilité double de celle de cinquante paires produites par les aiguilles d'une tricoteuse (*voyez* Cher).   J.-B. Say.

CHÉRUBIN, en hébreu *cherub* (au pluriel *cherubim*), est le nom d'un être merveilleux, à face humaine, pourvu d'ailes, que le judaïsme associe presque toujours à Jehovah, et qu'il représente surtout comme supportant son trône. L'Ancien Testament fait d'abord mention des *chérubins* comme gardiens du paradis : un *cherub*, un glaive de feu à la main, empêche le premier couple humain qui n'a été expulsé, d'y rentrer. Dans le sanctuaire du tabernacle, et plus tard dans celui du temple, ils étaient de métal repoussé et placés sur le *kaporeth* ou *propitiatoire*, c'est-à-dire sur le couvercle de l'arche d'alliance, de telle façon qu'ils semblaient en sortir. Des figures de *chérubins* étaient aussi brodées sur le voile du temple. Enfin ils apparaissent dans les visions du prophète Ézéchiel et dans l'Apocalypse de saint Jean tout différents des représentations qui précèdent. Le premier leur donne la forme humaine, avec une tête réunissant la figure de l'homme à celles du lion, du taureau et de l'aigle. Ils sont pourvus de quatre ailes, dont deux supportent le char de Jehova et leur servent à voler, tandis que les deux autres couvrent leur corps. Leurs mains sont placées sous leurs ailes, et tout leur corps est parsemé d'une innombrable quantité d'yeux. Dans l'Apocalypse, quatre *chérubins*, tout couverts d'yeux et pourvus chacun de six ailes, entourent le trône de Jehova. Le premier a la figure d'un homme, le second celle d'un lion, le troisième celle d'un bœuf et le quatrième celle d'un aigle : de là les figures symboliques données, de fort bonne heure, aux évangélistes. A saint Mathieu, l'homme ; à saint Marc, le lion ; à saint Luc, le bœuf ; à saint Jean, l'aigle.

Philon, qui a composé un livre spécial sur les *chérubins*, a cru y découvrir une allégorie aux corps célestes. D'autres savants juifs et la plupart des Pères de l'Église n'y ont vu que des anges, dont Denis l'Aréopagite a fait le second chœur de la première hiérarchie céleste ou qui servaient de siège à Jehovah, suivant l'expression du psalmiste : *Dieu est assis sur les chérubins*. La plupart des théologiens n'avaient également vu dans les *chérubins* que des anges, jusqu'à J.-D. Michaelis, qui déclara qu'il n'y avait là qu'une fiction. Herder, dans son *Génie de la Poésie hébraïque*, les compare aux griffons chargés de garder l'or et à d'autres figures d'animaux merveilleux.

Familièrement on dit qu'*il a une face de chérubin*, d'un enfant, d'un homme qui a le visage rond, les joues colorées, et qu'*il est rouge comme un chérubin*, de celui qui a le visage rouge et enflammé. En peinture et en sculpture, ce sont des têtes d'enfant, *à la face bouffie*, flanquées d'ailes, que les peintres placent dans leurs tableaux, et les sculpteurs dans leurs ornements pour figurer des anges.

CHERUBINI (Marie-Louis-Charles-Zénobie-Salvador) naquit à Florence, le 8 septembre 1760 ; il était d'une constitution si faible à sa naissance, que l'on n'eut d'abord aucun espoir de le conserver. Cependant cet enfant, qui était le dixième de douze, qui naquirent du mariage de Barthélemi Cherubini et de Verdienne Bozi, survécut à tous les autres, et fournit une carrière de quatre-vingt-deux ans. Son père, professeur de musique à Florence, lui donna les premières leçons de cet art, et le confia, à l'âge de neuf ans, aux soins de Barthélemi Felici, puis d'Alexandre Felici, fils du précédent, tous les deux compositeurs distingués de Florence. Il perdit bientôt, et presque en même temps, ces deux maîtres. Après leur mort, il passa sous la direction de Pierre Bizzari et de Joseph Castrucci, théoriciens habiles de la même époque. Ses dispositions étaient si heureuses, il profita si bien des leçons de ses maîtres, et ses progrès furent tels qu'à treize ans il avait fait exécuter à Florence une messe à grand chœur et symphonie, son premier ouvrage. Poursuivant ses études avec un succès toujours croissant, il donna successivement, de 1773 à 1778, des messes, des intermèdes, des psaumes, des oratorios, des airs, des pièces fugitives, en tout dix-sept compositions, que l'on exécuta dans sa ville natale avec grand applaudissement, tant à l'église qu'aux théâtres particuliers.

Léopold II, grand-duc de Toscane, sut apprécier le talent du jeune compositeur, et lui accorda une pension, qui lui permit d'aller à Bologne terminer ses études sous le célèbre Sarti. Ce maître le prit en affection, et l'emmenait toujours avec lui dans les villes où il allait donner des opéras. Afin de l'exercer à ce genre de composition, il le chargeait d'en écrire les seconds rôles. En 1779, Sarti vint à Milan occuper la place de maître de chapelle de la cathédrale ; son fidèle disciple l'y suivit. Sans quitter cette précieuse tutelle, Cherubini composa *Quinto Fabio*, et le fit représenter, en 1780, à Alexandrie de la Paille. Il avait alors vingt ans ; il donna ensuite *Armida*, *Adriano in Siria*, *Messenzio*, à Florence et à Livourne. En 1783 il fait représenter à Rome son *Quinto Fabio* et à Venise un opéra-buffa intitulé : *Lo Sposo di Tre*, *e marito di nessuna*. De retour à Florence, en 1784, il y compose *Idalide*, et se rend à Mantoue pour écrire *Alessandro nell' Indie*, son huitième opéra. Le renom de Cherubini, comme celui de son maître, avait aussi passé les mers ; Pétersbourg venait d'enlever Sarti à l'Italie ; Londres voulut confisquer Cherubini à son profit. Le jeune maître passa le détroit en 1785, et donna, sur le théâtre de Hay-Market, *La Finta Principessa*. Le prince de Galles, qui fut ensuite régent et roi, sous le nom de Georges IV, accueillit à merveille Cherubini. Ce prince aimait beaucoup la musique, celle de chant surtout ; Cherubini fut admis souvent à ses réunions intimes, et fit de la musique avec le royal amateur et le duc de Queensbury, qui avait une affection particulière pour le maître italien.

Cherubini fit plusieurs voyages à Paris, y connut Viotti, et ces deux illustres musiciens se lièrent d'amitié. Viotti voulut que son ami travaillât pour la scène française, et lui fit avoir le livret de *Démophon*. Avant que cet opéra fût représenté à l'Académie Royale de Musique, le compositeur eut le temps de donner *Giulio Sabino*, à Londres, en 1786, et *Ifigenia in Aulide*, à Turin, en 1788. *Démophon* ne parut que le 5 décembre suivant sur notre grande scène lyrique. Viotti chargea Cherubini de composer les morceaux nouveaux qu'on intercalait dans les opéras italiens représentés sur le théâtre de Monsieur, qu'il administrait. Quarante-trois morceaux, parmi lesquels on en signale de ravissants, tels que le trio *Son tre, sei, nove*, le quatuor

Cara, da voi dipende, l'air *Seguir dovrò chi fugge*, furent écrits par Cherubini de 1789 à 1792; époque où la troupe italienne abandonna la salle Feydeau. *Lodoïska*, opéra français en trois actes, avait paru sur la même scène, le 18 juillet 1791. *Élisa*, *Médée*, *L'Hôtellerie portugaise*, *La Punition*, suivirent *Lodoïska*; ces deux derniers n'eurent pas le brillant succès des trois ouvrages du même maître qui les avaient précédés. Mme Scio, cantatrice dramatique du premier mérite, triomphait dans les rôles de Médée, d'Élisa, de Lodoïska. Elle se signala encore dans *Les Deux Journées*, que l'on représenta le 16 janvier 1800, sur le théâtre Feydeau, dont Cherubini était le plus ferme soutien. Ce maître composa avec Méhul *Épicure*, que l'on ne joua que trois fois au théâtre Favart. *Anacréon, ou l'Amour fugitif*, parut au grand Opéra, en 1803, et resta longtemps au répertoire. L'année suivante Cherubini écrivit la musique d'*Achille à Scyros*, ballet. Il fit représenter *Faniska* à Vienne, en 1806, et *Pigmaglione*, en 1809, sur le théâtre des Tuileries. Le 1er septembre 1810 on joua, à Feydeau, le *Crescendo*, que l'on trouva trop bruyant alors; à présent, il ne le serait point assez. Le 16 avril 1813 on donna, à l'Opéra, la première représentation des *Abencerrages*, qui n'eurent qu'un succès d'estime. L'empereur partit le lendemain pour aller à la rencontre des Russes et de leurs alliés, qu'il trouva à Bautzen, à Lutzen. Le duc de Rovigo commanda une pièce de circonstance pour ranimer l'esprit patriotique; la musique en fut improvisée par Cherubini, Catel, Boieldieu, Nicolo. *Bayard à Mézières*, tel est le titre de cet acte. Le 1er mai 1821 autre pièce de circonstance, commandée pour les fêtes du baptême du duc de Bordeaux, *Blanche de Provence*, opéra en un acte et en trois parties; la troisième était en entier de Cherubini, qui la termina par le chœur ravissant, *Dors, noble enfant*. Paër, Boïeldieu, Berton, Kreutzer, avaient composé la musique des deux premières parties.

Les travaux de Cherubini pour la chapelle du roi, dont il était un des surintendants depuis 1816, l'éloignèrent de la scène jusqu'en 1831. Neuf compositeurs écrivirent la partition de *La Marquise de Brinvilliers*. L'introduction de cet opéra se distingue par une vigueur de coloris, une élégance de style, une fleur de mélodie qui firent le plus grand honneur à Cherubini.

Naturalisé Français, Cherubini épousa une Française, Mlle Cécile Tourette; un fils et deux filles sont nés de ce mariage. En 1815 il fut nommé membre de l'Institut; il avait déjà la croix d'Honneur, mais depuis un an seulement; il reçut la croix d'officier en 1823; il n'eut le cordon de Saint-Michel depuis 1819. Le grand-duc de Hesse-Darmstadt lui envoya son ordre du mérite en 1826. En 1822 on lui donna la direction du Conservatoire, à la tête duquel il est resté vingt ans. Les relations administratives de Cherubini pendant le temps de sa direction ne furent pas toujours exemptes de dégoûts et de contrariétés; plusieurs fois il se trouva dans le cas d'offrir sa démission, mais les difficultés s'aplanirent; enfin un nouveau règlement émané du ministère de l'intérieur ayant été introduit à la fin de 1841, le directeur refusa de l'accepter, et résigna ses fonctions en janvier 1842. Le compositeur ne parut aucunement affecté de quitter son emploi; mais il ne tarda pas à éprouver un changement notable dans l'état de sa santé, et le 15 mars 1842 il avait cessé de vivre.

Les travaux de Cherubini sont immenses. Sa musique sacrée est ce que l'on a écrit de plus parfait dans ce genre. Ce maître a su combiner de la manière la plus heureuse la science du contre-point et les agréments du style libre. Il a composé huit messes solennelles, dont quatre ont été imprimées. Son *Requiem* forme le cinquième volume de la collection de ses messes. Le nombre des compositions inédites de cet auteur fécond, y compris les quarante-trois morceaux écrits pour le théâtre italien, dirigé par Viotti, s'élève à cent trente. Son dernier opéra est *Ali-Baba*, opéra en quatre actes, représenté avec succès en 1833 à l'Académie Royale de Musique. D'où vient qu'un si grand renom musical a si peu de retentissement parmi la foule qui fréquente aujourd'hui les théâtres? Pourquoi le répertoire si riche de Cherubini est-il réduit à une seule pièce : *Les deux Journées*, qui n'est même pas souvent sur l'affiche? En voici la raison : Cherubini a travaillé trop souvent sur de mauvais livrets, canevas mal bâtis, misérablement écrits. Cherubini a dispersé des fragments sublimes dans des opéras italiens depuis longtemps abandonnés; il a fourré ses diamants dans la poche de Cimarosa, de Paisiello, de Gazzaniga même. Ses messes ont triomphé, mais *con sordini*, dans la chapelle de Louis XVIII et de Charles X, réduit étroit, où se pressaient les courtisans, et dont on fermait les portes sur une trentaine de provinciaux qui avaient loué des culottes de père noble chez Babin, pour profiter de la carte d'entrée qu'un député leur avait fait obtenir. Cherubini, musicien consciencieux, sachant ce qu'il valait, et le prouvant par ses œuvres, a toujours dédaigné l'intrigue, et s'est moqué de la mauvaise humeur de Bonaparte, qui ne l'aimait pas du tout. Plus dur, plus roide qu'une barre d'acier, il n'a jamais plié, même devant Napoléon. Comme le prêtre de Jupiter Ammon, il restait dans son temple; faut-il s'étonner si ses oracles n'ont été recueillis que par des dévots? CASTIL-BLAZE.

CHÉRUSQUES, nation germanique dont il est pour la première fois fait mention dans César. La forêt de *Bacenis*, c'est-à-dire du Harz, qui suivant lui les séparait des Suèves, formait leur frontière au sud. Au nord-est ils s'étendaient jusque par delà l'Aller, près de l'Elbe, où ils avaient pour voisins les Longobards. Au nord-ouest, près du Weser, ils étaient séparés des Angivarii par les Chauces. Au sud ouest, où ils possédaient de l'autre côté de la Dremel une partie du territoire longeant la rive gauche du Weser, ils se rencontraient avec les Chamaves et avec les Chattes ou Cattes.

Le premier Romain qui traversa leur territoire fut Néro Claudius Drusus, lorsqu'en l'an 9 avant J.-C., il pénétra jusqu'à l'Elbe. Arminius ou Hermann mit fin à la dépendance dans laquelle ils en étaient arrivés à se trouver vis-à-vis de Rome; il forma entre eux et les Chattes, magnère leurs ennemis, les Marses et les Bructères une confédération, et l'an 9 de notre ère anéantit dans la forêt de Teutoburg les légions romaines commandées par Quintilius Varus. Germanicus profita, en l'an 15, des discussions survenues entre Hermann et son beau-père Segest pour exécuter une invasion dans la partie occidentale du pays des Chérusques. Il la renouvela l'année suivante; et cette fois Hermann fut battu dans le champ *Idistavisus*, sur les rives du Weser; Cependant Germanicus battit en retraite, sans poursuivre son succès. Lors de la guerre qui éclata l'an 17 entre Hermann et Marbod, les Longobards et les Semnons se séparèrent de la confédération des Marcomans pour se rattacher à celle des Chérusques, qui, commandée par Hermann, fut victorieuse. À la mort de ce chef célèbre, des dissensions intestines éclatèrent dans leur sein; enfin, sous le règne de l'empereur Claude, Italus, fils de Flavius, frère de Hermann, fut ramené de Rome, où il vivait, par des envoyés des Chérusques, à l'effet de prendre la dignité de prince de leur nation; mais il ne put se maintenir au pouvoir suprême qu'avec l'appui des Longobards. Tacite dit que les Chérusques, à la suite de longues années de paix, étaient devenus un peuple affaibli et amolli, peu propre au service militaire; ce qui fait que de son temps les Chattes avaient complétement pris le dessus sur eux. Il faut toutefois qu'ils se soient relevés de cet état d'infériorité, car d'ailleurs n'était peut-être le fait que d'une partie de leur race, puisque plus tard on les voit figurer en première ligne dans la confédération militaire des Saxons, dont il est pour la première fois, mention au troisième siècle. Alors le nom des Chérusques, comme peuplade particulière, est effacé par celui des Saxons. Toutefois, il en est encore fait mention au commencement du quatrième siècle parmi les peuples qui se liguèrent contre Constantin; et vers la fin de ce même siècle Claudien le cite encore.

CHERVI. On nomme ainsi le *sium sisarum*, plante indigène et vivace, de la famille des ombellifères, qui croît naturellement dans les vallées d'un sol sain et fertile du midi de la France. Sa culture fut autrefois pratiquée en grandes superficies pour en obtenir des semences, qui furent abondamment employées en médecine, dans la droguerie, par les distillateurs et par les liquoristes; mais le peu d'empressement des médecins à faire usage, dans la thérapeutique moderne, des préparations diverses dans lesquelles entrent les semences de chervi a fait presque entièrement abandonner la culture de cette plante, même aux environs de Paris, sous le rapport de la production de ses semences. Cependant, on n'a pas cessé de la cultiver comme plante potagère, pour ses racines, que l'on mange à la manière de celles du salsifis noir et du salsifis blanc, et qui ont l'avantage d'être plus sucrées. On multiplie le chervi par ses semences, qu'on sème selon le climat et la température, soit en automne, soit au printemps, en terre douce, profonde et sablonneuse; on le multiplie encore par éclats; mais le procédé le plus simple est d'en semer les graines.

La semence du chervi est légèrement aromatique, et exhale l'arôme le plus fin et le plus suave. Il paraît certain qu'on pourrait en obtenir une liqueur fine et agréable, par une infusion moins longuement continuée, d'une quantité moins grande de semences que celle qu'on employait anciennement.
C. TOLLARD aîné.

CHERVIN (NICOLAS) naquit le 6 octobre 1783, à Saint-Laurent-Poins (Rhône). Ses parents, agriculteurs campagnards, l'envoyèrent, déjà grand garçon, au collège de Villefranche, et ensuite à celui de Lyon, d'où il sortit pour entrer dans le commerce. La recommandation d'un homme riche et considéré lui eût peut-être dans cette carrière frayé le chemin de la fortune; mais le hasard jeta sa rencontre un de ses camarades, étudiant la médecine, qui lui proposa d'assister à une leçon d'anatomie, et cette tentation de curiosité d'un moment décida de son avenir. Il passa quelques années à Lyon, dont il fréquentait le grand hôpital; il vint ensuite à Paris, on ne sait au juste en quelle année. Chervin ne fut reçu médecin qu'en 1812, âgé alors de vingt-neuf ans, déjà bien avancé dans la vie pour se plier aux exigences traditionnelles de la médecine pratique. Sa thèse de réception avait pour sujet *la polygamie*, et il dédia ce premier essai au plus célèbre de ses amis, M. de Marchangy, écrivain, magistrat et fameux orateur, auteur de *Tristan*, et qui, assure-t-on, se connaissait mieux en polygamie qu'en médecine.

Médecin fort inoccupé quand vint la campagne de Russie et plus tard l'invasion en France des étrangers, il alla comme Lassis étudier et traiter le typhus à Mayence et dans d'autres villes de guerre : il dut voir que cette maladie n'est nullement contagieuse, et que c'est à la prompte propagation de sa cause qu'elle a dû de le paraître. Il revint en France à l'époque des Cent-Jours, et comme il partageait l'enthousiasme des plus outrés partisans de l'empire, Chervin perdit quelques mois dans une guerre de fédérés que leur fanatisme et leur misère rendait dignes d'un chef comme Merino ou comme Mina. Dans cette guerre malheureuse, notre docteur croyait concilier son rôle de citoyen exalté avec sa mission philanthropique de médecin : joignant une trousse et quelques fioles médicamenteuses à sa carabine, il pansait la nuit les plaies qu'il avait pu faire le jour.

Quand la Restauration affermie eut assis durablement la paix en Europe, Chervin ne trouvant plus ni guérillas où exposer sa vie ni typhus à traiter, il ne lui restait qu'à voyager loin de sa patrie. Le docteur Lassis, dès cette époque (1819), avait déjà publié que la fièvre jaune n'est pas plus contagieuse que le typhus. Chervin trouva insuffisantes les preuves alléguées par un confrère qui n'avait jamais vu la fièvre jaune, et il se décida, avec son opiniâtre volonté de Lyonnais, à visiter les lieux où sévit naturellement la fièvre jaune. Doué de persévérance et de courage, il s'embarqua pour l'Amérique après avoir réalisé un peu d'argent en aliénant son patrimoine. Il fit relâche aux Antilles. Il visita tour à tour Saint-Domingue, la Guadeloupe et la Martinique, où, tout en enregistrant quelques souvenirs de la fièvre jaune absente, il exerça quelque temps çà et là la médecine. Il en fut de même des États-Unis : il séjourna dans la Louisiane, et principalement à la Nouvelle-Orléans. Il s'embarqua ensuite pour Cayenne, dont il n'affronta que peu de temps le climat meurtrier, beaucoup plus funeste que la fièvre jaune, qui là encore ne régnait pas. Il revint ensuite dans les grandes Antilles, entre autres à Cuba, et séjourna quelque temps à La Havane, capitale de cette île espagnole. Le but unique et constant de tant de voyages était de poursuivre en tous lieux, et dans le passé comme dans le présent, l'enquête projetée à Paris concernant la fièvre jaune. D'abord, Chervin observa personnellement quelques malades, et il dut faire exprès cent lieues pour approcher d'eux et veiller à leur chevet, tant cette funeste fièvre se montra rarement sur son passage. Nous lisons dans une lettre de M. V. Bally : « Chervin eut la fatalité de chercher en tous lieux pendant cinq ans la fièvre jaune sans la rencontrer une seule fois à l'état épidémique. Même à Cadix, tout était fini quand il arriva. » Il ne vit donc que des cas sporadiques; cependant il prenait note des lieux, du climat, des saisons, du régime et de l'âge des malades, du traitement du mal, de ses phases et de son issue. Il put ouvrir quelques cadavres, ne fût-ce que secrètement et à la dérobée. Il s'assurait de la non-contagion par la marche du mal, et quelquefois même, maîtrisant une répugnance légitime, en goûtant lui-même de ces vomissements noirs auxquels les Espagnols ont donné le nom de *vomito prieto*. Pour compléter tant de recherches, il interrogeait les médecins, les magistrats, les administrateurs et indistinctement tous ceux que leur éducation et la rectitude d'une raison mure semblaient mettre à l'abri des préjugés.

Riche de faits innombrables, chargé de notes et de certificats authentiques, la plupart datés du Nouveau-Monde, Chervin revint à Paris en 1824. Il se logea modestement dans une petite chambre de la rue Villedo, n'ayant pour meuble essentiel que la bienheureuse malle, déjà très-usée, qui renfermait les documents recueillis dans ses voyages. Il demeura là dix-neuf ans sans désemparer, si l'on excepte le voyage qu'il fit à Cadix en 1828, avec les docteurs Louis et Trousseau, afin d'étudier, au nom du gouvernement français, l'épidémie de fièvre jaune qui venait d'apparaître dans la cité espagnole. Il dut à cette mission, et surtout à ses deux collègues, eux-mêmes non décorés à cette époque, d'être nommé membre de la Légion d'Honneur.

Depuis 1824 jusqu'en 1843, époque de sa mort, Chervin ne s'occupa que d'une seule chose, de la fièvre jaune. Discussions et rapports devant l'Académie de Médecine, dont il fut élu membre en 1832; lettres, réclamations et articles perpétuellement insérés dans les journaux; mémoires destinés au concours de l'Institut, où lui fut décerné un prix Montyon de 10,000 fr., le seul argent peut-être qu'il ait jamais touché en outre de ses jetons de présence de l'Académie; audiences et rendez-vous dans les divers ministères, où il ne rencontra pendant quinze années que des opposants et des dégoûts; brochures contre M. Pariset, son adversaire, et contre Lassis, son rival, rival d'autant plus redoutable qu'il prétendait comme Chervin et qu'il prétendait à la priorité de leurs opinions communes; enfin, pétitions adressées vainement chaque année aux deux chambres et aux gouvernants, correspondance intarissable, et jusqu'aux relations, jusqu'aux distractions et à de rares et courts plaisirs, tous ses travaux, toutes ses fatigues et ses démarches, toutes ses pensées, toutes ses heures, il les consacra à la fièvre jaune. Avait-il du moins pour but la fortune ou la gloire? Nullement. Un homme d'esprit de ses amis, faisant son éloge, a judicieusement choisi pour épigraphe ce passage de Tacite, qui caractérise nettement Chervin et résume sa vie : *Opum contemptor, recti pervicax, constans adversus metus*.

Son vœu le plus cher était de voir universellement adoptées ses conclusions suivantes : 1° La fièvre jaune n'est point contagieuse; 2° elle a pour origine et pour cause l'air altéré des marais et des ports encombrés, les exhalaisons provenant des eaux vaseuses et stagnantes, etc.; 3° elle acquiert sa plus grande violence par l'excessive chaleur inhérente à de certains climats ou à de certaines saisons; 4° les lazarets et les quarantaines, onéreux aux gouvernements et préjudiciables au commerce, ne servent ni à la prévenir ni à en apaiser la violence. Si Chervin ne remporta pas une victoire complète en faisant abolir tout à coup les routines sanitaires en fait de lazarets et de quarantaines, au moins est-il juste de reconnaître que ses représentations et celles du docteur Lassis, autre missionnaire de la même doctrine, ne restèrent pas sans effet. Grâce à ces deux médecins courageux autant que persévérants, grâce surtout à leur proposition plusieurs fois réitérée de se vêtir de la chemise même d'un malade atteint de la fièvre jaune, le gouvernement se départit peu à peu de ses règlements surannés, et finit par mitiger la rigueur des quarantaines en attendant qu'il les abolisse, ce qui suppose l'aveu et le concours des nations étrangères.

Dès que le docteur Chervin s'aperçut que ses études et ses démarches incessantes épargnaient au gouvernement de son pays trois ou quatre millions chaque année, et favorisaient à proportion le commerce maritime, sa petite chambre de 20 francs par mois lui parut plus attrayante et moins délabrée, son pain sec et son eau pure lui semblèrent plus sapides, et, lui que son zèle pour la vérité avait réduit au dénûment le plus poignant, il se crut récompensé par l'État, cet État à qui il suggérait des économies fondées sur la sécurité. Cependant la réalité reprit ses droits et Chervin sa clairvoyance. A soixante ans, ce médecin si honorable, si sobre, si tempérant, si chaste, si studieux, si austère et si pur de toute vanité, si dédaigneux de tout plaisir, vit enfin qu'il était vieux, affaibli, qu'il était pauvre et délaissé. Un moment ranimé par le retentissement de la tribune des députés, où l'on faisait de sa personne et de ses services les éloges les plus justes et les plus magnifiques, bientôt les soucis renaissants, plutôt que l'âge, démantelèrent sa santé, jusque là si stable et si robuste. Ce fut alors qu'il accepta la gracieuse hospitalité *thermale* que le docteur Thervin lui offrait à sa maison de Bourbonne-les-Bains. Il y mourut paisiblement, le 14 août 1843, entouré de soins d'un noble ami, ne laissant ni famille, ni fortune, ni ouvrage à paraître, ni même, il faut le dire, beaucoup de regrets, n'ayant jamais eu qu'une seule idée, qu'une seule passion : *la fièvre jaune non contagieuse!* Dr Isidore BOURDON.

CHESAPEAK (Baie de), golfe important de l'océan Atlantique, sur la côte orientale des États-Unis de l'Amérique du Nord, s'étend du nord au sud (du 36° 45' au 39° 36'), avec une longueur de 262 kilomètres et une largeur variant entre 10 et 45 kilomètres. Sa superficie totale est évaluée à environ 55 myriamètres carrés. Sa partie supérieure, qui est aussi la plus petite, est limitée par l'État de Maryland, tandis que l'État de Virginie lui sert de bornes dans sa partie inférieure ou la plus grande. Les deux caps Henry et Charles, situés, l'un vis-à-vis de l'autre et appartenant à ce dernier État, forment l'embouchure du golfe. Les côtes en sont très-accidentées et échancrées par de nombreuses baies, dont quelques-unes forment d'excellents ports (notamment à l'embouchure du Patapsco), très-plates et marécageuses, dès lors malsaines en été, à l'est, et un peu plus élevées seulement à l'ouest. Des fleuves importants viennent décharger leurs eaux dans cette baie; à son extrémité nord, le Susquehannah, venant de la Virginie; à l'ouest, le Patapsco et le Potomac, venant de Maryland; le Rappahannock; le York-River et le James-River, venant de la Virginie; à l'est, l'Elk et le Chester, venant du Maryland. De ce côté on y rencontre plusieurs îles d'une remarquable fertilité. La profondeur, toujours égale, de cette baie la rend éminemment propre à la navigation; aussi se relie-t-elle à un grand nombre de canaux construits sur les plus larges proportions et à d'autres bassins intérieurs. Parmi les villes les plus importantes qui s'élèvent immédiatement sur les rives de la baie de Chesapeak, il faut surtout citer Baltimore et Annapolis.

CHESTER, chef-lieu du comté du même nom, dans l'ouest de l'Angleterre, contrée plate et riche en pâturages, et d'une superficie de 2540 kilomètres carrés, est bâti sur la côte septentrionale et escarpée de la Dee. Cette ville est le siège d'un évêché, et renferme 27,000 habitants. On croit qu'elle fut construite, sous le nom de *Deva* ou *Deuna*, par les Romains, qui l'entourèrent de murailles, dont les débris sont aujourd'hui les seuls restes un peu remarquables d'antiques fortifications romaines qu'on rencontre en Angleterre. Il y a à Chester plusieurs églises, dont la plus ancienne et la plus remarquable est la cathédrale; diverses chapelles de dissidents, quelques hôpitaux, de nombreuses écoles et d'importants entrepôts. L'architecture des maisons, qui est encore aujourd'hui ce qu'elle était au douzième siècle, offre cette particularité, que le second étage est rentrant, tandis que le troisième, soutenu sur des colonnes, fait saillie avec le premier, qui, généralement, est employé pour des boutiques et des magasins. De loin en loin, et surtout aux encoignures de rue, sont placés des escaliers servant d'entrée aux différentes maisons. L'effet pittoresque qui devrait en résulter est le plus souvent détruit, parce que les étages sont d'inégale hauteur, et aussi parce que les portes d'entrée sont beaucoup trop basses.

Les habitants de Chester s'occupent de la fabrication des toiles, des tabacs, des cuirs, de la chaussure, de la céruse, et des pipes. Ils se livrent aussi avec succès à la construction des navires, à la navigation, et font un commerce d'exportation assez étendu, dont le principal objet est le célèbre *fromage de Chester*. Le port, jadis célèbre, est devenu peu à peu hors d'état de recevoir des navires d'un fort tonnage, par suite de l'ensablement de la Dee. Cette circonstance, jointe à l'extension toujours croissante de Liverpool, a singulièrement nui au commerce de Chester. Dans ces derniers temps, on a construit un canal, appelé *the New Channel*, au moyen duquel les bâtiments de 350 tonneaux peuvent, avec la marée haute, arriver jusqu'au quai.

Des canaux mettent aussi Chester en communication avec Liverpool, Shrop et Montgommery; et sa position sur le grand chemin de fer du nord-ouest y produit une animation et un mouvement peu communs. D'ailleurs le commerce de Chester se borne à peu près à l'Irlande et aux côtes de la Grande-Bretagne. Tous les ans, il se tient à Chester deux foires, où il se fait des affaires considérables en toiles d'Irlande.

CHESTERFIELD (PHILIPPE DORMER-STANHOPE, comte DE), non moins célèbre comme homme d'État, comme orateur politique, que comme écrivain, par l'élégance de ses manières et par sa morale plus que relâchée, naquit à Londres, le 22 septembre 1694, étudia à Cambridge, et en 1714 alla voyager sur le continent. Le long séjour qu'il fit à Paris lui donna cette liberté de mœurs et de ton qui le distingua pendant tout le reste de sa vie.

A l'avénement au trône de Georges Ier il obtint une charge de gentil-homme près le prince de Galles, et fut élu membre de la chambre des communes, bien qu'il n'eût pas encore tout à fait atteint l'âge voulu par la loi. Il y combattit, mais sans succès, toutes les mesures qu'il regardait comme restrictives de la liberté, notamment la censure théâtrale, introduite par Walpole, et il ne se fit pas moins remarquer à la chambre des lords, où il entra à la mort de son père. Chargé, en 1728, d'une ambassade extraordinaire en Hollande, il réussit à préserver le Hanovre de la guerre qui le menaçait, et, comme récompense des services qu'il avait rendus à la couronne dans cette circonstance, reçut l'ordre de la Jarretière ainsi que la charge de lord grand chambellan de Georges II. Plus tard il fut nommé vice-roi d'Irlande, et en 1748 secrétaire d'État. Mais alors l'affaiblissement de sa santé le força à se retirer des affaires publiques, et il consacra le reste de son existence à l'étude et à l'amitié.

Il fit preuve de talent, comme écrivain, par la publication de plusieurs compositions morales, critiques ou badines, et notamment par ses *Letters to his Son* (2 vol., Londres, 1774), qui produisirent une vive sensation dans toute l'Europe. De l'esprit joint à une solidité tout anglaise, une connaissance parfaite des mœurs, des usages et de l'état politique de l'Europe, une instruction des plus variées, une élégance noble et naturelle, et un style qui ferait honneur à l'écrivain le plus exercé, tels sont les côtés brillants de son talent; mais on s'indigne avec raison en voyant un père recommander à son fils des manières engageantes comme la qualité la plus essentielle qu'un homme du monde puisse acquérir, et même lui désigner telle ou telle femme dont il croit qu'il lui sera facile de faire la conquête. On a dit pour l'excuser que ce fils, né hors mariage et adopté par lui, sous le nom de *Stanhope*, avait des manières fort gauches, et que son père, qui attachait tant de prix à la tenue extérieure, avait voulu de la sorte lui inspirer ses opinions à cet égard.

Vers la fin de sa vie, Chesterfield perdit l'ouïe. Il avait été l'ami intime de Pope, de Swift, de Bolingbroke et de Samuel Johnson, qui disait de ses *Lettres à son Fils*: « qu'elles prêchaient la morale d'une courtisane et les « mœurs d'un maître à danser, » et qui l'appelait lui-même « le lord des beaux esprits, et le bel esprit des lords. » Lord Chesterfield mourut le 24 mars 1773.

Nous mentionnerons encore de lui *Miscellaneous Works* (Londres, 2 vol., 1777), et *Posthumous Pieces* (Londres, 1778).

CHÉTIF (de *cadivus*, qui vient de *cadere*, tomber). Vous seriez élevé sur le plus haut trône du monde, votre fortune n'en serait pas moins chétive si elle n'était appuyée que sur les forces étrangères. De même toute existence reste chétive et minée si dès la naissance elle n'a pu recevoir d'une mère le sang, le lait nourricier, avec assez d'abondance pour développer sa vigueur originelle. Il y a d'ailleurs tels germes débiles, émanés d'individus énervés ou impuissants, qui restent incapables toute leur vie d'acquérir cette mâle et solide énergie, ce complet déploiement de formes des belles races d'hommes. Les nations épuisées par la mollesse et une civilisation trop raffinée, comme les Romains du Bas-Empire, paraissaient chétifs devant ces grands corps des Germains, des Goths, des Bourguignons, des Huns et des Vandales qui vinrent fondre en déluge, avec tant d'autres barbares, sur cet empire accablé sous un long despotisme. De même les peuples vaincus, réduits à une existence misérable, restent chétifs, tandis que les dominateurs, les Tartares en Chine, les Turcs dans l'Orient, les Mogols et Afghans dans l'Inde, les Francs, les Goths, les Normands en Europe, les Espagnols dans l'Amérique méridionale, les Anglais dans l'Indostan, etc., règnent sur des populations inférieures en vigueur. Il faut remarquer aussi que ces races domptées sont souvent condamnées par pauvreté à un régime végétal, tandis que les maîtres entretiennent leur force par des habitudes carnivores, comme les guerriers, les nobles, les chasseurs, etc. C'est ainsi que dans les îles de la Polynésie les castes supérieures sont plus robustes que la racaille, infime mal nourrie.

Cependant il ne faut pas toujours juger chétives les personnes maigres et minces ou de petite stature auprès de gros corps, mous et flasques, surtout dans les vallons profonds et humides. Nous pourrions citer des races d'hommes tout nerfs et tout os ou muscles, dont l'énergie est indomptable; telle est celle des montagnards, secs, velus, noueux, râblés ou trapus, quoique de chétive apparence, auprès de lourds et pâteux Flamands, d'épais magots chinois, à ventres rebondis comme des pastèques. Tout énervé, fût-il masse volumineuse, n'a qu'une vie chétive, une valeur douteuse; il tombe bientôt épuisé, inerte, *terræ inutile pondus*; car la force reproductive conservée donne surtout l'énergie.   J.-J. VIREY.

CHÉTODON (de χαίτη, soie, et ὀδούς, dent), c'est-à-dire animal dont les dents sont fines comme des crins ou des soies de cochon. Ce terme d'ichthyologie a été créé par Séba. Linné l'appliqua à l'un des genres les plus grands qu'il ait institués. Lacépède le restreignit aux poissons ayant réellement des dents nombreuses, allongées, flexibles et serrées, qui donnent à une partie de leur bouche l'aspect d'une étoffe, d'où le nom de *dents en velours* ou *en brosse*. Le genre *chétodon*, tel qu'il était autrefois, forme presque en entier avec les zées la famille des *leptosomes* (poissons à corps court et très-comprimé) d'après M. Duméril, et celle des *chétodonides* de Blainville.

Le genre *chétodon* est le premier de la famille des *squamipennes* (poissons à nageoires médianes écailleuses) de Cuvier. Les subdivisions très-nombreuses établies dans ce genre sont fondées sur les caractères tirés des opercules qui sont ou sans épines; de la proportion en longueur des rayons des nageoires dorsales et anales, plus ou moins prolongées ou échancrées, sous diverses formes, et du museau plus ou moins avancé ou allongé en bec. Un luxe de coloration brillante a été déployé par la nature pour l'embellissement de la peau de ces chétodons. Les reflets métalliques scintillent sur eux de toutes parts : ici les teintes les plus suaves se nuancent admirablement ; là les couleurs les plus tranchées, les plus opposées, quelquefois sous forme de taches, semblent se heurter ; ailleurs, des bandes d'un noir mat traversent un fond nacré. Dès lors, nous ne devons point nous étonner des traits caractéristiques des espèces dites *chétodons à bandoulières, à bandes* ou *à taches*; *chétodons bicolore, tricolore, doré*, etc.

Le *chétodon à bec* (*chætodon rostratus*, L.) est un très-beau poisson de la mer des Indes, où on le pêche à l'embouchure des rivières. On le recherche pour sa chair, qui est saine et de bon goût. Mais, en outre, les gens riches de l'Inde et les Chinois de Java en conservent vivants dans des vases, pour se procurer l'amusant spectacle de la chasse que ces poissons font aux mouches et aux autres insectes qui habitent hors de l'eau. Voici comment ils s'y prennent : lorsque le chétodon à bec a vu un insecte placé sous sa portée, il s'en approche à la distance d'environ trente centimètres et de là il lance avec son museau allongé des gouttes d'eau avec tant de force et d'adresse qu'il ne manque jamais de le faire tomber dans l'eau pour s'en nourrir. Hommel, qui a observé les mœurs de ce poisson, et qui a donné ces détails à Bloch, rapporte qu'on prolonge cet amusement en fixant une mouche sur le bord du vase avec une épingle, et qu'on voit alors ces poissons chercher à l'envi à s'emparer de la mouche et lancer sans cesse sur elle, avec la plus grande vitesse, de petits jets d'eau, sans jamais manquer le but. Nous citerons encore le *chétodon argus* de (Bloch), qui passe pour rechercher les excréments humains, et dont la chair est très-savoureuse; et le *chétodon zèbre*, l'un des plus grands de ce genre, dont la chair est aussi très-estimée dans l'Inde, sa patrie.

Les chétodons habitent les rivages hérissés de rochers; ils se montrent souvent à la surface des vagues, où leurs couleurs brillantes et la lumière du soleil qu'ils réfléchissent les font apercevoir de loin, ce qui permet de les tuer avec des armes à feu. Ces poissons, qu'on n'a rencontrés jusqu'à ce jour que dans les mers équinoxiales, ont été cependant répandus jadis sur d'autres parties de la surface du globe terrestre, puisque plusieurs de leurs espèces sont parfaitement reconnaissables dans les empreintes fossiles du mont Bolca près de Vérone. L. LAURENT.

CHÉTOPODES (de χαίτη, soie, et πούς, pied). Ce nom, dont le mot *stipodes* est synonyme, signifie *animaux qui ont pour pieds des soies*. Il a été introduit en zoologie par de Blainville, qui s'en est servi pour désigner un groupe considérable d'espèces d'animaux articulés extérieurement, et munis d'appendices non articulés, qu'il a élevés au rang de classe. C'est en prenant le nombre et la disposition des segments et des appendices du corps des animaux articulés comme des caractères qui traduisent à l'extérieur l'ensemble de l'organisation de ces animaux, que ce naturaliste a été conduit à partager les annelides de Lamarck et de Cuvier en deux classes, qu'il a nommées, la première *chétopodes*, et la seconde *apodes*. En réunissant à ces deux classes celle des subannélides de Blainville, et en ayant soin de n'y point comprendre les mollusques ni les autres animaux inférieurs, on groupe naturellement tous ceux qu'on nomme vulgairement *vers*. C'est au sujet des chétopodes que de Blainville a proposé une théorie générale de la structure des appendices de tous les animaux articulés. Il a établi en principe que l'appendice d'un anneau ou segment du corps de ces animaux ne peut être composé que de trois parties, savoir, l'une pour les sensations, l'autre pour la respiration, et la troisième pour la locomotion. Ces trois parties, dit-il, peuvent exister à la fois sur le même anneau, rarement cependant au même degré de développement, il peut n'en exister que deux, mais jamais il ne peut y en avoir moins d'une, et celle qui reste la dernière est celle qui appartient à l'appareil de la locomotion, c'est-à-dire le faisceau de soies quelquefois réduit à n'être plus composé que d'une seule, comme dans les naïdes et les lombrics. C'est la constance de cet organe (soie) qui forme le caractère distinctif de la classe des chétopodes, dont les subdivisions principales portent sur la dissemblance, la subressemblance et la ressemblance complète des anneaux. Les couleurs irisées, avec de magnifiques reflets d'or ou de pourpre, de la peau des chétopodes forment un caractère qui les distingue encore des autres classes. Ces animaux sont aussi remarquables par leur propriété phosphorescente, du moins dans les petites espèces.

Les chétopodes sont, en général, peu utiles à l'homme. Certaines espèces (*nereides*, *arenicoles*, *siponcles*, *lombrics*) sont employées avec avantage comme appâts dans la pêche à l'hameçon ou à la trubie. La pêche est plus heureuse quand on peut se servir de ces animaux à l'état vivant, et plusieurs espèces de poissons ne sont prises que de cette manière. D'après Pallas, quelques habitants des côtes de la Belgique mangent la masse buccale d'une espèce de chétopodes, qui est l'*aphrodite aiguillonnée*. Ces animaux, malgré leur peu d'utilité, nous sont cependant plus avantageux que nuisibles. Les lombrics, en divisant la terre, favorisent la végétation des racines dans nos jardins. Les chétopodes sont presque tous aquatiques; les uns habitent la mer, les autres les eaux douces. Les lombrics seuls sont terrestres; encore recherchent-ils les lieux humides. Les chétopodes vivent dans toutes les parties du monde, excepté les amphinomes, qui n'ont été encore observées que dans les mers des pays chauds et surtout dans la mer des Indes. Ils paraissent être presque tous carnassiers, et se nourrissent de très-petits animaux. D'autres (*lombrics* et *arenicoles*) ne s'alimentent que des molécules organiques mêlées au sol. Müller a expérimenté que les naïdes et les néréides reproduisent leur tête quand on l'a coupée. Il est probable que cette expérience donnerait le même résultat chez tous les chétopodes. L. LAURENT.

CHEVAGE. *Voyez* CENS (*Droit féodal*).

CHEVAL (du latin *caballus*), genre d'animaux mammifères, de l'ordre des pachydermes, où il forme à lui seul la famille des solipèdes, et se distingue essentiellement au premier coup d'œil par l'existence d'un seul doigt et d'un seul sabot à chaque pied. L'os métacarpien ou métatarsien de ce doigt est très-allongé, et forme ce que l'on nomme le canon. Il est accompagné sur les côtés de deux petits os ou *stylets*, qui représentent deux métacarpiens ou métatarsiens rudimentaires. Chaque mâchoire porte six incisives tranchantes, qui dans la jeunesse de l'animal ont leur couronne creusée d'une fossette; il y a de chaque côté, en haut et en bas, six molaires, dont la couronne carrée est marquée, par les lames d'émail qui s'y enfoncent, de quatre croissants, et en outre, dans les supérieures, d'un petit disque au bord interne. Les mâles ont de plus, à la mâchoire supérieure et quelquefois à toutes les deux, deux petites canines, qui manquent presque toujours aux femelles; entre ces canines et la première molaire, est un espace vide où l'on place le mors, au moyen duquel l'homme les dompte et les dirige. Les mamelles sont au nombre de deux, placées entre les cuisses, et peu apparentes.

Les chevaux ont les organes des sens en général très-développés. Leurs yeux sont grands, à fleur de tête, et leur prunelle a la forme d'un rectangle horizontal. Leur vue est excellente, et ils voient bien de nuit comme de jour. Ils ont l'ouïe très-délicate, la conque auditive grande et surtout très-mobile : au moindre bruit inaccoutumé, ou lorsqu'un objet inconnu vient à paraître, ils s'arrêtent, dressent l'oreille et écoutent avec la plus grande attention. Leur odorat est aussi très-fin; ils le mettent en jeu fréquemment, et en particulier quand ils cherchent à reconnaître un objet qui leur inspire quelque défiance. Leurs narines, comme leurs oreilles, sont très-mobiles, et l'intervalle qui les sépare est nu, mais sans mufle. Leur langue est douce, et leur lèvre supérieure est assez mobile pour pouvoir être considérée comme un organe de préhension et de tact : ils semblent quelquefois l'employer à palper les corps, et ils s'en servent pour ramasser leur nourriture. Ils boivent en humant. En hiver, ils savent creuser la neige pour trouver leur nourriture. Toute la surface de leur peau est très-sensible, et ils la font mouvoir au moindre attouchement. Leur pelage se compose de poils doux et flexibles, et le dessus du cou ainsi que la queue sont garnis de crins. Leurs yeux ont plusieurs soies et leurs lèvres sont garnies de poils longs et forts, mais qui ne sont point disposés en forme de moustaches. Aux jambes de devant, et quelquefois à celles de derrière, on trouve une partie nue, cornée, qu'on appelle *châtaigne* ou *noix* (*voyez* CALLOSITÉ).

Les allures naturelles au cheval sont le pas, le trot et le galop. Ces animaux, par leurs formes, leurs proportions, leurs mouvements, donnent l'idée de la force jointe à l'agilité. Ils ont le corps épais sans pesanteur, la croupe arrondie, les cuisses séparées par un large poitrail, des cuisses musculeuses, des jambes sèches et élevées, des jarrets pleins de vigueur et de souplesse, la tête un peu lourde, mais bien soutenue par une forte encolure.

Les chevaux dans l'état sauvage vivent en troupes nombreuses, et habitent les pays de plaines. Chacune de ces troupes est dirigée par un chef, qui marche toujours à sa tête, dans les voyages comme dans les combats. Comme il ne doit cette primauté qu'à sa force et à son courage, il perd naturellement lorsque l'âge vient affaiblir en lui ces qualités, et il cède ordinairement sans résistance l'autorité à un plus capable. Les grandes espèces de chats telles que le tigre, le léopard, etc., sont les seuls ennemis que les chevaux aient à craindre, et ils se défendent en général avec avantage, quand ils ne sont pas attaqués isolément ; aussi, dès qu'ils se voient menacés par un animal féroce, ils se réunissent et se serrent les uns contre les autres : ils frappent des pieds leurs ennemis, surtout des pieds de derrière, les mordent violemment, et la plupart du temps les mettent en fuite. Si l'un d'eux succombe, c'est le plus faible de la troupe, celui qui n'a pu suivre s'il était à propos de fuir, ou celui qui a mis trop de lenteur dans ses mouvements s'il fallait se former en groupe pour se défendre.

Toutes les espèces de ce genre paraissent originairement à l'Asie et à l'Afrique. Il ne s'en est trouvé aucune ni en Amérique ni à la Nouvelle-Hollande lors de la découverte de ces contrées. Toutes sont entièrement herbivores, quoique leur estomac soit simple et d'une capacité médiocre. Nous avons à faire connaître ici avec quelque détail la première de ces espèces, savoir : le *cheval* proprement dit, et nous renverrons pour l'*âne*, l'*hémione*, le *couagga*, le *dauw* et le *zèbre*, aux articles qui les concernent spécialement. Nous nous bornerons à citer ici une particularité bien digne de remarque : c'est que toutes ces espèces de chevaux paraissent pouvoir se féconder mutuellement, et donnent naissance à des métis que l'on nomme *mulets*.

Le *cheval* (*equus caballus*, Linné) est essentiellement caractérisé par sa queue garnie de crins dès sa racine, et par sa robe de couleur uniforme ou du moins dépourvue des bandes régulières que l'on remarque dans d'autres espèces. « Tout le monde, dit M. Huzard, connaît l'élégance de la conformation de cet animal, que l'homme s'est assujetti de temps immémorial, et qu'il emploie à un si grand nombre d'usages utiles et agréables. Il n'est personne qui n'ait admiré mille fois la régularité et l'exacte proportion de ses membres, la majesté de sa taille, la fierté de son regard, la noblesse de son maintien, la grâce et la précision de ses mouvements, et qui n'ait été frappé de son intelligence, de sa mémoire, de son intrépidité, et de toutes les autres bonnes qualités que lui a départies la nature... L'utilité du cheval chez les peuples sauvages à demi sauvages se borne à porter son maître et ses propriétés mobiliaires, à lui rendre la guerre plus facile et plus dangereuse ; mais chez les peuples policés elle est de la plus vaste étendue. Tous les arts et métiers s'applaudissent du service qu'ils en tirent : il est devenu si nécessaire aux diverses nations de l'Europe que leurs richesses et leur sûreté consistent en grande partie dans la quantité et la qualité de leurs chevaux. Sans eux, l'agriculture, le commerce et la guerre seraient privés d'une infinité d'avantages. Celle qui perdrait en même temps ses chevaux et les moyens d'en faire venir de l'étranger tomberait en peu de temps dans la misère et l'assujettissement. Aussi les écrivains de tous les siècles ont-ils célébré cet animal, si utile et si beau, *la plus noble conquête*, dit Buffon, *la plus importante conquête*, dit Cuvier, *que l'homme ait jamais faite*. » Parmi tant de morceaux, plus ou moins cités, répandus dans les poètes et les prosateurs, nous nous bornerons à rappeler ici la description éloquente de Buffon, celle non moins brillante et plus animée de Virgile (*Georg.*, lib. III), et les versets sublimes où l'antique auteur du livre de Job (chap. xxxix, v. 19-25) fait paraître à nos yeux le cheval, tout plein de force, d'ardeur et de courage, frappant du pied la terre et s'élançant avec audace au-devant des hommes armés ; sentant de loin l'ennemi qui s'approche ; répandant la terreur par le souffle de ses narines ; répondant par sa voix à la trompette qui sonne la charge ; inaccessible à la peur, marchant sans s'arrêter contre le tranchant des épées, et dévorant le sol quand son cavalier le guide au combat.

Le cheval a aussi une voix qui lui est propre, et que tout le monde connaît sous le nom de *hennissement*. On a distingué cinq sortes de hennissement, dont chacune est l'effet et l'indication d'un sentiment particulier : 1° le hennissement d'*allégresse*, dans lequel la voix se fait entendre assez longuement, monte et finit à des sons plus aigus ; le cheval rue en même temps, mais légèrement, et ne cherche pas à frapper ; 2° le hennissement du *désir*, soit d'amour, soit d'attachement, dans lequel le cheval ne rue point, et où la voix se fait entendre longuement et finit par des sons plus graves ; 3° le hennissement de la *colère*, qui est court et aigu, pendant lequel le cheval rue et frappe dangereusement ; 4° celui de la *crainte*, pendant lequel il rue aussi : il n'est guère plus long que celui de la colère ; il est grave, rauque, semble sortir en entier des naseaux et se rapproche un peu du rugissement du lion ; 5° enfin celui de la *douleur*, qui est moins un hennissement qu'un gémissement qui se fait à voix grave et suit les alternatives de la respiration. Les chevaux qui hennissent le plus souvent, surtout d'allégresse et de désir, sont les meilleurs et les plus généreux. Les chevaux hongres et les juments ont la voix plus faible et hennissent moins fréquemment que les mâles. Le cheval tire quelquefois la langue pour lécher son maître. Lorsqu'il est passionné d'amour, de désir, ou pressé par la faim, il montre ses dents et semble rire. Il les montre aussi dans la colère et lorsqu'il veut mordre. Il se défend, comme nous l'avons déjà dit, par la rapidité de sa course, par les ruades de ses pieds de derrière et par les morsures. Dans ces deux derniers cas, on est constamment prévenu de ses intentions par l'abaissement de ses oreilles en arrière. Il se souvient très-longtemps des mauvais traitements, et l'on a de sa part des exemples de vengeance qui semblent attester des combinaisons profondes. D'ailleurs, s'il est vindicatif, il n'en est pas moins susceptible d'attachement pour l'homme lorsqu'il en est bien traité, et surtout quand il garde longtemps le même maître.

Dans l'état sauvage comme en domesticité, c'est au printemps que se font sentir chez les chevaux les besoins du rut : la durée de la gestation est de douze mois. La femelle prend le nom de *jument* ou *cavale*. Le *poulain* naît couvert de poils, les yeux ouverts, et avec assez de force pour se soutenir et marcher. Il tette pendant un an environ, et son développement est complet vers la cinquième année. Par la castration, le cheval entier devient *hongre*. Les chevaux pourraient, dans l'état de liberté, vivre de trente à quarante ans. Il en est qui poussent une carrière fort longue. Nous citerons *Cerf-Bébé*, appartenant à Mme de Monthion, mort à Versailles, le 9 février 1830, à quarante-deux ans passés ; l'étalon anglais *Phorbius*, qui couvrit encore à l'âge de quarante ; un cheval appartenant à un huissier de Metz, qui est mort à quarante-trois ans ; un cheval de troupe anglais, qui est parvenu jusqu'à l'âge de quarante-sept ans ; un étalon du haras de Frascati, près Rome, qui couvrait à cinquante et un ans ; et le cheval parfois cité par Albert le Grand, qui avait soixante ans. Divers chevaux grecs sont mentionnés par Athénée et par Pline, et nombre de chevaux napolitains sont désignés par des auteurs modernes comme ayant atteint soixante-cinq, soixante-dix et quatre-vingts ans ; nous parlerons, entre autres, de lui qui fut entretenue aux frais de la république d'Athènes, à l'âge de quatre-vingts ans ; du cheval de Ferdinand Ier, qui était encore vigoureux à l'âge de soixante-dix ans ; et de celui du duc de Gascogne Loup Aymar, qui parut à la cour de France à l'âge de cent ans.

Dans leur jeunesse, on reconnaît l'âge des chevaux à leurs dents incisives. Quelques jours après la naissance, on voit paraître les deux incisives moyennes à chaque mâchoire ; à trois ou quatre mois, il en vient deux autres, l'une à droite, l'autre à gauche des premières ; enfin les deux dernières se montrent à six mois environ. Ces dents sont des *dents de lait*, qui sont remplacées dans le même ordre, entre deux ou trois ans, et à des intervalles de six mois. Les dents incisives, tant celles de lait que celles de remplacement, ont à leur partie supérieure un creux qui s'efface petit à petit par l'usure, et à des intervalles de temps assez constants pour que chaque degré d'usure corresponde à une époque déterminée. Les incisives de lait sont plus blanches que celles qui leur succèdent ; elles sont aussi plus étroites, et ont à leur base un collet ou un rétrécissement plus marqué. A quinze mois environ, celles qui ont paru les premières commencent à perdre leur cavité par l'effet de l'usure; celles qui sont venues ensuite ne marquent plus le vingtième mois; enfin, après deux ans, la cavité des dernières est effacée à son tour. Les dents de remplacement perdent leur creux dans le même ordre que les précédentes, les premières à la mâchoire inférieure, entre quatre ans et demi et cinq ans; les secondes, entre cinq et six ans, et les dernières entre sept et huit, les incisives supérieures s'usant plus lentement que les inférieures : les cavités des deux moyennes disparaissent vers la huitième année, celle des suivantes vers la dixième et celle des dernières vers la douzième. Certains individus conservent la cavité de leurs dents plus longtemps que les autres, et marquent par conséquent un âge moins avancé que celui qu'ils ont effet : cela tient à ce que leurs incisives, ne portant pas les unes sur les autres, s'usent beaucoup moins par les mouvements de la mâchoire. On trouve néanmoins dans la forme générale de la dent des indications de l'âge de l'animal; mais ces indications ne peuvent être saisies que par l'observateur exercé. Quelques maquignons creusent, au moyen du burin, des cavités nouvelles sur les dents des vieux chevaux : c'est une fraude qui peut tromper l'acheteur novice, mais dont le connaisseur ne peut être dupe.

L'homme, en réduisant le cheval en domesticité non-seulement a fait fléchir son naturel sauvage, et transformé en un serviteur soumis et dévoué cet animal en apparence indomptable; il a fait également subir à sa constitution physique, par l'influence combinée du climat, de l'éducation et des croisements, une foule de modifications dont l'étude est très-importante sous plusieurs rapports. DÉMEZIL.

La patrie primitive du cheval s'étend depuis le Volga jusqu'à la mer de Tatarie, au nord de la Chine. C'est là qu'on en rencontre encore d'innombrables bandes galopant en liberté dans les solitudes des plateaux. On les y nomme *tarpans*. Ce type primitif, du reste, est bien loin d'avoir la beauté, l'élégance et la taille du cheval arabe. Les *Scolates*, tribu scythique, se l'approprièrent de temps immémorial; ce peuple passa en Asie pour le premier dompteur de chevaux. Ils étaient absolument inconnus en Amérique avant l'arrivée des Européens. Ils y pullulent aujourd'hui, particulièrement dans le sud, en bandes sauvages. Lorsque ces troupes aperçoivent des chevaux domestiques, elles les approchent avec empressement, en passant près d'eux; et si ceux-ci ne sont pas gardés avec soin, cédant à l'invincible instinct qui les porte à se réunir en famille, ils s'enfuient et ne reviennent plus. D'un autre côté, les chevaux sauvages, même lorsqu'on les prend adultes, s'apprivoisent et s'accoutument facilement à la domesticité. Les Américains s'en emparent au moyen de longues bandes de cuir, garnies de plombs aux extrémités, qu'ils lancent sur eux, et dans lesquelles ils les enlacent avec adresse.

Des hauteurs du centre de l'Asie le cheval se répandit successivement de proche en proche dans le reste de l'ancien continent. Fut-ce à la suite d'invasions ou au moyen de commerce et d'échanges qu'il se naturalisa ainsi partout, c'est ce que l'on ignore; l'histoire ne donne pas plus de lumières sur l'époque où son usage devint général. Cependant, avant l'invasion des Scythes le cheval avait déjà paru sur les bords du Nil; on en retrouve la figure sculptée sur les plus anciens monuments de l'Égypte, et même sur ceux de l'Abyssinie. L'introduction du cheval en Grèce est moins obscure, quoique l'époque en soit nullement déterminée. Les *mythes*, qui sont les *traditions personnifiées*, font connaître positivement les deux manières dont le cheval y fut importé. La Grèce proprement dite le reçut par mer, probablement de l'Égypte, à laquelle elle avait emprunté tant d'autres connaissances et tant d'autres usages. La fable de Neptune *faisant naître un cheval d'un coup de trident*, son char attelé de chevaux, ses fêtes célébrées par des courses, tout indique que les premiers chevaux y furent amenés sur des vaisseaux. Il est donc probable que des marchands phéniciens en firent la spéculation et indiquèrent en même temps la manière de les atteler aux chars et de les employer aux courses. En Thessalie, au contraire, la première connaissance du cheval fut due à l'invasion de peuplades scythiques, qui y pénétrèrent par la Thrace. Cette apparition y causa un effroi pareil à celui qu'excita au Mexique la petite cavalerie de Cortès. On crut d'abord que le cheval était une moitié inférieure de son cavalier, et ce fut cette erreur qui donna lieu à la fable des *Centaures*. Il est probable que les *Lapithes* Thessaliens furent les premiers Grecs qui employèrent le cheval comme monture; et en effet ils durent apprendre des Centaures ou des Scythes, pendant l'invasion de ces derniers, à se cramponner sur le cheval et à le diriger, soit par un lien, soit par une espèce de caveçon. Cependant, Pline prétend que ce fut un certain Bellérophon qui le premier en Grèce osa monter un cheval et essayer de le diriger; mais il ne faut point perdre de vue que l'orgueil des Grecs les portait à vouloir nationaliser toutes les découvertes, et à disputer même à leurs véritables auteurs du moment qu'ils leur étaient étrangers.

Les Gaulois avaient une haute estime pour les chevaux. Plus forts ordinairement en cavalerie qu'en infanterie, ils étaient fort adroits dans les combats à cheval. Les Francs, dont la principale force consistait en infanterie, employaient peu les chevaux dans les batailles, mais beaucoup à la chasse, dans les voyages et dans les cérémonies publiques. Sur ce point ils se piquèrent d'un luxe qui ne le cédait pas à celui des Romains, et couvrirent leurs montures de riches caparaçons, chargés de broderies d'or et d'argent et même de pierreries. La considération dont le cheval jouissait chez les Gaulois et chez les Francs était souvent funeste à ce noble animal, qu'à la mort de son maître on égorgeait sur sa tombe pour l'enterrer ensuite dans sa fosse, souvent avec les serviteurs qui avaient été chargés de le soigner. Après la conversion de Clovis, on n'immola plus les chevaux sur la tombe des guerriers, mais ils continuèrent à figurer dans les funérailles et de là vient l'usage actuel de mener, à la suite du char funèbre d'un officier général, son *cheval de bataille*, couvert d'un caparaçon noir.

Insensiblement, à mesure que la fusion s'opéra entre les diverses populations de la Gaule, on employa les chevaux à la guerre; l'usage en devint même si général, qu'au moyen âge la noblesse ne combattit plus qu'à cheval. Alors les chevaux furent classés avec diverses dénominations : les *dextriers* et les *palefrois* ne servaient qu'aux tournois ou aux batailles; les *haquenées*, montures de promenades et de voyages, étaient particulièrement affectées aux dames; les *roussins* ou *ronsins* portaient les bagages et étaient souvent l'objet d'une redevance féodale; les meilleurs venaient de la Grande-Bretagne.

L'homme de noble race ne pouvait chevaucher que sur un coursier respecté par le fer. Le condamner à monter un cheval hongre ou une jument, c'était l'assimiler à un *vilain*. Monter un cheval blanc était un privilège des rois; ils ne l'accordaient qu'à des personnages de leur rang. Charles V avait refusé un cheval blanc à un empereur d'Allemagne; Charles VI en accorda un à Manuel Paléologue, empereur de Constantinople, quand il vint à Paris en 1400.

Gᵃˡ Cᵗᵉ DE LA ROCHE-AYMON, ancien pair de France.

[L'usage de monter deux sur le même cheval était connu au moyen âge. Le même Charles VI, étant monté sur le même cheval que son favori Savoisy pour voir incognito l'entrée de la reine Isabelle à Paris, reçut de bons coups de *boulaie* des sergents chargés de maintenir l'ordre. La reine Élisabeth d'Angleterre paraissait en public sur le même cheval qu'un de ses grands officiers et assise derrière lui. Henri IV prit en croupe un paysan qui voulait voir le roi. Au dix-septième siècle, on offrait à la personne qu'on rencontrait à pied et qu'on respectait, la croupe du cheval ou de la mule que l'on montait, et c'était une grande marque de politesse.

Les chevaux furent quelquefois employés comme moyen de supplice. On dit que Brunehaut fut attachée à la queue d'une cavale indomptée, qu'on lança à travers les rochers et les broussailles, où le corps de la princesse fut mis en pièces. L'écartèlement d'un criminel se faisait au moyen de chevaux; c'était un supplice réservé au régicide : Damiens et Ravaillac le subirent.

Mahomet, qui avait reconnu tous les avantages qu'il pouvait retirer du cheval de ses Arabes, afin d'en consacrer en quelque sorte l'attachement par des liens indissolubles, plaça cet animal au second rang de la création ; il assura à son peuple que l'admirable coursier avait « été créé du vent du midi, du vent qui traverse rapide, tourbillonnant, les vastes solitudes du désert, dont il soulève les sables en nuages immenses; puis, que la première éducation de cet enfant des grands espaces, des plaines ardentes, avait été réservée à l'aïeul des Arabes, au saint aïeul du prophète ; puis un autre prophète Salomon, aussi fils d'un prophète, Salomon, le plus magnifique des rois de la terre, le plus favorisé du ciel, avait été le généreux donateur du père de ces chevaux de noble origine, de pur sang, ornement des populations que, sur la péninsule arabique, Dieu réservait à la glorification de l'islamisme et à sa transmission aux peuples des quatre plages de la terre. »

L'Arabe marche derrière sa tente, fixée à chaque étape, comme l'abri passager de sa famille. L'étape finie, il la replie pour continuer sa route à travers le désert. Le cheval qui la porte est le compagnon, le serviteur, le commensal, le luxe de l'Arabe. L'attachement du noble quadrupède est au moins égal à celui du maître. Il frémit de plaisir quand son maître le monte; il hennit de joie, de bonheur, de grâce, de souplesse. Quand le cavalier descend et laisse sa monture, elle ne bouge plus qu'à son signal.

La question généalogique joue un grand rôle dans l'histoire du cheval arabe. L'acheteur ne se contente pas de s'assurer des bonnes qualités d'un coursier : il ne fait pas l'acquisition d'un cheval de prix sans se faire délivrer un *hodjdjeh*, ou titre, ayant un certain caractère d'authenticité, puisqu'à la naissance d'un poulain de race noble il est d'usage de réunir des témoins et de rédiger une notice exacte des marques distinctives du jeune animal, en y ajoutant le nom de son père et celui de sa mère. Ce certificat est ordinairement placé dans un petit sachet de cuir et suspendu au cou du cheval. Ces titres généalogiques remontent rarement à la grand-mère, parce qu'il est sous-entendu que chaque Arabe de la tribu connaît, par tradition, la pureté de toute la race; il y a encore aujourd'hui beaucoup de chevaux qui sont d'une descendance si illustre que des milliers d'hommes pourraient attester, au besoin, la pureté de leur sang.]

La mythologie ancienne et celle des modernes ont été plus loin encore; elles ont attribué aux coursiers des héros une origine divine, et ont inscrit leurs noms à côté de ceux de leurs maîtres. Homère, faisant l'énumération de l'armée des Grecs, demande à sa Muse de lui dire qui fut le plus vaillant, soit des hommes, soit des coursiers, et parmi ces derniers il met au premier rang les cavales d'Eumèle, fils de Phérès, celles qu'Apollon avait fait paître dans les montagnes de Piérie. Les coursiers d'Achille étaient immortels, et Neptune en avait fait don à Pélée. Doués d'une intelligence merveilleuse, on les voit se livrer à la douleur à la mort de Patrocle, et Jupiter même a pitié de leurs larmes. Le coursier de Laomédon, ceux de Castor, de Pluton, de Mars et de Rhésus, *Arion*, cheval d'Adraste et qui était né de Neptune et d'une des furies, les cavales que Diomède nourrissait de chair humaine, qui vomissaient des flammes par les naseaux, et dont l'enlèvement fut un des douze travaux d'Hercule ; *Podarge*, coursier de Ménélas ; *OEté*, jument d'Agamemnon ; les quatre chevaux du soleil, *Eoüs, Pyroïs, Aéton* et *Phlégon* ; *Pégase*, monture classique de quiconque croit sentir l'*influence secrète* et qui fut celle de Bellérophon et de Persée ; le *cheval de bois*, qui fut cause de la ruine de Troie ; *Aethon*, cheval de Pallas, non moins sensible que ceux d'Achille : voilà certes des noms poétiques auxquels s'associent d'intéressants souvenirs, de nobles et grandes images. Le cheval figure aussi dans les traditions du christianisme : voyez dans l'Apocalypse le pâle coursier de l'ange de la mort ! La Légende n'a-t-elle pas saint Georges, dont la bonne grâce comme cavalier est devenue proverbiale? n'a-t-elle pas saint Martin, qui est toujours représenté à cheval? Et les romans de *Charlemagne*, des *Douze Pairs*, de la *Table ronde*, etc., quelle piquante association d'intrépides paladins et de nobles dextriers, de palefrois célèbres ! Qui n'aime à se rappeler le *Passebreuf* de Tristan de Léonois, le noir *Rabican*, aussi redoutable par ses morsures que par ses ruades, et qui portait tantôt Roger, tantôt Astolfe; cet *Hippogriffe* que l'Arioste fait pénétrer dans *Estonne*, cette jument qui attira de si singulières aventures à Perceforêt ; le cheval de bois de Croppart, roi de Hongrie, dans le roman de *Cléomadès et Claremonde*, merveilleuse machine, pareille en tout au *Chevillard*, du haut duquel le bon Sancho apercevait la terre comme un grain de moutarde, et les hommes comme des noisettes ; *Pacolet*, qui était aussi de bois, et sur lequel Valentin, neveu du roi Pépin, voyageait par les airs, *Pacolet*, dont le nom paraît à Eloi Johanneau et Esmangart un diminutif de Pégase, ce qui n'est rien moins que démontré; enfin, le fameux *Bayard*, des quatre fils Aymon, dont l'histoire est la mieux connue, la plus circonstanciée, et qui fait partie du cortège des *jubilés* qu'on célèbre processionnellement dans presque toutes les villes de Belgique?

Si l'on voulait chercher encore, bien d'autres souvenirs pourraient être recueillis. Le personnage allégorique du cheval, par exemple, dans la version latine de la fable du *Renard*, version publiée en 1832, et qui appartient au douzième siècle, s'appelle *Corvigarus*. Certes, la *conversation* tombera rarement sur lui, si ce n'est entre savants, entre ceux principalement que séduit l'amour des interprétations; mais que de fois elle pourra revenir sur cette pauvre jument *Alfana*, qui n'avait qu'un défaut, celui d'être morte; sur le noble *Rossinante* de ce don Quichotte, que je tiens, comme le fait Châteaubriand, pour le plus loyal des chevaliers ; sur les *chevaux factices* de Gargantua ; sur ce pays visité par Guliver, où les chevaux commandaient aux hommes ; sur le coursier de Mazeppa, sur les vers admirables de Byron et le tableau vivant de Vernet qui le représentent ! etc., etc.

DE REIFFENBERG.

Quant aux races chevalines, nous dirons d'abord qu'en Tatarie et en Arabie l'espèce ne dégénère pas; elle s'y reproduit, au contraire, par elle-même et sans le secours d'aucun mélange, sans besoin d'aucun croisement étranger, particularité unique, et qui, nous le pensons, n'appartient qu'à ces contrées. Les Tatars, comme on l'a dit, ont négligé de maintenir leurs races domestiques dans leur pureté primitive. Les Arabes, loin de les imiter, ont apporté de si grands soins à la conservation du type et du caractère primitifs, que leurs chevaux ont servi et servent chaque jour de souche aux races les plus belles des autres contrées, et que maintenant encore ils sont les plus estimés du monde. Seuls, d'ailleurs, les chevaux tatars et arabes habitent encore leur pays originaire; seuls ils n'ont jamais subi le mélange d'un sang étranger ; seuls eux seuls sont-ils de *race pure*.

La plupart des anciennes espèces de chevaux existant en France ont été détruites par les désordres intérieurs et par les guerres qui ont marqué les dernières années du siècle dernier. Quand vint l'Empire, la production chevaline se trouvait réduite, pour ainsi dire, aux animaux d'espèces inférieures. Napoléon voulut régénérer nos races; l'expédition d'Égypte avait mis en ses mains un assez grand nombre d'étalons orientaux; il créa un système de haras; qui eut pour base de production le *sang arabe*. Ce sang, employé comme agent d'amélioration, domina jusqu'en 1814; mais à cette époque, l'ouverture de nos ports, la reprise de relations suivies avec la Grande-Bretagne, donnèrent entrée en France aux étalons anglais. Ces producteurs nouveaux ne tardèrent pas à obtenir chez les éleveurs du nord, de l'ouest et de l'est, une préférence marquée sur les étalons arabes. L'action de ces derniers s'est cependant maintenue, surtout dans le midi; mais telle est aujourd'hui leur infériorité numérique que l'on peut, sans craindre de trop hasarder, diviser en deux époques bien distinctes l'amélioration qui a tiré nos différentes espèces chevalines de l'état d'abâtardissement où elles étaient tombées à la suite des premières guerres de la Révolution : Empire, *sang arabe* ; Restauration, *sang anglais*. L'influence exercée par ces deux éléments améliorateurs nous fera consacrer les derniers paragraphes de cet article à quelques détails sur ces deux races étrangères.

Chevaux français. Il n'existe pas de *race française* proprement dite : la France ne renferme que des *espèces*, des *familles*, qui varient en général de formes et de qualités selon chaque province. Voici les plus connues :

Chevaux normands. La Normandie chevaline peut se partager en trois divisions principales : la Plaine, le Bessin et le pays d'Auge. La Plaine est l'espace qui s'étend de Falaise à Bayeux et d'Harcourt-Thury à la mer; Caen en est à peu près le centre. Le Bessin s'étend de Bayeux à Isigny et de Port à Saint-Lô ; Formilly est au centre du Bessin. Le pays d'Auge s'étend de Dives à Vimoutiers et d'Argence à Pont-Audemer et à Pont-l'Évêque. Les principales foires de chevaux de ces contrées se tiennent : à Caen, huit jours avant le premier lundi de carême et huit jours après Pâques; à Guibrai, le 7 août; à Bayeux, à la Toussaint; à Formilly, le 4 juillet, et à Argence le 18 octobre. Il est de ces réunions qui comptent jusqu'à quatre ou cinq mille chevaux exposés en vente. Les chevaux normands se distinguent en général par la beauté de leurs formes : ils ont le corsage arrondi, l'encolure bien faite, la tête un peu busquée, mais bien attachée; l'œil grand et bon, le dos et le rein bien faits, la queue bien placée et le garrot un peu gras. Ce sont les membres auxquels on peut faire quelques reproches; plusieurs ont le tendon failli; le pied est toujours bon; les jarrets présentent fréquemment des commencements de jardons et d'éparvins, ce qui provient, sans doute, du travail prématuré auquel on les assujettit ces animaux; mais il est assez rare de voir ces accidents augmenter. Ils sont à dix ans ce qu'ils étaient à cinq. Il existe quelque différence entre les chevaux de la Plaine et ceux du Bessin : les derniers ont un peu la jambe de veau, moins de membres, la croupe plus avalée et conséquemment la queue plus basse. Du reste, les chevaux normands possèdent du fond et de la vigueur, mais ils ont besoin d'être attendus : ils ne sont réellement bons et vigoureux qu'à l'âge de six ans. Une amélioration notable se fait d'ailleurs remarquer dans l'espèce chevaline de la Normandie : les produits de cette province ont plus de distinction ; les têtes busquées disparaissent et font place à des têtes carrées, la queue se montre au niveau des reins, le garrot est bien sorti; enfin les membres deviennent plus larges et les jarrets sont mieux faits. On remarque en outre que chez les poulains issus de producteurs d'espèce supérieure, le cornage est beaucoup plus rare que chez les poulains issus d'étalons normands à tête busquée, étant toutefois cette affection est héréditaire, ainsi que ces tumeurs osseuses des jarrets que l'on voit sur quelques-uns d'entre eux. Cette amélioration est due à quelques étalons arabes, mais surtout aux étalons anglais que le gouvernement a placés dans le haras du Pin.

La Normandie fournit des carrossiers, des chevaux de selle et des chevaux de trait ; ses carrossiers sont renommés, ses chevaux de trait du Cotentin, auxquels on peut joindre ceux du Boulonnais, ont une force et une vigueur que l'on ne trouve dans nulle autre contrée. C'est parmi ces derniers que les Anglais viennent puiser les éléments avec lesquels ils maintiennent cette espèce colossale que l'on voit attelée aux tombereaux de leurs brasseurs et aux chariots de leurs marchands de charbon de terre. Nous dirons, pour terminer, que la Normandie *élève* beaucoup plus qu'elle ne fait *naître*.

Chevaux bretons. La Bretagne opère en sens inverse de la Normandie; elle *élève* peu, et fait *naître* beaucoup. Cette contrée est une immense fabrique de chevaux. C'est à la grande fécondité des juments bretonnes qu'il faut attribuer la nombreuse population chevaline de cette province; car nul pays n'est plus dénué de toute espèce d'industrie, de tous moyens de communication et plus éloigné de toute espèce de secours. Le cheval breton est sobre, d'un facile entretien, docile, et se prête avec une admirable patience à tout ce que l'homme exige de lui; il résiste facilement aux intempéries atmosphériques et supporte avec énergie les plus grands travaux. Bien que distingués entre eux par une infinité de nuances, les chevaux bretons présentent cependant de frappants caractères de ressemblance. La Bretagne fournit des chevaux à la cavalerie, aux postes et aux diligences. Mais en dehors de ces variétés elle renferme une espèce indigène, connue sous le nom de *bidets*, qui par la petitesse de sa taille ne saurait être d'aucun secours pour les besoins de l'armée et du roulage. Doués de beaucoup de vigueur, ces bidets sont d'une ténacité peu commune et d'une extrême sobriété. Ils forment le tiers à peu près de toute la population chevaline de la province. Avec un peu plus de taille, ils feraient d'excellents chevaux de selle; des essais ont été tentés pour arriver à ce désirable résultat, mais ils n'ont été couronnés de succès. Ces bidets se trouvent dans les cantons de Brice, lieu de bonne culture. Leur taille y est de $1^m,43$ à $1^m,52$; ils ont la ganache un peu large, les joues charnues, la partie inférieure de la tête effilée, une encolure assez bien rouée, des membres épais, les jarrets un peu droits et beaucoup d'étoffe; presque tous sont alezans. On les trouve encore dans les environs de Carhaix, dans tout le Morbihan et dans la partie voisine de l'Ille-et-Vilaine, toutes contrées où le peuple est misérable, et qui sont couvertes en parties de landes et de forêts. La taille de ces animaux n'y est que de $1^m,38$ à $1^m,41$, rarement $1^m,46$. Une tête mieux attachée, une encolure plus mince et plus droite, un garrot saillant, une croupe avalée, des épaules sèches, des jarrets clos, mais évidés, des membres plus nerveux et plus solides les distinguent des premiers. Jusqu'à l'âge de trois ans ces animaux restent dans le pays et passent dans les mains de différents propriétaires; mais à cette époque des Normands, des Nantais, des Poitevins, des Auvergnats, des Languedociens et même des Espagnols viennent les acheter aux foires de Quimper, de Carhaix, de Pontivy, de Vannes et de Lamballe. Outre cette excellente espèce de bidets, la Bretagne possède les meilleurs chevaux de poste et de diligence qui soient en France. Ces chevaux se présentent avec une robe ordinairement gris pommelé ou rouan vineux, une taille de $1^m,49$ à $1^m,54$, de petites oreilles bien placées, des orbites saillants, un front large et droit, un œil moyen, mais vif et plein de feu. Ils ont d'épaisses et larges joues, qui leur rendent la tête carrée, les naseaux très-ouverts, l'encolure courte, le garrot bas, les épaules épaisses, l'avant-bras un peu long, les membres antérieurs parfaitement d'à-plomb, le sabot un peu fort, le corsage arrondi, la croupe avalée et les jarrets un peu clos. Dol, Dinan, Lamballe, Saint-Brieuc, Pontivy, Tréguier, Lannion et Morlaix sont les principaux lieux où l'on élève les chevaux de trait. Dans les cantons de plus petite culture, les poulains sont vendus à huit ou dix mois, et reparaissent trois ou quatre ans après aux foires de Dinan, de Tréguier, de Paimpol, de Lamballe et de Quimper, où ils sont enlevés pour toutes sortes de services et pour toutes les parties de la France. Beaucoup de ces animaux, châtrés à trois ou quatre ans, feraient d'excellents chevaux de dragons et d'artillerie légère. Quant aux plus gros, que l'on conserve *entiers*, il n'est point de chevaux qui leur soient préférables pour le labour, le roulage et le service des rivières. Des chevaux plus dégagés, plus élancés, propres à faire des carrossiers et à monter la grosse cavalerie se rencontrent à Lesneven, Lannilis, Ploudalmézeau, Saint-Renan, au Conquet et à Quimperant. Enfin, dans les marais qui font la limite de la Vendée, les herbagers se livrent à l'élève de chevaux d'espèce poitevine. Tous les ans, aux mois de juin et de juillet, des marchands de Normandie se présentent aux foires de Saint-Gervais, de Saint-Lartenne et de Lalande (Vendée); ils en achètent un certain nombre, qui sont entiers et de l'âge de deux ans; ils les placent chez les fermiers de la plaine de Caen et des environs. Ces animaux, après un séjour de deux ans, sont ensuite revendus comme chevaux normands. La Bretagne est en possession de fournir à un très-grand nombre de départements des poulains, qui élevés chez leurs nouveaux propriétaires changent alors de nom, et paraissent dans les marchés de la province comme produits de l'industrie indigène.

Chevaux navarrins. L'élève de ces chevaux a pour siége principal les deux départements des Hautes et Basses-Pyrénées; ils sont lestes, souples, durs à la fatigue, et très-propres à monter la cavalerie légère. Cette espèce fut longtemps alimentée par des étalons espagnols. En 1779, des étalons arabes, achetés à grands frais en Asie, vinrent apporter quelques modifications dans les formes; les têtes espagnoles disparurent, et le type arabe devint le caractère principal des chevaux de ces contrées. Lorsqu'en 1807 Napoléon recréa une administration des haras, la pensée que l'espèce navarrine tirait son origine des chevaux espagnols fit introduire dans les Pyrénées des étalons andalous. Ces producteurs donnèrent de membres, de l'étoffe, de la taille et du dessous, toutes qualités qui manquaient aux chevaux du pays; mais comme ils transmirent en même temps de grosses têtes, des oreilles longues et écartées et des mouvements élevés et raccourcis, ces défauts, plus apparents que les qualités, ne parurent pas suffisamment compensés, et l'on recourut de nouveau aux étalons orientaux. Les étalons arabes, turcs et persans qui depuis cette époque ont été successivement envoyés dans le Béarn et la Navarre ont donné d'excellents produits quant à l'élégance des formes, à la souplesse des mouvements, à la vitesse et à la légèreté du train; mais il manque à leur descendance deux qualités essentielles, des membres et du corps. Sans ces défauts l'espèce navarrine serait l'une des races de chevaux les plus distinguées de l'Europe; car nulle part en France et même à l'étranger on ne saurait trouver une réunion de juments indigènes élevées et entretenues sans dépense et sans art, par de simples cultivateurs, qui présentent un type aussi uniforme et un caractère oriental aussi prononcé. Cette observation s'applique surtout aux poulinières qui peuplent les nombreux villages de la plaine ou plutôt de la vallée de Tarbes. Quelques propriétaires ont voulu corriger ce manque de taille et d'étoffe par l'action de producteurs anglais; mais jusque ici ces étalons n'ont pas réussi dans le midi aussi bien que dans les départements du nord et de l'ouest. Les environs de Pau n'offrent point, comme ceux de Tarbes, une nombreuse population de juments poulinières, mais elles abondent dans les belles vallées d'Ossau, d'Aspe et sur les deux rives des gaves de Pau et d'Oloron. Si l'intérêt des propriétaires leur permettait de conserver leurs produits mâles et de les élever, nous n'aurions pas de départements où des régiments de cavalerie légère trouveraient à se remonter en meilleurs chevaux de guerre. Les trois provinces basques françaises, Soule, Basse-Navarre et Labourd, séparées du reste des Basses-Pyrénées par les mœurs et par le langage, possèdent aussi une belle race de juments qui n'auraient nul besoin de s'allier avec des étalons orientaux pour en avoir toutes les qualités et tout le caractère. Il n'est pas de contrée plus propre à la production des chevaux fins; entrecoupé de coteaux d'une admirable fertilité, riche de vastes parcours, plus riche encore par les herbages des montagnes, qui, s'abaissant vers la mer, sont exploitables pendant la plus grande partie de l'année, ce beau pays réunit tous les éléments nécessaires à une grande prospérité chevaline. Mais là comme dans tout le midi de la France le manque de débouchés nécessaires oblige un grand nombre de propriétaires à s'occuper de la production du mulet. On peut dire, en général, des cultivateurs des Hautes et des Basses-Pyrénées qu'ils font beaucoup naître, qu'ils exportent leurs poulains, mais qu'ils n'élèvent pas.

Chevaux limousins. L'espèce limousine, autrefois si renommée, s'est trouvée presque anéantie à la suite des guerres soutenues par la république. Les éléments qui la composaient avaient si complètement disparu, que ce fut à peine si en 1807 l'administration des haras put en retrouver quelques rejetons dégénérés. Des essais de régénération furent alors tentés. On se servit d'abord d'étalons arabes, turcs et persans; mais le manque de bonnes poulinières ayant rendu ces efforts sans résultat, on fit venir des juments du Mecklembourg et de Deux-Ponts, des juments anglaises et même des poulinières arabes. Ces nouveaux essais n'eurent pas un meilleur succès que les premiers; seulement un fait important en ressortit : c'est que de toutes les poulinières que l'on fit produire, *les juments indigènes furent celles dont les productions réussirent le mieux.* Depuis cette époque l'élève des chevaux dans le Limousin est restée stationnaire dans le progrès et indécise dans sa marche. Les petits cultivateurs ne se livrent guère qu'à la production du mulet. Quelques propriétaires sont seuls poursuivi la renaissance de l'ancienne race. Les uns ont continué à se servir du sang oriental comme agent principal; d'autres ont eu recours au sang anglais. Nous devons reconnaître que c'est l'un de ces derniers expérimentateurs, M. de Labastide, ancien maire de Limoges, qui a obtenu les meilleurs résultats. Sur tous les champs de course où il s'est présenté, ses produits ont presque toujours obtenu les plus brillants triomphes. Il n'existe, comme on le voit, dans le Limousin, que des efforts isolés. Son ancienne espèce est encore à renaître : toutefois, si la production, soit par le sang arabe, soit par le sang anglais, venait à s'y étendre, on ne devrait pas désespérer de voir revivre l'espèce limousine; car l'influence du climat, celles du sol et de la nourriture dans cette province, agissent d'une manière si énergique sur tous les produits de juments étrangères au pays qu'après quelques générations, ces produits finissent par acquérir les qualités et les formes qui distinguaient autrefois les chevaux de cette partie de la France.

Nous dirons des autres espèces de chevaux que renferme la France, telles que les espèces *comtoise, lorraine, ardennoise, poitevine*, etc., qu'elles se trouvent en général dans un grand état d'infériorité.

Chevaux de pur sang. Cette dénomination donnée à l'espèce la plus estimée des races de l'Angleterre a été longtemps sans être parfaitement comprise en France. Il y a peu d'années encore que beaucoup de gens regardaient le cheval anglais de pur sang comme le produit direct et sans mélange d'une race indigène particulière à la Grande-Bretagne. Mais il n'est pas un éleveur instruit qui ne sache aujourd'hui que le pur sang anglais n'est autre chose que la descendance directe et sans mélange de producteurs orientaux, étalons et juments, qui furent importés dans ce royaume dans la première moitié du dix-septième siècle. Quelques auteurs prétendent, il est vrai, que le pur sang n'est qu'un métissage très-ancien et très-suivi des espèces indigènes avec des producteurs orientaux. Quoi qu'il en soit de la valeur de cette dernière opinion, toujours est-il que la race anglaise dite de pur sang a le sang arabe pour principe dominant. L'individualité et la descendance des chevaux de cette race sont constatées par des actes et des titres qui sont reçus et rédigés avec toute la solennité et toutes les précautions que nous apportons en France à la tenue des registres de l'état civil. L'importance que les Anglais attachent à ces pièces doit facilement se concevoir : sur le seul certificat de sa naissance, souvent un poulain de quelques mois est acheté à un prix considérable ; des paris très-forts s'engagent deux et trois ans à l'avance sur la vitesse que font supposer en lui les qualités déployées par l'étalon ou par la jument dont il est issu. Le cheval de *demi-sang* est le produit d'un cheval ou d'une jument de pur sang accouplés avec une poulinière ou un étalon d'espèce commune. Le cheval *quart de sang* est le poulain issu d'un étalon ou d'une poulinière d'espèce commune accouplés avec un cheval ou une jument de demi-sang. En Angleterre, les chevaux de pur sang ne sont guère employés que comme chevaux de course et comme producteurs ; les chevaux de chasse sont en général de demi-sang. On dit d'un cheval qu'il *a du sang*, que c'est un animal *de sang*, lorsqu'il est issu d'un individu appartenant, à un degré plus ou moins éloigné, à la race de pur sang.

Les *chevaux arabes* sont essentiellement de *pur sang* ; en eux réside la source de toute distinction, de toute amélioration. Ce n'est pas à dire pour cela que tous les produits qu'ils donnent en Europe soient supérieurs ; ils n'y font quelquefois que des rosses. Mais, transplantés comme ils le sont dans des contrées si différentes de celles où ils ont vécu, presque toujours mal appareillés, il est difficile que chez nous les chevaux arabes fassent toujours bon et bien. C'est dans l'art des accouplements et dans les soins attentifs et soutenus qu'il faut alors chercher les correctifs nécessaires à l'influence que doivent indubitablement exercer sur les moyens de ces producteurs étrangers le changement de sol, de climat et de nourriture. Cette tâche demande une grande patience, de la ténacité et une sagacité extrême ; ces qualités n'ont pas manqué aux Anglais ; c'est dans leur œuvre pendant une longue succession d'années qu'ils sont parvenus à créer leur race actuelle de pur sang, race qui a le privilège de fournir aujourd'hui de producteurs une grande partie des haras de l'Europe. On confond trop souvent avec le cheval arabe les *chevaux turcs, persans, barbes, égyptiens*, etc. ; ces derniers n'ont qu'une portion plus ou moins grande de sang arabe dans les veines, ce ne sont que des chevaux *de sang*. Achille DU VAULABELLE.

CHEVAL BARDÉ, monture de tournoi ou de campagne des anciens chevaliers et des gens d'armes. On s'est servi, dans le même sens, des termes *auferrant, cheval d'armes, destrier, dextrier, grand cheval*. Les guerriers du moyen âge en bardant leurs chevaux ont fait revivre un usage qui existait déjà au temps où les Romains et les Perses combattaient contre des éléphants, contre des chars à faulx. Soit à raison de la dépense que cette armure occasionnait, soit que la tradition la regardât comme une prérogative, soit plutôt parce que la chevalerie combattait comme grosse cavalerie, ce furent les nobles seuls qui jusqu'à l'institution des compagnies d'ordonnance ont fait emploi de bardes. Les gens d'armes qui accompagnaient, à titre de servants d'un fief, le chevalier ou le seigneur féodal avaient les bardes moins complètes que leur chef de lance ; et, au contraire, les gens d'armes des compagnies d'ordonnance, qui appartenaient à un temps où il n'existait plus de chevaliers, avaient le cheval entièrement bardé. Les parties qui composaient les bardes s'appelaient *girel, housse, pissière, sambuc, selle d'armes* et *testière*, laquelle se composait de la *cervicate* et du *chanfrein*, et recouvrait en partie la bride. Avant le tournoi ou avant le combat, il était du devoir de l'écuyer de présenter à son maître le cheval bardé. Des écrivains ont fait entre le cheval *houssé* et le cheval *bardé* la distinction qui suit, mais qui nous apprend peu de chose : « Le cheval de chevalier est en cérémonie un cheval caparaçonné de soie, armorié ; c'est en guerre un cheval bardé de cuir ou de fer. » Gal BARDIN.

CHEVAL DE FRISE, machine de guerre dont l'usage est ancien et le nom moderne, et qui consiste en une grosse pièce de bois, de trois à quatre mètres, traversée en sens divers par des pieux pointus et ferrés aux extrémités. On l'a employée comme arme défensive, comme retranchement portatif, comme tourniquet de fortification de campagne. Il rappelle les tribules de la milice byzantine et les machines que Végèce nomme *cattus*, et que César appelle *ericius*. Ce hérisson défendait les portes du camp et les brèches des ouvrages, comme le démontrent des médailles antiques. On a supposé d'un genre analogue les instruments qu'on a appelés *canones, gunna murex, labdareum, tamdarcum* ; mais on est mal éclairé sur les différences qui les caractérisaient. On rapporte qu'à Morat, en 1477, un des chefs de l'armée suisse ayant proposé de se servir de chevaux de frise, un autre chef repoussa cette proposition, en disant qu'il fallait attaquer l'ennemi « franchement et à la manière ordinaire de la nation ». Nous doutons de l'anecdote, parce que le cheval de frise n'est point une arme d'attaque, et que Ménage ne croit cette expression inventée que bien plus tard. Il pense, ainsi que plusieurs auteurs, que les chevaux de frise ont été usités pour la première fois en 1594, au siège de Groningue en Frise, et que c'est de là que vient le nom ; mais la justesse de l'assertion n'est pas démontrée, et le terme pourrait être une corruption de *cheval de fraise*. Les Polonais se servaient de chevaux de frise et en avaient emprunté l'usage aux Tatars, lesquels les avaient eux-mêmes pris aux Chinois, qui s'en aidaient depuis la plus haute antiquité. Sobieski, marchant à la délivrance de Vienne, était pourvu d'un large équipage de chevaux de frise. Dans les guerres de Hongrie, au dix-septième siècle, l'armée impériale était accompagnée de chevaux de frise, portés à bras par des soldats préposés à cette fonction. Des chevaux de frise ont été employés pendant quelque temps dans l'expédition d'Égypte : chaque fantassin français portait, pendant l'excursion en Syrie, une lance de chausses-trapes sur son dos : elles servirent à la bataille du mont Thabor, mais furent abandonnées ensuite. Gal BARDIN.

CHEVAL DE RIVIÈRE, CHEVAL DES FLEUVES. *Voyez* HIPPOPOTAME.

CHEVALERIE. La déclaration qu'un jeune homme entrait dans la classe des guerriers était chez les Germains une cérémonie publique. Au onzième siècle, dans le château féodal, quand le fils du seigneur parvient à l'âge d'homme, la même cérémonie s'accomplit ; et ce n'est pas à son fils seul, mais encore aux jeunes vassaux élevés dans l'intérieur de sa maison, que le seigneur confère cette dignité : ils tiennent à honneur de la recevoir de la main de leur suzerain, au milieu de leurs compagnons. Voilà la *chevalerie*. Elle consiste essentiellement dans l'admission au rang et aux honneurs des guerriers ; elle est en même temps une conséquence naturelle des relations féodales. L'histoire du mot même qui désignait le chevalier, du mot *miles*, en est une preuve irrécusable. Vers la fin de l'empire romain, *militare* signifiait simplement *servir*, s'acquitter de quelque service envers un supérieur, originairement d'un service militaire, mais ensuite d'un service civil, d'un office, d'une fonction. Après l'invasion, on le trouve fréquemment employé en parlant du palais des rois barbares et des charges occupées auprès d'eux par leurs compagnons. Bientôt, et par un retour naturel, car il est l'expression de l'état social, le mot *miles* reprend son caractère, presque exclusivement guerrier, et désigne le compagnon, le fidèle d'un supérieur : il devient alors synonyme de *vassus, vassalus*, et indique qu'un

CHEVALERIE

homme tient d'un autre un bénéfice et lui est attaché à ce titre : « Nous ordonnons qu'aucun chevalier (*miles*) d'un évêque, d'un abbé, d'un marquis, etc., ne perde son *bénéfice* sans faute certaine et prouvée. » Là est clairement empreinte l'origine de la chevalerie. Mais quand une fois la société féodale eut acquis quelque fixité, les usages, les sentiments, les faits de tout genre qui accompagnaient l'admission du jeune homme au rang des guerriers vassaux tombèrent sous l'empire de deux influences qui ne tardèrent pas à leur imprimer un nouveau caractère.

La religion et l'imagination, l'église et la poésie s'emparèrent de la chevalerie, et s'en firent un puissant moyen d'atteindre au but qu'elles poursuivaient, de répondre aux besoins moraux qu'elles avaient mission de satisfaire. Ce que le christianisme a de plus auguste, ses sacrements, prend place dans la réception du chevalier; plusieurs des cérémonies sont assimilées, autant qu'il se peut, à l'administration des sacrements. Entrons au fond de la chevalerie, dans son caractère moral. Ici encore l'influence religieuse sera évidente : il y a dans les sacrements, dans les obligations imposées aux chevaliers, un développement moral bien étranger à la société laïque de cette époque. Des notions morales si élevées, souvent si délicates, si scrupuleuses, surtout si humaines, et toujours empreintes du caractère religieux, émanent évidemment du clergé. Le clergé seul alors pensait ainsi des devoirs et des relations des hommes.

La poésie s'empara de la chevalerie comme la religion. Dès le douzième siècle ses cérémonies, ses devoirs, ses aventures, furent la mine où puisèrent les poètes pour charmer les peuples, pour satisfaire et exciter à la fois ce mouvement d'imagination, ce besoin d'événements plus variés, plus saisissants, d'émotions plus élevées et plus pures que n'en peut fournir la vie réelle. A qui ne tient compte que de l'état positif et pratique de la société, toute cette poésie, toute cette morale de la chevalerie apparaît comme un pur mensonge. Et cependant on ne saurait nier que la morale, la poésie chevaleresque, n'existent à côté de tout ce déplorable état social. Les monuments sont là : le contraste est choquant, mais réel. C'est précisément ce contraste qui fait le grand caractère du moyen âge. Les héros d'Homère ne paraissent pas se douter de leur brutalité, de leur férocité, de leur égoïsme, de leur avidité : leur science morale ne vaut pas mieux que leur conduite. Il en est de même presque de toutes les autres sociétés, dans leur forte et turbulente jeunesse. Dans le moyen âge de notre Europe, au contraire, les faits sont habituellement détestables; les crimes, les désordres de tout genre abondent; et cependant les hommes ont dans l'esprit des instincts, des désirs élevés, purs; leurs notions de vertu sont beaucoup plus développées, leurs idées de justice incomparablement meilleures que ce qui se pratique autour d'eux, que ce qu'ils pratiquent souvent eux-mêmes. Un certain idéal moral plane au-dessus de cette société grossière, orageuse, et attire les regards, obtient les respects des hommes, dont la vie n'en reproduit guère l'image.
F. GUIZOT, de l'Académie Française.

Lorsque les successeurs de Charlemagne eurent, dans leurs querelles, brisé le faisceau de francisques glorieusement noué par le vainqueur des Saxons, chaque seigneur saisit son arme et se fit pouvoir suprême dans le cercle de ses possessions. Alors aussi surgirent des hommes qui se posèrent en champions de la faiblesse, rétorquant contre les châtelains la seule loi qu'ils pussent invoquer, la force, et obligeant peu à peu la barbarie à se replier devant une sorte de civilisation armée. En France, comme dans l'antique Grèce, ce furent les hommes de noble lignage les moins bien partagés sous le rapport de la fortune qui se livrèrent les premiers et avec le plus d'ardeur à la défense des intérêts communs. Pour sanctifier leurs travaux militaires, ils appelèrent sur leurs armes la bénédiction de l'Église; enfin, pour s'assurer une protection et au besoin une retraite, ils prêtèrent volontiers hommage à quelque haut seigneur qui devint leur suzerain. Ainsi, l'on peut dire avec vérité que la chevalerie fut, surtout au début, l'inféodation des nobles sans domaines. Mais de cette inféodation ressort précisément le seul caractère qui distingue nos premiers chevaliers des héros errants de la Grèce. En effet, les chevaliers grecs, comme on les nommait au moyen âge, n'avaient rien que d'individuel, point de lien commun, de règle convenue, de vue publique. Chez nos chevaliers, au contraire, il y eut association, serment et loi. La faiblesse fut vengée et néanmoins respectée de ses vengeurs. La religion et la foi devinrent les objets d'un dévouement sans limite, et les femmes reçurent un culte, grâce auquel leur condition s'améliora. La chevalerie décida pendant quatre siècles du sort de plusieurs grands États. Au lieu des Thésée ravisseurs des femmes, des Pyrithoüs adultères, des Jason traîtres à leur foi, naquirent les Édouard, les Duguesclin, les Bayard. Malheureusement, la chevalerie attacha toujours plus d'importance à la forme qu'à la pensée de son institution. Aussi fut-elle prompte à perdre la pureté de ses commencements. Ingénue et sincère en son enfance, elle devint durant sa jeunesse, fougueuse et passionnée; puis avec l'âge viril elle se laissa prendre aux amorces de l'ambition, jusqu'à ce qu'enfin elle s'ensevelit sous un amas de titres honorifiques. Il y a donc à distinguer trois périodes bien tranchées, ou plutôt trois chevaleries successives, dans l'histoire de la chevalerie : période religieuse, période galante, période militaire. La chevalerie primitive est dite religieuse parce qu'elle fut instituée par et pour l'Église contre les excès de la féodalité. Les premières victimes en effet et aussi les premiers adversaires de la féodalité se rencontrèrent dans le clergé chrétien. Depuis la fin du neuvième siècle c'était sur les marches de l'autel que les hommes de bas lignage avaient continué de chercher un refuge contre les vexations des seigneurs terriens. Tant que la foi des laïcs se montra vive et soumise, cet asile parut inviolable, et le froc valut une égide. Mais plus tard, lorsque l'impureté des mœurs eut détruit le respect des choses saintes, lorsque surtout une partie du clergé, en se mêlant au siècle, eut déconsidéré son caractère, ni le cloître ni l'église même ne se trouvèrent à l'abri des violences. C'est alors que, réunissant ce qui lui restait de fidèles, l'Église fit des chevaliers, les assermenta, et les établit comme un rempart entre elle et ses puissants oppresseurs. *Office de chevalerie*, voyons-nous dans les statuts de l'ordre, *est de maintenir la foi catholique, femmes veuves et orphelins, et hommes mes-aisés et non puissants*. Mais l'Église en formulant ces lois commit une faute grave, celle d'y glisser trop de concessions à l'esprit du siècle; elle voulut attirer à elle les hommes grossiers par l'appât offert à de dangereux penchants; elle accepta comme alliées, elle appela même à son aide deux passions, l'amour des femmes et l'amour-propre; de là jaillit la corruption de l'ordre : cette ambition de gloire et cette courtoisie si vantées dans la chevalerie, si pures en apparence, devinrent le germe de sa corruption.

La dame tarda peu à prendre le pas sur le roi et le ciel même. Bacheliers et bannerets cessèrent de combattre pour la foi, à moins que ce ne fût par ostentation ou pénitence. Ces fiers redresseurs de torts jetèrent dans la noblesse un désordre effréné de mœurs. D'abord vengeurs des dames, bientôt ils en devinrent les sigisbés, et le seigneur, qui jadis à leur apparition devait trembler pour ses forfaitures, dut ensuite craindre pour son honneur. On mêla dès lors le sacré et le profane sans scrupule. Écoutez les auteurs du temps, écoutez celui de *la Dame aux belles Cousines* : *Chevalier qui entend à loyaument servir une dame est sauvé*, dit-il sans hésiter; cela lui paraît canonique. « Je prie Dieu qu'il vous doint joye de votre dame en ce que plus vous désirez, » lisons-nous dans Olivier de la Marche : « Dieu vous doint joye de la chose que plus vous désirez, » dit aussi, dans le même sens, la reine à Jehan de Saintré. Voilà le ciel invoqué pour des affaires amoureuses. Or, quel fut le fruit de cette grande simplesse? A la fin du treizième siècle, le moine du Vigeois comptait dans une seule armée quinze cents concubines, ruinant les chevaliers, par leurs folles dépenses. Dès que la galanterie en fut venue à ce point de dominer tous les rapports sociaux, de dicter les règlements, les usages et jusqu'aux formules de politesse, il fallut bien qu'elle eût aussi ses tribunaux; les dames se chargèrent d'en instituer. Les cours d'amour sont trop connues pour qu'il soit besoin de s'étendre à leur sujet. Des critiques ont cru voir dans l'affranchissement des communes la cause d'où découle la perte d'une institution créée pour défendre les petits. La vraie ruine de la chevalerie, ce fut sa débauche; et le peuple de ces temps-là le jugeait bien ainsi, lorsqu'il disait si naïvement : *Le loup blanc a mangié bonne chevalerie*. Aussi, bientôt l'ordre n'eut-il plus d'autres mérites que le luxe des costumes et l'apparat de ses fêtes; ses vieux et respectables usages tombèrent si fort en désuétude qu'à la fin du quatorzième siècle, lorsqu'à Saint-Denis Charles VI arma le roi de Sicile et le comte du Maine d'après l'antique cérémonial, « cela sembla étrange à beaucoup de gens, parce qu'il y en avait fort peu qui sussent que c'était l'ancien ordre de pareille chevalerie ».

Cependant, si la chevalerie perdit, en se corrompant au foyer des châtelaines, la plupart de ses premières vertus, il en est une qu'elle garda comme en réserve et par où elle se releva : la valeur guerrière. Lorsque nos guerres funestes avec les Anglais eurent amené la France à deux doigts de sa perte, nos rois sentirent la nécessité de rendre de la vigueur à cette milice efféminée. Jean, le premier, en 1351, fit de grands efforts pour lui rendre son lustre. Ses lettres d'institution de l'ordre de l'Étoile, créé dans ce seul but, renferment une véhémente homélie sur la nécessité d'en revenir aux anciennes mœurs. Charles V, Charles VI et Charles VII marchèrent dans la même voie, et tous trois trouvèrent, en récompense, dans la chevalerie le dernier appui qui soutint leur couronne. Aussi, pour augmenter le nombre des chevaliers, diminuèrent-ils le temps des grades préparatoires et rendirent-ils plus simples les cérémonies de l'armement. Une accolade, une embrassade, une paumée, la dation d'une épée suffit pour faire un chevalier. Après la bataille de Cerisoles, nous voyons le duc d'Enghien conférer l'ordre à Montluc seulement en l'embrassant. Ce ne fut plus, en un mot, qu'une sorte d'enrôlement.

Là commence la troisième période, la période militaire : alors la chevalerie, arrachée aux délices du château, reprit pour un instant sa vieille rudesse. Ce ne fut plus chose de parade, ce fut défense de belle et bonne guerre. Aussi, quand les chevaliers français demandèrent au roi d'Angleterre à célébrer par un tournoi ses noces avec la fille de leur roi Charles VI : « Non, leur dit-il, j'ai de vous meilleurs emplois à faire. Je prie à M. table que j'ai épousé la fille, et à tous ses serviteurs et à mes serviteurs je commande que demain matin nous soyons prêts pour aller mettre le siège devant la cité de Sens. »

Malheureusement, en recouvrant son énergie, la chevalerie se prit plus que jamais de cet esprit d'individualité qui rendit très-souvent sa valeur même funeste. Son insubordination, son désordre dans les batailles, nécessitèrent de la part des rois la création d'armées plus régulières et plus faciles au commandement. Dès ce moment l'ordre ne fut plus qu'un honneur accessoire, dénué d'existence propre, dont l'importance disparut rapidement.

Voilà en peu de mots l'histoire de la chevalerie. Maintenant, quels étaient les devoirs et les priviléges d'un chevalier? Par quels grades arrivait-on à cette distinction éminente? quels en étaient les insignes extérieurs?

L'acte par lequel on devenait chevalier, c'était *l'armement*. Cependant il ne constituait pas seul et essentiellement l'inféodation chevaleresque; car de tout temps il fut d'usage parmi les races gauloises de ceindre l'épée aux enfants nobles destinés à la guerre. Aimoin nous montre Charlemagne armant solennellement son fils le prince Louis. La plupart même des coutumes de la chevalerie, telles que l'hommage, le serment, les joûtes, les combats particuliers, appartiennent aux races franque et gauloise; la plupart de ses maximes sont écrites presque textuellement dans les livres sacrés des Scandinaves. Ce n'est guère que dans les auteurs du onzième siècle que l'on commence de trouver décrites avec quelque détail les cérémonies relatives à la promotion d'un chevalier. Ces cérémonies varièrent avec le temps et la destination de la chevalerie; elles s'accommodèrent aux mœurs de l'ordre dans ses trois différentes phases. Au commencement, quand la chevalerie était toute religieuse, l'éducation des jeunes gens destinés à l'ordre ressemblait beaucoup à celle des clercs. Jusqu'à sept ans l'enfant restait entre les mains des femmes; alors il passait entre celles des hommes, qui se hâtaient de le préparer aux durs travaux de la guerre. Mais tandis qu'on endurcissait son corps à la fatigue, on assouplissait son âme à toutes les exigences de la hiérarchie nobiliaire. Le dévouement à la foi chrétienne et le respect des dames et des titres formaient la base de son éducation morale. Sous les noms de *varlet*, *varleton*, *damoiseau* ou *page*, il rendait au maître chargé de son avenir tous les offices de la domesticité. Bayard à la cour de Savoie servait à table sous un oncle, évêque de Grenoble, auquel il était attaché comme page. Saintré, jouvencel lorsque, à l'âge de treize ans, il passa de l'hôtel du seigneur de Preuilly à la cour du roi Jean, y fut nommé *paige et enfant d'honneur*. Si l'on en croit certaines chroniques, c'étaient des dames qui se chargeaient d'apprendre aux jeunes damoiseaux tout ensemble leur catéchisme et les devises de courtoisie. Dès l'entrée de jeunes gens dans ce premier noviciat de varlet ou de page, on leur faisait choisir une dame belle et de bon lignage vraiment, à laquelle après Dieu se rapportaient toutes leurs pensées. C'était en vue de lui plaire qu'ils commençaient de se livrer aux exercices de guerre, lançant la pierre ou le dard, défendant des pas d'armes les uns contre les autres, et faisant, dit Sainte-Palaye, de leurs chaperons des casques ou des bassinets, etc.

Lorsque le jeune homme, cessant d'être page, allait recevoir l'épée, c'était un prêtre qui la lui attachait après l'avoir bénite plusieurs fois. Alors le candidat à la chevalerie devenait *écuyer*, nouveau grade avec lequel changeaient ses divers offices. Tantôt, sous le titre de *chambellan* ou *connétable*, il était chargé de tirer des coffres la vaisselle d'or ou d'argent de son maître; tantôt, sous celui de *bouteiller* ou *d'échanson*, il servait le boire au repas ; comme écuyer du corps, il devait se trouver au lever et au coucher de son maître pour l'habiller et le déshabiller. Les enfants même des rois n'étaient pas exempts de ces services : « A la table du comte de Foix, dit Froissard, Gaston, son fils, avoit l'usage qu'il le servoit de tous ses mets et faisoit essaie de toutes ses viandes. » C'étaient encore les écuyers qui donnaient à laver après le repas, servaient les épices ou dragées et confitures, le clairet, le piment, l'hypocras et le vin du coucher. Mais le plus noble et le plus beau rôle des écuyers était leur service de guerre. Chargés durant la paix du soin des armes et des chevaux, ils portaient les unes et conduisaient les autres lorsqu'ils suivaient leurs maîtres en course ou au combat. Chevauchant eux-mêmes sur de bons roussins, ils menaient à la dextre les chevaux de bataille ou grands chevaux nommés pour cela *dextriers*. Durant les batailles, chaque écuyer, se tenant près de son maître, était attentif à lui fournir des armes neuves ou des chevaux frais, en cas de besoin, à le relever, parer les coups qu'on lui portait, le couvrir et recevoir ses prisonniers.

Après trois périodes septennales, passées successivement parmi les femmes, dans l'état de page et dans celui d'écuyer, le candidat arrivé à sa vingt et unième année pouvait prétendre au grade de *chevalier*. Mais rien ne l'obligeait à le réclamer tout de suite. Il pouvait à son gré profiter de cette sorte de majorité, ou retarder le moment de son armement. En un mot, ce terme de vingt et un ans n'était pas un terme fatal. Nous voyons même dans l'histoire qu'il n'était pas également rigoureux pour tout le monde : les fils des rois de France étaient chevaliers sur les fonts de baptême; ainsi, Du Guesclin, second parrain du duc d'Orléans, fils de Charles V, arma cet enfant aussitôt après le sien; Charles-Quint n'avait qu'un an et demi lorsqu'il reçut l'ordre de la Toison-d'Or, et Bayard donna l'épée de chevalier au fils du duc de Bourbon encore entre les mains de ses nourrices. Mais tout ceci se passait à une époque où la chevalerie tombait déjà dans l'honorifique. Quoi qu'il en soit, dans l'usage le plus général, ce n'était qu'après avoir pendant huit ou dix ans rempli l'office de poursuivant, porté la lance et le bassinet, assisté à maint tournoi et bien éprouvé son courage, que le jeune écuyer pouvait prétendre à échanger sa toque contre le casque, et sa ceinture contre le baudrier de chevalier.

Alors avait lieu la cérémonie de l'armement, qui plus que toute autre varia suivant l'âge de la chevalerie. Le mode le plus compliqué appartient à l'époque de la chevalerie religieuse, parce que, selon l'esprit du temps, tous les devoirs de l'adepte devaient se peindre dans les actes matériels de son initiation. La plupart des auteurs qui ont parlé de la chevalerie en ont décrit les cérémonies. Joignez-y des jeûnes austères, des nuits passées en prières avec un prêtre et des parrains, la confession, la communion, la *veille des armes*, également observée pour les duels judiciaires ou *espreuves du duel*, l'accolade enfin, et vous aurez le tableau à peu près fidèle de l'armement d'un chevalier au douzième siècle, c'est-à-dire à l'époque où cette noble institution appartenait encore tout entière à l'Église.

Il ne faut pas croire que dans ces premiers temps de ferveur et de pureté la chevalerie se conférât indifféremment à tout le monde. « Celui qui donne la chevalerie, dit un ancien auteur, doit savoir de celui qui la demande à quelle intention il souhaite de l'obtenir; car si c'est pour être riche, pour se reposer et être honoré sans faire honneur à la chevalerie, il en est indigne. » « Nul ne doict estre reçu, lit-on encore dans *Le Guidon des Guerres* de De la Tour, si on ne scet qu'il s'ayme la vie de son royaulme et du commun, et qu'il soit bon et expert en l'ouvrage batailleux. » Alors l'inféodation chevaleresque était plus qu'une simple parade, elle entraînait des obligations rigoureuses; le nouveau chevalier était même tenu, aussitôt après son armement, à une sorte de ratification publique de ces obligations contractées. « Il devoit, disent les légistes de l'ordre, chevaucher parmi la ville, et se devoit montrer aux gens, afin que tous sceussent qu'il estoit chevalier nouvellement fait et ordonné chevalier, et qu'il estoit obligé de défendre et maintenir le haut honneur de chevalerie. » Et il était bien convenable, observe Lacurne à cette occasion, que le peuple ne tardât pas à connaître celui qui par un nouvel état devenait son défenseur et pouvait être son juge.

Dans la seconde période, ou période galante, la partie morale du cérémonial disparut; mais, en revanche, l'apparat en devint si coûteux, que plus d'un écuyer fut obligé de retarder sa promotion faute de pouvoir subvenir aux frais de son armement. Les dépenses en étaient énormes lorsqu'il s'agissait de quelque prince hautement enlignagé. Le récipient et les récipiendaire étaient tenus de faire à l'assemblée des distributions d'or, d'argent, de vaisselle et de riches vêtements. « Celui jour de la création du chevalier, lit-on dans *L'Ordre de la Chevalerie*, convient faire moult grandes prodigalités. » Muratori rapporte qu'à la cour plénière tenue à Rimini pour l'armement des seigneurs de Malatesta, on comptait plus de 1,500 saltimbanques. A cette époque, l'accolade demeura le fait principal de l'armement, et bien souvent ce furent les dames qui la conférèrent, comme si le chevalier n'eût plus voulu reconnaître d'autre maître. Ce fut Jeanne de Laval, veuve de Du Guesclin, qui ceignit l'épée de chevalier à André de Laval.

Enfin, dans la dernière période, lorsque la chevalerie, devenue une arme aux mains de nos rois, eut perdu tout ce qu'il y avait de religieux et de galant dans son caractère, lorsque la continuité de nos guerres avec l'Anglais l'eut arrachée à ses courtois passe-temps, l'armement ne fut plus qu'un enrôlement sous la bannière du roi ou du chef qui le conféra, et le moindre signe suffit pour faire un chevalier. Juvénal des Ursins, dans ses *Remontrances au roi pour la réformation du royaume*, se plaint formellement de ce relâchement dans les cérémonies chevaleresques. Mais il faut bien le remarquer, l'opinion fit justice de cette dégénérescence de l'ordre, et les priviléges du chevalier diminuèrent dans la même mesure que ses travaux et ses mérites.

Depuis que la société s'est régularisée, depuis qu'au lieu d'agir on raisonne, la chevalerie a subi le sort de toutes les choses vraiment importantes; elle a été tour à tour exaltée et ravalée outre mesure. On ne saurait disconvenir qu'elle n'ait été pour l'Église un puissant soutien, qu'elle n'ait opposé de fortes barrières aux empiétements de la féodalité, porté jusqu'à l'audace la valeur militaire, et établi comme un droit dans nos mœurs la parité de condition des femmes. Mais en même temps nous devons confesser que l'esprit du mal ne tarda pas à réduire en défaut chacune de ses belles qualités. Sa valeur impétueuse se tourna bientôt en une audace indisciplinée, qui perdit des batailles; sa courtoisie dégénéra en licence, en débauche : sa religion se transforma en de superstitieuses pratiques; enfin , l'ignorance profonde où devinrent les chevaliers de tout ce qui n'était pas science de guerre ou d'étiquette les mit bientôt au-dessous des autres ordres de l'État, et le mépris qu'ils conçurent pour les lettres retomba sur eux-mêmes. Chacun de ces défauts battit en brèche leur antique renommée; leur indiscipline obligea Charles VII de créer ses compagnies de gens d'armes, et l'avantage de ces corps réguliers détruisit promptement l'importance militaire des chevaliers; les guerres de religion, où la noblesse prit part pour et contre, anéantirent leur mérite religieux; enfin, lorsque François Ier, bon chevalier cependant, commença à distribuer aux hommes de lettres et des arts les divers titres de la chevalerie, la noblesse, entichée du seul mérite militaire, aima mieux renoncer à ces titres que de les partager avec ses frères ès lettres; la noblesse héréditaire absorba tous les honneurs précédemment réservés aux chevaliers, et la chevalerie perdit tout son éclat.

Ajoutons que l'établissement d'une police régulière dans le royaume lui porta le dernier coup, en lui ôtant son premier et véritable objet, le redressement des torts et la vindicte des injures individuelles. Ainsi finit cette institution, qui, commencée dans la personne des Renaud et des Roland, vint aboutir à don Quichotte. Pour compléter l'histoire de la chevalerie, peut-être faudrait-il entamer ici celle des différents ordres où elle s'en retrouve partagé les devoirs, nous renverrons le lecteur au mot Ordres de Chevalerie et au nom particulier de chacun d'eux. Ici nous nous contenterons d'en indiquer brièvement l'origine. La première cause de la création d'ordres spéciaux dans la chevalerie, ce fut le dépit que conçut l'Église de voir lui échapper l'institution primitive; la seconde fut la vaniteuse émulation des seigneurs, toujours avides d'envahir les priviléges de leur souverain. Dès que les rois eurent créé des ordres de chevalerie, il fallut que chaque haut feudataire en fît d'autres sous sa propre inféodation; de là cette multitude d'institutions rivales qui portèrent en moins de cinq siècles à plus de cent cinquante le nombre des ordres de chevalerie. La plupart de ces institutions se composaient au douzième siècle de religieux armés, astreints aux trois vœux de pauvreté, d'humilité, de chasteté. Tous portent l'empreinte de l'esprit de vindicte qui animait l'Église, tâchant de se créer des défenseurs en dehors du commun de la chevalerie et de mettre ces ordres à l'abri de la licence en les astreignant au célibat. Dans les siècles suivants, ils s'accrurent avec une rapidité effrayante; mais leur caractère pieux se perdit, et ils devinrent de simples distinctions, plus ou moins honorifiques, quoique plusieurs portent encore des noms de la légende.

G. OLIVIER.

CHEVALERIE (Ordres de). *Voyez* ORDRES DE CHEVALERIE.

CHEVALERIE (Romans de). *Voyez* ROMAN.

CHEVALET. Le *Dictionnaire des Origines* dit que le *chevalet* était un instrument de torture dont les anciens se servaient pour provoquer ou tirer les aveux des coupables, et que son emploi passa chez les modernes, avec cette différence que ce n'était plus qu'un instrument de correction usité à l'égard surtout des militaires, tandis que chez les anciens il fut souvent un instrument de mort. Plusieurs chrétiens de la primitive Église paraissent aussi avoir souffert ce genre de martyre, qui consistait à être assis sur un cheval de bois dont le dos était parfois aussi aigu, dit-on, qu'une lame très-fine, ce qui rendait cruelle la position de celui qu'on plaçait dessus avec des poids attachés aux pieds. Mais, suivant Monfaucon, c'était une espèce de table, percée sur les côtés de rangées de trous par lesquels passaient des cordes qui se roulaient ensuite sur un tourniquet. Le patient était appliqué à cette table, où on lui attachait les mains et les jambes avec des cordes; puis, au moyen d'une poulie, on enlevait et on descendait le corps autant que la résistance pouvait le permettre; on le laissait ensuite retomber brusquement, de telle sorte que tous ses os étaient disloqués par la tension et par la secousse. Dans cet état, on lui appliquait des plaques de fer rouge, et on lui déchirait les côtes avec des peignes de fer, qu'on nommait *ungulæ*. Pour rendre ses plaies plus sensibles, on les frottait quelquefois de sel et de vinaigre, et on les rouvrait lorsqu'elles commençaient à se refermer. Les auteurs qui ont traité des tourments des martyrs sont tous unanimes sur ces faits, qui semblent appartenir plutôt à l'histoire des tigres qu'à celle des hommes. Cet instrument barbare n'a pas été inconnu aux modernes. L'histoire d'Angleterre fait mention d'une espèce d'instrument ou de supplice du même genre qui existait encore à la tour de Londres sous le règne de Henri VI, et qui avait été nommée la *fille du duc d'Exeter*, du nom du gouverneur de cette prison royale. Le *cavaletto* de Rome moderne en est aussi une sorte de réminiscence.

Le *chevalet* employé dans une foule d'arts et métiers est une longue pièce de bois soutenue horizontalement par quatre pieds, dont deux sont assemblés entre eux avec la pièce, à chacun de ses bouts. Les ouvriers et les artisans s'en servent habituellement pour soutenir l'objet qu'ils ont à confectionner. Les architectes donnent ce nom à des pièces de bois assemblées en travers sur d'autres à plomb pour soutenir les solives ou les planches d'un plancher. Dans les instruments de musique, le *chevalet* est une petite pièce de bois plate et plus ou moins façonnée, que l'on pose à plomb au bas de la table pour en soutenir les cordes. En termes de peinture, c'est l'instrument, en forme de petite échelle double, sur lequel on porte un portrait ou un tableau est soutenu pendant que l'artiste y travaille. On appelle *tableau de chevalet* un tableau de moyenne grandeur, ordinairement travaillé et fini avec grand soin. Enfin, en astronomie, on a donné le nom de *chevalet du peintre* à une constellation méridionale qui contient vingt étoiles, disposées à peu près dans l'ordre de cet instrument. Edme HÉREAU.

En termes de fortifications, le *chevalet* est un assemblage de plusieurs pièces de bois, servant de piles à un pont de fascines ou de madriers, destiné à faciliter à un corps de troupes le passage d'une petite rivière. On s'en sert dans les places de guerre pour communiquer avec les ouvrages détachés. — On donne aussi le nom de *chevalet* à une sorte de râtelier recevant les armes de la troupe dans les casernes et les corps de garde. Il existe dans les arsenaux des *râteliers d'armes* établis sur une plus grande échelle.

CHEVAL FONDU. Ce jeu d'écoliers, dans lequel plusieurs sautent, l'un après l'autre, sur le dos d'un d'entre eux qui se tient courbé, était autrefois une récréation de courtisans, où l'on ne dédaignait pas de briller, comme dans les carrousels et les tournois. L'amiral de Coligny fut envoyé, en 1556, à Bruxelles, devers l'empereur et son fils, pour la ratification de la trêve. Arrivé dans cette ville le 25 mars, il fut logé, suivant la relation de l'ambassade, en une rue nommée des *Arènes*, c'est-à-dire au Sablon : « Le lendemain matin, rapporte la même relation, les seigneurs français, assemblés chez M. l'amiral en une grande cour qui était au logis, pendant qu'il dépêchait quelques affaires, se mirent la plupart à jouer au *cheval fondu*, dont le bruit étant répandu, plusieurs gentils-hommes flamands et autres de qualité, y étant accourus, trouvèrent le jeu si beau qu'ils firent de même, mais les nôtres emportèrent le prix. » On voit que la diplomatie tire parti de tout; et, pour notre goût, nous aimerions mieux des congrès jouant au *cheval fondu* que rédigeant des *protocoles*. Le temps auquel appartient cette anecdote est celui où le roi de France Henri II allait glisser sur la glace, se battait avec ses familiers à coups de boules de neige et faisait des pleins sauts de vingt-quatre semelles.
De REIFFENBERG.

CHEVALIER, titre dont la signification a beaucoup varié depuis l'antiquité jusqu'au moyen âge et jusqu'à nos jours. A Sparte les chevaliers faisaient partie d'un corps d'élite institué pour la garde des rois; mais ils ne combattaient point à cheval : ils étaient divisés en six *oulames*, de cinquante hommes chacun. Quelques historiens ont prétendu que les trois cents Spartiates qui combattirent aux Thermopyles étaient ces trois cents chevaliers.

C'était encore un titre d'honneur dans l'île de Crète; mais les chevaliers Crétois avaient des chevaux.

Chevalier se dit des hommes de guerre dont se composait la cavalerie à Athènes. Les chevaliers, tous choisis parmi les plus riches citoyens, formaient un corps privilégié. Il fallait pour être admis à en faire partie avoir trois cents mesures de revenu et être en état de nourrir un cheval de guerre. Les chevaliers athéniens faisaient tous les ans, le dix-neuvième jour du mois de mai, une procession à cheval dans toutes les rues en l'honneur de Jupiter. Ce fut ce jour-là même que Phocion but la ciguë. Tous, par un mouvement spontané, passèrent devant la prison, ôtèrent les couronnes qu'ils portaient, et plusieurs se mirent à fondre en larmes, accusant leurs compatriotes d'injustice et d'impiété pour s'être rendus coupables de la mort d'un si grand homme, d'un homme innocent, et d'avoir choisi un jour si solennel pour la consommation d'un tel acte. *Les Chevaliers*, tel est aussi le titre d'une comédie d'Aristophane, dans laquelle, suivant son usage, il mêle à une fiction plaisante et badine des allusions aux affaires les plus importantes de la république. Le corps des chevaliers y est représenté par le chœur.

A Rome, les chevaliers, nommés *equites*, à cause de leurs chevaux, *equi*, ou *milites dorati*, à cause de leurs éperons dorés, formaient le second ordre des citoyens. On attribue leur origine aux *célères*, institués par Romulus pour la garde de sa personne et pour former la cavalerie de l'armée romaine. On ne saurait préciser l'époque à laquelle ils commencèrent à former un ordre privilégié de citoyens, intermédiaire entre les plébéiens et les patriciens. Lorsque la république eut été établie, les chevaliers, dont le nombre n'était pas limité, étaient indifféremment choisis parmi les patriciens et les plébéiens; mais avec le temps les conditions d'admission changèrent. A l'époque des empereurs nul ne pouvait être chevalier s'il ne possédait une fortune de quatre cent mille sesterces. Les titulaires recevaient un cheval entretenu aux frais de la république; ils avaient droit de porter un anneau d'or et une robe ornée de pourpre : des places particulières leur étaient réservées dans les spectacles et dans les jeux publics.

Les Gracques, d'origine équestre, firent donner aux chevaliers qui avaient servi dans les armées l'administration de la justice. Ils étaient les *traitants de la République*, dit Montesquieu; ils étaient avides, ils semaient les malheurs dans les malheurs, et faisaient naître les besoins publics des besoins publics. Bien loin de donner à de tels gens la puissance de juger, il aurait fallu qu'ils fussent sans cesse sous les yeux des juges. Lorsqu'à Rome les jugements furent transportés aux traitants, il n'y eut plus de vertu, plus de police, plus de lois, plus de magistrature, plus de magistrats. On trouve une peinture bien naïve de cet état de choses dans Diodore de Sicile et Dion : « Mutius Scévola, dit Diodore, voulut rappeler les anciennes mœurs et vivre de son bien propre avec frugalité et intégrité; car ses prédécesseurs, ayant fait une société avec les traitants, qui avaient pour lors les jugements à Rome, avaient rempli la province de toutes sortes de crimes. Mais Scévola fit justice des publicains, et fit mener en prison ceux qui y traînaient les autres. » Dion nous dit que Publius Rutilius, son lieutenant, qui n'était pas moins odieux aux chevaliers, fut accusé, à son retour, d'avoir reçu des présents, et fut condamné à une amende. Il fit sur-le-champ cession de biens. Son innocence parut et ce qu'on lui trouva beaucoup moins de bien qu'on ne l'accusait d'en avoir volé, et il montrait les titres de sa propriété; il ne voulut plus rester dans la ville avec de telles gens. Les Italiens, dit encore Diodore, achetaient en Sicile des troupes d'esclaves pour labourer leurs champs et avoir soin de leurs troupeaux; ils leur refusaient la nourriture. Ces malheureux étaient obligés d'aller voler sur les grands chemins, armés de lances et de massues, couverts de peaux de bêtes, ayant de grands chiens autour d'eux. Toute la province fut dévastée, et les gens du pays ne pouvaient dire avoir en propre que ce qui était dans l'enceinte des villes. Il n'y avait ni proconsul ni préteur qui pût ou voulût s'opposer à ce désordre et qui osât punir ces esclaves, parce qu'ils appartenaient aux chevaliers qui avaient à Rome les jugements. Ce fut pourtant une des causes de la *Guerre des Esclaves*. »

On peut voir en lisant l'histoire des Gracques, de Marius et de Sylla, les détails de la lutte des chevaliers contre les *nobles*. D'abord, durant le tribunat des Gracques (133-121 avant J.-C.), les chevaliers arrachèrent aux nobles le pouvoir judiciaire, comme nous venons de le dire; quelques années après ils obtinrent le commandement militaire. Mais Sylla ne tarda pas à enlever la victoire aux chevaliers pour l'assurer aux nobles (100-77 av. J.-C.). Il ravit les jugements aux premiers, qui se rejetèrent alors plus que jamais sur le métier de traitants (*voyez* PUBLICAINS). Chaque année, le 15 de juillet, les chevaliers se rendaient à cheval du temple de Mars au Capitole, une couronne d'olivier sur la tête, revêtus d'une robe de pourpre et portant les récompenses militaires accordées à leur valeur. Tous les cinq ans, après cette solennité, ils passaient la revue du censeur, en tenant leurs chevaux par la bride; alors, si quelque chevalier avait des mœurs déréglées, s'il laissait péricliter sa fortune, ou ne prenait pas de son cheval le soin qu'il devait en prendre, il était dégradé de l'ordre équestre. Le censeur lisait ensuite la liste des chevaliers, et punissait les fautes légères en omettant les noms des coupables. Le chevalier dont le nom se trouvait le premier inscrit sur le livre des censeurs était appelé *equestris ordinis princeps* ou *princeps juventutis*. Il ne paraît pas que ces revues des censeurs et la sévérité que l'on prête à ces magistrats aient produit de très-heureux résultats sur l'ordre des chevaliers, ou du moins les résultats n'en furent pas très-durables.

[En France, le titre de *chevalier* était le premier degré d'honneur de l'ancienne milice, que l'on conférait à ceux qui s'étaient distingués par quelque action d'éclat; mais bientôt de ce que la noblesse ne voulait combattre qu'à cheval vint pour elle le privilège exclusif de la chevalerie, non toutefois sans certaines épreuves et cérémonies. Les chevaliers étaient couverts de cuirasses, brassards, cuissards, jambières, gantelets et casques; ils avaient pour armes la lance, l'épée, le poignard, la hache ou la masse d'armes. Les chevaux portaient de vastes caparaçons de cuir bouilli ou d'autres étoffes, revêtues de lames de fer (*voyez* CHEVAL BARDÉ). La chronique de Colmar, sous l'année 1298, parlant des chevaux de bataille, dit que ces couvertures ou caparaçons étaient souvent faits de mailles de fer : *id est veste ex ferreis circulis contexta*. Les chevaux des chevaliers français étaient sans oreilles et sans crinière; ceux des Allemands sans queue : « La véritable et très-bonne raison de ces queues et de ces oreilles coupées, dit Carrion de Nisas, était l'armure du cheval et la manière dont il était caparaçonné. » Une selle, qui emboîtait les reins et les cuisses du cavalier, servait à monter les chevaux. Si le chevalier n'avait pas été ainsi soutenu, il n'aurait pu résister à ces coups de lance qui se portaient de toute la vitesse du galop du cheval, et qui étaient tels que si les chevaux n'en étaient pas souvent renversés, ils pliaient du moins toujours les jarrets sous le choc. Dans quelques manèges, on emploie encore de ces espèces de selles, mais confectionnées plus légèrement, pour les premières leçons données sur les *sauteurs*. Les selles des *picadores* espagnols dans les courses de taureaux sont ce qui les rappelle le mieux.

Les dispositions pour le combat étaient très-simples : on combattait corps à corps, homme contre homme; les chevaliers se rangeaient en bataille en *haie* ou sur une seule ligne. Cet usage se soutint presque jusqu'au seizième siècle; car c'est à peine si du temps de Montluc et de Lanoue on commença à se battre en escadron, ou, comme on s'exprimait alors, en *host*. Chaque cavalier choisissait son ennemi, sur lequel il fondait la lance en arrêt, cherchant à le désarçonner, à le faire prisonnier. *Vir virum legit* : la tactique de ces temps-là se résume tout entière dans ces trois mots; les chefs, les capitaines, étaient toujours plus occupés à tuer qu'à commander. Les pages, les écuyers, se tenant derrière leur maître, formaient une espèce de second rang. Ils étaient destinés à lui présenter de nouvelles armes quand les siennes étaient faussées, à lui donner un autre cheval si le sien était tué ou blessé, enfin à le retirer de la mêlée et à l'empêcher d'être fait prisonnier s'il était désarçonné ou blessé. Attentifs à tout ce qui avait trait à la conservation du *maître* ou *chevalier*, les pages ou écuyers se tenaient cependant toujours dans les bornes étroites de la défensive. Quand l'ennemi se retirait, était mis en fuite, ou bien quand il renversait la première ligne, il se trouvait soudain aux prises avec ces valeureux jeunes gens, qui cherchaient une occasion de se distinguer pour mériter par une action d'éclat le rang de chevalier. Cette rivalité de gloire produisit les faits d'armes les plus brillants de cette époque.

Voilà pendant le moyen âge l'utilité du second rang réduite à sa plus simple expression : c'est le soutien et le remplacement du premier. Mais il y aurait eu impossibilité à demander à cette cavalerie aristocratique de combattre sur deux rangs. Chaque cavalier, par sa naissance, par sa valeur et sa force, se croyant l'égal des autres membres de l'association appelée *chevalerie*, n'aurait jamais consenti à se placer dans un second rang et à avoir devant lui un chef de file qui, comme un bouclier, l'eût séparé de l'ennemi : il se serait cru déshonoré. Néanmoins, il y a quelques rares exemples où une seconde ligne ou *haie* de chevaliers fut formée à cinquante ou soixante pas en arrière de la première. Cette première ligne culbutée se repliait par ses ailes sur cette *seconde première ligne*, dénomination qui seule put permettre de la former quelquefois. Au surplus, ce second rang n'était pas aussi indispensable que dans nos temps modernes, où il est devenu nécessaire pour donner aux escadrons une profondeur à peu près relative à l'étendue de leur front. La mince encolure de nos chevaux, comparativement à ceux du moyen âge, et la vitesse de nos mouvements, rendent le second rang indispensable pour empêcher le flottement qui résulterait d'une seule ligne si peu profonde, se mouvant vivement. L'étoffe des chevaux du moyen âge, la lenteur des mouvements de ces hommes de fer, qui ne galopaient que pour se charger, la longueur enfin de leur lance, rendaient ce second rang inutile comme organisation fondamentale, en le conservant de fait par occasion : car alors, comme aujourd'hui, le second rang devait surveiller et soutenir le premier.

Quant aux quelques hommes de pied dont les chevaliers se faisaient suivre, et qu'on appelait *infanterie*, c'étaient tous des serfs, qui, d'après les préjugés du temps, ne jouissaient d'aucune confiance, d'aucune considération, et les chroniques de ces temps ne les nomment que *vulgus*. Cette infanterie, la troupe la plus indisciplinée du moyen âge, n'était employée qu'à remuer la terre, porter les fourrages, relever les hommes d'armes ou chevaliers blessés, ou à d'autres services semblables, plus ou moins en rapport avec la domesticité. L'infanterie, ou plutôt cette cohue plus ou moins nombreuse d'hommes à pied, armés aussi incomplétement que diversement, que nous venons de dépeindre, inspirait si peu de confiance, que pour l'attaque et l'assaut des places, pour occuper ou emporter un poste important, ou dans toutes les autres occasions de ce genre, où il fallait une troupe valeureuse et résolue, les chevaliers descendaient de cheval et combattaient à pied malgré la pesanteur et l'incommodité de leur armure pour ce genre de service. A la bataille de Poitiers, sous le roi Jean, les chevaliers mirent pied à terre pour forcer et nettoyer les vignes où étaient postés les archers anglais, la meilleure et la plus redoutable infanterie de ces temps-là.

Si les chevaliers français ont rendu de grands services à la France, ils lui ont souvent aussi causé de grands désastres. Faisant consister tout le mérite du guerrier dans une valeur aveugle, ne comprenant pas qu'il fût permis de se replier, de feindre un mouvement rétrograde, même pour attirer l'ennemi sur un terrain favorable et le forcer à quitter une position impossible à l'action de la cavalerie, ces chevaliers, par une folle bravoure, ont souvent forcé leurs chefs à attaquer contre toutes les règles. Bien des revers dans les c r o i s a d e s, dans les guerres de Flandre et autres, les défaites d'A z i n c o u r t, C r é c y et P o i t i e r s, sont autant de faits malheureux qui en attestant leur courage prouvent leur témérité, leur indiscipline et le mépris qu'ils faisaient de leurs ennemis. G.al C.te DE LA ROCHE-AYMON,
ancien pair de France.

Il est remarquable, dit Ch. Nodier, que la plupart des noms qui désignent les castes nobles soient empruntés du nom du *cheval*, comme si la gloire de soumettre cet animal superbe avait été le premier titre à la prééminence que certains hommes ont acquise sur d'autres. En effet, au mot de *chevalier*, qui nous occupe en ce moment, il faut ajouter, comme ayant la même origine, ceux d'*écuyer*, fait d'*equus*, nom latin du cheval; de *marquis*, tiré de *marh*, qui est son nom celtique; de *maréchal*, qui a la même origine; de *connétable* ou *comes stabuli*, maître de l'écurie. Les chevaliers étaient donc gens issus de haute et ancienne noblesse, ou faits chevaliers, armés chevaliers par les princes. On disait *adouber un chevalier* pour dire *l'adopter*, parce qu'il était réputé comme fils de celui qui le faisait chevalier. L'action de *faire* ou d'*armer un che*-

valier était accompagnée de cérémonies, dont les principales étaient le soufflet, l'accolade et un coup de plat d'épée sur l'épaule. Ensuite, on lui ceignait le baudrier et l'épée dorée, on l'ornait de tout l'attirail militaire, après quoi on le menait en pompe à l'église. Il fallait être chevalier pour armer un autre chevalier. Il y avait des chevaliers de robe aussi bien que d'épée, et même des chevaliers ecclésiastiques. On lit dans les vieilles *Coutumes* qu'il était dû ou certain droit par les vassaux à leur seigneur quand son fils aîné était fait chevalier; ce droit s'appelait *aide-cheval* (*voyez* AIDES). Le roi anoblissait un roturier en le faisant chevalier; mais ce pouvoir était particulier à sa personne, car ceux qui étaient faits chevaliers par tout autre que le roi n'étaient point anoblis par ce fait; ou plutôt, il n'était pas permis à d'autres que le roi de faire des roturiers chevaliers; et deux arrêts du parlement de Paris (1280 et 1281) condamnent Guy, comte de Flandre, et Robert, comte de Nevers, son fils, à une amende envers le roi pour avoir fait chevaliers des gens qui n'étaient pas gentils-hommes. Les *Coutumes* de Paris et d'Orléans portent que si quelqu'un était convaincu d'avoir surpris le titre de chevalier, on le déclarait indigne de noblesse et l'on brisait ses éperons sur le fumier, dégradation que subissait également celui qui avait forfait à l'honneur et aux devoirs que lui imposait la qualité de chevalier. Cette qualité, du reste, finit bientôt, comme toutes les institutions, par perdre de sa valeur par l'abus que l'on vint à en faire et la trop grande facilité que l'on mit à créer des chevaliers. On chercha donc quelque marque de distinction pour relever le titre de chevalier; le roi, au lieu de l'accolade, leur donnait un collier d'or. On disait aussi autrefois *chal*, en vieux français, pour dire *chevalier*, d'où est venu le mot de *sénéchal*, qui signifie un vieux chevalier (*quasi senex eques*).

La dignité de chevalier fut quelque temps en France la plus haute à laquelle l'homme de guerre pût aspirer. Il n'y avait alors que les chevaliers que l'on traitât de *messire* et de *monseigneur*, et plus tard on ne qualifia les membres du parlement de *nos seigneurs* qu'en mémoire des chevaliers, parmi lesquels furent pris les premiers. Il n'y avait que les femmes des chevaliers qui se fissent appeler *madame*. Cette dignité de chevalier était si grande que le roi lui-même s'en faisait honneur. Les chevaliers mangeaient à sa table, avantage que n'avaient point ses fils, ses frères, ses neveux, s'ils n'avaient été reçus chevaliers auparavant. On ne faisait, dit l'abbé Le Gendre (*Mœurs et Coutumes des Français*), de chevaliers qu'ils ne fussent nobles de père et de mère, au moins de trois générations. On n'en faisait aucun qui n'eût servi avec éclat et qui n'eût la réputation d'homme incapable de commettre un crime ou une lâcheté. Il s'en faisait, du reste, en temps de paix comme en temps de guerre, avec moins de façons toutefois dans ce dernier cas. La formule consistait simplement alors dans deux ou trois coups de plat d'épée sur l'épaule, accompagnés de ces mots : « Je te fais chevalier, au nom du Père, du Fils et du Saint-Esprit. » Mais lorsqu'en temps de paix, à l'occasion d'un mariage, ou de quelque autre solennité, il se faisait une promotion, c'était avec infiniment plus de pompe et un bien plus grand nombre de formalités. Le novice passait la nuit qui devait précéder son investiture à prier Dieu dans une église. Son habit en ce jour d'épreuves était une soutane brune, tout unie, sans ornement. Le lendemain il communiait, puis il allait au bain, où il quittait la robe brune, qui était l'habit d'écuyer : celui de chevalier était une robe particulière et d'une étoffe bien plus riche. Après s'être baigné, le novice se mettait au lit, afin d'y recevoir les visites de chevaliers. Quand elles étaient finies, venaient deux ou trois seigneurs qui l'aidaient à s'habiller. Sa chemise était brodée d'or au col et au poignet. On lui mettait par-dessus une manière de camisole, faite de petits anneaux de fer joints ensemble en forme de mailles. Par-dessus cette jaquette ou cotte de mailles, autrement appelée *haubert*, il avait un pourpoint de buffle, sur ce buffle une cotte d'armes, et par-dessus le tout un grand manteau, taillé comme le furent plus tard ceux du roi et des pairs du royaume. Le novice en cet équipage, qui ne laissait pas, comme on le voit, d'être assez lourd et assez embarrassant, faisait serment à genoux de n'épargner ni sa vie ni ses biens à la défense de la religion, à faire la guerre aux infidèles, à protéger les orphelins, les veuves, tous ceux enfin qui auraient besoin de son bras. Quand il avait prêté ce serment, les seigneurs les plus hauts et les plus anciens en dignité lui chaussaient les éperons dorés; d'autres lui présentaient le ceinturon, d'où pendait une longue épée dans un fourreau couvert de toile et semé de petites croix d'or. Il fallait que cette épée fût bénite par un prélat et qu'elle reposât quelque temps sur l'autel. Le nouveau chevalier, si c'était un roi ou un prince, allait l'y prendre lui-même. Quelquefois c'était un évêque qui la lui mettait au côté. Pour les autres, c'était le roi ou celui qui faisait la cérémonie qui ceignait au novice l'épée et le ceinturon; puis, après l'avoir embrassé, il lui donnait sur l'épaule deux ou trois coups du plat de son épée. Cette cérémonie, la plus grande qui fût alors, se faisait au son des trompettes, des hautbois et des autres instruments; elle était suivie de festins, de ballets et de mascarades. Il y avait des grands et des petits *chevaliers*; les premiers s'appelaient *bannerets*, les seconds *bacheliers* (*voyez* BANNIÈRE et BACCALAURÉAT). On donnait le nom de *chevalier servant* aux chevaliers du second ordre, qui n'étaient pas obligés de faire leurs preuves de noblesse.

On reconnaissait les *bannerets* à leurs bannières carrées, tandis que celles des *bacheliers* se terminaient en deux flammes. Le banneret lui-même pouvait encore avancer en honneur. Car outre les tournois, où son nom proclamé devant sa dame et son suzerain l'élevait au-dessus de tous ses frères d'armes, il y avait des prix de bataille, qui étaient la plus grande récompense qu'un guerrier pût acquérir. Celui qui l'avait obtenue, allait presque à la main des rois; à table, le haut bout lui était réservé; c'était devant lui qu'on venait découper le paon sur lequel se juraient tous les gages d'amour. Enfin, les écuyers du meilleur lignage réclamaient la faveur de devenir ses sergents. Partout l'hospitalité la plus obligeante était offerte au chevalier. Des heaumes placés sur des poteaux au-devant des castels lui annonçaient qu'il y avait là pour lui bon gîte et bon accueil. S'il entrait, de jeunes varlets s'empressaient à le recevoir; les jeunes damoiselles avenaient à son encontre, lui préparaient la chambre et le lit, après le repas lui servaient le vin du coucher et le débarrassaient de son armure. Il est curieux de voir dans nos anciens romanciers jusqu'où pouvaient aller ces gracieux offices. Ajoutons à cela que le chevalier ne trouvait pas moins à sa disposition la bourse que la table du châtelain. L'énumération des priviléges attachés au titre de chevalier a fourni des volumes à nos anciens auteurs. A la guerre il avait le pas sur tous autres. Une fois décorés du titre de bannerets, les chevaliers pouvaient prétendre aux qualités de comtes, de barons, de marquis, de ducs; et ces titres leur assuraient à eux, et même à leurs femmes, un rang fixe auquel on reconnaissait du premier coup d'œil la grandeur et l'importance des services qu'ils avaient rendus à l'État. Divers ornements achevaient de caractériser leur mérite et leurs exploits. On peut voir dans les traités de blason les différents timbres ou casques, cimiers, grilles, bourrelets, torils, volets, lambels ou lambeaux, supports ou tenants, ceintures et couronnes dont étaient accompagnés les écus. La plupart de ces pièces, originairement portées dans les cérémonies par ceux à qui elles appartenaient, avaient fait partie de leur armure de tête, de leur coiffure et de leur habillement. Les demeures mêmes des chevaliers, alors considérées, suivant l'esprit des siècles, comme les temples de l'honneur, devaient avoir des signes propres à les faire respecter. Les créneaux et les tours qui servaient à la défense des châteaux en marquaient aussi la noblesse, mais les seuls gentils-hommes avaient le privilége de parer de girouettes le faîte de leurs maisons. La forme de ces nobles signaux indiquait les divers grades de ceux à qui les maisons appartenaient : figurés en manière de pennons, ils désignaient les chevaliers; taillés en bannières, ils désignaient les bannerets. En entrant dans ces maisons, on distinguait encore mieux par les diverses façons dont les meubles étaient ornés le rang des maîtres qui les habitaient. Tout, jusqu'à leur manteau fourré de vair ou d'autre riche pelleterie, leur fournissait un moyen de distinction. Cependant, le plus beau privilége du chevalier, c'était sans contredit celui de conférer lui-même la chevalerie à d'autres immédiatement après son propre armement.

Mais si de tels honneurs attendaient le chevalier brave et courtois qui restait fidèle à ses devoirs, la dégradation la plus ignominieuse était réservée à ceux qui se déshonoraient par quelque crime ou lâcheté. C'est ici un tableau effrayant que la peinture de cette dégradation, telle que nous l'a laissée Lacurne de Sainte-Palaye : « Le chevalier juridiquement condamné pour ses forfaits à subir cette flétrissure était d'abord conduit sur un échafaud, où l'on brisait et foulait aux pieds, en sa présence, toutes ses armes et les différentes pièces de l'armure dont il avait avili la noblesse; il voyait aussi son écu, dont le blason était effacé, suspendu à la queue d'une cavale, renversé la pointe en haut, ignominieusement traîné dans la boue. Des rois, hérauts et poursuivants d'armes étaient les exécuteurs de cette justice, qu'ils exerçaient en proférant contre le coupable les injures atroces qu'il s'était attirées. Des prêtres, après avoir récité les vigiles des morts, prononçaient sur sa tête le psaume CVIII, qui contient plusieurs imprécations et malédictions contre les traîtres. Trois fois le roi ou héraut d'armes demandait le nom du criminel; chaque fois le poursuivant d'armes le nommait, et le héraut disait toujours que ce n'était pas le nom de celui qui était devant ses yeux, puisqu'il ne voyait devant lui qu'un traître, *déloyal et foi mentie*. Ensuite, prenant des mains du même poursuivant d'armes un bassin rempli d'eau chaude, il le jetait avec indignation sur la tête de cet infâme chevalier, pour effacer le sacré caractère conféré par l'accolade. Le coupable, dégradé de la sorte, était ensuite tiré en bas de l'échafaud par une corde passée sous les bras, et mis sur une claie ou sur une civière, couvert d'un drap mortuaire, enfin porté à l'église, où l'on faisait sur lui les mêmes prières et les mêmes cérémonies que pour les morts. »

Mais bientôt le caractère de chevalier s'avilit et dégénéra. On reconnut entre eux : 1° les chevaliers de *haute noblesse*, chevaliers par naissance, reconnus souvent par convenance et courtisanerie; 2° les chevaliers *bannerets*, possédant fiefs avec droit de bannière; 3° les *chevaliers* ayant obtenu leur titre par leur valeur, etc., la plupart du temps sans fiefs attachés à ce titre; 4° les chevaliers appartenant aux *ordres de chevalerie*; 5° les *chevaliers de robe*, gens de lois, noblesse et chevalerie d'un nouveau genre, dont quelque trace est restée dans nos grades universitaires : son origine remonte à celle du pouvoir des légistes, sous saint Louis, mais elle ne fut définitivement constituée que sous François Ier. A cette dernière époque encore, le titre de *chevalier* fut conféré, comme signe de *noblesse*, à des individus qui n'étaient ni *nobles d'armes* ni *nobles de robe*, mais seulement revêtus d'*emplois civils*. Vers la fin du seizième siècle, où tant de gens, à la faveur des guerres civiles et religieuses, se firent, d'*aventuriers* qu'ils étaient, *nobles* de par leurs armes, leurs brigandages ou leur savoir faire, le titre de *chevalier* fut pris par tous indistinctement. *Chevalier* devint synonyme de *noble*. Advinrent les fabricants de généalogie; advint, à partir de Henri IV surtout, l'étiquette de cour; advint la distinction entre les *princes du sang* et les *pairs*; et entre ceux-ci l'établissement des degrés hiérarchiques, les distinctions de bancs, etc. On intervertit la valeur des anciennes dénominations féodales. Le titre de *baron*, par exemple, homme fort, homme puissant, avait été donné exclusivement aux premiers vassaux, à ceux qui avaient droit de se dire égaux entre eux, peut-être égaux au roi. Eh bien, ce titre de *baron* prit un des derniers rangs dans l'échelle, non plus *féodale*, mais *nobiliaire*. De même le titre de *chevalier* avait été donné à tout homme de *bonne lignée*, qui, riche ou pauvre, avait droit de combattre à *cheval* et s'était distingué par des exploits qui lui avaient valu les *éperons*. Le rang n'y faisait rien : rois, ducs, comtes, etc., simples nobles, tous étaient *chevaliers*. Par sa généralité même, par l'imprudence avec laquelle on le prodigua dès les treizième et quatorzième siècles, ce titre dut être donné, à défaut d'autres, à tous les nobles. Il devint trop commun. Les rois, ducs, comtes, tous les nobles du premier ordre l'abandonnèrent insensiblement; il ne resta qu'aux nobles du dernier degré; et comme dans les riches et puissantes familles l'usage s'introduisit insensiblement de graduer les titres des enfants suivant leur ordre de naissance, si le père était *duc*, le fils aîné était *marquis*, le second *comte*, le troisième *vicomte*, le quatrième *baron*, et ici tous les titres étant épuisés, on fit un titre spécial de celui qui jadis avait été si universel : le plus jeune des fils s'appelait *chevalier* ou entrait dans les ordres. Le dernier échelon nobiliaire enfin était celui d'*écuyer*. Cet ordre hiérarchique, introduit si rigoureusement dans les titres et dénominations nobiliaires, a dû commencer, au moins imparfaitement, dès le quatorzième siècle. Lorsqu'il y eut, au commencement du dix-septième siècle, des *nobles* et non plus des *vassaux de la couronne*, des *courtisans* et non plus des *seigneurs féodaux*, cette hiérarchie, déjà entrée dans les mœurs et dans les habitudes, dut devenir une espèce de loi de convention, une règle héraldique, une nécessité d'étiquette. Il y avait longtemps que le titre de *chevalier* avait perdu son importance : il fut remplacé par celui de *gentil-homme*. Il n'a survécu à lui-même que dans la diplomatie. Aug. SAVAGNER.

Vers le milieu du treizième siècle le titre de *chevalier* fut donné en France au commandant des archers préposés à la garde de nuit de Paris, que l'on appela le *chevalier du guet*. On le trouve nommé ainsi (*miles gueti*) dans une ordonnance de saint Louis de l'an 1254, et sa femme prenait le titre de *chevalière du guet*. Il portait le collier de l'ordre de l'Étoile; d'où quelques auteurs ont conclu que le titre de chevalier lui venait de l'abandon que Charles V lui aurait fait de cet ordre, ou qu'il lui fut donné à l'instar des Romains, qui ne confiaient ce poste qu'à un homme de qualité, toujours choisi dans l'ordre des chevaliers. Les *chevaliers de l'arquebuse* se composaient de bourgeois formant des associations ou compagnies, ayant pour but de se perfectionner dans le tir, en se disputant des prix. Le *chevalier terrien* était celui qui tenait un fief dans sa mouvance. Dans les ordres du Temple et de Malte et dans l'ordre Teutonique il y avait des *chevaliers d'âge*, des *chevaliers de minorité* et des *chevaliers de justice*. Les premiers étaient ceux qui se présentaient pour être admis selon les statuts ; les seconds ceux qui étaient reçus avant l'âge requis par un bref du pape; les troisièmes ceux qui devaient faire preuve de noblesse, à la différence des frères servants, que cette obligation ne concernait pas. Le *chevalier-ès-lois* était membre d'un ordre de noblesse créé par François 1er, lequel se composait de magistrats et de gens de lettres. On a appelé *chevaliers du poignard* des royalistes qui se réunirent aux Tuileries, le 28 février 1791, avec des armes cachées, et une société réactionnaire qui se forma dans le midi de la France après le 9 thermidor (*voyez* JÉHU).

Par imitation, ou plutôt en dérision de la chevalerie, quand elle eut commencé à tomber en discrédit, on créa sous le nom de *chevaliers errants* un prétendu ordre de chevalerie dont il est fait mention dans tous les romans. C'étaient des braves qui couraient le monde pour chercher des aventures, redresser les torts et faire toute espèce de prouesses. Tels étaient les chevaliers d'Amadis, ceux du Soleil et tant d'autres, que Don Quichotte, dans sa folie, voulut imiter et sut encore surpasser. Cette valeur, cette bravoure romanesque des anciens chevaliers devint surtout la chimère des Espagnols. L'amour était le motif ordinaire de leurs exploits. Il n'y avait point de cavalier qui ne se choisît une maîtresse dont il cherchait à mériter l'estime par quelque action d'éclat. Le duc d'Albe, lui-même, tout grave et tout sévère qu'il était, avait dévoué à la conquête du Portugal à une jeune beauté auprès de laquelle il prétendait que ses exploits guerriers lui tiendraient lieu de jeunesse.

Plus tard, et sans doute encore en mémoire des violences et des exactions que commettaient à certaines époques (au quatorzième siècle) ces chevaliers, qui, oubliant les devoirs de leur institution, avaient mérité et reçu le titre de *chevaliers à la proie*, on en vint à donner le nom de *chevaliers d'industrie* à ces voleurs de bonne compagnie qui vont partout vivant aux dépens d'autrui et s'emparant de son bien avec plus ou moins d'adresse, de ruse et de finesse, mais sans jamais employer la violence ou des moyens qui pourraient les rendre justiciables des tribunaux; espèce de fripons d'autant plus dangereuse qu'elle est plus insinuante, et qu'il est plus difficile de se mettre en garde contre elle. Avec cette espèce de *chevaliers*, dont nous ne sommes point délivrés, et les *chevaliers de la Légion d'Honneur*, dont le nombre s'est si fort augmenté depuis quelques années, nous avons encore les *chevaliers d'honneur* attachés au service des souveraines et des princesses.

Chevalière s'est dit des femmes appartenant à des ordres de chevalerie. Il y avait des religieuses chevalières de l'ordre de Saint-Jacques de l'Épée en Espagne et en Portugal; des chevalières de Saint-Georges, chanoinesses de Nivelles, et des chevalières de Malte dans trois cantons de France.

Chevalière ou *bague à la chevalière* est un anneau large et plat qu'on porte à l'index, comme en portaient les chevaliers romains et ceux qui sont les membres de plusieurs ordres de chevalerie. Edme HÉREAU.

CHEVALIER (*Ornithologie*), genre d'oiseaux de l'ordre des échassiers, à bec grêle, rond, pointu et ferme, dont le sillon des narines ne passe pas la moitié de la longueur, et dont la mandibule supérieure s'arque un peu vers le bout. Leur taille est élevée, et leurs jambes, longues, grêles et dépourvues de plumes, présentent à leurs pieds trois doigts devant; celui du milieu est réuni au doigt extérieur jusqu'à la première articulation par une membrane qui se prolonge quelquefois plus loin, et l'interne n'a ordinairement qu'un rudiment de membrane. Le pouce, dirigé en arrière, ne touche que très-peu la terre. Ces oiseaux voyagent par petites troupes, s'arrêtent et vivent dans les prairies basses et humides qui avoisinent les rivières, sur les bords des étangs et des lacs; rarement on les rencontre sur les plages maritimes. Ceux qui au temps des amours séjournent encore dans les régions tempérées établissent leur nid au milieu des herbes élevées, près des rives, où ils trouvent leur nourriture, qui consiste en mollusques, vermisseaux, et, à leur défaut, en insectes terrestres, en mouches, et rarement en frai de poisson. Quelquefois, au lieu de nid, ils pratiquent un simple trou dans le sable, où ils déposent trois, quatre ou cinq œufs plus ou moins gros, et pointus ordinairement, pour la plupart d'un jaune verdâtre, parsemés de taches cendrées ou brunes, chez quelques espèces d'une couleur olivâtre foncée, avec des taches d'un brun noirâtre. Ils subissent une double mue, et leur plumage d'hiver diffère de celui d'été par la distribution des taches et des raies. Les mâles sont de la même taille que les femelles. La chair de plusieurs est tendre et de bon goût. Les espèces de ce genre sont répandues principalement en Europe et en Amérique.

Le *chevalier à gros bec* ou *grand chevalier aux pieds verts* a le bec gros et fort, le plumage d'un cendré brun aux parties supérieures et latérales du corps, le croupion blanc ainsi que les parties inférieures; sa queue est rayée de blanc et de gris. C'est le plus grand de nos chevaliers d'Europe. Sa longueur est de plus de 0^m,32.

Le *chevalier noir* est brun noirâtre dessus, ardoisé dessous, à plumes liserées ou piquetées de blanchâtre; aux bords son croupion est blanc, et sa queue blanche rayée de gris, deux caractères qui se retrouvent plus ou moins dans tous nos chevaliers; les pieds sont jaunâtres. Sa longueur est de 0^m,31. On le trouve en Europe, dans l'Amérique septentrionale et dans les Indes.

Le *grand chevalier aux pieds rouges* est brun dessus, à plumes marquées aux bords de points noirâtres et de points blancs; le devant du cou et le dessous du corps sont blancs; on remarque quelques taches grises aux côtés; le bec, livide à sa base, est brun vers sa pointe; les pieds sont jaune orangé.

Le *chevalier bécasseau*, encore appelé *bécassine chevalier*, a les parties supérieures d'un brun nuancé d'olivâtre à reflets verdâtres, le bord des plumes piqueté de blanchâtre, le ventre blanc, le devant du cou et les côtés mouchetés de gris, les bandes noires de la queue larges et en petit nombre, les pieds verdâtres. Sa taille est de 0^m,23. Il vit en Europe. C'est un bon gibier, commun aux bords de nos ruisseaux, quoiqu'il y vive assez solitaire.   Démezil.

CHEVALIER (Michel), ancien apôtre du collège de la religion saint-simonienne, aujourd'hui conseiller d'Etat, professeur au Collège de France et membre de l'Institut (Académie des Sciences Morales et Politiques), est né le 13 janvier 1806, à Limoges, où son père faisait un petit commerce de flanelles et de droguets. Chef d'une nombreuse famille, ce père, homme sage et éclairé, voulut assurer avant tout à ses enfants les bienfaits d'une instruction solide, et consacra noblement à cette tâche dispendieuse le plus clair de sa modeste fortune. Dès l'âge de dix-huit ans son fils aîné, Michel, était admis à l'école Polytechnique, d'où il sortait, deux ans après, élève de l'école des mines, c'est-à-dire avec la certitude de parcourir la plus enviée des carrières administratives. En effet, quelques jours seulement avant la révolution de Juillet, il était nommé ingénieur des mines dans le département du Nord, à l'âge de vingt-quatre ans à peine.

Cependant les idées se mirent à prêcher vers ce temps-là des hommes qui s'annonçaient comme les disciples d'un philosophe inconnu, mort depuis quelques années, mais appelé par Dieu lui-même à être dans l'histoire de l'humanité le Christ d'une nouvelle ère, idées qui allaient directement à la complète destruction de l'ordre social existant, séduisirent notre jeune ingénieur, qu'on vit alors se jeter à corps perdu dans ce qu'on appelait déjà le *saint-simonisme*. Non content d'en propager activement les doctrines dans son cercle immédiat d'action, il renonça même bientôt à une carrière aux trois quarts déjà faite, pour répondre à l'appel des chefs de l'école nouvelle et venir à Paris prendre la direction du *Globe*, journal tout récemment acheté par les novateurs pour en faire le bélier avec lequel ils comptaient battre en brèche et détruire la vieille société chrétienne. Ils proclamaient en effet que le christianisme avait définitivement fait son temps. Suivant eux, Saint-Simon avait été suscité et envoyé par Dieu aux hommes pour leur annoncer un nouvel Evangile, au frontispice duquel étaient écrits ces mots : *Emancipation de la femme*, et dont les doctrines se résumaient en cette formule : *A chacun suivant sa capacité, à chaque capacité suivant ses œuvres*. La réhabilitation de la chair et de ses appétits, injustement flétris par le christianisme, une plus rationnelle répartition des biens et des jouissances de ce monde entre les enfants d'Adam, l'abolition absolue de la misère, de l'exploitation de l'homme par l'homme et de la tyrannie des capitaux, tel était le but que la nouvelle école assignait à ses efforts, telles étaient les promesses qu'elle faisait à l'humanité. C'était dans des salons magnifiquement meublés et brillamment éclairés, où ils donnaient chaque jour des fêtes, et où se pressaient une foule de jeunes femmes élégamment parées, toutes aspirant à l'émancipation de leur sexe, toutes ardentes au plaisir, que les disciples de Saint-Simon annonçaient le nouvel Evangile. Ils prêchaient entre une contredanse et une valse, exaltant ce qu'il y a de matériel dans les jouissances physiques, appelant à l'insurrection contre les préjugés absurdes qui attachent une idée de chute et de réprobation à la grossière satisfaction des désirs sensuels. La polygamie, disaient-ils, n'a dans l'antiquité un caractère odieux que parce qu'elle était le privilège de l'homme : ce caractère odieux disparaît aujourd'hui que la femme est appelée à exercer les mêmes droits. Les enivrantes soirées de la rue Monsigny étaient, à l'usage des croyants et des néophytes, la mise en pratique des théories que *Le Globe* avait mission de développer chaque matin en phrases plus ou moins abstraites à l'adresse des profanes.

Dans le choix de l'homme qu'ils voulaient charger de la rédaction de l'organe officiel de leur doctrine, les meneurs du saint-simonisme firent preuve de tact et d'habileté. Ils n'eurent garde de la confier à l'un de ces rhéteurs creux et boursouflés, de ces avocats sans cause, de ces médecins sans malades, de ces chevaliers d'industrie, qui, aussitôt après la révolution de Juillet, étaient accourus de tous les points de la France leur offrir le secours de leurs déclamations et de leurs lieux communs, chacun dans l'espoir de sortir de la foule en participant au scandale qui déjà s'attachait à de tels enseignements. Les chefs de l'école avaient compris en effet qu'à un poste pareil il fallait un esprit sérieux, positif, réfléchi, un écrivain nerveux, nourri des bonnes traditions; toutes qualités qui s'étaient révélées à eux dans deux articles bénévolement adressés au *Globe* les 11 et 25 septembre 1830, l'un intitulé *La Marseillaise*, l'autre développant ce thème politico-mystique : *Dieu seul est l'architecte des nations*, et signés *Michel* Chevalier.

On n'attend pas de nous l'histoire détaillée du *Globe* sous sa direction; et il nous suffira sans doute de reconnaître ici, une fois pour toutes, que par sa dextérité à sauvegarder presque toujours les convenances, à éviter autant que possible de heurter de front dans les mots les idées reçues, pour mieux les saper dans les déductions logiques, il justifia la confiance dont il était l'objet. Mais la part de responsabilité qui incombe à M. Michel Chevalier dans les déplorables conséquences produites par les prédications anti-chrétiennes et anti-sociales de l'école saint-simonienne, n'en est pour lors évidemment que plus grande.

Quiconque se donnera la peine d'étudier les théories et les formules de la nouvelle école, de les dégager des déclamations et des lieux communs dont les flanquaient ses adeptes, de retrouver son véritable sens à la phraséologie spéciale qu'ils avaient créée à leur usage et de la traduire en langue vulgaire, reconnaîtra que le saint-simonisme fut l'œuf d'où devait sortir plus tard le socialisme. Allez au fond de ces lieux communs et de ces déclamations contre les *oisifs*, et vous n'y verrez, comme dans les élucubrations de l'école socialiste contre la *tyrannie des capitaux*, que haine pour ceux qui possèdent, que jalousie à l'égard des diverses supériorités que la société a acceptées ou s'est laissé imposer, que l'espoir secret de se substituer un jour aux chefs et aux guides actuels des nations. L'ambition, l'orgueil et la cupidité de ces démolisseurs sont les mêmes, et ils ont un moyen bien simple, toujours le même, pour arriver à leur but : c'est d'exciter le pauvre à se ruer sur le riche, à lui enlever ces biens communs à tous dont il est temps que le prolétaire jouisse à son tour. La victoire, pensent-ils, devra finir par rester dans cette effroyable lutte aux plus nombreux. « L'exploitation de l'homme par l'homme ne cessera complètement, disaient les saint-simoniens, que lorsque l'idée de la propriété particulière et de son acquisition aura disparu, attendu que par là les richesses (terres, capitaux, instruments de travail) arrivent à se trouver aux mains d'un petit nombre, et que beaucoup naissent de la sorte avec le droit d'être *oisifs* et de faire travailler d'autres à leur place; tandis que la classe la plus nombreuse et la plus pauvre des hommes, celle des *travailleurs*, est condamnée à l'ignorance, à la dégradation, à la misère. Il faut donc détruire tout privilége de naissance, et, avant tout le plus important de tous, *l'hérédité de la propriété*, attendu qu'il fait dépendre du hasard la répartition des avantages sociaux. Dès lors ce n'est pas la famille, mais la société tout entière qui doit hériter de la propriété des individus ; et toutes les richesses éparses qui constituent aujourd'hui le fonds de la propriété particulière doivent être réunies pour former le fonds commun général de la production. Ce fonds social sera réparti par les chefs suprêmes de la société, suivant les besoins des localités, suivant la capacité des travailleurs et d'après les rapports de la production, de telle sorte que chacun reçoive du travail suivant sa capacité et un salaire suivant ses œuvres. Le véritable et l'unique propriétaire sera par conséquent la société tout entière. »

Sans doute l'invention de cette formule hardie : *la propriété, c'est le vol*, n'appartient pas tout à fait en propre à l'école saint-simonienne ; elle est en germe dans toutes ses prédications. Il est bien peu de numéros du *Globe* où nous ne puissions la montrer à l'état latent. Ainsi une députation de *canuts* de Lyon s'en vient à Paris, quelque temps après la terrible émeute qui les avait rendus maîtres pendant huit jours de la seconde ville de France, consulter les docteurs de la loi sur la valeur de certains sophismes à l'aide desquels les défenseurs de la vieille société essayent de leur faire prendre le change sur les causes de leur misère, et surtout d'en disculper les *oisifs*.

« Est-il bien vrai, demandent-ils à Michel (*Globe* du 25 décembre 1831), qu'un homme riche de cent mille francs de rente et qui *les mange* soit le bienfaiteur de l'industrie ? »

« Michel répond : »

« Le bienfait est dans les cent mille francs, et
« travailleurs, banquiers, entrepreneurs et ouvriers qui les *ga-*
« *gnent pour les compter à l'oisif*, et non dans celui qui ne
« fait que dépenser la somme. Le premier venu a la capa-
« cité suffisante pour *dépenser* cent mille francs *d'intérêts*,
« *de loyers, de fermages*, pour se faire habiller de velours
« et pour faire des frais prodigieux de table : *l'éléphant et*
« *l'ours du Jardin des Plantes, tout aussi bien que le*
« *dandy le plus vain et l'élégante la plus frivole*. Tout le
« monde, au contraire, n'est pas bon pour *gagner* cent mille
« francs par an. Et ce sont ceux qui les ont *gagnés* qui de-
« vraient en réalité les *dépenser*. VOUS QUI MENEZ UNE VIE
« LABORIEUSE, VOUS SAVEZ A QUELLES CONDITIONS L'ARGENT
« S'ACQUIERT ! »

Et ravis des horizons nouveaux que l'ineffable lumière de ces paroles, fort intelligibles du reste, découvre à leurs yeux, nos braves canuts s'en retourner chez eux convaincus que lorsque la société aura pris les nouveaux apôtres pour chefs, les *travailleurs* iront vêtus de brocard, de soie, de velours et de toutes ces étoffes précieuses qu'ils tissent aujourd'hui pour les *privilégiés* du vieil ordre de choses ; convaincus qu'il leur a donné alors de *dépenser eux-mêmes* les centaines de millions qu'à la sueur de leur front ils font gagner chaque année, sous forme d'intérêts, de loyers et de fermages, à quelques centaines d'égoïstes *oisifs* !

Le saint-simonisme ne s'était d'abord présenté aux masses que comme une école philosophique cherchant en toute sincérité pour les différents problèmes économiques qui surgissent chaque jour du développement même des forces productives de la société des solutions plus rationnelles et plus satisfaisantes que celles qu'on avait encore pu proposer ; mais bientôt, enivrés par leurs propres sophismes, ses adeptes prétendirent formellement ériger leurs principes en religion. M. Enfantin, en vertu d'une révélation spéciale et divine, se déclara l'incarnation de la loi nouvelle, en même que ses adhérents l'acclamaient en qualité de *pape* et de *Père suprême* avec un collége de cardinaux pour vicaires. Bon nombre de schismatiques, refusant de s'associer à cette pitoyable parodie de la hiérarchie du catholicisme, et surtout de reconnaître la suprématie et l'infaillibilité de leur ancien collègue, s'éloignèrent en protestant avec Bazard contre cette usurpation, en même temps que contre les doctrines d'Enfantin sur les rapports de l'homme et de la femme, sur le bien et le mal, sur l'autorité et la liberté, « comme conduisant au mélange universel des sexes, à l'anéantissement du mariage et de la famille ; comme légitimant et sanctifiant tous les désirs ; comme tendant à détruire dans le cœur de l'homme toute notion du juste et de l'injuste, de devoir et d'honneur, à anéantir toute indépendance, toute liberté, toute dignité des individus ; comme devant avoir pour résultat de donner pour bases au gouvernement du genre humain la *corruption*, la *séduction* et *l'imposture*. » Les dissidents passèrent alors avec armes et bagages dans les rangs des républicains, où ils furent accueillis en frères.

M. Michel Chevalier, dont les yeux ne purent être dessillés que par un arrêt de cour d'assises, resta fidèle au *Père suprême*, et accepta la qualification officielle *d'apôtre* de la doctrine ainsi transformée. Son apostolat se borna toutefois à continuer de rédiger en chef *Le Globe*, la faiblesse de sa constitution ne lui permettant pas de faire autrement partie de *l'Église active et militante*, tandis que ceux de ses collègues du sacré collége à qui la nature avait départi de plus vigoureux poumons prêchaient à tour de rôle au *temple de* la rue Taitbout ou bien entreprenaient des missions dans les départements, à l'effet d'y porter les lumières de la religion nouvelle. Partout leurs prédications attiraient un nombreux concours, de femmes, saluant de leurs plus frénétiques applaudissements les courageux *apôtres* qui venaient annoncer leur émancipation, abolir l'esclavage des préjugés et du mariage chrétiens, réhabiliter et sanctifier les appétits de la chair ; partout aussi les curieux et les désœuvrés y accouraient, amenés par le scandale même des déclamations violentes et contre le christianisme et contre l'ordre social actuel qui en faisaient le fonds obligé. L'autorité, cependant, laissait faire ; et cette impunité redoublait l'audace des missionnaires, en même temps qu'elle déterminait la tourbe des ambitieux et aussi force esprits faibles à s'intéresser pécuniairement au succès de ce mouvement *émancipateur*.

Nous venons, s'y prendre garde, de toucher au côté pratique, *utilitaire*, de la réforme sociale entreprise par les saint-simoniens. De nos jours, hélas ! n'y a-t-il pas de l'argent au fond de toutes les questions ? Quelques fils de bourgeois enrichis, habilement raccolés par les chefs de l'école saint-simonienne dans les derniers jours de la Restauration, s'étaient montrés généreux envers leurs maîtres, par orgueil et moins que par ambition. Les sacrifices à l'aide desquels ils croyaient s'assurer la direction suprême de la société régénérée suffirent assez longtemps à couvrir les dépenses considérables qu'entraînaient le développement du saint-simonisme et les efforts faits pour en répandre les doctrines. Leur dévouement trouva d'assez nombreux imitateurs parmi les recrues nouvelles, à qui l'on persuadait que c'était leur faire beaucoup d'honneur que de les admettre à supporter leur quote-part des frais généraux de premier établissement de la rénovation sociale. Mais tout s'use et s'épuise, l'enthousiasme lui-même. La gêne finit par arriver, et voici ce que, pour stimuler le zèle des fidè-

les, M. Michel Chevalier leur disait le 21 décembre 1831 :
« Jusqu'à présent *Le Globe* a été écrit bien plus encore
« pour les classes élevées que pour les masses. Nous l'avons
« répandu gratuitement, à un nombre toujours croissant.
« Beaucoup l'ont lu avec satisfaction. « Ingénieux publi-
« cistes, ont-ils dit, économistes éclairés! Dévouement ad-
« mirable! » Nous recevons 800 lettres par jour sur ce ton.
« Ils ont *dit*, mais ils n'ont rien *fait*. Pendant ce temps les
« *publicistes ingénieux* et les *économistes éclairés* dé-
« pensaient leurs fonds, s'exténuaient de fatigue, et rédui-
« saient de plus en plus leurs dépenses personnelles, pour
« que *Le Globe* partît par la poste le lendemain. »
« Nous savons que la tâche de l'apostolat est rude, et
« nous ne nous en plaignons pas. Nous devons même penser
« que si nous n'avons pas plus profondément touché le
« cœur des riches, c'est que nous-mêmes nous ne sentions
« pas encore assez profondément les maux que nous vou-
« lions guérir. Aussi, pleins de foi, nous redoublerons
« d'ardeur et d'efforts; mais aussi, qu'on sache bien que
« si l'on tient à ce que notre parole ait exclusivement de
« bons effets, *ce ne sont pas les* RÉCRIMINATIONS *qu'il
« faut nous adresser; il faut que* des hommes *s'associent
« à nous; il faut qu'on nous apporte* DE L'ARGENT ! »
C'était parler d'or, et il était difficile d'être sinon plus entraînant, du moins plus clair. L'écrivain en fut cependant pour
sa peine, et la crise que les véritables initiés ne voyaient pas
approcher sans un secret effroi fut encore accélérée par la
scission survenue dans l'école, scission dont nous avons parlé plus
haut. A ce moment, une idée lumineuse et féconde jaillit de
la large cervelle du grand financier de l'école, M. Isaac
Péreire. Ce fut d'ouvrir un emprunt public, afin d'attirer dans
la caisse sociale, en créant de petits coupons de rentes au
porteur, les capitaux disponibles des *oisifs* alléchés par un
intérêt de 10 pour 100, et surtout l'épargne du prolétaire. La
création de *rentes saint-simoniennes* et leur émission sur
la place de Paris obtinrent un certain succès ; et l'événement
donna raison à la hardiesse de l'opération ainsi tentée *in
extremis* par la secte.
On ne peut se défendre d'une impression pénible en relisant aujourd'hui les actes d'adhésion que le *sacré collège*
recevait alors de tous côtés. Chaque matin le rédacteur en chef
du *Globe* dépouille son courrier avec complaisance ; et pour
édifier son lecteur, pour exciter en lui la manie de l'imitation, il a grand soin de placer sous les yeux à la partie la plus apparente de sa feuille les lettres adressées la veille au chef du
département des finances. Toutes contiennent l'expression de la plus chaleureuse sympathie pour la lutte que les
apôtres ont entreprise et soutiennent afin d'arriver à l'émancipation de l'humanité ; et à toutes sont jointes des sommes plus ou moins fortes, destinées, avant tout sans doute,
à assurer contre vents et marée la publication du *Globe* et à
couvrir les énormes frais de voyage et de représentation des
missionnaires envoyés dans les départements, mais un peu
aussi à éteindre certaines dettes criardes du *sacré collège*, à
solder, par exemple, les mémoires du glacier et du lam-
piste qui ont fourni les rafraîchissements et l'éclairage des
soirées à l'aide desquelles les apôtres parviennent chaque
jour à faire au saint-simonisme tant de recrues parmi les
oisifs eux-mêmes, ces sangsues du travailleur. La plupart
de ces lettres portent la signature de malheureux ouvriers, à
qui les prédications saint-simoniennes ont évidemment dé-
traqué la cervelle, et qui, dans leur fanatisme, n'hésitent
point à faire à la cause commune le sacrifice des modiques
épargnes d'une vie tout entière de travail et de privation,
convaincus qu'ils sont du prochain avènement de l'ère nouvelle où ils seront remboursés au centuple d'une avance
momentanée.
Cependant, en voyant de simples individus s'ériger ainsi,
de leur autorité privée, en manière de gouvernement, émettre
un véritable papier-monnaie auquel la bêtise du public atta-

DICT. DE LA CONVERS. — T. V.

chait tout aussitôt une certaine valeur, usurper la plus précieuse de ses prérogatives, celle d'achever de faire le vide
dans la bourse des contribuables, déjà saturés d'impôts, en
y introduisant la pompe aspirante et à jet continu des emprunts à primes et à gros intérêts, le pouvoir finit par perdre
patience. Une descente de police eut donc lieu un beau
matin dans la maison de la rue Monsigny, habitée en commun par les membres du *sacré collège*, en vertu d'un ordre
émané du parquet et provoqué aussi un peu par l'*apôtre*
Olinde Rodrigues (banquier juif et portugais), qui craignait à
ce moment de se trouver compromis dans une banqueroute.
La caisse, les registres et la correspondance de la société furent saisis, en même temps que le ministère public intentait
une action en police correctionnelle aux *apôtres*, prévenus du
prosaïque délit de tentative d'*escroquerie*.
Ce coup d'État au petit pied fut pour le saint-simonisme
le commencement de la fin. La source des recettes extraordinaires une fois obstruée, la religion nouvelle ne pouvait
plus faire de progrès ; et deux mois après le sacré collège
en était réduit à interrompre la publication du *Globe*, et
même à abandonner Paris. On eut grand soin d'ailleurs
de dissimuler du mieux qu'on put aux yeux du vulgaire
ce qu'il y avait d'humiliant pour l'orgueil saint-simonien
dans cette dure nécessité. Le prétexte mis en avant fut
le besoin qu'éprouvaient les apôtres, à la suite de luttes
si actives, de se mettre *en retraite*, d'aller se retremper
dans la solitude et les méditations pieuses, afin de redescendre au premier jour dans la lice revêtus d'armures plus
solides pour défier de nouveau les traits empoisonnés des
caducs défenseurs de la vieille société. Une vaste maison,
partie de l'héritage paternel de M. Enfantin et située à peu de
distance du mur d'octroi, sur la crête de Ménilmontant, recueillit alors une centaine d'individus des deux sexes demeurés fidèles au *Père suprême* dans ces jours d'épreuves et
de tribulations.
Cette mystique retraite des saints-simoniens sur la montagne afin d'y invoquer l'Esprit-Saint acheva de convertir la
secte de ridicule ; car bientôt les récits les plus étranges circulèrent au sujet de ce qui se passait dans ce petit cénacle.
Nous aimons à croire qu'on calomnia alors les apôtres de
l'*émancipation de la femme* en les représentant comme
mettant en pratique entre eux, dans leur Thébaïde de Ménilmontant, les principes que naguère encore ils prêchaient
publiquement. Vraies ou fausses, les accusations dont ils
furent l'objet déterminèrent la police à mettre fin à un scandale infiniment trop prolongé ; et les apôtres furent traduits
aux assises, sous la prévention 1° d'avoir commis, dans un
certain nombre de numéros du *Globe*, le délit d'attaque à
la morale publique ; 2° d'avoir, sans autorisation préalable
et en violation formelle de la loi, constitué à Ménilmontant
une réunion permanente de plus de vingt personnes.
Il nous a été donné, comme à tant d'autres, de voir défiler
dans les rues de Paris le cortège des apôtres et de leurs disciples, lorsqu'au jour indiqué par la citation ils descendirent
de Ménilmontant pour aller se défendre au Palais de Justice.
Ce fut un de ces bizarres spectacles qui ne peuvent s'oublier, et que rien non plus ne pourra effacer de notre mémoire. Jamais, on peut le dire, notre population parisienne
ne fut témoin d'une plus burlesque mascarade. Apôtres et
disciples affectaient, à l'instar du *Père suprême*, l'air le
plus grave et le plus recueilli, comme pour n'opposer que
le flegme et la dignité de leur attitude aux huées et aux quolibets de la foule qui se pressait partout sur leur passage. A
notre stupide chapeau rond ils avaient substitué un large
béret rouge, coquettement placé de côté sur l'occiput. La
redingote et l'habit étaient remplacés par une tunique bleu
barbeau, serrée à la taille par une ceinture de cuir noir, descendant presqu'à mi-jambe en plis larges et froncés, avec
bordures rouges aux extrémités, ouverte sur la poitrine et
se boutonnant *par derrière* (symbole de la loi de fraternité,

ce vêtement, pour être endossé, exigeant nécessairement l'assistance d'un *frère*). Le gilet, absent, était suppléé par une espèce de plastron en étoffe blanche portant l'indication du nom de l'individu et des fonctions qu'il remplissait dans l'Église saint-simonienne. En tête marchait solennellement le *Père suprême*, flanqué de ses *cardinaux*, parmi lesquels figuraient MM. Michel Chevalier, Laurent (de l'Ardèche), Duveyrier, *le poëte de Dieu*, Jules Lechevalier, etc.; venaient ensuite le commun des martyrs, et enfin la vile plèbe. Tous, pendant leur retraite sur la montagne, avaient laissé croître leur barbe. La curiosité publique fut d'ailleurs vivement désappointée en remarquant l'absence des *épouses élevées au niveau de l'époux*; si aguerries qu'elles fussent, les *femmes émancipées* n'osèrent affronter les regards des profanes.

Au palais, les saints-simoniens firent *fiasco* complet. En vain le Père suprême et ses apôtres promenèrent sur l'auditoire et sur les juges leurs regards les plus fascinateurs, ces regards magnétiques qui à la salle Taitbout produisaient tant d'effet et déterminaient tant de conversions; tout aussi inutilement ils essayèrent de de justifier les monstruosités de leurs doctrines morales et de se poser en martyrs de l'avenir. Rien n'y fit. Le jury rendit contre eux un verdict de culpabilité; en conséquence, la cour, faisant application de la loi, prononça la dissolution de la Société Saint-Simonienne, et ordonna que les scellés seraient immédiatement apposés sur la maison de Ménilmontant. Les chefs furent en outre condamnés à des détentions plus ou moins longues. Six mois de prison furent infligés à M. Michel Chevalier, entre autres, en sa qualité de rédacteur en chef du *Globe*, à raison des articles par lui publiés dans ce journal et où le jury avait reconnu le caractère d'atteintes portées à la morale publique.

Pour comprendre la longanimité avec laquelle le pouvoir en avait usé à l'égard de ces hardis révolutionnaires, il faut se reporter à l'époque où se passaient les faits que nous venons de raconter, époque pleine de périls et d'angoisses pour le gouvernement issu de la révolution de Juillet 1830. La royauté *bâclée* le 7 août avait tout aussitôt vu surgir contre son établissement cette opposition républicaine, dont les forfanteries habiles furent constamment pour elle le plus effrayant et le plus douloureux des cauchemars. Pour en triompher, elle eût voulu pouvoir rallier à sa quasi-légitimité les éléments sociaux restés groupés autour du drapeau de la branche aînée de la maison de Bourbon ; mais elle rencontrait dans les rangs du clergé catholique les adversaires les plus décidés d'une fusion de ce genre. Or, en attaquant la religion établie, en prêchant partout que la dernière heure de la religion instituée par le Christ approchait, qu'il n'y avait plus qu'un Dieu, celui dont M. Enfantin était le prophète, celui qui l'avait chargé d'annoncer l'*émancipation de la femme* et de proclamer la nouvelle loi régulatrice des sociétés humaines : *à chacun suivant sa capacité, à chaque capacité suivant ses œuvres*; en portant de la sorte la terreur dans les presbytères et la désolation dans les familles chrétiennes, en insultant à toutes leurs croyances, à toutes les idées morales objets de leurs respects, les saints-simoniens servaient à souhait un gouvernement qui, en retour de sa protection, se réservait d'exiger un concours franc et entier de la part de ceux qu'épouvantait l'impunité accordée jusque alors à tant de scandales. C'est par le même motif qu'on laissait en même temps l'abbé Châtel et consorts parodier publiquement les mystères du catholicisme, et fonder une prétendue Église française ayant sa hiérarchie propre et son culte particulier. Aussi bien les hommes alors à la tête des affaires avaient-ils apprécié la portée réelle des doctrines philosophiques et politiques de la nouvelle école. Ils avaient compris tout ce qu'elles avaient au fond de favorable à la concentration des forces sociales entre les mains d'un petit nombre, à la constitution d'un pouvoir dispensateur unique de tous les avantages sociaux, et dès lors au despotisme d'un seul. Ils avaient deviné qu'ils n'auraient qu'à parler pour trouver aussitôt parmi les plus fougueux et les plus orgueilleux des disciples du *Père suprême* les agents les plus souples et les plus zélés d'une politique anti-libérale. De là les égards dont les membres de cette immorale école furent toujours l'objet de la part du pouvoir, alors même que force lui était de sévir contre eux. C'est ainsi que les condamnations plus ou moins sévères prononcées contre les *apôtres* par la cour d'assises de la Seine devinrent à peu près illusoires, grâce à la facilité avec laquelle la police se prêta à ce qu'ils allassent faire dans des maisons de santé les mois de détention qui leur avaient été infligés. Aux hommes de quelque valeur intellectuelle parmi ceux que la justice venait de frapper le gouvernement de Louis-Philippe se hâta de confier des missions à l'étranger, afin de leur procurer le moyen de faire *peau neuve* et de revenir en France oubliés et, autant que possible, réhabilités par quelques travaux scientifiques ou économiques laissés à leur choix. Ceux qu'on exilait de la sorte, c'étaient les plus compromis. Quant à ceux au nom desquels s'attachait moins de notoriété, toutes les carrières administratives leur furent ouvertes avec empressement; et la magistrature elle-même voyait, non sans surprise, ses rangs se grossir d'hommes dont peu de jours auparavant elle frappait publiquement les doctrines de réprobation. Le vulgaire de l'école fournit d'ailleurs bien vite un grand nombre de recrues au personnel des différentes polices sur lesquelles s'appuyait le gouvernement.

Pour excuser les uns et les autres, certains panégyristes ont pris soin de faire dans leurs *erreurs* une part évidemment beaucoup trop large *aux généreuses illusions de la jeunesse*. La vérité est que si en quelques mois le saint-simonisme parvint à faire près de *quarante mille* prosélytes, c'est que ces *jeunes hommes* n'étaient au fond que d'hypocrites ambitieux. En s'affiliant à cette congrégation d'un nouveau genre, leur calcul avait été de s'assurer les moyens d'exploiter les convulsions auxquelles le pays était en proie, et celles que tout annonçait comme prochaines et devant être autrement terribles. Dans de telles circonstances, les voies révolutionnaires offriraient aux aventuriers politiques bien plus de chances de rapide fortune, que la poursuite régulière, légitime, mais nécessairement lente, des carrières ordinaires. Annoncer aux hommes un avenir d'incomparable félicité à la condition d'être pris par eux pour oracles, pour guides et pour chefs, était une spéculation, mal conçue si l'on veut, et annonçant de la part de ses auteurs plus de fatuité que d'expérience, mais dont il appartiendra toujours à la morale d'apprécier la portée et de flétrir le but. Qu'on ne vienne donc pas aujourd'hui invoquer en faveur des coupables soit la prescription, soit le bénéfice des circonstances atténuantes, puisque, à l'exception de quelques amours-propres, aussi féroces qu'indomptables, les doctrines et les tendances de l'école saint-simonienne n'ont pas eu de juges plus sévères que les quelques intelligences véritables qui s'y fourvoyèrent un instant. M. Michel Chevalier, tout le premier, a eu depuis la loyauté de formellement condamner et répudier ce qu'il écrivit dans le *Globe* contre la religion chrétienne, contre le mariage et contre l'institution de la famille; et si à noblement prouvé qu'il n'était pas de ceux qui pour se produire et se faire un nom ont besoin d'acquérir une notoriété de scandale. Malheureusement les hautes fortunes sociales et politiques qu'on a vu depuis faire à tant de disciples du Père Enfantin, sans avoir les mêmes titres que son disciple bien aimé pour faire amnistier leur passé, et rien que par la solidarité qui s'est établie tout aussitôt et *ipso facto* entre tous ces destructeurs du vieil ordre social, seront pendant longtemps encore un puissant appel à l'imitation. En songeant que pour arriver aux honneurs et au pouvoir il suffit parfois aux plus simples de se poser insolemment en réformateurs, de se jeter dans les agitations de la politique et surtout dans les partis extrêmes, en réfléchissant à ce qu'étaient naguère encore tant de ministres, tant de conseillers d'État, tant de sénateurs, tant de préfets, tant de directeurs généraux et de commissaires de police, combien de Catilinas en herbe rêvent en ce moment même à de nouvelles crises sociales et étudient d'avance les moyens d'en tirer aussi profitablement parti! (*Voyez* FOURIÉRISME, COMMUNISME et SOCIALISME.)

Envoyé, vers la fin de 1832, en mission aux États-Unis par notre gouvernement pour étudier le système des communications par eau et par voies de fer organisé dans ce pays, M. Michel Chevalier utilisa les observations que ce voyage lui donna lieu de recueillir pour en faire le sujet de lettres nombreuses adressées au *Journal des Débats*. L'intelligente clientèle de ce journal apprécia les vues éminemment pratiques du jeune ingénieur, dont elle consentit à oublier les excentricités saint-simoniennes; elle rendit complète justice à l'habileté du peintre, à la sagacité et à la sûreté de coup d'œil de l'observateur. Cette remarquable suite d'essais économiques a été réunie sous le titre de *Lettres sur l'Amérique du Nord* (Paris, 1836), et depuis longtemps on n'en compte plus les éditions. En 1837 le gouvernement confia une seconde mission à M. Michel Chevalier, qui dut aller continuer en Angleterre des études qu'il avait déjà commencées aux États-Unis. En 1840 il était nommé conseiller d'État et professeur d'économie politique au Collége de France. Élu en 1845 député de l'Aveyron, il défendit à la tribune la doctrine du *libre échange*. Mais le libéralisme de ses vues déplut aux industriels protégés par les tarifs; aussi la chambre ayant été dissoute, les électeurs privilégiés de ce département le remplacèrent-ils par un prohibitioniste. Martyr législatif du *libre échange*, M. Michel Chevalier semble depuis lors s'être exclusivement voué à l'adoption de cette panacée économique par toutes les nations commerçantes. Aujourd'hui même, pour aider au triomphe de sa doctrine chérie, il n'hésite pas, lui conservateur incarné, à faire de la belle et bonne *agitation*. Aussi bien il y a la pour lui un moyen de se donner, sans grands frais et à peu de risques, un certain vernis d'opposition au pouvoir, qu'en France ne messied jamais, surtout chez un fonctionnaire public.

A la révolution de Février, le parti qui se hissa alors au pouvoir enleva à M. Michel Chevalier et sa chaire du Collége de France et sa place au conseil d'État. Certaines rancunes datant de la scission opérée dans le saint-simonisme aux derniers jours d'existence de l'école trouvaient de la sorte à se satisfaire. Ce qu'on ne put lui enlever, c'est son beau talent, dont jamais, reconnaissons le hautement, il ne fit un plus habile usage qu'en le consacrant à ce moment, dans les colonnes du *Journal des Débats*, à la défense de l'ordre social menacé par de nouveaux barbares.

La tranquillité ne fut pas plus tôt rétablie qu'on répara l'injustice dont il avait été victime de la part des réacteurs. On lui rendit sa chaire d'économie politique, et Louis-Napoléon, devenu l'arbitre des destinées de la France à la suite du coup d'État du 2 décembre, s'est bien gardé de ne point attacher à son gouvernement un esprit aussi pratique. M. Michel Chevalier sert donc aujourd'hui l'empereur et l'empire avec non moins de zèle et de dévouement qu'il avait servi le roi citoyen et la royauté de barricades, qu'il aurait servi les hommes de Février 1848 s'ils ne l'avaient pas brutalement destitué, parce qu'il sert avant tout son pays, qu'il sans se préoccuper de savoir le nom de ceux qui la France appelle à la gouverner. C'est ce qui explique comment, en dépit des travaux multiples qu'entraînent pour lui les fonctions officielles, il est demeuré l'un des plus féconds collaborateurs du journal organe des regrets et des espérances de la dynastie d'Orléans, du plus redoutable des adversaires du régime impérial, parce qu'il est de tous le plus intelligent et le plus modéré. Les principaux ouvrages de M. Michel Chevalier sont : *Des Intérêts Matériels en France* (1837); *Histoire et Description des Voies de Communication aux États-Unis* (1840); *Essais de Politique Industrielle* (1843); *Cours d'Économie Politique* (1840 à 1852); *l'Isthme de Panama, suivi d'un aperçu sur l'Isthme de Suez* (1844); *Question des travailleurs* (1848); *Lettres sur l'Organisation du Travail* (1848), etc., etc.

CHEVALIER (PAUL). *Voyez* GAVARNI.
CHEVALIERS DU LUSTRE. *Voyez* CLAQUEURS.
CHEVAL MARIN. Ce nom, que l'on donne vulgairement au morse, s'applique aussi quelquefois à l'hippocampe.

CHEVANCE, vieux mot hors d'usage, fait du mot *chef*, et par lequel on désignait autrefois les biens d'une personne, proprement le bien à la tête duquel un homme se trouvait. On disait d'un seigneur qu'il avait grande *chevance*, pour dire qu'il avait beaucoup de biens. La *Coutume de Senlis* ne permettait le don mutuel qu'entre les conjoints qui avaient égalité d'âge et de *chevance*.

CHEVAUCHER, CHEVAUCHEMENT. *Chevaucher*, que l'on a écrit aussi *chevaulcher*, est un vieux mot par lequel on exprimait autrefois l'action de monter à cheval, et que Ménage tire de la basse latinité *caballicare*, fait de *caballus*, cheval. Ce mot ne s'emploie guère qu'en poésie et dans le style badin. En termes d'équitation, on entend proprement par le verbe *chevaucher* l'action du cheval faible et incertain dans ses allures, qui se taille les boulets en marchant; il signifie aussi porter les étriers plus ou moins longs.

En termes de construction, il se dit de la superposition de solives, de pièces de bois, ou de tuiles, etc.; en termes d'imprimerie, il se dit également des caractères qui, déplacés, sont de travers et semblent entrer les uns dans les autres. Il reçoit la même signification en chirurgie en parlant d'un os fracturé qui prend ou affecte la même position. Le *chevauchement*, dans ce sens, est un déplacement des fragments d'une fracture, dans lequel, au lieu d'être bout à bout, les deux pièces se croisent et sont placées à côté l'une de l'autre et parallèlement. Ce déplacement, dû principalement à la contraction musculaire, produit toujours le raccourcissement du membre; il a lieu lorsque les fractures sont très-obliques et que les muscles qui s'attachent aux deux fragments ont beaucoup de force.

En botanique, on appelle feuilles *chevauchantes* celles qui, pliées ou courbées en gouttière, s'emboîtent simplement.

De la même source est dérivé le mot *chevaucheur*, qui était autrefois l'appellation spéciale des maîtres de poste, et qui a signifié simplement aussi un *cavalier*. Un animal que l'on pouvait monter était qualifié *chevauchable*, et *chevauchure* était le synonyme de *monture*. On disait aussi aller à *chevauchons*, c'est-à-dire jambe deçà, jambe delà; ce qu'on exprime aujourd'hui par le mot *californichon*, fait, selon Ménage, d'*equalifurcio*, c'est-à-dire à cheval comme sur une fourche.

Enfin, on donnait le nom de *chevauchées* à des visites que certains officiers étaient obligés de faire, dans leur ressort, à des époques de l'année indiquées, et l'on appelait *droit de chevauchée* un ancien droit seigneurial, qui consistait à faire marcher les sujets ou vassaux à la guerre (sans toutefois qu'ils fussent obligés de se montrer à cheval, comme le n m semblerait l'indiquer), et que depuis on a appelé *arrière-ban* (*voyez* BAN).

CHEVAU-LÉGERS, mot que l'armée française a estropié, en en faisant à la fois un singulier et un pluriel, et en l'imitant maladroitement de l'italien *cavalleggiere*. Les *cheval-légers* composaient une classe inférieure de la cavalerie des feudataires, et plus tard une sous-arme attachée à la gendarmerie du moyen âge, vers les derniers temps de son existence. Les *coustiliers*, les pages de *lance fournie*, les *cranequiniers* de la *milice fieffée*, étaient des chevaulegers; si ces derniers n'en avaient pas alors le nom, ils

28.

ont été du moins rangés dans une classification de ce genre par les auteurs qui ont écrit depuis le seizième siècle sur la cavalerie. Des chevau-légers furent organisés en compagnies par Louis XII, en 1498. Le mot devint depuis lors une expression appropriée au dénombrement des armées, et il donnait l'idée de soldats montés sur des courtauts, armés à la légère, pourvus d'avant-bras et de gantelets, coiffés d'un armet et combattant avec l'arbalète, en avant des gendarmes. François Ier décide, en 1530, que dans les compagnies d'ordonnance les archers à cheval seront équipés en chevau-légers et porteront la casaque de la compagnie; ils avaient, au lieu de guidons, une cornette. Sous ce prince il existait également des compagnies de chevau-légers, portant aussi le nom de *compagnies franches*. Brantôme nous apprend qu'elles se distinguèrent en 1543 aux sièges de Landrecies et de La Rochelle. Un peu plus tard on voit les chevau-légers, jusque là attachés aux gendarmes, quitter la *lance fournie*, se former à part, comme dans la milice espagnole, servir avec les arquebusiers à cheval, et avoir pour escarmoucheurs les *carabins*.

Henri IV, avant d'être roi de France, avait amené de Navarre, en 1570, une compagnie de cavalerie légère, qui devint la souche des chevau-légers de la garde; ce prince entretenait en 1593 une compagnie de deux cents chevau-légers de la garde; il en était le colonel; c'était l'élite des gens d'armes. Leur étendard de taffetas blanc, brodé d'or et d'argent, aux armes de la compagnie, portait un foudre aux quatre coins, avec cette devise: *Sensere gigantes* (les géants l'ont senti). Il y avait de 1600 à 1609 trois compagnies de chevau-légers formant en tout quatre cent trente hommes; c'était avec les carabins toute la *cavalerie légère* du temps. En 1610 il y avait douze cents chevau-légers, en neuf compagnies; c'étaient, conformément à l'acception moderne du mot, des chevau-légers de ligne. Louis XIII enrégimenta cette troupe; elle devint le noyau de notre *cavalerie légère*. Le nom de chevau-légers ne se conserva que dans la *maison du roi*; il s'y trouvait en 1630 trois cents gendarmes et chevau-légers. Ils portaient l'uniforme écarlate, à revers blancs, galons et brandebourgs d'or, boutonnières d'argent, boutons or et argent, ceinturon blanc bordé d'or, casque à la romaine et plumet blanc. Saint Germain créa, comme corps d'élite, six régiments de chevau-légers, qui furent assimilés aux corps de ligne en 1779, et abolis en 1784. La compagnie des chevau-légers de la garde, créée en 1599, fut dissoute en 1787. Bonaparte, en rétablissant l'usage de la lance, fit revivre un instant la dénomination baroque de *chevau-légers*, en l'associant au mot *lancier*, dont jadis elle était l'opposé. La Restauration alla plus loin: elle comprit le 12 mai 1814 dans la réorganisation de la vieille garde un régiment auquel elle donna le nom de corps royal de chevau-légers lanciers de France et créa le, 5 juin suivant, une compagnie privilégiée de chevau-légers, ayant rang de lieutenant de cavalerie, et après dix ans de service celui de capitaine dans l'armée. Les sous-lieutenants de ce corps avaient le grade de major, les lieutenants celui de colonel. Il disparut le 1er septembre 1815 avec les mousquetaires et les gardes de la porte. Les gardes du corps seuls restèrent debout jusqu'en 1830.   Gal Bardin.

CHEVAUX (Courses de). *Voyez* Courses de chevaux.
CHEVÊCHE. *Voyez* Chouette.
CHEVECIER ou CHEFECIER (en latin *capitiarus, capicerius*), nom d'un dignitaire dans les églises et les monastères. Il était préposé à cette partie de l'église où est placé l'autel, appelée, selon les temps, *chevet* ou *presbytère* (*capitium, presbyterium*). On a confondu à tort ce dignitaire avec le primicier. On a fait sans plus de raison venir son nom de *a capienda cera*, du soin de recueillir la cire, parce qu'en général celui qui était revêtu de cette charge devait nécessairement veiller à ce que les cierges et les lumières fussent convenablement entretenus et distribués sur l'autel et près de l'autel. Ce n'était là, du reste, qu'une partie accessoire des fonctions du chevecier.

CHEVELU, en latin *comatus, capillatus*, ou *crinitus*, comme on lit dans la loi salique (titre 61), dans le décret de Childebert et dans Grégoire de Tours. C'est une épithète qu'on a donnée à un de nos rois, Clodion le Chevelu, à cause de sa longue *chevelure*. Quelques auteurs prétendent que ce surnom lui vint de ce qu'ayant conquis une partie des Gaules, il rendit aux Gaulois le droit de reprendre la longue chevelure que Jules César leur avait fait quitter en signe de défaite et de soumission; d'autres soutiennent, au contraire, que ce nom lui fut attribué parce qu'il fit raser la tête aux Gaulois pour les distinguer des Français qui l'avaient aidé à les subjuguer.

On donne le nom de *racine chevelue* à celle qui est garnie de ramifications capillaires nombreuses. Une *graine chevelue* est celle qui porte une touffe de longs poils déliés, comme dans l'apocyn et l'épilobe. On dit aussi, substantivement, le *chevelu* d'une racine.

CHEVELURE. C'est le nom que l'on donne à l'ensemble des cheveux naturels à l'homme. Chez tous les peuples la chevelure fut sujette à des changements nombreux, déterminés par le caprice, par la mode, souvent même par les lois. Il est à croire que les premiers hommes portèrent une longue chevelure, et ce que nous connaissons des peuples de l'antiquité, des Hébreux, par exemple, est favorable à cette hypothèse. Ils les portaient dans toute leur longueur; les prêtres seuls se les faisaient couper tant qu'ils étaient attachés au service du temple. Une loi de Moïse fait connaître la différence établie sur ce point entre les Israélites et les peuples infidèles: il est défendu, y est-il dit, de couper ses cheveux en rond à l'imitation des Arabes, des Ammonites, des Moabites, des Iduméens, des peuples de Vedan, Themar et Buz. Autre part il est dit encore : « Vous ne ferez point de *fisoé* des cheveux de votre tête. » Ce terme de *fisoé*, selon un ancien scoliaste, signifiait une tresse que l'on offrait à Saturne. Cet usage de couper sa chevelure pour en faire hommage aux dieux était commun aux peuples anciens : chez les Grecs, les jeunes gens des deux sexes coupaient leurs cheveux dès l'adolescence : les garçons les consacraient à Apollon, à Hercule, à Esculape; les jeunes filles à Diane ou aux Parques. A Trézène les uns et les autres les offraient à Hippolyte, mort sans avoir été marié. Homère prétend que Pélée voua au fleuve Sperchius la chevelure de son fils Achille. Le même poëte, en parlant de l'Égyptien Memnon, dit qu'il sacrifia sa chevelure au Nil. Enfin il résulte d'un passage de Diodore de Sicile qu'Osiris fit serment de ne se raser la tête qu'à son retour dans sa patrie. Les Argiens, consternés de la prise de Thyrée par les Lacédémoniens, s'obligèrent par une loi à laisser pousser leurs cheveux jusqu'à ce que la ville fût reprise. Les Lacédémoniens, à cette nouvelle, jurèrent, de leur côté, de laisser croître leurs cheveux pour éterniser leur triomphe sur les Argiens. La consécration de la chevelure était aussi très en vigueur dans les premiers temps de la ville de Rome; souvent les autels des dieux étaient couverts de ces sortes de dons, et Servius comptait parmi les gages de la durée de l'empire l'aiguille dont se servaient les prêtres de Cybèle pour attacher autour de la déesse les nombreuses chevelures qui lui étaient offertes. Ces exemples et beaucoup d'autres viennent à l'appui de l'opinion émise par quelques critiques, que chez les anciens une idée superstitieuse était attachée à la chevelure, qui, pour cette raison, devint l'objet d'honneurs et de soins particuliers. On la consacrait encore aux divinités de la mer; de là la coutume de ne se couper les cheveux et les ongles durant une navigation que dans un péril imminent. Généralement couper sa chevelure était un signe de deuil et de douleur profonde. A Rome, devenue maîtresse du monde, et dans la Grèce, riche, puissante et civilisée, nous voyons les hommes porter les cheveux courts avec quelques boucles derrière; enfin, sous les empereurs la *Titus* est généralement adoptée. C'est une observation dont il est facile de reconnaître la vérité en jetant les yeux sur les différentes suites des médailles grecques ou romaines. Il est pourtant quelques exceptions : Néron est toujours représenté avec une chevelure semblable à celle de l'*Apollon du Belvédère*. Ainsi, depuis Gallien on retrouve de longues chevelures sur les médailles romaines.

Avec le christianisme, avec la grande invasion des peuples du Nord, nous voyons les longs cheveux reparaître. Chevelus (*capillati*), c'est le nom que Dicenée donnait aux Goths, et nous connaissons l'usage commun aux nations celtiques de couper la tête de leurs ennemis et de la suspendre par les cheveux. La longue chevelure était chez les Gaulois une marque d'honneur et de liberté; aussi les Romains appelaient-ils une grande partie de la Gaule *Gallia comata* (la Gaule chevelue) et Jules César faisait-il abattre les cheveux des gaulois en signe de soumission. Prendre un homme et le traîner par les cheveux, c'était, chez les Saxons, les Bourguignons et les Lombards, un délit que la loi frappait de cent vingt sous d'amende et que les coutumes de Barcelone punissaient de mort quand il avait lieu sur un soldat. Chez les Francs, on jurait par ses cheveux. Pour confirmer une donation, on s'arrachait un cheveu, et on le déposait sur l'autel si la donation était faite à une église; si c'était à un particulier, on l'insérait dans le sceau que l'on attachait à la charte. On se recommandait à quelqu'un en lui offrant un cheveu. Clovis, pour témoigner sa vénération à saint Germier, s'arrache un cheveu, et le lui donne; tous les courtisans suivent son exemple, et le saint retourne dans son diocèse les mains pleines de cheveux. Chez nos Français, la longue chevelure fut particulière aux premiers rois et aux princes de leur famille. Nous lisons de Grégoire de Tours plusieurs faits qui le prouvent : Quand on relégua dans un monastère le véritable héritier du trône, Childéric III, le maire du palais, Pepin, ne manqua pas de lui faire raser les cheveux. Le roi portait des cheveux très-longs, et la noblesse, à proportion de son rang et de sa naissance. Envoyer ses cheveux à un suzerain était se déclarer son vassal. Le peuple était plus ou moins rasé; le serf l'était entièrement ; le tributaire ou colon (l'homme de poost : *homo potestatis*) ne l'était pas tout à fait. Pepin et Charlemagne méprisèrent les longs cheveux. Charlemagne les portait courts, son fils encore plus; Charles le Chauve n'en avait pas. Sous Hugues Capet, on recommença à porter la longue chevelure ; mais vers le onzième siècle l'Église défendit cet usage, et au douzième siècle nous voyons un évêque refuser à l'offrande de la messe de minuit tous les seigneurs qui accompagnaient Robert, comte de Flandre, parce qu'ils portaient de longs cheveux. Sous saint Louis, Charles V et Louis XII, la chevelure, telle qu'on la voit dans les portraits de ces princes ou des hommes de leur temps, ne passe pas le milieu du cou. Ce fut François 1er qui amena la mode, au seizième siècle, de porter la barbe longue et les cheveux courts. On sait que ce prince, jeune encore, ayant été dangereusement blessé au visage, voulut ainsi cacher sa cicatrice. Cette mode, adoptée par les successeurs de ce prince, changea sous Louis XIII, qui aimait les longs cheveux et en porta toute sa vie; c'est alors que, pour plaire au roi, les courtisans qui étaient vieux et à demi rasés furent contraints, pour se mettre à la mode, de prendre des coins ou perruques : de là cet usage des perruques plus ou moins volumineuses qui dura près d'un siècle. Dans le dix-huitième siècle on laissa de nouveau croître les cheveux. Les hommes de bon ton les emprisonnèrent dans des bourses de velours ou de tafetas. Les bourgeois les attachèrent avec un ruban noir, et en firent soit un catogan, soit une queue, qui descendait plus ou moins bas. Pendant la révolution les patriotes portèrent les cheveux courts, et abdiquèrent la poudre. Sous le Directoire le parti réactionnaire reprit les cheveux longs, la poudre, le catogan, les tresses ou les oreilles de chien de chaque côté. On nattait aussi les cheveux, et on les relevait sur la tête à l'aide d'un peigne. Enfin on vit naître sous le Consulat et se généraliser sous l'Empire la mode des cheveux courts, mais ce fut une grande affaire d'y décider l'armée.

La Restauration ramena quelques queues, quelques ailes de pigeon; mais la *Titus* domina. Sous Louis-Philippe on porta les cheveux en poire, en relevant la touffe du front à la façon du chef de l'État; puis on vit revenir la mode des *malcontents* du temps de Périnet Leclerc; puis les longs cheveux reparurent. Aujourd'hui on ne les porte ni longs ni courts; notre chevelure n'a plus de caractère.

Jusqu'ici nous n'avons guère parlé que de la chevelure des hommes; parlons maintenant de celle des femmes. Deux mots de la langue latine constatent qu'à Rome il fut une époque où les hommes coupaient leurs cheveux et ou les femmes les conservaient avec soin. La chevelure des hommes était nommée *cæsaries*, de *cædere*, couper; celle des femmes *coma*, du grec κομειν, soigner, attifer. Les dames gauloises portaient de longs cheveux, souvent nattés et retombant sur les épaules. Saint Grégoire de Nazianze, qui s'adressait à des chrétiennes, nous apprend que les femmes se coiffaient extrêmement haut, et il leur reproche toutes les nattes qu'elles faisaient, tous les parfums dont elles les couvraient. Les statues du dixième siècle qui font partie des ornements extérieurs de la cathédrale de Chartres représentent des femmes en cheveux séparés sur le front et pendant en longues tresses de chaque côté; dans un moment de l'année 1249 nous voyons Jeanne, comtesse de Toulouse, avec une longue natte qui forme queue. La même princesse, sur un sceau de l'année 1270, a la tête rasée. Béatrix de Bourgogne, femme de Robert, dernier fils de saint Louis, a sur la tête un voile d'étoffe d'or, qui paraît envelopper, à droite et à gauche du visage, des nattes de cheveux roulés. Pareille coiffure se trouve dans le portrait de Marie de Hainaut, femme de Louis Ier, duc de Bourbon, petit-fils de saint Louis. Le portrait de Jeanne de Bourbon, femme de Charles V, nous montre une longue natte de cheveux devant chaque oreille, et par derrière des cheveux si courts qu'ils ne cachent pas la nuque. Isabeau de Bavière et ses deux suivantes ont la tête enfoncée dans des espèces d'étuis d'étoffes d'or qui descendent jusqu'aux oreilles et ne laissent voir aucun cheveu. Les dames de la cour d'Anne de Bretagne, mariée à Charles VIII en 1491, et à Louis XII en 1499, ont les cheveux du front et des tempes bien lissés et recouverts d'un chaperon. On donna sous Henri II la forme d'un cœur à la coiffure. Sous Henri IV la chevelure fut relevée tout autour de la tête et attachée sur le sommet. En 1593, dit le *Journal de l'Estoile*, on vit trois religieuses frisées et poudrées se promener dans Paris. Sous les règnes suivants il y eut de tels changements dans la chevelure des Françaises, qu'il nous faudrait plusieurs fois autant de colonnes qu'en occupe cet article pour les énumérer. Mme de Sévigné écrivait à sa fille, le 18 mars 1671 : « J'allai voir l'autre jour cette duchesse de Ventadour : elle était belle comme un ange. Mme la duchesse de Nevers y vint coiffée à faire rire; il faut m'en croire, car vous savez comme j'aime la mode excessive. La *Martin* l'avait *bretaudée* par plaisir, comme un patron de mode : elle avait donc tous les cheveux coupés sur la tête et frisés naturellement par cent papillottes, qui lui font souffrir mort et passion toute la nuit. Cela fait une petite tête de chou ronde, sans que rien accompagne les côtés. Ma fille, c'était la plus ridicule chose que l'on pût imaginer : elle n'avait point de coiffe; mais encore passe : elle est jeune et jolie; mais toutes ces femmes de Saint-Germain, et cette *La Mothe* surtout, se font *testonner* par la Martin; cela est au point que le roi et toutes les dames sensées en pâment de rire. » Dans le dix-huitième siècle, on laissa de nouveau croître les cheveux ; on les frisa, on les parfuma, on les teignit, on les couvrit de poudre blanche, de poudre de couleur, de poudre d'or; on les surchargea de fleurs, de plumes, de rubans, de diamants et de perles. Sous le Directoire les femmes qui se piquaient d'élégance coupèrent leurs cheveux, et les remplacèrent par une perruque blonde. Puis elles portèrent, comme les hommes, les cheveux à la *Titus*. Enfin, elles les laissent croître de nouveau, et elles ont raison. La manière dont elles se coiffent pourra varier; mais jamais, croyons-nous, elles ne renonceront à ce bel ornement de leur sexe, et les cheveux coupés à la Ninon ne sont même que de rares exceptions (*voyez* COIFFURE).

On sait que les Chinois se rasent presque toute la tête et ne conservent qu'une touffe de cheveux à l'arrière. Ils les y laissent pousser démesurément, et en tressent une queue, dont la longueur peut atteindre jusqu'à terre. Cet ornement, que leurs conquérants n'ont, au reste, point adopté, possède à leurs yeux une importance supérieure à celle de la barbe chez les Turcs; aussi les Anglais, dans leur guerre avec le Céleste Empire, ne pouvaient-ils imaginer une peine plus simple à la fois et plus terrible que de l'enlever à ceux qu'ils voulaient punir, et dont le désespoir, quand on leur avait coupé la queue, était tel que la plupart se donnaient la mort.

Ce sujet, qui paraît frivole au premier aspect, mais qui n'est pas sans importance, a aussi sa littérature. Le judicieux Lenoir suffirait à le prouver, si déjà dom Frangé, Antoine Hotman, Adrien Junius, Jean Van Arntzen, n'avaient traité de la chevelure avec tout le luxe de l'érudition et la gravité philosophique la plus imposante. La théologie elle-même n'a pas dédaigné de descendre dans la lice : Prosper Stellaerts publia, en 1625, trois livres de dissertations sur les chevelures, les couronnes et tonsures des païens, des juifs et des chrétiens. Henry de Cuyck, qui fut évêque de Ruremonde, composa un livre exprès : *De vetusto Rasuræ clericalis More*. Que dire de l'*Histoire des Modes concernant la Tête des Français*, laquelle vit le jour en 1773; du chant ajouté par Bonnel Thornton au *Dispensarie* de Garth, en 1767; d'une ingénieuse facétie de Deguerle; de l'*Encyclopédie Perruquière* de l'avocat Marchand; du *Clericus Depervucatus* de J.-H. Cohausen, publié en 1728? On a été plus loin : un auteur belge (quelle gloire immense, impérissable pour la Belgique!) a recherché quelle était la destinée des cheveux dans l'autre vie. Cette question transcendante ne lui a pas causé le moindre embarras. Le profond Étienne Broustin, dont le livre sur *Les quatre Fins de l'Homme* fut imprimé à Louvain, chez les sieurs Maës et Dezangré, en 1598, nous déclare que les bienheureux n'auront pas au paradis tous les cheveux qu'on leur aura coupés en ce bas monde (ce serait trop, beaucoup trop, en effet); mais qu'ils en recouvreront une quantité suffisante pour unir la grâce à l'agrément : *Capilli autem erunt non quotquot abrasi fuerunt, sed quot et quam prolixi ad debitum ornatum requiruntur*.

En astronomie, on donne le nom de *chevelure* à cette traînée lumineuse qui accompagne presque toujours les comètes.

CHEVELURE DE BÉRÉNICE. Les anciens appelèrent de ce nom les sept étoiles de la queue du Lion (dans l'hémisphère septentrional), parce qu'ils supposaient que les cheveux de Bérénice, offerts par cette reine d'Égypte dans le temple de Vénus pour le retour de son mari, avaient été enlevés du temple par les dieux et placés dans le ciel, où ils avaient été transformés en étoiles. Ce groupe renferme aujourd'hui quarante-trois étoiles.

CHEVERNY (PHILIPPE HURAULT, comte DE), d'une ancienne famille de Bretagne, naquit en 1528. Après avoir rempli pendant neuf ans les fonctions de conseiller au parlement, il fut nommé maître des requêtes de l'hôtel du roi, et se vit chargé par Catherine de Médicis de plusieurs missions délicates. Il suivit cette princesse dans la visite qu'elle fit faire au roi des provinces du royaume. Nommé chancelier du duc d'Anjou, il accompagna ce prince dans sa campagne contre les protestants, et le dirigea par ses conseils. En reconnaissance de ses services, le roi lui envoya un brevet de conseiller d'État. Lorsque le duc d'Anjou fut appelé au trône de Pologne, Cheverny fut chargé de veiller à ses intérêts pendant son absence; il parvint à surmonter les obstacles qui s'opposaient aux droits du prince à la couronne de France, et alla à sa rencontre jusqu'à Turin, lorsqu'il revint prendre possession du trône. Henri III le nomma chancelier de l'ordre de Saint-Michel, garde des sceaux, puis chancelier de France. Mais après la journée des barricades sa liaison avec les chefs des ligueurs le firent disgracier. Il fut rappelé par Henri IV, qui lui fit l'accueil le plus flatteur, et le plaça à la tête du conseil. Dès lors Cheverny se dévoua entièrement au service de ce prince, et lui fut très-utile dans les négociations qui eurent lieu avec les différents chefs de la ligue. Cependant sa conduite ne fut pas exempte de reproche; il était très-accessible à la corruption, s'il faut en croire le journal de L'Estoile. Dans sa vieillesse il s'attacha à la marquise de Sourdis, tante de Gabrielle d'Estrées. Henri IV voulut tenir sur les fonts, avec sa maîtresse, l'enfant qui naquit de cet attachement. Cheverny mourut au château de Cheverny, le 30 juillet 1597. Il avait épousé, en 1566, la fille du premier président de Thou. Dans les mémoires qu'il a laissés, on retrouve la même réserve qu'il mit dans ses actions; aussi sont-ils loin de remplir les espérances qu'on en devait concevoir. Il paraît que Cheverny resta étranger à la Saint-Barthélemy, sur laquelle du moins il ne donne aucun détail, peut-être parce qu'il ne prit pas une part directe aux affaires pendant les années 1570, 1571, 1572, ou par suite de cette prudence qui le caractérisait. Il a laissé des instructions à son fils et à sa fille, qui sont presque aussi volumineuses que ses mémoires, mais dont malheureusement pour sa réputation, la lecture est aussi difficile que rebutante. TH. DELBARE.

CHEVET, proprement la partie supérieure d'un lit, celle où sont placés l'oreiller et le traversin, et celle, par conséquent, où l'on pose sa tête, son *chef*, qui s'est dit anciennement *chevet*. Ce mot se prend aussi pour oreiller, que l'on appelait autrefois *chevecel*, et pour tout ce qui élève la tête, en quelque endroit qu'on soit couché.

Au Palais, les avocats appelaient autrefois *droit de chevet* le festin qu'ils donnaient à leurs confrères lorsque ceux-ci se mariaient. La même chose se pratiquait aussi par les officiers des cours souveraines; mais au lieu d'un repas, c'était le plus souvent une certaine somme d'argent déterminée par la compagnie. On appelait aussi, en termes de droit, *fief-chevet*, le fief qui était tenu en *chef*, c'est-à-dire qui relevait immédiatement du roi.

Le mot *chevet* s'emploie encore aujourd'hui en termes d'architecture et d'art. On appelle, par exemple, *chevet d'église* la partie, le plus souvent circulaire, qui termine le chœur d'une église, et que les Italiens nomment *tribuna*. En termes d'artillerie, le *chevet* ou *coussinet* est une sorte de petit coin de mire qui sert à élever un mortier, et qui se met entre ce dernier et l'affût.

CHEVETAIN. *Voyez* CAPITAINE.

CHEVEU, poil implanté dans la peau du crâne. La réunion des cheveux porte le nom de *chevelure*. Elle recouvre tout le crâne, et forme sur lui une couche qui le défend contre l'impression des corps extérieurs, de la même manière que l'enveloppe velue qui recouvre un grand nombre d'animaux sur la plus grande partie de leur corps. C'est un des nombreux moyens dont la nature s'est servie pour préserver le cerveau des chocs extérieurs, et c'est non-seulement par son épaisseur que la chevelure est propre à cet usage, mais encore par l'élasticité qu'elle présente dans sa masse.

Les animaux velus ont généralement le crâne recouvert de poils analogues à ceux du reste du corps, si même quelquefois ils présentent une couleur différente. Ils n'ont presque jamais une étendue plus considérable que ceux de quelque autre partie; au contraire, ils sont chez eux ordinairement plus doux et plus courts; quelques singes cependant ont une apparence de chevelure. Chez l'homme, les cheveux acquièrent une longueur beaucoup plus grande que celle d'aucune autre partie du système pileux; et cette étendue de la chevelure, selon Bichat, peut être alléguée au nombre des preuves multiples de sa destination à l'attitude bipède. En effet, dans l'attitude quadrupède, ils traîneraient de beaucoup à terre, et mettraient un obstacle aux mouvements. Aucun animal n'a, je crois, des poils aussi gênants pour la progression que le seraient alors les cheveux de l'homme.

Sans entrer dans le détail de l'organisation des cheveux, nous dirons qu'appartenant essentiellement aux parties les plus extérieures du corps, ils participent un peu de la nature des tissus vivants et un peu de la nature des substances qui ne sont pas douées de la vie. En effet, les cheveux, comme les autres poils, ont pour origine une petite cavité située dans l'épaisseur de la peau. Une humeur sécrétée dans cette cavité est forcée à en sortir par la contractilité de ses parois. Elle s'engage alors dans l'ouverture en forme de goulot de bouteille que la cavité présente; cette humeur se durcit au contact de l'air et forme ainsi le poil ou le cheveu, qui s'accroît de sa base à sa pointe. Une espèce d'huile fort ténue, sécrétée par le bulbe même qui produit le cheveu, le graisse dans toute son étendue, mais surtout vers sa racine; la direction du cheveu dépend de celle de l'ouverture du bulbe; son volume dépend également de la largeur de cette ouverture. Chaque cheveu examiné isolément paraît et est effectivement plus mince et plus sec à sa pointe qu'à sa base; cela tient à ce qu'il est susceptible de s'user par le frottement. L'huile qui est sécrétée à leur base et de plus leur élasticité les empêchent de se mêler facilement. Cependant lorsqu'on les laisse longs, si l'on n'en a pas soin, ils forment par leur entrelacement une sorte de feutrage; leurs racines se trouvent alors serrées, étranglées, et cette négligence devient une cause de leur chute.

L'analyse chimique des cheveux a été faite par Vauquelin; elle lui a fourni pour les cheveux noirs : 1° une matière animale qui en fait la plus grande partie ; 2° une huile blanche, concrète, peu abondante ; 3° une autre huile, noire-verdâtre, plus abondante ; 4° du fer, dont l'état dans les cheveux est incertain ; 5° quelques atomes d'oxyde de manganèse ; 6° du phosphate de chaux ; 7° du carbonate de chaux en très-petite quantité ; 8° de la silice en quantité notable ; 9° une assez grande quantité de soufre.

Les cheveux varient beaucoup par leur longueur, par leur épaisseur, par leur couleur, par leur crépure plus ou moins prononcée, etc., selon l'âge, le sexe, le climat ; et même quelques-unes des différences qu'ils présentent offrent des traits caractéristiques particuliers à telle ou telle race d'hommes, à tel ou tel tempérament, telle ou telle complexion. Si on les considère sous le point de vue pathologique, les altérations qu'ils présentent sont tantôt des symptômes plus ou moins éloignés de dispositions maladives dont le siège principal n'est point en eux-mêmes; tantôt elles se montrent comme résultat, ou comme causes de maladies; plus souvent, enfin, leur structure elle-même est altérée, comme cela a lieu dans l'*alopécie*, la *calvitie*, la *canitie*, la *plique polonaise*. Comme la chevelure est un ornement naturel du corps de l'homme, et comme les cheveux sont susceptibles d'une sorte de culture, il n'est pas étonnant que chez les divers peuples et aux différents âges de l'histoire des mœurs et usages de l'homme, on trouve des détails intéressants sur ce point : placés, ainsi que le reste du système pileux, aux parties les plus excentriques de l'organisme vivant, les cheveux ne subissent qu'avec une intensité moindre l'influence des lois vitales, et sont plus soumis à l'action des causes physiques extérieures que les parties plus centrales de l'organisation. Ils font partie de cet ensemble épidermique qui enveloppe l'animal de toutes parts,

le limite exactement, et trace la ligne de démarcation entre la nature vivante et la nature non vivante; rien d'étonnant alors à voir les lois vitales céder ici une influence plus prononcée aux lois de la matière non vivante. Cette même position excentrique des cheveux fera aussi deviner en quelque sorte que toutes les fois qu'un mouvement périphérique plus ou moins prononcé aura lieu dans l'intérieur du corps, les cheveux en ressentiront l'activité plus ou moins manifeste.

Les cheveux s'accroissent d'une manière à peu près indéterminée. On les a vus descendre jusqu'au milieu de la jambe. Ils sont généralement plus longs chez la femme. La rapidité de leur accroissement diffère chez les individus, et souvent chez le même individu, selon quelques circonstances extérieures, telles par exemple que la chaleur. Nul doute, selon nous, qu'en général les cheveux et les autres parties du système pileux ne poussent plus rapidement en été qu'en hiver. En effet, la dilatation plus prononcée des petits orifices de leurs bulbes, par suite du relâchement général du système cutané, l'exubérance de circulation capillaire que la chaleur détermine dans la peau, sont d'une part la cause de cette crue plus rapide, puisque l'humeur cornéo qui par sa dessiccation deviendra un cheveu est alors produite plus abondamment, et que d'autre part l'intensité physique de la chaleur et l'espèce de macération continue dans laquelle la transpiration plus abondante les maintient en retardant la dessiccation. Ces causes, propres à accélérer l'accroissement des cheveux, étant évidemment débilitantes, il sera facile de conclure réciproquement que l'accroissement rapide des cheveux est un signe de faiblesse; en effet, on l'observe fréquemment chez les phthisiques et chez les scrofuleux. D'un autre côté, il est certain que l'usage de couper les cheveux en favorise l'accroissement.

La couleur des cheveux tient, selon Vauquelin, à des différences de combinaisons chimiques. Selon lui, la couleur noire est due à la présence d'une huile noire, comme bitumineuse, et peut-être aussi à une certaine combinaison du soufre avec le fer. Les couleurs rouge et blonde sont dues à la présence d'une huile rouge ou jaune, dont l'intensité, diminuée par une petite quantité d'huile brune, donne le roux. Pour rendre raison de la blancheur subite des cheveux chez les personnes affectées d'un profond chagrin, ou frappées d'une grande terreur, ne croyant la pouvoir attribuer qu'à l'action d'un acide, il admet la possibilité de la production rapide d'un tel corps dans l'économie vivante. Le défaut de sécrétion de la matière colorante explique la blancheur des cheveux qui survient graduellement et par suite du progrès de l'âge. D'après ce qui précède, on peut établir que la composition chimique des cheveux varie avec l'âge, ainsi que plusieurs de leurs autres conditions. En effet, à la naissance, les cheveux sont assez ordinairement foncés en couleur, mais au bout d'un nombre de jours variable ces cheveux sont remplacés : les nouveaux, d'une couleur quelquefois très-claire, s'accroissent graduellement, et deviennent généralement d'une teinte plus foncée à mesure que l'enfant avance en âge. Si on coupe fréquemment, si on rase sa chevelure, on parvient à en modifier la couleur : ainsi, on peut rendre châtaine une chevelure rousse originairement; mais en même temps les cheveux deviennent d'ordinaire plus épais, plus rudes, plus gros et quelquefois plus cassants. Lorsque, par suite de l'âge, la calvitie menace, on peut observer que les cheveux deviennent plus fins et plus doux; et leur chute plus ou moins rapide semble quelquefois plus accélérée dans les saisons humides. L'âge plus avancé voit souvent les cheveux blanchir : ce genre d'altération atteint plus fréquemment les cheveux noirs que les blonds. Les femmes ont en général les cheveux plus souples, et peut-être de couleur moins foncée que les hommes.

Quant aux différences relatives aux races d'hommes, la couleur blonde prédomine dans le nord de l'Europe, la noire dans le midi; le châtain plus ou moins foncé, qui est comme une nuance intermédiaire, caractérise plutôt l'Europe centrale; la couleur rouge de feu semble accidentelle, puisque lorsqu'elle existe à la naissance, elle passe assez souvent au châtain et même au noir avec l'âge ; l'odeur forte et désagréable qui l'accompagne est probablement cause de l'espèce de répugnance qu'elle inspire. Du reste, les cheveux des Européens sont longs, plus ou moins fins, plus ou moins frisés. Les parties les plus septentrionales des deux continents sont habitées par une race d'hommes à cheveux plats, noirs, gros, durs et courts. C'est parmi eux que se rencontre le plus fréquemment l'albinisme. La race asiatique a également les cheveux noirs et plats, mais ils sont plus longs et plus fins. Chez les Africains, une sorte de laine noire, fine, courte et crépue, recouvre la tête. Elle répand une odeur fétide, surtout par la transpiration. Enfin, les naturels des diverses populations américaines présentent des cheveux longs, très-gros et très-forts, et le plus souvent de couleur foncée.

On remarque quelques différences sous le rapport du tempérament. Les cheveux noirs appartiennent au tempérament bilieux, les cheveux blonds aux complexions lymphatiques, nerveuses et sanguines. Sous le point de vue pathologique, les cheveux se montrent sujets à quelques altérations morbides. Ainsi, dans les affections qui amènent une desquamation de l'épiderme, on voit les cheveux tomber quelquefois avec une grande rapidité, sans que l'on puisse en arrêter la chute par aucun des remèdes prétendus héroïques qui sont préconisés dans ce cas (*voyez* COSMÉTIQUE, POMMADE, etc) ; cependant, ce qui nous a paru réussir quelquefois pour les faire repousser, au moins en partie, ç'a été de les raser complètement pendant quelque temps. Lorsque, par suite d'un défaut de soin, motivé souvent par de longues maladies, les cheveux sont mêlés d'une manière en quelque sorte inextricable, comme cela arrive surtout à la suite de l'accouchement, le meilleur moyen pour les démêler, c'est de les huiler légèrement et de les chauffer. Mais l'affection morbide la plus grave à laquelle les cheveux soient sujets, c'est l'horrible plique polonaise, qui heureusement est fort rare.

BARDRY DE BALZAC.

CHEVEUX (Commerce des). Ce commerce, qui doit son origine à l'emploi des perruques, a pris chez nous depuis trente ans une extension considérable. C'est que, outre des perruques, des tours, des faux-toupets, on fait avec les cheveux une foule d'ouvrages, tels que bagues, bracelets, colliers, etc. ; on voit même exposés dans les magasins de nos *artistes en cheveux* des tableaux et des monuments dont cette unique matière fait tous les frais. De plus cette marchandise, que nous tirions en partie de l'étranger dans le dernier siècle, est maintenant l'objet d'une exportation qui augmente de jour en jour, surtout pour l'Angleterre et les États-Unis. Pour en donner une idée, disons que cette exportation s'élevait en 1833 à 16,551 kilogrammes de cheveux non ouvragés et à 13,741 kilogrammes de cheveux ouvragés, représentant, en une valeur de 132,408 francs, et les autres 137,410 francs.

Autrefois la *récolte des cheveux* (telle est l'expression consacrée) ne se faisait en France que dans quelques parties de la Normandie, de l'Auvergne et surtout de la Bretagne. Mais aujourd'hui le quart environ de nos départements est annuellement parcouru par les *coupeurs* de vingt maisons qui exploitent cette industrie. Ces coupeurs achètent les chevelures, presque exclusivement celles des femmes, au prix moyen de 5 francs le kilogramme. Souvent aussi ils payent en marchandises, telles que des indiennes et des rouenneries dans l'ouest, des mousselines et des calicots dans le midi. C'est pendant les mois d'avril et de mai qu'ils font la récolte, ayant soin de ne revenir dans les villages exploités qu'après un intervalle de temps suffisant. Les cheveux sont ensuite expédiés à Paris, Bordeaux, Marseille et Lyon, pour les mettre en œuvre, ou bien à Caen, Guibral et Beaucaire, pour être vendus à l'étranger. On évalue à 100,000 kilogrammes le produit de la coupe des cheveux de chaque année. Les divers préparations qu'on leur fait subir élèvent leur prix à 80 francs le kilogramme, taux auquel les coiffeurs les achètent alors pour en confectionner des perruques de tout genre.

CHEVEUX DE VÉNUS, nom vulgaire du capillaire de Montpellier et de la nigelle de Damas.

CHEVILLE. Ce mot est employé dans plusieurs arts et métiers. On appelle *chevilles*, en termes d'architecture et de construction, des morceaux de bois ou de fer arrondis, qui servent à arrêter les assemblages de charpente ou de menuiserie. Pour cet effet, on perce des trous au travers des mortaises et des tenons, dans lesquels on enfonce les chevilles à coups de maillet ou de marteau. Quelquefois ces chevilles sont faites de manière à pouvoir s'enlever lorsqu'on veut démonter les pièces qu'elles doivent traverser, afin qu'on puisse les faire sortir en les frappant par le petit côté.

En termes de sellier et de carrossier, on appelle *cheville ouvrière* une grosse cheville de fer sur laquelle tourne le train de devant et qui s'attache à la flèche. Dans le sens figuré, on donne le même nom aux personnes qui sont l'âme et le principal mobile d'une affaire.

Une *cheville à tourniquet* est une cheville à l'aide de laquelle, par le moyen d'un tourniquet, on serre avec une corde, la charge qui est sur une charrette.

La marine fait usage aussi d'une quantité de *chevilles* qui ont des noms spéciaux.

On appelle *chevilles* dans les instruments de musique à cordes certains petits morceaux de bois, et quelquefois de fer, fichés dans la table ou dans le manche de l'instrument, autour desquels les cordes sont enroulées, et qui servent à les tendre ou à les lâcher, selon le son plus ou moins élevé que l'on veut donner à l'instrument.

En termes de vénerie, on appelle aussi *chevilles* ou *chevillures* les branches du bois d'un cerf quand il se divise en plusieurs andouillers.

Le mot *cheville* a pour racine le mot latin *clavis* (clé), ou plutôt son diminutif *clavicula*, qui se trouve dans de vieux titres avec la signification que nous donnons à *cheville*. On a dit aussi *carilla* dans la basse latinité. Il a donné naissance au verbe *cheviller*, employé dans le sens direct pour indiquer l'action de mettre des chevilles ; dans le sens figuré, en poésie, par exemple, on dit de vers qui sont chargés de mots inutiles qu'ils sont *chevillés*. Par analogie, on dit aussi d'une personne qui montre encore beaucoup de force physique, malgré l'âge et les infirmités, qu'elle a l'âme *chevillée* dans le corps. *Cheviller* s'employait encore autrefois dans le sens de jeter un sort ou un empêchement à quelqu'un.

Edme HÉREAU.

CHEVILLE (Anatomie). C'est le nom vulgaire, de la partie du bas de la jambe qui s'élève en bosse aux deux côtés du pied, et que les anatomistes nomment *malléole* (diminutif de *malleus*, marteau). Les malléoles ou chevilles sont distinguées en *interne* ou *tibiale* et en *externe* ou *péronière*, parce qu'elles sont des saillies osseuses appartenant, la première au premier os de la jambe, nommé *tibia*, la seconde au *péroné*, deuxième os de cette partie du corps. Le terme *cheville*, malgré sa signification triviale et inexacte, est cependant préférable, en ce qu'il indique que les deux éminences osseuses ainsi nommées retiennent solidement la partie du pied articulée avec la jambe dans une cavité où elle se meut. Lorsque la cheville, soit du dehors, soit en dedans, est cassée, le pied est déboité, dit-on, ou luxé, soit en dehors, soit en dedans. Les éminences osseuses dites à tort *chevilles*, parce qu'elles ne sont point destinées à pénétrer dans des fentes, ne sont donc autre chose que les parois latérales de la boîte articulaire du pied de l'homme et des vertébrés pourvus de jambes ; ces deux parois latérales saillantes constituées par deux éminences osseuses

CHEVILLE — CHÈVRE

très-solides, jointes à toutes les autres particularités de l'organisme de l'homme, prouvent évidemment l'essentialité de sa station et de sa progression bipède. Les chevilles sont fixées aux os du tarse par des trousseaux ligamenteux si solides, que dans les déboîtements du pied leur rupture est moins fréquente que la fracture des pièces osseuses qu'ils assujettissent. Cette union des malléoles au tarse est si serrée que les mouvements d'inclinaison latérale du pied sont excessivement bornés. Ce n'est que dans les pieds-bots ou dans les luxations du pied, soit en dehors, soit en dedans, que ces mouvements sont possibles.

Chez l'homme civilisé, dont la peau est douce, d'une très-grande sensibilité, les coups reçus sur les chevilles des pieds, comme au-devant de la jambe, et en général sur toutes les parties où les téguments sont situés immédiatement sur les os, sont très-douloureux. C'est pourquoi certaines chaussures remontent plus ou moins au-dessus des chevilles. Chez certains individus adultes, les membres inférieurs offrent depuis le jeune âge une conformation vicieuse, par suite de laquelle les jambes se croisent plus ou moins dans la marche; il en résulte alors un frottement des malléoles internes qui peut donner lieu à des excoriations: les enfants de cinq à dix ans sont souvent exposés à cette affection, produite par la même cause, qui disparaît au fur et à mesure que le bassin et les membres se développent. On dit populairement que ces individus jeunes ou adultes *battent le briquet*.

La cheville est si peu élevée au-dessus du sol chez l'homme qu'on a été conduit à dire, figurément et proverbialement, d'une personne très-inférieure à une autre, qu'*elle ne lui viendrait pas à la cheville*. L. LAURENT.

CHEVILLE (*Versification*). C'est ainsi qu'on appelle ces mots, ces expressions parasites qui ne font qu'allonger une phrase poétique et compléter la mesure d'un vers sans rien ajouter au sens ni à la pensée : *Inanis versus farrago*. Embarrassée de conjonctions, de particules, d'adverbes, etc.; astreinte, de plus, à l'inflexible loi de la rime, notre langue est sujette plus que toute autre à cet inconvénient. Le talent du poète est d'en éviter l'emploi ou d'en déguiser l'usage le mieux possible, s'il est contraint d'y avoir recours. Le menuisier-poète, maître Adam Billaut, avait, par un modeste jeu de mots, appelé son recueil de pièces bachiques ses *Chevilles*; beaucoup de versificateurs auraient pu en faire autant avec plus de justice. C'est cette malheureuse facilité d'encadrer dans nos vers français tant de *chevilles* consacrées, telles que *ce beau jour*, *ce fortuné séjour*, *ce désir extrême*, *ce bonheur suprême*, etc., qui a produit chez nous ce débordement annuel de vers de famille, de société, de fêtes et d'amateurs. On ne parle pas de ceux de l'Opéra et de l'Opéra-Comique : si les *chevilles* n'existaient pas, on les eût inventées pour eux. OURRY.

CHEVILLÉ. En termes de blason, ce mot se dit des ramures de la corne d'un cerf · on dit un écu *chevillé* de tant de cors; et l'on appelle une tête de cerf *bien chevillée* celle qui a beaucoup de pointes rangées en bel ordre.

CHEVILLETTE. On nomme ainsi des espèces de grands clous à tête, ou de petites chevilles de fer dont on fait usage principalement dans la charpente des madriers, etc. En termes de relieur, ce sont de petits morceaux de cuivre plats et troués qu'on met sous le cousoir, et auxquels on attache les ficelles des livres qu'on veut coudre. C'était aussi une clef de bois très-simple des anciennes fermetures : *Tirez la chevillette, et la bobinette cherra*.

CHEVILLON. Les *chevillons* sont ces petits bâtons tournés que l'on voit au dos des chaises. Les férandiniers appellent du même nom un bâton de 0^m,00 de long sur lequel on lève la soie de dessus l'ourdissoir.

CHEVILLOT. En termes de marine, on appelle ainsi de petits morceaux de bois tournés qui servent à lancer les manœuvres le long des bords du vaisseau.

CHEVIOTS (Monts), *Cheviot-Hills*, chaîne de montagnes justement célèbres par leurs riches pâturages où l'on élève une race de moutons fort prisée. Elle forme en partie, dans les comtés de Northumberland et de Roxburgh, la frontière de l'Angleterre et de l'Écosse, envoyant divers embranchements dans la partie méridionale de celle-ci et dans la partie septentrionale de celle-là. Son point culminant, dans le Northumberland, le *Cheviot*, s'élève à 808 mètres au-dessus du niveau de la mer; le *Lowther*, dans le comté de Lanark, et dans un chaînon secondaire appelé Lend-Hill, atteint 980 mètres. Son développement total est d'environ 75 kilomètres, entre le bassin de l'Éden, de la Tyne et de la Tweed, en se dirigeant du nord-est au sud-ouest. ⸱

CHÈVRE. Le sort de cette femelle du bouc a été plus heureux que celui de son mâle depuis qu'elle a subi le joug de la domesticité. Bien traitée par ses maîtres de tous les temps et de tous les lieux, son existence a été plus paisible et peut-être plus heureuse qu'elle n'eût pu l'être si cette espèce avait conservé son indépendance primitive. Une race de ces animaux rendue à l'entière jouissance de sa liberté dans l'île de Juan-Fernandez n'était pas farouche, et l'aspect de l'homme l'intimidait peu. La brebis et la chèvre ont sans doute composé les premiers troupeaux dont l'homme s'est constitué pasteur : la première a cédé sans résistance, et la seconde est peut-être venue d'elle-même au-devant du maître qu'elle semblait choisir comme un protecteur. Ces deux acquisitions ne furent pas des conquêtes comme celles de l'éléphant, du cheval, du taureau : pour assujettir ces puissants animaux, il fallut que la force de l'homme fût secondée par des armes factices; ainsi, des arts étaient créés, l'industrie avait fait des progrès dont les pasteurs de brebis et de chèvres n'avaient pas besoin.

La chèvre est un animal des régions chaudes et tempérées de l'ancien continent; elle manquait au Nouveau-Monde et aux îles de l'Océanie. En se répandant sur une surface aussi étendue que celle des régions qu'elle occupe aujourd'hui, elle a subi des modifications, dont quelques-unes se perpétuent et constituent des *races*. La plus commune n'est pas la plus recommandable; c'est à sa constitution robuste qu'elle doit l'avantage de supporter mieux qu'aucune autre les différents climats, le séjour dans les villes, et même le confinement dans l'étable. Cependant, son humeur n'est pas moins *capricieuse* que celles des autres races : dès qu'elle est livrée à elle-même, la vivacité de ses mouvements, les brusques changements de ses goûts, un vagabondage qui paraît être sans motif et sans but, feraient penser que cet animal est indisciplinable, si l'on n'était pas témoin, d'autres circonstances, de ses dispositions à la sociabilité, de son obéissance aux appels du berger : elle se soumet docilement à des fatigues que l'on ne pourrait imposer à la vache. Dans Madrid, des troupeaux de chèvres parcourent les rues de bon matin, et portent elles-mêmes aux consommateurs de lait ce liquide qui, extrait immédiatement, ne peut être ni mélangé ni altéré comme celui qu'on débite dans les rues de Paris. On assure qu'une bonne chèvre bien nourrie donne jusqu'à quatre litres de lait par jour pendant cinq mois. Mais la race commune n'est pas la meilleure laitière. Celle de *Barbarie* ou de l'*Inde* mérite la préférence pour ce produit, d'autant plus que son poil est assez long et assez fin pour être filé. Elle est plus petite que la race commune, mais aussi beaucoup plus rare, puisqu'elle ne soit pas tout à fait inconnue en France. Il y a dans les Pyrénées et les montagnes de la France méridionale une autre race, recommandée aussi par l'abondance de son lait, d'une plus grande taille que la chèvre commune, d'un pelage ordinairement fauve et blanc. Si ces montagnardes consentaient à descendre dans les plaines et pouvaient s'y plaire, elles mériteraient à tous égards d'être substituées à la race commune.

N'oublions pas une jolie petite laitière, qui porte à bon

droit le nom de *cabri*, et dont le lait, très-abondant, possède presque toutes les bonnes qualités de celui de la vache. Il ne serait peut-être pas facile de l'acclimater dans nos départements du nord, habituée comme elle l'est à la température de la zone torride; cependant, comme elle est déjà familiarisée avec les hivers de nos départements méridionaux, on peut espérer de la répandre peu à peu vers le nord, et de la multiplier dans toute la France. Mais les *chèvres d'Angora* viennent se présenter avec leurs cornes en spirale, leur riche toison, leur belle taille, leur santé robuste, qui leur permet de passer impunément de la douce température de l'Asie Mineure aux rudes hivers de la Suède.

Admettons encore une dernière concurrente, la chèvre dite *de Cachemire*, mais qui est répandue depuis les frontières de la Chine jusqu'à la mer Caspienne. Celle-ci apporte la matière des tissus du plus haut prix que l'Europe enviait à l'Asie, et qu'elle surpassera bientôt lorsqu'elle sera plus abondamment pourvue du précieux duvet qui sert à les fabriquer. On ne pouvait douter que cette race de chèvres ne pût subsister en France, puisqu'elle vit en Asie dans des contrées aussi essentiellement différentes que le pied des glaciers de l'Himalaïa et les steppes arides des Kirguis. La femelle est presque aussi grande que le mâle. La mauvaise odeur de celui-ci ne se manifeste qu'à l'époque du rut. Des oreilles longues et pendantes, des cornes qui se courbent et se croisent, lorsque l'animal commence à vieillir, et surtout la production annuelle d'un duvet élastique, extensible, assez long pour être filé très-fin, voilà ce qui distingue la chèvre de Cachemire de toutes celles qui composent cette espèce. Il est vrai que certains individus de la race commune donnent un duvet aussi fin ; mais il est beaucoup plus court que celui de la chèvre asiatique. Comme laitière, la chèvre de Cachemire n'est pas préférable à celle de la race commune. On fait le même reproche à celle d'Angora. Il paraît que dans ces animaux l'abondance du lait ne peut être obtenue qu'aux dépens du mérite de la toison : les spéculateurs auront donc à choisir entre ces deux sortes de produits.

L'antiquité plaça la chèvre dans le ciel ; la mythologie lui assigna des fonctions de la plus haute dignité ; notre siècle calculateur paraît disposé à la bannir de toute la terre. Deux chèvres, dit-on, consomment plus qu'une vache, donnent plus d'occupation et moins de profit. A ce calcul se joignent les plaintes amoncelées des cultivateurs et des propriétaires de forêts et de plantations d'arbres. Les chèvres ont cependant trouvé des défenseurs : on a proposé des accommodements. Une épreuve a été faite, et on a constaté qu'elles peuvent être retenues à l'étable, y passer leur vie entière sans que leur santé en souffre, ni que leur produit soit diminué. Il est vrai qu'une réclusion aussi rigoureuse entraîne quelques inconvénients ; les recluses perdraient la faculté de marcher, même dans leur prison, parce que la corne de leurs pieds s'allongerait démesurément, si l'on ne prenait pas le soin de la raccourcir ; mais l'homme tient peu de compte de ces incommodités supportées par les animaux qui ont le malheur de lui appartenir. Il doit pourtant leur accorder quelque pitié et s'occuper de leur bien-être, ne fût-ce qu'en vue de ses intérêts ? Il lui importe certainement d'éloigner d'eux ce qui affaiblirait les facultés qui les rendent utiles ; il faut donc les maintenir dans un état de bien-être qu'un emprisonnement perpétuel ne saurait procurer, surtout à des chèvres. On a proposé aussi de former pour elles, dans des terrains peu fertiles, une sorte de pâturage dont elles s'accommoderaient à merveille : ce seraient des semis d'arbustes et même d'arbres, parmi lesquels le chèvrefeuille sont si avides, y serait multiplié avec profusion ; le genêt d'Espagne répandrait le parfum de ses fleurs dans ces bosquets, qui contribueraient à la beauté du paysage, en même temps qu'ils accroîtraient les ressources de l'économie rurale, etc.

On sait que la chair de ces animaux est peu recherchée, et que celle des chevreaux est la seule que les gourmets daignent encore manger, quoiqu'elle soit beaucoup moins estimée des modernes qu'elle ne le fut au temps des héros d'Homère, et même plusieurs siècles après le siège de Troie. Les chèvres d'Angora sont les seules qui donnent une fourrure que la mode emploie quelquefois ; les peaux de toutes les autres sont ou préparées pour l'usage des cordonniers ou livrées aux fabricants de maroquin. En général, on tire un meilleur parti des chèvres pleines de vie et de santé que de celles qu'on met à la réforme.   FÉMINY.

Il est fort douteux que le premier braconnier qui surprit sur le sommet des montagnes le bouc et la chèvre, et qui les réduisit en domesticité, ait rendu service aux hommes ; et si cette conquête était aujourd'hui à faire, on ne la tenterait plus.

Cependant, dans la chaîne des races animales, la chèvre est supérieure au bélier et à la brebis ; elle est plus légère, plus fière, plus audacieuse, plus aventurière, et, par un contraste singulier, elle est plus familière avec l'homme, plus sensible aux caresses, plus susceptible d'attachement que ne le sont les bêtes à laine. Elle porte le chanfrein plus élevé, l'oreille plus droite ; et une queue plus courte et plus maigre la rend plus leste à la marche. Dans les transhumances de troupeaux, elle se place toujours en tête du cortège ; elle a le sentiment de sa supériorité, parce qu'elle jouit de l'avantage d'avoir l'œil grand et vif, l'iris d'un beau jaune, les cornes non contournées du haut en bas, comme les béliers, mais au contraire de bas en haut, s'élevant jusqu'à sa sommité, et se recourbant en arrière avec une sorte de fierté. A la tête d'un troupeau ce n'est point un quadrupède ordinaire, c'est une reine.

Ses organes intérieurs sont conformés et disposés comme ceux de la brebis, et conséquemment elle est sujette aux mêmes maladies qu'elle ; mais sa fibre, dure, sèche, maigre, lui rend nécessaire les herbes couvertes de rosée, qui sont nuisibles à l'autre, qui a la chair tendre et molle. La chèvre est aussi plus portée à la gestation. Le mâle âgé de deux ans peut suffire à trente chèvres par jour, à quatre cents par année, et continuer ce train de vie jusqu'à huit ou dix ans. La chèvre porte cinq mois ; elle fait ordinairement deux *chevreaux*, et quand on est parvenu à régulariser son instinct pour la propagation, on la fait saillir vers le commencement de l'hiver pour avoir des chevreaux que l'on mange à Pâques. Leur chair, moins grasse et moins succulente que celle de l'agneau, n'est point du tout désagréable, et n'a nullement l'odeur du bouc, parce que cette odeur est extérieure et simplement inhérente au poil et à la peau. Dans le midi de la France on trouve des boucheries consacrées à la vente des chevreaux, et l'on y fait un grand cas du boudin de ce jeune animal.

Parmi les produits que donne cette race, on ne doit pas oublier le *poil de chèvre*, qui entre dans beaucoup d'étoffes après le filage. La seule ville d'Amiens tirait autrefois de l'Orient quatre à cinq mille balles de poil de chèvre, avec lesquelles elle fabriquait des camelots et des bouracans, alors fort à la mode. La peau de chèvre tannée sert à faire des parchemins, des maroquins, et le pelage du jeune chevreau est fort estimé pour fabriquer les ouvrages délicats. Sa corne, plus allongée que celle des autres animaux, est utile dans plusieurs arts, et la râpure de ses cornes est l'engrais le plus actif et le plus durable que l'on connaisse pour féconder les plantes vivaces et arborescentes.

On ne doit pas considérer les chèvres isolément, et seulement dans leurs rapports plus ou moins fâcheux avec les diverses natures de culture ; il faut encore les considérer sous les rapports industriel et commercial. Il ne peut pas entrer dans les vues d'une nation civilisée de proscrire, d'exterminer une race entière, parce qu'elle n'offre que des avantages mêlés à beaucoup de dangers, une race familière avec l'homme, vivant dans ses foyers, et faisant en quelque sorte partie de la famille. Il est donc d'une sage politique de chercher à la multiplier en prévenant les maux qu'elle peut occasionner. On conçoit qu'un bouc suffisant chaque année à quatre cents chèvres, durant huit ou dix ans, et chaque chèvre pouvant faire une portée de deux chevreaux chaque année, et dans certains pays pouvant faire deux portées, la multiplication de cette race deviendrait alarmante, chaque chèvre pouvant ainsi donner naissance à trente ou quarante chevreaux durant sa vie. Aussi voyait-on autrefois dans la Savoie, avant qu'elle devînt un département français, vingt-cinq mille chèvres. Le nombre s'en accroissait de plusieurs milliers chaque année, et il serait devenu plus grand encore, si l'on n'y avait pas conservé l'habitude de manger les jeunes chevreaux et de saler les vieilles chèvres. Il n'a jamais été fait sous l'Empire de loi au sujet des chèvres, mais il y a eu des réglements fort sages qui ont autorisé les conseils des communes à les taxer par tête dans les pays où elles peuvent faire des dommages, en proportionnant ces taxes aux dommages dont se plaignent les grands propriétaires, et aux besoins des petits à qui la chèvre tient lieu de vache. Il est donc libre à chaque commune de se placer dans la catégorie la plus convenable au local qu'elle occupe et au genre de culture qu'on y pratique. Dans les grandes plaines céréales, où l'on ne trouve ni haies, ni vignes, ni bois, ni plantations, elles ne peuvent nuire à personne, et ne doivent pas être taxées. Dans les pays montueux, escarpés, coupés de précipices, et où l'on ne voit que peu ou point de culture, les chèvres ne peuvent être que peu ou point malfaisantes; elles y sont au contraire utiles, puisqu'elles profitent en faveur de l'homme des végétaux qu'il ne saurait atteindre. Aussi voit-on des troupeaux nombreux de chèvres sur ces corniches élevées, et entrer en communication avec les bouquetins et les chamois, dont on prétend qu'elles descendent originairement.

Là, s'il est quelque lieu sans route et sans chemins,
Un rocher, quelque mont pendant en précipices,
C'est où ces dames vont promener leurs caprices.
(LA FONTAINE.)

Restent les pays de vignobles, de vergers et de petites cultures entourées de haies; c'est là que les chèvres sont un véritable fléau, contre lequel tous les agriculteurs réclament; et dans de tels pays on ne saurait porter la chèvre à une capitation trop élevée. Leurs dents sont venimeuses, leur salive corrosive, leur haleine elle-même, est, dit-on, un poison, et leurs cornes sont autant de scies avec lesquelles elles écorchent les jeunes plants pour soulager les démangeaisons qu'elles éprouvent tous les printemps. Afin de remédier à tant de maux, sans renoncer aux avantages que cette race peut procurer, ne serait-il pas nécessaire de profiter des sages conseils que nous donnent sur la matière le savant Tessier et l'infatigable observateur Bosc?

Le premier nous apprend que sur le mont d'Aure, près de Lyon, il y a, sur un rayon d'une demi-lieue, seize communes qui vivent du produit seulement des chèvres. D'après un sage règlement communal, on ne peut les conduire aux pâturages que muselées, et on les ramène à l'étable dans cet état, après les avoir laissées paître dans un communal qui leur est spécialement abandonné. Quant à leur hivernage, on nourrit avec des feuilles de vigne, que l'on dépose, après vendange, dans ou dans des citernes bétonnées, que l'on ferme hermétiquement après plusieurs arrosages. Ces feuilles conservent dans la fermentation une légère acidité, dont les chèvres sont très-friandes, et c'est probablement à cet aliment que les fromages du mont d'Aure doivent leur grande renommée. Sur cette donnée, Bosc propose de cultiver des communaux abandonnés, de les planter en chèvrefeuilles, ronces, églantiers, et autres plantes printanières qui donnent facilement et abondamment des bourgeons, et de composer ainsi des parcages, qui chaque année, à une époque donnée, seraient ouverts aux chèvres de la commune. Pour établir cet ordre, il fallait rétablir les communes. On y cherchait jadis des conseillers, et on n'y trouvait que des commis ministériels. L'histoire remarquera comme un phénomène qu'à mesure que la civilisation s'accroît et que la liberté s'étend, les gouvernements européens reculent.

Des naturalistes dignes de foi assurent qu'un oiseau à gros bec, et qui vole la bouche ouverte, s'amuse à téter les chèvres (voyez ENGOULEVENT). Cette race n'avait pas besoin de ce nouveau prodige pour acquérir une physionomie mythologique. Avant que le père des dieux eût une vache pour épouse, il avait eu une chèvre pour nourrice. Le taureau et le capricorne furent placés au ciel, afin que le dieu se trouvât, pour ainsi dire, en famille. Aujourd'hui encore, dans un pays voisin du nôtre et à moitié civilisé, on remarque un ordre de célibataires qui affecte, pour honorer Dieu, de prendre le costume et la barbe du bouc, en conservant d'ailleurs son instinct et son parfum, et qui croit faire la plus belle chose du monde en faisant ainsi renaître la race des faunes et des égipans. Un peu plus loin, et sur les bords du Gange, on ne doute pas de son salut, lorsqu'on a le bonheur de tenir en mourant la queue d'une vache. On a jadis adoré des veaux, sacrifié des chevreaux au dieu Pan, des boucs au dieu d'Israel et, pour épuiser le cercle des folies, on choisit jadis en Égypte un superbe bœuf, et on en fit un dieu.

Cte FRANÇAIS (de Nantes), ancien pair de France.

Nous avons vu (tome III, p. 661) que la brebis était au nombre des animaux que l'on offrait en holocauste chez les anciens; l'Écriture nous apprend qu'il en était de même de la chèvre, placée au nombre des animaux purs, et par conséquent de ceux dont on pouvait manger et qu'on pouvait offrir en sacrifice. Il paraît aussi que l'usage de tondre cet animal était anciennement connu dans la Palestine, et qu'on fabriquait même des étoffes avec son poil, comme on le fait encore aujourd'hui, puisqu'il est dit dans les livres saints que Dieu ordonna à Moise de faire une partie des voiles du tabernacle avec du poil de chèvre (*Exod.*, ch. XXV et XXXV). La chèvre était en vénération dans toute l'Égypte, comme elle l'avait été dans la Grèce, où le dieu Pan passait pour s'être caché sous la peau de cet animal. Il était consacré à Jupiter, en mémoire de la chèvre Amalthée. On l'immolait à Apollon, à Junon et à d'autres dieux. Enfin on attribue la découverte de l'oracle de Delphes à des chèvres.

Prendre la chèvre se dit dans le même sens que se *cabrer*, expression qui dérive elle-même de *chèvre*, comme *cabri*, *cabriole*, *cabrioleur*. C'est se mettre en colère, ou simplement prendre de l'humeur sans sujet. Montaigne le dit de ces malades imaginaires qu'il a vu *prendre la chèvre* de ce qu'on leur trouvait le visage frais et le pouls posé. Molière a dit de même:

D'un mari sur ce point j'approuve le souci,
Mais c'est *prendre la chèvre* un peu trop vite aussi.

On ne peut pas sauver la chèvre et le chou, dit un autre proverbe; c'est-à-dire qu'on ne peut pas soigner à la fois des intérêts différents ou plaire à des personnes ou à des partis divers. Il est pourtant de ces gens adroits et prudents qui savent *ménager la chèvre et le chou*; mais ce n'est que pour un temps: rarement ils peuvent arriver à leurs fins en jouant ce double rôle. *Là où la chèvre est attachée, il faut qu'elle broute*, dit-on pour exprimer qu'il faut s'accommoder aux choses, au temps et à la situation des affaires où l'on se trouve engagé: ce précepte de patience et de résignation à son sort est sans doute aussi celui de la sagesse ; mais, quand la chèvre est mal attachée, ou qu'elle trouve le moyen de rompre son licol, bien sotte elle serait de n'en point profiter pour aller brouter ailleurs en liberté. Enfin, d'un vin dur et acide on dit communément qu'il est bon à faire *danser les chèvres.*

CHÈVRE (*Astronomie*), étoile de première grandeur, comprise dans l'épaule antérieure du cocher. On a donné aussi ce nom à une petite constellation de l'hémisphère boréal composée de trois étoiles, suivant les astronomes, et de cinq, suivant Sancho-Pança, qui leur fit une visite en mettant pied à terre dans les régions célestes, lorsqu'il les parcourait en chevauchant en croupe derrière son maître monté sur un cheval de bois. FERRY.

CHÈVRE (*Mécanique*). On nomme ainsi une machine composée d'une poulie et d'un treuil, destinée à élever à une hauteur médiocre des fardeaux assez pesants. La poulie et le treuil sont soutenus par un assemblage de pièces de bois qui forment un triangle très-aigu ; les deux longs côtés de ce triangle sont les *bras*, et la base, dont la longueur est moindre que la moitié de celle des bras, est l'*entre-toise*. L'axe du treuil traverse les deux bras à une hauteur d'environ 1ᵐ,20, et la poulie est fixée vers le sommet du triangle. Une corde attachée au poids qu'il s'agit de lever passe sur la poulie, et va s'enrouler autour du treuil, qu'on fait tourner avec des leviers qui se meuvent dans un plan vertical. Pour faire usage de cette machine, on l'amarre solidement dans une position inclinée, et telle que la verticale qui passerait par le centre de gravité de la masse à soulever soit à peu près tangente à la gorge de la poulie. Les cordes d'amarre sont attachées à deux points fixes et à deux crochets de fer dont le haut de la chèvre est muni pour cet objet. L'effort dont cette machine est capable dépend du nombre des hommes qu'on y applique, et du rapport entre la longueur du levier et le rayon du treuil.

Lorsqu'il s'agit d'élever des fardeaux très-pesants, comme des pièces de gros calibre, on emploie des *chèvres doubles* composées effectivement de deux systèmes, tels que celui qu'on vient de décrire et qui est la *chèvre simple*. Les deux parties de la chèvre double sont réunies par le sommet, où elles tournent sur un axe commun, comme les échelles doubles dont on fait usage dans les appartements, dans les jardins, etc. ; par ce moyen, la force de la machine est doublée, et on est dispensé de l'amarrer. Mais depuis quelques années on emploie beaucoup à Paris, surtout pour les constructions importantes, un appareil dit *sapin*, dans lequel les ressources qu'offre la mécanique sont bien mieux utilisées que dans la chèvre ordinaire.

Les charrons ont aussi une *chèvre*, qui n'est autre chose qu'un levier tournant autour d'un axe soutenu par une sellette qu'on apporte du poids à soulever, jusqu'à ce que le bras le plus court du levier s'y trouve engagé : l'ouvrier pèse alors sur l'extrémité du long bras, et produit ainsi le mouvement dont il a besoin. Enfin, le scieur de bois donne le nom de *chèvre* au support des bûches sur lesquelles il fait agir la scie. On voit que la langue technique est assez bizarre, et que les mots qu'elle détourne de leur acception vulgaire n'y conservent quelquefois rien de leur première signification. FERRY.

CHEVREAU ou **CABRI**, petit de la chèvre.

CHÈVREFEUILLE. Ce genre de plantes appartient à la famille des caprifoliacées de Jussieu et à la pentandrie monogynie de Linné ; ses caractères sont les suivants : Un calice à cinq dents, muni de bractées à sa base ; une corolle tubuleuse, infundibuliforme, ayant son limbe partagé en cinq divisions le plus souvent inégales ; cinq étamines de la longueur de la corolle ; un stigmate globuleux ; une baie triloculaire polysperme. Les chèvrefeuilles, composés d'arbrisseaux sarmenteux, grimpants, à feuilles simples et opposées, à fleurs sessiles en capitules terminaux ou axillaires et verticillés, sont cultivés pour la plupart dans les jardins d'agrément, et se font remarquer par la beauté des formes, la vivacité des couleurs et l'odeur suave de leurs fleurs. Leur culture est facile ; tout terrain, toute situation paraît leur convenir ; ils réussissent mieux cependant en plein soleil que dans les lieux ombragés. On en cultive près de quarante espèces, dont les plus communes sont le *chèvrefeuille des jardins* et le *chèvrefeuille des bois*.

La tige du premier (*lonicera caprifolium*, L.), couverte d'une écorce grisâtre, se divise en rameaux sarmenteux, flexibles et fort longs, qui grimpent et s'enroulent autour des arbres ou des objets qu'ils rencontrent. Ses feuilles sont sessiles, glabres, glauques en dessous, la plupart obtuses, simplement opposées dans les parties inférieure et moyenne des tiges, et réunies en une seule au sommet de celles-ci. Ses fleurs, nombreuses, grandes et disposées en bouquet terminal, exhalent une odeur délicieuse. Cette plante croit spontanément dans les haies des contrées méridionales de l'Europe. On la cultive partout pour l'ornement des jardins. Ses rameaux, longs et flexibles, se plient aisément pour prendre toutes les formes qu'on veut leur donner. On en couvre des treillages, on en forme des berceaux, on en tapisse des murs, on en fait des guirlandes qui embrassent la tige des arbres, s'enlacent avec grâce dans leurs branches, où, au mois de mai et juin, elles se chargent de fleurs qui charment les yeux par leur élégance et enivrent l'odorat de leur parfum. De ce chèvrefeuille sarmenteux et grimpant le jardinier sait faire un arbrisseau à tige, dont il arrondit la tête en la taillant aux ciseaux. On en rencontre particulièrement dans les jardins deux variétés d'Italie précoces, l'une à fleurs rouges et l'autre à fleurs blanches.

Le *chèvrefeuille des bois* (*lonicera periclymenum*, L.), a absolument le même port que le précédent ; mais il en diffère en ce que ses feuilles sont toutes pointues et entièrement libres. Ses fleurs, d'un blanc jaunâtre et d'un aspect moins gracieux que celles du précédent, répandent une odeur agréable, et paraissent en juin et juillet. Il y en a deux variétés principales : l'une est velue et quelquefois devient difforme et panachée de blanc et de vert ; elle est commune dans les bois et dans les haies de France. La variété glabre à fleurs plus grandes et moins jaunâtres que celles de l'autre, ne fleurit qu'en août et septembre, et croit en Allemagne, en Suisse ; d'où les noms de *chèvrefeuille d'Allemagne* et de *chèvrefeuille rouge tardif*, que quelques personnes lui ont donnés. DÉNEZIL.

CHEVRETTE (*Mammalogie*). C'est la femelle du chevreuil.

CHEVRETTE (*Mycologie*). Voyez CHANTERELLE.

CHEVRETTE BRUNE. Voyez CADELLE.

CHEVREUIL. Le nom français de cet animal vient évidemment de son nom latin *capreolus*, qui a prévalu chez les modernes, quoiqu'au temps de Pline, et plus tard encore, le même animal fut nommé *caprea*. Ce mot, malgré sa terminaison féminine, ne désigne pas une femelle ; ce n'est pas le nom de la *chevrette* ; on peut s'en convaincre en lisant à la fin de la traduction latine du *Cantique des Cantiques*, le gracieux congé que la Sunamite signifie à son bien-aimé : *Fuge, dilecte mi, et assimilare capræ hinnuloque cervarum, super montes aromatum*. Mais, en latin comme en français, les noms du chevreuil et de la chèvre indiquent assez l'analogie qu'on a cru observer entre ces animaux, qui ne se ressemblent pourtant que par la taille et le genre de nourriture. Le chevreuil est un *cerf* : il a tous les caractères de ce genre, et nullement ceux des chèvres, des gazelles et autres animaux à cornes persistantes. Son bois tombe annuellement, comme celui des autres espèces du genre *cerf*, et il est de même nature pour toutes ces espèces.

Le chevreuil est une des plus petites espèces du genre *cerf*, car sa longueur totale n'est guère que la moitié de celle du grand et noble habitant de nos forêts. D'ailleurs, il lui ressemble beaucoup, si ce n'est qu'il a plus d'élégance dans sa petite taille, qu'il paraît plus leste et plus vif, et qu'en tout il plaît encore davantage. Ce serait un des hôtes les plus aimables des bois et des bosquets, s'il voulait s'y montrer plus souvent, et devenir plus familier. Mais une défiance trop bien fondée l'éloigne de l'homme, qui est en effet son plus redoutable ennemi. Les armes des chasseurs ont déjà rendu cette espèce plus rare, et la menaceraient d'une entière destruction, si la chevrette n'était pas plus féconde que la biche. Elle produit communément deux faons, et quelquefois trois : lorsque la portée n'est que de deux petits, l'un est mâle et l'autre femelle. Les chevreuils nous montrent, parmi les quadrupèdes, les mœurs des colombes et autres oiseaux qui naissent appariés, et que la violence ou la mort peuvent seuls séparer. La chevrette porte cinq mois et demi, et met bas vers le milieu du printemps ; l'allaitement et l'éducation du jeune couple sont les occupations de l'été et d'une partie de l'automne ; la saison des amours est alors revenue pour le père et la mère ; peu de temps après, la famille se sépare, ou plutôt elle se dédouble ; le jeune chevreuil et sa compagne s'éloignent ensemble, et à l'automne suivant leur union sera resserrée par des nœuds encore plus indissolubles.

Tel est le cercle de l'innocente existence de ces animaux, lorsqu'elle n'est pas troublée par de funestes accidents : mais comment se dérober aux poursuites d'ennemis acharnés, ou résister à toutes leurs attaques? La prudence et le courage viennent dans ce cas au secours de la faiblesse. Lorsque le moment de mettre bas est arrivé, la chevrette se sépare de son mâle, et va se cacher dans un fourré assez épais pour que les loups ne puissent l'y découvrir. Ses deux faons peuvent bientôt la suivre, et lorsque la mère les croit assez forts pour quitter leur asile natal, la famille se recompose tout entière, et commence ses petites excursions. Si quelque danger la menace, inspirée par la vigilante affection maternelle, la chevrette se hâte de cacher ses petits, revient se montrer et faire face à l'ennemi ; elle expose sa vie pour sauver celle de sa chère progéniture. Ce petit cerf montre en plusieurs circonstances un courage qui manque aux grandes espèces du genre. Ses mœurs sont aussi très-différentes de celles des autres cerfs ; et l'amour ne provoque pas les mâles au combat pour une femelle que le vainqueur abandonne après quelques moments de jouissance ; point de fureur ni de jalousie ; les couples satisfaits ne se quittent point, et les affections de famille ont tant de force que les chevreuils ne se réunissent jamais en troupes nombreuses, qu'on ne les rencontre tout au plus qu'au nombre de deux ou de quatre, et que chacun de ces petits groupes choisit dans un bois qui peut en nourrir plusieurs le canton qu'il préfère, ou s'empare de celui qu'il trouve vacant, et s'y tient.

Ce sera vainement qu'on essayera de les habituer à la vie domestique s'ils n'y sont pas à peu près aussi libres que dans les bois : il faut avoir des couples, et ne pas les contraindre à vivre rapprochés des autres ; on ne parviendrait pas à les réunir en troupeaux sous la conduite d'un berger. Dans leur jeunesse, on peut les apprivoiser, mais le naturel reparaît à la première occasion où il peut se développer, et dans le temps où les penchants du captif sont trop fortement contrariés, ils deviennent alors impétueux, sujets à des caprices dangereux pour les personnes qu'ils ont prises en aversion : un parc de cent arpents n'est pas trop vaste pour un seul couple.

Comme le temps de gestation de la chevrette est à peu près le même que celui de la chèvre, il est probable que pour ces deux espèces la durée de la vie est aussi peu différente. On ne doit donc pas croire à la longévité du chevreuil, pas plus qu'à celle du cerf, et la petite espèce dont la gestation est la plus courte ne vit sans doute pas aussi longtemps que la grande.   FERRY.

CHEVREUL (MICHEL-EUGÈNE), un des plus célèbres chimistes contemporains, né à Angers, le 31 août 1786, ne quitta cette ville qu'après y avoir terminé ses études, pour venir à Paris, en 1803, apprendre la chimie sous Vauquelin. M. Chevreul débuta par les fonctions modestes d'aide naturaliste au Muséum d'Histoire Naturelle ; nous le voyons successivement professeur de chimie et de physique au lycée Charlemagne, examinateur à l'École Polytechnique, professeur de chimie appliquée à la teinture aux Gobelins ; puis, comme si ce n'était pas assez, on crée exprès pour lui une chaire de chimie au Jardin des Plantes.

Les fonctions que remplissait M. Chevreul aux Gobelins, où il dirigeait l'atelier de teinture, l'amenèrent à faire dès 1826 des recherches sur les couleurs, qu'il soumit à l'Académie des Sciences dans une série de mémoires, et il fut conduit à publier, en 1830, son livre intitulé : *De la loi du contraste simultané des couleurs et de ses applications.* Avant ces importants travaux, on n'était pas encore parvenu à obtenir à volonté des dégradations successives de plusieurs couleurs ; on tâtonnait, on suivait la routine. M. Chevreul a appris à avoir différentes nuances avec une certitude mathématique, et vaincu les obstacles qui paralysaient les efforts des ateliers de teinture.

Les plus beaux travaux de M. Chevreul sont ses recherches sur les corps gras. Il a reconnu avec M. Braconnot, chimiste praticien du plus grand mérite, que les huiles végétales et le beurre de vache sont essentiellement formés d'oléine et de margarine ; que les corps gras d'origine animale, graisses et suifs, sont essentiellement formés d'oléine, de margarine et de stéarine ; qu'indépendamment de ces principes immédiats, les huiles et les graisses renferment, en petite quantité, des principes colorants et odorants qui varient dans chaque espèce, et dont elles peuvent être privées sans perdre les propriétés qui les caractérisent comme corps gras. M. Chevreul a aussi examiné la matière cristalline des calculs biliaires humains, appelée *cholestérine.*

Indépendamment de l'ouvrage cité plus haut et de plusieurs mémoires insérés dans les *Annales de Chimie,* dans le *Journal des Savants* et dans les *Annales du Muséum d'Histoire Naturelle,* on doit à M. Chevreul : *Recherches sur les corps gras d'origine animale* (1 vol., in-8°, 1823) ; *Considérations générales sur l'analyse organique et ses applications* (1 vol., in-8°, 1824) ; *Leçons de Chimie appliquée à la teinture* (2 vol., 1831) ; *Théorie des effets optiques que présentent les étoffes de soie* (Lyon, 1846). Ce dernier traité contient les leçons faites à Lyon en 1842 et 1843 par l'illustre chimiste, à la demande de la chambre du commerce de cette ville et du ministre de l'agriculture et du commerce.

M. Chevreul est chevalier de la Légion d'Honneur, membre de l'Académie des Sciences et de la Société Royale de Londres.

CHEVREUSE (Famille de). La petite ville de ce nom, dans l'ancien Hurepoix, jadis *Caprusium,* aujourd'hui chef-lieu de canton du département de Seine-et-Oise, sur l'Yvette, à 12 kilomètres de Versailles, est peuplée de 1,500 habitants. Le duc de Bourgogne la prit en 1414. Elle fut érigée en duché-pairie pour Claude de Lorraine, qui en 1621 épousa *Marie* DE ROHAN-MONTBAZON, née en 1600, veuve de Charles d'Albert, duc de Luynes, connétable de France, à qui elle avait été mariée en 1617. Aussi célèbre par son esprit que par sa beauté, elle déploya un caractère si intrigant durant les troubles de la Fronde, qu'elle se fit exiler plusieurs fois, et s'attira la haine de Louis XIII, de Richelieu, et de Mazarin. Le roi à son lit de mort, rappelant les proscrits, ne lui fit pas grâce, et la désigna même comme une personne dangereuse à rappeler. Elle eut beaucoup d'amants. Intimement liée avec Anne d'Autriche, elle dut, pour fuir en Angleterre la haine de Richelieu, passer la Somme à gué. Mme de Chevreuse, après une vie fort agitée, étant morte en 1679, sans avoir eu d'héritiers mâles de son second mariage, la terre ducale devint l'apanage des enfants du premier lit, et entra ainsi dans la maison d'Albert, dont la branche aînée cumula les titres de ducs de Chevreuse et de Luynes. Depuis plusieurs générations, les représentants de cette branche ont alternativement porté l'un des deux titres, pour ne pas quitter celui qu'ils avaient du vivant de leur père. Une autre duchesse de Chevreuse illustra encore ce nom au commencement du siècle par son esprit d'opposition.

CHEVREUSE (N..., duchesse DE), née DE NARBONNE-FRITZLAR, dame du palais de l'impératrice Joséphine, vit le jour en 1785, et se fit remarquer à la cour du nouvel empereur par un ton d'opposition qu'elle poussait à l'extrême, bien différente de la baronne de Montmorency, nommée en même temps qu'elle, et qui, peu enthousiaste au fond du nouvel ordre de choses, sut néanmoins conserver toute sa dignité. L'empereur, comparant la conduite de ces deux dames, en prit de l'humeur contre Mme de Chevreuse, et finit par l'exiler.

Déjà avant d'être attachée à la cour impériale, Mme de Chevreuse avait failli encourir un premier exil. Durant la campagne d'Austerlitz, les fonds publics avaient éprouvé une baisse notable. Napoléon, de retour à Paris, s'en prit à Barbé-Marbois et à Fouché, ses ministres du trésor et de la police. Le dernier s'excusa en prétendant que le faubourg Saint-Germain pervertissait l'opinion par toutes sortes de contes. L'empereur ordonna une enquête, d'où résulta une liste de quatorze à quinze personnes, qui furent priées d'aller habiter leurs terres. Mme de Chevreuse se trouvait du nombre. Mais Talleyrand, alors à Vienne, étant fort lié avec Mme de Luynes, belle-mère de Mme de Chevreuse, se servit de l'estime que Napoléon avait eu pour le feu duc de Luynes, mort sénateur, pour rejeter toute la faute de la jeune dame sur son étourderie; et non-seulement elle fut rayée de la liste d'exil, mais même attachée au palais de l'impératrice. Ce ne fut pas sans peine que Talleyrand la décida à accepter; elle y consentit enfin, mais elle vint toujours avec répugnance dans une cour où elle ne recevait que des politesses. Longtemps Napoléon eut assez de longanimité pour ne pas remarquer ses ricanements et ses quolibets.

Lors de l'arrivée en France de la reine d'Espagne, l'empereur nomma de Bayonne des dames du palais pour accompagner cette princesse, qui devait résider à Compiègne. Mme de Chevreuse fut du nombre; mais elle répondit à Mme de La Rochefoucauld, qui lui en faisait part : « Je n'irai point; je ne suis point faite pour être geôlière. » Ce propos ayant été rapporté à Napoléon, il révoqua la nomination de la dame, et l'exila à 160 kilomètres de Paris : elle se rendit à Lyon, où sa belle-mère la suivit. Joséphine sollicita vainement sa grâce; l'empereur fut inflexible : « Je ne veux pas, dit-il, d'impertinente chez moi. » Deux ans après, rappelant tous les exilés du faubourg Saint-Germain, il ne fit d'exception que pour Mme de Staël, Mme Récamier et Mme de Chevreuse. Elle mourut à Lyon, en juin 1813, à peine âgée de vingt-huit ans. Son esprit était cultivé; elle écrivait avec grâce, et l'on a d'elle une nouvelle historique, intitulée : *François de Mentel* (Paris, 1807).

CHÈVRE VOLANTE. *Voyez* BÉCASSINE.

CHEVRON. Ce mot vient de *caprone*, qui a été fait de *caper* ou de *capreolus*, l'on trouve dans Vitruve avec la même signification. Il désigne proprement une pièce de bois de charpente de huit à dix centimètres d'épaisseur, qui sert à poser les lattes sur lesquelles on pose à leur tour les tuiles ou ardoises qui doivent couvrir un toit. On soutient les chevrons d'un toit par d'autres pièces de bois posées en travers, qu'on appelle *pannes*, et sur lesquelles on les arrête avec des chevillettes. On appelle *chevrons cintrés* ceux qui sont courbés et assemblés dans les liernes d'un dôme; *chevrons de croupe* ou *empanons*, ceux qui sont inégaux et attachés sur les arêtiers de la croupe d'un comble; *chevrons de ferme*, ceux qui sont encastrés par le bas sur l'entrait, et joints en haut par le bout au poinçon; *chevrons de long pan*, ceux qui sont sur le courant du faîte et des pannes de long pan d'un comble; enfin, *chevrons de remplage*, les plus petits chevrons d'un dôme qui ne suivent pas dans les liernes, parce que leur nombre diminue à mesure qu'ils approchent de la fermeture de la coupole.

CHEVRON (*Blason*). C'est une des pièces honorables de l'écu. Le chevron se compose de la bande et de la barre réunies à leur extrémité supérieure. Il descend du chef vers les extrémités de l'écu en forme d'un compas à demi ouvert. C'est le symbole de la protection et de la conservation, ou celui de la constance et de la fermeté. On a dit aussi qu'il représentait les éperons d'un cavalier. Quand il est seul, il doit occuper la troisième partie de l'écu; quand il est accompagné, sa largeur ne doit être observée qu'autant que le permet la commodité des pièces qui l'accompagnent. On charge quelquefois les chevrons d'un autre chevron du tiers de la largeur de l'écu. Il peut y avoir jusqu'à huit à neuf chevrons dans un écu. Quel qu'en soit le nombre, ils conservent leur nom, pourvu qu'ils soient échelonnés les uns au-dessus des autres; mais s'ils sont répandus dans le champ, on les appelle *étaies*. Il y a des chevrons de plusieurs pièces, ainsi que la fasce, la bande et le pal. On sait que le chevron était autrefois une pièce de lice de barrière et clôture de parc. Quelques-uns le dérivent de *chèvre*, parce qu'il représentait autrefois la tête de cet animal; d'autres le font venir de *chef* : on a dit autrefois, en effet, *chevron*, comme on disait aussi *chief* pour *chef*.

On appelle *chevron abaissé* celui dont la pointe n'approche pas du bord du chef de l'écu, et qui va seulement jusqu'à l'abîme ou aux environs; *chevron alaisé*, celui qui ne parvient pas jusqu'aux extrémités de l'écu; *chevrons appointées*, ceux qui portent leurs pointes au cœur de l'écu et qui sont opposés, l'un à l'autre, l'un étant renversé et l'autre droit; *chevron brisé, éclaté* ou *fendu*, celui dont la pointe d'en haut est fendue, en sorte que les pièces ne se touchent que par un de leurs angles; *chevron couché*, celui dont la pointe est tournée vers un des côtés de l'écu sur lequel il est couchée; *chevron coupé* ou *essimé*, celui dont la pointe est coupée; *chevron ondé*, celui dont les branches vont en ondes; *chevron parti*, celui dont les branches sont de différent émail et dont la couleur est opposée au métal; *chevron ployé*, celui dont les branches sont courbes; *chevron renversé*, celui dont la pointe est tournée vers la pointe de l'écu, et dont les branches regardent le chef; *chevron rompu*, celui dont une branche est rompue et séparée en deux pièces. Enfin, on appelle *écu chevronné* celui qui est rempli de chevrons en nombre égal de métal et de couleur.

CHEVRON (*Art militaire*). Les *chevrons de service* ou d'*uniforme* sont des marques ostensibles d'années de service, consistant en galons d'or, d'argent ou de laine de couleur tranchante, suivant que c'est un soldat, ou un sous-officier au-dessous du grade d'adjudant, qui les porte. Ils sont placés au haut de la manche gauche de l'uniforme des hommes de troupes. Leur nom leur vient de ce qu'ils affectent la forme de chevrons de charpente. L'invention et l'usage en sont français; ce fut un édit du 4 août 1771 qui les institua et y attacha une haute paye : un chevron représentait huit ans; deux, seize; et trois, vingt-quatre; ou bien le médaillon de vétéran avait cette dernière signification. On remarqua lors de la fédération de 1789 un vieux hussard qui avait le médaillon et deux chevrons, ou quarante ans de services; nous avons même vu des invalides porter le double médaillon. La loi du 6 août 1791 abolit les chevrons, comme elle prohibait toutes marques de services rendus. Bonaparte les fit revivre par décision du 3 thermidor an x; mais des lors un chevron représenta dix ans de services; deux, quinze; trois, vingt. Une ordonnance du 9 juin 1821 avait institué des *demi-chevrons*, que l'on ne conserva pas longtemps.

Certains corps d'élite, tels que la gendarmerie et la garde de Paris, ne portent pas de chevrons. Gal BARDIN.

CHEVROTAIN. Cet habitant des contrées les plus chaudes de l'ancien continent a été nommé *petit cerf*, *petite biche*, par les voyageurs qui le voyaient pour la première fois. En effet, sa couleur, la forme générale de son petit corps, ses mouvements lestes, ses bonds prodigieux, tout ce que l'on observe dans ce petit animal ressemble assez exactement à une biche ou à une chevrette réduite à la grandeur d'un lièvre. Rien de plus joli que ses pieds, dont le sabot d'un noir brillant, porté par une jambe de la grosseur d'une plume à écrire, sert aux orientaux pour fouler le tabac dans leur pipe. Cet instrument de luxe est orné par le travail de l'orfèvre. Vivant au milieu des gazelles, le chevrotain est au dernier degré de l'échelle de grandeur de ces animaux si remarquables par leur taille élégante et leurs beaux yeux; mais, malgré ses diverses assimilations, il n'est ni cerf ni gazelle; il forme un genre à part, qui a été divisé en deux sous-genres, celui des *chevrotains* proprement dits, le seul dont nous parlerons ici, et le sous-genre *musc*.

Le sous-genre chevrotain ne comprend qu'un très-petit nombre d'espèces. L'une est sans cornes; on la trouve en Asie. Une autre est assez commune au Sénégal; les mâles de celle-ci ont des cornes noires, en spirale, renversées sur le dos, non caduques. Une troisième espèce porte à Ceylan le nom de *mémina*; son pelage est parsemé de taches blanches sur un fond d'un fauve brunâtre. Ces petits animaux s'apprivoisent aisément, deviennent familiers et caressants. On assure que c'est un des meilleurs gibiers que l'on puisse offrir aux gourmets. FERRY.

CHEVROTEMENT. En musique, *chevroter* c'est, au lieu de battre nettement et alternativement du gosier les deux sons qui forment la cadence ou le trille, en battre un seul à coups précipités, comme plusieurs doubles croches détachées et à l'unisson, ce qui se fait en forçant du poumon l'air contre la glotte fermée, qui sert alors de soupape; en sorte qu'elle s'ouvre par secousses pour livrer passage à cet air, et se referme à chaque instant par un mécanisme semblable à celui du tremblant de l'orgue. Le chevrotement est la désagréable ressource de ceux qui n'ayant aucun trille en cherchent l'imitation grossière; mais l'oreille ne peut supporter cette substitution. A.-L. MILLIN, de l'Institut.

CHÉZY (ANTOINE-LÉONARD DE), orientaliste français, né à Neuilly, le 15 janvier 1773, entra à l'École Polytechnique dès la formation de l'établissement. Cédant bientôt cependant au penchant naturel de son esprit, il abandonna l'étude des sciences exactes pour celle des littératures asiatiques. Il apprit l'arabe sous Silvestre de Sacy, et le persan sous Langlès. Attaché depuis 1798 au ministère des affaires étrangères, il fut désigné pour faire partie de la commission scientifique qui suivait notre armée en Égypte; mais une fièvre maligne l'attaqua à Toulon et le força de rester en France. En 1799 il fut attaché au département des manuscrits orientaux, à la Bibliothèque Nationale. En 1803, l'Anglais Hamilton, membre de la Société Asiatique de Calcutta, et qui se trouvait prisonnier à Paris, obtint l'autorisation d'examiner le peu de manuscrits indiens que nous possédions à cette époque, et en dressa un catalogue raisonné. Les données générales que de Chézy recueillit de la conversation du savant étranger l'engagèrent à entreprendre l'étude du sanscrit, langue qu'aucun de nos orientalistes n'avait cultivée encore. En 1814 Louis XVIII créa en sa faveur une chaire de sanscrit au Collège de France. C'était la première consacrée à cet enseignement en Europe. Aussi fut-ce à ses leçons que non-seulement les orientalistes qui depuis lui ont chez nous cultivé avec le plus de fruit les lettres sanscrites, Loiseleur-Deslongchamps, Burnouf, Langlois, mais encore plusieurs de ceux dont s'honore l'Allemagne, François Bopp, Kosegarten, Lassen, puisèrent leur première initiation à l'idiome des brahmes.

En 1815 de Chézy fut nommé professeur de persan à l'École des langues orientales, où depuis 1807 il exerçait la suppléance, et l'année suivante il entra à l'Académie des Inscriptions. En 1824 la mort de Langlès laissa vacante une place de conservateur à la Bibliothèque Royale. De Chézy, qui pensait y avoir des droits, se vit préférer un jeune rival, jusque là son ami, Abel Rémusat. La douleur qu'il en ressentit porta une nouvelle atteinte à une santé qu'épuisait d'ailleurs rapidement une excessive irritabilité nerveuse. Le calme de l'étude le soutenait cependant, lorsqu'il mourut du choléra, le 3 septembre 1832.

Ceux des ouvrages de cet orientaliste qui ont vu le jour sont : *Medjnoun et Leïla*, poëme traduit du persan de Djamy (2 vol. in-18, 1807); *Yadjnadattabadha, ou la Mort d'Yadjnadatta*, épisode du grand poëme sanscrit du *Râmâyana*, accompagné d'une ample analyse grammaticale (in-8°, 1814); *La Reconnaissance de Sakountala*, drame sanscrit, chef-d'œuvre de Kalidasa (1830); enfin une traduction de l'*Anthologie érotique d'Amarou*, qu'il fit paraître sous le pseudonyme d'Apudy (1831). Il a en outre laissé en manuscrit : une Chrestomathie persane et une Chrestomathie sanscrite, une Grammaire sanscrite et une Grammaire prakrite, un vocabulaire sanscrit, prakrit et français; la traduction de l'épisode persan de *Rusthem et Sôhars*, et celle de l'*Ermitage de Candou*, fragment tiré du Mahâbhârat; une analyse complète du Râmâyana; enfin, des mémoires que sa veuve s'est chargée de publier.

Sa femme, née *Wilhelmine* DE KLENCKE et petite-fille de Mme Karschin, femme poète célèbre outre-Rhin, est connue elle-même dans la littérature allemande sous le nom de *Helmina* VON CHÉZY, et a publié un assez grand nombre de petits poëmes et de romans fort goûtés, ainsi que le drame d'*Eurianthe*, qu'a immortalisé la musique de Weber. Née à Berlin, le 26 janvier 1783, elle avait épousé à l'âge de seize ans un M. de Hastfer; mais ce premier mariage fut loin d'être heureux. Une année s'était à peine écoulée après la célébration, qu'un divorce en rompait les liens, mal assortis. A l'invitation de Mme de Genlis, qui l'avait connue à Berlin, elle se rendit à Paris en 1802. Elle y épousa en 1805 M. de Chézy, dont elle avait fait la connaissance chez Frédéric Schlégel. Cette union de deux êtres distingués à tant d'égards ne fut pas plus heureuse que la première; et bien que la naissance de deux fils parût devoir en resserrer les liens, les époux se séparèrent dès 1810. Mme de Chézy s'en retourna alors en Allemagne, où elle s'occupa de travaux littéraires, et trouva un protecteur dans le prince de Dalberg. De ses deux fils, l'aîné, né en 1806, occupe aujourd'hui un rang distingué parmi les conteurs allemands, et est au nombre des rédacteurs de la *Gazette de l'Empire d'Autriche*, qui paraît à Vienne; le cadet, né en 1808, avait embrassé la peinture, et est mort en 1846, à Heidelberg.

CHIABRERA (GABRIELL), poète italien, né à Savone, dans le pays de Gênes, le 8 juin 1552, perdit son père avant même d'avoir vu le jour, et à partir de sa neuvième année fut élevé à Rome, par un de ses oncles. Malgré la faiblesse de sa constitution, qui dans le principe ne lui permettait aucun travail assidu, il n'en eut pas moins complétement terminé à l'âge de vingt ans ses études, que dirigèrent les jésuites, et que les relations qu'il eut ensuite avec Muret, avec Paul Manuce et autres savants, contribuèrent singulièrement à perfectionner. A la mort de son oncle, il entra au service du cardinal Cornaro, qu'il dut abandonner quelques années après, la vengeance qu'il avait tirée d'un gentil-homme insolent lui rendant le séjour de Rome désormais dangereux. Il revint alors dans son pays natal, où il se maria à près de cinquante ans, et depuis son existence s'écoula dans une assez heureuse indépendance. Sain de corps et d'esprit, il atteignit un âge très-avancé, et mourut à Savone, le 14 octobre 1637.

Son génie poétique ne se développa que fort tard, et ce

ne fut qu'à son retour aux lieux qui l'avaient vu naître, qu'il commença à lire les poëtes avec quelque attention. Les grecs, Pindare surtout, étaient ceux qui avaient le plus d'attraits pour lui, et son admiration pour le poëte thébain lui inspira le désir de l'imiter. C'est ainsi qu'il arriva à se créer un genre et un style qui le distinguent de tous les autres lyriques italiens. Il ne réussit pas moins à reproduire la spirituelle naïveté et la grâce d'Anacréon ; ses *canzonnette* brillent autant par leur facilité et leur élégance, que ses *canzoni* par leur élévation. Ses *Lettere famigliari*, imprimées à la suite de l'édition romaine de ses poésies, introduisirent dans la littérature italienne le genre de l'épître en vers. On a aussi de lui un grand nombre de poëmes épiques, bucoliques et dramatiques. Ses *Opere* ont été imprimées à Venise (6 vol., 1768). Parmi ses œuvres diverses, nous mentionnerons ses *Rime* (Gênes, 1605); ses *Poesie liriche* (Livourne, 1781), et son épopée *Amadeida* (Gênes, 1650).

CHIANA (dans l'antiquité *Clanis*), rivière formée par plusieurs ruisseaux descendant des Apennins, et communiquant tout à la fois avec l'Arno et avec le Tibre, au moyen d'une antique canalisation, mais qui cependant, à bien dire, se jette dans le premier de ces fleuves à quelques milles au-dessous d'Arezzo. Elle arrose la vallée complètement horizontale de Chiana, dont les fréquentes innondations faisaient un des endroits les plus malsains, les plus pestilentiels de toute l'Italie. Mais depuis que Ferdinand III et son ministre Fossombroni ont rectifié son lit au moyen de travaux hydrauliques de la nature la plus grandiose, et que, dirigeant son cours à travers les lacs de Montepulciano et de Chiusi, ils l'ont fait servir à l'irrigation de toute la vallée, cette contrée est devenue l'une des plus fertiles peut-être de toute l'Italie, un véritable jardin, dont la population dépasse déjà aujourd'hui plus de 100,00 âmes.

CHIAPA ou LAS CHIAPAS, autrefois, sous l'administration espagnole, *alcaldia mayor* ou province, forme aujourd'hui un grand État dans le part de la république mexicaine, et est divisé en plusieurs districts. Le climat en est chaud, mais modéré ; et il devient même froid dans les parties les plus élevées du pays. Son sol, quoique éminemment propre à l'agriculture et richement arrosé par le Rio de Tabasco et le Rio Usumasinta, est fort mal cultivé, une généreuse nature se chargeant de suffire aux besoins d'une apathique population.

Les habitants, dont le nombre s'élève à 142,000, font peu de commerce ; l'éducation du bétail, en raison de l'indolence qui leur est naturelle, forme leur principale industrie ; ils s'adonnent volontiers à l'ivrognerie et à la fainéantise.

Le chef-lieu de la province est CHIAPA, surnommé *de las Casas* ou *de los Indios*, appelé aussi *Ciudad-Real*. Située dans une contrée agréable, sur les bords du Yexhilujat, cette ville est le siège des autorités administratives. On y trouve une belle cathédrale, cinq couvents, une espèce d'université et un monument élevé à la mémoire du premier évêque de Chiapa, le célèbre LAS CASAS. La population, forte de 6,000 âmes, a pour principales ressources l'agriculture, le commerce (notamment en noix de cocos, cochenille, sucre, coton, laine), et quelques métiers. Cette ville fut fondée en 1528, sur les ruines d'une ancienne bourgade indienne. Il faut d'ailleurs se garder de la confondre avec *Chiapa de los Indios*, petite ville située sur le Tabasco, fondée en 1527.

CHIARAMONTI (GIOVAN-BATTISTA), célèbre littérateur italien, né à Brescia, en 1731, d'une famille noble, étudia le droit et la philosophie à Padoue. Il n'avait encore que vingt-deux ans lorsque le comte Mazzuchelli l'admit dans la société d'érudits qu'il réunissait autour de lui. Il lut dans ce cercle distingué plusieurs savantes dissertations qui furent ensuite imprimées dans divers recueils séparés, entre autres : *Sul paterno imperio degli antichi Romani*;

Sopra il Commercio, et *Sulle Accademie letterarie Bresciane*. Il fut en outre l'éditeur de divers travaux dus à d'anciens auteurs, par exemple de plus de deux cents dissertations de Paolo Cagliardi. Il donna aussi des *Notizie interno a Luigi Marcello, patrizio Vcneti*; d'autres, relatives au père Jean-Pierre Bergantini, au père François Lana : celles qui ont rapport à ce dernier sont suivies d'une lettre sur la fameuse barque volante de ce jésuite, projet dans lequel on a cru voir un prélude de l'invention des aérostats. Chiaramonti mourut en 1796.

CHIARAMONTI (BARNABÉ). *Voyez* PIE VII.

On a donné son nom aux musées fondés par lui au Vatican, particulièrement à la collection des antiques et des bas-reliefs exposés dans une grande salle attenante au musée Pio-Clémentin. Le choix et le classement de ces chefs-d'œuvre furent confiés au goût de Canova. La description et les dessins de ce musée (*Il museo Chiaramonti descritto ed illustrato da Filippo Aurelio Visconti e Gius. Ant. Guattani*, Rome, 1818, in-folio) sont annexés comme supplément à l'ouvrage publié par Giamb. et Ennio Quir. Visconti sur le Musée *Pio-Clémentin*. Le musée *delle inscrizioni*, le musée des manuscrits grecs et romains, qui sont scellés dans le mur le long d'une vaste galerie, collection qui n'a pas d'égale au monde, servent d'introduction au musée Chiaramonti et à la bibliothèque du Vatican. Les manuscrits dont nous venons de parler furent mis en ordre et exposés sur l'ordre du pape par Gaet. Marini. On y arrive par les loges du Vatican.

Il y a aussi une bibliothèque *Chiaramonti* ; c'était la bibliothèque entière du cardinal Zelada, dont le pape Léon XII a enrichi celle du Vatican.

CHIARI, ville bien bâtie, sur l'Églio, dans la délégation de Brescia en Lombardie, compte 8,000 habitants dont la fabrication des étoffes de soie constitue la principale industrie. Le 1er septembre 1701 les Français, commandés par le maréchal de Villeroy, attaquèrent à Chiari les Impériaux, aux ordres du prince Eugène, mais ils furent obligés de battre en retraite.

CHIARI (PIETRO), fécond poëte comique et romancier italien, né à Brescia, vers le commencement du dix-huitième siècle, entra chez les jésuites après avoir achevé ses études ; mais devint bientôt ecclésiastique séculier, et comme tel ne s'occupa plus que de science et de littérature. Ayant obtenu du duc de Modène le titre de poëte de sa cour, il s'établit à Venise, où dans l'espace de dix à douze ans il produisit au théâtre plus de soixante comédies. Chiari et Goldoni étaient rivaux, mais le public décerna la palme au dernier. Il rencontra encore un concurrent tout aussi redoutable dans la personne du comte Carlo Gozzi, qui, dans ses *Tre Malaranco*, le tira avec Goldoni à la risée publique. Il composa aussi quatre tragédies, mais elles furent si mal accueillies, qu'il renonça à ce genre. Il était fort âgé lorsqu'il retourna à Brescia, où il mourut, en 1788. Quelques-uns de ses romans valent beaucoup mieux que ses comédies, mais n'annoncent pourtant pas une grande connaissance du cœur humain. On a de lui des *Lettere scelte*, des *Lettere filosofiche*, et des *Lettere scritte da donna di senno e di spirito, per ammaestramento del suo amante*, etc.

CHIAVENNA, jolie ville de 4,000 habitants, en Lombardie, au pied du Splugen, sur la rive droite de la Maisa, dans une profonde vallée, tout entourée de hautes montagnes. La plus remarquable de ses six églises est celle de Saint-Laurent. De la hauteur sur laquelle est construit le château on découvre la vue la plus pittoresque. A environ quatre kilomètres de Chiavenna on trouvait jadis le village de Plurs, enseveli en 1618 sous la chute d'une montagne. A peu de distance de la ville existe une importante fabrique de poteries, qui alimente de ces produits l'Italie presque tout entière. La production de la soie est pour les habitants une autre ressource fort importante ; ils font aussi un commerce très-lucratif avec les vins rouges de la Valteline, fort prisés dans la Suisse centrale et orientale, et dont les meilleures qualités supportent la comparaison avec le vin de Bordeaux. Étape principale de la grande route commerciale reliant, à travers le Splugen, l'Allemagne à l'Italie, de même que pour les communications avec le canton des Grisons par la Maloggia et le Septimer, Chiavenna est l'une des clefs les plus importantes des Alpes.

La ville et le territoire de Chiavenna avaient autrefois des comtes particuliers, nommés par l'empereur; plus tard ils passèrent sous la domination des ducs de Milan, et en 1512 ils furent conquis par les Grisons, qui y avaient déjà élevé des prétentions et qui les conservèrent jusqu'en 1797. Réunis alors à la république Cisalpine, puis au royaume d'Italie, ils furent adjugés en 1815 à l'Autriche.

CHIC. Cette expression singulière, fort usitée dans la *conversation* des artistes, est-elle d'origine française, et dans ce cas d'où vient-elle? Ou bien est-elle de source étrangère, et alors où a-t-elle pris naissance? Tout le monde se le demande, et nul ne le sait. Ce qui paraît à peu près certain, c'est qu'il n'y a pas plus de cinquante ans qu'elle fleurit dans les ateliers de notre capitale. Les provençaux appelaient bien déjà *chic* le bréant ou *bruant*; mais quel rapport peut-il y avoir entre cet oiseau et la signification artistique du mot *chic*? Lorsque abandonnant la route de l'ancienne académie, la nouvelle école commença à se livrer avec ardeur à l'étude de l'antique, quelques chefs crurent devoir rappeler les poses, les mouvements, les expressions les plus distinguées et les plus remarquables, dans les études les plus simples, dans les figures les plus ordinaires. Les camarades, étonnés de voir un style si élevé en opposition souvent avec la simplicité du sujet, s'écrièrent: A-t-il du *chic*? il a un *fameux chic!* pour exprimer que l'auteur avait su trouver dans sa mémoire des choses bonnes en elles-mêmes, mais qui n'étaient qu'un bien de convention, manquant de cette vérité qu'on ne peut avoir qu'en copiant la nature. On dit aussi qu'une figure est faite de *chic*, lorsqu'elle est faite entièrement de mémoire et qu'elle rappelle de bons modèles; *avoir du chic* n'est donc pas une expression de blâme, ce n'est pas non plus une louange; cela veut dire tout simplement : il y a du bien dans cette manière, mais l'auteur qui a étudié de bonnes choses et qui s'en souvient doit recourir à la nature; il ne doit pas se contenter de faire toujours de mémoire. Le *chic* peut donc être considéré comme la *caricature du style* et du *caractère*; il peut être bon *d'avoir du chic*, puisque cela donne de la facilité pour faire vite, mais il ne faut pas s'y abandonner entièrement.

CHICAGO, importante ville de commerce de l'Union américaine du Nord dépendant de l'État Illinois et située sur le lac Michigan. En 1830 il n'en existait pas encore de traces, et jusqu'en 1833 on n'y vit qu'un fort. Cependant, dès 1840 on comptait à Chicago 12,000 âmes; et le recensement de 1850 y constatait déjà l'existence d'une population de 28,269 habitants. En 1849 la valeur de leurs propriétés territoriales était évaluée à 7 millions de dollars, et dès 1850 elle était montée à 10 millions. En peu d'années cette ville est devenue la plus importante de l'Illinois, et on peut hardiment prédire que dans dix ans d'ici elle sera devenue l'une des cités les plus grandes, les plus riches et les plus peuplées de toute l'Union.

Chicago, aussi pittoresquement que sainement située sur le lac, est en communication par des lignes de bateaux à vapeur et par des chemins de fer avec New-York et avec tous les points de débarquement par les lacs, et est reliée par un canal avec la rivière d'Illinois, de même qu'en communication non interrompue par eau avec Saint-Louis et avec la Nouvelle-Orléans. Un chemin de fer et la navigation à vapeur sur les lacs la relient également au Milvauke et au Wisconsin.

Plus du tiers des habitants de Chicago sont allemands. Le commerce y consiste surtout en produits de l'agriculture, qui y arrivent de l'intérieur de l'État par le fleuve Illinois, par le canal et en partie aussi par l'Achse. C'est en effet au sud de Chicago que sont situées les luxurieuses prairies et les riches fermes de l'État, tandis qu'on trouve à l'ouest de cette ville les célèbres et inépuisables mines de plomb de Galena.

CHICANE, se dit, par dénigrement, des procès en général, et accessoirement de l'abus qu'on fait des ressources et des formalités de la procédure. Il signifie aussi subtilité captieuse en matière de procès. « Les *gens de chicane* sont, dit l'Académie, les praticiens subalternes, comme huissiers, avoués, etc. » *Chicane* s'étend encore familièrement à toute objection sophistique, subtile, à toute contestation mal fondée. Une *chicanerie* est un tour de chicane. Le *chicaneur* est celui qui aime à chicaner, surtout en affaire; le *chicanier*, celui qui conteste, qui vétille sur les moindres choses. Les anciens, qui divinisaient ou personnifiaient tout, vertus, vices, passions, représentaient la *Chicane* sous les traits d'une vieille femme dévorant des sacs de papiers. C'est de cette figure allégorique que Boileau s'est emparé, dans *Le Lutrin*, quand il dit :

> Là, sur un tas poudreux de sacs et de pratique,
> Hurle tous les matins une sibylle étique;
> On l'appelle *Chicane*, et ce monstre odieux
> Jamais pour l'équité n'eut d'oreilles ni d'yeux.

On a prétendu que le mot *chicane* venait d'un mot grec, Σικανος, qui voulait dire *Sicilien*, lequel plus tard devint le synonyme de fourbe, trompeur, homme de mauvaise foi. Les Grecs, en général, étaient renommés chez les anciens par leur esprit de chicane; leur mauvaise foi était devenue proverbiale. Chez nous ils ont eu longtemps pour successeurs les Normands. La Normandie et le Dauphiné étaient autrefois les deux provinces de France les plus fertiles en mauvais plaideurs. Aussi disait-on communément : Le Normand *chicane* avec les hommes, et les casuistes *chicanent* avec Dieu.

On trouve dans les chroniques du palais des exemples fameux de cette manie de plaider pour des riens. On a souvent vu les frais d'un procès surpasser du centuple la somme en litige. Tel fut, par exemple, qui fut jugé à Paris, au sujet d'un claretée de foin évaluée à quinze livres six sous; la contestation existait entre un fermier et son propriétaire, tous deux Normands. Après les plaids, comme on disait alors, les incidents et les appels, les frais s'élevèrent des deux parts à six mille cinq cents livres. C'est à ce procès que Racine fait allusion dans sa comédie des *Plaideurs*, lorsqu'il fait dire à Chicaneau :

> Ordonné qu'il soit fait un rapport à la cour
> Du foin que peut manger une poule en un jour.

Un ancien proverbe disait : « Le Normand fait un procès quand on le regarde en face, quand on le regarde de travers, ou quand on ne le regarde pas du tout. »

Dans divers pays les plaideurs de mauvaise foi étaient condamnés à comparaître devant les magistrats, qui leur infligeaient une amende et les déclaraient infâmes. Dans d'autres, comme à Rome, ceux qui voulaient plaider étaient obligés de déposer une amende : celui qui perdait son procès encourait la confiscation de son amende au profit du fisc, et souvent il était condamné à payer l'équivalent de la dixième partie de l'objet litigieux. L'empereur Justinien, dans ses *Novelles*, introduit la formalité du serment, et ordonne que les parties en se présentant devant le juge affirmeront qu'elles sont de bonne foi dans leur demande. De là la coutume de faire prêter serment aux avocats.

CHICHE. Ce mot se prend dans deux acceptions différentes, au propre et au figuré, comme nom d'une famille de plantes légumineuses, désignée plus ordinairement sous le nom de *p o i s c h i c h e*, et comme qualificatif et synonyme d'*avare*. Dire laquelle a existé la première serait assez difficile. Ménage fait dériver l'acception figurée du mot *chicaner*, c'est-à-dire épargner les plus petites choses; Roquefort lui donne pour origine le mot *cicerum*, désignation latine de la membrane d'un grain de grenade. Mais pourquoi aller si loin lorsqu'on a tout près de soi le mot latin *cicer*, dont notre mot *chiche* est évidemment dérivé, et dont la double signification, entièrement identique à la nôtre, était déjà connue des anciens Romains, puisque Horace appelle *ciceris emptor*, non pas un marchand de pois, mais un débitant de bagatelles, de riens, de misères? Le grand orateur romain Marcus Tullius dut son surnom de *Cicéron* non pas à son amour pour ce maigre légume, que les Latins appelaient *cicer* et que nous avons nommé *pois chiche*, mais à une petite verrue qu'il avait sur le nez et qui ressemblait à un pois. Il est donc probable que le mot *chiche* aura existé d'abord comme désignation du légume, et qu'il aura été appliqué ensuite, par dérision, à ces avares qui, invitant à dîner des gens de bonne compagnie, se contentent de leur offrir pour tout régal un plat de *pois chiches*, traitement digne de figurer à côté du brouet noir des Spartiates.

CHICHESTER, chef-lieu du comté de Sussex, en Angleterre, est situé sur une hauteur dominant la rivière Lavant, et à peu de distance de la côte méridionale. Elle est entourée d'une muraille dont on attribue la construction aux Romains. On y trouve quatre grandes rues venant converger à son centre, une belle cathédrale, bâtie de 1108 à 1114, de style gothique et de 127 mètres de long, six autres églises, et 9,800 habitants, qui favorisés par le voisinage de Portsmouth, situé à 30 kilomètres de long, font quelque commerce, notamment en grains et sel. Cette ville est fort ancienne, et comme le témoignent les nombreuses antiquités qu'on y a découvertes, elle formait l'une des principales stations du territoire de *Regni*. A l'époque de Guillaume le Conquérant, on y transféra le siège épiscopal de Selsea.

CHICKASAWS, tribu d'Indiens de l'Amérique du Nord, jadis très-puissante et fixée aujourd'hui dans les États de Tennesée et de Mississipi. De bonne heure (1699) les Chickasaws montrèrent des dispositions bienveillantes à l'égard des Anglais qui descendaient vers eux des montagnes de la Caroline pour venir faire le commerce, tandis qu'ils nourrissaient une haine profonde pour les Français, qui remontaient le Mississipi et les traitaient avec hauteur. Des hostilités ouvertes éclatèrent en 1700 lorsque le baron d'Iberville, gouverneur français, eut fait construire un fort sur le territoire des Chickasaws et qu'à cette occasion il les chassa de cet établissement. Par contre, les Français avaient pour alliés une peuplade voisine, les *Choctaws*, tribu indienne hostile aux Anglais. Le fort en question était situé sur l'emplacement où s'élève aujourd'hui la ville de Natchez. Dans une nuit de novembre 1729, il fut assailli et surpris par les Chickasaws, qui massacrèrent toute la garnison, à l'exception des femmes et des enfants. Les Français et leurs alliés les Choctaws tirèrent une effroyable vengeance. Deux mois plus tard en effet ils scalpèrent soixante Chickasaws en une seule journée. Deux mois après ils avaient expulsé de son territoire la plus grande partie de la peuplade et l'avaient dispersée parmi les peuplades voisines. Le reste des Chickasaws fut transporté à Saint-Domingue, où on les vendit comme esclaves. Il n'y en eut qu'un très-petit nombre qui parvinrent à se réfugier sur la rive opposée du Mississipi ; et ils s'y établirent aux environs de la rivière Rouge, où l'on trouve encore aujourd'hui leurs débris. Les Choctaws, qui secondèrent les Français contre leurs propres frères, ne furent pas moins malheureux plus tard. Eux aussi, ils furent refoulés par les blancs sur l'autre rive du Mississipi ; et à la suite de luttes et de courses continuelles leur nombre s'est réduit à presque rien.

CHICORACÉES, famille de plantes dicotylédones monopétales synanthérées à corolle épigyne. Leurs fleurs sont en forme de languette et hermaphrodites, sans aigrette ou avec aigrette simple, plumeuse ou denticulée, le réceptacle nu ou garni de poils ou de paillettes. Les principaux genres que renferme cette famille sont : la *chicorée*, la *laitue*, le *salsifis* et le *pissenlit*. Le caractère général de ces plantes est un suc laiteux et amer, astringent et légèrement narcotique, propriétés que l'on remarque surtout dans les espèces sauvages. Le principe amer domine surtout dans la chicorée. Quelques auteurs font de cette famille une tribu de celle des synanthérées. Sous le rapport de la composition chimique, les plantes qui en font partie se rapprochent des campanulacées.

CHICORÉE (de κιχόριον, nom grec de la chicorée sauvage). Ce genre de plantes, type de la famille des chicoracées, intéresse d'une manière pressante l'horticulture, par la *petite chicorée verte*, les *endives*, les *scaroles* et la *barbe de capucin*, qui sont depuis longtemps, comme on sait, introduites dans l'usage général ; la grande culture, par la *chicorée à café* et la *chicorée à fourrage*; la médecine, par la *chicorée amère*. Le genre *chicorée* se compose de dix-huit à vingt sortes, qui se rapportent à des espèces primordiales ou types, qui sont : la *chicorée sauvage* (*cichorium intybus*), vivace et indigène, et la *chicorée endive* (*cichorium endivia*), annuelle et originaire des Indes.

La *petite chicorée sauvage* est de toutes les chicorées la plus voisine de l'état de nature, la première et la plus ancienne, celle qui reste avec constance dépositaire bienfaisante des qualités qui la font rechercher avec empressement, surtout au printemps, où elle fournit de très-bonnes salades vertes. On sème les graines de cette chicorée en toutes saisons, en toutes sortes de terres, où elle vient toujours ; il faut la couper souvent pour la manger plus tendre ou pour les emplois pharmaceutiques. Les amateurs de cette salade verte la sèment en hiver sous châssis pour n'en manquer jamais, et il s'en sème beaucoup de cette manière aux environs de Paris pour l'approvisionnement des marchés. La *chicorée barbe de capucin* n'est autre que la *chicorée sauvage* dont les racines ont été mises en automne dans une cave, où elles poussent de longues feuilles blanches et étiolées, connues sous le nom de *barbe de capucin*, feuilles qui ne sont blanches que parce qu'elles ont été privées de lumière. La *chicorée sauvage à larges feuilles* ne diffère de son premier type que par une plus grande largeur dans ses feuilles ; elle possède une *variété panachée*.

La *chicorée à grosses racines* ou *chicorée à café* est une conquête faite en Allemagne sur la chicorée sauvage ordinaire. Ses racines ont acquis, par la succession des cultures dans un sol approprié, un volume qui égale celui d'une moyenne carotte blanche. Recueillies en temps opportun et préparées avec les soins nécessaires, elles entrent dans le commerce sous le nom de *café de chicorée*, quoiqu'elles n'aient du café que l'amertume. Cependant quand elles ont été torréfiées et pulvérisées, elles sont accueillies dans les petits ménages, où le bas prix de cette poudre la fait mélanger au café. Beaucoup d'établissements publics se livrent à cette falsification, que réprouvent les véritables amateurs de café.

La *chicorée à fourrage* offre un fourrage de première importance. Cette plante s'élève à la hauteur de 0^m,60 à 1^m,60. Elle donne, selon la qualité de la terre, toujours trois, et souvent cinq à six coupes abondantes. Tous les animaux la mangent avec avidité, s'en nourrissent parfaitement. Elle réussit dans tous les sols. Sa graine se sème à la volée, au printemps et en automne, sur un simple labour, et on y passe ensuite un hersage.

La *chicorée endive*, qu'on appelle encore simplement *endive*, a plusieurs variétés, toutes cultivées dans le jardin potager, et employées en salade ou cuites sous diverses formes. On cultive l'*endive* dont les feuilles sont allongées et découpées, et qui a une saveur très-prononcée, dans presque tous les jardins, et particulièrement dans ceux des pays méridionaux. Cette plante est considérée comme le type de l'espèce; elle a produit les cinq variétés suivantes : 1° la *chicorée de Meaux*, plus grande, plus tendre, plus découpée, et d'un emploi plus général dans les potagers; 2° la *chicorée toujours blanche*, qui diffère de la précédente par sa blancheur et par une constitution délicate, qui la met sous la dépendance des intempéries et la rend sujette à la pourriture : cette variété a peu de saveur; 3° la *chicorée fine d'Italie*, moins grande que la chicorée de Meaux, plus courte, plus finement découpée, la plus généralement cultivée pour les salades; 4° la *chicorée célestine*, encore plus finement découpée que celle d'Italie, et employée comme elle en salade; 5° enfin, la *chicorée de la régence*, la plus petite de toutes, dont les feuilles sont si fines, si crépues et si déliées qu'on voit à peine leurs nervures. Cette dernière variété fait de jolies salades, des salades capillaires.

Les salades de chicorée, dont on ne mangeait autrefois qu'en automne et en hiver, paraissent actuellement sur nos tables dans toutes les saisons. On doit en semer les graines à diverses époques, soit sur couche, soit en pleine terre, selon le temps auquel on se propose d'en faire usage. Plus le sol du potager est bon, plus les arrosements seront donnés abondamment, plus ces salades seront blanches et tendres. Que ces salades soient semées en pleine terre ou sur couche, il faut toujours les replanter, les grosses variétés de 40 à 50 centimètres, et les petites de 27 à 32 centimètres de distance. Lorsque ces salades sont arrivées à peu près à leur grosseur, il faut les lier avec de petits liens de paille, afin d'obtenir plus de blancheur et de tendreté dans les feuilles. Ces chicorées ainsi liées restent sur pied pour servir à la consommation journalière, et au moment de l'approche des gelées on met celles qui restent dans la cave ou dans une serre à légumes, le pied dans le sable, où elles se conservent jusqu'au printemps.

Quant à la *chicorée scarole*, plusieurs pensent, et peut-être avec raison, qu'elle provient de la chicorée sauvage; cette opinion est fondée sur ce que la scarole n'a jamais les feuilles découpées; d'autres soutiennent que cette plante est une variété de l'endive (*cichorium endivia latifolia*). Aujourd'hui on possède dans les potagers : la *scarole commune*, à feuilles longues, vertes, étroites, qu'on cultive dans les pays méridionaux, et dont le mérite principal est d'être d'une culture très-facile; la *scarole de Hollande*, une fois plus volumineuse que la précédente; la *scarole hybride*, très-grosse, presque pommée, à feuilles blanches, la plus tendre, la meilleure et la plus recherchée. La scarole hybride a pour sous-variétés la *scarole ronde* et la *scarole blonde*, l'une et l'autre un peu moins grosses, mais qui l'égalent en qualité. Les scaroles se sèment et se cultivent comme les endives et se mangent comme elles en salades et cuites.

C. TOLLARD aîné.

CHICOT, gentil-homme gascon, bouffon de Henri IV, servit le prince avec beaucoup de zèle et de valeur, et se distingua par l'originalité de ses plaisanteries et le sel qu'il savait mettre dans ses avis qu'il ne ménageait pas aux courtisans ni même au prince. Ayant été maltraité par le duc de Mayenne, il chercha en plusieurs occasions à le tuer de ses mains, et s'exposa beaucoup pour exécuter ce projet. Il avait fait prisonnier, à la journée de Bures, en 1592, le comte de Chaligny; ce seigneur, irrité de la façon dont Chicot le traitait, lui fendit la tête d'un coup d'épée. Chicot en mourut quinze jours après. On raconte que sur son lit de mort il voulut tuer un curé fanatique, qui refusait de donner l'absolution à un soldat catholique qui servait dans l'armée de Henri.

CHICOT DU CANADA. *Voyez* BONDUC.

CHIEM (Lac de), en allemand *Chiemsee*, autrement dit mer de Bavière (*das bairische Meer*), la masse d'eau la plus considérable que l'on rencontre dans la Haute-Bavière, est situé entre l'Inn et la Salzbach. Il a près de deux myriamètres de longueur sur un et demi de largeur, et 160 mètres de profondeur. L'Achen, le Prien et la Roth y déversent leurs eaux, et il est la source de l'Alz, qui va se jeter dans l'Inn. On y trouve trois îles délicieuses, dont les deux plus grandes, *Herrenwœrth* et *Fauenwœrth*, sont ainsi dénommées à cause des couvents qu'on y avait construits, mais qui sont tombés depuis longtemps en ruines; tandis que la plus petite, appelée *Krautinsel*, était jadis le jardin potager du couvent de *Herrenwœrth*. Aujourd'hui ces îles, qui servent de but à de nombreux pèlerinages de la part des curieux, à cause de leur ravissante situation, sont couvertes d'auberges et de cabarets. Ce lac est très-poissonneux. La pêche constitue la principale industrie des habitants des îles ainsi que des riverains. Le sol qui l'entoure est aussi fertile que bien cultivé; les champs de blé, les vergers bien entretenus, et les vignes, que l'œil découvre de toutes parts, ajoutent aux charmes naturels du lac de Chiem.

CHIEN, genre de mammifères de l'ordre des carnassiers, de la famille des carnivores, et de la tribu des digitigrades, où il se distingue par les caractères suivants : Trois fausses molaires en haut, quatre en bas, deux dents tuberculeuses derrière chaque carnassière, la première tuberculeuse supérieure fort grande, la carnassière supérieure ne portant qu'un petit tubercule en dedans, mais l'inférieure ayant sa pointe postérieure tout à fait tuberculeuse; langue douce; cinq doigts aux pieds de devant, et seulement quatre aux pieds de derrière; ongles propres à fouir. Les animaux de ce genre se font encore remarquer par leurs narines entourées d'un mufle assez large, leurs oreilles grandes, pointues, mobiles et dirigées en avant, leur pelage généralement très-fourni et composé de deux sortes de poils, soyeux et laineux; ils ont aussi des moustaches, mais qui sont petites. Ils ont l'ouïe et surtout l'odorat d'une extrême subtilité; ils sont, d'ailleurs, loin d'être aussi essentiellement carnivores que les chats, et mêlent des végétaux à leur nourriture animale. Tous boivent en lapant. Leur voix est un hurlement ou un aboiement; ils la font surtout entendre lorsqu'ils chassent, et elle se modifie suivant les sentiments qu'ils éprouvent. La plante de leurs pieds est garnie de tubercules. Les mamelles sont généralement au nombre de six ou dix. Les femelles, dans l'état sauvage, éprouvent les besoins du rut en hiver, et la gestation dure de deux à trois mois, ou même trois mois et demi. La portée est de trois à six petits, qui naissent les yeux fermés, et qui n'arrivent à leur entier développement qu'après la deuxième année. La durée totale de leur vie est de quinze à vingt ans. Ce genre se divise naturellement en deux sous-genres, les *chiens* proprement dits et les *renards* (*canis vulpes*, Linn.).

Les *chiens* proprement dits ont la prunelle en forme de disque, et sont essentiellement des animaux diurnes. Leur vue est perçante, mais si nous avons dit plus haut de la finesse de l'ouïe et de l'odorat leur est particulièrement propre; mais leur goût et leur toucher sont beaucoup moins délicats; ils n'ont aucune répugnance pour la chair corrompue; leur pelage est assez grossier, et ils sont loin d'avoir la propreté des chats et même des renards. Ce sont en général des animaux de taille moyenne, dont les proportions annoncent la force et l'agilité; leurs membres sont très élevés, leur tête effilée, leur cou long et épais, leur poitrine large, leurs cuisses et leurs épaules charnues, leurs jambes tendineuses, leurs muscles fortement dessinés; cependant leur allure est indécise, ils ne portent pas la tête haute, leur regard manque de hardiesse; ils sont plus prudents que courageux, ou ne montrent du courage que lorsqu'ils sont pressés par la faim, ou animés d'un sentiment impérieux comme l'attachement que leur inspire leur maître. Parmi les espèces peu nombreuses de ce sous-genre, nous en ferons connaître une ici, le *chien domestique* (*canis familiaris*, Linn.), renvoyant le *loup* (*canis lupus*, Linn.) et le *chacal* (*canis aureus*, Linn.) à leurs articles spéciaux.

29.

Le *chien domestique* se distingue des autres espèces par sa queue recourbée, mais varie d'ailleurs à l'infini par la taille, la forme, la couleur et la qualité du poil. C'est la conquête la plus complète que l'homme ait jamais faite : l'espèce tout entière a passé sous son empire ; elle l'a suivi par toute la terre, et on ne la connaît nulle part à l'état de pure nature. Les chiens sauvages que l'on trouve dans plusieurs contrées ne sont que des races domestiques qui ont recouvré leur indépendance depuis un certain nombre de générations. Au milieu de toutes les variétés que présente cette espèce, il est bien difficile de remonter au type primitif ; toutefois, pour l'obtenir autant que possible, il a paru naturel de choisir la race la moins domestique de toutes, et c'est ce que Buffon avait cru faire en prenant le chien de berger. Mais depuis l'époque à laquelle écrivait ce grand naturaliste la zoologie s'est enrichie d'une variété du chien domestique qui vit presque entièrement libre : c'est le chien des habitants de la Nouvelle-Hollande. Les peuples de ces contrées, en effet, sont les moins avancés en civilisation de tous les sauvages ; ils savent à peine se vêtir et faire du feu, et leurs habitations diffèrent peu des abris que se construisent les grands singes, ou des tanières des ours. Cependant ils se sont associé une race de chiens ; mais cette race doit être, comme eux, bien près de l'état de pure nature. Aussi c'est en la prenant pour type fondamental, et en comparant avec elle les principales races de la même espèce, que F. Cuvier est arrivé à grouper ces races en trois familles, désignées chacune par le nom de sa race principale. La première de ces familles se compose des *mâtins*, la seconde des *épagneuls* et la troisième des *dogues*. Les principales races qu'elles renferment sont : pour la première ; le *mâtin ordinaire*, le *danois*, le *lévrier*, le *chien du mont Saint-Bernard*, le *chien de la Nouvelle-Hollande*, etc. ; pour la seconde, l'*épagneul français*, le *chien-loup*, le *barbet*, le *chien courant*, le *braque*, les *bassets*, le *chien de berger*, le *chien de Sibérie*, le *chien des Esquimaux*, le *chien de Terre-Neuve*, le *limier*, le *chien d'arrêt*, etc. ; et pour la troisième, les *dogues*, le *carlin*, le *boule-dogue*, le *roquet*, le *chien anglais*, le *chien turc*, etc. Nous parlons de ces races dans des articles particuliers. Elles produisent toutes par leur mélange des variétés innombrables, souvent désignées sous le nom commun de *chiens de rue*.   Dézeuil.

Le chien est peut-être de tous les animaux celui qui a le plus d'instinct, qui s'attache le plus à l'homme et qui se prête avec la plus grande docilité à tout ce qu'on exige de lui. Son naturel le porte à chasser les animaux sauvages, et il y a lieu de croire que si on l'avait laissé dans les forêts sans l'apprivoiser, ses mœurs ne seraient guère différentes de celles des loups et des renards, qui appartiennent au même genre que lui. Il y a une cinquantaine d'années les chiens errants devinrent si nombreux et comairent de tels ravages aux environs de Buénos-Ayres, qu'on dut faire sortir pour les combattre un régiment de la garnison, auquel resta le sobriquet de *mata-perros* (tueurs de chiens). Ils pullulent aussi beaucoup dans les rues de Constantinople, que leurs aboiements attristent toute la nuit ; mais ils y sont moins féroces et moins dangereux. Au contraire, en élevant le chien au milieu des hommes et en faisant un animal domestique, on l'a mis à portée de montrer toutes ses bonnes qualités. Celle que nous préférons le plus, parce que notre amour-propre en est le plus flatté, c'est sa fidélité à son maître : il le suit partout ; il le défend de toutes ses forces ; il le cherche opiniâtrement s'il l'a perdu, il n'abandonne pas ses traces qu'il ne l'ait retrouvé. On en voit se coucher sur son tombeau et s'y laisser mourir de faim. Il y aurait quantité de faits très-surprenants, et néanmoins très-avérés, à rapporter dans la fidélité des chiens. L'organe de l'odorat, qu'ils paraissent avoir plus fin, plus parfait qu'aucun autre animal, les sert merveilleusement à la recherche de leur maître ou des objets qui lui ont appartenu, leur en faisant connaître les traces dans un chemin plusieurs jours après qu'il y a passé, de même qu'ils distinguent celles d'un cerf malgré la légèreté et la rapidité de sa course, quelque part qu'il aille, à moins qu'il ne passe dans l'eau, ou qu'il ne saute d'un rocher à l'autre, comme il arrive à quelques-uns pour *rompre les chiens*.

L'homme a su admirablement profiter de cet instinct particulier, si developpé chez eux, qu'il prédomine tous les autres au point que certaines espèces paraissent n'avoir d'autre destination que la chasse, et que c'est pour elles plutôt encore un plaisir nécessaire qu'un besoin réel. Cependant les *chiens courants* ne sont chasseurs que pour eux, et l'éducation ne peut parvenir à leur apprendre qu'ils doivent respecter le gibier dont ils sont parvenus à se rendre maîtres. Lorsqu'ils sont lancés, ils n'ont pas plus tôt découvert la trace qu'ils en avertissent le chasseur par des cris répétés, indiquant la direction que suit la pièce attaquée, et à moins qu'ils ne soient déroutés par quelque ruse, ils la poursuivent sans relâche jusqu'à ce qu'elle soit forcée ; mais il faut que le chasseur soit là pour leur enlever la proie, qu'ils déchirent aussitôt à belles dents ; aussi ne se sert-on ordinairement de ces chiens que pour amener le gibier, sous le fusil du chasseur, à l'affût dans le passage qui lui semble le plus favorable. Le véritable chien de chasse, celui qui est susceptible d'une éducation complète, c'est le *chien couchant* ou *chien d'arrêt* : docile à la voix de son maître, il met toute sa jouissance à quêter et à surprendre le gibier, dont il ne cherche à s'emparer que pour le rapporter au chasseur, avec lequel il vit, pour ainsi dire, en société. Seul, il ne peut par ses ruses que découvrir la trace du gibier, et le suivre sans bruit, jusqu'à ce qu'il parvienne à s'en approcher assez pour exercer sur lui cette fascination qui constitue l'arrêt, chacun des deux ennemis n'osant faire le moindre mouvement, l'un craignant de manquer sa proie, l'autre épiant l'instant favorable pour s'échapper ; mais le chien sait que son maître, porteur d'une arme meurtrière, est là qui le suit, et qu'il ne s'agit que de maintenir l'arrêt assez de temps pour qu'il vienne tuer la pièce au départ. Alors se prépare pour le chien une nouvelle jouissance : il se saisit de la proie morte ou blessée, la rapporte triomphant en manifestant dans toutes ses allures l'excès de la joie la plus vive. C'est le résultat de l'éducation, car dans l'état de nature le chien couchant ne doit avoir d'autre instinct que de faire servir à ses propres besoins sa puissance. Les *braques* savent se rendre les plus utiles, surtout parce qu'ils sont infatigables ; cependant, on préfère quelquefois pour la chasse aux bois des *épagneuls*, couverts d'une fourrure à longs poils, mais ils sont assez mous de leur nature. Pour la chasse aux marais, où l'arrêt est moins nécessaire, on emploie les griffons, qui ne se rebutent jamais d'aller à l'eau.

Mais si l'odorat du chien est un don de la nature, il a d'autres qualités, qui semblent provenir de l'éducation, et qui prouvent combien il a d'instinct, même pour les choses qui paraissent hors de sa portée ; par exemple, de connaître à la façon dont on le regarde si on est irrité contre lui, et d'obéir au signal d'un simple coup d'œil, etc. Aussi l'homme non-seulement s'associe-t-il les chiens dans la poursuite des bêtes les plus féroces, mais encore les commet-il à la garde de sa propre personne. Enfin, l'instinct des chiens est si sûr qu'on leur confie la conduite et la garde de plusieurs autres animaux. Ils les maîtrisent comme si cet empire leur était dû, et ils les défendent avec une ardeur et un courage qui leur font affronter les bêtes les plus terribles.

L'homme a su tirer parti des qualités respectives de chaque variété de chien. Un emploi auquel on le dressait jadis, et que la civilisation a fait abandonner, était la chasse de l'homme lui-même. Autrefois on se servait de *limiers* en Europe pour traquer les malfaiteurs, en Amérique pour atteindre les nègres marrons. Un reste de mœurs romaines a fait conserver longtemps dans le midi de la France, ainsi qu'en Espagne, le goût de ces spectacles sanglants dans lesquels les anciens maîtres du monde déployaient tant de magnificence ; mais, faibles imitateurs de ce peuple-géant, au lieu de faire combattre des armées d'animaux féroces, les Provençaux et les Espagnols se contentent de voir un taureau assailli par des hommes et des chiens. Ce spectacle s'est conservé longtemps aux portes de Paris, à la barrière dite *du Combat*. C'était d'ordinaire un loup, un ours ou même un malheureux âne qu'on livrait à la férocité des dogues.

En France, et surtout en Hollande, on emploie quelquefois des chiens de forte race comme bêtes de trait. Cette sorte d'attelage est prohibée à Paris par la police. Au Kamschatka, au Groënland, on attelle des chiens, au nombre de cinq à six, et davantage, à de petits traîneaux d'osier, et ils font ainsi jusqu'à 100 kilomètres par jour sur la neige ou la glace. En d'autres pays, enfermés dans un cylindre, ils font tourner la broche en trottinant.

Utiles pendant leur vie, les chiens le sont après leur mort ; leur peau est employée à divers usages dans l'industrie ; et les Chinois, ainsi que les peuples de la mer du Sud et de la Nouvelle-Hollande, se nourrissent de leur chair avec bonheur. Pourquoi faut-il que ce précieux compagnon de l'homme soit sujet à une maladie qui jette partout l'épouvante, mal qu'il communique aux autres animaux et à l'homme lui-même (*voyez* HYDROPHOBIE) ?

Les Grecs et les Romains traitaient leurs chiens avec soin. Xénophon n'a pas dédaigné d'entrer dans quelques détails sur l'éducation de ces animaux. Les Grecs faisaient cas des chiens indiens, locriens et spartiates. Les Romains regardaient les molosses comme les plus hardis, les pannoniens, les bretons, les gaulois, les acarnaniens, etc., comme les plus vigoureux ; les crétois, les étoliens, les toscans, etc., comme les plus intelligents ; les belges, les sicambres comme les plus vites. Il est fait mention d'un peuple d'Éthiopie, gouverné par un chien, dont on étudiait l'aboiement et les mouvements dans les affaires graves. Saxon le grammairien rapporte qu'Olaüs, roi de Suède, après avoir subjugué la Norvège, la fit gouverner par son *chien*, auquel il donna le nom de Suening, forçant, par ignominie, les rebelles à rendre hommage à ce gouverneur de nouvelle espèce. Le chien de Xantippe, père de Périclès, fut un héros de sa race ; son maître s'étant embarqué sans lui pour Salamine, l'animal se précipita à l'eau, et suivit le vaisseau à la nage. C'est ici le lieu de rappeler aussi le trait d'Alcibiade et de son chien, dans lequel, il est vrai, ce dernier ne joue qu'un rôle passif. Alcibiade avait un chien d'une taille extraordinaire et d'une grande beauté, qu'il avait acheté 70 mines ; il lui fit couper la queue, qui était justement ce qu'il avait de plus beau. Ses amis lui ayant dit que tout le monde lui reprochait d'avoir mutilé un si magnifique animal : « Voilà précisément ce que je demande, reprit Alcibiade en riant ; je veux que les Athéniens s'entretiennent de cela, afin qu'ils ne parlent pas d'autre chose, et ne disent pas pis de moi. »

Sur les médailles, le chien symbolise ordinairement la fidélité. Il est sur une médaille d'Ulysse, parce qu'il le fit reconnaître à son retour à Ithaque. On le donne à Mercure à cause de sa vigilance et de son industrie à découvrir ce qu'il cherche. Diane a ses lévriers auprès d'elle. Quand le chien est auprès d'une coquille et le museau barbouillé, il marque la ville de Tyr, d'où le chien d'Hercule, ayant mangé du murex, revint le nez tout empourpré et fit connaître cette belle couleur. On immolait le chien à Hécate, à Mars et à Mercure. Il était en grande vénération en Égypte, et surtout dans la préfecture Cynopolitaine, qui en tirait son nom. Anubis s'y était adoré sous la forme d'un chien, tenant un sistre égyptien ou une palme d'une main et un caducée de l'autre, comme on le voit dans une médaille de Marc-Aurèle et de Faustine. Le respect pour les chiens paraît fondé sur ce qu'Osiris et Isis avaient un chien employé à leur garde. D'autres rapportent qu'après que Typhon eut assassiné Osiris, ce fut un chien qui garda le cadavre et qui conduisit Isis jusqu'au lieu où le meurtrier l'avait caché ; c'était pour faire passer à la postérité la mémoire de la fidélité de cet animal qu'aux cérémonies célébrées en l'honneur d'Isis, les chiens marchaient en tête. Lorsqu'un chien mourait dans quelque maison, tous les domestiques se faisaient raser et en marquaient leur deuil.

Les Romains, en revanche, avaient pris cet animal en aversion, depuis que les chiens auxquels était confiée la garde du Capitole, avaient failli le laisser surprendre par les Gaulois. Tous les ans ils avaient coutume d'en faire mettre un en croix, tandis qu'on promenait en triomphe par la ville une oie, que l'on plaçait dans une litière et que l'on entourait d'hommages, en mémoire du service que cet animal avait rendu aux Romains en suppléant à la surveillance fautive des chiens. Suivant Pyrard, les chiens au commencement du dix-septième siècle étaient en si grande abomination aux Maldives, que si quelqu'un de ces animaux venait à toucher un habitant, celui-ci allait sur-le-champ se baigner pour se purifier, tandis que Tavernier, vers la fin du même siècle, parle d'une peuplade indienne chez laquelle les chiens étaient en si grande vénération que les prêtres s'en servaient pour purifier les pénitents. Le chien dans l'Écriture, au contraire, est déclaré impur par la loi ; et il est fort méprisé parmi les Juifs. Ils n'ont rien de plus injurieux à dire que de comparer un homme à un chien mort. Saint Paul donne le nom de chiens aux faux apôtres, à cause de leur impudence et de leur avidité pour le gain sordide. Enfin, Salomon et saint Pierre comparent les pécheurs qui retombent toujours dans leurs crimes aux chiens qui retournent à leur vomissement. David compare aussi ses ennemis à des chiens, qui ne cessent d'aboyer contre lui par leurs médisances et de le mordre par leurs persécutions et leurs mauvais traitements.

On ne voit pas que les Hébreux se soient servis de chiens pour la chasse : le gibier qui aurait été tué par un chien aurait été souillé, et ils n'auraient pu en faire usage.

L'attachement que quelques personnes ont pour leurs chiens va jusqu'à la folie. On en a vu qui le poussaient jusqu'à les faire coucher dans leur lit et les faire manger avec eux. Henri III aima les chiens, dit-on, plus que son peuple. « Je me souviendrai toujours, dit Sully, de l'attirail bizarre où je trouvai ce prince un jour dans son cabinet. Il avait l'épée au côté, une cape sur les épaules, une petite toque sur la tête, un panier plein de petits chiens pendu à son cou par un large ruban ; et il se tenait si immobile qu'en nous parlant, il ne remua ni tête, ni pied, ni main. » Les musulmans ont dans leurs villes des hospices pour ces animaux. Des sectateurs de l'islamisme lèguent même des pensions aux leurs en mourant, et chargent des personnes de confiance d'exécuter à cet égard leurs intentions. Leibnitz a fait mention d'un chien qui parlait. Enfin un M. Freville a écrit, sous l'Empire, l'*Histoire des Chiens célèbres*, dans laquelle les hommes pourraient puiser des modèles de plus d'une vertu. Parmi une foule de traits tous plus intéressants les uns que les autres, nous ne rappellerons ici que celui qui a rapport au *chien de Montargis*, devenu si célèbre, et que Favin lit avoir vu, par ordre de Louis XII et en présence du roi et de toute sa cour, combattre le meurtrier de son maître et lui faire avouer son crime (*voyez* AUBRY DE MONTDIDIER).

Dans les *Nuits de Paris*, Rétif de la Bretonne raconte ainsi l'histoire d'un autre chien célèbre : « Je le rencontrai un soir comme il venait de dîner en ville, et nous fîmes route ensemble. *Luxembourg* n'est pas beau, mais il est philosophe ; c'est un mélange de mâtin et de caniche ; on ne sait ce qu'il était avant son installation au Luxembourg, dont il s'est emparé malgré la consigne. L'été, il couche dans le jardin; l'hiver, à la porte du café, où on lui fait un lit de paille. Jamais il ne sort à moins que sur une invitation en forme de quelque bipède de ses amis. C'est ainsi qu'hier M. Panckoucke lui a dit : « Luxembourg, veux-tu venir dîner chez moi? » Et le chien l'a suivi; après quoi, il est rentré au Luxembourg, où il siége définitivement, considéré de tous pour sa bonne conduite et son patriotisme. »

Ainsi chaque révolution en France a eu son chien illustre. En 1830 ce fut le chien des tombes patriotiques du Louvre, pour lequel Casimir Delavigne composa une ballade. En 1848 vint *Barricade*, le caniche basset de la garde mobile, caserné avec elle, aux Célestins, marchant au feu dans ses rangs et obtenant les honneurs du crayon, de la chronique et de la cantate. Vous parlerai-je du chien *Munito*, qui sous l'Empire et la Restauration défiait nos pères aux dominos, et n'avait besoin que d'un coup d'œil de son maître pour pousser à propos le double quatre ou le double six; du caniche du bonhomme Paccini, qui à la même époque jouait si bien le *chien de Montargis* dans le mélodrame de la Porte Saint-Martin ; plus près de nous, aux Variétés, *Émile*, chef-d'œuvre d'éducation, terre-neuve courtaud, velu, pataud, noirâtre, sautant, rapportant, sonnant la cloche pour le dîner, mangeant et buvant à table comme un vrai ministériel, etc., etc., et ce théâtre complet de chiens et de singes établi d'abord au jardin Turc, puis tout près de la place Saint-Sulpice, portant tous les costumes, jouant tous les rôles, recueillant tous les applaudissements? Mais qu'est-ce, en définitive, qu'un chien savant? La contre-partie d'un écolier qui vient de faire sa philosophie, un animal à qui on a ôté son instinct pour lui donner de la raison. D'abord il est généralement pelé et galeux. C'est le signe distinctif de la science chez tous les peuples de la terre, comme le fouet en est la clé. Là-dessus nous conseillerons aux hommes de jouer aux dominos et de briller sur un théâtre quelconque, si bon leur semble, et aux chiens de chasser la perdrix et de prendre des lièvres.

« Il semble, dit Voltaire, que la nature ait donné le chien à l'homme pour sa défense et pour son plaisir. C'est de tous les animaux le plus fidèle; c'est le meilleur ami qu'il puisse avoir. Ce qu'on raconte de la sagacité, de l'obéissance, de l'amitié, du courage de chiens, est prodigieux, et est vrai. Le philosophe militaire Ulloa nous assure que dans le Pérou les chiens espagnols reconnaissent les hommes de race indienne, les poursuivent et les déchirent; que les chiens péruviens en font autant des Espagnols. Ce fait semble prouver que l'une et l'autre espèce de chiens retiennent encore la haine qui leur fut inspirée du temps de la découverte, et que chaque race combat toujours pour ses maîtres avec le même attachement et la même valeur. Pourquoi donc le mot *chien* est-il devenu une injure? On dit par tendresse *mon moineau*, *ma colombe*, *ma poule*; on dit même *mon chat*, quoique cet animal soit traître, et quand on est fâché, on appelle les gens *chiens*. Les Turcs mêmes, sans être en colère, disent, par une horreur mêlée au mépris, les *chiens de chrétiens*. La populace anglaise, en voyant passer un homme qui a l'air d'être né vers les bords de la Seine et de la Loire, l'appelle communément *French dog* (chien de Français). Cette figure de rhétorique n'est pas polie, et paraît injuste. Le délicat Homère introduit d'abord le divin Achille disant au divin Agamemnon qu'il *est impudent comme un chien*. Cela pourrait justifier la populace anglaise. Les plus zélés partisans du chien doivent confesser que cet animal a de l'audace dans les yeux; que plusieurs sont hargneux; qu'ils mordent quelquefois des inconnus en les prenant pour des ennemis de leurs maîtres, comme des sentinelles tirent sur les passants qui approchent trop près de la contrescarpe. Ce sont là probablement les raisons qui ont rendu l'épithète de *chien* une injure; mais nous n'osons décider. Pourquoi le chien a-t-il été adoré ou révéré (comme on voudra) chez les Égyptiens? C'est, dit-on, que le chien avertit l'homme. Plutarque nous apprend qu'après que Cambyse eut tué leur bœuf Apis et l'eut fait mettre à la broche, aucun animal n'osa manger les restes des convives, tant était profond le respect pour Apis; mais le chien ne fut pas si scrupuleux : il avala du dieu. Les Égyptiens furent scandalisés, comme on peut le croire, et Anubis perdit beaucoup de son crédit. Le chien conserva pourtant l'honneur d'être toujours dans le ciel sous le nom du *grand* et du *petit chien*, comme il est dans les enfers sous le nom de *Cerbère*. »

Voyez le chien du douanier à la frontière! comme il flaire la contrebande et le contrebandier! Et le chien du contrebandier donc! comme il flaire l'habit vert et la douane! Et le chien du régiment! comme tous ces hommes sont ses frères, comme il mange, dort et manœuvre avec eux! Et le chien du Saint-Bernard! comme sur les pas des bons religieux il va, la nuit, dans les ténèbres, au milieu des avalanches, parmi les crevasses de la montagne, porter secours au voyageur égaré! Et le Terre-Neuve donc! comme son instinct de sauvetage le précipite à la rencontre du naufragé qui lutte contre les flots! Oui, l'homme en péril sur terre, sur mer, au milieu des neiges, partout, trouvera, à défaut d'un homme, qui souvent l'abandonne, un chien, son meilleur ami, qui ne l'abandonnera jamais. Et cependant le pouvoir entretient des hôpitaux pour les hommes et il n'en a pas pour les chiens. Il faut qu'ils aient un maître compatissant qui paye pour eux, s'ils veulent y être admis. Sous prétexte de rage possible, le préfet de police, après avoir chaque été couvert les murs de la capitale de magnifiques ordonnances qu'ils ne lisent pas, sème les pavés de boulettes canicides qu'ils avalent fort bien pour peu que leurs maîtres négligent de les pourvoir de muselières fort gênantes. On a voulu faire pis encore, tant l'homme est ingrat : dans les dernières années du règne de Louis-Philippe et durant la dernière république, il s'est trouvé un échevin de Versailles qui n'a pas rougi de proposer à la chambre des députés et à l'Assemblée nationale de soumettre à l'impôt, comme les hommes, tous les chiens, à l'exception de ceux du berger et de l'aveugle. Pour l'honneur de la France, le bon sens législatif a heureusement fait justice de cette proposition incongrue.

Réparons ici une grave omission dont nous nous sommes rendu coupable à l'article Chat. Voltaire, avec sa perspicacité ordinaire, remarque que cet animal domestique n'a pu obtenir la plus petite place aux cieux, tandis qu'on y trouve des chèvres, des écrevisses, des taureaux, des béliers, des aigles, des lions, des poissons, des lièvres et des *chiens*.

Mais si l'homme a donné place au chien dans le ciel, il s'est bien gardé de lui offrir toujours dans son affection sur la terre celle à laquelle il a, de l'avis général, des droits incontestables. Loin de là, malgré la loi récente qui protège les animaux, il le frappe, il le maltraite, sans raison ni justice. Si l'on veut juger enfin de sa reconnaissance envers ce pauvre animal, on n'a qu'à consulter la série des proverbes dans lesquels il a fait entrer son nom, pour voir le rôle qu'il lui réserve. On dirait qu'il s'est plu à lui prêter tous les vices et tous les torts du monde. Tantôt il le fait le type de la méchanceté : une personne querelleuse et brutale devient un *chien hargneux*, qui a toujours *l'oreille déchirée*; tantôt il en fait l'emblème de la bassesse : une personne qui en flatte une autre pour en obtenir quelque chose est accusée de faire le *chien couchant*; tantôt il lui prête le vice odieux de l'envie, en disant de quelqu'un qui ne veut laisser profiter personne d'une chose qui ne lui sert à rien, qu'il est *comme le chien du jardinier, qui ne mange point de choux et qui ne veut pas que les autres en mangent*; tantôt, enfin, il va jusqu'à mettre en doute sa fidélité, en disant de ceux qui se laissent aisément gagner par des présents, qu'il suffit de *jeter un os à un chien pour le faire taire*. Veut-on parler d'un importun, *il vient* là, dit-on, *comme un chien dans un jeu de quilles.* S'agit-il d'un homme sans courage, criant de loin à plus fort que soi, il ressemblera sur-le-champ à *un chien qui aboie à la lune.* Enfin, veut-on afficher son mépris pour quelque objet que ce soit, on a coutume de dire *qu'il n'est pas bon à jeter aux chiens.* Celui qui le premier a dit : *quand on veut noyer son chien, on l'accuse de la rage,* faisait sans doute allusion à cette conduite de l'homme qui suppose tous les torts à son *chien* pour motiver les mauvais traitements dont il l'accable. Aussi a-t-on coutume de dire que les *coups de bâton sont pour les chiens,* et a-t-on l'occasion de vérifier chaque jour la vérité de ces proverbes et façons de parler proverbiales : *Jamais bon chien n'a rongé bon os,* un *métier de chien,* un *chien de repas,* une *chienne de musique, être là comme un chien à l'attache ; battre, traiter quelqu'un comme un chien ; faire un temps à ne pas mettre un chien dehors; mener une vie de chien, vivre comme un chien, ne pas valoir les quatre fers d'un chien,* etc., etc. A côté de ces expressions et de beaucoup d'autres encore que nous pourrions citer, où le nom du *chien* est toujours employé en mauvaise part, à peine en trouve-t-on une dont l'acception lui soit favorable; c'est celle qui dit que *bon chien chasse de race,* et probablement elle doit naissance à un de ces moments où l'homme devient prodigue de flatteries et de caresses même envers son *chien,* quand il a besoin de lui.

Parmi quelques autres façons de parler proverbiales où se retrouve encore le mot *chien,* nous citerons les suivantes, comme les plus usitées : on dit d'un avare : *il n'attache pas ses chiens avec des saucisses,* et de deux personnes dont l'une a coutume de suivre partout l'autre comme son ombre : *c'est saint Roch et son chien. Qui aime Bertrand aime son chien,* indique que celui qui fait la cour à quelqu'un doit le faire aussi à tout ce qui l'entoure. On dit de ceux qui ont coutume de crier et de s'épuiser en vaines menaces, sans jamais en venir à l'exécution : *Chien qui aboie ne mord pas. Rompre les chiens,* expression empruntée à la chasse, signifie, au figuré, détourner que qu'un d'une action ou d'un discours dont on craint les suites. *Jeter sa langue aux chiens,* c'est renoncer à deviner quelque chose. Les étymologistes se sont cassé la tête à deviner l'origine de ce dicton. On dit encore : *entre chien et loup,* pour désigner le crépuscule ou la nuit tombante, c'est-à-dire le moment où les objets ne sont pas assez distincts pour que l'on puisse être sûr de ne pas prendre un loup pour un chien ou un chien pour un loup. Enfin, on dit d'un homme peu complaisant, peu serviable, qui ne fait rien de ce qu'on désire ou de ce qu'on attend de lui, *qu'il est comme le chien de Jean de Nivelle, qui s'enfuit quand on l'appelle,* allusion à Jean de Nivelle, fils du duc de Montmorency, qui, ayant osé porter la main sur son père et étant cité pour ce fait devant le parlement, passa en Flandre, où étaient les biens de sa femme, sans répondre aux sommations qui pleuvaient sur lui. Ce nom de Montmorency nous remet en mémoire *l'ordre du Chien,* institué par Bouchart IV de Montmorency, qui, après avoir été vaincu en 1104, par Louis, fils de Philippe Ier, depuis Louis le Gros, vint à Paris suivi d'un grand nombre de chevaliers portant tous un collier fait en façon de tête de cerf, avec une médaille où l'on voyait gravé un *chien,* apparemment comme symbole de la fidélité qu'ils voulaient désormais garder au roi. De là ils furent appelés *les chevaliers du Chien.* Cet ordre dura peu ; mais la famille de Montmorency continua à porter un chien pour cimier dans ses armes. Généralement le chien est mieux vu dans le blason que dans les façons de parler proverbiales, ce qui fait moins l'éloge du peuple que celui de la noblesse.

CHIEN (*Astronomie*). Le firmament compte trois constellations de ce nom, deux au sud et connues de l'antiquité, et une nouvelle au nord. On les nomme : le *grand chien,* le *petit chien,* et les *chiens de chasse.* Ces deux premiers astérismes font partie des 48 formulés par Ptolémée. Le troisième, déterminé depuis par Hévélius, est indiqué dans son *Firmamentum sobiescianum.*

La première de ces trois constellations, le *grand chien,* est dans le catalogue britannique composée de 31 étoiles, dont une de première grandeur mériterait, comme la lune, d'être nommée la reine du ciel, tant elle est belle, large, blanche et éclatante ; elle était célèbre chez les anciens sous l'appellation de *Sirius.*

Le *petit chien* est une constellation composée de 14 étoiles, dont une, de première grandeur, fut appelée *Procyon* (avant chien) par les Grecs. Cet astérisme est au nord de Sirius, et, comme lui, brille au sud du ciel.

Les *chiens de chasse* ou *lévriers* forment une constellation introduite en cette partie du ciel qui est entre l'Ourse et le Bouvier, où des étoiles informes et d'une morne lumière qui s'y entrevoient Hévélius forma onze constellations nouvelles. Il formula celle dont il est ici question en un groupe de 23 étoiles, dont deux étaient connues des anciens ; elles sont sous la queue de la grande Ourse. Une des étoiles de cet astérisme est de seconde grandeur ; Halley la nomma le *cœur de Charles II,* hommage dû à ce roi, ami des sciences, et qui venait de doter l'Angleterre d'un observatoire. Le catalogue britannique donne à ce dernier astérisme 24 étoiles.
DENNE-BARON.

CHIEN (Grotte du). *Voyez* GROTTE DU CHIEN.
CHIEN DE MER. *Voyez* SQUALE.
CHIENDENT. Le chiendent (*triticum repens,* Linné) appartient à la famille des graminées, et même est placé au rang des froments. L'existence de ce gramen est tellement funeste pour plusieurs autres plantes utiles qu'il semble déshonorer sa race. Son nom dérive, selon l'opinion vulgaire, de ce que les chiens le mangent afin de se faire vomir. La tige de cette plante s'élève à un mètre et plus ; elle porte des feuilles longues et étroites, et se termine par un épi simple et grêle. Les racines, qui causent tant de dommage dans les champs et dans les jardins, sont des filets noueux qui perforent la terre par des extrémités blanches et aiguës. Ces racines finissent par envahir tout le terrain si on ne les extirpe point; formant une sorte de feutre par leur entrecroisement, elles font mourir ou languir les autres plantes qui n'ont point de racines très-fortes, ou qui ne couvrent pas le sol par de larges feuilles. On ne voit que trop le chiendent envahir ainsi les potagers, les parterres, les prairies artificielles, si on ne lui fait une guerre d'extermination. Malheureusement ses racines sont douées d'une ténacité de vie qui est désespérante ; hydre, ou moins polype parmi les végétaux, un seul tronçon suffit pour en reproduire un vaste réseau, et c'est bien à ce sujet qu'on peut dire : *mauvaise herbe croît toujours.*

La racine de chiendent, dépouillée d'une pellicule qui la couvre, séparée des fibres qui partent de ses nœuds, c'est-à-dire *mondée,* sert à composer, avec la racine de réglisse, la tisane populaire qu'on administre au début de toutes les maladies. Nous convenons que sous ce rapport le chiendent est utile, et nous nous garderons bien de médire de la tisane dont il est la base. Aux qualités qu'elle possède d'être rafraîchissante et émolliente, elle joint encore celle de ne pouvoir faire de mal si elle ne fait pas de bien. On présente encore le chiendent comme propre à fournir une gelée saine et de bon goût en rapprochant leur forte décoction de ses racines, qui contiennent du sucre et de l'amidon. Cette annonce paraît plausible au premier aperçu, mais elle repose peut-être sur des raisons plutôt spéculatives qu'expérimentales. En somme, nous ne reconnaissons dans le chiendent aucune qualité propre à pallier les torts qu'il cause à la culture des terres, et nous dirions que s'il n'existait point il ne faudrait pas l'inventer, sans la crainte de raisonner comme le paysan qui se permettait de censurer l'œuvre de la création devant son curé.
Dr CHARBONNIER.

CHIENDENT AQUATIQUE, nom vulgaire de la *festuca fluitans*. Voyez FÉTUQUE.

CHIENDENT PIED DE POULE, nom vulgaire du *panicum dactylon* de Linné. Voyez PANIC.

CHIEN VOLANT, nom vulgaire de la roussette commune.

CHIERI ou **QUIERS**, ville fort ancienne de la province de Turin (royaume de Sardaigne), dont il est souvent fait mention dans l'histoire, située à peu de distance de Turin, est le siége d'un commandant militaire et d'une cour de justice, et, en y comprenant les communes de Maria della Scala et de San-Giorgio, qui en dépendent, compte une population de 14,000 âmes. Elle est entourée de trois côtés par de fertiles collines, sur lesquelles s'élevaient encore au moyen âge un grand nombre de petites villes et de châteaux. Un bras du Tepice partage Chieri en deux parties. La rue principale, qui décrit presque une ligne droite, a un demi-mille de long. Cette ville est très-riche en églises, dont quelques-unes bâties avec une grande magnificence, en couvents, en institutions de bienfaisance et en établissements d'instruction publique. Depuis 1813 elle possède une nouvelle salle de spectacle, et elle renferme, ainsi que sa banlieue, d'importantes manufactures de toiles et de cotonnades.

A l'époque des Romains cette ville s'appelait *Carea*. Au neuvième et au dixième siècle elle obéissait à un évêque. Mais au onzième siècle elle réussit à se constituer en république indépendante. Attaquée en 1155 par Frédéric Barberousse, elle fut alors soumise de nouveau à la souveraineté ecclésiastique. Dans les siècles suivants, elle changea fréquemment de domination, et se trouva mêlée à de nombreuses guerres (*voyez* BALBES). En 1562 les Français la dévastèrent presque complètement. Emmanuel-Philibert, duc de Savoie, la soumit définitivement à sa maison, et Victor-Emmanuel Ier l'érigea en principauté.

CHIETI ou *Civita di Chieti*. Cette charmante petite ville, chef-lieu de la province de l'Abruzze citérieure (royaume de Naples), est aussi bien située que bien bâtie, à peu de distance du Pescaro, sur une élévation d'où l'on jouit d'un point de vue admirable sur l'Adriatique, qui n'en est éloignée que d'environ 15 kilomètres. Elle est le siége d'un archevêché et d'une cour de justice supérieure; on y compte sept églises, qui n'ont d'ailleurs rien de remarquable, et elle a un collége et un séminaire. La population, dont l'industrie principale consiste dans la fabrication des draps, le commerce et la culture de l'olivier, de la vigne, des céréales et de la soie, s'élève à environ 15,000 âmes. Dans l'antiquité, le nom de Chieti était *Theate Marrucinorum*, et c'était l'une des plus importantes cités de cette tribu sabine. Elle fit ensuite partie de la ligue des Samnites contre les Romains, qui s'en rendirent maîtres en l'an 305 av. J.-C. Après la dissolution de l'empire romain, elle obéit d'abord aux Goths et ensuite aux Lombards. Détruite de fond en comble par Pepin le Bref, elle fut rebâtie par les Normands. En 1524, saint Gaetano de Thiene ou Théate y fonda l'ordre des *Théatins*.

CHIÈVRES (GUILLAUME DE CROY, seigneur DE), né en 1458, était le troisième fils de Philippe Ier de Croy et de Jacqueline de Luxembourg. Après avoir servi dans les guerres d'Italie sous Charles VIII et Louis XII, il fut nommé commandant du Hainaut autrichien par l'archiduc Philippe, et passa en Espagne, où il fut fait gouverneur et tuteur du jeune Charles d'Autriche, depuis empereur sous le nom de Charles-Quint. Ce prince, à son avénement, le nomma premier ministre. Dans ce poste suprême Chièvres encourut la haine de l'Espagne en lui faisant le trafic éhonté qu'il fit de toutes les charges de la monarchie et par sa prédilection pour la Flandre, où, disait-on, il avait fait passer un million d'écus. Une révolte éclata à Valladolid, causée par les déprédations du favori; mais Charles-Quint l'apaisa par sa présence d'esprit et sa fermeté. Chièvres le suivit en Allemagne, lorsqu'il alla se faire couronner empereur. Il mourut à Worms, en 1521, de poison, à ce que l'on prétend. Le duc d'Arschot, son neveu, lui succéda dans sa charge et dans la faveur de Charles-Quint.

CHIFFA (La), un des principaux cours d'eau qui traversent le territoire d'Alger, prend sa source dans le petit Atlas, entre le mont Mouzaïa et le mont Dakla, et descend du sud au nord, en laissant sur la droite ces montagnes habitées par la tribu des Béni-Salah. En sortant de l'Atlas, la Chiffa reçoit l'*Ampsaga* des anciens, l'Oued-el-Kebir, qui vient de la gorge de Blidah, par un ravin très-large et très-profond. En traversant la plaine de la Métidjah, elle suit de nombreuses sinuosités vers le nord, roulant précipitamment ses flots limpides sur un fond de sable fin. Elle va ensuite baigner cette partie des collines du Sahel où a été construite la ville de Coléah. Arrivée au pied du Sahel, elle reçoit l'Oued-Jer, et formant, après cette réunion, le nom de Mazafran. Son cours, encaissé dans des berges très-élevées, dévie alors de sa route primitive, et se dirige au nord-est jusqu'à ce que, recevant l'Oued-Bouffarik, son affluent de droite, elle rencontre de front le massif d'Alger, tourne vers le nord-nord-ouest, perce les collines du Sahel par une gorge très-resserrée, et se jette enfin dans la mer, à 8,000 mètres de Sidi-Feroudj.

Ce fut le gouverneur général comte de Damrémont qui reconnut le premier le cours de la Chiffa. Le 27 avril 1837 un corps d'armée de 7,000 hommes, réunis au camp de Bouffarik, se mit en route dans la direction de Blidah, et remonta le fleuve jusqu'au Mouzaïa. Les Isser et les Amraoua reçurent, par la même occasion, dans leurs montagnes, jusque là inaccessibles, le châtiment sévère dû à leurs brigandages. On chassa les Hadjoutes au loin, et l'on reçut la soumission des tribus campées sur les rives du fleuve. Deux années plus tard, le 31 décembre 1839, nos troupes remportèrent un succès important entre le camp supérieur de Blidah et la Chiffa, contre les forces réunies des khalifats de Médéah, de Milianah et des troupes de l'émir (*voyez* ALGÉRIE [Tome Ier, page 323]).

CHIFFON, vieille nippe, haillon, guenille, lambeau d'étoffe et de linge. Ce mot dérive de *chiffe*, dont il est synonyme, et tous deux sont des termes de mépris dont on se sert pour désigner des choses de nulle valeur; on dit d'une mauvaise étoffe : *ce n'est que de la chiffe*; et de la vente d'une garde-robe mesquine : *il n'y avait que des chiffons*. Le mot *chiffe* s'appliquait particulièrement autrefois aux vieux morceaux de toile de chanvre, de lin ou de coton qui servent à la fabrication du papier; mais *chiffon*, employé aussi dans le même sens, a prévalu également dans plusieurs autres. Par une sorte d'ironie, les dames donnent elles-mêmes le nom de *chiffons* à ces milles rienss, rubans, dentelles, etc., dont l'emploi est d'une si grande importance dans leur toilette. Cependant ce serait une grossière injure que de dire à l'une d'elles qu'elle n'est vêtue que de chiffons, car ce mot désigne aussi des habits et du linge fripés, bouchonnés, en désordre, froissés; une étoffe trop mince, un linge trop fin deviennent *chiffons* dès qu'on les a portés deux fois. On trouve ce mot avec cette acception dans notre vieux satirique Regnier :

Du blanc, un peu de rouge, un *chiffon* de rabat.

Chiffon se dit également des papiers déchirés, des feuilles volantes, et par suite des petits billets, des écrits légers et sans importance, des mémoires et des manuscrits informes : *il m'a écrit sur un chiffon de papier*; *cet auteur n'a laissé que des chiffons*.

En termes de jardinage, on nomme *chiffons* et *chiffonnes* le bois de mauvaise venue, les branches parasites qui dégradent la forme d'un arbre, et qui en épuisent la substance. Il faut retrancher le *bois chiffon*, les branches *chiffonnes*.

Le verbe *chiffonner*, dérivé de *chiffon*, s'emploie en divers sens, tant au propre qu'au figuré. On dit *chiffonner* un habit, une robe, un mouchoir, pour *friper*, *froisser*, déranger. On appelle *minois chiffonné* une jeune personne qui sans être jolie, sans avoir des traits réguliers, plait par une physionomie piquante, ordinairement accompagnée d'un nez retroussé. *Chiffonner* signifie encore inquiéter, chagriner, faire de la peine, contrarier, mettre de mauvaise humeur; on dit : *Cela me chiffonne*, pour cela me déplaît. Boursault, dans sa comédie du *Mercure galant*, s'est servi de cette expression :

M'interrompre à tout coup, c'est me *chiffonner* l'âme.

H. Audiffret.

CHIFFONNIER, CHIFFONNIÈRE. Ces mots, dérivés de *chiffon*, s'appliquent aux choses comme aux hommes. On appelle *chiffonnier* un grand meuble plus ou moins riche, à plusieurs tiroirs, dans lesquels on serre des habits, des robes, du linge de corps. Il est ordinairement aussi large qu'une commode, mais deux fois plus élevé. La *chiffonnière* est un autre meuble beaucoup plus petit à l'usage des dames, pour y serrer de petits chiffons.

On a donné le nom de *chiffonnier* et de *chiffonnière* aux hommes et aux femmes qui, faisant métier de parcourir les rues, y ramassent des haillons et de mauvais chiffons pour faire du papier, des morceaux de papier pour faire du carton, des os que l'on transforme en noir animal, du verre cassé que l'on refond, des chats et des chiens morts dont ils vendent la peau, et généralement tout ce qu'ils rencontrent dans les tas d'ordures, pour peu qu'on puisse en tirer quelque parti. Cette classe est une des dernières de la société, moins par son industrie dégoûtante que par son immoralité. Aussi les anciennes ordonnances de police enjoignaient aux chiffonniers des deux sexes de ne vaguer dans les rues de Paris que le jour, afin de n'être pas soupçonnés d'avoir pris part aux vols nocturnes des auvents, grilles, enseignes, et favorisé l'ouverture des boutiques, salles et cuisines des rez-de-chaussée. Ces ordonnances tombées en désuétude ont plusieurs fois été renouvelées, et pourtant c'est principalement la nuit que les chiffonniers exercent leur profession. Le dos chargé d'une grande hotte, portant de la main gauche une lanterne ronde suspendue, et la droite armée d'un croc, ils s'en servent pour découvrir dans la fange et dans les ordures non-seulement les vils objets de leur commerce spécial, mais encore des morceaux de métaux et quelquefois des pièces d'argenterie ou des bijoux perdus ou jetés par inadvertance. Les ordonnances de police leur enjoignent de se pourvoir d'une plaque numérotée, qu'ils doivent porter à leur mannequin, et leur interdisent de circuler dans les rues de minuit à cinq heures du matin; aussi passent-ils en général le temps dans quelques cloaques, d'où ils reprennent le chemin de leur domicile. Quelques-uns ont des rues et des maisons attitrées, et dès le matin on les rencontre sur la voie publique, s'érigeant en maîtres souverains de leurs tas d'ordures : alors, nouveaux Lazares, ils attendent les miettes de la table des riches; mais ce n'est pas toujours des hôtels que leur viennent le plus de ces *reliefs d'ortolans* disputés aux chiens et aux rats, dont on fait des *arlequins*. Plusieurs fois la police a rêvé de proscrire l'établissement des tas d'ordures dans la rue; des tombereaux devaient recevoir les résidus de ménage des mains des locataires de chaque maison. Elle a toujours reculé devant ce projet, qui compromettrait l'existence des chiffonniers.

Si la classe des chiffonniers était épurée, on pourrait l'utiliser à peu de frais pour la sûreté des villes pendant la nuit, comme les *cloperman* de Hollande. Mais, loin de là, il semble que la police ait pris à tâche de les avilir et de les démoraliser. On se rappelle qu'en 1826 l'administration Delavau les chargea d'assommer dans les rues, non pas les chiens enragés ou errants, mais ceux qui attelés à des petites charrettes remplies de légumes et de fruits, soulageaient leurs maîtres et leur épargnaient les frais d'un cheval ou d'une bourrique. Les chiffonniers s'acquittèrent de cette honorable mission avec une férocité révoltante, qui fut sans doute bien récompensée; mais qu'en est-il résulté? En 1832, lors de l'invasion du choléra, ils jouèrent le premier rôle dans les assassinats des prétendus empoisonneurs et dans la destruction des nouveaux tombereaux de répurgation, qui suivant eux nuisaient à leur commerce et leur coupaient les vivres, en enlevant trop matin les immondices des rues. Le chiffonnier se charge aussi quelquefois de l'exécution des chiens et des chats, car, indépendamment de la peau, les chiffonniers savent, dit-on, tirer parti de la chair de ces animaux. On prétend même que quelques-uns sont commissionnés pour la destruction des animaux errants. Chez lui, quand il a un domicile, le chiffonnier vit content au milieu de ses ordures. Il achète peu de vêtements : s'il ne va pas tout nu, c'est que cela n'est pas permis; mais la charité doit le couvrir : autrement tant pis pour la pudeur. Un peu d'eau-de-vie, trop souvent poivrée, suffit généralement à sa nourriture, à son chauffage et à sa consolation. Ordinairement il fait chaque jour argent de sa trouvaille quotidienne : un *maître chiffonnier* lui achète en détail sa hottée pour la revendre en gros aux industriels qui mettent en œuvre ces divers détritus. Avec sa petite recette il paye un gîte où la vermine lui dispute la botte de paille qu'il partage avec ses semblables des deux sexes. Et pourtant on cite des chiffonniers morts riches, possédant même des maisons! Mais les tribunaux se sont montrés bien sévères en les punissant lorsqu'il leur arrive d'oublier de rendre les objets d'une certaine valeur qu'ils trouvent.

Il serait sans doute difficile de trouver parmi les chiffonniers le type qui a servi à un drame de M. Félix Pyat. Ne les méprisons point cependant, car nous leur devons la conservation des chiffons, matière première du papier, qui perpétue les productions du génie et de l'esprit. Les meilleurs profits de ce métier dépendent donc de la liberté de la presse : c'est ce que notre spirituel collaborateur M. Viennet a pris soin de rappeler aux chiffonniers dans une Épitre célèbre qu'il leur adressait en 1827.

CHIFFRES, caractères dont on se sert pour représenter les nombres. Nos dix chiffres, 1, 2, 3, 4, 5, 6, 7, 8, 9, 0, outre leur valeur absolue, ayant une valeur de position (*voyez* Numération), suffisent pour écrire tous les nombres imaginables. Leur forme a subi de nombreuses variations avant d'arriver à celle que nous avons adoptée. Montucla indique cinq manières différentes de les représenter, empruntées au moine grec Planude (treizième siècle), au poëte arabe Al-Séphiadi, à Sacro-Bosco, à Roger Bacon et aux Indiens modernes. Dans le même tableau, il donne aussi sous l'appellation de *notes de Boëce* des caractères tirés d'un passage de cet auteur, mais qu'il semble considérer plutôt comme des espèces de notes tironiennes. De ces diverses manières d'écrire les neuf premiers nombres, celles qui se rapprochent le plus de la nôtre sont tirées de Sacro-Bosco et de Roger Bacon. Tels qu'ils sont, nos chiffres usuels portent le nom de *chiffres arabes*, sans égard pour leur figure et pour l'origine de l'échelle arithmétique à laquelle ils appartiennent; car, quoique les Arabes possèdent un système de numération identique au nôtre, leurs auteurs reconnaissent qu'ils l'ont emprunté aux Hindous, vers le dixième siècle de notre ère. Mais si l'on est d'accord aujourd'hui sur ce point, il n'en est pas de même sur d'autres, non moins importants pour l'histoire de l'arithmétique. Ainsi, les uns admettent que notre système de numération fut importé en France par Gerbert, qui le tenait des Sarrasins d'Espagne. D'autres, parmi lesquels on distingue M. Libri, veulent que nous le tenions de l'Italie, où il aurait été répandu par Léonard de Pise revenant d'Afrique, en 1202. D'après une troisième opinion, appuyée par Isaac Vossius, Huet, Ward, etc., et habilement soutenue par M. Chasles, qui lui donne une nouvelle autorité, nos chiffres nous viendraient des pythagoriciens, et auraient une origine purement occidentale.

Cependant on trouve chez les Grecs et les Romains des systèmes de numération qui diffèrent essentiellement du nôtre. Les chiffres romains, I, V, X, L, C, D, M, représentant respectivement 1, 5, 10, 50, 100, 500, 1000, n'ont pas de valeur de position. Pour composer un nombre, on les écrit à la suite les uns des autres : MDCCCL représente 1850, comme s'il y avait 1000+500+100+100+100+50. Seulement, quand une lettre d'une valeur moindre qu'une autre, est placée à la gauche de celle-ci, elle la diminue d'autant; de sorte que IX, par exemple, représente 9 ou 10—1, tandis que XI équivaut à 11.

Dans le système des Grecs, exposé par Delambre, la position des signes numériques était totalement indifférente. Ils employaient pour chiffres leurs vingt-quatre lettres, sans en changer l'ordre, mais en y intercalant trois signes tirés de l'alphabet des Hébreux et des Phéniciens, et représentant respectivement le *vau*, le *coph* et le *sin* de ces derniers peuples. C'étaient : l'επισημον βαυ (c'est-à-dire, suivant Montucla, *qui tient la place du* vau), ou simplement επιση. μον (ϛ′), qui valait 6 ; le κόππα (Ϙ), qui valait 90 ; et le σαμπι (Ϡ), qui valait 900. Ces vingt-sept caractères répondaient, savoir : les neuf premiers, à 1, 2, 3, ...9 ; les neuf suivants, à 10, 20, ...90 ; et les neuf derniers, à 100, 200, ...900. On reprenait ensuite les neuf premiers, avec un trait ou un iota souscrit, pour représenter 1000, 2000...9000. Avec ces caractères, les Grecs pouvaient écrire tous les nombres au-dessous de 10000, ou d'une myriade. Ainsi ͵θϡϘθ signifiait 9999.

« Pour exprimer une myriade, dit Delambre, on aurait pu mettre un trait sous la lettre ι, cette notation est en effet indiquée dans quelques lexiques, mais je ne vois pas qu'elle ait été employée par les géomètres. Pour indiquer un nombre de myriades, on se servait de la lettre initiale M surmontée du nombre en question... En général la lettre M, mise au-dessous d'un nombre quelconque, produisait le même effet que nous produisons en mettant quatre zéros à la suite de ce nombre. Cette notation est celle qu'Eutocius emploie dans ses *Commentaires* sur Archimède; elle était peu commode pour le calcul. Pour désigner les myriades, Diophante et Pappus se servent des deux lettres initiales, Mυ, placées après le nombre. Ainsi αMυ, βMυ, γMυ, etc., représentaient 10000, 20000, 30000, etc.; ͵δυβMυ,ηζ̄ζ valaient 4372 myriades 8007 unités ou 43,728,007. Cette manière ressemble à celle que nous employons pour les nombres complexes, comme 4 toises 5 pieds 6 pouces. Les mêmes auteurs employaient encore une notation bien plus simple ; c'est de remplacer par un point les initiales Mυ... Les Grecs pouvaient ainsi noter jusqu'à 99,999,999, qu'ils écrivaient, ͵θϡϘθ.͵θϡϘθ′ ; une unité de plus aurait fait une myriade de myriades, qui dans notre système vaut 100,000,000, ou (10,000)², ou cent millions. C'est là que se bornait l'arithmétique des Grecs... » Ici on s'arrête pour se demander comment les Grecs pouvaient parvenir à exécuter de longs calculs avec un système de numération aussi incomplet, et on se trouve tout disposé à croire qu'ils en avaient un autre à l'usage des calculateurs, et que celui dont nous venons de parler ne servait qu'à écrire les résultats. Cette opinion ne manque pas de fondements. Ainsi, en expliquant littéralement le célèbre passage de Boèce où on avait cru voir des notes tironiennes, M. Chasles est arrivé à cette conclusion, que les chrétiens d'Occident faisaient usage à l'époque où écrivait cet auteur, et par conséquent bien avant les Arabes, de neuf chiffres prenant des valeurs de position en progression décuple comme dans notre système actuel. M. Libri attaqua vivement ces conclusions, à l'Académie des Sciences et dans son *Histoire des Mathématiques en Italie*.

Parmi les objections qu'on adressa à M. Chasles, une des plus fortes s'appuyait sur l'*Arénaire* d'Archimède. Elle peut se résumer par ces lignes de Delambre : « Archimède, dans son *Arénaire*, ayant à exprimer le nombre des grains de sable que contiendrait une sphère qui aurait pour diamètre la distance de la terre aux étoiles fixes, et ce nombre étant, d'après lui, tel qu'il nous faudrait, pour l'exprimer dans notre système, 64 figures ; Archimède, dis-je, se vit obligé de prolonger indéfiniment la notation arithmétique des Grecs. Nous avons dit que cette notation avait pour limite la myriade de myriades, ou cent millions. Archimède imagina de prendre cette myriade carrée pour une unité nouvelle, et les nombres de ces unités nouvelles, il les appela *nombres du second ordre*. De cette manière il exprimait tous les nombres, qui dans notre système s'expriment avec 16 chiffres. Prenant ensuite pour unité nouvelle l'unité suivie de 16 zéros, ou la quatrième puissance de la myriade, il en forma les nombres du troisième ordre. L'unité suivie de 24 zéros, ou la sixième puissance de la myriade, composé pareillement les nombres du quatrième ordre. En général, en prenant pour unité la puissance 2n de la myriade, il en forma des nombres de l'ordre n+1... Cette notation, imaginée pour un cas tout particulier, ne fut, suivant toute apparence, employée que cette seule fois, et même elle ne le fut pas réellement. En effet, Archimède se contenta d'indiquer les opérations, sans en exécuter aucune. » Si notre numération était véritablement d'origine grecque, disaient les adversaires de cette doctrine, pourquoi Archimède aurait-il bâti péniblement un tel échafaudage? A cette grave objection, M. Chasles a répondu par une analyse complète du traité *De Numero Arenæ* d'Archimède, analyse qui l'a conduit à affirmer qu'aucune des considérations arithmétiques qui se trouvent dans ce traité n'autorise à penser qu'Archimède n'a pas connu le système de numération décrit par Boèce sous le nom d'*Abacus*. Pour combattre cette conséquence, il faut, dit-il, montrer dans quel passage de son livre Archimède aurait eu à parler du système de l'*Abacus* et à en faire usage.

Les nombreuses discussions auxquelles a donné lieu l'origine de nos chiffres ont naturellement amené à s'occuper de l'étymologie de leur nom collectif. On l'a trouvée dans *cyphra*, mot qui signifie *zéro* en latin barbare du moyen âge. Dans son *Histoire de l'Astronomie ancienne*, Delambre dit que *cyphra* ou *tsiphra* est lui-même dérivé de l'arabe *tsiphron zéron* (tout à fait vide). *Tsiphron* (vide) aurait été détourné de sa véritable signification, et *zéron* paraîtrait avoir pris sa place pour désigner notre zéro. D'après M. Vincent, et contrairement à l'assertion de Montucla, le mot *cyphra* pourrait venir de l'hébreu *sepher*, compter. Ces considérations ne renversent nullement l'hypothèse de M. Chasles ; car ce savant géomètre a fait voir que dans des manuscrits très-anciens le zéro avait une autre dénomination dérivée du grec.

E. MERIJEUX.

On donne encore le nom de *chiffre* à un caractère énigmatique composé de plusieurs initiales du nom de la personne qui s'en sert. On en met sur les cachets, sur les voitures, sur les meubles, sur toute espèce d'objets. C'est en quelque sorte les armes du bourgeois qui n'ose pas s'anoblir. Autrefois le droit de porter des armes était exclusivement réservé à la noblesse, et les gros bonnets du commerce fraudaient ce privilège en y substituant leur chiffre, c'est-à-dire les premières lettres de leur nom et surnom entrelacées dans un objet symbolique. Louis-Philippe répudiant les armes de sa maison, aux trois fleurs de lis d'or sur champ d'azur brisées d'un lambel, avait fait peindre son chiffre L. P. sur les portières de plusieurs de ses voitures. Les chiffres peuvent d'ailleurs servir d'ornement dans l'architecture, la serrurerie, l'ébénisterie, etc. Il y a des recueils gravés des différents chiffres pour enseigner à enlacer les lettres avec grâce. On appelle aussi chiffres les lettres initiales ou de convention par lesquelles quelques artistes ont désigné leurs noms sur leurs œuvres (*voyez* MONOGRAMME).

CHIFFRES (*Musique*). Pour éviter d'écrire tout au long les accords qui doivent former l'harmonie d'une basse et ménager ainsi l'espace qu'exigerait l'écriture musicale ou *tablature* des dits accords, on a imaginé, dès l'époque où l'on commença d'écrire des basses continues, de placer au-dessus des signes qui indiquassent avec assez de clarté à l'exécutant quelle était la manière dont le compositeur voulait que sa basse fût harmonisée. A cet effet on ne trouva pas de base plus convenable que les chiffres arabes superposés de manière à indiquer numériquement l'intervalle ou les intervalles que la main droite devait frapper tandis que la gauche jouait la partie de basse. Dans les premiers temps, l'harmonie étant des plus simples, le *chiffrage* l'était aussi : toute note de basse était supposée porter l'accord parfait dont l'espèce majeure ou mineure se reconnaissait au moyen du bémol, du bécarre ou du dièze placés devant le chiffre 3, qui servait à désigner la tierce de l'accord ; les autres chiffres n'étaient employés que pour indiquer les exceptions, c'est-à-dire les accords de sixte, et les retards de quarte, de septième, etc. L'harmonie étant devenue plus compliquée, on multiplia les chiffres ; alors la manière de les disposer et de les modifier se régla sur deux systèmes différents. Dans l'un comme dans l'autre on se sert des neuf premiers chiffres pour désigner chacun des intervalles, la note de basse étant considérée comme 1 ; les chiffres suivants désignent la seconde, la tierce, la quarte, etc.; au delà de neuf on reproduit la série pour désigner les intervalles redoublés de dixième, onzième, douzième, etc.; quelquefois on a exprimé ces intervalles par deux chiffres : 10, 11, 12, mais c'est une manière incommode et qui ne doit pas être imitée.

Des deux systèmes qui viennent d'être signalés, l'un est *absolu*, l'autre *relatif*. Dans le premier le chiffre est modifié par un signe qui s'y adapte et ne varie jamais, quel que soit le ton dans lequel on se trouve. Les intervalles mineurs sont désignés par une barre traversant obliquement le chiffre de droite à gauche en descendant. Les intervalles majeurs se reconnaissent par le même signe placé en sens contraire ; les intervalles diminués se marquent par un *tremblé*; les intervalles augmentés par une croix droite ou oblique. Cette manière de chiffrer la basse est en partie abandonnée, ainsi que nous allons le voir. Le chiffrage relatif consiste tout simplement à désigner l'intervalle à pratiquer, selon l'occurrence, par un dièze, un bémol ou un bécarre, qui se présentent en raison de la modalité du morceau. Ces signes accidentels se placent soit avant soit après le chiffre dont ils déterminent plus précisément la valeur *relative*. Cette manière, la plus claire et la plus simple, a toujours été usitée en Italie. Ailleurs, sans abandonner précisément l'autre système, on l'a modifiée en le mélangeant avec celui-ci : on a conservé la barre traversant le chiffre pour désigner la quinte mineure (vulgairement fausse-quinte), la septième et la neuvième diminuées ; on a gardé la croix oblique pour la quarte majeure (vulgairement quarte augmentée) et quelquefois aussi pour la sixte augmentée ; dans les autres cas on s'est servi des signes accidentels employés dans le chiffrage relatif. Il eût été mieux encore d'adopter celui-ci complétement. Pour abréger, on marque souvent le signe accidentel (dièze, bémol, ou bécarre) sans l'accompagner d'aucun chiffre ; il désigne toujours en ce cas la tierce majeure ou mineure du mode où l'on se trouve. Le trait horizontal, suivant le chiffre et se prolongeant autant qu'il est besoin, marque que la note doit être soutenue tant que dure le trait, la basse continuant à marcher sous une même harmonie. Les lettres *T. S.* (*tasso solo*) indiquent qu'il ne faut donner à la basse aucun accompagnement ; l'abréviation *uniss.* indique une suite d'unissons ou d'octaves. Le zéro tenant la place d'un chiffre annonce que la tierce de l'accord doit être supprimée. Partout ailleurs cette tierce lorsqu'elle n'est pas indiquée est toujours sous-entendue.

Remarquons encore que les chiffres superposés ne désignent pas rigoureusement les intervalles à exécuter dans l'ordre où ils sont présentés ; toute liberté est laissée à l'exécutant, qui dispose l'accord dans la position la plus avantageuse pour la succession mélodique et la commodité du doigté ; d'après cette convention les chiffres désignant un accord quelconque indiquent aussi tous ses renversements. Comme l'on écrit aujourd'hui tout au long les parties d'orgue ou de piano, le chiffrage pourrait sembler inutile ; on s'en sert cependant toujours pour exercer les élèves à revêtir sur-le-champ des accords convenables une partie de basse donnée, et il serait fâcheux que l'on abandonnât un moyen de pratique si facile, si prompt, si avantageux et qui a formé si longtemps dans l'ancienne école des compositeurs dont le nom est resté immortel.
Adrien DE LAFAGE.

CHIFFRES (Art d'écrire en) et DÉCHIFFREMENT. Ce n'est qu'un des genres d'écritures secrètes (*cryptographie* et *stéganographie*). Mais comme dans les correspondances diplomatiques, principalement depuis le règne de Richelieu, on s'est surtout servi de *chiffres*, l'art d'écrire en *chiffres* a fini par signifier toute manière d'exprimer par écrit ses pensées, de telle sorte qu'elles puissent rester un secret pour tous ceux qui n'ont pas la *clef* du déchiffrement. Pour qu'une écriture de ce genre, qu'on a lieu d'appliquer fréquemment, atteigne complètement le but qu'on se propose, il faut qu'elle ne soit ni trop compliquée ni trop équivoque, et, sans cesser d'ailleurs d'offrir toute garantie contre la facilité d'être découverte, qu'elle n'entraîne pas trop de peines pour le chiffreur et le déchiffreur.

Imaginer une nouvelle espèce d'écriture secrète n'est pas chose facile, et exige une connaissance approfondie de tous les ouvrages qui ont été écrits sur cette matière, si on veut éviter le danger d'inventer des procédés déjà connus. Aussi des hommes éminents, tels que l'abbé Trithême, Bacon, Mirabeau, etc., se sont-ils occupés de l'étude de cet art. Parmi les nombreuses méthodes décrites par Kluber, dans sa *Cryptographique* (en allem., Tubingue, 1809), il désigne comme les plus sûres l'*écriture de lettres circulaires*, l'*écriture de livres*, le *chiffre de cartes*, le *chiffre de mots*, etc. Mais l'usage n'en laisse pas que d'offrir beaucoup de difficultés. La *grille* ou *chassis*, recommandée aussi par Kluber, est désignée dans le *Guide diplomatique* de Martens (Leipzig, 1851), comme faisant perdre beaucoup moins de temps ; et on préfère généralement le *chiffre par nombres*. Celui-ci permet en effet une foule de combinaisons : une circonstance qui a tout récemment contribué à lui donner une grande importance, c'est qu'elle semble se prêter parfaitement aux communications par voie télégraphique. Des dépêches écrites en chiffres d'après un riche tableau, si on a soin de laisser les mots inachevés, et d'en tenir la clé parfaitement secrète, deviendront de la sorte extrêmement difficiles et même presque impossibles à déchiffrer. On recommande aussi comme très-utile l'emploi de *non valeurs* ou *faux chiffres*.

Celui qui reçoit une lettre chiffrée doit tirer le chiffre *au clair* au moyen de la table déchiffrante qui lui a été confiée. D'ordinaire on écrit le contenu au-dessus des lignes de chiffres qu'on efface ensuite.

L'*art de déchiffrer* proprement dit, mot par lequel on désigne l'habileté à deviner le sens d'une écriture secrète sans en posséder la clef, art auquel les autorités judiciaires et la police sont souvent obligées d'avoir recours, diffère essentiellement de ce déchiffrement. Quand l'écriture secrète est bien faite, c'est une des tâches les plus fastidieuses, et elle exige du temps, une aptitude particulière, une patience à toute épreuve et infatigable. Pour être bon déchiffreur, il faut d'ailleurs posséder plusieurs langues étrangères, être versé dans la connaissance des différentes méthodes de chiffrer, et avoir déjà acquis l'habitude des travaux de ce genre par l'étude de toutes les combinaisons et variations possibles.

CHIGI (FABIO). *Voyez* ALEXANDRE VII.

CHIGNON (jadis *chainon*), partie de derrière du cou où sont situées les vertèbres qui joignent le dos à la tête, et qui s'entrelacent au-dessous de la fosse ou nuque du cou (en latin *cervix*). Ce mot est devenu depuis aussi l'appellation d'une espèce de coiffure, abandonnée aujourd'hui, qui consistait à retrousser les cheveux de manière à les faire couvrir la partie du cou dont elle portait le nom.

CHIHUAHUA, État de la république mexicaine, à l'ouest du Texas, est situé sur le plateau de Sierra-Madre, l'une des ramifications de la grande Cordillère, et qui s'abaisse à l'est pour former une plaine richement arrosée. Le sol en est éminemment propre à la culture, et produit en abondance du froment, du maïs, toute espèce de légumes et d'arbres fruitiers, du coton et de l'indigo. La vigne y est cultivée avec succès sur divers points. La population, forte de 148,000 âmes, se livre surtout à l'élève du bétail et à l'exploitation des mines, industrie qui était fort en renom au siècle dernier, et qui conserve encore aujourd'hui toute son importance. En 1845 il fut frappé à l'hôtel des monnaies de Chihuahua pour 128,000 dollars de pièces d'or et 410,000 dollars de pièces d'argent. Depuis cette époque le produit de l'extraction des mines a toujours été croissant. Des mines de cuivre fournissent, en outre, une grande quantité de minerai, notamment celle de *Santa-Rita*.

Le chef-lieu de cet État est la ville du même nom, située à environ 1,600 mètres au-dessus du niveau de la mer, dans une belle contrée montagneuse. Elle possède une belle cathédrale, un grand aqueduc, et en général de remarquables édifices, entre autres une école militaire et plusieurs couvents. Les habitants, au nombre de 28,000, font un commerce très-actif, notamment en cuirs et peaux, qu'on expédie au sud et à l'est, et s'occupent aussi d'agriculture et d'élève du bétail, d'ouvrages en cuir et de fabrication de tapis. On trouve à peu de distance de Chihuahua d'importantes mines d'argent et quelques petits lacs. La fondation de cette ville date de 1691.

CHITES. *Voyez* CHVITES.

CHILDEBERT. Trois rois des Francs ont porté ce nom. CHILDEBERT Ier. Lors du partage irrégulier fait entre les quatre fils de Clovis, du territoire gaulois soumis par ce chef des Francs (511 de l'ère vulgaire), le second, né de son mariage avec Clotilde, Childebert, fut reconnu comme chef de cette partie des hordes frankes, dont Paris devait être désormais le siège.

Les premières années du règne de Childebert sont enveloppées de ténèbres épaisses. Pendant que Thierry Ier subjuguait la Thuringe, Childebert céda aux sollicitations d'un certain Arcadius, auquel les chroniqueurs donnent le titre, singulier à cette époque, de *sénateur*. Celui-ci l'engageait à profiter de l'absence de son frère et du bruit de sa mort, qui s'était répandu, pour s'emparer de l'Auvergne. Childebert se mit à la tête d'une armée, et se rendit en Auvergne; un épais brouillard lui dérobait la vue des pays qu'il traversait : « Je voudrais bien, s'écria-t-il, reconnaître par mes yeux cette Limagne, qu'on dit si riante. » Arrivé devant Clermont, il en trouva les portes fermées : Arcadius l'y introduisit; mais il abandonna bientôt sa conquête en apprenant que Thierry vivait encore et se préparait à quitter la Thuringe. Childebert marcha ensuite contre Amalaric, roi des Visigoths d'Espagne, qui avait épousé Clotilde, fille de Clovis. Cette princesse, zélée catholique, comme sa mère, eut beaucoup à souffrir au milieu d'un peuple attaché aux idées d'Arius. Plus d'une fois elle fut insultée par les habitants de Narbonne en se rendant à l'église réservée aux chrétiens qui partageaient sa croyance. Amalaric lui-même donnait l'exemple de cette persécution, et lui faisait éprouver des traitements odieux. Un jour, Clotilde recueillit sur un voile le sang qui coulait de ses blessures, et envoya ce voile à Childebert. Celui-ci vola au secours de sa sœur. Son armée écrasa, sur les frontières de la Septimanie, les troupes d'Amalaric, qui s'enfuit à Narbonne, puis à Barcelone; là il fut tué par ses sujets. Childebert délivra Clotilde, pilla Narbonne, et revint à Paris avec d'immenses trésors, dont il enrichit le clergé.

D'accord avec ses frères, Childebert déclara la guerre à Sigismond, roi des Bourguignons, assiégea Autun en 532, fit périr Sigismond, avec sa femme et ses enfants, et fit enfermer pour toujours Gondemar, qui réclamait la succession de Sigismond. Le royaume de Bourgogne était mieux organisé que celui des Francs à cette époque : il fut pourtant détruit par ceux-ci, mais conserva ses lois.

Clodomir, roi d'Orléans, avait été tué dans cette guerre contre les Bourguignons. Ses fils étaient confiés à Clotilde, leur aïeule, veuve de Clovis. La tendresse que cette princesse leur témoignait excita la haine de Childebert; il s'entendit avec Clotaire, son frère, et la mort des jeunes orphelins fut résolue. Les deux rois les égorgèrent sans pitié. En 543, Childebert, ligué avec Clotaire 1er, attaqua la Septimanie, la seule province que les Visigoths possédassent encore dans les Gaules. L'Espagne même devint le théâtre des hostilités. Les deux rois francs s'emparèrent de Pampelune, de Calahorra, et investirent Saragosse, dont ils levèrent le siège en considération de saint Vincent. Mais bientôt les Visigoths triomphèrent à leur tour des Francs, et leur vendirent à prix d'or la faculté de regagner la Gaule.

Childebert, croyant avoir à se plaindre de Clotaire, seconda la révolte de Chramne, fils de ce dernier, et dévasta la Champagne rémoise. Il mourut peu de temps après, à Paris, en 558. Il ne laissait que deux filles; Clotaire les exila ainsi que leur mère, et s'empara des richesses et du royaume de ce frère qui avait voulu le dépouiller.

CHILDEBERT II, roi des Francs austrasiens, fils de Brunehaut et de Sigebert, succéda, en 575, à celui-ci, lorsqu'il eut été assassiné devant Tournai par les émissaires de Frédégonde. Comme Brunehaut, le jeune Childebert était prisonnier de l'implacable reine des Neustriens. Un duc austrasien, Gondebaud, le sauva, l'enleva de Paris, et le conduisit à Metz, où à l'âge de cinq ans cet enfant fut proclamé roi. Ce fut alors que triompha l'aristocratie austrasienne, et qu'elle imposa à ses rois le joug des maires du palais. La mort de Sigebert n'avait pas terminé la guerre entre l'Austrasie et la Neustrie. Chilpéric poursuivit la conquête de l'Aquitaine austrasienne, malgré la diversion qu'opéra en faveur de son neveu Childebert II, Gontran, roi de Bourgogne.

La mort des deux fils de Gontran laissant le trône de Bourgogne sans héritiers directs, ce prince invita Childebert II à se rendre auprès de lui, se proposant de l'adopter pour fils. Mais les grands d'Austrasie brouillèrent leur jeune souverain avec Gontran, et lui firent conclure contre celui-ci une alliance avec Chilpéric. Après la mort de ce dernier, Childebert s'empara de son trésor, et tenta sans succès de se rendre maître de Paris. Au bout de peu de temps Gontran se réconcilia entièrement avec lui au milieu de la révolte de Gundovald, qui se prétendait pour héritier de ses États. Frappé d'une décrépitude anticipée, résultat des débauches de son adolescence, ce prince ne rappelait que la férocité et non le courage des races barbares. Fatigués du pouvoir de Brunehaut et des excès de son fils, les leudes austrasiens s'unirent aux grands de Neustrie : on résolut la mort de Childebert. Celui-ci fut informé du complot par le roi de Bourgogne, et se vengea des seigneurs par des supplices et des assassinats; puis il se rendit auprès de Gontran, et forma avec lui une ligue plus étroite contre les prétentions de l'aristocratie. Les deux rois s'occupèrent du soin de régler leurs intérêts par le traité d'Andelot.

Childebert porta aussi sans succès la guerre en Italie contre les Lombards. A la mort de Gontran, en 593, il s'empara du royaume de Bourgogne : la mauvaise issue d'une première tentative détourna Childebert de l'idée de conquérir la Neustrie. Son armée combattit avec plus d'avantage contre les Warnes, nation germanique qui voulut secouer la domination franque, et fut anéantie par le fer (595). En 596 le poison mit fin aux jours de Childebert II et de son épouse Faileube ; il laissait deux fils enfants, Théodebert, roi d'Austrasie, et Thédoric ou Thierry, roi de Bourgogne. Les historiens, qui affirment que Brunehaut, pour régner plus sûrement sur son fils, l'avait elle-même corrompu dès son jeune âge par un affreux calcul, prétendent qu'elle l'empoisonna quand elle se vit sur le point de perdre son influence ; d'autres auteurs accusent Frédégonde de ce crime.

CHILDEBERT III, fils de Thierry III, remplaça son frère Clovis III, lorsque celui-ci mourut, en 695, comme souverain des trois royaumes d'Austrasie, de Neustrie et de Bourgogne. Pepin d'Héristal réellement régna sous le nom de Childebert III, qui n'a pas laissé de souvenir, auquel on a donné le surnom de *Juste*, sans que l'on sache pourquoi, et qui mourut en 711, laissant le trône à son fils Dagobert III. Aug. SAVAGNER.

CHILDEBRAND. Le continuateur de Frédégaire dit que ce prince était fils de Pepin d'Héristal et d'Alpaïde, et frère de Charles Martel. Ce personnage, qui est un des plus insignifiants de notre histoire, est un de ceux dont on s'est le plus occupé. Il combattit les Sarrasins avec Charles Martel ; il fit le siège de Narbonne ; plus tard il intervint dans les querelles de ses neveux après la mort de Charles. Quelques historiens ont nié l'existence de ce prince ; d'autres, comme Duchesne, du Bouchet, les Sainte-Marthe, Le Cointe, etc., font de lui l'auteur des Capétiens. Carel de Sainte-Garde a célébré les exploits, plus ou moins fabuleux, de Childebrand dans un mauvais poème, intitulé : *Les Sarrasins chassés de France*. Boileau s'est écrié à ce sujet :

Oh ! le plaisant projet d'un poëte ignorant
Qui de tant de héros va choisir Childebrand.

CHILDÉRIC. Trois princes de ce nom ont régné sur les Francs.

CHILDÉRIC Iᵉʳ, fils de Mérovée, lui succéda sur le trône des Francs saliens, vers l'an 457 de l'ère vulgaire : les peuples auxquels il commandait avaient déjà fait de grands progrès dans la Gaule septentrionale. Grégoire de Tours nous apprend que Childéric, s'abandonnant à la débauche, se fit chasser de son pays par les Francs, dont il avait séduit les femmes et les filles. Il chercha un asile en Thuringe ; mais il emportait l'espérance du retour : Guinomand, un de ses fidèles partisans, devait ramener ses esprits et instruire son chef du moment favorable pour reparaître, en lui envoyant la moitié d'un anneau rompu dont Childéric emportait l'autre moitié. Durant l'absence de leur roi, les Francs obéirent à Égidius, maître de la milice romaine dans les Gaules, que nos vieux historiens désignent sous le nom de comte Gilles (457-464). On raconte que Guinomand sut se concilier les bonnes grâces d'Égidius, et, par ses conseils, le pousser à des mesures qui lui attirèrent la haine de la nation ; lorsque le nombre des mécontents fut assez considérable, le ministre, qui jouait un double rôle, leur persuada de rappeler leur ancien roi, et fit parvenir à Childéric la seconde moitié de l'anneau. Les écrivains qui ont adopté sans examen ce récit ajoutent qu'un corps de Francs courut au-devant de Childéric, le proclama roi de nouveau avec solennité, l'aida à triompher de son rival et à lui enlever une grande partie du pays qu'il administrait encore au nom des Romains. Mais il est beaucoup plus probable que les Francs ne se séparèrent point d'Égidius, l'accompagnèrent dans la guerre qu'il soutint contre les Visigoths sous l'empereur Majorien, rentrèrent dans leurs foyers en 464, à la mort de ce général, et seulement alors rappelèrent Childéric. A la chute de l'empire d'Occident (476), Syagrius, fils d'Égidius, se maintint dans les pays que son père avait gouvernés, et dont Soissons était alors le chef-lieu.

Les dernières années de Childéric Iᵉʳ furent employées à faire la guerre aux Alemans, peuplade germanique, qui dès lors était jalouse des Francs, avec lesquels elle avait une origine commune. Childéric mourut au retour de l'une de ces expéditions (481). Pendant son exil en Thuringe, il avait séduit Basina, qui abandonna le roi Basin, son époux, et suivit chez les Francs celui qu'elle aimait. Childéric en eut Clovis, qui lui succéda, et trois filles, dont l'une épousa Théodoric, roi des Ostrogoths et conquérant de l'Italie. En 1654 on découvrit près de Tournai un tombeau qui renfermait des abeilles d'or, des armes, des tablettes, un globe de cristal, et un anneau d'or portant le nom et l'effigie de Childéric. On a supposé que ce tombeau était celui de ce prince. Ces précieuses antiquités avaient été données par l'empereur Léopold à l'électeur de Mayence, qui, à son tour, les offrit à Louis XIV, en 1664 ; elles furent déposées à Paris au Cabinet des Médailles.

CHILDÉRIC II, second fils de Clovis I·I, et de Batilde, roi d'Austrasie en 660, réunit tout l'empire des Francs, à la mort de Clotaire III, son frère, malgré les efforts d'Ébroïn, qui voulait donner pour successeur à ce dernier son plus jeune frère, Thierry III. L'armée d'Ébroïn l'abandonna au moment de combattre, et Thierry fut enfermé au couvent de Saint-Denis. Mais Childéric II, que les Neustriens avaient accepté pour roi après la chute d'Ébroïn, n'ayant pas compris que les grands n'avaient mis sur sa tête une double couronne qu'à la condition qu'il respecterait leurs usurpations, avait fait punir l'un d'entre eux d'un châtiment ignominieux. En outre, il avait fait enfermer au monastère de Luxeuil saint Léger, évêque d'Autun, qui avait été son premier ministre, et qui défendait la cause des seigneurs. Peu de temps après il fut tué, un jour qu'il chassait dans la forêt de Livry, et l'on n'épargna pas même sa femme, qui était enceinte, non plus que Dagobert, son fils aîné.

Un autre fils échappa aux conjurés, et se cacha dans un couvent, où il vécut quarante-trois ans, sous le nom de frère Daniel, jusqu'à l'année 715 ; on l'en fit sortir alors pour le couronner sous le nom de Chilpéric II.

CHILDÉRIC III fut tiré de quelque couvent, en 742, par Pepin le Bref, pour être placé sur le trône. On ne sait ni son âge ni son origine. La plupart des anciens chroniqueurs parlent pour la première fois de lui au moment de sa déposition ; elle eut lieu en 752 ; il fut enfermé dans le couvent de Sithieu, depuis Saint-Bertin, à Saint-Omer, où il reçut la tonsure ecclésiastique. Il mourut en 755. Avec lui finit la dynastie mérovingienne. Aug. SAVAGNER.

CHILI ou CHILE (on pronoce *tchili*), république de la côte occidentale de l'Amérique du Sud, autrefois capitainerie générale espagnole, qui s'étend du nord au sud sur un espace d'environ vingt degrés de latitude (24° 15'--44° lat. sud), mais n'atteignant nulle part dans la direction opposée plus de 22 à 25 myriamètres de largeur. Ses limites sont à l'ouest, l'océan Pacifique ; au sud, le golfe d'el-Ancud, qui communique avec la mer par le détroit de Chacao, situé entre les îles Chiloé et le continent ; à l'est, la chaîne des Andes courant à peu près parallèlement à la mer vers une partie de la Patagonie et les États de la Plata ; au nord, la contrée déserte d'Atacama, vers la Bolivie. Le sol de cette longue étendue de côtes va toujours en s'élevant insensiblement vers les Andes, mais sans pourtant former une suite de terrasses, ainsi qu'on le supposait autrefois. Il est entrecoupé par des montagnes peu élevées, qui se détachent de cette puissante chaîne pour s'abaisser graduellement vers la mer. Les vallées transversales sont très-multipliées. Dans la partie septentrionale, les crêtes sont plus rapprochées les unes des autres ; vers le sud, au contraire, les vallées finissent par former d'immenses plaines. Les parties supérieures de toutes consistent d'ailleurs en fondrières inaccessibles, à travers lesquelles les cours d'eau se précipitent avec fracas.

Il est toutefois peu de ces cours d'eau qui prennent des proportions considérables ; pas un seul ne présente un volume d'eau assez fort pour être navigable dans la plus grande partie de son parcours. En revanche, tous peuvent facilement servir à l'irrigation du pays, surtout au nord, où les pluies sont fort rares. Elles sont plus fréquentes au sud, et rendent inutile l'appropriation des cours d'eau à l'arrosement du sol. Les plus importants sont le *Biobio*, le plus grand de tous, avec un parcours d'environ 30 myriamètres, navigable dans la moitié de son étendue, dont l'embouchure n'a pas moins de 4 kilomètres de largeur, mais n'est pas assez profonde pour que les navires d'un fort tonnage puissent la franchir; le *Valparaiso*, navigable également dans une partie de son parcours; le *Maule*, que des bateaux plats peuvent remonter jusqu'à 37 kilomètres de son embouchure; le *Callacalla*, avec une embouchure très-profonde; enfin le *Salado*, celui de tous qui est situé le plus au nord : il forme en partie la frontière du côté de la Bolivie. Les uns et les autres prennent leur source dans les Andes, et sont alimentés par les neiges de cette chaîne.

On comprend que dans un tel pays, où il y a absence absolue de toute vaste plaine, il ne saurait exister de grands lacs. Il n'y a que la partie sud du Chili qui fasse exception; notamment la province de Valdivia, où l'on trouve des lacs de plus de trois myriamètres d'étendue, formant les sources des fleuves les plus importants. Les crêtes des Andes ont une hauteur moyenne de 3,300 mètres au-dessus du niveau de l'Océan; mais elles sont dominées par des pics qui, tels que ceux d'Aconcagua, du Tupungoto, etc., dépassent de beaucoup en altitude le *Chimborazo*. Au sud, la chaîne de montagnes s'éloigne un peu du rivage de l'Océan, et pénètre plus avant dans l'intérieur. En face, et tout près de la côte, s'élève une seconde chaîne, beaucoup plus basse, la *Cordillera de la Costa*, avec une hauteur moyenne de 500 mètres, atteignant 1000 mètres sur ses crêtes extrêmes. Le sol est surtout d'origine volcanique, dès lors exposé aux tremblements de terre, dont les derniers, ceux de 1822 et 1834, furent vraiment effrayants en même temps qu'on en ressentit les secousses à peu près sur tous les points du pays; toutefois ce caractère est moins sensible au sud. Dans les Andes chiliennes, vers la frontière sud, on trouve beaucoup de volcans, mais cinq ou six seulement en activité.

Il est naturel qu'en raison de la grande extension du pays en longueur et de l'irrégularité de sa superficie, le climat du Chili soit assez varié. D'un côté, le voisinage de la *Cordillera*, couverte de neiges éternelles, de l'autre, celui de l'Océan, doivent le rendre très-tempéré. En effet, il ne tombe jamais de neige près des côtes; et au pied même de la *Cordillera* la glace, qui en hiver se forme pendant la nuit, ne résiste point au soleil du matin. La saison des pluies y tient lieu d'hiver et arrive dans les provinces méridionales avec beaucoup de régularité, tandis que dans d'autre moitié de l'année le ciel reste constamment pur de tout nuage. Dans la province d'Aconcagua il ne pleut pas pendant plus de trois semaines; et en poussant au nord, il arrive quelquefois qu'on reste des années entières sans pluie. Au total, le climat du Chili est un des plus beaux et des plus sains de la terre; aussi les maladies endémiques y sont-elles complétement inconnues.

Le sol est d'une configuration très-accidentée et fort inégale. Au nord, notamment, s'étendent de vastes superficies sablonneuses, et les versants des montagnes, de formation rocheuse, aussi arides que dénudés, n'offrent d'autre végétation que des herbes et des captées. La partie centrale du Chili, particulièrement la province d'Aconcagua, devient déjà plus vivante, parce qu'elle est plus riche en fertiles vallées. Mais c'est au sud, dont le sol, entrecoupé par un grand nombre de rivières et de ruisseaux, est, en outre, arrosé par des pluies irrégulières, que la nature déploie une extrême richesse. Des forêts, où les essences dominantes sont des myrtes atteignant plus de 30 mètres de hauteur et de nombreuses espèces de cyprès, couvrent toutes les montagnes, qui sont généralement peu élevées, et où règne un été perpétuel. Le nord, au contraire, est dépourvu d'arbres, et, en raison de la sécheresse extrême de sa température, n'est ni cultivable ni habitable sur tous les points.

Les produits du sol sont aussi variés qu'importants. Sur plusieurs points on se livre à l'extraction de l'or et de l'argent, mais, comme dans toute l'Amérique en général, avec des résultats très-divers. Le premier de ces métaux se trouve dans le sable des rivières et s'obtenait autrefois par la voie du lavage. L'exportation dans ces derniers temps allait encore au delà de 4,500 marcs par an. En dépit des nombreux encouragements accordés par le gouvernement à cette industrie, les mines d'argent sont en général très-négligées; et c'est encore dans les districts complétement infertiles situés entre les vallées de Huasco et de Copiaho, que se trouvent celles qui sont le mieux exploitées. En 1845 on en avait tiré la valeur de 190,484 marcs d'argent fin. Le cuivre est le plus important produit des provinces du nord, et trouve un débouché avantageux en Angleterre, notamment à Swansea. En 1845 la Grande-Bretagne reçut du Chili un total de 100,943 quintaux de cuivre en lingots et 284,562 quintaux de minerai de cuivre. Il existe aussi au Chili des mines de fer et de plomb; mais on ne s'est pas occupé de les mettre en valeur. On néglige de même les immenses dépôts houillers qui se trouvent sur la rive septentrionale du Biobio; et l'Angleterre continue à alimenter le Chili de ses charbons. Quelques lacs salés donnent du sel : cependant on en importe aussi de la Patagonie et du Pérou. Tout récemment de nombreuses expéditions de minerai de cobalt ont été faites en Angleterre, afin d'y être mis en œuvre.

Le règne végétal fournit différentes espèces d'excellent bois de charpente et de menuiserie. Presque toutes les espèces d'arbres fruitiers de l'Europe réussissent à merveille au Chili; on y trouve même le pommier à l'état sauvage; et l'horticulture y produit des légumes de tout genre, des melons, etc. Depuis plus de deux siècles le Chili est le grenier à blé du Pérou; et son agriculture s'est tellement améliorée dans ces dernières années, qu'on en exporte des farines pour le Brésil, la Californie, la Nouvelle-Hollande et Manille. Le froment et l'orge réussissent parfaitement dans les régions méridionales, et le maïs qu'on récolte au nord suffit à l'approvisionnement des districts des montagnes. Les progrès récents de la culture permettent d'expédier en Angleterre du café, de l'indigo, du quinquina et du coton recoltés au Chili. La vigne y réussit sur tous les points, et ne demanderait qu'une culture plus habile pour que ses produits devinssent bientôt un important objet d'exportation; aujourd'hui le vin du Chili ne se consomme guère que sur place et est encore d'une qualité fort inférieure.

L'extrême richesse du règne végétal au Chili y rend plus sensible la pauvreté du règne animal, que compense d'ailleurs jusqu'à un certain point la beauté remarquable du petit nombre d'espèces dont il se compose. On rencontre d'excellents pâturages dans la plupart des pays de plaines, circonstance qui favorise l'élève du bétail; aussi s'y fait-elle sur une très-large échelle. Indépendamment du gros bétail, qui l'emporte sur tous les produits de l'espèce bovine du reste de l'Amérique du Sud, il faut surtout citer le mouton du Chili. Cette espèce y est l'objet de soins tels et y donne de si abondants produits, qu'en 1847 il a pu être exporté rien que pour l'Angleterre 688,343 livres de laine, particulièrement de l'espèce de laine désignée dans le commerce sous le nom de *laine de vigogne* (*vicuña*). Il faut aussi mentionner les chevaux, les porcs, les chèvres et les ânes. Les animaux carnassiers y sont en très-petit nombre. Le lion du Chili ou *pouma* n'est pas précisément un animal courageux, et ce n'est que bien rarement qu'il se hasarde à attaquer les troupeaux mal gardés. Les loutres sont très-communes, et leurs peaux constituent un article d'exportation.

A ces riches ressources naturelles qui promettent, à ce

pays le plus brillant avenir, il faut ajouter le caractère énergique de sa population. Demeuré pur du mélange avec les races nègre et cuivrée, qui est si commun dans l'Amérique tropicale, et qui y produit de si déplorables suites, vivant sous un ciel qui permet les mêmes cultures qu'en Espagne, le Chilien n'a que fort peu des défauts particuliers aux créoles, et qui formeront pendant longtemps encore obstacle à ce qu'il s'établisse parmi eux des gouvernements forts et réguliers. La population se compose d'Européens, pour la plupart Espagnols d'origine, au nombre d'un peu plus de 1,500,000, et d'Indiens. Une partie de ces derniers habite les Missions; mais le plus grand nombre vit indépendant, dans les contrées au sud du Biobio, sous le nom d'*Araucos*, que leur donnent les Espagnols; néanmoins c'est par le nom d'*Aucas* qu'ils se désignent eux-mêmes. Parmi leurs diverses tribus, les plus remarquables sont les Moluches, les Piconches, les Huilliches et les Péhuenches. La population européenne est beaucoup plus instruite, plus policée au Chili que dans tout le reste de l'Amérique espagnole; et comme un vif patriotisme, une certaine gravité d'esprit, un grand fonds d'obligeance naturelle et le désir de s'instruire sont des qualités propres à toutes les classes, non-seulement les Chiliens ont dépassé sous ce rapport leurs voisins, mais encore leur pays a été le premier et même le seul où un gouvernement régulier ait pu succéder à des insurrections sans cesse renouvelées. De là l'importance toute particulière que cette jeune république a acquise en politique.

La superficie de son territoire est de 3,030 myriamètres carrés. Sous la domination espagnole il était un peu plus étendu et partagé en treize districts, les îles non comprises. Aujourd'hui il est divisé en onze provinces : *Santiago, Valparaiso, Aconcagua, Coquimbo, Atacausa, Colchagua, Talca, Maule, Concepcion, Valdivia*, et *Chiloé*. Le territoire du détroit de Magellan dépend de la première, et l'île de Juan-Fernandez, célèbre par le séjour d'Alexandre Silkerk (*voyez* Robinson), relève exclusivement, comme *presidio* (lieu de déportation), du ministre de la guerre. Chacune de ces provinces est administrée par un gouverneur ou intendant à la nomination du président, par un commandant militaire et par un receveur des taxes. Un président élu pour cinq ans est la clef de voûte de l'édifice social au Chili; mais il peut être réélu à l'expiration de ses fonctions, et c'est ce qui est déjà arrivé. Vient ensuite le congrès national, divisé en deux chambres · l'une composée de vingt sénateurs, élus pour neuf ans, l'autre, de cinquante-six députés, élus pour trois. Elles se réunissent vers le milieu de chaque année. Dans l'intervalle des sessions, un comité de sept sénateurs (*Comicion conservadora*) veille au maintien de la constitution. Les magistrats sont inamovibles et responsables. La connaissance des délits commis par la voie de la presse est attribuée au jury. La capitale, Santiago de Chili, est le siège du gouvernement. C'était autrefois la *Concepcion*. Cette dernière ville, à moitié ruinée par le tremblement de terre de 1835 et par les Araucans, est située à un myriamètre de l'embouchure du Biobio, et à quatre kilomètres de ses rives. Un chemin de fer doit relier Santiago et Valparaiso; un autre joint déjà Caldera et Copiapo.

La prospérité générale est en accroissement continuel au Chili, dont les côtes offrent d'excellents ports : outre Valdivia, Coquimbo ou La Serena, Copiapo, mais surtout Valparaiso, centre du commerce avec les côtes et les îles du grand Océan. Il s'y fait de grandes affaires avec les colonies anglaises de l'Australie, où les blés du Chili trouvent un débouché avantageux. Nous avons mentionné plus haut les autres articles d'exportation. L'exportation pour les États-Unis atteint le chiffre de 750,000 dollars; pour la France, elle s'élève à huit millions de francs, mais elle est en voie de décroissance. Les importations provenant de ces deux pays sont bien plus considérables, et dans ces dernières années la Chine a envoyé au Chili beaucoup de ses produits.

Le revenu public va toujours s'améliorant, de même que le commerce et la culture du sol. En 1845 il était de 5,415,848 piastres, et en 1847 le budget des dépenses avait été fixé à 3,484,284. Au commencement de cette même année la dette publique montait à 1,713,062, non compris l'emprunt d'un million sterling conclu en 1822 en Angleterre. Malgré les atteintes profondes portées à la prospérité publique par les guerres contre le Pérou, la bonne administration dont jouit le Chili lui promet d'espérer l'avenir le plus prospère.

Le catholicisme est la religion de l'État; mais toutes les autres croyances sont tolérées, et on trouve même à Valparaiso deux chapelles protestantes. Le clergé, salarié par l'État, a à sa tête un archevêque et trois évêques. Le gouvernement témoigne d'une vive sollicitude pour l'instruction publique, et la capitale possède une université. Tout citoyen chilien est astreint au service militaire, à l'exception des ecclésiastiques ou des individus revêtus de charges judiciaires ou honorifiques. Pour favoriser l'accroissement de la population, le gouvernement a offert des encouragements de toute espèce à l'immigration. De 1848 à 1850 on a vu arriver plus de mille colons allemands; et la société nationale créée à Stuttgard pour favoriser l'émigration allemande a commencé dans ces derniers temps à donner une attention toute particulière au Chili. Le nombre des Allemands se rendant à Valparaiso est déjà considérable, et va toujours en augmentant; ajoutons cependant qu'une faute grave a été commise récemment par le gouvernement chilien, quand il a exigé que les nouveaux colons qui viendraient s'établir sur son territoire professassent la religion catholique et s'astreignissent à faire usage de la langue espagnole dans leurs relations ordinaires.

Les Incas du Pérou avaient déjà tenté de s'emparer de ce beau pays; mais il leur avait été impossible de triompher de la résistance opposée à leurs armes par les populations du sud. Diego Almagro pénétra pour la première fois, en 1535, du Pérou dans la province de Coquimbo. Les Espagnols s'y établirent, subjuguèrent assez facilement les provinces du nord, et pénétrèrent en 1550 jusqu'au Biobio; mais force leur fut alors de battre en retraite devant un soulèvement des Araucans, et jusqu'à la fin de leur domination ils durent se contenter de ce fleuve pour frontières naturelles. A l'exemple de Buénos-Ayres, les classes élevées du Chili éprouvèrent également, à partir de 1809, le plus vif désir de se déclarer indépendantes de la mère-patrie. Après la révocation du capitaine général Carasco, décrétée le 18 juillet 1810 par les cortès de Cadix, une junte se constitua à Santiago, et élut pour président, le 18 septembre, le marquis de la Plata, Chilien de naissance. Une tentative faite, le 1er avril 1811, par le colonel espagnol Figuerra, pour renverser ce gouvernement provisoire, échoua, mais au prix du sang le plus généreux, et ne fit qu'accélérer la révolution. Le congrès qui se réunit le 9 septembre 1811 avait encore agi au nom de l'Espagne, et avait pu produire beaucoup de bien, lorsque les trois frères José-Miguel, Juan-José et Luis Carrera, jeunes gens de bonne famille, mais d'une fort mauvaise éducation, s'emparèrent du pouvoir suprême en 1812, chassèrent le congrès et proclamèrent l'indépendance du Chili, dans l'espoir de créer de la sorte un royaume pour leur famille.

Abascal, vice-roi du Pérou, envoya au mois de juin 1813 le général Parera de Lima dans le midi du Chili; mais, battu par José-miguel Carrera, il dut se retrancher à Chillan. La junte, lasse de la tyrannie des Carrera, déposa l'aîné de ces trois frères le 24 novembre 1813, et nomma à sa place Bernardo O'Higgins, chef du pouvoir exécutif. Malgré tout son talent, celui-ci ne put empêcher la prise de la ville de Talca par l'armée espagnole aux ordres de Gainsa, qui était de beaucoup supérieure à la sienne. Une nouvelle révolution renversa la junte, et remit la dictature aux mains de l'estimable colonel Lastra, qui, par le traité du 5 mai 1814, reconnut le gouvernement constitutionnel d'Espagne et lui soumit le Chili; mais les Carrera résistèrent. La guerre civile éclata de nouveau, et ouvrit le pays aux troupes arrivant du Pérou sous les ordres du général Osorio. O'Higgins, battu le 2 octobre 1814 à Rancagua, parvint, en traversant les Andes, à se réfugier à Mendosa avec des forces encore assez considérables. Osorio gouverna alors pendant plus de deux années, et les populations semblaient s'estimer heureuses d'avoir vu la fin de la guerre civile et du pouvoir des Carrera.

Le gouvernement de Buénos-Ayres comprit tout ce qu'il y avait de dangers pour lui dans cette situation du Chili, et en conséquence il prêta toute espèce d'assistance aux émigrés chiliens, qui s'organisèrent sur son territoire en corps d'armée aux ordres du général San-Martin, et agirent d'accord avec des troupes des États de la Plata. En février 1817, ce chef, réussissant à donner le change aux Espagnols par une marche des plus audacieuses dont il soit parlé dans l'histoire des temps modernes, et franchissant un espace de plus de 37 myriamètres en huit jours, franchit les Cordillères, qui sont là hautes de 4,000 mètres et complètement inhabitées. Le 12 février, les troupes espagnoles, acculées au pied de cette montagne sous les ordres de Maroto, essuyèrent non loin de Chacabuco une complète déroute, à la suite de laquelle elles durent abandonner la capitale aux vainqueurs. Au mois d'avril suivant le général O'Higgins fut réélu chef suprême du pouvoir exécutif. Osorio, quittant la Concepcion, marcha au-devant des patriotes, qu'il surprit et battit le 19 mars 1818, à la Cancharayanda; mais le 5 avril il perdit la bataille de Maypu, laquelle affranchit pour toujours le Chili de la domination espagnole. Lord Cochrane, amiral de la république, s'empara, en janvier 1820, de Valdivia; et le général Freire, en 1826, des îles Chiloé, les derniers points du territoire chilien où des forces espagnoles eussent réussi à se maintenir jusque alors.

Mais le joug espagnol ne se trouva pas plus tôt brisé que des déchirements intérieurs affligèrent le Chili. Dès le 28 janvier 1823 un parti réussissait à déposer le chef suprême du pouvoir exécutif, O'Higgins. Le général Freire, placé alors à la tête du gouvernement, puis déposé à son tour, en appela à la force des armes, mais fut battu au mois de juillet 1828, non loin de Santiago et banni du pays. Le 6 août 1828 une nouvelle constitution remplaça la première, qui datait de 1824. Au général Freire succéda le général Pinto, et à celui-ci, le 5 avril 1831, le président Prieto, qui rétablit la tranquillité à l'intérieur, et, secondé par des ministres capables, prit un grand nombre de mesures utiles. Une conspiration fomentée par le gouvernement péruvien éclata au Chili en 1837, fit répandre beaucoup de sang, mais finit par être comprimée. Ces faits et la puissance toujours croissante de Santa-Cruz, président de la Bolivie qui s'était emparé du Pérou et menaçait le Chili, amenèrent de la part de ce dernier État une déclaration de guerre, le 17 mai 1837. La lutte se prolongea jusqu'en mars 1839, et finit par le bannissement du général Santa-Cruz. Cette guerre a sans doute été une source de dettes pour le Chili, qui fit des efforts extraordinaires et mit sur pied des forces respectables tant de mer que de terre; mais au total elle fut utile au pays, parce qu'elle contribua puissamment à y développer le sentiment militaire.

Depuis lors la paix n'a plus été troublée entre les deux républiques, et au moment où nous écrivons le Chili est en voie de devenir le plus puissant et le plus florissant des États de l'Amérique du Sud. Indépendamment d'un traité conclu avec l'Espagne le 25 avril 1844, par lequel celle-ci a complétement reconnu son indépendance, son commerce maritime avec les autres États de l'Amérique et avec l'Europe prendre une activité de plus en plus grande à la suite de la conclusion de divers traités internationaux des plus favorables, tels que ceux de 1847 avec la Belgique et la France, et de 1848 avec le Pérou. La prise de possession de la Californie par les États-Unis, et l'immense mouvement commercial avec l'Asie et l'Australie dont l'océan Pacifique est dans ces derniers temps devenu tout à coup le théâtre, n'ont pu qu'ajouter à tous ces éléments de prospérité. La tranquillité publique n'a d'ailleurs subi depuis lors que d'insignifiantes atteintes. En 1841 une grande majorité appela à la présidence le général Bulnes, qui s'était distingué par sa bravoure dans la guerre contre le Pérou. Bien qu'il eût apporté beaucoup d'hésitation et de lenteur à opérer les réformes réclamées par l'opinion, il n'en fut pas moins réélu en 1846. Le président gouverna dans l'esprit de la majorité du congrès. Une insurrection, tentée par les radicaux le 8 mars 1846 à Santiago, et le 30 du même mois à Valparaiso, à l'occasion de l'élection des députés, fut facilement réprimée dans la première de ces villes, mais dans la seconde exigea l'intervention de la force armée. Le parti démocratique n'en gagna pas moins toujours du terrain, et en 1848 le ministère Vial-Sanfuentes, appelé aux affaires en 1846, lors de la réélection du président, dut céder la place à un ministère recruté dans les rangs de l'opposition. Il était présidé par Manuel Montt, qui déjà se posait en candidat à la présidence pour l'élection de 1851. Le 18 septembre 1851 il fut effectivement élu; une révolte à main armée, tentée alors par le général Cruz, fut facilement comprimée par les troupes du gouvernement, commandées par Bulnes, et aussi par l'attitude énergique que prit le pouvoir.

Consultez Molina, *Histoire de la Conquête du Chili* (en allemand, Leipzig, 1796); le même, *Geographical, natural and civil History of Chili* (Middletown, 1808); Hall, *Journal kept on the Coasts of Chili* (4e édit., Londres, 1825); Miers, *Travels in Chili and La Plata* (Londres, 1826); d'Orbigny, *Voyage dans l'Amérique méridionale* (Paris, 1839); Gardiner, *A Visit to the Indians of Chili* (Londres, 1841); Gay, *Historia fisica y politica del Chili* (Paris, 1844 et années suivantes).

CHILI (Salpêtre du), nitrate de soude. *Voyez* SALPÊTRE DU CHILI.

CHILIARQUE (du grec χιλιάς, mille, et ἀρχός; chef, commandant), officier de l'ancienne milice grecque, dont le nom répond à celui de commandant de mille *oplites*; cependant, l'effectif réel était de 1,024. Cet officier était à la tête d'une *chiliarchie*, troupe qui égalait la moitié d'une *mérarchie*, et qui se divisait en deux *pentacosiarchies*. Il y avait dans une grande phalange seize chiliarques; mais au moyen âge, dans l'empire Byzantin, tous ces usages avaient varié; le *dronguaire* y représentait l'ancien *chiliarque*; la *chiliarchie*, la *mérie*, le *dronge*, étaient synonymes, et ce genre de troupe se divisait en bandes ou *tagmes* de 2 à 400 hommes, commandés par des *turmarques*. Au commencement du rétablissement du gouvernement hellénique, on a vu revivre dans la milice moderne, alors nationale, et non encore bavaroise, le titre de *chiliarque*; il eût mieux valu que tout autre; il est clair, précis, préférable à celui de chef de bataillon ou d'escadron.   Gal BARDIN.

CHILIASTES, CHILIASME (de χιλιάς, mille). *Voyez* MILLÉNAIRES.

CHILLON, château du canton de Vaud, entre Villeneuve et Montreux, à l'extrémité orientale du lac de Genève, construit sur un rocher qui s'élève au-dessus de la surface du lac et est rattaché par un pont levis au rivage, distant de quelques brasses. Il se compose aujourd'hui de plusieurs bâtiments irréguliers, avec une tour carrée au milieu, et se fait remarquer de loin par ses blanches murailles. Ses caves sont taillées dans le roc vif et au-dessous du niveau du lac. Il est impossible d'indiquer d'une manière précise la date de la construction de ce château, dont il est déjà fait mention dans des documents remontant au douzième siècle. Pierre de Savoye, surnommé *le petit Charlemagne*, en fit une forteresse en 1248. Le 29 mars 1536, après un siège de deux jours, il tomba au pouvoir des Bernois, qui y trouvèrent des richesses considérables. Devenu alors la résidence du grand-bailli, il fut transformé en 1733 en prison d'État. Depuis 1798 il sert à la fois d'arsenal et de prison militaire. La prise de Chillon par les Bernois rendit à la liberté, entre autres prisonniers considérables qui y étaient détenus depuis longtemps, Bonnivard, prieur de Saint-Victor de Genève, intrépide défenseur des libertés de cette ville contre la tyrannie des princes de la maison de Savoie et celle de ses évêques. De 1530 à 1536, il était demeuré enfermé dans un obscur cachot, enchaîné à un anneau de fer, que l'on montre encore aujourd'hui, de même que la trace de ses pas sur le pavé. Par son poème *The Prisoner of Chillon*, Byron a donné une célébrité nouvelle à ce martyr de la liberté.

CHILOÉ, archipel de la côte occidentale de l'Amérique méridionale, au sud du Chili, dans le golfe de Guoitoca ou del Ancud, se compose d'une grande île et d'environ quatre cents îlots, dont vingt-six seulement sont habités. On en évalue la superficie totale à environ 110 myriamètres carrés, et la population à 46,000 habitants, dont une partie d'origine espagnole et l'autre descendant d'Indiens. Tout ce groupe d'îles était désigné autrefois sous la dénomination *del Ancud*. Son nom actuel lui fut imposé en 1558, lorsqu'il fut découvert par Garcia de Mendoza. Il y règne en général une extrême misère. Les habitants vivent d'agriculture, de chasse et de pêche. Ils se livrent aussi à l'élève du bétail, au tissage de la laine et au commerce des bois.

Les Espagnols demeurèrent en paisible possession de cet archipel depuis 1565 jusqu'au commencement du dix-neuvième siècle, moment où éclata parmi les habitants des îles une révolte qui fut bientôt comprimée. Forcés, en 1818, à la suite de la bataille de Maypu, d'évacuer le Chili, ils se fortifièrente aux îles Chiloé, qu'il leur fallut cependant encore abandonner en 1826. Depuis cette époque l'archipel de Chiloé fait partie du Chili, dont il forme l'une des provinces avec l'extrémité sud du continent. L'île principale, qui contient les deux tiers de la population totale de l'archipel, a nom Chiloé; elle est hérissée de montagnes. On y trouve le port de *San-Carlos* ou *del Ancud*, sur la baie du même nom, chef-lieu de la province, et ceux de *Chacao*, *Castro* et *Delcahue*.

CHILOGNATHES (de χεῖλος, lèvre, et γνάθος, mâchoire). *Voyez* MYRIAPODES.

CHILON, en grec χείλων, l'un des sept sages de la Grèce naquit à Sparte, d'un père nommé Damagète. Ses concitoyens l'appelèrent à remplir les fonctions d'éphore, dans la première année de la soixante-sixième olympiade (en 556 av. J.-C); et sa vie fut constamment conforme aux préceptes qu'on lui entendait émettre. Bon nombre de ses maximes nous ont été conservées par Diogène Laerce, et elles indiquent une grande sagesse pratique. C'est lui qui avait coutume de dire que « comme les pierres de touche servent à éprouver l'or, de même l'or répandu parmi les hommes était la pierre de touche qui servait à distinguer les gens de bien des méchants ». Il répondit à quelqu'un qui lui demandait ce qu'il y avait de plus difficile à ses yeux : « Garder un secret, savoir bien employer son temps et supporter les injures sans murmurer. » Son frère témoignant devant lui de l'humeur de n'être rien, tandis que lui il était parvenu à être éphore, « C'est, lui dit-il, parce que je sais supporter les injustices; ce que tu ne sais pas encore faire. » Quelques-uns des préceptes dont il recommandait l'observation aux Spartiates sont restés au nombre des règles de la sagesse humaine. Nous citerons surtout ceux qui suivent : « Honore les vieillards. — Forcé de choisir entre la perte et un gain déshonnête, n'hésite pas à opter pour la perte. — Efforce-toi d'être estimé plutôt que d'être craint. — Celui qui a la force en partage doit y joindre la douceur pour inspirer plutôt le respect que la crainte. — Il faut mourir à ses amis, non au vin. — Connais-toi toi même, et ne désire rien de trop avantageux. » Cette dernière maxime, qui est le résumé de toute la philosophie, avait été gravée en lettres d'or dans le fameux temple de Delphes. Comme tous les philosophes de l'antiquité, ce

DICT. DE LA CONVERS. — T. V.

fut en voyageant que Chilon acquit cette philosophie pratique qu'il le fit mettre au rang des sept sages. Il paraît qu'il alla à Sardes en mission de la part de ses concitoyens, dont Crésus avait recherché l'alliance, et qu'il vit à sa cour Ésope. On dit aussi qu'il mourut de joie en embrassant son fils, qui venait de remporter le prix du ceste aux jeux olympiques, et qu'en mourant il ne se reprocha qu'une seule chose : c'était d'avoir, à l'époque de sa magistrature, soustrait un ami à la peine de mort qu'il avait méritée.

CHILOPODES (de χίλιοι, mille, πούς, pied). *Voyez* MYRIAPODES.

CHILPÉRIC. Les Francs ont eu deux rois de ce nom.

CHILPÉRIC Iᵉʳ était fils de Clotaire Iᵉʳ. Son père venait à peine d'expirer, qu'il quitta ses frères assemblés à Soissons pour lui rendre les derniers devoirs, et, accourant au palais de Braine, à trois lieues de cette ville, s'empara du trésor royal. Aussitôt il distribua ces richesses aux plus braves et aux plus influents des Francs, puis marchant sur Paris, il s'y établit dans le château qu'avait habité le roi Childebert. Ses frères le contraignirent pourtant à consentir au partage de l'empire en quatre lots, qui furent tirés au sort. De cette manière, Chilpéric obtint Soissons, résidence de son père, avec la Neustrie (561). En 562 il envahit le royaume de son frère Sigebert, et lui prit Reims, sa capitale; repoussé à son tour, il perdit Soissons, et fut sur le point d'être dépouillé de tous ses États.

Cependant Chilpéric ne s'était encore allié qu'à des femmes d'un rang inférieur, parmi lesquelles on remarquait la fameuse Frédégonde, lorsque son frère Sigebert épousa Brunehaut, fille d'Athanagild, roi des Visigoths d'Espagne. Il voulut également avoir pour épouse une princesse de sang royal. « Quoiqu'il eût déjà plusieurs femmes, dit Grégoire de Tours, il fit demander Galswinthe, sœur aînée de Brunehaut, promettant par ses députés qu'il laisserait toutes ses autres femmes dès qu'il aurait obtenu un compagne digne de lui. Athanagild lui envoya en effet sa fille, avec de riches trésors; et Chilpéric l'aima d'abord d'autant plus tendrement qu'elle lui avait apporté de grandes richesses. Mais bientôt son amour pour Frédégonde excita entre elles un grand scandale. Déjà Galswinthe était convertie à la foi catholique (d'arienne qu'elle était), et avait reçu le saint chrême, lorsqu'elle se plaignit au roi des injures journalières qu'elle recevait, déclarant qu'on ne lui montrait aucun respect ; elle demanda donc à retourner dans sa patrie, en abandonnant les trésors qu'elle avait apportés. Chilpéric essaya de dissimuler avec elle et de l'apaiser, en lui parlant avec douceur; mais ensuite il la fit étrangler par un page à lui, en sorte qu'on la trouva morte sur son lit. Après avoir pleuré un peu ses mânes, Chilpéric épousa Frédégonde. »

Le meurtre de Galswinthe fit renouveler les hostilités entre l'Austrasie et la Neustrie. Sigebert, secondé par ses autres frères, voulut venger sa belle-sœur, et Chilpéric fut de nouveau sur le point de perdre sa couronne. La paix fut cependant rétablie par la médiation de Gontran, sous condition que Chilpéric abandonnerait à Brunehaut les villes qu'il avait reçues d'Athanagild pour le douaire de Galswinthe. Mais elle ne fut pas de longue durée. La jalousie dont Chilpéric et Sigebert étaient animés l'un contre l'autre et la haine implacable qui existait entre Frédégonde et Brunehaut amenèrent de nouveau la guerre, quoique Gontran leur eût proposé de soumettre leurs différends à l'arbitrage des évêques assemblés à Paris en concile national. Théodebert, fils aîné de Chilpéric, se jeta dans la partie de l'Aquitaine qui était échue en partage à Sigebert après la mort de Caribert; il commit d'horribles ravages dans la Touraine, dans le Poitou, le Limousin et le Querci. Sigebert appela à lui les nations germaniques d'au delà du Rhin. Leur barbarie inspirait tant de terreur, que Gontran, jusque alors ennemi de Chilpéric, s'unit à lui ; mais Sigebert le ramena à son parti en le menaçant d'attaquer la Bourgogne. Les villages des

30

environs de Paris, sur les deux rives de la Seine, furent brûlés par les Germains, et leurs habitants emmenés en captivité au delà du Rhin. Chilpéric s'était retiré à Chartres, où Sigebert le poursuivit ; mais les seigneurs de Neustrie et d'Austrasie forcèrent les deux rois à conclure la paix. Dès que l'armée germanique eut repassé le Rhin, Chilpéric, tout en négociant avec Gontran, s'avança jusqu'à Reims; Sigebert revint à la tête de ses barbares, et rentra dans Paris, tandis que deux de ses lieutenants attaquaient Théodebert en Touraine, et que l'un d'eux tuait ce jeune prince. Chilpéric, se croyant sans ressources, s'était renfermé avec sa femme et ses enfants dans les murs de Tournai. Déjà Brunehaut s'était rendue à Paris; déjà Sigebert avait été proclamé roi de Neustrie, lorsqu'il fut assassiné par ordre de Frédégonde. Les Neustriens reconnurent de nouveau Chilpéric, qui alla prendre possession de Paris. Il y fit prisonnières Brunehaut et ses filles. La même année il poursuivit avec fureur son fils Mérovée, qui avait épousé Brunehaut à Rouen, le contraignit ainsi à la révolte, et le réduisit à se donner lui-même la mort à Térouanes.

Dès lors l'ascendant de Frédégonde fut encore plus grand sur Chilpéric : elle lui fit immoler, les uns après les autres, tous les fils qu'il avait eus d'autres femmes; elle poursuivit ses rivales jusqu'à la mort, et anima son mari contre Grégoire de Tours, contre Prétextat, contre tous ceux qu'elle haïssait. Tous les crimes de Chilpéric semblent inspirés par elle. Ce prince, lettré, bel esprit, poète et grammairien, était trop faible pour être féroce par lui-même. Il avait inventé de nouveaux caractères qu'il voulait introduire dans l'alphabet; il se piquait aussi de théologie ; il entreprit de réformer la foi catholique, et inventa une explication de la Trinité, que les évêques refusèrent d'adopter, sans qu'il le persécutât pour cela. Enfin, il voulut aussi convertir les juifs, et fit administrer par violence le baptême à tous ceux qu'on trouva dans ses États. Et cependant il respectait peu les prêtres et les évêques, et se plaignait que le fisc était appauvri par eux, et que leur autorité était devenue rivale de celle du roi.

Après quelques petites guerres en Bretagne et en Austrasie, où il se fait l'allié des nobles francs révoltés contre Brunehaut et son fils Childebert, il signe enfin la paix avec Gontran. En 584 Frédégonde donna à Chilpéric un fils qui fut depuis Clotaire II. Seul, parmi les huit fils qu'il avait eus le roi de Neustrie, il survécut à son père.

« Chilpéric était allé s'établir à son château de Chelles, à 17 kilomètres de Paris, et il y prenait le plaisir de la chasse, lorsqu'un jour, revenant de la forêt, à l'entrée de la nuit, tandis qu'on l'aidait à descendre de cheval, et qu'il avait la main appuyée sur l'épaule de son page, un homme s'approcha de lui, le frappa de son couteau sous l'aisselle , et, redoublant le coup, lui transperça le ventre. Aussitôt Chilpéric répandit en abondance du sang par la bouche et par l'ouverture de sa blessure, et rendit ainsi son âme inique. » Tel est le récit de Grégoire de Tours, qui n'indique point l'auteur de ce meurtre. Les écrivains postérieurs accusent de cet assassinat l'une ou l'autre des deux reines. Selon les uns, Frédégonde, dont Chilpéric venait de découvrir la liaison avec le courtisan Landéric, fit tuer son mari pour se soustraire elle-même à sa vengeance. Selon les autres, Brunehaut fit commettre ce forfait pour se venger des maux que Chilpéric avait faits à elle-même et à sa maison. Du reste, on mit peu d'ardeur à rechercher les meurtriers, qui ne furent point découverts. « Comme personne n'aimait Chilpéric (dit Grégoire), personne ne le regretta; et au moment de sa mort il fut abandonné de tous. » Un évêque, qui depuis trois jours demandait en vain une audience, prit seul soin de son corps, et lui rendit les honneurs funèbres.

CHILPÉRIC II. Après la mort du roi de Neustrie, Dagobert III (715), le maire du palais Raginfred ou Rainfroi tira d'un couvent un prince nommé Daniel, fils prétendu de Childéric II, et que les Francs neustriens reconnurent pour roi sous le nom de Chilpéric II. Il devait avoir au moins quarante-deux ans. Il y avait près d'un siècle que la monarchie n'avait eu un chef aussi avancé en âge; mais la vie monacale avait été pour Chilpéric une seconde enfance, qui le rendait tout aussi incapable d'administrer que s'il ne fût point sorti de la première. En 716 et 717, Raginfred le traîna à sa suite dans ses guerres contre Charles Martel, et le fit assister à la sanglante bataille de Vinciac, qui fut si désastreuse pour sa cause. Lorsque Charles Martel envahit la Neustrie, Eudes, duc d'Aquitaine, emmena Chilpéric II derrière la Loire, et, après la soumission de Raginfred, Chilpéric passa entre les mains de Charles Martel, au moyen d'un traité avec Eudes, qui lui assurait la continuation de son règne nominal. Ainsi, ce triste roi, grâce à ses revers et non à des succès, réunit les trois royaumes de Neustrie, de Bourgogne et d'Austrasie. De nouveau la nation franque parut n'obéir qu'à un seul chef; toutefois, le moine Daniel, que Charles nommait aussi son roi, régnait moins encore dans le camp des Austrasiens qu'il n'avait fait dans celui de Raginfred. Il ne vécut pas plus d'une année sous la tutelle de Charles. Il mourut en 720. A. SAVAGNER.

CHILTERN-HUNDREDS. Se dévouer aux Chiltern-Hundreds est l'une des expressions qui reviennent le plus souvent dans la langue parlementaire et politique de nos voisins d'outre-Manche. En voici l'explication : Chiltern est le nom d'une chaîne de montagnes crayeuses, froides et brumeuses du comté de Buckingham. Les ministres, quand ils ont besoin de renforcer les rangs de leur majorité par quelque recrue nouvelle, homme de talent qui se révèle à eux soit dans la presse, soit au barreau, font accepter à un de leurs fidèles un emploi de *Steward of the Chiltern-Hundreds* (d'intendant des districts de Chiltern); ridicule sinécure, à laquelle sont attachés de dérisoires appointements, mais dont l'acceptation entraîne de droit pour le titulaire la démission du siége qu'il occupait à la chambre des communes, déclaré par la constitution incompatible avec l'exercice d'aucune fonction publique salariée. Cette démission amène nécessairement la convocation des électeurs qui ont cessé d'être représentés au parlement. Le nouveau candidat ministériel peut ainsi solliciter leurs suffrages, qui ne lui font non plus jamais défaut. En effet, ne se dévoue aux Chiltern-Hundreds que celui qui est bien sûr de ses électeurs (voyez BOUNCE-POURNIS). Il peut compter que le gouvernement saura le récompenser amplement d'un autre côté de cette preuve d'abnégation politique.

CHIMAY (en latin *Chimacum*) est une ville de Belgique, dans la province de Hainaut, arrondissement de Charleroi, dont elle est éloignée de 44 kilomètres sud, sur la Blanche, avec une population de 2,809 âmes, de nombreux hauts fourneaux et de grandes exploitations de beau marbre noir, veiné de blanc, de rouge et de jaune.

C'est de cette petite ville, chef-lieu d'une seigneurie qu'elle possédait jadis, qu'une maison illustre des Pays-Bas tire son nom. Ville, seigneurie et pairie furent portées, vers le milieu du treizième siècle, dans la famille de Nesle-Soissons, par le mariage de Jean II avec Marie de Chimay, fille de Roger. Jean III, comte de Soissons, sire de Chimay, mourut en 1282. Sa petite-fille, Marguerite, épousa Jean de Hainaut, seigneur de Beaumont. De cette union naquit Jeanne de Hainaut, femme de Louis de Châtillon, comte de Blois; mais la maison de Châtillon ne posséda pas longtemps la seigneurie de Chimay, devenue l'héritage du seigneur de Moreuil, après la mort de Guy de Châtillon, fils de Louis. Le sire de Moreuil la vendit à Jean de Croy, créé premier comte de Chimay par Charles le Téméraire, en 1470. Un diplôme de Maximilien érigea ce comté en principauté, l'an 1486, en faveur de Charles de Croy, qui épousa Louise d'Albret, dame d'Avesnes et autres lieux. Il n'en eut que deux filles; l'aînée, Anne, épousa son cousin, Philippe de Croy, duc d'Arschot, et lui apporta la principauté de Chimay.

Leur petite-fille, Anne, qui en devint héritière par le décès de son frère Charles, la fit passer dans la maison de Ligne-Aremberg, où elle resta depuis 1612 jusqu'à 1686, qu'elle échut à Philippe-Louis de Hennin-Liétard, comte de Bousses, du chef de sa mère, Anne-Isabelle de Ligne-Aremberg. En 1750, Victor-Maurice Riquet de Caraman ayant épousé Anne-Gabrielle de Henin d'Alsace, la principauté de Chimay devint le patrimoine de la maison de Caraman. La cour de France avait fait difficulté de reconnaître au père du titulaire actuel le titre de prince de Chimay, mais le roi des Pays-Bas le lui accorda.   DE REIFFENBERG.

CHIMAY (François-Joseph-Philippe de RIQUET, comte DE CARAMAN, prince DE), né le 21 septembre 1771, neveu et héritier du dernier prince de Chimay de la maison de Bousses, était le fils du comte Victor-Maurice de Riquet de Caraman, qui, en 1750, avait épousé la princesse Marie-Anne de Chimay. Officier dans un régiment de dragons au moment où éclata la Révolution française, le jeune prince de Chimay émigra avec ses frères. A la Restauration, il obtint la croix de Saint-Louis, et fut nommé colonel de cavalerie et lieutenant de louveterie. En 1815 il fut élu membre de la chambre des députés, par le département des Ardennes, et il y vota avec la minorité; mais il ne fut pas réélu l'année suivante. Depuis, il résida presque constamment dans les Pays-Bas, dont le roi le nomma, en 1820, membre de la première chambre des états généraux; dans cette assemblée il fit constamment preuve de la plus grande indépendance. Quoique possédant depuis 1804 les biens de la maison de Chimay, ce ne fut qu'en 1824 que le roi des Pays-Bas lui confirma le titre de prince. Il mourut le 2 mars 1843.

CHIMAY (Jeanne-Marie-Ignace-Thérèse de CABARRUS, princesse DE), femme du précédent, aussi célèbre par sa beauté que par son esprit, était fille du ministre espagnol Cabarrus, et naquit à Saragosse, en 1773. A seize ans on lui fit épouser le marquis de Fontenay, conseiller au Parlement de Paris, qu'elle suivit dans cette capitale, où elle fit preuve du plus ardent enthousiasme pour les principes de la Révolution. En 1793 elle profita de la nouvelle loi de divorce pour se séparer de son mari, qui avait émigré; puis elle se rendit à Bordeaux, afin d'y passer plus sûrement les mauvais jours de la Terreur. Mais elle y fut emprisonnée. Pour obtenir sa liberté, elle s'adressa au conventionnel Tallien, alors en mission dans cette ville, et qui s'éprit pour elle d'une violente passion. Sous l'influence de l'amour, le proconsul apporta moins de sévérité dans l'exécution des sanglants décrets du comité de salut public. Aussi fut-il mandé à Paris pour rendre compte de sa conduite. Il y fut suivi par la belle Thérèse Cabarrus, qui ne tarda pas à être arrêtée et jetée en prison; déjà elle avait l'échafaud en perspective, lorsque le 9 thermidor, journée si mémorable, par la victoire que Tallien remporta sur Robespierre et ses partisans, lui sauva la vie. A quelque temps de là elle épousait son amant, devenu tout puissant.

Dès lors elle vécut dans la liaison la plus intime avec Joséphine Beauharnais, avec Hoche, Barras et Bonaparte, avec Mmes Récamier, Hainguerlot, etc., se montrant la protectrice de toutes les victimes de l'oppression. Elle ne tarda pas, toutefois, à trouver trop lourds les liens qui l'enchaînaient à Tallien, et un second divorce l'en affranchit. Quoique Napoléon l'eût autrefois beaucoup aimée, il n'admit jamais cette femme galante à sa cour, ni sous le consulat, ni sous l'empire.

Repoussée de la société officielle, elle se lia alors avec Mme de Staël, chez qui elle fit la connaissance du prince de Chimay. Celui-ci s'en éprit, et l'épousa en 1805. Elle mourut à Bruxelles, le 15 janvier 1835. Peu de temps après deux enfants, nés à l'époque où elle était encore la femme de Tallien et inscrits à l'état civil sous le seul nom de Cabarrus, demandèrent à faire rectifier leur acte de naissance et à prendre le nom de leur père putatif. Les princes de Chimay voulurent s'opposer à cette légitimation de leurs frères utérins ; mais les tribunaux les déboutèrent de leur prétention.

CHIMAY (Joseph DE RIQUET, comte DE CARAMAN, prince DE), fils aîné des précédents, né le 20 août 1808, remplit successivement les fonctions de plénipotentiaire belge à La Haye, à Francfort et à Rome ; mais depuis plusieurs années il réside tantôt dans sa terre de Chimay, tantôt à Bruxelles, où il représente à la seconde chambre l'arrondissement dans lequel sont situées ses propriétés en Belgique, ou bien au *Prytanée de Ménars*, près Blois, institution célèbre, qu'il a fondée et qu'il dirige lui-même. Il a épousé une demoiselle Émilie Pellapra.

CHIMBORAZO, l'un des pics les plus élevés des Cordillères de l'Amérique méridionale, dans l'État de l'Équateur, et que pendant longtemps on avait considéré comme le point extrême de toute cette chaîne, s'élève en cône gigantesque à 6,700 mètres au-dessus du niveau de l'Océan et à 4,000 mètres au-dessus du plateau de Quito. Sa conformation trahit une ancienne activité volcanique, et la région des neiges éternelles y commence à une altitude de 1,663 mètres. En 1745, La Condamine y parvint à une hauteur de 5,266 mètres; Humboldt, en 1802, à 6,433 ; enfin, Hall, en 1834, à 6,332.

[Suivez-moi sur ce géant indompté, le plus élevé de tous ceux qui forment cette immense Cordillère américaine, dont le pied touche au cap Horn, battu par les tempêtes australes, et dont la tête chevelue se cache dans les glaces du pôle boréal. Malgré le soleil vertical dont il est frappé, des neiges vieilles comme la création couronnent sa tête bleuâtre. A ses pieds s'échelonnent, jusqu'à la Lima, des collines plus ou moins abruptes, que le jaguar parcourt incessamment dans ses évolutions sanguinaires. Çà et là, pour arriver aux flancs du Chimborazo, vous suivez un sentier zigzagué, qui vous conduit vers une métairie solitaire, où vous trouvez du moins des vivres et du repos. De Quito, situé sur un plateau plus élevé que le Mont-Perdu des Pyrénées, jusqu'au pied véritable du Chimborazo, la route est difficile, le paysage d'une sauvage grandeur. Vous montez encore, et vous vous trouvez dans la zône des calumets, que vous franchissez après deux heures d'une ascension rapide, et vous arrivez alors à celle des fougères, plus large, plus écrasante à gravir. Ici déjà, dans quelques crevasses exposées au nord, séjournent de larges couches de neige, sur lesquelles bien des siècles ont passé sans les amoindrir, et lorsque, à l'exemple de M. de Humboldt, vous trouvez un bon guide, vous pouvez monter encore, et vous êtes à la limite des neiges éternelles, au-dessus desquelles il vous est défendu de vous élever. Ici c'est la nature dans ce qu'elle a de plus magique, de plus imposant, de plus majestueux. La main du Tout-Puissant a dressé ce mont gigantesque, et lorsque la tourmente mugit sur ce monde de glaces et de neiges tourbillonnantes, vous avez le vertige ; vous vous inclinez avec respect et vous vous demandez involontairement si le chaos n'est pas l'harmonie de ces régions dominatrices. Malheur à vous si la rafale descend jusqu'au gîte où vous contemplez ces effrayants prodiges, rien ne pourra vous sauver du désastre ; vous serez bientôt enveloppé sous un lourd manteau de neige ; et plus tard quand un voyageur suivra la même route et fouillera les couches sur lesquelles il posera son pied téméraire, son bâton ferré trouvera des cadavres pétrifiés, pareils à ceux que l'on montre encore en pèlerin dans une autre partie des Cordillères, et que l'on prétend être des soldats de l'armée de Cortès, de cet aventurier qui avec une poignée d'hommes osa conquérir plus de royaumes que l'Europe n'avait de provinces.

Il y a des volcans éteints et quelques cratères en action autour du Chimborazo, et cependant vous ne trouvez sur ses flancs ni pierre ponce, ni galets roulés, ni veines de laves. Ne serait-ce pas que ce mont cyclopéen, pesant trop fort sur les feux souterrains pour que ceux-ci aient encore eu la puissance de percer sa dure enveloppe, la lave en bitume auraient trouvé près de là moins de résistance? C'est aux explorateurs à répondre.   Jacques Arago.]

CHIMÈNE, fille de Rodrigue. *Voyez* Cid Campéador.

CHIMÈNE DE L'INFANTADO. Les romanciers ont donné à François Ier, pendant sa captivité à Madrid, une maîtresse nommée Chimène de l'Infantado, à laquelle ils prêtent un caractère bien rare, une vertu non moins rare, et un amour tout à fait héroïque. Elle est naïve, tendre, amoureuse et sage, hasardeuse dans ses démarches, et d'une retenue pleine de charmes; elle soutient le roi, le console, l'encourage, ne lui permet pas de douter de sa tendresse, et pourtant lui refuse obstinément ce qu'il n'est pas accoutumé à se voir refuser; elle l'afflige par une rigueur qu'il n'avait jamais éprouvée. Pour elle, sa réputation n'est rien : elle méprise les discours du monde ; mais elle craint de trouver dans sa conscience un juge inexorable, et reste fidèle à son devoir, malgré la violente passion qui la domine. Le roi, dit le romancier, tombe dangereusement malade; Chimène lui résiste, et le presse même d'épouser Éléonore, reine douairière de Portugal, union à laquelle il devra la paix et la liberté. Cette proposition tourmente François Ier. Peu s'en faut qu'il n'en meure. Tant que la vie du prince fut en danger, Chimène ne put l'approcher; mais lorsqu'il n'y eut plus rien à craindre, lorsqu'elle le vit, elle fondit en larmes, lui reprochant d'avoir voulu mourir, d'avoir compromis les jours de celle qui l'adorait, car après lui elle n'eût pu, disait-elle, supporter la vie; elle serait avec lui descendue au tombeau. Puis elle lui rappela les devoirs de roi, le soin de sa gloire ; elle releva son âme encore abattue; au nom de l'amour même, elle le supplia d'épouser la reine de Portugal, de mettre un terme à une guerre terrible, de donner à ses sujets une paix qui leur était si nécessaire. François, vaincu par un si rare dévouement, accepte la main d'Éléonore ; au milieu de la cérémonie, il cherche vainement Chimène; ses yeux ne la rencontrent point. En sortant, il reçoit d'elle un billet; celle qui l'aime par-dessus tout le félicite d'avoir accompli son devoir, et lui annonce qu'il ne la reverra jamais. Elle s'était retirée dans un couvent, et François fit d'inutiles efforts pour lui dire au moins un dernier adieu. Ces amours si purs et si ingénieusement imaginés ont été reproduits plus ou moins sérieusement par des écrivains qui visaient à l'effet plus qu'à la vérité. Ils ne sont qu'une fiction : le premier qui en ait parlé est l'auteur d'un roman qui a pour titre : *Histoire de Marguerite de Valois, reine de Navarre, sœur de François Ier*.   Aug. Savagner.

CHIMÈRE, monstre fantastique, à la tête de lion, au corps de chèvre, à la queue de dragon, et vomissant des flammes. Ce triple assemblage d'animaux, dont l'un, animal paisible, occupe le milieu, est resserré heureusement dans ce vers de Lucrèce :

Prima leo, postrema draco, media ipsa chimæra.

La chimère, selon le peuple-poëte, les Grecs, naquit de Typhon et d'Echidna, sur le Cragus, aujourd'hui *Capo Serdeni*, ou *Sette Capi*, haut promontoire de la Lycie. Elevée par Amisodore, roi d'une partie de cette contrée, elle faisait sa demeure constante de cette montagne, d'où elle allait ravager les pays voisins. Un autre roi, Iobate, y régnait lorsque Bellérophon y vint. Iobate, pour faire périr son hôte par une voie détournée, lui proposa d'aller combattre la Chimère. Mais le jeune héros, monté sur le cheval ailé Pégase, que Minerve lui avait confié, ôta la vie au monstre, et reçut en récompense la main de Philonoé, fille d'Iobate.

Voici une des explications de ce mythe par quelque scoliaste rêveur : « La femme d'Amisodore, nommée *Chimère* ou *Chèvre*, aurait eu deux frères, dont l'un se serait appelé le *Lion* et l'autre le *Dragon*. Leur grande union avec leur sœur aurait fait dire que c'étaient trois corps sous une même tête. » Bien jusque là! mais pourquoi ne rien dire des feux vomis par le monstre? Cherchons ailleurs! Strabon rapporte que le Cragus a huit sommets qui dominent les flots. Cette mer Méditerranée, dont le fond fut autrefois si travaillé par les feux souterrains, toute festonnée aujourd'hui de golfes et de promontoires, déchirures de volcans éteints, devait aux temps héroïques avoir ses rivages et ses îles bordées de ces phares sous-marins que la nature éteignait et rallumait çà et là à la cime des montagnes. Le Cragus, un de ces phares naturels ou volcans, avait sans doute ses huit sommets infestés par des lions, sa base rongée de reptiles, et sa verte ceinture, comme la nomment les poëtes, broutée par des chèvres sauvages. De là, le monstrueux assemblage du monstre tué par le fils de Glaucos : ce qui signifierait qu'il aurait nettoyé ce promontoire des animaux malfaisants qui l'infestaient. Un autre érudit a prétendu qu'à la proue des vaisseaux de ce temps, comme c'est encore l'usage de nos jours, il y avait des figures de tritons, de sirènes, de nymphes ou d'animaux, et que Bellérophon, monté sur une galère dont la proue était surmontée d'un cheval ailé, qui semblait aux poètes Pégase lui-même, défit un vaisseau redoutable des pirates solymes, qui par le corps était chèvre, et par ses deux extrémités lion et serpent, goût bizarre de ces siècles reculés, dont la seule configuration effrayait les côtes de la Lycie. En effet, les roches de ces côtes sont encore aujourd'hui infestées de pirates; Byron les appelle poétiquement des *nids de scorpions*. Fréret et l'abbé Banier ont discuté les divers récits relatifs à la Chimère, dans les *Mémoires de l'Académie des Inscriptions*. Cicéron et Lucrèce estimaient que la Chimère n'avait jamais pu exister. De là ce mot devenu dans nos langues modernes synonyme de chose imaginaire, impossible. On voit une chimère sur les médailles de Panticapée, ville de la Chersonnèse Taurique; de Sériphe, île de la mer Egée, et de Corinthe. Cette dernière était la patrie de Bellérophon, fils de Glaucus, qui fut un de ses rois. On dit qu'une peinture d'Herculanum représente l'Espérance allaitant une chimère.

Parmi les constellations, la Chimère est un monstre astronomique, composé de la chèvre et du serpent, dont les levers héliaques annoncent, l'un le printemps, l'autre l'automne, unis au lion, signe solsticial.   Denne-Baron.

En morale, on qualifie de *chimère* un dessein qui paraît sans fondement, une prétention qu'on juge être vaine, une pure création de l'imagination qui donne de la consistance à ce qu'elle invente et le tient pour positif. Ce dernier genre de chimère, suivant l'objet auquel il s'applique, fait les délices ou les tourments de la vie : toujours est-il au moins qu'il la passionne beaucoup. Quand un homme doué d'éloquence cède, soit en politique, soit en religion, à une chimère qui a certaine apparence de grandeur, il compte bientôt des disciples et règne sur eux pendant un temps plus ou moins long. D'un autre côté, il est des époques étroites et mesquines où toute idée nouvelle et toute tentative hasardeuse sont repoussées, soit par les habitudes, soit par les terreurs de la médiocrité : les révolutions dans les sciences, les découvertes lointaines, les améliorations sociales, tout ce qui est innovation et perfectionnement se convertit en chimère : il y a donc un point d'arrêt forcé, car alors médiocrité signifie majorité. Mais à travers les obstacles de tous genres l'esprit humain accomplit sa mission ; il parvient toujours à étendre ses conquêtes. Aussi est-il bien rare que les améliorations qu'on avait d'abord repoussées comme de véritables chimères n'arrivent pas à une réalisation utile du vivant de leurs auteurs, lorsque ceux-ci joignent à la pénétration la mesure et la persévérance. Il y a des chimères qui s'emparent subitement de tout un peuple; le sage s'en éloigne avec discrétion ; il ne les combat pas, la lutte serait trop inégale ; mais il évite de les subir. Il y a encore des chimères de caste, de position : elles résistent longtemps, parce qu'elles participent à l'immobilité des choses; il faut toute la violence d'une révolution pour les entraîner ou les détruire. SAINT-PROSPER.

CHIMÈRE (*Ichthyologie*), genre de l'ordre des poissons chondroptérygiens, établi par Linné, et ainsi nommé à cause de la figure bizarre de ces animaux, qui paraît monstrueuse lorsqu'on les dessèche avec peu de soin. Il a pour caractères : Une seule ouverture branchiale, communiquant au fond de la cavité avec cinq trous; les branchies sont encore attachées par une grande partie de leurs bords; mâchoire supérieure représentée par le vomer seulement; des plaques dures et non divisibles au lieu de dents, quatre à la supérieure et deux à la mâchoire inférieure; opercules rudimentaires; museau saillant; appendice charnu armé d'aiguillons entre les yeux; un autre aiguillon à la première nageoire dorsale, qui est placée sur les pectorales; intestins courts et droits avec la valvule spirale des squales. Le mâle se distingue par des appendices osseux aux nageoires ventrales, et deux lames épineuses vers leur base. Ces appendices se divisent en trois branches. Les œufs sont assez grands et contenus dans une sorte de coque cornée à bords aplatis et velus. Les chimères ont les plus grands rapports avec les squales par leur forme générale et la position de leurs nageoires.

La *chimère arctique* (*chimæra monstruosa*), qui porte les noms vulgaires de *chat* et de *roi des harengs*, est longue de 0m,60 à un mètre. Son museau, simplement conique, est de couleur argentée, tachetée de brun. Elle habite nos mers. On la pêche à la suite des poissons voyageurs.

La *chimère antarctique* (*chimæra callorhincus*), à museau terminé par un lambeau charnu, appartient aux mers australes. L. LAURENT.

CHIMÈRE (Monts de la). Ce nom, dont la racine grecque rappelle les idées d'*hiver* et de *torrent*, a été donné à plusieurs montagnes, entre autres au Cragus en Lycie, sur lequel la fable fait naître la Chimère. Deux montagnes de ce nom en Épire forment, l'une le promontoire *Chimærium*, près de Parga, l'autre, un des chaînons des monts Acrocérauniens. La petite ville de *Chimæra*, à laquelle on ne parvient qu'après avoir gravi pendant deux kilomètres une rampe taillée à main d'homme, a figuré dans les nombreuses guerres qui ont agité l'Épire. Les Chimariotes, Albanais chrétiens, pouvaient mettre sur pied 4,000 combattants : ils ont maintenu leur indépendance jusqu'en 1811.

CHIMIATRIE, CHIMISME. Cette doctrine médicale, qui eut pour principal représentant B o e r h a a v e, est presque complètement abandonnée. Elle ne voulait voir dans toutes les opérations de l'organisme animal que des phénomènes purement chimiques. Suivant elle, toute maladie provenait, soit de l'excès, soit du défaut de tel ou tel principe acide ou alcalin. Le traitement ne devait donc avoir pour but que de rétablir l'équilibre : s'il y avait excès d'acide, il fallait en neutraliser les effets par une dose convenable d'alcali, et *vice versâ*. Ne tenant pas compte de l'influence des forces vitales (*voyez* BIOLOGIE), le chimisme avait le tort d'assimiler des êtres organisés aux corps bruts. Il est à peu près abandonné.

CHIMIE. A voir les importantes et nombreuses applications que la chimie a faites depuis quatre-vingts ans, les arts qu'elle a créés ou modifiés entièrement, les découvertes qui sont le résultat des travaux de ceux qui la cultivent, on aurait peine à croire que ces effets extraordinaires, elle les a produits au moment même où elle sortait d'une enfance de tant de siècles, et ce fait étonne toujours ceux qui l'entendent proclamer. Il a souvent servi de texte aux déclamations des esprits médiocres contre les siècles passés, et contre l'ignorance de nos pères; mais ce superbe dédain est aussi ridicule que la vaine science de la plupart de ceux qui exhalent si hautement leur mépris pour nos devanciers : sans les travaux des hommes qui nous ont précédés ceux auxquels nous attachons tant d'importance seraient souvent impossibles.

Plusieurs arts pratiqués depuis des siècles très-reculés sont réellement des arts chimiques, mais la science elle-même n'a commencé à être distinguée que par les travaux des Arabes et par ceux des alchimistes, dont la persévérance a conduit à des observations importantes, malgré le système erroné qui les guidait dans leurs spéculations (*voyez* ALCHIMIE). Cependant les premiers ne s'étaient occupés pour ainsi dire que des préparations pharmaceutiques, et les alchimistes de la t r a n s m u t a t i o n des métaux et de la panacée universelle. Aucun lien commun ne réunissait les faits observés; le vague le plus obscur régnait dans les idées des adeptes, lorsqu'un homme d'un ordre supérieur, guidé par son génie, mais sans l'appui de l'expérience, qui, nous devons l'avouer, était à peine possible à cette époque, Stahl, imagina un vaste système qui expliquait tous les faits connus, les coordonnait d'une manière remarquable, et que les découvertes de L a v o i s i e r ne purent renverser qu'après un combat de plus de quinze années. Si Stahl eût soumis à une seule expérience la base de son système, s'il eût pesé les métaux avant et après leur conversion en *chaux* (oxyde), il eut plusieurs siècles avant fait, autant que le permettait l'état des sciences à cette époque, les découvertes qui illustreront à jamais le nom de Lavoisier; mais il admit que le p h l o g i s t i q u e ou la matière du feu se dégageait du corps que l'on brûlait, et que les métaux n'étaient que des chaux combinées avec ce principe imaginaire. De nombreux faits ne purent pendant longtemps vaincre les préjugés à cet égard : l'observation faite en 1630 par Jean Rey, qui prouva que les métaux augmentaient de poids quand on les calcinait et prenaient de l'air un principe particulier, resta inaperçue; et ce ne fut qu'à l'époque où les expériences précises de Lavoisier ne purent laisser aucun doute sur cette question que l'on retrouva dans la poussière des bibliothèques l'ouvrage du médecin périgourdin qui seul, plus d'un siècle auparavant, avait observé ce fait capital, qui devait être la base de la *chimie pneumatique*.

Quoique sous l'empire d'une théorie erronée, que contredisaient à chaque pas les faits dont s'enrichissait la science, les chimistes s'occupaient chaque jour de recherches de plus en plus remarquables, par la nature des moyens comme par la nouveauté des faits qu'ils cherchaient vainement à plier à leurs vues. La découverte des gaz fut l'une des plus importantes, et conduisit à un grand nombre d'autres, qui se succédèrent presque sans interruption jusqu'à nos jours. L'Angleterre, la France, l'Allemagne, la Suède comptaient en ce moment des chimistes d'un talent supérieur : B l a c k, Priestley, C a v e n d i s h, les deux Rouelle, B a y e n, Macquer, Bergmann, S c h e e l e, apportaient dans leurs recherches une persévérance qui devait surmonter bien des obstacles; mais la masse imposante des faits dus à leurs travaux manquait d'un lien qui les réunît, les coordonnât, leur donnât en un mot la vie qui en ferait une science nouvelle. Il fallait pour y parvenir un génie supérieur, un homme infatigable dans ses travaux, doué d'une invariable ténacité pour arriver à ses fins, observateur exact, incapable de se laisser abattre par l'opposition du monde savant tout entier; un homme enfin que rien ne pût arrêter, ni soins, ni travaux, ni dépenses : cet homme fut Lavoisier. Seul, il lutta pendant dix années contre l'opposition la plus vive, et ce ne fut qu'après avoir été subjugués par la force des preuves qu'il accumula pour soutenir ses opinions, que les chimistes adoptèrent la théorie nouvelle, qui était destinée à produire de si extraordinaires effets.

Mais la quantité innombrable de faits nouveaux qui, détruisant le règne du phlogistique, créaient la chimie nouvelle manquait encore d'un élément important pour former une science; les noms les plus bizarres, presque toujours les plus incapables de désigner la véritable nature des corps, la multiplicité de ceux que portait la même substance, devenaient un obstacle que ne devait pas manquer de surmonter la création de la théorie antiphlogistique. Guyton de Morveau fit le premier sentir la nécessité d'une nomenclature méthodique. Réuni à Lavoisier et à quelques autres chimistes, il parvint à en établir une, que les changements introduits par les découvertes nouvelles laissent encore subsister en grande partie, et qui, quelques modifications qu'elle éprouve, restera toujours comme un monument digne de l'admiration des savants et l'un des moyens qui a le plus servi à l'avancement de la science. Devenue, à l'aide de ce langage si facile, plus accessible à tous ceux qui s'attachaient à ses succès, la chimie produisit en peu d'années d'innombrables travaux. Déchirant le voile qui couvrait la plus grande partie des opérations des arts, commençant à être goûtés par ceux qui les pratiquaient, elle put bientôt les éclairer sur la nature de leurs opérations, et les conduire à des résultats que l'esprit le plus élevé n'aurait pu prévoir. A cette époque les sanglantes réactions qui ébranlèrent l'Europe entière forcèrent la science à produire de véritables merveilles. Privée de tout moyen de se procurer une grande partie des objets nécessaires à sa population, comme aux armées qu'elle entretenait pour soutenir le choc de tous les peuples qui l'environnaient, la France put en peu de temps remplacer par des produits nouveaux, puisés dans son propre sol, les produits que le commerce, dans des temps plus heureux, avait jusque alors fait affluer de toutes les parties du monde ; tirer de la terre qui recouvrait les fondations de nos édifices le salpêtre nécessaire à la fabrication de la poudre ; des ruines de nos églises, que la hache révolutionnaire venait d'amonceler dans toute la France, le bronze qui produisit les nombreuses bouches à feu que nécessitaient les innombrables armées ; et du sel de la mer, la soude que l'Espagne lui fournissait jusque là.

Si des siècles avaient été nécessaires pour la découverte d'un petit nombre de corps et de quelques-unes de leurs combinaisons, peu d'années suffirent après l'impulsion imprimée par Lavoisier pour la connaissance d'un bien plus grand nombre d'autres. Jusque là on regardait l'eau et l'air comme des éléments : les expériences de Lavoisier prouvèrent qu'ils étaient composés de deux corps différents ; les alchimistes avaient cherché la transmutation des métaux : les nouveaux moyens que possédait la chimie les lui faisaient admettre comme des éléments. Un grand nombre d'acides, d'oxydes, de sels, étaient connus, mais on ignorait complètement leur nature, et on prouvait que les acides alors admis par les chimistes étaient formés d'un radical et d'oxygène, que les oxydes étaient composés d'un métal et du même principe, que les sels résultant de la réunion de ces deux classes de corps, que les substances végétales et animales reconnaissaient un certain nombre de principes communs, que la variation de leurs proportions seule distinguait les unes d'avec les autres, Lavoisier avait ouvert une carrière où s'élancèrent à l'envi presque tous les hommes qui cultivaient la chimie, tant en France que dans l'Angleterre, l'Allemagne et l'Italie. Un petit nombre de contradicteurs tentèrent de lutter contre la théorie nouvelle ; mais leurs efforts ne firent qu'en rendre l'adoption plus facile et plus générale.

Quand des fondements semblables eurent été posés, il ne se pouvait pas que la science restât stationnaire : les découvertes se succédèrent rapidement, et marquèrent d'un sceau ineffaçable la fin du siècle dernier et le commencement de celui où nous vivons : la théorie de Lavoisier s'affermissait chaque jour par les travaux des chimistes ; l'art de l'analyse, porté à un grand degré de perfection, avait produit entre les mains de Vauquelin et de Klaproth des travaux du plus haut intérêt : plusieurs métaux et diverses substances terreuses avaient été découvertes par eux ; l'exactitude des résultats, qui n'avait alors aucun moyen de contrôle, rendait précieuses des recherches faites par des hommes aussi habiles ; une controverse entre Berthollet et Proust sur la nature des combinaisons avait produit l'un des plus importants ouvrages que la chimie eût encore enfantés. Berthollet l'emporta momentanément sur son adversaire : ses idées furent presque généralement admises, et de longs travaux furent nécessaires pour faire triompher une partie de celles de Proust. A cette époque, la difficulté des relations entre les savants ne permettait pas de connaître ce qui se faisait dans d'autres pays. En Allemagne, Richter avait déjà posé les bases d'un édifice nouveau. Plus que Proust dans cette carrière importante, ses vues si élevées étaient peu connues et à peine comprises par un petit nombre de personnes ; elles sont devenues la base des plus importants travaux de l'époque actuelle, par la révélation des lois des combinaisons en proportions définies.

Toutes les sciences se prêtent un mutuel secours : un fait, qui aurait pu passer inaperçu au milieu du mouvement des esprits, avait été découvert par un médecin italien, Galvani, qui en avait ignoré la cause. Volta, par d'ingénieuses expériences, prouva qu'il était dû à une action électrique, et parvint à la construction de l'un des plus importants instruments que la science eût jamais possédés. Employée pendant un assez grand nombre d'années à des recherches de physique, la pile voltaïque devint bientôt l'un des moyens les plus précieux dont les chimistes pussent faire usage. Berzélius et Pontin, en Suède, avaient déjà obtenu par son moyen des résultats curieux, quand elle devint entre les mains de Davy l'occasion de l'une des plus importantes découvertes des temps modernes, celle de la nature des alcalis (potasse et soude) et des terres (chaux, baryte, strontiane, etc.) : les métaux si remarquables qu'il parvint à en séparer vinrent offrir aux chimistes une carrière nouvelle ; et les discussions qui surgirent à ce sujet entre le célèbre professeur anglais et deux de nos compatriotes, Gay-Lussac et Thénard, furent la source d'un grand nombre d'importantes découvertes. Davy démontra expérimentalement que les alcalis et les terres sont des corps composés d'oxygène et d'un métal particulier à chaque alcali ou terre. C'est de cette nouvelle ère que date la découverte du potassium, du sodium, du calcium, du baryum, du strontium, etc. (voyez Corps [Chimie]). Gay-Lussac et Thénard avaient soutenu pendant quelques années sur la nature des métaux alcalins une opinion qu'ils durent enfin abandonner ; mais la lutte qu'ils soutenaient contre Davy a peut-être beaucoup plus servi la science que ne l'eussent fait des travaux entrepris avec des vues semblables : en cherchant à faire triompher son opinion, chacun d'eux apportait journellement une masse de faits nouveaux qui étendaient le domaine de la chimie.

Tandis que, entraînés par l'intérêt des découvertes de Davy, la plus grande partie des chimistes s'occupaient avec la plus vive ardeur des nombreux corps de la connaissance desquels la chimie s'était enrichie, dans une partie reculée de l'Europe, d'où sont sortis un si grand nombre d'hommes supérieurs dans les diverses parties des sciences, Berzélius venait de procurer à la chimie une position moins brillante en apparence, mais beaucoup plus importante en réalité que ne l'eût fait la découverte d'un grand nombre de corps. En reprenant tous les travaux de ses devanciers, apportant dans ses expériences un degré d'exactitude inconnu jusque alors, il prouva, par d'innombrables analyses, les lois qui président aux combinaisons chimiques, qu'il réduisit à un degré de simplicité qui les rendait beaucoup plus admirables encore. Ces lois une fois bien connues, il fut possible de contrôler les résultats des analyses, de prévoir même un grand nombre de combinaisons alors inconnues, et de porter dans tous les travaux une exactitude dont il n'eût pas été possible jusque là de prévoir même la possibilité. Ne bornant pas leur application aux composés que le chimiste peut former, Berzélius procura bientôt à la minéralogie les moyens de connaître la nature d'une grande partie des substances que lui offre la nature, et que jusque là on n'avait pu faire rentrer dans aucune classification véritablement scientifique : il unit si intimement ces deux sciences, que l'étude des minéraux ne put plus être séparée de celle de la chimie. Lorsqu'il s'agit de désigner des combinaisons par des noms qui en indiquent la composition exacte, on éprouve beaucoup de difficultés. On doit encore à Berzélius une ingénieuse méthode d'en faire connaître la nature aussi bien que la proportion des éléments : c'est ce que l'on a appelé *formules chimiques*, dans lesquelles chaque corps est désigné par l'initiale de son nom ou par cette initiale accompagnée de quelque consonne quand plusieurs noms commencent par la même initiale ; de sorte qu'en y ajoutant des chiffres qui indiquent les rapports des éléments, on exprime de la manière la plus brève possible la composition la plus compliquée.

Plusieurs substances naturelles, comme un grand nombre de composés chimiques, offraient des caractères singuliers par la nature de leurs éléments ; des formes semblables, des propriétés analogues se présentaient dans des corps qui renfermaient des principes différents, et pouvaient être confondus par leur cristallisation ; l'analyse les plaçait dans des familles différentes, et rendait presque impossible toute classification de minéralogie chimique. Mittscherlich, en découvrant l'*isomorphisme*, a donné les moyens de faire rentrer toutes ces combinaisons dans une loi très-simple : des corps composés de divers éléments dans le même rapport peuvent se remplacer les uns les autres sans changer le caractère des combinaisons qu'ils forment, et présentent ainsi un mode de réunion dont on n'avait encore aucune idée. Depuis, un ordre de phénomènes inverses a été observé : des corps composés des mêmes éléments en proportions semblables peuvent offrir des caractères très-différents. Déjà on a découvert beaucoup de corps *isomériques*, et cette classe de corps semble devoir acquérir une grande importance.

Si les actions galvaniques énergiques ont conduit à la découverte d'un nombre considérable de corps et opéré des décompositions encore imprévues, l'application du même agent avec une très-faible intensité n'est pas destinée à procurer des résultats moins remarquables. Par son moyen, Becquerel est parvenu à imiter, dans beaucoup de circonstances, la nature dans la production d'un grand nombre de substances, dont il était même jusque alors impossible de comprendre la formation. Aujourd'hui les chimistes s'occupent surtout à mieux étudier les corps du règne organique ; les travaux se multiplient à l'infini, et bientôt les composés de ce genre seront aussi parfaitement connus que ceux de la chimie inorganique ; mais aussi, devenue beaucoup plus rigoureuse dans ses résultats, la science exige, de la part de ceux qui se livrent à son étude, des travaux plus assidus, qui conduiront sans aucun doute à des résultats d'un haut intérêt.

L'essor de la science pendant la période que nous venons d'indiquer si rapidement semblerait avoir exigé que les chimistes s'occupassent uniquement des théories qu'ils cherchaient à faire prévaloir, et des moyens d'investigation qu'elles nécessitaient ; mais la nature des corps mieux connue leur a permis de s'occuper aussi d'éclairer les opérations des arts, qu'auraient vainement cherché à modifier d'une manière utile ceux qui les avaient précédés.

Le lin et le chanvre servent depuis les temps les plus reculés à la fabrication des étoffes. Pour y appliquer les diverses couleurs qui les rendent propres à la confection des vêtements et des meubles, il faut leur enlever celles qu'ils présentent naturellement. L'action du soleil et de l'humidité avait seule jusque là été employée comme agent pour produire ce résultat ; Berthollet, en étudiant les propriétés d'un corps découvert depuis quelques années déjà par Scheele, le chlore, trouva le procédé si important du blanchiment, généralement mis en usage maintenant, et qui par sa rapidité peut seul suffire aux exigences de la consommation, en même temps qu'il permet de rendre à l'agriculture des terrains étendus que nécessitaient les anciens modes d'opérer. Appliqué au blanchiment des livres et des gravures salis par le temps, le chlore devint aussi entre les mains des faussaires un moyen dangereux d'altérer les actes les plus importants ; les recherches des chimistes ont conduit à reconnaître ces altérations, et fourni les moyens de les éviter.

Privée tout à coup, en 1793, par les événements politiques, de ses rapports avec les nations voisines, la France manquait de deux des produits les plus importants, la potasse et la soude, que le commerce lui fournissait en quantités immenses ; d'innombrables recherches procurèrent bientôt divers procédés pour préparer artificiellement de la soude au moyen du sel marin : l'un d'entre eux seulement put supporter l'épreuve de l'expérience ; mais Leblanc et Dizé, qui l'avaient découvert, ne parvinrent pas à le mettre à exécution ; c'est à D'Arcet que la France est redevable de cet important service ; la soude, substituée à la potasse dans la presque totalité des usages auxquels elle était employée, est fournie maintenant en si grande abondance et à un prix si peu élevé que la paix et l'état du commerce ne peuvent plus rien changer à sa consommation. Balard a récemment montré que des eaux-mères des salines, rejetées jusque là, on pouvait extraire des proportions énormes de sels de soude ; et que la potasse, que l'on n'avait encore obtenue que des végétaux croissant dans le sein des terres, pouvait aussi en être retirée en proportions indéfinies.

A mesure que les arts se perfectionnaient dans quelques-unes de leurs parties, des perfectionnements deviennent nécessaires dans toutes les autres. Il ne suffisait pas de pouvoir se procurer des soudes et des potasses en abondance, il fallait trouver un moyen simple, à la portée des ouvriers eux-mêmes, pour en reconnaître le degré de pureté ; sans cela la fraude avait un trop beau champ pour ne pas y marcher hardiment ; ce moyen, dû à un fabricant distingué de Rouen, Descroisilles, perfectionné plus tard par Gay-Lussac, est devenu d'un usage si facile que toutes les transactions commerciales reposent maintenant sur son emploi (*voyez* ALCALIMÈTRE).

Les innombrables armées que le gouvernement de la république entretenait sur tous les points du territoire rendaient indispensable la fabrication de quantités de cuir tout à fait en disproportion avec les procédés suivis pour leur préparation ; il fallait à tout prix des chaussures pour nos soldats. Plusieurs années étaient nécessaires pour fournir la matière première destinée à cet usage : Seguin trouva le moyen d'en fabriquer en un mois, et quoique ce procédé laissât à désirer sous le rapport de la qualité des produits, il procura de grands avantages par son application. Mais les acides employés pour gonfler les peaux en altéraient les qualités ; un tanneur, nommé Vauquelin, est parvenu plus tard, en les assouplissant par le battage, à obtenir des produits d'une grande supériorité, même en se servant des peaux les plus desséchées et que nul des procédés jusque là en usage n'avaient permis de traiter. Les besoins de non armées rendaient indispensable aussi la fabrication de masses presque incroyables de poudre de guerre ; le salpêtre, qui en forme la base, manquait entièrement ; les produits de démolitions des édifices, la terre de nos caves, en fournirent bientôt d'immenses proportions ; un procédé qui portait le nom de *révolutionnaire* en procurait en un seul jour des quantités presque illimitées. Les édifices sacrés élevés à grands frais par nos ancêtres avaient en grande partie disparu du sol de notre France ; les cloches qui en provenaient fournissaient le métal nécessaire pour la fabrication des canons, mais la quantité considérable d'alliage qui entrait dans leur composition ne permettait d'en retirer qu'une faible portion de cuivre ; des scories obtenues en abondance en recélaient une grande proportion ; la chimie procura bientôt les moyens de séparer le cuivre de l'étain, et de tirer ainsi parti des produits que les premières opérations avaient rendus presque sans valeur. Bréant fut l'un de ceux qui obtinrent sous ce rapport les plus remarquables résultats.

Les améliorations successives apportées à la fabrication en grand des acides, des savons, du sel ammoniac et d'un grand nombre de produits nouveaux, placèrent bientôt la France au rang le plus élevé parmi les nations les plus industrielles. Plusieurs arts cependant lui manquaient encore entièrement : elle était forcée de tirer de l'étranger une grande partie des fers et la presque totalité des aciers qu'elle consommait. L'Angleterre avait apporté dans la fabrication du fer des améliorations qui en faisaient un art nouveau ; la houille, substituée au charbon de bois dans cette importante opération, avait permis d'augmenter dans une énorme proportion la production de ce précieux métal ; les procédés, bien étudiés, furent apportés en France, et produisirent un changement presque total dans notre fabrication. Moins favorisée que l'Angleterre, la France ne rencontre pas réunis dans son sol les minerais et le combustible qui l'accompagnent presque constamment dans le premier pays ; elle lutte cependant déjà avec avantage contre les fers anglais. L'importation de ces procédés a produit les plus heureux résultats, et ce mouvement doit conduire à des résultats plus importants encore. Longtemps la France tira de l'étranger la plus grande partie de l'acier qu'elle consomme ; plusieurs établissements importants la mettent aujourd'hui à même de pourvoir en grande partie à ses besoins, et si l'Angleterre n'était, par de longs marchés, en possession des espèces de fers de Suède qui fournissent le meilleur acier, la France pourrait se passer complètement de celui qu'elle en reçoit encore (*voyez* CÉMENTATION).

Privée par le système continental des moyens de se procurer du sucre, la France fit d'incroyables efforts pour trouver dans son sol des matières qui pussent fournir à ses besoins ; de nombreuses recherches furent faites pour retirer du raisin celui qu'il renferme ; ce sucre n'est pas de la même nature que celui de la canne, et sa saveur peu sucrée ne pouvait le rendre un succédané suffisant du produit de cette plante. Un chimiste allemand, Margraff, avait depuis longtemps fait voir que la betterave renfermait un sucre absolument semblable à celui de la canne ; le gouvernement encouragea les tentatives faites pour naturaliser cette importante fabrication. Après de nombreuses difficultés surmontées, la culture de la betterave est devenue l'une des plus dignes d'intérêt pour beaucoup de localités ; le sucre qu'elle fournit rivalise sur nos marchés avec celui du Nouveau-Monde, et ses propriétés, d'abord méconnues par la masse, sont aujourd'hui avouées par tous.

Des quantités considérables d'or se trouvaient enfouies par faibles fractions dans les monnaies d'argent de tous les pays, et particulièrement dans celles de l'Espagne et du Nouveau-Monde ; les procédés employés pour les séparer ne pouvaient être mis en usage dans beaucoup de cas, à cause de la dépense qu'ils occasionnaient et qui surpassait la valeur de l'or ; le perfectionnement de ces procédés par D'Arcet permet maintenant de retirer avec avantage un demi-millième de ce métal, et un seul affineur, à Paris, a rendu ainsi à la circulation, en peu d'années, plusieurs millions de valeur.

Le bois distillé dans des vaisseaux clos dégage un gaz qui développe par sa combustion une assez grande quantité de lumière pour être utilisé sous ce point de vue. Lebon fit le premier cette application ; mais la houille procure un gaz beaucoup plus éclairant, et diverses substances huileuses peuvent encore en fournir un qui donne une plus grande quantité de lumière. Cette industrie a pris en Angleterre un grand développement ; Londres et la plupart des villes de ce pays sont éclairées de cette manière, et la France, quoique moins avantageusement placée par la nature de ses houilles, compte maintenant aussi un grand nombre de villes éclairées par le gaz.

La teinture des tissus destinés à tant d'usages divers dans l'économie domestique est pratiquée depuis des temps immémoriaux ; mais ce n'est guère qu'à partir de l'ère nouvelle de la chimie que l'étude des substances tinctoriales et des matières employées à les fixer sur les tissus a conduit à des perfectionnements raisonnés des procédés connus, et à des découvertes importantes de procédés ignorés jusque là. Nos ateliers fournissent maintenant en abondance la belle couleur de rouge d'Andrinople, que les Orientaux restèrent longtemps seuls en possession de préparer ; celle du bleu de Prusse appliquée sur les tissus est devenue un objet important de fabrication destiné à lutter avec la couleur que l'indigo seul fournissait jusqu'à cette époque. Lyon, Rouen, Mulhouse peuvent étaler avec orgueil les produits de leurs opérations ; et les améliorations que chaque jour apporte dans leurs importants travaux prouvent l'influence heureuse que la chimie, mieux étudiée et plus généralement répandue, exerce sur tous les arts.

A la puissance immense de la vapeur, dont la mécanique a su tirer un si grand parti, la chimie est venue ajouter une part non moins utile pour un grand nombre de ses opérations ; le chauffage par la vapeur a porté dans plusieurs arts des améliorations importantes et diminué de beaucoup les difficultés d'un grand nombre d'opérations. L'échauffement des cuves de teinture, la transformation de l'amidon en sucre, la cuisson des sirops, peuvent être cités comme exemples.

Les liqueurs fermentées, et particulièrement le vin, donnent à la distillation un liquide spiritueux que l'on désigne suivant sa force par les noms d'*eau-de-vie*, *esprit de vin*, *alcool* : pour l'amener à l'état de plus grande concentration, plusieurs opérations successives étaient autrefois nécessaires ; des appareils ingénieux ont procuré le moyen de l'obtenir à volonté en une seule, qui fournit en même temps des produits plus purs. Adam imagina le premier de se servir d'appareils destinés à procurer ce résultat ; de nombreux perfectionnements ont successivement été apportés à cet art, qui en a peu à espérer maintenant.

L'accroissement de l'industrie ne pouvait manquer d'apporter avec elle des inconvénients pour les localités où elle est exercée : ici des vapeurs acides ou corrosives détruisant la végétation, altérant les édifices ; là d'épaisses fumées nuisant aux propriétés voisines et portant leur influence sur les points quelquefois assez éloignés ; dans d'autres cas, des odeurs infectes se dégageant des ateliers rendent à peine supportables un certain nombre de fabriques : mais la chimie, qui a créé tant d'arts importants, ne pouvait rester impuissante à détruire ou à rendre au moins à peine appréciables les inconvénients qu'offrent leurs opérations ; elle a trouvé les moyens de condenser et souvent même d'utiliser les produits nuisibles, de neutraliser les odeurs malfaisantes ou infectes, de brûler la fumée provenant des fourneaux où la houille est souvent employée en si grande abondance.

Dès l'origine de la chimie pneumatique, Guyton de Morveau avait découvert les propriétés désinfectantes du chlore, et de nombreuses applications avaient été faites de ce corps pour purifier des salles d'hôpitaux, des lieux où des matières animales en décomposition se trouvaient accumulées en plus ou moins grande abondance ; mais l'action énergique de ce gaz en rendait quelquefois l'emploi dangereux, s'il se trouvait répandu en trop grande abondance ; profitant des propriétés déjà bien reconnues des combinaisons du chlore avec les alcalis, qui désinfectent et décolorent aussi bien que le gaz lui-même, mais par une action successive et seulement au fur et à mesure du besoin, Labarraque les a appliqués à la désinfection, et a procuré par cette application les moyens de détruire les odeurs sans nuire à la santé.

Depuis un temps immémorial on dorait les métaux en y appliquant un amalgame d'or (alliage de mercure et d'or) et chauffant pour dégager le mercure. Des maladies graves chez les ouvriers, la mort de beaucoup d'entre eux, en étaient la conséquence. Un Anglais, Elkington, a successivement fondé sur l'emploi d'actions chimiques ou de décomposition par l'action de la pile, un procédé qui permet de déposer sur tous les métaux une couche d'or sans qu'il en résulte aucun danger pour les ouvriers, en même temps que le travail est devenu beaucoup plus facile (*voyez* Dorure).

Depuis que les jésuites avaient fait connaître le quinquina, cette précieuse écorce avait été employée à combattre les fièvres, et fournissait l'un des médicaments les plus énergiques et les plus utiles. La découverte d'un alcaloïde organique dans l'opium conduisit à rechercher des corps analogues dans diverses substances actives : le quinquina en fournit un dont l'emploi est devenu l'un des moyens les plus héroïques et les plus utiles. C'est par millions que l'on compte la valeur de ce produit, et par millions aussi les malades qui lui ont dû la santé et souvent la vie. Les noms de Joseph Pelletier et de Caventou se rattachent à cette découverte si précieuse pour l'humanité.

Si les travaux des chimistes ont fait connaître un grand nombre de corps dont le crime a souvent fait usage pour satisfaire ses coupables desseins, les moyens de s'opposer à l'action des poisons ont été mieux connus, et ceux de les découvrir perfectionnés d'une manière si remarquable que l'on peut reconnaître l'existence d'un certain nombre d'entre eux, même longtemps après la mort : ce n'est pas sans contredit une des moindres obligations que l'on ait à la science.

Nous serions trop long si nous voulions continuer l'énumération de tous les services que la chimie a rendus jusque ici à la société; il nous suffira de rappeler qu'elle a créé dans l'espace de soixante années un nombre d'arts qui surpasse presque celui des arts alors connus; qu'elle a perfectionné tous les autres, et répondu aux besoins sociaux à mesure qu'ils ont été manifestés; et pour terminer le tableau que nous avons présenté, nous n'aurons plus que quelques mots à dire sur un sujet dont il n'a pas encore été question. L'agriculture, cette base de la prospérité des nations, n'est pas restée oubliée dans les travaux de la chimie : reconnaître la nature des terrains pour y apporter des modifications jugées nécessaires pour le développement de certains produits, et l'influence des divers agents qui en modifient le développement, telle a été surtout le but de la chimie dans ses rapports avec cette branche si importante de l'industrie : nous nous bornerons à signaler parmi tant d'autres objets l'amélioration des terres par des mélanges convenables et la fabrication des engrais.

La terre sur laquelle reposent les végétaux ne leur sert pas seulement de soutien, ils trouvent dans son sein des substances que des forces particulières transportent dans leurs diverses parties, et qui soit en les stimulant, soit en les nourrissant, coopèrent à leur développement; les débris d'êtres organisés sont indispensables pour produire le second effet, mais dans leur transformation en engrais, ils développent des odeurs infectes qui ont une occasion d'incommodité pour ceux qui sont exposés à les respirer; et dans cette décomposition commencée une partie des produits utiles se trouve perdue pour l'agriculture; la chimie a indiqué les moyens de prévenir ces inconvénients : la conversion des matières organiques en engrais peut s'opérer sans développer aucune odeur, en même temps qu'elle devient un moyen de prospérité, puisqu'elle permet d'obtenir une plus grande quantité d'engrais avec la même proportion de matière première. Pour le prouver, il nous suffira de dire que les matières fécales, par exemple, exigent pour se convertir en poudrette plusieurs années, un travail rebutant, et développent en même temps une odeur qui en rend le voisinage à peine supportable, tandis que la chimie procure les moyens de les convertir en quelques instants, sans dégagement d'aucune odeur sensible, en un engrais dont la proportion est beaucoup plus grande que celle des poudrettes anciennement fabriquées.

Les immenses développements de la chimie depuis soixante ans sont loin d'avoir épuisé son action : appelée peut-être à des découvertes moins brillantes par leur nombre comme par leur importance, elle a maintenant à parcourir une route non moins utile, en perfectionnant chaque jour les produits déjà connus et satisfaisant à toutes les exigences de l'état social dans lequel nous nous trouvons, apportant plus de facilité et d'économie dans la proportion de tous les produits, et procurant ainsi les moyens d'en répandre l'emploi.   H. Gaultier de Claubry.

CHIMISME. *Voyez* Chimiatrie.

CHIMPANZÉ. Ce singe, qui avait été considéré comme un orang-outang, se distingue cependant de ce dernier par plusieurs caractères, dont le plus apparent consiste en ce que ses bras, loin d'être assez longs pour atteindre à terre quand l'animal est debout, ne descendent que jusqu'aux genoux. Aussi depuis Cuvier le chimpanzé forme-t-il un groupe bien distinct et le premier de la famille des singes, de sorte que dans l'échelle zoologique c'est lui qui vient immédiatement après l'homme. Ce groupe a pour caractères : Trente-deux dents, dont seize à chaque mâchoire, savoir quatre incisives, deux canines et dix molaires; face nue, museau court, front arrondi et fuyant; arcades sourcilières très-prooéminentes; angle facial de 50°; conques auditives très-développées; mains munies d'ongles plats, doigts de même longueur que chez l'homme, excepté le pouce; callosités peu marquées aux fesses; poils ras sur certaines parties du corps, nuls à la paume de la main de même qu'à la face; pas de queue, ni d'abajoues.

On ne connaît qu'une seule espèce de chimpanzé, le chimpanzé noir (*troglodytes niger*, Geoff. St-Hilaire). Sa conformation extérieure est tellement rapprochée de celle de l'homme, que Linné, dans la première édition du *Systema Naturæ*, avait fait de ce singe une espèce du genre *homo*, l'*homo silvestris* ou *troglodytes*. Depuis, le chimpanzé a reçu différents noms. C'est le *quojas-moras* de quelques voyageurs, le *satyre indien* de Tulpius, le *pygmée* de Tyson, qui en a donné l'anatomie, le *jocko* de Buffon, le *quimpesé* de Lecat, le *pongo* d'Audebert, l'*orang noir* ou *brun* de plusieurs naturalistes, etc. Ce singe a des yeux petits, mais pleins d'expression. Son nez est camus, et sa bouche large. Sa face est brune et nue, à l'exception des joues qui ont quelques poils disposés comme des favoris. Le chimpanzé atteint de $1^m,60$ à $1^m,95$. Il se tient facilement sur ses jambes, et quand il s'appuie sur un bâton, il peut marcher debout pendant quelques instants. La force de cet animal est très-grande; il grimpe avec une rare agilité.

Le chimpanzé habite l'Afrique, et a été trouvé dans les forêts intertropicales de la côte occidentale du Congo, du Loango, d'Angola, de la Guinée. Au rapport de différents navigateurs, on a pu souvent rendre tout à fait domestiques des chimpanzés apprivoisés dès leur jeune âge. On leur apprend à se tenir à table, à manier le couteau, la cuiller, la fourchette, à servir poliment les convives, à saluer et à reconduire les visiteurs. Ils mangent de tout, s'accoutument très-facilement à l'usage des liqueurs fortes, mais préfèrent les sucreries.

Plusieurs chimpanzés ont été envoyés en Europe, et quelques-uns ont vécu à la ménagerie de Paris; mais la rigueur de notre climat leur a toujours été fatale. Cependant, en ce moment encore le Jardin des Plantes possède un individu de cette espèce qui offre à un haut degré cette douceur d'habitudes et cet instinct de sociabilité qu'on reconnaît aux jeunes chimpanzés. Il est fâcheux que ces qualités disparaissent avec l'âge. Le caractère de ces animaux s'aigrit généralement. Ils deviennent farouches; et quand ils sont irrités, leur fureur, servie par une puissance musculaire extraordinaire, les rend vraiment terribles. L'homme tend à s'améliorer en grandissant; il semble que le chimpanzé ait une disposition diamétralement opposée.

On assure que les chimpanzés *sont fort galants auprès des dames*. Il leur serait arrivé d'enlever des négresses. On cite même une de ces femmes qui aurait vécu trois ans dans leur société, n'ayant qu'à se louer des bons procédés des singes à son égard. D'un autre côté, on les accuse d'un goût particulier pour les négrillons. Comment concilier ces penchants débauchés avec certains récits où l'on vante les habitudes modestes et la pudeur des chimpanzés ?

CHINCAPIN, espèce du genre *châtaignier*, dont les fruits sauvageons, tels que les produit la nature, sont alimentaires et se vendent sur les marchés aux États-Unis. Le chincapin croît abondamment dans la Louisiane, dans les deux Carolines, la Géorgie et les Florides, où il s'élève selon la qualité du sol, de $2^m,60$ à $3^m,25$; son fruit a la saveur de la châtaigne et le volume d'une noisette. Cet arbre vient dans tous les sols; aussi est-il très-commun en Amérique. Son feuillage, qui est très-beau, en fait un arbre d'agrément; et il n'est pas douteux que la culture développerait dans ses fruits plus de volume. Suivant Michaux, le bois du chincapin a le grain plus fin et plus serré, et il résiste mieux à l'humidité que celui du châtaignier ordinaire.

C. TOLLARD aîné.

CHINCHILLA, petit quadrupède de l'Amérique méridionale, appartenant au genre *hamster*, dont M. Isidore Geoffroy-Saint-Hilaire l'a retiré pour en faire un genre particulier. L'abbé Molina, naturaliste chilien, et le voyageur anglais Schmidtmeyer, sont les premiers qui aient publié des détails quelque peu étendus sur les caractères physiques et les mœurs du chinchilla.

Suivant Molina le chinchilla, qu'il nomme *mus laniger*, est une sorte de rat des champs, très-estimé pour sa fourrure, qui consiste en un poil épais, d'un gris cendré, assez long pour être filé, très-doux au toucher et d'une grande finesse. De l'extrémité du museau à l'origine de la queue, l'animal a 22 à 24 centimètres de longueur; on peut le comparer pour la grosseur à un très-jeune lapin, quoiqu'il ait le corps plus ramassé. Sa queue, de $0^m,14$ à $0^m,16$ de long, couverte d'un poil long et doux, se courbe vers le dos. Ses pattes sont petites et menues; il se sert de celles de devant comme de mains pour porter ses aliments à sa bouche. Depuis 1825 on a possédé des chinchillas vivants dans les ménageries de Londres et de Paris, et on a pu vérifier l'exactitude de ces caractères; mais ils ne sont pas tous aussi corrects dans la description de Molina : c'est ainsi que d'après avoir attribué au chinchilla les dents du rat des habitations, ce qui est une erreur, il lui a donné de petites oreilles pointues, tandis qu'elles sont amplement ouvertes, arrondies à leurs bords et presque nues.

Le chinchilla tient le milieu entre l'écureuil et le lapin; mais il est bien loin d'avoir la grâce du premier. Il vit sous terre, dans les plaines septentrionales du Chili, et semble aimer beaucoup la société des individus de son espèce. Sa nourriture se compose généralement d'oignons de diverses plantes bulbeuses, qui croissent abondamment dans ces contrées. La femelle produit deux fois par an, et chaque portée est de cinq ou six petits. Le chinchilla est d'un naturel si docile et si doux, qu'il ne cherche ni à s'échapper ni à mordre quand on le prend dans ses mains; les caresses paraissent au contraire lui plaire infiniment. Il est excessivement propre, et n'a pas la mauvaise odeur de plusieurs espèces des genres voisins. Molina pense qu'on pourrait sans inconvénient l'élever dans l'intérieur des maisons, et que le prix de sa belle fourrure compenserait amplement les petits frais qu'il occasionnerait. Il ajoute que les anciens Péruviens, beaucoup plus industrieux que ceux de nos jours, fabriquaient avec la laine du chinchilla des couvertures et des étoffes précieuses.

Au dire de Schmidtmeyer, on trouve également le chinchilla dans le haut Pérou : il y est plus gros qu'au Chili ; mais sa laine n'est ni aussi fine ni d'une aussi belle couleur. La chasse en est généralement confiée aux enfants, qui y vont avec des chiens. On prend beaucoup de chinchillas dans le voisinage de Coquimbo et de Copiapo, et on les vend à des marchands, qui les apportent à Sant-Iago et à Valparaiso, d'où l'exportation a lieu. Les peaux provenant du Pérou sont expédiées des parties orientales des Andes à Buénos-Ayres, ou envoyées à Lima. L'immense consommation de fourrures de chinchilla dans les différents pays de l'Europe a considérablement diminué l'espèce. Cette fourrure est cependant délaissée en France pour la martre depuis un certain nombre d'années, au point qu'une peau de chinchilla, qui en 1814 se vendait jusqu'à 24 et 25 francs, vaut à peine aujourd'hui 4 francs.

Paul TIBY.

CHINE, le plus grand des empires de l'Asie, et après l'empire de Russie le plus vaste de la terre, occupe à l'extrémité orientale de l'ancien monde, et en y comprenant toutes ses possessions, tant médiates qu'immédiates, une superficie de 137,500 myriamètres carrés. Elle est bornée au nord par la Sibérie, le long d'une ligne franchissant les crêtes de la Daourie, du Sayân et de l'Altaï ; depuis l'embouchure de l'Amour jusqu'au lac Balkasch ; à l'ouest, à travers les systèmes de l'Ala-tau, du Mouz-tagh et du Bélour-tagh, par les steppes et les montagnes de Tourân, qu'habitent les Kirghis et les Bourouts, ainsi que celles du Khokand et du Badakschân, puis par les possessions plus ou moins directes de l'Angleterre, le Népaul, le Boutân et l'Assam. Au sud-ouest les plateaux du Sioue-Chân et du Iu-ling le séparent de l'empire des Birmans et de celui d'Anam, situés tout au fond de l'Inde, de même que des hautes terres du Laos.

Configuration géographique et physique.

Depuis le golfe de Tong-King jusqu'à l'embouchure de l'Amour, le grand Océan baigne un développement de côtes de 481 myriamètres, qu'on partage en trois grandes divisions : la mer Méridionale et la mer Septentrionale de la Chine, et la mer du Japon. Le point où il pénètre le plus avant dans les terres est la mer Jaune, avec ses deux divisions : le golfe de Pé-Tchéli et le golfe de Liao-toung. Trois grandes îles, Kiousiou, dépendance du Japon, Formose et Haïnan, avoisinent ces côtes, et sont séparées du continent par le détroit de Corée, le canal de Foukian et le canal des Jonques. La rangée des îles Liéou-khiéou termine en décrivant un arc immense la mer Septentrionale de la Chine ; et à très-peu de distance du rivage on rencontre un grand nombre de petits archipels, comme l'archipel de Corée et ceux de James-Hall et de Johal-Potocki, les groupes de Tsong-ming, de Tchou-tchan et d'Amoy, et les îles Léma avec Hong-kong. Les côtes de la mer Jaune sont les plus échancrées de toutes. La presqu'île de Corée ferme cette mer comme ferait un immense môle, et l'on n'arrive à la baie de Pé-Tchéli que par l'étroit canal de Miao-tao, dans la partie septentrionale duquel la presqu'île de Liao-tong se rapproche à une distance d'environ 8 myriamètres du cap Charlotte, et, au sud, la presqu'île de Tchan-tong de l'extrémité nord-est du cap Macartney. Dans la vaste étendue qui vient d'être indiquée, une civilisation et une politique particulières ont sans doute réuni les éléments les plus divers, les plus mobiles même, pour en constituer un compacte et puissant empire chinois ou empire du Milieu (*Tchong-koue*), comme l'appellent les Chinois; cependant il n'en faut pas moins distinguer la Chine proprement dite des contrées qui lui sont soumises et de celles qui la défendent. Parmi les premières nous comprendrons la Mandchourie, la Mongolie, la petite Boukharie ou Ili, Thian-chanpé-,ou et Thian-shan-nan-lou; parmi les secondes, les îles Lieou-kieou, la Corée ou Kaoli et le Tibet. Si on admet cette distinction, les frontières de la Chine se rétréciront pour ne plus former, sauf une zone étroite de plateaux hérissés de places fortes et faisant saillie au nord-ouest jusque dans la Dsoungarie, qu'un tout auquel la Mandchourie et la Mongolie au nord, le Koko-nor et le Tibet à l'ouest, et la ceinture de ces frontières du côté de l'Inde septentrionale et de l'Océan, donnent une configuration à peu près arrondie.

Ce pays est appelé par ses habitants eux-mêmes *la Fleur du milieu* (*Tchang-hoa*), ou bien, d'après la dynastie régnante, *Tai-tsing-koun* (l'empire de la dynastie excessivement pure); par les Russes et par les populations du nord de l'Asie, d'après la peuplade tatare des Kitans, *Kataï* ou *Kitaï* (d'où la dénomination de *Chataia*, qu'on voit en usage au moyen âge); par les Anamites et les Arabes, *Sin*; par les Persans, *Tchin*; par les Européens, *China*, *Tchina*, *Sina*, nom provenant d'un ancien État féodal appelé *Tsin*, qui postérieurement subjugua complétement l'empire du Milieu. Il confine au revers oriental de l'extrémité septentrionale de l'Inde, en formant une suite de terrasses et de montagnes d'où s'échappent dans toutes les directions des ramifications aussi nombreuses et abruptes que sauvages; et c'est seulement au nord-est, dans les pentes aboutissant à la mer Jaune, qu'on y rencontre une grande vallée continue. Les bassins des trois grands fleuves, l'Hoang-ho, le Yang-tsé-kiang et le Si-kiang, y forment trois groupes aussi naturels que vivement accusés.

Les masses gigantesques du Yunling, où des milliers de pics atteignent la région des neiges perpétuelles, constituent, dans un système de chaînes se prolongeant au nord-est et affectant la forme de terrasses, les frontières et forment sa muraille de clôture du côté du plateau de l'Asie centrale. De là partent tous les différents systèmes de montagnes qui se dirigent vers l'est, de même que la nature y a placé l'inépuisable réservoir alimentant les nombreux fleuves et cours d'eau qui l'arrosent. Au sud on trouve la montagneuse contrée du Iu-ling, au caractère essentiellement alpestre, entre les côtes du golfe de Tonkin et le Si-kiang. Au nord, la contiguïté des gigantesques Miao-ling, Noun-ling et Taju-ling, donne naissance à une contrée montagneuse hérissée de crêtes alpestres, de groupes de montagnes et de pics couverts de neiges éternelles, contrées s'étendant jusqu'à la rive droite du Yang-tsé-kiang; de même qu'il en résulte du côté de la mer un rivage couvert de rochers et déchiré par des îlots tout entourées de récifs. Au nord, entre le Yang-tsé-kiang et le Hoang-ho, deux rangées parallèles de montagnes appelées Tapa-ling et Pé-ling descendent des hautes terrasses qu'y forme la côte occidentale pour s'aplanir dans les pays de montagnes peu élevés; et sans atteindre les rivages de la mer, elles forment au sud-ouest les limites de la grande vallée. Au nord-ouest, cette vallée est bordée de chaînes de montagnes qui s'élèvent en formant une suite de marches, et qui constituent, sous les noms les plus divers, comme le trait-d'union entre les pays de montagnes de la Chine et celui de la Mandchourie; chaînes parmi lesquelles celle du Jak-Alin paraît être de toutes la plus importante.

La vallée de la Chine, c'est-à-dire la contrée située entre le Hoang-ho et le Yang-tsé-kiang, est à tous égards le grand centre politique, comme aussi celui de la civilisation des Chinois; et c'est peut-être en outre le pays le plus fertile et le plus peuplé de la terre. On n'y rencontre presque pas d'animaux à l'état sauvage, presque point de plantes dont l'agriculture n'ait su tirer parti. Partout les champs y sont couverts de produits qui ne s'obtiennent que par l'exploitation rationnelle et intelligente du sol; partout on s'efforce de tirer parti autant que possible du moindre coin de terre. Les habitations des hommes y sont extrêmement rapprochées les unes des autres, et on en voit même qui flottent sur les eaux. Une innombrable quantité de rivières, de canaux et de fossés couvrent les plaines, dont la monotonie est d'ailleurs interrompue par une foule de lacs et d'étangs. Au nord-est de l'embouchure du Hoang-ho s'élève la presqu'île montagneuse et isolée de Chang-tong, c'est-à-dire *Montagne de l'est*.

La Chine est surtout redevable de la riche irrigation de son sol aux trois grands bassins dont il a déjà été fait mention, à savoir: le Hoang-ho, le Yang-tsé-kiang et le Si-kiang. Le cours supérieur des deux premiers commence dans le Koko-nor. Ils ont leurs embouchures dans un delta commun, entrecoupé à l'infini et en beaucoup d'endroits par des effets de l'art; et les pentes sinueuses des bassins intermédiaires sont d'une haute importance pour le pays et la population. Le Si-kiang est un fleuve exclusivement chinois, ayant son embouchure dans la vaste baie de Bocca-Tigris, un peu au-dessous de Kanton, après y avoir formé un delta divisé en un grand nombre de bras. De tous les fleuves voisins de la côte, le plus connu est le Pého, situé au nord. Les riches artères que forment ces cours d'eau naturels ont été utilisées par l'art pour constituer un immense réseau de voies de communication, de sorte qu'à cet égard la Chine peut rivaliser avec la Hollande et l'Angleterre. On y compte environ 400 canaux, dont la surveillance constitue une branche d'administration particulière, confiée à des mandarins. Il faut mentionner ici en première ligne le Canal Impérial ou *Jün-ho*, c'est-à-dire fleuve de l'empereur, qui était déjà achevé à l'époque de la domination des Mongols, au treizième et au quatorzième siècle.

Le climat de la Chine, en raison de la vaste étendue et des nombreuses variations d'élévation de son territoire, ne saurait présenter un caractère universel. L'espace compris entre le 42° et le 20° de latitude septentrionale se trouve tout naturellement divisé par le 35° de latitude septentrionale en deux zones; l'une, au nord, celle de la température variable; l'autre, au sud, celle de la pluie. L'une et l'autre de ces zones présentent cependant toutes les différences imaginables de climat, attendu qu'on rencontre dans l'une et l'autre contrées montagneuses dont les pics dépassent la limite des neiges éternelles. La zone de la température variable comprend la vallée située au nord du Hoang-ho et la contrée montagneuse du nord de la Chine. Il y règne quatre saisons. Les cours d'eau y gèlent dès le mois de novembre, et conservent leur manteau de glace jusqu'au mois de mars; des brouillards, des neiges, d'ailleurs peu abondantes, et des aurores boréales accompagnent un hiver très-rigoureux relativement au degré de latitude, et qui à Pé-king n'a qu'une température moyenne de —3°,7 cent. A un printemps très-court y succède un été chaud, dont la chaleur extrême atteint 28°,7 cent., et pendant la durée duquel l'influence de l'Océan produit d'abondantes pluies. L'automne y est court. La zone de la pluie est divisée en deux régions. Celle du nord, qui comprend les contrées les plus belles et les plus tempérées, s'étend jusqu'à Nan-ling, sous le 25° de latitude environ. Là, dans la vallée méridionale et dans les contrées montagneuses les moins élevées, la succession régulière de deux saisons humides et de deux saisons sèches, correspondant aux quatre saisons du nord, annonce déjà un climat voisin de celui des tropiques; mais sur les côtes du sud et du sud-est on trouve tous les caractères climatériques des régions tropicales. Les deux saisons y dépendent des moussons; la saison humide arrive avec la mousson du sud-ouest, et dure d'avril à octobre; la saison sèche, qui arrive avec la mousson du nord-est, dure d'octobre à avril. A Kanton la température moyenne de l'année est 22°,5 cent. Dans l'intervalle des moussons, de violentes tempêtes, désignées sous le nom de *Taï-fang*, ou vent fort, règnent sur toutes ces côtes, entre 34° et 14° de latitude septentrionale. Plus elles soufflent du côté de la terre et plus elles sont faibles. C'est aux mois de juin et de juillet qu'elles ont le plus de violence. Il est rare qu'on les éprouve de décembre à mai.

Ces conditions climatériques dans lesquelles se trouve placée la Chine y favorisent une production des plus riches et en même temps des plus diverses, apparaissant avec une magnificence toute particulière dans le règne végétal dont les types varient dans les trois zones du nord, du centre et du sud. Au nord on trouve les arbres forestiers et fruitiers, les céréales et les légumes particuliers à l'Europe, de magnifiques prairies et de riches vignobles. Au centre, les premiers contre-forts des montagnes commencent déjà à se couvrir d'arbres et d'arbustes toujours verts. On y trouve des palmiers, des pins, des ifs, des cyprès, des cèdres de Virginie, des thuyas, des chênes, des noyers noirs, diverses espèces de lauriers, dont le laurier camphrier, des savonniers, des oliviers odoriférants, des néfliers, des sophoras du Japon, diverses espèces d'érables et de platanes, des camélias du Japon et à feuilles obtuses, des bois de mûriers importants pour la sériciculture ; dans les régions plus élevées, des forêts où croissent toutes les essences d'arbres particulières à l'Europe ; plus haut encore, la région alpestre avec ses belles fleurs et ses herbes odoriférantes, dont la racine de Ginseng ou Djinsang, et sur les cimes entièrement dénudées du Tangout la rhubarbe palmée. L'agriculture, portée à un haut degré de perfection, a pour produits principaux le riz, qui forme la base essentielle de la nourriture des populations, le froment, l'orge, l'avoine, le maïs, le sarrasin, le sagou, farine que l'on extrait de la souche creuse du sagoutier, beaucoup de plantes aquatiques, notamment des lotus, de belles espèces de cerisiers, de pommiers, de poiriers, de pruniers, de coignassiers, d'abricotiers et de pêchers, des melons, des concombres, des courges d'excellente qualité, un grand nombre d'espèces de choux, des fèves, du tabac, de l'anis, du chanvre, de l'olivette (des graines de laquelle on extrait de l'huile, dont la suie lorsqu'on la fait brûler, sert à fabriquer l'encre de Chine), des cotonniers, dont le coton rougeâtre sert à la fabrication du nankin, la plante dont la pulpe sert à fabriquer le papier de riz, un grand nombre d'herbes tinctoriales, surtout l'indigo, et l'arbre à Thé, dont les produits donnent lieu à un commerce si important. Au sud on trouve toutes les formes de végétaux particuliers aux tropiques, un grand nombre d'espèces de bambous, du bois de rose, du bois de Sandal, du bois d'Aquila, des ébéniers, des arbres à vernis, des arbres à suif, des bananiers, des palmiers à cocos, des dragonniers, des cannelliers sauvages, et la culture du gland de terre, de la patate douce, d'un grand nombre de plantes aquatiques, du litchi, de la douriane, du mangoustan, de la racine d'yam, du cannellier, du poivrier noir, de la canne à sucre et de l'ingiver commun.

On est moins bien renseigné sur le nombre des espèces d'animaux particuliers à la Chine. En fait de grands mammifères, on trouve au sud des éléphants, des rhinocéros, des cabris, des tapirs, des buffles, des ours, des tigres, des léopards, des panthères ; à l'ouest, beaucoup de bisons ; au sud-ouest et à Hainan, beaucoup de singes, entre autres le gibbon. Sur tous les points on rencontre des loups, des lynx, des marmottes, des chiens à l'état sauvage, des cerfs, des sangliers, des gazelles, des écureuils, des zibelines, des vipères, des blaireaux, des martres, des belettes, des civettes, des porcs-épics, des souris, etc. En fait d'oiseaux, il faut citer le faisan magnifique, le faisan doré, le faisan argenté, ainsi que le paon, les uns et les autres indigènes à la Chine. On y voit en outre une foule d'espèces de perroquets, des flamants, des albatros, des pélicans, des grues, des cigognes, des hérons, des bécasses, des cygnes, des oies et des canards, des cailles, des pigeons et de tous les oiseaux chanteurs de l'Europe. A Taï-wân ou Formose habite aussi l'oiseau de paradis, et dans les hautes montagnes des condors et une espèce d'aigle gigantesque.

Outre tous les amphibies d'Europe, on y rencontre des caméléons et de grands serpents de huit mètres de long. Des bais, des poissons jaunes, des esturgeons et d'autres poissons remontent le Yang-tsé-kiang ; des vives, des orphies, des murènes, des thons, des maquereaux et des espadons vivent sur les côtes ; des brèmes, des perches, des carpes dorées, connues en France sous le nom de *poissons rouges*, des saumons, des brochets habitent en innombrables quantités les lacs et les rivières. Parmi les insectes ailés, on remarque d'abord les abeilles, des papillons de toute beauté, des sauterelles voyageuses et le ver à soie ; parmi les crabes, le crabe boursier, le homard et le scorpion sont les plus connus ; parmi les vers, les sangsues ; parmi les échinodermes, des oursins et des astéries ; et parmi les coquillages, le fourreau de mer, les huîtres et les coquilles à perles.

Les mines d'argent sont abondantes, mais mal exploitées. L'or provient pour la plus grande partie des lavages établis dans les rivières des provinces Sé-tchouen et Youn-nan. Mais l'on ne frappe de monnaies ni d'or ni d'argent. Un métal tout particulier, qu'on obtient au moyen d'un mélange d'arsenic, est le *toutenague*, *pack-fong* ou *cuivre blanc*, qui sert à fabriquer des vases et d'autres ustensiles. Le cuivre, le mercure, l'arsenic, l'étain, le marbre, la stéatite et la terre à porcelaine, les pierres précieuses de toutes espèces, le sel, le bitume et la houille s'y trouvent en grandes masses, les deux derniers de ces produits minéraux dans les provinces du nord plus particulièrement.

État social et politique.

La Chine proprement dite est divisée en dix-neuf provinces, subdivisées à leur tour en arrondissements et districts. Ces provinces sont *Tcheli* ou *Petcheli*, *Kiang-sou*, *Ngan-koeï*, *Kiang-si*, *Tché-kiang*, *Fou-kiang*, *Hou-pé*, *Hou-nan*, *Ho-nan*, *Chan-tong*, *Chan-si*, *Chen-si*, *Kan-fou*, *Ssu-tchouen*, *Kouang-tong*, *Kouang-si*, *Youn-nan*, *Kouéi-tchéou* et *Liao-tong*. Les villes chinoises de premier ordre sont appelées *Fou* ; celles de second ordre, *Tchéou* ; celles de troisième, *Hien*. Une quatrième classe, placée directement sous les ordres du ministère à Péking, reçoit le nom de *Ting*. Toutes ont pour la plupart de grandes rues droites, bien larges et garnies de boutiques, des rues latérales, régulières quoique étroites, et sont entourées de hautes murailles. Les habitations comprennent de vastes dépendances et généralement trois corps de logis, dont le premier est occupé par les domestiques, celui du milieu par le maître, le troisième par les femmes. Les maisons des riches, surchargées d'ornements précieux et généralement à un seul étage, sont souvent accompagnées de magnifiques jardins. La toiture en est appuyée par des colonnes, et elles n'ont pas de fenêtres donnant sur la rue. Entourées de galeries et fermées successivement par plusieurs portes, elles se composent ordinairement de petits appartements ornés à l'intérieur d'or, de soie, de bois précieux et de sentences de sages écrites sur du papier de couleur, et d'une grande salle à manger ou d'une galerie réunissant à l'extérieur les différentes chambres. Les toits sont couverts de tuiles, jaunes pour les édifices impériaux, rouges pour les habitations des princes et grises pour les autres maisons. La lumière arrive dans les appartements par des fenêtres de papier ou de pierre spéculaire ; on y pourvoit au chauffage au moyen de brasiers ou réchauds. L'un des meubles les plus répandus est une espèce de divan en pierre avec des coussins de coton sous lesquels on entretient un feu de charbon de terre, et qui, entourés la nuit de rideaux de soie, servent de lits. Les habitations bourgeoises ne sont pas sans doute si luxueuses, mais elles présentent le même genre d'ornementation. Les huttes des classes inférieures, construites uniquement en terre, avec des nattes appendues aux murailles, et couvertes en paille, sont des plus misérables. Les pauvres, qui forment presque le dixième de la population totale, se construisent ce qu'on appelle des *sanpans*, espèces de bateaux stationnant sur les rivières ; et des milliers d'infortunés errent dans les grandes villes sans abri d'aucune espèce.

En ce qui est du nombre des habitants, les données varient entre 150 et 360 millions. Cette différence tient en partie à ce que les uns comptent toutes les classes et les autres seulement les individus astreints au payement de l'impôt, en partie aussi aux époques auxquelles ces données diverses se rapportent, enfin aux sources auxquelles ont puisé les voyageurs. D'après les indications communes, la population de la Chine proprement dite s'élève à 178 millions, et celle de tout l'empire à plus de 300 millions. Neumann, qui séjourna en Chine en 1829, rapporte que déjà en 1793, conformément aux renseignements officiels, la population totale de la Chine était de 307 millions d'habitants. D'après l'almanach officiel (*Taï-tsing-hoëi-tien*) la population au commencement de 1813 montait à 374 millions. Les habitants de la Chine se composent de Chinois, la nation la plus nombreuse, de Mandchous, de Mongols et de Tibétains, de peuples des montagnes du sud-ouest, parmi lesquels on suppose qu'a pris naissance la nation chinoise, qui en partie vivent encore à moitié dans l'état sauvage, comme dans Ho-nan, Seu-tchonen, Kouéi-tchéou et Kouang-toung, et qu'on appelle *Yao* ou *Miao*; enfin d'habitants des îles descendant de Chinois, de Japonais, de Coréens, de Tong-kiniens, de Javanais, etc.

Le caractère national des Chinois présente une empreinte si particulière, qu'on reconnaît tout de suite l'influence décisive que la position isolée de leur empire a exercée sur eux. Le Chinois a le visage large, les yeux, la bouche et le nez petits : de sorte que sauf les pommettes, très-saillantes, de ses joues, rien ne contribue à accentuer les traits de sa physionomie. On n'apprécie jamais mieux la suavité des lignes, l'alternative de saillies et de cavités, l'accord harmonieux des traits et l'agréable perfection d'un visage européen, que lorsqu'on considère attentivement un Chinois. L'assiduité, la politesse, l'amour de la paix et la douceur forment les traits distinctifs du caractère de cette nation. Il n'est pas non plus à ses yeux de sentiments plus sacrés que l'amour filial et la fidélité envers le souverain. Mais la luxure, l'ivrognerie, une propension marquée à tromper, dans les affaires de commerce comme dans les relations ordinaires de la vie, la poltronnerie, la souplesse, un intolérable orgueil national, un opiniâtre attachement aux anciens usages, une absolue absence de compassion pour les souffrances d'autrui, un vif penchant à la vengeance et une vénalité extrême, sont autant d'ombres au tableau que nous venons de tracer de ses bonnes qualités. Les dispositions innées du Chinois pour tout ce qui est travail manuel, ses connaissances et ses opinions sont encore ce qu'elles étaient il y a des siècles. Comme dans tout l'Orient, la pluralité des femmes existe en Chine depuis un temps immémorial. Le beau sexe y est maintenu dans un état de grande infériorité; toutefois, il y est plus libre que dans le reste de l'Orient. Les grands seigneurs clôturent leurs femmes, et celles-ci passent leur temps en soins de toilettes, à fumer du tabac, à broder, à tisser des étoffes de soie, ou à élever leurs filles. Les femmes des pauvres circulent, il est vrai, librement, mais en revanche elles sont condamnées aux plus rudes travaux, et la vie domestique est en général froide et fastidieuse.

Indépendamment de leur nom de famille, les fils reçoivent un prénom, un nom d'école pour le temps qu'ils étudient, un autre au moment de leur mariage ; et à chaque fois ils acquièrent un rang de plus. Le ton de la société est roide et insupportablement cérémonieux. La bienséance consiste à imprimer au corps des courbures qui ont tout l'air de contorsions. Les jeux de cartes, d'échecs et de dés constituent, avec les paris dans les combats de coqs et de sauterelles, les amusements habituels. Il n'existe qu'un très-petit nombre de fêtes. Le Chinois ne connaît pas de dimanche, non plus qu'une division du temps en semaines. Une étiquette compassée règne dans tous les rapports de la vie et jusque dans les funérailles. Les survivants doivent pendant trois années porter en blanc le deuil des défunts. L'embonpoint fortement prononcé est très-prisé en Chine : on y considère comme une beauté d'avoir de petites mains et de petits pieds, et on a recours à des moyens violents pour empêcher ceux-ci de croître. Les ongles très-longs sont un des signes caractéristiques auxquels on reconnaît les individus appartenant aux classes riches et distinguées. Les hommes se rasent la tête, à l'exception d'une touffe, avec laquelle on fait une queue, dont la longueur et l'épaisseur sont une affaire de luxe. Les cheveux des femmes sont nattés avec grand soin et ornés de fleurs, d'épingles et de papillons. Les costumes ne sont point sujets à la mode, et voilà plusieurs milliers d'années peut-être qu'il n'y a été apporté aucune modification. Les étoffes qu'on y emploie sont, suivant le rang des individus, de coton ou de soie, et aussi de drap et de nankin ; et en hiver on les garnit de fourrures plus ou moins précieuses. Le bleu, le violet ou le noir sont les couleurs le plus généralement employées pour les vêtements d'homme, et le vert ainsi que le rose pour les vêtements de femme. S'habiller de jaune est un des priviléges réservés à l'empereur et aux princes de sa famille. La forme des vêtements de femme diffère fort peu de celle des vêtements d'homme. On porte par-dessus de larges pantalons une robe longue et large, ouverte sur le côté droit de la poitrine et par-dessus un justaucorps, plus court. Les hommes portent des chapeaux de tissu de paille ou de bambou, et de forme conique. Les femmes vont tête nue. Une ceinture, à laquelle on porte suspendus l'éventail, un sabre ou un grand couteau et les petits bâtons d'ivoire qui tiennent lieu de fourchettes, complète le costume chinois.

Les habitants des îles forment un peuple à part. Celle de Formose est habitée par des tribus encore fort peu connues, de race malaise et de couleur presque noire, comme les Javanais, mais ayant les traits du visage tout chinois. Chacune de ces tribus parle, dit-on, une langue à part. Elles vivent à l'état sauvage, et se nourrissent de riz et de gibier à moitié cru. Celles du sud vont nues, sauf un court tablier ; mais c'est à tort qu'on les représente comme anthropophages. Celles du nord portent des jaquettes sans manches, en peau de cerf, et un bonnet pointu, fait avec des feuilles de palmier et orné de plumes de faisan. Elles se peignent les dents en noir, se tatouent le corps et se parent de coquillages et de pierres de couleur. Là, comme sur le continent, l'isolement physique et moral dans lequel vit le peuple, a produit le même phénomène que chez les anciens Égyptiens, c'est-à-dire le mépris de toute innovation et l'attachement aux coutumes traditionnelles. L'autorité ne connaît d'autre moyen de gouverner que le bâton de bambou, et cette absence de toute loi protectrice dispose le peuple à de continuelles révoltes. Si le respect pour la vieillesse est une loi généralement observée, par contre il n'est pas rare de voir des parents exposer leurs enfants nouveau-nés, qui deviennent la pâture des chiens et des porcs. A Péking seulement environ neuf mille enfants périssent ainsi, dit-on, année commune. On noie souvent les filles tout aussitôt après leur naissance. Les parents n'hésitent pas davantage à mutiler leurs fils et à livrer leurs filles à la prostitution. Les Chinois sont peut-être le peuple de la terre le plus avide d'argent, et il n'est pas de moyens auxquels ils n'aient recours pour s'en procurer ; c'est ainsi qu'on rencontre fréquemment des mendiants cherchant à exciter la compassion en entourant leur tête de charbons ardents.

Les trois religions qui dominent à la Chine et qui y jouissent de droits égaux sont : la religion de l'État, dont Kong-fou-tsé, ou Confucius est considéré comme le rénovateur ou le fondateur ; la religion Tao-ssé ou de l'intelligence primitive, fondée environ six siècles avant J.-C., par Lao-tsé, mais dont les doctrines ont été singulièrement modifiées par ses partisans postérieurs; la religion de Fo ou Bouddha, venue de l'Inde en Chine. En outre, les juifs et les mahométans y sont depuis longtemps tolérés, et il en a été de même à diverses époques des chrétiens. Au seizième siècle les missionnaires chrétiens, les jésuites notamment, furent traités en Chine avec beaucoup de tolérance; mais plus tard ils devinrent suspects au gouvernement, qui avait remarqué que l'introduction du christianisme dans le reste de l'Asie y avait presque toujours été suivi du renversement des gouvernements indigènes. En ce qui est de leur culture intellectuelle, les Chinois sont depuis un grand nombre de siècles demeurés immobiles au même degré de civilisation. La connaissance de la lecture et de l'écriture y est aussi répandue qu'elle peut l'être dans les contrées de notre Europe les plus favorablement placées à cet égard, et le nombre de leurs livres est immense. Leur habileté dans les arts mécaniques a atteint un haut degré de perfection, et la supériorité dont ils font preuve dans la fabrication des étoffes, de la porcelaine, de la laque, des ouvrages sculptés, peints, etc., est vraiment digne de toute notre admiration; on ne peut la comparer qu'à celle qu'ils déploient dans la construction des canaux, dans la création des jardins, l'aplanissement des montagnes et autres grands travaux de ce genre. La gloire de plusieurs inventions d'une immense importance leur appartient incontestablement. Ainsi ils imprimaient des livres longtemps avant qu'on eût inventé en Europe l'art de la typographie; les caractères dont ils se servaient étaient gravés sur des morceaux de bois, méthode restée encore en usage parmi eux. C'est de la sorte que leurs ouvrages classiques avaient été imprimés dès le dixième siècle. De très-bonne heure également ils firent usage de la boussole; et cependant ils demeurèrent fort en arrière dans l'art de la navigation, parce qu'ils entendaient fort mal la construction des navires. Il paraît avéré qu'ils connurent l'usage de la poudre à canon longtemps avant nous, de même qu'ils nous précédèrent incontestablement de beaucoup dans la fabrication de la porcelaine et qu'ils sont encore nos maîtres dans la teinture des étoffes. Quoiqu'on ait à louer beaucoup trop vanté les monuments de la Chine, quelques-uns de ses grands chemins, de ses ponts à arches, sa tour pyramidale, et sa grande muraille (*voyez* l'article ci-après), sont des choses admirables.

Le commerce des Chinois est très-actif dans l'intérieur du pays; mais à l'extérieur il n'est aucunement en rapport avec la richesse de production de leur pays. Le thé en constitue le principal article, et il s'en exporte annuellement près de 40 millions de kilogrammes. Les autres articles du commerce d'exportation sont ensuite la soie, le sucre, le riz, les plantes médicinales et les épices, l'ivoire, la porcelaine, le nankin, différents produits de l'industrie manufacturière indigène et les métaux précieux, en échange desquels le commerce d'importation se procure des noix d'arec, quelques épices, des nids d'oiseaux, du bois de Sandal, des fourrures, des étoffes de laine, des verroteries et de l'opium. On évalue l'importance annuelle des importations à 180 millions de francs, et celle des exportations à 120 millions. Chaque année la contrebande introduit dans le pays pour 60 à 80 millions d'opium. Dans les payements on compte par *taës* ou *léangs*, c'est-à-dire par lingots d'argent, de la valeur d'environ 2 francs 20 c., que l'on pèse, tandis qu'on se sert pour monnaie d'appoint de pièces rondes en cuivre, au centre desquelles est pratiqué un trou carré afin de pouvoir les attacher à un cordon.

Parmi les nations qui entretiennent des relations de commerce avec les Chinois, il faut surtout mentionner les Anglais, les Russes et les Américains du Nord. L'établissement que les Portugais possèdent à Macao a perdu son importance; et il en est de même du commerce que faisaient à Kanton les Hollandais, les Français, les Suédois, les Danois et les Espagnols, qui n'ont jamais su utiliser les larges priviléges qui leur avaient été accordés. Le commerce des Russes avec la Chine a acquis des proportions considérables. Il a lieu par voie de caravanes passant par Kiachta, met en circulation environ huit millions de roubles par an, et, au moyen d'une mission russe entretenue à Péking et renouvelée tous les dix ans, il fournit des occasions très-favorables pour obtenir des renseignements exacts sur la situation de la Chine. Le commerce des Anglais, limité autrefois au seul port de Kanton, était demeuré jusqu'en 1834 un monopole au profit de la compagnie des Indes orientales. Devenu libre à cette époque, il provoqua des conflits qui ne purent se terminer que par la force des armes, mais qui eurent pour résultat de plus larges bases données au commerce, par suite de l'ouverture des cinq ports de Kanton, Amoy, Fou-Tchéou-fou, Ning-po et Chang-haï, et enfin la cession formelle de l'île de Hong-kong. De cette époque date une ère nouvelle dans le commerce de la Grande-Bretagne.

Depuis 1802 qu'il apparut pour la première fois dans les mers de la Chine, le pavillon des États-Unis s'y est toujours maintenu avec avantage; et les derniers événements ont été la source de nouveaux bénéfices pour la marine américaine, toujours disposée à prêter moyennant un bon prix ses navires aux Chinois comme aux Anglais.

La dynastie qui règne en ce moment à la Chine s'appelle *Taï-tsing*, c'est-à-dire la très-pure. Elle fut fondée par Chountchi, qui en 1645 anéantit la dynastie *Ming*, ou chinoise. La forme du gouvernement est la monarchie absolue; cependant les mandarins et les tribunaux ont le droit d'adresser à l'empereur de respectueuses représentations. L'empereur (*Tien-tsé*) prend les titres de *fils du ciel* et de *maître sublime* (*Hoang-ti*), et il choisit pour lui succéder qui bon lui semble parmi ses fils légitimes. Indépendamment de sa première femme, qui seule a le titre et les honneurs d'impératrice, il a ordinairement un grand nombre de *foushins* ou concubines. Le véritable nom de l'empereur régnant est inconnu; celui par lequel il est ordinairement désigné n'est que la dénomination honorifique de tout son règne ou d'une partie de son règne. Le dernier empereur Tao-Kouang donna à son père Kia-King, lorsqu'il fut mort, la qualification honorifique de *Djin-tchong-choui-hoang-ti*, c'est-à-dire sublime et sage empereur, miséricordieux prédécesseur. La résidence habituelle de l'empereur est Pé-king; il va passer la saison des fortes chaleurs à Djé-hol, sur un plateau fort élevé, où l'air est plus frais, et situé au delà de la muraille de la Chine. On sacrifie devant son image, on adore sa personne, et on se prosterne en sa présence. On s'agenouille même devant les ordres et les lettres provenant de lui, et la loi prescrit de courber la tête neuf fois de suite en les recevant.

Les fonctions publiques, accessibles à toutes les capacités, constituent les rouages de la même machine administrative dont l'organisation, bien qu'elle date de quelques milliers d'années, se rapproche beaucoup de la nôtre. La centralisation réside dans le conseil de l'empereur (conseil d'État), avec des assesseurs tirés d'un collége spécial où l'on étudie Confucius. Viennent ensuite six ministères : 1° celui qui connaît de tous les officiers civils (intérieur) : c'est celui qui présente pour chaque place vacante une liste de trois candidats, parmi lesquels l'empereur choisit; 2° finances, 3° rites et cérémonies, 4° guerre, 5° justice, 6° travaux publics. Dans ces divers départements sont compris d'autres services secondaires, tels que le tribunal astronomique, le tribunal historique, la censure ou police, et les affaires extérieures, qui en Chine n'ont pas une grande importance. Dans chacun de ces ministères, ou mieux tribunaux, car les décisions y sont prises en commun par plusieurs individus, il existe un censeur, et de plus les attributions des différents tribunaux sont tellement mêlées, qu'ils dépendent les uns des autres, et qu'en définitive toute affaire grave ne peut être résolue qu'après un grand nombre d'avis. Outre les centres d'administration qui résident près de l'empereur, on envoie dans chaque province des gouverneurs, assistés de trois grands officiers, le juge criminel, le trésorier et le mandarin de l'impôt du sel.

Les revenus publics sont évalués à 740 millions de francs, et consistent partie en objets en nature, et partie en argent en barres. Ils se composent d'impôts fonciers, de droits de douane prélevés sur le commerce, tant intérieur qu'extérieur, et d'une capitation, à laquelle sont astreints tous les individus âgés de vingt à soixante ans. La force armée comprend 266,000 hommes de milice, provenant des fiefs héréditaires; l'armée, uniquement composée de Chinois, 666,800 hommes. Les Mandchous sont tous astreints au service militaire, et sont partagés en neuf bannières. Les Mongols tributaires fournissent environ 280,000 hommes. On porte l'effectif complet de l'armée régulière à 1,300,000 hommes, et à 1,800,000 en y comprenant les hommes en congé et l'arrière-ban. La noblesse se divise en deux classes : la noblesse personnelle, et la noblesse attachée aux fonctions publiques. La première de ces classes comprend cinq degrés. Il n'y a que les membres de la famille impériale qui appartiennent aux trois premiers; toutes ont la prééminence sur la noblesse de charges ou les mandarins. Le rang des mandarins se reconnaît à la couleur des boutons attachés à leur bonnet, et à d'autres ornements. L'autorité suprême de l'empire est le conseil des ministres-mandarins, lequel travaille avec l'empereur. Chaque province a pour gouverneur un mandarin. Un conseil, chargé de surveiller sa conduite et d'exécuter ses ordres, lui est adjoint. Des tribunaux particuliers existent dans les villes. Le costume de cérémonie d'un mandarin est en satin à fleurs, avec un surtout de crêpe bleu. Il porte brodé par devant et par derrière le signe d'honneur distinctif du rang qu'il occupe dans l'ordre civil ou militaire. Le droit de porter une plume de paon à son bonnet est à comparer aux décorations en usage en Europe, et s'accorde comme une faveur toute particulière. Les lois chinoises sont de bons règlements de police et toujours accompagnées de préceptes moraux. Elles attribuent à l'empereur et aux mandarins une autorité illimitée sur le peuple, qui est habitué à considérer comme le premier de ses devoirs une obéissance aveugle envers ses supérieurs. D'innombrables cérémonies rappellent à chaque instant la différence des classes et des rangs. Les Chinois comptent, comme les Hindous, les Mongols et autres peuples de l'Asie, d'après un cycle de soixante années, dont chacune a un nom particulier. Une fois ces soixante années écoulées, ils recommencent un nouveau cycle, comme nous faisons au bout de cent ans. L'année, qui commence à l'équinoxe du printemps, est divisée en douze mois subdivisés eux-mêmes en décades. Les Chinois, nous l'avons déjà dit, ignorent ce que c'est que la division de la semaine en sept jours. Le premier cycle commence avec Hoang-ti, l'an 2697 avant notre ère. L'année 1851 était le 48° du 76° cycle et s'appelait Sin-kai.

Histoire.

L'histoire la plus ancienne de la Chine est complétement mythique; elle varie quant aux faits, suivant qu'elle a été écrite par des partisans de Kong-tsé ou de Lao-tsé, qui suivent des systèmes différents. Suivant la tradition, qui commence à Pan-kou, le premier de tous les êtres, ce furent d'abord les dieux qui régnèrent, puis des souverains descendant des dieux, auxquels on attribue l'invention du feu, de la construction des maisons, de l'agriculture, des arts et métiers, de la médecine, de l'écriture, du calendrier, etc., en un mot de toutes les institutions nécessaires à la civilisation. Les plus célèbres d'entre ces souverains mythiques sont Fo-hi et l'illustre Yao, du règne duquel date le Chou-king (*voyez* plus loin). D'après un document qui, si on pouvait y ajouter une foi entière, serait le plus ancien monument statistique fourni par l'histoire de l'humanité, la population de la Chine à cette époque se serait élevée à 13,533,000 âmes, son étendue à 243,800,000 arpents ou journaux (mesure de Chine), dont 92,802,400 étaient en pleine culture.

L'époque historique de la Chine commence avec la dynastie *Hia* (de l'an 2207 à l'an 1767 avant J.-C.), encore bien que les traditions qui s'y rapportent, de même qu'à la dynastie suivante, celle des *Chang* ou des *In* (jusqu'en 1122 av. J.-C.), offrent beaucoup d'obscurité et renferment évidemment un grand nombre de fables. Il est cependant à peu près démontré que l'existence de ces deux dynasties est un fait historique. Quant aux traditions qui s'y rapportent, elles ne fournissent, comme c'est d'ailleurs le cas pour toute l'histoire de la Chine, que des renseignements rien moins que certains et authentiques sur une suite non interrompue de changements de règnes, de discordes intestines, d'usurpations, de bons et de mauvais princes et d'une foule d'interventions du hasard ; inextricable confusion et accumulation de faits desquelles il ressort uniquement que c'est de cette époque que date le commencement du développement social et politique de la Chine, de même que c'est alors que commencèrent (de 1562 à 1548 av. J.-C.) les irruptions de barbares qui furent pour la Chine la source de si effroyables calamités.

L'histoire de la Chine n'offre guère plus de clarté sous la dynastie *Tchéou,* qui dura jusqu'à l'an 258 av. J.-C., et dont Wou-wang fut le fondateur. Tout ce que l'on peut conclure avec quelque certitude des traditions qui ont trait à ce souverain, c'est qu'il occupe une place importante dans l'histoire du développement de sa civilisation, comme créateur d'un grand nombre d'institutions sociales et aussi comme protecteur des sciences et des arts. Une circonstance bien remarquable, c'est que toutes les traditions le représentent comme venu de l'ouest à la tête d'une colonie. Parmi ses successeurs, on remarque Ling-wang, dont le règne (de 571 à 544 av. J.-C.) est célèbre parce que ce fut pendant sa durée que naquit Kong-fou-tsé. A l'année 720 avant J.-C. commence la *Tchen-koué* ou période des rois guerriers, c'est-à-dire des nombreux petits États juxta-posés et en luttes continuelles les uns contre les autres. Tsao-siang, qui renversa le dernier prince de la dynastie Tchéou et fonda la dynastie *Tsin,* s'efforça, mais en vain, de soumettre toute la Chine à son autorité. Ce fut seulement son arrière petit-fils, l'un des héros de l'histoire nationale des Chinois, qui le premier prit le titre de *hoang,* répondant assez bien à notre titre d'empereur, et qui se fit appeler alors *Tsin-shi-hoang-ti,* qui réalisa cette conquête. Après avoir exterminé tous les petits princes, ainsi que la race des Tchéou, et avoir réuni toute la Chine sous ses lois, il fut à bien dire le fondateur de la dynastie *Tsin,* et répandit en tous lieux la gloire de son nom. C'est de cette dynastie que provient le nom actuel de la Chine, *Tsina.* Les anciens donnaient aux Chinois le nom de *Seres,* c'est-à-dire marchands de soie.

Tsao-siang termina la grande muraille de la Chine, destinée à protéger le pays contre les insultes des Tatares, dont les incursions devinrent toujours de plus en plus dangereuses et fréquentes, qui dès l'époque la plus reculée apparaissent dans l'histoire sous le nom de *Hiong-nou* (les Huns), et qui inquiétèrent constamment l'empire chinois. Comme les princes, dont l'égoïsme provoquait le morcellement de l'empire, invoquaient toujours, de même que leurs fonctionnaires publics et leurs savants, l'autorité des traditions historiques contenues dans le Chou-king, Hoang donna l'ordre de brûler tous les anciens ouvrages relatifs à l'histoire, aux mœurs et aux usages. Mais tout de suite après sa mort (207 av. J.-C.), sous le règne de son fils Oi-chi, l'empire tomba en lambeaux, que Lieou-pang réunit l'an 197 avant J.-C. pour en former de nouveau un État puissant. Celui-ci, d'après le lieu dont il était originaire, se fit appeler *Han,* et devint le fondateur de la dynastie du même nom, laquelle se divisa en dynastie de *Si-han* ou occidentale, et de *Tong-han* ou orientale. Celle-ci subsista jusqu'à l'année 24 de notre ère, celle-là jusqu'à l'année 220. Les princes de cette dynastie ordonnèrent de rechercher et de recueillir les anciens livres, et on retrouva alors des fragments des ouvrages dont Kong-fou-tse était ou l'arrangeur ou l'auteur. Les Han étendirent leurs conquêtes au loin dans l'ouest, et se mêlèrent aux affaires et aux intérêts de l'Asie centrale. Sous eux la religion des Tao-ssé fut, à diverses reprises, favorisée; ce fut également de leur temps (an 65 de J.-C.) que le bouddhisme pénétra en Chine, et que des Juifs vinrent s'y établir.

Mais peu à peu ces princes finirent par dégénérer, et sous Hien-ti (an 220 de J.-C.) la Chine fut partagée en trois royaumes, que Wou-ti réunit de nouveau en l'année 280. Wou-ti fut le fondateur de la dynastie *Tzin*, qui régna jusqu'à l'année 420; après quoi, Kao-tsou-wou-ti, qui renversa Kong-ti du trône, fut le fondateur de la ligne *Song*, qui se maintint en possession du trône jusqu'en 479. Tous les princes de cette dynastie furent complètement dépourvus des qualités qu'on demande aux souverains. Il en résulta que les Tatares, participant au mouvement qui vers cette époque se manifesta à travers toute l'Asie centrale et l'Europe parmi les différents peuples barbares, devinrent par leurs incursions réitérées de plus en plus dangereux pour la Chine, et finirent par conquérir les provinces septentrionales de cet empire, où, vers l'an 306, ils fondèrent un État particulier. C'est ainsi qu'il y eut en Chine deux empires différents, l'un du nord, l'autre du midi. Dans ce dernier régnèrent successivement, outre les dynasties Tzin et Song ci-dessus mentionnées, la dynastie *Tsi* (méridionale) jusqu'en 502, sous laquelle le bouddhisme se répandit toujours davantage en Chine : la dynastie *Léang*, jusqu'en l'année 557; et la dynastie *Tchin*, jusqu'en 589. Dans l'empire du nord la dynastie *Wéi* régna de 386 à 550 en trois lignes, puis, en partie simultanément, les dynasties *Pé-tsi* (ou Tsi septentrionale), de 550 à 577, et *Héou-tchéou* (ou des derniers Tchéou), de 557 à 58.

Yang-kien, prince de Soui, enleva le trône, en 581, aux Héou-tchéou, et fonda ainsi la dynastie des *Soui*. Il porta ensuite ses armes également au sud, s'empara de cet empire en 589, détrôna la dynastie Tchin ci-dessus mentionnée, et réunit ainsi de nouveau les deux parties de la Chine restées jusque alors divisées. Le troisième empereur de cette dynastie, Kong-ti, fut déjà déposé en 617 par Li-youen, qui fonda la dynastie *Tang*, laquelle se maintint pendant trois cents ans, et résida à Singan-fou en Chin-si. A partir de l'an 626 la Chine fut extrêmement puissante, sous les premiers empereurs de cette dynastie, qui méritèrent bien de la civilisation, en même temps qu'ils agrandirent le territoire de l'empire et qu'ils contribuèrent à y faire régner l'ordre et la sécurité, notamment sous le savant Tai-tsong, pendant le règne duquel, dit-on, des Nestoriens pénétrèrent jusqu'en Chine et obtinrent l'autorisation d'y construire une église. La donnée qui fait arriver vers cette époque des Nestoriens en Chine s'appuie sur une inscription, dite le *monument de Singan-fou*, mais qui ne fut évidemment qu'une fraude pieuse commise par les jésuites.

Toutefois, les empereurs, suivants s'abandonnèrent à la volupté, et se laissèrent complètement dominer par leurs eunuques. Il en résulta de continuels troubles intérieurs, et le dernier empereur Tchao-siouen-ti fut déposé par Tchou-wan, qui en 907 fonda la dynastie *Héou-liang*. Celle-ci, de même que les dynasties suivantes, *Héou-tang* (923), *Héou-tsin* (936), *Héou-han* (947), *Héou-tchéou* (950 [Héou signifie autre ou seconde]), durèrent peu. La Chine à cette époque fut en proie à de continuels troubles intérieurs. L'influence exercée par les Tatares sur les destinées de l'empire devint de plus en plus prépondérante et fatale. Chaque province presque eut son souverain indépendant. Alors, en 990, les Chinois élurent pour empereur le digne Tchao-kouang-yin, fondateur de la seconde dynastie *Song*, qui régna jusqu'en 1270. Ses successeurs immédiats lui ressemblèrent, mais l'empire eut à souffrir de plus en plus des incursions des Tatares. Sous Tchin-tsong les Chinois se virent, à partir de 1010, réduits à payer tribut aux Tatares Leao ou Kétan. En 1101, Hoey-tsong réussit, il est vrai, à détruire l'empire des Léao; mais ce ne fut qu'avec l'appui des Tatares Niout-chi, qui fondèrent alors la dynastie *Kin*. Toutefois, les autres Tatares recommencèrent dès l'année 1125 leurs incursions en Chine, et s'emparèrent de toute la Chine septentrionale, c'est-à-dire de Pé-tcheli et de Cheng-si. Kao-tsoung ne régna sur les provinces méridionales qu'en leur payant tribut. Pour se débarrasser de ce joug, l'empereur Ning-tsong s'allia à Djingiz-Khan, et les Niout-chi furent vaincus par ce grand conquérant. Mais les Mongols eux-mêmes ne tardèrent point à tourner leurs armes contre la Chine. En 1209 ils franchirent la grande muraille, et en 1215 ils prirent Péking, qu'ils livrèrent au pillage.

Après la mort du dernier empereur Ti-ping, lequel se jeta à l'eau avec toute la famille impériale, en 1260, lorsqu'il eut perdu sa dernière bataille contre les Mongols, qui assiégeaient Kanton, Coublai-Khan, connu ensuite sous le nom de Chi-tsou, se déclara souverain de la Chine, en 1279, et fut le fondateur de la ligne mongole, laquelle prit la qualification honorifique de *Iouen* (la primitive), et régna jusqu'en 1368. Toute la Chine se trouva alors pour la première fois gouvernée par une dynastie étrangère; mais les barbares vainqueurs ne tardèrent pas à s'assimiler les mœurs et la civilisation des vaincus. Les empereurs de cette famille, dont les règnes furent généralement bienfaisants, adoptèrent les coutumes des Chinois, et ne changèrent rien aux lois, aux habitudes et à la religion du pays. Ils firent fleurir les sciences et les arts, et plusieurs d'entre eux furent même très-savants. C'est alors que pour la première fois, dans l'histoire du monde, la Chine ouvrit ses portes aux étrangers. Plusieurs missionnaires et voyageurs, parmi lesquels Marco-Polo occupe le premier rang, pénétrèrent dans le pays. On peut dire de ce voyageur que ce fut lui qui découvrit pour l'occident la Chine ainsi que toute l'Asie orientale. Mais, après la mort de Timour-Khan (1307), des dissensions survenues dans la famille impériale et surtout la tyrannie de Yen-Timour et de Togon-Timour-Khan provoquèrent plusieurs guerres civiles, qui affaiblirent les forces des Mongols. Tchou-youen-tchang, Chinois de basse extraction, prit les armes contre eux. La discorde se glissa parmi les seigneurs mongols, et Bisourdar, fils de Togon-Timour-Khan s'enfuit, en 1368, en Mongolie, où il fonda l'empire des Kalka-Mongols.

Tchou, appelé ensuite Tai-tsong, celui qui délivra sa nation du joug de l'étranger, qui soumit le reste des princes chinois et plusieurs tribus mongoles, en même temps qu'il mit la frontière nord-ouest de l'empire à l'abri de toute insulte, fut le fondateur de la dynastie *Ming* (1368-1645), laquelle donna à l'empire seize souverains, presque tous capables, et qui l'agrandirent tant au sud qu'à l'ouest. Il faut aussi remarquer que sous cette dynastie les Européens commencèrent à entretenir des relations suivies avec les Chinois. Vers 1522 les Portugais s'établirent dans les îles voisines, notamment à Macao, pour y faire le commerce. Le jésuite Mathieu Ricci s'y rendit en 1583 à l'effet d'y propager le christianisme; projet dans la réalisation duquel il fut plus heureux que ne l'avait été avant lui le capucin Gaspar de Cruz. Vers la même époque des Espagnols pénétrèrent également en Chine. Enfin, en 1604 on vit arriver des Hollandais. Mais ceux-ci ne venaient que pour faire du commerce, et l'entrée de la Chine leur fut interdite.

Sur les frontières de l'empire habitaient alors des débris des Tatares Niou-tchi, qu'on appelle aujourd'hui Mandchoux. Sous l'empereur Ching-tsong, on leur assigna pour

CHINE

demeure quelques parties de territoire situées dans la province de Leao-tong. A quelque temps de là on voulut les en expulser; mais, commandés par leur prince Taï-Tsou, ils résistèrent avec tant de succès, qu'ils conquirent Leao-tong. Leur chef prit alors le titre d'empereur. Il continua la guerre, sous les empereurs Kouang-tsong et Hi-tsong, jusqu'à sa mort. Quand son fils Taï-tsong vint à mourir, les Mongols ne se choisirent point de nouveau prince, mais n'en continuèrent pas moins la guerre. Mais Li-tsé-tching provoqua en Chine même une révolte par suite de laquelle Hoaï-tsong se donna la mort en 1644. Le parti hostile à Li-tsé-Atching appela les Mandchous à son secours. Ils s'emparèrent de Pé-king, et successivement de tout l'empire, dont ils sont encore les maîtres aujourd'hui. Choun-tchi acheva en 1646 et 1647 la conquête de la Chine, et y fonda la dynastie *Taï-tsing* ou *Tsing*. Sous son règne les Russes obtinrent l'autorisation de commercer avec la Chine, et les missionnaires catholiques virent le nombre de leurs prosélytes s'augmenter de plus en plus. A ce prince succéda, en 1662, son fils Kang-hi, qui vainquit les Mongols, s'empara du Thibet et de Formose, et accrut considérablement l'empire. En 1684 il fit la guerre aux Russes, à l'occasion de difficultés survenues pour la délimitation de leurs frontières respectives; guerre à laquelle un traité de paix mit fin, en 1689. Dans les dernières années de son règne, les Anglais et les Français créèrent des établissements permanents à Kanton. Pendant ce règne d'un sage, les chrétiens purent en toute liberté pratiquer leur culte et leur religion; mais ils furent bannis de la Chine dès 1724, sous le règne de son fils, Yong-tching, qui lui avait succédé en 1722. Ils furent également, de 1746 à 1776, l'objet de cruelles persécutions de la part de Kien-long, fils de Kang-hi et son successeur depuis 1735.

Kien-long, guerrier courageux, conquit Kaschgar, Jarkand et toute la petite Boukharie, la plus grande partie de la Dsoungarie, soumit à ses lois le Thibet et Miao-tsé, et recula les frontières de l'empire jusqu'à l'Indostan et aux confins de la grande Boukharie. Il repeupla aussi avec des Torgotes réfugiés de Russie la Kalmouckie, dévastée à la suite de l'expulsion des Dsoungares. Il fut malheureux dans la guerre qu'il fit, en 1768, aux Birmans d'Ava, qui, lorsqu'il pénétra de nouveau sur leur territoire en 1770, anéantirent la moitié de son armée. Dans les dernières années de son règne, Ho-tchou-tang, son ministre, son favori et son gendre, lui fit perdre beaucoup de sa considération. En 1793 lord Macartney fut envoyé auprès de lui en ambassade par l'Angleterre; mais cette marque d'attention ne le décida à accorder aucun avantage nouveau aux Anglais. Au contraire, il régla les relations commerciales avec la Russie, au sujet desquelles des difficultés s'étaient élevées depuis quelques années entre les deux pays. Son poëme à la louange de Moukden, traduit par le jésuite Amyot, charma tellement Voltaire, que celui-ci composa une ode en l'honneur du Fils du Ciel. Kien-long abdiqua en 1796, et mourut en 1799. Il eut pour successeur son fils Kia-king, qui lui ressemblait fort peu, et dont le règne fut signalé par de nombreux troubles intérieurs. C'est sous le règne de cet empereur, en 1815, qu'eut lieu l'expulsion complète et absolue des catholiques de la Chine. A Kia-king succéda, le 2 décembre 1820, son second fils, Mian-ning, né en 1784, qui pendant son règne porta la qualification honorifique de *Tao-kouang*, et en langue mandchoue *Doroï-Eldenghe*, c'est-à-dire *éclat de la raison*. En 1828 il chassa complétement les missionnaires catholiques de Péking, où on les avait encore tolérés jusque alors, comme confectionneurs de calendriers. En cette même année 1828 son général réussit aussi à comprimer une dangereuse révolte des Tatares mahométans dans la petite Boukharie; et en 1831 et 1832 il eut à lutter dans les montagnes de l'ouest de l'empire contre de redoutables rebelles qui avaient trouvé beaucoup d'assistance dans ces contrées.

Cependant le plus important événement du règne de cet empereur (et peut-être même de toute l'histoire de Chine, puisqu'il introduisit dans ce pays un élément qui lui avait été jusque alors complétement étranger, l'élément occidental), fut la guerre des Chinois contre les Anglais. Les relations commerciales entre les deux nations datent de loin. Dès la fin du dix-septième siècle avait lieu entre elles un commerce demeuré assez précaire jusqu'en 1720, mais qui à cette époque prit tout à la fois et plus de consistance et plus d'importance bien que soumis à une foule d'obstacles et de restrictions, dont la compagnie anglaise des Indes orientales eut le monopole, et qui en 1757 fut limité au seul port de Kanton, où il avait lieu par l'intermédiaire d'une compagnie commerciale chinoise privilégiée, celles des *Hong* ou marchands en gros. Il continua d'en être ainsi jusqu'à l'époque fixée pour l'abolition du privilége de la compagnie des Indes ; et au milieu d'alternatives nombreuses et de fréquentes perturbations provoquées, d'un côté par les prétentions exagérées des Anglais résidant à Macao et à Kanton, et de l'autre par la jalousie et la vanité nationale des Chinois, de même que par leurs actes de violence, ces relations se poursuivirent toujours à l'avantage, de plus en plus grand, de l'Angleterre, grâce à la sage politique adoptée par la compagnie des Indes pour éviter tout conflit grave ou toute nuisible interruption. La transformation opérée par cette cessation du monopole de la compagnie des Indes, au point de vue du droit international, dans les relations immédiates des deux peuples, fut l'origine de la guerre qui éclata plus tard.

Lord Napier, envoyé à Kanton, suivant les dispositions de l'acte du parlement du 28 août 1833, en qualité de surintendant et avec mission de régler tous les détails du commerce des Anglais avec les Chinois et d'exercer sur ses nationaux toute espèce de juridiction, entra en démêlé aussitôt après son arrivée, au mois de juillet 1834, avec les autorités chinoises, qui ne voulurent pas consentir à ce que de si grands pouvoirs se trouvassent réunis dans la main de ce seul homme nommé par l'une des parties seulement. Elles refusèrent en conséquence de le reconnaître en cette qualité, et rompirent toute espèce de relations avec les Anglais. Lord Napier, dont la morgue avait immédiatement rendu toute conciliation désormais impossible, ayant compris qu'il ne pouvait rien terminer avec les forces mises à sa disposition par son gouvernement, céda dès la mi-septembre 1834 avec autant de faiblesse qu'il avait jusque alors témoigné d'arrogance. Une maladie grave fut pour lui le résultat des contrariétés qu'il éprouva dans ces épineuses négociations ; contraint de se retirer à Macao, il y mourut, le 11 octobre 1834. Cependant, à la suite des concessions faites par le plénipotentiaire anglais, le commerce s'était rouvert à Kanton dès le 24 septembre, sans que d'ailleurs la question de droit international soulevée par la nomination de ce gouvernement anglais avait cru pouvoir faire d'une autorité spéciale en Chine eût été vidée. Aussi Davis, nommé successeur de lord Napier, ne fut point reconnu par les autorités chinoises, pas plus que le capitaine Elliot, envoyé postérieurement à Kanton en la même qualité. Lui aussi, ne voulant point renoncer à son caractère officiel, il se vit contraint de quitter Kanton et de se retirer à Macao, au mois de décembre 1837, pour y exercer de là aussi bien que possible ses fonctions.

C'est alors que l'affaire de l'opium amena une crise dont le résultat immédiat devait être le commencement formel des hostilités. Déjà, l'année précédente, le gouvernement chinois, remarquant les suites déplorables qu'avait l'extension de plus en plus grande de la consommation de l'opium parmi ses nationaux, en avait interdit l'usage et la vente sous les peines les plus sévères. En dépit de ses défenses et de ses prohibitions, et malgré le redoublement de sévérité de la législation pénale, le mal alla toujours croissant. Le

DICT. DE LA CONVERS. — T. V.

31

mal en vint à ce point que les Anglais, au moyen de leurs importations d'opium, pouvaient solder toutes leurs exportations de la Chine, et qu'ils en tiraient encore des sommes immenses en argent en barres. La contrebande effrontée de l'opium faite par les Anglais, qui à cet effet entretenaient toute une petite flotte à Lintin, non loin de Kanton, avait déjà donné lieu précédemment à de nombreuses querelles. A ces griefs, fondés tout autant sur une question de moralité que sur les dommages éprouvés par le fisc, vint alors se joindre le différend politique. Il est dès lors tout naturel que le gouvernement chinois, irrité, voyant les Anglais tergiverser et hésiter dans la conduite qu'ils tenaient à son égard, ait voulu profiter de l'occasion pour en finir d'un coup avec un mal déjà ancien et en même temps pour couper court aux progrès ultérieurs de l'influence anglaise en Chine.

Le gouverneur chinois Lin, envoyé à Kanton avec des pouvoirs extraordinaires, prit les mesures les plus énergiques pour supprimer le commerce de l'opium, et publia entre autres, le 13 mars 1839, un édit par lequel il exigeait qu'on lui livrât tout l'opium qui pouvait se trouver dans les magasins et à bord des vaisseaux anglais. Les mesures prises par le capitaine Elliot pour annuler les effets de cet édit n'aboutirent qu'à rendre plus mauvaise encore la position des Anglais résidant à Kanton, et le placèrent lui-même dans une situation si critique que force lui fut d'ordonner aux négocians anglais de livrer leur opium aux autorités chinoises, sauf à se pourvoir auprès de leur gouvernement pour obtenir une indemnité équivalente à cette perte énorme. Plus de vingt mille caisses d'opium, d'une valeur ensemble de 4 millions sterling (100,000,000 fr.), furent de la sorte livrées aux Chinois et détruites. Une querelle survenue entre un matelot chinois et un matelot anglais, querelle dans laquelle le premier fut tué par son adversaire, vint encore ajouter aux complications de la situation politique. Les Anglais s'étant refusés à livrer le coupable, Lin défendit de fournir des vivres aux Anglais résidant tant à Kanton qu'à Macao. La plus grande partie de la population anglaise abandonna en conséquence Macao, à la fin d'août 1839, pour se retirer sur les navires de sa nation stationnés devant Hong-kong. Des hostilités ayant eu lieu entre les Chinois à l'occasion d'une tentative faite par les Anglais pour se procurer des vivres, Lin ordonna à ses administrés de prendre les armes et d'anéantir les Anglais. Tous les efforts du capitaine Elliot dans le but de parvenir à un arrangement amiable demeurèrent inutiles. Au contraire, Kouang, l'amiral chinois, sortit avec 29 jonques de guerre pour s'emparer des vaisseaux de guerre anglais; mais il fut battu à Tschoumpi, et perdit six de ses navires. Le résultat de cette défaite essuyée par la flotte chinoise fut la prohibition la plus absolue de toute espèce de commerce avec les Anglais; et par suite de l'irritation qu'elle répandit parmi les Chinois, il était naturel que tous les efforts tentés par Elliot pour nouer des négociations avec Lin échouassent, puisqu'il ne pouvait pas accepter les conditions humiliantes qu'on prétendait lui imposer. Au commencement de février 1840, le général chinois Yih réussit même à expulser de Macao Elliot et les quelques Anglais qui y résidaient encore, et dans la nuit du 28 du même mois la flotte chinoise essaya d'incendier les vaisseaux anglais; mais cette tentative échoua complétement.

A cette nouvelle, l'Angleterre déclara formellement la guerre à la Chine. Le 28 juin une flotte anglaise, commandée par l'amiral Elliot, arriva devant Kanton, et une division de cette flotte alla bloquer l'embouchure du Tigre, tandis que le reste s'emparait, le 5 et le 6 juillet, à l'aide d'un corps de troupes de débarquement, de l'île de Chusan, occupait son chef-lieu, nommé Ting-haï, canonnait Amoy, dont elle détruisait les ouvrages de défense, et, se dirigeait vers les eaux du nord sous les ordres immédiats de l'amiral Elliot, entrait le 11 août dans les eaux du fleuve Pe-ho, qui conduit à Péking, à l'effet de faire parvenir de vive force à l'empereur les dépêches que Lin avait refusé de recevoir à Kanton. La présence d'une flotte ennemie à si peu de distance de la résidence de l'empereur sembla inspirer à ce prince des idées plus conciliatrices. Il accueillit les dépêches, témoigna une vive surprise de ce qui était arrivé, ainsi que les dispositions les plus pacifiques, et commença des négociations qui, après quatre semaines de durée, n'eurent d'autres résultats que de faire concevoir quelques espérances de paix, et l'envoi à Kanton, par le gouvernement chinois, d'un commissaire spécial à l'effet d'y traiter définitivement des conditions d'un arrangement, attendu que cette ville était toujours, aux yeux de l'empereur, le seul endroit où des négociations pussent utilement et rapidement se poursuivre. Elliot, se laissant duper par ces belles promesses, fit de nouveau voile pour Kanton. Le commissaire ainsi annoncé, Ki-chan, arriva effectivement à Kanton le 29 novembre 1840, et les négociations s'ouvrirent immédiatement, mais n'aboutirent pendant longtemps à aucun résultat.

Pour donner plus de poids à leurs réclamations, les Anglais, dont la flotte était passée sous les ordres du commodore Bremer, par suite du rappel de l'amiral Elliot, s'emparèrent, le 9 janvier 1841, des forts élevés à l'embouchure du Tigre et causèrent sur ce point des pertes énormes aux Chinois. Ces actes furent décisifs. Dès le 20 du même mois, un traité de paix préliminaire fut signé, en vertu duquel le port de Kanton devait être rouvert, le commerce rétabli, l'île de Hong-kong cédée aux Anglais, qui recevraient en outre une indemnité de six millions de dollars, et les rapports officiels des deux gouvernemens établis à l'avenir sur le pied d'une complète égalité. La flotte anglaise se retira alors à Hong-kong; mais le traité de paix n'ayant point encore été ratifié par l'empereur à la date du 24 février, les hostilités recommencèrent dès le 25. Les Anglais s'emparèrent des forts situés à l'embouchure du Tigre, coulèrent bas les jonques de guerre chinoises, et, s'avançant le 18 mars jusque devant Kanton, enlevèrent le faubourg de cette ville, où sont situées les factoreries européennes. A la suite de cette vigoureuse démonstration, les Chinois demandèrent un armistice, qui leur fut accordé le 20 mars, à la condition que le commerce serait rouvert et que protection et sûreté seraient données aux négocians.

Mais cette fois encore les dispositions plus pacifiques témoignées par les Chinois n'étaient qu'un leurre. Au lieu d'être porté à traiter de la paix, le gouvernement chinois poussait plus activement que jamais ses préparatifs de guerre, et l'empereur lui-même se montrait l'adversaire le plus déclaré de la paix, mot que personne n'osait même prononcer, à cause des châtimens terribles dont on était dans ce cas menacé. Les édits les plus hostiles furent lancés contre les Anglais, en même temps qu'on portait à 50,000 hommes l'effectif des forces chinoises réunies à Kanton, dont le commandement supérieur fut confié au général mandchou Yih-chan et au ministre Hou. Ki-chan, au contraire, qui dans la négociation des préliminaires de paix s'était montré d'abord conciliant, puis pusillanime, fut condamné à mort, et son énorme fortune confisquée au profit du trésor impérial. Dès que le capitaine Elliot, investi du commandement supérieur dans ces parages, connut ces armemens et les intentions suspectes des Chinois, il dirigea une nouvelle attaque contre Kanton. Le général major, sir Hugh Gough, commandant des troupes de débarquement, occupa le 24 les factoreries et les ouvrages extérieurs; le lendemain 25, à la tête de 2,500 hommes, il mit complétement en déroute les forces chinoises réunies sous les murs de Kanton; et il se disposait à donner l'assaut à la ville intérieure, tandis que la flotte continuait à détruire les fortifications élevées sur les rives du fleuve, ainsi que les jonques de guerre stationnées dans ses eaux, lorsque les Chinois demandèrent de nouveau à négocier, et quand on vit arriver le ministre Hou en personne. Le capitaine Elliot y consentit encore une fois, et le 27 mai fut enfin signé le traité précédemment négocié, sauf quelques aggravations justifiées par les événements survenus dans l'intervalle. Il fut convenu que l'armée chinoise se retirerait de Kanton à une distance de 13 myriamètres, et que, de leur côté, les troupes anglaises évacueraient les forts dont elles s'étaient emparées. Le payement de l'indemnité des six millions de dollars (somme que les *hongs* se chargeaient de réunir) fut fixé au 5 juin, jour où les forces anglaises devaient se replier sur Hong-kong. Tout semblait par conséquent faire croire que cette fois l'intention des Chinois était bien véritablement d'exécuter le traité, quand on les vit tout à coup élever de nouvelles difficultés et faire de nouveaux armements. De ce moment aussi date un changement complet dans la politique jusqu'alors suivie par l'Angleterre ainsi que dans la direction de ses opérations militaires.

Jusqu'à ce moment les Anglais avaient à dessein évité de porter le théâtre des opérations militaires sur un point donné. Plusieurs motifs s'étaient réunis pour leur faire adopter cette politique. D'une part, ils craignaient, en prenant des mesures violentes, d'être entraînés par la force même des choses à entreprendre la conquête du pays tout entier, ce dont pour le moment ils ne se souciaient guère; et, de l'autre, des considérations financières leur faisaient désirer que le commerce du thé ne fût point interrompu pendant la durée des hostilités (et, soit dit en passant, ce commerce, par suite des besoins mutuels des deux peuples, se continua, à de courtes interruptions près, soit ouvertement, soit secrètement). C'est ainsi que, présumant que des blocus partiels et une succession de victoires isolées suffiraient pour faire fléchir le gouvernement chinois, on les vit adopter pour politique, d'un côté, de continuer autant que possible leurs relations commerciales avec les Chinois, et, de l'autre, de les forcer par la terreur à leur accorder une paix avantageuse. Ainsi s'expliquent les irrésolutions et les demi-mesures des deux Elliot, et surtout leur retour de Pe-ho à Kanton, sans avoir préalablement tenté une attaque contre Peking. Les yeux du gouvernement anglais finirent toutefois par se dessiller; il comprit l'inutilité de la politique qu'il avait suivie jusque alors, et se décida à frapper un grand coup. Pour cela il fallait employer des hommes d'un caractère décidé et entreprenant : aussi sir Henri Pottinger fut-il nommé lord haut-commissaire et plénipotentiaire de la reine en Chine, à la place du capitaine Elliot, qu'on rappela, et l'amiral Parker reçut-il le commandement de la flotte dont avait été investi le commodore Bremer depuis le départ de l'amiral Elliot. Sir Hugh Gough conserva les fonctions de commandant en chef des troupes de débarquement. Les deux premiers arrivèrent devant Macao le 9 août 1841, amenant avec eux des renforts considérables en troupes de débarquement et en vaisseaux de guerre. On résolut aussitôt de faire une tentative sur Nan-King et ensuite sur le grand canal impérial, cette artère du commerce intérieur de l'empire, dès qu'on se serait emparé des points les plus importants à partir de Hong-kong jusque là.

Le 21 août, l'expédition, forte de 34 voiles, quitta l'île de Hong-kong, et se dirigea d'abord sur Amoy, place que les Chinois considéraient comme imprenable. Après un engagement de quatre heures, dans lequel les Chinois furent complétement mis en déroute, et où se trouva un immense matériel, entre les mains des Anglais, qui ne laissèrent qu'une faible garnison dans l'île de Kou-lang-son, située en face, et remirent le 5 septembre à la voile pour gagner Chusan, qui fut également occupée le 30, après un engagement de courte durée, mais où ils eurent cependant à triompher d'une résistance plus opiniâtre qu'ils n'en avaient encore éprouvé. La flotte anglaise fit voile de là pour Tchin-haï, à l'embouchure du Ta-hia, position pour la défense de laquelle l'armée chinoise avait employé toutes les ressources imaginables. Néanmoins, et malgré la bravoure réelle dont firent preuve les soldats tatares, à la différence des soldats chinois proprement dits, qui dans toute cette guerre se conduisirent avec une extrême pusillanimité et ne tinrent jamais pied là même où ils étaient infiniment supérieurs en nombre à l'ennemi, la ville fut prise le 10 octobre, après un court engagement. Deux jours après, Ning-po tombait entre les mains des Anglais, sans qu'il eût même été besoin de tirer un seul coup de fusil. Les Anglais trouvèrent d'ailleurs vides d'habitants toutes les villes dont ils s'emparèrent, et le butin qu'ils y firent y fut de peu d'importance, attendu que les diverses populations avaient toujours soin d'emporter avec elles ce qu'elles possédaient de plus précieux.

Si dans cette guerre les Chinois montrèrent peu de courage actif, en revanche, ils firent preuve d'un grand courage passif. On ne vit nulle part les défections et les trahisons sur lesquelles les Anglais avaient compté; bien au contraire, toute la nation chinoise se montra animée d'une haine profonde pour les Anglais, à qui il devint même impossible de trouver des indigènes qui consentissent à se charger de remettre leurs dépêches aux autorités locales. Les vainqueurs restèrent quelque temps à Ning-po, où ils attendaient des renforts. Une attaque que les Chinois y dirigèrent contre eux fut repoussée avec une perte énorme pour les assaillants. Une fois les renforts arrivés, Ning-po fut évacuée, et l'expédition se dirigea vers Tcha-pou, la grande étape du commerce des Chinois avec le Japon, et qui, après une courte résistance, tomba aussi au pouvoir des Anglais, le 18 mai 1842. De là elle fit voile pour le Yang-tsé-kiang, car cette fois il entrait dans les plans des Anglais de couper, au moyen du blocus du grand canal impérial, les communications intérieures les plus importantes de la Chine. Le 13 juin l'expédition arriva en vue de l'embouchure du Yang-tsé-kiang, et dès le lendemain, 14, elle se trouvait à l'embouchure du Wou-song, qui déverse ses eaux dans le Yang-tsé-kiang. Les Chinois y avaient élevé les plus formidables ouvrages de défense, et disposé en batterie plus de deux cents cinquante pièces de canon pour interdire l'entrée de la rivière; mais après une canonnade de deux heures cette redoutable position fut encore enlevée, à la suite d'un assaut qui ne donna presque pas lieu à effusion de sang. L'importante ville de Chang-haï, centre d'un commerce immense, prise le 19 juin, fit moins de résistance encore. Ce ne fut qu'un peu en avant de la ville de Tching-kian-fou, où le canal impérial se croise avec le Yang-tsé-kiang, que les Anglais éprouvèrent une résistance plus énergique, parce que la défense de cette place avait été confiée en grande partie à des soldats tatares, qui se défendirent jusqu'à la dernière extrémité, et qui, voyant enfin que leur cause était perdue, s'entre-tuèrent, après avoir, au préalable, dans leur désespoir, donné la mort à leurs femmes et à leurs enfants, horrible preuve d'héroïsme dont divers chefs tatares avaient d'ailleurs donné déjà l'exemple en plus d'une occasion. Mais cette bravoure aveugle et barbare devenait impuissante contre la discipline et la tactique des Anglais. Tching-kiang-fou, comme les autres villes, fut enlevée le 21 juillet, après un assaut plus meurtrier, quoique plus rapide.

La chute de cette importante cité produisit une vive impression sur l'esprit des Chinois, et les fit enfin réfléchir sur leur situation : aussi quand les Anglais arrivèrent, le 6 août, devant Nan-king, implorèrent-ils sérieusement la conclusion d'un armistice préliminaire d'un traité de paix. Dès le 15 on vit arriver trois commissaires envoyés par l'empereur, et les négociations s'ouvrirent immédiatement. Elles aboutirent le 26 août à un traité en vertu duquel, outre Kanton, les ports d'Amoy, de Fou-tchéou-fou, de Ning-po et de Chang-haï, furent ouverts aux Anglais, qui obtinrent encore la cession de l'île de Hong-kong, la régularisation des droits de douane, l'admission des consuls de leur nation dans les cinq grands ports de l'empire, la complète égalité des deux gouvernements dans leurs rapports officiels, et une indemnité de vingt et un millions de dollars pour les frais de la guerre. L'empereur de la Chine souscrivit aux conditions de ce traité, qui fut formellement ratifié plus tard de part et d'autre. Quoique depuis une vingtaine d'années et davantage le budget de l'empire du Milieu ait constamment offert un déficit considérable, cette contribution de guerre fut acquittée avant même le terme fixé; et par suite les Anglais durent évacuer les points qu'ils avaient continué d'occuper, entre autres l'importante île de Chu-san. Pour la première fois de toute son histoire, la Chine venait de se voir contrainte de traiter sur le pied d'égalité avec une nation chrétienne civilisée et de lui acheter la paix.

Les Américains du nord et les Français ne tardèrent pas à accourir dans les eaux de la Chine, attirés surtout par l'espoir de profiter, eux aussi, de l'ouverture de l'est de l'Asie au commerce ou encore d'obtenir les mêmes avantages que les Anglais en concluant avec les Chinois des traités particuliers. Les Chinois s'y refusèrent cependant; et il ne fallut pas moins que les menaces très-sérieuses du plénipotentiaire des États-Unis pour déterminer enfin le gouvernement chinois à conclure, le 3 juillet 1844, un traité avec l'Union américaine du Nord. Un traité d'amitié et de commerce fut également signé le 24 octobre de la même année avec la France, puis ratifié le 25 août 1845.

Après le commerce que l'Angleterre fait avec la Chine, celui des Américains du Nord, singulièrement favorisé d'ailleurs par leur situation géographique à l'égard de l'empire du Milieu, est le plus important de tous; et les Américains n'agissaient qu'en vue de leur intérêt propre en insistant pour qu'il fût désormais réglé par les stipulations positives d'un traité. Quant au traité conclu par la France avec le céleste empire, il n'a que peu d'importance, et en le négociant, le gouvernement d'alors n'eut véritablement en vue que de jeter de la poudre aux yeux de l'opposition. L'importation des soies brutes et ouvrées de France ne pourrait avoir pour résultat que d'anéantir l'industrie identique existant en Chine, et la consommation de celle faite par la France est insignifiante. Ces différents traités ont mis fin aux différends survenus entre l'ouest et l'est de l'Asie, en tant qu'ils se vidaient par la force des armes. Mais il n'en a pas été de même de la guerre autrement fatale faite à la Chine par la contrebande de l'opium. En outre, depuis lors, les prétentions élevées par les diverses puissances avec lesquelles les Chinois ont conclu des traités, les contacts fréquents avec la civilisation européenne et l'arrivée en Chine d'une foule de missionnaires appartenant à toutes les églises et à toutes les sectes chrétiennes, ont donné lieu à de nombreux mécomptes et collisions d'intérêts dans lesquels le gouvernement de Péking, sentant sa faiblesse, s'est le plus souvent vu contraint de céder.

L'empereur Mian-ning, connu seulement en Europe, comme ses ancêtres, sous le nom de la période de son règne, Tao-kouang, mourut le quatorzième jour du premier mois de la trentième année de son règne, c'est-à-dire le 24 février 1850. Le quatrième de ses fils, Inshou, lui a succédé en vertu de l'acte de ses dernières volontés, a décidé que l'année suivante de la période de son règne, laquelle a commencé en mars 1851, prendrait la dénomination de *Hienfong*, c'est-à-dire plénitude de bénédictions. Quelques-uns des ministres de l'empereur défunt furent accusés, après le changement survenu sur le trône, de dispositions trop favorables pour les étrangers, et en conséquence déposés. Du reste, aucun changement ne fut apporté dans les antiques coutumes observées par le gouvernement et à la cour. Cependant une modification bien autrement importante semble se préparer et devoir avoir pour point de départ le peuple même. La nation chinoise a reconnu la faiblesse de ses maîtres actuels, et qui, à l'origine lui étaient étrangers, des Mandchoux; elle semble vouloir remplacer par une dynastie indigène les étrangers qui se sont imposés à elle. Depuis l'avènement d'Inshou au trône, des bandes de rebelles se sont montrées à diverses reprises et dans différentes contrées de l'empire, et ce n'est que fort incomplètement qu'on est parvenu à en avoir raison. A Kouang-si et dans une partie de Kouang-tong des bandes de ce genre ont même organisé un gouvernement régulier. Un prétendu descendant de la dynastie Ming, anéantie déjà depuis deux siècles, est à la tête de ce mouvement et a été solennellement reconnu par les siens en qualité de fils du ciel. Sa période de règne a déjà reçu la dénomination de *Tien-té*, c'est-à-dire vertu du ciel. Les Ming-chin, ou gens de Ming, ainsi que se font appeler les insurgés, gagnent de plus en plus du terrain. Il serait donc possible que de ces convulsions intérieures sortît une séparation du territoire en empire du sud et en empire du nord, comme cela est déjà arrivé souvent. L'immixtion des étrangers dans les affaires de la Chine est inévitable; et on peut dès à présent prévoir les profondes perturbations intérieures de même que la révolution radicale qui devront en résulter dans toute la situation politique de l'Asie orientale et centrale.

Au moment où nous imprimons cet article (commencement de mai 1853), des nouvelles de Kanton, à la date du 23 février dernier, ont produit en Europe l'impression la plus vive. Elles représentent en effet l'insurrection dont il vient d'être mention comme prenant un caractère de plus en plus formidable. Les rebelles s'étaient emparés de l'importante ville de Nan-king et avaient dirigé sur Chang-haï un corps de 50,000 hommes qui n'était plus qu'à quelques journées de port.

Un édit de l'empereur, répandu avec profusion dans toutes les provinces de l'empire où son autorité est encore incontestée et affiché dans tous les lieux publics, est un véritable appel au patriotisme de la nation. Le souverain porte à la connaissance de ses sujets les mesures stratégiques qu'il a prises pour arrêter les progrès de l'insurrection. Il leur recommande en outre d'organiser dans chaque localité une espèce de garde nationale, dont il met les frais d'équipement et d'armement à la charge des bourgeois notables. L'empereur ne dissimule pas que le trésor public est vide, et que la situation exige des remèdes prompts et énergiques, des ressources immédiates. Ces ressources, il compte les trouver dans un droit d'entrée prélevé à l'avenir sur l'opium, que la fraude continuait à introduire en dépit de toutes les prohibitions, et dont la vente est désormais déclarée licite. Ce droit est, à ce qu'il paraît, l'équivalent de la prime que le commerce payait aux contrebandiers pour introduire ce poison à Kanton même. L'empereur recommande en outre d'ouvrir des souscriptions nationales pour couvrir les dépenses extraordinaires de l'armée.

L'édit prescrit enfin à toutes les autorités de lui donner par tout le pays la plus grande publicité, « afin, y est-il dit, « qu'en le voyant tout le peuple puisse réaliser notre désir, « et s'empresser d'exciter une ardeur belliqueuse pour arriver à la destruction d'une *tourbe ignoble* ».

S'il fallait s'en rapporter à des lettres reproduites par les journaux anglais, le chef des révoltés, auquel ses adhérents donnent le surnom de *Sao-Koam-sao-chuen*, résidait il y a cinq ou six années à Kanton, où il était venu étudier les dogmes chrétiens pour lesquels on le dit très-favorablement disposé. Son extérieur n'a rien d'extraordinaire. Sa taille est de cinq pieds quatre à cinq pouces; il est bien constitué, il a le visage rond, les traits réguliers ; c'est un bel homme, d'âge moyen et de manières distinguées.

Ces mêmes journaux prétendent que l'impératrice actuelle de la Chine est chrétienne, fille d'un chrétien et que l'empereur lui-même est déjà plus qu'à moitié converti; peut-être cependant vont-ils un peu trop vite en besogne en appelant les grandes puissances maritimes à offrir à l'empereur leur intervention officieuse, pour lui aider à comprimer l'insurrection; service en récompense duquel les grandes puissances exigeraient et obtiendraient sans peine liberté complète pour la civilisation chrétienne de s'étendre dans le Céleste Empire, dont le commerce cesserait aussi d'être soumis à aucune espèce de restriction de la part du gouvernement chinois. Il est difficile, en tout cas, de ne pas reconnaître que la Chine est évidemment entrée de nos jours dans une phase décisive de son histoire.

Langue chinoise.

La langue chinoise appartient à la famille des langues de l'Asie orientale que l'on désigne d'ordinaire par l'épithète de *monosyllabiques*, par la raison que chaque syllabe y exprime une idée complète ou un mot, bien qu'à la suite des temps quelques mots y aient perdu leur valeur individuelle et soient tombés à l'état de suffixes insignifiants. Tous les mots chinois se terminent soit par une voyelle ou par une diphthongue dans laquelle les sons vocaux sont prononcés distinctement l'un après l'autre, d'où résulte une plurisyllabité apparente des mots, soit par un son nasal. Ces mots simples ou radicaux sont au nombre d'environ 450. Mais un grand nombre d'entre eux sont prononcés avec différentes intonations ou accents, ordinairement au nombre de quatre à cinq, qui modifient leur signification. Le nombre des mots simples monte de la sorte à 1,203. Mais le même mot prononcé avec la même intonation désigne souvent beaucoup d'idées très-différentes. Ce que dans les langues classiques nous appelons la théorie des formes n'est en chinois qu'une théorie de particules, attendu que tout le système de déclinaison et de conjugaison y est basé sur des particules apposées aux mots, ou bien placées en avant. L'ancien dialecte, dit *kou-wen*, néglige le plus souvent ces particules de flexion, et c'est par la construction qu'on y reconnaît les rapports des mots entre eux. Le nouveau dialecte, qui représente aussi fidèlement que possible le langage de la vie ordinaire, appelé *kouan-hoa*, emploie beaucoup plus souvent ces particules de flexion. Il a aussi un grand nombre de mots composés qui sont étrangers à l'ancien dialecte. La construction de la phrase est très-sévèrement réglée en chinois, et ce n'est que par la position d'un mot qu'on peut connaître son rapport grammatical; dans sa savante dissertation *sur la nature des formes grammaticales* (Paris, 1827), Guillaume de Humboldt a démontré combien à cet égard la langue chinoise était un modèle de précision logique.

Parmi les grammaires de la langue chinoise que nous possédons, il faut surtout citer la *Notitia Linguæ Sinicæ*, de Prémare (Malacca, 1831), dont Abel Rémusat a publié un excellent extrait dans ses *Éléments de la Grammaire Chinoise*; et, après, la *Clavis Sinica*, de Marshmann (Serampore, 1814); l'*Arte China*, de Gonçalves (Macao, 1829); la *Chinese Grammar*, de Medhurst (Batavia, 1842); enfin, pour la langue des relations ordinaires de la vie, la *Chinese Grammar*, de Morrisson (Serampore, 1814). En fait de dictionnaires, nous mentionnerons plus particulièrement le *Dictionaire de la Langue Chinoise*, du missionaire Basile de Glemona, publié par De Guigne jeune (Paris, 1813, in-fol.), avec le supplément de Klaproth (Paris, 1819); le *Dictionary*, de Morrisson (6 vol. in-4°, Macao, 1815-22); le *Diccionario China Portuguez*, de Gonçalves (2 vol. in-4°, Macao, 1834), et le *Diccionario Portuguez China*, du même auteur (Macao, 1831, in-4°); enfin le *Chinese and English Dictionary*, de Medhurst (2 volumes, Batavia, 1842). On regarde comme la prononciation la plus pure et la plus exacte de la langue chinoise celle qui est en usage à Nan-king, l'ancienne capitale de l'empire; c'est celle qui, sous le nom de *langue des mandarins*, est également employée et comprise sur toute l'immense étendue de l'empire chinois par les classes instruites. Il existe d'ailleurs une foule de dialectes particuliers aux provinces; mais à cet égard on n'a guère de notions bien positives que sur le dialecte en usage dans les provinces de Kanton et de Fo-kien. Consultez le *Vocabulary of the Canton Dialect*, de Morisson (2 vol., Macao, 1828), la *Chinese Chrestomathy in the Canton Dialect*, de Bridgman (Macao, 1830), et le *Dictionary of the Hokeen Dialect of the Chinese Language*, de Medhurst (Macao, 1832).

Écriture chinoise.

Généralement parlant, l'écriture chinoise n'exprime pas le son des mots, mais présente chaque mot sous une forme particulière qui en peint l'idée. Il y a par conséquent dans l'écriture chinoise autant de figures ou de caractères différents qu'il y existe de mots dans la langue parlée. Mais comme beaucoup de mots semblables quant au son représentent des idées très-différentes, et que cependant dans l'écriture chaque idée est exprimée à part, la masse des mots représentés par l'écriture est peut-être dix fois plus considérable que celle des mots perçus par l'oreille.

Conformément à son origine, l'écriture chinoise est une simple écriture de figures, à laquelle on ajoute un nombre limité de signes symboliques et conventionnels; la réunion de ces figures et de ces symboles, avec une désignation incomplète du son pour laquelle même on se sert de mots, forme la grande masse des caractères chinois, désignés dès lors comme des caractères composés tout à la fois d'images et de sons. En effet, pour peindre le son les Chinois en sont restés à l'écriture syllabique; ils n'ont jamais décomposé le mot dans ses éléments les plus simples, pour parvenir au genre le plus parfait d'écriture, c'est-à-dire à l'écriture par lettres. Les grammairiens indigènes partagent leurs caractères en six classes : la première comprend les simples figures d'objets du domaine des sens, par exemple *soleil*, *lune*, *montagne*, *arbre*, etc., et 608 caractères appartiennent à cette classe. La seconde renferme les caractères résultant de la juxtaposition de deux ou de plusieurs figures simples, dont la réunion exprime une idée d'une manière plus ou moins ingénieuse : ainsi la figure du soleil unie à celle de la lune exprime l'idée de *lumière*; une bouche et un oiseau, l'idée de *chant*, etc. On compte 740 de ces figures. La troisième classe se compose de caractères exprimant certains rapports de position, comme *en haut*, *en bas*, les noms de nombre, etc., et comprend 107 figures. A la quatrième classe appartiennent les caractères qui reçoivent une signification différente, suivant qu'on les écrit à rebours ou non : par exemple, *à gauche*, *à droite*, *debout*, *couché*, etc.; ils sont au nombre de 372. Les caractères de la cinquième classe sont dits *empruntés*. En effet, pour exprimer des idées abstraites ou désigner les différents modes d'activité de l'esprit, on transporte la signification des caractères simples ou composés qui peignent des objets du domaine des sens à des objets qui y ont quelque rapport d'analogie; par exemple, la figure qui représente un cœur exprimera l'idée d'*esprit*, la figure représentant une chambre exprimera l'idée de *femme*, etc., etc. On en compte 598. Les caractères de la sixième classe peignent le son et portent un nom exprimant cette idée. Un certain nombre de caractères, dont la prononciation pourrait être supposée généralement connue, ne sont employés que comme signes purement phonétiques, sans le moindre rapport avec leur signification particulière, et placés avec cette valeur phonétique à côté des figures. Il en résulte des caractères qui désignent à la fois la figure de l'objet et le son qui l'exprime; par exemple, un caractère que l'on prononce *li* désignera, quand il se trouve seul, un *mille* (mesure de distance), et ajouté à la figure d'un poisson, il formera le nom du poisson *li*, c'est-à-dire de la carpe. Presque tous les noms de plantes, d'arbres, de poissons, d'oiseaux, d'animaux et d'une foule d'autres objets qu'il eût été trop difficile de représenter en figures sont désignés par des caractères mêlés de ce genre, et le nombre ne s'en élève pas à moins de 21,810.

Tous ces rapports de nombre n'ont trait toutefois qu'aux mots et aux caractères qui se rencontrent dans le langage ordinaire ou dans la langue écrite ordinaire. C'est ainsi que le nombre des caractères chinois, qu'on pourrait en tout cas appeler *hiéroglyphiques*, atteignent le chiffre énorme de 2,425. Une fois qu'on est parvenu à les connaître, on connaît à vrai dire tous les caractères chinois; car ceux de la sixième classe ne se composent que de la répétition et du mélange des caractères des cinq premières. Callery, dans son *Systema Phoneticum Scripturæ Sinicæ* (Macao, 1842, 2 vol.), a traité de cet élément phonétique de l'écriture chinoise. On peut aussi consulter sur cette matière, dans les *Mémoires de l'Académie des Inscriptions* (vol. VIII) le *Mémoire sur l'écriture chinoise*, d'Abel Rémusat. Le nombre des caractères employés aujourd'hui par les Chinois, dans leurs dictionnaires usuels, s'élève à 40,000 environ, dont la dixième partie seulement sont d'un usage général et fréquent. Aussi les différents ouvrages de *Kong-fou-tsé* (Confucius) et de ses disciples ne contiennent guère que 2,500 caractères différents, à l'aide desquels on peut comprendre à peu près tout ce que la littérature chinoise offre d'important dans le domaine de l'histoire et de la philosophie. Pour faciliter la mise en ordre de ces caractères dans les dictionnaires, on en a choisi 214 auxquels on donne le nom de *clefs*; ils remplacent à quelques égards l'ordre alphabétique de nos lettres.

La forme des caractères chinois a subi avec le temps de nombreuses modifications, suivant la grandeur de la matière sur laquelle on écrivait, ou de l'instrument qui servait à les tracer. Les auteurs chinois se sont livrés de prédilection aux recherches paléographiques, et les matériaux abondent pour suivre leur écriture dans ses diverses modifications depuis l'antiquité la plus reculée. Dans son *Monument de Yū* (Paris, 1802), Hager a donné un aperçu des diverses formes anciennes et nouvelles de quelques caractères chinois.

Littérature chinoise.

C'est incontestablement, au point de vue géographique, ethnographique et historique, de toutes les littératures de l'Orient la plus riche. Le catalogue imprimé de la bibliothèque de l'empereur Kien-long se compose de 122 volumes; et un choix des ouvrages de la littérature classique de la Chine, enrichi de commentaires et de scolies, dont la publication avait été ordonnée par ce prince, devait se composer de 180,000 volumes, dont 78,731 avaient déjà paru en 1818.

Dans les cinq *livres canoniques* ou saints, appelés *Kings*, se trouvent les monuments les plus antiques de la poésie, de l'histoire, de la philosophie et de la législation des Chinois, dont quelques fragments appartiennent peut-être aux premiers monuments écrits de l'humanité. Kong-fou-tsé (*voyez* CONFUCIUS) les réunit au sixième siècle avant l'ère chrétienne, après les avoir puisés à des sources diverses, et ils sont parvenus jusqu'à nous à peu près dans leur rédaction primitive. Les *Kings* séparés sont : 1° *Y-kings*, ou le livre des Transformations : c'est là originairement une collection de huit fois huit figures, composées de lignes droites et de lignes courbes, qu'on appelle *Koua*, et représentant, dit-on, symboliquement les éléments, etc., mais qui, dès une époque demeurée perdue dans la nuit des temps, étaient d'indéchiffrables énigmes. La tentative la plus ancienne faite pour donner une signification précise à ces figures est celle de l'empereur Wen-wang et de son fils, Tchéou-kong; elle remonte au douzième siècle avant l'ère chrétienne. A cet ouvrage se rattache le commentaire moral et politique de Kong-fou-tsé (*Y-king, ex lat. P. Regis interpretatione*, 2 vol. publiés par Mohl, Stuttgard, 1832); 2° *Chou-king*, ou le Livre des Annales, collection de documents sur l'histoire des quatre premières dynasties (traduit en français par Gaubil, Paris, 1770, et dans l'ouvrage de M. Pauthier, intitulé *Les livres sacrés de l'Orient* [Paris, 1841]; texte anglais et chinois par Medhurst, Chang-haï 1842]); 3° *Chi-king*, ou le Livre des Chants, collection de chants, d'hymnes et de simples chansons populaires où brillent une grande richesse de sentiments et de nobles pensées (*Confucii Chi-king, sive liber carminum, ex lat. P. Lacharme interpretatione*, publié par Mohl, Stuttgard, 1830; et le *Chi-King*, livre de chants chinois, publié en allemand par Ruckert, Altona, 1833); 4° *Tchun-tséou*, Histoire des divers royaumes, qui commence à l'année 770 avant J.-C. que Kong-fou-tsé a continuée jusqu'à son époque. 5° *Li-ki*, le livre des Cérémonies, ou miroir des mœurs et coutumes, contenant une collection de lois et de préceptes qui embrassent les moindres détails de la vie. Le *Tchéou-li* (traduit en français par Biot, 3 volumes, Paris, 1851), qu'on attribue, mais à tort assurément à Tchéou-kong, qui vivait au douzième siècle avant J.-C., est une espèce de manuel politique, de guide à l'usage des fonctionnaires de l'ancien empire chinois.

Après les *Kings* viennent pour l'importance et la valeur les *Ssé-chou*, ou les quatre livres qui ont été composés par Kong-fou-tsé et ses disciples. On peut les considérer comme la source la plus authentique des notions relatives à cette école philosophique, qui joue un si grand rôle dans la vie politique et intellectuelle des Chinois. Ces divers ouvrages sont intitulés : 1° *Ta-hio*, la Grande Doctrine, ou l'art de gouverner sagement les peuples (publié en chinois et en anglais par Marshman, comme appendice à sa *Clavis Sinica* (Serampore, 1814]); et en français, en latin et en chinois, par Pauthier (Paris, 1837) : Kong-fou-tsé lui-même en a écrit le premier chapitre; 2° *Tchoung-young*, le Milieu immuable, composé par Tséou-ssé, petit-fils de Kong-fou-tsé, ouvrage dans lequel se trouve particulièrement exposé le moyen d'éviter tous les extrêmes dans la vie, au moyen de la science et de la vertu (texte chinois, latin et français, d'Abel Rémusat, dans le 10° volume de ses *Notices et Extraits* [Paris, 1817]); 3° *Lun-u*, les Dialogues, contenant les entretiens de Kong-fou-tsé avec ses disciples, des sentences morales, etc., rédigés après la mort du maître par deux de ses disciples (texte anglais-chinois, par Marshman, dans ses *Works of Confucius* [1er vol., Serampore, 1809]); 4° Les ouvrages de Meng-tsé, le plus important des disciples de Kong-fou-tsé, qui vivait vers l'an 350 avant J.-C., contenant également des explications sur des questions de morale et de politique, rédigées pour la plupart en forme de dialogues et écrites d'un style fleuri (texte latin et chinois, par Stanislas Julien, 3 vol., Paris, 1824). Ces quatre ouvrages, qu'on appelle ordinairement les *Œuvres de Confucius*, ont été traduits à diverses reprises, en latin, par Intercetta (Paris, 1687), et par Noël (Prague, 1711); en anglais, par Collie (Malacca, 1828); en allemand, par Schott (2 vol., Halle, 1828), et en français, par Pauthier (Paris, 1841). A ces livres canoniques se rattachent une quantité innombrable de scolies, de commentaires, de paraphrases, etc., dont les plus estimés sont ceux de *Tchéou-hi*, qui datent du treizième siècle de notre ère. Consultez une dissertation de Neumann *Sur la philosophie naturelle et religieuse d'après les œuvres du philosophe chinois Tchéou-hi*, insérée dans la *Zeitschrift für historische Theologie* d'Ilgen (1837). A peu près à la même époque que Kong-fou-tsé florissait Lao-tsé, né l'an 604 avant J.-C. et qui est également le fondateur d'une école philosophique extrêmement répandue. Lao-tsé fut aussi un prophète enthousiaste, exposant avec une brièveté le plus souvent énigmatique quelques nobles idées sur la Divinité et la vertu (*Le Livre de la Voie et de la Vertu*, publié en chinois et en français, par Stanislas Julien, Paris, 1842). Le plus célèbre de ses disciples fut Tchoang-tsé, qui florissait au quatrième siècle avant J.-C.

La littérature bouddhique traduite du sanskrit en chinois est aussi très-riche, mais elle n'est encore que fort imparfaitement connue (*The Catechism of the Shamans, or the Laws and Regulations of the Priesthood of Buddha in China*, traduit par Neumann [Londres, 1830]). Sur la mythologie nous possédons le Livre des Montagnes et des Mers, l'Histoire des Dieux et des Esprits, etc., etc. En fait de jurisprudence, il faut surtout mentionner la collection générale des lois et le code criminel de la dynastie qui règne aujourd'hui en Chine (*Ta Tsing-leu-lee, being the fundamental laws and supplementary statutes of the penal code of China*, par G.-T.Staunton, Londres, 1810). La littérature est aussi très-riche en ouvrages relatifs à la médecine (à l'égard de laquelle nous avons des ouvrages et des dissertations par Bazin, Cleyen, Gützlaff, etc.), à l'histoire naturelle, à l'astronomie, à l'uranographie, à la géométrie, à l'agriculture, à l'art militaire, à la musique et à toutes les branches de la technologie et de la mécanique. Consultez à ce sujet le *Résumé des principaux traités chinois sur la culture des mûriers et l'éducation des vers à soie*, par Stanislas Julien (Paris, 1837), ouvrage qui a été traduit en allemand , en italien et en russe. Dans le domaine de la philologie, les ouvrages les plus saillants sont incontestablement leurs dictionnaires, dans lesquels les caractères de l'écriture chinoise sont réunis avec une patiente habileté et élucidés au moyen d'exemples empruntés à toute la littérature nationale. Les plus importants d'entre ces dictionnaires sont le *Chou-wen*, ou le Dictionnaire explicatif des anciens caractères, fait par Hiou-chin, 121 ans après J.-C.; *Sse-chou-kou*, Principes de la formation des six classes de caractères, datant du treizième siècle de notre ère; *Tching-tsé-thoung*, ouvrage plein d'érudition; et surtout le dictionnaire de l'empereur *Kang-hi*, que l'on considère aujourd'hui comme l'autorité suprême en tout ce qui a rapport à la forme, à la prononciation et à la signification des caractères. Il existe en outre beaucoup de dictionnaires spéciaux, par exemple sur les cinq *Kings*, sur les expressions poétiques et les métaphores, ainsi que des collections, vraiment gigantesques, des phrases composées de deux ou d'un plus grand nombre de caractères, notamment le *Pei-wen-youn-fou*, en 186 forts volumes in-8°, et le *Phing-tsé-loui-pien* en 220 volumes.

Les langues des peuples soumis aux Chinois ont aussi été de leur part l'objet de profondes études lexicographiques, particulièrement les langues des Mandchous , des Mongols et des Tibétains. La littérature encyclopédique des Chinois n'est pas moins richement fournie. En ce genre, l'ouvrage le plus important à signaler est le livre de Ma-touanlin (an 1300 de l'ère chrétienne), intitulé : *Wen-hienthong - khao*, c'est-à-dire Examen attentif des anciens monuments, avec de précieux suppléments. C'est une inépuisable mine de matériaux les plus riches et les plus propres à faire bien complètement connaître l'empire chinois depuis l'époque la plus reculée jusqu'au temps actuel et dans toutes les directions de la vie sociale.

Mais ce qui incontestablement forme la partie la plus précieuse de la littérature des Chinois, ce sont leurs ouvrages géographiques et historiques, qui sont tout à fait indispensables à qui veut bien connaître la haute Asie. De tous les matériaux recueillis avant lui , *Sse-ma-thsian* le premier (an 100 avant J.-C.) songea à composer son *Sse-ki*, ou Mémoires historiques, comprenant l'histoire de la Chine à partir de l'an 2937 avant J.-C., jusqu'au commencement de la dynastie Han, dans le second siècle de notre ère. Cet ouvrage a toujours été continué depuis par les soins des diverses dynasties, et forme aujourd'hui la collection la plus complète des annales de l'empire jusqu'à l'époque du renversement de la dernière dynastie des Ming, c'est-à-dire jusqu'à l'année 1643. Il est intitulé : *Nian-eoul-sse* ou les Vingt-Deux Histoires. La collection complète des annales officielles, depuis l'an 2698 avant J.-C. jusqu'à l'année 1645 de notre ère, c'est-à-dire pendant un espace de 4,343 années, se compose de 3,705 livres. Il en existe un exemplaire parfaitement complet dans la bibliothèque de Munich. Il faut en outre citer le *Thong-kian-kiang-mou*, abrégé chronologique de l'histoire de la Chine depuis l'époque la plus reculée, rédigé par Tchou-hi, vers le milieu du treizième siècle de notre ère (traduit en français par le P. Mailla, dans l'*Histoire générale de la Chine*, 12 vol. in-4°, Paris, 1777-83); les histoires de divers peuples étrangers, etc. On peut donc se faire une idée des richesses qu'on doit espérer tirer de ces sources chinoises pour la connaissance plus intime du reste de l'Orient, entre autres du voyage du prêtre de Bouddha Fa-hien, qui au quatrième siècle avant J.-C. parcourut toutes les contrées où la religion de Bouddha était alors en honneur, les Indes, Ceylan, l'Afghanistan oriental, etc. (*Fo-koué-ki, Relations des Royaumes bouddhiques*, en français, par Abel Rémusat, in-4°, Paris, 1836).

Parmi les ouvrages spécialement consacrés à la géographie, nous citerons la Géographie générale de l'empire chinois, sous la dynastie des Ming, et la grande collection des statistiques des provinces, en 260 volumes, avec cartes et plans, mais surtout la grande collection du *Tai-tsing-Hoitien*, c'est-à-dire des statuts réunis de la dynastie infiniment lumineuse (celle qui règne maintenant), à partir de l'an 1818, et formant plus de 1,000 volumes. Comme les noms des villes ont souvent été changés sous les différentes dynasties, on a besoin de renseignements tout particuliers pour ne point s'égarer dans une synonymie de laquelle ne résultent que trop souvent de fâcheuses confusions. On peut à cet égard consulter le *Dictionnaire des Noms anciens et modernes des villes et arrondissements de la Chine*, par Biot (Paris, 1842).

Malgré cette tendance toute scientifique et philosophique de leur littérature, les Chinois n'ont pas négligé la poésie, et dans ce domaine nous avons encore de volumineuses collections, dont la connaissance parvient peu à peu en Occident. Tou-sou et Li-thaï-pé se sont particulièrement distingués dans le genre lyrique. Tous deux florissaient au commencement du huitième siècle de notre ère, mais nous ne connaissons encore que très-peu de chose de leurs nombreuses œuvres poétiques (consultez l'ouvrage de Davis, intitulé : *On the Poetry of the Chinese*, dans les *Transactions of the Royal Asiatic Society* [2° vol.]). Les romans forment une partie plus importante de la littérature chinoise; ils manquent, il est vrai, de toute inspiration poétique un peu élevée, et leur cercle d'action se restreint aux relations communes de la vie; mais on y trouve en revanche une description exacte et fidèle de toute la manière de penser, d'agir et de sentir de ce peuple, et ils nous introduisent de la manière la plus saisissante dans sa vie intime, qui d'ailleurs reste toujours murée pour le voyageur, quand bien même il serait doué au plus haut degré du don de l'observation. Dans le grand nombre d'ouvrages de ce genre qu'ils possèdent, il en est quelques-uns que les Chinois eux-mêmes considèrent comme classiques. Ce sont d'abord les quatre *Sse-ta-khi-chou*, ou les Quatre Livres Merveilleux, romans très-étendus, mais qui nous sont encore peu connus, savoir: 1° *San-koué-tchi-ydn-i*, c'est-à-dire Histoire agrandie des Trois Empires, espèce de roman historique qui renferme l'histoire de la Chine au moment où, en l'an 220 de J.-C., elle fut divisée en trois royaumes; 2° *Choui-hou-tchoudn*, c'est-à-dire *Récit des Célèbres Voleurs* qui, à l'époque de la dynastie Song, au dixième siècle, inquiétèrent les côtes maritimes de la province de Kiang-nan; 3° *Si-yéou-ki*, ou Description d'un voyage dans les terres de l'ouest, entrepris par le prêtre de Bouddha Tching-hiouân-tsang; pour se perfectionner dans la doctrine bouddhique, ouvrage riche surtout en détails historiques et géographiques; 4° enfin, *King-phing-mei*, ou la Vie de Si-men-king, épicier riche et dissipateur. A ces ouvrages se rattachent les *Chi-thsai-tse* ou Œuvres des Dix Beaux-Esprits, écrites plutôt dans le style populaire, et donnant des extraits des livres précédents. Plusieurs sont déjà connus en Europe par des traductions et des réimpressions. Ce sont : 1° *San-koué-tchi*, c'est-à-dire Histoire des Trois Empires; 2° *Hao-khieou-tchoudn*, Récit de la Femme accomplie (traduit en français par Guillard-d'Arcy, Paris, 1842; en anglais par Percy, Londres, 1761, et par Davis, Londres, 1829); 3° *Yu-kiao-li*, ou les Deux Cousines (traduit en français par Abel Rémusat, 4 vol., Paris, 1826; texte original, 1 vol., Paris 1829); 4° *Phing-chán-leng-yán*, ou Histoire de Deux Jeunes Savants et de Deux Filles Instruites; 5° *Choui-hou-tchoudn*, Histoire des Voleurs sous la dynastie Song; 6° *Si-siang-ki*, Histoire de l'aile occidentale de la maison, sous forme de dialogues; 7° *Phi-pha-ki*, Histoire de la Guitare, également sous forme de drame (le *Pi-pa-ki*, ou l'Histoire du Luth, traduit en français par Bazin, Paris, 1841); 8° *Hoa-thsien*, le Lit de Fleurs, en vers (*Chinese Courtship*, publié en anglais et en chinois par Thoms, Macao, 1824; en allemand par Kurz, Saint-Gall, 1836); 9° *Phing-kouëi-tchoudn*, Récit de la Victoire des Mauvais Esprits; 10° *Pe-houëi-tchi*, c'est-à-dire l'Ile blanche de jaspe.

On ne connaît qu'un très-petit nombre des autres productions de la littérature chinoise dans le genre du roman , par exemple : *Pe-cho-tsing-si* (Blanche et Bleue, ou les Deux Couleuvres fées, traduit en français par Stanislas Julien, Paris, 1834) , et les *Voyages de l'empereur Ching-tih*, traduits en anglais de Tkin-Chen (2 vol. , Malacca, 1842). Les récits courts, ou nouvelles, dont abonde la littérature chinoise, ont plus d'importance au point de vue poétique, et respirent une grâce et une fraîcheur vraiment surprenantes; nous citerons surtout les collections intitulées *Kin-kou-khi-kouen*, c'est-à-dire Théâtre d'événements remarquables des temps anciens et modernes, et *Long-tou-kong-ngan*, c'est-à-dire Choix de Causes célèbres. On a traduit dans nos langues européennes beaucoup d'ouvrages puisés à cette source, par exemple : *Chinese Novels*, par Davis (Londres, 1816), *The affectionate Pair*, par Thoms (Londres, 1820), *The lasting Ressentment of miss Keou Lwan*, par Sloth (Canton, 1839); Choix de Contes et Nouvelles, par Thomas Pavie (Paris, 1839), et d'autres encore par Prémare, Stanislas Julien, Kurz, etc.

La poésie dramatique est représentée par de nombreuses productions, depuis les plus émouvantes tragédies jusqu'aux farces les plus communes. La poésie dramatique des Chinois a ses règles à elle, et tient tout à la fois du drame romantique des Allemands et de la *comedia delle arte* des Italiens. Les nouvelles dialoguées forment un genre de drames à part et subordonné. Le dialogue en est tantôt en prose, tantôt en vers, que l'auteur place indifféremment dans la bouche de tous ceux qui entrent en scène. Il y a en outre en dehors de l'action principale de tout drame un personnage chantant, lequel débite des paroles chantées sur des airs connus et remplace plus ou moins imparfaitement le chœur de la tragédie grecque. La plus célèbre collection dans ce genre est *Youen-tchin-pe-tchong*, c'est-à-dire les Cent Drames de la dynastie des Mongols (1260-1341). C'est dans ce recueil qu'ont été puisées presque toutes les pièces du théâtre chinois que nous connaissons; par exemple : *Lao-seng-ouhr*, or *An Heir in his old age*, par Davis (Londres, 1817); *Hang-koung-tsiou*, or *the Sorrows of Han*, par Davis (Londres, 1829); *Hoei-lan-ki*, ou *l'Histoire du Cercle de Craie*, par Stanislas Julien (Londres, 1832), texte original dans la *Chrestomathie Chinoise* de Martinet, Paris, 1833); *Tchao-tchi-kou-cout*, ou *l'Orphelin de la Chine*, par Stanislas Julien (Paris, 1834) , et surtout *Theâtre Chinois*, ou Choix de pièces de théâtre composées sous les empereurs mongols, par Bazin (Paris, 1838), ouvrage qui, indépendamment de la traduction complète de quatre drames, contient une très-instructive introduction sur le drame chinois, sur son origine, sur son organisation, etc.

Les plus riches collections de livres chinois qu'il y ait en Europe sont celles qui se trouvent à Paris (Fourmont en a donné le catalogue dans sa *Grammatica Sinica* [Paris, 1742]), à Londres, à Berlin (les catalogues en ont été donnés par Klaproth [Berlin, 1822], par Schott [Berlin, 1840]), à Munich et à Saint-Pétersbourg. Il n'existe point encore d'histoire de la littérature chinoise; les Chinois possèdent bien un très-grand nombre de travaux d'histoire littéraire, mais ils sont très-insuffisants, et se bornent presque toujours à des indications critiques et bibliographiques.

CHINE (Muraille de la). On sentit de bonne heure en Chine l'utilité des remparts pour la défense du territoire. Dès le quatrième siècle avant J.-C., alors que l'empire chinois était partagé entre plusieurs souverains, les divers princes cherchèrent à mettre par une muraille de clôture leurs États à l'abri des incursions de leurs voisins ; et aujourd'hui encore on rencontre sur différents points de l'empire du milieu des débris de murailles de ce genre. La grande muraille construite ou plutôt achevée par l'empereur Tsinchi-hoangti au troisième siècle, n'existe plus depuis longtemps. On en voit les ruines dans les arrondissements de Sin-jang, Janguan et autres. Elle avait été élevée pour mettre les contrées du nord-ouest à l'abri des irruptions des Tatares. Les contrées à travers lesquelles se développe la muraille de l'ouest désignée ordinairement sous le nom de *grande muraille de la Chine*, n'appartenaient pas du tout alors à la Chine; elles ne furent conquises qu'après la mort de Hoang-ti. Le rempart qui existe aujourd'hui, mais qui en partie est également tombé en ruines, appelé *Wenli-tchang-tching*, c'est-à-dire la forteresse, longue de 10,000 lieues ou sans fin, n'a guère été construite qu'au quinzième et au seizième siècles, et fut réparé sur divers points dans le cours des dix-septième et dix-huitième siècles. On le divise en *grande muraille extérieure*, commençant à l'ouest à Sou-tcheou, interrompue çà et là par des montagnes, et s'étendant dans la direction du nord-est jusqu'à la mer de l'est, dans un circuit de 1240 milles anglais. Cette muraille s'étend ensuite le long des frontières septentrionales des trois grandes provinces Chan-si , Chen-si et Pe-tcheli, et aboutit au golfe de cette dernière province (40° 20' de latitude septentrionale et 3° 22' de longitude orientale, méridien de Peking), là où ont été construites les forteresses de Chan-hai-kouan et de Chan-hai-wéi. La *grande muraille intérieure* commence au nord de Péking, et sert surtout à protéger la capitale. Ce rempart est construit, suivant les ressources spéciales fournies par les localités, avec les matériaux les plus divers, pierres de taille, briques, blocs de rocher et terre; la hauteur en varie entre dix-huit et vingt-quatre pieds. De nombreuses tours d'observation, d'environ quarante pieds d'élévation, y ont été ménagées de distance en distance. On franchit l'une et l'autre muraille par des portes dont quelques-unes sont en fer massif.

CHINE (Papier de). *Voyez* PAPIER DE CHINE.
CHINOIS (Feu). *Voyez* FEU CHINOIS.
CHINON, ville de France, chef-lieu d'arrondissement dans le département d'Indre-et-Loire, à 42 kilomètres sud-ouest de Tours, sur la rive droite de la Vienne, avec une population de 6,774 habitants, un tribunal de première instance et un collège. La principale industrie des habitants consiste dans la préparation des fruits secs; il se fait un commerce important en grains et vins du territoire, qui est d'assez bonne qualité, chanvre, huile de noix, prunes, cire, miel, eau-de-vie, etc.

L'époque de la fondation de cette ville est fort incertaine. On sait seulement, d'après Grégoire de Tours, que c'était déjà au cinquième siècle une ville assez considérable. Sur la montagne qui la domine s'élèvent des ruines imposantes qui formaient autrefois trois châteaux différents réunis dans une même enceinte. L'un avait été bâti par Thibaut le Tricheur, les deux autres par Philippe-Auguste et par Henri II d'Angleterre, qui y mourut en 1190. Charles VII résida quelque temps dans ce château, et y ajouta des fortifications, des remparts, puis il y fit construire une maison pour Agnès Sorel. Cette maison communiquait avec les appartements du roi par un souterrain que l'on a découvert au commencement de ce siècle. La tradition montre encore dans une des tours la chambre où Jeanne d'Arc fut présentée pour la première fois à Charles VII. Louis XI donna ensuite Chinon à la reine sa mère. Plus tard cette ville fut engagée à Henri de Lorraine, duc de Guise pour 13,333 et 1/3 liv. Richelieu l'acheta moyennant 119,320 liv. et cette portion du domaine fut immédiatement érigée en sa faveur en duché.

CHIO, dans l'antiquité *Chios*, appelée aujourd'hui par les Turcs *Saki-Andassi*, c'est-à-dire *l'Ile-au-Mastic*, l'une des plus fertiles et des plus belles îles turques de la mer Égée, entre celles de Samos et de Lesbos, présente une superficie de près de 15 myriamètres carrés; et l'intérieur en est couvert de montagnes, dont la plus élevée est le mont Élias, situé au centre même de l'île. Chio était déjà célèbre dans l'antiquité par l'extrême fécondité de son sol et par ses vins exquis. Sa population actuelle s'élève à 62,000 habitants, parmi lesquels les Turcs sont nombreux.

Chio, chef-lieu de l'île, avec 14,500 habitants, est le siège d'un aga turc et d'un archevêque grec. Cette ville est défendue par un château fort construit autrefois par les Génois, et son port, fermé par deux môles, est pourvu de deux phares. Elle est bâtie presque entièrement en pierres de taille et en briques, et ses maisons ont ordinairement des toits en terrasses.

Les Pélasges furent les premiers habitants de Chio, et la Fable cite parmi ses anciens rois Rhadamante, frère de Minos, et Œnopion, fils d'Ariane et de Thésée ou de Bacchus. Le fils de Bacchus enseigna aux Chiotes à cultiver la vigne. Plus de mille ans avant J.-C., les Ioniens, attirés par sa fertilité, y établirent une colonie qui ne laissa pas que d'acquérir une grande importance politique, soit comme alliée, soit comme sujette de principales villes de la Grèce. Le génie maritime des Chiotes, la bonté de leur port et leurs forces navales leur donnèrent bientôt l'empire de cette partie de la mer Égée. Leur constitution fut d'abord démocratique; mais à partir du règne de Darius Hystaspes, leur île subit la domination des Perses, en même temps qu'elle eut à supporter le joug de différents tyrans indigènes, entre autres de Strattis. Ensuite Athènes imposa à l'île de Chios son hégémonie qui n'y subsista que jusqu'à l'année 358 av. J.-C.; époque à partir de laquelle l'île partagea les destinées de tous les autres États de l'Ionie.

Les rois de Pergame paraissent avoir été maîtres de Chio, soit par conquête, soit par soumission volontaire des habitants, qui, devenus alliés des Romains, prirent part à leurs guerres contre les Galates, et en furent récompensés par le don de la liberté. Chio avait alors une des plus anciennes écoles de sculpture, dont le chef fut Melas, et d'où sortirent quelques artistes distingués. A l'extinction de la famille des Attales, cette île devint province romaine, et, après la division de l'empire, elle fit partie de celui d'Orient. Dans le partage qu'en firent (l'an 1204 de J.-C.) les Français et les Vénitiens, elle resta aux premiers. Michel-Paléologue la leur enleva, et la céda aux Génois en payement des sommes qu'ils lui avaient prêtées pour recouvrer le trône de Constantinople sur les Latins. Suivant un autre récit, les Génois s'en emparèrent, et elle fut presque toujours gouvernée par un seigneur de la maison des Giustiniani. Chio fut conquise par les Turcs, sous Mourad III, en 1575. Les chrétiens restèrent maîtres du château jusqu'en 1595.

Chio est le paradis de la Grèce. Peu fertile sur les hauteurs, elle offre dans ses vallées un jardin continuel d'orangers, de citronniers, de mûriers, de grenadiers, de myrtes, et de toutes sortes d'arbres fruitiers. On y supplée à l'absence de rivières par l'arrosement, qui se fait à l'aide de grands puits à roues. Ses vins ont été célèbres dès la plus haute antiquité, et ont conservé leur réputation. Tous les fruits et les légumes y sont délicieux, excepté les cerises et les pommes; c'est de là que nous est venu le céleri; mais les céréales n'y sont pas abondantes. Une production qui lui est particulière, et qui fait sa principale richesse, c'est le mastic, qui découle par incision de l'arbre nommé lentisque. Il appartient tout au grand seigneur. Les dames du sérail en consomment la plus grande partie, et en général les femmes turques et grecques en mâchent continuellement pour se parfumer la bouche et se fortifier les gencives. Elles s'en servent dans les pertes de sang, dans les douleurs d'entrailles et d'estomac; on le mêle dans le pain et on le brûle dans des cassolettes. L'île produit aussi de la térébenthine qui coule des pistachiers térébenthes par le même procédé.

Ce qu'on appelle *terre de Chio* est une terre savonneuse, croûteuse, blanche, cendrée, astringente, qui efface les taches et cicatrices de la peau, et qui est employée au bain comme dépilatoire. En raison de sa rareté, on lui substitue souvent dans le commerce la terre sigillée. La soie et le coton récoltés dans cette île servent à fabriquer des velours, des damas et autres étoffes plus légères, qui s'expédient en Asie et en Barbarie. De toutes les îles de l'Archipel, Tine et Chio sont les seules où l'on voie des manufactures de cire, reste de l'industrie génoise.

Quoique cette île eût été consacrée à Vénus, les anciens Chiotes avaient une grande réputation de chasteté. La probité n'était pas moins en honneur chez eux.

Jusqu'en 1822, époque où les Turcs se livrèrent dans leur île aux plus effroyables dévastations, les Chiotes avaient été les plus libres, les plus honnêtes, les plus riches, et par conséquent les plus gais, les plus aimables et les plus heureux de tous les Grecs modernes. Quoique placés sous l'administration inférieure d'un aga nommé par le Capoudan-Pacha, ils jouissaient de plusieurs privilèges importants, tels que l'exercice public de leur culte, le droit d'avoir des cloches, celui d'élire des magistrats municipaux et des juges en matière civile et commerciale, etc. Mais les horribles massacres dont cette île fut alors le théâtre eurent pour résultat de réduire le nombre d'habitants à 16,000, tandis qu'il était auparavant de près de 130,000.

On ne rencontre dans cette île que de faibles restes d'architecture et de sculpture antique. Le plus remarquable, peu distant de la ville, est celui qu'on appelle l'*École d'Homère*. C'est un rocher dans lequel est creusé un banc circulaire, avec un siège au milieu, accompagné de figures d'animaux grossièrement sculptés. C'est là, dit-on, qu'Homère en réunissait ses élèves. Ce qui paraît certain, c'est que ce grand poète a longtemps habité Chio, qu'on y a longtemps montré sa maison, et qu'une famille du pays portait le nom d'*Homérides*; enfin, que de toutes les villes qui se disputent l'honneur d'avoir donné naissance au prince des poètes, Chio, et Smyrne, qui n'en est pas loin, sont celles dont les titres paraissent le plus authentiques. Cette île a produit aussi plusieurs autres personnages célèbres. La France, autrefois, avait toujours un agent consulaire à Chio. Il fut supprimé sous la Restauration. H. AUDIFFRET.

CHIOGGIA ou **CHIOZZA**, port important de l'Adriatique et siège dans l'île du même nom et dépendant de la délégation de Venise, dans le royaume Lombardo-Vénitien, communique avec la terre ferme par un pont en pierre qui n'a pas moins de quarante-trois arches. On y voit une cathédrale, plusieurs établissements d'instruction publique, des couvents, des hôpitaux, un hospice pour les orphelins et une maison de correction. Le jardinage, et surtout la navigation de long cours et le cabotage, forment, avec la pêche, la fabrication du sel et la construction des navires, l'occupation principale de ses habitants, dont le nombre s'élève à 24,000. Le port est défendu par les deux forts de Caraman et de San-Felice, qui entrent dans le système général des fortifications de Venise.

En 1369, les Génois s'étaient emparés de l'île de Chioggia; mais deux ans plus tard, à la suite d'une guerre à laquelle a resté le nom de *guerre de Chioggia*, ils furent contraints d'en abandonner la possession aux Vénitiens.

CHIONANTHE (de χιων, neige, et άνθος, fleur), genre de la famille des jasminées. Tout le monde a vu dans nos jardins ce charmant arbrisseau qui a reçu le nom d'*arbre à la neige*, à cause de ses grandes fleurs nombreuses, d'une blancheur parfaite, exhalant une odeur des plus suaves. C'est le *chionanthus virginica*, Lin., qui résiste à nos plus grands hivers, mais ne donne pas de fruits dans le nord de la France, et se plaît principalement au bord des ruisseaux, dans un sol frais et ombragé. Son écorce est très-amère, et s'emploie en Amérique contre les fièvres intermittentes. On le multiplie de graines, de marcottes et de greffes, que l'on fixe sur le frêne commun.

Une autre espèce importante de ce genre est le *chionanthe des Antilles* (*chionanthus caribœa*), bel arbrisseau dont les feuilles sont coriaces et persistantes, ovales, acuminées, et les fleurs en grappes terminales. On le connaît aux Antilles, et surtout à la Martinique, sous le nom de *bois de fer*, à cause de son extrême dureté. E. Le Guillou.

CHIONIS (du grec χιων, neige). *Voyez* Coléoramphe.

CHIOS. *Voyez* Chio.

CHIOURME. Ce mot se disait jadis de tous les forçats et autres qui ramaient sur une galère. Dans le langage des ports de mer revenaient alors très-souvent ces expressions : une *bonne chiourme*; la *chiourme* de la réale, de la patronne; renforcer la *chiourme*; réunir toutes les *chiourmes* des galères de France, etc.

Chiourme se dit aujourd'hui de l'ensemble des forçats enfermés dans un bagne : la chiourme de Brest, la chiourme de Toulon, etc. Le roi de cet empire est le *commissaire du bagne;* son sceptre est un fouet ou un bâton; ses sujets, au nombre de plusieurs mille, la *chiourme*, rebut de la société; son armée, le corps des *gardes-chiourmes*, organisé en compagnies. D'épais barreaux de fer ferment toutes les ouvertures de l'horreur; de nombreuses baïonnettes en défendent les approches, et sur toutes les avenues la société braque des obusiers chargés à mitraille. La chiourme s'habitue cependant à la vie claustrale. Le soir, quand elle est rentrée, elle soupe, elle cause, elle joue, puis, au coup de sifflet d'un adjudant des gardes-chiourmes, elle se tait et s'endort. Le lendemain, le lourd bâton du garde-chiourme planera de nouveau sur elle, et préviendra par la terreur tout événement tragique. Parfois cependant nos fêtes pénales lui donnent le spectacle d'un drame sanglant exercé sur quelqu'un de ses camarades; elles élèvent une guillotine dans l'intérieur du bagne, et tranchent la tête du galérien coupable au milieu de ses silencieux compagnons. C'est ainsi qu'on leur inculque le principe de l'inviolabilité du garde-chiourme. Il faut être bien malheureux pour se faire geôlier. Que faut-il être pour se faire garde-chiourme?

CHIPEAU ou BIDENNE, oiseau du genre *canard* qui arrive en novembre sur nos côtes de l'Océan, et nous quitte en février pour aller nicher dans le Nord. Le *chipeau* (*anas strepera*, Lin.) est long de 51 centimètres, maillé et finement rayé de noirâtre; son aile est rousse, avec une tache verte et une blanche. Déménil.

CHIPPEWAYS, et plus exactement *Ojibways*, peuplade indienne de l'Amérique du Nord, appartenant au groupe des Algonquins du Nord, qui habite en partie le territoire des États-Unis (Wisconsin, Jowa), et en partie les contrées limitrophes du Canada et de l'Amérique anglaise depuis l'extrémité orientale du lac Supérieur jusqu'à la rivière rouge du lac Winipeg. On évalue à 30,000 têtes l'effectif de cette tribu, qu'il faut se garder de confondre avec les *Chippewyans* ou *Chippeyans* appartenant au groupe d'Athabasca et habitant, sous la dénomination de *Northern Indians*, les contrées situées entre le grand lac des esclaves, le lac d'Athabasca et le Mississipi. Cette tribu ne compte guère que 2,000 têtes, et, comme elle vit surtout de chasse, elle entretient de fréquents rapports avec la compagnie de la baie d'Hudson, et surtout avec les forts élevés sur les bords du grand lac des Esclaves et du lac d'Athabasca.

CHIQUE. Cet insecte parasite, très-commun dans les contrées méridionales de l'Amérique, vulgairement appelé *puce pénétrante* (*pulex penetrans*), a été désigné sous le nom de *bicho* par les Portugais et les Brésiliens, et de *pediculus ricinoides* par Linné. La chique est presque aussi petite qu'un ciron, et appartient à la classe des aptères. Cet insecte, examiné à la loupe, est à peu près de la forme de la puce : il a, comme cette dernière, six pattes; celles de derrière, étant plus longues, sont propres à le faire sauter. Cependant, ce qui fait différer la chique de la puce ordinaire (*pulex irritans*), c'est son extrême petitesse, et le prolongement de son suçoir, qui égale presqu'en longueur tout le reste de son corps. Elle se trouve ordinairement dans les lieux secs et poudreux des parties méridionales de l'Amérique, ce qui fait que les nègres qui marchent pieds nus, qui n'observent aucun soin de propreté, et habitent des lieux malsains, en sont plus fréquemment atteints que les Européens. Le *pulex penetrans* ne respecte néanmoins ni les enfants ni les personnes qui ont la peau fine et qui portent chaussure; mais il s'attache le plus souvent à la plante des pieds, quelquefois à la peau des mains, aux coudes, aux genoux, enfin à toutes les parties du corps où l'épiderme est calleux : il lui faut de préférence une peau dure pour la tarauder facilement.

Le meilleur moyen de se préserver de cet incommode et dangereux parasite consiste dans une extrême propreté de la peau, dont il faut souvent râcler ou limer les parties dures et calleuses. Des frictions huileuses, simples ou camphrées, des chaussures épaisses et bien entretenues peuvent être placées au nombre des préservatifs contre ce redoutable ennemi; mais comme cet insecte, ainsi que nous l'avons dit, se plaît dans les lieux malsains et échauffés par le soleil ardent des tropiques, la plus sûre de toutes les précautions est d'éviter soigneusement son séjour de prédilection. Les mulâtres et les nègres des Antilles emploient pour s'en garantir de fréquents lavages avec la décoction de tabac, et quelquefois des onctions avec l'huile de noix d'acajou. Lorsque l'insecte, n'ayant pénétré que depuis peu de temps, n'a point encore déterminé d'autres désordres locaux que ceux d'une démangeaison incommode, accompagnée de quelques lancées douloureuses à longs intervalles, le traitement est aussi simple que prompt dans ses effets. Il consiste à mettre cet animalcule à découvert, en pratiquant une petite incision sur la *tache rouge* qui dénote toujours la présence de l'insecte dans le membre. On lave la plaie avec un peu de vin chaud, et l'on procède à l'extraction de la chique, dont on a soin de ne point laisser la tête, qu'on reconnaît à un point rougeâtre, qui se sépare facilement du corps. On cautérise ensuite par précaution toute l'étendue du foyer où la chique se trouvait renfermée. Un pinceau trempé dans le nitrate d'argent fondu est le meilleur caustique qu'on puisse employer dans cette circonstance. Les négresses, qui se piquent de beaucoup d'habileté pour ce genre d'opération, substituent une épingle à l'instrument tranchant; mais il est facile de comprendre que l'emploi d'un bistouri ou d'une lancette est bien préférable. En pratiquant une petite incision simple ou cruciale, on voit aisément si la chique a commencé à déposer ses œufs qu'on peut alors aisément extraire ou détruire, tandis qu'en ne faisant usage que de l'épingle, le meilleur microscope ne pourrait faire découvrir si les germes en question sont cachés sous la peau et déposés au fond de la plaie, où ils ne manqueraient pas d'éclore et de pulluler. Dans l'un et l'autre cas, on doit, après l'opération et les jours suivants, faire des lotions avec une infusion de feuilles de tabac.

Si l'on est appelé à donner des soins à un malade chez lequel la chique a déjà donné naissance à un grand nombre d'autres insectes et causé un abcès, il faut, sans différer, fendre crucialement toute l'étendue du mal, mettre à découvert le fond du foyer purulent, le laver d'abord avec de l'eau tiède, secondement avec de l'huile simple, ou mieux encore avec l'huile de camomille camphrée; ensuite on détache, à l'aide d'une petite pince, toutes les chiques ainsi que tous les germes qu'on peut apercevoir, et l'on cautérise avec le nitrate d'argent les différents points qui paraissent suspects. On introduit au fond un plumasseau de charpie enduit de cérat mercuriel, et l'on couvre le tout d'un cataplasme émollient légèrement opiacé. Dr L. LABAT.

CHIRAC (PIERRE) naquit, en 1650, à Conques (Aveyron). Trop pauvre, quoique fils unique, pour aborder les hautes études, après d'obscures humanités il prit la soutane d'abbé, puis vint à Montpellier, le Cambridge des provinces méridionales, où Chicoyneau, alors chancelier de cette université célèbre, le chargea de l'éducation de ses enfants. Assurément Chicoyneau ne prévoyait guère que cinquante ans plus tard l'humble précepteur servirait de protecteur à l'un de ses fils, et qu'il lui ferait beaucoup d'honneur en lui accordant la main de sa fille ainsi que la survivance de ses emplois. Devenu médecin en 1682, Chirac avait trente-deux ans quand il vêtit la robe doctorale. Il consacra ensuite cinq années à faire des cours, qu'on remarqua plutôt pour la maturité de son esprit que pour son talent oratoire; après quoi, il suivit la pratique du fameux médecin Barbeyrac, le *Chrestien* d'alors, et ne tarda pas à acquérir lui-même une réputation de bon praticien. Ses confrères de Montpellier conçurent même de son mérite une opinion assez haute pour chercher, sous les apparences du dévouement, à caser Chirac loin d'eux, à peu près comme quelques chirurgiens de Paris s'empressèrent, en 1820, d'envoyer *par amitié* M. Lallemand à Montpellier: on l'expatria à l'armée, près du maréchal de Noailles.

C'était en 1693, ce temps de conversions apparentes et de réelle hypocrisie, qui disposa peu à peu à cette réaction licencieuse qu'on vit se manifester quelques années après sous le nom de *régence* : double époque, dont nos temps modernes ont reproduit l'image assez ressemblante. Presque toujours à l'armée jusqu'en 1715, d'abord avec M. de Noailles, ensuite avec le duc d'Orléans, qu'il guérit d'une dangereuse blessure au moyen de l'eau de Balaruc; tantôt en Italie et tantôt en Espagne, l'air de liberté que Chirac respira dans les camps le protégea contre la contagion des mœurs d'alors, et le rendit pour toujours laconique, régulier, brusque, opiniâtre, impoli en toute occasion, à la cour comme à la ville. Et cependant il obtint, dès qu'il se fut établi à Paris, une vogue prodigieuse, qu'il conserva toute sa vie, tant est puissant l'ascendant du vrai mérite quand il a seulement contre lui des rivalités jalouses ou quelques défauts de caractère.

Aucune place n'étant alors vacante à la cour, Chirac n'eut d'abord pour lui que sa réputation et ses louables antécédents dans diverses épidémies; mais son heureuse étoile fit que le vieux Homberg mourut au même instant que Louis XIV, en 1715, de sorte qu'il devint médecin du duc d'Orléans, aussitôt que le duc d'Orléans devint régent du royaume. Homberg n'avait dû sa place qu'au caprice passager du prince pour quelques expériences de chimie, tandis que la faveur où parvint tout à coup Chirac sembla une sorte de restitution que légitimait d'ailleurs la reconnaissance du régent, qui au reste se montra juste chaque fois que l'intérêt de ses vices n'y mit aucun empêchement. Trois ans plus tard, en 1718, l'année d'*Œdipe*, mourut le célèbre Fagon, le dernier *archiatre* de Louis XIV; et ce fut encore à Chirac qu'échut la place d'intendant du Jardin-du-Roi, nonobstant son peu de goût pour les sciences naturelles, qu'on y a depuis professées avec tant d'éclat. Heureusement l'illustre Buffon, en lui succédant treize ans plus tard, arracha pour toujours aux mains, souvent inhabiles, des médecins de cour le sceptre de l'histoire naturelle. Mais la gloire de Chirac serait bien contestable et sans doute déjà oubliée si ce médecin eût borné son zèle à calmer d'obscures souffrances et à remplir de grands emplois, toujours recherchés par l'ambition et obtenus souvent par la brigue. Une circonstance funeste a rendu son nom pour jamais impérissable, comme celui de Belsunce.

Marseille en 1720, comme Paris cent douze ans plus tard, fut ravagée par une de ces épidémies dont le souvenir ne peut s'effacer. Les progrès du mal en propageaient le désastre, et la frayeur doublait le danger. Les jeunes et les riches fuyaient le fléau, et livraient ainsi à l'abandon et au dernier dénûment les pauvres, les faibles et les vieillards : la fuite accroissait la misère, la misère aggravait l'épidémie et décuplait la mortalité. Excepté Belsunce, lui dont le nom manque au calendrier par le prétexte de son opposition à la bulle *Unigenitus*, chacun abandonna son poste de citoyen courageux. Les fuyards allégaient la *contagion*, mais l'histoire les punira du nom de lâches. Dans ce danger extrême d'une maladie meurtrière et d'un infâme égoïsme, Chirac se montra grand. Il avait soixante-dix ans, des places, des honneurs, et déjà quelques infirmités; Chirac oublia tout cela. Il emballa quelques livres, quelques effets, fit mettre des chevaux à son carrosse, puis écrivit au régent, son malade : *Je vais à Marseille, où tout le monde meurt; prenez un autre médecin*. Le régent envoya aussitôt une escouade cerner le carrosse prêt à partir, après quoi il vint lui-même dire à Chirac : *Je ne veux pas*. Pour consoler le vieillard d'une défense qui le rendait malheureux, le régent lui commit le soin d'ordonner tout ce qu'il jugerait utile pour secourir les Marseillais. Le prince ajouta de l'air le plus gracieux : « Ordonnez, mon cher général; vous serez obéi comme Turenne, mais vous commanderez comme Louvois, de loin, de votre cabinet. « En effet, Marseille reçut des secours de toutes sortes, des vivres, des médicaments, des médecins courageux, pour remplacer les *carabins* indignes qui avaient déserté le poste du devoir. Chicoyneau, gendre de Chirac, et depuis son successeur, fit partie de cette commission, qu'il présida et dirigea en homme de cœur et de bon sens : l'épidémie fut bientôt apaisée. Sans doute, pour doubler le prix de sa noble détermination, Chirac aurait pu dire à la France et au régent : *La peste de Marseille est contagieuse*. Il ne le fit point; il dit constamment, fit dire, écrivit, et fit publier à son de trompe et d'ordonnances, contre l'opinion de tout le monde et d'Astruc, que l'épidémie de Marseille *n'était point contagieuse*. Il est vrai que personne ne le crut alors, pas plus qu'on ne croit aujourd'hui ceux qui ne cessent de répéter la même vérité avec la même insuccès.

Telle est la circonstance essentielle à laquelle se rattache la célébrité de Chirac. Ses travaux scientifiques furent peu importants, ses publications peu nombreuses : il fut homme d'action plutôt que de pensée. Le plus remarquable de ses ouvrages est son *Traité des Fièvres pestilentielles* : là se trouve l'histoire des épidémies qui régnèrent de son temps. Ce livre contient aussi son opinion touchant la *contagion* des fièvres, ainsi que ses principes de théorie générale et de traitement. Il est digne de remarque que les idées de Chirac ont la plus grande analogie avec celles qui depuis ont rendu le nom de Broussais si fameux : selon lui l'inflammation est l'essence de la plupart des maladies, et la saignée ou l'émission du sang leur principal moyen de traitement. Quant à la partie systématique, elle diffère chez les deux auteurs : Chirac est surtout *mécanicien-humoriste*, tandis que Broussais était *solidiste* et vaguement vitaliste. Chirac composa aussi des thèses, des dissertations, *sur les cheveux, sur les plaies; sur le foie, sur la colique iliaque, sur le cauchemar*, qu'il propose de guérir au moyen de la *rouille de fer* (équivalent de nos carbonates); des *lettres contre Vieussens*, qu'il publia sous le pseudonyme de Julien, et enfin quelques consultations.

A la mort de Dodart, en 1730, Chirac fut nommé premier médecin de Louis XV. Ce fut alors qu'il songea plus sérieusement que jamais à créer une académie de médecine, fondation utile, qu'il était réservé à M. Portal d'effectuer sous le règne et par la sanction éclairée de Louis XVIII. Vieux alors, et toujours actif, Chirac continua d'exercer son art jusqu'aux derniers mois de sa vie. De toutes parts appelé en consultations par ses confrères, comme l'était de nos jours Portal, il était aussi exact que lui dans ses rendez-vous, et beaucoup plus ardent à faire prévaloir son opinion dans chaque assemblée. Peu de temps avant sa mort, arrivée le 1er mars 1732, il légua à la faculté de Montpellier les fonds nécessaires à la fondation à perpétuité de deux chaires publiques. L'une de ces chaires devait être consacrée à la *physiologie comparée*; le titulaire de l'autre chaire devait être chargé de l'explication commentée du livre de Borelli : *De Motu Animalium*. Il avait destiné à ces deux fondations la somme de 20,000 francs, que l'université s'est sans doute appropriée, mais sans remplir le vœu du donateur; circonstance peu faite pour encourager les riches à consacrer généreusement leur fortune à des institutions publiques. Chirac est de tous les médecins de rois celui qui a le plus efficacement protégé la chirurgie, et c'est à lui que La Peyronie dut sa fortune et sa prompte célébrité. Fontenelle a fait l'éloge de Chirac, et cette compagnie posthume le garantit de l'oubli.

Dr Isidore BOURDON.

CHIRAGRE (de χείρ, main, et ἄγρα, capture), c'est-à-dire *pris par les mains*. C'est le nom que l'on donne à la goutte, lorsqu'elle attaque les mains. On l'applique aussi à tout individu atteint de cette affection.

CHIRAS ou SCHIRAS, grande ville de Perse, capitale de la province du Farsistan ou du pays de Fars (la Perse proprement dite), jadis florissante et résidence ordinaire des souverains de la Perse, aujourd'hui singulièrement déchue de son antique splendeur, est située dans une belle et fertile vallée, sur l'un des contreforts des montagnes qui forment l'extrémité sud-ouest de la Perse, à soixante kilomètres des ruines de l'antique Persépolis.

Depuis le tremblement de terre qui la détruisit presque de fond en comble, en 1824, et coûta la vie à plus 4,000 individus, elle est déserte, et compte à peine 20,000 habitants, tandis que sa population dépassait auparavant le chiffre de 52,000 âmes. On y trouve quelques fabriques de cuirs, de soieries, d'étoffes de laine et d'essence de rose; de même qu'elle est célèbre par les roses que produisent les immenses jardins qui l'entourent. Ses maisons, bâties généralement en pierres, sont plus solides que les autres constructions des Persans. Chiras est célèbre par la douceur de son climat, par la fertilité des campagnes qui l'environnent, par l'excellence de ses fruits et surtout de son fameux vin de liqueur, que les Arméniens fabriquaient, et que les rois de Perse et leurs principaux sujets ne se faisaient aucun scrupule de boire publiquement. Cette ville n'est pas moins distinguée par l'urbanité de ses habitants et par le grand nombre de savants et de gens de lettres qu'elle a produits. Il suffit de citer Sibouyah, le premier des grammairiens arabes (sa patrie était alors soumise aux khalifes arabes d'origine), et surtout les deux illustres poètes Hafis et Saadi, l'un l'*Anacréon* de la Perse, et l'autre qui en serait le *La Fontaine* s'il s'était borné à composer des fables. Leurs deux tombeaux ont été respectés par le temps et par les hommes.

CHIROGRAPHAIRE (de χείρ, main, et γράφειν, écrire). Les jurisconsultes appelaient autrefois *chirographe* un acte écrit de la propre main des parties sans l'intervention d'un officier public, et le créancier *chirographaire* était celui qui était porteur d'un chirographe, par opposition au créancier porteur d'un acte authentique, reçu par un officier public, et qui recevait le nom de créancier *hypothécaire*, ces derniers actes emportant hypothèque d'après l'ancienne législation. La division des créanciers en hypothécaires et chirographaires, établie par le droit romain, était admise dans la plus grande partie de la France. On donne encore aujourd'hui le nom de chirographaires à la troisième classe de créanciers, qu'on appelle mieux créanciers simples. Les rédacteurs du Code Civil et du Code de Procédure avaient avec intention évité de se servir de cette expression inexacte. En effet, la masse des créanciers simples réunit et des créanciers porteurs de titres authentiques et même des créanciers privilégiés et hypothécaires qui n'ont pas rempli les nombreuses formalités auxquelles la loi attache la conservation soit d'un privilége, soit d'une hypothèque.

CHIROGRAPHE (*Cyrographium*, par corruption du grec χειρόγραφος, écrit à la main). D'après son étymologie, ce mot devrait désigner les manuscrits en général; mais en diplomatique on l'applique aux chartes, aux actes faits doubles, écrits deux fois à contre-sens sur le même parchemin, ayant dans l'intervalle séparant les deux écritures des mots en gros caractères, qu'on découpait, soit en ligne droite, soit en ligne ondulée, soit en denteleure, pour donner une expédition de l'acte à chacune des deux parties contractantes.

CHIROMANCIE. Ce mot vient de deux mots grecs, χείρ, main, μαντεία, divination. La chiromancie est en effet l'art de juger et d'augurer des personnes d'après l'aspect de la main. Moyen d'imposture et aliment de superstition envers l'ignorance crédule, la chiromancie a plus d'une fois fourni des dupes aux charlatans. Toutefois, cet instrument de fourberie ne peut devenir la source d'utiles révélations et de renseignements véridiques. On ne doit pas se cacher qu'il y a de tout l'homme dans chacune de ses parties. Il est également certain que les actions les plus habituelles laissent des traces dans les organes, et qu'on peut d'après les habitudes juger de la position sociale ainsi que de la tendance du caractère individuel. Ce n'est pas parce qu'on a la main configurée de telle façon, ridée, plissée, lisse ou dentelée en réseau, douce ou rude, calleuse ou veloutée, qu'on a telle passion, tel tempérament, telle aptitude ou tel caractère; mais il n'est pas une seule de ces choses qui ne rejaillisse de près ou de loin sur la main, et qui n'y laisse une sorte de cachet facile à reconnaître pour quiconque en fait un sujet d'étude; et cette empreinte, dont l'origine est fugitive, finit par devenir indélébile.

La question ainsi posée, tâchons d'oublier les rêveries qu'ont tour à tour débitées sur la chiromancie Arthémidor, l'Iud, ou De la Chambre. Il faut oublier l'ancienne chiromancie, tout comme l'astrologie, qui l'avait associée à ses mensonges. Si donc nous ne croyons plus à la chiromancie telle que l'entendaient Agrippa et Albert le Grand, nous ne nions pas pour cela la multitude de conjectures que l'étude attentive de la main peut motiver sans trop d'erreur. En supposant que nous en vinssions un jour à faire de la morale et de la physiologie comme les Orientaux font presque toujours la médecine, c'est-à-dire à juger de toute une personne d'après l'une de ses mains, cet examen si restreint nous fournirait encore de nombreux présages.

D'après la main, nous jugerions aisément du sexe et de l'âge des personnes; la main de l'enfant diffère autant de celle de l'adulte que la main de la femme diffère de celle de l'homme. Les poils désignent la force, et quelquefois l'âge et de certaines propensions; leur couleur, non moins que celle de la peau, indique assez précisément si la constitution est lymphatique ou musculaire, si le tempérament est bilieux ou sanguin. Le pouls exprime l'énergie du cœur, et son degré de fréquence peut donner la mesure de la santé, et quelquefois même celle des impressions morales. La saillie des veines dénote ordinairement de grands travaux, des habitudes mercenaires ; une grande maigreur, des poumons engorgés et oppressés, une tumeur ou des cicatrices vers les aisselles, et quelquefois de grands chagrins, une maladie du cœur ou des besoins peu satisfaits. Quant à ces lignes du creux de la main qui ont reçu les noms de *lignes de vie*, etc., elles proviennent de la contraction des muscles, à l'énergie desquels leur profondeur est proportionnée ; d'où il suit que la manifestation de ces lignes peut faire augurer de la longévité des personnes.

Uniquement d'après certaines callosités ou maculations des mains, on pourrait dire si un homme est gaucher, s'il est oisif ou s'il travaille, s'il porte canne, s'il est homme d'étude ou de cabinet. Un grand nombre de personnes portent aux mains le cachet irréfragable de leurs occupations habituelles. L'agriculteur a les doigts courbes et raidis ; le goutteux les a noueux, l'homme affecté d'anévrisme les a violacés, et le phthisique atteint de tubercules les porte renflés vers le bout. Quant aux ongles, ils fournissent aussi quelques indications de caractère ou de santé : leur couronne blanche indique assez bien le rang social ; leur couleur, le tempérament ; leur régularité et leur culture, l'aisance du corps et la sérénité de l'âme ; longs, ils dénotent l'oisiveté. L'avare et l'ivrogne les négligent, le maniaque et l'hypocondriaque les déforment et les martyrisent, le voluptueux les pare, le maniaque les mutile, l'envieux en ensanglante le contour. Ils sont plus allongés chez le citadin, plus arrondis chez le campagnard. J'ai souvent frémi en apercevant chez une personne chroniquement enrhumée des ongles ronds, convexes et pour ainsi dire nummulaires : de tels ongles accompagnent fréquemment la phthisie tuberculeuse. Hippocrate avait remarqué quelque chose d'analogue, de même que Chirac et le docteur Pigeaux.

Dr Isidore BOURDON.

CHIRON, l'un des Centaures, surnommé *le Sage* par Plutarque, et vraiment digne de ce nom, naquit des amours de la nymphe Philyre, fille de l'Océan, avec Saturne ou Chronos. L'antiquité le fait vivre à l'époque de la guerre des Argonautes, et quelque temps avant la guerre de Troie. Dès que Chiron fut grand, il se retira dans les montagnes. Chasseur infatigable et terrible, sans cesse courant avec Diane, déchiré par les bois à travers lesquels il se précipitait en suivant sa divine compagne, il eut besoin d'apprendre la propriété des plantes propres à guérir ses blessures, et la position des astres, qui devaient l'aider à reconnaître sa route.

Le Centaure avait choisi pour demeure une grotte au pied du mont Pélion. Là se rendait toute la Grèce, attirée par la renommée du demi-dieu et par ses doctes leçons. Instituteur d'Achille, dont il était l'aïeul maternel, il donna les plus grands soins à cet élève de prédilection, dont il pénétrait l'immortel avenir. On peut voir dans l'*Achilléide* de Stace la mâle et judicieuse éducation qu'il donnait à l'enfant de Thétis, qui elle-même l'avait préparé dès l'enfance à devenir digne de ses hautes destinées. Chiron s'associait à tous les dangers de son élève, et se précipitait avec lui à travers les précipices au-devant des lions et des ours. Au retour d'une lutte terrible avec ces monstres, Chiron enseignait au jeune Achille l'astronomie, la botanique, la médecine, la chimie et la musique. On prétend que le Centaure porta le talent de la musique jusqu'à guérir les maladies par les seuls accords de sa lyre.

L'école héroïque de Chiron était célèbre dans toute la Grèce. Il comptait au nombre de ses élèves Esculape, Nestor, Hippolyte, Méléagre, Céphale, Pélée, Palamède, Ulysse, Antiloque, Énée, Bacchus, Phénix, Diomède, Castor, Pollux, Aristée, Jason, et son fils Médéas, Ajax, Protésilas. Il enseignait à tous ces héros la médecine et la chirurgie, dans lesquelles il était devenu d'une habileté incomparable. Quand les Argonautes voulurent partir pour la conquête de la Toison, ce fut au Centaure qu'ils s'adressèrent pour avoir un calendrier qui leur était nécessaire. Chiron s'était retiré à Malée. Hercule, son élève, en poursuivant les Centaures épouvantés vinrent se réfugier autour de Chiron, espérant que la vue de son ancien maître calmerait le courroux du fils de Jupiter ; mais rien ne put désarmer sa colère. Par un malheur irréparable, l'une de ses flèches, qui ne suivit point la direction qu'Hercule voulait lui donner, alla atteindre le malheureux Centaure. Le trait, qui avait été trempé dans le sang de l'hydre de Lerne, pénétra dans le genou. Hercule versa des larmes, se désespéra, et de ses divines mains appliqua sur la plaie un remède que Chiron lui avait enseigné. Tout fut inutile. Chiron, condamné à souffrir des douleurs éternelles, demanda au dieu du tonnerre la mort, qui devait mettre fin à ses souffrances. Touché de voir un fils de Saturne, un demi-dieu, réduit à lui demander le bienfait de la mort, Jupiter obéit au vœu de celui qui ne lui avait jamais demandé que la gloire des héros enfants des dieux, ou la guérison des maladies invétérées. Le compagnon de Diane, le maître d'Achille et d'Esculape, fut dépouillé de sa terrestre immortalité, et placé dans les signes du zodiaque. Selon Pline, Chiron aurait guéri sa blessure à l'aide de la plante qui depuis s'est appelée centaurée.

Il était représenté avec un corps de cheval, de la poitrine duquel sortait le buste d'un homme. On lui donne Chariclo pour épouse.

P.-F. TISSOT, de l'Académie française.

CHIRONECTE (de χείρ, main, et νήκτος, qui nage). Ce terme de zoologie, qui signifie *nageant avec des mains*, a été employé par Illiger comme désignant le genre qu'il a établi dans la famille des sarigues pour la seule espèce bien connue de cette famille qui soit aquatique. C'est celle que l'on appelle *yapock*, parce qu'elle est commune dans la grande rivière de ce nom, qui coule en Guiane.

Sous cette même dénomination de *chironectes* Cuvier a formé un genre composé de petits poissons à tête déprimée, offrant la propriété, assez singulière, de pouvoir se gonfler en avalant de l'air, et en le tenant dans leur estomac, large et membraneux. D'ailleurs, la petitesse de leur trou branchial leur permet de rester à sec pendant quelque temps.

CHIRONOMIE (du grec χείρ, main, et νόμος, loi, règle), mouvement du corps, mais surtout des mains, fort usité parmi les comédiens de l'antiquité, et au moyen duquel, comme par la mimique, ils représentaient, sans le secours de la parole, les êtres pensants, dieux ou hommes, soit qu'il fût question d'exciter le rire à leurs dépens, soit qu'il s'agit de les désigner en bonne part. En un mot, c'est l'art du geste, calqué essentiellement au barreau. C'était aussi chez les anciens un des exercices de la gymnastique et une des parties de l'art de la danse.

CHIROPLASTE (de χείρ, main, et πλάσσω, je forme), mécanique inventée par M. Logier, pour être adaptée au clavier du piano et contenir dans une bonne position la main de celui qui joue de cet instrument. Certains professeurs obligent leurs élèves à faire usage du chiroplaste. Quoique l'emploi de cet appareil puisse être utile dans quelques cas, nous croyons cependant qu'il doit être restreint à un petit nombre de personnes chez lesquelles des habitudes invétérées ne pourraient être réformées par d'autres moyens. M. d'Urclé a imaginé dans le même but un mécanisme très-simple, à l'aide duquel il parvient en peu de temps à affranchir les doigts des entraves que leur oppose leur constitution anatomique.

CHIROTE (de χείρ, χειρός, main). Ce mot est employé en erpétologie pour désigner un genre de reptiles sauriens caractérisé par l'absence de membres postérieurs. On ne connaît qu'une espèce de chirote, qui habite le Mexique. Quelques auteurs ont cru devoir changer ce nom en celui de *bimane*, qui ne peut être conservé, puisqu'il a déjà été employé pour désigner un ordre d'animaux mammifères.

P. GERVAIS.

CHIRURGIE (de χειρουργία, opération manuelle, dérivé de χείρ, main, et ἔργον, ouvrage, travail). On appelle ainsi cette partie de l'art de guérir qui nécessite l'emploi de la main seule ou armée d'instruments. La chirurgie se divise elle-même en *pathologie chirurgicale*, qui comprend la science des maladies dites *chirurgicales*, et en *médecine opératoire*, comprenant l'art ou la manœuvre des o p é r a t i o n s. Bien que ces deux parties soient professées et traitées isolément dans des cours spéciaux et dans des ouvrages dogmatiques, elles sont de fait inséparables l'une de l'autre, en ce qu'elles s'éclairent mutuellement, et que l'une sans l'autre deviendrait inutile ou dangereuse.

L'histoire va nous apprendre que la chirurgie et la m é d e c i n e furent longtemps cultivées par les mêmes hommes; que la jalousie de profession, puis le monopole sacerdotal, enfin la morgue de corporation, isolèrent dans des temps d'ignorance ces deux jets émanés d'une souche commune. En effet, la médecine et la chirurgie reposent sur une base unique, la science de l'organisation, et sont fondées sur un même principe, l'appréciation des dérangements de l'organisme; l'une et l'autre se confondent en plusieurs cas; toutes deux revendiquent certaines maladies, et par leurs empiétements mutuels prouvent l'inutilité des tentatives opérées dans le but de poser des limites qui n'existent pas dans la nature. Cependant, tel qui se sent une vocation pour appliquer le tranchant aux parties vivantes s'intitule *chirurgien*, tel autre qui répugne à infliger des douleurs salutaires prend le nom de *médecin*; mais tous deux doivent posséder les principes fondamentaux de la science commune. Ce serait donc ressusciter un préjugé anéanti par le progrès des lumières que de discuter la prééminence relative de la chirurgie et de la médecine, génies inséparables, égaux devant l'humanité, et qui travaillent d'un commun accord à conjurer les maux qui menacent notre frêle existence. Ce n'est donc que pour nous conformer à l'usage que nous traiterons à part de l'histoire et des attributs généraux de l'art chirurgical.

Il est impossible d'assigner une origine précise aux arts qui touchent de près à l'humanité. La chirurgie, non pas comme science, mais comme ensemble de procédés instinctifs, fut contemporaine des premiers hommes, qui durent aviser aux moyens de remédier aux accidents vulgaires. On peut rationnellement établir que la chirurgie fut la sœur aînée de la médecine, vu que les lésions mécaniques comportent par elles-mêmes une indication naturelle : fermer une plaie, jumeler un membre fracturé, sont les préceptes qui surgissent de la nature du mal, tandis que les dérangements intérieurs nécessitent pour le traitement une série de procédés intellectuels qui supposent un principe de science. Quoi qu'il en soit, si les premiers hommes furent leurs propres médecins, il dut bientôt se rencontrer des individus que leur expérience et la direction de leurs études investirent du sacerdoce médical. Nous verrons bientôt comment s'effectua la division des deux branches de l'art.

Bien que l'Orient ait été le berceau de toutes les sciences, filles de la civilisation, nous ne trouvons dans les monuments de l'ancienne Égypte que des traces très-superficielles de l'art chirurgical. De même que la médecine d'alors ne consistait que dans quelques prescriptions empiriques, la chirurgie se réduisait à certaines opérations élémentaires, telles que la saignée, la cautérisation, la circoncision; nous en exceptons la c a s t r a t i o n, opération délicate et très-répandue, dont une grande habitude avait appris sans doute à prévenir les accidents. Les premières notions de véritable chirurgie prirent naissance chez les Grecs; encore n'en trouvons-nous que des vestiges grossiers dans les poëmes historiques d'Homère. Toute la science du fameux Centaure consistait dans l'emploi des simples, appliqués au traitement des plaies; ce n'est qu'à l'élève de Chiron, au divin Esculape, qu'on peut attribuer des progrès réels. Esculape conquit l'apothéose en portant le fer et le feu sur les chairs mutilées, et transmit ses procédés à ses fils Machaon et Podalyre, dont l'habileté fut si précieuse aux Grecs assiégeant Troie. C'est à Podalyre que remonte le premier document historique relatif à la saignée, qui sauva la vie à la fille d'un roi. Ces temps fabuleux fournissent une grande leçon aux peuples modernes, car on y voit que l'art chirurgical faisait partie de l'éducation des hommes de guerre, et que les monarques eux-mêmes ne dédaignaient pas de cicatriser les plaies des guerriers qui s'immolaient pour eux.

Une vaste lacune existe depuis les livres d'Homère jusqu'à ceux d'Hippocrate, qui datent de trois siècles avant l'ère chrétienne. Hippocrate, qui recueillit les traditions antiques et fut le créateur de la chirurgie comme de la médecine, forme à lui seul une grande époque dans l'histoire de l'art. Il est à croire que ses écrits ne sont que le résumé des documents épars chez les Asclépiades, car tant de savoir et de profondeur ne saurait émaner de l'expérience d'un seul homme. Nous verrons, lorsque nous ferons l'histoire de ce puissant génie, qu'il avait parfaitement saisi les caractères fondamentaux du plus universel des phénomènes pathologiques, l'inflammation; qu'il formula sûr les plaies des préceptes trop souvent oubliés depuis; qu'il traitait les hémorrhagies aussi bien que pouvait le permettre l'ignorance des lois de la circulation; que ses observations sur les ulcères sont encore la base de nos connaissances actuelles. Il savait appliquer à propos le fer et le feu, comme le constate un célèbre aphorisme; il connaissait même le moyen dont nous faisons honneur aux Chinois. Il avait profondément étudié les plaies de la tête et les maladies des anfractuosités de la face; il ouvrait hardiment une issue aux épanchements de la poitrine et du ventre; il porta très-loin la mécanique chirurgicale appliquée au traitement des fractures, des luxations, des difformités, etc., etc.

Après Hippocrate, ses fils Thessalus et Polybe, Dioclès de Caryte, Philotime, Praxagoras de Cos, laissèrent quelques titres aux souvenirs de la postérité. Arrivons à la célèbre école d'Alexandrie. L'anatomie, qu'on y cultivait avec ardeur, dut offrir des bases solides aux progrès de la chirurgie, qu'au rapport de Celse on exerçait alors avec tant de hardiesse et de succès. Erasistrate ne craignait pas, dit-on, d'ouvrir l'abdomen pour appliquer immédiatement les remèdes aux viscères malades ; il connaissait aussi l'art de sonder la vessie par l'urètre. Philoxène, Gorgias, Sostrate, Héron, les Apollonius rivalisèrent d'habileté. Ammonius fut surnommé le *lithotomiste*, pour avoir imaginé de rompre les pierres dans la vessie, pratique ingénieuse, qui fut oubliée pendant vingt siècles pour renaître de nos jours sous le nom de *lithotritie*. Glaucias, Héraclide de Tarente, apportèrent aussi quelques perfectionnements aux procédés chirurgicaux.

Rome, aux beaux temps de sa république, était plongée dans une si profonde ignorance, que le sage Caton prétendait guérir les fractures au moyen de paroles magiques. Deux siècles avant l'ère chrétienne, Archagatus vint de la Grèce à Rome, et mérita le surnom de *bourreau*, par l'abus qu'il faisait du fer et du feu. Un siècle après lui, Asclépiade acquit peu de renommée, par des procédés moins barbares ; il osa pourtant ouvrir le larynx, et bien qu'il s'appuyât sur d'anciennes autorités, il est aujourd'hui considéré comme l'inventeur de la *laryngotomie*. Thénison, Tryphon, Evelpiste et Mégès imprimèrent aussi de notables progrès à la chirurgie. Devenue la métropole du monde, Rome fut bientôt le centre où vinrent affluer tous les talents. L'art avait acquis assez d'étendue pour que les spécialités commençassent à se dessiner ; il y eut alors des médecins *pharmaceutiques*, *chirurgiques*, *oculistes*, *herniaires*, *dentistes*, etc. ; au point que Galien disait qu'il y avait autant de spécialités parmi les praticiens que d'organes dans la structure du corps ; cependant Galien lui même cultivait, indifféremment toutes les branches de l'art de guérir. Celse résuma l'histoire et les progrès de la chirurgie depuis Hippocrate. Il recommanda de lier les deux bouts du vaisseau dans les cas d'hémorrhagie par blessure des artères (*voyez* Ligature) ; dans les cas de plaie envenimée, il conseilla de lier le membre au-dessous, d'exercer la succion ou d'appliquer des ventouses sur la blessure ; il expose des procédés pour extraire les flèches et d'heureux perfectionnements pour le traitement des abcès et des fistules. Son procédé pour l'amputation des membres est encore aujourd'hui considéré comme le meilleur ; il décrit l'opération de la cataracte par abaissement, celle de la taille médiane ; il faisait enfin une chirurgie rationnelle, délicate et hardie, dont les détails appartiennent à la biographie de cet illustre médecin.

La chirurgie avait fait des progrès réels depuis Hippocrate, mais la polypharmacie et les vaines subtilités avaient fait irruption dans la science, ce que révèlent surtout les écrits de Galien, qui paraît avoir vécu un siècle et demi après Celse. Dans l'intervalle qui sépare ces grands hommes, on distingue quelques chirurgiens recommandables, tels que Scribonius, Largus, Pamphile, Alcon, Thessalus, etc. Les écrits d'Arétée sur la chirurgie ne nous sont pas parvenus. Vers la même époque, Archigène, Rufus, Soranus, Héliodore, acquéraient des titres aux souvenirs de la postérité. Galien, que sa renommée place à côté d'Hippocrate, dont pourtant il fut loin d'égaler le génie, avait trop d'imagination pour féconder une science de détails comme la chirurgie. Néanmoins, ses connaissances en anatomie lui firent juger plus sainement que ses devanciers de la gravité et de l'indication des plaies, des luxations et des fractures, pour lesquelles il abusa de la mécanique. Vers le même temps, Léonide d'Alexandrie, Antyllus, Philumenus, Moschion, s'acquirent quelque célébrité.

Il appartient à l'histoire générale de la civilisation de préciser les causes qui après l'époque de Galien entraînèrent la décadence universelle des sciences et des arts. Depuis lors jusqu'au temps des Arabes quelques noms surgissent à peine ; tel est celui de Philagrius, qui rendit rationnel le traitement de l'anévrisme par la ligature. Deux siècles après Galien, Oribase compila les anciens ; Aétius, au sixième siècle, fit quelques innovations relatives aux maladies des femmes ; Alexandre de Tralles écrivit peu sur la chirurgie. Mais au septième siècle nous rencontrons Paul d'Égine, qui seul représente la cette époque de ténèbres ; il perfectionna l'histoire des anévrismes, de la taille, des fractures, et fut le dernier des médecins grecs qui cultiva la chirurgie. Dès lors le flambeau des sciences est éteint en Orient et en Occident, et c'est chez les Arabes que nous pourrons en rencontrer quelques lueurs. Vainement les successeurs de Mahomet cherchèrent-ils à répandre les connaissances médicales par la version des livres grecs ; la chirurgie fut étrangère à ce bienfait, vu l'anathème dont les préjugés religieux et populaires frappaient l'anatomie et la pratique des opérations. Au neuvième siècle les ouvrages d'Hippocrate, de Galien, de Paul d'Égine, étaient aux mains des *lettrés* ; mais ceux-ci dédaignaient l'exécution du traitement, qu'ils abandonnaient à de vils manœuvres. Rhazès et Avicenne firent pourtant quelques observations qui leur sont propres. Avenzoar, chez les Maures d'Espagne, au douzième siècle, agit le premier autrement que ses prédécesseurs, et se fit gloire de pratiquer la chirurgie. Albucasis, chez les Arabes d'Asie, pratiquait aussi la chirurgie avec ardeur, et se rendit célèbre par l'usage hardi qu'il faisait du fer rouge. Les lumières des Arabes, malgré le despotisme de la domination turque, étaient infiniment supérieures à celles des chrétiens à la même époque, et préparèrent probablement la renaissance de l'art en Occident. Les invasions multipliées des barbares pendant le moyen âge avaient anéanti les sciences dans cette partie du monde. L'art de guérir, relégué chez les moines, fut envahi, défiguré par le mysticisme et la superstition ; la chirurgie surtout fut proscrite, car l'Église a horreur du sang, si ce n'est lorsqu'il est versé dans les intérêts du ciel : ainsi, du cinquième au onzième siècle obscurité complète. Vers cette époque apparut l'École de Salerne, où brilla le moine Constantin l'Africain, et qui s'alimenta des lumières puisées chez les Arabes ; et l'Italie devint le centre d'où ces lumières devaient irradier dans l'Occident. Roger de Parme, Théodoric Bruno, et surtout Guillaume de Saliceto, se distinguèrent par certains perfectionnements.

Au commencement du quatorzième siècle, Lanfranc de Milan, proscrit de son pays, vint professer à Paris, où il acquit une célébrité extraordinaire : c'est à lui qu'appartient l'honneur d'avoir importé la chirurgie en France ; cependant, quelques chirurgiens italiens, réfugiés comme lui, concoururent au même bienfait. Les sciences commençaient alors à germer au sein de l'université ; la chirurgie s'y trouvait cultivée par quelques hommes habiles, parmi lesquels il faut compter les *quatre maîtres*, dont, par une fatalité singulière, l'histoire ne nous a pas transmis les noms, et dont l'ouvrage, que, par une sympathie assez rare, ils avaient composé en commun, est également perdu. Déjà Jean Pitard, chirurgien de Louis IX, avait puisé dans ses voyages à la Terre Sainte l'inspiration de naturaliser l'art en France ; il réalisa ses vues en composant et faisant approuver les statuts du *Collège des Chirurgiens*, qui fut légalement institué vers la fin du treizième siècle : ce fut un foyer d'où jaillit la célébrité de la chirurgie française, une source féconde où vinrent puiser une foule d'étrangers. De cette école, et vers le milieu du quatorzième siècle, sortit Guy de Chauliac, homme profond, esprit vaste et sévère, qui entreprit de dresser l'inventaire et d'instituer le code des connaissances chirurgicales : son livre fut pendant trois siècles l'œuvre classique par excellence.

Cependant, les médecins sujets de l'Église et même les chirurgiens à *robe longue* abandonnaient souvent à la classe des barbiers ou servants la pratique des pansements et des petites opérations : or, ces manœuvres ignorants, fiers d'une adresse acquise par l'habitude, se crurent bientôt assez habiles pour pouvoir exploiter pour leur compte exclusif les bénéfices de leurs fonctions subalternes, bénéfices bien supérieurs aux produits du rasoir. Ils firent si bien, qu'ils obtinrent le privilège légal d'exercer leur nouvelle industrie ; dès lors ils empiétèrent sourdement sur le domaine de leurs supérieurs, et, favorisés par la crédulité publique, finirent par s'ériger ouvertement en chirurgiens, prétention qui fut vainement réprimée par plusieurs sentences. Les véritables chirurgiens eussent pourtant triomphé de leurs ignobles rivaux, sans le renfort puissant que ceux-ci rencontrèrent dans la jalousie des médecins contre les chirurgiens. Affranchis de la loi du célibat et de la condition de clercs, par une loi de 1452, les médecins voulurent s'approprier certaines attributions de la chirurgie, et firent tous leurs efforts pour supplanter leurs antagonistes du collège de Saint-Côme. Comme relevant de l'Université, les médecins de la Faculté prétendirent soumettre les chirurgiens à leur juridiction ; mais déboutés par le texte de la loi, ils changèrent leurs batteries, et, pour abaisser leurs adversaires, tentèrent d'élever les barbiers, auxquels ils firent des leçons *en français*, véritable sacrilège à cette époque, sacrilège tellement flagrant, que sur cette seule inculpation les médecins, par honte plutôt que par sentiment du droit, suspendirent leurs leçons. Néanmoins, les sourdes manœuvres recommencèrent bientôt, et les barbiers reçurent des instructions plus ou moins occultes; enfin, les médecins en vinrent au point de contester les titres et la suprématie des chirurgiens de Saint-Côme sur leurs vils protégés. Le domaine de la science devint alors un champ clos où les professions rivales se livraient sans honte une guerre acharnée que vingt décisions législatives ne purent apaiser.

Tandis que ces dissensions tendaient à faire rétrograder l'art en France, la chirurgie continuait de prospérer en Italie. Au commencement du quatorzième siècle, Mondini, sous la protection de Philippe II, enseignait publiquement l'anatomie sur des cadavres humains; les écrits des Grecs et des Arabes passaient dans la langue latine, et, sauf quelques observations de détails, servirent de texte sacré jusqu'à l'époque où, s'affranchissant du joug des anciens, la pensée crut pouvoir marcher libre et indépendante : régénération solennelle, qui commençait à s'opérer en Italie vers la fin du quinzième siècle. Benivieni, Benedetti portèrent des coups mortels aux idoles surannées, et, dans les premières années du seizième siècle (1514), Jean de Vigo, fort de sa propre expérience, publia un ouvrage qui demeura longtemps classique.

Nous arrivons à l'époque d'une invention meurtrière, laquelle, en opérant d'immenses perturbations dans l'art stratégique, fournit de nouveaux sujets de méditation aux chirurgiens. Peu nous importe de savoir précisément la date et le nom de l'inventeur de la poudre à canon; ce qu'il y a d'à peu près positif, c'est que ce fut en Italie que ses effets furent d'abord observés. Alfouse Ferri, vers le milieu du seizième siècle, fut le premier qui donna une histoire complète des plaies par armes à feu, et c'est de lui que datent les erreurs qui si longtemps ont régné sur la nature de ces plaies et les procédés barbares qui s'ensuivirent.

Jusqu'à cette époque on ne connaissait d'autre méthode pour extraire la pierre de la vessie que celle décrite par Celse. Giov. de' Romani imagina la méthode dite *du grand appareil*, et la communiqua à Mariano-Santo, dont les élèves la propagèrent en Italie et en France, où les Colot en firent un secret concentré dans leur famille. Franco préférait cette méthode à celle même dont il était l'inventeur, et qui consistait à ouvrir la vessie au-dessus du pubis. C'est du même temps que datent les essais faits par Tagliacozzi en Italie pour réparer l'ablation du nez, opération que quelques-uns prétendent être originaire de l'Inde (*voyez* RHINOPLASTIE).

Cependant les diverses contrées de l'Europe commencèrent à partager le mouvement scientifique. Des universités se formaient en Allemagne, où l'on cultivait l'anatomie. Jacques Peiligk et Hundt concurent les premiers et exécutèrent des planches anatomiques, et la chirurgie, entravée là comme ailleurs par les préjugés, n'en suivit pas moins la tendance progressive du quinzième siècle. Jérôme Saler publia le premier traité de chirurgie en langue allemande. Ce livre n'était qu'une compilation des Arabes; mais Schielhaus, de Gersdorf, en traduisant Guy de Chauliac, semait ses œuvres d'observations nouvelles, et figura le premier les instruments destinés à extraire les corps étrangers lancés par la poudre. Jean Lange, vers le milieu du seizième siècle, enrichissait la chirurgie de remarques utiles et neuves sur le traitement des plaies. A cette époque arrive Paracelse, ce fougueux réformateur, dont le delire est semé de beaux moments de lucidité; au milieu de ses conceptions extravagantes il sut reconnaître et proclamer le rôle de la nature dans la guérison des plaies, et signala l'étroite union de la chirurgie avec la médecine. Le milieu du quinzième siècle vit se former l'université de Copenhague; mais ce ne fut que dans le siècle suivant que, sous les auspices du roi Frédéric II, la chirurgie fut enseignée dans le collège des chirurgiens de la capitale du Danemark. Cependant la Grande-Bretagne, en proie à des guerres perpétuelles, restait encore stationnaire, comme soustraite à l'impulsion générale par la mer qui l'environne. Dans ses deux expéditions contre la France, Henri V eut peine à trouver le nombre de chirurgiens nécessaire. En Espagne et en Portugal la science n'est guère plus avancée; de sorte que ce furent l'Italie, la France et l'Allemagne qui jetèrent le plus d'éclat dans la période de régénération que nous venons de parcourir.

Sous l'influence des travaux de Vésale, Eustachi, Fallope, etc., sur l'anatomie, une ère nouvelle s'ouvrit pour la chirurgie, vers la fin du seizième siècle. L'imprimerie et la gravure facilitaient les communications entre les divers points de l'Europe; et bien que l'Italie conservât sa suprématie quant aux travaux anatomiques, le sceptre de la chirurgie échut à la France, grâce au génie d'Ambroise Paré. Alors les médecins et les chirurgiens paraissaient avoir cessé leurs hostilités; néanmoins, les sourdes manœuvres des premiers paralysèrent le bon vouloir de François Ier et de Henri II, qui désiraient incorporer les chirurgiens à l'Université. Ces dénis de justice ne faisaient qu'enflammer le zèle des opprimés, parmi lesquels surgissaient nombre d'hommes de mérite, et entre ceux-ci notre Paré sut mériter le titre de père de la chirurgie moderne; car il est peu de parties de la science auxquelles il n'ait apporté des perfectionnements. Franco, son contemporain, quoique environné de moins d'éclat, acquit cependant des titres solides à la gloire par ses travaux sur les hernies, la taille, etc. Pigray, disciple de Paré, résuma les doctrines de son maître; Guillemeau, Rousset, Covillart, etc., surgirent de la même école. La Faculté réussit enfin par ses intrigues à faire prononcer la fusion des barbiers et des chirurgiens, qui, dégradés de la sorte, furent ensuite facilement exclus de l'université, qui pour un instant les avait accueillis; le mépris auquel ils furent voués éteignit toute émulation parmi les chirurgiens.

Pour l'Italie, le seizième siècle fut, comme on le sait, le siècle d'or. Jamais l'influence de l'anatomie sur la chirurgie ne se manifesta d'une manière plus éclatante; car les plus savants anatomistes furent aussi les plus habiles chirurgiens, ce qui peut s'appliquer à Vésale lui-même. Quelque nombreux que fussent les hommes éminents à cette époque, leurs noms sont effacés par celui de Fabrice d'Aquapendente, qui non-seulement sut réunir dans un ordre lucide les connaissances chirurgicales d'alors, mais encore enrichit plusieurs parties de l'art de ses propres observations. Une lacune assez grande le sépare de Marc-Aurèle Severin, qui, s'élançant hors des sentiers battus, à la pratique timorée de ses contemporains substitua l'application hardie du fer et du feu, et doua, comme il le dit, la chirurgie *d'une main d'Hercule*. Le milieu du dix-septième siècle marque le déclin de la chirurgie italienne. En Allemagne, l'art fit de rapides progrès depuis le milieu du seizième siècle; au dix-septième siècle elle était au niveau de la France et de l'Italie, car elle avait produit son Fabrice de Hilden, et parmi ses autres illustrations chirurgicales nous ne devons pas oublier Scultet, qui figura l'immense arsenal des instruments oubliés, usités ou imaginés par lui-même; Purmann, le créateur de la chirurgie militaire, et Muralto, qui écrivit le premier traité spécial de médecine opératoire. La Hollande, qui n'avait donné jusque alors aucun signe d'existence scientifique, devint promptement féconde en hommes habiles, tels que Forest, Fyens, Jean de Horne et Paul Barbette, qui traça les premiers linéaments d'une anatomie chirurgicale. Au dix-septième siècle, Wiseman fut pour l'Angleterre ce qu'Ambroise Paré avait été pour la France; il y naturalisa la chirurgie, qui dès lors put entrer en parallèle avec celle des autres nations. Vers la même époque, l'Espagne trouva aussi son régénérateur dans Aguerro; mais, selon l'expression d'un biographe, jamais les sciences européennes ne durent de véritables progrès au pays des moines et de l'inquisition.

Il nous devient désormais plus difficile de suivre l'évolution de l'art en Europe, car nous touchons à une époque où les travaux se multiplient de toutes parts. Hasardons pourtant quelques vues sur les circonstances principales qui préparèrent et fécondèrent le dix-huitième siècle. Malgré l'état de dégradation où se trouvait la chirurgie française vers la fin du dix-septième siècle, quelques hommes haut placés par leurs titres et leurs talents s'efforcèrent de lui rendre sa splendeur. Bienaise et Roberdeau dotèrent les écoles abandonnées de démonstrateurs rétribués par eux : exemple généreux qui porta ses fruits. En 1673, Louis XIV, au grand scandale des docteurs des Facultés, plaça comme professeur d'anatomie et d'opérations à l'école royale du Jardin des Plantes un chirurgien, Dionis, qui vengea l'art avili et justifia la confiance royale. Le même prince combla d'honneurs et de richesses Félix, Clément, Mareschal, et d'autres chirurgiens distingués, faveurs qui ranimèrent l'émulation générale. Une autre circonstance qui n'influa pas moins sur les progrès de l'art, c'est que, bien que les cliniques ne fussent pas nominativement instituées, les praticiens les plus renommés, Littre, Winslow, Saviard, Duverney, Moriceau, faisaient assister à leurs visites et aux opérations nombre d'élèves et d'étrangers attirés par leur réputation et instruits à leurs doctes exemples.

Tandis que de brillants professeurs, en tête desquels figure J.-L. Petit, fomentaient l'ardeur pour la science, Mareschal et son successeur Lapeyronie usaient de leur crédit auprès du souverain afin de relever une profession pour laquelle il témoignait beaucoup de considération. Grâce à leur influence, et nonobstant les clameurs de la Faculté cinq places de démonstrateurs pour l'anatomie et la chirurgie furent instituées au Collège de Saint-Côme par lettres-patentes de 1724. Cet acte de vigueur, dont on n'aurait pas cru que Louis XV eût été capable, suscita une émeute au sein de la Faculté, qui vint en costume assiéger l'amphithéâtre de Saint-Côme, et fut dissipée par les huées et les sifflets du peuple. Il faut lire dans Quesnay le plaisant récit de cette scène burlesque. Lapeyronie institua à ses propres frais un sixième démonstrateur, pour les accouchements, et donna des adjoints à ces six démonstrateurs, également à ses dépens; il fit plus, il obtint pour la ville de Montpellier quatre professeurs et quatre adjoints pour enseigner la chirurgie; il leur fallait un amphithéâtre et des honoraires : Lapeyronie pourvut à tout de son zèle et de sa bourse. Il serait trop long d'énumérer tous les services que le savant et généreux philanthrope a rendus à la chirurgie, qu'il servit même après sa mort; car il légua par son testament des sommes considérables et judicieusement réparties pour favoriser de toutes les manières les progrès de cette chirurgie dont il fut idolâtre. Mais le plus grand bienfait de Lapeyronie, celui qui constitue en même temps l'événement le plus important de l'histoire de l'art, c'est la création de l'Académie de Chirurgie (1731), corps illustre à jamais vénérable, dont les travaux sont encore le code qui régit le monde chirurgical, sénat où brillèrent les talents les plus parfaits, unis à cette probité scientifique dont les traditions semblent être anéanties.

A ce corps des chirurgiens, si glorieusement régénéré, il fallait une éclatante réparation des longues avanies auxquelles il fut en butte : une déclaration du roi, rédigée par d'Aguesseau, en 1743, rompt la funeste communauté des barbiers avec les chirurgiens, crée des grades académiques, exige de la part des élèves une éducation libérale, et place le titre de *maître en chirurgie* sous la garantie d'examens sévères. Une autre institution réclame une mention spéciale; c'est l'école pratique de chirurgie, qui reçut la sanction royale en 1760, établissement auquel se rattache un hospice de perfectionnement, fondé en 1776. Ce fut dans cette école que Desault débuta comme professeur de clinique, et que Choppart enseigna avec tant de zèle.

Pour signaler l'influence de Desault, chef d'une école illustre, dont les rejetons font encore aujourd'hui la gloire de la chirurgie française, de Desault, qui fut le maître et l'ami de l'immortel Bichat, il nous faudrait analyser sa vie et ses œuvres avec la vie et les œuvres des hommes qu'il a formés. Bornons-nous à dire qu'il fit de l'anatomie chirurgicale une science qui depuis n'est formulée dans des ouvrages spéciaux, qu'il enrichit l'art d'une multitude de découvertes et de procédés, qu'il servit surtout la chirurgie par l'enthousiasme qu'il savait communiquer à ses nombreux auditeurs. Il nous en coûte pourtant d'abandonner cette période si glorieuse pour la chirurgie française sans rappeler au moins quelques noms, tels que ceux de Ledran, Lecat, Morand, Garengeot, Lafaye, Ponteau, Hévin et deux autres noms plus illustres, ceux de Louis et de Sabatier, Sabatier, dont l'ouvrage est encore un modèle de saine érudition, de méthode et de clarté.

Si nous portons nos regards hors de la France, nous verrons l'Allemagne au dix-huitième siècle encore privée de certaines institutions nécessaires aux développements de la chirurgie : les hôpitaux manquaient entièrement, ou n'étaient point organisés dans le but de servir à l'instruction; la chirurgie, prostituée à des mains ignorantes, et représentée par des barbiers et des baigneurs, était là comme ailleurs condamnée au mépris et placée sous le joug des médecins. Vainement un théâtre anatomique avait été fondé à Berlin en 1713, ainsi qu'un collège médico-chirurgical en 1744; en vain quelques hommes éminents, tels que Bilguer, Schmucker, Théden, avaient dirigé le service chirurgical des armées du grand Frédéric; à la sagesse de Joseph II était réservé l'honneur de réhabiliter un art utile, en lui conférant des droits et des honneurs. Ce prince organisa des hôpitaux civils et militaires, et fonda une école-modèle de chirurgie et de médecine, dans le vaste hôpital de Vienne; il dota cet établissement de six chaires publiques et de tous les accessoires susceptibles de favoriser l'instruction : amphithéâtres, cabinets d'anatomie et d'histoire naturelle, bibliothèque, arsenal d'instruments de chirurgie; des prix furent institués, les chirurgiens employés furent généreusement rétribués et assurés d'une retraite honorable. Grâce à ces innovations, la chirurgie allemande put à la fin du dix-huitième siècle soutenir le parallèle avec les autres nations. Il nous suffira de citer les noms de Heister, qui publia un traité complet de chirurgie; de Platner et de Richter, et dans les pays limitrophes, ceux de Palfyn, Gorter, Camper, et surtout de Callisen, comme auteur d'un ouvrage remarquable sur la chirurgie.

En Danemark, quelques hommes zélés cultivaient en secret l'anatomie, considérée comme une profanation, même par les médecins. Crüger et son fils, chassés de leur pays, vinrent puiser des leçons en France, puis, rappelés à Copenhague par Christian VI, ils obtinrent en 1736, de la bienveillance du roi, la fondation d'une école anatomico-chirurgicale distincte de la faculté de médecine. Simon Crüger en fut nommé directeur, et eut bientôt à la défendre des sourdes intrigues des médecins, lutte qui dura jusqu'à sa mort, occasionnée par la douleur que lui causa la perte de Winslow, son compatriote, son maître et son ami. Hennings, Kolpin, Vohlert et Berges soutinrent après lui l'honneur de l'école, qui après moins de cinquante ans de durée fut sacrifiée à la jalousie de l'Université, et l'art allait tomber de nouveau dans la déconsidération, lorsque quelques hommes dévoués et fidèles à leur mission obtinrent en 1785 qu'une académie royale de chirurgie fût créée à Copenhague sur le modèle de celle de Paris.

En Angleterre, l'histoire de l'art au dix-huitième siècle offre peu de mouvement : en 1745 les chirurgiens de Londres, à l'imitation de ceux de Paris, se séparèrent des barbiers, et le parlement leur rendit leurs anciens privilèges, auxquels il en ajouta de nouveaux : ils eurent une école et un amphithéâtre; c'est à peu près tout ce qu'on sait. Dans cette période se distinguèrent Cheselden, Sharp, Pott, les deux Hunter, Benjamin Bell, et vers la fin du siècle commencèrent à se faire remarquer les chirurgiens qui sont aujourd'hui l'honneur de l'Angleterre.

Relativement à l'Espagne et au Portugal, tout ce qu'on sait de cette période, c'est qu'en 1762 il fut ouvert un cours d'opérations à l'hôpital royal de Lisbonne. Cependant plusieurs auteurs, Martinez, Virrey, avaient publié des traités de chirurgie. A cette époque la science devint cosmopolite, et les perfectionnements furent le résultat des travaux combinés de toutes les nations savantes. Relativement à la France, nous nous bornerons à signaler un événement capital : en 1795 l'École de Médecine avait été fondée, comme dans le but de cimenter l'union des diverses branches de l'art; en 1820 fut instituée l'Académie royale de Médecine, où toutes les parties de la science furent également représentées, mais divisées en sections, qui depuis ont été réunies en une seule assemblée, symbole de l'unité qui doit régner entre les hommes voués au soulagement de l'humanité. Dr FORGET.

Depuis un siècle la chirurgie a pris un grand développement, et c'est surtout au commencement de celui-ci que se rapportent les principaux perfectionnements qu'elle a reçus. On entreprend aujourd'hui et l'on termine heureusement des opérations autrefois réputées impraticables. Telles sont la résection des os, les amputations partielles du pied, les amputations dans les articulations de la hanche et de l'épaule, les ligatures des artères à leur sortie immédiate du tronc, la résection et même l'ablation totale de l'une ou l'autre mâchoire, la réunion et le remplacement du voile du palais ou de la voûte palatine divisés ou manquants, l'ouverture des voies aériennes à différentes hauteurs pour éviter l'asphyxie, la résection et l'ablation totale du col de l'utérus, l'extirpation de la partie inférieure du rectum, l'opération du strabisme, du pied-bot, du bec-de-lièvre, de l'anus anormal, etc. Les progrès des études chirurgicales ont également amené la reprise des opérations connues sous le nom générique d'*autoplasties*, le cathétérisme droit, une foule d'autres perfectionnements dans la lithotritie, etc. Enfin les opérations chirurgicales ont trouvé de puissants auxiliaires dans l'éther et le chloroforme, agents qui dans les mains de praticiens habiles ont donné d'heureux résultats. A tous les procédés nouveaux ou perfectionnés que nous venons de citer se rattachent, en France, les noms de Percy, Boyer, Béclard, Dupuytren, Lisfranc, Delpech, Marjolin, Jules Cloquet, de MM. Roux, Velpeau, Blandin, Gerdy, Ségalas, Pierry, Amussat, Baudens, Civiale, Leroy d'Étiolles, etc.; à l'étranger, ceux de Scarpa, sir A. Cooper, de MM. Mayor, Mannoir, Gruithuisen, Ashmead, Jacobson, Dieffenbach, etc.

Les guerres de la république et de l'empire n'ont pas été sans influence sur les progrès de la chirurgie. Les Percy, les Larrey, placés au sommet de la *chirurgie militaire* (*voyez* SANTÉ [Service de]), ne pouvaient manquer de tirer de salutaires enseignements des nombreux cas d'observation que leur offraient les victimes de tant de combats. Aussi les hommes qui considèrent la chirurgie militaire comme une branche spéciale revendiquent-ils pour elle les résultats obtenus dans le traitement des blessures d'armes à feu, du tétanos, de la gangrène, de la pourriture d'hôpital, etc.

CHIRVAN ou SCHIRWAN, mot persan qui signifie *marche* ou *frontière*, est le nom d'une province russe qui a longtemps fait partie de la Perse septentrionale. Elle est bornée au nord par la chaîne du Caucase et par le Daghestan, au sud par le fleuve Kour, ou Cyrus, qui la sépare de l'Arménie; à l'ouest par la Géorgie, et à l'est par la mer Caspienne, vers laquelle s'incline le plateau que forme le sol de cette province, dont la superficie est d'environ 245 myriamètres.

Comprise autrefois dans l'ancien royaume d'Albanie, dont la fondation remontait à l'époque des Argonautes, cette contrée passa sous la domination romaine, par suite des victoires de Pompée et de Marc-Antoine. Quand l'empire romain s'écroula, elle devint la propriété du souverain de la Perse, puis musulmane sous la domination des khalifes arabes, et reçut alors ce nom de Chirvan. Lorsque l'empire de Mahomet eut été démembré, cette province fit partie de celui des Turcs seldjoukides, puis de celui des khans mongols du Kaptchak, l'un des quatre qui avaient formé celui de Gengis-khan. Sous le règne de Toktamisch, dernier souverain de cet empire, le Chirvan se souleva contre la tyrannie des Mongols, et choisit pour roi, vers l'an 1373, un simple laboureur, dont les ancêtres avaient gouverné ce pays. Il fut obligé de se reconnaître vassal de Tamerlan; mais après la mort du conquérant tatar la dynastie des Chirvanchah, ou rois de Chirvan, recouvra son indépendance, qu'elle conserva jusqu'à ce que le huitième de ses souverains eut été détrôné, en 1539, par Chah-Thamas 1er, second roi de Perse de la dynastie des Sofys. Pendant l'anarchie qui fit passer ce royaume sous la courte domination des Afghans, le tsar Pierre le Grand s'empara du Chirvan, en 1722; mais le fameux Nadir, ou Thamas-Konli-khan, le recouvra en 1730, après avoir rétabli sur le trône de Perse un prince de la famille des Sofys, qu'il en fit bientôt descendre pour y monter lui-même. C'est seulement par le traité de Gulistan que cette province a été incorporée, en 1813, à l'empire de Russie, auquel ont été forcés de se soumettre les Lesghis, montagnards jusque alors indomptés, qui habitent la partie la plus occidentale du Chirvan.

Le sol de cette contrée est d'une grande fécondité, et cependant sa population ne s'élève guère qu'à 120,000 âmes. Cette population est grossière et adonnée au brigandage; elle est en lutte perpétuelle contre les Russes et contre ses voisins. Bien qu'on en fasse une partie constitutive du gouvernement des provinces transcaucasiennes, la domination russe n'y est guère encore que nominale, et s'y réduit à l'occupation de quelques points principaux. Son chef-lieu est *Chémaka*, avec 6,300 habitants; les Russes y ont construit une église.

De la province de Chirvan dépend aussi l'ancien Khanat indépendant de Bakou, avec une population de 32,000 âmes, qui se compose uniquement de la presqu'île d'Abcharon, célèbre par ses nombreuses sources de naphte, et où se rendent en pèlerinage jusqu'à des Parsis et des Guèbres de l'Inde. Les Russes y possèdent l'importante ville commerciale de Bakou, l'un des meilleurs ports de la mer Caspienne, et, où l'on trouve plusieurs mosquées, bazars et caravansérails, ainsi qu'une église grecque. Cette ville est le centre d'un commerce aussi actif que considérable en sel, naphte, soufre, opium, riz, soie, safran et eau de rose.

CHITS ou CHINTS. On appelle ainsi, en Angleterre, les toiles peintes à ramages, de première qualité, et provenant soit de l'Inde, soit des manufactures anglaises. Les sortes extra-fines sont dites *fould-chints*.

CHIUSA, mot italien qui signifie *passe*, *défilé* (par exemple, la fameuse *chiusa dell' Adige*, près de Vérone), et qui sert de nom à un grand nombre de villes et de bourgs d'Italie. Nous citerons, entre autres, en Sardaigne, *Chiusa*, industrieuse cité, siège de fabriques considérables de soieries et de miroirs, en même temps que centre d'une importante culture de vignes, et située dans la province de Cuneo, sur le Pesio : population, 5,000 âmes; et *Chiusa*, bourg pittoresquement jeté sur les bords de la Doria-Ripense, au pied du mont Pichieriano, dans la province de Turin. Sa population, de 3,000 âmes environ, se livre avec succès à la culture de la vigne et à l'élève des vers à soie. — *Chiusa*, dans la province de Palerme, en Sicile, avec 6,000 habitants, et *Chiusa*, sur la Fella, dans la délégation de Venise, au nord-est d'Udine, sont moins importantes.

CHIUSI, ville de Toscane, dans la province (*compartimento*) d'Arezzo, bâtie sur une colline dans la vallée de Chiana, non loin du lac du même nom à travers lequel on a fait passer la Chiana, compte environ 3,000 habitants. Dans l'antiquité elle était, sous le nom de *Clusium*, l'une des douze républiques étrusques, et elle est demeurée célèbre dans l'histoire pour avoir été la capitale de Porsenna. Plus tard, cette ville figura au nombre des plus fidèles alliées de Rome, dont elle invoqua l'assistance quand les Gaulois vinrent l'assiéger, en 391. La part active que les envoyés romains prirent à la défaite de Clusium contre Brennus donna lieu à la première guerre des Romains contre les Gaulois. Après l'irruption des barbares, cette ville tomba dans une décadence complète; toute la vallée de Chiana se dépeupla, et, comme l'a si bien décrit le Dante, devint un gouffre empesté. La régularisation du cours de la Chiana a eu pour résultat d'appeler toute cette contrée ainsi que la ville de Chiusi à une nouvelle prospérité. Mais ce qui a surtout attiré l'attention sur elle, ce sont les fouilles qu'on y a pratiquées depuis une vingtaine d'années, et qui ont amené la découverte d'un grand nombre de précieuses antiquités étrusques. Trois musées de Chiusi, dont les plus importants sont ceux de Paolocci et de Casaccini, en sont remplis. On en trouve également un grand nombre dans la galerie *degli Uffizii* à Florence. La plus grande partie de ces antiquités ont été trouvées dans les grottes qui servaient de tombeaux aux anciens étrusques. Elles consistent généralement en vases de terre noire couverts pour la plupart de figures mythologiques en bas-reliefs, que ne paraissent pas avoir été durcis au feu, mais seulement séchées au soleil. Les fouilles se continuent encore en ce moment, bien que depuis plusieurs années le résultat en ait été insignifiant.

CHIVERNY. *Voyez* CHEVERNY.

CHIWA ou **CHIWEN.** *Voyez* KHIWA.

CHIZEROTS et BURINS. Sous ces dénominations on désigne en France deux de ces races particulières que l'on y rencontre parfois, et qui sont pour leurs voisins l'objet de non moins d'aversion que de mépris. Celles-ci habitent, dans le département de l'Ain, l'arrondissement de Bourg en Bresse, où on les rencontre plus particulièrement dans les communes de Sermoyer, d'Arbigny, de Boz et d'Ozan, c'est-à-dire dans la partie la plus riche de la Bresse. La tradition les fait descendre des Sarrasins. Quoique laborieuses et aisées, elles sont l'objet d'une haine vivace et d'un mépris profond pour leurs voisins, surtout pour les paysans, qui souvent vivent à côté d'elles dans la fainéantise et la pauvreté. Les individus qui les composent passent pour cupides et méchants : il leur est bien difficile, pour ne pas dire impossible, de jamais obtenir en mariage la fille d'un fermier ou même d'un artisan un peu aisé; aussi, quand ils ne se marient pas entre eux, sont-ils obligés de se contenter de filles de villages plus éloignés. Les chizerots et les burins sont depuis un temps immémorial journaliers, marchands de bœufs, bouchers, etc. On trouve parmi eux de fort beaux hommes, et la plupart ont les yeux noirs. Leurs filles sont jolies, ont la peau blanche et plaine, les yeux noirs grands et vifs, mais un peu trop ronds. Consultez Fr. Michel, *Histoire des Races Maudites de la France et de l'Espagne* (Paris, 1847).

CHLADNI (ERNEST-FLORENT-FRÉDÉRIC), fondateur de l'acoustique comme science, né à Wittemberg, le 30 novembre 1756, était fils du professeur de droit *Chladenius*, et apprit les premiers éléments des sciences et des lettres au collège de Grimma. Il alla ensuite étudier le droit à Wittemberg, puis à Leipzig, et fut reçu docteur en droit par l'université de cette ville en 1782. Cependant, à la mort de son père, il abandonna complètement la science du droit pour se livrer uniquement à l'étude de la nature. Grand amateur de musique, encore qu'il ne l'eût apprise qu'à dix-neuf ans, il remarqua que la théorie du son était incomparablement plus négligée que les diverses autres branches de la physique.

Les mathématiques et la physique, surtout dans leurs rapports avec la musique, le mirent à même d'ouvrir des voies nouvelles à la théorie et à la pratique de cet art. Il inventa le clavicylindre et l'euphone, et, autant pour propager ces ingénieux instruments que pour ajouter à ses découvertes en acoustique, il parcourut pendant dix années, à partir de 1802, l'Allemagne, la Hollande, la France, l'Italie, la Russie et le Danemark. Les cours publics qu'il fit dans ces divers pays sur l'acoustique lui méritèrent d'unanimes suffrages. Il mourut à Breslau, le 3 avril 1827.

Voici la liste de ses ouvrages sur l'acoustique : *Découvertes sur la Théorie du Son* (Leipzig, 1787); *Traité d'Acoustique* (Leipzig, 1802; 2ᵉ édit., 1830), dont il publia lui-même une traduction française refondue (Paris, 1809); *Nouveaux Essais sur l'Acoustique* (Leipzig, 1817); *Essai sur l'Acoustique pratique, et sur la théorie de la construction des instruments* (Leipzig, 1822). Il s'est en outre livré à des recherches approfondies sur les corps appelés *bolides* (*voyez* AÉROLITHE). Convaincu que ces météores ne sont point telluriques, mais cosmiques, il s'efforça d'établir cette opinion dans deux traités classiques, l'un *Sur l'origine de la masse de fer trouvée par Pallas et d'autres masses semblables* (Riga, 1794), l'autre *Sur les météores ignés* (Vienne, 1819). Il y fait voir que les diverses relations qui ont été faites de chutes de masses de pierre ou de fer ne sont point des mensonges, mais bien des observations de phénomènes réels, et que ces masses météoriques, n'appartenant point à la terre, doivent nous venir d'une atmosphère autre que la nôtre.

CHLÆNE, CHLAINE ou CHLÈNE (du grec χλαῖνα, dérivé de χλαίνω, j'échauffe), espèce de surtout ou de manteau qui servait chez les anciens à garantir du froid. Il y en avait de doubles et de simples, ou de fourrés et de non fourrés : on l'employait la nuit en guise de couverture. Les Grecs s'en servaient à la guerre, ainsi qu'on le voit dans l'*Iliade* et l'*Odyssée*. Les Romains portaient une sorte de chlène, qu'ils nommaient *chlanis* ou *chlanidion*, faite d'une étoffe plus légère et plus douce, et qui servait également aux hommes et aux femmes. Le nom de *chlanidion* était aussi celui d'une espèce de manteau des femmes grecques, que l'on appelait encore *hymation*. Ce manteau ne descendait pas jusqu'aux talons. Le chlanidion faisait en outre partie de l'habillement des Babyloniens, mais il était plus court que celui des femmes grecques.

CHLAMYDE (en grec χλαμύς), sorte de manteau des anciens, qui se portait sur la tunique. La chlamyde était commune aux Grecs et aux Romains. C'est le manteau que porte l'Apollon du Belvédère. A Rome la chlamyde était en temps de guerre ce qu'était la toge en temps de paix, et l'une et l'autre ne convenaient qu'aux patriciens. La chlamyde ne couvrait pas tout le corps, laquelle attachée avec une boucle sur l'épaule ou la poitrine. Il y avait quatre ou cinq espèces de chlamydes, celle des enfants, celle des femmes, celle des hommes ; et parmi les chlamydes des hommes, on distinguait encore celle de l'empereur.

CHLANIDION, CHLANIS. *Voyez* CHLÈNE.

CHLAPOWSKI (DESIDERIUS), général polonais, né dans le grand-duché de Posen, d'une famille riche et considérée, entra dès 1807 dans les rangs de l'armée polonaise nouvellement organisée alors, fit la campagne de 1812 contre les Russes, et fut nommé officier d'ordonnance de l'empereur Napoléon, qui lui témoignait beaucoup de bienveillance. Plus tard, il fut nommé chef d'escadron de la garde impériale. Mais en 1813 il donna sa démission, et se retira dans ses terres, situées dans le grand-duché de Posen, où il vécut jusqu'au moment où la révolution polonaise le détermina, en 1831, à se rendre en Pologne. Chlopicki le plaça d'abord à la tête d'un régiment, puis lui confia le commandement d'une brigade. A la bataille de Grochow, il fit preuve d'au-

32.

tant d'intrépidité que d'habileté. Plus tard, sa division forma l'aile gauche de l'armée polonaise ; et comme depuis longtemps son plan consistait à propager l'insurrection en Lithuanie, il réussit à y pénétrer peu de temps après bataille d'Ostrolenka. Dans cette heureuse expédition, il vit les patriotes lithuaniens accourir en foule autour de lui, et bientôt son petit corps d'armée compta un effectif de plus de 5,000 hommes. Plus tard, il opéra sa jonction avec Gielgud ; mais l'attaque qu'ils tentèrent ensemble contre Wilna ayant échoué, les débris de l'armée lithuanienne durent se retirer le long de la Wilia. Puis, la défiance et l'insubordination s'étant glissées dans ce corps, déjà tout désorganisé, force fut au général Chłapowski, pour échapper à la poursuite des Russes, de se jeter sur le territoire prussien. En Prusse il dut subir une longue détention et payer une amende considérable, pour avoir pris du service à l'étranger sans l'autorisation de son souverain. Depuis lors le général n'a plus quitté ses domaines. Il a écrit l'histoire de sa dernière campagne, sous le titre de *Lettres sur les événements militaires en Pologne et en Lithuanie* (Paris, 1832). Son frère, *Stanislas* CHŁAPOWSKI, prit également part aux événements de la Lithuanie.

CHLÈNE. *Voyez* CLÈNE.

CHLEUMANCIE (du grec χλεύη, moquerie, raillerie, et μαντεια, divination). C'est le nom que Ch. Nodier proposait de donner à ces charlatans, dont parle un certain abbé Damascène, qui trouvaient dans la vocalisation du *rire* les signes diagnostiques des différents caractères, et qui prétendaient, par exemple, que les *hi hi hi* appartenaient aux mélancoliques, les *he he he* aux colériques, les *ha ha ha* aux flegmatiques, et les *ho ho ho* aux sanguins.

CHLOPICKI (JOSEPH), l'un des généraux les plus distingués de l'armée polonaise, et dictateur de Pologne à la suite de la révolution de 1830, né en Gallicie, en mars 1772, descend d'une famille noble mais sans fortune. Entré au service en 1787, il se distingua tellement en 1794 à la bataille de Raclawice, que Kosciuszko l'embrassa devant toute l'armée. Nommé à quelque temps de là aide de camp du général Rymkiewicz, sous sa direction il acquit ce calme et cette sureté de coup d'œil dont plus tard il donna des preuves si nombreuses. Après la prise d'assaut de Praga, le 9 novembre 1794, et le nouveau partage de la Pologne qui en fut la suite, Chłopicki fut un des premiers à répondre, en 1797, à l'appel de Dombrowski et à entrer au service de la république cisalpine. A la suite du combat opiniâtre qui eut lieu à Bastardo, il fut nommé lieutenant-colonel sur le champ de bataille même. Il défendit avec succès le défilé de Modène, et ne contribua pas peu aux avantages obtenus à Pontremoli et à Croce. Il ne se distingua pas moins à l'affaire de Busano (4 juin, 1799), à la prise d'assaut de Casabianca (15 janvier, 1800) et au combat de Ponti. Quand, à l'excitation de Napoléon, Dombrowski appela de nouveau les Polonais aux armes, Chłopicki cette fois encore accourut à sa voix, et, nommé colonel, se distingua en 1807 aux batailles d'Eylau et de Friedland. Colonel du 1er régiment de la Vistule, il fit la guerre d'Espagne, et s'y distingua à diverses reprises. Rappelé au mois de janvier 1812 avec sa brigade pour marcher vers la Russie, il fut désigné bientôt pour commander les quatre régiments de la Vistule (garde impériale), faisant partie de la division Claparède. Blessé à l'attaque de Smolensk, il n'en continua pas moins son service dans le cours de cette fatale campagne.

En 1814, quand Napoléon tomba, Chłopicki, revenu en Pologne avec les débris de l'armée polonaise, fut nommé général de division par l'empereur Alexandre. Mais, révolté de la brutalité du grand-duc Constantin, il donna sa démission dès l'année 1818, et vécut depuis dans la solitude et l'isolement. Cette conduite de bon patriote attira sur lui l'attention et l'estime publiques; elle explique comment, à l'heure décisive, Chłopicki, porté sur le pavois, arriva à la puissance dictatoriale. Quand il s'agit de régulariser le mouvement insurrectionnel du 29 novembre, auquel il n'avait pris d'ailleurs aucune part, la voix publique appela au pouvoir Chłopicki, vieux soldat de Napoléon, Chłopicki, illustré dans vingt batailles. Le général accepta non *sans* hésitation; il quitta sa retraite, et vint prendre le commandement des troupes révolutionnaires. Le 5 décembre 1830, après avoir passé une revue au champ de Mars, il se proclama dictateur, et s'investit d'une autorité sans limites, qui devait durer jusqu'à l'ouverture de la diète. Armé désormais d'un pouvoir discrétionnaire, il rétablit l'ordre dans la capitale ; mais, comptant peu sur l'efficacité de la résistance, il ouvrit sur-le-champ des négociations avec Saint-Pétersbourg, où il dépêcha le prince Lubecki et le nonce Jezierski. Ces délégués avaient l'ordre de faire excuser la révolution polonaise, et d'obtenir quelques concessions de l'autocrate.

Cependant, la diète s'étant assemblée, Chłopicki déposa entre ses mains, le 19 décembre, ses pouvoirs dictatoriaux ; et comme on le pressait de rester à la tête des affaires avec des attributions circonscrites, il déclara qu'il n'accepterait jamais d'autres fonctions que celles de dictateur. Placé ainsi entre un refus formel de concours de la part du général et une annihilation complète de ses pouvoirs, la diète craignit en marchandant de priver l'armée d'un chef habile et populaire ; elle confirma Chłopicki dans sa dictature. Le seul nonce Théophile Morawski osa dans cette occasion dire *non*. Chłopicki se vit donc de nouveau l'arbitre suprême des destinées de son pays. Il eût dû utiliser avec énergie et rapidité des moyens d'action mis à sa disposition; mais comptant peu sur la puissance du sentiment national, ne voyant de succès que dans les gros bataillons, il parut espérer plus des négociations que des armes. Aussi les préparatifs de la guerre furent-ils conduits mollement et sans esprit d'ensemble. La réponse de l'autocrate, rapportée par le nonce Jezierski, dessilla les yeux des plus aveugles. Nicolas exigeait qu'on se soumît à lui sans conditions ; et par une note écrite de sa main au crayon il priait Chłopicki de ramener l'ordre et la tranquillité dans le pays. Au reçu de ces dépêches, le général assembla le conseil, qui opina pour la guerre. Irrité de cette réponse, le dictateur abdiqua ses pouvoirs entre les mains de la diète, qui nomma alors le prince Radziwill au commandement de l'armée, et répondit aux déclarations du tsar en proclamant à l'unanimité sa déchéance.

L'invasion du territoire polonais par les Russes ayant suivi de près cet acte de fermeté, Chłopicki s'enrôla comme simple volontaire. Dans les camps on ne retrouva plus l'homme de la dictature, craintif et attendant tout de Saint-Pétersbourg : le général de Napoléon reprit ses forces en touchant le champ de bataille. Toutefois, le prince Radziwill, par un sentiment de défiance à l'égard de lui-même, ayant voulu se diriger par les seuls conseils de Chłopicki à la bataille de Grochow, le rôle de ce dernier dans cette affaire se ressentit de sa fausse position. N'ayant dans l'armée qu'un caractère indécis, tantôt général en chef, tantôt simple volontaire, un moment il donnait des ordres, et d'autres fois il répondait aux officiers qui venaient les prendre : « Que voulez-vous de moi ? je ne suis pas votre général : je suis un traître !.. » A l'attaque du bois de bouleaux, clef de la position des Polonais, il paya toutefois de sa personne, et, marchant à la tête de l'infanterie, une baguette à la main, il chassa les régiments russes qui occupaient ce bois. Le 25 février, après un combat de sept heures, Chłopicki fut blessé aux deux jambes par un éclat d'obus qui tua son cheval. Son absence porta le découragement dans l'armée, et tout le fruit des belles journées de Grochow fut perdu. Souffrant de sa blessure, le général se retira le 10 mars à Cracovie, où il vécut isolé pendant tout le reste de la révolution polonaise; et depuis on ne l'a plus vu reparaître sur la scène politique.

Louis REYBAUD, de l'Institut.

CHLORAL. Lorsqu'on fait passer un courant de chlore sec dans de l'alcool anhydre, si on chauffe ce mélange jusqu'à ce qu'il ne se dégage plus d'acide chlorhydrique, on obtient pour résidu un liquide oléagineux, incolore, ayant une saveur caustique et une odeur pénétrante, désagréable. Ce liquide, que les chimistes nomment *chloral*, bout à 94°, et peut être distillé sans altération. A 18° sa densité est 1,502.

Qu'il soit contenu dans des flacons ouverts ou fermés, le chloral ne peut être conservé sans altération, et sans le moindre dégagement de gaz, il se change, à la longue, en une masse semblable à la porcelaine. On l'appelle alors *chloral insoluble*.

CHLORATE, sel résultant de la combinaison de l'acide chlorique avec une base. Tous les chlorates sont des produits de l'art; ils sont décomposés par le feu, et fournissent du gaz oxygène pur; la plupart d'entre eux, mis sur des charbons ardents, fusent en produisant une flamme de couleur variable; quelques-uns, par leur mélange avec des corps très-avides d'oxygène, comme le phosphore, le soufre, le charbon, etc., forment des poudres fulminantes qui détonent plus ou moins violemment par l'action de la chaleur, et qui sont même quelquefois susceptibles de s'enflammer par le simple choc. La composition des chlorates est telle que l'oxygène de l'acide est à celui de la base comme 5 est à 1. Parmi ces sels, deux seulement méritent d'être mentionnés, ceux de baryte et de potasse.

Le *chlorate de baryte*, ou *muriate suroxygéné de baryte*, est solide, cristallisé en prismes carrés, inodore, d'une saveur austère et piquante, soluble dans l'eau. On s'en sert pour préparer l'acide chlorique.

Le *chlorate de potasse*, qui a été successivement désigné par les noms de *muriate oxygéné de potasse*, *muriate suroxygéné de potasse*, *muriate suroxydé de potasse*, *muriate hyperoxygéné de potasse*, est solide, cristallisé en lames rhomboïdales, fragile, d'un blanc nacré, inodore, d'une saveur fraîche et piquante, un peu acerbe, inaltérable par l'air sec (il s'humecte un peu et jaunit dans l'air très-humide), soluble dans l'eau. On l'obtient en saturant de chlore gazeux un soluté aqueux concentré de potasse. Dans le cours de notre première révolution, on a proposé de le substituer au nitrate de potasse dans la fabrication de la poudre de guerre, et Berthollet en a même fait des essais en grand à la poudrerie d'Essonne; la poudre obtenue se trouva bien en réalité plus forte que celle dont on se sert habituellement, c'est-à-dire qu'à charge égale et même inférieure, elle chassa les projectiles beaucoup plus loin ; mais son inflammabilité était telle qu'on ne pouvait trop la mettre à l'abri du choc et même du simple frottement, de manière que sa fabrication, sa conservation et son transport exposaient aux plus grands dangers; ce grave inconvénient a suffi, et, avec raison, pour faire renoncer à l'idée de s'en servir. Aujourd'hui le chlorate de potasse est employé en chimie pour préparer le gaz oxygène pur; dans les arts, pour fabriquer les briquets dits *oxygénés*, et les amorces pour les fusils à piston ; ces dernières sont le résultat d'un mélange de nitrate de potasse, de soufre, de bois de bourdaine, de lycopode et du sel dont il est question. En médecine, on le prescrit, comme stimulant, antisyphilitique, antiseptique, et, d'après Chaussier, comme le meilleur des vulnéraires pour les contusions, les chutes, les coups violents. Suivant cet illustre professeur, il doit être pris dans ce cas pendant quatre jours consécutifs, à la dose de 6 décigrammes à un gramme, matin et soir, surtout au moment des repas, et, sous son influence, le sang épanché disparaît avec la plus grande facilité. En résumé, il est bien rarement prescrit par les médecins de notre époque. P.-L. COTTEREAU.

CHLORE (en latin *chlorum*, du grec χλωρος, vert, ou qui tire sur le vert). C'est le nom imposé par Davy à l'*acide muriatique oxygéné* ou *acide oxymuriatique*. Ce corps, découvert en 1774 par Scheele, qui l'appela *acide marin déphlogistiqué*, fut d'abord regardé comme composé d'acide muriatique et d'oxygène; mais aujourd'hui il est rangé parmi les éléments. Très-abondant dans la nature, mais seulement à l'état de chlorure et de chlorhydrate, il peut être obtenu à l'état de pureté. Il est alors gazeux, de couleur jaune verdâtre, d'odeur forte et suffocante, de saveur désagréable ; sa pesanteur spécifique est 2,41. Le chlore détruit les couleurs végétales et animales, asphyxie promptement les animaux, éteint les bougies allumées après avoir fait prendre successivement à la flamme un aspect pâle et rouge. Inaltérable par la chaleur et la lumière lorsqu'il est parfaitement sec, il est très-soluble dans l'eau, et fournit un soluté (*chlore liquide*, *hydrochlore*) qui par le froid se prend en partie en cristaux lamelleux, blanc verdâtre. On le prépare généralement en chauffant un mélange d'une partie de peroxyde de manganèse et de quatre parties de sel commun (sel de cuisine, chlorhydrate de soude) avec deux parties d'acide sulfurique à 66° étendu préalablement de deux parties d'eau.

Les usages du chlore sont nombreux et importants. La propriété que possède ce corps de détruire les couleurs végétales, en s'emparant de l'hydrogène des matières colorantes pour passer à l'état d'acide chlorhydrique, engagea Berthollet à l'appliquer au blanchiment des toiles, des fils, etc. ; les premiers essais, faits en 1794, furent couronnés d'un succès complet, et depuis cette époque de nombreux établissements ont été créés pour l'exploitation de cette nouvelle industrie. M. Giobert, de Turin, s'en est servi avec avantage pour rendre aux tableaux anciens leur premier coloris; depuis lui, on l'a utilisé pour blanchir les gravures enfumées et pour enlever les taches d'encre ou autres qui se trouvent sur le papier et les tissus blancs. M. Pajot-Descharmes l'a proposé pour décolorer le sucre. Une des plus importantes applications de cette propriété décolorante est celle qu'Orfila en a faite pour la recherche médico-légale des substances vénéneuses dissoutes dans des liquides diversement colorés. Quelques industriels ont eu l'idée de mettre le chlore en usage pour blanchir la cire; mais on doit se garder de l'employer dans ce but : en effet, la cire est altérée par le contact de cet agent; elle devient friable, moins combustible, et la blancheur qu'elle acquiert est de courte durée, car peu de temps après elle prend une teinte jaune qui se fonce de plus en plus, et qui ne peut être enlevée par aucun moyen. Enfin, M. Eindof a signalé le chlore comme un stimulant de la germination.

La grande affinité du chlore pour l'hydrogène déterminant la prompte décomposition des substances organiques avec lesquelles on le met en contact, nous trouvons en lui le moyen le plus précieux que l'on connaisse de neutraliser les miasmes putrides (*voyez* DÉSINFECTION). C'est à Guyton Morveau que l'on doit cette découverte. En 1773 ce savant essaya pour la première fois de faire usage des fumigations d'acide muriatique (*voyez* CHLORHYDRIQUE [Acide]) pour désinfecter les caves sépulcrales de la cathédrale de Dijon, qui exhalaient une odeur fétide si insupportable que l'église avait été abandonnée. L'effet de ces fumigations fut tel que l'on put sans danger, au bout de quatre jours, rendre l'édifice aux cérémonies du culte. Après la découverte du chlore, Guyton s'empressa de le substituer à l'acide muriatique, et il le trouva doué d'une propriété antimiasmatique plus énergique ; il rendit publics les succès qu'il en avait obtenus, et signala les avantages immenses qu'on pouvait en retirer, dans un ouvrage intitulé : *Traité des moyens de désinfecter l'air, de prévenir la contagion et d'en arrêter les progrès*, qui parut en 1800. De nombreuses applications en furent ou faites ou recommandées en France par Fourcroy, Chabert, Moreau de la Sarthe, Parmentier, Chaussier, Cluzel, Vaidy, Desgenettes, Roux, Huzard, Girard, Thénard, Lodibert, Chamseru, Bonnet, Bard, Hébréard, etc. ;

à l'étranger par Cruikshank, Rollo, Mojon, Manthey, Pfaff, Scheele, Cabanellas, etc., et de nos jours l'usage en est répandu partout. On a même imaginé un appareil portatif particulier, propre à opérer les fumigations d'une manière graduée et sans avoir à craindre d'être incommodé par le dégagement d'une trop grande quantité de chlore ; mais cet appareil a perdu beaucoup de son utilité depuis que l'on se sert communément des chlorites pour obtenir le dégagement du gaz.

En médecine, le chlore a été successivement conseillé et employé avec des succès variés, 1° contre certains symptômes syphilitiques, par Vauquelin et M. Roussille ; 2° contre la pourriture d'hôpital, par M. Rollo ; 3° contre le virus rabique, par MM. Wendelstadt, Semmola et Schœmberg ; 4° contre les maladies cutanées chroniques et en particulier les gales rebelles, contre les affections dépendant d'une cause asthénique, contre les dyssenteries soporeuses et putrides, les convulsions attribuées à la dentition, par le docteur Kapp ; 5° contre la scarlatine, par MM. Brathwaite et Dur de Pégan ; 6° contre le tic douloureux de la face, par M. Bonnet ; 7° contre les maladies asthéniques, par MM. Estribaud, Rossi et Zugenbuhler ; 8° contre certaines affections du foie, par MM. Vallace et Zeize ; 9° contre la diarrhée colliquative des phthisiques, par l'auteur de cet article. Mais de toutes les propriétés thérapeutiques que ce corps possède, la plus importante sans contredit est celle qui a été signalée par l'un des chimistes les plus laborieux de notre époque, Gannal. En 1827, ce savant remarqua, dans une fabrique de toiles peintes dont il était directeur, que les ouvriers exposés aux exhalaisons du chlore semblaient préservés de la phthisie, et que quelques-uns d'entre eux atteints de cette affection paraissaient en avoir été guéris sous l'influence d'une atmosphère chargée de ce gaz. Cette remarque d'un haut intérêt fut confirmée par celles que plusieurs fabricants de chlore, MM. Ador, Bonnaire et Dizé, avaient été à même de faire dans leurs ateliers. Mais l'efficacité de ce moyen contre certaines espèces d'asthme, et surtout contre le catarrhe pulmonaire chronique, ne peut être révoquée en doute ; et serait-elle à ce médicament veut qu'il soit doué seulement par des médecins instruits et habitués à le manier ; sans cela, on pourrait avoir à déplorer des accidents graves, et dont le moyen devrait moins être accusé que l'impéritie de celui qui l'aurait prescrit.

P.-L. COTTEREAU.

CHLOREUX (Acide). Ce gaz d'un jaune verdâtre, ayant pour formule Cl O^3, n'a d'intérêt que par les composés salins qu'il est susceptible de former (*voyez* CHLORITE [*Chimie*]). L'odeur de l'acide chloreux rappelle celle de l'acide hypochlorique. L'acide chloreux décolore le papier de tournesol et le sulfate d'indigo. Il est soluble dans l'eau : sa solution est d'un jaune d'or quand elle est un peu concentrée.

CHLORHYDRATE, sel résultant de la combinaison de l'acide chlorhydrique et d'une base. Les chlorhydrates sont encore appelés *hydrochlorates*, parce que l'acide dont ils sont formés a porté aussi le nom d'*acide hydrochlorique*. Transformés presque tous en chlorures par l'action du feu, quelques-uns se décomposent par l'eau qu'ils contiennent, et donnent de l'acide chlorhydrique en laissant l'oxyde à l'état de liberté ; d'autres fournissent de l'eau, du chlore, et pour produit fixe le métal ; ceux qui sont convertis en chlorures sont plus ou moins fusibles, fixes ou volatils.

Les bases alcalines qui ont le plus de tendance à s'unir avec l'acide chlorhydrique sont la potasse, la soude, la chaux, la baryte, la strontiane, l'ammoniaque et la magnésie ; par conséquent, tous les chlorhydrates des autres oxydes sont décomposés par ceux-ci. La composition des chlorhydrates est telle que l'oxygène de l'oxyde est à l'hydrogène de l'acide dans les proportions nécessaires pour former de l'eau, et que le chlore et le métal sont en rapport pour donner naissance à un chlorure correspondant au degré d'oxydation où se trouvait le métal.

CHLORHYDRIQUE (Acide). Le chlore et l'hydrogène ne s'unissent qu'en une seule proportion. Le résultat de cette combinaison est l'acide chlorhydrique. On peut l'obtenir directement en mêlant le chlore et l'hydrogène et en les exposant soit à la lumière du soleil, soit à la lumière diffuse, soit à l'action de la chaleur. Dans le premier cas la combinaison se fait si rapidement, qu'au moment où le mélange est frappé par un rayon de soleil, il y a une détonation assez forte pour briser le flacon où il est contenu, par suite de l'expansion qu'acquiert le composé qui a été formé. Cette expérience doit être entourée de précautions, si l'on veut éviter d'être blessé par les fragments de verre. Dans l'obscurité complète, il n'y a aucune action entre le chlore et l'hydrogène mélangés ; mais à la lumière diffuse, la couleur jaune du chlore disparaît peu à peu, par suite de la formation du gaz chlorhydrique.

Dans les laboratoires, on prépare le gaz acide chlorhydrique en traitant le chlorure de sodium par l'acide sulfurique concentré. L'eau que contient ce dernier se trouve décomposée ; son oxygène est attiré par le sodium, qui passe à l'état d'oxyde de sodium (soude), et s'unit à l'acide sulfurique pour former du sulfate de soude ; son hydrogène se porte sur le chlore pour constituer le gaz acide chlorhydrique, qui se dégage et qu'on recueille sur le mercure.

L'acide chlorhydrique est un gaz permanent à la température et à la pression ordinaires ; il est incolore, d'une odeur très-piquante. Sa densité est de 1,25. Il est impropre à la respiration et à la combustion. Mis en contact avec l'air, il répand des vapeurs blanches abondantes, qui résultent de la combinaison de ce gaz avec la vapeur d'eau que contient l'atmosphère. Il rougit fortement la teinture de tournesol, comme tous les composés acides, et précipite abondamment en flocons blancs la solution de nitrate d'argent ainsi que celle de protonitrate de mercure. Ces précipités sont des chlorures.

A la température de 10°, et sous une pression de 40 atmosphères, le gaz acide chlorhydrique passe à l'état liquide. Une série d'étincelles électriques le décomposent en ses éléments, tandis que la chaleur seule n'exerce sur lui aucune action, quelle que soit la température. L'air est également sans action sur ce gaz ; il lui cède seulement l'eau qu'il peut contenir. La très grande affinité pour le gaz acide chlorhydrique, qu'elle peut en dissoudre à la température de 20° et à la pression de 0^m, 76 un volume 464 fois plus grand que le sien. Cette solution était connue autrefois sous les noms d'*acide muriatique*, *acide marin* ; dans le commerce, elle porte celui d'*esprit de sel*.

Cet acide à l'état de pureté est un liquide blanc, caustique, d'une odeur piquante très-forte ; sa densité lorsqu'il est le plus concentré possible est de 1,21 ; il contient alors 42,43 d'acide pour 100. Exposé à l'air, il répand des vapeurs blanches abondantes, comme le gaz lui-même, et qui sont dues à la même cause. Du reste les réactifs agissent sur cette solution comme sur le gaz. C'est à l'état liquide que l'acide chlorhydrique est employé dans les arts. Celui qu'on trouve dans le commerce, et qui est le résultat d'une fabrication en grand, est toujours impur ; il est coloré en jaune par un peu de perchlorure de fer.

CHLORIQUE (Acide). Cet acide, dont l'existence avait été soupçonnée par Berthollet dans les sels qu'on con-

CHLORIQUE — CHLORITE 503

naissait autrefois sous le nom de *muriates suroxygénés* (*voyez* CHLORATE), a été isolé pour la première fois par Gay-Lussac. On l'obtient en décomposant le chlorate de baryte dissous dans quatre à cinq parties d'eau par une quantité convenable d'acide sulfurique affaibli. La baryte est précipitée à l'état de sulfate insoluble, et l'acide chlorique mis en liberté reste en solution dans l'eau. Après avoir séparé le sulfate de baryte par la filtration, on évapore à une douce chaleur la solution d'acide chlorique jusqu'à ce qu'elle arrive à une consistance demi-sirupeuse.

L'acide chlorique est un liquide incolore, sans odeur sensible. Il est composé de cinq volumes d'oxygène pour deux volumes de chlore.

CHLORIS, nom grec de la déesse des fleurs, nommée *Flora* par les Latins et *Flore* par les modernes. Ce nom propre est formé du nom commun χλωρός, et signifie proprement *verdure*. Il y a dans la Fable deux personnes de ce nom : la première était fille d'Amphion et de Niobé, et fut femme de Nélée et mère de Nestor; elle eut le sort des autres enfants de Niobé, que Diane et Apollon, en vrais dieux d'un Olympe un peu barbare, tuèrent à coups de flèches, par ordre de Latone, leur mère, pour punir cette pauvre Niobé d'avoir cru, dans son orgueil de mère, que ses enfants étaient plus beaux que ceux de la déesse. L'autre est la déesse des fleurs, dont la Fable ne fait connaître ni le père ni la mère, mais à qui elle donne pour époux Zéphyre.

CHLORIS (*Botanique*), genre de la famille des graminées. Les *chloris* sont des plantes d'un port élégant, qui se trouvent dans l'Amérique du Sud, dans les États-Unis, aux Indes Orientales et au cap de Bonne-Espérance. Elles sont caractérisées par des feuilles planes, des fleurs à épillets unilatéraux, et un calice biflore.

CHLORIS (*Ornithologie*), nom spécifique d'un oiseau, le gros-bec verdier, dont la médecine populaire conseillait autrefois le bouillon contre l'épilepsie.

CHLORITE (*Minéralogie*), du grec χλωρός, vert. C'est une substance minérale, ordinairement de couleur vert foncé, composées d'une multitude de petites paillettes brillantes, auxquelles on a cru reconnaître quelquefois une forme hexagonale. Elle est tendre, souvent onctueuse au toucher, et répand une odeur argileuse par insufflation. On est loin de connaître au juste sa composition, qui, d'après les analyses chimiques, paraît varier sensiblement quant à la proportion des éléments; mais c'est toujours un silicate d'alumine (argile) avec des sous-silicates de magnésie, de protoxyde de fer et d'alcali, et avec de l'eau. Quelques minéralogistes pensent, non sans fondement, que la chlorite est un mélange de plusieurs espèces minérales; en effet, elle se trouve en masses subordonnées dans les terrains où abonde le talc , le mica , la serpentine. Haüy ne la considérait que comme une variété de talc.

Une variété de chlorite est exploitée à Bentonico , près de Vérone, et employée en peinture sous le nom de *terre de Vérone*. On donne encore le nom de chlorite à de petits grains verts arrondis de proto-silicate de fer, qui, disséminés dans les roches de l'étage inférieur de la craie, ont fait appeler cet étage *grès vert*, *glauconie crayeuse*, *sables chlorités*; mais ce rapprochement, fondé sur la couleur et sur une incomplète analogie de composition, aurait , ce nous semble, besoin d'être mieux légitimé.

La chlorite en masse est une roche assez riche en matières précieuses; on y trouve de volumineux grenats, de grandes masses de fer oxydulé (Suède, Corse, Piémont), des amas de cuivre pyriteux et de cuivre gris (Alpes du Dauphiné). Elle est très-commune dans les roches primitives des Alpes et dans les grès résultant du broiement de ces roches. On la trouve dans les terrains volcaniques. A. DES GENEVEZ.

CHLORITE (*Chimie*), sel résultant de la combinaison de l'acide chloreux avec une base. Les chlorites ont tous une légère odeur de chlore, et lorsqu'on les soumet à l'ébullition, il s'en dégage un peu. Ils se conservent très-bien dans des vaisseaux fermés ; mais au contact de l'air ils se décomposent lentement.

Le *chlorite de chaux* s'obtient en mettant à la température ordinaire le chlore gazeux en présence de l'hydrate d'oxyde de calcium. Il semble donc au premier abord qu'il se forme une sorte de chlorure; et cela explique pourquoi les chimistes ayant longtemps regardé ce sel comme résultant de la combinaison immédiate du chlore et d'un oxyde (chaux), il porte encore dans le commerce le nom impropre de *chlorure de chaux*. Mais si l'on considère que dans la réaction qui s'effectue une portion de la chaux est décomposée de manière à ce que son oxygène s'unisse à une partie du chlore pour former de l'acide chloreux, qui se combine à l'autre partie de la chaux , tandis que le calcium mis en liberté attire l'autre portion du chlore pour former du chlorure de calcium, on ne peut douter que le corps qui nous occupe ne soit un véritable chlorite. Cette remarque s'applique également aux chlorites de potasse et de soude, dont nous parlerons tout à l'heure.

Le chlorite de chaux, connu successivement sous les noms de *poudre de Tennante*, *poudre de Tennante et de Knox*, *poudre de blanchiment*, *muriate oxygéné de chaux*, *oxymuriate de chaux*, *muriate suroxygéné de chaux*, *sous-bichlorure de chaux*, *bichlorure de chaux*, *chlorure d'oxyde de calcium*, se trouve dans le commerce sous forme pulvérulente , d'un blanc légèrement jaunâtre , d'une odeur forte de chlore , d'une saveur très-désagréable, attirant un peu l'humidité atmosphérique , se dissolvant en toutes proportions dans l'eau (toutefois une partie résiste à l'action du liquide, et reste insoluble), fournissant abondamment du chlore par l'addition des acides, et se décomposant même peu à peu, suivant M. Gaultier de Claubry, par l'action de l'acide carbonique contenu dans l'air. Ce composé contient, lorsqu'il a été préparé convenablement, près du tiers de son poids de chlore sec, ou 90 à 100 litres de ce gaz par kilogramme ; il marque alors 90 à 100° au chloromètre de Gay-Lussac , et une partie dissoute dans cent trente parties d'eau décolore quatre parties et demie de la liqueur d'épreuve. Dix grammes contenant à peu près un litre de gaz donnent , par leur solution rapide dans une livre d'eau à la filtration , une liqueur analogue au chlore liquide concentré , ou à deux volumes; c'est ce que l'on appelle *chlorure de chaux liquide*. Trois formules différentes ont été proposées pour cette solution : la première, par Labarraque, indique une partie de chlore sur quarante-huit parties d'eau ; la seconde, par M. le professeur Masuyer, une partie d'eau sur vingt parties d'eau (le soluté possède le même degré de concentration que le chlorure de soude) ; la troisième enfin , par M. Chevalier, une partie de chlorure sur dix parties d'eau seulement.

Le *chlorite de potasse*, connu encore sous les noms d'*eau de Javelle* (du lieu où il fut fabriqué pour la première fois) et de *chlorure d'oxyde de potassium*, est liquide, ordinairement incolore, quelquefois d'une couleur violette plus ou moins foncée, et due à la présence de l'oxyde de manganèse, d'une odeur de chlore affaibli, mais qui devient plus forte par l'addition d'un acide quelconque, d'une saveur alcaline et chlorée. On l'obtient en faisant passer un courant de chlore gazeux au travers d'un soluté aqueux de potasse, préparé dans les proportions de 2,440 grammes de sous-carbonate de potasse pour 17 kilogrammes d'eau ordinaire.

Le *chlorite de soude*, que l'on appelle aussi *liqueur de Labarraque*, *liqueur de soude désinfectante*, *chlorure d'oxyde de sodium*, et que l'on doit se garder de confondre avec le chlorure de sodium ou sel marin, est liquide, incolore, transparent, d'une odeur forte de chlore , d'une saveur salée , alcaline et chlorée. On l'obtient en faisant passer un courant de chlore gazeux dans un soluté aqueux de sous-carbonate de soude préparé avec 2,500 grammes de ce sel pour 10 kilogrammes d'eau distillée. Ce chlorure doit marquer douze degrés à l'aréomètre de Baumé pour les sels : à cet état de concentration, il doit décolorer dix-huit fois son poids d'une *liqueur d'épreuve* formée d'une partie de bon indigo dissous à chaud dans six parties d'acide sulfurique pur, et de 993 parties d'eau distillée.

Les chlorites rendent d'importants services dans l'économie rurale, l'économie domestique, les arts, la salubrité publique et la thérapeutique. La germination des semences est activée lorsque, avant de les confier à la terre, on les met en contact avec un mélange d'une partie d'un chlorite quelconque et de dix-neuf parties d'eau. Si l'on arrose de temps en temps des plantes débiles avec de l'eau contenant un soixante-quatrième en poids de chlorite, on en ranime la végétation. On se sert encore des chlorites pour conserver les œufs et d'autres substances alimentaires; pour enlever aux légumes conservés, comme les haricots verts, les petits pois, etc., l'odeur souvent très-désagréable qu'ils ont pu contracter dans les vases où ils ont été renfermés ; pour faire disparaître le goût de marc que l'on trouve dans certaines eaux-de-vie ; enfin, pour désinfecter les viandes et le poisson qui ont éprouvé un commencement d'altération. On immerge les œufs dans un soluté composé d'une partie de chlorite de chaux et de trente-deux parties d'eau, et de temps en temps on a soin de les y retourner, pour changer les points de contact. Les légumes, les viandes, le poisson, qui ont une odeur ou une saveur désagréables, sont plongés à plusieurs reprises dans de l'eau contenant d'un soixantième à un quarantième de son poids de chlorite de soude, puis lavés à grande eau : c'est l'eau de fontaine qui doit être employée pour ce lavage. Quant aux eaux-de-vie, on les mélange avec une suffisante quantité de chlorite pour que le chlore commence à s'en dégager ; alors, on laisse reposer, puis on décante, et l'on soumet enfin à la distillation, en ayant soin de mettre à part les premiers produits obtenus.

Dans les arts, les chlorites sont mis en usage pour blanchir la fécule, les fils, les toiles, le papier, et pour restaurer les gravures et les livres enfumés et tachés. Pour obtenir ce résultat, on plonge ces corps dans un bain composé d'une partie de chlorite sur vingt parties d'eau, et on prolonge le contact jusqu'à ce qu'on soit parvenu au degré de blancheur désiré. On les retire alors, et on les lave à grande eau pour enlever les portions de chlorite qu'ils auraient pu retenir.

Mais c'est surtout sous le rapport de la salubrité publique que les chlorites offrent un puissant intérêt ; en effet, par leur action sur les miasmes putrides, qu'ils décomposent, ils préviennent le développement des maladies contagieuses ou en arrêtent les progrès lorsqu'elles règnent épidémiquement. On les met en usage pour détruire l'odeur fétide que laissent exhaler les puisards et les ruisseaux infects, les plombs, les baquets à urine, les fosses d'aisances; pour désinfecter les paniers qui servent à la vente du poisson, les ustensiles des vidangeurs, les cuirs en vert, les débris d'animaux, les tas de boue et d'immondices, la pâte de carton, les eaux corrompues; pour assainir les puits, les mines, les salles d'assemblée, de tribunaux et de spectacle, les vaisseaux, les prisons, les lazarets, les chambres de malade, les hôpitaux, les amphithéâtres de dissection, les abattoirs, les clos d'écarrissage, les boyauderies, les égouts, les halles à la viande et au poisson, les magasins où sont déposés en grande quantité des fromages faits, les étables, les cages où des animaux sont tenus enfermés, les ateliers où l'on élève des vers à soie et ceux où l'on fabrique l'amidon, la colle forte, l'orseille et les engrais, l'eau des *routoirs* ; pour pratiquer sans danger les exhumations ordonnées par l'autorité et l'examen médico-légal des cadavres qui sont restés en terre pendant un temps plus ou moins long ; pour arroser les animaux qui ont succombé à des maladies contagieuses, et les matières retirées des fosses d'aisances ; pour laver le linge des malades, pour faire disparaître les odeurs que les habits ont absorbées ; enfin, pour désinfecter les vêtements achetés dans les boutiques des fripiers, etc. Dans tous ces cas, on doit plonger dans un bain composé de 1 partie de chlorite sur 30 à 40 parties d'eau tous les objets qui sont susceptibles de l'être sans que l'on ait à craindre de les altérer ; on peut encore les envelopper de linges imbibés du même liquide. Quant à ceux que l'on ne peut ni plonger dans le bain ni envelopper de tissus mouillés, on doit les arroser à plusieurs reprises, et à des distances très-rapprochées les unes des autres, avec le soluté aqueux de chlorite. On détruit ainsi, d'une manière sûre, toutes les odeurs fétides, tous les miasmes, quels qu'ils soient, et l'on se met à l'abri des accidents, souvent très-graves, auxquels ils pourraient donner lieu.

On a fait et on fait chaque jour encore avec succès l'application des chlorites au traitement de maladies très-variées, tant internes qu'externes. Ces essais sont particulièrement dus chez nous aux professeurs Marjolin, Alibert, Chomel, Bouillaud, Cloquet, Velpeau, et aux docteurs Pariset, Magendie, Roche, Ségalas, Lisfranc, Sanson, Deslandes, Lagneau, Cullérier, Biett, Bouneau, etc., et à l'étranger aux docteurs Mojon, Kopp, Darling, Varlez, Guthrie, Semmola, Reid, etc. Les cas dans lesquels on en a surtout recommandé l'emploi sont les suivants : asphyxie par les gaz émanés des latrines, infection des pieds, fétidité de l'haleine, affection des gencives et scorbut, diverses maladies cutanées, ophthalmies purulentes, brûlures, engelures, ulcères atoniques et vénériens, plaies gangréneuses, pourriture d'hôpital, charbon, cancers, fistules, écoulements gonorrhéiques, leucorrhée, fièvres typhoïdes, rage, etc. Pour mon compte, je m'en suis servi un grand nombre de fois avec un avantage marqué, particulièrement contre l'ozène, la teigne muqueuse, l'ophthalmie chronique, les ulcères syphilitiques, etc.

Il existe une grande incertitude sur l'époque précise de la découverte de ces combinaisons; quant à leur emploi dans les arts, il paraît être de date peu éloignée. Le chlorite de potasse, indiqué par Berthollet (*Annales de Chimie*, t. II, p. 151), fut utilisé dès l'année 1789 pour le blanchiment, sous le nom *d'eau de Javelle*, qu'il porte encore dans le commerce ; et suivant le docteur Lisfranc (*Revue Médicale*, 1826), le baron Percy s'en servit en 1793 , à l'armée du Rhin, contre la pourriture d'hôpital. En 1796, à la suite d'expériences faites sur le chlore, M. de Humboldt entrevit la possibilité d'enrichir la pharmacie de produits nouveaux et d'un haut intérêt par la combinaison de ce corps avec la potasse et la soude (*Mémoires de la Société Médicale d'Émulation*, t. I, p. 466). Le chimiste Descroizilles fut le premier connaître chez nous le chlorite de chaux, qui fut introduit bientôt après en Angleterre par Georges Tennant, et fabriqué en grand dès l'année 1798 par Mackintosh, de Glasgow, sous le nom de *poudre de Tennante et de Knox* et de *poudre de blanchiment*. Il fut indiqué en 1801 par Guyton-Morveau (*Traité des moyens de désinfecter l'air, de prévenir la contagion et d'en arrêter les progrès*, p. 261 et 398), et en 1803 par Allyon, officier de santé de première classe à l'hôpital militaire de la garde (*Annales de Chimie*, t. LIII), comme un anticontagieux très-utile : il paraît même qu'à quelque temps de là Dupuytren et Barruel s'en servirent avec le plus grand succès pour opérer la désinfection d'une fosse d'aisances. En 1807 M. Masuyer, professeur à l'École de Médecine de Strasbourg, conçut l'idée de l'employer pour purifier l'air chargé de miasmes putrides; il en fit l'application en grand à l'hôpital militaire de la même ville, dans le courant de l'année 1809, pendant la durée d'un typhus épidémique, et il publia en 1811 le résultat de ses observations. Le docteur Estiennes'en servit en 1812 dans une circonstance tout à fait semblable, suivant M. Virey (*Séance de l'Académie royale de Médecine*, 14 mai, 1825), et le professeur Chaussier fit à la même époque assainir les salles des hôpitaux au moyen d'aspersions pratiquées avec ce chlorite liquide (*Journal de Chimie médicale*, t. III, p. 570).

Gimbernat publia en 1814, à Strasbourg, une instruction dans laquelle il signala tout l'intérêt que présentent les chlorures de chaux, de soude et d'étain, comme auxiliaires du chlore, dans le traitement des fièvres putrides. Dans le même temps, le chevalier de Stahl employait comme désinfectant, suivant le docteur Wetzler (*Ueber den Nutzen und Gebrauch des oxydirt salzsauern Gaser*, Augsbourg, 1825), un mélange de chlorite de chaux et de sulfate acide de potasse, qui en a reçu le nom de *poudre de Stahl*. En 1822 un pharmacien de Montpellier, M. Bories, proposa de nouveau le soluté aqueux et acidulé de chlorite de chaux comme préservatif des affections contagieuses (*Annales cliniques de Montpellier*, mars 1822), et le docteur Patissier (*Traité des Maladies des Artisans*, p. 256) conseilla aux blanchisseuses d'employer l'eau de Javelle (chlorite de potasse) pour immerger le linge des malades et se soustraire ainsi à la contagion. Labarraque ensuite s'occupa spécialement des applications des chlorites de soude, de potasse et de chaux à l'art du boyaudier, à la désinfection des cadavres et des salles de dissection, à l'assainissement des lazarets, au traitement des plaies de mauvais caractère et de l'asphyxie par l'air vicié des égouts et des fosses d'aisances, etc., et les succès qui couronnèrent ses nombreuses expériences lui méritèrent à juste titre l'approbation de l'Académie des Sciences et de la Société d'Encouragement et les prix que ces deux sociétés lui décernèrent. Bien qu'il n'ait pas la priorité à cet égard, il n'en a pas moins rendu un service immense aux arts et à la médecine en faisant mieux connaître et en propageant avec un zèle digne d'éloges des vérités oubliées alors ou méconnues jusqu'à lui. MM. Payen et Chevalier employèrent depuis le chlorite de chaux à la désinfection des fosses d'aisances et des étables, et enfin M. Accarie s'en servit avec avantage pour désinfecter les alcools dans lesquels on a conservé des matières animales. P.-L. COTTEREAU.

CHLOROFORME, liquide anesthésique que M. Soubeiran découvrit en 1831, et qu'il obtint par la réaction de l'eau et de l'alcool sur le chlorure de chaux. M. Flourens fut le premier à essayer ce produit sur les animaux, peu de temps après que Morton eut inventé l'**éthérisation** comme moyen de préserver les opérés de toute souffrance. Ce fut un chirurgien d'Édimbourg, M. Simpson, qui en octobre 1847 substitua résolument le chloroforme à l'éther, fondant cette préférence sur l'action plus prompte et l'effet plus durable du chloroforme, sur son odeur, en effet plus douce et moins agaçante, laissant la glotte plus calme et ne provoquant pas la toux comme les vapeurs d'éther. Le chloroforme est tellement subtil et vaporisable qu'un flacon plein de ce liquide, et couvert d'un parchemin cacheté, n'en contenait plus une seule goutte au bout de trois mois.

La substitution du chirurgien écossais parut heureuse ; le chloroforme en effet n'expose pas, comme l'éther, à des détonations effrayantes par l'approche d'un corps enflammé. Il ne suscite pas autant de rêves que l'éther, pas de convulsions, pas de folle gaîté, d'exaltations hystériques et d'ivresse. En un mot les malades sont plus calmes (surtout les femmes) ; l'opération devient plus sérieuse, moins compromettante par des discours indiscrets et involontaires, plus paisible enfin et plus décente. L'issue d'ailleurs est ordinairement favorable. Le chloroforme assoupit quelquefois tout-à-coup, et sa prompte action peut être signalée par un ronflement profond ; mais ce corps n'agit efficacement qu'autant qu'il est d'une grande pureté, ni louche ni opalin, et qu'il se précipite au fond de l'eau en perles brillantes. On peut respirer les vapeurs du chloroforme sans appareil compliqué, sur un mouchoir ou une éponge. L'éponge est préférable,

en ce que son avidité fait qu'elle ne laisse exhaler que des vapeurs rares et mesurées, qui permettent d'observer et de suivre les progrès de l'insensibilité.

On conçoit qu'on n'use jamais sans une extrême prudence d'une substance aussi puissante, qui plonge dans un assoupissement dont l'issue reste quelque temps incertaine. On a vu des personnes soumises au chloroforme perdre connaissance au bout de quarante secondes, c'est-à-dire après douze à treize respirations, et des animaux mourir après une minute et demie. Quand on employait l'éther, au moins avait-on pour guide la respiration : on suspendait si le souffle s'embarrassait ou devenait pénible ; on prévenait ainsi tout danger. Mais avec le chloroforme la respiration serait un guide peu fidèle, car elle reste libre jusqu'à la fin. Quand on fait inhaler du chloroforme à un individu qu'on veut soustraire au sentiment de la douleur, il est urgent de suspendre l'aspiration dès que la volonté s'éclipse, dès que les muscles s'affaissent et deviennent inactifs. Il convient même d'anticiper un peu ce moment d'inactivité des muscles et d'absence de toute volonté, attendu que le chloroforme procède encore et que ses effets continuent de progresser quelques secondes et même quelques minutes après qu'on a cessé l'inhalation. Et d'ailleurs, il est bien rare que la faculté de sentir survive à la suspension de l'intelligence, des mouvements et du vouloir. Quelquefois, il est vrai, la personne opérée paraît encore agitée sous l'acier qui la blesse, et profère un cri ; mais ce ne sont là que des indices équivoques de douleur. Il n'existe alors que des souffrances organiques sans perception distincte ; l'âme n'en sent rien, et la conscience n'en a point souvenir. Cependant il est des cas où les opérés ont des songes tourmentants et comme une sorte de délire. Une Parisienne se croyait à Naples pendant qu'on l'opérait chez elle. « Il faut, disait-elle, que je me hâte d'aller à Paris, où l'on m'opère en ce moment, j'arriverai peut-être trop tard ! » Tout était terminé quand elle s'éveilla.

Quand on porte trop loin les aspirations de chloroforme, la face prend une pâleur mortelle, le pouls devient imperceptible, la peau se refroidit, la respiration décline et menace de s'éteindre : symptômes effrayants, qui continuent de s'aggraver quelques instants encore après qu'on a cessé. Et si celui qui n'est que spectateur du fait se trouve à la distance de quelques mètres, en sorte qu'il ne puisse juger ni du restant de la chaleur vitale, ni du pouls encore subsistant, ni du souffle très-affaibli de l'opéré, celui-ci lui paraît un mort, et un mort dont la fin daterait déjà de quelques heures. De pareilles épreuves ont été fréquemment consommées funestes. Deux chirurgiens ont dressé respectivement deux listes d'opérés qu'ils avaient soumis à l'inhalation. Les deux listes comprenaient quatre cent vingt-deux individus, dont cinquante-huit avaient succombé. Plusieurs étaient morts subitement quelques jours il est vrai après l'opération, mais sans qu'on découvrit la cause de cette fin soudaine ni qu'on l'eût prévue, ce qui a paru inculper au dernier point le chloroforme. Cependant on a pu nier que ce puissant agent fût l'auteur de tels événements. Mais que dire de ces accidents funestes qui se réalisent pendant l'opération et quelquefois la devancent ? Comment pourrait-on en disculper le chloroforme ? Déjà en 1848 nous comptions, dans notre *Mémoire sur l'Éthérisme*, quinze de ces dénoûments sinistres, et le nombre s'en est fort accru depuis. Et ce qui est déplorable, c'est que plusieurs de ces catastrophes sont arrivées chez des dentistes et pour de simples arrachements de dents. Le chloroforme est surtout redoutable quand il y a faiblesse, âge avancé ou de longues privations. Les gens durs et abstinents ont lieu d'être plus craintifs. On ne doit jamais l'employer pour des opérations vers la gorge, alors que le sang peut pénétrer dans le larynx et les bronches. Il a quelquefois aggravé les maux de poitrine, et il paraît disposer les plaies à la gangrène. Il a souvent entravé une réaction salutaire, surtout dans les plaies d'armes à feu (juin 1848). C'est à jeun qu'il a le plus de puissance et de danger, en déprimant les mouvements du cœur.

Ce n'est pas seulement dans les opérations chirurgicales qu'on use du chloroforme afin d'éloigner la douleur, on l'a souvent employé contre la douleur présente. Il a été utile dans des névralgies et pour diverses douleurs locales; il a fait cesser tout à coup des accès d'épilepsie, et remédié à des convulsions tétaniques contre lesquelles l'opium s'était montré impuissant. On s'en sert avec fruit pour réduire des fractures et des luxations, ainsi que des hernies. On a même vu des hernies rentrer spontanément, sans auxiliaire, par la seule action sédative du chloroforme. Il convient mieux que l'éther dans les accouchements laborieux. Enfin on peut dire de cet utile et terrible agent, comme des passions :

Tout dangereux qu'il est, c'est un présent céleste!

Il n'est peut-être pas un médicament qui commande plus de sobriété dans les doses et plus de surveillance quant aux effets. C'est un moyen plus prompt et plus constant que l'éther, mais qui donne moins de sécurité.

Il nous parait démontré qu'on a recours au chloroforme sans motifs toujours suffisants. On appréhende la souffrance comme on s'effraye d'un ennemi, quand souvent on ne devrait voir dans la douleur qu'une sentinelle vigilante et secourable, qui nous avertit et nous prépare pour toute éventualité. Assurément Hippocrate a eu raison de dire : *Divinum est opus sedare dolorem;* mais n'est-il pas essentiel que l'homme assiste libre, clairvoyant et courageux aux dangers qui menacent son existence ? Or, avec le chloroforme l'intelligence est dans les ténèbres et la volonté absente du logis.

Dr Isidore BOURDON.

CHLOROMYS. *Voyez* AGOUTI.

CHLOROPALE, substance minérale vert-pré, compacte ou terreuse. C'est un silicate de fer hydraté, provenant de la décomposition de certaines trachytes.

CHLOROSE (de χλωρός, vert ou verdâtre), maladie qui affecte principalement les jeunes filles, à l'époque de la puberté, lorsque la menstruation éprouve de la difficulté à s'établir. On la désigne sous le nom vulgaire de *pâles couleurs*, à cause de la pâleur générale de la peau, de la décoloration des lèvres, des gencives, de la langue, de la muqueuse buccale et des conjonctives. Il ne faudrait pourtant pas admettre que la pâleur excessive, qui dans quelques circonstances donne un aspect laiteux à toute la surface de la peau, soit le seul caractère essentiel de cette maladie. On voit souvent cette couleur blanche se nuancer d'une teinte verte ou jaunâtre, terreuse ou plombée.

Quoique la chlorose affecte plus spécialement les filles à l'époque de la puberté, elle se montre aussi aux autres époques de la vie, depuis l'enfance jusqu'à l'âge le plus avancé. Dans quelques cas rares, elle existe sans que la menstruation soit dérangée, quant à sa régularité et sa durée. Mais d'ordinaire, lorsque la chlorose a lieu sans suppression des menstrues, le sang est décoloré et diminue chaque fois de quantité. Cette maladie peut co-exister avec la grossesse, et même après l'âge critique.

Les causes prédisposantes et occasionnelles de la chlorose sont : le tempérament lymphatique, une constitution débile, un régime alimentaire trop aqueux, peu nutritif et secondé par l'influence d'un climat humide et froid, l'exposition habituelle à l'action des vapeurs hydrogénées, sulfureuses, ou chargées d'acide carbonique, un genre de vie oisif et trop sédentaire, l'habitation des grandes villes, surtout lorsqu'on y est privé des rayons solaires et de l'exercice en plein air; des chagrins prolongés, principalement ceux qui proviennent d'un amour malheureux; des saignements de nez très-fréquents, une diarrhée de longue durée, de funestes habitudes corporelles prises dans l'isolement, et quelquefois, surtout chez les jeunes veuves, un changement d'état physique contraire aux vues de la nature et trop prolongé, une menstruation difficile ou impossible à s'établir, la suppres-

sion des règles chez les personnes qui ont dépassé l'âge de puberté, et dans quelques circonstances un écoulement trop abondant et trop fréquent du sang menstruel ou d'un flux leucorrhoïque considérable; enfin la chlorose est souvent le résultat d'une phlegmasie chronique de l'utérus, et très-fréquemment encore d'une gastrite chronique, ou d'une duodéno-hépatite.

Les désordres intérieurs qui précèdent et accompagnent la chlorose sont : le dégoût ou l'appétit dépravé, soit, par exemple, pour la craie, le plâtre, le charbon, le sel et tous les aliments de haut goût (*voyez* BOULIMIE), la pesanteur et la tension à l'épigastre, les nausées, un sentiment d'aigreur ou d'amertume au fond de la gorge; quelquefois le ventre est tendu et fait entendre des borborygmes très-sonores; les digestions sont habituellement lentes et pénibles, accompagnées de bâillements fréquents, d'un peu de chaleur et de sécheresse à la peau, sans néanmoins qu'elle change de couleur; dans quelques cas les fonctions digestives s'exécutent avec tant de promptitude et de facilité, qu'elles nécessitent de fréquents repas. Il faut cependant se méfier de cet appétit désordonné, qui, loin de profiter à la malade, ne tarde point à développer chez elle une inflammation gastro-intestinale, si elle n'existait déjà. A tous ces symptômes se joignent encore de fréquents accès de palpitations, de dyspnée, et de crampes, qui augmentent d'intensité au moindre mouvement, surtout en montant les escaliers; le pouls, ordinairement petit, devient parfois accéléré et fébrile une heure après le repas. On remarque très-souvent des battements d'artères dans les principales régions du corps, mais surtout au cou et à la tête, où ils sont souvent accompagnés d'un bourdonnement très-pénible. Les chlorotiques éprouvent habituellement des douleurs de tête, un sentiment de pesanteur à la nuque, au fond des orbites et sur les parties latérales du cou; les paupières s'enflent soir et matin au point de ne permettre à la malade de distinguer les objets qu'un moment après s'être éveillée. Cette affection est accompagnée aussi de maux de reins, qui augmentent considérablement à certaines époques mensuelles. Il existe fréquemment encore des douleurs articulaires qui se fixent principalement aux genoux et aux chevilles; les pieds sont gonflés vers la fin de la journée; ils restent constamment froids ainsi que les mains; quelques malades sont habituellement constipés; d'autres fois il survient une diarrhée verdâtre, provenant d'une mauvaise élaboration des aliments; les urines sont pâles, quelquefois troubles, et alternativement rares ou abondantes; la transpiration cutanée est presque nulle; une légère leucorrhée accompagne assez ordinairement la chlorose, qu'elle soit compliquée ou non de suppression des menstrues; un état de langueur générale, l'insouciance, la tristesse, le défaut d'énergie, caractérisent encore cette affection qu'accompagne tantôt un engourdissement moral, tantôt une susceptibilité extrême; la chlorotique éprouve de temps à autre des frayeurs subites et sans motifs; enfin, une faiblesse extrême, un état général de flaccidité du système musculaire, l'inappétence pour tout exercice, les lassitudes spontanées à la suite du moindre mouvement et la tendance continuelle au sommeil, complètent le triste tableau que présentent les femmes atteintes de cette maladie : la plupart de ces personnes sont stériles.

Hoffmann est le premier qui ait démontré que les lésions gastrites précèdent ou accompagnent constamment la chlorose; il a même essayé de prouver que le dérangement des digestions est l'unique cause de la décoloration de la peau qui a lieu dans cette maladie. La sur-irritation viscérale dont nous venons de parler, retenant le sang et l'empêchant de se porter vers l'utérus pour y établir ou renouveler la menstruation, telle est la cause première de presque toutes les chloroses que l'on observe chez les jeunes filles, et d'un grand nombre de celles qui se déclarent à un âge plus avancé. Mais, comme le fait observer Broussais, la décoloration n'est ici que l'effet de la phlegmasie de l'estomac.

Le diagnostic de cette maladie est toujours facile, parce qu'on ne saurait confondre avec cette affection les symptômes résultant de quelque lésion organique qui offriraient de l'analogie avec elle, mais ne présenteraient jamais le caractère spécial de la chlorose entièrement déclarée. Si la chlorose provient d'une conformation vicieuse du système utérin, elle doit être considérée comme incurable, à moins que l'on ne puisse remédier au dérangement de l'organe.

La chlorose, quoique très-longue à guérir de sa nature, peut, lorsqu'elle n'est point compliquée, se terminer après quelques semaines, surtout si elle se déclare chez de jeunes filles bien constituées, dont l'utérus offre seulement peu d'aptitude aux congestions hémorrhagiques. La sur-excitation finit d'ordinaire par s'y établir, et amène bientôt la crise radicale qui enlève aussitôt tous les symptômes chlorotiques ; mais il n'en est pas ainsi lorsque la maladie est compliquée et entretenue par la phlegmasie chronique d'un organe important, comme le poumon, l'estomac, le duodénum ou le foie. Dans de pareilles circonstances, la chlorose peut se prolonger durant plusieurs années et se terminer par la mort. Il en est de même lorsque cette affection se développe chez des femmes usées par des chagrins, des métrorrhagies souvent répétées, des leucorrhées très-abondantes ; à tous ces désordres se joint souvent un engorgement chronique de la matrice compliqué d'ulcération et de suppuration.

Dans la première période de la chlorose, si l'on n'a pu reconnaître la complication d'aucune lésion organique grave, et surtout si les voies digestives ne présentent point des signes manifestes d'inflammation, le traitement doit être principalement basé sur l'hygiène. Il faut placer la malade dans une chambre vaste, aérée, bien exposée aux rayons du soleil ; on prescrit des aliments nourrissants, faciles à digérer, donnés à petites doses ; l'usage d'un vin généreux, mélangé avec trois parties d'eau ferrée. La limaille de fer unie au quinquina est aussi d'une grande utilité. Il convient cependant de surveiller attentivement les effets de ces médicaments, ainsi que l'emploi de tous les toniques proposés contre la chlorose, afin d'en suspendre l'usage s'ils donnaient lieu à une trop vive excitation des voies digestives. Il faut conseiller des vêtements de laine appliqués immédiatement sur la peau, des frictions sèches et aromatiques, répétées soir et matin, en astreignant la malade à se les pratiquer le plus souvent possible. Malgré la répugnance que témoigne la malade pour tout mouvement actif, on recommande, autant que possible, l'exercice modéré à pied ou à cheval, les courses en voiture découverte, en ayant toujours soin de diriger les promenades vers les lieux élevés, montagneux, où l'air est vif et pur. Les voyages dans les contrées méridionales sont généralement fort avantageux. On pourrait, lorsque l'état de la malade le permet encore, lui faire essayer quelques exercices gymnastiques, sans jamais les pousser jusqu'à une fatigue douloureuse ; il faut en même temps faciliter l'établissement des menstrues, si la jeune fille est parvenue à l'âge de la puberté, les faire reparaître si elles ont été supprimées, et les régulariser lorsqu'elles n'arrivent qu'avec difficulté ou à des époques trop éloignées. On pourrait dans ces différents cas prescrire avec avantage les bains chauds aromatiques, gélatineux, et quelquefois même sulfureux. Le mariage pourrait être très-utile si la matrice, participant de l'état de torpeur générale, avait besoin d'un surcroît d'excitation pour donner lieu aux phénomènes de la menstruation. Hippocrate le recommande comme le meilleur remède de la chlorose.

Ces différents moyens suffiront ordinairement pour combattre la faiblesse, la langueur qui proviennent d'un défaut d'activité circulatoire congénital ou acquis. Après avoir satisfait à ces premières indications, si le mal persiste, il faut examiner avec soin quelle est la phlegmasie primitive ou consécutive qui cause ou aggrave les désordres chlorotiques. Lorsque la chlorose est compliquée de l'irritation chronique d'un viscère important, il faut apporter beaucoup de circonspection et de ménagement dans le nombre des sangsues ou des ventouses scarifiées qu'on applique, à moins qu'il ne survienne une inflammation aiguë et intense des voies digestives, des poumons ou de l'encéphale. Encore faut-il, après les premières évacuations de sang, se hâter de recourir à l'emploi des révulsifs.

Si l'on a lieu de présumer que la suppression des règles est la cause première de cette maladie, il faut à l'époque où survenaient d'ordinaire les menstrues appliquer dix ou douze sangsues à la partie supérieure et interne des cuisses, faire prendre des bains de siège avec des décoctions de plantes aromatiques, donner à l'intérieur, si l'estomac n'est point irrité, des infusions légères de camomille, avec une faible addition de sirop d'armoise. On renouvelle les bains soir et matin, durant les quatre ou cinq premiers jours qui suivent l'application des sangsues, et l'on peut même leur substituer quelquefois l'emploi des fumigations préparées avec des plantes emménagogues, telles que le safran, la sabine, la rue, les baies de genièvre, etc. ; lorsque l'aménorrhée est compliquée d'un état d'atonie, d'abirritation de l'utérus, il faut, pour donner à cet organe le degré d'énergie qui lui est nécessaire, l'exciter au moyen de l'électricité, des ventouses sèches appliquées en grand nombre sur l'hypogastre, les lombes, les cuisses et les seins. Dans un cas grave de cette nature, qui se déclarerait chez une femme mariée, il ne faudrait pas balancer à proposer l'emploi de la pompe aspirante agissant sur la totalité du col de la matrice. Le docteur Amussat, inventeur de cet ingénieux appareil, en a obtenu de très-heureux résultats. On pourrait encore, dans cette circonstance, diriger avec beaucoup de succès un courant électrique dans l'intérieur de l'utérus. Tous ces moyens agissent dans le but d'éveiller en quelque sorte un organe engourdi. Lorsque la constipation est constante, comme cela arrive fréquemment dans la chlorose, on peut prescrire un laxatif doux, mais il vaut mieux employer les lavements simples ou avec addition d'un peu d'huile.

Jusqu'à ce jour on n'a pas assez pris en considération combien il est essentiel dans le traitement de cette maladie de prévenir ou d'empêcher le développement de toute phlegmasie de la poitrine ou du bas-ventre. D'un instant à l'autre, surtout lorsque, méconnaissant les principes d'une saine physiologie, on administre à outrance les amers, les ferrugineux et tous les irritants énergiques, l'inflammation peut devenir intense, et d'autant plus grave que chez les chlorotiques elle est souvent au-dessus des ressources de l'art. Combattre l'inflammation partout où elle se manifeste, stimuler avec circonspection les parties qui sont dans un état d'abirritation (d'asthénie), fortifier toute la constitution par un régime léger et succulent, sans jamais trop fatiguer les organes digestifs, telle est en résumé la base du traitement le plus convenable à toutes les affections chlorotiques.   L. LABAT.

CHLORURE. On donne ce nom aux combinaisons du chlore avec les corps simples autres que l'oxygène et l'hydrogène. Les chlorures ont des caractères qui permettent de les reconnaître facilement. Ainsi, chauffés avec de l'acide sulfurique et du peroxyde de manganèse, ils donnent naissance à du chlore ; mis en contact avec de l'acide sulfurique, ils dégagent de l'acide chlorhydrique, qui produit d'épaisses vapeurs blanches au contact des vapeurs ammoniacales ; traités par l'acide azotique, ils fournissent un liquide (mélange de chlore et de vapeurs nitreuses) qui dissout l'or. Le nombre de ces combinaisons est très-grand, mais elles n'offrent pas toutes le même degré d'intérêt : aussi nous bornerons-nous à parler de celles qui sont les plus remarquables par leurs propriétés ou par l'usage qu'on en fait.

CHLORURE

L'existence de deux composés de chlore et de carbone a été signalée la première fois par M. Faraday. Comme ces deux corps ne peuvent se combiner directement à aucune température, on obtient un de leurs composés en faisant agir, en présence de la lumière, le gaz chlore sur l'hydrocarbure de chlore (combinaison de gaz hydrogène deutocarboné et de chlore). Le *perchlorure de carbone*, résultant de cette préparation, est solide, blanc, transparent après sa sublimation; il cristallise en petites aiguilles ou lames. Sa densité est 2. Exposé à l'action de la chaleur, il fond à 160°, entre en ébullition à 182°, et se volatilise en partie sans altération. Le *protochlorure de carbone* s'obtient en faisant passer le perchlorure en vapeurs à travers un tube de porcelaine rouge de feu et contenant des fragments de porcelaine pour multiplier les contacts. Les produits de cette décomposition sont du gaz chlore, qui se dégage, et du protochlorure, qu'on reçoit dans un tube recourbé, entouré de glace, et qui est placé à l'une des extrémités du tube de porcelaine. Ce protochlorure est un liquide incolore, très-limpide, d'une odeur aromatique. Suivant M. Julien d'Abo, il existerait un autre chlorure de carbone, contenant un atome de chlore et un atome de carbone. Il décrit ce corps sous le nom de *protochlorure de carbone*; le composé dont nous venons de parler sous cette appellation est pour lui un *deutochlorure*.

Le *chlorure d'azote*, dont on doit la découverte à Dulong, et que l'on obtient en faisant passer un courant de chlore au travers d'un soluté aqueux de chlorhydrate d'ammoniaque, est sans usage; il est de consistance oléagineuse, de couleur fauve, d'odeur piquante et insupportable, plus pesant spécifiquement que l'eau, très-volatil; il détonne avec la plus grande violence, et avec dégagement de calorique et de lumière, par son exposition à une température de 30° et par le contact du phosphore.

Le *chlorure de calcium*, appelé autrefois *phosphore de Homberg*, *muriate de chaux fondu*, est un sel lamelleux, demi-transparent, non volatil, très-déliquescent, soluble dans la moitié de son poids d'eau à la température de zéro. On en fait un fréquent usage, soit pour dessécher les gaz ou rectifier de l'alcool, soit pour produire des froids artificiels; dans ce dernier cas, il doit être mélangé avec de la glace pilée ou de la neige.

Le *chlorure de baryum*, connu jadis sous les noms de *terre pesante salée*, *sel marin barotique*, *muriate de baryte desséché*, est incolore, transparent, inodore, de saveur amère, non volatil, mais fusible à une chaleur rouge et donnant par le refroidissement des lames brillantes, très-soluble dans l'eau et susceptible de cristalliser en larges prismes à quatre pans. Doué de propriétés vénéneuses très-énergiques, il a cependant été préconisé contre les scrofules.

Le *chlorure de potassium* (*sel fébrifuge de Sylvius*) possède une saveur piquante, semblable à celle du sel de cuisine (*chlorure de sodium*), qu'il peut, à la rigueur, remplacer dans ses usages. Mais il n'existe pas en grande abondance dans la nature. On le trouve dans les cendres des végétaux, dans le salpêtre, dans le sel marin et dans la soude de varech. C'est de cette dernière matière qu'on l'extrait aujourd'hui. Il cristallise en petits prismes à quatre pans et en cubes.

Le *chlorure de sodium* cristallise comme le précédent. Ce composé a été désigné sous les noms de *sel commun*, *sel marin*, *muriate de soude*, *chlorhydrate de soude*. Il existe abondamment dans la nature. A l'état solide il constitue des masses immenses de *sel gemme* ou *sel natif*. Il se montre à l'état liquide, principalement dans l'eau de la mer, et dans beaucoup d'eaux de sources salées.

Le *chlorure de zinc* (autrefois *beurre de zinc*, *muriate de zinc*) est un corps solide blanc, demi-transparent, d'une saveur très-styptique. Il est très-soluble dans l'eau. Ce chlorure était sans emploi dans les arts lorsque M. Stahl, mouleur du Muséum d'Histoire Naturelle, en fit usage le premier dans certains cas difficiles de moulage en plâtre.

Le chlore et l'étain donnent deux combinaisons. Le *protochlorure d'étain*, d'un blanc grisâtre, à cassure résineuse, est fusible et volatil. Il précipite l'or de ses dissolutions; le précipité est marron ou vert; il est d'une belle couleur pourpre (*pourpre de Cassius*) si le protochlorure d'étain contient un peu de deutochlorure du même métal. On obtient le protochlorure d'étain sous la forme d'une matière vitreuse, en chauffant le protochlorure de mercure avec de l'étain. En traitant à une douce chaleur l'étain par l'acide chlorhydrique, on a le protochlorure d'étain cristallisé en petites aiguilles prismatiques blanchâtres, contenant un certain nombre d'équivalents d'eau; dans cet état, il est connu dans le commerce sous le nom de *sel d'étain*. On l'emploie comme mordant dans la teinture. Le *deutochlorure d'étain* (*liqueur fumante de Libavius*) est liquide, incolore, plus pesant que l'eau, d'une odeur suffocante, très-volatil et fumant à l'air. Ce composé a une grande affinité pour l'eau, et lorsqu'on en met une petite quantité en contact avec lui, il se prend en une masse blanche présentant une sorte de cristallisation confuse. Il est employé comme mordant dans la teinture en écarlate.

Le *chlorure d'antimoine*, qui portait autrefois le nom de *beurre d'antimoine*, et que l'on appela ensuite *muriate d'antimoine sublimé*, est ordinairement sous la forme d'une masse épaisse et d'apparence onctueuse, demi-transparente, incolore, mais jaunissant par son exposition au contact de l'air; inodore, d'une causticité excessive, fusible au-dessous de 100° centigrades, et susceptible alors de cristalliser en prismes tétraèdres par un refroidissement lent, volatil, attirant l'humidité de l'air, et se convertissant ainsi en un liquide oléagineux, se décomposant par l'addition de l'eau. On le prépare en chauffant dans des vaisseaux clos le chlorhydrate d'antimoine non acide : les vases dont on se sert dans cette opération doivent être parfaitement desséchés. Ce chlorure, que l'on emploie seulement à l'extérieur, est un des caustiques les plus puissants que nous ayons : on s'en sert à l'état liquide, particulièrement dans les cas de morsures d'animaux enragés ou dans la pustule maligne; sa consistance lui permet de pénétrer profondément, et donne au praticien la certitude que l'action se fera sentir dans tous les points de la plaie.

Le *chlorure de bismuth*, autrefois *beurre de bismuth*, est blanc, déliquescent, de consistance butyreuse. Il se décompose dans l'eau en oxychlorure blanc, qui se précipite, et en acide chlorhydrique, qui reste en dissolution avec une petite quantité de chlorure. Cet oxychlorure est employé comme fard.

Les combinaisons du chlore et du mercure sont au nombre de deux. Le *protochlorure de mercure* (*aquila alba*, *calomel*, *calomelas*, *sublimé doux*, *panacée mercurielle*, *mercure doux*, *muriate de mercure au minimum d'oxydation*) est solide, blanc, inodore, insipide, très-pesant, devenant jaune et puis noirâtre par une longue exposition à la lumière, volatil et cristallisable en prismes tétraèdres, terminés par des pyramides à quatre faces, insoluble dans l'eau. On l'emploie en médecine comme fondant, purgatif, vermifuge et antisyphilitique. C'est le médicament le plus employé par les médecins anglais. Le *deutochlorure de mercure* (*sublimé corrosif*, *muriate de mercure au maximum d'oxydation*, *muriate suroxygéné de mercure*) est sous forme de masses solides, compactes, blanches, demi-transparentes sur leurs bords, ou cristallisé en aiguilles, en cubes, en prismes quadrangulaires; inodore, d'une saveur désagréable, extrêmement âcre et caustique, très pesant, très-volatil, devenant légèrement opaque et pulvérulent par le contact de l'air, soluble dans l'eau, dans l'alcool et surtout dans l'éther. Ce chlorure, que l'on emploie en médecine comme antisyphilitique, et qui fait la base de la *liqueur de Van-Swieten*, est un des poisons les plus violents que l'on connaisse. Orfila nous a fait connaître l'antidote de ce poison ; c'est le blanc d'œuf, ou albumine animale, que l'on prend délayé dans de l'eau froide, à fortes doses très-rapprochées les unes des autres : l'albumine décompose ce deutochlorure, et le transforme en protochlorure, insoluble et non vénéneux ; mais il faut pour que ce moyen réussisse qu'il soit employé très-peu de temps après l'introduction du poison dans les voies digestives.

Le *chlorure d'argent*, qui a été successivement désigné par les noms de *luna cornea*, *argent corné*, *muriate d'argent*, existe dans la nature. On le prépare facilement en versant le soluté aqueux d'un chlorure dans un soluté aqueux de nitrate d'argent : il est alors sous forme d'une masse blanche, caillebottée, inodore, insipide, passant rapidement au violet foncé par son exposition à la lumière, insoluble dans l'eau et dans l'acide nitrique, soluble dans l'ammoniaque, fusible à une température bien inférieure à celle d. la chaleur rouge, et se prenant par le refroidissement en une masse grise, demi-transparente, facile à couper et comme cornée. On l'emploie dans les essais des monnaies d'argent, par voie humide. On s'en sert aussi pour argenter certains métaux. Avec huit parties de ce chlorure, trois de potasse ordinaire, une de craie et une de sel marin, on fait une poudre propre à argenter le cuivre et le laiton. On frotte le métal avec le doigt ou avec un bouchon de liége. L'opération se fait à froid. On sait que le chlorure d'argent est aussi employé en photographie.

On connaît deux chlorures d'or. Le *protochlorure d'or* est d'un jaune pâle, soluble dans l'eau, et très-peu stable. On l'obtient en chauffant le perchlorure entre 200 et 230° ; l'excédant du chlore se dégage, et l'on a le protochlorure pour résidu. La dissolution aqueuse de ce dernier ne se conserve que dans l'obscurité et à froid ; car à la lumière du soleil ou sous l'influence de la chaleur elle se convertit en perchlorure et en or métallique. Le *perchlorure d'or* est d'un rouge brun, très-soluble dans l'eau et dans l'alcool, qu'il colore en rouge rubis. Évaporé jusqu'à consistance épaisse, il se transforme en une masse cristalline très-déliquescente à l'air. Il se dissout dans l'éther, et lorsqu'on agite cette dissolution au contact de la lumière, si on la laisse ensuite reposer, il se forme deux couches dans la liqueur : l'intérieure n'étant que de l'eau chargée d'acide chlorhydrique, et la supérieure, d'un beau jaune, contenant l'éther et l'or. C'est cette dissolution jaune qu'on employait autrefois en médecine sous le nom d'*or potable*. Elle se précipite spontanément, et à plus forte raison quand on la met en contact avec un corps réduisant : l'or se dépose, à l'état métallique, sous forme de petits cristaux brillants. On peut employer l'or potable dans la dorure sur des ouvrages fins d'acier. Tous les métaux, même l'argent, précipitent l'or du perchlorure sous forme de poudre diversement colorée, qui reprend sous le brunissoir sa couleur jaune. On peut employer ce moyen pour dorer sur métaux (*voyez* DORURE).

Les composés du chlore et du platine sont analogues aux deux précédents. Le *protochlorure de platine* est d'un vert olivâtre, pulvérulent, insoluble dans l'eau. Exposé à la lumière, il noircit à sa surface. Le *perchlorure de platine* est d'un rouge-brun à l'état solide, soluble en dissolution concentrée ; sa dissolution étendue est d'un jaune orange. Soumise à l'action de la chaleur, sa dissolution alcoolique laisse déposer du platine métallique. C'est par ce moyen qu'on peut recouvrir le verre, la porcelaine, etc., de minces couches de platine.

Le *chlorure d'arsenic* (autrefois *beurre d'arsenic*) se présente sous forme de fumée blanche, qui en refroidissant se condense en un liquide incolore d'une densité de 6,3, et se solidifie à 29°. Dans l'eau il se décompose en acide chlorhydrique et en acide arsénieux, qui se précipite d'abord,

mais qui finit bientôt par se dissoudre dans cette eau chargée d'acide chlorhydrique.

On a aussi donné le nom de *chlorures* à des combinaisons de l'acide chloreux avec les bases, corps que l'on regardait à tort comme des combinaisons de chlore avec des oxydes métalliques et que l'on désignait alors sous le nom générique de *chlorures d'oxydes* ; c'est ainsi que l'on parle encore dans le monde de la désinfection par le *chlorure de chaux*, du blanchiment par le *chlorure de potasse*, etc., quoique la science ait répudié ces noms. Nous avons parlé de ces corps sous le nom de *chlorites*, qui leur convient mieux.

CHMELNIECKI (BOGDAN), l'instigateur d'une insurrection de Kosacks en Pologne, était le fils d'un gentilhomme, Michel CHMELNIECKI, lequel, banni de Pologne pour différents méfaits, se retira en Ukraine où il se maria et parvint à jouir d'une grande considération. De bonne heure le jeune Chmelniecki se distingua tellement parmi les Kosaks par son courage et sa bravoure, qu'après la déroute qu'ils essuyèrent en 1638 à Kumejki, ils le députèrent au roi Ladislas IV pour lui déclarer qu'ils se soumettaient de nouveau à la domination de la Pologne. Le jeune homme plut à la cour de Ladislas, et il y obtint l'importante charge de secrétaire des Kosaks Zaporogues. Le grand hetman Koniecpolski lui fit don, en outre, de grandes terres, qu'il mit en culture, et qui devinrent pour lui la source de revenus considérables. Sa fortune excita la jalousie d'un des courtisans du grand hetman, et Chmelniecki, devenu suspect et traité bientôt comme révolté, perdit son domaine ; son fils fut en outre l'objet de mauvais traitements. N'ayant point obtenu justice du roi, il se retira de nouveau chez les Kosacks, pour les exciter à se venger de l'oppression dont ils étaient l'objet de la part des souverains de la Pologne, comme professant la religion grecque. Il réussit en effet à insurger complétement tout le pays des Kosaks dépendant de la Pologne et à réunir une armée considérable. En même temps il contracta alliance avec le khan des Tatares, Islan Geraï, et, après avoir successivement battu les Polonais dans deux grandes batailles livrées, l'une aux Eaux Jaunes, près de Korsoun, où il fit prisonnier le grand Hetman de Pologne, Potocki lui-même, l'autre à Pilawce, il ravagea avec ses bandes toute la Lithuanie, la Volhynie, la Podolie et la Russie rouge, pénétra jusqu'à Lemberg et à Zamosc, exerçant sur tout son passage les plus horribles cruautés, puis s'en revint en Ukraine chargé d'un butin immense. Après la mort de Ladislas, le roi Jean-Casimir, désespérant de pouvoir lui résister, fit offrir à Chmelniecki la dignité de hetman des Kosaks sous la suzeraineté de la Pologne ; mais Chmelniecki, pour toute réponse, fit jeter dans les fers les envoyés de ce prince ; et ce ne fut que lorsque les Polonais eurent réussi à détacher de son alliance le khan des Tatares, qu'il se soumit pour quelque temps. Il ne tarda pas d'ailleurs à lever de nouveau l'étendard de l'insurrection. Les Kosaks ayant enfin été battus par les Polonais à Beresteczko, des négociations s'ouvrirent entre les deux nations, et elles eurent pour résultat de déterminer Chmelniecki à se placer, en 1654, sous la protection et la suzeraineté du tsar de Russie avec tous les Kosaks demeurés fidèles à sa fortune. De là une guerre entre la Russie et la Pologne, pendant le cours de laquelle Chmelniecki mourut en 1657. Lors de la paix conclue à Andrussoff, en 1667, la Pologne dut formellement céder à la Russie Kief, Smolensk et toute l'Ukraine en deçà du Dniepre.

CHMELNITZKI (NICOLAÏ IWANOWICZ), poète comique russe, né à Saint-Pétersbourg, le 11 août 1789, descendait de la famille du grand hetman Bogdan Chmelniecki, et était le fils d'un homme fort instruit, honoré de la faveur toute particulière de Catherine II. Après avoir terminé son éducation dans la maison de son père, il entra au ministère des affaires étrangères en qualité d'interprète, fut à diverses reprises envoyé en courrier dans diverses cours étrangères, et fit la guerre de 1812 contre Napoléon en qualité d'aide de camp de Koutousof, chargé en même temps de diverses missions diplomatiques. A la fin de la campagne (1814), il fut nommé chef de la chancellerie du gouverneur général Miloradowicz, et dès lors la plus brillante carrière s'ouvrit devant lui. Appelé en 1839 aux fonctions de gouverneur de Smolensk, il obtint de l'empereur un secours d'un million de roubles pour aider à réparer les désastres de cette ville, qui avait tant souffert lors de la guerre de 1832, et qui sous son administration, sage et éclairée, se releva bientôt de ses ruines pour prendre un brillant essor. En 1837 il fut nommé gouverneur d'Archangelsk; mais le délabrement de sa santé le contraignit d'abandonner ce poste dès l'année suivante, et il se retira alors à Saint-Pétersbourg, où il mourut en 1846.

Chmelnitzki était un homme d'une infatigable activité et de l'extérieur le plus sévère, mais plein d'amabilité et d'humanité. Entraîné par son talent vers la comédie, il prit pour modèles Molière et Régnard, et traduisit en russe et en vers iambiques de six pieds le *Tartufe* et l'*École des Femmes*. Ces deux traductions sont des chefs-d'œuvre.

La représentation de ces deux comédies eut pour résultat de donner au théâtre russe une direction nouvelle, que suivirent Wisin, Kapnis Gribojædoff, Schackofskoi et Gogol. Il était bon, en effet, qu'en l'absence d'une littérature dramatique nationale, ce théâtre commençât par prendre pour modèles les meilleures productions de notre littérature classique. Quoiqu'il ne fût pas précisément un génie, Chmelnitzki avait assez de talent pour s'essayer comme poète original dans la comédie. Son style est d'une pureté remarquable, et son vers particulièrement beau pour l'époque où il écrivait (c'était avant Pouschkin). Beaucoup de naturel dans ses plans, et de facilité dans leur exécution, un dialogue constamment noble, mais aussi parfois des situations forcées, voilà ce que l'on remarque dans les œuvres dramatiques de Chmelnitzki. Parmi les plus importantes nous citerons : *Goworun* (le Babillard); *Wosduschnuje Samki* (Les Châteaux en Espagne); *Njerzsschitelnu* (Sept jours de fête dans la semaine, ou l'Irrésolu); *Karantin* (la Quarantaine); *Aktieri mêshdu soboju* (Les Acteurs entre eux); *Russki Faust* (le Faust russe), comédie en cinq actes ; *Czarkoje slowo* (la Parole du Tsar), comédie historique, qui obtint un grand succès et une foule de représentations ; *Sinowi Bogdan Chmelnitzki*, (li prisojedinjénie malorossii (Sinowi Bogdan Chmelnitzki, ou l'Incorporation de la Petite-Russie), drame historique. Une édition des œuvres complètes de Chmelnitzki a paru à Saint-Pétersbourg (3 vol., 1849).

CHOA. *Voyez* ABYSSINIE.

CHOC. On nomme ainsi le résultat de la rencontre de deux corps, qu'ils soient tous deux en mouvement ou qu'il y en ait un immobile. Le choc des corps est soumis à des lois qui sont du ressort de la mécanique. Il y a des *chocs* terribles par leurs résultats, comme ceux de deux vaisseaux qui s'abordent, de deux convois de chemins de fer qui se rencontrent, de deux troupes qui se chargent dans un combat. On a beaucoup discuté sur la possibilité de la rencontre d'une planète et d'une comète dans l'espace : Dieu sait que serait l'effet d'un pareil choc. Indépendamment des effets que produit directement la foudre, on observe quelquefois un phénomène plus composé, auquel on a donné le nom de *choc en retour*.

Ce mot *choc* reçoit encore beaucoup d'autres acceptions. Il se dit au figuré de choses qui intéressent purement le cœur ou l'esprit, tels que le *choc* des passions, des caractères, des opinions, des intérêts. Boileau a dit de l'homme :

Il tourne au moindre vent, il tombe au moindre *choc* :
Aujourd'hui dans un casque et demain dans un froc ;

Choc se dit encore figurément d'un malheur, de toute chose qui porte une atteinte grave à la fortune, à la santé, à la raison. Ce *choc* ébranla sa fortune. Sa constitution affaiblie, sa raison ne put soutenir un tel *choc*.

En grammaire, et surtout en poésie, il faut éviter avec soin le *choc* ou la rencontre de sons qui produiraient un effet désagréable à l'oreille, comme celle de deux voyelles dont l'une termine un mot et l'autre commence le suivant. C'est même une règle rigoureuse de la versification française (*voyez* HIATUS).

Des étymologistes veulent que notre mot *choc* ait été emprunté du teuton *schoken*. Ménage le fait dériver de l'espagnol *choca*, joûte; mais il faut que ce mot ait vieilli, puisqu'on ne le retrouve plus, du moins dans ce sens, dans les dictionnaires espagnols modernes, qui offrent l'expression *choque* pour *choc*, et le verbe *chocar* pour *choquer*, soutenir un *choc*. Il y a plus de raison de croire, avec Roquefort, que c'est une de ces onomatopées communes à plusieurs langues qui ont cherché le nom d'une chose dans l'effet même qu'elle produit à l'ouïe.

Heurter est quelquefois employé comme synonyme de *choquer*. La différence la plus essentielle que l'on puisse établir entre *heurt* et *choc* et entre les verbes qu'ils ont formés, c'est que le premier est toujours rude, inattendu, fâcheux, tandis que le second peut être volontaire et léger. On *choque* les verres, à table, sans les casser; un vaisseau s'entr'ouvre en se *heurtant* sur des rochers. Néanmoins, un *choc* peut quelquefois être funeste. La Fontaine nous en donne un exemple dans la fable *Le Curé et le Mort* :

Un *heurt* survint : adieu le char !
Voilà messire Jean Chouart
Qui du choc de son mort a la tête brisée.

Le sens figuré de ces mots conserve la même nuance, la même différence. On peut *choquer* une personne par un acte ou par un simple propos, sans le savoir, sans le vouloir; on la *heurte* quand on la fronde, quand on l'offense quand on l'insulte en face et de propos délibéré. Deux exemples, pris dans Molière, suffisent pour établir cette distinction,

Toujours au plus grand nombre il faut s'accommoder,
Et jamais il ne faut se faire regarder.
L'un et l'autre nous *choque*, et tout homme bien sage
Doit faire des habits ainsi que du langage.

(*École des Maris*.)

Cette grande roideur des vertus des vieux âges
Heurte trop notre siècle et les communs usages ;
Elle veut aux mortels trop de perfection.
Il faut fléchir au temps, sans obstination.

(*Misanthrope*.)

Edme HÉREAU.

CHOCAM. *Voyez* CARAÏTES.

CHOCARD, CHOQUARD ou CHOQUART. On appelle ainsi un genre de passereaux qui ont le bec comprimé, arqué et échancré des merles, mais dont les narines sont couvertes de plumes comme celles des corbeaux. Nous en voyons une espèce en France; c'est le *chocard des Alpes* (*corvus pyrrhocorax* de Linné, *choucas des Alpes* de Buffon), long de 40 centimètres environ, tout noir, avec le bec jaune, les pieds d'abord bruns, puis jaunes, puis enfin rouges dans l'adulte. Il niche dans les fentes des rochers, sur les plus hautes montagnes, d'où il descend l'hiver, en grandes troupes, dans les vallées. Il vit d'insectes, de limaçons, mange aussi des graines et des fruits, et ne dédaigne pas la charogne.

DESMZIL.

CHOC DES CORPS. Lorsqu'un corps solide en mouvement vient frapper un obstacle fixe, il peut se présenter trois cas particuliers : ou les corps sont sans élasticité, ou l'un d'eux est élastique, ou enfin les deux jouissent de cette propriété. Quoique jamais les corps ne soient d'une manière absolue élastiques ou non élastiques, on admet généralement que cette propriété y est absolue, pour rendre plus facilement compte des phénomènes. Si les deux corps sont non élastiques, le corps choquant vient s'aplatir sur le corps choqué; si l'un d'eux seulement est élastique, au moment du choc celui-ci peut pénétrer le corps non élastique d'une quantité proportionnée à son degré de mollesse; enfin, si les deux corps sont élastiques, ils réagissent l'un sur l'autre, et celui qui était en mouvement, après avoir choqué l'autre peut rebondir d'une quantité proportionnelle à leur degré réciproque d'élasticité et à la vitesse dont il était doué. Si les deux corps sont en mouvement en sens contraire, ils s'aplatissent l'un sur l'autre s'ils ne sont pas élastiques, ou si l'un d'eux seulement présente cette propriété; mais quand ils sont tous deux élastiques, ils agissent d'une manière toute différente : aussitôt qu'ils arrivent au contact, s'ils étaient animés d'une force semblable, ils restent en repos après le choc; mais si la vitesse qui animait l'un d'eux est plus grande que celle dont l'autre était animé, celui-ci acquiert l'excès de mouvement du premier, tandis que le premier reste en repos. Tous ces effets ne peuvent avoir lieu qu'en se servant de corps dont les masses sont semblables; s'ils étaient différents sous ce rapport, l'excès de masse équivaudrait à un excès de vitesse.

Il faut aussi pour que les effets que nous venons d'indiquer se présentent d'une manière bien tranchée, que les corps soient non-seulement très-élastiques, mais encore qu'ils reprennent très-rapidement leur forme après le choc : des boules d'ivoire offrent ce caractère à un très-haut degré, et pour les expériences sur les corps élastiques, des boules de mie de pain ou d'argile légèrement humides sont préférables à tout autre corps. Nous dirons dans un moment ce qui arrive aux substances qui joignent à une grande élasticité la propriété de revenir lentement à leur forme première.

Si deux boules d'ivoire semblables sont suspendues verticalement au moyen de fils, et que l'une d'elles étant en repos on éloigne l'autre d'une certaine quantité en l'abandonnant à elle-même, elle vient choquer la première, s'arrête, et l'autre se met en mouvement d'une quantité égale à celle de la boule qui l'a choquée, et prend donc toute la vitesse dont la première était douée. Si au lieu de deux billes on en emploie trois, la bille choquante reste au repos, ainsi que celle qu'elle choque, et la vitesse se transporte sur la boule extérieure, qui se meut d'une quantité semblable à la bille choquante. Avec une série de cinq, sept, neuf, etc., billes, la bille ou les billes que l'on écarte de leur position mettent en mouvement un nombre de billes semblables, et la bille centrale reste toujours au repos; si le nombre de billes était pair et qu'on en écartât la moitié, l'autre moitié tout entière serait mise en mouvement. Si la bille choquante était double de celle qu'elle choque, celle-ci prendrait un mouvement deux fois plus grand, tandis que si la boule choquée avait une masse double de la première, celle-ci après le choc rétrograderait d'une quantité proportionnelle à la différence. Si le corps en mouvement venait frapper contre un obstacle dont la résistance fût immense relativement à lui, il perdrait d'abord toute sa vitesse, et après un instant le reprendrait en sens inverse. Si les deux corps avaient dans le même sens deux vitesses différentes avec la même masse, après s'être rencontrés, celui qui était animé de la plus grande vitesse l'aurait communiquée au premier, et aurait pris la vitesse de celui-ci. Si les corps, quoique très-élastiques, ne reprennent pas immédiatement leurs formes après le choc, le temps employé à produire cet effet diminue la vitesse, de telle sorte que, si l'on se servait, par exemple, d'une bille de billard recouverte de gomme élastique ou caoutchouc, lorsqu'elle viendrait à choquer un plan de marbre ou une glace, la vitesse qu'elle prendrait en sens inverse serait tout au plus la moitié de ce qu'elle est dans le premier cas.

Voici quelques exemples des diverses actions dont nous avons parlé : un verre, une tasse de porcelaine, se brisent habituellement, même en tombant d'une faible hauteur, sur des carreaux ou des dalles, tandis que sur du parquet ils arrive souvent que la fracture n'a pas lieu, et que sur un tas de paille ils ne se brisent pas : dans le premier cas la vitesse est anéantie en un moment, dans les autres elle s'amortit successivement. Quand on frappe un métal sur une enclume avec un marteau, on le forge plus ou moins facilement; mais si on plaçait le corps sur un ressort à boudin, on ne pourrait y parvenir, même par une violente percussion; et la même chose aurait lieu si à une enclume on substituait un bloc, ou que l'on se servît d'un marteau de bois; pour diminuer le choc produit par le martelage du cuivre et des métaux, on place souvent une natte de paille sous le billot qui supporte l'enclume. Un bateau, mu avec vitesse, se brise contre la pile d'un pont ou un autre obstacle semblable, tandis qu'il peut dans certaines positions heurter un autre bateau sans qu'ils éprouvent ni l'un ni l'autre d'altération; la même chose pourrait avoir lieu s'il venait frapper contre du sable. Si on retenait avec force le câble qui amarre un bateau entraîné fortement par un courant, le câble pourrait se briser; mais il résiste en le filant plus ou moins, parce que la vitesse est successivement amortie. Des murs résistent difficilement au choc des boulets, dont l'action est à peine sensible quand les murs sont recouverts de matelas ou sacs de laine, et la même chose arrive avec des *gabions* ou paniers d'osier remplis de terre, tant qu'ils restent remplis. Enfin, une voiture animée d'une grande vitesse se brise lorsqu'elle verse sur une route, ou qu'elle rencontre un mur ou quelque autre obstacle très-fixe, tandis qu'elle pourrait n'éprouver aucun accident si elle tombait dans la terre labourée, ou qu'elle vînt heurter contre un tas de terre ou de sable.

Dans le cas où deux billes se choquent dans une direction plus ou moins différente de leur axe, elles prennent des directions particulières, suivant les points qui se sont trouvés en contact : c'est particulièrement au jeu de billard que ces effets s'observent d'une manière remarquable.

H. GAULTIER DE CLAUBRY.

Si deux corps mous de masses égales, animés de vitesses égales et opposées, viennent se choquer, ces deux corps s'aplatissent l'un sur l'autre et demeurent en repos; les puissances qui les animaient ont été absorbées par le déplacement opéré entre leurs particules, malgré la cohésion qui les retenait à leur place. Deux corps mous de masses inégales, mais animés de vitesses réciproquement proportionnelles à leurs masses, se réduisent au repos de la même manière. Si les quantités de mouvement des deux corps mous sont inégales et opposées, il existe après le choc, et dans le sens de la plus grande, une quantité de mouvement égale à leur différence; quant à la vitesse, elle est exprimée par le quotient que l'on obtient en divisant cette dernière quantité de mouvement par la somme des masses des deux corps. Si l'un des corps mous est en repos et l'autre en mouvement, la quantité de mouvement après le choc étant la même qu'avant le choc, comme la masse sera augmentée, la vitesse devra être diminuée relativement. Mais si la masse en repos est très-grande ou présente une surface immobile, le corps mou arrivera au repos en s'aplatissant sur le corps résistant, sans lui communiquer une vitesse sensible, puisque la masse, après le choc, peut être considérée comme ayant pris un accroissement infiniment grand. Tous ces faits peuvent se vérifier par l'expérience.

Le choc des liquides est beaucoup plus difficile à étudier, à cause de la mobilité des particules qui composent ces corps. Il est même presque impossible de calculer les effets du choc réciproque de deux liquides. Quant aux lois de la transmission du mouvement dans le choc d'un liquide et d'un solide, on sait seulement que les effets d'un tel choc sont proportionnels, 1° à la densité du liquide; 2° au carré de sa vitesse; 3° à l'étendue de la surface choquée; 4° au carré du sinus de l'angle que la direction de la surface choquée fait avec celle du courant.

L'action produite par le choc des liquides sur les parois des canaux est souvent considérable. Supposons qu'un liquide s'écoule d'un réservoir par un tuyau, et sorte par un robinet plus étroit que le tuyau; si l'on vient à fermer tout à coup le robinet, il en résultera un choc violent, qui, si le tuyau n'offre pas une résistance suffisante, pourra même en occasionner la rupture. Cet effet, qui s'explique très-bien par la quantité de mouvement dont est animé le liquide au moment de la fermeture du robinet, est le même que celui qui produit l'ascension de l'eau dans le bélier hydraulique. Le phénomène connu sous le nom de *pouls* est aussi du même ordre.

La question du choc et de la résistance des fluides élastiques, quoique extrêmement compliquée sous le rapport théorique, est cependant beaucoup plus simple, pour le cas de l'air atmosphérique, que la question du choc des liquides. Il résulte de toutes les expériences que l'intensité du choc de l'air sur un corps en repos, ou de la résistance de l'air au mouvement d'un corps, est toujours proportionnelle au carré de la vitesse. A l'aide de l'anémomètre, on peut s'assurer de l'exactitude de cette loi, qui explique les résultats obtenus avec le parachute, et sur laquelle repose la théorie des moulins à vent. L'intensité du choc des fluides élastiques est de plus proportionnelle à l'étendue des surfaces choquées. On ne connaît pas l'influence précise des angles sous lesquels le choc peut avoir lieu. On sait seulement que le choc est plus puissant sur une surface concave que sur une surface plane ou convexe. E. MERLIEUX.

CHOCOLAT. C'est, comme on sait, un aliment obtenu des amandes de cacao, rôties et réduites en pâte, avec du sucre et des aromates. Dans la préparation des chocolats, le choix des cacaos n'est pas indifférent. Ceux de Soconusco et de Caracas (dit *caraque*, de Maracaïbo, sont les meilleurs et les plus doux; il convient d'y mêler cependant d'autres sortes, pour en corriger la fadeur, par une certaine âpreté qui n'est pas déplaisante : ainsi, sur quatre parties de cacao caraque, terré, c'est-à-dire adouci par un séjour de quelques semaines sous la terre humide, on ajoute une partie de cacao des Îles Antilles, ou du Maragnon et du Para; cette sorte contient plus de tannin ou de matière âpre et amère. Les cacaos sont légèrement torréfiés dans une poêle de fer. Les Espagnols brûlent bien moins leur cacao que les Italiens. Étant refroidi, ce cacao s'écrase légèrement pour en séparer les enveloppes ou écorces. Celles-ci se rejettent : toutefois, en Suisse, en Allemagne, ces écorces servent à faire dans l'eau bouillante une infusion chaude que les habitants mélangent avec le lait, et boivent en place du vrai chocolat; de même, les arilles ou enveloppes du café, torréfiées, s'emploient d'une manière semblable en Orient pour le *café à la sultane*.

Les mélanges de cacao torréfié sont réduits en une pâte butyreuse ou grasse, de couleur brune, soit entre des pierres, soit au moyen d'un rouleau de fer sur un porphyre échauffé en dessous par de la braise allumée. Il faut que le broiement s'opère très-bien; pour cet effet, on aura eu la précaution de séparer de l'amande en poudre son germe, qui est ligneux, très-dur, qui ne se pulvérise jamais parfaitement, et dont la saveur est âpre. La pâte de cacao, broyée uniformément et chauffée pour la tenir molle, est enfin incorporée avec son poids égal de sucre, puis aussi parfaitement mélangée qu'il est possible de le faire. Il ne peut se dispenser d'admettre dans ce *chocolat de santé*, ou le plus simple, une petite quantité d'écorce de cannelle en poudre très-fine, parce que les cacaos contiennent une matière grasse ou beurre végétal, concret, de près de moitié de leur poids. Ce beurre rendrait le chocolat très-difficile à digérer ou même fatigant à l'estomac si l'on n'y ajoutait aucun aromate, afin d'exciter les forces digestives. De là vient qu'en Amérique, au Mexique, on unit même du piment dit *potevre enragé (capsicum)*, du gingembre et du girofle, etc., au chocolat. Mais en Europe, on fabrique des chocolats avec des quantités plus ou moins considérables de vanille, outre la cannelle. On fait aussi des chocolats avec des cacaos d'où l'on a séparé préalablement une portion de leur beurre; ou bien l'on admet dans la pâte de chocolat, soit du salep de Perse, soit des fécules de tapioca ou d'arrow-root. Les chocolats communs sont mêlés de farine de pomme de terre, ou de fèves et pois, ou de semences d'*arachis*, dites *pistaches de terre*. Enfin on a composé une multitude de chocolats analeptiques, ou *médicinaux*, etc.

Le terme *chocolat*, vient, dit-on, de la langue des Mexicains, des deux mots *choco*, son ou bruit, et *atte*, eau, parce qu'on le bat dans l'eau bouillante pour le faire mousser, selon la méthode de ces peuples. C'était avant la conquête des Espagnols le principal aliment des Mexicains. Ils estimaient tant le cacao, que ses amandes servaient de petite monnaie courante, et que cet usage existait encore il n'y a pas longtemps, au rapport de M. de Humboldt. Le *chocolatl* des Mexicains, outre le piment, contenait le *chile* ou la farine de maïs, avec du miel ou du suc sucré (sève) du maguey (*agave mexicana*); on y adjoignait du rocou, suc astringent tinctorial de couleur aurore, obtenu des semences du *bixa orellana*. Les chefs ou seigneurs, les guerriers, jouissaient alors seuls du droit de se nourrir du *chocolatl*, comme du plus restaurant des aliments, du plus capable, disait-on, de réparer les forces épuisées, ou d'exciter la vigueur. L'addition du parfum de la vanille augmente encore cette qualité, d'après le témoignage des médecins et des voyageurs. Dias de Castillo rapporte que Montezuma, visitant son sérail, prenait chaque fois du chocolat à la vanille, et le maréchal de Belle-Isle dit, dans son *Testament politique*, que le régent d'Orléans, au sortir de sa couche, trop souvent licencieuse, se réconfortait chaque matin par du chocolat, à son petit lever. Les dames de Chiapa, au Mexique, raffolent tellement de ces chocolats parfumés, qu'elles s'en font même apporter pour prendre dans les églises; les religieuses espagnoles créoles ont aussi raffiné l'art de préparer les chocolats fins, parfumés d'ambre, ou les plus excitants.

L'usage du chocolat fut bientôt apporté du Mexique en Espagne après la conquête de Fernand Cortez, et ce genre d'aliment y est devenu très-habituel. D'abord il trompe facilement la faim, à cause de ses parties grasses et d'une digestion lente; ensuite il est adoucissant et tempérant, ce qui convient surtout dans les climats chauds et secs, comme ceux de la péninsule Ibérique; aussi les Espagnols font rôtir leur cacao faiblement; ils aiment lui conserver un goût moins amer, et préfèrent lui donner plus d'aromates. En outre, le chocolat, si utile aux tempéraments secs et nerveux, est un agréable analeptique recommandé contre l'hypochondrie et la mélancolie, affections familières aux Espagnols, principalement à cause de leur vie oisive, solitaire, amie des cloîtres ou de la retraite : jusqu'aux mendiants mêmes, dit-on, ne peuvent s'en passer et s'abordent le matin en se demandant entre eux si leurs seigneuries ont pris leur chocolat. Le chocolat favorise la paresse, augmente le calme du corps et de l'esprit; il plonge dans une douce quiétude de *far-niente*, et à peu de frais. On doit ajouter qu'il dispose à ces voluptés qu'inspirent d'ailleurs une vie langoureuse et des parfums excitants, tels que la cannelle, la vanille, l'ambre gris. Au contraire, le café agite violemment le système nerveux, irrite éveillé le cerveau, fait fermenter les idées; mais son abus passe pour nuisible à la vertu prolifique. Mais le chocolat, en apaisant, en alourdissant le système nerveux intellectuel, redonne toute prépondérance aux affections corporelles.

De l'Espagne la mode du chocolat fut introduite en Italie, surtout par le Florentin Antonio Carletti. Les Italiens demandent au cacao des principes plus exaltés par la torréfaction; ils le brûlent jusqu'à le rendre amer; ils sont plus vifs, moins indolents aussi que la plupart des Espagnols. Une grave question s'est élevée parmi eux pour savoir si le chocolat pris le matin par les religieux rompait le jeûne, en carême principalement. Le cardinal Brancaccio et d'autres savants casuistes luttèrent de frais d'érudition pour démontrer que le chocolat étant évidemment une boisson faite avec l'eau, il ne pouvait pas du tout être considéré comme un aliment, ni rompre le jeûne. On voit en effet dans la correspondance entre la princesse des Ursins, toute-puissante à la cour de Philippe V en Espagne, et Mme de Maintenon, que la conscience des personnes pieuses avait été mise en pleine tranquillité par cette décision, et qu'on pouvait parfaitement jeûner tout le carême en prenant son chocolat (à l'eau, notez ceci) toutes les fois qu'on voudrait dans la journée, comme si on buvait un verre d'eau fraîche; ce qui est un grand soulagement de dévotion.

Le chocolat devint d'un usage assez commun en France dès l'époque d'Anne d'Autriche, mère de Louis XIV; toutefois, il ne paraît jamais avoir excité le même enthousiasme que le café: il n'est pas favorable à la bonne chère, et il n'exalte pas assez; de là vient peut-être aussi l'indifférence des Anglais pour cet aliment. Les peuples septentrionaux, les Allemands, les Hollandais, veulent des chocolats amers, toniques; ils le prennent après le repas, car auparavant il nuirait à leur bon appétit. D'ailleurs, le chocolat convient peu aux individus gras, remplis de lymphe, ou pituiteux, car il augmente ces dispositions; aussi les tempéraments épais, sujets aux empâtements du foie, à ces obstructions qui se décèlent par un teint blême, être gâté à celui du cacao employé. Lorsque le chocolat doit être aromatisé, on y met la vanille, la cannelle, etc., en même temps que le dernier tiers de sucre. Ce dernier broyage se fait ordinairement sur une plaque en grès, en marbre ou en fonte, préalablement chauffée, à l'aide de rouleaux en fer ou en fonte soumis à l'action d'un moteur quelconque.

Quand le mélange est bien opéré, on divise rapidement le chocolat par parties de 125 grammes, que l'on place dans des moules en fer blanc, dont la forme est connue. Ces moules sont ensuite placés sur un châssis en bois que l'on incline alternativement de chaque côté, par de brusques mouvements, pour étaler le chocolat. Par le refroidissement, il prend un peu de retrait, de sorte qu'il se détache ordinairement de lui-même lorsqu'on retourne le moule.

Dans la plupart des fabriques, on broie mécaniquement le chocolat. On voit à Paris des moulins ayant cette destination et qui reçoivent leur mouvement de petites machines à vapeur. Il est même des machines qui ne se bornent pas à broyer le chocolat, mais qui le placent dans le moule et l'en retirent, de sorte qu'un seul ouvrier fait fonctionner tout l'appareil. Il lui suffit de retirer les piles de chocolat fabriqué et de replacer de nouveaux moules vides dans une trémie où ils attendent leur tour.

Pour préserver le chocolat de l'attaque des vers et des altérations que pourrait lui faire subir le contact de l'air, on le couvre, sitôt qu'il est fabriqué, d'une feuille d'étain qui, appliquée immédiatement à sa surface, le défend contre l'action des agents extérieurs.

CHOCZIM ou **CHOTIM**, sur la rive droite du Dniester en Bessarabie, en face de Kaminiec, est l'une des plus importantes forteresses de la Russie, et compte 11,200 habitants. L'industrie de cette population a surtout pour objet les diverses fournitures à faire à l'armée. En 1621, les Polonais, commandés par leur roi Ladislas IV, vainquirent les Turcs à Choczim, et triomphèrent encore d'eux, en 1673,

qui se décèlent par un teint blême, ou par des pâles couleurs, chez les filles ou femmes principalement, se trouvent incommodés de l'usage du chocolat: alors on le digère mal; les sucs imparfaitement élaborés augmentent l'état cachectique, à la longueur, l'inertie des fonctions assimilatrices. Ce genre de nourriture, propre à enrayer les mouvements trop violents de l'économie animale, à calmer la vélocité d'action du cœur, ou la circulation, et te jeu ardent d'un système nerveux agacé, alourdit, accable les complexions molles, visqueuses. S'il restaure le voyageur, l'homme fatigué et échauffé de longs travaux, il augmente trop l'apathie chez les femmes sédentaires, les enfants empâtés, les vieillards languides ou replets. Nul doute qu'un emploi constant de ce genre d'aliment ne finisse par modifier profondément l'organisme. Un peuple qui, comme les anciens Mexicains, vivait de bouillie de maïs et de chocolat, mangeait peu de chair et buvait de l'eau; ce peuple peu belliqueux, ayant de l'or, mais point de fer, soumis au pouvoir absolu de ses caciques, pouvait-il montrer la vigueur, le courage, l'activité des héros castillans, vivant de chair, buvant du vin, et couverts de fer, l'estramaçon au poing, galopant sur de brillants coursiers andalous?

Mais ces mêmes nourritures de maïs et de chocolat, transportées aujourd'hui chez les Espagnols, n'ont-elles aucunement contribué à redoubler la paresse, l'indolence, le flegme d'inertie qui semblent caractériser ces anciens vainqueurs du Nouveau-Monde? On sait bien adoucir et appâter les animaux les plus féroces par des nourritures débilitantes; on soumet dans les prisons pénitentiaires, *panopsidés* des Etats-Unis d'Amérique, ce genre de régime aux meurtriers à un régime humectant et rafraîchissant, tout végétal, pour calmer leurs esprits; on dompte, enfin, les passions par le secours de la diète lactée, des fécules; par l'absence de tout aliment animalisé, comme chez les chartreux, etc. Pourquoi des coutumes de tel ou tel genre de nourriture n'influeraient-elles pas également à la longue sur tout un peuple? Le chocolat est un de ces aliments appropriés aux habitants des pays chauds et secs; il humecte, tempère, amollit encore le Mexicain, l'Espagnol; il concourt à la lenteur, à l'inertie des mouvements du corps et de l'esprit chez ces nations. Il diminue la sensibilité en recouvrant, pour ainsi dire, les nerfs d'une couche oléagineuse de beurre de cacao. Il est l'opposé du café, qui titille fortement les nerfs de l'ardent Arabe, du mobile Bédouin. Le chocolat appesantirait trop l'homme du Nord, le café agiterait trop l'homme du Midi. Chacune de ces substances sollicite son genre d'organes; le café opère au cerveau, le chocolat verse les organes reproducteurs; il répare les pertes causées par l'épuisement, mais il peut diminuer l'intelligence en augmentant la propension aux plaisirs sensuels. Ainsi, tout en transformant en nous les nourritures, elles nous changent, par réciprocité d'action. Le vin en est une preuve manifeste: les poètes l'ont souvent chanté; Delille a consacré de beaux vers au café, et l'on doit à Métastase une *cantate au chocolat*. J.-J. VIREY.

CHOCOLATIER, industriel qui fabrique le chocolat. Dans cette fabrication, on commence par torréfier le cacao, sur un feu très-doux, dans des cylindres en tôle analogues à ceux que l'on emploie pour griller le café. Cette torréfaction a le triple but de développer l'arôme du cacao, de lui enlever une partie de son amertume, et de rendre les coques fragiles. Lorsqu'elle a atteint le degré convenable, on vide le cylindre sur une table, et, le cacao étant à demi-refroidi, on brise les coques en passant légèrement dessus un rouleau de bois, ou à l'aide d'un moulin concasseur. Après l'avoir vanné, afin de séparer les débris des coques, on réduit le cacao en pâte molle en le pilant vivement dans un mortier en fonte que l'on a élevé d'avance, ainsi que son pilon, à une température de soixante à quatre-vingts degrés. On ajoute par tiers, en continuant le broyage, le sucre, dont le poids total doit être égal à celui du cacao employé.

dans une bataille livrée aux mêmes lieux par le roi Jean Sobieski. Quoique les Turcs eussent fait, en 1718, fortifier cette place par des ingénieurs français, les Russes s'en emparèrent en 1739. Restituée à la Porte othomane au rétablissement de la paix, les Russes la reprirent encore une fois en 1769, mais pour la rendre de nouveau aux Turcs, à qui les Autrichiens l'enlevèrent en 1788. Le traité de Bukarest l'a définitivement adjugée en 1812 à la Russie.

CHODERLOS DE LACLOS. *Voyez* LACLOS.

CHODKIEWICZ (JAN-KAROL), célèbre capitaine polonais, né en 1560, d'une des familles les plus considérées de la Lithuanie, fut élevé au collége des jésuites de Wilna. Plus tard, il parcourut l'Italie, l'Espagne, la France, les Pays-Bas et l'Allemagne. Dans la guerre des Pays-Bas, il mérita la faveur des plus célèbres capitaines de son siècle, le duc d'Albe et Maurice de Nassau. A son retour en Pologne, il prit part aux campagnes faites, sous les ordres de Zamojski et de Zolkiefski, en Valachie et contre les Cosaques insurgés, et ne tarda pas à être promu au rang de hetman de Lithuanie. En 1602, Zamojski, affaibli par l'âge, lui remit le commandement suprême de l'armée polonaise en Livonie, et le soin de continuer la guerre contre la Suède. Les victoires qu'il remporta à Dorpat et à Weissenstein lui valurent le titre de grand-hetman de Lithuanie, et en 1605, avec une poignée d'hommes, il mit complétement en déroute le roi de Suède, Charles IX, à Kirchholm; mais le déplorable état d'anarchie habituel à la Pologne l'empêcha de tirer parti de cette victoire. Son armée, qui ne pouvait obtenir le payement de sa solde, depuis longtemps arriérée, refusa de lui obéir davantage, et se dispersa. Réduit à ses ressources personnelles, il continua encore les hostilités pendant quelque temps, mais ne put rien faire de décisif.

Après avoir conclu, en 1611, une suspension d'armes avec la Suède, il fut chargé, par le roi Sigismond III, de continuer contre la Russie une guerre entreprise par la Pologne pour soutenir les prétentions du faux Démétrius. Les troupes polonaises avaient déjà réussi à s'emparer de Moscou; mais Chodkiewicz fut impuissant à établir dans leurs rangs cette exacte discipline qui seule fait la force des armées. Mal soutenu par le faible prince qui régnait alors, il dut évacuer Moscou et errer avec son armée en Russie. Après maints combats, il obtint enfin, par la convention de Dywlin, en 1618, libre passage pour rentrer en Pologne. Il avait à peine eu le temps de se reposer de ses fatigues, que les dangers qui menaçaient sa patrie l'appelèrent encore une fois dans les camps. Zolkiefski ayant été fait prisonnier, en 1620, à Cecona, par les Turcs, il prit le commandement à sa place, et vint établir son camp sous les murs de Choczim; mais il mourut l'année suivante dans cette ville, au milieu des succès qu'il remportait sur l'ennemi. Chodkiewicz se distingua surtout par la sévérité avec laquelle il s'efforça constamment de faire observer les lois de la discipline aux troupes placées sous ses ordres. Il a laissé une relation manuscrite de ses diverses campagnes.

Un de ses descendants, le comte *Alexandre* CHODKIEWICZ, général au service de Russie, fut impliqué dans la fameuse conspiration militaire de 1825. Chef d'une société secrète polonaise, il a fusionna avec la société russe créée par Bestoujef-Rjoumine et par Mouravief Apostol en janvier 1824. La conspiration ayant été découverte, il fut exilé en Sibérie.

CHODOWIECKI (DANIEL-NICOLAS), peintre et graveur, né le 16 octobre 1726, à Dantzig, apprit de son père les premiers éléments de l'art de la miniature, qu'il pratiqua plus tard avec une extrême ardeur, à l'effet de pouvoir subvenir aux besoins de sa mère, restée veuve et sans fortune. En 1743 il se rendit auprès d'un de ses oncles, à Berlin, pour y apprendre le commerce; mais pendant ce temps-là même il consacrait ses heures de loisir à la peinture, peignant surtout des miniatures sur des tabatières. Une petite gravure, *le jeu de dés*, qu'il exécuta en 1756, fixa sur lui l'attention de l'Académie de Berlin, qui le chargea de graver les figures de l'almanach qu'elle publiait alors chaque année.

Pendant la guerre de sept ans, Chodowiecki grava différents sujets qui y avaient rapport, par exemple *Les Prisonniers russes à Berlin*, aujourd'hui l'une des gravures les plus rares de son œuvre. Toutefois un travail qui popularisa son nom, c'est sa passion de Jésus-Christ, peinte, il est vrai, en miniature, mais avec une rare perfection. Dès lors, tous ses instants furent consacrés à dessiner et à graver. Presque toutes les gravures de l'ouvrage de Lavater sur la *physiognomonie* furent gravées d'après ses dessins, et il exécuta lui-même quelques-unes de ces planches avec une rare perfection. Il en fut de même des œuvres de Basedow et de l'Almanach de Gotha. Il ne paraissait pas à cette époque un livre dans la monarchie prussienne pour lequel Chodowiecki ne fît au moins une vignette. On ne sera donc pas surpris d'apprendre que son œuvre se compose de plus de 3,000 planches. Le catalogue de Jacoby (Berlin, 1814) et celui de la collection de Veith, à Schaffouse, que Rodolphe Weigel a publié à Leipzig en 1835, en donnent la liste complète.

Chodowiecki eut peu d'occasions, comme peintre, de déployer son talent dans de vastes compositions. On ne cite guère de lui, en fait de grande toile, qu'un tableau représentant *Les Adieux de Calas à sa Famille*, et qui a été gravé par lui. Le musée de Berlin possède de cet artiste deux charmants tableaux de genre : *Le Coup du Coq* et *Colin-Maillard*. On peut le considérer comme ayant été en Allemagne le créateur d'une nouvelle application de l'art, c'est-à-dire de la représentation des figures modernes avec une vérité de physionomie, une vivacité d'expression et une gaieté douce et morale tout à fait uniques dans leur genre. Il remplissait depuis 1798 les fonctions de directeur de l'Académie des Beaux-Arts de Berlin, après en avoir été longtemps vice-directeur, lorsqu'il mourut, dans cette capitale, le 7 février 1801.

CHŒRILE (en grec Χοιρίλος), poète de *Samos*, était contemporain de Panyasis et d'Hérodote, avec lequel il fut en étroite liaison; il écrivit en vers la victoire des Grecs sur Xerxès. Son poëme plut si fort aux Athéniens, qu'ils donnèrent au poète un statère d'or pour chaque vers, et qu'ils ordonnèrent de plus que cet ouvrage serait chanté publiquement, ainsi que l'on chantait les poëmes d'Homère. Il mourut chez Archélaüs, roi de Macédoine.

Il ne faut pas confondre le Chœrile de *Samos* avec le Chœrile athénien, qui florissait vers la soixante-quatrième olympiade, et à qui quelques-uns attribuent l'invention des masques et des habits de théâtre.

L'histoire parle encore d'un troisième Chœrile, assez mauvais poëte, qui suivit Alexandre en Asie, et qui chanta ses conquêtes; ce prince avait coutume de dire qu'il aimerait mieux être le Thersite d'Homère que l'Achille de Chœrile :

> Cependant au milieu des palmes les plus belles,
> Le vainqueur généreux du Granique et d'Arbelles,
> Cultivant les talents, honorant le savoir,
> Et de Chœrile même excusant la manie,
> Au défaut du génie,
> Récompensait en lui le désir d'en avoir.
> Ch^{er} DE JAUCOURT.

Il ne nous est parvenu que quelques fragments de l'épopée intitulée *Persica*, du premier de ces poëtes, qui vécut environ de l'an 468 à l'an 405 avant J.-C. Nœke en a donné une édition avec commentaires (Leipzig, 1817). Quant au Chœrile d'Iasos en Carie, mentionné par Horace comme faisant partie de la suite d'Alexandre le Grand, il ne paraît pas avoir été trop fécond, puisqu'on dit qu'il ne composa dans toute sa vie que *sept* vers.

CHŒUR (en latin *chorus*, du grec χορός). Dans la poésie dramatique, ce mot, dit Marmontel, indique un ou plusieurs acteurs qui sont supposés spectateurs de la pièce, mais qui témoignent de temps en temps la part qu'ils prennent à l'action, par des discours qui s'y trouvent liés, sans pourtant en faire une partie essentielle. Cette définition est exacte, appliquée à l'art dramatique lorsqu'il eut déjà fait quelque progrès en Grèce, lorsque le génie d'Eschyle eut élevé la scène et introduit des personnages sur le théâtre. Mais antérieurement le chœur formait toute la pièce. Il était divisé en deux parties, qui s'adressaient la parole et se répondaient alternativement : suivant Horace, dans les premiers siècles de la Grèce, *la scène du bouc* ne se composait que d'un chœur, chantant ainsi des dithyrambes en l'honneur de Bacchus. Thespis, dit-on, vint ajouter à ces amusements des vendanges un personnage qui disait un récitatif, et, soulageant le chœur, lui permettait de se reposer et de reprendre haleine. Cette première impulsion donnée, bientôt ce personnage, créé par la nécessité, devint le principal moyen dramatique ; les récits qu'il faisait, et qu'on avait l'avantage de mieux entendre, se nommèrent *épisodes*. Les magistrats d'Athènes, qui frémissaient à la moindre innovation capable d'agir sur le peuple, parurent craindre que l'invention de Thespis ne fût préjudiciable à la république. La mobilité du peuple de l'Attique devait en effet engager les sages à calculer l'action qu'avaient sur lui les fables et les récits mensongers nouvellement imaginés. C'est par ces motifs que Solon opposa à cette innovation toute son autorité et toute la puissance d'un nom révéré. Peut-être l'excessive sévérité du législateur grec eût-elle arrêté l'art dramatique à son début, si la nature dans ce moment n'eût produit Eschyle. Il parut, et dès lors le triomphe de l'art dramatique fut complet. Grâce à ce beau génie, la tragédie, bizarre amusement naguère de chanteurs barbouillés de lie, devint grande et majestueuse. Les chœurs perdirent le premier rang qu'ils occupaient, Eschyle ne les garda que comme un accessoire indispensable dans les théâtres immenses de la Grèce, où un seul acteur sur la scène eût été comme perdu.

D'ailleurs, le chant des chœurs soulevait ou calmait les passions, et prolongeait l'effet du coup frappé par le personnage. Outre la beauté des vers, la mélodie devait charmer un peuple admirablement organisé pour les arts et passionné pour tous les plaisirs. Fidèle sous ce rapport à l'ancien caractère du drame de Thespis, Eschyle déploya souvent toute sa puissance dans les chœurs, qui chez lui ont quelque chose d'intime, de grave, de profond, que nous ne retrouvons dans aucun des autres tragiques de la Grèce. Cette terre sacrée n'a jamais vu un spectacle pareil à celui que présenta le chœur des Euménides, associées à l'action et au but moral du poëme, la punition du parricide. Une partie des spectateurs mêlèrent leurs cris aux imprécations des Furies ; plusieurs femmes accouchèrent dans l'amphithéâtre. Depuis cette funeste journée, une loi ordonna que le chœur, alors composé de cinquante personnes, serait réduit à quinze. Mais c'est qu'aussi jamais l'antiquité n'avait rien vu de plus terrible. Cependant un moderne, un génie sublime et sauvage, le Dante du théâtre, devait peut-être pousser plus loin la terreur et faire d'un chœur quelque chose de plus sombre et de plus effroyable encore. Nous voulons parler de Shakspeare et de son chœur des sorcières dans *Macbeth*.

Revenons à Eschyle. Le chœur, comme nous l'avons dit, de principal qu'il était, devenu secondaire, subit encore quelquefois une nouvelle modification. Le coryphée ou le chef des chœurs parlait, au nom de tous, au principal personnage, et dans les intermèdes dirigeait le ton à ceux qui étaient sous ses ordres. Après Eschyle, qui a fait encore le chœur pindarique du deuxième acte des *Sept Chefs devant Thèbes*, les plus beaux chœurs sont ceux de l'*Œdipe roi* et du *Philoctète* de Sophocle, qu'on accuse pourtant d'avoir dégradé la majesté du théâtre, en admettant dans les chœurs l'harmonie phrygienne. Eschyle en effet ne s'était servi que des nomes capables d'exciter et d'enflammer les esprits, tandis que le doux mode adopté par Sophocle ne pouvait faire naître que des sentiments tendres et modérés. Euripide poussa plus loin la hardiesse : Timothée faisait de nombreuses innovations en musique ; le nouveau tragique les adopta pour son art, et adoucit encore les accents gracieux de Sophocle. Le chœur, tel qu'Eschyle l'avait conçu, tel qu'il s'en était servi, perdit son caractère antique : après les accents de l'ode et de la poésie épique, vinrent ceux de l'élégie. La nouvelle tentative d'Euripide souleva de nombreuses censures ; Aristophane en est rempli. Il dirigea dans ses pièces des attaques violentes contre le jeune audacieux.

Nous ne parlerons pas des chœurs de la tragédie romaine, pâle et faible copie des grands écrivains grecs, que cependant elle reproduit quelquefois avec un certain éclat. Nous devons encore étudier à l'école de l'antiquité le chœur dans la comédie grecque. Quels que soient les premiers essais de ce genre, le chœur, d'après ce qui nous reste de cette partie du théâtre grec, représentait le peuple, et comme dans la tragédie, il soutenait l'intérêt du drame. Tantôt il prenait une forme allégorique, comme dans *Les Oiseaux*, *Les Guêpes*, *Les Nuées* ; tantôt il agissait ouvertement et sous son nom, comme dans *Les Archaniens*, *Les Harangueuses* et *les Chevaliers*. Ce fut un chœur d'Aristophane qui accusa Socrate. Enfin, la vieille comédie effrénée fut soumise à une réforme sévère ; le scandale cessa d'être un moyen de succès. Un homme ne se vit plus traîné sur la scène sous son propre nom, avec un masque qui le représentait fidèlement, avec ses manières et ses habitudes ; et le chœur, qui avait fait tant de mal, soulevé la colère du peuple et insulté parfois les plus honnêtes gens, fut contraint à se taire :

> Turpiter obticuit sublato jure nocendi.

Mais en purgeant le théâtre grec de la satire personnelle, on aurait bien dû le purger aussi des dégoûtantes obscénités qu'Aristophane prodigue quelquefois sans aucune espèce de pudeur. On ne conçoit pas comment le grand comique, qui s'élève à la plus haute poésie dans ses chœurs, a pu prostituer son génie aux plus grossières obscénités, aux plus sales images. Quand Rome eut perdu ses mœurs avec la liberté, on entendit Sénèque le tragique reproduire sur la scène l'athéisme et les impiétés d'Aristophane. On pouvait douter des dieux quand Néron régnait au Capitole. Acceptant la mort comme un refuge contre la tyrannie la plus stupide et la plus féroce, on désespérait même de la vie à venir, et dans la colère où l'on était contre le ciel, qui ne vengeait pas l'humanité, on prenait plaisir à répéter ce vers, emprunté à l'un des chœurs de Sénèque :

> Post mortem nihil est, ipsaque mors nihil.

Les deux principaux inconvénients des chœurs, tels que les anciens les avaient conçus, étaient d'exiger impérieusement que la scène fût toujours un lieu où le public pût pénétrer, et que l'unité de temps y fût strictement observée. Cette seconde difficulté, plus gênante peut-être que la première, limitait beaucoup le choix des sujets, et demandait une adresse et un art qui ne parvenaient pas toujours à cacher ou à éviter de nombreuses et fréquentes invraisemblances. Un autre obstacle à leur introduction chez nous était inhérent à la construction de nos théâtres et aux petites dimensions de notre scène, où les chœurs auraient occupé la place nécessaire aux développements de l'action. Pourtant les premiers poëtes dramatiques français osèrent tenter l'emploi des chœurs : les chœurs de Hardi, comme tous ceux de cette époque où l'on représentait les mystères, étaient chantés. Dieu et les saints paraissaient sur la scène. Le Père Éternel parlait à trois voix, un dessus, une haute-contre et une basse, à l'unisson. Dans *Coriolan*, Hardi supprima le chœur, et ne laissa subsister qu'un coryphée. Enfin, Corneille parut : élève de son propre génie plutôt que de celui des Grecs, il supprima les chœurs. Dès lors on

33.

n'en vit plus sur le Théâtre-Français jusqu'à l'*Athalie* de Racine, pièce unique et hors de pair.

Racine, génie particulier, admirable de souplesse, capable d'envisager et de braver tous les obstacles, parce qu'il se sentait la force de les franchir tous, ne recula point devant l'incompatibilité des chœurs avec notre goût, nos habitudes et notre besoin d'émotions toujours croissantes. Mais il ne prit que la forme grecque, et s'inspira de la muse hebraïque. Toute la tristesse des harpes des filles de Sion, toute la grandeur du Dieu d'Israel, respirent dans ces chœurs admirables. Mais, malgré l'effort du plus beau génie, malgré la seconde tentative qu'il fit dans *Esther*, l'exemple de Racine ne peut servir qu'à prouver combien notre scène admettra difficilement cette partie de l'ancien spectacle. Cependant quelques représentations d'*Athalie* sur le théâtre du Grand-Opéra produisirent, grâce à la pompe du spectacle, à la majesté des scènes et au jeu sublime de Talma, un effet qui prouva que Racine ne s'était pas trompé en composant ce magnifique ouvrage. Après Racine, Voltaire, encore dans sa première jeunesse, voulut débuter en luttant contre Sophocle: pour mieux suivre son modèle, il plaça des chœurs dans l'*Œdipe* français. Lors du procès de Sirven, M. de Mervil, avocat chargé de cette cause, avait refusé les honoraires et demandé, en revanche, que Voltaire voulût bien ajouter des chœurs à son *Œdipe*. Le poëte céda, et fut puni de cette condescendance.

Depuis le philosophe de Ferney les chœurs n'ont été essayés que par Châteaubriand, dont le *Moise* ne pouvait pas plus réussir à la scène qu'à la lecture. Ce grand écrivain n'était pas poëte en vers, et ne possédait pas la moindre étincelle de génie tragique. Récemment un jeune poëte a essayé à l'Odéon une traduction de l'*Antigone* de Sophocle avec les chœurs. Quoique cette œuvre ne soit pas sans mérite, elle n'a obtenu et ne pouvait obtenir qu'un succès de curiosité. L'Italien Manzoni, dans son chef-d'œuvre, *Carmagnola*, a écrit des chœurs d'une force et d'une beauté remarquables. Sa description de la bataille, faite par le chœur, restera comme un monument de poésie et de haute inspiration. Le *Faust* de Gœthe contient des chœurs souvent très-beaux, mais la manière dont le poëte entend et place cet élément de la tragédie ne rappelle aucunement l'antiquité.

Nous ne parlons point ici des *chœurs d'Armide* et de tant d'autres, l'honneur de notre scène lyrique; ils sont l'objet de l'article suivant. A. GENEVAY.

CHŒUR (*Musique*), morceau d'harmonie complète à quatre, cinq, huit, douze parties vocales ou plus, chanté à la fois par toutes les voix et joué par tout l'orchestre. Dans le quatuor, le quintette, le finale, on donne à chaque acteur une partie distincte. Le chœur n'a le plus souvent que quatre parties; mais elles sont exécutées chacune par un grand nombre de voix, et n'eût-il qu'une seule partie, comme dans le début du chœur d'*Orphée*: *Quel est l'audacieux*, cet unisson, attaque simultanément par une troupe de chanteurs, constitue le chœur.

Après avoir entendu les airs de dessus, de ténor et de basse, les accords agréables des duos, des trios, le chœur vient nous offrir ses masses imposantes et déployer avec pompe toutes les richesses de l'harmonie. Soit qu'il exprime par des images contrastées le tumulte d'une sédition où les partis se défient mutuellement, où l'un demande ce que l'autre refuse, et défend ce que son adversaire veut attaquer; soit que, réunis par un même intérêt, les personnages témoignent leurs craintes, leur effroi, leur joie innocente ou féroce, leur reconnaissance, adressent des vœux au ciel, se lient par un serment solennel; soit que dans une fête triomphale un peuple élevé jusqu'aux cieux les chants de la victoire en précédant le char de Tancrède ou de Licinius, le chœur est un des plus beaux ornements de la scène lyrique, et le résultat le plus brillant de l'union de la mélodie à l'harmonie, et des voix à l'orchestre.

Les *choristes* de l'Opéra se rangeaient autrefois sur deux files, et, formant un double espalier le long des coulisses, sans prendre part à l'action scénique, ils se bornaient à crier les *Chantons*, *Célébrons*, *Jurons*, *Détruisons*, *Combattons*, de Rameau et de ses émules. Puisque l'Opéra jouissait de l'avantage de faire parler la multitude, il ne devait pas la tenir dans un repos d'autant plus ridicule que les personnages ne cessaient de dire: *Courons aux armes*, *Ébranlons la terre*, etc., ce qui suppose l'agitation et le mouvement. Le génie de Gluck, portant une salutaire réforme dans notre système musical, vint animer cette troupe immobile, et la fit participer à l'action dramatique.

Le chœur peut être coupé par des solos, des duos exécutés par des coryphées; mais il n'y a jamais de dialogue suivi. Un grand air est souvent accompagné, soutenu par le chœur. Les imitations, les marches figurées, le rhythme inégal, serré, syllabique, portent l'agitation, la force et la variété dans les chœurs passionnés. Les invocations, les hymnes se distinguent par une mélodie suave, une harmonie pleine et quelques traits de contre-point, qui leur donnent le caractère solennel des chants d'église.

Les chœurs sont de diverses natures, selon le style auquel ils appartiennent, c'est-à-dire le style sévère, le style libre ou le style mixte, et leurs subdivisions. Outre cela, ils sont à divers nombres de parties: il y a des chœurs à l'unisson, à deux, à trois, à quatre, à cinq, etc., et à un plus grand nombre de parties, formées des différents mélanges de voix. Lorsque le nombre atteint huit, on divise la composition en plusieurs chœurs, chacun de quatre parties. Parmi les compositions de ce genre, on remarque celle à trois chœurs, dont deux contiennent les dessus et le troisième est en harmonie. Cette sorte de chœurs ne s'emploie qu'à l'église. Ceux qui sont le plus en usage, surtout au théâtre, sont les chœurs à quatre parties. Quelques opéras, tels que *Les Bardes*, *Chimène*, *Ariodant*, *Guillaume Tell*, renferment des chœurs doubles.

Par extension, on a donné le nom de *chœur* à la réunion des musiciens qui doivent chanter les chœurs.

CASTIL-BLAZE.

CHŒUR. En architecture c'est la partie d'une église la plus voisine du grand autel, séparée de la nef par une division, et ordinairement environnée d'un ou deux rangs de sièges ou stalles, où se tiennent les chanoines et les prêtres pour chanter l'office divin. Les stalles supérieures leur sont affectées; les inférieures, le bas-chœur, sont aux clercs et aux chantres. Le chœur est ordinairement devant le grand autel du côté du peuple. Cependant il est quelquefois placé derrière, comme dans les églises d'Espagne et d'Italie, et il y en a même à deux chœurs, l'un devant, l'autre derrière le maître-autel. Ce mot vient, selon Isidore, *à coronis circumstantium*, parce qu'autrefois on se plaçait en rond autour de l'autel pour chanter. C'est encore aujourd'hui la manière dont les autels sont construits chez les Grecs. Le chœur est séparé du sanctuaire où l'on offre le sacrifice et de la nef où se tient le peuple qui y assiste. Cette séparation ne date que du temps de Constantin. Elle consiste d'ordinaire en une balustrade. Parfois elle a lieu, en outre, au moyen de voiles qu'on n'ouvre qu'après la consécration. Dans le douzième siècle, on commença à clore le chœur de murailles. Mais depuis on est revenu avec raison aux balustrades. Dans les monastères de filles, le chœur est une grande pièce, entourée de stalles annexée au corps de l'église, dont elle est séparée par une grille, derrière laquelle les religieuses chantent l'office.

« Lorsque les églises se furent agrandies, surtout en longueur, dit Quatremère de Quincy, comme il est arrivé à toutes celles qui furent disposées en croix, la place de l'autel se trouva tantôt au point le plus voisin de la réunion des quatre branches de la croix, et le *chœur* fut placé en arrière de l'autel; tantôt l'autel fut situé à l'extrémité de la branche supérieure de la croix, et le *chœur* précéda le sanctuaire. C'est suivant l'une ou l'autre de ces deux dispositions que nous voyons aujourd'hui établie la situation de ce qu'on appelle le *chœur* d'une église. » Quant à ce qui concerne la décoration de cette partie de nos temples, il n'y a rien, ajoute le même auteur, à prescrire, ni pour les formes ni pour le goût de l'architecture. Ce qu'on peut en ce genre imaginer de mieux, surtout dans l'ordonnance régulière d'un édifice religieux, ne doit consister qu'en ornements mobiles, tels que statues, candélabres, objets qui ne rompent point l'uniformité et la symétrie. On doit surtout s'abstenir de ce qui tendrait à en faire un édifice dans un autre édifice : telles sont ces clôtures qui isolent entièrement le *chœur* des bas-côtés et interceptent la vue du sanctuaire et des cérémonies, comme aussi ces grillages dont l'emploi banal, appliqué à tant d'autres usages, ne peut produire dans l'esprit et aux yeux qu'un désaccord inconvenant pour la dignité du lieu.

Par extension, ou par analogie, on a donné, dans les paroisses, le nom de *chœur* à un certain nombre de prêtres, ordinairement de douze, qui disent l'office au chœur. C'est aussi ce qu'on entend quand on dit, par exemple, qu'on n'a mandé que le *chœur* à un enterrement. Dans les chapitres, on donne encore le nom de *chœur* aux chanoines et autres dignitaires de l'Église, parmi lesquels ne sont point compris les chapelains, quoiqu'ils soient prêtres, et que ce soient eux qui soutiennent le chant du *chœur*. Dans les couvents de l'un et de l'autre sexe, le *chœur* est composé des profès, qui chantent au *chœur*, à la différence des frères convers ou frères-lais et sœurs converses ou sœurs-laies, qui ne chantent que dans la nef et qui font le service de la maison. Les religieuses proprement dites se distinguent de ces dernières par la désignation de *dames du chœur*.

Les *enfants de chœur* sont de jeunes enfants vêtus d'un costume ecclésiastique, employés à porter les chandeliers, la matière du sacrifice, l'encens, tout ce qui est nécessaire au service divin et à entonner dans le *chœur* de musique les dessus ou les versets qu'il faut chanter sur un ton élevé et aigu. Le maître de musique de la chapelle est aussi le maître des enfants de chœur.

Enfin, en termes de théologie, *chœurs* se dit de la division des esprits célestes, qui se fait en hiérarchies. Il y a les neuf *chœurs d'anges* qui chantent les louanges de Dieu.

CHOIN (Marie-Émilie Joly de), d'une famille noble, titulaire d'une baronnie de ce nom, dans la Bresse, naquit à Bourg, et fut placée, sous le règne de Louis XIV, auprès de la princesse de Conti. Sa figure n'était pas régulière; mais elle avait de beaux yeux, de l'esprit, de la douceur et des manières pleines de dignité : le dauphin en devint éperdument amoureux, et, ne pouvant en faire sa maîtresse, il l'épousa, dit-on, secrètement, comme son père avait épousé M⁽ᵐᵉ⁾ de Maintenon. Voltaire s'élève fortement contre cette assertion. Quoi qu'il en soit, M⁽ˡˡᵉ⁾ Choin ne se prévalut jamais de son influence sur ce prince ni pour elle, ni pour sa famille, ce qui était alors et ce qui serait encore un prodige.

« C'était, dit Saint-Simon, une grosse camarde brune, qui avait toute la physionomie d'esprit, avec l'air commun, et qui longtemps avant cet événement était devenue excessivement grasse et encore vieille et rebutante. » Duclos, qui n'avait pas les préjugés du grand seigneur contre tout ce qui n'appartenait pas à la plus ancienne noblesse, l'a peinte avec plus d'impartialité : « Elle n'était pas jolie, dit-il, mais, avec beaucoup d'esprit et le plus excellent caractère, ce qui la fit aimer et estimer de tous ceux qui la voyait : j'en ai connu quelques-uns. Elle n'eut jamais ni maison montée ni équipage, s'était contentée d'un simple logement chez Lacroix, receveur général des finances, près le Petit-Saint-Antoine. Son commerce avec le dauphin fut longtemps caché, sans être moins connu. Ce prince partageait ses séjours entre la cour du roi son père et le château de Meudon. Lorsqu'il y devait venir, M⁽ˡˡᵉ⁾ Choin s'y rendait de Paris dans un carrosse de louage, et en revenait de même lorsque le prince retournait à Versailles. » Le duc de Saint-Simon s'étonnait « du peu que le grand dauphin lui donnait; cela ne passait pas 400 louis par quartier, faisant en tout 1,600 louis par an. Il les lui remettait lui-même en main à la main, sans y ajouter ni se méprendre d'une pistole, et tout au plus une boîte ou deux par an : encore y regardait-il de fort près. »

Louis XIV avait épousé sa vieille maîtresse; M⁽ˡˡᵉ⁾ Choin, d'aussi bonne maison que la veuve Scarron, n'avait-elle pas pu être épousée par le dauphin ? Ce mariage parut aussi certain que l'autre. « Le roi, ajoute Duclos, avait d'abord témoigné du mécontentement; mais il finit par offrir à son fils de voir ouvertement M⁽ˡˡᵉ⁾ Choin, et même de lui donner un appartement à Versailles. Elle refusa cet honneur, et préféra rester dans sa tranquille obscurité. Cependant elle était à moitié dauphine à Meudon, comme M⁽ᵐᵉ⁾ de Maintenon à moitié reine à Versailles. Elle gardait son fauteuil devant le duc et la duchesse de Bourgogne et devant le duc de Berri, qui venaient souvent la voir, les nommant familièrement le *duc*, la *duchesse*. La duchesse de Bourgogne faisait à M⁽ˡˡᵉ⁾ Choin les mêmes petites caresses qu'à M⁽ᵐᵉ⁾ de Maintenon. La favorite avait donc tout l'air et le ton d'une belle-mère; et comme elle n'avait pas le caractère insolent avec personne, il était naturel d'en conclure la réalité d'un mariage secret. »

Le dauphin, à la veille d'un départ pour l'armée de Flandre, lui ayant donné à lire un testament par lequel il lui assurait une fortune considérable, elle le déchira. « Tant que je vous conserverai, lui dit-elle, je ne manquerai de rien, et si j'avais le malheur de vous perdre, mille écus de rente me suffiraient. » Elle tint parole ; car après la mort du dauphin elle reprit son petit appartement du quartier Saint-Antoine, où elle mourut, en 1744. Elle s'était fait une société d'amis qui lui étaient restés. Tous les courtisans s'éloignèrent depuis son veuvage ; elle ne fut indignée et surprise que de la brusque disparition d'un seul d'entre eux, qui tant qu'avait vécu le dauphin lui avait fait la cour la plus assidue. Ce type des courtisans était le maréchal d'Uxelles, qui, de son hôtel de la porte Gaillon, apportait ou envoyait chaque matin au quartier Saint-Antoine des têtes de lapin rôties pour une petite chienne que M⁽ˡˡᵉ⁾ de Choin affectionnait beaucoup. Le dauphin mort, elle n'entendit plus parler ni du maréchal ni de ses têtes de lapin; elle se plaignit de l'ingratitude de son pourvoyeur, « qu'elle avait fort avancé dans l'estime et la confiance de *monseigneur* ». Le maréchal le sut, et répondit froidement « qu'il ne savait ce qu'elle voulait dire, et que pour monseigneur, à peine en était-il connu ». On s'accorde à dire que M⁽ˡˡᵉ⁾ Choin exerça une heureuse influence sur le dauphin, prince faible et médiocre, à qui elle ne donna jamais que de bons conseils.

Dufey (de l'Yonne).

CHOISEUL était une ancienne baronnie du Bassigny, aujourd'hui département de la Haute-Marne, à 22 kilomètres de Chaumont. Le premier membre connu de cette famille, une des plus illustres de l'ancienne Champagne, est *Raynier*, seigneur de Choiseul, premier vassal du comte de Langres vers 1060. *Roger*, son fils, alla à la croisade en 1095. *Raynier III*, comte de Langres et sire de Choiseul, épousa, en 1182, Alix de Dreux, petite-fille de Louis le Gros. D'un de ses descendants, *Jean II*, seigneur de Choiseul et d'Aigremont, était en 1304 connétable de Robert II, duc de Bourgogne.

Dès le quinzième siècle, cette famille se divisait en plusieurs branches : les barons *de Clémont* ; les barons et marquis *de Langres*, chambellans et conseillers de Charles VIII et de Louis XII, gouverneurs d'Arras, de Florence, de Bretagne ; les seigneurs *d'Aigremont* ; enfin les barons *de Meuse* et *de Beaupré*, dont un, *Chrétien*, mourut en 1593, en défendant le château de Monteclair pour Henri IV contre la ligne, et un autre *François-Joseph*, comte de Choiseul, assista au bombardement d'Alger, devint capitaine de vaisseau, et fut tué sur son bord en revenant en France.

Cette famille a produit plusieurs maréchaux, savoir : *Charles* de Choiseul *du Plessis-Praslin* (1563-1626), qui servit sous Henri IV et Louis XIII ; *César*, duc de Choiseul, (1598-1675), qui défit T u r e n n e à Réthel, en 1650, alors que celui-ci commandait l'armée espagnole ; *Claude*, comte de Choiseul-Francières (1632-1711), qui se distingua au combat de S e n e f, contre les Hollandais, et fut fait maréchal en 1693 ; un ministre célèbre, C h o i s e u l-S t a i n v i l l e, et un ambassadeur ami des arts, C h o i s e u l-G o u f f i e r. Les trois branches principales, Choiseul-Stainville, Choiseul-Praslin et Choiseul-Gouffier étaient représentées à la chambre des pairs sous la Restauration.

Charles du Choiseul, duc de Praslin, né en 1778, fit partie de la classe, assez nombreuse, de nobles de l'ancienne monarchie qui sanctionnèrent *l'usurpation* en se groupant autour de l'empereur. En 1811 il fut nommé chambellan de Napoléon, ce qui ne l'empêcha pas en 1814 d'être appelé par Louis XVIII à la chambre des pairs ; mais ayant accepté un siége dans celle des Cent-Jours, il fut considéré comme démissionnaire à la seconde restauration, et resta écarté de la chambre jusqu'en 1819. Il est mort en 1841, laissant un fils qui s'est rendu tristement célèbre (*voyez* Praslin [Affaire]).

CHOISEUL-GOUFFIER (Marie-Gabriel-Florens Auguste, comte de), naquit à Paris, le 27 septembre 1752. Son amour pour les sciences et les arts lui fit abandonner la carrière militaire, où il avait déjà atteint le grade de colonel, pour entreprendre, à l'âge de vingt-quatre ans, un voyage en Grèce. Il revint en France après un séjour de trois ans, et publia en un volume in-8° les résultats de ses découvertes dans ces contrées, si riches en souvenirs et en monuments historiques. Il remplaça à l'Académie des Inscriptions Foncemagne, et se présenta en 1784 à l'Académie Française, quoique les membres de l'Académie des Inscriptions fussent convenus de ne point cumuler ce double honneur. Anquetil-Duperron eut la singulière idée de déférer la question au tribunal des maréchaux de France, qui se déclara incompétent, et Choiseul fut admis à l'Académie Française, en remplacement de D'Alembert. Il fut reçu le même jour que Bailly.

Nommé ambassadeur de France près la Porte-Othomane, il emmena avec lui quelques artistes et gens de lettres ; Delille était du nombre. Un ministre étranger, jaloux de l'ascendant de Choiseul-Gouffier sur le divan, lui remettra à ce conseil un exemplaire du *Voyage pittoresque en Grèce*. Or l'auteur, dans l'introduction, exhortait les Grecs à s'insurger contre la Sublime-Porte et à conquérir leur indépendance. Choiseul-Gouffier, informé de cette intrigue, fit imprimer un carton par une typographie qu'il avait dans son hôtel, et envoya un exemplaire ainsi modifié au divan en l'assurant que le passage qu'on lui avait dénoncé avait été ajouté dans une édition contrefaite et qu'il désavouait. Il adressa à l'Assemblée nationale le don patriotique des Français qui se trouvaient à Constantinople, s'élevant à 12,000 fr., et y ajouta une somme égale de la part d'un citoyen qui voulait garder l'anonyme. Ce citoyen, c'était lui. Rappelé en 1791 pour aller occuper le même poste à Londres, il persista à rester à Constantinople ; seulement il ne correspondit plus qu'avec les princes, frères de Louis XVI, qui se trouvaient alors en Allemagne. Mais après l'arrivée de Sémonville, son successeur, il fut obligé de partir pour Saint-Pétersbourg, où il reçut l'accueil le plus flatteur de la tsarine C a t h e r i n e II. Le successeur de cette princesse, Paul Ier, lui continua la pension qu'elle lui faisait, le nomma son conseiller intime, avec la direction de l'Académie des Arts et de la Bibliothèque impériale.

Quoiqu'il eût été décrété d'accusation par l'Assemblée nationale, après la saisie de sa correspondance avec les princes français, dont les papiers étaient tombés au pouvoir des armées républicaines, il obtint, en 1802, son retour en France, reprit le cours de ses travaux sur la Grèce, et publia en 1809 le deuxième volume de son *Voyage pittoresque*. Le troisième et dernier n'a vu le jour qu'après sa mort, en 1824. Il fit exécuter, sur les modèles qu'il avait apportés, les belles cariatides du temple de Minerve à Athènes, et les plaça dans l'édifice monumental qu'il fit construire à l'extrémité des Champs-Élysées, édifice connu depuis sous le nom de *Jardin Marbœuf*. En sa qualité d'ancien membre de l'Académie des Inscriptions, il prit place dans la deuxième classe de l'Institut. En 1814 il fut nommé par Louis XVIII pair de France, membre du conseil privé, et rentra à l'Académie Française lors de sa réorganisation. Le 25 août 1816 il lut dans la séance publique de l'Institut une dissertation sur Homère. Les levés et plans qu'il avait fait faire en Grèce furent communiqués à l'auteur des *Voyages du jeune Anacharsis*, et devinrent très-utiles à Barbié du Bocage pour son nouvel atlas de la Grèce. Sa carte de la Troade a servi de base à celles de Lechevalier et des Anglais. Son *Mémoire sur l'Hippodrome d'Olympie* a été publié dans le recueil de l'Académie des Inscriptions, ainsi que ses *Recherches sur l'Origine du Bosphore de Thrace*. Choiseul-Gouffier mourut à Paris, le 22 juin 1817.

Sa précieuse collection d'antiquités est devenue un des plus beaux ornements du Musée du Louvre. Il a eu pour successeur à l'Académie des Inscriptions et Belles-Lettres son parent le comte *André-Urbain-Maxime* de Choiseul-d'Aillecourt, connu par de savants travaux, et notamment par un livre remarquable, intitulé : *De l'influence des croisades sur l'état des peuples de l'Europe* (Paris, 1809). Un autre membre de cette famille, la comtesse *Félicité* de Choiseul-Meuse, s'était fait en son temps une certaine renommée par un grand nombre de romans, fort en vogue sous l'Empire et la Restauration, mais qui sont depuis longtemps complètement oubliés.　　　　　　　　　　　　Dufey (de l'Yonne).

CHOISEUL-STAINVILLE (Étienne-François, duc de), ministre des affaires étrangères, de la guerre, de la marine ; colonel général des Suisses, etc., naquit en 1719, fut disgracié et exilé en 1770, et mourut à Paris le 8 mai 1785. Ce n'était rien moins qu'un génie extraordinaire, un grand homme d'État ; et cependant depuis Richelieu aucun ministre ne s'éleva à un aussi haut degré de fortune et de puissance. Il était entré d'abord au service sous le nom de comte de Stainville. Son avancement avait été rapide ; il était lieutenant général en 1756 ; mais la profession des armes lui souriait peu : il l'abandonna, et son esprit, sa gaieté, son ton léger et présomptueux , lui valurent une sorte de célébrité à la cour et dans les salons de la haute société. Persifleur spirituel et hardi, il se rendit redoutable aux hommes puissants et à ceux qui aspiraient à le devenir. On a prétendu qu'il fournit à Gresset le modèle de son *Méchant*. Son extérieur n'avait rien d'agréable : il était laid, mais sans difformité, et fut même homme à bonnes fortunes. Sa taille était médiocre, son regard brillant et expressif ; il avait beaucoup de dignité et d'élégance dans les manières, et un laisser-aller qui faisait oublier ses défauts. Sa manie de fronder toutes les réputations lui donnait une sorte d'originalité qui le plaçait hors ligne, et appelait sur lui l'attention. On ne pouvait lui contester d'ailleurs l'art de ramener à lui ceux que des bons-mots en éloignaient.

Il n'avait pas épargné la favorite, Mme de Pompadour elle-même ; mais il sentit bientôt qu'il avait été trop loin, et qu'en s'attaquant à si forte partie, il compromettait son avenir. Il chercha avec une occasion pour réparer cette faute ; le hasard la lui offrit, et il en profita. Une de ses parentes, la jeune et belle comtesse de Choiseul, n'aspirait à rien moins qu'à supplanter la favorite. Ses agaceries, adroitement ménagées, avaient fait sur le roi une vive impression ; une correspondance galante s'établit; le monarque envoya une déclaration en forme. La jeune comtesse, qui ne voulait pas être l'objet d'un caprice ni perdre ses avantages par une réponse maladroite, s'avisa de consulter son parent, qui n'était encore que comte de Stainville. Elle lui communiqua la royale missive. Celui-ci joua la surprise et le dévouement; il insista sur la nécessité de méditer mûrement cette réponse, se chargea d'en faire le brouillon, et demanda jusqu'au lendemain. L'original lui est confié; il ne perd pas un instant, court à *Babiole*, chez la marquise: « Madame, lui dit-il, vous me faites l'injustice de me compter au nombre de vos ennemis et de penser que je suis pour quelque chose dans les projets de certaines gens qui cherchent à vous faire perdre les bonnes grâces du roi; tenez, lisez et jugez-moi ». La marquise, étonnée, attendrie, se reproche une injuste prévention; le comte n'est plus pour elle que l'ami le plus généreux, le plus dévoué. Elle ne sera pas ingrate : la malheureuse comtesse est exilée, le faible Louis XV tombe aux pieds de la marquise, et Choiseul est envoyé ambassadeur à Rome.

Là il étudie la politique, et s'occupe de l'affaire de la bulle *Unigenitus*. Sûr de l'appui de la favorite, il ne craint pas de mettre l'ascendant qu'il obtient sur Benoît XIV aux plus hasardeuses épreuves. Il ne sollicite pas, il exige. C'est peu pour lui de dominer dans l'intérieur du Vatican, c'est peu que le saint-père lui dise dans l'intimité du tête-à-tête, *fa il papa*, il veut que son influence éclate au grand jour. Au théâtre, la loge du gouverneur de Rome, Aquinto, est plus avantageusement placée que la sienne, il s'en empare; ses exigences éprouvent-elles quelque opposition, il menace de partir. Le pape et ses ministres n'hésitent plus à acquiescer à tout ce que demande l'ambassadeur de France; il ne quitte Rome que pour aller remplacer à Vienne le cardinal de Bernis. Marie-Thérèse régnait alors. Toutes les préférences, tous les honneurs, sont pour lui. L'impératrice-reine oublie sa fierté. Le comte Choiseul-Stainville est né Lorrain : il se dit l'allié de sa majesté, et personne n'ose le démentir. La princesse lui témoigne la plus entière confiance; mais c'est calcul : elle a besoin de la France; elle a déjà écrit à la Pompadour en l'appelant *sa cousine*, et elle sait que Choiseul est la créature de la favorite. C'est ainsi qu'elle parvient à obtenir le honteux traité de 1756, qui indigne tout ce qui porte un cœur français. C'était l'œuvre du cardinal de Bernis, qui ne s'en dissimulait pas la portée; mais la Pompadour l'avait exigé, et Bernis devait tout à la favorite. Il y perdit toute sa faveur, fut révoqué, exilé, et le comte de Choiseul, qui l'avait remplacé à l'ambassade de Vienne, le remplaça au ministère. Une correspondance intime s'établit entre l'impératrice-reine et lui; il choisissait les maîtres et les professeurs qu'elle lui demandait pour la jeune archiduchesse, qu'elle voulait faire élever *à la française*.

Entré au ministère des affaires étrangères en 1758, il réunit bientôt dans ses mains les portefeuilles de la guerre et de la marine et la correspondance de l'Espagne et du Portugal. Il formait à lui seul tout le gouvernement. La cour était divisée en deux partis : celui de Louis XV, ou plutôt de la favorite, et celui du dauphin, assemblage des jésuites, du haut clergé, du vieux maréchal de Richelieu et du jeune d'Aiguillon, son parent, neveu de Maurepas, premier ministre disgracié. L'opposition formidable du parlement compliquait la situation. La philosophie avait fait d'immenses progrès. Le comte de Choiseul et la favorite se prononcèrent pour la réforme. Les *encyclopédistes* trouvèrent en eux un puissant appui. Il avait, dès son entrée au pouvoir, été élevé au rang de duc et pair. Bientôt son parent, le comte de Choiseul-Praslin, obtint le même honneur et le portefeuille du ministère des affaires étrangères, mais il n'en fut que titulaire. Le duc de Choiseul était resté ministre de fait de ce département. Il tenait un état de prince, et aux trois ministères qu'il dirigeait il avait réuni le titre et le traitement de colonel général des Suisses, de gouverneur de Touraine, de grand-bailli de Haguenau; ces divers emplois formaient un revenu de 700,000 livres; il avait fait de plus un très-riche mariage. Mais, quoiqu'il eût un revenu d'un million, il fut obligé de recourir au roi pour payer ses dettes, et il en reçut un bon de deux millions. Toutefois, s'il gouvernait la France, il se laissait aussi gouverner par sa sœur, la duchesse de Grammont, dont les incartades et les folies compromirent souvent son crédit et même sa réputation.

Le traité de 1758 avait été pour la France aussi fatal qu'humiliant. Elle s'indignait des longueurs et des dépenses d'une guerre entreprise dans d'autres intérêts que les siens. La paix était le cri général; mais il paraissait impossible de l'obtenir à des conditions honorables. Le duc de Choiseul, étant parvenu à ouvrir des négociations, ne s'en rapporta qu'à lui seul du succès d'une affaire aussi difficile, et il réussit. Le duc de Bedfort, envoyé par la cour de Londres, passait pour l'un des plus habiles diplomates de l'époque. Après diverses conférences avec le ministre et ceux des puissances intéressées à la paix, il ne restait qu'un seul point en litige : les Anglais exigeaient, comme condition *sine qua non*, le droit de tenir garnison à Saint-Pierre-Miquelon. La France n'y pouvait consentir sans renoncer à la pêche de la morue, dont la Grande-Bretagne aurait eu alors le monopole. Bedfort affirmait que sur ce point il lui était ordonné de ne faire aucune concession. « En ce cas, répondit Choiseul, *la guerre*! Et vous pouvez partir quand il vous plaira. » Les deux plénipotentiaires étaient prompts à s'émouvoir; la conférence dégénérait en dispute, quand Bedfort, avec un flegme imperturbable, dit : « M. de Choiseul, il faut que je vous conte une histoire qui m'est arrivée. J'ai été, ces jours passés, au pavillon Bouret (riche financier)... » Cette brusque transition avait tout l'air d'un persiflage; Choiseul se lève... « Écoutez-moi jusqu'au bout, » continue Bedfort, et il raconte la promenade que lui a fait faire Bouret dans ses magnifiques jardins, répondant à chacune des exclamations du diplomate, qui s'étonnait de tant de richesses : *C'est pour le roi*. « Eh! s'écrie Choiseul, en l'interrompant, que font à la paix de l'Europe, que me font à moi les dépenses de Bouret? » Le duc de Bedfort reprend tranquillement sa narration avec le refrain de Bouret: *C'est pour le roi*. « Je dis de même, ajoute-t-il; il n'y aura point de garnison à Saint-Pierre-Miquelon : il m'en coûtera peut-être la tête; mais *c'est pour le roi*. » Choiseul, étonné, saute au cou de Bedfort, et la paix est conclue. L'Anglais avait outre-passé ses pouvoirs; il aurait payé en effet de sa tête cette infraction à ses instructions, si, de retour dans sa patrie, il n'avait été appuyé par un parti puissant. Après une guerre longue et dispendieuse, la paix était un immense bienfait. Choiseul en eut tout l'honneur.

Cette époque de son ministère fut signalée par un événement encore plus étonnant, l'expulsion des jésuites. On ne peut lui contester une rare habileté dans cette affaire. Il laissa agir les parlements, qui furent unanimes dans leurs décisions. La doctrine des jésuites, les éléments de leur constitution, leur conduite comme ordre religieux et politique, furent l'objet de longues procédures et de persévérantes investigations. L'Europe catholique (l'Italie exceptée) jugea leur condamnation juste et nécessaire. Déjà d'autres États avaient prononcé leur expulsion. En France ils trouvèrent de puissants défenseurs dans les États provinciaux, à la cour, dans la famille royale. On ne leur interdit que la faculté de vivre en communauté et de porter le costume de l'ordre. Les habiles se soumirent, et leur influence resta la même. L'héritier présomptif de la couronne demeura sous leur direction, et le duc devint auprès du roi l'objet des plus redoutables et des plus astucieuses attaques. Le monarque reçut même par l'entremise du dauphin un mémoire où on le déclarait sans volonté, sans caractère, sans courage.

Choiseul en est instruit, et aussitôt il prend le seul parti honorable. Il apporte à Louis XV sa démission, demandant que le conseiller d'Amecourt, auquel on attribue ce *factum*, soit traduit devant le parlement, les chambres assemblées : « Là on jugera qui est coupable et qui mérite d'être puni, » dit-il au roi. Le roi, embarrassé, engage le duc à ne faire aucune démarche auprès du parlement, et le presse de retirer sa démission, qu'il n'accepte pas.

Mais depuis lors Louis XV était froid avec lui; Mme de Pompadour paraissait embarrassée de sa présence. Choiseul exigea que sa justification fût entière et que d'Amecourt s'expliquât en sa présence, M. de la Vrilière en tiers pour écrire ses réponses. D'Amecourt désavoua le mémoire, et l'on découvrit bientôt après que le dauphin l'avait reçu de La Vauguyon. Il ne restait plus à Choiseul qu'à s'expliquer avec le dauphin; l'explication fut vive : « Peut-être, monseigneur, lui dit-il, serai-je assez malheureux pour être un jour votre sujet, mais certainement je ne serai jamais votre serviteur. » Le duc de La Vauguyon n'avait été qu'entremetteur dans cette scandaleuse affaire; le mémoire était l'ouvrage de deux jésuites, le préfet de Saint-Maigrin, et le père Pérès, que La Vauguyon logeait dans son hôtel. Le roi voyait avec peine l'héritier de son trône intimement lié avec les jésuites. Il voulut tenter un dernier effort pour l'éclairer sur l'inconvenance et les dangers de ses liaisons. Le dauphin ne répondit qu'en déclarant que rien ne pourrait le séparer des révérends pères, et que s'ils lui ordonnaient un jour de renoncer au trône, il n'hésiterait pas à en descendre. « Et s'ils vous ordonnaient aujourd'hui d'y monter ? » dit Louis XV. Le dauphin garda le silence. Cet entretien avait fait sur le roi une impression profonde et douloureuse. Le dauphin tomba malade *longtemps après*. Il mourut, et la cabale de La Vauguyon ne manqua pas d'exploiter ce triste événement. On fit circuler avec profusion à Paris et à Versailles, des pamphlets, des satires, des lettres anonymes, où Choiseul et sa sœur étaient signalés comme les auteurs de la mort du prince; mais l'opinion repoussa d'une voix unanime cette accusation invraisemblable. Le monarque n'en sut rien, ou n'y ajouta aucune foi. On s'attendait à la disgrâce du duc après la mort de Mme de Pompadour, mais il conserva encore pendant quatre ans toute la confiance du roi, et il eût gardé tous ses emplois s'il eût voulu accepter l'appui de la nouvelle favorite.

Choiseul, déjà chargé des ministères des affaires étrangères et de la guerre, fut nommé à celui de la marine en 1761; Berrier, auquel il succédait, l'avait laissé dans un état déplorable. Les arsenaux étaient vides et le peu de vaisseaux qui existaient en mauvais état. La plus grande mésintelligence régnait entre les officiers. Choiseul en rendit compte au roi. Mais ce temps de guerre était peu propre au rétablissement de la discipline. Le ministre ne se décourages point : il fit un appel au patriotisme des Français; il écrivit aux présidents des états provinciaux; les états de Languedoc votèrent un vaisseau; ceux de Bretagne, de Bourgogne, toutes les provinces suivirent cet exemple. Marseille, Bordeaux et les corps de métiers de Paris ouvrirent des souscriptions; quatre vaisseaux de haut bord furent construits, et l'excédant s'éleva à plus de treize millions. De simples citoyens, des commerçants, avaient donné des sommes considérables. On a accusé Choiseul d'avoir préparé la révolution de Suède. Il est vrai que la France soutint les efforts des partisans de l'autorité royale. Il ne s'agissait pas alors de substituer un despotisme absolu à l'autorité du sénat et de l'assemblée des états de ce royaume, mais de prévenir de nouvelles collisions entre les diverses branches du pouvoir. La révolution qui fonda l'absolutisme du roi n'éclata qu'en 1772, et depuis deux ans Choiseul n'était plus à la tête des affaires de France. Il n'a pas dépendu de lui qu'une invention reproduite depuis, et qui alors passa inaperçue, n'eût dès lors ouvert une voie nouvelle, rapide, immense, aux relations commerciales des peuples des deux mondes : Gribeauval, officier d'artillerie, avait proposé un chariot à vapeur. La première expérience, faite en 1760, ne donna point, quant à l'accélération de la marche, un résultat satisfaisant. L'inventeur, encouragé par le ministre, se livra à de nouveaux travaux, et l'année suivante la même machine, perfectionnée, transporta en une heure l'espace de plus de cinq kilomètres une masse de cinq milliers, servant de socle à un canon de 48. Choiseul s'occupait de donner à cette invention les plus grands développements, quand la cabale des ducs d'Aiguillon et de Richelieu, dévoués à la nouvelle favorite (la Dubarry), bouleversa le ministère et la France. Il eût pu se maintenir au pouvoir : Mme Dubarry lui avait fait dire par ses affidés que *s'il voulait venir à elle, elle ferait la moitié du chemin*. Le duc resta dans les limites d'une opposition polie. Les épigrammes qu'il se permettait contre la favorite portaient encore le cachet d'une galanterie spirituelle et railleuse. Ainsi un jour on agitait en présence de Mme Dubarry la question de la suppression des moines; elle était pour l'affirmative. Choiseul soutenait l'opinion contraire. La discussion n'était rien moins que sérieuse. « Vous conviendrez au moins, madame, dit Choiseul, en faisant allusion à l'origine un peu équivoque de la favorite, qu'ils (les moines) savent faire de beaux enfants. » L'épigramme passa comme un madrigal.

Il négociait alors le mariage du dauphin (Louis XVI) avec l'archiduchesse Marie-Antoinette; la cabale d'Aiguillon vit sa ruine irréparable dans le succès de cette négociation. La nouvelle dauphine, liée par la reconnaissance et les instructions de sa mère, devait protéger Choiseul de toute son influence. Louis XV était au terme de sa carrière. Les ennemis du ministre redoublèrent d'astuce et d'efforts pour le faire congédier avant le mariage projeté, car il eût été plus puissant encore sous Louis XVI. La guerre était imminente entre l'Angleterre et l'Espagne, et aux termes du *pacte de famille*, dont Choiseul était l'auteur, la France devait assister l'Espagne comme auxiliaire; le roi redoutait la guerre, il voulait conserver la paix à tout prix : l'épuisement du trésor était désespérant. Le ministre, dans ces circonstances difficiles, négociait un arrangement avec le cabinet de Madrid. Louis XV le savait très-bien; mais on lui insinua que Choiseul poussait l'Espagne à la guerre, et l'on fit intervenir l'abbé de Laville, ex-jésuite employé aux affaires étrangères. Le roi exigea que le ministre écrivit sur-le-champ au cabinet de l'Escurial pour lui annoncer sa détermination formelle de ne prendre aucune part à la guerre. Le duc insista sur un délai que réclamaient toutes les convenances; le monarque, prévenu par sa maîtresse, prit de l'humeur : les lettres de cachet étaient préparées, le faible Louis XV y *jeta* sa signature. Le duc de Praslin, cousin du principal ministre, fut frappé du même coup. La lettre adressée à Choiseul est remarquable par sa singularité : « Mon cousin, le mécontentement que me causent vos services me force à vous exiler à Chanteloup, où vous vous rendrez dans vingt-quatre heures. Je vous aurais envoyé beaucoup plus loin, si ce n'était l'estime particulière que j'ai pour Mme la duchesse de Choiseul, que je sens fort intéressante. Prenez garde que votre conduite ne me fasse prendre un autre parti. Sur ce, je prie Dieu, mon cousin, qu'il vous ait en sa sainte garde. » Ce n'était pas sans dessein que la cabale d'Aiguillon et Richelieu avait fait rédiger cette lettre en termes aussi durs. Elle avait espéré que le duc, irrité, ferait un grand éclat, qu'il en appellerait au parlement, que cet éclat exaspérerait le roi, et que l'ex-ministre verrait s'ouvrir devant lui les portes de la Bastille. Choiseul trompa leurs prévisions : il reçut avec résignation la lettre de cachet, et partit pour Chanteloup. Celle adressée à son parent le duc de Praslin était d'un style plus dur et plus laconique : « Je n'ai plus besoin de vos services; je vous exile à Praslin, où vous vous rendrez dans vingt-quatre heures. »

CHOISEUL-STAINVILLE — CHOISY

La disgrâce du duc de Choiseul fut pour lui un triomphe. Il lui avait été défendu de recevoir personne avant son départ de Paris, tout Paris se fit inscrire à sa porte. Le duc de Chartres (père du roi Louis-Philippe) força toutes les consignes, et vint se jeter dans ses bras; une foule immense courut attendre sur la route le ministre disgracié, et lui témoigna ses regrets et ses sympathies : les carrosses formaient une double haie qui s'étendait très-loin. Il n'y eut qu'un cri contre d'Aiguillon, la favorite et le chancelier. Le roi lui-même ne fut pas épargné. Quolibets, chansons et épigrammes tombèrent sur lui comme grêle. Choiseul ne pouvait s'empêcher de reparaître à la cour lors de l'avénement du nouveau roi Louis XVI. Ce prince ne témoigna ni peine ni plaisir à le revoir : « Monsieur le duc, lui dit-il, vous avez perdu de vos cheveux depuis que je ne vous ai vu. » Mais la reine, s'avançant dès qu'elle le vit entrer : « Monsieur le duc, lui dit-elle, soyez persuadé que je conserverai toujours le souvenir de ce que vous avez fait pour moi. » Le duc repartit aussitôt pour Chanteloup, après avoir fait prévenir ses amis qu'il y passerait la belle saison. Quelques années après (1777), il fit imprimer sous ses yeux, dans ce château, en deux volumes in-8°, ses Mémoires, destinés à un petit nombre d'amis, et qui n'ont été livrés au public que par une autre édition, en 1790. Louis XVI était prévenu contre toute la famille Choiseul; il avait été facile de lui persuader que le chef de cette maison avait avancé la mort de son père, calomnie aussi absurde qu'atroce, que tout l'ascendant de Marie-Antoinette ne put effacer de son esprit. Le duc mourut à Paris, le 8 mai 1785.   DUFEY (de l'Yonne).

Sa veuve, *Louise-Honorine* CROZAT DU CHATEL, dont il n'avait pas eu d'enfant, et qui l'avait constamment comblé des marques de la tendresse la plus touchante, partagea son exil et ne craignant pas, quand sa fortune fut compromise par ses prodigalités de Chanteloup, de compromettre pour lui la sienne et de vendre jusqu'à ses diamants, sacrifia généreusement tout ce qui lui restait à sa mort pour honorer sa mémoire. Car l'ex-ministre, qui avait toujours continué de vivre splendidement, ne laissant que d'immenses dettes et aucun moyen d'exécuter les clauses d'un testament qui semait les legs de toutes parts, la duchesse refusa de faire valoir ses droits, comme lui conseillaient les gens d'affaires, et, réduite par son dévouement à un état voisin de la pauvreté, se retira dans un couvent avec une seule servante. Là, surprise par la Révolution, elle ne sortit de sa retraite que pour arracher à l'échafaud l'auteur d'*Anacharsis*, puis rentra dans la solitude, où elle s'éteignit obscurément, on ne sait en quelle année.

CHOISEUL-STAINVILLE (CLAUDE-ANTOINE-GABRIEL, duc DE), né en 1762, succéda au titre et à la pairie du duc de Choiseul, son oncle. En 1787 il se prononça au parlement contre l'arrestation d'Éprémesnil. D'abord colonel en second des dragons de La Rochefoucauld, il était colonel en premier du régiment de royal-dragon en 1791, lorsque Louis XVI résolut de quitter Paris, et il reçut du marquis de Bouillé l'ordre de se trouver avec sa troupe à Pont-de-Sommeville pour protéger le roi à son passage et l'escorter. Le roi et la reine furent arrêtés, on sait, à Varennes. Les mémoires du temps ont suffisamment prouvé que M. de Choiseul ne pouvait être responsable d'un événement dont seul il affronta les éminents périls. Emprisonné à Verdun et de là transféré à Orléans pour être jugé par une haute cour nationale, il ne recouvra sa liberté qu'à la suite de l'amnistie proclamée lors de l'acceptation de la constitution par le roi. Nommé chevalier d'honneur de Marie-Antoinette, il ne se décida à quitter la France qu'après avoir vu afficher le décret qui mettait sa tête à prix.

Dans le dénûment où il se trouve réduit, n'ayant d'autre ressource que son épée, il lève un régiment de hussards, dans lequel il ouvre un asile aux Français proscrits sous un étendard qui n'est pas malheureusement celui de la France. En allant d'Allemagne en Angleterre en 1795, il est fait prisonnier et conduit dans les cachots de Dunkerque, d'où il s'enfuit pour aller rejoindre son régiment dans le Hanovre. Là il signe avec le gouvernement anglais une capitulation en vertu de laquelle il doit conduire aux Indes-Orientales la légion qu'il n'a formée qu'avec la stipulation formelle qu'elle ne servirait jamais contre la France. Il s'embarque à Stade le 12 novembre, et le 17 trois de ses bâtiments de transport sont jetés par la tempête sur la côte de Calais. Une partie de son régiment périt. Il se sauve à la nage avec quelques amis. Mais, plongé dans un cachot, il est par ordre du Directoire traduit comme émigré devant un conseil de guerre. L'arrêt qui l'acquitte est déféré à la cour de cassation et au Conseil des Cinq-Cents : le gouvernement presse l'exécution des *naufragés de Calais*. Cet ordre injuste aurait infailliblement été suivi, si le général Landremont, commandant l'armée des Côtes-du-Nord, n'eût pris sur lui de suspendre l'arrêt fatal. Le 18 brumaire mit un terme à cette procédure inique, interrompue et reprise à plusieurs intervalles. Après de vives discussions à l'assemblée et une enquête ordonnée par le premier consul, M. de Choiseul fut déporté en Hollande, pays neutre, le 1er janvier 1800.

Rentré en France l'année suivante, on ignore sur quelle dénonciation il est arrêté, conduit au Temple et envoyé en exil pendant dix-huit mois. Mais bientôt un décret de Bonaparte, en lui rendant sa patrie, le raye de la liste des émigrés, et donne une nouvelle direction à sa vie. Le premier consul, apprenant que la révolution lui avait enlevé sa fortune, lui accorde une pension de 12,000 fr. A la Restauration, M. de Choiseul fut nommé pair de France, lieutenant général et colonel de la première légion de la garde nationale de Paris. Au Luxembourg il ne cessa de se distinguer par la fermeté de ses principes constitutionnels et par son zèle pour la liberté des Grecs. Aussi fut-il exclu des grâces de la cour : en vain le duc de Feltre lui offrit-il de l'emploi dans l'armée avec le grade de lieutenant général. Son refus de voter la peine de mort contre le maréchal Ney acheva de le proscrire. Major général de la garde nationale sous le ministère Dessoles, il se démit de ces fonctions sous celui de M. de Villèle par une lettre à Louis XVIII, qui fit du bruit. Telle était la confiance publique dont ses opinions l'avaient entouré, que son nom se trouva inscrit avec ceux de Lafayette et du maréchal Gérard au bas de la proclamation municipale qui le désignait comme membre du gouvernement provisoire. Le fait est qu'il n'avait point été consulté sur l'honneur périlleux qu'on lui décernait. Tant qu'il y eut danger, il ne jugea pas devoir réclamer. Mais après la victoire populaire, quand les hommes du lendemain se disputèrent la dépouille des vaincus, il crut de son devoir de proclamer la vérité dans une lettre aux habitants de Paris.

Aide de camp du roi Louis-Philippe, gouverneur du Louvre, pair de France, il mourut à Paris, le 2 décembre 1838, léguant, dernier rejeton mâle de sa branche, sa fortune et son titre ducal à son gendre, le marquis de Marmier.

CHOISY (FRANÇOIS-TIMOLÉON, abbé DE), fut l'un des auteurs, non les plus distingués, mais les plus féconds du dix-septième siècle. Né le 16 août 1644, à Paris, d'une famille qui tenait un rang honorable dans la magistrature, il reçut d'une mère trop faible et trop tendre l'éducation la plus efféminée; elle se plaisait à l'habiller en fille, à lui faire porter des diamants, des boucles d'oreille, en un mot tous les atours de l'autre sexe. Le jeune abbé (car on lui avait fait prendre de bonne heure le petit collet, sans toutefois qu'il fût entré dans les ordres) prit goût à la plaisanterie, et la prolongea autant qu'il lui fut possible. Après la mort de cette mère imprudente, il alla habiter quelque temps dans le Berri une des terres qu'elle lui laissait. Il s'y fit annoncer sous le nom de la comtesse des Barres, et arriva en effet dans le costume féminin. Ce fut pour lui l'occasion de quelques bonnes fortunes et d'une séduction qu'il a racontées dans un ouvrage publié seulement après sa mort. C'est dans cette *Histoire de Mme la comtesse des Barres* que l'auteur de *Faublas* a trouvé l'idée et quelques détails des premières aventures de son mauvais sujet de héros. Celles de l'abbé de Choisy furent bientôt si publiques et si scandaleuses que Louis XIV, quoiqu'il ne fût pas encore devenu un roi dévot, lui en fit témoigner son mécontentement. L'abbé trouva plus facile de s'éloigner que de se corriger; il alla continuer le cours de ses plaisirs en Italie, et s'y livra en outre à la passion du jeu, plus dangereuse pour sa fortune. Il y eut pourtant dans ce voyage un épisode plus sérieux : il fut à Rome le conclaviste du cardinal de Bouillon lors de l'élection du pape Innocent XI, et dut peu édifier le sacré collège, s'il n'y contraignit pas mieux ses penchants.

Il avait près de quarante ans lorsqu'à son retour en France, une maladie, qui le mit aux portes du tombeau, produisit chez lui une conversion au moins apparente, et mit un terme aux folies de sa jeunesse. Devenu à la fois auteur et courtisan, il publia d'abord des dialogues, composés avec son ami l'abbé de Dangeau, sur l'immortalité de l'âme, l'existence de Dieu, etc. Puis il sollicita et obtint la faveur de faire partie de la pieuse ambassade expédiée à Siam, dont le roi avait, disait-on, témoigné le dessein d'embrasser la foi catholique : le fait est que le roi de Siam ne se fit point chrétien, mais que l'abbé de Choisy s'y fit prêtre.

Il composa de plus et fit paraître après son retour une *Relation du Voyage de Siam*, qui, malgré son insignifiance et ses détails oiseux, obtint beaucoup de succès. Bientôt succédèrent à cet ouvrage une *Vie de David* et une autre de *Salomon*, espèces de panégyriques de Louis XIV, sous le nom de ces princes d'Israel. Croyant avoir trouvé sa véritable vocation, Choisy se voua dès lors aux travaux historiques. Il écrivit l'histoire de saint Louis, de Philippe de Valois, de Charles V, etc., etc., œuvres superficielles, sans recherches, sans critique, mais dont le style, clair et facile, plut à un grand nombre de lecteurs. Il fallait d'autres qualités pour écrire une *Histoire de l'Église*. Aussi celle que l'abbé de Choisy publia en 11 volumes in-4° est-elle tombée dans un profond oubli, malgré l'encouragement que lui avait, dit-on, donné Bossuet, nouvelle preuve au surplus que le goût n'est pas toujours le compagnon du génie.

On ne se souviendrait guère non plus de sa traduction de l'*Imitation de Jésus-Christ*, si elle n'avait donné lieu à l'une de ces anecdotes qui passent de recueil en recueil, sans en être plus vraies. On raconta qu'il avait dédié cette traduction à Mme de Maintenon, mariée dès lors à Louis XIV par un mariage secret, et qu'elle portait pour épigraphe ce passage d'un psaume : *Audi, filia... concupiscet rex decorem tuum*, passage qui, ajoutait-on, fut retranché dans la seconde édition. Le savant Barbier, dans son *Dictionnaire des Anonymes*, a fait justice de cette fable anecdotique : l'abbé de Choisy était trop bon courtisan pour divulguer ainsi ce que le monarque voulait tenir caché. Aussi se gardat-il bien de laisser paraître de son vivant ses *Mémoires pour servir à l'Histoire de Louis XIV*, quoique la critique n'y portât que sur quelques ministres du *grand roi* et non sur lui-même. L'abbé de Choisy mourut à Paris le 20 octobre 1724, à l'âge de quatre-vingt un ans. Il était de l'Académie Française, et son éloge fait partie de ceux des académiciens qui ont exercé la plume de d'Alembert. Lui si gai, si fou dans ses jeunes années, il fut atteint dans l'âge mûr d'une profonde mélancolie, que le travail seul pouvait dissiper par intervalles. Un de ses amis lui demandant la cause de ce changement : « C'est, lui dit Choisy, que *j'ai vu ce qui est !* » non plus philosophique, plus profond que ses ouvrages, et dont un médecin célèbre fit, au dernier siècle, un ingénieux commentaire, lorsqu'il répondit à une dame qui lui demandait ce que c'était que l'humeur noire, l'hypocondrie : « Madame,

c'est une terrible maladie : elle fait voir les choses comme elles sont. »

OURRY.

CHOISY-LE-ROI, bourg placé dans une situation très-agréable, sur la rive gauche de la Seine, qu'on y passe sur un pont en bois, à 11 kilomètres de Paris. Choisy-sur-Seine n'est connu que depuis le commencement du treizième siècle ; il est nommé dans les chartes *Choisiacum* ou *Chosiacum*. Ce n'était alors qu'un hameau de la paroisse de Thiais. En 1207 Jean, abbé de Saint-Germain-des-Prés et, en cette qualité, seigneur de Thiais, donna aux habitants de ce hameau un fonds de terre sur les bords de la Seine pour y construire une chapelle sous l'invocation de Saint-Nicolas. La chapelle fut érigée en paroisse en 1224. On ne connaît de seigneurs de Choisy que depuis le règne de Louis XI. Mlle de Montpensier acquit la terre de Choisy-sur-Seine, et y fit bâtir en 1682 par François Mansard un superbe château ; on appelle ce château *Choisy-Mademoiselle*. Elle légua Choisy au dauphin, fils de Louis XIV, qui le céda à Mme de Louvois pour Meudon. Il passa ensuite à la princesse de Conti, fille légitimée de Louis XIV, qui le laissa à son tour au duc de La Vallière, lequel le vendit à Louis XV en 1739. Devenant maison royale, ce lieu fut appelé *Choisy-le-Roi*, nom qu'il conserve encore. La duchesse de Chateauroux s'y plaisait beaucoup. Louis y fit bâtir le petit château. C'est dans ce dernier que se voyait cette table qui s'abaissait à l'étage inférieur, et remontait, toute servie, dans la salle à manger où les royaux convives étaient ainsi à l'abri des regards de la domesticité : Gentil Bernard était bibliothécaire de Choisy.

Du château de Choisy, du luxe de son ameublement et de tous les chefs-d'œuvre qui le décoraient, détruits et dispersés à la Révolution, il ne reste plus que des bosquets épars qui prêtent leur ombrage au passant attristé. Les bâtiments appelés *grands-communs* ont été longtemps occupés par une manufacture de faïence fine façon anglaise. Il existe en outre à Choisy une fabrique de maroquin très-considérable ; une fabrique de vinaigre de bois et de tous les sels et produits chimiques dans lesquels l'acide acétique est employé ; une raffinerie de sucre, une fabrique de toiles cirées et une très-belle verrerie qui produit des verres et des cristaux de toutes espèces et des vitraux de couleur approchant, pour la perfection, des anciens procédés de la peinture sur verre. Choisy est bien bâti ; ses rues sont bien alignées : on y compte 3,271 habitants ; c'est une station du chemin de fer de Paris à Corbeil et à Orléans.

CHOIX. On a prétendu que le mot *choisir* était dérivé de *colligere*, que les Latins n'ont jamais employé dans ce sens, et qui signifie simplement *amasser*, *recueillir*. Leur verbe *eligere*, dont nous avons fait notre verbe *élire*, a plus d'analogie avec le mot *choisir*, puisque *l'élection* suppose nécessairement un *choix*. Il y a cette différence cependant entre *l'élection* et le *choix*, que le dernier marque le résultat d'une volonté individuelle, dirigée dans un but qui lui est propre et particulier, tandis que *l'élection* est le résultat du suffrage de plusieurs personnes ou d'un concours entre plusieurs candidats, dans un but d'intérêt général et d'utilité publique. Il y a également une différence entre *l'option* et le *choix*. Ce dernier suppose un plein exercice de la volonté et la liberté de prendre ou de faire ce qui plaît entre plusieurs choses ; on est quelquefois contraint d'*opter*, c'est-à-dire de se décider pour une de ces choses, lors même qu'aucune ne plairait. Il y a une autre différence bien marquée entre le *choix* et la *préférence*. Le premier suppose seulement une délibération, le second vient une comparaison ; le goût suffit pour déterminer le *choix*, la *préférence* est le résultat d'un jugement spéculatif : on peut dire de cette dernière que c'est un *choix* raisonné. En un mot, *choisir*, c'est simplement prendre une chose entre deux ou plusieurs autres ; *préférer*, c'est mettre une chose au-dessus d'une autre ou de plusieurs autres ; d'où il suit qu'un *choix* peut être bon ou mauvais, selon que l'objet sur lequel il s'arrête est propre ou non à remplir sa destination ou les vues que l'on a sur lui, et que la *préférence* peut être juste ou injuste, selon que les qualités et le mérite de cet objet sont au-dessus ou au-dessous de celles qui se rencontrent dans l'objet auquel on l'a *préféré*. On dit *faire un choix et donner la préférence*, parce que dans le premier cas l'acte se réfléchit sur celui qui le fait, sur le sujet du verbe, et dans le second sur celui qui en est l'objet, sur le régime.

Le P. Malebranche a dit qu'il faut rendre la justice sans *choix* et sans acception de personne; c'est une recommandation superflue sans doute à faire aux juges de nos jours. « L'attachement du peuple pour la vérité n'est nullement un *choix libre et raisonné*; c'est *pur accident*. » Veut-on savoir quel est l'auteur de ce jugement si injurieux et tout à la fois si faux à l'égard des masses. C'est B a y l e, que l'on s'accorde généralement à regarder comme un des plus grands sceptiques de son temps. Cette phrase de Nicolle renferme un peu plus de justesse et de véritable observation : « Il n'y a point d'imprudence si ordinaire que le *choix* de l'état où nous devons passer la vie ; si l'on y prend bien garde, on verra que presque personne n'est bien placé. » On a longtemps disputé et l'on disputera longtemps encore sur le *libre arbitre*. Saint-Évremond a dit à ce sujet : « L'homme s'imagine délibérer et *choisir* librement, mais il ne fait qu'obéir. » Il est vrai qu'ailleurs il semble se contredire quand il dit : « L'homme sent qu'il agit par *choix* et sans une détermination nécessaire, et cela lui suffit pour conclure qu'il est libre. » Si l'on ne *choisit* pas toujours en amour, il faut au moins savoir *choisir* ses amis et sa société. En cela, comme en beaucoup d'autres choses, il faut *préférer* le *choix* à l'abondance. « Le commerce du *monde choisi*, dit Melle de Scudéri, donne un air de politesse qu'on ne perd jamais. » Mais comme il entre nécessairement beaucoup d'arbitraire et de caprice dans nos *choix*, nous ne saurions les imposer à autrui ; et ce que l'on appelle, par exemple, dans un cercle un *commerce choisi*, un *monde choisi*, une *société choisie*, des *gens choisis*, passerait souvent dans un autre pour des choses d'assez mauvais *choix*. Il semble cependant qu'en général on peut entendre par le mot *choisi* tout ce qui est excellent, fin, délicat, ou du moins tout ce qui a une supériorité marquée sur les choses ou sur les personnes de même nature. L'homme bien né et qui a reçu une bonne éducation se sert habituellement dans ses écrits ou dans la conversation d'expressions *choisies*, mais il se garde bien d'y mettre de l'affectation : comme l'a fort bien dit le P. Bouhours : « Une extrême justesse dans le *choix* et dans l'arrangement des mots ou des paroles affaiblit quelquefois les pensées et dessèche le discours. »

Edme Héreau.

CHORIER (SURLET DE). *Voyez* SURLET DE CROSIER.
CHOLADRÉE. *Voyez* CHOLÉRA.
CHOLAGOGUE (de χολή, bile, et ἄγω, je chasse, j'évacue), médicament qui évacue la bile, et qu'on administrait dans la jaunisse et les fièvres bilieuses. L'aloès, la rhubarbe, la scammonée, les tamarins, les savons, étaient considérés par les anciens médecins comme des *cholagogues*.

CHOLÉDOQUE (de χολή, bile, et ὄχος, qui contient). Ce nom, qui pourrait servir à désigner l'ensemble des canaux biliaires qui versent dans l'intestin grêle la bile sécrétée par le foie, n'a été donné qu'au canal qui, après avoir reçu cette humeur de deux autres canaux distingués en *hépatique*, ou venant du foie, et en *cystique*, ou venant de la vésicule du fiel, la transmet au duodénum, dans lequel il s'ouvre, après avoir traversé obliquement ses tuniques dans la partie postérieure de la seconde courbure de cet intestin, tout près de l'ouverture du canal qui verse l'humeur du pancréas. Quelquefois le canal cholédoque se réunit dans sa partie inférieure au canal pancréatique avant de s'ouvrir dans le duo-

CHOLÉRA, maladie meurtrière, qui paraît nouvelle en Europe, au moins à l'état épidémique, mais qui peut-être est la même que celle qui donna lieu jadis à de terribles épidémies qu'on nommait *pestes noires*. Et en effet les cholériques de 1832, comme ceux de l'Inde, vraie patrie du choléra, parurent fréquemment d'un brun noirâtre qui rappela les prétendues pestes noires mentionnées par des historiens. La cyanose fut beaucoup moins marquée en tous lieux en l'année 1849, ce qui faisait dire à quelques médecins d'hôpital que sans les funestes souvenirs de l'épidémie de 1832, on n'aurait pas songé à rattacher au choléra asiatique celle de 1849.

On est convenu d'appeler *choléra indien* le choléra épidémique, qui se signale par des crampes violentes et une cyanose bronzée. Mais on a reconnu de tout temps en Europe un choléra moins meurtrier, ordinairement sporadique, ou ne frappant que de rares individus, caractérisé principalement par des vomissements et des déjections simultanées auxquels on remédie l'opium. Cet ancien choléra européen et non épidémique a reçu les noms de *choléra nostras*, de *passio cholerica*, de *trousse-galant*, dernière dénomination qui indique la prévention où l'on était sur sa cause la plus ordinaire.

Le choléra indien est toujours précédé par des déjections blanches, vertes ou incolores; la diarrhée est son premier symptôme, et à ce commencement il est toujours guérissable, de quelque traitement qu'on fasse usage, pourvu qu'on observe la diète et qu'on soit tempérant dans tout le reste. Or, parle volontiers du traitement du choléra et de l'ignorance des médecins en fait de guérison. Ce n'est pas leur faute : ils ont sans cesse répété, à Paris, à Londres, à Saint-Pétersbourg, partout, que le choléra n'est certainement et facilement curable qu'à son début, alors que la diarrhée est son *seul symptôme*. Tous déclarent, quand ils sont instruits et sincères, que ce n'est que par un coup du ciel qu'on guérit d'un choléra avec crampes, cyanose, peau gluante et glaciale. C'est huit jours plus tôt qu'il faut s'y prendre ; et l'on réussit à coup sûr avec la diète et un grain d'opium, ou deux têtes de pavots, ou quelques centimes de diascordium, ou avec quelques grains d'ipécacuanha, l'antidiarrhéique d'Helvétius, ou simplement avec un bain chaud sans refroidissement, ou même le repos au lit pendant vingt-quatre ou trente-six heures. En dehors de cette phase prodromique et de ce conseil, le choléra n'est qu'une étude d'histoire naturelle.

Symptômes et phénomènes. Les déjections, qui de quatre à quatorze jours à l'avance présagent une attaque de choléra, finissent par devenir blanchâtres, tellement fluides, que le linge n'en est point taché, et comparables à de l'eau de riz dans laquelle on aurait jeté de la fécule, ou à du suif fondu avec dépôt, ou mieux encore à une solution de savon dans de l'eau séléniteuse. Tel fut leur caractère dans l'épidémie de 1832, qui sous ce rapport différa beaucoup de l'épidémie de 1849, où la couleur blanchâtre des matières excrétées fut aussi exceptionnelle que la coloration bleuâtre de la leur. Ces évacuations à elles seules signalent et caractérisent ce premier degré du choléra, ce choléra commençant, et si *aisément guérissable*, qui a reçu le nom de *cholérine*, dénomination populaire à laquelle on a vainement essayé de substituer le nom de *choladrée*, mais qu'on appelle *miséré* dans quelques contrées des Vosges. Ces déperditions énormes qu'on a vues revenir jusqu'à cent fois dans les vingt-quatre heures, amènent à leur suite une anxiété insupportable, un profond accablement et quelquefois des défaillances. Trois médecins leur ont donné le nom d'*hémorrhagies blanches* ou *chyleuses*, ce qui exprime systématiquement l'anéantissement qui les suit. Le malade a le sentiment d'une lourde barre qui du foie et en travers s'étendrait à la rate. Il a des maux de cœur et des nausées, des vomissements accablants, qui achèvent de consumer l'énergie vitale. C'est alors que la chaleur baisse à toutes les surfaces du corps jusqu'à 35, 29, 26 et même 22 degrés centigrades, tandis que le malade se sent brûler à l'intérieur d'un feu que rien n'apaise. La peau devient glaciale et souvent gluante, comme celle d'un reptile batracien ou d'un noyé. Si on la pince, le pli formé s'y conserve, tant elle est inerte. Tantôt elle est bleuâtre et couverte d'une sueur visqueuse (en 1832), ou seulement rougeâtre et violacée, comme en 1849. Mais cette coloration cholérique est plus prononcée qu'ailleurs aux paupières, aux lèvres, à toute la face, aux mains, surtout au pourtour des ongles, comme pour les nègres, et partout où la peau est amincie, à demi dénuée d'épiderme ou marquée de cicatrices. Les doigts se rident profondément, comme après un bain chaud et prolongé ou après un panaris; on les croirait macérés ou même lessivés, ce qui provient ou des sueurs, ou d'un subit amaigrissement.

Les yeux paraissent rapetissés et comme atrophiés, et fréquemment on aperçoit le blanc de la sclérotique dans tout le pourtour de la cornée, comme dans les squirrhes avancés du pylore. Cette cornée elle-même devient terne, quasi opaque et comme ridée, en même temps que la vue s'affaiblit : il n'est pas même sans exemple que les objets paraissent doubles (diplopie). Ce sont là les effets divers de la diminution de l'humeur aqueuse, et qu'on peut comparer aux suites fréquentes de l'extraction de la cataracte. On a vu des cholériques devenir aveugles après de premiers vomissements. La langue est aplatie, molle, pâle ou grisâtre et comme trempée dans du lait, froide et bientôt glaciale, comme l'haleine. Le nez s'amincit, il est effilé, et il devient froid comme celui d'un chien reposé. Le cœur bat à peine, et le pouls devient petit, et quelquefois imperceptible, même aux artères carotides. La voix, le souffle et la parole s'affaiblissent à l'unisson. Le malade, plein d'effroi, attire le médecin près de sa bouche, et lui demande à l'oreille, d'une voix éteinte et comme fêlée, de lui rendre l'haleine qui va lui manquer ; il sent vers ses mollets une fatigue inexprimable, une prostration douloureuse qui va se traduire par des contractions déchirantes.

Les crampes, qui sont comme une forme de la paralysie, et que provoquent les violentes secousses du vomissement jointes à l'anéantissement des forces, les crampes produisent d'affreuses souffrances, et mettent le comble au désordre vital. Le hoquet, qu'on attribue à une crampe du diaphragme, peut alterner avec le vomissement ou s'y substituer, et quelquefois devenir intermittent, dernier cas dans lequel on peut le combattre et le maîtriser. Comme dans une fièvre ardente, dans l'inanition prolongée et l'empoisonnement, les urines diminuent et souvent tarissent. Strangurie complète. La soif est dévorante, et le malade réclame ardemment des breuvages glacés. Si vastes que soient les vases qu'on lui présente, il les épuise, tant la vacuité se fait sentir en tous les organes. En quelques heures de tourments mortels, les cholériques maigrissent à vue d'œil, et les plus jeunes mêmes prennent l'aspect surprenant de la vieillesse ou même de la décrépitude. Deux médecins que le gouvernement français avait dépêchés en Allemagne et en Russie en 1831 pour étudier l'épidémie d'alors, rapportèrent de Vienne le double portrait d'une très-belle personne de vingt-trois ans qui, pendant une terrible attaque d'une heure et demie avait pris la figure d'une vieille de soixante-quinze ans, tant elle s'était subitement amaigrie, blêmie et ridée : les dents seules et la chevelure garantissaient l'identité.

Cette maigreur instantanée et phénoménale porte surtout sur les joues, sur le cou, et davantage encore sur les paupières, alors que vient à disparaître par absorption le fin coussin de graisse demi-fluide qui, dans l'orbite, soutient et protége le globe de l'œil dans tous les sens; et c'est ainsi que se creuse tout autour des paupières un cercle profond et noirâtre qui est le caractère le plus frappant de la vieil-

lesse. Quant à la coloration bleue ou violâtre, on l'a vue s'étendre à la sclérotique de l'œil, aux dents et même atteindre le tissu des os. La figure n'est pas seulement amaigrie, elle est triangulaire et comme fondue, et la peau, violette ou bistrée, semble adhérer inséparablement au squelette. Le faciès hippocratique n'est rien en comparaison du faciès cholérique.

Au milieu de ce désordre universel des fonctions, l'intelligence reste assez clairvoyante pour apercevoir le péril, et même pour l'augmenter par la terreur s'inspirant du sentiment d'une mort prochaine. Si quelques malades paraissent somnolents et stupéfiés, c'est une conséquence des opiacés et autres narcotiques dont on a outré les doses.

En ce qui concerne le sang, il est noir, épais, alcalin, comparable à du raisiné : il ne présente en se refroidissant ni caillot consistant ni sérum; il sort difficilement des veines quand on cherche à le faire fluer par la saignée. A l'exception de l'urine, qui est toujours acide quand il s'en sécrète, acide même dans le cadavre, où tout est alcalin; et à l'exception de la sueur, qui redevient acide dans la période de réaction, toutes les humeurs sont alcalines dans le choléra. Cette circonstance pourrait expliquer pourquoi les remèdes acides se sont montrés généralement plus efficaces que les remèdes alcalins, surtout dans l'épidémie de 1832.

Bien que les malades continuent de respirer librement, et quoique l'air soit pur, cependant ils sont comme à demi asphyxiés. A la vérité l'air va et vient sans obstacle dans les bronches et circule dans les poumons, qui peuvent s'en pénétrer ; mais cette respiration est sans efficacité, comme si le sang ne présentait plus à l'atmosphère les éléments indispensables à ses combinaisons. Le fait est qu'un cholérique absorbe peu d'oxygène et dégage peu d'acide carbonique. Plusieurs médecins ont attribué à une affection de la moelle épinière cette insuffisance de la respiration, s'autorisant de la souffrance qu'on suscite aux cholériques quand on comprime les apophyses épineuses des six premières vertèbres dorsales. Mais à combien d'hypothèses le choléra a donné matière par son obscurité! Convenons toutefois que les crampes attaquent moins les membres supérieurs que les inférieurs, ce qui viendrait à l'appui de la précédente conjecture; encore faudrait-il prouver que c'est dans la moelle mitoyenne et dorsale que réside le pouvoir respiratoire des poumons.

Une chose qui a beaucoup frappé, c'est l'odeur indéfinissable, mais fort distinctive, qui s'exhale du corps des cholériques. Ce n'est pas celle de l'ail ou des métaux, comme on l'a dit ; mais cette exhalaison fugitive a un cachet si particulier qu'à son seul flair on reconnaîtrait le choléra sans méprise. Elle est indépendante des déjections, lesquelles sont inodores ou d'une odeur spermatique. Elle paraît exclusivement inhérente à la peau exhalante et à l'haleine. Je la reconnus dès le premier malade de 1849, après dix-sept ans. Les gens du monde ne peuvent imaginer sans émotion un médecin mêlant son haleine à celle d'un cholérique bleu ou violet, s'asseyant sur son grabat ou à son chevet pour mieux épier les crampes et les adoucir, en même temps que pour rasséréner son esprit. Ils ne comprennent pas davantage que, pour inspirer un serviable courage à des peureux qui s'éloignent ou tremblent en l'assistant, le médecin boive dans le verre d'un cholérique. Nous qui avons fait ces choses par simple devoir, afin d'extirper la crainte de certaines populations, nous trouvons que c'est l'action du monde la plus indifférente, convaincu comme nous sommes que le choléra n'est nullement contagieux.

Diagnostic. Après les nombreux symptômes que nous venons d'exposer, on peut croire que le choléra se reconnaît toujours sans confusion, sans débat et sans erreur. Il n'en est pourtant pas ainsi. On a quelquefois pris pour lui, en temps d'épidémie, une attaque d'apoplexie ou une ivresse très-formelle; un accès d'hystérie ou d'épilepsie, à cause des convulsions imitant les crampes; d'autres affections accompagnées de pertes utérines, à raison du teint bistré de ces malades; et même l'angine de poitrine, en conséquence de l'anxiété profonde et de l'inertie du cœur; ou la suette, eu égard à des complications gastriques qui prêtent à l'illusion. D'un autre côté, on a confondu en Orient le choléra avec la peste, lorsque le choléra a paru compliqué de pétéchies ou de parotides, ou avec la fièvre jaune, à raison de l'ictère qui l'a quelquefois escorté; enfin avec la méningite, la fièvre typhoïde ou la gastro-entérite, soit à cause de ses débuts, soit pour ses métamorphoses au moment critique de la réaction, ainsi que pour certaines altérations viscérales constatées après la mort. Plus d'une fois même on put croire à un empoisonnement véritable, et la prirent source des scènes épouvantables et quelques violences criminelles, ou même l'opportune satisfaction de vengeances patiemment ajournées. Plus d'une fois d'ailleurs, à sa première apparition dans une contrée, on a pu douter que ce fût le choléra.

Prognostic. La première période, marquée par la *cholérine*, a pour unique danger de conduire à la seconde, si elle n'est promptement combattue et étouffée. Et quant à cette deuxième période, qui est celle des crampes, de la quasi-asphyxie, de la cyanose et *de l'algidité*, elle est dangereuse au dernier point et fréquemment funeste. Enfin, la troisième période, celle de *la réaction*, est aussi pleine de périls, à raison des complications typhoïques et cérébrales qui s'y joignent presque toujours, et des congestions diverses qui la menacent, sans parler du mouvement fiévreux et des sueurs accablantes qui en sont inséparables. C'est, au reste, une période où n'arrivent qu'une très-variable portion des cholériques. Et en effet, selon le traitement dont on fait usage, la mortalité diffère à un point extrême, non toujours absolument et de manière à grossir le chiffre des guérisons, mais elle diffère d'une période à l'autre, tel traitement rendant plus meurtrière la période de l'algidité, et tel autre rendant plus redoutable la phase de la réaction. Citons un exemple. La méthode dite *physiologique* ou *de Broussais*, celle dont Casimir Périer fit l'épreuve (mai 1832), cette méthode, avec ses émissions sanguines, ses boissons antiphlogistiques, ses cataplasmes et ses dérivatifs, essuyait ses revers et ses catastrophes dans la période asphyxique ou de l'algidité; tandis que d'autres méthodes qui consistaient à tonifier et exciter diversement les malades, par la chaleur artificielle, les sinapismes, les sudorifiques et le quinquina, l'ammoniaque et l'éther, des boissons alcooliques ou vineuses, par des infusions de thé ou de café, par le punch, obtenaient la réaction organique d'une façon plus prompte, plus certaine et plus violente, en sorte que cette période devenait dès lors la plus meurtrière. De premiers périls n'avaient été si brusquement traversés que pour en rencontrer d'aussi grands au terme de la crise. Les malades soumis à ces méthodes, qu'une école dissidente nommait *incendiaires*, sont effectivement tourmentés de mille manières et par tant d'expédients, alors qu'on cherche à les prémunir contre l'anéantissement du cœur et l'algidité, que le fleuve, reprenant son cours, franchit fréquemment les digues au point de tout submerger par ses crues. D'où il faut inférer que la modération est requise ailleurs qu'en politique.

Au nombre des signes qui font présager une issue funeste, nous citerons les pétéchies, les déjections sanguinolentes ou seulement rosées, l'extrême petitesse ou l'absence du pouls, les injections violacées puis brunâtres de la conjonctive, ptérigions subits qui à Smyrne ont toujours été suivis de mort; la suppression radicale et brusque des excrétions alvines et des vomissements, avant le retour des urines. Il est, au contraire, de bon augure que les évacuations diminuent et deviennent citrines avant de cesser tout à fait; que les urines reparaissent, que les plaques violacées ou bleuâtres rougissent. On cite encore comme circonstances favorables la préexistence d'un catarrhe pulmonaire chronique, l'intervention d'une éruption d'urticaire ou de miliaire, l'avénement de la suette ou un éternument spontané. Ce que nous disons de l'éternument avait sans doute été noté dans de très-anciennes épidémies; et cela expliquerait des superstitions dont les vestiges sont venus jusqu'à nous.

Marche individuelle et épidémique du choléra. La marche individuelle du choléra est toujours fort rapide. Si quelque chose paraît lent dans son cours, il le doit à ses complications et aux convalescences. La ville de Paris, qui en 1832 consacra trois millions à l'augmentation temporaire de ses refuges hospitaliers et au soulagement de la misère publique, s'aperçut plus tard qu'un grand nombre de lits restent sans emploi dans une épidémie très-meurtrière. Les hôpitaux n'ont pas réuni en 1832 au delà de 1779 cholériques à la fois (le 12 avril), ni compté pendant toute l'épidémie plus de 123 mille journées de traitement, c'est-à-dire au dessous du chiffre des autres années. Il y eut même cela d'extraordinaire qu'au plus fort de l'épidémie les hôpitaux de Paris, en comptant les anciens malades de toute espèce, ne renfermaient que 4,000 personnes, ce qu'on n'avait pas vu depuis longtemps. On prévoit que nous ne comprenons pas dans ce nombre les hospices remplis d'infirmes, de vieillards et d'incurables. 2,000 lits (le 1/3) restèrent donc sans emploi, ce que personne n'avait prévu. Il y avait eu en 1831 près de 10,000 admissions de plus qu'en 1832. C'est qu'en effet pendant l'épidémie un même lit a souvent reçu jusqu'à trois malades l'un après l'autre dans l'espace de vingt-quatre heures. Aussi la municipalité ne consacra-t-elle en appropriations temporaires que 150,000 francs en 1849, époque où l'épidémie cholérique, quoique moins violente qu'en 1832, donna lieu cependant à une mortalité un peu plus grande, sans jamais occuper simultanément à l'hôpital le chiffre de 1,470 lits (le 12 juin).

Et quant à la marche de l'épidémie, elle s'est montrée dans Paris fort différente aux deux époques : en 1832 elle commença à paraître le 26 mars, et cessa de croître après le 10 avril suivant, c'est-à-dire au bout de quatorze jours, exception faite de sa recrudescence en juillet. Son entière clôture eut lieu en septembre. Celle de 1849, au contraire, ne débuta bien évidemment que le 9 mars, après quelques cas isolés ou méconnus, se traîna lentement durant cinquante-deux jours, et ne s'éteignit qu'à la fin de l'année, ne revêtant quelque vigueur qu'au mois de mai, puis se montrant nombreuse et meurtrière tout à fait dans les premiers jours de juin, temps où les décès atteignirent un chiffre peu inférieur au chiffre du 8 avril 1832. A cette dernière époque on ne peut attribuer la prompte décroissance à aucune coïncidence quelconque; tandis qu'en 1849 on vit l'épidémie tout à coup décliner après quatre-vingt-treize jours de durée, le lendemain d'un grand orage, influence inespérée qu'aucune théorie n'avait prévue.

Géographie et chronologie du choléra. Dans un mémoire intitulé : *Preuves de la non-contagion du choléra*, opuscule composé sur des documents officiels d'ambassades et de consulats français à l'étranger, et lu devant l'Institut, nous avons décrit, avec des dates précises pour chaque localité, la marche générale que suivit l'épidémie de 1849, et à peu de différence près celle de 1832. Voici quelques-unes de ces dates et de ces étapes.

A Kaboul et aux rives de l'Indus le choléra apparut en 1844, et en 1845 dans le Khorassan et l'Afghanistan (M. Vérollot). On le vit à Téhéran, capitale de la Perse, le 13 juin 1846 (M. Cloquet), et à Bagdad le 12 septembre 1846, comme aussi un an plus tard (M. Loëve Veimars). D'une de ces villes à l'autre le choléra ne suit pas le transport traditionnel des cadavres depuis Téhéran jusqu'à Kherbelah, comme le prétend un médecin contagioniste; il suit en réalité le cours des deux grands fleuves au confluent desquels est Bassorah, c'est-à-dire le Tigre et l'Euphrate.

Après Bagdad, où nous l'avions quittée, l'épidémie appa

raît à Astrakan, à Kertch et à Gorjz, des deux côtés du Caucase, le 30 juin 1847, et le 15 juillet à Tiflis; à Taganrog, à Marienpol, à Iécatérinoslaw; à Iélisavethpol, on la voit le 30 août 1847 (M. Gilbert des Voisins); à Trébizonde, le 9 septembre 1847, et un jour plus tard à Riga, sur la Baltique. A Erzeroum, en Arménie, elle apparaît le 20 septembre 1847, et le 24 à Moscou (M. Roux de Rochelle). On la constate à Diarbékir, le 20 octobre, le 24 à Constantinople (M. de Bourqueney), et à Saint-Pétersbourg le 9 novembre de cette même année 1847. Alors elle paraît comme assoupie durant cinq mois d'hiver, de même que l'année précédente vers la mer Caspienne, et en 1830 à Moscou; après quoi on la voit éclater le 25 avril 1848 à Silivri et à Rodosto; à Tchesmé le 17 mai; le 18 juillet à Alep, à 20 lieues de l'Euphrate (M. D. de Saint-Sauveur); à Salonique, au nord de l'Archipel, le 16 juillet; le 17 au Caire, à un kilomètre du Nil, et le 22 juillet à Smyrne (M. Th. Pichon). On ne la voit à Alexandrie que huit jours après le Caire (le 25 juillet), et à Damas, si fréquemment visité pas des caravanes, seulement le 10 août. Elle paraît les premiers jours de septembre (le 1ᵉʳ et le 4) à Saint-Jean-d'Acre et à Beyrouth. Mais dès le 28 juillet elle était à Berlin, à Stettin le 8 août, au commencement de septembre à Londres, le 26 octobre à Dunkerque, et le 9 mars à Paris, où j'avais vu un cas sporadique dès le 23 janvier.

Ces énumérations de lieux et de dates n'ont pas besoin de commentaire. On en comprend la signification sans que je l'indique. On doit concevoir, en effet, qu'on ne saurait suspecter de contagion une maladie qui de Trébizonde et d'Erzéroum va brusquement se fixer à Constantinople, avant de toucher à Alep et à la Syrie; qui des échelles du Levant s'installe aux rives de la Newa, avant d'atteindre Alexandrie, Saint-Jean-d'Acre et Beyrouth; qui de Riga passe à Moscou, plutôt qu'à Saint-Pétersbourg; qui frappe Berlin avant Damas, le Caire avant Alexandrie (lieu d'arrivage), Riga avant Smyrne, et Londres avant Paris, quoique arrivant du sud-est, quoique originaire de l'Orient. Pour franchir ainsi les distances et se montrer aussi désordonné dans sa marche, il faut bien que le choléra soit affranchi de tout germe reproducteur; car si rapide que soit le vent, il n'emporte jamais les semences assez loin de leur réceptacle pour qu'il ne s'en féconde pas quelqu'une sur la route ou au voisinage de la plante mère.

Contagion. La manière dont commencèrent les épidémies de 1832 et de 1849 a dû dissuader de toute idée du contagion les esprits non prévenus. En 1832 en effet le premier malade demeurait rue Mazarine, le deuxième était de la Cité, le troisième du quartier de l'Arsenal, le quatrième était voisin de l'hôtel de ville, etc. La même dispersion des premières atteintes fut observée en 1849. Or quelle présomption de contact peut-on conserver à l'égard de malades séparés par d'aussi grandes distances?

Les médecins de Paris, au nombre de 1,500 en 1832, ne perdirent que 30 d'entre eux, ou 19 sur 1,000. Les étudiants en médecine, dont le nombre était de 1,600, ne comptèrent que 12 décès : ou 7 1/2 par 1,000. Si l'on réunit ces deux nombres d'une classe dévouée, on trouve une mortalité de 14 sur 1,000; tandis que la population totale de Paris, qui n'était alors que de 750,000 habitants, compta 18,402 décès, ou plus de 24 par 1,000. Les proportions furent peu différentes en 1849, où la mortalité totale s'éleva à 19,184 pour Paris. Ici donc la mortalité des médecins serait dans un désaccord manifeste avec le péril, si la contagion du choléra n'était pas chimérique.

Une maladie contagieuse comme la variole s'étend sans prédilection à toutes les classes. Le choléra, au contraire, s'attaque aux classes pauvres, il envahit les refuges insalubres : les plus exposés sont ceux qui défèrent le moins aux préceptes de l'hygiène et aux règles de propreté. Il menace également les affamés et les intempérants. Il épargne ordinairement ceux qui ne dérogent point à d'heureuses et bonnes habitudes.

Préservatifs et remèdes du choléra. Secrétaire en 1849 d'une commission à qui le gouvernement communiquait les rapports qui lui étaient adressés de toutes parts, nous avons pris note de plus de trois cents traitements, qui n'ont pu dissiper nos incertitudes. Nous avons vu des proclamations de préfets où l'on disait comme éloge et remerciment : « .... Les remèdes ont été généralement les mêmes qu'en 1832. Le traitement médical *n'a été pour rien* dans le nombre considérable des décès. » Ces paroles nous ont fait rougir. Nous avons vu les médecins d'une ville ou d'un hôpital se concerter entre eux afin d'adopter tous un même traitement, ce qui nous a paru peu judicieux. Car, quelque identique que puisse paraître une maladie, la disposition individuelle des malades est trop diverse pour qu'un même traitement convienne également à tous. C'est pousser trop loin le désir de complaire à l'administration, qui ne rêve qu'unité.

En 1832 une commission centrale consultée par l'autorité émit le vœu que plusieurs hôpitaux fussent consacrés exclusivement aux cholériques; qu'on ne laissât ceux-ci communiquer ni avec d'autres malades ni avec leur propre famille. La même commission aurait voulu qu'on eût temporairement transporté hors de Paris les marchés et que tout commerce de friperie eût été interdit. Elle demandait même que chaque maison contenant un cholérique portât un signe ostensible d'avertissement. Ces conseils parurent heureusement impraticables, sans quoi la capitale de la France eût été soumise au régime de Marseille en 1720; et au lieu d'avoir à déplorer 37,000 décès en deux épidémies, Paris aurait vu décupler sa mortalité, tant l'aurait accrue la terreur publique. Les cholériques alités dans les hôpitaux furent promptement confondus avec les autres malades, et l'on eut sujet de s'en applaudir.

En beaucoup de villes on distribuait gratuitement de la chaux comme du pain; et l'on blanchissait çà et là les maisons malsaines, en même temps qu'on interdisait les cortèges funèbres et le bruit des cloches, ce qui n'était pas conséquent. Le blanchiment des maisons fut un épouvantail et parfois une cause d'abandon. Mais les secours de tous genres qui furent alors accordés produisirent des effets merveilleux sur la santé publique. On voyait des épidémies s'éteindre à chaque allocation consentie par le ministère. La signature des médecins n'avait jamais eu autant de crédit qu'alors, où chaque ordonnance était une lettre de change tirée sur l'hôtel de ville au profit d'une famille dans la détresse.

A Vienne le gouvernement autrichien loua les maisons devenues vacantes par suite d'émigration, afin d'y répartir les malades et les malheureux dont les logements étaient les plus insalubres. Quelques garnisons campèrent sous des tentes, chaque fois qu'une caserne devint suspecte d'insalubrité. Comme préservatifs prétendus, on consomma à Paris des quantités énormes de camphre, de chlorures et de limonade sulfurique. Le roi de Prusse donna l'exemple à l'Allemagne d'un simulacre de sécurité, en s'appliquant sur l'épigastre un emplâtre de résine de pin ordonné par un docteur hollandais très-épris du neuronisme. A Schumla et dans un faubourg de Varsovie, on vit tout à coup l'épidémie cesser, par préoccupation morale, à l'occasion de batailles où le canon retentissait. Il s'interrompit instantanément à Aden, à la suite d'un tremblement de terre : Effets singuliers, qui suggérèrent à des populations d'essayer du canon pour apaiser l'épidémie. On alluma de même de grands feux principalement avec des arbres à résine, et l'on cite la localité, comme Saint-Leu, où ce moyen superstitieux sembla réussir. L'essentiel est de n'employer de tels expédients qu'au moment où l'épidémie doit naturellement décroître. L'empereur Nicolas produisit un effet immense sur les populations de son empire, en 1831, en attribuant le fléau à la juste vengeance de Dieu, et en 1848 à Moscou, en s'agenouillant avec ferveur sur la place publique pour implorer la clémence du ciel. L'épidémie déclina le jour même.

L'électricité a joué un grand rôle dans la dernière épidémie. M. A. Démidoff avait remarqué des variations extraordinaires dans l'aiguille aimantée; M. de Humboldt et quelques physiciens vérifièrent ces observations, et il n'en fallut pas davantage pour donner matière à des conjectures et à des systèmes. On vit à Paris un médecin entourer les malades d'une armature métallique composée de 13 pièces, et soustraire les cholériques au fluide qui les épuisait, en leur faisant ce qu'il appelait des *saignées nerveuses*. Nous avons vu un des médecins de la Salpêtrière, dont le service se composait de cent lits, isoler du sol chaque pied de lit au moyen d'un verre à boire, tant il redoutait l'intervention du magnétisme terrestre. Il avait obtenu de l'administration 400 verres qui tous avaient reçu destination et restaient à poste fixe, renfermant chacun un pied de lit. D'un autre côté, M. Ehrenberg avait cru remarquer, avec son excellent microscope, que l'air déposait en 1849 des corpuscules jusque là inobservés, et c'en fut assez pour mettre en grande vogue à Berlin, sinon pour en justifier l'emploi, le bi-chlorate de carbone. Quant aux prétendus insectes du choléra, personne ne les vit; mais on consomma dans l'espoir des asphyxier beaucoup d'ammoniaque et de diverses autres matières. Un médecin du midi conseilla au président de la république de faire administrer officiellement de la quinine à toutes les populations menacées, sans s'inquiéter s'il se trouverait assez de quinine ni qui ferait face à cette dépense fabuleuse. La maison royale de Saint-Denis, qui fut entièrement préservée, attribua cette immunité au vinaigre des quatre voleurs, dont on fit journellement des fumigations. Un médecin fort célèbre de Paris conseillait à ses clients valides de ne pas avaler leur salive (qu'il considérait comme un véhicule de contagion); et quant aux malades déjà atteints, il leur prescrivait un bouillon froid *toutes les heures*, avec une saignée d'exploration ('d'essai'). Un autre, et peut-être est-ce celui qui obtint le plus de succès, conseillait constamment une potion tonique ayant pour effet de rendre noirâtres les déjections, ce qui rassérénait les malades, qui dès lors se croyaient guéris. Un autre administrait la morphine, dans l'unique but de calmer le moral et d'obvier à l'inquiétude. D'autres médecins administraient constamment du punch (non toutefois pendant la *réaction*, qui doit toujours être traitée comme on traite une maladie aiguë); mais le punch du choléra ne ressemblait pas au punch ordinaire : il était composé de dix ingrédients, toniques et aromates. Les femmes surtout et les malades pauvres, comme moins blasés sur les excitants, en retiraient un bien-être surprenant.

Les émissions sanguines n'étaient guère redoutables dans le fort du mal. On ouvrait les veines sans obtenir une goutte de sang, et l'on a plus d'une fois coupé en travers une artère temporale sans en obtenir davantage. Et quant aux sangsues, elles mouraient presque aussitôt.

On liait les membres pour calmer les crampes, lorsque les frictions avaient échoué. Quelques personnes recourûrent à l'éthérisation. Il y avait des médecins qui interdisaient les boissons, et qui calmaient la soif avec des morceaux de glace. D'autres prodiguaient les boissons aqueuses au gré des malades, et réclamaient d'eux des respirations forcées, espérant obtenir d'un air abondant l'hématose qu'une respiration modérée produisait si imparfaite. L'urtication, employée dans l'algidité pour provoquer une éruption et réveiller la sensibilité, le pouls et la chaleur, a quelquefois réussi en dernier recours. Le laudanum fut d'abord administré, en 1832, à doses périlleuses et toxiques : 7 et 8 grammes dans des potions de 5 à 7 onces devant être prises en quelques heures. Les opiacés, quelle qu'en soit la dose, sont ordinairement préjudiciables. Ils jettent dans la stupeur, et ne font qu'ajouter à l'algidité et la cyanose, s'ils sont encore absorbés. Dans le cas contraire, ils tuent dans la réaction, alors que l'absorption est réintégrée.

On tourmente cruellement les cholériques pour essayer de rappeler en eux quelque chaleur. On les entoure de sachets et de corps chauds, on les étouffe sous des couvertures; au risque de les torréfier, on passe des fers brûlants sur leur échine, on conduit dans leur lit des tuyaux calorifères, ou bien on les place dans des usines au voisinage des générateurs. On va même jusqu'à placer près d'eux, non sans danger, des morceaux de chaux vive entourés de linges épais et mouillés, dans lesquels la chaux éclate, se fendille et s'échauffe. Dans ces diverses sollicitations de la peau, le médecin semble oublier que violenter ainsi un malade insensible et glacé, c'est agiter le balancier d'une pendule qui n'aurait pas été remontée.

Dans le choléra comme en d'autres épidémies, on a vu des personnes pusillanimes, et malheureusement aussi quelques médecins mal conseillés par de faux systèmes, opter pour la potion dite des trois adverbes, c'est-à-dire *partir promptement, aller loin, revenir tard* :

Hæc tria tabificam tollunt adverbia pestem :
Mox, longe, tarde, cede, recede, redi.

Dr Isidore BOURDON.

CHOLÉRINE. *Voyez* CHOLÉRA.

CHOLESTÉRINE (de χολή, bile, et στεαρ, graisse), nom donné par M. Chevreul à la substance grasse particulière découverte par Green dans les calculs biliaires, et qui se trouve également dans le sang, dans certaines concrétions cérébrales, dans le musc, dans le jaune d'œuf, etc. La cholestérine ressemble aux corps gras, et surtout à la cétine, mais elle en diffère en ce qu'elle n'est pas saponifiée par les alcalis. On l'obtient principalement en traitant par l'alcool bouillant les calculs biliaires pulvérisés. Elle se présente sous forme de lamelles nacrées, insipides, inodores, et fusibles à 137°. L'acide nitrique concentré la convertit en *acide cholestérique*. C'est ainsi que Pelletier et Caventou ont obtenu cet acide en un produit cristallin jaunâtre, peu soluble dans l'eau, aisément soluble dans l'éther et dans l'alcool, et formant des sels rouges. Suivant eux, l'acide cholestérique est composé de 51,9 de carbone, 7,1 d'hydrogène, 8,5 d'azote, et 32,4 d'oxygène.

CHOLESTÉRIQUE (Acide). *Voyez* CHOLESTÉRINE.

CHOLET, ou CHOLLET, ville de France, chef-lieu de canton dans le département de Maine-et-Loire, sur la rive droite du Moine, avec 10,385 habitants, un tribunal de commerce et un collége. Cette ville est le centre d'une fabrication très-considérable de *mouchoirs* et de *toiles* dites *de Chollet*, de siamoises, flanelles et calicots, percales et lainages. On y trouve des filatures de coton et de laine, des blanchisseries, des teintureries, des tanneries. Il s'y fait un commerce actif de bestiaux. Cholet, qui avait le titre de baronnie, fut érigée en marquisat en faveur d'Édouard Colbert, comte de Maulevrier. Dans les premiers jours de l'insurrection de la Vendée, Cholet tomba au pouvoir de Cathelineau; et cette ville devint dès lors un des principaux foyers de l'insurrection et le but vers lequel se dirigèrent les principales attaques des généraux républicains. Elle fut prise et reprise plusieurs fois par les deux partis, incendiée et presque entièrement détruite. Son château, qui avait été construit en 1696, fut rasé à cette époque.

CHOLIAMBE, Ïambe boiteux ou *scazon*, autrement dit vers *hipponactique*, du nom du satirique grec Hipponax qui le premier s'en servit, est un trimètre iambique, grec ou latin, avec un spondée ou un trochée au dernier pied, au lieu d'un ïambe, ce qui fait dire qu'il cloche (χωλεύει). La forme particulière du *choliambe* en rendait l'emploi favorable au genre comique.

CHOLULA, ville de la fédération mexicaine, située dans l'État de Puebla, compte aujourd'hui une population d'à peine 16,000 âmes, tandis qu'à l'époque de la conquête elle était l'une des plus populeuses et des plus florissantes cités de la Nouvelle-Espagne. Au rapport de Cortez lui-même, elle contenait alors 20,000 maisons au dedans de ses murailles et autant en dehors. Le récit de Las Casas lui attribuait encore 150,000 habitants.

Cette cité date de l'époque de la domination des Aztèques, et peut-être bien fut-elle fondée par les Oulmèques. Grâce à des institutions qui en faisaient une espèce de république, elle défendit longtemps son indépendance contre les Aztèques, lesquels d'ailleurs ne purent jamais réduire réellement ses habitants. Cholula était le grand centre du commerce du plateau d'Anahuac. Sa population, de beaucoup supérieure pour la civilisation et l'habileté dans les arts à ses voisins les Tlascalans et les Aztèques, était surtout célèbre pour la préparation des métaux, pour la fabrication d'étoffes de coton et d'agave, et de poteries d'une finesse et d'une délicatesse extrêmes. De là peut être le reproche d'être efféminés qu'on adressait aux habitants de Cholula. Elle jouissait en outre d'un rand renom de sainteté, à cause des traditions religieuses qui s'y rattachaient. C'est là qu'en l'honneur de Quetzal-Coatl, dieu qui, suivant la légende, s'était fait connaître à l'époque des Toltèques en introduisant de meilleures formes de gouvernement et une religion parlant plus à l'intelligence, avait été érigé cet immense Téocalli, composé de couches alternatives d'argile et de briques, et s'élevant pyramidalement en quatre larges terrasses, avec une hauteur perpendiculaire de 59 mètres et une base de 492 mètres, et formant le monument architectural le plus gigantesque de la Nouvelle-Espagne. Sa base quadrangulaire occupe une superficie d'environ 25 hectares. Le sommet de sa plate-forme, où jadis s'élevaient des constructions de la nature des temples, n'a pas moins de 4,200 mètres carrés.

Les *conquistadores* parlent avec admiration du coup d'œil magnifique qu'offrait du haut de cette plate-forme l'immense et populeuse Cholula, avec ses trois ou quatre cents *teocallis*, ainsi que de la quantité de prêtres, du concours immense de pèlerins qui y accouraient de toutes parts, de la magnificence des nombreuses processions solennelles et fêtes religieuses qui se célébraient dans cette ville sainte d'Anahuac. Aujourd'hui encore, la vaste circonférence de Cholula, ses nombreuses rues, droites et presque régulières, témoignent de son antique splendeur. Les environs, aussi richement arrosés de nos jours qu'au temps des Aztèques, produisent d'abondantes moissons de froment et de maïs, qui, avec de nombreuses plantations d'agave et des jardins parfaitement cultivés, constituent la principale ressource de la population.

CHÔMAGE, CHOMER. L'étymologie de ces deux mots est fort controversée : Vulcanius les dérive du grec χαυμάομαι, s'entr'ouvrir, bâiller ; Lancelot, de χῶμα, assoupissement ; Labbe, du nom de *Comus*, ou bien des *comessatio*, repos pris hors des temps ordinaires ; Ménage, de la basse latinité *calamare*, mot tiré lui-même de *calamus*, chaume, d'où l'on a fait, selon lui, le verbe *chômer*, pour dire ne rien faire, parce que, les jours de fête, les paysans restent *sous leur chaume* ; enfin, quelques étymologistes prétendent que ce verbe vient du bas-breton *chom*, qui signifie s'arrêter, demeurer. Quoi qu'il en soit, le verbe *chômer* se prend dans diverses acceptions. Ainsi, il indique d'abord l'action de *s'arrêter*, de *se reposer*, de *ne rien faire*. On l'emploie aussi dans le sens de manquer de travail, puis, par extension, on transporte ce sens des personnes aux choses, et l'on dit, par exemple, qu'un moulin *chôme*, pour dire qu'il ne moud point, ou qu'il faut laisser *chômer* des terres, pour dire qu'il ne faut point les ensemencer, qu'il faut les laisser *reposer*. Par suite, il devient synonyme de *fêter* ou *solenniser* les dimanches et les fêtes. La Fontaine fait dire par le savetier au financier.

Le mal est que dans l'an s'entremêlent des jours
Qu'il faut *chômer* : on nous ruine en fêtes.

On dit proverbialement aussi qu'il ne faut pas *chômer* les fêtes avant qu'elles soient venues.

Le chômage en droit est la suspension du travail. De cette suspension il peut résulter un préjudice, et de ce préjudice une action de la part de celui qui l'éprouve contre celui qui le cause. Cette action se subdivise ainsi : elle peut avoir lieu pour les commerçants, auxquels les fabricants ne fournissent pas la marchandise achetée ; pour les ouvriers, que les fabricants n'emploient pas, ainsi qu'il était convenu ; pour les fabricants, dont les ouvriers arrêtent les travaux par des grèves ou des coalitions. C'est une des plus grandes questions qu'ait à résoudre l'économie politique, que celle de pallier les effets désastreux des chômages trop fréquents de l'industrie.

CHOMEL (François), descendant des anciens médecins de ce nom, est aujourd'hui médecin de l'Hôtel-Dieu, professeur honoraire et l'un des plus grands praticiens de la faculté de Paris. Né dans les commencements de la première révolution, M. Chomel se trouva dans l'âge d'étudier à l'époque où les études prirent en France l'essor le plus brillant, et peu d'hommes profitèrent autant que lui de cette circonstance heureuse. Une fois sorti du collège, il aborda la médecine avec un zèle qu'aucun dégoût ne rebuta et que des succès récompensèrent aussitôt. Il eut à la fois pour maîtres Pinel, Corvisart et Boyer, auxquels son application et son aptitude de jeune homme ne purent échapper. Quant à Bichat, M. Chomel ne le connut point, et ce fut un malheur ; plus tard, il affecta de le critiquer, tantôt avec dédain, tantôt avec ironie : cela, ce fut un tort ; mais ce tort, d'ailleurs non concerté, accéléra sa fortune, les adversaires survivants de Bichat disposant des faveurs. Placé de bonne heure dans les hôpitaux, et faisant son unique société des médecins et des malades, M. Chomel était praticien à un âge où les jeunes médecins ne sont que des écoliers raisonneurs et inexperts, et il lui arriva plus d'une fois d'avoir pour élèves des étudiants presque aussi âgés et déjà plus hommes que lui. Dès qu'il fut nommé médecin résident de l'hôpital de la Charité, il joignit au continuel et attentif examen des malades de fortes études d'érudition : alors il appliqua sa ferveur et son bon esprit à connaître traditionnellement la pratique personnelle des Baillou, des Fr. Hoffmann, des J. Frank, des Cullen, des Sydenham et des Baglivi.

M. Chomel était alors, sans contredit, le médecin de Paris le plus instruit dans son art. C'est à cette époque qu'il publia sa *Pathologie générale*, et il n'avait pas trente ans. Sous une forme plutôt scolastique que philosophique, il était difficile de faire un livre meilleur. Malheureusement, cet ouvrage judicieux et utile paraissait rédigé en haine des études physiologiques, et cela dut en restreindre le succès : on put se demander pourquoi le nom de Bichat, ce grand médecin, mort depuis vingt ans, n'y était pas même prononcé. Mais, nous l'avons dit, M. Chomel commit la faute de ne voir dans Bichat que trois ou quatre idées métaphysiques formant le lien d'unité de ses ouvrages ; et cette apparence systématique ferma ses yeux à cette multitude d'idées neuves et vraies, à cette marche toujours si philosophique, à ces vues profondes, qui caractérisent si nettement pour sa gloire toutes les productions de Bichat. Cette première faute en eut une autre pour conséquence : M. Chomel ne comprit point qu'au milieu de ses erreurs et de ses exagérations, Broussais avait émis et approfondi une de ces idées fécondes qui ont de grandes conséquences, de la durée et du retentissement. L'esprit critique de M. Chomel se complut à ne voir dans Broussais qu'un médecin militaire peu au courant des progrès de l'art, entêté des théories de Bichat, et abusant de l'ascendant de son enthousiame sur des étudiants aussi crédules qu'ignorants. Scandalisé de la façon au moins légère dont Broussais traitait les sciences physiques, choqué de ses néologismes, du style outré et décousu de ses ouvrages, de sa témérité à supposer ce qu'il ignore ou à prouver ce qu'il avance, M. Chomel refusa d'admettre qu'il y eût rien d'utile et de durable dans un système qui se fondait uniquement sur l'existence de vaisseaux chimériques.

Une chose essentielle échappa à la sagacité de Chomel : il refusa avec obstination son assentiment à cette idée mère qui justifia la réputation de son rival. Avant Broussais, l'histoire des fièvres était la chose la plus obscure ; plus on essayait de l'approfondir, et plus on se trouvait ignorant : on prenait chaque fièvre pour un être essentiel, existant par lui-même, et de lui-même agissant; il y avait des *fièvres inflammatoires*, des *fièvres bilieuses, muqueuses, putrides*, des *fièvres malignes*, etc. C'est à peine si, dans cette considération fautive d'êtres tout à fait fictifs, les organes vivants et malades étaient comptés pour quelque chose. C'est alors que Broussais dit aux médecins : « Physiciens, vous faites de la métaphysique, de l'*ontologie* ; cela est absurde : le médecin ne doit pas, comme le philosophe spéculatif, faire abstraction des organes. Si toutes les fonctions vitales sont troublées dans la fièvre, c'est parce que les organes sont malades. Cherchez parmi ces organes quel a été le premier malade ou douloureux : c'est là le point essentiel. Dès qu'un organe est irrité, le cœur s'agite, la chaleur s'élève, l'appétit disparaît, toutes les fonctions sont troublées; voilà la *fièvre* : tous partagent la souffrance d'un seul. J'ai remarqué, dit Broussais, que *dans toutes les fièvres les intestins sont irrités* : dès lors les *toniques* seraient pernicieux. Faites jeûner et tirez du sang. » C'est à ce sujet que M. Chomel crut devoir combattre Broussais; il prétendait que les toniques convenaient mieux que les saignées dans les *fièvres graves*, dans les *fièvres putrides*, par exemple. « Saignez de bonne heure, répondit Broussais, saignez dès le début, et vous n'aurez jamais de fièvres *putrides*... » Broussais avait en partie raison : la fièvre putride devint plus rare de son temps, surtout au Val-de-Grâce, plein de jeunes soldats. M. Chomel nia aussi que les organes digestifs fussent toujours *irrités* dans les fièvres, et il alléguait pour preuve qu'ils ne sont pas toujours *rouges*... A cela, Broussais répondit que l'irritation ne se manifeste pas toujours par la rougeur, et que cette irritation n'est pas toujours apparente, parce que, disait-il, elle a quelquefois son siége dans les *vaisseaux blancs*. En fait de vaisseaux et d'organes, répliqua M. Chomel, je n'admets que ceux qui tombent sous les sens, et les vaisseaux blancs, c'est vous et Bichat qui les avez *inventés*... A son tour M. Chomel avait raison.

Au demeurant, la grande idée de Broussais a prévalu, nonobstant les hypothèses, plus brillantes que solides, dont son auteur a la escortée. Tous les médecins aujourd'hui la partagent, du moins implicitement, M. Chomel comme les autres. Et comme M. Chomel est un excellent praticien et un judicieux observateur, assurément il l'applique avec autant d'à propos et plus de bonheur que Broussais lui-même. Ce n'est pas toutefois sans habileté que M. Chomel a imaginé un moyen de s'affranchir du système de Broussais tout en se conformant à la juste pensée d'unité pyréthologique de ce médecin. C'est ce qu'il a trouvé en réunissant, de concert avec le très-judicieux docteur Louis, toutes les fièvres si disparates de l'école de Ph. Pinel sous la désignation identique de *fièvre typhoïde*. La création de ce simple mot a eu l'effet d'une révolution, à raison de l'immense crédit de ceux qui l'avaient inventé. Grâce à cette dénomination nouvelle, non-seulement il n'a plus été question de la *gastro-entérite* et de *l'irritation* de Broussais, mais le nom même de cet homme célèbre a été comme banni de la science. Dr Isidore Bourdon.

CHOMIAKOF (Alexei Stepanovicz), poète et écrivain russe contemporain. Son principal ouvrage est une collection de *Poésies*, et deux tragédies : *Jermak* (la Conquête de la Sibérie), drame historique, qui parfois atteint le plus haut degré du lyrisme, mais qui manque complétement de vérité historique ; et *Dmitri Samoswanjez* (le faux Démétrius), œuvre beaucoup plus satisfaisante, et sous le rapport du style et de la versification, et sous celui de la conception et de la peinture des caractères. Chomiakof est un remarquable poète lyrique, dont les productions sont empreintes d'un esprit national tout particulier ; ses vers sont les plus beaux dont la littérature russe puisse s'enorgueillir depuis Pouschkin. C'est en même temps un prosateur distingué. Les articles qu'il fournit à l'un des meilleurs journaux de la Russie, le *Moskwitjanin*, témoignent de vastes lectures et d'une instruction très-variée.

CHOMPRÉ (Pierre), né à Narci, près de Châlons-sur-Marne, en 1698, mort à Paris en 1760, tint dans la capitale une pension, que sa capacité et son zèle rendirent florissante. Ses principaux écrits, tous inspirés par le désir d'être utile à la jeunesse, sont ses *Vies de Brutus* et de *Callisthène*; ses *Selecta latini sermonis exemplaria*, 7 vol.; la traduction française de ce recueil; un *Vocabulaire universel latin-français*; un *Dictionnaire abrégé de la Bible*; les *Moyens sûrs d'apprendre les langues*, et principalement la latine ; ses deux *Introductions aux langues latine et grecque par la voie de la traduction*; et surtout son *Dictionnaire abrégé de la Fable*, fort connu, très-souvent réimprimé, mais dont on ne se contente encore que faute de mieux.

CHOND, c'est-à-dire *colline*. On appelle ainsi, aux grandes Indes, les tribus indigènes antérieures à l'immigration des Brahmanes, qu'on rencontre presque partout en deçà des régions montagneuses du Deklan, mais en plus grand nombre sur le haut plateau situé entre le Mahanadi et le Godaweri, entre les pays d'Orissa et de Ragpour et dans les districts avoisinants. Toute cette contrée boisée a reçu le nom de *Chondwana* ou de territoire des montagnards. Les divers clans des Chonds n'ont entre eux que fort peu de rapports. Leurs dialectes grossiers, surchargés de sons gutturaux et tirés de la poitrine deviennent facilement, comme c'est aussi le cas dans le Caucase et parmi d'autres montagnards, des langues particulières. Le Chond d'une région délimitée ne comprend pas sans peine le Chond de la région voisine. Ces montagnards sont une race d'hommes de taille moyenne et bien proportionnée, au visage ovale, au nez aplati, aux pommettes saillantes, à l'œil vif et ardent. Leurs lèvres saillantes et leur bouche sont d'une grandeur peu commune. La couleur de leur teint tire sur le noir. Ils ont la barbe épaisse, et sous ce rapport, comme sous beaucoup d'autres encore, ils ressemblent aux habitants de la presqu'île au delà du Gange, des îles de l'Asie méridionale et de l'Australie, avec lesquels il se peut qu'ils aient eu des rapports à une époque remontant au delà des temps historiques.

Ces montagnards n'ont pas la moindre idée d'une révélation, d'une émanation de la divinité. Ils divinisent les phénomènes visibles, parmi lesquels le soleil et la lune figurent en première ligne; puis leurs ancêtres, et même que les vertus et les vices, comme font toutes les religions naturelles. Leurs dieux sont des démons jaloux, ne songeant qu'à la ruine et à la perdition, et qu'il faut entretenir de bonne humeur au moyen de sacrifices, parmi lesquels le sang humain est celui qui leur est le plus agréable. Chaque année on leur offre plusieurs centaines de sacrifices de ce genre, dits *meria*. Pour qu'ils plaisent à la divinité, il faut que les *meria* proviennent de ventes faites par des marchands. Les gens provenant de race différente leur conviennent aussi beaucoup plus sous ce rapport; mais en cas de nécessité on peut tout aussi bien sacrifier un Chond qu'un étranger. La forme du gouvernement des Chonds est patriarcale; tous les membres d'une même famille vivent unis jusqu'à la mort du père commun. Les fils mariés habitent des maisons particulières, mais n'en subsistent pas moins des produits du bien de leur père. Plusieurs familles forment un village, plusieurs villages un district plusieurs districts, une tribu, et plusieurs tribus une confédération. Chacune de ces subdivisions a à sa tête un patriarche, qui d'ordinaire remplit en même temps les fonctions de prêtre. Il préside aux fêtes, maintient le bon ordre, rend la justice, aplanit les différends qui peuvent survenir avec l'étranger, et commande à la guerre. Le Chond ignore complètement ce que peuvent être des prescriptions légales, des obligations écrites; l'idée d'un système d'écriture dépasse même la portée de son intelligence.

Dans ces dernières années les Chonds ont pris à l'égard des Anglais l'obligation de s'abstenir de sacrifices humains, à la condition qu'on leur promit de leur rendre la justice conformément à leurs usages. Ces barbares se sont engagés en même temps à ne plus consommer les sacrifices de jeunes filles, jadis si communs parmi eux. Cette dernière pratique avait sa base et dans les idées religieuses et dans les conditions sociales où sont placés les Chonds. Ils considèrent en effet les femmes, à l'instar de la déesse la Terre, comme la cause de tous les maux. Le père est en outre tenu d'offrir, en expiation de toute faute commise par sa fille mariée, une indemnité au mari de celle-ci ou à sa tribu. Une méchante femme est dès lors un fléau, une malédiction pour ses proches et pour toute sa tribu. Aussi égorge-t-on d'ordinaire en masse les filles sept jours après leur naissance; et dans trois districts seulement du *Chondwana* il en périt ainsi 1,100 par an. Qu'on ajoute à cela 500 *meria*, et on aura, rien que dans ce petit coin de l'immense territoire indien, 1,300 sacrifices humains par année.

CHONDRINE (de χόνδρος, cartilage). La chondrine, ou la substance gélatineuse que les cartilages cèdent à l'eau bouillante, se rapproche par sa composition de la substance soluble que la fibrine cède dans les mêmes circonstances; elle renferme en effet, d'après M. Mulder : 50,61 de carbone, 6,58 d'hydrogène, 14,44 d'azote, et 28,37 d'oxygène. Cette matière se prépare en faisant bouillir avec de l'eau, pendant douze à seize heures, des ligaments, des cartilages, etc. La solution se prend par le froid en une gelée transparente, qui par la dessiccation devient compacte comme de la corne. Cette solution est précipitée sous forme de flocons blancs, par l'addition d'un acide ou du sulfate d'alumine.

CHONDRODITE (de χόνδρος, grumeau), substance minérale ordinairement en grains à texture lamelleuse, plus rarement en cristaux prismatiques hexaèdres terminés par des pointements à six faces. Sa couleur jaune ou brune, sa cassure vitreuse, sa dureté assez grande pour rayer le verre et le feldspath, caractérisent ce composé de fluorure de magnésium et de silicate de magnésie mélangés dans des proportions encore mal déterminées. La chondrodite se rencontre en Finlande, en Suède, aux États-Unis, toujours disséminée dans des calcaires grenus. C'est la même substance que quelques minéralogistes désignent sous les noms de *maclurite* et de *brucite*. A. DES GENEVEZ.

CHONDROPTÉRYGIENS (de χόνδρος, cartilage, et πτερόν, nageoire). *Voyez* POISSONS.

CHONDWANA. *Voyez* CHOND.

CHOPIN (FRÉDÉRIC), pianiste et compositeur très-distingué, naquit à Zelazowawola, près de Varsovie, en 1810. Il nous serait impossible de donner une date plus précise, car Chopin lui-même ne connaissait l'année de sa naissance que par une montre que lui envoya Mme Catalani dans l'année 1820, et sur laquelle étaient gravés ces mots : *Donnée par madame Catalani au jeune F. Chopin,*

âgé de dix ans. Chopin avait environ huit ans et demi lorsqu'il reçut des leçons de piano du vieux Zigwny, musicien très-remarquable de l'école de Bach, et qui lui-même était élève de Kuharz. Il fit des progrès tels qu'à l'âge de neuf ans il était en état de jouer en public un concerto de Girowetz. En même temps, Joseph Elsner enseignait la composition au jeune pianiste. Ces deux hommes, Elsner et Zigwny, sont les seuls professeurs que Chopin ait eus. Chacun d'eux, dans sa sphère, lui apprit le mécanisme de son art. Il se forma ensuite par l'étude et la réflexion, et c'est ainsi qu'il devint ce compositeur et ce pianiste si remarquable par l'originalité de ses productions et de son jeu.

Quelques semaines avant la révolution de 1830, Chopin, dont le talent était déjà apprécié en Pologne et en Russie, quitta sa patrie pour voyager. Son projet était de visiter l'Italie; mais arrivé à Vienne, il se vit forcé d'y renoncer, plusieurs États italiens se trouvant en ce moment en insurrection. Il en alors l'idée d'aller à Londres, et obtint un passe-port pour cette capitale. Cependant, il était bien aise de connaître Paris, d'y voir Cherubini et plusieurs autres musiciens célèbres qu'il avait en vénération : il fit donc ajouter à son passe-port ces trois mots : *passant par Paris.* Une fois à Paris, Chopin oublia Londres, et resta parmi nous.

Chopin produisit une vive sensation dans les concerts, et surtout dans les salons, autant par son jeu fin et délicat que par la nouveauté de ses compositions. Rien en effet ne pourrait donner l'idée de ce talent à la fois profond, gracieux, plein de force et de légèreté, rêveur, poétique, élevé, et qui se distinguait par un tour qui n'appartenait qu'à lui. Chopin était un des trois ou quatre musiciens de notre siècle qui avaient véritablement ce qu'on appelle *un style* à eux. Jamais artiste n'a réuni à un aussi haut degré dans ses inspirations le culte des traditions classiques aux innovations les plus hardies. Quels que soient les progrès que le piano ait faits en dernier lieu entre les mains de Listz, de Thalberg, de Doëhler, jamais on ne ravira à F. Chopin la place à part qu'il occupe dans l'art. C'est un de ces génies tellement individuels qu'ils se dérobent à l'imitation.

Chopin a composé deux concertos de pianos, un grand nombre d'études, de nocturnes, de mazarkas. C'est lui qui a introduit parmi nous ce dernier genre de composition. Il est de plus auteur d'une foule de chansons, dont la plupart sont devenues populaires en Pologne, bien que ses compatriotes ignorent qu'il en est l'auteur. Il se proposait de les publier, ainsi qu'une collection de chants nationaux, lorsqu'il fut enlevé prématurément aux arts, le 17 octobre 1849. J. D'ORTIGUE.

CHOPINE, ancienne mesure de liquide, contenant la moitié de la pinte. On a quelquefois employé la chopine comme mesure de solide. Les dictionnaires usuels font venir ce mot de *schoppen*, qui a la même signification en allemand; mais n'est-il pas plus rationnel, comme l'indique Ménage, de le faire dériver du diminutif *cupina*, fait du latin *cupa*, coupe, tasse? On a donné par extension au contenant le même nom qu'au contenu, et l'on a dit *boire chopine* pour boire le vin ou la liqueur contenue dans cette mesure, comme le témoignent ces vers d'un ancien poète :

> On ne croit boire que *chopine*,
> Et quelquefois on en boit deux ;
> On croit rire avec sa voisine,
> Et l'on en devient amoureux.

On dit aussi quelquefois, mais trivialement, *chopiner*, pour dire boire fréquemment, et l'on a fait du mot chopine un diminutif, *chopinette*, signifiant encore un cabaret champêtre où l'on *ride* chopine.

CHOQUARD ou **CHOQUART.** *Voyez* CHOCARD.

CHOQUER. *Voyez* CHOC.

CHORÉE (*Prosodie*). C'est, dans la prosodie grecque et latine, le nom que l'on donne quelquefois au trochée, parce qu'on l'employait dans les chœurs (χοροί). Deux chorées de suite, comme dans *cănlĕlĕnā*, forment un pied composé, que les prosodistes appellent *dichorée*.

CHORÉE (de χορεία, danse), maladie qui consiste dans des mouvements continuels et involontaires d'un ou de plusieurs membres, et quelquefois même des muscles du visage et de ceux du tronc. *Voyez* DANSE DE SAINT-GUY.

CHORÉGE (en latin *choragus*, et en grec χοραγὸς, de χορὸς, chœur, et ἄγειν, conduire). C'était tout à la fois chez les Grecs le nom que portait le chef des chœurs et celui d'un magistrat athénien, président à la dépense des spectacles. Il y en avait un dans chacune des dix tribus; c'était à lui de faire les frais des représentations tragiques pour sa tribu. A la vérité, elle donnait une somme, mais il en coûtait toujours au chorége, qui ne pouvait guère, dans ces occasions, se dispenser de quelque magnificence. Lorsqu'il choisissait une pièce, on disait qu'*il lui accordait le chœur*, c'est-à-dire qu'il fournissait au poëte des acteurs, des danseurs, des habits, en un mot, tout ce qui était nécessaire pour faire représenter l'ouvrage. Chaque chorége, dont la personne était inviolable, cherchait à l'emporter sur ses émules, et la gloire qui lui en revenait rejaillissait sur toute sa tribu; il était aussi jaloux de cet honneur que d'une victoire. Ainsi Plutarque raconte que Thémistocle, ayant vaincu l'ennemi pendant l'exercice de ses fonctions de chorége, fit dresser un monument de sa victoire avec cette inscription : « Thémistocle Phréarien était chorége; Phrynichus faisait représenter la pièce; Adimante présidait. » On accordait au chorége de la tribu victorieuse le droit de faire graver son nom sur le trépied que cette tribu suspendait aux voûtes du temple. Cette fonction, quoique ruineuse, était fort recherchée, et devait l'être dans un État républicain. Elle conduisait aux honneurs, comme la dignité d'édile curule à Rome, et donnait beaucoup de crédit dans le peuple à celui qui en était revêtu.

CHORÉGRAPHIE (de χορεία, danse, et γράφω, j'écris). C'est l'art d'écrire la danse en employant des signes particuliers et des notes de musique pour représenter les figures des ballets et les pas exécutés par les danseurs. Cet art, que les anciens semblent avoir ignoré, a dû naître en France quand Catherine de Médicis vint à régner et introduisit les ballets aux fêtes de sa cour. Le premier qui essaya de dicter les préceptes sur cette matière fut un chanoine de Langres, nommé Thoinet-Arbeau. Son livre, publié en 1588, sous le nom d'*Orchésographie*, n'était guère qu'une ébauche indiquant la marche et signalant les moyens d'arriver au but proposé. L'auteur se contentait de tracer l'air sur des lignes de musique, et d'écrire au-dessus de chaque note le nom des pas.

Toutefois, la danse, si bien en rapport avec le goût national, ne cessa pas de tendre à la perfection, tandis que la chorégraphie demeura stationnaire jusqu'aux premières années du dix-huitième siècle, où Beauchamps et Feuillet publièrent des traités sur cette science nouvelle, dont ils se proclamaient les inventeurs. Après avoir plaidé devant l'opinion, ils s'adressèrent à la justice, et le parlement, qui jugeait les arts comme les finances, c'est-à-dire sans les comprendre, décida en faveur de Beauchamps. Mais le public cassa la sentence en adoptant la méthode de Feuillet, la seule en usage aujourd'hui, avec certaines modifications imaginées par Dupré, l'un des plus célèbres danseurs du siècle dernier. D'après cette méthode, les détails du pas, leur durée, sont indiqués par des lettres et des tirets. Ainsi, on connait par la forme de la lettre *a*, placée ordinairement à la tête du pas, quelle est sa durée. Si elle est blanche, elle équivaudra à une blanche de l'air sur lequel on danse; si elle est noire, elle aura la même valeur qu'une noire du même air; si c'est une croche, la lettre n'est tracée qu'à moitié en forme de *c*. Le plié, le sauté, le cabriolé, et autres agréments des pas, sont marqués par des petits tirets, et les tournoiements par des demi-cercles, quarts de cercle, cercles entiers; il n'est pas jusqu'aux mouvements des bras qui ne soient indiqués d'avance.

C'est ainsi que l'on est parvenu à tracer les figures des pas, et à les épeler, non sans peine, maintenant surtout que les ballets se composent de masses de danseurs formant des groupes multipliés; tandis qu'autrefois ils ne consistaient qu'en des entrées successives de deux ou trois danseurs venant figurer une pas à tour. Il était donc facile de noter exactement les entrées; les maîtres d'alors s'envoyaient réciproquement de petites contredanses et les pas les plus difficiles et les plus brillants. « Aussi, dit Noverre dans ses *Lettres*, l'art de la chorégraphie est-il resté très-imparfait; car s'il indique l'action des pieds et les mouvements des bras, il n'indique ni les positions ni les contours qu'ils doivent avoir, ni les oppositions de la tête, etc. » Au reste, l'opinion de Noverre est ratifiée par l'expérience, car la plupart des maîtres de ballets actuels se contentent de jeter sur le papier le dessin géométral des formes principales et des figures les plus saillantes de l'action, et négligent d'écrire les pas et les attitudes nécessaires à l'exécution de leurs tableaux. Il en résulte, et c'est vrai, qu'il faut recommencer ces mêmes détails quand on veut exécuter en province ou remettre au théâtre un ballet; mais cette nécessité, ajoute Noverre, tourne au profit de l'art, puisqu'elle permet à l'auteur éclairé par l'expérience de perfectionner son œuvre.

SAINT-PROSPER jeune.

CHORÉVÊQUE (en latin *chorepiscopus*, fait du grec χώρα, région, et d'ἐπίσκοπος, évêque). On ne sait pas bien quelles étaient les fonctions attachées à la dignité de chorévêque. Il paraîtrait cependant, d'après l'étymologie même du mot, que ce devait être un évêque de campagne; et cette opinion en effet est appuyée par un acte du concile de Sardique, qui défend de consacrer des évêques à la campagne dans les petites villes, afin, y est-il dit « que la dignité épiscopale soit relevée par l'éclat des grandes villes ». Le treizième canon du concile d'Ancyre, tenu en 314, porte qu'il n'est pas permis au chorévêque d'ordonner des prêtres ou des diacres. Charlemagne essaya vainement de supprimer cette dignité, qui subsistait encore au dixième siècle. Le chorévêque passait pour le vicaire de l'évêque, et l'abbé Bergier recommande de ne point confondre cette dignité avec celle de *co-évêque* ou de *suffragant*, qui lui est supérieure.

Dans quelques églises, principalement en Allemagne, on a donné encore le nom de *chorévêque* au chef ou surveillant du chœur; mais alors il faut en demander l'étymologie aux deux mots grecs χορὸς ἐπίσκοπος.

CHORIAMBE (χορίαμβος), dans la langue des Hellènes, est le pied d'un vers dont les lyriques grecs ont enrichi leurs *odes* ou *chants*, et qui se cadence par deux brèves entre deux longues; exemple : *Calīfĕrăm*; c'est un *trochée* ou chorée (—∪) suivi d'un *iambe* (∪—). Il ne s'emploie que dans la poésie lyrique. Dans Sénèque le tragique, on trouve des chœurs entiers sur ce rhythme : tel est celui des Thébains dans le deuxième acte d'*Hercule furieux*. En conséquence, les Grecs et les Latins, dont la langue était la plus rhythmée après l'hellénique, ont nommé *choriambiques* les vers qu'ils mesuraient par des choriambes. On en distingue de quatre sortes : 1° le *glyconien*, le plus bref, celui qui a le moins de pieds : il se compose d'un spondée, d'un choriambe, d'un iambe; 2° l'*asclépiade*, qui se forme d'un spondée, de deux choriambes et d'un iambe; 3° un vers plus long que l'asclépiade d'un choriambe; 4° un vers du même nombre de pieds que le premier asclépiade, mais se terminant par une longue au lieu d'un iambe. Une strophe de quatre vers, dont les trois premiers sont des asclépiades et le dernier un glyconien, se nomme *dicolon-tetrastrophon*. Celle dont les deux premiers vers sont deux *asclépiades*, le troisième un *phérécratien*, et le quatrième un *glyconien*, s'appelle *tricoton-tétrastrophon*. Il y on'a de délicieuses dans Horace. DENNE-BARON.

CHORIAMBIQUES (Vers). *Voyez* CHORIAMBE.

CHORION (de χοριον, enveloppe). On désigne sous ce nom tantôt l'une des enveloppes du fœtus des mammifères, et tantôt le tissu le plus solide de la peau, qu'on appelle plus souvent *derme*. Bichat avait donné le nom de *chorion* au derme de la peau interne ou des membranes muqueuses.

CHORIS (LOUIS), né de parents allemands, le 22 mars 1794, à Iekaterinoslaf, dans la petite Russie, annonça dès sa plus tendre enfance des dispositions extraordinaires pour le dessin, et une vocation toute particulière pour les beaux-arts. En 1813 il accompagna le naturaliste Marschall de Biberstein dans son voyage au Caucase, et en 1814 il fut adjoint à Otto de Kotzebue, pour faire avec lui un voyage de circumnavigation à bord du vaisseau *Le Rourik*. En 1819 Il vint en France, où les savants l'accueillirent avec toutes sortes de prévenances, et l'engagèrent à dessiner sur pierre les belles esquisses qu'il avait rapportées de son voyage, afin qu'elles ne perdissent rien de leur originalité. Il publia alors son *Voyage pittoresque autour du monde* (Paris, 1821-1823, in-fol.), dans les dessins duquel on admire une vérité, une fraîcheur de vie et une originalité qu'aucun peintre avant lui n'avait su prêter à de tels sujets. Il dessinait la nature telle qu'il la trouvait, et rectifia une foule de données erronées recueillies par ceux qui l'avaient précédé. C'est ce qu'on possède de plus exact sur les populations fort peu civilisées de la Polynésie. Portraits des naturels, armes, habillements, ustensiles, canots, maisons, animaux de tout genre, rien n'a été oublié. Le texte fut rédigé par l'illustre Cuvier et par Chamisso, que Choris avait eu pour compagnon dans son voyage sur *Le Rourik*. Enfin, le docteur Gall joignit à cette œuvre des recherches phrénologiques sur les crânes des sauvages. Ses *Vues et paysages des régions équinoxiales, recueillis dans son voyage autour du monde* (Paris, 1826, in-fol.), forment la suite de l'ouvrage précédent. Ce sont vingt-quatre planches destinées à rendre l'aspect, la physionomie des plantes des arbres qui composent l'admirable et luxueuse végétation des tropiques. Au milieu de ces importants travaux, il trouva encore le temps de se former à la peinture historique, sous la direction de Gérard et de Regnault. Il accompagna le premier de ces maîtres à Reims pour y travailler avec lui au tableau du *Sacre de Charles X*. Poussé de nouveau par une irrésistible envie de voyager, il partit en 1827 pour l'Amérique méridionale, où, avec son compagnon de voyage, l'Anglais Hendreson, il périt, le 22 mars 1828, sur la route de la Vera-Cruz, assassiné par des voleurs de grand chemin. On publia après sa mort son *Recueil de têtes et de costumes des habitants de la Russie, avec des vues du mont Caucase et des environs* (18 livraisons).

CHORISTE, musicien ou musicienne dont l'emploi consiste à chanter dans les chœurs.

CHOROGRAPHIE (de χωρος, région, contrée, et de γραφω, je décris). C'est l'art de faire la carte particulière, ou la description d'une province, d'une région; elle est, avec la topographie, qui n'est que la description d'un lieu, d'une ville ou d'un canton, une des parties intégrantes de la géographie, qui est elle toute seule la description générale de la terre.

CHOROÏDE (de χωριον, chorion, et εἰδος, forme), nom donné en anatomie à des parties membraneuses et très-vasculaires, à cause de leur ressemblance avec le chorion. On l'applique principalement à des membranes intérieures de l'œil. Les *plexus choroïdes* sont deux replis membraneux et vasculaires qu'on trouve dans les ventricules latéraux du cerveau.

Du mot *choroide* on a fait *choroïdien* : la membrane qui unit les plexus choroïdes est appelée *toile choroïdienne*. On donne aussi le nom de *veine choroïdienne* à la veine de Galien. L. LAURENT.

CHORON (ALEXANDRE-ÉTIENNE) naquit le 21 octobre 1771, à Caen, où son père était directeur des fermes. Après des études brillantes au collége de Juilly, il en sortit à l'âge de quinze ans. Son goût l'entraînait déjà vers la musique, qu'il apprit de lui-même et sans livres. Il se fit une espèce de notation au moyen de laquelle il pouvait conserver les chants qu'il avait entendus ou imaginés. Il lut ensuite les ouvrages de d'Alembert, de J.-J. Rousseau et de Roussier, et se mit à composer en parties, sans le secours d'aucun maître. Grétry, à qui il montra quelques-uns de ses essais, le recommanda à l'abbé Roze, avec lequel il travailla d'abord. Il devint ensuite disciple de Bonesi, de l'école de Leo, et apprit la langue allemande pour être en état d'étudier les meilleurs didactiques allemands sur l'art de la musique. Le second genre d'études auquel il se livra fut celui des sciences physiques et mathématiques : il y fit tant de progrès que le célèbre Monge le jugea digne de ses leçons particulières, et le nomma répétiteur pour la géométrie descriptive à l'école normale en 1793. Devenu l'année suivante chef de brigade à l'École Polytechnique, il n'en sortit que pour se livrer entièrement à l'étude des sciences et des arts, aussi peu soucieux, comme il le disait lui-même, de fortune que de titres, d'honneurs, et même de renommée.

Dans les premières années de ce siècle, il avait composé, par forme de délassement, une méthode pour apprendre en même temps à lire et à écrire, que l'on regarda comme ce qui avait été fait de mieux en ce genre, et que l'autorité elle-même adopta dans les écoles d'enseignement mutuel. C'est pendant son association avec Le Duc, marchand de musique, qu'il publia son grand ouvrage sur les *Principes de composition des écoles d'Italie*. Outre les exemples de Sala et de quelques maîtres allemands, on y trouve plusieurs morceaux de Choron sur la théorie de l'art, qui renferment de grandes vues; mais les diverses parties qui composent ces trois volumes in-fol. manquent d'unité de principes, et se lient mal entre elles. Vers la fin de 1809, Choron annonça par un prospectus un *Dictionnaire historique des Musiciens*. L'auteur de cet article qui avait préparé un travail du même genre vint le trouver, et tous deux convinrent de fondre leurs travaux en un seul ouvrage. Malheureusement, la santé de Choron se dérangea bientôt, et son collaborateur resta seul chargé du travail; en sorte que ce dernier est l'auteur de l'ouvrage entier, à l'exception de quelques articles et de l'introduction, qui offre un précis de l'histoire de la musique. Ce précis est excellent pour le plan et le fond des idées, mais il laisse à désirer pour le style et quelques développements nécessaires.

En novembre 1815 Choron fut nommé directeur de l'Opéra. Dans le cours d'une administration qui ne dura que dix-sept mois, il mit en scène sept ouvrages nouveaux, et remit quatorze anciens, dont plusieurs en trois actes, avec des décorations nouvelles. Les anciens administrateurs de la maison du roi ont avoué que de toutes les directions de l'Opéra, celle de Choron *a coûté le moins et produit le plus*. Son école, fondée en 1817, n'était d'abord qu'une école primaire, destinée à l'instruction musicale d'enfants en bas âge; et c'est dans ce but qu'il écrivit sa *Méthode concertante*, espèce de solfége à quatre parties, où l'on trouve toutes les combinaisons de mesures, de temps et de son. On sait avec quel succès il l'a mise en pratique sur des masses d'enfants; en sorte que nulle part la musique vocale d'ensemble n'a été exécutée avec autant de précision et de fini que dans son école. En 1824 le vicomte de La Rochefoucauld transforma cette école en *institution royale de musique religieuse*. Plus tard elle prit le titre, un peu ambitieux, de *Conservatoire de musique classique*. Le directeur, sentant bien que le nombre de ses pensionnaires me serait pas assez considérable pour parvenir à de grands résultats, eut l'idée de prendre des externes dans les écoles de charité de son arrondissement. Ces enfants, réunis à ses élèves, et formant avec eux le nombre de 150, firent, dans les concerts de 1827 à 1831, l'admiration des artistes et de la haute société de Paris. En 1832 le défaut de subvention le força de restreindre le nombre de ses pensionnaires et de supprimer ses externes. De cette école sont sortis d'illustres disciples : citons seulement Duprez.

Choron publia encore plusieurs autres ouvrages, et il en laissa un certain nombre d'inachevés, entre autres son *Manuel de Musique vocale et instrumentale*. Au lieu de s'en occuper, voilà qu'un matin il conçoit l'idée d'improviser des chœurs avec cent, deux cents, trois cents enfants, tout à fait ignorants dans la musique. Il en fait l'essai à Paris avec pleine réussite, et court le répéter dans plusieurs départements. Il se fatigue par ses voyages, il s'exténue par ses exercices; et enfin il revient à Paris, où il meurt, le 29 juin 1834. FAYOLLE.

Avant de mourir, Choron avait désigné pour terminer son *Manuel* et recevoir le dépôt de ses papiers, notre collaborateur M. Adrien de La Fage, son élève et son ami. M. de La Fage a accepté ce legs de l'amitié. L'ouvrage, achevé en 1838, forme six volumes : un tiers environ appartient à Choron. On doit aussi à M. de La Fage un *Éloge de Choron* (Paris, 1844).

CHORTONOMIE (de χορτος, herbe, et νομος, loi), nom donné par M. Desvaux à l'art de faire des herbiers.

CHOSE, dans le langage du monde, est un de ces mots d'une signification vague qui s'appliquent à tout, précisément parce qu'ils ne spécifient rien en particulier. Tout ce qui tombe sous les sens, tout ce qui peut attirer l'imagination, est pour nous un objet constant de méditations et d'études; mais, quels que soient nos efforts, nous n'en saurons jamais beaucoup ni sur l'origine, ni sur l'existence, ni sur la fin des choses. Par le mot *chose* on désigne indistinctement tout être inanimé, soit réel, soit moral. *Être* est plus général que *chose* en ce qu'il se dit de tout ce qui est, tandis qu'il y a des *êtres* dont *chose* ne se dit pas. On ne dit pas de *Dieu* que c'est une chose; on ne le dit pas, non plus de l'homme. *Chose* se prend encore par opposition à *mot* : Ainsi il y a le *mot* et la *chose*; et par opposition à *simulacre* ou *apparence* : *cedit persona, manet res*. Le mot *chose*, embrassant tout ce qui est dans la nature, se prête à des applications et à des divisions infinies, soit que l'on considère les *choses humaines* par opposition aux *choses divines*, les *choses profanes* par opposition aux *choses sacrées*; soit que l'on oppose les *choses corporelles* aux *choses incorporelles*, les *choses générales* aux *choses spéciales*, les *choses publiques* ou *communes* aux *choses privées* ou *particulières*. La *chose publique* c'est l'État, c'est la *république*, comme l'appelait Bodin; monarchique ou démocratique, n'importe!

Dans le langage du droit, *chose* se prend pour synonyme de biens, de droits, d'actions. On distingue les *choses privées* et les *choses publiques*, les *choses mobilières* et les *choses immobilières*, les *choses fongibles* qui se consomment par l'usage et les *choses non fongibles* qui ne se consomment pas.

CHOSE JUGÉE. C'est ce qui est décidé par un jugement ou arrêt en dernier ressort, soit qu'il n'y a ou ne peut y avoir d'appel, soit parce que l'appel n'est pas recevable, ou qu'il y a un acquiescement de la part de la partie condamnée, soit parce qu'on n'a pas interjeté appel en temps utile. Les *jugements par défaut* ont, comme les *jugements contradictoires*, l'autorité de la chose jugée, mais seulement après l'expiration du délai de l'opposition.

L'intérêt public, qui commande de mettre une fin aux contestations judiciaires, a fait admettre en principe, chez nous comme chez les Romains, que la chose jugée serait réputée la vérité même; mais cette présomption légale ne peut, comme on le sait, changer la nature des choses, et ne s'applique qu'aux effets civils des jugements.

Aux termes de l'article 1351 du Code Napoléon, il y a chose jugée lorsque les quatre éléments fondamentaux suivants se rencontrent : il faut que la chose demandée soit la même, que la demande soit fondée sur la même cause, que la demande soit entre les mêmes parties et formée par elles et contre elles en la même qualité. Si ces conditions ne sont pas réunies, une partie ne saurait opposer à l'autre l'autorité de la chose jugée. Les voies extraordinaires permises pour attaquer les jugements, telles que la requête civile et le pourvoi en cassation, ne font pas obstacle à l'autorité de la chose jugée. Si la partie à laquelle est acquise l'exception de la chose jugée négligeait de l'opposer, le juge ne pourrait la suppléer d'office.

CHOSROÈS. *Voyez* KHOSROU.

CHOTEK (FRANÇOIS-XAVIER), compositeur de mérite, né le 22 octobre 1800, à Liebisch en Moravie, où son père était maître d'école, reçut son éducation préparatoire au gymnase de Freiherg, et vint en 1819 à Vienne, où il commença l'étude de la philosophie et de la jurisprudence. Mais en 1834 il se décida à abandonner cette carrière pour se livrer complétement à la musique, dont son père lui avait déjà enseigné les éléments. Il eut pour maître l'organiste de la cour Henneberg, et, à la mort de celui-ci, Simon Sechter. Depuis lors Chotek n'a pas cessé d'habiter Vienne, où il s'est fait une brillante et lucrative clientèle comme maître de musique. Ses nombreuses compositions, qui en 1851 dépassaient déjà le chiffre de 100, consistent en contredanses, romances, fantaisies, rondos et autres morceaux du même genre. Le plus connu de ses ouvrages est son *Anthologie Musicale*, suite de fantaisies sur des motifs d'opéras en vogue.

CHOU, genre de plantes de la famille des crucifères, se composant de douze à quinze espèces botaniques, qui, excepté le *chou d'Orient* et *chou de la Chine*, sont originaires d'Europe. Il ne sera question dans cet article que d'une seule espèce botanique de ce genre, le *brassica oleracea*, ou *chou proprement dit*, qui, cultivé de temps immémorial dans les jardins et dans les champs, s'est modifié en plus de cent espèces, races, variétés et sous-variétés, que nous allons considérer le plus succinctement possible; et sans examiner si ce chou, qui croît naturellement, au rapport d'Aiton, sur les côtes maritimes de l'Angleterre, est lui-même un type ou espèce primitive, nous procéderons à son examen en neuf races, savoir : Chou colza, (*brassica oleracea*) ; Chou non pommé (*brassica oleracea viridis*) ; Chou-pommé à feuilles frisées (*brassica oleracea capitata crispa*) ; Chou pommé à feuilles entières (*brassica oleracea capitata*) Chou pommé rouge (*brassica oleracea capitata rubra*) ; Chou-fleur (*brassica oleracea botrytis*) ; Chou brocoli (*brassica oleracea botytris cymosa*) ; Chou-rave (*brassica oleracea gangtioides*) ; Chou-navet (*brassica oleracea napo-brassica*).

1re RACE. *Chou colza. Voyez* COLZA.

2e RACE. *Choux non pommés.* Dans cette série, citons d'abord le *chou vert à larges côtes*, le *chou blond à larges côtes*, le *chou crépu à larges côtes*, qui s'élèvent peu, ont une légère tendance à s'arrondir, se sèment en juin et juillet et se mangent en hiver; ces trois variétés sont encore connues sous le nom de *chou de Beauvais à grosses côtes*. Viennent ensuite le *chou cavalier* et ses sous-variétés, dites *chou moellier, chou en arbre, chou à vache*, et le *chou coulet de Flandre*, dont les feuilles naissantes servent à la nourriture de l'homme et les plus grandes à la nouriture des animaux. Le *chou branchu du Poitou*, moins élevé que le chou cavalier, et plus abondant en feuilles, est l'un des plus productifs, soit comme aliment pour l'homme, soit comme nourriture pour les animaux. Le *chou vivace de Daubenton*, qui sort du précédent, est plus rameux, plus riche en feuillage; il n'est réputé vivace qu'en ce sens que l'inclinaison de ses branches pendantes permet de les coucher, de les marcotter en terre, et de le perpétuer ainsi. Les *choux frangé à aigrettes rouges, frisé, rouge du Nord, panaché, bicolore, tricolore*, le *chou frisé vert*, le *chou frisé nain*, le *chou crépu d'Écosse*, le *chou prolifère*, et autres variétés et sous-variétés à feuilles plus ou moins *échancrées, frisées, ondulées*, et *mordues*, se nuançant de diverses couleurs, et dont les caractères sont si fugitifs et si inconstants qu'ils n'ont pas encore reçu de nom, si ce n'est la dénomination générale et bizarre de *capouska*, rentrent dans cette série, et servent tous, comme les espèces précédentes, à l'homme et aux animaux. La plupart sont très-bons, ont une saveur agréable, étrangère à celle du musc quand ils ont subi l'action de la gelée; ils sont en outre de fort belles plantes, qu'on voit avec plaisir dans les jardins d'agrément. Cette série contient aussi le *chou à faucher*, qui s'élève encore moins que le chou vivace, dont il est un diminutif remarquable, par sa propriété plus prononcée de se prêter aux mutilations que lui occasionnent les opérations de couper et casser un grand nombre de fois ses feuilles, toujours promptes à repousser. Le *chou palmier*, dont les feuilles palmées et du plus beau vert, réunies au sommet d'une tige droite et élevée comme le tronc d'un arbre, font de ce chou une plante d'une physionomie distinguée, et le *chou de Naples*, moins élevé que le précédent, à feuilles planes et glauques auprès de leurs nervures, et frangées en leurs bords, sont compris dans cette dernière série, que nous terminons par le *chou à jets de Bruxelles*, d'un usage très-répandu et dont il se fait une très-grande consommation à Paris : ce chou s'élève de 0ᵐ, 60 à 0ᵐ, 95, et produit aux aisselles de ses feuilles de petites têtes vertes du volume d'une noix, appelées *chou de jets*, *chou à jets de Bruxelles*, qu'on voit sur toutes les tables et dans tous les restaurants. Ce chou, qui a été remis en grand usage depuis une soixantaine d'années, est le *chou à mille têtes*, mentionné il y a très-longtemps par Dalechamp, sous le nom de *brassica polycephalos*. Tous les choux compris dans cette division, étant destinés à être mangés en hiver (au moins la plupart), se sèment en juin et juillet, et se replantent à 30,60 ou 90 centimètres, selon leur grosseur, soit qu'on les plante dans le jardin, soit qu'on les plante en plein champ; mais actuellement que l'agriculture est décidément en progrès, et que tous ses produits trouvent de l'emploi en toutes saisons, on sème ces choux en tout temps, pour en faire des ressources alimentaires toute l'année. Je termine cette énumération des choux non pommés, par le *chou de Bruxelles* : c'est qu'en effet ses feuilles, quelquefois entières, quelquefois frisées, indiquent le passage de cette division au *chou de Milan* ou *chou frisé*, dont nous allons parler.

3ᵉ RACE. *Choux pommés frisés.* Les espèces comprises sous ce titre ont les feuilles crépues, frisées et recouvertes les unes par les autres, et forment ainsi une tête ou pomme plus ou moins grosse selon les variétés. Les choux pommés frisés, considérés dans leur ordre d'accroissement en volume, et de décroissement en précocité, se présentent dans l'ordre suivant : *Chou de Milan très-hâtif d'Ulm*, petit, rond, très-serré. *Chou de Milan hâtif ordinaire*, plus gros, plus productif. *Chou de Milan trapu ou frisé court*, tête moyenne très-serrée, pied court. *Chou de Milan d'été*, d'un vert foncé, à pomme très-serrée, moyenne grosseur. *Chou de Milan à tête longue*, tête en forme de pain de sucre, moyen, tendre. *Chou de Milan doré*, jaune dans toutes ses parties et de moyenne grosseur, l'un des meilleurs. *Chou pancalier*, plus gros que tous les précédents, le plus recherché de tous les Milan. *Chou de Milan ordinaire* ou *Milan des Vertus*, gros, bien fait, productif, rustique, et l'un des plus cultivés pour l'approvisionnement de Paris. *Gros Milan d'Allemagne*, extrêmement gros et très-rus-

tique, plus volumineux que celui des Vertus. *Chou de Russie*. Ses feuilles, découpées jusqu'à la nervure, moyennes, réunies au sommet d'une tige de 40 centimètres de hauteur, s'arrondissent en une grosse pomme très-serrée, tendre et excellente. Je n'ai pas besoin de dire comment on sème les choux, combien les choux de Milan offrent de ressources, et les nombreuses applications qu'ils reçoivent dans la cuisine.

4ᵉ RACE. *Choux pommés proprement dits.* Ceux-ci ont des feuilles entières, concaves, lisses en leurs surfaces et en leurs bords, et se recouvrant les unes par les autres en pommes ou têtes très-serrées; ce sont les choux connus sous le nom de *chou cabus, caputs, choucauve, choux blancs*, et ceux qui en tous pays sont les plus recherchés pour les jardins potagers. Considérés selon leur ordre de précocité, les choux pommés se présentent dans l'ordre suivant, qui est aussi leur ordre d'accroissement en grosseur : *Chou cabage*, allongé, très-petit. *Chou superfin hâtif*, petite tête ovale. *Chou nain hâtif*, pied court, tête ronde. *Chou d'York*, moins petit, mais un peu moins hâtif que les précédents, et assez fort pour former une tête ronde et bien pommée, l'un des plus cultivés; le *gros chou d'York*, plus fort, presque aussi hâtif. *Chou de Poméranie*, qui ne diffère du gros chou d'York que par sa forme conique. *Chou cœur de bœuf*, qui a trois sous-variétés, le *petit*, le *moyen*, et le *gros*, ayant la forme allongée, tous trois très-bons et fort cultivés. *Chou pommé de Saint-Denis*, gros, serré, de forme ronde. *Chou de Bonneuil*, d'égal volume et de forme allongée. *Chou cabus d'Alsace*, deuxième saison, plus gros, aplati, très-bien pommé, pied court, le plus prompt à former sa tête parmi les grosses espèces de cette race. *Chou pommé blanc de Hollande*, tige élevée, tête plus grosse que le précédent. *Chou pommé blanc d'Allemagne*, de troisième saison, ou *chou quintal*, le plus gros et le plus tardif de tous les choux pommés, et celui dont les Allemands font la choucroute qu'on fait, au reste, avec tous les autres choux de grosse espèce. *Chou pommé du Puy-de-Dôme*, gros, plat, très-serré, bonne espèce. *Chou glacé de l'Amérique septentrionale*, à feuilles vertes, vernies et glacées, formant une pomme volumineuse, légère et très-peu serrée : ce chou, comparé aux autres choux pommés, quant à son utilité pour le jardin potager, ne les égale pas en qualité, parce qu'il pomme mal et conserve une couleur verte; mais, en attendant qu'il s'améliore, c'est une plante d'agrément fort curieuse. Tous ces choux se sèment selon la saison et le climat, soit sur couche, soit en pleine terre, et doivent toujours être replantés. Les petites espèces, comme le *chou cabage*, les *choux d'York*, les *choux en pain de sucre*, sont les plus recherchées pour la table, parce qu'ils ont une saveur plus douce, moins musquée, et qu'ils sont d'ailleurs plus tendres et beaucoup plus précoces.

5ᵉ RACE. *Choux pommés rouges.* Cette division comprend trois variétés, qui sont : le *petit chou rouge de Hollande*, hâtif, tendre, pommé, moyen, le plus employé des choux pommés de cette couleur pour les salades; le *gros chou pommé rouge de Brunswick*, d'un rouge foncé, de la grosseur du gros chou pommé blanc d'Allemagne, tendre, succulent, et propre à être mangé en salade; on le fait confire, ainsi que le *chou noir d'Utrecht*, pour les employer l'un et l'autre comme le cornichon. Les choux rouges passent pour être amis de la poitrine, et sont fort considérés sous ce rapport; des personnes pensent que mangés cuits, comme les choux blancs de toutes les espèces, ils les surpassent en saveur et dans leurs propriétés alimentaires.

6ᵉ RACE. *Choux-fleurs.* Les sucs nourriciers surabondants, au lieu de s'employer à former soit de plus grandes feuilles, soit de plus fortes racines ou des tiges très-élevées, comme on le voit dans certaines autres espèces et variétés de choux, se portent à l'extrémité des tiges et des rameaux, qu'ils convertissent en une masse convexe, blanche, tendre et charnue, appelée *chou-fleur*, l'un des mets végétaux les plus agréables. Plus le terrain sera bon et la végétation abondante, plus le chou-fleur sera gros, serré, blanc et tendre; on en distingue plusieurs variétés. Les *choux-fleurs tendres de Paris, de Hollande, de Malte, d'Italie*, etc., conviennent pour les terres légères, et se sèment en février ou en mars sur couche, et en avril et mai en pleine terre pour en jouir à la fin de l'été. Les *choux-fleurs demi-durs, de France et d'Angleterre*, sont destinés plus particulièrement pour les terres froides : on les sème aussi au printemps comme les choux-fleurs tendres, mais plus souvent dans le mois d'août et septembre pour passer l'hiver. Les divers *choux-fleurs durs, demi-durs et tendres*, présentent peu de différence; les *tendres* sont plus hâtifs, et réussissent dans une terre légère, tandis que les *durs* se plaisent dans une terre forte et substantielle. Le *chou-fleur de Malte hâtif*, ayant le pied très-court, et dont la pomme est blanche, égale et serrée, est un des meilleurs et l'un des plus cultivés dans les expositions et les terrains chauds. Le *chou-fleur dur d'Angleterre*, à tige plus élevée, mais dont la pomme a la même beauté, est spécialement indiqué pour les expositions et les terrains moins chauds. Pour faire sentir qu'il faut beaucoup d'engrais et d'arrosements pour obtenir des choux-fleurs, on dit qu'avec du fumier et de l'eau on fait des choux-fleurs. C'est vrai en général; mais il est certain qu'on abuse de cette proposition, car on obtient ainsi de moins bons choux-fleurs que si on les plantait dans une terre douce, généreuse et défoncée.

7º RACE. *Chou brocoli.* Voyez BROCOLI.

8º RACE. *Chou-rave.* — C'est dans la partie inférieure de la tige qui touche au collet des racines que réside la partie nourrissante de ce légume : à cette tige présente un renflement volumineux, qui a valu à cette plante le nom impropre de *chou-rave*. Il en existe quatre variétés : le *chou-rave blanc grande espèce*, le *chou-rave violet grande espèce*, le *chou-rave blanc nain*, le *chou-rave violet nain*, qui ne différent que par la couleur, si ce n'est cependant que les *choux-raves nains* sont plus bas et plus hâtifs, tout en ayant la même grosseur que ceux de grande espèce. On confond souvent le *chou-rave* avec le *chou-navet*; le *chou-rave* se connaît à la distension de sa tige, qui présente un renflement volumineux à sa partie inférieure, tandis que le chou-navet offre ce renflement dans sa racine; ainsi, dans le premier la pulpe alimentaire réside dans la tige, et dans le second elle est dans la racine. Le chou-rave a un peu la saveur du chou-fleur, mais sa pulpe est beaucoup plus nourrissante. Le chou-rave devient aussi gros que le navet. On le sème à plusieurs époques, depuis mars jusqu'en juin, et pour en avoir en hiver on sème les graines en juillet. Les choux-raves sont cultivés en Prusse pour fourrage, et cette pratique a des imitateurs en France et ailleurs. Les choux-raves commencent à se répandre dans les potagers, et on les voit actuellement en abondance sur les marchés de Paris; la culture en est aussi facile que celle des choux les plus communs. Le chou-rave est encore connu sous le nom de *chou de Siam.*

9º RACE. *Chou-navet.* Ce chou offre des racines comestibles très-grosses. On mange aussi les feuilles du chou-navet en hiver; mais c'est particulièrement pour ses racines qu'on le cultive, parce que, résistant à l'hiver, il est d'une grande ressource. On en cultive six variétés. Le *chou-navet ordinaire*, le *chou-navet hâtif*, le *chou-navet à collet rouge*, sont tous trois à chair blanche. Le *chou-navet de Laponie*, qui a été introduit en Angleterre par Arthur Young, et en France par Sonnini, diffère des précédents par la couleur, moins blanche, de ses racines, une plus grande abondance et une couleur plus foncée en vert dans ses feuilles, qui sont très-charnues; il sort du collet de sa racine plusieurs jets, et cette racine est beaucoup plus grosse que celle des variétés précédentes; enfin, la plante entière est plus robuste, et végète sous la neige; et lorsqu'on a joui de ses feuilles en automne et en hiver, on mange la racine au printemps, ou bien on en nourrit les animaux, pour lesquels il est devenu, ainsi que le rutabaga, un objet de grande culture. Le *chou-turneps* ou *chou-navet d'Angleterre* a un tel rapport avec notre *chou-navet blanc ordinaire de France*, qu'on serait tenté de les considérer comme une seule et même plante, si dans le *chou-navet anglais* la racine n'avait une forme plus ronde. Le *chou-navet de Suède* ou *chou-rutabaga* a deux variétés, l'une à chair blanche, l'autre à chair jaune, cultivées comme fourrage, la dernière surtout, et connues, l'une sous le nom de *rutabaga blanc*, la seconde sous celui de *rutabaga jaune*. Le *rutabaga*, considéré comme fourrage, est une des racines les plus recommandables, et l'une de celles qui reçoivent actuellement les plus nombreuses applications en grande culture : cette racine, d'une constitution réellement privilégiée, traverse les plus rudes hivers en pleine terre sans souffrir, et fournit ainsi une nourriture fraîche, dans cette saison, sur le sol même, où on peut envoyer les animaux, qui s'en nourrissent dans le champ même, avec d'autant plus de facilité que le rutabaga croît presque entièrement hors de la terre, à laquelle il n'adhère que par la partie inférieure de sa racine, comme si la terre ne lui servait que de point d'appui. On emploie trois à quatre kilogrammes de semences de rutabaga par hectare, comme pour le chou-navet de Laponie, qui est également très-recommandable par tout ce qui milite en faveur du rutabaga.   C. TOLLARD aîné.

CHOUANNERIE. Le souvenir des chouans ne rappelle d'ordinaire que des rencontres de chemins creux, des combats où le courage était moins nécessaire que l'adresse, et tandis que l'on exalte à l'envi l'héroïsme de la Vendée, ses combats de géants et ses défaites, aussi glorieuses que les victoires, l'on méconnaît le vaste plan qui lia les opérations de la chouannerie, et l'on ignore de quels imminents dangers cette longue guerre menaça la république. La Convention et le Directoire ne s'y trompèrent pas : ils crurent toujours, avec le général Hoche, que « l'insurrection de la rive droite de la Loire était bien autrement redoutable que n'avait pu l'être celle de la rive gauche. » En sortant de son lit, le torrent vendéen se brisa contre d'assez faibles digues, et les désastres de Granville et de Savenay ne laissèrent guère à la Vendée que la stérile renommée de sa gloire. Si elle se releva un moment sous Charette, et, en 1799, sous d'Autichamp et Sapinaud, ce ne fut qu'en s'appuyant sur l'insurrection chouanne, désormais plus redoutable qu'elle. La chouannerie a mis 100,000 hommes sous les armes; elle a envahi la Bretagne, l'Anjou, le Maine, une grande partie de la Normandie; elle a eu des postes avancés jusqu'aux portes de Paris. Pendant cinq ans, elle a soustrait la plupart des départements de l'ouest à l'action du pouvoir central; elle a signé des traités comme puissance indépendante, et si ses efforts avaient été dirigés avec une énergique habileté, si la présence d'un Bourbon, toujours vainement implorée, avait fait cesser les rivalités de ses chefs, elle aurait pu, en 1794, en 1796 et en 1799, sinon renverser le gouvernement républicain, du moins lui arracher deux ou trois provinces, et peut-être y proclamer la royauté.

La mort du marquis de La Rouarie n'avait pas coupé tous les fils de la coalition dont il fut le premier chef. Dès la fin de 1792 les persécutions religieuses, les réquisitions et les levées militaires avaient mis les armes à la main de nombreuses bandes de paysans manceaux. Plusieurs communes de la Mayenne étaient soulevées, et la rébellion s'était étendue dans ce quartier d'autant plus facilement qu'une vie de dangers et d'aventures était une vieille habitude pour cette population de *faux-saulniers*, toujours armés pour la contrebande du sel sur la frontière de Bretagne, et depuis longtemps aguerris par leurs combats contre les *gabeloux*. La famille Cotterau fournit des chefs à ces premiers insurgés, et le sobriquet de *chouan*, que portaient les quatre frères Cottereau (*voyez* CHOUANS) avant les événements destinés à les faire sortir de leur obscurité, devint la dénomination d'un parti qui bientôt s'étendit sur plusieurs provinces, et compta cinq armées. Jean Chouan, le plus célèbre d'entre eux, avait été condamné comme contrebandier dans sa jeunesse, et n'avait dû la vie qu'au dévouement de sa pauvre mère, qui avait quitté le Bas-Maine, et fait soixante-dix lieues à pied pour implorer la pitié du roi. Le bois de Misdon, la forêt de Fougère, celle du Pertre sur la lisière de la Bretagne, tels furent les théâtres des premiers combats des insurgés conduits par Jean Chouan et ses frères, par Treton, dit *Jambe d'argent*, par Tristan-Lhermite, Taillefer, Coquereau et nombre d'autres. Une sorte de terrier, creusé dans le bois de Misdon fut le premier quartier général de la chouannerie; c'était de là que les compagnons des frères Chouan s'élançaient de nuit pour surprendre les garnisons des petits bourgs, désarmer les gardes nationales et démonter les ordonnances. Bientôt au fond de leur retraite le bruit du canon retentit : c'était la grande armée vendéenne qui marchait sur Laval. Les chouans se réunirent à l'armée catholique, et formèrent un corps distinct sous le titre de *Petite-Vendée* et le commandement immédiat du prince de Talmont. Ils prirent part à tous ses combats, et succombèrent avec elle. Rentrés dans leurs retraites, ils continuèrent la guerre de broussailles, qu'ils entendaient si bien et qui les laissait à peu près maîtres de la campagne, redoutables ennemis, présents partout, et visibles nulle part.

Les causes qui avaient soulevé contre le régime révolutionnaire la religieuse population du Bas-Maine ne tardèrent pas à faire fermenter les départements de la Bretagne, où La Rouarie avait jeté les bases d'une coalition puissante. Pendant que les frères Chouan tenaient la route de Laval à Rennes, que le jeune Dubois-Guy organisait une troupe aux environs de Fougère, Pallierne et le chevalier de Magnan insurgeaient la partie du pays nantais située sur la rive droite de la Loire, et le mouvement s'étendait avec rapidité dans tout le Morbihan sous la direction des comtes de La Bourdonnaie et de Boulainvilliers, du comte et du chevalier de Silz. Bientôt ceux-ci furent tous éclipsés par Georges Cadoudal, homme d'audace et de ressource, partisan aussi habile qu'infatigable, véritable représentant de cette insurrection toute religieuse et toute populaire, dans laquelle l'ascendant nobiliaire était destiné à s'affaiblir chaque jour sous l'influence sacerdotale et les mœurs démocratiques de ces vigoureuses populations rurales.

Un homme manquait pour donner de l'unité à ces insurrections partielles, pour en devenir le lien et le suprême moteur. Ce rôle échut à un chef qui n'avait qu'une partie des grandes qualités requises pour le remplir. Le comte Joseph de Puisaye, gentilhomme du Perche, ancien membre de l'Assemblée constituante, et l'un des chefs de la fédération normande sous le général Wimpfen, errait en Bretagne depuis plusieurs mois sous le coup d'un arrêt de mort. Étranger à cette province, où il n'avait pas un lieu où reposer sa tête en sûreté, inconnu des populations, auxquelles ses opinions semi-constitutionnelles et ses habitudes, plus diplomatiques que militaires devaient inspirer de la répugnance, il osa concevoir le projet de devenir chef suprême de l'insurrection. Il fut sans doute doué de qualités bien peu communes, l'homme qui parvint en peu de temps, par le seul ascendant d'un génie fertile en ressources, à s'imposer comme modérateur à un parti, et à plier sous le joug de la discipline les deux classes qui la supportent le moins facilement, les paysans et les gentils-hommes. Si cet homme avait uni l'audace de l'action à celle de la pensée, s'il avait manifesté en combattant à la tête des siens une bravoure dont il n'était pas dépourvu, mais qu'il n'employa guère que pour échapper à des dangers personnels, s'il n'avait pas conduit la guerre civile comme une intrigue de cabinet, et qu'il eût su imposer aux masses cette confiance qu'il était si habile à inspirer aux hommes d'État, d'impérissables souvenirs s'attacheraient à son nom.

Puisaye comprit vite la haute importance des mouvements de l'Ouest, dont les suites pouvaient être incalculables, si l'Angleterre consentait à les seconder activement. Avant d'avoir été reconnu comme commandant en chef par les divisions royalistes, il avait rédigé, de concert avec l'abbé de Leggo, un code complet destiné à régler l'organisation civile et militaire de la chouannerie ; à mesure que son autorité s'étendit, il fit adopter ce règlement par tous les insurgés. Ce fut d'abord dans les environs de Vitré que Puisaye établit son quartier général ; il y vit bientôt affluer nombre de chefs vendéens, échappés aux massacres qui suivirent la défaite de leur armée. Ce fut ainsi qu'il se composa un état-major grossi très-promptement d'émigrés accourus pour combattre à l'intérieur. Puisaye, après que les être attachés, les envoyait aux diverses divisions royalistes, étendant ainsi chaque jour son autorité et son influence. Il parvint par l'intermédiaire de Prigent, agent dévoué et infatigable, à établir une correspondance suivie avec l'Angleterre par la voie de Jersey ; il reçut dès cette époque du ministère britannique quelques subsides qui le mirent en mesure d'alimenter la guerre, et dont la répartition lui permit de se présenter comme le chef reconnu par le gouvernement anglais. Ce fut ainsi qu'il réussit à agrandir son importance, et à s'imposer aux siens, en même temps qu'il commençait à faire redouter son nom des républicains. Puisaye déploya une habileté vraiment prodigieuse dans cette organisation si difficile. Il parvint à se faire considérer comme nécessaire par ceux-là même auxquels sa personne était inconnue, et chez qui ses lumières, son génie souple et ambitieux, eussent excité plus de répulsion que de sympathie.

C'était au moment où la Convention, après ses victoires, songeait à employer contre l'Angleterre l'armée des côtes de Brest et de Cherbourg. Le cri de *Delenda Carthago* retentissait dans tous les clubs, et l'Assemblée, qui avait déclaré le gouvernement britannique coupable de *lèse-humanité*, applaudissait à Barrère demandant qu'il n'y eût plus désormais de droit public pour les prisonniers anglais. De nombreux rassemblements militaires s'opéraient sur la côte de Saint-Malo ; mais la crainte d'une défaite, les mauvaises dispositions de l'armée expéditionnaire et les tentatives de plus en plus menaçantes des chouans sur ses derrières, firent renoncer à une entreprise que le comité de salut public regarda comme téméraire.

Cependant, Puisaye, dont les forces grossissaient chaque jour, se crut en mesure de surprendre la ville de Rennes avec 7 ou 8,000 hommes. Il échoua dans cette entreprise ; mais elle fut jugée audacieuse par ses amis, dangereuse par ses adversaires ; et un chef de parti ne tire sa force que de la terreur qu'il imprime aux uns et de la confiance qu'il inspire aux autres. Ne pouvant tenir aux environs de Rennes, il se dirigea sur le Morbihan, dont il connaissait les dispositions et les ressources, et qu'il aspirait à engager plus activement dans l'insurrection. De nombreuses colonnes détachées de toutes parts contre lui ne purent l'empêcher d'y pénétrer ; et ses soldats reçurent un accueil fraternel de cette population morbihannaise, d'un royalisme si ardent, d'une constitution si guerrière. Mais bientôt la présence de Puisaye étant devenue nécessaire dans la Haute-Bretagne, il tenta une trouée à travers l'Ille-et-Vilaine : sa troupe fut écrasée près de Rennes ; la plupart de ses officiers furent tués à ses côtés, et lui-même n'échappa que par la fuite, et sous un costume étranger, à une mort certaine. Après des fatigues inouïes, il parvint à gagner les environs de Redon, où il se fit reconnaître de quelques divisions éparses qu'il organisa, regardant l'affermissement et l'extension de son autorité comme une compensation de sa défaite.

Cependant, menacé par les démonstrations des troupes

républicaines, le cabinet de Saint-James comprenait la nécessité de seconder plus efficacement une insurrection qui faisait en sa faveur une diversion si puissante. Dans les premiers jours d'avril 1794, Pitt déclara au parlement que Sa Majesté Britannique, décidée à appuyer les efforts des royalistes français, allait prendre à sa solde quatre régiments d'émigrés. Cette déclaration augmenta rapidement le nombre des insurgés. Dans le Morbihan, Georges et le jeune Lemercier, dit *La Vendée*, avaient déjà 10,000 combattants, et plus de 20,000 paysans attendaient des armes; le pays situé entre la Loire et la Vilaine s'insurgeait sous les ordres du vicomte de Scépeaux, qui parvint à établir dans son armée une organisation forte et régulière; l'Anjou et le Maine tout entiers étaient en feu; au midi s'étendait la redoutable Vendée, au nord la Normandie, où de nombreuses bandes avaient déjà paru. Ce fut à cette époque que Puisaye entra en communications régulières avec l'Angleterre, et qu'il parvint à se faire l'intermédiaire des princes émigrés avec les chefs insurgés; des circonstances dont il sut tirer parti avec habileté lui donnèrent dès lors une prééminence et une autorité incontestées.

Il régnait une grande incertitude dans les plans du cabinet britannique, fort peu au courant de la véritable situation des pays soulevés : obsédé de conseils absurdes, trompé par des promesses et des fanfaronnades ridicules, il hésitait à s'engager dans une entreprise sérieuse. Chaque comité d'émigrés présentait des vues qui jamais ne concordaient entre elles. W. Pitt avait Coblentz sous les yeux, et ne voulait pas courir les risques d'une retraite de Champagne. Ce fut alors que, d'après les conseils du chevalier de Tinténiac, arrivé d'Angleterre, Puisaye conçut le projet de se rendre à Londres, pour éclairer et activer la bonne volonté du gouvernement britannique. Avant de partir, il prescrivit une organisation uniforme aux divisions qui reconnaissaient son autorité. Chaque département forma plusieurs divisions aux ordres d'un chef avec rang de maréchal de camp, qui eut sous lui des chefs divisionnaires. Après ceux-ci venaient les chefs de canton et de paroisse. Chaque division eut un conseil composé de prêtres et de laïques; des aumôniers furent attachés à tous les corps; une comptabilité régulière fut organisée; tout, en un mot, fut disposé pour donner les formes et l'esprit militaires à ce qu'on n'avait pu regarder jusque là que comme des rassemblements de partisans. En quittant son armée Puisaye y laissa comme major général Désoteux de Cormatin, qui lui avait été expédié d'Angleterre avec les recommandations les plus pressantes. Cet aventurier, d'un esprit souple et délié, parut chercher tous les moyens de Puisaye, alors qu'il ne songeait qu'à gagner sa confiance pour le supplanter et pour élever sa fortune sur les débris de celle du promoteur de l'insurrection.

Puisaye, plein de confiance dans la sagesse de ses mesures et dans le dévouement de son major général, s'était rendu secrètement à Londres, où il ne tarda pas à triompher des obstacles que les émigrés opposèrent aux démarches de celui qui n'était à leurs yeux qu'un révolutionnaire déguisé. Il se lia étroitement avec le comte de Botherel, ancien procureur-syndic des états de Bretagne, auquel le comte d'Artois accordait alors une confiance dont Puisaye sut profiter. Botherel se fit auprès du prince l'apologiste de la personne, des plans et des talents du comte de Puisaye; il le détermina à seconder lui-même les démarches, tentées auprès du gouvernement anglais. Reçu d'abord par les ministres avec quelque froideur, le comte de l'insurrection bretonne avait promptement réussi à capter leur confiance et à leur faire accepter tous ses plans. Pitt et Windham s'abandonnèrent bientôt sans réserve à l'homme qui savait si bien faire valoir le passé, et qui promettait tant pour l'avenir. Les arsenaux de la Grande-Bretagne lui furent ouverts; 3,000,000 lui furent comptés pour son organisation provisoire; enfin, Puisaye concerta avec les deux ministres l'expédition de Quiberon, dont il traça le plan. Cette expédition se préparait en silence; plus de vingt millions y étaient consacrés; une flotte imposante et des corps d'émigrés à la solde de l'Angleterre allaient seconder le soulèvement universel des provinces de l'Ouest.

Pendant que Puisaye s'applaudissait d'avoir par le fait seul de sa présence obtenu de tels résultats, son éloignement faillit détruire en Bretagne l'œuvre qu'il avait si péniblement organisée. Au lieu de se borner à harasser l'ennemi par des surprises isolées, à jeter la terreur dans les villes, et à propager l'insurrection dans les campagnes sans rien tenter d'important, ainsi qu'il en avait reçu l'ordre, Cormatin, pressé par Hoche, depuis peu appelé au commandement en chef des troupes républicaines, ambitieux d'ailleurs d'un rôle plus éclatant, entreprit de se porter médiateur entre la chouannerie et la république, et signa une suspension d'armes, que suivit de près la pacification de la Mabilais. Pour les partis, transiger, c'est mourir : or, les royalistes n'en étaient pas alors à s'avouer vaincus. Quelque habiles que fussent les dispositions de Hoche, rien ne nécessitait une mesure qu'on ne savait point expliquer par des motifs honorables. Jamais la chouannerie n'avait acquis plus de développements, jamais on ne put compter avec plus de certitude sur les secours de l'Angleterre; ajoutons que la réaction opérée dans le gouvernement et dans l'opinion publique après le 9 thermidor prêtait au parti royaliste une grande force morale. En de telles circonstances, que devait faire Cormatin? Suivre à la lettre ses instructions, se tenir sur la défensive et attendre de prochains événements. Mais d'autres motifs le décidèrent : Charette, éprouvant le besoin de laisser respirer la Vendée, accablée sous ses ruines, avait signé la convention de la Jaunais; Stofflet avait aussi déposé les armes. Tels furent les motifs sur lesquels s'appuya Cormatin pour négocier une pacification que son parti ne lui pardonna pas.

Cent vingt chefs de chouans s'étaient rendus aux conférences de la Prévalais : la plupart voulaient continuer la guerre ou ne signer qu'une trêve à court délai; mais le major général supposa des pleins pouvoirs qui ne lui avaient jamais été donnés, et vingt et un chefs adhérèrent au traité par lequel Cormatin, au nom de l'armée royale, reconnaissait la république française et promettait soumission à ses lois sous les conditions suivantes : Les chouans étaient mis à l'abri de toute recherche; le séquestre établi sur leurs biens était levé, encore même que les propriétaires fussent prévenus d'émigration; le libre exercice du culte catholique était pleinement garanti; la république s'engageait à payer les bons signés par les chefs de chouans jusqu'à concurrence d'un million et demi; les chouans étaient dispensés de tous les relatives aux réquisitions militaires; des indemnités étaient accordées aux victimes de la guerre; enfin, un corps de 2,000 chouans, aux ordres de chefs élus par eux seuls, devait être entretenu aux frais du trésor national sur le territoire insurgé, sans pouvoir recevoir une autre destination.

Quoi qu'on puisse penser de la convenance politique du traité de la Mabilais (9 avril 1795) et de la conduite des chefs qui y apposèrent leur signature, on ne peut s'empêcher de reconnaître que ce fut un grand spectacle que celui de ces paysans imposant des lois à la puissante république qui venait de vaincre sur le Rhin et de conquérir la Hollande. On a dit que des stipulations secrètes relatives au rétablissement de la royauté furent consenties à la Mabilais par les représentants du peuple qui signèrent la convention; ce fut même à l'aide de cette assertion que Cormatin fit accepter le traité à plusieurs divisions royalistes, dont les chefs s'étaient refusés à le signer; mais aucun des documents publiés depuis en si grand nombre n'est venu confirmer l'existence d'engagements qui, d'ailleurs, n'auraient été qu'individuels.

Mais ce traité, arraché à quelques-uns par la lassitude d'un moment, à la plupart par l'espérance qu'il servirait plus efficacement leurs vues, était à peine destiné à recevoir un commencement d'exécution. Dans les discordes civiles, il n'y a de transactions véritables que celles imposées par le temps et l'expérience, et les partis ne font des concessions sincères qu'autant qu'ils désespèrent de la victoire. Aussi la guerre continua-t-elle à peu près sur tous les points, moins patente peut-être, mais plus cruelle. La correspondance avec l'Angleterre redoubla d'activité, par suite de la pacification que les autorités locales s'efforçaient de maintenir. Cette correspondance, surprise par Hoche, ne tarda pas à donner des preuves nombreuses des intentions hostiles de l'émigration et de la mauvaise foi de la plupart des signataires, lesquels se vantaient à Londres d'avoir paru adhérer à la pacification, en la présentant comme le plus sûr moyen d'organiser la Bretagne et de faciliter le succès de l'expédition projetée. Dans cette situation, Hoche, malgré ses vœux ardents pour la paix et la modération de sa conduite, se crut obligé de faire arrêter Cormatin et son état-major, qui continuaient à se tenir sur un pied de guerre. Le quartier général établi au château de Cicé, près de Rennes, fut investi et forcé; la correspondance des chefs royalistes avec Puisaye et l'Angleterre fut saisie et livrée aux commentaires de la presse.

La reprise des hostilités fut signalée de la part des républicains par un redoublement d'énergie. Le comte de Silz fut tué dans le Morbihan, à l'affaire de Grand-Champ, où Georges déploya une audace et une intelligence qui sauvèrent les débris de la division royaliste. Boishardi succomba aussi au château de Villchemet, sa tête sanglante fut portée au bout d'une pique dans les rues de Lamballe; mais en même temps, l'insurrection renaissait de ses cendres, le mouvement de la Normandie s'étendait formidable, sous la direction du comte Louis de Frotté, des rochers de la Manche aux plaines d'Alençon; les campagnes de l'Anjou et du Maine étaient tout entières soulevées, et les républicains se réfugiaient derrière les murailles des villes, comme les tyrans féodaux d'une autre époque; la Vendée avait deux armées intactes d'environ trente mille hommes, qui n'aspiraient qu'à recommencer la guerre. C'était sur cette province que se portaient les préoccupations publiques; mais le sort de la cause royaliste devait se décider ailleurs. L'expédition si longtemps différée s'exécuta enfin, et d'heureux commencements étaient loin de faire pressentir la catastrophe où devaient s'abîmer tant d'espérances.

Le 27 juin 1795, l'amiral Warren, après avoir battu la flotte française, débarqua sur la plage de Carnac quatre régiments d'émigrés et un matériel immense. La population qui couvrait le rivage demanda et obtint des armes, et l'organisation de nombreux corps royalistes s'opéra avec rapidité. Mais la discorde régnait dans l'armée expéditionnaire, et l'hésitation du comte d'Hervilly, commandant les troupes à la solde de l'Angleterre, lui ôta le caractère prompt et décidé qu'elle devait avoir, pour lui faire prendre celui d'une campagne conduite d'après les règles de la stratégie. Après avoir perdu plusieurs jours, dont il eût fallu profiter pour pénétrer dans l'intérieur, rallier les divisions royalistes, écraser les détachements épars de l'ennemi terrifié, on se décida à s'emparer de la presqu'île de Quiberon, pour s'assurer un point militaire, et peut-être un moyen de retraite. Dès ce moment le sort de l'expédition fut décidé. Hoche, revenu d'une première surprise, fit face à tout avec le calme et la confiance du génie : il rallia ses forces, reçut du renfort, et traça des lignes de circonvallation autour de la presqu'île, sans qu'on se mît en mesure de l'en empêcher. Tout fut bientôt disposé pour une attaque générale; et ce fut alors seulement que les émigrés, inquiets enfin de leur situation, se décidèrent à entreprendre un mouvement sur le front de l'ennemi. Il fut ordonné par d'Hervilly, sans attendre le débarquement d'une division de renfort, conduite par le comte de Sombreuil, soit que d'Hervilly jugeât une prompte attaque indispensable, soit qu'il ne voulût pas partager avec un autre chef une victoire qu'il croyait assurée, ainsi qu'il en fut accusé. L'attaque commença de nuit; elle échoua malgré des prodiges de valeur. Ramenés à la baïonnette jusqu'au pied du fort Penthièvre, il ne resta plus aux émigrés d'autre ressource que de défendre ce point jusqu'à la mort. Ce fort était inexpugnable si la trahison de prisonniers républicains que d'Hervilly admit imprudemment dans les rangs de son armée ne l'eût livré à l'ennemi.

Tout espoir fut dès lors perdu pour les infortunés que l'impéritie et les divisions de leurs chefs livraient à des ennemis implacables. La presqu'île de Quiberon fut le théâtre d'un dernier combat, où, malgré ce que le désespoir ajoute au courage, l'armée expéditionnaire, traînant à sa suite une population de femmes et d'enfants, ne put résister à chaque instant. L'embarquement ne put s'effectuer malgré les efforts du commodore Warren et le feu à mitraille des frégates anglaises. Cet amiral, sincèrement dévoué aux royalistes de l'Ouest, et son gouvernement lui-même furent en butte à des calomnies que l'histoire ne ratifiera pas. Le sang des victimes immolées à Quiberon ne retombe pas sur l'Angleterre, qui pour le succès de cette expédition ne refusa rien de ce qui lui fut demandé, mais sur la tête de chefs imprudents, qui n'ont d'autre excuse à invoquer auprès de la postérité que d'avoir partagé le martyre des malheureux qu'ils commandaient. D'Hervilly succomba à ses blessures, mais Puisaye eut le malheur de survivre. Quoique ses conseils n'eussent point été suivis, et dans l'intérieur, eût paralysé les mesures qu'il pouvait prendre comme commandant supérieur des chouans, ses ennemis attachèrent à son nom la tache sanglante de cette journée, qu'il avait préparée; et durant le reste de sa carrière Puisaye ne put se relever des malédictions de Sombreuil mourant.

Quelque affreux que fût le coup porté au parti royaliste par le désastre de Quiberon, où périt la fleur de sa jeunesse, il était loin cependant de se trouver sans ressources. La barbarie des commissaires de la Convention, leur refus de reconnaître une capitulation que la politique seule devait faire admettre, alors même qu'elle n'eût point existé, tout prouva aux insurgés qu'il n'était plus désormais de salut à attendre que de la victoire, et l'espoir de la vengeance rendit la chouannerie plus nombreuse et plus inexorable. C'est une grande faute en guerre civile que de ne point laisser à ses adversaires d'autre perspective que la mort : on fait ainsi des héros même des plus lâches. Quatre mille royalistes, commandés par Tinténiac, avaient quitté la fatale presqu'île dans le but de menacer les derrières de l'ennemi, et cette diversion avait été heureuse jusqu'au moment où Tinténiac périt au château de Coëtlogon. A Georges incomba encore une fois la tâche de sauver l'armée royaliste, à force de courage et de sang-froid. Cependant, à la nouvelle du débarquement, l'insurrection avait pris plus de consistance dans tout l'Ouest. Angers et Nantes furent étroitement pressés par l'armée de Scépaux; et Charette, qui depuis la convention de la Jaunais était resté paisible à son quartier général de Belleville, se décida à reprendre les armes. Une division républicaine fut écrasée aux Essarts, et 20,000 Vendéens se disposaient à opérer leur jonction avec l'armée royale de Bretagne. L'annonce du désastre de Quiberon, loin d'abattre leur courage, l'éleva au dernier degré d'exaspération et d'énergie. Charette, d'ailleurs, fut bientôt en mesure d'apprendre à ses soldats qu'ils n'avaient point à désespérer de l'avenir, que le gouvernement anglais était décidé à redoubler d'efforts et de sacrifices, et que la présence d'un Bourbon allait enfin combler leurs vœux et prêter à la cause royale une immense force morale.

L'Angleterre en effet, cédant aux nouvelles instances de Puisaye et des chefs de l'émigration, résolut une dernière tentative. Le comte d'Artois monta à bord de la flotte de lord Moyra, et fut autorisé à en disposer à son gré pour une descente sur les côtes de France. N'ayant pu s'emparer de Noirmoutier, on occupa l'Ile-Dieu, où le prince établit son quartier général. A peine informé de son arrivée, Charette se dirigea de l'intérieur sur la côte du Pertuis-Breton, à la tête de 15,000 hommes d'infanterie et de 2,000 chevaux. Il était à une journée de marche du rivage, quand un aide de camp du comte d'Artois vint lui apprendre que le prince ne jugeait pas le moment opportun pour effectuer la descente, et que la flotte anglaise, ne pouvant tenir plus longtemps sur son dangereux mouillage, devait reprendre le large jusqu'à la belle saison. « Allez dire à vos chefs que vous m'avez apporté l'arrêt de ma mort. » Telle fut la réponse de Charette à cette déclaration foudroyante. L'Anjou, le Maine, la Bretagne et la Vendée en insurrection, la Normandie prête à se soulever; 100,000 combattants armés, près de 100,000 hommes attendant des armes, telle était, au témoignage unanime de tous les historiens, la situation des pays royalistes quand le comte d'Artois prit la résolution de retourner à Édimbourg pour attendre des circonstances plus favorables. Ce n'est pas à des mémoires suspects que ces faits sont empruntés, et les déclarations du comte de Vauban sont conformes aux détails fournis par les correspondances des chefs royalistes et républicains imprimées depuis. Si la calomnie est une lâcheté, la flatterie aussi serait un tort, même envers le malheur. Quelque dur que puisse être cet arrêt, il faut le prononcer : c'est la retraite de l'Ile-Dieu qui a anéanti la chouannerie et la Vendée; elles avaient résisté à 100,000 hommes, elles ne purent résister à ce coup.

La guerre civile ne fut point, il est vrai, immédiatement terminée; mais la chouannerie ne pouvait devenir une puissance politique qu'autant qu'elle aurait eu un prince à sa tête; elle ne pouvait aspirer à de grands résultats militaires qu'avec le concours de la Grande-Bretagne : or, ces deux ressources lui échappèrent à la fois. L'Angleterre continua sans doute à fournir des munitions et des armes aux insurgés, elle soutint l'armée de Georges et les débris de la Vendée; mais aucun plan ne lia désormais les entreprises des corps royalistes. Puisaye revint en Bretagne, où il fut arrêté, et faillit être fusillé par Lemercier. Des préventions, peut-être injustes, mais universelles, lui avaient pour jamais aliéné cette confiance qui est la seule force d'un chef de parti. Nouvel exemple de cette effrayante alternative imposée à qui conduit une guerre civile, de vaincre ou de passer pour traître. Stofflet et Charette, écrasés par les forces supérieures du général Hoche, mêlèrent bientôt leur sang à celui de tant de martyrs. Le Morbihan restait seul à la fin de 1796, et, malgré nombre de faits d'armes, la discipline et l'honneur militaire disparurent avec l'espérance de vaincre. On combattit moins pour un but politique que pour dérober à l'échafaud une tête proscrite, ou pour satisfaire à des vengeances personnelles. C'est la fatale condition des guerres civiles d'exciter le crime par le crime, l'assassinat nocturne par l'assassinat juridique. La chouannerie ne sut point y échapper, et cette guerre, qui eut d'abord pour mobile les sentiments les plus sacrés du cœur de l'homme, la résistance à l'oppression, la défense des autels et des foyers, cette croisade, dans laquelle on vit des voituriers commander des armées, et des laboureurs gagner des batailles, finit par des surprises de diligences et des vols de deniers publics : on était proscrit, il fallait du pain; on avait souffert, il fallait du sang.

La Vendée et la Bretagne reprirent encore les armes en 1799, lors des victoires de la coalition contre les armées françaises en Italie. Mais cette guerre, dite des *mécontents*, durant laquelle on vit apparaître de nouveaux chefs à la tête des bandes royalistes, et qui pouvait devenir très-redoutable en se combinant avec les mouvements royalistes préparés sur divers points de la France, se termina comme par enchantement à l'annonce du 18 brumaire. En entrant dans l'orangerie de Saint-Cloud, Bonaparte tua à la fois la république et la Vendée.

Quoi qu'il en soit des fautes politiques de la chouannerie et des fautes personnelles de plusieurs de ses chefs, on ne saurait nier que cette guerre n'ait été un des plus vastes épisodes de la révolution française, et que pour l'organiser, comme pour la maintenir, il fallut un esprit éminent dans son chef et un admirable dévouement dans les soldats. Que si l'on se demande pourquoi le spectacle vraiment antique de toute une population soulevée pour défendre son culte et la forme de gouvernement, qu'elle considérait alors comme nécessaire au rétablissement de ce culte lui-même, ne s'empreint pas toujours d'un noble caractère; si l'on recherche pourquoi de moins poétiques souvenirs s'attachent à cette guerre qu'à celle de la Vendée, la réponse est facile : la chouannerie manqua toujours d'entraînement, tandis que celui de la Vendée fut sublime; elle en manqua, parce que ses chefs subordonnèrent constamment ses mouvements à l'assistance d'un cabinet étranger. Quand, dans leur prodigieuse campagne de 1793, les Vendéens n'avaient pas de fusils, ils en prenaient à l'ennemi; quand leurs chouans étaient sans armes, leurs chefs les avaient accoutumés à attendre que les Anglais leur en fournissent. La chouannerie fut toujours paralysée par des mesures combinées au dehors; elle perdit sa spontanéité et sa force parce qu'elle ne fut que l'auxiliaire d'une cause qui se décidait ailleurs.

Louis DE CARNÉ.

La chouannerie ne fut complètement détruite qu'en 1803; sous l'empire, sauf quelques résistances individuelles, qui avaient pour cause la conscription, il n'y eut pas d'insurrection. En 1814 et 1815 la révolte éclata de nouveau sur les deux rives de la Loire. Les chouans cette fois eurent pour chefs de Coislin sur la rive droite jusqu'à la Vilaine, d'Andigné dans la Mayenne, d'Ambrugeac dans la Sarthe, de Courson dans les côtes du Nord; de Sol de Grisolles dans le Morbihan, l'Ile-et-Vilaine et le Finistère; mais ces tentatives furent heureusement comprimées par le général Lamarque. Le pays était déjà complètement pacifié au moment où le désastre de Waterloo rétablit de nouveau les Bourbons sur le trône de France. Après la révolution de Juillet il y eut dans les départements de l'Ouest une nouvelle levée de boucliers en faveur du duc de Bordeaux. Mais en vain la duchesse de Berry vint-elle encourager l'insurrection par sa présence, l'insurrection ne put ni s'étendre ni s'organiser. Il y eut des bandes et des corps d'armées, des rencontres et point de combats. Les mesures énergiques prises par M. Thiers et la capture de la princesse, résultat de la trahison de Deutz, comprimèrent le mouvement; et quand l'accouchement de la duchesse de Berry dans la citadelle de Blaye fut chose avérée, l'enthousiasme des populations bretonnes pour la cause de la monarchie légitime se refroidit sensiblement. Après la révolution de Février pas une voix ne s'éleva dans l'ancien foyer de la chouannerie pour protester contre la proclamation de la république, et le coup d'État du 2 décembre n'y a pas davantage rencontré d'opposition.

CHOUANS. C'est dans les arrondissements de Laval et de Vitré, et dans quelques cantons contigus, jadis théâtre de révoltes, puis de faux-saunage, que la chouannerie prit naissance. Dès 1791 quelques désordres avaient eu lieu. Là, dans la commune de Saint-Berthevin, existaient les quatre frères COTTEREAU, fils et petits-fils de faux-sauniers, fort mécontents de la liberté du commerce du sel, et fort impatients d'être réduits à leur métier de sabotiers, dans le bois de Misdon, vers le bourg de La Gravelle, dernière commune du Maine vers la Bretagne, sur la grande route de

Paris à Brest. Les Cottereau, ainsi que leur père, n'étaient connus que sous le surnom de *Chouan*, corruption du mot *chat-huant*, parce que, lors de leurs anciennes courses nocturnes, ils étaient avertis de l'approche des commis des gabelles par des affidés qui imitaient le cri de cet oiseau de nuit. Depuis les soulèvements du commencement de 1791, quelques attaques sournoises contre les arbres de la liberté et contre les amis de la révolution avaient été fomentées par des intrigants et par des prêtres séditieux. En 1792 les Tuffin de La Rouairie organisaient dans la Bretagne des comités de révoltes pour mettre à exécution le plan de soulèvement général de cette province, adopté par les principaux chefs de l'émigration et approuvé par les deux frères de Louis XVI, le 5 décembre 1791. Dans la nuit du 23 au 24 août, on arrêta à Bréal (arrondissement de Vitré) deux agitateurs cachés au château du Bois-Blin : l'un d'eux s'appelait Marie-Eugène-Gervais Tuffin de La Rouairie, probablement frère de celui qui avait été chargé de soulever ces contrées ; il était accompagné d'un aventurier qui dit s'appeler Georges Schaffner. Avant leur arrestation, ces agents de troubles s'étaient concertés avec les frères Cottereau et quelques autres anciens contrebandiers, qui depuis trois ans que les nouvelles lois étaient en vigueur n'avaient pas eu le temps d'oublier leur ancien métier, leurs guerres de guet-apens et leurs attaques nocturnes à main armée.

Organisés depuis plusieurs mois, et commandant à une quarantaine de brigands audacieux et bien exercés, ils massacrèrent, le 15 août 1792, le juge de paix de Loiron et quelques autres patriotes. Celui des quatre frères qui s'appelait *Jean* était le second des fils de *Pierre* COTTEREAU, sabotier par pis-aller, et faux-saunier par goût, homme dur et grossier, qui dans l'éducation de ses enfants avait donné plus de coups de bâton que de leçons de morale et de lecture. Son fils puîné, Jean, avait avant 1789 été condamné à mort pour contrebande, et avait obtenu sa grâce, quoiqu'il se fût porté à des actes cruels contre les commis du fisc. Ce fut cet homme audacieux qui se mit à la tête de la bande du mois d'août 1792, et commença les égorgements avec atrocité. Ce mois était très-favorable aux brigands : ils se réunissaient facilement dans les bois de Misdon et du Pertre, et dans quelques fermes où la moisson attirait la jeunesse du pays, qui après avoir travaillé tout le jour passait les nuits à boire et à s'enivrer. Un tel moment favorisait les rassemblements, l'exaltation et les projets, après avoir préparé les entrevues et les conspirations. Ainsi se formèrent les premières bandes dont Jean Chouan fut et resta le commandant, ayant pour lieutenants ses frères, et bien secondé par ses deux sœurs : *Pierre*, *François* et *René*, *Perrine* et *Renée*.

Depuis le massacre du 15 août 1792 (par conséquent plusieurs mois avant la levée de 300,000 hommes, ordonnée par le décret du 24 février 1793), la chouanerie, bien organisée, ne cessa de recruter, soit de bonne volonté, soit par la crainte, tous les *gars* du pays, de dresser des embuscades et de massacrer des hommes et même des femmes sans défense. Bientôt eurent lieu les affaires sanglantes du Bourg-Neuf, de La Baconnière, de Launai-Villiers, de la Forge de Port-Brillet, dans la commune d'Olivet et sur divers points peu éloignés du bourg de La Gravelle. Au nom de la religion et du roi, hypocritement invoqué, on faisait tomber sous le fer, les balles ou la massue, et presque toujours avec un raffinement de barbarie digne de cannibales, les fonctionnaires publics, les prêtres assermentés, les acquéreurs de domaines nationaux et toutes les personnes, même les plus inoffensives, qui étaient connues par leur attachement aux principes de la révolution. Ce fut à peu près ainsi que commença la Vendée même ; mais, grâce à quelques-uns de ses chefs, hommes bien nés et généreux, les rassemblements prirent une meilleure forme et marchèrent sous un drapeau en plein jour, et se mesurèrent bravement avec nos armées. Quoi qu'il en soit, le jour où l'on arrêtait dans l'arrondissement de Vitré, près de La Gravelle, Marie-Eugène-Gervais de La Rouairie, le 24 août, un attroupement de révoltés s'emparait de Châtillon-sur-Sèvre, et y brûlait l'hôtel de ville. Ce ne fut donc pas la levée des 300,000 hommes qui souleva les départements de l'Ouest : ce ne furent pas même la chute du trône ni le jugement du roi.

Après des succès divers, les chouans se recrutèrent tout à coup d'un assez grand nombre de Vendéens, qui vers la fin de 1793, repoussés de Granville et battus dans plusieurs rencontres, reprenaient le chemin de la Loire : quelques traîneurs de leur armée, dont ils prévoyaient la destruction, s'arrêtèrent aux environs d'Ervée et de Laval, et gagnèrent la forêt du Pertre et autres bois voisins. Enfin, le 28 juillet 1794, Jean Chouan et sa bande, déjà fort réduite, furent atteints par un détachement du poste de La Gravelle ; la fuite fut inutile, du moins au chef, qui, blessé mortellement, alla rendre le dernier soupir dans le bois de Misdon, dont il ne s'éloignait guère. Deux de ses frères avaient péri successivement ; Perrine et Renée avaient monté à l'échafaud, le 25 avril 1794 ; Pierre y avait été conduit quelques jours après. François, seul, survécut à nos guerres civiles.

Louis Du Bois.

CHOU CARAÏBE. *Voyez* ARUM.

CHOUCROUTE (*Sauerkraut* des Allemands), aliment salubre, facilement considéré comme légume d'hiver. Les Allemands et tous les peuples du Nord en font un grand usage, et les navigateurs de long cours s'en promettent les plus heureux effets pour la santé de leur équipage. Le célèbre capitaine Cook attribue en grande partie aux distributions qu'il en fit faire à ses matelots l'heureux état de santé dans lequel il réussit à les maintenir, en éloignant d'eux les ravages du scorbut, ordinairement si funeste à bord des vaisseaux après une longue navigation, non interrompue, sous des climats divers. Les Allemands raffolent de ce mets, et c'est à leurs yeux une sorte de crime que d'en contester l'excellence. Aussi est-il passé en proverbe qu'un moyen certain de se faire assommer, c'est en Italie de ne pas trouver les femmes jolies, en Angleterre de chicaner le peuple sur le degré de liberté dont il jouit, et à Strasbourg de ne pas croire que la choucroute est un mets des dieux.

Quoi qu'il en soit de ces préventions, il est certain que la choucroute est d'une digestion beaucoup plus facile que le chou récent. Voici en abrégé la manière la plus ordinaire de la préparer. On y emploie de préférence le *chou cabu* blanc : après avoir enlevé les grandes feuilles pendantes à la tige, on coupe la pomme de chou par rouelles en la rabotant sur une espèce de *colombe* de tonnelier. Cette opération la divise en tranches minces, qui se développent d'elles-mêmes en rubans sinueux. On étend au fond d'un tonneau propre, qui a contenu du vin , du vinaigre ou de l'eau-de-vie, ou qui dès l'origine a été destiné à la choucroute, un lit mince de sel marin, dit de *cuisine*; sur ce lit une couche de quelques doigts d'épaisseur de ces rubans; par-dessus on saupoudre une poignée de graine de genièvre ou de carvi pour aromatiser. On ajoute une seconde couche de sel, puis des choux rubannés, et on aromatise de même, et ainsi de suite, jusqu'à ce que le tonneau soit plein. Dès la troisième couche, et de trois couches en trois couches, il est nécessaire de bien fouler la matière. On termine enfin par une couche de sel. La proportion totale qu'il en faut est d'un kilogramme environ pour cinquante kilogrammes de choux hachés.

On couvre le dernier lit de sel avec les grandes feuilles vertes de chou, sur lesquelles on place une grosse toile humide, et le tout avec un fond de tonneau que l'on charge d'un poids assez considérable pour empêcher que la masse ne se soulève par la fermentation qui va s'établir bientôt. Les choux ainsi comprimés sur un sel soluble laissent écouler leur eau de végétation, qui s'en empare. Cette eau devient acide, fétide et boueuse: on la soutire par un robinet adapté à la partie basse du tonneau, et on la remplace par une saumure nouvelle, que l'on change encore une fois au bout de quelques jours. Ces soins doivent être continués jusqu'à ce que la saumure nouvelle ne contracte plus aucune fétidité; ce qui arrive assez ordinairement dans l'espace de quinze à vingt jours, suivant la température du lieu : il ne faut pas que cette température dépasse $+16°$. La choucroute est dès lors achevée; il ne s'agit plus que de la conserver dans un lieu très-frais, et de maintenir constamment dessus un poids qui la comprime légèrement, sans quoi elle rancirait.

PELOUZE père.

CHOU DE CHIEN. Voyez MERCURIALE (*Botanique*).

CHOU DE CHINE, nom vulgaire des brèdes.

CHOUETTE, genre d'oiseaux, constituant à lui tout seul la seconde famille des oiseaux de proie, ou les oiseaux de proie nocturnes. On le divise en deux sections : la première (*hiboux*) contient les espèces qui ont sur le front deux aigrettes de plumes qu'elles relèvent à volonté; la seconde (*chouettes proprement dites*) comprend celles qui sont dépourvues d'aigrettes. Nous ne parlerons ici que de ces dernières : il sera question des autres aux mots HIBOU et DUC.

La *chouette commune* (*strix passerina*, Gm.), ou *grande chevêche*, répandue dans toutes les parties de l'Europe, est de la taille de l'épervier, brun noirâtre en dessus, avec des taches blanches en gouttelettes sur la tête, en raies transversales sur les scapulaires, rayée transversalement de blanc et de brun en dessous, avec une longue queue étagée, marquée de dix lignes transverses blanches, et les tarses ainsi que les doigts très-emplumés. Elle préfère pour sa demeure les lieux où il existe des masures et des tours abandonnées. Elle voit pendant le jour beaucoup mieux que les autres oiseaux nocturnes, et elle s'exerce même quelquefois à la chasse des hirondelles et des autres petits oiseaux; elle plume avant de les manger ceux dont elle s'empare, ne pouvant avaler en entier les souris et les mulots, elle les déchire avec le bec et les ongles. Elle fait son nid dans les vieilles murailles, sous les toits des tours et des églises, et elle y pond presque à nu sur la pierre un, deux ou quatre œufs blancs et de forme ronde.

La *petite chouette* (*strix passerinoides*, Tem.), ou la *chevêche*, est également d'Europe. Elle ressemble à la précédente par ses formes et sa manière de vivre, mais elle n'a guère que vingt centimètres de longueur en totalité, une queue courte, et seulement des poils clair-semés sur les doigts; les ailes ne dépassent pas l'origine de la queue, tandis qu'elles en atteignent le bout dans la précédente. Les parties supérieures ont un brun sombre sur les ailes, la tête et la queue, avec un grand nombre de petites taches blanches sur le front et les côtés; les parties inférieures sont blanches, avec des taches longitudinales brunes, la queue rayée de quatre ou cinq barres blanchâtres.

La *chouette des clochers* (*strix flammea*, L.) est plus connue sous le nom d'*effraie* ou *fresaie*, la *chouette hulotte* sous celui de *chat-huant*. DÉMEZIL.

La chouette était consacrée à Minerve. On la lui avait donnée comme un symbole de prudence, les anciens attribuant à cet oiseau la prévision de l'avenir. Dion Chrysostome cite à ce sujet l'apologue d'Ésope, pour faire entendre que c'est par cette qualité que la chouette avait su plaire à la plus belle et à la plus sage de toutes les déesses. Cette opinion fait plus d'honneur à Minerve que l'imagination de ceux qui lui ont donné les yeux de chouette pour autoriser le symbole. Sur les monnaies des Athéniens on voit d'un côté la tête de déesse et de l'autre une chouette. On croit que cela peut avoir quelque rapport aux Athéniens mêmes. C'était, dit Antiphone, dans Athénée, un oiseau fort commun chez eux. On doit trouver tout naturel d'ailleurs qu'il y ait communauté de symboles entre la déesse et la ville d'Athènes. Ce qu'il y a de certain, c'est que le nom de *chouette* avait été donné aux monnaies de l'Attique. On rapporte même à ce sujet un bon mot de l'esclave d'un riche Lacédémonien, qui disait qu'une multitude de *chouettes* nichaient sous le toit de son maître. Mais pourquoi les chouettes sont-elles posées sur des vases distingués par différentes lettres? Les Athéniens (comme la plupart des antiquaires l'ont cru jusque ici) auraient-ils voulu signifier par là qu'ils avaient les premiers fabriqué des vases de terre? c'est un honneur qu'on ne leur dispute point. La chouette se voit aussi avec Minerve sur une médaille d'Ilium. Pline a vanté la chair de la chouette pour la paralysie. Tous les auteurs de matière médicale ont rapporté longtemps cette vertu d'après lui, comme un trait d'érudition. Mais cette propriété et quelques autres qu'ils lui ont aussi accordées, chacun sur l'autorité de son prédécesseur, n'ont pas été confirmées par l'observation. On donnait aussi le nom de *chouette* chez les Grecs à une danse dont nous ne savons autre chose sinon qu'elle était d'un caractère bouffon et accompagnée de beaucoup de gestes.

CHOU-FLEUR. Voyez CHOU.
CHOU MARIN. Voyez CRAMBÉ.
CHOU PALMISTE, bourgeon terminal de plusieurs espèces de palmiers, principalement de l'arec.

CHRÉMATISTIQUE (du grec χρηματιστική), dérivé de χρήματα, les biens, tout ce dont on use), science de l'acquisition, de la conservation et de l'emploi des *biens*, des choses que l'on possède, appliquée à l'intérêt du possesseur et au plus grand avantage de la société; en deux mots, *science des richesses*. C'est par cette appellation qu'Aristote caractérisait, il y a plus de mille ans, la branche de l'*économie politique* ou *sociale* qui s'occupe de la prospérité matérielle d'un pays, et c'est par abus qu'il y a vingt ans en France et en Angleterre on considérait généralement cette branche de la science économique comme constituant la science tout entière. Platon, Xénophon, Fénelon, Montesquieu, J.-J. Rousseau, ont fait de l'*économie politique*, quelquefois incomplète et inexacte, quant à la partie matérielle, parce qu'ils manquaient des données complètes de la *chrématistique*. Les plus célèbres économistes modernes de l'Occident, depuis Smith jusqu'à J.-B. Say, n'ont guère fait que de la *chrématistique*, à l'exception de Jules Soden, en Allemagne, et de Sismondi à Genève.

AUBERT DE VITRY.

CHRÊME (du grec χρίσμα, onction), composition d'huile d'olive et de baume, consacrée par l'évêque le jeudi saint, et dont on se sert dans l'administration du *baptême*, de la *confirmation* et de l'*ordre*. Pour l'extrême-onction, on se sert d'huile seule, bénite également à cet effet par l'évêque. Les Grecs nomment le saint chrême μύρον, ce qui veut dire, en latin, *unguentum*, onguent, parfum. Les Maronites, avant leur réunion à l'Église romaine, employaient dans la composition de leur chrême l'huile, le baume, le musc, le safran, la cannelle, les roses, l'encens blanc et d'autres ingrédients. Le P. Dandini, jésuite, envoyé en 1586 au mont Liban en qualité de nonce du pape, ordonna, dans un synode, que le saint chrême ne fût à l'avenir composé que d'huile et de baume, représentant les deux natures de Jésus-Christ, l'huile marquant la nature humaine et le baume la nature divine. Comme l'onction du saint chrême, dit l'abbé Bergier, est censée faire partie de la matière du sacrement de confirmation, l'évêque seul a le pouvoir de la faire, aussi bien que celle dont on se sert dans l'ordination; mais c'est le prêtre qui la fait dans le baptême et l'extrême-onction.

Autrefois, les évêques exigeaient du clergé pour la confection du saint chrême une contribution appelée *denarii chrismates*; aujourd'hui l'on tire seulement une légère rétribution des fabriques en leur distribuant les saintes huiles dans la plupart des diocèses. La bénédiction ou consécration du chrême, qui sert de matière à plusieurs sacrements, a été tournée en ridicule par les protestants et traitée par eux de superstition ; mais ajoute l'abbé Bergier, elle est un témoignage de la croyance de l'Église et des effets qu'elle attribue à ces augustes cérémonies ; on le voit par le *Pontifical romain*, où se trouve la formule dont l'évêque se sert. Cet usage est très-ancien, puisqu'il a été conservé par les sectes de chrétiens orientaux, qui se sont séparés de l'Église romaine depuis plus de douze cents ans. Le patriarche des Arméniens ne consacre le saint chrême que tous les trois ans. Brantôme dit dans ses *Hommes illustres* : « Ç'a été longtemps l'opinion parmi le peuple, dans le Périgord, qu'anciennement la substance du *chrême* se prenait dans l'oreille d'un dragon qu'un chevalier de la maison de Bourdeille allait chercher et combattre au delà de Jérusalem, d'où il apportait cette substance, qui, sanctifiée ensuite par les membres du clergé, était distribuée dans toutes les églises de la chrétienté. »   Edme Héreau.

CHRÉMEAU ou **CHRISMALE**, bonnet ou béguin de toile blanche qu'on met sur la tête des enfants après qu'ils ont été baptisés, et qui représente la robe blanche, symbole d'innocence, dont on revêtait autrefois les catéchumènes après leur baptême.

CHRESTOMATHIE, nom fait des deux mots χρηστός, bon, et μαθεῖν, apprendre, science, et que les Grecs donnaient à certains ouvrages, entre autres, suivant Photius, à un livre de Proclus, dans lequel étaient énumérés les noms de tous les poëtes cycliques et la patrie de chacun d'eux. Depuis, ce titre devint celui de tous les choix d'œuvres de poëtes et de prosateurs, coordonnés de manière à offrir aux commençants des solutions progressives de difficultés. Mais primitivement c'étaient des recueils que les Grecs composaient en ramassant ce que dans leurs lectures ils avaient marqué d'un χ, pour signifier χρηστόν, *bonum*, bon. Ce nom est encore resté à tout recueil de morceaux choisis de littérature ou de science. Il y en a dans toutes les langues. Sylvestre de Sacy en publia même une en arabe en 1810 ; cette œuvre lui valut un des grands prix décennaux que le gouvernement de cette époque, tout occupé qu'il était de guerres et de victoires, avait trouvé néanmoins le temps et la volonté de fonder pour l'encouragement des lettres.

CHRÉTIEN (du grec Χριστός, oint, Christ, d'où χριστιανός, en latin *christianus*, disciple du Christ). C'est ainsi que pour la première fois, à Antioche, vers l'an 41, on désigna ceux qui professaient la doctrine de Jésus-Christ. Auparavant ils se nommaient entre eux *frères*, *saints*, *fidèles*, *élus*, etc. Les païens, par haine ou par dérision, les appelaient *Galiléens*, *imposteurs*, *sarmentarii*, gens dévoués au feu, au gibet, etc. Dans les premiers siècles le nom de chrétien n'était donné qu'aux seuls orthodoxes ; on le perdait en quittant la croyance ou la communion de l'Église. Aujourd'hui il s'applique indistinctement à tous ceux qui ont reçu le baptême et qui ont conservé la foi en Jésus-Christ, à quelque communion qu'ils appartiennent.

Dans son acception rigoureuse, le nom de chrétien devrait être réservé pour l'homme qui s'attache à suivre dans tous les points les maximes de l'Évangile, qui veut aimer Dieu par-dessus toutes choses et les hommes autant que lui-même, car c'est là tout le fondement de la loi évangélique. Le chrétien vraiment digne de ce nom ne se fera point remarquer par un extérieur singulier, par un genre de vie extraordinaire ; simple et modeste en tout, il ne se distinguera que par une plus grande pureté de mœurs, une plus grande fidélité à remplir tous ses devoirs. Il sera « modeste jusqu'à l'humilité, charitable jusqu'à aimer ses ennemis, doux jusqu'à pardonner les injures, patient jusqu'à éviter le murmure, détaché jusqu'à préférer l'indigence à l'injustice, chaste jusqu'à condamner la pensée réfléchie, fidèle à la loi jusqu'à mourir pour elle ». Il répondra à la haine par l'amour, aux outrages par des bénédictions, aux persécutions par des prières. Ce n'est pas que lui aussi n'ait un cœur qui plus d'une fois palpite avec violence ; ce n'est pas qu'il ne sente parfois la nature s'insurger contre le devoir : mais il commande, et les passions se taisent ; il prie, et son cœur reprend toute sa tranquillité. En lui préservant de si rudes combats, la religion a-t-elle tari pour lui la source des plaisirs ? Cette source ne coule pas moins pour lui que pour l'homme profane. Ses plaisirs sont ceux de la modération, de la bienfaisance, de la tempérance, de la conscience : plaisirs purs, nobles, spirituels, et fort supérieurs aux plaisirs des sens.

Renfermé dans l'enceinte de sa famille, dans le cercle que lui a tracé son état, il est peu connu du monde : l'orgueil ne lui fait pas rechercher les regards des hommes ; mais aussi le respect humain ne les lui fait pas éviter : sans être indifférent à l'estime de ses concitoyens, il ne fait rien pour l'acquérir : ses vertus la commandent. Content de plaire à Dieu, qui voit le fond de son cœur, et dont il attend sa récompense, il ne laisse percer de ses bonnes œuvres que celles qu'il ne peut cacher. Il ne fait point de beaux discours sur la morale : il donne l'exemple de toutes les vertus. Il ne connaît peut-être pas le nom des plus beaux systèmes philanthropiques : il va chercher l'indigent jusque sur la paille ; il soulage le malheur partout où il le rencontre. « Quel argument contre l'incrédule, dit J.-J. Rousseau, que la vie d'un chrétien ? Y a-t-il âme à l'épreuve de celui-là ? Quel tableau pour son cœur, quand ses amis, ses enfants, sa femme, concourent tous à l'instruire en l'édifiant ! Quand, sans lui parler de Dieu dans leur discours, il le lui montrent dans les actions qu'il inspire, dans les vertus dont il est l'auteur, dans le charme qu'on trouve à lui plaire ! quand il voit briller l'image du ciel dans sa maison ! quand une fois le jour il sera forcé de se dire : Non, l'homme n'est pas ainsi par lui-même ; quelque chose de plus qu'humain règne en lui ! »

Il n'est pas nécessaire sans doute de remonter au berceau du christianisme pour trouver de nombreuses applications au portrait que nous venons de tracer ; mais ce n'est que dans ces temps privilégiés qu'il appartient de nous présenter partout le nom de chrétien inséparable des vertus qu'il exige. Qu'elle paraît belle, au milieu de la corruption générale, cette société sans tache, dont tous les membres méritent d'être appelés *saints* et dont les mœurs simples et pures rappellent les temps heureux de l'âge d'or ! La plus de *tien* ni de *mien*, en même temps plus de misère ; tout est mis en commun pour être distribué à chacun, *non pas selon ses œuvres*, mais *selon ses besoins*. Là, sous la tutelle d'un père commun, on se donne le doux nom de frères ; assis à la même table, on se rapproche de l'égalité primitive ; on s'afflige avec ceux qui pleurent, on goûte le bonheur de ceux qui sont dans la joie ; enfin la multitude n'a qu'un cœur et qu'une âme. « Ce qui rend surtout, dit Chateaubriand, la vie de ces fidèles plus intéressante que celle de ces hommes parfaits chantés par la fable, c'est que ceux-ci sont représentés heureux, et que les autres se montrent à nous à travers les charmes du malheur. Ce n'est pas sous le feuillage des bois et au bord des fontaines que la vertu paraît avec le plus de puissance ; il faut la voir à l'ombre des murs des prisons et parmi des flots de sang et de larmes. »

Et pourquoi ces hommes innocents et paisibles souffrent-ils tant de persécutions ? Leur doctrine est-elle contraire à l'ordre public ? Prêchent-ils l'insubordination et la révolte ? Non, ils obéissent à toutes les lois, excepté à celles qui prescrivent l'idolâtrie ; ils rendent à César ce qui est dû à César, mais ils veulent aussi rendre à Dieu ce qui est dû à

Dieu. Et c'est ce Dieu qu'ils adorent qu'on veut qu'ils abandonnent ou qu'ils blasphèment! C'est cette religion, qui leur est plus chère que la vie, qu'on veut leur arracher! *Je suis chrétien!* disent-ils; et ce seul nom, qui appelle sur eux toute la rigueur des supplices, ranime en même temps leur courage, en réveillant leur espérance. Non-seulement ils souffrent avec calme, avec joie; mais, au milieu des tortures, leur cœur est ouvert à l'amour de leurs ennemis, de leur bouche mourante s'échappent encore des prières en faveur de leurs bourreaux! » « C'est à Dieu, disait Tertullien, que nous adressons nos supplications, les yeux élevés vers le ciel; et dans ces supplications le cœur agit bien plus que les lèvres. Jamais nous n'y oublions les empereurs, les princes sous la domination desquels nous vivons : nous demandons pour eux une longue vie, un règne tranquille, des armées courageuses, un sénat fidèle, un peuple vertueux, et tout ce que peut désirer un homme, un roi. Tandis que nous levons les mains au ciel pour vous, vos ongles de fer nous déchirent, vos gibets nous tiennent attachés, vos feux nous consument, vos glaives nous décapitent, vos bêtes nous dévorent : mais un chrétien prosterné devant Dieu est dans une posture propre à endurer toutes les tortures. Ce qui vous reste à faire, dignes magistrats, c'est de nous arracher l'âme qui prie pour l'empereur! »

On a voulu pour déprimer ces héros les faire passer pour des hommes sortis de la lie du peuple, c'est-à-dire pour des ignorants, incapables d'examen, ou aveugles par le fanatisme. Et quand cela serait, de quelque rang que sortent des exemples de vertu, en ont-ils moins d'éclat? et de tels ignorants ne peuvent-ils pas être proposés pour modèles à plus d'un philosophe? Saint Paul dit, il est vrai, que parmi ceux qui ont embrassé la foi il n'y a pas beaucoup de sages, de puissants, de nobles, etc. « Ces hommes, selon la réflexion de Lactance, avaient un double obstacle à surmonter pour embrasser une religion d'abnégation et de désintéressement. Cependant, on ne confondra pas avec la populace un Jaire, prince de la synagogue; un Lazare, homme distingué parmi les Juifs; un Joseph d'Arimathie, noble decurion; un Zachée, chef des publicains; un trésorier de la reine d'Ethiopie; des personnages de la maison de César; un centurion Cornélie, un Sergius Paulus, un Flavius Clemens, un Acilius Glabrion, etc. » Il y avait des biens parmi les premiers fidèles, puisqu'on les mettait en commun; il y avait des riches, puisqu'on y distribuait des aumônes. L'éloquence de saint Paul, capable de fixer l'attention de l'Aréopage; le style pur de saint Luc, les écrits des Hermas, des Ignace, des Clément, des Polycarpe et des autres disciples des Apôtres, n'annoncent pas des ignorants; il n'était pas incapable d'examen ce Justin, philosophe platonicien, apologiste et martyr de la religion; ni ce Clément d'Alexandrie, auquel le désir de savoir fit entreprendre de si grands voyages. « Il ne fallait de beaucoup, dit La Harpe, que Celse, Porphyre, Symmaque, pussent balancer la dialectique d'un Tertullien, la science d'un Origène, ni les talents d'un Augustin ou d'un Chrysostome. » On voudra bien aussi ne pas prendre pour des fanatiques aveugles cette longue suite de Pères de l'Église, non moins illustres par leurs ouvrages que par leur sainteté. Citer les Basile, les Grégoire, les Ambroise, les Jérôme, etc., c'est citer à la fois tous les talents et toutes les vertus. « Quel plaisir, s'écrie La Bruyère, d'aimer la religion et de la voir crue, soutenue et expliquée par de si beaux génies et de si solides esprits! » On peut consulter sur ces beaux siècles de l'Église l'ouvrage de Fleury sur les *Mœurs des Chrétiens*. L'abbé C. BANDEVILLE.

Voici un tableau des principaux cultes chrétiens existants :
I. Chrétiens qui outre la Bible reconnaissent une autorité supérieure en matière de foi; ils forment l'Église latine ou d'Occident, et l'Église grecque ou d'Orient :

1° L'Église latine ou d'Occident reconnaît le pape, et ses adeptes se nomment *catholiques*.

2° L'Église grecque ou d'Orient comprend l'Église grecque orthodoxe, avec les Melchistes; l'Église chaldéenne ou nestorienne, confondue en partie parmi les Grecs unis et les chrétiens de saint Thomas; l'Église monophysite ou eutychienne, formée des sectes jacobite, copte, arménienne; l'Église maronite.

II. Chrétiens qui en matière de foi ne reconnaissent d'autre autorité que celle de la Bible :

1° Unitaires : sociniens.

2° Trinitaires : protestants, luthériens, zwingliens, calvinistes, réformés ou huguenots, arminiens ou remontrants, presbytériens, indépendants ou congrégationalistes, évangéliques, anglicans ou épiscopaux, dissenters ou non conformistes.

3° Mystiques et enthousiastes : mennonites ou baptistes, quakers, amis ou trembleurs, frères moraves ou herrnhuters, swedenborgiens, méthodistes.

Le christianisme est répandu dans toutes les parties du globe, surtout en Europe et en Amérique. On trouve dans la géographie de Balbi les chiffres suivants :

Église latine ou occidentale (catholique). 139,000,000
Église grecque ou orientale, avec toutes ses branches. 62,000,000
Églises protestantes, avec toutes leurs subdivisions. 59,000,000
Total approximatif du nombre des chrétiens. 260,000,000

CHRÉTIEN (Roi Très-), titre que portaient les rois de France, et dont on fait remonter l'origine jusqu'à Childebert, à qui saint Grégoire le Grand écrivait que « le royaume de France, est autant élevé en dignité au-dessus des autres royaumes, que la royauté elle-même est au-dessus de la condition des simples particuliers. » Il est certain que Charles Martel et Pepin le Bref ont porté ce titre.

CHRÉTIEN, dit DE TROYES, parce qu'il était né dans cette capitale de la Champagne, s'attacha au comte de Flandre, Philippe d'Alsace, qui fut tué, en 1191, devant Saint-Jean-d'Acre et mourut la même année que ce prince. Il avait acquis une grande renommée par des romans, qui sont effectivement très-remarquables, et dont la lecture est d'une haute importance pour l'étude de notre histoire littéraire et pour la connaissance des diverses vicissitudes que notre langue a subies. Aucun des contemporains de ce vieux romancier ne l'égale par le mérite de l'invention, par l'art de conduire son sujet, ni surtout par l'élégance, la grâce, l'énergie qu'il sut donner à son style, et par conséquent à la langue romane, dont il se servait, qui jusque alors avait été si souvent ingrate. Les poètes qui vivaient à l'époque où parut Chrétien sentirent sa supériorité : tous le comblèrent d'éloges, Thibaud surtout, le roi de Navarre. Les ouvrages de Chrétien de Troyes sont le roman de *Perceval le Gallois*, continué par Gautiers de Denet, et achevé par Manessier; le roman du *Chevalier au Lion*, celui de *Guillaume d'Angleterre*, ceux d'*Érec et d'Énide*, de *Cliget*, de *Lancelot du Lac*. Ce dernier a été achevé par Godefroi de Ligny. Beaucoup d'autres romans ont été faussement attribués à Chrétien de Troyes; mais il est vrai aussi que nous ne possédons pas tous ceux qu'il avait réellement composés.

CHRÉTIEN, nom de baptême très-commun dans le nord de l'Europe, et qui a été porté par huit rois de Danemark, *Voyez* CHRISTIAN.

CHRÉTIEN-AUGUSTE. *Voyez* CHRISTIAN-AUGUSTE.

CHRÉTIENS. C'est un des surnoms des Cagots.

CHRÉTIENS DE SAINT JEAN, peuple du Levant, qui ne reconnaît pas la divinité de Jésus-Christ, mais qui n'en vénère pas moins l'instrument de sa passion. La Vierge, disent-ils, conçut par la vertu de l'eau d'une fontaine merveilleuse. Ils donnent à Dieu un corps matériel et un fils nommé Gabriel, qu'il employa à créer le monde à l'aide de cinquante mille démons. Ces démons, ainsi que les anges, sont mâles et femelles; ils se marient et engendrent. Le firmament est une mer immense, où la terre flotte comme un ballon, où le soleil et la lune voguent sur deux grands vaisseaux. Aux jours de la création, la terre produisait ses moissons en vingt-quatre heures. Les âmes passent d'une sphère à l'autre, où elles éprouvent les mêmes besoins et goûtent les mêmes plaisirs; elles y sont conduites par des démons. Mais pour arriver à la sphère supérieure, il faut combattre une foule d'animaux féroces, qui dévorent les méchants et ne laissent passer que les bons. Ils honorent les douze apôtres, sainte Élisabeth et Zacharie, père et mère de saint Jean-Baptiste, qu'ils regardent comme le plus grand de tous les saints, et c'est de là que leur nom est venu. Ils ont des évêques et des prêtres; mais leurs cérémonies sont aussi étrangères au christianisme que leur cosmogonie, leurs dogmes et leurs mystères. Tous les ans, pour renouveler le baptême de saint Jean, leur évêque les conduit dans une rivière, où ils entrent jusqu'aux genoux, et l'évêque les baptise au nom du Seigneur, le premier et l'ancien du monde, le tout-puissant, à qui tout était connu avant le commencement de la lumière. Leurs prêtres sont revêtus d'une tunique blanche et d'une étole rouge; ils prient sur un gâteau pétri avec de l'huile, du vin et des raisins secs. Ce gâteau, ainsi consacré, est porté en procession et distribué ensuite aux fidèles. Dans une autre fête, ils immolent un bélier dans une cabane construite avec des branches de palmier. La poule est leur animal privilégié : les prêtres ont seuls le droit de la tuer. Ils en laissent égoutter le sang dans un ruisseau en disant : « Au nom de Dieu, bénis soient ceux qui en mangeront! » Ils ont le chien en horreur, ainsi que la couleur bleue, parce que les Juifs jetèrent, disent-ils, de l'indigo dans le Jourdain pour empêcher saint Jean d'y baptiser, et la couleur verte, parce qu'elle a été adoptée par Mahomet.

Cette mythologie, ces dogmes et ces rits sont contenus dans un livre qu'ils appellent *Divan*; ils en ont un autre, nommé *Faal*, où sont consignées leurs observations astrologiques, avec l'indication des jours heureux et des heures néfastes, qui sert à la célébration des mariages. Après une longue série de formalités et de prières, ces mariages sont précédés d'une *épreuve* fort chanceuse. Ces prétendus chrétiens sont fort jaloux de la virginité de leurs fiancées, et ils prennent pour s'en assurer le moyen le plus naturel, quoiqu'il ne soit pas toujours certain. Si la femme sort victorieuse de cette épreuve, l'évêque achève la cérémonie; si le mari s'aperçoit qu'il a été trompé, il peut rompre, et tout est dit; mais s'il persiste, il n'est béni que par un simple prêtre. Ces peuplades admettent la polygamie et non le divorce. Divisée en castes comme les Indiens et en tribus comme les Juifs, ils ne peuvent choisir de femmes que dans leur tribu et dans leur caste. Leurs principales cérémonies les obligent à fixer leurs habitations sur les bords des rivières.

C'est sur les bords du Jourdain que cette religion est née, peu de temps après Jésus-Christ. Les Romains y avaient laissé ses adeptes, mais les khalifes, moins tolérants, les ont dispersés dans la Mésopotamie et dans la Chaldée. Ils habitent aujourd'hui en grand nombre les environs de Bassora, où depuis le seizième siècle ils se sont affranchis de la juridiction du patriarche de Babylone.

Dans les premières années du règne de Louis-Philippe, alors que le saint-simonisme et l'Église catholique française de l'abbé Châtel florissaient encore, une secte des *chrétiens de saint Jean*, dont le précurseur, mais l'apôtre, parut au milieu de nous, en même temps que l'ordre du Temple avec lequel elle fit alliance. Son évêque, honnête épicier de son état, la mitre en tête et la crosse à la main, bénissait les nobles chevaliers en attendant qu'ils partissent pour aller combattre les Infidèles. Ce fut lui qui, poussant un jour la plaisanterie plus loin, sacra l'abbé Châtel *primat des Gaules*. On trouve l'exposé de la doctrine de cette secte, qui n'a fait que paraître et disparaître, dans une brochure, publiée en 1835, sous ce titre : *Du christianisme primitif et de l'Église romaine de nos jours, par une réunion d'ecclésiastiques*.

CHRÉTIENS DE SAINT THOMAS. Ils se rapprochent un peu plus du christianisme que les chrétiens de saint Jean. Ils prétendent avoir été convertis à la religion du Christ par l'apôtre saint Thomas, dans son voyage aux Indes occidentales, où cette secte est répandue. C'est autour de Méliapour, où l'apôtre fut tué d'un coup de lance, qu'elle a pris naissance. Il y a des savants qui attribuent à un autre Thomas la conversion de ces peuples. Ces chrétiens ont adopté les erreurs des nestoriens, auxquelles ils en ont ajouté quelques autres. Ils pensent que les élus ne seront admis en présence de Dieu qu'au jugement dernier, et ils rejettent ainsi le jugement provisoire au fur et à mesure que nous arrivons dans l'autre monde; mais ils ne disent pas où stationnent les âmes jusqu'au grand jour. Ils ne reconnaissent que trois sacrements, le baptême, l'eucharistie et l'ordre. Ils baptisent avec du chrême extrait de l'huile de noix. Leur pain consacré est un gâteau pétri avec de l'huile et du sel, qu'ils font cuire dans le haut d'une tour et qu'ils font couler sur l'autel quand le prêtre qui dit la messe en est à la consécration. Ces prêtres sont ordonnés à dix-sept ans, se marient tant qu'ils veulent, et n'ont d'autre revenu que le casuel des sacrements. Leur eau bénite est faite avec des grains d'encens ou de la terre qu'ont touchée les pieds de leur apôtre et qu'ils jettent dans le bénitier; ils y trempent les doigts en entrant dans l'église et se signent comme tous les chrétiens. La croix est en grande vénération chez eux; ils en bordent les chemins de leurs campagnes et les rues de leurs quartiers, mais ils rejettent toute autre espèce de figure et d'image. Ils sont toujours armés, et ne déposent leurs armes qu'à la porte de l'église. Leur plus grande pratique de dévotion est d'y coucher et d'y danser. Cette danse est fort modeste : les hommes sont d'un côté, les femmes de l'autre, et le bal commence par le signe de la croix, un *pater* et un cantique en l'honneur de saint Thomas. Ces chrétiens dépendent du patriarche de Babylone. Les Portugais qui arrivèrent à Calicut à la fin du quinzième siècle essayèrent de les rattacher à l'Église romaine; ils employèrent même dans ce but la violence, mais elle ne produisit, comme partout, que l'hypocrisie. Leur bouche a reconnu le successeur de saint Pierre, leurs cœurs sont restés à saint Thomas, et ils n'ont abandonné ni leurs croyances ni leurs pratiques. VIENNET, de l'Académie Française.

CHRÉTIENTÉ. Dans les premiers siècles de l'Église, on ne donnait pas le nom de *chrétiens* aux hérétiques. Tertullien, saint Jérôme, saint Athanase et Lactance le leur refusent : deux édits, l'un de Constantin, l'autre de Théodose et le concile général de Sardique décident qu'il ne doit point leur être accordé. Cependant l'usage contraire a prévalu; et par le mot de *chrétienté* on a coutume de désigner tantôt les diverses régions où domine le culte du Christ, tantôt l'universalité des hommes qui reconnaissent l'Évangile, quelles que soient leurs dissidences sur la doctrine.

On appelait autrefois *cour de chrétienté* une juridiction ecclésiastique et le lieu où elle avait coutume de siéger. Dans quelques diocèses, entre autres dans celui du Mans, les doyens ruraux se nommaient *doyens de chrétienté*.

L'abbé J. BARTHÉLEMY.

CHRICHTONITE ou CRAITONITE, substance minérale toujours cristallisée, ordinairement en lamelles à peu près hexagonales et biseautées sur les bords, plus rarement en rhomboèdres simples ou profondément tronqués au sommet. Elle est de couleur noir-violâtre, avec un éclat métalloïde très-vif. Sa poussière est noire; sa cassure conchoïde, éclatante. Elle raye à peine le verre. Elle est composée d'acide titanique et d'oxyde de fer en proportions encore inconnues. Il existe d'autres combinaisons des mêmes éléments, mais celle-ci se distingue par la propriété de n'être pas attirable à l'aimant. Elle se trouve avec la chlorite, l'albite, le fer oligiste et d'autres substances recherchées des minéralogistes, dans les fissures des roches cristallines des Alpes, ou plutôt dans les filons au contact de deux roches ignées hétérogènes, comme je l'ai vu au fond de la vallée de Saint-Véran en Queyras (Hautes-Alpes). On ne la connaissait qu'auprès de Saint-Christophe en Visans (Isère).   A. Des Genevez.

CHRIE (du grec χρεία), courte narration d'un événement remarquable qu'on donne à amplifier aux écoliers. Les chries d'Aphthonius (*Chria aphthoniania*), étaient surtout célèbres dans les anciennes écoles : aussi en existe-t-il de nombreuses éditions. Dans l'origine, la *chrie* était un genre de composition sentencieuse et apophthegmatique, dans lequel s'exercèrent plusieurs philosophes grecs, Aristippe notamment.

CHRIST, surnom de Jésus de Nazareth, le divin fondateur de la religion chrétienne. Ce mot est grec : il est la traduction du mot hébreu *messias*, et signifie *oint*. Dans l'Ancien Testament les rois sont appelés *oints du Seigneur*, parce qu'ils étaient consacrés par l'onction sacerdotale. Ce terme *messias*, ou, chez ceux des Hébreux qui parlaient grec, *le christ* (ὁ Χριστος), était employé par les Juifs au temps de Jésus surtout pour désigner le sublime roi d'Israel, qu'on attendait alors, sur la foi des prophéties contenues dans l'Ancien Testament. En effet, les Juifs ne doutaient pas que Dieu ne fit naître de la race de David un prophète extraordinaire, ou, suivant l'opinion des rabbins, qu'il enverrait un sublime esprit céleste sous forme humaine (comme *fils de l'homme*, d'après Daniel, vii, 21), lequel mettrait fin aux souffrances du peuple juif, le ferait triompher de toutes les autres nations de la terre, serait le roi d'Israel et fonderait le royaume de Dieu (*voyez* Messie). *Messias* et *Christ* sont donc des mots synonymes d'*oint du Seigneur*, c'est-à-dire de roi établi par Dieu, et désignent par conséquent, une dignité. Comme Jésus de Nazareth annonçait être ce *Messie* ou *Christ* attendu, et avoir été accrédité par Dieu en cette qualité ; comme il fut reconnu pour Christ ou Messie, d'abord par un grand nombre de Juifs, et ensuite, dans un cercle bien plus étendu, par beaucoup de Grecs et de Romains, le nom de Christ fut désormais uni à celui de Jésus. Après la mort de Jésus, *Christ* devint ainsi peu à peu le nom personnel ou le surnom de Jésus, et l'on trouve déjà dans les Épîtres des apôtres le terme de *Jésus-Christ* employé pour désigner la personne de Jésus. Le nom de *Jésus*, comme nom particulier, indique donc la personnalité de Jésus de Nazareth, ou ce que Jésus fut et fit *conformément à l'expérience*, ce que l'on désigne aussi aujourd'hui par l'expression de *Christ historique*, tandis que le nom de *Christ* indique ce que Jésus de Nazareth est dans les idées ou les convictions de ses adorateurs, c'est-à-dire le Messie prédit par les prophètes et envoyé par Dieu. Ce nom désigne par conséquent ce que les Allemands appellent le *Christ dogmatique* ou *spéculatif*. La conviction que Jésus de Nazareth était bien le Christ, et qu'il fallait attendre de lui tout ce que le Christ était chargé d'accomplir, étant devenue la base de la nouvelle communauté religieuse, les adorateurs de Jésus prirent le nom de chrétiens (*christiani*), imaginé d'abord par les idolâtres, et le nom de Christ devint aussi pour eux l'appellation principale servant à désigner la personne de Jésus. Toutes les fois, par conséquent, qu'on voulait énoncer la dignité de Jésus, on se servait, dans le langage ecclésiastique, moins du nom de Jésus que de celui de Christ, et on ne disait point, par exemple : *Jésus* est dieu et homme ; mais *le Christ* est dieu et homme, *le Christ* ressuscitera les morts, procédera au jugement universel, etc., etc.

L'idée du Christ ou Messie, d'après laquelle on le considérait comme le plus grand des prophètes et comme un homme doué des attributs divins, ne tarda pas à être effacée dans les croyances de l'Église primitive par la notion suivant laquelle il était le V e r b e engendré par Dieu lui-même avant la création du monde, le fils premier-né de Dieu, un être divin, qui s'était manifesté au monde dans la personne humaine de Jésus de Nazareth ; et c'est cette idée qui, aux quatrième et cinquième siècles produisit dans l'Église la subtile théorie du dieu-homme, qui se rattache au dogme de l'existence de trois personnes en Dieu, à savoir que la seconde personne de la Divinité, le Fils de Dieu, est égal au Père en essence, en puissance et en éternité ; qu'il s'est fait homme dans le Christ, et que la personne du Christ se compose de deux natures, l'une divine et l'autre humaine.

Pour la vie terrestre du Christ, *voyez* Jésus-Christ.

CHRIST (Images du). Représenter la figure du Christ est une des plus sublimes missions de l'art, attendu qu'il ne s'agit point ici de la ressemblance d'un portrait (il n'en existe aucun), mais d'une création. Le célèbre monogramme du Christ, des symboles d'art, tels que l'agneau, le cep de vigne, le poisson, dont le nom grec (ἰχθύς) donnait les lettres initiales de la formule caractérisant sa mission divine (Ἰησοῦς Χριστὸς Θεοῦ Υἱὸς Σωτήρ) suffirent à l'origine, par suite de l'horreur qu'inspiraient les idoles des païens, pour tenir lieu de la représentation du Christ en image. De ces simples signes on passa à des figures paraboliques : c'est ainsi que le Rédempteur fut représenté comme le bon pasteur au milieu de son troupeau, avec le chalumeau, cherchant la brebis égarée ou bien la rapportant sur ses épaules après l'avoir retrouvée. D'ordinaire il apparaît comme un adolescent idéal et quelquefois aussi comme un homme dans la force de l'âge. Il se peut que déjà à l'époque de Constantin ait eu lieu la transition de l'élément symbolique à l'élément historique ; et l'on représenta dès lors le Rédempteur au milieu de ses disciples ou bien dans l'accomplissement de quelque acte de la puissance divine.

Ce n'est qu'un peu plus tard, mais cependant pas encore tout à fait dans le quatrième siècle, qu'on rencontre ce type du Christ en manière de portrait, qui se perpétua ensuite, sauf quelques modifications, pendant tout le moyen âge. La donnée d'une image du Christ que le roi Abgar d'Édesse aurait possédée, imprimée sur une pièce d'étoffe, et d'une semblable empreinte qui aurait existé sur le suaire de sainte Véronique, n'est pas plus certaine que la tradition suivant laquelle ce serait l'évangéliste saint Luc qui aurait exécuté ce portrait. Il n'est rien resté d'un autre tableau miraculeux qui aurait existé à Béryte, et où le Sauveur était représenté en pied, non plus que d'une statue en bronze érigée au Christ par la femme qu'il avait guérie d'un flux de sang, statue à laquelle Julien l'Apostat aurait substitué la sienne, renversée plus tard par le feu du ciel. Parmi les plus anciennes images du Christ, il faut citer celle que l'empereur Alexandre Sévère possédait dans son palais, vers l'an 230. Une antique mosaïque, datant peut-être du troisième siècle, qui existe au *Museo Cristiano* du Vatican, donne aussi une idée de la manière dont les païens se représentaient à peu près le Christ. C'est une tête de philosophe barbu, vue de profil. Une lettre, évidemment apocryphe, que Lentulus, prédécesseur de Pilate, est censé avoir écrite au sénat romain, attribue au Christ une figure et une taille d'une beauté virile. Une description que, vers le milieu du huitième siècle, Jean de Damascène prétend avoir rédigée d'après d'anciens auteurs concorde avec ce signalement. Suivant lui, le Christ aurait été d'une haute stature, avec d'épais sourcils, un nez régulier, des cheveux bouclés, une barbe noire, un teint jaunâtre, semblable à sa mère, etc.

Parmi les anciennes représentations en manière de portrait, il faut encore mentionner deux bustes existant dans les catacombes calixtines et les catacombes pontiennes près de Rome, et qu'on trouve reproduits dans l'ouvrage d'Arighi intitulé : *Roma subterranea nova*. Le Christ y est représenté avec un visage ovale, un nez droit, les sourcils arqués et le front haut. L'expression en est grave et douce ; les cheveux, séparés en raie sur le front, retombent en boucles sur les épaules, et sont de couleur de noisette mûre ; la barbe est peu fournie, courte et divisée. Ces deux bustes s'accordent d'ailleurs, sinon dans les détails, du moins dans l'ensemble avec la lettre précitée de Lentulus. La plupart des artistes néo-grecs et italiens, jusqu'à Michel-Ange et Raphaël, se tinrent au type du Christ qui y est indiqué.

Il est remarquable que les têtes de Christ datant du grand siècle des arts sont fort rares. L'une des plus belles est celle de la descente de croix que Raphaël exécuta à l'époque de son dernier séjour à Rome. Le Titien s'est maintes fois distingué dans la représentation de têtes de Christ, par exemple dans celle de la magnifique toile de la galerie de Dresde désignée sous le nom de *Zinsgroschen*. Parmi les artistes postérieurs, Ludovico Carrache s'est surtout signalé par la noblesse qu'il a su donner à ses têtes de Christ. Les plus grands artistes dont nous possédons des œuvres de ce genre ont reconnu que l'absence de tout modèle précis en manière de portrait ressort évidemment l'obligation de composer le visage de l'être divin de ces traits de bonté et de beauté morales que l'image de son esprit et de sa vie réunit dans l'histoire évangélique ; et que c'est en pareil cas surtout que l'enthousiasme religieux doit guider le pinceau ou le ciseau. Plus l'idéal s'est rencontré pur et sublime dans le cœur de l'artiste, et plus celui-ci a réussi à donner à ses images du Christ cette vérité intime qui frappe le spectateur.

CHRIST (Ordre du). Cet ordre de chevalerie, commun aux États du pape, au Portugal, et au Brésil, était à l'origine un ordre religieux. Quand celui des Templiers fut supprimé, en 1312, le roi Denis Ier de Portugal obtint qu'il continuerait de subsister dans ses États pour garantir du infidèles les frontières des Algarves. Le pape Jean XXII, par une bulle de 1319, consentit effectivement au rétablissement de cet ordre en Portugal, et le confirma dans la possession de tous ses biens et privilèges, à la condition qu'il changerait son ancienne dénomination contre celle de *chevaliers du Christ*, qu'il suivrait désormais la règle de Saint-Benoît et les constitutions de Cîteaux, que le grand maître irait ou enverrait tous les trois ans saluer à Rome le pape, qui se réservait de son côté le droit de nommer des chevaliers, enfin, qu'outre les épreuves ordinaires nul ne pourrait être revêtu de ce caractère s'il n'avait guerroyé trois ans au moins contre les Maures. Le chef-lieu de l'ordre était la ville de Tomar. Peu à peu sa puissance s'accrut tellement qu'en 1550 Jules III en réunit pour toujours la grande maîtrise à la couronne de Portugal. Les chevaliers étaient vêtus de blanc et portaient sur la poitrine la croix de l'ordre.

Depuis 1789, l'ordre est divisé en trois classes : les grand's-croix, les commandeurs et les chevaliers. La décoration, consistant en une croix patriarcale de gueules chargée d'un autre croix d'argent, est portée, par les grands-croix, suspendue à une triple chaîne d'or ; par les commandeurs, à un ruban rouge passé autour du cou ; par les chevaliers, à la boutonnière de l'habit. On ajoute, pour les deux premières classes, un crachat en argent qu'on porte au côté gauche de l'habit. Au centre de ce crachat est la croix de l'ordre, surmontée d'un cœur rouge enflammé.

Le Brésil s'étant séparé en 1824 du Portugal, l'empereur du nouvel État a conservé l'ordre du Christ avec ses trois classes. Le ruban seulement, au lieu d'être tout à fait rouge, a un liséré bleu à chaque bord. Quant à l'ordre du Christ pontifical, il est tout à fait semblable à celui de Portugal, mais ne se compose que d'une classe. La croix se porte suspendue à un ruban rouge passé autour du cou.

Il a existé aussi en Livonie un *Ordre militaire du Christ*, institué en 1205 par Albert, évêque de Riga, dans le but de défendre et de protéger les païens qui se convertissaient, et que leurs anciens frères persécutaient, comme il paraît par une lettre d'Innocent III, qui ordonne une *croisade* contre ces derniers. Les membres de cet ordre portaient sur leur manteau une épée et une croix ; ce qui les avait fait aussi nommer *frères de l'épée*. Ils furent unis dans la suite aux *chevaliers teutoniques*.

CHRISTIAN, nom très-usité dans le nord de l'Europe et en Allemagne, où beaucoup de princes, de ducs, d'électeurs et de margraves l'ont porté. C'est la forme allemande du nom français *Chrétien*, aussi peu commun parmi nous qu'il est répandu chez les nations d'origine germanique et scandinave. Depuis Christian Ier, fils du comte d'Oldenbourg, qui fut couronné en 1448, on compte huit rois du ce nom en Danemark. Nous ne consacrerons d'articles spéciaux qu'à Christian II, Christian IV, Christian VII et Christian VIII. Pour les quatre autres, nous renverrons le lecteur à l'article DANEMARK.

CHRISTIAN II, ou CHRISTIERN, roi des royaumes-unis de Danemark, de Norwège et de Suède, né le 2 juillet 1481, à Nyborg en Fionie, surnommé *le Cruel*, et aussi le *Néron du Nord*, fameux à bon droit par sa tyrannie et sa cruauté effrénées, n'était naturellement rien moins que méchant, et n'avait apporté en naissant que des passions vives et l'impatience de toute autorité supérieure à sa volonté ; dispositions fâcheuses, qu'une éducation des plus négligées ne fit qu'aggraver. Toutes les fois que ses passions n'étaient point en jeu, il faisait preuve d'une grande intelligence et se montrait enclin au bien. La nature lui avait en effet départi de remarquables facultés et une force de volonté des plus énergiques, quoique les déterminations en fussent marquées plutôt au coin de l'impétuosité qu'à celui de la prudence. Les différentes lois et ordonnances qu'il rendit pour protéger les paysans et les bourgeois contre les vexations et les usurpations de la noblesse, ses efforts pour venir en aide au commerce et à l'industrie, les mesures qu'il prit pour supprimer le droit barbare que les propriétaires de terres voisines de la mer avaient en jusque alors de s'emparer des navires que la tempête faisait échouer sur les côtes, etc., prouvent qu'à une autre époque et dans d'autres circonstances ce prince eût été capable de faire le bien.

Envoyé à l'âge de vingt et un ans par son père en Norwège avec le titre de gouverneur général, il comprima les troubles qui avaient éclaté dans ce pays ; et pendant les dix années que dura son administration (de 1502 à 1512) il se conduisit constamment avec autant de prudence que de fermeté. C'est durant ce long séjour en Norwège qu'il fit, à Bergen, la connaissance de la fille d'une Hollandaise appelée *Sigebritte*, qui tenait en cette ville une auberge. L'amour que Christian II conçut pour cette belle personne, connue dans l'histoire sous le nom de *Dyvéké*, devint bientôt une passion violente, et le rendit l'esclave non-seulement de sa maîtresse, mais de la mère de celle-ci, femme vindicative au plus haut degré, et qui exerça sur lui la plus funeste influence.

A son avènement au trône, en 1513, Christian II dut en passer par les dures conditions que lui imposèrent les nobles de ses États, conditions qui lui enlevaient presque toute initiative. De là sa haine implacable pour une orgueilleuse aristocratie qui le réduisait à ne plus être qu'un mannequin couronné ; de là les luttes qu'il engagea immédiatement contre elle, luttes qui occupèrent toute la durée de son règne, auquel elles imprimèrent le caractère que lui a conservé l'histoire, et dont l'issue lui fut si funeste. L'irritation et la douleur que lui causa la mort de sa chère Dyvéké (1516), à laquelle il resta tendrement attaché jusqu'au dernier moment, bien qu'en 1515 il eût épousé une sœur de Charles-Quint, développèrent en lui une implacable férocité et les habitudes de la tyrannie la plus effrénée. La première victime de sa fureur fut le châtelain Torben Oxe, qu'il envoya au supplice parce qu'il le soupçonnait d'être le meurtrier de Dyvéké.

Il envahit ensuite la Suède à l'effet de transformer en souveraineté absolue l'espèce de suzeraineté purement nominale dont il avait jusque alors été investi dans ce royaume, et déclara ouvertement la guerre à l'administrateur du pays, Sten Sture, le véritable souverain de la Suède, qu'il battit à la bataille de Bogesund. Devenu maître de Stockholm par surprise, il s'y fit couronner en qualité de roi de Suède, forçant le sénat du royaume à reconnaître qu'il montait sur le trône en vertu de ses droits héréditaires, et non point par le libre choix des quatre ordres de la nation. Les vengeances cruelles qu'il exerça contre tous les adhérents de Sten Sture, ses actes de tyrannie, ses perfidies, ne tardèrent pas à provoquer contre lui un soulèvement, à la tête duquel se trouvait Gustave-Wasa. C'est à la suite de cette insurrection que Christian II finit par être chassé de Suède, que l'union de Calmar se trouva irrévocablement détruite, et que Gustave Wasa fut élu roi de Suède (1525).

L'aristocratie n'était pas moins vivement irritée en Danemark contre les actes arbitraires et tyranniques de Christian II. Une révolte ayant éclaté en Jutland, le roi abandonna ses états en 1523 pour aller se réfugier dans les Pays-Bas, quoique les paysans et le clergé eussent pris fait et cause pour lui en Danemark. On élut alors à sa place, en qualité de roi de Danemark et de Norvège, le frère de son père, Frédéric Ier, lequel introduisit en 1527 la réforme de Luther dans ses États, et mourut en 1533. Excité par son beau-frère Charles-Quint et par le parti du pape dans les Pays-Bas à rétablir le catholicisme en Danemark, Christian II crut trouver dans le mécontentement produit parmi une certaine partie de la population par l'établissement d'un nouveau culte une occasion favorable pour opérer une restauration; et en 1531 il entreprit, avec l'aide de l'empereur, une expédition contre ses anciens États. Il débarqua en Norvège, où il ne laissa pas que de faire d'abord quelques progrès, grâce à l'appui qu'il rencontra dans le parti catholique. Mais complètement défait et fait prisonnier à la bataille d'Aggerhuus (1532), il subit alors une captivité des plus dures dans l'un des caveaux du château de Sonderbourg situé en Alsen. Les insurrections et les guerres qui troublèrent le règne de Christian III, et qui avaient pour but de rendre Christian II à la liberté, furent impuissantes à abréger la durée de sa captivité. Elle ne cessa que douze années plus tard, en 1544. Quand il eut renoncé de la manière la plus solennelle à tous ses droits et prétentions, Christian III consentit à briser ses fers. Le prince lui assigna alors pour séjour le château de Kallundborg, situé au sud de la Scélande; et les revenus de ce domaine furent affectés à son entretien. Christian II vécut encore plus de quinze ans dans cette quasi-prison, où il mourut le 20 janvier 1559. Isabelle son épouse, qui toujours s'était parfaitement conduite à son égard, était déjà morte avant qu'il eût perdu la bataille d'Aggerhuus.

CHRISTIAN IV, roi de Danemark et de Norvège, duc de Schleswig-Holstein, fils du roi Frédéric II, le plus célèbre de tous les rois de Danemark issus de la maison d'Oldenburg, naquit le 12 avril 1577, en Scélande, et fut élu par la diète, en 1580, héritier du trône. A la mort de son père, il n'avait pas encore onze ans accomplis. Quatre sénateurs remplirent les fonctions de régents pendant le reste de la minorité du jeune prince, qui reçut une éducation des plus distinguées, et qui annonçait dès lors de remarquables talents. Après avoir pris en mains les rênes de l'État, en 1593, Christian IV entreprit sa célèbre tournée au cap Nord pour protéger les droits des habitants de ses possessions les plus septentrionales contre les empiétements des étrangers en matière de pêche et de cabotage. En toute occasion on vit ce prince faire preuve d'une sollicitude toute particulière pour les intérêts de la marine, art dont il avait étudié la pratique dans sa jeunesse. A partir de l'année 1610, il fit avec succès, contre le roi de Suède Charles IX et contre son successeur Gustave-Adolphe, une guerre désignée dans l'histoire sous le nom de *guerre de Calmar*, et que termina, en 1613, une paix des plus avantageuses. Comme chef des protestants à l'époque de la guerre de trente ans, il ne fut pas moins heureux dans ses entreprises en Allemagne.

Pendant tout son long règne, Christian IV fut constamment préoccupé d'assurer le bien-être de ses sujets et la prospérité de l'État. Il augmenta et améliora le matériel de la flotte, et fonda, à bien dire, la marine danoise. Il étendit le commerce du pays jusqu'aux grandes Indes, où il créa des comptoirs et des établissements, en même temps que par les mesures restrictives adoptées à l'égard du commerce des villes anséatiques il excitait et développait en Danemark le génie des entreprises commerciales. Il simplifia les rouages de l'administration, et introduisit plus de régularité dans les recettes et les dépenses publiques. Les savants et les gens de lettres trouvèrent en lui un protecteur aussi généreux qu'éclairé. Comme homme privé, il n'était pas moins remarquable par sa droiture et sa loyauté que comme souverain par les qualités qui font les grands princes.

A la mort de Gustave-Adolphe, les Suédois ayant abandonné l'Allemagne pour envahir à l'improviste les duchés de Schleswig-Holstein, sur lesquels leurs bandes se ruèrent au sein de la paix la plus profonde, en même temps que leur flotte menaçait les îles danoises, Christian IV se mit en personne à la tête de sa flotte, et lui fit en toute hâte prendre la mer. Quoique ayant perdu un œil dans cette campagne, il n'abandonna pas pour cela son poste de général en chef. Malgré leur supériorité numérique, les ennemis furent battus et les îles danoises mises désormais à l'abri de toute insulte de leur part. Plus tard les Suédois évacuèrent le Jutland et les duchés, ce qui n'empêcha point la paix conclue en 1645 à Brœmsehroe d'être très-peu avantageuse au Danemark. Christian IV mourut en 1648. Il eut pour successeur Frédéric III, mort lui-même en 1670. Consultez Hørst, *Christian den Fjerde, Danmarks og Norges store Konge* (Copenhague, 1839).

CHRISTIAN VII, roi de Danemark et de Norvège, né le 20 janvier 1749, d'un premier mariage contracté par Frédéric V avec la princesse Louise d'Angleterre, succéda à son père le 14 janvier 1766, à l'âge de dix-sept ans, et épousa la même année Caroline-Mathilde, sœur du roi d'Angleterre Georges III. Un voyage en Allemagne, en Hollande, en Angleterre et en France, exécuté pendant les années 1768 et 1769, lui fit acquérir en Europe la réputation de prince affable et éclairé; mais à son retour dans ses États il n'eut pas plus tôt mis la main aux affaires qu'il trahit la plus complète incapacité. En effet, son intelligence avait été singulièrement affaiblie à la suite d'excès prématurés favorisés en secret par un horrible calcul de sa marâtre, l'ambitieuse Juliane-Marie de Brunswick, seconde femme de Frédéric V, laquelle fut toute sa vie uniquement préoccupée de substituer à tout prix sur le trône sa propre lignée à la descendance de la reine Louise, première femme de Frédéric V. De la nullité de Christian VII il résulta naturellement que ses ministres régnaient en réalité sous son nom. D'abord, ce fut Bernstorff, homme d'État qui déjà avait possédé toute la confiance de Frédéric V, mais qui en 1770 se vit supplanter par Struensée. Ce parvenu en vint à dominer complètement le roi, et réussit à se concilier en même temps toute la faveur de la jeune et imprudente reine. Des innovations, au fond très-utiles et même très-libérales, mais despotiquement opérées, quelques mesures maladroites, qui blessèrent vivement le sentiment national, rendirent bientôt le premier ministre odieux à la noblesse et à l'armée, en même temps qu'elles provoquaient un profond mécontentement dans la bourgeoisie. Mettant habilement à profit ces circonstances, l'astucieuse Juliane-Marie organisa une vaste

35.

conspiration dans les rangs de l'aristocratie : et le 16 janvier 1772, à la suite d'un audacieux coup de main tenté dans l'intérieur même du palais, elle arracha au roi, à qui les conjurés firent accroire que la population de Copenhague était en pleine insurrection, un ordre d'arrestation contre Caroline-Mathilde et contre Struensée. Maîtresse de la situation, Juliane-Marie s'empressa de rappeler aux affaires Bernstorff, qui depuis sa disgrâce vivait retiré à Hambourg. Celui-ci voulait bien du pouvoir pour lui-même; mais il n'entendait pas s'associer aveuglément aux manœuvres de la reine douairière pour assurer la couronne à son fils, le prince héréditaire Frédéric (né en 1754, mort en 1805), frère consanguin de Christian VII, dont la profonde nullité d'esprit allait d'ailleurs se développant toujours davantage. Aussi le fils issu du mariage de Christian VII avec Caroline-Mathilde, le prince qui régna depuis sous le nom de Frédéric VI, n'eut pas plus tôt atteint l'âge de majorité, que Bernstorff le fit déclarer régent du royaume, et qu'il le maria à une princesse de la maison de Hesse, dans la pensée qu'il perpétuerait la ligne directe et mâle de la maison d'Oldenbourg. Mais cet espoir ne se réalisa point, tous les enfants mâles issus de ce mariage étant morts en bas âge; et la rumeur publique accusa hautement Juliane-Marie de ne pas avoir été étrangère à la fatalité qui s'appesantit ainsi sur la descendance de Christian VII.

Ce roi, dont l'aliénation mentale était devenue complète dès avant la révolution de 1772, mourut le 13 mars 1808, à Rendsbourg en Holstein, où on l'avait conduit l'année précédente, lors du bombardement de Copenhague par les Anglais. Consultez Baden, *Christian's VII Aarbog* (Copenhague, 1833).

CHRISTIAN VIII, roi de Danemark, duc de Schleswig-Holstein et de Lauenburg, fils aîné du prince héréditaire Frédéric, frère consanguin du roi Christian VII, né le 18 septembre 1786, avait épousé en 1806 la princesse *Charlotte* de Mecklembourg-Schwerin. Cette union ne fut point heureuse. L'inconduite de la princesse devint en effet chose tellement notoire, qu'à la cour on nommait publiquement ses amants; elle n'allait pas d'ailleurs les recruter toujours dans les rangs des classes privilégiées, et il lui arrivait parfois de les choisir parmi les roturiers. C'est ainsi que de tous ceux en faveur de qui elle oublia ses devoirs d'épouse, un artiste français, attaché alors comme comparse au corps de ballet du théâtre royal de Copenhague, fut, dit-on, celui qui fixa le plus vivement et le plus longtemps les goûts inconstants de la princesse. Un divorce mit fin en 1812 à tant de scandale, et la princesse, que son propre père refusa de recevoir, vécut ensuite pendant une douzaine d'années reléguée dans une petite ville du Jutland, où elle donna bientôt de nouvelles preuves évidentes d'un dérangement d'intelligence. Ajoutons, pour n'avoir plus à y revenir, que vers 1824 elle obtint l'autorisation de se retirer à Rome, et qu'elle y mourut quelques années plus tard, après avoir solennellement abjuré le protestantisme et embrassé la religion catholique. Le prince qui règne aujourd'hui en Danemark sous le nom de Frédéric VII est le fils de cette princesse. Redevenu libre, le prince Christian contracta, en 1815, avec la princesse Caroline-Amélie, fille du feu duc Frédéric-Christian de Schleswig-Holstein-Sunderburg-Augustenburg, un second mariage, qui demeura stérile.

Les puissances coalisées contre Napoléon avaient de longue main décidé que Frédéric VI serait puni de ses hésitations à faire cause commune avec elles et du trop haut prix mis par lui à son accession à la coalition, par la perte de la Norvège, c'est-à-dire du plus beau fleuron de sa couronne, qu'on adjugerait à la Suède tout à la fois comme indemnité de la Finlande et comme prix de la défection de Bernadotte. En conséquence, vers les derniers jours de 1813, une armée russe et prussienne envahit les duchés de Schleswig-Holstein; et Frédéric VI se vit bientôt obligé, pour sauver tout au moins du naufrage sa couronne, de souscrire aux dures conditions qui lui furent imposées par le traité conclu le 14 janvier 1814 à Kiel. L'abandon de la Norvège à la Suède était du nombre. A cet instant critique, le prince Christian, profitant des pouvoirs attachés à son titre de gouverneur général de la Norvège, s'embarque, malgré la rigueur de la saison et à l'insu du roi et de ses ministres, sur un frêle bâtiment marchand; puis, après une traversée périlleuse, mais rapide, il débarque non loin de Christiania, dans une petite baie déserte, afin d'éviter les croiseurs anglais, qui probablement interceptent l'entrée du port, et de là il gagne par terre la capitale, où il convoque immédiatement une assemblée de notables, à l'effet de délibérer avec eux sur le parti à prendre dans les graves circonstances où se trouve le pays.

Dans sa séance du 28 janvier 1814, cette assemblée, présidée par le prince Christian, refusa à l'unanimité de souscrire aux conditions de la paix de Kiel, et osa même prononcer les mots magiques d'*indépendance nationale*. Le prince gouverneur général, se faisant aussitôt le propagateur ardent des idées nouvelles éveillées par cet appel aux souvenirs du passé, parcourut le royaume en excitant partout le plus patriotique enthousiasme. En vain des agents suédois essayèrent de combattre ce mouvement si imprévu, en faisant de leur côté, au nom de Bernadotte, les plus brillantes promesses, en parlant d'institutions libres, de droits politiques, etc.; personne ne se laissa prendre à ces insidieux propos, et le peuple norvégien insista avec force pour que son indépendance fût solennellement proclamée. Le prince Christian accéda à ses vœux par une déclaration officielle datée de Drontheim le 19 février, et adressée aux évêques, aux fonctionnaires publics, à l'armée et à la nation. Cependant, des envoyés suédois arrivèrent à Christiania pour le sommer officiellement, en sa qualité de gouverneur général, d'avoir à faire exécuter les stipulations de la paix de Kiel et à opérer la cession de la Norvège à la Suède. Pour toute réponse, le prince Christian prêta serment dans la cathédrale en qualité de régent ou de lieutenant général du royaume, puis, par une proclamation en date du 13 mars, il fit savoir à l'Europe que le peuple norvégien était résolu à défendre sa liberté et son indépendance jusqu'à la dernière extrémité. Joignant les actes aux paroles, il réunit un corps d'armée de 12,000 hommes, et convoqua à Eidswold, pour le 10 avril suivant, la diète générale du royaume. Ouverte au jour indiqué, elle se composait de 154 députés du peuple, et commença immédiatement ses travaux, sans se laisser effrayer par la gravité des événements survenus en Europe depuis sa convocation, et qui devaient nécessairement réagir bientôt sur les destinées de la Norvège. Elle s'occupa tout d'abord de discuter et de voter un projet de constitution soumis à sa sanction par le prince régent. Cette constitution, la plus large de toutes celles qui fonctionnent aujourd'hui en Europe, restera à jamais célèbre dans l'histoire des institutions politiques, et reçut tout d'abord le surnom de *Constitution d'Eidswold*, du lieu où elle fut délibérée et proclamée loi fondamentale de l'État. Elle était tout entière l'œuvre d'un obscur maître d'école de village appelé *Adler*, qu'en débarquant non loin de Christiania, au mois de janvier précédent, le prince Christian avait mis en réquisition pour copier des proclamations et qu'il attacha ensuite à sa personne en qualité de secrétaire. Le hasard fit que sous l'enveloppe, alors humble et modeste, du pédagogue campagnard se trouvait une intelligence vive et rapide, secondée par une instruction plus étendue que celle que réclame d'ordinaire pour de telles fonctions. Adler, en effet, avait lu dans leur langue Rousseau, Montesquieu et Mably. Chargé par le prince de lui rédiger une constitution, il lui remit au bout de peu de jours un projet qui prouve que ces lectures avaient porté fruit dans son esprit. Le 17 mai, la majorité de la diète votait d'enthousiasme l'ensemble de cette constitution, et proclamait le régent *roi héréditaire* de Norvège. Le surlendemain, 19, le prince Christian prêta solennellement serment en cette qualité, et, après l'accomplissement de cette formalité, prit le nom de *Christian 1er*. Il avait tout d'abord cherché à s'assurer l'appui de l'Angleterre, et avait dépêché un agent à Londres pour faire valoir auprès du cabinet de Saint-James les raisons politiques qui pouvaient le déterminer maintenant à combattre l'accroissement de puissance et de territoire réservé à la Suède par la coalition. Mais à ces ouvertures le gouvernement anglais ne répondit qu'en déclarant, à la date du 29 avril, toutes les côtes de la Norvège en état de blocus.

De son côté, le gouvernement danois, ne sachant trop que penser des véritables motifs qui avaient décidé le prince Christian à se lancer dans une telle aventure; ayant même, à ce qu'il paraît, tout lieu de croire qu'il avait agi en cela purement pour son compte et dans l'espoir de se créer une position indépendante, attendu qu'à ce moment rien ne prouvait que Frédéric VI ne pût pas encore avoir des héritiers directs; le gouvernement danois, disons-nous, ne fut pas des derniers à blâmer les faits qui venaient de se passer en Norvège à son insu et sans participation aucune de sa part. Le prince Christian fut donc publiquement désavoué. Ordre lui fut donné d'avoir à revenir immédiatement en Danemark, en même temps que tous ses actes en Norvège étaient déclarés nuls et de nul effet. Frédéric VI alla même jusqu'à menacer son cousin d'instituer une haute cour de justice qui, dans le cas où il persisterait à braver les puissances coalisées, le déclarerait déchu de tout droit de succession au trône de Danemark. En même temps les cours d'Autriche, de Prusse, de Russie et d'Angleterre envoyaient au prince des émissaires chargés de lui faire des représentations et de l'engager à céder. Quant à Bernadotte, il réunit sur les frontières de la Norvège un corps de 35,000 hommes, dont il prit en personne le commandement, et les hostilités commencèrent par terre le 27 juillet, tandis qu'une flotte suédoise, forte de quatre vaisseaux de ligne, de trois frégates et de soixante-quinze chaloupes canonnières, était chargée d'opérer une démonstration devant les ports où s'abritait la petite flottille dont disposait la Norvège, et composée uniquement de six bricks, de quatre schooners et de trente-six chaloupes canonnières. En présence de forces si supérieures, il était impossible de songer à opposer longtemps une résistance sérieuse : aussi dès le 14 août le prince Christian conclut-il à Moss un armistice, rendu nécessaire par la dissolution presque complète de sa faible armée, qu'il n'avait pu d'ailleurs équiper et armer que d'une manière fort insuffisante. Deux jours après il exposait dans un manifeste les motifs qui le déterminaient à renoncer au titre de roi et à résigner ses pouvoirs entre les mains de la diète nationale. Ce dénoûment de la lutte était devenu possible, avait soin de dire le prince, depuis que par les préliminaires signés à Moss la Suède s'était engagée à respecter la constitution d'Eidswold.

La détermination du prince fut accueillie par l'opinion avec une défaveur marquée. On cria ouvertement à la trahison; mais des idées plus raisonnables ne tardèrent pas à prévaloir dans la population, qui finit par accepter le nouvel ordre des choses; et le 10 octobre suivant l'ex-roi se rembarquait pour le Danemarck, après avoir solennellement remis l'acte de son abdication au storthing, assemblé de nouveau.

Pendant longtemps la Sainte-Alliance et aussi le gouvernement danois lui gardèrent rancune de ces faits. En vain, pour se soustraire aux vifs ressentiments qu'il avait provoqués, eut-il le bon esprit de rentrer complètement dans la vie privée et de ne plus s'occuper que de beaux-arts, de littérature et de science; cette attitude modeste réveilla les soupçons et accrut même les défiances dont il était déjà l'objet, parce que dans le cercle de son intimité il ne faisait pas mystère de ses sympathies pour les idées libérales. En conséquence le gouvernement lui fit entendre qu'il le verrait avec plaisir entreprendre un voyage à l'étranger. Le prince Christian se le tint pour dit, et quitta effectivement le Danemark au commencement de 1819 avec la jeune et belle princesse qu'il avait épousée en secondes noces. Son absence se prolongea jusqu'à la fin de 1822. Dans l'intervalle, les rancunes dont il était l'objet eurent le temps de se calmer. L'unique enfant qui lui fût né, le fils de Charlotte de Mecklembourg, sa première femme, l'héritier présomptif de la couronne, était demeuré en Danemark, où le roi Frédéric VI le faisait élever avec soin sous ses yeux, parce qu'il le destinait à épouser un jour la plus jeune de ses filles, la princesse Wilhelmine. Ces projets d'alliance et de fusion entre les deux branches de la maison régnante furent réalisés quelques années plus tard; et ainsi se trouvèrent effacées jusqu'aux dernières traces du souvenir de la conduite équivoque tenue en 1814 par le prince Christian.

En 1832 il fut admis à faire partie du conseil d'État, et il accepta à la même époque la présidence de l'académie des beaux-arts de Copenhague. A ce titre honorifique était attaché le patronage officiel des lettres, des sciences et des beaux-arts; patronage que mieux que tout autre membre de la famille royale le prince Christian pouvait exercer, car dans ses voyages en Allemagne, en Italie, en Suisse, en France et en Angleterre, on l'avait vu partout rechercher la société des savants, des littérateurs et des artistes, dont le commerce journalier avait singulièrement contribué à élargir le champ de ses idées. Il s'occupait d'ailleurs lui-même de minéralogie, de géognosie et de géologie, et avait publié un petit opuscule assez curieux, intitulé : *Observations sur le Vésuve faites en 1820*.

La mort de Frédéric VI, arrivée le 3 décembre 1839, l'appela à monter sur le trône de Danemark sous le nom de Christian VIII. A ce moment la situation de ce pays était des plus tendues. Les finances se trouvaient dans le plus grand délabrement, et l'administration était gangrenée d'abus invétérés. Quelques puissances maritimes commençaient à exprimer hautement leur impatience au sujet des droits de navigation que le roi de Danemark perçoit depuis un temps immémorial sur les navires qui franchissent le Sund; droits dont la nécessité d'entretenir des phares sur les côtes de la Séelande, à l'effet de guider les navigateurs dans leur marche de nuit, est le prétexte, mais qui constituent un des revenus les plus clairs de l'État, mais qui rappellent la barbarie du moyen âge, d'une époque où la piraterie jouait un grand rôle dans ces parages septentrionaux. En outre le parti libéral, qui s'était formé sans bruit et avait toujours été en gagnant du terrain dans les dernières années du règne de Frédéric VI, révéla alors tout à coup son existence avec une rare énergie, réclamant à grands cris du nouveau roi l'octroi d'une constitution représentative, et invoquant à cet égard ses antécédents de 1814 comme constituant de sa part un engagement formel. D'abord Christian VIII fit preuve de beaucoup de finesse en éludant toujours de répondre d'une manière positive à ces provocations de l'opinion; puis, les assemblées d'État dont le feu roi s'était vu contraint de doter les diverses provinces de la monarchie, espèce de représentation nationale au petit pied, s'étant successivement rendues l'écho du vœu public, il n'hésita pas à en repousser l'expression de la manière la plus positive et même avec rudesse. Un pareil démenti donné ainsi à tout son passé, à l'opinion qu'il avait lui-même hautement professée sur les degrés du trône, eut pour résultat d'aliéner au nouveau roi les sympathies de la partie éclairée des populations. A leur vif désappointement succéda bientôt une irritation des plus vives, qui se manifesta avec énergie dans diverses circonstances, notamment lors des fêtes célébrées à Copenhague en mai 1840 à l'occasion du vingt-cinquième anniversaire du second mariage de Christian VIII, et que troublèrent des démonstrations tumultueuses. Le nouveau roi se fit couronner le 30 juin suivant; et la froideur glaciale que le peuple de la capitale lui témoigna en cette circonstance dut lui apprendre que c'en était fait de sa vieille popularité de prince héréditaire, de chef du parti du progrès pendant près de vingt-cinq ans. Mais il avait vraiment bien d'autres soucis en tête! Ce à quoi maintenant il songeait avant tout, c'était d'assurer sinon à un prince son descendant direct, du moins à sa lignée, à la lignée de *Juliane Marie* de Brunswick (*voyez* CAROLINE-MATHILDE et CHRISTIAN VII), sa couronne et l'intégralité de l'héritage de Frédéric V. Le second mariage qu'il avait contracté en 1815 était demeuré stérile; mais, comme on l'a vu plus haut, il avait eu de sa première femme un fils marié à l'une des filles de Frédéric VI. Or, le mariage de ce fils n'avait pas non plus donné d'héritier au trône; un scandaleux divorce était même venu le rompre en 1837, et rendre à chacun des deux conjoints sa liberté entière, sauf, toutefois, que le roi Frédéric VI avait cru avoir des motifs suffisants pour exiler son ex-gendre au fond du Jutland. Le premier soin de Christian VIII en ceignant la couronne fut de rappeler son fils à Copenhague et de se mettre en quête pour lui d'une nouvelle épouse. La maison de Mecklembourg-Strélitz en fournit une; mais on acquit bientôt la preuve que cette seconde union resterait frappée de stérilité, tout comme la première, et qu'il fallait décidément renoncer à l'espoir de voir le prince royal avoir jamais d'enfants. Aux termes de la fameuse *loi du roi* de Frédéric III, demeurée depuis 1660 loi fondamentale du royaume, et qui a aboli la loi salique en Danemark, la couronne, à défaut de descendance mâle du prince royal, passait à son cousin le prince de Hesse, fils d'une sœur de Christian VIII, la princesse *Charlotte de Danemark*, petite-fille de Juliane-Marie. Mais si la question de succession n'offrait pas de difficulté en Danemark même, il n'en était pas ainsi dans les duchés de Schleswig-Holstein, provinces essentiellement allemandes, restées toujours séparées et distinctes du reste de la monarchie, où la loi allemande, le droit de l'Empire et par suite la loi salique, étaient toujours demeurés en vigueur. Dès lors, du moment où à la branche *mâle* directe se substituait en Danemark, en vertu de la *loi du roi*, une branche *féminine*, dans les duchés, au contraire, les droits de souveraineté passaient à l'aînée des branches *mâles* collatérales existantes, c'est-à-dire à la maison de Schleswig-Holstein-Sonderburg-Augustenburg. Le nouveau roi de Danemark cessait d'être en même temps duc de Schleswig-Holstein, comme l'avaient été jusque là tous ses prédécesseurs depuis quatre cents ans; et la monarchie danoise, déjà singulièrement amoindrie par la perte de la Norvége, subissait un démembrement nouveau, pour lequel l'adjonction de l'électorat de Hesse, apporté dans la communauté par le nouveau roi, ne pourrait jamais, en raison même de la situation géographique de cet État, offrir une compensation suffisante. Il y avait dans une telle éventualité sujet à de vifs regrets pour le patriotisme danois; et l'opinion prêta dès lors tout son appui au pouvoir pour favoriser les combinaisons propres à l'écarter et à en rendre la réalisation impossible. Le mariage qu'on parvint à faire contracter, en 1844, à ce prince de Hesse, héritier présomptif de la couronne de Danemark, avec une fille de l'empereur Nicolas, fut un des moyens employés pour faire trancher un jour la question de succession dans l'intérêt du Danemark. En même temps Christian VIII, autant pour contenir le changement aux idées de constitutionnalisme, que maintenant il jugeait inopportunes et même dangereuses, que pour arrêter les progrès toujours croissants du *scandinavisme*, imaginait de provoquer en Danemark un mouvement anti-allemand, un mouvement ayant pour but de dénationaliser les duchés, de les *daniser*, de les déclarer partie intégrante de la monarchie, et d'y mettre ainsi à néant les prescriptions de la loi salique en ce qui touchait la question d'hérédité. L'habileté de Christian VIII fut de faire de l'agitation populaire au profit de sa lignée, sans pour cela donner en rien satisfaction aux vœux de l'opinion libérale et sans écouter ses justes griefs contre l'oppression du parti aristocratique. Ajoutons d'ailleurs que dans la mise à exécution de ce plan il fut secondé par les grandes puissances, toutes intéressées au maintien du *statu quo* en Danemark, parce que l'équilibre politique de l'Europe serait gravement compromis le jour où ce petit royaume, déjà réduit à sa plus simple expression par les traités de 1815, verrait la souveraineté d'un prince indépendant.

Il était dans la nature même des choses que la population des duchés allemands de Schleswig-Holstein se rattachât à sa nationalité et à son droit avec d'autant plus d'ardeur qu'on mettait plus de persistance à prétendre les lui confisquer. Les assemblées d'états des duchés protestèrent donc solennellement à diverses reprises contre les provocations adressées au pouvoir par les assemblées d'états des provinces danoises pour l'engager à déclarer que le Danemark s'étendait jusqu'aux rives de l'Elbe. Puis, le gouvernement en étant venu à avouer franchement que telle était son intention, il ne resta plus d'autre ressource aux assemblées d'états des duchés que d'en appeler à la diète fédérale de Francfort pour le maintien de leurs droits. C'est dans ces circonstances que Christian VIII publia sa fameuse lettre-patente du 8 juillet 1846, par laquelle, donnant un audacieux démenti à l'histoire, il faisait savoir à ses bons et loyaux sujets que le duché de Schleswig tout entier et *certaines parties du duché de Holstein* seulement avaient toujours fait partie de la monarchie danoise et en étaient des annexes inséparables. Cette déclaration, qui anéantissait les droits séculaires des duchés, qui coïncidait avec les efforts tentés par le parti danois pour y implanter la langue danoise, provoqua dans ce pays une profonde irritation, et excita sur tous les points de l'Allemagne la sympathie la plus vive pour la lutte soutenue dans l'intérêt de leur nationalité par des populations germaniques d'origine, de mœurs, de lois et de langage. Cette sympathie si naturelle eût été mieux comprise en France, où la presse se montra toujours favorable aux projets d'incorporation du gouvernement danois (parce que celui-ci ne lui ménageait pas les subventions occultes), si on avait voulu se rappeler avec quel intérêt, une quinzaine d'années auparavant, l'opinion y avait suivi les phases de la lutte soutenue dans des circonstances à peu près identiques par les Belges contre le roi des Pays-Bas, Guillaume Ier, lequel avait entrepris de les *dénationaliser* et de les *hollandiser*.

Christian VIII chercha vainement à détruire le mauvais effet produit dans les duchés par sa lettre-patente, en en publiant une seconde, conçue d'une manière plus conciliante. La situation s'aggravant de plus en plus, il en vint à comprendre qu'il ne lui restait plus pour transmettre à la descendance de Juliane-Marie l'intégralité de l'héritage de Frédéric V d'autre ressource que de se jeter dans les bras du parti libéral danois et de renoncer au système vermoulu de la division du royaume en provinces ayant chacune leurs assemblées d'états, puis d'essayer de faire un tout compacte, sinon homogène, des diverses parties de la monarchie que jusque alors on s'était attaché à tenir autant que possible étrangères les unes aux autres, sauf à tenir enfin compte des exigences de l'esprit public, et à octroyer à la nation une constitution représentative. Mais la mort ne lui donna pas le temps de réaliser à cet égard les projets dont il était déjà hautement question dans la sphère officielle; elle le surprit le 20 janvier 1848. Il laissait à son fils la tâche difficile de lutter contre les terribles orages qui devaient à quelques jours de là bouleverser une partie de l'Europe.

CHRISTIAN-AUGUSTE, duc de Schleswig-Holstein-Sonderburg-Augustenburg, né le 19 juillet 1798, fils aîné du duc *Frédéric-Christian* (mort en 1814) et de la princesse *Louise-Auguste*, fille du roi de Danemark Christian VII (morte en 1843), est le chef de la branche cadette de la ligne royale de la maison d'Oldenburg. A cette branche devrait, suivant toutes les règles du droit public européen, appartenir la souveraineté des duchés de Schleswig-Holstein, dans le cas où son aînée (celle qui occupe en ce moment le trône de Danemark) viendrait à s'éteindre dans sa descendance directe et masculine. En effet, si cette éventualité se réalisait, et aujourd'hui elle est déjà aux trois quarts accomplie, les duchés, terre essentiellement allemande et séparée du Danemark par la législation, les institutions et les intérêts non moins que par la langue, pays où les rois de Danemark ne règnent que comme représentant la descendance *mâle* et directe de Christian I*er* d'Oldenburg et seulement en qualité de *ducs*; les duchés, disons-nous, où la loi salique a toujours été en vigueur, devraient constituer un État complètement indépendant de la couronne de Danemark et dont la souveraineté appartiendrait à la branche cadette, mais *mâle*, de la ligne royale de la maison d'Oldenburg, c'est-à-dire à la maison d'Augustenburg, qui a aujourd'hui pour chef le prince dont il est ici question. Sans doute l'extinction maintenant de plus en plus probable de la branche aînée et *mâle* de la ligne royale de la maison d'Oldenburg aurait pour résultat de faire perdre au Danemark un grand tiers de son territoire; et on ne peut non plus se dissimuler qu'il devrait nécessairement en résulter une notable perturbation dans l'équilibre actuel de l'Europe; mais les droits de la maison d'Augustenburg, parce qu'ils contrarient les combinaisons de la politique générale des puissances, n'en subsistent pas moins. Dès lors son chef, le duc Christian-Auguste, n'a fait que son devoir en les défendant contre les attaques dont ils ont été l'objet, de quelque côté qu'elles vinssent. Aussi bien, les droits de sa maison sont aujourd'hui l'unique sauvegarde de la nationalité des duchés de Schleswig-Holstein; et ce n'est pas un des moindres avantages de cette cause que d'être ainsi indissolublement liée à celle des droits et de la liberté d'une population de près d'un million d'âmes.

Après avoir reçu sous la direction éclairée de son père, l'un des hommes les plus savants de son époque, une instruction première aussi solide que libérale, Christian-Auguste alla, de 1817 à 1819, terminer aux universités de Heidelberg et de Genève une éducation que complétèrent ensuite d'instructifs voyages en Italie, en France et en Angleterre. En 1820 il était de retour dans ses terres, situées pour la plus grande partie en Alsen. Mais alors, au lieu de complaire aux désirs de son oncle, le roi Frédéric VI, qui aurait voulu lui voir épouser l'Europe la seule de ses filles; au lieu de chercher à faire ainsi un mariage de convenance et surtout d'ambition, Christian-Auguste, indépendant par caractère encore plus que par position, préféra écouter la voix de son cœur. Au mois de septembre de cette même année 1820, il célébra au château de Gisselfeldt, en Séelande, son mariage avec *Louise-Sophie*, née comtesse de Danneskjold-Samsœ, avec laquelle il s'était déjà fiancé avant d'entreprendre ses voyages à l'étranger. Cette jeune personne, modèle de toutes les grâces et de toutes les vertus, appartenait à une famille issue d'un fils naturel de Christian V, et à laquelle ce roi de Danemark a assuré dans les rangs de la noblesse danoise une position tout exceptionnelle, offrant beaucoup d'analogie avec les avantages que Louis XIV chez nous avait assurés à la descendance du duc du Maine et du comte de Toulouse. Il s'en fallait, du reste, que ce fût là le premier exemple d'une alliance contractée entre les deux familles; en effet, cent années auparavant, l'arrière-grand-père de Christian-Auguste épousait, lui aussi, une comtesse de Danneskjold-Samsœ; et, circonstance assez curieuse à noter, les deux alliances ainsi formées à un siècle de distance avaient l'une et l'autre uni des conjoints placés dans des conditions d'âge exactement identiques et portant les mêmes prénoms. Deux princes et trois princesses sont nés de cette union, si bien assortie et demeurée constamment heureuse.

Christian-Auguste, au lieu d'aller à Copenhague prendre sa part des plaisirs et des dissipations de la cour du roi son oncle, jaloux au contraire de vivre de cette vie d'intérieur et de famille qu'il avait toujours ardemment souhaitée, se fixa dès lors dans ses terres, dont la bonne administration exigeait d'ailleurs de sa part une surveillance de chaque jour. Se faire dans les duchés de Schleswig-Holstein le propagateur de tous les perfectionnements nouveaux, de tous les procédés utiles dont l'agriculture s'enrichissait à l'étranger, et surtout améliorer la race chevaline du pays, partie essentielle de sa richesse, mais visiblement dégénérée depuis longtemps déjà, la relever en y infusant du sang arabe et anglais, tel fut le but qu'il assigna d'abord à l'activité de son esprit. Pour l'atteindre, il ne recula devant aucun sacrifice, quoiqu'il sût parfaitement que c'était là une tâche ardue et ingrate, dont il ne pouvait espérer la récompense qu'après de longues années de patients efforts, et non sans avoir à triompher de bien des obstacles et de bien des découragements. Mais, comme grand propriétaire, il estimait que c'était là un des devoirs incombant à sa position; et il mit à l'accomplir le plus patriotique dévouement. Le haras d'Augustenburg, détruit à la suite des événements dont les duchés furent le théâtre en 1848, et dont la fondation remontait à l'année 1821, était dès 1830 célèbre dans tout le Nord, par la remarquable distinction et par la supériorité de ses produits; chaque année de brillantes courses d'automne organisées par le duc attiraient à Augustenburg, de cent lieues à la ronde, un nombreux concours d'éleveurs et d'amateurs. Joignant la théorie à la pratique, Christian-Auguste a même publié un écrit intitulé : *Versuch eines Beweises das die Wettrennen das wesentliche Beförderungsmittel der Pferdezucht sind* (Schleswig ; deux. édit., 1829) ouvrage qui mériterait d'être traduit dans notre langue, car nos éleveurs y trouveraient des idées utiles et toutes pratiques : les idées d'un éleveur consommé.

On serait tout naturellement porté à penser qu'en Danemark le gouvernement et l'opinion publique applaudissaient à ces entreprises du jeune prince; il est cependant exact de dire qu'elles furent pour lui le point de départ d'une impopularité toujours croissante dans ce pays. De nos jours, où le patriotisme ne va-t-il pas se nicher ! La vanité nationale lui fit précisément un crime de ses efforts pour régénérer l'espèce chevaline abâtardie. Avouer ainsi à la face de l'Europe la supériorité du cheval anglais sur le cheval danois, disait-on à Copenhague, ne pouvait être que l'acte d'un félon, d'un traître à son pays, à son roi. Il fallait être factieux, archi-révolutionnaire, pour ne pas admirer sans restriction les chevaux que le commerce national était depuis si longtemps en possession de fournir à la consommation étrangère; pour prétendre que le moyen le plus sûr de conserver au pays cette lucrative production, de la rendre même plus florissante encore, c'était d'en améliorer les éléments. Non seulement dans la société officielle, mais même parmi les bourgeois de cette capitale, alors encore singulièrement arriérés en matière d'institutions et faisant profession pour leurs rois d'un amour tenant du fétichisme (*Heu! quantum mutati!*), on eût plus aisément pardonné au jeune duc les idées relativement avancées dont il faisait profession en politique, par exemple la préférence qu'il donnait franchement au gouvernement constitutionnel sur celui du bon plaisir, plutôt que ses blasphèmes à l'endroit du haras royal de Fredericksborg et de ses produits.

La révolution de Juillet produisit sur la vieille Europe une commotion électrique, dont les effets se firent sentir jusqu'en Danemark. A ce moment des idées toutes nouvelles y germèrent spontanément, et s'y développèrent bientôt avec une grande énergie de vitalité. Les classes bourgeoises commencèrent alors à prendre goût à la vie politique, à la discussion de tous les grands intérêts publics. L'adoration pure de leurs rois cessa d'être à leurs yeux la seule expression possible du patriotisme. Jetant des regards indiscrets sur la fameuse *loi du roi* (*voyez* DANEMARK), elles s'aperçurent avec surprise que ce qu'on leur avait toujours présenté comme une *constitution* était le monument naïf de l'absolutisme le plus effronté, et armait leurs souverains d'une autorité tout aussi despotique que celle du Grand-Turc. Elles osèrent parler de droits politiques et réclamer des garanties contre l'arbitraire du pouvoir. A ces ferments de mécontentement et d'agitation vint s'ajouter la dangereuse contagion du scandinavisme. Le gouvernement de Frédéric VI reconnut la gravité de la situation, et songea à détourner les périls qui menaçaient la durée de son absolutisme en donnant un semblant de satisfaction à l'opinion par la création d'états provinciaux *consultatifs* établis dans les différentes provinces de la monarchie danoise, en dérogation évidente des draconiennes dispositions de la *loi du roi*. On ne pouvait accorder au Danemark des institutions quasi-représentatives sans appeler à jouir du même bienfait les duchés qui avaient pour souverain le même prince. Les duchés eurent donc aussi chacun leur assemblée d'états provinciaux. Quoique dépourvues de toute espèce d'initiative, réunies uniquement pour donner leur avis sur les questions d'administration générale ou d'intérêts locaux que le pouvoir soumettait à leur appréciation, ces diverses assemblées ne laissèrent pas que de contribuer puissamment à la création d'un esprit public, dont les exigences, toujours croissantes, devaient finir un jour par forcer l'absolutisme à compter avec la nation.

Appelé, en sa qualité de propriétaire d'un majorat, à faire partir des états provinciaux du duché de Schleswig, Christian-Auguste se fit remarquer dans cette assemblée par une remarquable facilité d'élocution, par l'étendue de ses connaissances en économie politique, en administration et en législation générale, en même temps que par la réserve pleine de dignité qu'il observa toujours sur les questions dont la solution pouvait paraître porter atteinte aux droits du souverain, tels que ses délégués lui formulaient en l'absence de tout contrat positif intervenu entre le prince et ses sujets. Certes, l'homme dont on a joué gratuitement voulu faire un vulgaire ambitieux et un révolutionnaire à la façon de Philippe-Égalité ou de son fils eût eu beau jeu à faire ce qu'on appelait alors du *libéralisme*, à s'associer bruyamment par exemple aux réclamations presque unanimes et périodiques des différentes assemblées d'états de la monarchie à l'effet d'obtenir du trône la liberté de la presse, l'extension du droit électoral, resté le privilège d'un très-petit nombre, et surtout l'élargissement du cercle d'action des états eux-mêmes, qui aspiraient hautement à se transformer en assemblées représentatives et législatives. A cet égard, certes, Christian-Auguste pensait comme la majorité : il n'avait donc qu'à parler pour devenir le représentant de l'opposition sur les degrés du trône, et d'ordinaire elle constitue alors la plus profitable comme la plus facile des spéculations. D'ardentes sympathies lui eussent été acquises à ce prix. Il les dédaigna pourtant, parce qu'il avait avant tout la religion du devoir. Il ne lui appartenait pas, croyait-il, à lui, neveu du roi régnant, beau-frère de l'héritier du trône, de rien faire qui pût ressembler à un empiétement sur l'autorité du roi-duc. Il avait foi dans l'avenir, il persistait à espérer que le progrès invoqué par tous serait plus efficace et plus durable quand il sortirait du libre exercice de l'initiative du souverain.

Contre toute attente, l'avénement de Christian VIII, en raison de la ligne de conduite adoptée bientôt par ce prince à l'égard de ses agnats, eut pour résultat de contraindre son beau-frère le duc d'Augustenburg à se départir de la réserve qu'il s'était jusque alors imposée avec tant d'abnégation personnelle sur toutes les questions de nature à gêner l'exercice de l'initiative du souverain. Comment en effet Christian-Auguste aurait-il pu rester muet et impassible en présence des efforts qui ne tardèrent point alors à être tentés au grand jour pour mettre à néant tout à la fois les droits de sa maison et ceux de ses compatriotes?

Quand, par suite de la stérilité dont demeura frappé le second mariage du prince royal, le peuple danois eut décidément perdu tout espoir de voir se continuer la descendance *mâle* et directe de ses rois, la possibilité d'un démembrement plus ou moins prochain de la monarchie frappa tous les esprits de la plus patriotique douleur. Christian VIII, au mois de juin 1842, se décida donc à avoir lui-même sur cette question une explication catégorique avec son beau-frère. Elle eut lieu au château de *Sorgenfrei*, en Séelande. Le roi débuta par gémir de la situation, puis il ajouta que *personne ne mettait en doute que le duc n'eût des droits d'hérédité en Holstein*, mais qu'il s'agissait de savoir ce que deviendrait le Danemark s'il lui fallait aussi perdre le Schleswig. Le duc Christian Auguste répondit que la faute n'en était ni à lui ni à ses auteurs, mais à la loi de 1660, à la *loi du roi*, qui avait aboli la loi salique en Danemark. Christian VIII n'eut garde de laisser prendre à l'entretien cette direction, et, abordant alors franchement la question, il proposa à son beau-frère de renoncer à tous ses droits et prétentions moyennant une indemnité à débattre entre eux amiablement. A cette ouverture, fort inattendue, Christian-Auguste répondit noblement qu'il regardait comme son devoir, tant à l'égard de sa propre maison qu'à l'égard de ses compatriotes des duchés, de ne jamais renoncer aux droits éventuels d'hérédité afférent à sa famille; qu'ils étaient la garantie de la non-incorporation des duchés au Danemark; que l'honneur lui défendait de se prêter à une transaction de ce genre. Suivant toute probabilité, il ne serait jamais personnellement appelé à recueillir le bénéfice des droits de sa maison; mais il ne pouvait consentir à voir peser sur sa mémoire le reproche d'avoir vendu l'héritage de ses enfants et des droits de ses concitoyens pour pouvoir mener une vie plus agréable. Dans l'acte de ses dernières volontés, son père, le feu duc Frédéric-Christian, prévoyant l'extinction possible de la branche mâle aînée de la maison d'Oldenburg, recommandait à ses enfants de ne jamais trafiquer des droits de leur famille. Cette recommandation paternelle, Christian-Auguste ne l'oublierait jamais, quoi qu'il pût en arriver de fâcheux pour lui et pour les siens.

Les deux beaux-frères se quittèrent alors en fort bons termes, en apparence du moins, le roi se bornant à dire qu'il *avisait*. Mais à peu de temps de là il faisait négocier le mariage de son neveu, le prince de Hesse, avec la grande duchesse Alexandra de Russie, afin d'assurer à l'arrière-petit-fils de Juliane-Marie la toute-puissante protection de l'empereur Nicolas pour empêcher le démembrement de l'héritage de Frédéric V (Consultez l'ouvrage intitulé : *Die Herzogthümer Schleswig-Holstein un ddas Kœnigreich Dænemark, seit dem Jahr* 1806 [Hambourg, 1850]).

A ce moment aussi le mot d'ordre fut donné aux agitateurs, qui, de l'agrément et avec l'appui patent du pouvoir, s'étaient déjà posés, tant dans la presse que dans les assemblées provinciales, les représentants exclusifs du sentiment national. Ils n'eurent pas de peine à faire comprendre aux masses qu'il restait encore un moyen, sinon légitime, du moins fort simple, de détourner le pays la calamité que chacun appréhendait. Ce moyen infaillible, c'était tout bonnement la substitution de la force brutale au droit, c'est-à-dire la confiscation au profit du Danemark de la nationalité allemande des duchés de Schleswig-Holstein. Du moment où l'on les aura déclarés partie intégrante de la monarchie danoise, disait-on, ils seront placés sous l'empire de la *loi du roi*. La succession des lignes féminines directes, à défaut de lignes mâles, y sera donc de droit commun. Au mois d'octobre 1844, dans le sein de l'assemblée provinciale de Rœskilde (Séelande) le député Algren Ussing alla jusqu'à proposer nettement de déclarer *coupable de haute trahison* quiconque oserait soutenir que les duchés et le Danemark n'avaient pas constamment été le même État, et leurs populations le même peuple obéissant au même souverain, aux mêmes lois, parlant la même langue. Une propagande des plus actives et des plus provoquantes s'organisa sur une foule de points pour répandre de plus en plus ces idées, qui eurent bientôt dans les diverses classes de la nation danoise leurs fanatiques, criant incessamment qu'il fallait en finir une bonne fois pour toutes, traiter les duchés en pays conquis et leurs populations en vils ilotes, condamnés par la victoire à subir telles conditions qu'il plairait au vainqueur de leur dicter. « Chassons les Allemands *à coups de fouet* au-delà de l'Eider ! » (fleuve formant la limite entre le Holstein et le Schleswig : — à ce moment encore les patriotes danois ne revendiquaient que le Schleswig —), s'écriait un jour dans un banquet politique M. Orla Lehman, qui depuis a été ministre. « Le peuple allemand n'est qu'un vil troupeau destiné par la nature au servage », lui répondait dans un autre banquet public un autre meneur de l'agitation danoise.

C'est précisément ainsi, dirons-nous encore pour bien faire comprendre la situation, que parlaient en 1825 les *loyalistes* de La Haye, d'Amsterdam, d'Utrecht, etc. Suivant eux, il fallait mettre en pratique à l'égard des Belges, pour les contraindre à s'avouer Hollandais, la fameuse maxime de l'Église catholique : *compelle eos intrare*, sauf à lui donner pour sanction cette autre règle : *nolenti baculum*, attendu qu'en traitant de la sorte des sujets rebelles et félons le gouvernement de S. M. Guillaume 1er ne désirait au fond que leur bien et leur faisait encore beaucoup trop d'honneur.

Les insolentes provocations du parti ultra-danois amenèrent dans les duchés, comme contre-démonstrations, une attitude très-ferme et très-prononcée de la part de la presse, et de la part de la population force banquets patriotiques, peut-être au fond plus bruyants que véritablement utiles à la cause commune. Mais les toasts qu'on y portait, les discours qu'on y prononçait, reproduits avec empressement par toutes les feuilles de l'Allemagne, excitaient dans ce pays les plus vives sympathies pour la lutte soutenue au nom de la nationalité allemande par des concitoyens opprimés ; sympathies exprimées de toutes les manières possibles, et dans lesquelles l'esprit public des duchés trouvait un nouvel appui. A une *agitation danoise* on répondait donc tout naturellement dans les duchés par une *agitation allemande*; et le pouvoir, qui n'eût dû en accuser que sa politique tortueuse et déloyale, n'eut garde de ne pas en rejeter la responsabilité sur Christian-Auguste. Les agents du gouvernement danois à l'étranger eurent l'ordre de représenter son ambition comme la cause unique des obstacles que Christian VIII rencontrait pour réaliser ses projets de centralisation et d'homogénéisation des diverses parties de la monarchie. Le *Times* en Angleterre, et en France le *Journal des Débats* plus particulièrement, servirent d'organes à ces accusations ainsi qu'aux intrigues qu'elles avaient pour but de masquer. On a acquis depuis la preuve que le *Times* recevait du cabinet de Copenhague, en retour de ses bons offices, une subvention annuelle de 3,000 liv. st.; on ignore à quel prix la presse française vendit les siens.

Contre l'attente du pouvoir, la lettre-patente de Christian VIII amena de nombreuses démissions de fonctionnaires publics d'un rang élevé et appartenant à l'ordre équestre des duchés, par exemple de membres du corps diplomatique. Tous estimaient que l'honneur ne leur permettait plus maintenant de prêter leur concours à un gouvernement qui, uniquement dans l'intérêt d'une famille étrangère (celle de Hesse), substituée en vertu de la *loi du roi* aux branches collatérales de la maison régnante, bouleversait le pays, et violait les conditions et réserves expresses faites par leurs pères en faveur de leur nationalité, solennellement reconnue distincte de celle du Danemark, de même que leurs deux duchés devaient demeurer à tout jamais indissolublement unis ; à un gouvernement qui allait jusqu'à imposer désormais à leurs compatriotes l'usage de la langue danoise au barreau, dans les écoles, dans la chaire et dans toutes les relations administratives, pour en faire ainsi des Danois bon gré malgré. On trouvera aux articles AUGUSTENBURG, DANEMARK et SCHLESWIG-HOLSTEIN le récit des faits relatifs à ce déplorable conflit. Il nous suffira de rappeler ici que lorsque les événements de Février 1848 eurent provoqué à Copenhague un mouvement populaire destiné à forcer la main au pouvoir et à le contraindre à déclarer l'incorporation immédiate des duchés au Danemark, puis dans les duchés un contre-mouvement tout de défense contre l'agrégation dont ils étaient menacés, Christian-Auguste et ses deux princes ses fils se dévouèrent sans réserve et avec la plus patriotique abnégation à la défense des droits de leurs concitoyens, dont plus que jamais la cause était devenue la leur.

Élu membre de l'assemblée nationale des duchés, nommé par le suffrage universel, pendant que ses deux fils s'enrôlaient dans les rangs de l'armée nationale, Christian-Auguste fit constamment preuve au sein de la législature de la plus grande et de la plus noble modération à l'égard du Danemark. Quoique ce pays fût maintenant gouverné par les hommes du parti ultra-populaire, qui le déclaraient coupable de haute trahison, confisquaient ses biens et finissaient par le mettre hors la loi, toujours on le vit combattre dans l'assemblée nationale réunie à Schleswig les différentes propositions de nature à envenimer encore la querelle survenue entre les deux races, et aller au devant de tout ce qui pouvait amener une solution amiable de la crise. En temps de révolution, les hommes modérés doivent s'attendre à être en butte à la haine des partis extrêmes. Il ne manqua donc pas non plus dans les duchés de gens qui firent au duc d'Augustenburg un crime de rester fidèle, alors même qu'on le dépouillait de tout ce qu'il possédait, à la belle devise de toute sa vie : *ne rien faire contre le droit d'autrui*. La popularité dont il jouissait naguère en Schleswig-Holstein, popularité justifiée par ses sacrifices et son dévouement à la cause commune, commença dès lors à s'éloigner de lui. Mais comme il n'avait jamais cherché à la capter, l'évaluant toujours à sa juste valeur, il ne la regretta pas quand il l'eut perdue.

A la suite de la prise de possession des duchés par les troupes danoises, au commencement de 1851, événement qui fut le résultat de la désertion de la Prusse, en même temps que de la détermination prise en commun par les grandes puissances de ne point permettre le démembrement de la monarchie de Frédéric VII à la mort de ce prince, Christian-Auguste s'est vu contraint de se réfugier avec sa famille à Francfort. En même temps la plupart des hommes qui avaient figuré, soit dans le gouvernement provisoire des duchés, soit dans leur assemblée législative, ou encore qui s'étaient signalés dans les rangs de l'armée nationale, étaient forcés, eux aussi, d'aller demander un asile à l'étranger ; plus heureux peut-être, au fond, que leurs compatriotes, à qui il était donné de continuer à vivre sur la terre natale. Depuis lors en effet la réaction danoise a organisé dans les duchés un système de terreur et d'oppression qui ne peut se comparer qu'au système suivi par les Russes en Pologne après 1831, et plus récemment par l'Autriche en Hongrie et en Italie. Il n'y eut toutefois de confiscations prononcées que celles dont tout au début de la lutte, en 1848, le gouvernement danois s'était empressé de frapper les propriétés du duc d'Augustenburg. Dans une exception de ce genre, il y avait quelque chose de si monstrueux que, par pudeur, les grandes puissances crurent devoir s'entremettre pour forcer le gouvernement danois à payer au prince que la politique lui faisait proscrire une indemnité pour des biens que la plus vulgaire probité défendait de lui voler. Inutile d'ailleurs d'ajouter que cette indemnité fut dérisoire. Elle n'équivalait pas au tiers de ce qu'on avait enlevé à la maison d'Augustenburg. Que si pourtant Christian-Auguste a consenti à l'accepter, c'est parce que cette acceptation n'impliquait pas plus de sa part l'abandon direct ou indirect d'un seul de ses droits, ou des droits de ses concitoyens, que le désaveu du passé; les intermédiaires chargés de cette épineuse négociation ayant avec raison évité tout ce qui de part ou d'autre eût pu empêcher la conclusion d'un compromis au sujet d'une odieuse mesure, réprouvée par les mœurs de notre époque aussi bien que par toutes les notions de droit. Quant à la question de la succession dans les duchés, les grandes puissances l'ont égoïstement tranchée en 1850 dans l'intérêt du *statu quo*, comme déjà, du reste, elles avaient décidé de le faire cinq ans auparavant, c'est-à-dire longtemps avant qu'éclatassent les tempêtes politiques qui bouleversèrent la face de l'Europe en 1848. C'est donc en vain que le gouvernement danois lui-même avouait, en 1846, que la maison d'Augustenburg possédait des droits *sur certaines parties du Holstein* tout au moins; la part prise par Christian-Auguste au mouvement national des duchés en 1848 a servi de prétexte pour considérer ses droits et ceux de sa maison comme forclos. C'est là un des plus honteux abus de la force dont les grandes puissances aient donné l'exemple au monde depuis la création de la sainte-alliance; et comme nous sommes de ceux qui, en dépit de tant d'attentats couronnés de bons jours par la fortune, persistent à croire que le droit a tôt ou tard raison de la force brutale, nous sommes convaincus que le jour de la réparation ne tardera pas à venir pour cette criante iniquité.

CHRISTIANIA, capitale du royaume de Norvège, siége d'un évêché, dans le bailliage d'Aggerhuus, qui comprend une population de 110,000 âmes répartie sur une superficie de 52 myriamètres carrés. Bâtie dans une belle vallée, à l'extrémité septentrionale de la baie du même nom (*Christianiafiord*), elle compte 32,000 habitants, et est le siége du gouvernement norvégien, du tribunal suprême et de l'assemblée du storthing. Indépendamment des faubourgs mal bâtis de *Pipervigen*, *Hammarsborg*, *Vaterland* et *Groenland*, elle se compose de la ville de Christiania proprement dite, que le roi Christian IV fit construire en 1614, en forme de carré régulier de mille pas de long sur autant de large, de la vieille ville, dite aussi *Opslo*, et de la forteresse d'*Aggerhuus*, dont les batteries dominent ses rues larges, tirées au cordeau, se croisant à angles droits, éclairées la nuit au gaz, bordées partout de maisons à deux étages, généralement en pierre, et garnies de trottoirs. En fait d'édifices, on remarque le château du roi, la banque et la bourse de commerce, le Palais du Storthing, le nouvel hôtel de ville, la cathédrale, l'École militaire, la nouvelle prison, la loge maçonnique, le théâtre et un grand nombre d'habitations particulières construites dans la partie occidentale de la ville, enfin les bâtiments de l'Université.

Cette université, la seule qui existe en Norvége, fut fondée en 1811, ouverte en 1813, et reconstituée sur des bases nouvelles le 28 juin 1824. En 1851 elle comprenait 21 professeurs titulaires et neuf professeurs agrégés, indépendamment d'un certain nombre de *lecteurs*, faisant des cours libres sur des matières spéciales. Le nombre des étudiants était d'environ 650. Outre diverses collections scientifiques, elle possède une bibliothèque contenant près de 125,000 volumes, un jardin botanique, et un observatoire ouvert en 1833 et situé hors de la ville, à l'ouest, par 59° 54′ 42″ de latitude sept. et 28° 23′ 6″ de long. orientale. On trouve encore à Christiania une école militaire supérieure et une autre de premier degré, un gymnase, une école civile, douze écoles populaires, plusieurs maisons d'éducation, tant pour filles que pour garçons, une école de dessin dépendant de la galerie nationale, plusieurs hôpitaux, des écoles pour les petits enfants, un pénitentier, une maison de correction, un établissement pour les condamnés aux travaux forcés, des asiles, etc. Christiania est aussi le siége de quelques sociétés savantes et de diverses associations utiles, par exemple : la *Société royale pour le bien de la Norvège*, la *Société d'Archéologie du Nord*, la *Société Physiographique*, l'*Athenæum*, la *Société des Arts*, etc.

L'industrie manufacturière ne laisse pas que d'avoir une certaine importance à Christiania et dans son voisinage. Indépendamment de filatures de coton, de fabriques de tissus divers, d'ateliers pour la construction des machines, de papeteries, d'huileries, de savonneries, de distilleries et de brasseries, on y trouve des scieries importantes, des moulins à blé, des briqueteries, etc. On n'y compte pas moins de 15 imprimeries typographiques et plusieurs lithographies. Comme place de commerce, Christiania joue un rôle important en Norvége. Le bois, le fer, le cumin, les anchois, les verroteries, constituent les principaux articles d'exportation. Il arrive annuellement de 6 à 700 navires dans son port, qui est vaste et sûr, mais qui reste encombré par les glaces pendant trois ou quatre mois de l'année. Des communications régulières à vapeur ont lieu avec Gothenbourg, Copenhague, Kiel et Hull.

Le *golfe de Christiania* relie cette capitale à la ville de *Drammen*, où l'on ne compte pas moins de 7,000 habitants, et renommée par son grand commerce en bois et planches. Les environs de l'une et l'autre ville sont des plus pittoresques. La vue magnifique dont on jouit du haut de l'Eggeberg, au bas duquel Christiania s'étend en demi-cercle, est encore égayée par les charmantes îles dont le golfe est parsemé. Toutes les côtes de cette belle rade, de même que ces îles, sont couvertes de riantes maisons de campagne.

CHRISTIANISME. Après avoir prêché l'Évangile, Jésus-Christ laisse sa croix sur la terre : c'est le monument de la civilisation moderne. Du pied de cette croix, plantée à Jérusalem, partent douze législateurs pauvres, nus, un bâton à la main, pour enseigner les nations et renouveler la face des royaumes (*voyez* Apôtres). Les lois de Lycurgue n'avaient pu soutenir Sparte; la religion de Numa n'avait pu faire durer la vertu de Rome au delà de quelques centaines d'années : un pêcheur, envoyé par un faiseur de jougs et de charrues, vient établir au Capitole cet empire, qui compte déjà dix-huit siècles, et qui, selon les prophéties, ne doit point finir.

Lorsque Auguste entrait dans son douzième consulat, et que Caïus César était déclaré prince de la jeunesse, que se passait-il dans ce petit coin de la Judée? « Pendant que Joseph et Marie étaient à la ville de Nazareth, il arriva que le temps auquel elle devait accoucher s'accomplit. Et elle enfanta son premier né; et, l'ayant emmailloté, le coucha dans une crèche, parce qu'il n'y avait pas de place pour eux dans l'hôtellerie. Or, il y avait aux environs des bergers qui passaient la nuit dans les champs, veillant tour à tour à la garde de leur troupeau. Et tout d'un coup un ange du Seigneur se présenta à eux, et leur dit : Ne craignez point, car je viens vous apporter une nouvelle qui sera pour tout le peuple le sujet d'une grande joie : c'est qu'aujourd'hui, dans la ville de David, il vous est né un sauveur, qui est le Christ. » Ces merveilles furent inconnues à la cour d'Auguste, où Virgile chantait un autre enfant : les fictions de sa Muse n'égalaient pas la pompe des réalités dont quelques bergers étaient témoins. Un enfant de condition servile, de race méprisée, né dans une étable, à Bethléem, voilà un singulier maître du monde, et dont Rome eût été bien étonnée d'apprendre le nom! Et c'est néanmoins à partir de la naissance de cet enfant qu'il faut changer la chronologie et dater la première année de l'ère moderne.

Pendant que Tibère épouvantait le monde de ses crimes, le fils de l'homme l'édifiait par sa vie et le sauvait par sa mort. Il rapportait au peuple la religion, la morale et la liberté, au moment où elles expiraient sur la terre. « Cependant, la mère de Jésus et la sœur de sa mère, Marie, femme de Cléophas, et Marie-Madeleine, se tenaient auprès de sa croix. Jésus ayant donc vu sa mère, et près d'elle le disciple qu'il aimait, dit à sa mère : Femme, voilà votre fils. Puis il dit au disciple : Voilà votre mère, et depuis cette heure ce disciple la prit chez lui. Après, Jésus sachant que toutes choses étaient accomplies, afin qu'une parole de l'Écriture s'accomplît encore, il dit : J'ai soif. Et comme il y avait là un vase plein de vinaigre, les soldats en remplirent une éponge, et, l'environnant d'ysope, la lui présentèrent à la bouche. Jésus, ayant donc pris le vinaigre, dit : Tout est accompli. Et laissant tomber la tête, il rendit l'esprit. » A cette narration, on ne sent plus le langage et les idées des historiens grecs et romains ; on entre dans des régions inconnues. Deux mondes étrangement divers se présentent ici à la fois : Jésus-Christ sur la croix, Tibère à Caprée.

La publication de l'Évangile commença le jour de la Pentecôte de cette même année. L'Église de Jérusalem prit naissance : les sept diacres, Étienne, Philippe, Prochore, Nicanor, Timon, Parménas et Nicolas furent élus. Le premier martyre eut lieu dans la personne de saint Étienne ; la première hérésie se déclara par Simon le Magicien, et fut suivie de celle d'Apollonius de Thyane. Saul, de persécuteur qu'il était, devint l'apôtre des gentils, sous le grand nom de Paul. Pilate envoya à Rome les actes du procès du fils de Marie ; Tibère proposa au sénat de mettre Jésus-Christ au nombre des dieux (Euseb. Cæs., *Chron.*, an. Dom. 38). Et l'histoire romaine a ignoré ces faits!

Le nombre des disciples de l'Évangile s'accroît avec rapidité ; les sept Églises de l'Asie Mineure se fondent. C'est dans Antioche que les disciples de l'Évangile reçoivent pour la première fois le nom de *chrétiens*. Pierre, emprisonné à Jérusalem par Hérode Agrippa, est délivré miraculeusement. Ce prince d'une espèce nouvelle, dont les successeurs étaient appelés à monter sur le trône des Césars, entra dans Rome, le bâton pastoral à la main, la seconde année du règne de Claude (Euseb. C., *Eccl. Hist.*, lib. II). Avant de se disperser pour annoncer le Messie, les apôtres composèrent à Jérusalem le symbole de la foi. Cette charte des chrétiens, qui devait devenir la loi du monde, ne fut point écrite : Jésus-Christ n'écrivit rien ; sept de ses apôtres n'ont laissé que leurs œuvres ; il y en a d'autres, dont on ne sait pas même le nom. Et la doctrine de ces inconnus a parcouru la terre. Jean enseigna dans l'Asie Mineure, et retira chez lui Marie, que le Seigneur lui avait léguée du haut de la croix ; Philippe alla dans la Haute Asie, André chez les Scythes, Thomas chez les Parthes et jusqu'aux Indes, où Barthélemy porta l'Évangile de saint Matthieu, écrit le premier de tous les Évangiles ; Simon prêcha en Perse, Matthias en Éthiopie, Paul dans la Grèce ; Marc, disciple de Pierre, rédigea son Évangile à Rome, et Pierre envoya des missionnaires en Sicile, en Italie, dans les Gaules et sur les côtes de l'Afrique. Saint Paul arriva à Éphèse lorsque Claude mourut, et il catéchisa lui-même dans la Provence et dans les Espagnes.

Nous apprenons par les *Épîtres* de cet apôtre que les premiers chrétiens et les premières chrétiennes à Rome furent Epenetus, Marie, Andronic, Junia, Ampliat, Urbain, Stachys, Apelles. Paul salue encore les fidèles de la maison d'Aristobule et ceux de la maison de Narcisse (Paul, *Ad Rom.*, XVI, 11), le fameux favori de Claude. Ces noms sont bien obscurs, et ne se trouvèrent point dans les documents fournis à Tacite ; mais il est assez merveilleux, sans doute, de voir, du point où nous sommes parvenus, le monde chrétien commencer inconnu dans la maison d'un affranchi que l'histoire a cru devoir inscrire dans ses fastes.

L'incendie de Rome sous Néron, dont on accusa les chrétiens, que l'on confondait avec les Juifs, produisit la première persécution : les martyrs étaient attachés en croix comme leur *maître*, ou revêtus de peaux de bêtes et dévorés par des chiens, ou enveloppés dans des tuniques imprégnées de poix, auxquelles on mettait le feu ; la matière fondue coulait à terre avec le sang. Ces premiers flambeaux de la foi éclairaient une fête nocturne que Néron donnait dans ses jardins ; à la lueur de ces flambeaux il conduisait des chars. Paul, accusé devant Félix et devant Festus, vient à Rome, où il prêche l'Évangile avec Pierre (*Act. Apost.*, XXVIII, 16). Hérésie des nicolaïtes, laquelle avait pris son nom de Nicolas, un des premiers sept diacres. Saint Jacques, évêque de l'Église juive, avait souffert le martyre. La guerre de Judée commençait sous Sextus Galius, et les chrétiens s'étaient retirés de Jérusalem. Apollonius de Thyane, débarqué dans la capitale du monde, pour voir, disait-il, « quel animal c'était qu'un tyran, » s'en fit chasser avec les autres philosophes. Pierre et Paul, enfermés dans la prison Mamertine, au pied du Capitole, sont mis à mort : Paul a la tête tranchée, comme citoyen romain, aux eaux Salviennes, dans un lieu aujourd'hui désert, où l'on voit trois fontaines, à quelque distance de la basilique appelée Saint-Paul hors des Murs, qu'un incendie a détruite au moment même de la mort de Pie VII. Pierre, réputé Juif et de condition vile, fut crucifié la tête en bas, sur le mont Janicule, et enterré le long de la voie Aurélia, près du temple d'Apollon (Eusèbe, *Hist. Ecclésiast.*, lib. II) : à s'élèvent aujourd'hui le palais du Vatican et cette église de Saint-Pierre qui lutte de grandeur avec les plus importantes ruines de Rome. Néron ne savait pas sans doute le nom de ces deux malfaiteurs de bas lieu condamnés par les magistrats ; et c'étaient, après Jésus-Christ, les fondateurs d'une religion nouvelle, d'une société nouvelle, d'une puissance qui devait continuer l'éternité de la ville de Romulus. Lin, dont il est question dans les *Épîtres* de saint Paul, succéda à saint Pierre ; saint Clément ou saint Clet à saint Lin.

A la mort de Néron, l'élection passa aux légions, et la constitution de l'empire devint militaire. Galba, Othon et Vitellius passèrent vite ; ils eurent à peine le temps de se cacher sous le manteau impérial. L'empire, attaqué à la fois par ses vices et par les barbares, ne se reposa que sous Vespasien de ses ignominieuses adversités. On appliqua à ce prince et à Titus les prophéties qui annonçaient des conquérants venus de la Judée (Tacit., *Hist.*, lib. V, c. XIII). Le Messie devait être un prince de paix : en conséquence, Vespasien fit bâtir à Rome et consacrer à la paix éternelle un temple dont il voulut lui-même jeter les fondements, mis à nu aujourd'hui, ont à peine résisté aux assauts du temps. Le véritable prince de paix était le roi de ce nouveau peuple qui croissait et multipliait dans les catacombes, sous les pieds du vieux monde passant au-dessus de lui. La hiérarchie de l'Église se fondait en même temps que s'accroissait le nombre des fidèles. Saint Clément écrivit aux Corinthiens pour les inviter à la concorde. Il raconte que saint Pierre, battu de verges et lapidé, avait été jeté dans les fers *à sept reprises différentes*. Il indique l'ordre dans le ministère ecclésiastique, les oblations, les offices, les solennités : Dieu a envoyé Jésus-Christ, Jésus-Christ les apôtres, les apôtres ont établi les évêques et les diacres (Clem., *ad Corinth. Epist.*, p. 8).

La religion accrut sa force sous les règnes de Vespasien et de Titus, par la consommation d'un des oracles écrits aux livres saints : Jérusalem périt. La guerre de Judée avait commencé sous Néron. La multitude de Juifs qui se trouvait à Jérusalem, l'an 66 de J.-C., pour les fêtes des azymes, fut comptée par le nombre des victimes pascales : il se trouva qu'on en avait immolé 256,510, et quelquefois vingt convives s'assemblaient pour manger un agneau, ce qui donnait pour dix seulement, 2,550,000 assistants purifiés. Les chrétiens trouvaient dans cette catastrophe d'autres sujets d'étonnement que la multitude païenne. Il n'y avait pas trois années que saint Pierre était enseveli au Vatican; saint Jean, qui avait vu pleurer Jésus-Christ sur Jérusalem, vivait encore; peut-être même, selon quelques traditions, la mère du Fils de l'homme était encore sur la terre; elle n'avait point encore accompli son assomption en laissant dans sa tombe, au lieu de ses cendres, sa robe virginale ou une mâne céleste (D. Hier., *De Assumpt. B. Mariæ Sermo*). Les Juifs furent dispersés : témoins vivants de la parole vivante, ils subsistèrent, miracle perpétuel, au milieu des nations. Étrangers partout, esclaves dans leur propre pays, ils virent tomber ce temple dont il ne reste pas pierre, comme mes yeux ont pu s'en convaincre. Une partie de leur population enchaînée vint élever à Rome cet autre monument où devaient mourir les chrétiens. Le ciseau sculpta sur un arc de triomphe, qu'on admire encore, les ornements qui brillaient aux pompes de Salomon, et dont sans ce hasard nous ignorerions la forme : l'orgueil d'un prince romain et le talent d'un artiste grec ne se doutaient guère qu'ils fournissaient une preuve de plus de la grandeur de la nation vaincue et de ses mystérieuses destinées. Tout devait servir, gloire et ruine, à rendre éternelle la mémoire du peuple que Moïse forma, et qui vit naître Jésus-Christ.

Cependant Ebion, Cérinthe, Ménandre, disciples de Simon, allaient prêchant leurs hérésies, et le pape Clément achevait de gouverner l'Église la soixante-dix-septième année de J.-C : il céda sa chaire à saint Anaclet, ou Clet, pour éviter un schisme (Epiphanius, *Contra Hæreses*, cap. 6). De tous côtés s'établissait la succession des évêques : à Alexandrie, Abilius succéda à saint Marc; à Rome, saint Évariste à saint Clet, Alexandre Ier, ou Sixte Ier, à saint Évariste. Vers la fin de son règne, Domitien se jeta sur les fidèles. L'apôtre saint Jean, relégué dans l'île de Pathmos, eut sa vision. Flavius Clément, consul et cousin germain de l'empereur, qui destinait les deux enfants de Clément à l'empire, avait embrassé la foi, et fut décapité. L'Évangile faisait des progrès dans les hauts rangs de la société. Il faut placer à la dernière année du premier siècle de l'ère chrétienne la mort de saint Jean à Éphèse; il ne se nommait plus lui-même, dans ses dernières lettres, que le *vieillard* ou le *prêtre*, du mot grec πρεσβύτερος. Il avait assisté à la passion, soixante-dix ans auparavant. Saint Jude, saint Barnabé, saint Ignace, saint Polycarpe, se faisaient connaître par leurs doctrines. Les successions des évêques étaient toujours plus abondantes et plus connues : Ignace et Héron à Antioche, Cerdon et Primin à Alexandrie. Après le pape Évariste vinrent Alexandre, Sixte et Télesphore, martyrs.

Les chrétiens souffrirent sous Trajan, non précisément comme chrétiens, mais comme faisant partie de sociétés secrètes. Une lettre de Pline le jeune, gouverneur de Bithynie, fixe l'époque où les chrétiens commencent à paraître dans l'histoire générale. Il y expose les cérémonies pratiquées par les adeptes du nouveau culte, les mesures qu'il a prises, d'après les ordres de l'empereur, pour en arrêter les progrès, et il y exprime l'espoir qu'une conduite habile et sage ramènera promptement au culte des dieux le nombreuses populations qui l'avaient abandonné. L'univers a depuis longtemps démenti les espérances de Pline. Mais quels rapides et étonnants progrès ! les temples abandonnés! on ne trouve déjà plus à vendre les victimes! et l'évangéliste saint Jean venait à peine de mourir !

Mais à mesure que l'Église jetait de plus profondes racines, les hérésies, épreuves nouvelles, se multipliaient de toutes parts. Saturnin, Basilide, Carpocras, les gnostiques, avaient paru. La calomnie croissait contre les chrétiens; ils occupaient fortement le gouvernement et l'opinion publique. Le peuple les accusait de sacrifier un enfant, d'en boire le sang et d'en manger la chair ; de faire dans leurs assemblées secrètes éteindre leurs flambeaux par des chiens, et de s'unir dans l'ombre au hasard comme des bêtes. Les philosophes, de leur côté, attaquaient le judaïsme et le christianisme, regardant le premier comme la source du second. Alors les fidèles commencèrent à écrire et à se défendre. Quadrat, évêque d'Athènes, présenta son *Apologie* à l'empereur Adrien, et Aristide, autre Athénien, publia une autre *Apologie*. Justin, philosophe chrétien, présenta également une défense du christianisme à l'empereur, au sénat et au peuple romain. Les apologistes changèrent alors de langage, et d'accusés devinrent accusateurs : en défendant le culte du vrai Dieu, ils attaquèrent celui des idoles. Mais ce n'était pas seulement contre les magistrats que les chrétiens avaient à se défendre; les peuples demandaient les persécutions. Le soulèvement des masses à Vienne, à Lyon, à Autun, multiplia les victimes dans les Gaules ; ce qui prouve que les chrétiens n'étaient plus une petite secte bornée à quelques initiés, mais des hommes nombreux, qui menaçaient l'ancien ordre social, qui armaient contre eux les vieux intérêts et les antiques préjugés. La légion fulminante était en partie composée de disciples de la nouvelle religion. Elle fut la cause d'une victoire remportée en 174 sur les Sarmates, les Quades et les Marcomans; victoire retracée dans les bas-reliefs de la colonne Antonine : selon Eusèbe, Marc-Aurèle reconnut devoir son succès aux prières des soldats du Christ (Eusèbe, *Hist. Eccles.*, lib. v). L'Évangile avait fait de tels progrès, que Méliton, évêque de Sardis en Asie, disait à Marc-Aurèle, dans une requête : « On persécute les serviteurs de Dieu.... Notre philosophie était répandue auparavant chez les barbares; vos peuples, sous le règne d'Auguste, en reçurent la lumière, et elle porta bonheur à votre empire. »

Un roi des Bretons, tributaire des Romains, écrivit, l'an 170, au pape Éleuthère, successeur de Soter, pour lui demander des missionnaires : ceux-ci portèrent la foi aux peuplades britanniques, comme le moine Augustin, envoyé par Grégoire le Grand, prêcha depuis l'Évangile aux Saxons, vainqueurs des Bretons. Marc-Aurèle avait toutefois trop de modération pour s'abandonner entièrement à l'esprit des dons dont étaient animées les écoles philosophiques : il écrivit, douzième année de son règne, à la communauté de peuple de l'Asie Mineure, assemblée à Éphèse, une lettre de tolérance; et il alla même plus loin que ses devanciers, car il disait : « Si un chrétien est attaqué comme chrétien, que l'accusé soit renvoyé absous, quand même il serait convaincu, et que l'accusateur soit poursuivi (*Chron. Alex.*; Euseb., *Hist.*, IV, c. 13). Mais il était difficile à lui de lutter contre la susperstition et la philosophie, entrées dans une alliance contre nature pour détruire l'ennemi commun. Les marcionites, les montanistes, les marcosiens, jetèrent une nouvelle confusion dans la foi.

Avec Marc-Aurèle finit l'ère du bonheur des Romains sous l'autorité impériale, et recommencent des temps effroyables, d'où l'on ne sort plus que par la transformation de la société. Les règnes de Commode, de Pertinax, de Julianus et de Sévère, virent éclater l'éloquence des premiers Pères de l'Église; parmi les Pères grecs, on trouve Saint-Clément d'Alexandrie; parmi les Père latins, Tertullien est le Bossuet africain. Saint Irénée, bien qu'il écrivît en grec, déclare, dans son *Traité contre les Hérésies*, qu'habitant parmi les Celtes, obligé de parler et d'entendre une langue barbare, on ne doit point lui demander l'agrément et l'artifice du style. Il nous apprend que l'Évangile était déjà répandu par tout le monde ; il cite les Églises de Germanie, des Gaules, d'Espagne, d'Orient, d'Égypte, de Libye, éclairées, dit-il, de la même foi comme du même soleil (S. Iren., lib. 1, cap. x, Contra Hæreses). Il nomme les douze évêques qui se succédèrent à Rome depuis Pierre jusqu'à Éleuthère. Il affirme qu'il avait connu lui-même Polycarpe, établi évêque de Smyrne par les apôtres, lequel Polycarpe avait conversé avec plusieurs disciples qui avaient vu Jésus-Christ. C'est un des témoignages les plus formels de la tradition.

En ce temps-là, Pantenus, chef de l'École chrétienne d'Alexandrie, prêcha la foi aux nations orientales. Il pénétra dans les Indes ; il y trouva des chrétiens en possession de l'Évangile de saint Matthieu, écrit en langue hébraïque, et que cette Église tenait de l'apôtre Barthélemy (Euseb., Hist. Eccles., lib. v). On voit par les deux livres de Tertullien à sa femme que les alliances entre les chrétiens et les païens commençaient à devenir fréquentes ; mais, selon l'orateur, c'étaient les plus méchants des païens qui épousaient des chrétiennes, les plus faibles des chrétiennes qui se mariaient à des païens (Tert., lib. II, cap. II, 8). Ce traité répand de grandes lumières sur la vie domestique des familles des deux religions.

Le nombre des disciples de l'Évangile s'augmenta beaucoup à Rome sous le règne de Commode, surtout parmi les familles nobles et riches. Apollonius, sénateur instruit dans les lettres et dans la philosophie, avait embrassé le culte nouveau : dénoncé par un de ses esclaves, l'esclave subit le supplice de la croix, d'après l'édit de Marc-Aurèle, qui défendait d'accuser les chrétiens comme chrétiens (Euseb., in Chron., an 191). Mais Apollonius fut condamné à son tour à perdre la tête, parce que tout chrétien qui avait comparu devant les tribunaux, et qui ne rétractait pas sa croyance, était puni de mort. Apollonius prononça en plein sénat une apologie complète de la religion. Le pape Éleuthère mourut, et eut pour successeur Victor, qui gouverna l'Église de Rome pendant douze ans.

L'empereur Sévère aima d'abord les chrétiens, et confia l'éducation de son fils aîné à l'un d'eux, nommé Proculus ; il protégea les membres du sénat convertis à la foi, mais il changea de conseil dans la suite, et provoqua une persécution générale ; elle emporta Perpétue, Félicité et saint Irénée, avec une multitude de son peuple. Tertullien écrivit l'éloquente et célèbre apologie où il disait : « Nous ne sommes que d'hier, et nous remplissons vos cités, vos colonies, l'armée, le palais, le sénat, le forum ; nous ne vous laissons que vos temples ». Il publia son Exhortation aux martyrs, ses traités Des Spectacles, De l'Idolâtrie, Des Ornements des Femmes, et son livre Des Prescriptions, admirable ouvrage, qui servit de modèle à Bossuet pour son chef-d'œuvre Des Variations. Tertullien tomba dans l'hérésie des montanistes, qui convenait à la sévérité de son génie. Origène commençait à paraître.

Origène, fils d'un père martyr, ouvrit à Alexandrie son école de philosophie chrétienne ; il y enseignait toutes sortes de sciences. Mamée, mère de l'empereur Alexandre Sévère, qui professait peut-être elle-même le nouveau culte, voulut le voir ; les païens et les philosophes assistaient à ses cours, lui dédiaient des ouvrages et le vantaient dans leurs écrits. Origène avait appris l'hébreu ; il étudiait encore l'Écriture dans la version des Septante, et dans les trois versions grecques d'Aquila, de Théodotion et de Symmaque. Il composa un si grand nombre d'ouvrages que sept sténographes étaient occupés à écrire chaque jour sous sa dictée (Euseb., lib. iv, ch. 21, 23 et sq.). On connaît sa faute et sa condamnation. Il eut le génie, l'éloquence et le malheur d'Abélard, sans le devoir à une passion humaine ; il n'eut de faiblesse que pour la science et la vertu. C'est dans Origène que s'opéra la transformation du philosophe païen dans le philosophe chrétien.

D'autres écrivains ecclésiastiques se firent aussi remarquer alors, et en particulier Hippolyte, martyr, et peut-être évêque d'Ostie : il inventa, à l'effet de trouver le jour de Pâques, un cycle de seize ans qui nous est parvenu. Quelques auteurs ont cru que la persécution qui éclata sous le règne de Maximin avait eu pour but d'atteindre Origène, qui, par l'ascendant de son génie, opérait en Orient une multitude de conversions. D'autres ont pensé que cette persécution prit naissance à l'occasion du soldat en faveur duquel Tertullien écrivit le livre De la Couronne. On sait qu'à l'élection d'un empereur l'usage était de faire aux largesses aux soldats : ceux-ci pour les recevoir se couronnaient de lauriers. Lors de l'avénement de Maximin, un légionnaire s'avança, tenant sa couronne à la main ; le tribun lui demanda pourquoi il ne la portait pas sur sa tête, comme ses compagnons : « Je ne le puis, répondit-il, je suis chrétien. » Tertullien approuve le légionnaire, le couronnement de lauriers lui paraissant entaché d'idolâtrie (Tertull., De Cor.). Auprès des élections par le glaive se continuaient les élections paisibles de ces autres souverains qui régnaient par le roseau. Le pape Urbain, étant mort, avait eu pour successeur Pontien, lequel, exilé dans l'île de Sardaigne, abdiqua. Anteros, qui le remplaça, ne vécut qu'un mois, et Fabien fut proclamé évêque de Rome.

La science, au milieu des guerres civiles et étrangères, brillait dans les hautes intelligences chrétiennes : Théodore ou Grégoire de Pons, surnommé le Thaumaturge, paraissait ; Africain écrivait son Histoire Universelle, qui, commençant à la création du monde, s'arrêtait à l'an 221 de notre ère (Euseb., lib. vi, cap. 32 ; Phot. Euseb., cod. 34). L'histoire y était traitée d'une manière jusque alors inconnue ; un chrétien obscur venait dire à l'empire éclatant des Césars qu'il était nouveau, que ses faits et ses fables n'avaient qu'un jour, comparés à l'antiquité du peuple de Dieu et de la religion de Moïse : à cette échelle devait se mesurer désormais la vie des nations. Les conciles se multipliaient, soit pour les besoins de la communauté chrétienne, soit pour régler la discipline et les mœurs, soit pour combattre l'hérésie. Cyprien, jeune encore, faisait entendre sa voix à Carthage, homme dont l'éloquence fleurie devait inspirer l'éloquence de Fénelon, comme la parole de Tertullien animer la parole de Bossuet. Tout s'agitait parmi les barbares : les uns s'assemblaient sur les frontières, les autres s'introduisaient dans l'empire, ou comme vainqueurs, ou comme prisonniers, ou comme auxiliaires. Les chrétiens augmentaient également en nombre et étendaient leurs conquêtes parmi les conquérants. Dèce, prince remarquable d'ailleurs, qui vit commencer à grande invasion des barbares, s'arma contre les chrétiens ; impuissant à repousser les uns et les autres, il ne put faire face aux deux peuples à qui Dieu avait livré l'empire. Cette persécution amena des chutes que saint Cyprien attribue au relâchement des mœurs des fidèles (Epist., 11). Dans l'amphithéâtre de Carthage, le peuple criait : « Cyprien aux lions ! » L'éloquent évêque se retira. (Epist., 10, 20, 59, 60). Denys d'Alexandrie fut sauvé, ses disciples le cachèrent. Grégoire le Thaumaturge invita ses néophytes à se mettre en sûreté, et se tint lui-même à l'écart sur une colline déserte. L'exécution du prêtre Pionius à Smyrne, de Maxime en Asie, et de Pierre à Lampsaque, est restée dans les fastes de la religion. Le pape Fabien confessa d'âme et de corps, le 20 de janvier l'an 250. À compter de son martyre, les années du pontificat romain deviennent certaines, comme l'ère du Christ est fixée à la croix. Alexandre, évêque de Jérusalem, Babylas, évêque d'Antioche, qui avait obligé l'empereur Philippe et sa mère à se mettre au rang des pénitents la nuit de Pâques, périrent dans les cachots : l'un, vieillard, était éprouvé pour la seconde fois ; l'autre voulut être enterré avec ses fers (Martyrol., 24 janv.). Origène, cruellement torturé, résista. Un jeune homme de la Basse-Thébaïde, nommé Paul, fuyant la persécution, trouva une grotte ombragée d'un palmier, et dans laquelle coulait une fontaine qui donnait naissance à un ruisseau. Paul s'enferma dans cette grotte, y vécut quatre-vingt-dix ans, et remporta cette gloire de la solitude qui a fait de lui le premier ermite chrétien (Hieron., in *Vita Pauli, eremitæ*, p. 338 ; Basileæ).

Divers évêques fondèrent des Églises dans les Gaules : Denys à Paris, Gatien à Tours, Strémoine à Clermont en Auvergne, Trophime à Arles, Paul à Narbonne, Martial à Limoges. Après le martyre de Fabien, trois évêques proclamèrent pape Novatien, premier anti-pape, chef du premier schisme. Le clergé avait élu de son côté Corneille, homme d'une grande fermeté : il y eut vacance du siége pendant seize mois. On comptait alors à Rome 46 prêtres, 7 diacres, 7 sous-diacres, 42 acolytes, 52 exorcistes, lecteurs et portiers, 1500 veuves et autres pauvres nourris par l'Église (Euseb., *Hist.*, lib. vi, cap. 35). Bien que tous les évêques portassent le nom de pape, l'unité de l'Église s'établissait : un traité de saint Cyprien la recommande (*De Unitate Ecclesiæ catholicæ, vulgo de simplicitate prælatorum* [Opera Cyp., p. 205]). Cet éloquent évêque eut la tête tranchée à Carthage ; 300 chrétiens sans nom égalèrent à Utique la fermeté de Caton. Ils furent précipités dans une fosse de chaux vive. Théogène, évêque, souffrit à Hippone, Fructueux à Tarragone, Paturin à Toulouse, Denys à Lutèce, première illustration de cette bourgade inconnue. Comme un arbre dans le clos des morts, le christianisme poussait vigoureusement dans le champ des martyrs. Grégoire le Thaumaturge, près d'expirer, demande s'il reste encore quelques idolâtres dans sa ville épiscopale ; on lui répond qu'il en reste dix-sept. « Je laisse donc à mon successeur, dit-il, autant d'infidèles que j'ai trouvé de chrétiens à Néocésarée » (Greg. Nyss., p. 1006, D.). Les barbares, en entrant dans l'empire, étaient venus chercher les missionnaires : les envoyés de la miséricorde de Dieu allèrent au-devant des envoyés de sa colère, pour le désarmer. Des évêques, la chaîne au cou, guérissaient les malades en prêchant la sainte parole. Les maîtres prenaient confiance dans ces esclaves médecins ; ils se figuraient obtenir par eux la victoire, et demandaient le baptême. Les prisonniers se changeaient en pasteurs, des églises nomades commençaient au milieu des hordes guerrières, rentrées dans leurs forêts comme sous leurs tentes. Ces diverses nations se combattaient les unes les autres, se formaient en confédérations dissoutes et recomposées selon les succès et les revers ; gens féroces, qui brisaient tous les jougs, et se soumettaient au frein de quelques prêtres captifs.

De tous les corps de l'État, l'armée romaine était celui où le christianisme faisait le moins de progrès. Les chrétiens répugnaient à l'enrôlement, parce qu'ils regardaient les festins, la *mesure* et la *marque*, comme mêlés de paganisme. Maximilien, appelé au service, disait au proconsul Dion à Tébeste, en Numidie : « Je ne recevrai point la marque, j'ai déjà reçu celle de Jésus-Christ » (*Acta sincera Ruinartii*, p. 310). D'une autre part, le légionnaire, attaché à ses aigles, renonçait difficilement à l'idolâtrie de la gloire. Les hérésiarques et les philosophes continuèrent leur succession : Manès, avec sa doctrine des deux principes, Plotin et Porphyre, beaux génies ennemis du Christ. Au moment de triompher, le christianisme eut à soutenir une persécution générale. Poussé par Galérius, qu'excitait sa mère, adoratrice des dieux des montagnes, Dioclétien assembla un conseil de magistrats et de gens de guerre. Ce conseil fut d'avis de poursuivre les ennemis du culte public. L'empereur envoya consulter Apollon de Milet : Apollon répondit que les justes répandus sur la terre l'empêchaient de dire la vérité ; la pythonisse se plaignait d'être muette. Les aruspices déclarèrent que les justes dont parlait Apollon étaient les chrétiens. La persécution fut résolue. On en fixa l'époque à la fête des Terminales, dernier jour de l'année romaine (23 février 302), jour réputé heureux, et qui devait mettre fin à la religion de Jésus. Dioclétien et Galérius se trouvaient à Nicomédie. L'attaque commença par la démolition de la basilique bâtie dans cette ville, sur une colline et environnée de grands édifices (Euseb., lib. vii, cap. 2). On y chercha l'idole, qu'on n'y trouva point. Le décret d'extermination portait en substance : les églises seront renversées et les livres saints brûlés ; les chrétiens seront privés de tous honneurs, de toutes dignités, et condamnés au supplice sans distinction d'ordre et de rang ; ils pourront être poursuivis devant les tribunaux, et ne pourront poursuivre personne, pas même en réclamation de vol, réparation d'injures ou d'adultère ; les affranchis redeviendront esclaves. C'est toujours par l'effet rétroactif des lois ou par leur déni que les grandes iniquités sociales s'accomplissent ; le refus de justice est le point où l'homme se trouve le plus éloigné de Dieu. Un édit particulier frappait les évêques, ordonnait de les mettre aux fers et de les forcer à abjurer. La persécution, d'abord locale, s'étendit ensuite à toutes les provinces de l'empire. La maison de l'empereur fut particulièrement tourmentée : Valérie, fille de Dioclétien, et Prisca, sa femme, accusées de christianisme, sacrifièrent ; Dorothée, le premier des eunuques, Gorgonius, Pierre, Judes, Mygdonius et Mardonius souffrirent. On mit du sel et du vinaigre dans les plaies de Pierre : étendu sur un gril, ses chairs furent rôties comme les viandes d'un festin (Lact., *De Morte persec. Martyr.*, 26 déc.). On jeta pêle-mêle dans les bûchers femmes, enfants et vieillards ; d'autres victimes, entassées dans des barques, furent précipitées au fond de la mer. La bassesse, comme toujours, se trouva à point nommé pour faire l'apologie du crime : deux philosophes écrivirent à la lueur des bûchers contre les chrétiens (*Pagi*, an 302, n. 12 ; Epiphan., *Hæres.*, 68). Le martyre de la légion Thébéenne, massacrée par ordre de Maximien, est de cette époque. Nantes, dans l'Armorique, se consacra par le sang des deux frères Donatien et Rogatien (*Act. sinc.*, p. 295).

Arnobe et Lactance défendirent le christianisme : le dernier nous a peint la mort des persécuteurs et l'extinction de leur race : Licinius, Galerius et Candidien son fils, Maximien avec son fils, âgé de huit ans ; sa fille, âgée de sept ; sa femme, noyée dans l'Oronte, où elle avait fait noyer des chrétiennes ; Valérie et Prisca, fugitives, cachées sous de misérables habits, reconnues, arrêtées, décapitées à Thessalonique et jetées dans la mer : victimes de la tyrannie de Licinius, elles n'étaient coupables que d'appartenir à un sang maudit. Après l'abdication de Dioclétien, Constance gouverna les Gaules, l'Espagne et la Grande-Bretagne. Il était doux, juste, tolérant envers les chrétiens, et si dénué de richesses qu'il était obligé d'emprunter de l'argenterie lorsqu'il donnait un festin (Eutrop., *Rerum Romanar.*, lib. x, p. 135, Basileæ, 1542). Suidas l'appelle Constance *le Pauvre*, un des plus beaux surnoms que jamais prince absolu ait portés. Il eut d'Hélène, fille d'un hôtelier, sa femme légitime, Constantin le Grand ; et de Théodora, fille de la femme de Maximien-Hercule, trois filles et trois garçons. On le força de répudier Hélène, comme étant d'une naissance trop inférieure. Constantin avait alors dix-huit ans ; entraîné dans l'humiliation de sa mère, il fut attaché à Dioclétien, et porta les armes en Égypte et dans la Perse. Galerius, jaloux de la faveur dont le fils de Constance jouissait auprès des soldats voulut, se défaire de lui ; mais Constantin sortit heureusement de ces épreuves, et, ne devant qu'à la fuite aux complots de Galerius, il rejoignit son père au moment où celui-ci, vainqueur de Carausius, s'embarquait pour la Grande-Bretagne. Constance étant mort à York, les légions, sans attendre l'élection du palais, proclamèrent Constantin empereur au nom des vertus de son père.

Six empereurs régnèrent alors à la fois : Constantin,

Maxence et Maximien en Occident, Licinius, Maximin et Galerius en Occident. Maxence, oppresseur de l'Afrique et de l'Italie, médite d'envahir la Gaule. Constantin, décidé à prévenir son ennemi, voit dans les airs le *labarum*, et commence à s'instruire de la foi. Maxence avait rétabli les prétoriens; son armée se composait de 170,000 fantassins, et de 18,000 cavaliers. Constantin ne craignit point d'attaquer Maxence avec 40,000 vieux soldats. Il passe les Alpes Cottiennes sur une de ces voies indestructibles qui n'existaient pas du temps d'Annibal; il emporte Suze d'assaut, défait un corps de cavalerie pesante aux environs de Turin, un autre à Bresce : Vérone capitule; la garnison, captive, est liée de chaînes forgées avec des épées des vaincus (*Incert. Panegyricus Constantin. Aug.*, cap. ii, p. 498, t. 2). Constantin marche à Rome, et gagne la bataille où Maxence perd l'empire et la vie. Cette bataille est du petit nombre de celles qui, expression matérielle de lut'e des opinions, deviennent, non un simple fait de guerre, mais une véritable révolution. Deux cultes et deux mondes se rencontrèrent au pont Milvius, deux religions se trouvèrent en présence, les armes à la main, au bord du Tibre, à la vue du Capitole. Maxence interrogeait les livres sibyllins, sacrifiait des lions, faisait éventrer des femmes grosses pour fouiller dans le sein des enfants arrachés aux entrailles maternelles : on supposait que des cœurs qui n'avaient pas encore palpité ne pouvaient receler aucune imposture. Constantin, dans son camp, se contentait de dire, ce qu'il grava sur son arc de triomphe, qu'il arrivait par l'impulsion de la Divinité et la grandeur de son génie (*instinctu Divinitatis, magnitudine ingenii*). Les anciens dieux du Janicule rangèrent autour de leurs autels les légions qu'ils avaient envoyées à la conquête de l'univers : en face de ces soldats étaient ceux du Christ. Le *labarum* domina les aigles, et la terre de Saturne vit régner celui qui prêcha sur la montagne : le temps et le genre humain avaient fait un pas.

Avec Constantin se forma l'*Église* proprement dite. Alors prit naissance cette monarchie religieuse qui, tendant à se resserrer sous un seul chef, eut ses lois particulières et générales, ses conciles œcuméniques et provinciaux, sa hiérarchie, ses dignités, ses deux grandes divisions du clergé régulier et séculier, ses propriétés régies en vertu d'un droit différent du droit commun, tandis que, honorés des princes et chéris des peuples, les évêques, élevés aux plus hauts emplois politiques, remplaçaient encore les magistrats inférieurs dans les fonctions municipales et administratives, s'emparaient par les sacrements des principaux actes de la vie civile, et devenaient les législateurs et les conducteurs des peuples. Le christianisme venait à supporter les persécutions du paganisme : les rôles changent; le christianisme va proscrire à son tour. Mais étudions la différence des principes et des hommes. Les païens, comme les chrétiens, ne tinrent point obstinément à leur culte, ne coururent point au martyre : pourquoi? Parce que le polythéisme était à la fois l'idée fausse et l'idée décrépite, succombant sous l'idée vraie et rajeunie de l'unité d'un Dieu. L'ancienne société ne trouva donc pas pour se défendre l'énergie que la société nouvelle eut pour attaquer. Jusque alors, les mouvements du monde civilisé avaient été produits par les impulsions d'un culte corporel, les réclamations de la liberté, les usurpations du pouvoir; enfin, par les passions politiques et guerrières. Un autre ordre de faits commence; on s'arme pour les vérités et les erreurs du pur esprit. Ces subtilités métaphysiques, obscures, qui le seront toujours, qui firent couler tant de sang, n'en sont pas moins la preuve d'un immense progrès de l'espèce humaine. Plus l'homme s'éloigne de l'homme matériel pour se concentrer dans l'homme intelligent, plus il se rapproche du but de son existence; s'il ne perdait pas quelquefois le courage physique et la vertu morale, en développant sa nature divine, il atteindrait avec moins de lenteur le perfectionnement auquel il est appelé.

Constantin eut à s'occuper des hérésies : dans l'Occident, celle des donatistes fut anathématisée à Arles; dans l'Orient, la doctrine d'Arius exigea la convocation du premier concile œcuménique. La question théologique intéresse peu aujourd'hui; mais le concile de Nicée est un événement considérable dans l'histoire de l'espèce humaine. On eut alors la première idée, et l'on vit le premier exemple d'une société existant en divers climats, parmi les lois locales et privées, et néanmoins indépendante des princes et des sociétés sous lesquels et dans lesquelles elle était placée; peuple formant partie des autres peuples, et cependant isolé d'eux, mandant ses députés de tous les coins de l'univers à traiter des affaires qui ne concernaient que sa vie morale et ses relations avec Dieu. Que de droits tacitement reconnus par ce bris des scellés du pouvoir sur la volonté et sur la pensée! Pour la première fois depuis les jours de Moïse, émancipateur de l'homme au milieu des nations esclaves de l'ignorance et de la force, se renouvela la manifestation divine du Sinaï; comme autour du camp des Hébreux, les idoles étaient debout autour du concile de Nicée, lorsque les interprètes de la nouvelle loi proclamèrent la suprême vérité du monde : l'existence et l'unité de Dieu. Les fables des prêtres qui avaient caché le principe vivant, les mystères dans lesquels les philosophes l'avaient enveloppé, s'évanouirent : le voile du sanctuaire fut déchiré avec la croix du Christ; l'homme vit Dieu face à face. Alors fut composé ce symbole que les chrétiens répètent après quinze siècles, sur toute la surface du globe; symbole qui expliquait celui dont les apôtres et leurs disciples se servaient comme d'un mot d'ordre pour se reconnaître : en les comparant, on remarque les progrès des temps et l'introduction de la haute métaphysique religieuse dans la simplicité de la foi.

Le concile de Nicée a proclamé l'unité de Dieu et fixé ce qu'il y avait de probable dans la doctrine de Platon. Constantin, dans une harangue aux Pères du concile, déclare et approuve ce que ce philosophe admet : un premier Dieu suprême, source d'un second; deux essences égales en perfections, mais l'une tirant son existence de l'autre, et la seconde exécutant les ordres de la première. Les deux essences n'en font qu'une; et cette raison étant Dieu est aussi fils de Dieu (*Constant. Magni in Orat. sanctor. cæt.*, cap. 9). Et quels étaient les membres de cette convention universelle réunie pour reconnaître le monarque éternel et son éternelle cité? Des héros de la martyre, de doctes génies, ou des hommes encore plus savants par l'ignorance du cœur et la simplicité de la vertu. Spiridion, évêque de Trimithonte, gardait les moutons et avait le don des miracles (Ruf., lib. i, cap. 5); Jacques, évêque de Nisibe, vivait sur les hautes montagnes, passait l'hiver dans une caverne, se nourrissait de fruits sauvages, portait une tunique de poil de chèvre, et prédisait l'avenir (Theodor., lib. i, cap. 3, p. 24). Parmi ces 318 évêques, accompagnés des prêtres, des diacres et des acolytes, on remarquait des vétérans mutilés à la dernière persécution : Paphnuce, de la haute Thébaïde, et disciple de saint Antoine, avait l'œil droit crevé et le jarret gauche coupé (Ruf., lib. i, cap. 4); Paul de Néocésarée, les deux mains brûlées (Theodor., lib. i, cap. 7, p. 25); Léonce de Césarée, Thomas de Cyzique, Marin de Troade, Eutychus de Smyrne, s'efforçaient de cacher leurs blessures sans en réclamer la gloire. Tous ces soldats d'une immense et même armée ne s'étaient jamais vus; ils avaient combattu sans se connaître, sous tous les points du ciel, dans l'action générale, pour la même foi. Entre les hérésiarques se distinguaient Eusèbe de Nicomédie, Théognis de Nicée, Maris de Calcédoine, et Arius lui-même, appelé à rendre compte de sa doctrine devant Athanase, qui n'était alors qu'un simple diacre attaché à Alexandre, évêque d'Alexandrie.

Des philosophes païens étaient accourus à ce grand assaut de l'intelligence. On vient de voir Constantin même, dans une harangue, s'expliqua sur la doctrine de Platon. Un vieillard laïque, ignorant et confesseur, attaqua l'un de ces philosophes fastueux, et lui dit tout le christianisme en peu de mots : « Philosophe, au nom de Jésus-Christ, écoute : il n'y a qu'un Dieu, qui a tout fait par son Verbe, tout affermi par son esprit. Ce Verbe est le fils de Dieu; il a pris pitié de notre vie grossière, il a voulu naître d'une femme, visiter les hommes et mourir pour eux. Il reviendra nous juger selon nos œuvres. » Constantin ouvrit en personne le concile le 19 juin, l'an 325. Il était vêtu d'une pourpre ornée de pierreries : il parut sans gardes, et seulement accompagné de quelques chrétiens. Il ne s'assit sur un petit trône d'or, au fond de la salle, qu'après avoir ordonné aux Pères, qui s'étaient levés à son entrée, de reprendre leurs sièges. Il prononça une harangue en latin, sa langue naturelle et celle de l'empire; on l'expliquait en grec. Le concile condamna la doctrine d'Arius, malgré une vive opposition, promulgua vingt canons de discipline, et termina sa séance le 25ᵐᵉ d'août de cette même année, 325.

Transportons-nous en pensée dans l'ancien monde pour nous faire une idée de ce qu'il dut éprouver, lorsqu'au milieu des hymnes obscènes, enfantines ou absurdes à Vénus, à Bacchus, à Mercure, à Cybèle, il entendit des voix graves chantant au pied d'un autel nouveau : « O Dieu! nous te louons! O Seigneur, nous te confessons! O Père éternel, toute la terre te révère! » L'esprit humain se dégagea de ses langes : la haute civilisation, la civilisation intellectuelle, sortie du concile de Nicée, n'est plus retombée au-dessous de ce point de lumière. Le simple catéchisme de nos enfants renferme une philosophie plus savante et plus sublime que celle de Platon. L'unité d'un Dieu est devenue une croyance populaire : de cette seule vérité reconnue date une révolution radicale dans la législation européenne, longtemps faussée par le polythéisme, qui posait un mensonge pour fondement de l'édifice social. Cependant (telle est la difficulté de se tenir dans les régions de la pure intelligence!) tandis que le polythéisme et la religion corporelle tendaient à sortir des nations, ils y rentraient par une double voie : les philosophes, pour se rendre accessibles au vulgaire, inventaient les *génies*; et les chrétiens, pour envelopper dans des signes sensibles la haute spiritualité, honoraient les **saints** et les *reliques*.

On a conservé le catalogue des prélats qui portèrent les décrets du concile aux diverses Églises. Les Germains et les Goths connaissaient la foi, Frumence l'avait semée en Éthiopie, une femme esclave l'avait donnée aux Ibériens, et des marchands de l'Osroène à la Perse; Tiridate, roi d'Arménie, professa le christianisme avant les empereurs romains. Constantin se mêla trop des querelles religieuses, où l'entraînèrent quelques femmes de sa famille et les obsessions des évêques des deux partis. Après avoir exilé Arius, il le rappela, et bannit Athanase, qui remplaça Alexandre sur le siège d'Alexandrie. Arius expira tout à coup à Constantinople, en rendant ses entrailles, lorsque Eusèbe de Nicomédie s'efforçait de le ramener triomphant (Socrat., *Hist. Eccles.*, lib. I, cap. 38). Le vieil évêque Alexandre avait demandé à Dieu sa propre mort ou celle de l'hérésiarque, selon qu'il était plus utile à la manifestation de la vérité. Constantin, heureux comme monarque, n'échappa pas au malheur comme homme. Les calamités qui désolèrent la famille du premier Auguste païen semblèrent se reproduire dans la famille du premier Auguste chrétien. Il ne reçut le baptême que peu d'instants avant sa mort, à Achiron, près de Nicomédie. Il avait témoigné le désir d'être baptisé dans les eaux du Jourdain, comme le Christ : le temps lui manqua. Dépouillé de la robe de pourpre pour quitter les royaumes de la terre, et revêtu de la robe blanche pour solliciter les grandeurs du ciel, le premier empereur chrétien expira à midi,

le jour de la Pentecôte. Trois cent trente-sept ans s'étaient écoulés depuis que la religion chrétienne était née parmi les bergers dans une étable : Constantin la laissait sur le trône du monde, dont elle n'avait pas besoin.

Chateaubriand, de l'Académie Française.

Le christianisme devait naître au sein de la religion juive, car il devait, d'une part, opposer le monothéisme à la pluralité des dieux du paganisme, et de l'autre, le saint, le juste et le tout-puissant Créateur du ciel et de la terre à l'impureté morale des divinités païennes et à leur impuissance produite par le *Fatum* ou l'*Hylé* ; sa divine Providence enfin au Destin, au Sort, à la Fatalité, au Hasard des philosophes païens. Quoique Jésus déclarât (Saint-Matthieu, v, 17) expressément qu'il n'était pas venu détruire la loi mosaïque, mais l'accomplir, cet accomplissement même entraînait la destruction successive mais radicale de l'étroit particularisme juif dans la suppression de la morgue et du cérémonial inhérents au judaïsme, de même qu'à ramener les prophéties relatives au Messie à leur signification vraie, à leur sens spirituel, qui inliquait pour l'époque de l'apparition du Messie, et en remplacement de la loi extérieure, l'infusion du Saint Esprit au-dessus de toute chair, ainsi que l'adoration de Dieu en esprit et en vérité. Avec ces idées fondamentales, celle que les Juifs se faisaient de Dieu ne pouvait nécessairement qu'être entraînée elle-même dans les voies de la transfiguration.

Comme le mosaïsme, le christianisme partait donc de la chute de l'homme. De là nécessité de la **rédemption**, que le Christ devait accomplir par sa mort sur la croix. Comme le mosaïsme, il admettait une **alliance** de Dieu avec l'homme, le sang du Christ devant être le sceau d'une alliance nouvelle, non plus avec un peuple particulier, choisi, mais avec tous les peuples. Comme le mosaïsme, il admettait la **révélation** des livres saints, et il devait compléter, achever cette révélation dans les livres de la nouvelle alliance. En outre, voici les points qui, en opposition avec toutes les autres religions, lui étaient particuliers : 1° L'amour saint est l'essence de Dieu, du père céleste; tous les hommes sans distinction sont ses enfants, ses fils, et non point des esclaves. D'où il suit que l'homme doit aimer Dieu par-dessus toutes choses et son prochain comme lui-même, et ne point faire à autrui ce qu'il ne voudrait pas qu'il lui fût fait. 2° Tous les hommes sont embrasés dans cet amour de Dieu, amour éternel et sans distinction de personnes. D'où il suit que bienheureux sont ceux qui souffrent, car ils seront consolés. 3° Il est nécessaire de s'assimiler cet amour de la manière la plus intime, par l'abandon le plus absolu de tout l'homme, c'est-à-dire par la foi en la grâce de Dieu tout aimant. Cet abandon place l'esprit au-dessus de la chair, l'âme au-dessus du corps; c'est par la **mortification**, la prière, le jeûne, la souffrance que l'homme peut s'assimiler les mérites de Jésus-Christ dans les sacrements. 4° On arrive à cette rénovation complète de tout l'homme intérieur par la conscience la plus intime et la plus profonde de l'état de péché vis-à-vis de Dieu; par le repentir le plus sérieux, comme commencement indispensable des rapports de fils à père; rapports que le seul sacrifice de l'Homme-Dieu a pu établir. 5° Cette vie de réconciliation et de rédemption ne se réalise pas uniquement au moyen de doctrines, mais bien par l'union intime des pensées, des sentiments, des volontés et des actions avec Dieu. Mais il ne faut pas seulement la foi; elle ne serait rien sans les œuvres, sans la charité.

Le christianisme, considéré dans son essence, est par conséquent le moyen de rédemption par lequel, à la condition d'un repentir vrai et d'une rupture complète avec la vie de péché antérieure, de même que par l'intercession de l'Homme-Dieu qu'on s'assimile par la foi au Saint-Esprit, l'amour saint de Dieu, comme père commun de tous les hommes, est réalisé par une continuelle transfiguration. Ce qui constituait l'essence du christianisme, c'est qu'il se posait, par opposition à toute religion de l'intelligence, en révélation immédiate de Dieu ; c'est qu'il présentait tout ce qu'il y avait de divin dans le paganisme et dans le judaïsme comme la vie impersonnelle du Fils de Dieu avant son apparition dans Jésus de Nazareth, de même que tout espoir en une époque de rédemption comme une espérance et une foi en Jésus de Nazareth. Le Christ, devenant l'âme de l'homme nouveau, devait aussi, pour satisfaire la conscience du chrétien, posséder toute puissance sur la terre comme au ciel, et être le créateur de toutes choses, de tout ce qui est réalité, dans le ciel comme sur la terre.

Ces idées religieuses et morales, prises ensemble, ramenées, par le baptême à l'unité dans le Père, le Fils et le Saint-Esprit, continuellement nourries par le renouvellement de l'assimilation du Christ au moyen de la Communion, et proclamées par les langues de feu des apôtres et des premiers chrétiens en général, pendant leur vie au milieu des persécutions et jusqu'à leur mort, propagèrent le christianisme plus rapidement encore parmi les Grecs et les Romains, moins satisfaits d'eux-mêmes, que parmi les Juifs. Dès le premier siècle nous le trouvons en Arabie, en Palestine, en Phénicie, en Syrie, dans toute l'Asie Mineure, en Grèce, en Italie, en Égypte, en Cyrénaïque, dans un grand nombre d'îles de l'archipel grec, et même, suivant la tradition, dans le pays des Parthes, dans la Scythie, dans l'Inde et en Éthiopie, quoique précisément dans ces contrées la formule de médiation du Mahométisme l'ait emporté par la suite sur un christianisme dégénéré. Dès le commencement du quatrième siècle une grande partie de la population de l'empire romain, la plus jeune, la plus vivace, avait été conduite à la foi chrétienne ; et la reconnaissance du christianisme, qu'il obtint en vertu des édits de tolérance de Constantin le Grand des années 312 et 313, pour devenir religion de l'État sous le règne des successeurs immédiats de ce prince, à l'exception de Julien l'Apostat, ne fut qu'un acte politique dicté par la nécessité.

Mais même avant cette victoire politique le christianisme avait eu de rudes luttes à soutenir dans son propre sein. Le christianisme historique primitif avait été mis en question par la philosophie spéculative grecque, le platonisme en tête, dans le gnosticisme, et par la direction chrétienne, dans l'ébionitisme. Entre ces deux extrêmes, diversement fractionnés, se posait en conciliatrice, à partir du milieu du deuxième siècle, une opinion mixte, appelée *Église catholique*, et dont les principales armes scientifiques étaient les écoles d'Alexandrie, d'Antioche et de Rome, se relevant et s'entr'aidant mutuellement. La riche matière dogmatique et morale des idées chrétiennes primitives arrivait à son développement, et provoquait sur le terrain pratique les grandes et fécondes manifestations de l'ascétisme (le monachisme, le donatisme, etc.), sur celui de la théorie les graves discussions religieuses au sujet des rapports du Christ avec Dieu le Père (querelle de l'arianisme), de la double nature, de la double volonté existant dans Jésus (discussions monophysites et monothélétiques). La querelle des adoptants, vers la fin du huitième siècle, clôt cette série nécessaire du développement dogmatique ecclésiastique, de même que les discussions des augustiniens ou des pélagiens, sur les rapports de la liberté humaine avec la grâce divine, cherchèrent à la compléter au point de vue humain.

C'est au milieu des luttes dogmatiques et pratiques qui l'affermissaient tout en l'engourdissant, que le christianisme arriva à constituer son organisation ecclésiastique. L'antagonisme qui pendant les premiers siècles exista entre l'État et le christianisme lui fit une nécessité de se donner une organisation indépendante. Sur la base de la configuration politique et des souvenirs apostoliques on vit alors, en dépit de l'ancienne démocratie ecclésiastique, en dépit des laïcs et surtout des simples prêtres, se former des groupes particuliers de provinces ecclésiastiques avec leurs évêques, leurs archevêques, leurs métropolitains et leurs patriarches ; ces groupes particuliers se maintinrent longtemps même après que l'Église eut été légalement reconnue par l'État romain, et après la mort de l'empereur Théodose (395), de même qu'à la suite du partage du monde romain en empire d'Orient et en empire d'Occident, ils aboutirent à constituer la division, si fatale à l'Église, en patriarcat de Constantinople et patriarcat de Rome ; l'un et l'autre en lutte et en rivalité constantes. Pour arriver à la suprématie, l'évêque de Rome, secondé par l'élément plus jeune, plus vivace, des populations germaniques qui avaient récemment envahi l'empire Romain, se trouvait placé sur un terrain autrement favorable que l'évêque de Constantinople, obligé, lui, de subir le despotisme des empereurs grecs, les velléités d'indépendance autrement hardies des autres évêques ses collègues, et en même temps de résister aux coups incessants portés par l'islamisme à l'empire, de plus en plus débile, de Byzance.

Les luttes incessantes de ces deux chefs de l'Église à l'effet de se saisir du droit de suprématie, et l'irruption victorieuse de la nationalité germanique établissant une profonde ligne de démarcation entre les deux territoires où s'exerçait leur autorité, eurent pour résultat d'amener une grande et profonde scission entre les deux Églises chrétiennes. En l'année 1054 elles en vinrent même à s'excommunier formellement l'une l'autre, et constituèrent dès lors deux Églises catholiques revendiquant toutes deux exclusivement la qualification d'orthodoxe pour son enseignement : l'église catholique grecque, et l'église catholique romaine. Bien que frappée à partir du huitième siècle d'un complet engourdissement intérieur, et malgré les progrès toujours croissants du mahométanisme, l'Église grecque se maintint dans la Turquie d'Europe et dans la Turquie d'Asie (parmi les Grecs, les Arméniens, les Serbes, les Valaques, les Coptes, les Maronites, etc.) ; elle parvint aussi à une indépendance politique en Russie, pays converti à la foi chrétienne par des missionnaires partis de Constantinople, et, tout récemment encore, dans le nouveau royaume de Grèce. Plus heureuse, Rome parvint, au milieu même de violentes luttes hiérarchiques et politiques, à placer sous son autorité oppressive, mais essentiellement organisatrice, tout l'occident germanique et une partie de l'occident slave. La nation germanique ne put produire au moyen âge qu'une science (la scolastique) intimement liée à l'Église, soumise aux pères tant grecs que latins, encore bien que certains mystiques et aussi quelques sectes commençassent déjà à mettre visiblement en saillie dans son sein l'élément germanique primitif.

C'est de sorte qu'au commencement du seizième siècle l'Italie, la péninsule Pyrénéenne, la France, les Pays-Bas, l'Angleterre, l'Irlande, le Danemark, la Norvège, la Suède, l'Allemagne, la Prusse, la Pologne, la Courlande, la Livonie, l'Ingrie et la Finlande, relevaient de l'autorité de l'Église romaine. Mais à partir des premières années du seizième siècle, et par suite des criants abus de cette domination, commença à se manifester avec toujours plus d'énergie ce sentiment depuis longtemps préexistant, qu'il fallait ramener l'Église à sa simplicité primitive. Ainsi put se développer au cœur de l'Empire germanique la forme protestante du christianisme, laquelle eut bientôt conquis la moitié de l'Allemagne, la Prusse, la Courlande, la Livonie, l'Ingrie, la Finlande, la Suède, la Norvège, le Danemark, l'Écosse, l'Angleterre, la Hollande et la plus grande partie de la Suisse. La France, la Hongrie, la Transylvanie, la Pologne, en dépit d'une violente compression, comptèrent également un grand nombre de protestants ; et les colonies des Anglais, des Danois et des Hollandais ne contiennent guère aussi que des chrétiens protestants, tandis que le catholicisme est resté dominant dans les anciennes et immenses colonies des Espagnols et des Portugais en Amérique et en Asie.

La différence essentielle entre ces deux grandes formes d'Église consiste dans le principe de la communication de l'Esprit-Saint. Dans le catholicisme romain pur, l'Esprit-Saint promis à tous dans le christianisme primitif est placé sous l'invocation de l'évêque de Rome (*voyez* PAPE), comme chef divin autorisé de l'Église, sous l'enseignement infaillible et traditionnel des Pères et des conciles généraux de l'Église, exclusivement limité au clergé, qui est en communication avec le Saint-Esprit, et auquel sont exclusivement confiées aussi la rédaction des symboles et l'exposition des doctrines, conformément à l'Écriture et à la tradition. Le protestantisme renouvela la doctrine chrétienne primitive du sacerdoce universel et de l'Esprit-Saint promis et accordé à tous en Jésus-Christ. Dans sa liberté, dans la vivacité de son sentiment intérieur, il recommanda l'Écriture Sainte comme règle unique de la foi, et Jésus-Christ comme le seul conciliateur, le seul rédempteur; ouvrant ainsi à la science libre et vierge par l'interprétation un champ d'action pour ainsi dire illimité. Le dogmatisme et l'intolérance qui reparurent à peu de temps de là, sous des symboles qui n'avaient point été présentés dans ce but, n'étaient qu'un retour, favorisé par la politique et historiquement inévitable, vers les formes scolastiques du catholicisme. Mais le catholicisme lui-même, autant que le lui ont permis sa constitution et son organisation comme puissance, est devenu plus intellectuel et plus scientifiquement libre. C'est là ce qui, joint au caractère particulier des populations d'origine romaine et à leur organisation hiérarchique, explique comment le catholicisme compte encore de 140 à 150 millions d'adhérents, tandis que le protestantisme n'en compte guère que 65 millions et le catholicisme grec un peu moins encore.

(*Conversation's Lexicon.*)

Le christianisme survivra-t-il à la crise qu'il traverse aujourd'hui? La nouvelle civilisation qui se forme sous nos regards, et qui n'est pas encore entièrement assise, lui est-elle favorable ou contraire? Est-il condamné à la vaincre ou à se voir emporté par elle, ou bien existe-t-il entre eux une solidarité réelle, un accord nécessaire, qui, sortant du fond des choses, se découvrira chaque jour davantage, et finira par unir leurs destinées et assurer à jamais leur commun triomphe? C'est le vrai problème du siècle, celui qui s'agite au fond des consciences, dans les ardents débats de la controverse philosophique aussi bien que dans les terribles drames de la vie publique de notre époque. Pour y jeter quelque lumière, il faut embrasser dans toute son étendue la mission du christianisme. Il a pour objet de relever le genre humain, opprimé par le vice et l'ignorance, de lui rendre sa grandeur et sa félicité première. Or, la parfaite restauration de la nature humaine comprend deux parties distinctes: l'une qui embrasse les rapports de l'homme avec Dieu et sa destinée immortelle, l'autre qui regarde sa vie temporelle et ses rapports avec ses semblables. De là les deux grandes applications du christianisme, auxquelles se ramènent son histoire, sa morale et ses dogmes : la première constituant le *christianisme religieux*, la seconde formant le *christianisme social*.

Naturellement, le christianisme religieux précède l'autre. L'union intérieure de l'âme avec Dieu est la première condition de la vie intellectuelle et morale. Cette union vient-elle à se rompre, comme à l'époque de la grande catastrophe où le mal envahit la terre, la raison obscurcie et la volonté déréglée livrent le genre humain en proie à tous les vices, à toutes les misères, à toutes les servitudes. Pour le tirer de son abaissement, il faut avant tout lui restituer la force divine sans laquelle la raison ne peut vivre. C'est ce que fait le christianisme religieux. Il rétablit l'adoration en esprit et en vérité, c'est-à-dire la communication immédiate et directe de l'esprit humain avec Dieu, qui seul il puise ensemble à leur source intarissable la vérité, la vie, les lumières, la justice et la liberté. C'est par là que l'œuvre du Christ s'élève

à l'infini au-dessus des religions purement extérieures et sensibles du paganisme et même du judaïsme, et qu'elle montre Dieu dans sa personne. Quatre mille ans au moins avaient été employés à préparer la rédemption religieuse. Ces quatre mille ans, le Christ les remplit déjà par l'attente où vivaient de lui les âmes saintes, par l'idée et le besoin d'un réparateur qui se répandent chez tous les peuples de l'ancien monde (*voyez* MESSIE). Au bout de ce temps, la lumière enfin luit dans les ténèbres; l'homme religieux est enfanté; une société toute spirituelle se fonde où les enfants de Dieu commencent ici-bas une vie céleste que la tombe n'interrompra pas : cette société, c'est l'Église.

Cependant, la rédemption chrétienne doit s'étendre à la terre comme au ciel, et embrasser l'homme du temps aussi bien que l'homme de l'éternité : *Proposuit Deus instaurare omnia in Christo quæ in cœlis et quæ in terra sunt* (Ephes., i, 10). La chute originelle n'avait pas seulement produit le polythéisme et l'idolâtrie, elle avait perverti les rapports des hommes entre eux, amené l'esclavage par toute la terre, et constitué, même dans les pays en apparence les plus libres, par exemple en Grèce et à Rome, le despotisme absolu des institutions, entraînant la violation des droits naturels les plus imprescriptibles. Le christianisme social devait donc, pour le complet rachat de l'humanité, concourir avec le christianisme religieux. Il a été aussi figuré dans l'ancienne Loi, annoncé par les Prophètes, confirmé par l'Évangile. Le cantique de la Vierge Mère en offre le sublime résumé. La liberté universelle, l'égalité des hommes entre eux, la supériorité reconnue sur la nature physique, l'abondance des biens de la terre, les pauvres admis au partage du commun patrimoine, le vice vaincu avec les vices, le règne de la raison, de la justice et de l'amour, voilà, selon l'Écriture, les fruits de cette rédemption temporelle, qui commence à briller dans la civilisation moderne, mais dont l'avenir voile encore les plus vives splendeurs. Le christianisme social, pas plus que le christianisme religieux, ne pouvait se passer d'une longue préparation. Non-seulement il était nécessaire que l'action religieuse refît les idées et les mœurs; pour que la nouvelle société pût naître, il n'était pas moins indispensable que l'ancienne civilisation fût radicalement détruite. S'il eût suffi de la foi et de la pratique religieuse pour opérer la réforme sociale, les beaux siècles de la primitive Église, où éclata le plus ardent amour de Dieu et des hommes, auraient vu éclore la civilisation moderne, et le règne des droits naturels, la souveraineté du peuple, l'affranchissement du travail, la liberté de conscience, dateraient de l'avénement de Constantin au lieu de dater de 1789.

Mais à cette époque l'ancienne religion seule était vaincue; la société païenne restait debout. Le principe que l'homme ne s'appartenait pas, qu'il était la propriété de l'État, principe sur lequel reposa toute l'organisation sociale de l'antiquité, n'avait pas été entamé. Il restait à renverser cette idole politique; il restait à soulever tout un monde d'abus, d'oppression et d'iniquités. Ce fut l'œuvre de la théocratie du moyen-âge, secondée par le démembrement de l'empire romain et l'établissement des barbares dans les provinces conquises. Essentiellement opposé à l'intolérance, à l'inquisition, à la tyrannie, l'Évangile repousse le régime théocratique. Il défend au sacerdoce chrétien toute domination, non-seulement dans l'État, mais même dans l'Église (1 Saint Pierre, v, 3). Néanmoins la force des choses livra aux mains du sacerdoce la plus terrible dictature qui ait jamais pesé sur les nations. Elle eut pour destination providentielle et pour résultat d'anéantir le vieil ordre social du paganisme. Elle fit table rase des lois, des institutions, des mœurs, des notions de l'antiquité. Alors seulement le christianisme social put jeter ses racines dans le sol déblayé ; la société fut rattachée directement à Dieu, comme l'individu l'était depuis plusieurs siècles sous le rapport religieux. Telle est la véritable origine de la civilisation moderne. Les communes en furent le berceau. Se dégageant peu à peu des entraves de la théocratie et de la féodalité, la société chrétienne, fondée sur les lumières, sur la liberté, sur l'aisance générale, prend possession de la scène politique à la Révolution Française, qui deviendra la révolution du monde.

Ce trop rapide coup-d'œil jeté sur le passé du christianisme nous fait du moins comprendre où il en est aujourd'hui et quelle carrière lui reste à parcourir. En aucun temps, en aucun pays, il n'a joui encore de son existence complète. Depuis dix-huit siècles, il est vrai, il règle le côté religieux de la vie humaine ; mais il n'avait point jusqu'ici réglé le côté social. C'est pourquoi il ne s'est point emparé, comme il doit faire, de l'homme tout entier, et même en religion il n'a point porté tous ses fruits de régénération. Si l'on excepte l'enthousiasme passager des premiers siècles, l'Église n'a inspiré qu'une foi trop généralement faible et des œuvres languissantes. C'est que la vie religieuse et la vie sociale sont liées par les plus étroits rapports et ne peuvent atteindre l'une sans l'autre à leur parfait développement. Loin de toucher à la décrépitude, le christianisme n'est pas encore parvenu à l'âge de la maturité. Que la société évangélique, la société libre et fraternelle, prédite par les prophètes, achève de se fonder et d'embrasser le genre humain ; que le paganisme soit vaincu en politique comme il l'a été dans la religion ; que le règne de Dieu, le règne de la raison et de la liberté, arrive sur la terre comme au ciel : alors on connaîtra le miracle de la rédemption, et l'on verra paraître des œuvres chrétiennes.

Malheureusement, lorsque le christianisme religieux, représenté par l'Église, et le christianisme social, représenté par la Révolution, devraient se rejoindre et se compléter comme les parties d'un même tout, l'ignorance, l'intérêt, les passions des hommes les séparent, et travaillent à les armer l'un contre l'autre. Nous assistons à cette lutte impie de la vérité contre elle-même, symptôme le plus grave de la situation actuelle, et qui fait le fond de toutes nos difficultés. Par un étrange renversement, la plupart des chrétiens religieux restent d'incorrigibles païens en politique ; pour eux l'oppression, l'immoralité, les ténèbres et les misères du moyen âge représentent le règne de Dieu sur la terre. Dans la civilisation moderne, fille légitime de l'Évangile, ils ne voient qu'une immense révolte de l'orgueil humain. Le clergé surtout, dépouillé de ses honneurs mondains, rêvant le retour impossible de la théocratie, poursuit avec acharnement la liberté qu'il a fait naître, et ne cesse de persécuter le Christ dans son avénement social. Le signal part de haut, et le centre de l'unité catholique, Rome, devient la citadelle de l'absolutisme en Europe. De leur côté, les partisans de la rénovation sociale n'entendent point la religion, défigurent l'Évangile, et en haine des prétentions théocratiques repoussent le sacerdoce. Pour réaliser le règne de Dieu, ils s'appuient sur le matérialisme et l'anarchie. Vain labeur ! égal aveuglement des deux parts ! Vouloir que le christianisme religieux étouffe le christianisme social, ou que le christianisme social se passe du christianisme religieux, n'est-ce pas vouloir que le principe dévore la conséquence, ou que la conséquence subsiste hors du principe ?

La cause d'un malentendu si funeste vient de ce que le christianisme religieux ayant régné seul pendant des siècles, on s'est habitué à voir en lui le christianisme tout entier ; on a relégué son triomphe dans l'autre vie, comme s'il était indigne du Rédempteur de renverser ici-bas l'empire du mal. D'ailleurs la rénovation religieuse procède par la voie surnaturelle, et demande l'action immédiate d'un sacerdoce divinement institué. Car il s'agit de restituer à l'âme une force divine, ce qui ne peut se faire sans l'intervention de Dieu même. Voilà la raison métaphysique de la légitimité, de la nécessité du sacerdoce jusqu'à l'entière réintégration de l'humanité ; c'est-à-dire jusqu'à la fin des temps proprement dits : *Ecce vobiscum sum omnibus diebus usque ad consummationem sæculi.*

Mais la rénovation sociale ne suit point la même marche et n'est point directement soumise au sacerdoce. Il est même impossible qu'elle le soit ; car cette rénovation consistant à rendre l'homme à lui-même, à faire qu'il s'appartienne, elle ne peut s'établir tant que dominent, avec le principe théocratique, l'intolérance, l'asservissement des consciences et de la pensée. Dès que la fonction propre du sacerdoce est remplie, dès que l'homme est effectivement maintenu en rapport avec Dieu, il ne lui manque rien pour ordonner la société, pour dompter et perfectionner la nature, pour faire fleurir les sciences, l'industrie et les arts. Le libre usage qu'il fait alors de ses puissances restituées est le plus bel hommage à l'efficacité de la religion. Toute intervention du sacerdoce dégénérerait en un joug insupportable. Aussi le premier dogme du christianisme social, dogme qui passe aujourd'hui dans le domaine irrévocable des faits, c'est la séparation de l'Église et de l'État, sans laquelle on ne conçoit point de liberté de conscience, point d'adoration en esprit et en vérité, par conséquent point d'Évangile. L'intolérance théocratique est un reste de la politique juive et païenne. Si le sacerdoce l'employa au moyen âge, ce fut par une nécessité transitoire, et uniquement pour détruire. Il y a longtemps qu'il eût dû y renoncer, pour l'honneur du seul ministre de Jésus-Christ, le ministère spirituel. De l'opposition qu'il continue de faire aux réformes il est résulté une situation singulièrement déplorable. Aujourd'hui les peuples, pour fonder le christianisme social, sont obligés de lutter contre le sacerdoce, qui tient la première place dans le christianisme religieux. Le prêtre, aveuglé par le préjugé et l'intérêt, se plaint que l'on chasse Dieu de la société : vos lois sont athées, crie-t-il à la civilisation moderne. Non, la loi tolérante et libérale n'est point une loi athée ; elle est seulement *athéocratique*, ce qui est bien différent. Elle exclut le prêtre, et non pas Dieu, et elle l'exclut, non de l'Église, mais de l'État. Pour la première fois depuis l'origine des sociétés humaines, la loi respire l'Évangile et le spiritualisme.

Ces conflits, au reste, ne changent pas la nature des choses. Le prêtre a beau, comme homme, se faire l'aveugle adorateur du passé, le prince de l'Église a beau encenser les priviléges et la richesse, comme fonctionnaires de la puissance spirituelle ils n'en sont pas moins obligés de répandre une doctrine qui contient le démenti le plus formel à leurs opinions privées. A moins de brûler la Loi et les Prophètes, il faut bien , quoi qu'on veuille, verser dans l'âme des populations chrétiennes le socialisme à la fois le plus pur et le plus radical. Fût-on un disciple de Malthus, il faut bien, avec la sainte Vierge, chanter tous les dimanches le renversement des trônes et des aristocraties, l'extirpation du paupérisme et du *divitisme*, non moins funeste. Les révolutionnaires à leur tour ont beau s'emporter jusqu'au blasphème contre la religion chrétienne, en réalité ils ne vivent que de l'enseignement de l'Évangile ; ils sont contraints d'en invoquer les maximes et d'en parler le langage.

Toutes leurs sectes socialistes ne sont au fond que des *hérésies du christianisme social.* Qui n'a entendu leurs adeptes annoncer la fin prochaine de la religion du Christ ? Nous sommes, disent-ils, comme à l'époque du paganisme expirant : il faut une nouvelle religion pour une société nouvelle. Ils oublient que cette société, toute nouvelle qu'elle est, n'est pourtant que la société chrétienne, la réalisation des antiques prophéties conservées par le sacerdoce chrétien. L'analogie dont ils parlent ne supporte pas l'examen. Est-ce que les premiers chrétiens avaient sans cesse à la bouche les livres sacrés du paganisme ? Les a-t-on vus prendre le titre de néo-païens? Le nom de Jupiter retentissait-il dans leurs harangues comme le nom du Christ dans les discours de nos socialistes? C'était de leur part une guerre à mort pour le fond et pour la forme, dans les mots comme dans les choses. Singulière lutte, au contraire, que la guerre actuelle de l'Église et de la Révolution, où de part et d'autre on porte les couleurs de ses adversaires, et on guérit les blessures que l'on fait ! Ces deux grandes puissances, que l'on juge irréconciliables, ne peuvent triompher l'une sans l'autre, et depuis soixante ans elles ne font que s'arracher tour à tour une domination qu'aucune des deux n'a seule la force de retenir. Royauté de quatorze siècles, noblesse, parlements, corporations privilégiées, institutions séculaires enracinées dans le sol, la Révolution a tout balayé d'un souffle. Le clergé même, comme corps politique, elle l'a emporté comme le reste. Devant la religion seule elle a été sans force. La religion chrétienne, la religion catholique reste debout, gardant sa hiérarchie sacrée, conservant la pureté inaltérable de ses dogmes.

Le signe le plus certain de la décrépitude d'une religion, ce n'est pas toujours qu'elle perde des partisans, comme le signe certain de sa force n'est pas toujours qu'elle fasse de nouvelles conquêtes : trop de circonstances variables peuvent influer sur cette expansion extérieure des doctrines. Mais la force réelle d'une religion dépend de la conservation de son sacerdoce et de la perpétuelle fixité de son enseignement. Tant qu'elle échappe à la décomposition intérieure, elle n'a point à craindre une fin prochaine. A cet égard, le catholicisme jouit de toute sa vigueur, et l'on peut dire qu'il est aujourd'hui le seul culte qui ne soit pas en décadence. Le protestantisme n'a cessé de varier quant à la doctrine, il n'a plus ni symbole ni sacerdoce : ses ministres ne sont pas des prêtres, mais de simples professeurs de morale. Aux États-Unis d'Amérique, la division des sectes est arrivée aux dernières limites. Quand l'établissement anglican, qui chancelle, aura disparu, l'Angleterre offrira le même spectacle. La savante Allemagne compte comme gagné au profit de la raison tout ce qu'elle retranche au christianisme, dont elle ne garde que le nom ; un vague déisme ou le panthéisme pur forment le fond de ses croyances actuelles. Un travail non moins profond de décomposition se fait sentir au sein du judaïsme ; envahi par l'influence de la civilisation chrétienne, il se transforme, il perd peu à peu les caractères d'un véritable culte. Le catholicisme seul se maintient dans son intégrité : en lui seul vit la force du christianisme religieux, et quand on parle de l'avenir de la religion, c'est de sa destinée qu'il s'agit.

Invincible à la Révolution, le sacerdoce catholique montre une égale impuissance contre elle. Le mauvais vouloir et les anathèmes des chefs du clergé n'arrêtent en rien l'essor du christianisme social. Ses progrès tiennent du prodige. Déjà il embrasse les deux mondes ; il pèse sur les anciennes civilisations, et bientôt il les aura chassées de la terre. S'il paraît céder sur un point, c'est pour éclater plus puissant sur un autre. Il crée et il détruit, il triomphe de tout, et il ne s'arrêtera qu'après avoir renouvelé la face du globe.

Quoique le christianisme religieux et le christianisme social ne parviennent point à s'entre-détruire, le fatal divorce qui les sépare n'en porte pas moins des fruits désastreux pour l'Église et pour l'État ; il alimente nos discordes civiles ; il prolonge les épreuves et les malheurs du monde. L'Église surtout en ressent au dedans le contre-coup funeste. L'enseignement de la philosophie et de la théologie s'y abaisse de jour en jour. Le spiritualisme platonicien et cartésien, qui par saint Augustin et Bossuet jeta tant de lumière sur la religion, est délaissé pour le sensualisme traditionnaliste de Bonald, l'Aristote d'une nouvelle scolastique, plus misérable que l'ancienne. On nie toute raison naturelle ; on proscrit tout esprit d'examen. On transforme en une crédulité grossière cette foi chrétienne, qui n'est, selon saint Paul, que l'affranchissement intérieur de la pensée et sa victoire sur la chair et le sang. C'est une guerre en règle déclarée à la raison par ceux qui se disent les disciples de la raison éternelle. Chassée du domaine des faits, l'implacable théocratie se réfugie dans la science ; par la théorie, sinon par la pratique, elle opprime encore l'esprit humain ; elle relève dans les livres, dans les journaux, l'inquisition et les bûchers. De l'enseignement le sensualisme descend dans les détails du culte, et n'épargne pas toujours le dogme.

« Les apôtres de la superstition doivent être fiers de leurs succès, dit notre collaborateur M. Bordas-Demoulin. A la faveur de gouvernements insensés, et dont l'un a été sa juste victime, elle se ranime, croît à vue d'œil, et enveloppe déjà la Religion. Et les statues, et les figures environnées de cierges, et les processions surabondantes, et les indulgences exclusives, et la grossière idolâtrie des Sacrés-Cœurs, et vingt autres pratiques stupides, enfin tous les appuis de la crédulité se relèvent, se multiplient, et semblent devoir agrandir encore le domaine que la superstition occupait avant la révolution. Encore y a-t-il cette différence qu'alors elle ne vivait que d'un reste de vie, que n'avait pu lui arracher la piété savante du dix-septième siècle, qui s'efforçait d'en purifier l'Église pour repousser les griefs du protestantisme, d'un reste de vie que lui disputait avec acharnement le dix-huitième siècle ; tandis qu'aujourd'hui elle est cultivée avec amour comme une plante précieuse, propagée avec enthousiasme sous l'étendard de la Vierge, qui efface insensiblement Jésus-Christ, et devient la divinité de la France, comme elle l'est de l'Espagne et de l'Italie... Outre l'erreur qui ampute à l'Église le laïcisme et la prêtrise, deux de ses pouvoirs constitutifs, rappelons.... l'erreur des officialités, qui, supposant le pouvoir épiscopal mandatable, le transforme en pouvoir humain ; l'erreur qui fait le sacerdoce propriétaire et le réduit à une chose terrestre, naturelle, ou factice, comme le fondement de la propriété ; l'erreur qui prétend mettre la spiritualité du christianisme, puisqu'elle le rend saisissable à la loi civile, qui ne saisit que des objets matériels ; l'erreur de l'immaculée Conception de la Vierge, et celle de la double création de l'homme, qui annihilent la chute et ouvrent le ciel sans Jésus-Christ. Que d'autres il serait facile d'accumuler ! Par exemple, l'erreur qui substitue le sacrement de mariage au mariage.... Que dire de cette forêt de superstitions jaillissant du monachisme ou de l'abus des conseils évangéliques ? Quel paganisme encore ! »

Tant d'erreurs empêchent aussi l'Église de revenir à son gouvernement primitif, si libéral, si saintement démocratique, et qui se trouverait si bien en harmonie avec l'esprit des temps nouveaux. On sait comment l'esprit païen de domination pervertit ce gouvernement fraternel, où, selon les règles apostoliques, toutes les magistratures devaient être conférées à l'élection, toutes les affaires conduites par la douceur et la persuasion. Des efforts héroïques furent souvent tentés, surtout en France, pour refouler la tyrannie épiscopale et papale ; il suffit de rappeler la Pragmatique de saint Louis, les conciles de Constance et de Bâle. Le concordat de Léon X et de François Ier étouffa le cri de la réforme orthodoxe. Au dix-septième siècle, les disciples de Port-Royal et de Bossuet n'en continuèrent pas moins la tradition des défenseurs de la liberté ecclésiastique ; l'immortelle assemblée de 1682 frappa la théocratie au cœur. Les prélats de cour du siècle suivant laissèrent malheureusement dépérir ce précieux héritage ; les efforts de quelques monarques libéraux n'eurent pas de résultat. La réforme fut reprise à la Révolution, d'une manière digne de cette époque héroïque ; l'Église constitutionnelle, aujourd'hui trop peu connue et trop peu appréciée, sembla destinée un moment à marquer l'alliance définitive de la religion et de la liberté. Pourquoi faut-il qu'un nouveau concordat soit venu encore une fois anéantir ces espérances? Depuis ce moment, l'esprit de réforme, qui sous le nom de *gallicanisme* avait toujours revendiqué l'antique constitution de l'Église, ne donna plus signe de vie. Aujourd'hui il paraît entièrement éteint. Le silence de la servitude règne dans l'Église, qui semble fermée à tous les progrès.

Rien de plus navrant que ce spectacle pour le cœur des vrais croyants. Malgré les besoins religieux qui poussent encore les âmes vers la seule Église qui ait conservé un sacerdoce, un culte effectif, d'immenses apostasies peuvent s'en suivre. Ce qui se passe en France ne rassure que les esprits imprévoyants. Là, comme en Allemagne, les classes éclairées se détachent des pratiques religieuses, que déshonorent le fanatisme et la superstition. On dit que l'Italie, garrottée, n'est retenue que par la force dans une foi qui est celle de ses oppresseurs, et qu'elle n'attend que l'occasion de passer au protestantisme. Est-ce que c'est de ces excès que la Providence a placé la guérison et le salut? Verrons-nous cette apostasie des gentils que fait craindre saint Paul, la religion quelque temps conservée dans le petit nombre comme un levain précieux, puis le monde rassasié des biens terrestres et altéré de foi, revenir en foule à cette fille du ciel, un instant abandonnée; enfin la conversion des juifs, prédite dans tous nos livres saints, donner le signal de ces dernières merveilles? Peut-être la victoire du christianisme social, la Révolution triomphante, fournira des ressources inespérées. Lorsque la complète séparation de l'Église et de l'État sera prononcée, qui sait du contact du clergé et du peuple, rendu nécessaire par la suppression du budget des cultes, ne sortira pas la réforme, gage de réconciliation? Qui sait, lorsque la théocratie sera tombée à Rome, ce que pourra pour le bien de l'Église un pape redevenu uniquement, comme à l'origine, le premier magistrat d'une libre association religieuse?

Une chose qui ne paraît pas douteuse, c'est que les laïques prendront une large part à l'œuvre de cette restauration chrétienne. Ils représentent plus particulièrement la raison dans l'Église, et c'est de raison qu'elle a surtout besoin aujourd'hui pour se redresser, puisque ses puissances surnaturelles restent intactes. Déjà les laïques intelligents ouvrent les yeux à la lumière du christianisme social. Un illustre exemple leur a été donné en la personne de Chateaubriand. Le grand écrivain, dans son *Génie du Christianisme*, n'avait guère fait que parer des fleurs de sa brillante imagination un passé d'intolérance et de superstition : le vrai génie de l'Évangile l'inspira sur la fin de sa carrière. Le prophétique vieillard, en face de la société de l'avenir, salua de loin le règne de Dieu sur la terre : « Je ne trouve de solution à l'avenir que dans le christianisme et le christianisme catholique, disait-il dans ses *Mémoires d'outre-tombe*..... Il renferme les trois grandes lois de l'univers, la loi divine, la loi morale, la loi politique : la loi divine, unité de Dieu en trois personnes; la loi morale, charité; la loi politique, c'est-à-dire liberté, égalité, fraternité. Les deux premiers principes sont développés; le troisième, la loi politique, n'a point reçu tous ses complements, parce qu'ils ne pouvaient fleurir tandis que la croyance à l'être infini et la morale universelle n'étaient pas solidement établies. Or le christianisme eut d'abord à déblayer les absurdités et les abominations dont l'idolâtrie et l'esclavage avaient encombré le genre humain. Loin d'être à son terme, la religion du libérateur entre à peine dans sa troisième période, la période politique, liberté, égalité, fraternité. L'Évangile, sentence d'acquittement, n'a pas été lue encore à tous.... Le christianisme, stable dans ses dogmes, est mobile dans ses lumières; sa transformation enveloppe la transformation universelle. Quand il aura atteint son plus haut point, les ténèbres achèveront de s'éclaircir; la liberté, crucifiée sur le calvaire avec le Messie, en descendra avec lui; elle remettra aux nations ce Nouveau Testament écrit en leur faveur et jusque ici entravé dans ses clauses. Les gouvernements passeront, le mal moral disparaîtra; la réhabilitation annoncera la consommation des siècles de mort et d'oppression nés de la chute. »

L'âme poétique et religieuse de Ballanche reçut aussi la visite de l'esprit nouveau; un sentiment profond de la rénovation chrétienne anime ses pages, empreintes d'une douce et mélancolique beauté. La grande réforme catholique et sociale, premier besoin de l'humanité actuelle, s'honore de compter parmi ses précurseurs Ballanche et Chateaubriand; toutefois ils en eurent plutôt le pressentiment que la science. Elle trouva son véritable interprète dans M. Bordas-Demoulin, penseur original, toujours plongé dans le profond des choses, et par cela même moins accessible à la foule, mais en qui l'avenir, nous en avons la confiance, reconnaîtra le promoteur d'une révolution intellectuelle. D'autres, en ce siècle, ont prêché l'alliance du christianisme et de la démocratie; on peut voir dans leurs efforts un favorable augure. Mais presque tous sont restés asservis aux préjugés théocratiques; ce qui les a condamnés fatalement à la contradiction et à l'impuissance.

Tel est l'état présent du christianisme. Il passe à sa phase de maturité. Il quitte la forme transitoire de théocratie qu'il dut revêtir au moyen âge pour détruire la société païenne. Il va incessamment se renouveler, non dans ses dogmes, qui ne changent point, mais dans sa discipline, dans son gouvernement, dans la partie variable de son culte et de son enseignement. Il reçoit son existence sociale et se complète par la Révolution. Car la Révolution, dans son terme absolu, c'est la rédemption temporelle ou le christianisme appliqué à notre destinée terrestre; rédemption qu'on ne saurait nier, qui n'exclut pas le règne éternel dans la finale communion des saints, et doit, au contraire, en être ici-bas l'image et la préparation. Ce règne fortuné commence sous nos yeux, au milieu des épreuves, de la souffrance et des larmes. Cela donne un intérêt, une majesté sans égale à l'histoire de nos temps. Un malentendu fatal, triste héritage du passé, prolonge une transition douloureuse, et retarde l'accomplissement des antiques promesses. Mais l'issue de la lutte ne saurait être douteuse. Elle se terminera par la conversion du clergé au christianisme social, par la conversion des révolutionnaires au christianisme religieux. Alors l'astre de justice, perçant les nuages qui le couvrent encore, versera sur le monde la paix avec l'abondance de tous les biens : *Orietur in diebus ejus justitia et abondantia pacis.* Nos malheurs, nos discordes, nos défaillances s'effacent devant ce glorieux avenir. Les oracles sacrés reçoivent leur entier accomplissement. Le christianisme apparaît dans sa grandeur universelle, embrassant le passé, le présent, l'avenir, remplissant la terre et le ciel, rachetant les corps et les âmes, apportant au genre humain le bonheur du temps avec le gage d'une éternelle félicité.

F. HUET.

CHRISTIANSAND, chef-lieu de l'évêché du même nom, en Norvège, à l'issue de la baie de Torrisdal, dans le golfe de Christiansand, compte 8,300 habitants, et est le siège d'un évêque, d'un bailli et d'une succursale de la banque de Norvège. On y trouve un gymnase et plusieurs institutions de bienfaisance. La construction des navires, l'apprêtage des peaux et cuirs, la fabrication du tabac, le filage du coton, etc., constituent les principales ressources de la population. Fondée en 1641 par le roi Christian IV, cette ville possède un excellent port, que partage en deux l'île d'Odderœen, où se trouvent un lazaret et la douane. Le commerce et la navigation de Christiansand sont assez importants. L'exportation consiste surtout en bois, homards, saumons, etc. La ville et son port sont protégés par divers ouvrages. A l'ouest de Christiansand, on trouve encore le port de Ny-Hellesund.

CHRISTIANSBORG, chef-lieu des établissements danois de l'occident de l'Afrique et résidence du gouverneur général, est une forteresse située sur un promontoire, à 4 kilomètres d'Accra, capitale du petit royaume nègre de ce nom, sur la Côte-d'Or. Il fait un commerce très-actif avec les Ashantées. Les Danois possèdent encore sur ce littoral les comptoirs de Tema et de Nimbo, le fort de Friedensborg; Adda sur le Rio-Volta, petite ville de 2,500 âmes, et les ports Keuinstein et Binzonstein. Chacun de ces établissements est environné d'un territoire peu étendu, mais remarquable par la liberté dont jouissent les habitants et les progrès qu'ils font dans les arts d'Europe.

CHRISTIANSFELDT, communauté de frères Moraves, située dans la partie septentrionale du duché de Schleswig, bailliage de Hadersleben, fondée en 1772 sur le domaine de Thyrstruphof. Elle comprend 64 maisons, et le nombre de ses habitants n'est pas tout à fait de 700. Le bourg se compose de deux rues parallèles, avec une église qui s'élève au milieu d'une place entourée d'arbres. L'extrême propreté des habitants et leurs maisons bien bâties lui donnent l'aspect le plus riant. La représentation communale se compose de préposés institués par la direction de l'union et de représentants élus par les membres de la communauté. Les lois et règlements de la communauté sont très-exactement observés. Aujourd'hui encore l'industrie de Christiansfeldt consiste dans la fabrication des toiles, des étoffes de laine et de coton, des cuirs, du savon, des chandelles et des bougies. La communauté possède en outre une école allemande, où sont élevés non-seulement les enfants de ses membres, mais encore des enfants qu'on y envoie de diverses parties de l'Allemagne.

CHRISTIANSTAD, chef-lieu du bailliage du même nom, dans le midi de la Suède. Située à 16 kilomètres de la Baltique, sur les bords de l'Helge, et régulièrement bâtie, cette ville est le siège d'une préfecture et d'une cour royale, dont le ressort comprend la Scanie et la province de Bleckingen. Elle a un arsenal, une école, une belle église, une loge de francs-maçons et un hôtel de ville; et sa population est de 5,000 habitants, qui se livrent avec succès à la fabrication des cuirs, des étoffes de laine et des gants, et font en outre un peu de commerce en bois, poix, potasse, etc. Le port de Christianstad se trouve à Auhus, à l'embouchure de l'Helge. Cette ville fut fondée en 1614 par le roi de Danemark Christian IV, et soutint plusieurs sièges pendant les guerres entre le Danemark et la Suède. La paix conclue en 1658 à Roeskilde l'attribua au Danemarck, avec toute la Scanie. Prise par Christian V en 1676, les Suédois la reprirent en 1678. L'ex-roi de Pologne Stanislas Leczinski vint y établir sa cour en 1711.

Le *bailliage de Christianstad,* divisé en quatre prévôtés, comprend les parties septentrionale et orientale de la Scanie. Sa superficie est de 55 myriamètres carrés environ, et compte 170,000 habitants, dont l'agriculture, l'exploitation des forêts et la pêche forment les principales ressources.

CHRISTIANSTADT ou **CHRISTIANSTED,** chef-lieu de l'île danoise de Sainte-Croix, aux Indes occidentales, est une ville bien bâtie, située au pied d'une chaîne de montagnes, possédant un bon port, défendu par le fort de *Christiansvarc,* une église anglaise et une église danoise, et une population de 6,000 âmes. Elle est le centre d'un commerce fort important avec Copenhague.

CHRISTIERN II. *Voyez* CHRISTIAN II.

CHRISTINE (Sainte), vierge et martyre, était, selon la légende, fille d'un païen, nommé Urbain, gouverneur d'une ville de Toscane sous Dioclétien. Ayant brisé les précieuses idoles de la maison paternelle, et en ayant partagé les débris entre les pauvres, son père, irrité, la fit jeter dans un cachot, où l'on exerça sur sa personne les tortures les plus cruelles et les plus raffinées. Mais c'est en vain qu'on espéra la déterminer à abandonner la loi du Christ. Un ange que Dieu lui envoya dans sa prison guérit ses plaies. Dion, qui remplaça dans ses fonctions le père de Christine, mort subitement, voulut la contraindre à offrir un sacrifice à Apollon. Elle ne fut pas plus tôt entrée dans le temple, que la statue du faux dieu tomba à terre, brisée en morceaux. Enfin Julien, le nouveau gouverneur de la ville, reconnaissant qu'il ne pourrait jamais à force de tortures et de tourments déterminer la sainte, dont les miracles avaient déjà opéré un grand nombre de conversions, à sacrifier aux idoles, la fit tuer à coups de flèches. Ceci se passait vers l'an 300 de notre ère. Le corps de sainte Christine fut transporté en Sicile, à Palerme, où elle est honorée comme patronne de la ville. On y célèbre sa fête le 24 juillet.

CHRISTINE, reine de Suède, fille du grand Gustave-Adolphe et de Marie-Éléonore de Brandebourg, née le 6 décembre 1626, reçut, comme héritière de la couronne, plutôt l'éducation d'un homme que celle qui convient à une femme. A la mort de son père, qui lui laissa pour héritage, avec la couronne, une guerre glorieuse jusque alors pour la nation suédoise, mais dont l'issue devenait douteuse par la perte de l'illustre capitaine qui en dirigeait les opérations avec tant de prudence et de courage, elle n'était encore âgée que de six ans; et la diète la plaça sous la tutelle de cinq grands dignitaires du royaume, auxquels on confia en même temps la direction supérieure des affaires. La reine mère, d'un caractère léger, n'entra point dans le conseil d'éducation de sa fille, qui fut remise aux soins de sa tante, la comtesse palatine de Deux-Ponts, Catherine.

L'éducation de la jeune reine se continua d'après le plan d'études qu'avait tracé pour elle son glorieux père. Douée d'une imagination extrêmement vive et d'une puissance de mémoire peu commune, elle fit les progrès les plus rapides. C'est ainsi qu'il lui fut donné d'acquérir une connaissance approfondie de l'histoire et de la géographie, du grec et du latin, et qu'Axel Oxenstiern l'initia aux règles de la politique. Elle renonça d'ailleurs à toutes les distractions de son âge, pour se livrer exclusivement à l'étude. Mais de bonne heure aussi elle manifesta ces bizarreries de conduite et d'humeur dont elle devait donner plus tard tant et de si déplorables exemples. Les vêtements de femme lui répugnaient, et elle aimait à se déguiser en homme. L'équitation et la chasse avaient beaucoup d'attraits à ses yeux, et dans les situations les plus périlleuses on ne lui voyait jamais perdre son sang-froid. Ce n'était qu'à contre-cœur qu'elle se soumettait aux usages de la cour et aux prescriptions de l'étiquette. Avec les personnes de son entourage immédiat, elle faisait preuve alternativement de familiarité et de hauteur, mais aussi de dureté et de dédain. Elle traita d'abord le chancelier Oxenstiern avec autant de déférence que s'il eût été son père; et dans le conseil elle ne tarda pas à faire preuve d'une maturité d'esprit qui frappait de surprise ses tuteurs. En 1642 on lui offrit de la déclarer majeure; mais Christine s'excusa sur sa jeunesse, encore trop grande, et ne prit les rênes de l'État qu'à l'époque de sa majorité légale, arrivée seulement deux ans plus tard. Tout aussitôt elle fit preuve d'une extrême facilité de travail et d'une fermeté inébranlable. Elle termina la guerre qui avait éclaté en 1644 entre le Danemark et la Suède, et par la paix de Bromsebroe, conclue en 1645, obtint la cession de plusieurs provinces. Ensuite, et contre l'avis d'Oxenstiern, qui espérait obtenir de plus grands avantages pour la Suède en continuant les hostilités, elle accéléra le rétablissement de la paix en Allemagne, afin de pouvoir ensuite se livrer en toute tranquillité à son goût pour les sciences et les arts.

Par ses talents, de même que par les circonstances politiques, Christine était appelée à jouer le premier rôle dans le Nord; et pendant quelque temps elle se montra sensible à une telle gloire. Elle encouragea le commerce par plusieurs sages règlements, et contribua à perfectionner les diverses institutions scientifiques et littéraires du pays. La nation portait à sa reine un attachement profond, et désirait vivement lui voir contracter un mariage qui assurât la continuité de la race du grand Gustave-Adolphe; mais les idées d'indépendance que nourrissait Christine ne s'accordaient guère avec des liens de cette nature. Plusieurs souverains se mirent sur les rangs pour obtenir sa main; on cite entre autres le roi de Danemark, qui eût voulu qu'elle épousât son fils, et l'électeur de Brandebourg, à qui, dit-on, Gustave-Adolphe l'avait destinée pour le cas où il viendrait à décéder sans laisser d'héritiers mâles. Celui qui avait le plus de chances de réussir était le propre cousin de Christine, le comte palatin de Deux-Ponts, Charles-Gustave, prince d'un noble caractère et d'un vaste savoir, dont la mère, on l'a vu, avait présidé à l'éducation de la reine, et ne négligeait rien pour faire parler le cœur de son élève en faveur de son fils. Charles-Gustave lui-même s'efforça de persuader à Christine qu'il avait de l'amour pour elle; mais la reine, tout en le berçant d'une flatteuse espérance, ne lui donna point de réponse décisive, se bornant à lui assurer que si jamais elle se mariait, ce serait lui qu'elle prendrait pour époux. Christine se décida à garder le célibat, et, en faisant connaître sa résolution à la diète en 1649, elle obtint de cette assemblée qu'elle reconnût à Charles-Gustave le titre d'héritier présomptif de la couronne, malgré l'opposition à la tête de laquelle s'était placé Axel Oxenstiern. Le prince se retira alors dans l'île d'Œland, où il vécut loin des affaires et en simple particulier jusqu'au moment où les événements le firent sortir de sa retraite.

Ce point important une fois réglé, Christine se fit couronner en grande pompe en 1650; mais on put alors remarquer un changement important dans toute sa conduite. Elle négligeait ses anciens ministres, et n'écoutait plus que les conseils de quelques favoris ambitieux, tels que Tott, le comte de La Gardie, le colonel Schlippenbach, un médecin français du nom de Bourdelat, le ministre d'Espagne près la cour de Stockholm, Steinberg, Pimentelli, etc. Les intrigues dans lesquelles l'entraînèrent de petites et misérables passions occupèrent dès lors tous ses moments, et il ne fut plus question des nobles projets dont elle se plaisait autrefois à parler. Le trésor public fut dissipé en divertissements et en dépenses de luxe, les plus hautes distinctions furent prodiguées à des individus qui en étaient tout à fait indignes; et les jalousies causées par cette distribution si peu intelligente des faveurs de la souveraine ne provoquèrent pas seulement des murmures et des plaintes, mais encore des luttes de partis. Au milieu de ces embarras, Christine manifesta un jour l'intention de résigner le pouvoir suprême; projet que ses vieux ministres, par attachement pour elle et par respect pour la mémoire de Gustave-Adolphe, combattirent avec force; Oxenstiern notamment s'exprima si vivement à ce sujet, que Christine renonça pour le moment à mettre son idée à exécution.

Ainsi rappelée au sentiment de ses devoirs, la reine apporta un peu plus de force et d'énergie dans l'exercice du pouvoir suprême, et les nuages qui assombrissaient l'atmosphère du trône furent pour quelque temps dissipés. C'est dans cette période de son règne que Christine fit preuve de plus de sympathie pour les sciences, les arts et les lettres, achetant sans cesse des tableaux, des médailles, des manuscrits, correspondant régulièrement avec plusieurs savants étrangers et en attirant même quelques-uns à sa cour. Ainsi Descartes, Grotius, Saumaise, Bochart, Vossius, Meibom, furent alors appelés à Stockholm et admis dans le cercle intime de la reine. Parmi les farces littéraires qu'elle fit exécuter, sachant allier la plaisanterie aux études les plus graves, il faut citer un ballet grec dans lequel Meibom et Naudé durent figurer en son ordre. On put remarquer aussi dès lors le peu de cas qu'elle faisait de la religion du pays. Cependant le mécontentement provoqué par son indifférence pour le bien public se répandit de proche en proche, et finit par amener des complots tramés tout autant pour se débarrasser de la reine elle-même que de ses odieux favoris; et les deux Messenius, le père et le fils, qui furent impliqués dans l'une de ces conspirations, portèrent leur tête sur l'échafaud. La reine, dont l'irrégularité de mœurs était devenue chose notoire, perdait de plus en plus de la considération qui s'attachait et à son rang et à son titre de fille de Gustave-Adolphe; et Christine avait trop de perspicacité pour ne pas le sentir. De là chez elle une aversion de plus en plus prononcée pour les soucis et les préoccupations qui accompagnent forcément l'exercice du pouvoir suprême. Une scission profonde éclata en outre dans le sein de la diète, les trois derniers ordres se prononçant avec force contre les usurpations et l'insolence du premier. La reine partageait elle-même ces sentiments de haine pour la noblesse, et en secret elle faisait tout pour les exciter. Aussi est-ce peut-être à son désir de jeter de la déconsidération sur une aristocratie orgueilleuse et intraitable, qu'usant de sa prérogative de faire des nobles à volonté, elle créa une foule de comtes, de barons et de gentils-hommes, choisissant le plus souvent les individus les moins dignes d'une pareille faveur, et à qui pourtant elle prodiguait les dotations aux dépens du trésor public et du domaine de l'État, pour leur fournir les moyens de contrebalancer l'influence exercée par la vieille noblesse.

Le mécontentement toujours croissant de la nation, le dégoût du pouvoir, et aussi l'espoir secret de briller bien plus dans les cours étrangères qu'elle ne pouvait le faire en Suède, furent autant de causes qui se réunirent pour réveiller en elle avec plus de force que jamais le désir d'abdiquer. En 1654 elle convoqua la diète du royaume à Upsal, et là elle déposa solennellement en sa présence les insignes de la royauté pour les remettre au prince Gustave, appelé à régner à sa place. Cette scène ne fut pas sans grandeur; et Christine prononça à cette occasion (6 juin 1654) quelques paroles dignes qui arrachèrent des larmes à la plus grande partie de l'assistance. Un apanage honorable fut d'ailleurs accordé à la reine par la diète. On lui attribua la propriété de la ville de Norkœping, des îles de Gothland, d'Œland, d'Œsel, de Wollin, d'Ysedom et de quelques districts de la Poméranie et du Mecklembourg, à charge de retour à la couronne après sa mort; la diète la déclara en outre complètement indépendante de toute autorité, et lui reconnut tous droits de haute et basse justice sur les gens de sa suite.

Quelques jours après Christine quittait la Suède pour se rendre à Bruxelles en traversant le Danemark et l'Allemagne. Elle fit, suivant la mode du temps, une entrée solennelle dans la capitale des Pays-Bas, et y séjourna pendant quelque temps. C'est là qu'elle abjura secrètement le protestantisme (24 décembre 1654) pour embrasser la religion catholique, à laquelle elle fit acte public et patent d'adhésion le 3 novembre de l'année suivante, à Inspruck. On a voulu expliquer cette démarche de Christine par un vœu qu'elle aurait fait pendant une grave maladie. Il est plus simple de l'attribuer à son indifférence profonde en matière de culte, et surtout à la liaison intime qui existait alors entre elle et Pimentelli. D'Inspruck elle se rendit à Rome, où elle fit encore une entrée solennelle, à cheval et en habit d'amazone. Le pape Alexandre VII lui administra alors le sacrement de la confirmation, et à cette occasion elle prit le nom de Christine-Alessandra. En 1656 elle vint en France, où elle séjourna successivement à Fontainebleau, à Compiègne, où la cour se trouvait alors, et à Paris. Bien que vivement choquée par ses mœurs et toute sa manière d'être, la société française ne put se dispenser de lui rendre justice à ses connaissances et à ses talents. Un instant Christine voulut se porter médiatrice entre la France et l'Espagne; mais Mazarin déclina cette intervention officieuse, et sut trouver un prétexte décent pour accélérer le départ de la reine.

L'année suivante, elle revint faire en France un second

séjour, auquel se rattache le souvenir d'un drame sanglant qui se passa à Fontainebleau le 10 novembre 1657. On voit que nous voulons parler de la mort du marquis de Monaldeschi, grand écuyer de la reine, et qui jusque alors avait possédé toute sa confiance, poignardé par ordre de Christine dans la galerie des Cerfs, en présence du père Lebel, et en exécution d'un jugement rendu par Christine elle-même et qui le déclarait coupable de haute trahison envers sa souveraine. La cour de France n'hésita point à faire savoir à la reine le vif déplaisir que lui avait causé cet acte de violence, et ce ne fut qu'au bout de deux mois que Christine osa se hasarder à reparaître à Paris.

Revenue à Rome en 1658, Christine y reçut de la Suède des nouvelles de plus en plus affligeantes. Son revenu n'était plus payé qu'avec une irrégularité extrême, et personne ne voulant lui avancer d'argent, il fallut, pour la tirer d'embarras, que le pape Alexandre VII lui accordât une pension de 12,000 scudi.

A la mort de Charles-Gustave (1660), la reine fit un voyage en Suède, sous prétexte de mettre ses affaires en ordre; mais on ne tarda pas à reconnaître qu'en réalité elle avait d'autres vues. Comme le prince royal était tout jeune encore, elle déclara qu'au cas où il viendrait à mourir, elle élèverait des prétentions au trône. Mais cette idée fut généralement très-mal accueillie, et on la força de signer un acte formel et explicite de renonciation. Ceci, joint à quelques autres désagréments, la détermina à s'éloigner de Stockholm. Elle s'en revint pourtant encore une seconde fois en Suède; mais ayant appris qu'on ne lui accorderait pas cette fois le libre exercice de son culte, elle ne poussa point jusqu'à la capitale, rebroussa chemin et retourna à Hambourg. A cette époque aussi elle se mit sur les rangs pour la couronne de Pologne; mais les Polonais ne firent aucunement attention à sa candidature. C'est alors qu'elle alla s'établir d'une manière définitive à Rome, pour ne plus s'occuper désormais que de sciences, de littérature et de beaux-arts. Elle fonda une académie nouvelle, réunit de précieuses collections de manuscrits, de médailles et de tableaux, et mourut le 19 avril 1669, à l'âge de cinquante-neuf ans, après avoir éprouvé encore de bien vives contrariétés. Elle fut ensevelie dans l'église Saint-Pierre, où le pape lui fit élever un monument avec une longue inscription. Elle institua pour principal héritier le cardinal Azzolini, son intendant. Le pape Alexandre VIII acheta sa bibliothèque; Odescalchi, neveu d'Innocent IX, ses tableaux et ses antiques; et le duc d'Orléans, en 1722, une autre partie de sa galerie.

La vie de Christine est une suite de disparités et de contradictions. D'un côté on voit de l'orgueil, de la grandeur d'âme, de la franchise, de la bonté de cœur; de l'autre, de la vanité, de la dureté, de la cupidité et de la dissimulation. Sa connaissance du cœur humain et du monde, sa prudence, sa sagacité et son intelligente pénétration ne la préservèrent pas des plans les plus insensés, des rêves astrologiques et alchimistes, ainsi que d'autres chimères du même genre. Elle a laissé quelques opuscules, qui réfléchissent assez exactement son caractère et sa manière de voir. Arckenholz les a en grande partie réunis dans ses *Mémoires de la reine Christine* (4 vol.; Berlin, 1751-1760). L'authenticité des lettres qui furent publiées sous son nom en 1762 n'est rien moins que démontrée.

CHRISTINE, reine régente d'Espagne. *Voyez* MARIE-CHRISTINE.

CHRISTINE DE PISAN naquit à Venise, vers 1363. Son père, *Thomas* DE PISAN, conseiller de la république, homme fort instruit pour son époque, fut appelé en France, en qualité d'astrologue, par Charles V, qui lui donna une place dans son conseil, et lui facilita les moyens de faire venir sa famille à Paris. Christine avait cinq ans lorsqu'elle arriva, en 1368, au château du Louvre, avec sa mère. Par sympathie, le génie du père reconnut celui de la fille, et il cultiva précieusement ces étincelles d'un feu si pur. Christine était belle, et elle grandissait en beauté comme en esprit. L'histoire ne dit pas les noms de tous les preux qui brûlèrent du désir de se dévouer à son servage; elle dit seulement qu'ils furent nombreux, et qu'un jeune damoisel de Picardie, de haute naissance et probité, obtint son cœur et sa main; il se nommait Étienne du Castel; son vaste savoir lui mérita la charge de notaire et de secrétaire du roi. Mais le souffle du malheur devait bientôt flétrir ces deux jeunes existences, qui s'épanouissaient si heureuses. Charles V meurt, et l'on plonge avec lui la sagesse au tombeau. Thomas de Pisan, déchu de son crédit, meurt à son tour : son existence avait été brisée par le chagrin; mais Étienne du Castel était encore là pour servir d'appui à sa famille et prendre sa part de la douleur de Christine. Bientôt, atteint lui-même d'une maladie contagieuse, il renfonce en vain ses souffrances au fond de son cœur, pour les dérober aux regards de sa bien-aimée : la mort arrive, il la sent et veut voir encore Christine, mais ses yeux étaient devenus grands et fixes; sa langue, morte déjà, ne pouvait plus parler; son corps retomba, il était mort.

Voilà donc la pauvre Christine veuve à vingt-cinq ans, avec trois enfants. Elle passa les premières années de son veuvage à la poursuite de divers procès, et, après avoir couru de tribunal en tribunal, sans obtenir justice, fatiguée d'une vie si contraire à ses goûts, elle ne chercha plus de consolation que dans la lecture des livres que son père et son mari lui avaient laissés, et se mit elle-même à en composer. Ses premiers écrits furent ce qu'elle appelle de petits *dictiez*, des poésies légères, des ballades, des lais, des virelais, des rondeaux. Bientôt ensuite ses malheurs : sa pensée forte perça l'enveloppe du vieux langage, et sa réputation s'étendit tellement que le favori du roi d'Angleterre, le comte de Salisbury, tînt à honneur de protéger la veuve dans son fils. Le malheur est doué d'une faculté attractive, il traîne toujours après lui son cortège de malheurs. Cette dernière lueur de secours s'éteignit pour Christine : Henri de Lancastre détrôna Richard, et fit décapiter Salisbury. Alors la fille de Pisan, renonçant aux offres avantageuses du duc de Milan et de l'usurpateur anglais, aidée d'une pension tardive que lui accorda le roi de France, en 1411, se mit à écrire pour soulager sa mère âgée, son fils sans emploi et de pauvres parents. Bien lui en prit; car elle nous a légué plus de quinze volumes de vers et de prose, qui sont autant de monuments littéraires. On ignore quand mourut cette belle et noble femme, aussi célèbre par ses malheurs que par ses pures et suaves inspirations.

Théodore LE MOINE.

CHRISTINOS. C'est le nom qu'on donna en Espagne à l'époque de la régence de la reine Marie-Christine, veuve du roi Ferdinand VII et mère de la reine actuelle, Isabelle II, aux partisans de cette princesse ou plutôt du progrès et d'une réforme politique. Ils avaient pour adversaires les carlistes, partisans de don Carlos.

CHRISTOFLE. *Voyez* CHRISTOPLE (Saint).

CHRISTOLOGIE. Comme l'indique l'étymologie (Χριστός, Christ, et λόγος, discours), ce mot sert à désigner la doctrine relative au Christ comme Messie; doctrine qui constitue aujourd'hui dans l'Allemagne protestante une des parties de la dogmatique et de l'histoire du dogme qui sont l'objet des plus profondes investigations.

CHRISTOLYTES (du grec Χριστός, Christ, et λύω, je sépare), nom d'une secte d'hérétiques du sixième siècle, qui séparaient la divinité de Jésus-Christ d'avec son humanité, et soutenaient que le fils de Dieu en ressuscitant avait laissé aux enfers son corps et son âme, et qu'il n'était monté au ciel qu'avec sa divinité. Saint Jean Damascène est le seul auteur ancien qui parle de cette secte.

CHRISTOMAQUES (de Χριστός, Christ, et μάχομαι, combattre). Les chrétiens primitifs appelaient ainsi les héreliques qui niaient la personne ou la nature du Christ.

CHRISTOPHE (Saint), ou mieux CHRISTOPHORE, c'est-à-dire *celui qui porte le Christ*, appelé aussi *le grand saint Christophe* ou *Christofle*, saint de l'Église grecque et de l'Église romaine, dont la vie est demeurée complètement inconnue. Suivant la légende, Christophe, dont le véritable nom était *Rebropus* ou *Adocymos*, était un homme originaire de la Palestine, de la Syrie ou de la Lycie, d'une grandeur et d'une force corporelles tout à fait extraordinaires. Il n'avait pas moins de quatre mètres de haut. Plein du sentiment de sa force, Christophe était bien décidé à ne jamais servir que le maître le plus puissant. Il entra au service d'un prince qui passait pour le plus grand de son époque; mais il ne tarda pas à s'apercevoir que ce prince avait peur du diable; et aussitôt Christophe de s'en aller offrir ses services au diable. Il rencontra un jour avec lui dans la forêt une image du Christ, et à cette vue le diable s'étant éloigné, saisi de frayeur, Christophe reconnut à ce signe que Dieu était de tous les êtres le plus puissant, et résolut dès lors de se consacrer à son service. Après avoir pendant longtemps cherché inutilement le Christ, il arriva enfin chez un ermite, saint Babylas, au dire de quelques-uns, des mains de qui il reçut le baptême chrétien. Les pénitences ordinaires n'étaient rien aux yeux de Christophe; aussi lui fut-il imposé comme pénitence de transporter sur ses épaules des pèlerins d'un bord à l'autre d'un cours d'eau sur lequel il n'y avait point de pont. Un enfant se présenta un jour sur la rive. Christophe le prit aussitôt sur ses épaules; mais à quelques instants plaît sous cette charge : cet enfant n'était autre que le Christ en personne, et pour le lui prouver il ordonna à Christophe d'enfoncer dans la terre son grand bâton. Christophe fit ce qui lui avait été dit, et dès le lendemain bâton était couvert de feuilles et portait des dattes. En même temps que ce miracle déterminait plusieurs milliers d'individus à se convertir au christianisme, il était cause que Christophe souffrait la mort des martyrs.

Un certain Dagnus, qui remplissait les fonctions de tétrarque ou de préfet en cet endroit sous l'empereur Dèce, pour dépouiller aux yeux du peuple Christophe de sa force miraculeuse, et prouver qu'il n'était qu'un pêcheur ordinaire, le fit arrêter et jeter en prison. Mais dans cette prison Christophe résista à toutes les séductions qu'on employa pour le faire renoncer au Christ, même à celles de la volupté. Alors on le flagella avec des verges enflammées et on le lia sur un siège brûlant. Christophe n'eut seulement pas l'air de s'en apercevoir. On dirigea contre lui plusieurs milliers de flèches empoisonnées; mais ces flèches, arrivées près de lui, se retournaient et s'en allaient frapper ceux qui les lançaient; il y en eut même une qui creva l'œil au préfet. Christophe consola ce fonctionnaire du malheur qui lui arrivait, et présenta spontanément sa tête au bourreau, afin que son sang rendît la vue à Dagnus. Il fut fait comme il désirait, et le tétrarque, reconnaissant à ce miracle la puissance de la foi nouvelle, se fit baptiser, lui et toute sa famille. Beaucoup de païens suivirent cet exemple : Nicea et Aquilina elles-mêmes, les deux courtisanes envoyées pour le séduire, se firent chrétiennes, et périrent dans les tourments.

Les actes de son martyre sont très-célèbres. On voit par les bréviaires anciens et les vieux missels que son culte était jadis fort répandu. En 1386, un certain Henri fit bâtir sur l'Apennin, et sous son invocation, un hospice semblable à celui du mont Saint-Bernard. Un grand nombre d'églises, de monastères et de couvents s'élevèrent aussi en son honneur. Sa statue colossale ornait jadis le portail des cathédrales, celui de Notre-Dame de Paris entre autres. Il est représenté à Séville dans une magnifique fresque d'Alesio.

L'Église d'Orient célèbre la fête de ce saint le 9 mai, et celle d'Occident le 23 août; on a recours à son intercession surtout dans les temps de peste et d'épidémie. On l'invoque aussi à l'occasion des tremblements de terre et pour chasser les esprits qui veillent sur des trésors cachés : on appelle prière de *saint Christophe* la formule d'invocation en usage dans ces occasions-là.

Saint Christophe est le patron d'un ordre de tempérance qui se fonda en 1517 en Autriche et dans les contrées voisines, à l'effet de mettre des bornes aux habitudes d'ivrognerie des populations et de les empêcher de jurer aussi souvent par le saint nom de Dieu. Aujourd'hui encore on expose dans beaucoup d'endroits, notamment en Espagne, des reliques de saint Christophe à la vénération des fidèles.

CHRISTOPHE (Ile SAINT-). *Voyez* SAINT-CHRISTOPHE.

CHRISTOPHE, antipape en 903, naquit à Rome, devint chapelain de Léon V, le fit jeter en prison et assassiner, puis réussit à se faire sacrer à sa place sans élection. Mais, chassé bientôt du trône pontifical, il fut remplacé en 904 par Sergius III.

CHRISTOPHE, surnommé *le Batailleur*, duc de Bavière, fils d'Albert III, né le 5 juin 1449, montra dès sa jeunesse plus de dispositions pour l'escrime, la chasse, les tournois et les courses, que pour l'étude et la culture des sciences. Son frère Albert, à la mort de leur père, s'étant emparé de la puissance souveraine, et ne lui ayant laissé pour tout lot dans l'héritage paternel que quelques terres et châteaux, il chercha à faire valoir par la force ses prétentions à partager avec lui l'exercice du pouvoir suprême. Il réunit à cet effet autour de lui tout ce qu'il y avait de mécontents dans le pays, et forma avec eux, sous le nom de Société *de la Licorne*, une association destinée à faire valoir ses droits. Mais Albert, tombant un jour à l'improviste sur les membres de cette bande, les châtia sévèrement, mit fin à leurs menées, et, en 1459, décida son frère à lui abandonner pendant cinq ans, moyennant une pension annuelle de 3,000 écus, sa part d'autorité souveraine. De nouveaux soupçons provoqués par les discours imprudents que tenait Christophe déterminèrent son frère, en 1471, à s'emparer de sa personne et à le retenir prisonnier dans la vieille forteresse de Munich. L'un des compagnons d'armes de Christophe, le comte palatin Othon de Neumarck, essaya vainement, à la tête de cent chevaliers, de le délivrer. L'intervention des états de Bavière put seule le faire sortir de prison, au bout de dix-neuf mois de captivité. Après avoir encore une fois tenté tout aussi inutilement de provoquer une révolte contre son frère, il conclut avec lui, en 1475, une transaction par laquelle il renonça, moyennant certains avantages, à toutes réclamations ultérieures pendant dix années, et à partir de ce moment il se tint tranquille.

Après avoir acquis un grand renom dans l'armée de Hongrie et dans la guerre de Flandre, Christophe s'enrôla dans l'armée du duc Georges de Bavière-Landshut, qui allait secourir l'empereur Maximilien contre les Hongrois. Ce fut lui qui le premier monta à l'assaut de Stuhlweissenburg, et qui ouvrit à l'empereur les portes de cette place. Le surnom de *Batailleur* donné à Christophe n'eût pas été suffisamment justifié peut-être, si l'histoire de ses luttes et de ses querelles, de ses batailles et de ses combats s'arrêtait ici. L'expiration du délai de dix ans fixé pour la durée du compromis conclu en 1475 avec son frère lui fournit de multiples prétextes de reprendre de plus belle ses habitudes de *condottiere*. Plus tard, fatigué de la vie si agitée qu'il avait menée jusque alors, il partit pour la Palestine en compagnie de plusieurs princes et gentils-hommes. Il finit cependant par se réconcilier avec son frère Albert, qu'il institua même pour héritier, et mourut à Rhodes, le 15 août 1493, à son retour de la Terre Sainte.

CHRISTOPHE, duc de Wurtemberg, le législateur civil et religieux de ce pays, né le 12 mai 1515, était l'unique fils du duc Ulrich de Wurtemberg. Celui-ci, homme loyal, mais dur, ayant provoqué par ses violences le ressentiment de la puissante confédération des villes de Souabe, fut chassé du pays, et réduit à la nécessité de confier ses deux enfants, Christophe et Anne sa sœur, au dévouement de la garnison de Tubingen. Lorsque cette place fut obligée de capituler, les jeunes princes tombèrent au pouvoir des ennemis de leur père, et tous les efforts de la mère de Christophe, la princesse Sabine de Bavière, pour sauver l'héritage de son fils, furent superflus. On ne lui accorda qu'une pension, puis, après une seconde et inutile tentative du duc Ulrich pour rentrer dans ses domaines, Charles-Quint se les adjugea pour s'indemniser des frais de la guerre.

Christophe, qui n'avait pas encore cinq ans, fut conduit à Inspruck, et plus tard à Neustadt, près de Vienne, pour être élevé à la cour impériale. En 1529, lors du siége de Vienne par Soliman, il faillit être fait prisonnier par les Turcs.

L'empereur, qui l'avait pris en affection, l'emmena dans tous ses voyages, notamment à la diète de l'Empire, tenue à Augsbourg en 1530, où il rencontra ses oncles maternels, le duc de Bavière et le landgrave Philippe de Hesse, qui le renseignèrent parfaitement sur ses droits. Voyant alors, à cette même diète, sa principauté héréditaire solennellement octroyée à titre de fief au frère de l'empereur, Ferdinand, et apprenant qu'il allait être contraint d'accompagner de nouveau l'empereur en Italie et en Espagne, peut-être bien pour y être enseveli à jamais avec ses prétentions dans quelque cloître, le jeune prince prit la résolution de s'échapper, réussit à gagner les frontières de l'Italie, et, après une course des plus aventureuses, à se réfugier dans un asile, où il resta longtemps caché. De là, avec la permission de son père et l'appui d'un bon nombre de princes allemands et étrangers, il présenta, d'abord par écrit, mais plus tard personnellement, à la diète impériale qui se tint à Augsbourg en 1533, ses si justes réclamations contre la puissante maison d'Autriche. L'empereur refusa absolument d'y faire droit; mais le père de Christophe rentra en Wurtemberg, cette fois, grâce à l'assistance du landgrave Philippe de Hesse et à un avantage signalé qu'il remporta sur les troupes impériales, le 13 mai 1534, à Laufen, il se remit en possession de son duché, qu'il consentit toutefois à tenir à titre d'arrière-fief de l'Empire. Christophe rejoignit aussitôt son père; mais, par suite d'injustes soupçons que celui-ci conçut à son égard, il alla prendre du service chez le roi de France, à la cour duquel il séjourna huit années. Rappelé à ce moment par son père, il épousa en 1544 la princesse Anne-Marie d'Ansbach, et vint alors s'établir à Montbéliard.

En 1546, lors de la ligue de Smalkalde, le duc Ulrich ayant pris parti contre l'empereur Charles-Quint, fut accusé de félonie par Ferdinand, qui fit saisir son duché comme arrière-fief autrichien tombé en forfaiture. Le procès était déjà engagé, lorsque le duc Ulrich mourut, le 26 novembre 1550. Christophe saisit aussitôt les rênes du gouvernement; mais le procès n'en continua pas moins, jusqu'à ce que le traité de Passau, conclu à la suite des victoires remportées par l'électeur de Saxe sur les armées impériales, mit toute cette procédure à néant. Il adjugea en effet définitivement le Wurtemberg à Christophe et à ses héritiers mâles, à titre d'arrière-fief impérial, et sous la condition d'acquitter 250,000 florins de droits d'investiture. De cette époque date sa bienfaisante influence sur cette contrée. Convoquant aussitôt les états, il mit ordre aux finances, fonda, par sa *Coutume de Wurtemberg*, une organisation et une distribution régulière de la justice, et améliora l'administration. Son zèle pour le bien-être et la prospérité du Wurtemberg ne lui fit cependant pas perdre de vue les intérêts de la grande patrie allemande, non plus que les affaires de l'Église protestante; il insista vivement auprès de l'empereur pour la conclusion d'un traité de paix religieuse universelle,

traité qui, grâce à son active intervention, fut enfin conclu à Augsbourg, en 1555, précisément au moment où les affaires prenaient la plus sombre tournure. Les protestants des autres contrées, par exemple de l'Autriche, du Frioul et du canton des Grisons, ainsi que les Vaudois de France, trouvèrent en lui un défenseur aussi zélé que courageux. S'il confisqua les biens immenses que le clergé possédait autrefois dans le Wurtemberg, ce fut pour ordonner que les revenus en fussent désormais appliqués à diverses institutions de bienfaisance et d'utilité générale. Pour qu'elle répondit mieux aux besoins des peuples, il soumit préalablement sa *Coutume de Wurtemberg* à la discussion des états. Aussi fut-il sincèrement aimé de ses sujets et de tous ses coréligionnaires, et obtint-il même l'estime des catholiques. Christophe mourut le 28 décembre 1568. Sa lignée s'éteignit en la personne du dernier de ses fils, Louis. L'aîné, Eberhard, était mort à l'âge de vingt-quatre ans, à la suite d'excès de tout genre.

CHRISTOPHE (Henri), roi d'Haïti, créole noir de la Grenade, né le 6 octobre 1767, était esclave à Saint-Domingue lorsque les nègres s'insurgèrent contre leurs maîtres, en 1791. Il suivit à Santo-Domingo Toussaint-Louverture, que les Espagnols, qui donnaient les mains à la révolte, avaient nommé lieutenant-colonel. Lorsqu'en 1794 celui-ci, cédant aux instances du général Lavaux, eut passé au service de la France avec le titre de généralissime des troupes noires, Christophe, devenu chef de brigade, contribua par son courage à chasser les Espagnols et les Anglais de Saint-Domingue. Sa conduite engagea même les principaux officiers noirs à demander pour lui, qui ne sollicitait rien, le grade de général. Mais après l'arrivée de l'expédition sous les ordres du général Leclerc, Christophe dut faire sa soumission, ainsi que le généralissime lui-même.

Cependant l'armée française était presque anéantie par les nègres et par la fièvre jaune. Le général Leclerc succombait lui-même, et Rochambeau, son successeur, était forcé d'évacuer l'île. Alors le noir Dessalines s'empara du pouvoir, et se fit proclamer empereur sous le nom de Jacques Ier; mais il se rendit odieux par sa tyrannie, par ses cruautés, et une conspiration mit fin à ses jours, en 1806. Bien que Christophe eût été un des principaux chefs de cet atroce gouvernement, l'histoire ne lui attribue aucune part dans les actes de barbarie dont se souilla Dessalines. Trois jours après, les généraux noirs appelaient Christophe à régner provisoirement sous le titre de président et de généralissime. Mais le mulâtre Pétion, ancien lieutenant de Dessalines, s'empara d'une autre partie de l'île, et les deux compétiteurs en vinrent bientôt aux mains. Christophe commandait dans les districts septentrionaux, Pétion dans ceux de l'ouest et du sud.

Les choses en étaient là, lorsqu'en 1811 Christophe, dans le but d'affermir son autorité, prit le titre de roi. Une constitution nouvelle fut promulguée; elle établit le pouvoir royal dans sa famille, et décréta la fondation d'une noblesse héréditaire. Aidé et protégé par l'Angleterre, il régna despotiquement mais non sans gloire. Il fonda un collège royal au Cap, des écoles d'enseignement mutuel dans tous les bourgs, sept châteaux et neuf palais. En 1812 un traité entre les deux États d'Haïti mit fin à une guerre qui durait depuis cinq ans. La paix régna jusqu'en 1814. Mais les grands événements qui se passèrent à cette époque en Europe durent réagir sur l'île. Le retour des Bourbons inspira aux colons réfugiés l'espoir de recouvrer leurs propriétés, et au mois de juin quatre commissaires partaient pour aller intimer à Christophe et à Pétion l'ordre de reconnaître la suzeraineté de la France. Tous deux ayant repoussé cette injonction, une expédition se prépara à mettre à la voile au printemps de 1815; mais le retour de Napoléon de l'île d'Elbe déjoua ce projet. A la seconde restauration, de nouveaux commissaires arrivaient à Haïti, où ils n'étaient pas mieux reçus que les premiers.

Cependant, Pétion était mort en 1818. Dès le mois de juillet 1820 quelques mouvements insurrectionnels éclataient dans les États de Christophe. Les conspirateurs voulaient abolir la royauté et se constituer en république, comme leurs frères de l'autre partie de l'île. Henri 1er avait donné l'ordre de dégrader un colonel de la garnison de Saint-Marc : ses soldats tuèrent leur général et le nouveau colonel, et envoyèrent leurs têtes à Boyer, successeur de Pétion. Le roi fit marcher douze cents hommes contre les rebelles; mais ils se déclarèrent contre lui, et sa garde suivit leur exemple. A cette nouvelle, Christophe se tire un coup de pistolet dans le cœur. C'était le 8 octobre 1820. De ses deux fils, l'aîné, *Ferdinand*, avait été confié aux autorités françaises lors de la soumission de Christophe au général Leclerc : embarqué comme otage, il était allé mourir en France dans un hôpital. Le second, *Jacques-Victor-Henri*, fut massacré par les insurgés, lors de la prise du fort de La Ferrière, quelques jours après la mort de son père.

La veuve de Christophe, jadis la reine *Marie-Louise*, quitta cette terre, où le nom qu'elle portait était en exécration, mais où cependant on lui avait assuré une pension modeste. Elle passa en Angleterre; puis, après avoir visité l'Allemagne et l'Italie, alla se fixer à Pise, où elle vit encore aujourd'hui avec une de ses filles dans la retraite et les pratiques de la religion. E. G. DE MONGLAVE.

CHRISTOPHORE (Saint). *Voyez* CHRISTOPHE (Saint).

CHRISTOPOULOS (ATHANASE), l'Anacréon de la Grèce moderne, naquit vers 1771, à Kastoria en Macédoine, passa la plus grande partie de sa vie à Constantinople, et en fréquentant les Grecs du Fanar s'assimila leur dialecte en même temps que leurs idées de la vie.

Son activité littéraire fut des plus diverses. Il composa, par exemple, une grammaire de la langue grecque vulgaire (Vienne, 1804), dans laquelle il établissait que le grec moderne n'est autre que le dialecte éolien-dorique du grec ancien, opinion confirmée par des travaux philologiques plus récents. Il écrivit aussi des drames, et traduisit notamment l'*Iliade* en grec moderne (non encore imprimée); mais ses principales productions sont des poésies érotiques et bachiques, pour lesquelles il prit Anacréon comme modèle, sans l'imiter servilement. Ces poésies popularisèrent son nom parmi les Grecs. Elles charment par leur style railleur et léger, par la mélodieuse facilité du vers, par l'admirable coloris de la langue, par leur ton naïf et aimable, par la manière tendre et gracieuse, mais quelquefois aussi un peu frivole, dont il traite ses sujets. Elles obtinrent l'honneur d'être traduites dans quelques langues étrangères, excepté Christopoulos, à l'instar d'Anacréon, soit, à bien dire, intraduisible. Les poésies de Christopoulos ont paru avec une traduction française en regard, sous le titre de : *Poésies lyriques publiées et corrigées par Théocaropoulos* (Strasbourg, 1831; Paris, 1832).

CHRODEGANG, évêque de Metz, mort en 766, établit à l'usage des prêtres de son diocèse, vers l'an 760, et à l'instar de celle qu'avait rédigée autrefois saint Augustin, une règle formelle de vie, en grec κανών, d'où ceux qui la suivirent furent appelés *canonici*, chanoines. Il passe en effet pour le fondateur de cette institution.

CHROMATE, sel résultant de la combinaison de l'acide chromique et d'une base. On rencontre certains chromates dans la nature : tels sont le *chromate rouge de plomb*, ou *crocoïse*, et le *chromate vert de plomb et de cuivre*, ou *vauquelinite*. Quant au *chromate de fer natif*, il est généralement considéré aujourd'hui, non pas comme un sel métallique, mais comme du fer chromé. Le premier gîte connu de ce minerai a été le département du Var; depuis on l'a rencontré dans plusieurs autres localités, tant en France qu'à l'étranger; c'est aujourd'hui des États-Unis que nous tirons la plus grande partie du chromate de fer employé dans les arts, et dont on extrait l'acide chromique, pour l'engager dans de nouvelles combinaisons, qui procurent les plus belles et les plus solides couleurs en peinture, et même pour la teinturerie.

Parmi ceux de ces sels qu'on prépare dans les laboratoires, on distingue le *chromate de potasse*, qui est employé dans la fabrique des toiles peintes : c'est l'ingrédient de ces beaux jaunes éclatants connus sous le nom de *jaunes aladins*. Par voie de double décomposition, le chromate de potasse fournit, avec l'acétate de plomb, le plomb rouge de Sibérie artificiel. On prépare par d'autres moyens chimiques le *chromate de mercure*, dont on tire par une simple décomposition l'*oxyde vert de chrôme*. PELOUZE père.

CHROMATIQUE, adjectif pris quelquefois substantivement; genre de musique procédant par plusieurs demi-tons consécutifs. Ce mot vient du grec χρώμα, qui signifie couleur, soit parce que les Grecs marquaient ce genre par des caractères rouges ou diversement colorés, soit, disent certains auteurs, parce que le genre chromatique est moyen entre les deux autres, comme la couleur est moyenne entre le blanc et le noir; ou, selon d'autres, parce que ce genre varie et embellit le diatonique par ses demi-tons, qui font dans la musique le même effet que la variété des couleurs produit en peinture.

On appelle *basse chromatique* et *gamme chromatique*, une marche d'harmonie qui procède par demi-tons dans le grave et une gamme qui s'élève ou descend par demi-tons.
CASTIL-BLAZE.

CHROMATROPE (de χρῶμα, couleur, et τρόπέω, je change). C'est le nom d'un appareil à l'aide duquel on produit sur une surface blanche (une muraille, par exemple) de superbes changements de couleurs en figures, rosettes, étoiles, etc. On les obtient par une préparation fort simple, qui d'ordinaire se laisse attacher à un microscope à gaz. On fait tomber la lumière sur deux ronds de verre pourvus de figures coloriées et pouvant tourner avec des vitesses différentes autour du même axe, et on reçoit sur un plan blanc la figure colorée de ces verres formée par une lentille. Si l'on tourne les verres avec une vitesse différente dans la même direction ou dans une direction opposée, il en résulte sur la muraille les transformations de couleurs les plus multiples, parce que les parties diversement colorées des verres qui se couvrent varient à chaque instant. La beauté et l'éclat de ce phénomène dépendent de la beauté et de la transparence des couleurs et aussi de l'intensité de la lumière. On augmente la diversité des changements en mettant un plus grand nombre de verres.

CHROME. En 1797 Vauquelin découvrit que la substance connue sous le nom de *plomb rouge de Sibérie* devait la superbe couleur qui la caractérise à la présence d'un métal jusque alors inconnu, que lui-même et d'autres chimistes ont depuis rencontré dans plusieurs minéraux, notamment dans la topaze, où il est associé à un autre minéral remarquable, objet des nombreuses découvertes de notre illustre compatriote, le *glucyne*. Vauquelin imposa le nom de *chrome* (de χρῶμα, couleur) à son métal nouveau, à raison de l'aptitude qu'il manifeste pour teindre toutes les substances avec lesquelles il entre en combinaison. On ne connaît jusque ici aucun emploi direct du chrome, dont la réduction est d'ailleurs difficile; mais les combinaisons de ce métal remarquable sont susceptibles des plus utiles applications (*voyez* CHROMATE).

Le chrome n'a encore été obtenu qu'en fragments informes, simplement agglutinés par l'effet d'une haute température. Cette masse est d'un gris blanchâtre, excessivement dure, très-fragile, très-infusible, difficile à oxyder. Il ne paraît pas que le chrome décompose l'eau. Il n'est attaqué ni par l'acide sulfurique ni par l'acide chlorhydrique; il est changé d'abord en oxyde vert, et ensuite en un acide rouge par l'acide nitrique, dans lequel on l'expose pendant longtemps à la température de l'eau bouillante. Il existe deux degrés d'oxydation du chrome : 1° le *protoxyde de chrôme*, pulvérulent et d'un beau vert d'herbe quand il a été obtenu par la calcination du chromate de mercure; 2° l'*acide chromique*. Le premier de ces composés est généralement employé aujourd'hui pour la coloration des pierres précieuses artificielles, des émaux, et pour la peinture sur porcelaine. PELOUZE père.

CHROMIQUE (Acide). Cet acide très-puissant, formé de 100 parties de chrome et de 85,27 d'oxygène, est soluble dans l'eau et l'alcool. Il est d'un beau rouge rubis. Il se décompose sous l'influence de la lumière; car un linge imbibé d'acide chromique se colore en vert au contact des rayons du soleil. L'acide sulfurique faible se combine avec l'acide chromique, équivalent à équivalent; le composé qui en résulte est rouge, et cristallise en petits prismes quadrangulaires déliquescents, qui dans l'alcool absolu donnent naissance à une réaction violente, souvent accompagnée d'explosion. Les produits qui en résultent sont de l'éther et du protoxyde de chrome.

CHRONIQUES, histoires générales ou particulières rédigées par époques. Quelques-unes des chroniques universelles que nous a laissées l'antiquité et le moyen âge ont de l'importance, parce qu'elles furent rédigées d'après des ouvrages qui se sont perdus depuis, par exemple la chronique d'Eusèbe, que saint Jérôme traduisit en latin au quatrième siècle et que d'autres continuèrent, et celle de Prosper d'Aquitaine, qui se rattache à la première, et dont la continuation va jusqu'à l'an 455. D'autres chroniques, au contraire, ne sont que de maigres extraits d'anciens ouvrages encore existants aujourd'hui, et n'ont dès lors presque point de valeur; telles sont les compilations de Cassiodore, de Jordanès, etc.; ou bien elles n'acquièrent d'importance que lorsqu'elles traitent de l'époque où vécut l'auteur, par exemple les chroniques de Régino de Prum (jusqu'en 915), d'Hermannus de Reichenau (jusqu'en 1054), de Marianus Scotus, etc.

Les plus anciennes chroniques en langue allemande sont les chroniques de Rodolphe d'Ems et de Jansen Enenkel, toutes deux rédigées en forme de poëmes et commentées par leurs auteurs, vers 1250. Le nombre des chroniques de pays, de peuples et de princes, fut très-considérable au moyen âge, ainsi que les chroniques locales. On se tromperait cependant en rangeant dans cette dernière catégorie, par exemple, le *Chronicon Ecclesiæ Hammaburgensis* d'Adam de Brême, le *Chronicon Merseburgensæ* de Dietmar, etc. Les chroniques locales postérieures, du seizième et du dix-septième siècle, dont il existe une foule en Allemagne, et qui ont trait non pas seulement à des villes, mais à de simples villages, remontent fréquemment sinon à Adam, tout au moins à Noé, les auteurs suppléant à l'absence de matériaux en y mêlant des traditions qui n'ont pas le moindre rapport avec l'histoire du pays. C'est là un défaut dont ne sont même pas exemptes les chroniques locales de l'époque la plus récente.

Ce reproche s'applique spécialement aux auteurs des vieilles chroniques françaises. « Elles sont, dit l'auteur du *Traité de l'Opinion*, de pitoyables romans farcis de fables... » Le nom de romans se donnait autrefois aux histoires; il s'applique depuis aux fictions, ce qui conduit à croire que les uns et les autres ont eu les mêmes sources. Après que les nations farouches du Nord eurent porté partout leur ignorance et leur barbarie, les historiens dégénérèrent en romanciers. Les faits incroyables et les aventures merveilleuses passèrent pour le sublime de l'histoire... » L'auteur cite ensuite Hunibald, qui fait descendre les Francs de Francus, fils de Priam; il s'arrête à l'an 511, époque de la mort de Clovis. Beauvoir, Trithème, et Mouchy nous donnent également une origine troyenne. Grégoire de Tours, auteur presque contemporain, fait aussi arriver ce Francus, fils de Priam, en Pannonie, d'où il fait partir la colonie de Francs qui vint s'établir dans la Gaule. Grégoire de Tours a mêlé beaucoup de fables à des faits vrais. Son engouement pour Clovis s'explique par les préjugés de l'époque et la position de l'auteur, qui était évêque. Il appelle ce chef premier roi chrétien, et il ne pouvait ignorer que près d'un siècle avant l'arrivée des Francs dans les Gaules, le roi de Bourgogne et d'autres étaient chrétiens. Le clergé avait alors besoin d'appui, et les prélats favorisèrent de toute leur influence les projets d'un chef audacieux, pour qui tous les moyens étaient bons, même les crimes les plus odieux, dès qu'ils pouvaient servir son ambition. Frédégaire renchérit encore sur la fable de Hunibald; il ne se contente pas de donner aux Francs une origine troyenne, il raconte sérieusement que Mérovée naquit d'un dieu marin et de la reine épouse de Clodion. Au milieu d'un fatras de contes plus ou moins absurdes, surnagent des faits importants, au sujet desquels cet auteur peut être utilement consulté, notamment depuis la mort de Chilpéric Ier jusqu'à la quatrième année du règne de Clovis II. Il faut du moins lui rendre cette justice qu'il a été fidèle à la vérité historique pour tous les faits dont il a été ou pu être témoin; les autres ne sont qu'une répétition de l'ouvrage de Grégoire de Tours. Il a eu trois continuateurs, qui ne méritent aucune confiance, et c'est à ces arides et monotones romanciers que doivent s'appliquer en grande partie les reproches que les critiques adressent à Frédégaire.

Un intervalle immense sépare Eginhard des nombreux annalistes qui l'avaient précédé. Recommandé par Alcuin, son professeur, à Charlemagne, il devint le secrétaire de ce prince, qui en fit son gendre en le mariant à la princesse Imma, sa fille bien aimée. Eginhard avait été élevé à la cour de Charlemagne, il avait toute la confiance de ce prince, et s'en montra toujours digne. L'œuvre historique d'Eginhard se divise en trois parties; 1° la *Vie de Charlemagne* : l'auteur retrace les exploits militaires du héros, les mœurs, les vertus, les talents, et même les erreurs et les fautes de l'empereur; il le suit dans les moindres détails de la vie politique et privée; 2° les *Annales*, qui embrassent une période de quatre-vingt-sept ans, à compter du règne de Pepin, 741; 3° ses *Lettres*, au nombre de 62. Eginhard n'a écrit qu'après la mort de Charlemagne. Les derniers ouvrages qu'il composa dans la retraite consistent dans un récit de la translation des saints, Pierre et Marcellin, exorcistes; un poëme en l'honneur des mêmes saints, et un abrégé chronologique depuis la création du monde jusqu'à la quatrième année du règne de Charlemagne.

Dans les siècles suivants, on peut consulter avec quelque avantage sur quelques faits confondus dans des légendes ecclésiastiques et dans des controverses de théologie, Hincmar, archevêque de Reims, Flodoard, chanoine de cette métropole, Yves de Chartres et Marculfe. Ce dernier offre de précieux documents sur les institutions, les coutumes, qui régissaient la France. Après avoir exploré avec une courageuse patience la longue série des autres annalistes, tous ecclésiastiques, on est surpris de l'inconcevable légèreté avec laquelle la plupart donnent pour des vérités les plus absurdes mensonges. Il ne faut, à quelques exceptions près, lire qu'avec une extrême circonspection les chroniques publiées avant le quatorzième siècle, et dont l'exemple a été contagieux pour quelques chroniqueurs postérieurs à cette dernière époque. Guillaume du Bellay s'en plaint dans sa préface : « J'ai, dit-il, en quelques chroniques (ce que je crains que l'on m'estime avoir songé), d'un roy de France, à *Ladun* : ce sont cent lieues ou environ. Chacun sçait que Charles, duc d'Orléans, après avoir été près de trente ans prisonnier en Angleterre pour le service de la couronne de France, à la fin retourna et mourut plein d'ans et d'honneur en ce royaume, et toutes fois on lit, mais c'est dans plus de vingt divers auteurs, qu'il fut à Paris décapité pour crime de lèse-majesté. Le roi d'Écosse dernier mourut-il pas en la bataille qu'il donna contre les Anglais en 1514? si ai-je lu que de cette bataille il retourna en ces pays victorieux et triomphant. « Si ces injustifiables bévues peuvent être à juste titre reprochées à des annalistes du quinzième et du seizième siècle, combien d'autres non moins absurdes n'aurait-on pas à signaler dans les prétendues histoires écrites antérieurement dans les cloîtres? Mais du moins les erreurs reprochées par du Bellay à quelques auteurs ses contemporains ne sont heureusement que des exceptions.

Il ne faut pas confondre avec ces obscurs et insignifiants chroniqueurs, dont les œuvres composent la *Bibliothèque bleue* du moyen âge, Nithard, petit-fils de Charlemagne, comte et abbé de Saint-Riquier, qui dans les guerres civiles prit parti pour Charles le Chauve, et fut tué par les Danois, en 853. Son histoire des guerres des fils de Louis le Débonnaire se lie essentiellement à celle d'Eginhard. Guillaume de Nangis, moine de l'abbaye de Saint-Denis, a composé plusieurs chroniques : les Vies de Louis IX et de Philippe le Hardi, et une chronique générale de France, que deux autres savants bénédictins ont continuée, le premier jusqu'en 1340, le second jusqu'en 1368. L'étude de cette dernière partie est indispensable pour bien connaître les événements de cette époque. Guillaume de Puylaurens nous a laissé une chronique sur la guerre des Albigeois.

Mais c'est surtout les chroniqueurs qui ont écrit en langue vulgaire dont la valeur est immense à nos yeux : Geoffroy de Ville-Hardouin, Henri de Valenciennes, Froissard, Monstrelet et Philippe de Commines. Nicolas ou Nicole Gilles, secrétaire de Louis XII, mort en 1533, a, comme ses devanciers, donné aux Francs une origine troyenne, mais ses annales ou chroniques de France, qui comprennent toute notre histoire jusqu'à la fin du quinzième siècle, se distinguent par une rare érudition, par une précision et une impartialité plus rares encore. Il joint à sa narration beaucoup de pièces authentiques qui jettent un grand jour sur les faits qu'il raconte. Claude Chappuys a continué ses chroniques jusqu'en 1585.

Les *Grandes Chroniques de France* ou *Chroniques de Saint-Denis*, sont ainsi nommées parce qu'elles ont été écrites dans l'abbaye de Saint-Denis, et qu'elles comprennent les principaux événements de l'histoire de France jusqu'en 1355. Il paraît qu'elles furent commencées au neuvième siècle. Quelques uns regardent comme leur premier auteur l'abbé Suger, abbé de Saint-Denis, principal ministre et régent de France sous les règnes de Philippe Ier et de Louis le Gros. Elles avaient d'abord été rédigées en latin ; et on en attribue la traduction à Guillaume de Nangis. Elles se composent de l'ouvrage d'Aimoin (*Gesta Francorum*) pour la race mérovingienne ; d'Eginhard, pour l'histoire de Charlemagne ; de l'historien dont on ignore le vrai nom et qui n'est connu que par le sobriquet de l'*Astrologue*, pour le règne de Louis le Débonnaire ; de Graber et de Guillaume de Jumièges, pour les règnes suivants ; des annales particulières de Louis le Gros, par Suger, de Philippe-Auguste, par Rigord et Guillaume le Breton, de Louis IX et de Philippe le Hardi, par Guillaume de Nangis. Plusieurs auteurs anonymes ont continué ces chroniques depuis 1340 jusqu'en 1380. On y ajoute pour l'histoire de Charles V et Charles VI des extraits de Juvénal des Ursins et de Jean Chartier. Là s'arrêtent les manuscrits de ces chroniques, et depuis leur impression on y ajoute les vies de Louis XI, de Charles VIII et de Louis XII. Il était autrefois en France peu de grandes bibliothèques qui n'en eussent un ou plusieurs manuscrits. Elles ont souvent, et dans de grandes circonstances, été consultées, non-seulement pour régler le cérémonial des sacres, mais pour des questions de privilèges, de préséances, de prérogatives des princes, des grands seigneurs, et même pour des questions de propriété.

La *Chronique scandaleuse* ou *Chroniques de Loys de Valois*, attribuées à Jean de Troyes, greffier de l'hôtel de ville en ce temps, reçut des copistes le nom sous lequel elle est plus généralement connue. Peu importe, du reste, que l'ouvrage soit de Jean de Troyes, ou que celui-ci n'y ait contribué que par des notes et des additions. C'est le naïf et consciencieux journal d'un bourgeois loyal et sans prétention, qui raconte avec ingénuité les événements dont il a été témoin depuis 1460 jusqu'en 1483. On lui a donné ce titre de *Chronique scandaleuse* sur la foi de Brantôme, qui, dans son *Éloge de Charles VIII*, parle « de l'histoire sanglante qui a été escripte de ce roi (Louis XI), où elle touche plus sur les cordes aigres de sa vie que sur les douces. » Brantôme ajoute que François Ier ne voulut jamais permettre qu'elle fût imprimée, « dont c'est dommage, dit encore Brantôme, car on y eust vu choses et aultres, et plusieurs grands rois et aultres princes y eussent pris exemple... Car il n'y a rien qui pousse la personne tant à la vertu que l'horreur, l'abhorrement du vice, ni qui le mène aussi tant à la vertu que l'émulation de la même vertu. » Ainsi, Brantôme n'a jamais considéré les *Chroniques de Loys de Valois* comme une satire; il n'y avait de scandale que dans les faits qui y sont racontés.

Une société d'érudits, aussi laborieux que patients, entreprit, dix ans avant la révolution de 1789, une collection universelle des mémoires relatifs à l'histoire de France. Ils y ont bien inséré quelques chroniques, mais ils se sont surtout attachés aux ouvrages et aux mémoires du seizième et du dix-septième siècle. Ils avaient publié soixante-dix volumes en 1789. Les circonstances semblaient devoir être pour cette utile entreprise un nouvel élément de succès ; mais les collaborateurs cessèrent de s'entendre, et plusieurs bibliothèques riches en documents ne furent plus accessibles pour eux. Un des anciens rédacteurs avait repris la suite de ces importantes publications sous l'Empire, mais il n'a publié qu'un Brantôme. Nous devons à M. Guizot un heureux et précieux choix des anciennes chroniques depuis l'origine de la France jusqu'au treizième siècle.

DUFEY (de l'Yonne.)]

Pour l'Italie il existe un grand nombre de chroniques, qui remontent aux premiers temps du christianisme, et ne s'arrêtent qu'à la fin du seizième siècle. Grævius et Muratori les ont publiées.

Les chroniques nationales de l'Espagne et du Portugal antérieures au seizième siècle jouissent d'une réputation méritée. Elles sont aussi importantes par leur nombre que par leur étendue; elles commencent généralement avec le treizième siècle, et se terminent à la fin du seizième; quelques-unes, celles de Lopez Ayala, par exemple, se distinguent par une certaine élévation de style et de sentiments. Dans ces chevaleresques récits, c'est la manière dramatique dont les faits sont présentés plutôt que leur importance qui attache le lecteur. Une collection des chroniques nationales espagnoles a été publiée à Madrid, en sept volumes in-4°.

L'Angleterre, l'Écosse et l'Irlande ont eu aussi un grand nombre de chroniqueurs depuis le treizième jusqu'à la fin du seizième siècle, soit en latin, soit en langue vulgaire. Nous nous bornerons à citer Marianus Scotus, Gervais de Canterbury, Gautier de Coventry, John Fordun, Ralph Higden, Rishanger, Pierre Langtoft traduit par Robert de Brunne, Jean de Trévise, Caxton, Wynkyn de Worde, Wyntown, Humphrey Lloyd, et enfin la *Chronique Saxonne* publiée en 1692 par Gibson et en 1820 par J. Ingram.

On donne aussi le nom de *Chroniques* ou de *Paralipomènes* à deux livres de l'Ancien Testament qui servent comme de supplément aux quatre livres des Rois.

CHRONIQUES (Maladies). Lorsqu'une maladie aiguë se prolonge au delà d'un certain temps, qui varie suivant la nature de l'affection, on dit alors que la maladie passe à l'*état chronique*. Il ne peut rien être établi de certain sur l'époque à laquelle une maladie aiguë prend le caractère chronique; dans certaines inflammations, cette époque varie du trentième au quarantième jour.

Il arrive souvent qu'une affection chronique passe à l'état aigu; cette transformation est ordinairement déterminée par de nouvelles causes d'irritation, qui se produisent chez le sujet malade. Dans certains cas, le nouvel état de la maladie en amène la guérison. Souvent, au contraire, c'est une circonstance fâcheuse, surtout dans les maladies organiques des viscères importants; car la constitution épuisée du malade ne peut résister avec énergie aux nouvelles causes de perturbation amenées par l'état aigu.

CHRONODISTIQUE. *Voyez* Chronogramme.

CHRONOGRAMME (de χρόνος, temps, et γράμμα, caractère). On appelle ainsi une phrase latine dans laquelle les lettres numériques romaines qu'on y trouve indiquent la date de l'événement auquel se rapportent les mots.

On choisit d'ordinaire à cet effet un vers qui prend alors le nom de *chronostique* ou *aëostique*, ou bien, quand c'est un distique, celui de *chronodistique*.

Le chronodistique composé à l'occasion de la paix de Hubertsbourg, conclue en 1763 :

Aspera beLLa sILeot : reDIIt graTIa paCIs;
O sI parta foret seMper In orbe qVIes,

contient un M = 1000, un D = 500, trois L = 150, un V = 5 et huit I = 8, ce qui donne la date de 1763.

[Pierre-le-Grand, voulant consacrer la mémoire de la journée de Pultava, fit frapper une médaille avec ces quatre mots :

pVLtaVa MIra CLaDe InsIgnIs.

Ce qui donne 5, 50, 5, 1000, 1, 100, 50, 500, 1, 1, 1, = 1714.

On ne saurait dire l'époque ni l'auteur de cette invention; mais elle ne va pas au delà du moyen âge, car les anciens n'ont pas employé de chronogrammes dans la stricte acception du terme. Il est vrai néanmoins qu'ils attachaient des nombres à certains mots, soit pour en tirer des présages, soit pour d'autres motifs, et comme exemple on peut citer l'épigramme insérée dans l'*Anthologie grecque* : *Il y a six heures qui sont dues au travail, mais les heures suivantes* (7ᵉ, 8ᵉ, 9ᵉ et 10ᵉ), *dont les lettres composent le mot* Ζηθι, *disent à l'homme : jouis de la vie*. Que les anciens aient donné aux modernes l'idée du chronogramme ou non, il est vraisemblable que l'invention en est due aux cénobites du moyen âge. Il ne paraît pas qu'on ait découvert un chronogramme avant celui d'Aire en Picardie, consacrant à la *mémoire*, sur les vitres de Saint-Pierre, en l'année 1064, la foundation de quatorze prébendes par le comte Baudouin :

bIs septem præbenDas tV baLoVIne DeDIstI.

Il est à observer que les n ne sont pas comptés dans ce vers numéral. C'est qu'en effet les Romains n'ont jamais employé que cinq lettres, I, V, X, L, C, pour exprimer toutes les quantités possibles. Ils écrivaient le nombre 500 avec un C retourné et précédé d'un I (IƆ), figure que l'ignorance et la précipitation des copistes confondit avec un D. Le signe particulier du nombre 1000 (CIƆ) subit la même fortune, grâce à son air de familiarité avec un M gothique, arrondi et fermé aux deux extrémités du premier et du dernier jambage. Mais le D n'eut qu'assez tard une condition assurée dans les numérales; car au seizième siècle, et longtemps même pendant sa durée, il est arbitraire, tantôt négligé, tantôt compté.

Les peuples chez lesquels cette invention fut le plus accréditée sont les Allemands, les Hollandais et surtout les Belges, où la mode en abusa au commencement du siècle dernier. Il n'y avait plus si petite solennité à laquelle on ne prodiguât les chronogrammes ou plutôt les sentences *chronographées*; mais si la mission du chronogramme est de rappeler le passé au front des monuments, au pied des statues, autour des médailles, il ne devrait pas oublier que l'avenir n'entre pas dans son domaine, car le temps peut démentir ses oracles, comme il advint à Vauban, lorsqu'il eut fortifié Landau, en 1702. Il se vantait d'en avoir fait une place imprenable, et ce chronogramme fut gravé sur une des portes : hæC neMIsI CeDet. Or, la même année Landau tomba au pouvoir de l'empereur, et le chronogramme prophétique fit place à celui-ci : CeDIt taMen Cæsarl. Les Français, à leur tour, en 1703, ayant donné un démenti au chronogramme d'une médaille impériale et repris Landau, l'ennemi réussit à les en chasser l'année suivante, et parmi les chronogrammes plus ou moins bons des médailles frappées à la gloire de cet événement, on distingue la justesse et la précision de celui-ci :

CeDIt DIs Cæsaris arMIs.

Hippolyte Faucher.]

CHRONOLOGIE (du grec χρόνος, temps, et λόγος, discours). C'est la science de la division du temps pour les usages civils chez les peuples anciens et modernes. Par cette science on arrive à la détermination certaine de l'époque des événements principaux de l'histoire de ces peuples.

A ce précieux résultat se rattachent des considérations du premier ordre pour les annales de l'esprit humain : l'historien a recueilli les faits, le chronologiste a fixé leur date précise, et le philosophe vient qui, considérant les générations passées comme un seul homme contemporain de tous les temps connus, étudie ses fortunes diverses, son enfance et sa virilité, ses combats contre des influences funestes, ses victoires et ses défaites également temporaires, les agents des vicissitudes qu'il dut subir inévitablement, et enfin, son retour, inévitable aussi, à la plénitude de la vie, parce que le propre de l'intelligence est de participer à l'immortalité même de sa divine origine. L'espèce humaine s'instruit à ces grands traits de sa propre histoire : elle grave dans sa mémoire le souvenir de ses périodes de félicité, en examine attentivement les causes, et puise à la fois dans cet examen les motifs d'un juste orgueil pour ses progrès dans le passé et les leçons d'une pénible expérience pour accroître ses progrès dans l'avenir.

Considérée dans son application spéciale à l'histoire en général, la chronologie a pris depuis assez longtemps la place éminente qui lui appartient dans cette étude importante, pour que l'on puisse s'abstenir d'exposer ici, après tant d'autres écrivains, son indispensable nécessité : elle porte la lumière dans les obscurités de l'antiquité; elle débrouille le chaos des événements qui se sont succédé sur le globe depuis qu'il est habité; met à sa véritable place chaque chose et chaque personnage dont l'influence a agi sur les destinées de la société humaine ou de ses fractions diverses; révèle les ages et les origines des peuples leur véritable généalogie, l'époque des institutions mémorables qui modifièrent si diversement leurs mœurs publiques ou leurs coutumes particulières; fixe l'époque de toutes les créations, de celles du génie des sciences, comme de celles du génie des arts, la date des monuments publics, enfin celle des faits avérés qui intéressent soit une nation, une famille, un homme, soit un empire ou un hameau, les plus grands intérêts sociaux comme la moindre action individuelle. On a dit il y a longtemps que la chronologie et la géographie sont les deux yeux de l'histoire : d'où celle-ci tirerait-elle ses certitudes si ce n'est de la connaissance des temps et des lieux?

Les avantages que l'histoire retire de la chronologie ne sont mis en question par personne. Mais le scepticisme ne l'a pas épargnée, et il avait beau jeu au milieu de tant de systèmes chronologiques, non-seulement si différents, mais encore si opposés, tous également certains et démontrés par les faits, selon leurs auteurs. Tous les peuples se firent un système, mais quand ils eurent vieilli. L'arrangement méthodique des faits de l'histoire, c'est-à-dire la science chrologique, ne vint donc qu'après plusieurs autres sciences, et peut-être quand ses plus précieux éléments n'étaient déjà plus à la disposition des hommes qui voulurent la créer. Dans ce temps-là les sociétés qui occupaient les régions diverses du globe s'ignoraient trop mutuellement pour que, se consultant réciproquement et mettant en commun leurs observations respectives, elles pussent s'entendre et s'accorder sur un ordre uniforme d'idées ou d'opinions au sujet de la durée des temps. Chacune d'elles travailla donc isolément, et, soit qu'elle inventât, soit qu'elle imitât, proclama une science toute faite, placée en général sous la protection de ses dieux, conséquemment mise hors de discussion et d'examen. Le système religieux des plus anciens peuples comprend en effet intimement ses doctrines chronologiques, les domine de toute son autorité, et leur cosmogonie contient à la fois l'histoire des dieux et celle des hommes. Quelle que soit la diversité des assertions sur l'origine et la nature des choses, les temps sont toujours mesurés, comptés, distribués de telle sorte que les périodes, même les plus extraordinaires par leur durée ou leurs éléments, ne sont jamais inoccupées. De là l'origine de tant de systèmes de chronologie que chaque peuple créa à son usage. Inséparable de sa constitution religieuse, ce système fut adopté, professé sans dissidence. Par lui la nation remontait généalogiquement aux dieux qu'elle adorait : la foi des uns et l'orgueil des autres conciliait à ces systèmes l'approbation universelle.

Si l'on cherche l'élément primitif, universel et certain de cette science, c'est le *jour*, espace de temps donné par la nature même, connu de tous les hommes, adopté sans exception par tous les peuples, mais diversement déterminé dans son commencement plutôt que dans sa durée. Compté soit d'un lever à l'autre du soleil, soit du commencement de la nuit à la fin du jour qui la suit, en raison de moments différents de cette période d'heures, sa longueur, pour la division et le comput du temps, n'en était pas sensiblement affectée, et l'histoire des événements humains ne peut tenir aucun compte de ces effets, appréciables seulement dans la rigueur des calculs. De ces périodes d'*heures* qui constituèrent le jour, on arrive aux périodes de jours qui constituèrent le *mois*, et enfin aux périodes de mois qui constituèrent l'*année*. Cette progression, énoncée ici en quelques mots, exigea très-vraisemblablement quelques siècles : l'esprit humain ne débuta point par les chefs-d'œuvre, et nous en jouissons sans trop penser aux efforts, aux tâtonnements, aux erreurs même dont ils furent les conséquences. Ici il y eut sans doute bien plus qu'en toute autre institution, et les premières données, je ne dis pas certaines, mais les moins affectées d'intolérables aberrations, ne furent acquises que lorsque déjà quelque connaissance du système du monde, fruit de l'observation, eut pu se faire jour dans les écoles au travers des doctrines cosmogoniques fondées par l'empirisme religieux des anciens peuples, et à tout risque pour leur auteur : car Anaxagore ne fut pas plus heureux à Athènes que Galilée ne le fut ensuite à Rome. C'est donc à force de temps que l'année fut établie, d'après l'observation de la marche et du retour périodique des astres, mais elle participa à l'incertitude même de ces observations.

Les anciens reconnurent le jour comme principe naturel de la division du temps, réglèrent sur lui l'institution de l'année, divisèrent celle-ci en mois, le mois en jours, de nombre égal d'abord et inégal ensuite, et le jour lui-même en heures, qui étaient divisibles en fractions infinies. Alors le *calendrier* était institué, tableau légal de toutes ces divisions consacrées par l'autorité politique et par l'autorité sacerdotale, charte nationale où chacun devait puiser le seul mode reconnu de noter pour lui et pour les autres l'époque des actions publiques ou privées. L'institution du calendrier est, comme celle de l'alphabet, d'une origine inconnue, mais non moins ancienne : l'importance de son usage parmi les sociétés modernes nous révèle aussi qu'elle ne fut pas moindre pour les sociétés anciennes : il est un des plus nécessaires agents de l'ordre social, de l'administration publique ; il se lie à tous les intérêts, et cette division toute fictive de ce que l'homme a appelé le temps fut une nécessité inévitable dès que deux individus vinrent à se rencontrer. Aussi l'usage d'un calendrier se retrouve-t-il chez tous les peuples, et dès les temps primitifs de son histoire, qui ne sont, à vrai dire, que les temps secondaires de son existence. C'est à son calendrier particulier qu'il mesure ces temps, qu'il rattache tous les événements dont il rappelle le souvenir, qu'il rapporte enfin toutes les dates inscrites sur ses monuments. Ces indications sont d'un grand prix pour l'histoire ; mais c'est la chronologie qui doit les élaborer pour elle, et ce travail, qui est une de ses attributions les plus essentielles, est aussi le sujet habituel de ses mécomptes : elle connaît le but, mais les routes certaines lui manquent trop souvent pour l'atteindre.

La connaissance détaillée des *ères* principales qui furent civilement en usage chez les anciens, les rapports de ces ères entre elles, leur réduction à un terme généralement connu, sont au nombre des notions indispensables à l'intelligence de la chronologie. Ce qui ne l'est pas moins, c'est la distinction à faire entre les ères astronomiques et les ères purement chronologiques, c'est-à-dire qui furent employées dans le comput des temps pour les usages civils, et qui se liaient par là intimement avec celui du calendrier. Telle est l'ère chrétienne, qui éprouva aussi des vicissitudes, et qui est d'une grande importance, même pour la chronologie universelle. L'ère chrétienne est en effet comme un jalon planté dans l'espace des âges, comme un point fixe auquel peuvent se raccorder tous les autres qui l'ont précédé ou qui l'ont suivi : il suffit pour cela d'apprécier leur éloignement relatif. Elle est encore, sinon la pierre de touche de tous les systèmes imaginés avec une fécondité surprenante, un moyen du moins de les entendre tous, et même de les concilier tous, si leurs auteurs voulaient y consentir et faire à l'utilité générale un sacrifice, toujours pénible, il est vrai, celui de leurs admirables inventions. L'origine de l'ère chrétienne se lie à une année déterminée des ères profanes qu'elle remplaça ; et cette concordance nous guide dans l'appréciation des temps qui précédèrent la dite époque mémorable. En procédant en sens contraire, on procède d'un point incertain, contestable, et dont la diversité affecte infailliblement tous les points du système qui en est une déduction forcée : c'est un moyen infaillible pour ne point s'entendre, une autre tour de Babel.

Après avoir indiqué les éléments principaux de la chronologie historique, il nous reste à parler de l'histoire de cette science considérée dans ses deux branches principales : la *chronologie sacrée* et la *chronologie profane*. La première tire tous ses principes des livres de l'Ancien Testament. Les trois textes principaux dans lesquels ces livres nous sont parvenus, c'est-à-dire le texte hébreu, le texte samaritain et le texte grec. Voici le tableau des principales époques suivant les trois textes :

	Les Septantes.	Les Samaritains.	Les Hébreux.
D'Adam au déluge.	2242 ans.	1307 ans.	1656 ans.
Du déluge à Abraham.	942	942	292
D'Abraham à Jésus-Christ.	2044	2044	2044
Total d'Adam à Jésus-Christ.	5228	4293	3992
Ainsi le déluge aurait précédé Jésus-Christ de.	2986 ans.	2986 ans.	2336 ans.

C'est sur le texte hébreu qu'a été faite la traduction latine qui porte le nom de *Vulgate*. Les premiers Pères de l'Église ont été fort partagés sur le véritable sens de chacun de ces textes, en particulier en ce qui concerne la supputation des temps, et la diversité des leçons de ces textes en accroissait quelquefois les difficultés. Il y a donc aussi une assez grande diversité entre les résultats définitifs ou le système général auquel chacun d'eux s'arrêtait, et si parfois quelques-uns s'accordent sur des époques principales, la création, le déluge ou la vocation d'Abraham, par exemple, ils diffèrent parfois aussi sur l'époque des faits intermédiaires. Flavius Josèphe, historien juif, qui rattache les fastes de sa nation à toutes les époques principales de la Bible, est aussi un des plus anciens écrivains connus sur la chronologie sacrée; il rédigea ses *Antiquités* juives vers la fin du premier siècle de l'ère chrétienne, et s'appliqua plus particulièrement dans son livre contre Apion à défendre le système des temps selon les textes sacrés contre les systèmes tirés des livres profanes. Au siècle suivant, Clément d'Alexandrie, l'une des lumières de l'Église chrétienne, discuta aussi dans ses divers ouvrages, notamment dans ses *Tapisseries* ou Mélanges, les époques principales de la chronologie sacrée. Jules l'Africain, chronologiste chrétien du troisième siècle, composa une chronographie dont il ne nous reste que des fragments. Enfin, Eusèbe, évêque de Césarée de Palestine, en 313, se plaça au premier rang des écrivains chrétiens par ses divers ouvrages historiques et par sa chronographie, divisée en deux livres. Le premier contient les recherches théoriques et les extraits des historiens sacrés ou profanes qu'il voulait relater; le second livre en est comme le résumé ou un canon chronologique, tableau en colonnes, où se trouvent mis en concordance, année par année, les règnes des chefs, princes ou magistrats de Chaldée, Assyrie, Médie, Perse, Lydie; des Hébreux, des Égyptiens; d'Athènes, d'Argos, Sicyone, Lacédémone et Corinthe; de Thessalie, de Macédoine; enfin des Latins et des Romains; le nombre de colonnes synchroniques de ce tableau s'accroissant à mesure qu'un État naît à l'histoire et jusqu'à ce qu'il en disparaisse.

A la renaissance des lettres, on ne trouva de la chronique d'Eusèbe, écrite en grec, que la version latine du second livre, version attribuée à saint Jérôme, qui ne se borna pas au rôle de traducteur. Il respecta le texte original dans la partie qui comprend les temps depuis Ninus et Abraham jusqu'à la prise de Troie; il y fit beaucoup d'additions pour la partie suivante, depuis Troie jusqu'à la vingtième année de Constantin; enfin il composa une suite à cette deuxième partie, en la poussant jusqu'au sixième consulat de Valens avec Valentinien. Joseph Scaliger, qui a publié cette chronique (Leydes 1606, et Amsterdam 1658), y ajouta quelques fragments grecs d'Eusèbe inédits jusque là, et qu'il fut soupçonné d'avoir forgés. Mais la découverte, faite il y a quelques années, d'une version arménienne de l'ouvrage d'Eusèbe, et qu'on dit ancienne, peut justifier pleinement Scaliger et nous restitue en même temps l'importante composition de l'évêque de Césarée; elle servit de guide à tous les écrivains grecs qui dans les temps postérieurs traitèrent de la chronologie après lui, sans cependant mériter la même estime, ne se distinguant en général que par des divergences de sentiments sur les questions d'ordinaire les plus oiseuses. De ces écrivains, nous ne nommerons ici que Georges le Syncelle, au huitième siècle, qui composa aussi une chronographie universelle commençant à la création du monde, et dont le but principal est de soumettre toutes les chroniques profanes à l'autorité de la chronologie sacrée. Heureusement pour son indigeste composition, le Syncelle l'a grossie de fragments tirés d'écrivains aujourd'hui perdus pour nous, de Jules l'Africain entre autres, et ce sont ces fragments qui ont seuls tiré cette singulière chronographie de l'oubli où gisent tant d'autres ouvrages du même genre. Celui de Georges le Syncelle, qui fut surpris par la mort vers l'an 800, ne va que jusqu'au règne de Dioclétien; Théophane d'Isaurie le porta jusqu'en 813, et celui-ci eut pour continuateur Jean Seylitzès, surnommé *Curopalate*, jusqu'en 1081. La collection des écrivains byzantins comprend ces divers ouvrages et plusieurs autres chroniques, ou générales, telles que celle dite d'Alexandrie, ou spéciales, qu'il est inutile de citer. Le caractère général de ces chroniques grecques est de se conformer, par une préférence raisonnée, au système de supputation des temps fondé sur le texte de la Bible des Septante; c'est de tous les systèmes celui avec lequel les monuments profanes s'accordent plus facilement, de sorte qu'on peut dire que ce système était pour l'Église grecque comme l'un de ses dogmes.

L'Église latine se sépara d'elle en ce point de même qu'en quelques autres, et la différence des communions peut être considérée ici comme une cause de dissidence en chronologie. Néanmoins, on citerait difficilement une autorité qui recommandât formellement ou qui condamnât l'un de ces deux systèmes. L'Église romaine, en effet, adopta et suit encore, pour son martyrologe, la chronologie grecque d'Eusèbe, mais pour la supputation générale des temps antérieurs à l'ère chrétienne, au patriarche Abraham surtout, elle affecta quelque préférence pour le calcul qui résulte de la Bible latine ou Vulgate, quoique les deux systèmes soient également reconnus pour orthodoxes. Saint Augustin, Sulpice-Sévère, le vénérable Bède et autres anciens écrivains de l'Église latine, se rangeaient à très-peu près du sentiment des Septante, tandis que d'autres, tels que saint Jérôme et Lactance, ont préféré le calcul le plus court, par respect pour la Vulgate, et les réformés aussi, par respect pour le texte hébreu. Usserius, Joseph Scaliger, Petau, son ardent contradicteur, ont accrédité cette préférence par leurs savants ouvrages; et les catholiques et les protestants les ont également adoptés, malgré les efforts du cardinal Baronius, du père Morin et de Vossius, en faveur de la chronologie des Septante. La différence des deux calculs est cependant assez sensible pour qu'on ne se prononce point légèrement pour l'un ou pour l'autre. Usserius, se fondant sur la Vulgate, compte 4,004 ans de la création du monde jusqu'à l'ère chrétienne; Eusèbe et le martyrologe romain trouvent, selon les Septante, 5,200 ans de même intervalle. On conçoit qu'en pareille matière il existe une infinité d'opinions particulières; et, pour être sincère, il faut dire que la critique s'enorgueillirait avec raison de pouvoir affirmer qu'elle est arrivée à une approximation de quelques siècles de l'époque véritable. Le savant Eusèbe a dressé des tables générales chronologiques qui commencent à la naissance d'Abraham : Eusèbe le fait contemporain de Ninus en Assyrie et d'Europs à Sicyone, et les partisans de l'antiquité des Grecs ne sauraient se plaindre de la part que lui fait ici l'évêque de Césarée.

Il n'en était pas ainsi à l'égard des monuments de l'histoire de l'Égypte. Cette renommée d'antiquité supérieure, qui leur est venue des plus anciens temps de l'histoire écrite jusqu'à nos jours; ces listes de dynasties de rois dont la somme des règnes dépassait tous les calculs adoptés pour ces motifs divers de préférence, les mettaient tous en défaut, la critique historique ne condamnant pas trop publiquement des documents qui, jugés selon les règles les plus ordinaires, ne pouvaient être rejetés absolument, quand on en admettait tant d'autres qui tiraient toute leur valeur de celle que ces mêmes règles leur communiquaient. Ne pouvant donc annuler arbitrairement ces données importantes, on tâcha d'affaiblir leur témoignage par des interprétations, et le chevalier Marsham, reproduisant, en 1672, la méthode assez commode de Georges le Syncelle, déclara que cette longue série de rois et de dynasties successives en Égypte devait être réduite en plusieurs listes de dynasties contemporaines régnant simultanément dans divers cantons de cette contrée célèbre.

Peu de temps après se présenta un autre réformateur de la chronologie générale; ce fut le père Pezron, qui

CHRONOLOGIE

publia, sans nom d'auteur, en 1687, un volume où il se déclare pour le texte des Septante, l'interprète à sa façon, en déduit une somme de 5,872 années avant l'ère chrétienne, c'est-à-dire près de dix-neuf siècles de plus que dans la Vulgate. Mais à l'égard de l'Égypte, il soutient avec Marsham et d'autres, que les dix-sept premières dynasties fournirent des règnes contemporains, et que les treize dernières seules furent successives, un roi ayant succédé à un autre pour toute l'Égypte, à compter du premier de la dix-huitième dynastie. On ne s'est guère écarté depuis la publication de ces deux ouvrages des idées qu'ils ont mises en circulation, et une imposante autorité, tirée de l'opinion de l'un des plus grands génies des temps modernes, Newton, rétrécissait encore, plutôt qu'il ne l'étendait, le système de chronologie générale déduit de la Vulgate. Newton, qui unissait beaucoup de piété à beaucoup de savoir, entreprit, dans ses loisirs, de rendre, comme il le disait, la chronologie conforme à l'ordre de la nature, à l'astronomie et à l'histoire sacrée, et, combinant à la fois diverses idées ou astronomiques ou mythologiques, il fixe à l'an 930 l'époque de l'expédition des Argonautes; toutes les autres époques de l'histoire grecque ou orientale sont subordonnées à cette première détermination, et la prise de Troie est de l'année 904 avant J.-C. Une telle réduction de plusieurs siècles dans les temps de l'histoire ancienne, et le nom de son auteur, excitèrent l'attention générale au plus haut degré. Elle fit rechercher la réfutation qu'en donna Fréret, pour la première fois, en 1725. Fréret fut compris, et un assentiment général ramena la science des temps à ses véritables principes, et rétablit la paix dans le monde savant.

Mais cette quiétude fut troublée bientôt après par les conséquences hardies qu'on se hâta de tirer de certains faits ou de certaines conjectures. On proclama que les notions astronomiques consignées dans les écrits des anciens, et quelques observations de phénomènes célestes qu'elles relataient, prouvaient à la fois que l'antiquité avait eu la connaissance des plus importants principes de l'astronomie moderne, et que l'acquisition de cette connaissance et l'usage qui en était constaté par des observations reconnues exactes, prouvaient que le temps nécessaire pour y parvenir devait dépasser de beaucoup les supputations reçues. On étudia aussi plus particulièrement les divisions du ciel; on rechercha l'origine des constellations; on fit une sorte d'anatomie du cercle zodiacal, et l'on en conclut hardiment que son institution ne pouvait appartenir qu'à l'Égypte, et devait remonter à une époque antérieure encore à toutes les supputations, néanmoins très-certaine, puisque par cette époque tous les noms des signes sont exactement significatifs et en rapport parfait avec l'état agricole de l'Égypte, et de l'Égypte seule. On chercha ensuite et on trouva des zodiaques partout; avec eux on recueillit des périodes dont les chiffres, assez ingénieusement expliqués, sans qu'on s'embarrassât des certitudes, exprimaient de même l'immense antiquité, non pas du monde, ce que personne de bon sens ne peut prétendre expliquer, mais des sociétés humaines, seule question pour l'histoire et pour la philosophie; enfin, l'Égypte nous révéla aussi ses zodiaques sculptés dans les temples, et on y vit sans hésitation le témoignage le plus authentique en faveur des systèmes qui agitaient tous les esprits. On sait le sort de ces zodiaques : leur véritable appréciation comme monuments astronomiques a dépouillés de l'intérêt magique qu'ils avaient suscité; elle est le dernier fait de l'histoire des perturbations qu'a éprouvées la science des temps durant les 70 dernières années.

Historien et non pas juge de ces opinions diverses, il suffit de les exposer ici, en ajoutant cependant que la discussion de ces mêmes opinions a singulièrement avancé la science même; car la chronologie a aussi ses *certitudes*. La chronologie que chaque peuple s'est faite pour sa propre histoire est divisée en temps incertains et en temps certains. Les monuments qui sont encore subsistants, ou qui, quoique n'existant plus, ont été vus par des personnes dignes de foi, pour la chronologie égyptienne, par exemple, les listes de Manéthon, remontent très-haut dans l'antiquité; on a des monuments contemporains des rois qui composèrent les 15 dernières dynasties; les certitudes chronologiques de l'histoire de l'Égypte remontent donc jusqu'à la 16ᵉ dynastie inclusivement. Il en est à peu près de même pour les Grecs de certains monuments chronologiques, tels que la chronique de Paros, contenant beaucoup de dates et d'indications d'un assez grand nombre d'intervalles entre des événements majeurs. Les écrits des historiens qui n'ont embrassé qu'une époque d'une histoire particulière sont au même cas que les écrits plus généraux; la concordance des événements contemporains, le témoignage de monuments connus, en fortifient de plus en plus la certitude. La certitude ne résulte en général que de la considération de plusieurs notions absolument isolées l'une de l'autre, rapprochées et combinées régulièrement, et dont la concordance devient un avantage commun à chacune d'elles. Le témoignage des monuments subsistants, ou dont l'existence est ou a été avérée, est inattaquable.

Les monuments sont la pierre de touche des systèmes et des explications chronologiques; nous comprenons sous cette dénomination les inscriptions, les médailles, tout ce qui offre un fait écrit, public ou privé, tracé sur la pierre, le papyrus, le papier, le parchemin, la toile, le bois, l'argile et les métaux; chacun d'eux est un contemporain désintéressé, juste témoin qu'au contraire, dans l'énonciation de la date du fait qu'il rappelle. L'astronomie ancienne fournit aussi des secours inespérés à la chronologie, et rien, on peut le dire, ne peut surpasser leur certitude. Nous avons démontré l'importance et la certitude imposante de ces secours dans un travail spécial, intitulé : *Chronologie de l'Almageste de Ptolémée*, lu en 1817 à l'Académie des inscriptions. Ptolémée rapporte un grand nombre d'observations astronomiques, faites par ses prédécesseurs, et dont quelques-unes remontent jusqu'au huitième siècle antérieur à l'ère chrétienne. Chacune de ces observations est datée d'une année quelconque du règne d'un roi connu dans l'histoire : quelques-unes de ces observations, les éclipses, par exemple, sont de telle nature que l'instant même du phénomène observé peut aujourd'hui être déterminé, sauf la différence du méridien, avec une rigoureuse exactitude, et être rapporté à l'instant de tel jour, de tel mois et de telle année julienne, avant ou depuis l'ère chrétienne. Il devient dès lors évident que l'année du règne du roi nommé dans la date de l'éclipse répondait à telle année de l'ère julienne. On conclura donc de la date de cette éclipse dans l'Almageste le commencement du règne de ce roi, la fin de celui de son prédécesseur. De beaucoup de dates semblables, comparées entre elles, on déduit beaucoup de données non moins certaines, et l'astronomie éclaire ainsi les éléments mêmes de la chronologie, lui en fournit les plus précieux et les plus authentiques. Il suffit d'une seule condition à remplir rigoureusement : c'est l'exacte interprétation, en style julien, de la formule égyptienne ou autre de la date de l'observation; et ceci rentre bien dans le domaine de la science des calendriers anciens. Les dates consignées dans les historiens exigent le même travail, et il doit être d'autant plus scrupuleux qu'on peut rarement rattacher ces dates à un phénomène physique, dont l'instant est invariablement marqué dans l'histoire du ciel, comme on le fait pour les éclipses...... La théorie du calendrier est ici la seule ressource, mais elle ne suffit pas toujours, car les anciens ont été peu attentifs aux variations importantes que les calendriers avaient subies à diverses époques. On peut affirmer sans hésitation que toute la chronologie historique est fondée sur la connaissance des calendriers des anciens, de leurs variations et de leur concordance.   CHAMPOLLION-FIGEAC.

CHRONOMÈTRE (de χρόνος, temps, et μέτρον, mesure). Ce mot signifie *mesure du temps*, ou instrument qui donne cette mesure : ainsi, toutes les créations de la gnomonique et de l'horlogerie seraient des chronomètres. Cependant, le mot n'a pas été fait pour ces arts, mais pour la musique, où il désigne un mécanisme destiné à régulariser le mouvement des compositions musicales, à fixer la vitesse qui convient le mieux à chacune, à maintenir l'égalité des mesures; instrument plus connu sous le nom de *métronome*. Aujourd'hui le nom de *chronomètre* est réservé aux instruments destinés aux recherches scientifiques, et qui doivent mesurer le temps et ses plus petites fractions avec une parfaite exactitude. Les bonnes *montres à secondes* sont des chronomètres indispensables dans une foule d'expériences. On emploie souvent des instruments qui donnent des fractions encore plus petites de temps. Ainsi on construit maintenant des chronomètres assez parfaits pour qu'on puisse apprécier sûrement un dixième de seconde.

Les montres marines, qui servent à trouver les longitudes en mer, sont aussi des chronomètres. Ces chronomètres diffèrent de ceux dont nous venons de parler, en ce que leur perfection ne consiste pas à donner des fractions très-petites du temps, mais surtout à conserver une marche aussi invariable qu'il est possible.

Malgré les services que rendent chaque jour les chronomètres à la science et à ses applications, certains expérimentateurs ne leur attachent pas grande importance. On se défie trop, disent-ils, du degré de précision, d'exactitude auquel nous pouvons atteindre en ne consultant que nos sensations : Lambert n'eut que très-rarement recours à des instruments dans ses recherches sur la lumière, et Franklin parvint à des vérités sur le mouvement des liquides sans avoir à sa disposition ni pendule ni montre; il battait la mesure, et comptait.

CHRONOS (Χρόνος), nom grec de *Saturne* ou du *Temps*.

CHRONOSTIQUE (Vers). *Voyez* CHRONOGRAMME.

CHRYSALIDE (χρυσαλίς, de χρυσός, or). On désigne sous ce nom la nymphe ou le troisième état sous lequel se présentent les insectes vulgairement appelés *papillons*. M. Duméril en a étendu la signification à toutes les nymphes dont les parties sont resserrées et comme emmaillottées, et il fait remarquer que les auteurs ont donné le nom de *chrysalides obtectées* à celles des papillons, des sphinx et des phalènes, dont toutes les parties de l'insecte parfait sont comme dessinées au dehors par des compartiments de lame de corne, et que ces naturalistes ont appelé *chrysalides coarctées* les nymphes des mouches, des syrphes et de la plupart des autres diptères dont la peau se dessèche et ne permet point de distinguer à l'intérieur aucune des parties de l'insecte parfait. Malgré cette ressemblance extérieure entre les nymphes des papillons et celles des mouches, l'usage et la raison prescrivent de réserver le nom de *chrysalide* pour les premières, auxquelles il a été donné à cause de l'éclat métallique doré ou argenté qu'on voit briller sur la peau de la nymphe de quelques espèces de papillons de jour. Les termes *aurélie* (de *aurum*, or), *pupe* (de *pupa*, poupée), et plus vulgairement *fève* ou *fève dorée*, sont les synonymes du mot *chrysalide*, que Pline définit ainsi : *Erucæ genus est.... quæ, rupto cortice cui includitur, fit papilio.*

L'état de chrysalide, dans lequel l'insecte reste ordinairement dans un parfait repos, cesse de croître et subit le travail organique d'une nouvelle transformation, a été regardé métaphoriquement comme le tombeau ou le sépulcre de la chenille, ou comme un nouvel œuf où s'opère la résurrection de l'insecte parfait qui en sortira revêtu de sa robe nuptiale. L'immobilité presque constante de la chrysalide, le dessèchement de ses parties extérieures, ont pu faire croire que cet état n'était plus la vie. Mais tous les soins pris par la chenille pour se mettre à l'abri des circonstances extérieures et se placer dans les conditions les plus favorables, annoncent que cet état n'est point encore la mort. Pour qui sait observer patiemment les chrysalides, cet état n'est point un temps d'arrêt, ni même une suspension entre deux modes d'existence active. C'est une époque où tous les matériaux nutritifs recueillis par la chenille sont mis en œuvre; c'est un travail de perfectionnement organique qui s'opère pendant une sorte d'incubation dont la durée est en raison inverse de l'élévation de la température atmosphérique. D'après ces notions physiologiques sur cet état, il est facile de constater que les chrysalides, qui ne prennent aucune nourriture, ne causent aucun des dégâts qu'on reproche aux chenilles. Loin de là, les cocons de plusieurs d'entre elles sont utilisés dans l'industrie.

Les entomologistes ont étudié avec le plus grand soin les mouvements à l'aide desquels la chrysalide se dépouille de la peau de la chenille. On lit avec intérêt les détails des manœuvres que l'animal exécute successivement pour dégager d'abord la tête, ensuite la queue, par la fente qu'il a produite en dessus, en se gonflant considérablement vers le troisième anneau. Ces manœuvres présentent quelques différences dans les diverses espèces. La chrysalide est molle et gluante au moment où elle vient de se dépouiller de la peau de chenille, et l'on pourrait séparer avec la pointe d'une épingle toutes les parties de l'insecte parfait, qui sont encore rudimentaires, sans consistance et sans mouvement. Au bout de quelques heures, cette séparation des parties ne serait plus possible, parce que la matière visqueuse qui enduit l'animal se sèche, unit toutes les parties et forme une peau dure et coriace.

Les chrysalides des papillons diurnes se distinguent en celles qui sont suspendues verticalement et simplement attachées au moyen d'un fil par l'extrémité de leur queue, et en celles qui sont fixées non-seulement par cette extrémité, mais encore par un lien de soie qui ceint le corps en manière de demi-chaîne. Les premières ont en général la tête garnie de deux pointes, tandis que les secondes ont cette même région du corps terminée par une seule pointe ou corne; les unes et les autres sont angulaires. Les chrysalides des sphynx ou lépidoptères crépusculaires n'offrent point ces pointes ni ces angles; elles sont ordinairement renfermées dans une coque ou cachées, soit dans la terre, soit sous quelque corps. Celles des lépidoptères nocturnes sont aussi toujours arrondies, sans pointes ni proéminences angulaires, et le plus souvent renfermées dans une coque que la chenille construit au moment de la métamorphose, ou bien, comme celles des teignes et des lithodies, elles sont renfermées dans l'espèce d'étui ou de fourreau qui leur servait de refuge dans l'état de chenille, et dont elles ont eu soin de boucher les ouvertures.

En regardant les chrysalides angulaires du côté du dos, on trouve quelque ressemblance avec une face humaine ou celle de certains masques de satyres. Les couleurs des chrysalides, qui sont plus propres que leurs figures à attirer nos regards, ont donné lieu aux remarques suivantes : elles sont en général très-variées; il y en a qui restent toujours d'un assez beau vert; d'autres sont jaunes ou jaunâtres, ou d'un jaune verdâtre, avec des taches noires, alignées avec ordre. La couleur du plus grand nombre des chrysalides est brune, mais nuancée de brun plus ou moins clair, ou foncé jusqu'au noir, ou plus ou moins rougeâtre et marron. Avant que les couleurs soient permanentes, il y en a de passagères, et la chrysalide qui vient d'éclore est tout autrement colorée qu'un ou deux ou trois jours après sa métamorphose; mais une fois que cette couleur est devenue fixe, elle la conserve tout le temps qu'elle reste dans cet état, et lorsque par la suite on la voit noircir en quelques endroits, c'est qu'elle est morte ou prête à périr. Toutes les nuances que nous venons d'indiquer s'observent sur les chrysalides qui ne sont point dorées. Il en est qui n'ont que quelques taches d'or ou d'argent sur le dos ou sur le ventre; d'autres sont dorées dans une plus grande étendue; d'autres, enfin, sont richement vêtues et paraissent tout or. Cette couleur dorée, verdâtre ou jaunâtre dans différentes espèces, a toujours le brillant et l'éclat de l'or bruni. Réaumur a indiqué les moyens que la nature emploie pour obtenir ce luxe de décoration, dans laquelle il n'entre pas la plus petite parcelle d'or. Il a prouvé que cette sorte de dorure est due uniquement à une pratique analogue à celle dont on fait usage dans la fabrication des cuirs dorés. La chrysalide qui doit avoir une couleur d'or ne la revêt que par degrés, et en douze ou vingt-quatre heures après qu'elle s'est dépouillée. Toutes les circonstances qui sont favorables ou nuisibles à la santé des chrysalides exercent une influence sur leur coloration. Quoique toutes les nymphes des lépidoptères n'aient pas la couleur d'or, d'où leur nom est tiré, cependant toutes ont reçu dans cet état le nom de *chrysalides*.   L. LAURENT.

CHRYSANTHÈME (de χρυσός, or, et ἄνθεμον, fleur). Ce genre de plantes, de la famille des composées, tribu des sénécionidées, est formé d'un assez grand nombre d'espèces herbacées, annuelles ou vivaces, portant des feuilles alternes, simples, plus ou moins profondément dentées. L'involucre est hémisphérique, à écailles imbriquées, coriaces, scarieuses sur les bords; les fleurs sont radiées, les fleurons sont tous hermaphrodites, les demi-fleurons femelles, fertiles, oblongs, presque toujours tronqués au sommet; le fruit est ovoïde, comprimé, strié longitudinalement et dépourvu d'aigrette et de membranes.

L'espèce la plus commune et la plus connue est le *chrysanthème des prés* (*chrysanthemum leucanthemum*, Linné), vulgairement connu sous le nom de *grande marguerite*. C'est une herbe à racine vivace, extrêmement commune dans les prairies, où elle fleurit l'été. Sa tige, haute de 0ᵐ,30 à 0ᵐ,60, rameuse supérieurement, est striée, garnie de feuilles embrassantes, oblongues, un peu étroites, obtuses et dentées en scie. Elle porte à sa partie inférieure, qui est hispide, des feuilles pétiolées et en spatule. La fleur est grande, fort belle, placée au sommet des ramifications de la tige. Les fleurons qui composent le disque sont d'un jaune doré, et les demi-fleurons de la circonférence d'un beau blanc. On en distingue plusieurs variétés. Cette plante croît dans la plus grande partie de la France.

Il y en a une espèce exotique très-belle, cultivée dans les parterres, dont elle fait l'ornement; c'est le *chrysanthème des Indes* (*chrysanthemum indicum*, Linné), qui fut introduit en France en 1789 par un négociant de Marseille. Il l'avait rapporté de la Chine. En 1790, cette plante fut cultivée au Jardin des Plantes, et depuis cette époque elle s'est répandue et en quelque sorte naturalisée dans tous les jardins d'Europe. Le chrysanthème des Indes est un arbuste touffu, dont la tige, sous-frutescente à sa base, est haute de un mètre à 1ᵐ,30. Ses feuilles, blanchâtres en dessous, sont profondément lobées. Ses fleurs sont grandes, réunies au sommet des ramifications de la tige, où elles forment une sorte de panicule. Leurs fleurons sont allongés, stériles, tubuleux, et varient de nuances. Il en existe des variétés blanche, rouge, jaune, violette, pourpre ou panachée. Il fleurit très-tard, d'octobre en décembre, à l'époque où presque toutes les autres plantes ont cessé de végéter, et résiste à nos froids les plus rigoureux.   DÉMEZIL.

CHRYSÉIS, fille de Chrysès, ou Astyone, prêtre d'Apollon, fut prise par Achille au sac de Lyrnesse, et échut en partage à Agamemnon. Ce prince n'ayant pas voulu la remettre à son père, qui était venu dans son camp le supplier de la lui rendre moyennant rançon, Apollon vengea son pontife en frappant l'armée des Grecs d'une peste terrible. Calchas ne manqua pas alors de prédire que pour fléchir le Dieu il était urgent de renvoyer Chryséis à sa famille. Agamemnon refusa longtemps de faire ce que le ciel et l'armée lui demandaient, la jeune fille portant déjà dans son sein un gage de l'amour de son maître; enfin il fallut céder : Chryséis, reconduite à Lyrnesse par les soins d'Ulysse, y accoucha d'un enfant mâle, qu'elle présenta à Chrysès comme fils d'Apollon, tout en lui donnant le nom de son aïeul. Comme de raison, le fléau avait cessé dès le départ de la jeune fille. Cet événement est chanté par Homère au début de l'*Iliade*.

CHRYSIDE ou **CHRYSIS** (de χρυσός, or), genre d'insectes hyménoptères, dont les diverses espèces brillent des couleurs métalliques les plus éclatantes, qui le disputent aux pierres les plus précieuses, ce qui leur a valu leur nom et leur fait donner quelquefois aussi celui de *guêpes dorées*.

La *chryside enflammée* (*chrysis ignita*, Linné), type du genre, est très-commune en Europe. Elle jouit, à l'exemple des cantharides, d'une vertu stimulante qui la fait employer souvent, surtout dans le Nord, contre la paralysie.

CHRYSIPPE, célèbre philosophe stoïcien du troisième siècle avant notre ère, était originaire de Soli, et suivant d'autres de Tarse en Cilicie. On fixe l'époque de sa naissance à l'an 280 av. J.-C. et celle de sa mort à l'an 203. Ce ne fut, dit-on, qu'après avoir perdu sa fortune, qu'il vint à Athènes et qu'il s'y consacra à la philosophie. Il y suivit les leçons du stoïcien Cléanthès, peut-être aussi celles de Zénon, de même que celles d'Arcésilas et de Lacide, qui enseignaient à l'académie, et apprit ainsi à connaître les objections que les sceptiques opposaient à la doctrine des stoïciens. Il n'en fut dès lors que plus en état de la défendre, mission dans l'accomplissement de laquelle il apportait une grande sagacité en un remarquable talent de discussion; aussi l'avait-on surnommé le *couteau des nœuds académiques*. Il appliqua surtout son talent de discussion à la logique et à la dialectique, et on disait de son habileté à manier cette arme du raisonnement que si les dieux se servaient de dialectique, ce ne pouvait être que de celle de Chrysippe. On raconte aussi qu'il avait prié son maître Cléanthès de ne lui enseigner que les théorèmes, se chargeant d'en trouver tout seul les démonstrations.

Dans l'exposition des diverses parties de la philosophie, il suivit la même direction que Zénon et Cléanthès. La logique est en même temps pour lui un moyen d'apprendre; elle a pour objet la faculté de discerner le vrai du faux; faculté que l'âme, qui à l'origine doit être considérée comme un plan vide, développe par la compréhension et la trituration des perceptions des sens. La logique n'a donc pas moins d'importance pour celui qui étudie que pour l'objet décrit; aussi Chrysippe voulait-il faire rentrer la grammaire et la rhétorique dans son domaine. Dans la physique, en tant que science, il posait que l'âme vivante du monde, la nature des choses, la destinée, l'accord nécessaire des choses et la providence, ne faisait qu'un et qu'il faisait la troisième partie de son système philosophique, il posait en principe que la vie doit s'accorder avec la nature intelligente. On prétend que Chrysippe avait composé plus de sept cents ouvrages; mais il est probable que de courtes dissertations, dont quelques fragments seulement sont parvenus jusqu'à nous. Consultez Baguet, *De Chrysippi Vita, doctrina et reliquiis* (Louvain, 1822); Petersen, *Philosophiæ Chrysippeæ Fondamenta* (Hambourg, 1827).

CHRYSOBÉRYL, espèce minérale de l'ordre des alumiantes. Cette pierre précieuse, dont la couleur jaune citron passe au vert asperge ou un vert olive, et s'opalise quelquefois en bleu, porte encore les noms de *cymophane* et de *chrysolithe orientale*. Elle a l'éclat du verre. Sa cassure est conchoïdale, et sa dureté est intermédiaire entre celle de la topaze et du corindon. On la rencontre au Brésil, au Pégu, dans l'île de Ceylan, et généralement informe en grains. Le plus grand échantillon qu'on possède de cette pierre, et pesant 8 kilogrammes, est à Rio-Janeiro; c'est d'ailleurs la plus volumineuse des pierres précieuses qu'on ait encore trouvée. Le chrysobéryl s'emploie surtout pour objets de parure, comme bagues, etc. Il est composé de 80,25 d'alumine et de 19,75 de glucyne.

CHRYSOCALE, sorte de laiton ou alliage de cuivre, de zinc et quelquefois d'étain, dont on fait des ouvrages de bijouterie en faux. Si à 100 parties de cuivre on en allie 20 de zinc, on obtient un alliage d'un beau jaune malléable, dont la cassure offre des facettes brillantes; avec 16 parties de zinc, l'alliage est malléable et d'une très-belle couleur; avec 14 parties on a un alliage plus brillant que le précédent; avec 12 parties, l'alliage est de couleur d'or, et d'un grain plus fin; enfin avec 8 à 9 parties de zinc, on obtient un alliage d'un grain très-fin et d'une belle couleur d'or.
TEYSSÈDRE.

CHRYSOCHLORE (de χρυσός, or, et χλωρός, verdâtre), genre de mammifères de l'ordre des carnassiers et de la famille des insectivores. Les espèces de ce genre se rapprochent des taupes par leur genre de vie, mais s'en distinguent principalement par leurs dents. On en connaît plusieurs; toutes sont originaires de l'Afrique australe. Nous ne citerons que la *chrysochlore du Cap*, vulgairement *taupe dorée*. Son museau est court, large et relevé; ses pieds de devant ont seulement trois ongles, dont l'extérieur très-gros et les autres allant en diminuant : les pieds de derrière en ont cinq. Elle n'a pas de queue apparente, bien qu'il y ait quatre ou cinq vertèbres coccygiennes. Elle est un peu plus petite que nos taupes; son poil, aussi plus fin que le leur, est très-doux au toucher, et présente, comme le plumage des colibris, des reflets métalliques et chatoyants d'un beau vert doré. Elle vit sous terre, dans des terriers dont on ne connaît pas la disposition, et qu'elle se creuse au moyen des ongles épais de ses pieds de devant, dont la force est encore soutenue par un os particulier qui se trouve dans le bras sous le cubitus. On la trouve en assez grand nombre dans les jardins du Cap, où elle cause beaucoup de dégats que les taupes en Europe.
DÉMIZEL.

CHRYSOCOLLE (de χρυσός, or, et κόλλα, colle), nom que les anciens naturalistes donnaient au borax, qui sert à souder l'or, et dont ils faisaient usage dans le traitement de plusieurs maladies. Ce nom a été donné depuis à un minéral cuivreux, qui a été reconnu pour être un cuivre hydraté.

CHRYSOGRAPHIE (de χρυσός, or, et γράφω, j'écris), art d'écrire en lettres d'or. Ceux qui se livraient à cet art, et que l'on nommait *chrysographes*, paraissent avoir été très-honorés, puisqu'on dit qu'Anthémius, avant de parvenir, en 467, à l'empire d'Occident, s'y était adonné avec succès. L'usage des lettres d'or était en effet très-commun vers le quatrième et le cinquième siècle; il s'est perdu insensiblement depuis, et l'on sait à peine aujourd'hui attacher l'or au papier comme on le voit sur la *Bible* de la Bibliothèque Impériale, sur l'*Virgile* du Vatican, sur les manuscrits de Dioscoride et dans une infinité de livres d'église de cette époque.

CHRYSOLITHE (de χρυσός, or, et λίθος, pierre), c'est-à-dire *pierre précieuse*. Ce nom a été donné à diverses substances minérales très-différentes. On l'a appliqué à un corindon, au chrysobéryl, à la prehnite, à la chaux phosphatée, au péridot, à certaines variétés de topaze ou de béryl, à l'idocrase, etc.

CHRYSOLOGIE (de χρυσός, or, et λόγος, discours); terme d'économie politique, par lequel on entend proprement la *science des richesses* (voyez CHRÉMATISTIQUE).

CHRYSOLOGUE (NOEL ANDRÉ, plus connu sous le nom de *Père*), astronome et géologue, né à Gy, en Franche-Comté, le 8 décembre 1728, mort dans la même ville le 8 septembre 1808, est auteur d'un *planisphère* projeté sur l'équateur et exécuté sur deux grandes feuilles bien gravées, contenant les neuf cents étoiles de La Caille, qu'il n'avait fait d'abord que pour son usage particulier et que son maître et son ami, le célèbre astronome Lemonnier, l'engagea à rendre public en 1778. Il en fit paraître un second en 1779, et l'année suivante deux autres encore, projetés sur divers horizons et accompagnés, ainsi que les premiers, d'instructions sur la manière de s'en servir. Sa *Mappemonde projetée sur l'horizon de Paris* et sa *Carte de la Franche-Comté* vinrent augmenter sa réputation, à laquelle sa *Théorie de la Surface de la Terre* (Paris, 1806, in-8°) mit le sceau. Ce dernier ouvrage peut être considéré comme un utile supplément aux *Voyages* de Saussure, dont il rectifie même quelques inexactitudes. Le P. Chrysologue, dans sa jeunesse, était entré dans l'ordre des capucins; mais ses supérieurs, qui s'étaient aperçus de sa vocation pour l'étude de l'astronomie, l'avaient envoyé à Paris, où il devait trouver plus de facilités pour ses études. À l'époque de la révolution, il revint en Franche-Comté, où il s'occupa de la carte de cette province, d'après la nouvelle division en trois départements. Il fit paraître en l'an VIII, dans le *Journal des Mines*, la *description du baromètre portatif* de Toricelli, perfectionné par lui. C'était un savant laborieux et modeste, un homme de bien, auquel ceux qui s'occupent des mêmes matières ne dédaignent pas de recourir encore de nos jours.

CHRYSOLORAS (MANUEL), savant grec de Constantinople, né vers le milieu du quatorzième siècle, peut être considéré comme celui qui le premier transplanta la littérature grecque en Italie. Vers l'an 1391, l'empereur Jean Paléologue l'envoya dans ce pays et en Angleterre, implorer des secours contre Bajazet. Cette mission lui ayant créé des relations en Italie, Chrysoloras abandonna, en 1397, sa patrie, menacée par les Turcs, et accepta une chaire de littérature grecque à Florence, où il compta bientôt un grand nombre d'élèves de tout rang et de tout âge, et où il excita un enthousiasme général autant par la dignité de sa tenue et la grâce de son débit, que par son érudition et par son caractère. Leonardo Bruno, Poggio, François Philelphe, Guarino de Vérone et autres, sortirent de son école. À partir de 1400, il remplit successivement les mêmes fonctions à Milan, à Pavie, à Venise et enfin à Rome. Le pape Grégoire XII se servit aussi de lui pour des négociations politiques, lors de la réunion qui avait été projetée entre les Églises grecque et romaine. En 1413 Chrysoloras accompagna Jean XXII au concile de Constance; il mourut dans cette ville, en 1415. On a de lui, indépendamment de plusieurs ouvrages de théologie, des *Erotemata*, principes de la langue grecque (Venise, 1484). Le fils de son frère, Jean CHRYSOLORAS, l'accompagna en Italie, et est souvent confondu avec lui.

CHRYSOPHORE. *Voyez* CALLISTÈDE.
CHRYSOPHYLLON. *Voyez* CAÏMITIER.
CHRYSOPRASE (de χρυσός, or, et πράσον, poireau). Cette substance minérale est ainsi nommée à cause de sa couleur d'un vert de poireau, légèrement doré. Cependant la chrysoprase est plus généralement vert pomme. Mais cette couleur n'est pas durable. Elle pâlit lorsque le minéral est exposé à l'influence de la chaleur, où même de l'air. Pour la maintenir, on conserve la chrysoprase dans l'obscurité, et entre des morceaux de coton humide. La chrysoprase est une variété d'agate, colorée par l'oxyde de nickel; elle se trouve en nodules et en veines dans la serpentine en Silésie.

CHRYSOSTÔME (DION). *Voyez* DION CHRYSOSTÔME.
CHRYSOSTÔME (Saint JEAN). *Voyez* JEAN CHRYSOSTÔME.

CHRZANOWSKI (ADALBERT), général polonais, passé plus tard au service sarde, est né vers 1788 dans la voïvodie de Cracovie. Élevé à l'école militaire de Varsovie, il fit les campagnes de 1812 et 1813 en qualité d'officier du génie.

Il prit ensuite part à la guerre contre les Turcs, en 1829, en qualité de capitaine attaché à l'état-major général russe, et se distingua au siége de Varna. Il n'hésita point à se rattacher à l'insurrection polonaise en 1830, remplit d'abord les fonctions de commissaire général des guerres, fut nommé, en janvier 1831, commandant en second de la forteresse de Modlin, et bientôt après chef de l'état-major général. On prétend toutefois qu'en substituant mal à propos aux fournitures régulières de foin, qui avaient eu lieu jusqu'alors pour la cavalerie, l'habitude de s'en procurer par voie de réquisitions, il nuisit beaucoup à la composition de cette arme. Au mois d'avril 1831, à la tête d'une brigade, il défendit avec succès les endroits guéables du Wieprz contre les Russes; le mois suivant il battit le général Thiemann à Kock. Plus tard, il arrêta avec trois divisions placées sous ses ordres les progrès de Rudiger en Podlachie, ramena avec bonheur un grand nombre de bouches à feu de Zamosc à Varsovie, et, le 14 juillet, remporta à Minsk un avantage, dont il ne sut pas tirer parti.

Chrzanowski fut alors promu au grade de général de division; mais vers la même époque il devint suspect au parti démocratique. Il avait eu en effet avec le général russe Thiemann une entrevue, dont le but et le résultat étaient restés soigneusement cachés; et on remarqua à partir de ce moment qu'il combattait toutes les mesures énergiques proposées au gouvernement. Il ne faisait pas mystère non plus du peu de confiance qu'il avait dans le triomphe définitif de la cause polonaise, parlant toujours avec mesure de la Russie et de ses ressources, et conseillant souvent d'entamer des négociations. Quoiqu'en butte de tous côtés aux plus vives attaques, Chrzanowski n'en réussit pas moins à toujours exercer une influence décisive sur Skrzynecki; à Bolinow, il prit le commandement de l'aile droite de l'armée polonaise, qui y était réunie, et, à la fin d'août, il fut nommé gouverneur de Varsovie sous Kruckowiecki. Après celui-ci, c'est à Chrzanowski que les Polonais attribuent la responsabilité de la fâcheuse issue de la défense de Varsovie, parce que ce fut lui qui empêcha la garde nationale de prendre part à la lutte. Les soupçons dont il était déjà l'objet ne firent que prendre plus de gravité lorsqu'on le vit ne point suivre l'armée polonaise après son départ de Praga, et continuer, après l'entrée des Russes à Varsovie, de séjourner dans cette capitale sans être inquiété. Il lui fallut toutefois redescendre alors au grade de lieutenant-colonel, dont il était revêtu avant la révolution. Plus tard il se rendit à Paris, sans qu'il y eût pour lui nécessité de s'expatrier, et muni au contraire de passe-ports russes, soi-disant pour déterminer ses compatriotes à retourner en Pologne.

La surprise fut donc générale quand, au printemps de 1849, et, dit-on, à l'instigation du colonel Zamoyski, il fut appelé à Turin avec mission de réorganiser l'armée piémontaise. Bien qu'il n'eût que le rang de lieutenant général, et non pas le titre de général en chef, mais simplement celui de *major général*; et quoique sa position auprès du roi, qui prenait lui-même part à la guerre, n'eût rien de bien déterminé, Chrzanowski n'en fut pas moins le véritable général en chef, divinités sur qui doit retomber la responsabilité de cette déplorable campagne de cinq jours, qui décida du sort de la Sardaigne et de celui de toute la péninsule. Dans la direction des opérations, il se départit de la prudence qui l'avait rendu si célèbre; car il ne prit point la ligne du Pô pour base, mais Novare, sur la route directe de Turin à Milan, comme centre du déploiement de ses forces. Il n'est rien moins que démontré que cette détermination lui ait été dictée par la croyance que Radetzky, son adversaire, qui reprit l'offensive en franchissant à Pavie le Tessin et le Gravellone, garderait la défensive ou bien opérerait contre Turin par la voie la plus courte. On assure, d'autre part, que le plan des opérations de l'armée piémontaise dut se plier aux exigences du parti démocratique, qui comptait bien rentrer à Milan le 23 mars, anniversaire de l'évacuation forcée de cette capitale par les forces autrichiennes l'année précédente. S'il est vrai que Chrzanowski ait alors écrit à Paris : « La guerre n'est pas populaire dans l'armée, qui ne veut pas entendre parler d'obéir aux émeutiers »; il est assez peu vraisemblable qu'il se soit soumis lui-même à un pareil joug. Ramorino prit position près de Pavie et de l'embouchure du Tessin dans le Pô; mais il n'avait sous ses ordres que six mille Lombards, la portion de l'armée la moins bien disciplinée et la plus mal exercée. Celui-ci agit sans doute contrairement aux ordres de Chrzanowski, puisqu'il ne prit pas la rive gauche du Pô pour base de ses opérations. Il n'est pas prouvé qu'avec plus de subordination de sa part on eût pu éviter la catastrophe de Novare, mais cette désobéissance fournit un prétexte pour lui en attribuer toute la responsabilité. A la bataille de Novare (23 mars), l'armée piémontaise était déjà tournée, que Chrzanowski se disposait encore à donner un vigoureux coup de collier; mais il n'eut pas plus tôt appris ce qui se passait, qu'il renonça à son plan d'attaque, et donna l'ordre de la retraite, devenue maintenant une inévitable nécessité.

Petit de taille et d'un extérieur grêle, Chrzanowski est un travailleur infatigable, et on lui accorde toutes les qualités nécessaires à un bon chef d'état-major. Comme général en chef, il est possible que ses talents aient été paralysés par cette circonstance qu'en Italie, de même qu'en Pologne, il ne croyait pas au triomphe possible de la cause qu'il servait. A la suite de la campagne de 1849, pendant laquelle il n'accepta pas de solde, il fut mis en non activité, et resta dans les Etats sardes jusqu'au mois de mai 1850, après avoir préalablement remis au ministère un mémoire justificatif de toutes ses opérations. Depuis, nous l'avons revu à Paris, et au mois de mai 1852 il assistait au Champ de Mars à la distribution d'aigles faite à l'armée française.

CHTHONIENNES (Divinités). L'épithète grecque χθονίος, qui signifie *terrestres* (de χθών, la terre), fut appliquée, par métonymie, aux divinités *infernales*. Ces divinités étaient Bacchus et Pluton, Cérès et Proserpine, et Minerve chez les Grecs. Bacchus était adoré comme un des principaux agents du principe productif, pénétrant de sa chaleur active le monde sublunaire et développant tous les germes. Le culte de Bacchus, soleil inférieur, n'était pas particulier à la Grèce; les Thraces lui avaient élevé un temple dans la vallée de Silenisse. Les Arabes, suivant Strabon, l'honoraient comme le Dieu qui procurait aux hommes les choses nécessaires à la vie. Bacchus Chtonien, enfant de Proserpine et de Jupiter, et non de Sémélé et de Jupiter, considéré comme soleil inférieur, était aussi surnommé *Zagrée*, du mot grec αγρεύν, *captare*, prendre, parce que le Bacchus des enfers, le même que Pluton, entraînait les âmes dans son royaume. Le poëte Ausone l'a caractérisé sous ce double rapport dans les vers suivants :

Bacchus inter vivos, inter mortuos
Aidoneus iguigena, bicornis titanicida,

D'après les mêmes idées mystiques, Proserpine était une des divinités chthoniennes, comme image de la substance matérielle, comme emblème des semences qui restent cachées dans la terre pendant l'hiver. Les Latins et les Sabins rendaient à Proserpine le culte le plus religieux. Cérès et Proserpine, qui n'étaient originairement qu'une même divinité, dont l'Isis égyptienne était le prototype, ne cessèrent pas, quoique séparées par la suite dans le culte public, d'être adorées par les Grecs sous des rapports divers. Le culte des divinités chthoniennes était en grand honneur surtout dans l'Argolide. On célébrait tous les ans à Hermione, au printemps, une fête nommée Chthonies. Minerve, comme déesse des productions naturelles et comme inventrice des arts et des métiers, surtout des ouvrages en laine,

était aussi au rang des divinités chthoniennes; c'est pour cela qu'elle était honorée comme Cérès dans le temple bâti à Hermione.
Th. Delbare.

CHTHONIES, fêtes que l'on célébrait tous les ans à Hermione, au printemps, en l'honneur de Cérès. A la tête de la procession qui s'y faisait marchaient les prêtres des dieux et tous ceux qui étaient revêtus des magistratures annuelles; venaient ensuite les hommes et les femmes, puis les enfants vêtus de blanc et portant sur la tête des couronnes d'une fleur dont la couleur et la forme ressemblaient à celles de l'hyacinthe. La procession était terminée par des gens qui conduisaient une génisse qui n'avait pas encore porté le joug. Arrivés au temple, ils détachaient cette génisse, et la poussaient dans l'intérieur. Les portes du temple se refermaient aussitôt. Quatre vieilles femmes tuaient cette génisse, et les portes se rouvraient. On introduisait de la même manière et successivement une seconde, une troisième et une quatrième génisse, qui étaient pareillement immolées par les vieilles femmes. Ces quatre génisses étaient probablement consacrées aux quatre saisons de l'année qui commençait, et les quatre vieilles femmes qui les tuaient représentaient sans doute les quatre saisons de l'année qui venait de finir.
Th. Delbare.

CHUINTER, verbe imitatif, exprimant le cri de la chouette, et d'où l'on a fait le participe, *chuintant*, reçu depuis longtemps par les grammairiens. Lo *j*, le *ch*, le *g* doux des Français, le *sh* des Anglais, le *sch* des Allemands, sont appelés lettres *chuintantes*, parce qu'il est effectivement impossible de les prononcer sans faire entendre ce soufflement caractéristique propre à certains oiseaux de nuit. En revanche, le *ch* n'est pas *chuintant* dans la plupart des mots tirés des langues anciennes. Ce terme n'est pas moins nécessaire, a dit Ch. Nodier, que ceux de *labial, sifflant* et *guttural*, employés en parlant d'autres sons qui désignent d'autres consonnes.

CHUQUISACA, appelé autrefois *Charcas* ou *La Plata*, capitale de la Bolivie, l'une des républiques de l'Amérique du sud, sur la rive gauche du Cachinapo, à 3700 mètres au-dessus du niveau de l'Océan, bâtie dans une plaine entourée de toutes parts de collines qui la mettent à l'abri de tous les vents, est le siége du gouvernement et d'un archevêché. Cette ville possède une université, une cathédrale et quelques autres belles églises; on y compte 26,000 habitants. Elle fut fondée en 1538 par Pedro Auzures, l'un des lieutenants de Pizarre, sur l'emplacement d'une ville péruvienne du même nom, appelée plus tard *La Plata*, d'après les riches mines argentifères de Porco, qui l'avoisinent. La province de Chuquisaca compte aujourd'hui une population de 180,000 âmes, répartie sur une superficie de 1620 myriamètres carrés.

CHURCH (Richard), qui joua un certain rôle dans les événements au milieu desquels s'accomplit l'émancipation des Hellènes, né en Angleterre, entra de bonne heure au service, et, dans les années 1813 et 1814, commanda un régiment grec d'infanterie légère composé d'Armatoles et de Kleptes réfugiés et passés au service de l'Angleterre. En 1826 il vint mettre son épée à la disposition de la Grèce combattant pour son indépendance. Débarqué en mars 1827, il opéra la réunion de l'assemblée nationale, siégeant à Kastri, avec les députés réunis à Égine; et en avril suivant l'assemblée nationale, convoquée à Trézène, le nomma commandant en chef de toutes les troupes de terre de la Grèce, en le chargeant de dégager l'Acropolis d'Athènes, serrée de près par les Turcs, entreprise qui échoua en partie à cause de la jalousie et de l'indiscipline de ses subordonnés, et en partie aussi par sa propre imprudence.

L'échec grave qui en résulta pour sa réputation ne fit que rendre plus vives les attaques de ses adversaires. Paralysé dès lors dans tous ses mouvements, Church se vit forcé d'éparpiller ses troupes, et réduit à ne plus faire qu'une petite guerre sans plan et sans but. Avec un corps de Rouméliotes, il établit un camp retranché dans l'isthme de Corinthe, et ce ne fut qu'après la bataille de Navarin qu'il put enfin exécuter dans la partie occidentale de la Grèce une expédition projetée depuis bien longtemps. Débarqué, le 30 novembre 1827, à Dragomesze, il fit dans cette contrée des progrès rapides, mais qu'interrompit dès les premiers mois de l'année suivante l'arrivée du séraskier Reschid-Pacha. Les heureuses opérations d'une division de la flotte grecque, l'arrivée de troupes grecques de renfort, et aussi la défection de plusieurs beys et agas, contraignirent pourtant Reschid-Pacha à battre en retraite; mais quelques mois après il reparut de nouveau sous les murs de Missolonghi, et y tint Church en échec jusqu'au moment où l'intervention des grandes puissances donna une tournure plus favorable à la lutte que les Grecs soutenaient pour leur indépendance.

Lorsque enfin, vers le milieu de 1829, les dernières places fortes que les Turcs eussent encore conservées dans la Grèce occidentale furent obligées de capituler, Church se rendit à Égine pour savoir à quoi s'en tenir sur ses rapports ultérieurs avec le gouvernement grec. Capo-d'Istria, dont le plan était d'éloigner tous les Anglais, l'avait déjà, à diverses reprises, complétement mis de côté; et une réorganisation de l'armée ayant eu lieu sans qu'on prit ses avis, il donna sa démission. Il vécut depuis lors à Argos, où il fit de l'opposition à l'arbitraire du président, qui lui transmit l'ordre d'avoir à sortir de Grèce. Mais Church persista à y rester, et après l'assassinat de Capo-d'Istria il fut encore l'un des adversaires du gouvernement qui, sous la direction de l'incapable Augustin Capo-d'Istria, essaya de continuer l'odieux système suivi jusque alors. A son arrivée en Grèce, le roi Othon le nomma conseiller d'État.

En 1830 Church publia un mémoire dans lequel il démontrait la nécessité d'assigner à la Grèce, dans l'intérêt de sa sécurité et de sa tranquillité futures, des limites plus étendues que celles que les grandes puissances lui avaient accordées. Il est mort en 1850, objet universel des regrets de la nation grecque.

CHURCHILL (John). *Voyez* Marlborough.

CHURCHILL (Charles), satirique anglais, naquit à Londres, en 1731. Ayant fait preuve dans ses études préliminaires de plus de vivacité d'esprit que de suite dans le travail, il se vit refuser l'admission à l'université d'Oxford, faute de connaissances suffisantes dans les langues. Il est à croire que cet affront public ne contribua pas peu à exciter la haine profonde pour cette institution dont plusieurs de ses ouvrages portent la trace. Il revint suivre les cours de l'école de Westminster, se maria bientôt après, et poussa assez loin ses études pour pouvoir se faire recevoir dans l'ordre ecclésiastique et obtenir une petite cure dans le pays de Galles. Afin d'augmenter les médiocres revenus attachés à cette place, il entreprit un commerce de cidre; mais le manque d'ordre ne tarda pas à le conduire à la faillite. Il s'en revint à Londres; ses créanciers l'y poursuivirent, et il n'échappa à l'emprisonnement pour dettes que grâce à la générosité d'un ami.

Dès cette époque Churchill s'était lié avec Thornton, Colman et Lloyd, qui avaient formé une espèce de société littéraire. En même temps il se faisait connaître par la *Rosciade* (la première édition, publiée sous le voile de l'anonyme, parut en 1761), satire contre les comédiens de son temps. Vivement attaqué au sujet de cette publication, il composa son *Apology*, dans laquelle les journalistes, les comédiens et Garrick lui-même étaient rudement traités. Ses ennemis s'en vengèrent en dénonçant le scandale de ses mœurs, qui n'étaient rien moins qu'exemplaires, et il chercha à se justifier dans une lettre à Lloyd intitulée *The Night*. En même temps que cette satire, parut le premier chant de son poème *The Ghost*, dans lequel il attaquait Johnson. *The Prophecy of Famine, a scotch pastoral*, ouvrage écrit avec chaleur, et rempli de traits de malice, occasionné par l'influence qu'exerçait sur l'esprit de Georges II son ministre Bute, Écossais de naissance, fit plus de bruit.

Les partisans de Churchill le mettaient au-dessus de Pope, jugement qui ne faisait qu'exciter davantage contre lui la jalousie de ses adversaires. Il fut pendant longtemps lié d'amitié avec Hogarth. Mais celui-ci ayant publié une caricature contre le fameux démagogue Wilkes, dont Churchill était l'ami le plus intime, notre satirique vengea Wilkes dans une lettre à Hogarth, où il attaquait de la manière la plus indigne le caractère moral de ce dernier. Plus tard il fit paraître *The Conference, The Author*, l'un de ses plus attrayants ouvrages, *Gotham*, où il trace les devoirs qui incombent à un souverain, *The Candidate, The Farewell, The Times, Independence, The Journey*, et une mordante dédicace de ses sermons à Warburton.

Churchill mourut en 1764, pendant un voyage à Boulogne. Une édition de ses œuvres complètes parut à Londres dès 1774 (3 volumes). Il existe aussi diverses éditions de ses poésies.

Les Anglais disent que Churchill doit être rangé immédiatement après Pope et Dryden; qu'il a moins d'esprit que Pope, mais qu'il a presque l'énergie de Dryden, et plus de gaieté que ces deux poëtes. Les Français peuvent l'apprécier en le comparant à Boileau et à Regnier : il est plus correct que ce dernier, mais moins énergique; il a plus de force que Boileau, mais il écrit moins bien.

CHUROS. On appelle ainsi, par opposition aux mérinos, les moutons d'Espagne à laine toute grossière, qui trahissent encore visiblement leur descendance du mouflon. Leur conformation est à peu près celle des mérinos; et leur laine, qu'on emploie dans la fabrication des étoffes les plus grossières, est presque toujours noire. Du mélange des churos avec les mérinos provient le genre métis des *Amerinados*, qui produit une bonne laine à peigne.

CHURUBUSCO, bourgade située à quelques journées de marche au nord de Mexico, et où eut lieu, le 20 août 1847, entre les Américains du Nord et les Mexicains, un combat d'où les premiers sortirent victorieux, et qui leur livra la capitale du Mexique.

CHU-SAN. *Voyez* Tchusan.

CHUTE, mouvement d'une chose qui tombe.

Le corps humain, comme tous les corps de la nature, est assujetti aux lois de la gravitation : il est entraîné vers le centre de la terre quand il manque d'appui, comme aussi quand il perd les forces qui distinguent les corps organisés et qui sont une condition de la station. Les chutes dont l'homme est patible (susceptible) et des résultats plus ou moins dommageables : ce sont des contusions, des commotions, des luxations, des fractures, une mort plus ou moins rapide. Ces effets sont produits selon diverses circonstances, telles que la hauteur d'où le corps est entraîné par la pesanteur; la force avec laquelle il peut être projeté, celle d'un cheval, par exemple, lancé au galop, ou faisant des efforts peu redoutable s'en soustraire à son cavalier; les divers chocs que l'homme éprouve en rencontrant d'autres corps de forme et de consistance différentes. Certaines professions exposent principalement aux chutes : ce sont celles du charpentier, du couvreur, du badigeonneur, etc. Et on ne saurait trop le redire, les ouvriers de ces professions négligent trop souvent de prendre les soins que la prudence réclame. C'est aux deux extrémités de la vie que l'homme est le plus sujet à tomber. L'enfant fait l'apprentissage de la marche aux dépens de son front : ses chutes, proportionnées à sa taille, sont peu graves; la sollicitude maternelle défend de plus ordinairement sa tête par un bourrelet, et l'art a fait pour cet usage un heureux emploi de la baleine. La tendance à tomber chez les vieillards est souvent pour les physiologistes le signe d'une affection des centres nerveux, la menace d'une attaque de paralysie ou d'apoplexie.

Quand les chutes sont suivies d'accidents graves et évidents, on s'empresse d'invoquer les secours de la chirurgie, mais quand elles ne causent pas de lésions apparentes, on néglige trop souvent ce soin : alors, d'après une routine traditionnelle, on a recours à des infusions de plantes dites *vulnéraires*. Rien n'est plus absurde pourtant que la foi qu'on accorde à l'efficacité de ces boissons. Il est aussi d'usage vulgaire d'appliquer sur les parties contuses des compresses imprégnées d'eau rouge, ou d'une solution de boule de Nancy : ces médications externes n'ont pas généralement des inconvénients qui puissent les faire craindre. Ajoutons que toute chute grave n'entraîne pas l'urgence d'une saignée à la lancette, comme on le croit généralement : les médecins et les chirurgiens sont seuls aptes à juger l'opportunité et l'indication de ce moyen, qui peut avoir des résultats funestes s'il est employé irrationnellement; loin de ranimer par une soustraction de sang un blessé privé de ses sens, on peut au contraire éteindre en lui une dernière étincelle de vie.

Dans le langage chirurgical, on donne le nom de *chute* à l'abaissement de quelques parties du corps que nous allons indiquer sommairement. Il n'est pas très-rare de voir la paupière supérieure rester abaissée sans qu'on puisse la relever à volonté, comme dans l'état normal, et sans qu'on puisse attribuer ce changement à aucune cause évidente. Cette chute ne se manifeste ordinairement que d'un seul côté de la face. Elle est souvent l'indice d'une affection cérébrale chez les personnes parvenues au déclin de la vie. Chez les jeunes gens, l'abaissement involontaire de la paupière supérieure est ordinairement l'annonce d'une habitude vicieuse, et elle doit exciter la vigilance des personnes chargées de leur éducation.

L'appendice charnu qu'on voit dans l'arrière-bouche, et qu'on nomme *luette*, s'abaisse fréquemment au-dessous de son niveau normal. La déglutition est gênée par ce changement; il semble qu'on ait un corps étranger dans le gosier, excitant la toux et une expulsion considérable de salive. Cette légère affection se rencontre chez les personnes débiles, soit par leur constitution, soit à la suite d'excès de fatigue. On y remédie facilement en portant sur la luette, à l'aide d'un manche de cuillère, une substance irritante, telle que le poivre. Dans les cas où ce moyen est impuissant, on touche la luette avec un pinceau de charpie trempée dans une liqueur astringente : la décoction d'écorce de grenade aiguisée par un peu d'alun est très-convenable pour cette médication.

La dernière portion des intestins, le *rectum*, peut aussi tomber, suivant l'expression vulgaire, former une tumeur plus ou moins considérable, qui se complique quelquefois par le déplacement de l'avant-dernier des intestins appelé *colon*. La *chute du rectum* n'est pas rare chez les enfants très-jeunes à la suite des irritations intestinales qui déterminent la diarrhée ou la constipation : elle est encore causée par les efforts qu'ils font en criant. A cet âge ce déplacement est peu redoutable : on repousse assez facilement l'intestin à sa place naturelle, et il cesse de ressortir quand les causes indiquées sont écartées. Chez les adultes, la chute du rectum succède à des efforts violents pour aller à la selle, à l'usage excessif des lavements tièdes et des bains de siège; les hémorroïdes en sont une autre cause : c'est pourquoi il est important de calmer autant que possible l'inflammation hémorroïdale. Cette chute est une infirmité très-fâcheuse, parce qu'elle gêne considérablement dans la marche, et lorsqu'on est assis. En outre, la portion d'intestin étant irritée en dehors, devient facilement douloureuse, peut s'enflammer et passer à l'état cancéreux. Les moyens qu'on a inventés pour contenir le rectum dans ses rapports naturels, des pessaires et différents bandages, causent de la gêne et d'ailleurs sont souvent insuffisants ou intolérables. Heureusement, les progrès de la chirurgie permettent aujourd'hui de remédier à cette affection par une opération peu redoutable et plus efficace que tout autre moyen.

Un autre organe propre à la femme est patible de plusieurs déplacements, dont l'un par abaissement, est appelé *chute de l'utérus* : cette affection trop commune, surtout dans la dernière moitié de la vie, s'annonce par des tiraillements dans les aines et dans les flancs ; par un sentiment de pesanteur vers le siège et par de fréquentes épreintes ; l'émission des urines devient difficile ; enfin une tumeur apparaît au dehors et descend plus ou moins bas. Les causes qui disposent et déterminent ce déplacement sont la compression de l'abdomen, des marches fatigantes, des secousses violentes, des efforts pour aller à la selle, des grossesses réitérées, surtout chez les femmes des villes, qui n'ont point le tissu des organes aussi ferme que celui des campagnardes. La compression du ventre étant au nombre des causes qui font dévier l'utérus de ses rapports normaux, on conçoit que l'usage des corsets très-serrés peut produire cet effet en refoulant les organes contenus dans le ventre vers la région inférieure. On attribue généralement les chutes de l'utérus à un état de relâchement et d'affaiblissement, et en conséquence on emploie beaucoup trop souvent pour les prévenir des médications toniques, qui produisent un effet contraire au but qu'on s'est proposé, car on augmente souvent par ces moyens une irritation qui accroît le volume ainsi que le poids de l'utérus, et qui favorise son déplacement. La prudence requiert donc de n'employer des injections astringentes et stimulantes qu'avec une très-grande réserve. Les flueurs blanches sont encore considérées comme une des causes de la chute de l'utérus, et c'est parce qu'elles proviennent de l'irritation de cet organe : il est donc important de ne pas chercher à tarir cet écoulement, ainsi qu'on le fait trop communément, par des toniques administrés à l'intérieur et à l'extérieur. La constipation est une autre cause de l'affection qui nous occupe, en contraignant à faire des efforts pour aller à la selle : comme elle provient très-souvent de l'irritation de l'estomac et d'une portion des intestins, nous devons faire remarquer qu'il est dangereux de la combattre par des purgatifs, selon la coutume vulgaire, surtout en Angleterre. Ces médicaments sont des irritants, et tout en procurant un soulagement momentané, ils activent trop souvent l'irritation de l'estomac et des intestins grêles, qui irradie sur l'utérus par la sympathie qui unit ces organes.

Ces données générales sur les causes qui favorisent et déterminent la chute de l'utérus nous permettent d'ajouter quelques avis appropriés au but de cet ouvrage. On ne saurait trop recommander de ne point exercer de fortes compressions sur le ventre, surtout dans l'état de grossesse, comme aussi d'éviter toute secousse violente du corps, principalement quand on a l'habitude d'une vie oisive et sédentaire. Dans les cas de constipation, il est prudent de préférer une alimentation légère et rafraîchissante, des topiques émollients sur le ventre, le traitement de la gastrite, et de faire usage de lavements plutôt froids que chauds. Les personnes affectées d'irritation utérine souvent accompagnées de flueurs blanches, devront aussi s'en tenir aux médications qui rafraîchissent, à des injections émollientes et froides, à des applications de sangsues autour du siège, et des cataplasmes émollients sur le bas-ventre. Lorsqu'un des accidents que nous avons indiqués vient signaler la chute de l'utérus, le repos, la situation horizontale, des saignées locales ou générales, un traitement rationnel enfin, peuvent remédier à un déplacement qu'on ne saurait trop redouter. Plus tard, les ressources de l'art sont impuissantes ou bornées à des moyens souvent mécaniques, qui ont des inconvénients plus ou moins pénibles.

Dr CHARBONNIER.

[Dans les ponts et chaussées, *chute* se dit de la différence de hauteur entre les niveaux de deux biefs consécutifs d'un canal ou d'une rivière ; d'où l'on appelle *mur de chute* le mur construit en aval des portes d'amont d'une écluse à sas, pour racheter la différence de niveau entre le radier de l'écluse d'amont et celui du sas.

En termes de jardinage on nomme *chute* le raccordement de deux terrains inégaux qui se fait par des perrons ou par des gazons en glacis.

Dans les constructions hydrauliques on entend par *chute*, soit les pentes qu'on ménage à dessein à l'écoulement des eaux, soit les épanchements d'eaux naturels ou artificiels qu'on appelle autrement *cascade*.

En marine on nomme *chute* la hauteur verticale d'une voile quand elle est hissée, amurée et bordée. A la pêche, c'est la hauteur d'un filet quand il est tendu.

Dans l'astrologie, la chute était le signe où une planète avait le moins d'influence ou de vertu ; ce qu'on appelait autrement *signe de défection*.

Au théâtre la *chute du rideau* annonce la fin de la pièce, d'un acte ou du spectacle. C'est le moment suprême pour les premières représentations et les débuts. Des sifflets ou des applaudissements l'accompagnent et portent la douleur ou la joie dans l'âme du malheureux qui tombe ou se relève avec la toile.

La *chute des feuilles* s'entend de la saison où les feuilles caduques des arbres tombent. On sait combien ce moment inspire de crainte aux personnes affectées de la poitrine. La *chute du jour* est le moment où la nuit arrive.

Chute se dit encore, en parlant des parties du corps qui s'en détachent tout à fait et qui tombent. Ainsi on dit la *chute des dents*, la *chute des cheveux*, la *chute d'un ongle*.]

Chute, au figuré, s'entend d'une espèce de revers, d'adversité particulière aux auteurs de tous genres, et qui jadis leur était si fatale qu'ils en mouraient souvent sur place. Aujourd'hui *on ne tombe plus*, même au théâtre ; car, avant que les portes soient ouvertes, le succès est *assuré*. On ne tombe pas davantage dans les journaux, puisque l'écrivain et l'éditeur se disputent à qui fera insérer le plus vite et le plus au long des articles laudatifs. La chute dans telle ou telle feuille n'étant plus désormais en littérature qu'un souvenir lointain, un mythe, un rêve, on ne compte en revanche aucun succès véritable. Dans le siècle dernier, il fallait qu'un triomphe fût bien éclatant pour n'être pas contesté, et Gilbert a osé dire de La Harpe, tant de fois couronné, qu'il

Tomba *de chute en chute au trône académique*.

Chute, en grammaire et en littérature, signifie quelquefois finale d'un morceau en prose ou en vers, point sur lequel on cherche à fixer principalement l'attention ; c'est ainsi que Molière fait dire par Alceste (*Misanthrope*) à Philinte, qui a loué les vers d'Oronte et surtout la *chute* de son sonnet :

La peste de ta *chute*, empoisonneur au diable !
En eusses-tu fait une à te casser le nez !

Chute est encore employé pour *cadence* : c'est le complément d'une période bien arrondie et qui remplit agréablement l'oreille.

Naguère, dans le système représentatif, un ministère auquel la majorité manquait faisait une *chute* ; mais cet accident était rare : on le prévenait avec adresse, et l'on s'arrangeait pour se retirer vainqueur, avec les dépouilles, non pas de l'ennemi, mais du public, qui regardait, écoutait, lisait et payait.

Enfin, comme de juste et comme toujours, il y a une dernière espèce de *chute*, et c'est la plus terrible de toutes, la chute morale. Elle est telle que bientôt nous cessons de nous reconnaître nous-mêmes. Une chute dans ce genre est rarement unique, et souvent, très-souvent même :

Une *chute* toujours entraîne une autre *chute*.

Cependant, il ne faut jamais, quelque déchu qu'on soit, désespérer de l'avenir : il y a dans l'homme une puissance de repentir infinie. Par un accord merveilleux, la vertu tient toujours en réserve quelque peu de tendresse pour celui qui éprouve le besoin de se relever : elle lui donne la main, elle accorde même à un simple effort un commencement de considération, qui plus tard sauve tout à fait. Le monde oublie une *chute* sans la pardonner ; il ne console pas et ne répare rien : le coupable ne le retrouve que pour douter de ses remords. Aussi est-il sage de vivre dans la retraite après une *chute*, et de se confier à son repentir ; c'est le meilleur comme le plus solide des appuis. Nous parlerons séparément de la chute originelle.   SAINT-PROSPER.

CHUTE DES CORPS. Il n'est personne qui n'ait remarqué qu'un corps solide ne peut rester suspendu au sein de l'atmosphère qu'autant qu'il repose sur un autre corps, ou qu'il est attaché après un obstacle fixe, et qu'aussitôt qu'il cesse d'être soutenu par l'un de ces moyens, il tombe jusqu'à la surface de la terre ou même dans son intérieur, s'il rencontre quelque ouverture comme celle d'un puits. Cet effet s'offre également avec les liquides lorsque les vases qui les renferment se brisent, avec cette différence que la mobilité de leurs parties permet qu'elles se séparent, de manière que quand la hauteur est un peu grande, c'est sous forme de pluie que le liquide arrive à la surface de la terre : c'est donc sur les solides qu'il faut examiner ce qui se passe dans la chute des corps.

On s'aperçoit facilement qu'un corps qui tombe ainsi au travers de l'atmosphère ne parcourt pas des espaces égaux pendant des temps semblables, et qu'il parcourt des espaces d'autant plus étendus qu'il s'approche davantage de la terre. Le mouvement des corps qui tombent est *uniformément accéléré*, comme le prouve l'expérience que l'on peut faire d'une grande hauteur au-dessus du sol, comme les tours de Notre-Dame à Paris : en déterminant exactement le moment où le corps vient frapper le sol, on s'aperçoit bien facilement de l'accélération du mouvement. En raison de la force centrifuge, les espaces parcourus par les corps qui tombent ne sont pas égaux sur toutes les parties du globe, mais les rapports restent les mêmes. A Paris dans une seconde de temps un corps parcourut 4^m9 ; en deux secondes, il ne parcourt pas seulement le double ou 9^m8 mais 14^m7 ; dans la troisième seconde, l'espace qu'il a traversé s'est trouvé de 24^m5 ; c'est-à-dire que les temps restant les mêmes, les espaces sont des les rapports des carrés, ou les temps étant représentés par 1, 2, 3, 4, etc., les espaces parcourus le sont par 1, 4, 9, 16, etc., car en multipliant 4^m9 par ces nombres, nous trouverons précisément ceux que nous avons indiqués.

Si l'on voulait s'assurer de la réalité de ces résultats, on placerait une planche à la hauteur indiquée au-dessous du point de départ, et, abandonnant le corps à lui-même, soit en le lâchant, soit en coupant la corde qui le suspend, on l'entendrait, au bout du nombre de secondes déterminé, frapper la planche ; mais l'expérience ne pourrait être faite que pendant un très-petit nombre de secondes, à cause de la très-grande hauteur verticale dont il faudrait pouvoir disposer. On doit à un physicien anglais nommé Atwood une machine ingénieuse qui supplée à ces grandes hauteurs par une disposition qui permet d'opérer pendant un temps beaucoup plus long. Si un fil de soie très-fin qui passe sur la gorge d'une poulie est attaché par ses deux extrémités à des poids parfaitement égaux, dans quelque position qu'on les place, ceux-ci se feront équilibre, à cause du très-faible poids du fil, qui n'augmente pas sensiblement celui du corps placé plus bas ; mais si on ajoute à l'un d'eux un très-petit poids, il entraîne avec lui le corps auquel il est ajouté, avec une force proportionnée à leur rapport de poids : ainsi, en supposant que le poids de chacun des deux premiers corps soit de $4^{gr},5$, et que celui du petit corps soit de 1 gramme ; il en résulte que ce dernier poids sera la centième partie du poids des trois corps réunis ; donc la vitesse sera le centième de ce qu'aurait été celle de la masse totale ; et par conséquent au lieu de parcourir 4^m9 pendant la première seconde, le corps ne tombera que de 49 millimètres, et ainsi de suite pour tous les autres espaces parcourus. On voit combien il sera facile par ce moyen de vérifier la loi que nous avons indiquée ; mais les frottements de la poulie sur son axe, et de la corde sur la poulie, apporteront à la chute des obstacles qui diminueront les espaces parcourus : l'appareil d'Atwood ne peut donc servir qu'à vérifier la loi quant aux rapports, mais non quant à la quantité intrinsèque de mouvement. Pour diminuer autant que possible l'influence de ces causes perturbatrices, on place l'axe de la poulie sur un assemblage de quatre autres poulies semblables, et toutes sont le plus légères possible, très-bien polies, et leurs axes déliés et travaillés avec soin.

Il est curieux de savoir ce qui arriverait si la force qui met les corps en mouvement dans l'appareil d'Atwood cessait à un instant quelconque de produire son action. Il est facile de réaliser cette condition, en donnant au petit corps qui détermine la chute une forme allongée telle qu'il puisse être retenu par un anneau placé à la hauteur où le corps arrive après un certain nombre de secondes ; le poids primitif, débarrassé de celui qui le faisait tomber, continue sa route, et ne parcourt plus que des espaces égaux pendant des temps semblables.

On pourrait déterminer la hauteur d'un édifice ou la profondeur d'un puits en laissant tomber de leur partie supérieure une pierre à un instant donné par une montre à secondes : le bruit qu'elle produirait en touchant le sol ou l'eau indiquerait le temps qu'elle a employé à tomber, sauf la petite différence produite par le temps nécessaire pour que le son parvienne à l'oreille.

L'accélération que les corps prennent en tombant rend compte de divers phénomènes qui s'offrent très-fréquemment. Ainsi, quand une pierre ou un autre corps solide tombent du haut d'un édifice, les accidents qu'ils produisent sont d'autant plus graves que la hauteur d'où ils sont partis est plus grande ; et de la même manière, si un homme tombe d'une grande hauteur, sa chute peut avoir les conséquences les plus fâcheuses, qu'il ne peut éviter qu'en divisant le choc en se courbant de manière que sa vitesse soit successivement annihilée, ce qu'au surplus un instinct naturel porte toujours à faire.

Sur un plan incliné les corps qui glissent se conduisent de la même manière que dans leur chute verticale, mais leur mouvement se trouve d'autant plus retardé que l'inclinaison est moindre et le frottement plus grand : ainsi, une voiture ou un homme qui courent avec une grande rapidité dans une descente peuvent être entraînés avec tant de force par l'accélération du mouvement qu'ils soient précipités et brisés à la partie inférieure ; mais on diminue cet effet en augmentant le frottement des roues, soit en les enrayant avec un sabot ou une chaîne, soit par le moyen de frottoirs placés en arrière de la voiture. L'instinct des animaux les conduit à faire usage d'un moyen analogue, et tous les jours nous voyons des chevaux attelés à des voitures chargées de pesants fardeaux se raidir, se laisser glisser sur le sol, et diminuer ainsi la vitesse du système dont ils font partie.   H. GAULTIER DE CLAUBRY.

CHUTE ORIGINELLE. Le mal travaille l'homme, personne ne le nie ; mais les uns le rapportent à une chute ou dégradation primitive, les autres à la faiblesse même de notre nature, qui aurait été ainsi faite. Nous ne parlons pas des manichéens, qui en placent la cause dans un Dieu mauvais, coéternel au Dieu bon, principe du bien : cette doctrine n'a plus de sectateurs chez les peuples de la civilisation moderne. Examinons seulement ici les deux autres doctrines.

Il y a dans la pensée deux ordres d'idées, les unes créées, qui constituent l'âme, les autres incréées, qui constituent Dieu. Ainsi la pensée communiquant intérieurement, immédiatement avec Dieu, naturellement nous devons le connaître et le posséder ou jouir de la perfection. Si nous ne le faisons point, ce ne peut être que parce que notre nature est corrompue. Mais niez dans la pensée les idées divines, la pensée, avec les seules idées humaines, ne communique plus avec Dieu ; nous ne pouvons le connaître et le posséder ou être parfaits. Niez dans la pensée les idées humaines, la pensée ne nous appartient point; c'est Dieu qui pense en nous, qui est nous-mêmes, puisque les idées constituent l'être pensant. Niez à la fois les idées divines et les idées humaines, pour livrer la pensée aux sensations, vous tombez dans le matérialisme, où il n'y a d'autre perfection concevable que celle qui naît de l'organisation. De là il résulte que la théorie des idées conduit à la perfection et à la chute, que la chute est la vraie cause du mal, et selon qu'on embrasse cette théorie ou l'un des trois systèmes qui la renversent, on doit admettre ou rejeter la perfection et la chute.

Platon, créateur de la théorie des idées, enseigne que le corps est une prison dans laquelle l'âme expie quelque faute commise durant une autre vie où elle existait pleine de lumière, de droiture, de félicité. En ôtant l'erreur d'une vie antérieure et supposant le corps créé avec l'âme, on aurait le péché originel, tel que la Bible le rapporte. Ce ne serait pas le corps en soi, mais le corps corrompu qui emprisonnerait l'âme; ou plutôt ce serait l'âme corrompue et le corps corrompu, c'est-à-dire l'homme, qui, dans sa corruption, serait la prison de lui-même. Aristote, Zénon de Citium, Épicure, auteurs des trois faux systèmes, regardent l'état présent comme naturel, et ne songent nullement à la dégradation primitive. Quand on croit au christianisme, on est obligé de la professer, puisque le christianisme a pour objet de la réparer, et que sans elle il n'existerait point. Mais les partisans du vrai système la regardent comme la subversion de l'état naturel, tandis que les autres s'imaginent qu'elle précipita l'homme d'une perfection surnaturelle à laquelle Dieu l'avait élevé en le créant.

Nicole, dans ses *Instructions sur le Symbole*, présente nettement la doctrine des premiers. « Adam n'était pas comme nous assujetti à la nécessité de ne voir presque jamais la vérité que dans des images et par le moyen des fantômes corporels. Il la voyait immédiatement et en elle-même; car le besoin que nous avons d'images, de sacrements, de signes corporels, dans la vie présente, n'est point de la nature de l'homme : c'est la punition de son péché, c'est l'effet de la chute impétueuse de l'âme dans l'amour des choses sensibles ; mais il n'en était pas ainsi avant le péché. Il avait trois différentes connaissances, dit Hugues de Saint-Victor : l'une par laquelle il voyait le monde extérieur, et c'est l'œil de la chair; l'autre, qui est la raison, par laquelle il se voyait soi-même; et la troisième, par laquelle il voyait Dieu en lui-même, et c'est la contemplation. C'est ce que saint Augustin dit que signifiait cette fontaine qui sortait du paradis même et qui l'arrosait, parce que Dieu, dit-il, avant le péché arrosait l'âme par une fontaine intérieure, et il parlait à l'entendement de l'homme sans lui faire entendre la voix extérieure. Ainsi l'homme dans le paradis se nourrissait du Verbe, comme les anges, et il connaissait la vérité éternelle comme les anges la connaissent, c'est-à-dire d'aucune image corporelle : et c'est pour cette raison que saint Bernard dit qu'il était en cet état participant de la société des anges. Son état n'était pas un état de foi, mais de contemplation ; car, comme dit encore Hugues de Saint-Victor, ceux qui voient par la foi voient une image, ceux qui voient par la contemplation voient la chose même; ceux qui ont la foi ont des sacrements et des signes, ceux qui ont la contemplation ont la chose même. Aussi cet auteur ne craint-il point d'attribuer à la vue de Dieu présent, *visionem presentiæ Dei*, mais d'une manière bien différente en clarté de celle dont jouiront les bienheureux, et qui n'est qu'une intelligence lumineuse, qui tient le milieu entre la vision des bienheureux et la foi des voyageurs. C'est pourquoi Adam, avec cette vue de Dieu, était capable de déchoir et est déchu effectivement, *en sorte que*, dit cet auteur, *celui qui était fortifié par la vue et la présence de Dieu est tombé et déchu de l'excellence de son état par la seule persuasion.* »

Afin d'induire nos premiers parents à manger du fruit défendu et les perdre, l'esprit tentateur leur dit qu'ils seront comme des dieux. Dieu ne dépend que de soi, et ses idées renferment la vérité. En lui désobéissant, Adam et Eve se constituent maîtres, déclarent qu'ils ne dépendent non plus que d'eux-mêmes et que leurs idées renferment aussi la vérité; et par là ils les détachent des idées divines. Tel est le premier degré de la chute. Mais les idées humaines, n'étant qu'une représentation des idées divines, ne contiennent qu'une représentation de la vérité. Pour avoir la vérité même, la pensée, qui ne la trouve point en soi, renonce à ses propres idées et se met dans les sensations, ou bien dans les idées divines, ce qui revient à se mettre encore dans les sensations, dans la matière, parce qu'en se mettant dans les idées divines, elle se fait partie de Dieu, et qu'avec le panthéisme, Dieu, étant tout, n'est en réalité que l'ensemble des choses corporelles. Voilà le second degré de la chute. Ainsi l'âme tombe de Platon dans Aristote, d'Aristote dans Épicure, ou dans Zénon, les trois grandes ruines de Platon et de l'âme. L'âme croit tour à tour que chacun des quatre états lui est naturel. D'un côté, les trois derniers excluent la dégradation, en expliquant l'homme sans elle ; mais, de l'autre, ils l'attestent par leur existence jointe à celle du premier état; car si l'homme ne se fût point corrompu, il serait toujours resté dans celui-ci.

L'opinion de ceux qui se forgent une perfection surnaturelle dont la chute nous aurait privés, cette opinion forme aujourd'hui l'enseignement dominant. L'abbé de Ravignan la porta dans la chaire à Notre-Dame de Paris par ces paroles : *Adam a reçu une fin surnaturelle par un bienfait de Dieu ajouté à sa création ; et ainsi il a été élevé au-dessus de sa nature.* Dans le langage de la théologie, ces mots *fin surnaturelle* signifient la destination à voir et à posséder Dieu tel qu'il est, autrement dit la vision intuitive et béatifique. Où a-t-on pris que l'homme, d'abord et dans le premier instant de sa création, ne fût pas destiné à voir et à posséder Dieu ? en un mot, que *sa nature* alors n'avait pas encore d'aptitude, de disposition propre à la vision intuitive, de sorte qu'il ait fallu un bienfait de Dieu ajouté à sa création pour le gratifier de cette fin surnaturelle ?... Tous les catéchismes s'accordent à dire que Dieu nous a créés pour le connaître, l'aimer et le servir, et par ce moyen arriver à la vision intuitive et béatifique ; que c'est là notre unique destination, notre fin dernière, *fecisti nos ad te, Domine; fin* non pas surajoutée à la création, mais comprise dans le premier plan de Dieu et inséparablement jointe au décret de la création de l'homme. Pour l'établir, ils s'appuient tous sur les mêmes principes, que l'on peut résumer ainsi : le dessein de Dieu en formant l'homme a été d'en être connu et glorifié. Dieu a tout fait pour lui-même, et l'homme principalement. Il l'a créé à son image, c'est-à-dire que Dieu, n'étant dans toute sa nature que connaissance et qu'amour, il a fait l'homme capable de connaître et d'aimer; et que Dieu, étant à lui-même le terme de sa connaissance et de son amour, a voulu être aussi le terme et la fin de la connaissance et de l'amour de l'homme. Connaître Dieu et l'aimer est donc la dernière fin de l'homme et sa fin *naturelle*; car, on ne saurait trop le répéter, il faut appeler *naturel* ce qui est l'impression de l'auteur de la nature et ce qui entre dans le plan sur lequel il a assigné à chaque être ses fonctions et ses propriétés. Cette fin est tellement inhérente à la nature de l'homme que, bien loin qu'il ait été besoin de la surajouter à sa création première avant le péché, elle n'a pu même être séparée de sa condition essentielle depuis le péché.

Quand il n'était question que de produire des créatures à l'usage de l'homme, un seul mot suffisait pour les appeler du néant à l'être; mais quand Dieu arrive à la formation du maître qui doit leur commander, il change de langage : il use de conseil et de réflexion; il se prépare, en quelque sorte, et il rappelle, pour ainsi dire, toute sa sagesse pour agir avec plus de maturité. Et l'on voudrait que le terme immédiat de cette auguste délibération ait été, en premier acte, la création de l'homme dans ce qu'on appelle l'état de pure nature, c'est-à-dire la production ébauchée d'un être plein de ténèbres et de misères, destiné d'abord à connaître Dieu, d'une manière indirecte, par la contemplation de l'ombre de ses perfections dans les créatures dont la jouissance raisonnable eût été son unique et souverain bien ; car telle est la grossière idée que les théologiens dont nous combattons l'opinion se forment de l'état de nature et de la fin naturelle !.

Dans ses *Élévations sur les Mystères*, Bossuet présente ce qu'il appelle les singularités admirables de la création de l'homme. Peut-être va-t-il nous parler ici de cette métamorphose de l'homme naturel en l'homme surnaturel, car c'est une singularité fort remarquable ; mais il n'en dit pas un seul mot ; bien au contraire, il suppose partout que l'homme est porté dès le premier instant de sa création au comble de l'excellence propre que la volonté toute-puissante de Dieu lui avait destinée.... L'état de nature ou de pure nature est une invention bizarre et récente, car on n'en trouve aucun vestige dans la tradition, tous les saints Pères ayant parlé sur cette matière comme Bossuet.

Si l'antiquité parla comme Bossuet, c'est qu'elle a eu les mêmes principes sur les rapports de l'âme avec Dieu. Platon régnait, et par conséquent la théorie des idées. Origène lui emprunta même l'explication de la chute par la préexistence des âmes et d'autres erreurs que l'Église fut obligée de condamner. L'invention de l'état de nature appartient au treizième siècle, où Aristote, introduit dans l'Occident par les Arabes, commença d'envahir les études. On la trouve en germe dans saint Thomas. « Outre la loi naturelle, dit-il, il fallait une loi divine qui réglât les actions des hommes, parce que c'est le propre de la loi de porter l'homme à agir dans la vue de parvenir à sa dernière fin. Si l'homme avait une fin proportionnée à ses facultés naturelles, il ne serait pas nécessaire qu'il y eût quelque autre règle de ses actions que la loi naturelle; mais la fin pour laquelle il est créé étant un bonheur éternel, qui passe toutes les facultés naturelles de l'humanité, il fallait qu'outre la loi naturelle il y eût une loi divine qui réglât ses actions de manière qu'il arrivât à cette dernière fin. » Ainsi, par la création l'homme n'a point reçu, dans sa nature, le moyen d'obtenir la possession de Dieu, quoiqu'il ait été créé pour lui : ce moyen lui a été fourni par la révélation, qui dès lors complète la création. Aussi saint Thomas soutient-il, d'après Aristote, que l'âme ne pense point sans image, qu'elle ne peut donc s'élever à Dieu qu'extérieurement, en considérant l'existence et l'ordre de l'univers. Il s'efforce de prouver, contre l'évidence, que saint Augustin ne l'entend pas autrement et qu'il n'a jamais songé à une vue intérieure, directe. Comme Aristote, ou plutôt d'après Aristote, saint Thomas n'avoue dans la pensée que les idées humaines. Descartes y tend; La Luzerne, qui paraît être dans la même opinion touchant les idées, ne parle pas même de la chute pour établir la nécessité de la révélation. Suivant la manière de voir dont il s'agit, la chute n'existe réellement pas : n'enlevant que ce qu'on suppose ajouté à la nature, elle la laisse dans son intégrité.

Dans son *Commentaire sur le Maître des Sentences*, saint Thomas dit qu'elle a été blessée : *Homo gratuitis spoliatus, et in naturalibus vulneratus*; mais dans sa *Somme* il dit le contraire, car il prétend que le péché originel n'affecta point ce qui était naturel. Molina est du même avis : « Nos forces naturelles sont restées ce qu'elles auraient été si nous eussions été créés dans l'état de pure nature; le péché originel nous a seulement privés des dons gratuits ou surnaturels. » C'est l'erreur de Pélage, selon toute apparence disciple d'Aristote; seulement Pélage, plus raisonnable, n'ente point de création surnaturelle sur la création naturelle. Malebranche, qui ne veut que les idées divines, qui, malgré cela, prétend conserver à l'âme sa substance, enseigne la perfection primitive et la chute; mais sans actes propres, puisque Dieu fait tout en lui, qu'il l'éclaire et l'anime, comment l'homme tomberait-il? Malebranche erre d'ailleurs sur la perfection en disant que l'homme, quoique plein de lumière et de rectitude, ne pouvait rendre à Dieu un culte digne de lui; qu'il fallait la médiation de Jésus-Christ, et que la chute n'a été permise qu'afin d'obliger le Verbe à s'incarner. Bonald, également, ne reconnaît que les idées divines et nous croit des substances; mais il soutient que ce n'est point intérieurement, directement, que Dieu nous éclaire et nous anime; que c'est extérieurement, par la révélation. Ainsi, cette révélation, commencée aussitôt après la création, en est le complément, ce qui annule la chute. Locke exclut les idées divines et les idées humaines, pense avec les sensations, et ne voit dans la chute que la mortalité du corps. Successeur de Locke, Condillac est sensualiste à cause de la chute. « Avant le péché, dit-il, l'âme était dans un système tout différent de celui où elle se trouve aujourd'hui. Exempte d'ignorance et de concupiscence, elle commandait à ses sens, en suspendait l'action et la modifiait à son gré; elle avait donc des idées antérieures à l'usage des sens. Mais les choses ont changé par sa désobéissance. Dieu lui a ôté tout cet empire; elle est devenue aussi dépendante des sens que s'ils étaient la cause proprement dite de ce qu'ils ne font qu'occasionner; et il n'y a plus pour elle de connaissances que celles qu'ils lui transmettent : elle est l'ignorance et la concupiscence. Cet état de l'âme est le seul qui puisse être l'objet de la philosophie, puisque c'est le seul que l'expérience fait connaître. Ainsi, quand je dirai *que nous n'avons point d'idées qui ne viennent des sens*, il faut bien se souvenir que je ne parle que de l'état où nous sommes depuis le péché : cette proposition, appliquée à l'âme dans l'état d'innocence ou après sa séparation du corps, serait tout à fait fausse. » En affirmant que la dégradation nous a ravi l'usage des idées et nous a réduits à ne penser que par les sens, Condillac devrait s'apercevoir qu'il la nie. Du moment qu'il ne reste de l'état primitif aucun vestige par lequel on puisse y remonter, philosophiquement parlant, il faut que ce que nous sommes aujourd'hui, nous l'ayons toujours été. Telle est encore la conséquence de l'erreur de Calvin, qui prétend le libre arbitre anéanti; car le mal se trouve l'état naturel. Baius, Jansénius, de Maistre, aux yeux de qui le libre arbitre est presque éteint, veulent bannir la chute ou à la rendre indémontrable. En détruisant tout, la chute se détruit elle-même. Alors, il est vrai, l'homme cesse d'exister comme être pensant, et il échappe à la question.

Les écrivains que nous venons d'examiner, et qui suivent ou Épicure, ou Zénon, ou Aristote, ou la chute, professent donc la corruption originelle que parce que leur foi l'exige, car leurs principes la repoussent. C'est pourquoi M. de Lamennais, qui a développé Bonald, rejette en même temps cette corruption et le christianisme. Peut-être a-t-il commencé par tirer le panthéisme enfermé dans le système qu'il avait adopté, car évidemment M. de Lamennais est panthéiste ; il ne reconnaît qu'une seule substance : « Il n'existe, dit-il (*Esquisse d'une Philosophie*), qu'une substance, infinie en Dieu, finie dans les créatures; et ce qui est vrai de la substance est également vrai des propriétés inhérentes à la substance. » Ensuite le panthéisme a sapé la révélation, et la révélation abattue, a dissipé la chute. D'après M. de Lamennais, « le texte mosaïque ne dit point que l'homme ait été créé dans l'état de perfection que les interprètes ont imaginé, mais dans un état d'innocence dont la durée n'est point indiquée. Il énonce même positivement que le travail et le combat appartenaient à sa destinée, puisque Dieu l'avait placé sur la terre pour le cultiver et la défendre. Mais qu'est-ce que cette innocence primitive? Ainsi que l'indique la Genèse elle-même, les ténèbres primitives de la conscience et de la raison, l'ignorance du bien et du mal, avant que l'intelligence ait, en se développant, éveillé le sens moral. Ce n'est qu'après avoir cédé au désir de savoir que le premier homme et la première femme éprouvèrent le sentiment de la pudeur, l'un des caractères distinctifs qui nous séparent des animaux. Ils cueillirent le fruit de l'arbre de la science, et leurs yeux s'ouvrirent, et ils s'aperçurent qu'ils étaient nus. » Le texte mosaïque dit que l'homme fut créé très-bon. Or en quoi peut consister la bonté d'un être pensant, si ce n'est à connaître la vérité et aimer le bien? Le texte mosaïque dit que l'homme fut créé à l'image, à la ressemblance de Dieu. Comment peut-on être à l'image de Dieu et lui ressembler, si ce n'est par l'intelligence et par l'amour? Et qu'est-ce que les interprètes auraient pu imaginer de moins? Néanmoins, je l'avoue, les ténèbres primitives de la conscience et de la raison, l'ignorance du bien et du mal, sont parfaitement l'image et la ressemblance du dieu-machine des panthéistes. Les animaux n'ont point de pudeur, parce qu'ils sont privés de raison ; l'homme a la pudeur, parce qu'en lui la raison ne règne point souverainement. De quoi pourrait-il rougir, s'il ne se passait en lui rien de contraire à l'ordre? Nos premiers parents ne rougirent qu'après leur désobéissance. En se soulevant contre Dieu, leur raison, qui puisait sa force dans son union avec la raison divine, s'énerva et fut incapable de gouverner le corps comme auparavant. Qu'importe la destination de l'homme au travail, qui ne devait être qu'un agréable exercice, puisque la terre produisait d'elle-même tout ce dont il avait besoin? *Défendre* annonce peine, lutte : le mot latin *custodire*, de la Vulgate, insinue possession, surveillance. Ce n'est qu'après la chute que paraît le travail réel, fatigant.

Avec la Bible s'accordent toutes les traditions. M. de Lamennais ne l'avait-il pas montré dans *l'Essai sur l'Indifférence?* Le dogme terrible de la chute de notre premier père et de la corruption de la nature humaine, disait-il, se trouve partout, et, comme le remarque Voltaire (*Questions sur l'Encyclopédie*), il est le fondement de la théologie de toutes les anciennes nations. Tous les anciens théologiens disaient, au rapport de Philolaüs le Pythagoricien, que *l'âme était ensevelie dans le corps comme dans un tombeau, en punition de quelque péché* (Saint Clément d'Alexandrie, *Strom.*). C'était aussi la doctrine des orphiques (Platon, dans la *Cratyle*) ; et comme en même temps on reconnaissait que l'homme était sorti bon des mains de Dieu, et qu'il avait d'abord vécu dans un état de pureté et d'innocence (Dicéarque, dans *Porphyre*; Platon, dans le *Philèbe*), le crime pour lequel il était puni était par conséquent postérieur à sa création. « Les Grecs et les Romains, dit Ramsay (*Disc. sur la Mythologie*), se représentaient l'âge d'or comme un état heureux, où il n'y avait ni malheur, ni travail, ni crime, ni peine, ni mort; le siècle de fer, comme le commencement du mal physique et moral : les souffrances, les vices, tous les maux sortaient de la boîte fatale de Pandore, et inondaient la terre. » D'après les doctrines des Perses, *Meschia* et *Meschiané*, ou le premier homme et la première femme, étaient d'abord purs, soumis à Ormuzd, leur auteur. Ahriman les vit, et fut jaloux de leur bonheur. Il les aborda sous la forme d'une couleuvre, leur présenta des fruits, et leur persuada qu'il était l'auteur de l'homme, des animaux, des plantes et de ce bel univers qu'ils habitaient. Ils le crurent; et dès lors Ahriman fut leur maître ; leur nature fut corrompue, et cette corruption in-

fecta toute leur postérité (*Vendidad-Sade*). Maurice (*Hist. de l'Indostan, et Antiq. Ind.*), a prouvé que l'histoire d'Adam et de sa chute, telle que Moïse la raconte, est confirmée par les monuments et les traditions des Indiens. Il prouve également que la doctrine du péché originel était enseignée par les druides. Le philosophe Tchouangsé enseignait, conformément à la doctrine des *Kings*, ou livres sacrés des Chinois, « que dans l'état du premier ciel l'homme était uni au-dedans à la souveraine raison, et qu'au dehors il pratiquait toutes les œuvres de la justice. Le cœur se réjouissait dans la vérité; il n'y avait en lui aucun mélange de fausseté. Alors les quatre saisons de l'année suivaient un ordre réglé sans confusion... Rien ne nuisait à l'homme ; l'homme ne nuisait à rien. Une harmonie universelle régnait dans toute la nature. » Mais, suivant la même tradition, les colonnes du ciel furent rompues ; la terre fut ébranlée jusqu'aux fondements.... *L'homme s'étant révolté contre le ciel*, le système de l'univers fut dérangé et l'harmonie générale troublée; les maux et les crimes inondèrent la face de la terre. » *La mère de notre chair*, ou *la femme au serpent*, est célèbre dans les traditions mexicaines, qui la représentent déchue de son premier état de bonheur et d'innocence (Humboldt, *Vue des Cordillères et Monum. de l'Amérique.*) M. de Lamennais établissait encore la chute par l'usage universel des sacrifices expiatoires et par l'attente également générale d'un réparateur. Eh bien ! de ce qu'il a cessé de croire à la chute, cette attente, ces usages, ces traditions sont-ils moins réels? Le genre humain entier a-t-il moins crié comme Job : *Nul, pas même l'enfant qui vient de naître, n'est exempt de souillure*, ou comme David : *J'ai été formé dans l'iniquité, ma mère m'a conçu dans le péché?* Et ce cri lamentable, retentissant de siècle en siècle, n'est-il plus qu'un mensonge ou qu'une illusion ? L'antiquité témoigne encore de la primitive catastrophe, en montrant que la religion naturelle précède l'idolâtrie, et qu'elle est d'autant plus pure qu'on s'approche davantage de l'origine du monde. Car de là il suit que la connaissance de Dieu, de l'âme, de la vie future, du culte, fut parfaite à la création, et qu'elle ne s'altéra que par l'effet d'une dégradation de l'esprit humain. Voilà donc ce que proclament la philosophie et l'histoire.

Ici se rencontre une question vivement agitée depuis Baïus : Dieu ne pouvait-il créer l'homme dans l'ignorance, la concupiscence, les misères? Affirmer le contraire, n'est-ce pas limiter arbitrairement sa puissance? En général, ceux qui suivent saint Augustin disent non; les autres, oui. Pour établir le péché originel contre les pélagiens, saint Augustin allègue les maux de l'âme et du corps; il suppose donc que Dieu n'a pu créer l'homme avec ces maux. L'Écriture paraît également l'insinuer : « Parce que vous êtes juste, vous disposez tout avec justice et ne trouvez pas convenable à votre puissance de condamner celui qui ne doit pas être puni » (*Sag.*, XIV, 15). Or, Dieu ne punirait-il pas l'homme sans qu'il méritât d'être puni ou qu'il fût coupable, s'il pouvait le créer misérable? Bossuet, cependant, ou nie la conséquence, ou refuse de se prononcer : il prend le fait de la création parfaite, et il élude la question de l'impossibilité. Descartes et d'autres, avant et après lui, soutiennent que les vérités éternelles dépendent de la volonté de Dieu ; que s'il l'avait voulu, deux fois quatre, par exemple, n'eussent pas été huit. Suivant cette doctrine, Dieu pouvant tout, il est clair qu'il pouvait faire l'homme tel qu'il nous plairait de l'imaginer. Mais ce Dieu qui peut tout ne peut rien. Puisque la vérité dépend de sa volonté, il ne la consulte point pour vouloir; s'il ne la consulte point, ce ne peut être que parce qu'il n'a point d'entendement, d'idées, qu'il n'est qu'une puissance aveugle, d'où tout émane nécessairement, éternellement, c'est-à-dire qu'il est tout, qu'il ne fait rien et qu'il est incapable de rien faire. A leur insu, Descartes et ceux qui pensent comme lui se perdent dans

CHUTE ORIGINELLE

le spinosisme. Dieu a un entendement, des idées, qu'il consulte pour vouloir, idées qui le constituent et dans lesquelles subsistent les vérités éternelles, vérités qui, loin d'être soumises à sa volonté, en sont les règles. Il s'agit donc de savoir si elles lui auraient permis de créer l'homme autrement qu'il ne l'a fait. L'être intelligent, dont l'essence est une de ces vérités, exige dans la pensée les idées divines et les idées humaines. Dieu, par conséquent, ne pouvait priver l'homme des unes ni des autres. Mais ne pouvait-il lui refuser la perception actuelle de ces idées? En lui donnant la puissance de connaître et d'aimer, était-il obligé de lui accorder en même temps l'exercice de cette puissance, exercice qui manifestement ne tient point à l'essence de l'homme, puisqu'il naît aujourd'hui sans l'avoir, exercice qui, n'étant donc point une vérité éternelle, dépend de la volonté divine? Affranchi de toute nécessité, il semble qu'il le devait par convenance. Le contraire serait une exception qui passe notre intelligence; et pour l'autoriser il faudrait une révélation expresse. On comprend que Dieu crée une infinité d'êtres, différant tous de perfection, depuis le degré le plus infime jusqu'au plus élevé; mais conçoit-on qu'il les prive de la perfection qui leur est propre, ou du moins qui leur est indispensable pour remplir leur destinée? Pourquoi aurait-il produit l'homme sans lumière, sans force, dominé par les sensations, incapable de se conserver? Serait-ce pour montrer sa puissance, sa liberté, son indépendance? Mais comment veut-on qu'elles se prouvent par des œuvres misérables, vicieuses? N'est-ce pas, comme Descartes, se figurer que Dieu agit sans consulter la raison? N'est-ce pas le faire agir brutalement et renverser sa liberté, son indépendance et sa puissance, en croyant les assurer? Ce dénûment, cette débilité qu'on nomme *état de nature*, et qui seraient beaucoup mieux appelés *état contre nature*, choquent si fort que les théologiens qui en soutiennent la possibilité se hâtent de déclarer, Molina lui-même, qu'ils n'ont point existé, soit que Dieu ait créé en même temps l'être naturel et l'être surnaturel, soit qu'il ait d'abord créé le premier et puis immédiatement le second. Que si vous demandez à quoi leur sert cette possibilité qu'ils ont tant à cœur, vous allez l'apprendre : c'est afin de ne pas contredire Aristote, leur oracle en philosophie. Par l'être naturel ils se trouvent d'accord avec la manière dont il conçoit les idées, et par l'être surnaturel ils pensent s'accorder avec la raison et la Bible.

Inconcevable dans la théorie des idées, l'état de nature est seul concevable dans les systèmes qui détruisent cette théorie. Par ces systèmes la connaissance dépend des sensations, ou parce que les sensations sont tout dans la pensée, ou parce que la pensée, n'ayant que les idées divines, tout devient Dieu, et que, dans ce panthéisme ou matérialisme, l'âme ne peut être qu'une énergie physique; ou parce que la pensée, n'ayant pas les idées humaines, manque de force pour s'élever au-dessus des impressions sensibles et saisir la réalité des objets qui les excèdent. Mais si la connaissance se fonde sur les sensations, elle doit être le fruit de l'expérience ou du temps, et l'homme n'a pu en jouir dès le principe. Si la connaissance vient des sensations, les sensations régnent dans la pensée et entraînent l'homme. Ainsi l'ignorance et la concupiscence forment son état naturel. Aujourd'hui il est mortel, sujet aux maladies, aux souffrances, la terre ne le nourrit que par le travail ; voilà encore son état naturel, puisqu'il y entre en naissant et qu'il n'en sort qu'à la mort : voilà, par conséquent aussi, son état primitif, comme l'opposé de cet ordre de choses est l'état naturel ou originaire dans le vrai système. L'essence du vrai système, qui unit immédiatement l'homme à Dieu et le lui propose pour modèle, est l'idée de perfection dans la science, dans la justice, dans la vertu, dans le bonheur ; l'essence des autres systèmes, qui, isolant l'homme de Dieu, le laissent à lui-même son modèle, ou même le tournent l'application à la nature corporelle, leur essence est l'idée contraire. Avec cette idée de non-perfection, on prend l'homme dans son actuelle condition, et on ne conçoit rien de supérieur à quoi on le rapporte ; ce qu'il est, c'est ce qu'il paraît devoir être. Se mettant dans la justice absolue, saint Augustin dit que sous un Dieu juste personne ne souffre s'il n'est coupable ; mais qu'on se place dans la justice relative, on dira que les maux et les biens qui remplissent la vie se compensent, et que d'ailleurs ils résultent nécessairement de notre constitution.

Telle est l'influence des quatre systèmes. Avec Platon, on est invinciblement porté à voir l'homme sortir parfait et heureux des mains de Dieu ; avec Aristote, Zénon, Épicure, à l'en voir sortir défectueux et misérable. Êtes-vous rangé de ce dernier côté, en vain tous les peuples, par leurs traditions et par leurs cultes, déposeront de la chute, vous la rejetterez ; en vain serez-vous chrétien et formera-t-elle un dogme fondamental de votre religion, vous détruirez ce dogme, vous inventerez la création d'un être surnaturel, qui périra par la dégradation, tandis que l'être naturel restera sans dommage. Avec la chute, la marche du genre humain est claire et certaine : déchu, il oublie Dieu, soi, l'univers ; il s'égare dans l'idolâtrie, il entre dans une société qui le domine, car celle des païens et celle des Juifs s'arrogent un empire absolu sur leurs membres, ne leur avouent rien de propre, rien qu'elles ne leur aient concédé. Jésus-Christ le relève dans la religion par l'établissement de l'Église ; dans la politique, par la Révolution française. Relevé des deux côtés chez les plus influent des peuples, il va se relever chez tous les autres, et, partout chrétien et libre, il marchera de progrès en progrès jusqu'au terme des âges. En se relevant, il retrouve la connaissance de Dieu, de soi, de l'univers. S'il n'y a point de chute, le genre humain a commencé par l'ignorance et la faiblesse, c'est-à-dire par l'état sauvage. Comment en est-il sorti ? S'il n'y a point de chute, l'un des trois états naturels se trouve le véritable, ou plutôt ils le sont tous à la fois. Alors plus d'idée de perfection, plus de bien absolu, tout dépend des lieux, des temps, des circonstances. Il peut se former une multitude de civilisations également bonnes. Le christianisme n'est qu'un accident, de même que le mahométisme et le bouddhisme, et ils valent autant que lui. La Révolution française ne diffère point essentiellement de vingt autres, par exemple de celle qui au temps de Marius et de César anéantit l'aristocratie à Rome. Éternellement les nations peuvent monter, descendre et aller en mille sens divers. Aucune doctrine commune, aucune puissance générale ne les applique au même objet, ne les pousse à la même fin. Le monde n'est que confusion et désordre.

J'entends les objections : Dieu ne pouvait-il empêcher la chute ? Sans doute il le pouvait. Pourquoi ne l'a-t-il pas fait ? Je l'ignore. Selon Leibnitz, il a dû produire le meilleur univers possible, et l'univers existant serait moins parfait si la déchéance n'y entrait pas ; c'est pourquoi il l'a permise. Malebranche en apporte une raison pareille, et puis la suivante, qui lui est propre : ôtez l'incarnation du Verbe, l'homme est incapable de rendre à Dieu un culte digne de lui ; mais l'incarnation n'aura pas lieu. Dans ces deux explications, le péché est lié à la création, et Dieu devient l'auteur de l'un puisqu'il est l'auteur de l'autre. Quant aux principes d'où partent Malebranche et Leibnitz, j'ai montré ailleurs en quoi sont faux. Les autres explications qu'on imaginerait seraient aussi peu heureuses. La transmission n'est pas moins impénétrable ; on conçoit seulement qu'elle existe et qu'Adam dégradé n'a pu communiquer à ses descendants une perfection qu'il avait perdue, et l'on voit quelque chose d'analogue dans l'hérédité de certaines maladies, qui, du reste, ne se laisse pas mieux saisir. Et la culpabilité, comment n'a-t-elle pas été personnelle ? On répond que si Adam eût conservé l'innocence, sa postérité aurait joui des avantages de l'innocence, et que, par la même dépendance, elle doit porter la peine du crime. On observe qu'une solidarité enveloppe aussi les peuples, les familles, et que les enfants souffrent des fautes des pères, comme ils profitent de leur sagesse et de leur vertu. Comprend-on néanmoins qu'ils soient justes de leur justice, qu'ils soient coupables de leurs prévarications? Le péché originel et sa double propagation sont un fait, et on n'accepte ni on ne repousse les faits, parce qu'ils se trouvent explicables ou inexplicables, mais parce qu'ils sont prouvés ou qu'ils ne le sont pas. Or quel fait surpassa jamais en preuves celui qu'on ne saurait nier qu'en renversant la philosophie et l'histoire, qu'en abolissant les pratiques religieuses et la conscience des générations humaines? Bordas-Demoulin.

CHWOSTOW (Dmitry Iwanowitsch, comte), poëte russe, né le 19 juillet 1757, à Saint-Pétersbourg, et mort dans la même ville, le 3 novembre 1835, fut élevé à Moscou, et, après avoir suivi les cours de l'université de cette capitale, entra avec le grade d'officier dans la garde impériale, en 1772. Devenu plus tard quartier-maître général, il obtint en 1783 le titre de conseiller aulique, et en 1788 fut placé en qualité de lieutenant-colonel sous les ordres de Souwaroff. En 1795 il prit son congé, entra en 1796 au sénat comme procureur général, et fut admis en 1799 à faire partie du saint-synode. Quelques années après il fut nommé conseiller intime, puis sénateur, et le roi de Sardaigne lui conféra le titre de comte. Il s'était essayé de bonne heure dans la comédie, et cultiva plus tard la poésie lyrique et didactique. On a aussi de lui diverses traductions d'auteurs classiques français. Ses œuvres complètes ont été réunies en quatre volumes, et ont paru à Saint-Pétersbourg en 1817.

CHYITES ou **SCHIYTES**, sobriquet insultant que les musulmans *sunnites*, c'est-à-dire traditionnaires ou orthodoxes, donnent à ceux de leurs coreligionnaires qui reconnaissent le quatrième khalife, *Ali ben Abou Taleb*, gendre de Mahomet, comme seul successeur légitime du prophète, et qu'ils regardent comme hérétiques ou hétérodoxes. Ce nom dérive de *chyiah* ou *schiyah*, mot arabe qui signifie *troupe*, *faction*, *secte*. Les sunnites, au contraire, ne reconnaissent qu'aux trois premiers khalifes Aboubekr, Omar et Othman le titre de khalife. Les chyites attribuent à Ali des facultés presque divines, et une de leurs plus grandes solennités religieuses est celle par laquelle ils célèbrent l'anniversaire de la mort de son fils, Hassan, vaincu et tué à la bataille de Kerbéla, l'an 682 de notre ère. Ce schisme, encore plus politique que religieux, a provoqué jadis des troubles nombreux dans les États mahométans. Si l'antipathie existe toujours, du moins les guerres religieuses ont cessé. Aujourd'hui la secte des chyites a pour centre principal la Perse depuis que Chah Ismaïl, fondateur de la dynastie des Sofis, l'y rendit dominante, vers l'an 1520.

Au reste, les sectateurs d'Ali repoussent ce sobriquet de *chyltes*. Ils donnent à leur secte le nom d'*aladeléah*, et à eux-mêmes celui d'*adéfis*, partisans de la justice.

CHYLE, CHYLIFICATION. Le premier de ces noms signifie en anatomie et en physiologie générale *suc nutritif*, venant de l'extérieur de l'organisme. Il est dérivé du mot grec χυλός, suc ou jus, que l'on exprime d'une manière quelconque, ou qui distille ou suinte de lui-même. On entend ordinairement par *chyle* la liqueur blanche et laiteuse formée par la digestion des aliments 1° dans l'estomac (*voyez* Chyme), 2° dans l'intestin grêle. Quant au mot *chylification*, c'est un de ces noms hybrides, dont l'usage a conservé la valeur, et que les puristes repousseraient en vain pour lui substituer le terme *chylose* (du grec χυλώσις), qui, comme lui, signifie *fabrication du chyle*.

Il suffit de noter maintenant que le mélange du chyle et de la lymphe est versé dans le sang veineux, qui est ensuite converti lui-même en sang artériel, pour reconnaître que le chyle, qui est absorbé à l'extérieur de l'organisme,

doit être regardé, aussitôt qu'il est contenu dans des vaisseaux, comme un premier sang encore incolore. Nous verrons qu'il doit en être de même pour la lymphe. Les anciens anatomistes ont regardé le chyle et la lymphe comme deux humeurs qui servent à renouveler le sang. Quelques physiologistes de nos jours ont considéré ces deux humeurs comme des sangs imparfaits, qui subiront le complément de la sanguification dans les organes respiratoires des animaux, pour l'existence desquels ce complément de fonction est plus ou moins nécessaire. De même que toute fonction vitale, la chylification s'opère sous l'influence nerveuse; aussi les passions et les travaux intellectuels trop continus la troublent, l'entravent (*voyez* Digestion), et le mauvais chyle qui en résulte détermine l'altération du sang, et par suite celle de toutes les humeurs, qu'on désigne sous le nom de *cacochymie*.   L. Laurent.

CHYME, CHYMIFICATION (de χυμός, suc). Dans les animaux qui mâchent une ou deux fois leur nourriture, les aliments, préalablement convertis en une sorte de *hachis* qui arrive par petites portions connues sous le nom de *bols alimentaires*, après s'être accumulés dans un estomac simple ou multiple, y sont réduits en une *pâte chymeuse*, ainsi nommée parce que sa liquéfaction l'a fait considérer comme un suc ou *chyme*; mais ce n'est à vrai dire qu'un suc tenant encore en suspension les parties les plus grossières des aliments. A ce degré d'élaboration, il passe de l'estomac dans un autre intestin, où le départ entre les parties grossières et les sucs nutritifs, qui prennent ici le nom de *chyle*, doit avoir lieu. D'après ces notions, il est facile de reconnaître le sens différentiel que les physiologistes ont attaché aux mots *chyme* et *chyle*, qui ont rigoureusement la même signification. Si l'on en croyait Castelli, les anciens se seraient servis des mots *chyme* et *chyle* en sens inverse de celui qui est reçu de nos jours.

L'opération par laquelle les aliments sont réduits en chyme a reçu le nom de *chymose* (du grec χυμώσις), ou celui de *chymification*, qui, malgré son hybridité, est plus fréquemment usité. Toutes les dilatations du canal digestif intermédiaires à l'œsophage et au duodénum sont des *organes chymificateurs* à des degrés divers. Les substances alimentaires sont elles-mêmes plus ou moins *chymifiables* ou susceptibles d'être digérées, et elles exigent de la part des organes ou de l'activité dissolvante des sucs de l'estomac des efforts plus ou moins grands pour être liquéfiées ou *chymifiées*.

Dans les opinions qu'on a proposées pour expliquer le mécanisme de la chymification, on a tour à tour admis et rejeté qu'elle se faisait par coction, fermentation, putréfaction, trituration, macération et dissolution.   L. Laurent.

CHYPRE, CYPRE ou KIBRIS (en grec Κυπρος), l'une des plus grandes îles situées à l'extrémité orientale de la Méditerranée, entre les mers de Cilicie et de Pamphilie, d'Égypte et de Syrie, en face des côtes de Cilicie et de Syrie, d'une superficie de 137 myriamètres carrés, et qui dès l'époque la plus reculée de l'histoire fut le théâtre des luttes les plus acharnées, tant à cause de la fertilité de son sol que de l'importance de sa situation et des ports excellents qu'on y trouve. L'histoire la plus ancienne de cette île se perd dans l'obscurité des traditions primitives. Aujourd'hui elle forme un eyalet de l'empire ottoman. Elle a à peu près la forme d'un triangle, et est traversée par une chaîne de montagnes avec des pics pour la plupart volcaniques. Le point le plus élevé en est l'Oros-Stawros (*Monte-Croce*). Le climat en est sain et tempéré, la végétation riche et luxuriante; mais la culture du sol y est extrêmement négligée, et c'est plutôt aujourd'hui un pays de ruines qu'une contrée habitée. Des tremblements de terre, des guerres et des maladies dévastatrices ont contribué à la dépeupler. Le nombre de ses habitants ne s'élève guère maintenant qu'à 100,000, Grecs pour la plupart. Ils cultivent quelques céréales, des légumes et des arbres à fruit, du coton, du chanvre, des olives et des épices. C'est de cette île qu'est originaire le chou-fleur. Les forêts, où les essences dominantes sont le cèdre, le pin et le cyprès, avec quelques chênes et quelques hêtres, fournissent d'excellents bois de construction et à ouvrer. L'éducation du bétail y donne des produits importants, de même que l'agriculture et la sériciculture. Aujourd'hui encore les vins de Chypre sont en grand renom. Celui de la *Commanderie* est le meilleur de tous. En sortant du pressoir, ils sont rouges, mais ils pâlissent au bout de cinq ou six ans. Il n'y a qu'une seule espèce, un vin muscat très-sucré, qui suit blanc les premières années ; mais il rougit avec le temps, et finit par avoir l'épaisseur d'un sirop. On met d'abord ces vins dans des outres enduites de poix ; aussi n'est-ce qu'au bout de quelques années qu'ils perdent l'odeur de la poix. Ils arrivent sur le continent en tonneaux ; mais il faut peu de temps après les mettre en bouteille si on veut les conserver.

L'un des domaines immédiats de la Porte, l'île est divisée en trois sandjakats, *Leskocha*, *Kerina* et *Baffa*. La capitale, située dans l'intérieur de l'île, *Nikosia* ou *Leskocha*, avec une population de 16,000 âmes, est le siége d'un archevêque grec et d'un évêque arménien. Les villes les plus importantes de la côte sont au sud *Larnaka*, siége des consulats européens, avec 5,000 habitants, d'où se font surtout les expéditions des vins du crû pour Livourne et pour Venise, et à l'est *Famagusta*. Dans l'antiquité, les villes de Paphos, d'Amathonte et de Salamine, et le mont Olympe, où s'élevait un temple consacré à Vénus, étaient célèbres au point de vue historique et mystique. La tradition rapportait que Vénus avait surgi de l'écume des flots, d'abord à Cythère, puis sur les rives enchanteresses de Cypre ; d'où le nom de *Cypris* ou de *Cypria* que portait aussi cette déesse. En ce qui est du sol, Cypre était surtout riche en froment, en vins, en figues, en miel, etc., puis en pierres précieuses et autres minéraux de prix, mais surtout en cuivre, métal tant prisé des anciens, et qu'on travaillait dans les forges de Tamassus et de Soli. On y fabriquait aussi des nappes et des tapis de toute beauté.

Les premiers habitants en furent, dit-on, des Phéniciens, auxquels vinrent, après la guerre de Troie, se joindre des Grecs, et plus tard aussi des Égyptiens. Les villes principales situées sur les côtes, Salamine, Cittium, Paphos, etc., formèrent d'abord autant d'États distincts, obéissant chacun à un souverain particulier. A ma si s fut le premier qui, vers l'an 550 avant J.-C., soumit toute l'île à la domination égyptienne ; plus tard, vers l'an 525, Cambyse la soumit en même temps que l'Égypte à la domination des rois de Perse. Les tentatives faites successivement par les Ioniens, puis par les Grecs commandés par Pausanias et par Cimon, pour soustraire cette île au joug des Perses, échouèrent toutes. Mais en l'an 322 avant J.-C., à la suite de la bataille d'Issus, elle dut se soumettre à Alexandre le Grand, après la mort de qui elle passa sous les lois de Ptolémée Soter. Elle demeura au pouvoir des Ptolémées jusqu'à l'an 58 avant J. C., époque où l'avidité des Romains la leur arracha. Après le partage de l'empire romain, elle demeura soumise à l'empire d'Orient, et fut gouvernée par des gouverneurs issus du sang impérial. Comnène Ier réussit à se soustraire à leur autorité et à se rendre indépendant. Ses descendants se maintinrent en possession du trône jusqu'à l'année 1191, époque où le roi d'Angleterre Richard Ier concéda cette île à titre de fief à la famille Lusignan. La ligne mâle des Lusignans s'éteignit en 1458, dans la personne de Jean III, qui ne laissa qu'une fille légitime, Charlotte, de son mariage avec Hélène Paléologue. Veuve de Jean de Portugal, Charlotte épousa Louis de Savoie, frère d'Amédée IX. Jacques, frère naturel de Charlotte, soutenu par une flotte du sulthan d'Égypte, enleva l'île de Chypre à sa sœur, en 1440. Charlotte se réfugia à Rhodes. Jacques II épousa une Vénitienne, Catherine Cornaro, qui, à sa mort (1473), gouverna au nom de son fils, Jacques III. Celui-ci étant mort en 1475, Catherine Cornaro et Charlotte se disputèrent le trône ; mais Catherine fut maintenue par le secours des Vénitiens. Charlotte, après avoir cédé ses droits, en 1482, à Charles Ier, duc de Savoie (d'où les rois de Sardaigne tirent leur vain titre de *rois de Chypre*), alla mourir à Rome, en 1487. Catherine, s'étant laissé attirer à Venise en 1489, y fit donation de ses États à la république. Les Vénitiens en restèrent maîtres jusqu'en 1571. Alors le général de Sélim II conquit l'île, malgré l'héroïque résistance que lui opposa Marco-Antonio Bragadino, qui tint pendant onze mois à Famagusta, et la réunit à l'empire turc. Le général othoman, violant indignement la capitulation, fit massacrer les prisonniers et écorcher vif Bragadino, dont la peau empaillée fut appendue, en guise de trophée, à l'une des vergues de son vaisseau amiral. En juillet 1832 Méhémet Ali fit occuper l'île par ses troupes, et en obtint formellement du sulthan l'investiture l'année suivante ; mais les événements de 1840 l'ont replacée sous l'autorité othomane.

CHYPRE (Bois de). *Voyez* Rhodes (Bois de).

CIAMPI (Sebastiano), savant auquel on est redevable de remarquables travaux sur l'histoire de la littérature et des arts en Italie, naquit à Pistoie, en Toscane, le 30 octobre 1769, d'une famille des plus obscures, et fut élevé au séminaire de sa ville natale, où il fut l'objet de la protection toute spéciale de l'évêque Scipione de'Ricci. Ordonné prêtre en 1793, il alla suivre les cours de l'université de Pise, où il fut reçu docteur en droit civil et en droit canon. D'abord instituteur particulier à Venise, il fut nommé en 1803 professeur à Pise, où il se livra avec ardeur à la culture des sciences et des lettres. En 1818, par suite de mésintelligences survenues entre lui et ses collègues, il accepta une chaire à l'université récemment fondée à Varsovie, où il commença ses études relatives à l'histoire de la Russie et de la Pologne. Mais dès 1822 il abandonnait cette position pour revenir en Italie, avec le titre de professeur honoraire à l'université de Wilna et de correspondant de la commission d'instruction publique du royaume de Pologne. Les revenus d'une prébende qu'il avait obtenue à la cathédrale de Sandomierz lui assuraient désormais une existence honorable et les moyens de poursuivre en paix ses travaux littéraires. Florence fut dès lors son séjour le plus habituel. Après un court voyage fait à Varsovie en 1830, et après avoir encore visité Rome, il se retira dans une petite villa voisine de Florence, où il mourut, le 14 décembre 1847. Dans les dernières années de sa vie, son intelligence s'était singulièrement affaissée.

Parmi les nombreux ouvrages qu'on a de lui, nous citerons : *Memorie della Vita di Messer Cino da Pistoia* (Pise, 1808), qui suit une édition des *Poesie* de Cino (1813., nouv. édit., 1826) ; *Notizie del Canonico Sozomeno* (1810) ; *Memorie di Scipione Casteromaco* (1811) ; *Memorie di Niccolo Forteguerri* (1812) ; *De Usu Linguæ italicæ, saltem a seculo quinto* (1817). Ses *Monumenti d'un manuscrito autografo di Giov. Boccacio da Certaldo* (Florence, 1827 ; nouv. édit. 1830) contiennent de précieux matériaux pour l'histoire de Boccace, de Pétrarque, de Zanobi da Strada et de leurs contemporains. Ses travaux sur la littérature ancienne, bien que ne répondant peut-être pas tout à fait aux exigences de la critique moderne, ne laissent pas que d'avoir une haute importance. Nous citerons ici plus particulièrement sa traduction de Pausanias (6 vol.), Milan, 1826-1843) et son édition de la traduction des *Œuvres morales de Plutarque* par Adriani, enrichie par lui de notes et de commentaires. La littérature latine du moyen âge attira aussi son attention, comme le témoignent ses *Gesta Caroli Magni ad Carcassonam et Narbonum* (Florence, 1823,) et son édition de *Turpinus de Vita Caroli Magni et Rolandi* (Florence, 1822). Son édition des

Lettres de Sobieski, quelques dissertations, et surtout sa *Bibliografia critica delle antiche reciproche corrispondenze dell' Italia colla Russia, Polonia*, etc. (3 vol., Florence, 1834-1843), furent les fruits de ses recherches et de ses travaux sur l'histoire de la Pologne.

CIARA. *Voyez* CEARA.

CIBBER (COLLEY), poëte comique et acteur anglais, né à Londres, en 1671, servit, lors de l'expulsion des Stuarts, sous les ordres du duc de Devonshire, et débuta plus tard au théâtre, où il n'obtint que fort peu de succès tant qu'il n'eut pas occasion de déployer son talent dans les rôles que les Anglais désignent par l'expression de *grims*, synonyme de *grondeurs*. Sa première comédie, intitulée *Love's last Shift*, parut en 1695. Le fondement de sa réputation est sa pièce intitulée : *The careless Husband*, peinture fidèle des mœurs et des ridicules de l'époque. Sa comédie, *The Non-Juror*, imitation du *Tartufe* de Molière (1717), était dirigée contre les jacobites, et lui fit beaucoup d'ennemis. Il s'en attira encore bien davantage comme co-directeur du théâtre de Drury-Lane et comme poëte lauréat, fonctions auxquelles il fut nommé en 1720. Toutefois, comme Cibber avait le bon esprit de rire tout le premier de ses vers, il désarmait ainsi les critiques. Pope seul ne laissa jamais échapper la moindre occasion de le tourner en ridicule.

Quand il quitta le théâtre, en 1780, il publia une apologie de sa vie, écrite avec autant de franchise que d'indépendance. Il mourut en 1747. Une édition de ses œuvres dramatiques parut à Londres en 1777, en 5 volumes.

CIBBER (THÉOPHILE), fils du précédent, né en 1703, se consacra également au théâtre, mais avait été moins favorisé que son père par la nature; et sa passion pour le plaisir et les dissipations de toutes espèces l'empêchèrent de faire des études sérieuses. Il est connu dans le monde littéraire par un ouvrage intitulé : *Lives of the Poets of Great-Bretain and Ireland, to the time of Dean Swift* (5 vol., Londres, 1733), livre qui n'est pourtant pas de lui, mais d'un Écossais nommé Robert Shiel, qui moyennant dix guinées acheta de Cibber, alors qu'il était détenu pour dettes à la prison du *King's Bench*, le droit de le faire paraître sous son nom. Th. Cibber fit naufrage en 1757, et périt en traversant le canal pour se rendre à Dublin. Sa femme, *Susanne-Marie* CIBBER, née en 1716, sœur du célèbre compositeur Arne, non moins distinguée par sa beauté que par son talent, fut l'une des meilleures actrices de la scène anglaise. Après s'être de bonne heure séparée de Th. Cibber, elle se consacra à la tragédie, et mourut en 1766.

CIBLE, mot dérivé du vieux teuton *scheibe*, qui signifiait *but, rond, lucarne*, et dont le diminutif allemand *scheibel* s'est francisé dans le mot *cible*. Ce que les modernes appellent *cible* se nommait plus anciennement *cuviaux*, *grande cuve*, et *mute* ou *mutelette*, que Roquefort tire de la basse latinité *muta* (but à tirer au blanc). Les Romains donnaient à la cible des frondeurs le nom de *scopa*, d'où vient le terme *discopatte* : un faquin, un but vivant et chrétien, payé s'il était libre, contraint s'il était serf, servait de cible, ou mouvante ou mobile à la lance, à la zagaie, ou à l'épée des chevaliers du moyen âge. La multiplication des archers en France donna naissance au *papegai*, cible empruntée du *papagallo* ou perroquet des Italiens, ainsi nommé parce qu'un perroquet de bois était le but des flèches.

Une cible militaire est une espèce de blanc sur lequel l'infanterie s'exerce à l'étude du tir du fusil. C'est un cadre ou un châssis garni de toiles sur lesquelles sont grossièrement figurés des soldats de cinq pieds; ou bien c'est un assemblage de planches assujetties à des pieux, en manière de palis. Il n'y a guère plus d'un demi-siècle que les théoriciens parlent de cible ; Guibert a été le promoteur de ce genre d'exercice, dont Mauvillon, dans un ouvrage spécial,

a cherché à démontrer l'embarras, sa dépense et la faible utilité. En effet, pendant le laps de temps écoulé depuis la paix de Fontainebleau en 1762 jusqu'à cette époque, le gouvernement avait dépensé en poudre et en plomb six à sept millions de francs, sans que les fantassins français en fussent devenus plus habiles tireurs. Gal BARDIN.

Il n'en est plus sans doute de même aujourd'hui que des écoles de tir ont été créées dans tous les régiments, et que des récompenses sont accordées aux meilleurs tireurs, en même temps que les armes ont reçu des perfectionnements et que la théorie enseigne de tirer moins, de plus près, et d'une manière plus sûre.

CIBOIRE (en latin *ciborium*). On appelle de ce nom un vase sacré, fait en forme de grand calice couvert, qui sert à conserver les hosties consacrées ou de l'eucharistie, qui est l'aliment spirituel (*cibus*) des fidèles. Quant à l'étymologie de ce mot, on la fait remonter au grec κιβώριον, qui est le nom d'une petite courge d'Égypte, que l'on vidait et qui servait de vase à boire. Horace s'est servi en ce sens du mot *ciborla*. Il se peut aussi que dans l'origine une courge, ainsi vidée et façonnée, ait servi de ciboire ; plus tard on en aura fait en bois ; puis, le luxe et la pompe extérieure de la religion s'augmentant en proportion de l'affaiblissement de la foi, on aura cru imposer davantage aux yeux des fidèles en se servant de ciboires d'argent, d'or ou de vermeil. Autrefois, dit l'abbé Bergier, on gardait ce vase dans une colombe d'argent suspendue dans le baptistère, sur le tombeau des martyrs, ou au-dessus de l'autel, comme le père Mabillon l'a remarqué en effet dans sa *Liturgie Gallicane*; c'est le concile de Tours qui ordonna de le placer sur la croix qui est sous l'autel.

Le mot *ciboire* a encore une autre signification. C'est le nom d'un petit dais élevé sur quatre colonnes au-dessus du maître autel et qui a donné naissance aux *baldaquins*.

CIBOULE (de *cepula*, diminutif de *cepa*, oignon), espèce d'ail qu'on emploie dans les sauces ou dans la salade, comme assaisonnement ou comme fourniture.

Les jardiniers classent la ciboule (*allium fistulosum*, Linné) en trois variétés : la *ciboule ordinaire*, la *ciboule blanche*, et la *ciboule vivace*. Les deux premières variétés se multiplient de graines, semées (fin de février) à la volée ou en rayon, et que l'on recouvre légèrement; on les replique à la fin de juillet. La ciboule vivace se multiplie par caïeux, que l'on sépare et que l'on replante en bordures ou en planches (en mars).

CIBOULETTE. *Voyez* CIVETTE (*Botanique*).

CIBRARIO (LUIGI, chevalier), l'un des historiens les plus importants de l'Italie, né le 23 février 1802, à Turin, où il entra de fort bonne heure dans l'administration, après avoir dès 1824 obtenu à l'université de Turin le titre de docteur en droit civil et en droit canon. Se consacrant avec une infatigable ardeur aux investigations historiques, il se fit tout d'abord un nom estimé dans la littérature italienne par ses premiers ouvrages, tels que *Notizie sulla Storia dei Principi di Savoia* (Turin, 1825); *Delle Storie di Chieri Libri IV* (2 volumes, 1827); *Notizie di Paolo Simone de' Belli* (1826). Le roi Charles-Albert, dont il devint le plus intime ami, lui confia à diverses reprises des missions diplomatiques en Suisse et en France (1832), en Autriche (1833), etc., et toujours dans des négociations relatives aux intérêts de la Sardaigne. En juillet 1848 ce prince le nomma commissaire royal extraordinaire à Venise, et le 7 août M. Cibrario prenait solennellement possession de cette ville et de la province du même nom au nom du roi. La même année il fut nommé sénateur. Quand, à la suite de l'issue si fatale de la lutte entreprise pour la défense de la liberté et de l'indépendance italiennes, Charles-Albert se condamna à un exil volontaire à Oporto, le sénat, au mois d'avril 1849, chargea le chevalier Cibrario de se rendre auprès du monarque malheureux pour l'engager en son nom à rentrer dans la commune patrie. Les trente-cinq jours de séjour qu'il fit à Oporto dans la société de Charles-Albert lui ont fourni la matière d'un ouvrage intitulé *Ricordi d'una Missione in Portogallo al re Carlo-Alberto* (Turin, 1850), qui jette une grande lumière sur les événements dont l'Italie venait d'être le théâtre et contient les témoignages les plus honorables pour le caractère public et privé de Charles-Albert.

Parmi les autres ouvrages purement littéraires du chevalier Cibrario, et indépendamment des nombreuses dissertations qu'il a fait paraître dans divers recueils périodiques ou grandes collections (notamment dans les *Atti* de l'Académie des Sciences de Turin depuis 1830), nous citerons : *Della economia politica del medio evo* (3 édit., 1842); *Dei tornei, e delle giostre nella monarchia di Savoia* (1839); *Storia della Monarchia di Savoia* (1840); *Storia e descrizione della Badia d'Altacomba* (1844); *Della qualita e dell' uso degli schioppi nel 1347* (1844); *Delle Artigliere dal 1300 al 1700* (1844); *Storia di Torino* (1847). Ses *opuscoli storici e litterary* (Milan, 1835) et ses *Studi storici* (2 vol., Turin, 1851), sont des collections de mémoires et de dissertations sur diverses questions d'histoire et de littérature. Il est également auteur, en collaboration avec son ami Promis, de deux ouvrages qui ne sont point entrés dans le commerce et qui sont intitulés, l'un : *Documenti, monete e sigilli raccolti in Savoia, in Svizzera e in Francia* (1833); l'autre : *Sigelli dei principi di Savoia* (Turin, 1834). Dans son *Libro di Novelle* (1834) et dans ses *Novelle* (2 vol., Milan, 1836), le chevalier Cibrario a prouvé qu'il y avait aussi en lui l'étoffe d'un conteur. Il s'est fait en outre l'éditeur d'un grand nombre d'anciens ouvrages de la littérature italienne. Mentionnons dans ce genre les *Rime de Pétrarque* (Turin, 1825), les *Lettere di Principi e d'Uomini illustri* (1828), les *Relazioni dello Stato di Savoia degli ambasciatori veneti* (1830); les *Opere varie* de Prospere Ralbo (1830), la *Chronographia Sardiniæ* (1835) de Jean Sara, les *Memorie storiche sulla Guerra di Piemonte dal 1741 al 1747* (1840) du comte Galliani d'Agliano, etc. N'oublions pas non plus les articles relatifs à l'histoire de la Savoie, que cet écrivain célèbre a bien voulu fournir à notre recueil, et qu'on y trouvera disposés à leur ordre alphabétique. Ils prouvent que notre langue lui est tout aussi familière que la sienne propre.

CICATRICE. Ce mot sert à désigner la trace évidente d'une ancienne blessure. Chaque plaie, entamure, érosion ou rupture des tissus vivants, laisse ainsi après elle une cicatrice. Il y a des cicatrices aux fragments d'os cimentés après brisure (le *cal*), comme à la peau rejointe après une coupure un peu profonde. Plus apparentes ou moins visibles, les cicatrices ne disparaissent jamais. On connaissait cette loi physique dès la plus haute antiquité : dans l'*Odyssée* d'Homère, Ulysse, méconnu des siens après ses longs voyages et ses malheurs, n'est enfin reconnu de sa vieille nourrice qu'au moyen de la cicatrice qu'il porte aux environs du genou. Son chien seul, avec son instinct beaucoup plus sûr et moins oublieux que l'intelligence humaine, inaugure aussitôt son maître par ses caresses. Cette longue persévérance des cicatrices peut servir à faire reconnaître certaines infirmités du temps de la jeunesse, des coups de feu, des traces de vaccine ou de petite vérole. On peut ainsi constater d'anciennes applications de sangsues ou de vésicatoires, de cautères ou de moxas, des opérations ou des accidents; ensuite, on peut conjecturer de la sorte sur des circonstances antérieures, sur la solidité de la santé, et quelquefois même sur la pureté des mœurs. Des amants ont fréquemment usé de ce moyen naïvage, à l'aide du tatouage, pour éterniser des serments dont l'expérience démontre trop tôt la vanité.

La justice humaine chez plusieurs peuples a infligé pour châtiment à de grands coupables des cicatrices ineffaçables.

Tel était le but de ces diaprures brûlantes imprimées en signe de réprobation au front ou sur l'épaule des criminels déclarés incorrigibles et à jamais redoutables, et voués par là même à une infamie perpétuelle, sans résipiscence prévue ni réhabilitation possible. Ces marques du crime judiciairement puni sont toujours indélébiles, quoi qu'on tente pour les effacer; cela m'a donné la première pensée que le corps humain ne se renouvelle point, comme on l'a prétendu, tous les sept ans, jusqu'à la trame des tissus. Cette opinion, que m'avait suggérée la persévérance des cicatrices, je l'ai assise depuis sur d'autres preuves, peu récusables (*Physiologie comparée*, 1830). Dans son bel ouvrage intitulé *Recherches sur le développement des os et des dents* (1842), l'honorable M. Flourens a cherché, il est vrai, à réfuter notre opinion, mais sans l'ébranler. Toutefois, je dois dire qu'on a cru reconnaître en cour d'assises de Paris un ancien forçat à l'épaule duquel on ne trouvait plus aucun vestige de la marque infamante qui lui avait été imprimée. L'identité demeurait indécise.

Personne n'a exposé aussi bien que Bordeu et Bichat la manière dont les plaies se cicatrisent. Tantôt la plaie se réunit sans inflammation ni suppuration préalables, et comme on dit par *première intention*; alors la cicatrice est linéaire et à peine apparente. D'autres fois, l'inflammation et la suppuration succèdent à l'hémorrhagie, et dans ce dernier cas on voit naître à sa surface de petits bourgeons charnus et rosés, qui engendrent quelques jours après une sorte de toile fine et celluleuse qui s'épaissit et s'étrécit peu à peu, en attirant l'une vers l'autre les lèvres disjointes de la plaie. Ces cicatrices se ramollissent et s'élargissent quelquefois, par exemple, après des excès, dans de graves maladies, dans la vieillesse, de même qu'après des morsures d'animaux enragés, ce qui dénote la gravité des accidents qui vont suivre. Les cicatrices sont toujours plus légères quand la peau seule a été entamée, toujours grandes et plus profondes quand les muscles ont été coupés en travers : elles sont très-profondes lorsque la plaie va jusqu'à l'os; c'est alors surtout que la cicatrice est adhérente et devient immobile. Les muscles et les tendons coupés en travers ne se cicatrisent jamais sans l'intervention d'un tissu intermédiaire, qui ajoute à leur longueur et affaiblit leur puissance. Les nerfs aussi ne se rejoignent que par ce tissu cellulaire de nouvelle création. Mais un fait bien intéressant à ce sujet, c'est que la paralysie ou l'anesthésie des organes dans lesquels le nerf divisé allait porter le principe sensitif ou moteur finit par diminuer et ensuite par disparaître à mesure que les deux bouts du nerf se rapprochent, grâce au tissu intermédiaire qui se rétracte et se condense pour les unir.

Les plaies superficielles du cerveau se cicatrisent fréquemment. On a même vu des cicatrices dans la profondeur de cet organe à la suite de ces dépôts sanguins qui constituent l'apoplexie. M. Riobé, encore mieux que Morgagni, a suivi la marche de ces cicatrisations : le dépôt sanguin devient un kyste séreux; ce kyste, ou petit sac, finit lui-même par s'atrophier, et alors la paralysie, qui primitivement avait attaqué le côté opposé du corps, diminue graduellement jusqu'à disparaître. Les saignées et les privations hâtent les progrès de ces heureuses cicatrices. Les plaies de l'œil se cicatrisent aussi : l'opération de la cataracte par extraction en est la preuve. L'essentiel pour la conservation de la vue, c'est que l'humeur vitrée reste intacte, et que la cicatrice de la cornée ne voile point la pupille ou prunelle de l'œil.

Le cœur n'offre jamais de cicatrices notables, par la raison que toute plaie qui en intéresse les fibres charnues est mortelle; la contraction incessante du cœur achève bientôt la rupture, d'où résulte une mort subite. Les veines se cicatrisent aisément, les artères jamais. Le tissu de ces derniers vaisseaux est tellement élastique et toujours si tourmenté par les mouvements du cœur, d'où dérive le pouls, qu'une artère divisée ne peut être fermée que si on l'oblitère totalement à l'aide de la compression ou d'une ligature. Les plaies des poumons ne se cicatrisent qu'autant que l'endroit entamé adhérait à la plèvre costale antérieurement à la blessure. C'est ainsi qu'une ancienne pleurésie, origine fréquente de ces adhérences, a plus d'une fois conjuré des accidents mortels. On a aussi des exemples de cicatrisations dans des poumons ulcérés chez des phthisiques tuberculeux : j'en ai vu un pour ma part. Laënnec en cite plusieurs, et ce médecin célèbre se flattait d'en réaliser un nouvel exemple en sa personne, quand de nouveaux accidents, causés par un mariage inopportun, vinrent soudainement l'avertir de sa fin prochaine.

On trouve assez fréquemment dans les intestins des cicatrices qui survivent à des ulcérations. Jamais on n'étudia mieux ces dernières cicatrices qu'à l'époque où Broussais prétendit que toute fièvre réputée jusque alors pour *essentielle* avait pour cause véritable *l'irritation* des entrailles. Or, il est certain qu'on trouve presque toujours de ces cicatrices ou de ces ulcérations chez ceux qui ont succombé aux suites des fièvres graves ou du typhus. La matrice, vers son col, et le plus ordinairement du côté gauche, offre autant de cicatrices que la personne a eu d'enfants ; et cette situation de la cicatrice au côté gauche est le résultat naturel de la position la plus fréquente de l'enfant dans le sein de sa mère, alors qu'il vient au jour la tête la première et à reculons, et se trouvant d'ailleurs dirigé de droite à gauche. L'homme et les mammifères portent tous inévitablement une large cicatrice indiquant le passage de ces vaisseaux primitifs qui apportent au jeune être pour l'accroître la nourriture et le sang pur que sa mère a respiré pour lui : je veux parler de l'*ombilic*, dont le premier homme, ainsi que les premiers animaux, furent nécessairement dénués.

Dr Isidore BOURDON.

CICATRICULE, c'est-à-dire petite cicatrice. Ce nom, emprunté au langage vulgaire, est employé dans la science des corps organisés pour désigner des parties qui sont réellement des cicatrices très-peu étendues ou qui en ont l'apparence. L'embryogénie le réserve spécialement à cette partie de l'œuf qui se présente sous forme de tache blanche et que l'on nomme vulgairement *germe*.

En botanique, le mot *cicatricule* est souvent synonyme de *hile*, et sert à désigner, dans la graine, le point par lequel l'ovule était attaché au placenta.

CICCI (MARIA-LUIGIA), dame italienne qui s'est fait un nom dans sa patrie par ses compositions poétiques, bien qu'elles aient eu moins de retentissement quand elles parurent imprimées que lorsque l'auteur en donnait lecture dans les différentes académies, où sa voix harmonieuse et son débit animé en doublaient le prix. Son père était jurisconsulte à Pise, ville où elle naquit, en 1760. Ayant perdu sa mère de bonne heure, elle fut élevée dans un couvent, où elle lut en secret quelques poëtes de son pays ; lecture qui provoqua en elle le désir de cultiver la poésie. Comme on refusait de lui laisser des plumes et de l'encre, elle trouvait moyen de fixer ses pensées sur le papier au moyen de petits morceaux de bois trempés dans du jus de groseilles. Elle avait dix ans à peine quand elle composa ses premiers vers. Une fois revenue à la maison paternelle, elle y étudia, outre la littérature italienne, l'histoire générale, le français et l'anglais, et parvint à lire Locke et Newton dans leur langue. En 1783 elle fut nommée membre de l'Académie des Arcades de Pise, et peu après de celle des *Intronati* de Sienne. Après la mort de son père, elle alla demeurer chez son frère Paolo. Une maladie de poitrine, au développement de laquelle, en raison de la faiblesse de sa constitution, contribua la mort presque subite de deux de ses amies l'enleva à l'âge de trente quatre ans. Son frère publia après sa mort un volume contenant ses œuvres poétiques, précédées de son éloge et de sa vie, par Anguillesi (Parme, 1796).

CICÉ (ADÉLAÏDE-MARIE CHAMPION DE), née à Rennes, en 1749, et dont le nom est demeuré célèbre par suite de l'accusation de complicité dans l'affaire de la *machine infernale* de la rue Saint-Nicaise, qui fut portée contre elle, était la sœur de Jean-Baptiste-Marie de Cicé, évêque d'Auxerre, et de Jérôme-Marie de Cicé, qui fut successivement évêque de Rodez, archevêque de Bordeaux, et, après le concordat, archevêque d'Aix. Les deux frères, lors de la révolution de 1789, adoptèrent dans l'opinion royaliste des nuances différentes : l'évêque d'Auxerre résista de tout son pouvoir aux innovations politiques et surtout religieuses. Jérôme de Cicé, l'archevêque de Bordeaux, membre de l'Assemblée constituante, fut l'un des premiers parmi les membres de la noblesse et du clergé à se réunir au tiers état pour la vérification des pouvoirs. Il avait combattu la constitution civile du clergé ; mais, nommé garde des sceaux en 1791, il promulgua, comme ministre, ce qu'il avait désapprouvé comme prélat. Ce fut lui qui apposa le sceau de l'État à la loi que Louis XVI venait de sanctionner. Il y avait encore un troisième frère de Cicé, Augustin, lequel, pendant l'émigration, entreprit à Hambourg un commerce d'épiceries, pendant que sa jeune femme était réduite à l'état de couturière.

Mlle de Cicé, restée à Paris, entretenait une correspondance très-active avec son frère Augustin et avec l'évêque d'Auxerre, qui résidait à Halberstadt, en Prusse. Il semblerait assez naturel que l'épicier de Hambourg et sa femme la couturière eussent sollicité des secours de leur sœur de Paris, qui passait pour jouir d'une certaine aisance. Il était question en effet dans leurs lettres de la prospérité de la *boutique* et de l'acquisition de deux *bons compagnons* qui feraient valoir le commerce ; et lors du procès dans lequel Adélaïde de Cicé fut accusée de complicité, non *directe*, mais *morale*, avec Saint-Réjant et Carbon, dit *le Petit François*, auteurs de la machine infernale de la rue Saint-Nicaise, il s'éleva de graves débats sur le véritable sens de ces termes énigmatiques. Suivant l'accusation, ces expressions mystérieuses contenaient plus que des vœux pour le rétablissement de la royauté, elles servaient encore à déguiser des projets de contre-révolution et même d'attentats. Selon la défense, cette correspondance toute mystique et ascétique ne manifestait d'autre espérance que de voir refleurir la religion, si longtemps persécutée dans les personnes de ses ministres. Adélaïde de Cicé ne négligeait rien pour favoriser l'introduction d'un nouvel ordre religieux, qui, sous le nom de *pacanaristes*, ne tendait à rien moins qu'au rétablissement des jésuites. Du reste, cette sainte fille s'était vouée aux actes de piété et de charité pratiques les plus fervents : il suffisait d'être malheureux non-seulement pour obtenir accès auprès d'elle, mais pour qu'elle vînt s'assurer elle-même des maux qu'elle devait soulager. Ces dispositions admirables de bienfaisance faillirent attirer à Mlle de Cicé le sort le plus funeste.

Après l'explosion de l'affreuse machine, qui, en trahissant les desseins de ses inventeurs, avait fait de nombreuses victimes, Saint-Réjant, dangereusement blessé, fut emporté dans une maison où il se vit arrêté au bout d'une quinzaine de jours ; on trouva sur lui l'adresse de Mlle de Cicé. Carbon fut conduit le 7 nivôse, quatre jours après l'événement, par Limoëlan, chez Mlle de Cicé, rue Cassette, et obtint, grâce à lui, un asile dans la maison des dames de Saint-Michel, dont Mme Duquesne était la supérieure. Beaucoup d'autres indices s'élevaient contre Mlle de Cicé. Elle parut devant la cour criminelle avec quinze co-accusés, et montra une abnégation d'elle-même qui aurait pu la perdre. La correspondance de Halberstadt était hérissée de lettres initiales, dans lesquelles le commissaire du gouvernement, chef du parquet de cette époque, voyait la preuve des liaisons de l'accusée avec les conspirateurs les plus redoutables, par exemple avec Georges Cadoudal, que l'on regardait comme le chef du complot. Le docteur Guillotin vint déclarer à l'audience que c'était lui-même que désignait la lettre G. Sténographe de ce solennel procès, j'ai été témoin de l'émotion du docteur Guillotin en présence des hommes dont la tête allait bientôt tomber sous l'instrument de supplice qu'il a introduit le premier en France. D'autres personnes eurent la même franchise; mais il restait encore bien des énigmes à pénétrer, et leur solution fut le triomphe de Bellart. Cet éloquent orateur avait à lutter contre des impressions de toute nature, et surtout contre l'effet produit par la présence des victimes mutilées par l'explosion ou celle de leurs familles en deuil. En faisant une distinction entre les idées vraiment religieuses et le fanatisme, il disait aux jurés : *Je parle devant une assemblée de philosophes*. Le succès de ces paroles fut prodigieux; mais quelques personnes susceptibles les blâmèrent, et je regrette que Bellart, en corrigeant la sténographie de son plaidoyer, les ait remplacées par une circonlocution, qui certes ne les valait pas.

Abordant enfin la correspondance suspecte sur laquelle le commissaire du gouvernement avait cru devoir passer légèrement, le défenseur se fit à lui-même cette objection : « Eh bien! dans ma conscience, puis-je vous affirmer que dans cette correspondance il n'existe pas contre Adélaïde de Cicé une preuve terrible que le complot ne lui a pas été inconnu, qu'elle a su le nom des machinateurs, qu'elle est intimement liée avec plusieurs d'entre eux, et que dès avant que le crime fût commis Adélaïde Cicé était au courant de cette trame infernale? — Non, jurés, je ne puis vous l'affirmer.... Si le vengeur public a déserté son poste d'accusateur, c'est moi-même qui m'en empare. — Or, Adélaïde de Cicé, répondez-moi, car c'est moi, votre défenseur, qui vous accuse. Répondez à la plus foudroyante charge qui puisse être portée contre vous! Et vous tous, écoutez avec recueillement. » L'auditoire montrait en effet la plus vive anxiété; chacun se demandait comment le défenseur expliquerait cette phrase où l'on désignait le *Petit François* comme le *facteur le plus assidu* et l'*agent principal de la boutique*. L'acte d'accusation, en transcrivant cette phrase, avait omis deux lettres initiales d'une haute importance, car il y avait dans le texte *le petit P. François V.* Bellart démontra qu'au lieu du *petit François*, c'est-à-dire de l'accusé Carbon, il fallait lire le *petit père François Viard*. Une lettre de l'abbé François Viard, qui avait été autrefois desservant à l'église des Petits-Pères, autorisait cette interprétation.

Malgré ce concours inouï de circonstances heureuses, sans exemple, dans la plaidoirie criminelle, la cause de Mlle de Cicé ne triompha pas aisément des préventions qui s'étaient accumulées. La loi de l'époque exigeait que le jury ne rendit ses décisions pour ou contre qu'à l'unanimité, dans les vingt-quatre heures. Après ce laps de temps révolu, le scrutin par boules noires et blanches décidait à la simple majorité. Mlle de Cicé ne pouvait être regardée comme ayant immédiatement participé à l'attentat ; mais on avait soulevé une question de *complicité morale*, résultant de l'asile donné au petit François, étranger à la ville de Paris, qui en avait fait déclaration à la mairie. Le jury ne put s'accorder pendant vingt-quatre heures, et lorsqu'il vota, le lendemain, par boules noires et blanches, Mlle de Cicé dut son salut au partage de six contre six. Elle fut acquittée; la supérieure des dames de Saint-Michel, une autre dame, le beau-frère et une sœur de Carbon, furent condamnés chacun à trois mois d'emprisonnement. L'officier de santé qui avait traité Saint-Réjant sans en faire de déclaration fut condamné à 300 fr. d'amende. Saint-Réjant et Carbon subirent seuls la peine capitale.

Mlle de Cicé vécut encore quelques années; elle eut la joie de voir rentrer en France ses trois frères, dont l'aîné, l'ancien archevêque de Bordeaux, fut nommé par le premier consul archevêque d'Aix, le 2 octobre 1802. Le premier consul ne montra pas plus de rancune contre Mme Duquesne, qui resta supérieure de sa congrégation, lorsqu'elle eut été autorisée et transférée dans un plus vaste local. BRETON.

CICÉRO, nom d'un caractère d'impression, et qui lui vient de ce que les premiers imprimeurs qui allèrent à Rome imprimèrent en 1467 les *Épîtres familières de Cicéron*, en latin, avec une sorte de caractère de la force du *onze*.

CICÉRON (MARCUS TULLIUS), le plus grand orateur de Rome et le plus brillant esprit de l'antiquité, naquit à Arpinum, l'an de Rome 647. Sa famille n'était point obscure, mais elle n'avait pas passé par les honneurs publics, ce qui le fit désigner comme un *homme nouveau* par l'aristocratie de la république, qui avait aussi, comme on sait, sa vanité. On a disserté sur les noms de Cicéron ; chose vaine, mais que nous devons redire. Marcus était son nom personnel, le nom que les Romains avaient coutume de donner aux enfants six jours après leur naissance. Tullius était le nom de sa famille : il signifiait *ruisseau*, dit Middleton, dans le vieux langage, et venait de la situation d'Arpinum, au confluent de deux rivières. Enfin, Cicéron était un surnom qui venait d'un ancêtre qui avait eu sur le nez une verrue de la forme d'un pois, que les Romains nommaient *cicer*. Il y a beaucoup de gens qui croient que c'était Cicéron qui avait cette verrue au bout du nez. Middleton est plus grave, il croit que le surnom venait de quelque talent particulier de sa famille pour la culture des pois ; c'est diminuer de beaucoup la grandeur des souvenirs qui s'attachent à ce nom glorieux.

L'éducation de Cicéron fut admirablement soignée. Il annonça de bonne heure un génie varié. Il débuta par la poésie. Il reste de lui des fragments d'une traduction d'Aratus en vers latins. Il s'appliquait en même temps à l'étude de la loi et à la philosophie ; puis, au milieu de ses travaux, il prit l'épée, et servit sous le consul Pompeius Strabon, dans la guerre Marsique, et plus tard comme volontaire sous Sylla. Ce ne fut qu'une interruption de ses études. Il les reprit avec ardeur sous le feu des guerres civiles, publia quelques écrits de rhétorique, s'exerça à la déclamation avec des philosophes et des rhéteurs, s'appliqua à perfectionner son langage, et pour cela passa des leçons des maîtres grecs à la conversation assidue des dames polies et élégantes. Il eut ainsi de bonne heure un grand renom, et ses premiers essais du barreau eurent de l'éclat ; mais il avait en lui-même, comme il le dit dans ses écrits, une si haute idée de l'éloquence, que, satisfaisant les autres, il ne pouvait encore se satisfaire, et il s'arracha à ces premières joies du triomphe pour aller en Grèce compléter ses grands travaux et mûrir son génie à l'étude des antiques monuments de ce pays de merveilles. Il interrogea toutes les écoles, disserta avec les philosophes, les étonna par la fécondité de sa parole, s'exprimant dans la langue de Démosthène avec la facilité d'un Athénien, et gardant dans ses recherches la supériorité d'un maître, en même temps que la curiosité d'un disciple.

Il passa deux ans à des voyages en Grèce et en Asie, et il revint à Rome chargé de trésors d'intelligence et de philosophie. Il trouva au barreau deux noms illustres, Cotta et Hortensius, ce dernier surtout, qui devint pour lui un objet sérieux de rivalité. Après quelques luttes de barreau, ces trois talents furent la même année honorés par des récompenses publiques. Cotta fut consul, Hortensius édile, et Cicéron questeur. C'était, dans la corruption de la république, de beaux restes de sa grandeur, de voir encore dans ses dignités des citoyens d'un tel mérite : mais le colosse n'en fléchissait pas moins, et les plus beaux génies devaient être impuissants à retarder sa décadence.

Cicéron exerça sa charge de questeur en Sicile. Il y apporta un zèle et une modération dignes des temps anciens, et il y mérita la reconnaissance des peuples, qui lui firent de grands honneurs. Il ne perdait pas de vue la science et

38.

l'étude. Il découvrit le tombeau d'Archimède, que les Syracusains ne connaissaient pas, et ce fut pour le reste de sa vie un souvenir de vanité, de songer que la Sicile aurait continué d'ignorer le monument le plus précieux de sa gloire si elle n'avait eu pour questeur un citoyen d'Arpinum. Son retour en Italie ne donna pas moins lieu à un petit mécompte dont l'histoire a grossi l'importance. Il croyait que tout le monde avait dû avoir l'œil fixé sur la Sicile et sur son questeur, et il fut fort surpris que les premiers citoyens qu'il rencontra en débarquant ne sussent pas même d'où il arrivait. On a fait de cette anecdote quelque chose de très-sérieux, et parce que Cicéron l'a racontée avec quelque dépit, on l'a ajoutée à tous les récits qui ont été faits de son orgueil. C'est seulement une particularité piquante, qui peut apprendre à tous les hommes qu'ils se méprennent quelquefois sur la renommée.

De retour à Rome, il fit comme tous ceux qui aspiraient aux grands honneurs de la république : il se rendit agréable au peuple, et se fit nommer édile. Il n'oublia pas toutefois que sa fortune était attachée à son génie, et il rechercha les occasions qui pouvaient donner un grand éclat à son éloquence. Une cause magnifique s'offrit à lui : ce fut l'accusation de Verrès, qui dans sa préture en Sicile avait exercé d'affreux brigandages. C'était se jeter dans la carrière des partis politiques, qui bientôt succéderaient aux luttes accoutumées de la tribune. Verrès avec le fruit de ses pillages s'était fait des amis dans Rome, et le moment arrivait où la défense de la justice et de l'humanité provoquerait des vengeances et des représailles. Cicéron se souvint de l'affection d'une province qu'il avait autrefois gouvernée. Il reçut les supplications des Siciliens, recueillit leurs plaintes, alla visiter leur île pour s'assurer des spoliations, et revint avec des preuves des infamies de Verrès. Jamais une cause entourée de solennité : le Forum n'en avait jamais vu de plus grande. Cicéron en attendait beaucoup de gloire : il parlait pour un peuple entier, il parlait pour Rome elle-même. Et d'ailleurs, Hortensius défendait Verrès; c'était une puissante émulation : il y avait à la fois à vaincre un rival et à venger la liberté. Cicéron triompha. Le coupable n'attendit pas la fin de la cause : il s'enfuit de Rome. Ce triomphe fut odieux à la noblesse de Rome. Cicéron l'honora par sa générosité. Les Siciliens lui firent de riches présents; il les consacra au soulagement des pauvres de la ville, rare exemple dans l'antiquité, et digne même d'être offert à l'humanité moderne.

L'histoire de l'édilité de Cicéron est sans importance. Il fut fait préteur. Après sa préture, il refusa le gouvernement d'une province, pour rester à Rome, seul théâtre d'ambition et de gloire, car il aspirait au consulat. On arrivait à des moments funestes : la ville était remplie d'intrigues et de trames. Il y avait de toutes parts des conspirations pour amener un changement dans la république. Chaque ambitieux sentait que la liberté ne pouvait longtemps survivre à la corruption, et déjà César avait laissé échapper ses pensées de domination et de tyrannie. Les plus mauvais citoyens se crurent faits de même pour arriver à l'empire. A défaut de génie, le crime et le meurtre leur étaient une espérance. C'est au milieu de cette agitation des esprits que Cicéron mit au grand jour son ambition, comme il eût fait dans les temps les plus purs de la république. Et, chose singulière, la depravation même des conspirateurs, n'empêcha pas qu'il n'obtînt le suffrage universel du peuple : l'ascendant de la vertu et du génie subsistait encore. Il fut désigné consul avec applaudissement. Mais ce succès choqua les criminels. Catilina, patricien d'un nom illustre, avait été son concurrent. Il ne lui pardonna pas sa victoire.

Catilina était de ceux qui voyaient la république s'en aller aux mains du premier qui la voudrait saisir et dominer. Il crut qu'il lui serait donné de la renverser et de s'emparer de ses débris. L'histoire de sa conjuration est connue. Pendant qu'elle se tramait en des réunions composées de citoyens perdus de débauche et de crimes, Cicéron songeait à entrer avec quelque gloire dans le consulat. Il parut d'abord à la tribune aux harangues pour repousser une loi depuis longtemps funeste au repos de Rome, la loi agraire, présentée par le tribun Rullus. Son discours fut d'une habileté prodigieuse : le peuple rejeta la loi. D'autres soins moins importants occupaient le début de son consulat, et cependant la conjuration grandissait. Enfin, il fallut éclater. Catilina avait derrière lui des conspirateurs plus prévoyants, qui attendaient le profit du désordre, de sorte que le crime et l'ambition se prêtaient secours. César était de ceux qui laissaient marcher le complot : c'était l'espèce de complicité la plus formidable. Cicéron s'opposa à tant d'ennemis divers. Ce ne fut pas seulement une affaire propre à donner de l'éclat à son éloquence, elle fut surtout une occasion de fermeté et de courage. Cicéron attaqua hardiment la conjuration, et l'étouffa par un coup d'État hardi. Les complices de Catilina furent étranglés dans la prison, et lui-même périt dans une bataille, que le second consul Antoine devait soutenir, et dont il laissa le soin à Pétréius, son lieutenant, tant l'incertitude de la victoire avait jeté de terreur.

Le peuple de Rome fut heureux d'être délivré de ces alarmes; on rendit grâces aux dieux, et Cicéron reçut le beau nom de *Père de la patrie*, premier exemple d'un tel honneur sous la liberté, qu'il n'annonçait pas la fin des périls où allait tomber désormais la république. Un premier triumvirat se fit entre César, Pompée et Crassus. Chacun d'eux tenait au suffrage de Cicéron, soit par intérêt, soit par estime. Cicéron témoigna sa préférence pour Pompée : c'était s'exposer à des inimitiés, sans s'assurer une défense publique. Ses ennemis redoublaient d'intrigues, et vainement il leur échappa en s'appliquant aux travaux du barreau. Le tribun Clodius, forcené courtisan des basses passions du peuple, se déclara son adversaire, et ameuta contre lui la populace. Cicéron pensa qu'il fallait céder à l'orage, et se retirer devant ce même peuple qui naguère encore lui avait fait des triomphes. Il prit les habits de deuil, selon la coutume romaine dans la disgrâce. Mais il lui restait ailleurs de la faveur : vingt mille chevaliers changèrent d'habits comme lui, et parurent en public pour le défendre contre les excès populaires. Cicéron avait pris le parti de quitter Rome et de s'exiler. Il partit, reçut dans sa fuite tour à tour des insultes et des honneurs, alla voyager en Grèce, incertain d'une retraite définitive, et mal disposé à supporter une plus longue adversité.

Pendant ce temps, ses amis faisaient à Rome des efforts pour ramener à lui la bienveillance du peuple, et le sénat suspendit toutes les affaires jusqu'à ce que l'affaire de son retour fût terminée par un décret. On appela à Rome tous les bons citoyens de l'Italie; le nom de Cicéron avait gardé son autorité : l'affluence fut immense, et le décret fut emporté par des suffrages infinis.

A cette nouvelle, Cicéron accourut : son retour fut triomphal. Il rendit publiquement ses actions de grâces au sénat et au peuple, recommença sa vie publique, toujours attaché à Pompée, et ne dissimulant pas son aversion pour les factions populaires. Cicéron tremblait pour l'avenir de sa patrie; César tendait à la puissance, et Cicéron, qui l'avait repoussé, en était à réfléchir s'il ne serait pas mieux que le génie conquît le pouvoir, au lieu de le voir disputer par des pervers et des lâches. Il s'approcha de lui par nécessité, et même il lui consacra un poëme. C'était de la faiblesse; mais que pouvait le courage civil en présence de la domination de l'épée? Il soutint le projet de faire perpétuer le redoutable général dans le commandement des Gaules. Peut-être était-ce un moyen de le détourner de la tyrannie. Ses préférences n'en revenaient pas moins toujours à Pompée ; mais dans cette alternative d'affections politiques rien de grand ne pouvait éclater : l'éloquence était sans force pour remuer ce peuple avide de pouvoirs nouveaux plutôt que de liberté nouvelle. Et aussi lorsqu'une occasion se présenta de reparaître à la tribune, Cicéron se sentit glacé. Il s'agissait de la défense de Milon, qui avait tué Clodius. Milon déplaisait à Pompée, qui, maître de Rome pendant que César était occupé dans les Gaules, avait tout préparé pour donner de l'éclat à la condamnation du meurtrier, non point qu'il regrettât la mort de l'ancien tribun, mais Milon était un Romain d'autrefois, qui ne reculait pas devant l'action ; et comme il briguait le consulat, il pouvait, par son caractère fort et décidé, déconcerter les ambitieux qui se disputaient les lambeaux de la république. Telle fut la cause de l'appareil nouveau donné à la justice par Pompée : ce n'était point une protection pour l'accusé, c'était plutôt une menace, et Cicéron manqua d'énergie pour faire tomber ces faisceaux d'armes devant les vieilles formes de la liberté. Il ne put prononcer sa harangue, et Milon s'exila.

Peu de jours après le sort donnait à Cicéron, comme personnage consulaire, le gouvernement d'une province : il eut la Cilicie. Il partit de Rome avec quelque joie ; mais ses fonctions de gouverner ne lui furent pas agréables. Il eut à prendre des habitudes toutes nouvelles. Il devint général d'armée, fit quelques actions d'éclat, fut salué par ses soldats du grand nom d'*imperator*, pensa au triomphe, s'ennuya du gouvernement, qu'il sut rendre agréable aux peuples, le laissa à son questeur, et se mit en marche pour l'Italie, en visitant de nouveau la Grèce, où tant de souvenirs de science l'appelaient toujours. Il n'eut point le triomphe, qu'il avait désiré. César et Pompée étaient en présence : il n'était plus temps de rester indécis entre de si formidables rivalités. Chaque parti tenait à honneur d'avoir dans ses rangs un tel citoyen. Marc-Antoine et César lui firent des prières : sa vieille affection pour Pompée l'emporta, et il se jeta dans les chances de la guerre civile, à la détestant, comme un homme emporté par l'empire de la fatalité, qui ne laissait plus aux bons citoyens le choix de la paix ou des discordes. La bataille de Pharsale détruisit les restes de l'ancienne constitution de la république, et montra dans l'avenir le pouvoir d'un maître à la place de la liberté du peuple. Caton avait, comme Cicéron, suivi le parti de Pompée, mais avec plus d'énergie et de désespoir. Peut-être l'esprit conciliateur de Cicéron était le seul qui pût convenir à Rome, dans l'extrémité où ses vices l'avaient précipitée. Cicéron refusa de poursuivre la guerre, et il crut devoir aller trouver César pour désarmer sa victoire. Il fut bien accueilli, et il servit par son éloquence plusieurs amis de Pompée.

Il rentra pour quelques moments dans la vie domestique, mais pour y trouver des douleurs d'une autre sorte : il répudia sa femme Terentia, après vingt-cinq ans de mariage, souvent troublés, à ce qu'il paraît. La fille du grand Pompée lui fut offerte : il préféra Publilia, jeune Romaine dont il avait été tuteur ; c'était s'exposer à des chagrins nouveaux. Peu après il perdit sa fille chérie, Tullia. C'étaient les délices de sa vie, et sa douleur fut inconsolable. Il voulait lui élever un temple. Le reste de sa vieillesse fut empoisonné par ce malheur. Sa nouvelle femme ne lui ayant pas paru le partager comme elle devait, il se sépara d'elle par le divorce. Telles étaient les mœurs de la république dans sa décadence, et encore était-ce un homme de bien qui en donnait l'exemple! Qu'était-ce que la corruption sans retenue du reste des citoyens ? Des travaux de philosophie furent pour lui une distraction. Cependant il prenait quelque part encore à la politique. César était maître dans Rome. Il se fit contre lui des conjurations. Cicéron en fut instruit, et les approuva, malgré ses apparences d'amitié. Enfin, arriva l'assassinat public du dictateur. Cicéron pensa que la république pouvait se relever par ce meurtre. Il donna d'utiles conseils aux conspirateurs. Lui-même n'était bon qu'à proposer des plans de sagesse : l'exécution par le fer et par les armes répondait mal à son caractère. Mais il prévit que la mort de César serait sans résultat politique ; et comme Rome lui paraissait tomber aux mains d'Antoine, tandis que les meurtriers se contentaient de quelques honneurs secondaires de la république, il partit pour la Grèce, avec des projets de travaux philosophiques : homme admirable, qui au milieu des tourments de la vie gardait le calme de l'esprit et toute la force de l'intelligence !

Pendant ce temps, Octave, jeune héritier du nom de César, devenait le centre d'une faction nouvelle. Les ambitieux, dans le désordre général de l'État, se servaient de ce nom avec habileté. Antoine, jaloux de sa jeunesse, se déclara son ennemi, croyant faire assez pour son crédit en se portant le vengeur de la mémoire de César. Mais la défaveur s'attacha à cette ambition subalterne, et Cicéron, instruit de ce qui se passait, retourna à Rome, avec la résolution d'attaquer Antoine dans le sénat, et de ramener la république à quelques semblants de liberté. Il fut encore cette fois reçu avec transport par tout le peuple. Il se réunit à Octave, et commença contre Antoine la suite de ses harangues sous le nom de *Philippiques*. Vaincu dans le Forum par l'éloquence opiniâtre de Cicéron, Antoine avait recouru aux armes ; mais il fut défait dans une bataille livrée par Octave et les deux consuls, et à cette nouvelle le peuple porta Cicéron en triomphe dans les rues de Rome, voyant en lui l'auteur véritable de la victoire. Cicéron, du reste, ne faisait que changer de maître, et sans le vouloir il livrait à Octave la liberté. Brutus lui en fit des reproches dans une lettre immortelle, la plus belle et la plus éloquente plaidoirie qui nous reste de Rome en faveur de la liberté.

Antoine vaincu devint l'associé d'Octave vainqueur ; et un troisième nom, celui de Lépide, s'ajouta à cette alliance tentée par une tyrannie commune, lorsque rien n'était commun entre les trois oppresseurs. Ce fut un commencement de désastres et de proscriptions. Trois rivaux jaloux s'unirent pour exterminer par les coups l'un de l'autre tous leurs ennemis. Lépide signa la mort de son frère, à condition qu'Octave signât la mort de Cicéron. Ce furent des traités atroces, et les massacres souillèrent de sang toute l'Italie. Cicéron chercha à s'enfuir. Il eût voulu aller rejoindre Brutus dans la Macédoine. Il essaya de s'embarquer ; les tempêtes le retinrent. Il s'en allait le long du rivage pour se soustraire aux poursuites. Ses domestiques étaient prêts à le défendre ; quant à lui, il ne songeait plus qu'à mourir. Des soldats furent envoyés pour le saisir. Cicéron défendit à ses gens de résister. Il avança la tête hors de la litière pour parler aux soldats ; ils n'avaient, leur dit-il, qu'à accomplir leur mission. Ils l'accomplirent en effet. Ils lui coupèrent la tête, puis les deux mains, et s'en vinrent porter à Antoine ce sanglant trophée. C'est une chose horrible à dire qu'Antoine ordonna de clouer cette tête sur la tribune aux harangues, entre les deux mains mutilées. Effroyable spectacle pour les Romains, qui apprirent par là que la liberté du Forum était morte, et qu'il ne restait plus même à la république l'inviolabilité du génie. Antoine paya le crime d'une couronne d'or et d'une énorme somme d'argent. On dit que sa femme s'amusa à percer avec une aiguille la langue de Cicéron. C'étaient de vaines récompenses et de vaines atrocités. Les meurtriers sont restés infâmes, et le nom de la victime est couvert de gloire.

Cicéron n'était point de ces caractères énergiques qui sont faits pour dominer le monde. Sa nature tient à la civilisation des temps où il arriva. Son âme avait assez de force pour seconder le mouvement d'un peuple jeune, pas assez pour ranimer un peuple éteint. Et d'ailleurs la volonté la plus puissante eût cédé à la corruption du temps. Le plus fort caractère de cette époque fut César ; il lui fallut la force de l'épée pour préparer l'établissement de la tyrannie ; sa puissance morale n'eût pas suffi. La république était à une de ces époques indécises où les peuples semblent prêts à tout accepter, la liberté comme le pouvoir ; alors tout paraît possible, parce que rien ne l'est encore. Le génie de Cicéron s'accommodait merveilleusement à ce moment de passage. C'était un homme de conciliation, et cela ne tenait pas seulement à sa nature, mais aussi à son intelligence. Ce peu de mots expliquent non-seulement sa vie politique, mais encore le caractère de son éloquence. Dans la part qu'il prit aux affaires, on vit toujours un homme de bien, embarrassé du choix entre les partis, parce que les partis n'avaient qu'une pensée personnelle au lieu d'une pensée politique. Dans l'exercice de la parole, on vit toujours un grand orateur, obligé de modifier les formes de son éloquence selon les mœurs et les pensées amollies du peuple. A l'élégance de ce temps il fallait autre chose que les accents dominateurs de Démosthène. Il fallait de la grâce, de l'habileté, un beau langage, une parole pleine d'harmonie ; et lorsque de grandes causes apparaissaient, il ne fallait pas les prendre à l'improviste dans ce qu'elles avaient de plus saillant et de plus caractérisé : il fallait les prendre dans leur ensemble, avec des préparations savantes, et l'éloquence devenait forcément un art, parce que le peuple était loin des impressions rapides de la nature. Je trouve aussi sans vérité les comparaisons que l'on fait de Démosthène et de Cicéron : l'un et l'autre ont été ce qu'ils devaient être, parlant à des peuples divers, l'un à un peuple avide d'émotions, l'autre à un peuple usé par les partis. Je m'imagine que Démosthène n'eût point fait l'admirable discours de Cicéron contre la loi agraire, et Cicéron n'eût point fait non plus le discours merveilleux de Démosthène pour la couronne. Mais chacune des harangues allait au peuple qui l'écoutait, l'une impétueuse et entraînante, l'autre artificieuse et persuasive ; et, à dire vrai, j'admire plutôt l'orateur qui à force de détours se rend maître des passions intéressées du peuple, que celui qui à force d'éclat anime ces passions contre un ennemi. Démosthène est le plus fier des orateurs, Cicéron est le plus habile.

Mais c'est comme moraliste et comme philosophe que Cicéron mérite les premiers honneurs. Cicéron a rajeuni dans ses ouvrages toutes les philosophies anciennes. Rien ne lui appartient sans doute, parce que tout avait été dit depuis deux mille ans. Et il n'avait qu'à choisir dans ces vastes recherches de l'intelligence humaine, si souvent perdue dans les erreurs ; mais ce choix même était une haute philosophie, et Cicéron s'y appliqua toute sa vie avec un sens si droit et une volonté si pure, que l'on dirait un reflet du christianisme, tant sa doctrine est morale et sainte, tant les vieux enseignements du monde y sont dégagés des théories incertaines des sophistes. C'est en ce sens l'esprit le plus parfait de l'antiquité, et je ne m'étonne pas de l'admiration de quelques pères de l'Église, qui avaient peine à concevoir cette sûreté de jugement, de sagesse et de raison, hors de la révélation chrétienne. Il y a dans Platon une conception plus hardie, et surtout une forme d'expression plus poétique, mais la pensée n'est pas si sûre et si nette ; et quant à la morale, Cicéron l'emporte sur Platon, comme sur tous les autres, par la précision des jugements, par la connaissance des devoirs, et par la variété ingénieuse des applications. Cicéron est un casuiste admirable. Ses decisions sont celles d'un moraliste chrétien. Il cherche à plaisir les questions les plus délicates, et les résout avec une exactitude scrupuleuse. La politique est une partie de la philosophie, et Cicéron la considère dans ses généralités avec la même justesse de pensée. Ses grands ouvrages portent l'empreinte d'une pensée qui plane au-dessus des idées vulgaires. Son traité *De la République* et son traité *Des Lois*, avec leurs pensées diverses, indiquent une haute supériorité de raison. Puis il entre dans les détails de la politique avec ses vues toujours ingénieuses et prévoyantes. C'est dans ses correspondances qu'il faut suivre cet esprit facile et prompt, à qui rien n'échappe du présent, ni même de l'avenir. Ses *Épîtres* sont les mémoires complets de son temps.

Tel fut le rare génie de Cicéron. La liste de ses ouvrages indique la variété féconde de sa pensée ; c'est une bibliothèque entière de philosophie, de morale et de belles-lettres. Cependant tous ses écrits ne nous sont pas parvenus. Il ne nous reste que 50 discours, dont quelques-uns sont incomplets. Les plus beaux traités sur l'éloquence ou la rhétorique sont *L'Orateur* et l'ouvrage *De l'Orateur*, deux écrits admirables, dont le premier est un chef-d'œuvre ; dix autres méritent également d'être étudiés. Dans la philosophie, ses travaux sont infinis : Les *Questions académiques*, les *Tusculanes*, les livres *Sur la Nature des Dieux* ; le traité *Des Lois*, le traité *Des Devoirs* ; puis, dans la politique proprement dite, le traité *De la République*, longtemps perdu, et retrouvé depuis quelques années ; et au-dessous de ces grandes compositions, de petits traités de morale empreints d'un génie bienfaisant et ami de l'humanité... Cicéron ne fut pas toutefois exempt des défauts qui tiennent, à ce qu'il paraît, à la culture des lettres : il s'aima trop dans ses écrits ; cela lui donna un travers de vanité que la postérité elle-même n'a pas la générosité de lui pardonner, tant la vanité est maladroite de se trahir, même quand elle est fondée. Il y eut en lui quelque chose de meilleur que la perfection de l'esprit, ce fut la droiture du cœur. Cicéron fut un homme vertueux, titre plus sacré que tous les autres à l'admiration du monde. Il fut fidèle à ses amitiés : l'amitié d'Atticus est surtout restée célèbre ; il eut des amis dans les partis opposés : Brutus le chérissait et César Phonora. Il fallut un tyran dégradé, abject, comme Antoine, pour que les dissensions publiques fussent déshonorées de ce sang d'un tel homme. Cicéron méritait d'avoir un asile dans le camp de tous les vainqueurs, et ceci ne prouve pas qu'il fut indigne de participer à aucune victoire, mais seulement qu'avec son caractère conciliateur il était digne de protéger toutes les défaites. LAURENTIE.

CICÉRON (QUINTUS), frère du précédent, épousa Pomponia, sœur d'Atticus ; mais le caractère acariâtre de cette femme finit par amener un divorce entre les deux époux. Après avoir été édile et préteur, il obtint en 692 le gouvernement de l'Asie. Lorsqu'il revint à Rome, pendant l'exil de Marcus, toute la ville alla au devant de lui avec les plus grandes démonstrations de respect et d'intérêt. Plusieurs fois il exposa sa vie dans les luttes entre Clodius et les tribuns qui proposaient le rappel de son frère. En 699 il fut un des quinze lieutenants de Pompée chargés de l'approvisionnement de Rome. [Ce personnage doit surtout nous occuper ici pour la part qu'il prit à la guerre des Gaules en qualité de lieutenant de César. Cette partie de sa vie, négligée par d'autres recueils, en est peut-être la plus brillante. Son gouvernement d'Asie, qui a inspiré une si belle lettre à son frère, a laissé peu de souvenirs ; et les relations, quelquefois orageuses, des deux frères sont un point très-conjectural, et qui offre d'ailleurs peu d'intérêt.

C'est à l'époque de la seconde expédition dans la Bretagne (Angleterre) que César appela près de lui, en qualité de lieutenant, Quintus Cicéron. C'était un nouveau gage, et le plus efficace, de la réconciliation de Marcus Tullius et de César. Il ne paraît pas que Quintus ait eu dans cette expédition aucune occasion de se distinguer. Elle fut d'ailleurs médiocrement glorieuse, même pour César, qui y déploya des ressources fort supérieures aux résultats. Mais si Quintus n'eut pas à se montrer comme homme de guerre, il y porta ses goûts d'homme de lettres, et ne s'y ralentit pas de cette fécondité qui lui faisait faire quatre tragédies en seize jours. Quintus paraît même n'avoir considéré dans l'expédition en Bretagne qu'une matière pour un poème. Au retour de l'expédition, l'homme de lettres, dont l'abondance rappelle involontairement celle de Scudéry, allait faire place au général habile, circonspect, courageux et résolu.

Dans la distribution que fit César de son armée sur différents points de la Gaule belgique, à la fin de l'automne de l'an 700 de Rome, il avait envoyé Quintus Cicéron en quartier d'hiver chez les Nerviens, peuple qui habitait le territoire et les environs du pays de Cambrai. Quintus y commandait une légion. Il s'y croyait en toute sûreté, quand les Éburons, enflés du désastre de Titurius Sabinus, vinrent l'attaquer, grossis d'un nombre considérable d'auxiliaires que la victoire avait réunis sous le commandement d'Ambiorix. Quelques soldats qui étaient répandus dans les bois pour y faire du bois ou des fascines furent tout à coup séparés de leur corps par la soudaine irruption des cavaliers éburons, et en un moment le camp fut investi. Les Romains n'eurent que le temps de prendre leurs armes et de monter sur le retranchement. Peu s'en fallut qu'il ne fût forcé. Mais une vigoureuse résistance rendit vaine cette première attaque. Cicéron écrivit à César, qui était alors à Samarobrive, aujourd'hui Amiens. Tous les chemins étant gardés, ses courriers ne purent passer, malgré les récompenses qu'il leur promit. En attendant, il prépare tout ce qui est nécessaire à la défense. Une seule nuit vit élever cent vingt tours avec le bois destiné à achever les retranchements. Le lendemain l'attaque avait recommencé ; la résistance des Romains ne fut pas moins vive que la veille. Ainsi se passèrent plusieurs jours. La nuit on travaillait sans relâche aux préparatifs de la défense du lendemain. Il n'y avait de repos pour personne, pas même pour les blessés. Cicéron lui-même, quoique d'une très-faible santé, ne se reposait ni jour ni nuit, au point que les soldats, par d'unanimes instances, le forçaient à se ménager.

Trompés dans l'espoir qu'ils avaient eu d'enlever le camp d'un coup de main, les chefs nerviens firent demander à Cicéron une entrevue. Là ils essayent du même mensonge auquel avait cru le malheureux Sabinus : Toute la Gaule, dirent-ils, était en armes. Les Germains passaient le Rhin pour se joindre aux Gaulois. On ne demandait d'ailleurs aux Romains que de quitter les quartiers d'hiver, la Gaule étant résolue à n'en pas souffrir. Ils offraient à Cicéron et à sa légion le passage libre par tel chemin qu'il voudrait. Cicéron leur fit cette belle réponse : « Le peuple romain n'est pas dans l'usage d'accepter aucune condition d'un ennemi armé : s'ils veulent mettre bas les armes, il leur offre son entremise pour envoyer des députés à César ; il espère qu'ils obtiendront de sa justice ce qu'ils ont à lui demander. » Cette réponse déjouait l'artifice des Nerviens. Ils prirent donc le parti de renouveler l'attaque du camp. Les campagnes précédentes leur avaient donné quelque idée de l'art des sièges. Mais, faute d'instruments, ils étaient réduits à couper le gazon pour les terrasses, et à porter la terre dans leurs mains ou dans leurs saies. Ils n'en achevèrent pas moins en trois heures un retranchement de quinze mille pas de circuit, ce qui peut donner une idée de leur multitude. Le septième jour du siège, ils mirent le feu au camp de Cicéron, qui était formé de huttes en chaume, à la manière des Gaulois ; en même temps ils escaladèrent le fossé. Les Romains avaient devant eux une multitude innombrable d'assiégeants, derrière eux leur camp en feu ; mais ils n'en furent pas moins ébranlés, ils n'en vit aucun tourner la tête pour jeter même un regard de regret sur les flammes qui dévoraient les bagages de tous et la fortune particulière de chacun. Les assiégés furent encore une fois repoussés.

Cependant le nombre des défenseurs du camp diminuait de jour en jour, et aucune lettre n'avait pu parvenir à César. Tous les courriers de Cicéron étaient arrêtés et cruellement mis à mort à la vue de l'armée. Enfin, un esclave gaulois attacha une lettre à son javelot, et, se mêlant aux Gaulois, auxquels il n'inspirait aucune défiance, il arriva auprès de César, et l'instruisit du danger que courait sa légion. César, comme il a été dit plus haut, était à Amiens. Il reçoit la lettre vers cinq heures du soir. Il fait avertir Crassus, qui était à dix lieues de là, à Beauvais. Crassus part à l'arrivée de son courrier, et le rejoint le lendemain à neuf heures du matin. Un autre lieutenant reçoit l'ordre de se joindre à César, au moment où il traversera le territoire d'Arras, par où il avait à passer pour arriver chez les Nerviens. Il y arrive avec deux légions. Il fait porter à Cicéron, par un cavalier gaulois, une lettre écrite en caractères grecs, et lui recommande de l'attacher à la courroie de son javelot et de la lancer dans les retranchements. Par un hasard singulier, le javelot se fiche à l'une des tours, et y reste deux jours entiers sans être aperçu. A la fin, un soldat le découvre et porte la lettre à Cicéron. Celui-ci en fait la lecture aux soldats, qui éclatent en transports de joie. Déjà on voyait au loin la fumée des incendies, signal ordinaire de l'arrivée de César.

Les Nerviens, levant alors le siège et marchent à la rencontre de César, au nombre de soixante mille hommes. César choisit un lieu favorable, et y établit son camp, ayant eu soin d'en faire rétrécir l'enceinte, et d'en exhausser le rempart, afin de tromper les ennemis sur ses forces, et de leur faire croire qu'il avait peur. Il avait ordonné d'ailleurs qu'en exécutant ces travaux, les soldats courussent çà et là sans ordre, en donnant tous les signes de l'effroi. Les ennemis, abusés par ce stratagème, quittent une position avantageuse, franchissent un vallon au milieu duquel coulait une petite rivière, et viennent attaquer le camp à mi-côte, sur la colline. Trouvant trop pénible de forcer les portes que César avait fait fermer, pour la forme, par un mur de gazon, ils se mirent, les uns à combler le fossé, les autres, à arracher de leurs mains le retranchement. César fond sur eux par toutes les portes à la fois, et lance sa cavalerie à leur poursuite ; un grand nombre est tué, le reste jette ses armes. Le même jour César rejoignit Cicéron. Il ne fut pas peu étonné de voir tous ces travaux des ennemis, ces tours, ces tortues, cette enceinte fortifiée. Il put juger en même temps du péril de la légion et du courage des soldats par la revue qu'il en fit ; à peine un dixième se trouva debout. Il loua Cicéron de sa conduite, et nominativement tous les centurions et tribuns militaires que Cicéron lui avait signalés.

Qui croirait que, moins d'un an après, le même homme qui venait de faire preuve d'une constance si héroïque faillit compromettre par impatience la légion qu'il commandait ? C'était dans la même guerre contre Ambiorix. Cicéron était campé chez les Éburons, dans le camp retranché d'Aduatica, le même que Titurius Sabinus avait si imprudemment quitté. César, ayant appris qu'Ambiorix venait de reparaître à l'extrémité de la forêt des Ardennes, avait résolu de l'y poursuivre. Selon sa promesse, il ne devait être absent que sept jours. Cicéron avait reçu l'ordre de tenir jusqu'à son retour la légion dans les retranchements, et il l'avait exécuté avec rigueur, ne permettant pas même aux valets de sortir. Cependant, le septième jour était arrivé, et César n'avait pas encore paru. Les soldats murmuraient : dans un pays sans ennemis, on les tenait enfermés comme s'ils avaient eu à soutenir un siège. Cicéron eut la faiblesse de les écouter ; il leva un des jours précédents, et permit à cinq cohortes de sortir du camp pour aller couper du blé dans une campagne proche de là, dont une colline le séparait. Tout à coup ces cohortes se voient la retraite coupée, et Cicéron lui-même est harangé dans son camp. A grand'peine parvint-on à empêcher l'ennemi d'enfoncer les portes. Ceux qui venaient de mettre en un moment la légion dans un si extrême péril étaient les deux mille cavaliers sicambres qu'avait attirés d'au delà du Rhin le bruit que le pays des Éburons était mis au pillage. Dans le temps qu'ils faisaient des courses à travers les campagnes, emmenant les bestiaux et ramassant tout ce qui avait échappé à César, un prisonnier éburon leur dit : « A quoi bon courir après une proie si misérable, quand vous pouvez devenir les plus riches des hommes ? En trois heures, vous serez, si vous le voulez, devant Aduatica ;

là est toute la fortune de l'armée romaine. » Là-dessus, les Germains, ayant caché leur butin, étaient accourus à Aduatica, et, protégés par les bois qui entouraient le fort, ils avaient pu arriver sans être aperçus jusque sous les retranchements.

Le camp fut sauvé par le courage d'un vieux centurion qui était au camp d'Aduatica parmi les malades, malade lui-même de nombreuses blessures, et depuis cinq jours n'ayant pris aucune nourriture. L'exemple de cet officier, qu'on fut obligé d'enlever mourant de mains en mains hors du lieu du combat, donna du cœur aux Romains. Les Sicambres furent arrêtés. Puis, cessant l'attaque, ils se tournèrent contre les cinq cohortes qui revenaient du fourrage. Ce qui s'y trouvait de vieux soldats se fit jour à travers les ennemis, et rentra au camp. Mais les nouvelles recrues, quoique s'étant arrêtées sur la colline, ne surent pas s'y maintenir; elles furent enveloppées par les Germains, et le plus grand nombre fut tué. Dans le même moment, un officier de César annonçait son arrivée. Mais telle avait été la terreur, qu'on ne le crut de retour que quand on le vit dans le camp. Il n'accusa personne; il se plaignit seulement qu'on eût fait sortir du camp les cohortes qui en avaient la garde, et qu'on eût ainsi laissé prise au hasard, ajoutant d'ailleurs, pour ôter à ses plaintes l'air d'un blâme, que la fortune avait eu grande part dans cette arrivée si subite des ennemis.

Nous ne croyons pourtant pas qu'on doit imputer à la fortune la faute de Quintus Cicéron. Il était de la famille du grand orateur encore plus par ses défauts que par ses qualités; il lui manquait, comme à Marcus, le caractère, et il eut de moins l'excuse d'une vaste intelligence, que déroutent et fourvoient ses propres lumières. Le courage qu'il montra à l'attaque des Nerviens venait plus de l'imagination d'un homme d'esprit que de la fermeté d'un homme de guerre; peut-être même son état de maladie l'y aida-t-il, en l'exaltant. Cette même imagination, à l'affaire d'Aduatica, le rendit trop sensible à l'impatience de ses soldats. On sait qu'il était poëte; il voyait dans une expédition un sujet de poëme, excellente manière de s'en exagérer toutes les circonstances. On retrouve d'ailleurs le même contraste dans les événements de sa vie, antérieurs ou postérieurs à sa lieutenance auprès de César. Ainsi, le même homme qui prenait courageusement sa part de la haine que Clodius portait à son frère, et qui, poursuivi un jour par les gladiateurs de ce tribun, n'échappa au massacre qu'en se cachant sous un monceau de morts, le même homme, après la bataille de Pharsale, demandait la vie à César, rejetant lâchement sur son frère le tort d'être passé dans le parti de Pompée. César ne manqua pas, d'ailleurs, de pardonner à son ancien lieutenant; mais les triumvirs ne l'épargnèrent pas plus que son frère : caché à Rome avec son fils, il fut découvert par les agents de Marc-Antoine et égorgé avec ce fils, qui avait reçu de son oncle des soins si paternels.

Marcus faisait cas du talent d'écrire de son frère. Il le loue quelque part de la finesse et de l'élégance de ses discours (*De Orat.*, iii, 3). Le petit traité *De la Demande du Consulat* ne dément pas cet éloge. C'est une fort spirituelle théorie de la candidature, dont plus d'un principe serait applicable à notre temps.

D. Nisard, de l'Académie Française.]

Son fils, nommé comme lui Quintus, s'abandonna de bonne heure à toute la fougue de son caractère, et, pour se soustraire à l'autorité de sa famille, embrassa le parti de César. Plus tard il poussa l'ingratitude envers son oncle jusqu'à écrire des libelles contre lui et à le dénoncer à César. Il s'attacha ensuite à Marc-Antoine, qu'il ne tarda pas à quitter pour se rendre auprès de Brutus, affectant alors un zèle excessif pour les intérêts de la république. Il s'honora cependant par la piété filiale qu'il montra à ses derniers moments. Découvert par les satellites d'Antoine, qui voulaient lui arracher le secret de la retraite de son père, il supporta les plus cruelles tortures, et quand ce malheureux père, instruit de sa persévérance, vint se présenter aux bourreaux, chacun d'eux implorant la faveur de mourir le premier, ces misérables les égorgèrent en même temps.

Marcus, fils unique de l'orateur, survécut seul à ces proscriptions. Il était né en 688; il n'avait pas encore dix-sept ans qu'il commandait une aile de cavalerie à la bataille de Pharsale. Il fut ensuite envoyé à Athènes pour perfectionner son éducation; et là sa dissipation, causée par les mauvais exemples du rhéteur Gorgias, donna quelques chagrins à son père. Brutus lui confia en Macédoine le commandement de sa cavalerie, quoiqu'il n'eût que vingt ans. Cicéron fit prisonnier dans un engagement C. Antoine, le frère du triumvir. Après la bataille de Philippes, il alla joindre Sextus Pompée. Il profita ensuite de l'amnistie qui fut accordée aux exilés de son parti pour retourner à Rome, où il vécut quelque temps dans une condition privée. Auguste ne fut pas plus tôt seul maître du gouvernement, qu'il le prit pour son collègue dans le consulat. Cicéron eut la satisfaction de faire exécuter le décret qui ordonnait que toutes les statues et tous les monuments élevés à Marc-Antoine fussent abattus. Après son consulat il fut nommé au gouvernement de l'Asie ou de la Syrie. A partir de cette époque, l'histoire ne parle plus de lui. Il mourut dans un âge avancé.

CICERONE, mot italien, évidemment dérivé du nom du célèbre orateur romain. Il sert à désigner, dans les principales villes d'Italie, une classe de savants et d'érudits de bas étage, qui, moyennant un salaire ou un prix de journée assez modique, font métier de promener les étrangers, de leur montrer les curiosités et les monuments les plus remarquables dans chaque quartier, et de leur en donner l'explication, tant bien que mal. Car messieurs les *ciceroni*, mendiants ou laquais de place, pour la plupart, fiers de porter, par occasion, un nom plus honorable, s'en croiraient indignes s'ils restaient court, ou si même ils hésitaient. Quelques nombres propres estropiés, la connaissance matérielle des rues et des églises, forment le bagage de leur érudition. Plutôt que de garder le silence, ils aiment mieux faire un mensonge ou dire une sottise. Aussi induisent-ils souvent en erreur les étrangers qui ont eu trop de confiance dans leur savoir ou plutôt dans leur bavardage. Au total, ces *ciceroni* sont de vrais charlatans : des *charlatans* grotesques ou des menteurs sans vergogne; il vaudrait mieux passer du ministère de ces prétendus érudits, dont tout le mérite se borne à baragouiner un peu d'anglais et de français, si l'on pouvait obvier à l'embarras d'ignorer la langue du pays et à la fatigue de se livrer inutilement à de longues courses. Aussi les voyageurs instruits et prévoyants les prennent-ils pour conducteurs et non pour guides, aussi se doivent-ils de se munir d'un *libretto* ou manuel explicatif, en général plus exact et plus sûr. Ceci est pourtant la meilleure espèce; elle fait tout au plus rire. Inoffensive et servile, elle supporte d'un air soumis jusqu'à la contradiction et aux injures des sots. Mais Dieu vous garde du *cicerone*, professeur ou abbé, en frac noir ou en petit collet, que vous ne trouvez pas dans la rue, mais qui vient vous chercher dans votre hôtel. Sans lui, ni Rome, ni Pompéi, ni Herculanum n'existerait. Poli à l'extrême, beau diseur, obséquieux, flatteur, il eût, dans son imperturbable aplomb, refait l'antiquité s'il s'en était donné la peine. Sa réputation est européenne. Il a servi de guide à tous les princes, à tous les poëtes. Gardez-vous de cette espèce. C'est la plus dangereuse, la plus perfide, et la plus chère.

Le nom de *cicerone* s'est introduit dans notre langue; on dit à un ami qui séjourne dans la ville où l'on réside : « Venez avec moi ; j'aurai le plaisir d'être votre *cicerone*. » Un voyageur qui retourne dans un pays qu'il a déjà parcouru avec fruit peut y servir de *cicerone* à ses compagnons de voyage qui le visitent pour la première fois.

Cependant, dans une sphère supérieure, la France n'a pas à envier à l'étranger le *cicerone* attaché à une localité spéciale. Aux musées ils s'incrustent dans le marbre; aux bibliothèques ils font corps avec le parchemin. Perroquets à face humaine, ils vous répètent à satiété, comme une litanie, leur leçon monotone. Dates, anecdotes, termes techniques, exclamations de commande, ils ont tout appris. D'une incontestable utilité pour les myopes ou pour les paresseux, ils sont le fléau des voyageurs doués d'un bon sens ordinaire ou d'une vue passable. Si on les supporte, c'est uniquement par charité chrétienne. Méfiez-vous-en !

CICERUACCHIO. *Voyez* BRUNETTI.

CICINDÈLE, genre de coléoptères pentamères, qui renferme un assez grand nombre d'espèces, dont la plupart ont des yeux saillants, une tête large, un corselet étroit, et brillent de très-belles couleurs.

Les anciens donnaient aussi ce nom au *lampyre* ou *ver luisant*.

CICOGNARA (LÉOPOLD, comte), né à Ferrare, le 26 novembre 1767, fut élevé au collége des nobles de Modène, où il montra un goût très-prononcé pour les beaux-arts. En 1785 il rentra dans la maison paternelle; mais son père lui ayant refusé l'autorisation d'aller à Rome, il mit à profit un voyage à Bologne pour se rendre secrètement dans la ville éternelle, où les statues antiques, les tableaux des maîtres et les monuments élevés par le peuple-roi furent pour lui un objet particulier d'études suivies et attentives. Trouvant insuffisante l'instruction qu'on pouvait recevoir à l'Académie de Saint-Luc, il s'exerça en particulier à dessiner avec Camaccini, Benvenuti et Sabatelli, alors ses condisciples. En même temps il se livrait à l'étude des paysages d'après nature, ne négligeant pas pour cela ni la littérature, pour laquelle la fréquentation de Monti, de Rezzonico, de Cancellieri, etc., ne pouvait que lui inspirer encore plus de goût. De Rome il se rendit en Sicile, et publia à Palerme son poëme *Le Ore del Giorno*. Il visita ensuite Florence, Bologne, Milan et Venise, et se fixa en 1795 à Modène.

De 1796 à 1807 il remplit diverses fonctions publiques, fut membre de la *Giunta* de Modène et du *Corpo Legislativo* de Milan, ambassadeur à Turin, député aux comices de Lyon, et conseiller d'État du royaume d'Italie. Quand, en 1805, la république italienne fut changée en royaume, Cicognara protesta contre cette transformation, et donna sa démission de conseiller d'État. En 1808 il accepta cependant la présidence de l'Académie des Beaux-Arts de Venise, fonctions dans lesquelles il fut plus tard confirmé par l'empereur d'Autriche. Des voyages en Angleterre, en Hollande, en France et en Allemagne lui permirent de colliger un grand nombre d'ouvrages précieux relatifs à l'histoire des arts, de la gravure et aux nielles. Confondu à son retour avec un autre Cicognara, qui avait fait partie d'une vente de carbonari, l'accueil défiant que lui firent les autorités de Venise le décida à aller s'établir à Rome, où il fut attaché à la Bibliothèque du Vatican en qualité de conservateur des collections d'art. Sa fortune, jadis considérable, se trouvant de beaucoup amoindrie, il vendit ses collections à cet établissement. Cicognara est mort le 5 mars 1834.

L'un, non des premiers, mais de ses ouvrages les plus remarquables est celui qui a pour titre : *Del Bello, ragionamenti di Leopold Cicognara* (Pise, 1808, un vol. in-4°), dédié à Napoléon. Dans la dédicace, l'auteur remercie l'empereur de l'avoir rendu à la vie féconde et paisible, puis il ajoute : *I posteri potranno chiamare, a buon dritto, l'erà nostra, aureo secolo di Napoleone*. La postérité est venue pour Napoléon, et de tous les éloges qui lui ont été donnés de son vivant, celui que lui adressa Cicognara a été le moins répété. On dira toujours que ce fut un homme extraordinaire, que l'époque où il a régné a été glorieuse pour la France; mais que cette époque puisse être appelée *un siècle d'or*, c'est-à-dire une ère heureuse, c'est ce que la postérité, invoquée par Cicognara, n'a pas pensé. Cinq ans après parut un nouvel ouvrage, intitulé : *Storia della Scultura, dal suo risorgimento in Italia, sino al secolo di Napoleone, per servire di continuazione alle opere di Winckelmann e di d'Agincourt* (Venise, 1813, 3 vol. in-fol., avec un grand nombre de planches). Citons encore de lui *Memorie storiche dei Letterati ed Artisti Ferraresi* (Ferrare, 1811), écrits en partie contre Denina; et *Le Fabbriche più cospicue di Venezia* (Venise, 1820), ouvrage dédié cette fois à l'empereur d'Autriche, qui a sans doute réalisé à ses yeux le siècle d'or que lui avait fait entrevoir Napoléon le Grand. Son *Catalogo ragionato dei libri d'arti e d'antichità posseduti dal conte Cicognara* (2 vol., Pise) contient d'excellentes notices bibliographiques. Ses dissertations, imprimées à part ou publiées dans divers journaux, sont devenues d'une rareté extrême.

CID, surnommé CAMPEADOR. C'est le nom du héros le plus national, le plus populaire, le plus universellement illustre dont il soit fait mention dans les traditions, dans les chants, dans les chroniques de l'Espagne; personnage moitié historique, moitié fabuleux, dans la vie duquel il est si difficile de faire la part juste de la vérité et du roman, que plusieurs critiques, Masdea entre autres, en sont venus à mettre en doute qu'il ait jamais existé. Ce n'est que tout récemment, et grâce aux savants travaux de M. Dozy (*Recherches sur l'histoire politique et littéraire de l'Espagne pendant le moyen âge* [Leyde, 1849]), qu'on a réussi à séparer ce qu'il y a de positif dans la vie et le caractère du Cid de ce qui n'appartient qu'à la légende.

Roderich, Rodrigues ou *Ruy Diaz*, fils de Diego, descendrait-il, comme quelques auteurs l'ont prétendu, de Calvo, l'un des deux grands juges élus par les Castillans au temps de Froila II, ou serait-il simplement issu d'un *rico hombre* de Castille, ainsi que d'autres l'assurent? Ce qu'il y a de certain aujourd'hui, c'est que son nom apparaît pour la première fois d'une manière authentique dans un document qui remonte au règne de Ferdinand 1ᵉʳ de Léon (en 1064). Il se signale par ses hauts faits sous le fils de ce prince, Sanche II de Castille, qui lui confie, en 1067, la garde de la bannière royale et le commandement de son armée. Dans le combat fratricide de Llantada, qui a lieu l'année suivante, c'est à l'aide d'un stratagème de Roderich, stratagème peu loyal suivant nos idées actuelles, que Sanche II triomphe de son frère Alphonse VI de Léon, qui se voit forcé d'aller chercher un asile chez le roi maure de Tolède. Le vaillant guerrier avait déjà reçu le surnom de *Campeador* (le champion), correspondant au mot arabe *Albarras*. Lorsque après l'assassinat de Sanche au siége de Zamora, Alphonse eut été rappelé au trône, en 1072, par les peuples de Léon et de Castille, il lui fallut d'abord déclarer, sous la foi du serment, qu'il avait été complètement étranger au meurtre de son frère. Nul seigneur n'osait lui faire cette question. Le Campeador seul eut ce courage, et fit répéter au roi sa déclaration. De la la haine du prince pour Roderich, haine qu'il dissimula toutefois d'abord par politique, au point de consentir même au mariage du Cid avec sa cousine dona Ximena (Chimène), fille de don Diego, comte d'Oviedo et duc d'Asturie. Bientôt néanmoins, prêtant l'oreille aux accusations jalouses des ennemis du héros, il le bannit de sa cour en 1081. Roderich se retira à Saragosse, à l'un des rois maures de la race des Ben-Had, qu'il seconda dans leurs expéditions contre les musulmans et même contre les chrétiens. Ce fut à cette époque qu'il reçut de ses nouveaux compagnons d'armes les surnoms de *Cid* (en arabe *Sid*), seigneur, et d'*Eltâghijet*, tyran. A diverses reprises il battit le roi d'Aragon ainsi que le comte de Barcelone, et fit même prisonnier ce dernier, Béranger Ramon II

Deux fois aussi le Cid revint en Castille, et deux fois il fit la paix avec le roi ; mais ces réconciliations furent toujours de courte durée. Banni de nouveau, réduit à demander à son épée de quoi vivre pour lui, pour sa famille et pour ses guerriers, dont le nombre allait toujours croissant, il vit enfin s'offrir à lui, en 1094, l'occasion d'acquérir une position certaine et indépendante : le royaume de Valence était déchiré par les luttes incessantes de princes maures, qui, invoquant tour à tour son épée, pouvaient devenir pour lui une proie facile. Le Cid accourut dans le but apparent de venger le meurtre de l'émir Jahia Alkadir sur son assassin, Kadi-Ibn-Djahhâf. Après un siége opiniâtre, il affame Valence, et force les habitants à lui ouvrir les portes de leur ville en mai 1094, conquête d'autant plus glorieuse, que, malheureux proscrit, il la devait à ses seules ressources, tandis que peu de temps avant lui son roi y avait échoué, aidé des Pisans et des Génois. Mais il souilla son triomphe en manquant, selon les mœurs de l'époque, à la foi promise aux vaincus, et en faisant périr dans les flammes Djahhâf, coupable de n'avoir pas déclaré tous les trésors que le Cid allait découvrir. Cinq ans il se maintint maître absolu dans cette ville, et en 1098 il s'empara, en outre, d'Almenara et de Murviedro. Mais lui, qui n'avait jamais été vaincu, il mourut de chagrin, en juillet 1099, à la nouvelle que son parent et frère d'armes Alvar Fañez avait été défait à Cuença par les Musulmans, et que l'armée envoyée par lui à son secours avait été mise en déroute à Alcira. Son épouse Ximena résista deux ans encore dans Valence, qu'elle n'évacua qu'en mai 1102, le roi Alphonse, dont elle avait invoqué l'assistance, lui ayant déclaré lui-même que sans le puissant bras du Cid la place n'était plus tenable. Ximena mourut en 1104, et fut enterrée dans le couvent de San-Pedro-de-Cardeña, à côté de son époux, dont elle avait emporté avec elle les restes mortels. Le Cid avait eu un fils, Diego Rodriguez, qui périt à Consuegra, dans un combat contre les Maures. Il laissa aussi deux filles, Christine, mariée à l'infant Ramire de Navarre, et Marie, épouse du comte Ramon Béranger III de Barcelone, par qui la race royale d'Espagne fait remonter sa généalogie au célèbre *Campeador*.

Dans ces faits historiquement avérés, dans ces traits authentiquement véridiques de la grande figure du Cid, reposent les éléments de son succès de légendes et de chants comme héros populaire par excellence, comme fidèle représentant du caractère national. Aussi les poëmes ne manquent-ils jamais de le préconiser comme l'un des rois de Castille. Qu'il en ait été ainsi de fort bonne heure, c'est ce que ne permet pas de revoquer en doute le témoignage du biographe d'Alphonse VII, mort en 1157, lequel chante les prouesses de l'invincible Roderich, en l'appelant toujours *el mio Cid*; c'est ce qui résulte encore d'un poëme latin, composé en l'honneur du *Campeador* peu de temps après son trépas, et dont on a découvert tout récemment un curieux passage, qui a été imprimé dans le recueil des *Poésies populaires latines du moyen âge*, de Duméril (Paris, 1847); c'est ce que nous démontre, enfin, une chanson de geste dont quelques fragments ont été insérés dans une chronique rimée, qui date vraisemblablement du treizième siècle, et qui a pour base des chants populaires beaucoup plus anciens. Elle a été publiée pour la première fois par Michel dans le cent seizième tome des *Annales littéraires de Vienne*, et réimprimée, avec des notes intéressantes, par Duran, dans le onzième tome du *Romancero général* (Madrid, 1851). Dans ce chant, le *Campeador* apparaît comme un héros éminemment national, *fils de ses œuvres*, bravant les rois dans sa superbe indépendance, tandis que le *Poëme du Cid*, qui remonte à la moitié du douzième siècle ou pour le moins au commencement du treizième, et qu'on regarde comme le plus ancien monument de la littérature nationale castillane, Ruy Diaz est surtout exalté pour son dévouement sans bornes à son monarque et comme aïeul des souverains de l'Espagne.

Le sujet de ce poëme, œuvre sans doute de quelque troubadour vivant à la cour des princes de Castille, mais composé évidemment d'après les traditions populaires alors en vogue, est beaucoup moins le héros lui-même qu'on y désigne pour la première fois sous le nom de comte de Bivar, que le mariage, si honorable pour lui et sa race, de ses filles *dona Elvira* et *dona Sol* avec les infants d'Aragon et de Navarre, qu'on y affuble également de noms fabuleux. Cette circonstance y est surtout mise en relief par un épisode, suivant lequel ce n'aurait été que sur l'ordre exprès du roi, *son seigneur naturel*, que le *Campeador* aurait d'abord marié une de ses filles au lâche et perfide comte de Carion, qui l'aurait maltraitée et répudiée. Ce *Poëme du Cid* a été inséré pour la première fois par Sanchez dans la *Coleccion de Poesias Castellanas anterioresal siglo XV* (Madrid, 1775). Une nouvelle édition en a été publiée en 1842, à Paris, par Ochoa.

Dans sa quatrième partie, dont la moitié est consacrée à l'histoire du Cid, la *Cronica general*, qui a pour auteur Alphonse X de Castille, nous montre ce chef valeureux, ancêtre des rois, encore plus dévoué au pouvoir royal, et, pour le peindre sous cet aspect exclusif, elle ne se fait point faute de puiser à pleines mains dans la tradition et dans le poëme. Cette donnée est aussi celle de la chronique latine, qui remonte plus haut (en 1170, selon M. Dozy), et qui est connue sous le titre de *Gesta Roderici Campidocti* ou d'*Historia Leonesa*, du lieu où elle fut trouvée, le monastère de Saint-Isidore de Léon. Elle a été publiée pour la première fois en 1792, à Madrid, par Risco, à la suite de son livre intitulé : *La Castilla y el mas famoso Castellano*.

La *Genealogia del Cid Ruy Diaz*, à laquelle on assigne pour date le treizième siècle, a aussi pour but unique de représenter le *Campeador* comme aïeul des maisons royales. Mais dès Alphonse X un nouvel élément vient se fondre dans ceux qui ont défrayé jusque là cette légende : les moines du couvent de San-Pedro de Cardeña, fiers de posséder dans leurs murs la dépouille mortelle de l'homme fort, tinrent à en faire, en outre, un saint homme, et Philippe II, sollicité par les bons pères, fut prêt un instant à faire canoniser le Cid, en raison des miracles qui s'opéraient sur son tombeau. Qu'eussent pensé ces religieux en lisant, il y a quelques années, dans le journal espagnol *La Nacion*, que ce sépulcre venait d'être découvert dans le vestibule de l'*Ayuntamiento* de Burgos? Il est question de cette légende dans le recueil intitulé *Cronica particular del Cid*, extrait de la *Cronica general*, embelli de cette variante par un moine du couvent, vraisemblablement dans le cours du quinzième siècle, remanié ensuite plus largement par l'abbé du même monastère, Juan Lopez de Velorado, et imprimé pour la première fois à Burgos, en 1512. Il en existe, enfin, deux vieilles éditions de Medina del Campo (1552) et de Burgos (1593), et une toute récente, fort bonne, avec un avant-propos en espagnol, par Huber (Marbourg, 1844). La *Petite Chronique du Cid*, publiée pour la première fois à Séville, en 1498, et réimprimée souvent comme livre populaire, n'est qu'un extrait succinct de la *Cronica general*.

La base de ces poëmes, de ces chroniques, de ces légendes, ce sont les chants populaires (*cantares*) que tout prouve avoir existé jadis, mais dont il ne reste plus vestige que dans des romances ne remontant pas au delà du seizième siècle. Les plus récentes ne sont que des paraphrases ou variantes des anciennes, rédigées dans le style sérieusement bouffon des seizième et dix-septième siècles. Suivant leur origine, le Cid s'y montre tour à tour héros populaire, fils de meunier, bâtard de Diego Lainez et d'une villageoise, mi-partie gentil-homme mi-partie paysan, représentant ainsi des deux ordres de Castille les plus indépendants de l'autorité royale. Tout enfant, le *Campeador* y apparaît hautain, audacieux avec son père, avec ceux qui l'offensent, avec l'insolent officier de la couronne, le comte Lozano des romances. Homme fait, il se vante, en présence même du roi, de son indépendance et des riches domaines dont il a hérité, qui ne relèvent d'aucun souverain, ou qui sont le fruit des guerres qu'il a entreprises tout seul; il refuse même de baiser la dextre du monarque, c'est-à-dire de se reconnaître son vassal, et ne consent à le servir que comme allié. Dans cette catégorie de romances, ses rapports avec Ximena sont décrits avec autant de simplicité que de naturel. C'est plutôt par grandeur d'âme que par amour qu'il l'épouse, et elle, de son côté, lui obéit toujours comme à son seigneur et maître.

La figure du Cid change complétement dans les romances qui n'ont pas d'autre source que les chroniques. Ici il est avant tout le fidèle vassal de son roi, et, malgré les fréquents exils dont la royauté le frappe, il ne lui en reste pas moins soumis et dévoué. A cet égard il pousse le respect si loin, que sur l'ordre du monarque, contre sa conviction personnelle, il marie sa fille à un courtisan objet de sa haine; mais il est largement récompensé de cet acte d'abnégation par la parenté que cette alliance lui donne avec la famille royale. On trouve encore dans ces romances, notamment dans celles qui ont trait à ses derniers moments, à son testament, à sa mort, à ses funérailles, à sa sépulture, l'élément légendaire des chroniques postérieures. Dans les romances les plus modernes, le Cid est tout simplement un mortel né sous une heureuse étoile, courtisan accompli, ne connaissant pas de plus grand bonheur au monde que de plaire à son roi. Son mariage avec Ximena n'est plus que le résultat d'une intrigue d'amour qui tient tout à fait de la comédie; le vieux, le rude Cid n'est qu'un galant suranné; Ximena, l'épouse fidèle et soumise, devient une noble dame, quelque peu prude et jalouse. On n'y trouve plus, en un mot, que le matériel ordinaire des vieilles romances, où tout est strictement conforme à la nature. Celles-ci nous ont été conservées ou à part ou dans des recueils tels que la *Silva de varios Romances* de 1550, le *Cancionero de Romances*, le *Romancero de Sepulveda* de 1551, le *Romancero general* de 1604, ou dans des collections spécialement consacrées au cycle des traditions relatives au Cid, comme celles d'Escobar (Alcala, 1612), de Metgo (Barcelone, 1626) et surtout le *Romancero general* de Duran (Madrid, 2ᵉ édition, 1849).

De ces diverses romances nous possédons en français plusieurs traductions plus ou moins libres, celles, entre autres, de Creuzé de Lesser (2ᵉ édition, Paris 1821), de Rinard (2 vol, Bourges, 1830) et de Renal, avec le texte en regard (2 vol., Paris, 1843). Pietro Monti en a donné une traduction libre italienne (Milan, 1838), et une plus complète dans ses *Romanzi storizi e morali* (Milan, 1850). Déjà Diego Ximenez de Ayllon avait fait du Cid le sujet d'une épopée classique, en 32 chants et en octaves, d'après les romances (Anvers, 1568, et Alcala, 1579). Ce héros ne pouvait manquer surtout d'inspirer la muse dramatique; deux auteurs se sont exercés sur ce sujet en Espagne : un, admirable, Guilhen de Castro, l'autre, audacieux plagiaire, Diamante. Les *Mocedades del Cid* du premier ont fourni à notre Corneille le sujet d'un de ses chefs-d'œuvre, que le second n'a fait que défigurer. Une imitation libre du *Cid* de Guilhen par M. Hippolyte Lucas a été récemment jouée à l'Odéon. En outre, sous le titre de *Pasos*, on vend au peuple en Espagne des extraits de comedias dont le *Campeador* est l'infaillible héros. Les reliques du bienheureux Cid, comme l'appelle ce peuple enthousiaste, sont toujours chez lui en grande vénération; par exemple, sa bannière, son écu, son gobelet, que l'on voit à San-Pedro-de-Cardeña, une épée, *Tizona*, dans les archives de la marquise de Falce, une autre épée, *Colada*, à l'arsenal de Madrid. Son fidèle coursier Babieca est enterré sous les arbres du couvent de San-Pedro.

Outre le beau travail de M. Dozy, nous avons encore des monographies du Cid par le Portugais José Pereira Bayam (Lisbonne, 1734 et 1751); par les Espagnols Risco et Quintana (Madrid, 1807; Paris, 1827); par l'Anglais Southey (Londres, 1808); par les Allemands J. Muller (1806) et Huber (Brême, 1829). Dans sa dissertation *De Cidi historiæ Fontibus*, Aschbach a donné une excellente appréciation critique de ces diverses sources historiques (Bonn, 1843).

CIDAMBARAN, lieu célèbre dans les Indes orientales, pays par excellence des fous et des charlatans. Un solitaire de cette espèce s'enfonça une alène dans le pied, et jura qu'il ne l'en retirerait que lorsque Dieu viendrait danser devant lui. Dieu se prêta à cette folie, et, pour que la danse fût plus complète, il fit sauter en même temps le soleil, les planètes et les étoiles. Quelqu'un de ces danseurs extraordinaires laissa tomber une chaîne d'or près du lieu où se tenait le fakir, et ce lieu, nommé *Cidambaran*, qui veut dire chaîne d'or en indoustani, est demeuré fort révéré des gens du pays. Cela n'est pas plus étrange que d'autres miracles, mais c'est plus gai. Viennet, de l'Acad. Franç.

CIDRE, vin de pommes. Le cidre a été de temps immémorial l'objet d'éloges exagérés par l'enthousiasme patriotique des Neustriens; mais, dans un sens contraire, ce n'est pas avec moins de partialité, ni avec moins d'injustice peut-être, qu'il a été stigmatisé par l'habitant vignicole de l'est et du midi de la France. Pour les uns c'est le vrai nectar des maîtres de l'Olympe, pour d'autres ce n'est qu'un épais, fade et somnifère breuvage, digne tout au plus d'inspirer les lourds et traînants bons mots du Bas-Normand. Qu'on n'imagine pas que la dispute soit restée confinée dans les limites des intérêts marchands. Il a été beaucoup écrit là-dessus, et la poésie même, auxiliaire de toutes les grandes pensées, a prêté son appui dans cette polémique. Nous nous souvenons d'avoir vu représenter à Paris un petit vaudeville, assez agréable et spirituel d'ailleurs, intitulé *Les Vaux-de-Vire*, où l'auteur, jeune Normand, vantait l'effet poétique de la gaule, tenue d'une main robuste par les vachères du Bessin et du Cotentin, faisant danser les pommes : c'était à ses yeux fort au-dessus du panier de jonc de ces vendangeuses que l'imagination mensongère, mais fraîche, des trouvères languedociens et provençaux nous a peintes sous de si séduisantes couleurs. La dispute était grave assurément, et elle n'a pas été moins gravement décidée en faveur du pays de sapience par un flon-flon et une ritournelle de vaudeville. Nous avons en aussi l'avantage d'assister aux séances d'une docte académie de province, dont pendant cinq années consécutives la pièce d'inauguration a été invariablement, et par continuation, la lecture d'une profonde et savante dissertation, intitulée : *De Origine Cidri*. Inutile d'ajouter que le cœur de la Normandie a pu seul offrir ce brûlant foyer de patriotisme *cidrique*. Les médecins, à leur tour, ne pouvaient manquer de prendre parti. Aussi combien n'avons-nous pas eu d'écrits tendant à prouver que l'usage du cidre est la source féconde de plusieurs sortes d'hydropisies, de la gravelle, de l'obésité cachectique, de la goutte, voire même des écrouelles. Ne croyez pas un mot de tout cela. Le paysan normand, qui lampe à longs traits ce que dans son amoureux langage il appelle du *superbe gros beir jaune*, s'en trouve à merveille, quand ce cidre a été bien fait, qu'il a parcouru toutes les périodes de la fermentation tumultueuse, gazeuse, en un mot quand il est, comme on dit dans le pays du cidre, *paré*.

Quoique notre académicien bas-normand ait très positivement fait disputer par le pommier la priorité sur la vigne de Noé, du moins paraît-il certain que la fabrication du cidre était restée inconnue en Europe avant que les Maures de Biscaye l'eussent importée d'Afrique : d'Espagne elle a passé en France, et les conquérants normands l'ont naturalisée dans leurs lois et leurs coutumes sur le sol britannique; d'Angleterre elle s'est propagée en Allemagne, dans l'Amérique du Nord, au Canada, etc., et même en Russie. Jusque dans la patrie de la vigne, le pommier s'est fait usurpateur. Est-ce là une preuve de son excellence? Plus d'un souverain a été détrôné par qui valait moins que lui. Mais rapportons-nous en, pour apprécier le fait, à l'intérêt privé. Les propriétaires cultivateurs trouvent dans la stabilité comparativement bien plus assurée, des récoltes en pommes un motif de proscrire la vigne. Quoi qu'il en soit, il est certain que cette dernière a cédé le terrain au pommier dans une grande moitié du département de l'Aisne, dans une bonne partie des départements de l'Oise, de Seine-et-Oise, de la Marne, de la Somme, et dans plusieurs autres du nord-est de la France. Franchissant même les distances en conquérant, le pommier a porté son audace jusque dans quelques localités de la France méridionale.

Il prospère principalement dans les terres fortes, élevées, sur les sols profonds, mais peu humides, à quelque distance de la mer et à l'abri de ses vents tempétueux. Au contraire, là où les terres sont fortes sans être profondes, le cidre est moins coloré, moins alcoolique, et n'est point de longue garde. C'est encore pis si les terrains sont sablonneux, trop légers, ou par trop humides, ou exposés aux vents de la mer. Alors la maturation des fruits restant presque toujours incomplète, ils sont peu sucrés, et par conséquent la fermentation du moût est faible et lente, la production de l'alcool presque nulle, et le développement de l'arôme insignifiant; le cidre est même sujet à tourner à l'aigre. Dans ces sortes de terrains, on ne récolte jamais que des cidres fort légers, et qui doivent être bus presque immédiatement après avoir été fabriqués. Tels sont ceux, en général, qui se fabriquent chez les brasseurs de Paris avec des pommes tendres; ils ont beaucoup de ressemblance avec ces espèces de piquettes qu'on obtient en faisant fermenter dans de l'eau les fruits secs. On distingue principalement parmi les innombrables variétés du fruit trois sortes de *pommage* (mot consacré) servant à faire le cidre : 1° les pommes franchement aigres; 2° les pommes douces tendres; le mélange de ces deux pommages peut donner un cidre agréable, parfumé, mais il est peu durable; 3° les pommes dures (dites *raîches* en Basse-Normandie); voici le pommage dont une addition plus ou moins grande rend le cidre permanent. Ces dernières pommes contiennent évidemment du tannin en abondance, car, indépendamment de leur saveur acerbe, qui leur a valu l'épithète d'*étrangle-kieu*, il suffit, pour s'en convaincre, d'y plonger une lame de fer, qui noircit instantanément, et qui ne tarde pas à être profondément attaquée. Je suis persuadé qu'on pourrait avec avantage suppléer aux pommes *raîches* par l'addition dans le moût d'une petite quantité de tannin pur, de cachou, de galles, d'écorce de grenadier, etc., etc. J'ai vu obtenir un très-bon effet de l'emploi du tartre.

Les pommes, en général, sont bonnes à récolter pour le cidre dès le mois de septembre. Il convient, autant que possible, de ne les *gauler* que par un temps sec, et toujours quelques heures après le lever du soleil. Les pommes étant rentrées, on les laisse en tas, à l'abri de la pluie et du trop grand soleil, pendant un mois, même six semaines (les dures); quinze jours suffisent pour *parer* les tendres; elles acquièrent ainsi un degré de maturation utile, pendant lequel l'acide diminue ainsi que le mucilage, et le sucre augmente aux dépens de ces deux principes. Mais, en dépit d'un préjugé qui n'est que trop répandu au grand détriment du cidre, il faut soigneusement écarter de l'emploi toute pomme pourrie.

L'opération de l'écrasage, communément effectuée à l'aide d'un tordoir à meule verticale, est trop généralement connue pour que nous nous y arrétions. Quant à l'eau qu'on doit ajouter aux pommes pour cette opération, dans la proportion du cinquième ou du quart du poids des pommes, il faut bien dire ce dont nous ne concevons guère l'opportunité, mais qu'n'en est pas moins assez généralement pratiqué dans le pays du meilleur cidre, où l'on donne la préférence à l'eau croupissante des marcs ou trouble des abreuvoirs, sur la meilleure eau de rivière ou de pluie. Le paysan prétend éviter par ce moyen d'avoir ce qu'il appelle un cidre *pointu*. On peut mieux concevoir le pourquoi de la proscription des eaux de puits, qui sont presque toutes plus ou moins chargées de sels terreux. Après le pilage des pommes dans les auges, ou le tordage, ou même le râpage (les trois moyens ont été employés avec des avantages relatifs aux circonstances et aux différentes localités), on met la matière ordinairement dans une grande auge ou cuve, où on l'abandonne à elle-même pendant douze, quinze, dix-huit, ou même vingt-quatre heures, suivant que la température est plus ou moins basse. Ce cuvage, premier degré de fermentation, en occasionnant la rupture des cellules parenchymateuses du fruit, facilite le dégagement de son jus; et d'ailleurs il contribue à en exalter le parfum, qui dans la pomme comme dans la plupart des fruits, réside principalement sur l'enveloppe extérieure. Après le cuvage, on porte au pressoir; on met les pommes sur une claie d'osier placée sur la table du pressoir et recouverte de longue paille. L'épaisseur qu'on donne à la première couche de pommes doit être d'environ 12 centimètres; puis par dessus on étend encore de la longue paille, et ainsi de suite, par stratification alternative de fruit et de paille, jusqu'à ce que le tas, que l'on maintient à l'aide d'un calibre, sous la forme cubique régulière, ait atteint à environ 1^m, 45 de hauteur. Il y a toujours de l'avantage, comme cela se pratique en Angleterre, à substituer à la longue paille, qui peut communiquer un mauvais goût au moût, des tissus de crin, d'ailleurs fort durables dans cet emploi. On presse d'abord légèrement et par degrés jusqu'à ce qu'enfin on soit arrivé à la plus forte pression possible. Le jus qui s'écoule est entonné dans des futailles à large bonde. Nous abrégeons. Le procédé se conçoit sans peine : il ne tarde pas à s'établir, surtout si la saison est chaude, une fermentation tumultueuse dans les tonneaux, et dont le résultat est un débordement d'écume par les bondes, qui entraîne beaucoup de matières parenchymateuses et de ferment oxydé. Cela est tout à fait analogue à ce qui se passe dans l'entonnage du moût de bière; tout le reste du procédé de soutirage est le même que pour cette boisson.

La liqueur obtenue de la première expression des pommes produit ce qu'on appelle le *cidre pur* ou *gros cidre*. Ensuite on enlève les marcs, on les divise, et on les imbibe avec environ moitié de leur poids d'eau; on reforme une nouvelle masse cubique de marc et de paille; on presse une deuxième fois, et on obtient le cidre dit *mitoyen*. Une troisième opération semblable procure des piquettes, dites *petit cidre*, qui ont une force relative aux quantités d'eau ajoutées au marc. Finalement, le marc bien pressé, qui offre une masse très-dense, est divisé par rouelles à l'aide d'un tranchoir approprié à cet usage, et il sert à la nourriture des vaches; nourriture bien peu substantielle à la vérité, et dont l'usage n'est pas exempt d'inconvénient. En Normandie il est assez généralement d'usage d'ajouter à la coloration naturelle du cidre, en jetant dans les tonneaux en fermentation un nouet ou sachet, dans lequel on a renfermé une petite quantité de racines de garance en poudre.

Comme tous les vins, le cidre s'achève mieux, conserve plus d'alcool et d'arôme, étant logé dans de vastes tonneaux que dans de petites futailles. L'enfutaillage le plus ordinaire en Normandie est la *botte* de 400 pots, le *petit tonneau* de 650, et au-dessus une série intermédiaire de capacités jusqu'à 1,300 pots. Dans ce pays, il y a de bons crus où le cidre ainsi logé atteint la sixième année et se bonifiant sans cesse. Pendant le cours de la première année on soutire deux fois; c'est ce qu'on appelle dans le pays *éllage*. Tout cidre dont la fermentation aura été interrompue avant d'avoir parcouru toutes ses périodes, et qui dans cet état aura été enfermé dans des bouteilles soigneusement bouchées, sera mousseux à la manière des vins de Champagne.

Dans les bonnes années, les terrains plantés en pommiers sont vraiment d'un rapport prodigieux. Il est malheureux que dans de telles années les tonneaux soient d'un si haut prix et si rares. Il est encore plus malheureux que jusqu'à présent tous les procédés mis en usage n'aient pas débarrassé les eaux-de-vie de cidre et de poiré du goût pyracétique qui les rend si désagréables pour les palais délicats. Il se consomme néanmoins une énorme quantité de cette liqueur en Normandie, où elle fait les délices des paysans, qui en usent largement, et auxquels elle procure d'ailleurs la satisfaction, pendant qu'ils s'en abreuvent, de professer un cours d'hygiène, car ils ne manquent pas alors de faire remarquer jusqu'à l'ennui que cette détestable liqueur est aussi saine que celle que l'on tire du vin est funeste. PELOUZE père.

CIEL (*Cosmographie*). C'est dans le ciel que le génie de l'homme a fait ses plus sublimes et ses plus merveilleuses excursions (*voyez* ASTRONOMIE). Ces corps lumineux, qu'il ne pouvait toucher que des regards, semblaient faire défi à son ardeur de savoir, et bientôt il les mesura dans les abîmes de l'infini, avec plus de précision, en quelque sorte, que les objets du sol où il est né et sur lequel il marche. C'est ainsi qu'il a soulevé avec orgueil un coin de ce voile qui couvre des effets admirables dont les causes resteront sans doute à jamais cachées dans le sein du Créateur.

Les premiers hommes, dans notre Genèse, donnèrent à l'espace qu'avec les Grecs nous appelons *ciel* ou le *creux* (de leur adjectif κοῖλον) des noms qui répondaient à la grossièreté de leurs sens ou à leur admiration, tous noms ineffaçables, qui lui sont restés : c'est ainsi qu'ils l'appelèrent *rakiah*, c'est-à-dire l'étendue. Moïse, dès les premiers versets de la *Genèse*, le psalmiste et Isaïe se servent de cette qualification pour exprimer la longueur et la largeur de la terre surnageant sur les grandes eaux, car c'est longue et large que la concevaient les Hébreux et les prophètes, d'après leur législateur cosmologue. *Rakiah*, dans leur langue, veut dire au propre une plaque de métal rendue mince et ductile sous le marteau. Les Septante ont traduit ce mot avec un presque équivalent par στερέωμα, solidité, ou firmament; et c'était à une époque où les prêtres de la Chaldée avaient déjà trouvé notre système du monde, et deviné que les comètes sont de véritables planètes ou corps opaques.

Le nom le plus général que les Hébreux aient donné aux cieux fut *schamaim*; il se trouve dans le premier verset de la *Genèse*, où il est dit : « Dieu créa le ciel et la terre ». Ce substantif, sous la forme du duel, supposait déjà de leur part une certaine observation ; il est composé du mot *esch*, feu, et *maim*, eaux, ce qui s'accorde aujourd'hui avec notre physique ; en effet, bien que notre atmosphère ne soit que du gaz oxygène tempéré par un cinquième d'azote, le calorique y circule, et l'eau y est en suspension.

Le *Talmud* rapporte cinq autres noms donnés au ciel : le *pavillon*, le *temps*, la *demeure stable*, la *nue élevée*, et enfin *araboth*, de son immensité, semblable à celle d'une solitude, ou plutôt à cause de son aspect ravissant, ce mot ayant la double signification de *désert* et de *délices*.

Le nom général que les Grecs donnèrent à l'espace est οὐρανός, où la racine chaldaïque *ur*, feu, mêlée à la racine hellénique ῥεῖν, couler, montre clairement qu'ils ont copié le *schamaim* des Hébreux. Moïse appela *jarach* ou *lune* l'un des deux grands luminaires créés par Eloïm, et les fils d'Adam ou lui-même peut-être lui donnèrent le doux nom de *labana*, la blanche ; puis elle leur parut en même temps si belle et si auguste, qu'ils l'appelèrent bientôt *baalath-schamaim*, la reine des cieux, dont ils avaient déjà fait roi le *soleil*, après l'avoir nommé *schamès*, le ministre, c'est-à-dire le dispensateur des bienfaits de la Divinité. Ils le nommaient aussi *khammà*, la chaleur, et *kherès* celui qui dessèche ; et les étoiles reçurent d'eux la qualification de *kakabim*, les ardentes, comme si les hommes semblaient déjà deviner qu'elles étaient autant de soleils. De leur côté, les Égyptiens appelèrent le soleil *ôn*, de leur racine *oudhn*, paraître, se montrer. Tous ces noms que l'antique Asie et la vieille Afrique ont donnés au ciel et aux astres qui y sont suspendus sont autant de pages qui nous révèlent l'état des connaissances astronomiques de leurs peuples à cette époque. Dans ces temps primitifs, ils regardaient la terre comme une immense plate-forme, sur laquelle le ciel s'arquait en voûte surbaissée, où les étoiles étaient enchâssées comme des diamants, quoique les Hébreux connussent la belle constellation d'Orion, qu'ils appelaient *khesil*, et que l'Arabe Job la cite, ainsi que l'Ourse, les Hyades, qu'il nomme *Kimah*, et l'Étoile du Midi.

Les auteurs sacrés ne pensaient pas que le soleil fît le tour de la terre, ou que la terre tournât sur son axe; ils s'imaginaient que le couchant était le terme de la course de cet astre, et qu'il revenait au levant par des routes inconnues. Homère, leur contemporain, et tous les poëtes après lui, se laissant prendre aux apparences, faisaient sortir, au matin, le char du soleil des abîmes de l'Océan et l'y replongeaient au soir. La terre, suivant l'opinion de Thalès et des stoïciens, était portée sur les eaux comme un grand vaisseau qui flotte sur la mer ; Homère, Zénon, Sénèque le tragique, Sénèque le philosophe, Strabon, pensaient ainsi, et avec eux Xénophane de Colophon, Anaximène, Anaxagore, Démocrite, Platon, Aristote, Empédocle et d'autres. Pindare nous représente la terre comme soutenue sur des colonnes de diamant, et les Indiens croyaient et ne croient plus qu'elle était portée par huit éléphants. Saint Basile et saint Ambroise voulaient qu'on s'abstînt de soulever seulement la question de la rondeur de la terre, et bien malencontreusement pour eux les Latins depuis longtemps l'avaient nommée *orbis*. Tous niaient les antipodes, qu'avait soupçonnés Platon. « Y a-t-il des gens assez sots, dit Lactance, pour croire qu'il y ait des hommes dont la tête soit plus basse que les pieds, et qu'il y ait un monde où tout ce qui est droit chez nous soit suspendu et renversé ? » — « Où sont ceux qui prétendent que les cieux sont mobiles et que leur forme soit sphérique et circulaire ! » s'écrie d'indignation saint Chrysostôme. Athanase traite de barbares ceux qui mettaient seulement en avant le système de la rondeur de la terre ; Le Dante, dans son *Enfer*, est poétiquement de son opinion. Enfin, au huitième siècle, le pape Zacharie fit condamner comme hérétique un pauvre prêtre qui avait avancé ce prétendu blasphème, que plus tard Galilée faillit expier dans les flammes. Mais il était réservé à Magellan de résoudre par l'expérience ce fameux problème : parti d'un port du Portugal vers l'occident, il longea l'Amérique, et l'on vit revenir par la mer du sud, en Europe, son lieutenant Cano, après avoir tracé et achevé un cercle autour du globe avec la proue de son vaisseau. C'est de là que par la suite ces sortes de voyages s'appelèrent *le tour du monde* (voyez CIRCUMNAVIGATION.)

En même temps que l'on croyait qu'il n'y avait qu'une terre dans l'espace, on multipliait les cieux. On en supposait autant qu'il y a de mouvements réguliers dans les astres ; on donnait un ciel au soleil, un à la lune, un à chaque planète, et il n'y avait pas de raison pour que chaque étoile n'eût aussi le sien ; aussi en comptait-on quarante-sept ; Fracastor les porta à soixante-dix. Le firmament resta aux étoiles fixes, quoique, par une étonnante contradiction, dans un autre système, on leur assignât un huitième et dernier ciel, qu'on formait de cristal, afin que la lumière pût passer à travers. Des astronomes plus instruits divisèrent le ciel étoilé en trois parties principales, savoir : le zodiaque, qui est la partie oblique du milieu, et qui renfermait douze constellations ; la partie septentrionale, qui en renfermait vingt-et-une ; et la partie méridionale, qui en contenait vingt-sept. C'est dans cette zone du milieu que s'effectue l'orbite des six planètes connues des anciens. Le ciel des Grecs était l'Olympe, la montagne *toute brillante*, comme veut dire son nom ; ces peuples avides de jouissances voulurent avoir leurs dieux sous la main, près d'eux et dans leur pays; ils s'empressèrent donc de leur choisir pour demeure un des monts les plus élevés qu'ils connussent, et dont le sommet s'élevait au-dessus des nuages, qui, illuminés et dorés par les rayons du soleil, pussent servir de chars à leurs divinités, ou leur faire à souhait des palais magnifiques : le ciel triste des Hébreux, qui avec ses cataractes, ses trésors de pluie, de grêle et de tonnerre, sentait encore son déluge, eût effrayé la riante imagination des Hellènes. Mais aujourd'hui la science a renversé les rêves mythologiques des anciens, et, sondant les profondeurs du ciel, elle nous a donné une cosmographie fondée sur des témoignages irrécusables. DESNE-BARON.

CIEL (*Religion*). Chaque peuple de la terre a attribué à Dieu un séjour particulier où réside sa puissance. Mais les notions sur ce séjour étaient confuses. La mythologie grecque, avec son habitude poétique de rendre en images les idées, les théories, toutes les conceptions de l'esprit, avait fait de l'*empyrée* une habitation pleine de magnificence, un palais de merveilles, où Jupiter régnait entouré d'une cour de dieux et de demi-dieux. On conçoit que la pensée humaine, impuissante à réaliser par elle-même l'idée du ciel, ait cherché à la rendre sensible par des inventions empruntées à l'ordre saisissable de la création. Le christianisme seul devait élever l'intelligence au-dessus des notions vulgaires des sens. Par lui, rien de terrestre ne se mêle à l'idée que nous avons de la Divinité; il ne fait pas du ciel un palais où se déploie la splendeur humaine, il en fait un pur séjour où Dieu réside en lui-même, heureux de sa propre contemplation et rendant heureux les esprits à qui il révèle l'immensité de son être. Tel est le ciel chrétien. Les hommes qui se font sur la terre un bonheur de voluptés ont peine à concevoir ce bonheur de pure contemplation. Cependant, s'il est vrai que même le bonheur humain est en rapport avec la perfection des objets que poursuit notre avidité insatiable de jouir, la possession de Dieu, qui est la perfection absolue de l'être, doit être la plénitude même du bonheur. Le plus souvent les objections des philosophes contre les idées chrétiennes prouvent l'ignorance ou la futilité de l'esprit. C'est avoir une faible notion de l'intelligence que d'imaginer que la perfection de l'être ne lui suffit pas. Alors qu'est-ce que les travaux de la philosophie elle-même? Ne poursuit-elle pas la vérité, et cet objet ne lui paraît-il pas capable de satisfaire sa curiosité ardente? Le ciel chrétien, c'est la pleine possession du vrai, et en cela les philosophes devraient au moins l'adopter comme théorie, s'ils ne songent pas à le posséder par les vertus dont il est la récompense. Le ciel est aussi appelé dans le langage chrétien *séjour des bienheureux* ou *séjour du bonheur éternel*, *royaume des cieux*, *paradis*, *Jérusalem céleste*.

On chercherait vainement à s'expliquer quelle est dans l'immensité l'espace auquel peut appartenir ce nom de ciel. C'est ici que la pensée se perd. L'Écriture appelle le séjour céleste *les cieux des cieux*. Il semblerait donc que le ciel est placé au-dessus de l'espace que la langue vulgaire appelle du nom de cieux, et où déjà s'abîme notre intelligence. Car ce n'est pas seulement l'infini qui est un mystère; l'immensité en est un également; la notion de l'espace passe la portée de l'esprit humain. Il est donc superflu de disserter sur le lieu du ciel. Nous savons seulement que les âmes des justes sont reçues au ciel pour y jouir de la possession de Dieu. Cette croyance répond à la pensée de l'immortalité, qui hors du christianisme est vague et sans réalité. L'idée du ciel est le complément de ce dogme. Et ainsi le paradis, qui est l'objet de l'espérance du chrétien fidèle, est le terme naturel de toutes les théories du philosophe.
LAURENTIE.

CIEL (*Acceptions diverses*). Ce mot s'emploie en peinture pour désigner la partie d'un tableau, d'une décoration, qui représente la région éthérée. Le *ciel de lit* est la partie supérieure d'un lit, quand ce meuble est couvert et surmonté d'un dais. On donne le nom de *ciel de carrière* au premier banc de pierre où l'on arrive en creusant le puits qui doit servir d'ouverture à une carrière. On perce l'épaisseur de ce banc pour tirer la pierre qui est dessous, et à partir de son orifice il sert de plafond à toute l'étendue de la fouille. La pierre de ce *ciel* est propre aux fondations. Travailler à *ciel ouvert*, c'est enlever les terres de l'endroit où l'on veut ouvrir une carrière. Dans toutes ces acceptions, le mot *ciel* prend une *s* au pluriel, et s'écrit *ciels* (et non *cieux*).

Dans le style figuré, le mot *Ciel* ou *Cieux* se prend pour Dieu même, pour la Divinité, pour la Providence, pour la volonté divine. C'est ainsi que Racine a dit dans *Iphigénie* :

Le *Ciel*, le juste *Ciel*, par le meurtre honoré,
Du sang de l'innocence est-il donc altéré !

Et dans *Phèdre* :

Craignez, seigneur, craignez que le *Ciel* rigoureux
Ne vous haïsse assez pour exaucer vos vœux !

Et Voltaire, dans la *Henriade* :

Henri, de qui le *Ciel* a réprimé l'ardeur,

Ciel est aussi synonyme de climat, pays, région, terre. Ainsi, Lemierre a dit dans *Hypermnestre* :

Proscrit, forcé de fuir sous un ciel étranger.

On dit dans ce sens un *ciel rude*, un *ciel brillant*, un *ciel inclément*, un *ciel tempéré*, etc. On dit aussi familièrement : *remuer ciel et terre*, c'est-à-dire employer tous les moyens que l'on peut imaginer, pour faire réussir un projet ou venir à bout de quelque entreprise. On dit encore proverbialement : *si le ciel tombait, il y aurait bien des alouettes prises*, pour se moquer des gens méticuleux qui cherchent des précautions contre des accidents qui ne peuvent arriver. On a coutume de dire de deux choses bien différentes, qu'elles sont éloignées *l'une de l'autre comme le ciel de la terre*; et d'un homme loué outre mesure, qu'*on le porte au ciel*, qu'on *l'élève au ciel*, *au troisième ciel*, *aux nues*. La journée : *ciel rouge au soir, blanc au matin, c'est la journée du pèlerin*, indique que ces deux circonstances présagent une journée favorable au voyageur. Les Chinois appellent leur empereur *fils du Ciel*; et leur pays est qualifié de *ciel inférieur* dans leurs livres.

CIENFUEGOS (NICASIO-ALVAREZ DE), l'un des plus remarquables poëtes modernes de l'Espagne, naquit le 14 décembre 1764, à Madrid, et fit ses études à Salamanque, au moment où Cadalso et Melendez y fondaient une école poétique, qui fait époque dans l'histoire de la poésie espagnole. Cienfuegos, en qui se développèrent de bonne heure de grandes dispositions et un rare talent pour la poésie, s'attacha avec ardeur à cette ligue poétique. Il habita ensuite Madrid pendant quelque temps, mais vivant dans une retraite profonde et uniquement pour l'étude. Le commencement de sa réputation date de 1798, époque où parurent ses poésies. Peu de temps après le gouvernement lui confia la rédaction de *La Gaceta* et d'*El Mercurio*, et quelques années plus tard il obtint un emploi au ministère des affaires étrangères. Il occupait cette position lorsque éclata la guerre de l'indépendance, et quand Madrid fut occupé par les Français. Déjà rudement traité par Murat, à l'occasion d'un article dirigé contre Napoléon, et publié dans la *Gaceta de Madrid*, il fut condamné à mort comme ayant pris part à l'insurrection populaire du 2 mai 1808 contre la garnison française de Madrid : toutefois, l'intervention de ses amis parvint à faire commuer sa peine en celle de la déportation en France. N'ayant voulu consentir à solliciter aucun délai dans l'accomplissement de sa peine, il fut, malgré l'état affaibli de sa santé, conduit en France, où il mourut, en juillet 1809, peu de temps après son arrivée à Orthez. Il était membre de l'Académie espagnole, dont sa tragédie de *Pitaco* lui avait ouvert les portes. Il est encore auteur de la tragédie d'*Idomeneo* et de la comédie *les Sœurs généreuses*. La meilleure et la plus complète édition de ses œuvres poétiques est celle qui a paru en 1816 (Madrid, 2 vol.). Ses poésies lyriques ont été réimprimées à Paris en 1821, et on en trouve un choix dans la collection de Wolf, intitulée : *Floresta de Rimas modernas Castellanas* (Paris, 1837). Il est assez remarquable qu'on ne rencontre dans les œuvres poétiques de Cienfuegos presque aucune trace du caractère mâle et énergique qu'il déploya dans la vie civile. Ses tragédies, celles de ses œuvres qu'on estime aussi le plus en Espagne, portent bien l'empreinte de quelque énergie, mais elles ne sont point exemptes des défauts qui caractérisent l'école classique abâtardie de cette époque.

CIERGE (en latin *cereus*, fait du grec κηρός, cire). Les cierges sont des c h a n d e l l e s d e c i r e, faites pour éclairer dans l'obscurité, et qui sont spécialement employées dans les cérémonies du culte. On les fabrique de la même façon que la b o u g i e, à la cuillère (*voyez* tome III, p. 514). Leur origine remonte aux temps les plus reculés ; on n'en peut assigner la première époque, mais on les trouve en usage chez tous les peuples. Les Juifs avaient des c a n d é l a b r e s dans leur temple de Jérusalem, et, avant eux, les païens allumaient des cierges ou des l a m p e s devant les statues de leurs dieux ; ce qui faisait dire à Vigilance, hérétique du cinquième siècle, que les chrétiens n'auraient pas dû les employer dans la célébration de leurs mystères, pour ne pas rendre au Dieu de vérité un culte semblable à celui que les païens rendaient au dieu du mensonge. Vigilance n'eut pas beaucoup de partisans alors ; mais sa proscription des cierges a été reproduite plus tard par les protestants, qui, pour d'autres motifs, les ont bannis de leurs temples. Tous les autres chrétiens ont suivi une pratique contraire, fondée d'abord sur le besoin, puis sur l'emploi symbolique de ce luminaire. Ce sont ces deux motifs qui les ont fait adopter dans les premiers temps du christianisme. Obligés de célébrer les saints mystères dans la nuit, à cause des p e r s é c u t i o n s dont ils étaient l'objet, les chrétiens avaient besoin de s'éclairer dans les ténèbres et dans l'obscurité de leurs églises, qu'ils tenaient alors cachées. D'ailleurs, les illuminations étant une manière assez commune de célébrer les fêtes des grands que l'on veut honorer, les cierges devaient naturellement tenir la première place dans la pompe du culte que l'homme doit à Dieu. Les explications des rituels et les prières qu'ils renferment ne laissent aucun doute à cet égard. Ainsi le cierge allumé qui précède l'enfant nouveau-né à son entrée dans l'église pour y recevoir le b a p t ê m e figure la Foi, qui l'appelle et qui doit le conduire au salut ; ainsi le cierge que porte à la main le jeune chrétien qui fait sa première c o m m u n i o n indique la foi dont il est animé et par laquelle il doit voir et adorer Jésus-Christ réellement présent sous les espèces eucharistiques ; ainsi les deux cierges que l'on porte aux côtés du diacre quand il va lire l'E v a n g i l e, signifient qu'il va publier les vérités de la foi, de cette doctrine céleste révélée par Jésus-Christ, qui est la véritable lumière, et qui doit éclairer tout homme venant en ce monde.

Mais c'est surtout dans la célébration du sacrifice de la m e s s e que l'usage des cierges est prescrit avec plus de rigueur ; car les théologiens enseignent qu'il n'y a pas de raison, si impérieuse qu'elle soit, qui puisse en dispenser. Il en faut toujours au moins deux, disent-ils, qui doivent être de cire, et ce ne serait que dans un cas de grande nécessité, comme pour administrer le sacrement de l'Eucharistie à un moribond, que l'on pourrait employer des chandelles de suif ou mêlées, à défaut des premières. La raison de cette exigence dans la célébration des saints mystères se tire de ce que l'Église tient à reproduire dans le sacrifice de la messe (continuation du sacrifice de Jésus-Christ sur la croix et renouvellement de la cène) toutes les circonstances qui accompagnèrent l'institution de l'Eucharistie.

Le *cierge pascal* dans l'Église latine est un grand cierge de cire, que l'on bénit dans chaque paroisse pour la fête de P â q u e s. Cette bénédiction se fait à l'office du samedi saint avant la messe. Le diacre y attache cinq grains d'encens, qui rappellent les cinq fêtes mobiles de l'année, Pâques, l'Ascension, la Pentecôte, la Trinité et la Fête-Dieu. On l'allume avec le feu nouveau qui se fait le samedi saint dans les églises. L'usage en est très-ancien, car le *Pontifical* en attribue l'institution au pape Zozime, et Baronius la fait remonter encore plus haut, en prétendant que ce pape ne fit qu'en prescrire dans toutes les églises paroissiales l'usage, qui n'existait encore que dans les grandes églises. Passebrock en explique ainsi l'origine : le concile de N i c é e fixa le jour auquel on devait célébrer la fête de Pâques, et le patriarche d'Alexandrie fut chargé d'en faire un canon annuel et de l'envoyer au pape. Alors on gravait sur le bronze ou le marbre les choses dont on voulait perpétuer la mémoire, et sur le papier d'Égypte celles que l'on avait besoin de conserver assez longtemps ; l'on ne mettait un de cire que celles qui étaient d'un usage passager. Le patriarche d'Alexandrie faisait donc graver sur un canon de cire le catalogue des fêtes mobiles de l'année et ne l'envoyait à Rome qu'après en avoir fait une bénédiction solennelle. Tel fut d'abord l'usage du cierge pascal, auquel on attacha par la suite, peut-être avec des grains d'encens, la liste des fêtes mobiles de l'année, ce qui a fait dire à l'abbé Chatelain qu'il n'avait pas de mèche et n'était pas fait pour brûler. Cependant on pourrait ajouter (et l'allégorie donnerait un puissant motif à cette version) qu'on l'allumait autrefois dans les églises le samedi saint avec le feu nouveau, figure véritable de la nouvelle vie de Jésus-Christ ressuscité et de la vie nouvelle des c a t é c h u m è n e s, qu'on ne baptisait alors que la veille de Pâques et de la Pentecôte, parce qu'il était le symbole frappant de Jésus-Christ ressuscité, la grande lumière du monde. Toujours est-il certain que c'est à cause de ce rapport symbolique qu'on l'allume de nos jours avec le feu nouveau et que l'on continue de le faire brûler les dimanches dans les églises jusqu'à la fête de la Pentecôte, temps pendant lequel l'Église catholique célèbre plus particulièrement le mystère de la résurrection de Jésus-Christ, ou jusqu'à la Fête-Dieu, la dernière des fêtes mobiles de l'année.

En hydraulique, on entend par *cierges d'eau* plusieurs jets d'eau menus et perpendiculaires qui se trouvent sur une même ligne. Le *cierge* en zoologie est une espèce de polypier du genre des cellaires, et le *cierge pascal* une coquille univalve du genre des cônes.

CIERGE (*Botanique*), genre de la famille des c a c t é e s, ayant pour caractères : Tige succulente, rameuse ou non rameuse; fleurs tubuleuses; écailles calicinales formant de toute la surface de l'ovaire, et dont le fruit porte l'empreinte.

Le *cierge du Pérou* (*cereus peruvianus*) est le plus élevé de tous les cierges. Sa tige est octogone; ses fleurs sont longues de 0^{m}16 à 0^{m}21, blanches intérieurement et roses à l'extérieur ; on en voit un individu aux serres du Jardin des Plantes de Paris, qui a plus de 20 mètres d'élévation, et se couvre chaque année d'une innombrable quantité de fleurs. Parmi les variétés du cierge du Pérou, on distingue le *cereus monstruosus*, dont la tige, couverte de renflements irréguliers, offre un aspect très-singulier.

Le *cierge à grandes feuilles* (*cereus grandiflorus*) se reconnaît à ses tiges grêles, diffuses, grimpantes et souvent tout à la fois pentagonales et hexagonales, sur des rameaux du même individu : les fleurs du cierge à grandes feuilles sont grandes, blanches à l'intérieur et jaunes à l'extérieur ; elles s'épanouissent à la fin du jour, sont dans toute leur beauté pendant la nuit, et exhalent l'odeur la plus suave.

Le *cierge serpentin* (*cereus flagelliformis*), vulgairement connu sous le nom de *serpentine*, est remarquable par la flexibilité de sa tige grimpante, de la grosseur d'un doigt, à huit ou dix angles peu apparents. Ses nombreuses fleurs sont d'un très-beau rouge.

Ces cierges, originaires de l'Amérique méridionale, ont tous des fleurs magnifiques; ils ne peuvent passer nos hivers que dans les serres, mais ils se multiplient avec une très-grande facilité, surtout par boutures. C. TOLLARD aîné.

CIGALE, genre d'insectes hémiptères, qui ont quatre ailes membraneuses, veinées, dont les deux supérieures sont plus fortes que celles de dessous, et leur servent d'élytres. Les antennes sont sétacées, plus courtes que la tête, composées de sept articles, dont le premier est gros, et les autres très-minces. La bouche est allongée en forme de bec ou de trompe; les yeux sont presque globuleux, très-saillants; le corselet est assez court, mais large à la base de l'abdomen. Ce qui caractérise plus spécialement ce genre d'insectes, ce sont les organes du bruit ou *chant* que le mâle fait entendre, et dont la femelle est privée. Les anciens connaissaient ce caractère différentiel des sexes, ainsi que l'attestent ces paroles du poëte rhodien Xenarchus : « Heureuses les cigales, car leurs femelles sont privées de la voix »; mais ils ignoraient complètement la composition de l'organe du prétendu chant des mâles. C'est à Réaumur que l'on doit d'avoir éclairé cette question. Si l'on examine en dessous l'abdomen d'un mâle, on voit qu'il est en grande partie recouvert par deux lames écailleuses mobiles, qui ne sont que des prolongements de la partie postérieure du corselet. En les soulevant, on découvre un cavité creusée dans le premier segment abdominal et partagée en deux loges par une cloison longitudinale. Chacune d'elles est tapissée au fond par une membrane transparente, assez fortement tendue, et à laquelle Réaumur avait donné le nom de *miroir*. De chaque côté de la cavité principale est une autre cavité, plus petite, dans laquelle se trouve une autre membrane, plissée sur elle-même (*tymbale*), et à laquelle s'attachent deux muscles composés d'un nombre considérable de fibres droites. Ce sont ces muscles qui, par leur contraction et leur relâchement alternatif, font vibrer et résonner cette membrane. Après la mort de l'insecte, quand les muscles ne sont pas encore desséchés, on peut en les tiraillant produire le son qui nous occupe. C'est de cette manière que Réaumur parvint à se rendre compte de la singulière organisation que nous venons de décrire.

Les cigales se tiennent sur les arbres, sont très-bruyantes et volent avec rapidité, si la chaleur est assez forte, se ralentissent et font moins de bruit à mesure que l'air se refroidit. Le soir et le matin on les prend aisément. La femelle est munie d'une tarière, dont elle se sert avec une grande activité pour cribler des branches sèches d'une multitude de petits trous de six à neuf millimètres de profondeur dans lesquels elle dépose ses œufs, en prenant soin de couvrir l'ouverture par des fibres ligneuses soulevées et amenées au-dessus. Lorsque les œufs sont éclos, les larves quittent leur première habitation, gagnent la terre, et s'y enfoncent; c'est là qu'elles subsistent, grossissent et subissent leurs métamorphoses. On assure qu'elles pénètrent dans la terre à une profondeur de plus d'un mètre, en suivant les racines des arbres, dont elles tirent leur nourriture. Leur vie entière s'étend à plusieurs années, dont quelques mois seulement se passent dans l'air, à la lumière, et tout le reste dans une profonde obscurité.

On compte soixante-six espèces de cigales, dont neuf sont en Europe, vingt-deux en Asie, dix-sept en Afrique, quinze en Amérique et trois dans la Nouvelle-Zélande. Parmi celles de l'Europe, la plus grande et la plus bruyante est celle que l'on nomme *plébéienne*, et la plus petite a reçu le nom de *pygmée*. Celle-ci n'a guère que la moitié de la longueur et de la largeur de la première, dont les ailes déployées ont près de 0m,13 d'envergure. Une autre, de grandeur moyenne, se fait remarquer par le duvet cendré et soyeux qui couvre plusieurs parties de son corps, dont la couleur dominante est le noir; le bruit qu'elle fait n'est pas très-incommode, quoiqu'il soit aussi monotone que celui de la grande espèce; c'est un son aigu, mais aussi faible que le *chant* de la cigale pygmée. Aucune des espèces européennes n'est remarquable par l'éclat de ses couleurs, et cette observation peut être étendue à tout le genre : si les cigales étaient silencieuses comme les papillons, les demoiselles, etc., elles n'auraient presque pas attiré l'attention. En France, nous ne possédons que la *cigale plébéienne*, la *cigale hématode* et la *cigale de l'orme*. Toutes trois sont communes dans nos provinces méridionales. La seconde se trouve aussi aux environs de Paris; mais elle y est très-rare. Quant à l'insecte que dans le nord on décore vulgairement du nom de *cigale*, ce n'est autre chose que la grande sauterelle verte, si commune dans notre pays, et qui fait également entendre une sorte de chant.

C'est en Asie que l'on trouve les plus grandes cigales; mais les naturalistes se sont encore peu occupés des habitudes propres aux nombreuses espèces répandues dans le continent et dans les îles de cette partie du monde. On n'est pas mieux instruit de ce qui concerne les espèces africaines; mais en Amérique l'intérêt d'importantes cultures a provoqué l'attention des colons sur les insectes qui ravagent de temps en temps leurs plantations. Telle est à la Guyane la *cigale flutueuse* (*tibicen*), fléau des caféyers, qu'elle fait quelquefois périr. Cette espèce est très-grande; son *chant*, comparé au son d'une flûte, ou d'une lyre, ou d'une vielle, n'est que retentissant, sans mélodie, et très-incommode. Ses innombrables larves s'enfoncent promptement sous terre, après leur naissance, et rongent les racines de tous les végétaux que leurs fortes mâchoires peuvent entamer.

En général les cigales peuvent causer beaucoup de dommages, et elles ne font aucun bien. Les anciens les mangeaient, et prenaient goût à ce mets; il paraît que cet usage ne subsiste plus nulle part, si ce n'est parmi les peuplades *acridophages* (qui se nourrissent de sauterelles). Cependant, personne ne sera disposé à croire que les gourmets aujourd'hui soient moins bons juges des saveurs que ne le furent ceux de l'antiquité.

Ajoutons que la cigale a acquis une assez grande importance littéraire. Anacréon ne dédaigna pas de lui consacrer une ode. Mais c'est surtout la fameuse fable *La cigale et la Fourmi* qui a fait verser d'immenses flots d'encre depuis que l'auteur d'*Émile* s'avisa d'en faire l'objet de ses commentaires. Combien de fois n'a-t-on pas répété que si La Fontaine eût été plus versé dans l'histoire naturelle, il aurait su que la cigale cesse de vivre à l'automne, ce qui l'aurait empêché de dire :

<blockquote>La cigale ayant chanté tout l'été?</blockquote>

Mais, reconnaissant l'exactitude de cette observation, on devait se souvenir que la fable, comme tous les genres de poésies, vit de fictions, et peut bien se permettre quelques licences.

CIGARE. C'est une des plus belles conquêtes du vieux monde sur le nouveau. Il serait curieux de remonter à l'origine du cigare, d'assister à ses développements, de le voir grandir, se répandre, s'élever aux plus hautes sommités; d'étudier toutes les transformations qu'il a dû subir pour passer des lèvres grossières du commun des fumeurs aux lèvres rosées de nos dandys et même de quelques femmes. Certes cette histoire ne serait pas sans quelque intérêt, car aucune variété n'offre peut-être un exemple de fortune aussi rapide que celle du cigare. Le cigare est partout; il est le complément indispensable de toute vie oisive et élégante : tout homme qui ne fume pas est un homme incomplet : le cigare a remplacé aujourd'hui les petits romans du dix-septième siècle, le café et les vers alexandrins. Il ne s'agit pas ici du cigare primitif, dont l'odeur vireuse et la saveur âcre et repoussante arrivait aux lèvres martyres par le tuyau d'une paille légère : la civilisation a singulièrement altéré cette nature naïve du cigare. L'Espagne, la Turquie, la Havane, se sont laissé dérober par nous leurs trésors les plus précieux de fumée et de rêverie, et nos lèvres ne peuvent plus filtrer à cette heure que la vapeur parfumée des feuilles odorantes qui ont pour nous traversé les mers.

Ne me demandez pas les charmes des rêveries, les extases contemplatives dans lesquelles nous plonge la fumée du cigare ; ces rêveries, ces extases échappent à la parole, qui ne saurait les fixer : elles sont vagues et mystérieuses, insaisissables comme les nuages odorants qui s'exhalent de votre *mexico* ou de votre *panatella*. Sachez bien seulement que si vous ne vous êtes jamais trouvé, par quelque soirée d'hiver, couché sur un divan aux coussins élastiques, devant un feu clair et joyeux, enveloppant le globe de votre lampe ou de la clarté blanche et mate de votre bougie de la fumée d'un cigare onctueux, laissant vos pensées molles s'élever incertaines et vaporeuses comme le nuage flottant autour de vous, sachez, ami lecteur, que si vous ne vous êtes jamais trouvé ainsi, vous n'êtes point encore initié aux plus douces joies d'ici-bas. Casanova, cet impudique Vénitien, qui a voulu écrire ses mémoires, afin qu'on ne pût dire qu'il n'a pas eu tous les travers, prétend que la seule jouissance du fumeur consiste à voir la fumée du cigare s'échapper de ses lèvres. Je crois, Vénitien, que vous avez touché faux. La fumée du cigare est comme l'opium en Orient : elle produit un état d'exaltation fébrile, source de jouissances toujours nouvelles. Le cigare endort la douleur, distrait l'inaction, nous fait l'oisiveté douce et légère, et peuple la solitude de mille gracieuses images. La solitude sans un ami ou sans un cigare est insupportable à ceux qui souffrent. Au reste, je suis obligé de l'avouer, je ne sais pas d'importation plus dangereuse, plus profondément immorale que celle du cigare fashionable : ce sera la perte des fils de famille, et l'immoralité des maisons de jeu et des mauvais lieux pâlira devant celle de ce cigare immoral et pervers. C'est lui qui nous pousse à l'indolence, qui nous fait rêveurs, oisifs, contemplatifs, inutiles ; il nous aura fait plus de mal que la littérature allemande, les amours de Werther, les songes creux de René et les contes fantastiques d'Hoffmann. Ceci vous semble peut-être un paradoxe : eh bien , fumez ; réfléchissez ensuite, si vous pouvez, et vous me direz si un cigare n'offre pas autant de danger aux âmes faibles et portées à la rêverie que l'égoïsme poétisé d'Obermann.

Le cigare, qui s'est glissé dans le monde élégant, a fait surtout une large irruption dans le monde artistique : il a fait de ce monde-là une succursale de l'estaminet hollandais. Le cigare est la livrée, l'enseigne, l'étiquette de l'homme de lettres et de l'artiste. Avez-vous jamais assisté aux petits levers de quelque célébrité contemporaine? Nos célébrités à la mode ne se lèvent aujourd'hui que dans un nuage de fumée : nos grands hommes ont chaque matin un cercle d'adorateurs qui viennent amuser l'idole du jour et lui fumer au nez : il s'y dépense moins d'esprit que de cigares, et vous y verrez plus de fumée que de gloire.

Jules Sandeau.

Le cigare est un petit cylindre, formé de plusieurs brins de tabac, disposés parallèlement, et qu'on enveloppe d'une seule feuille roulée pour lui donner la forme artistique qui lui est nécessaire. Jadis, à la plus exiguë des extrémités de plus communs on insérait un bout de paille de froment, que le fumeur vulgaire mettait à la bouche, et il suffisait d'allumer l'autre extrémité pour que la fumée du tabac fût aussitôt largement aspirée. L'Espagne est la terre classique du cigare : là tout le monde en fume, hommes, femmes, militaires, juges, ecclésiastiques, jusqu'à l'enfant à la mamelle. C'est un besoin impérieux pour ce peuple. De toutes les places publiques de la péninsule, des nuages de fumée de cigares montent vers le ciel. C'est à Cuba et à Manille qu'on en trouve les plus considérables fabriques. Ce sont des femmes qui les manipulent en général, en roulant dans un fragment de feuille , nommé *chemise* , une petite quantité de débris ou *tripes* de tabac qu'elles lient en les tordant par un des bouts. On appelle *bouts français* ceux dont le bout n'est pas tordu. Ceux de la Havane, dits de la *Vuelta de Abajo* sont les mieux faits, et méritent à juste titre la réputation dont ils jouissent auprès des vrais amateurs. Ceux de Saint-Vincent se distinguent par une odeur douce et suave : on les lie aux extrémités par des fils de soie; les femmes créoles des Antilles se plaisent à savourer leur parfum. On distingue encore en Amérique *les bouts de nègre*, longs et grêles , fabriqués la plupart avec du tabac de Virginie, et que les noirs hument avec passion. Les *chiroutes* que les commandeurs et majordomes des habitations fument, quittent et reprennent sans cesse, sont des cigares monstres qui entretiennent lentement dans leur foyer un brasier de tabac capable d'étouffer l'Européen le plus aguerri.

On nomme *cigarettes* , en espagnol *cigaritos*, de petits cigares fabriqués avec du tabac haché, roulé dans du papier sans colle ou dans une paille de maïs. On ou vous les vend tout prêts, ou vous les préparez vous-même, après avoir fait votre provision de tabac et de papier non collé, enjolivé de grossières figures coloriées de Barcelone, originaires de France et souvent même de Paris.

Quant aux *porte-cigares*, il en est de trois espèces bien différentes. C'est tantôt une espèce de petite pince d'argent, ou argentée, qui aide à tenir le cigare ou la cigarette sans risque de se brûler les doigts ; tantôt un bout d'ivoire ou d'os, à l'une des extrémités duquel on insinue le cigare et dont en place l'autre à la bouche; tantôt, enfin, un petit portefeuille, une petite trousse, de forme plate, en maroquin, en étoffe, en paille, dans laquelle les fumeurs mettent leur provision de cigares ou de cigarettes. Les plus jolis, en paille blanche, viennent du Chili.

L'Académie, dans la dernière édition de son *Dictionnaire*, définit le cigare « un petit rouleau de feuilles de tabac que l'on fume *comme une pipe* ». Quelle comparaison ! Sans doute alors ce corps savant et lettré n'avait pas de fumeur dans son sein. Une pareille hérésie ne passerait plus aujourd'hui, et l'édition prochaine corrigera cette définition erronée.

Les cigares sont une invention fort ancienne et originaire des Indes occidentales, mais que les Espagnols n'ont fait connaître à l'Europe qu'au commencement du dix-neuvième siècle. Cette manière de fumer le tabac est aujourd'hui si généralement répandue, qu'il pourrait paraître puéril de citer ici le chiffre énorme auquel s'élève la consommation annuelle de cigares. Notons cependant qu'en 1850 la seule place de Brême a livré à l'exportation 279,255,000 cigares représentant une valeur d'environ 8 millions de francs.

On les tirait, à l'origine, de Cuba, et surtout de son chef-lieu La Havane, qui est demeurée en possession de fournir les produits de ce genre qu'estiment le plus les amateurs ; mais, protégée par le gouvernement, cette fabrication s'établit également en Espagne, et les cigares de Séville jouissent à bon droit d'une réputation européenne. Le commerce de Brême fut un des premiers à exploiter cette branche d'industrie, et cette place est devenue l'un des marchés les plus importants pour la vente des cigares. Hambourg est aussi un grand centre pour ce genre de commerce, qui a pris en Allemagne une extension d'autant plus considérable que les gouvernements de ce pays ne s'en sont point réservé le monopole, comme chez nous. Au reste, la qualité des cigares dépend de celle des feuilles de *tabac* qu'on y emploie. Les noms des différentes espèces de cigares sont fort arbitraires, et indiquent plus rarement la provenance du tabac que les raisons commerciales des fabriques de La Havane les plus célèbres.

CIGISBEO, mot italien, que l'on n'a pas traduit en français, et qui vient du verbe *cigisbeare* , faire le galant.

Les Ultramontains font dériver ce mot de *ci-cis*, chuchotement, ceux qui sont amoureux ou qui feignent de l'être parlant toujours bas et à l'oreille de la femme dont ils s'occupent. On a fini, surtout en France, par confondre le *cigisbeo* avec le *cavaliere servente*, lequel était un homme désigné, lors du mariage, par l'époux ou les parents de l'épouse, pour la conduire dans les assemblées, aux spectacles et aux promenades. Cet usage n'existait que parmi la haute noblesse. On se dévouait *au service* d'une dame, on exécutait, on prévenait ses ordres; on ne la quittait point depuis midi jusqu'à l'heure où elle entrait dans sa chambre à coucher. Mais ces devoirs ne se rendaient qu'à l'épouse d'autrui, et on en laissait le soin chez soi à un autre homme. Très-souvent l'amour n'entrait pour rien dans la liaison qui s'établissait entre la dame et son *cigisbeo*, surveillant quelquefois très-incommode ; mais il en résultait des manières exquises en politesse, rien ne pouvant motiver dans le monde entre ces deux personnes les familiarités, l'humeur, l'impatience que les époux ne s'épargnent point. La domination française établie en Italie par un enfant de la Corse, pays où toutes les apparences d'austérité sont de rigueur, anéantit le *cigisbéisme*. Le prince Eugène, vice-roi, annonça que l'on ne recevrait point aux cercles de sa cour une femme accompagnée par un autre homme que son mari. Cette loi imposée par le vainqueur n'a pas encore cessé de s'observer en Lombardie et en Toscane; mais à Venise et dans le royaume de Naples on remarque quelque tendance vers la coutume antique; et les *manières françaises* étant les manières bourgeoises du pays, les femmes de l'aristocratie s'efforcent de les réformer, disant qu'il vaut encore mieux être l'objet des soins d'un *cigisbeo* que de ne l'être de personne. C^{sse} DE BRADI.

CIGNANI (CARLO), né à Bologne, en 1628, fut le dernier peintre remarquable de l'école bolonaise. Il eut Cairo et L'Albane pour maîtres; mais, livré à lui-même, il s'appliqua particulièrement à l'étude du Titien, du Corrége et des Carrache. Aussi sa couleur fut-elle tout à la fois énergique et harmonieuse. En revanche, son style, s'éloignant de la pureté de goût de la grande école du seizième siècle, a toute l'exagération de l'école bolonaise. Cignani jouit de son vivant d'une réputation européenne. Il peignit pour tous les souverains d'Italie, pour le roi de France, pour l'empereur, pour l'électeur palatin. Ses œuvres sont très-nombreuses. Les plus estimées sont : l'*Entrée de Paul III à Bologne*, les *fresques de Parme*, l'*Assomption* de l'église de la Madone del Fuoco à Forli, qu'il mit vingt ans à faire; une *Nativité* à Urbino, une *Sainte Famille* à l'église des Théatins, à Munich. Toutes ces œuvres témoignent d'une fécondité d'idées qui ne s'exprime jamais aux dépens d'une exécution sévère et très-étudiée, et qu'on pourrait croire le résultat d'une grande facilité de pinceau, si l'on ne savait que Cignani peignait avec peine et avec soin. Il mourut à Bologne, en 1719, après avoir été fait prince de l'académie par Clément XI, et *comte* par le duc Ranuccio-Farnèse.

CIGOGNE, nom générique d'oiseaux de l'ordre des échassiers. Ils ont un bec gros, peu fendu, près de la base duquel sont percées les narines; leurs tarses sont réticulés; leurs pieds ont quatre doigts, trois en avant, assez fortement palmés à leur base, surtout les externes, et un en arrière. Les mandibules larges et larges de leur bec produisent un claquement, presque le seul bruit que ces oiseaux fassent entendre. Nous en avons deux espèces en France : la *cigogne blanche* et la *cigogne noire*.

La *cigogne blanche* a environ 1^m10 de longueur depuis le bout du bec jusqu'à celui de la queue, et 1^m30 depuis le bout du bec jusqu'à l'extrémité des ongles ; son cou est long de 0^m21 ; son envergure est de 2^m03 ; son plumage est blanc, avec les pennes des ailes noires, le bec et les pieds rouges, le tour des yeux nu et couvert d'une peau ridée d'un rouge noirâtre. Les jeunes se reconnaissent à la teinte brune des ailes et à leur bec d'un noir rougeâtre. Elle habite presque tout l'ancien continent, et se nourrit de reptiles, de poissons, d'insectes et de mollusques. Elle est presque partout de passage. Elle passe l'hiver en Afrique, et surtout en Égypte, d'où elle revient au printemps en France, et dans l'Europe septentrionale; elle est rare en Italie, et plus encore en Angleterre, où l'on n'en voit qu'accidentellement. Elle évite dans tout pays les contrées arides, qui ne pourraient lui fournir sa subsistance. Son naturel est doux; elle n'est ni défiante ni sauvage; elle place son nid, formé de brins de bois et de jonc, tantôt à la cime des grands arbres ou à la pointe des rochers escarpés, tantôt sur les tours et les clochers ; chaque couple revient à l'époque du retour printanier reprendre, comme les hirondelles, l'habitation de l'année précédente et le même nid quand il le retrouve. La ponte est de deux à quatre œufs d'un blanc jaunâtre, un peu moins gros mais un peu plus allongés que ceux de l'oie, que le mâle et la femelle couvent alternativement, et qui éclosent au bout d'un mois. Quand les petits commencent à voleter hors du nid et à s'essayer dans les airs, les parents font leur éducation avec la plus grande sollicitude : ils les portent sur leurs ailes, les défendent avec courage, et ne les quittent que lorsqu'ils les voient assez forts pour pourvoir eux-mêmes à leurs besoins et à leur sûreté : l'attachement des cigognes pour leur progéniture est si puissant, qu'elles périssent avec elle plutôt que de l'abandonner, et l'on a vu de ces oiseaux se laisser brûler avec ses petits, au milieu d'un incendie, après avoir fait pour les enlever d'inutiles efforts. A la tendresse maternelle, dont nous venons de parler, elles joignent une autre qualité, qu'elles paraissent posséder seules parmi les oiseaux, c'est la charité envers les faibles et les vieillards. On voit souvent de jeunes cigognes apporter de la nourriture et prodiguer leurs soins aux individus de leur espèce affaiblis par l'âge ou la maladie. C'est en grandes troupes que ces oiseaux exécutent leurs migrations; chez nous, par exemple, on voit, vers la fin d'août, toutes celles d'un canton s'assembler une fois par jour dans une grande plaine, puis enfin, souvent pendant la nuit et ordinairement par un vent du nord s'élever toutes ensemble et partir vers d'autres climats. Leur chair n'est pas bonne à manger, mais les services qu'elles rendent aux hommes, en détruisant les reptiles et mêmes les cadavres en putréfaction, les ont fait jouir presque partout d'une protection spéciale, à laquelle on prête dans quelques pays l'appui des lois, et que sanctionnait même la religion chez quelques peuples anciens.

La *cigogne noire* est longue de 0^m97, noirâtre, à reflets pourpres, avec le ventre blanc, le tour des yeux et une partie de la gorge nus et d'un rouge cramoisi. Elle est voyageuse, comme la précédente, et se trouve dans les mêmes contrées, mais plus rarement. Elle est d'un naturel sauvage, habite les marécages les plus déserts, loin des habitations, des montagnes. Outre les reptiles et les poissons, elle se nourrit aussi de limaces et d'insectes. Avec du soin, on parvient cependant à la priver. Sa chair n'est pas bonne à manger : elle a un mauvais goût de poisson et un fumet sauvage.

Deux espèces étrangères de cigognes, la *cigogne marabou*, propre à l'Inde, et la *cigogne argalé*, du Sénégal, nous fournissent ces belles plumes à barbes déliées, souples et flottantes, si recherchées pour la parure des dames, sous le nom de *marabous*. Ce sont les couvertures inférieures de la queue de ces oiseaux, implantées près du croupion.

Citons encore les *cigognes jabirus*, que caractérise leur bec retroussé. Elles sont d'une très-haute taille. On en distingue deux espèces. Chez le *jabiru du Sénégal* la tête et le cou sont rougeâtres ; ils sont nus dans le *jabiru d'Amérique*. Le cou de ce dernier est recouvert d'une peau calleuse, noirâtre ou rougeâtre. Suivant Bory de Saint-

Vincent, cette nudité du cou résulterait de l'habitude qu'a cet oiseau de le plonger dans la vase des marais pour y saisir les reptiles dont il se nourrit. DEMEZIL.

CIGOLI (LODOVICO CARDI DA) peintre, sculpteur, architecte, poète et musicien, naquit au bourg de Cigoli près de Florence, le 12 septembre 1559. A treize ans il vint avec son père s'établir à Florence, et ayant montré d'heureuses dispositions pour le dessin, il fut placé à l'école d'Alessandro Allori, chez qui il resta quatre ans. L'étude trop assidue de l'anatomie ayant altéré sa santé, il fut forcé pendant quelque temps de retourner dans son pays. Revenu à Florence, Buontalenti lui enseigna la perspective. Il fréquenta aussi l'atelier de Santi di Tito, étudia les ouvrages du Baroche, du Corrège et des maîtres vénitiens. Appelé à Rome, Cigoli fut chargé par Paul V de travaux importants. Le pape voulut le récompenser en demandant pour lui l'habit de chevalier de Malte. Au moment où le grand maître Alof de Vignacourt lui adressait sa lettre de nomination, il fut pris d'une fièvre maligne, dont il mourut, le 8 juin 1613.

Sa peinture se distingue par un coloris vigoureux et plein d'harmonie, qui rappelle le coloris du Titien. L'expression dans ses tableaux est bien sentie et bien rendue, quoique quelquefois exagérée; son style est large; mais, malgré ses efforts à combattre les progrès de la tendance matérielle de l'école bolonaise, il ne put échapper à la dégénérescence du goût de son époque. Il peignit pour Saint-Pierre de Rome *La Guérison du Paralytique*, tableau qui obtint de son temps un grand succès. L'une de ses œuvres les plus remarquables, *Le Martyre de saint Étienne*, est en Toscane; enfin, un autre de ses meilleurs morceaux, *L'Ange et le jeune Tobie*, a passé de la galerie de la Malmaison dans la galerie de Saint-Pétersbourg. Le Musée du Louvre possède de lui trois tableaux, *La fuite en Égypte*, *Saint François en contemplation* et un portrait d'homme. En architecture, Cigoli s'appliqua à imiter Michel-Ange. Il acheva et agrandit le palais Pitti, à Florence; il y fit aussi la loge des Tornaquinci, le palais Ranuccini, la cour du palais Strozzi, etc.

Cigoli était profondément versé dans la science de l'anatomie et de la perspective : il a écrit un traité de perspective, un traité des cinq ordres d'architecture, dont son frère *Bastiano* CARDI a gravé les figures; enfin il a inventé un appareil propre à dessiner tout à la fois d'après nature et selon les règles de la perspective.

CIGUË, genre de la famille des ombellifères, et de la pentandrie digynie. Ce genre a pour caractères : Calice sans limbe; pétales obovales, échancrés; fruit ovale, comprimé latéralement, à cinq côtes peu proéminentes, égales, ondulées, crénelées, les latérales formant le bord des akènes (à une seule graine); carpophore bifide à son sommet; involucre à un petit nombre de bractées; involucelle à trois bractées déjetées en dehors. De cinq espèces qui composent le genre *ciguë*, quatre croissent en Afrique, et la cinquième en Europe; c'est cette dernière qui est depuis longtemps célèbre par ses propriétés vénéneuses. On sait qu'à Athènes c'était avec son suc qu'on faisait mourir ceux qui étaient condamnés à perdre la vie. On sait encore que Socrate et Phocion burent la ciguë, et la mort injuste de ces deux grands hommes a immortalisé les effets délétères de cette plante.

Presque tous les auteurs modernes paraissent d'accord sur l'identité de notre ciguë avec celle des Grecs, et il est aussi très-probable que les Romains donnèrent particulièrement le nom de *cicuta* à cette plante; cependant, ce nom était appliqué aussi, chez eux, comme nom général, aux tiges cylindriques et fistuleuses de certaines plantes propres à faire les instruments de musique champêtre, nommés *flûtes* ou *chalumeaux* : c'est ainsi que Virgile fait dire au berger Corydon :

Est mihi disparibus septem compacta cicutis
Fistula, ...
Égl. II, v. 36.)

Ce qui peut avoir porté à croire que la ciguë des Romains n'était pas la même que la nôtre, c'est que Pline, dans un passage, dit que beaucoup de personnes en mangeaient les tiges crues ou cuites : ce qui ne paraît pas d'abord pouvoir se concilier avec les effets dangereux et trop connus de notre plante; mais dans le même chapitre, et dans plusieurs autres, le naturaliste latin parle positivement de la ciguë comme d'un poison qui donne la mort. Cette contradiction apparente peut s'expliquer : 1° parce que les Romains appelaient du nom de *cicuta* différentes plantes à tiges creuses et propres à faire des flûtes; 2° parce que les tiges et les feuilles jeunes de la ciguë ne sont pas vénéneuses : elles ne le deviennent que lorsque les sucs aqueux sont complètement élaborés. Il y avait autrefois à la Faculté de Médecine de Paris un jardinier en chef nommé Marthe, qui mangeait les feuilles jeunes de la ciguë en salade.

Jusqu'à l'époque de Linné, le mot *cicuta* avait été adopté par tous les modernes, comme nom latin de la ciguë, parce que les Latins avaient traduit ainsi, dans leur langue, le mot grec κώνειον, qui désignait la ciguë chez les Grecs. Linné, voulant rappeler le nom grec, employa le nom *conium*, et le substitua à celui de *cicuta*. Mais par ce changement il compliqua mal à propos la science, d'autant plus qu'il transporta le nom de *cicuta* à un autre genre, *cicutaria*, de la même famille, dont une espèce, à la vérité, est aussi vénéneuse que la ciguë commune, mais qui ne paraît pas être la plante mentionnée par les auteurs grecs et latins. La transposition de nom faite par Linné a dû occasionner beaucoup d'embarras : aussi Lamarck, dans la première édition de la *Flore de France*, a rétabli le genre *cicuta*, et a nommé *cicutaria* celui que Linné avait appelé *cicuta*.

La *ciguë commune* (*cicuta major*, Lam. et Decandolle; *conium maculatum*, Lin.) a la tige droite, rameuse, fistuleuse, et marquée de taches pourpres; ses feuilles sont 3-2-pinnées, à folioles lancéolées pinnatifides et incisées, confluentes au sommet. Cette plante est bisannuelle, et croît le long des haies, au bord des champs, dans les lieux frais, ombragés et incultes; son odeur est fétide et nauséabonde. La ciguë est fréquemment employée en médecine dans un grand nombre de maladies, particulièrement dans les affections cancéreuses. On administre surtout les feuilles séchées et réduites en poudre, deux extraits préparés avec le suc des feuilles, dont l'un est privé de la chlorophylle (matière verte), et l'autre contient cette matière, mais toujours à petite dose, que l'on augmente successivement.

La ciguë est aussi plus ou moins vénéneuse pour la plupart des animaux, surtout lorsqu'elle est fraîche. Cependant les moutons et les chèvres peuvent la manger impunément; selon Mathiole, des ânes, en ayant mangé, tombèrent dans un état léthargique tel qu'on les crut morts, et ils n'en sortirent que lorsqu'on voulut les écorcher. Chez l'homme, les accidents qui suivent l'empoisonnement par la ciguë sont en général des vomissements, la cardialgie, des défaillances, de la somnolence, et quelquefois du délire. La mort arrive rarement, à moins qu'on ait pris une trop grande quantité de la plante, ou qu'on n'ait pu avoir des secours assez promptement. Le traitement consiste à provoquer des vomissements abondants, surtout à l'aide de moyens mécaniques, et à faire prendre ensuite des acides végétaux, tels que le vinaigre ou le suc de citron, étendus dans des boissons aqueuses. Le vin est aussi un très-bon moyen dans ce cas : on cite deux personnes qui, après avoir mangé une omelette dans laquelle on avait mis de la ciguë au lieu de cerfeuil, éprouvèrent plusieurs accidents, signes d'un empoisonnement manifeste, et qui furent guéries très-promptement en buvant successivement plusieurs verres de vin. Les anciens connaissaient cette propriété du vin pour remédier aux effets vénéneux de la ciguë. Pline, en parlant de l'ivrognerie et des excès auxquels se livraient les buveurs, dit qu'il y en avait qui allaient jusqu'à prendre de la ciguë, afin que la crainte de la mort les obligeât à boire du vin.

On donne vulgairement le nom de *ciguë aquatique* à deux plantes différentes de la grande ciguë : l'une est l'*œnanthe crocata*, Linn., ou *à suc jaune* (*voyez* ŒNANTHE), et l'autre est le *phellandrium aquaticum*, Linn. La petite ciguë (*voyez* ÉTHUSE) est l'*æthusa cynapium*, Linn. Enfin, on a donné le nom de *ciguë d'eau* au *cicuta virosa*, de Linné, qui est maintenant le *cicutaria aquatica*, de Lamarck et de Decandolle. Toutes ces plantes sont fortement vénéneuses.

CLARION.

CIL. On nomme *cils* les poils qui garnissent le bord libre des paupières. Ces poils, dont la couleur est le plus souvent semblable à celle des cheveux, sont durs, roides et disposés sur deux ou trois rangs. Ceux de la paupière supérieure sont recourbés en haut, plus nombreux, plus longs et plus forts qu'à l'inférieure, où ils sont recourbés en bas et où on les voit manquer souvent dans les animaux. Les cétacés et les lamantins n'en ont aucune trace aux deux paupières. La longueur des cils est plus considérable au milieu du bord où leurs bulbes sont implantés qu'à ses extrémités. Les cils protègent le globe de l'œil contre l'introduction des corpuscules qui voltigent dans l'atmosphère; pendant que les paupières sont rapprochées, ils diminuent l'intensité d'une lumière trop vive en formant une sorte de grille qui ne laisse passer qu'une certaine quantité de rayons lumineux à la fois. Lorsque les cils sont humides, les gouttelettes qu'ils retiennent décomposent la lumière à la manière du prisme, et le point d'où part celle-ci paraît irisé. Pendant la nuit les corps nous paraissent être en ignition et comme environnés de rayons lumineux lorsque les cils séparent en faisceaux la lumière qui pénètre dans l'œil. Il suffit de changer la direction des cils pour faire disparaître cette apparence. L'humeur sébacée sécrétée par les glandes de Meibomius, qui sont à la base des cils, leur fournit un enduit qui leur donne cet aspect lisse et luisant. Lorsque les bords des paupières sont secs ou atteints de diverses maladies, les cils cessent d'être souples et polis, prennent des directions vicieuses, qui peuvent nécessiter leur arrachement et la cautérisation de leurs bulbes, ou d'autres opérations chirurgicales. L'art de la toilette ne fournit d'ailleurs aucun moyen de remédier à la difformité produite par la perte des cils.

Ce nom vient du latin *cilium*. On s'en sert en botanique pour désigner 1° des poils un peu roides placés sur le bord d'une surface et dans le même plan qu'elle, sans faire partie de l'une ou de l'autre face; 2° de petites lanières, bordant, après la chute de l'opercule, l'orifice de l'urne des mousses, et provenant de la paroi interne de cette urne.

Certains poils roides des insectes, certaines plumes petites et sans barbes des oiseaux, ont été aussi appelés *cils*.

L. LAURENT.

CILIAIRE se dit quelquefois du bord libre des paupières où sont implantés les cils. Plusieurs parties contenues dans l'intérieur de l'œil reçoivent aussi cette qualification. Ainsi on nomme *corps ciliaire* un anneau qui entoure le cristallin; ses nombreux replis sont dits *procès ciliaires*. Il y a aussi un *ligament ciliaire*, des *artères*, des *veines* et des *nerfs ciliaires*.

CILICE. C'était originairement un vêtement grossier, de poil de chèvre ou de bouc, fabriqué en Cilicie, ou, dit Aristote, on tondait les chameaux, comme ailleurs les brebis. Cette âpre étoffe n'était sans doute point admise dans la voluptueuse Tarse, la capitale de cette province, où la Vénus syrienne était passée avec ses fêtes; elle était abandonnée, selon Virgile, aux matelots, qui faisaient des habits ou des voiles; les vêtements et les tentes des soldats de cette nation étaient aussi de cette étoffe, noire ou d'une couleur sombre. Les uns pensent que c'était de ce pays que les Hébreux tiraient ces cilices, ou plutôt ces *sacs*, comme ils les appelaient, dont ils se couvraient avec de la cendre, aux jours de deuil ou de grande calamité. Les autres veulent que le cilice des Israélites ait été de chanvre ou de grosse peau.

Il faut distinguer le *cilice* d'avec la *haire* : le cilice est une espèce de robe, et la haire une espèce de camisole sans manche, de crin et de chanvre tissus ensemble; c'était une haire qu'un visionnaire illustre, Pascal, portait toujours sur lui, tourmenté qu'il était de la peur d'un abîme à ses côtés, et de l'enfer à venir. L'un fut d'abord une marque d'affliction, l'autre est une mortification charnelle. Le cilice chez le peuple de Dieu, du temps de Jésus-Christ, par cela même quelques siècles de l'Église naissante, n'était point, ainsi qu'il le fut depuis, un martyre volontaire et de tous les instants; c'était un symbole de douleur et d'humiliation, devant les hommes et devant Dieu, comme précédemment chez les Grecs la barbe inculte et les cheveux rasés des suppliants. Ce furent les ordres de Saint-Dominique, de Saint-François et de Saint-Bruno, qui les premiers firent usage de ces instruments de martyre, qui consistent maintenant en une large ceinture de tissu de poil de chèvre, de crin de cheval, ou d'autre poil rude et piquant, qu'on s'applique, en la serrant, sur la peau. Des anachorètes ont porté jusqu'à des chemises de fer! Il y avait des communautés d'hommes et même de femmes dont la règle était de ne quitter le cilice ni jour ni nuit; on ne le changeait qu'à la mort, contre le linceul; ce que ne fit pas le fougueux Joyeuse, qui passait tour à tour du cloître dans les rangs des ligueurs, et des rangs des ligueurs dans le cloître.

Il prit, quitta, reprit la cuirasse et la haire,

a dit Voltaire de ce moine guerrier.

Cilice était aussi un terme de guerre chez les anciens : c'était une espèce de matelas piqué, de crin de cheval et de poil de chèvre, rempli de bourre et d'algues marines entre deux toiles, qu'on appliquait aux murailles des villes assiégées. Balistes, catapultes, béliers, flèches de rempart, venaient y amortir leurs coups ou leurs projectiles.

DENNE-BARON.

CILICIE, ancienne contrée du sud de l'Asie Mineure, formant aujourd'hui l'eyalet turc d'Adana, était bornée au nord par la Cappadoce, à l'est par la Syrie, au sud par la Méditerranée, à l'ouest par la Pamphilie et la Pisidie, et divisée en deux parties : celle de l'ouest, contrée sauvage et montagneuse, et celle de l'est, pays plat et fertile. Toute cette province était protégée par trois défilés célèbres déjà dans l'antiquité; les *Portes Ciliciennes*, situées entre Thyane et Tarse, par lesquelles pénétra Alexandre le Grand en venant de la Cappadoce; les *Portes d'Aman*, dans les gorges du mont Amanus, par lesquelles passa Darius; les *Portes Syriennes*, rétrécies encore par deux murailles, et par lesquelles passa Alexandre quand, après la bataille d'Issus, il envahit la Syrie.

Les habitants de la Cilicie étaient en fort mauvais renom parmi les Grecs, à cause de leurs dispositions à la piraterie; habitudes auxquelles Pompée seul put mettre un terme. Après avoir été alternativement gouvernée par des souverains indigènes, parmi lesquels la famille Syennesis est surtout demeurée célèbre, cette province fit partie de la domination macédonienne à la suite de la victoire remportée à Issus en l'an 333 avant J.-C. par Alexandre; puis de la domination syrienne; et, enfin, les victoires que Pompée remporta sur les pirates en l'an 63 avant J.-C. en firent une province romaine.

Pendant les luttes entre les empereurs de Byzance et les rois sassanides, la Cilicie fut le théâtre de bien des luttes sanglantes, qui augmentèrent à la naissance de la religion musulmane. Sous les premiers khalifes, son sol fut ensanglanté souvent par les partis qui se disputaient le pouvoir. Aux Sarrasins succédèrent les Turcs, qui ont lutté avec acharnement pour conserver un pays qui convenait si bien à leurs usages et à leur genre de vie. A plusieurs reprises, les chrétiens de l'Occident cherchèrent à s'établir en Cilicie, et jamais ils ne purent y parvenir. Sous Alexis et Jean Comnène, la Cilicie devint province grecque. Les mongols Gengis-Khan et Tamerlan s'en emparèrent; mais, à l'exception de ces courtes périodes, elle fut toujours sous la domination des Turcs.

La position spéciale de ce pays de côtes et de montagnes a toujours réagi sur le caractère de ses habitants. L'histoire nous apprend que les Ciliciens ne purent jamais être soumis par Crésus. Artémise, reine d'Halicarnasse, n'aimait pas ce peuple, et l'expression : *Cilix haud facile verum dicit*, est passée en proverbe. Aujourd'hui même les Turcs des tribus d'Aushir et de Kusan-Uglan ne sont que de nom vassaux du sulthan.

CIMABUE ou **GUALTIERI** (GIOVANNI), peintre et architecte, restaurateur de l'art en Italie. « L'an 1240, dit Giorgio Vasari, naquit à Florence, de la noble famille des Cimabue, Giovani Cimabue, *qua Dieu destinait à remettre en lumière l'art de la peinture.* » Sans doute Cimabue apprit son art à l'école des peintres grecs qui avaient été appelés à Florence pour décorer la chapelle des Gondi, et il dépassa bientôt ses maîtres dans le coloris et le dessin; c'est ce que prouvent les toiles que nous avons de lui. Il abandonna leur manière dure et plate, qui caractérise l'art byzantin. Mais la peinture n'était déjà plus dans un état aussi barbare; les types grecs avaient même considérablement perdu de leur prépondérance dans plusieurs contrées de l'Italie; et si la réputation de Cimabue a étouffé celle de ses contemporains, c'est parce que son génie supérieur a contribué puissamment à l'affranchissement de l'art, déjà émancipé; c'est parce que son nom, transmis à la postérité dans les vers du Dante, a été depuis inséparable de celui de Giotto, son glorieux disciple :

> Credette Cimabue nella pittura
> Tener lo campo, ed ora ha Giotto il grido,
> Si che la fama di colui oscura.
> (*Purg.*, ch. xi.)

Le tableau d'autel de *Sainte Cécile*; la *Madone* du chœur de Santa-Croce; son *Saint François* sur un fond d'or; ses *Anges en adoration devant l'enfant Jésus soutenu par la Vierge*, également sur un fond d'or, établirent d'une manière impérissable sa réputation de grand peintre. On était étonné du naturel des poses de ses personnages, du léger de leurs draperies et de l'expression de leur physionomie; et chaque église, chaque couvent voulait avoir une œuvre du grand artiste. Appelé à Pise, il y laissa d'admirables ouvrages, entre autres une *Madone avec l'enfant Jésus*, avec une foule d'anges à l'entour. Les Pisans récompensèrent largement Cimabue. On le fit venir à Assise, où il peignit les voûtes de l'église souterraine, sur lesquelles il représenta la vie de Jésus-Christ et celle de saint François. Il fit aussi les fresques de l'église supérieure.

Après avoir obtenu ainsi au dehors de magnifiques succès, il revint à Florence, où il exécuta un grand nombre de tableaux; mais celui qui excita le plus d'enthousiasme fut sa *Madone* pour Santa-Maria-Novella. Le peuple s'empara du tableau, et le porta en triomphe au bruit des instruments et aux cris de joie de la foule. Il était en train de composer ce tableau quand il reçut la visite de Charles d'Anjou, roi de Naples, accompagné de toute sa cour.

Cimabue mourut à l'âge de soixante ans, en 1300, dans tout l'éclat de sa gloire et au milieu du luxe que lui permettait une immense fortune. Notre Musée du Louvre possède un grand tableau, *La Vierge sur son trône*, exécuté par Cimabue pour le maître autel de San Francesco de Pise. Le dessin de Cimabue offre moins de lignes droites, est moins carré que celui de ses prédécesseurs, on voit un commencement de connaissance des formes ; on aperçoit une certaine adresse dans la disposition des figures, on remarque dans les têtes une expression bien sentie. Si ses vierges et ses anges manquent en général de beauté et semblent peints d'après un même modèle, ses têtes d'homme, principalement ses vieillards ont un caractère de force très-remarquable.

CIMAISE. *Voyez* CYMAISE.

CIMAROSA. (DOMENICO), né à Naples, en 1754, l'un des plus grands musiciens qu'ait produits l'Italie, reçut les premières leçons de son art d'Aprile, et devint ensuite l'élève de Durante, au conservatoire de Loretto. En 1787 l'impératrice Catherine II l'appela à Saint-Pétersbourg, pour y composer des opéras destinés au théâtre de la cour. Voici les titres de ceux qu'il a mis au jour en Italie, et dont le plus grand nombre ont été applaudis sur tous les théâtres de l'Europe : *L'Italiana in Londra*, 1779; *Il Convito, I due Baroni, Gli Nemici generosi, Il Pittore parigino*, 1782; *Artaserse*, 1783; *Il Falegname*, 1785; *Volodimiro, La Ballerina amante, Le Trame deluse*, 1787 ; *L'Impressario in angustie, Il Credulo, Il Marito disperato, Il Fanatico burlato*, 1788 ; *Il Convitato di pietra*, 1789; *Giannina e Bernardone, La Villanella riconosciuta, Le Astuzie feminili*, 1790; *Il Matrimonio segreto*, 1793; *I Traci Amanti, Il Matrimonio per susurro, Penelope, L'Olimpiade, Il Sacrificio d'Abramo*, 1794; *Gli Amanti comici*, 1797 ; *Gli Orazi*. Le dernier opéra-bouffon de Cimarosa est *L'Imprudente fortunato*, mis en scène à Venise en 1800. *Artemisia* n'a point été achevée. Le premier acte est de Cimarosa; d'autres compositeurs écrivirent les deux derniers, et leur travail ne fut point adopté par le public, qui fit baisser le rideau, afin de protester hautement contre cette addition.

Tous les opéras de Cimarosa brillent par l'invention, la fraîcheur, l'originalité des idées, la connaissance des effets dramatiques et la gaieté franche, vive, bouffonne, toutes les fois que la position des personnages le demandait. C'est dans le genre bouffe surtout que Cimarosa nous a laissé des modèles admirables. Presque tous ses motifs sont de première intention, écrits de verve, et l'on sent, en relisant chaque morceau, que la partition a été faite sans travail. L'enthousiasme qu'excita son chef-d'œuvre, *Il Matrimonio segreto*, peut être apprécié facilement aujourd'hui, puisque cet ouvrage est resté à la scène, et que les Italiens l'applaudissent encore, malgré leur humeur changeante et le désir qu'ils ont toujours manifesté d'obtenir du nouveau. Cimarosa tint le piano au théâtre de Naples pendant les sept premières représentations, ce qu'on n'avait jamais vu. A Vienne, l'empereur fut si enchanté d'avoir entendu cette merveille, qu'il invita sur-le-champ les chanteurs et les symphonistes à souper, et leur demanda ensuite une seconde représentation du *Matrimonio segreto*, donnée pendant la nuit.

On cite plusieurs traits de modestie qui ajoutent à la gloire de ce grand artiste. Un peintre lui dit qu'il le regardait comme supérieur à Mozart. « Moi, monsieur! que diriez-vous d'un musicien qui viendrait vous assurer que vous êtes supérieur à Raphaël ? » Cimarosa s'était montré partisan de la révolution de Naples ; on le jeta en prison pour avoir composé des hymnes à la liberté. C'est des suites d'une maladie contractée dans les cachots de Naples qu'il est mort à Venise, le 11 janvier 1801, à l'âge de quarante-six ans. Il était robuste et gros : cette vie inactive, le chagrin, l'ennui de la captivité, portèrent une atteinte funeste à sa santé, et nous privèrent d'une infinité d'ouvrages que son génie aurait produits encore. CASTIL-BLAZE.

CIMBRES. Selon les historiens et les géographes anciens, les Cimbres, ou *Kimbres*, étaient des Celtes ou Celto-Scythes. Qui sans doute, pour les Grecs, de même que les Allemands ou les Espagnols sont des Francs pour les Turcs. Distinguons cependant. Lorsque les Cimbres parurent pour la première fois dans l'histoire, lorsqu'ils descendirent en Gaule et en Italie, un siècle environ avant l'ère chrétienne, ils habitaient le nord de la Germanie, et particulièrement le Jutland, qui reçut d'eux le nom de *Chersonèse Cimbrique*. Mais étaient-ils Germains? et n'ont-ils habité que le Jutland? Lors de l'invasion des Germains suèves ou scandinaves qui vinrent s'établir en Germanie, sous la conduite d'Odin et des Ases, les Germains de la première tribu qui campait sur la droite de l'Elbe furent obligés, au moins pour la plus grande partie, de faire place aux nouveaux venus, en passant sur la rive opposée; et les Cimbres, ne pouvant résister à cette double poussée, furent jetés hors de la Germanie. L'histoire nous a conservé des détails assez étendus sur cette dernière émigration, qui finit par leur destruction presque totale, et dans laquelle ils eurent pour compagnons des Teutons, c'est-à-dire quelques peuplades de la première tribu germanique chassées, comme les Cimbres, de leurs demeures.

Le premier point par lequel les Cimbres et leurs confédérés les Teutons attaquèrent la Gaule fut l'Helvétie, qui n'était pas alors enfermée dans ses limites actuelles, mais s'étendait à la droite du Rhin, dans les pays qui composent aujourd'hui le royaume de Wurtemberg et le grand-duché de Bade. Leur première rencontre avec les Romains fut signalée par la défaite du consul Papirius Carbon (113 ans avant J.-C.). Ils n'entrèrent cependant pas encore dans la province romaine appelée Narbonnaise, mais se répandirent dans le restant de la Gaule, qu'ils ravagèrent en tous sens, pendant six ou sept ans. Obligés de se fortifier dans leurs villes, les Gaulois, pressés par la famine, ne purent résister dans bien des lieux qu'en faisant périr leurs femmes, leurs enfants et même les hommes que l'âge rendait impropres à porter les armes. Enorgueillis par leurs succès, les Cimbres proposèrent aux Romains d'acheter par une cession de terres la cessation de leurs ravages, demande qui fut repoussée; car c'eût été introduire dans le sein de l'empire les éléments de dissolution qui devaient le ruiner cinq siècles plus tard. Mais ce refus leur coûta bien du sang. Pendant les années 109, 108 et 107, trois armées, commandées par les consuls Silanus, Scaurus et Cassius, furent anéanties dans la Narbonnaise. L'année suivante (106) les Tectosages s'étant révoltés contre les Romains, leur capitale, Toulouse, fut prise et saccagée par le consul Cépion. Quelques auteurs ont attribué la révolte des Tectosages à une alliance contractée avec les Cimbres.

Prévoyant que ce peuple, après avoir épuisé la Gaule, envahirait la province narbonnaise, le sénat doubla ses armées dans ce pays. Un des nouveaux consuls, Cn. Mallius (105), y fut envoyé avec une nouvelle armée. Cépion refusa d'abord de se mettre sous ses ordres, et les deux généraux firent la guerre séparément. Mais un des lieutenants de Mallius, M. Scaurus, détaché avec un corps de troupes, ayant été battu et fait prisonnier par les Cimbres, le sénat ordonna à Cépion de se rallier au consul, et il fallut obéir. Leur jonction fut peut-être encore plus funeste que ne l'aurait été leur séparation. Le patricien Servilius Cepion méprisait le plébéien Mallius, et le traitait avec l'arrogance de l'esprit de caste. Les discussions de ces deux chefs amenèrent une catastrophe qu'il était facile de prévoir. Ils furent attaqués non loin du Rhône (dans le département actuel du Gard), et leurs deux armées furent presque taillées en pièces. On a comparé cette défaite à celle de Cannes, et on a porté la perte des Romains dans cette circonstance à 80,000 soldats et 40,000 valets d'armée (*lixæ et calones*). Il y a évidemment ici de l'exagération. Il n'a dû périr tout au plus que 40,000 hommes. Ce n'en était pas moins un grand désastre, et il arrivait dans un moment où la république soutenait en Afrique une guerre assez difficile contre Jugurtha. Heureusement que le danger de l'Italie fut ajourné.

Après avoir, pour l'accomplissement d'un vœu fait avant la bataille, égorgé tous leurs prisonniers et détruit ou jeté dans le Rhône le butin qu'ils avaient recueilli, les Cimbres se dirigèrent vers les Pyrénées, et entrèrent en Espagne. Mais, battus et repoussés par les Celtibériens, ils furent obligés de repasser les monts et de se jeter dans la Gaule, d'où ils s'apprêtèrent à faire une trouée en Italie. Leur plan d'invasion était assez sagement conçu : au lieu de marcher, tous réunis et en masse vers les Alpes, ils se divisèrent en deux grands corps, et résolurent d'attaquer l'Italie de deux côtés : les Teutons et les Ambrons par les Alpes Maritimes; les Cimbres et les Tigurins, après avoir traversé l'Helvétie et les plaines de la Vindélicie, par les Alpes Rhétiennes. Lorsqu'on reçut à Rome la nouvelle de la déroute de Mallius et de Cépion, on venait heureusement d'apprendre que Jugurtha vaincu avait été fait prisonnier et que son royaume était soumis. L'armée victorieuse devenait donc disponible, ainsi que le général qui l'avait conduite à la victoire. Ce général était Marius, plus Cimbre peut-être que Romain, doué des qualités nécessaires pour relever le courage abattu des troupes et pour dompter les ennemis formidables auxquels on allait l'opposer. Il fut nommé pour la seconde fois consul : ayant aussitôt complété l'armée qu'il ramenait d'Afrique, il passa les Alpes vers la fin de son année consulaire (106), et vint camper sur les bords du Rhône. Les Cimbres étaient encore en Espagne. Marius, en les attendant, occupa son armée à creuser un canal de dérivation du Rhône, qui conduisait directement à la mer. C'est celui dont on voit encore des restes et qui débouche à Foz (*Fossa mariana*), près de Martigues. Forcé de faire venir d'Italie les subsistances de son armée, que ne pouvait pas lui fournir la Gaule, ravagée depuis près de dix ans, il avait voulu en assurer le transport par mer, d'une manière plus sûre et plus commode qu'en remontant le Rhône, dont l'embouchure était difficile et le lit embarrassé de bas-fonds. Cette année et celle de son troisième consulat s'écoulèrent sans que les Cimbres et les Teutons s'approchassent de l'armée romaine. Mais l'année suivante (102) les Teutons et les Ambrons vinrent camper en présence des Romains, toujours commandés par Marius, nommé consul pour la quatrième fois, et le provoquèrent au combat. Ainsi que nous l'avons déjà dit, les Cimbres et les Tigurins se dirigeaient vers les Alpes Rhétiennes et les sources de l'Adige. Le consul Lutatius Catulus, qui était destiné à les combattre, campait sur ce dernier fleuve, vers Vérone, à la sortie des montagnes.

Marius, sans se laisser émouvoir par les bravades des Teutons, retint ses troupes dans leur camp, qu'il avait soigneusement retranché. Il résista avec la même fermeté à l'ardeur de ses légions, qui voulaient qu'il les conduisît sans tarder au combat. Les ennemis qu'il avait devant lui étaient d'autres hommes que les Numides et les Mauritaniens. Il voulut qu'avant de les combattre ses soldats s'habituassent à leur vue, à leurs cris sauvages, à leurs armes. Il les retint d'abord par des reproches, en leur représentant qu'il ne s'agissait pas seulement d'un triomphe ni de vains trophées, mais de préserver l'Italie d'une invasion terrible. Plus tard, il les contint par la superstition, par de prétendus oracles et par les sentences d'une devineresse, Marthe la Syrienne, dont il se faisait accompagner. Cependant les Teutons, voyant qu'ils ne pouvaient faire sortir Marius de son camp, résolurent d'aller l'y attaquer. Cette attaque ayant échoué et leur ayant fait perdre du monde, ils se décidèrent à gagner les Alpes, se croyant certains de n'y point rencontrer d'obstacles. La réserve timide des Romains avait élevé leur jactance au point qu'en se mettant en marche, ils défilèrent sous les retranchements du camp, en demandant aux soldats, par ironie, de les charger de leurs commissions pour leurs femmes, qu'ils allaient voir les premiers. Lorsque les dernières troupes des barbares eurent dépassé le camp romain, Marius mit ses légions en marche, et, suivant l'armée ennemie, vint camper à peu de distance, ayant soin de se retrancher dans ses positions. De cette manière il arriva près d'*Aquæ Sextiæ* (Aix), où il avait déterminé de livrer bataille, avant d'arriver aux Alpes.

Le camp, n'ayant pu être complétement fortifié, était resté à moitié ouvert : chacun craignait donc de la part d'une multitude forcenée une attaque nocturne et tous les désastres qui pouvaient en être la conséquence. L'histoire dit que Marius lui-même ne fut pas exempt d'inquiétude. Cependant ni la nuit ni le jour suivant les Teutons ne firent aucun mouvement ; ils se contentèrent de se préparer au combat. Marius, de son côté, ayant remarqué que la position des ennemis était dominée sur ses derrières par une forêt coupée de vallons touffus, la fit occuper secrètement par son lieutenant Marcellus, avec 3,000 hommes, lui enjoignant de tomber sur l'ennemi dès que la bataille serait engagée. Le troisième jour, ayant fait sortir dès l'aube ses troupes du camp, il les rangea en bataille sur une hauteur, et lança la cavalerie dans la plaine. A cette vue, les Teutons, qui s'étaient également rangés en bataille, se laissèrent emporter par le désir de la vengeance et par une valeur aveugle. Renonçant à s'avancer en bon ordre, pour combattre à front égal, ils s'élancèrent au pas de course vers la colline, dont les inégalités rompaient sans cesse leurs rangs et les empêchaient de former la tortue. Or, Marius, les voyant arriver ainsi, chargea ses lieutenants de recommander aux soldats de se tenir en colonnes serrées fermes à leur poste, de ne lancer le pilum qu'à petite portée, de mettre ensuite l'épée à la main et de heurter l'ennemi de leurs boucliers. Ces dispositions furent exécutées avec succès. Le choc impétueux des Teutons vint se briser contre la masse des légions ; forcés insensiblement de reculer, ils étaient déjà repoussés dans la plaine, lorsque de nouveaux cris se firent entendre derrière eux. Marcellus avait fait son mouvement à propos : son apparition soudaine et la vive attaque de ses troupes portèrent dans l'arrière-garde un désordre qui se communiqua bientôt à la masse. Les bataillons se décomposèrent, et tous se mirent à fuir, poursuivis par les Romains, qui n'eurent plus que la peine de tuer. Le camp, le bagage et tout le butin que les Teutons traînaient à leur suite, tombèrent au pouvoir des Romains. L'histoire élève la perte des Teutons à cent mille individus ; nous ne ferons aucune remarque sur ce nombre, mais nous observerons qu'il y eut sans doute peu de prisonniers faits sur le champ de bataille, et que la plupart de ceux qui ornèrent le triomphe de Marius furent ramassés par les Gaulois, qui, on n'en peut douter, s'appliquèrent à poursuivre et à détruire les fuyards pour se venger de leurs déprédations.

Nous avons vu Catulus envoyé avec son armée dans les Alpes Rhétiennes pour s'opposer à l'invasion des Cimbres. Comprenant qu'il ne pouvait défendre tous les passages des montagnes sans diviser son armée et s'exposer à être battu en détail, il descendit au pied des monts, et y occupa une bonne position, mettant l'Adige entre lui et les ennemis arrivants. Ayant laissé un petit corps de troupes dans un poste fortifié à la gauche du fleuve, il y fit jeter un pont et garnit le rivage de retranchements. Son grand camp devait être sur le plateau de Rivoli, et le poste détaché à la gauche de l'Adige, sur celui de la Chiusa. Cependant les Cimbres arrivés à la fin de l'année au pied du Brenner ne reculèrent pas devant les difficultés que leur opposaient les neiges, les glaces et le manque d'une route praticable, qui ne fut établie que bien plus tard par les Romains. Parvenus au sommet, ils se laissèrent glisser dans le vallon, suivant Plutarque, en s'asseyant sur leurs boucliers. Quand ils furent à peu de distance de l'armée ennemie, ils trouvèrent les défilés occupés, et ne jugèrent pas pouvoir forcer celui de la Chiusa ; ils s'occupèrent donc des moyens de passer l'Adige malgré les Romains. Il parait qu'ils essayèrent, en fondant des piles sous de gros quartiers de rocher, d'établir un pont au-dessus de Rivoli, et qu'en même temps ils lancèrent à l'eau de gros troncs d'arbres, qui rompirent les piles de celui des Romains. Épouvantés par cet incident, la plupart des soldats de Catulus s'élancèrent ou camp en désordre. Lui, ne pouvant les retenir, fit la seule chose à faire : il saisit une aigle, et se mit à la tête des fuyards afin d'essayer de les reformer plus loin. Quant aux troupes laissées à la gauche de l'Adige, elles furent attaquées par les Cimbres ; mais, favorisées par l'avantage de leur position, elles la défendirent si vaillamment, qu'elles obtinrent une capitulation qui leur permit de se retirer librement. Catulus, ne pouvant hasarder de se maintenir en plaine, repassa le Pô avec son armée. A la nouvelle de cet échec, le sénat se hâta de rappeler Marius, qui ne resta que peu de jours à Rome et courut joindre Catulus. Les légions victorieuses des Teutons accouraient à grandes journées. A peine furent-elles arrivées, que Marius fit passer le Pô aux deux armées réunies, afin d'attirer les Cimbres.

Au point du jour elles se déployèrent en bataille. Les troupes de Catulus, qui s'élevaient à 20,000 hommes, furent placées au centre ; celles de Marius, au nombre de 32,000, flanquèrent les deux ailes, afin d'enchâsser, en quelque sorte, les soldats du proconsul, ébranlés par l'échec de l'Adige, entre ceux qui avaient déjà vaincu les Teutons. Quant aux Cimbres, ils rangèrent leur infanterie sur une ligne profonde ; leur cavalerie s'étendit dans la plaine, au nombre de 15,000 chevaux. Il est impossible, d'après les récits confus qui nous en restent, de décrire la bataille qui se livra. D'après l'étendue du terrain qu'occupaient les Cimbres, il est évident que leur ligne débordait celle des Romains ; c'est ce qui explique l'ordre de bataille adopté par Marius ; il voulait, en faisant obliquer ses ailes en dehors, leur porter sur les extrémités des ailes de l'ennemi, et par ce choc produire une réaction vers le centre, ce qui ne pouvait manquer d'y occasionner du désordre, d'autant plus que ce centre se serait porté en avant contre Catulus. C'était une imitation du système adopté par Annibal à la bataille de Cannes. Il parait, du reste, que la victoire fut chaudement disputée, et que les Romains ne la durent qu'à la supériorité de leur discipline militaire et aux avantages qu'ils tenaient de la nature du lieu que leur avait procurés leur général. Marius, en choisissant le champ de bataille, avait eu soin de s'en réserver la partie méridionale, en sorte que pendant le combat le soleil, que les Romains avaient à dos, frappait les Cimbres en face. C'était dans les plus grandes chaleurs de l'année, au 30 juillet de l'an 101 avant J.-C., et ces hommes nés sous un ciel froid et humide, accoutumés à braver les glaces et les frimas, ne pouvaient résister à la chaleur qui les accablait. Couverts de sueur, haletants, éblouis, ils se garantissaient les yeux avec leurs boucliers, et laissaient tomber leurs bras de lassitude, tandis que les Romains, accoutumés au climat sous lequel ils étaient nés, endurcis à la fatigue, et dont le soleil n'offusquait pas la vue, conservaient toutes leurs forces pour le combat.

Après une vive résistance, les premiers rangs des Cimbres ayant été taillés en pièces, le reste tourna le dos en désordre et s'enfuit vers le camp. Là se présenta un spectacle horrible ; les femmes, montées sur les chars qui en formaient l'enceinte, s'opposaient aux fuyards non moins qu'à l'ennemi, et égorgeaient sans pitié leurs maris, leurs frères, leurs parents, pour les punir de leur lâcheté. Après la défaite, ayant perdu tout espoir de salut, on les vit étrangler leurs propres enfants ou les précipiter sous les roues des chars et se donner la mort après ; des hommes même s'attachaient par le cou aux cornes de leurs bœufs, et les aiguillonnaient pour en être étranglés. Au rapport de Plutarque, on leur fit cependant 60,000 prisonniers, mais il en périt près du double. Les Tigurins, dont le mouvement avait été plus lent, et qui n'avaient pas encore passé les Alpes, ayant appris le désastre, retournèrent sur leurs pas, et rentrèrent en Helvétie. Il est évident, du reste, d'après le récit des anciens historiens, que toute la nation des Cimbres ne périt point dans cette bataille. En admettant qu'ils n'aient eu que 100,000 combattants, leur population devait s'élever à 400,000 âmes. Il en échappa donc environ la moitié. Une partie resta probablement dans la Rhétie, par laquelle les Cimbres étaient arrivés, et donna son nom au canton et au bourg de Cembra, dans la vallée du Lavis, près de Trente. Cette opinion est appuyée par la tradition du pays. Les survivants durent se retirer chez les Belges. Tous les Cimbres, d'ailleurs, n'avaient pas quitté le pays qu'ils occupaient au nord de la Germanie. Ptolémée, dans sa *Géographie*, place une peuplade de ce nom à l'extrémité septentrionale du Jutland, dont le surplus était occupé par quatre peuplades germaniques. Tacite en fait également une mention spéciale.

Gal G. DE VAUDONCOURT.

CIME, mot dérivé du latin *cima*, pointe élevée, qu'il faut bien se garder de confondre avec le mot *Cyme*. *Cime* est synonyme de *sommet*; mais il y a entre eux cette différence que le dernier signifie proprement la partie la plus haute (*summus*) d'une montagne, d'un rocher, de la tête, etc., et que le premier doit s'entendre du sommet ou d'une extrémité élevée quelconque, terminée en pointe. Les corps très-élevés sont ordinairement moins larges à leur sommet qu'à leur base; mais il faut que cette différence soit très-sensible et très-caractérisée pour motiver l'emploi du mot *cime*, qui représente proprement le *sommet aigu* ou la partie la plus élancée d'un corps terminé en pointe : on dit la *cime* d'un arbre, d'un rocher, d'un clocher, d'un corps pyramidal. On se sert du verbe *cimer* pour dire *couper la cime*, *enlever la cime* d'un arbre ou d'une plante.

Les vieux poètes appelaient le Parnasse *la double cime*, à cause de ses deux sommets. C'est dans ce sens que Lamotte a dit du *Télémaque* de Fénelon :

Les nymphes de la *double cime*
Ne l'affranchirent de la rime
Qu'en faveur de la vérité.

CIMENT. La perfection des diverses espèces de ciments employés par les anciens a passé en proverbe. Les Égyptiens ne les employaient pas dans leurs grandes constructions, mais d'autres monuments en conservent les traces ; les pyramides furent autrefois couvertes d'un revêtement qui en suppose l'usage. Les Grecs et les Étrusques le connurent aussi : on cite un réservoir de Sparte construit en cailloux cimentés, et les grottes sépulcrales de Tarquinia sont enduites d'un stuc couvert de peintures.

Le ciment se compose le plus souvent de tuileaux pulvérisés, appelés par Vitruve et par Pline *testæ ausæ*. On l'emploie ordinairement au lieu de sable pour faire une espèce de mortier propre aux ouvrages de maçonnerie qui doivent séjourner dans l'eau ou en contenir. Le tuileau bien cuit qui a passé quelque temps sur les toits est celui qui fait le meilleur ciment. La brique pilée n'en fait pas d'aussi bon, parce qu'elle est moins cuite. Les vieilles poteries de grès peuvent encore servir à défaut de tuileaux.

On donne aussi le nom de *ciment* à plusieurs compositions, dont les unes contiennent des parties grasses ou bitumineuses; alors on les nomme quelquefois *mastic*; les autres ne sont qu'un mélange de différentes matières broyées avec de la chaux, qui porte dans ce cas le nom d'*enduit* ou de *mortier*. La nécessité de rendre l'usage des ciments familier à tous les peuples de l'antiquité; le temps, qui les a durcis, le fait supposer plus parfaits que ceux des modernes. L'ingénieur Vicat, qui a fait de nombreuses expériences sur les ciments des anciens, prouve que tout leur mérite à cet égard consiste dans l'art de mêler la chaux plus ou moins grasse avec un sable plus ou moins argileux. M. Vicat a dévoilé ce secret à l'architecture moderne, et les théories chimiques ont accrédité ses découvertes, qui sont pleinement confirmées par les expériences de chaque jour.

CHAMPOLLION-FIGEAC.

On appelle encore *ciment* une composition formée de brique pulvérisée bien tamisée, de résine et d'un acide, amalgamés ensemble, et dont se servent les orfèvres, les graveurs, les ciseleurs, etc. A l'aide de ce ciment, l'ouvrier fixe la pièce qu'il veut travailler, ou bien il remplit le creux de celles qu'il veut ciseler, afin qu'elles ne se bossuent pas. Ce ciment peut aussi servir à rattacher des pièces métalliques à la pierre, au marbre, fermer des fissures, etc.

Pour recoller la porcelaine, les verres, etc., on emploie le *ciment-diamant*. Cette composition se prépare en faisant ramollir de la colle de poisson dans de l'eau, puis en la dissolvant dans de l'esprit-de-vin et la mêlant avec un peu de gomme-résine ammoniaque ou de galbanum et de résine-mastic dissous préalablement dans la moindre quantité possible d'alcool. Quand on veut se servir de la masse pâteuse ainsi obtenue, il faut la chauffer légèrement, afin de la liquéfier, avant de l'appliquer. En Turquie, les joailliers emploient ce ciment pour fixer des pierres précieuses sur les vases qu'elles doivent orner.

On fait un bon ciment en dissolvant de la gomme-laque dans une solution de borax ou dans de l'alcool. Le blanc d'œuf mélangé avec de la chaux vive finement pulvérisée est employé pour recoller le marbre, l'albâtre, etc. Les chaudronniers en cuivre se servent du même ciment : seulement, au lieu de blanc d'œuf, ils mettent du sang de bœuf, qui agit de la même manière par l'albumine qu'il renferme.

CIMENT ROMAIN. *Voyez* MORTIER.

CIMETERRE. Ce mot d'origine persane (*chimchir*), ayant à peu près la même forme en turc, et devenu français par l'intermédiaire de la Grèce moderne et de l'Italie, s'applique à une arme de taille, que les Italiens appellent génériquement *storta*, ou sabre à lame courbe. Les milices romaines et byzantines le connurent et s'en servirent sous le nom d'*acinace*. C'est un couteau ou un damas pesant, à manche, au lieu d'être à garde, à lame convexe, courbe, à contre-pointe, s'élargissant vers la pointe et s'échancrant à son extrémité en portion de cercle prise sur la convexité. Les Orientaux s'en escriment en le coulant de la pointe au manche. Les sabres primitifs des Suisses au service de France se nommaient *cimeterres*. Le sabre hongrois, mis à la mode par les hussards, rappelle le cimeterre oriental. Gal BARDIN.

CIMETIÈRE, lieu destiné à enterrer les morts, et dont on fait dériver le nom du mot grec κοιμάω (*je dors*), parce que, selon la croyance pieuse des chrétiens qui les premiers ont eu des sépultures communes, les morts y dorment en attendant le jugement dernier. Les Allemands appellent ces lieux *Gottesacker*, champ de Dieu, ou *friedhof*, cour de paix.

Ce mot n'est pas noble, prétendait Ménage dans ses *Remarques sur Malherbe*, et pourtant La Fontaine a dit :

Fait des champs d'alentour de vastes cimetières.

« Quelles que soient, dit Quatremère de Quincy, les diversités de noms que nous trouvons affectés dans l'antiquité aux pratiques et aux monuments de sépulture, ces noms, pour le plus grand nombre, et avec eux les découvertes qui se sont multipliées depuis un certain nombre d'années, ne font rien connaître qui ressemble entièrement à ce que nous appelons, dans les usages modernes, un *cimetière*, c'est-à-dire un local consacré à l'inhumation publique de tous les habitants d'une ville, d'un quartier, etc. Les notions de l'antiquité en fait de sépultures nous présentent à la vérité dans le voisinage des grandes villes des restes extrêmement nombreux de tombeaux, de sépultures, ou particulières ou de familles. Les avenues des villes, les grandes routes, étaient bordées de ces monuments funéraires ; mais les dépenses de ce genre n'avaient appartenir qu'à la classe des grands et des riches. Nous n'ignorons pas non plus que des recherches anciennes et modernes ont fait découvrir aux environs de plus d'une ville antique, dans la Campanie, dans l'Étrurie, un grand nombre de sépultures, en quelque sorte communes comme nos cimetières. On y a trouvé et l'on y trouve journellement des squelettes, la plupart placés les uns assez près des autres, enfermés dans de petites enceintes en pierres, quelques-unes même en terre libre, et ayant auprès d'eux, entre beaucoup d'autres objets, ces vases de terre cuite peinte, ornés des plus rares et des plus précieux dessins de l'art grec. Mais ces sépultures communes ne sauraient encore nous fournir un véritable point de ressemblance avec les *cimetières* modernes, destinés à recevoir l'universalité des morts dans une grande population. Tous ces morts que l'on découvre environnés d'objets de luxe et d'art ne purent appartenir à la masse, partout si considérable, de la classe pauvre ou esclave. Nous ne voyons donc que dans les premiers temps du christianisme des *cimetières* proprement dits. »

Isidore de Séville nous apprend que chez les Romains on enterrait d'abord chacun chez soi : *Prius in domo sua quisque sepeliebatur*. Bientôt des lois proscrivirent cet usage, pour garantir les vivants de l'infection des cadavres. La loi des Douze-Tables porta les précautions plus loin : elle défendit d'enterrer ou de brûler aucun cadavre dans l'enceinte de Rome (Cicéron, *Des Lois*, II, 58). Cette interdiction fut plusieurs fois renouvelée, tant sous la république que sous les empereurs. Des édits d'Adrien et de Dioclétien nous apprennent que des idées religieuses excluaient les morts des villes : *ne funestentur sacra civitatis*. Dès lors les tombeaux des Romains furent indifféremment répandus, tantôt dans les campagnes, et particulièrement sur le bord des chemins, tantôt dans un jardin qui avait appartenu au défunt, tantôt dans un terrain acheté à cet effet, soit par lui-même, soit par ses héritiers ; il n'y avait donc de lieu fixe pour la sépulture d'un particulier que celui que déterminait sa volonté ou celle de sa famille, de ses amis, de ses patrons. Ainsi les hommes de la lie du peuple et les esclaves morts étaient jetés dans des espèces de voiries appelées *puticuli* ou *culinæ*. Horace a dit :

Hoc miseræ plebi stabat commune sepulchrum.

Mais si quelque patron généreux voulait honorer la mémoire d'un client fidèle et vertueux, il lui achetait un emplacement pour lui ériger un tombeau, ou bien il lui donnait place dans la sépulture qu'il avait acquise pour lui et pour sa famille. On trouve fréquemment dans les inscriptions sépulcrales cette formule : *Libertis libertabusque posterisque eorum*. Mais dans tous les cas ces sépultures demeuraient à perpétuité une propriété particulière, et ce droit était appuyé par une disposition de la loi des Douze-Tables, rapportée par Cicéron : *Fori bustive æterna autoritas esto*.

Au christianisme, qui le premier a commencé de fonder parmi les vivants le dogme de l'égalité, il appartenait de chercher à établir l'égalité entre les morts. Les Juifs eux-mêmes n'avaient point de lieux déterminés et réservés pour la sépulture : ils plaçaient quelquefois les tombeaux dans les villes, mais plus communément à la campagne, au bord des grands chemins, dans les cavernes, dans les jardins ; les tombes des rois de Juda étaient creusées dans la montagne du Temple. Ézéchiel l'insinue, lorsqu'il dit : « Qu'à l'avenir la montagne sainte ne sera plus souillée par les cadavres des rois. »

Les premiers chrétiens enterraient leurs morts dans ces mêmes *catacombes* où ils célébraient leurs mystères. Ce furent eux qui donnèrent les premiers le nom de *cimetières*, c'est-à-dire dortoirs, à ces sombres asiles de la mort ; mais la coutume a prévalu de réserver pour les champs de sépulture situés en plein air. Dans toute l'Europe chrétienne, l'usage s'établit de placer des cimetières près des églises, et insensiblement on accorda à quelques personnes le privilège d'être inhumées dans l'intérieur même de l'église.

« L'usage d'enterrer dans les églises, dit Quatremère de Quincy, dut avoir plus d'une raison : la première, inspirée,

CIMETIÈRE 617

si l'on veut, par la dévotion, avait pour objet la pieuse croyance que la vertu des prières et celle du saint sacrifice de l'autel avaient de plus près une action plus puissante ; la seconde, que le respect attaché aux saints lieux était une sauvegarde de plus contre les profanateurs ; la troisième dut avoir pour objet d'être séparé après la mort, comme on l'avait été pendant la vie, de la société idolâtre et païenne. Bientôt, l'empressement assez naturel de tous ceux qui voulaient être enterrés dans les églises et le peu d'espace du local durent faire mettre un prix à cette faveur pour les riches. » D'un autre côté, l'autorité religieuse et l'autorité civile durent être frappées des inconvénients de ce mode d'inhumation. On remit en vigueur l'exécution de la loi des Douze-Tables, qui avait toujours été observée à Rome, et qui le fut dans les Gaules jusqu'à l'établissement des Francs. Un concile de Braga, de l'an 563, défend par son 18° canon d'enterrer quelqu'un dans l'intérieur des églises, et permet d'enterrer au dehors et autour des murs. Comme les martyrs eux-mêmes avaient été inhumés à la manière des autres fidèles, lorsqu'il fut permis de bâtir des chapelles et des églises sur leurs tombeaux, elles se trouvèrent placées hors de l'enceinte des villes ; et les fidèles, sans qu'il y eût violation des lois sépulcrales, désirèrent se faire enterrer autour de ces chapelles. On nomma *basiliques* ces nouveaux édifices, pour les distinguer des cathédrales ; mais lorsque les villes se furent agrandies, les basiliques et les cimetières qui les accompagnaient se trouvèrent enfermés dans la nouvelle enceinte. C'est ainsi que chaque église eut dans les villes son enclos, qui, réservé à la multitude, devint bientôt la sépulture générale des chrétiens. Aussi voyons-nous que jusqu'à ces derniers temps, et même dans les plus grandes villes, chaque église avait, sur un terrain plus ou moins attenant à l'édifice, son cimetière particulier.

Cet usage, général dans toute la chrétienté, a disparu de Paris par des raisons de salubrité et de police publique ; mais on le retrouve dans beaucoup de provinces et dans presque toutes les villages. Il existe encore dans les pays protestants : chaque paroisse y est environnée d'un terrain clos ; et si les inhumations dans les églises sont réservées à ceux qui sont en état d'en payer le privilége, les sépultures extérieures ou les *cimetières* sont entretenus avec soin et beaucoup de décence. Il en est de même en Angleterre et en Allemagne : les cimetières qui environnent les églises y sont remplis de monuments simples, de pierres sépulcrales, qui attestent un culte religieux pour les morts. Cet usage est devenu dangereux pour les grandes villes, qui sont les gouffres de l'espèce humaine ; mais dans les paroisses de campagne, où l'air pique librement et où il n'y a aucun danger d'infection, il ne faut rien changer à la coutume établie.

« Il est très à propos, dit l'abbé Bergier, qu'avant d'entrer dans le temple du Seigneur les fidèles aient sous les yeux un objet capable de leur rappeler la brièveté de la vie, les espérances d'un avenir plus heureux, un tendre souvenir de leurs proches et de leurs amis. »

Dans les premiers temps les chrétiens tenaient leurs assemblées dans les cimetières, nommés par eux *areæ*. L'empereur Valérien ayant confisqué les cimetières et les lieux consacrés au culte de Dieu, Galien les rendit aux chrétiens et les remit au secret public, que rapporte Eusèbe. L'usage de bénir les cimetières est très-ancien : l'évêque en faisait le tour avec sa crosse ; l'eau bénite était portée devant lui. Comme dans ce monde on abuse des choses les plus saintes, les cimetières ne tardèrent pas à devenir le théâtre de grands désordres, des lieux de réunion profane, des espèces de foires et de marchés. Un concile d'Espagne, tenu vers l'an 330 de notre ère, défend d'allumer pendant le jour des cierges dans les cimetières, et interdit aux femmes d'y passer la nuit. Rien de plus commun dans le moyen âge que de voir les cimetières profanés par la prostitution nocturne, jusqu'au moment où ils furent clos de murailles.

A Paris, l'agrandissement de la ville et l'augmentation progressive de la population avaient depuis longtemps envahi tous les espaces autour des églises. L'usage d'y enterrer n'y était plus devenu qu'une vaine formalité, et tous les corps qu'on y présentait n'étaient descendus dans les caveaux que pour être transférés dans des terrains d'inhumation hors de la ville. Tout cimetière intérieur ayant été défendu, il fallut préparer hors de la ville des emplacements, qui sont devenus des *cimetières* publics (*voyez* INHUMATION). Le temps n'est plus où l'auteur des *Études de la Nature* était en droit de dire, en présence des cimetières de Paris, si mal entretenus avant 1780 : « L'ami ne peut plus reconnaître les cendres de son ami dans ces voiries humaines. » « Nos cimetières nouveaux, lui répondrions-nous avec Dulaure, ont le charme des beaux jardins :.... on y voit les tombeaux environnés de roses au printemps, de fleurs et d'arbustes en toute saison, soignés, arrosés par les parents et les amis du défunt. De lugubres sépultures sont changées en parterres fleuris, et, à la faveur d'une consolante illusion, la vie semble se familiariser avec la mort. » Faut-il qu'à côté de ces pensées si consolantes on ait eu longtemps à déplorer l'avidité avec laquelle les voleurs de Paris spéculaient sur le luxe des tombeaux? La hauteur des murs, la vigilance des gardiens, et surtout la présence d'énormes dogues, qui pendant la nuit parcouraient librement les cimetières, rien ne pouvait empêcher cette violation des sépultures : car tous ceux qui visitaient alors les cimetières remarquaient avec indignation plusieurs monuments dont les ornements en bronze ou en cuivre doré avaient été arrachés et mutilés. Ces dévastations sont aujourd'hui fort rares, et, à part les profanations isolées d'un malheureux sous-officier, frappé sans doute d'aliénation mentale et dont le crime a fait frémir, dans ces dernières années, Paris et la province, rien de semblable n'est venu depuis longtemps épouvanter les populations paisibles.

Arrêtons notre pensée sur des images plus riantes. Rappelons que les *cimetières* ont fourni à nos poètes Legouvé, Delille, Baour-Lormian, Millevoye, etc., les plus touchantes inspirations! Quel homme un peu versé dans la littérature anglaise ne se rappelle avec charme le *Cimetière* de Gray et le *Village abandonné* de Gay, où se trouve décrit le cimetière désert par la mort comme le village l'a été par les vivants. Heureux aussi qui a pu lire dans l'original l'admirable pièce de poésie alémanique : *Le garde de nuit dans le cimetière*, par Hébel.

Il y a aujourd'hui trois cimetières à Paris : le cimetière de l'*Est* ou du *Père la Chaise*, celui de *Montmartre*, et celui du *Mont-Parnasse*. Ceux de Sainte-Catherine et de Clamart sont fermés depuis longtemps. Grâce à la plantureuse végétation de tous ces cimetières, des images douces et champêtres s'associent pour nous autres citadins aux idées de la mort; et le caractère monumental des sépultures du P. La Chaise, en particulier, ne nous laisse rien à envier aux beaux cimetières de Pise et de Naples.   Charles Du Rozoir.

En province, le dernier pauvre, le mendiant des villages et des bourgs est mis au tombeau en chrétien; non-seulement les cloches sonnent son glas, mais le prêtre accompagne sa dépouille jusqu'au champ du repos, récite les prières des morts et bénit sa fosse. A Paris, sur 13,000 individus morts en 1850, 6,000 étaient enterrés sans que la religion eût consacré leur dernier asile. Sur les instances du président de la république et de l'archevêque de Paris, la commission municipale adopta en 1852 un projet qui attache à chaque cimetière de la capitale deux *aumôniers*, dits *des dernières prières*, spécialement chargés d'accompagner les convois gratuits et de bénir la fosse qui leur est destinée. Ils sont logés, ainsi qu'un sacristain, dans les bâtiments de l'administration. Des chapelles doivent être élevées dans les deux cimetières qui n'en ont pas, et des messes pourront être dites dans l'enceinte même du champ des morts.

CIMIER (du latin *cima*, cime), ornement qui forme la partie supérieure et la plus élevée d'un casque terminé en pointe. Les Cariens passent pour avoir les premiers imaginé de porter des aigrettes sur leurs casques. Les rois d'Égypte croyaient aussi donner plus d'éclat à leur dignité et imprimer plus de respect à leurs peuples en adoptant pour *cimiers* des têtes de lion, de dragon ou de taureau. Protée ne faisait sans doute que changer de *cimier* quand les poètes prétendent qu'il changeait de forme, et Géryon avait probablement un triple *cimier* au lieu des trois têtes que la fable lui prête. Le *cimier* était autrefois en Europe la plus grande marque d'illustration; on le portait dans les tournois, où l'on ne pouvait être admis sans avoir fait preuve de noblesse.

Ce mot s'entend en vénerie d'une certaine partie (*lumbus*) du cerf, du daim, du chevreuil, qui dans la curée se donne au maître de la chasse. C'est la pièce de chair qui se lève le long du dos et des reins de l'animal, depuis les côtes jusqu'à la queue. Le droit du roi à la chasse était le *cimier* du cerf, avec les *nombles* ou la partie intérieure des cuisses.   Edme Hébeau.

En termes de blason, on nomme *cimier* tout objet posé sur le timbre ou casque qui surmonte l'écu des armoiries. C'est souvent même une pièce de l'écu. Mais, quoi qu'en disent les héraldistes, le *cimier* joue un plus grand rôle dans les poèmes d'Homère, de Virgile et du Tasse que dans les annales du blason. Les plus anciens sceaux de la chevalerie jusqu'au milieu du treizième siècle ne fournissent aucun vestige de cimier. Quelque moine sans doute, aura expliqué à des seigneurs ignorants les passages des anciens où cet ornement guerrier est décrit avec les circonstances les plus attachantes. De ce moment les grands et les chevaliers, transportés par ces récits, se seront empressés d'imiter les héros de l'antiquité; de là cette multitude de cimiers qu'on voit sur les armoiries à partir du milieu du quatorzième siècle. Sur beaucoup d'anciens sceaux de la maison de France on distingue en cimier une double fleur de lis, adoptée par les ducs de Bourgogne et par plusieurs autres princes du sang. Charles, roi de Navarre, lieutenant général du Languedoc en 1357, avait pour support un aigle et un cerf, et pour cimier une tour fleurdelisée, de laquelle sort une queue de paon.   Lainé.

CIMMÉRIEN (Bosphore). *Voyez* BOSPHORE CIMMÉRIEN.

CIMMÉRIENS. Sur les rives du Pont-Euxin, entre le Danube et le Tanaïs, vivait très-anciennement un grand peuple, connu des Grecs sous le nom de *Kimmerii*, dont nous avons fait *Cimmériens*. Outre les rivages occidentaux de la mer Noire et du Palus-Méotide, il occupait la presqu'île appelée à cause de lui *Kimmérienne* et aujourd'hui encore *Krimm* ou *Crimée*. C'est l'opinion de M. Amédée Thierry, avec qui ne s'accordent pas, du reste, plusieurs savants. Quoi qu'il en soit, ce nom se retrouve dans toute l'ancienne géographie de ces contrées, ainsi que dans l'histoire et les plus vieilles fables de l'Asie Mineure. Diverses coutumes de ces *Kimmerii* présentent une singulière conformité avec celle des *Kimbri* de la Baltique et des Gaulois. Les *Kimmerii* cherchaient à lire les secrets de l'avenir dans les entrailles des victimes humaines; leurs horribles sacrifices dans la Tauride ont reçu des poëtes grecs assez de célébrité; ils plantaient sur des poteaux, à la porte de leurs maisons, les têtes de leurs ennemis tués dans les combats. Ceux d'entre eux qui habitaient les montagnes de la Chersonèse portaient le nom de *Taures*, qui dans les deux idiomes kymrique et gallique signifie *montagnards*. Les tribus du bas pays, au rapport d'Éphore, cité par Strabon, se creusaient des demeures souterraines, qu'elles appelaient *argil* ou *argel*, mot de pur kimri, qui signifie *lieu couvert ou profond*.

Jusqu'au septième siècle avant l'ère chrétienne, l'histoire des *Kimmerii* du Pont-Euxin reste enveloppée dans la fabuleuse obscurité des traditions ioniennes; elle ne commence avec quelque certitude qu'en l'année 631. Cette époque fut féconde en bouleversements dans l'occident de l'Asie et l'orient de l'Europe. Les Scythes, chassés par les Massagètes des steppes de la haute Asie, vinrent fondre comme une tempête sur les bords du Palus-Méotide et de l'Euxin : ils avaient déjà passé l'Araxe (le Volga), lorsque les *Kimmerii* furent avertis du péril; ils convoquèrent toutes leurs tribus près du fleuve Tyras (le Dniester), où se trouvait, à ce qu'il paraît, le siège principal de la nation, et y tinrent conseil. Les avis furent partagés : la noblesse et les rois demandaient qu'on fît face aux Scythes et qu'on leur disputât le sol; le peuple voulait la retraite. La querelle s'échauffa; on prit les armes; les nobles et leurs partisans furent battus. Libre alors d'exécuter son projet, tout le peuple sortit du pays. Mais où alla-t-il? Ici commence la difficulté. Les anciens nous ont laissé deux conjectures pour la résoudre.

La première appartient à Hérodote. Trouvant, vers la même époque (631), quelques bandes kimmériennes errant dans l'Asie Mineure sous la conduite de *Lygdamis*, il rapprocha les deux faits : il lui *parut* que les *Kimmerii*, revenant sur leurs pas, avaient traversé la Chersonèse, puis le Bosphore, et s'étaient jetés dans l'Asie. Mais c'était aller à la rencontre même de l'ennemi qu'il s'agissait de fuir; d'ailleurs, la route était longue et pleine d'obstacles : il fallait franchir le Borysthène et l'Hypanis, qui ne sont point guéables, ensuite le Bosphore kimmérien, et courir la chance de rencontrer les Scythes sur l'autre rive, tandis qu'un pays vaste et ouvert offrait, au nord et au nord-ouest du Tyras, la retraite la plus facile et la plus sûre.

Les érudits grecs qui ont examiné plus tard la question ont été frappés des invraisemblances de la supposition d'Hérodote. Cette bande de Lygdamis, qui après quelques pillages disparaît entièrement de l'Asie, ne pouvait être l'immense nation dont les hordes avaient occupé depuis le Tanaïs jusqu'au Danube; c'étaient tout au plus quelques tribus de la Chersonèse, qui probablement n'avaient point assisté à la diète tumultueuse du Tyras. Le corps de la nation avait dû se retirer, en remontant le Dniester ou le Danube, dans l'intérieur du pays, qu'elle connaissait depuis longtemps par ses courses; et comme elle marchait avec une suite embarrassante, elle avait dû mettre plusieurs années à traverser le continent de l'Europe, campant l'hiver dans ses chariots, reprenant sa route l'été, déposant çà et là des colonies. A l'avantage de mieux s'accorder au fait particulier, cette hypothèse en joignait un autre : elle rendait raison de l'existence des *Kimmerii* dans le nord et le centre de toute cette zone de l'Europe, et expliquait les rapports de mœurs et de langage que tous ces peuples homonymes présentaient entre eux. On s'en empara, on l'étendit; on y ajouta de nouvelles probabilités, et l'on arriva à cette conclusion que les *Kimmerii*, les *Cimbres* (*Kimbri*), les *Kymri* et les *Galls* ou *Gaulois*, appartenaient tous à une même race.

On donnait encore le nom de *Cimmerii* à d'anciens peuples de la Campanie, qui vivaient de pillage et demeuraient dans des cavernes où la lumière ne pénétrait jamais. (*voyez* AVERNE). On partit de ce fait pour imaginer que leur pays était éternellement privé de la clarté du jour. A en croire Plutarque, ce sont les fables répandues dans cette contrée qui ont inspiré à Homère ses admirables descriptions de l'enfer et du royaume de Pluton. Virgile et Ovide y placent le Styx, le Phlégéton et les demeures des ombres.   A. SAVAGNER.

CIMON, l'un des généraux les plus illustres qu'ait eus Athènes, était fils de Miltiade et d'Hégésipyle, fille d'Olorus, petit roi de Thrace. Il n'y avait pas longtemps que Cimon était sorti de l'enfance quand il perdit un père illustre, et Athènes son libérateur. Les passions inséparables de la jeunesse ternirent quelques instants l'éclat de sa naissance; mais elles ne purent jeter racine dans la belle âme d'un fils digne de Miltiade. L'illustre vainqueur de Marathon venait d'expirer peu de jours après que l'ingrate Athènes l'eut fait jeter dans les fers, sous le poids d'une condamnation à une amende de 50 talents (270,000 fr.), que Cimon s'empressa de payer sur l'héritage immense qu'il recueillit de son père. C'est l'opinion d'Hérodote, bien opposée à celle de Diodore de Sicile et de Cornelius Nepos, qui font Miltiade si pauvre qu'il n'aurait point laissé de quoi l'inhumer, et qui prétendent que Cimon, mis en prison parce qu'il ne pouvait pas acquitter l'amende de son père, mort insolvable, ne recouvra sa liberté que lorsque le riche Callias, à qui il maria sa sœur, le mit en état de payer.

Quoi qu'il en ait été, sa passion pour les plaisirs et la légèreté de sa jeunesse semblaient d'abord écarter Cimon des affaires publiques ; mais sa valeur à la bataille de Salamine (l'an 480 av. J.-C.), sa probité à toute épreuve, le firent remarquer du juste par excellence, d'Aristide, qui eut à peine rappelé au souvenir des Athéniens le fils de Miltiade, que déjà les fautes de ce jeune homme s'étaient effacées à leurs yeux ; ils l'investirent avec Aristide du commandement d'une flotte qu'ils venaient d'armer contre les Perses, pour la délivrance et la liberté des Grecs d'Asie. Dans la suite, Cimon fut seul investi du commandement supérieur, et sa valeur devint la terreur des Perses, de même que son incorruptibilité leur désespoir. Il purgea la Thrace des innombrables soldats du grand roi, et battit en outre les Perses sur les bords du Strymon. Quelque temps après, les Dolopes, pirates insignes qui habitaient Scyros, dont ils avaient chassé les naturels, et d'où ils sortaient infester les eaux de la mer Égée, attirèrent son attention ; il y fit une descente, et en extermina jusqu'au dernier : une colonie athénienne les remplaça. Le plus précieux butin qu'il en tira furent les restes de Thésée, qui gisaient dans cette île depuis huit cents ans : transportés avec vénération dans la ville de ce héros, où les attendait son premier temple, ils devinrent l'objet d'une fête solennelle, où concoururent les poètes tragiques, et où Cimon fut juge; Sophocle y remporta le prix, et le vieil et célèbre Eschyle, habitué qu'il était aux couronnes, alla cacher son dépit en Sicile, où il mourut. Après Scyros, Cimon châtia et fit rentrer sous l'obéissance plusieurs autres îles, sur lesquelles d'ailleurs Athènes, jalouse à l'excès de ses droits, faisait trop peser son joug.

Après avoir soumis toutes les villes de la côte de l'Asie Mineure, il poursuivit les Perses jusque dans l'embouchure de l'Eurymédon, fleuve de Pamphylie, où ils avaient assemblé leur flotte pour la mettre sous la protection de leur armée de terre. Cimon osa les y attaquer : il prit ou détruisit plus de deux cents de leurs vaisseaux ; puis il tomba sur leur armée du continent et la tailla en pièces, remportant ainsi deux mémorables victoires le même jour ! Elles forcèrent le grand-roi à une paix des plus avantageuses aux Athéniens et aux alliés. Cimon rentra dans Athènes, général illustre et citoyen modeste, chargé d'un butin immense dont il enrichit sa patrie. Il faisait d'ailleurs un très noble usage de sa fortune. C'est ainsi qu'il ne sortait jamais que suivi de plusieurs esclaves, portant des habits qu'il faisait distribuer aux indigents et aux vieillards en haillons ; sa table, simple, mais abondante, était tous les jours ouverte aux citoyens peu aisés de sa phratrie. Tant qu'il fut à Athènes, nul ne mourut de misère, pas un mort ne manqua de sépulture. Ses vastes champs, ses vergers, n'avaient ni bornes ni enclos ; il ne voulait pas que le peuple y vînt glaner et grappiller, mais qu'il y prît largement sa subsistance, et tout ce qui était nécessaire à la vie. Athènes ne pouvait manquer d'être toujours présente à ce cœur si noblement enflammé de l'amour de la patrie : il embellit cette ville de ses propres deniers; le port fortifié, de fraîches allées de platanes dans l'Académie et les promenades, des fontaines, le projet du temple de Thésée, et des monuments érigés, furent, sous ce citoyen généreux, comme le vestibule du grand siècle qu'allait ouvrir Périclès. Ces largesses étaient d'autant plus honorables et appréciées qu'elles n'étaient point des flatteries jetées à la tête du peuple : Cimon, franc antagoniste de Périclès, soutint toujours le parti de l'aristocratie.

Dès lors sa plus vive et plus constante sollicitude fut de maintenir la bonne intelligence entre les Athéniens et les Spartiates, auprès de qui il jouissait d'une haute estime. Vers l'an 466 avant J.-C., les Thasiens s'étant révoltés, il les châtia, s'empara de leur ville en même temps que des mines d'or situées à peu de distance sur le continent, et fonda Amphipolis. Il ne fut pas plus tôt de retour à Athènes, que Périclès et d'autres chefs du parti populaire l'accusèrent de s'être laissé corrompre par les présents du roi de Perse, et de ne lui avoir point enlevé une partie de ses États, encore bien qu'on eût alors le droit d'une paix avec lui. Mais le peuple fit justice de cette accusation absurde. Toutefois, pendant l'absence de Cimon, Périclès et Ephialtès avaient enlevé à l'Aréopage la connaissance d'une foule d'affaires soumises par eux à l'appréciation du tribunal des héliastes; d'où était résulté une puissance extraordinaire exercée par les classes inférieures. Une fois de retour à Athènes, Cimon chercha à rétablir les choses sur l'ancien pied ; mais ce fut bien inutilement. Au contraire, ses ennemis réussirent cette fois à exciter contre lui les défiances du peuple; et, condamné à l'exil, il se retira en Béotie. Quelque temps après, les Athéniens s'étant avancés jusqu'à Tanagre, pour disputer le passage aux Lacédémoniens à leur retour de Delphes, Cimon se joignit à eux. On le rappela de son exil vers l'an 456 avant J.-C., pour le charger de traiter avec les Lacédémoniens. On dit qu'après la conclusion de cette paix il fit la conquête de l'île de Chypre, puis qu'il battit encore une fois les Perses, et qu'il venait de conclure avec eux une paix durable, lorsqu'il mourut pendant le siège de Citium, 449 ans avant J.-C. Les historiens anciens diffèrent d'ailleurs beaucoup entre eux dans le récit de ces faits, comme aussi des circonstances de sa mort.

Athènes perdit en Cimon l'un de ses plus illustres citoyens. Le parti populaire, à qui il avait jusque alors constamment résisté, l'emporta de ce moment, et poussa l'État vers sa ruine.

Plutarque nous a laissé un récit détaillé de ses faits et gestes; celui de Cornélius Népos n'en est que l'abrégé.

CINABRE ou CINNABRE (en latin *cinnabarium*, fait du grec κιννάβαρι, dérivé lui-même de κινάβρα, qui signifie mauvaise odeur), nom d'une substance minérale solide, très-fragile, à cassure conchoïde. En masse, elle est d'un violet plus ou moins foncé; réduite en poudre fine, elle est d'un rouge très-vif, et prend alors le nom de *vermillon*. Le cinabre est insoluble dans l'eau, fusible et volatil à une température voisine de la chaleur rouge; c'est un deutosulfure de mercure. On le trouve en grands amas dans la nature, et c'est la seule espèce minérale de quelque importance qu'offre le mercure. Il est tantôt en prismes hexaèdres, tantôt en masses amorphes ou fibreuses, dans les cavités des roches qui lui servent de gangue. Ces roches sont les grès houillers, les schistes bitumineux, où il est presque toujours accompagné de pyrite organisée, auxquels il donne un très-bel aspect, les quartz et les calcaires secondaires.

Le cinabre naturel ne sert qu'à l'extraction du mercure; il n'est ni assez pur ni assez beau pour les besoins de la peinture, et tout celui qu'elle emploie est composé de toutes pièces. A. DES GENEVEZ.

CINALOA, État faisant partie de la fédération mexicaine, de 1122 myriamètres carrés, sur le lac de Californie, entre 22° 35′ et 27° 45′ de lat. N., et de 107° à 113° de long. O., borné au nord par le Mayo, vers la Sonora, à l'est par les États de Durando et de Chihuahua, au sud par le Cañas, vers le Xalisco, est traversé dans sa partie orientale par les Cordillères du Mexique. Aussi le sol en est-il extrêmement montagneux. Sa partie occidentale, au contraire, de même que la vieille ou basse Californie, qui lui fait face, est un pays plat, peu fécond, dont le terrain sablonneux ne se couvre de verdure qu'à l'époque des pluies. Au centre, la contrée devient cependant fertile, et conserve cette qualité vers le sud et vers l'intérieur du continent. Outre les cours d'eau qui lui servent de limites, nous devons encore citer comme ayant une certaine importance le Rio de Culiacan et le Rio del Fuerte. Le climat de cette province est agréable et tempéré. Dans les localités bien situées, la végétation a une grande vigueur, et tous les fruits, toutes les céréales, y réussissent aussi bien qu'en Europe. On y cultive en outre la canne à sucre, le tabac, le coton, les figues et les grenades. La population, forte de 148,000 âmes, et qui indépendamment des Indiens se compose surtout de descendants de Biscayens et de Catalans émigrés autrefois dans ces parages, a pour principales occupations l'élève du bétail et l'exploitation des mines, que favoriserait singulièrement la richesse de ces montagnes en minerai si elle était mieux dirigée. *Mazatlan* est le principal port de cette contrée; indépendamment des métaux, on en exporte surtout des cuirs et des blés.

L'État est divisé en cinq départements, et compte environ 600 groupes d'habitations. Il a pour chef-lieu le vieux *Culiacan*, sur le fleuve du même nom, avec 11,000 habitants. Cette ville, assez régulièrement bâtie, est le siège de l'évêque de Sonora et des autorités administratives. La ville de Cinaloa, sur la rivière du même nom, autrefois très-florissante, est aujourd'hui en complète décadence. L'État de Cinaloa fut colonisé dès l'année 1590. Au temps de la domination espagnole, compris avec la Sonora et l'Hostimuri sous le nom d'intendance de Sonora, il faisait partie du gouvernement de Chihuahua. En 1824, comme membre de la fédération mexicaine, il prit le nom d'*Estado interior del Occidente*. Mais, par un décret du congrès général, en date du 13 octobre 1830, le Cinaloa fut reconnu État indépendant.

CINAROCÉPHALES, orthographe vicieuse du mot *cynarocéphales*.

CINCHONINE. L'existence de cet alcaloïde, qui avait été entrevue depuis longtemps par plusieurs chimistes, n'a été mise hors de doute qu'en 1820, par Pelletier et Caventou, lors de leur importante découverte de la quinine, que la cinchonine accompagne dans plusieurs espèces de quinquinas et surtout dans le quinquina gris (*cinchona condaminea*), où elle existe en combinaison avec l'acide quinique. Lorsqu'elle a été épurée, la cinchonine se présente en petites aiguilles blanches, translucides; elle est inodore; sa saveur est amère, mais ne se développe que lentement. Presque insoluble dans l'eau, elle se dissout très-bien dans l'alcool concentré et bouillant. Elle est composée de 78,17 de carbone, 7,68 d'hydrogène, 9,05 d'azote, et 5,12 d'oxygène. Les sels de cinchonine formés par les acides minéraux sont solubles, et cristallisables. C'est à cause de cette solubilité que la propriété fébrifuge est beaucoup plus développée dans ces sels que dans la cinchonine elle-même. Toutefois, sous ce rapport les sels de quinine leur sont bien supérieurs. Parmi les sels de cinchonine produits par les acides végétaux, l'acétate seul est soluble.

CINCINNATI, sur l'Ohio et dans l'État d'Ohio, est l'une des plus importantes et des plus belles villes de l'Union américaine du Nord. Le développement de cette cité tient du prodige. Elle eut pour fondateur un juge appelé Symmes, qui en 1787 acheta une vaste étendue de terrain dans une contrée habitée alors uniquement par des Indiens, et qui l'année d'après vint y créer un premier établissement. C'est au mois de juin 1789 que furent élevés les premiers block-haus sur l'emplacement même de la ville actuelle. A la fin du siècle dernier la ville ne comptait encore que 750 habitants. En 1840 sa population était déjà de 46,338 âmes, et le recensement de 1850 a fourni un chiffre total de 115,438 habitants. La situation de Cincinnati est admirable. Les montagnes qui accompagnent l'Ohio dans son cours se retirent là en demi-cercle pour former une vallée, au milieu de laquelle est construite la ville, qui se trouve dès lors entourée de tous côtés par des hauteurs boisées ou plantées de vignes. Les points de vue qu'on découvre des différentes élévations vers lesquelles se dirigent les rues, et dont une partie même est déjà couverte de maisons, sont ravissants. Des colons allemands forment plus du tiers de la population actuelle : en effet, on évalue leur nombre entre 40 et 50,000. Ce sont pour la plupart des artisans, des marchands, des fabricants.

La navigation fluviale à vapeur de Cincinnati ne le cède en importance qu'à celle de Saint-Louis. Son vaste port, qui vu du fleuve offre un aspect imposant, est encore trop petit pour le commerce immense qui s'y fait. La ville est traversée à son centre par le canal Miami, qui commence à Cincinnati, et va se jeter, à Tolède, dans le lac Érié, après un parcours de 259 milles. Un chemin de fer met la ville en communication, au moyen d'embranchements, avec l'est, l'ouest et le nord de l'État ; et en quarante heures on va de Cincinnati à New-York. La navigation à vapeur s'étend jusqu'à Pittsbourg, Louisville, Saint-Louis et la Nouvelle-Orléans. Les hauteurs qui entourent la ville sont en outre couvertes de maisons de campagne et de lieux de divertissement, tandis que l'Observatoire, construit par l'illustre astronome Mitchell sur le mont Auburn, dans le silence de l'acropolis, domine au loin toute la contrée. A Cincinnati, comme dans la plupart des villes de l'Union, les rues se coupent toutes à angle droit. La ville offre peu de terrains inoccupés, la spéculation en ce genre étant des plus actives et des plus productives, et l'espace manquant de jour en jour davantage devant un si rapide développement de prospérité.

Cincinnati possède une quantité incroyable d'édifices à l'usage des différents cultes religieux et d'hôpitaux. On y compte 9 églises catholiques, 7 temples de baptistes, 25 temples méthodistes, 11 temples presbytériens, 6 temples à l'usage des épiscopaux, 8 pour les luthériens anglais et allemands, 2 pour les réformés allemands, 4 pour les congrégationalistes, 2 pour les universalistes, 2 synagogues pour les juifs, 2 temples pour les quakers, 4 pour les disciples du Christ, 1 pour la secte de la Nouvelle-Jérusalem, 1 pour les unitaires, 1 pour les herrnhutes, et beaucoup d'autres encore à l'usage de sectes particulières. Quelques-uns de ces édifices consacrés au culte, les églises catholiques surtout, sont bâtis dans des proportions grandioses. En fait d'autres constructions, on remarque surtout le *Burnethouse*, immense auberge, qui a tout l'air du palais d'un roi. En 1851 on a commencé la construction d'un hôtel de ville nouveau pour remplacer l'ancienne maison commune ; et les frais n'en étaient pas évalués à moins de 5 millions de francs.

Cincinnati abonde aussi en associations charitables de toute espèce. Les Amis de la Tempérance y comptent 28 loges, les Francs-Maçons 10, les *Oddfellows* (drôles de corps) et les Druides en possèdent aussi un nombre assez considérable. Il y a à Cincinnati plusieurs couvents de religieuses, deux collèges tenus par les jésuites, une école de droit, quatre écoles de médecine particulières et diverses autres institutions pour l'instruction. Il nous faut mentionner en outre 13 sociétés bibliques ou de missions, une société d'histoire, une société homœopathique, plusieurs hôpitaux, une maison d'aliénés, un hôtel des invalides, une école des arts et métiers ; une société commerciale une l'une des plus riches bibliothèques qu'il y ait dans toute l'Union) et 14 compagnies d'assurances contre l'incendie. La ville possède quatre théâtres anglais et un théâtre allemand, ainsi que plusieurs musées d'histoire naturelle.

Cincinnati a surtout de l'importance comme ville commerciale et manufacturière, et ses fabriques ne le cèdent à celles d'aucune autre ville des États-Unis. En 1850 la valeur de la production y atteignit le chiffre de 55,017,000 dollars. Cinq mille ouvriers sont constamment occupés dans les divers ateliers de construction de machines et dans les fonderies de tout genre. Les abattoirs, qui pour l'ampleur de leurs proportions n'ont pas leurs pareils, n'emploient pas un moindre nombre de travailleurs. De novembre à la fin de février seulement, on y abat 300,000 porcs, qu'on sale, qu'on fume et qu'on expédie ensuite sur tous les points du globe. Des fabriques de savon, de chandelles, de cire, de stéarine et de sperma-céti y ont été créées sur des bases tout aussi grandioses, de même que les moulins à vapeur, les brasseries, les distilleries, les fabriques de céruse, de couleurs, les moulins à huile ; et une manufacture de bottes et de souliers occupe à elle seule 1,000 ouvriers. Les fabriques de meubles donnent du travail à 7 ou 8,000 individus. Le commerce répond complètement à ces larges développements de l'industrie. L'importation de grains et de farines, soit par l'Ohio et par le canal Miami, est la plus considérable qui se fasse dans toute l'Union. Notons encore qu'il paraît à Cincinnati 32 journaux, tant quotidiens qu'hebdomadaires, en anglais, et onze en langue allemande, sans compter différents recueils mensuels. Par suite de l'agglomération d'une si nombreuse population sur un espace où le terrain manque déjà tout à fait, l'état sanitaire de Cincinnati est assez peu satisfaisant. En 1849, à l'époque du choléra, il y mourut pendant plusieurs semaines jusqu'à 200 individus par jour, et une partie de la population dut aller se réfugier dans la banlieue de la *Reine de l'Ouest*, désolée par le fléau. Les petites villes de Newport et de Covington, situées sur l'autre rive du fleuve, dans le Kentucky, sont dans de bien meilleures conditions hygiéniques ; aussi est-ce la que les habitants aisés de Cincinnati vont faire de la *villégiature*.

CINCINNATI (Ordre des). *Voyez* CINCINNATUS (Ordre de).

CINCINNATUS (LUCIUS QUINTUS), de l'antique maison *Quintia*, qui donna à la république romaine trois branches également illustres : les Cincinnatus, les Capitolinus et les Flamininus. L. Quintius fut surnommé *Cincinnatus* à cause de sa belle chevelure frisée. Ce trait resta caractéristique dans sa race, qui devait disparaître de l'histoire, l'an de Rome 403, après le consulat de T. Quintius Pennus Cincinnatus, mais qui continua à vivre dans l'obscurité, puisque Suétone nous raconte que Caligula défendit aux membres de cette famille de porter la chevelure qui les distinguait.

Lucius Quintius Cincinnatus était un des plus riches patriciens de Rome, et perdit sa fortune pour payer les cautions et amendes qu'avait encourues son fils Quintius Céson, dans une lutte malheureuse avec les tribuns du peuple, au sujet de la proposition de Terentillus Arsa, l'un d'eux, tendant à obtenir un code de lois plus équitables pour la classe des plébéiens. On sait que les patriciens les tenaient alors dans une situation d'ilotisme et d'exhérédation. Après la fuite de son fils proscrit, Cincinnatus se retira dans une chaumière au-delà du Tibre, et fut réduit pour vivre à cultiver de ses mains le petit champ qui entourait ce modeste asile (an de Rome 293, av. J.-C. 461) ; mais dès l'année suivante, le consul P. Valérius ayant été tué en défendant le Capitole surpris par le Sabin Herdonius, Cincinnatus fut tiré malgré lui de la charrue pour être consul. « Je crains bien, ma chère Acilie, dit-il à sa femme, que notre champ ne soit mal labouré cette année. » On était à la fin de l'année consulaire (décembre). Après avoir repoussé l'ennemi et rétabli le calme dans Rome, il se refusa aux sollicitations des patriciens, qui voulaient le nommer consul pour l'année suivante, et revint à ses travaux rustiques. Deux ans après, le consul Minutius s'étant laissé cerner dans un défilé par les Éques, Cincinnatus, nommé dictateur, s'arrache encore une fois à ses travaux rustiques (458 av. J.-C.), enrôle les citoyens, délivre Minutius, et traite les Èques comme ses bœufs, dit Florus, en les faisant passer sous le joug. Dans sa sévérité envers l'imprudent Minutius, il donna le seul exemple connu d'un dictateur forçant un consul à se démettre. Le sénat offre à Cincinnatus des richesses qu'il refuse; mais le rappel de son fils Céson est pour lui une récompense plus précieuse. Le seizième jour de sa dictature, il abdiqua, malgré les patriciens, cette dignité, qu'il aurait pu garder six mois.

Dix-neuf ans après, Cincinnatus, octogénaire, fut nommé une seconde fois dictateur par son frère T. Quintius Barbatus Capitolinus, qui lui-même était consul pour la sixième fois (438 av. J.-C.). Il s'agissait de réprimer les projets, suspects aux patriciens, de Spurius Melius, chevalier romain, qui avait ouvert sa bourse et ses greniers au peuple de Rome, en proie à la famine depuis l'année précédente. Revêtu pour la seconde fois de l'omnipotence dictatoriale, le vieux Cincinnatus surpassa par son impitoyable rigueur les espérances de son ordre. Dès le lendemain de son entrée en charge, il paraît sur la place publique, entouré de ses vingt-quatre licteurs, monte à son tribunal, et fait appeler Sp. Melius. Melius se réfugie au milieu de la foule, qui le protège contre les licteurs. Alors, celui que le dictateur s'était choisi pour général de la cavalerie, Servilius Ahala, ou Axillo, tire son épée, et tranche la tête à Melius (*obtruncat*, dit Tite-Live). « Tu as bien fait, Servilius, tu as sauvé la patrie, prononce le dictateur. » Les haches menaçantes des licteurs ne permettent pas de réclamer, et la foule se retire en silence. La maison de Spurius Melius fut rasée, et plusieurs siècles après on en montrait encore la place (*Æquimelium*). Le peuple conserva contre Cincinnatus si peu de ressentiment, qu'un de ses fils, L. Quintius Cincinnatus, fut élevé au tribunal militaire pour l'année suivante. Servilius fut moins heureux : il fut exilé quatre ans après, à la requête d'un tribun nommé également Spurius Melius; mais il fut rappelé, et même parvint au consulat par la suite.

Tel est le résumé des faits que les historiens romains ont rattaché au nom de Cincinnatus, qui est devenu l'objet de tant de déclamations, comme l'idéal du guerrier laboureur (*Agricola triumphalis*, dit Florus), « Destiné, dit Michelet, à faire honte par son héroïque pauvreté au siècle où l'on commençait à lire l'histoire. » Mais toutes ces déclamations tomberaient si l'on voulait descendre au détail intime des faits. On verrait qu'il faut mettre Cincinnatus au nombre des plus terribles représentants de l'orgueil et du despotisme sénatorial. Le premier en effet il fait périr un chevalier romain sans aucune forme de procès, sans aucun préliminaire d'instruction. « Périsse le dernier plébéien plutôt que nos prérogatives ! » telle était la religion politique de Cincinnatus : c'était celle du vieux sénat; telle fut depuis la maxime du sombre conseil des Dix à Venise. Et lorsque Cicéron, dans ses harangues, ne cesse d'exalter Cincinnatus et Servilius pour l'exécution de Melius, innocent peut-être, ces louanges étaient intéressées de la part de celui qui, dans une position et dans des vues analogues, avait cru devoir violer les lois pour faire exécuter quatre des complices de Catilina. Telle a été dans tous les siècles la justice des factions : sans pitié pour les victimes, adulatrices pour les bourreaux. Mais que serait l'histoire si elle n'était pas là pour flétrir ces derniers sans distinction, qu'ils s'appellent Cincinnatus ou Sylla, Marius ou Octave, Cicéron ou Marc-Antoine?

On a pris longtemps pour un *Cincinnatus* une statue venue d'Italie, et qui se voyait à Versailles; mais il est prouvé que c'est une statue de Jason. Au reste, il existe une agate onyx sur laquelle on s'accorde à reconnaître l'image de ce Romain.   Ch. Du Rozoir.

CINCINNATUS (Ordre de) ou *des Cincinnati*, ordre fondé aux États-Unis, mais qui n'a subsisté que peu de temps. Lorsque l'Amérique du Nord se fut constituée en république fédérative, en 1783, beaucoup d'officiers qui avaient pris part à la guerre de l'Indépendance formèrent entre eux une association ayant pour but la conservation et la défense de la liberté conquise, société présidée par le général Washington lui-même. Pour indiquer par la dénomination même de leur association qu'ils entendaient avoir servi l'État avec désintéressement, ils prirent en l'honneur du célèbre romain Cincinnatus, le nom de *Societas Cincinnatorum*. La décoration de l'ordre, suspendue à un ruban bleu liseré de blanc, représentait d'un côté Cincinnatus abandonnant sa charrue pour aller servir l'État, et de l'autre l'aigle des États-Unis. L'ordre devait être héréditaire dans les familles, mais n'être accordé à des étrangers que viagèrement. Tout d'abord il s'éleva une vive opposition contre cette institution, qui semblait créer, sous les auspices de John Adams, une noblesse militaire, héréditaire et dès lors menacer la liberté de tous. Cette considération détermina Washington à se ranger parmi les adversaires de cet ordre. Dans une assemblée générale tenue à cet effet le 3 mai 1784, à Philadelphie, on ne décida pas qu'il est vrai la suppression immédiate de l'ordre (et cela par égard pour les officiers français à qui on l'avait accordé), mais on en modifia les statuts de telle sorte, qu'il cessa d'être héréditaire et qu'on ne put plus y admettre d'autres membres. L'ordre mourut ainsi de sa belle mort.

CINCLE. Aristote a désigné sous le nom de κίγκλος un des plus petits oiseaux de rivage. Belon et Aldrovande, Mœrhing, Brisson et Buffon ont appliqué le terme latin *cinclus*, les deux premiers à des oiseaux rangés parmi les bécassines, le troisième au tourne-pierre et à la rousserolle, le quatrième à différentes espèces d'alouettes de mer, et le cinquième à l'alouette de mer à collier. La dénomination de *cincle* a été restreinte par les nouveaux ornithologistes au *merle d'eau*. Bechstein a formé le genre *cinclus*, que Temminck et Cuvier ont ensuite adopté. Il ne renferme que deux espèces, savoir : le *cincle plongeur* et le *cincle de Pallas*.

Le *cincle plongeur* (*cinclus aquaticus*, Bechst.; *sturnus cinclus*, Linn.; *turdus cinclus*, Latreille) a pour caractères : Bec comprimé, droit, à mandibules également hautes, presque linéaires, s'aiguisant sur la pointe, et la supérieure un peu arquée; jambes un peu élevées, queue assez courte, ce qui le rapproche des fourmiliers; plumage brun, à gorge et poitrine blanches; la femelle a les teintes plus pâles. Cet oiseau est solitaire et silencieux; il se tient habituellement près des fontaines et des ruisseaux limpides, dont les eaux coulent sur le gravier dans les hautes montagnes. On le trouve en Espagne, en Sardaigne et dans la France méridionale. Il se fait remarquer par une habitude très-singulière, qui paraît n'appartenir qu'à lui seul : c'est celle de chercher et de poursuivre sous l'eau les insectes aquatiques, qui forment sa principale nourriture; on le voit marcher sur le gravier au fond des ruisseaux. A cause de ses mœurs, Vieillot a changé le nom de *cincle* en celui d'*hydrobata* (de ὕδωρ eau, et βατω, marcheur). On a cru qu'en déployant un peu ses ailes, enduites d'une matière grasse, au moment où il s'immerge dans l'eau, il retient sous leur partie concave une quantité d'air suffisante pour servir à sa respiration sous l'eau. De Blainville pense, au contraire, que l'air en réserve dans les sacs pulmonaires lui suffit pour cet objet, et fait remarquer que ses narines sont bouchées exactement que dans les autres merles, au moyen d'un opercule. Cette disposition operculaire des narines existe dans les loutres, les phoques et les cétacés. Une observation plus exacte sur les mœurs de cet oiseau et des recherches anatomiques sont encore nécessaires pour expliquer les conditions physiologiques d'une habitude aussi remarquable.

Le *cincle plongeur* ne se rencontre avec sa femelle qu'au temps des amours. Ils construisent sur terre, avec des brins d'herbe, de petites racines sèches et des feuilles mortes, un nid recouvert d'un dôme voûté, dont l'ouverture est garnie de mousse. La femelle pond quatre ou cinq œufs, blanchâtres.

Les mœurs du *cincle de Pallas*, qui est entièrement semblable au cincle plongeur, dont il diffère par le plumage, d'un rouge brun très-foncé, ne sont pas encore connues. Cette espèce est de Crimée.   L. LAURENT.

CINÉAS, politique célèbre, qui vivait à l'époque de la décadence de la puissance grecque, naquit en Thessalie, et vint jeune encore à Athènes pour y entendre Démosthène, qu'il voulait prendre pour modèle et pour maître dans l'art oratoire. Il entra ensuite au service du roi Pyrrhus, à qui il fut d'une extrême utilité, à cause de son adresse comme négociateur. En vain il voulut dissuader le roi d'entreprendre une campagne en Italie à la sollicitation des habitants de Tarente, Pyrrhus s'obstina à exécuter son projet, et se fit précéder par Cinéas lui-même à Tarente avec 3,000 hommes (an 280 av. J.-C.). Après la victoire qu'il remporta sur le consul Lævinus, Pyrrhus, d'après l'avis de Cinéas, résolut d'offrir la paix aux Romains. Cinéas se rendit en conséquence par son ordre à Rome, où il déploya toutes les ruses d'un diplomate consommé à l'effet de déterminer le sénat à adhérer aux propositions du roi, qui peut-être eussent à tout jamais mis un terme à la puissance toujours croissante de Rome. Le sénat hésitait; mais un discours prononcé par l'un de ses membres, Claudius, vieillard affligé de cécité, le détermina à refuser tout accommodement. Cinéas, qui pendant son séjour à Rome s'était efforcé d'étudier à fond la constitution politique et les mœurs des Romains, revint auprès de Pyrrhus après avoir échoué dans sa mission; mais en même temps il lui traça le tableau le plus favorable de la puissance et des ressources de Rome. Quand plus tard les Romains envoyèrent à Pyrrhus une ambassade à la tête de laquelle se trouvait placé Fabricius, ce fut Cinéas que le roi chargea de recevoir les étrangers. Ceux-ci ayant averti le roi qu'il était trahi par son médecin particulier, Pyrrhus donna ordre à Cinéas de renvoyer tous les prisonniers romains sans rançon, et le chargea en outre de porter aux Romains de nouvelles propositions de paix, qui demeurèrent également sans résultat. Avant que Pyrrhus passât en Sicile, Cinéas fut envoyé par lui dans cette île pour y ouvrir des négociations préliminaires avec les villes. A partir de ce moment l'histoire cesse de parler de lui; il est vraisemblable qu'il mourut pendant cette expédition de Pyrrhus en Sicile.

CINÉRAIRE (*Botanique*), genre de plantes de la famille des composées, dont le nom est dérivé de *cinis*, *cineris*, cendre, parce que le duvet de l'espèce la plus répandue (la *cinéraire maritime*) est d'un blanc cendré. Le genre *cinéraire* comprend des herbes ou de petits arbrisseaux, dont plusieurs servent à l'ornement de nos jardins, et dont les feuilles sont entières ou rarement pinnatifides, souvent tomenteuses, et les fleurs ordinairement terminales.

La *cinéraire maritime* (*cineraria maritima*, Linné), vulgairement *jacobée maritime*, appartient à l'Europe, où elle croît dans les contrées méridionales, le long des côtes, sur les rochers exposés au soleil. On la reconnaît de loin à ses fleurs d'un jaune doré, qui relève le duvet cotonneux de ses tiges dures, rameuses, étalées, et de ses feuilles pinnatifides.

Sous le nom de *cineraria alpina*, se trouvent réunies dans Linné plusieurs variétés que l'on a depuis considérées comme autant d'espèces. Nous en possédons une aux environs de Paris, dans les forêts de Bondy et de Montmorency : c'est la *cineraria campestris* de Wildenow, belle espèce, d'un aspect agréable, dont les fleurs sont grandes, d'un jaune orangé; les feuilles sont entières, cotonneuses; la tige est haute de 0^m,30 à 0^m,60.

Parmi les espèces exotiques, on cultive comme plantes d'ornement : la *cinéraire à feuilles de tussilage*, originaire du Mexique, dont les fleurs jaunes en corymbes paraissent au mois de mai; la *cinéraire à feuilles de peuplier*, des Canaries; et surtout la *cinéraire pourpre*, de Ténériffe, dont les fleurs en corymbes, ont le disque pourpre foncé et les rayons pourpre clair. Cette dernière espèce a produit par le semis une infinité de variétés très-brillantes, à fleurs blanches, pourprées, roses, carmin, lilas, violet, bleu tendre ou bleu d'azur, soit unies, soit bicolores.

CINÉRAIRE (Urne). *Voyez* URNE.

CINERARIUM, mot qui désigne un lieu où l'on déposait les cendres des morts. Le *cinerarium* était proprement l'urne où l'on mettait les cendres, comme l'*ossuarium* était le sarcophage qui renfermait les ossements. Il paraît que par la suite la partie a donné son nom au tout, et qu'on a aussi appliqué le nom de *cinerarium* aux sépulcres dans lesquels on déposait les urnes qui renfermaient les ossements des morts.

CINÉRITES (de *cinis*, *cineris*, cendre), cendres volcaniques rouges ou grises. Ce sont elles qui pendant les éruptions obscurcissent l'air et se répandent à de grandes distances. Elles forment quelquefois autour des volcans des couches très-épaisses. Elles s'altèrent facilement, et donnent lieu à de nouveaux produits, notamment à la pouzzolane.

CINNA (LUCIUS CORNÉLIUS), de l'illustre famille des Cornelius, fut l'un des plus fougueux partisans de Marius. Élevé au consulat l'an 665 de Rome, il essaya de remettre en vigueur une loi proposée peu auparavant par le tribun Sulpicius, et qui tendait à faire répartir dans les anciennes tribus les nouveaux citoyens, que jusque là on avait distribués en huit tribus. Cette mesure leur eût conféré une grande puissance; aussi fut-elle l'objet de désordres graves. Cinna fut expulsé de Rome, et le sénat le déclara déchu du consulat. Il se rendit à l'armée, qui était près de Nole, gagna des tribuns et des centurions, et, gardant les insignes du consulat, il marcha contre Rome, à la tête de cette armée, qu'il grossit de nouveaux citoyens, jusqu'à en former trente légions. Il y eut une grande bataille sous les murs de Rome, que Pompée, père du grand Pompée, venait défendre; mais celui-ci étant mort de la peste, et Cinna ayant reçu le secours de Sertorius et de Carbon, la ville fut prise, et tout aussitôt Cinna fit prononcer solennellement le rappel de Marius, qui l'avait rejoint, et était revenu d'Afrique. On ne voyait plus que proscriptions et supplices. Cinna reprit le consulat, et se fit continuer. Cet état de choses et ces fureurs durèrent environ trois ans, sans que Sylla, qui voulait y porter remède, mais qui commit dans la suite encore plus de cruautés, se décidât à quitter son commandement en Orient. Il vint enfin; mais quand il arriva, Cinna n'était déjà plus : il avait péri dans une sédition de soldats... Homme atroce, et plus digne de mourir selon le caprice du vainqueur que par la fureur du soldat.   P. DE GOLBÉRY.

CINNA (LUCIUS CORNÉLIUS), fils du précédent, se ligua, quoique tout jeune encore avec le consul Marcus Lépidus, en l'an 78 avant J.-C. pour combattre la domination de Sylla; mais l'entreprise ayant échoué, il se réfugia l'année suivante en Espagne auprès de Sertorius. L'intervention de César eut pour résultat de lui rouvrir les portes de Rome, de même qu'à d'autres bannis, et en l'an 44 il fut revêtu de la préture. Sans avoir pris part à la conjuration tramée contre la vie de César, il ne laissa pas que d'approuver hautement ses meurtriers en présence du peuple, qui conçut dès lors contre lui un ressentiment tel, que le jour des funérailles du grand homme il mit en pièces le tribun Helvius Cinna, que la foule prit pour lui.

CINNA (CNÉIUS CORNÉLIUS), fils du précédent et de la femme Pompeia, fille du triumvir Pompée, combattit à Actium contre Octave. Non-seulement celui-ci lui pardonna cette fois; mais lorsque plus tard il fut devenu empereur, Cinna ayant tramé une conspiration contre ses jours, il lui fit encore grâce. L'an 5 de notre ère, il lui accorda même le consulat, dans lequel il eut pour collègue Valerius Messala; et Cinna dès lors lui resta fidèle jusqu'à la mort.

CINNABRE. *Voyez* CINADRE.

CINNAMOME (*Cinnamomum*). *Voyez* CANNELLE.

CINO DA PISTOIA ou **DE PISTOIE** (GUITTONCINO GUITTONE), célèbre jurisconsulte italien, né en 1220, à Pistoie, fut en même temps, de l'avis de Crescimbeni, le poète le plus charmant qui ait fleuri en Italie avant Pétrarque. Il y avait déjà plusieurs années qu'il remplissait les fonctions de juge dans sa ville natale, lorsqu'en 1314 il obtint le titre de docteur en droit à l'université de Bologne, où les troubles auxquels se trouvait en proie sa patrie l'avaient contraint de chercher un refuge. Plus tard il enseigna le droit à Trévise, à Padoue et à Florence. Il était fixé depuis trois années dans la dernière de ces villes, lorsqu'il y mourut, en 1337. On a de lui des commentaires sur le Code et une partie du *Digeste* (*Lectura Cini de Pistorio super Codice* [Paris, 1483]), qui jouirent longtemps dans les écoles d'une juste célébrité. Ses poésies furent imprimées sous le titre de *Rime di Messer Cino* (Rome, 1559). Tour à tour exilé ou chargé de missions politiques, suivant la faction qui dominait à Pistoie, Cino eut occasion de beaucoup voyager. Il parcourut toute la Lombardie, et même, dit-on, vint jusqu'en France. Dante, avec la destinée duquel il offre plus d'un trait de ressemblance, l'appelait son ami, et dans son Traité de l'Éloquence italienne, il parle de lui à diverses reprises avec les plus grands éloges. Comme le Dante, Cino aima et chanta plus d'une femme. Mais Dante, pour se livrer à de nouvelles amours, attendit la mort de Béatrice; tandis que la Salvaggia vivait encore lorsque le poète, oublieux et volage, chantait les incomparables charmes de la marquise de Malaspina, dont la beauté inspira également les vers au poète de *L'Enfer* et du *Paradis*. Les écrivains contemporains rendent d'ailleurs le témoignage le plus honorable de Cino de Pistoia comme homme politique et comme homme privé. Gibelin, il comptait plusieurs amis parmi les *Blancs*, parce qu'il était un homme loyal et modéré. Aussi était-il mal vu des hommes à opinions extrêmes, qui répugnent aux transactions et crient à la trahison du moment qu'ils voient prendre des tendances de conciliation.

CINQ CENTS (Conseil des). *Voyez* CONSEIL DES CINQ CENTS.

CINQ-ARBRES ou **CINQARBRES** (JEAN), orientaliste du seizième siècle, dont le nom latinisé, suivant l'usage de l'époque, était *Johannes* QUINCARBOREUS. Né à Aurillac, il fut nommé à la chaire de syriaque et d'hébreu du Collège de France, et mourut en 1587. On a de lui, entre autres ouvrages, *Opus de Grammatica Hebraeorum* (Paris, 1510); *Institutiones Linguae Hebraicae* (1582), etc. Il traduisit aussi quelques ouvrages d'Avicenne en latin, et par ce travail rendit un important service à la science médicale de son temps.

CINQ-MARS (HENRI COEFFIER DE RUZÉ D'EFFIAT, marquis DE), second fils du maréchal d'Effiat, né en 1620, avait été placé par le cardinal de Richelieu auprès du roi Louis XIII, dont il devint le favori. Il fut nommé successivement capitaine aux gardes, maître de la garde-robe et grand-écuyer de France. L'histoire offre peu d'exemples d'un avancement aussi rapide; d'une faveur aussi grande et d'une chute aussi déplorable.

Cinq-Mars devait tout au cardinal de Richelieu, qui avait fait la fortune de son père, le maréchal Richelieu, pour s'emparer de tous les instants du roi, de toutes ses affections, et connaître toutes ses pensées, imagina de lui donner pour favori un homme qui lui fût tout dévoué et qui lui rendit compte des moindres paroles, des moindres actions du monarque. Il fixa son choix sur le jeune marquis d'Effiat. Beau, bien fait, avide d'honneurs, de plaisirs et de représentation, tout entier aux illusions du moment et sans souci de l'avenir.

Cinq-Mars n'avait pas vingt ans, et déjà il était grand-officier de la couronne. On ne l'appela plus à la cour et dans le monde que M. *le Grand*. Cinq-Mars se résigna d'abord à toutes les exigences de sa position. Ses succès passèrent les espérances du cardinal-ministre. Louis XIII s'éprit de la plus fervente amitié pour son jeune favori. Il ne pouvait supporter ses plus courtes absences, et cependant il avait d'abord témoigné pour lui de l'éloignement, de l'aversion même; il n'avait fallu rien moins que l'infatigable persévérance et l'habileté prodigieuse de Richelieu pour vaincre cette antipathie, et faire succéder à l'aversion la plus prononcée l'engouement le plus excessif. C'était peu d'avoir obtenu un changement aussi inespéré, le plus difficile était de en assurer la durée. Le nouveau favori ne pouvait s'habituer aux exigences du triste et mélancolique Louis XIII, qui se plaignait au cardinal des fréquentes absences et des incartades du grand-écuyer.

Soit désir de s'illustrer par son courage, soit besoin de s'arracher aux ennuis qui l'obsédaient, Cinq-Mars partit pour l'armée de Flandre, et s'y fit remarquer à la tête des chevau-légers et des gendarmes de la maison du roi. Il put jouir quelques jours d'une vie libre et indépendante; mais les ordres du cardinal et du roi le rappelèrent à la cour après le combat d'Arras (août 1640). Cinq-Mars ne se montra ni plus assidu ni plus complaisant. Louis XIII s'endormait fort tard, et il exigeait que son grand-écuyer restât deux ou trois heures près de lui, quand la cour et ses valets s'étaient retirés. Il se levait de bonne heure. Cinq-Mars, à peine libre, se rendait en toute hâte auprès de la belle Marion Delorme, sa maîtresse, et ne revenait que longtemps après le lever du roi. Les valets de Cinq-Mars alléguaient que leur maître dormait encore; le jeune favori en était quitte pour une gronderie sur sa paresse. Un tel secret ne pouvait être longtemps gardé : le roi l'apprit, et gourmanda le favori, qui défendit de le voir Marion Delorme. Cinq-Mars ne mit aucune mesure dans ses réponses. Le roi lui interdit de paraître devant lui. Cinq-Mars se renferma dans son appartement, et se dit malade. Le cardinal écrivit au roi en faveur du disgracié. Cinq-Mars fut lui-même porteur de la missive de paix; mais Cinq-Mars, au lieu de paraître s'amender, se rendit plus coupable; il répondit aux reproches du roi par des paroles hautaines : « Il n'avait, disait-il, que faire du bien du roi; il était prêt de le lui rendre; il serait aussi content d'être Cinq-Mars que d'être M. le Grand; enfin, il ne pouvait changer de manière de vivre. » Le roi finit par lui dire que tant qu'il serait *de cette humeur*, il pourrait se dispenser de venir le voir. Cinq-Mars resta quelques jours sans se montrer devant le roi; mais la foule des courtisans s'éloigna de lui. Il avait plus de vanité que de véritable fierté. Il descendit jusqu'aux plus humbles supplications pour engager le cardinal à le réconcilier avec le roi. Le cardinal fit ses conditions : Cinq-Mars s'engagea à remplir son rôle d'observateur avec la plus servile docilité. La réconciliation si vivement désirée ne se fit pas attendre; et le roi se montra plus engoué que jamais de son favori.

Assuré de son ascendant sur le roi, Cinq-Mars se crut assez fort pour s'affranchir du patronage du premier ministre, et résolut de profiter de tous les avantages de sa position. Il pria le roi de le nommer duc et pair : décoré de ce titre, il espérait entrer au conseil, et ne voyait plus d'obstacle à son projet de mariage avec Marie de Mantoue, dont il avait l'aveu : il échoua dans son double dessein. Le cardinal s'était déjà convaincu que le favori était plus réservé dans ses rapports, qu'il ne lui rendait plus aussi exactement compte de ses secrets entretiens avec le roi. Il ne dissimula point son ressentiment, rappela durement au favori tout ce qu'il avait fait pour sa famille et pour lui, et lui reprocha sa folle prétention à la main de Marie de Mantoue. Dès ce moment Cinq-Mars ne s'occupa plus qu'à indisposer le roi contre le cardinal, qu'à irriter son amour-propre contre l'insolente tyrannie de ce ministre. Il crut bientôt sa chute assurée. Le roi lui témoigna le désir d'en être délivré, fût-ce même par des moyens violents. Richelieu, qui était toujours exactement informé de tout ce qu'il avait intérêt de savoir, jugea dans cette circonstance qu'il fallait se rendre plus nécessaire que jamais, en compliquant par de nouveaux embarras la situation de l'État. Il fit décider au conseil la conquête du Roussillon. Il proposa au roi, malade et languissant, de se faire transporter à l'extrémité de la France, sous le prétexte d'assurer par sa présence le succès d'une aussi importante entreprise. Louis XIII balbutia quelques plaintes, et partit. Richelieu partit aussi.

Le délabrement de la santé du cardinal et du roi rendit l'espoir et le courage aux partisans de Monsieur, duc d'Orléans. Cinq-Mars, que la reconnaissance, sa position et l'intérêt de son avenir devaient attacher au parti du cardinal, qui était celui du roi, se laissa entraîner dans une ligue dont les chances ne pouvaient que lui être contraires. Il négligea plus que jamais son service auprès du roi. Richelieu, toujours bien servi par ses espions, connaissait tous les plans de la ligue formée contre lui. Il partit de Paris en même temps que le roi : la difficulté de loger dans les mêmes endroits leurs nombreux équipages les força de se séparer. Ils s'étaient arrêtés à Narbonne ; mais Richelieu, forcé de céder aux avis de ses médecins, avait été s'établir à Tarascon : c'était une belle occasion pour Cinq-Mars de se rapprocher du roi, de reprendre tout son ascendant sur ce faible prince, en redoublant de zèle et d'assiduité auprès de sa personne ; et, loin de là, il affecta de s'en éloigner plus que jamais. Il répondait aux conseils de ses amis qu'il lui était impossible de supporter la mauvaise haleine du roi. Cinq-Mars restait au camp, et ne paraissait plus à Narbonne. Richelieu n'attendait pour agir et perdre ses ennemis que d'avoir la preuve de leurs coupables relations avec le comte-duc de San-Lucar, ministre du roi d'Espagne. Il savait les conditions du traité conclu avec ce ministre, au nom du roi son maître, et le duc d'Orléans ; il savait que ce traité avait été négocié par Fontrailles, que le duc de Bouillon et Cinq-Mars y avaient adhéré ; il parvint à en avoir une copie par le moyen du nonce à Madrid. Nanti de cette pièce, il se hâta de l'envoyer à Louis XIII, et de lui faire sentir la nécessité de faire arrêter sans délai le duc de Bouillon, Cinq-Mars, et le jeune De Thou, son ami. Celui-ci, dévoué au grand-écuyer et au duc d'Orléans, désirait autant qu'eux la perte du cardinal, mais il avait hautement blâmé le traité ; il en désapprouvait énergiquement toutes les clauses.

Les ordres donnés pour arrêter Cinq-Mars, De Thou et le duc de Bouillon, qui se trouvait alors à l'armée d'Italie, furent ponctuellement exécutés. Le duc d'Orléans, informé de cet événement, s'était hâté de brûler l'original du traité, d'écrire au roi et d'implorer son pardon, offrant à ce prix de tout révéler. Il n'eut pas honte de répéter plusieurs fois que Cinq-Mars l'avait séduit, et certifia véritable la copie du traité signé en son nom à Madrid par Fontrailles, le 13 mars 1642.

Cinq-Mars avait été arrêté à Narbonne, où le roi l'avait appelé ; on n'aurait pas osé le faire arrêter au milieu de l'armée, où il était généralement aimé. De Thou fut conduit à Tarascon ; le cardinal l'interrogea lui-même. Tous deux nièrent avoir pris aucune part au complot, et protestèrent de son innocence et de celle de son ami. Tous deux furent transférés à Lyon. Les mémoires de M⁽ᵐᵉ⁾ de Motteville nous montrent l'implacable cardinal s'embarquant sur le Rhône et le remontant jusqu'à Valence, traînant après lui ses deux victimes dans une barque remorquée à la sienne. Ce devait être un horrible spectacle que de voir ce vieillard, condamné lui-même, demandant comme un sursis à la mort pour assurer sa vengeance et conduire à l'échafaud deux jeunes hommes pleins de force et de vie. Richelieu avait établi une commission spéciale pour l'instruction et le jugement du procès ; il l'avait composée d'hommes dévoués, et qu'il appelait lui-même ses affidés : le chancelier de France, Pierre Seguier ; les conseillers Laubardemont, Marca, Miroménil, Paris, Champigny, Chazé, Sères, etc. Cinq-Mars arriva à Lyon le 4 septembre 1642. Le chancelier Pierre Seguier vint le voir le 7 ; il se présenta seul. Il n'avait naguère été maintenu dans sa place que par la protection de Cinq-Mars. Seguier préluda par protester de sa reconnaissance ; il assura le prisonnier de son dévouement, lui disant qu'il aurait en lui un ami, un bon juge. Le véritable motif de cette visite était d'empêcher Cinq-Mars de décliner la compétence de la commission extraordinaire et de demander à être renvoyé devant le parlement. Le prisonnier n'en avait pas eu la pensée ; il ne songea pas même à demander le conseil d'un avocat. Le chancelier avait ordre de presser par tous les moyens possibles la condamnation et l'exécution de l'arrêt, pour ne pas laisser aux parents et aux nombreux amis des prisonniers le temps d'intercéder auprès du roi. Seguier et Laubardemont ne perdirent pas un instant. Nul témoignage, nul écrit n'appuyait l'accusation. Richelieu voulait la mort des deux accusés ; Laubardemont, en les interrogeant, avait dit à Cinq-Mars que De Thou avait tout avoué et l'avait chargé dans ses aveux ; il tint le même langage à De Thou, et cette double perfidie, indigne d'un homme d'honneur et surtout d'un magistrat, obtint tout le succès désiré.

Le 8 le chancelier se présenta dans la chambre de Cinq-Mars ; mais cette fois il était accompagné de six maîtres des requêtes, de deux présidents et de six conseillers du parlement de Grenoble ; l'interrogatoire dura depuis sept heures du matin jusqu'à deux heures après-midi. Tous les commissaires se réunirent ensuite dans une maison de campagne d'Esnay, frère de M. de Villeroy, à deux lieues de Lyon. Le 12 ils s'assemblèrent à huis-clos dans la salle du présidial de Lyon ; Cinq-Mars y fut amené dans un carrosse, sous l'escorte du chevalier du guet et de sa compagnie. Arrivé dans la salle où siégeait la commission, il fut mis sur la sellette ; il répondit avec calme à toutes les questions. Nulle voix ne s'éleva pour sa défense. Ces vaines formalités remplies, on le fit conduire dans une chambre voisine, où bientôt le chancelier vint lui lire son arrêt de mort. L'arrêt portait qu'avant de subir sa peine il serait mis à la question ordinaire et extraordinaire, pour avoir plus ample déclaration de ses complices. On lui fit grâce de cette partie de la peine ; il vit seulement les cordes et les terribles instruments de la torture. Le même jour, à dix heures, De Thou fut conduit du château de Pierre-Encise devant la commission. Il n'était coupable que de non-révélation. L'honneur et l'amitié lui commandaient de ne pas dénoncer son ami ; il avait gardé le silence. Mais Richelieu demandait sa tête : il fut condamné à mort. La vie lui était insupportable ; les tourments d'une cruelle détention avaient épuisé son courage et peut-être affaibli sa raison.

Les deux procès avaient été jugés en quelques heures. De Thou n'avait pu obtenir de voir sa sœur, M⁽ᵐᵉ⁾ de Pontac, venue exprès à Lyon. On lui permit de voir son intendant ; il le chargea de dire à sa sœur, à ses frères, à leurs enfants, qu'il se recommandait à leurs prières. Il écrivit deux lettres, et remit l'une à son confesseur : celle-ci n'avait point d'adresse, mais il lui nomma la dame à laquelle elle était destinée, après avoir exigé la promesse qu'il ne révélerait son nom à personne. Les deux condamnés se rencontrèrent sur l'escalier, et s'embrassèrent. Tout avait été disposé pour l'exécution. On les fit monter dans un carrosse de louage ; on les plaça au fond, leurs confesseurs sur le devant ; un valet de bourreau servait de cocher. La voiture marchait lentement au milieu d'une foule immense et silencieuse. Ils saluaient tout le monde. Aux troupes de la garnison, que l'on avait augmentée, on avait ajouté quatre compagnies de la milice lyonnaise. Cinq-Mars était mis avec une élégance recherchée, De Thou en habit de deuil. Arrivé au pied de l'échafaud, De Thou embrassa son ami : « Allez, mon maître, lui dit-il, l'honneur vous appartient; faites voir que vous savez mourir. » Cinq-Mars était sur le troisième échelon, quand un garde à cheval lui ôta son chapeau; Cinq-Mars le lui arracha, le remit sur sa tête, et acheva de monter sur l'échafaud, dont il fit deux fois le tour en saluant, se mit à genoux devant le poteau, l'embrassa, se releva, et donna à son confesseur son riche manteau et une boîte enrichie de diamants; il le pria de brûler le portrait qu'elle renfermait, de vendre la boîte et d'en employer le prix en œuvres de charité. Il lui remit en même temps une bague. Puis il ôta son pourpoint, et découvrit sa chemise. Il ne voulut pas que le bourreau lui coupât les cheveux; il prit les ciseaux, et se coupa la moustache, qu'il remit à son confesseur, et le priant de la brûler avec le portrait (vraisemblablement celui de Marion Delorme), et de lui couper les cheveux; enfin, il se remit à genoux, et dit au bourreau : Frappe! La tête fut tranchée du premier coup, le tronc mis à côté du billot et couvert d'un drap.

De Thou monta ensuite sur l'échafaud, le chapeau à la main; deux jésuites étaient à ses côtés. Lui aussi il fit deux fois le tour de l'échafaud, se recommandant aux prières des assistants, et récitant des psaumes. Il se fit couper les cheveux par le bourreau, puis, se tournant vers la foule : « Je suis homme, dit-il, je crains la mort : ces objets (montrant le cadavre de Cinq-Mars, sur lequel il avait jeté son chapeau), ces objets me font mal au cœur. Je vous demande par aumône de quoi me bander les yeux. » On lui jeta deux mouchoirs; il en saisit un en l'air, se baissa pour baiser le sang de son ami, et se plaça sur le billot. On avait chargé de cette exécution, à défaut des bourreaux ordinaires, un vieux portefaix; le premier coup n'atteignit que le sommet de la tête; d'autres coups frappèrent aussi à faux, et la tête ne fut tranchée qu'au douzième. Un cri d'horreur et d'indignation s'éleva de toutes parts, et le portefaix eût été massacré sans le secours de la troupe qui environnait en masses pressées l'échafaud. Les deux cadavres furent portés aux Feuillants. Cinq-Mars fut enterré devant le maître-autel. Le corps de De Thou fut embaumé et remis à Mme de Pontac, puis transporté dans la sépulture de sa famille. De Thou avait composé lui-même son épitaphe. Il mourut dans sa trente-cinquième année, Cinq-Mars dans sa vingt-deuxième.

Les complices ou plutôt les chefs du complot, les ducs d'Orléans et de Bouillon, firent leur paix avec le cardinal-ministro. Le premier était évidemment le plus coupable : c'était par lui et pour lui qu'avait été négocié le traité avec la cour d'Espagne. Le duc de Bouillon paya pour deux : il lui en coûta sa principauté de Sedan; Richelieu n'en avait pas fait la condition *patente* de son pardon, mais il fit insinuer au duc d'offrir cette place importante au roi. Richelieu survécut peu à ses victimes : il mourut le 4 décembre de la même année. Cette conjuration a été le prélude des troubles de la Fronde. Ce sont presque les mêmes chefs, le même but, les mêmes relations avec l'Espagne. Cette haute noblesse si turbulente, et qui avait fléchi devant le génie de Richelieu, se releva avec plus d'audace et avec les mêmes prétentions contre le cardinal Mazarin, successeur de Richelieu au pouvoir suprême. DUFEY (de l'Yonne).

CINQUAIN (Droit de). *Voyez* CHAMPART.

CINQUANTAINE. On donnait autrefois ce nom à une compagnie d'arbalétriers, ou bien également à une compagnie bourgeoise, composée de cinquante hommes, et l'officier qui la commandait prenait le titre de *cinquantenier*, nom que l'on appliquait aussi autrefois au juge d'un village composé d'un petit nombre de feux, ainsi qu'on appelait *centenier* celui des bourgs et villes un peu considérables. Pendant un certain temps, le mot *cinquantaine* s'est même entendu, à Paris, de toute la milice bourgeoise, divisée ainsi en compagnies de cinquante hommes chacune.

Le mot *cinquantaine* se prend encore dans une autre acception, et s'entend de cinquante ans accomplis : *faire la cinquantaine, célébrer la cinquantaine*, signifie, dans une acception analogue, fêter ou célébrer le cinquantième anniversaire de son mariage : ce qui est d'institution et de mœurs tout à fait patriarcales.

CINQUE PORTS (Les). C'est le nom donné depuis Guillaume le Conquérant aux cinq ports commerciaux, jadis très-célèbres, situés sur la côte des comtés de Kent et de Sussex, en face de nos rivages, *Douvres*, *Sandwich*, *Romney*, *Hithe* et *Hastings*, destinés à défendre l'Angleterre contre toute tentative de débarquement. Plusieurs petits ports en dépendaient, tels que *Winchelsea*, *Rye*, *Pevensey*, *Folkestone*, *Deal*, etc. Le roi Jean, qui avait besoin d'une flotte pour reconquérir la Normandie, accorda aux habitants de ces différentes villes de nombreuses immunités, à la condition qu'ils entretiendraient à leurs frais quatre-vingts bâtiments, pendant quarante jours de chaque année. Le commandant du château de Douvres en était gouverneur général, avec le titre de *lord warden of the Cinque Ports* et un traitement de 3,000 liv. st. Le but de cette organisation défensive a depuis longtemps disparu, attendu que les différents ports sont aujourd'hui tellement encombrés par les sables, qu'ils ne peuvent plus servir au débarquement de grandes flottes militaires; mais ils n'en ont pas moins conservé une partie de leurs antiques priviléges. L'un des plus bizarres consiste en ce qu'au couronnement des rois d'Angleterre les députés de ces villes portent le baldaquin, qui, après la cérémonie demeure leur propriété. Autrefois chacune de ces villes, quelque peu importante qu'elle fût, avait le droit d'envoyer deux députés au parlement; mais le bill de réforme de 1832 a enlevé à Romney et à Winchelsea leur droit d'élection, et réduit à un seul représentant pour chacune le nombre des députés qu'ont le droit de nommer Hithe et Rye. La charge de gouverneur des *Cinque Ports* a aussi été maintenue. C'est une sinécure dont on gratifie d'ordinaire quelque homme de cour ou bien quelque personnage politique. En 1829 Wellington en fut investi; mais il fit abandon au trésor public du traitement qui y était attaché, et qui ne se montait plus qu'à 1,025 liv. st. *Walmer-Castle*, situé près de Douvres, est la résidence officielle du gouverneur des Cinque Ports.

CINTRA, petite mais jolie ville de Portugal, pittoresquement située dans la province d'Estramadure, sur le versant de la Serra de Cintra, compte 4,000 habitants, et possède un vieux château fort, ainsi que de magnifiques fontaines. Des maisons de campagne et de nombreux jardins en embellissent les environs, et au sommet de la montagne qui la domine, où l'on voit encore les ruines d'un château maure, on jouit d'une vue admirable sur la ville et sur la mer. Sur une autre crête s'élève un couvent de hiéronymites, construit dans le style gothique, avec du granit, et servant d'hospice aux pèlerins. Non loin de là on voit le *couvent de Liége*, ermitage de capucins, qui tire son nom des plaques de liége dont, à l'effet de les préserver des fâcheux effets de l'humidité, sont revêtues les parois des cellules, taillées toutes dans le roc.

Le 22 août 1808 une convention fut signée sous les murs de Cintra entre les Anglais, aux ordres de Dalrymple, et les Français, commandés par Junot, duc d'Abrantès; en vertu de cette convention les troupes françaises durent évacuer le Portugal avec armes et bagages, et être embarquées sur des vaisseaux anglais, qui les déposeraient dans un port français entre Rochefort et Lorient. Quoique vivement blâmée en Angleterre, cette convention fut exécutée avec loyauté; et ramenée un mois après en Espagne, l'armée française prit une éclatante revanche à la Corogne, où elle força les Anglais à évacuer la Péninsule et à chercher à leur tour un refuge sur leurs vaisseaux.

CINTRE. Ce mot s'emploie dans l'art de bâtir sous deux acceptions : d'abord pour indiquer la courbure d'une voûte ou de quelque autre partie de construction, ensuite pour désigner un assemblage de charpentes ou de pièces de bois formant en relief la courbure d'une voûte en construction, et destiné à la soutenir jusqu'à ce que la clef soit posée. Une voûte est en *plein cintre* lorsque sa courbure est formée par une demi-circonférence de cercle : alors la hauteur du cintre est égale à la moitié du diamètre ou de la largeur de la voûte (*voyez* ARC).

Dans les théâtres, on donne le nom de *cintre* à la partie du plancher de la salle qui est au-dessus de l'orchestre ; la partie du cintre qui est la plus près du théâtre n'est composée ordinairement que de planches, jointes au moyen de charnières, et qu'on peut lever au besoin pour aider au passage des *vols* qui vont se perdre dans le cintre ; la toile qui sépare la scène de la salle se perd elle-même dans le cintre lorsqu'on la lève.

Enfin, les charrons appellent de ce nom une règle ou barre de bois plate dont ils se servent pour mettre les roues à la hauteur qu'ils veulent leur donner.

CIOTAT (LA), ville de France, chef-lieu de canton du département des Bouches-du-Rhône, à 23 kilomètres de Marseille, sur le golfe qui porte son nom, avec une population de 5,196 habitants. Place de guerre, défendue par un fort, cette ville possède un tribunal de commerce, une école impériale d'hydrographie et un entrepôt réel. Son port, commode et sûr, dont l'entrée est éclairée par un phare, peut contenir 150 bâtiments, et admet les navires de 800 tonneaux et même les frégates. On y trouve des chantiers renommés pour la construction des navires de commerce et une usine importante pour la construction de machines à vapeur. Il se fait dans les environs une récolte abondante de bons vins muscats, d'huiles très-estimées, de figues blanches dites *figues de Marseille*. Le cabotage y est très-étendu, et c'est le second port de la Méditerranée pour la pêche de l'anchois et de la sardine.

La Ciotat, où l'on ne peut guère citer en fait de constructions que l'ancienne enceinte de murailles, occupe le même emplacement que l'ancienne *Citharistes*, fondée par des Marseillais, environ 150 ans avant notre ère. Les Romains y avaient une station dont il est fait mention dans l'*Itinéraire d'Antonin*, mais dont il ne reste plus le moindre vestige. La ville actuelle fut fondée au treizième siècle ; sa prospérité n'a fait que décroître depuis la révocation de l'Édit de Nantes, qui porta un coup mortel à son industrie et à son commerce. Sous le règne de François 1er sa population s'élevait à 10,000 âmes.

CIPAYES, en anglais *Seapoys*, identiquement la même mot que *spahis* ou *sipahis*. C'est le nom qu'on donne aux Indes orientales à l'infanterie que les Européens y ont composée rien qu'avec des indigènes. Le transport de troupes européennes dans les grandes Indes entraînant des dépenses énormes, sans compter les ravages qu'exerce sur elles le climat, les Français imaginèrent les premiers de prendre des indigènes à leur solde. Les Anglais en suivirent, et lord Clive créa au Bengale 32 régiments de ce genre. Aujourd'hui la compagnie des Indes entretient à sa solde 190,000 cipayes, tant infanterie que cavalerie. Leur uniforme est léger et commode. Il se compose d'une veste de drap rouge avec gilet de coton blanc dessous ; de pantalons courts, avec des babouches recourbées sur le devant. Ils ne portent point de bas, et ont pour coiffure une espèce de turban.

Les cipayes n'égalent pas sans doute le soldat européen sous le rapport de la bravoure et de l'habileté dans le maniement des armes. Mais on ne les ménage guère non plus, et on les emploie dans la petite guerre comme dans les entreprises les plus périlleuses. Ils se composent de mahométans et de sectateurs de Brahma. Les uns et les autres se distinguent par leur sobriété et leur tempérance. Toutefois, la division de ces derniers en castes et leurs autres lois religieuses ne laissent pas que d'être souvent de graves obstacles à ce qu'on en tire tout le parti possible, surtout quand il s'agit de les employer hors du pays. D'ailleurs ils sont patients et infatigables ; et c'est uniquement aux fausses mesures et aux idées avouées du gouvernement anglais à leur égard qu'il faut attribuer les mutineries, quelquefois même les révoltes ouvertes qui éclatent parmi eux. Parmi les cipayes, ce sont surtout ceux qui professent le culte de Brahma qui jusqu'à ce jour ont fait preuve de plus de fidélité au drapeau ; les cipayes mahométans, bien autrement énergiques, ont au contraire eu souvent une attitude des plus équivoques, notamment dans les dernières guerres contre les Afghans.

CIPOLIN, nom que l'on donne à une espèce de marbre d'Italie, de couleur verte, agréable à l'œil, et susceptible d'un beau poli, que les architectes anciens ont employé et que les modernes continuent d'employer en colonnes. Il se trouve en blocs considérables, témoin la colonne découverte dans le Champ-de-Mars à Rome, vers la fin du siècle dernier, et qui avait, au rapport de Quatremère de Quincy, cinquante-trois palmes de hauteur, sur six et demie de diamètre. Il existe encore des péristyles antiques de colonnes formées de ce marbre, entre autres celui du temple d'Antonin et Faustine.

Son nom lui vient du mot *cipola*, qui signifie *oignon* en italien, sans doute à cause de sa couleur, qui approche en effet de celle de cette plante potagère. Quelques auteurs disent que c'est parce qu'il est composé, comme elle, d'écailles ou de couches qui le rendent d'un travail difficile et assez ingrat pour la sculpture. On l'emploie avec succès à former des revêtements et des compartiments dont les dalles sciées et rapprochées font l'effet des bois de marqueterie.

CIPPE, petite colonne, quelquefois sans base et sans chapiteau, dont le plus grand ornement était une inscription rappelant la mémoire de quelque événement ou le souvenir de quelque personne qui n'était plus. La forme ordinaire du cippe était quadrangulaire, et sa partie supérieure quelquefois creusée en forme de cratère comme les autels. L'inscription funéraire commence ordinairement par les lettres D. M., *Diis manibus*, suivies des prénoms, nom et surnom du mort. Les cippes servaient chez les anciens à plusieurs usages : tantôt on y gravait les distances d'un lieu à un autre, et c'étaient alors des colonnes milliaires ; tantôt on y écrivait le nom des chemins, et ils servaient d'indicateurs de routes ; tantôt ces cippes servaient de bornes où l'on plaçait les inscriptions qui indiquaient les terrains consacrés à la sépulture de certaines familles. Leurs formes et leurs ornements les ont souvent fait prendre pour des autels. Ces cippes sont consacrés aux divinités infernales et aux mânes. Lorsque l'on traçait avec la charrue l'enceinte d'une ville nouvelle, on fixait d'espace en espace des cippes, sur lesquels on offrait d'abord des sacrifices, et où l'on bâtissait ensuite des tours. Un grand nombre de médailles et de pierres gravées représentent des cippes placés ordinairement près de la figure d'une divinité ; ils portent en général des figures symboliques, et ne sont point, comme chez les modernes, écrasés par les objets dont ils sont les supports.
CHAMPOLLION-FIGEAC.

CIPRIANI (GIAMBATTISTA), peintre et graveur, né en 1732, à Florence, vint à Rome à l'âge de dix-neuf ans, pour s'y perfectionner dans son art, et y prit Le Corrége pour modèle. Bientôt son talent lui fit une brillante réputation. Quelques Anglais qui se trouvaient alors à Rome l'engagèrent à se rendre à Londres, où il devint des premiers l'un des membres de l'Académie royale, fondée en 1769. Il y mourut, en 1785. Son dessin est toujours correct ; ses têtes ont de la grâce et de l'attrait ; son coloris est harmonieux, et l'impression générale produite par sa composition est agréable. Il a gravé pour l'*Orlando furioso* de l'Arioste une suite de petits cuivres où se réfléchit toute la grâce de son

40.

talent. Beaucoup d'excellentes gravures de Bartolozzi sont dans la manière de Cipriani.

CIRAGE. Les qualités qu'on recherche principalement dans le cirage, c'est qu'il sèche très-facilement, qu'il soit peu sensible à l'humidité, qu'il n'altère pas notablement la souplesse du cuir, et qu'il soit susceptible d'acquérir beaucoup de brillant par le frottement de la brosse douce. Il y a quelque incompatibilité entre ces diverses conditions. Le brillant résulte de l'action d'un acide sur le noir de fumée et les autres ingrédients de la composition ; mais malheureusement cette action n'est pas favorable au cuir. On tâche donc d'émousser l'acide en l'enveloppant par un corps gras.

Les recettes qu'on a données pour la composition d'un bon cirage sont innombrables ; elles ont presque toutes le même effet. Nous nous bornerons à en rapporter deux : dans la première, il y a emploi d'acides minéraux ; dans la seconde, on ne se sert que du vinaigre, qui est bien moins dangereux pour le cuir. La première composition est ainsi formulée : Beau noir d'ivoire, 1 kilogramme ; mélasse, 1100 grammes ; acide sulfurique à 66°, 120 grammes ; acide muriatique, 120 grammes ; acide acétique faible, 400 grammes ; gomme arabique, 66 grammes ; huile d'olive, 100 grammes. D'abord, on étend l'acide sulfurique dans au moins six fois son poids d'eau, et on le mêle avec l'acide muriatique et la mélasse dans une terrine de grès ; d'un autre côté, on délaye le noir d'ivoire, bien porphyrisé, dans autant d'eau qu'il est nécessaire pour en faire une bouillie épaisse ; puis on y ajoute par petites portions le mélange d'acide et de mélasse, en agitant constamment pour éviter la formation de grumeaux. Enfin, on introduit le vinaigre, la gomme arabique préalablement dissoute dans l'eau et l'huile d'olive ; on bat longtemps le tout ensemble, et on met en bouteilles.

Voici une seconde recette, que nous tenons des Anglais : Pilez dans un mortier deux parties de sucre candi avec quatre parties de noir d'ivoire superfin ; passez la matière par un tamis de soie ; remplissez de charbons ardents, pour le chauffer le plus possible, un mortier de fonte ; enlevez les charbons ; versez dans le mortier du vinaigre blanc étendu de moitié son poids d'eau, et de la mélasse parties égales, les liquides en quantité suffisante pour réduire à consistance de bouillie claire le sucre candi et de noir d'ivoire. Il faut battre longtemps le mélange avant de mettre en bouteilles. Ce cirage, évaporé sur le feu jusqu'à consistance de pâte ferme, s'emploie aussi sous ce dernier état, en se servant d'un pinceau mouillé. · PELOUZE père.

CIRCAETE, genre d'oiseaux de l'ordre des rapaces et du groupe des aigles, qui tient le milieu entre les buses, les aigles pêcheurs et les balbusards. Il a les ailes des premières et les pieds réticulés des derniers. Avec la figure des buses, les circaëtes en leurs formes épaisses ; un de leurs caractères les plus saillants est la presque égalité des doigts. On trouve ces oiseaux en Europe, au Sénégal, au Paraguay et au cap de Bonne-Espérance. Le type de ce genre est notre *Jean-le-Blanc* (*falco brachydactylus*, Tem.). Cet oiseau est long de 0m,65. Le mâle est brun en dessus, blanc en dessous, avec des taches d'un brun pâle et trois bandes pâles à la queue. La femelle est presque toute grise, et n'a que du blanc sale sur les plumes du croupion. Il n'y a guère de villageois qui ne le connaissent et ne le redoutent pour leurs basses cours. Ce sont eux qui, à cause de la couleur dominante du blanc dans le plumage, du mâle, lui ont donné le nom de *Jean-le-Blanc*, que lui a conservé Buffon. Il fréquente de près les lieux habités, surtout les hameaux et les fermes ; il saisit et enlève les poules, les jeunes dindons, etc., et lorsque la volaille lui manque, il prend des lapereaux, des perdrix, des cailles et d'autres oiseaux : il ne dédaigne pas même les mulots et les lézards. Son cri est une espèce de sifflement aigu, qu'il ne fait entendre d'ailleurs que rarement. Il ne chasse guère que le matin et le soir, et il se repose dans le milieu du jour.

CIRCARS. C'est le nom qu'on donne dans l'Hindoustan à une division territoriale particulière. Plusieurs villages constituent une *pergannah* ou district ; plusieurs *pergannahs*, forment une *djakta*, dont l'étendue répond d'ordinaire à celle d'un comté d'Angleterre. Il faut plusieurs *djaktas* pour faire une *circar*, et, à son tour, celle-ci n'est qu'une subdivision des *soubahs*, c'est-à-dire des provinces ou cercles. Sous la dénomination de *circars du Nord*, au nombre de cinq, délimités par les fleuves qui les traversent, on comprend une vaste étendue de territoire située sur la rive occidentale du golfe du Bengale, entre le 15° et le 20° de latitude septentrionale. Une étroite chaîne de montagnes la sépare des possessions du Nizam d'Hyderabad, qui s'étendent jusqu'aux rives du Godaveri. Au nord de ce fleuve, les circars sont séparés de Gond ou Chondwana (*voyez* CHOND) par un labyrinthe de montagnes presque insurmontables. On en évalue la superficie à environ 17,000 milles anglais carrés, dont un tiers tout au plus susceptible d'être mis en culture. Le reste se compose de marais ou de steppes sablonneuses, de forêts couvrant les montagnes, et de pics entièrement dénudés. Sauf un petit nombre de mahométans, les habitants en sont tous Hindous et présentent un chiffre d'environ trois millions. Ils forment deux races bien distinctes, celle du *Telinga* et celle des *Ouria* ou *Orissa*, parlant et écrivant des dialectes particuliers et différant l'une de l'autre par la physionomie, par les mœurs et par les usages. Tous professent le brahmanisme ; divisés en quatre castes, ils ont leurs brahmanes en grande vénération.

L'histoire ancienne de cette contrée, comme celle de l'Inde en général, n'offre rien de certain et n'est qu'un recueil de mythes. Depuis le seizième siècle, les mahométans envahirent à diverses reprises les circars ; toutefois, ce fut Aureng-Zeyb qui le premier y établit solidement, comme dans tout le Dekkan (1687), la domination mahométane. En 1765 le grand Mogol Chah-Allem abandonna quatre des circars aux Anglais, qui en 1788 se firent céder le cinquième par le Nizam. Jusqu'en 1823 ils continuèrent à payer un tribut annuel au Nizam pour prix de cette cession ; mais alors ils rachetèrent cette redevance moyennant une somme de 1,200,000 liv. sterl. une fois payée. Cette contrée a singulièrement prospéré sous l'administration anglaise ; et comme l'agriculture est la grande occupation de la population, elle se trouve aujourd'hui dans l'état le plus florissant. Tout au contraire, les districts manufacturiers de l'Inde sont tombés dans un état de misère profonde, parce que depuis une trentaine d'années toute espèce d'industrie locale y a été anéantie par l'introduction de produits fabriqués en Angleterre à l'aide de machines et à bien meilleur marché.

CIRCASSIE, contrée du Caucase, qui comprend la grande et la petite Kabardah ou Kabardie, avec les pays des Abchases et des Tscherkesses, et occupant tout le versant septentrional du Caucase, jusqu'au territoire des Lesghiens, borné par le Kouban et la Térck moyens au nord, ainsi que le versant méridional de cette montagne jusqu'en Mingrélie au sud-est, et dont la mer Noire baigne l'extrémité occidentale. Le nom de Circassie, devenu en usage en Occident vers la fin du moyen âge pour désigner ce pays, est dérivé de celui des *Tscherkesses*, la plus importante des peuplades qui l'habitent. Les villes principales de la Circassie occidentale sont *Taman*, dans l'île du même nom, près du détroit de Yéni-Kalé, autrefois le marché le plus important de toute la contrée, avec environ 6,000 habitants ; *Temrouk*, qui en compte 3,000 ; *Kepli* ou *Kaplou*, dans l'intérieur des terres, autrefois chef-lieu de toute la Circassie, peuplée de 4,000 âmes ; Anapa, fondée en 1784 par les Turcs pour leur servir de communication avec les populations musulmanes du Caucase. Les deux Kabardahs n'avaient que des villages ; mais les Russes, depuis qu'ils se sont rendus maîtres du pays, y ont fait bâtir, pour tenir les habitants en respect, *Gregoroskaia*, *Iekatérinograd*, *Kizlar*, *Mozdok* et quelques autres places fortes sur le Terek ou aux approches de ce fleuve.

L'histoire de la Circassie est à peu près inconnue, surtout celle de la partie orientale, qui peut-être fut une dépendance des anciens royaumes d'Ibérie ou d'Albanie. La Circassie occidentale dut être soumise aux rois de Colchide, puis à ceux du Bosphore Cimmérien. Conquise par Mithridate, elle passa sous la domination romaine, et figura, sous le nom de pays des *Tcheks* (Zichia), au nombre des provinces de l'empire d'Orient; mais la souveraineté des empereurs y fut toujours nominale. La Circassie entière fut subjuguée par les H u n s au cinquième siècle, et plus tard par les K h a z a r s, avec lesquels ses habitants furent incorporés sous le nom de *Cabari*, d'où se sera formé celui de Kabardah. Vaincus par les Khazars, contre lesquels ils s'étaient révoltés au onzième siècle, les Circassiens se partagèrent en deux bandes : les uns se retirèrent au sud du Caucase, dans le voisinage de la Perse, occupée alors par les Arabes; les autres sur le Don inférieur, puis dans la Chersonèse Taurique, d'où ils revinrent dans la suite au Caucase. Après la chute de l'empire des Khazars, la Circassie fut successivement et temporairement soumise, du moins en partie, par les Turks seldjoukides de Perse et par les rois de Géorgie. Au commencement du treizième siècle elle fut conquise par Batou-Khan, petit-fils de Djinghiz-Khan, et comprise dans l'empire mogol du Kaptchak, qui embrassait les contrées orientales de l'Europe. A la fin du quatorzième siècle elle fut envahie et dévastée par T a m e r l a n, qui força les habitants d'embrasser le mahométisme. Ils se relevèrent depuis, et résistèrent aux Othomans, qui ne purent les asservir.

Ils dépendaient encore de la Géorgie lorsqu'au seizième siècle la Mingrélie, l'Imirétie, le Gouriel et l'Abazie ou Abchazie se détachèrent de ce royaume. Les khans de Crimée, comme héritiers et successeurs des khans du Kaptchak, réclamèrent la souveraineté de la Circassie. Mais en 1500 le tsar de Moscovie, Ivan Vassiliévitch, ayant épousé la fille d'un prince circassien, envoya, cinq ans après, le général Dachkof avec une armée au secours de son beau-père, et, à l'exemple de leur princesse, un assez grand nombre de Circassiens se convertirent à la religion grecque. Après la mort d'Ivan, ce pays fut négligé par les Russes, et les Circassiens, toujours légers et turbulents, rentrèrent, au commencement du dix-septième siècle, sous le patronage des khans de Crimée. Mais les agents du khan ayant commis des exactions, outragé les femmes et des filles, et traité les Circassiens comme des peuples vaincus, ils se soulevèrent en 1708, massacrèrent les collecteurs tatars, et taillèrent en pièces une armée qui venait les venger. Pour prévenir les suites d'une guerre longue et opiniâtre, la Circassie se mit, sans stipuler aucun tribut, sous la protection de la Porte-Othomane, qui n'en put conserver que la partie occidentale. A la paix de Belgrade, en 1739, les deux Kabardahs furent déclarées indépendantes, et servirent de rempart à la Russie. Mais les habitants se réunirent de nouveau aux Tatars de Crimée, et revinrent à l'islamisme. Vers 1755, suivant Peyssonnel, il y avait 29 tribus circassiennes, qui pouvaient aisément mettre sur pied 100,000 hommes, mais dont la soumission au grand-seigneur n'était que précaire. Depuis la paix de K o u t c h o u k - K a ï n a r d j y (1774), la Porte perdit toute autorité sur les Kabardahs, mais sans renoncer à envoyer prêcher la religion musulmane dans le Caucase. En 1783, la Russie ayant conquis le Kouban, la Circassie fut incorporée à l'empire russe; mais ses habitants, ne payant aucun impôt, ne sont soumis que de nom, et font de fréquentes incursions chez leurs voisins. H. AUDIFFRET.

CIRCASSIENNE. On appelle ainsi une étoffe de laine, ou de laine, de coton et de fil, employée pour vêtements d'été, manteaux, etc., d'une seule couleur ou de couleurs mélangées. C'est en Angleterre que l'on essaya pour la première fois de cette espèce de fabrication, qu'on a ensuite imitée avec succès en France, en Belgique, en Bohême, en Saxe, etc. On donne encore le nom de *circassienne* à une étoffe mi-soie assez semblable au gros de Tours, à raies croisées et d'une autre couleur que le fond. On en fabrique surtout à Lyon et en Suisse.

CIRCASSIENS ou **BORGITES**, seconde dynastie des mamelouks qui ont donné des sulthans à l'Égypte.

CIRCÉ, enchanteresse fameuse, était fille du Soleil et de la nymphe Perséis, une des Océanides. Médée, fille d'Æétès, roi de Colchide, son frère, et d'Hécate, était sa nièce. De même que Médée, type des reines perdues et éhontées chez les anciens, elle essaya sur son époux, roi des Sarmates, l'art des empoisonnements. Le crime la rendit l'exécration de ses sujets, qui la chassèrent. Elle fut recueillie sur le char du Soleil, son père, qui la déposa au pied d'un cap élevé de la mer Tyrrhénienne, sur les côtes du Latium. Immortelle, on ne sait comment, ainsi que Calypso, elle y fixa désormais sa cour, dans un bois inaccessible, que ses amants changés par elle en pourceaux, en lions, en ours, en loups, faisaient retentir nuit et jour de leurs hurlements désespérés. C'était par un coup d'une baguette qu'elle portait toujours à la main, qu'elle opérait ces tristes métamorphoses : cette baguette passa depuis, pour n'en plus sortir, aux mains des fées, des magiciens et magiciennes, des Armide, des Alcine, des Morgane, des Hidraot. Scylla, autrefois nymphe charmante, aimée de Glaucus, fut changée par cette jalouse déesse et ses sujets, qui la chassèrent. Elle fut recueillie sur le monstre effroyable, autour des flancs duquel hurlait une ceinture de chiens.

Pour se consoler de son exil éternel, Circé avait donné à sa petite presqu'île, image bien rétrécie du royaume qu'elle avait perdu, le nom d'Ææa, capitale de sa chère Colchide, tandis que par les soins du Soleil, son père, les chœurs et les danses de l'Aurore réjouissaient sa retraite : c'est le vieil Homère qui le raconte. Un héros qui errait alors sur les mers de ces parages tomba dans ses pièges; c'était U l y s s e. Ses compagnons envoyés à la découverte, sous la direction d'Euryloque, arrivèrent au palais de Circé, qui les accueillit bien, leur fit servir des mets et du vin ; puis, après les avoir touchés de sa baguette, les métamorphosa en pourceaux. Heureusement pour l'époux de Pénélope, Minerve et Mercure veillaient sur lui ; le dieu lui donna l'herbe *moly*, qui rendit vains les charmes de l'enchanteresse ; sa baguette céda à l'épée du héros, qui, par l'ordre de Mercure, la contraignit à jurer par le Styx qu'elle le traiterait bien, sans quoi il la tuerait, toute déesse qu'elle fût. Mais la magicienne avait des charmes naturels plus forts que son art ; elle était douée d'une voix enchanteresse et d'une beauté extérieure ravissante, qui cachait la laideur de son âme : insensible aux attraits de Calypso, Ulysse se laissa prendre à ceux de Circé. Après que, pour lui plaire, elle eut rendu leur première forme à ses compagnons, il resta plus d'un an avec elle : les fruits de leurs amours furent Agrius, Latinus et Télégone. Télégone, après avoir tué par mégarde, et sans le connaître, Ulysse, son père, à Ithaque même, épousa P é n é l o p e, par le conseil de Minerve, qui lui ordonna d'abord de porter à Circé le corps du fils de Laerte, pour qu'elle lui donnât la sépulture ; autre injonction très-étrange de la déesse de la sagesse.

Cette enchanteresse, après avoir séduit les héros, séduisit aussi les poètes : ils ont composé sur elle plusieurs opéras, auxquels elle n'a rien communiqué de sa magie ; mais l'incontestablement elle électrisait de sa baguette J.-B. Rousseau lorsqu'il composa sa magnifique cantate de Circé, si riche de poésie et si lyrique qu'elle n'a point encore trouvé une musique assez puissante pour la traduire.

DENNE-BARON.

CIRCENSES. *Voyez* CIRQUE.
CIRCOMPOLAIRES. *Voyez* CIRCUMPOLAIRES.
CIRCONCELLIONS. *Voyez* CIRCUMCELLIONS.

CIRCONCISION, excision du prépuce chez l'homme et des petites lèvres chez la femme, sorte de consécration religieuse, dans le premier cas surtout, parmi les principaux peuples de l'Orient. Rien ne parait plus fondé, du reste, que cette prescription au point de vue de l'hygiène; elle est fort utile dans les pays chauds, et prévient des incommodités qui pourraient, malgré la plus minutieuse propreté, avoir des suites graves.

L'usage de cette pratique a été commun à plusieurs peuples anciens de l'Orient; Hérodote assure qu'elle était établie de toute antiquité chez les Éthiopiens et les Égyptiens. On sait peu de chose sur la circoncision de ces peuples; on croit cependant qu'elle n'était point parmi eux de précepte religieux, et qu'elle ne s'observait point indistinctement dans toutes les classes de la société. Il paraît qu'en Égypte les prêtres seuls et les initiés y étaient astreints.

Nous lisons dans la *Genèse* que, Dieu ayant fait alliance avec Abraham, et l'ayant choisi pour être le père d'une postérité nombreuse, de laquelle sortirait le Messie, il fallait, pour la vérification de cette promesse, que cette postérité pût constater son origine et qu'elle fût distinguée de tous les peuples par une marque particulière que nul autre ne fût tenté d'adopter. Dieu ordonna la circoncision : « Vous circoncirez, dit-il, votre chair, afin que cette circoncision soit la marque de l'alliance que je fais avec vous. L'enfant de huit jours sera circoncis parmi vous; et dans la suite de toutes les générations, tous les enfants mâles, tant les esclaves qui seront nés en votre maison, que tous ceux que vous aurez achetés et qui ne seront point de votre race, seront circoncis. Tout mâle dont la chair n'aura point été circoncise sera exterminé du milieu de son peuple, parce qu'il aura violé mon alliance. » En exécution de ce commandement, Abraham, presque centenaire, se circoncit lui-même avec toute sa maison et avec son fils Ismaël, alors âgé de treize ans.

Le précepte de la circoncision fut dans la suite renouvelé à Moïse. Fils d'Abraham, les Hébreux continuèrent à imiter la foi du père des croyants; compris dans l'alliance divine, ils s'engageaient à ne jamais violer la fidélité qu'ils avaient jurée au Seigneur, dont ils formaient le peuple; héritiers des promesses, ils voulaient se rendre dignes d'en voir l'accomplissement. C'est ainsi que de cet acte extérieur naissaient des devoirs, des obligations morales que l'on désignait par l'expression *circoncision du cœur*.

Au sentiment de saint Augustin et de quelques autres Pères, la circoncision, figure de baptême, en avait aussi la vertu, et pouvait effacer le péché originel; saint Jérôme et d'autres ont pensé qu'il n'en était pas ainsi. Il n'est pas probable en effet que si la circoncision avait eu tant d'efficacité, Dieu eût permis de la différer jusqu'au huitième jour, ni comment les israélites en eussent négligé la pratique pendant tout le temps qu'ils restèrent dans le désert. Cette dernière circonstance pourrait même faire supposer que le temps fixé par la loi n'était pas un terme de rigueur; cependant la loi était expresse, et il n'est pas permis de croire que les juifs, si scrupuleusement attachés à la lettre, l'eussent facilement négligée. La raison pour laquelle la circoncision fut interrompue dans le désert, c'est que, séparés de fait de toutes les nations, les Hébreux n'avaient pas besoin d'être distingués d'une manière particulière; ce ne fut qu'au moment de leur entrée dans la terre promise, et lorsqu'ils devaient se rapprocher des autres peuples, que Dieu leur ordonna de reprendre la circoncision. La loi ne prescrivait ni le lieu, ni le ministre, ni l'instrument de cette cérémonie. On a lieu de penser (*Luc*, 1) que le huitième jour les parents se réunissaient à la maison du nouveau-né, pour lui donner un nom ; là un d'entre eux, quelquefois le père ou la mère, plus souvent un homme exercé, circoncisait l'enfant. L'exemple de Sephora, femme de Moïse (*Exode*, IV), celui de Josué, circoncisant les enfants d'Israël à Galgala (*Josué*, V), ont fait supposer qu'on se servait pour cette opération de couteaux de pierre : il est à croire que dans la circonstance dont il s'agit ces instruments ne furent employés qu'à défaut d'autres plus commodes.

Voici, du reste, ce qui s'observe généralement parmi les juifs modernes : l'enfant reçoit un parrain et une marraine. La nuit qui précède la circoncision est pour les parents du nouveau-né un temps de réjouissance, où l'on reçoit les félicitations des amis. Le moment de la cérémonie arrivé, la marraine va chercher l'enfant à la maison paternelle, et le porte jusqu'à l'entrée de la synagogue. Là elle le remet au parrain; car elle ne peut pénétrer plus avant, ainsi que les femmes qui l'accompagnent. Deux sièges couverts de carreaux de soie ont été préparés, l'un pour le parrain, l'autre pour le prophète Élie, qu'ils supposent assister invisiblement à toutes les circoncisions. Le parrain place l'enfant sur ses genoux, et le dispose pour l'opération. Le *mohel* prend avec ses doigts ou avec une pince d'argent la portion du prépuce qu'il doit couper, puis, tenant à la main l'instrument qui doit servir à l'amputation, et qui est ordinairement un rasoir, il dit : *Béni soyez-vous, Seigneur, qui nous avez commandé la circoncision!* et en même temps il coupe la première peau, qui est la plus épaisse, et déchire la seconde avec les ongles des pouces. Il exprime aussitôt avec sa bouche, à deux ou trois reprises, le sang qui sort de la plaie et le rejette dans un vase plein de vin ; il met ensuite diverses substances astringentes sur la partie amputée, et enveloppe le tout. Puis, il bénit le vin dans lequel il a rejeté le sang, bénit aussi l'enfant, lui impose le nom qui lui est destiné, en prononçant ces paroles d'Ézéchiel : *Et j'ai dit : Vis en ton sang!* et lui mouille les lèvres de la liqueur bénite. On récite ensuite le psaume 128 : *Bienheureux tout homme qui craint le Seigneur!* Après quoi, le parrain remet l'enfant à la marraine, qui le reporte à la mère. Ceux qui ont assisté à la cérémonie disent au père en s'en allant : *Puissiez-vous assister à ses noces!* D'ordinaire l'enfant est guéri au bout de vingt-quatre heures. Chez les adultes l'opération, sans être plus douloureuse, est rarement suivie d'une cure aussi prompte, et il est difficile dans ce cas d'obtenir la réunion immédiate de la plaie.

Mais depuis longtemps on avait remarqué que l'emploi des ongles, substitué à celui de l'instrument tranchant, était beaucoup plus long, plus douloureux, et qu'il était capable d'occasionner des accidents nerveux chez l'enfant. On avait encore remarqué que la succion pouvait avoir pour effet de transmettre certaines maladies du mohel à l'enfant et de l'enfant au mohel. Aussi dès 1843 le Consistoire de Paris supprimait-il la succion, sur l'avis d'une commission de médecins israélites, dont deux faisaient partie du consistoire. On a réclamé encore la suppression de la *dilacération par les ongles*. Les hommes du progrès, dans la synagogue, vont même plus loin : ils demandent que la circoncision, cette opération dangereuse et quelquefois mortelle pour les enfants, soit faite par un chirurgien de leur religion ou en présence d'un homme de l'art agréé par l'autorité, ainsi que cela se pratique à Vienne depuis 1815, et à Breslau, d'après une ordonnance du roi de Prusse. Il y a mieux, on cite, parmi les juifs allemands, une secte qui a complétement renoncé à la pratique de la circoncision.

La circoncision peut être également pratiquée dans la maison paternelle; elle peut être faite indifféremment par le père ou par une personne de son choix, ce qui n'empêche pas le titre de *mohel* d'être en grand honneur chez les juifs.

Lorsque les anciens Hébreux recevaient un prosélyte d'une nation où la circoncision était en usage, ils se contentaient de lui tirer quelques gouttes de sang de l'endroit où cette opération avait été déjà pratiquée; c'est ce qu'ils appelaient *le sang de l'alliance*.

Quelques auteurs ont prétendu que la marque de la circoncision était ineffaçable. On trouve cependant dans le

1er livre des *Machabées* que les Juifs qui se séparaient de leur nation faisaient disparaître en eux ce signe de leur origine. On rapporte pareille chose d'un grand nombre de Juifs pendant la persécution des Romains après la destruction du Temple. Saint Paul, enfin, qui était Juif lui-même, croit évidemment à la possibilité du fait. A l'appui de ces témoignages, on peut encore citer saint Épiphane, qui parle des moyens dont se servaient les médecins pour effacer les traces de la circoncision et les traités sur cette matière attribués à Celse et à Galien.

La circoncision des mahométans est, comme celle des juifs, de précepte religieux Ces peuples cependant ne regardent pas cette pratique comme indispensable au salut. Aussi ne se pressent-ils pas d'y soumettre leurs enfants. Les Turcs attendent qu'ils aient sept à huit ans; les Persans, douze à treize. En outre, la circoncision est en usage de nos jours parmi les Cafres et les coptes. Les chrétiens d'Abyssinie admettent simultanément le baptême et la circoncision.

Le Christ, sorti de la famille d'Abraham, devait, pour ne point paraître étranger au milieu des siens, porter le signe caractéristique de cette famille, preuve de sa généalogie; il devait se soumettre à la loi, lui qui était venu pour l'accomplir et la perfectionner : c'est pourquoi il voulut recevoir la circoncision. De savants interprètes ont prétendu qu'elle avait eu lieu dans la grotte de Bethléem, de la main de la Vierge ou de saint Joseph. Le père Ayala, dans son *Pictor Christianus*, relève l'erreur des peintres représentant Jésus circoncis dans le Temple. Toutes les circonstances de cet événement ont été longtemps, du reste, l'objet de la vénération des chrétiens : on montrait autrefois dans l'abbaye de Saint-Corneille à Compiègne un couteau de pierre qu'on disait avoir servi à la circoncision du Sauveur. Plusieurs églises se sont également disputé l'honneur de posséder son saint prépuce. Cependant Jésus-Christ était venu surtout pour étendre à tout l'univers le bienfait de l'adoption divine, pour abolir toute distinction parmi les hommes : dès lors la marque distinctive du peuple de Dieu devait disparaître ; le Seigneur ne voulait plus qu'un peuple, le genre humain. La *circoncision de Jésus-Christ*, qui devait abroger celle de l'ancienne loi, est devenue une des fêtes de l'Église. Cette fête paraît très-ancienne ; mais ce n'est que vers le quinzième siècle qu'elle a été célébrée en France sous ce titre. Elle est appelée *Octave de la Nativité de Notre Seigneur* dans les anciens sacramentaires romains. Elle a cessé d'être d'obligation depuis le concordat de 1801 ; cependant, comme elle coïncide avec le premier jour de l'an, elle est toujours observée, au moins comme fête de famille.

CIRCONFÉRENCE (de *circum*, autour, et *fero*, je porte). Ce nom, que l'on donne quelquefois au contour d'une surface quelconque est plus spécialement réservé pour désigner une ligne c o u r b e dont tous les points sont également distants d'un point intérieur nommé *centre*. Il ne faut pas la confondre avec le *cercle*, qui est la surface plane terminée par cette ligne. La circonférence et le cercle jouissent de nombreuses propriétés, qui ont été l'objet des travaux des géomètres anciens et modernes. Ces propriétés, que l'on démontre directement, peuvent aussi être considérées comme dérivant de celles des sections c o n i q u e s, dont le cercle n'est qu'un cas particulier ; car on peut dire que c'est une e l l i p s e dans laquelle les foyers coïncident avec le centre. Si, au contraire, on étudie d'abord le cercle, on peut en déduire une théorie des sections coniques, en remarquant que toute courbe de cet ordre est la perspective d'un cercle convenablement placé. Cette dernière méthode, que les anciens ont souvent appliquée, est féconde en résultats.

Mais nous ne parlerons ici que de la *rectification de la circonférence*, c'est-à-dire de la mesure de cette ligne. Ainsi que nous l'avons déjà montré (tome V, p. 24), ce problème est le même que celui de la *quadrature du cercle*. En effet, l'aire du cercle étant égale au produit de sa circonférence par la moitié du rayon, si l'on connaît la surface d'un cercle de rayon donné, on peut déterminer la longueur de sa circonférence, et *vice versâ*.

Les circonférences sont entre elles comme leurs rayons, et par suite, comme leurs diamètres, de sorte que, quels que soient la circonférence C et son rayon R, le rapport $\dfrac{C}{2R}$ est toujours le même. Ce rapport constant, qu'on a coutume de désigner par π, est incommensurable, et ne peut donc être calculé qu'approximativement. La géométrie élémentaire donne pour trouver la valeur approchée de π quatre méthodes qui reposent sur les relations :

$$\text{circ. } R = 2\pi R, \quad \text{cerc. } R = \pi R^2$$

De ces relations, on tire :

$$\pi = \frac{\text{circ. } R}{2R} \text{ et } \pi = \frac{\text{cerc. } R}{R^2}$$

Or, si l'on considère la première de ces formules, on peut, se donnant la longueur de la circonférence, calculer le rayon (*méthode des i s o p é r i m è t r e s*,), ou bien, partant d'un rayon connu, chercher la circonférence (*méthode des périmètres*). Si l'on emploie la seconde formule, on peut se proposer, connaissant le rayon, de trouver la surface du cercle (*méthode des surfaces*), ou bien, connaissant l'aire du cercle, de calculer le rayon. Archimède, qui le premier s'occupa de cette importante recherche, employa la seconde méthode. Ayant calculé les périmètres des polygones réguliers inscrit et circonscrit de 96 côtés, il trouva que ces périmètres dans des cercles qui auraient pour diamètre l'unité seraient respectivement égaux à $\frac{223}{71}$ et à $\frac{22}{7}$. Ces deux nombres ne diffèrent que de $\frac{1}{497}$, chacun d'eux ne diffère de π que d'une quantité encore plus petite. On peut donc prendre l'un ou l'autre pour valeur approchée de π. Archimède choisit $\frac{22}{7}$ ou $3 + \frac{1}{7}$, à cause de sa simplicité. Cette valeur est trop grande d'un peu plus de 0,001, de sorte que dans un cercle de 1000 mètres de diamètre l'erreur commise sur la longueur de la circonférence serait de plus d'un mètre. Malgré cela, le rapport d'Archimède est celui que l'on emploie le plus généralement dans les arts, où il est suffisant pour des opérations qui n'exigent pas une exactitude mathématique.

Dans la méthode employée par Archimède, on suppose une circonférence ayant pour diamètre l'unité. Les côtés des hexagones réguliers inscrit et circonscrit sont alors exprimés, l'un par $\frac{1}{2}$, l'autre par $\frac{1}{\sqrt{3}}$; par conséquent, π, qui représente la longueur de la circonférence est compris entre $\frac{1}{2} \times 6$ ou 3 et $\frac{1}{\sqrt{3}} \times 6$ ou $2\sqrt{3}$. Ces périmètres étant connus, la géométrie donne des formules à l'aide desquelles on calcule ceux des dodécagones réguliers inscrit et circonscrit, dont les valeurs, qui sont plus rapprochées, comprennent encore π. Des dodécagones on passe, par les mêmes formules, aux polygones de 24, puis de 48, puis de 96 côtés. C'est ainsi qu'opéra Archimède, et c'est en continuant ces calculs que Ludolph Van Ceulen donna la valeur de π avec 34 décimales exactes :

$$\pi = 3{,}1415926535897932384626433832795029...,$$

approximation que l'on a depuis considérablement reculée. Dans la plupart des cas, on ne se sert que des sept premiers chiffres, et l'on prend $\pi = 3{,}1415926$. Si l'on met cette expression sous la forme $\frac{3{,}1415926}{1{,}0000000}$, et qu'on la transforme en fraction continue, on trouve pour réduites successives, $\frac{3}{1}$, $\frac{22}{7}$, $\frac{333}{106}$, $\frac{355}{113}$, etc., et l'on sait que ces fractions sont les plus simples parmi celles qui approchent le plus de la proposée. La seconde est celle d'Archimède. La quatrième a été donnée par Adrien Métius, qui la trouva par d'autres procédés. Beaucoup plus approchée que celle qui la précède immédiatement (réduite en décimales, elle est exacte jusqu'au septième chiffre), elle a en outre l'avantage d'être facile à retenir; car en écrivant les trois premiers nombres impairs répétés deux fois, 1,1,3,3,5,5, l'ensemble des trois premiers chiffres donne le dénominateur de l'expression, dont les autres forment le numérateur.

Quoique la détermination de π par la méthode d'Archimède ne dépende que d'une suite d'extractions de racines carrées, cette méthode est très-laborieuse quand on veut obtenir un certain nombre de chiffres exacts. Les trois autres méthodes que donne la géométrie élémentaire reposent sur des opérations de même ordre, et ont le même inconvénient. Aujourd'hui on connaît 200 chiffres décimaux de π; mais on les a trouvés par des moyens beaucoup plus expéditifs, empruntés à des parties plus élevées de la science Ainsi, en partant du développement en série de l'arc en fonction de sa tangente, Leibniz est parvenu à

$$\pi = 4\left(1 - \frac{1}{3} + \frac{1}{5} - \frac{1}{7} + \frac{1}{9} - \ldots\right)$$

série, dont la convergence est évidente et dont la loi est facile à saisir. Mais il faut encore en prendre un assez grand nombre de termes pour avoir une approximation suffisante. Aussi lui préfère-t-on des séries dérivées de la même source, mais plus convergentes, telles que celle que donne Lacroix dans son *Traité de Calcul différentiel et intégral*. Parmi les différentes expressions de la valeur de π, on remarque celle de Wallis,

$$\frac{\pi}{2} = \frac{2.2.4.4.6.6\ldots}{1.3.3.5.5.7\ldots}$$

où les deux termes sont supposés prolongés jusqu'à l'infini; ce qui veut dire que plus le nombre de facteurs que l'on prendra sera grand, plus on approchera de la véritable valeur du premier membre de l'égalité. Brounker a donné pour la valeur de $\frac{\pi}{4}$ une fraction continue qui doit aussi être supposée prolongée à l'infini, et où les numérateurs des fractions intégrantes sont les carrés des nombres impairs consécutifs, tandis que leurs dénominateurs sont tous égaux à 2. Enfin Jean Bernouilli et Vandermonde ont exprimé π d'une manière très-simple, l'un en fonction d'un logarithme imaginaire, l'autre à l'aide d'une intégrale eulérienne de deuxième espèce. Nous pourrions encore citer d'autres expressions transcendantes de π, et, comme les précédentes, elles nous confirmeraient dans l'opinion qu'il est impossible de rectifier la circonférence avec l'unique secours de la règle et du compas. E. MEILLIEUX.

CIRCONFLEXE (Accent), du latin *circumflexus*, tourné en rond. *Voyez* ACCENT.

CIRCONLOCUTION (en latin *circumlocutio*, fait de *circum*, autour, et *locutio*, parole). *Voyez* PÉRIPHRASE.

CIRCONSCRIPTION (*circum scribere*, *circum scriptum*, ce qui est délimité, renfermé et séparé tout à l'entour). Ce mot ne s'emploie guère qu'au propre, pour déterminer une délimitation de territoire, tandis que le verbe *circonscrire* est d'un usage fréquent au figuré, pour indiquer qu'en toute chose il faut savoir se borner. Les circonscriptions territoriales se modifient à l'infini, suivant les événements qui changent la face des nations; cependant il existe des circonscriptions naturelles, déterminées par le cours des fleuves et la direction des chaînes de montagnes, mais ces circonscriptions elles-mêmes ne sont pas à l'abri des révolutions, et l'on est peu disposé à s'entendre d'ailleurs sur les délimitations naturelles. Chaque branche de l'administration a souvent sa circonscription spéciale : c'est ainsi que l'administration de la guerre a sa circonscription en divisions militaires; l'administration des finances sa circonscription financière; l'administration des forêts, sa circonscription en arrondissements forestiers; l'administration des cultes sa circonscription en diocèses; l'administration de la marine, sa circonscription en préfectures et arrondissements maritimes; l'administration des travaux publics, ses inspections; l'administration nouvelle de la police avait d'abord voulu avoir sa circonscription en inspections générales et spéciales. Chaque ministre ou chef d'administration a un délégué spécial pour le représenter dans chacun des chefs-lieux de la circonscription : celui-ci est le chef d'une administration locale chargée du service. C'est là un des résultats de la centralisation. Chaque ministre a voulu être indépendant de ses collègues, non-seulement dans sa personne, mais même dans celles de ses subordonnés, et c'est ainsi que le territoire s'est trouvé couvert d'agents spéciaux, sans liens communs, et qu'une foule de services qui gagneraient à être réunis ont été séparés.

CIRCONSPECTION. Une attention réfléchie et mesurée sur la façon de parler, d'agir et de se conduire dans le commerce du monde par rapport aux autres, pour y contribuer à leur satisfaction plutôt qu'à la sienne, est l'idée générale que représentent d'abord les mots *circonspection*, *retenue*, *considération*, *égards*, *ménagements*, suivant la remarque de l'abbé Girard. Voici pourtant les différences qu'on y peut mettre. La *circonspection* est principalement dans le discours; la *retenue* dans les paroles comme dans les actions, et a pour défaut opposé l'imprudence; la *considération*, les *égards*, les *ménagements* sont pour les personnes, avec cette différence, que la *considération* et les *égards* sont plus pour l'état, la situation, la qualité des gens que l'on fréquente, et que les *ménagements* regardent plus particulièrement leurs inclinations et leur humeur. La *considération* semble encore indiquer quelque chose de plus fort que les *égards*; elle marque mieux le cas qu'on fait des personnes qu'on voit, l'estime qu'on leur porte en réalité, ou seulement en apparence, ou un devoir qu'on leur rend. Les *égards* tiennent davantage aux règles de la bienséance et de la politesse. Toutes ces qualités, du reste, sont uniquement les fruits de l'éducation, et l'on peut les posséder éminemment sans être plus vertueux; mais comme on ne s'attache guère dans la société qu'à l'écorce, on a mis à ces qualités, bonnes en elles-mêmes, un prix fort supérieur à leur valeur. Bien des gens qui font partie de ce qu'on est convenu d'appeler le *beau monde* n'ont par dessus les autres hommes, qu'ils méprisent, qu'un peu de vernis qui les couvre et qui cache à la vue leur médiocrité, leurs défauts et leurs vices.   Ch[er] DE JAUCOURT.

Le mot *circonspection* n'a pas toujours été pris, du reste, pour une vertu. Si Saint-Évremond dit quelque part que l'homme modeste et circonspect voit les défauts d'autrui, mais n'en parle jamais, il remarque ailleurs qu'il y a des gens qui passent leur vie en formalités et en bienséances, et qui sont toujours « esclaves de la *circonspection* ». S'il juge qu'avec les princes « il faut agir avec une grande *circonspection*, » il trouve que l'amitié « s'accommode aussi peu des grandes *circonspections* que des sévérités de la justice. » La Bruyère est encore plus positif à cet égard, quand il peint « le ris forcé, les caresses contrefaites et la triste *circonspection* d'un courtisan dans toute sa conduite et dans tous ses discours ». Il en est donc de la *circonspection* comme de beaucoup d'autres choses, qui ne sont louables qu'autant qu'elles partent d'un bon principe et que leur application est utile et honorable, et qui prennent tour à tour le nom de vice ou de vertu selon le tour qu'on leur donne.   Edme HÉREAU.

CIRCONSTANCE (du latin *circumstantia*, dérivé de *circumstare*, être autour). Ce mot est très-usité dans le langage usuel et dans le style littéraire. Il excite dans l'esprit l'idée d'un accompagnement ou d'une chose accessoire à une autre, qui est la principale. Sa signification est nuancée suivant qu'il est employé au singulier ou au pluriel, suivant aussi les locutions diverses dans lesquelles il est associé à d'autres noms. On dit : les *circonstances des personnes*, *du lieu*, *du temps*, *de la manière*, etc. Les *circonstances et dépendances d'une maison*, *d'une affaire*, *d'un procès.* Circonstancier signifie *dire, marquer les circonstances.* Ce mot a pour synonymes les mots *occasion, occurrence, conjoncture* et *cas*, On pourra juger comment l'idée commune qu'ils expriment se modifie dans les phrases suivantes : « On connaît les gens dans *l'occasion*. Ce sont ordinairement les *conjonctures* qui déterminent quelqu'un à prendre un parti. Il faut se comporter selon *l'occurrence* des temps. Quelques politiques prétendent qu'il est des *cas* où la raison défend de consulter la vertu. La diversité des *circonstances* fait que le même homme pense différemment sur la même chose. »

Lorsque les *circonstances* sont envisagées dans l'art oratoire comme signifiant ce qui précède un fait et ce qui le suit, aussi bien que tout ce qui l'accompagne, lorsqu'il y a plus ou moins de liaison entre toutes ces choses, les rhéteurs les rangent parmi les lieux oratoires intrinsèques, qui sont l'une des sources où l'orateur va puiser ses preuves. Les anciens ont renfermé les circonstances dans ce vers technique :

Quis, quid, ubi, quare, quoties, cur, quomodo, quando.

Ce qui comprend la personne, la chose, le lieu, le temps, les moyens, le nombre, la manière, les motifs.

Dans le genre judiciaire, les circonstances qui ont influé sur le jugement porté, et qui sont indiquées dans les considérants, sont dites aggravantes ou atténuantes. Celles qui sont indifférentes sont écartées, c'est-à-dire non mentionnées.

Dans les sciences des corps organisés, on a égard aux circonstances dans lesquelles ils sont appelés à vivre et à exécuter toutes leurs fonctions. Le climat, les saisons, les époques de la journée, les lieux qu'ils habitent, les milieux où ils se développent et se meuvent, les corps extérieurs qui servent à leur nourriture et qui contribuent à leur reproduction, sont des circonstances extérieures. On les distingue des circonstances d'âge, de sexe, de tempérament, de constitution, de mœurs et d'habitudes, qui, étant inhérentes au sujet, méritent plutôt le nom de *conditions*. Dans toutes les sciences expérimentales, surtout dans celles qui ont pour objet la culture et la thérapeutique des espèces végétales et animales utiles à l'homme, et de l'espèce humaine elle-même, il faut apprécier exactement ou approximativement toutes les circonstances et les conditions des phénomènes que l'on observe, et les modifier autant que possible dans le sens du but que l'on se propose.

CIRCONSTANCE (Pièces de). On donne ce nom aux pièces de vers et aux pièces de théâtre composées à l'occasion de quelque événement politique ou de famille. Quelquefois la pièce de circonstance a recours à l'allusion ; mais il est rare qu'elle survive à l'événement qui la fait naître. Cependant on a conservé les titres d'une infinité de ces pièces. La pièce de circonstance est le reflet de l'opinion publique ; c'est l'interprète des sentiments de la majorité : louangeuse dans les temps de servilité, elle devient frondeuse sous un régime libre. Aristophane dans *Les Nuées* a fait une pièce de circonstance. Les prologues des opéras du temps de Louis XIV sont des pièces de circonstance, comme les vaudevilles de l'Empire. Chaque naissance, chaque événement, chaque mariage de prince ou de princesse, chaque victoire remportée, chaque traité de paix conclu a été célébré par des poètes à l'affût des circonstances. Les partis vainqueurs et vaincus ont été tour à tour chantés et bafoués sur les mêmes théâtres et souvent par les mêmes auteurs. Les parodies sont des pièces de circonstance, les revues aussi. Apparaît-il une invention nouvelle, un télégraphe, un ballon, un chemin de fer, une mode excentrique, un mauvais ouvrage qui obtient un brillant succès, vite les vaudevillistes taillent leurs plumes, et une nouvelle pièce de circonstance est en répétition.

Du moins, au feu de la rampe, les pièces de circonstance ont besoin de l'aveu du public, et il faut encore y mettre un peu d'esprit ; mais que de quatrains, d'épîtres, renaissent à chaque circonstance et passent honteusement, quoique largement payés, sans que personne les lise. On cite de ces surprenants madrigaux qui ont servi à dix pouvoirs différents, et on a calculé qu'un de ces poètes de circonstance avait vu payer ses vers jusqu'à 30 francs le mot, grâce à la munificence des princes qui rémunéraient des vers déjà payés par leurs prédécesseurs, et qu'un léger changement appropriait aux circonstances nouvelles.

CIRCONVALLATION et CONTREVALLATION (Lignes de). Les troupes chargées de faire le siège d'une place sont souvent inquiétées dans leurs opérations par l'ennemi, qui peut tenter une diversion ou chercher à envoyer des secours aux assiégés. Pour déjouer ses projets, on entourait autrefois le camp et la place d'une ceinture défensive, d'un fossé avec un parapet : c'étaient les lignes de *circonvallation*. Elles étaient assez fréquemment formées d'une suite continue ou discontinue d'ouvrages de fortification passagère. Si la place était défendue par une garnison très-nombreuse, on prenait aussi quelquefois la précaution de lui opposer une autre enceinte de lignes de *contrevallation*, en sorte que le camp des assiégeants était compris entre ces deux enceintes fortifiées. L'objet de la ligne de circonvallation était d'arrêter les secours qu'on aurait été tenté d'introduire dans la place et d'opposer un obstacle matériel aux coups de main de l'armée de secours. Pour que les camps fussent hors de la portée du canon, cette ligne se traçait à 3,000 mètres environ de la place. Durant les dernières guerres de l'Empire, la rapidité des opérations n'a pas permis de faire usage de ces moyens défensifs ; l'audace y a suppléé. Cependant les Français ne négligèrent pas de se fortifier devant Mantoue ; mais ils se bornèrent à l'enceinte de leur camp, sans étendre leurs lignes autour de la place. FERRY.

CIRCULAIRE (de *circulare*, environner, fait de *circum ire*, aller tout autour), ce qui a la forme, la figure d'un cercle. C'est en ce sens qu'on dit une *ligne circulaire*. Le mot indique encore ce qui se meut en décrivant un cercle : *mouvement circulaire*. En arithmétique, on nomme *nombre circulaire* celui dont les puissances finissent par le caractère même qui en marque la racine : 5 est un nombre circulaire parce que son carré est 25 et son cube 125. On entend par *fonctions circulaires*, en mathématiques, les sinus, cosinus, tangentes, etc.

Jadis on appelait *lettres circulaires* celles par lesquelles les rois, les princes, les évêques ordonnaient de fournir à ceux qui voyageaient par leurs ordres tout ce qui était nécessaire à leur logement et à leur subsistance.

Par l'expression *lettres circulaires* ou par abréviation *circulaires*, on désigne aujourd'hui plusieurs lettres écrites dans les mêmes termes, adressées à différentes personnes pour le même sujet, destinées enfin à tourner, pour ainsi dire, dans un cercle d'individus, afin de leur transmettre des avis, des renseignements quelconques. Comme le contenu en est identique et qu'il en faut, en général, un assez grand nombre d'exemplaires, c'est presque toujours à l'impression, à la lithographie, à l'autographie, aux presses à copier que l'on confie le soin de les multiplier.

Les annonces, les prospectus, sont une sorte de circulaires. Une autre variété comprend celles qu'un assez mauvais français on nomme *lettres de faire part*, et qui ont pour objet de donner mutuellement aux amis et connaissances avis des naissances, mariages et décès survenus dans les familles.

Les *circulaires administratives* sont des instructions écrites qu'un chef d'administration adresse à tous ses subordonnés, pour leur servir de règle de conduite. Parmi ces instructions, on distingue principalement les *circulaires ministérielles*, qui, émanées du ministre compétent, servent à établir l'unité dans l'exécution de la loi et des volontés du gouvernement. A cet égard quelques-unes de ces circulaires sont restées célèbres, et l'on cite souvent encore celles que le ministre de l'intérieur Ledru-Rollin, membre du gouvernement provisoire, adressa en 1848 aux commissaires dans les départements pour stimuler leur zèle, en leur déclarant qu'ils avaient des pouvoirs presque dictatoriaux, circulaires dont rien ne put détruire le mauvais effet. Les ministres accompagnent souvent l'envoi des lois nouvelles à leurs agents d'une circulaire tendant à fixer la manière dont le gouvernement entend qu'elles soient exécutées et à éclaircir certains points d'une rédaction douteuse ou laissés à la discrétion du pouvoir exécutif. Si quelque difficulté surgit dans l'application d'une loi, il en est référé au ministre, qui répond par une circulaire. Dans tous les cas, la circulaire ne peut toujours être considérée que comme l'avis personnel du ministre, rien de plus; elle n'a par elle-même aucune force obligatoire pour les citoyens étrangers à l'administration. Lors donc qu'il s'agit de l'interprétation d'un texte de loi ou de la décision d'un point de droit, les tribunaux qui, suivant les règles de la compétence, peuvent être saisis de la connaissance du litige n'ont pas à s'enquérir de l'avis du ministre, et la circulaire ne peut avoir pour eux ni force ni autorité. Voilà pourquoi il a été décidé, en droit administratif, que les circulaires ministérielles ne constituent pas même une décision, et qu'ainsi elles ne peuvent être attaquées devant le Conseil d'État par la voie contentieuse.

[Les *circulaires*, en matière commerciale, ont pour objet le plus général de faire part de la formation ou de la dissolution d'une société, de quelques changements survenus dans une maison, d'une nouvelle signature, ou encore de faire des offres de service, de remettre des prix courants; elles servent aussi à donner un avis général aux correspondants; c'est, enfin, par le moyen des lettres circulaires qu'on répand un fait dont on veut qu'ils aient tous la connaissance. Beaucoup de circulaires sont insignifiantes ou d'un médiocre intérêt; on les fait le plus souvent imprimer, et ceux qui les reçoivent les laissent sans réponse toutes les fois qu'elles ne renferment qu'un avis sans importance. Les plus essentielles sont celles où l'on fait part de l'établissement d'un commerce, de la formation d'une société, en cherchant à se créer des correspondances; dans celles-ci les négociants sont dans l'usage de faire connaître d'abord le genre de commerce qu'ils se proposent de suivre; ils exposent ensuite leurs avantages, les capitaux dont ils disposent, l'expérience qu'ils ont acquise dans la partie, afin de déterminer les correspondants en leur faveur par la confiance qu'inspirent toujours l'instruction et la fortune; ils terminent d'ordinaire en donnant au bas de la lettre la signature sociale.
Edmond DEGRANGE.]

CIRCULATION (du latin *circulatio*, cours, circuit, tour). Ce mot s'entend proprement d'un mouvement circulaire ou suivant une ligne courbe, et par extension de toute chose qui revient ou est censée revenir au point de départ, quelle que soit la ligne parcourue. On l'emploie aussi pour signifier l'acte d'aller çà et là, d'aller et venir.

En matière politique, la circulation peut être considérée au double point de vue des personnes et des choses.

A l'égard des personnes, la circulation, ou le droit d'aller et de venir librement avec ses biens, est comprise dans la **liberté individuelle**. Cependant la libre circulation des personnes a été soumise à diverses restrictions, que l'intérêt général ne justifie peut-être pas toujours parfaitement : telles sont notamment la nécessité, pour quiconque veut voyager, de se munir d'un passeport, l'obligation pour les condamnés libérés placés sous la surveillance de la haute police de déclarer le lieu qu'ils choisissent pour leur résidence ou la défense qui leur est faite de se rendre dans certains lieux, la défense dans certains cas de marcher en réunion, l'autorisation donnée au gouvernement de fixer la résidence des étrangers sur le territoire français. Les maires ont le droit et le devoir d'assurer la sûreté et la commodité de la circulation sur la voie publique, et le Code rural du 6 octobre 1791 comme le Code Pénal de 1810 répriment les diverses atteintes qui pourraient y avoir été portées, soit par des dépôts de matériaux, des excavations ou des embarras faits sur les rues et les places.

Pour ce qui concerne les choses, marchandises ou denrées, la liberté de la circulation est, comme pour les personnes, le droit commun; mais quelques restrictions ont été également apportées. Ainsi les subsistances, et notamment les grains, sont soumises, eu égard à l'influence que leur rareté ou leur abondance peut exercer sur la tranquillité publique, à un régime tout spécial, qui permet soit d'en défendre soit d'en autoriser la libre circulation à l'intérieur, l'introduction ou la sortie de l'empire. Certaines marchandises ou matières, fabriquées ou non, ne peuvent, dans des vues protectrices de l'industrie ou de la sûreté nationales, être importées ou exportées (*voyez* PROHIBITION), ou sont assujetties, à leur entrée ou à leur sortie, à des droits fixés par des lois ou ordonnances spéciales (*voyez* DOUANES, PROTECTEUR [Système]; leur circulation ne peut donc, surtout dans le rayon frontière, avoir lieu qu'à l'aide de passavants, acquits à caution, certificats, etc., destinés à assurer la représentation des marchandises ou à constater soit leur identité, soit l'acquittement des droits qui les frappent. Les boissons, cartes à jouer, poudres, tabacs ne peuvent non plus circuler dans l'intérieur qu'autant que les conducteurs ou voituriers sont munis d'expéditions délivrées par l'administration des contributions indirectes : le droit auquel le transport en est assujetti prend le nom de *droit de circulation*.

CIRCULATION (*Physiologie*), fonction propre aux êtres organisés, et au moyen de laquelle s'opère le mouvement perpétuel et simultané de composition et de décomposition qui constitue la vie organique. Par cela même que les végétaux et les animaux se nourrissent par intussusception, la circulation devient pour eux une fonction indispensable, car il faut faut des organes qui, d'une part, viennent puiser l'élément nutritif à son point de contact avec les surfaces, pour aller ensuite l'offrir, en quelque sorte, aux tissus qui doivent se l'assimiler, et que, d'autre part, les organes reprennent dans ces tissus les molécules de décomposition pour les transporter au dehors. On conçoit d'avance que la configuration et la structure de l'appareil circulatoire devront offrir des modifications aussi variées que la forme et la composition des espèces d'individus chez lesquelles on l'observe; mais quelles que soient les différences que présente la circulation d'un végétal comparée à celle d'un mammifère, on est obligé d'y reconnaître une seule et même fonction, car en philosophie naturelle les formes ne sont rien, le but final est tout.

Le phénomène de la circulation chez les animaux supérieurs fut longtemps ignoré; quant à la circulation végétale, sa découverte est toute récente. Les anciens, qui considéraient le cœur comme le réservoir du πνεῦμα (air vital), et les artères comme des canaux aériens, n'avaient aucune idée nette du mode de distribution du sang; ils croyaient que, renfermé dans les veines, ce liquide y subissait un mouvement alternatif de fluctuation, qu'ils comparaient à l'agitation des flots de l'Euripe. Cependant Aristote considéra le cœur comme la source du sang, qui se perdait ensuite dans les artères et par les veines. Galien, qui avait observé la marche inverse du sang dans les artères et dans les veines, fut ainsi sur le point de découvrir la circulation. Ce ne fut que longtemps après, au seizième siècle, que Césalpin, Colombus et Servet découvrirent ce qu'on appelle la circulation pulmonaire; mais ce fut Harvey qui, en 1619, déchira le voile qui couvrait encore cette fonction merveilleuse considérée dans son ensemble : Harvey représenta le cœur comme le centre circulatoire, et compara judicieusement le mécanisme de cet organe à celui d'une pompe aspirante et foulante, qui d'un côté attire le liquide qu'elle repousse de l'autre. On a peine à croire aux entraves qu'éprouva cette sublime découverte avant d'être universellement admise comme vérité démontrée, découverte qui devait ouvrir une ère nouvelle, changer la face de la physiologie et porter la lumière dans une foule de phénomènes naturels et morbides inexplicables sans elle. Dès lors la fonction qui nous occupe mérita véritablement le nom de *circulation*, puisqu'il fut reconnu que partant d'un point déterminé le sang allait s'épandre à la périphérie pour retourner ensuite à son point de départ. De la découverte de la circulation dans les animaux supérieurs découla naturellement celle de la même fonction dans les animaux inférieurs, à part les difficultés qui naissaient des différences de structure de l'appareil, difficultés successivement éclaircies par les naturalistes. Mais longtemps encore on pensa que la circulation était l'apanage exclusif des animaux, et ce ne fut qu'au moyen de l'application du microscope à l'organisation végétale qu'on reconnut la circulation de la sève, dont les mouvements, comme ceux du sang, n'étaient admis que d'une manière spéculative et par le fait même de la végétation.

1° *Circulation dans les végétaux*. La sève est aux végétaux ce que le sang est aux animaux. Les uns et les autres comportent une trame cellulaire et des vaisseaux, plus ou moins compliqués, qui sont les réservoirs où s'élabore le fluide nutritif. Dans ces cellules, comme dans ces vaisseaux, ce fluide subit un véritable mouvement circulaire, signalé par Corti, et mieux décrit par M. Raspail. Prenez une tige de *chara hispida*, plante aquatique, fistuleuse, assez commune dans nos contrées ; séparez un entre-nœud de la tige ; détachez-en, avec les précautions requises, d'abord l'écorce, puis l'incrustation calcaire qui recouvrent le tube central ; plongez dans l'eau le tube ainsi préparé, et placez-le au foyer d'un microscope : alors vous observerez, à travers les parois transparentes du tube, deux courants longitudinaux inverses, bornés par les nœuds terminaux, où ils se réfléchissent pour changer de direction et se faire suite l'un à l'autre. Quelle est la puissance qui imprime l'impulsion à ces courants opposés ? C'est, selon toute probabilité, le mouvement combiné d'aspiration et d'expiration, qui s'opère à travers les parois du tube : or, ce qui s'observe dans le tube du *chara* existe également dans les cellules de tous les autres végétaux : c'est la *circulation cellulaire*. Mais chez ceux dont l'organisation est plus compliquée, on rencontre de nouveaux organes circulatoires, surajoutés en quelque sorte ; ce sont les vaisseaux séveux, où l'on observe plus, comme dans les cellules, deux courants s'effectuant dans la même vacuole, mais un seul courant continu parcourant le cercle formé par le réseau : c'est la *circulation vasculaire*. La circulation de la sève subit les lois relatives au mode de formation du tronc végétal constitué par des emboîtements ligneux successifs. Suivant la direction qu'elle affecte, la sève est dite *ascendante* ou *descendante*. Partie de l'extrémité des racines, la première, chargée des sels qu'elle emprunte à la terre, arrive par des emboîtements intérieurs jusqu'aux bourgeons ou feuilles, où elle se sature d'acide carbonique, qui la rend propre à la nutrition, de même que le sang veineux, chargé du produit de la digestion, arrive aux poumons, où il se vivifie et devient sang artériel. Une fois perfectionnée, la sève devenue descendante et circule dans l'écorce, d'où elle s'épand dans les diverses parties du végétal pour fournir à leur développement. Une expérience fort simple démontre cette nutrition par le tissu cortical : appliquez une ligature serrée sur l'écorce tendre d'un jeune végétal, les parties situées au-dessus de l'étranglement acquerront une exubérance de développement, tandis que celles qui sont au-dessous de la ligature cesseront de se développer en proportion. La sève subit dans les diverses parties du végétal des élaborations particulières qui donnent lieu à la formation des produits immédiats ou des sucs laiteux, oléagineux, résineux, etc., de même que le sang artériel fournit aux sécrétions des diverses glandes de l'économie. L'observation a démontré qu'au printemps et sur la fin de l'été la circulation végétale est plus active qu'aux autres époques de l'année ; qu'en hiver elle est d'autant moins énergique que la température est plus basse. A certains degrés de froid, la congélation de la sève produit la rupture des vaisseaux et la mort des parties du végétal qui en sont le siège.

2° *Circulation dans les animaux inférieurs*. Le mouvement d'un liquide limpide ne peut être rendu sensible que par la présence des corpuscules qu'il charrie. Dans le sang, ce sont les globules qui rendent sa marche appréciable dans les vaisseaux capillaires. On conçoit que chez les animaux infusoires, dont le microscope permet à peine de saisir les formes extérieures, il est fort difficile de constater une circulation. Cependant, l'organisation, évidemment très-complexe de ces animaux, oblige, malgré l'opinion de quelques naturalistes, d'admettre chez eux l'existence d'un véritable système circulatoire. Chez quelques polypes, et autres animaux parenchymateux, la circulation s'opère probablement comme dans les cellules des végétaux, sous la seule influence des mouvements d'absorption et d'exhalation. Dans les vers et annélides, on commence à découvrir des vaisseaux. Au delà nous allons voir apparaître les rudiments d'un organe qui devient nécessaire dès que la force d'absorption ne suffit plus pour pousser le fluide nutritif jusque dans l'intimité des tissus : cet organe est le cœur, qui, d'abord simple adjuvant de la circulation, en devient bientôt l'agent essentiel, lorsqu'on s'élève dans l'échelle des êtres. Chez les insectes, le cœur est représenté par le vaisseau dorsal, où le sang, incolore, éprouve des oscillations qui sans doute favorisent sa pénétration dans les parties excentriques. Le cœur se prononce davantage dans les crustacés, et se dessine comme organe d'impulsion très-distinct dans les mollusques, lesquels ont des artères et des veines ; mais ce n'est que dans les vertébrés qu'il acquiert tout son développement. Chez les animaux articulés il n'existe qu'une cavité ventriculaire ; chez quelques mollusques il n'existe que deux ventricules ; les poissons présentent une oreillette et un ventricule ; chez la plupart des reptiles il n'y a qu'un ventricule, mais deux oreillettes ; enfin, dans les oiseaux et les mammifères le cœur est complet.

3° *Circulation dans les animaux supérieurs, et dans l'homme en particulier*. Un cœur complet est très divisé en deux organes distincts, accolés l'un à l'autre, composés chacun d'une oreillette et d'un ventricule. Un de ces organes, ou *cœur droit*, est destiné à charrier le sang noir (*circulation à sang noir*), l'autre, ou *cœur gauche*, préside à la *circulation à sang rouge*. On divise encore la *circulation en générale*, qui prend son point de départ au ventricule gauche, pousse le sang dans toutes les parties du corps et le ramène à l'oreillette droite ; et en *circulation pulmonaire*, où le sang, parti du ventricule droit, traverse les poumons et revient à l'oreillette gauche. Exposons la marche et le mécanisme de ces deux circulations, qui s'enchaînent l'une à l'autre, et sont tellement combinées qu'elles s'effectuent en même temps. Le cœur est leur agent commun : nous décrirons ailleurs sa structure ; ici nous nous bornerons à le voir fonctionner. Lorsque le sang veineux, affluant de toutes les parties du corps, a rempli l'oreillette droite, celle-ci se contracte pour pousser le sang, à travers la valvule tricuspide, dans le ventricule correspondant. Celui-ci, distendu, se contracte à son tour ; la valvule tricuspide se relève, pour empêcher le reflux dans l'oreillette, tandis que les valvules semi-lunaires de l'artère pulmonaire s'abaissent pour lui donner passage, puis se relèvent pour s'opposer à son retour dans le ventricule dilaté de nouveau. Le sang, successivement poussé par le cœur, est donc forcé d'arriver aux poumons, où il circule par les capillaires et revient par les quatre veines pulmonaires, toujours poussé par le *vis a tergo*, dans l'oreillette gauche. Là recommence la même série de phénomènes que nous venons d'observer dans le cœur droit : dilatation, puis contraction de l'oreillette gauche, qui chasse le sang artériel dans le ventricule correspondant par la valvule mitrale, laquelle se relève ensuite pendant que le ventricule distendu se contracte et lance le sang dans l'artère aorte, dont les valvules semi-lunaires abaissées se relèvent pour s'opposer au reflux dans le ventricule gauche. Ces contractions successives poussent le sang jusque dans l'intimité des organes périphériques, imprimant aux art è res un mouvement de dilatation et de soulèvement qui constitue le *p o u l s*. Après avoir traversé le réseau des capillaires généraux, le sang arrive dans les veines ; mais ici la force du cœur, brisée pour ainsi dire par l'interposition des parenchymes, n'exerce plus qu'une action très-indirecte sur le cours du sang, qui dans les membres et au tronc est obligé de remonter contre son propre poids, ascension qui s'opère lentement et sans saccades, sous l'influence du *vis a tergo*, des contractions musculaires, etc., et qui se trouve favorisée par la présence des valvules, disposées d'espace en espace dans les canaux veineux, pour soutenir et fractionner, pour ainsi dire, la colonne du liquide ascendant. Au voisinage du cœur, le cours du sang veineux est favorisé par l'espèce d'aspiration qu'exercent d'une part la dilatation de la poitrine dans l'inspiration, et l'autre la dilatation active des oreillettes. Enfin, le sang est arrivé par les veines caves dans l'oreillette droite, d'où nous l'avons fait partir. Mais les phénomènes circulatoires ne se succèdent pas dans l'ordre où nous avons été forcé de les décrire; ils sont tellement combinés, avons-nous dit, que les deux ventricules se contractent ensemble pour pousser simultanément le sang l'un dans les poumons, l'autre dans les divisions de l'aorte, pendant que les oreillettes se dilatent également ensemble pour recevoir en même temps, l'une le sang du corps, l'autre celui qui vient des poumons, mécanisme harmonieux et simple, qui se renouvelle à chaque seconde et pendant toute la vie.

Le mode circulatoire présente quelques particularités dans ce qu'on appelle le système de la veine porte ou la *circulation abdominale*, où le foie joue un rôle important. La circulation comporte surtout des modifications très-marquées durant la vie intra-utérine, et dont l'exposition appartient à l'histoire du fœtus. Enfin, les vaisseaux l y m p h a t i q u e s sont parcourus par un fluide dont nous étudierons la marche à l'occasion de ce système.

Nous parlerons ailleurs des opinions émises sur les divers bruits du cœur, mais nous devons mentionner ici, comme se rattachant immédiatement à l'acte circulatoire, la cause des battements que l'on perçoit à la région précordiale : ils sont dus à ce que la pointe du cœur vient frapper les parois de la poitrine entre la sixième et la septième côte, en avant et un peu à gauche ; ce qui arrive, selon la plupart des physiologistes, au moment où les ventricules se contractant, les oreillettes se dilatent, et, trouvant une résistance en arrière contre la colonne vertébrale, repoussent la pointe du cœur en avant et en haut. Les battements du pouls, qui correspondent à la contraction des ventricules, se font sentir en même temps. La contraction des ventricules a reçu le nom de *systole*, et leur dilatation celui de *diastole*. On admet que le cœur se contracte chez l'adulte environ 70 fois par minute ; chez l'enfant naissant, le pouls bat 140 fois ; chez le vieillard, il descend à 60 et au-dessous. On sait que l'accélération persistante du pouls est un des éléments de la fiè v r e, et que son extinction momentanée constitue la s y n c o p e.

Pour que l'existence fût assurée, il fallait que les mouvements de l'organe central de la circulation fussent soustraits à l'empire de la volonté. Cependant, on cite des individus doués de la faculté d'arrêter volontairement les battements de leur cœur. La force d'impulsion de cet organe a donné lieu à des calculs très-variables : tandis que Borelli évalue cette force à 180 mille livres, Keil ne l'estime que de 8 onces. Quelques-uns veulent que chaque contraction du cœur suffise pour pousser le sang jusqu'aux extrémités vasculaires ; d'autres prétendent, avec plus de vraisemblance, que le sang n'arrive aux capillaires qu'après une série variable d'impulsions. Quant à la part que prennent les artères à l'impulsion du sang, les uns les considèrent comme des organes passifs de transmission, doués seulement d'élasticité ; d'autres leur attribuent une force active de contractilité. Bichat, considérant qu'elles sont toujours exactement pleines, pensait que leurs inflexions diverses étaient sans influence sur la progression du sang ; mais il est probable que les courbures qu'elles présentent dans certaines régions ont pour but de préserver certains organes délicats contre les effets d'une trop forte impulsion. C'est probablement sous l'influence de la contractilité fibrillaire, autant que par la force du cœur, que le sang coule dans les c a p i l l a i r e s. Quant aux veines, elles sont évidemment passives ; aussi les voit-on se distendre sous l'influence des moindres causes qui peuvent entraver le cours du sang veineux ; ce n'est que dans des circonstances exceptionnelles qu'elles manifestent l'influence des contractions du cœur.

Les mêmes dissidences règnent à l'égard du temps nécessaire à l'accomplissement du cercle circulatoire : tandis que les uns veulent que ce cercle s'achève en deux minutes, d'autres pensent que le sang parti du cœur n'y revient qu'au bout de vingt-quatre heures. Du reste, on conçoit combien de pareils calculs doivent offrir de différences dans les résultats, selon que les observations portent sur des sujets de tel âge, de telle constitution, ou placés dans telle ou telle circonstance ; car la circulation est évidemment plus active chez les jeunes sujets que chez les vieillards, chez les individus pléthoriques que chez les personnes lymphatiques, etc.

L'étude de la circulation est féconde en considérations physiologiques et pathologiques, car le sang est le stimulant de la vie, la source de tous les produits de l'organisme, la *chair coulante* de Bordeu, le véritable *pabulum vitæ*. C'est le système circulatoire qui est l'agent de la plupart des maladies, fièvres, inflammations, hémorragies, sans compter les lésions particulières dont le tissu vasculaire peut lui-même être le siége (*voyez* ANÉVRISME, VAISSEAUX, etc.). Dr FORGET.

CIRCULATION (*Économie politique*). On donne ce nom au mouvement des monnaies ou des marchandises, lorsqu'elles passent d'une main dans une autre. La circulation, n'ajoutant rien à la valeur des choses, n'est point par elle-même productive de richesses ; mais elle est active quand les produits passent promptement d'un producteur à un autre, jusqu'au moment où ils ont acquis leur entière valeur ; et lorsqu'ils passent promptement de leur dernier producteur à leur premier consommateur, la production est plus rapide.

Toute marchandise ou denrée qui est offerte pour être vendue est dans la circulation ; elle n'y est plus lorsqu'elle est entre les mains de celui qui l'acquiert pour la consommer (*voyez* CONSOMMATION). Des immeubles, des services productifs, peuvent être dans la circulation, lorsqu'ils sont à vendre ; ils n'y sont plus quand ils cessent de pouvoir être acquis. La monnaie est une marchandise qui est toujours dans la circulation, parce qu'elle n'est jamais acquise pour être consommée, mais qu'elle l'est seulement pour être échangée de nouveau. J.-B. SAY.

CIRCULATION (Banque de). *Voyez* BANQUE (t. II, p. 458).

CIRCULATION (Droit de). *Voyez* Boissons (Impôts sur les).

CIRCUMCELLIONS ou CIRCONCELLIONS. Ce nom, donné d'abord aux donatistes, fut adopté, vers l'an 1248, par quelques Allemands, qui pour venger l'empereur Frédéric Barberousse des anathèmes du saint-siége, publièrent que le pape et les évêques étaient des simoniaques, des scélérats, qui déshonoraient l'Église, en abusant de la crédulité des peuples, et qui avaient perdu le droit de consacrer le corps de Jésus-Christ. Ils leur contestaient, avec plus de raison, celui de jeter l'interdit sur les royaumes, de déposer les princes : ils ajoutaient qu'on devait se moquer de leurs sentences, ce qui était encore assez raisonnable; que les sermons des moines étaient un tissu d'absurdités et d'hérésies, et que les indulgences distribuées par les agents de Rome étaient de la contrebande. Mais ils en distribuaient d'autres, qu'ils assuraient venir de la part de Dieu même, et ce ne fut plus qu'une querelle de marchands. Les vendeurs romains finirent par rester en possession de leurs pratiques jusqu'à l'arrivée de Luther.

VIENNET, de l'Académie Française.

CIRCUMMÉRIDIENNES (Hauteurs). On appelle ainsi les hauteurs qu'ont les astres près du méridien, et qui différent peu des hauteurs méridiennes. On s'en sert en mer lorsque, faute d'instruments fixes, on ne peut observer exactement la véritable hauteur méridienne, et même sur la terre ferme, afin de réunir en peu de temps un grand nombre d'observations de pareilles hauteurs. Au moyen d'un calcul fort simple, on peut en effet réduire en hauteur méridienne chacune des hauteurs ainsi observées proche du méridien, d'où l'on arrive à avoir autant de hauteurs méridiennes qu'on a d'observations d'étoiles isolées. En en prenant le moyen terme et en ajoutant à ce moyen terme la déclinaison de l'étoile que l'on observe, on obtient la hauteur équatoriale; le complément de celle-ci est la hauteur polaire ou la latitude géographique du lieu où se fait l'observation.

CIRCUMNAVIGATION (Voyages de), du latin *circumnavigare*, naviguer tout autour, en d'autres termes *voyages autour du monde*. Les limites imposées à la navigation par l'insuffisance des sciences n'avaient jamais permis aux anciens de parcourir le globe entier. Ne pouvant s'aventurer en pleine mer, faute d'une direction certaine, toujours obligés de longer les côtes, il leur était impossible d'entreprendre l'exploration de toutes les mers, et d'arriver ainsi à reconnaître toutes les parties de la surface terrestre. Aussi le monde des anciens fut-il toujours resserré dans des bornes assez étroites. La plus grande partie de l'Afrique, de l'Asie orientale, qui comprend le Japon, l'immense empire de la Chine et les contrées voisines, l'Amérique, et l'Océanie entières, leur restèrent inconnues. Les expéditions maritimes de Scyllax, d'Eudoxe de Cyzique et d'Hannon, le long des côtes d'Afrique, furent les prodiges de ces temps d'inexpérience. Même après la découverte ou l'importation de la boussole, il fallut un long espace de temps aux navigateurs européens pour se hasarder au loin avec ce merveilleux guide, sur des mers dont l'immensité était un objet d'effroi. L'intrépidité de Colomb et de Vasco de Gama, qui nous paraît aujourd'hui si facile, n'en fut pas moins réellement la preuve d'un courage héroïque, digne de l'admiration de l'univers et des chants des poëtes. Il avait fallu que, se lançant à travers l'Océan, le premier eût découvert un monde nouveau, et le second une route vers l'une des plus célèbres contrées de l'ancien monde, pour frayer la voie à des entreprises encore plus hardies. N'était-ce pas en effet la combinaison de l'audace que de tenter sur les mers le tour du globe? Suivons rapidement dans leur longue carrière les plus célèbres de ces téméraires voyageurs.

Le premier de ces entreprenants explorateurs est, comme on le sait, le Portugais Ferdinand Magalhaens, que nous appelons Magellan. Passé au service d'Espagne, par ressentiment d'une injustice, il part de Séville en 1519, le 20 septembre, avec cinq vaisseaux, pour chercher un passage aux Indes par le midi de l'Amérique, découvre et traverse le détroit qui porte son nom, aborde aux îles Mariannes, puis aux Philippines, où il meurt. Mais un de ses vaisseaux, conduit par Jean-Sébastien Cano, revient par le cap de Bonne-Espérance à Séville, où il arrive le 5 septembre 1522, ayant accompli son immense tournée en 1,124 jours.

Un second voyage autour du monde est exécuté, un demi-siècle après, par l'Anglais Francis Drake, en 1,051 jours. C'est en 1578 qu'il atteint l'extrémité australe de l'Amérique désignée plus tard par des navigateurs hollandais sous le nom du *cap Horn*.

L'un de ces voyages les plus renommés est sans contredit celui de l'amiral Georges Anson, dont Rousseau a placé dans son immortel roman une si fidèle et si brillante analyse. Ce fut par le détroit de Le Maire que cet habile capitaine exécuta son entreprise. Il était de retour en Angleterre le 4 juin 1744, après une navigation de trois ans et demi. C'était en combattant qu'il avait accompli sa mission.

Après ces noms illustres, viennent ceux de Byron, oncle du plus grand poëte de la moderne Angleterre; de Bougainville, à qui la famine a presque dérobé la gloire des plus belles découvertes dans l'Océanie; de Cook, plus heureux que lui sous ce rapport; de notre infortuné La Peyrouse, enseveli par un funeste accident, avec tous ses compagnons, au milieu de ses triomphes, et arrêté dans sa course, après avoir découvert le canal qui sépare la Mandchourie des terres d'Iéso, et l'autre détroit, qui à si juste titre a conservé son nom. Signalons encore d'Entrecasteaux, qui fut si près de reconnaître les passages où La Peyrouse avait succombé, Vancouver, Flinders, les généreux Français, entre autres le courageux et ingénieux Péron, qui explorèrent si bien la Nouvelle-Hollande (*Australie*), malgré tous les efforts faits par un capitaine si peu digne de leur commander, pour entraver cette belle expédition. Recommandons aussi aux amis des sciences les Krusenstern, les Kotzebue, le capitaine Duperrey, cher à l'humanité par son heureuse vigilance sur la santé de son équipage, revenu en Europe sans perte d'hommes, sans malades et même sans avaries; son digne émule, le capitaine Dumont d'Urville, à qui l'on doit la certitude complète du naufrage de La Peyrouse et le modeste monument élevé à la mémoire de cet homme illustre, dans l'île fatale de *Vanikoro*.

AUBERT DE VITRY.

CIRCUMPOLAIRES (Étoiles). On appelle ainsi les étoiles placées très-près d'un des pôles du monde, par exemple toutes les étoiles de la petite Ourse. On se sert de ces étoiles surtout pour déterminer la hauteur du pôle, qui est égale à la moyenne des deux hauteurs d'une telle étoile à ses passages inférieur et supérieur par le méridien. On cherche, par conséquent, à déterminer leur position dans le ciel avec la plus rigoureuse exactitude.

CIRE (du latin *cera*, fait du grec κηρός). Tout le monde connaît cette substance, et sait qu'elle se trouve dans les rayons des ruches d'abeilles, où elle fait la matière des alvéoles. Pour l'obtenir, on commence par en extraire le miel. Les résidus de cette opération sont ensuite fondus dans des chaudières, avec de l'eau afin d'éviter de les brûler. On laisse refroidir lentement pour permettre à l'eau et aux impuretés de se séparer. Quand la cire est solidifiée, on la retire des vases, et l'on enlève avec un couteau la partie inférieure du pain de cire, qui est fort impure et porte le nom de *pied de cire*. La cire brute ainsi obtenue et connue dans le commerce sous le nom de *cire jaune*, est une substance compacte plus ou moins dure. La nuance en est d'un jaune qui varie du clair au plus foncé, suivant les lieux où elle a été récoltée et le plus ou moins de soin qu'on a mis à la fondre. Elle est presque insipide; sa cassure est grenue et un peu résiniforme. Pour la blanchir et la dépouiller des impuretés qu'elle contient, on la fait fondre, puis on la coule sur un cylindre en bois tournant avec lenteur sur son axe et plongeant en partie dans l'eau froide; la cire se divise de la sorte en lamières minces que l'eau empêche d'adhérer; on l'expose dans cet état à l'action alternative de la rosée et des rayons solaires, et elle se blanchit peu à peu. Pour que la décoloration soit complète, il faut soumettre la cire à une seconde opération toute semblable. Quelques cires ne peuvent être blanchies, ou du moins on n'obtiendrait ce résultat qu'à l'aide de chlorites qui les rendraient cassantes et peu propres à la combustion.

La cire nous vient de Russie, de Hambourg, du Sénégal, d'Amérique, et nous en recueillons nous-mêmes des quantités notables, principalement en Bretagne, dans le Gâtinais et en Bourgogne. Celle de Russie est d'une couleur jaune tendre; elle est très-nette. Les pains n'ont que peu de pied; l'odeur en est légèrement aromatique. On en connaît une variété appelée cire de l'Ukraine, qui donne quelquefois un second blanc; mais, en général, toutes les cires russes ne se décolorent qu'en partie et avec difficulté. Aussi ne s'en sert-on guère que pour le frottage des parquets d'appartements et des meubles; le reste est destiné à la fabrication des cierges communs et des bougies filées, dites rats de cave.

La cire de Hambourg est on ne peut plus variable : il y a des pains d'un jaune vif, d'autres d'un jaune tendre, un peu verdâtre, et enfin il y en a de presque blancs. L'odeur de cette cire est en général agréable. Les résultats de son blanchiment sont plus avantageux que pour la cire de Russie.

La cire d'Amérique, à raison de la vaste étendue de la région qui la produit, offre des caractères très-variables. La plus connue et la plus estimée est celle qui nous vient des États-Unis. Celle-ci est tantôt jaune foncé, tantôt jaune tendre, ou brune, ou verdâtre, et même blanchâtre. Les pains ont beaucoup de pied, et à l'intérieur ils sont sales. L'odeur de la cire d'Amérique est très-variée : quelques pains sentent le girofle, d'autres ont une légère odeur de vanille; elle ne se blanchit ni très-bien ni facilement.

La cire du Sénégal est de couleur brune foncée, et quelquefois presque noire. Il y a beaucoup de déchet à la cuite. Son odeur est incertaine, mais toujours assez repoussante; néanmoins, il y a de ces cires qui se blanchissent bien et facilement. C'est la plus abondante dans le commerce.

La cire de Bretagne est de couleur jaune foncé, conservant une forte odeur de miel brut, tel que celui qu'élaborent les abeilles qui ont butiné sur les fleurs du sarrasin. Dans certaines parties de la Bretagne, on fond la cire proprement et avec précaution : alors elle est bien nette et sans pied; mais dans d'autres localités la surface de la partie inférieure des pains est très-sale, et le pied considérable. Quoi qu'il en soit, les blanchisseurs ciriers en font tout cas : ils en obtiennent un blanc parfait, et c'est celle qui est principalement destinée à la bougie fine et à la pharmacie, sous le nom de cire vierge.

La cire du Gâtinais ressemble beaucoup à celle de Bretagne, dont elle n'a pas cependant l'odeur. Le blanchiment en est extrêmement difficile, pour ne pas dire impossible. On l'emploie donc principalement pour le frottage.

La cire de Bourgogne est à peu près semblable à la précédente et a les mêmes propriétés.

La cire qui produit le plus beau blanc est celle de Smyrne, dans le Levant; c'est aussi la plus transparente; malheureusement on en voit à peine. Dans le midi de la France, il y a aussi quelques cires qui blanchissent parfaitement, et au premier rang de celles-ci il faut placer celle que l'on récolte dans les grandes landes, entre Bordeaux et Bayonne; viennent ensuite celle de la Sologne, enfin celle de la Basse-Normandie.

Outre les usages que nous venons d'indiquer, la cire blanche sert aussi à délayer les couleurs, en les appliquant à chaud dans un genre de peinture dit à l'encaustique. Elle forme la base d'un grand nombre de préparations pharmaceutiques, entre autres du cérat. Distillée elle donne le beurre de cire. Les arts plastiques font aussi un grand usage de cette matière (voyez CÉROPLASTIQUE). PÉLOUZE père.

CIRE (Ornithologie). On donne ce nom à une membrane ordinairement colorée, qui recouvre la base du bec, et surtout celle de la mandibule supérieure chez plusieurs oiseaux. Les proportions et les couleurs de cette membrane, son épaisseur, ses formes extérieures, fournissent aux ornithologistes des caractères propres à faciliter la distinction des espèces. On dit que la cire est mamelonée, caronculée, furfuracée ou nue, lorsqu'elle offre des mamelons, ou des points charnus, ou des écailles blanches et caduques, ou une surface entièrement dénudée et plus ou moins lisse. Les rapaces diurnes, les perroquets, les canards, les hoccos, les céréopses, sont les oiseaux qui ont le bec pourvu de cette membrane, dont l'existence fait admettre la division des becs en trois parties, l'une osseuse, l'autre cornée, et la troisième molle ou cire. Celle-ci existe dans les deux mandibules du hocco, tandis que les oiseaux du genre faucon de Linné n'en sont pourvus qu'à la mandibule supérieure, où elle est en général plus étendue que dans les perroquets, chez lesquels elle est fort petite. Cette membrane présente aussi dans quelques espèces un sillon plus ou moins long et étroit, qui conduit à l'ouverture des narines.

Les fauconniers attachent à la couleur de la cire une importance qu'elle n'a pas toujours (voyez BUSE). L. LAURENT.

CIRE À CACHETER, mélange résineux, très-fusible et très-adhérent aux corps sur lesquels on le projette en fusion, et dont le nom même indique l'emploi le plus général (voyez CACHET).

La cire à cacheter nous a été originairement apportée des Indes orientales. C'est l'Orient qui produit cet utile ingrédient sans l'emploi duquel tous les efforts de l'industrie éclairée ne peuvent procurer en fait de cire à cacheter qu'un corps résineux, fragile, peu adhérent au papier et sujet à se charbonner à la fusion. Cet ingrédient est la résine fort improprement appelée gomme-laque, très-inflammable, peu coulante lorsqu'on la fond, éminemment adhésive, et, ce qui est surtout essentiel dans l'emploi qu'on en fait, ne se coagulant qu'assez lentement pour conserver pendant un temps suffisant la mollesse requise pour l'apposition des cachets. Une condition non moins importante qu'elle remplit, c'est que la résine enflammée ne se charbonne que très-difficilement, et que par conséquent le sceau conserve le luisant et la vivacité de la couleur dont la cire a été teinte. Il paraît que la résine laque récemment récoltée est douée d'une onctuosité que l'âge lui fait perdre, et que c'est à quelque principe, soit volatil, soit susceptible d'altération, peut-être d'oxydation, que doit l'emploi favorable que font les Indiens de leur laque pour des cires supérieures en qualité. Mais en ceci, comme en tant d'autres choses, l'art peut suppléer à la nature, et chez nous l'addition de la belle térébenthine, qu'on associe à la laque, nous procure une cire à cacheter qui ne le cède presque plus en rien à la cire d'Orient.

Les Vénitiens ont été en Europe les premiers importateurs de la cire à cacheter, et en ont successivement approvisionné le Portugal et l'Espagne. Ce dernier pays, si peu accoutumé à marcher en avant des autres, nous a cependant précédés dans cette fabrication, et il a eu l'honneur de lui imposer son nom. On a pendant bien longtemps dit la cire d'Espagne, qui chaque peuple brille à son tour dans les sciences et dans les arts, et aujourd'hui le Français, pour la matière sigillaire, ne reconnaît plus de maître.

La laque en bâton (stick-lack des Anglais), qui reste encore dans son état naturel, qui n'a pas subi une première fusion suivie d'un refroidissement, et que cette suite d'opérations n'a pas desséchée, convient mieux pour la fabrication que la laque en feuillets, à laquelle on ne peut rendre l'onctuosité nécessaire que par une plus large addition de térébenthine. La térébenthine qu'on doit employer de préférence pour modifier, et surtout pour économiser la laque, est celle dite *de Venise*, limpide et à odeur de citron. Pour les cires d'un moindre prix, on substitue la térébenthine dite *de Suisse*, assez peu colorée et presque sans odeur, du moins n'en a-t-elle aucune qui soit désagréable. Enfin, pour les cires tout à fait communes, on emploie la térébenthine dite *de Bordeaux*, épaisse, brune, presque opaque et d'une odeur forte et repoussante.

Pour obtenir des cires à cacheter d'un beau rouge, il faut se servir du vermillon de la Chine, c'est-à-dire du plus éclatant et surtout du moins altérable par la chaleur. En seconde ligne, vient le cinabre d'Allemagne, et enfin celui dit de France. Ces deux dernières sortes sont fort sujettes à noircir pendant la fusion des ingrédients pour les mélanges, et surtout à l'emploi du bâton de cire. Pour le bleu, on peut employer l'azur le plus foncé et finement porphyrisé, le bleu de Prusse, le bleu de cobalt, dit *bleu Thénard*, les cendres bleues de cuivre, et même, en ménageant beaucoup la chaleur à la fonte, l'indigo et le tournesol. Les cendres d'outre-mer et l'outre-mer artificiel de Guimet donnent aussi des bleus fort agréables. Pour les verts de diverses nuances, il suffit d'un mélange de ces bleus avec les jaunes, soit métalliques ou même végétaux, etc. Presque tous les ingrédients colorés peuvent être employés dans cette fabrication. Il faut incorporer, à l'aide d'une spatule ou mouveron les matières en poudre sèche dans la cire fondue, mais toujours à une température suffisante, sans cependant la dépasser. La couleur d'aventurine se donne au moyen du mica jaune ou blanc (*or* ou *argent de chat*). On parfume principalement avec le musc, l'ambre, la civette, les essences de citron, de bergamotte, de rose, de jasmin, etc. Les cires de deuil se colorent avec les beaux noirs d'Allemagne.

Il est deux sortes de bâtonnage, suivant qu'on recherche plus ou moins de beauté dans les produits, c'est-à-dire qu'on veut avoir des bâtons plus ou moins régulièrement cylindriques et plus brillants. Il y a donc des bâtons directement roulés sur un marbre tiède ou d'abord formés dans des moules et glacés ensuite. Le glacé se donne par approche d'un corps incandescent, devant lequel on fait tourner avec rapidité les bâtons. Tout le *modus faciendi* nous mènerait trop loin à décrire, et d'ailleurs il se conçoit facilement sans entrer dans les détails.

Les cires marbrées s'obtiennent par un procédé fort analogue à celui de la marbrure des tranches pour la reliure des livres. Chacune des cires colorées non fondue dans un vase à part, et toutes sont ensuite réunies dans une chaudière commune, où on fait naître des zones de diverses couleurs en imprimant un mouvement circulaire à la matière au moyen d'un bâtonnet; on *cueille* ensuite la matière du bâton de cire, où se retracent les zones en petit. Il faut dire aussi comment souvent on est trompé à l'achat de cires communes fourrées d'une enveloppe de cire fine, qui a été collée en poudre sur le noyau, et glacée au feu à l'ordinaire.

Pelouze père.

CIRE FOSSILE ou **CIRE MINÉRALE**. Ce produit naturel, qui porte encore le nom d'*ozokérite* (de ὄζω, sentir mauvais, et κηρός, cire), est d'un brun noirâtre, à structure fibreuse ou conchoïde, et à odeur empyreumatique. Il se compose de 84,75 de carbone et de 15,25 d'hydrogène. On le trouve en Moldavie, sous plusieurs couches de schiste bitumineux, en masses qui pèsent de 40 à 50 kilogrammes. Les habitants du pays fondent cette cire fossile et en font des bougies.

CIRIER, celui qui travaille en cire, qui fait et vend toutes sortes de cierges et de bougies.

CIRIER (*Botanique*). Les parties marécageuses de l'Amérique septentrionale sont les lieux où cet arbuste, qui s'élève à la hauteur de 1^m, 60 à 2 mètres, croît naturellement, et où il se charge d'une grande quantité de semences enveloppées d'une matière cireuse, verte, assez abondante pour avoir fixé l'attention des Américains, qui en font usage pour leur éclairage, en Caroline surtout. Pour se procurer cette cire, on coupe les rameaux le plus abondamment chargés de graines; on les met dans des sacs qu'on plonge dans l'eau bouillante, qui liquéfie et retient la cire, qui s'en sépare ensuite par le refroidissement. On fait avec cette cire végétale des bougies de couleur verte qui servent à l'éclairage des habitants. Les nègres ne se donnent même pas la peine de les façonner en bougie; ils mettent cette matière dans des vases avec une mèche et s'en éclairent comme l'on fait à Paris d'un lampion. Des écrivains et des voyageurs consciencieux ont recommandé avec force la culture en France du cirier (*myrica cerifera*, L.), pour utiliser les lieux marécageux où il croîtrait parfaitement.

Quelques autres *myrica* et un ceroxylon partagent avec le cirier le nom d'*arbre à cire*; mais de tous ces végétaux celui qui nous occupe est le plus riche en cette matière.

C. Tollard aîné.

CIRON. Nom vulgaire d'un petit insecte qui, a-t-on dit, s'insinue quelquefois sous l'épiderme de la peau de l'homme, principalement aux mains. L'existence de cet animal parasite dans les petits boutons de la gale de l'homme, déjà admise au dixième siècle par Avenzoar, fut de nouveau confirmée par plusieurs médecins, parmi lesquels Mouffet et Redi se distinguent. C'est ce dernier qui a le premier observé et décrit avec soin le ciron de la gale humaine. Galès prétendit, en 1812, avoir découvert plus de deux cents fois cet insecte pris dans les boutons des galeux des hôpitaux de Paris. En 1829 M. Raspail annonça que le prétendu ciron de la gale de l'homme n'était autre chose que l'insecte de la farine et du fromage, sans conclure que celui signalé dans cette maladie par les anciens observateurs n'existait pas; il est même persuadé que cet animal sera de nouveau observé dans les pustules galeuses de l'homme dans les climats chauds. Ces animaux ont été tour à tour appelés *cirons*, *sarcoptes*, *acarus* de la gale (*acarus scabiei*). On les rencontre aussi dans la gale du cheval, du mouton, du chien, du chat. Plusieurs espèces d'acarus se nourrissent de nos substances alimentaires. Ces animaux, ayant huit pieds, ne sont point de vrais insectes. Latreille les place dans la seconde tribu de la famille des volètres, qui est la troisième de l'ordre des arachnides trachéennes. L. Laurent.

Quelques étymologistes ont prétendu que le nom de cet insecte avait été fait du mot grec χείρ (main), parce que, disaient-ils, le ciron s'attache plus aux mains qu'aux autres parties du corps; mais il est beaucoup plus probable que le verbe grec χείρω, qui signifie couper, manger, ronger, est la véritable racine de ce mot.

Dans l'échelle des êtres animés, on prend ordinairement le ciron pour point de comparaison, lorsqu'on veut marquer le dernier degré, le point le plus minime de l'existence, mis en opposition avec les plus grandes créatures vivantes, comme on se sert de l'hysope et du cèdre quand on veut établir une comparaison entre les deux degrés extrêmes du règne végétal. Cependant on trouve dans chacun des règnes auxquels ils appartiennent des êtres infiniment petits par rapport au ciron et à l'hysope : tels sont les animalcules qu'on observe dans une goutte d'eau et certaines mousses que révèle le microscope. Edme Héreau.

CIRQUE, lieu destiné chez les Romains à la célébration des jeux publics en l'honneur des dieux, comme le stade des Grecs, auquel il ressemblait, quoique moins irrégulier dans sa forme. Le nom du cirque, dérivé de *circa*, *circum* (autour), indique assez que son enceinte était plus ou moins circulaire. Les Romains n'eurent d'abord pour cirque que les bords du Tibre d'un côté et une palissade d'épées droites de l'autre, ce qui rendait les courses dangereuses; de là l'étymologie *circum enses* (autour des épées), d'où est venu, suivant quelques savants, le mot de *circenses* (jeux du cirque); d'autres, comme Tertullien, le font dériver, ainsi que le nom de cirque, de la magicienne Circé, à laquelle ils attribuent l'invention de ce genre de spectacle; mais ce sont des suppositions forcées et démuées de vraisemblance. Il est plus probable que ces jeux, institués par les anciens rois du Latium (*voyez* ÉVANDRE), venus de la Grèce, furent rétablis par Romulus, en l'honneur de Neptune, lorsque, d'après le conseil qu'il prétendait avoir reçu de ce dieu, il invita les peuples voisins à y assister, pour avoir occasion d'enlever les Sabines. Ces jeux furent primitivement nommés *jeux romains, grands jeux*, puis *jeux gymniques*; on ne les appela *circenses* qu'après que Tarquin l'Ancien eut fondé le cirque, où ils furent célébrés depuis. Très-simple dans son origine, ce cirque consistait presque uniquement dans la disposition et les bornes de l'enceinte destinée aux divers exercices. Les spectateurs qui voulaient y être assis faisaient apporter des siéges plus ou moins élégants, et commodes, suivant leurs facultés. Tarquin le fit environner de gradins de bois; puis on les construisit en briques et enfin en marbre, lorsque ce cirque, agrandi et embelli par Jules César, s'étendit entre les monts Palatin et Aventin, et eut trois stades et demi de long sur un de large (438 pas sur 125). On l'appelait avec raison le grand cirque, puisqu'il pouvait contenir 150 à 200,000 spectateurs.

On connaît la passion des Romains pour les jeux du cirque, qu'ils avaient empruntés des Grecs, passion à laquelle Juvénal fait allusion dans ces vers qui s'appliquent au peuple romain :

Duas tantum res anxius optat,
Panem et circenses.

Aussi comptait-on à Rome neuf autres principaux cirques, sans compter les petits. Les plus magnifiques étaient ceux d'Auguste et de Néron. Venaient ensuite ceux d'Adrien, de Caracalla, d'Héliogabale et d'Alexandre Sévère. Ces cirques étaient environnés à l'extérieur de colonnades, de galeries, de boutiques de toutes sortes, fréquentées, ainsi que l'intérieur, par les courtisanes, qui s'y promenaient quand les jeux étaient finis. Les cirques variaient pour la forme et la régularité, suivant la nature du terrain. Ils représentaient souvent le monde ou quelque partie de la terre et de la mer, et consistaient en une vaste enceinte, garnie de sable, d'où lui vint le nom d'*arène*, entourée de portiques et de plusieurs rangs de siéges par degrés, ordinairement cintrée aux deux extrémités, et quelquefois rectiligne du côté où étaient les portes par où les chevaux, les chars et les combattants entraient dans l'arène. Au-dessus de ces portes il y avait douze loges, indiquant les signes du zodiaque, et où se plaçaient les personnages les plus distingués. Comme ces loges n'offraient pas toutes les mêmes avantages, on les tirait au sort. L'arène était partagée dans presque toute sa longueur par un mur, ou une plate-forme, nommée *spina* (*l'épine*), de 1ᵐ,30 de haut sur 4ᵐ d'épaisseur, dont la crête était ornée d'autels, de statues, d'obélisques, etc. Le long de cette plate-forme, régnaient, des deux côtés, des banquettes destinées aux juges, aux vestales, aux familles patriciennes. Les gradins des spectateurs étaient séparés de l'arène par de forts barreaux et un long fossé rempli d'eau. A l'extrémité du cirque il y avait une, deux ou trois bornes, *metæ*, en forme de colonnes ou de pyramides, autour desquelles passaient les concurrents. Ceux qui en approchaient le plus, décrivant un cercle moins grand, avaient l'avantage sur ceux qui en passaient plus loin; mais aussi ils risquaient de heurter la borne et d'y briser leur char. Pour empêcher les chevaux de courir les uns avant les autres, les portes étaient fermées par des barrières, nommées *carceres*, devant lesquelles on tendait une chaîne ou une corde qu'on retirait à un signal convenu.

On a confondu assez généralement le cirque avec le théâtre et l'amphithéâtre, soit dans leur description, soit dans la définition de leur usage. Mais les théâtres, infiniment moins spacieux, ne formaient qu'un demi-cercle et ne contenaient pas plus de 20 à 25,000 spectateurs : ils étaient spécialement consacrés aux jeux scéniques, aux danseurs et aux funambules. L'amphithéâtre, ovale comme le cirque, mais moins vaste, servait à peu près aux mêmes usages, sauf les courses de chars. Aussi étaient-ils tous deux plus fréquentés par le peuple. Il n'existe d'autres vestiges d'anciens cirques que les restes de celui de Caracalla, à Rome, et l'on voit encore des théâtres et des amphithéâtres, plus ou moins bien conservés, à Nîmes, à Vérone, à Rome, à Orange, etc. Le colysée de Rome tenait le milieu entre l'amphithéâtre et le cirque. L'hippodrome de Constantinople, malgré la différence des monuments qui le décoraient, ayant été construit sur le plan et le modèle du stade olympique, était un cirque.

Ce qu'on appelait la *pompe du cirque* précédait les jeux, et consistait en une magnifique cavalcade en l'honneur d'Apollon ou de quelque autre dieu. Les dames romaines et les matrones y paraissaient dans des chars dorés, et de jeunes enfants jouant de la flûte y marchaient en ordre devant des chevaux de main. Les spectacles du cirque étaient de différents genres, selon leur analogie avec les fêtes et les circonstances qui y donnaient lieu. Ce fut d'abord la lutte, le pugilat, la course à pied et à cheval, le tir des flèches et des dards, le jeu du disque ou palet; puis les courses de chars, les chasses de bêtes féroces, les combats d'animaux entre eux ou contre des criminels et des chrétiens, les combats des gladiateurs, au ceste, au bâton, à l'épée ou à la pique; enfin les représentations navales, pour lesquelles un ou plusieurs vastes bassins remplis d'eau étaient pratiqués au milieu de l'enceinte d'un cirque particulier, qu'on nommait alors *naumachie*. Plusieurs de ces jeux se célébraient aussi dans les amphithéâtres. Les empereurs, à Rome et à Constantinople, assistaient aux jeux du cirque et de l'hippodrome dans une loge qui leur était destinée et qu'on appelait *podium*. Ils faisaient placer devant les lutteurs et les combattants les prix et les couronnes destinés aux vainqueurs. Les champions furent d'abord divisés en deux quadrilles, distingués par les couleurs rouge et blanche. Plus tard, on en ajouta deux autres, qui portaient le vert et le bleu (*voyez* BLEUS ET VERTS); enfin Domitien en créa deux encore, qui adoptèrent le jaune et le violet, mais qui ne durèrent pas longtemps. Quant aux quatre premières, elles se maintinrent sous le Bas-Empire, et formèrent des factions qui donnèrent lieu à de fréquentes et sanglantes séditions à Constantinople. Ceux qui couraient dans le cirque savaient le nom, l'origine, la patrie, l'éducation des chevaux qu'ils devaient monter, et les prix qu'ils avaient remportés. Peu sensibles aux applaudissements du peuple, ils se tournaient souvent du côté de l'empereur, pour lire dans ses yeux s'il était satisfait.

Il paraît que l'époque de la célébration de ces jeux variait à Rome, selon le bon plaisir des empereurs et selon les circonstances. Servius, commentateur de Virgile, la fixe au 13 août; d'autres placent les grands jeux *circenses* au 15 septembre, et leur donnent cinq jours de durée; l'empereur Adrien, inventeur de nouveaux jeux du cirque appelés *plébéiens*, ordonna qu'ils fussent célébrés à perpétuité le 2 des calendes de mai.

Les jeux du cirque offraient des spectacles inhumains, surtout les combats de gladiateurs et d'animaux. Ces espèces de chasses que les Romains appelaient *venatio ludaria*, et dont les combats de taureaux, si honorés en Espagne, ne sont que la plus pâle image, consistaient à réunir sous les yeux du peuple, dans le cirque, le plus grand nombre possible de lions, do léopards, de tigres, d'éléphants, que des gladiateurs, nommés bestiaires, venaient attaquer corps à corps. D'autres fois, et c'était le spectacle le plus aimé du peuple, parce qu'alors lui-même devenait acteur, les gladiateurs n'étaient pas jetés dans l'arène ; les animaux seuls y paraissaient en foule, et chacun des spectateurs, prenant sa part du carnage, lançait du haut des galeries ses flèches et ses javelots sur les lions en fureur. La popularité du patricien qui faisait les frais du spectacle se mesurait au nombre des victimes, et c'était à qui surpasserait ses prédécesseurs en magnificence. On rapporte que Sylla fit paraître dans un seul spectacle cent lions ; Pompée en donna trois cent quinze, et César, qui ne voulait rien céder à Pompée, en produisit quatre cents. Dès lors, la magnificence n'eut plus de bornes, et l'on ne compta plus que par milliers le nombre des bêtes données en spectacle. Auguste en fit paraître en un jour trois mille cinq cents, et deux spectacles donnés par l'empereur Probus sont surtout célèbres : dans l'un on vit mille autruches, mille cerfs, mille sangliers, mille daims, mille biches et mille béliers ; dans l'autre, cent lions de Libye, cent léopards, cent lions de Syrie, cent lionnes et trois cents ours.

Les autres exercices du cirque ne laissaient pas aussi que d'être assez fréquemment suivis d'accidents funestes et d'effusion de sang. Ce mépris de la vie dans les luttes devait plaire encore aux barbares qui envahirent l'empire romain. Ne soyons donc pas étonnés que les Francs se soient empressés de les adopter. Childebert Ier, devenu maître de la Provence, que l'empereur Justinien Ier lui avait cédée, fit célébrer à Arles les jeux du cirque, auxquels il présida, à l'instar des empereurs, pour faire acte d'indépendance et d'autorité. Chilpéric Ier fit construire deux cirques, à Paris et à Soissons, pour y donner au peuple cet agréable passetemps. Ces jeux paraissent avoir été l'origine des combats chevaleresques, des tournois et des duels, que les Français ont longtemps préférés aux jeux scéniques et à d'autres productions de l'esprit. H. AUDIFFRET.

Les modernes ont donné le nom de *cirque* à des emplacements qui, tantôt par leur forme, tantôt par leur usage, avaient quelque ressemblance avec les cirques des anciens. Ainsi nous avons eu successivement à Paris le Cirque du Palais Royal, le Cirque-Olympique, le Cirque de l'Impératrice aux Champs-Élysées et le Cirque Napoléon sur le boulevard du crime. Mentionnons aussi la belle et grande place circulaire de Bath en Angleterre, bâtie en 1754 sous ce nom et sur les dessins de l'architecte Wood.

CIRQUE DU PALAIS-ROYAL, nommé ensuite *Cirque national* et *Lycée des arts*. Au milieu du jardin du Palais-Royal s'étendait, dans un espace équivalant à peu près à la moitié de sa longueur et de sa largeur, un édifice en bois, dont la construction, commencée en 1787, fut terminée à la fin de 1788. C'était un parallélogramme très-allongé, ayant 4^m,25 de profondeur sous terre, et près de 3^m30 au-dessus du sol du jardin. La partie souterraine présentait une arène, éclairée par en haut et séparée par 72 colonnes d'une galerie qui communiquait à une autre par des portiques. Un chemin, partant des bâtiments du palais, arrivait par une pente douce à cette arène, qui avait été originairement consacrée aux exercices gymnastiques des fils du duc d'Orléans et à des fêtes. Elle devait être ensuite convertie en jardin d'hiver. On avait aussi projeté de placer le long des faces latérales des bassins d'eaux jaillissantes, et de décorer le portique extérieur de bustes de grands hommes, d'inscriptions, de vases, etc. La révolution changea la destination de cet édifice, et empêcha l'exécution de ces projets. Le duc d'Orléans loua le cirque à un sieur Rose de Saint-Pierre, qui, pour tirer parti de cet immense galetas dont le loyer lui était fort onéreux, y établit un traiteur qui fit banqueroute, puis des filles, qui ne purent lutter contre la concurrence du voisinage, puis une maison de jeu, puis un club (le *Cercle social*), dont les membres, se qualifiant de *francs frères*, avaient pour objet de rechercher, de discuter la vérité dans le journal *La Bouche de Fer*, et dont le principal orateur était l'abbé Fauchet, depuis évêque du Calvados et député à l'Assemblée législative et à la Convention. Tous ces établissements n'eurent qu'une durée éphémère, ainsi qu'un théâtre qui occupait le tiers du cirque dans sa partie septentrionale, dont l'ouverture eut lieu, à la fin de 1791, au bruit des huées et des sifflets, et qui fut fermé en janvier 1792.

L'année suivante, Desaudrais, colonel du génie, qui venait de fonder le *Lycée* (depuis *Athénée*) *des Arts*, prit à loyer le cirque, et, après avoir fait divers changements dans ses distributions et ses décorations, il y établit le lieu des séances particulières et publiques de cette société, des salles pour divers cours publics de sciences, d'arts et de littérature, un cabinet littéraire, une école de danse et de déclamation, une école de musique et des concerts périodiques ; enfin, il y réorganisa le théâtre, qui, sous le titre de *Lycée des Arts*, rouvrit en 1793, et obtint assez de vogue par un choix moral et varié de pièces, la plupart de circonstance, empruntées souvent aux opéras comiques des petits acteurs de Beaujolais, et par des pantomimes montées avec tout le soin que permettait l'incommodité du local. On y joua plus tard également quelques comédies. Les salles du cirque étaient aussi prêtées ou louées à des artistes et à des sociétés particulières, pour des concerts, des bals et des séances littéraires. Mais l'administration du Lycée, ne pouvant plus suffire aux frais énormes d'un établissement dont les orages politiques avaient compromis la prospérité, sous-loua son théâtre, en 1796, à des entrepreneurs, qui n'en firent qu'un objet de spéculation, et elle fut contrainte de publier qu'elle était étrangère à la nouvelle direction, tant pour le choix que pour la mise en scène des ouvrages dramatiques. Le théâtre prit le titre de *Veillées de Thalie*, puis d'*Opéra-Bouffon*, et c'est ainsi qu'on le nommait lorsqu'il devint la proie des flammes, dans la nuit du 15 décembre 1798, ainsi que tout le mobilier, les machines, les instruments, presque tous les papiers du Lycée des Arts, et les boutiques qui formaient le pourtour du cirque. Cet incendie, qui éclata sur quatre points différents, fut évidemment l'œuvre de la malveillance. On plaignit les incendiés, mais on ne regretta pas le cirque. H. AUDIFFRET.

CIRQUE OLYMPIQUE, titre un peu fastueux que les écuyers Franconi donnèrent les premiers à un établissement qui s'était jusque alors appelé *amphithéâtre* ou *manège*. Avant eux, d'autres écuyers, Benoît Guerre, Balp, Astley, s'étaient fait connaître à Paris et avaient parcouru la France, donnant le spectacle de leurs exercices dans des enceintes de planches, à défaut de local plus favorable. L'Anglais Astley cependant avait dès 1780 fait construire à Paris, dans la rue du Faubourg-du-Temple, un manège où il venait tous les ans avec son fils faire des courses de chevaux. En 1786 il amena des voltigeurs, des danseurs de corde, des chiens dansants, et surtout un singe, *le général Jacquot*, qui attira la foule par sa danse bouffonne, et fournit le sujet de deux comédies. Astley avait disposé dans son manège un théâtre sur lequel des comédies et des pantomimes auraient été jouées par des comédiens anglais, qu'il devait amener en 1791. Mais les événements de la révolution et la rupture des relations entre la France et l'Angleterre empêchèrent l'exécution de ce projet. Franconi père, arrivé à Paris en 1783, était devenu l'associé d'Astley, dont il exploitait l'établissement en son absence. Mais ne pouvant satisfaire l'inconstance des Parisiens blasés, qui se réservaient pour les nouveautés de l'écuyer anglais, il partit, en 1785, pour Lyon et y établit un cirque dans le quartier des Broteaux, d'où il faisait des excursions en diverses parties de la France. La révolution ayant ruiné le commerce de Lyon, Franconi revint à Paris à la fin de 1792.

Son spectacle y fut d'abord peu suivi. Le 15 août 1793

il parut pour la première fois avec sa troupe et ses chevaux sur un théâtre : ce fut dans le ballet de *La Constitution à Constantinople*, pour l'ouverture du théâtre national de la Montansier, rue Richelieu, vis-à-vis la Bibliothèque. En 1799 il exécuta des combats et des tournois dans plusieurs pantomimes au théâtre de la Cité. En 1802 il transporta son établissement du faubourg du Temple dans l'ancien jardin des Capucines, entre le boulevard et la place Vendôme, où plusieurs petits théâtres et une ménagerie avaient remplacé l'asile des pieuses nonnes. Là il varia ses exercices d'équitation par quelques essais de pantomimes. Devenu aveugle, il vensit de le céder à ses deux fils, lorsqu'en 1806 le percement de la rue de la Paix fit disparaître le couvent, l'amphithéâtre d'équitation et tous les spectacles forains. Les frères Franconi voyagèrent pendant la construction du Cirque Olympique qu'ils firent bâtir entre les rues Saint-Honoré et Mont-Thabor, et dont l'ouverture eut lieu en décembre 1807. Des dimensions plus vastes et un théâtre adapté à l'enceinte du manège leur permirent d'exécuter leurs pantomimes avec plus de pompe et d'illusion ; les deux frères y déployaient tour à tour leurs talents d'écuyers et de mimes. L'aîné excellait dans l'art de dresser, non-seulement les chevaux, mais d'autres animaux, tels que le fameux cerf *Coco*, qui débuta en avril 1809, et excita pendant plusieurs années l'intérêt et l'admiration, par sa docilité, sa souplesse, sa force, son intrépidité ; et le jeune éléphant *Baba*, qui plus tard n'excita pas moins d'enthousiasme, par son intelligence, son adresse et sa légèreté. Franconi jeune se chargea de la mise en scène des pantomimes et des mimodrames, dont plusieurs étaient composés par lui. Leur sœur et leurs femmes ne se distinguèrent pas moins par leur agilité dans les exercices d'équitation, par leur jeu noble et pathétique dans la pantomime. L'affluence que ce spectacle attirait engagea les frères Franconi à agrandir et à embellir leur cirque en novembre 1809. Pendant l'année 1811 ils voyagèrent à l'étranger, et furent remplacés par un entrepreneur de spectacle d'équitation, qui ne fit regretter. De retour en 1812, ils restèrent dans leur cirque jusqu'au 27 mai 1816. Mais ce voisinage ayant paru dangereux pour le ministère des finances, qui avait résolu de transférer dans la rue de Rivoli, ils retournèrent au faubourg du Temple, et ayant acheté le terrain qu'avait occupé Astley, ils y firent bâtir un nouveau cirque, qui ouvrit le 8 février 1817 ; ils y offrirent pour nouveauté un aimable tigre, qui valsait et qui dansait. En 1819 on y vit l'écuyer anglais Ducrow et trois mimes anglais. Ce cirque ayant été consumé par un incendie en 1826, les frères Franconi recueillirent en cette occasion les témoignages les plus honorables de l'estime et de l'intérêt que leur avaient généralement acquis leur zèle, leurs qualités morales, les soins qu'ils prenaient de leur vieux père, et leur bienfaisance pour les artistes malheureux. De nombreuses souscriptions, des représentations données spontanément à leur bénéfice sur tous les théâtres de Paris et des départements, aidèrent promptement Henri Franconi et son fils Adolphe à faire rebâtir leur cirque.

Les Parisiens et les étrangers continuèrent de se porter à ce théâtre. On y représentait des drames et féries à grand spectacle, ornés de tableaux, mêlés de dialogues et de musique, où les chevaux avaient toujours un rôle. On commençait par des manœuvres de cavalerie, par des exercices de voltige, d'adresse et d'équitation. On y jouait aussi quelquefois des comédies et des vaudevilles. On y vit figurer enfin des Alcides, des jongleurs Arabes et Indiens, des nains, des tigres, des lions et des éléphants. Cependant, malgré la réputation européenne des Franconis, malgré leurs succès constants, la variété de leur spectacle, la faveur publique et la protection constante de tous les gouvernements, il arriva un jour où les recettes, absorbées par les frais journaliers, furent impuissantes à couvrir les dépenses de construction, et les propriétaires se virent forcés de renoncer à l'exploitation du Cirque, qui fut vendu en 1833. L'administration qui succéda aux frères Franconi, et dans laquelle on vit figurer encore un héritier de ce nom, mit à profit les dimensions de son théâtre pour y représenter de grands tableaux militaires, empruntés surtout à l'histoire de Napoléon. En 1835 elle établit aux Champs-Élysées, pour les exercices d'équitation, une succursale, où durant les beaux jours la foule ne fait jamais défaut. Néanmoins le Cirque-Olympique fut plusieurs fois fermé, l'arène disparut pour faire place à un parterre et recevoir des spectateurs. Enfin le Cirque du boulevard du Temple est devenu le *Théâtre national*, où, l'on représente de grandes pièces militaires. Le Cirque des Champs-Élysées prospérait cependant dans l'été, malgré la concurrence de l'Hippodrome. Pour l'hiver un nouveau cirque, d'une belle construction, s'est élevé en 1852, comme par enchantement, sur le boulevard des Filles du Calvaire. Ce Cirque a pris le nom de *Cirque Napoléon* : celui des Champs-Élysées est devenu le *Cirque de l'Impératrice*.

H. AUDIFFRET.

CIRRE. Le sens vague de ce nom, dérivé du latin *cirrus*, sorte de barbe, a permis aux naturalistes de l'appliquer à un très-grand nombre de parties des animaux qui n'ont entre elles aucun rapport de structure : en effet, les *cirres* sont tantôt, suivant Merrem, des pennes longues en forme de crins, qui partent de dessus les yeux et retombent le long du cou, ou, d'après Illiger, des plumes à tige très-longue, sans barbe, ou ayant des barbes très-courtes, ou n'en ayant qu'à l'extrémité ; tantôt ce mot est synonyme des barbillons des poissons, et suivant Pline, des pieds des mollusques céphalopodes ; tantôt encore, d'après de Blainville, les *cirres* sont des prolongements cylindriques, vermiformes, plus ou moins irritables et contournés, situés régulièrement ou sans ordre dans les diverses parties du corps des mollusques, spécialement sur les bords du manteau dans les lamellibranches, ou bien des espèces de filaments non vasculaires, de forme et de longueur variables, qui existent dans les chétopodes, soit à la partie supérieure de l'appendice, immédiatement au-dessous de la branchie, quand il y en a une, soit à la partie inférieure ou ventrale de ce même appendice. Enfin, on a encore donné le nom de *cirres* aux appendices articulés des **cirripèdes**.

En botanique, le mot *cirre* est synonyme de *main* ou *vrille*.
L. LAURENT.

CIRRHA, ville de la Phocide célèbre dans l'antiquité, sur le golfe actuel de Saloua, au sud de Crissa, formait le port de Delphes, et était consacrée à Apollon. Elle fut détruite de bonne heure, mais reconstruite plus tard ; et on trouve encore sur son ancien emplacement des ruines de son port à l'époque des Romains.

CIRRHE, CIRRHIPÈDES. *Voyez* CIRRE et CIRRIPÈDES

CIRRIPÈDES (de *cirrus*, cirre, et *pes*, *pedis*, pied). Lamarck, Latreille et Schweiger ont imposé ce nom à une classe d'animaux sans vertèbres, qui comprend ceux dont le corps mou est pourvu d'appendices fort longs, cornés, articulés, qu'on a considérés comme des rudiments de membres, et auxquels on nomme *cirres*. Ces animaux de cette classe sont intermédiaires aux mollusques et aux animaux articulés. Ils ont été divisés en deux familles : les *anatifes* et les *balanes*. De Blainville en a rapproché les *oscabrions*.

Les cirripèdes sont constamment adhérents aux corps sous-marins. On en trouve sur les rochers, sur les pieux de construction, sur la charpente même des vaisseaux. Il en est qui s'attachent à la peau des crustacés, sur la coquille des mollusques. Les coronules et les tubicinelles, qui sont de la famille des balanes, s'implantent dans la peau des baleines et pénètrent jusque dans le lard. La coronule des tortues se multiplie sur la carapace de ces reptiles.
L. LAURENT.

CIRRUS, CIRRO-STRATUS, *voyez* NUAGE.

CISAILLES. On connaît sous ce nom, dans plusieurs arts, de grands et forts ciseaux. C'est principalement pour trancher des barres métalliques, pour équarrir les feuilles de tôle et de cuivre, etc., qu'on emploie ces ciseaux à longues branches ou leviers. Dans les grosses forges, la cisaille a quelquefois, dans la partie du levier située entre le point d'appui et le moteur, jusqu'à sept mètres de long. Assez communément cet énorme outil est mû par une machine à vapeur, et le mouvement est régularisé par l'action incessante d'un volant. Comme dans les plus petits ciseaux, la cisaille se compose de deux branches maintenues dans un état d'exacte application l'une contre l'autre, par un axe commun qui les traverse perpendiculairement à leur plan, et elles sont libres de se mouvoir autour de cet axe dans des limites déterminées. Ces deux branches, lorsque la cisaille est ouverte, montrent la forme d'un X, dont les jambages se prolongent plus d'un côté que de l'autre, afin d'ajouter à la puissance. Le tranchant se trouve au-dedans de l'angle du côté des courtes branches. Il est telle de ces cisailles qui, dans son mouvement uniforme, tranche à froid, sans éprouver aucun arrêt, une barre de fer forgé de $0^m,16$ de diamètre. Les branches de ces cisailles de première force sont assez ordinairement en fonte. Leur largeur est d'environ $0^m,32$, près de l'œil, et cette largeur diminue en allant vers les extrémités ; là elle est réduite à moitié, de manière à donner aux côtés dans le sens desquels l'effort s'exerce une courbe parabolique semblable à celle des balanciers de machines à vapeur. Ordinairement, ces grandes cisailles font le service près des martinets à fer et du laminoir, et elles sont mises en mouvement par le moteur général de l'usine au moyen de manivelles et de bielles, ou simplement par des excentriques en limaçon que porte un arbre tournant horizontal. Mollard, membre de l'Académie des Sciences, a inventé la cisaille à molette, ou *cisaille circulaire*, dont l'effet est sûr, prompt et avantageux. Les cisailles circulaires, dont l'usage est aujourd'hui fort répandu dans les grands ateliers de construction de machines, sont composées de deux disques en fonte auxquels s'appliquent des tranchants circulaires en acier, tournant simultanément en sens inverses, et placés de manière à se toucher et à se croiser légèrement. Les deux disques sont portés sur deux arbres en fer liés entre eux au moyen d'un engrenage. On emploie surtout ces cisailles pour les métaux en feuilles. Elles ont l'avantage de pouvoir couper en ligne courbe.

Les ouvriers en métaux ont de petites *cisailles à main*. Les *sécateurs* des jardiniers sont aussi des espèces de cisailles.
PELOUZE père.

CISALPINE (Gaule). *Voyez* GAULE.

CISALPINE (République). Le 9 octobre 1796 le général en chef de l'armée d'Italie écrivait au citoyen Garran, commissaire du gouvernement : « Il faudrait réunir un congrès à Modène et à Bologne, et le composer des députés des États de Ferrare, Bologne, Modène et Reggio. Il faudrait avoir soin qu'il y eût parmi ces députés *des nobles, des prêtres, des cardinaux*, des négociants et de tous les états généralement estimés patriotes. On y arrêterait : 1° l'organisation de la légion italienne; 2° une espèce de fédération pour la défense des communes; 3° l'envoi de députés à Paris pour demander leur liberté et leur indépendance. Cela produirait un très-grand effet, et serait une *base* de méfiance et d'alarmes pour les potentats de l'Europe. Il est indispensable que nous ne négligions aucun moyen pour répondre au fanatisme de Rome, pour nous faire des amis et pour assurer nos derrières et nos flancs. » Telle fut la première pensée de la création de la république cisalpine

L'émancipation de l'Italie autrichienne devait dépendre de la chute de Mantoue. Bientôt le général Bonaparte écrivait au Directoire que dans le congrès qui s'était assemblé à Modène, formé de cent députés, il avait pris le parti de rompre avec le duc l'armistice que ce prince avait violé en faisant passer des convois à Mantoue. « Ce coup de vigueur, dit-il, a rétabli l'opinion et a réuni Bologne, Ferrare, Modène, Reggio, dans un même bonnet... Modène, Reggio, Bologne et Ferrare, réunies en congrès, ont arrêté une levée de 2,500 hommes, sous le nom de première légion italienne. Voilà un commencement de force militaire qui, réunie aux 3,500 hommes que fournit la Lombardie, fait à peu près 6,000 hommes. » Ainsi le noyau de la belle armée d'Italie est vapayé, et déjà les gardes nationales de Reggio ont essayé leurs armes contre la garnison de Mantoue. Une fédération armée réunissait sous le drapeau français Bologne, Ferrare et Modène; Reggio s'y joignit bientôt, et ces quatre capitales d'anciens États devinrent les chefs-lieux de la république, qui, par sa position géographique, prit le nom de *cispadane*, tandis que celui de *transpadane* fut donné par la même raison à la fédération de la Lombardie autrichienne, du Bergamasque, du Mantouan et de la Romagne, laquelle, avant sa cession par le traité de Tolentino, avait déclaré son indépendance sous la dénomination, peu connue, de république *Émilienne*. La composition de ces deux États présentait au général Bonaparte, par la différence de leurs intérêts et de leur position, une opposition réelle au dessein qu'il avait formé de les réunir en un seul. Dans le second dominait l'élément démocratique, dans le premier c'était l'aristocratique. Il triompha de leur répugnance à se confondre, en leur donnant l'espérance de la réorganisation définitive de la grande patrie italienne. Cette puissante considération imposa silence aux résistances du clergé et de la noblesse, et Bonaparte, qui dans les préliminaires de Léoben consacra l'existence de la *république cisalpine*, en décida l'organisation à Montebello.

Un comité de dix membres fut chargé d'en rédiger la constitution. Parmi eux siégeait le père Grégoire Fontana, homme d'une vaste érudition, avec lequel le général en chef posa les bases du nouveau gouvernement. La constitution française en était le modèle naturel. Un Directoire de cinq membres lui fut donné, et, en attendant l'élection des membres qui devaient composer les deux conseils législatifs, quatre comités, l'un de constitution, le second de jurisprudence, le troisième des finances, et le quatrième de la guerre, formés chacun de six membres, reçurent un mandat spécial. Cinq ministères furent affectés aux départements de la police, de la guerre, des finances, de la justice et des affaires étrangères. Bonaparte fut complétée l'organisation de la Cisalpine. L'inauguration de la république eut lieu à Milan, le 9 juillet 1797, dans la vaste et magnifique enceinte du Lazaret, qui prit le nom de *Champ de la Confédération*. Plus de 400,000 citoyens y assistèrent, parmi lesquels 30,000 gardes nationaux députés des départements du nouvel État. A l'instar de la fédération française, l'archevêque de Milan célébra la messe en plein air et bénit les nouveaux drapeaux ; ils étaient tricolores : la couleur verte y remplaçait le bleu du drapeau français.

Animée d'un juste enthousiasme pour la France, qui, au lieu de réunir son territoire au sien, la déclarait indépendante, la Cisalpine, par l'organe de son Directoire, décerna à l'armée française, le jour de son inauguration, huit pyramides, qui devaient consacrer, à jamais, dans le *Champ de la Confédération*, sa reconnaissance pour la France, et consacrer au respect public les noms des braves morts pour la patrie. En peu de temps elle reçut d'importantes agrégations, celles des villes de Brescia, de Mantoue et de Plaisance, avec leurs territoires. Alors la république, considérablement agrandie, reçut de son fondateur sa division en vingt départements : l'*Olona*, chef-lieu, Milan ; le *Tésin*, Pavie; le *Lario*, Côme; l'*Urbano*, Varèse; la *Montagne*, Lecco ; le *Sario*, Bergame; l'*Adda* et l'*Oglio*, Sondrio; le *Mela*, Brescia; le *Benaco*, Deyenzano ; le *Mincio*, Mantoue; l'*Adda*, Lodi ; le *Crostolo*, Reggio ; le *Panaro*, Modène ; les *Alpes-Apuanes*, Massa; le *Reno*, Bologne; le *Pô-Supé-*

rieur, Cento; le *Pô-Inférieur*, Ferrare; le *Lamone*, Faënza; et le *Rubicon*, Rimini. Pesaro se joignit bientôt à la république. Il resta à peine au pape le territoire de Saint-Pierre.

Tel était l'État cisalpin cinq mois après sa fondation, et à la suite de la paix de Campo-Formio. Cependant une grave difficulté naquit du serment, surtout de la part des fonctionnaires des pays enlevés et habitués à la domination de l'Église, car ils étaient obligés de jurer haine éternelle au pouvoir qu'ils avaient constamment respecté ou servi. Il fallut donc alors, et ce fut très-habile, recourir à l'autorité du clergé lui-même pour rassurer les consciences de ces fonctionnaires et de leurs administrés. On s'adressa en conséquence à l'évêque d'Imola, Chiaramonte, qui par ses vertus et sa piété exerçait une grande influence sur ces populations. Ce prélat, qui depuis, monté sur la chaire de saint Pierre, sous le nom de Pie VII, vint couronner à Paris Napoléon et Joséphine, publia le jour de Noël de la même année une homélie apologétique du gouvernement républicain, où il disait : « Le gouvernement démocratique, adopté parmi nous, mes très-chers frères, ne répugne point à l'Évangile; il exige toutes les vertus sublimes qu'on n'apprend qu'à l'école de Jésus-Christ... Les vertus morales, qui ne sont autre chose que l'ordre établi par l'amour éternel, nous rendront bons démocrates.... Oui, mes chers frères, soyez bons chrétiens, et vous serez d'excellents démocrates. » Cette proclamation évangélique obtint beaucoup de succès auprès des anciens sujets romains des trois légations.

Une fois constituée, la fille aînée de la république française songea à se faire reconnaître par l'Europe. Son ambassadeur à Paris fut le célèbre Visconti; et Milan, l'orgueilleuse capitale d'un État déjà puissant, vit arriver dans ses murs les ambassadeurs d'Espagne, de Naples, de Sardaigne, de Toscane, de Gênes et de Parme : car à Milan pouvaient et devaient se décider les destins de la Péninsule; il ne manquait plus que la reconnaissance du saint-siége. Le pape l'ayant refusée, la Cisalpine, fière comme toute république naissante, lui demanda raison de son refus, et lui déclara la guerre. Le pape, n'ayant plus de secours à attendre de l'Autriche, se soumit. Cette belle création de la république Cisalpine, dont les frontières s'étendaient des Alpes helvétiques à l'Apennin romain, et du Tésin à l'Adriatique, eût nécessairement enveloppé l'Italie entière si quelques années plus tard le génie monarchique n'eût détrôné le génie républicain, replacé des souverainetés sur les ruines de démocraties déjà florissantes, et trompé, enfin, l'attente et le besoin des nations en rétablissant des institutions despotiques, dont la chute, consacrée par la gloire nationale, était toute l'œuvre de la Révolution française.

Cependant les législateurs cisalpins prirent leurs places, les uns dans le grand conseil, au nombre de 160, les autres, au nombre de 80, dans celui des anciens. Les noms les plus illustres du pays figuraient dans ces deux assemblées. Le 29 mars 1798 un traité fut conclu à Paris entre les deux républiques. Mais le Directoire français, toujours trembleur et méticuleux, voyait avec épouvante les progrès de l'opinion démocratique en Italie. La paix récemment signée avec l'Autriche nécessitait beaucoup de calme de la part du nouvel État. L'ambassadeur français, le citoyen Trouvé, proposa d'abord quelques modifications à sa constitution, à peine ébauchée, et des conférences s'ouvrirent dans son hôtel avec des hommes influents des deux conseils. La réforme présentée était en faveur de l'élément aristocratique. On voulait réduire le nombre des législateurs et des départements, accroître le pouvoir directorial, restreindre la liberté de la presse et fermer les clubs. Ces propositions furent révélées aux démocrates, et il s'ensuivit une grande agitation. Les conseils et le Directoire firent des représentations. On envoya à Paris le général Brune, qui se chargea d'y porter les doléances et les vœux de la démocratie; mais cette démarche n'eut aucun résultat, et dans la nuit du 30 août l'ambassadeur réunit chez lui 110 députés, ne formant pas la moitié de la représentation nationale, mais qui acceptèrent la constitution modifiée, sur la déclaration de l'ambassadeur qu'il en référerait à la force pour son exécution. Cependant une minorité refusa, et formula son refus avec une vive indignation. Le lendemain, d'après les instructions du Directoire français, Milan fut le théâtre d'une exécution législative. Le Directoire posait là un précédent fatal, qui l'année suivante, aux journées de brumaire, devait être imité contre nos conseils et surtout contre lui-même par Bonaparte, alors en Égypte. Le 31 le palais des conseils fut occupé par la force armée, qui en repoussa tous les représentants dont le vote n'avait pas été favorable. Deux directeurs furent également chassés et remplacés. L'opposition fut ainsi violemment éliminée des conseils et ses chefs jetés dans les prisons. Après cette exécution, la liberté fut rendue aux conseils, et Trouvé remplacé par le célèbre Fouché. Quant au général Brune, il revint à Milan lorsque la réforme y fut terminée.

Le Directoire français, menacé d'une nouvelle coalition, dont l'éloignement de Bonaparte avait été le signal, se décida à rappeler Brune et Fouché et à les remplacer par Joubert et Rivaud; mais Brune avait eu le temps et le crédit de rappeler dans les conseils et au pouvoir les démocrates les plus ardents. Rivaud se vit donc dans la nécessité de recommencer les violences exercées trois mois plus tôt. Par ses ordres, le palais législatif ayant de nouveau été cerné par les troupes dans la nuit du 7 décembre, les directeurs et les législateurs replacés par Brune en furent chassés, et la réaction s'étendit à la presse et aux sociétés populaires. Dès lors il commençait à être clair pour les Cisalpins qu'ils n'avaient plus qu'à choisir entre le despotisme de l'Autriche et celui de la France. A partir de ce jour il se forma une véritable conspiration dont le but était l'indépendance nationale. Une ligue, sous le nom de *Société des rayons*, confédéra les villes et les campagnes. Mais la guerre éclata tout à coup. Le Nord se rua sur le Midi, et les conspirateurs de la Cisalpine, pressés entre la France et la coalition, durent ajourner leurs projets. Le Directoire avait aliéné les populations en traitant d'*ordonnance militaire* la constitution donnée par Bonaparte et en lui substituant celle qu'au mépris des serments et de la reconnaissance officielle de divers États de l'Europe, ses ambassadeurs, Trouvé et Rivaud, avaient imposée au pays près duquel ils étaient accrédités. On sait quel fut alors le sort de l'Italie. Macdonald, Moreau, Championnet, Joubert, échouèrent dans sa défense; Joubert y perdit la vie. Il fallut que le général Bonaparte revînt d'Égypte en 1799, renversât le Directoire français, et, en qualité de premier consul, reparût sur les Alpes pour la délivrance de sa première conquête. Après avoir rétabli le gouvernement de la Cisalpine, il assura par un dernier triomphe l'expulsion de la maison d'Autriche.

Le traité de Lunéville rendit enfin la paix à l'Europe. Ce traité portait, entre autres dispositions : « Les parties contractantes garantissent mutuellement l'indépendance des républiques batave, cisalpine, ligurienne et helvétique, et la faculté aux peuples qui les habitent d'adopter telle forme de gouvernement qu'ils jugeront convenable. » Le premier consul résolut d'être le législateur du nouveau droit public qui devait naître de cet article. Le moment en effet était venu pour ces républiques de passer, comme celle de France, du régime directorial au régime consulaire. Aussi, le 12 novembre 1801, la *consulta* de la Cisalpine arrêta qu'il serait formé une *consulta* extraordinaire, qui devait s'assembler à Lyon pour fixer les bases des lois organiques de la république. « Le premier consul, disait le décret, est invité à suspendre les immenses travaux de sa magistrature pour partager avec les députés de la consulta extraordinaire le poids de leurs délibérations. » Il n'était pas difficile de deviner la source d'une semblable disposition. Toutefois, c'était, il faut l'avouer, une singulière nouveauté que d'appeler un gouvernement étranger à discuter ses intérêts dans une ville d'un État voisin. Quoi qu'il en soit, le 31 décembre, 452 notables italiens étaient réunis à Lyon; ils y trouvèrent les ministres Talleyrand et Chaptal, chargés d'exercer envers eux la plus brillante hospitalité. Lyon se réserva d'embellir la solennité que le premier consul allait honorer de sa présence. Le 11 janvier 1802 il y fit une entrée vraiment triomphale, mais comme législateur et pacificateur. La consulta avait commencé ses travaux le 4, sous la présidence du comte Marescalchi. Le 29 elle fermait sa dernière séance en concluant à ce que le premier consul *voulût honorer la république cisalpine en continuant de la gouverner*. Le lendemain le premier consul se rendit en grande pompe à la salle des délibérations, et termina ainsi son discours : «... Les choix que j'ai faits pour vos premières magistratures l'ont été indépendamment de toute idée de parti et de tout esprit de localité. Quant à celle de votre président, je n'ai trouvé personne parmi vous qui eût encore assez de droits sur l'opinion publique, qui fût assez indépendant de l'esprit de localité, et qui eût rendu d'assez grands services à son pays pour la lui confier... J'adhère à votre vœu ; je conserverai encore la grande pensée de vos affaires. » La salle retentit, comme on peut le croire, d'applaudissements unanimes. Les députés demandèrent et obtinrent facilement que le nom de *république italienne* fût substitué à celui de *république cisalpine*, nom roturier, qui sentait encore le Directoire. M. de Melzi, depuis duc de Lodi, fut nommé vice-président. Le premier consul l'embrassa. Déjà il n'y avait pas plus loin de la république italienne au royaume d'Italie que du consulat à vie à l'empire. Aussi le 28 mars 1804 une députation de Milan, conduite par M. de Melzi et chargée de porter à l'empereur Napoléon un nouveau vœu du peuple italien, fut-elle présentée au sénat, où Napoléon s'était rendu. Là fut acceptée la couronne de fer par le nouvel empereur, qui joignit à ce titre celui de *roi d'Italie*. J. DE NORVINS.

CISCAUCASIE. *Voyez* CAUCASE (Province du).

CISEAU (de *cæsus*, participe de *cædere*, couper, tailler), instrument tranchant, ordinairement muni d'un manche, de formes et d'applications variées, selon l'art qui l'emploie, mais qui sert surtout à travailler le bois, le marbre et la pierre, suppose ordinairement l'emploi simultané d'un maillet ou marteau, et est pour le sculpteur ce que le pinceau est pour le peintre. On dit également de chacun de ces artistes, selon leur spécialité, qu'ils ont un *pinceau* ou un *ciseau* savant, délicat, admirable ou grossier, selon qu'ils sont habiles ou qu'ils manquent de talent. Racine a dit :

D'un tronc qui pourrissait le *ciseau* fit un dieu.

Les ouvriers ont différents ciseaux ; les *ciseaux à froid*, en fer et acier, sont sans manche, et servent à couper le fer, le cuivre ; il y en a d'autres, plus épais, qui servent à couper le fer chaud ; les ciseaux à travailler le bois ont un manche de bois dur, contre lequel ils s'appuient au moyen d'un collet. On frappe sur les premiers avec des marteaux, sur les derniers avec des maillets.

CISEAUX. Les plus petits ne sont dans le fait qu'une *cisaille*, sans en excepter même les outils-joujoux qui servent aux dames pour les découpures de leurs broderies. C'est toujours le même principe d'action, deux branches tranchantes maintenues dans un état d'exacte application l'une contre l'autre. Dans l'usage de cette petite machine, c'est l'action musculaire secondée par la faculté d'écartement et de rapprochement du pouce et du doigt *medius*, qui imprime le mouvement aux branches tranchantes : pour faciliter cette action, l'index de la main s'appuie à la base de l'une des branches en faisant, selon le besoin, une espèce de contre-poids de droite à gauche, et *vice versa*.

Les ciseaux varient à l'infini pour les formes particulières et les dimensions, depuis les grands ciseaux des tailleurs et ceux des jardiniers jusqu'aux ciseaux des petites-maîtresses. Les Parques aussi ont leurs *ciseaux*, dont l'action fatale tranche le fil de nos jours (*voyez* ATROPOS). PELOUZE père.

Les ciseaux servent encore au chirurgien, qui les emploie de préférence, dans certaines opérations, pour diviser des parties molles et flottantes, qui par cette raison ne présenteraient pas assez de résistance au tranchant du couteau. Suivant l'usage auquel on les destine, on choisit des ciseaux droits, coudés ou courbes, et ces derniers peuvent présenter leur courbure sur leur plat ou leur tranchant.

CISELET, petit ciseau délié dont se servent les ciseleurs, les graveurs, etc., pour enlever des morceaux, graver des ornements, sculpter des figures sur une pièce métallique.

CISELEUR. Quand un ouvrage de sculpture a été fondu en un métal quelconque, sa surface est loin d'offrir le fini que présentait le modèle. L'épreuve obtenue est donc, en sortant des mains du fondeur, confiée à un ouvrier qu'on nomme *ciseleur*, et qui, à l'aide de ciselets, de rifloirs, de mats, etc., fouille les fonds, ravive les arêtes, enlève les coutures, et, en général, *répare* l'ouvrage qui lui est confié. Il a pour guide le modèle qui a servi à la fonte. Souvent aussi il faut qu'il trace en entier certains ornements dont la délicatesse s'opposait à ce qu'on en confiât l'exécution au fondeur. Lorsqu'il le peut, le ciseleur travaille les pièces séparément ; il les fixe avec un ciment particulier sur un appareil nommé *boulet* qui lui donne la facilité d'incliner son ouvrage à volonté.

Le ciseleur fait quelquefois usage du marteau pour déplacer la matière, la faire varier de forme ; dans cette circonstance, il se fait orfèvre, chaudronnier, etc. Les magnifiques armures qui sont exposées au Musée d'Artillerie, ont été faites en partie au marteau, puis terminées au ciseau : nous parlons des ornements.

Les anciens, grands maîtres en architecture, sculpture, etc., étaient, comme on le pense bien, d'excellents ciseleurs : Virgile, décrivant les armes d'Énée ciselées par Vulcain, nous donne une haute idée de la ciselure antique, qu'il ne faut pas confondre avec la toreutique.

Les modernes ont produit quelques ouvrages d'orfévrerie remarquables par la ciselure de leurs ornements. Cellini, sous François Ier, Germain, sous Louis XIV, se distinguèrent par leur habileté comme ciseleurs.

CISPADANE (République), État dont le nom signifie *situé en deçà du Pô*, et qui fut constitué en même temps que la *république transpadane* (c'est-à-dire *située au delà du Pô*) par le général Bonaparte, le 20 septembre 1796, à la suite de la bataille de Lodi. Il se composait, dans le principe, de Modène, de Reggio, de Ferrare et de Bologne, et il était séparé par le Pô de la république transpadane, qui comprenait la Lombardie autrichienne. Cette nouvelle république reçut une constitution copiée sur celle qui était alors en vigueur en France : ainsi le pouvoir exécutif y était exercé par un Directoire composé de trois membres. Il y avait en outre deux conseils : un grand conseil, composé de soixante membres, et un conseil des anciens, composé de trente membres. Le territoire était divisé en dix départements, et comprenait environ un million d'habitants. Les conseils entrèrent en fonction, à la grande joie du peuple, le 29 avril 1797 ; mais le parti démocratique en amena bientôt la dissolution, attendu que son vœu le plus ardent était de dépendre de l'État dont Milan était le chef-lieu et où la révolution semblait prendre un essor plus caractérisé. Modène et Reggio se soulevèrent dans ce sens, et Bonaparte écrivit au pape à la nouvelle république que ces deux provinces s'étaient prononcées pour leur incorporation à la république Cisalpine. Comme indemnité, il lui promit la délégation de la Romagne, abandonnée par le pape en vertu du traité signé à Tolentino le 19 février 1797, ainsi que le territoire de Mesola, et suspendit les séances des deux conseils jusque après la division de cette province en départements. Mais la Romagne ayant à son tour demandé à être incorporée à la république *Cisalpine*, Bologne et Ferrare durent finir par renoncer à leur indépendance et se laisser incorporer à la Cisalpine dès le mois de juillet 1797. Ainsi disparut de la scène politique une république que Facci, président du congrès cispadan, avait surnommée la fille aînée des victoires de Bonaparte.

CISPLATINE (République). *Voyez* BANDA-ORIENTAL et URUGUAY.

CISRHÉNANE (République). Ainsi s'appela un État dont l'existence fut purement nominale. En 1797 les opérations de l'armée française sur la rive gauche du Rhin y ayant amené la dissolution des différents gouvernements allemands, plusieurs villes, telles que Bonn, Cologne, Aix-la-Chapelle, etc., s'associèrent pour constituer une république à l'instar de celles qui venaient d'être créées en Italie. Cette république prit en septembre 1797 la dénomination de *Cisrhénane* (c'est-à-dire *en deçà du Rhin*), et se plaça sous la protection de la république française. Mais, par un article secret de la paix de Campo-Formio (17 octobre 1797), l'Autriche ayant consenti à la réunion de la rive gauche du Rhin à la France, l'organisation de cette république n'eut jamais lieu.

CISSOÏDE. Un cercle et une de ses tangentes étant donnés, si l'on joint l'extrémité opposée du diamètre qui passe par le point de contact à un point quelconque de la tangente, et qu'à partir de ce point on prenne sur la droite ainsi limitée une longueur égale au segment de cette droite intercepté par le cercle, on obtient un nouveau point dont le lieu géométrique est une courbe que les mathématiciens ont nommée *cissoïde* (de κισσός, lierre, et εἶδος, forme), c'est-à-dire *semblable au lierre*, parce qu'en effet cette ligne, en se rapprochant de son asymptote (qui est la tangente donnée), imite la courbure d'une feuille de lierre. Cette courbe, dont on attribue l'invention au géomètre grec Dioclès, doit sa célébrité à l'emploi qu'il en fit, vers le cinquième siècle de l'ère chrétienne, pour résoudre ce problème fameux dans l'antiquité : *Trouver deux moyennes proportionnelles entre deux droites données*, problème dont dépend celui de la duplication du cube. Quelques auteurs prétendent que la cissoïde était déjà connue de Geminus, quatre siècles plus tôt.

La cissoïde est une courbe du troisième degré, que représente l'équation $y^2 = \dfrac{x^3}{a-x}$, a étant le diamètre du cercle donné. On peut la construire par points, soit à l'aide de son équation, soit en se servant de sa définition. On doit à Newton un moyen très-simple de la décrire d'un mouvement continu. Du reste, cette courbe n'offre plus qu'un intérêt purement historique.
E. MERLIEUX.

CISTE (*Archéologie*). On donnait ce nom à des paniers mystiques couverts qu'on portait dans les processions d'Éleusis. Ils étaient d'osier ou de métal. Sur les monuments la ciste indique, comme le calathus, les mystères d'Iacchus et de Cérès. Elles sont ordinairement ouvertes, et un serpent paraît en sortir, le tout entouré d'une couronne de lierre. Selon Athénée, celles des mystères d'Éleusis renfermaient du sésame, des biscuits appelés *pyramides*, des gâteaux ronds, des grains de sel. Clément d'Alexandrie y ajoute des grenades, auxquelles les initiés ne pouvaient porter la main.

CISTE (*Botanique*), en grec κίστος. C'est un genre de plantes dicotylédones polypétales, à étamines hypogynes, dont les espèces portent leurs graines renfermées dans de petites capsules, et qui appartient à la famille des cistinées. Ce sont des arbustes ou des arbrisseaux d'un port très-élégant, qui croissent principalement dans le midi de l'Europe, et surtout dans le voisinage de la Méditerranée. Le bois de plusieurs d'entre eux est employé en Espagne au chauffage. L'espèce la plus intéressante est le *ciste de Crète*, qui fournit la substance résineuse connue sous le nom de *ladanum*, qu'on retire également du *ciste ladanifère*.

CISTINÉES, famille de plantes dicotylédones polypétales hypogynes, ayant pour types les genres *ciste* et *hélianthème*.

CISTOPHORES ou **CISTIPHORES**, ceux ou celles qui dans les mystères d'Iacchus, de Proserpine ou de Cérès, portaient les cistes sacrées. C'étaient ordinairement chez les Grecs de jeunes filles de haute naissance, qu'il ne faut pas confondre avec les *canéphores*, qui portaient surtout les corbeilles de Minerve.

On appelait aussi *Cistophores* des médailles des colonies grecques de l'Asie Mineure, qui durent leur nom à la ciste mystique dont elles portent l'empreinte. Toutes sont en argent; elles étaient frappées en Phrygie, en Mysie, en Lydie et en Ionie. Cette monnaie, qui servait surtout à payer le tribut à Rome, ne pouvait être fabriquée que dans les six villes où siégeaient des proconsuls faisant l'office de percepteurs. Elles étaient du poids d'un tétradrachme. Quoique des historiens aient écrit qu'elles étaient versées par millions dans le trésor public à Rome, elles sont d'une extrême rareté, et peu de musées ou cabinets d'antiquités possèdent cette hexapole numismatique; elle y est même presque toujours incomplète. Les médailles cistophores que des antiquaires ont classées dans la monnaie de Crète paraissent avoir trompé leur science numismatique : elles sont pseudonymes ou mal examinées, ou mal interprétées, ou mal lues. Consultez Panelius, *De Cistophoris* (Lyon, 1734).

CISTRE. *Voyez* SISTRE.

CITADELLE, mot emprunté de l'italien *citta*, *cittadella*. Une citadelle est une ville toute militaire, une forteresse de second ordre, attachée à une grande forteresse, mais sans y être enfermée totalement; c'est une construction séparée des maisons des citoyens par une esplanade. Une citadelle contient principalement des casernes, mais n'a qu'une petite étendue, afin d'être plus aisément défendue. Les citadelles ont succédé aux donjons des châteaux ou aux châteaux à tours des anciennes forteresses; elles en diffèrent en ce qu'elles sont à bastions; elles diffèrent des forts et des autres commandements dominants aujourd'hui en usage en ce qu'elles ont des vues dans la ville et qu'elles la coiffent; il y en a même qui en enfilent les rues.

Les citadelles ont existé de toute antiquité : Ilion était celle de Troie, le Capitole celle de Rome; les arsenaux primitifs ont été des citadelles. Mais les citadelles de système moderne sont d'origine italienne et du quinzième siècle. Celle de Milan avait été bâtie sur les ruines du palais des Visconti, famille éteinte en 1450. En 1468, Louis XI, imprudemment entré dans Péronne, fut emprisonné dans la citadelle de cette ville. Dans la description que Machiavel fait de Forli, assiégée par Borgia, en 1500, on voit que cette forteresse avait une citadelle, et que ce genre d'ouvrage n'était pas encore universellement goûté : Machiavel en improuve l'usage, comme pouvant énerver la vigueur d'une garnison. Le duc d'Albe fait construire en 1568 la citadelle d'Anvers; ses défenseurs jouent, en 1576, en 1583 et en 1832, un grand rôle dans les guerres des Pays-Bas.

Les citadelles ont été inventées, et comme une défense contre les ennemis du dehors, et comme un moyen de brider une ville et d'en réprimer les mutineries; elles servent aussi de refuge à une garnison attaquée et forcée de céder la forteresse, mais décidée à courir les chances d'un second siège, comme cela s'est vu à Lille, à Tournai, etc. Les auteurs militaires veulent, pour ces raisons, que les citadelles soient puissamment fortifiées du côté de la campagne; ils recommandent aux armées assiégées de prévoir l'extrémité à laquelle elles pourraient être réduites en faisant transporter à temps dans la citadelle toutes les munitions qui peuvent y être mises en sûreté.

CITADELLE — CITATION

Une citadelle est ordinairement régulière, pentagonale, dominante et située de manière à foudroyer les terrains où un assiégeant asseoirait le plus commodément un camp de siége; elle a dans ce cas trois bastions vers la campagne et deux bastions engagés dans la forteresse à laquelle elle est adhérente. Sa construction nécessite la suppression d'un des bastions du polygone de la ville ; il en résulte la brisure de deux courtines attenantes et le changement de forme des deux faces du bastion qui y correspondent. La citadelle de Pampelune réunit en partie ces conditions, et est regardée comme la meilleure de l'Europe. Les citadelles sont ordinairement d'une construction plus régulière que les places de guerre en général, parce que leur enceinte se détermine à volonté. Celles des forteresses maritimes et des forteresses sur rivière commandent également le port, l'eau et la terre. Les citadelles ont deux issues, savoir : une porte d'esplanade et une porte de secours. Une citadelle est plus forte que la place dont elle dépend, afin d'ôter à des assiégeants l'envie de s'emparer de la citadelle avant d'attaquer la forteresse, ce qui ne manquerait pas d'arriver, puisque ainsi l'attaquant aurait meilleur marché de l'ensemble de la place; tel fut l'espoir que conçut La Feuillade à Turin, où il s'attira le blâme général en entamant l'attaque par la citadelle. Ce présomptueux général n'agissait de la sorte que pour prendre le contre-pied de la méthode de Vauban. Les citadelles existantes ne sont pas toutes construites suivant les principes qui viennent d'être énoncés, puisqu'il y en a de quatre ou de six bastions, et que ce n'est que de l'époque où vivait Vauban que datent les premières citadelles rasantes; mais la réunion des règles mentionnées ici offre ce que l'usage le plus général a consacré et ce qui se trouve prescrit ou conseillé dans les écrivains qui ont traité de l'architecture des forteresses.

Depuis Henri IV jusqu'à l'ordonnance du 1er décembre 1661 les citadelles françaises n'avaient pour garnison que des mortes-payes, espèces d'invalides que les gouverneurs enrôlaient, changeaient, congédiaient à leur gré. Ils étaient forcés d'avoir recours à ce genre de compagnies de vétérans à poste fixe, parce que le mauvais état des finances contraignait les monarques à réduire presqu'à rien en temps de paix les armées permanentes. En 1662 le service des citadelles se fit conjointement par les mortes-payes et par l'armée française proprement dite. L'ordonnance du 20 mars 1683 supprima les mortes-payes. Les ordonnances de 1663, 1685, 1687, 1733, 1768, ont régi jusqu'à nos jours ce genre de service; elles ont disposé que les garnisons des citadelles ne pouvaient être changées que par l'ordre du souverain, et qu'en aucun temps il ne pourrait être permis à plus du tiers des officiers de la garnison de s'absenter de la citadelle. Ces ordonnances ont subordonné le service d'une citadelle au service de la forteresse, en prescrivant un mot d'ordre général, transmis de la ville à la citadelle. Les rondes et les patrouilles de la ville n'ont point d'inspection dans la citadelle ; et le commandant de la ville ne pouvait avant le siècle où nous vivons prétendre à y avoir autorité, à moins qu'il n'eût à cet effet une commission particulière. Quelquefois le gouverneur de la citadelle en était en même temps de la citadelle, et il avait pour représentant dans ce dernier poste le lieutenant de roi : ainsi, Feuquières était gouverneur de la ville et citadelle de Verdun. Quelquefois le commandement de la citadelle était isolé et confié à un officier d'un grade supérieur à celui dont le commandant de la place était revêtu : ainsi Vauban fut le premier gouverneur de la citadelle de Lille, qu'il venait de construire. Les gouvernements de citadelles datent de cette époque.

L'accès des citadelles a été longtemps interdit à tous les étrangers, et même aux nationaux, s'ils n'étaient bien connus. En 1706 Vauban comptait en France trente-quatre citadelles par lui construites. Conformément aux lois actuelles des troupes françaises, une citadelle peut avoir pour commandant un adjudant de place; et les commandants de citadelles sont pour commandant supérieur celui de la forteresse dont la citadelle dépend. Les troupes jouissent dans les citadelles des mêmes fournitures, des mêmes distributions que les garnisons de forteresses; elles y ont des cantines particulières, et ne peuvent user d'un mot d'ordre différent tant que les ponts-levis sont baissés. Gal Bardin.

CITATION (*Littérature*), du latin *citare*, fréquentatif de *ciere*, exciter, invoquer, appeler. *Citer* veut dire alléguer, à l'appui de ce qu'on avance, un fait, une proposition, un auteur, ou quelque passage d'un auteur. « Saint Augustin, dit Racine, *cite* Virgile aussi souvent que vous *citez* saint Augustin. » On dit dans un sens un peu différent : *citer* son auteur, pour dire nommer celui de qui l'on tient une nouvelle, un rapport. *Citer*, dans d'autres cas, veut dire positivement *nommer* : « Ne me *citez* pas, dit Sénèque dans le traité *De la Colère*; si vous me nommez, je nie tout, et vous ne saurez rien de moi. » Mettant en vers le titre d'un chapitre de Montaigne, *De Trois bonnes Femmes* (car où n'a-t-il pas pris?), Boileau a dit :

Il en est jusqu'à trois que je pourrais *citer*.

La manie de *citer* est familière aux pédants : c'est un trait que n'a pas manqué La Fontaine, lorsque, dans une de ses fables, il a mis en scène un pédant de collège :

Là-dessus il *cita* Virgile et Cicéron,
Avec force traits de science.

Cependant il est permis de *citer* dans une juste mesure : Villon a dit :

Je respecte pourtant cet ancien usage
Qui toujours du latin fit *citer* un passage.

Dans son poème des *Disputes*, Rhulière a fait un charmant usage du mot *citer* :

Confiez-vous un combat de votre régiment,
Il savait mieux que vous où, contre qui, comment.
Vous seul en auriez eu toute la renommée,
N'importe, il vous *citait* ses lettres de l'armée.
Et Richelieu présent, il aurait raconté
Ou Gênes pris d'assaut, ou Mahon emporté.

Un ouvrage tout en *citations* est un *centon*. On appelle *plagiaires* les écrivains qui empruntent des passages à des auteurs sans les *citer*.

Citation est l'action de *citer*. C'est l'allégation de quelque loi, de quelque auteur, de quelque passage; c'est l'application, que l'on fait en parlant ou en écrivant, d'une pensée ou d'une expression employée ailleurs, soit pour confirmer ce que l'on avance, soit pour répandre plus d'agrément dans un discours ou dans une composition. Dans la conversation, il n'est guère besoin de *citer* son auteur; dans les écrits légers, on le nomme habituellement, à moins que la *citation* ne soit trop connue; mais en matière grave il est à propos et même indispensable de *citer* l'endroit et l'édition du livre dont on s'est servi.

Que tes *citations* soient courtes et serrées,
Et n'en change jamais les phrases consacrées,

a dit encore Villon. « Les *citations*, dit Saint-Évremond, doivent être choisies et peu fréquentes, surtout dans une langue étrangère, à moins qu'elles n'aient plus de poids et d'autorité que dans notre langue. » La Bruyère a dit : « Ce livre est chargé d'un si grand nombre de *citations* qu'elles offusquent et empêchent de voir l'ouvrage de l'auteur. » Le roman de *Gil-Blas* offre un modèle de l'heureux emploi des *citations*. En général, les *citations* ne plaisent dans les ouvrages d'agrément que lorsque l'auteur, en appliquant bien l'esprit des autres, prouve d'ailleurs qu'il est riche de son propre fonds. Addison, dans *Le Spectateur*, Walter Scott, dans ses bons romans, peuvent sous ce rapport être *cités* après Le Sage. Dans les ouvrages de critique, d'histoire et d'érudition, l'exactitude des *citations* est indispensable. « Un *dictionnaire* sans *citations* est un squelette, » a dit Voltaire. Personne n'a poussé l'observation de ce précepte plus loin que Bayle. Si cette méthode répand un peu de sécheresse dans les livres, on en est bien dédommagé par l'assurance de n'être pas trompé et de n'avoir pas besoin d'aller consulter avec beaucoup de peine et souvent sans aucun fruit les originaux. Ce mérite d'exactitude dans les *citations* se trouve encore dans les écrits de Tillemont, de Fleury, de Rollin, de Bouhier, de De Brosses, de dom Calmet, de Montesquieu; nous voudrions pouvoir en dire autant de Voltaire. Dans l'histoire de la *Décadence de l'Empire Romain*, Gibbon est surtout remarquable par cet esprit de *citation*, qui n'ôte rien à l'éclat de son style. Enfin, c'est par le nombre et l'exactitude des *citations* qu'un illustre étranger qui avait adopté notre langue, Sismondi, a élevé deux si beaux monuments, tant à l'histoire de l'Italie, sa patrie, qu'à notre histoire nationale. Les auteurs, les ouvrages que nous venons d'indiquer peuvent tous et chacun le disputer aux érudits allemands pour le mérite de savoir bien et beaucoup *citer*.

De tout temps les moralistes ont senti le prix des *citations*. Après les traités de Plutarque, nous rappellerons ceux de Cicéron et de Sénèque, où les *citations* viennent jeter un charme qui en dissimule l'austérité. Ces *citations* ont d'ailleurs pour les modernes l'avantage de leur avoir conservé des fragments nombreux d'anciens auteurs dont les ouvrages sont perdus.

Les Pères de l'Église ont suivi cette méthode, et les saint Augustin, les Lactance, les Clément d'Alexandrie, ne *citent* pas moins souvent les auteurs profanes que les saintes Écritures. Les *Essais* de Montaigne et le livre de la *Sagesse* de Charron sont remplis de *citations* qui ajoutent à leur mérite. On a remarqué que les protestants *citent* presque exclusivement l'Écriture; et l'on a reproché aux jansénistes de *citer* plus souvent saint Augustin que l'Écriture. Il fut un temps où la chaire évangélique ne retentissait que de *citations* profanes et d'indécentes bouffonneries. Les André, les Languet, les Maillard, les Barlet, *citaient* plus volontiers l'*Art d'Aimer* d'Ovide, les épigrammes de Martial, les dictons populaires, que les versets de l'Écriture. Bourdaloue s'éloigna le premier de cette fausse route. Depuis, ce n'a été que bien rarement, et toujours avec des précautions oratoires, que les prédicateurs se sont permis d'allier aux *citations*, toujours en usage, de l'Écriture Sainte quelques *citations* des auteurs profanes. Ainsi, dans le *Petit Carême* de Massillon se trouve *citée*, à propos du peu de liberté dont jouit la grandeur, une des plus graves sentences morales de Salluste : *In maxima fortuna minima licentia est*. Ce que nous venons de dire au sujet de l'éloquence de la chaire peut s'appliquer à l'éloquence du barreau. « Il y a moins de livres, dit La Bruyère, les *citations* étaient très-fréquentes : Ovide et Catulle venaient avec les Pandectes au secours de la veuve et de l'orphelin. » Racine dans *Les Plaideurs* a mis en action ce ridicule, dont ne furent pas exempts les meilleurs avocats du dix-septième siècle. Le célèbre Le Maître, plaidant *pour une fille désavouée par sa mère*, compare avec Andromaque Marie Cognot, sa cliente. Dans le plaidoyer de ce même avocat pour une servante séduite par un clerc de procureur, autre parallèle entre celui-ci et Catilina, qui fit boire du sang humain à ses complices. Pourquoi? Parce que cet enfant de la basoche avait voulu la piquer avec son canif pour signer de son sang une promesse de mariage à sa Maritorne. A la fin du règne de Louis XIV cet abus des *citations* avait cessé. Les avocats se contentaient de *citer* les lois et les coutumes, comme les prédicateurs de *citer* l'Évangile et les Pères.

S'il est d'heureuses *citations*, s'il en est d'exactes, il en est beaucoup de fausses et d'altérées. La mauvaise foi dans les *citations* est universellement réprouvée. C'est ce défaut surtout qui a perpétué les disputes des théologiens. On sait que ce qu'il y a de plus piquant dans la dispute sur les cinq propositions de Jansénius, c'est que jamais les adversaires du jansénisme n'ont pu les *citer* textuellement. On a reproché aux théologiens, aux orateurs catholiques, d'avoir faussé ou du moins exagéré le sens de ces passages de l'Écriture : *multi vocati, pauci electi* (beaucoup d'appelés et peu d'élus); *compelle intrare* (forcez-les d'entrer); *ô altitudo!* (ô profondeur de la sagesse de Dieu!)

S'il est un genre d'ouvrages où les *citations* soient indispensables, ce sont assurément les journaux littéraires. La critique des ouvrages doit surtout reposer sur des *citations*; elles en sont, pour ainsi dire, la sanction. Gardez-vous pourtant des critiques qui, se mettant à la place du livre qu'ils doivent faire connaître, donnent leurs rêveries vagabondes, au lieu d'une analyse exacte et instructive. Le journaliste en *citant* les traits ingénieux d'un livre peut quelquefois *citer* aussi ceux qui sont à peu près semblables dans les auteurs connus. C'est un des points sur lesquels Voltaire insiste le plus dans ses *Conseils à un Journaliste* : « Il en est, dit-il, de ces parallèles comme de l'anatomie comparée, qui fait connaître la nature. »

Il est deux figures de rhétorique qui ne reposent que sur des *citations* : ce sont l'*allusion* et l'*application*. Cette dernière consiste dans le nouvel emploi d'un passage soit de prose, soit de poésie. Plus le nouveau sens que l'*application* donne au passage est éloigné de son sens primitif, plus l'*application* est ingénieuse, lorsqu'elle est juste. De tons les jeux d'esprit, c'est celui où il brille le plus par l'à-propos et la finesse de rencontres heureuses. L'archevêché de Paris venait d'être érigé en pairie; les duchesses en corps allèrent en faire compliment à l'archevêque de Harlay, l'un des plus pauvres hommes de son temps. « Monseigneur, lui dit celle qui portait la parole, les brebis viennent féliciter leur pasteur de ce qu'on a couronné sa houlette. » L'archevêque, en regardant ces dames, dit à sa cour sacerdotale : *formosi pecoris custos* (d'un beau troupeau je suis le pasteur). Mᵐᵉ de Bouillon, qui savait son Virgile, acheva le vers, et dit : *formosior ipse* (le pasteur est plus beau lui-même). Une autre application non moins heureuse est celle que fit le P. Arnoux, jésuite, obligé, selon l'usage, de recommencer, pour Marie de Médicis, qui venait d'entrer, un sermon sur la passion : *Infandum, regina, jubes renovare dolorem* (Reine, vous m'ordonnez de renouveler une horrible douleur).

Piron glissa un jour, en guise de carte de visite, sous la porte de La Chaussée ces deux vers du larmoyant auteur :

En passant par ici, j'ai cru de mon devoir
De joindre le plaisir à l'honneur de vous voir.

Pigault-Lebrun a publié un livre intitulé *Le Citateur*, dans lequel il amasse des passages tirés de l'Écriture et des Pères, avec des arguments contre la religion empruntés à Voltaire, à Lamettrie, au club d'Holbach, au *Compère Mathieu*, etc. Aussi *Le Citateur* n'a-t-il prouvé qu'une chose, c'est l'abus des *citations*. Charles Du Rozoir.

CITATION (*Droit*), acte par lequel une personne est sommée de comparaître en justice de paix ou bien devant un tribunal correctionnel et de police. C'est une espèce d'assignation. Elle doit contenir par conséquent la date des jour, mois et an, les nom, profession et domicile du demandeur; les nom, demeure et immatricule de l'huissier; les nom et demeure du défendeur; énoncer sommairement l'objet et les moyens de la demande, indiquer le juge de paix qui doit en connaître, et bien déterminer le jour et l'heure de la comparution. On ne peut suppléer à la nécessité de cette indication par ces termes généraux, *les délais de* *la loi*, si souvent employés dans les assignations ordinaires, parce que les audiences de juge de paix ne sont pas, comme celles des tribunaux, invariablement fixées. Toutes les règles de formalités des assignations sont applicables aux citations; cependant leur omission n'entraîne pas nécessairement la peine de nullité, dont l'application reste à la discrétion du juge. S'il s'agit d'une matière purement *personnelle* ou *mobilière*, la citation doit être donnée devant le juge du domicile du défendeur : ainsi les actions en vertu desquelles on revendique, soit un droit personnel, soit la propriété ou la possession des meubles, des valeurs ou des choses mobilières, doivent, en général, être portées devant le juge du *débiteur*. Au contraire, la citation, quand il s'agira des matières réelles, sera dirigée vers le juge du ressort où est situé l'objet litigieux : ainsi devra-t-on l'entendre des actions qui ont pour objet les dommages causés dans les champs, de même que ceux apportés aux fruits et récoltes; ainsi devra-t-on le décider pour tout ce qui est relatif aux déplacements de bornes, usurpations de terres, arbres, haies, fossés et autres clôtures; aux entreprises sur les cours d'eau, aux réparations locatives, aux indemnités demandées par le fermier ou locataire, et aux dégradations alléguées par le propriétaire.

En matière civile, il doit y avoir un jour au moins entre celui de la citation et le jour indiqué pour la comparution. En matière correctionnelle, le délai de la citation est au moins de trois jours; en matière de police, il n'est que de vingt-quatre heures, en observant, bien entendu, toujours les délais des distances, c'est-à-dire en ajoutant un jour par trois myriamètres d'éloignement du domicile de la personne citée. Dans les cas urgents, le juge peut donner une **cédule** pour abréger les délais.

CITÉ. C'est la première des grandes *sociétés de plusieurs familles*, où les actes de la volonté et l'usage des forces sont résignés à une personne ou à un être moral, pour la sûreté, la tranquillité intérieure et extérieure et tous les autres avantages de la vie. La personne ou l'être moral dépositaire des volontés et des forces est dite *commander*; les personnes qui ont résigné leurs volontés et leurs forces sont dites *obéir*. Tantôt c'est la force qui donne la puissance suprême, tantôt c'est le libre choix des citoyens : l'élection.

Toute cité a deux origines, l'une philosophique, l'autre historique. Quant à la première de ces origines, il y en a qui prétendent que l'homme est porté par sa nature à former des *cités* ou sociétés civiles, que les familles tendent à se réunir, c'est-à-dire à résigner leurs forces et leurs volontés à une personne, ou à un être moral, ce qui peut être vrai, mais ce qui n'est pas facile à prouver. D'autres la déduisent de la nécessité d'une société civile pour la formation et la subsistance des moindres sociétés, la conjugale, la paternelle et l'hérile; ce qui est démontré faux par l'exemple des patriarches, qui vivaient en familles libres et séparées. Il y en a qui ont recours ou à l'indigence de la nature humaine, où à sa crainte du mal, ou à un appétit violent des commodités de la vie, ou même à la débauche; ce qui suffirait bien pour rassembler les familles en société civile, et pour les y maintenir. La première ville ou cité fut construite par Caïn, suivant l'Écriture. Nemrod, qui fut méchant et qui affecta un des premiers la souveraineté, fut aussi un fondateur de cités. Nous voyons naître et s'accroître la corruption et les vices, avec la naissance et l'accroissement des cités. L'histoire et la philosophie sont d'accord sur leur origine.

Quelles que soient les lois de la cité où l'on s'est retiré, il les faut connaître, s'y soumettre et les défendre. Quand on se représente en esprit des familles s'assemblant pour former une cité, on ne conçoit entre elles que de l'égalité. Quand on se les représente assemblées et que la résignation des volontés et des forces s'est faite, on conçoit de la subordination, non-seulement entre les familles, mais entre les individus. Il faut faire le même raisonnement par rapport aux cités entre elles. Quand on se représente les cités isolées, on ne conçoit que de l'égalité entre elles; quand on se les représente réunies, on conçoit la formation des empires et la subordination des cités, soit entre elles, soit à quelque personne physique ou à quelque être moral. Que n'en peut-on dire autant des empires! Mais c'est par cela même qu'il ne s'est point formé de combinaison des empires, que les souverains restent égaux, et vivent seuls indépendants. Le consentement qui assure soit la subordination des familles dans une cité, soit celle des cités dans un empire, à une personne physique ou à un être moral, est démontré par le fait; et celui qui trouble l'ordre des familles dans la cité est mauvais citoyen; et celui qui trouble l'ordre des cités dans l'empire manque à ses devoirs de sujet; et celui qui trouble l'ordre des empires dans le monde est mauvais souverain. Dans un État bien ordonné, une cité peut être regardée comme une seule personne, et la réunion des cités comme une seule personne, et cette dernière personne comme soumise à une autorité qui réside dans un individu physique, ou à un être moral souverain, à qui il appartient de veiller au bien des cités en général et en particulier.

Le mot *cité* désignait anciennement un État, un peuple avec toutes ses dépendances, une république particulière. Ce nom ne convient plus guère aujourd'hui qu'à quelques villes d'Allemagne ou des cantons suisses.

Quoique les Gaulois ne fussent qu'une même nation, ils étaient pourtant divisés en plusieurs peuples, formant presque autant d'États séparés, que César appelle cités (*civitates*). Outre que chaque cité avait ses assemblées propres, elle envoyait encore des Députés à des assemblées générales, où l'on discutait les intérêts de plusieurs cantons. Mais la cité, ou métropole, ou capitale, où se tenait l'assemblée, s'appelait par excellence *civitas*. Les Latins disaient *civitas Æduorum, civitas Lingonum, civitas Senonum*; et c'est sous ces noms qu'Autun, Langres et Sens sont désignés dans l'Itinéraire d'Antonin.

Dans la suite on n'appela *cités* que les villes épiscopales; cette distinction ne subsiste plus guère qu'en Angleterre, où le nom de cité n'a été connu que depuis la conquête; avant cette époque toutes les villes s'appelaient *bourgs*. Quand une ville s'est agrandie avec le temps, on donne le nom de *cité* à l'espace qu'elle occupait primitivement, la *cité* à Paris, la *cité* de Londres, etc.   DIDEROT.

CITÉ (Droit de). Chez les peuples de l'antiquité, pour qui la cité était tout, du moins dans l'origine, le *droit de cité* comprenait ce que les modernes appellent droits civils et droits politiques. Il va sans dire que les hommes libres seuls pouvaient jouir du droit de cité, l'esclave étant rangé au nombre des choses mobilières.

A Athènes on était citoyen de naissance lorsqu'on avait pour père et mère des individus qui l'étaient eux-mêmes, et cette condition était tellement rigoureuse que l'enfant d'un Athénien et d'une étrangère suivait la condition de sa mère. Les étrangers pouvaient acquérir la qualité de citoyen, mais cette faveur dépendait du peuple seul. Dans les commencements elle fut accordée à tous ceux qui vinrent s'établir dans l'Attique. Solon la restreignit aux étrangers qui viendraient s'y fixer avec leur famille pour y exercer un métier ou y établir une manufacture. Dans la suite, elle fut le prix des services rendus à la cité. Des rois même briguèrent l'honneur d'être inscrits parmi les citoyens d'Athènes. Nul homme né dans la servitude ne pouvait devenir citoyen. Quant aux affranchis, ils étaient inscrits dans la classe des étrangers et assujettis comme eux à un tribut de douze drachmes pour chaque père de famille et de six pour ses enfants. A Sparte les étrangers ne pouvaient en aucun cas acquérir le droit de cité; mais les esclaves et les ilotes étaient traités plus favorablement : et lorsqu'ils avaient rendu de grands services à l'État, eux et leurs familles étaient reçus dans le giron commun sous la dénomination de familles nouvelles.

Il n'est peut-être aucun pays où le droit de cité ait eu autant d'importance qu'à Rome. Le citoyen romain avait une législation qui lui était propre, et en dehors de laquelle il laissait tous les sujets de la république, libres ou esclaves. Ainsi ce n'était pas seulement une capacité politique, un ensemble de droits publics, comme le cens, le droit de suffrage, le service militaire, le droit aux honneurs, qui découlait du droit de cité, c'était encore la réunion de tous les droits civils proprement dits, le *commercium*, qui rendait ceux qui le possédaient capables d'être propriétaires suivant le droit civil des Romains (*ex jure Quiritium*), et de faire tous les actes qui se rattachaient à la conservation ou à l'aliénation du domaine quiritaire, le droit de contracter mariage légitime (*connubium*), la puissance paternelle et en général tous les droits de famille, la faculté de tester (*factio testamenti*). Tout homme libre qui n'avait pas le droit de cité (*peregrinus, hostis, barbarus*) était soumis à d'autres lois, au droit des gens. Le droit de cité romain s'acquérait par la naissance quand les parents ou au moins celui dont l'enfant suivait la condition étaient citoyens; par l'affranchissement conforme à certaines règles; enfin, par une concession spéciale accordée originairement par le peuple et le sénat, plus tard par l'empereur, tantôt en faveur de populations ou de villes entières, tantôt en faveur de particuliers. Longtemps le droit de cité romain fut une des plus belles récompenses que la république pût donner : aussi s'en montra-t-elle d'abord avare; quelquefois même elle n'octroyait que des fractions de droit de cité, le *commercium* par exemple et quelquefois le *connubium*. Entre ces étrangers privilégiés et de véritables citoyens il n'y avait qu'une distinction politique (*civitas absque suffragio*). On accordait toutefois les droits politiques, le droit de suffrage et l'aptitude aux fonctions publiques aux magistrats des villes latines au sortir de leurs fonctions; c'était un moyen d'absorber les supériorités locales. Mais il arriva pour les quasi-citoyens des colonies et des municipes ce qui était arrivé pour les plébéiens vis-à-vis des patriciens. Ils se lassèrent de servir Rome dans les légions auxiliaires, de supporter toutes les charges de la guerre sans avoir part aux bénéfices de la victoire, et d'être exclus des droits politiques par la jalousie d'une cité dont ils avaient fait la gloire. Il en résulta la guerre sociale, qui ne fut terminée que par l'extension du droit de cité à toute l'Italie. Les autres provinces restèrent longtemps encore privées du droit de cité, qu'on nommait dès lors *jus italicum*; cependant à mesure que la république s'étendit, les concessions en devinrent de plus en plus fréquentes. Sous les empereurs le titre de citoyen perdit en peu de temps toutes ses éclat; souvent même les étrangers redoutaient les charges qui y étaient attachées. Enfin, en l'an 212 Caracalla, voulant se créer une nouvelle source de revenus, l'octroya ou plutôt l'imposa à tous ses sujets. Mais ce ne fut réellement que sous Justinien que tous les habitants de l'empire jouirent complètement du droit de cité.

La qualité de citoyen se perdait par la *maxima capitis deminutio*, par la *capitis deminutio media*, par la renonciation, qui comprenait la naturalisation dans une autre cité, et, au moins dans les derniers temps, par suite de quelques peines.

Chez les modernes le droit de cité ou de bourgeoisie est un titre d'adoption ou d'honneur, qui tantôt donne seulement une sorte de naturalisation et tantôt confère les droits de citoyen, avec toutes les capacités politiques que ce mot renferme, à la condition d'en remplir tous les devoirs.

CITÉ (Théâtre de la), ainsi nommé du quartier de Paris où il était situé. L'église paroissiale de Saint-Barthélemi, fondée, dit-on, par Clovis, ayant été démolie au commencement de la Révolution sur ses ruines et dans la partie gauche de la place du palais de justice, du côté du quai, fut bâtie en 1791, par l'architecte Lenoir, une salle qui devait porter le nom de Henri IV, et dont la coupole représentait les principaux traits de la vie de ce monarque. L'ouverture, annoncée pour le mois d'avril 1792, fut retardée par les événements qui amenèrent l'établissement de la république et nécessitèrent des changements à la décoration intérieure. La salle ouvrit le 20 octobre, sous le titre de *Théâtre du Palais-Variétés*, et sa première représentation fut au bénéfice des Lillois, qu'assiégeait l'armée autrichienne. Ce spectacle, qui prit l'année suivante le nom de *théâtre de la Cité-Variétés*, devait son origine à la dissolution de celui des *Variétés du Palais-Royal*, qui, recruté par plusieurs transfuges de la Comédie-Française, venait d'échanger son titre modeste contre celui de *Théâtre de la République*. La Cité devint l'asile de la petite Thalie et de ses interprètes. L'entrepreneur y joignit le vaudeville, l'opéra-comique et la pantomime. Les ballets étaient dirigés par Beaupré, l'un des premiers danseurs de l'Opéra, et l'orchestre par Rodolphe fils. L'administration acheta tous les ouvrages de Pigault-Lebrun à forfait, et ceux de Dumaniant, moyennant une rente viagère, qui ne fut pas longtemps payée. Lenoir avait eu soin de s'attacher, en outre, des auteurs connus par leurs succès : Dorvigny, Patrat, le cousin Jacques; d'autres qui donnaient des espérances, qu'ils devaient réaliser depuis : Picard, Charlemagne, Alexandre Duval, Armand-Gouffé, Sevrin, etc., et les compositeurs Arquier, Deshayes, Chapelle, Foignet, etc. Cette époque fut la plus brillante du théâtre de la Cité. On y revit avec plaisir les meilleurs ouvrages de l'ancien répertoire des Variétés; on y applaudit *M. de Crac à Paris, Cadet-Roussel* ou *le Café des Aveugles*, type de tous les *Cadet-Roussel; Les Dragons et les Bénédictines, L'Intérieur des Comités révolutionnaires, Les Deux Figaro*, etc., des comédies lyriques et des vaudevilles : *Les deux Jocrisses*, par exemple, qui devaient en produire tant d'autres, etc.; des pièces à grand spectacle : *La Journée des Thermopyles, La Mort de Turenne*; quelques jolis ballets : *Annette et Jacques, Les Sabotiers, Les Petits Montagnards*, etc.

La Cuvelier et Hapdé donnèrent leurs premiers essais dans la pantomime : *La Fille hussard, Damoisel et Bergerette, Les Tentations, Le Déluge universel*; là Thiemet jouait des proverbes et des scènes de ventriloque; là débutèrent Tiercelin et Brunet, qui passèrent bientôt au théâtre des Variétés-Montansier. Là Tautin commença la longue carrière de tyran inamovible qu'il devait terminer à l'Ambigu. Cet état de prospérité dura quelques années, sous la même administration et avec la même troupe, à peu de changements près. Mais les crises de la Révolution dérangèrent toutes les spéculations. Le drame se glissa dans le répertoire de la Cité; on y représenta successivement *Les Mystères d'Udolphe, Le Confessionnal des Pénitents noirs*, etc. Le chant disparut, et la comédie finit par devenir tout à fait accessoire. La retraite des meilleurs acteurs laissa le champ libre au drame et à la pantomime, dont les frais entraînèrent la chute de l'administration, en 1799. Cuvelier se chargea avec Hapdé de l'exploitation du théâtre, qu'il ne put relever malgré l'intervention des chevaux de Franconi. Riblé, qui leur succéda, fit de vains efforts pour regagner la faveur publique. La troupe de Picard, qui depuis le premier incendie de l'Odéon, en mars 1799, errait sans asile; se fixa en 1800 à la Cité, où elle attira quelque temps la foule. Les jours où elle ne paraissait pas, elle était remplacée par les chevaux de Franconi; mais la chute d'un de ces acteurs quadrupèdes dans l'orchestre épouvanta le public. Les chevaux partirent pour Dijon; Picard et ses camarades furent mis en possession du théâtre Louvois, en avril 1801, et les acteurs, restés dans le désert, luttèrent vainement contre leur mauvaise fortune. Le théâtre ne s'ouvrit que pour des représentations isolées. Le 21 mai 1800 commença la direction de Commaille Saint-Aubin, acteur des boulevards, qui n'était pas sans mérite, homme de lettres et ex-employé à la police. Malgré l'emphase ridicule de son prospectus, il ne tint aucune de ses promesses, ni envers le public, ni envers ses acteurs, qui l'abandonnèrent. Des renforts de Sauvages et de Chinois ne purent empêcher sa déconfiture. D'autres directeurs, qui lui succédèrent, échouèrent comme lui. En 1801 Ribié osa exploiter pour la seconde fois ce théâtre, et n'eut pas meilleure chance. Ses successeurs ne furent pas plus heureux. Longtemps la salle de la Cité resta moins souvent ouverte que fermée. On y vit Forioso et sa troupe de funambules, puis celle de Ravel. A la fin de 1806 les acteurs des Variétés-Montansier, chassés du Palais-Royal, attendirent la construction de la salle du boulevard Montmartre au théâtre de la Cité, qui venait, en 1807, d'être vendu à un entrepreneur de vaudevilles, lorsqu'il fut compris au nombre des salles que Napoléon supprima par son décret du 8 août 1807. Elle a depuis été changée, sous le nom de *Prado*, en un bal public d'hiver, à l'usage des courtauds de boutique, des étudiants et *étudiantes*. H. AUDIFFRET.

CITEAUX, ordre religieux fondé en 1098, dans la forêt du même nom, en Bourgogne, dans le diocèse de Châlons-sur-Saône, à 20 kilomètres de Dijon, par saint Robert, abbé de Molesme. La ferveur, l'austérité de ces premiers solitaires, donnèrent au nouvel établissement une réputation qui y attira bientôt une foule de novices ; saint Bernard, entre autres, se présenta suivi de trente gentils-hommes ; et le nombre des postulants devint tellement considérable, que quinze ans après la fondation, sous saint Étienne, le troisième abbé, il fallut en détacher des colonies pour aller fonder de nouvelles maisons. En moins de trois ans on vit s'élever les abbayes de La Ferté, de Pontigni, de Clairvaux et de Morimond, que l'on nomma les premières filles de Citeaux. Ces filles devinrent à leur tour mères d'un nombre infini d'autres communautés, ce qui leur donna le rang et la prérogative de maisons chefs d'ordre, quoiqu'elles demeurassent toujours sous la direction de l'abbé de Citeaux. L'abbaye de Morimond compta jusqu'à 700 bénéfices, et eut sous sa dépendance les ordres militaires de Calatrava, d'Alcantara, de Montesa en Espagne, ceux du Christ et d'Avis en Portugal. L'ordre comptait un ensemble de 1800 monastères d'hommes et de 1400 de filles. Mais de toutes ses filiations aucune ne lui procura autant d'honneur que celle de Clairvaux, fondée en 1115, par saint Bernard. L'éclat du nom, des talents, des vertus du saint abbé, multiplia tellement le nombre de ses disciples, qu'ils formèrent la plus grande partie des communautés cisterciennes, et que le nom de *bernardins*, donné primitivement aux religieux dépendants de Clairvaux, passa bientôt à tous les autres.

L'ordre de Citeaux n'était dans l'origine qu'une réforme de celui de Saint-Benoît, qui commençait à perdre de sa pureté primitive. Les bénédictins avaient pris l'habit noir ; le vêtement blanc fut le partage des *cisterciens*, ou moines de Citeaux : de là cette longue rivalité entre les moines blancs et les moines noirs. Quoique la règle fût demeurée à peu près la même et que le nouvel institut eût atteint l'étendue de celui dont il tirait son origine, il ne jeta pas le même éclat, et compta beaucoup moins de grands écrivains. L'étude, principale occupation des bénédictins, ne tenait qu'un rang secondaire dans l'ordre de Citeaux. Cependant il eut aussi sa part d'hommes célèbres ; le nom de saint Bernard suffirait seul pour illustrer tout un ordre ; un Othon de Freisingen, un Pierre de Vaux-Cernai, quatre papes : Eugène III, Grégoire VIII, Célestin IV, Benoît XII, quantité de cardinaux et de prélats ne portent pas non plus des noms sans mérite. La règle de Saint-Benoît observée dans toute sa rigueur, les statuts dressés par saint Étienne sous le nom de *charte de charité*, les usages de Citeaux recueillis par saint Bernard, et, plus que tout, de grands exemples de vertu, maintinrent longtemps la régularité et l'uniformité dans toutes les maisons de l'ordre ; mais avec les richesses et le faste qui s'y introduisit le relâchement vers la fin du douzième siècle ; plus tard, le pape Sixte IV accorda quelques mitigations, à la suite desquelles arrivèrent des abus, des désordres, qui nécessitèrent des réformes. En 1577, dom Jean de La Barrière, abbé de Notre-Dame des Feuillants, aux environs de Toulouse, entreprit de ramener ses religieux à l'austérité de la règle ; après de violentes oppositions, il put enfin réussir. Cette réforme, approuvée par le pape Sixte V, donna naissance à la congrégation des *feuillants*, que le réformateur lui-même vint établir à Paris, à la sollicitation de Henri III ; mais ce ne fut que pour voir les religieux qu'il avait amenés se précipiter dans le fanatisme de la Ligue. La fin des troubles rétablit le calme et la tranquillité parmi les moines ; un d'entre eux, Dom Bernard de Montgaillard, qui s'était fait remarquer par ses fougueuses déclamations, alla faire pénitence dans l'abbaye d'Orval, où il établit aussi la réforme. De toutes celles des cisterciens, la plus célèbre fut celle de la Trappe, établie en 1664 par l'abbé de Rancé.

L'abbé C. BANDEVILLE.

C'est dans la célèbre maison de Citeaux que Boileau, dans son *Lutrin*, a fixé la demeure de la Mollesse :

C'est là qu'en un dortoir elle fait son séjour,
Les plaisirs nonchalants folâtrent à l'entour ;
L'un pétrit dans un coin l'embonpoint des chanoines ;
L'autre broie, en riant, le vermillon des moines.
La volupté la sert avec des yeux dévots,
Et toujours le sommeil lui verse ses pavots.

Le célèbre satirique, se trouvant à la suite de Louis XIV dans un voyage que fit ce roi à Strasbourg, passa à Citeaux, où les moines le reçurent avec beaucoup de distinction. Quand ils lui eurent fait voir leur couvent, l'un d'eux lui demanda qu'il leur montrât donc le lieu où logeait la Mollesse « Montrez-la-moi vous-mêmes, leur répondit Boileau en riant ; car c'est vous, mes bons pères, qui la tenez cachée avec grand soin. »

Il ne reste plus aujourd'hui de la célèbre abbaye que de magnifiques bâtiments, qui dépendent de la commune de Gilly-lès-Citeaux.

CITERNE (*Architecture*). Quoique la nature ait pris soin de répandre de toutes parts avec abondance les eaux nécessaires à la vie des animaux et des végétaux, il est quelques coins, on peut dire oubliés, du sol qui en sont complétement privés ; et lorsque la civilisation a poussé sur ces points des habitants, ils ont dû chercher à recueillir les eaux pluviales. Ces eaux, amenées par des conduits et des tuyaux dans un premier réservoir, qu'on nomme *citerneau*, y déposent le limon et les ordures dont elles peuvent s'être chargées, puis passent dans un second réservoir plus grand, qu'une voûte épaisse défend contre l'évaporation, et qui est la *citerne* proprement dite. On comprend que pour conserver l'eau pure il faut employer à la construction de la citerne les meilleurs matériaux, des briques et du ciment romain. Autour de la voûte on amoncelle des terres qui interceptent les rayons du soleil, et l'entrée est toujours placée au nord. Les anciens, qui ont déployé un grand luxe dans leurs constructions hydrauliques, ont construit quelques citernes monumentales. Il y en avait, par exemple, de très-grandes dans la Palestine, que les restes d'un voyait qui avaient 150 pas de longueur et 60 en largeur. On voit encore à Rome, auprès des bains de Titus, les restes d'un réservoir immense, appelé les *Sept-Salles*, divisé par des murs parallèles, formant des corridors voûtés. Les ouvertures percées dans ces murs pour la communication de l'eau, au lieu d'être en enfilade et en face les unes des autres, sont disposées de manière que chacune répond au milieu de l'intervalle de celles qui qui sont vis-à-vis. Cette disposition, dit Quatremère de Quincy, n'avait peut-être d'autre but que l'ordre à établir dans la circulation des eaux pour opérer leur épurement; et c'est sûrement par la même raison, ajoute-t-il, que la célèbre citerne de Pouzzole, connue sous le nom de *piscina mirabile*, est divisée par cases carrées, formées de murs à hauteur d'appui, construits entre les piliers qui soutiennent les voûtes. Presque toutes les cours des maisons de Pompéi ont des citernes, destinées à recueillir l'eau de pluie : ce sont des espèces de bassins carrés, peu profonds, revêtus en mortier de pouzzolane.

Le besoin des citernes est aujourd'hui bien diminué, par la possibilité de ramener avec la sonde des eaux jaillissantes en beaucoup de points du sol qui semblaient condamnés à une éternelle aridité (*voyez* PUITS ARTÉSIENS); et ces eaux jaillissantes sont toujours plus salubres que des eaux longtemps conservées dans des réservoirs, trop souvent mal entretenus. A. DES GENEVEZ.

CITERNE (*Anatomie*). Ce nom a été appliqué aux parties du corps qu'on a considérées, à tort ou à raison, comme des réservoirs des fluides lymphatiques, tels que le quatrième ventricule de l'encéphale ou du cervelet, la *citerne lombaire* ou le *réservoir de Pecquet*, qui est une dilatation considérable que le canal thoracique présente à sa partie inférieure dans la région des lombes. L. LAURENT.

CITÉS, CITÉS OUVRIÈRES. On donne quelquefois le nom de *cités* à de grandes maisons composées de plusieurs corps de bâtiments appartenant souvent à différents propriétaires, ayant des cours communes, des passages communs, un concierge ou gardien unique, des numéros particuliers, des escaliers par A et par B, etc. Ces grandes maisons, où l'on sent à la fois l'économie et la gêne que procurent l'association, ont donné l'idée de bâtiments analogues élevés pour les ouvriers. L'Angleterre la première a réalisé cette idée, et les capitalistes y ont, dit-on, fait de bons placements dans les cités ouvrières. Il n'en parait pas être de même à Paris, où, malgré un premier secours de 50,000 fr. fourni par le président de la République, la cité Napoléon est restée longtemps dans l'embarras et a eu beaucoup de peine à s'achever. L'ouvrier y trouve pourtant réunis toutes sortes d'avantages : de l'eau, des bains, un lavoir, une salle d'asile, de l'air, des cours spacieuses, des logements salubres; cependant il hésite, à ce qu'il semble, à venir habiter ce qu'il regarde comme de grandes casernes; il y craint l'espionnage, la jalousie, l'entraînement, l'égalité, la fraternité lui pèsent; il n'est rien moins que préparé à cette vie commune. S'il paye meilleur marché, il se croit moins chez lui. Et puis, quand tous les rangs cherchent à se confondre, est-il bon de parquer pour ainsi dire les hommes suivant leur position sociale? Un fait certain, c'est que l'ouvrier, comme les capitaux, est peu attiré vers les cités ouvrières. Et puis dans toutes ces entreprises, les administrations mangent une grande partie des bénéfices, à supposer qu'il y en ait. Cependant le gouvernement actuel annonce l'intention d'encourager des subsides des associations de capitalistes qui voudront entreprendre des habitations d'ouvriers, d'employés, de petits rentiers, à la condition de laisser le ministre de l'intérieur fixer le prix des loyers. Le temps nous dira si ces établissements ont de l'avenir; nous ne le croyons point, mais nous ne demandons pas mieux que de nous tromper.

CITHARE, instrument de musique chez les anciens. En quoi différait-il des instruments du même genre? Le *Dictionnaire de Trévoux* fait de la cithare un instrument triangulaire; l'*Encyclopédie* la distingue du *barbiton*, ou grande lyre, non-seulement par ses dimensions, plus raccourcies, mais aussi par ces deux caractères : qu'elle était dans l'origine touchée avec le *plectre*, et n'avait point de *magas*, cavité quadrangulaire où l'extrémité de chaque corde était fixée. Burette, au contraire, lui donne cette base creuse, destinée à fortifier le son des cordes et à rendre l'instrument plus harmonieux. Il remarque que du mot κιθάρα est dérivé le terme *guitare*, que Montfaucon ne craint pas d'employer quand il parle de la cithare antique; mais Burette se hâte d'ajouter qu'il désigne un instrument tout à fait différent. Et pourquoi ne désignerait-il pas un instrument tout semblable? pourquoi la cithare n'aurait-elle pas conservé sa forme aussi bien que son nom? Si les anciens ont connu la *guitare*, et si nous avons sous nos yeux le témoignage des monuments, il me semble que la question est décidée.

On remarque sur un bas-relief de l'hôpital Saint-Jean-de-Latran un instrument de musique précieux pour la discussion qui nous occupe. Sa figure, aplatie sur la face extérieure, mais arrondie à l'opposé, est un ovale qui va en diminuant par une de ses parties, où il se termine en un seul manche droit, surmonté lui-même d'un cheviller, recourbé en dedans et légèrement incliné sur un côté. A droite et à gauche sont adaptées des chevilles destinées à tendre les cordes, qui descendent depuis la partie supérieure, où commence la courbure du manche, jusqu'à l'extrémité inférieure de l'instrument, où elles sont arrêtées à une base étroite, et placées transversalement à distance égale des côtés. En lisant cette description, l'esprit se figure sans doute quelque image semblable à celle d'une guitare. Bianchini voit dans ce monument la *chélys* des anciens, et Martine s'écrie : « Voici la *cithare* ». Ces deux opinions ne sont pas inconciliables. En effet, qu'était-ce que la *chélys* ou la *testudo*? Remontons à l'origine, et nous aurons la réponse.

Le hasard présente à Mercure une tortue sans vie, que le Nil avait jetée sur le rivage. Sa vue lui inspire une idée ingénieuse : il vide la coquille, coupe des tiges de roseaux, les attache entre les bords de l'écaille, et recouvre d'un cuir cette charpente sonore. Ensuite, de chaque côté où la bête avait les pieds de devant sont adaptés deux forts et longs roseaux, qu'il joint à leur sommet par une traverse appelée *joug*. De là, sept cordes, dont une brebis a fourni la matière, descendent se rattacher à vide, ou en partie à vide, soit où fut la tête de l'animal, soit à une base horizontale, fixée vers l'extrémité inférieure de l'harmonieux édifice. Déjà le dieu a mis son œuvre à jour : la *chélys* est inventée, et voilà cet instrument qui sous les mains d'Orphée doit amollir les tigres mêmes, ou rendre les pierres sensibles aux accords d'Amphion. Le Nil et Mercure, mentionnés dans la tradition, nous révèlent assez que la chélys est une idée égyptienne, car c'était à Mercure-Trismégiste que l'antique Egypte attribuait l'invention de presque tous ses arts.

Mais voici Apollon qui, jaloux de cette découverte, s'empare de l'idée, et fait subir à l'instrument une métamorphose : les deux bras ne sont plus séparés aux deux côtés de l'écaille et réunis seulement par une traverse jetée sur l'intervalle : ils sont joints, appliqués l'un à l'autre et liés à distance égale des bords, c'est-à-dire sur le grand axe de la coquille; en sorte qu'ils ne forment plus qu'un seul manche, beaucoup moins étroit. Sept cordes se prolongent sur la longueur de cette poignée, aplatie sur une face et arrondie sur l'autre, afin qu'elle se marie avec grâce à la forme convexe de la tortue. L'instrument, déguisé de cette manière, change aussi de nom et s'appelle une *cithare*, dont l'étymologie, si l'on accueille l'opinion d'Eustathe, plus ingénieuse que solide, est κιόφρα, parce que sa mélodie *émeut*, ou κευθοῦσα (ἔρωτας sous-entendu,) comme si les sons étaient la voix des Amours cachés dans l'instrument.

Ainsi, la cithare et la chélys n'ont pas ou le même auteur; celle-ci est due à Mercure, Apollon fut l'inventeur de celle-là. Dans l'échelle, il faut considérer la chélys comme primitive et la cithare comme dérivée. Elle offre une ressemblance étonnante avec la mandoline sur une médaille antique, où nous la voyons sous la forme d'un instrument arrondi, de figure ovale, et surmonté d'un manche à trois chevilles, au milieu du sommet. Pourquoi donc hésiterions-nous à rendre le nom de *cithare* aux instruments que l'antiquité nous offre sous les apparences d'une guitare, dont la figure, observée surtout dans la mandoline, n'a pas dépouillé entièrement la forme traditionnelle de la tortue?

Hippolyte FAUCHE.

CITHÉRON (Mont), *Cithæron*, grande montagne boisée de la Béotie, qui se rattache à l'Hélicon et formait la limite septentrionale entre l'Attique et la Mégaride. Elle était dans l'antiquité le principal théâtre des orgies des bacchantes et célèbre en outre par la mort d'Actéon et par celle de Penthée.

CITHÉRON, roi de Béotie, conseilla, dit-on, à Jupiter, qui venait de se brouiller avec Junon, son épouse, laquelle ne voulait à aucun prix entendre parler de réconciliation, de placer sur son char une statue de bois habillée et parée, que le dieu dit être Platée, fille de l'Asope. Ce stratagème réussit. En voyant de loin cette figure de femme assise aux côtés de son époux, Junon, saisie de jalousie, accourut aussitôt pour faire sa paix avec lui, et quand elle reconnut la ruse dont elle avait été dupe, elle la pardonna en riant à Jupiter.

CITIGRADES (de *cito*, vite, et *gradus*, marche), nom donné par Latreille à une tribu de la famille des aranéides ou arachnéides fileuses, renfermant ceux de ces animaux qui se distinguent par la rapidité de leurs mouvements et de leur course.

CITOLE, ancien instrument à cordes, qu'un passage du *Roman de la Rose* distingue formellement de la harpe, et dont les sons devaient être bien doux, puisque Guillaume Guiart, qui vivait en 1248, en parle en ces termes dans une pièce de vers :

> Que le roi de France à celle erre
> Enveloppa si de paroles
> Plus douces que sons de citoles.

On disait *citoler* pour *jouer de la citole*.

CITOYEN. On appelle ainsi quelquefois tout habitant d'une ville, d'un pays. Mais on n'est véritablement citoyen, dans toute l'étendue du mot, que lorsqu'on réunit les conditions propres à l'exercice de la plénitude des droits attachés à la qualité qu'il sert à exprimer. On ne considère pas comme citoyen l'étranger qui n'a point obtenu sa naturalisation. La qualité de citoyen ne s'acquiert et ne se conserve que conformément aux lois constitutionnelles de l'État. L'interdiction en tout ou en partie peut en être prononcée par les tribunaux dans certains cas (*voyez* CIVIQUES [Droits]).

J.-J. Rousseau, né dans une république, s'honorait du nom ou plutôt du titre de citoyen : il écrivait à son ami Dupeyron : « J'eus un surnom que je crois mériter mieux que jamais. A Paris on m'appelle le *citoyen*. Rendez-moi ce titre, qui m'est si cher; faites même en sorte qu'il se propage, et que tous ceux qui m'aiment ne m'appellent jamais *monsieur*, mais, en parlant du moi, le *citoyen*, et en m'écrivant *mon cher citoyen*. »

En 1792, les mots de *citoyen*, *citoyenne* furent substitués à *monsieur*, à *madame*. Cet usage, généralement reçu, avait passé dans nos mœurs ; il se maintint jusqu'au coup d'état du 18 brumaire, et se perdit à l'époque de l'Empire. Le poëte Andrieux, qui tenait plus à la chose qu'aux mots, avait dit :

Appelons-nous monsieur, et soyons citoyens.

Après 1830, les hommes qui appartenaient à l'opinion républicaine rétablirent dans leurs relations l'usage proscrit par l'Empire, et s'appelèrent *citoyens* ; mais cet usage ne put prévaloir contre l'habitude générale. La révolution de 1848 devait encore une fois ressusciter l'appellation de *citoyen*. Un des premiers décrets du gouvernement provisoire statua que dans tous les actes publics la qualification de *citoyen* serait substituée à celle de *monsieur*. Bientôt cependant on vit reparaître le titre de *monsieur* dans les actes ministériels, et l'appellation de citoyen ne subsista plus que dans le langage parlementaire ; au mois d'octobre 1849, le président de l'assemblée nationale, M. Dupin aîné, la fit enfin disparaître de la rédaction du *Moniteur*. Il n'y a, du reste, peut-être pas lieu de regretter que les mots *citoyen* et *citoyenne* n'aient pas réussi à remplacer dans la langue ceux de *monsieur* et de *madame*. Nos pères les avaient supprimés parce qu'en réalité c'étaient alors des titres et qu'on ne les accordait pas à tout le monde. Aujourd'hui ils ne représentent plus qu'une convention banale, tandis que le mot *citoyen* implique des droits et des devoirs.

La constitution de 1791 donnait le titre de *citoyens actifs* à ceux qui réunissaient toutes les conditions voulues pour exercer leurs droits politiques dans les assemblées primaires (*voyez* CENS ÉLECTORAL).

CITRATE, sel résultant de la combinaison d'une base avec l'acide citrique. Les principaux sont le *citrate de chaux*, à l'aide duquel on prépare cet acide, le *citrate de potasse*, le *citrate de soude*, etc. Le *citrate de magnésie* est aujourd'hui très-employé en pharmacie, où il remplace avantageusement comme purgatif le sulfate de magnésie, dont il n'a pas la saveur repoussante.

CITRIQUE (Acide). Découvert par Scheele en 1784, cet acide existe dans beaucoup de fruits, particulièrement dans les citrons, d'où il tire son nom, dans les oranges, dans les groseilles, etc. On l'obtient en formant d'abord avec de la craie et le suc des citrons un citrate de chaux, de la manière suivante :

Le suc des citrons, au moment où on l'a extrait, contient avec l'acide beaucoup d'extractif et de mucilage. Il convient donc, avant de saturer par la craie, d'attendre qu'un premier degré de fermentation et le repos aient fait précipiter ce qui embarrassait trop le citrate de chaux. On traite comme suit le suc défèqué : on le verse dans une cuve en bois blanc, et on ajoute la craie par portions ; on brasse fortement à chaque addition de craie ; l'acide carbonique se dégage à l'état de gaz. Quand l'acide est totalement saturé, on laisse en repos et on siphonne la liqueur claire, qui n'a aucune valeur. Le résidu est du citrate de chaux, qu'il faut soigneusement laver à l'eau chaude ; l'exactitude de ce lavage influe beaucoup sur le succès. Le citrate de chaux, étant bien égoutté, est traité ensuite par l'acide sulfurique, dans la proportion de 9 kilogrammes d'acide à 66° par 10 kilogrammes de craie employée ; mais l'acide sulfurique détruirait l'acide végétal s'il était employé à l'état de concentration ; il faut préalablement l'étendre de 3 à 4 parties d'eau. L'acide sulfurique s'empare de la chaux, et forme avec elle un sulfate peu soluble; l'acide citrique évidemment reste en dissolution dans la liqueur, qu'il ne s'agit plus que de faire évaporer pour l'obtenir cristallisé.

D'une saveur agréable, très-soluble dans l'eau bouillante, l'acide citrique fond à 130°, et se décompose au delà de 150°. Traité avec quatre parties d'acide sulfurique, l'acide citrique se transforme en quatre corps dont il renferme les éléments, savoir en acide acétique, en oxyde de carbone, en acide carbonique et en eau.

On emploie l'acide citrique pour les limonades et pour l'impression sur toile. Il avive certaines couleurs, et pour cet objet il est préféré à tous les autres acides.

PELOUZE père.

CITRON, fruit du citronnier proprement dit, qu'on nomme encore *cédrat*. A Paris, ce sont des limons que l'on vend sous le nom de *citrons*. Les citrons sont plus allongés que les limons ; leur écorce est plus épaisse, et en général ils sont plus gros et plus aromatiques.

CITRONELLE ou **CITRONNELLE**. La *citronelle* ou *aurone* (*artemisia abrotanum*), qu'on nomme encore vulgairement *garde-robe*, est une plante du genre *armoise*. Indigène du midi de l'Europe, on la cultive fréquemment dans les jardins, à cause de son odeur, qui rappelle celle du camphre, et surtout celle du citron, d'où lui vient le nom de *citronelle*. Cet arbuste atteint de 0",70 à 1 m. de hauteur. Ses feuilles sont d'un vert blanchâtre, découpées en lobes linéaires, écartés, très-fins; ses fleurs jaunes, ovoïdes, sont disposées le long des rameaux supérieurs en grappes menues, terminales. La citronelle demande une terre légère et substantielle, avec une exposition chaude. Elle jouit des propriétés toniques qu'on rencontre dans toutes ses congénères.

Le nom de *citronelle* ou *citronade* s'applique encore à la *verbena triphylla* de L'Héritier (*voyez* VERVEINE).

CITRONNIER, genre de la famille des aurantinacées, dont les espèces se groupent autour du *citrus aurantium* (*voyez* ORANGER) et du *citrus medica*, ou citronnier proprement dit. Les différences entre le citronnier et l'oranger sont peu sensibles, et ne peuvent être aperçues que par un examen attentif, si les arbres ne sont pas chargés de fruits: le caractère distinctif le plus saillant est que le pétiole des feuilles du premier est simple, et que celui des feuilles du second est ailé sur ses bords en forme de cœur. Quant à la forme et au parfum des fleurs, ces deux arbres se ressemblent tout à fait, ainsi que par les qualités de leur bois blanc, très-dur et propre aux ouvrages du tour. Mais la culture a introduit entre les citrons des variétés assez nombreuses: on y distingue d'abord les *citrons* proprement dits et les *limons*. Chacune de ces divisions renferme des fruits qui diffèrent beaucoup les uns des autres par la forme, la couleur, le volume, la saveur.

Parmi les variétés du citronnier, celle dont les feuilles ont une odeur de rose se fait aussi remarquer par la beauté du feuillage de l'arbre et de son fruit, qui est le citron *mella rosa*. Dans ces arbres, les variations du feuillage ne sont pas moins extraordinaires que celles des fruits: les uns ont de grandes et larges feuilles, et les autres semblent imiter celles du cèdre du Liban. La variété à fleurs doubles mérite aussi l'attention des amateurs, quoique sa fructification soit moins abondante que celle des arbres à fleurs simples.

Aux Antilles, les citronniers venus de pepins, et rendus par conséquent à leur état naturel, sont des arbres très-élevés, dont les branches, hérissées d'épines, sont employées pour faire des clôtures défensives (*voyez* aussi PAMPLEMOUSSE).
FERRY.

CITROUILLE. Cette courge, que l'on peut regarder comme une variété du potiron, s'en distingue par la forme oblongue et la grosseur de son fruit, dont la couleur est tantôt verte, tantôt jaune ou blanche. Les fruits de la citrouille, qui portent le même nom, se mangent comme les potirons. Les semences qu'ils contiennent entrent dans quelques émulsions. On en prépare aussi des pâtes destinées à adoucir la peau; l'huile qu'on en retire est un cosmétique assez estimé.

CITROUILLE IROQUOISE. *Voyez* GIRAUMONT.
CITROUILLE MUSQUÉE. *Voyez* POTIRON.

CITTA (du latin *civitas*), mot italien signifiant *ville*, poétiquement *cittade* et *citate*, et souvent *civita*, quand il est associé à un autre nom, se trouve en tête du nom d'un grand nombre de villes d'Italie. Les plus importantes à citer sont Civita-Vecchia, dite Civita-Castellana, Citta-Vecchia à Malte, Citta-Nuova en Istrie, Citta della Pieve et Citta di Castello dans les États de l'Église; civita de *Penna* dans l'Abruzze ultérieure.

CIUDAD (du latin *civitas*). C'est le nom qu'en Espagne, et aussi dans les pays colonisés autrefois par les Espagnols, on donne à une ville de premier ordre, qui, à la différence de la simple villa, possède une juridiction particulière. Les plus remarquables de la Péninsule sont:

CIUDAD-REAL, chef-lieu de la province d'Espagne du même nom, appelée autrefois la Manche, dans la Nouvelle-Castille. Très-régulièrement construite et entourée de murs, elle est située dans une plaine fertile, entre la Guadiana et le Xabalon, son affluent. Siège d'un évêché, elle possède un grand nombre d'églises, d'hôpitaux et de couvents, ainsi qu'un collége. On y compte 10,000 habitants qui fabriquent des toiles et des étoffes de laine, de la sparterie, des cuirs et des gants. Les foires aux ânes et aux mulets qui s'y tiennent chaque année ont une importance hors ligne. Le 27 mai 1809 les Français, commandés par Sébastiani, battirent, sous les murs de Ciudad-Real, les Espagnols, commandés par Urbino. Cette affaire, dans laquelle l'ennemi perdit 1,500 hommes, restés sur le champ de bataille, et 4,000 prisonniers, 7 pièces de canon et quatre drapeaux, fut le prélude de la conquête de la plus grande partie de la Péninsule par nos armées.

CIUDAD-RODRIGO, place forte d'Espagne, située sur les frontières du Portugal, dans la province de Salamanque et dans le ci-devant royaume de Léon, sur la rive droite de l'Agueda, compte une population de 11,000 âmes, et est le siège d'un évêché. On y voit un collége, un séminaire épiscopal, huit paroisses et des fabriques assez considérables de toiles, d'étoffes de laine, de cuirs et surtout de savon, que l'on expédie au loin, sous le nom de *xabon de piedra*. On y fait aussi un commerce important en produits naturels du pays. Trois colonnes romaines, couvertes d'inscriptions, s'élèvent sur la place du marché. Le 10 janvier 1810 cette place se rendit à discrétion aux troupes françaises, après vingt-cinq jours de résistance. Lors de l'évacuation du Portugal par les Français, Masséna dut l'abandonner à son sort, et elle fut investie le 8 janvier 1812 par les Anglais, sous les ordres de Wellington. Les travaux du siége furent poussés avec une telle activité, que l'assaut put être livré, neuf jours après l'ouverture de la tranchée, dans la nuit du 19 au 20 janvier. La garnison française, commandée par le général Barrié, après avoir défendue de maison en maison, dut finir par se rendre prisonnière de guerre. La perte de cette place paralysa complétement les opérations de l'armée française; mais elle ne laissa pas non plus que de coûter cher aux Anglais, qui y perdirent les généraux Kinnon et Crawfurd. A l'occasion de ce brillant coup de main, les cortès de Cadix décernèrent à Wellington le titre de *duc de Ciudad-Rodrigo* et de grand d'Espagne de première classe.

CIUDAD DE FELIPE, ville de la province de Coquimbo, au Chili, célèbre par les riches mines de cuivre qui se trouvent dans ses environs.

CIVADIÈRE. *Voyez* BEAUPRÉ.
CIVELLE. *Voyez* BRANCHIALE.

CIVET, ragoût de chair de lièvre, dit le *Dictionnaire de l'Académie*. Pour faire un civet, prenez un lièvre, dit encore la *Cuisinière bourgeoise*. C'est ce que se rappelait Louis XVIII à qui l'on proposait de créer gentil-homme de sa chambre certain fils d'huissier en train de devenir son favori, lorsqu'il répondait: *Pour faire un gentil-homme de la chambre, prenez un gentil-homme*. Il faut d'ailleurs se garder de confondre le *civet de lièvre* avec les *filets de lièvre au civet*. Exemple:

Pour mettre un lièvre en civet, coupez-en les membres; gardez-en le sang à part; faites cuire les membres dans une casserole, avec un morceau de beurre, un bouquet bien garni; passez le tout sur le feu, mettez-y une bonne pincée de farine; mouillez avec du bouillon et une chopine de vin blanc; assaisonnez de sel et de poivre; quand c'est cuit, versez le sang que vous avez gardé, liez le tout sur le feu; servez à courte sauce, et vous vous en lécherez les doigts.

Pour préparer des filets de lièvre au civet, prenez un lièvre rôti qu'on a desservi de la table; levez-en toutes les chairs; coupez-les en filets; concassez un peu les os; mettez-les, ainsi que les flancs, dans une casserole, avec gros de beurre comme la moitié d'un œuf, quelques oignons en tranches, une gousse d'ail, une feuille de laurier, deux clous de girofle; passez le tout sur le feu; mettez-y une bonne pincée de farine, mouillée avec un verre de bouillon, deux verres de vin rouge, du sel, du poivre; faites bouillir une demi-heure et réduire à moitié; passez la sauce au tamis; mettez-y les filets de lièvre, avec un peu de vinaigre; faites chauffer, sans bouillir, et vous nous en donnerez encore de bonnes nouvelles.

CIVETTE (*Mammalogie*). On trouve dans les pays chauds de notre continent quelques quadrupèdes qui, en même temps qu'ils se rapprochent des martres par la forme allongée de leur corps, ressemblent un peu aux chats par les épines qui revêtent leur langue et par leurs ongles à demi redressés lors de la marche de manière à conserver une partie de leur tranchant et de leur pointe. La plupart de ces quadrupèdes se font encore remarquer par une odeur agréable, qu'ils doivent à une sorte de pommade produite par des glandes situées au-dessous de leur anus, et plus ou moins développées selon les espèces. Linné les avait d'abord rapprochés du blaireau; il en a fait ensuite, sous le nom de *viverra*, un genre particulier, que nous avons cru devoir restreindre aux espèces qui réunissent les caractères indiqués ci-dessus.

Leur pelage est varié et leur taille médiocre; elles vivent de chair, d'œufs, de sang et de toutes sortes de matières sucrées; elles ont toutes cinq doigts à chaque pied, le museau assez pointu, les dents incisives au nombre de six, tant en haut qu'en bas, et rangées également, sans qu'il y en ait de rentrées en dedans comme dans les martres; leurs molaires sont aussi au nombre de six de chaque côté, tant en haut qu'en bas, et sur les vingt-quatre il y en a en arrière huit qui sont plates plutôt que tranchantes, ce qui permet à ces animaux de mélanger leurs aliments de quelques matières végétales. Il y a des espèces dans lesquelles on observe sous l'anus une poche profonde, où les glandes déposent leur pommade odorante en assez grande quantité; ce sont les *civettes* proprement dites; dans d'autres, on ne voit au lieu de poche qu'un léger sillon qui ne contient que quelques parcelles de cette substance; elles ne répandent qu'une odeur faible; on les nomme *genettes*.

Ce nom de *civette* était inconnu des anciens; il vient, dit-on, d'un mot arabe, qui signifie *parfum*, et son premier emploi parmi nous a été en effet de désigner la pommade, et non l'animal. Cette substance a été longtemps un objet de commerce considérable; on la vantait beaucoup en médecine, et il a été à la mode, pour les gens qui se piquaient d'élégance, d'en porter dans leurs vêtements, comme on y a porté depuis du musc et ensuite de l'ambre. Elle entre encore aujourd'hui dans la composition de quelques médicaments et de quelques parfums; mais la consommation en est prodigieusement diminuée. Cette substance se prend sur des civettes domestiques et vivantes, ou bien elle se recueille sur les rochers et sur les arbustes où les civettes sauvages s'en sont débarrassées, car elle les incommode lorsqu'elle est trop abondante. On s'aperçoit de cette abondance à l'inquiétude que ces animaux manifestent et aux mouvements qui les agitent, et on les en délivre en les saisissant par les pieds et par la tête, et en introduisant une petite cuillère dans la bourse qui recèle la pommade odorante. Lorsque la matière est fraîche, son odeur est insupportable; ce n'est qu'après un certain temps qu'elle s'affaiblit assez pour devenir agréable.

La civette a en moyenne, 0^m,75 de long, sans compter la queue, sur 0^m,30 de hauteur au garrot. Son museau est un peu moins pointu que celui du renard, mais il l'est un peu plus que celui de la martre; ses oreilles sont arrondies et courtes; de longues moustaches garnissent ses lèvres; les pouces, et surtout ceux de derrière, sont plus courts que les autres doigts. Le poil qui recouvre son corps est assez long et un peu grossier; celui surtout qui règne sur le milieu du cou et du dos forme une espèce de crinière que l'animal redresse lorsqu'on l'irrite; les poils de la queue sont touffus, et ceux de sa partie supérieure se relèvent comme ceux du dos. La couleur générale de cet animal est un gris-brun assez foncé, varié de taches et de bandes d'un brun noirâtre; une bande de cette dernière couleur règne depuis la nuque jusqu'au bout de la queue; les côtés du corps sont parsemés de taches irrégulières, qui deviennent plus grandes sur la croupe et sur les cuisses. Les quatre jambes sont d'un brun noirâtre uniforme, ainsi que la moitié postérieure de la queue; à la base de cette queue sont trois ou quatre anneaux de la même couleur. La tête est blanchâtre; mais une large bande brune, après avoir entouré l'œil, descend sur la joue et sous le menton; le dessous de la gorge est brun, et des lignes de cette couleur remontent obliquement sur les côtés du cou.

L'article le plus remarquable de son anatomie, c'est l'organisation de sa bourse; elle s'ouvre en dehors par une fente longue, située entre l'anus et les parties de la génération, et est pareille dans les deux sexes, ce qui fait qu'il est assez difficile de les distinguer. Cette fente conduit dans deux cavités pouvant contenir chacune une amande; leur paroi interne est légèrement velue et percée de plusieurs trous qui conduisent chacun dans un follicule ovale, profond de quelques millimètres, et dont la surface concave est elle-même percée de beaucoup de pores; c'est de ces pores que naît la substance odoriférante; elle remplit le follicule, et, lorsque celui-ci est comprimé, elle en sort sous forme vermiculée, pour pénétrer dans la grande bourse. Tous ces follicules sont enveloppés par une tunique membraneuse qui reçoit beaucoup de vaisseaux sanguins, et cette tunique est à son tour recouverte par un muscle qui vient du pubis, et qui peut comprimer tous les follicules, et avec eux la bourse entière à laquelle ils s'attachent: c'est par cette compression que l'animal se débarrasse du superflu de son parfum. On a remarqué qu'outre la matière odorante, il s'en produit une autre, qui prend la forme de soies roides et qui se mêle à la première. La civette a de plus, de chaque côté de l'anus, un petit trou d'où découle une liqueur noirâtre et très-puante.

On n'a point de détails sur le genre de vie des civettes, sur leur génération, sur le nombre de leurs petits, l'époque de leur naissance, le terme de leur accroissement et celui de leur vie, ni sur les ressources que peut leur avoir données la nature pour se nourrir et pour se défendre: on sait seulement que quand elles ne sont pas apprivoisées dès leur jeunesse, elles montrent un caractère farouche et même une sorte de férocité; la moindre nouveauté excite leur colère, qu'elles marquent surtout en criant et en hérissant les poils de leur crinière. Mais lorsqu'on s'y prend de bonne heure, on les rend aussi douces et aussi familières que les chats les mieux privés. Il paraît même que presque tout le parfum de civette qui est dans le commerce vient d'animaux élevés en esclavage.

Les premiers observateurs confondirent deux espèces différentes. Buffon fut le premier qui les distingua; il fit remarquer que dans l'une la queue était plus longue et nettement marquée d'anneaux blancs et noirs, tandis que dans l'autre elle était plus courte et moins variée en couleur; que celle-ci avait sur le dos une crinière susceptible de se dresser, qui manquait à la première, et que son museau était moins aigu; il réserva le nom de *civette* (*viverra civetta*) à cette espèce à crinière, et donna celui de *zibeth* (*viverra zibetha*) à celle à queue longue et bien annelée. Mais Buffon voulut en même temps établir entre les deux espèces une distinction de climat qu'il n'est pas possible d'admettre; il est bien vrai que la civette se trouve en Afrique; mais il n'est pas prouvé qu'elle n'existe que là, ni qu'elle y existe seule; on pourrait même douter qu'il y ait aucune preuve certaine que le zibeth vient de l'Asie.

G. CUVIER, de l'Académie des Sciences.

CIVETTE, CIBOULETTE ou APPÉTIT, espèce d'ail (*allium schœnoprasum*), qu'on emploie, comme la ciboule, dans les sauces, ou dans la salade, comme assaisonnement ou comme fourniture. Il lui faut une bonne terre inculte, légère, et de plus une exposition chaude, avec de fréquents arrosements en été. Elle se multiplie par caïeux, que l'on sépare et que l'on replante en bordures ou en planches en mars.

CIVIALE (JEAN), né à Thiézac (Cantal), en 1791, a été reçu docteur en médecine à la faculté de Paris en 1820, et membre de l'Académie de Médecine à la fin de 1834. Dans cet intervalle de quatorze années M. Civiale s'est fait un renom durable et éclatant, en même temps qu'une magnifique situation de fortune. Un simple mot explique à lui seul et sa célébrité de chirurgien et ses succès : *lithotritie!* Il n'est cependant pas avéré que M. Civiale soit le premier auteur de cette glorieuse invention. Vainement M. Civiale exhibe d'anciennes lettres (je les ai vues) qu'il adressait dès 1818 soit au préfet de la Seine pour obtenir sa bienveillance et son appui, soit au ministre de l'intérieur d'alors pour solliciter des subventions destinées à des expériences nouvelles et à la confection d'instruments d'un nouveau genre. Il paraît certain que ce médecin n'avait d'abord songé qu'à dissoudre chimiquement la pierre dans la vessie, après l'avoir saisie et engainée dans un sac imperméable. Toujours est-il que l'Institut déclara en 1825, à l'occasion de la distribution annuelle des prix Montyon, que M. Amussat était celui qui avait rendu possible l'emploi des instruments lithotriteurs, et M. Civiale *le premier* qui en eût fait l'application sur l'homme; mais que M. Le Roy d'Etiolles était celui qui avait *imaginé* ces instruments, qui les avait fait exécuter et successivement perfectionnés, au point de les rendre usuels et efficaces. En 1826, 1828 et 1831, l'Académie des Sciences a de nouveau proclamé que M. Le Roy d'Etiolles est *le premier* qui *dès* 1822 ait fait connaître des instruments lithotriteurs, ajoutant qu'il est le principal inventeur de ces instruments. Depuis, la même Académie a déclaré que c'est à M. Le Roy d'Etiolles que la lithotritie est redevable de la pince à trois branches, instrument regardé alors comme tellement essentiel, que 6,000 fr. furent attribués à ce chirurgien, à titre de récompense, seulement pour l'avoir inventé ou le premier appliqué à cette destination nouvelle. Néanmoins, M. Civiale n'eut point à se plaindre de l'Institut et du partage de ses récompenses, puisque 10,000 fr. lui échurent en un seul jour, qui, pour lui comme pour M. Le Roy d'Etiolles, ne fut pas le seul marqué par des couronnes et des gratuites académiques. En deux années seulement M. Civiale obtint 16,000 fr. de l'Académie des Sciences. Cependant, comme nous l'avons déjà dit à l'article de M. Amussat, la lithotritie n'est pas l'œuvre d'un seul : il s'agit là d'une invention tellement importante, si imprévue dans les siècles antérieurs, et si certainement mémorable entre toutes, qu'elle suffirait à elle seule pour fonder trois ou quatre réputations impérissables. Le malheur est que ces célèbres rivaux, moins heureux de leurs succès et de leurs propres récompenses qu'attristés d'avoir à se les partager, se sont livrés pendant quinze ans à une guerre de récrimination, de revendication et quelquefois d'invectives qui, comblant de joie leurs envieux, a profondément affligé les hommes sincères et désintéressés, qui n'avaient que de l'admiration pour leur persévérance et leur génie.

M. Civiale a publié les ouvrages suivants : 1° Thèse doctorale *Sur les sympathies morbides*, 1820. 2° Nouvelles considérations *Sur les Rétentions d'urine*, suivies d'un *Traité sur les Calculs urinaires et la possibilité d'en opérer la destruction sans l'opération de la taille* (brochure, 1822). Il n'est pas encore fait mention ici de la lithotritie. 3° *De la Lithotritie, ou broiement de la pierre dans la vessie* (in-8°, 5 planches, 1823). Cet ouvrage fut dédié à Louis XVIII, qui accueillit l'auteur avec distinction. 4° *Lettres sur la Lithotritie* (in-8°, divisé en 5 parties distinctes : une de ces lettres est adressée à Dupuytren, les autres au chevalier Vincent Kern, chirurgien de l'empereur d'Autriche [Paris, 1827, 1837]). 5° Note *Sur le Catarrhe de la Vessie dans les Vieillards* (in-8°, 1829). 6° *Parallèle des diverses Méthodes employées pour guérir les Calculeux*, ou Exposé des procédés opératoires de la lithotritie et des différentes manières de tailler, etc. (in-8°, 1836). 7° *Du Traitement médical et préservatif de la Pierre et de la Gravelle*, suivi d'un mémoire sur les calculs de cystine (in-8°, 1840). L'auteur s'y montre trop prévenu contre l'usage des eaux alcalines dans les affections calculeuses. 8° *Traité de l'Affection Calculeuse*, ou Recherches sur la formation, les caractères physiques et chimiques, les causes, les signes et les effets pathologiques de la pierre et de la gravelle (in-8°, 1838). 9° *Traité pratique sur les Maladies des Organes Génito-Urinaires* (3 vol in-8°, 1837-1841). 10° *Des Résultats de la Lithotritie*, etc. (in-8°, 1847).

M. Civiale a soigneusement profité et presque toujours tenu compte, mais avec une impartialité très-variable, des perfectionnements qu'ont tour à tour apportés à la lithotritie, avec l'approbation et les récompenses de l'Institut, soit M. Heurteloup, pour rendre l'opération plus entière (1829 et 1833), soit M. Ségalas (1831), pour la rendre plus facile, soit, enfin, M. Guillon (1847-1850), pour la rendre plus prompte et surtout plus sûre. M. Civiale ne montre de convoitise bien décidée que pour les possessions solides et les titres sérieux. Membre de la Légion d'Honneur depuis longtemps, il est chirurgien de l'hôpital Necker, mais seulement en ce qui concerne sa spécialité; il ne traite là que des calculeux, et il en agit de même pour sa clientelle de la ville. Il est membre libre de l'Académie des Sciences, honneur dont ses travaux l'ont incontestablement rendu digne. Quoiqu'il ait publié d'assez nombreux ouvrages, M. Civiale ne se targue point d'être écrivain. Les secrets d'inspiration qu'on a cru surprendre dans ses relations littéraires ont dû peu toucher un esprit droit et positif comme le sien. Il n'y a qu'un sacrifice qui paraisse impossible à sa philosophie pratique et à son rare bon sens : ce serait de pardonner à M. Le Roy d'Étiolles ses succès et surtout son infatigable rivalité.

Dr Isidore BOURDON.

CIVIÈRE, espèce de petit *brancard* sur lequel on porte à bras de la pierre, du fumier et toute espèce de fardeaux. Il consiste le plus généralement en deux traverses de 1m,30 à 1m,60 de long, façonnées à leurs extrémités de manière à pouvoir être facilement saisies par les porteurs. Ces traverses sont tenues à environ 0m,80 de distance entre elles par de petites contre-traverses à tenons qui entrent dans des mortaises pratiquées en dedans des traverses longitudinales. Les contre-traverses sont ordinairement au nombre de trois ou quatre. On se sert aussi de civières pour transporter les malades à l'hôpital, les blessés, les morts, etc.

PELOUZE père.

CIVIL. Cet adjectif, soit qu'il s'entend de ce qui regarde et de ce qui concerne les citoyens, est opposé quelquefois à *militaire*, à *ecclésiastique*, et à *criminel*. L'état civil est la condition des personnes en tant que filiation et parenté. Le *droit civil* est la collection des lois qui règlent l'état des personnes, leurs droits, et les différentes manières d'acquérir la propriété. Il s'est dit aussi par opposition à *droit canon*. Au pluriel les *droits civils* sont ceux dont la jouissance est garantie par la loi civile. La *société civile* est le gros de la nation, l'ensemble des citoyens qui n'appartiennent ni à l'armée ni à l'Église. Le *courage civil* est celui du magistrat, du citoyen, du mandataire du peuple. Il y a des *fonctions*, des *emplois civils*, des *autorités civiles*, *un conseil des bâtiments civils*. Il y avait autrefois des *lieutenants civils* et des *lieutenants criminels*. L'*année civile*, le *jour civil* sont l'année, le jour dont on use dans la vie commune. La *guerre civile* est celle qui éclate entre les citoyens d'un même pays. On donne le nom de *liste civile* à la dotation des souverains dans les États constitutionnels. Le Code civil est un recueil de lois dans lequel est formulé le *droit civil* d'un peuple. Toutes les affaires qu'il régit sont dites *affaires civiles*; les règles suivies dans leur jugement constituent la *procédure civile*. Les tribunaux qui les jugent sont dits *tribunaux civils*. Quelquefois les jugements criminels ont des *effets civils*. En matière criminelle, on nomme *partie civile*, celui qui agit en son nom contre l'accusé, pour des intérêts civils. La *requête civile* est une voie extraordinaire admise par la loi pour obtenir qu'un jugement ou un arrêt en dernier ressort soit rétracté. La *mort civile* est la cessation de toute participation aux droits civils. Enfin, un *homme civil* est celui qui connaît les devoirs de la société, qui pratique la *civilité*.

CIVILIS (Claudius), célèbre chef batave, de sang royal. Son frère, Julius Paulus, avait été mis à mort, sous prétexte de trahison, par ordre de Fonteius Capito, commandant de la Basse-Germanie. Chargé de chaînes, Civilis fut amené à Néron, absous par Galba, remis en jugement sous Vitellius, parce que l'armée réclamait son supplice. Borgne comme Sertorius et comme Annibal, il cacha longtemps la haine qu'à leur exemple il portait au nom romain, et feignit d'embrasser le parti de Vespasien contre Vitellius. Mais bientôt il excita sa nation à refuser les levées; puis, réunissant les grands du pays pour leur donner un festin dans un bois sacré, il proclama hautement la révolte en promettant l'appui des Germains et des Gaulois. D'abord il parut étranger à l'insurrection, et quand les Romains eurent été chassés de leur camp, il accusa leurs chefs d'avoir quitté leur poste; il promit même de comprimer la sédition, mais bientôt il se mit à la tête des Germains, battit les Romains, commandés par Aquillius, et s'empara de la flottille qu'ils avaient sur le Rhin. Civilis défit ensuite, auprès de Vétéra, dans le pays de Trèves, Mummius Lupercus, et fomenta la révolte en se ménageant des intelligences et des défections. Les généraux romains furent tués, et Civilis prit toutes les villes, excepté Mayence et Cologne. Alors les druides et les oracles de Velléda prédirent la chute de la puissance romaine. Mais, d'une part, Vespasien, vainqueur de Vitellius, envoya dans les Gaules Petilius Cerealis; de l'autre, Sabinus, le chef des Langrois, se fit proclamer empereur par ses troupes. Civilis fut enfin vaincu et forcé de repasser le Rhin. Il conclut la paix après avoir attiré l'armée de Cerealis dans l'île des Bataves, qu'il inonda lors de la rupture d'une digue construite par Drusus. A dater de ce moment, l'histoire ne parle plus de lui. P. DE GOLBÉRY.

CIVILISATION. Ce mot vient de *civis, civitas*, citoyen, cité, et originairement de *cœtus*, réunion, la cité résultant d'une association d'hommes sous la loi d'un pacte convenu entre eux, du moins tacitement, pour garantir leurs droits réciproques de sûreté, propriété, liberté. Il ne s'agit pas ici d'exposer les bases constitutives de toute société humaine : la *civilisation* en est plutôt le complément ou le perfectionnement; c'est le développement plus ou moins absolu des facultés intellectuelles et morales de l'homme réuni en société. Beaucoup de nations, assez bien constituées, sous un gouvernement soit religieux, soit politique, ne sont pas néanmoins civilisées, et paraissent même peu aptes à le devenir; quelques-unes ont été jusqu'à opposer des barrières au progrès ultérieur, lui préférant un état stationnaire.

Sans prétendre déshériter aucune race humaine de ses droits à tous les genres de développements auxquels elle peut atteindre, on doit toutefois montrer par les faits de l'histoire et même par la constitution physiologique de leur organisation, qu'il en est certaines plus portées que d'autres à l'exercice des facultés intellectuelles et à la civilisation. Or, quelles sont les causes, soit naturelles, soit politiques et religieuses, qui favorisent l'essor de la civilisation humaine ou qui s'y opposent? Il en est de plusieurs espèces. D'abord, l'homme, chef et premier des animaux, par la supériorité de son organisation, par celle de son vaste système cérébro-nerveux, par l'usage des mains, merveilleux et docile instrument qui exécute les conceptions de son intelligence, a été formé par la nature, souverainement perfectible. Seul entre tous, il peut sortir de l'état d'animalité, c'est-à-dire s'élever au delà de la vie de l'instinct, se créer une existence artificielle plus commode, plus favorable au déploiement de ses facultés, que celle de l'état brut ou sauvage. C'est un animal éminemment sociable (ζῶον πολιτικόν, dit Aristote), non par attroupement, à la manière des fourmis, des abeilles ou des castors, mais par convention, dans laquelle chacun, stipulant pour ses droits, apporte son industrie, fait valoir ses moyens et échange des travaux utiles contre les objets qui lui manquent : le bien-être de tous s'entretient par ces réciproques correspondances de besoins et de satisfactions qui lient les hommes entre eux. Chacun, pouvant s'adonner exclusivement à un genre d'occupation, le perfectionne pour l'avantage de tous; il en résulte un progrès successif, qui procure une plus grande masse de biens, lesquels se répartissent dans toutes les régions du corps social. Car, si l'*individu* est borné dans son existence, dans l'étendue de ses forces, l'*espèce*, ou l'association des individus (représentation de l'espèce en raccourci), prépare tous les moyens de ses progrès ultérieurs; les descendants héritent des travaux et de l'expérience de leurs ancêtres, et c'est par ce motif qu'on a dit que la civilisation et la perfectibilité humaines n'avaient point de limites connues. Tant de succès merveilleux dans les arts industriels, tant de fécondes et inattendues découvertes ont hâté le développement de l'humanité, qu'il serait déraisonnable de ne borner au monde où nos espérances devraient s'arrêter, tant que rien n'en marque le terme infranchissable. Cependant tous les peuples, tous les climats, ne paraissent pas également favorables à cet état de floraison de l'espèce humaine. Examinons-en les obstacles et les véhicules, voyons pourquoi certaines nations croupissent dans la barbarie, tandis que d'autres s'élancent dans une brillante carrière de savoir, d'industrie et de félicité, au milieu même de circonstances désavantageuses.

Parmi les causes physiques qui concourent le plus au développement de la civilisation figurent 1° la nature des territoires, 2° les communications, 3° l'influence des religions, 4° les rapports des gouvernements avec l'état de civilisation, 5° les aptitudes qu'y ont les diverses races, 6° le régime de vie le plus propre à son développement, 7° la maturité des peuples pour la civilisation. Nous allons examiner une à une chacune de ces causes :

1° *De la nature des territoires*. On penserait que les lieux fertiles, offrant une fréquente exubérance d'aliments, doivent devenir le siége d'une population nombreuse, pourvue de tous les moyens de s'élever à la plus haute civilisation. Il n'en est pas d'ordinaire ainsi : voyez ces terres opulentes de l'Asie méridionale, ces îles fécondes sous le ciel des tropiques, toutes ces régions de l'ancien comme du nouveau monde, couronnées d'une verdure sans interruption, au milieu des fleurs et des fruits qui se renouvellent dans le cercle des années, comme une chaîne éternelle de productions : eh bien, c'est la patrie de l'indolence, c'est le séjour d'un redoutable despotisme, comme la demeure des lions et des tigres qui tyrannisent l'innocente gazelle ou la timide gerboise. Aussi, les peuplades de nègres et de Cafres sur les rives les plus fécondes de la Sénégambie, du Joliba ou du Niger; aussi, les Galibis des bords fleuris de l'Orénoque, les indolents Guaranis des plaines qu'arrose l'Amazone, ont-ils toujours langui dans l'inertie de la simple nature. Satisfaits du nécessaire que leur offre une terre si libérale, ils végètent sans travail; et ces enfants du sol naissent et tombent comme la plante sauvage qui suffit à leurs besoins. On citera toutefois le limon fécondant du Nil, qui a vu resplendir la civilisation égyptienne antique; les plaines de la Mésopotamie, où serpentent l'Euphrate et le Tigre, jadis le siége de puissants empires, où s'élevaient la superbe Babylone, et Ninive, et Palmyre; on rappellera la puissance des anciens Perses et toutes les merveilles de l'Indoustan dans ces riches plaines du Gange où se presse une immense population; enfin la Chine, si célèbre par la politesse et le culte des lettres, qui y deviennent autant de degrés pour monter au faîte des honneurs et de la fortune, malgré les formes oppressives de leurs gouvernements.

Il résulte de ces exemples que si la fertilité du territoire n'est pas un moyen nécessaire de la civilisation, elle ne lui porte point obstacle. En effet, si la nature des terrains n'oppose pas d'invincibles difficultés à toute culture, comme dans les arides et sablonneux déserts de la Tatarie, de l'Arabie, les karrous d'Afrique, les pampas et les llanos d'Amérique, s'il n'y a point absence d'animaux domestiques propres à seconder les travaux agricoles de l'homme, comme dans le Nouveau-Monde avant sa découverte, la société humaine pourra se déployer, s'accroître même dans des climats rigoureux et sur une terre marâtre. Ainsi s'est défriché le nord de l'Europe, comme celui de l'Amérique, sous le soc de la charrue; du sein des sillons a germé la Cérès législatrice; l'olivier de Minerve a fleuri dans les rocailles de l'Attique; les fiers Scandinaves, descendants d'Odin, ont fait éclore les sciences, jusque sous les frimas du pôle, au milieu de leurs forêts de sapins; ils ont précieusement cultivé, comme dans une serre chaude, de brillantes fleurs de génie empruntées à la Grèce et à l'Orient. Le labeur a fait plus chez eux que les faveurs de la nature. Les régions froides de l'Europe, malgré leur stérilité originelle, ont donc été plus fécondes en découvertes industrieuses, dues au courage, à la persévérance du travail de l'esprit humain, que les contrées méridionales, prospères par les dons de la fertilité, qui, tout au contraire, favorisent la paresse et détendent les nerfs de l'intelligence.

2° *De la nécessité des communications.* Les peuples isolés, séparés par de vastes espaces, ou enfoncés dans d'immenses continents, se connaissant à peine entre eux par de lointaines caravanes, tels que ceux de la haute Asie ou du centre de l'Afrique, ne font aucun commerce d'idées, aucun échange de savoir, n'établissent point ces transactions intellectuelles, indispensables à l'éclosion de la lumière sous le choc des opinions contraires; ils vieillissent dans leur routine obstinée, semblables à ces villageois enfouis dans l'enceinte d'un manoir rustique, prison intellectuelle analogue à celle des moines reclus entre les murs de leur cloître. De là vient que ces peuples demeurent nécessairement stationnaires, aussi ignorants qu'ignorés; fussent-ils nomades et voyageurs, ils restent sans progrès, s'ils gardent leurs anciennes mœurs, comme les Tatares, semblables aux anciens Scythes hippomolgues et hamaxobites, ou comme les Bédouins, les Maures, descendants des Gétules et des Ismaélites. Ainsi confinés entre des montagnes, les peuples du Thibet, du Boutan, des gorges du Caucase et de l'Immaüs, ceux de l'Atlas, demeureront à jamais semi-barbares, ou même ceux de l'intérieur de l'Afrique et des vastes régions des deux Amériques, vivront peut-être toujours à l'état sauvage. Au contraire, la civilisation semble éclore nécessairement par les fréquentes communications des peuples entre eux. C'est sur les bords de la mer Méditerranée, c'est parmi les îles de l'Archipel, c'est dans les perpétuels frottements entre l'Europe, l'Afrique et l'Asie, ceux des îles Britanniques avec le continent; c'est dans le bassin de la Baltique, c'est par les artères des fleuves du Rhin, de la Meuse, de l'Escaut, de l'Elbe, qu'ont circulé, avec les produits industriels, les idées, les opinions; il y a eu échange d'instruction, combinaisons nouvelles, éveil de connaissances, désirs, curiosité et besoins irrités. De même, sur les rivages de l'Inde méridionale, s'est avivée le plus la civilisation, tandis que le nord de l'Asie est demeuré belliqueux, conquérant féroce, avec les tribus mongoles qui envahirent la Chine et l'Indoustan, pour s'y fondre et se civiliser à leur tour parmi les vaincus.

Ainsi, quoique la civilisation puisse s'éteindre par des irruptions de barbares, comme il est arrivé à l'Europe au moyen âge, cependant les causes qui ont allumé ses flambeaux renaissent de leurs cendres mêmes : aujourd'hui l'Europe en propage les vives étincelles dans tous les lieux où elle porte son commerce et ses colonies, quel que soit le climat ou la qualité du sol. C'est aussi pourquoi les nations maritimes, les peuples navigateurs, deviennent plus propres que tous autres à recevoir et à propager la civilisation, depuis les Tyriens, les Phéniciens, les Carthaginois et les Grecs, jusqu'aux Vénitiens, aux Génois du moyen âge, et aux Anglais, Hollandais, Français et Anglo-Américains de nos temps modernes.

3° *Influence des religions sur la civilisation.* Le *polythéisme* des anciens peuples, laissant toute liberté aux passions avec la polygamie, n'élevait point hors des objets matériels le culte de l'intelligence humaine. S'il n'en favorisait point l'essor, il lui conservait cependant sa liberté; les poëtes se créèrent par l'imagination un univers fantastique : les beaux-arts purent élever des monuments magnifiques, dans l'Inde, l'Égypte, la Chaldée, et dans la Grèce et l'Italie. Soit que la religion de Bouddha ou de Foé ne présente en Chine et dans toute l'Asie orientale au delà du Gange que le matérialisme ou l'athéisme déguisé, soit que les peuples qui l'ont adoptée aient peu de génie naturel, la civilisation y reste, pour ainsi dire, avortée dans l'état stationnaire où nous la voyons depuis des siècles. Mais la religion la plus fatale à la civilisation est l'*islamisme*. Quoique le Coran ait apporté aux peuplades nègres quelques connaissances nouvelles avec des préceptes de morale salutaires, relativement à leur stupide barbarie, la religion musulmane, par le dogme de la fatalité, qui paralyse tout effort intellectuel, par l'abnégation qu'elle impose à tout fidèle croyant, par le despotisme absolu et l'esclavage dont elle opprime les descendants du prophète, éteint en eux tout désir de perfectionnement. Cette vie n'est à leurs yeux qu'un passage; ce séjour transitoire ne mérite point qu'on s'attache à des biens si frivoles; aussi, pressurées par l'arbitraire, les campagnes restent-elles en friche, les monuments tombent-ils en ruines : que serviraient au musulman des travaux sans récompense et sans gloire, ou dont la tyrannie lui ravirait tout le profit?—Alors on se contente des jouissances présentes qu'offre la simple nature; on se borne aux biens physiques, au milieu du harem et des odalisques, en fumant dans le houkah, en se rafraîchissant dans des sorbets parfumés. Telle est l'indolente existence qui paraît au musulman la félicité suprême dans ses rêveries sollicitées par des préparations assoupissantes d'opium et de haschich. Est-il possible de demander la civilisation à des esprits croupissant au sein de cette stupide ivresse des voluptés?

Le *christianisme*, malgré ses préceptes d'humilité et de simplicité, qui d'abord allumèrent le zèle barbare des iconoclastes, a cependant recherché toujours la pompe des beaux-arts et la magnificence dans son culte; les papes en furent souvent les promoteurs. L'Évangile, dans la pureté morale qu'il recommande, dans l'égalité des sexes et la liberté des hommes qu'il proclame, a fondé le règne des lois justes, aboli l'esclavage et le despotisme. De là se sont élevées les sociétés modernes civilisées, chez lesquelles les droits de la propriété et de l'industrie ont été protégés; le prix du travail, l'essor du génie, trouvant leur garantie, ont favorisé le développement de toutes les professions, avec les efforts de la science et du talent. Leurs conquêtes ont porté, enfin, les nations chrétiennes au faîte de tous les peuples du globe, par les lumières des sciences, des lettres et des arts, victorieuses partout où elles brûlent, soit dans la guerre, soit dans la paix. Aucune autre religion ne paraît mieux adaptée au mouvement ascendant de la civilisation moderne. Si la secte d'Ali parmi les musulmans est la moins hostile à l'esprit humain, les sectes luthérienne et calviniste sont aussi jusqu'à présent plus disposées que l'église catholique ou grecque à une civilisation avancée.

4° *Rapports des gouvernements avec l'état de civilisation.* Il est manifeste que la puissance absolue et arbitraire employant comme sa propriété ses sujets et leurs biens, aucun homme ainsi soumis à une oppression sinon toujours actuelle, du moins toujours menaçante, ne veut sacrifier son existence à se perfectionner pour devenir la proie d'un maître. Il est en effet d'usage sous les empires despotiques que le prince s'arroge et les habiles artisans et leurs ouvrages les plus parfaits : le poëte lui doit immoler sa muse ; le mécanicien est condamné à des travaux forcés ; l'autorité abuse de son pouvoir sur tout ce qu'elle trouve à son gré. Ainsi l'homme de génie perd sa liberté et sa sécurité personnelle, lors même que l'éclat de sa renommée n'éveillerait pas la jalousie ou les soupçons du maître. C'est ainsi que s'éteignit dans la servitude la civilisation de Rome sous ses empereurs. La crainte même des changements politiques, par l'effet de la germination d'idées nouvelles ou de l'essor de l'esprit humain, a toujours déterminé les gouvernements despotiques à s'opposer au progrès des lumières ; ils retiennent constamment dans un état stationnaire le mouvement intellectuel ; dans la Chine elle-même, si vantée par son amour des lettres, il devient sacrilége et périlleux de s'écarter des règles et des habitudes des ancêtres, considérés comme seuls possesseurs de toute sagesse et de toute science. Des patrons sur des formes antiques étaient les modèles obligatoires parmi les artistes égyptiens pour tous les contours de leurs statues et autres figures ; il n'était jamais permis de faire mieux ni autrement. Bien plus, les professions étaient inféodées à des familles, comme un patrimoine héréditaire à cultiver sans l'agrandir ni le diminuer ; il y avait en Égypte, comme il existe dans l'Indoustan aujourd'hui, des castes, non-seulement d'agriculteurs et de guerriers, mais encore de tous les genres d'industrie pour les arts ; on ne pouvait aucunement sortir de sa classe, quelque mérite qu'on eût, comme si l'on eût été réduit au sort de ces animaux astreints par la nature et par leurs instincts à ne reproduire jamais, durant le cours des siècles, que les mêmes actions, selon leur espèce. Si l'on y trouve l'avantage de ne point dégénérer, on s'ôte aussi tout espoir de perfectionnement, puisqu'on le redoute. D'ailleurs, le goût est forcé par cette nécessité à accepter l'état du père, lors même qu'on y répugnerait le plus. On ne se transmettra donc que des habitudes machinales, et qu'une nécessité sans espoir d'avancement ; les barrières des castes sont infranchissables. Le paria, le fellah, le soudra ou serf, le mougik, etc., naissent et meurent dans l'obscure et malheureuse sujétion que la société leur impose ; pourquoi enrichiraient-ils leurs tyrans de leurs sueurs ? Ils se contentent de végéter dans leur sphère, comme de vils troupeaux sous la houlette de leurs pasteurs.

On voit par là que la division d'un peuple en classes séparées devient un obstacle à la civilisation, et que dans les empires despotiques où cette distinction n'est pas fondamentale, comme en Turquie, en Perse, sous la loi de l'islamisme, on redoute l'essor de l'intelligence, que l'imprimerie, par exemple, y paraît dangereuse pour la conservation de la tranquillité publique. C'est ainsi que l'ignorance et l'abrutissement ont semblé dans tous les temps les plus sûres garanties de la soumission et de l'obéissance. Aussi ne peut-on se dissimuler qu'aucune véritable civilisation n'est possible sans quelque degré de liberté pour la pensée comme pour l'action. Si les sciences, les lettres, les arts, ont fleuri dans la Grèce antique et à Rome, parvenues au faîte de leur splendeur ; si les Arabes ont brillé à l'époque de leurs conquêtes sous les khalifes fatimides et abassides ; si au moyen âge, après les luttes des guelfes et des gibelins, l'Italie moderne a vu éclore une nouvelle ère de gloire littéraire ; si, sortant des guerres de la ligue et des troubles de la fronde, les esprits encore exaltés ont fait éclater le grand siècle de Louis XIV, il faut voir dans ce développement de la civilisation et dans les réformations religieuses au seizième siècle de Luther et de Calvin, un essor triomphant des idées de liberté et d'indépendance. C'est en Angleterre, en France, en Allemagne ; c'est parmi les petites républiques d'Italie et de la ligue anséatique que l'industrie, le commerce, les sciences et les arts ont déployé le plus d'énergie, tenté de plus nobles efforts et obtenu de magnifiques découvertes. Ainsi la civilisation semble aujourd'hui se proportionner au degré de liberté que les gouvernements donnent à leurs peuples, soit dans le Nouveau-Monde, soit dans notre vieille Europe. La république des lettres ne souffre pas de tyrans, et les princes les plus absolus rendent hommage aujourd'hui à l'émancipation du génie humain jusqu'à Constantinople et au Caire.

Ce n'est donc qu'au prix de quelque agitation que le ferment de la civilisation développe ces esprits ardents ou supérieurs qui exaltent l'humanité et l'enivrent d'un vif amour de gloire. Cette chaleur des âmes n'est pourtant pas incompatible avec la paix et l'ordre. Au contraire, rien de plus fatal à la civilisation que l'état d'anarchie et de guerre, sous l'empire duquel, personne n'étant sûr de son repos et de sa propriété, tout effort intellectuel s'arrête et se résout promptement en despotisme. Les nations les plus guerrières ont toujours méprisé les arts pacifiques ; les anciens preux dédaignaient de savoir même écrire ; le Romain vainqueur humiliait le savant Hellène, comme le grossier Tatar Mongol abaisse le Chinois poli, le doux Brahmine ; et toutefois, ces conquérants brutaux sont forcés, par leur infériorité intellectuelle, de se plier sous le joug de l'instruction qui leur manque. Il est telle liberté austère qui effarouche les sciences et les arts : ainsi, Sparte n'a jamais égalé Athènes en splendeur ; Rome républicaine chassait les philosophes ; mais c'est en s'adoucissant sous les Périclès et les Auguste, sous Léon X et sous Louis XIV, que les mœurs se sont les plus civilisées. L'existence des cours ajoute surtout sa fleur à la politesse et au goût dans la littérature et les beaux-arts ; l'excès du luxe seul pourrait les corrompre en ramenant le despotisme et la barbarie. Il y a dans les sociétés élevées par le rang et la fortune nous ne savons quel parfum d'urbanité qui ne peut naître au sein toujours rustique de la démocratie la plus libre. Il se trouve ainsi de l'aristocratie jusque dans les beaux-arts, délicats naturellement.

5° *Aptitudes des diverses races humaines à la civilisation.* Le célèbre abbé Grégoire a publié un curieux écrit sur la littérature des nègres, pour prouver que leur race est aussi capable que les autres de disputer la palme du génie dans le concours général de la civilisation ; il espérait des prodiges de l'émancipation d'Haïti. Les faits n'ont point répondu à son attente. Les plus ardents défenseurs de la liberté des nègres (dont certes nous sommes des soutiens, comme tout ami de l'humanité), n'expliquent point l'éternelle infériorité, la barbarie constante qui pèsent sur ces peuplades distinctes dans toute l'Afrique, à côté de nations maures ou éthiopiques, de souches originairement blanches, qui se sont mises ou moins distinguées dans la civilisation. Cependant il y a des lieux fertiles, dont la chaleur est supportable ; de grands fleuves, des lacs ou mers intérieures, comme le lac Tschad, qui peuvent ouvrir des voies de communication et d'échange ; il ne manque aux nègres ni indépendance ni loisir depuis tant de siècles : jamais toutefois cette race libre n'est sortie spontanément de l'état sauvage, n'a goûté le fruit de l'arbre de la science. Il semble que la malédiction de Noé sur Cham retentisse encore dans

42.

le cœur indolent de ses descendants. On peut instruire le noir, mais aucun d'eux n'a fait de découvertes, n'a montré quelque supériorité de génie. Le front abaissé du nègre porterait-il donc le sceau de son infériorité ?

Mais si la race noire tout entière n'a pu jusqu'à présent entrer en lice, ni même en émulation à l'aspect de l'élévation des autres peuples, quelle autre remporte le prix dans cette carrière du perfectionnement humain ? La *race jaune* ou *mongole* peut présenter avec orgueil la civilisation chinoise et même celle du Japon et de quelques empires de l'Asie orientale transgangétique. Cette race, qui paraît avoir étendu ses rameaux jusque dans le Nouveau-Monde, pourrait également revendiquer la civilisation mexicaine et péruvienne. Capable de perfection par ses propres efforts, elle ne vit donc point à l'état de simple animalité sur ce globe ; elle comprend la noble destinée de l'homme. Mesurons toutefois jusqu'à quel degré s'est élevée cette race dans son plus haut point, en Chine. On attribue aux Chinois les plus brillantes inventions, celles de la poudre à canon, de l'imprimerie, de l'aiguille aimantée, et une foule d'arts industriels. Quel emploi en ont-ils fait ? Leur artillerie, leurs arts stratégiques n'offrent aucune supériorité, nous ne dirons pas sur les nôtres, mais sur leurs voisins peu éclairés. Ils impriment des livres ; cependant la structure de leur langue monosyllabique, leur écriture symbolique, sans caractères d'alphabet, et leurs planches typographiques même, les retiennent dans une éternelle enfance. Les plus misérables préjugés dominent les savants, dont toute la science paraît être surtout grammaticale ou d'érudition pour l'antiquité, objet de vénération qu'il n'est pas même permis de perfectionner. Les jésuites et les missionnaires européens n'étaient-ils pas plus habiles, soit pour les calculs et les observations astronomiques, soit pour le levé des plans et des cartes, soit pour les moindres opérations géodésiques et trigonométriques ? Leurs statues sont des magots ; leurs peintures, riches en couleur, n'offrent ni dessin ni perspective ; leur morale est belle dans ses préceptes autant que les hommes sont corrompus. Le sublime de la perfection pour eux est d'imiter la simplicité de leurs ancêtres et de reculer au lieu d'avancer. On comprend ainsi leur situation stationnaire depuis quelques milliers d'années : types des opinions rétrogrades, leurs gouvernements, quoique assez perfectionnés sous les rapports administratifs, sont restés despotiques. Si le caractère mongol, éminemment servile et vindicatif, se montre dans toute cette race jaune et bilieuse, comme résultat de son tempérament dominant, il semble condamné dans sa médiocrité ; c'est ainsi que subsistent aussi les hordes mongoles de la haute Asie, et que les empires de Siam, du Pégu, du Thibet, de l'Annam, etc., persévèrent dans leur indolente stabilité.

Il ne faut donc chercher sur le globe la civilisation la plus avancée que dans la *race blanche*, indo-caucasique. C'est en réalité du sein de l'Indoustan qu'ont dû être transmises à toutes les nations plus occidentales, la Perse, la Syrie, la Chaldée, l'Égypte, la Phénicie, puis l'Hellénie, la Grande-Grèce ou l'Italie, ces premiers rayons des sciences et des arts qui sont venus éclairer les ténèbres du monde. C'est à ce respectable rameau du genre humain qu'on a pu faire remonter, avec nos systèmes philosophiques et cosmogoniques, les religions, les codes des lois et même les langues pélasgiques et germaniques dans leurs racines, dérivées de l'ancien sanscrit. On doit croire en effet que si l'homme, dans sa nudité et sa délicatesse primordiales, a pris naissance sous un climat chaud, comme les autres *primates* du règne animal, les régions de l'Asie méridionale sont les plus favorables à ce développement spontané de l'espèce. Aussi le berceau de l'humanité remonte-t-il dans l'Inde à une antiquité inconnue plus que partout ailleurs ; les monuments qui subsistent encore attestent une civilisation tellement reculée dans l'obscurité des âges qu'on est fondé à la croire autochtone. D'ailleurs, cette région douce et fertile de l'Inde, sous l'ombrage du bananier (*musa sapientium*), du figuier des pagodes et des palmiers est l'Éden, le paradis terrestre, dans lequel les humains pacifiques, trouvant sans peine une nourriture de fruits délicieux, toujours renaissante, se livrent à des contemplations ; il se perfectionnent par cette existence tout intellectuelle, et peuvent découvrir les éléments des sciences et des arts. On reconnaîtra donc toute l'invraisemblance de l'opinion des auteurs qui avaient placé le berceau des sciences soit dans la Scandinavie, avec Olaüs Rudbeck, soit dans les marécages du Zuyderzée, selon quelques érudits Flamands, comme Goropius Becanus, etc., soit même sur le plateau de la haute Asie, parmi les Tatars et les Kalmouks, d'après le système de Bailly, dans son *Atlantide*.

Que la civilisation humaine ait eu plusieurs foyers primitifs, et que celle des Aztèques dans le Nouveau-Monde ne dérive nullement de l'ancien hémisphère, on peut le concéder sans peine ; mais il est constamment vrai que toute civilisation sous des climats rigoureux y paraît importée : les fleurs exquises du savoir n'y sauraient éclore d'elles seules lorsque l'existence physique des individus est si laborieuse qu'il reste peu de loisir pour la vie intellectuelle.

6° *Du régime de vie le plus propre au développement de la civilisation.* Les philosophes qui ont recherché les causes de l'état social ont presque toujours négligé l'une des plus puissantes dans l'ordre physique, parce qu'ils s'attachaient spécialement à celles de l'ordre moral. Prenons nos exemples dans les nations encore à l'état sauvage, parmi les immenses contrées de l'intérieur du Nouveau-Monde. L'on y peut voir deux séries de population : 1° les *carnivores*, ou chasseurs guerriers ; 2° les *frugivores*, pacifiques et cultivateurs. Ainsi l'Amérique, qui ne possédait aux temps de l'origine ni le cheval, ni le bœuf, ni l'âne, ni le mouton ni la chèvre, ni le chameau, ni le dromadaire, ni aucun animal domestique, enfin, susceptible d'aider l'homme dans ses travaux agricoles surtout, devait avoir peu de nations adonnées à la culture pénible de la terre. Il fallait donc qu'elles subsistassent plutôt de proie ; mais aussitôt en reconnaît combien cette existence chasseresse, nomade, toujours en guerre contre les bêtes féroces pour leur disputer une rare subsistance, est incompatible avec la civilisation. L'on n'est jamais sûr de la nourriture du lendemain ; il faut sans cesse parcourir les forêts, les campagnes désertes, ou se contenter de quelques fruits agrestes. Couvert de peaux, l'arc ou la massue à la main, le sauvage, endurci aux frimats comme aux feux du soleil, trouve cependant des charmes dans cette existence de combats et de fatigues, mais aussi d'orgueil, de domination indomptée, ou de vengeance et de gloire. Il s'y complaît, car jamais l'exemple des colons des États-Unis n'a tenté le Huron indépendant, le féroce Iroquois. Les jeunes sauvages élevés même dans les villes civilisées retournent avec joie à leur antique existence au milieu des bois ; dans cette délicieuse insouciance qui abjure toute science et tout travail d'esprit et de corps. Ainsi végètent les tribus éparses des sauvages chasseurs dans les deux Amériques. La guerre contre leurs voisins par rivalité de chasse, l'habitude de ces triomphes, la férocité et ses joies sanguinaires sont leurs jouissances ; la force et la domination sont les seuls droits que reconnaissent ces barbares. Il faut aux guerriers une nourriture de chair pour cette vie dure et voyageuse : le goût du sang exclut tous les sentiments tendres, toute la poésie du cœur ; on ne respire que de destruction, on devient impitoyable au milieu des rigueurs d'une atroce destinée, si souvent en butte à la mort. Alors on ne conçoit d'autre gouvernement que le despotisme militaire. Aussi toutes les nations chasseresses, belliqueuses, qui se sont multipliées en corps, sont-elles devenues conquérantes, comme les Tatars, les Kalmouks-Mongols, etc. Elles n'ont partout fondé que des gouvernements du sabre, un despotisme absolu, comme en Asie. Ainsi, les Romains sont tombés sous la plus horrible tyrannie au temps de leurs empereurs. Le régime carnivore, par sa propre nature, engendre donc nécessairement guerre, despotisme, barbarie.

Il en est tout autrement du régime frugivore : celui-ci exige labeur de culture, concours de travaux, dans le cercle des saisons, pour semer et recueillir ; il faut non pas égorger les animaux, mais assouplir des troupeaux à la domesticité ; commencer par le bétail, auxiliaire de tous nos travaux, l'état pastoral et la civilisation. Une nourriture douce et innocente, le laitage, des fruits sucrés, tempèrent les humeurs, rendent les humains plus sensibles et plus tendres ; la société se multiplie entre les familles, sans obstacle, sous un même toit, environné de jardins et de campagnes fertilisées. Les enfants, réunis près des auteurs de leurs jours, en prolongent l'existence patriarcale ; assurés des moyens de se nourrir, ils n'imitent point les atrocités du carnivore, qui durant la disette des rigoureux hivers écrase son enfant sous une pierre, ou fait avorter sa femme. De plus, le régime végétal, qui permet aux animaux pacifiques de se rapprocher pour leur sûreté, inspire aux hommes le besoin d'associer leurs efforts en communauté, et se partager la terre, de garantir leurs propriétés en héritage à leurs descendants sous des lois justes ; de là naissent les législations équitables avec Cérès, et les premières cités, plutôt formées pour la défense commune de leurs intérêts et de leurs droits que pour l'envahissement et la conquête. De là résulte encore la multiplication des individus, la nécessité des transactions commerciales pour faire participer chacun aux jouissances et à la répartition des productions de tous. Ainsi s'établissent pour le bien-être social des professions diverses et des arts, dont les utiles échanges tournent à l'avantage général.

De cette sécurité universelle, par le concours des volontés de tous pour maintenir les droits et la paix de chacun, résultent des occupations librement choisies, trouvant leur intérêt à perfectionner leurs produits. Animées de l'émulation, les industries prennent leur essor ; avec cet accroissement de relations et cette complication de désirs ou d'intérêts, les besoins de l'aisance, les agréments du luxe, demandent de nouvelles jouissances à l'état social. Le langage se perfectionne ; les beaux-arts et les sciences fleurissent : des découvertes sont l'heureuse récompense de ses efforts, du génie humain. Par cette association de lumières, qui s'accroissent de leurs reflets mutuels, et par l'addition de l'expérience séculaire comme des travaux des devanciers, l'espèce forme un corps, dont l'existence traverse de longs âges ; la race humaine hérite du patrimoine intellectuel de ses ancêtres, de leurs monuments, des routes, des canaux, des édifices, etc., de ces nobles cités, dépositaires de toutes les richesses, avec la pompe glorieuse des sciences, des lettres et des arts. Bientôt l'homme, aidée non-seulement par de dociles instruments du travail, par des animaux domestiques, ou par les bras nerveux des hommes, la vie sociale apprend à se procurer de nouvelles forces mécaniques par d'autres agents, et les vaisseaux transportent des produits de tout genre en différents pays. Bien plus, invoquant, comme Prométhée, les secrets merveilleux du feu céleste, l'humanité invente l'usage de la poudre à canon, la vapeur de l'eau en expansion, et ces redoutables puissances lui assurent l'empire des mers et de la terre. Les régions des frimas ne sont plus un obstacle à l'existence : les délices, les trésors de l'Inde, embellissent la demeure du pauvre habitant du pôle. L'imprimerie, faisant rayonner sur toutes les contrées l'édit des sciences civilisatrices, met tous les humains en possession des voies qui conduisent au perfectionnement de notre espèce.

Ces résultats n'auraient pu s'obtenir sans l'association dépendante d'une paisible culture de la terre, sans cette vie laborieuse, inspirée par un régime frugivore, docile, civilisable, et par là pouvant se multiplier en corps de nation pour combiner les efforts de son industrie sous des lois de propriété et de liberté. La lutte des amours-propres et des talents a besoin de s'échauffer, sous les regards du public, par l'éclat même d'un vaste théâtre. C'est en effet dans les foyers des grandes villes et des capitales que se perfectionnent le plus les arts, les sciences, et que viennent aboutir tous les efforts de l'industrie, tandis que les campagnes isolées restent souvent à demi barbares. Il suffirait de disperser les rayons de ces lumières pour retomber dans l'obscurité ; il n'y a plus ce stimulant perpétuel d'ambition, de fortune, ou de pouvoir et de renommée qui embrase les âmes. L'éloquence, les talents dans tous les genres, restent enfouis, sans moyen d'éclore, au milieu de l'oubli et du délaissement universel.

7° *De la maturité des peuples pour la civilisation.* Par la même raison, tout état de société n'est pas apte à faire fleurir l'arbre de la science et des arts. Les premiers âges d'une nation encore pauvre sont employés à satisfaire aux plus pressantes nécessités de l'existence ; il faut s'assurer d'abord la subsistance, ouvrir des communications, assainir le sol, fonder des cités, se garantir contre toute attaque ; consacrer des lois saintes et dégrossir, par l'instruction première, l'ignorance encroûtée des peuples. Ce n'est donc qu'avec le temps, la paix et les bienfaits du travail, qui enrichit, et avec un loisir acquis, qu'on peut voir germer le désir du mieux-être, l'amour du luxe, et voir naître le superflu. En vain Charlemagne appela à sa cour des savants, sollicitant la renaissance des lumières pour son siècle, la nation n'était pas mûre, trop de barbarie et d'ignorance obscurcissait encore l'Europe ; aussi l'éclat passager de son règne fut-il promptement enseveli sous les épaisses ténèbres de la féodalité qui lui succédèrent. Ce n'est qu'après les victoires de la Grèce sur Xerxès et celles des Romains sur Carthage et l'Asie, ou celles des Arabes sur l'Orient, la Perse, et sur le midi de l'Europe, que ces nations, devenues opulentes, commencèrent à fleurir ; l'Europe doit la splendeur actuelle de sa civilisation aux conquêtes faites par elle dans toutes les régions du globe. Comme il faut un surcroît de développement et d'engrais aux végétaux pour fructifier, de même les nations ne peuvent atteindre à ce degré de floraison et de luxe dans tous les arts que par le secours des richesses et des travaux de leurs ancêtres ou des autres peuples. Il semble même que jusque ici la civilisation des uns ne s'achète que par l'esclavage ou le laborieux asservissement des autres. On ne saurait exécuter d'immenses travaux, comme chez les Égyptiens, et les Romains, sans des millions de bras, ou sans de prodigieuses dépenses, comme on le voit dans nos États modernes. De combien de sueurs et de fatigues nos plus belles œuvres sont-elles le prix ! Avant d'atteindre le degré auquel sont parvenus en Angleterre, en France, les arts industriels, combien d'essais infructueux et de dépenses perdues ! combien de peuples immolés à notre service, afin de soutenir l'éclat de la perfection dont brillent nos cités, pour arracher l'or et les diamants aux entrailles du globe, harponner la baleine sous les glaces du pôle, pressurer la canne à sucre sous le soleil des tropiques ! Le nègre et l'Indou sont mis à contribution pour l'heureux citadin de Paris ou de Londres ; pour cette beauté délicate, le Chingulais plongeur expose et va en dérobant la perle aux abîmes de l'Océan, et l'éléphant, colosse africain, est immolé pour fournir un hochet d'ivoire à nos petits enfants.

La civilisation résulte ainsi du concours de toute la nature. Il faut que l'homme sacrifie et les animaux et les générations humaines pour atteindre cette sorte de royauté conquise sur le reste de son espèce. Alors l'homme civilisé domine au rang suprême parmi tous les peuples, après qu'il a rassemblé les instruments de sa puissance et tous les efforts de son génie. Entouré de pompe et de gloire, il envoie ses ordres aux extrémités de l'univers, et les tributs lui arrivent sur l'aile des vents, les navires sillonnent les ondes, et mille bras s'agitent dans les deux hémisphères; enivré de jouissances, rassasié des dons de toute la nature, ce fortuné mortel soupire encore après une félicité insaisissable : il veut boire le nectar de l'immortalité!

Il nous reste maintenant à examiner les effets de la civilisation sur l'espèce humaine; 1° en comparant l'individu sauvage ou barbare avec l'homme civilisé; 2° en recherchant à quels signes se reconnaît la plus parfaite civilisation; 3° en mettant en parallèle les divers modes de civilisation.

1° *Comparaison de l'individu sauvage ou barbare avec l'homme civilisé.* Nous avons vu qu'un cannibale, avec ses fibres racornies par son genre de vie, résiste comme insensible aux coups, aux blessures, aux intempéries d'un ciel brûlant ou glacé, à la faim, à la soif et aux privations; il supporte tout avec constance, par nécessité, par orgueil de courage. Il dédaigne même les douceurs que lui promet la sociabilité. Toute habitude polie lui paraît servitude, avilissement. La civilisation, au contraire, est l'empire des habitudes douces, qui depuis longtemps ont assoupli l'organisation. Celle-ci, vêtue, douillette, bien logée, chauffée, garantie des rigueurs de l'atmosphère, se conserve bien nourrie, habitudes qui ont rendu les membres dociles à l'éducation dès l'enfance, les esprits attentifs à l'instruction, et qui soumettent enfin aux lois civiles et religieuses toutes les actions de la vie. Aussi est-ce sous les climats tempérés, humides, fertiles, que les constitutions humaines paraissent plus disposées à des mœurs sociales, molles, flexibles : les organes, tels qu'une pâte ductile, se modèlent sans effort aux accoutumances, à tel point qu'en Chine, dans l'Inde orientale, et dans tous les lieux favorables à la mollesse et à la docilité, on dirait que tous les individus sont jetés comme des copies dans un moule unique; il n'y a rien d'original et de spontané parmi ces vieilles sociétés rangées sous le gouvernement despotique. De plus, tous les soins de la société domestique, tous les secours de nos semblables, offrent mille moyens de conservation capables de garantir l'existence d'une foule d'individus même faibles, estropiés, maléficiés, chétifs, ou les préservent d'une mort prématurée. De là cette immense multiplication des peuples civilisés, soit à l'aide d'aliments sains, abondants, ou d'un régime régulier, soit à l'abri d'une foule de causes d'insalubrité. Mais un barbare, dépouillé de tous ces bienfaits, dépourvu de secours pour ses blessures et ses maladies, voit bientôt devenir mortelles les péripneumonie, des inflammations et mille autres affections qui détériorent l'organisme; nul être débile ne peut résister à une vie si dure; aussi l'état sauvage ne laisse-t-il subsister que les individus robustes; la moisson souvent la vieillesse et l'enfance; il pèse de préférence sur le sexe féminin. L'existence qu'on dit être celle de la nature ne présente qu'un effort perpétuel et violent pour résister à tous les besoins qui assiégent l'être isolé, sans asile, sans protection de ses semblables.

Il est vrai que dans les sociétés les plus civilisées une organisation délicate, froissée par la multitude des passions, des intérêts, par la cupidité, les besoins, les dépravations même du luxe, les tourments de la politique, les fureurs de l'ambition, la jalousie des fortunes et des rangs, succombe souvent à ces poisons qui fermentent dans les esprits, aigrissent les névroses, ou développent l'hypochondrie, l'hystérie, les folies de tout genre. Ces maladies, soit corporelles, soit mentales, peuvent se propager même dans les familles, se communiquer à d'autres individus, comme de funestes contagions. Cependant, à l'aide des admirables secours que la société et un bon gouvernement peuvent comme remèdes à tous ces inconvénients de la vie sociale, on trouvera que la civilisation fait subsister un plus grand nombre d'individus et conserve même davantage l'existence des êtres chétifs jus-

qu'à un âge avancé : c'est un avantage que ne saurait procurer l'état de barbarie, toujours inexorable, ou sans défense, à travers les chances les plus rigoureuses. Le barbare a donc l'écorce rude, les membres peu sensibles, l'intelligence inexercée; il lui faut provision de fermeté, de vigueur; l'homme civil, au contraire, tendre, sensible, délicat, vit par l'intelligence et le cœur. Les maux chez le premier sont presque tous physiques, comme des blessures, des lésions extérieures du système musculaire, etc. Pour le dernier, toutes les scènes douloureuses et les maladies se passent au dedans et attaquent le système nerveux ou l'appareil viscéral. Heureux esclave, sensuel épicurien, a-t-il le droit de dédaigner ce fier Algonquin, ce Huron intrépide, contents de leur rustique indépendance?

Ce qui prouve bien cependant le malaise que ressent le barbare, c'est cet esprit de destruction, de férocité et de ravage qu'il aime à porter autour de lui : il se plaît à tuer, à briser, même sans nécessité, comme s'il voulait faire participer autrui à la rigueur et à la peine qu'il éprouve dans sa vie sauvage ; malheureux, il hait le spectacle du bonheur, tandis que l'homme le plus civilisé, compatissant à la douleur de ses semblables, est porté à les faire participer aux plaisirs, aux satisfactions, par la communication des jouissances sociales. Que par cette existence dans les villes, avec toutes les commodités du luxe, nos âmes s'énervent, nos corps perdent leur vigueur, nos tempéraments se détériorent, nos maladies se multiplient avec l'usage de la bonne chère et l'abus des voluptés, ou faits ne laissent certainement aucun doute à cet égard, mais une seconde vérité sert de contre-poids à la première : n'est-il pas évident, par la même raison, que cette existence civilisée oppose son égide tutélaire aux maux qui nous assaillent, et paye ces inconvénients par une foule d'agréments qui charment et caressent la vie? Tel bourgeois, atteignant par son travail, par l'industrie et l'ordre à une fortune médiocre, mais suffisante, s'il sait modérer ses désirs, ne peut-il pas gaîment atteindre ses quatre-vingts ans avec plus de contentement, au milieu de brillantes cités, que ce rustique et farouche Goth, Hérule, Sarmate ou Scythe, Bédouin ou Cosaque, etc., si vantés par des philosophes mécontents de l'état social? Que sous sa hutte enfumée, fuyant la conversation de ses semblables, luttant avec une âpre énergie contre la destinée, au milieu des frimas et des déserts d'une nature inculte, le Hun et l'Ostrogoth aient déployé un courage plus mâle contre les douleurs, une sobriété plus austère, une constitution plus endurcie contre les rigueurs des saisons, nous l'avouerons sans peine; nous admirerons même cette fermeté de caractère, ces vertus dont il est inutilement le martyr. L'orgueil de la paresse du sauvage l'empêche, malgré l'exemple heureux du citoyen de la Pensylvanie, d'embrasser les vertus de la société. Qu'il appelle joug et servitude le travail et l'étude, nobles moyens de perfectionner notre nature, il paye son indépendance au prix de sa félicité. La vie sociale a ses vices et ses maux, qui les nie? J.-J. Rousseau les exagère en vain. L'homme serait-il né pour croupir, en vil animal, sur la terre, dans la férocité et l'ignorance ? Se corrompt-il en s'éclairant de la lumière divine et en pratiquant les douces vertus consacrées au soutien de ses semblables? Si le bonheur est le but auquel tous les êtres aspirent (quoiqu'il diffère suivant les goûts individuels), il n'en reste pas moins manifeste que la somme des biens physiques et moraux augmente par l'état de civilisation, puisque la population y devient beaucoup plus considérable que par l'état sauvage. C'est pourquoi la solitude et le délaissement effrayent la plupart des hommes et leur présagent la misère et la mort.

2° *A quels signes se reconnaît la plus parfaite civilisation.* Les philosophes et les publicistes diffèrent sur ses caractères, comme sur les qualités les plus essentielles à la perfection humaine. On peut en effet jouir en paix de tous les biens physiques que procure l'état social, sans atteindre cependant le plus haut degré de perfection : ainsi, tel pays nourrit des peuples satisfaits de leur sort, ou qui ne témoignent pas le besoin d'en sortir : il paraît en être ainsi de la Chine. Cependant il est des nations plus avancées, qui ne montrent pas autant de contentement d'esprit, ou qui semblent accuser moins de bonheur, quoique avec plus de liberté. Le caractère de la plus haute civilisation ne consiste donc point dans la somme des satisfactions, puisqu'on peut se complaire avec la médiocrité stationnaire et y jouir des simples biens de l'existence matérielle. Ceux de l'intelligence sont toujours accompagnés d'efforts et de sollicitudes par leur mouvement progressif même. C'est qu'il existe divers genres de civilisation. Tel peuple, d'ailleurs peu avancé dans les sciences physiques et mathématiques, manquant d'industrie et de commerce, végétant, presque isolé, dans une paix profonde, s'adonnant à l'agriculture, sous les douces conditions d'une morale pure et d'une religion vénérée, peut couler d'heureux siècles, oublié du monde, loin du fracas du luxe et de l'ambition, de la gloire ou des conquêtes : telles étaient, suivant les descriptions poétiques des anciens, les nations fortunées de la Bétique et de l'Arcadie, les insulaires des Canaries et des Hespérides, ou les Atlantes, etc. Cette civilisation, qui, par la douceur des mœurs, éloigne tous les crimes et fait vivre les humains comme des frères, peut favoriser la population et développer les sentiments de quelques beaux-arts. Les premiers poètes furent aussi législateurs, ils enseignaient le culte des dieux et l'amour de la sagesse : Orphée, Linus, Hésiode, Homère, ont civilisé les antiques Pélasges. Les premiers législateurs présentaient sous la forme d'hymnes et de chansons (*nomoi*) leurs lois. Pour fonder les cités,

Aux accords d'Amphion les pierres se mouvaient
Et sur les murs thébains en ordre s'élevaient.

Il est peut-être tel coin ignoré dans les montagnes de Suisse, d'Écosse, d'Espagne, où se dérobent dans l'obscurité de simples et pauvres familles, au milieu des vertus patriarcales, ignorant les vices brillants de nos sociétés perfectionnées. Une teinte bien noire sur nos cartes de statistique savante signalerait leur profonde ignorance ; mais, en revanche, ni les crimes ni les fraudes n'y ont pénétré, pas plus que les procès ou les maladies.

Trop souvent, au contraire, sous la protection même du raffinement du luxe, la civilisation la plus brillante se trouve gangrenée au cœur par tous les genres de dépravation, de débauches et d'immoralité. Un dédale de lois, se multipliant comme les divers masques et les détours artificieux que prend la ruse, s'efforce en vain d'enlacer tous les crimes : leur poison secret pénètre dans l'édifice social et le mine à la longue. Le caractère le plus frappant de cet état de civilisation est, tout en diminuant les actes violents contre les personnes, ou les meurtres et les vengeances, d'augmenter les vols et les fraudes ou la proportion des délits contre les propriétés. Aussi les fastes judiciaires en France, en Angleterre, en Belgique, enregistrent-ils bien plus d'actes répréhensibles contre la propriété que d'attentats à l'existence des individus ; ceux-ci dominent dans les contrées méridionales de la France, comme en d'autres pays moins éclairés. Ils s'accroissent à mesure que les populations sont moins policées. C'est sans doute un progrès que cette suppression de la férocité ou cet amollissement du caractère, parce que l'homme le plus civilisé est celui qui fait le plus de sacrifices de ses violentes passions. En effet, ce genre d'existence, multipliant les fruits du travail et les tentations du lucre avec les productions variées de toutes les industries, il en résulte une immense complication d'intérêts et de transactions entre les membres de la société. Ce perpétuel entrelacement, ce conflit de rapports et d'échanges, soulevant sans cesse la cupidité et l'ardent désir des jouissances et de la richesse, amène avec lui une profonde licence de mœurs entre les sexes, un nombre incalculable de fraudes, de vols, de duperies, de discussions litigieuses. Là souvent l'honnête homme n'est qu'une dupe, et, comme dans les jeux où on lutte d'adresse, le plus habile reste vainqueur. La violence est réprimée facilement dans une société organisée pour assurer la sécurité des personnes par une police vigilante et sévère, par l'emploi de la force publique contre tout attentat sur la vie et la tranquillité des citoyens. Les nations policées se distinguent par leurs habitudes d'urbanité, par les égards d'une exquise politesse et par des attentions quelquefois exagérées qui simulent le vernis de l'honnêteté. C'est ainsi que la nation la plus cérémonieuse du globe, celle des Chinois, poussé d'autant plus l'affectation de cette civilité, qu'elle est de toutes la plus fausse, la plus corrompue, la plus adonnée à tous les artifices et à toutes les perfidies qu'engendre l'appât du gain.

3° *De divers modes de civilisation.* On doit donc distinguer ces deux ordres de civilisation, la *morale*, simple, vertueuse, ignorante, et l'*industrielle*, ou savante, compliquée avec l'amour du luxe et des richesses. Dans la première fleurissent les croyances religieuses, les inspirations du cœur ; dans la seconde resplendissent l'éclat des arts, le commerce, les manufactures et tous les développements de l'intelligence. Mais avec les progrès de l'expérience ou du savoir les croyances religieuses et politiques s'effacent ; la seule force de l'intérêt est le lien de sécurité entre les hommes : cohésion factice, qui procure cependant d'utiles résultats dans l'association des richesses mises en œuvre par le talent. Alors cessent les chants poétiques et l'inspiration des beaux-arts. Alors tout est soumis au calcul et évalué au poids de l'or.

Ærugo et cura peculi
Cum semel imbuerit, credis-ne carmina fingi
Posse linenda cedro et lævi servauda cupresso?

Si la civilisation elle-même consistait principalement dans la plus haute moralité, dans les plus parfaites qualités du cœur et dans les vertus, même sans un grand développement des lumières de l'esprit, sans l'éclat des arts industriels, certes nos siècles modernes, parmi la vieille et savante Europe, tomberaient un plus bas degré ; nous serions des barbares relativement aux anciens âges. Si la civilisation, d'après d'autres auteurs, réside dans le culte des lettres et la splendeur des beaux-arts préférablement aux sciences, nous ne sommes déjà plus au niveau du siècle de Louis XIV. Cependant personne ne conteste que les progrès de l'état social actuel n'aient surpassé de bien loin ceux d'une époque si vantée, mais seulement sous le rapport de tous les arts industriels ; car la poésie et les arts brillants de l'imagination résultant d'une énergie individuelle, ou du développement du génie, à une époque favorable de la maturité d'un peuple, si sa langue, ses mœurs, ses croyances, concourent à cette floraison des esprits. On ne peut augmenter la somme de ces génies individuels, il est un point de supériorité qui ne saurait être surpassé en perfection. Les anciens nous ont laissé des monuments égalés quelquefois, mais qu'on n'a jamais éclipsés, attendu que la force intellectuelle de l'homme dans ces œuvres isolées, ou du jet de l'âme, n'a point augmenté, non plus que la vigueur physique. L'espèce tendrait plutôt à s'affaiblir, à dégénérer, en usant ou abusant trop de ses facultés par une vie de luxe et d'efforts au sein de jouissances prématurées. Nous ne pouvons donc avoir l'espérance fondée d'éclipser les génies antiques dans les beaux-arts ; ils conservent cette fleur naïve d'innocence, de simplicité, de pureté, dont nos mœurs, ou raffinées ou corrompues, n'ont jamais su atteindre le charme et la grâce. Ils sont nos maîtres encore et nos éternels modèles ; mais, à leur tour, les modernes reprennent la palme sur les anciens quand il s'agit des sciences et des productions de l'industrie dans les arts manufacturiers, dans les découvertes de la chimie, de la physique, des mystères de la nature. Ces avantages, nous le confessons, appartiennent aussi au bénéfice du temps et de l'expérience accumulée des âges avec le concours des travaux associés des individus et des différents peuples. Ainsi la boussole, l'imprimerie, la découverte du Nouveau-Monde, l'emploi heureux de plusieurs machines, comme de la vapeur, etc., ont prodigieusement facilité les communications des arts et de l'industrie entre toutes les nations, disséminé les lumières et ajouté des perfectionnements aux essais légués par nos pères.

Tout ce qui, dans la civilisation, résulte des travaux associés et du fruit de l'expérience peut donc s'accroître parmi nous sans cesse et amener les plus importantes découvertes qui se succéderont indéfiniment, si rien ne bouleverse l'état social et n'arrête le libre essor de nos facultés. Il est impossible d'assigner à cet égard une limite, bien qu'il en doive exister une ; mais les espérances humaines s'élancent sans terme dans les profondeurs de l'avenir. Qui donc autrefois eût osé dire à l'intelligence : tu n'iras pas plus loin? Qui, parmi les plus savants philosophes de l'antiquité, eût su prédire les pas nouveaux faits dans les secrets de la nature, jusque dans les cieux et les abîmes des mers et autour de notre globe? La physique et la chimie nous ont fait don de forces étonnantes. On a neutralisé des poisons et des maladies. On a su augmenter la puissance de la vision, la finesse de l'ouïe. Le concours des esprits, s'il n'en multiplie point l'intensité, du moins prévient les erreurs, puisque la même idée, examinée sous différents aspects, dans les académies ou sociétés savantes, soumise au creuset de la critique, est vérifiée, ou détruite, ou demeure problématique. Ainsi disparaissent les systèmes, les croyances sans fondement. Nous convenons aussi que par ce procédé d'investigation scrupuleuse tout enthousiasme, toute vive confiance de foi, tout charme de séduction, s'éteignent. Le calcul remplace l'inspiration et la physique détrône les dieux de la poésie, lorsque leur foudre n'est plus que de l'électricité. Ainsi la force individuelle de l'intelligence est dépouillée de son élan, à mesure que la puissance collective des esprits s'accroît. La première agissait par l'imagination, par l'invention du génie ; elle s'inspirait des croyances religieuses, du fanatisme et du dévouement politique, ou jaillissait des passions du cœur. La seconde, toute réfléchie et éclairée à l'aide de comparaisons ou d'expériences, ne s'achemine qu'à pas sûrs. Ainsi la *civilisation philosophique* ou savante succède d'ordinaire à la *civilisation littéraire* ou poétique ; l'ordre inverse ne peut avoir lieu, parce que les lumières de l'esprit font disparaître d'ordinaire la chaleur des sentiments moraux.
J.-J. VIREY.

CIVILITÉ, cérémonial de convenance qui, suivant tous les lexicographes, consiste dans les manières honnêtes d'agir et de converser dans le monde et dans la société. Ce cérémonial a ses règles de convention, que l'usage seul apprend, et qui diffèrent selon les pays, les temps, les circonstances, et aussi selon l'état et le rang des personnes qui en usent réciproquement pour se donner des démonstrations extérieures de considération, de respect, d'estime ou de bienveillance. Ainsi, ôter son chapeau quand on salue ou qu'on est en compagnie, est le premier acte de la plus simple civilité chez les nations européennes; tandis qu'on ne peut manquer à la civilité chez les peuples mahométans que de découvrir sa tête et d'ôter son turban. Il est de la civilité dans un cercle de ne pas trop élever la voix en parlant, et c'est être incivil que d'y chuchoter à l'oreille de son voisin. Donner ou rendre le salut à ceux par qui nous avons été prévenus, s'arrêter pour céder le pas ou le haut du pavé à une dame, à un vieillard, leur laisser les fauteuils et se contenter d'une chaise, être assis décemment et ne pas s'étendre sur un divan, ne pas s'approcher de la cheminée de manière à empêcher les autres de se chauffer, ne pas interrompre ses interlocuteurs, ne pas mettre de véhémence dans les discussions, éviter enfin tout acte d'incongruité, toute apparence de malpropreté, voilà les règles générales de la *civilité*, auxquelles un livre qui porte ce nom, a ajouté quelques pratiques minutieuses et ridicules, telles que la manière de mettre sa serviette, de tenir sa cuiller et sa fourchette, etc., qui lui ont justement valu le titre de *puérile*.

La civilité a fait des progrès parmi nous, à mesure que la politesse s'y est introduite, et c'est pour cela peut-être que plusieurs écrivains du dix-septième et du dix-huitième siècle n'ont pas toujours exactement défini la *civilité*, qu'ils ont confondue quelquefois avec la *politesse*. Suivant Saint-Évremond, la civilité est un jargon établi par les hommes pour cacher leurs mauvais sentiments. « C'est, dit Fléchier, un commerce continuel de mensonges ingénieux. » « C'est, dit Duclos, l'expression ou l'imitation des vertus sociales. C'en est l'expression si elle est vraie, et l'imitation si elle est fausse. » D'Alembert, qui recommande avec raison de ne pas confondre la civilité et la politesse, se contredit lui-même en les définissant, et il applique tour à tour à l'une ce qui appartient à l'autre. « La vraie politesse, dit-il, est franche, sans apprêt, sans étude, sans morgue, et part du sentiment intérieur de l'égalité naturelle. C'est la vertu d'une âme simple et bien née. Elle ne consiste réellement qu'à mettre à leur aise ceux avec qui l'on se trouve. La civilité est bien différente ; elle est pleine de procédés sans attachement et d'attachement sans estime. » Mlle de Scudéri avait dit aussi : « Il est difficile de distinguer la *flatterie* de la civilité et de la politesse. Il vaudrait mieux se contenter d'une civilité froide qui n'offense point, que de se trahir par une civilité excessive. »

« La *civilité*, suivant l'abbé Girard, est un empressement de marquer aux autres des égards et du respect. La Rochefoucauld l'aurait mieux définie : « un désir d'être estimé poli », s'il y eût ajouté que ce désir venait de la crainte d'être regardé comme sauvage et grossier. En effet, la civilité n'est qu'un pas vers la politesse, mais non point, suivant Trévoux, une qualité réservée aux personnes d'une condition inférieure ; car elle n'est pas moins obligatoire pour les gens d'un rang supérieur. Il est cependant qui, se piquant de politesse et se morfondant en bassesses envers les hommes haut placés, sont fort incivils, fort grossiers envers leurs subalternes. Il faut rappeler ce que dit Malebranche : « que ceux qui sont élevés au premier rang doivent s'abaisser en quelque sorte par leurs civilités, afin de jouir de leur prééminence. »

La *civilité*, consistant en simples usages communs à tous les hommes, peut se concilier avec le manque d'éducation. Un artisan, un simple paysan, peuvent être civils ; la politesse, au contraire, est le fruit de l'éducation. Il n'y a qu'un homme du monde qui puisse être *poli*. L'homme *civil* n'est pas encore *poli*, ou ne l'est pas toujours ; l'homme *poli* est nécessairement *civil*, mais l'homme de génie, peu fait aux usages du monde, paraîtra souvent *incivil* en voulant être *poli*. La *civilité* est le premier degré, la *politesse* est le second. La *civilité* est comme la beauté ; elle commence et forme les premiers nœuds de la société. « Le véritable esprit du monde, dit Saint-Évremond, a introduit une certaine *civilité* familière qui rend la société agréable et commode. » Et Mercier ajoute : « La *civilité* est répandue dans presque toutes les classes de la société. Elle y produit une infinité de bons effets. Des gens qui ne se touchent qu'un instant ont besoin que le commerce soit agréable. Cette espèce de politesse, généralement adoptée, masque la férocité de l'orgueil et les prétentions de l'amour-propre. »

« Les législateurs de la Chine, dit Montesquieu, voulurent que les hommes se respectassent beaucoup ; que chacun sentît à tous les instants qu'il devait beaucoup aux autres ; qu'il n'y avait point de citoyen qui ne dépendît à quelque égard d'un autre citoyen. Ils donnèrent donc aux règles de la civilité la plus grande étendue. Ainsi, chez les Chinois, on vit les gens de village observer entre eux des cérémonies comme les gens d'une condition relevée; moyen très-propre à inspirer la douceur et à maintenir la paix et le bon ordre. En effet, s'affranchir des règles de la civilité, n'est-ce pas chercher à mettre ses défauts plus à l'aise? La civilité vaut bien mieux à cet égard que la politesse. La politesse flatte les vices des autres; la civilité nous empêche de mettre les nôtres au jour »

La *civilité* est par rapport aux hommes ce que le culte religieux est à l'égard de Dieu; et la *politesse* est à la *civilité* ce que la dévotion est à l'exercice du culte. La *politesse* est donc le luxe, l'abus de la *civilité*. Celle-ci est ordinairement simple et franche; l'autre est souvent trompeuse et intéressée. On s'offre dans le monde sous les plus beaux dehors; mais combien de gens se dédommagent de cette contrainte dans l'intérieur domestique, où, loin de se piquer de politesse, ils se dispensent même de toute civilité!

La *civilité* excessive et apprêtée, comme on la rencontre dans les provinces d'où l'on a banni la grossièreté qui règne dans d'autres, est aussi gênante que ridicule. « J'aime bien, dit Montaigne, à ensuivre les lois de la civilité, mais non pas si couardement que ma vie en demeure contrainte. Elles ont quelques formes pénibles, lesquelles, pourvu qu'on oublie par discrétion, non par erreur, on n'en a pas moins de grâce. J'ai vu souvent des hommes incivils par trop de civilité, et importuns de courtoisie. C'est au demeurant une très-utile science que la science de l'entregent. Elle est comme la grâce et la beauté conciliatrice des premiers abords de la société et familiarité, et par conséquent nous ouvre la porte à nous instruire par les exemples d'autrui, et à exploiter et produire notre exemple, s'il a quelque chose d'instruisant et communicable. »

Le célèbre Portalis, homme très-civil, avait la vue fort basse; il saluait tout le monde, de peur d'oublier quelqu'un, et nous l'avons vu, en 1794, saluer l'ombre de tous les arbres dans la cour de la prison où il se promenait.

Civilités au pluriel se prend pour compliments, actions, paroles honnêtes et obligeantes. C'est dans ce sens que l'on dit à quelqu'un: *Je vous présente mes civilités empressées.*
H. AUDIFFRET.

CIVILS (Droits). Les droits civils émanent des lois positives, particulières à chaque peuple, et consistent notamment dans tous les avantages qui dérivent de la parenté, de l'alliance, de la légitimation et de la successibilité, dans les droits réciproques qui peuvent résulter du mariage, de l'adoption et de la reconnaissance d'enfants naturels, dans la faculté de recourir aux tribunaux pour obtenir justice, dans celle de disposer par testament, d'être témoin dans les actes, etc. L'exercice de ces droits en France est uniquement attaché à la qualité de *Français*, tandis que l'exercice des droits politiques n'appartient qu'à celui qui a la plénitude des droits de citoyen. Les mineurs, les interdits, les femmes mariées ne sont pas privés des droits civils; mais ils ne peuvent les exercer qu'avec l'assistance ou par l'entremise de leurs tuteurs, curateurs ou maris. La perte des droits civils est encourue par la renonciation à la qualité de Français, par la condamnation à des peines emportant la mort civile ou bien la dégradation civique. Toute condamnation infamante emporte avec elle privation des droits civils; et après l'expiration de sa peine, lorsqu'elle est temporaire, le condamné ne parvient pas à une réhabilitation complète, car il reste frappé de certaines incapacités qui ne lui permettent ni de déposer en justice, ni de servir de témoin dans les actes, ni d'exercer les fonctions de tuteur ou de curateur, à moins qu'il ne s'agisse de ses propres enfants. Bien que les étrangers n'aient pas en France la jouissance des droits civils, ils n'en sont pas privés d'une manière absolue, et peuvent même obtenir de la puissance souveraine l'exercice temporaire soit de tous les droits civils, soit de quelques-uns de ces droits.

CIVIQUE (Garde). C'est le nom que porte la *garde nationale* dans certains pays, en Belgique par exemple.

CIVIQUES (Droits). Les droits civiques, qui se confondent avec les *droits politiques*, consistent dans le droit de vote, d'élection, d'éligibilité, de port d'armes, dans celui d'être appelé aux fonctions de juré ou autres fonctions publiques ou aux emplois de l'administration, de servir dans l'armée, de faire partie de la garde nationale. Les droits civiques sont déterminés, concédés et réglés par la loi constitutionnelle du pays. La privation des droits civiques résulte, comme celle des droits civils, de la perte de la qualité de Français ou de l'effet d'un jugement (*voyez* DÉGRADATION CIVIQUE).

CIVISME. Ce mot dérivé du latin *civis*, citoyen, est un de ceux dont la révolution de 1789 a enrichi notre langue. Il sert à exprimer d'un seul mot ce que Montesquieu appelait *la vertu politique*. « Cette vertu politique, dit-il, est un renoncement à soi-même; on peut définir cette vertu *l'amour des lois et de la patrie*. Cet amour, demandant une préférence continuelle de l'intérêt public au sien propre, donne toutes les vertus particulières: elles ne sont que cette préférence. Cet amour est singulièrement affecté aux démocraties; dans elles seules le gouvernement est confié à chaque citoyen. Or, le gouvernement est comme toutes les choses du monde: pour le conserver, il faut l'aimer. » Le civisme est donc plus qu'un sentiment, c'est une vertu. Le civisme diffère du patriotisme en ce qu'il se produit et se manifeste surtout dans les affaires intérieures du pays. C'est pourquoi un livre de 1790 définissait avec raison le *civisme* amour de la patrie *intra-muros*, et *patriotisme* amour de la patrie *extra-muros*. « Un citoyen, disait-il, a du civisme, un soldat du patriotisme. » La chose existait donc avant le mot.
DUFEY (de l'Yonne).

CIVISME (Certificat de). *Voyez* CERTIFICAT.

CIVITA CASTELLANA, ville bâtie sur une montagne, dans la délégation de Viterbe (États de l'Église), sur la route de Rome à Foligno, siège d'un évêché, compte une population d'environ trois mille âmes, et possède une citadelle construite par le pape Alexandre VI et servant aussi de prison d'État. Le beau pont à doubles arcades qu'on y voit sur le Rio-Maggiore est à 50 mètres au-dessus du sol de la vallée. Il fut bâti en 1712, par le cardinal Imperiali. Près de là, des ruines insignifiantes sont tout ce qui reste de l'antique Falères.

CIVITA VECCHIA, port franc et chef-lieu de la délégation du même nom, dans les États de l'Église, est une place forte, riveraine de la mer de Toscane. Son port est formé par deux jetées semi-circulaires, tandis qu'une troisième, située en face, lui ménage deux entrées signalées par des phares. C'est là que stationnent les navires de la marine pontificale; et c'est aussi, à l'ouest des Apennins, le seul point d'où se puissent exporter par mer les productions des États de l'Église. La ville est pourvue d'un arsenal, de chantiers de construction et de vastes magasins. Siège d'un commerce actif, mais qui paraît peu important en comparaison de celui des autres ports de la Mediterranée appartenant soit à l'Espagne, soit à la France, soit au Piémont, soit à la Toscane ou encore au royaume de Naples, cette ville compte huit mille habitants.

Civita Vecchia, à l'époque de la république romaine, portait le nom de *Centumcellæ*. Plus tard elle prit celui de *Portus Trajani*, en l'honneur de l'empereur Adrien, qui l'agrandit et la reconstruisit presque entièrement. Sous le règne de Justinien elle fut une cause de discorde entre les Grecs et les Goths. Prise par Totila, elle fut reprise par Narsès, en 553. Fortifiée par Urbain VIII, ce fut Benoît XIV qui l'érigea en port franc.

CLABAUD. C'est un chien de chasse, aux oreilles pendantes, qui se récrie mal à propos sur les voies, c'est-à-dire qui aboie sans être sur les traces de la bête. Les veneurs ne se fient point aux *clabauds*. De là on a appelé *chapeau clabaud* ou *faisant le clabaud*, ou *en clabaud*, un chapeau à bord pendant; et l'on a appliqué l'épithète de clabaud, comme injure, à un homme parlant beaucoup et mal à propos. Le *clabaudage* est le bruit que font plusieurs chiens qui clabaudent, qui aboient dans le chenil ou en rase campagne, et figurément, familièrement, les vaines criailleries de bipèdes qui n'effrayent personne. *Clabauder* c'est l'action des uns et des autres. La *clabauderie* est une criaillerie importune et sans objet.

CLACKMANNAN, petit comté de l'Écosse méridionale, n'ayant guère que 48 milles anglais carrés de superficie, avec une population de 16,000 habitants, est situé entre le Forth et le Perth. Son sol, qu'arrosent le Forth et le Devon (avec une belle chute), est fertile et abonde en pâturages. Au nord du Devon s'étend la chaîne d'Ochill, dont les points les plus élevés sont l'*Ochill* (817 mètres) et le *Ben-Clack* (806 mètres). L'élève des bestiaux et l'agriculture sont les principales ressources des habitants. On y rencontre cependant quelques grandes manufactures de toiles et de cotonnades, et l'exploitation des houillères de même que celle de quelques mines de fer donnent des produits assez importants.

Clackmannan, jolie ville, bâtie sur le Forth et le Devon dans une situation ravissante, est le chef-lieu de ce comté, avec 5,300 habitants, qui font un commerce très-actif avec les produits des houillères voisines. Au sommet d'une hauteur située à peu de distance s'élève une tour de 27 mètres, où l'on conserve le casque et l'épée de Robert Bruce. C'est aux environs de Clackmannan que sont situées les importantes forges connues sous le nom de *Devons Iron-Works*, de même que l'abbaye de Cambuskennet, fondée par le roi David, et la romantique vallée de *Tillycoultry*, surnommée la Tempé de l'Écosse. Mentionnons encore Alloa, port de mer, avec 7,000 habitants.

CLADOBATE (de κλάδος, branche, et βαίνω, je marche), genre d'insectivores, composé d'animaux vivant dans l'Archipel des Indes, où ils sont connus sous le nom de *tupaias*. Leurs dents ont assez de rapport avec celles des hérissons, si ce n'est que leurs incisives mitoyennes supérieures sont moins longues à proportion, qu'ils en ont quatre d'allongées à la mâchoire inférieure, et qu'ils manquent de tuberculeuses en arrière. Ce sont des animaux couverts de poils, à longue queue velue, qui se distinguent des autres insectivores par la facilité avec laquelle ils montent sur les arbres, et rappellent les écureuils par leur agilité et leur légèreté; mais leur museau pointu empêche qu'on ne les confonde, même de loin, avec eux. C'est à leur mode de locomotion qu'ils doivent le nom de *cladobate*, que leur a donné Frédéric Cuvier. DEMEZIL.

CLAIE, CLAYON, CLAYONNAGE. La *claie* est un ouvrage plat de mandrerie. C'est une espèce de cadre ou de châssis formé d'un nombre plus ou moins considérable de petites gaulettes, maintenues parallèlement à des distances appropriées à l'usage que l'on se propose par une chaîne d'osier. La claie est en usage dans plusieurs genres de travaux différents : le jardinier s'en sert pour débarrasser la terre des pierres qui s'y trouvent; le maçon constructeur pour ramener le sablon à une grosseur égale. La claie étant placée sous un angle d'environ 45° et soutenue fermement dans cette position sur deux montants droits, l'ouvrier lance à la pelle contre elle, avec une certaine force la matière qu'il s'agit de cribler, et qui se divise nécessairement par cette opération en fragments de grosseurs différentes; les plus gros retombent du côté de l'ouvrier et les moindres traversent la claie. « Autrefois, dit l'Académie, on *traînait sur la claie* ceux qui avaient été tués en duel ou qui s'étaient donné la mort. »

Le nom de *claie* s'applique encore à cette espèce de bâtis à compartiments creux que les orfèvres et les travailleurs en métaux précieux placent sur le sol de leurs ateliers pour arrêter dans leur chute les parcelles d'or et d'argent qui tombent des tables de travail. De temps à autre, ce bâtis est relevé, renversé sur le sol, et on recueille les fragments précieux, qu'on réunit aux cendres.

Le *clayon* n'est autre chose qu'une très-petite claie; souvent il est circulaire, c'est alors un ouvrage de vannerie. On appelle aussi quelquefois *clayon* une sorte de large paillasson qui sert à couvrir les cuviers des lessiveuses pour concentrer la chaleur. Les salpêtriers donnent le même nom aux couvertures de leurs cristallisoirs.

Le *clayonnage* a une acception moins restreinte : c'est en agriculture un système de treillage dans lequel on emploie des gaulettes flexibles liées entre elles par des harts ou brindilles de bouleau ou d'osier. Ces larges clayons, toujours très-légers et facilement déplaçables, sont très-commodes pour le parcage des moutons sur les terrains en jachère. Quelquefois, et c'est même le cas le plus fréquent, au lieu de lier les gaulettes par une chaîne de harts, on les entrelace sur quelques gaules plus fortes. Cette dernière espèce de clayon est fort en usage aussi pour le transport des charbons, soit par voie de terre, soit sur les bateaux. Le clayonnage est encore employé avec avantage pour le soutènement des terrains meubles et peu consistants. PELOUZE père.

CLAIR, CLARTÉ. S'il faut en croire Scaliger et Vossius, *clarus*, fait de *calarus*, aurait pour radical le verbe *calare*, appeler. Les Latins ont dit : clarté de la voix (*claritas vocis*), clarté des yeux, de la vue (*claritas oculorum, visus*). Ils ont aussi employé ce mot dans le sens figuré; c'est alors qu'il est devenu synonyme de réputation, de gloire, d'illustration, d'évidence, de manifestation. Dans le langage ordinaire, *clarté* signifie d'abord lumière : on dit en ce sens *la clarté du jour, la clarté du soleil*, etc., *tire à la clarté du feu, d'une lampe, d'un incendie*. Il a pour synonyme le mot *clair* dans les locutions suivantes : un beau *clair de lune, il fait clair, il fait jour*. Il signifie aussi transparence, translucidité : la *clarté du verre, du cristal*. D'autres fois, l'idée de clarté ne peut être exprimée qu'adjectivement : *cabinet clair, chambre claire, vaisselle fort claire*, ou luisante et polie, *teint clair et uni, vin clair, eau claire, fontaine claire, temps clair* ou serein, *toile claire* (qui n'est pas assez serrée). C'est de *l'argent clair*, c'est-à-dire qu'on peut toucher quand on veut. Proverbialement : *il ne fera que de l'eau claire*, au lieu de : il ne réussira pas; *voix claire* ou nette; *vue claire, discours clair, idée, impression claire*, c'est-à-dire intelligible, aisée à comprendre : *son droit est clair, évident, manifeste*. Les adverbes *clairement* ou *clair* sont très-usités dans le langage familier : *voir clair, entendre clair, parler clair, net et clair, prouver clair comme le jour, tirer du vin* ou *un affaire au clair*.

Clarté a pour synonymes *lumière, lueur, éclat, splendeur*. La *lumière* est ce qui nous fait voir; la *lueur*, ce qui nous fait voir imparfaitement et confusément; la *clarté*, ce qui nous fait voir distinctement et nettement; l'*éclat*, ce qui nous fait voir facilement et parfaitement, mais quelquefois en affectant trop notre vue pour qu'elle puisse le soutenir longtemps; la *splendeur*, ce qui nous fait voir tout l'*éclat* de la chose, et avec tant d'*éclat* que nos yeux en sont éblouis. Ainsi la *lumière* est ce qui fait le jour; la *lueur* est une lumière faible et légère; la *clarté*, une lumière assez vive et plus ou moins pure; l'*éclat*, une lumière brillante ou une *vice clarté*; la *splendeur*, la plus grande lumière et le *plus vif éclat*.

Au figuré, la *clarté* du discours tient, suivant Beauzée, aux choses mêmes que l'on traite; elle naît de la distinction des idées, tandis que la *perspicuité* dépend de la manière dont on s'exprime, et naît des bonnes qualités du style. La *clarté* est ennemie du phébus et du galimathias; la *perspicuité* exige non-seulement qu'on écarte les tours amphibologiques, les expressions louches, les phrases équivoques, mais encore qu'on parle la langue dans toute sa pureté, qu'on recherche la propriété des termes, qu'on mette de la netteté dans les constructions, qu'on sache, enfin, rendre les tours pittoresques. En considérant la clarté comme l'une des qualités essentielles et la plus importante du discours d'après Quintilien, les rhéteurs la distinguent avec raison des ornements du style. Si l'on veut que le discours soit clair, même pour ceux qui écoutent avec négligence, il faut que le sens s'offre à l'esprit de lui-même, comme la lumière du soleil frappe les yeux sans qu'on regarde fixement cet astre. La clarté doit être recherchée 1° dans les choses ou dans les sujets que nous étudions, 2° dans les idées ou les conceptions acquises, 3° dans l'expression ou dans le discours. Dans toute la région des faits usuels suffisamment éclaircis, mais complexes, il faut savoir bien se rendre compte de ses idées :

Ce que l'on conçoit bien s'énonce *clairement*,

a dit Boileau. La clarté du discours est donc la conséquence de celle des faits et des idées. C'est dans le choix des mots, c'est dans la manière dont on les dispose pour former une proposition, c'est, enfin, dans l'arrangement des propositions d'une phrase et de toutes les parties du discours que consiste la *clarté du style*, qui exige la réunion de trois autres qualités : la propriété, la pureté et la précision. L. LAURENT.

CLAIRAUT (ALEXIS-CLAUDE), un des plus grands mathématiciens du dix-huitième siècle, naquit à Paris, le 7 mai 1713. Son père, *Jean-Baptiste* CLAIRAUT, était professeur de mathématiques. Le petit Alexis avait reçu de la nature des talents extraordinairement précoces : il savait lire et écrire dès l'âge de quatre ans. C'est à l'aide de figures de géométrie que son père lui fit connaître les caractères de l'alphabet. A dix ans il lisait le *Traité des Sections Coniques* du marquis de L'Hôpital; à douze ans et huit mois il présenta à l'Académie des Sciences de Paris un mémoire dans lequel il démontrait les propriétés de quatre courbes, dont il avait fait lui-même le calcul. A dix-huit ans il devint membre de cette docte assemblée, et comme, d'après ses règlements, il fallait être âgé de vingt ans au moins pour en faire partie, le roi fut prié d'accorder une dispense au jeune Clairaut : c'est la seule qu'on ait été obligé de demander à l'autorité pour le même motif.

La vie de Clairaut, comme celle de presque tous les hommes qui se livrent par passion à des études profondes, fut paisible, monotone, obscure même. Quand le gouvernement envoya des commissions de savants au Pérou et vers le pôle Nord pour y mesurer les degrés du méridien terrestre, Clairaut fit partie de la seconde de ces expéditions scientifiques. A son retour de Laponie, il rédigea son *Traité de la Figure de la Terre*, l'un des plus beaux ouvrages de mathématiques du siècle dernier, et le premier où un géomètre français ait ajouté aux découvertes de Newton. Le problème dit *des trois corps*, qui consiste en cet énoncé : *Trois corps étant lancés dans une direction quelconque, et s'attirant suivant la double loi newtonienne, déterminer leur position à chaque instant*, ce problème, l'un des plus difficiles qu'offre l'analyse, fut ensuite l'objet des recherches de Clairaut. Il tira de sa solution une *Théorie de la Lune*, qui remporta le prix proposé par l'Académie de Saint-Pétersbourg en 1750, et d'après laquelle il publia, en 1754, des tables bien plus exactes que celles que Flamsteed avait construites en s'appuyant sur les recherches de Newton. Cette solution n'étant qu'approximative, comme toutes celles qu'on a obtenues depuis du même problème, elle ne donna d'abord que la moitié du mouvement de l'apogée de la lune. Ce résultat, dont Clairaut se croyait bien sûr, affligea beaucoup les partisans de Newton, et réjouit d'autant ceux de Descartes, qui firent retentir les journaux de ce qu'ils appelaient la découverte de Clairaut. Les cartésiens espéraient que le système newtonien, convaincu de faux dans un point essentiel, ne résisterait pas à un nouvel examen. Mais Clairaut ayant revu ses calculs avec soin, s'aperçut qu'il n'avait pas poussé assez loin l'approximation de la série qui devait donner le mouvement de l'apogée ; il corrigea donc son erreur, et il trouva la totalité de ce mouvement, sans rien changer à la loi de la théorie newtonienne. Il donna dans cette circonstance une preuve éclatante de sa loyauté et de son amour exclusif pour la science, en s'empressant de rétracter publiquement ses conclusions précédentes.

La loi de Newton ne parut donc défectueuse un moment que pour recevoir ensuite une confirmation plus éclatante. Clairaut eut encore l'honneur de lui procurer un nouveau triomphe. Le retour de la comète de 1682, prédit par Halley pour 1757 ou 1758, pouvait être retardé par l'action de Jupiter et de Saturne, dans le voisinage desquels elle devait passer avant de redevenir visible. Clairaut appliqua sa solution du problème des trois corps à l'évaluation de ce dérangement, et trouva que la révolution de la comète serait allongée de 511 jours par l'action de Jupiter, et de 100 jours par celle de Saturne. L'erreur de ce résultat ne fut que de 22 jours, et Laplace a remarqué qu'elle n'eût été que de 13 si Clairaut avait connu plus exactement la masse de Saturne.

Comme Newton, Leibnitz, Pascal, ce savant vécut dans le célibat. Il remplissait scrupuleusement ses devoirs. D'une humeur affable, accommodante, il critiquait avec réserve, louait avec connaissance de cause, et disait franchement son avis quand il en était prié. Voltaire, qui, comme on sait, avait la manie de se distinguer dans toutes les branches des connaissances humaines, lui ayant demandé s'il le croyait capable de devenir un physicien distingué : « Occupez-vous spécialement de littérature, lui répondit le géomètre, car si j'en dois juger par vos essais en physique, vous ne serez jamais qu'un savant médiocre. » Voltaire eut le bon esprit de suivre cet avis.

Quoique très-répandu dans le monde, où il pouvait se faire remarquer par la variété et la justesse de ses connaissances, Clairaut affectionnait la retraite : il s'était imposé la loi de ne jamais souper en ville. Il paraît que ce n'était point par caprice, mais pour raison de santé ; car, ayant enfreint cette loi, à la sollicitation de ses amis, son estomac se dérangea, et cette indisposition, compliquée d'un gros rhume, l'enleva à ses travaux, le 17 mai 1765; il était âgé de cinquante-deux ans seulement.

Parmi les nombreux disciples de Clairaut, on distingue le célèbre et infortuné Bailly, et la marquise Du Châtelet, l'amie de Voltaire. C'est pour cette dame qu'il composa, dit-on, ses *Éléments de Géométrie* (Paris, 1741), très-estimés des savants. Ils ont été réimprimés plusieurs fois, même de nos jours. L'auteur suppose dans ce livre que la géométrie n'est point connue, et il se conduit et raisonne comme l'aurait fait celui qui l'aurait inventée. La lecture de ces éléments n'est point fatigante : elle est très-propre à donner aux jeunes gens le goût de la géométrie et le courage d'en faire une étude approfondie, avantage que n'ont pas toujours les traités de cette science où l'on fait usage de méthodes rigoureuses.

Clairaut a laissé aussi des *Éléments d'Algèbre* (Paris, 1746), dans lesquels il s'attache dès le commencement à faire comprendre le but et l'utilité d'une science dont il est très-difficile, sinon impossible, de donner une bonne définition. Parmi les autres ouvrages de Clairaut, on distingue : *Recherches sur les courbes à double courbure* (Paris 1731), le premier traité publié sur cette matière et qu'il avait commencé à l'âge de treize ans ; *Théorie du Mouvement des Comètes* (Paris, 1750) ; *Solution des principaux problèmes qui concernent le système du monde*, ouvrage écrit sous sa direction par Mme Du Châtelet, et mis par elle à la suite de la traduction qu'elle publia du livre des *Principes* de Newton. Les *Mémoires de l'Académie*

des Sciences et le *Journal des Savants* contiennent aussi d'intéressants travaux de cet illustre géomètre.
TEYSSÈDRE.

CLAIRCE, terme de raffinerie de sucre. On appelle ainsi le sirop de sucre brut, traité par le charbon animal ou tout autre ingrédient décolorant, et clarifié au moyen de l'albumine.

CLAIRE (Sainte), née à la fin du onzième siècle, d'une noble et riche famille d'Assise, au duché de Spolette, était la joie et l'orgueil de ses parents, qui l'élevèrent dans le luxe, la destinant à briller dans le monde. A quatorze ans, on citait déjà sa beauté, son esprit piquant et enjoué. Claire était fière de ces avantages. Mais, à peine âgée de dix-sept ans, elle entendit prêcher saint François d'Assise, et toutes ses idées changèrent. Ce religieux avait une éloquence simple, inculte, mais entraînante, parce qu'elle partait du cœur et que ses exemples donnaient une grande autorité à ses paroles. Dans un sermon auquel Claire assista, il peignit avec tant de vivacité les souffrances des indigents, très-nombreux à Assise et dans tout le diocèse, que la jeune fille fondit en larmes. Elle pensa avec un sentiment de honte et d'amertume que les joyaux et les riches étoffes qui la couvraient suffiraient à faire vivre plusieurs mois une pauvre famille. En sortant de l'église, et après avoir épuisé son aumônière, elle distribua aux malheureux qui l'imploraient une partie de ses bijoux. Dès ce jour elle ne voulut plus porter que des habits de la plus grande simplicité, et obtint de son père qu'il donnât à des voisins nécessiteux ce que jusqu'à ce moment il avait employé à des dépenses de luxe pour elle.

Remplie d'admiration pour l'éloquence de saint François, elle suivait avec assiduité ses prédications. Bientôt elle prit en un mortel dégoût le monde et tous les plaisirs qui l'avaient jusque là charmée. Elle ne recherch plus que la solitude, la prière, les longues méditations. Elle se livra à des études profondes sur les sujets les plus mystiques. Ses parents virent avec peine ce nouveau genre de vie; ils s'efforcèrent, mais en vain, de l'en distraire. Claire eut des songes que, dans sa ferveur enthousiaste, elle interpréta comme des ordres du ciel. Elle se crut appelée par une vocation divine à fonder un ordre religieux, consacré à l'enseignement des jeunes filles de la classe indigente, et supplia son père de lui permettre de se retirer pendant un an dans la solitude pour méditer sur ce projet; son père s'y refusa, et la jeune fille tomba dans une profonde mélancolie : croyant la volonté de ses parents en opposition avec les ordres de Dieu même, elle était plongée dans une incertitude pleine d'angoisses. Enfin, à l'âge de dix-huit ans, elle quitta secrètement la maison paternelle, et se rendit dans un lieu écarté et sauvage, où quelques compagnes ne tardèrent pas à l'aller joindre. Là elle commença à mettre en pratique le dessein qu'elle méditait depuis longtemps : elle écrivit à son père, qui lui pardonna sa fuite et consentit enfin à ses vœux. Saint François d'Assise, consulté par elle, lui donna de sages conseils, et lui fit modifier la règle, extrêmement austère, qu'elle avait établie. C'est ainsi que fut institué un ordre monastique (*voyez* CLARISSES) qui bientôt eut un grand nombre de maisons.

Malgré la profonde retraite où elle s'était ensevelie, Claire ne tarda pas à avoir un grand renom de sainteté. Sa sœur Agnès et sa mère Hortulane allèrent la rejoindre dans son couvent de la *Portioncule*, et firent profession entre ses mains. Plusieurs dames de haute naissance les suivirent de près. Ses compatriotes avaient une si grande foi en l'efficacité de ses prières, que, dans une invasion des Sarrasins, le duché de Spolette se trouvant menacé, ils allèrent au monastère de Claire implorer son intercession. Claire répondit qu'elle et ses sœurs allaient prier, bien qu'indignes d'être exaucées : les ennemis furent battus et repoussés, et l'on en fit honneur à la sainte. Jeune encore, elle fut attaquée d'une maladie douloureuse causée par ses austérités. Elle souffrit avec résignation, et mourut à Assise, sa patrie, le 11 août 1253, à soixante ans. Elle fut canonisée deux ans après par Alexandre IV. L'ordre des Clarisses, qu'elle a fondé, existe encore en France.
Pauline FLAUGERGUES.

CLAIREMBAULT (PIERRE), conseiller de marine et l'un des premiers commis du ministre Maurepas, fut pourvu en 1688 de la charge de généalogiste des ordres du roi. Il s'occupa toute sa vie à rassembler ce qu'il y a de plus curieux et de plus intéressant soit pour la noblesse, soit même pour l'histoire générale et particulière. Il venait de finir ce long et pénible travail par une table générale de son cabinet, pour en rendre l'usage aussi facile qu'utile, lorsqu'il mourut en 1740, laissant une mémoire aussi recommandable par son équité et son désintéressement que par ses lumières et son goût pour l'étude. Son neveu *Nicolas-Pascal* CLAIREMBAULT, hérita de son cabinet et de sa charge, dont il avait été pourvu en survivance dès l'an 1716.

CLAIRETS ou **CLÉRETS**, abbaye de filles de l'ordre de Cîteaux, fondée, vers le commencement du treizième siècle, dans le diocèse de Chartres, par Mathilde de Brunswick, sœur de l'empereur Othon IV et femme de Geoffroi, comte du Perche. De ce lieu les religieuses avaient pris le titre de *Clairettes*. Guillaume V, abbé de la Trappe, en fut le premier père et supérieur immédiat. Elle demeura sous la conduite des abbés de ce monastère tant qu'il y en eut de réguliers, et retourna sous la filiation de Clairvaux lorsque l'abbaye de la Trappe fut tombée en commende. En 1686 le chapitre de Cîteaux remit l'abbé de Rancé, réformateur de la Trappe, dans son droit, et les abbés de Cîteaux et de Clairvaux le supplièrent de prendre la direction de ce monastère. Soit indifférence pour cette direction, soit déférence pour l'abbé de Clairvaux, qui en était en possession depuis longtemps, il ne pouvait s'y résoudre, quand Angélique-Françoise d'Estampes de Valençay, ayant été nommée par le roi à cette abbaye, pressa si fort l'abbé de la Trappe qu'il se chargea enfin de la direction de l'abbaye des Clairets. Il y fit sa visite en 1690, et par ses exhortations disposa les religieuses à recevoir la réforme, qu'elles embrassèrent en 1692.

CLAIRE-VOIE. Ce terme s'emploie surtout dans les constructions, et se dit, par exemple, de la manière d'espacer les poteaux d'une cloison, les solives d'un plancher, les chevrons d'un comble, de telle sorte qu'il reste un intervalle entre chaque pièce. On désigne particulièrement par le mot de *claire-voie* des cloisons de planches refendues, que l'on pose à quelque distance les unes des autres pour être lattées et recouvertes en plâtre. Lorsqu'on pose les lattes pour recouvrir les cloisons, des pans de bois, des plafonds ou des lambris, de manière à laisser entre elles une distance de 8 à 10 centimètres, on dit que ces ouvrages sont lattés à *claire-voie*. On fait aussi des couvertures à *claire-voie*, c'est-à-dire où les tuiles ne se joignent pas immédiatement. Les grilles, les treillages, les claies et la plupart des ouvrages d'osier sont à *claire-voie*.

Les jardiniers se servent également de cette expression : *semer à claire-voie*, c'est jeter la graine en petite quantité dans des sillons écartés les uns des autres.

CLAIRFAYT. *Voyez* CLERFAYT.

CLAIRIÈRE, terme d'eaux et forêts, par lequel on entend les lieux qui sont dégarnis d'arbres, où les bêtes fauves vont d'ordinaire se ressuyer.

On donne aussi ce nom, en termes de lingerie, aux endroits d'une toile où la trame est faible et claire, et par conséquent moins solide et moins durable.

CLAIR-OBSCUR. Cette expression singulière, et dont il est difficile de faire connaître la justesse, est une des parties constitutives de la peinture. On l'emploie pour désigner dans un tableau l'effet de lumière rendu par le peintre, sans avoir égard à la variété des couleurs, à leurs tons, ni à leurs nuances. Ainsi, une peinture monochrome, c'est-à-dire d'une seule couleur, une aquarelle à la sépia, peuvent offrir d'excellents effets de clair-obscur. Un tableau d'un coloris faux peut avoir du mérite sous le rapport du clair-obscur. Titien et Rubens offrent des tableaux du plus beau coloris. Le Corrége et Van Dyck, avec des tons moins vigoureux, sont plus remarquables sous le rapport du clair-obscur. Rembrandt et Brauwer, dont les tableaux sont en général assez sombres, ont cependant bien rendu ce que l'on entend par *clair-obscur*; tandis que Raphael et Poussin, malgré la grandeur de leur talent, ne possédaient ni l'un ni l'autre cette partie importante de l'art.

De même que la perspective linéaire, le clair-obscur a des règles mathématiques; c'est donc une science que le peintre doit posséder, mais qu'il doit subordonner à son art, de manière à satisfaire les règles de la géométrie, sans manquer à celles du goût. La partie la plus difficile à rendre dans le clair-obscur est celle des reflets qui occasionnent des accidents variés, et dont l'esprit ne se rend pas toujours bien compte.

Le clair-obscur bien entendu satisfait le sens physique de la vue, parce qu'il réunit avec agrément l'accord des lumières et des ombres, au lieu que les regards se trouvent en quelque sorte blessés par diverses lumières éparpillées dans des ombres qui n'ont aucune liaison entre elles. Lorsque la vue se repose tranquillement et se promène avec agrément sur un tableau dont le clair-obscur est disposé avec art et accordé avec intelligence, on conçoit qu'elle distingue plus facilement chacun des objets de la composition, et dans chaque objet les détails qui peuvent exciter la curiosité de l'esprit et l'intérêt de l'âme.   Duchesne aîné.

CLAIRON, espèce de trompette en cuivre jaune, à son aigu et perçant, instrument de musique militaire. Il paraît avoir été connu des anciens. Cet instrument rend, comme la trompette, un son pénétrant, qui agit sur l'ouïe des hommes et des chevaux et excite l'ardeur des uns et des autres. Il fut longtemps en usage chez les Maures, qui le transmirent aux Portugais, lesquels s'en servirent d'abord dans la cavalerie et dans la marine. Les instruments à vent furent remplacés en 1347 dans l'infanterie française par la caisse du tambour, qui resta bientôt seule en usage dans l'armée. Un arrêté du 22 ventôse an XII et un décret du deuxième jour complémentaire de l'an XIII, portant création d'une compagnie de voltigeurs dans tout bataillon d'infanterie légère et de ligne, affectèrent à chacune d'elles deux instruments à vent, au lieu de tambours. C'étaient de petits cors de chasse, auxquels on donna le nom de *cornets*. Après le licenciement de l'armée en 1815 et à l'époque de l'organisation des légions départementales, toutes les compagnies d'infanterie eurent indistinctement deux tambours; mais, par une ordonnance du 18 décembre 1816, les tambours furent remplacés par des cornets dans les compagnies de voltigeurs. Une décision royale du 12 novembre 1819 supprima un des deux tambours dans les compagnies de carabiniers, de chasseurs et de voltigeurs des bataillons d'infanterie légère, et le remplaça par un cornet. Enfin un emploi de *caporal-cornet* fut créé dans chaque bataillon par une décision ministérielle du 29 mars 1820.

A la suite d'une expérience de quelques années, il fut constaté que le cornet était nuisible à la santé et occasionnait de fréquentes affections de poitrine. Il fut donc remplacé, en vertu d'une ordonnance du 22 mai 1822, par l'instrument appelé *clairon*, emprunté aux armées anglaises, prussiennes, hanovriennes et portugaises. Toutefois, ce nouvel instrument ne fut employé que vers le commencement de 1823. Il ne donne que cinq notes, mais elles suffisent à l'exécution des vingt-six sonneries prescrites par les règlements, dont quinze sont affectées au service journalier des troupes et onze aux manœuvres des tirailleurs. Le son de cet instrument a une très-grande portée, et s'entend même à travers la fusillade. Cette propriété a donné à M. Sudre l'idée d'appliquer le clairon à une langue musicale universelle, au moyen de laquelle des ordres assez compliqués peuvent être transmis à une grande distance avec une célérité qui approche de celle du télégraphe. (voyez Téléphonie). Nos bataillons de chasseurs à pied, qui n'ont que des clairons et point de tambours, exécutent aujourd'hui au son de cet instrument leurs principales manœuvres. C'est aussi le seul des compagnies d'ouvriers d'administration et du bataillon de sapeurs-pompiers de la ville de Paris. Dans les régiments d'infanterie de ligne et d'infanterie légère, il y a à la fois des tambours et des clairons.

Dans les orgues on nomme clairon un jeu de la catégorie de ceux qu'on appelle *jeux d'anches*, et qui ne diffère de la trompette qu'en ce qu'il donne l'octave au-dessus.

En termes de blason, le clairon est une pièce d'art héraldique. Bath ou Grandville, en Angleterre, porte de gueules à trois clairons de topaze. Guillim prétend que ce sont d'anciennes trompettes. D'autres soutiennent qu'elles représentent le gouvernail d'un navire ou un arrêt de lance.

CLAIRON (Claire-Josèphe-Hippolyte Leyris de Latude, plus connue sous le nom de), célèbre tragédienne, naquit en 1723, à Saint-Warron, près de Condé, dans la Flandre française. Malgré la multiplicité de ses noms, il paraît qu'elle ne connut jamais son père. Sa naissance, son baptême, les premières années de son enfance offrent des circonstances bizarres : Sa mère accouchant au bout de sept mois de grossesse, en temps de carnaval, l'enfant, qu'on n'avait pas crue viable, fut baptisée par un curé, assisté de son vicaire, déguisés, l'un en Gilles, l'autre en Arlequin, et qu'on avait eu grand'peine à arracher, un instant, aux folies des jours gras. Maltraitée par cette mère, à cause de son peu d'aptitude aux travaux de son sexe, elle végéta tristement jusqu'à l'âge de douze ans. Ayant eu occasion alors d'aller à un spectacle, elle se sentit une vocation si décidée pour le théâtre, qu'elle vint à Paris malgré les résistances et les menaces de sa mère. « Tuez-moi donc tout de suite, lui avait-elle dit ; sans quoi je monte sur les planches. » Elle débuta, le 8 janvier 1736, à la Comédie-Italienne, par un rôle de soubrette dans l'*Ile des Esclaves*, de Marivaux. Elle n'avait pas encore treize ans accomplis. Malgré les applaudissements qu'obtint son intelligence précoce, des tracasseries de coulisse la forcèrent de s'engager successivement dans les troupes de Rouen, du Havre, de Lille, de Gand et de Dunkerque. Ce fut à cette époque qu'un de ses camarades (Gaillard de la Bataille), dont elle avait rejeté les vœux, s'en vengea en publiant contre elle un libelle affreux, qu'on a faussement attribué au comte de Caylus. Ce pamphlet ordurier, intitulé : *Mémoires de mademoiselle Frétillon* (1740, in-12), et qui sous le nouveau titre d'*Histoire de mademoiselle Cronel, dite Frétillon* (1743), eut plusieurs autres éditions, a fait le tourment de sa vie; car il attaquait ses mœurs et sa probité.

Cette actrice chantait, dansait, jouait les soubrettes; elle s'était essayée aussi dans quelques rôles tragiques. Cette variété de talents lui valut en mars 1743 un ordre de début à l'Académie Royale de Musique, où elle devait doubler la célèbre Mlle Lemaure. Douée d'une voix forte comme on les voulait alors, elle y joua plusieurs rôles avec succès, tels que celui de Vénus dans l'Opéra d'*Hésione*. Mais quelques mois après un nouvel ordre, sollicité par elle, l'appela sur la Scène Française, pour y doubler Mlle Dangeville dans l'emploi des soubrettes. Elle stipula dans son engagement qu'elle jouerait aussi les grands rôles tragiques; et, en effet contre l'avis de ses camarades et à leur grand étonnement, elle parut, le 19 septembre, dans *Phèdre*, rôle qui était le triomphe de Mlle Dumesnil, et le succès qu'elle y obtint justifia son audace. Elle réussit moins dans les soubrettes;

mais le talent qu'elle déploya dans *Rhadamiste et Zénobie*, *Ariane*, *Electre*, fixèrent sa réputation et son emploi. Elle fut reçue à la Comédie-Française dès la même année. Tous les journaux et les mémoires contemporains font foi de la sensation que produisirent ses débuts. Tous les beaux esprits lui prodiguèrent des éloges en prose ou en vers. Voltaire, qui, ainsi que Dubelloy, Saurin et Marmontel, devait avoir de grandes obligations à son talent, la portait aux nues, et lui attribuait la réussite de plusieurs de ses tragédies, telles que *Zulime*. Rivale de Mlle Dumesnil, sans l'éclipser, elle partageait avec elle les principaux rôles, et toutes deux avaient leurs partisans : l'une offrait le triomphe de l'art, l'autre celui de la nature. Douée d'une figure plus distinguée et plus régulière, d'un organe plus sonore, d'un physique plus imposant, sans être grande, Mlle Clairon soignait sa diction, sa déclamation, son costume, sa démarche, ses gestes, ses attitudes, et se pénétrait de l'esprit, du caractère, du rang des personnages qu'elle avait à représenter; elle avait toujours sur la scène un air de noblesse et de dignité qu'elle conservait même dans la société, et qui l'exposa plus d'une fois aux railleries de ses camarades. Aussi Dorat, dans son poème de *La Déclamation*, a-t-il fort bien dit de cette actrice :

Tout, jusqu'à l'art, chez elle a de la vérité.

Et pourtant elle obtint les éloges du célèbre Garrick, l'acteur de la nature.

Mlle Clairon avait refusé les offres brillantes de l'impératrice de Russie, Elisabeth, qui voulait l'attirer à sa cour. Elle accepta de Louis XV un superbe tableau, où elle était représentée dans *Médée*. On ne peut croire qu'il y ait eu de l'affectation, de l'exagération dans les sentiments élevés que montrait Clairon, puisqu'ils furent la cause de sa retraite prématurée. Un acteur nommé Dubois ayant commis un parjure judiciaire en reniant une dette, les comédiens français demandèrent son expulsion de leur société; mais le maréchal de Richelieu, chef des comédiens, comme premier gentil-homme de la chambre, s'intéressant à la fille de Dubois : il conserva l'histrion. Le 15 avril 1765 on avait affiché la 20e représentation du *Siège de Calais*. Dubois vint y reprendre son rôle. Lekain, Brizard, Molé, Dauberval et Mlle Clairon refusent d'y paraître avec lui. Le public s'impatiente, et demande la pièce; les acteurs s'obstinent; le tumulte redouble, et l'on rend l'argent à la porte. Le lendemain les cinq délinquants sont conduits au For-l'Évêque. Clairon n'y reste que trois jours; mais, indignée de l'affront qu'elle a reçu, elle ne veut plus remonter sur la scène jusqu'à ce que les comédiens, réintégrés dans leurs droits de citoyens, qu'un préjugé gothique, et non la loi, leur a fait perdre, soient désormais à l'abri d'une pareille humiliation. L'affaire fut discutée au conseil du roi, et l'on s'attendait que la décision serait favorable. On disait même que Clairon ferait sa rentrée avec le titre de femme de chambre de la reine; mais sa demande fut rejetée. Dans cet intervalle, Fréron, qui n'aimait point cette actrice, parce qu'elle était l'amie de Voltaire, ayant, dans son *Année Littéraire*, rappelé l'histoire de Fréttilon, Mlle Clairon, courroucée, porta plainte, et ne put obtenir justice. Ces deux griefs la décidèrent à demander sa retraite, qu'elle obtint en avril 1766.

Elle alla passer quelque temps à Ferney, chez Voltaire, qui la combla de présents et de bons procédés. Lorsque le roi de Danemark vint à Paris, en 1768, on crut que Clairon jouerait pour lui à la cour, et fut chez la duchesse de Villeroy, devant une société peu nombreuse, mais choisie, qu'elle parut deux fois dans *Didon* et dans Roxane de *Bajazet*. Le prince lui donna une bague en diamants. En 1770, pour les fêtes du mariage du dauphin (Louis XVI) et de Marie-Antoinette, elle joua *Athalie* et Aménaïde de *Tancrède*, dans la nouvelle salle du château de Versailles. La duchesse de Villeroy, sa protectrice, avait saisi cette occasion de la mettre en évidence, dans l'espoir que le roi lui témoignerait quelque désir de la voir rentrer au Théâtre-Français. Mais il n'en fut rien. On trouva même que la figure et le talent de l'actrice avaient vieilli, que ses costumes étaient surannés, et elle eut la mortification de voir la Dumesnil applaudie à tout rompre dans *Mérope*, vêtue d'une belle robe dont la Dubarry lui avait fait présent. En janvier 1771, pour le début de Larive son élève, dans Zamore d'*Alzire*, elle se plaça dans le trou du souffleur, où elle eut le désagrément d'être, physiquement parlant, aux pieds de sa rivale, et de la voir écraser le débutant, qui pour cette fois obtint peu de succès. En octobre 1772 elle fit, dans un de ses soupers du mardi, l'apothéose de Voltaire, en couronnant son buste et déclamant une ode de Marmontel en l'honneur du patriarche de Ferney. Les amants avaient longtemps afflué chez Clairon; plus excusable que toute autre, puisqu'elle ne reçut jamais d'une mère qui l'accompagnait partout, que de mauvais exemples et de mauvais conseils, elle avait du reste toujours cédé moins à l'intérêt qu'au penchant de son cœur. Après quelques liaisons passagères, une entre autres avec Marmontel, qui a jugé à propos d'en faire confidence à ses lecteurs, elle entretint une fort longue intimité avec le comte de Valbelle. Cependant, ayant perdu une partie de sa fortune sous le ministère de l'abbé Terray, et ne pouvant plus vivre à Paris avec 14,000 fr. de rentes, elle partit, en février 1773, à l'âge de cinquante ans, pour l'Allemagne, où le margrave d'Anspach et Bareuth l'avait appelée pour jouer la comédie. Elle y devint ensuite, a-t-on dit, gouvernante des enfants du margrave, qui n'a pas laissé de postérité. Elle fit un voyage à Paris en 1775, et publia, dans le *Journal de Politique et de Littérature* de Linguet, qu'elle partagerait son temps entre l'Allemagne et la France; elle jouissait d'un grand crédit à la cour du margrave, recevait et recommandait les placets, tenant un rang de ministre, affectant un extrême désintéressement et n'ayant d'ardeur que pour la gloire.

Supplantée par lady Craven, qui épousa depuis le margrave, elle rentra en France en 1786. Elle loua une superbe maison à Issy, près de Paris. Ses infirmités augmentaient avec l'âge, quoiqu'elle eût conservé l'usage de sa raison et de tous ses sens, elle revint habiter rue de Lille. Ruinée par la Révolution et réduite à de faibles ressources, elle eut recours au ministre Chaptal, qui lui accorda une gratification de 2,400 fr. Sa mort ne fut pas la conséquence de son état de souffrance, mais d'une chute qu'elle fit de son lit. Quelques mois auparavant, elle avait récité une scène de *Phèdre* devant Kemble, le premier acteur tragique de l'Angleterre, qui admira la chaleur, la force et la noblesse avec lesquelles cette célèbre actrice disait encore, à quatre-vingt-six ans, les beaux vers de Racine. Elle mourut le 28 janvier 1803. Ses portraits les plus ressemblants ont été gravés d'après une médaille qui fut frappée en son honneur dans les beaux jours de sa gloire. On doit à Mlle Clairon, ainsi qu'à Lekain, la réforme des costumes ridicules du théâtre, mais non pas, comme on l'a dit, celle de la déclamation dramatique, qui est principalement l'œuvre de Talma. Mlle Clairon eut pour élèves Larive, qu'elle aima, et Mlle Raucourt. Tous deux se ressentirent des traditions de son école. On a d'elle des *Mémoires*, où elle se peint en beau, mais dont la lecture est utile aux aspirants à l'art dramatique. Ces mémoires ont été réfutés par ceux qui ont été publiés sous le nom de Mlle Dumesnil, qui mourut à la même époque. Ainsi ces deux rivales se firent la guerre jusqu'au delà du tombeau. Grimm, qui n'aimait pas Mlle Clairon, et qui lui reprochait de faire reculer l'art, a publié dans sa *Correspondance* une lettre et des vers peu corrects qu'il lui attribue.   H. AUDIFFRET.

CLAIRVAL (JEAN-BAPTISTE), l'un des plus célèbres acteurs de la Comédie-Italienne, naquit à Paris, vers 1740, et fut d'abord perruquier. Les relations que son état lui donnait avec des hommes de la haute société et ses dispositions naturelles lui firent bientôt embrasser une autre profession, plus conforme à ses goûts et à l'éducation soignée qu'il s'était donnée lui-même. Une figure agréable, une tournure distinguée, une physionomie à la fois noble et mobile, une diction pure et juste, un chant simple, mais expressif, voilà les qualités qui furent remarquées en lui, à ses débuts à l'Opéra-Comique, en 1759. Il ne tarda pas à justifier la bonne opinion et la faveur du public, en créant, dans *On ne s'avise jamais de tout*, le rôle de Dorval, où, tour à tour jeune homme charmant, vieillard infirme, laquais bègue, et vieille décrépite, il sut donner à chacun de ces travestissements le caractère convenable.

Le théâtre de l'Opéra-Comique ayant été supprimé en 1762, Clairval fut du petit nombre des acteurs admis à la Comédie-Italienne, dont on le surnomma, dans la suite, le *Molé*, parce que, comme cet excellent comédien, il fut homme de talent et homme à bonnes fortunes. Principal soutien de ce théâtre dans les amoureux, puis dans les premiers rôles, il jouait avec la même supériorité le drame, la comédie et l'opéra-comique; et nul ne contribua plus que lui, pendant trente ans, aux succès des auteurs et des compositeurs. Pour faire briller les talents de son ami Caillot, il s'était longtemps borné à jouer des accessoires. Parmi la foule des rôles qu'il créa, il faut citer ceux de Montauciel dans le *Déserteur*, de Pierrot dans le *Tableau parlant*, de don Alonze dans l'*Amant jaloux*, du Marquis dans les *Événements imprévus*, de Blondel dans *Richard Cœur de-Lion*, de Germival dans les *Maris corrigés*, et enfin de *L'Aristocrate, ou la Convalescent de qualité*, la comédie de Fabre d'Églantine. Les connaisseurs difficiles trouvaient qu'il jouait quelquefois avec un peu trop de mignardise; que sa voix n'avait pas toujours assez d'étendue, et que dans ses dernières années il nasillait un peu en chantant; aussi Grétry, en composant pour lui le rôle d'Apollon dans le *Jugement de Midas*, s'était-il vu forcé d'affaiblir l'idée que l'on pouvait avoir en ce temps-là du dieu de la musique. C'est par allusion au double reproche fait à Clairval que le poète Guichard lui décocha le distique suivant :

> Cet acteur minaudier et ce chanteur sans voix
> Écorche les auteurs qu'il rasait autrefois.

Clairval, comme sociétaire de la Comédie-Italienne, lui fut souvent utile par son expérience des affaires, ainsi que par la finesse et la sûreté de son goût, quand il s'agissait de juger le mérite des pièces présentées à la lecture. Malgré les vives instances de ses camarades, il prit sa retraite au mois de juin 1792, vécut oublié pendant les orages de la Révolution, et mourut en 1795.   H. AUDIFFRET.

CLAIRVAUX (en latin *Clara vallis*, *Claræ-valles*, hameau du département de l'Aube, dépendant de la commune de Ville-sous-La-Ferté. Il est situé entre deux collines couvertes de bois, sur la rive gauche de l'Aube, à 234 kilomètres sud-est de Paris. La contrée auquel il appartient formait autrefois le *Vallage* (Basse-Champagne). L'an 1115, le comte de Champagne, Hugues, donna à saint Bernard *le vallon de Clairval*, avec toutes ses dépendances, consistant en terres, prés, vignes et eaux. Saint Bernard y établit la fameuse *abbaye de Clairvaux*, chef-lieu d'ordre et la troisième *fille de Cîteaux*. Il en devint le premier abbé. Elle fut augmentée par Thibaut le Grand, comte de Champagne, qui y ajouta, entre autres, les trois grands celliers et la grange de Thiroble. Plusieurs comtes de Flandre, Marguerite, reine de Navarre et comtesse de Champagne, Élisabeth, fille de saint Louis, et quelques autres encore, concoururent à l'augmentation de cette abbaye. Son enclos avait plus de 1950 mètres de tour et comprenait deux monastères complets : l'ancien, tel qu'il était du temps de saint Bernard et tel que la pauvreté religieuse permettait qu'il fût, et le nouveau, qui consistait en une superbe église et quantité de bâtiments d'une grandeur extraordinaire, tous couverts de plomb. On y remarquait particulièrement l'église, grande et belle, mais simple en ornements; le dortoir, le réfectoire, la bibliothèque et le chapitre, ornés de statues en pierre *des grands et saints personnages qui avaient été religieux du temps de saint Bernard*.

L'abbaye de Clairvaux était régulière; son abbé devait être élu par les religieux de la maison, et le roi envoyait au pape pour confirmer l'élection. L'abbé de Clairvaux avait, à deux kilomètres de son monastère, dans un vallon agréable, une belle maison de plaisance. On y voyait une galerie décorée de belles peintures, et une chapelle dorée. Cet abbé avait soixante mille livres de rente en argent, sept à huit cents setiers de blé et autant de muids de vin. Ce revenu en blé et en vin augmentait quelquefois de moitié, et montait, année commune, à plus de vingt mille livres. Il jouissait, pour sa dépense particulière, non compris la table et les voyages, des produits des forges et bois, des pensions des novices, de l'excédant des grains et vins que l'on pouvait vendre au delà de ce qui était nécessaire pour la provision de la maison, excédant qui montait par an à plus de vingt-cinq mille livres. Lorsqu'il venait à mourir, l'office divin cessait dans l'église, et l'on faisait venir des religieux de Cîteaux pour le célébrer jusqu'à l'élection d'un nouvel abbé. Saint Bernard, à son décès, laissa 700 religieux dans cette abbaye; mais quelques années avant 1789 on n'y en comptait plus que quarante, et vingt frères convers, outre un grand nombre de domestiques. On y avait réuni les abbayes de Mezein et du Val-des-Vignes, du même ordre. Clairvaux fut longtemps comme une pépinière d'illustres personnages, parmi lesquels on cite le pape Eugène III, quinze cardinaux, et plusieurs archevêques et évêques. C'est dans ses bâtiments que l'on voyait le fameux foudre de Clairvaux, qui tenait huit cents tonneaux de vin, que l'on y conservait quelquefois pendant plus de dix ans. La forêt était considérable. L'abbaye avait sous sa dépendance, en France seulement, 18 abbayes d'hommes, dont 8 de la commune observance et 10 de l'étroite; 28 abbayes de filles, dont 25 de la commune observance et 3 de l'étroite; plus 2 prieurés titulaires. Elle comptait 40 abbayes, tant d'hommes que de filles, en pays étrangers.

Aujourd'hui les vastes bâtiments de l'abbaye de Clairvaux forment une maison centrale de détention pour les condamnés des cours d'assises de l'Ain, des Ardennes, de l'Aube, de la Côte-d'or, du Jura, de la Marne, de la Haute-Marne, de la Meurthe, de la Meuse, de la Moselle, de la Nièvre, de Saône-et-Loire et de l'Yonne. Ce grand établissement renferme des ateliers où plus de 1,000 condamnés sont employés à fabriquer des draps, mérinos, tissus de soie, des couvertures de coton et de laine. Dans la ville, on fabrique des toiles de coton, des percales, du madapolam, des chapeaux de paille, des gants de peau, etc. Il y a aussi des filatures de laine, de coton et de fil, et des forges dépendantes de la commune de Longchamp. La population du hameau ne s'élève pas à moins de 900 âmes.

Il existe deux autres *Clairvaux* : l'un, gros bourg de l'Aveyron, à 15 kilomètres nord-ouest de Rodez, avec une population de 2,300 âmes; l'autre (Clairvaux-les-Vaux-Dain), bourg et chef-lieu de canton dans le département du Jura, à 19 kilom. sud-est de Lons-le-Saulnier, près de la rive gauche de la Drouenne, avec un haut-fourneau, des forges importantes, des papeteries et une population de 1,300 âmes   A. SAVAGNER.

CLAIRVILLE. C'est le nom de guerre du plus grand *faiseur* dramatique de nos jours. Il fut un temps en effet où chaque semaine, chaque jour même, apportait à l'heureux auteur son contingent de bons mots, de couplets, de rires et parfois de larmes, où ses pièces se succédaient sans se ressembler pourtant, où son nom s'épanouissait en gros caractères sur toutes les affiches des scènes de second ordre. A l'heure qu'il est, M. Clairville semble avoir abdiqué ; il est rentré dans la foule des auteurs vulgaires, et devient de jour en jour sinon meilleur au moins plus rare. Les temps prêtent-ils donc moins à rire ? Peut-être aussi M. Clairville, désabusé, regrette-t-il son obscurité première, et le temps où la critique n'avait rien à voir dans son existence ; lorsque suivant les traditions paternelles, il débitait modestement, sur les scènes les plus obscures et les moins fréquentées, les œuvres d'auteurs infimes, qu'il devait un jour regarder de si haut ; car rendons-lui cette justice que dans l'art dramatique il a passé par tous les grades, et gagné ses éperons à la pointe de sa plume.

Né en 1808, pour ainsi dire sur les planches, puisque son père, M. Nicolaie, était régisseur de théâtre, et sa mère artiste dramatique, M. Clairville est, vulgairement parlant, un enfant de la balle ; il commença, sous le pseudonyme qu'il garde encore, sa brillante carrière au théâtre *forain* du Luxembourg, où il fut à la fois acteur, auteur et régisseur, et pour lequel il composa seul plus de quarante pièces ; mais quand il tenta une autre scène, il s'adjoignit un collaborateur, qui ne le quitta plus, M. Édouard Miot, lequel a toujours conservé l'anonyme et laissé prudemment à son fidèle la responsabilité de leurs œuvres communes, dont le nombre est incalculable. Dans la plupart, du reste, le titre est le *principal*. Son premier succès date de 1836 à l'Ambigu, où, acteur détestable, il fit jouer : 1836 *dans la Lune*.

On vit paraître successivement sous le nom de Clairville : *Les Hussards et les Lingères, Mathieu Laensberg est un menteur, Aux Enfers, Le Page et la Danseuse, Les Mines de Blagues, Le Tribunal rose, Rosière et Nourrice, La Journée aux Éventails, Jean Lepingre et Pierre Lelarge, Les Iroquois, La Chaleur, Les Français peints par eux-mêmes, L'Opium et le Champagne, Le Retour de Sainte-Hélène, La Jeune et la Vieille Garde, Les Hures graves, Les Petites Misères de la Vie humaine, Satan ou le Diable à Paris, Les Sept Châteaux du Diable, Paris dans la Comète, Paris voleur, Le Carlin de la Marquise, Les Trois Loges, Le petit Poucet, Paris et la Banlieue, Un Conte de Fées, Le roi Dagobert, Les Pommes de Terre malades, Une Semaine à Londres, La Propriété c'est le Vol, Paris sans impôts, Gentil Bernard, Clarisse Harlowe, Roger-Bontemps, La Poudre-Coton, Le Banc d'Huîtres, L'Exposition des Produits de la République, Les Caméléons, ou Soixante Ans en Soixante Minutes, Les Sept Billets, ou la Semaine aux Échéances ; Les Représentants en vacance, Le Congrès de la Paix, Le Bourgeois de Paris, ou la Leçon au Pouvoir, Les Nains du Roi, Les Tentations d'Antoinette*, et une foule d'autres productions qui ont inondé, des années entières, les scènes de tout genre et les théâtres de tout étage.

M. Clairville fait effectivement une pièce comme un écolier broche un *pensum*. C'est le type de la fécondité stérile ; l'homme à la fois qui a le plus enfanté et le moins écrit. Il ne compose pas ses vaudevilles, il les confectionne ; sa littérature est toute de pacotille, et ses œuvres d'occasion. Son cabinet est une sorte de friperie littéraire, où l'on brosse et rhabille à neuf les vieux mots râpés et les calembours ensevelis. Pas une mesure inimitable, pas une annonce bizarre, pas une invention nouvelle que M. Clairville n'ait mise en *scenario* ou tournée en couplets. C'est l'homme de la *revue* et de la *parodia* par excellence. Voulez-vous connaître l'histoire politique, sociale et industrielle des dix dernières années, lisez le *théâtre* de M. Clairville. Il a chanté les escargots sympathiques, dialogué l'exposition de Londres et les trains de plaisir. Il a mis M. Proudhon en cinq actes, son projet de suppression d'impôts en autant. Indépendamment des drames héroïques et des pochades de pure facétie, M. Clairville a quelquefois abordé la comédie de mœurs, mais là encore l'instinct le ramène malgré lui à la turlupinade, qui finit toujours par prendre le dessus. Le peu de pièces dignes de ce nom qu'il nous a laissées, il les doit aux habiles collaborateurs qui le réfrènent, et Dieu sait combien M. Clairville a eu de collaborateurs ! En somme, M. Clairville a bien son utilité ; il s'est constitué le *bouche-trou* universel ; si une pièce tombe à un théâtre, le directeur est toujours sûr de trouver chez lui deux ou trois titres excentriques qui étonnent le Parisien et ramènent l'engouement. Une chose a cependant droit de surprendre : c'est que M. Clairville, qui va chercher ses sujets si loin et partout, n'ait pas encore pensé à s'arranger lui-même pour la scène.

Cependant il faut rendre justice à M. Clairville. « Il ne fait pas, il est vrai, a dit un de nos collaborateurs, M. Darthenay, de la comédie de salon comme M. Scribe ; mais il a ramené le vaudeville à son vrai caractère, qui consiste dans la franchise, l'abandon, le rire, la gaieté et la vivacité piquante des couplets. M. Clairville est de l'école des Desaugiers, des Théaulon et des Brazier ; il a remis en honneur ce vaudeville joyeux, malin, agaçant, toujours si bien inspiré par l'à-propos, qui effleure une époque et en reproduit les nuances légères et fugitives, ce vaudeville capricieux et fantasque dont le premier et presque le seul but est d'amuser. Ce qui distingue M. Clairville, c'est surtout l'aisance merveilleuse de ses couplets : c'est là qu'il brille ; et ce ne sont pas seulement de simples couplets, en vers égaux et régulièrement croisés, avec ou sans refrain ; ce sont les cavatines, les rondeaux, les morceaux d'ensemble, où il se joue comme à plaisir de toutes les difficultés du rhythme. Il se promène avec agilité sur les rimes comme Auriol sur les bouteilles, comme l'oiseau qui voltige de branche en branche. Depuis Panard et Collé personne n'avait si bien saisi ces airs sans frein, où la verve joyeuse du musicien a des allures si excentriques ; personne n'avait exécuté avec tant d'adresse ces tours de force qui répandent tant d'étincelles dans un vaudeville. »

Nous devons encore mentionner un volume, très-lourd, de poésies très-légères que vient de publier M. Clairville. L'auteur n'a pas voulu ôter au public un vaudevilliste sans lui rendre un poète.

Henri DE ROCHEFORT.

CLAIRVOYANCE, sagacité, pénétration dans les affaires. Voltaire, dans ses *Remarques sur Corneille*, dit que ce mot est banni du style noble. Il ne s'emploie cependant en général qu'au figuré. Quelques magnétiseurs, néanmoins, l'ont appliqué, conjointement avec *lucide*, à certaines somnambules, qui, à les en croire, sous l'influence de *passes*, de *gestes*, et même de la volonté seule, sans aucune manifestation extérieure, auraient la faculté de lire à travers les murs les plus épais, à d'énormes distances, dans la pensée des gens et même dans l'avenir. Étonnez-vous donc de la fortune que fait le magnétisme !

CLAM (Famille de). Les comtes de *Clam*, établis aujourd'hui en Bohême et en Autriche, portaient autrefois le nom de *Perger de Hœchenperg*, d'un château de Carinthie d'où ils furent expulsés au quatorzième siècle. Christophe Perger fit alors l'acquisition du château et de la seigneurie de Clam en Autriche. Son arrière petit-fils, *Jean-Godefroy* de CLAM, né en 1593, mort en 1673, fut créé baron de l'Empire en 1655, en même temps que ses frères et ses cousins. La famille, promue au titre de comte en 1759, forme aujourd'hui deux branches : l'aînée, celle de *Clam-Martinicz*, propriétaire des seigneuries de Smeczna et de Schlan ; et la cadette, celle de *Clam-Gallas*, propriétaire des seigneuries de Friedland, de Reichenberg, de Grafenstein et de Lœmberg en Bohême.

Le comte *Charles-Joseph-Népomucène-Gabriel* DE CLAM-MARTINICZ, né le 23 mai 1792, à Prague, mort feld-maréchal-lieutenant, le 29 janvier 1840, fut l'un des deux commissaires autrichiens chargés d'accompagner, en 1814, Napoléon à l'île d'Elbe. Dans les campagnes de 1812 à 1814 il avait rempli les fonctions d'aide de camp auprès du prince de Schwartzenberg. Appelé à prendre part aux délibérations du congrès de Vienne, il eut ainsi l'occasion d'acquérir les bonnes grâces des divers souverains qui y assistaient, et fut depuis chargé de maintes missions diplomatiques à l'étranger. A son avénement au trône, en 1835, l'empereur s'était empressé de le nommer son premier aide de camp. En 1837 il fut appelé à présider la section militaire du conseil d'État, et jusqu'à sa mort il fut l'un des agents les plus dévoués de la politique d'immobilité et de résistance à toute espèce de progrès, dont M. de M e t t e r n i c h était le grand pontife. Il avait épousé en 1821 l'une des filles de lord Guilford.

Le comte *Édouard* DE CLAM-GALLAS, né le 14 mars 1805, se trouvait en garnison avec le grade de brigadier à Milan, quand y éclata le soulèvement du 20 mars 1848. Depuis lors, il prit constamment part à la lutte engagée entre l'Autriche et les populations de l'Italie, jusqu'en juin 1849, époque où, nommé feld-maréchal-lieutenant, il fut appelé à prendre le commandement en chef de l'armée de Transylvanie. Elle occupait le camp de Czernecz en Valachie, et attendait le commencement des opérations de l'armée russe aux ordres du général Luders. Le 23 juin le comte de Clam-Gallas déboucha à sa tête en Transylvanie. Le 10 juillet il la concentrait aux environs de Kronstadt, qu'elle avait mission de couvrir, et prenait position à Sepsy-Saint-Gyœrgy et à Marienburg. Attaqué le 20 par B e m, il battit les insurgés le 23 à Sepsy-Saint-Gyœrgy, et le 1er août à Kasson-Ouilalou; le 3 il pénétrait jusqu'à Csikszereda, pour opérer le désarmement du pays de Széklers. Ayant réussi dans cette tâche, il fut appelé en 1850, lors de la réorganisation de l'armée autrichienne, au commandement du premier corps d'armée de la Bohême.

CLAMECY, ville de France, chef-lieu d'arrondissement dans le département de la N i è v r e, à 58 kilomètres de Nevers, sur la rive gauche de l'Yonne, à l'embouchure du Beuvron, avec une population de 6,179 habitants, un tribunal de première instance, un tribunal de commerce et un collége. L'industrie manufacturière est peu développée : on y fabrique des draps communs; on y trouve des moulins à foulon, de nombreuses tanneries et deux typographies. Il s'y fait un commerce considérable de bois à brûler pour l'approvisionnement de Paris. C'est sur son port que le bois de chauffage est assemblé par des branches flexibles en radeaux appelés *t r a i n s*, qui descendent par l'Yonne et la Seine jusqu'à Paris.

On voit encore à Clamecy quelques vestiges des murailles énormes qui l'entouraient autrefois. Son église paroissiale est d'une architecture légère et de bon goût ; le portail est d'un travail achevé, la tour qui le domine est surtout remarquable par ses proportions et par de belles sculptures. On remarque sur le pont le buste en bronze de Jean Rouvet, qui inventa, en 1549, le flottage à bûches perdues, inépuisable source de richesses pour le Nivernais. Il a été élevé par souscription en 1828, et est dû au ciseau de M. D a v i d d'Angers. Le faubourg de Panthénor ou de Bethléem, sur la rive droite de l'Yonne, était avant la révolution de 1789 le siège de l'évêché de Bethléem, fondé vers 1180 par Guy, comte de Nevers, qui y installa l'évêque de Bethléem, chassé de la Terre Sainte par les Sarrasins. Cet évêque *in partibus*, qui faisait partie du clergé de France, ne jouissait que de mille livres de revenu; le faubourg de Bethléem formait à lui seul le diocèse de cet évêché. La fondation de Clamecy remonte à une origine très-reculée ; mais on ne sait rien de précis à cet égard. Cette ville souffrit beaucoup dans nos guerres civiles, et a soutenu plusieurs siéges. Son château fut détruit lors des dissensions des seigneurs de N e v e r s et des ducs de Bourgogne.

CLAMEUR. Dans l'ancien droit, ce mot, dérivé de *clamare*, crier, signifiait, en général, *demande, citation devant le juge*, et quelquefois aussi *saisie-exécution, contrainte*. On appelait *clameur de bourse* l'action en retrait, lignager, féodal ou autre; *clameur à droit conventionnel*, la faculté d'exercer l'action en réméré ; *clameur à droit de lettre lue*, la faculté qui appartenait à un tiers acquéreur ayant possédé par an et jour un héritage ou autre immeuble en vertu d'un titre authentique, de le pouvoir retirer sur celui qui s'en était rendu adjudicataire par décret, en lui remboursant dans un délai déterminé, le prix de l'adjudication, les frais et loyaux coûts; *clameur fausse*, la plainte portée à tort en justice; *clameur forte*, une amende prononcée par certaines coutumes contre la partie qui succombait après avoir intenté une action personnelle; *clameur de gage plège*, la complainte portée contre le trouble fait en la propriété ou possession d'un héritage par voie de fait, violence ou autrement.

La *clameur de haro*, usitée en Normandie, et que Dumoulin appelle *Quiritatio Normanorum*, était une plainte verbale et clameur publique de celui qui, éprouvant quelque violence ou injustice, cherchait à implorer la protection du prince, ou qui, trouvant sa partie, voulait la mener devant le juge. Au cri de haro la personne interpellée devait s'arrêter ; les assistants devaient prêter main-forte. Dans ce cas, la clameur de haro équivalait à une assignation verbale. L'opinion commune sur l'origine de cette expression est que le terme *haro* a été formé par la contraction des mots *ah Rollo*, et que c'est en effet une invocation du nom de Raoul ou Rollon, premier duc de Normandie, si célèbre par son équité. Mais Caseneuve prouve que *haro* signifiait *cri* et *clameur* longtemps avant la naissance de ce duc Rollon, et qu'il vient de l'ancien mot germanique *haren*, qui signifie crier, appeler. Dans le principe, le haro ne pouvait être interjeté que pour cause criminelle, comme pour feu, larcin, homicide ou autre péril évident ; mais avec le temps la pratique du haro s'étendit aux cas où il s'agissait de conserver la possession des immeubles et même des meubles. Aussi la nouvelle coutume de Normandie, qui commença d'être observée au 1er juillet 1583, porte-t-elle que le haro peut être intenté non-seulement pour maléfices de corps et pour choses où il y aurait péril imminent, mais même pour toute introduction de procès possessoire.

L'expression *crier haro sur quelqu'un* est restée dans notre langue. La Fontaine a dit :

A ces mots on cria *haro* sur le baudet.

L'histoire de Normandie est remplie de faits qui prouvent combien était grande la puissance de cette clameur. Toute affaire était suspendue au cri de haro. Les cérémonies publiques, les processions s'arrêtaient ; les funérailles de Guillaume le Conquérant en furent, dit-on, troublées : ce prince s'était emparé d'une petite portion de terrain dont il n'avait pas payé le prix ; un pauvre homme se présenta devant le convoi, et cria *haro* sur les funérailles. Aussitôt les chants de mort cessèrent, et la cérémonie funèbre ne fut reprise qu'après que la somme due eut été payée. On faisait aussi emploi du haro au nom de la puissance publique : c'est ainsi qu'un rapport de Monstrelet, lorsque Henri V, roi d'Angleterre, se présenta pour mettre le siège devant la ville de Rouen, en 1417, un prêtre lui fut député pour lui déclarer qu'il lui était enjoint de crier contre lui *le grand haro*.

La *clameur révocatoire* était en Normandie une action qui avait pour objet de faire casser ou rescinder une obligation, un contrat ou quelque autre acte. C'est ce que le Code Napoléon appelle *action en nullité* ou *en rescision des conventions*.

Le terme de *clameur publique* subsiste encore dans notre législation moderne. Tout dépositaire de la force publique est tenu de saisir quiconque est poursuivi par la clameur publique ou bien est surpris en flagrant délit, et de le conduire devant le procureur impérial, sans qu'il soit besoin de mandat d'amener, si le crime ou délit emporte peine afflictive ou infamante. Même injonction est faite aux gardes forestiers et aux gardes champêtres, considérés comme officiers de police judiciaire : ils doivent saisir et amener devant le juge de paix tout prévenu qui se trouve dans ce cas, lorsque le délit emporte la peine de l'emprisonnement ou une peine plus grave.

CLAN. C'est le nom qu'on donne aux tribus des montagnes de l'Écosse. Quelques-uns le font dériver du mot latin *colonia*, dont il ne serait que la corruption ; suivant d'autres, il serait d'origine purement celtique, et dès lors synonyme de *famille*. Les membres d'un clan croient en effet descendre du même ancêtre que leur chef, lequel dès lors exerçait jadis sur eux une autorité plutôt patriarcale que souveraine. Le considérant comme l'aîné de leur famille, ils ne le servaient pas seulement avec la fidélité qui est l'un des devoirs d'un vassal, mais encore avec l'attachement et le dévouement d'un parent. On peut s'imaginer aisément combien devaient être dangereux des chefs placés à la tête d'hommes habitués à considérer comme juste et légitime toute cause qu'ils déclaraient être la leur, toujours prêts à se mettre en campagne à son premier signal et à sacrifier leur vie dans son intérêt. Aussi, après la rébellion de 1745, le gouvernement anglais s'attacha-t-il à détruire l'organisation des clans. De cette institution, jadis si puissante, il ne subsiste plus guère aujourd'hui que les rapports habituels entre propriétaires et tenanciers.

Les plus célèbres clans étaient ceux des Campbell, des Camerons, des Mac-Donald, des Mac-Kensee, des Mac-Intosh, des Mac-Gregor, et quelques autres encore.

Par le mot *clanship* les Anglais entendent aujourd'hui l'esprit de caste en général, ou l'esprit de corps dans l'acception défavorable de ce terme.

CLANCULAIRES ou **OCCULTES**, secte particulière d'anabaptistes, qui prétendaient pouvoir sans crime cacher leur religion, quand ils étaient interrogés, soutenant qu'il leur suffisait de savoir en particulier à quoi s'en tenir. C'est du latin *clam* (secrètement) qu'ils tiraient ce nom. On les appelait aussi *frères jardiniers* ou *hortulaires*, parce qu'ils ne s'assemblaient point dans des églises, mais dans des maisons particulières et des jardins.

CLANDESTINITÉ. La clandestinité est le vice de la chose faite en secret, d'une manière cachée. Ce mot s'emploie en matière de mariage, de possession et de prescription. La clandestinité est cause de nullité dans le mariage. Un mariage est *clandestin* quand il n'a pas été contracté suivant certaines formalités de publicité prescrites par la loi. La clandestinité vicie la possession ; elle est le plus grand obstacle à la prescription. Quand la possession est-elle clandestine? Le droit romain nous répond que c'est lorsqu'on s'en est emparé furtivement en la laissant ignorer à celui que l'on soupçonnait devoir en troubler l'exercice et dont on redoutait l'intervention.

On nomme *marchés clandestins* des actes que la loi prohibe comme renfermant une stipulation sans cause ou fondée sur une cause immorale, et que pour cette raison les parties s'efforcent de tenir secrètes.

CLAPARÈDE. Cet ancien acteur et auteur du théâtre des Variétés-Montansier au *palais du Tribunat* ou Palais-Royal, n'appartenait point à la famille du général de ce nom (*voyez* ci-après). Appelé, dans l'intervalle de 1801 à 1805, à seconder Brunet-Mira, transfuge du théâtre de la Cité, il créa aussi plusieurs personnages de paysans et de valets intrigants. A cette époque, où le calembour régnait en souverain sur la plupart des théâtres secondaires, Claparède, qui s'était beaucoup exercé dans ce genre, fournissait des inspirations aux auteurs eux-mêmes. Le succès de la pièce *Le Marquis de Bièvre*, au théâtre Louvois, avait donné l'idée d'un vaudeville joué aux Variétés sous ce titre : *Le Portier de M. de Bièvre*. Claparède y faisait assaut avec Brunet (le portier) de rébus et de coq-à-l'âne, dont il avait fourni son ample contingent. Il prit aussi une grande part à la publication du *Bièvriana* et du *Brunétiana*, ou *Des calembours comme s'il en pleuvait*. Ce dernier opuscule, trop sérieux pour le genre habituel de Cousin d'Avallon, l'auteur par excellence des *ana*, contient une multitude de quolibets sous le nom même de Claparède. Retiré du théâtre lorsque la troupe du Palais-Royal fut transportée au *Panorama*, il ne parut désormais que dans quelques sociétés, où l'on ne jouait plus de proverbes ni de scènes de paravent, mais où, à l'aide d'un personnage aposté, le maître de la maison et quelques intimes s'amusaient à mystifier la compagnie. On ne connaissait point de plus grand plaisir aux brillantes réunions du château de Rainey, alors la propriété d'un riche capitaliste, Caroyon des Tillières, et à Paris dans les somptueux hôtels occupés par Armand Seguin, Després, Michel aîné, Michel jeune, Ouvrard, etc. Un certain Musson fit à ce métier une fortune qui lui permit d'acquérir une très-belle maison de campagne à Meudon.

Claparède et quelques autres se livraient en amateurs à ce divertissement alors à la mode. Picard avait frondé ce travers de ses contemporains dans sa comédie de *La grande Ville*, ce qui ne l'empêcha pas de céder lui-même au torrent dans une fête qu'il donna peu de temps après à sa troupe et aux principaux acteurs des théâtres de Paris. Au moment où l'on se mettait à table, un marchand d'huile, fournisseur de l'éclairage à la salle Louvois, qui était venu demander à dîner à la *fortune du pot*, se mêla parmi les convives. Picard semblait fort contrarié de cette visite ; mais les comédiens en étaient enchantés et s'amusaient à à qui mieux mieux aux dépens du fournisseur. Cet honnête industriel mangeait du reste comme deux, buvait comme quatre, et conversait fort peu. Devenu communicatif au dessert, il parla de ses tribulations domestiques et du chagrin que lui causait un grand coquin de fils unique, tout prêt à embrasser le vil état de comédien. A ces mots, Closel, Devigny et les autres acteurs devinrent furieux ; les assiettes allaient voler à la tête de l'intrus, lorsque Picard apaisa le tumulte en disant : « Mes amis, ce détracteur des comédiens est un acteur comme vous, et meilleur que vous, puisque vous ne l'avez pas reconnu : c'est Claparède. Puissiez-vous parvenir comme lui à faire illusion dans vos rôles ! »
BRETON.

CLAPARÈDE (MICHEL, comte), pair de France, lieutenant général, né en 1774, à Gignac (Hérault), s'enrôla volontairement en 1792. Chef de bataillon à l'armée d'Italie en l'an VII, détaché l'année suivante à l'armée du Rhin, il y fut promu le 15 septembre 1800 au grade d'adjudant général, passa en cette qualité à l'armée d'observation de la Gironde, et suivit le général Leclerc dans la funeste expédition de Saint-Domingue. A son retour en France, il fut d'abord employé au camp de Saintes, partit en 1804 pour l'expédition tentée contre la Dominique, et ne revint en France qu'après la soumission de cette colonie. Il reçut alors le commandement de la première brigade du 5e corps de la grande armée ; et à partir de ce moment jusqu'en 1814 il prit une part active à toutes les campagnes de l'Empire. Entre autres brillants faits d'armes, on mentionne surtout sa belle conduite à Ebersberg, au sujet de laquelle le Bulletin de la grande armée s'exprime ainsi quelque peu hyperboliquement : « La division Claparède seule, n'ayant que trois pièces de canon, a lutté pendant trois heures contre 30,000 ennemis. Cette action est un des plus beaux faits d'armes dont l'histoire puisse conserver le souvenir. Cette division s'est couverte de gloire ; le pont, la ville et la position seront des monuments durables de son courage. Le voyageur dira : C'est de cette superbe position, de ce pont d'une si longue étendue, de ce château si fort par sa situation, qu'une armée de 30,000 hommes a été chassée par 7,000 Français. » Après avoir servi deux ans en Espagne avec distinction, il fut pendant la campagne de Russie chargé du commandement en chef du corps d'armée polonais au service de France.

Claparède, resté étranger aux événements des Cent-Jours, fut, à la seconde restauration, nommé inspecteur général d'infanterie, gouverneur du château royal de Strasbourg et pair de France. On le vit durant la réaction de 1815 et 1816 user noblement de son influence pour réparer, autant qu'il dépendait de lui, les infortunes de ses anciens compagnons d'armes, persécutés par le ministre Clarke. Il accepta les faits accomplis en Juillet, et prêta, comme pair, serment aux institutions nouvelles; mais il avait depuis longtemps cessé de se mêler aux agitations de la politique pour mener une existence tranquille et tout épicurienne, au milieu d'un petit cercle d'amis, lorsqu'il mourut en 1841. Il passait généralement dans le monde pour avoir épousé, vers les dernières années de sa vie, une de nos célébrités chorégraphiques, que cette union aristocratique n'empêchait point de continuer à faire l'ornement de l'Opéra.

CLAPET. Dans une pompe, le *clapet* est, à proprement parler, une **soupape**. C'est un obturateur mobile, qui, en s'élevant et s'abaissant alternativement, procure ou interrompt le passage de l'eau. Ordinairement on se sert pour les clapets de rondelles de cuir fort, bien imprégnées de suif, et garnies sur leurs faces opposées de deux platines de métal, qui leur servent de doublure. Le tout est fortement serré à vis. Les rondelles de cuir dépassent un peu les platines de métal sur tout le pourtour. Le clapet porte d'un côté une queue flexible, par laquelle il est attaché au piston de la pompe ou au diaphragme qui en ferme le tuyau. Le diaphragme est de part en part percé d'un trou que le clapet ferme par son poids dans l'état de repos, mais qui devient béant et laisse passer l'eau lorsque le clapet s'élève par la force d'aspiration de l'air ou la pression du liquide. Ce mouvement du clapet est déterminé par la flexibilité du cuir de la queue, qui fait l'office d'une charnière. PELOUZE père.

CLAPIER. On appelle ainsi de petits trous creusés exprès pour offrir un refuge aux lapins. On fait des clapiers dans les garennes, et quand ils sont peu peuplés, les propriétaires peuvent en tirer un bon revenu. *Clapier* se dit encore d'une cabane de bois où l'on nourrit des lapins domestiques, et que l'on construit à l'instar des clapiers de garenne : on en bâtit dans les celliers, les granges, les étables, les écuries et les greniers. Par extension, on appelle *lapins de clapier* ou simplement *clapiers*, les lapins élevés dans ces sortes de constructions; mais qu'est-ce qu'un *lapin de clapier* pour un gourmet?

De là est venu le verbe *se clapir*, pour se blottir, se tapir, se cacher dans un trou.

CLAPPERTON (Hugh), l'un des voyageurs qui frayèrent la voie aux recherches relatives à l'intérieur de l'Afrique, né en 1788, à Annan, dans le comté de Dumfries, prit, à l'âge de dix-ans et comme élève, du service à bord d'un navire de commerce, avec lequel il fit à diverses reprises la traversée de Liverpool aux États-Unis. Son temps d'apprentissage préalable de la mer une fois écoulé, il entra dans la marine royale en qualité de *midshipman* (enseigne). Au mois de février 1814 il se rendit aux États-Unis avec le vaisseau de ligne l'*Asia*, sur lequel lord Cochrane avait son pavillon amiral. A quelque temps de là il était appelé à faire partie de la flotte destinée à agir sur les lacs du Canada contre les États-Unis. Promu alors au grade de lieutenant, on lui confia le commandement d'un schooner sur le lac Érié.

Revenu des lacs en 1817, mis à demi-solde et retiré à Lockmaben, en Écosse, auprès d'une tante, ce fut dans un voyage à Édimbourg, en 1820, qu'il connut le docteur Oudney, et qu'il obtint de lui la permission de l'accompagner dans le voyage d'exploration que la Société Africaine l'avait chargé d'entreprendre dans l'intérieur de l'Afrique. Le lieutenant Denham se joignit à eux. Après un court séjour à Tripoli, ils partirent au mois de février 1822 pour se rendre à Bornou, où Denham se sépara de ses compagnons en se dirigeant plus au sud. Clapperton avec Oudney s'enfonça dans le désert de Bornou, reconnut le lac Tchad, et après avoir perdu en route son compagnon de voyage, arriva ainsi dans l'empire des Fellatahs, les conquérants de cette partie de l'Afrique, et pénétra jusqu'à la capitale, Sakkatou, où il reçut du sultan Mohammed-Bello, l'accueil le plus amical. Ce chef, à demi barbare, mais plein de sagacité, parut même comprendre l'avantage que ses sujets et lui pouvaient retirer de relations commerciales avec l'Angleterre. Il offrit de recevoir un consul anglais, et alla jusqu'à promettre de seconder les vues de cette puissance pour l'abolition de la traite. Clapperton n'obtint pourtant pas l'autorisation de pousser son voyage plus à l'ouest. En conséquence, il se décida à s'en retourner, et rejoignit en route Denham, avec lequel il arriva en Angleterre en 1825. Le résultat de leur voyage était d'une haute importance pour la connaissance de l'intérieur de l'Afrique; cependant la solution de cette grande énigme géographique : le véritable cours du *Niger*, n'avait été que médiocrement avancée.

En récompense de son dévouement à la science, Clapperton fut promu au grade de capitaine, et bientôt après le ministre lord Bathurst le chargea d'entreprendre un nouveau voyage à la baie de Benin pour de là pénétrer jusqu'à Sakkatou et Bornou et reconnaître le cours du Niger. Clapperton quitta l'Angleterre au mois d'avril 1825, en compagnie du capitaine Pearce et des médecins Dickson et Morison. Ses compagnons, qui une fois débarqués sur le sol africain se séparèrent de lui pour suivre chacun une direction différente, trouvèrent tous la mort en route. Plus heureux, Clapperton pénètre sans encombre jusqu'à Sakkatou par une route nouvelle, où il trouve des peuples bienveillants et des villes considérables, telles que *Katunga* et *Kano*. Il est d'abord bien accueilli par Bello; mais à ce bon accueil succède bientôt la défiance. Des rapports adressés à ce chef lui avaient présenté les voyageurs anglais comme des espions dont il fallait se garder, et la Grande-Bretagne comme une puissance redoutable à tous ceux qu'elle semblait caresser. Déjà, lors du premier voyage de l'envoyé anglais, ce sultan d'une contrée inconnue de l'Afrique s'était montré très-bien informé de la conduite des Anglais dans l'Inde; et avait témoigné sur les projets des inquiétudes que Clapperton n'avait pas eu peu de peine à dissiper. Cette fois, un nouveau grief indisposait Bello contre l'Angleterre : le chéick de Bornou, pour qui Clapperton apportait une lettre et des présents, il ne pouvait qu'être mécontent de ces relations avec son ennemi. Celui-ci avait brûlé une ville fellatah avec des fusées à la Congrève, que lui avait données le major Denham, acte à la fois inhumain et imprudent, qui avait justement irrité Bello. Il s'empara des présents et de la lettre pour le chéick, et ne permit pas que Clapperton continuât sa route. Accablé par le chagrin et par une fièvre dysentérique, le malheureux Anglais, maigré la force de sa constitution, ne tarda pas à succomber. Il périt, après un mois de maladie, le 13 avril 1827, à Tschangary, près Sakkatou, sans autre secours que celui de son fidèle et courageux domestique, Richard Lander, à qui l'on a dû depuis de nouvelles lumières sur ces contrées funestes, et qui les a payées de sa vie, comme son maître.

Clapperton fut le premier Européen qui en partant de la baie de Bénin parvint si loin dans l'intérieur de l'Afrique et qui remonta le cours du Niger pendant une longue étendue. C'était un fort bel homme. Sa bonté, son humanité, son courage, lui conciliaient partout l'estime et l'affection. N'ayant point reçu une éducation classique, il n'avait pu rédiger ses journaux de voyage qu'avec une extrême simplicité. Les relations publiées sur ses notes et sur celles de Lander n'en

43.

offrent pas moins beaucoup d'intérêt, par la véracité des récits et par la quantité de notions importantes qu'on y trouve sur des pays jusque alors ignorés. Barrow a été l'éditeur non-seulement du premier voyage de Clapperton, intitulé : *Narrative of Travels and Discoveries in northern and central Africa in the years 1822, 1823 et 1824, by Denham, Clapperton and Oudney* (Londres, 1826), mais encore de son second voyage, rédigé d'après les papiers rapportés par Lander, sous le titre de : *Journal of a Second Expedition into the Interior of Africa, from the bight of Benin to Saccatoo* (Londres, 1829). L'ouvrage de Lander, *Records of Clapperton's last Expedition to Africa* (2 vol., Londres, 1830), complète l'histoire des expéditions scientifiques de Clapperton. AUBERT DE VITRY.

CLAQUE, CLAQUEURS. On appelle ainsi les misérables qui forment une coalition immonde attachée à chaque théâtre et destinée à soutenir, à applaudir, à *claquer* les pièces et les comédiens, quelle que soit la médiocrité des unes et des autres. Peut-on sans dégoût laisser tomber un regard sur ces créatures, plus viles que les plus viles prostituées, puisque celles-ci ne s'adressent qu'aux misères du corps, tandis que les autres viennent gâter et souiller les œuvres de l'intelligence et de l'art! Peut-on croire que sous les yeux de l'autorité, au milieu d'une société qui se montre si vaniteuse sur les choses de l'esprit, on ait laissé se former, croître et se fortifier, au point de se rendre redoutable et indestructible, — les événements l'ont bien prouvé, — une association de gens dont la plupart ne savent ni lire ni écrire, dont le plus grand nombre appartient à la classe des repris de justice, dont la totalité n'a ni nom, ni feu, ni lieu, et qui pourtant tous les soirs, dans les vingt théâtres de la capitale, et du parterre, où elle a établi son bouge, impose aux ignorants et ignobles arrêts aux gens honnêtes, lettrés, polis, qui composent le reste des spectateurs ! Mais que disons-nous? ses prétentions, son despotisme, son pouvoir, vont bien plus loin ! Que dans la salle il se trouve un homme de cœur et de goût qui, en voyant cette bande de voleurs, d'escrocs, de vagabonds, applaudir une mauvaise pièce ou un pauvre acteur, veuille protester par un sifflet ou un murmure improbateur contre cette manœuvre dégoûtante, à l'instant tous les *escarpes* dramatiques du parterre se lèveront en poussant des vociférations contre lui et demanderont son expulsion, que souvent ils exécuteront eux-mêmes en accompagnant cette infâme iniquité d'injures et de mauvais traitements. Chose étrange et déplorable! cette rapide esquisse de quelques faits si honteux n'est point une révélation; et nous n'avons ni mérite ni courage à la produire au grand jour. Comédiens, auteurs, directeurs, le public, l'autorité elle-même, personne n'en ignore. Tout le monde à cet égard en sait peut-être plus que nous. Mais comment les choses en sont-elles venues là? Comment, lorsque tout le monde a l'air de s'en plaindre, personne ne fait-il rien pour prévenir, réprimer, punir des faits si notoires et si funestes à la société et à l'art? Nous allons essayer de le dire aux risques, dépens et périls de qui il appartiendra.

Il semblerait, dans les temps antérieurs, que c'est D o r a t qui avait commencé par une cabale régulière pour soutenir ses pièces au théâtre; mais c'était à sa vanité plus qu'à ses intérêts qu'il sacrifiait ainsi, car pour se faire applaudir il achetait des billets de parterre, qu'il distribuait à des fournisseurs et à des domestiques. Ses affaires en furent fort dérangées, et tout le monde sait le mot si plaisant qui lui échappa après la réussite d'un de ses ouvrages : « Encore un succès comme celui-là, et je suis ruiné ! » Dans la *Dunciade* et dans les Mémoires de l'époque, il est question de cabaleurs et d'un certain chevalier de La Morlière, qui s'était constitué comme une sorte d'entrepreneur de succès dramatiques. Enfin, Figaro, en s'écriant que pour soutenir ses ouvrages il a eu soin de placer dans le parterre « des mains comme des battoirs, » donne la preuve que même jadis des cabales étaient organisées au théâtre; mais, répétons-le bien vite, non-seulement ces cabales n'étaient productives que pour la vanité de ceux qui en faisaient un usage passager, mais encore elles étaient fort onéreuses pour leurs intérêts. Le nombre de billets auxquels les auteurs avaient droit étant fort restreint, ils étaient alors obligés d'acheter de leur bourse le surplus des places qu'ils distribuaient à leurs amis et aux cabaleurs. Tout cela disparut, comme le reste, dans la tourmente révolutionnaire, et ce fut seulement dans les premiers temps de l'empire que les cabales et les cabaleurs se remontrèrent sous une forme régulière et organisée. Chaque théâtre eut ses claqueurs. A l'Opéra les principaux artistes de la danse et du chant étaient soutenus par l'ancien perruquier de Gardel, un nommé Duplessis, qui, se faisant vieux, fut remplacé par un autre coiffeur, plus jeune, nommé Plaisir, et dont la boutique était située rue Montorgueil d'abord, et plus tard rue Richelieu. Aux Français, c'était un certain Leroux qui tenait l'emploi de chef de cabaleurs. Au théâtre de l'Impératrice, Picard avait confié cette noble mission à un sieur Darius, son ancien camarade de classe, pédagogue, et, je crois même, moine défroqué. A l'Opéra-Comique, on appelait *le chevalier Leblond* celui qui conduisait la troupe des claqueurs. Au Vaudeville, c'était un nommé Pache.

S'il fallait en croire les *on dit* de l'époque, ce serait le spirituel Dupaty qui aurait dressé les cabaleurs à la tactique larmoyante, afin de provoquer les émotions des spectateurs. Plus tard même, dit-on, pour provoquer les rires, les claqueurs vétérans auraient imaginé de chatouiller leurs jeunes et inexpérimentés complices pour amener d'apparents éclats de gaieté naturelle qui excitassent ceux des autres spectateurs, d'où était venu pour cette nouvelle espèce le sobriquet de *chatouilleurs*; plaisanterie dont certains feuilletonistes ont beaucoup trop abusé, puisque la chose a été prise au sérieux par des touristes étrangers. Mais toutes ces manœuvres n'avaient alors qu'un but : le succès de la vanité des auteurs et des comédiens; ceux-ci n'en retiraient aucun bénéfice pécuniaire, et les misérables qui servaient cette gloriole y trouvaient à peine de quoi subsister. Le chef seul de la claque avait, de l'un ou de l'autre, une rétribution, qui variait entre 20 et 50 francs par mois, mais s'augmentait à la vérité des billets que le poète ou l'artiste recevait de droit du théâtre, et qu'il donnait à son cabaleur. Chaque chef de claque, dans les divers théâtres, recevant chaque jour de chaque auteur et de chaque comédien ou comédienne un certain nombre de billets, médiocre pour chacun d'eux, mais qui se grossissait par la réunion, après avoir gardé pour ses gens les billets nécessaires, en vendait ou faisait vendre le surplus à des prix inférieurs au tarif du bureau. Le digne personnage principalement chargé de cet office, et qui centralisait cette vente en recevant des chefs de claque de chaque théâtre leurs billets surabondants, était une vieille, grosse et hideuse femme, qui se tenait, à partir de deux heures environ, assise sur une chaise, rue Neuve-des-Petits-Champs, entre l'hôtel du ministre des finances (aujourd'hui passage Choiseul) et l'hôtel de l'administration de la loterie, et qu'on avait surnommée la *Vénus de l'Égout*, en raison de l'écoulement d'eaux bourbeuses au-dessus duquel elle avait établi le siège de ses opérations. Là on trouvait bien, à bon marché et pour les jours de représentations ordinaires, des billets de tous les théâtres, mais pour des places d'ordre inférieur. C'était là, avec les rétributions mensuelles, ce qui faisait vivre les chefs de la claque. Quant aux claqueurs, à ceux que les chefs employaient, ils ne vivaient pas de ce métier. Presque tous étaient des ouvriers, des tailleurs et surtout des perruquiers, qui s'habillaient proprement, qui aimaient beaucoup le théâtre, mais n'ayant pas d'autre moyen d'y aller, mettaient leurs battoirs à la disposition des chefs de claque, sans autre bénéfice que le plaisir de voir la comédie *gratis* et quelques rafraîchissements pris avant et après le spectacle chez le marchand de vin du coin.

A vrai dire, ce n'était même que pour les premières représentations de grands ouvrages qu'on avait recours à ces moyens. Mais faut-il ajouter que dès ce temps-là le public murmurait de ces manœuvres; que les administrations théâtrales s'en plaignaient, et que de temps à autre la police inquiétait la vente clandestine des billets donnés de la *Vénus de l'Égout*. Dès ce temps encore la médisance prétendait que l'auteur des plus célèbres opéras de l'époque aimait mieux faire vendre à la porte du théâtre une partie des billets d'orchestre auxquels il avait droit, que de les donner à ses amis. Cent bruits fâcheux en couraient à sa honte, mais peut-être étaient-ils calomnieux; dans tous les cas, ce triste exemple n'avait point été contagieux, et les choses marchèrent ainsi sans scandale, et l'on peut presque dire sans abus, jusqu'à la première moitié de la Restauration. Un homme jeune alors, un auteur, de tous le plus ingénieux, le plus fécond, le plus spirituel, M. S c r i b e enfin, qu'il est doux de nommer, puisqu'il y a toujours plaisir et honneur à l'appeler par son nom, remplissait tous les théâtres de ses ouvrages. Le Gymnase, dont il avait fait la fortune; l'Opéra-Comique, qui lui devait ses plus grands succès; le Théâtre-Français, dont il commençait à ranimer et à enrichir la scène; l'Opéra, dont il devait renouveler le genre et la gloire, donnaient chaque jour des pièces de lui, et il en recevait légalement tant de billets que l'on peut vraiment dire qu'il n'en savait que faire. Il eut la pensée, bonne alors, de les vendre à forfait, et moyennant 6,000 francs par an, à un nommé *Sauton*, entrepreneur de succès dramatiques, chef de claqueurs pour le Vaudeville et les Variétés, et qui s'attacha plus exclusivement au Gymnase, lorsque le génie de M. Scribe et l'habile administration de MM. Poirson-Delestre et Cerf-Beer établirent la prospérité de ce théâtre. Le marché, qui semblait bon pour M. Scribe, était excellent pour Sauton: car cet individu devint en peu d'années possesseur de fort belles propriétés, que sans doute il n'aurait jamais pu acquérir s'il fût resté ce qu'il était précédemment, c'est-à-dire marchand de jouets d'enfants au passage des Panoramas. La *claque* prit alors une consistance et une influence déplorables, non pas seulement sur les succès dramatiques, mais encore sur les choses de la politique.

On l'a remarqué il y a déjà longtemps, le théâtre est un réflecteur, un thermomètre assez sûr de l'opinion publique. Il existe entre eux et l'un sur l'autre une réaction par les allusions naturelles ou provoquées qui se présentent dans les ouvrages, par le jeu de la scène et des comédiens; mais ces allusions ne deviennent sensibles que quand les applaudissements les mettent en saillie et en donnent la signification à la masse des spectateurs, dont les trois quarts sans cela ne les comprendraient pas. Sous la Restauration, le théâtre devint un des moyens les plus actifs de l'opposition, et les claqueurs en furent les indispensables agents. Comme juges littéraires, les claqueurs eurent d'ailleurs mille avanies à souffrir. En 1825, les élèves des Écoles les mirent publiquement à la porte de l'Odéon, après les avoir rossés. En 1824, le Vaudeville, dans une représentation extraordinaire, avait lancé contre eux un prologue en vers, intitulé: le *Dernier des Romains*, nom qu'on leur avait donné jadis, sans qu'on puisse en savoir l'origine, comme depuis on les avait appelés: *les chevaliers du lustre*, parce que c'est sous le lustre, au parterre, que se rassemble le gros de leur cohorte. Mais ces injures, toutes publiques, toutes violentes qu'elles fussent, étaient insuffisantes pour décourager des êtres sans cœur et sans pudeur, et qu'aucun affront ne saurait atteindre. A partir de l'époque dont nous parlons et successivement, le métier des claqueurs se consolida, s'agrandit. Leur chef dans chaque théâtre eut une importance réelle; il fit en quelque sorte partie du personnel, et les choses n'ont fait que se fortifier depuis. Non-seulement le chef va *travailler* avec l'auteur de la pièce nouvelle, qui lui indique les passages où il faudra sourire, rire, éclater, ou

bien s'attendrir, s'émouvoir, applaudir peu, plus, beaucoup, mais encore il assiste aux dernières répétitions générales; il prend des notes sur les *effets* de chaque acte, de chaque scène, de chaque couplet, afin de distribuer avec intelligence et de graduer convenablement, les *oh!* les *ah!* les murmures approbateurs, puis les bravos, les trépignements et le délire.

Dans une affaire de ce genre, les auteurs et les comédiens ne sont plus les seuls ni même les principaux coupables: évidemment ce sont les directeurs de théâtre. Ceux-ci comprirent bien vite le parti qu'ils pouvaient tirer de l'association de ces malfaiteurs dramatiques, et ils en usèrent largement. Comme aujourd'hui pièces et artistes ne peuvent être applaudis que par les claqueurs, comme ces industriels n'applaudissent que ce qu'ils ont ordre d'applaudir, lorsque un acteur ou une actrice est tombé dans la disgrâce de son directeur, et que ce directeur ne peut rompre l'engagement encore long et onéreux qu'il a contracté avec l'artiste, alors, pour dégoûter celui-ci et le forcer à demander lui-même la résiliation, sans indemnité, de son engagement, le directeur donne l'ordre aux claqueurs de ne plus applaudir M. un tel ou Mme une telle, et mieux encore de les *chuter*; si bien qu'à la fin d'une tirade pleine de sensibilité, en concluant une roulade à effet, en terminant une brillante pirouette, le pauvre artiste non-seulement ne recueillera pas le plus léger *bravo*, mais que même il entendra des *chuchottements* malveillants s'élever de diverses parties de la salle. Comment résister à des manœuvres si funestes pour son talent, sa réputation, son existence! Quel théâtre de province même voudrait engager un acteur dont le public de Paris a l'air de ne plus vouloir? Le coup est immanquable, et l'artiste, démoralisé, ruiné, regarde bientôt comme une faveur le droit de quitter une scène où, sans la malveillance intéressée de son directeur, il jouirait encore de toute la sympathie que le public accorderait au talent qu'il possède toujours, mais dont la direction du théâtre a, dans son caprice arbitraire, jugé qu'elle n'avait plus besoin.

On voit par là l'importance réelle qu'a fini par exercer sur le public, sur l'art, sur les théâtres, l'usurpation abrutissante et honteuse des claqueurs. Aujourd'hui ce sont les claqueurs, constitués par les intérêts considérables que leurs chefs ont engagés avec les auteurs et les directeurs, qui font ouvertement la loi dans les théâtres, et, ce qui est pis, qui ont le *droit* de la faire; en effet, les claqueurs, étant rétribués par leur chef, sont tenus envers lui à des *devoirs* qu'ils sont obligés de remplir sous peine d'être *mis à pied*, c'est-à-dire renvoyés. Le chef de la claque a le devoir et le droit de diriger sa bande dans le sens indiqué ci-dessus, car il y est autorisé par le directeur, dont il reçoit à chaque occasion les instructions spéciales; par les appointements qu'il reçoit du directeur, par la contribution qu'il lève sur les acteurs, et enfin par les contrats qu'il passe avec les auteurs, en leur achetant d'avance leurs billets. Il court en effet des risques très-réels: il perd ses appointements fixes s'il ne remplit pas tous les ordres du directeur; il perd les avances qu'il a faites à un auteur si la pièce dont il a traité n'a pas un grand succès et n'atteint pas le nombre de représentations suffisantes pour qu'il ait pu revendre avec bénéfice les billets qu'il a achetés. De là l'ardeur que déploient les claqueurs et leurs chefs, les dangers même qu'ils s'exposent à courir, et que peuvent seuls expliquer le besoin, la cupidité, la soif du gain. Que Frédéric Soulié, que M. Victor Hugo, que M. Alexandre Dumas, aient vendu et escompté d'avance leurs billets d'auteur, pour les représentations du *Talisman*, de *Lucrèce Borgia*, de *la Tour de Nesle*, moyennant douze, quinze, vingt mille francs (le tout par supposition et selon les *on dit*), il faut que le chef de la claque, acheteur-escompteur, non-seulement rentre dans les sommes qu'il a versées à ces messieurs, mais encore qu'il ait le bénéfice et l'intérêt de son argent; il faut alors que ces pièces aient un succès étourdissant ; il faut que rien ne vienne troubler ou amoindrir ce succès, qui s'il était compromis ferait perdre de l'argent au chef de la claque, ou, dans les termes de *l'argot*, lui ferait *boire un bouillon*.

Mais, dira-t-on, ce droit dont vous parlez, ce n'est pas de la loi que le tiennent les misérables dont il est question ? Assurément : et certes on ne manquera pas de textes quand on voudra faire cesser cet abus ; mais ce droit est né des intérêts qui ont mis ces associations et ces pratiques en un usage que le temps, l'indifférence, la préoccupation, la faiblesse de l'autorité, ont laissé se consolider. Les règlements de police théâtrale défendent qu'aucun individu pénètre avant le public dans l'enceinte de la salle et avant l'heure affichée de l'ouverture. Cependant, au vu et au su de tout le monde, la bande des claqueurs entre par la porte du théâtre pour s'emparer, avant tout le monde, des places qu'elle doit occuper stratégiquement, afin de dominer les centres et les ailes dans les représentations importantes. Le commissaire de police attaché à chaque théâtre le sait, le voit ; il connaît la mission et la qualité *sociale* des claqueurs ; il sait et surveille leurs manœuvres ; il est en relation et en rapport avec le chef de la claque, qui fait ainsi, en quelque sorte, partie de l'ordre public.

A. Delaforest.

Dans ces derniers temps, l'administration manifesta l'intention de supprimer les claqueurs dans les théâtres. Ils disparurent, dit-on, à l'Opéra-Comique. On annonçait qu'il allait en être de même au Théâtre-Français, quand tout à coup l'administration renonça aux mesures qu'elle avait cru devoir prendre contre les entrepreneurs de succès dramatiques. Les directeurs de théâtre reçurent une communication officieuse qui leur permit de recourir, comme par le passé, à ces entrepreneurs, dont quelques procès ont révélé les sales opérations. Mais pourquoi ce revirement de l'autorité ? Les théâtres seraient-ils trop froids ou trop vides sans claque ? Se serait-elle reconstruite aussi puissante, ou plus puissante peut-être, sans autorisation ? En est-il de la claque comme de la prostitution, qu'il vaut mieux, à ce qu'on dit, surveiller d'une manière patente que de risquer de la voir renaître clandestinement après sa suppression ? Peut-être fera-t-on aussi des règlements pour la claque. Pourquoi pas ?

Du reste, la claque n'est pas d'invention aussi moderne qu'on pourrait le croire ; à cet égard, *voyez* notre article Applaudissement.

CLARAC (Charles-Othon-Frédéric, comte de), d'une ancienne famille de Béarn, élu membre de l'Académie des Beaux-Arts en 1838, naquit à Paris, en 1777. Il montra de bonne heure le goût le plus vif pour les arts. Mais, nos discordes civiles ayant décidé son père à s'expatrier, il dut l'accompagner dans l'émigration, et fit avec lui partie de l'armée de Condé jusqu'à sa dissolution. Il passa alors en Italie, où ses connaissances variées en archéologie lui firent confier la direction d'une partie des fouilles de Pompéi par le roi de Naples Joachim Murat, dont il élevait les enfants. Revenu à Paris en 1814, il suivit l'année suivante Louis XVIII à Gand, et rentra à Paris avec lui. Sa passion pour les arts le décida à aller étudier la nature vierge en Amérique, où il accompagna le duc de Luxembourg, nommé ambassadeur de France à Rio-de-Janeiro. C'est à ce voyage que l'on doit la belle gravure représentant *Une forêt du Brésil*. En 1818 M. le comte de Clarac fut nommé conservateur des antiques au Musée du Louvre, en remplacement de Visconti. On a de lui, outre un bon *Catalogue* de ce musée et un *Manuel de l'Histoire de l'Art*, le *Musée de Sculpture antique et moderne*, ou Description de tout ce que le Louvre, le Musée des Antiques et le Jardin des Tuileries renferment en statues, bustes, bas-reliefs et inscriptions, accompagnée d'une iconographie grecque et romaine, et de plus de 1,200 statues antiques tirées des principaux musées et des diverses collections de l'Europe ; œuvre magnifique, commencée en 1825,

continuée jusqu'à ses derniers moments, et qui absorba sa fortune. Il est mort en 1847.

CLARE, comté de la province de Munster en Irlande, d'une superficie totale de 50 myriamètres carrés, est borné au nord par le comté de Galway et la baie du même nom ; à l'ouest par l'océan Atlantique ; au sud, par la large baie qu'y forme l'embouchure du Shannon vers Kerry et Limerick ; à l'est, par le même cours d'eau et par une partie du lac de Dergh vers Tipperary. Quoique en général montagneux, il ne laisse pas que d'offrir encore beaucoup de vallées riches en pâturages, favorables dès lors à l'élève du bétail, et même bon nombre de plaines propices à la culture des céréales et surtout des pommes de terre. La population, forte de 280,000 âmes, s'occupe surtout, indépendamment de la fabrication de quelques toiles, de la pêche du hareng et du saumon à l'embouchure du Shannon. Mieux exploitées, les diverses mines donneraient sans doute des produits plus importants. Le chef-lieu de ce comté est *Ennis*, sur le Fergus, avec 8,800 habitants et un commerce assez actif.

Clare est un bourg situé à l'embouchure du Fergus dans le Shannon ; il donne son nom à tout le comté. Un autre bourg très-ancien, du même nom, datant peut-être de l'époque des Romains, mais que très-certainement les Saxons fortifièrent, existe en Angleterre, sur le Stour, dans le comté de Suffolk, avec environ 2,000 habitants. C'est de lui que la famille des ducs de Newcastle prend le titre de *marquis de Clare*.

CLARE (John), poëte anglais contemporain, dont le génie ne se développa qu'en luttant contre la misère, naquit le 13 juillet 1793, à Helpstone, dans le comté de Northampton. Son père, pauvre ouvrier à moitié perclus, ne suffisait qu'à grand'peine aux besoins de sa famille, et ce ne fut qu'en travaillant assidûment le soir, après sa journée ordinaire, dont le produit devait servir à sa subsistance, que John parvint à amasser l'argent nécessaire pour payer les frais d'école et apprendre à lire. Les *Saisons*, de Thomson, éveillèrent le génie poétique de cet enfant, alors âgé de treize ans, et lui inspirèrent ses premiers vers, *The Morning-Walk*, petit poëme qu'il composa dans une promenade à travers le parc-Burghley, et que suivit bientôt *The Evening-Walk*. Quand arrivait l'hiver, le pauvre enfant était obligé d'aller deux ou trois fois par semaine chercher de la farine à un village voisin. Le plus souvent il en revenait lorsque déjà il faisait nuit noire, et alors pour tromper l'ennui de la route, et aussi pour chasser la peur, il fixait ses yeux sur la terre et mettait en vers les histoires fantastiques de revenants et de génies que sa mère lui avait racontées ; et ce travail captivait tellement toutes ses facultés, que plus d'une fois il se trouva à Helpstone alors qu'il s'en croyait encore bien loin.

Un nommé John Turnhill, qui habitait le même village, ayant eu occasion de voir les essais poétiques de John Clare, s'intéressa à son sort, et lui donna des leçons d'écriture et de calcul. Les progrès de l'enfant furent rapides, et, malgré les travaux manuels qui l'occupaient constamment le jour, sans autres maîtres que quelques pauvres ménétriers de village, il apprit à jouer du violon. Il parvint même à une assez grande force sur cet instrument, qui par la suite fut pour lui une précieuse ressource, grâce à laquelle il put améliorer sa position. Après avoir pendant treize années, et sans recevoir de qui que ce soit au monde le moindre encouragement, fait des vers dans lesquels il chantait Dieu et la Nature, tout en maniant la bêche et la serpette, John Clare se laissa séduire par quelques idées de gloire militaire, et s'enrôla dans la milice de Peterborough. Au bout d'une année de service, sa santé se trouva si délabrée, que force lui fut de regagner Helpstone et le toit paternel, plus pauvre et plus misérable que jamais, et de reprendre la bêche. Son père était devenu encore plus infirme, plus impotent, et Clare, malgré sa santé délabrée et ses forces épuisées, dut alors subvenir seul par son travail aux besoins de toute la famille. C'est de cette époque que date la petite pièce de vers intitulée : *Qu'est-ce que la vie?* sujet dont il sut racheter la banalité par une originalité et une chaleur d'expression des plus remarquables. En 1818, un sonnet qu'il composa sur *le Soleil* tomba par hasard entre les mains d'un libraire de Stamford, appelé Drury. Par les conseils de cet homme, et, comme il nous l'apprend lui-même, *pour payer son cordonnier*, John Clare donna alors au public un recueil de ses poésies (*Poems descriptive of Rural Life and scenery*, 3ᵉ édition, Londres, 1820), qui, par leur simplicité pleine de charmes et de vérité, en même temps que par leur originalité, excitèrent un intérêt général. La pièce la plus remarquable qu'on y trouve est sans contredit celle qui a pour titre : *Adress to Plenty in Winter*, et où il décrit avec une vérité qui brise le cœur les souffrances du pauvre. En 1821 il fit paraître un nouveau choix de poésies, sous le titre de : *The Village Minstrel, and other poems* (2 vol., Londres).

Le produit de ces divers ouvrages et les secours de quelques généreux protecteurs des lettres le mirent en état de s'acheter une chaumière à Helpstone, d'épouser la bien-aimée de ses jeunes ans, et d'assurer une existence plus douce à ses parents. Il continuait d'ailleurs d'écrire des vers pour des *Magazines* et des *Annuals*; et on pouvait remarquer que toutes ses productions nouvelles l'emportaient sur leurs aînées par un style de plus en plus correct et choisi. L'existence était devenue douce et facile pour le pauvre John Clare; malheureusement il se laissa aller à spéculer sur des terrains, et perdit à ce métier tout ce qu'il possédait. Il n'eut pas la force de supporter un tel coup du sort; et sa raison ne tarda pas à s'égarer complètement. C'est dans un asile d'aliénés qu'a fini cette remarquable intelligence.

CLAREMONT, château de plaisance situé à peu de distance de Windsor, et construit par la famille des comtes du même nom, fut assigné, en 1816, après le mariage de la princesse Charlotte de Galles, alors héritière de la couronne d'Angleterre, avec le prince Léopold de Saxe-Cobourg, comme résidence aux jeunes époux; puis, quand la princesse mourut au mois de novembre 1817, un acte du parlement en assura au prince la jouissance viagère, avec une pension de 5,000 liv. sterling. Le prince Léopold continua de résider à Claremont jusqu'à l'époque de son élection au trône de Belgique, en juillet 1831; mais depuis il ne l'habita plus qu'à l'occasion de quelques visites qu'il eut lieu de rendre à l'Angleterre, visites auxquelles se rattachaient toujours des négociations politiques. Après la révolution de Février, le roi des Belges mit cette résidence à la disposition de son beau-père, l'ex-roi Louis-Philippe, qui l'habita jusqu'à sa mort, arrivée le 16 août 1850, et dont la famille y demeure encore aujourd'hui. Claremont est pour la branche cadette de la maison de Bourbon ce que Frohsdorff est pour l'aînée. C'est dans ces deux manoirs que les rares fidèles de l'une et de l'autre famille vont de temps à autre porter l'expression de leurs dévouement et leurs vœux pour un meilleur avenir.

CLARENCE (Ducs de) *Voyez* CLARENTZA.

CLARENDON, parc et ancien château royal dans les environs de Salisbury, où, en l'an 1164, le roi Henri II convoqua la grande assemblée des barons et des prélats d'Angleterre, des délibérations de laquelle sortit le recueil de décisions et de prescriptions légales désignées dans l'histoire d'Angleterre sous le nom de *Constitutions of Clarendon*. Elles soumettaient le clergé à la juridiction de l'autorité séculière, et provoquèrent la longue lutte qui s'établit entre Henri II et Thomas Becket.

CLARENDON (ÉDOUARD HYDE, comte de), grand chancelier d'Angleterre, né à Dinton, dans le Wiltshire, en 1608, fit ses études à l'université d'Oxford, et étudia ensuite le droit sous la direction de son oncle, Nicolas Hyde, président de la cour du *King's-Bench*. Dans le long parlement, sous le règne de Charles 1ᵉʳ, il s'était acquis par ses talents la confiance de tous ses collègues. Quand la guerre civile éclata, il prit fait et cause pour le roi, qui le nomma chancelier de l'échiquier et membre de son conseil privé. En 1644, il accompagna à l'île de Jersey le prince Charles, devenu plus tard Charles II; et après le départ de ce prince pour la France, il continua de résider encore pendant deux années dans cette île, ébauchant dès lors son *Histoire des Guerres civiles d'Angleterre*. Il rédigea aussi à Jersey les différents écrits qui parurent au nom du roi en réponse aux manifestes du parlement.

Après le supplice de Charles 1ᵉʳ, le prince de Galles l'appela auprès de lui en France, et l'envoya à Madrid essayer d'obtenir quelques secours de cette cour. De là il se rendit à Paris, pour réconcilier la reine mère avec le duc d'York, puis à La Haye, où, en 1657, Charles II le nomma lord grand-chancelier d'Angleterre. Après la mort de Cromwell, Clarendon contribua plus que qui ce soit à l'heureuse issue des négociations par suite desquelles Charles II put monter sur le trône de ses pères; mais son zèle pour arriver à l'extirpation des dernières traces du presbytérianisme lui nuisit singulièrement dans l'opinion. En 1660, il fut nommé chancelier de l'université d'Oxford, en 1661 pair et *baron Hyde, vicomte Cornbury* et *comte Clarendon*.

Par sa résistance à une motion faite dans le parlement en faveur de la liberté de conscience, et par son attachement aux principes intolérants de l'Église dominante, il irrita tous les dissidents en même temps qu'il déplut au roi, qui par cette mesure avait espéré adoucir la situation des catholiques. Son influence sur l'esprit de Charles II devint d'autant plus que celui-ci tenait bien moins à avoir un ministre habile, qu'un instrument docile de ses prodigalités et de ses actes arbitraires. Le peu de succès avec lequel fut conduite la guerre de Hollande, à laquelle le lord chancelier s'était cependant opposé dans le conseil, la vente de Dunkerque à la France et d'autres faits encore, provoquèrent vivement le mécontentement public contre Clarendon en sa qualité de premier ministre; bientôt même, quand Clarendon eut déjoué le plan conçu par Charles II de se faire séparer de la reine sa femme pour épouser la belle lady Stuart, que l'habile ministre fit marier avec le duc de Richmond, la répugnance que le roi en était venu à éprouver pour lui se transforma en haine déclarée. Il lui enleva ses charges et ses dignités; et un acte d'accusation de haute trahison fut dressé contre lui par la chambre des communes. Un ordre royal enjoignit à Clarendon d'avoir à quitter le sol anglais; et le ministre disgracié ayant alors adressé un mémoire justificatif aux membres du parlement, les deux chambres ordonnèrent que ce mémoire serait brûlé publiquement par la main du bourreau, et condamnèrent son auteur à un exil perpétuel.

La haine populaire poursuivit Clarendon jusque sur le continent. Attaqué un jour à Évreux par une bande de matelots anglais, on eut toutes les peines du monde à l'arracher des mains de ces furieux, qui lui firent des blessures assez graves. Il passa ensuite six années alternativement à Montpellier, à Moulins et à Rouen, où il mourut, en décembre 1674. Sa dépouille mortelle fut rapportée plus tard en Angleterre et déposée dans l'abbaye de Westminster. Des différents ouvrages qu'on a de lui le plus remarquable est son *History of the Rebellion and Civil Wars in England* (3 vol., Oxford, 1702; 6 vol., 1807; édition plus complète, Londres, 1826), dont son *History of the Civil War in Ireland* (Londres, 1721) forme le complément. Consultez *Clarendon's State Papers* (Oxford, 1667, 1686) et *The Life of Edward earl of Clarendon* (3 vol.; Oxford, 1761).

Sa fille aînée fut Anna Hyde. Le frère de Charles II, Jacques, duc d'York, devenu plus tard le roi Jacques II, eut occasion de faire sa connaissance chez sa sœur, la princesse d'Orange, à Bréda, et l'épousa en 1659, à l'insu du roi et du lord chancelier. Après la restauration, une grossesse d'Anna Hyde ayant trahi le mystère de cette union, le roi s'empressa de reconnaître la validité du mariage de son frère, dès qu'il lui eut été démontré qu'il avait été contracté suivant toutes les prescriptions de la loi. Il donna à Anna Hyde le titre de duchesse d'York, et déclara qu'il n'y avait là rien qui pût modifier ses sentiments à l'égard de son lord chancelier. Deux filles, Anne et Marie, qui toutes deux montèrent sur le trône d'Angleterre, furent les fruits de cette union.

CLARENDON (Georges-William-Frédéric VILLIERS, comte de), l'un des hommes d'État les plus distingués que possède aujourd'hui l'Angleterre, est le petit-fils de *Thomas* Villiers, fils du comte de Jersey, qui en 1752 épousa l'héritière du dernier comte de Clarendon de la famille Hyde, et qui en conséquence fut créé en 1756 baron Hyde, et en 1776 comte de Clarendon. Né le 12 janvier 1800, il fit ses études à Cambridge, et embrassa la carrière diplomatique. En 1833 il fut appelé au poste, à ce moment fort important, d'ambassadeur à Madrid, où il acquit bientôt une grande influence, qu'il employa à convertir le gouvernement espagnol aux principes constitutionnels. On peut dire de cet homme d'État qu'il a été l'un des agents les plus intelligents de la politique libérale de lord Palmerston; aussi celui-ci fit-il récompenser ses services par la grand'croix de l'ordre du Bain. À la mort de son oncle, décédé sans laisser d'enfants (22 mars 1838), il hérita du titre de comte de Clarendon, et revint en Angleterre prendre possession de son siège à la chambre haute.

Au mois de mai 1839, il fut nommé lord chancelier, fonctions qu'il cumula à partir du mois d'octobre 1840 avec celles de chancelier du duché de Lancastre. Cependant, au mois de septembre 1841, le ministère whig tomba en dissolution; et lord Clarendon devint alors un des membres actifs de l'opposition, dans les rangs de laquelle il se signala surtout pendant la session de 1845 par un discours sur la question de l'Orégon. Puis, lorsque Robert Peel eut proposé la suppression des droits d'entrée sur les blés étrangers, lord Clarendon déclara loyalement qu'il se préoccupait peu des personnes, mais avant tout des faits et des actes; en conséquence, il appuya chaleureusement, dans la séance du 25 mai 1846, la seconde lecture de cette grande mesure. À quelque temps de là, les whigs revenaient au pouvoir, et lord Clarendon était nommé président du bureau de commerce. Mais il ne conserva ces fonctions que jusqu'au mois de juin 1847, appelé qu'il fut alors à succéder au feu lord Besborough dans le poste, aussi difficile qu'important, de lord lieutenant d'Irlande.

Ce pays se trouvait en proie à une agitation extrême; et le vertige révolutionnaire dont toute l'Europe se trouva atteinte à l'époque de la révolution de Février 1848 prit en Irlande un caractère assez menaçant pour que lord Clarendon se vît obligé de demander des pouvoirs plus étendus. Un acte du parlement l'autorisa à suspendre l'*habeas-corpus*, et par une proclamation en date du 31 juillet il appliqua cette mesure à quinze comtés. Pendant ce temps-là, Smith O'Brien avait levé ouvertement le drapeau de l'insurrection; mais il fut arrêté avec ses complices Meagher, O'Donoghue et Leyne dès les premiers jours d'avril, et conduit prisonnier à Dublin. Grâce à l'énergie des mesures adoptées par lord Clarendon, la tranquillité se trouvait partout rétablie, en même temps que par sa conduite pleine de tact et d'impartialité amenait beaucoup à la conciliation des esprits. La sévérité avec laquelle il agit contre les orangistes, notamment à l'occasion des scènes de désordre qu'ils provoquèrent le 12 juillet 1849 à Dollys Brae, irrita vivement contre lui le parti tory, et lord Stanley la dénonça formellement à la chambre haute dans sa séance du 18 février 1850. Lord Clarendon se défendit de manière à confondre ses adversaires. Les ministres approuvèrent complètement toute sa conduite, décision partagée aussi par l'opinion publique.

En février 1852 lord Clarendon fut remplacé en Irlande par le comte d'Eglinton; il est devenu ministre des affaires étrangères dans le cabinet Aberdeen-Russell-Palmerston. Il a épousé en 1839 lady Catherine Grimston, fille du comte Verulam, et veuve de M. Barham.

CLARENTZA (en grec Γλαρέντσα), ville et port de l'éparchie d'Élide, dans le Péloponnèse, au nord-ouest de Gastouni, près du cap de ce nom. Dans l'antiquité, la ville de Cyllène était bâtie tout près de là; mais elle avait disparu avec le temps, et au moment où les Français s'emparèrent de la Grèce, en 1206, il n'y existait plus qu'un petit port pour les bateaux arrivant de Zante ou de Céphalonie, et qui portait le nom de *Saint-Zacharie*. Comme le voisinage des côtes d'Italie et la facilité des communications journalières avec l'Occident avaient déterminé les Français à placer la capitale de leur nouvel État tout près de là, à Andravida, Saint-Zacharie devint bientôt l'échelle d'Andravida, comme autrefois Nauplie celle d'Argos, et le Pirée celle d'Athènes. Le bourg de Saint-Zacharie s'agrandit, et devint la ville de Clarentza, qui prit rapidement une grande extension aussitôt qu'eut été bâtie par Geoffroi de Ville-Hardoin, en 1217, la grande forteresse de Clair-Mont (aujourd'hui Khlemoutzi), qui protégeait toute la côte. C'était là qu'abordaient tous les bâtiments arrivant de Corfou, de Brindes ou de Venise. Clarentza fut pendant tout le treizième et le quatorzième siècle l'entrepôt d'un commerce fort important entre l'Occident et l'Orient. Philippe Brietius, dans son ouvrage sur la division de l'empire du grand Constantin, mentionne toute l'importance de Clarentza, qu'il dit bâtie sur l'emplacement de l'antique Dyme, et il ajoute : « Cette ville fut autrefois la capitale, fort renommée, d'une province appelée de son nom *duché de Clarentza*, lorsque le Péloponnèse avait ses princes propres. »

À l'époque en effet où la famille de Ville-Hardouin régnait sur la principauté d'Achaïe, Isabelle de Ville-Hardouin, fille du prince Guillaume, affectionnait surtout le séjour de Clair-Mont, près de Clarentza. Lorsqu'elle maria sa fille, Mathilde de Hainaut, qu'elle avait eue de son second mari, Florent de Hainaut, avec le duc d'Athènes, Guy II de La Roche, elle lui donna en dot le fief de famille de Calamata; mais après le départ de sa mère pour la Savoie, avec son troisième mari, Philippe de Savoie, en 1305, Mathilde préféra venir se fixer aussi à Clair-Mont, plus rapproché de Clarentza et des communications avec l'Occident; et comme elle portait le titre de duchesse, en qualité de femme du duc Guy II d'Athènes, ce nom se trouva lié avec celui de sa résidence habituelle de Clarentza, et resta dans les habitudes du pays; car ce ne fut qu'un titre princier, et jamais le duché de Clarentza ne prit place au rang des hautes baronnies de la principauté d'Achaïe; c'était, en quelque sorte, un apanage des enfants des princes d'Achaïe. Lorsque Mathilde mourut, en 1324, au château de l'Œuf, où l'avaient fait renfermer le pape et le roi de Naples pour se venger de son refus d'épouser Jean de Gravina, frère du roi Robert, le titre de duchesse de Clarentza devint un souvenir qu'aima à conserver la famille de Hainaut; et ce fut fort probablement cette association d'idées qui détermina Philippine de Hainaut, femme du roi d'Angleterre Édouard III, cousine germaine de Mathilde, à donner à Lionel, le second fils qu'elle eut de son mari, le titre de *duc de Clarence*, qui est resté un des titres de la famille royale d'Angleterre. Quelques historiens anglais assurent que Lionel dut ce titre à son mariage avec Burg, héritière de la baronnie de Clare, en Irlande; mais d'abord il est difficile d'imaginer comment la baronnie de Clare serait devenue, sans constitution féodale connue, le duché de Clarence; puis, ce ne fut pas à l'occasion de ce mariage que Lionel commença à porter son titre de duc de Clarence. BUCHON.

CLARET. C'est le nom que donnent les Anglais aux vins de Bordeaux rouges, et par extension à tous les vins de France, à l'exception des vins de Champagne et de Bourgogne. On les divise en cinq classes. A la première appartiennent les vins de Château-Margaux, Château-Laffitte et Château-Latour; à la seconde, les vins de Saint-Julien, de Pouillac, etc. Il est rare toutefois qu'on les rencontre, les uns ou les autres, sans qu'ils aient subi de mélange ou de préparation. Les sortes inférieures, telles que le Médoc, etc., sont mélangées avec de l'eau-de-vie de Cognac et plus souvent encore avec les vins d'Espagne forts en esprit, et on les vend ainsi en Angleterre pour des vins de première qualité. Le *claret* joue un grand rôle sur les tables anglaises, dans les maisons de l'aristocratie surtout, parce qu'il est plus léger et plus fin que les vins de Porto ou de Xérès (Sherry); et les réductions récentes apportées dans le tarif des droits en a singulièrement accru la consommation.

Ce nom de *claret* est dérivé de notre mot *clairet*, par lequel nous désignons en général tous vins rouges peu forts en couleur.

CLARIFICATION. Ce mot ne s'applique exclusivement qu'aux substances liquides. *Clarifier* une liqueur quelconque, c'est déterminer la séparation, soit par précipitation ou par ascension à sa surface, de toutes les matières étrangères qui y étaient tenues en suspension. Les moyens qu'on emploie pour obtenir cet effet sont très-variés, et ils doivent nécessairement dépendre de la nature des liquides, et même de celle des corps hétérogènes qu'on veut en séparer.

Souvent le trouble dans une liqueur n'est dû momentanément qu'à l'agitation qu'elle a éprouvée et qui a soulevé le dépôt des substances étrangères. Il suffit alors du repos pour remettre tout dans son état primitif, et il ne s'agit, après une nouvelle formation du dépôt, que de soutirer la liqueur à clair. Mais bien souvent aussi il y a trop peu de différence entre la densité de la liqueur et celle des substances qui y flottent, pour que le simple repos soit efficace. Quand il n'y a pas d'inconvénient à étendre la liqueur par de l'eau ou de l'alcool, on peut parvenir à l'éclaircir au moyen de cette addition, qui change le rapport des densités. Ce cas est malheureusement rare.

Si le corps flottant n'est pas de nature visqueuse; s'il n'est pas susceptible d'encrasser les filtres; si d'ailleurs on ne craint pas que le procédé de la filtration détériore la liqueur qu'on veut obtenir claire, on pourra recourir à ce moyen. Mais le plus souvent tout cela n'est pas praticable sans inconvénient, et il faut alors prendre une voie détournée et parvenir à augmenter, soit la densité, soit le volume des corpuscules flottants. C'est à quoi on arrive en en opérant la combinaison avec quelque ingrédient ajouté dans la liqueur. C'est sur cette vue que reposent les procédés de clarification dus au collage et à la coagulation de l'albumine.

Pour toutes les liqueurs qui contiennent un principe astringent, telles que le vin, le cidre, la bière, la gélatine animale est efficace, parce qu'il se forme une combinaison insoluble de ce principe avec la gélatine très-divisée dans la liqueur, et l'espèce de réseau qui en résulte enveloppe les molécules en suspension et les entraîne dans sa chute au fond du vase. Mais s'il n'existe pas de principe astringent, il faudra, en employant l'albumine des œufs ou du sang, recourir à la chaleur, qui les coagulera : c'est ainsi qu'on opère à l'égard du sucre et des sirops; il se forme, comme dans le cas précédent de combinaison chimique, un réseau qui a le même effet. Malheureusement, l'emploi de la chaleur n'est pas dans tous les cas exempt d'inconvénient. Lorsque ce moyen en offre de trop graves, il nous semble qu'on pourrait y suppléer par l'emploi simultané de gélatine et d'un peu de tannin. Le cachou mieux encore pourrait servir à cet usage, parce qu'il n'a ni odeur ni saveur désagréable.

Pelouze père.

CLARINETTE, instrument de musique à bec et à anche. La clarinette fut inventée à Nuremberg, en 1690, par Christophe Denner. C'est de tous les instruments d'insufflation celui dont l'invention est la plus récente : aussi sa structure n'a-t-elle pas atteint toute la perfection que l'on re marque dans la flûte, le hautbois et le basson. Les principaux vices de cet instrument consistent en ce que le son change de caractère et de timbre à chaque octave; que certains tons sont faux, et que la position des clefs, forçant l'exécutant à déplacer plusieurs doigts et même la main entière pour sauter d'une note à une autre, rend certains passages, certains coulés, certains trilles impraticables. Pour remédier à cet inconvénient, faire disparaître une partie des difficultés que le changement de son amenait, et conserver à la clarinette un système uniforme et simple, on imagina de faire autant de clarinettes qu'il y a de tons dans la gamme, en donnant à chacun de ces instruments une proportion plus petite à mesure que l'on tendait à l'aigu. Ainsi, à partir de la clarinette en *sol*, qui est la plus longue de toutes, jusqu'à celle en *fa*, qui est la plus courte, l'instrument perd graduellement la moitié environ de sa longueur et de son diamètre. Les clarinettes en *la*, en *si bémol*, en *ut*, sont d'un usage général à l'orchestre. Nous avons entendu un trio de clarinette en *si naturel* dans *Le Nozze di Lamermoor*, et Rossini s'est servi des clarinettes en *fa* et en *mi bémol* dans les marches exécutées sur le théâtre, *banda sul palco*.

La clarinette est le fondement des orchestres militaires; elle y tient le même rang que le violon dans la symphonie ou dans la musique dramatique. Plusieurs clarinettes en *ut* jouent le chant, tandis qu'un nombre égal forme le second dessus, et qu'une clarinette en *fa* porte l'octave de la mélodie ou bien exécute des traits agiles. Si les grandes clarinettes sont en *si bémol*, on emploie une clarinette en *mi bémol*, qui concorde parfaitement avec ce système.

Les parties de clarinette ont leur place au-dessous de celles des flûtes et des hautbois, qui tiennent les hautes régions de l'harmonie. Cet instrument possède près de quatre octaves à partir du *mi*, du *ré*, de l'*ut* ou du *si*, placé au-dessous du *sol* à vide du violon, selon que la clarinette est en *ut*, en *si bémol*, en *la*, en *sol*. Les compositeurs emploient avec succès son octave basse, vulgairement appelée *chalumeau*, depuis qu'on a su la rendre juste. On peut en faire la remarque dans le trio des masques de *Don Juan*, le quintette de *La Fête du village voisin*, le trio du premier acte d'*Otello*. Gluck est le premier qui ait introduit la clarinette dans la musique dramatique, encore ne la plaçait-il que dans les airs de ballet. Elle est maintenant d'un usage universel; il y a même peu de morceaux en *mi bémol*, en *si bémol*, qui ne doivent une bonne part de leurs charmes à la voix mélodieuse de cet instrument.

On note généralement les parties de clarinette sur la clef de *sol*; les Italiens employaient autrefois celle d'*ut* sur la quatrième ligne pour la musique destinée à la clarinette en *si bémol*, attendu que cette clef convient pour la transposition d'un ton en bas, qu'il faut faire subir à cette musique si on veut l'exécuter sur le piano, le violon ou tout autre instrument. On a soin d'indiquer en tête d'un morceau de musique le ton dans lequel les clarinettes doivent jouer, *clarinettes en si bémol, en la, en ut*, ou bien *clarinetti in B, in A, in C*. Lorsqu'il n'y aucune indication de ton, on se sert de la clarinette en *ut*, dont le système s'accorde parfaitement avec celui des autres instruments de l'orchestre.

Jean Müller, célèbre clarinettiste allemand, a perfectionné le mécanisme de la clarinette. Avec sa clarinette, armée de treize clefs, on peut jouer dans tous les tons et rendre tous les traits avec une égale facilité. Castil-Blaze.

CLARISSES, ordre de religieuses, fondé par sainte Claire en 1212, dans l'église de Saint-Damien d'Assise, que saint François avait réparée. Elles observèrent d'abord la règle de saint Benoît, avec des constitutions particulières, que le cardinal Hugolin fit approuver par le pape Honorius III. En

1224, saint François d'Assise leur rédigea une règle en 12 chapitres, modifiant un peu les austérités de celle de Cîteaux, qu'elles avaient observées pendant douze ans. Cette règle fut approuvée par Grégoire IX, revue par Innocent IV et modifiée par Urbain IV : ce qui fait que l'on compte ordinairement trois règles pour les clarisses, une de 1224 (celle de Saint-François), une de 1246, et une troisième de 1264. La première a été constamment suivie par les *clarisses recluses*, *damianistes*, religieuses de l'*Ave Maria*, etc., la seconde par les *clarisses mitigées*, la troisième par les *urbanistes* et religieuses de Long-Champs. Les vêtements, les jeûnes, les abstinences, les macérations variaient suivant les règles; et il fallut qu'Eugène IV, en 1447, déclarât que toutes les sœurs de Sainte-Claire ne commettraient aucun péché mortel par la transgression de leur règle, sinon pour ce qui regarde les quatre vœux d'obéissance, pauvreté, chasteté, clôture.

Par la règle de Saint-François, les Clarisses étaient obligées de jeûner tous les jours, excepté celui de Noël ; elles avaient les mêmes offices que les frères mineurs, y ajoutant seulement au chœur l'office des morts; elles ne pouvaient recevoir ni retenir aucune possession ; elles étaient tenues au silence depuis complies jusqu'à tierce du jour suivant, et au travail en commun. Il ne leur était accordé pour leur vêtement que trois tuniques et un manteau ; elles allaient pieds nuds, avec ou sans soques, suivant le temps.

Malgré l'austérité de leur règle, les Clarisses se multiplièrent et occupèrent un grand nombre de couvents. On en comptait près de neuf cents au quinzième siècle, avec plus de vingt-cinq mille religieuses, soumises aux supérieurs de l'ordre de Saint-François et presque autant qui reconnaissaient la juridiction des ordinaires. Aujourd'hui elles subsistent, en grand nombre, en Italie, en France, en Belgique, en Bavière, en Asie, en Amérique, et se vouent généralement à l'éducation de la jeunesse. Il y a à quelques kilomètres de Lisbonne un couvent de cet ordre modifié. La maison est située dans une ravissante vallée : c'est un édifice fort bizarre. La cour, ornée d'une belle fontaine, est divisée en petits compartiments, entourés de treillis dorés. Ces compartiments sont pavés en porcelaine blanche et bleue. Là sont des vases contenant des fleurs rares et d'immenses volières, remplies d'oiseaux, bien que toujours ouvertes. Les hôtes auxquels on les destine , y trouvant tout ce qu'il faut pour s'y nourrir et s'y loger splendidement, adoptent ce domicile, qui n'est point pour eux une prison. Le réfectoire et les principales pièces sont revêtus en terre cuite, aux vives couleurs, à l'émail brillant, aux dessins gracieux. Ce sont partout des guirlandes de fleurs, des oiseaux , des arabesques. L'église seule est en pierres de taille et d'un style sévère. Le costume des religieuses a été si fort embelli , qu'il n'a presque plus rien de monacal. La chevelure n'est point coupée ; point de bandeau de lin sur le front : un voile de soie noire, très-léger, attaché coquettement au sommet de la tête , la laisse voir tout entière. La robe est blanche, en laine fine et d'une coupe gracieuse. Un large scapulaire bleu de ciel couvre la poitrine. La supérieure porte la croix et l'anneau épiscopal.

Tel n'est point le costume primitif, qu'ont gardé les couvents de cet ordre en France. Il est noir et des plus austères.

CLARK (Sir James), l'un des plus célèbres praticiens de l'Angleterre, né en 1788, étudia la médecine à Édimbourg, et y fut reçu docteur en 1817. Après un voyage scientifique en France , en Italie et en Suisse , entrepris pour étudier le le climat et les établissements sanitaires de ces divers pays, il s'établit à Édimbourg, ne tarda pas à être considéré comme l'un des plus habiles médecins de cette capitale, et fit surtout sa spécialité des maladies de poitrine. Plus tard, il vint se fixer à Londres comme médecin en chef de l'hôpital Saint-George, et fut nommé médecin consultant du roi et de la reine des Belges, ainsi que de la duchesse de Kent et de la princesse Victoria. Quand cette dernière monta sur le trône, elle nomma Clark son premier médecin, et lui conféra le titre de *baronet*. La conduite qu'il tint dans l'affaire de lady Flora Hastings (1839) fut vivement blâmée; mais il parvint depuis à se justifier complétement dans l'esprit de la reine : aussi sa faveur n'a-t-elle fait que s'accroître auprès de cette princesse , qu'il a accompagnée depuis dans tous ses voyages en France, en Allemagne et en Écosse. Sir James Clark a justifié par des ouvrages d'une haute importance scientifique la réputation qu'il s'est faite comme médecin-praticien. Nous citerons entre autres ses *Medical Notes on climate, diseases, hospitals and medical schools in France, Italy and Switzerland*, *comprising an inquiry into the effects of a residence in the south of Europe, in cases of pulmonary consumption*, etc. (Londres, 1820); *The Influence of Climate in the prevention and cure of chronic diseases, more particularly of the chest and digestive organs* (Londres, 1829); et *Treatise on Pulmonary Consumption* (Londres, 1835).

CLARKE (Samuel), regardé par les Anglais comme le premier de leurs penseurs après Locke et Newton, naquit à Norwich, le 11 octobre 1675, et fut élevé à l'université de Cambridge. Peu satisfait du système de Descartes, alors généralement en faveur, il se mit à étudier sous la direction de Newton, faisant marcher de front l'étude de la philosophie avec celle de la théologie et de la philologie. Après avoir été pendant quelque temps chapelain de l'évêque de Norwich, protecteur éclairé et zélé des sciences et des lettres, il fut nommé chapelain de la reine Anne, puis, en 1709, curé de Sainte-James. L'ouvrage qu'il publia sur le dogme de la Trinité (1712), dogme qu'il soutenait avoir été inconnu à l'Église primitive, fut pour lui la source de nombreux désagréments. La commission des évêques, jalouse d'éviter toute discussion, finit par se contenter d'une déclaration assez vague et de la promesse de Clarke de ne plus jamais traiter ce sujet. Clarke se montra d'ailleurs l'un des plus rudes adversaires des libres penseurs de son siècle, et aussi de Dodwell, à qui il s'efforça de prouver l'immortalité de l'âme par la notion d'un être immatériel. Il mourut le 17 mai 1729.

Le plus célèbre de ses ouvrages est sa *Demonstration of the being and attributes of God* (2 volumes, 1705). Ces livres durent leur existence aux sermons connus sous le nom de *Boyle's Lectures* (voyez Boyle), que Clarke avait déjà appelé à faire en 1704 et 1705, et dont le livre intitulé *Verity and certitude of natural and revealed Religion* (Londres, 1705) est en quelque sorte le complément. À la demande de la princesse de Galles, qui penchait pour les idées de Leibnitz, Clarke échangea avec ce célèbre philosophe une correspondance des plus actives sur l'espace et sur le temps, sur leurs rapports avec Dieu, sur la liberté morale, etc. Les documents relatifs à cette discussion ont été réunis dans la *Collection of Papers which passed between Leibnitz and Clarke in the years 1715 and 1716* (Amsterdam 1719). Clarke essaya d'y fonder la morale sur un principe particulier : la convenance des choses (*the fitness of things*) ou les rapports éternellement établis par Dieu. Ardent prosélyte de la philosophie de Newton, il donna une traduction latine de l'*Optique* de cet auteur (1706), qui est aujourd'hui plus répandue que l'original même. On estime son édition de César. Celle d'Homère, qu'il avait entreprise, ne fut terminée que par son fils , *Samuel* Clarke. Une édition de ses œuvres philosophiques a paru à Londres (4 vol., 1738-1742).

[Malgré les mérites si divers de Clarke, ce qui fera vivre son nom ce sont ses opinions en métaphysique, en morale, et la part active qu'il prit aux discussions philosophiques qui occupèrent de son temps les meilleurs esprits. Venu à une époque où les spéculations de quelques philosophes hardis avaient mis en péril les principales vérités de la religion et de la morale, il entreprit d'en raffermir les fondements ébranlés. Spinosa, tout en conservant le nom de Dieu à cet être unique dans lequel s'absorbaient toutes les existences et qui réunissait tous les attributs les plus contradictoires, avait réellement détruit le Dieu du genre humain, ce Dieu distinct du monde, dont toutes les existences dépendent sans se confondre avec lui. Clarke voulut rétablir le vrai Dieu sur son trône et lui rendre ses sujets. S'appuyant sur ces deux propositions : Qu'il faut que quelque chose ait toujours existé, sans quoi rien ne serait jamais sorti du néant; que l'éternité et l'immensité, dont le temps et l'espace nous donnent l'idée, n'étant que des attributs, il doit exister un *substratum*, un sujet de ces attributs, il en conclut *a priori* l'existence d'un être nécessaire, éternel, immense, en un mot, infini ; puis il démontre, par une série de conséquences rigoureusement enchaînées, que cet être existe par lui-même, qu'il n'est pas le monde, qu'il est unique, souverainement intelligent, libre, tout-puissant, doué d'une sagesse, d'une bonté, d'une justice, d'une véracité infinies, en un mot, souverainement parfait.

Hobbes, en prétendant qu'il n'y a rien de bon ni de juste en soi, et que la justice n'est fondée que sur les conventions arbitraires dictées aux hommes par leurs intérêts, avait sapé par la base toute morale et toute vertu. Clarke entreprit de relever l'édifice; il démontra que la morale est fondée sur des rapports indépendants des caprices de l'homme; restaurant de la manière la plus heureuse la philosophie stoïcienne, qui prescrivait d'agir d'une manière conforme à la nature (*sequi naturam*), il prouva « que des différences éternelles et nécessaires des choses découlent naturellement et nécessairement certains devoirs de morale que toutes les créatures raisonnables sont tenues de mettre en pratique, antécédemment à toute loi positive et à toute attente de récompense ou de punition »; puis, de ce principe il déduisit avec une simplicité et une lucidité admirables toutes les obligations de la religion naturelle.

Dodwell et Collins avaient mis en doute l'immortalité de l'âme, cette vérité sublime sans laquelle il n'y a pour l'homme ni frein ni consolation. Clarke voulut encore mettre ce dogme salutaire à l'abri des attaques du scepticisme, et il prouva, soit dans ses *Discours sur la religion naturelle*, soit dans sa polémique avec Dodwell et Collins : « Que les devoirs de la morale, quoique obligatoires antécédemment à tout motif d'espoir ou de crainte, doivent nécessairement être accompagnés de récompenses et de punitions ; que ces récompenses et ces peines n'étant pas dispensées dans ce monde, il faut nécessairement qu'il y ait une vie à venir où la distribution en soit faite; que l'âme, immortelle par sa nature, en tant qu'immatérielle, peut continuer à vivre même au delà du tombeau ». Enfin, plusieurs philosophes avaient donné de la liberté humaine une idée qui tendait à la détruire; les uns, tels que Locke et Collins, en la définissant le pouvoir de faire ce que l'on veut; les autres, et Leibnitz surtout, en l'assujettissant tellement à l'influence des motifs qu'elle perdait toute indépendance. Clarke, qui sentait bien que c'était en vain que l'on prescrirait à l'homme des devoirs et qu'on lui offrirait la perspective de biens et de maux à venir, si on ne le laissait maître de ses actions, employa toute sa dialectique à prouver la *liberté de l'homme* dans le sens où tout le monde l'entend, la liberté de choix, ce qu'il nomme avec les scolastiques la *liberté d'indifférence*.

Tels sont les services que Clarke a rendus à la philosophie. Cependant, quelque méritoires que soient ses travaux, ils n'ont pas été à l'abri de la critique. Son *Traité de l'Existence de Dieu* surtout a été l'objet de nombreuses objections. On a contesté que sa démonstration soit, comme il le prétend, une démonstration *a priori*, puisqu'il ne peut rien y avoir d'antérieur à Dieu lui-même ; mais cette critique, ne portant guère que sur une dénomination, n'attaque en rien la valeur de sa démonstration. On lui a fait une objection plus sérieuse de s'être servi des idées de *temps* et d'*espace* pour prouver l'existence d'un être nécessaire, éternel, immense, et d'avoir attribué à ces idées une réalité objective, tandis que la plupart des philosophes n'y voient que des conceptions de notre esprit et des abstractions réalisées. Il est vrai qu'il avait pour lui en cela la puissante autorité de Newton. Il n'en fut pas moins attaqué sur ce point avec beaucoup de force par Leibnitz, qui, ne voyant dans le *temps* et dans l'*espace* que des relations, que l'ordre des choses qui se succèdent ou qui coexistent, ne concevait pas que l'on pût tirer de là aucune preuve solide en faveur de l'existence de Dieu. Quelque opinion que l'on ait sur le fond de la question, on pourra toujours regretter que Clarke ait voulu établir une vérité aussi importante que celle de l'existence de Dieu sur un fondement aussi sujet à contestation. Un dernier reproche que l'on a fait à Clarke, et qui porte sur l'ensemble de ses travaux et sur la tournure même de son esprit, c'est de n'avoir jamais employé que les armes du raisonnement et de procéder partout avec une méthode affectée, qui donne à ses écrits de la sécheresse, de la roideur et de la monotonie. C'est sans doute par allusion à ce défaut que Voltaire l'appelle quelque part une *machine à raisonnement*. Cette critique nous paraît peu fondée : car, outre qu'il ne serait pas difficile de trouver dans les œuvres de Clarke des passages qui prouveraient qu'il savait parfois employer les preuves de sentiment et s'élever jusqu'aux mouvements de l'éloquence, n'y a-t-il pas de l'inconséquence à vouloir qu'un métaphysicien soit autre chose que métaphysicien ? Que dirait-on d'un géomètre qui, pour éviter le reproche de sécheresse, interromprait le fil de sa démonstration pour parler au cœur ou à l'imagination ? On peut consulter sur Clarke : Dugald, Stewart, et Mackintosh. Ce dernier s'est surtout attaché à l'examen de la doctrine morale de Clarke; il lui reproche d'abord de reposer tout entière sur la notion mal déterminée de rapport, puis de donner pour base à la morale une notion purement intellectuelle, incapable de déterminer par elle seule la volonté de l'homme et de jamais le porter à l'action. Quoi qu'il en soit de la justesse de ces reproches, Clarke n'en est pas moins placé par les meilleurs juges au premier rang des philosophes de son temps. Il nous suffira de citer en sa faveur l'éloquent témoignage que lui rend l'immortel auteur de l'*Émile* : « Imaginez, dit-on, vos philosophes anciens et modernes, ayant d'abord épuisé leurs bizarres systèmes de forces, de chances, de fatalité, de nécessité, d'atomes, de monde animé, de matière vivante, de matérialisme de toute espèce; et, après eux tous, l'illustre Clarke éclairant le monde, annonçant enfin l'Être des êtres et le dispensateur des choses : avec quelle universelle admiration, avec quel applaudissement unanime n'eût point été reçu ce nouveau système, si grand, si consolant, si sublime, si propre à élever l'âme, à donner une base à la vertu, et en même temps si frappant, si lumineux, si simple, et, ce me semble, offrant moins de choses incompréhensibles à l'esprit humain qu'il n'en trouve d'absurdes en tout autre système.

BOUILLET.]

Un autre CLARKE, dont le prénom était également *Samuel*, savant orientaliste anglais, qui a revu les épreuves des textes originaux de la *Bible polyglotte* de Walton, et a laissé quelques écrits estimés, vivait dans la première moitié du dix-septième siècle.

CLARKE (ÉDOUARD-DANIEL), connu comme voyageur et comme écrivain, né le 5 juin 1769, à Willington, dans le comté d'Essex, était issu d'une famille célèbre dans les annales de la science, et alla, en 1785, étudier à l'université de Cambridge. Il parcourut en 1790 le pays de Galles, l'Irlande et l'ouest de l'Angleterre; deux ans plus tard, il fut chargé d'accompagner un jeune noble dans une tournée en France, en Allemagne, en Suisse, en Italie et en Hollande.

En 1797 il visita l'Ecosse et les Hébrides jusqu'à Saint-Kilda, et en 1799 il se rendit en Danemark, d'où il parcourut successivement la Norvège, la Suède, la Laponie, la Finlande, la Russie, le pays des Cosaques du Don, la Tatarie et la Crimée, pour s'arrêter à Constantinople. Après un séjour de quelque durée dans cette capitale, il passa en Orient, traversa l'Asie Mineure, la Syrie, l'Égypte et la Grèce, et ne revint en Angleterre qu'en 1802. En 1807 il ouvrit à Cambridge un cours de minéralogie, et ne tarda pas à y occuper la chaire de cette science. Il avait déjà visité la Thrace et la Macédoine, lorsque les études minéralogiques auxquelles il se livrait exclusivement depuis 1812 l'engagèrent à entreprendre un voyage en Hongrie, en Bulgarie et en Valachie.

Il fit présent à la Bibliothèque de Cambridge, dont il fut nommé conservateur en 1817, d'un grand nombre de marbres recueillis par lui dans ses voyages, notamment de la statue colossale de la Cérès d'Éleusis, au sujet de laquelle il avait écrit une dissertation en 1803. L'Angleterre lui est aussi redevable du fameux sarcophage auquel se rapporte l'inscription en trois langues, connue sous le nom d'*inscription de Rosette*. Il publia à cette occasion un ouvrage intitulé : *The Tomb of Alexander, a dissertation on the sarcophagus brought from Alexandria, and now in the british Museum* (Londres, 1805, in-4°). La relation des voyages de Clarke (6 vol. in-4°, 1810) obtint un succès extraordinaire. Un volume supplémentaire intitulé : *Travels through Denmark, Sweden, Lapland, Norway, Finland and Russia*, a été publié après la mort de l'auteur (Londres, 1823). Une édition complète de ses *Travels in various Countries of Europa, Asia and Africa*, a paru en 11 volumes (Londres, 1819-1824). L'université d'Oxford acheta ses manuscrits grecs et orientaux, au nombre desquels figure le célèbre manuscrit de Platon qu'il avait découvert dans l'île de Patmos. Clarke mourut le 9 mars 1822.

CLARKE (HENRY-JACQUES-GUILLAUME), duc DE FELTRE, ministre et général français, originaire d'Irlande, naquit en octobre 1765, à Landrecies (Nord), où son père, ancien officier subalterne, était garde-magasin des subsistances : aussi Clarke préféra-t-il adopter le nom de sa mère. Orphelin dès sa première jeunesse, mais élevé par son oncle, le colonel Shee, il entra, en 1781, à l'École militaire de Paris, devint l'année suivante sous-lieutenant au régiment de Berwick, cornette de hussards en 1784, et capitaine au 18e régiment de dragons en 1790. Attaché la même année à l'ambassade française à Londres, sans abandonner la carrière militaire, il débuta dans celle de l'administration civile, à laquelle il dut principalement sa fortune et sa réputation. Quoique ses exploits dans les premières guerres de la Révolution aient été contestés, il obtint un avancement assez rapide par ses connaissances théoriques, étrangères à la plupart des officiers et des généraux français de cette époque. Chef d'escadron, puis colonel du 2e régiment de cavalerie, en 1792, en remplacement de M. de Beaujeu, à la destitution duquel ses dénonciations n'avaient pas été, dit-on, étrangères, il fut nommé en 1793 général de brigade à l'armée d'outre-Rhin, dont il était chef d'état-major, lorsqu'au mois d'octobre il fut destitué comme noble et porté sur la liste des suspects : il ne recouvra ses biens et son grade qu'à la mort de Robespierre. Après une résidence de quelques mois en Alsace, il fut appelé en 1795, par Carnot, au secrétariat d'une des sections du ministère de la guerre qu'il dirigeait. La même année il devint chef du bureau topographique, nouvellement créé pour lui, et eut sous ses ordres un bureau établi sous la même dénomination à chacune des principales armées de la république. Ce fut à cette époque que Clarke commença à déployer un talent réel, et qu'il sut rendre d'importants services au comité de salut public et au Directoire, qui n'eurent à lui reprocher qu'une trop grande exaltation républicaine.

Chargé d'une mission secrète à Vienne, en 1796, avec le grade de général de division, il fut aussi envoyé, par le Directoire, à l'armée d'Italie, pour y surveiller les projets ambitieux du jeune général Bonaparte, et en apparence pour négocier à Milan une trêve et la mise en liberté de La Fayette, de Latour-Maubourg et des autres Français détenus à Vienne; mais Clarke et Bonaparte ne tardèrent pas à se deviner et à s'entendre. Le Directoire seul fut leur dupe à tous deux. Après la révolution du 18 fructidor, où Carnot, son protecteur, avait succombé, Clarke, à la suite d'une courte disgrâce, alla négocier un traité d'alliance avec le roi de Sardaigne. Il vécut deux ans dans la retraite pendant l'expédition d'Égypte à laquelle il n'avait pas demandé à prendre part : aussi fut-il d'abord traité froidement et oublié par Bonaparte après la révolution du 18 brumaire; mais bientôt il recouvra la direction de son bureau topographique, et fut nommé commandant à Lunéville, pendant le congrès qui s'y termina par la paix de 1800. Chargé d'une mission à Lille, où il mit en rapport les prisonniers russes, Clarke résida ensuite trois ans auprès du duc de Parme, nommé roi d'Étrurie, dans une sorte de disgrâce honorable; mais à son retour il devint conseiller d'État et secrétaire du cabinet de Napoléon pour la guerre et la marine. Nommé gouverneur de Vienne en 1805, après la bataille d'Austerlitz, il s'y conduisit avec modération. Grand officier de la Légion d'Honneur, il fut chargé, en 1806, de négocier la paix avec la Russie; mais, contrarié par l'influence du cabinet britannique, il entama aussi avec l'Angleterre des négociations qui n'eurent aucun résultat, par suite de la mort de Fox. Pendant la conquête de la Prusse, Clarke fut successivement gouverneur d'Erfurt et de Berlin, où son administration fut dure, ruineuse, quelquefois sanguinaire, parce qu'il n'osait pas adoucir les ordres sévères du maître. Au retour de cette campagne, il devint ministre de la guerre après Berthier en 1807, se montra dans ce poste important, comme dans toutes ses fonctions, laborieux, intelligent, mais méthodique, pointilleux, tracassier, et conserva ce portefeuille jusqu'en 1814.

Dans cet intervalle, et en l'absence de Napoléon, il figura dans deux affaires importantes. Secondé par Bernadotte et Fouché, il repoussa l'invasion anglaise sur les bouches de l'Escaut, en 1809. Plus heureux, en 1812, que le ministre et le préfet de la police et que le général Hullin, il ne fut ni incarcéré ni blessé dans la conspiration de Mallet; mais il n'en fut redevable qu'au hasard ; et le complot ayant échoué, il ordonna de nombreuses arrestations, et affecta beaucoup de clairvoyance, de zèle, d'activité pour informer l'empereur et protéger le roi de Rome. Cependant son zèle se refroidit insensiblement à l'approche de la décadence de son protecteur, et encore plus à l'arrivée des armées coalisées contre la France. Il était déjà en rapport avec le marquis de Chabannes, agent des Bourbons. Le duc de Rovigo le dénonça comme traître à l'empereur, qui refusa d'y croire; sa trahison était pourtant flagrante. Il ne prit alors aucune mesure pour la défense de Paris, et se contenta d'en éloigner Marie-Louise et son fils, en les faisant partir pour Blois. Prévoyant, disait-il, l'inutilité de tous ses efforts, il tournait déjà ses regards vers les Bourbons, afin de s'assurer un port avant le naufrage.

À l'époque où Napoléon créait une nouvelle noblesse, Clarke avait été fait *comte d'Hunebourg*. Sa haine contre les Anglais et le brillant succès obtenu contre eux en 1809 lui valurent le grand cordon de la Légion d'Honneur et des lettres patentes lui concédant le titre de *duc de Feltre*, avec des armoiries spéciales. Déjà ébloui par l'éclat de sa haute fortune, il ne mettait plus de bornes à son ambition, et osait greffer son nom sur l'arbre généalogique des Plantagenets. Il était aussi grand'croix des ordres de Saint-Hubert de Bavière, de la Fidélité de Bade, de Saint-Henri de Saxe. Après la chute de Napoléon, il se montra plus dévoué serviteur du nouveau régime qu'il ne l'avait été de la république et de l'empire. Nommé pair en juin 1814, par Louis XVIII, il osa, dans une discussion sur un projet de loi sur la censure, faire entendre à la tribune cette maxime surannée : *Si veut le roi, si veut la loi.* Il demeura néanmoins sans fonctions jusqu'au débarquement de Napoléon à Cannes, en 1815, et remplaça alors, pour peu de temps, le maréchal Soult au ministère de la guerre. Il suivit le roi à Gand, passa en Angleterre avec une mission de Louis XVIII, et à son retour fut nommé gouverneur de la 11e division militaire, membre du conseil privé, puis rappelé au ministère de la guerre, qu'il conserva près de deux ans. Il s'y montra d'une sévérité outrée, licencia l'armée, imagina les *catégories*, institua les cours prévôtales, fit poursuivre et fusiller une foule de généraux, accabla les anciens officiers d'humiliations et de misère. Enfin il résigna le portefeuille à la fin de 1817, reçut en échange le bâton de maréchal, avec le gouvernement de la 15e division militaire, et alla mourir dans sa terre de Neuville, le 28 octobre 1818, laissant une fortune de huit millions. L'épitaphe suivante, écrite au crayon, fut trouvée sur son tombeau :

Ci-gît Clarke, d'odieuse mémoire,
Ministre sans talent et maréchal sans gloire.

Son fils a tout récemment été appelé à faire partie du Sénat.
H. AUDIFFRET.

CLAROS, oracle célèbre d'Apollon, en Ionie, près de la ville de Colophon. Il avait cela de particulier que le prêtre répondait verbalement à ceux qui venaient le consulter, sans recourir aux songes, sans recevoir de billets cachetés comme ailleurs; mais il est probable qu'il ne manquait pas de moyens de se renseigner pour être en mesure de satisfaire la curiosité des dévots qui croyaient à ses prophéties. « Germanicus, dit Tacite (*Annales*, II), alla consulter Apollon de Claros. Ce n'est point une femme qui rend là des oracles, comme à Delphes, mais un homme, choisi dans certaines familles et natif presque toujours de Milet. Dès qu'on lui a dit le nombre et les noms de ceux qui demandent à l'interroger, il se retire dans sa grotte, et, y puisant de l'eau à la source qu'on y trouve, il traduit en vers ce qu'on a dans la pensée, quoiqu'il soit le plus souvent d'une ignorance crasse. » Du reste, cet oracle ne tarda pas à tomber dans l'oubli; car Pline n'en fait pas même mention quand il parle du temple qu'Apollon possédait à Claros.

CLARTÉ. Voyez CLAIR.

CLARY. Cette famille, alliée aujourd'hui à deux maisons régnantes, a pour premier auteur un riche négociant de Marseille, auquel Napoléon et son frère Joseph furent recommandés, en 1794, par des amis communs. M. Clary avait alors deux filles à marier, *Julie* et *Désirée*, charmantes jeunes personnes, dont les deux Bonaparte ne tardèrent pas à s'éprendre. Joseph demanda Julie en mariage, et l'obtint. Elle fut la fidèle compagne de ses grandeurs et de son adversité; mais il ne lui fut pas donné d'avoir d'héritiers de lui. Napoléon, bien que vivement amoureux, ne fit sa demande qu'après son aîné, et fut refusé net par le négociant marseillais, qui lui répondit sèchement qu'il avait déjà bien assez d'un Bonaparte dans sa famille.... Peu de temps après la jeune *Désirée* fut mariée au général Bernadotte. Ce mariage fut l'une des causes directes de l'étonnante fortune de cet ancien sergent. En effet, malgré les justes sujets de mécontentement qu'il donna si souvent à l'empereur, malgré les intrigues sans nombre auxquelles il se mêla, autant par jalousie que par ambition, Napoléon lui pardonna toujours sa déloyale conduite, par égard pour la maréchale, qu'il se rappelait avoir passionnément aimée. Devenue plus tard princesse royale, puis reine de Suède, la femme de Bernadotte continua cependant longtemps encore à habiter la France, par suite des ménagements que son mari crut devoir garder vis-à-vis de la reine épouse du roi Charles XIII, alors même qu'elle fut devenue veuve. En effet, cette princesse altière refusa toujours d'admettre que la fille d'un simple marchand fût devenue son égale, et pût même, suivant les prescriptions de l'étiquette des cours, prendre le pas sur elle en qualité de reine régnante. Les conflits qu'auraient pu faire naître ces rivalités de femmes furent évités par ce séjour en France, auquel, jusqu'à la mort de la reine douairière, on prêta des raisons de santé.

Le rétablissement de l'empire en France a eu pour résultat de rendre à la famille Clary toute l'importance qu'elle pouvait avoir dans les premières années de ce siècle. Déjà ce nom avait figuré dans la garde nationale mobile, et à l'Assemblée législative dans les rangs clair-semés des napoléoniens. Aujourd'hui le comte *François* CLARY, ancien officier supérieur dans l'armée et dans la garde nationale de Paris, est membre du sénat; et le vicomte Clary figure au Corps législatif comme député du département de Loir-et-Cher.

CLARY-ALDRINGEN (Famille de). Cette maison, originaire de la Toscane, obtint en 1363 de l'empereur Charles VI l'indigénat en Bohême, et en 1641 fut élevée au rang des barons de l'Empire. *Jérôme de* CLARY ayant épousé Anne, fille du comte d'Aldringen ou Altringer, lequel, comme ses frères, ne laissa point d'héritiers mâles, hérita de la sorte non-seulement des armoiries de la maison d'Aldringen, qu'il confondit, en 1635, avec celles des Clary, mais encore de la seigneurie de Téplitz. Son fils, *Jean-Georges-Marc de* CLARY, fut créé comte de l'Empire en 1680; et en 1767 son petit-fils, *François-Charles de* CLARY, fut élevé à la dignité de prince; il mourut le 31 mai 1831. Le possesseur actuel du majorat, le prince *Edmond de* CLARY, est né en 1813. Il a épousé en 1841 une fille du comte de Fiquelmont, ministre d'État autrichien.

CLASSE, en général, signifie l'ordre suivant lequel on range, on distribue, on suppose rangées ou distribuées, diverses personnes ou diverses choses. Il y a dans plusieurs corps de l'armée des capitaines, des lieutenants de diverses classes, ainsi que des commis de diverses classes dans plusieurs administrations. L'inscription maritime est l'enregistrement au bureau des classes des marins qui peuvent être requis pour le service de l'État. Il y a trois classes de grands d'Espagne constituant l'ensemble de la grandesse de ce pays. Les naturalistes ont divisé chaque règne en plusieurs classes.

Classe se dit aussi des ordres, des rangs que la diversité, l'inégalité des conditions établit parmi les hommes réunis en société : de là les *hautes classes* ou *classes élevées*, la *classe moyenne*, les *classes inférieures*, les *basses classes*, la *classe pauvre*, la *classe des artisans*, la *classe laborieuse*, un *homme de la haute classe*, *de la dernière classe*, toutes *les classes de citoyens*, etc. S'il existe une classe moyenne qui doit englober et dominer toutes les autres, comme l'ont trop longtemps prétendu quelques publicistes secs et roides du temps de Louis-Philippe, partisans exclusifs du juste-milieu, il faut nécessairement en conclure qu'il existe au moins une autre classe, qui lui est supérieure, plus une troisième au-dessous, et l'on retombe dès lors forcément dans les distinctions de castes, au profit d'une aristocratie et au détriment de ceux que naguère on isolait des droits politiques sous le nom de peuple. La révolution de Février, en établissant le suffrage universel, a détruit toute distinction de *classes politiques*; mais les *classes sociales* sont restées à peu près ce qu'elles étaient. Seulement la noblesse tend peut-être davantage à se séparer de la bourgeoisie. Mais tous les efforts pour créer des classes en France seraient inutiles. Là il ne doit y avoir qu'un peuple, et l'égalité devant la loi rendrait chimérique toute différence autre que celle des vertus et des talents.

Cette distinction de classes s'est appliquée, par une extension plus raisonnable, aux personnes ou aux choses qui ont entre elles une certaine conformité, qui sont de même nature, etc. On fuit les gens qui appartiennent à cette classe d'hommes sans mœurs qui trafiquent des choses les plus saintes. On est sûr du début d'un ouvrage qui convient à toutes les classes de lecteurs.

Classe désigne, en outre, dans les lycées, les colléges, les institutions, des divisions entre lesquelles on répartit les écoliers, les élèves, et dont chacune reçoit les leçons d'un *professeur* particulier, appelé *régent* dans les colléges communaux. Il y a ordinairement sept classes dans un collége; la plus élevée se nomme *rhétorique*. Au lieu de *seconde classe*, *troisième classe*, on dit absolument la *seconde*, la *troisième*, etc. Les *basses classes* sont celles par où commencent les écoliers jusqu'à la quatrième. *Classe* se dit également de tous les écoliers d'une classe. C'est par extension la salle où les écoliers de chaque classe s'assemblent pour prendre leurs leçons. La *rentrée des classes* est l'époque où ils reprennent leurs études après les *vacances*.

Classe s'emploie, dans un sens analogue, dans quelques autres établissements d'instruction publique; on dit, par exemple, les classes du Conservatoire. L'Institut de France avait été à sa fondation, sous la République, divisé en trois classes, puis en quatre. A la Restauration, ces classes reprirent le nom d'Académies.

CLASSES (Impôts de), terme d'économie politique particulier à l'Allemagne, qui, sans avoir à bien dire de base scientifique, a été introduit dans la législation de quelques Etats en raison seulement du mode spécial adopté pour l'assiette de certains impôts. Dans la plupart des impôts directs, par exemple les impôts sur l'industrie, les droits de patente, les impôts sur les maisons et même les impôts purement prélevés sur le revenu des contribuables, on s'est vu forcé, par suite de la diversité des catégories qu'ils comprenaient, de répartir les contribuables en certaines classes, en dehors desquelles on applique d'autres principes régulateurs, et aussi le plus souvent des dispositions différentes. En ce sens, tous les impôts sont, au fond, des impôts de classes. Cependant on a souvent réservé plus spécialement cette dénomination pour désigner, par exemple, les impôts personnels qui ne sont point prélevés d'après le revenu provenant de la propriété territoriale ou de l'industrie, notamment sur les fonctionnaires publics, les autres classes lettrées, les rentiers, etc. En Autriche, l'impôt de classes atteint tout à la fois les salaires privés, les revenus de maisons et les revenus de l'industrie. Les sommes les impôts sur le capital ont été organisés de telle sorte qu'on établissait des classes dans lesquelles le capitaliste n'avait qu'à se faire inscrire. C'est par exemple le mode d'assiette adopté dans la Hesse-Électorale. L'impôt de classes établi en 1820 dans le grand-duché de Bade atteignait les fonctionnaires publics, les salaires privés, les professeurs privés, les avocats, les médecins, les artistes, les gens de lettres, les apanages et les douaires de la famille grand-ducale, etc. En Prusse, l'impôt de classes comprend quatre catégories et douze degrés. A la première appartiennent les habitants notoirement riches et aisés; à la seconde, les propriétaires, les négociants aisés, etc.; à la troisième, les petits bourgeois et les paysans; à la quatrième, enfin, les journaliers et domestiques.

CLASSES, CLASSEMENT, CLASSIFICATION. Lorsque le domaine d'une science comprend un très-grand nombre d'objets qu'il faut décrire, dont les analogies et les différences doivent être assignées, il est toujours utile et quelquefois indispensable de faire une distribution méthodique de ces objets, de réunir en groupes ceux qui présentent le plus de caractères communs, de former avec ces groupes de nouveaux assemblages qui pourront donner lieu à de nouvelles réunions, jusqu'à ce qu'on atteigne le terme où cette manière de généraliser doit s'arrêter. Le dernier degré de cette division ascendante est une *classe*; la marche suivie pour y arriver est une *classification*, et le résultat de ce travail de l'intelligence un *classement*. Mais notre langue incorrecte confond très-fréquemment l'opération et son produit, en sorte qu'on emploie indistinctement les mots *classement et classification*.

On ne commence à classer que lorsqu'on en sent le besoin, car ce travail exige des analyses, des comparaisons multipliées, des recherches sur les moyens de généraliser les notions particulières et isolées que l'on s'était borné jusqu'alors à rassembler sans prendre le soin de les coordonner. Ce n'est pas sans quelque effort que l'esprit humain revient ainsi sur ses traces et porte de nouveau son attention sur des objets qui lui paraissaient assez connus : durant cette inspection, il doit se soumettre à la régularité de l'étude; ses mouvements spontanés prendraient une autre direction, et l'entraîneraient vers quelques nouveautés, au lieu de se borner à la révision des connaissances acquises. Dès que cette révision est commencée, la science va naître : mais sa destinée n'est pas indépendante des circonstances qui accompagneront sa naissance; elle en recevra une forme dont il lui sera très-difficile de se dépouiller, s'il en résulte quelques obstacles à ses développements ultérieurs. Les premiers essais de généralisation et de classement ont réellement une influence qu'il importe de reconnaître, car elle peut s'étendre jusqu'à l'époque où la science paraît approcher de sa perfection, de même que les formes primitives des langues, dont le vocabulaire fut d'abord si limité, peuvent encore être aperçues dans l'immense collection des mots qu'elles ont reçus depuis leur origine. Une science consiste principalement dans la liaison des connaissances acquises : si les relations qu'elle établit entre les divers objets de ces connaissances sont fondées sur des observations exactes, ce sont des lois de la nature, vérités les plus importantes et les plus fécondes que la raison humaine puisse découvrir. Mais si l'imagination s'est chargée de presque tout le travail, a fourni les matériaux et dirigé la construction de l'édifice; si son impatience n'a pu supporter la sage lenteur du raisonnement, il faudra démolir tôt ou tard, réédifier avec des matériaux mieux choisis, sur des fondations plus solides. De nos jours, la géologie a débuté par des fautes de cette espèce, et aujourd'hui même elle ne les évite que difficilement. Plus récemment encore, la statistique a été sur le point de s'écarter de la bonne voie, de sortir des limites qui lui sont assignées, de s'égarer. L'histoire naturelle, pour laquelle un bon classement est un besoin si impérieux, n'a pas été très-heureuse dans ses premières combinaisons; les systèmes s'en sont emparés, et loin de conduire à la découverte des faits généraux, qui seuls peuvent révéler les lois de la nature, ils ont trop souvent détourné le génie même des recherches et des observations qui auraient changé l'état de la science, en l'éclairant subitement de lumières qui lui avaient manqué jusque alors. On peut reprocher aussi aux systèmes d'être un mal contagieux, d'exciter une émulation stérile pour les progrès de la science. Comme ces combinaisons portent le nom de leur inventeur, plusieurs hommes qui eussent fait un meilleur usage de leurs facultés et de leur savoir se livrent entièrement à l'ambition de cette sorte de célébrité, font leur système, et ne s'occupent plus que des moyens de l'accréditer, de l'élever aux dépens de leurs devanciers et de leurs rivaux. Une foule de législateurs viennent apporter à la science des constitutions dont aucune n'est celle qui lui convient, et l'embarras du choix mène directement à l'anarchie.

Mais comment arriver, en histoire naturelle, à une classification réellement scientifique, qui appartienne à la nature même, car la science de la nature désavoue tout ce qui est hors de son domaine? Quoique l'inventaire des richesses de l'histoire naturelle ne soit pas encore terminé, l'esprit humain peut concevoir de l'inquiétude à la vue du nombre prodigieux d'objets offerts à ses études, et des notions qu'il doit réunir pour en composer une *science*. La nécessité de partager le travail est ici trop évidente pour que l'on puisse la contester. De quelque manière que l'on fasse ce partage, il faudra décrire tout ce que renferme chacune des divisions adoptées, car cette description est nécessaire, non-seulement pour l'histoire naturelle, mais pour ses diverses applications. L'art de décrire est indépendant de celui de classer : il consiste dans une analyse complète des formes et des autres caractères propres à faire connaître les objets décrits. Si le nombre de ces objets était assez petit pour que la mémoire ne fût pas surchargée de leurs notions particulières, le classement deviendrait inutile ; et dans ce cas même la manière de décrire n'éprouverait aucun changement, puisqu'une description bien faite n'est autre chose que l'expression exacte et complète des caractères de l'objet. Mais si l'on avait ces descriptions, le classement en serait une conséquence nécessaire ; on ne pourrait former d'autres groupes que ceux qui seraient indiqués par les caractères communs à tous les objets réunis. Ce sera donc en perfectionnant l'art de décrire et en multipliant ses applications que l'on pourra faire cesser le désordre causé par le conflit des systèmes en histoire naturelle, et parvenir à un classement qui ne portera le nom d'aucun homme, et que la nature même aura tracé.

Cette marche, dont on s'est prodigieusement écarté lorsqu'il eût été le plus nécessaire de la suivre quand il s'agissait de l'ensemble de la science, a été souvent indiquée comme le meilleur moyen d'en perfectionner quelques parties : on a demandé des monographies, on a restreint autant qu'on l'a pu le nombre des objets à décrire, afin d'obtenir des descriptions plus complètes. Malheureusement, les systèmes ont envahi la nomenclature comme dépendante du classement dont ils avaient fait la conquête, et aujourd'hui dans les deux principales divisions de l'histoire naturelle (*voyez* ANIMAL et BOTANIQUE) l'étude des noms est beaucoup plus longue et plus difficile que celle des choses. Comme les amis du vrai savoir ne supporteront pas longtemps le fardeau de ces nomenclatures si rebutantes, les systèmes seront entraînés dans la ruine des bizarres constructions qu'ils servent à étayer. Le temps approche où l'histoire naturelle ne pourra se passer d'un vocabulaire tout neuf, où des classements dérivés de la nature des choses viendront plus efficacement au secours de l'étude.   FERRY.

CLASSIQUE. Il y a cinquante ans environ, chez nous, auteur *classique* signifiait auteur ancien, approuvé, faisant autorité en certaine matière. Homère, Aristote, Platon, Sophocle, Démosthène, Virgile, Horace, Tite-Live, passaient pour des auteurs *classiques*. Cette définition n'est pas trop exacte, et nous avions encore ajouté à son imperfection en regardant les écrivains d'Athènes et de Rome comme des modèles consacrés par une admiration exclusive, qu'on devait sans cesse étudier et imiter, suivant le conseil d'Horace. Il entrait de la reconnaissance dans ce culte des anciens : en effet, notre littérature et presque toutes celles de l'Europe venant d'Athènes et de Rome, et les modernes ayant puisé une partie de leurs plus belles inspirations dans les écrivains de ces deux contrées, nous avions tous été conduits à voir en eux nos maîtres, et dans leurs ouvrages les règles et la perfection de l'art. Si ce culte a dégénéré en superstition et en idolâtrie, il semble que nous devons en accuser le Dante, l'Arioste, Le Tasse, Milton, Montaigne, Bossuet, Fénelon, Molière, Racine, Pope et Boileau, qui, formés à l'école de ces beaux génies, nous ont en quelque sorte tenus prosternés à leurs pieds. Et cependant, si nous eussions voulu regarder les écrits de ces disciples de l'antiquité, nous aurions vu que leur imitation n'avait rien de servile, qu'elle gardait toutes ses franchises et qu'elle savait à la fois corriger et surpasser ses modèles.

Dans l'ancienne Rome, les classiques (*classici*) étaient tous les citoyens faisant partie de la première des six classes dans lesquelles le peuple avait été partagé par Servius Tullius. Après la renaissance des lettres, on donna le nom de classiques (*auctores classici*) aux auteurs du premier ordre, aux plus excellents (*auctores primæ notæ et præstantissimi*) ; voilà le sens véritable des mots *auteurs classiques* pour des hommes qui ont été dignes de leur succéder ; voilà la seule acception qu'ils devraient avoir. Il n'existe point, à proprement parler, d'écrivains modèles qu'on puisse adopter en tout comme des autorités infaillibles. Homère est sublime et naïf, mais il tombe dans une prolixité extrême et mêle à ses touchantes peintures de la vie humaine, dans l'*Odyssée*, des fables qui font rougir la raison. La grandeur d'Eschyle se perd dans les nues. La profonde sensibilité d'Euripide ne le préserve pas des plus ridicules déclamations. Le suave Platon s'égare dans des subtilités métaphysiques ; et encore aujourd'hui plus d'un de ses disciples serait heureux de pouvoir, comme l'Astolphe de l'Arioste, retrouver sa raison dans la lune. Le plus parfait des écrivains sous le rapport du style, l'auteur de l'*Énéide*, manque souvent d'invention et parfois de bon sens. Tous les critiques ont reproché au prince des orateurs, à Démosthène, des plaisanteries lourdes et froides, la prodigalité des injures, l'absence du pathétique attendrissant. L'éloquent et magnifique Cicéron étouffe ses pensées sous le luxe des paroles, Aristophane déshonore un beau génie par d'indignes obscénités ; nos tréteaux du boulevard ne supporteraient pas la grossièreté de ses propos. Anciens ou modernes, point d'auteurs sans défauts et même sans défauts graves, par conséquent point de maîtres par lesquels on doive jurer, point d'ouvrages à consulter comme des oracles.

Il n'existe qu'un seul modèle, modèle divin, modèle impossible à atteindre, mais qu'il faut méditer sans cesse pour s'en rapprocher sans cesse par des progrès continuels, c'est la nature. Étudier la nature, apprendre à la connaître, s'en pénétrer profondément, essayer de la reproduire avec fidélité par ses propres efforts et dans ces travaux de feu qui demandent tout un homme, suivant la belle expression de Molière : voilà le devoir et le caractère de l'artiste, qu'il manie le pinceau, la plume ou le ciseau. Néanmoins, en interrogeant la nature, il ne faut pas négliger de consulter les savantes études et les belles images que les grands écrivains en ont faites. Méditer leurs ouvrages, c'est aussi méditer la nature elle-même, qu'ils ont souvent reproduite avec génie. Rien de plus instructif, de plus propre à former le jugement, à féconder le talent que la comparaison continuelle de la nature avec ses grands peintres. Mais pour que cette comparaison produise de bons fruits, il faut la faire avec sa raison, sans engouement, sans superstition, sans préférence exclusive pour tel ou tel maître. Il faut savoir chercher et trouver le beau et le vrai partout où ils se rencontrent, et apprendre à séparer tout ce qui est alliage de l'or pur, dont on a reconnu la mine plus ou moins riche. Voilà comment il faut entendre Cicéron, Quintilien, Longin, Horace, Fénelon et Boileau, lorsqu'ils nous recommandent le commerce des Grecs ; le conseil que leur raison et leur génie nous ont donné est encore aussi utile aujourd'hui à suivre qu'il l'était de leur temps. La littérature grecque a un goût et une empreinte de nature qu'il est bon de sentir d'abord, avant le moment où l'on est capable d'étudier, de consulter et de comprendre le modèle éternel lui-même.

Nous ne connaissons pas d'étude plus profitable que celle d'Homère. Il a saisi la nature et l'homme sous toutes leurs faces, il les a toujours faits ressemblants. Homère a mis de la tragédie, de la fable, de la satire, de la comédie, dans son immortelle épopée, sans en dénaturer le grand caractère. Plus timides que lui, nous n'oserions placer son Thersite dans un poëme héroïque ; voyez cependant si vous voudriez retrancher de l'*Iliade* cet insolent et lâche ennemi de la gloire d'Achille, ce type de la basse et haineuse passion qui s'applique à dégrader les talents et les vertus sublimes. De même, Ulysse, sous les haillons de la misère, traité par les prétendants comme le dernier des misérables, offenserait nos regards et nos oreilles; nous ne pourrions voir un roi dans ce mendiant, et cependant rien de plus dramatique que la scène où le supplice des prétendants commence par une terreur profonde et des pressentiments secrets qui impriment la pâleur de la mort sur leurs fronts; rien de plus héroïque et de plus terrible à la fois que la victoire d'Ulysse, devenu un dieu inexorable et vengeur. Shakspeare a osé plus encore; il a mis sur la scène un roi privé de la raison, et il a su nous intéresser à un homme dans cet état de dégradation intellectuelle. Ce n'est pas à dire pour cela que l'on puisse sans beaucoup d'art et sans de grandes difficultés transporter sur le théâtre ce genre de beautés; mais il faut y apprendre l'art des savants contrastes et les reproduire en observant avec une haute raison les différences essentielles du drame à l'épopée. Tout le théâtre grec est dans l'œuvre d'Homère, sans cesse comparé avec la nature par Eschyle, Sophocle et Euripide; voilà pourquoi il mérite d'être profondément médité par les auteurs tragiques. La poésie lyrique et souvent la poésie élégiaque respirent dans les chœurs de ces trois grands poètes, sans qu'il faille en conclure que l'on doive transporter l'usage des chœurs sur notre scène, où ils retardent la marche de l'action et refroidissent l'intérêt. Mais quelle étude pour un poète lyrique que ces mêmes chœurs, l'ornement de la tragédie antique!

C'est pour les avoir méconnus, ou mal étudiés, ou mal sentis, que Jean-Baptiste Rousseau n'a pas su imprimer un caractère dramatique, un cachet national à ses idées. Du mélange des chœurs grecs avec les inspirations de la Bible il devait sortir une poésie sublime et naïve, une poésie de feu, profondément morale et puisée dans le cœur de l'homme; mais, malgré un beau talent et plusieurs dons supérieurs qu'on lui accorde, Jean-Baptiste n'a vraiment compris ni les Grecs, ni Moïse, ni les prophètes; il lui aurait fallu la hauteur de Bossuet, le sentiment de la nature et le goût de l'antique qu'avait Fénelon, avec l'âme et la lyre de Racine. Cependant on aurait bien tort de le dédaigner; il y a beaucoup à profiter avec lui sous plus d'un rapport. Il est rarement sublime, mais il excelle souvent; ses vers ont beaucoup de nombre et d'harmonie, et il manie notre langue en écrivain supérieur.

Le souvenir de ce poète, inférieur aux anciens, nous conduit à énoncer une autre vérité essentielle au progrès de l'art. Après Homère, et l'école grecque, le Dante et Milton, inspirés par la nature, ont agrandi le vaste domaine du poème épique et reculé les bornes du génie. D'où vient ce prodige? De ce que l'auteur de la *Divine Comédie* et le chantre du *Paradis perdu* ont puisé à des sources inconnues d'Homère, c'est-à-dire à celles de la Bible, et qu'ils ont trouvé dans le cours des âges ou dans leur propre siècle des spectacles, des hommes, des événements, des passions, que le peintre d'Achille n'avait point connus. Ces deux poètes nous ravissent d'admiration, et cependant, en contractant une liaison intime avec eux, il faut souvent revenir au père de l'*Iliade*, à cause de son bon sens, non moins grand que son génie, à cause de sa simplicité et de sa puissance à modérer les écarts de l'imagination. Homère est naïf, Milton ne l'est pas, et néanmoins il avait profondément médité la Bible, où il nous pouvons nous exprimer ainsi, une naïveté plus naïve que celle d'Homère. Puisque notre sujet nous ramène à la Bible, nous devons dire que ce livre est l'une des plus grandes études d'un écrivain. Bossuet a tiré cette sublime d'un commerce de toute sa vie avec les Grecs, avec Moïse, avec les prophètes, avec les Pères de l'Église, et aussi avec les auteurs de notre vieille langue, dont il a retenu l'énergie; Bossuet unissait encore les trésors d'une lecture immense à la connaissance de la nature et de l'homme. Fénelon imite, surpasse, corrige les

anciens, et sous ce rapport il peut servir à prévenir les inconvénients d'une admiration exclusive et servile. Ce même Fénelon a trouvé dans son âme et dans les livres saints une double source de beautés suaves et touchantes qui ne sont point en Bossuet. Veut-on un autre exemple des avantages de l'étude simultanée des anciens et des modernes? Molière est bien supérieur à Aristophane; cependant c'est peut-être dans ce dernier auteur qu'un homme de talent trouvera le germe de la comédie que nous cherchons maintenant pour répondre aux besoins du théâtre moderne, qui ne souffrira jamais néanmoins qu'on descende devant lui aux affreuses personnalités que le peuple d'Athènes lui-même, le plus satirique des peuples et les plus enclin à la licence, ne put pas supporter. Aristophane est souvent un grand poète, il est en outre un poète national, qui parle à ses concitoyens de leur patrie, de leurs plus chers intérêts, en leur donnant aussi d'utiles et sévères leçons politiques.

L'art dramatique, souvent dégradé par Shakspeare, n'en a pas moins reçu de son génie un accroissement sublime. Ses caractères de femme ont des grâces inexprimables. Sa *Miranda* offre un modèle charmant de la naïveté d'un cœur surpris par un premier amour, à l'aspect du courage et de la douceur réunis dans un jeune prince. Sa *Catherine d'Aragon* est un ange dont le souffle même de Henri VIII n'a pu ternir la pureté. Pour prix de sa vertu, le poète, ou Dieu lui-même, la fait mourir au bruit des mélodies du ciel entr'ouvert à ses yeux. Shakspeare a fait de la *Cléopâtre* d'Antoine un portrait tel qu'on dirait qu'il l'a mieux connue que ses contemporains, qui ont pu prendre la nature sur le fait. Cléopâtre peinte par Shakspeare est un composé inouï. Le poète a mis en elle les mœurs et la licence de la courtisane, les plus irrésistibles séductions de la femme, les plus dangereux artifices de la coquetterie, les caprices et les fantaisies d'une maîtresse qui se renouvelle sans cesse, les petites faiblesses du sexe et ses inconstances, l'enthousiasme de la gloire, la majesté du rang suprême et l'orgueil d'une âme qui ne révèle toute sa grandeur qu'en face de la mort. Sa Cléopâtre, enfin, est plus fière et plus reine au moment suprême que celle d'Horace. Même après Tacite, Shakspeare creuse encore dans le cœur humain. Il y a trouvé un certain Tibère, ce *Richard III* qui s'applaudit de la perversité de sa nature, qui jouit du plaisir de corrompre la vertu pour la ravaler jusqu'à lui, et qui, différent des autres tartufes, n'est en même temps qu'un scélérat profond et caché, un fanfaron de vices et de crimes. Il y a du Satan dans Richard III.

L'un des plus grands peintres du cœur humain, voilà ce qu'il fallait voir et étudier dans Shakspeare. Si quelques-uns de ceux qui ont voulu le faire revivre parmi nous eussent d'abord consulté la nature et médité sur l'art, sur ses principes éternels, sur sa puissance, sur ses moyens et sur ses limites; s'ils eussent mêlé la profonde connaissance du théâtre grec et du nôtre à leur juste admiration pour l'Eschyle anglais, on n'aurait pas vu leur talent s'égarer à l'entrée de la carrière; ils ne nous auraient pas donné des monstres semblables à celui dont parle Horace au début de son *Art poétique*; après nous avoir promis d'être plus vrais, plus simples, plus près de la nature que notre ancienne tragédie, qui demandait effectivement un progrès sous ce rapport, ils ne seraient pas venus exposer sur la scène des mensonges grossiers, sans grâce, sans illusion, qui choquent le bon sens et n'ont pas même une ombre de vérité. Ils n'auraient pas surtout négligé la source de l'intérêt, la vie et la puissance des productions dramatiques. Corneille lui-même n'a point assez cultivé cet intérêt, parce qu'il a mis trop souvent le raisonnement sur la scène à la place des passions, et que les larmes généreuses que l'admiration des grandes choses nous arrache se tarissent bientôt quand d'autres émotions ne viennent pas remuer les cœurs. On peut reprocher à Racine d'avoir fait descendre la tragédie de la hauteur divine à laquelle le père de notre théâtre l'avait élevée; mais il a donné dans quelques rôles, et principalement dans celui de *Phèdre*, d'admirables modèles de l'art de faire éclater les passions avec tous les orages qu'elles soulèvent dans un cœur. Ce qui manque à Racine en vérité de mœurs se trouve abondamment dans Euripide, qui a des larmes pour toutes les douleurs morales; mais quel progrès qu'une pièce comme notre *Iphigénie*, quoiqu'elle offre quelques taches et qu'elle ne remue pas assez puissamment l'âme des spectateurs! Quoi qu'en puissent dire ses détracteurs, il y a beaucoup à profiter dans l'étude de Racine et plus encore dans celle de Molière, parce qu'il est toujours vrai dans les mœurs, dans les caractères et dans les passions, et qu'il parle toujours la langue de ses personnages. En même temps que Molière, il faut lire Montaigne, Machiavel, Bossuet, Pascal et La Fontaine, qui complètent entre eux, pour ainsi dire, la peinture de l'homme jusqu'à la fin du siècle de Louis XIV. Car depuis sont survenus d'autres hommes, d'autres événements, d'autres passions et d'autres peintres; nouvelle source d'études à faire, à laquelle il faut en joindre une autre, plus grande et plus féconde, celle d'un peuple qui n'était rien et qui est devenu tout, grâce à une révolution destinée à renouveler le monde.

En résumé, nous ne connaissons point d'*école classique* ou exclusive qui doive donner la loi à toutes les littératures; nous ne connaissons pas d'*écrivains classiques*, c'est-à-dire, dans toute l'étendue du sens de l'expression, que l'on doive regarder comme les types de la perfection; nous reconnaissons que telle école ou tel maître ont excellé dans certaines parties de l'art: Homère par l'invention des caractères et la variété des peintures; Sophocle par la beauté de l'ordonnance et la hauteur des sentiments; Virgile par un style savant, enchanteur, et par la touchante peinture des passions tendres et mélancoliques; le Dante par une énergie et une profondeur extraordinaires; Milton par l'imagination et la magnificence; l'Arioste par la fécondité; le Tasse par le mérite de la composition et l'éclat du coloris; Montaigne par l'indépendance de la pensée comme par l'originalité du style; Pascal par la profondeur et la sublimité; Bacon par l'étendue de l'esprit; Voltaire par tous les dons de l'écrivain le plus capable de donner de l'attrait à la raison et qui joint l'élégance à la clarté d'un style qui ne souffre aucune obscurité; J.-J. Rousseau par la magie d'une éloquence qui passionne même la vérité. Mais nous ne voulons imposer à personne l'obligation de faire comme ces immortels écrivains; c'est à chacun à chercher sa route et à se créer une manière indépendante, large, variée comme les sujets de ses travaux, une manière qui soit l'expression la plus simple et la plus vraie du modèle éternel, du seul modèle classique, la nature.

P.-F. TISSOT, de l'Académie Française.

Depuis qu'il existe dans notre Europe chrétienne des universités et des écoles, les écrivains *classiques* de la Grèce et de Rome ont toujours été la source à laquelle les maîtres ont été puiser des préceptes et des exemples à l'appui de leurs leçons. Toujours d'ailleurs et partout ils apporteraient la réserve nécessaire dans le choix des ouvrages qu'ils mettaient aux mains de leurs élèves; et certes jamais Lucrèce par exemple ou, dans un autre ordre d'idées, Pétrone ne circulèrent dans les classes. Pour cela: des éditions spéciales des auteurs classiques ont été faites à l'usage des écoles; éditions dans lesquelles on a eu soin de ne pas comprendre celles de leurs œuvres qui peuvent contenir des pensées réprouvées par la morale, qui dès lors, pour être lues et sainement appréciées, exigent une maturité d'esprit qu'on ne saurait avoir acquise lorsqu'on est encore sur les bancs du collège.

Jusqu'à ce jour on ne s'était pas trop mal trouvé de l'étude des grands écrivains de l'antiquité; il était réservé à un prêtre contemporain d'essayer de nous démontrer que c'est pourtant dans cette base même donnée depuis un temps immémorial à l'enseignement de la jeunesse qu'il fallait chercher la cause non-seulement de la profonde corruption de nos sociétés modernes, mais encore de toutes les révolutions politiques arrivées depuis trois siècles et plus. Cessez de mettre aux mains des élèves de vos collèges et de vos lycées les classiques, s'est tout récemment écrié l'abbé Gaume, dans son célèbre *Ver rongeur* (Paris, 1852); remplacez-les par les Pères de l'Église, et l'âge d'or, l'âge de l'innocence primitive, sera bientôt revenu sur la terre. Autrefois, messieurs du clergé se contentaient de nous dire: « C'est la faute à Voltaire! C'est la faute à Rousseau! » Aujourd'hui ils répondent du salut de la société, mais à la condition qu'on brûlera Platon, Homère, Thucydide, Horace, Virgile, Tacite et Cicéron.

> Prends garde à toi, Virgile, on en veut à ta gloire,
> En vain, contre les sots protégeant ta mémoire,
> Les saints dont la parole instruisit l'univers
> Ont loué ton poëme, ont admiré tes vers...
> Des troupeaux de cafards, blancs ou bruns, gris ou puces,
> Ont après deux mille ans trouvé sous leurs capuces
> Que la prose et les vers des Grecs et des Latins
> De vices et d'erreurs empestaient les humains!
>
> (VIENNET).

Chose triste à constater, quoique aussi platement écrit que pauvrement pensé, le pamphlet de l'abbé Gaume a obtenu un immense succès de sacristie. L'émoi a donc été grand dans le camp des universitaires, et surtout dans celui des intrigants plus ou moins lettrés qui sous le règne de Louis-Philippe avaient eu la profitable habileté de se poser comme les représentants du progrès en matière de méthodes, en fait d'instruction publique à tous les degrés, quand ce projectile incendiaire est venu les déranger dans leur tant douce quiétude et compromettre la durée de leur fructueuse exploitation de l'éducation de la jeunesse. Il était impossible de s'y méprendre: c'était un défi, une véritable déclaration de guerre lancée par l'enseignement dit *ecclésiastique* à l'enseignement officiel de *laïc*. Celui-ci releva fièrement le gant; et il s'ensuivit un déluge d'articles de journaux et de brochures où l'on dit rudement son fait au malencontreux auteur du *Ver rongeur*. Cette querelle de cuistres durerait encore si des évêques n'étaient pas intervenus pour rassurer les consciences timorées et affirmer qu'on peut parfaitement faire son salut tout en lisant les œuvres des écrivains qui n'ont pas eu le bonheur d'être éclairés par les divines lumières de la religion révélée.

CLASTIQUE (Anatomie). Le mot *clastique*, formé par de Blainville du grec κλάω, rompre, est spécialement affecté aux pièces d'*anatomie artificielle* de M. le docteur Auzoux, qui diffèrent de celles qu'on connaissait jusqu'alors (*voyez* CÉROPLASTIQUE) en ce qu'elles peuvent être détachées d'un cadavre artificiel, qu'on peut ainsi monter et démonter pour le faire servir aux démonstrations anatomiques. Ces pièces, qui se fabriquent avec une sorte de mastic ou de carton, reproduisent la forme, la couleur, les dimensions et la situation des parties solides du corps humain. M. Auzoux est parvenu à imiter ainsi la charpente solide ou le squelette, les muscles, les vaisseaux, les nerfs, les viscères et les organes des sens (*voyez* ANATOMIQUES [Préparations]). L. LAURENT.

CLASTIQUES (Roches). Les géologues désignent d'une manière générale sous le nom de *clastiques* (dérivé du grec κλάω, je brise) les roches qui proviennent des débris et du remaniement d'autres roches, comme les *anagénites*, les *arkores*, les *brèches*, les *mimophyres*, les *pépérines*, les *psammites*, les *pséphytes*, les *poudingues*. Alexandre Brongniart applique spécialement cette expression à l'un des groupes de ses terrains *clysmiens*, présentant dans sa position et dans ses parties tous les caractères de fracture.

CLAUDE

CLAUDE (CLAUDIUS TIBERIUS DRUSUS), quatrième empereur de Rome depuis Auguste, né à Lyon, l'an de Rome 744 (10 avant J.-C.), empereur l'an 797, mort empoisonné, l'an 807, à l'âge de soixante-quatre ans.

Claude, dont le nom est devenu synonyme de la bêtise, est un de ces personnages pour lesquels l'histoire doit se résoudre à emprunter le style de la satire, afin d'atteindre à la vérité. Il fut non-seulement un méchant prince, mais, ce qui est pis peut-être, un prince ridicule. Le pauvre Claude! Il était destiné à exercer de tout temps la malignité des auteurs. A peine avait-il cessé de vivre que Sénèque fit contre lui cette fameuse facétie politique intitulée l'*Apokolokyntose*, c'est-à-dire la *métamorphose de Claude en citrouille*; et cependant dans cette satire, que nous avons tout entière (et qui, par parenthèse, a été fort bien traduite par J.-J. Rousseau), il n'est pas dit un seul mot de cette prétendue métamorphose. Serait-ce aller trop loin dans le champ des conjectures que de voir en cette particularité la preuve que le mot *citrouille* réveillait alors à l'égard du défunt empereur une allusion que chacun saisissait à demi-mot, grâce à la configuration plus qu'étrange de la grosse tête de Claude; en sorte que le nommer ou nommer une *citrouille*, c'était absolument la même chose?

Après ce début, que pourrais-je ajouter qui puisse intéresser le lecteur à cet empereur que Tacite, Suétone, Sénèque, Dion Cassius, ont fait si bien connaître? Cependant, comme il a été pendant quatorze ans le maître du monde, il faut bien esquisser en peu de mots sa vie. Il était fils de Drusus et d'Antonia, petit-fils d'Auguste et de Livie : ainsi, le sang des triumvirs Antoine et Octave et celui des Claudius coulait dans ses veines; mais on ne pouvait dire de lui ce qu'Agrippine disait de son fils Néron :

Il mêle avec l'orgueil qu'il a pris dans leur sang
La fierté des Nérons, qu'il puisa dans mon flanc.

La timidité de son caractère, qui ressemblait à de la stupidité, l'avait fait mépriser de sa mère, qui l'appelait une ébauche de la nature. L'altière Livie, son aïeule, lui avait marqué encore plus de dédain. Rejeté par sa famille, il avait cherché une consolation dans le commerce des gens du peuple : il faisait ses confidents, ses amis intimes, de quelques avocassiers, dont les études minutieuses et le talent bavard sympathisaient merveilleusement avec son esprit étroit et son goût pour de futiles connaissances : car, il faut bien le dire, l'imbécile Claude n'était pas tout à fait ce qu'on appelle un ignorant; il se plaisait à compiler des histoires et à s'occuper de difficultés de grammaire, à telles enseignes qu'il ajouta à l'alphabet latin trois lettres, qui cessèrent d'être employées dès qu'il ne fut plus. L'usage est, comme on le sait, le seul tyran des langues, et là du moins le despotisme des souverains ne peut rien. Claude enfin composait lui-même ses harangues, qu'il prononçait avec quelque difficulté, et il les faisait longues; il aimait particulièrement les *citations*, circonstance que n'a pas omise l'auteur de l'*Apokolokyntose*.

Pour achever le portrait, j'ajouterai que Claude était d'une taille assez haute, mais lourde et désagréable; sa démarche était gauche, et tous ses mouvements avaient de la lenteur. Sa pensée n'était pas plus vive que son corps : timide à se décider, il laissait les autres penser et décider pour lui, et n'agissait que d'après leur impulsion. Ce vice eût été sans inconvénient s'il fût toujours resté prêtre et augure, comme l'avait fait Auguste, ou même simple sénateur, comme l'avait créé Caligula, son neveu, qui l'avait fait son cheval consul. Mais, pour son malheur comme pour celui des Romains, Claude fut malgré lui l'empire, et le particulier faible et sans volonté devint l'instrument docile des criminelles volontés de ses entours. Lorsque l'épée du prétorien Chœrœas eut tranché l'odieuse existence de Caligula, les soldats, qui voulaient un empereur parce que les empereurs leur faisaient des largesses, trouvèrent dans le bouge d'un des concierges du palais impérial un gros homme tapi sous une couchette. C'était Claude, frère de Germanicus, et oncle du dernier souverain; il attendait la mort : les soldats le proclamèrent empereur, et il accepta le profit d'une révolution qu'il n'avait pas faite. Claude avait alors cinquante ans. Comme tous les tyrans timides et cauteleux, il commença son règne par quelques bonnes actions, et par beaucoup de louables promesses. Le nouvel élu ne manqua pas surtout de favoriser les avocats, ses amis; il les autorisa à recevoir des honoraires, et fit conférer par un décret aux Gaulois, ses compatriotes, le droit d'entrer au sénat. Caligula n'avait pas autrement commencé; Néron devait faire de même. Bientôt, entièrement livré aux caprices de sa femme Messaline et de ses affranchis, il prit l'habitude d'ordonner des supplices, avec cette apathique et froide cruauté qui chez lui n'avait pas même l'excuse de cette fureur impétueuse dont bouillonnait le sang brûlé de l'insensé Caligula. C'était avant, pendant et après boire, longuement, froidement et gravement, que Claude faisait tuer des hommes aussi facilement qu'un chien étrangle le gibier (*tam facile homines occidebat, quam canis excidit*). La plupart du temps même il ne se donnait pas la peine de prononcer la sentence, et ordonnait de conduire au supplice, en levant sa main inerte, mais toujours assez forte pour faire le geste indiquant la décollation d'un homme : *Duci jubebat, illo gestu solutæ manus, sed ad hoc unum satis firmæ quo decollare homines solebat* (Sénèque). C'est ainsi qu'on l'accuse d'avoir fait mourir 35 sénateurs, 300 chevaliers, sans compter un grand nombre de femmes de la première distinction, et dont plusieurs appartenaient à la famille impériale. Rarement avant de condamner il s'informait du sujet de l'accusation ou entendait l'accusé. Son insouciance allait même jusqu'à oublier le nom de ses victimes, et quelques jours après avoir fait périr l'épouse d'un Scipion, voyant celui-ci à sa table, il lui demanda bonnement des nouvelles de sa femme.

Pendant qu'il buvait, qu'il devisait avec de bavards avocats ou de lourds grammairiens, qu'il s'endormait sur le sein des courtisanes, ou qu'il jouait aux dés, l'impératrice Messaline se prostituait aux muletiers de Rome, et l'empire allait comme il pouvait. Un si digne ménage ne fut pas de longue durée. Messaline, ayant épuisé tous les désordres de la lubricité romaine, voulut se donner le plaisir nouveau, extraordinaire, de prendre un second mari du vivant du premier. Ses noces furent donc célébrées avec son amant Silius, en grande solennité; toute la ville en était instruite, et l'impérial idiot aurait tout ignoré si Messaline n'avait eu l'imprudence de se brouiller avec Narcisse. Cet affranchi la dénonce; Claude, effrayé, demande *s'il est encore empereur*. Narcisse le rassure, prend le commandement des gardes prétoriens, fait arrêter et exécuter Silius et ses complices. Claude avait positivement ordonné qu'on fit comparaître devant lui la *misérable*; mais Narcisse, redoutant le faible du vieil empereur pour sa femme, prend sur lui de la faire tuer. On vient dire à Claude qu'elle ne vit plus : il était à table; il ne témoigne ni joie ni tristesse, ne fait aucune question sur la manière dont elle avait péri, et demande à boire. Claude alors annonça au sénat qu'il resterait veuf. L'adroite et ambitieuse Agrippine, fille de Germanicus, sœur de Caligula et veuve de Domitius, et par conséquent nièce de Claude, fit changer de résolution au faible despote. Le mariage entre l'oncle et la nièce était défendu par les lois, mais avec des assemblées législatives complaisantes est-il jamais des lois pour les princes? Claude consulta le sénat, et le sénat, qui avait applaudi à ses projets de célibat, leva par une loi la prohibition qui s'opposait aux vues ambitieuses d'Agrippine. La nouvelle impératrice, après cette résolution, qui

Mit Rome à *ses* genoux et Claude dans *son* lit,

employa le meurtre, le poison, l'exil, pour écarter tous les obstacles qui s'opposaient à son projet de donner l'empire à Néron, son fils, au préjudice de Britannicus, fils de Claude et de Messaline.

Agrippine donnait toute sa confiance à l'affranchi Pallas : l'affranchi Narcisse en fut jaloux. Il avait éclairé l'empereur sur les débordements de sa première femme, il pouvait lui faire ouvrir les yeux sur les débordements et les crimes de la seconde, qui n'était pas moins avide de plaisirs que de pouvoir. Déjà Claude montrait quelque repentir d'avoir dépouillé Britannicus. Il lui échappa de dire : « Je suis destiné à souffrir des dérèglements de mes femmes, mais je sais les punir. » Agrippine, menacée, implora l'art de l'empoisonneuse Locuste, et Claude dut trouver la mort dans un plat de champignons, ragoût qu'à cette occasion Néron appelait *le mets des dieux*. Le fatal mélange n'opérant point assez vite, Agrippine eut recours au médecin Xénophon, qui, sous prétexte de faciliter les vomissements de l'empereur, lui mit dans la gorge une plume imprégnée d'un venin qui le tua sur-le-champ. C'était l'usage de mettre les empereurs au rang des dieux après leur mort : Claude, sentant approcher sa fin, s'écria, dit-on : « Je sens que je deviens dieu. » Mot trop ingénieux pour celui à qui on le prête, et assurément moins vraisemblable dans sa bouche que cet autre rapporté par Sénèque. La dernière parole qu'il fit entendre parmi les hommes, et après avoir émis un son plus bruyant par l'organe dont il parlait le plus volontiers : Malheur à moi ! je me suis embrené (*Væ me ! puto, concacavi me*).

Il avait fait en personne une expédition dans la Grande-Bretagne, que Jules César avait découverte pour les Romains. Claude resta seize jours dans cette île, dont une partie fut réduite en province romaine (an de R. 796). Il rapporta de cette expédition, avec le surnom de *Britannicus*, qui fut aussi déféré à son malheureux fils, le droit d'agrandir l'enceinte de Rome, seulement dévolu à ceux qui avaient reculé les limites de l'empire. Claude avait le goût de faire bâtir, et quelques ouvrages honorent son règne, savoir : la reconstruction du port d'Ostie, pour assurer les subsistances de Rome; l'achèvement d'un immense aqueduc, commencé par Caligula ; enfin le percement d'une montagne, pour y creuser un canal, afin de faire couler dans la rivière du Liris les eaux du lac Fucin.

Un seul auteur ancien a loué Claude, et ses éloges nous sont parvenus. C'est Sénèque, qui dans la *Consolation à Polybe* déifie vivant ce même Claude que plus tard il devait traîner dans la boue.

CLAUDE II (Marcus-Aurelius-Flavius), surnommé *le Gothique*, soldat heureux, né en Dalmatie, le 10 mai 214 ou 215, devint gouverneur d'Illyrie sous Valérien. Chargé de la guerre des Goths sous Gallien, il fut élu empereur par l'armée, l'an 268 ; il commença par réduire Auréole, qui lui disputait l'empire, et remporta ensuite sur les Goths la sanglante bataille de Naïssus (Nissa en Servie). Il mourut peu de temps après, d'une épidémie, dans la troisième année de son règne, emportant dans la tombe les regrets de l'empire. Pollion dit que ce prince avait la modération d'Auguste, la vertu de Trajan et la piété d'Antonin. Ch. Du Rozoir.

CLAUDE (Jean), célèbre ministre protestant français, naquit en 1619 à Sauvetat, dans l'Agénois. *François* Claude, son père, l'éleva avec beaucoup de soin. Il acheva ses études à Montauban, fut reçu pasteur en 1645 ; il enseigna ensuite à Nîmes. Nommé ministre de Charenton en 1666, il dut sortir de France lors de la révocation de l'Édit de Nantes, en 1685. Il se réfugia alors en Hollande, où le prince d'Orange le reçut favorablement et lui donna une pension. Il mourut à La Haye, le 13 janvier 1687. Claude prêchait avec une grande facilité ; il avait une éloquence mâle, un raisonnement serré, parfois un peu subtil, un style simple. Sa voix était néanmoins peu agréable. Ses controverses avec Bossuet, Nicole et Arnauld le firent regarder comme le chef et l'âme de son Église. Lorsque Mlle de Duras voulut, en 1678, avant d'abjurer le calvinisme, faire disputer en sa présence Claude et Bossuet, chacun d'eux composa sa relation, et s'attribua la victoire. Ses principaux ouvrages sont : *Réponses au Traité de la Perpétuité de la Foi* et au livre du P. Nouet, jésuite ; *Défense de la Réformation contre les préjugés légitimes de M. Nicole* ; *Réponse à la Conférence de M. Bossuet* ; plusieurs sermons, etc. Il laissa deux fils, *Isaac* et *Jean-Jacques*, qui furent tous deux ministres de la religion réformée.

CLAUDE LORRAIN. *Voyez* Gelée.

CLAUDICATION (en latin *claudicatio*, du verbe *claudicare*, boiter), action de boiter. La claudication consiste dans le balancement imprimé au corps pendant la marche par l'effet de la conformation vicieuse de l'un des membres abdominaux, son raccourcissement ou son allongement. Elle peut aussi avoir lieu par la difformité des deux membres inférieurs, l'un étant plus contrefait que l'autre ; par la mauvaise conformation du bassin, etc. Parmi les nombreuses affections qui peuvent produire la claudication, telles sont l'inégale position des cavités cotyloïdes, ou leur absence plus ou moins complète ; la diminution de volume d'un des côtés du corps, principalement des membres abdominaux ; un pied-bot natif, une luxation congénitale des fémurs, une contracture musculaire, etc. Les autres, qui sont consécutives ou acquises, sont beaucoup plus nombreuses : ce sont les déversements du bassin dans les cas de courbures latérales de l'épine, les maladies de la hanche, dites *luxations spontanées*; les caries de la tête du fémur et de la cavité cotyloïde, des luxations et des fractures mal réduites de l'os de la cuisse, des courbures rachitiques de cet os, des déviations en dedans d'un ou des deux genoux, l'un étant plus dévié que l'autre ; des courbures des os des jambes, en dedans, en dehors, en avant, etc. ; le renversement d'un pied en dehors ou en dedans, un pied-bot consécutif, une hémiplégie, une paralysie partielle d'un des membres inférieurs, des inflammations scrofuleuses de la hanche, d'un genou, de l'articulation du pied ; l'atrophie d'un des membres abdominaux après des sciatiques prolongées, des rhumatismes chroniques ; des abcès froids dans la cuisse, le jarret ou la jambe ; les contractures des muscles psoas, des muscles de la cuisse ou de la jambe ; les ankyloses fausses ou vraies.

On voit, d'après l'énoncé des principales causes qui produisent la claudication, que cette infirmité est souvent un des symptômes d'une maladie très-grave, et que dans beaucoup de cas elle doit être incurable ; qu'elle doit gêner la marche et rendre pénibles tous les exercices. Chez les enfants et les adolescents, surtout ceux qui sont d'une constitution très-lymphatique, elle est fort souvent l'origine de déviations latérales de l'épine, commençant par la partie inférieure du rachis et présentant la convexité de la courbure du côté du membre inférieur malade.

La claudication est curable quand les maladies dont elle est un des symptômes sont elles-mêmes curables ; les cas de courbures vertébrales, de déviations des genoux, de courbure des jambes, de renversement des pieds et de pieds bots, elle disparaît avec le redressement de la partie déformée. V. Duval.

CLAUDIEN (Claudius Claudianus), poëte latin, né à Alexandrie en Égypte, figure au premier rang parmi les protégés du Vandale Stilicon. Tribun et notaire, Claudien n'était pas un personnage sans importance à la cour impériale. Par la puissante intervention de Séréna (nièce de Théodose Ier, et femme de Stilicon), il épousa une héritière opulente d'une province d'Afrique. Claudien n'avait ni troupeaux, ni vignes, ni oliviers ; la riche héritière possédait tous ces biens : mais il porta en Afrique une lettre de Séréna, sa Junon, et il devint heureux. La statue de, élevée dans le forum de Trajan sur la demande des empereurs Honorius et Arcadius, atteste le goût et la libéralité du sénat de Rome. Du reste, Claudien a pour cet honneur la sensibilité d'un homme qui le mérite. Claudien fut reconnaissant envers Stilicon : celui-ci sert toujours directement ou indirectement de texte au poëte. Lorsque l'éloge de Stilicon devint un crime, Claudien se trouva exposé à la vengeance d'un courtisan puissant, qui ne pardonnait pas à l'esprit du poëte de s'être exercé à ses dépens. Il avait comparé, dans une épigramme, les caractères opposés de deux préfets du prétoire de l'Italie, et fait contraster le repos innocent du philosophe qui donne quelquefois au sommeil, ou peut-être à l'étude, des heures destinées aux affaires publiques, avec l'activité d'un ministre avide et infatigable dans l'exercice de sa rapacité. « Peuples de l'Italie, dit Claudien, faites des vœux pour que Mallius veille sans cesse, et qu'Adrien dorme toujours. » Ce reproche doux et amical ne troubla point le repos de Mallius; mais la cruelle vigilance d'Adrien épia l'occasion de se venger, et obtint sans peine des ennemis de Stilicon le sacrifice d'un poëte indiscret. Claudien se tint caché durant le tumulte de la révolution; et, consultant plus les règles de la prudence que les lois de l'honneur, il envoya au préfet offensé un humble et suppliant désaveu en forme d'épître. Claudien déplore l'imprudence où l'entraîna une colère insensée; et, après avoir présenté à son adversaire les exemples de la clémence des dieux, des héros et des lions, il ose espérer que le magnanime Adrien dédaignera d'écraser un infortuné obscur, suffisamment puni par la disgrâce et la pauvreté, et profondément affligé de l'exil, des tortures et de la mort de ses amis les plus intimes. Quels qu'aient été le succès de cette prière et la destinée du reste de sa vie, il est constant que sous peu d'années la force de la prudence que les lois de l'honneur, il envoya au préfet offensé un humble et à l'état d'égalité; mais le nom d'Adrien est presque inconnu, et on lit encore Claudien avec plaisir.

Comme poëte, Claudien ne satisfait pourtant ni ne subjugue la raison. Il serait difficile de trouver dans ses œuvres un de ces passages qui méritent l'épithète de sublime ou de pathétique. On n'y rencontre point de ces vers qui pénètrent l'âme ou agrandissent l'imagination. Nous chercherions en vain dans ses poëmes l'invention heureuse ou la conduite ingénieuse d'une fable intéressante, ou la peinture juste et frappante des caractères et des situations de la vie réelle. Il publia en faveur de Stilicon beaucoup de panégyriques et de satires, et le but de ces compositions serviles se trouva d'accord avec le penchant qu'il avait à sortir des bornes de la vérité et de la nature. Il avait le rare et précieux talent d'ennoblir le sujet le plus ignoble, d'orner le plus sec, et de varier le plus monotone. Son coloris, surtout dans les descriptions, est brillant et doux; et il manque rarement l'occasion de déployer, souvent même jusqu'à l'abus, les avantages d'un esprit orné, d'une imagination féconde, d'une expression facile et quelquefois énergique, enfin d'une versification toujours abondante et harmonieuse. La vanité nationale a fait de Claudien un Florentin ou un Espagnol; mais la première épître de ce poëte atteste qu'il était né à Alexandrie, en Égypte, dans le déclin des arts et de l'empire. Après avoir reçu une éducation grecque, il acquit, dans la maturité de son âge, la connaissance et l'usage de la langue latine, s'éleva au-dessus de ses faibles contemporains, et se plaça, après un intervalle de trois cents ans, au nombre des poëtes de l'ancienne Rome. Ses premiers vers latins furent composés sous le consulat de Probinus (l'an 395 de l'ère chrétienne). Outre ses poésies, qui existent encore, le poëte latin a composé en grec les antiquités de Tarse, d'Anazarbe, de Béryte, de Nicée, etc. Il est plus aisé, dit à ce sujet un auteur célèbre, de remplacer la perte d'une belle poésie que celle d'une histoire authentique.

Aug. SAVAGNER.

Suivant quelques-uns ce serait à Canope que Claudien aurait reçu le jour. On a de lui deux poëmes : *L'Enlèvement de Proserpine* et une *Gigantomachie*, demeurée inachevée, plus divers poëmes à la louange d'Honorius, des idylles, des épigrammes et des poésies de circonstance. Ses ouvrages ont été publiés par Heinsius (1650), Gesner (1759), Burmann (1760), et Doullay (Paris, 1836). Orelli (Zurich, 1845) a donné une édition du *Panégyrique des frères Probinus et Olybrius*, ainsi que du poëme contre Rufin.

CLAUDIUS ou CLODIUS, nom d'une famille romaine qui s'établit à Rome en l'an 504 av. J.-C. sous la conduite d'Actius Clausus, lequel fut admis au nombre des patriciens et reçut alors le nom d'*Appius Claudius*. La famille patricienne des *Claudii*, descendant de cet Appius Claudius, se distingua dès une époque fort reculée par son arrogance, son orgueil, et sa dureté à l'égard des plébéiens. L'empereur Néron fut le premier individu appartenant à une autre famille, celle des Domitiens, qui y entra par adoption. La *gens Claudia* produisit un grand nombre de personnages distingués. Elle se divisait en un grand nombre de branches, dont les plus connues sont celle qui portait le surnom de *Pulcher*, et à laquelle appartenait Publius Clodius, et celle qui avait le surnom de *Nero*. A cette dernière appartenaient, entre autres, les Drusus et les empereurs Tibère et Claude. Parmi les familles plébéiennes de la *gens Claudia*, on distinguait surtout celle qui avait pour surnom Marcellus.

CLAUDIUS (APPIUS), souche de la *gens Claudia*, était né chez les Sabins, d'une famille illustre, et s'appelait alors Actius Clausus. Après s'être inutilement opposé aux préparatifs de guerre que ses compatriotes faisaient contre les Romains, il renonça pour toujours à son pays, et vint s'établir à Rome, l'an 250 de Rome avec cinq mille familles qui formaient sa clientelle. La ville des Quirites reçut avec joie cet accroissement de population. Appius fut classé dans l'ordre des patriciens et admis au nombre des sénateurs. On lui donna vingt-cinq acres de terre, et chacun de ceux qui étaient venus avec lui en eut deux, avec tous les priviléges des citoyens romains. Neuf ans après, Appius parvint au consulat. Il se montra toujours l'ennemi inflexible des plébéiens, s'opposa de toutes ses forces à ce qu'on leur remît leurs dettes; aussi fut-il assiégé une fois dans sa propre maison par le peuple en fureur. Lorsque le peuple se retira sur le Mont-Sacré, il fut le seul sénateur qui s'opposa à ce que l'on entrât en négociations avec ceux qu'il nommait les rebelles. Appius combattit également la proposition de loi agraire faite par Spurius Cassius; suivant lui les terres conquises devaient être vendues et le prix en aurait été déposé au trésor public. Ce fut Appius qui, à ce qu'il paraît, inspira au sénat cette perfide politique dont les patriciens se trouvèrent toujours si bien, et qui consistait à corrompre quelques tribuns du peuple, afin que leur opposition empêchât celles des résolutions de leurs collègues qui déplaisaient aux patriciens. L'histoire se tait sur la mort d'Appius Claudius.

CLAUDIUS (APPIUS), fils du précédent, se montra encore plus violent ennemi des plébéiens que son père. Après avoir été élevé au consulat l'an 283, il s'opposa à l'adoption d'une loi présentée par le tribun Voléron, aux termes de laquelle les tribuns devaient être élus par tribus et non plus par curies. Claudius occupa par une guerre étrangère l'activité inquiète de la multitude; mais son armée, qui ne l'appelait que son tyran, se laissa battre par les Volsques. Appius, furieux, la cita tout entière à son tribunal, et les tribuns obtinrent à grand'peine qu'il ne donnât pas suite à cet étrange emploi de son autorité; du reste, il se vengea en décimant son arrière-garde. L'année suivante, son éloquence fit repousser par le sénat une loi agraire. Voulant se débarrasser d'un adversaire aussi redoutable, les tribuns l'accusèrent devant le peuple d'être l'ennemi de la liberté. Appius se présenta fièrement au forum; et, loin de s'abaisser à une justification, il déploya tant d'énergie et d'audace que le peuple n'osa le condamner. Le jugement fut remis à un autre jour; mais Appius ne vécut pas jusqu'à cette époque. Prévoyant qu'il serait condamné, il se donna la mort. Le peuple, qui l'avait tant haï, n'insulta point à sa mémoire. Son fils prononça son éloge public, malgré les tribuns, et cet éloge fut écouté avec recueillement.

CLAUDIUS CRASSINUS (Appius) fut à peine parvenu au consulat, l'an 303 de Rome, que, bien qu'aussi fier et aussi aristocrate que ses ancêtres, il appuya, à la grande surprise du sénat, et pour se ménager la faveur populaire, le projet de loi proposé par le tribun Terentillus ou Terentius, à l'effet d'opérer un changement dans la forme du gouvernement. A la place des magistrats ordinaires, on nomma des *décemvirs*, chargés de rédiger un code (appelé par la suite *Loi des Douze Tables*) et d'exercer pendant un an la suprême puissance. Appius fut élu décemvir, et quand, à l'expiration de l'année, le décemvirat fut prolongé encore d'un an, lui seul de ses collègues fut réélu, grâce à son influence sur les chefs du peuple. Son plan était de ne plus se dessaisir de la puissance, et il se ligua avec ses collègues pour le faire réussir. Les Èques et les Sabins firent alors une incursion sur le territoire de la république. Aussitôt les décemvirs levèrent des troupes, et marchèrent à la rencontre de l'ennemi. Appius et Oppius, seuls des décemvirs, restèrent à Rome avec deux légions, à l'effet de maintenir l'autorité déjà illégalement amenée de leurs collègues; mais un événement inattendu amena leur ruine. Appius éprouvait une violente passion pour la fille de Virginius, plébéien considéré, qui se trouvait à l'armée. Appius, marié et patricien, ne pouvait légitimement posséder Virginie, fiancée à l'ancien tribun Icilius. La séduction ne lui ayant pas réussi, il chargea un de ses clients, nommé Claudius, de s'adjoindre quelques complices, et d'enlever de vive force Virginie, au milieu de l'école publique, sous prétexte qu'elle était la fille d'un de ses esclaves. Le peuple força Claudius de relâcher sa victime; mais celui-ci la cita aussitôt devant le tribunal d'Appius, qui ordonna que la prétendue esclave serait provisoirement rendue à son maître. Numitorius, oncle de Virginie, et Icilius, son fiancé, dévoilèrent alors au peuple les criminels desseins d'Appius. Une émeute terrible s'ensuivit, et le décemvir fut contraint de laisser Virginie entre les mains de ses parents, et remit au lendemain à prononcer son jugement. Virginius, prévenu par son frère et par Icilius, se présenta dans le forum vêtu de deuil, ainsi que sa fille. Il donna des preuves certaines de sa paternité; mais Appius, plein de confiance dans le nombre de ses soldats, ordonna à Claudius de reprendre son esclave. Alors Virginius demanda au décemvir la permission d'interroger en sa présence la nourrice de Virginie, pour avoir au moins, disait-il, la consolation d'être détrompé. Appius y consentit. Alors ce père infortuné embrassa sa fille, et, saisissant le couteau d'un boucher voisin, il le lui plongea dans le sein en s'écriant : « Virginie, va rejoindre, pure et libre, ta mère et tes aïeux. » Appius ordonna d'arrêter le meurtrier; mais il s'enfuit. Les sénateurs Valérius et Horatius, ennemis du décemvirat, appelèrent à la vengeance le peuple, que la vue du cadavre avait déjà mis en fureur. Appius ne réussit à apaiser la sédition qu'en convoquant le sénat. Mais Virginius, de retour au camp, raconta ce qui lui était arrivé, et l'armée, exaspérée, reprit le chemin de Rome en criant vengeance. Les décemvirs comprirent que leur puissance était désormais anéantie; ils l'abdiquèrent. Aussitôt le sénat décréta le rétablissement du tribunat et du consulat (l'an 305 de Rome, et 449 avant J.-C.). Tite-Live dit qu'Appius se tua dans sa prison; Denis d'Halicarnasse prétend que les tribuns le firent étrangler.

CLAUDIUS CÆCUS (Appius), élu censeur l'an de Rome 442, commença ses fonctions par humilier le sénat. On n'y avait reçu jusque-alors que des patriciens ou les plébéiens les plus considérés; il y introduisit des fils d'affranchis. Il répartit également les affranchis dans toutes les tribus. Il s'immortalisa par la construction de la voie Appienne. On lui doit aussi le premier aqueduc d'Appius. Mais il rendit un service essentiel à sa patrie lorsque, devenu aveugle à un âge très-avancé, il prononça devant le sénat, que l'éloquence de Cinéas, ambassadeur de Pyrrhus, avait presque subjugué, un discours dont il existait encore des copies du temps de Cicéron, et qui détermina l'assemblée à exiger l'évacuation complète de l'Italie, comme préliminaire de toute négociation. C'est de deux fils de celui-ci que descendaient les branches *Pulcher* et *Nero* de la *gens* Claudia.

CLAUDIUS CAUDEX (Appius), consul l'an de Rome 488, reçut ce surnom à cause d'une espèce de navire en radeau qu'il avait inventé, et qui lui servit à faire passer son armée en Sicile au secours des Mamertins. Il battit le roi Hiéron, leur ennemi, et les Carthaginois ensuite; puis il revint triompher en grande pompe à Rome. Car il était le premier général romain qui eût été vainqueur au delà de la mer.

CLAUDIUS PULCHER (Publius), consul l'an de Rome 503, dans la première guerre Punique. Il commandait une flotte de plus deux cents vaisseaux lorsqu'il rencontra l'amiral carthaginois Asdrubal. Aussitôt il se prépara au combat; mais les augures vinrent en toute hâte le prévenir que les poulets sacrés refusaient de manger : « Eh bien, ils boiront alors ! » répondit-il ; et il les fit jeter dans la mer. Mais la fortune lui fut contraire dans cette journée, et les Romains essuyèrent une défaite sanglante : huit mille hommes tués, vingt mille prisonniers, quatre vingt-treize vaisseaux capturés, un plus grand nombre détruits, tels furent les résultats des habiles manœuvres d'Asdrubal et aussi de la supériorité de ses vaisseaux. Le sénat, consterné, rappela Claudius de la Sicile, et lui ordonna de nommer, en sa qualité de consul, un dictateur. Mais l'homme qui dans le temps où la religion était universellement respectée tenait si peu de compte des choses du culte ne devait pas s'embarrasser beaucoup des ordres du premier corps de l'État. Il poussa l'audace jusqu'à nommer à la dictature M. Claudius Glicias, son scribe ou son apparitteur. L'indignation fut générale; on força le consul d'abdiquer et de comparaître pour subir le jugement du peuple. Suivant Cicéron, il fut condamné; suivant d'autres, il échappa à la condamnation par un heureux hasard. Une pluie qui tomba tout à coup obligea l'assemblée à se séparer.

Quant à Publius Appius CLAUDIUS, *voyez* CLODIUS.

CLAUDIUS (Mathias), écrivain populaire allemand, d'un talent remarquable, plus généralement connu sous le nom d'*Asmus* ou du *Messager de Wandsbeck*, né le 15 août 1743, à Rheinfeld, dans le duché de Holstein, après avoir fait ses études à l'université d'Iéna, habita longtemps la petite ville de Wandsbeck, près d'Hambourg, et fut nommé, en 1776, commissaire supérieur à Darmstadt. Mais il ne tarda pas à résigner cet emploi, et s'en revint dès 1777 habiter de nouveau Wandsbeck, où, bien qu'il eût été appelé aux fonctions de contrôleur de la banque des duchés de Schleswig-Holstein, établie à Altona, il continua de résider à peu près le reste de sa vie. Il mourut à Hambourg, le 21 janvier 1815.

Claudius appartient à ce petit nombre d'écrivains allemands qui cherchèrent consciencieusement à agir sur le peuple, et qui acquirent dans cette voie une véritable importance littéraire. Il sut être populaire, intelligible à tous, sans cesser pour cela de mériter de plaire aux esprits cultivés, écrire d'une manière simple, naïve et ingénieuse à la fois, sans que ses saillies, si vives qu'elles fussent, eussent jamais rien de bas ni de trivial. D'une franchise voisine de la rudesse, énergique, malicieux, mordant, satirique, il est en même temps admirable de bon sens, plein d'une douce gaieté, sentimental et tendrement poétique. Personne n'a mieux réussi que lui à instruire le peuple tout en l'amusant. Son *sans* gêne, qui lui va si bien, tant en prose qu'en vers, dégénéra parfois peut-être en négligence, et son originalité en caprice et en bizarrerie; de même qu'une certaine tendance au mysticisme, d'abord imperceptible, finit par faire de lui un ennemi déclaré des lumières, de la tolérance et de la liberté de la presse, ces grands principes qu'au début de sa vie il avait embrassés et défendus avec tant d'énergie et d'enthousiasme. Claudius contribua beaucoup par ses ouvrages au réveil de l'esprit allemand, et jusque par ses chansons, dont un grand nombre sont à bon droit devenues nationales; nous citerons, entre autres, sa célèbre ode au vin du Rhin (*Rheinweinlied*), qui a été mise en musique par divers compositeurs, et qu'on entonne encore aujourd'hui en Allemagne dans toutes les réunions bachiques. Ses diverses productions parurent d'abord dans des almanachs, puis dans *Le Messager de Wandsbeck*, journal qu'il publia lui-même de 1770 à 1775. Il en donna ensuite une édition complète, sous le titre : *Asmus omnia sua secum portans*, ou *Œuvres complètes du Messager de Wandsbeck* (8 vol., Hambourg, 1775-1812).

CLAUSE. Le *Dictionnaire de l'Académie* définit le mot *clause* une disposition particulière faisant partie d'un traité, d'un édit, d'un contrat et de tout autre acte public ou particulier. Le *Répertoire de Jurisprudence* ajoute que, « bien qu'il n'y ait régulièrement dans un acte que ce qu'on y met, il y a néanmoins certaines *clauses* qui sont tellement de l'essence des actes, qu'on les regarde comme de style, et qu'elles sont toujours sous-entendues ». Et en effet le Code Civil dit formellement (art. 1160) « qu'on doit suppléer dans un contrat les *clauses* qui y sont d'usage, quoiqu'elles n'y soient point exprimées ». Et ce principe est si bien accrédité que, par opposition, on tient en général pour frauduleuse toute clause insolite; ce n'est toutefois qu'une présomption. Lorsqu'une clause est susceptible de deux sens, on doit plutôt l'entendre dans celui avec lequel elle peut avoir quelque effet que dans le sens avec lequel elle n'en pourrait produire aucun; ce qui est ambigu s'interprète par ce qui est d'usage dans le pays où le contrat est passé. Toutes les clauses des conventions s'interprètent les unes par les autres, en donnant à chacune le sens qui résulte de l'acte entier. Enfin, dans le doute, la clause s'explique contre celui qui l'a stipulée et en faveur de celui qui s'est soumis à l'obligation.

Les *clauses* n'étant à vrai dire que les *conditions* du contrat, on conçoit qu'elles doivent être aussi variées que les intentions des parties contractantes sont diverses; cependant, elles peuvent être rangées dans un certain ordre d'idées, et en effet les jurisconsultes ont établi une sorte de classification générale. Ils distinguent donc :

1° La *clause comminatoire*, qui se dit d'une peine qu'on stipule dans différents actes ou contrats, ou qui se trouve apposée soit dans un testament, soit dans une loi, soit dans un jugement, contre ceux qui contreviendront à quelque disposition; laquelle peine n'est pourtant pas encourue de plein droit, et ne s'exécute pas toujours à la rigueur.

2° La *clause dérogatoire*, expression qui ne peut s'entendre que d'une stipulation par l'effet de laquelle il est dérogé à quelque acte antérieur. Jusqu'à l'ordonnance de 1735, qui en a prohibé l'usage, il y eut question d'une *clause dérogatoire* spéciale, qui était employée dans les testaments. Elle consistait à mettre certains mots dans un testament et à déclarer valables ou non les testaments postérieurs suivant qu'ils contiendraient ou non ces mêmes mots.

3° La *clause irritante*. C'est celle qui annule tout ce qui serait fait au préjudice d'une loi ou d'une convention; on l'exprime assez ordinairement par ces termes : *à peine de nullité*, qui nous semblent n'avoir pas besoin de commentaire.

4° La *clause pénale*. C'est le nom que l'on donne à cette stipulation par laquelle une personne, pour assurer l'exécution d'une convention, s'engage à quelque chose en cas d'inexécution. Elle est la compensation du dommage que le créancier souffre par l'inexécution de l'obligation principale. Cette définition de la clause pénale s'applique directement à l'espèce de *peine* que les jurisconsultes ont appelée *contractuelle*, parce que cette peine dérive en ce cas des stipulations mêmes du contrat. Elle est donc accessoire à l'obligation principale, de telle sorte qu'il faut, pour sa validité, que la première soit elle-même valable. Au contraire, la nullité de la clause pénale n'entraîne point celle de l'obligation principale; et l'on conçoit en effet que l'une n'étant que l'accessoire de l'autre, celle-ci puisse subsister indépendamment de celle-là. Il est une espèce particulière de clause pénale qui s'applique aux testaments, et qui, par ce motif, reçoit le nom de *peine testamentaire*. C'est ainsi qu'un testateur prononce des peines contre ses héritiers ou légataires, pour le cas où ils n'exécuteraient pas l'une ou l'autre de ses dernières volontés. On conçoit qu'il est fort difficile de tracer des règles sur la validité de ces sortes de dispositions, puisqu'en général un testateur peut apposer à sa libéralité telle condition qui lui paraît convenable; mais il est évident que de même qu'on rejette des contrats tout ce qui est ou impossible ou contraire aux bonnes mœurs, ou défendu par les lois, de même il faut effacer des testaments et regarder comme non écrites les clauses pénales qui ont pour objet des faits au-dessus de la capacité de l'homme, ou déshonnêtes, ou prohibés.

5° La *clause résolutoire* est la condition qui, par son accomplissement, opère la révocation de l'obligation, et remet les choses au même état que si l'obligation n'avait pas existé. Elle ne suspend point l'exécution de l'obligation; elle oblige seulement le créancier à restituer ce qu'il a reçu, dans le cas où l'événement prévu par la condition arrive. Ajoutons que la clause ou la condition résolutoire est toujours sous-entendue dans les contrats synallagmatiques, pour le cas où l'une des parties ne satisfera point à son engagement.

— DUBARD, ancien procureur général.

CLAUSEL (BERTRAND, comte), maréchal de France, né à Mirepoix (Ariège), le 12 décembre 1772, d'une honnête famille bourgeoise, avait vingt ans lorsque le grand mouvement de 1792 appela tous les Français à la défense de la patrie. Il entra alors dans l'un des bataillons de volontaires qui couraient à la frontière combattre pour la France et la révolution, assaillies par l'Europe. Nommé officier par le choix de ses camarades, il parvint rapidement au généralat, et, par une de ces soudaines transformations qui étaient si fréquentes à cette époque de prodiges, un an après avoir quitté le toit paternel, il avait pour nids de camp le chef de bataillon sous les ordres duquel il était entré au service comme simple soldat. Clausel fit les campagnes de 1794 et 1795 à l'armée des Pyrénées, sous les ordres de Pérignon et de Dugommier; il déploya dans cette lutte une intelligence instinctive de la guerre et une intrépidité qui appelèrent sur lui l'attention des représentants du peuple en mission à cette armée. Dès ce moment Clausel fut signalé comme des hommes dont l'avenir promettait le plus à son pays. Cependant, peu s'en fallut qu'une erreur fatale n'étouffât cette grandeur naissante. Un homonyme de Clausel ayant été dénoncé au gouvernement révolutionnaire, comme suspect de royalisme, l'ordre de faire arrêter et conduire à Paris le futur maréchal de France fut transmis au quartier général de l'armée des Pyrénées, et allait être exécuté, lorsque l'oncle paternel du jeune Clausel, député à la Convention nationale, parvint à éclairer le comité de salut public sur une méprise qui aurait coûté à la France une de ses plus belles gloires.

Il passa à l'armée d'Italie, où il fit la campagne de 1799 au milieu de ces braves soldats qui, toujours battus, n'étaient jamais découragés et demandaient toujours à retourner à l'ennemi. A la bataille de Novi, dans laquelle, commandant la réserve de Pérignon, Clausel eut la gloire d'arrêter la marche de Bellegarde et de dégager l'aile gauche de notre armée au moment le plus critique de cette sanglante journée, il avait été envoyé à Turin pour y traiter de l'abdication du roi de Sardaigne. A cette époque le Piémont était en proie aux plus grands troubles : Joubert s'était déjà emparé de la citadelle de Turin ; le parti républicain et le parti royaliste en étaient venus aux mains ; l'anarchie régnait partout. Arrivé au milieu de ce désordre, qui n'était pas moins l'œuvre des Piémontais que celle des officiers français, le général imposa aux révoltés, rétablit le calme, et environna d'égards et de respects le monarque malheureux auquel il venait demander son sceptre au nom du Directoire. Charles-Emmanuel fut si touché des sollicitudes dont il était l'objet de la part du général républicain, qu'il lui fit cadeau du fameux tableau de *la Femme hydropique*, dont l'impératrice de Russie avait offert un million. Clausel ne refusa point cette preuve de l'estime d'un ennemi reconnaissant ; mais il se hâta de faire hommage au Directoire d'un chef-d'œuvre qui devait être la propriété de la France et qui fit longtemps la gloire des musées nationaux.

Deux années après l'avénement du gouvernement consulaire, le général fit la campagne de Saint-Domingue, sous les ordres de Leclerc. Dans cette malheureuse expédition, il se montra l'un des plus brillants officiers généraux de nos armées, se couvrit de gloire à l'assaut du fort Dauphin, qu'il reprit sur les hommes de couleur, et, après la mort du général en chef et la déroute de nos troupes, sut longtemps encore contenir l'ennemi dans les plaines du Cap. Cependant, ne pouvant approuver ni la stratégie ni la politique extravagante de Rochambeau, qui venait de succéder à Leclerc, il rentra en France en 1805, et fut immédiatement employé à l'armée du Nord, avec le grade de général de division. Il figura dignement dans toutes les luttes de cette époque mémorable, et lorsque, en 1809, il alla prendre le commandement d'une des divisions de l'armée d'Italie, il y arriva avec la double réputation de grand capitaine et d'habile administrateur. Mais le véritable théâtre de la gloire de Clausel fut l'Espagne, où il s'immortalisa dans les campagnes de 1810 et 1811. Il était devenu la terreur des insurgés, sur lesquels, dans une longue guerre de sièges et de positions, il reprit successivement plusieurs forts et villes fortifiées. Avec une poignée de soldats échappés à la fatale journée des Arapiles, où Marmont fut défait le 22 juillet 1812, il eut la gloire d'arrêter les légions victorieuses de Wellington, sur les hauteurs de Burgos, et de donner ainsi aux armées du midi et du centre de l'Espagne le temps de se réunir et de délivrer Madrid et les deux Castilles. On sait qu'il prit dans ces graves conjonctures le commandement en chef de l'armée, en remplacement du duc de Raguse, et qu'il effectua la retraite du Portugal, pendant laquelle il soutint de nombreux et opiniâtres combats, et fut blessé plusieurs fois. Dans les désastres dont la Péninsule devint le théâtre en 1813, Clausel lutta avec une admirable persévérance contre les ennemis victorieux, auxquels il disputa pied à pied le terrain.

Sous la première Restauration, le général, dont le dévouement à la France ne s'était jamais démenti, fut nommé par Louis XVIII grand-officier de la Légion d'Honneur et inspecteur général d'infanterie. C'était un hommage rendu à l'énergique fidélité de ce guerrier. Toutefois, lorsque, quelques mois plus tard, Napoléon reparut sur les côtes de Provence, le général n'hésita point à se rallier à l'empereur ; il fut élevé à la dignité de pair de France et investi du commandement en chef dans le midi. Il étouffa le mouvement insurrectionnel que voulait provoquer à Bordeaux la présence de la duchesse d'Angoulême, et contraignit, avec tous les égards dus à une si grande infortune, la fille de Louis XVI à fuir une seconde fois la terre qui l'avait vue naître. Ce triste épisode de la vie de Clausel le livra bientôt à une vengeance implacable. Compris dans l'ordonnance de proscription du 24 juillet 1815, il fut déclaré traître à la patrie et poursuivi de refuge en refuge avec un acharnement dont on trouve peu d'exemples dans nos guerres civiles les plus furieuses. Enfin, après avoir erré plusieurs mois sur les côtes de l'Océan, il parvint à s'embarquer pour les États-Unis et à dérober ainsi à ses ennemis une tête promise au bourreau.

Rentré en France en 1820, le général se retira dans sa terre de Scourieux, près de Toulouse, où, jusqu'en 1827, il vécut exclusivement occupé de soins agricoles et industriels. Il s'était présenté sans succès aux élections de Castelnaudary, lorsqu'un incident de sa vie militaire lui procura dans un département éloigné l'honneur que lui refusait sa terre natale. Après la sanglante journée des Arapiles, Clausel, parcourant le champ de bataille, avait relevé lui-même et fait transporter à l'ambulance un sergent français que ses camarades abandonnaient comme mort, et qui, sans l'arrivée providentielle du chef de l'armée, allait en effet cesser de vivre. Rentré dans ses foyers, ce sous-officier était devenu un des électeurs influents de l'arrondissement de Rethel. Or, un jour, ayant lu dans les journaux la profession de foi politique que son ancien général venait de présenter inutilement aux électeurs de Castelnaudary, le blessé des Arapiles assemble ses amis, leur signale les principes politiques de Clausel, leur apprend ce qu'il doit personnellement aux sollicitudes de ce guerrier, leur parle de sa gloire, de ses services, de ses malheurs, et les détermine à lui offrir la candidature de l'arrondissement. C'est ainsi qu'un noble sentiment valut à l'illustre capitaine l'honneur de représenter à la chambre des députés le département des Ardennes, dont il n'avait jamais songé à briguer les suffrages. Mandataire du peuple, Clausel alla s'asseoir dans les rangs de l'opposition nationale, avec laquelle il vota sur toutes les grandes questions qui rendaient si dramatiques les débats parlementaires de cette époque.

Immédiatement après la révolution de Juillet, une grave question, du sein de laquelle pouvaient surgir les plus dangereuses complications, se présentait au nouveau gouvernement. C'était celle de l'occupation de l'Algérie et de l'attitude que prendrait l'armée d'Afrique en présence des grands événements qui venaient de changer les destinées de la France. Qui pouvait dire si à la nécessité de conserver notre conquête ne se joindrait point celle de rappeler en France une partie de l'armée d'occupation afin de faire face à des agressions continentales? Pour dominer ces difficultés, une grande réputation militaire et patriotique était nécessaire. La renommée de Clausel le désignait naturellement pour cette mission, et le 2 septembre 1830 il arriva à Alger, chargé de faire connaître à l'armée les changements survenus dans le gouvernement et de recevoir son serment de fidélité à la dynastie nouvelle. Le général termina heureusement sa mission. Il trouva en Algérie une armée toute française et des cœurs pleins de l'amour de la patrie. Mais, tout en insistant sur l'intérêt qu'avait la France à garder et à coloniser sa nouvelle conquête, il ne se dissimulait point l'état menaçant de nos relations extérieures, et il offrit au ministère de mettre à sa disposition la plus grande partie des troupes employées en Afrique, ne se réservant que 10,000 hommes pour pourvoir à l'occupation des principaux points du littoral. Tel était l'esprit des premières dépêches de Clausel, et cette solution inespérée d'une question hérissée de périls combla d'étonnement et de joie le gouvernement de Juillet. Le 30 octobre 1830 le ministre de la guerre lui écrivait que le roi et le conseil avaient appris avec le plus vif plaisir qu'il avait su obtenir deux résultats qu'on avait crus inconciliables, la diminution de l'armée d'Afrique et la conservation du territoire algérien.

Mais, ces premiers dangers une fois écartés par le général, l'éclat de sa renommée et sa popularité dans l'armée devinrent un sujet de craintes pour un pouvoir ombrageux et manifestement engagé dans les voies contre-révolutionnaires.

Cette politique peureuse prévalut dans le conseil, dont toutes les mesures tendirent dès ce moment à susciter des obstacles à l'activité du général en chef de l'armée d'Afrique, en calomniant ses intentions, en jetant un doute odieux sur sa probité, et en l'accusant d'avoir préjugé la question de l'occupation définitive. Clausel, qui connaissait ces menées, n'y vit qu'une raison de plus d'accélérer l'œuvre de la colonisation; et six mois après son arrivée en Afrique l'état florissant de la colonie attirait déjà sur elle les regards de la France et de l'Europe entière. L'expédition de l'Atlas avait assuré la domination de la métropole sur toutes les tribus de l'arrondissement d'Alger et sur le beylik entier de Titteri. Mais ces succès mêmes devaient être pour le général une nouvelle cause de disgrâce. Ayant nommé bey de Constantine, sous l'autorité de la France, un prince de la maison régnante de Tunis, à la condition d'un tribut annuel d'un million de francs, cet arrangement fut traité comme une usurpation de pouvoir et définitivement repoussé par le cabinet; on alla même jusqu'à faire répandre le bruit que le gouverneur général avait reçu trois millions de la cour de Tunis pour consentir à l'arrangement de Constantine. Sur un rapport du général Sébastiani, le roi désapprouva formellement la convention signée. Ce rapport fut même publié par le gouvernement, nonobstant le secret promis au bey de Tunis par Clausel. Celui-ci se plaignit de cette publicité comme d'une indiscrétion fatale aux intérêts d'Alger, de l'armée et de la province de Constantine. Le 7 mars suivant Sébastiani chercha à se justifier de toute prévention personnelle contre le général, en affirmant que la publicité dont il se plaignait *n'était point partie de lui ni de son ministère*. Pour aller au fond de ces ténébreuses intrigues et imposer silence à ses ennemis, Clausel résolut de venir en France.

Remplacé provisoirement par le général Berthezène, il le fut bientôt définitivement. C'est à cette époque qu'il publia, sous le titre d'*Observations du général Clausel sur quelques actes de son commandement à Alger* une brochure dans laquelle il justifia son administration et attaqua avec peu de ménagements la politique du gouvernement à l'égard de notre établissement africain, ainsi que sa conduite peu loyale envers lui. Cependant, pour atténuer l'effet de cette dissidence entre le cabinet et un des personnages les plus considérables de l'armée, le pouvoir imagina de nommer Clausel maréchal de France. C'était là cette satisfaction donnée à l'opinion publique, un moyen de faire diversion à des conjectures dangereuses et un acte de justice envers un soldat de nos grandes guerres, auquel l'empereur lui-même avait réservé cette haute dignité militaire. Après quatre années d'inactivité, le nouveau maréchal fut, le 8 juillet 1835, nommé une fois encore gouverneur général des possessions françaises dans le nord de l'Afrique. Cette nomination fut imposée au ministère par l'état déplorable dans lequel était retombée l'Algérie, ainsi que par l'opinion publique, qui imputait hautement à la nouvelle dynastie l'intention d'abandonner notre conquête. Mais les soupçons, les ombrages et le mauvais vouloir qui lui avaient rendu son premier commandement si difficile, accompagnèrent une seconde fois le maréchal en Algérie. On se rappelle cette douloureuse expédition de Constantine, qui, sous le ciel brûlant de l'Afrique, renouvela un instant les désastres de la campagne de Moscou. Jamais parcimonie si mesquine et si déplorable n'avait présidé aux préparatifs d'une aussi importante opération militaire. N'écoutant qu'un sentiment exagéré du devoir, le maréchal marcha sur Constantine avec des forces sans proportions avec la grandeur et les difficultés de l'entreprise, parce qu'il avait reçu du conseil des ministres l'injonction formelle d'occuper cette province.

La nouvelle de ce revers produisit en France une sensation profonde et douloureuse. Le gouvernement saisit avec avidité cette lamentable circonstance pour représenter l'occupation d'Alger comme un malheur public et déshonorer une célébrité militaire qui lui faisait ombrage. La cour fit répandre le bruit que le maréchal s'était obstiné à prendre sur lui toute la responsabilité de l'expédition; que, contrairement aux intentions du cabinet, il s'était aventuré sans forces suffisantes, sans renseignements, sans cartes topographiques, sans ligne d'opération, vers une ville dont il ne connaissait ni la situation ni les ressources, et à une époque de l'année où la prudence la plus vulgaire pouvait prévoir les accidents qui devaient survenir. Cette explication déloyale d'un désastre dont les temporisations calculées du cabinet avaient été la première cause provoquèrent de la part du maréchal une réponse qui, attaquant sans ménagements la conduite du gouvernement, mit un terme aux clameurs officielles qui poursuivaient un brave soldat. Rentré en France au mois de mars 1837, il publia sur les événements de Constantine et sur la politique générale du cabinet dans la question africaine une brochure dont le retentissement fut grand en Europe. Dès ce moment le maréchal, remplacé dans son gouvernement de l'Algérie, vécut dans la disgrâce du pouvoir, qui ne rougit pas de propager les plus odieuses calomnies sur l'opulence *récente* du vieux guerrier. Aux prises avec les difficultés d'une fortune obérée, dévoré de chagrin et de dégoûts, sa santé s'affaiblissait chaque jour, lorsqu'une attaque d'apoplexie termina sa longue et glorieuse carrière. Dans la nuit du 20 au 21 avril 1842 le maréchal mourut, dans son château de Secourieux. Il avait vécu soixante-dix ans.
B. SARRANS.

CLAUSEL (JEAN-CLAUDE), *dit* DE COUSSERGUES, d'un village de l'Aveyron où il naquit, en 1759, était conseiller à la cour des aides de Montpellier au moment où éclata la révolution de 1789. Il fit partie de la première émigration, et servit dans l'armée de Condé; mais quand les triomphes de nos armées et l'attitude de la nation eurent bien démontré à tous que la France saurait conserver ce qu'elle avait fondé, il déposa l'épée pour rentrer sans bruit dans ses foyers et essayer, sous le gouvernement consulaire, de se refaire une position. Il tenta d'abord du commerce, et se fit libraire, puis journaliste; mais il ne réussit pas mieux dans ses entreprises commerciales que dans ses élucubrations littéraires et politiques, encore bien que la rédaction de son journal fût loin d'être hostile au grand homme qui gouvernait la France; et il dut s'estimer heureux d'obtenir, grâce à la protection de son ancien collègue Cambacérès, sa nomination aux fonctions de conseiller à la cour d'appel de Montpellier.

Ses concitoyens ayant jugé à propos dès 1805 de le choisir pour leur député au corps législatif, il fit jusqu'en 1814 partie de cette assemblée de muets qui ne put jamais trouver de paroles que pour flagorner bassement l'empereur à l'époque de sa puissance, ou pour l'insulter lâchement dans ses revers. Membre de la chambre des députés pendant la première et la seconde restauration, il fit partie, en 1815, de la fameuse *chambre introuvable*, et trouva moyen de se distinguer dans cette assemblée de furieux par l'exagération de son zèle monarchique, qu'un siège à la cour de cassation ne tarda pas à récompenser. En 1821, lors de l'assassinat du duc de Berry par Louvel, il ne craignit pas de lancer du haut de la tribune contre le favori de Louis XVIII, M. Decazes, une accusation de complicité dans cet attentat. Les centres témoignèrent une grande indignation, et crièrent à la calomnie, au scandale. Abandonné, ou du moins mal soutenu par l'extrême droite, il dut balbutier une rétractation et réduire sa proposition aux proportions plus modestes d'une vague demande de mise en accusation pour fait de trahison. Mais, tout aussi peu heureux cette fois encore, les murmures, les cris et les trépignements d'indignation des centres l'obligèrent à retirer sa proposition. Jusqu'en 1830 ce fougueux contre-révolutionnaire continua de siéger sur les bancs de l'extrême droite, où il fit jusqu'au bout partie de cette turbulente fraction du parti royaliste dont les exigences ultra-monarchiques ont perdu la maison de Bourbon. Il est mort, obscur et oublié depuis longtemps, le 7 juillet 1846.

CLAUSEL *dit* DE MONTALS (CLAUDE-HIPPOLYTE), frère puîné du précédent, né au village de Coussergues, dans le diocèse de Rodez, le 5 avril 1769, fut longtemps vicaire-général du diocèse de Beauvais, et ne se distingua pas moins que lui par l'ardeur de son zèle monarchique, ainsi que par la vivacité de ses attaques contre les doctrines de l'Église gallicane. Ses opinions ultramontaines lui valurent, le 26 avril 1824, sa nomination à l'évêché de Chartres. Il fut sacré le 22 août suivant. Les violents pamphlets politico-religieux que depuis la révolution de Juillet jusqu'à celle de Février il lança, à diverses occasions, sous forme de mandements, ne contribuèrent pas peu à amener la grande querelle du clergé et de l'université, qui fit tant de bruit sous le règne de Louis-Philippe. M. de Chartres, nous devons d'ailleurs le reconnaître, est un rude dialecticien. Il écrit avec esprit et élégance, deux qualités qui ne gâtent jamais rien, même dans les ouvrages de controverse théologique. Rallié de prime abord à la république, il n'a pas balancé à faire acte d'adhésion aussi spontané et aussi complet au rétablissement de l'empire, quoiqu'il n'eût jamais été grand partisan de Napoléon le Grand. La réflexion vient avec l'âge : M. Clausel de Montals n'a pas moins de quatre-vingt-quatre ans.

CLAUSEWITZ (CHARLES DE), général prussien, dont les ouvrages ont posé les principes d'une révolution complète dans la théorie de la guerre, naquit le 1er juin 1780, à Burg, mais ne reçut qu'une éducation fort incomplète, par suite du peu de fortune de son père, qui était chargé d'une nombreuse famille. Entré dès l'âge de treize ans au service comme enseigne, il fit les campagnes du Rhin de 1793 et de 1794. Ce ne fut qu'à l'école militaire de Berlin, dont il suivit les cours de 1801 à 1803, qu'il eut occasion de suppléer à ce que son éducation première avait eu de défectueux. Pendant la campagne de 1806 il remplit auprès du prince Auguste de Prusse les fonctions d'aide de camp. Il fut ensuite attaché, jusqu'en 1812, à l'état-major général, et travailla dans le cabinet même du général Scharnhorst, son ancien professeur à l'école militaire de Berlin. En même temps il donnait des leçons de stratégie au prince royal ainsi qu'au prince Frédéric des Pays-Bas. Quand éclata la guerre de Russie, il demanda son congé pour aller prendre du service dans l'armée russe, et de Kalouga fut envoyé au corps d'armée de Wittgenstein. Il fit la campagne de 1813 comme officier de l'état-major général russe, détaché au quartier général de Blucher, et, à la demande de Gneisenau, il écrivit pendant l'armistice son *Coup d'œil sur la Campagne de 1813* (Leipzig, 1814), ouvrage dont le succès fut immense, et que l'on attribua longtemps à Gneisenau lui-même. Lors de la formation de la légion russo-allemande, qui alla rejoindre le corps de Wallmoden, dans le Mecklenbourg, Clausewitz fut nommé chef d'état-major de ce corps d'armée. En 1815 il rentra au service de Prusse comme officier d'état-major du 3e corps, et en 1818 il fut promu au grade de général-major, en même temps qu'on le nommait directeur de l'école générale militaire. Après avoir été, en 1830, nommé chef de l'état-major général du feldmaréchal Gneisenau, il mourut du choléra, le 16 novembre 1831, à Breslau.

Parmi les ouvrages de Clausewitz relatifs à la guerre et à la tactique (10 vol., Berlin, 1832-37), et qui, suivant ses désirs, ne parurent qu'après sa mort, il faut surtout citer celui qui a pour titre : *De la Guerre*, regardé comme classique dans son genre, ainsi que sa *Campagne de 1796 en Italie*, sa notice biographique *Sur la vie et le caractère de Scharnhorst*, et sa *Campagne de 1815*.

CLAVAIRE, genre de la famille des champignons proprement dits et de la tribu des funginées, où il est le type de la sous-tribu des clavariées. Établi par Vaillant, ce genre est caractérisé par un réceptacle droit, cylindrique, divisé en rameaux diffus, et par un hyménium lisse, occupant toute la surface du réceptacle, mais ne portant d'utricules que dans sa partie supérieure. Ces champignons croissent dans toutes les parties de l'Europe, et plusieurs sont comestibles. Le plus estimé est la *clavaire coralloïde* (*clavaria coralloides*), dont le tronc, épais et plein, se divise en un grand nombre de rameaux cylindriques et taillés comme des branches de corail. Sa couleur est ordinairement le jaune pâle. Elle vient dans les bois montueux, où elle atteint souvent un décimètre de hauteur. Comme la plupart des champignons dont l'emploi culinaire est fréquent, la clavaire coralloïde a reçu une foule de noms vulgaires. Suivant les localités, on la nomme *barbe de chèvre* ou *de bouc*, *tripette*, *gallinette*, *noisette*, *ganteline*, *mainotte*, etc.

Parmi les autres espèces de ce genre, nous ne citerons que la *clavaire cendrée* (*clavaria cinerea*), à cause du développement considérable qu'elle prend quelquefois. On a vu de ces clavaires qui pesaient jusqu'à deux kilogrammes et demi. Les ramifications de la clavaire cendrée sont pleines et grisâtres. Elle est très-abondante en Franche-Comté, où elle offre une précieuse ressource aux habitants pauvres des campagnes.

CLAVEAU. *Voyez* CLAVELÉE.

CLAVECIN, instrument de musique à cordes de métal et à clavier, de la même nature que le piano. Dans le clavecin, la corde est attaquée et pincée par un brin de plume ou de cuir. Le son du clavecin ne peut recevoir aucune modification ; pour corriger en quelque manière ce défaut, on a fait des clavecins à deux claviers, dont l'un ne met en jeu que la moitié des cordes de l'instrument. Le clavecin est maintenant tout à fait abandonné. Le piano l'a remplacé avec d'immenses avantages. CASTIL-BLAZE.

CLAVECIN OCULAIRE. Cet instrument fut inventé par le P. Castel ; mais avant lui un Allemand, nommé Kestler, avait trouvé ou cru trouver une analogie entre le son et les couleurs. Sur ce principe, le P. Castel, supposant que les sept couleurs produites par l'effet du prisme sur les rayons de la lumière se rapportaient exactement aux sept tons de la musique, construisit un clavecin oculaire, dont voici quelle était la gamme : L'*ut* répondait au bleu, l'*ut dièse* au céladon, le *ré* au vert gai, le *ré dièse* au vert olive, le *mi* au jaune, le *fa* à l'aurore, le *fa dièse* à l'orangé, le *sol* au rouge, le *sol dièse* au cramoisi, le *la* au violet, le *la dièse* au violet bleu, le *si* au bleu d'iris. L'octave recommençait ensuite de même, à l'exception que les couleurs étaient plus claires. Le P. Castel prétendait par ce moyen, en faisant paraître successivement toutes les couleurs, procurer à l'œil la sensation agréable que produit pour l'oreille la mélodie des sons de la musique et l'harmonie des accords.

A son imitation, l'abbé Poncelet voulut appliquer une saveur particulière à chacun des sept tons de la musique, et inventa l'*orgue des saveurs*, dont voici la gamme : l'acide répondait à l'*ut*, le fade au *ré*, le doux au *mi*, l'amer au *fa*, l'aigre-doux au *sol*, l'austère au *la*, le piquant au *si*. L'instrument était semblable à un buffet d'orgue portatif, dont le clavier était disposé, comme à l'ordinaire, sur le devant. L'action de deux soufflets formait un courant d'air continu ; cet air était porté par un conducteur dans une rangée de tuyaux acoustiques. Vis-à-vis ces tuyaux était disposé un pareil nombre de fioles, remplies de liqueurs qui représentaient les saveurs primitives ou les tons savoureux.

L'orgue des saveurs, comme le clavecin oculaire, n'était qu'un cas particulier du *clavecin pour tous les sens* dont le P. Castel avait théoriquement donné l'idée. Tout le mérite de l'invention revient donc à ce dernier, qui dut soutenir à ce sujet de nombreuses controverses, où, quoique cela paraisse invraisemblable, les adversaires gardèrent leur sérieux. Mais le dix-neuvième siècle, qui ne respecte pas grand'chose, devait rendre burlesques ces inventions en reprenant la proposition d'étendre à l'odorat le principe général du P. Castel. « Je voudrais, dit l'auteur de cette raillerie, que des savants se missent à étudier les odeurs, comme on a étudié les sons du monocorde ou les nuances de l'iris, et qu'après avoir expérimenté l'action de toutes les odeurs sur l'organe olfactif, on en fît une classification raisonnée, méthodique, fondement d'une nouvelle science, qui serait à l'odorat ce que l'acoustique est à l'ouïe, ce que l'optique est à la vue, et qui prendrait naturellement le nom de *rhinique* (de ῥίν, ῥινός, nez). Je voudrais ensuite que des artistes habiles soumissent les odeurs à toutes les combinaisons qui leur seraient inspirées par leur génie, leur caprice ou leur goût, afin d'arriver à découvrir les mille sensations que l'on pourrait en éprouver. Il ne serait pas plus difficile sans doute d'imaginer des procédés, d'inventer des instruments propres à agir sur le nez, qu'il ne l'a été de trouver les moyens d'impressionner les yeux ou les oreilles. On s'appliquerait à varier, à multiplier les sensations qui en dépendent, à étudier les oppositions et les contrastes, à presser ou à ralentir les moyens d'action, à éveiller, à exciter l'activité de l'organe, à porter son énergie jusqu'à l'exaltation, ou bien à le plonger dans une molle et langoureuse extase. De tout cela se composerait une sorte de poétique de l'art, dont les règles, les moyens, les artifices, s'appuieraient sur les meilleurs exemples, et l'on ajouterait ainsi, par l'intermédiaire du nez, une nouvelle série de jouissances à celles dont l'homme est déjà redevable à la création et aux perfectionnements des beaux-arts. On me permettra de donner également à cet art nouveau un nom grec, le plus euphonique possible : l'*osmétique* (de ὀσμή, odeur), ou l'*osphrétique* (de ὄσφρησις, odorat), par exemple. »

CLAVELÉE, CLAVEAU et CLAVELISATION. Le premier de ces noms a été donné à une maladie éruptive et contagieuse qui attaque les bêtes à laine, et qui ressemble beaucoup à la petite vérole. Le deuxième est employé tantôt comme synonyme de *clavelée*, et tantôt comme désignant le *virus* renfermé dans les pustules de cette maladie. Cette dernière acception a été proposée par M. Odier, qui a judicieusement différencié la maladie 1° du virus qui la produit et la propage, 2° de l'opération chirurgicale par laquelle on l'inocule volontairement, et qui a reçu le nom de *clavelisation*. Ces mots sont dérivés du latin *clavus*, clou, à cause de la forme des boutons qui caractérisent cette éruption.

Le virus claveleux ou claveau est considéré comme la cause de la maladie éruptive propre aux moutons. Les recherches chimiques n'ont rien appris sur sa nature, comparée à celle du virus de la vaccine et de la petite vérole. Les expériences de M. Godine, qui, ayant inoculé la petite vérole sur deux brebis, a fait développer la clavelée, prouvent l'analogie de ces deux virus. Celles de M. Voisin ont eu pour résultat que la vaccination des moutons ne les préserve point de la clavelée, et que le virus de la clavelée inoculé à l'homme n'agit point comme le vaccin.

L'origine de cette maladie est encore plus obscure que celle de la petite vérole. Suivant quelques auteurs, cette origine se confondrait avec celle de la maladie particulière aux chevaux, et connue sous le nom d'*eaux aux jambes*. La clavelée consiste en une inflammation pustuleuse occupant la peau, accompagnée de lésions des organes intérieurs qui peuvent être assez graves pour amener la mort. Les boutons, arrondis et plus ou moins volumineux, sécrètent le claveau, qui, d'abord transparent, devient plus tard purulent et se dessèche en croûtes qui tombent. C'est surtout aux parties où la peau est dépourvue de laine que se manifeste la clavelée; mais elle peut envahir tout le corps.

Par elle-même la maladie, bien que grave, n'est pas absolument mortelle, et elle épargne ou ne frappe que faiblement les troupeaux bien gouvernés. Sa durée ordinaire est d'environ quinze jours. Dans les cas funestes, la mort vient à différentes époques de la maladie, ou bien il se manifeste des complications qui compromettent pour longtemps la santé des animaux et les font succomber après la disparition des boutons claveleux. Les bêtes à laine les plus délicates, celles qui sont affaiblies par des maladies antérieures, et les brebis pleines succombent le plus ordinairement.

Il est quelques moyens préservatifs, soit pour empêcher la maladie de pénétrer dans les bergeries, soit pour en diminuer les ravages. La séparation des bêtes saines de celles qui ne le sont point, le sacrifice des individus les premiers atteints; faire baigner à grande eau plusieurs jours de suite, si le temps le permet, tous les animaux qui ont été exposés aux effets de la contagion ; la propreté des personnes chargées de pénétrer dans la bergerie pour soigner les bêtes malades, les plus grandes précautions de leur part pour ne point porter au dehors les levains contagieux ; éviter l'entassement des bêtes malades, diminuer la nourriture des bêtes saines, qui, ayant le plus d'embonpoint, sont le plus tôt et le plus gravement affectées; le renouvellement de l'air de la bergerie; le lavage, d'abord avec une forte brosse trempée dans l'eau bouillante, de tous les objets sur lesquels le virus a pu passer, ensuite avec l'eau de chaux; enfin, les fumigations avec le chlore, sont les moyens préservatifs dont la raison et l'expérience ont démontré l'importance et l'efficacité.

Quant au traitement curatif, c'est celui des affections inflammatoires en général, sauf quelques modifications individuelles. Si la maladie est simple et régulière, elle guérit spontanément. Dans les cas graves, au contraire, on a recours, suivant le besoin, aux toniques et aux excitants. Du reste, l'observation ayant montré que généralement la clavelée n'atteignait pas plusieurs fois le même sujet, on a pensé qu'au lieu d'attendre la maladie, on pourrait la faire contracter aux moutons dans les meilleures conditions possibles, de manière à en rendre les chances beaucoup plus favorables. On a donc été amené à pratiquer la clavelisation, que recommandent un grand nombre d'éleveurs. Il en résulte une clavelée en quelque sorte bénigne, dont les chances de mortalité sont excessivement petites, comparées à celles de la maladie spontanée.

CLAVICORDE, instrument de musique à cordes et à clavier, qui a été en usage en France jusqu'au dix-septième siècle, époque où il fut remplacé par l'*épinette*, qui bientôt céda elle-même la place au *clavecin*, détrôné à son tour par le *piano*. Il en est du clavicorde comme des autres instruments du même genre : rien n'indique que l'antiquité les ait connus, et on ignore également et le nom de l'inventeur et la date du premier essai fait dans ce genre, lequel devait donner naissance à l'innombrable famille des instruments à touches qui se sont succédé jusqu'à nos jours, et dont une grande partie est déjà tombée dans l'oubli. Le mécanisme qui fait résonner les cordes, très-minces et de laiton, du clavicorde ne consiste qu'en une petite lame de cuivre placée perpendiculairement sur l'extrémité intérieure de la touche. Le son qu'on en tire est très-faible, mais il a quelque chose d'argentin lorsque l'instrument est bien joué.

CLAVICORNES, famille de coléoptères pentamères, caractérisée par des antennes en massue perfoliée ou solide, plus longues que les palmes maxillaires. C'est de la forme de ces antennes que Latreille a tiré son nom (de *clavus*, clou). La famille des clavicornes est divisée en dix tribus, dont huit forment une première section, composée d'insectes terrestres, tandis que les deux autres constituent une seconde section, ne renfermant que des insectes aquatiques ou vivant sur le bord des eaux. Les uns et les autres se nourrissent presque exclusivement de matières animales. Les genres *bouclier*, *dermeste*, *nitidule*, etc., sont les principaux de cette famille.

CLAVICULE (en latin *clavicula*, du mot *clavis*, clef). On désigne sous ce nom un des os de l'épaule de l'homme, placé au-dessus et en avant de la poitrine, entre le sternum et l'éminence acromion de l'omoplate, contourné en *S* italique. Cet os pair est prismatique et triangulaire dans ses deux tiers internes, et aplati dans sa partie externe. Il est moins courbé et plus long dans la femme que dans l'homme. La clavicule, quoique solidement unie au s t e r n u m et à l ' o m o p l a t e, est située presque immédiatement sous la peau, et fréquemment exposée aux l u x a t i o n s et aux f r a c t u r e s, soit directes, soit par contre-coup. Elle donne attache à plusieurs muscles et aux ligaments qui l'assujettissent aux os voisins. Dans les grands mouvements du bras et de l'épaule, elle remplit l'office d'arc-boutant. En raison de sa position sous la peau, cet os forme une saillie longitudinale, qui, plus marquée chez les personnes maigres, circonscrit en dehors et en avant l'espace creux triangulaire du bas du cou, qu'on nomme vulgairement les *salières*.

En anatomie comparée, cet os conserve son nom chez tous les mammifères qui en sont pourvus. Chez les oiseaux, il prend celui d'*os furculaire* ou en *fourche*, parce que les deux clavicules, droite et gauche, soudées de très-bonne heure, ont cette forme. Quelques auteurs ont regardé comme une seconde clavicule l'os de l'épaule des oiseaux, qui s'articule avec le sternum, et pour le distinguer de la clavicule furculaire ou acromiale, ils l'ont désigné sous le nom de *clavicule coracoïdienne*. Dans les reptiles, les clavicules offrent de nombreuses variations, et la détermination de cet os présente en général des difficultés qui n'ont point encore été levées. On le nomme encore *os furculaire*, quoiqu'il n'en ait point la forme dans toute cette classe d'animaux. La clavicule furculaire, qui existe dans tous les reptiles pourvus de membres, manque cependant dans les crocodiliens. Les poissons, dont la ceinture scapulaire ou épaule se prolonge sous la gorge, ont aussi un os claviculaire analogue à celui des mammifères et à l'os furculaire des oiseaux et des reptiles, avec cette différence que le côté concave de la fourche est du côté de la queue, et non vers la tête, comme chez l'oiseau. Chez les mammifères, l'échidné et l'ornithorhynque sont remarquables en ce que leurs clavicules furculaire et coracoïdienne ressemblent à ces mêmes os que nous avons vus exister dans l'épaule des reptiles.

Sous le nom de *clavicule*, les naturalistes ont aussi désigné : 1° la c o l u m e l l e des coquilles spirales, 2° les pointes des échinodermes, et 3° le premier article des bras ou pattes antérieures des insectes hexapodes.   L. LAURENT.

CLAVICYLINDRE, instrument de musique, inventé par Chladni, qui le fit entendre aux membres de la classe des sciences physiques et mathématiques de l'Institut. Cet instrument était à touches ; il avait la même forme à peu près que le p i a n o, et l'étendue du c l a v i e r était de quatre octaves et demie. Pour jouer de cet instrument, on faisait tourner un cylindre de verre placé dans la caisse ; et abaissant les touches, on faisait frotter contre la surface du cylindre préalablement mouillée les corps qui produisaient les sons. Cet instrument avait de l'analogie, quant à la qualité et au timbre du son, avec l'h a r m o n i c a ; mais il possédait une propriété précieuse, celle de donner des sons filés qu'on pouvait, en pressant plus ou moins la touche, graduer à volonté et par les nuances les plus insensibles. Chladni reçut les approbations les plus flatteuses pour son invention, qu'il perfectionna depuis à plusieurs reprises ; il est à regretter qu'aucun facteur d'instruments n'ait cherché à mettre à exécution ses idées.   F. DANJOU.

CLAVIER. On appelle ainsi l'assemblage de toutes les touches du p i a n o, de l' o r g u e, etc., lesquelles représentent tous les sons qui peuvent être employés dans l'harmonie. L'orgue est l'instrument à t o u c h e s le plus ancien : ces touches étant destinées à ouvrir et à fermer les portes au vent, on leur donna d'abord le nom de *clefs* (*claves*), d'où dérive *clavier*. Quelques-uns veulent qu'on les ait appelées ainsi à cause de leur forme échancrée par un bout, qui les fait ressembler à de véritables clefs antiques. La première de ces étymologies doit être préférée, avec d'autant plus de raison que l'on donne aujourd'hui le même nom métaphorique de clefs aux petites soupapes de métal adaptées à la flûte, à la c l a r i n e t t e, etc., et dont l'office est absolument le même que celui des touches de l'orgue.

Le c l a v e c i n, inventé longtemps après l'orgue, reçut par analogie le nom latin de *clavicembalum*, et l'épinette celui de *clavicordium*, parce qu'ils avaient des claviers. Les Anglais donnent encore aux touches du piano et de l'orgue le nom de *key* (clef).

Les instruments à clavier sont l'orgue, le piano, le clavecin, la v i e l l e, l'a c c o r d é o n, l'o r g u e e x p r e s s i f, le m é l o d i u m, le c l a v i c y l i n d r e, le c l a v i l y r e, le c l a v i l a m e, etc. ; les carillons ont aussi des claviers. Celui du piano a maintenant six octaves, qui commencement au *fa*, ou bien à l'*ut*, si le clavier est de six octaves et demie.

On appelle aussi *clavier* la portée générale ou somme des sons de tout le système qui résulte de la position relative des sept clefs.   CASTIL-BLAZE.

CLAVIER (ÉTIENNE), savant helléniste, né à Lyon, le 26 décembre 1762, se livra de bonne heure à l'étude des langues anciennes, et se fit remarquer au collége par ses succès. Il vint ensuite à Paris étudier la jurisprudence, et acquit une charge de conseiller au Châtelet, dont la Révolution le dépouilla, mais dont le Directoire le dédommagea en le nommant juge au tribunal criminel de la Seine, où il siégea dignement depuis sa création jusqu'à la réorganisation des tribunaux en 1811. Mais il se fit un nom bien autrement célèbre dans la république des lettres par plusieurs importants travaux d'érudition, tels qu'une bonne édition des *Œuvres complètes de Plutarque*, la traduction de la *Bibliothèque d'Apollodore*, et celle de la *Description de la Grèce* par Pausanias. On lui doit encore, entre autres ouvrages, l'*Histoire des premiers temps de la Grèce jusqu'à l'expulsion des Pisistratides*, divers mémoires lus à la classe d'histoire et de littérature ancienne de l'Institut (Académie des Inscriptions et Belles-Lettres), dont il était membre, et plusieurs savants articles dans la *Biographie Universelle*). Il devint aussi professeur d'histoire au Collége de France. Mais, quelque honorables que soient ces travaux, ils ne sont rien en comparaison d'un fait peu connu, et surtout trop peu imité, qui recommande à jamais la mémoire d'Étienne Clavier. Il était juge au tribunal criminel, en 1804, lors du procès du général Moreau. Comme Murat le pressait, au nom de l'empereur, de prononcer la condamnation du prévenu, en lui donnant l'assurance que le chef du gouvernement ferait grâce : « Eh ! qui nous ferait grâce, à nous ? » répondit-il. Cette vertueuse résistance, beau trait de courage civil, fit destituer Clavier ; et cependant il était d'un caractère doux et timide. Le retour des Bourbons lui valut, comme à presque tous les académiciens, le ruban de la Légion d'Honneur et de plus le titre de censeur royal. Il avait prêté serment à Napoléon pendant les Cent-Jours. « Où allez-vous, lui demanda à cette occasion un de ses amis, le rencontrant sur le pont des Arts. — Hem ! hem ! répondit l'helléniste, avec une bonhomie digne de La Fontaine, je vais lui prêter serment tel qu'il sera là. » Clavier survécut peu à la seconde restauration : une fin presque subite l'enleva, à cinquante-quatre ans, le 18 novembre 1817. Il était le beau-père de Paul-Louis Courier, et l'on voit dans la correspondance de ce dernier que leurs travaux sur la langue grecque avaient été l'origine de leur liaison.

CLAVIÈRE (ÉTIENNE), banquier génevois, né le 27 janvier 1735, fut forcé, par suite des troubles qui agitèrent sa patrie dans la seconde moitié du siècle dernier, de se réfugier en France, où, par la hardiesse labile de ses opérations de banque et d'agiotage, il n'avait pas tardé à fixer l'attention publique, lorsque éclata la révolution. Clavière, qui à

Genève avait appartenu au parti démocratique, embrassa avec ardeur les principes extrêmes de ce grand mouvement social. En 1791, protégé par Mirabeau et Brissot, il fut, quoique étranger, nommé par les électeurs de Paris député suppléant à l'Assemblée législative, et appelé, le 24 mars 1792, au ministère des finances par Louis XVI, qui voulut faire l'essai d'un ministère républicain, dans lequel entrèrent, avec lui, Roland, Servan, Duranthon, Lacoste et Dumouriez. Dans ses mémoires, Dumouriez nous apprend que Clavière, Roland et Servan, lorsqu'ils venaient au conseil, abusaient de la douceur du roi pour le mortifier à chaque instant. Il se chargea de débarrasser Louis XVI de conseillers importuns, qui n'étaient même point d'accord entre eux, et leur renvoi eut lieu le 13 juin. Le mouvement insurrectionnel du 20 juin et celui du 10 août surtout eurent pour résultat de rappeler au pouvoir les ministres *victimes* du parti de la cour; mais ils ne tardèrent pas à voir que les rôles étaient changés, que d'*insulteurs* du roi ils étaient tombés à l'état de valets de la multitude, et que les jacobins et la montagne avaient su les dépasser dans la carrière révolutionnaire. Dénoncés avec les girondins par la commune et par les sections de Paris, ils furent compris dans le décret d'arrestation rendu le 2 juin 1793 contre les vingt-deux. La veille, Clavière avait été arrêté d'office par la *section des Piques*. Il ne passa cependant en jugement que le 10 décembre suivant; mais il prévint la sentence que le tribunal révolutionnaire n'eût assurément pas manqué de rendre contre lui, en se poignardant dans sa prison, à l'exemple de Roland. Après s'être entretenu avec d'autres détenus sur la manière la plus prompte de mourir, il avait marqué avec la pointe de son couteau la place où il devait frapper, puis il s'était retiré dans sa chambre. Le lendemain on le trouva étendu sur son lit, avec son couteau plongé dans le cœur. Sa femme s'empoisonna deux jours après. Quoiqu'à portée d'acquérir de grandes richesses, Clavière laissa presque dans le besoin sa fille unique, qui se retira à Genève.

CLAVIHARPE. *Voyez* CLAVILYRE.

CLAVIJO Y FAXARDO (Don José), littérateur espagnol, qui a dû principalement sa renommée à la haine et à la vengeance de Beaumarchais. Né dans les Canaries, il vivait paisiblement à Madrid, où, garde des archives de la couronne, il publiait avec succès le journal *Le Pensador madrileuse* et d'autres productions estimées, lorsque, en 1764, l'arrivée de Beaumarchais dans cette capitale vint détruire son repos et son bonheur. Quelques années auparavant, Clavijo s'était épris d'une des deux sœurs de Beaumarchais, qui résidaient alors en Espagne, et il avait promis de l'épouser; mais, soit inconstance, soit ambition ou vanité, il avait oublié sa promesse sans renoncer à son amour. Le frère, irrité, le provoqua en duel, et ensuite le força d'écrire sous sa dictée et de signer une déclaration où il reconnaissait ses torts. Le mariage allait se conclure; mais Clavijo se cacha, et lorsqu'il reparut, on ne voulut plus de lui. Tels sont les principaux faits que Beaumarchais a brodés d'une manière si piquante pour ses lecteurs et si accablante pour Clavijo, dans un épisode de ses Mémoires contre Goezman. Cet épisode servit, deux ans après, de texte à Goethe pour mettre en scène le journaliste espagnol dans un drame plein de passion et de mouvement. Afin de rendre le dénoûment plus dramatique, il fit mourir sur la scène Clavijo, assassiné. Et cependant il survécut plus de quarante ans à cette funeste aventure; toutefois il perdit sa place, et fut longtemps voué au ridicule. Marsollier des Vivetières, Dorat-Cubières et d'autres ont également mis cette aventure sur la scène. Clavijo mourut en 1806. Sa disgrâce avait eu un terme. Chargé, en 1773, de la rédaction du *Mercure historique et politique de Madrid*, qu'il continua plus de vingt ans, il fut quelque temps directeur du théâtre de *Los Sitios*; et comme il joignait à une connaissance parfaite de la langue française un talent supérieur pour écrire dans sa langue maternelle, ainsi que beaucoup de goût pour l'histoire naturelle, il publia en espagnol une traduction estimée de l'*Histoire naturelle de Buffon*. Cet ouvrage lui valut la place de vice-directeur du Cabinet d'histoire naturelle de Madrid, qu'il conserva jusqu'à sa mort.   H. AUDIFFRET.

CLAVILAMÉ, instrument formé de lames d'acier analogues à celles qui composent les musiques dites de Genève, et que l'on touche au moyen d'un clavier. Le son de cet instrument est doux et agréable, quoique bien moins brillant que celui du piano. Il a l'avantage de ne point se désaccorder. M. Papelard, qui en exposa un en 1849, parvint le premier, à l'aide d'un mécanisme ingénieux, à donner à cet instrument toute sa force et toute son étendue.

CLAVILYRE, instrument de musique inventé vers 1820 à Londres, par un artiste nommé Batteman. C'est une espèce de harpe à touches, dont les cordes sont posées perpendiculairement au-dessus du clavier. On a construit depuis à Paris plusieurs instruments du même genre, auxquels on a donné le nom de *claviharpe*. Le son en est doux et agréable, et le toucher facile : toutefois, nous croyons que l'art gagne peu à ces inventions, qui consistent à accommoder tous les instruments au talent des pianistes, sous les doigts desquels ils ne sauraient produire les mêmes effets que lorsqu'ils sont entre les mains d'artistes qui en ont fait une étude particulière.   F. DANJOU.

CLAVIUS (CHRISTOPHE) naquit à Bamberg, ville de Franconie, en 1547, fit de brillantes et rapides études, et se distingua principalement dans les mathématiques, tellement que ses contemporains l'appelaient l'*Euclide du seizième siècle*. Les jésuites, chez lesquels il avait fait profession, l'envoyèrent à Rome, où, en 1681, il fut chargé par le pape Grégoire XIII des principales opérations de la reforme du calendrier. Clavius s'acquitta de ce travail avec succès; néanmoins, il eut à réfuter les critiques injustes de plusieurs de ses contemporains, tels que Scaliger et le cardinal Du Perron.

On a de ce mathématicien des traités d'arithmétique, d'algèbre, de géométrie, une traduction d'Euclide fort estimée, avec des remarques trop prolixes; un traité de gnomonique, beaucoup trop diffus et dépourvu de méthode et de clarté, etc. Enfin, le plus important de ses ouvrages, celui qui a fait sa réputation, c'est l'*Explication du Calendrier grégorien*, publiée à Rome en 1603, in-f°, par ordre du pape Clément VIII. Les originaux de tous ces ouvrages sont en latin.

Clavius mourut à Rome dans le collége des Jésuites, le 6 février 1612.   TEYSSÈDRE.

CLAY (HENRI), l'un des hommes d'État les plus distingués de l'Union américaine du nord, naquit le 12 avril 1777, à Hanovre, dans l'État de Virginie. Son père, qu'il eut le malheur de perdre à cinq ans, était un respectable ministre de l'Évangile. Il resta avec une mère intelligente et affectionnée, qui avait cinq enfants à sa charge et point de fortune. Son éducation première fut fort incomplète : il en puisa les premiers éléments dans une école de village, où il n'allait même pas exactement, car il lui fallait partager avec ses frères le soin de faire valoir le domaine paternel. Quand il eut atteint une quinzaine d'années, on l'envoya chez un droguiste de Richemont, en Virginie, mais il n'y resta qu'un an, et passa ensuite, comme expéditionnaire, au greffe de la cour supérieure de la chancellerie de l'État, siégeant dans cette ville. Sa vive intelligence, son heureux caractère le firent remarquer des hommes distingués que le courant des affaires y amenait et particulièrement du chancelier. Ils l'engagèrent à étudier le droit, et à vingt ans il était avocat. Léger d'argent, mais plein d'espoir, H. Clay se rendit aussitôt dans le Kentucky, alors extrême frontière du territoire civilisé, et y fixa sa résidence, près de la petite ville de Lexington, dans un domaine appelé Ashland.

CLAY

Ses débuts comme avocat furent brillants. Dans ce pays vierge, des accusations de meurtre amenaient souvent devant le jury des personnes jusque là honorées; et son éloquence obtenait journellement en leur faveur les verdicts les plus mitigés possibles. Aussi eut-il bientôt une grande réputation et de nombreux amis dans le Kentucky. Cet État ne tarda pas à éprouver le besoin de refaire sa constitution, qui n'avait pourtant que cinq ans de date. Les délibérations s'ouvrirent; Clay s'y prononça chaudement pour l'émancipation des noirs, et écrivit en ce sens dans les journaux. Mais il échoua, et l'esclavage existe encore dans le Kentucky. Néanmoins, dès 1803 Clay était élu membre de la chambre des représentants du Kentucky. En 1806 sa réputation s'était tellement accrue, qu'on l'envoya remplir pendant une année à Washington les fonctions de sénateur. En 1807 il redevint membre de la chambre des représentants du Kentucky; et cette assemblée s'empressa de le choisir pour son *orateur* (président). En 1809 il fut, pour la seconde fois et pour deux ans, envoyé à Washington comme sénateur. En 1811 ses concitoyens l'élurent représentant au congrès, qui le choisit à une grande majorité pour président; et il encouragea fortement son pays à repousser par les armes les prétentions de l'Angleterre.

L'un des cinq commissaires chargés, en 1814, d'aller à Gand traiter des conditions de la paix avec la Grande-Bretagne, il fit rayer du traité une clause par laquelle l'Angleterre aurait eu le droit de naviguer sur le Mississipi depuis son embouchure jusqu'à sa source. En attendant que la ratification de ce traité fût arrivée de Washington, il alla passer deux mois à Paris, où il fréquenta le salon de Mme de Staël et ceux des principaux personnages politiques de l'époque. Ce fut là qu'il apprit la victoire de la Nouvelle-Orléans : « Maintenant, dit il, je pourrai aller en Angleterre sans m'exposer à des mortifications; » et il retourna aux États-Unis en passant par l'Angleterre.

Rentré en Amérique, Clay fut aussitôt réélu à la chambre des représentants, qui le choisit encore pour président. Il avait la passion du travail, des mœurs et le sentiment de la liberté : sous sa direction plusieurs mesures furent adoptées par le congrès pour restaurer le crédit public et le crédit commercial, améliorer les voies de communication et soutenir les manufactures nationales, couvrir le pays d'un réseau de banques et donner de l'impulsion aux défrichements. Ce fut lui qui décida le congrès à déclarer qu'il considérerait comme un acte d'hostilité contre l'Union elle-même toute intervention des puissances européennes dans les affaires intérieures des nouvelles républiques de l'Amérique du Sud. C'était jeter le gant à la sainte-alliance; c'était peser d'un grand poids dans la balance du monde. Dès lors l'indépendance de l'Amérique était consommée; elle existait d'elle-même, pour elle-même; la puissance des États-Unis s'en augmenta au point que maintenant ils sont les protecteurs, presque les suzerains du nouveau monde, et qu'il n'est pas impossible qu'ils en deviennent les propriétaires. C'est ainsi encore qu'il fit adopter l'acte par lequel le congrès, à l'occasion de l'admission du territoire de Missouri dans les États de l'Union, décida en principe qu'à l'avenir l'esclavage ne serait toléré dans aucun État au nord du 36° degré et demi de latitude.

Les Missouriens protestèrent contre cette décision, en insérant dans leur nouvelle constitution un article donnant à leur législature le pouvoir de voter, dans le plus bref délai, des lois propres à empêcher les gens de couleur libres de se fixer dans l'État, sous quelque prétexte que ce fût. On se ferait difficilement une idée de l'opposition qui se déchaîna au congrès contre cet article. On ne voyait pas d'issue à ce débat, dont la passion se mêlait de plus en plus. Par malheur, Clay n'était pas à Washington : à la fin de la session précédente, il s'était démis de la présidence de la chambre des représentants et avait annoncé qu'il se retirait pour quelque temps de la vie publique. Ses affaires privées étaient fort dérangées; il avait cautionné un ami, qui l'avait ruiné : il voulait se remettre au barreau pour se refaire un patrimoine. Cependant, à la nouvelle de ce qui se passe, il revient à Washington; l'exaspération du congrès était à son comble : on eût dit deux armées près de s'égorger. Il voit d'abord repousser ses propositions, mais enfin il fait décider, à la majorité de quatre vingt-sept voix contre quatre-vingt-une, que la législature du Missouri ne pourrait faire de loi interdisant le séjour de cet État à tout citoyen d'un autre; ainsi fut vidée cette longue querelle. Tandis qu'on le proclamait le sauveur de l'Union, il se retirait du Kentucky. Il resta deux ans absent du congrès, plaida beaucoup pendant ce temps, et amassa, à la sueur de son front, un petit capital qui devait suffire à ses modestes besoins; alors ses concitoyens l'envoyèrent de nouveau siéger à la chambre des représentants, qui le choisit encore une fois pour président.

Deux ans après, en 1825, expirait la présidence de Monroë. Nul, à beaucoup près, n'avait autant de droits à être son successeur que Clay, qui jusque là avait appartenu à l'opinion démocratique la plus avancée. Présenté alors comme candidat en même temps que Crawford, le général Jackson et Adams, il passa dans les rangs des fédéralistes, et par son influence assura l'élection du troisième de ses concurrents. En retour de cet acte de patriotique abnégation, Adams lui confia dans la nouvelle administration le poste de secrétaire d'État (principal ministre). La popularité de Clay en souffrit beaucoup, et de longtemps il ne lui fut possible de regagner l'influence à laquelle lui donnaient droit ses talents éminents et son incontestable patriotisme.

A l'expiration de ses quatre ans, Adams ne fut pas réélu. Le général Jackson l'emporta. Clay quitta alors le ministère, et revint dans le Kentucky. Mais il n'y resta pas inactif : il prit part à des banquets politiques, où il fit l'éloge du général, malgré les profonds dissentiments qui les séparaient, et propagea activement l'œuvre de colonisation qui, avec des noirs affranchis, a fondé sur la côte d'Afrique la république de *Liberia*. Vers la fin de 1831, l'un des sièges appartenant au Kentucky dans le sénat central étant devenu vacant, il y fut porté; et à l'expiration de la présidence de Jackson, une convention électorale tenue à Baltimore le désigna pour être son compétiteur. Le 12 février 1833 il proposa la loi célèbre qui a gardé son nom (*Clay's bill*), et qu'on appelle aussi *la loi du compromis*, substituant au tarif de douanes voté en 1832 un tarif décroissant, d'après lequel au bout de dix ans aucun droit d'entrée ne devait excéder 20 pour 100, et stipulant soit immédiatement, soit à partir de 1842, l'entrée en franchise pour toutes les matières premières.

Aux élections de 1836 pour la présidence, Henry Clay fut le candidat présenté par les whigs; mais le démocrate Van Buren l'emporta. Découragé par cet échec, son parti l'abandonna en 1840, et reporta ses voix sur le général Harrison. A la mort de celui-ci, les whigs se rallièrent bien encore sous le drapeau de Clay, mais tous leurs efforts ne purent empêcher le candidat démocratique d'obtenir la majorité lors de l'élection de 1844. Polk réunit cent-soixante-dix votes. Clay, qui n'en eut que cent-cinq, se retira momentanément de la politique, pour aller vivre de la vie des champs dans son domaine d'Ashland. A peu de temps de là, et à propos de l'annexion du Texas, éclatait entre le Mexique et l'Union américaine une lutte dans laquelle la victoire demeura à celle-ci, grâce à l'habileté des mesures prises par le général Scott. Mais Clay eut la douleur de perdre dans cette campagne, si glorieuse pour ses concitoyens, un fils qui commandait une brigade d'artillerie. Quoiqu'il lui restât encore un autre fils, qui a même longtemps rempli les fonctions de ministre plénipotentiaire de l'Union à Lisbonne, ce malheur domestique le confirma encore davantage dans le dessein qu'il avait formé de renoncer à la vie politique. Pour le contraindre à y rentrer, il ne fallut pas moins que le caractère toujours plus menaçant que prit bientôt alors la question brûlante de l'esclavage. En ce moment, en effet, pendant que la Géorgie, la Caroline du sud et la Louisiane méditaient d'envahir l'île espagnole de Cuba pour la découper en deux ou trois États à esclaves, grandissait à vue d'œil, dans le nord, le parti du *free soil* (le sol libre), dont le programme consiste à interdire à l'esclavage l'accès de tout nouvel État, et éclatait en 1849 entre le nord et le sud, sur la question de savoir si l'esclavage serait toléré dans les Nouveau Mexique et la Nouvelle Californie, ces récentes acquisitions de l'Union, un conflit qui compromettait l'existence même de la fédération. Henry Clay, désireux de jouer encore une fois le rôle de médiateur, se fit élire au sénat par l'État de Kentucky. Son voyage jusqu'à Washington fut un véritable triomphe; mais dès le mois d'août 1850 il quittait le congrès, le cœur découragé de l'inutile persistance de ses patriotiques efforts. Son projet de compromis n'avait pas été adopté par le sénat; quelques personnes même avaient essayé de le tourner en ridicule, en l'appelant le *bill omnibus*, à cause de ses nombreux articles sur tous les sujets. Mais le noble vieillard eut bientôt lieu d'être consolé : après avoir écarté son plan de conciliation, on y revint, et l'on en vota en détail toutes les dispositions. Il conserva encore une année le titre de sénateur, s'en démit dans les derniers jours de 1851, et mourut le 29 juin 1852, à l'âge de soixante-quinze ans. Sa fin, qui donna lieu à une explosion unanime de regrets, fut un véritable deuil national. Par son testament il ordonnait que les enfants de ses esclaves fussent affranchis à l'âge de vingt-cinq et de vingt-huit ans et envoyés à Liberia. Pour un abolitionniste comme lui, cette clause restrictive mise à sa libéralité était au moins singulière.

CLAY (Cassius), neveu du précédent, fils du général Clay, qui mourut jeune encore, après s'être distingué dans la dernière guerre contre l'Angleterre, s'est fait aussi un nom dans l'Union américaine comme homme d'État et comme homme de parti. Né en 1810, il grandit sous la tutelle de son oncle, et fut élevé dans le Kentucky. De bonne heure il déploya de remarquables facultés oratoires et de grands talents pour la politique, en même temps que sa loyauté le rendait l'idole des chevaleresques habitants du Kentucky. Cassius Clay ne tarda point à abandonner les voies suivies en politique par son oncle, et fut élu parmi les *émancipationistes* (partisans de l'abolition de l'esclavage) membre de l'assemblée législative de l'État, d'abord, et ensuite de la chambre des représentants du congrès. A l'époque de la guerre contre le Mexique, il commandait l'audacieuse avant-garde qui, après la plus héroïque résistance, tomba au pouvoir des Mexicains et fut détenue prisonnière dans la forteresse de Perote, jusqu'à ce que le général Scott eut obtenu sa mise en liberté. Plusieurs ouvrages de philosophie et d'économie politique publiés par Cassius Clay portent un remarquable cachet d'originalité, et par toute leur tendance ont pu servir de contribuer à la réalisation la plus radicale possible du principe démocratique. On peut d'ailleurs considérer cet homme d'État comme le hardi fondateur du parti de l'émancipation des esclaves. Au mois de novembre 1849 une lutte à main armée ayant éclaté entre les partisans de l'esclavage et les abolitionnistes du Kentucky, Cassius Clay, grièvement blessé à cette occasion d'un coup de couteau, conserva encore en tombant assez de force pour frapper d'un coup de pistolet le cœur de son adversaire. Ce ne fut qu'au bout d'une année qu'il se trouva guéri, et alors on le vit recommencer la lutte contre l'esclavage aussi résolument que jamais. Quelle que soit la haine que portent à Cassius Clay les partisans du maintien de l'esclavage, personne ne peut lui refuser leur estime à cet intrépide défenseur des droits de l'humanité. Aux élections qui eurent lieu dans l'été de 1851, il se porta de nouveau candidat aux fonctions de gouverneur du Kentucky; et malgré l'insuccès de ses efforts, il eut du moins la gloire de faire consacrer dans cet État, pour la première fois, la liberté de la presse et de la parole sur la question de l'esclavage. Dans la convention nationale des *Freesoilers* tenue en septembre de cette même année, Cassius Clay fut le plus éminent des orateurs qu'on y entendit. Si la démocratie des *Freesoilers* devait l'emporter sur la démocratie conservatrice, on pourrait s'attendre à le voir arriver à la présidence. Cassius Clay, dans sa vie privée, est un homme de mœurs exemplaires et du caractère le plus aimable.

CLAYON, CLAYONNAGE. *Voyez* CLAIE.

CLAYTON (John), homme d'État américain aussi savant que capable et éloquent, né dans l'État de la Delaware, se consacra de bonne heure à la profession d'avocat, et s'y fit bientôt une réputation. Élu membre de l'assemblée législative de son État, il s'y distingua comme habile orateur en même temps que comme chaleureux défenseur des principes des whigs. Il ne tarda point à être envoyé au sénat, où, adversaire plein de finesse et maniant parfois avec un rare bonheur l'arme du sarcasme, il fit toujours preuve d'une grande modération. Après avoir siégé au sénat plusieurs années de suite sans interruption, il fut appelé par le président Taylor à occuper le poste important de secrétaire d'État et chargé de la composition du cabinet. Clayton entra en fonctions au milieu des circonstances les plus critiques. Il ne s'agissait pas seulement de suivre à l'égard des puissances de l'Europe une politique donnant satisfaction à la majorité du peuple, il fallait encore lutter contre les difficultés qu'avait fait surgir une lutte des plus vives relative à l'un des intérêts essentiels de l'Union, à la question de l'esclavage. Quoique resté toujours fidèle aux principes des whigs, il n'eut pas seulement à soutenir les attaques les plus violentes de la part des démocrates, ses adversaires, mais encore des reproches d'une grande fraction de son propre parti. Sa persistance à défendre la politique de non-intervention à l'égard des puissances européennes lui attira l'animadversion des démocrates, en même temps que sa condescendance pour les États de sud le brouillait avec les whigs du nord. Le traité qu'il conclut avec l'Angleterre au sujet de Nicaragua fut aussi l'objet d'un blâme presque général, et il fut désapprouvé dans la discussion qu'il soutint avec le *major* Guillaume-Tell Poussin, envoyé, en 1848, aux États-Unis par les hommes du *National* en qualité de ministre plénipotentiaire de la République française. Enfin, l'escroquerie commise dans l'exercice de ses fonctions par le ministre de la guerre Crawford jeta le jour le plus fâcheux sur son administration, et lui fit perdre si complètement la confiance du peuple, qu'à la mort du général Taylor, et lorsque Fillmore, jusque alors vice-président, mais devenu à ce moment président, entra en fonctions, il dut donner sa démission. Pas un de ses collègues ne resta d'ailleurs au pouvoir. Malgré les nombreuses erreurs de Clayton, la triste réputation qui s'est attachée à son administration provient surtout de l'incapacité de ses collègues et du complet oubli de leurs devoirs dont ils firent preuve. Ses adversaires politiques reconnaissent eux-mêmes que son caractère d'homme privé est resté inattaquable. Jadis l'un des avocats les plus occupés de l'Union, il reprit alors sa place au barreau; et on peut s'attendre à le voir bientôt retourner au sénat.

CLAZOMÈNES, patrie d'Anaxagore et d'Hermotime, l'une des douze villes ioniennes, avait d'abord été bâtie sur la côte de la mer d'Ionie et du golfe d'Hermæ, à l'ouest de Smyrne; mais plus tard la terreur que leur inspiraient les Perses détermina ses habitants à se réfugier dans une petite île voisine, qu'Alexandre réunit ensuite au continent par une digue. C'est aujourd'hui *Vourla*, avec l'île Santo-Giovanni. Clazomènes passa successivement sous la domination des Lydiens, des Perses, des Macédoniens et enfin des Romains.

CLÉ. Voyez CLEF.

CLÉANTHE, philosophe stoïcien, qui florissait au troisième siècle avant notre ère, et dont Diogène de Laerte nous a fait connaître la vie et les travaux, était né à Assos, dans la Troade, où le sénat romain lui faisait plus tard élever une statue. C'était, dans la force du terme, un prolétaire taillé à l'antique. Il débuta par la rude carrière d'athlète, avant d'être un des athlètes de la pensée philosophique. Puis il vint à Athènes, étudia la philosophie, sous Cratès le cynique, et abandonna celui-ci pour suivre Zénon. Cléanthe était arrivé à Athènes avec quatre drachmes; sa pauvreté était si grande, si notoire, bien qu'il payât chaque jour à Zénon la redevance d'une obole que celui-ci en exigeait, que la police athénienne, le traitant comme on traiterait de nos jours un vagabond, un homme sans aveu, le fit comparaître devant l'aréopage pour rendre compte de ses moyens d'existence. On apprit alors avec un étonnement mêlé d'admiration, par un jardinier, que Cléanthe s'était mis aux gages de celui-ci pour tirer l'eau nécessaire à l'arrosage de son jardin. L'aréopage, ajoute-t-on, lui vota dix mines, qu'il refusa avec le désintéressement insouciant de l'homme qui, après sa journée, ne s'inquiète pas du lendemain. Une autre fois, les Athéniens ayant remarqué qu'il n'avait point de tunique sous son manteau lui en donnèrent une, pour qu'il pût se couvrir convenablement. N'ayant pas le moyen de s'acheter du papyrus pour écrire, Cléanthe écrivait les préceptes du maître sur des crânes et des os de bœuf. Son assiduité au travail lui valut le surnom d'Hercule, et son austérité lui mérita l'estime du roi de Macédoine Antilhon; estime qui se traduisit royalement par un don de 3,000 drachmes.

A la mort de Zénon, Cléanthe lui succéda comme le chef de son école philosophique. Il remplaçait le brillant qui lui manquait par des qualités solides; sa conception était lente, laborieuse, mais sûre. Un jour, on lui demandait quel précepte surtout il donnerait à un jeune homme. Il répondit par un vers d'Électre : « Silence, va doucement. » Ses condisciples en philosophie, dont l'esprit était plus vif, s'irritaient quelquefois de sa lenteur; l'un d'eux, impatienté, alla un jour jusqu'à le traiter d'âne : « Ane, soit; répliqua-t-il, mais le seul dont les reins puissent porter le fardeau de Zénon. »

Cléanthe termina sa vie par un suicide digne d'un stoïcien : il se laissa volontairement mourir de faim, à l'âge de quatre-vingts ans selon les uns, de quatre-vingt-dix-neuf selon les autres. De tout ce qu'il a écrit il n'est parvenu jusqu'à nous que quatre vers cités par Galien, quatre vers du Manuel d'Epictète, et un hymne à Jupiter, que Stobée nous a conservé. C'est une prière universelle, considérée comme l'un des monuments les plus précieux de l'antiquité, que les déistes de toutes les époques ont prise pour symbole, et où quelques-uns d'entre eux ont été jusqu'à voir l'émanation anticipée de l'esprit chrétien, à une époque où l'on ne soupçonnait seulement pas le germe de l'esprit chrétien. Cet hymne atteste chez son auteur une imagination grande et forte, exempte de superstitions si multipliées du paganisme.

CLEARING-HOUSE (c'est-à-dire *bureau* ou *comptoir de liquidation*). C'est ainsi qu'on appelle à Londres un établissement extrêmement utile, créé par les banquiers de cette ville pour apurer et balancer leurs comptes respectifs. Ces *clearances* ou liquidations consistent principalement à échanger les traites réciproques venues à échéance, et à en payer les différences. On échange et on solde en même temps les créances d'une maison sur une autre au moyen des créances que celle-ci peut avoir sur une troisième, et ainsi de suite tant que ces sortes d'échanges sont possibles, et de telle sorte que chaque maison ne se trouve en définitive avoir affaire qu'à deux ou trois créanciers ou débiteurs, qu'elle solde ou qui la soldent en espèces. Les payements réels se font en *banknotes*, et il n'y a que les soldes inférieurs à 5 liv. sterling qui s'effectuent au moyen de *checks* à ordre tirés sur la maison débitrice. Ces liquidations ont lieu deux fois par jour, le matin et le soir. Dans la matinée on dépose au *Clearing-House* les traites tirées sur les diverses maisons; la vérification s'en fait dans l'intervalle à leurs comptoirs particuliers, et les échanges de traites ont lieu dans l'après-midi; après quoi s'effectue le solde des différences. Chacune des maisons admises dans le *Clearing-House* y accrédite pour ses opérations particulières un commis spécial appelé *clearer* ou *clearing-clerc*. L'importance totale des traites ainsi soldées par échange s'élève année commune à la somme d'un *milliard* de livres sterling ; les soldes en banknotes, à 66 millions sterl. Ils ne comprennent par conséquent que le quinzième au plus du total des transactions. Le mouvement journalier d'affaires est d'environ 3 millions sterl. Avant la création des banques par actions, ce chiffre était quatre et même cinq fois plus fort. On concevra facilement quelle masse de payements et de virements ont lieu de la sorte; combien dès lors les caisses ont moins besoin d'être amplement fournies d'espèces, qui-peuvent trouver ailleurs un emploi plus avantageux. Les petits banquiers, de même que ceux dont les comptoirs se trouvent situés trop loin du *Clearing-House* (il est bâti dans *Lombard-Street*), ne participent point aux avantages de cette institution.

Des opérations analogues à celles du *Clearing-House* de Londres, mais sur une échelle extrêmement réduite, ont lieu à certains jours de la semaine sur quelques places d'Allemagne, à Augsbourg et à Brême, par exemple, où le verbe *scontriren*, balancer, est employé pour les désigner.

CLÉARQUE, général spartiate, était dès l'an 410 avant notre ère, investi d'un commandement important dans l'Hellespont ; il fut chargé, sous les ordres de Mindarus, de faire face aux vaisseaux de Thrasybule dans la bataille navale de Cyzique. Peu de temps après, il fut envoyé en qualité d'harmoste à Chalcédoine et à Byzance : il se rendit tellement odieux dans cette dernière ville, et rendit le nom lacédémonien si impopulaire, qu'on peut dire qu'il en ouvrit les portes aux Athéniens, qui furent accueillis comme des libérateurs. Sparte punit Cléarque de ce fait par une amende ; mais elle ne se priva point pour cela de ses services. Après la bataille des Arginuses, en 406, Callicratidas, mortellement blessé, lui confia le commandement en chef de la flotte. Après la guerre du Péloponnèse, Cléarque fut chargé de repousser les attaques des Thraces contre les Grecs ; il en délivra Byzance ; mais après son triomphe il fit massacrer les principaux citoyens de cette ville, s'empara de leurs propriétés, soudoya avec l'or qu'il avait ainsi volé une troupe de mercenaires pour asservir les Byzantins au pouvoir qu'il s'arrogea. Sparte s'émut de sa conduite ; elle le rappela, et il désobéit : les éphores le condamnèrent alors à mort, et envoyèrent des troupes pour le soumettre. Cléarque se retira à Selymbria, y soutint un siége, s'évada de cette place, et se réfugia en Asie, à la cour du jeune Cyrus, qui méditait déjà la mise à exécution de ses projets contre son frère. Cyrus donna de l'argent à Cléarque, à qui il fit connaître ses projets; et celui-ci enrôla à son service un grand nombre de Grecs. Il fut occupé d'abord à repousser les attaques des barbares contre les Grecs de la Chersonèse de Thrace; puis il les conduisit en Phrygie, où se trouvait Cyrus; là, les Grecs ayant appris le but de leur expédition, refusèrent d'aller plus loin ; sur les instances de Cléarque, ils se décidèrent cependant à marcher en avant, et ils combattirent glorieusement à cette bataille de Cunaxa qui décida la perte de Cyrus le jeune. Cependant, on attribue assez généralement ce désastre à l'obstination de Cléarque à ne point quitter les bords de l'Euphrate, malgré les ordres que lui envoyait Cyrus.

Cléarque, reconnu après une défaite qui n'avait pas entamé les Grecs, le chef de leur armée, commença cette belle retraite des Dix mille, que Xénophon devait terminer si brillamment. Mais ayant eu l'imprudence de croire aux promesses du satrape Tissapherne, et de se rendre avec quatre généraux et vingt officiers dans le camp des Perses, il y fut traîtreusement assassiné avec eux. Un des témoins de ce massacre racontait que les corps des Grecs égorgés ayant été laissés exposés aux injures du temps et à la dent des animaux sauvages, un tourbillon de vent s'éleva, qui porta sur le corps de Cléarque un monticule de sable, que quelques palmiers ombragèrent bientôt. La fin tragique de Cléarque et de ses compagnons eut lieu l'an 401 avant notre ère.

CLÉARQUE. Héraclée a eu deux tyrans de ce nom. Le premier, né dans cette ville, en 411 avant J.-C., et mort en 353, avait dans sa jeunesse étudié à Athènes, sous Platon et Isocrate. Il priva de sa liberté, par trahison, Mithridate 1er, roi de Cappadoce, et s'empara d'Héraclée; il tua, il persécuta, il s'entoura d'une garde, d'une police, pour prévenir les attentats contre sa personne; tout cela ne l'empêcha pourtant pas d'être tué par Chion et Léon, après douze années de tyrannie.

Le second Cléarque était le petit-fils du précédent, et le fils de Denys et d'Amastrie. À sa majorité, Cléarque fit preuve de valeur dans plusieurs expéditions guerrières : fait prisonnier par les Gètes avec son beau-père Lysimaque, il fut racheté par les soins de celui-ci. Cléarque avait un frère, Oxyathrès, qu'il associa à son pouvoir, dans le but de faire périr sa mère, Amastrie. Lysimaque déjoua ce complot parricide, en faisant mettre à mort Cléarque et Oxyathrès, vers l'an 287 avant J.-C.

CLÉARQUE, statuaire grec, né à Rhegium, vivait vers la 72e olympiade. Élève du Corinthien Eucheir, il fut le maître du célèbre sculpteur Pythagore.

CLÉARQUE, poète athénien du troisième siècle avant notre ère, est l'auteur de plusieurs comédies, dont il nous reste des fragments.

CLEF ou **CLÉ** (du latin *clavis*). La clef est d'un usage très-ancien : on s'en servait avant la guerre de Troie; il en est parlé dans la *Genèse* et dans le livre des *Juges*. Les clefs des Romains étaient en bronze; celles que l'on fait maintenant sont ordinairement en fer. Ce petit instrument, que l'on emploie pour ouvrir et fermer les serrures, les cadenas, se compose d'un anneau, d'une tige, et d'un panneton, qui est fendu ou percé de différentes manières, suivant que le demande la confection de la serrure et des gardes qui y sont placées. La multiplicité de ces gardes oblige quelquefois à refendre tellement la clef, qu'elle perd beaucoup de sa solidité : aussi le serrurier Fichet a-t-il inventé une serrure dont la clef est très-simple et très-solide, le panneton n'ayant aucune fente, mais seulement plusieurs crans, qui soulèvent successivement des gardes mobiles dans la serrure, lesquelles retombent à mesure que la clef est passée, et rendent impossible l'usage d'aucune autre clef que celle même qui a été faite pour ouvrir cette serrure. Malgré le perfectionnement des arts, on ne fait plus maintenant de clefs dont la tige et l'anneau soient aussi riches et ornés aussi délicatement que dans celles dont on faisait usage sous les règnes de Henri IV, de Louis XIII et Louis XIV.

On nomme *clef forée* celle dont la tige est creusée, et *clef bénarde* celle qui est terminée par un bouton. Lorsque quelque chose gêne le mouvement d'une serrure, si l'on emploie trop de force, on peut *fausser* sa clef. Une clef faite pour ouvrir une serrure à l'insu de son maître est une *fausse clef*. L'usage des fausses clefs est une circonstance aggravante du crime de vol. Les fausses clefs sont d'un emploi si frequent et si dangereux, que le législateur a cru devoir punir le fait seul de la fabrication de fausses clefs et de l'altération des clefs, indépendamment même de l'usage qu'on en aurait pu faire. La peine est un emprisonnement de trois mois à deux ans et une amende de 25 à 150 fr.; si le coupable est serrurier de profession, il est puni de la réclusion. En outre, une ordonnance de police, du 8 novembre 1780, fait défense à toutes personnes d'exposer en vente, débiter aucune clef neuve ou vieille séparément de la serrure, à peine de cent livres d'amende et de prison en cas de récidive. La loi civile s'occupe également des clefs dans leur rapport avec l'exécution de certains contrats. C'est ainsi que, suivant les articles 1605 et 1606 du Code Napoléon, la remise des clefs d'un bâtiment ou d'un bâtiment contenant l'objet vendu opère délivrance. Dans l'ancien droit, quelques coutumes exigeaient que la veuve jetât les clefs sur la fosse du trépassé pour pouvoir renoncer à la communauté.

Chez les Romains, le mari faisait présent d'un trousseau de clefs à sa femme, à l'instant où elle entrait dans la maison. Il les lui reprenait au moment du divorce.

On emploie figurément le mot *clef* dans plusieurs circonstances : ainsi, lorsqu'un prince fait son entrée dans une ville, les magistrats lui en offrent les clefs, comme un témoignage de souveraineté. Dans une place assiégée, et lors de sa reddition, les magistrats portent au vainqueur les clefs de la ville comme une preuve de leur soumission. Jésus-Christ voulant montrer la prééminence qu'il accordait à saint Pierre, comme chef de l'Église, lui dit qu'il lui donnera les *clefs de saint Pierre*, des *clefs du paradis*, des *clefs de l'enfer*.

On appelait *gentilshommes de la clef d'or* certains grands-officiers de la cour de l'empereur en Allemagne ou du roi d'Espagne, qui avaient le droit d'entrer dans la chambre de ces princes et qui portaient comme marque distinctive une clef d'or à leur ceinture. La *clef d'or* fut aussi en France le signe distinctif des fonctions de chambellan.

Lorsqu'un oiseau sort furtivement de sa cage, lorsqu'un prisonnier s'échappe de prison, on dit qu'*il a pris la clef des champs*; et lorsqu'un locataire quitte les lieux sans payer, qu'*il a mis la clef sous la porte*. La *clef d'or ouvre tout*, dit le proverbe; ce qui signifie qu'avec de l'or on fait bien des choses. On dit encore que *la grammaire est la clef des sciences*, parce qu'en effet c'est par cette étude que l'on doit commencer toute éducation. Lorsqu'on écrit en chiffres ou avec des caractères particuliers, on donne le nom de *clef* à l'espèce de table ou de dictionnaire par le moyen duquel on peut déchiffrer cette correspondance. On dit qu'une personne a la *clef* d'une affaire, pour désigner qu'elle en connaît tous les secrets. C'est encore dans ce sens que l'on dit avoir la *clef* d'un roman ou d'un ouvrage dans lequel les personnages sont désignés sous des noms supposés, tels que dans *Gargantua*, *Cyrus*, le *Catholicon d'Espagne*, l'*Euphormion* de Barclay, l'*Histoire amoureuse des Gaules* de Bussy-Rabutin; *Les Amours du grand Alcandre*, les *Caractères* de La Bruyère, les *Lettres* de Saumaise, Scaliger, Casaubon, etc.

Une ville fortifiée qui défend l'entrée d'un pays est aussi quelquefois qualifiée de *clef*.

On nomme également *clef* des instruments particuliers qui servent à tourner des boulons, des écrous dans la charpente, les voitures, la serrurerie, etc., des vis dans certains meubles, comme couchettes, armoires, ou pour des pianos, pistolets, fusils à vent, ou bien pour ouvrir et fermer des robinets. On donne encore le nom de *clef* à la pièce que l'on met en dernier pour forcer les embouchoirs de bottes ou de souliers.

Les montres et pendules se remontent aussi au moyen de *clefs*. En général ces clefs sont pourvues d'un canon triangulaire ou quadrangulaire, suivant la forme de l'arbre qu'elles doivent faire tourner. La *clef anglaise* a l'avantage de s'adapter au calibre de tous les arbres : elle consiste en une sorte de double marteau en fer, dont les deux bouts mobiles, rapprochés au moyen d'un manche taraudé, forment comme un étau qui pince la tête de l'arbre à faire tourner.

CLEF (*Architecture*). Les *clefs* étant destinées à fermer différents objets, on s'est servi du même mot pour désigner dans un cintre ou dans une arcade la pierre que l'on place en dernier, et qui, fermant la voûte, presse et affermit tous les voussoirs, et donne la possibilité d'enlever les échafaudages qui jusque là avaient servi à soutenir pendant la construction chacun des claveaux de la voûte. Dans une simple arcade, la clef est d'une seule pierre, tandis que dans une voûte en berceau la clef est composée de toutes les pierres qui forment la longueur de la voûte. Dans une voûte en arc de cloître, c'est-à-dire celle qui est formée de quatre parois se réunissant au milieu, la clef est taillée en croix.

Les *clefs* dans les arcades varient extérieurement de forme, et sont plus ou moins ornées suivant l'usage du bâtiment et la nature de l'ordre d'architecture. Dans les ordres toscan et dorique, la clef n'a souvent point de saillie : lorsqu'on lui en donne, on la nomme *clef en bossage* ou *en pointe de diamant*. Dans l'ordre ionique, la clef est souvent chargée de nervures avec enroulement en manière de console; dans l'ordre corinthien, elle est enrichie de feuillages, de rosaces ou d'autres ornements. On donne le nom de *clef à crossette* à celle qui a la forme d'un T, de sorte que, s'appuyant sur les deux derniers voussoirs, elle se trouve réellement composée de trois pierres qui réunies ferment la voûte avec plus de solidité. Dans l'architecture moresque, on faisait souvent usage de *clefs pendantes*, c'est-à-dire que la clef de la voûte était chargée d'un ornement descendant plus bas que les voussoirs qui formaient le sommet de la voûte. Un des exemples les plus extraordinaires de clef pendante est celle que l'on voit à Saint-Gervais à Paris, puisqu'elle descend de cinq mètres en contre-bas. On en voit aussi plusieurs dans les voûtes extérieures de l'église Saint-Ouen à Rouen. Dans quelques monuments antiques, on voit des clefs ornées de figures allégoriques; les plus remarquables sont celles des arcs de Titus, de Constantin et de Septime-Sévère.

CLEF (*Musique*), caractère qui se met au commencement d'une portée, pour déterminer le degré d'élévation de cette portée dans le clavier général, et indiquer les noms de toutes les notes qu'elle contient dans la ligne de cette clef. Ce caractère, en faisant connaître les noms et les degrés d'intonation que l'on doit donner aux notes, ouvre pour ainsi dire la porte du chant, et c'est à cause de ces sens métaphorique qu'il a reçu le nom de *clef*.

Le nombre des clefs est de sept, comme celui des notes de la gamme; il ne saurait être moindre, savoir, deux clefs de *fa*, quatre clefs d'*ut*, une clef de *sol*. On se servait autrefois d'une huitième clef, celle de *sol* sur la première ligne; mais on l'a supprimée, comme inutile, ses résultats étant les mêmes que ceux de la clef de *fa* sur la quatrième ligne. Le nombre des clefs est encore égal à celui des voix. Il existe entre elles la différence d'une tierce, qui se rencontre aussi dans le diapason d'une voix et celui qui la suit immédiatement; par ce moyen, on peut maintenir chaque voix dans l'étendue de la portée, sans avoir recours trop souvent aux lignes additionnelles. Ainsi la clef de *sol* présente le diapason du premier dessus; la clef d'*ut* sur la première ligne, celui du second dessus; la clef d'*ut* sur la deuxième ligne, celui du contralto de femme; la clef d'*ut* sur la troisième ligne, celui de la haute-contre ou *contraltino*; la clef d'*ut* sur la quatrième, celui du ténor; la clef de *fa* sur la troisième ligne, celui du baryton concordant ou basse-taille; enfin, la clef de *fa* sur la quatrième ligne représente le diapason de la voix de basse, la plus grave de toutes. La clef de *fa* sur la troisième ligne est abandonnée, et l'on a pris l'habitude d'écrire les parties de baryton sur la clef de basse. La clef d'*ut* sur la seconde ligne sert encore pour le cor en *fa*, le cor anglais; les parties de contralto s'écrivent sur la clef d'*ut*, sur la troisième ou la première ligne. On se sert néanmoins de ces deux clefs pour la transposition. Les partitions avec accompagnement de piano ne présentent assez ordinairement que deux clefs pour les parties vocales, celles de *sol* et de *fa* : dans ce cas, le ténor chantant à l'octave basse remet la note à son véritable diapason. Quelquefois la partie de basse est écrite sur la clef de *sol*, et c'est un défaut plus grave; cette notation vicieuse gêne considérablement le chanteur. On est convenu encore de se servir de la clef de *sol* pour la guitare et certains traits de violoncelle; comme pour la voix de ténor, l'oreille entend l'octave basse du passage noté.

Montéclair, Lacassagne, Framery, et Grétry ensuite, ont proposé la réforme de cinq ou six de ces clefs, qu'ils regardent comme inutiles. Le nombre des clefs est égal à celui des notes, qui, par son imparité, fait rencontrer sur la ligne du moyen, on dit *ut* sur toutes les lignes et dans tous les interlignes; ce qui est indispensable pour la transposition. Les sept clefs représentent encore les diapasons des sept voix, et donnent la faculté de renfermer dans les lignes les chants destinés à chacune d'elles. Depuis que l'on écrit la partie de baryton sur la clef de basse, presque toutes les notes sont rejetées au-dessus des lignes, ce qui augmente le travail du copiste et fatigue le lecteur. Les personnes qui se livrent à la culture de la voix et du piano peuvent se borner à la connaissance de deux clefs, et même d'une seule si elles s'accompagnent avec la guitare : le système proposé par Grétry ne leur serait aussi d'aucune utilité. Quant aux clefs d'orchestre, aux pianistes accompagnateurs, qui doivent posséder également les sept clefs, leur réduction leur créerait des difficultés plus grandes à cause de l'uniformité des signes, qui les empêcherait de distinguer des parties ayant toutes la même physionomie.

Les sept clefs ne renferment réellement que trois octaves dans leur domaine; mais on ajoute aux notes rejetées hors de la portée des fragments de ligne qui marquent leur position relative avec celles du milieu de la portée et leur degré d'élévation ou d'abaissement. Comme ces fractions de ligne se multiplient trop dans les deux octaves aiguës qui excèdent la région de la clef de *sol*, on note à l'octave basse tous les passages qu'il serait trop difficile de lire dans leur position naturelle, et le signe 8e, suivi d'un trait, indique cette transposition, qui finit à l'endroit où le trait s'arrête, soit que l'on ait écrit ou non le mot *loco*. Ce signe est très-fréquent dans la musique de piano, de harpe, de flûte, de violon.

On appelle encore *clef* une espèce de croix de fer percée par l'un de ses bouts d'un trou carré dans lequel on fait entrer la tête des chevilles de la harpe, du piano, pour monter ou lâcher les cordes. La clef qui sert pour le piano est surmontée d'un crochet, au moyen duquel on boucle la corde afin de pouvoir l'accrocher aux pointes qui doivent la retenir. On lui a donné la forme d'un petit marteau, pour frapper les chevilles quand elles ont besoin d'être enfoncées et raffermies.

On nomme aussi *clefs* des soupapes de métal adaptées à certains instruments à vent, tels que le hautbois, la flûte, le basson, pour ouvrir ou fermer les trous que leur position rend inaccessibles aux doigts. CASTIL-BLAZE.

CLÉIDOMANCIE (du grec κλείς, clef, et μαντεία, divination), divination qu'on opère au moyen d'une clef. On écrit sur un morceau de papier le nom de la personne qu'on soupçonne d'un crime, ou bien de celle dont on veut connaître le secret, et l'on entortille ce papier autour d'une clef que l'on attache à une Bible et que l'on fait tenir à une vierge. La clef doit tourner d'elle-même aux paroles du devin. On peut aussi attacher la clef avec une ficelle à la première page de l'Évangile de saint Jean, de sorte qu'elle soit suspendue quand le livre est fermé. Celui qui se propose de découvrir un secret, met un doigt dans l'anneau; on adresse des questions, et la clef répond en se mettant à tourner. Cette coutume superstitieuse est commune à plusieurs peuples, et particulièrement aux Russes, qui croient pouvoir découvrir des trésors par la cléidomancie. On la rencontre aussi dans nos villages, où les jeunes filles viennent demander leur sort à venir aux sorcières. Dans ces derniers temps la découverte des *tables tournantes* a ramené la cléidomancie sur le tapis ; mais ici, l'influence volontaire ou involontaire des doigts est tellement frappante, qu'il est difficile d'y reconnaître l'action d'aucun autre fluide que de celui que nous nommerons de la *bonne volonté*.

CLÉLIE, une des jeunes Romaines de haute naissance livrées en otage au roi Porsenna en garantie du maintien d'une paix durable. Ayant obtenu la permission d'aller au bain, toutes ces jeunes filles, sous la conduite de l'intrépide Clélie, traversèrent le Tibre à la nage, et purent ainsi regagner le toit paternel. Mais les Romains, fidèles à la parole donnée, renvoyèrent ces otages à Porsenna. Alors celui-ci, plein d'admiration pour le courage de la jeune Clélie, lui rendit la liberté, en lui accordant en outre la permission d'emmener avec elle un certain nombre d'entre ses compagnes ; et Clélie choisit les plus jeunes. Une autre tradition ajoute que ces jeunes filles, quand elles furent reconduites auprès de Porsenna, tombèrent dans une embuscade de Tarquin le Superbe, et qu'alors Valeria, fille de Publicola, put s'échapper, et parvint à gagner le camp de Porsenna, d'où elle serait revenue en force au secours de ses compagnes. Porsenna, ajoute-t-on, aurait ensuite rendu la liberté à toutes ses captives et fait présent à Clélie d'un cheval richement harnaché. A Rome Clélie fut honorée par une statue, qu'on lui éleva dans la voie sacrée, et qui la représentait à cheval.

CLÉMATITE (de κληματίς, toute espèce de plante sarmenteuse), genre de plantes de la famille des renonculacées, comprenant un grand nombre d'espèces, toutes d'une beauté remarquable par leurs fleurs et l'ensemble de leur feuillage. Les plus belles clématites sont : la *clématite du Japon*, celles de *Virginie* et d'*Espagne* ; les clématites *aristée, à fleurs crépues, toujours verte, à grand calice, droite, à feuilles entières, à bractées*, etc., qu'un véritable amateur doit posséder toutes dans sa collection. Mais c'est surtout la *clématite odorante* (*clematis flammula*), qui mérite une place dans toutes les localités, qu'elle embellit par une excessive abondance de fleurs en grappes blanches et odoriférantes, à tel point qu'elle imprègne l'air d'alentour, à de très-grandes distances, de l'odeur la plus suave. La clématite odorante, très-peu difficile sur la terre, doit être plantée sur divers points des jardins d'ornement ; elle va très-bien dans les coins de la cour de la maison, au pied des arbres qui composent les avenues des maisons de plaisance, autour desquels elle s'attache avec ses vrilles, et s'élève, sans le fatiguer, à huit mètres de hauteur et plus. Cette plante, très-commune, se multiplie avec une grande facilité. Il faudrait désormais joindre à cette clématite une autre clématite odorante, qui n'en est peut-être qu'une variété, à fleurs plus grandes et légèrement teintes de rose en dehors, qui est connue sous le nom de *clematis fragrans*, et que le botaniste Persoon appelle *clematis rubella*. Les clématites se multiplient par la séparation de leurs pieds ou par leurs semences.   C. TOLLARD aîné.

L'espèce qui croît spontanément dans nos bois est la *clématite des haies* (*clematis vitalba*, Linné) qu'on appelle aussi *berceau de la vierge*, parce qu'elle est très-propre à garnir les berceaux et les tonnelles, qu'elle couvre de sa sombre verdure, d'où sortent des panicules de fleurs blanches d'une odeur suave. Cette plante renferme un principe très-âcre, qui dans l'estomac produit l'effet d'un poison corrosif. Ses feuilles fraîches, pilées et appliquées sur la peau, agissent à la façon des vésicatoires. C'est par leur emploi qu'au moyen âge les gueux, pour s'attirer de nombreuses aumônes, se couvraient les jambes d'ulcères superficiels et faciles à guérir ; ce que rappelle le nom d'*herbe aux gueux*, que porte encore vulgairement la clématite des haies.

CLÉMENCE, vertu qui fortifie le pouvoir en le faisant aimer : l'exercice, il est vrai, en est rare dans les temps de révolution. Comme c'est à la possession du pouvoir que tendent tous les efforts, le triomphe se montre d'abord féroce et impitoyable. Dans ces tristes jours, on fait beaucoup trop attention aux hommes ; et, pour n'avoir pas à les rencontrer encore comme ennemis, on les frappe sans songer qu'ils ne sont que l'expression d'idées qui restent plus puissantes, parce qu'on leur a donné l'avantage d'avoir des martyrs. Aussi peut-on affirmer que jusque ici toute grande révolution ne s'est terminée en Europe que par la clémence : c'est un dénoûment inévitable ; c'est la démission officielle de la force, même quand elle a pour elle la justice. Les partis, ces vastes collections d'hommes, ne deviennent gouvernement que du jour où ils se purifient par la clémence.

« Les monarques, dit Montesquieu, ont tout à gagner à la clémence : elle est suivie de tant d'amour, ils en tirent tant de gloire, que c'est presque toujours un bonheur pour eux d'avoir l'occasion de l'exercer. » Machiavel pense, au contraire, que la douceur est plus funeste que la cruauté. Il a confondu la clémence qui pardonne ou modère le châtiment, avec cette faiblesse anti-sociale qui soustrait l'accusé aux juges.

Les rois cléments furent toujours sévères justiciers : Antonin, Trajan, Marc-Aurèle, Louis XII et Henri IV exécutèrent les lois pénales avec une austère équité ; leur justice assurait la paix civile à chaque citoyen, tandis que leur clémence assurait à l'État la paix publique. Mais si, dans les délits ordinaires, la clémence est quelquefois voisine de l'injustice ou de la faiblesse, elle est toujours dans les condamnations politiques la vertu des belles âmes. Elle n'illustre le trône que lorsque ce trône est lui-même illustré par un grand prince, et quelquefois les meilleurs, n'osant s'élever jusqu'à elle, ont marqué leur règne par du sang humain : la seule grâce que n'a pas accordée Henri IV est la seule tache qui souille sa mémoire.

Les anciens avaient fait une divinité de la *Clémence*; et Plutarque dit même qu'il fut question de bâtir un temple à la *clémence de César*. On sait que les plus beaux opéras de Métastase a pour sujet et pour titre la *Clemenza di Tito*. Stace (dans sa *Thébaïde*) et Claudien (dans son *Panégyrique de Stilicon*), disent qu'on ne faisait point de tableaux ni de statues de la *Clémence*, « parce que cette déesse ne veut habiter que dans les cœurs ». Pepin et Charlemagne se sont intitulés dans leurs ordonnances *rois par la clémence de Dieu*.

Ce mot nous vient directement du latin *clementia*, lequel a pour racine le verbe grec κλίνω, qui signifie fléchir, parce que la clémence se laisse aisément fléchir par les prières.

CLÉMENCE ISAURE. *Voyez* ISAURE.

CLÉMENCET (Dom CHARLES), savant bénédictin, naquit à Painblanc, diocèse d'Autun, en 1703, fit ses humanités chez les oratoriens de Beaune et sa philosophie chez les dominicains de Dijon, puis il entra dans la congrégation de Saint-Maur, en 1723, fut pendant quelque temps professeur de rhétorique à Pont-Levoy, et vint de bonne heure se fixer à Paris, dans le monastère des Blancs-Manteaux, où il mourut, le 5 avril 1778.

Partageant son temps entre ses devoirs religieux et le travail le plus assidu, dom Clémencet a contribué à différents ouvrages des bénédictins, notamment à l'*Art de vérifier les dates des faits historiques, des chartes, des chroniques et anciens monuments depuis la naissance de Jésus-Christ*. (Paris, 1750, in-4). Cet ouvrage, dont un autre religieux, dom Maur Dantine, avait eu la première idée, est devenu, en passant par les mains de dom Clément, le monument le plus remarquable de l'érudition du dix-huitième siècle ; on doit encore à Clémencet une *Histoire générale de Port-Royal* et les volumes X et XI de l'*Histoire Littéraire de la France* ; enfin une édition des *Œuvres de saint Grégoire*, restée incomplète, mais à laquelle il consacra quinze années de travail, et qu'il avait collationnée sur plus de quarante manuscrits.

CLÉMENT. On compte quatorze papes et plusieurs antipapes de ce nom.

CLÉMENT Ier (Saint), quatrième pontife de l'Église romaine ou plutôt quatrième évêque de Rome, naquit dans cette ville, d'un citoyen nommé Faustin, qui habitait dans le quartier du mont Cœlius. Il fut élu en 67, et succéda à Lin, suivant les uns; en 91, après Saint Anaclet, suivant les autres. On prétend qu'il fut ordonné par saint Pierre. Quelques auteurs affirment qu'il était de la famille de Vespasien, mais d'autres lui contestent cette origine, en se fondant sur ce qu'il se dit lui-même enfant d'Israël : saint Paul en parle dans son *Épître aux Philippiens*. On a de lui une *Épître aux Corinthiens*, qui est parvenue jusqu'à nous, et qu'on récitait publiquement dans les églises. On croit que c'est à lui qu'est due la première mission d'évêques dans la Gaule. On lui attribue avec certitude l'établissement de sept notaires chargés de recueillir les actes des martyrs. Les évêques de Rome avaient alors trop peu de puissance pour créer quelque chose dans une ville où ils étaient à peine tolérés. Saint Clément échappa toutefois à la persécution de Domitien, et vécut jusqu'à la troisième année du règne de Trajan. Eusèbe et saint Jérôme l'affirment, et leur témoignage a prévalu sur celui de Rufin, du pape Zozime et d'un chroniqueur qui le fait jeter dans le pont Euxin par ordre de Trajan. Saint Irénée, qui a fait le dénombrement des martyrs de cette époque, ne l'y comprend pas. Son savoir lui fit attribuer après sa mort tous les écrits apostoliques de son temps. Cotelier a même inséré dans son *Recueil des Pères*, imprimé en 1672, une foule de lettres sous le nom de saint Clément; mais une *Épître aux Corinthiens* est la seule qu'on ne puisse lui contester, et elle révèle un écrivain d'un assez grand mérite pour être comparé à saint Paul. Ce pape mourut l'année 100 après J.-C.

CLÉMENT II, succéda, vers la fin de 1046, à Grégoire VI. Ce fut l'empereur Henri III, dit le Noir, qui, reprenant un privilège abandonné par ses derniers prédécesseurs, donna, de sa pleine autorité, ce pontife à l'Église romaine. Il se nommait Suidger. Il était Saxon de naissance, et ses parents étaient fort pauvres, mais son savoir et ses vertus l'avaient élevé à l'évêché de Bamberg et à l'éminente dignité de chancelier de l'Empire. Il fit quelques difficultés pour accepter le pontificat, dont il se montra digne par la régularité de sa vie. Après avoir couronné l'empereur Henri le Noir, il tint, au mois de janvier 1047, un concile où furent rédigés des décrets contre la simonie qui déshonorait les Églises d'Orient. Il y régla aussi la préséance que se disputaient les archevêques de Ravenne, de Milan et d'Aquilée, et l'adjugea au premier, qui eut dès lors le privilège de s'asseoir à la droite du pape. L'empereur, pour confirmer de plus en plus la supériorité de la puissance temporelle, traîna Clément II à sa suite jusqu'au fond de la Pouille. Les citoyens de Bénévent ayant refusé de lui ouvrir leurs portes, le pape les excommunia, à l'instigation de l'empereur, qui l'emmena bientôt en Allemagne pour le soustraire aux influences de Rome. Clément II s'en retourna dans sa capitale, quand il mourut dans le voisinage de Pesaro, le 9 octobre 1047, neuf mois et demi après son exaltation et probablement empoisonné, disent les historiens (*voyez* BENOÎT IX). Il fut enterré à Bamberg.

CLÉMENT III, antipape, se nommait *Guibert* et était archevêque de Ravenne lorsque, par la protection de l'empereur Henri IV, il fut élevé au siège pontifical en remplacement de Grégoire VII, en 1080. La mort de ce pontife ne fit qu'enhardir l'ambition de l'antipape. Les incertitudes de Victor III, qui hésita pendant deux ans à accepter le pontificat, donnèrent à Guibert l'espoir de conserver la tiare; il s'empara même de l'église de Saint-Pierre, et la transforma, pour ainsi dire, en citadelle; mais ses troupes

en furent chassées, le 9 mai 1087, par les princes de Capoue et de Salerne, qui avaient enfin décidé le pape Victor à se laisser introniser. Le prétendu Clément III, surnommé alors le *pape des Allemands*, se retira dans Sainte-Marie de la Rotonde, et, après avoir tenté vainement de reprendre la basilique de Saint-Pierre, se contenta de dominer pendant quelque temps dans une portion de la ville de Rome. Victor III eut beau l'excommunier dans le concile de Bénévent, ce pape mourut à la peine, et laissa bientôt à son successeur, Urbain II, les embarras de cette guerre civile.

Urbain débuta comme Victor avait fini : il lança les foudres de l'Église sur la tête de Guibert, qui n'en resta pas moins maître de la moitié de Rome jusqu'au jour où les Romains, lassés enfin de cette lutte des deux pontifes, se prononcèrent contre Guibert, et le renvoyèrent à son archevêché de Ravenne. L'empereur Henri IV n'en persista pas moins à le soutenir. Ses troupes s'emparèrent du château Saint-Ange, et l'antipape y revint au mois de mars 1092, avec le consentement du même peuple qui l'avait chassé deux ans auparavant. Urbain, de son côté, se défendait avec les seules armes de l'Église et, du sein d'un nouveau concile de Bénévent, il renouvelait ses impuissants anathèmes. L'or lui fut plus utile : l'empereur étant retourné en Allemagne, et la peste ayant dévoré les trois quarts des soldats qu'il avait laissés à Rome, Urbain II acheta le palais de Latran d'un certain Ferruchio, qui le gardait pour l'antipape. Ce ne fut point avec son argent qu'il fit cette acquisition, ses cardinaux même n'en avaient pas plus que lui. Les pillages des troupes impériales avaient détruit cette opulence qui avait longtemps scandalisé l'Église et que la paix lui rendit plus tard. Geoffroi, abbé de la Trinité de Vendôme, voyant le pape se désoler de ne pouvoir entrer faute d'argent dans le palais de Latran, vendit ses mules et ses chevaux, et Ferruchio, bien payé, leur livra la demeure pontificale. Les affaires de Guibert n'allèrent plus qu'en déclinant; une portion de l'Allemagne reconnut le pape Urbain ; l'archevêque de Lyon et d'autres prélats français imitèrent cet exemple. Le roi d'Angleterre, Guillaume le Roux, se soumit à son tour. L'antipape, retiré dans une forteresse des environs de Ravenne avec quelques soldats, fut réduit à faire le métier des seigneurs du moyen âge, pillant et rançonnant les voyageurs, les pèlerins qui se rendaient à Rome, et rendant au pape les anathèmes qu'il en recevait. Ils se firent aussi une guerre de conciles, et, suivant l'expression de l'annaliste Aventin, ils se combattaient mutuellement au diable.

La mort d'Urbain ne termina point ce long différend. Son successeur, Pascal II, en hérita comme de la tiare; secondé par l'or et les armes du comte Roger, il ne s'en tint point au glaive spirituel, marcha droit au compétiteur de trois papes, le chassa du château d'Albane, et, tout en le poussant vers Città di Castello, il apprit qu'une mort subite venait d'en délivrer l'Église. Ce fut dans les premiers jours d'octobre 1100, vingt-trois ans après sa révolte contre Grégoire VII et vingt ans après son intrusion.

CLÉMENT III se nommait *Paul* ou *Paulin* SCOLARO, et passa de l'évêché de Palestrine au saint-siège. Il fut élu à Pise le 19 décembre 1187, après la mort de Grégoire VIII. Il dut s'occuper d'abord de faire sa paix avec les Romains, qui avaient proclamé la république. Le sujet de la discorde était les villes de Tivoli et de Tusculum, qui, pour se soustraire à la puissance ou à la jalousie des Romains, s'étaient mises sous la protection du pape. Les Romains firent promettre au pape de les lever remettre aussitôt qu'il en serait maître absolu, ce qui s'exécuta sous Célestin III, son successeur. Les croisades étaient alors dans toute leur ferveur, et le premier acte de Clément III fut d'envoyer au secours de la Terre Sainte une flotte de cinquante vaisseaux, avec l'étendard de Saint-Pierre, qu'il remit aux mains d'Ubalde, archevêque de Pise. Cette flotte, partie en septembre 1188, n'arriva à Tyr que le 6 avril de l'année suivante; et pendant ce temps Clément III ne cessa d'exciter les rois chrétiens à la suivre. Guillaume de Tyr se rendit en France, par ses ordres, pour entraîner Philippe-Auguste et le roi Henri d'Angleterre dans cette expédition, au lieu de se faire la guerre entre eux. Le cardinal-évêque d'Albane remplissait la même mission auprès de l'empereur Frédéric Barberousse en Allemagne. Il réconcilia les républiques de Pise et de Gênes, qui conclurent sous ses auspices un traité de paix. Le recouvrement de Jérusalem, que les infidèles avaient reprise sur les successeurs de Godefroy, était sa seule pensée, et dès que la discorde éclatait entre quelques souverains de la chrétienté, ses légats couraient apaiser leurs différends pour tourner leurs armes contre les Sarrasins. Clément eut le bonheur de voir enfin partir Richard et Philippe-Auguste, en 1190, pour la Terre Sainte, où Frédéric Barberousse les avait précédés. Mais il ne survécut pas longtemps à cette expédition, qui attestait la puissance du saint-siège. Il mourut le 28 mars 1191, et Rome, qui lui fit des obsèques magnifiques, le loua des efforts qu'il n'avait cessé de faire pour réformer les mœurs des moines et du clergé.

CLÉMENT IV succéda, le 22 février 1265, à Urbain IV. Son père était un habitant de Saint-Gilles en Provence, gentilhomme d'une grande piété, qui après la mort de sa femme alla finir ses jours dans un cloître de Chartreux. Le nom de Clément IV était *Gui le Gros Fulcodi* ou *Gui Fulquois*, *Foulques* ou *Fouquet*; il suivit d'abord la profession des armes, la quitta pour étudier, et fut bientôt appelé par le jurisconsulte Durand *la lumière du droit*. Louis IX, roi de France, l'admit dans son conseil, sur la réputation qu'il s'était faite au barreau. A la mort de sa femme, qui lui avait donné plusieurs enfants, il se consacra, comme son père, au service de l'Église. Il fut successivement prêtre, chanoine, archidiacre et archevêque du Puy, archevêque de Narbonne, et en 1261 Urbain IV le fit entrer dans le sacré collège, sous le titre de cardinal de Sainte-Sabine, malgré la résistance de saint Louis, qui voulait le retenir dans ses États, et la répugnance même du nouvel élu, qui désirait conserver son église primatiale. Nommé légat en Angleterre pour apaiser les troubles de ce royaume, il ne put triompher de la ligue des prélats et des barons révoltés; et après avoir lancé sur eux les foudres de l'Église, il reprit le chemin de Rome, où il ne s'attendait pas à rentrer comme souverain pontife. Ce fut sur la route qu'il apprit son élection par les cardinaux assemblés à Pérouse, où le pape Urbain IV avait fini ses jours. Le saint-siège poursuivait alors la guerre contre Mainfroi, dont les armées et les usurpateur du royaume de Naples couvraient la Marche d'Ancône et les États ecclésiastiques. Clément IV traversa le pays sous les habits d'un mendiant, pour échapper aux soldats de Mainfroi; et, quoique cette précaution attestât son désir d'accepter la tiare, il eut l'air de se faire prier en arrivant à Pérouse. Il finit cependant par se laisser introniser, et commença par écrire à ses parents pour les engager à ne pas trop s'enorgueillir de son exaltation, les invitant à ne pas rechercher de hautes alliances, et leur défendant surtout de venir à Rome sans son ordre. Fidèle aux nobles sentiments exprimés dans cette lettre, datée du 7 mars 1265, treize jours après son couronnement, il refusa les offres de deux riches seigneurs, qui voulaient épouser ses deux filles, et les fit entrer dans un monastère. Un de ses frères n'obtint de lui qu'une cure de paroisse, et l'un de ses neveux fut obligé de résigner deux des trois prébendes qu'il avait obtenues avant son pontificat. Sa libéralité ne se signalait qu'envers les pauvres, et sa volonté ferme ne cédait ni aux instances de ses amis ni aux recommandations des souverains.

Les affaires de Naples occupèrent bientôt sa politique. Ses prédécesseurs avaient juré d'expulser de ce royaume la maison de Souabe, et d'y exercer leur pleine et entière suzeraineté. Urbain IV avait offert cette couronne à Charles d'Anjou, au mépris des droits du jeune Conradin, dépossédé par son oncle Mainfroi. Clément IV renouvela cette donation, et la fit accepter par le prince français, qui se rendit à Rome à la tête de mille chevaliers. Il y fut reçu avec une joie si vive, avec des honneurs si extraordinaires, que le pape en prit ombrage. La croisade, prêchée en son honneur par le cardinal de Sainte-Cécile, lui procura une armée à la tête de laquelle il défit et tua Mainfroi à la bataille de Bénévent. Les habitants de Rome se déclarèrent cependant pour Conradin, qui, amené en Italie par les gibelins d'Allemagne, que la bataille de Bénévent n'avait pas découragés, marcha à la rencontre de son rival. La bataille de Tagliacozzo, livrée le 23 août 1268, fut le terme de ses triomphes. Conradin ne fut plus qu'un fugitif, un proscrit; et, si l'on en croit Heidegger, ce fut Clément lui-même qui le fit prendre et livrer à Charles d'Anjou, avec le duc d'Autriche et Henri de Castille. « Qu'en dois-je faire? » écrivit Charles au pape. Et l'historien Struvius rapporte la réponse de Clément en ces termes : *La vie de Conradin est la mort de Charles, et la mort de Conradin est la vie de Charles*. Ce dernier comprit trop bien le sens de ces paroles, et sa cruauté naturelle se signala par le supplice de ses illustres captifs. Jean de Villani affirme en vain que cet assassinat fut blâmé par le pape et ses cardinaux. Une foule d'autres historiens accusent formellement la honteuse complicité du pontife. La mort le surprit au milieu de toutes ces intrigues. Il finit ses jours à Viterbe, le 29 novembre 1268, laissant dans le monde une grande réputation de piété monacale et de pureté exemplaire; mais le supplice de Conradin sera une tache éternelle pour sa mémoire. Le trône pontifical demeura vacant jusqu'en 1271, que Grégoire V fut élu.

CLÉMENT V (BERTRAND DE GOT) succéda à Benoît XI, après un an d'interrègne. Il était né à Villandrau, dans le Bordelais, d'un chevalier de la première noblesse. Boniface VIII le fit évêque de Comminges en 1295 et archevêque de Bordeaux en 1299. Le conclave assemblé à Pérouse s'était prolongé depuis dix mois, par la mésintelligence des cardinaux, divisés en deux factions. Celle des Italiens était dirigée par Mathieu des Ursins et François Cajetan; l'autre avait à sa tête Napoléon des Ursins et le cardinal Duprat, qui voulaient un pape français, ou du moins dans les intérêts de Philippe le Bel. Ils convinrent enfin que l'une des deux choisirait trois Ultramontains, et que l'autre y prendrait le suprême pontife. Quarante jours de délai furent accordés à la faction de France; et quoique les Italiens eussent désigné trois ennemis de Philippe, elle sut habilement profiter de ce délai pour déjouer leurs espérances. Le roi de France s'aboucha près de Saint-Jean-d'Angély avec Bertrand de Got, qui était l'un des trois candidats : « J'ai six grâces à vous demander, lui dit-il : la première est de me pardonner le mal que j'ai fait au pape Boniface VIII, la seconde de m'admettre à la communion de l'Église, la troisième de m'accorder toutes les décimes de France pendant cinq ans, la quatrième d'anéantir la mémoire de Boniface, la cinquième de rendre la dignité de cardinal aux deux Colonne et d'y élever quelques-uns de mes amis; la sixième, je vous la dirai quand vous serez pape, et à ces conditions je vous donne la tiare. » Bertrand de Got promit tout, le jura sur l'Eucharistie; et avant l'expiration du délai le cardinal Duprat fit l'office du Saint-Esprit, en proclamant, le 5 juin 1305, l'archevêque de Bordeaux, qui prit le nom de Clément V.

Ce récit de Villani est contredit par Rainaldi; mais il est reçu comme vrai par les historiens, et le nouveau pape ne tarda point à le justifier. Il dédaigna d'abord de se faire sacrer à Rome, et força le sacré collège de se transporter à Lyon pour cette cérémonie, qui fut achevée sous de tristes auspices. Un échafaud adossé contre un vieux mur et trop chargé de monde s'écroula au moment où passait le cortége. Le pape fut renversé, sa couronne se détacha de sa tête, un rubis précieux fut perdu dans le tumulte; le pontife ne fut point blessé, mais douze de ceux qui l'accompagnaient en moururent quelques jours après, entre autres Jean II, duc de Bretagne. Le roi de France avait d'abord tenu la bride du cheval, puis ses frères Charles de Valois, Louis d'Évreux, Jean de Bretagne. Charles, atteint grièvement, n'en mourut pas. Dans un grand festin qui fut donné quelques jours après, une violente querelle s'éleva, et le frère du pape, Gaillard de Got, fut tué. Les Italiens firent de vains efforts pour ramener le pontife à Rome; mais il voulut se montrer à ses Bordelais dans la plénitude de sa puissance, et son voyage fut une longue série d'exactions et de magnificences qui ruinèrent les monastères et les évêchés placés sur sa route. L'absolution du roi Édouard d'Angleterre lui donna une autre occasion de satisfaire son avarice, en s'appropriant les revenus de la première année de tous les bénéfices vacants dans ce royaume et de créer ainsi un nouveau tribut, qui prit le nom d'annates, et qui fut par la suite une source de nouvelles discordes. Ses envoyés pillaient la France à son exemple; et il ne répondait que par de vagues promesses aux plaintes du clergé français et du roi lui-même. Philippe le Bel le ménageait pour arriver plus sûrement à la destruction des Templiers, qu'il méditait depuis longtemps, et il est probable que c'était la sixième grâce, qu'il s'était réservé de lui demander.

Ces deux souverains s'abouchèrent une seconde fois, à Poitiers, en 1306. Le roi pressa d'abord la pape de remplir la quatrième condition de son exaltation, en condamnant la mémoire de Boniface VIII; mais Clément V se borna à le relever, lui et ses adhérents, de l'excommunication lancée par ce pape, et usa de tous les subterfuges de la cour de Rome pour ne pas remplir ce serment. Dans cette conférence fut ordonnée une croisade nouvelle contre Andronic Paléologue, empereur de Constantinople, qui fut anathématisé comme fauteur du schisme des Grecs. Mais le principal but de l'entrevue était la ruine des Templiers, et elle fut résolue. De grands crimes, vrais ou faux, étaient reprochés à cet ordre : le plus grand était l'immensité des biens qu'il avait amassés, et dont Philippe le Bel avait l'intention de s'approprier une partie. Clément V ordonna au grand-maître, Jacques Molay, de se rendre en France, pour conférer sur les secours que réclamait la Terre Sainte; et ce chef de la milice du Temple, attiré ainsi dans le piége, fut arrêté avec ses chevaliers, dont on se saisit à la même heure dans toute la France, le vendredi 13 octobre 1307. Guillaume de Paris, inquisiteur de Philippe le Bel, procéda sur-le-champ à leur interrogatoire, et un concile fut convoqué à Vienne pour les juger. Clément V se fixa dès lors dans la ville d'Avignon, où depuis cette époque les papes séjournèrent soixante-dix ans, qui furent appelés par les Romains les années de la captivité de Babylone.

Philippe le Bel essaya de tromper l'opinion sur la sixième grâce demandée au pape, en publiant, à la mort du duc d'Autriche, qu'il ne s'agissait que d'assurer l'empire à Charles de Valois. Mais Clément V prévint la demande du roi en faveur de son frère : il fit promptement élire un empereur dans la personne d'Henri de Luxembourg, répondit aux reproches de Philippe qu'il avait absolument ignoré ses prétentions, et le calma par une promotion de cardinaux à son choix. Il le joua également dans les nouvelles instances que fit le monarque pour la condamnation de Boniface VIII : après avoir ordonné la procédure, il fit si bien par ses délais et ses faux-fuyants qu'il le détermina à s'en remettre à la décision du saint-siége. Le concile de Vienne fut ouvert deux ans après par le pape. Il y proclama, avec l'assentiment des Pères, la légitimité du pontificat de Boniface VIII, et le déchargea du crime d'hérésie, sans que Philippe le Bel y mît obstacle. Ce roi se contenta de défendre à ses sujets ecclésiastiques et autres de faire jamais mention du sixième livre des décrétales, qui renfermait les anathèmes de Boniface contre la France et ses prétentions ultramontaines sur toutes les puissances de la terre. L'affaire des Templiers lui tenait plus à cœur, et il eut le triste plaisir d'entendre leur condamnation et leur abolition de la bouche de Clément V. L'extermination des bégards et des béguines fut la petite pièce de ce grand drame. Ces sectateurs de frère Jean d'Olive furent persécutés et brûlés comme les chevaliers du Temple. Ces malheureux, dont le plus grand crime était de prêcher contre les biens de l'Église et des moines, se consolèrent de leur supplice en proclamant que Rome était la meurtrière des saints et la prostituée de Babylone. Le pape et le concile s'appliquèrent ensuite à réformer les mœurs du clergé; mais ils ne trouvèrent rien de mieux que de lui défendre de porter des habits rouges et des chaussures bigarrées de vert et de rouge.

Attaqué, aux environs de Carpentras, d'une maladie grave, Clément V crut que l'air de son pays lui rendrait la santé, et se mit en route pour Bordeaux; mais il ne put atteindre que le village de Roquemaure sur le Rhône, où il expira, le 20 avril 1314, après un règne de huit ans dix mois et quinze jours. Jean Villani et d'autres l'accusent d'avoir vécu en concubinage avec la comtesse de Périgord, fille du comte de Foix; et quoique Henri de Sponde et Rainaldi traitent de calomnies cette accusation et beaucoup d'autres, la présence perpétuelle de cette comtesse dans le palais pontifical, l'influence qu'elle y exerçait et la dépravation des gens d'église à cette époque, laissent peu de doutes à cet égard. Il est également impossible de le laver du reproche d'ambition, d'avarice et de simonie. Les bénéfices se vendaient publiquement à sa cour; cependant le saint-siége ne profita guère des immenses trésors que Clément V avait amassés. Ils furent pillés après sa mort : son neveu Bertrand, comte de Romagne, est accusé d'en avoir distrait pour sa part trois mille florins, destinés aux frais de la croisade. Les constitutions de ce pape, appelées *Clémentines*, furent publiées par Jean XXII, son successeur, et envoyées aux universités de Paris et de Bologne.

CLÉMENT VI (PIERRE ROGER), succéda à Benoît XII. Il était né en 1291, au château de Maumont, dans le Limousin, de Pierre Roger, seigneur de Rosière. A l'âge de dix ans, il était entré à la Chaise-Dieu, dans l'ordre de Saint-Benoît, et fut reçu à Paris docteur en théologie, à l'âge de trente ans. Nommé successivement prieur de Saint-Baudille de Nîmes, abbé de Fécamp, évêque d'Arras, garde des sceaux de France, membre du parlement et des conseils de Philippe de Valois, archevêque de Sens, archevêque de Rouen et proviseur de la Sorbonne, il trahit bientôt les intérêts de Philippe de Valois en excitant la province de Normandie à la révolte pour le délivrer des exactions que les agents du roi y exerçaient, et la guerre avec les Anglais était le prétexte. Député à Paris par les états, il obtint pour eux le privilége de ne payer que les impôts qu'ils auraient consentis; et la province reconnaissante lui assura une pension de deux mille livres. Promu au cardinalat en décembre 1338, il fut assis sur la chaire de saint Pierre le 7 mai 1342, et se fixa à Avignon comme ses trois derniers prédécesseurs.

Son premier acte fut de suspendre la guerre de la France contre l'Angleterre par une trêve de trois ans. Mais il fut moins heureux dans ses efforts pour pacifier la Lombardie. Son caractère ambitieux ne tarda pas à se dévoiler, comme son amour pour le népotisme. Il se réserva la nomination d'un grand nombre de prélatures et d'abbayes au préjudice des chapitres et communautés; et sur les représentations qu'on lui en furent faites, il répondit que ses *prédécesseurs n'avaient pas su être papes.* Dans une promotion de dix cardinaux il comprit son frère et son neveu, par le seul motif de leur parenté, et se moqua de ce qu'on pouvait en dire. Il n'en reçut pas moins les félicitations et les ambassades de tous les rois et de tous les peuples. Celle des Romains, qui le priait de rentrer dans sa capitale, et dont Pétrarque et le fameux tribun révolutionnaire Rienzi faisaient partie, n'obtint que le rapprochement du jubilé séculaire, qui à compter de cette époque eut lieu tous les cinquante ans. La terrible peste qui avait pris naissance en 1346 au royaume de Cathay faisait alors le tour du globe. Rome et Avignon la subirent en 1348; elle y exerça de grands ravages, et Clément VI donna des preuves d'une louable charité pendant ce fléau. Mais l'effroi des mourants et la dépopulation des familles furent pour l'Église et les moines une grande source de richesses; et le jubilé de 1350, qui attira des millions de pèlerins à Rome, devint une foire d'indulgences qui jeta d'immenses trésors dans les coffres du pape.

Clément VI n'eut pas seulement à lutter contre les puissances de l'Europe, il eut encore à réprimer de fréquentes séditions dans le sacré collège. Les querelles de Louis de Bavière et de la maison de Luxembourg, l'épisode des flagellants, que le pape fit brûler en Allemagne, causèrent de grandes divisions parmi les cardinaux; et la ville d'Avignon les vit plus d'une fois recourir aux armes et aux barricades. Ils poursuivirent, même contre le saint-père, l'abolition des religieux mendiants, et le pape fut réduit à biaiser pour sauver cette lèpre de la chrétienté. La réunion de l'Église grecque occupa la dernière année du pontificat de Clément VI. Il négocia avec l'empereur de Constantinople Cantacuzène, et un concile fut convoqué à cet effet. Mais cette grande affaire, si souvent reprise par la cour de Rome, fut encore une fois interrompue, par la mort de ce pape, qui arriva le 6 décembre 1352. Les historiens sont peu d'accord sur son caractère et ses mœurs. Mathieu Villani lui reproche l'agrandissement de sa famille, son luxe royal et ses amours avec la comtesse de Turenne. Platine et d'autres parlent, au contraire, de sa clémence, de sa libéralité, de sa piété, de son discernement même dans le choix des cardinaux. Pétrarque fait l'éloge de son savoir et de sa mémoire, mais cela n'exclut en rien les vices qu'on lui attribue, et les faits parlent ici plus haut que les panégyristes.

CLÉMENT VII (ROBERT DE GENÈVE), antipape, si toutefois, comme le remarque Mézerai, on peut flétrir de ce nom les pontifes qui ont tenu leur siège dans Avignon, était évêque de Thérouanne et cardinal lorsqu'il fut élu à Fondi, en 1378, par quinze cardinaux qui avaient nommé Urbain VI quelques mois auparavant; il fut reconnu par la France, l'Espagne, l'Écosse et la Sicile, tandis que le reste de la chrétienté persista à adopter Urbain VI. Cette double élection causa un long schisme, qui se prolongea même après son décès. Il mourut en 1394, à Avignon, où il avait fixé son siège.

CLÉMENT VII (JULES DE MÉDICIS) fut élu, le 19 novembre 1523, par un conclave que les factions des Médicis et des Colonne prolongèrent pendant deux mois. La première l'emporta par son adresse, et Jules de Médicis succéda, sous le nom de Clément VII, au pape Adrien VI. Il était fils posthume et naturel de ce Julien qui fut assassiné par les Pazzi, et d'une demoiselle Floretta. Après avoir été chevalier de Rhodes et grand-prieur de Capoue, il entra dans l'Église, par les conseils de son cousin Léon X, qui le fit débuter par l'archevêché de Florence, le promut au cardinalat en 1512, en le légitimant par la supposition d'un mariage secret certifié par de faux témoins, et lui confia bientôt après les fonctions de premier ministre. Le pontificat d'Adrien VI ne lui fut pas moins favorable. Après une année de retraite, il reprit la direction des affaires, et se trouva ainsi tout formé à la politique de l'Europe dès son avènement à la tiare. Les temps étaient difficiles, et la puissance pontificale penchait vers son déclin. Luther lui avait porté un coup terrible : son exemple était devenu contagieux.

L'empereur et le roi de France étant en discorde pour le duché de Milan, force était au pape de choisir entre les deux alliances. Il préféra François Ier, et se fit un ennemi de Charles-Quint; mais, après la bataille de Pavie, il sentit la nécessité de se raccommoder avec le vainqueur, et essaya de traiter avec lui. Ses premières conditions n'ayant pas été acceptées, il se tourna vers les princes d'Italie, qu'il compromit en leur promettant l'appui des Vénitiens et de la France, sans abandonner les négociations que son légat Salviati continuait à Madrid avec les ministres de Charles-Quint.

Clément VII vit cependant qu'il était joué; et François Ier étant sorti de sa prison d'Espagne, le pape signa, le 22 mai 1526, son alliance avec la France, les Vénitiens et le duc Sforce. Il alla même jusqu'à sommer l'empereur d'avoir à abandonner les terres pontificales dont il s'était emparé, et lui manda de choisir entre la paix et sa colère. Charles-Quint se plaignit aux cardinaux de la conduite du pontife, et les engagea à y mettre ordre, s'ils ne voulaient qu'il s'en chargeât lui-même. Le connétable de Bourbon appuya ces plaintes de ses armes, et vint assiéger Rome le 5 mai 1527. La mort de ce lieutenant de Charles-Quint ne sauva point la ville. Les troupes impériales y entrèrent, la mirent au pillage, et Clément VII, retiré dans le château Saint-Ange, eut à contempler pendant deux mois tous les sacrilèges, toutes les cruautés qu'il plut aux Espagnols et aux Allemands d'y commettre. Les marchands, les banquiers, les prélats, les magistrats, furent rançonnés, pillés, fouettés et livrés aux tortures; les femmes furent violées dans les églises, dépouillées de leurs trésors. On raconte même que des luthériens déguisés en cardinaux firent un simulacre de conclave, et proclamèrent le pape Luther. Charles-Quint, sur ces entrefaites, ordonnait des prières et des processions pour la délivrance du pape, qu'un ordre de sa main pouvait remettre en liberté. Clément VII n'attendit point l'assistance divine, aussi étrangement sollicitée : il signa une honteuse capitulation, se sauva déguisé en marchand, dans la nuit du 9 au 10 décembre, après sept mois de captivité, et se retira à Orviète, pour y attendre les troupes françaises, qui étaient enfin entrées en Italie sous les ordres de Lautrec. Elles pénétrèrent jusque dans les Abruzzes; mais la peste ayant miné cette armée, veuve de son chef, et André Doria ayant abandonné la cause de la France, Clément VII fut contraint de signer la paix avec l'empereur, et de venir le sacrer à Bologne.

Il eut, en 1533, une entrevue avec François Ier à Marseille, où il conduisit Catherine, sa nièce, fille du duc Laurent de Médicis, qui allait épouser le second fils du roi de France, alors duc d'Orléans, qui fut depuis Henri II. Dès lors Clément VII se crut assez puissant pour empêcher le divorce d'Henri VIII et son mariage avec Anne de Boulen; mais Henri sut fort bien se passer du consentement de Rome, et affranchit son peuple de la domination du Vatican. La mort vint enfin embarras de Clément VII, le 25 septembre 1534. Il n'avait eu d'autre gloire que d'enrichir la bibliothèque du Vatican d'un grand nombre d'ouvrages et la légende sacrée de deux saints de sa création.

CLÉMENT VIII (GILLES DE MUNOZ), antipape, était chanoine de Barcelone quand il fut élu par les cardinaux dissidents, après la mort de l'antipape Benoît XIII (1424) dans Peniscola. La réconciliation du roi d'Aragon Alphonse V avec le pape Martin V mit fin à la vaine puissance de Munoz. Invité par ce prince à se démettre du pontificat, il abdiqua, et termina ainsi le schisme qui désolait l'Église depuis cinquante et un ans. Il reçut l'évêché de Majorque en compensation.

CLÉMENT VIII (HIPPOLYTE ALDOBRANDINI) était originaire de Florence. Fils d'un célèbre jurisconsulte, il fut d'abord auditeur de rote et référendaire de Sixte-Quint, qui le fit cardinal en 1585. Il débuta par poursuivre vigoureusement les bandits des États de l'Église, et s'était fait

CLÉMENT

un nom par ses vertus quand il succéda à Innocent IX, le 30 janvier 1592. La seule grande affaire de ce pontife fut celle de la Ligue et du roi de France Henri IV, qu'il repoussait comme hérétique. Après une longue résistance, il donna deux audiences inutiles au duc de Nevers, qui était venu à Rome pour négocier l'absolution du monarque. L'expulsion des jésuites après le crime de Jean Châtel le mit dans une grande colère ; mais Henri IV ayant triomphé des ligueurs, il essaya de négocier à son tour avec ce prince, lui fit des conditions ridicules, et se contenta, sur son refus, de lui donner des coups de baguette sur les épaules des cardinaux d'Ossat et Du Perron, qui étaient venus à Rome recevoir l'absolution au nom de leur souverain. Clément VIII eut la gloire d'apaiser les discordes des catholiques d'Angleterre et de terminer le différend qui s'était élevé à Rome entre les ambassadeurs de France et d'Espagne, et qui menaçait d'embraser encore l'Europe. La doctrine du jésuite Molina, inventeur du *concours concomitant et du congruisme*, niaiseries scolastiques du dix-septième siècle, divisait alors tous les théologiens. Clément VIII évoqua cette affaire à son tribunal, qui n'y entendait pas plus que ceux qui l'avaient suscitée. Rome fut troublée par cette dispute absurde : l'étude de cette question, peut-être aussi le désespoir de n'y rien comprendre, causèrent à ce pape pacifique une fièvre si violente qu'il en mourut, le 5 mars 1605, après treize ans de pontificat. On lui doit un règlement fort sage sur la conversion des juifs, en ce qu'il ordonnait qu'avant l'âge de quatorze ans ils ne pussent être baptisés que du consentement de leurs pères ou tuteurs. La suppression d'une abbaye de bénédictins dont la vie scandaleuse était une honte pour la Bavière atteste encore la piété de ce pontife ; mais il eut tort d'adjuger aux jésuites les biens de cette abbaye. On doit cependant remarquer à sa louange qu'il refusa de canoniser Ignace de Loyola.

CLÉMENT IX (Jules ROSPIGLIOSI), succéda en 1667 à Alexandre VII. Il était né, en 1600, à Pistoie, d'une famille noble. Auditeur de la légation de France sous Urbain VIII, nonce en Espagne sous le même pontife, nommé gouverneur de Rome par le conclave qui suivit la mort d'Innocent X, et cardinal de la création d'Alexandre VII, il déploya partout une grande habileté et une probité exemplaire. Ses premiers actes comme pape furent dignes de sa vie. Il réconcilia les évêques de France, que divisait la doctrine de Jansénius, déchargea ses peuples d'impôts, et employa ses revenus à secourir les Vénitiens, qui combattaient dans l'île de Candie. Il se montra fort réservé à l'égard de sa famille, et ne chercha ni à l'élever ni à l'enrichir aux dépens de l'Église. Louis XIV et le roi d'Espagne le choisirent pour médiateur, et durent à son légat Bargellini la conclusion du traité d'Aix-la-Chapelle. Le rétablissement des finances, que le népotisme avait ruinées sous ses prédécesseurs, fut l'objet constant de sa sollicitude, ainsi que l'instruction des prélats, dont l'ignorance était un scandale pour l'Église. Mais il prit une peine inutile : son excessive indulgence pour ses ministres et pour les cardinaux contraria sans cesse les bonnes intentions qu'il manifestait pour la réforme des abus. Il n'était vraiment parcimonieux qu'à l'égard de ses parents ; mais la magnificence qu'il exerçait envers les autres augmentait les désordres qu'il voulait réprimer. Les pauvres et les hôpitaux furent aussi les objets de ses largesses. Il n'avait réellement d'autre vice que l'amour de la table. Son intempérance altéra sa santé, et le chagrin que lui causa la prise de Candie par les Turcs le conduisit au tombeau, le 9 décembre 1669.

CLÉMENT X (Émile-Laurent ALTIERI), succéda à Clément IX le 20 avril 1670. Il était d'une noble famille romaine. Nonce de Pologne sous Alexandre VII, il ne parvint au cardinalat que sous Clément IX, dans un âge fort avancé, et il avait quatre-vingts ans quand il ceignit la tiare. Mais, bien différent de son prédécesseur, il manifesta un tel goût pour le népotisme que, n'ayant pas de parents mâles, il maria sa nièce à Gaspard Paluzzi, dans le seul but d'adopter cette nombreuse famille et de lui confier toutes les charges et dignités de sa cour. Ils s'en montrèrent indignes par leur insatiable cupidité, et Clément X les laissa faire, malgré les remontrances des ambassadeurs, dont ils détruisirent les immunités pour accroître les revenus du fisc. On a accusé ce pape d'avoir violemment persécuté les protestants de Hongrie. Mais il fit beaucoup de saints, prit pour avoir des protecteurs dans le ciel, et ne se brouilla point avec les puissances de la terre, car dans les guerres de Louis XIV avec l'Espagne il eut toujours soin de dissimuler sa partialité secrète pour la France. Son règne, ou plutôt celui du cardinal Paluzzi, dura six ans et trois mois, et finit avec sa vie, le 22 juillet 1676.

CLÉMENT XI (Jean-François ALBANI), succéda le 3 novembre 1700 à Innocent XII. Il était fils d'un sénateur de la famille Albani, du duché d'Urbin, et naquit à Pesaro. Alexandre VIII le prit en amitié pour ses bons mots, le créa successivement son prélat domestique, secrétaire des brefs pour les princes, et cardinal. Les débuts de son pontificat annoncèrent un grand amour de la justice et un vif désir de réprimer les abus et les désordres. Mais le testament du roi d'Espagne Charles II venait de brouiller l'Autriche et la France ; et le besoin de ménager les deux seules grandes puissances qui fussent restées sous son autorité apostolique le força de dissimuler l'inclination qu'il avait pour Louis XIV. Il osa cependant envoyer, en 1702, un légat à Philippe V, qui s'acheminait vers le royaume de Naples, et, quelques efforts qu'il fit pour pallier cet acte aux yeux de la cour de Vienne, l'Autriche ne tarda pas à pénétrer les desseins du pontife, qui finit par lever le masque et par se montrer ouvertement l'ami de la maison de France. Les troupes de l'empereur Joseph pénétrèrent alors en Italie ; elles s'emparèrent de plusieurs places du duché de Ferrare, tandis que le cardinal Grimani, trahissant la politique du pape, livrait le royaume de Naples à la maison d'Autriche. Les Impériaux entrèrent dans la Toscane et sur les terres de Gênes et de Parme. Annonçant hautement que leur maître revendiquait ses anciens droits sur l'Italie, ils envahirent même jusqu'à piller les terres du saint-siége. Clément XI, cédant alors à la nécessité, fut forcé de reconnaître l'archiduc pour roi d'Espagne. Les deux compétiteurs lui parurent ainsi se targuer d'un bref de reconnaissance.

Le livre de Jansénius troublait le royaume, et Louis XIV s'était sottement compromis dans cette querelle. Des décrets apostoliques avaient condamné les jansénistes ; les jésuites, leurs ennemis, exigeaient qu'on ne crût pas même *in petto* que les jansénistes pussent avoir raison, tout en se soumettaient aux brefs qui les avaient condamnés. Clément XI, qui, malgré son attachement à la société de Jésus, venait de la blâmer des pratiques superstitieuses qu'elle tolérait en Chine, voulut la consoler de cette réprimande, et lança contre les jansénistes la bulle *Vineam Domini*, qui ne satisfit aucun parti et donna une vigueur nouvelle aux intrigues et aux persécutions. On imprima des centaines de volumes sur ces questions ridicules, et tous étaient successivement déférés au saint-siège. On sollicita une décision plus explicite, et Clément XI donna la fameuse bulle *Unigenitus*, qui embrouilla de plus en plus la querelle.

L'irrésolution était la base de son caractère ; il en convenait lui-même, en disant à l'ambassadeur Amelot de La Houssaye : « Ne vous arrêtez jamais à ce que je vous dis, quand vous l'auriez écrit de ma propre main. » Pasquin disait de lui : « Il ressemble à saint Pierre : il pleure, et il renie. » Toutes ces tracasseries altérèrent la santé de Clément XI, et une inflammation du poumon l'emporta le 19 mars 1721, à l'âge de soixante-treize ans, après un triste pontificat de vingt ans. On doit dire à sa louange qu'il avait distribué tant d'aumônes pendant sa vie qu'on ne trouva après sa mort que 200 écus dans sa cassette; il n'en légua pas moins une certaine somme pour la subsistance du chevalier de Saint-Georges, qu'il avait reconnu pour roi d'Angleterre, après la mort de Jacques II, son père, et qui végétait à Rome dans des stériles honneurs. Sa générosité s'était également signalée pendant la peste de Marseille par l'envoi de grains aux Provençaux. On loue encore dans ce pape un goût assidu pour l'étude des sciences et le talent de bien écrire en latin. Son neveu Albani publia ses œuvres, à la tête desquelles les jésuites Lafiteau et Reboulet firent imprimer sa Vie, et une médaille fut frappée en son honneur en Allemagne, avec ces mots sur le revers : *Justitia, pietas, prudentia, eruditio.*

CLÉMENT XII (LAURENT CORSINI) succéda le 30 juillet 1730 à Benoît XIII, après quatre mois de conclave. Né en 1652, il appartenait à la famille Corsini, une des plus illustres de Florence. Il avait été successivement préfet de la signature de grâce, nonce à Vienne, où il n'avait pas été reçu, archevêque de Nicomédie, trésorier de la chambre apostolique et cardinal de la création de Clément XI. Le peuple romain salua son avénement à la chaire de saint Pierre en criant : Justice des injustices du dernier ministre ! C'était le cardinal Coscia qui avait indignement dilapidé les finances de Benoît XII. Clément XII prononça sa destitution, lui ôta l'archevêché de Bénévent, et le fit enfermer dans le château Saint-Ange. Le peuple en témoigna sa reconnaissance par des processions et par le pillage du palais du coupable. Mais quand les cardinaux voulurent aller plus loin et lui désigner le successeur de Coscia, Clément leur répondit : « C'est aux cardinaux d'élire le pape, mais c'est au pape de choisir ses ministres. » Il publia quelques lois somptuaires et un jubilé pour réparer le vide de ses coffres; il fit quelques tentatives pour s'approprier les duchés de Parme et de Plaisance, qui venaient d'être donnés aux fils du roi d'Espagne Philippe V. Mais le cardinal Stampa, quoique prince de l'Église, fit déchirer l'affiche où le chef de cette Église avait proclamé sa souveraineté, et fit reconnaître l'infant don Carlos.

Le sacré collége n'était pas alors plus facile à manier que les affaires spirituelles de France, où la bulle *Unigenitus* faisait toujours grand bruit; et Clément XII n'était pas toujours maître de suivre ses opinions. Après avoir publié la bulle *Verbo descripto*, où, en accordant aux dominicains les priviléges des universités, il avait fortement loué la doctrine de saint Thomas; il en publia une autre sur les représentations des anti-thomistes, où il permit à chacun d'entendre la grâce à sa manière; il défendit même aux deux partis d'injurier leurs antagonistes, jusqu'à ce qu'il plût au Saint-Esprit d'éclairer le saint-siége sur cette controverse. Il eut cependant assez de philosophie pour condamner un prétendu miracle que voulait accréditer l'évêque d'Auxerre. Sa vie fut troublée par les démêlés des cours de Vienne et de Madrid, qui avaient choisi l'Italie pour leur champ de bataille. Il indemnisa de ses propres deniers les villes de Ferrare, de Bologne et de Ravenne, que les Impériaux avaient pillées. Le traité de Vienne de 1738 ayant adjugé le royaume de Naples et de Sicile à don Carlos, fils de Philippe V, Clément XII lui en donna l'investiture, pour ne pas laisser périmer ses vains droits de suzeraineté. Il continua également à exercer le droit de faire des saints, canonisa Vincent de Paul, malgré l'opposition du parlement de Paris, qui n'avait rien à y voir, et le jésuite François Régis, à la grande satisfaction des jésuites. Le capucin Joseph de Leonissa ne fut élevé qu'au rang de bienheureux dans cette promotion céleste, qui fut un des derniers actes de son pontificat. Clément XII, tourmenté depuis longtemps par la goutte, mourut le 6 février 1740, après un règne de neuf ans. Les Romains lui érigèrent une statue de bronze au Capitole.

CLÉMENT XIII (CHARLES REZZONICO) succéda le 6 juillet 1758 à Benoît XIV. Il était né à Venise, le 17 mars 1703. Il avait été protonotaire apostolique, gouverneur de Rieti et de Fano, auditeur de rote pour Venise, évêque de Padoue, et Clément XII l'avait revêtu de la pourpre en 1737. Il continua de réparer et d'embellir le Panthéon, s'occupa du desséchement des marais Pontins, du recreusement du port de Civita-Vecchia et de la réforme des mœurs du clergé. Il défendit les spectacles aux ecclésiastiques, supprima le carnaval de Rome, qui était pour eux une occasion de scandale, et leur défendit le négoce après la banqueroute du jésuite Lavalette. La Société de Jésus avait en lui un grand protecteur, et ce fut à regret qu'il fut forcé de condamner la 3ᵉ partie du livre du P. Berruyer intitulé : *Histoire du Peuple de Dieu*; mais il consola les jésuites en confirmant la bulle de son prédécesseur sur la constitution *Unigenitus*, en béatifiant le P. Rodriguez, en les protégeant contre les rois d'Espagne, de Portugal et de France. Il assura leurs priviléges par la bulle *Apostolicam*, qui renfermait en même temps un pompeux éloge de leur savoir et de leur zèle. Il renouvela la cérémonie de l'investiture de Naples à l'avénement du roi Ferdinand, condamna le 31 janvier 1759 le livre d'Helvétius, comme tendant à renverser la religion chrétienne, et fit proscrire par l'inquisition l'*Émile* de Jean-Jacques Rousseau, le 2 septembre 1762.

La famine ayant affligé l'Italie pendant trois années, il publia des règlements pour soulager le peuple, et tira de grandes sommes du trésor de Sixte-Quint, qui restait déposé dans le château Saint-Ange. Le duc de Parme ayant publié des édits pour restreindre la juridiction ecclésiastique dans ses États, Clément XIII eut l'imprudence de méconnaître l'esprit de son siècle, en lançant, le 30 janvier 1768, un monitoire contre ces édits, qu'il déclara attentatoires à la cause de Dieu et du saint-siége. Les maisons de Bourbon et de Bragance s'en indignèrent. Le bref fut supprimé le 3 mars par le duc de Parme, le 16 par l'Espagne, le 26 par la France, le 5 mai par le Portugal, le 4 juin par le roi de Naples, et sur le refus d'une rétractation exigée par Louis XV, ce monarque fit saisir, le 11 juin, le comtat d'Avignon. Le roi de Naples s'empara bientôt après de Bénévent, et l'Espagne en poursuivit avec plus d'ardeur la suppression des jésuites. Clément XIII se vit forcé d'en finir, et il convoqua à cet effet un consistoire pour le 3 février 1769; mais il mourut subitement la veille. Le philosophe Duclos vante la pureté de ses mœurs, la candeur et la douceur de son caractère, la droiture de son cœur et de son esprit. Son neveu Rezzonico lui a fait ériger un magnifique mausolée par le célèbre Canova.

CLÉMENT XIV (JEAN-ANTOINE-VINCENT GANGANELLI) succéda à Clément XIII le 19 mai 1769. Il était né le 31 octobre 1705, au bourg de San-Arcangelo, près de Rimini, d'une famille noble, quoique son père fût médecin. Entré dans l'ordre de Saint-François d'Assise, sous le nom adoptif de *François-Laurent*, il se fit un plaisir, comme il le dit lui-même, des devoirs de son ordre, et parut étranger aux factions que chaque élection ranimait dans sa communauté. Son mérite, universellement reconnu, l'éleva cependant au rang de procureur général des missions, et cette première dignité fut suivie de beaucoup d'autres. Benoît XIV, dont la gaieté sympathisait avec la sienne, le nomma consulteur du saint-office, et Clément XIII le décora de la pourpre le 24 septembre 1759. Mais, fidèle aux règles de son ordre, Ganganelli distribua constamment aux pauvres les vingt mille livres que recevaient les membres du sacré collége, et il prenait sur ses nuits pour réparer le temps que lui faisaient perdre les visiteurs qui venaient le distraire de ses études. La littérature, les langues, la théologie et l'histoire étaient ses occupations habituelles. « Toute ma satisfaction, disait-il, est de jouir d'un bon livre et de la conversation d'un homme de bien. » Il ne se doutait pas même de la réputation qu'il avait acquise. Le peuple le désignait depuis longtemps comme le pape futur, quand le conclave lui décerna enfin la tiare, malgré la faction du cardinal Chigi, et par les menées du cardinal de Bernis, qui suivait en cela les instructions de Louis XV. Le respect qu'il avait toujours manifesté pour les couronnes, le conseil qu'il donnait de s'accommoder avec elles pour sauver le saint-siége, qui n'était plus qu'une puissance caduque, avait assuré à Ganganelli le patronage de la France et de l'Espagne, dont la politique réclamait avec instance la destruction des jésuites. Ce fut la grande affaire de son pontificat; mais il n'est pas vrai qu'on lui en eût fait une condition et qu'il l'eût acceptée, comme ses ennemis le publièrent après sa mort. Le peuple romain salua son exaltation par des cris de joie; cependant il fut loin d'être ébloui de sa grandeur : il n'y trouva d'autre avantage que de voir cette pompe plus à son aise, se rappelant qu'étant simple moine, il avait été repoussé par la foule. « Le Sauveur fut béni à son entrée dans Jérusalem, dit-il à ceux qui venaient le complimenter, et bientôt après on demanda sa mort : je pourrais bien avoir la même destinée, comme son vicaire. »

Les circonstances étaient en effet difficiles : Naples et la France tenaient une portion de ses États, le Portugal menaçait de se séparer de la cour de Rome, l'Espagne lançait des manifestes contre elle, et Venise prétendait réformer les couvents sans sa participation. La nomination du cardinal Palavicini comme secrétaire d'État fut un acte de condescendance pour ces puissances; mais Ganganelli avait résolu d'en faire un chargé inutile, de prendre en main toutes les affaires et de les couvrir d'un secret impénétrable. Il eut la sagesse de ne pas faire lire, suivant l'usage, la bulle *In Cœna Domini*, qui blessait l'orgueil des souverains, et ne rougit point de tenter un premier pas vers la cour de Lisbonne, qui reprit enfin ses relations avec le saint-siége. Quoique humble et modeste dans ses habitudes, il sut être magnifique dans l'occasion; et le duc de Glocester fut si charmé de la pompe de ses fêtes et des agréments de sa conversation, qu'il ne put s'empêcher de lui dire que si Clément XIV eût vécu du temps de Henri VIII, l'Angleterre ne se serait pas séparée de la communion romaine. Les étrangers affluaient à sa cour, et il leur parlait presque à tous dans leur langue. L'abondance succéda à la disette, que la dévotion mal éclairée de son prédécesseur avait laissée pénétrer dans Rome; et Pasquin dit à cette occasion qu'au lieu de bénir et sanctifier, Ganganelli savait régner et gouverner. Les cardinaux trouvaient même qu'il gouvernait trop. Sa discrétion les fatiguait; mais il leur répondait que Rome entière savait le lendemain ce qu'ils apprenaient la veille, et qu'il dormait plus tranquille quand il était sûr que son secret n'était qu'à lui. Avec les dehors les plus simples, personne ne savait mieux tenir son rang de souverain, ni mieux allier la fermeté à la clémence. Deux criminels allaient être exécutés, il leur ordonna de tirer au sort, ne voulant, dit-il, en faire mourir qu'un; et quand le sort eut prononcé, il fit encore grâce à celui qui était tombé, en disant qu'il avait défendu les jeux de hasard. Sa charité était sans bornes : dans ses promenades à cheval, il était sans cesse entouré de pauvres, et on le voyait souvent descendre de son carrosse pour accompagner le viatique dans les demeures les plus modestes.

Il ne négligeait aucun des devoirs de son rang et de son état, et trouvait encore des moments à donner à l'étude. Les nouveaux livres lui plaisaient peu. Il les appelait des tableaux rafraîchis; mais sa plus grande joie était de se retrouver le soir avec frère François, qui le servait depuis vingt ans. « Je ne suis ni prince ni pape, disait-il alors, je suis Ganganelli. » Les progrès de Voltaire et des autres philosophes du dix-huitième siècle avait seule chose qui altérât sa gaieté. Il en écrivit même à Louis XV; mais la philosophie était déjà plus puissante que les rois et les papes; et Louis XV, comme on sait, disait que c'était l'affaire de son successeur. Ganganelli n'eût pourtant pas persécuté Voltaire. Sa tolérance pour les hommes égalait sa sévérité pour les doctrines. « S'il n'est pas permis de souffrir l'erreur, disait-il, il est défendu de haïr et de vexer ceux qui ont eu le malheur de l'embrasser. » Ennemi juré du népotisme, il répondait à ceux qui lui rappelaient ses parents, qu'ils avaient de quoi satisfaire leurs besoins. Tant de qualités le faisaient chérir des souverains les plus opposés au catholicisme. Frédéric II, Catherine II, le sultan, le roi d'Angleterre, lui prodiguaient les témoignages de leur estime et de leur vénération. La correspondance des rois catholiques lui plaisait beaucoup moins; car ils ne lui parlaient que de la destruction des jésuites, et leur impatience contrariait le désir qu'il avait de s'éclairer avant de prendre un parti. Cette affaire l'occupait sans cesse. Il lisait tout ce qu'on avait écrit pour ou contre la société. Il fit même demander au roi d'Espagne la correspondance de Philippe II avec Sixte V sur cet ordre. Il chargea cinq cardinaux d'examiner toutes les pièces de ce grand procès, contre l'habitude qu'il avait de ne s'en rapporter sur toutes les choses qu'à ses propres lumières. Il sollicitait ardemment celles du Saint-Esprit, et le priait tous les jours de l'éclairer. Jamais il ne s'était autant défié de lui-même que dans cette circonstance.

Décidé enfin à supprimer cet ordre d'intrigants et de factieux, il communiqua son projet aux théologiens les plus célèbres, à tous les souverains de la catholicité. Enfin, malgré les menaces de mort qu'on affichait tous les jours à la porte du Vatican, il signa l'arrêt d'abolition des jésuites, le 21 juillet 1773, et, retombant sur son bureau, comme un homme encore accablé du fardeau qu'il vient de déposer : « J'ai fait ce que j'ai dû faire, dit-il : je ne m'en repens pas; mais cette suppression me donnera la mort. » Ce ne fut plus aux yeux des amis des jésuites qu'un simoniaque, un tyran, un usurpateur, un esclave des puissances terrestres; mais le refus constant qu'il fit à ces puissances de la nomination des évêques de Liége, de Salzbourg, et tant d'autres circonstances de sa vie, prouvent qu'il ne cédait pas servilement à leurs volontés. On ne s'en tenait pas aux injures : un placard fut affiché dans Rome, portant ces cinq lettres : I.S.S.S.V, qu'on expliqua par ces mots : *in settembre sarà sede vacante*. Le ciel lui procura une consolation dans le retour à son obéissance du primat de Perse, du patriarche d'Assyrie, des évêques de Transylvanie et de Galatie, qu'avait frappés le bruit de ses vertus. Le soin de suppléer les jésuites par des hommes de mérite dans les colléges fut encore pour lui une distraction puissante; et la restitution du comtat d'Avignon, de Bénévent, de Ponte-Corvo, que lui firent les maisons de Naples et de France, jetèrent une nouvelle joie dans son âme. Les immenses biens des jésuites servirent à doter des hôpitaux, à reconstruire les églises catholiques de Berlin et de Lucerne. Cependant sa santé déclinait, ses entrailles étaient déchirées par des douleurs inouïes; un marasme universel en fut la suite. Les traces de poison étaient évidentes. *Je l'ai pris*, disait-il un jour en luttant contre les douleurs qui le conduisaient au tombeau. Son enjouement, sa présence d'esprit, n'en étaient cependant pas plus affaiblis que son éloquence, qui lui avait fait surnommer le Michel-Ange des orateurs. Les ambassadeurs sortaient de ses audiences enchantés de sa conversation et de son mérite. Un riche Anglais dit un jour qu'il regrettait que le pape ne pût se marier, pour lui donner sa fille unique.

Enfin arriva le mois de septembre, si cruellement prédit par le placard. Le 10 de ce mois on fut obligé de l'emporter dans son lit, où la religion vint à son secours. On le pressa vainement de proclamer un certain nombre de cardinaux : « Non, répondit-il, je vais à l'éternité, et je sais pourquoi. » La dernière signature de sa main, déjà glacée, fut pour le couvent où il avait passé sa jeunesse, et qu'il mit en possession de la pénitencerie de Rome, et le 22 septembre 1774 il mourut, dans les bras du père Marzoni, son confesseur, qu'il s'efforçait de consoler. Il avait alors soixante-neuf ans, et son pontificat n'avait duré que cinq ans quatre mois et trois jours. La France pleura sa perte, et lui rendit l'affection qu'il avait pour elle. On remarqua que, malgré son attachement à son ordre, il n'avait donné la barrette à aucun moine; mais il était si juste appréciateur du vrai mérite, qu'il faut supposer que les couvents ne lui offrirent pas un sujet qui fût digne de cet honneur. Rome lui doit le musée Clémentin, la bibliothèque du Vatican, un grand nombre d'acquisitions, le port de Civita-Vecchia, des améliorations importantes, et il s'occupa longtemps du dessèchement des marais Pontins. Son revenu était de douze millions, et suffisait à tout. Il acquitta même plusieurs dettes de la chambre apostolique, laissa 92,000 écus au mont-de-piété et 180,000 dans son trésor. La légende sacrée fut enfin augmentée par lui de trois saints, le théatin Paul Aretio, le religieux conventuel Bonaventure Potentia, et François Caraccioli, instituteur des clercs réguliers mineurs. On lui a attribué des lettres dont Caraccioli a publié une traduction française; mais elles ne sont certainement pas de lui, au moins en très-grande partie. Le père Augustin Theiner, de l'Oratoire, a publié récemment une *Histoire du Pontificat de Clément XIV*, d'après les documents inédits des archives secrètes du Vatican. VIENNET, de l'Académie Française.

CLÉMENT dit D'ALEXANDRIE (TITUS FLAVIUS CLEMENS), honoré comme un saint, quoique non compris dans le Martyrologe romain, et quoiqu'un pontife renommé pour sa tolérance et pour son esprit, Benoît XIV, ait composé une dissertation où il s'efforce d'invalider ses titres à la canonisation, appartient à la fin du deuxième siècle et aux premières années du troisième siècle de notre ère. Né païen, saint Clément, après de longues et solides études, à Athènes, en Italie, et enfin à Alexandrie, s'y convertit à la foi chrétienne, et fut choisi par l'église de cette ville pour son catéchiste. Réfugié en Cappadoce, lors de la persécution de l'an 202, sous l'empereur Sévère, séjournant ensuite à Jérusalem, puis à Antioche, il revint à Alexandrie, lorsque la persécution eut cessé, et y exerça de nouveau ses anciennes fonctions de catéchiste, qui ne furent plus interrompues que par sa mort, arrivée en 217.

Les principaux ouvrages de ce Père de l'Église sont: 1° Les *Instructions*, ou *Hypotyposes*; 2° son *Exhortation aux Gentils*; 3° les *Stromates*, ou *Mélanges*, et littéralement *Tapisseries*; et 4° Le *Pédagogue*, traité d'éducation et de morale. On a encore de lui un autre traité sur les qualités nécessaires au riche pour être sauvé. Les *Stromates*, recueil très-curieux, et qu'une traduction soignée aurait dû depuis longtemps nous rendre usuel, sont des essais incohérents, comme ceux de Montaigne, sur des sujets de morale, de philosophie et de religion. Ce sont aussi des maximes développées, comme dans le recueil si précieux de Marc-Aurèle. Toute l'antiquité chrétienne a célébré les vertus exemplaires, la science éminente et l'éloquence de ce Père. Le *Pédagogue* et l'*Instruction aux Gentils* se font remarquer par l'élégance du style et par la chaleur de la diction, qui s'élève assez souvent jusqu'au sublime. Les autres ouvrages de l'auteur sont moins soignés et ne sont pas exempts d'obscurité ni de locutions incorrectes.

De tous les Pères, Clément est celui qui se recommande le plus aux amis de la vérité par l'union franche et éclairée de la philosophie avec la religion. Ce fut la pensée dominante de sa vie. Cette pensée, qui fut aussi en lui une inspiration d'humanité et de haute raison, dirigea constamment son enseignement oral, et présida à tous ses travaux. Partout on le voit recueilli avec amour et discernement ce qu'il y a de vérités universellement reconnues dans les doctrines des anciens philosophes, pour en signaler la concordance et en opérer l'heureuse fusion avec les révélations de l'Évangile, où il en trouve la sanction. Aussi, un zèle peu

judicieux lui a-t-il souvent reproché trop de platonisme; mais pouvait-il ne pas reconnaître combien Socrate et son illustre disciple s'étaient d'avance rapprochés du christianisme par les inspirations du génie et de la vertu? Les études antérieures de saint Clément le guidèrent heureusement, mais ne l'ont jamais égaré. On a plusieurs éditions de ses œuvres, dont la meilleure est celle que John Potter a publiée à Oxford, en 1715. AUBERT DE VITRY.

CLÉMENT (JACQUES), assassin du roi de France Henri III, naquit au bourg de Serbonnes, à quelques kilomètres de Pont-sur-Yonne (diocèse de Sens), en 1567.

Henri III et le roi de Navarre (depuis Henri IV), agissant alors de concert, étaient venus mettre le siège devant Paris, et avaient établi leur demeure à Saint-Cloud. Les ligueurs parisiens, frappés de consternation, pensèrent à détourner l'orage. Le 20 juillet 1589, le duc de Mayenne, les sieurs de La Chastre, de Villeroy et autres délibéraient sur le parti qu'ils avaient à prendre, lorsque Bourgoing, prieur des jacobins de Paris, se présenta à eux. Il dit qu'un de ses moines, Jacques Clément, jeune, dévot, visionnaire, était fermement résolu à délivrer les catholiques de la persécution dont ils étaient menacés, et, pour arriver à ce but, à sacrifier sa vie en arrachant celle de Henri III. Ce fanatique, ajoutait Bourgoing, était persuadé que des anges descendraient du ciel pour venir à son secours, ou qu'au moins il obtiendrait la palme du martyre; il fallait seulement lui faciliter les moyens d'approcher de la personne de Henri. Cette proposition fut longuement discutée: les uns l'admettaient; La Chastre la rejetait, parce que, selon lui, ce religieux ne pourrait jamais avoir accès auprès du roi. Une lettre d'Achille de Harlay, tombée entre les mains de Mayenne, en fournit le moyen. On jugea aussitôt qu'elle servirait de passe-port à Jacques Clément. Le 31 juillet 1589 Clément, après avoir jeûné, s'être confessé et avoir communié, arriva le soir à Saint-Cloud, y coucha, et le lendemain, mardi, 1er août, se présenta devant le logis de Henri III. Les gardes lui refusèrent le passage. Il insista; le bruit vint jusqu'aux oreilles du roi, qui dit: *Laissez-le approcher: on dirait que je chasse les moines et ne veux point les voir.* Henri III était alors placé sur le siège de sa garde-robe. Le moine s'approcha, et lui présenta les lettres dont on l'avait chargé. Pendant que le roi les lisait, Jacques Clément sortit de sa manche un grand couteau, et le lui plongea dans le ventre. Le couteau resta dans la plaie; Henri III l'arracha avec un effort, en frappa l'assassin au visage, et s'écria: *Ah! le méchant moine! il m'a tué, qu'on le tue!* Les gardes accoururent, et frappèrent à l'envi le moine, qui mourut sous leurs coups. Le lendemain, 2 août, le roi expira.

Des écrivains du temps ont assuré que la duchesse de Montpensier eut recours aux plus infâmes manœuvres pour exalter ce jeune moine. Elle se prostitua, dit-on, à lui, pour le décider à ce meurtre. Les prêtres et les moines publièrent plusieurs apologies de l'action de Jacques Clément, firent graver son portrait en plusieurs formats, le placèrent sur leurs autels, et l'honorèrent, enfin, comme un saint, comme un martyr. A. SAVAGNER.

CLÉMENT (DENIS-XAVIER), prédicateur distingué, né à Dijon, en 1706, fut de tous les orateurs sacrés du son siècle celui peut-être, si l'on en excepte les missionnaires, qui sacrifia le moins au goût moderne, et dont l'éloquence mâle et vigoureuse se montra le plus propre à faire impression; il est à regretter que le style de ses discours soit trop souvent diffus et négligé. Ses *Sermons*, y compris ses *Panégyriques*, forment 9 vol. in-12. L'abbé Clément, prédicateur du roi, et confesseur de Mesdames, tantes de Louis XVI, était aussi le prédicateur ordinaire de Stanislas, roi de Pologne. Après la mort de ce prince, il obtint comme retraite le décanat de l'église collégiale de Ligny, dans le duché de Bar, où il mourut, en 1771. Il était membre de l'Académie de Nancy. On a encore de lui de nombreux ouvrages de piété, remplis de choses instructives et édifiantes, mais d'un style froid et vulgaire. Il faut en excepter la *Journée du Chrétien*, excellent livre, publié sans nom d'auteur et très-souvent rémprimé.

CLÉMENT (Dom François), bénédictin, de la congrégation de Saint-Maur, naquit en 1714, à Bèze, près de Dijon. Il fit ses premières études dans cette ville, et prononça ses vœux le 31 mai 1731. Passionné pour l'étude, il s'y livra avec une ardeur si excessive qu'à vingt-cinq ans il fut contraint de suspendre ses travaux, pour ne les reprendre sérieusement que vingt ans plus tard. Mais alors sa constitution se trouva tellement raffermie qu'en été il consacrait sans inconvénient vingt heures par jour au travail le plus assidu. Appelé dans la maison des Blancs-Manteaux de Paris, Dom Clément acheva le onzième volume de l'*Histoire Littéraire de la France*, et rédigea entièrement le douzième. Il classait les matériaux qui devaient servir au suivant, lorsque la congrégation le chargea de continuer avec Dom Brial la *Collection des Historiens de France*; ils en publièrent ensemble le douzième et le treizième volume. Il donna ensuite une nouvelle édition de l'*Art de vérifier les Dates*, de dom Clémencet, qui obtint l'approbation générale; mais l'auteur était loin d'en être aussi satisfait que le public; il se mit à préparer une troisième édition, et après treize années de travail il acheva son œuvre. Dom Clément avait été nommé en 1785 associé libre de l'Académie des Inscriptions, et il faisait partie d'une commission chargée par le roi de publier la collection des diplômes, des chartes et des divers actes relatifs à notre histoire, lorsque la révolution vint troubler sa vie paisible et laborieuse. Mais il trouva un asile chez son neveu, M. Duboy-Laverne, directeur de l'Imprimerie Nationale, et c'est là qu'il préparait un *Art de vérifier les Dates avant J.-C.*, lorsqu'il mourut, frappé d'apoplexie, le 9 mars 1793.

CLÉMENT (Jean-Marie-Bernard), l'un des critiques les plus célèbres du dix-huitième siècle, était né à Dijon, le 25 décembre 1742. Après avoir fait d'excellentes études, il débuta dans la carrière du professorat dans sa ville natale. Un esprit impatient du joug lui fit quitter brusquement sa place, et une lettre très-vive, écrite pour motiver sa démission, suscita contre lui le parlement dijonnais. Il échappa aux poursuites en se réfugiant à Paris. Il avait paru d'abord vouloir s'enrôler sous les drapeaux de Voltaire et fréquenter ses disciples; mais il était très-jeune alors, et son caractère indépendant eut bientôt secoué ce joug nouveau. Il a fait lui-même l'histoire de cette révolution subite dans le préambule de ses *Nouvelles Observations critiques*, etc., publiées en 1772, ainsi que dans la première de ses lettres à Voltaire.

Toute la vie de Clément est renfermée dans ses travaux littéraires; la poésie et la critique se partagèrent ses veilles. La direction qu'il avait constamment s'explique par son enthousiasme pour les grands modèles de l'antiquité et du siècle de Louis XIV. Comme poëte, il a composé des satires, une tragédie de *Médée*, jouée avec peu de succès, en 1779, une tragédie de *Cromwell*, qu'il n'a jamais achevée, et une imitation en vers de la *Jérusalem délivrée*, réduite à seize chants. Ses satires l'ont laissé loin de Gilbert; mais on trouve aussi dans ses deux volumes d'*Observations critiques* d'assez heureuses traductions et des imitations poétiques de fragments tirés des grands modèles de l'antiquité, Théocrite et Virgile. Néanmoins c'est surtout comme critique que Clément s'est acquis un nom. On ne saurait avec une extrême injustice lui refuser du goût, un jugement sain, une connaissance parfaite des anciens modèles, singulière, un sentiment vrai de leurs beautés; son style est, en général, correct, nerveux, quelquefois piquant. Toutefois, il faut distinguer dans sa vie deux époques : les écrits qui appartiennent à la première, antérieure à 1789, sont trop souvent entachés de sécheresse et de dureté; ceux de la seconde, et entre autres son *Tableau annuel de Littérature*, publié en 1801, se font lire avec plus de plaisir. L'introduction à ce tableau est un morceau très-remarquable.

Parmi les autres bons ouvrages de Clément, nous citerons : 1° *De la Tragédie, pour servir de suite aux Lettres à M. de Voltaire* (Paris 1784); 2° *Essai de Critique sur la Littérature ancienne et moderne* (Paris 1785); *Essai sur la manière de traduire les poëtes en vers* (in-8°).

Saint Lambert avait proclamé le vieillard de Ferney

Vainqueur des deux rivaux qui partagent la scène.

Clément, regardant ce vers comme un outrage à la mémoire de Corneille et de Racine, réclama contre la sentence du pâle auteur des *Saisons*, et ce vers seul alluma entre eux une querelle aussi longue qu'opiniâtre. Saint-Lambert eut assez de crédit pour faire conduire Clément au For-l'Évêque et pour faire saisir l'édition entière de sa critique; mais Jean-Jacques parla contre cette tyrannie, et au bout de trois jours le prisonnier, remis en liberté, rentra en possession de son livre. Nous ne devons pas oublier les *Lettres* de Clément *à Voltaire*; elles sont au nombre de neuf, et parurent de 1773 à 1776. Dans la première, le critique s'attache à caractériser ce qu'il appelle la *politique littéraire* du dominateur des esprits au dix-huitième siècle, et les causes de *l'influence qu'il a eue sur l'esprit, le goût et les mœurs de son siècle*. C'est réellement une philippique contre Voltaire. Le *très-inclément M. Clément*, ainsi que le qualifiait son illustre adversaire, a beau protester de son impartialité et de son admiration pour les rares facultés de celui qu'il attaque, ses compliments ressemblent à l'amitié que témoigne Scapin à Géronte, en lui donnant des coups de bâton. Dans les trois lettres suivantes, Clément relève avec esprit et avec goût les erreurs volontaires ou involontaires du grand homme dans ses jugements littéraires. Lafontaine, Boileau, J.-B. Rousseau, etc., Voltaire même trouvent dans le critique un défenseur habile et un disciple zélé; il mérite encore notre éloge dans ses cinquième et sixième lettres, consacrées à l'apologie du grand Corneille contre les censures, presque toujours injustes, de son commentateur. Les trois dernières lettres ne sont rien moins qu'un traité de poésie épique, à propos de *La Henriade*. L'esprit, le savoir, le goût ne manquent pas non plus à l'examen de ce poëme; mais la censure des défauts y est souvent poussée jusqu'à l'injustice. Clément mourut à Paris, le 3 février 1812.

Aubert de Vitry.

CLÉMENT DE RIS (Dominique, comte), né à Paris, en 1750, fils d'un procureur au parlement, était, avant la révolution, maître d'hôtel de la reine, et cependant il en adopta les principes avec enthousiasme. Il avait connu dans sa terre de Tréguier, en Bretagne, Sieyès, alors grand-vicaire de l'évêque de cette ville. Nommé administrateur du département d'Indre et Loire, il fut accusé de modérantisme en 1793, et conduit à la Conciergerie à Paris, d'où il ne sortit que sur les pressantes réclamations de Sieyès. Nommé bientôt chef de division dans les bureaux de l'instruction publique, il en devint un des directeurs avec Garat et Ginguené, et fit partie de la commission à laquelle la France fut redevable de la création de l'école Normale. En 1795 il cessa de s'associer à la marche du gouvernement pour aller vivre dans la retraite. Mais Bonaparte, devenu consul, lui conféra le titre de sénateur. Au mois de septembre 1800, il se trouvait dans une de ses terres, en Touraine, lorsqu'il fut enlevé, en plein jour, par un parti de chouans, qui le tint enfermé pendant dix-neuf jours dans un souterrain; aventure singulière, qui donna lieu à une foule de conjectures et de fables. Ce qu'il y a de plus vraisemblable, c'est que les ravisseurs avaient pour but de se procurer un otage afin de sauver un de leurs chefs, fait prisonnier par les républicains. Rien de pareil toutefois ne fut dit dans le procès où trois des auteurs de ce crime furent condamnés à mort par le tribunal d'Indre-et-Loire. Après lui avoir volé son argent monnayé, son argenterie et sa propre voiture, ils l'avaient forcé d'écrire à sa femme pour lui demander 50,000 fr., qu'elle n'envoya pas. Mme Lacroix, propriétaire du château du Portail, où il avait été détenu, fut condamnée à plusieurs années de détention et à l'exposition sur l'échafaud au moment de l'exécution de ses complices.

Clément de Ris ne cessa de jouir d'une grande faveur sous le gouvernement impérial ; il obtint en 1804 les titres de commandant de la Légion d'Honneur, de comte *de Mauny* et de préteur du sénat, fonctions équivalant à celles de grand-référendaire dans le sénat du second empire, et dans l'exercice desquelles il fut chargé de la direction des réparations et embellissements à faire au Luxembourg, et de la reconstruction de l'Odéon, propriété du sénat, qu'un incendie venait de réduire en cendres. Comme tous ses collègues, il adhéra avec enthousiasme, en 1814, à la chute de Napoléon ; ce qui lui valut, outre une pension viagère de 36,000 fr., sa nomination au titre de pair de France de la part de la Restauration. Dans les cent jours, l'empereur, peu rancuneux, ne l'en comprit pas moins aussi sur sa liste de pairs ; ce qui lui valut d'être exclu de la chambre par l'ordonnance du 24 juillet 1815. Il n'y rentra qu'en 1819, lors de la grande fournée de M. Decazes. Il ne se fit plus remarquer depuis cette époque, et mourut, à Paris, le 22 octobre 1827. Son second fils avait été tué à la bataille de Friedland. L'aîné, mort en 1839, lui avait succédé à la pairie, après avoir été colonel et aide de camp du maréchal Lefebvre.

CLÉMENT DE LA RONCIÈRE, frère du comte Dominique Clément de Ris, entré de bonne heure au service, parvint rapidement au grade de lieutenant général. Un procès fameux, dans lequel fut impliqué son fils (*voyez* LA RONCIÈRE [Affaire]), et dont les débats excitèrent au plus haut degré la malignité publique en 1834, a attristé sa vieillesse.

CLÉMENTI (MUZIO), pianiste et compositeur célèbre, était né à Rome, en 1750, et suivant d'autres en 1752. Son père, orfèvre de sa profession, remarqua et cultiva de bonne heure les rares dispositions de son fils pour la musique. On cite comme ayant été ses premiers maîtres : Buroni, l'organiste Cordicelli et le contrepointiste Capini. A l'âge de douze ans il composa une messe, qui obtint un grand succès, et son talent sur le clavecin était déjà tel qu'un Anglais, du nom de Beckfort, l'emmena avec lui en Angleterre. Il continua ses études dans les terres de son protecteur, situées dans le comté de Dorset, et parvint bientôt à parler l'anglais à l'égal de sa langue maternelle. A l'âge de dix-huit ans, il était incontestablement le premier pianiste de son époque ; et il publia alors son second ouvrage, qui devint la base sur laquelle s'établit toute la forme des sonates modernes pour piano. Après avoir quitté le Dorsetshire, il fut attaché à la direction de l'orchestre de l'opera de Londres.

En 1780 il se rendit à Paris, et de là, dans l'été de 1781, à Vienne, où il fit la connaissance de Mozart et de Haydn. A son retour en Angleterre, il fut employé dans les concerts de la noblesse. En 1784 il vint encore faire une courte excursion à Paris, puis il continua de résider en Angleterre jusqu'en 1802. C'était là qu'il prendrait des leçons de lui, quoiqu'il n'en donnât pas à moins d'une guinée. Les pertes qui résultèrent pour lui de la faillite de la maison Langman et Broderig, en 1800, le déterminèrent à en prendre pendant quelque temps la suite d'affaires. Il renonça en conséquence à donner des leçons ; mais il n'en continua toujours pas moins à consacrer ses heures de loisir au piano et au perfectionnement de cet instrument. Il avait déjà publié de bonne heure son *Introduction à l'Art de jouer du Clavecin*. En 1802 il se rendit pour la troisième fois à Paris, avec son célèbre élève Field, alla de là à Vienne, à Pétersbourg, à Berlin, à Dresde, ainsi qu'en Suisse et en Italie ; puis il revint en Angleterre dans l'été de 1810, où il commença un commerce de musique, et fonda une fabrique d'instruments. En 1820 il entreprit un nouveau voyage sur le continent, et fit exécuter à Leipzig deux symphonies nouvelles de sa composition. Parvenu déjà à un âge avancé, il possédait encore une vivacité extraordinaire.

Ses compositions, surtout ses très-nombreuses sonates pour piano, sont aussi agréables que pleines d'idées gracieuses, travaillées avec profondeur et écrites du style le plus pur. Son jeu était remarquable, par la plus brillante exécution ; et par son rare talent d'improvisation il l'emportait sur tous ses devanciers. Il mourut le 10 mars 1832, dans son domaine de Evesham, comté de Worcester. Son dernier et en même temps le meilleur de ses ouvrages fut son *Gradus ad Parnassum*, suite systématique d'études depuis ce qu'il y a de plus facile jusqu'à ce qu'il y a de plus difficile comme exécution.

CLÉMENTIN ou PIO-CLÉMENTIN (Musée). *Voyez* VATICAN.

CLÉMENTINES ou RECOGNITIONS, œuvre apocryphe, attribuée vulgairement à saint Clément de Rome. Cette composition est l'ouvrage d'un chrétien judaïsant de l'Église de Rome, qui avait fait sans doute de grandes études de gnose, d'abord dans le savant Clément d'Alexandrie, puis dans Philon, ensuite dans les écrits des simoniens et des cérinthiens, enfin dans ceux des gnostiques proprement dits, surtout de Marcion. Il avait fini par adopter quelques-unes des idées fondamentales du gnosticisme ; toutefois, il n'avait pu renoncer à ses préventions héréditaires contre les éléments polythéistes de la gnose, et il avait résolu à la fois de les combattre et de défendre le judaïsme, méconnu, à ce qu'il lui semblait, non-seulement par l'école de l'Asie Mineure, mais encore par celle de l'Égypte. Le but essentiel de cet auteur inconnu est de prouver que le vrai fonds du christianisme est le judaïsme, et que Marcion a eu tort de combattre ce dernier. Il veut réfuter Marcion comme saint Pierre a réfuté Simon le Magicien. Voilà pourquoi les *Clémentines* représentent saint Pierre et Simon dans diverses rencontres qu'elles supposent entre l'apôtre et le magicien. Ainsi, nous avons dans les *Stromates* de Clément d'Alexandrie la composition où le christianisme pur oppose le mieux à la gnose égyptienne la gnose chrétienne, et nous avons dans les *Recognitions* du prétendu saint Clément de Rome l'ouvrage où le christianisme judaïsant s'oppose le plus énergiquement à la gnose polythéiste en général. Seulement, le faux saint Clément demeure aussi loin de son homonyme pour la pureté de la doctrine que pour la science, puisqu'il admet quelques-unes des doctrines fondamentales du gnosticisme, par exemple celle des syzygies.
Albert MATTER.

On donne aussi le nom de *Clémentines* à une partie du *Corpus Juris Canonici*, contenant une collection des décisions du concile de Vienne (1311) que fit rédiger le pape Clément V, et aussi un certain nombre de ses propres décrétales. Les *Clémentines* sont divisées en cinq livres, d'après l'ordre des collections officielles des pontifes précédents. Elles furent publiées en consistoire de cardinaux par Clément V, en 1313. Son successeur, Jean XXII, les adressa en 1317 aux universités de Paris et de Bologne.

CLÉOBIENS, sectateurs d'un certain Cleobius ou Cléobule, qui, dans le premier siècle de l'Église, niait la virginité de Marie, la résurrection de Jésus, la véracité des prophètes, et attribuait aux anges seuls la création du monde.

CLÉOBIS. *Voyez* BITON.

CLÉOBULE, l'un des sept sages de la Grèce, était fils d'Évagoras, roi de Lyndes, dans l'île de Rhodes ; il vivait vers l'an 560 avant notre ère, et gouverna à son tour les habitants de Lyndes Plutarque dit comme tyran, Clément d'Alexandrie comme roi. Il paraît cependant avéré que Lyndes avait un gouvernement démocratique ; l'autorité aurait donc été donnée à Cléobule par le consentement populaire. Cléobule, qui alla en Égypte étudier la science et la philosophie, formula en préceptes un certain nombre de principes philosophysiques. Il recommandait « de ne point s'enorgueillir dans la prospérité; — de ne point s'abattre dans l'affliction; — d'obliger ses amis pour se les attacher davantage, et ses ennemis pour en faire des amis; — de se marier à une femme de sa condition, parce qu'en contractant une plus haute alliance on se rend esclave des parents de sa femme; — d'examiner avant la sortie de sa maison ce qu'on va faire, et en y rentrant ce qu'on a fait; — d'être d'autant plus avare de sa liberté qu'on en a plus à sa disposition; — de ne souhaiter ni de commander ni d'obéir, l'obéissance se changeant d'ordinaire en aversion et le commandement en tyrannie; — d'exercer sans cesse son corps et son esprit, afin de les tenir l'un et l'autre en bon état; — d'être toujours plus empressé d'écouter que de parler; — de ne caresser ni quereller sa femme devant des étrangers, l'un n'étant pas décent, l'autre étant un acte de folie, etc. » On le voit, les maximes de Cléobule sont de tous les temps.

Cléobule petit roi, Cléobule philosophe, Cléobule le sage, était aussi poète : il composa des poèmes lyriques, des vers, des énigmes, entre autres celle sur l'année, et, suivant Diogène Laerce, son biographe, l'épitaphe de Midas, attribuée à Homère.

CLÉODÈME, d'Athènes, fut chargé par l'empereur Gallien de fortifier les villes de la Grèce menacées par les Goths : les travaux de défense n'empêchèrent point l'invasion. Les Goths, amenés par une flotte formidable, pillèrent toute la Grèce, et s'emparèrent d'Athènes ; mais Cléodème, qui avait assemblé des troupes et des vaisseaux, les joignit sur mer en 267, et les défit si complètement, qu'il les obligea d'évacuer la Grèce.

CLÉOETAS, sculpteur et architecte athénien, élève de Phidias, vécut vers l'an 450 avant notre ère : il dirigea à Olympie la construction de la fameuse barrière située au bout du Stade. On mentionnait comme étant de lui une statue de guerrier placée dans l'Acropole d'Athènes.

CLÉOMBROTE. Sparte a compté un régent et deux rois de ce nom. Le régent, fils d'Anascandride, fut, quatre cent quatre-vingts ans avant notre ère, tuteur de son neveu Plistarque ; il commandait les troupes qui au moment de la bataille de Salamine, défendaient l'isthme de Corinthe. Il les ramena à Sparte, à la suite d'une éclipse de soleil, et mourut en 479. Il fut le père du célèbre Pausanias.

CLÉOMBROTE Ier, vingt-troisième roi spartiate de la famille des Agides, était le fils de Pausanias II : il régna de l'an 380 à l'an 371 avant notre ère. Il fut envoyé deux fois contre les Thébains, et à deux reprises il fut malheureux, car ses expéditions restèrent sans résultat. Cléombrote fut tué à la bataille de Leuctres, gagnée sur les Spartiates par le général thébain Épaminondas. Il eut pour successeur son fils Agésipolis.

CLÉOMBROTE II, trente-et-unième roi spartiate de la famille des Agides, régna de 243 à 240 ans avant J.-C. Il se fit élire artificieusement, au préjudice de son beau-père Léonidas. Léonidas fut à son tour rappelé au trône, et Cléombrote, déchu, envoyé en exil. L'antiquité a conservé avec admiration le souvenir du dévouement filial et conjugal de Chélonée, fille de Léonidas et femme de Cléombrote. Quand son père fut exilé, elle partagea son exil; quand il arriva au pouvoir, elle obtint de lui la commutation de la peine de mort prononcée contre Cléombrote, et elle suivit ce dernier dans l'exil, où il mourut.

CLÉOMÈDE, astronome grec, que tout fait supposer avoir vécu postérieurement à Ptolémée, vers la fin du second siècle de notre ère: il a publié un ouvrage intitulé : Κυκλική Θεωρία Μετεώρων (*Doctrina circularia de Sublimibus*), dans lequel il a exposé les connaissances du temps sur le système sidéral; cet ouvrage est très-intéressant à consulter, au point de vue scientifique. Cléomède comptait sept planètes, rangeant la Lune au nombre des planètes. Les planètes, disait-il, se distinguaient des autres astres en ce que, outre le mouvement général du ciel, elles avaient un mouvement propre. La Terre, quelque grande qu'elle nous paraisse de près, n'était qu'un point comparativement à la grandeur du monde : « Si nous étions placés dans le Soleil, dit-il, la Terre ne nous serait peut-être pas visible, à cause de sa petitesse, ou elle nous paraîtrait comme une très-petite étoile. » Cléomède constatait en ces termes la réfraction de la lumière : « Le disque du Soleil paraît plus grand à son lever et à son coucher qu'à midi, parce que dans les derniers cas nous le voyons à travers un air plus dense et plus humide. Le rayon qui à midi nous arrive à l'œil ne se brise pas, tandis que le rayon du Soleil à l'horizon se brise en traversant l'air. C'est ainsi que des objets vus sous l'eau nous paraissent tout différents de ce qu'ils sont réellement. Il y a des grandeurs ou des distances apparentes fournies par des cônes de rayons réfractés, et qu'il faut distinguer des grandeurs ou distances vraies. » Cléomède disait que probablement les étoiles fixes étaient aussi grandes, et quelques-unes plus grandes que le Soleil, et que si le Soleil était plus éloigné de nous, il aurait l'aspect d'une étoile fixe. « Quant à la Lune, ajoutait-il, elle est aussi plus grande qu'elle ne paraît; elle opère dans l'air de grands changements, et tient sous sa dépendance beaucoup de choses qui se trouvent à la surface de la Terre; c'est elle notamment qui est la cause du flux et du reflux de la mer. » La Lune tourne autour de son axe, en même temps qu'elle accomplit sa révolution autour de la Terre. Elle ne montre qu'une de ses faces éclairée, et toujours la même. Sa lumière ne vient point en entier du Soleil; c'est un mélange de rayons solaires et de lumière propre. Cléomède explique ensuite d'une façon aussi simple que claire et exacte les éclipses de Lune et de Soleil. Comme on le voit par l'ouvrage de Cléomède, les notions astronomiques des anciens ne laissaient pas que d'être assez remarquables il y a seize à dix-sept siècles.

Cléomède, né dans l'île d'Astypalée, était athlète; il vivait vers l'an 490 avant notre ère. Plutarque et Pausanias nous ont appris sur lui la merveilleuse légende que voici : « Cléomède tua aux jeux olympiques son adversaire Iccus d'Épidame : non-seulement le prix ne lui fut pas accordé, mais encore il fut condamné à une amende. Cléomède fut tellement affecté de cette décision, que sa raison s'égara; resté dans sa patrie, il y causa la mort de soixante enfants, en rompant une colonne qui soutenait le faîte de l'école où ils étaient réunis. Poursuivi des Astypaliens furieux, Cléomède se réfugia dans le temple de Minerve, et il s'enferma dans un coffre que cherchèrent vainement à ouvrir ceux qui le poursuivaient. Le coffre fut alors brisé; mais on ne le trouva vide. Qu'était devenu l'athlète miraculeusement disparu? C'est ce que l'on alla demander à l'oracle de Delphes, qui répondit : « Cléomède d'Astypalée est le dernier des héros; honorez-le par des sacrifices comme un immortel. »

CLÉOMÈNE, nom qui a été porté par divers rois de Sparte.

CLÉOMÈNE Ier, roi en même temps que Démarate, homme audacieux et entreprenant, parvint à la souveraineté vers l'an 520 avant J.-C. En l'an 510 il se mit à la tête de l'armée auxiliaire lacédémonienne destinée à rétablir les Alcmæonides à Athènes; puis il en chassa Clisthène, leur chef, quand il s'aperçut que celui-ci avait acquis un ascendant dangereux, et le remplaça par Isagoras, qu'il protégeait. Toutefois, en l'an 508, force lui fut d'évacuer le territoire de l'Attique, à la suite d'une insurrection des populations; et deux ans plus tard, quoique revenu à la tête d'une nouvelle armée, il ne put pas davantage s'y maintenir, parce que ses alliés l'abandonnèrent. En l'an 492 il voulut châtier les Éginètes, à cause des différences qu'ils avaient témoignées aux envoyés de Darius; mais Démarate s'y opposa, et Cléomène s'en vengea en choisissant pour co-roi son protégé Léotychides. Cependant, ses actes arbitraires avaient soulevé à Sparte une vive opposition contre lui. Il se vit forcé de se réfugier en Thessalie et en Arcadie. On l'en rappela, il est vrai; mais bientôt, dans un accès d'aliénation mentale, il se donna la mort, de la manière la plus horrible.

CLÉOMÈNE II, fils de Cléombrote, régna à partir de l'an 370, pendant une longue suite d'années, qu'aucun événement remarquable ne vint signaler.

CLÉOMÈNE III a plus d'importance dans l'histoire. Fils de Léonidas II, c'était un homme d'un caractère résolu, plein d'enthousiasme pour sa patrie, digne par la sévérité et la simplicité de ses mœurs d'être offert comme modèle à ses concitoyens. Il battit à diverses reprises les troupes de la Ligue Achéenne, dont l'influence lui semblait de nature à compromettre la liberté des Spartiates; et l'an 236 il anéantit par la violence l'autorité, toujours croissante, des éphores, remit en vigueur les anciens règlements, notamment ceux qui étaient relatifs aux repas que les hommes étaient tenus de prendre en commun et aussi à l'éducation simple et sévère de la jeunesse, de même qu'à l'égale répartition des terres entre les citoyens, donnant lui-même à cet égard l'exemple du désintéressement et sacrifiant son propre patrimoine.

Quand la Ligue Achéenne recommença plus tard la lutte et invoqua le secours du roi de Macédoine Antigone Doson, Cléomène, complètement battu à la meurtrière bataille de Sellasia (an 222 av. J.-C.), s'enfuit à Alexandrie, où le roi Évergète l'accueillit favorablement, et lui promit des secours. Mais ce souverain étant venu à mourir de mort subite, Cléomène se trouva sous son successeur, Ptolémée Philopator, au sein d'une cour plongée dans le luxe et la mollesse, dont s'irritait la rigidité de Spartiate, et surtout de Spartiate réformateur : les courtisans semblaient le considérer comme un lion tombé au milieu d'un troupeau de timides agneaux; ils ne lui épargnaient pas les sarcasmes; et pour l'en punir, Philopator le fit jeter en prison. En prison, lui, le roi de Sparte ! Il ne souffrira point cet affront, plus cruel que la mort. Il brise les portes de son cachot, et, suivi de douze Spartiates, ses compagnons d'infortune, ivres de fureur, il s'élance dans les rues de la paisible Alexandrie, et fait justice sommaire de plusieurs instigateurs de son incarcération.

Le peuple se rassemble sur la place publique, étonné de cette étrange exécution; Cléomène, calmé par les vengeances qu'il a exercées, lui propose de se mettre à sa tête pour le rétablir dans la jouissance de ses privilèges. Façonnés au joug, les Egyptiens ne s'émeuvent pas à cet appel; alors Cléomène s'écrie, indigné : « Peuple lâche et flétri, tu ne mérites d'être gouverné que par des femmes. » Il tire son épée, et invite ses compagnons à l'imiter; le peuple, épouvanté, recule, et voit les treize Spartiates se percer eux-mêmes de leur épée, et tomber expirants en maudissant les Égyptiens, abâtardis. Tel est du moins le naïf récit que les anciens historiens nous font de cette catastrophe, à laquelle il est bien permis de supposer des causes autres que celles qu'on lui donne. Mais à plus de vingt siècles de distance, il y aurait de la témérité à vouloir reconstruire les faits à l'aide de la critique.

Ce nom de CLÉOMÈNE a encore été porté par deux artistes athéniens, le père et le fils, entre 220 et 180 av. J.-C. C'est au premier qu'on attribue la statue si célèbre sous le nom de Vénus de Médicis.

CLÉON, fils d'un meunier d'Athènes, mort en 422 avant J.-C., est le premier homme du peuple qui soit parvenu au pouvoir dans la démocratie athénienne. La puissance de Périclès faisait ombrage à Cléon, qui l'attaqua, timidement d'abord, d'une façon détournée, puis franchement, nettement, en face. Arrivé au pouvoir en 428, après la mort de Périclès, Cléon, soutenu par le peuple, malgré les grands et leurs partisans, occupa pendant six années la scène politique. Ses adversaires lui reprochaient une suffisance inouïe, des concussions qui le firent condamner à l'amende, d'avoir toujours été un brouillon, poussant sans cesse à la guerre dans des circonstances où une paix honorable eût été possible. Aristophane, qui l'a souvent mis en scène, dans ses comédies, le désigne sous le nom ironique de *Paphlagonèsse*, bredouilleur.

Cléon se montra toujours l'homme des partis violents. La ville de Mitylène, révoltée contre les Athéniens, ayant été prise par eux, Cléon fit décider que tous les habitants de cette cité en état de porter les armes seraient mis à mort; que les femmes et les enfants seraient emmenés en esclavage. Une galère athénienne alla porter au général athénien qui était à Mitylène cette terrible décision; il venait d'en donner connaissance aux habitants consternés, lorsqu'une autre galère apporta la nouvelle du rapport de ce décret. Le peuple, venu à résipiscence pendant la nuit, avait compris combien serait odieux le massacre demandé par Cléon, et, malgré les efforts de celui-ci, il était revenu sur sa décision.

Cléon eut un triomphe militaire que ses adversaires n'avaient pas plus prévu que lui. Quatre cent vingt Spartiates étaient bloqués depuis longtemps par les Athéniens dans l'île de Sphactérie. Sparte, pour les sauver, avait fait demander à Athènes une paix que Cléon fit repousser. L'hiver approchait; il allait falloir lever le blocus. Cléon propose de nommer des commissaires pour faire une enquête sur la lenteur du siège et en presser les opérations. Voici comment Thucydide, ennemi de Cléon, raconte le résultat de cette demande. « A peine Cléon avait-il demandé l'envoi de commissaires, que le peuple lui cria de remplir lui-même cette mission; craignant alors de devenir la dupe de son propre artifice, il changea la question en disant que s'il était général, il se rendrait à Sphactérie avec un corps d'infanterie légère et s'emparerait de cette île au premier assaut. Nicias, un des généraux d'Athènes présents à l'assemblée, sentant que le coup était dirigé contre lui, déclara qu'il résignait le commandement. Alors le peuple cria à l'orateur que puisque l'entreprise était aussi facile qu'il le prétendait, elle n'en convenait que mieux à ses talents, et qu'il devait s'en charger. Nicias ayant déclaré de nouveau qu'il renonçait au commandement, Cléon l'accepta, croyant que c'était une plaisanterie; mais quand il vit que c'était sérieux, il voulut s'en défendre en disant qu'il n'était pas général. » Accablé de sarcasmes, Cléon prit audacieusement son parti, et il s'écria dans vingt jours il amènerait les Spartiates de Sphactérie morts ou vifs.

L'événement justifia la jactance de Cléon. Démosthène, auprès duquel il se rendit, enleva dans une nuit l'île; et les Spartiates qui y restaient encore furent faits prisonniers. Dès ce moment, Cléon, s'attribuant le succès remporté par son collègue, se prit au sérieux comme général. Il voulut donc commander une autre expédition, et, en 423, il marcha sur Amphipolis, dont s'était emparé précédemment le général macédonien Brasidas. Celui-ci livra bataille à Cléon, qui fut mis en déroute; Brasidas fut tué dans la bataille, et Cléon, trouvé parmi les prisonniers, fut mis à mort par les vainqueurs. La prospérité d'Athènes avait été fort grande sous son administration.

Voici en quels termes Plutarque jugeait cet orateur populaire : « Sans aucun égard pour la décence des assemblées, Cléon donna le premier l'exemple d'y crier de toutes ses forces, de rejeter sa robe par derrière, de frapper sur sa cuisse, de marcher à grands pas dans la tribune pendant son discours; et par là il introduisit parmi ceux qui administraient les affaires publiques une licence et un mépris de toute bienséance qui portèrent dans la république la confusion et le désordre. » Et Plutarque raconte à ce sujet le fait que voici : « Un jour que Cléon devait parler au peuple, il se fit attendre fort longtemps; il vint enfin très-tard, avec une couronne de fleurs sur la tête, et pria le peuple de remettre l'assemblée au lendemain; « car, aujourd'hui, dit-il, je n'ai pas le temps de parler d'affaires ; je reçois des étrangers chez moi, et je fais un sacrifice. » Ceci prouve bien que ce n'est pas d'hier que les princes de la parole se moquent le plus ordinairement de ce bon public qu'ils tiennent suspendu à leurs lèvres, et qui s'estime fort heureux d'être berné.

CLÉOPÂTRE, reine de Syrie, fille de Ptolémée Philométor. Elle épousa d'abord l'usurpateur Alexandre Bala, qui s'était emparé de la Syrie sur Démétrius Soter avec l'agrément des Romains (149 avant J.-C.). Quelques années après, Philométor, s'étant brouillé avec son gendre, lui enleva Cléopâtre, et fit épouser à celle-ci Démétrius Nicanor. Mais son nouvel époux ayant été fait prisonnier par les Parthes, épousa dans sa captivité Rodogune, fille de leur roi. Indignée de cet affront, et voyant qu'un usurpateur menaçait sa couronne, Cléopâtre offrit sa main à Antiochus, frère de Démétrius, et se défit de ce dernier. Elle fit ensuite poignarder Séleucus, l'aîné des fils qu'elle avait eus de Démétrius, parce qu'il s'était fait couronner sans la consulter. Ce meurtre ayant soulevé le peuple, Cléopâtre l'apaisa en faisant monter sur le trône un second fils, Antiochus VIII. Bientôt elle chercha aussi à se défaire de celui-ci ; mais ce prince, qui était toujours en garde contre ses artifices, l'obligea de boire le poison qu'elle avait préparé pour lui (120 avant J.-C.). C'est cette Cléopâtre qui a fourni au génie de Corneille le sujet de sa tragédie de *Rodogune*.

CLÉOPÂTRE. L'Égypte a compté plusieurs reines de ce nom.

La *première*, fille d'Antiochus III, dit le Grand, épousa, en 193 avant J.-C., Ptolémée V, Épiphane, à qui elle apporta la Célé-Syrie ; après sa mort, arrivée en 181, elle gouverna avec beaucoup de sagesse, et mourut elle-même vers 174. Elle était la mère de Ptolémée Philométor.

La *seconde*, fille de celle-ci et de Ptolémée Épiphane, épousa son frère Ptolémée Philométor (VI) ; demeurée veuve en 147, avec un fils et deux filles, elle se vit disputer le pouvoir par Ptolémée Physcon, ou Évergète II, frère de son mari : incapable de lui résister, elle l'épousa, pour assurer le sort de ses enfants ; mais Évergète fit égorger son fils, et la répudia elle-même pour épouser sa fille Cléopâtre. La reine mère quitta alors l'Égypte, emportant avec elle de grandes richesses, et se réfugia auprès de Démétrius, roi de Syrie, dans les États duquel l'histoire la fait mourir, sans plus autrement reparler d'elle.

La *troisième* CLÉOPÂTRE, fille de Ptolémée Philométor et de la précédente, épousa comme nous l'avons vu, son oncle Ptolémée Physcon. Elle en eut deux fils, Alexandre et Ptolémée Lathyre ; et trois filles, Cléopâtre, Cléopâtre Tryphène et Cléopâtre Séléné. Elle préférait le premier de ses fils ; mais le peuple la força de placer le second sur le trône. Elle parvint plus tard à le déposer au profit d'Alexandre ; mais celui-ci redoutait tellement l'arbitraire et les violences de sa mère, qu'il se retira dans l'île de Chypre ; plus tard il la fit mettre à mort, pour éviter d'être lui-même sa victime.

La *quatrième* CLÉOPÂTRE d'Égypte, épouse de Ptolémée Lathyre, fut répudiée par lui sur les instances de sa mère, dont nous venons de parler, et remplacée dans la couche royale par sa sœur Séléné. Elle s'enfuit en Syrie, et épousa Antiochus IX, dit Cyzicène. Antiochus ayant été battu par son frère Antiochus Grypus, Cléopâtre se réfugia dans Antioche. Cette ville fut prise par Grypus, et Cléopâtre crut trouver dans un temple un asile assuré ; mais sa propre sœur, Cléopâtre Tryphène, après avoir vainement engagé Grypus à la faire mettre à mort, envoya elle-même des soldats l'égorger dans le temple. Ceux-ci, ne pouvant l'en arracher, lui coupèrent les mains dont elle embrassait la statue de la déesse, et elle expira (vers 116 av. J.-C.), en maudissant les parricides, qu'elle chargeait aux dieux outrages le soin de venger sa mort. — Antiochus Cyzicène ayant vaincu à son tour son frère, l'année suivante, vengea Cléopâtre en immolant Tryphène à ses mânes.

CLÉOPÂTRE SÉLÉNÉ, sœur de la précédente, lui succéda dans la couche de Ptolémée Lathyre. Elle épousa après sa mort Antiochus Épiphane, et ensuite Antiochus Eusèbe. Les uns affirment que Tigrane, ayant pris une ville où elle était, l'aurait fait égorger ; d'autres, au contraire, prétendent que l'invasion de Lucullus en Arménie lui sauva la vie.

CLÉOPÂTRE, la dernière et la plus célèbre, naquit en 69 ; elle était fille de Ptolémée Aulète : elle avait dix-huit ans quand son père mourut, l'appelant au trône en même temps que son frère aîné, Ptolémée Denys, qu'elle épousa, suivant l'usage antique des Égyptiens. Ptolémée n'avait que treize ans, mais il était déjà sous la domination d'un eunuque et d'un général égyptien, favoris qui haïssaient Cléopâtre : au bout de deux années, ils réussirent à faire répudier et exiler celle-ci par son mari : Cléopâtre se réfugia en Syrie, y leva une armée, et revint bientôt pour ressaisir sa couronne les armes à la main. Le frère et la sœur, l'époux et l'épouse étaient en présence à Péluse, quand le vainqueur de Pharsale, César, apparut à Alexandrie, où Ptolémée lui offrit la tête de Pompée, sanglant trophée par lequel il pensait se rendre favorable le héros romain qui s'était déclaré l'arbitre, au nom du peuple romain, des différends des deux époux. Cléopâtre résolut de tromper la surveillance de son frère et de pénétrer dans le palais que César occupait à Alexandrie. Un soir, Apollodore, intendant de Cléopâtre, entra chez César, et déposa à ses pieds un tapis qui, disait-il, contenait un présent ; César s'approcha, et Cléopâtre lui apparut, sortant de ce tapis. La plupart des historiens anciens disent que Cléopâtre était la plus jolie femme de son siècle. Quelques auteurs lui ont contesté cette beauté éclatante que la tradition lui attribuera toujours, et les médailles frappées à son effigie pourraient leur donner raison ; mais il n'en est pas moins vrai que par ses formes, sa grâce, l'attrait de son esprit, par son amabilité, par le charme d'une conversation où elle pouvait soutenir en dix langues différentes, Cléopâtre était une des femmes les plus séduisantes de son époque. César n'échappa point à cette séduction qu'elle répandait volontiers autour d'elle ; le lendemain même César déclarait à Ptolémée qu'il devait rendre à Cléopâtre sa part de souveraineté. Ptolémée se soumit d'abord, mais en cherchant à secouer le joug qui lui était imposé ; ses favoris firent assiéger César dans son palais ; des secours arrivèrent à celui-ci, qui livra alors aux Égyptiens un combat dans lequel Ptolémée se noya dans le Nil.

Amant ardent de Cléopâtre, dont il eut un fils, Césarion, César lui assura la couronne d'Égypte, ainsi qu'à son jeune frère, âgé de onze ans, qu'on accuse celle-ci d'avoir fait empoisonner trois ans plus tard. César, rentré à Rome, y fit placer la statue de Cléopâtre dans le temple qu'il érigeait à Vénus, à côté de celle de la déesse. La reine d'Égypte vint le rejoindre dans cette capitale du monde ancien, et elle y demeura jusqu'à la mort du dictateur.

Cléopâtre se déclara pour les triumvirs, après la mort de César. Mais des accusations ayant été portées contre elle auprès de ceux-ci, Antoine, alors à Tarse, la manda devant lui. Cléopâtre conçut dès ce moment la pensée de captiver Marc-Antoine comme elle avait captivé César : elle fit son voyage sur une galère brillante d'or, enrichie des plus belles peintures, avec des voiles de soie couleur de pourpre, mêlée d'or, et des rames argentées qui ne se mouvaient qu'au son de la musique d'une infinité d'instruments. Cléopâtre, dans le costume de Vénus sortant des eaux, entourée de ses femmes représentant les Nymphes, les Grâces, les Syrènes, d'enfants vêtus en Amours, était nonchalamment étendue sous une magnifique tente de drap d'or, au milieu des parfums qui brûlaient autour d'elle. C'est ainsi que Cléopâtre reçut à son bord, à Tarse, celui qui l'avait mandée devant elle : la reine d'Égypte avait alors vingt-huit ans ; elle était dans toute la vigueur de sa beauté ; ce qu'elle avait prévu arriva : Antoine devint son esclave ; le moindre désir de l'amante fut un ordre pour l'amant. C'est ainsi qu'Antoine fit égorger dans le temple de Diane à Milet, où elle s'était réfugiée, Arsinoé, sœur de Cléopâtre, dont celle-ci était jalouse. Antoine suivit Cléopâtre à Alexandrie, et celle-ci à son tour ne le quitta pas d'un instant; elle partageait ses fêtes, ses chasses, ses jeux, ses débauches; « Ne perdant jamais de vue son amant, dit Plutarque, elle ne le quittait ni le jour ni la nuit; jouant aux dés avec lui, buvant avec lui, chassant avec lui, et assistant à tous les exercices des armes. Un des plaisirs d'Antoine était de se mêler le soir à une troupe de libertins obscurs, de se déguiser pour aller la nuit courir la ville, de s'arrêter aux portes des boutiques pour chercher querelle aux artisans. Cléopâtre, déguisée comme lui, l'accompagnait partout; rien ne lui coûtait pour le subjuguer. » Plutarque raconte un trait qui atteste qu'Antoine, sous l'œil de Cléopâtre, ne songeait qu'aux amusements, même les plus inoffensifs. Il pêchait un jour à la ligne; humilié de ne rien prendre, il donne à des pêcheurs l'ordre de plonger, pour attacher, sous l'eau, à des hameçons de gros poissons pris précédemment. Cléopâtre fit semblant de ne pas s'apercevoir de cette supercherie; mais le lendemain, Antoine étant retourné à la pêche, elle fit accrocher à son hameçon un poisson salé. Antoine fut à cette capture accueilli par des éclats de rire, qui le firent rougir : « Ah, lui dit alors Cléopâtre, laissez-nous au moins la ligne, à nous souveraine du Phare et de Canope; votre pêche à vous, ce sont les villes, les peuples et les empires. »

Antoine emmena la belle reine dans sa première expédition contre les Parthes; il entreprit mollement la seconde, et ne la poussa point, pour ne pas se séparer d'elle. Il en eut plusieurs enfants. Il fit proclamer Césarion roi d'Égypte, de Chypre, de Célé-Syrie avec sa mère, et assigna dans leur succession divers États de l'Orient à ses enfants. Réunis après une assez longue absence, pendant laquelle, si Antoine s'était consolé avec Marianne, l'histoire rapporte que Cléopâtre ne s'était point montrée insensible à l'amour d'Hérode, les deux amants continuèrent à se livrer à toutes les délices du faste et des plaisirs des sens. Pline rapporte que dans un de ces banquets où la reine se faisait appeler la nouvelle Isis, Cléopâtre paria contre Antoine qu'elle dépenserait dans un seul repas dix millions de sesterces; et passant de défi à l'exécution, elle détacha de ses oreilles deux perles d'une valeur bien supérieure à ce chiffre, en fit dissoudre une dans un acide, l'avala; elle allait en faire autant pour l'autre, quand le juge du pari déclara qu'elle avait gagné.

Cléopâtre usa de son ascendant sur Antoine pour lui faire répudier sa femme Octavie; ce fut là l'origine de la lutte qui devait avoir pour terme la mort des deux amants. Octave, irrité de l'affront humérité fait à sa sœur, arma contre Antoine, qui se prépara aussi à combattre. Cléopâtre, de son côté, équipa et arma 60 galères, qu'elle joignit à celles d'Antoine, et qu'elle voulut commander elle-même. On sait qu'à la bataille navale d'Actium, cette bataille où pour Antoine il s'agissait de l'empire du monde, pour Cléopâtre de son empire sur son amant, la reine d'Égypte, effrayée du choc des ennemis, fit virer de bord à ses galères, et qu'Antoine, pour la suivre, abandonna comme un vaincu un champ de bataille qu'il pouvait disputer à Auguste : c'est ainsi que Cléopâtre perdit celui qu'elle aimait, après l'avoir amolli dans les plaisirs. Antoine se retira en Afrique, où il espérait trouver des ressources militaires suffisantes pour résister à son compétiteur; Cléopâtre, de son côté, s'enferma dans une tour, après avoir recommandé à ses amis de faire courir le bruit qu'elle était morte. Abusé par cette nouvelle, Antoine se suicida; Octave finit par faire pénétrer ses soldats dans le monument où s'était réfugiée la reine d'Égypte, désormais en son pouvoir. Il lui laissa faire de magnifiques obsèques à Marc-Antoine. Cléopâtre, admirablement belle encore dans sa douleur, eut un moment l'espoir de séduire aussi Octave, et d'échapper ainsi au sort que sa fierté indignée prévoyait : entrer à Rome enchaînée au char du vainqueur. Octave sortit froid et insensible d'un entretien avec Cléopâtre éplorée; celle-ci, apprenant que bientôt son vainqueur allait la traîner après lui dans la capitale romaine, se suicida comme son amant, en se faisant mordre par un aspic, où elle était parvenue à se procurer. Les officiers d'Octave la trouvèrent mourante, ainsi que les deux femmes qui la servaient, et qui n'avaient point voulu lui survivre. « Voilà qui est beau, Charmion, dit l'un de ces officiers à l'une d'elles. — Oui, répondit Cléopâtre, et digne d'une princesse issue de tant de rois. » Cléopâtre mourut à trente-neuf ans, après en avoir régné à peu près vingt-deux. Octave voulut faire abattre les statues de la reine vaincue, expirée; il consentit cependant à ne point faire subir cet outrage à sa mémoire, moyennant une somme de 1,000 talents.

Cléopâtre fut une des femmes les plus remarquables de son siècle; elle eût pu l'être bien davantage encore si chez elle l'ambition avait pris le pas sur l'amour: maîtresse de l'Égypte, de la Libye, de la Cyrénaïque, de Chypre, de la Crête, de la Célé-Syrie, de la Phénicie, Cléopâtre ambitieuse eût pu asseoir son empire sur des bases tellement solides que l'empire romain eût été forcé de le respecter : Cléopâtre amoureuse sacrifia tout à ses passions; elle aurait pu être grande par les armes, comme Sémiramis : elle se borna à chercher des succès de beauté. Elle protégea les lettres de tout son pouvoir : c'est par elle que la bibliothèque d'Alexandrie fut enrichie des 200,000 volumes que renfermait celle de Pergame.

Les enfants qu'elle avait eus d'Antoine furent recueillis par Octavie, qui les fit élever avec ses propres enfants.

CLÉOPÂTRE, *reine des Macédoniens*, était la nièce d'un de leurs généraux, Attale. Philippe, père d'Alexandre le Grand, divorça d'avec sa femme Olympias, en 337 av. notre ère, pour épouser Cléopâtre. Mais Olympias, après la mort de ce prince, fit mettre à mort Cléopâtre et l'enfant qu'elle avait eu de Philippe.

CLÉOPÂTRE, *reine d'Épire* en l'an 336 av. notre ère, était fille de Philippe, roi de Macédoine, et d'Olympias. Elle épousa à cette époque Alexandre, roi d'Épire, son oncle; celui-ci étant mort en 326, Cléopâtre fut recherchée par les principaux lieutenants de ce prince. Captive à Sardes, elle forma le projet de passer en Égypte, auprès de Ptolémée; Antigone la fit tuer pour empêcher cette fuite.

CLÉPITES ou **KLEPHTES.** *Voyez* Armatoles.

CLEPSYDRE, ou **HORLOGE D'EAU.** L'eau, en s'échappant par un étroit orifice pratiqué à la partie inférieure d'un vase rempli de ce liquide, peut servir à mesurer le temps qui s'écoule pendant l'épuisement partiel ou total du réservoir. Mais comme la quantité d'eau qui sort par cette ouverture décroît sans cesse à mesure que la colonne liquide diminue de hauteur, ce n'est pas chose aussi facile qu'on le pourrait le croire que cette appréciation, qui se rattache aux plus savantes théories de l'hydrostatique. Aussi les clepsydres, qu'on pourrait considérer au premier abord comme un enfantillage, ont-elles exercé la spéculation des plus habiles géomètres du dix-huitième siècle. Varignon s'était occupé de cet intéressant problème, et le célèbre Daniel Bernouilli remporta le prix fondé en 1725 par l'Académie des Sciences pour la résolution du problème. Toute la difficulté consiste « à connaître la vitesse d'écoulement d'un fluide qui s'échappe d'un vase par un orifice de figure et de grandeur données ». Cette vitesse, qui varie avec le niveau du liquide, combinée avec la figure du vase, doit décider de la situation de ce niveau après un temps donné. C'est une question mathématique des plus ardues, et l'on ne peut guère espérer que les fabricants de ces instruments soient jamais capables de déterminer *a priori* la quantité d'eau qui s'écoulera d'un intervalle de temps à l'autre, surtout avec des vases de figure variable.

Mais on construit empiriquement des clepsydres qui,

chacune ayant été soumise à une observation particulière et spéciale, mesurent la durée du temps avec assez de précision. Il suffit, comme on l'entrevoit tout d'abord, d'affecter un vase en verre, d'en diviser la capacité par une échelle graduée sur le vase même, et d'observer les niveaux à de très-courts intervalles de temps. Ces niveaux rapportés à l'indication d'un excellent garde-temps offriront un bon moyen d'appréciation. Mais il faudra encore que dans toutes les circonstances et dans toutes les saisons, la clepsydre reste exposée à la même température. Toute variation dans cette dernière condition influe évidemment sur le résultat. On observera encore de n'employer que de l'eau distillée et totalement exempte de matières susceptibles de faire dépôt.

PELOUZE père.

La *clepsydre* était connue des anciens sous le nom de *clepsydra*, fait de deux mots grecs κλέπτω, je dérobe, je cache, et ὕδωρ, eau ; ce qui indique que l'eau se dérobe à la vue en s'écoulant. C'était chez eux une machine en forme de cône, dont la base était percée de plusieurs petits trous, et l'orifice supérieur très-étroit et allongé en pointe : telle était la clepsydre d'Aristote. Cette clepsydre, dont il parle si souvent, et dont il se trouve de si fréquentes descriptions dans ceux de son école, avait été employée par ce philosophe pour montrer que l'air est quelque chose de réel, et rendre sensible la force de résistance qu'il a pour repousser ou pour soutenir un corps. En prenant la clepsydre, on fermait l'ouverture de l'orifice supérieur par l'application du doigt; et en la plongeant dans l'eau, on remarquait comment l'air renfermé dans la clepsydre repoussait l'eau et ne donnait aucune entrée. Si on la retirait en fermant toujours l'orifice supérieur, on remarquait comment l'air inférieur soutenait le poids du volume de l'eau qui était dans la clepsydre.

Les anciens citaient souvent cette machine dans leurs rapprochements et leurs comparaisons. Aristophane, parlant d'un homme qui aimait à faire le juge, dit que *son esprit est toujours à la clepsydre*. Le temps qu'on employait à l'instruction d'un procès et à la décision qui suivait était en effet limité par l'eau que l'on versait à trois différentes fois ; ce qui avait donné lieu à ces expressions : πρῶτον, δεύτερον, τρίτον ὕδωρ (*première, seconde, troisième eau.*) De là encore ces façons de parler, employées par Démosthène, et qu'on a fréquent usage a fait passer en proverbes : *Qu'il parle pendant le temps qui m'est marqué; parler pendant que l'eau coule.* Les Latins avaient également l'usage de ces termes. On trouve en plusieurs endroits de Cicéron : *Aqua mihi hæret, Aquam perdere* (*l'eau me manque, perdre l'eau*). Pline, déclamant contre la précipitation avec laquelle les juges de son siècle décidaient des plus grandes affaires, après avoir dit que leurs pères n'en usaient point ainsi, ajoute : « Pour nous, qui nous expliquons plus nettement, qui concevons plus vite, qui jugeons plus équitablement, nous expédions les affaires en moins d'heures, (*paucioribus clepsydris*) qu'ils ne mettaient de jours à les entendre. » En effet, on pressait souvent un orateur, on ne lui laissait pas le temps de prononcer un discours qui était le fruit de plusieurs veilles. Les juges réglaient le temps qui devait être accordé. On suspendait l'écoulement de l'eau pendant la lecture des pièces qui ne faisaient pas le corps du discours, comme la déposition des témoins, le texte d'une loi, la teneur d'un décret ; c'était ce qu'on appelait : *aquam sustinere*.

On voit par tous les détails que nous venons de donner que la clepsydre faisait le même office que le sablier des modernes, dont l'invention remonte aussi à une haute antiquité.

Edme HÉREAU.

CLERC (du grec κλῆρος, sort, partage, héritage). On appelle de ce nom dans l'Église celui qui embrasse la profession ecclésiastique. En en prenant l'habit, en recevant la tonsure, il s'engage plus spécialement que les autres chrétiens au service du Seigneur, et prononce lui-même ces paroles du psaume XV : « Le Seigneur est la part qui m'est échue en héritage : c'est vous, mon Dieu, qui m'en remettez en possession ». De tout temps il fallut être instruit de la doctrine chrétienne, savoir lire et écrire, pour être admis à la tonsure, et l'étude était une des principales obligations des clercs. Aussi lorsque la barbarie des peuples nomades, transplantée dans les nations polies de l'Europe, eut couvert d'un nuage de ténèbres les populations même chrétiennes, les clercs furent-ils les seuls qui, fidèles à l'esprit de leur vocation, ne cessèrent jamais de se livrer à l'étude (*voyez* CLERGÉ). Partout où l'on rencontrait un clerc, on avait un homme plus ou moins lettré, et l'on ne trouvait presque plus d'homme lettré qui ne fût *clerc* : *clerc* et *savant*, *science* et *clergie*, étaient synonymes.

Le sens de ce mot suffit pour expliquer l'influence qu'a exercée depuis le clergé dans les affaires politiques et administratives. Appelés aux grandes places de l'État, parce qu'ils étaient seuls, par leurs lumières, capables de les remplir, les clercs se firent aider dans leurs fonctions par d'autres clercs, moins capables sans doute, mais qu'ils étaient encore beaucoup plus que les autres laïques. Ainsi tous les emplois publics furent leur lot, et avec eux la fortune devint leur patrimoine. Grands et petits *clercs* purent amasser beaucoup de biens, et mourant sans postérité, puisqu'ils étaient astreints au célibat, ils durent les employer à doter des églises, des chapitres, des couvents.

Les clercs composaient les états généraux des provinces : aussi depuis y conservèrent-ils un certain nombre de places sous le titre de *conseillers-clercs*. Les *clercs* surveillaient encore les finances ; et dans l'origine de la cour des comptes les membres en furent établis sous le nom de *clercs des comptes*. Les clercs étaient ministres des affaires publiques : aussi les secrétaires d'État s'appelaient-ils *clercs du secret*. Les clercs étaient les secrétaires du roi : aussi les secrétaires du roi s'appelaient-ils *clercs* ou *notaires du roi* ; et c'est de ce dernier usage que les rois firent des clercs, que *clerc* est devenu synonyme de secrétaire, scribe, commis. Bientôt les notaires, les procureurs, les greffiers, curent des secrétaires, auxquels ils donnèrent le même nom. On dit encore de nos jours *clerc d'avoué*, *de notaire*, *d'huissier*. Mais maintenant que tout le monde sait lire et écrire, les notaires, avoués et autres emploient pour clercs des jeunes gens qui ont besoin de s'instruire ; et ce n'est que les faisant allusion à leur jeunesse, à leur inexpérience, qu'on dit *faire un pas de clerc*, pour faire une bévue, commettre une étourderie de jeune homme.

Les clercs ecclésiastiques sont astreints au célibat par leurs vœux ; mais ces vœux, ils ne les font irrévocablement pour la première fois qu'en recevant le sous-diaconat. La tonsure et les autres ordres inférieurs ne renferment qu'une promesse d'embrasser la profession ecclésiastique pour toujours, promesse qu'on peut licitement rétracter pour de bons motifs, et qui n'empêche pas de rentrer dans le monde.

On appelait *clercs réguliers* les ecclésiastiques qui se réunissaient en congrégation ou en corps et faisaient vœu de suivre une règle commune pour remplir les fonctions du saint ministère, instruire les peuples, assister les malades, entreprendre des missions. Ils différaient des c h a n o i n e s réguliers en ce que ceux-ci s'imposaient des jeûnes, des abstinences, des veilles et le silence des moines, tandis que les clercs réguliers se bornaient à adopter une règle commune pour s'encourager mutuellement dans les devoirs de leur ministère, en se vouant plus spécialement à quelqu'une de ces fonctions. Les différents ordres de clercs réguliers ont cessé en France à la révolution de 1792. Mais il en existe encore dans d'autres parties de la chrétienté.

Les *clercs ribauds* ou *gouliards* étaient une sorte de bouffons, nombreux au moyen âge, qui, se donnant la tonsure ecclésiastique, buvaient, mangeaient, dansaient et faisaient des chansons en l'honneur de ceux qui les régalaient.

Leur second nom leur venait d'un parasite célèbre par ses bons mots. Au treizième siècle, plusieurs conciles promulguèrent des statuts contre eux, ordonnant de les raser sans pitié pour faire disparaître leurs tonsures.

Autrefois les avocats avaient des *clercs*, qui copiaient leurs consultations et les différentes écritures de leur ministère. Ces clercs assistaient ordinairement aux audiences derrière le barreau pour donner aux avocats les sacs des causes qu'on appelait à l'audience pour être plaidées; ils portaient et reprenaient les pièces dont la communication était nécessaire, faisaient quelquefois des extraits, et recevaient dans les arbitrages les honoraires et les vacations dus à leur patron. A Paris et dans plusieurs autres villes du royaume les clercs de procureur formaient jadis une corporation privilégiée appelée *basoche*. Aujourd'hui la cléricature ne confère aucun privilège; les seuls avantages qui y soient attachés consistent à étudier la pratique et à rendre apte à occuper un office ministériel.

En effet, ceux qui aspirent aux fonctions d'avoué doivent, indépendamment du temps d'étude exigé dans une école de droit, justifier de cinq ans de cléricature. Les clercs de notaire, pour devenir notaires, doivent faire un stage de six années consécutives dans une étude de notaire, les deux dernières au moins en qualité de premier clerc. Les clercs de notaire ne peuvent être employés comme témoins dans les actes reçus par leur patron, à peine de nullité. Enfin, nul clerc ne peut devenir huissier sans avoir travaillé au moins deux ans soit dans l'étude d'un notaire ou d'un avoué, soit chez un huissier ou pendant trois ans au greffe d'une cour impériale ou d'un tribunal de première instance.

Les clercs se rangent dans les études, suivant leur emploi en *premier* ou *principal clerc*, *deuxième clerc*, *troisième clerc*, etc. Le *petit clerc* ou *saute-ruisseau* est l'employé chargé de faire les courses et les commissions. Rien n'est du reste moins rétribué que toutes ces fonctions, depuis la principale jusqu'à la dernière. Faibles appointements, déjeuner au pain sec et à l'eau claire, quelquefois légèrement rougie, avec l'obligation d'être bien habillé, mais à ses frais, tel est le sort du pauvre clerc, et pourtant que d'argent se gagne dans les études!

CLERETS. *Voyez* CLAIRETS.

CLERCQ (JACQUES DU). *Voyez* DUCLERCQ.

CLERFAYT ou **CLAIRFAYT** (FRANÇOIS-SÉBASTIEN-CHARLES-JOSEPH DE CROIX, comte DE), feldmaréchal autrichien, né le 14 octobre 1733, au château de Bruille, près de Binch, en Hainaut, se distingua tellement dans la guerre de sept ans, et notamment aux affaires de Prague, de Lissa, de Hochkirchen et de Liegnitz, qu'il fut un des premiers nommés en 1757 chevalier de l'ordre de Marie-Thérèse. Lors de l'insurrection qui éclata en 1787 dans les Pays-Bas, il repoussa toutes les offres qui lui furent faites pour le déterminer à déserter la cause de Joseph II. Il fit avec la plus grande distinction, et en qualité de général feld-maréchal-lieutenant, les campagnes de 1788 et 1789 contre les Turcs, et fut nommé en 1790 général d'artillerie.

Lorsque éclata la guerre de la Révolution française, en 1792, il commanda le corps auxiliaire autrichien placé sous les ordres du duc de Brunswick, et battit les Français le 15 septembre à La Croix-aux-Bois. Quand le duc fut contraint d'évacuer la Champagne, Clerfayt battit en retraite en Belgique, où il opéra sa jonction avec le duc de Saxe-Teschen, après que celui-ci eut été défait à Jemmappes, puis avec le duc de Saxe-Cobourg, quand ce prince eut pris le commandement en chef de l'armée des coalisés, et battit avec lui les Français le 1er mars 1793 à l'affaire d'Aldenhoven. Il occupa ensuite Maëstricht, assista le 18 mars à la bataille de Neerwinden, et le 11 septembre suivant s'empara du Quesnoy; mais le 15 et le 16 il fut battu à Wattignies. En 1794 on le chargea de défendre la Flandre occidentale, où, le 29 avril, il fut complétement battu par Pichegru, à Mouscron; et après le combat de Tourcoing il alla prendre aux environs de Thiel une forte position, qu'il n'abandonna que le 13 juin, après avoir été de nouveau battu à Hooglede.

Après le départ du duc de Saxe-Cobourg, dans les premiers jours de juillet, il prit le commandement en chef de l'armée autrichienne; mais à la suite de la perte de la bataille d'Aspremont (18 septembre), il se vit contraint de repasser le Rhin à Bonn, dans les journées des 5 et 6 octobre, pour y prendre une position plus sûre. En 1795 il obtint le bâton de feld-maréchal et le commandement en chef de l'armée impériale réunie sur le Rhin, où, le 11 octobre, il battit Jourdan à Hoechst, occupa Mayence, et conclut, le 31 décembre, un armistice avantageux avec la république française. Au commencement de 1796 il revint à Vienne, où l'attendait une ovation populaire, à l'occasion de l'expiration de l'armistice. Il fut alors appelé à faire partie du conseil aulique de guerre, et mourut dans cette capitale, le 18 juillet 1798. Aux qualités qui font le bon soldat, Clerfayt réunissait les vertus de l'homme privé et du bon citoyen; aussi la ville de Vienne, reconnaissante, lui érigea-t-elle un magnifique mausolée.

CLERGÉ, du grec κλῆρος, signifiant sort, partage, héritage, c'est-à-dire *partage*, *héritage du Seigneur*. Telle est la première acception du mot. Dans l'*Ancien Testament* il y a un *clergé*. Entendu de la sorte, c'est la tribu de Lévi spécialement consacrée au service de Dieu. Cette distinction du clergé et des fidèles a choqué les protestants; elle est pourtant simple: les clercs sont un choix fait dans l'Église pour la mission particulière de remplir les charges du sanctuaire. Les fidèles ne sont pas pour cela exclus de l'héritage commun. Le clergé a fait l'Europe moderne. Établi pour enseigner la religion, il eut pour cela même toute autorité sur les peuples et sur les rois. Dans les quatre premiers siècles, où le monde entier se dissolvait pour se refaire, le clergé fut le lien de la société humaine. Au milieu des luttes des pouvoirs et des révolutions des empires, qui laissaient flotter toutes les notions de commandement et d'obéissance, le clergé n'eut qu'à rester immobile au milieu des ruines, avec son enseignement chrétien, pour perpétuer les idées sociales. Au cinquième siècle, lorsque les barbares firent irruption sur l'Occident, le clergé protégea les peuples par l'ascendant de sa parole, et il arriva que les vaincus restèrent maîtres, en imposant leurs croyances aux vainqueurs. Les Gaules surtout éprouvèrent ce bienfait: les Francs devinrent chrétiens, et la véritable victoire fut au peuple destiné d'abord à la servitude. Ce fut le clergé qui domina la barbarie. Ne pouvant organiser le pouvoir, il organisa la liberté. Le clergé fut le patron du peuple contre toutes les tyrannies. Lui seul conservait quelques restes des connaissances humaines; ce fut avec la religion le seul tempérament de la brutalité de ces temps. Charlemagne comprit ce qu'il y avait d'utile à associer le clergé à la puissance: c'était alors un moyen de l'adoucir et de la rendre populaire. Mais ce ne fut qu'un passage. Le désordre reprit dans le pouvoir, et le clergé rentra dans sa mission toute morale. Le clergé cependant ne s'affranchit pas toujours du désordre commun. Il y eut des moments de barbarie et de corruption. Les guerres de partage, les incursions des Normands, les querelles des princes, la confusion des droits, avaient jeté le monde dans une sorte de chaos. Le clergé fut emporté comme tout le reste, mais l'esprit de la religion survécut et mit fin aux brigandages. Les lumières reparurent; le clergé reprit son rang.

Dès le douzième siècle, ce mot *clergé* devint synonyme de science. Un c l e r c, c'était un homme d'étude, un savant. Bientôt commencèrent de grands travaux dans le silence des cloîtres; c'est à ces travaux que nous devons la plupart des monuments de la littérature grecque et romaine. On n'est pas conçu alors que le mot *clergé* ou *clergie*, après avoir été synonyme de lumière, deviendrait, dans le langage des passions, synonyme d'ignorance. Le monde moderne s'est construit sous l'influence du clergé : cela lui devait donner de la puissance, et de là la haine des hommes. Il est cependant des reproches qui sont aujourd'hui tombés. Par exemple, on ne songe plus à faire au clergé un crime des croisades. Il faut songer à l'état moral des peuples aux quatorzième et quinzième siècles pour avoir une idée des efforts qui durent être faits dans l'Eglise pour conserver intactes les grandes notions de la justice et de la vertu humaine, et pour faire avancer le monde dans les voies de la civilisation. Sans le clergé, on n'eût connu en France que la domination des armes. Et encore les armes étaient-elles entre les mains de gens qui se glorifiaient de ne rien savoir. C'était la force brute, guidée seulement par un instinct d'honneur ; il n'y avait pas là de quoi suffire aux besoins d'une société policée. Le clergé tempéra cette domination. Pendant que les seigneurs exerçaient à tout hasard le terrible droit de l'épée, le clergé rappelait aux hommes les devoirs de l'humanité. Au milieu des rivalités sanglantes qui trop souvent désolèrent la France, le clergé eut toujours de nobles paroles de liberté à jeter aux tyrans. Les évèques furent les protecteurs du peuple ; les églises lui furent un asile ; la chaire devint une tribune d'où partirent mille fois des accents terribles contre l'oppression. Ainsi l'Église défendait la nation qu'elle avait affranchie. Et il ne faut pas s'étonner que le clergé ait occupé le premier rang dans cette hiérarchie des ordres institués primitivement pour tenir le peuple hors de l'atteinte du pouvoir arbitraire : quand ce rang ne lui eût pas été acquis par la grandeur, alors vénérée, de sa mission religieuse et de son caractère chrétien, il lui était dû encore par le haut mérite de l'intelligence et des lumières, celui qu'en tous les temps les hommes préfèrent à tout le reste. C'était donc la nature même des choses qui faisait entrer le clergé dans la politique, et cela ne pouvait tenir à son ambition.

Au moment de la réforme protestante, il y avait de grands vices dans le monde. Le clergé avait participé à la décadence, et l'Église romaine cherchait déjà à ranimer les vertus éteintes du christianisme. Le cri de révolte de Luther eut ces vices pour prétexte : ce fut une profonde hypocrisie. Mais sa parole eut du retentissement, parce qu'elle appelait la raison de l'homme à l'indépendance. Alors, pour la première fois peut-être, le clergé parut manquer à sa grande destination de la liberté. Il était aisé de pressentir que l'indépendance luthérienne amènerait le despotisme, par la raison toute simple que là où nulle autorité morale ne reste pour régler la pensée humaine, l'anarchie arrive bientôt, et après elle la domination de la force. Le clergé ne saisit pas dès l'abord ce commencement général de la réforme. Il aima mieux entrer dans les questions de détail, celles qui touchaient directement à la foi. Peu à peu la dispute s'agrandit, et sous la plume merveilleuse de Bossuet elle prit un caractère inconnu à la polémique des partis et des hérésies. Le clergé d'ailleurs s'occupait d'une réforme plus réelle que celle de Luther. Le concile de Trente avait resserré dans le monde catholique le lien de l'unité. Les mœurs ecclésiastiques se mirent en harmonie avec cette sévérité de doctrine, devant laquelle les erreurs n'avaient plus de prétexte. Ce fut une époque de grande restauration, et pendant que le protestantisme, divisé en mille sectes, s'en allait par le monde établissant l'anarchie dans les peuples et le despotisme dans le pouvoir, le clergé catholique réformait les abus, rappelait les hommes à la foi, ranimait la charité, créait des institutions, veillait à l'éducation publique, et jetait de toutes parts des semences de vertu et de lumière. Le clergé ne fut étranger à aucune sorte de progrès intellectuel. Il avait formé la langue dans les prédications, avant que les écrivains l'eussent formée dans les livres. Rien n'est comparable aux travaux du clergé dans l'histoire, dans les lettres, dans les sciences. Un bénédictin était une académie vivante ; et il nous a fallu un Bossuet pour que nous eussions une idée de l'éloquence de Démosthène. D'autres bienfaits vinrent ensuite. Le tableau des institutions religieuses du dix-septième siècle est le plus magnifique spectacle qui se puisse imaginer, et toujours c'est le clergé qui préside à ces grands travaux, à ces admirables fondations.

Le protestantisme n'eut point de clergé proprement dit. Le mot de clergé présente l'idée d'un corps enseignant et soumis à une autorité qui règle sa doctrine. Les protestants ne pouvaient admettre cette autorité qu'ils avaient détruite, et il ne resta dans la réforme que des pasteurs sans unité. En Angleterre, la réforme ne fut d'abord qu'un déplacement du pouvoir spirituel, et le clergé subsista, avec ses règles extérieures, avec sa hiérarchie qui aboutissait au roi. Mais ce ne fut qu'une apparence d'autorité, conservée politiquement pour perpétuer les droits du clergé ancien, qui ne firent aussi que se déplacer. Le clergé anglican n'a gardé du catholicisme que la dépouille de ses richesses, sans hériter de la charité qui en réglait l'emploi. On a récemment fait la supputation des revenus du clergé anglican ; il dépasse les revenus de tous les autres clergés dans le monde entier. C'est un scandale en pure perte pour le peuple anglais, qui a désappris ce que c'est que l'aumône chrétienne, à moins qu'elle ne lui soit encore enseignée par ce qui reste de clergé catholique, pauvre, mais charitable. Le clergé anglican est un grand exemple donné au monde pour lui apprendre ce qu'il y a de fécond et de merveilleux dans le célibat. Le contraste est frappant en Irlande, où le clergé catholique vit des deniers du pauvre et reçoit assez cependant pour avoir toujours à donner, et où le clergé anglican absorbe la richesse publique, et en jouit insolemment dans le luxe et la mollesse, ayant des palais pour presbytères et ne partant au peuple que par des recors.

Revenons à la France. Le dix-septième siècle avait été pour le clergé une époque de gloire. Dans le dix-huitième siècle, ce fut un autre spectacle. Le clergé sembla ployer sous le poids de sa grandeur. Sa prospérité précédente l'avait exposé à deux périls, celui de sa propre faiblesse et celui de la haine d'autrui, double suite de la fortune. Il faut dire aussi que la coutume récente de jeter les dignités du sacerdoce à des hommes qui y paraissaient destinés par le rang de leur naissance plutôt qu'appelés par la sainteté de leur vie, altéra singulièrement cette antique institution, fondée longtemps sur la prééminence de la vertu et du savoir. Ainsi modifié par une certaine nécessité de temps, il n'eut plus ce qu'il fallait pour lutter contre l'effroyable débordement d'impiétés qui tout à coup venaient réaliser le principe de la réforme et le rendre d'une application populaire, au profit de tous les vices et de toutes les passions. Et même il arriva qu'une partie du clergé se laissa gracieusement aller à ce torrent, n'ayant ni la force ni le vouloir de l'arrêter. Pour la première fois, on vit des abbés petits-maîtres et un clergé de cour ; et comme si l'on eût pensé désarmer ainsi la colère et le mépris des philosophes, des prêtres philosophes eux-mêmes, ne voyant pas que c'était amasser quelque mépris de plus, sans rien ôter à la colère. Ainsi le clergé traversa le dix-huitième siècle, donnant des exemples divers, soit de faiblesse, soit de grandeur, ayant encore de magnifiques restes de vertu et de génie, mais n'offrant plus aux passions du monde cette ferme résistance d'un corps animé par une seule pensée de charité et de foi, et se laissant aller à la pente des vices qui dégradaient et perdaient la société. La Révolution éclata comme un grand coup de tonnerre sur cette société ainsi ravagée.

Le clergé avait un rôle tout fait dans ce formidable renouvellement de la France. Déjà dans les nouvelles assemblées d'états généraux on avait vu le clergé mêlé au tiers état : c'était une tendance chrétienne, mais à qui il devenait facile désormais de s'égarer. A force de travailler à l'affranchissement du peuple, on risquait de travailler à la ruine de tout pouvoir. Le clergé sembla d'abord ne pas reconnaître ce péril. Il eut aussi sa part dans les nouveautés démocratiques. Était-ce besoin d'indépendance, ou haine des vices qui avaient quelquefois dégradé les dignités de l'Église? L'une et l'autre cause apparemment; et puis il semblait que la Providence, qui avait des coups de justice terribles à frapper sur toutes les têtes, voulût laisser chacun aller à ses pensées d'orgueil, pour mieux faire sentir sous les exemples de sa vengeance la nécessité de rentrer précipitamment dans les voies de la vertu et de la soumission. Le clergé ne fit pas attendre longtemps la réparation de ses torts. Bientôt il eut à passer par les épreuves les plus formidables; il y passa avec une intrépide courage. Jamais l'héroïsme chrétien ne fut plus grand sous les tortures des premiers tyrans. La prison, l'exil, la pauvreté, les supplices, l'échafaud, rien ne troubla cette foi qui s'était endormie dans les délices et qui se réveillait dans les tourments. Le clergé de France restera grand dans l'histoire de l'Église et du monde. Après avoir rougi de sang les sanctuaires, il s'en alla chez les peuples traîner ses restes mutilés. Toutes les nations admirèrent sa vertu, ses lumières, sa patience et son courage. L'Angleterre comme l'Espagne, l'Allemagne comme l'Italie, lui ouvrirent des asiles, et l'accueillirent avec admiration et avec amour. De tels hommages attestaient seuls que le clergé avait fait sa réparation au ciel et qu'il restait digne de reprendre quelque jour sa mission interrompue d'enseigner les peuples et de les ramener à l'ordre et à la liberté.

Le règne de Napoléon servit à montrer le clergé sous un jour nouveau. Ce grand homme avait paru comme un vainqueur de l'anarchie; toute la France le salua, et la religion bénit ses victoires. Par malheur, l'ambition de dominer poussa trop loin ce génie. Il voulut aussi lever son épée sur l'intelligence humaine : ici mourut son pouvoir. Il s'attaqua à l'Église; et comme il l'avait dépouillée de ses domaines, il crut de même la maîtriser dans ses croyances. Le clergé, décimé qu'il était, vieilli, épuisé par d'autres luttes, n'ayant rien que sa misère et sa foi, résista au vainqueur de la terre; ce fut un fatal exemple pour lui, et l'Europe ne se remua pour le renverser que lorsqu'il eut touché au front qui portait, comme celui de Moïse, le rayon céleste.

La restauration du trône des Bourbons se fit ensuite, et peut-être elle fut trop hâtée pour qu'elle pût être aussi profitable au clergé que quelques-uns l'avaient pensé. En France, on s'était habitué à identifier la cause du clergé avec celle du trône. Cela tenait à des traditions que la Révolution ne pouvait pas avoir déracinées, elle qui du même coup avait abattu les têtes de rois et les têtes de prêtres, elle qui avait démoli les sanctuaires et broyé les couronnes. De sorte que, voyant le trône relevé, bien des gens imaginaient que le clergé devait par cela même reprendre son autorité ancienne. Peu à peu cette idée s'accrut par des imprudences. On ne sut pas assez que dans les temps où nous étions arrivés l'autorité du prêtre devait être toute morale. On en voulut faire une autorité politique; fatale erreur! Le clergé cependant n'avait jamais été ni plus édifiant, ni plus charitable, ni plus zélé, ni plus éclairé même. Il se faisait de toutes parts un travail d'émulation pour vaincre, à force de savoir, les répugnances qui vivaient encore dans les âmes réformées, et que le premier enthousiasme de la Restauration avait à peine déguisées. Mais on ne sut gré au clergé ni de ses vertus ni de ses lumières : on accusa son ambition; on fit porter au pouvoir l'odieux de ses reproches. Par degrés, la haine s'anima, et, comme pour marquer qu'elle était surtout inspirée par la haine du clergé, elle s'en alla démolir l'archevêché de Paris, jeter à un à tous ses débris dans les flots, tout pêle-mêle, la bibliothèque antique, les ornements du pontife, ses insignes d'autorité, sa croix, ses reliques, puis les pierres même et les toits de son palais, ne laissant aucune trace d'habitation humaine, et effrayant les yeux et la pensée par cette minutie de destruction.

Ce fut une grande réaction contre des idées imprudentes ou mal exposées. Quant au clergé, il prit naturellement la position qui lui convient en tous les temps et qui ne fut primitivement altérée que par les pouvoirs. Le clergé n'a pas besoin d'être une puissance politique; quand il l'a été, ce sont les peuples qui lui en ont fait une condition pour leur propre liberté. Le clergé est admirable, rendu à lui-même, à son autorité morale, à cette merveilleuse autorité du christianisme, qui traverse les révolutions et domine sur leurs ruines. Le clergé en ce temps a semblé être rentré dans la position où il se trouva dans les moments de transformation sociale qui succédèrent à la chute de l'empire romain. Au milieu des invasions des barbares et des déplacements successifs des pouvoirs, il resta immobile et debout, gardant la liberté de sa parole pour enseigner les peuples et perpétuer la connaissance des devoirs. Aujourd'hui il le fait de même. Le monde, qui s'agite et voit passer sur sa tête des pouvoirs contraires, n'a pas le temps de s'apercevoir de cette mission silencieuse du clergé. Heureusement, derrière tout cet appareil de théâtre, derrière tous ces changements de scène, derrière toutes ces successions d'empire, la véritable autorité se conserve et perpétue les notions du juste et du vrai : quelque jour, le monde, épuisé de fatigue, se réveillera au bruit de ses enseignements. Le clergé peut être mis hors des affaires de ce monde; mais il y a une chose qui doit y rentrer tôt ou tard, c'est la morale, et le clergé est assez grand s'il est fidèle à sa mission de la faire toujours revivre par ses exemples et par ses leçons. LAURENTIE.

Le clergé possédait sous l'ancienne monarchie de grands privilèges. Il formait le premier ordre du royaume; dans les états généraux, comme partout, il avait le pas sur les laïques, même sur la noblesse. Les ecclésiastiques étaient exempts des charges municipales, de la contrainte par corps pour dettes civiles, du logement des gens de guerre, de toute imposition pour la subsistance des troupes ou les fortifications des villes, de tailles personnelles pour leur patrimoine, aussi bien que pour les dîmes affectées à leurs bénéfices, de droits d'aides, de vingtièmes, de capitation, etc.; mais ils payaient sous le titre de *décimes*, *subventions*, *dons gratuits*, etc., des contributions dont ils faisaient eux-mêmes la répartition et le recouvrement, et dont le total s'élevait à environ douze millions. Le clergé avait huit chambres supérieures ecclésiastiques. Les *grandes assemblées ordinaires* du clergé se tenaient régulièrement tous les dix ans depuis 1606, les *petites assemblées ordinaires*, nommées aussi *assemblées de comptes*, tous les cinq ans depuis 1625. Les *assemblées extraordinaires* étaient convoquées pour délibérer sur des affaires imprévues. Ces assemblées ne pouvaient durer que six mois. Un commissaire du roi devait y assister.

A la Révolution, le clergé se composait d'environ 350,000 individus. Ses revenus montaient à plus de 100 millions de livres. Aujourd'hui le clergé en France compte plus de 60,000 individus. Le budget des cultes remplace les biens ecclésiastiques, dont la Révolution fit des biens nationaux. En 1846 le budget des cultes s'élevait à 37 millions, dont 36,288,900 fr. pour le culte catholique. Le budget de 1854 porte pour les cultes 44 millions, qui sont encore à peu près absorbés par le culte catholique, sans compter 5 ou 6 millions de pensions ecclésiastiques et les subventions des villes et des communes, le casuel (évalué à 20 millions) et les quêtes. Le clergé ne cesse en outre de s'enrichir par des dons et legs. Sous le règne de Napoléon Ier, de 1801 à 1814, le clergé n'avait reçu en dons et legs que 2,900,000 fr. En 1814, sous la Restauration, le montant des dons et legs au clergé ne s'éleva qu'à 133,000 fr., en 1815, à 131,000 fr., en 1816 à 738,000 fr., en 1818 à 1,473,640 fr.; en 1819 à 711,000 fr.; en 1823 à 11,468,000 fr. L'accroissement fut terme moyen de 4 millions par an. En 1831, ils tombèrent à 628,000 fr., en 1832, à 1,013,000 fr., en 1836, à 3 millions. On le voit, les dons et legs au clergé suivent la politique. A quelle somme doivent-ils s'élever à l'heure qu'il est?

« Toutes les grandes nations de l'antiquité se formèrent autour d'un autel, disait l'abbé Orsini en 1850 ; toutes se sont rendues célèbres par la magnificence de leur culte ; toutes ont assuré décemment le sort de leurs prêtres. Aucune n'a rejeté ses temples en dehors des limites du gouvernement ; aucune n'a dit aux prêtres de ses dieux : *Vous vivrez comme vous pourrez !* Cela était réservé à nos temps modernes.

« Ce qui rendit la religion païenne si difficile à vaincre chez les Romains, ce fut sa forte organisation hiérarchique. A cette force hiérarchique se joignait la force des riches. Outre les dons splendides envoyés aux temples, outre leur part dans les sacrifices, les prêtres païens pouvaient recevoir les legs des mourants, et ils étaient en outre salariés par l'État. Tant que ces privilèges existèrent, tant que les pontifes païens reçurent de l'État de quoi subsister, les temples restèrent debout ; et la hiérarchie sacerdotale se soutint. Quand ces secours et ces privilèges furent retirés, le paganisme disparut tout à coup, comme une édifice antique que la tempête renverse en passant et dont elle disperse les pierres.

« Je sais bien que quand même le clergé catholique serait dépouillé de sa tunique et de son manteau, que quand même il ne lui resterait pour la pain amer de l'aumône, la religion de Jésus-Christ ne périrait pas : nous en avons la parole divine pour garantie ; mais l'expérience nous apprend que si l'on ne peut pas le tuer tout à fait, on peut la réduire à presque rien dans de vastes contrées ; et si l'on abolissait la dotation du clergé en France, notre Église serait réduite à chercher un jour ses fidèles comme le voyageur hébreu cherchait jadis de loin en loin les raisins oubliés sur le cep après la vendange. »

Ces craintes ont sans doute disparu aujourd'hui. Jamais le clergé n'a fut plus en honneur. On avait pensé que son royaume n'était pas de ce monde, qu'il serait d'autant plus honoré qu'il s'éloignerait des intérêts du siècle. Il avait perdu ses places dans la chambre haute ; il était soigneusement écarté de la politique. On ne lui laissait dans l'instruction publique que la place appartenant à chaque citoyen. Cet état ne pouvait lui convenir : il réclama rudement une liberté qui devait être plus pour lui. La république lui demanda des prières, il les lui prodigua. Il pria pour ses morts ; il bénit ses arbres de la liberté. Il fréquenta quelques-uns de ses clubs, quelques membres acceptèrent même le mandat de représentants du peuple. Depuis le coup d'État du 2 décembre, qu'il salua avec plus d'acclamations encore, il a repris sa place au sénat, l'instruction publique lui est livrée, les lois s'adoucissent en sa faveur, des temples nouveaux s'élèvent, son budget grossit, les biens lui arrivent en abondance. L'armée est à ses pieds. L'aumône passe par ses mains. Un ancien serviteur du régime constitutionnel, le dernier président de cette chambre des députés qui a perdu la monarchie, a même essayé de lui rendre l'entière disposition des consciences, en faisant dépendre les actes de l'état civil de l'administration des sacrements? Mais il est dans la nature humaine de ne tant chercher l'indépendance que pour dominer. Et sous ce rapport trop souvent l'Église de Jésus-Christ a été de ce monde. Un parti s'est donc élevé en dehors du clergé, mais l'envahissant déjà, qui rêve encore pour lui la domination universelle. Puisant sa force au delà des monts, ce parti ne peut supporter un pouvoir qu'autant qu'il le dirige. Le clergé saura-t-il éviter l'écueil? Restera-t-il attaché à ses antiques immunités, à ses vieilles libertés gallicanes, qui le rendaient national? Déjà il semble répudier les doctrines de 1682 ; déjà il repousse dans l'enseignement les grandes leçons de l'antiquité classique pour renouveler les discussions de la scolastique. Se laissera-t-il éblouir par la pompe qui l'environne? Pense-t-il avoir ramené les cœurs à l'obéissance? Croit-il seulement nous avoir rendu la foi, l'espérance et la charité?

CLERGIE (Bénéfice de). *Voyez* BÉNÉFICE DE CLERGIE.

CLÉRICATURE. C'est l'état et la condition du *clerc*. Elle lui donnait autrefois le privilége de ne pouvoir être repris par les juges civils et de ne ressortir que des tribunaux ecclésiastiques pour les peines qu'il avait encourues (*voyez* BÉNÉFICE DE CLERGIE). Toutefois, le clerc n'était pas admis à demander son renvoi devant un juge d'église lorsqu'il ne portait pas l'habit clérical au moment où il avait été saisi.

La *cléricature* est encore le temps que l'on passe communément dans les séminaires, à l'étude de la théologie, après avoir reçu la tonsure, pour se préparer au sacerdoce.

CLERMONT, bourg du département de l'Isère, à 18 kilomètres de Grenoble, ancienne baronnie, la première de la province, érigée en comté en 1547 et qui a donné son nom à une illustre famille (*voyez* CLERMONT-TONNERRE).

CLERMONT EN ARGONNE, chef-lieu de canton du département de la Meuse, à 23 kilomètres de Verdun, près de l'Aire, avec une population de 1,424 habitants et un commerce de fers. C'était autrefois une place forte et la capitale du Clermontois ; elle fut démantelée par Louis XIV. Le comté de Clermont fut donné par l'Empire d'Allemagne à l'église de Verdun. Thibaut, comte de Bar, s'en empara en 1204. Cependant lui, ses successeurs et les ducs de Lorraine, devenus comtes de Bar, n'en continuèrent pas moins à faire hommage aux évêques de Verdun pour la seigneurie de Verdun jusqu'en 1564, époque où le comté fut compris dans les investitures données par les empereurs aux ducs de Lorraine. Louis XIII et Louis XIV s'en emparèrent plusieurs fois ; et le traité des Pyrénées le céda définitivement à la France. Louis XV en fit présent au prince de Condé, à charge de foi et hommage.

CLERMONT EN BEAUVAISIS, chef-lieu d'arrondissement dans le département de l'Oise, à 24 kilomètres de Beauvais, et à 83 kilomètres de Paris, sur la rive droite de la Brèche, avec une population de cinq mille cent quarante-quatre habitants, un collège, une bibliothèque publique de douze mille volumes, une maison centrale de détention pour les femmes condamnées à la réclusion pour plus d'une année, établie dans l'ancien château des princes de Condé. C'est une station du chemin de fer du Nord. Il s'y fait une fabrication de bonneterie et de cotonnades et un grand commerce de grains, farines et toiles ; on y trouve des filatures de coton et deux typographies. Lors des troubles de la Jacquerie, elle fut surprise par le captal de Buch ; les Anglais s'en rendirent maîtres en 1359 ; elle leur fut résista opiniâtrément en 1415. En 1430 le château fut pris par le maréchal de Boussac ; mais la ville retomba au pouvoir des Anglais en 1434 leur fut enlevée par La Hire, et rendue en 1437, pour la garder de même La Hire : elle ne tarda pas à rentrer sous la domination française. En 1569, Charles IX aliéna Clermont au duc de Brunswick, moyennant 360,000 livres, et trente ans après la duchesse de Brunswick revendit la ville à Charles, duc de Lorraine. En 1595, elle fut prise par Henri IV sur la Ligue ; en juillet 1615 le prince de Condé s'y retira avec quelques troupes, et parvint à s'y fortifier.

[Clermont fut autrefois le chef-lieu d'un comté particulier, dont le premier possesseur connu dans l'histoire fut Renaud, l'un des généraux de l'armée d'Eudes, frère du roi Henri Ier, contre Guillaume le Bâtard, duc de Normandie, en 1054. Il eut pour successeurs Hugues Ier, Renaud II, Raoul Ier. Catherine, fille de ce dernier comte et son héritière, porta ce comté à son époux Louis, comte de Blois et de Champagne (1191). Il échut à Thibaud le jeune, leur fils, en 1205. Après sa mort (1218), le roi Philippe-Auguste acquit de Mahaut, tante de Thibaud, le comté de Clermont, et en investit Philippe-Hurepel, son fils. Jeanne, fille de ce dernier prince, lui succéda au comté de Clermont en 1234, et se maria en 1236 avec Gaucher de Chastillon, tué en Égypte, le 5 avril 1250, sans laisser d'enfants. Le roi saint Louis, le plus proche héritier de la princesse Jeanne, réunit le comté de Clermont à la couronne jusqu'en 1269, qu'il le démembra en faveur de Robert de France, son sixième fils. C'est de ce dernier que sont descendus les derniers comtes de Clermont, ancêtres de la branche royale de Bourbon.

LAINÉ.]

CLERMONT-FERRAND, ville de France, chef-lieu du département du Puy-de-Dôme, à 330 kilomètres sud de Paris, au centre d'un amphithéâtre formé par la chaîne du Puy-de-Dôme, entre l'Arrier et le Bédat, avec une population de 33,516 habitants. Siège d'un évêché suffragant de Bourges, et dont le département du Puy-de-Dôme forme le diocèse, cette ville possède une église consistoriale calviniste, un tribunal de première instance, un tribunal de commerce, une académie universitaire, une école préparatoire de médecine et de pharmacie, un lycée, une école normale primaire départementale, une bibliothèque publique de 16,000 volumes, un cabinet de minéralogie, un jardin botanique, un laboratoire de chimie des ingénieurs des mines, une chambre de commerce. C'est le quartier général de la vingtième division militaire.

Clermont-Ferrand est entouré de boulevards plantés de beaux arbres, et formant une enceinte régulière, mais son aspect intérieur est d'une grande tristesse; ses rues sont étroites pour la plupart. Encore aujourd'hui, comme au temps de Fléchier, « la plus grande à juste la mesure d'un carrosse, » et toutes les maisons, construites en lave, présentent une couleur sombre que le badigeonnage ne peut jamais effacer. Cependant cette ville renferme d'assez belles places et quelques édifices remarquables : en première ligne nous citerons sa cathédrale, construction gothique du treizième siècle, pleine de hardiesse et d'élégance, mais qui malheureusement n'est point achevée; l'église Notre-Dame du Port, plus ancienne que la cathédrale, et dont les arcades, en plein cintre, et les nombreuses inscriptions en lettres romaines semblent appartenir aux premiers siècles de l'établissement du christianisme dans les Gaules; le Château d'Eau, fontaine d'une grande élégance, construite en 1511. On voit au faubourg de Saint-Allyre une célèbre source pétrifiante.

L'industrie est active et variée à Clermont. Il s'y fait une fabrication de confitures et conserves de fruits renommées, de pâtes d'Italie, fécule de pommes de terre, chocolat, chandelles, coutellerie, orseille, noir minéral et produits chimiques, articles en lave émaillée, bas de soie, tissus de caoutchouc. On y trouve d'importantes tanneries, des distilleries d'eau-de-vie et de liqueurs, des cireries, des salpêtreries et trois typographies. Il s'y fait un commerce très-actif en toiles, fils, chanvre, blés, vins, fromages, cuirs et chiffons. Cette ville est un entrepôt de commerce entre Bordeaux et Lyon, entre Paris et les départements du midi.

Clermont-Ferrand paraît avoir été fondée ou du moins embellie par Auguste, et être l'ancienne *Augustonemetum*; à huit kilomètres de son emplacement actuel se trouvait la cité gauloise de *Gergovia*, qui soutint contre César un siége fameux. Après la destruction de cette cité, les habitants se retirèrent dans la ville voisine, qui ne tarda pas à devenir la capitale de l'*Arvernie*. Les empereurs en firent une cité de droit latin, et y établirent un sénat. Les arts y furent cultivés avec succès; l'école, où des maîtres habiles enseignaient les belles-lettres, fut longtemps célèbre, et attira des étudiants de toutes les parties de la Gaule. On y voyait une statue colossale de Mercure, que Pline appelle une merveille du monde. Cette statue, qui était en bronze, avait 122 mètres de hauteur et avait coûté 400,000 sesterces. Le temple consacré au même dieu sous le nom de *Wasso-Galate*, excita l'admiration des barbares mêmes; il existait encore au temps de Grégoire de Tours. « On ne saurait, dit Savaron, si peu fouir dans la terre que l'on ne trouve à Clermont des antiques, médaillons, urnes, arches sépulcrales, inscriptions romaines et chrétiennes, thermes, aqueducs, marbres, poteries d'une merveilleuse rougeur et polissure, et autres monuments d'antiquité. »

Jusqu'au septième siècle la cité des Arvernes conserva son sénat; c'est vers cette époque qu'elle prit sa dénomination actuelle, d'une citadelle qui la dominait et qu'on appelait *Clarus-Mons*. Cette ville fut prise et saccagée par les Vandales en 408, par les troupes d'Honorius en 412; assiégée inutilement par les Visigoths en 413, elle leur fut cédée en 475 après. Thierry, fils naturel de Clovis, s'en empara en 532; elle éprouva le même sort en 761, 853 et 916, années pendant lesquelles elle tomba successivement au pouvoir de Pepin et des Normands. Du douzième au treizième siècle elle eut beaucoup à souffrir des guerres civiles et des incursions des Anglais. Elle fut réunie à la couronne en 1212 par Philippe-Auguste; Charles V y convoqua les états généraux en 1374. Sous le règne de Charles VI la ville fut agrandie; elle avait alors deux lieues de tour. Pendant les troubles de la Ligue, elle resta constamment fidèle à Henri III et à Henri IV. Enfin, en 1633, par un édit de Louis XIII, la ville de Montferrand, jadis comté et la meilleure place des comtes d'Auvergne, située à un kilomètre de Clermont, ayant perdu son ancienne importance à la suite de la destruction de son château, fut réunie à la ville de Clermont, et n'en forma qu'une seule avec elle sous le nom de *Clermont-Ferrand*. Jusqu'à la Révolution Clermont demeura la capitale de l'Auvergne; elle était alors le siège d'un gouvernement militaire, d'une élection, d'une sénéchaussée et d'un présidial, d'une cour des comptes, etc. Il s'y est tenu cinq conciles en 544, 587, 1095, 1130 et 1162. C'est à celui de 1095 que fut donné le signal des croisades.

CLERMONT-GALLERANDE, village du département de la Sarthe, à 5 kilomètres de La Flèche, avec une population de 1,444 habitants, fut érigé en marquisat en 1576, en faveur de *Georges Ier*, trisaïeul de *Charles-Georges* DE CLERMONT-GALLERANDE, né à Paris, en 1744, maréchal de camp à l'époque de la Révolution, mêlé ensuite aux intrigues de Coblentz et du comité royaliste, chargé plus tard par Louis XVIII de ses singulières lettres au premier consul, créé pair de France en 1815, et mort à Paris en 1823.

CLERMONT-LODÈVE ou CLERMONT-L'HÉRAULT, chef-lieu de canton du département de l'Hérault, à 14 kilomètres de Lodève, sur le Ronel, avec une population de 6,180 habitants, un tribunal de commerce, un collége. L'industrie y est active; on y fabrique de la coutellerie et de la poterie; et on y rencontre de nombreuses fileries de soie, des tanneries, des distilleries d'eau-de-vie, des vinaigreries, des tuileries et des briqueteries. Le commerce consiste en bestiaux, draps, eaux-de-vie, huile d'olive, verdet et fruits.

CLERMONT-TONNERRE (Famille de). Cette maison, dont l'origine remonte à *Sibaud*, premier du nom, seigneur de Clermont en Dauphiné, dont il est fait mention dans un acte de l'an 1094, datée des premières années du douzième siècle. *Sibaud II*, fils de ce *Sibaud Ier*, existait encore en 1180. Comme il avait commandé les troupes qui servirent en 1120 à chasser de Rome l'anti-pape Grégoire VIII, le pape Calixte II, en reconnaissance de ses services, accorda à la maison de Clermont le privilège de porter pour armes deux clefs d'argent passées en sautoir sur un champ de gueules, et pour cimier la tiare papale avec cette devise : *Etsi omnes te negaverunt, ego te nunquam negabo*, réduite plus tard par ellipse à *Etsi omnes, ego non*. Jusque alors les armes de cette maison avaient consisté en une montagne argentée, éclairée par un soleil brillant, expression symbolique de son nom. Le mariage de *Bernardin* DE CLERMONT, vicomte de Tallart, avec Anne de Husson, fille de Charles, comte de Tonnerre, fit passer le comté de Tonnerre dans la maison de Clermont en 1496. En 1547 la terre de Clermont fut érigée en comté en faveur d'*Antoine* DE CLERMONT, grand maître des eaux et forêts de France et lieutenant général des armées du roi en Dauphiné. Le roi Charles IX érigea ce comté en duché, l'an 1571, en faveur de *Henri* DE CLERMONT, qui fut tué en 1573, avant d'entrer en possession de ses titres; mais ses enfants prirent les insignes de cette dignité, confirmée plus tard à leur maison. Parmi les personnages célèbres à divers titres qu'elle a produits, nous citerons :

François DE CLERMONT, comte de Tonnerre, lieutenant général, mort en 1679;

François DE CLERMONT-TONNERRE, son fils, évêque et comte de Noyon, mort en 1701, fort regretté dans son diocèse, qu'il avait toujours parfaitement gouverné. Saint-Simon raconte d'ailleurs de plaisantes choses sur l'excessive vanité de ce prélat. « Toute sa maison était remplie de ses armes, jusqu'aux plafonds et aux planchers; des manteaux de comte et pair dans tous les lambris; son chapeau d'évêque, des clefs partout (qui sont ses armes), jusque sur le tabernacle de sa chapelle; ses armes sur sa cheminée en tableau, avec tout ce qui se peut imaginer d'ornements, tiare, armures, chapeaux, etc., et toutes les marques des offices de la couronne; dans sa galerie une carte que j'aurais prise pour un concile, sans deux religieuses aux deux bouts : c'étaient les premiers et les successeurs de sa maison; et deux autres grandes cartes généalogiques avec le titre de *Descente de la très-auguste maison de Clermont-Tonnerre d'Orient*, et à l'autre, *des empereurs d'Occident*. Il me montra ces merveilles, que j'admirai à la hâte dans un autre sens que lui. » Il était commandeur de l'ordre, et avait été reçu en 1694 membre de l'Académie Française.

François DE CLERMONT-TONNERRE, son neveu, évêque et duc de Langres, mort en 1724, fut chargé de l'oraison funèbre de Philippe de France, duc d'Orléans, frère de Louis XIV.

Gaspard, marquis DE CLERMONT-TONNERRE, né en 1688, mort en 1781, doyen des maréchaux de France, avait commandé l'aile gauche à la bataille de Fontenoy et trente-deux escadrons de cavalerie à celle de Lawfeldt. Au sacre de Louis XVI, il représenta le connétable, et fut élevé à la dignité de duc et pair.

Jules-Charles-Henri DE CLERMONT-TONNERRE, fils aîné du précédent, duc et pair, lieutenant général, gouverneur du Dauphiné, mourut à Paris, sur l'échafaud révolutionnaire, à l'âge de soixante-quatorze ans, deux jours avant la chute de Robespierre (1794), laissant trois fils, *Gaspard*, marquis DE CLERMONT-TONNERRE, fusillé quelque temps après à Lyon; *Anne-Antoine-Jules*, docteur de Sorbonne, d'abord évêque de Châlons, nommé en 1820 archevêque de Toulouse, après s'être signalé dans les dernières années de la Restauration par son fougueux ultramontanisme; enfin, *Gaspard-Paulin, vicomte*, puis *prince* DE CLERMONT-TONNERRE, qui pendant l'émigration commanda un régiment de son nom à l'armée de Condé.

Stanislas, comte DE CLERMONT-TONNERRE, petit-fils du maréchal par la branche cadette, qui finit à lui, naquit en 1747. Colonel avant 1789, il fut élu représentant de la noblesse aux états généraux. Ayant voté pour la réunion des trois ordres, une grande popularité s'attacha en peu de temps à son nom, qui fut nommé membre du comité chargé de discuter et rédiger le projet de constitution. Son éloquence facile et la solidité de son argumentation lui donnèrent dans l'assemblée nationale un ascendant et un crédit dont Mirabeau se montra quelquefois jaloux. Partisan de la monarchie constitutionnelle, il ne blessa pas seulement le parti aristocratique en cherchant à en faire prévaloir les principes, mais aussi les hommes qui déjà songeaient à la république. Dans la nuit du 4 août, il fut un de ceux qui montrèrent le plus d'enthousiasme à voter l'abolition de tous les privilèges; mais il opina ensuite pour l'établissement de deux chambres, pour le *veto* royal et pour toutes les prérogatives dont est investie la couronne dans les États constitutionnels. Afin de combattre les excès du parti républicain, il fonda avec Malouet le club monarchique, qui ne tarda pas à se dissoudre, et publia en société avec Fontanes le *Journal des Impartiaux*, qui n'eut pas une longue durée. En juin 1791, il fut accusé d'avoir aidé à la fuite de Louis XVI, et si l'assemblée ne l'avait pas pris sous sa protection, il eût été mis en morceaux par la populace furieuse. Mais il était désigné d'avance aux vengeances de la multitude, qui au 10 août 1792 pénétra dans son hôtel, sous prétexte d'y chercher des armes. Les recherches étant demeurées inutiles, on le força de venir s'en expliquer à la section. Dans le trajet, il fut blessé mortellement par un coup de feu tiré presque à bout portant. Il eut encore la force de se réfugier dans l'hôtel de Mme de Brissac, où les égorgeurs l'achevèrent, quelques instants après. Ses discours à l'Assemblée constituante avaient été recueillis dès 1791, et forment 4 vol. in-8°.

Aimé-Marie-Gaspard, marquis, puis duc DE CLERMONT-TONNERRE, lieutenant général, pair de France, ancien ministre de la guerre et de la marine sous la Restauration, né à Paris, en 1780, est le fils du prince de Clermont-Tonnerre dont il a été question plus haut. Il entra en 1799 à l'École Polytechnique, fit les campagnes d'Italie, d'Allemagne et d'Espagne, et avait obtenu le grade de capitaine lorsqu'en 1808 il fut nommé aide de camp du roi de Naples Joseph, au service duquel il continua de rester jusqu'à la fin de l'Empire, et dont il posséda toute la faveur. Rentré au service de France par suite des événements de 1814, il fut admis, en qualité de lieutenant, dans les mousquetaires gris, et obtint successivement les grades de colonel de grenadiers à cheval de la garde et de maréchal de camp. Après les Cent-Jours, il fut créé pair et nommé au commandement d'une brigade de cavalerie dans la garde royale. Son début comme orateur à la chambre des pairs témoigna d'une certaine indépendance, car il signala comme funestes les coups d'État auxquels recourut alors le gouvernement de la branche aînée; et en 1816 il combattit, comme contraires à la Charte, les deux lois d'élection, l'une proposée par le gouvernement, l'autre par la chambre des députés. Toutefois, à partir de 1817 on le vit complètement modifier ses opinions politiques et attaquer le principe de l'élection directe. En 1819 il soutint les lois présentées pour restreindre la liberté de la presse, et fut un des promoteurs de la fameuse proposition Barthélemy, tendant à faire changer la loi électorale. Quand M. de Villèle arriva au pouvoir, il lui confia tout aussitôt le portefeuille de la marine; mais c'est justice de reconnaître que dans l'exercice de ces nouvelles et importantes fonctions il ne négligea rien pour donner à la flotte française le développement qui convient à la grandeur du pays. En 1823 il échangea le portefeuille de la marine contre celui de la guerre, et ne déploya pas moins de zèle et d'activité pour la réorganisation de l'armée. En 1827, lors de la revue de la garde nationale passée au Champ de Mars par le roi Charles X, revue dans laquelle de si séditieux furent proférés, il vota dans le conseil contre la mesure de la dissolution de cette milice, mise immédiatement en délibération par le ministre dirigeant, se bornant à demander que l'on licenciât seulement les trois légions qui par leurs cris et leurs vociférations contre les ministres avaient le plus directement offensé la dignité royale. Lors des troubles de la rue Saint-Denis, qui suivirent le rejet de la loi du droit d'aînesse par la chambre des pairs, M. de Clermont-Tonnerre fit sabrer les émeutiers par les gendarmes, et réprima le désordre; mais le cabinet dont il faisait partie ne pût longtemps se maintenir. A l'avénement du ministère Martignac, M. le duc de Clermont-Tonnerre disparut de la scène politique, et il est resté fidèle à ses convictions monarchiques en refusant son concours au gouvernement issu des événements de Juillet. Depuis il a constamment vécu dans la retraite. En 1849 il a perdu son fils puîné, Jules DE CLERMONT-TONNERRE, ancien élève de l'École Polytechnique et de l'École d'État-Major.

CLÉROMANCIE (du grec κλῆρος, sort, et μαντεία, divination), sorte de divination par le tirage de lots. On y employait d'ordinaire des dés, des osselets, des fèves blanches ou noires, des cailloux, de petits morceaux de terre, des noisettes, etc. De là les divers noms donnés à cette divination, tels que *psephomancie, astragalomancie, cubomancie, pessomancie*, etc. On jetait ces lots dans une urne, on les agitait, et, après avoir invoqué les dieux, on les prenait à petite poignée, on les versait sur la table et l'on prédisait l'avenir d'après la disposition des nombres ou des caractères qu'ils présentaient. Chez les Grecs tous les lots étaient consacrés à Mercure, que l'on imaginait présider à cette divination. Aussi, pour se le rendre favorable, ajoutait-on dans l'urne une feuille d'olivier, que l'on nommait *le lot de Mercure*, et que l'on tirait toujours la première. La cléromancie passait pour avoir été inventée par les *Thriæ*, trois nymphes compagnes d'Apollon. Les Grecs et même les Romains avaient adopté une autre divination par lots. Après avoir réuni un certain nombre de ces lots, désignés par des caractères ou des inscriptions, ils en faisaient tirer un par le premier enfant qu'ils rencontraient. Si l'objet choisi par l'enfant était le même que celui qu'ils avaient pensé, il devenait pour eux une prophétie infaillible. Cette superstition remontait aux Égyptiens, qui avaient l'habitude d'observer avec soin les actions et les paroles des enfants, comme présentant quelque chose de prophétique. Cette opinion tirait son origine de la rencontre qu'Isis, cherchant son mari, avait faite d'enfants jouant en public, lesquels lui avaient donné par la cléromancie des informations utiles sur l'objet de son voyage. Dans les marchés, sur les grands chemins, dans les lieux publics, un enfant ou un jeune homme se tenait avec une tablette, sur laquelle étaient écrits des vers prophétiques. On agitait un dé, et le vers sur lequel il tombait indiquait l'arrêt du destin. Souvent, au lieu de tablettes, c'étaient des vases dont les enfants tiraient des vers fatidiques. De nos jours il existe encore quelque chose d'analogue : les servantes achètent au marché la *bonne aventure*, imprimée sur un morceau de papier, pris au hasard. On la leur vend cinq centimes, avec deux aiguilles, un cure-oreille, un passe-lacet, et quelquefois un étui. Au bas de la *bonne aventure* étaient jadis marqués les numéros qui devaient infailliblement gagner à la loterie.

CLÉSINGER (JEAN-BAPTISTE-AUGUSTE). Bien que la réputation de cet artiste soit encore toute nouvelle, elle a eu en moins de six ans le temps de naître, de faire grand bruit dans le monde et de diminuer de beaucoup. Né à Besançon, et fils d'un sculpteur fécond, mais médiocre, M. Clésinger apprit dans l'atelier de son père les procédés de son art. Il partit ensuite pour l'Italie, où il acheva de se former. Il était encore à Florence lorsqu'il envoya en 1843, au salon, un buste qui passa inaperçu. Aux expositions suivantes, on vit de sa main divers autres bustes, notamment ceux de M. Scribe (1844), du duc de Nemours et du savant bibliothécaire de Besançon, Ch. Weiss (1845). Ce ne fut qu'en 1846 que M. Clésinger aborda la figure : il envoya au salon deux statues de marbre, *Un Faune* et *La Mélancolie*, qui lui méritèrent une médaille de troisième classe. Rien dans ces commencements, estimables peut-être, mais vulgaires, ne laissait pressentir le succès qui approchait. En 1847 M. Clésinger, enhardi, exposa cinq ouvrages d'une valeur très-différente. Personne ne prit garde à la *Jeune Néréide*, au groupe des *Enfants du marquis de Las Marismas*, au buste de M. de Beaufort. Mais celui de Mme de *** et surtout *La Femme piquée par un serpent* frappèrent tout le monde de surprise, sinon d'admiration. Il y avait dans le buste de Mme de *** une grâce lascive, une séduction provocante et une coquetterie d'arrangement qui rappelaient les élégances des plus charmants sculpteurs du dernier siècle. Dans *La Femme piquée par un serpent* (on sait que la petite vipère de bronze fut ajoutée après coup et pour donner le change aux pudicités inquiètes), les mérites étaient un peu plus sérieux, sans l'être toutefois suffisamment. On ne tint aucun compte des défauts de cette figure, et chacun se laissa prendre par la vérité du mouvement, la puissance de l'expression et les brillantes qualités de la facture.

Depuis lors, M. Clésinger, qui avait épousé la fille d'une femme célèbre, Mlle Dudevant, essaya en vain de réveiller l'acclamation qui s'était faite en 1847 autour de son nom. Il parut aux plus indulgents que sa *Bacchante* du salon de 1848 n'était qu'une reproduction affaiblie de celle de l'exposition précédente. Il n'y eut plus que les femmes du monde, et les journalistes qui écrivent pour elles, qui continuèrent à applaudir les bustes galants que polissait le ciseau, désormais plein d'afféterie, de M. Clésinger. Toutefois, la croix de la Légion d'Honneur vint, le 17 mai 1849, le récompenser de ses travaux antérieurs. En 1851 il s'essaya, sans y réussir beaucoup, dans la sculpture religieuse. Son groupe de la *Pieta* parut faible par le style et froid par le sentiment : plus heureux, ses deux bustes de Mlle Rachel dans les rôles de *Phèdre* et du *Moineau de Lesbie* réussirent davantage, bien qu'ils fussent inadmissibles au point de vue de la critique intelligente. Nous sommes forcé d'en dire autant de la statue de la *Tragédie*, exposée en 1852 et destinée à décorer le foyer de la Comédie-Française, et des deux bustes, plus violents que gracieux, du salon de 1853. Indépendamment de ces œuvres, M. Clésinger a exécuté une médiocre statue de *Louise de Savoie* (1847), qu'on voit au jardin du Luxembourg), un buste colossal de *La Liberté*, qui fut solennellement offert au gouvernement provisoire après la Révolution de Février, et la gigantesque et lourde figure de *La Fraternité* qu'on avait placée au centre du Champ-de-Mars, le jour de la fête de la Concorde, le 14 mai 1848. M. Clésinger est aujourd'hui occupé de travaux très-importants, entre autres d'une statue équestre de François Ier, qui doit décorer la cour du Louvre. Il est dans la force de l'âge, et, s'il en faut croire ses amis, dans la force de son talent. Par malheur le jugement des amis n'est pas toujours celui du public.
P. MANTZ.

CLEVELAND, après Cincinnati, la ville la plus importante de l'État d'Ohio (Amérique du Nord), est située dans le comté de Cuyahoga, sur la rivière du même nom, au point où elle vient se jeter dans l'une des baies du lac Érié. Cleveland fut fondée en 1796, après que les Indiens iroquois eurent fait cession du comté de Cuyahoga et de quelques territoires adjacents. Mais le développement et la prospérité de cette ville ne datent, à bien dire, que du jour où la navigation à vapeur sur le lac eut pris de grandes proportions et où on eut construit des chemins de fer dans l'intérieur du pays. Le recensement fait en 1840 n'accusait encore qu'une population de 6,071 habitants; celui de 1850 lui en donnait déjà 17,600, et l'année suivante ils dépassaient le chiffre de 20,000. Le 21 février 1851 eut lieu l'ouverture de l'important chemin de fer qui relie Cleveland avec le chef-lieu de l'Ohio, *Colombus*, ainsi qu'avec Cincinnati. Bâtie en grande partie sur une colline bien boisée et élevée de plusieurs centaines de pieds au-dessus du lac, Cleveland offre les points de vue les plus pittoresques sur le lac Érié et sur le rivage, qui se développe devant elle en large demi-cercle. La petite ville d'*Ohio-City*, bâtie sur l'autre rive du Cuyahoga, compte déjà plus d'un millier d'habitants, et peut être considérée comme le faubourg de Cleveland. Dans toute cette contrée, on respire un air d'une remarquable pureté.

CLÈVES (*Clivia*), duché appartenant à l'ancien cercle de Westphalie, situé sur les deux rives du Rhin, avec un territoire d'environ 20 myriamètres carrés et une population de plus de 100,000 âmes, petit pays très-fertile et très-riche, qui au moyen âge appartenait aux comtes de Clèves, lesquels en 1407 furent créés *ducs de Clèves* par l'empereur, après qu'un héritage fut venu arrondir leurs possessions du comté de la Marck. Une branche de la maison de Clèves posséda en France le comté de Nevers.

Le duc *Jean II* de Clèves, qui succéda à son père en 1521, était déjà depuis 1511, par suite de son mariage avec Marie, fille héritière de Guillaume VIII, dernier duc de Juliers et de Berg, et après la mort de son beau-père, en possession de ces duchés; il les réunit alors à son duché de Clèves. Lorsque les duchés de Juliers et de Berg passèrent à la maison de Neubourg, le duché de Clèves échut à l'électeur de Brandebourg. La paix de Nimegue confirma ce partage.

Aux termes de la paix de Lunéville, la Prusse dut céder entre autres à la France la partie de ce duché située sur la rive gauche du Rhin, qu'on réunit alors au département de la Roer, mais dont en 1803 on sépara les districts de Sevenaer, Huissen et Malburg, qui furent adjoints à la république batave. En 1805 la Prusse dut également renoncer à la partie du duché de Clèves située sur la rive droite du Rhin, qu'elle avait conservée jusque alors, et que, à l'exception de la forteresse de Wesel, comprise dans le département de la Roer, Napoléon incorpora, en 1806, au grand-duché de Berg, nouvel État de sa façon. Après la chute du grand homme, tout le duché de Clèves, sauf les districts incorporés dans le temps à la république batave, et qui continuèrent à faire partie du nouveau royaume des Pays-Bas, fut replacé sous la souveraineté du roi de Prusse. Ce duché est aujourd'hui compris dans l'arrondissement de Dusseldorf.

Clèves, ancienne capitale du duché et aujourd'hui chef-lieu du cercle du même nom, dans l'arrondissement de Dusseldorf, est située dans une plaine agréable, entourée d'allées, de vallées fertiles et de jolies collines, à 4 kilomètres du Rhin, avec lequel elle communique au moyen d'un canal, et bâtie sur un petit ruisseau appelé *Kermisdal*. Cette ville est généralement bien bâtie et divisée en ville haute et ville basse. Dans son vieux château, appelé Château de Cygnes (*Schwanenburg*) il existe une tour remarquable; on y voit aussi une belle collection d'antiquités romaines. Clèves possède 8,000 habitants, un collège, nombre de fabriques d'étoffes de laine, de soie, et de coton, de chapeaux et de tabac. Parmi ses charmants environs on remarque surtout, le *Kœnigsgarten*, situé de l'autre côté du canal, création due au prince Jean-Maurice de Nassau-Seigen, et le parc, avec ses belles allées, ses jets d'eau, ses cascades et ses eaux thermales. Dans le joli bois appelé *Berg und Thal* on trouve le tombeau élevé au prince Maurice.

CLICHAGE. Voyez STÉRÉOTYPIE.

CLICHIENS, CLUB DE CLICHY. Après le coup d'État extra-parlementaire du 9 thermidor an II (27 juillet 1794), il se forma à Paris un club politique d'hommes plus ou moins influents, aspirant, malgré le vœu bien constaté de la nation à cette époque, au retour de la royauté légitime, et que le peuple qualifia de *monarchiens* ou *clichiens*. Ce dernier nom leur vint de ce qu'ils se réunissaient au bas de la rue de Clichy, dans une vieille masure appartenant à un vieux royaliste, qui offrit cette retraite mystérieuse à un groupe d'amis, dont le nombre s'accrut rapidement au point de former ce que pendant les trois années 1795, 1796 et 1797, on appela le *club de Clichy*. C'était un assemblage hétérogène de royalistes de toutes nuances, émigrés, mécontents, bourboniens, orléanistes, absolutistes, modérés, constitutionnels à la façon anglaise. Dans le nombre figuraient le général Pichegru, Royer-Collard, Clausel de Coussergues, Hyde de Neuville, Camille Jordan, etc., etc., qui tous exerçaient une grande influence sur les deux conseils des Cinq-Cents et des Anciens.

Cependant le Directoire, qui fermait complaisamment l'oreille aux menaces de l'intérieur et de l'étranger, réservait toute sa vigilance pour les vieux républicains froissés, qui regardaient un vigoureux appel à l'énergie révolutionnaire de la veille comme la seule digue à opposer au torrent monarchique qui débordait. Les conseils de guerre condamnaient à mort et fusillaient dans la plaine de Grenelle les complices de Gracchus Babeuf, les habitués du club du Panthéon, fermé le 5 ventôse an IV, comme coupables d'avoir essayé de rétablir sur la base de la formidable constitution de 1793, tandis que les royalistes, enhardis par les persécutions sans trêve qu'essuyaient leurs antagonistes, en étaient quittes pour comparaître devant les tribunaux ordinaires, qui les condamnaient à peine à quelques légères amendes et à quelques courtes détentions. Sur ces entrefaites, les Conseils des Cinq Cents et des Anciens, dans lesquels abondaient les partisans de la monarchie, rappelaient les émigrés, menaçaient les acquéreurs de biens nationaux et marchaient à grands pas vers une restauration inévitable. Déjà les chefs du parti rétrograde se réunissaient ostensiblement, à ciel ouvert, à jour fixe, dans la masure de la rue de Clichy, pour préparer une insurrection qu'ils appelaient de leurs vœux. Mais la mesure était comblée; la conspiration royaliste levait trop haut la tête pour rester inaperçue. Le Directoire vit enfin le danger; il se rapprocha des républicains, dont il avait méconnu les services, et se décida, le 18 fructidor an v (4 septembre 1797), à frapper un coup d'État pour changer la majorité des conseils. Pichegru, qui n'avait jamais fait mystère de ses desseins, fut incarcéré et s'étrangla en prison; on déporta à Cayenne bon nombre de clichiens, sans oublier le vieillard qui leur donnait asile; on fit une formidable *razzia* de contre-révolutionnaires dans sa masure, et le club qui avait fait tant de bruit fut fermé. Néanmoins quelques-uns de ses membres qui avaient échappé au coup d'État du Directoire ne se tinrent pas pour battus; ils se rassemblèrent rue de Varennes, au faubourg Saint-Germain; et il ne fallut rien moins que le 18 brumaire et la main de fer de Bonaparte pour anéantir les derniers restes de cette conspiration permanente.

CLICHY ou **CLICHY-LA-GARENNE**, village du département de la Seine, arrondissement de Saint-Denis, situé à 7 kilomètres nord-ouest de Paris, dans une belle plaine près de la rive droite de la Seine et du chemin de fer de Saint-Germain, avec près de 7,000 habitants et d'importantes fabriques de produits chimiques : céruse, blanc de zinc, minium, blanc d'argent, eau de javelle, noir animal, sel ammoniac; cordes de boyau, bougies, éponges métalliques, huile de pied de bœuf, savon, tulles et picots, impressions sur étoffes, teintureries, usines, tuileries, cristaux, verreries, etc.

Les rois de la première race avaient à Clichy un palais, nommé la *Noble-Maison*, dans lequel Dagobert épousa, en 625, Gomatrude, qu'il répudia quatre ans plus tard. Le 26 mai 627, Clotaire II y convoqua un concile mixte, composé d'évêques et de laïques, pour y régler les affaires du royaume. Deux autres conciles y furent tenus, en 636 et 653. C'est par erreur qu'on a assigné ce village pour siège au fameux club de Clichy. C'est dans Paris, au bas de la rue de ce nom, près de la caserne, qu'il tint ses séances. Le 30 mars 1814 eut lieu près de la commune de Clichy un vif engagement entre les alliés et les gardes nationaux de la capitale commandés par le maréchal Moncey. Le feu ne cessa que lorsqu'un armistice eut été conclu. Les ennemis, furieux de la résistance qu'ils avaient éprouvée, livrèrent Clichy au pillage. L'héroïque conduite des Parisiens en cette circonstance a fourni à Horace Vernet le sujet d'un de ses beaux tableaux militaires.

CLICHY (Club de). *Voyez* CLICHIENS.

CLICHY (Prison de), ainsi appelée du nom de la rue où elle est située à Paris. *Voyez* DETTES (Prisons pour).

CLIENTS, CLIENTÈLE. A l'origine de l'État romain, dans le but de prévenir des conflits entre la classe des patriciens et celle des plébéiens, on imagina un contrat d'association et de solidarité entre les deux ordres, réglé d'après les bases suivantes : chaque plébéien fut tenu de désigner un patricien pour qu'il lui servît de patron; le plébéien s'engageait à fournir toutes les choses nécessaires à l'entretien de la maison du patricien, à doter ses filles, à payer sa rançon et celle de ses fils quand ils étaient pris par l'ennemi, à acquitter pour lui le montant des condamnations judiciaires de toute nature. De son côté, et par réciprocité, le patricien contractait l'obligation de veiller aux intérêts du plébéien présent ou absent, de protéger sa personne et ses biens, et particulièrement de le défendre en justice contre toute espèce de trouble apporté à la jouissance de ses droits. Le patron et le client ne pouvaient s'accuser entre eux, porter témoignage l'un contre l'autre, combattre dans des camps opposés, émettre des votes contraires. Cette singulière institution, si elle se fût bornée à ce que nous venons d'énumérer, n'eût fait en réalité que consacrer les inégalités les plus flagrantes; mais on peut croire avec Vico que la redevance payée par le plébéien était l'équivalent de l'abandon que lui avait fait le patron de terres composant son patrimoine. La clientèle aurait alors une analogie frappante avec une institution d'une autre époque, le vasselage. Le mot *cliens* est le même, suivant Heineccius, que celui de *colens*, cultivateur, colon.

A l'époque de la fondation de la cité, l'entière population de Rome n'était composée que de patrons et de clients. Mais cet état de choses ne put se maintenir longtemps. A côté de la clientèle une classe nouvelle se forma immédiatement, soit par libre accession, soit par conquête, qui ne put trouver accès dans le cadre déjà rempli de l'organisation première. Le plébéien nouveau dut nécessairement se trouver à la merci du patricien, possesseur exclusif du sol. Sa condition fut d'être journalier, homme de peine; de sorte que par la force des choses il se soumit aux charges les plus dures du client sans pouvoir prétendre aux avantages de la clientèle. C'est cette classe à laquelle se joignit plus tard celle des clients, qui entra en lutte avec le patriciat et amoindrit son influence dans une progression croissante. La clientèle ne prit point, il est vrai, une part considérable à l'insurrection du Mont-Sacré, mais elle en fut fortement ébranlée; comme le reste de la plèbe, elle aspirait à la liberté du citoyen, et s'y trouvait poussée par les circonstances et par l'exemple. D'un autre côté, les patriciens, devenus propriétaires de nombreux esclaves, trouvaient de grands avantages à faire cultiver par leurs terres au lieu de les céder aux colons qui les devaient exploiter. Si l'on tient compte ensuite de l'extinction des familles patriciennes qui s'opéra naturellement pendant une période de plus de deux siècles, on comprendra que la clientèle dut se modifier d'une manière sensible, et de service foncier qu'elle était tendre à devenir purement personnelle.

Si l'on voulait suivre la clientèle dans toutes les phases de son dépérissement, il faudrait passer en revue toutes les entreprises de la démocratie contre la noblesse à Rome et suivre pas à pas ses conquêtes successives, longtemps disputées, mais toujours consolidées après le succès. Bornons-nous à dire que vers le milieu du sixième siècle les vestiges de l'ancienne clientèle avaient presque entièrement disparu, pour faire place à un mode nouveau de relations entre le fort et le faible, entre le riche et le pauvre. L'avocat avait pris la place de l'ancien patricien, depuis que la connaissance des lois et de la procédure n'avait plus été le privilège de celui-ci;

c'était un véritable patron, mais son patronage, issu de l'assistance judiciaire, qui était un démembrement du patronat primitif, ne s'étendit pas seulement sur la classe infime où l'on recrutait l'ancienne clientèle; il attira à lui patriciens et plébéiens, riches ou pauvres, en raison des services rendus. Le préteur Verrès devint le client d'Hortensius, et le consul Muréna celui de Cicéron. De là l'acception restreinte de *patronus* dans le sens d'avocat, et celle de *cliens* avec la signification que nous donnons aujourd'hui au mot *client*. Toutefois la nouvelle clientèle ne fut pas seulement attachée à l'assistance judiciaire; on la vit bientôt, débris corrompu de ce qui existait auparavant, se grouper autour de l'homme riche et puissant. C'est par elle qu'il se frayait le chemin des honneurs et des emplois. Au temps de Cicéron on comptait trois principales variétés de clients : ceux qui venaient, dès le point du jour, saluer le patron à son domicile, *salutatores*; ceux qui l'escortaient au Forum, *deductores*; ceux qui le suivaient partout, *assectatores*. Quintus Cicéron, dans son curieux traité *De la Candidature au Consulat*, trace à son frère le plan de conduite qu'il convient d'adopter avec ces différentes sortes de clients. Ainsi groupée autour du candidat, de l'accusé ou du conspirateur, la clientèle devint bientôt une garde personnelle, qui porta le désordre dans les comices, enleva des acquittements de haute lutte, et engagea des combats dans l'intérieur de la cité. Sous l'empire elle ne fut plus qu'une tourbe immonde, véritable type du *lazzarone* italien, courant chaque matin de porte en porte pour y mendier la sportule, c'est-à-dire une petite pièce de monnaie ou quelques bribes du festin de la veille, et mettant son dévouement à ce prix. Voyez ce qu'en dit Juvénal :

Nunc sportula primo
Limine parva sedet, turbæ rapienda togatæ.

Consultez Grellet-Dumazeau, *Le Barreau romain* (Paris, 1850).   W.-A. DUCKETT.

Le mot client se dit aujourd'hui des parties qui chargent un avocat de leurs causes et qui se placent sous son patronage. On l'applique même par extension aux personnes qui chargent de leurs affaires un avoué ou un notaire, soit pour l'instruction de leurs procès, soit pour la rédaction des conventions qu'elles veulent rendre authentiques. La *clientèle* est un nom collectif qui désigne l'ensemble des clients d'un même avocat, d'un même avoué, d'un même notaire.

Comme on le voit, l'usage a un peu détourné ce mot de sa signification primitive; néanmoins, messieurs les gens de loi peuvent encore parler de leur clientèle sans offenser aucun amour-propre. Mais de nos jours une usurpation passablement ridicule est venue les troubler dans cette possession, que le temps avait rendue légitime : non-seulement les agents de change, banquiers et médecins, eurent une clientèle; mais les marchands et les fournisseurs donnèrent ce nom à leurs chalands ou pratiques. Cette prétention vaniteuse s'est bientôt étendue aux artisans : les bottiers et les tailleurs ont leur clientèle. Dans les ventes de charges comme dans les ventes de fonds de commerce, la clientèle ou l'achalandage joue toujours un certain rôle. C'est un accessoire qui permet de donner à la chose vendue une valeur tout à fait idéale. On sait d'ailleurs que le vendeur ne garantit pas la conservation de la clientèle.

CLIFFORD (Famille de). Cette maison, l'une des plus anciennes d'Angleterre, est aussi l'une de celles qui comptent le plus de branches et de ramifications, et a produit une foule d'hommes et de femmes remarquables. On désigne Walter, fils d'un baron normand, Fitz-Ponce, seigneur du château de Clifford, dans le Herefordshire, au temps de Henri II, comme le tronc commun d'où sortirent ces différents rameaux. La fille de ce gentil-homme, la belle *Rosamonde*, fut la maîtresse de ce monarque; ses rares qualités la firent chérir de toute l'Angleterre, et c'est à elle que se rapporte cette épitaphe, conservée encore aujourd'hui sur une vieille tombe placée dans l'une des églises d'Oxford : *Hic jacet rosa mundi, non Rosamunda.*

L'un de ses descendants, *Robert*, fut, en 1299, le premier Clifford admis à faire partie de la chambre des lords. Il périt en 1314, à la bataille de Bannockburn. Le huitième lord, *Thomas*, et le neuvième, *John*, se montrèrent zélés partisans de la maison de Lancastre dans les guerres des deux Roses. Le premier fut tué en 1454, à la bataille de Saint-Albans ; le second, en 1460, à Towton, trois mois après avoir tué le jeune comte de Rutland, fils du duc d'York et frère d'Édouard IV. Le petit-fils de John, HENRI, fut créé, en 1523, comte de Cumberland.

Georges CLIFFORD, comte *de Cumberland*, petit-fils du premier comte de ce nom, né en 1558, à Brougham-Castle, dans le Westmoreland, se rendit célèbre sous le règne d'Élisabeth, par ses expéditions maritimes. Destiné de bonne heure au service de mer, il fit ses mathématiques à Cambridge, et vint ensuite à la cour, où il se fit remarquer par son luxe et par son habileté dans les fêtes et tournois, de sorte que la reine le prit en affection, le choisit souvent pour chevalier, et lui fit un jour présent de l'un de ses gants, que dès lors il porta suspendu à son cou après l'avoir fait orner de pierreries. En 1586 il partit avec une petite escadre qu'il avait armée lui-même, pour aller faire une tentative contre les Açores et croiser dans leurs parages. Mais cette expédition fut malheureuse. A une attaque imprudemment tentée contre Terceira, il perdit beaucoup de monde. Sa troupe eut en outre à souffrir de la faim et de maladies épidémiques, de sorte que ce ne fut pas sans peine qu'il put ramener ses vaisseaux en Angleterre, en 1589. Il rapportait fort peu de butin, et le vaisseau qui devait le ramener échoua sur la côte de Cornouailles. Cet insuccès ne l'empêcha pas de porter la même année le nombre de ses navires de sept à onze, et il entreprit alors une longue course contre les Espagnols et les Portugais dans les mers de l'Inde. Toutefois, il y trouva peu d'occasions d'acquérir soit de la gloire, soit des richesses. Il fut un des juges de la reine Marie Stuart. Par ses intrigues, il réussit à faire arrêter le comte d'Essex, et déjoua ensuite les tentatives qu'il fit pour exciter les habitants de Londres à la révolte. Appauvri par ses expéditions maritimes et par le luxe qu'il avait déployé à la cour, Clifford mourut le 30 octobre 1605.

Le titre de comte de Cumberland s'éteignit en 1643, en la personne de son neveu, *Henri*. La baronnie et la pairie de Clifford passa alors à une branche féminine, et arriva ainsi à la famille *Southwell*, dont l'héritière, *Sophie*, aujourd'hui *lady* CLIFFORD, a épousé le capitaine Russell, cousin du duc de Bedford.

La descendance mâle de cette maison fleurit encore dans la famille des *Clifford de Chudleigh*, qui siège à la chambre haute, et descend de Louis, l'un des fils cadets du quatrième lord. Elle est redevable de sa fortune au chevalier *Thomas* CLIFFORD, né le 1er août 1630, et célèbre par ses intrigues sous le règne de Charles II (*voyez* CABALE), pendant lequel il remplit successivement les fonctions de contrôleur de la maison du roi, de secrétaire d'État et de premier lord de la trésorerie. Le 22 avril 1672 il fut promu à la pairie, sous le titre de baron *Clifford de Chudleigh*, et mourut en 1673. Cette famille est catholique; son chef actuel, lord *Hugh Charles* CLIFFORD, né le 22 mai 1790, avait épousé la fille de Thomas Weld, de Lulworth-Castle. A la mort de sa femme, il se fit ordonner prêtre, et fut promu au cardinalat en 1830.

CLIGNEMENT, CLIGNOTEMENT (du grec κλίνειν, incliner, baisser). Le *clignement* est un mouvement, le plus souvent volontaire, par lequel on rapproche les paupières pour diminuer l'impression d'une lumière trop vive ou pour regarder des objets très-petits. Lorsque ce mouvement est involontaire, prompt, fréquemment répété et convulsif, il prend le nom de *clignotement*. Cette agitation des paupières est produite par la contraction alternative et convulsive du muscle releveur de la paupière supérieure, et du muscle orbiculaire. Il est quelquefois accompagné de douleurs très-vives, et réclame alors un traitement dont les antispasmodiques à l'intérieur, les calmants et les narcotiques à l'extérieur, forment la base. L'inefficacité de ces moyens force ensuite de recourir aux vésicatoires, et dans certains cas à la section du nerf frontal. Les soins hygiéniques convenables et l'emploi des moyens thérapeutiques dirigés sur les maladies du cerveau, qui peuvent être la cause ou une complication du *clignotement douloureux*, sont souvent les seuls moyens de triompher de cette affection ou de la pallier. Il faudra donc s'attacher à bien distinguer le clignotement, symptôme d'une maladie cérébro-oculaire, de celui qui accompagne les affections névralgiques et rhumatalgiques du globe de l'œil. Le clignotement non douloureux a été observé quelquefois chez les femmes hystériques, au moment des accès, et chez les enfants atteints d'affections vermineuses. Il est habituel chez quelques individus qui jouissent d'une bonne santé.

Le clignement, ou mouvement normal des paupières, sert à nettoyer la surface de l'œil, à le débarrasser du contact des corpuscules qui voltigent dans l'air, et surtout à diriger les larmes vers le grand angle de l'œil, où elles sont absorbées par les points lacrymaux. Un appareil de nettoiement bien plus parfait s'observe dans les yeux de plusieurs animaux (oiseaux, etc.) On lui donne le nom de *membrane clignotante*, ou de *troisième paupière*. Celle-ci peut se tirer comme un rideau devant la partie transparente du globe de l'œil. Elle est même demi-transparente, ce qui a fait penser qu'en outre du nettoiement qu'elle opère, elle sert encore à diminuer l'intensité des rayons lumineux.
L. LAURENT.

CLIMAT. Sous l'équateur, le jour et la nuit ont constamment une égale durée de douze heures. En s'écartant de cette ligne, on ne rencontre pas la même égalité. Ainsi, à Paris, la durée du jour varie entre huit et seize heures; sous les cercles polaires, le plus long jour est d'un mois; enfin, aux pôles le jour et la nuit redeviennent égaux, mais ils durent six mois chacun. Ces remarques ont conduit les anciens astronomes à diviser la surface de la terre en zones appelées *climats*. Ces zones, comprises entre deux parallèles, se distinguent par leur plus long jour d'été. La largeur de chacune d'elle est déterminée de manière qu'il y ait un accroissement d'une demi-heure entre le jour maximum de l'une de ses limites et le jour maximum de l'autre. Le premier climat commence à l'équateur, et se termine au parallèle dont le jour maximum est de douze heures et demie (par 8° 25' de latitude) ; le second climat est compris entre ce parallèle et celui dont le jour maximum est de treize heures (par 16° 25'), et ainsi de suite. Il y a donc 24 climats depuis l'équateur jusqu'au cercle polaire. Entre ce cercle et le pôle, on ne compte plus que 6 climats, mais le jour maximum de chacun surpasse d'un mois celui du précédent. On a ainsi 30 climats dans chaque hémisphère, savoir : 24 *climats d'heures* et 6 *climats de mois*. La largeur des premiers va en diminuant à partir de l'équateur, tandis que les autres s'élargissent en se rapprochant des pôles. Ces inégalités résultent de l'obliquité de l'écliptique, dont les climats eux-mêmes sont une conséquence, ainsi que le rappelle leur nom, formé de κλίμα, inclinaison.

La division de la terre en climats, dont on s'explique l'emploi chez les anciens, était beaucoup trop vague pour être conservée dans l'état actuel de la science. On lui a substitué l'emploi des latitudes qui expriment bien plus rigoureusement la distance d'un lieu à l'équateur.

Les climats dont nous venons de parler portent le nom de *climats astronomiques*, pour ne pas les confondre avec les *climats physiques*. Sous ce dernier nom on désigne des régions terrestres soumises à une égale température, d'où il résulte pour eux une grande analogie dans les phénomènes physiques. Il sera traité de l'action de ces climats à l'article Température (*voyez* aussi Isothermes). E. Merlieux.

CLIMATÉRIQUE (Année), de χλῖμαξ, échelle, degré. Une vieille croyance, ou, si l'on veut, la crédulité, a fait admettre des périodes, des révolutions dans la vie humaine, amenant de fatales péripéties et souvent de mortelles catastrophes, par l'inévitable marche des fonctions de l'organisme. D'anciens philosophes, Pythagore surtout, avaient cru reconnaître la puissance de certains nombres dans le mouvement de la vie de l'homme, des animaux et des plantes. Ainsi, tel nombre de jours présidait au développement des graines et des œufs. Par exemple : 3 fois 7 jours, ou 21, sont nécessaires pour couver l'œuf de la poule et d'autres oiseaux jusqu'à l'éclosion du poulet; 4 fois 7 jours, ou 28, sont la période lunaire, laquelle préside ou correspond à la menstruation ; les stades des maladies aiguës parcourent des périodes septénaires pour leurs crises; selon Hippocrate et Galien, la croissance des animaux et des plantes est subordonnée à une marche régulière qui compte les années, les mois ou les jours compris entre certaines divisions fixes, qui déterminent leurs amours, leur reproduction, l'état fœtal, les métamorphoses et leur durée.

Il y a du vrai dans cette observation : la vie des corps organisés, soumise au mouvement régulier du jour et de la nuit, à la révolution des saisons et de l'année, se coordonne nécessairement à ces périodes; une foule de plantes et d'animaux subissent des phases tellement constantes, qu'ils naissent ou périssent fatalement à certaines époques. De même, il y a des durées déterminées pour certaines opérations. Ainsi la gestation des femelles a ses limites naturelles en chaque espèce, correspondant, jusqu'à certain point, avec leur existence. Pareillement, le développement de la dentition, de la puberté; l'éruption du flux cataménial, la sortie des dents de sagesse, celle de la barbe, etc., quoique plus ou moins avancées selon les jours compris des climats, dans l'espèce humaine, reconnaissent différentes époques naturelles. On les a rapportées à des périodes septénaires, suivant le système pythagoricien (qui admettait 7 astres mobiles, 7 jours pour la semaine, etc.) : ainsi, à 7 ans, fin de l'enfance et de la première dentition; à 14 ans, puberté, émission des règles chez les femmes ; à 21 ans, éruption de la barbe, nubilité; à 28 ans, terme de la croissance générale; à 35 ans, le plus haut point de la vigueur ; entre deux âges, à 42 ans, commence la décroissance; plusieurs femmes sont sur le retour; bientôt se dérange leur menstruation ; à 49 ans, perte, chez les femmes, de la faculté de concevoir; à 56 ans, commence la vieillesse : les cheveux blanchissent ou tombent par canitie ; enfin l'âge de 63 ans est, selon les mêmes auteurs, la *grande année climatérique*, parce qu'elle se compose de 9 septénaires. Or, si le 7° septénaire procure la mort de la faculté générative chez les femmes, le 9°, plus puissant, menacera la vie, ébranlera toutes les constitutions, car, outre la période septénaire, on en admet aussi une autre climatérique novennaire qui lui correspond ou qui la supplée, puisque 3 fois 9 donnent 27, et 4 fois 7 donnent 28. Il y a donc rapport de voisinage et concours d'action. De la ces opinions de semaines, de neuvaines, présidant à nos existences. Beaucoup de personnes timides, qui se frappent l'esprit de pareilles croyances, éprouvent alors à ces époques des inquiétudes qui les rendent malades, et qu'on ne manque point ensuite d'attribuer à l'époque climatérique.

Depuis que ces croyances se sont évanouies, comme étant des superstitions médicales, on n'a point observé que les maladies ni la mortalité fussent plus fréquentes aux époques climatériques : ainsi, des recherches modernes de M. de Châteauneuf ont fait voir que l'âge de retour chez les femmes, quoique accompagné de la cessation ou de l'irrégularité de leur menstruation, n'en faisait point périr un plus grand nombre que les autres âges. Les hommes ne meurent pas plus dans la 63° que dans les autres années voisines de leur vieillesse; mais ce dernier âge est une cause naturelle d'une plus forte proportion de mortalité. La vie humaine, dans ses développements réguliers, n'est pas soumise à des secousses violentes; elle s'écoule par des nuances insensibles; aussi les époques climatériques ou n'existent pas, ou n'agissent pas. Les animaux et les plantes sont plus influencés par le cercle régulier des saisons, des jours et des années, dans leurs nourritures, leurs périodes de rut, ou de génération, de défloresçence, les mues, etc. La durée de leur existence est plus limitée, tandis que l'homme peut conserver ou prolonger la sienne par les secours de la vie civilisée et de l'état social, du vêtement, de l'habitation, etc. J.-J. Virey.

CLIMAX. *Voyez* Gradation.

CLINANTHE (de χλίνη, lit, et ἄνθος, fleur). On désigne sous ce nom le réceptacle commun sur lequel sont placées les fleurs des plantes de la famille des synanthérées. Ce réceptacle est le sommet converti en plateau, ou l'extrémité élargie d'un pédoncule commun, qui donne insertion à plusieurs fleurs sessiles. Le clinanthe est tantôt épais et charnu ; quelquefois il porte, outre ces fleurs, des poils, des soies, des paillettes ou des alvéoles. Il est de forme conique dans la petite marguerite, plane dans la mille-feuille, concave dans l'artichaut, convexe dans le zinnia, dilaté à sa partie moyenne et fermé à son sommet dans le figuier, et ressemblant à l'extérieur à une poire. Toutes ces différences du clinanthe servent à caractériser les genres nombreux de la famille des synanthérées. L. Laurent.

CLINCHETET. *Voyez* Klingstet.

CLINIQUE. Ce terme, introduit assez récemment dans notre langue, dérive du mot grec χλίνη, qui veut dire *lit* : *médecine clinique, observation clinique, leçon clinique*, etc., c'est-à-dire au lit du malade. Le mot *clinique*, isolé de tout autre, désigne cette visite matinale qu'un médecin expérimenté, escorté d'élèves, fait solennellement chaque jour à l'hôpital. Ordinairement cette visite publique est suivie d'une ou de plusieurs autopsies dans la salle mortuaire et d'une leçon à l'amphithéâtre.

Cette instruction si profitable manquait jadis aux jeunes médecins; aujourd'hui même on ne la trouver que dans les grandes villes. Les anciens médecins, de même qu'à présent nos praticiens de province, admettaient tout au plus un ou deux élèves à leur visite. Ils initiaient ainsi des disciples de choix à l'observation des maladies, à la science difficile du diagnostic et du prognostic, et à l'art non moins difficile de guérir les malades ou de soulager leurs souffrances. Les utiles traditions se trouvaient de la sorte transmises plutôt que propagées : ces vénérables maîtres ne professaient ni ne disputaient; ils rendaient des oracles. Une semblable méthode ne permettait l'oubli d'aucune vérité, au moins nuisait-elle au progrès de l'art en favorisant la routine, qu'ennoblissaient, il est vrai, la reconnaissance et des souvenirs. Il faut venir jusqu'à Boërhaave, dans les commencements du dix-huitième siècle, pour trouver l'origine des cliniques publiques comme on en voit de nos jours. Cet illustre médecin, aux cours duquel toutes les parties du monde civilisé envoyaient des auditeurs, se trouva forcé, pour sa gloire, d'initier ses disciples d'élite à la science expérimentale des hôpitaux. Après ce grand médecin, et à son exemple, Van-Swieten, Quarin, de Haën, Maxim. Stoll, fondèrent des cours cliniques à Vienne, où ces praticiens exerçaient; Stoll, principalement, et cela durant douze ans (depuis 1776 jusqu'en 1788), donna les soins les plus attentifs à ce nouvel enseignement. D'abord professeur d'humanités dans un collège de jésuites, et bientôt disgracié par eux pour son goût de l'innovation, Stoll avait sur les procédés de l'esprit des idées toutes nouvelles. Il voulait qu'aux leçons spéculatives et de tradition on joignit à propos de l'enseignement démonstratif. Ce n'était pas encore l'analyse pure qui procède des faits aux principes, mais c'était l'emploi concurrent de la synthèse, qui énonce des dogmes et des préceptes, et de l'analyse, qui les confirme ou qui les dément par des faits. L'école de Vienne, activement protégée par Marie-Thérèse, fut estimée de toute l'Europe; Stoll surtout la rendit fameuse.

Dix ans plus tard, pendant la Révolution, Paris imita Vienne quant aux cliniques, et Corvisart marcha sur les traces de Stoll, et le dépassa. D'un esprit actif et entreprenant, médecin du Directoire, puis du premier consul, et vivant dans un pays et dans un temps où l'on déclarait haine et guerre aux vieilles institutions, Corvisart ne trouva qu'encouragement et protection à l'établissement d'une clinique médicale en France. Nous disons *médicale*; car depuis longtemps il existait des cliniques publiques pour l'enseignement de la chirurgie. L'administration d'alors consacra l'une des ailes de l'hôpital de la Charité à cette nouvelle institution. Le local fut en conséquence convenablement distribué et restauré, le frontispice reconstruit sur des proportions monumentales; et les piques républicaines, groupées par faisceaux, indiquèrent, sinon l'objet, du moins l'origine contemporaine du monument. L'hôpital de clinique une fois fondé, Corvisart en fut déclaré médecin et maître. Et, chose assez singulière, à cette époque où tous les privilèges étaient détruits, un privilège très-remarquable fut accordé à l'hôpital naissant de Corvisart. Indépendamment des malades venant du dehors, ce médecin avait le droit de choisir ou faire choisir indistinctement dans toutes les salles de la Charité, quel que fût le médecin, et nonobstant le consentement de celui-ci, tous les malades qui paraissaient devoir servir, soit à l'instruction des élèves, soit à la démonstration de l'amphithéâtre, ou à la leçon du professeur. Nous dirons ailleurs avec quelle supériorité et quels succès Corvisart accomplit ses vues et remplit son rôle de fondateur. Chaque hôpital de Paris, ou peu s'en faut, a maintenant une clinique analogue à celle de Corvisart; et si quelque chose y diffère, c'est l'ascendant du chef et son pouvoir.

Chaque hôpital, depuis l'établissement des cliniques, est divisé comme une armée. L'administration est une pour toute la maison; mais chaque médecin a sa division, ses salles, ses élèves internes; chaque interne ses externes, qui eux-mêmes se trouvent secondés par des sœurs hospitalières et par des infirmiers. Chaque élève est chargé d'observer spécialement un certain nombre de malades, dont il doit rendre compte. Tous les médecins et chirurgiens du même hôpital sont égaux entre eux; aucun d'eux n'a le titre ni les prérogatives de chef. Il en est autrement des médecins et chirurgiens militaires. Chaque salle d'hôpital a son nom de fondateur ou de saint; chacune, en outre, est disposée comme une rue ou plus étroite ou plus vaste : les lits portent des numéros comme les maisons. Chaque nouveau malade qui arrive, s'il n'est pas envoyé par le Bureau central des hôpitaux, est reçu par le chirurgien de garde, l'un des élèves résidant dans la maison. On le fait placer d'abord selon son sexe, puis d'après la nature et la gravité de son mal : car il y a toujours dans un hôpital des salles pour les maladies aiguës, d'autres pour les maladies chroniques, et d'autres pour la chirurgie; il y a en outre presque toujours une salle ou un endroit de choix pour les maladies graves, pour les *grands malades*, comme on dit.

L'interne de garde, le malade une fois reçu, écrit ou fait écrire sur une pancarte, imprimée et disposée pour cet objet, le nom du malade, ses prénoms, le numéro de son lit et le nom de la salle, le jour de son entrée, son âge, sa profession, sa dernière demeure, son pays, ainsi que la désignation de la maladie dont on le croit atteint. Cette pancarte est ensuite appendue à l'une des extrémités du lit. Jusque là ce n'est encore qu'un à peu près d'observation et d'examen. Bientôt on a soin d'avertir l'un des internes qu'il vient d'arriver un nouveau malade dans sa division. Celui-ci se rend sans retard, avec son cahier d'observations, au chevet de l'arrivant; et il commence un examen, je ne dirai pas approfondi, mais attentif et minutieux. Le jeune médecin, dans le premier moment d'émotion du malade, se borne à enregistrer silencieusement, ou bien en adressant de courtes questions, auxquelles le malade doit répondre par oui et par non, tout le contenu de la pancarte. Après quoi il a soin de noter si le tempérament est bilieux, sanguin ou lymphatique, si la constitution est énergique ou débile, quelles maladies ont précédé celle dont on cherche à préciser le siège et la nature, la date de celle-ci, son cours, quels remèdes ont déjà été employés, etc. L'interne interroge enfin le malade sur ses habitudes, son régime, sur la santé de ses auteurs et quelquefois de ses descendants. Souvent même on se voit entraîné à pénétrer dans des circonstances de fortune et de position, dans les secrets du cœur et des chagrins; on va quelquefois jusqu'à scruter la conduite, une fièvre à épier des passions que le malade dissimule et voudrait cacher.

Cela fait, l'élève examine la physionomie, voit si les pupilles sont larges ou rétrécies, si la langue est rouge ou chargée; et il est quelquefois arrivé que la manière dont le malade exhibe sa langue et dirige ses regards en avait déjà beaucoup appris au médecin habile à saisir les nuances les plus délicates. Ensuite on tâte le pouls, on écoute la respiration, on percute la poitrine, on palpe le ventre, on examine les membres et quelquefois toute la superficie du corps : on interroge de nouveau la sensibilité et les fonctions; et l'on voit quel est le siège des douleurs. Ensuite, si cas est urgent, de premiers moyens sont prescrits et administrés. Il est en effet des maladies qui doivent être reconnues à l'instant, et qu'il faut traiter aussitôt : par exemple le croup, l'apoplexie, la fièvre cérébrale, le choléra, une fièvre pernicieuse surtout, et une inflammation d'entrailles causée par un poison, etc.

Le lendemain matin, de six à huit heures, le spectacle change. Les élèves de l'hôpital, munis d'une trousse et parés d'un tablier, se rendent dans leurs services respectifs, où leur premier soin est de signer tour à tour *la feuille de présence*. Cette feuille est placée sur une grande table, lieu central du rendez-vous quotidien. Tout à l'entour, des groupes se forment, et successivement les étudiants du dehors les viennent grossir. Bientôt on apprend qu'à tel lit se trouve une maladie grave, et aussitôt tout le monde se précipite vers le numéro désigné. Les avenues du lit une fois occupées, si l'affluence est grande, il se forme souvent une double haie d'assistants; quelquefois même on voit des élèves grimper sur les colonnes du lit, qu'ils dénudent. Quant au malade, il reste ému et silencieux au milieu de cette foule curieuse jusqu'à l'indiscrétion, et souvent la maladie s'aggrave en proportion de cette curiosité indiquant le danger et motivant toujours l'inquiétude. Enfin, une légère rumeur se fait entendre : l'interne de la salle et ses externes vont à la rencontre d'un homme grave, simple et posé, qu'on voit bientôt apparaître vers la table centrale. Cet homme reçoit les hommages des sœurs hospitalières, qu'il salue affectueusement; après quoi, il ferme la feuille de présence en y apposant sa signature, fait l'appel de son monde, s'informe des malades arrivés de la veille; puis, prenant en main le cahier de prescriptions du jour précédent, il commence la visite. On devine assez quel est ce personnage, c'est le médecin de la salle, celui à qui la clinique est confiée.

C'est toujours par les hommes que la *visite* commence. Le médecin ne fait qu'apparaître au lit des anciens malades : assez souvent il répète tout haut, en s'adressant à l'élève chargé d'inscrire les prescriptions du jour, celles qu'il voit inscrites au jour précédent : tisane pectorale, eau de gomme, julep opiacé, un quart (de la portion alimentaire), etc. Le malade devant bientôt sortir obtient la demi-portion ou les trois quarts : il n'a la portion entière que la veille de sa sortie. Quelquefois le médecin s'arrête quelques instants, tantôt pour écouter les plaintes du malade, tantôt pour l'examiner de nouveau ou pour lui adresser des paroles consolantes, quelques fois aussi pour entendre les remarques ou les suggestions d'un des assistants, et d'autres fois pour essayer d'un nouveau remède, ou pour interroger des élèves sur le siège précis et sur l'issue probable du mal. La plupart des médecins à leur clinique font leurs prescriptions et leurs remarques courantes en langage vulgaire; quelques-uns pourtant préfèrent parler latin, et ils ont raison : la confiance des malades est ainsi augmentée, outre qu'aucune indiscrétion ne vient troubler leur sécurité. Toutefois, on voit assez fréquemment à l'hôpital des malades près desquels il serait dangereux de pronostiquer en latin leur fin prochaine.

On a souvent critiqué avec exagération la promptitude et l'apparente indifférence des médecins visitants. Antoine Petit, clinicien lui-même, disait à ce sujet :

L'Ignorance en courant fait sa ronde homicide :
L'Indifférence observe, et le Hasard décide.

Mais il faut songer que ce même médecin d'hôpital, outre ses occupations du dehors, qui sont grandes, à moins qu'on ne prive les hôpitaux des hommes de renom et d'expérience, il faut songer, dis-je, que ce médecin a de cinquante à soixante malades à visiter dans l'espace de deux heures. Il a en outre, durant le même temps, une leçon à improviser sur ce qu'il aura vu, des papiers à signer, des renseignements à retenir, des ordres à donner, et des dangers à prévoir. Or, c'est bien assez de deux heures d'attention assidue et sans désemparer : beaucoup d'hommes trouveraient la distraction et la fatigue au bout de la première heure. Remarquez donc que c'est chaque jour, durant dix ou vingt ans, même besogne à recommencer. Si le médecin clinicien consacre moins de une minute à chacun des malades anciens dont l'état n'empire ni ne s'améliore, du moins les malades en danger, ainsi que les arrivants, fixent son attention d'une manière toute spéciale : c'est à leur lit que se font les longues haltes, et voilà pourquoi nous avons vu la foule des élèves y accourir et s'y grouper. Parvenu à l'une de ces lits où de nouveaux malades ont été placés, le médecin ne peut aborder l'arrivant qu'après avoir traversé la double haie d'étudiants qui conservent là depuis le matin leur poste d'observation.

Tandis que le malade envisage le médecin public avec une émotion qui participe de la confiance et de l'anxiété, celui-ci porte circulairement sur les assistants un regard de recueillement et de bienveillance, qui s'illumine en arrivant au malade, dont le trouble intérieur est ainsi comblé. C'est dans les vingt-quatre heures le 5ᵉ examen que le malade va subir ; car déjà un médecin de la ville l'avait vu et interrogé, puis le médecin du bureau central d'admission, puis le chirurgien de garde, et enfin le médecin interne de la division, là présent. Or, le médecin clinique, s'il est prudent, se fait rendre compte du résultat de ces diverses observations : en conséquence, l'interne placé près de lui ou à l'opposite, lit tout haut les notes préparatoires rédigées la veille. Après quoi le médecin demande au malade depuis combien de temps durent ses souffrances, ce qu'il les sent, et quel en est le caractère. Mais les premières réponses du malade au clinicien qui l'interroge ne méritent guère plus de confiance que celles de l'accusé au président d'une cour d'assises : il est troublé, il est inquiet, la foule lui impose, il craint d'ailleurs de n'exciter qu'un intérêt médiocre par sa sincérité, et ses réflexions, ainsi que ses voisins, ont déjà modifié son narré d'hier. Il a d'ailleurs un thème tout fait sur son mal : il apporte à la clinique les suggestions du premier médecin, puis ses inspirations à lui, ses préjugés personnels ; or, il sent bien qu'on ne lui prescrira tel remède qu'il désire et dont il espère guérison, qu'autant qu'il en motivera l'emploi par l'exposé fautif de ses maux.

Ce besoin de mensonge et de fictions est la source d'erreurs aussi préjudiciables à la guérison des malades qu'aux progrès de l'art. Jugez combien le médecin dirigeant doit apporter de défiance et d'attention dans cet examen, auquel est attaché le succès de la cure ! Il doit avoir des sens excellents, qui sachent tout apprécier, une patience que rien ne déconcerte, une mémoire également puissante à retenir les divers détails du même fait et à se souvenir des antécédents analogues ; il lui faut un esprit libre de soins comme de préventions, une imagination prompte à vivifier les souvenirs sans les altérer ; il doit en outre posséder ce ton d'assurance et de vérité qui conquiert aussitôt la confiance, et cette attention soutenue qui la conserve. S'il paraît distrait, indifférent ou léger, s'il manque d'ordre, s'il se répète ou se contredit, si à des effets vrais il assigne tout haut une cause visiblement mensongère, s'il prescrit le remède avant d'avoir suffisamment interrogé le mal, ou s'il tâte le pouls sans paraître y puiser des renseignements certains ; enfin, s'il manque de cet esprit de conduite qui préserve de toute maladresse comme d'indiscrétion, et si à cette vive sagacité qui d'un fait vrai tire soudain et sans erreur les conséquences, il n'unit pas cette parole décisive qui persuade, et cette gravité qui impose, aussitôt le malade lui refuse ou lui retire tout crédit.

Les médecins cliniques n'ont pas tous la même méthode d'examen. Il en est qui interrogent un à un tous les organes du corps, chaque fonction successivement et avec ordre, phénomène par phénomène. Telle est la manière de M. Chomel, et c'est la plus fructueuse pour l'auditoire, la plus satisfaisante quant au malade. Elle le dispense de toute initiative, outre qu'elle le convainc que rien d'essentiel n'a été omis. Une méthode moins sûre, mais plus brillante, consiste à tout juger au même moment et en quelque sorte au premier coup d'œil : c'était celle de Corvisart. Il faut, pour oser de la sorte, être doué d'un tact exquis, d'un instinct admirable, c'est-à-dire d'une rare aptitude, jointe à une expérience consommée plutôt que réfléchie. On admire de pareils moyens ; mais comme on ne saurait les imiter, il est impossible de les transmettre. De tels exemples s'enregistrent pour la tradition, et ils profitent à l'émulation bien plus qu'aux progrès. « Voilà un catarrhe, disait Boyer. — C'est un squirrhe, ripostait Corvisart : voyez le teint, voyez la maigreur ! » La méthode du docteur Bayle participait à la fois des deux autres. Un vrai médecin doit tout voir, ne rien négliger. « Vous avez des chagrins, vous venez, Madame, d'éprouver des revers ? disait à une jeune femme un des médecins de la Charité. — Oui, Monsieur, dit la malade, qui rougissait..... mais qui donc a pu vous dire cela ? —Qui me l'a dit ? votre voix, votre langage, la beauté du linge qui vous couvre : votre détresse doit être récente. » Et c'était vrai.

Le malade est de tous les auditeurs de la clinique celui qui apprécie le mieux, quelle que soit son ignorance, les qualités et les défauts du médecin. Aussi n'est-il pas rare d'en voir qui dès le jour de leur arrivée sollicitent avec instance leur changement. Parmi les circonstances qui préviennent le plus défavorablement les malades, il en est qui méritent d'être mentionnées. La distraction et la taciturnité tiennent certainement le premier rang. Il faut encore compter : 1° l'habitude de plaisanter au chevet des malades ou d'y tenir des discours mondains ; 2° le tort d'adresser des questions oiseuses ou insolites ; 3° la prescription fréquente des mêmes remèdes à des malades différents ; 4° l'inclination trop marquée pour les mêmes moyens d'investigation, comme, par exemple, de percuter toutes les poitrines, d'écouter tous les poumons avec un cornet ou avec un stéthoscope, de trouver toutes les langues rouges à leur extrémité, d'enfoncer douloureusement les doigts dans tous les épigastres, etc. ;

5° une prévention manifeste pour de certaines maladies : Stoll voyait partout des *maladies bilieuses*, Corvisart partout des *anévrismes*, Laënnec des *tubercules*, Broussais des *phlegmasies* et surtout la *gastro-entérite*, Tissot des *maux de nerfs*, Sylva des *congestions* ; 6° la brusquerie, une sorte de cruauté, non moins qu'un mépris apparent de la pudeur.

Ces derniers défauts s'acquièrent presque inévitablement à l'hôpital. Il est, quant à la brusquerie, presque impossible de l'éviter : beaucoup de chirurgiens ont la parole dure et plus qu'impolie. Les malades, il est vrai, ne sont pas toujours innocents du ton grossier dont ils se plaignent. La plupart ont une intelligence si peu accessible, qu'on finit, pour mieux s'en faire entendre, par copier leur ton, leur brutalité. Toutefois, les médecins sont en général moins expéditifs et plus doux que les chirurgiens. Le même clinicien d'ailleurs n'interroge pas les femmes du même ton que les hommes. Quant à l'insensibilité, on aurait tort d'en auguger d'après l'indifférence apparente dont on écoute les cris des malades et des opérés. Hélas ! le chirurgien opérant qui réprimande avec dureté le malade pour ses cris, sympathise presque toujours avec ses douleurs : j'en ai vu qui répandaient des larmes et qui se violentaient à les cacher. Il est d'ailleurs une sorte de dureté qui en impose à la foule, et qui est salutaire aux malades : l'essentiel est de savoir l'appliquer. Le célèbre Desault, un jour, ouvrit vers l'aisselle un anévrisme, qu'il avait pris pour un simple abcès ; le sang jaillissait de façon à effrayer la foule. Desault, reconnaissant l'erreur et le danger, conserva tout son calme, sa contenance dure et impassible, et, s'adressant à son aide, lui dit brusquement : *des compresses graduées !* Cette apparente impassibilité sauva le malade. Les compresses cunéiformes appliquées sur la petite plaie interrompirent l'hémorrhagie, et l'on eut le temps de se préparer à une grande opération d'où s'ensuivit guérison. Dans un cas analogue, Boyer laissa périr un malade pour avoir été trop peu maître de lui, trop sensible.

Il est des conjonctures où le médecin paraît comme soudainement saisi d'une puissance magique, qui sauve le malade en le magnétisant. Cette foi vive qui l'anime et qu'il inspire lui suggère le don de prédire et de prophétiser : l'avenir même semble soumis à sa volonté, tant ses prévisions sont instantanées et précises. Un malade disait à Antoine Petit : « Voyez tout le sang que j'ai perdu ; oh ! je sens que je vais mourir. — Votre sang ! dit Petit : je vous en ferai perdre dix fois davantage ! on vous saignera dans une heure ! il faut guérir. » C'en fut assez pour arrêter tout à coup l'hémorrhagie.   Dr Isidore BOURDON.

CLINQUANT, onomatopée ou imitation du bruit que font les petites feuilles de métal fines et légères qui portent ce nom, qu'on met dans les broderies, les dentelles, etc., et qui rendent un *cliquetis* aigre lorsqu'on les froisse sous les doigts. Il y a du *clinquant fin* et du *clinquant faux* ; c'est-à-dire en or, en argent, en cuivre doré ou argenté, en chrysocale et en divers alliages vernissés. Le clinquant faux rehausse les broderies et ornements des habits de théâtre ; il a par conséquent plus d'éclat que de valeur, d'où en on a fait l'application, dans le style figuré, aux choses qui ont une brillante apparence et peu de prix ; témoin ces vers de Boileau :

Tous les jours, à la cour, un sot de qualité
Peut juger de travers avec impunité,
A Malherbe, à Racan, préférer Théophile
Et le *clinquant* du Tasse à tout l'or de Virgile ;

Et ceux-ci de Gresset, dans *Le Méchant* :

Si l'on vous faisait voir que ce bon air, ces grâces,
Ce *clinquant* de l'esprit, ces trompeuses surfaces,
Cachent un homme affreux, qui veut vous égarer,
Et que l'on ne peut voir sans se déshonorer ?

CLINTON (HENRI), général anglais, qui acquit une triste célébrité dans l'Amérique du Nord pendant la guerre de l'indépendance, s'était distingué en Hanovre dans la guerre de sept ans. Capitaine en 1758, il fut promu en 1775 au grade de général-major, et envoyé en cette qualité, avec les généraux Burgoyne et Howe, dans les ci-devant colonies anglaises, qui venaient de proclamer leur indépendance. Ses premières opérations furent suivies de succès décisifs. Il battit en plusieurs rencontres les insurgés, encore mal armés, mal équippés, mal organisés, s'empara de New-York, et en 1778, lors du rappel du général Howe, fut nommé commandant en chef de l'armée anglaise. A l'approche de Washington, il dut battre en retraite et abandonner Philadelphie aux troupes américaines. Il opéra cette retraite avec beaucoup d'habileté à travers l'État de Jersey, mais déshonora sa cause par des actes de vengeance d'une froide barbarie. A Charlestown, dont il s'empara en 1779, il commit les massacres les plus atroces, et fit fusiller jusqu'à des femmes et des vieillards. L'année suivante il essaya d'attaquer les Français, commandés par Lafayette, et qui occupaient Rhode-Island ; mais Washington, par une habile diversion, vint mettre un terme à ses succès. Les tentatives qu'il fit pour comprimer par la corruption la liberté américaine ayant échoué, il fut rappelé en 1782. Il obtint alors le gouvernement de Limerick. Plus tard, il fut élu membre de la chambre des communes, puis nommé gouverneur de Gibraltar, où il mourut, le 24 décembre 1795. Ses *Mémoires sur l'Histoire de la Guerre d'Amérique* parurent en 1784.

CLIO, la première des neuf Muses, la seconde des chastes filles de Jupiter et de Mnémosyne, qui s'oublia un instant et devint mère. Vénus, irritée des représentations de Clio sur son adultère avec Adonis, lui jeta au cœur une passion irrésistible. Son nom, tout grec, veut dire *je glorifie* ; elle est la Muse de l'histoire, de l'épopée et même de l'ode ; elle partage avec Calliope ces deux dernières attributions. Son nom est le titre du premier livre de l'histoire d'Hérodote, qui met les suivants sous la protection de ses huit autres sœurs. Dans une ode magnifique où se dit manquer d'haleine pour célébrer les triomphes d'Auguste, Horace invoque Clio ; il lui donne une flûte ou une lyre, selon qu'il plaira à cette fille de Mémoire. Sur le sarcophage du Capitole, Clio est parmi ses sœurs, tenant seule un rouleau ; c'est ainsi qu'elle est encore représentée dans les peintures d'Herculanum, tandis que les tablettes sont l'attribut de Calliope. Le rouleau indique la gravité, la maturité ; les tablettes, l'inspiration. Quelquefois sur le rouleau est inscrit le nom de Thucydide. Les statues de Clio tiennent parfois d'une main une guitare ou un instrument qui lui ressemble, et dont on la dit inventrice ; de l'autre, un *plectrum* ou archet. Ainsi que ses sœurs, elle portait une longue tunique, à manches larges, de couleur jaune, fermée par en haut, leur chasteté leur défendant d'avoir le sein nu comme les autres nymphes. Le laurier dont on l'a couronnée, en même temps qu'on lui a mis une trompette à la main, sont de siècles bien postérieurs à la *Théogonie*, car c'est Hésiode, l'auteur de ce poëme, qui le premier, dit-on, a donné leur nom aux Muses. Sur un tombeau étrusque où elles sont représentées tuant les filles de Pierus, Clio porte un diadème, auquel sont fixées deux plumes au-dessus et au milieu du front, allusion aux ailes des sirènes, lesquelles les Muses leur coupèrent, après les avoir vaincues par leurs chants : là cette grave fille de Mnémosyne est représentée couverte d'une simple tunique, avec un *amiculum* (petit manteau), sans manches, laissant un bras nu ceinture, et tenant des deux mains un Piéride, qu'elle châtie.   DENNE-BARON.

CLIO (*Zoologie*), genre de mollusques de la classe des ptéropodes de Cuvier. Les clios sont des animaux mous, à corps gélatineux, nu, libre, plus ou moins allongé, un peu déprimé, subconique, sans manteau ni coquille, à tête distincte, d'où sortent deux faisceaux de suçoirs tentaculaires, deux petites lèvres et une languette sur le devant de la bouche. Les nageoires, chargées d'un réseau vasculaire, tiennent lieu de branchies. L'anus et l'orifice pour la génération sont situés sous la branchie droite. On connaît deux espèces de clios : la plus anciennement connue est le *clio boréal*, qui fourmille dans les mers du Nord, où il sert de pâture aux baleines, qui en avalent un très-grand nombre à la fois, puisque chacun de ces animaux n a à peine trois centimètres de longueur. L'autre espèce, le *clio austral*, a été observé par Bruguière dans la mer des Indes ; il est de couleur rose et un peu plus gros que le précédent.

L. LAURENT.

CLIQUE, société de gens qui s'unissent pour cabaler, pour tromper, dit le *Dictionnaire de l'Académie*, qui qualifie ce mot de très-familier. Il l'est beaucoup moins aujourd'hui que la chose qu'il exprime est devenue plus commune ; mais en même temps, pour la même raison, il a pris une extension démesurée. La *clique* est dans le vocabulaire actuel un ramassis non pas de malfaiteurs (elle ne s'élève pas si haut), mais de vauriens et de filous de bas étage. Nous n'aurions que l'embarras du choix si, par le temps qui court, nous voulions en donner des exemples.

CLIQUET, petit levier ainsi nommé très-probablement par onomatopée. On l'emploie pour empêcher une roue dentée, appelée *rochet*, de tourner dans un certain sens. Par exemple, si l'on suppose une roue dentée dont les dents sont inclinées vers la gauche comme celles d'une scie, il suffit d'un petit levier pivotant sur son extrémité, et reposant sur un point fixe, disposé de manière à rencontrer par son extrémité les dents de la roue, pour empêcher celle-ci de tourner vers la gauche. Mais celle roue peut tourner vers la droite, attendu que le cliquet ne rencontre pas de point fixe au-dessus de lui qui l'empêche de se lever assez pour laisser passer les dents de la roue. Presque tous les engrenages sont retenus par un cliquet ; c'est le bruit du cliquet qu'on entend lorsqu'on remonte une horloge, une montre, etc. Les cliquets qui accrochent les dents d'un rochet ont l'inconvénient de laisser couler inutilement une partie de la corde ou de la chaîne qui transmet au rouage la force destinée à le mettre en mouvement : en effet, supposons un rochet dont les dents soient espacées entre elles de deux centimètres, si le cliquet tombe un millimètre au delà d'une dent quelconque, le rochet tournera d'environ 19 millimètres, jusqu'à ce que le dent qui suit après la précédente rencontre le cliquet. Dobo, mécanicien de Paris, a inventé un cliquet fort simple, très-ingénieux, qui arrête tous les corps étaient tout mouvement, quel qu'il soit, rectiligne ou circulaire. Les résultats que produit ce mécanisme seraient tout à fait nuls si les corps étaient absolument polis ; mais comme ils sont toujours plus ou moins hérissés d'aspérités, il en résulte que leurs surfaces s'accrochent réciproquement : c'est sur cette propriété des corps que Dobo a composé ses cliquets. Soit une règle verticale, portant à son extrémité inférieure un certain poids : il est évident qu'elle tendra à couler en bas ; mais deux pièces, appelées *buttoirs*, l'en empêcheront, en tournant sur des pivots fixes de manière que leurs extrémités pressent contre la règle quand celle-ci tend à descendre, parce que la longueur des buttoirs est telle que leurs directions forment un angle très-ouvert. Dobo a construit aussi sur le même principe des cliquets circulaires : les buttoirs agissent contre l'intérieur d'un anneau, et l'arrêtent quand on veut le faire tourner dans un sens, mais ils le laissent tourner librement dans le sens opposé. On voit des modèles de ces cliquets au Conservatoire des Arts et Métiers.

TEYSSÈDRE.

CLIQUETIS, ou **CHAPLIS**, onomatopée, bruit que font à l'instant du choc certaines armes, comme les épées, les sabres, les poignards, etc. On lit dans Guillaume Guyart :

Moult (grandement) fu (fut) fier (cruel) le martelaie,
La noise (bruit) et le *cliqueteis* (combat).

Ce mot se dit également du bruit à peu près semblable que font certains corps sonores lorsqu'on les agite, qu'on les remue, qu'on les choque. On entend le cliquetis des chaînes de prisonniers et le cliquetis des verres que l'on choque.

Ce terme s'emploie quelquefois au figuré, en parlant de ces discours ou de ces phrases ronflantes, souvent vides de sens, où les mots et les syllabes sont arrangés de manière à former des sons plus propres à frapper l'oreille qu'à convaincre l'esprit. C'est un art dans lequel excellent ordinairement les plus pompeux orateurs, les plus excentriques poètes. On nomme *cliquetis d'antithèses* une suite de figures de ce genre dans lesquelles on frappe en mesure, les unes contre les autres, comme deux plateaux de cymbales, les choses les plus opposées, les plus contraires, les plus antipathiques, en pensées, en paroles, en prose et en vers.

CLISSON (OLIVIER DE), père du fameux connétable, était gouverneur de Vannes au commencement de la guerre que se firent, pour la possession de la Bretagne, les deux maisons de Blois et de Montfort. Il livra cette place à l'ennemi, séduit peut-être par l'espérance que lui avait donnée Édouard III, roi d'Angleterre, de le nommer vice-roi de la Bretagne. Un traité secret avait été conclu entre eux et d'autres barons bretons. Le roi de France, Philippe de Valois, en fut instruit de manière à ce que le doute fût impossible. Voulant effrayer les seigneurs français par un exemple, Philippe de Valois fit tomber sa colère sur les bannerets bretons qui se trouvaient inscrits sur la liste des traîtres. Olivier et les autres Bretons partisans secrets d'Édouard étaient alors à Paris ; ils y assistaient aux fêtes par lesquelles on célébrait le mariage du second fils du roi. Olivier fit briller dans les tournois sa force et son adresse ; au moment où il sortait de la lice, il fut arrêté ; quelques jours après il eut la tête tranchée, ainsi que quatorze chevaliers, ses amis, convaincus, comme lui, d'avoir favorisé l'Angleterre. Sa tête fut envoyée en Bretagne, et plantée sur une pique à la porte principale de Rennes.

Il laissait deux fils et une veuve, Jeanne de Belleville : celle-ci vivait dans une profonde retraite, au château de Saint-Yves, près d'Hennebon. Elle ne songea qu'à venger la mort de son mari ; elle conduisit ses deux enfants à Rennes, s'arrêta devant la porte, leur montra la tête de leur père, puis, leur ordonnant d'élever leurs mains vers le ciel, elle leur fit jurer de venger celui dont ils tenaient la vie. Le plus jeune de ses fils avait trois ans ; l'aîné était cet *Olivier* DE CLISSON qui devint depuis si célèbre ; il était alors âgé de sept ans ; il était né en 1336, au château de Clisson, situé à huit lieues de Nantes. Jeanne de Belleville réunit ses amis, et bientôt, à la tête de 400 hommes, elle enleva plusieurs châteaux-forts du parti de Blois ; plus d'une fois elle combattit corps à corps avec de vaillants guerriers. Philippe de Valois à cette nouvelle prononça la confiscation des biens de cette femme intrépide, et la déclara ennemie de l'État ; cette mesure ne fit que rendre sa fureur plus active. Chassée bientôt de ses conquêtes et de ses domaines, elle vendit ses joyaux, acheta un vaisseau, et, secondée par quelques partisans fidèles, elle désola les côtes de la Bretagne.

C'est à cette école que le jeune Olivier fit son apprentissage. Après des combats opiniâtres, le vaisseau de Jeanne de Belleville fut mis hors d'état de tenir la mer ; Jeanne se jeta dans une chaloupe avec ses deux fils et quelques serviteurs dévoués ; pendant six jours elle erra sur l'Océan, luttant contre les vagues et contre la faim : c'est dans ces affreux moments que son plus jeune fils mourut. Enfin, elle put prendre terre à Morlaix, qui tenait pour le parti de Montfort : elle y trouva Jeanne de Flandre, qui s'unit à elle d'une étroite amitié. En 1349 elle contracta un nouveau mariage. Édouard III la combla de bienfaits. La comtesse de Montfort, veuve à son tour, ne négligeait rien pour donner des partisans à son fils Jean IV ; les dispositions du

CLISSON

jeune Clisson la frappèrent; elle le fit élever avec son fils; Clisson suivit Jean à Londres, où il inspira une affection singulière à Édouard III. Lorsqu'il fallut que Montfort parût en Bretagne, le monarque donna à Clisson un équipage qui rivalisait de luxe et de richesse avec celui du prétendant au duché.

Ce fut au siége de Vannes (1357) que Clisson, âgé seulement de vingt ans, fixa l'attention par d'éclatants faits d'armes, par une grâce chevaleresque, par un goût pour le faste qui ne le quitta jamais : déjà ses exploits étaient chantés par les ménestrels. Il voulut jouer un rôle politique, et se fit le centre des guerriers bretons partisans de Montfort qui se voyaient avec dépit liés à l'Angleterre, et qui désiraient un chef national. Lors du traité de Brétigny, Clisson insista avec tant d'énergie auprès des deux cours d'Angleterre et de France, qu'on lui rendit les domaines qui lui avaient été enlevés par Philippe de Valois. Il augmenta encore sa force territoriale par son mariage avec Jeanne de Laval, et devint en Bretagne une véritable puissance. En 1364, la bataille d'Auray décida l'affaire de la succession de Bretagne : ce fut à Clisson que Montfort dut principalement son triomphe. Clisson fut envoyé par le nouveau duc Jean IV à la cour de France, comme ambassadeur. Le roi Charles V lui fit le plus gracieux accueil. Fier des avances que ce prince lui avait faites, Clisson, à son retour, traita le duc avec plus de morgue que jamais, lui reprocha vivement la préférence qu'il accordait aux Anglais, et, déterminé à faire un éclat, il demanda à Montfort de lui céder le château de Gavre, qui avait été donné à Chandos : il eut un refus. Alors il entra dans une violente colère, accusa le prince d'ingratitude en présence de toute sa cour, et retourna brusquement dans ses domaines. Là, il réunit ses hommes d'armes, se porte sur le Gavre, le brûle, charge sur des chariots les pierres du château, et s'en sert pour faire bâtir une autre aile à celui de Blain.

Le duc dissimula cette offense, en porta ses plaintes au prince de Galles, qui fit de vifs reproches à Clisson. Celui-ci envoya défier au combat le prince de Galles, qui refusa de l'accepter; mais il envoya un message à Jean IV pour lui témoigner sa surprise de la conduite de Clisson, en lui demandant si la Bretagne avait déjà oublié qu'elle tenait son maître de l'Angleterre. Ceci aigrit davantage les esprits. Montfort éloigna Clisson, en le chargeant d'une nouvelle mission auprès du roi de France. Clisson défendit avec chaleur les intérêts de son maître : il protestait de son attachement à la France, lorsque Charles V lui apprit qu'au mépris de la foi jurée Montfort prenait ses dispositions pour livrer passage aux troupes anglaises qui allaient en Guienne renforcer l'armée du prince Noir. Clisson fut outré de cette trahison, et déclara à Charles V que dès ce moment il abandonnait les intérêts de Montfort, et qu'il accepterait les offres que le roi de France lui faisait depuis longtemps. On le nomma *lieutenant pour le roi* dans la province de Guienne, où la France possédait encore quelques places. Décoré de son nouveau titre, il revint en Bretagne, brava le duc jusque dans ses domaines, réunit une compagnie de trois cents lances, à peu près dix-huit cents hommes parfaitement équipés, et vint les offrir à Charles V; puis il alla combattre pendant deux mois les *malandrins*, envoyés par l'Angleterre, les défit complétement sur les bords de la Dordogne, et donna ainsi le temps à Duguesclin de revenir d'Espagne. Dans un voyage qu'il fit en Bretagne en même temps que celui-ci, il fut adopté par lui comme son frère d'armes (1369). La campagne de cette année, si glorieuse pour les armes françaises, fournit à Clisson de nombreuses occasions de se signaler; il détruisit l'armée de Robert Knolles, et, envoyé en Poitou avec le titre de lieutenant général pour le roi, il força les troupes du prince de Galles à lever le siége de Moncontour, et les rejeta en Guienne.

Une trêve ménagée en 1373 par le pape Grégoire XI fit cesser cette guerre meurtrière, et Clisson alla se reposer dans le château de Josselin, qu'il avait acheté du comte d'Alençon. C'est là qu'il reçut Charles le Mauvais, roi de Navarre. Il le conduisit ensuite à la cour de Bretagne. La duchesse Isabelle, fille d'Édouard III, combla d'attentions Clisson, qu'elle voulait gagner de nouveau au parti de Jean IV. Celui-ci était jaloux; le roi de Navarre se fit un plaisir de lui persuader qu'une intrigue d'amour était nouée entre Olivier et Isabelle. Montfort voulut faire périr Clisson dans une fête; mais Olivier, averti à temps, échappa au danger. Montfort eut l'imprudence de faire un éclat et de quereller sa femme en présence de toute sa cour. Toute réconciliation devint impossible entre le duc et son puissant vassal. Le duc, malgré la trêve, reprit les hostilités contre le parti de la noblesse. Assiégé dans Quimperlé avec Beaumanoir, Clisson allait être forcé de se rendre, lorsqu'en 1375 la nouvelle du traité conclu à Bruges entre la France et l'Angleterre contraignit Montfort non-seulement à lever le siége de Quimperlé, mais encore à sortir du duché de Bretagne avec les troupes anglaises qu'il y avait appelées. Après son départ, Clisson exerça sur la Bretagne une espèce de protectorat, et il la régit à son gré pendant près de deux années. Lorsque Richard II devint roi d'Angleterre, il recommença la guerre avec la France. Payant héroïquement de sa personne, Olivier enleva Auray à Montfort (1378). Renfermé dans Nantes avec une nombreuse garnison, il aurait pu neutraliser les efforts des Anglais, qui étaient parvenus à faire accepter leur appui aux nobles bretons; mais il n'eut pas la force de résister aux sollicitations des Nantais, il fit éclater une émeute, sortit de la place comme s'il y avait été contraint par la force (1379). Toutefois, il paraît qu'il eut honte du rôle qu'il venait de jouer; après quelques échecs, il reprit l'offensive, et poursuivit son entreprise avec l'habileté le mieux soutenue. Avec des forces très-médiocres, il contraignit le duc à lui abandonner la campagne. Montfort se croyait au moment d'être obligé de quitter ses États pour la troisième fois, lorsque Clisson vit tout à coup ses opérations paralysées par la défection de son gendre, le sire de Rohan. Réduit à la défensive, Olivier quitta le duché, et alla rejoindre à Paris le connétable Duguesclin, qui se préparait à une nouvelle expédition. Elle eut lieu en 1380; mais Duguesclin mourut au siége de Châteauneuf-de-Randon, remettant l'épée de connétable à Olivier, qui se rendit aussitôt à Paris. Toutefois, ce ne fut qu'après la mort de Charles V, le 28 octobre 1380, que les circonstances forcèrent le duc d'Anjou à nommer Clisson connétable, quoiqu'il ne pût le souffrir. Charles V mourant avait dit à ses frères : *Or, faites le sire de Clisson connétable, je n'y vois moi que pour lui.*

Dans ses nouvelles fonctions, Clisson déploya une énergie soutenue. Lorsque Montfort vint à Paris rendre hommage à Charles VI, en 1381, il saisit cette occasion pour prendre un arrangement avec Clisson. Ce fut Clisson qui présida bientôt, comme connétable, aux préparatifs de l'expédition dirigée contre les Flamands révoltés contre leur comte Louis de Male. C'est à ses dispositions que les Français durent l'éclatante victoire de Rosebecque. Paris s'était soulevé pendant l'absence du roi : lorsque celui-ci revint, une nombreuse députation de la capitale alla au-devant de l'armée. Olivier ne voulut point qu'elle fût admise auprès de Charles VI : il entra dans la ville en vainqueur par une brèche nouvellement pratiquée, et déploya d'abord toute la sévérité de son caractère. Puis il intercéda pour les Parisiens, qui obtinrent leur grâce. La ville lui fit présent d'une très-belle maison dite le *Grand-Chantier du Temple*, et qui porta dès lors le nom d'*hôtel de la Miséricorde*, afin de perpétuer le souvenir de la grâce que les bourgeois avaient obtenue du roi par les sollicitations d'Olivier. Cette maison devint dans la suite l'hôtel de Guise. Dès ce moment aucune ambition rivale n'essaya de balancer la faveur de Clisson. La guerre ne tarda pas à se rallumer de nouveau du côté de la Flandre. Clisson dirigea avec beaucoup de supériorité les campagnes de 1384 et 1385, qui assurèrent la soumission des Flamands. Lorque la France rompit de nouveau avec l'Angleterre, Clisson commanda l'expédition préparée pour effectuer une descente sur les côtes de la Grande-Bretagne (1386); mais les tempêtes dispersèrent les flottes de France. L'année suivante, Olivier se rendit en Bretagne pour présider aux préparatifs d'une nouvelle expédition.

Quoiqu'il gardât les dehors de la déférence envers le duc de Bretagne, son souverain, il n'avait pas moins de haine pour lui, et il s'occupait alors même des moyens de lui opposer un compétiteur, le fils de Charles de Blois, son ancien rival. Le duc fut instruit de ses menées, et résolut de les déjouer par une trame qu'il tint secrète : il engagea Clisson, le sire de Laval, le vicomte de Rohan, Beaumanoir et quelques autres barons à visiter le château de l'Hermine, qu'il faisait bâtir près de Vannes. Là des hommes apostés les chargèrent de fers ; le duc voulait se défaire du connétable ; mais, sur les prières du sire de Laval, il consentit à lui faire grâce de la vie et à lui rendre la liberté, pourvu qu'il lui remît les forteresses de Castel-Brou, Castel-Josselin, Lamballe et Jugon, et lui payât 100,000 francs argent comptant. Le sire de Beaumanoir fut relâché pour qu'il fît ouvrir les forteresses et apporter l'argent, et les fers furent ôtés au connétable. Au bout de peu de jours, l'argent fut préparé, les forts furent remis entre les mains des gens du duc, et le connétable eut permission de sortir du château de l'Hermine avec le sire de Laval.

Il avait promis de ratifier le traité qu'il avait signé en prison dès qu'il serait hors des terres de Bretagne, et il le fit à Moncontour, tandis qu'il était encore dans le trouble et la joie de sa délivrance ; mais la colère ne tarda à prendre le dessus. La nouvelle de sa captivité avait suffi pour faire renoncer à l'expédition d'Angleterre. Il se rendit à Paris, se jeta aux genoux du roi, raconta l'affront qu'il avait reçu, et offrit sa démission de la charge de connétable ; mais le roi ne voulut pas l'accepter. Il promit de consulter ses pairs sur le dommage qu'avait éprouvé Clisson, et de lui faire rendre justice ; mais quand celui-ci s'adressa aux ducs de Berry et de Bourgogne, il les trouva peu sensibles à l'injure qu'il venait d'éprouver. Pendant que Charles VI envoyait des ambassadeurs au duc de Bretagne, Clisson rassembla des troupes, et avec l'aide de quelques seigneurs il commença à reprendre les châteaux de ceux qu'il avait perdus. Le duc consentit à remettre sous la garde du sire de Laval les places qu'il s'était fait livrer et à donner des gages pour les 100,000 francs jusqu'à ce que le roi, en son conseil, eût décidé à qui cette rançon devait appartenir. Bientôt après cet accord, Jean, fils de Charles de Blois, fut remis en liberté par les Anglais, et épousa la fille d'Olivier (1388).

La même année, le duc de Bretagne vint prêter hommage à Charles VI. Ses affaires étaient entre les mains du parlement, qui prenait à tâche de le retenir longtemps à Paris. Après un mois de délai, le duc de Bretagne obtint une sentence. Le parlement n'avait considéré la plainte du connétable que comme un procès civil, et il avait accordé cinq ans au duc pour restituer à Clisson, en cinq payements égaux, les 100,000 francs qu'il lui avait extorqués. Les places prises de part et d'autre devaient être mutuellement rendues. Pendant deux ou trois ans le connétable séjourna en Bretagne, où il rendit de nouveaux services au pays ; pourtant il y continua sa guerre privée avec le duc : celui-ci eut presque toujours le désavantage. Enfin, le roi intima aux deux rivaux l'ordre de suspendre toute hostilité, et les appela de nouveau à son tribunal, afin de juger tous ces différends. La ville de Tours fut choisie à cet effet, comme étant plus rapprochée du théâtre de la guerre (déc. 1391). Un traité y fut signé le 26 janvier 1392. Il fut convenu que le fils aîné du duc de Bretagne épouserait une fille du roi, née l'année précédente, que la juridiction du parlement de Paris sur la Bretagne, l'empreinte de la monnaie et les serments des vassaux du duc seraient réglés conformément aux anciens usages; que le comte de Penthièvre, fils de Charles de Blois et gendre d'Olivier de Clisson, renoncerait à porter les armes de Bretagne; qu'il confirmerait le traité de Guérande, et ferait hommage au duc; que celui-ci, de son côté, lui rendrait les fiefs qu'il lui avait saisis, qu'il se réconcilierait avec le connétable, et qu'il prendrait des termes et fournirait des cautions pour acquitter ce qu'il lui restait devoir.

Charles VI avait éprouvé ses premiers accès de démence. Les factions commencèrent à agiter la cour. On en voulait à Clisson. Pierre de Craon, favori des frères du roi, surtout du duc d'Orléans, reçut, à la suite de quelques intrigues, l'ordre de quitter la cour et même le royaume. On lui persuada qu'il devait cette disgrâce à Clisson : il jura de tirer du connétable une vengeance éclatante. De concert avec le duc de Bretagne, il revint secrètement à Paris, attaqua la nuit, à l'improviste, Clisson, qui sortait de chez le roi, et le laissa pour mort sur la place. Charles VI regarda ce crime comme une offense qui lui était personnelle. Il somma le duc de Bretagne de lui livrer Craon, auquel il avait donné asile. Le duc de Bretagne s'y refusa. Alors Charles résolut de lui faire la guerre, et c'est en marchant contre lui qu'il fut attaqué, près du Mans, par cet accès de folie qui, sauf quelques intervalles, le priva pour toujours de la raison. Le duc de Bourgogne prit la régence. Il devait à Clisson ses États de Flandre; pourtant il était devenu son ennemi. D'abord, il résolut de l'arrêter et de le garder prisonnier ; mais Clisson lui échappa, et se retira dans ses terres de Bretagne. Le régent lui envoya redemander l'épée de connétable, mais Clisson refusa de s'en dessaisir. Cité devant le parlement, il n'y parut point, et fut condamné, comme *faux traître*, au bannissement, et à une amende de 100,000 marcs d'argent. Après quelques nouvelles altercations, Clisson se réconcilia avec Montfort ; mais il eut des démêlés très-vifs avec le successeur de celui-ci, le duc Jean V.

Olivier de Clisson expira le 23 avril 1407, à l'âge de soixante-treize ans ; ce jour-là même Alain de Rohan, son petit-fils, épousait Marguerite de Bretagne, sœur de Jean V. Sentant approcher ses derniers moments, Olivier appela Beaumanoir, son vieil ami, et lui remit l'épée à pommeau d'or parsemé de fleurs de lis, insigne caractéristique de la charge de connétable, et dont il n'avait jamais voulu se dessaisir, ne s'étant pas cru destitué, malgré la nomination successive de Philippe d'Artois, de Louis de Sancerre et de Charles d'Albret ; il pria Beaumanoir d'aller porter cette épée au roi Charles VI, et de la mettre entre les mains du monarque. Le banneret, fondant en larmes, se chargea d'accomplir ce vœu ; mais lui-même n'eut pas le temps de remplir sa mission : il mourut quelques jours après son ami.

A. SAVAGNER.

CLISTHÈNE. Les historiens anciens font mention de deux personnages célèbres de ce nom, et qui tous deux vécurent au sixième siècle avant J.-C. Le *premier*, fils d'Aristonyme et tyran de Sicyone, assista, en l'an 595 avant J.-C., les amphictyons dans la guerre sacrée contre Cirrha. Avec les dépouilles qu'il rapporta de la ville coupable, saccagée et détruite par les vainqueurs, il construisit à Sicyone une magnifique colonnade. Il fut ensuite longtemps en guerre avec les Argiens, peuple pour lequel il paraît avoir conçu une haine des plus vives. Le *second*, homme d'État athénien, était le petits-fils du précédent. Il contribua, en l'an 510, au renversement de la tyrannie d'Hippias. Il fut alors élu archonte, et modifia la constitution athénienne dans un esprit plus démocratique. Ce fut lui, dit-on, qui imagina d'introduire dans la législation politique de ses concitoyens l'ostracisme, loi de défiance et de haine, dans laquelle se révèle l'antagonisme latent, qui à Athènes comme dans toutes les autres républiques exista entre le peuple et l'oligarchie aristocratique. Clisthène était le chef de la famille des Alcméonides, ennemie de celle des Pisistratides : et les luttes de ces deux races tiennent une grande place dans l'histoire de sa vie.

CLITARQUE, historien grec, qui vivait vers l'an 330 av. J.-C., accompagna Alexandre dans ses campagnes en Asie et écrivit la vie du héros macédonien. On a prétendu que Quinte-Curce n'avait fait qu'abréger et traduire l'œuvre de Clitarque ; mais c'est là une de ces assertions banales, au sujet desquelles on omit toujours de fournir des preuves à l'appui. Un fait certain, c'est qu'en divers passages Quinte-Curce le critique et lui reproche des inexactitudes. Cicéron et Quintilien connaissaient l'ouvrage de Clitarque ; le premier le blâme d'avoir parfois mêlé la fable à l'histoire, le second le trouve plus ingénieux que véridique ; et Longus signale la frivolité de ses pensées ainsi que l'enflure de son style.

CLITUS, l'un des généraux macédoniens qui suivirent Alexandre en Asie, était le frère de la nourrice de ce prince. Au passage du Granique, il lui sauva la vie en détournant de sa tête un violent coup de hache que lui portait un certain Spithridate. A la bataille d'Arbèles, c'est lui qui commandait la cavalerie de l'aile gauche. Plus tard il partagea avec Héphestion le commandement de la garde particulière d'Alexandre. Il fut un des officiers de l'armée qui ne cachaient pas leur mécontentement de voir le roi adopter les usages efféminés de l'Orient, et qui affectaient de rappeler les victoires de Philippe, bien autrement glorieuses, suivant eux, que celles de son fils. Dans un festin royal, la conversation étant venue à tourner sur les batailles du règne précédent, Clitus les exalta suivant son habitude, et excita ainsi le courroux d'Alexandre. Dans la discussion qui s'ensuivit, Clitus persista à vanter les vieux capitaines et à trouver leur gloire bien autrement éclatante que celle de leurs successeurs. Excité par les fumées du vin et profondément irrité par cette controverse, Alexandre finit par percer Clitus de son épée, en s'écriant : « Va maintenant rejoindre Philippe, Parménion et Attale ! »

CLIVAGE (de l'anglais *cleave*), terme de lapidaire. *Cliver* un diamant, c'est le fendre avec adresse au lieu de le scier. En minéralogie, on entend par *clivage* l'opération par laquelle on dissèque, pour ainsi dire, les cristaux. Tantôt elle se fait par simple choc, tantôt on enlève avec la lame d'un couteau les angles ou arêtes des substances ; on en essaye, de manière à ce qu'après avoir agi parallèlement sur toutes les faces, on arrive au noyau ou solide central, en s'arrêtant aussitôt que le corps clivé le représente. Cette opération, qui consiste à diviser dans des directions planes, c'est-à-dire en lames, un grand nombre de minéraux, susceptibles d'être ainsi cassés régulièrement à l'état cristallin, est fondée sur la connaissance préliminaire des fissures, qui permettent cette division. Ces fissures ont été appelées *clivage* par les lapidaires, et *joints naturels* par les cristallographes, qui les ont distinguées en *joints ordinaires* et en *joints surnuméraires*. Le clivage est *facile*, *difficile* ou *parfait*. On le distingue encore en *égal* et *inégal*; ce caractère est important. Les faces fissures obtenues par le clivage sont les unes primitives et brillantes, les autres secondaires ou ternes. Des modèles en bois sont employés avec succès pour l'étude scientifique des formes extérieures des cristaux et des modifications de ces formes qu'on produit par le clivage.   L. LAURENT.

CLIVE (ROBERT, baron DE PLASSEY, lord), marin célèbre, le fondateur de la puissance britannique aux Indes orientales, naquit le 29 septembre 1725, dans le domaine de Styche, comté de Shrop, et annonça dès son enfance aussi peu de dispositions pour l'étude que de vivacité et de hardiesse. Son père, qui était jurisconsulte, lui procura un emploi d'expéditionnaire dans les bureaux de la Compagnie des Indes orientales, et en 1743 il fut envoyé à Madras. Quand il y fut arrivé, il chercha, il est vrai, à accroître ses connaissances ; mais son naturel ardent et ses perpétuelles querelles avec ses collègues ne lui permirent pas de rester dans cette position. Échangeant la plume contre l'épée, il ne tarda point à attirer sur lui l'attention générale dans les guerres que la Compagnie eut à soutenir contre les Français et contre les indigènes. Au siège de Pondichéry, en 1744, il fut nommé enseigne, et en 1748, après la prise du fort Devicotta, promu aux fonctions de payeur. En 1750, il s'empara de la ville d'Arcot, et battit à diverses reprises avec une poignée d'hommes des forces démesurément supérieures. Il détrôna le roi Tritchinapoli, et rétablit le nabab d'Arcot en possession de ses États.

Atteint d'une violente fièvre nerveuse, qui lui inspira la plus noire mélancolie, et dont il ne put jamais se débarrasser, il revint en 1753 en Angleterre, où il fut promu au grade de lieutenant-colonel et nommé commandant du fort Saint-Georges. En 1755, il s'en retourna aux grandes Indes, où il infligea de sévères châtiments aux bandes pillardes des États Marahttes. Ces actions d'éclat et d'autres encore, qui témoignaient des rapides progrès que la puissance anglaise faisait aux Indes, excitèrent particulièrement le ressentiment de Sourajah-Dowla, nabab du Bengale, presque indépendant du Grand-Mogol. Celui-ci attaqua à l'improviste les établissements des Anglais dans le Bengale, et exerça à l'égard des Anglais les plus horribles cruautés. Clive fut envoyé avec une petite flotte et un corps de 1,990 hommes à l'embouchure du Gange, à l'effet de tenir de là en bride la puissance bengale. Pendant qu'il s'emparait, en 1757, de Calcutta, le nabab arrivait à la tête d'une armée de 50,000 hommes et d'une nombreuse artillerie. Le nabab ayant repoussé toute espèce de proposition, Clive résolut d'attaquer subitement l'ennemi avec les faibles forces dont il disposait. Sa tentative échoua ; mais elle inspira au nabab une telle frayeur, qu'il conclut la paix, abandonna Calcutta aux Anglais, et leur céda une certaine partie du Bengale.

Clive entra alors en négociation secrète avec l'un des parents et des généraux du nabab, à qui il promit la dignité de nabab pour prix de sa trahison. Mir Jaffier non-seulement accepta la proposition, mais fit en outre de grandes promesses. Le 26 juin 1757, Clive, à la tête de mille Européens, de 2,000 cipayes et de 8 mortiers de 8 livres, attaqua à Plassey l'armée du nabab, forte de 20,000 chevaux et de 40,000 hommes d'infanterie avec 53 pièces de canon, et la mit complètement en déroute. Il s'empara ensuite de Moxoudabat, sa capitale, fit proclamer Mir Jaffier nabab du Bengale, tandis que Dowla périssait assassiné dans sa fuite. Cette victoire amena plus tard des événements qui fondèrent la puissance anglaise dans les Indes. Pour prix de son élévation au trône, Mir Jaffier dut payer à la Compagnie des sommes immenses, à titre d'indemnité. Clive à lui seul obtint une gratification de 256,000 liv. sterl., indépendamment du titre de nobili de l'empire mogol, titre auquel était attaché un fief rapportant plus de 30,000 liv. sterl. par an. Le nouveau nabab n'ayant pas pu réunir les sommes nécessaires pour s'acquitter, dut livrer ses places les plus importantes et laisser saisir ses revenus.

En 1760, Clive revint en Angleterre. Il fut reçu avec distinction par le peuple, par le gouvernement et par la Compagnie, et créé pair d'Irlande, sous le titre de *baron de Plassey*. Trois années plus tard, de nouveaux troubles ayant éclaté aux Indes orientales, Clive y fut renvoyé avec le titre de commandant en chef des forces britanniques et de gouverneur général. Quand il arriva à Calcutta, le nabab d'Aoude, l'ennemi le plus acharné des Anglais, était déjà battu ; et le Grand-Mogol, qui séjournait comme prétendant auprès du nabab d'Aoude, s'était déjà placé sous la protection des armes anglaises. Mettant cette circonstance à profit, Clive se fit nommer par le Grand-Mogol feudataire des provinces de Bengale, de Bahar et d'Orissa; concession qui donnait à la compagnie les droits de souveraineté sur un territoire où l'on ne comptait pas moins de 15 millions d'habitants. Clive s'efforça en outre d'apporter plus d'ordre dans les finances de la compagnie et d'organiser un système d'administration plus régulier. Cependant il se démit de ses emplois en 1767, pour retourner en Europe.

Le roi le créa chevalier de l'ordre du Bain; mais le peuple l'accusa d'avoir indignement abusé de ses pouvoirs dans l'Inde. Sur la motion de Burgoyne, le parlement décida, en 1773, que sa conduite serait l'objet d'une enquête. Clive se défendit parfaitement; et le parlement non-seulement repoussa l'accusation dont il était l'objet, mais encore déclara qu'il avait bien mérité de la patrie. On ne saurait nier cependant les injustices qu'il laissa commettre dans l'intérêt de la Compagnie. Clive avait amassé dans l'Inde une fortune énorme, évaluée à plus d'un million sterling, et la Compagnie lui faisait en outre une pension de 10,000 liv. ster. Quand éclata la guerre contre les insurgés de l'Amérique du Nord, on offrit à Clive le commandement en chef de l'armée destinée à agir contre eux; mais il se refusa. Au milieu de toutes ses richesses, Clive était toujours en proie à la tristesse la plus profonde; et en 1774 il mit lui-même un terme à ses souffrances, en se tirant un coup de pistolet.

CLOACINE ou **CLUACINE**. C'était à la fois chez les Romains le nom de la déesse des égouts et un surnom de Vénus. Pline fait venir ce nom du verbe *cluere*, qui anciennement voulait dire la même chose que *purgare* (purger, purifier). Les Romains et les Sabins, lors de leur réconciliation, se seraient selon lui purifiés dans ce lieu du sang qu'ils avaient répandu; d'où vient, ajoute-t-il, que le Vénus qu'on y plaça fut appelée *Cloacine*. « Cette opinion coïnciderait avec celle de Tite-Live, qui dit que « Titus Tatius, ayant trouvé par hasard une statue de Vénus dans un *cloaque*, l'érigea en divinité et la consacra sous ce nom. » C'est aussi la version de Lactance; mais ils se seraient également trompés, s'il est vrai, comme on le verra à l'article CLOAQUE, que Tarquin soit le premier qui ait fait construire des égouts souterrains à Rome, à moins d'entendre par *cloaque* un égout naturel, à la formation duquel l'art et la main des hommes n'auraient contribué en rien.

Edme HÉREAU.

CLOAQUE (en latin *cloaca*, du grec κλύζω, je lave, je purifie), mot par lequel on désignait autrefois un aqueduc souterrain propre à recevoir les eaux et les immondices d'une ville, d'une rue ou d'une maison. Dans les deux premiers cas, on lui substitue aujourd'hui le nom d'*égout*, et, dans le dernier celui de *puisard*. Le mot de *cloaque* est resté affecté aux premiers ouvrages en ce genre qui ont été exécutés par les Romains. Les opinions ont varié sur l'époque de leur construction; mais la plus probable est qu'il faut en rapporter l'honneur à Tarquin l'Ancien. Au moyen de ces cloaques, le pavé des rues de Rome était toujours sec, et les habitants de cette ville immense avaient l'avantage de pouvoir en tout temps se transporter commodément dans tous les quartiers, sans avoir à soutenir le spectacle dégoûtant des ordures entassées qui infectent trop souvent nos villes. La *cloaca maxima* existe encore, et son immobile construction excite l'admiration de tous les architectes. Elle est construite de grandes pierres de taille et couverte d'une triple voûte, composée de trois rangs de voussoirs posés l'un sur l'autre, afin de pouvoir résister plus longtemps et avec plus de force à la charge des terres et à l'action des voitures. Sa largeur intérieure est de $4^m,50$. En plusieurs endroits elle se divise en trois parties; dont deux pour les banquettes ou soutiens qui règnent le long des murs, et la troisième ou celle du milieu, pour l'écoulement des eaux. Dans les murs sont des tasseaux de pierre destinés à porter les tuyaux des fontaines qu'on y fait passer.

Les cloaques de Rome, dit Quatremère de Quincy, ont été avec raison célébrés par tous les historiens de l'antiquité, et mis au nombre des merveilles de cette ville. Selon Denys d'Halicarnasse (qui y vint sur la fin du règne d'Auguste), trois choses contribuèrent à lui donner une haute idée de la grandeur de Rome : ses routes, ses aqueducs et ses *cloaques*. Cassiodore, qui vivait en 470, qui était préfet du prétoire sous Théodoric, roi des Goths, et bon connaisseur en architecture, avoue, dans le recueil de ses lettres, qu'on ne pouvait considérer les cloaques de Rome sans être émerveillé de la grandeur de ces travaux.

Le soin et l'inspection de ces lieux paraissent avoir été d'abord confiés aux **censeurs**, ensuite aux **édiles**, jusqu'au temps des empereurs, qui créèrent pour cet objet des officiers particuliers, appelés *curatores cloacarum*, comme le témoigne une ancienne inscription. Il y avait aussi chez les Romains une divinité qui présidait aux *cloaques*, et que l'on nommait *Cloacine* ou *Cluacine*.

Par analogie, on dit d'un lieu sale et infect que c'est un véritable *cloaque*, et l'on étend cette expression dans le style figuré aux choses que réprouve la morale, en disant d'une personne ou d'un lieu voué à la dépravation que c'est un *cloaque d'impuretés* et de toutes sortes de vices.

Edme HÉREAU.

CLOAQUE (*Anatomie*), poche dans laquelle s'ouvre le rectum au milieu, et sur chaque côté le conduit de l'urine ou uretère et l'oviducte ou canal de l'œuf, chez les femelles des oiseaux et des reptiles, ou bien le canal déférent ou conduit du sperme chez les mâles de ces deux classes d'animaux. En raison de ce qu'on a cru que les excréments solides et liquides séjournaient dans cette poche, on lui a d'abord imposé cette dénomination; mais des observations nouvelles portent à croire que le prétendu cloaque n'est jamais sali par les excréments, qui sont rejetés à l'extérieur par les extrémités de l'intestin et celles des uretères, qui au moment de l'excrétion s'avancent jusqu'à l'ouverture extérieure. Cette poche ne serait donc qu'un vestibule dans lequel se meuvent les extrémités des canaux qui versent au dehors les produits de la défécation, ceux de la dépuration urinaire et de la génération. Il ne faut pas confondre ce vestibule anal des oiseaux et des reptiles avec le canal entro-sexuel de l'**échidné** et de l'**ornithorhynque**, ni avec le vestibule rectal, quoi dans le cheval se renverse à l'extérieur au moment de la sortie des matières fécales. L'étude comparative du cloaque des animaux vertébrés ovipares, du canal urétro-sexuel des **monotrèmes** et des **marsupiaux**, et l'observation de la partie des mœurs de ces animaux relative aux fonctions de ces organes, doit jeter un grand jour sur les questions les plus importantes de la physiologie et de la zoologie.
L. LAURENT.

CLOCHE. Les opinions sont bien diverses sur l'étymologie de ce mot; selon Fauchet, il viendrait de *claudicare*, boiter, parce que l'aller et le venir de la cloche semblent exprimer *l'allure d'un boiteux eshanché*; d'autres l'ont fait venir du χαλκός, airain, ou de κλαγγή, son éclatant. Les cloches sont désignées dans les anciens auteurs par plusieurs autres noms : on les appela *sing*, de *signum*, d'où le vieux proverbe : *On en fera les sings sonner*. On les nomme aussi *campana* ou *nola*, du lieu de leur invention. Quoi qu'il en soit, le mot *cloca*, *cloche*, a été adopté, avec de légères modifications, dans la plupart des langues modernes. On ne saurait préciser l'époque de l'invention des cloches; on pourrait la faire remonter à une haute antiquité si on voulait nommer ainsi des instruments de métal de la forme et de la dimension des sonnettes dont parlent plusieurs auteurs. L'heure de l'ouverture des bains et des marchés était annoncée avec des *clochettes* (*tintinnabula*). Pline rapporte qu'il y avait au sommet du tombeau de Porsenna des sonnettes qu'on entendait au loin quand elles étaient agitées par le vent : *In summo orbis* *pendent tintinnabula quæ vento agitata longe sonitus referunt.* Toutefois, il ne paraît pas qu'on ait fabriqué de grandes cloches avant le cinquième siècle ; les premières furent fondues à Nola, en Campanie, sous le pontificat de saint Paulin, vers l'an 420. L'usage s'en répandit promptement dans l'Occident, où elles servirent d'abord à annoncer l'heure des cérémonies et des offices de l'église ; mais bientôt la puissance et la majesté de leur son exercèrent sur le peuple une influence mystérieuse, et la superstition aveugle leur attribua des miracles. Il serait trop long d'énumérer tous les contes débités sur les effets merveilleux des cloches ; cependant nous en citerons quelques exemples qui témoignent de la crédulité de nos aïeux. Surius assure que dans plusieurs monastères la cloche résonnait d'elle-même lorsqu'un religieux rendait le dernier soupir. Givaldus Cambrensis, qui vivait au douzième siècle, parle d'une cloche sur laquelle on prononçait tous les jours des paroles mystérieuses, parce que si on eût omis ce soin elle serait partie se placer dans une église voisine. On croyait communément que le son des cloches mettait en fuite le démon, et dans cette vue on attachait de petites sonnettes au cou des enfants. On mettait au nombre des prodiges qu'elles opéraient la délivrance des femmes en couche, la guérison du mal de dents, et enfin le pouvoir de détourner les orages, préjugé funeste, que la voix de l'expérience n'a pu détruire qu'avec peine dans les campagnes.

La coutume de sonner pour les morts est très-ancienne ; on en faisait ordinairement l'objet d'une clause testamentaire. Cette disposition est conçue d'une manière assez curieuse dans le testament de François 1er, duc de Bretagne en 1450. « Avant de commencer l'office, y est-il dit, le plus grand sing (cloche) du moustier (couvent) sera sonné par douze coups et gobeteix, l'ung coup distant de l'aultre par l'espace que communément on met à dire un *Ave, Maria*, et sonné après si longuement et par autant de temps que communément on peut mettre à dire un Patenostre, un *Credo* et *Miserere*. Et pour ladite fondation avons ordonné 200 livres de rente audit benoist moustier. » On sonne d'une manière particulière pour les morts, et on indique quelquefois l'âge du défunt par le nombre des coups.

On ne commença à se servir de cloches dans l'Orient que vers le huitième siècle. Les premières qu'on y entendit furent envoyées par les Vénitiens à l'empereur Michel, en 865, en reconnaissance d'un secours qu'ils en avaient reçu contre les Sarrasins. Elles étaient au nombre de douze, et furent placées dans l'église de Sainte-Sophie. Lorsque les Turcs firent la conquête de Constantinople, en 1453, ils brisèrent et fondirent les cloches, et en interdirent l'usage aux chrétiens. Il n'en existe plus en Orient que sur le mont Liban ; partout ailleurs on convoque le peuple à la prière avec des instruments de bois nommés *matraca*. En Asie, et particulièrement en Chine, on trouve des cloches d'une grande dimension, si l'on en croit les récits des voyageurs. On assure qu'il y en a une au Pégu qui a plus de dix mètres de diamètre, et Chladni (*Inventarium Templorum*) dit qu'on voit au Japon des cloches d'or.

L'art de fondre les cloches a été particulièrement cultivé dans le nord de l'Europe ; elles ont été multipliées dans une proportion considérable en Russie, où la seule ville de Moscou en possédait avant la Révolution mille sept cent six ; une seule tour en contenait trente-sept, entre autres une fameuse par son énorme volume : il fallait employer vingt-quatre personnes pour la mettre en mouvement. On cite parmi les plus célèbres la grosse cloche de Saint-Étienne, à Vienne, fondue, en 1711, avec des canons pris sur les Turcs ; celles de la cathédrale de Paris (*voyez* BOURDON), de Saint-Jacques de Compostelle en Espagne et la grosse cloche de Rouen, appelée Georges d'Amboise, qui pesait, dit-on, quarante mille livres.

Ce fut vers le quatorzième siècle qu'on imagina d'accorder suivant l'ordre des tons de l'échelle diatonique un grand nombre de petites cloches, qu'on dirigea par le moyen d'un clavier. Cette invention, appelée *carillon*, s'est répandue particulièrement en Belgique et en Hollande ; il n'est pas rare de trouver dans ces pays des hommes d'une habileté extraordinaire en ce genre, et qui parviennent, en employant les pieds, les poings et les dents, à exécuter des airs d'un mouvement rapide.

La *bénédiction* ou le *baptême des cloches* a précédé, selon Alcuin, l'année 770. Le célébrant, couvert d'une chape blanche, se rend, avec son clergé, dans la nef de l'église, où la cloche est suspendue, puis, au milieu de chants et de prières appropriés à la cérémonie, il demande à haute voix au *parrain* et à la *marraine* sous quelle invocation ils désirent qu'elle soit bénite, la frappe trois fois de son battant, ce qu'ils exécutent de même, et fait avec l'huile des catéchumènes quatre onctions au dedans, quatre au dehors. Le diacre place l'encensoir fumant sous la cloche, que le célébrant salue, en silence, d'un dernier signe de croix. On grave sur les cloches les noms qu'on leur donne avec ceux des *parrain* et *marraine*, choisis d'ordinaire entre de hautes notabilités. Dans le grand nombre d'anciennes inscriptions qu'on trouve sur les cloches, nous en citerons une qui rappelle à la fois des usages et des croyances :

Laudo Deum verum, plebem voco, congrego clerum,
Defunctos ploro, pestem fugo, festa decoro.

Il y avait autrefois en France un grand nombre de belles cloches, qui presque toutes ont été fondues pendant la Révolution et transformées en monnaie ; chacun de nous peut encore posséder aujourd'hui une parcelle de ces majestueux instruments qui annoncèrent tant de solennités fameuses, donnèrent le signal à tant de désastres, et célébrèrent tous les triomphes de nos pères. F. DANJOU.

L'art de couler de grosses cloches, moins difficile et moins ancien que celui de jeter des statues en moule (*voyez* FONDERIE), est antérieur de plusieurs siècles à celui de la fonte des grosses pièces d'artillerie. Il est fort probable que les premiers canons furent l'ouvrage de fondeurs de cloches.

Le métal dont on fait les cloches est pour le plus souvent un alliage de trois parties de cuivre rouge sur une d'étain, ou, suivant Thénard, de soixante-dix-huit de cuivre sur vingt-deux d'étain. Quelques fondeurs y ajoutent du zinc et même un peu de plomb : ces proportions sont le résultat de l'expérience. Les ouvrages de chimie les plus modernes n'enseignent rien de parfaitement arrêté sur ce sujet. C'est encore par l'usage et après de longs tâtonnements qu'on s'est assuré que la hauteur d'une cloche doit être au diamètre de sa plus grande ouverture comme douze est à quinze.

On a donné des noms particuliers aux diverses parties qui forment l'ensemble d'une cloche. A commencer par le bas, on trouve la *patte* ou le bord extrême, qui se termine en angle aigu ; un peu plus haut est le gros *bord*, c'est la partie la plus épaisse de l'instrument, sur laquelle frappe le battant ; on l'appelle aussi la *frappe*, les *pinces*. A l'exemple des architectes, qui prennent pour mesure ou module de toutes les parties d'un édifice le demi-diamètre du bas du fût d'une colonne, les fondeurs en cloches rapportent les mesures des diverses parties de leur moule au tiers de l'épaisseur du gros bord, et ce module prend le nom de *corps*. On appelle *faussures* la partie bombée du gros bord, qui forme à l'extérieur comme une sorte de tore. Le sommet de la cloche s'appelle le *cerveau* ; son épaisseur est d'un corps et son diamètre est de sept corps et demi, ou la moitié de celui du bord de la cloche, lequel est de quinze corps. Le cerveau est fortifié en dessus par l'*onde* ou la *calotte*, dont le diamètre est de cinq corps et demi et l'épaisseur d'un corps seulement. Les *anses* sont des espèces d'anneaux, au nombre de sept, de même matière que la cloche et fondus avec elle. C'est par les anses qu'on suspend la cloche au *mouton*, pièce de charpente mobile sur deux *tourillons*, destinée à la soutenir en l'air. Dans les petites cloches, on ne ménage que trois anses et quelquefois un simple trou, ce qui se pratique pour les petites sonnettes.

Les moules destinés à recevoir le métal dont on veut former une cloche ne peuvent servir qu'une fois. On les compose de briques entières, concassées, réduites en poudre, de plâtre, terre glaise, bourre coupée menu, crottin de cheval, cires préparées et autres matières communes, que l'on trouve aisément partout. Le moule d'une cloche se compose : 1° du *noyau*, conoïde qui donne à l'intérieur de la cloche sa forme et ses dimensions ; 2° du *modèle*, ou fausse cloche, chemise provisoire, ordinairement de terre, qui enveloppe le noyau, et dont les dimensions sont exactement les mêmes que celles que doit avoir la cloche ; du *surtout* ou *chape*, enveloppe la plus extérieure, et qui renferme toutes les autres pièces du moule. La surface externe de la cloche est en relief la reproduction fidèle du creux du surtout. Quand on procède à la confection d'un moule, on commence par ouvrir dans la terre une fosse dont la profondeur excède de quelques décimètres la hauteur qu'on se propose de donner à la cloche, afin que le métal mis en fusion dans un fourneau situé à la surface du sol puisse arriver spontanément et avec une certaine vitesse dans le moule. Sur le sol de cette excavation, le fondeur forme en briques et en terre une aire solide, dont la surface est parfaitement horizontale. C'est sur ce pavé, appelé *meule*, qu'il construit le noyau, le modèle et le surtout.

Après avoir fixé le moule des anses, de la calotte et du cerveau sur la chape, on enlève celle-ci, pour se débarrasser du modèle, puis on remet la chape en place. Le vide qu'occupait le modèle, et qui maintenant existe entre la chape et le noyau, étant rempli par le métal en fusion qui arrive du fourneau, forme d'un seul jet la cloche et tous les accessoires.

Le poids du *battant* est ordinairement le vingtième de celui de la cloche; il est d'un peu moins quand celle-ci est très-grosse, le diamètre de la boule est d'un corps cinq huitièmes. TRYSSÉDRE.

CLOCHE (*Jardinage*). On nomme ainsi un vase en verre affectant assez souvent la forme de cloche, et que l'on place sur des plantes délicates, pour les garantir du froid. On en fait un grand usage pour élever les melons.

Les plus solides de toutes les cloches se nomment *verrines*. Elles sont formées d'une charpente en fer et en plomb à laquelle s'adaptent des verres qui la ferment hermétiquement. Elles ont ordinairement l'apparence d'un prisme polygonal surmonté d'une pyramide. Une ou plusieurs faces sont à charnière, ce qui permet de les ouvrir pour donner de l'air, lorsque l'état de l'atmosphère ne s'y oppose pas.

Les verrines sont bien préférables aux cloches ordinaires : elles résistent mieux à la grêle ; elles peuvent aisément se réparer lorsqu'un de leurs carreaux vient à se briser, tandis qu'une cloche de verre une fois cassée ne vaut plus rien. Malheureusement elles sont beaucoup plus chères.

Pour la culture des plantes potagères, et même pour celle des melons qui ne sont pas de grande primeur, les cloches en calicot et en fil de fer sur un papier huilé sont très-économiques. On prépare à cet effet une charpente en osier et en fil de fer sur laquelle on place ces sortes de cloches. Les pieds de la charpente sont enfoncés en terre, pour que le vent ne l'emporte pas.

CLOCHE DE PLONGEUR ou **CLOCHE A PLONGER**. Cet appareil sert à descendre des hommes sous l'eau et à les y maintenir pendant toute la durée des travaux qu'ils peuvent avoir à exécuter, tels que visites de constructions hydrauliques, sauvetage d'objets submergés, etc. Il tire son nom de sa forme originaire, qui rappelait celle d'une cloche ou d'un cône. Son emploi repose sur cette observation, que si l'on plonge un vase renversé dans un liquide quelconque, ce liquide ne pénètre pas dans la partie supérieure du vase, quand même on place celui-ci à une très-grande profondeur. Ce phénomène résulte de ce que l'air qui est contenu dans le vase ne permet pas au liquide d'en remplir toute la capacité. Seulement, en vertu de son élasticité, ce fluide cède à la pression à laquelle il est soumis, en se condensant à mesure qu'on enfonce le vase. Une colonne de $10^m,34$ d'eau faisant équilibre à l'atmosphère, il est évident, d'après la loi de Mariotte, qu'à une profondeur de $10^m,34$ au-dessous du niveau de l'eau, l'air contenu dans le vase éprouvant une pression double de la pression atmosphérique, est réduit à la moitié de son volume primitif; à $20^m,67$, à $31^m,10$, etc., il n'occupe plus que le tiers, le quart, etc., de l'espace qu'il occupait à la pression ordinaire. On peut, sur une petite échelle, constater tous ces résultats par une expérience bien simple, en se servant d'un vase de petite dimension que l'on plongera dans un liquide tenant en suspension une matière colorante quelconque, qui lorsqu'on retirera le vase indiquera par le dépôt formé sur la paroi intérieure de celui-ci le niveau auquel est venu le liquide. Pour varier l'expérience, on peut aussi fixer au fond du vase un charbon incandescent : et si l'on ne prolonge pas l'immersion jusqu'à ce que tout l'oxygène nécessaire à la combustion soit consommé, le charbon brûlera encore quand on retirera le vase.

La cloche de plongeur n'est autre chose qu'un tel vase, de capacité assez grande pour qu'étant descendu à la profondeur voulue il reste encore dans le haut de l'appareil un espace où un ou plusieurs hommes puissent se tenir sur un plancher réservé au-dessus du niveau auquel le calcul indique que l'eau doit atteindre. Cette cloche doit être d'une matière assez résistante pour ne pas céder à l'énorme pression qu'il lui faut supporter. Rennie, dont les perfectionnements sont généralement adoptés, lui a donné une forme qui serait celle d'un parallélipipède si les dimensions du bas de la cloche n'étaient un peu plus grandes qu'à la partie supérieure. Le dessus est garni de verres lenticulaires très-épais, qui éclairent l'intérieur en concentrant la lumière solaire. Toute la cloche est coulée d'un seul jet, en fonte de fer assez épaisse pour qu'abandonnée à son propre poids, elle s'enfonce dans l'eau malgré la résistance de l'air qu'elle contient. A des anneaux qui font corps avec elle s'adaptent de fortes chaînes, réunies à un câble qui supporte la lourde machine. Le câble s'enroule sur un cabestan qui repose sur un bateau convenablement disposé. Le cabestan est mobile sur deux chemins de fer qui se croisent à angle droit. On peut donc mouvoir la cloche dans tous les sens, soit verticalement, soit horizontalement.

Mais si l'appareil était simplement tel que nous venons de le décrire, il serait impossible à l'homme d'y séjourner; car la provision d'air qu'il aurait descendue avec lui ne tarderait pas à être viciée par l'acte de la respiration, et pour peu que le séjour sous l'eau se prolongeât, l'asphyxie deviendrait imminente. Il a donc fallu pourvoir au renouvellement de l'air nécessaire aux plongeurs. Pour cela, on pratique à la cloche est pratiquée une ouverture que ferme une soupape de cuir, s'ouvrant de haut en bas. Cette ouverture est l'entrée d'un tuyau de cuir imperméable qui rejoint une pompe foulante placée sur le bateau. La pompe envoie constamment de nouvelles quantités d'air frais. L'air vicié de la cloche étant échauffé se maintient dans le haut, d'où les plongeurs l'expulsent en ouvrant un robinet.

Lorsqu'on descend un homme à l'aide de la cloche de plongeur, il ressent dans les oreilles une douleur assez vive qui augmente à mesure que l'appareil descend. Cette douleur résulte de ce que la densité de l'air qui l'entoure étant accrue n'est plus en rapport avec celle des fluides élastiques qui occupent l'intérieur du corps. La condensation de l'air produit ici des effets opposés à ceux qui résultent de sa raréfaction dans les ascensions aérostatiques, par exemple. En arrêtant la descente de la cloche, la douleur ne tarde pas à disparaître. Mais, sans s'arrêter, on peut arriver beaucoup plus vite à ce résultat : il suffit au plongeur de tenir les narines et la bouche fermées pendant qu'il opère un mouvement de déglutition, en avalant sa salive. L'ouverture des trompes d'Eustache est ainsi déterminée, et l'air se met immédiatement en équilibre dans les oreilles, en produisant une faible explosion.

Les plongeurs communiquent avec les hommes qui manœuvrent la cloche, au moyen de différentes sortes de signaux. Les plus simples sont quelques coups de marteau sur les parois de la cloche, qui diversement combinés indiquent qu'il faut aller de tel côté, ou remonter, ou descendre, etc.
E. MERLIEUX.

CLOCHER, construction en charpente, pierre, etc., élevée au-dessus ou à côté d'une église, dans laquelle on suspend les cloches. Les monuments antiques dont nous connaissons les plans n'offrent aucun reste de clocher ni de quelque construction qui ait pu en tenir lieu, preuve évidente que les cloches des anciens n'étaient que des sonnettes portatives. C'est pendant le moyen âge et jusqu'au dix-huitième siècle qu'on a construites clochers les plus remarquables; quelques-uns de ces édifices jouissent d'une certaine célébrité, soit par rapport à leur élévation, à la singularité de leurs formes ou à la hardiesse, la légèreté des masses qui les composent.

Les clochers ont le plus souvent la forme d'une tour, couronnée par une plate-forme ou surmontée d'une pyramide ou flèche, tantôt en bois, couverte de plomb ou d'ardoise, tantôt en pierre ou en fonte. Les clochers les plus simples consistent en un mur percé de fenêtres, dans lesquelles on suspend les cloches; mais lorsque celles-ci ont une certaine grosseur, de tels clochers seraient bientôt ébranlés et démolis par les balancements des cloches, à moins de leur donner une épaisseur démesurée; aussi n'en trouve-t-on que dans les villages dont les sonneries sont de petites dimensions.

Les hommes du bon goût en architecture ont reconnu depuis longtemps que les clochers sont incompatibles avec des églises construites sur des plans réguliers. Saint-Pierre de Rome n'a point de clochers; dans la plupart des villes d'Italie, les clochers, qu'on appelle *campaniles*, sont entièrement isolés des églises. Soufflot, architecte de l'église de Sainte-Geneviève (Panthéon) à Paris, avait rejeté les clochers derrière le temple; on les a rasés depuis 1830. Les architectes de la Madeleine ont ménagé un espace derrière le fronton du nord de cet édifice dans lequel on a établi la sonnerie : par cette adroite disposition, l'édifice a toute la régularité d'un temple grec.

Les architectes ont affecté de donner aux clochers de grandes hauteurs; les peuples qui ont fait les frais de ces édifices s'y sont prêtés de bonne grâce, car on n'ignore point que le citadin comme le villageois parle avec complaisance du clocher du pays qu'il habite ou qui l'a vu naître, s'il est d'une hauteur un peu remarquable. Le vulgaire croit volontiers que des cloches qui résonnent dans un clocher élevé doivent s'entendre de plus loin que si elles étaient suspendues dans un lieu plus bas : c'est une erreur dont il est facile de se rendre compte. En effet, le son est transmis par l'air qui nous environne, ou, pour mieux dire, c'est de l'air agité qui produit sur l'organe de l'ouïe la sensation que nous appelons *son*; or, il est évident qu'une cloche sonnée dans une région élevée de l'atmosphère agiterait une masse d'air dont les ondulations se propageraient plus ou moins faiblement jusqu'à l'oreille de l'observateur placé sur la terre. Si au contraire la cloche retentissait à peu de distance du sol, les mouvements de l'air agité s'étendraient en haut et au loin, parce qu'un grand nombre de molécules de ce fluide seraient repoussées par la surface de la terre comme des balles élastiques. Il est donc inutile de donner une hauteur considérable aux clochers quand on les destine uniquement à recevoir des sonneries. Ce n'est pas par ignorance si de tout temps on a fait autrement; car les ouvertures des clochers élevés sont garnies d'espèces d'abat-vent dont l'office est de rabattre le son des cloches vers le sol.

Lorsque les cloches sont d'un poids un peu considérable, on les suspend dans une cage de charpente qu'on appelle *beffroi*; cette cage, qui occupe ordinairement le milieu de la tour du clocher, ne doit pas en toucher les murs, puisqu'elle est destinée à amortir les secousses produites par les balancements des cloches.

Parmi les clochers qui ont été construits à diverses époques dans le nord et l'occident de l'Europe, il y en a plusieurs qui sont extrêmement remarquables par leur élévation, leur légèreté, leur solidité et le travail prodigieux qu'ont exigé les diverses masses qui les composent. On cite, en province, les clochers de Chartres, de Reims, de Rodez, de Mende; mais le plus extraordinaire, le plus élevé des clochers, c'est celui de Strasbourg, qui a quatre mètres de moins seulement que la grande pyramide d'Égypte.
TEYSSÈDRE.

CLOCHES (Rachat des). Sous l'ancienne monarchie, lorsqu'une place forte ne capitulait qu'après avoir été canonnée, les cloches des églises et tous les ustensiles de cuivre, de bronze et d'airain que renfermait la ville, appartenaient de droit au grand-maître de l'artillerie de l'armée envahissante, dont les habitants les rachetaient à prix d'argent. Cet ancien usage, qui existait encore sous Louis XIV, était depuis longtemps tombé en désuétude, quand Napoléon le fit revivre en 1807, à l'occasion de la prise de Dantzig : les cloches furent rachetées à l'artillerie française par les bourgeois moyennant une certaine somme, qui fut répartie entre les officiers et les soldats, suivant les grades. Depuis lors cet ancien usage paraît être retombé en désuétude; mais les preneurs de villes ne manqueront jamais de prétexte pour les soumettre à quelques contributions.

CLOCHES, terme de carrier. *Voyez* CARRIÈRE.

CLOCHETTE, nom vulgaire de plusieurs plantes à fleurs campaniformes, telles que les liserons, le muguet, les campanules, etc.

CLODIA, l'une des trois sœurs de Publius Clodius Pulcher, et comme lui l'ennemie de Cicéron, était célèbre par sa beauté, mais aussi par ses mœurs dissolues, qui lui avaient fait donner le surnom de *Quadrantaria* (de *quadrans*, la quatrième partie d'un as); ce qui revenait à la mettre sur la même ligne que les plus viles prostituées. On prétend qu'elle empoisonna son mari, Quintus Metellus Celer, consul l'an 60 avant J.-C. Ayant été délaissée par son amant Marcus Cœlius Rufus, pour se venger elle l'accusa d'avoir voulu l'empoisonner : Cicéron le défendit dans un plaidoyer qui nous est resté, et où il attaquait Clodia avec une violence extrême.

CLODION, le plus ancien des chefs francs sur lequel nous ayons des données véritablement historiques. « Il envoya, dit un ancien écrivain, ses éclaireurs...; ils revinrent, et rapportèrent que la Gaule était la plus noble des régions, remplie de toutes espèces de biens, plantée de forêts, d'arbres fruitiers; que c'était une terre fertile, propre à tout ce qui peut subvenir aux besoins des hommes. Animés par un tel récit, les Francs prennent les armes et s'encouragent, et, pour se venger des injures qu'ils avaient à souffrir des Romains, aiguisent leurs épées et leurs cœurs. Ils s'excitent les uns les autres par des défis et des moqueries à ne plus fuir devant les Romains, mais à les exterminer. En ces jours-là les Romains habitaient depuis le fleuve du Rhin jusqu'au fleuve de la Loire; et depuis le fleuve de la Loire jusque vers l'Espagne, dominaient les Goths. Les Burgondes, qui étaient ariens comme eux, habitaient de l'autre côté du Rhône. Le roi Clodion ayant donc envoyé ses coureurs jusqu'à la ville de Cambrai, lui-même passa bientôt après le Rhin avec une grande armée. Entré dans la forêt Charbonnière, il prit la cité de Tournai, et de là s'avança jusqu'à Cambrai. Il y résida quelque temps, et fit passer au fil de l'épée tous les Romains qui s'y trouvaient. Gardant cette ville, il s'avança plus loin, et s'empara du pays jusqu'à la Somme. »

Cependant le terrain de la seconde province belgique fut plus d'une fois pris et repris avant de rester au pouvoir des Francs. Clodion lui-même fut battu par les légions romaines, et obligé de ramener ses troupes en désordre vers le Rhin ou au delà du Rhin. Le souvenir de ce combat nous a été conservé par un poëte latin du cinquième siècle, Sidoine Apollinaire. Les Francs étaient arrivés jusqu'à un bourg appelé *Helena*, qu'on croit être la ville de Lens. Ils avaient placé leur camp, fermé par des chariots, sur des collines qui bordaient la rivière, et se gardaient négligemment, à la manière des barbares, lorsqu'ils furent surpris par les Romains sous les ordres d'Aétius. Au moment de l'attaque, ils étaient en fêtes et en danses pour le mariage d'un de leurs chefs. On entendait au loin le bruit de leurs chants, et l'on voyait la fumée du feu où se faisaient les préparatifs du banquet. Tout à coup les légions débouchèrent en files serrées et au pas de course par une chaussée étroite et un pont de bois qui traversait la rivière. Les barbares eurent à peine le temps de prendre leurs armes et de former leurs lignes. Enfoncés et obligés à la retraite, ils entassèrent pêle-mêle sur leurs chariots tous les apprêts de leur festin, des mets de toute espèce, de grandes marmites parées de guirlandes. Mais les voitures, avec ce qu'elles contenaient, dit le poëte, et l'épousée, aussi blonde que son mari, tombèrent entre les mains des vainqueurs.

Clodion paraît être mort en 447 ou 448. Les uns lui donnent deux fils, les autres trois, parmi lesquels se trouvait Auberon, dont on ferait descendre Ansbert, tige de la famille de la seconde race. Clodion avait réparé l'échec qu'Aétius lui avait fait éprouver, et s'était remis en possession des pays situés entre le Rhin et la Somme. Avant l'extension qu'il donna à ses conquêtes, il résidait dans un village ou forteresse du nom de *Dispargum*, et dont la plupart des auteurs assignent la position entre Bruxelles et Louvain. Quoique la longue chevelure ait été un signe commun aux mérovingiens, les chroniqueurs donnent plus particulièrement à Clodion le surnom de *Chevelu*. « Si vous croyez à Nicolas Gilles » en ses *Annales de France*, dit Etienne Pasquier, ce roi fut ainsi surnommé parce qu'ayant conquis quelque partie des Gaules sur les confins du Rhin, il rétablit les cheveux aux Gaulois, que Jules César, en signe de victoire, leur avait fait abattre. Au contraire, si à l'abbé Trithême, il dit que ce surnom lui fut donné d'autant qu'après avoir vaincu une partie des Gaulois, il les fit tondre, afin de les discerner d'avec les Français qui avaient participé à ses victoires. » Selon Grimm, *hlodio*, d'où l'on a fait *Clodion*, signifie célèbre. A. SAVAGNER.

CLODION (CLAUDE-MICHEL), sculpteur, né à Nancy, vers 1745, a excellé particulièrement dans le genre gracieux et naïf; son ciseau élégant et facile se plaisait à reproduire de jeunes filles occupées dans leurs jeux enfantins à parer leur beauté naissante ou qui s'abandonnent à la rêverie, une baigneuse que l'embarras d'être nue embellit encore; une bergère au frais sourire qu'on ait de la main à ses tourterelles. Clodion cependant n'a pas toujours respecté cette simplicité d'attitude et cette pureté de dessin que demande la sculpture. Ses défauts se font remarquer surtout dans son *Scamandre desséché par les feux de Vulcain*, son *Hercule au repos*; sa statue de Montesquieu a été l'objet de justes critiques. Le meilleur ouvrage qu'on ait de lui est sans contredit le groupe du *Déluge*. On lui doit aussi les bustes de Tronchet et de la duchesse d'Angoulême.

Il est une autre face du talent de Clodion que nous ne pouvons passer sous silence. Digne émule de Clinchetet, Clodion s'est montré supérieur dans ce genre honteux qui a immortalisé Arétin. Contemporain de Boufflers, de Parny, de Robbé, il ne sut pas se préserver de la contagion licencieuse de son temps, et consacra aux priapées les moins voilées les ressources d'une exécution facile et qui rendait merveilleusement la souplesse morbide des chairs. Pourquoi faut-il que Clodion ait ainsi profané son génie : il était assez heureusement doué pour s'élever et passer maître dans les régions sévères de l'art.

Clodion est mort à Paris, en 1814.

CLODIUS (PUBLIUS) appartenait à la branche *Pulcher* de l'illustre famille patricienne des Claudius. Ses parents étaient en possession des premières dignités politiques et sacerdotales; et lui, qui avec des passions moins fougueuses aurait pu facilement monter au pouvoir, dédaigna la route tracée par ses ancêtres : il se fit plébéien pour devenir tribun du peuple et troubler la république.

Rome en était à cette période d'anarchie et d'agitation sans résultats qui précéda pour elle la chute de la vieille république et la dictature de César. Clodius, qui passait pour être l'amant de ses sœurs, s'était fait connaître par une aventure scandaleuse. César avait épousé Mucia, fille de Pompée. Clodius, qui en était amoureux, non sans être payé de retour, saisit pour avoir un rendez-vous avec elle l'occasion des mystères de la Bonne Déesse. Les femmes célébraient seules ces mystères, d'où tous les hommes étaient si rigoureusement exclus qu'on voilait jusqu'aux images des animaux mâles. Clodius pénétra néanmoins chez Mucia, dont la maison avait été choisie pour la solennité. Il fut découvert, accusé d'impiété par un tribun : il était protégé par la populace, dont il partageait les désordres, soutenu par Crassus, caressé par César lui-même, à qui son humeur factieuse pouvait le rendre utile un jour. Il n'était pas moins cher à Pompée, en faveur duquel Clodius, servant sous Lucullus, son beau-frère, avait excité le soulèvement des légions contre ce dernier (an de R. 686). Crassus se chargea de séduire les juges : il leur donna de l'argent, genre de corruption assez ordinaire. Pour le *pot-de-vin* du marché, il leur procura les faveurs de plusieurs dames patriciennes, autre genre de corruption qui n'est pas encore sans exemple ; mais quand Cicéron ajoute : *atque adolescentulorum nobilium introductiones* (*Lettres à Atticus*, liv. I, let. 16), nous devons, nous autres modernes, nous féliciter d'être étrangers à ces mœurs abominables. C'est ce qui a fait dire à Sénèque que le crime de Clodius ne fut pas si coupable que son absolution.

Cicéron, par complaisance pour l'altière Terentia, sa femme, avait témoigné contre Clodius. Celui-ci ne lui pardonna jamais. Toujours escorté d'une troupe d'esclaves en armes, il cherchait partout Cicéron, et l'insultait quand il pouvait le rencontrer. Dans sa conduite perpétuellement contradictoire, Cicéron louait et censurait tour à tour César et Pompée. Il s'enhardit même à parler contre ces deux redoutables citoyens, en défendant la cause de son ancien collègue Antonius. La vengeance de César et de Pompée fut prompte : trois heures seulement après cette indiscrète sortie, ils firent passer le plébiscite qui, en autorisant l'adoption du patricien Clodius par Fonteius, obscur plébéien, ouvrit la carrière du tribunat à l'ennemi le plus acharné de Cicéron. A peine entré en charge (an de R. 695), Clodius proposa une loi qui condamnait à la mort civile quiconque aurait fait mourir un citoyen non condamné par le peuple : or, Cicéron, dans son consulat, avait, sur une vague autorisation du sénat, violé la loi *Sempronia*, et mis à mort quatre des complices de Catilina. Toutefois, vingt mille chevaliers, beaucoup de sénateurs, et même un tribun du peuple, étaient prêts à soutenir Cicéron. Une bataille allait être livrée au sein de Rome pour décider la question. La timidité de l'orateur romain, autant peut-être que son patriotisme, prévint cette collision. Il prit le parti de s'exiler.

Ce succès donna tant d'insolence à Clodius, qu'il cessa de ménager César et Pompée. Plus d'une fois il fit insulter Pompée par le peuple, et tenta même de le tuer. Celui-ci regretta Cicéron, et pour le faire rappeler il suscita Milon, homme d'exécution comme Clodius. Aux consuls Pison et Gabinius, qui avaient présidé en quelque sorte à l'exil de Cicéron, succédèrent Lentulus Spinther et Métellus Nepos. Lentulus, le jour même de son installation, proposa le rappel de Cicéron. Clodius, qui n'était plus tribun, s'empare de la place avec une troupe de gladiateurs. Les partisans de Cicéron furent chassés. Clodius et ses satellites parcoururent la ville, mirent le feu au temple des Nymphes, ensanglantèrent les rues, et laissèrent un tribun pour mort. Milon acheta de son côté une troupe de gladiateurs, et de ces hommes qu'on appelait *bestiaires*, parce que dans les fêtes ils combattaient contre les animaux féroces. Partout où se rencontraient les deux troupes, le sang coulait à grands flots, et le peuple applaudissait. A la fin, le crédit de Clodius fléchit même auprès de la populace, et Cicéron fut rappelé. Son retour fut le signal des réactions contre le parti vaincu; les invectives de Cicéron ne contribuèrent pas peu à rendre les haines implacables : il alla jusqu'à dire que Clodius était une victime expiatoire réservée à l'épée de Milon. Ce vœu fut accompli. Les deux ennemis s'étant rencontrés sur la voie Appienne, une querelle s'éleva entre les gens de leur suite. Clodius fut blessé; Milon le fit poursuivre et achever. On retrouva son cadavre; et on le rapporta à Rome. Le peuple le porta dans la curie hostilienne, et l'y brûla, sur un bûcher composé avec tous les matériaux qu'il trouva sous sa main. La curie et la basilique Porcia, qui se trouvait près de là, furent incendiées à cette occasion.

Les invectives de Cicéron, en immortalisant le nom de Clodius, y ont attaché la triste gloire d'avoir été l'homme le plus débauché de son temps; mais il est permis de croire que l'orateur romain a exagéré les vices de son ennemi, comme il a flatté le portrait de Milon. Dans tous les cas, le jeune homme qui vit un instant à ses pieds le triumvirat; le séducteur à qui César, blessé dans l'honneur conjugal, n'osa témoigner du ressentiment; l'accusé dont Crassus se fit l'entremetteur complaisant et le banquier effronté; le démagogue devant lequel Pompée trembla longtemps, ne devait pas être dépourvu de talents. Dans le temps d'anarchie et de révolution qui vit naître Clodius, il ne lui manqua peut-être qu'une plus longue carrière pour s'élever bien haut. Que dirait-on de César lui-même, si avant la conquête des Gaules il était descendu dans la tombe? Ch. Du Rozoir.

CLODOMIR, l'aîné des fils que Clovis eut de Clotilde, obtint, dans le partage des États de son père, les pays dont Orléans fut le chef-lieu. Il n'avait pas alors (511) plus de dix-sept ans. Excité par Clotilde, sa mère, qui voulait venger la mort de ses parents égorgés par les ordres de son oncle Gondebaud, roi de Bourgogne, il marcha avec ses frères contre Sigismond, qui régnait alors (523). Les Bourguignons furent défaits, et Sigismond lui-même tomba entre les mains de Clodomir : l'habit religieux dont il était revêtu le fit respecter quelque temps; mais son frère Gondemar ayant rassemblé les Bourguignons dispersés et repoussé les Francs, qui avaient envahi leur pays, Clodomir fit jeter Sigismond dans un puits (524), avec sa femme et ses deux enfants, et marcha de nouveau contre les Bourguignons. Cette seconde campagne ne fut pas heureuse. L'armée des Francs et celle des Bourguignons se rencontrèrent à Vesérones, sur les bords du Rhône, entre Vienne et Bellay. Ceux-là étaient victorieux, lorsque Clodomir, en poursuivant les fuyards, s'écarta trop des siens; il fut alors enveloppé par les Bourguignons, et sa tête, élevée au bout d'une pique, fut montrée aux deux armées. Les Francs à cette vue perdirent courage; ils évacuèrent la Bourgogne, et Gondemar fut reconnu pour roi par tous les sujets de son frère. Clodomir laissait après lui une femme nommée Goudioque et trois fils. Clotaire Ier, son frère, qui à cette époque avait déjà tout au moins deux femmes, épousa Gondioque; les trois fils furent confiés à la reine Clotilde, et deux furent assassinés bientôt après par Childebert et Clotaire, leurs oncles, qui se partagèrent leur héritage. Le troisième, Clodoald, fut forcé d'embrasser la vie monastique. Il fut canonisé, et est connu sous le nom de saint Cloud. Aug. Savagner.

CLODT-JURGENSBURG (Pierre, baron de), sculpteur distingué, né le 29 mai 1805, descend d'une ancienne famille noble d'Esthonie. Son père mourut en 1823, général-major et commandant du corps d'armée de la Sibérie. De bonne heure Clodt-Jurgensburg fit preuve d'un vif amour pour les chevaux, et l'étude de ce noble animal devint la plus chère de ses occupations. Destiné à l'état militaire, il entra à l'École d'artillerie de Saint-Pétersbourg, et obtint les épaulettes d'officier; mais il ne tarda pas à donner sa démission, pour pouvoir complètement se livrer à son goût pour l'art. Il devint ensuite élève de l'Académie des Beaux-Arts de Saint-Pétersbourg. On peut regarder comme son plus important ouvrage les chevaux du quadrige qui orne la porte triomphale de la route de Moscou. Plus tard il exécuta les deux dompteurs de chevaux du pont d'Anitschkow à Saint-Pétersbourg, deux groupes de grandeur colossale, dont l'empereur de Russie a fait faire une reproduction pour l'offrir au roi de Prusse, qui l'a fait placer devant le château de Berlin. Clodt-Jurgensburg est depuis 1835 membre de l'Académie des Beaux-Arts de Berlin, et depuis 1848 professeur à l'Académie de Saint-Pétersbourg.

CLOISON (de *claudere*, fermer, clore, environner), espèce de petit mur fort mince servant à diviser les parties d'un bâtiment comprises dans des gros murs, afin de former de petites pièces ou des cabinets. Il y a cinq manières différentes de construire ces cloisons, savoir : 1° en pierres de taille; 2° en briques; 3° en plâtre; 4° en charpente revêtue en plâtre; 5° en menuiserie.

Les *cloisons en pierres de taille* se font ordinairement au rez-de-chaussée; on les construit avec des pierres minces posées de champ et en délit; l'épaisseur de ces pierres, auxquelles on donne le nom de *parpains* (du latin *per et pannus*), varie entre 10 et 20 centimètres.

Les *cloisons en briques* se construisent de deux manières, en briques posées de champ ou en briques posées à plat : les premières s'emploient à diviser l'intérieur des appartements; les autres, qui sont plus solides, servent à séparer les passages, les corridors, les vestibules, les antichambres et autres pièces de communication.

Les *cloisons en plâtre pur*, sont d'invention toute moderne, sont faites avec des carreaux de plâtre de 0^m,48 de longueur sur 0^m,32 de large, et dont l'épaisseur est de 5 à 10 centimètres. L'avantage de ces carreaux de plâtre est de pouvoir former en peu de temps et avec très-peu de dépense des cloisons très-légères, qui peuvent s'établir sur les planchers sans les trop charger. Comme on n'emploie ces carreaux que lorsqu'ils sont bien secs, et qu'il faut très-peu de plâtre pour les poser, il en résulte aussi que les cloisons que l'on fait de cette sorte sont aussitôt sèches que finies, et que l'on peut habiter tout de suite les appartements formés ou divisés par de semblables matériaux.

Les *cloisons en charpente* sont composées de poteaux ou pièces posées debout et d'aplomb, assemblées dans deux autres pièces de bois posées horizontalement, auxquelles on donne le nom de *sablières*. Une de ces sablières forme le haut, et l'autre le bas de la cloison. Lorsque les cloisons sont au rez-de-chaussée, on établit la sablière du bas sur un rang de parpains ou petit mur en pierre de taille, d'environ 60 ou 80 centimètres de hauteur, et de même épaisseur que la cloison, afin de préserver les bois de l'humidité.

Les *cloisons de menuiserie* se font des trois manières :

1° à claire-voie, en planches refendues, faites pour être recouvertes en plâtre; 2° en planches brutes; 3° en planches corroyées, c'est-à-dire dressées, équarries et blanchies à la varlope et au rabot, assemblées à rainures et à languettes.

On appelle encore *cloisons à jour* une cloison faite de barreaux de bois carrés ou tournés; une *cloison d'ais*, celle qui est faite avec des ais de bateaux et lambrissée des deux côtés; une *cloison creuse*, celle dont l'intervalle entre les poteaux n'est point rempli de maçonnerie, mais seulement couvert de lattes clouées à 4 ou 6 millimètres de distance l'une de l'autre, et ensuite garni ou revêtu; *cloison de maçonnerie* un mur de refend qui n'est pour l'ordinaire construit que de briques, de plâtras ou de moellons liés avec du plâtre ou du mortier; *cloison pleine*, celle qui est à bois apparent, hourdée (maçonnée grossièrement) de plâtras et de plâtre.

On donne enfin le nom de *cloison de serrure* à une espèce de boîte qui renferme la garniture d'une serrure.

CLOISON (*Sciences naturelles*). Dans le plan de construction des corps organisés, animaux et végétaux, et de chacune de leurs parties, on observe un nombre plus ou moins considérable de c a v i t é s ou espaces creux, circonscrits par des parties plus ou moins solides qui prennent les noms de *parois*, de *plafonds* et de *planchers*. Ces cavités, plus ou moins grandes, sont en outre séparées ou divisées et plus ou moins subdivisées par des lames de nature très-variée, qu'on groupe sous le nom commun de *cloisons*.

Les principales cloisons qu'on remarque dans le corps humain sont : 1° le d i a p h r a g m e qui divise la grande cavité du tronc en poitrine et abdomen ; 2° le voile du palais, qui sépare la bouche de l'arrière-bouche; 3° la cloison des fosses nasales et celles des sinus frontaux, ethmoïdaux et sphénoïdaux (*voyez* NEZ); 4° le médiastin, qui partage la poitrine en deux cavités latérales; 5° la cloison du cœur, qui sépare les cavités droites des cavités gauches de cet organe; 6° les lames fibreuses dites *faux du cerveau*, *tente* et *faux du cervelet*, qui divisent la cavité crânienne en cavités secondaires, où sont logés les hémisphères cérébraux et cérébelleux; 7° d'autres lames fibro-celluleuses dites *cloison des corps caverneux*, *cloison des dartos*; 8° une lame molle et médullaire, *septum median* de Chaussier ou cloison transparente des ventricules du c e r v e a u ; 9° les cloisons entre le r e c t u m, le v a g i n et la v e s s i e, qu'on a nommées *recto-vaginale*, *recto-vésicale*, *vagino-vésicale*; 10° enfin une foule de membranes cellulo-fibreuses, qui isolent les muscles, les vaisseaux, les nerfs et les viscères, et qui obturent (ferment) plus ou moins les espaces dans lesquels ces parties sont contenues.

On peut observer ces cloisons dans toute la série des animaux vertébrés, où elles subissent des modifications très-variées, depuis l'homme et les mammifères, chez lesquels elles sont très-développées, jusqu'aux derniers poissons, où on les voit disparaître. L'étude des cloisons observables chez les animaux invertébrés n'a point encore été le sujet de recherches générales. Nous n'indiquerons ici que celles du système solide des animaux articulés (insectes et crustacés), et celles des c o q u i l l e s polythalames.

En botanique, on nomme *cloisons* les lames, ordinairement verticales, qui divisent la cavité générale d'un fr u it en plusieurs loges. Ces cloisons ont été distinguées en *vraies* et en *fausses*. Les premières sont formées d'une saillie du sarcocarpe, revêtues sur chaque côté par la membrane pariétale interne du fruit, tandis que les *fausses cloisons*, qui sont des p l a c e n t a s, et donnent attache aux graines, ne sont pas recouvertes par la membrane interne. Les *vraies cloisons* sont aussi distinguées en *complètes* et *incomplètes*. Dans le fruit des diverses espèces de casses, les cloisons sont horizontales. La position des cloisons relativement aux valves des capsules ou fruits capsulaires fournit des caractères pour grouper les genres en familles naturelles. Les cloisons correspondant tantôt aux sutures, tantôt au milieu de la face interne des valves ; tantôt, enfin, chaque cloison semble formée par le bord rentrant des valves et se sépare en deux, fouillets à l'époque de la déhiscence.   L. LAURENT.

CLOÎTRE, mot dérivé du latin *claustrum*, lieu clos, signifie proprement un carré de bâtiment formant la partie intérieure d'un m o n a s t è r e et composé de quatre galeries ou portiques couverts. L'espace découvert qui se trouve au milieu s'appelle *préau*; c'est un jardin ou une cour, où se promènent les religieux quand le mauvais temps ne les force pas de prendre leur récréation sous les galeries du *cloître*. Quelquefois le *préau* sert de cimetière au couvent. Les *cloîtres*, destinés à faciliter une communication commode entre toutes les parties d'un couvent, étaient d'ordinaire situés entre l'église, le chapitre et le réfectoire; au-dessus de ces galeries était le dortoir. Les processions des religieux se faisaient dans leurs *cloîtres*. Dans le plus grand nombre des communautés religieuses, le *cloître* est après l'église la partie la plus intéressante, soit par la beauté ou la singularité de son architecture, soit par les peintures dont il est orné. Les plus anciens offrent une suite de portraits gothiques, et sont décorés d'une infinité de petites colonnes et d'ornements découpés à jour, travaillés avec soin. Les plus célèbres *cloîtres* de l'Italie, sous le rapport de l'art, sont ceux des chartreux, à Rome et à Naples; celui de Saint-Georges, à Venise; ceux de l'*Annunciata* et de la *Santa Maria-Novella*, à Florence; enfin, autrefois, on pouvait citer à Paris le *cloître* des c h a r t r e u x, décoré par les admirables peintures de Lesueur, qui se trouvent aujourd'hui au Musée du Louvre.

Rien n'était plus propre à porter une âme chrétienne à de sérieuses méditations que

Des cloîtres longs et noirs la muette terreur.

On peut encore aujourd'hui juger, sans sortir de Paris, de l'impression que produisaient ces lieux consacrés au silence, en visitant le *cloître* de l'église *Saint-Etienne-du-Mont*, où se trouvent d'ailleurs les peintures sur vitraux les plus belles peut-être et les mieux conservées qu'on puisse voir.

Dans le moyen âge, toutes les é g l i s e s avaient leur cloître. La plupart des *cloîtres* furent dans l'origine des écoles où l'on enseignait les sciences et les arts libéraux. Le vénérable Bède nous apprend qu'Oswald, roi d'Angleterre, donna plusieurs terres aux *cloîtres*, pour subvenir à l'éducation de la jeunesse. Les *cloîtres* de Saint-Denis en France, de Saint-Gall en Suisse, et une infinité d'autres, furent très-bien dotés pour ce motif, et, entre autres privilèges, investis du droit d ' a s i l e. Nous voyons dans l'histoire de la première et de la seconde race les *cloîtres* servir d'école, de retraite ou de prison aux princes séculiers, selon leur âge ou les vicissitudes de leur fortune.

On appelait aussi *cloître* une enceinte de maisons appartenant aux chapitres, et que les chanoines tenaient à vie pour s'y loger. Tel était le *cloître de Notre-Dame*. D'autres églises avaient leur cloître pour le logement du curé et de leurs prêtres habituels. Tel était le *cloître de Saint-Méry*. C'était que là un abus des longtemps enraciné que les séculiers et les femmes logeaient dans les *cloîtres* des chanoines et des prêtres. La clôture du cloître Notre-Dame avait été démolie avant la révolution ; mais les maisons des chanoines y restèrent ; elles laissaient entre elles et l'église une rue étroite qui en 1812 a été fort élargie, et qui conserve encore son nom.

Il y a longtemps que l'on prend le mot *cloître* pour tout le couvent, tout le monastère. Selon Girard *cloître* diffère de *couvent* et de *monastère* en ce que l'idée propre de *cloître* est celle de *clôture*; l'idée propre de *c o u v e n t*, celle de *communauté*; l'idée propre de *m o n a s t è r e*, celle de *solitude*. Celui qui fait avec le monde un divorce absolu s'enferme dans un *cloître*; celui qui renonce au commerce du monde se met dans un *couvent*; celui qui fuit le monde se retire dans un *monastère*. Dans le *cloître*, vous avez sa-crifié votre liberté ; dans le *couvent*, vous avez renoncé à vos anciennes habitudes, vous contractez celles d'une société régulière, et vous portez le joug de la règle ; dans le *monastère*, vous êtes voué à une sorte d'exil, et vous ne vivez que pour votre salut. On ne disait pas autrefois dans la même acception le *cloître* des bénédictins, comme on disait leur *monastère*, ou le *cloître* des capucins comme on disait leur *couvent*.

Trop souvent le *cloître* a servi les prédilections et l'orgueil des parents, et favorisé les grands avantages attachés au droit d'aînesse. Pour procurer un mariage plus avantageux à leur aîné, combien de jeunes filles, jetées malgré elles dans le *cloître*, n'ont-elles pas eu lieu d'en déplorer les *rigueurs* et de s'écrier avec Millevoye :

Dans l'abîme d'un cloître à jamais descendue,
J'ai supplié le ciel d'abréger mes instants.

Toutefois, nous nous garderons bien d'applaudir aux injustes déclamations dont les *cloîtres* ont été l'objet, et l'on risquerait fort de se tromper en les jugeant d'après les peintures énergiques, mais exagérées, de La Harpe dans sa *Mélanie*, et de Chénier surtout dans les *Victimes cloîtrées*. Il faut bien noter d'ailleurs qu'on n'a tant déclamé contre les *cloîtres* que depuis que l'abus en avait cessé : car longtemps avant 1789 à peine par quelques dispositions du concile de Trente, était-il resté de *cloîtres* rigoureux pour quelques ordres religieux d'hommes et de femmes. Colardeau nous peint les cloîtres comme des

..... lieux habités par la seule innocence,
Où règne avec la paix un éternel silence.

Après le concordat, de nombreux *cloîtres* se sont rouverts pour des individus qui n'y pouvaient entrer que spontanément. Leurs vœux, sans avoir rien qui les liât aux yeux de la loi, n'en ont pas été moins forts à leurs yeux ; car si les religieuses fugitives et les moines défroqués n'étaient pas rares autrefois, les individus qui depuis ces cinquante dernières années se sont consacrés à la vie du *cloître* ont pour la plupart persisté dans ces vœux annuellement révocables.

Le mot *cloître* en architecture est employé pour désigner tout édifice, quelle que soit sa destination, qui est bâti en *cloître*, c'est-à-dire qui a des bâtiments sur les quatre côtés de la cour. Les maisons des riches romains étaient construites en *cloître* : on peut lire à ce sujet des détails curieux dans les *Études historiques* de Châteaubriand.

Cloître se disait aussi jadis des comptoirs ou magasins que les villes anséatiques avaient à Berghen en Norvège.

Du mot *cloître* a été fait le verbe *cloîtrer*, qui exprime l'idée d'enfermer quelqu'un dans un *cloître*, de contraindre quelqu'un à entrer dans un monastère et à prendre l'habit. Se *cloîtrer* signifie se faire religieux. Ch. Du Rozoir.

CLONISME (de κλόνος, agitation, tumulte, secousse), terme de pathologie, par lequel on désigne des convulsions dans lesquelles les parties du corps sont agitées en divers sens ou de diverses manières. Les convulsions ou les spasmes *cloniques* sont opposés aux convulsions toniques ou tétaniques, dans lesquelles le corps, en totalité ou en partie, demeure roide et immobile. L. LAURENT.

CLONMEL, jolie ville du comté de Tipperary (Irlande), située dans la charmante vallée du Shannon, sur la rive gauche du Suir, fleuve qui y est navigable et qu'on y traverse sur trois ponts de pierre, conduisant à l'autre partie de la ville située sur la rive droite et dépendant du comté de Waterford. On y voit quelques édifices publics d'une architecture assez remarquable et deux couvents. On estime sa population à 20,000 habitants, catholiques pour la plupart. Elle est le centre d'une importante fabrication de draps et d'étoffes de laine (cette dernière, surtout depuis 1669, époque où des émigrés Allemands vinrent s'établir dans cette ville), ainsi que d'un commerce considérable en produits du sol,

beurre, grains et viandes salées, qui s'expédient à Londres et à Liverpool ; il s'y tient aussi des marchés très-fréquentés. Le Suir fournit en grande quantité de magnifiques saumons. Cette ville, où naquit le célèbre Sterne, était autrefois une place forte, dont les antiques fortifications furent détruites à la suite d'un siège opiniâtre, par ordre de Cromwell ; et aujourd'hui encore les traces de ce qu'elle eut alors à souffrir ne sont point complétement effacées.

CLOOTZ (JEAN-BAPTISTE, *dit* ANACHARSIS), baron prussien, né au Val-de-Grâce, près de Clèves, le 24 juin 1755, neveu du savant chanoine Cornélius de Paw, auteur des *Recherches sur les Grecs, les Américains, les Égyptiens et les Chinois*, avait été envoyé, dès l'âge de onze ans, à Paris, pour y faire ses études. Doué de beaucoup d'esprit et d'imagination, il se livra avec plus d'ardeur que de discernement à la lecture des ouvrages des philosophes et des publicistes célèbres par l'exaltation de leurs doctrines politiques. Devenu, jeune encore, maître d'une fortune considérable, avide de plaisirs, il ne s'en refusait aucun. Il avait juré de se faire, à tout prix, une éclatante réputation. N'ayant ni les talents ni la vaste érudition de son oncle, il voulut le surpasser par la hardiesse et l'originalité de ses plans de réformation universelle. Il parcourut successivement l'Allemagne, l'Italie, l'Angleterre. Il s'était intimement lié à Londres avec Edmond Burke, qui était alors l'un des chefs de l'opposition parlementaire. De retour en France, au commencement de la révolution de 1789, il vit dans ce grand événement le prélude d'une inévitable émancipation du *genre humain*. Il regardait comme un fait accompli ce que les hommes les plus éclairés, les plus dévoués au progrès de la civilisation, n'apercevaient que dans un avenir éloigné. Ce qui pour eux n'était encore qu'une espérance, une éventualité probable, était pour Clootz une infaillible certitude. La république universelle devint son idée fixe. L'exagération de ses opinions en fit soupçonner la sincérité. On croyait alors à la réalisation d'une monarchie constitutionnelle. Les vœux n'allaient pas au delà. Clootz voulait marcher plus loin et plus vite : il avait pris le nom d'*Anacharsis*, et s'était présenté à la barre de l'Assemblée constituante à la tête d'une prétendue députation d'étrangers de tous les pays. Déjà il s'était constitué *l'orateur du genre humain*. C'était à ce titre qu'il avait adressé plusieurs pétitions à l'Assemblée. Il figura dans l'immense cortège de la fédération de 1790, avec la *députation du genre humain* ; bizarre mascarade qu'il avait organisée en fournissant aux individus qui la composaient les différents costumes nécessaires pour faire de la couleur locale et compléter l'illusion. Il vint après le 10 août 1792 féliciter l'Assemblée législative, offrit de lever à ses frais une légion prussienne qui prendrait le nom de *légion vandale*, et conclut à ce que l'Assemblée mît à prix la tête du roi de Prusse, *le Sardanapale du Nord*, dont l'armée avait déjà franchi nos frontières ; il se porta même adjudicataire d'un domaine national sur lequel était campée une partie de cette armée. Il ne se borna pas dans sa harangue à remercier le peuple français de l'avoir reçu dans son sein ; il fit l'éloge du régicide Ankarstrœm, et suivant lui l'exemple du héros suédois devait avoir partout de généreux imitateurs : « Charles IX, disait-il, eut un successeur : Louis XVI n'en aura point. Vous savez apprécier les têtes des philosophes ; il vous reste à mettre à prix celles des tyrans. »

Clootz était l'homme inévitable : on le trouvait partout, dans les clubs et chez les notabilités de l'époque. Il fallait à *l'orateur du genre humain* la première place à table et au salon. Il avait été accueilli d'abord comme un oracle chez Julie Talma, femme d'esprit et de sens, qui bientôt ne vit plus dans le quasi-grand homme qu'un parasite vaniteux. Mme Roland raconte dans ses *Mémoires*, comment il s'était introduit dans sa société, et comment elle parvint à s'en débarrasser. Il s'en vengea en signalant Roland comme chef du fédéralisme : « Ce fut, dit Mme Roland, un moyen de faire cause commune avec ceux dont les vices lui étaient agréables, en supposant même qu'il n'eût pas la mission secrète de brouiller la France à l'aide des enragés pour faire plus beau jeu aux Prussiens ses compatriotes. « Il n'était pas moins exclusif en matière religieuse qu'en matière politique : il se déclara l'*ennemi personnel de Jésus-Christ* et même de toutes les religions, car il professait hautement l'athéisme. Revenant un jour de chez Julie Talma avec un jeune écolier du collége du Plessis, condisciple des fils de cette dame, il prit occasion d'un convoi funèbre qui passait pour faire à l'écolier une longue dissertation sur le matérialisme, et le retint une demi-heure arrêté, sans s'apercevoir que l'écolier distrait ne l'écoutait pas. Cet écolier, c'était l'auteur de cet article.

Clootz fut nommé député à la Convention par le département de l'Oise, en septembre 1792. Il vota la mort de Louis XVI, *au nom du genre humain*, en ajoutant : « Je condamne pareillement à mort l'infâme Frédéric-Guillaume (le roi de Prusse). » Il avait publié un petit traité intitulé *République universelle*, où il établissait en principe « que le peuple était souverain du monde, que de plus il était Dieu, que la France était le berceau et le point de ralliement du *peuple-Dieu*, que les sots seuls croyaient à un Être suprême. » Robespierre le fit arrêter, comme **hébertiste**, et traduire devant le tribunal révolutionnaire avec Hébert, Montmoro, Ronsin et douze autres; tous furent condamnés à mort, « comme auteurs ou complices d'une conspiration contre la liberté, la sûreté du peuple français, tendant à troubler l'État par une guerre civile, en armant les citoyens les uns contre les autres, les conjurés devant, dans le courant de ventôse, dissoudre la représentation nationale, assassiner ses membres, et détruire le gouvernement républicain, pour donner un tyran à l'État. » A l'exception d'une femme, qui obtint un sursis en se déclarant enceinte, ils furent tous immédiatement exécutés, le 4 germinal an II (23 mars 1794). En allant au supplice, Clootz prêchait le matérialisme à Hébert; il voulut même être exécuté le dernier, afin, disait-il, d'avoir le temps de constater certains principes pendant que l'on ferait tomber les têtes des autres condamnés. Il mourut avec beaucoup de courage. On assure qu'au moment suprême il en appela au genre humain du supplice injuste qu'il allait subir. On a de lui, entre autres : *Certitude des preuves du mahométisme* (Londres, 1780); *L'Orateur du genre humain*, ou *Dépêches du Prussien Clootz au Prussien Herzberg* (1791), et *Base constitutionnelle du genre humain* (1793). DUFEY (de l'Yonne)

CLOPORTE. Les cloportes sont placés par les naturalistes parmi les crustacés isopodes terrestres. Ils habitent de préférence les lieux humides et obscurs, les caves et les celliers et se tiennent dans les fentes des murailles, dans les joints mal réunis des cloisons, sous les pierres, etc. Leur démarche est ordinairement lente; mais cependant, lorsqu'ils éprouvent quelque crainte, ils courent assez vite, ou bien se roulent en boule si on les saisit. Les femelles portent leurs œufs dans une espèce de sac ovale, mince et flexible, placé au-dessous de leur corps, et s'étendant depuis la tête jusque vers la cinquième paire de pattes. Ces œufs éclosent dans ce petit sac, qui ne tarde pas à se fendre pour laisser sortir les petits cloportes, qui ne diffèrent de leurs parents qu'en ce qu'ils ont de moins qu'eux deux pattes et un anneau du corps ; que leur tête et leurs antennes sont proportionnellement plus grosses, et que leur couleur est jaunâtre ou bleuâtre très-clair. Après leur naissance, ils trouvent pendant quelques jours un refuge assuré au milieu des lames respiratoires qui garnissent le dessous de la queue de leur mère.

Le *cloporte ordinaire* a reçu en latin le nom de *oniscus asellus* : on l'appelle vulgairement *clou-à-porte*, *porcelet saint Antoine*, etc. Il est long de 14 à 16 millimètres; sa couleur est gris obscur, avec les bords plus clairs et une série longitudinale de points jaunâtres, placés de chaque côté du corps. On le trouve dans toute l'Europe.

Les cloportes ont été pendant longtemps employés en médecine, comme jouissant de propriétés diurétiques; mais ils sont aujourd'hui tout à fait inusités. Ces propriétés sont bien faibles, si elles ne sont pas le plus souvent nulles; elles dépendent probablement de quelques particules de nitre ou salpêtre dont leur corps s'est chargé dans les plâtres. On trouvait aussi dans les pharmacies, sous le nom de *cloporte préparé*, une autre espèce, l'*oniscus armadillo*, de Linné, dont on a fait le genre *armadille*. Cette espèce, qui vient d'Italie, est plus grande que la précédente, et s'en distingue par ses segments lisses et luisants. Les médecins de nos jours ne l'estiment pas plus que la précédente.

P. GERVAIS.

Ajoutons comme fait curieux que les cloportes, qui dans le tarif des douanes de 1791 étaient taxés à 30 fr. par quintal, acquittent aujourd'hui pour entrer en France 67 fr. 00 c. « Nous ne savons, disait spirituellement à ce propos un journal partisan du libre échange, si cet exhaussement de tarif fut sollicité dans le temps par quelque éleveur de cette agréable spécialité d'insectes, jaloux de protéger le cloporte national contre le cloporte étranger. »

CLOQUET (HIPPOLYTE), anatomiste français, né le 17 mai 1787, à Paris, se consacra avec ardeur à l'étude de l'anatomie, et par ses beaux travaux ne tarda pas à obtenir l'amitié de Vicq d'Azyr, en même temps qu'il était appelé aux fonctions de prosecteur à la Faculté de Médecine, qui le reçut docteur en 1815. Il est mort professeur d'anatomie à la Faculté, le 3 mars 1840. Indépendamment de nombreux articles insérés dans des dictionnaires de médecine ou d'histoire naturelle, on a de lui : *Osphrésiologie, ou traité des odeurs, du sens de l'odorat et des organes de l'olfaction* (Paris, 1821); *Traité d'Anatomie descriptive* (1816) 6e édition, 1835); *Faune des Médecins* (6 vol., 1823-1828); *Traité complet de l'Anatomie de l'Homme, comparée dans ses fonctions les plus importants à celle des animaux* (5 vol., 1827, avec 400 planches). En 1823 il entreprit aussi la continuation du *Systèmes Anatomique*, commencée par Vicq d'Azyr. — Son fils, *Ernest* CLOQUET, est chirurgien du chah de Perse depuis 1845.

CLOQUET (JULES-GERMAIN), frère cadet du précédent, né le 18 décembre 1790, à Paris, étudia aussi la médecine, mais se consacra plus particulièrement à l'anatomie et à la chirurgie, et fut reçu docteur la même année que son frère. En 1819 il fut nommé chirurgien adjoint à l'hôpital Saint-Louis, en 1830 chirurgien en chef de l'état-major général de la garde nationale et chirurgien en chef de l'hôpital Saint-Louis, en 1831 professeur de pathologie chirurgicale à la Faculté de Médecine, et en 1833 professeur de clinique chirurgicale. Outre de nombreux articles de journaux, on a de lui : *Recherches anatomiques sur les Hernies de l'Abdomen* (Paris, 1817); *De la Squelettopée* (1815; nouv. édition, 1819); *Anatomie, de l'Homme* publiée par M. B. de Lasteyrie (5 vol., 1821-1832); *Anatomie des Vers intestinaux* (1820; nouv. édit., 1824); *Manuel d'Anatomie descriptive du corps humain* (2 vol., 1825-1831, avec 250 planches); *Mémoire sur l'Acupuncture* (1826); *Pathologie chirurgicale* (1831).

CLORE. Ce mot, dérivé du latin *claudere*, est dans certains cas synonyme de *fermer*; mais il exprime une fermeture plus étendue, plus stricte, plus stable. Au propre en effet il signifie entourer du lien d'une *clôture*, joindre et serrer ensemble les choses ou leurs parties, de manière à ne laisser entre elles aucun vide, aucun interstice, pour bien cacher, couvrir, envelopper. *Clore* s'emploie dans beaucoup de circonstances d'une manière plus ou moins figurée. On disait *clore le pas* dans les tournois ou dans les joutes. On dit encore *clore* un inventaire, *clore* un compte. *Clore* la bouche à quelqu'un, c'est lui opposer de si fortes raisons qu'il n'ait plus qu'à se taire; *clore le bec* est une expression plus que familière, pour dire imposer silence.

Clos, close, s'emploie dans une foule de locutions proverbiales *huis clos, champ clos, lettre close*, etc. *Bouche close*, synonyme de *bouche cousue*, se dit proverbialement pour recommander à quelqu'un de garder le secret. *Pâques closes* est le dimanche de la *Quasimodo*, jour où se terminent les cérémonies de Pâques.

On dit en style de pratique : « Le locataire doit être tenu *clos et couvert* dans une maison qu'il loue, » pour dire que le propriétaire est tenu des grosses réparations de couvertures, murailles, portes, clôtures. Au figuré, on dit qu'un homme se tient *clos et couvert*, pour dire qu'il ne sort pas ou qu'il est en quelque lieu secret, lorsqu'on le cherche pour le prendre. On le dit encore d'un homme qui vit retiré chez lui sans se mêler des affaires d'autrui, ni des affaires publiques. Enfin cette expression s'applique à un homme discret, dissimulé, peu curieux de découvrir ses pensées.

Se tenir clos et coi exprime l'action de se cacher par précaution.

Le renard se dispense et se tient *clos et coi*.
(LA FONTAINE.)

Agir à yeux clos, ancienne expression, peu usitée aujourd'hui, pour dire agir aveuglément et sans examiner une affaire. Il agit de confiance et en homme qui signe *à yeux clos* tout ce qu'on lui propose. Un chevalier errant se jette à *yeux clos* dans les périls.

Le raisonneur parti, l'aventurier se lance
A *yeux clos* à travers cette eau.

Porte close éveille une idée de réclusion volontaire ou de précaution extrême. Une porte peut être fermée, mais mal *close*. Le chien de la fable dit à son maître :

Si vous, maître et fermier, à qui touche le fait,
Dormez sans avoir soin que la porte soit *close*.
(LA FONTAINE.)

Dans Les *Plaideurs*, lorsque Petit-Jean dit :

Point d'argent, point de Suisse, et ma porte était *close*,

il exprime une fermeture absolue, une clôture rigoureuse, à moins qu'on ne *graisse le marteau*.

Main close, bourse close, éveillent une idée d'avarice et de cupidité. L'homme qui vient de faire l'aumône ferme sa bourse, mais l'avare la tient toujours *close*. Un poète a dit du greffe de la justice :

C'est proprement la caverne au lion :
Rien n'en revient, là *les mains ne sont closes*
Pour recevoir, mais pour rendre trop bien.

Nuit close exprime la nuit tout à fait fermée.

On voit combien dans la langue poétique le mot *clore* et ses dérivés ont de naïveté, de grâce ou d'énergie.

Charles DU ROZOIR.

CLOS, enceinte de mur, formant un grand jardin : un *clos* d'arbres fruitiers, un *clos* d'un hectare, un *clos* de vignes. Un *clos* est aussi souvent fermé de haies que de murailles : c'était autrefois le nom distinctif d'une propriété rurale peu étendue, attenant à la maison d'un petit propriétaire, tel que celui dont il est question dans la fable du *Villageois et son Seigneur* :

Un amateur de jardinage,
Demi-bourgeois, demi-manant,
Possédait en certain village
Un jardin assez propre et le *clos* attenant.
Il avait de plant vif fermé cette étendue.
Là croissaient à plaisir l'oseille et la laitue, etc.

Enclos est synonyme de *clos*. De *clos* on a fait *closeau*, petit jardin de paysan *clos* de haies et de fagotage, semé de plantes potagères ou de chanvre. Sous l'ancien régime les curés prétendaient avoir les dîmes vertes des *clos* ou *closeaux*. En Normandie, les petits *clos* se nomment *closets*. *Closerie* est synonyme de *closeau*. Ce mot est devenu fort à la mode à Paris dans ces dernières années, à la suite du succès d'une pièce de boulevard, intitulée *La Closerie des Genêts*. Il en est résulté une *Closerie des Lilas*, jardin dansant, voisin et rival de la *Chaumière*, entre les allées du Luxembourg et l'Observatoire. Dans quelques localités, *closerie* veut dire aussi petite métairie. Enfin, *closier* servait autrefois à désigner le gardien d'un *clos*. Durant le moyen âge, les guerres privées des seigneurs et les brigandages des bandes armées exposant les cultures à des ravages continuels, on se trouva dans la nécessité de les *enclore* de murs. Telle est sans doute l'origine des nombreuses clôtures qui, sous le nom de *clos*, coupaient les alentours de toutes les villes et de tous les bourgs. Peut-être bien aussi viennent-elles du désir de s'assurer la possession tranquille de la propriété. Dulaure, dans son *Histoire de Paris*, signale plus de quarante de ces *clos*, dont plusieurs avaient donné leur nom à des rues dont très-peu existent encore. A peine si l'on cite comme leur survivant de nos jours *le clos Bruneau*, à la place Maubert, et *le clos Georgeau*, près du Palais-Royal.

Ch. DU ROZOIR.

CLOSEN (CHARLES, baron DE), membre de l'opposition constitutionnelle dans la chambre des députés de Bavière, né en 1787, à Deux-Ponts, d'une des plus anciennes familles du pays, est le fils de *Louis* DE CLOSEN, qui fit les campagnes d'Amérique de 1780 à 1783, sous les ordres de Washington, en qualité d'aide de camp de Rochambeau, fut décoré de l'ordre de Cincinnatus, céda en 1805 son fief à son fils, qu'il avait fait élever dans la religion catholique, et mourut en 1830, à Mannheim, après avoir été pendant longtemps encore au service de France.

Charles de Closen suivit de 1802 à 1804 les cours des universités de Vienne et de Landshut; puis il fut nommé surnuméraire au ministère de l'intérieur de Bavière en 1805, et conseiller de guerre en 1814. Dès 1806 il avait reçu la lettre de chambellan, et jusqu'en 1808 il figura souvent à la cour en qualité de maréchal de la Basse-Bavière, dignité héréditaire dans sa famille, mais supprimée à ce moment avec toutes les vieilles institutions de ce pays. Dans la campagne de 1814 il fit partie de l'état-major du prince de Wrède, et assista aux affaires de Bar-sur-Aube, d'Arcis et de Fère Champenoise. En 1817 il fut attaché au ministère de l'intérieur, puis en 1819 nommé conseiller ministériel. A ses heures de loisir il s'occupait d'études agricoles ; et on lui est redevable d'une exposition critique des lois bavaroises relatives à l'agriculture (Munich, 1818).

A partir de la première diète tenue en 1819 jusqu'en 1831 il assista, comme député des propriétaires nobles exerçant le droit de justice seigneuriale, à toutes les assemblées des états. Mis à la retraite en 1825, à cause de sa conduite et de ses votes comme député, il se livra plus que jamais à son goût pour les entreprises agricoles. Il introduisit dans sa terre de Gern une race ovine d'un sang plus noble, et y établit une fabrique de sucre de betterave, une fabrique de damassé, et un institut agricole pour des orphelins pauvres. Les délibérations de la diète de 1828, dans laquelle il combattit énergiquement tous les projets de loi ministériels qui lui parurent contraires aux principes du gouvernement constitutionnel, apportèrent seules quelque interruption à ses travaux comme agriculteur. En 1831, le gouvernement lui ayant refusé l'autorisation nécessaire à tout fonctionnaire public pour siéger à la chambre, il donna aussitôt sa démission. Le gouvernement n'en persista pas moins à ne point lui adresser de lettre close, et à convoquer à sa place un suppléant; et il fallut qu'une majorité de 115 voix contre 5 le fît entrer dans l'assemblée.

En 1832 on ouvrit une souscription pour l'indemniser

de la perte de son traitement; mais il la refusa, et exprima le vœu que le produit en fût appliqué à une fondation utile. Au mois de novembre 1833 on fut surpris d'apprendre que le tribunal d'appel de Landshut dirigeait contre lui des poursuites criminelles, comme coupable d'offense envers le roi, pour avoir propagé un poëme satirique composé par un certain docteur Grosse. Ce ne fut qu'après quatre mois de détention que le gouvernement se décida à le mettre en liberté. Un arrêt rendu le 26 janvier 1840 par le tribunal d'appel supérieur proclama mal fondée l'accusation portée contre lui. Immédiatement réélu membre de la chambre des députés, il resta fidèle à ses principes d'opposition constitutionnelle et monarchique dans les sessions de 1846, 1847 et 1848; et à l'occasion des troubles dont la capitale de la Bavière fut le théâtre en mars 1848, on le vit déployer le zèle le plus patriotique pour contribuer au rétablissement de l'ordre. Nommé alors membre du parlement de Francfort, qui le choisit pour faire partie du *Comité des Cinquante*, il n'assista qu'à un petit nombre de séances de cette assemblée, parce que le roi Maximilien II le nomma son ministre près de la diète, et ensuite près du pouvoir central. Quand le ministère appelé aux affaires en Bavière à la suite des événements se retira, le baron de Closen renonça à son poste diplomatique à Francfort, et fut nommé conseiller d'État. Il a publié en 1851 un écrit intitulé : *De l'armée, considérée comme école militaire à l'usage de la nation.*

CLOSTRE (de κλωστήρ, fuseau). Ce nom a été donné par M. Dutrochet aux cellules allongées et amincies aux deux extrémités, et par conséquent fusiformes, qui entrent dans la composition du bois et des couches corticales. Ces parties du tissu des végétaux ont été appelées *petits tubes* par Mirbel, *cellules tubulées* par Decandolle, et *tubilles* par Cassini. Ces cellules sont remplies d'un suc concrescible, qui se condense, durcit en vieillissant, et qui par ses divers degrés de dureté et sa couleur plus ou moins foncée constitue les différentes espèces de bois. Ces clostres sont quelquefois des tubes parallèles terminés en pointe. L. LAURENT.

CLOS-VOUGEOT, célèbre vignoble, situé dans le département de la Côte-d'Or, sur le territoire des communes de Vougeot et de Flagey-lès-Gilly, l'un des quatre premiers crus des vins fins rouges de Bourgogne. Les vins que produit le Clos-Vougeot ont toutes les qualités des vins de Romanée et de Chambertin; mais ils sont plus spiritueux. Ce clos était autrefois la propriété des moines de l'abbaye de Cîteaux, et fut acheté à la Révolution par la maison Tourton et Ravel au prix d'un million; plus tard il a passé entre les mains d'Ouvrard. Dans les meilleures années le Clos-Vougeot fournit environ trois cents barriques de vin.

CLOTAIRE. Les Francs ont eu quatre rois de ce nom.

CLOTAIRE Iᵉʳ. Après la mort de Clovis (511), ses conquêtes furent partagées entre ses quatre fils d'une manière fort irrégulière; de sorte que les différents lots étaient tous enclavés les uns dans les autres. Clotaire Iᵉʳ put étendre sa domination de Saint-Quentin à l'Aquitaine, et établir le siége de son empire, ou plutôt son quartier général, à Soissons. En 528 il s'associa pour la conquête de la Thuringe à Thierri Iᵉʳ, son frère, roi d'Austrasie. Les Thuringiens furent vaincus sur les bords de l'Unstrutt; la fille de Berthaire, un de leurs rois, sainte Radegonde, tomba entre les mains de Clotaire, qui l'épousa. Il était d'un naturel féroce, que l'amour de sa captive ne put adoucir. Elle avait un frère, qui pouvait réunir les Thuringiens dispersés. Clotaire le fit assassiner. Ce fut probablement après ce dernier malheur que sainte Radegonde, voyant le pays envahi et conquis et dévasté, la nation passée au fil de l'épée, et la famille massacrée, renonça aux honneurs du trône, et se retira à Poitiers, où elle fonda un monastère, vers 544. Avant de quitter la Thuringe, Clotaire échappa à un piége que lui tendit Thierri. Il se joignit ensuite à ses autres frères, Clodomir et Childebert, pour combattre les Bourguignons, et après la mort de Clodomir, dont il épousa la veuve, Gondioque, il égorgea deux des fils qu'il avait laissés, et prit sa part du royaume de Clodomir. De 532 à 531, Childebert et Clotaire firent sur Gondemar la conquête du royaume de Bourgogne.

Sauf quelques expéditions faites avec Childebert contre les Visigoths établis en Espagne, le règne de Clotaire Iᵉʳ n'offre rien d'intéressant jusqu'à la mort de Théodebald, petit-fils de Thierri, roi d'Austrasie (553). Clotaire, pour réunir les États de ce prince aux siens, épousa la veuve de ce prince, Wultrade, fille du roi des Lombards. Il avait bien d'autres femmes : outre Chemsène, mère de Chramne, il avait encore épousé Ingonde, puis Aregonde, sœur de celle-ci. Grégoire de Tours raconte tous ces mariages dans le langage de l'Ancien Testament. L'Église les avait vus avec beaucoup de patience : Clotaire était orthodoxe, il comblait le clergé de richesses; comment celui-ci se fût-il exposé à le mécontenter? Cependant, quand Clotaire épousa encore sa petite-nièce Wultrade, les prêtres jugèrent qu'il était temps de faire quelques remontrances. Clotaire s'y rendit quand sa première ardeur fut passée, et il donna sa nouvelle femme en mariage à Gariwald, duc de Bavière.

Il chargea ensuite son fils aîné, Chramne, de lui soumettre l'Auvergne, tandis qu'il allait combattre les Saxons et les Thuringiens, qui les avaient secourus. Les Saxons demandèrent la paix à l'approche de Clotaire; mais une sédition de son armée força celui-ci à livrer bataille; les Francs furent défaits et réduits à demander la paix. Sur ces entrefaites Childebert, jaloux de n'avoir pas en sa part l'héritage de Théodebald, excita contre Clotaire son fils Chramne. Tant que son oncle vécut, celui-ci put se soutenir; mais à la mort de Childebert, Clotaire, seul survivant des fils de Clovis, réunit de nouveau tous les Francs sous une seule domination; il s'empara des trésors de Childebert, et il envoya en exil sa femme et ses deux filles. Chramne, laissé à ses propres forces, se réfugia auprès de Connor, comte de la Petite-Bretagne; Clotaire le poursuivit. Connor et Chramne furent battus. « Alors, dit Grégoire de Tours, Chramne prit de nouveau la fuite ; il avait des vaisseaux préparés sur mer; mais comme il tardait, pour mettre aussi en sûreté sa femme et ses filles, il fut atteint par les soldats de son père, arrêté et chargé de liens. Lorsqu'on vint l'amener au roi Clotaire, celui-ci ordonna qu'il fût brûlé par le feu avec sa femme et ses filles. Ainsi donc, on les enferma dans la chaumière d'un pauvre homme; Chramne fut lié et étendu sur un escabeau, avec le linge de l'autel qu'on nomme l'*oraire* ; après quoi on mit le feu à la maison, dans laquelle il périt avec sa femme et ses filles. »

Le roi Clotaire, parvenu à la cinquante et unième année de son règne, se rendit ensuite avec de riches présents aux portes du temple de Saint-Martin. Arrivé à Tours, auprès du sépulcre de cet évêque, il confessa ses fautes avec de grands gémissements. Les remords n'avaient pas tardé à l'atteindre. Quelque temps après, un jour qu'il chassait dans la forêt de Guise, il fut pris d'une fièvre violente, et peu d'instants avant d'expirer il s'écria : « Hélas! quel est ce roi des cieux qui tue ainsi les rois de la terre! » Ses fils l'ensevelirent à Soissons, dans la basilique de Saint-Médard. Il mourut un jour après celui qui complétait l'année depuis que Chramne avait été mis à mort (561).

Ses quatre autres fils survivants, Caribert, Gontran, Chilpéric et Sigebert, se partagèrent ses États.

CLOTAIRE II, fils de Chilpéric, roi de Neustrie, et de Frédégonde, était à peine âgé de quatre mois à la mort de son père (585). Frédégonde se mit avec lui sous la protection de Gontran, roi de Bourgogne, qui lui reçut sans difficulté dans Paris. Tant que ce prince vécut, il empêcha les effets de la haine que se portaient Frédégonde et Brunehaut, et suspendit la lutte de l'Austrasie et de la Neustrie. Mais à sa mort, arrivée en 593, ces deux femmes recommencèrent, sur la fin de leur carrière une guerre acharnée, comme dans leur jeunesse. Clotaire fut longtemps trop jeune pour jouer un rôle dans ces tristes événements. Frédégonde ou plutôt Landry, son maire du palais, battit Childebert II, qui lui-même mourut bientôt. Mais après la mort de Frédégonde la puissance de la Neustrie s'affaiblit sous son fils, encore enfant. Clotaire fut dépouillé de presque tous ses États par les fils de Childebert; il se releva ensuite, à la faveur de leurs dissensions, et triompha par leur mort (613). Brunehaut se trouvait alors à la tête de la vaste monarchie austrasienne; mais elle était menacée par la coalition des leudes. Héritier de la haine que sa mère avait vouée à cette reine, Clotaire se concerta avec l'aristocratie pour la perdre. Bientôt elle tomba en son pouvoir, et il la fit périr d'un horrible supplice.

Clotaire avait satisfait sa vengeance; mais il avait maintenant à compter avec les leudes. Ils lui arrachèrent en 614, à l'assemblée de Paris, une constitution qui sanctionnait le triomphe de l'aristocratie laïque et religieuse.

On a peu de notions sur le caractère et le règne de Clotaire II. En 617 il remit aux Lombards un tribut auquel ils s'étaient soumis; en 632 il associa au pouvoir son fils Dagobert, et lui céda l'Austrasie; mais quelque temps après il fut obligé de venir repousser lui-même les Saxons, qui menaçaient les États de son fils. Il mourut en 628, après un règne de quarante-cinq ans en Neustrie et de seize ans en Bourgogne.

CLOTAIRE III, l'aîné des trois fils de Clovis II et de Batilde, fut roi de Neustrie (656) n'ayant pas plus de quatre ou cinq ans. Il régna jusqu'en 670, sous la tutelle du maire Ébroin, et mourut après quatorze ans de règne, âgé de dix-neuf ans au plus et sans laisser d'enfants.

CLOTAIRE IV, que Charles Martel prétendit être issu de la famille royale, fut proclamé par ce duc des Francs roi d'Austrasie en 717 : il ne fut du reste qu'une ombre sur le trône, et mourut en 719.   A. SAVAGNER.

CLOT-BEY, né près de Marseille, au mois d'avril 1795, élevé d'abord à l'hospice de La Charité de Marseille, est devenu l'un des grands-officiers fonctionnaires du vice-roi d'Égypte. Reçu médecin à Montpellier vers 1820, le docteur Clot exerçait la chirurgie à Marseille, lorsqu'en 1823 un agent du pacha Méhémet-Ali, M. Tourneau, l'engagea au service de l'Égypte en qualité de premier chirurgien du gouvernement de ce pays. M. Clot mit dès son arrivée à la tête d'un petit hôpital militaire qui existait déjà à Abouzabel, près du Caire; et cet hôpital fut bientôt transformé, sur la proposition du nouveau titulaire, en un vaste établissement pouvant renfermer jusqu'à 1,500 lits, sans compter l'amphithéâtre. C'est à Abouzabel que M. Clot jeta les fondements d'un enseignement médical public, ainsi que de sa réputation personnelle. Excellent opérateur et homme d'une volonté ferme, le bruit de ses succès répandit promptement son nom dans toute l'Égypte, en Syrie et jusqu'à La Mecque. A plusieurs reprises, le vice-roi et son fils Ibrahim le chargèrent de la santé du harem, ce qui manifestait de leur part une confiance extrême. On l'autorisa en outre, comme première récompense de son zèle et de son mérite, à fonder en Égypte : 1° un conseil supérieur de santé; 2° une clinique d'hôpital; 3° une école de médecine, avec jardin botanique et amphithéâtre de dissection (1827); 4° un conseil de santé pour la marine; 5° un collège de pharmacie; 6° une école d'accouchement, dans laquelle sont admises des négresses et des femmes de Nubie et d'Abyssinie. M. Clot a voulu que les étudiants de l'école d'Abouzabel fussent logés, nourris, vêtus, instruits aux frais du gouvernement, qui même leur accordait en outre des honoraires. Des chrétiens de Syrie y sont admis au même titre que les Arabes musulmans, et plusieurs centaines de chirurgiens sont sortis de cette institution pour le service des armées du pacha.

M. Clot durant l'épidémie cholérique de 1831 donna autant de preuves de dévouement et de courage qu'il en avait déjà donné d'habileté et de talent; et pour l'en récompenser d'une manière éclatante, le vice-roi lui décerna, l'année suivante, le titre de bey, honneur inouï jusque alors pour des chrétiens. Ses succès et sa fortune attirèrent à Clot-Bey l'animadversion implacable de quelques fanatiques musulmans. Au sein même de son école, en 1831, un de ses élèves le frappa d'un coup de poignard, heureusement trop mal dirigé pour mettre ses jours en danger. M. Clot vint à Paris en 1832; il était chargé par son maître de missions secrètes, disait-on. Il obtint plusieurs audiences du roi, qui lui accorda la croix d'Honneur; il vit le monde, y fut fêté, et fréquenta les hommes célèbres dans son art ou autrement. Son langage est très-accentué, son ton décisif; son caractère paraît despotique et impérieux. Délié aujourd'hui des hautes fonctions qu'il remplissait en Égypte, M. Clot réside à Marseille depuis la mort de l'illustre Méhémet-Ali.

Indépendamment de quelques opuscules sur son art et sa célèbre école d'Abouzabel, Clot-Bey a publié un *Aperçu général sur l'Égypte* (2 vol. in-8°, 1840); un bon ouvrage intitulé : *De la Peste, observée en Égypte* (vol. in-8°, 1840). Homme judicieux et expérimenté, l'auteur ne se montre partisan ni des lazarets et des quarantaines, ni de tout autre moyen d'investissement. Il a été nommé commandeur de la Légion d'Honneur le 12 septembre 1851, et sa collection égyptienne a été acquise par l'État en 1852.

D' Isidore BOURDON.

CLOTHO, la moins vieille des trois Parques; son nom, tout grec, signifie *je file*, parce que sa fonction consistait à filer les jours de l'homme, mesurés par le Destin; c'est à tort sans doute qu'on lui a donné quelquefois les ciseaux d'Atropos. Les Grecs l'opposaient plutôt à sa vieille sœur, l'*Impitoyable*, comme le porte son nom. La Fontaine a dit dans un vers charmant :

Clotho prenait plaisir à filer cette trame.

En effet, bien loin d'être animée du génie de la destruction, cette divinité montra une bienveillance réparatrice en offrant une épaule d'ivoire à Pélops en remplacement de celle qu'une déesse lui avait dévorée. Ainsi qu'Orphée, Hésiode fait naître Clotho, comme ses sœurs, de la nuit, sans le secours d'aucun dieu, et quelques vers plus loin, de Jupiter et de Thémis, allusion aux ténèbres dont sont enveloppées nos destinées et à la justice divine qui y préside. Selon Lycophron, cette Parque serait née de Zeus et de la Mer, qu'Homère qualifie de stérile. Une autre version veut qu'elle soit fille de la Nécessité (Ἀνάγκη).   DESNE-BARON.

CLOTILDE (Sainte), reine de France, femme de Clovis, était fille de Chilpéric, roi d'une partie de la Bourgogne et frère de Gondebaud, de la main duquel il périt égorgé dans une de ces luttes intimes de famille si communes à cette époque de barbarie. Gondebaud massacra en outre sa mère et ses deux frères. Clotilde resta ainsi sous la tutelle de l'oncle farouche qui l'avait rendue orpheline; son extrême jeunesse, sa douceur et sa beauté le touchèrent, et il la fit élever dans son palais. Chilpéric, comme Gondebaud, était arien; mais la mère de Clotilde, catholique fervente, l'avait élevée dans la foi orthodoxe. Elle eut donc la force de résister aux tentatives tentées pour l'entraîner à partager l'hérésie de la cour au milieu de laquelle elle vivait et qui était l'une des plus polies et des plus élégantes de l'époque. Gondebaud la maria à Clovis, roi des Franks (an 493), barbare resté jusque alors fidèle à l'idolâtrie dans laquelle avaient vécu ses frères, et qui avait pour résidence Tournay; mais Gondebaud stipula que sa nièce conserverait le libre exercice de son culte. L'année suivante Clovis eut un fils que Clotilde, par suite de l'ascendant de plus en plus prononcé qu'elle acquérait sur son époux, eut liberté de faire baptiser.

L'enfant, qui avait été appelé *Ingomer*, succomba bientôt à l'une de ces maladies qui affligent l'enfance; et Clovis ne manqua point d'attribuer la perte de son fils à la faiblesse qu'il avait eue de permettre que le rejeton de sa race fût placé sous la protection d'un dieu autre que ceux qu'adorait sa nation. Le second héritier que Clovis eut de Clotilde n'en fut pas moins baptisé comme l'avait été son aîné; car malgré lui, et sans s'en rendre bien compte à lui-même, le farouche chef des Franks se trouvait de plus en plus entraîné vers le culte simple et mystérieux du dieu adoré par la femme qu'il aimait. Le moment vint où les hésitations et les incertitudes de Clovis cessèrent tout à fait. Une guerre s'engagea entre le roi des Franks et le roi des Alemans qui avait envahi le territoire de Sigebert, roi des Ripuaires et parent de Clovis. A la bataille de Tolbiac, livrée dans un endroit appelé aujourd'hui Zulpich et situé dans le duché de Trèves, à une vingtaine de kilomètres de Cologne, l'armée de Clovis, inférieure en nombre, mollissait. « Dieu de Clotilde, s'écria le roi des Franks, je jure d'embrasser ta loi si tu me donnes la victoire! » Bientôt le sort des armes change; les Alemans sont réduits à prendre la fuite, et le jour de Noël 496 Clovis et trois mille de ses soldats recevaient le baptême des mains de saint Rémy, dans la cathédrale de Reims. Après la mort de Clovis, Clotilde engagea ses fils Clodomir, Childebert et Clotaire à continuer la guerre entreprise par leur père contre Gondebaud de Bourgogne, le meurtrier de toute sa famille. Mais, réunis d'abord contre l'ennemi commun, les trois frères ne tardèrent point à guerroyer les uns contre les autres ; et la conversion des Franks au christianisme était encore trop récente pour qu'elle eût pu beaucoup adoucir leurs mœurs. Fatiguée de voir les princes de sa famille se massacrer entre eux, la reine Clotilde finit par se retirer dans un monastère situé à Tours. C'est là qu'elle mourut, entre 545 et 550. Ses fils accompagnèrent son convoi jusqu'à Paris, où elle fut enterrée. Suivant le désir qu'elle en avait manifesté, son corps fut déposé au pied de la châsse de sainte Geneviève, dans l'église qu'elle avait décidé Clovis à dédier à cette sainte, et sur l'emplacement de laquelle s'élève aujourd'hui le magnifique monument appelé *Panthéon*, qui a été restitué dans ces dernières années à l'exercice du culte catholique sous l'invocation de la bienheureuse patronne de Paris. Le tombeau de la sainte reine Clotilde devint bientôt l'objet d'un culte fervent, et attira une foule de pèlerins, qui souvent venaient de fort loin faire leurs dévotions. Le pape Pélasgien canonisa Clotilde, dont les reliques furent alors disséminées entre diverses paroisses. Sainte Clotilde fonda en France un grand nombre de monastères et d'abbayes. Pour celui-là même qui ne partage pas les croyances catholiques, elle ouvre la série de ces femmes généreuses qui souvent payèrent de leur vie leurs efforts pour répandre dans le monde barbare et romain les semences civilisatrices du christianisme.

CLOTILDE (CLOTILDE-AUGUSTINE MALFLATTRAI), célèbre danseuse, née à Paris, le 1er mars 1776, élève de Vestris le père, débuta à l'Opéra en 1793, dans le ballet du *Jugement de Pâris*, de Gardel. Le succès qu'elle obtint de prime abord fut tel, qu'on l'engagea aussitôt, non comme *remplacement*, mais comme *double*, et que l'année suivante elle passa *premier sujet*. A vrai dire, ce rapide avancement ne fut pas le seul fait de son mérite et de sa beauté : à cette époque elle trouvait avant elle de la faveur publique Mlle Saulnier l'aînée. Celle-ci ayant quitté le théâtre pour épouser le marquis de Livry, auquel elle avait sauvé la vie pendant la révolution, Mlle Clotilde occupa alors un poste que nulle rivale ne put lui disputer.

Elle avait dans toute sa personne une dignité, une hauteur plutôt, qui ne la quittait même pas dans la vie privée. Comme Mlle Clairon chez elle avait toujours l'air d'une reine, Mlle Clotilde, même dans la rue, avait toujours quelque chose d'une déesse. Elle s'y montrait fort peu, il faut le dire, attendu qu'elle était entourée des hommages les plus opulents, qui ne l'auraient point laissée *imprégner en boue* les pieds et les jambes les plus magnifiquement grecs qu'on pût voir aux antiques. Sa taille était très-élevée, on pourrait dire même trop élevée, si elle ne l'eût tenue aussi onduleusement gracieuse, et son cou, quoique également fort long, portait si facilement une si belle tête, que tout l'ensemble avait quelque chose d'imposant. Comme le répertoire des opéras et des ballets dans lesquels Mlle Clotilde paraissait est aujourd'hui entièrement oublié, il serait superflu d'essayer de donner l'idée de ce qu'on appelait alors le *genre noble*, où Mlle Clotilde excellait; mais il faut du moins laisser, toute fugitive qu'elle est, une trace de l'effet que cette remarquable artiste produisait dans le pas solo du premier acte de l'opéra d'*Œdipe à Colonne*, et comme mime, dans les rôles de Vénus, du *Jugement de Pâris*, et de Psyché, dans Calypso, de *Télémaque*, dans le pas des guerrières d'*Achille à Scyros*, etc., etc.

Au milieu de tous ses succès de femme et d'artiste, Mlle Clotilde eut, vers 1804, l'étrange fantaisie de se marier. Elle ne pouvait mieux choisir, car son choix tomba sur Boieldieu, le compositeur célèbre, et à cette époque l'un des plus jolis hommes de Paris. Quoiqu'ils n'eussent plus rien à se refuser l'un l'autre depuis longtemps, il leur parut plus gentil de s'épouser. Les domestiques, les hôtels, les équipages, les diamants, tout fut sacrifié à ce caprice. Apollon et Terpsichore se faisaient bergers, et se plongeaient dans les délices réciproques de *une chaumière et son cœur*. Tout Paris s'en amusa ; mais ces plaisirs ne furent pas de longue durée. Six mois après ce bel hymen, madame et monsieur tirèrent chacun de son côté. Le divorce fut prononcé ; et c'est en partie à cause des ennuis et des chagrins causés par ce fol engagement que Boieldieu se décida quelque temps après à partir pour la Russie. Mlle Clotilde ne quitta, elle, ni Paris ni l'Opéra, où ses succès de toutes natures devinrent de plus en plus éclatants. Sous la Restauration, elle créa en dernier lieu le rôle de Vénus, dans le ballet de Gardel, *Vénus et Adonis*, où elle avait trouvé dans la personne de Montjoie un fils de Myrrha aussi beau qu'elle était elle-même toujours une Vénus admirable. Elle se retira du théâtre en 1819, et mourut le 15 décembre 1826.
A. DELAFOREST.

CLOTILDE DE SURVILLE. *Voyez* SURVILLE.

CLÔTURE, action de fermer à demeure et définitivement. Tout ce qui sert à fermer un espace de terrain : murailles, haies, palissades ou rivière, peut servir de *clôture*. Les murs de *clôture* formant la séparation entre deux héritages ont ordinairement 3m,25 de haut. *Clôture* veut dire encore tout ce qui entoure ou enferme un objet, quelle que soit son étendue. Boileau a pu dire d'un pupitre :

Sur ce rang d'ais serrés qui forment sa *clôture*.

En agriculture, on entend par *clôture* des haies qui divisent les héritages voisins ou qui servent à former des limitrophes de pièces dans l'intérieur d'une propriété, ou qui *enclosent* des pièces éparses dans la campagne. On a mis en problème s'il convenait de *clore* les champs. Les agronomes sont partagés sur ce point; mais Rozier a établi que les clôtures avaient pour effet : 1° d'empêcher les animaux de pénétrer dans les terres; 2° de servir de paravents aux arbres, aux moissons; 3° de hâter la maturité des récoltes; 4° de bonifier les champs. Un agronome qui ne fait pas moins autorité, John Sinclair, partage entièrement l'opinion de Rozier. Les *clôtures* sont surtout d'une haute importance dans les pâturages. Il y en a de différentes espèces : 1° les murs en pierre garnis de ciment, ou ceux *à pierres sèches*, ceux qui enfin, quelle qu'en soit la construction, ont l'avantage *d'être dès la naissance une clôture majeure et parfaite*; 2° les haies vives, avec ou sans fossés : les haies d'épines sont les plus communes ; 3° les barrières en bois,

CLÔTURE — CLOU

très-fréquentes en Normandie : chacune est munie d'une ou plusieurs portes ; 4° les haies mortes , la plus mauvaise des *clôtures :* on ne les emploie généralement que pour garantir les jeunes haies que l'on vient de planter ; 5° les fossés avec ou sans eau : souvent une haie vive est accompagnée d'un fossé.

En architecture, on appelle *clôture de chœur* une fermeture à demeure qui sépare le chœur d'une église de la nef. Il y a des *clôtures de chœur* en menuiserie avec des sculptures et moulures ; il y en a en fer avec des ornements.

Dans le métier de vannier, on emploie le terme de *clôture* ou *closerie* pour exprimer seulement la fabrication des hottes à porter le raisin et des *vans* à vanner le blé. On appelle *clôturier* le vannier qui ne fabrique que de ces deux ustensiles.

Clôture se dit figurément, au moral, pour exprimer, 1° la *clôture* d'un compte, ou son arrêté final ; 2° la *clôture* d'un procès-verbal, c'est-à-dire la formule qui le termine : *En foi de quoi avons signé* ; 3° la *clôture* d'un inventaire, par laquelle on déclare que tous les meubles et titres y sont compris ; 4° la *clôture* d'un spectacle , c'est-à-dire la dernière représentation d'un théâtre qui va fermer ou prendre ses vacances, d'une pièce qu'on ne donnera plus ; 5° la *clôture* ou dernière séance d'une assemblée, d'une session.

Enfin, naguère le mot *clôture* figurait sous une autre acception dans notre langue parlementaire : *La clôture !* était le cri par lequel les majorités terminaient à tort ou à raison les discussions. *La clôture !* ce mot, répété par des centaines de voix, prévenait sans doute quelquefois du scandale , mais plus souvent il étouffait des discussions utiles, et repoussait plus d'une proposition généreuse et salutaire. On appelait alors *clôturiers* les députés ministériels les plus zélés pour la *clôture*. On donne encore le même titre dans les maisons de banque au commis chargé d'arrêter les comptes et de *clore* les registres.

En matière de discipline ecclésiastique, *clôture*, dans l'acception la plus générale, signifie le circuit d'un couvent : Outre cela , il y a dans les couvents de femmes une *clôture* proprement dite, c'est-à-dire l'enceinte où nul séculier ne peut pénétrer. Les parloirs sont hors la *clôture*. Dans l'acception purement religieuse, la *clôture* indique le vœu, l'obligation de ne point sortir du couvent ; elle exprime la réclusion monastique. La *clôture* est pour les monastères de filles : certaines religieuses gardent très-sévèrement la clôture ; elles faisaient autrefois vœu de *clôture perpétuelle*. Les lois ecclésiastiques sur la *clôture* des religieuses remontent au quatrième siècle. Elles défendaient même aux évêques d'entrer dans les monastères de filles sans nécessité et sans être accompagnés d'ecclésiastiques vénérables par leur âge et par leurs mœurs. Cette sévérité était surtout nécessaire en Afrique et dans l'Orient, où l'influence du climat rend la garde des mœurs plus difficile. Dans nos contrées septentrionales, où les mœurs sont plus pures, avec une plus grande liberté , on a pu sans inconvénient se relâcher quelque peu de cette austérité. Il y avait avant 1789 et il y a encore aujourd'hui des maisons de filles non cloîtrées, où les mœurs ne sont pas moins irréprochables que dans celles qui sont assujetties à la *clôture*. Cependant, il y a eu malheureusement des exceptions, et dans l'*Histoire de Port-Royal* Racine nous apprend qu'à la fin du seizième siècle « la *clôture* n'était plus même observée » dans ce couvent ; et qu'en 1625 elle l'était si peu dans une autre abbaye de filles (celle de Maubuisson), que les gentils-hommes des environs venaient y *passer le temps* auprès d'une espèce de cour à l'abbesse, Mme d'Estrées, sœur de la fameuse Gabrielle. Les canons de l'Église défendaient, sous peine d'excommunication, aux personnes séculières d'entrer dans les maisons de religieuses sans nécessité et sans l'autorisation des supérieurs ecclésiastiques. En France le roi et la reine pouvaient seuls y pénétrer sans cette permission. Depuis le concordat, l'autorité municipale a le droit de visiter à toute époque les couvents, afin de s'assurer si par-delà la *clôture* il ne se passe rien de contraire aux lois qui garantissent la liberté individuelle, la liberté civile , aux religieuses cloîtrées, comme à tout le monde. Dans l'ancien régime même, il n'était pas sans exemple de voir dans les couvents des descentes de justice : ce qui plus d'une fois éleva des conflits entre l'autorité publique et l'autorité épiscopale.

Charles Du Rozoir.

CLÔTURIERS. *Voyez* CLÔTURE.

CLOU (*Technologie*). Les clous sont de petites tiges métalliques dont ordinairement l'un des bouts porte une tête diversement façonnée , et dont l'autre extrémité est amincie en pointe plus ou moins aiguë. On sent que ces sortes de fiches , destinées à être enfoncées dans le bois, le cuir, le carton, etc., pour fixer les unes sur les autres les pièces qu'on veut joindre, sont susceptibles de dimensions très-variables, et de toutes les formes particulières appropriées aux usages que l'on en veut faire. Les intervalles sont grands entre l'énorme *clou* dit *à coyau*, et la plus petite des *pointes* dites *de Paris*. Nous ne nous arrêterons pas à la description de tant de formes diverses adoptées pour la tête, le fût et la pointe des clous. Nous ne parlerons que de la matière et du mode général de fabrication. Ceci s'applique à quatre systèmes principaux de travail. On connaît en général : 1° les clous forgés ; 2° les clous découpés et façonnés à froid ; 3° les clous emportés au cylindre ou laminoir ; et 4° enfin, les clous fondus et jetés en moule.

Pour les clous de la première espèce, l'atelier offre une disposition toute particulière à petites forges. Les foyers sont établis sur la ligne centrale du bâtiment, et placés sous une hotte prolongée en forme d'abat-jour, afin que les nombreux forgeurs, qui dans beaucoup de localités sont des femmes ou de très-jeunes ouvriers, puissent circuler au tour d'une multitude de petites enclumes fixées sur des chabottes, dont la partie inférieure est enfoncée dans le sol. Comme il ne faut que très-peu de vent pour ces petites forges, les soufflets sont également petits et fort légers, en sorte que le service s'en fait avec facilité par un enfant. On y a même dressé des chiens, qui tournent en piétinant dans un tambour. Pour accélérer le travail du forgeage, on a imaginé la *clouière*, qui n'est autre chose qu'un calibre ou mandrin creusé dans une forme correspondante à celle des clous que l'on veut obtenir. C'est avec du fer en verge ou *fenton* de bonne qualité qu'on forge les clous. Chaque ouvrier en a le plus plusieurs baguettes en chauffage, de manière à changer continuellement et pouvoir travailler sans interruption de l'une à l'autre. Il laisse ramollir le fer à blanc : d'abord il forge et soude la pointe sur le tas carré, et puis il étire le corps ou tige sur le sens transversal, coupe au tranchet une longueur suffisante pour un clou, mais sans séparer entièrement cette partie de la baguette, dont la partie froide sert encore de manche et lui permet de placer le clou, qui n'est encore qu'ébauché, dans la clouière. Aussitôt qu'il y a été introduit, en appuyant de droite et de gauche alternativement et vivement, il achève de séparer et frappe immédiatement après de son léger marteau pour former la tête du clou. Un ouvrier diligent a plus tôt formé un clou que nous n'avons mis de temps à en décrire le forgeage. Il suffit, en général, d'une chaude pour chaque clou de moyenne grosseur, et souvent même il y a deux clous formés entre chaque réchauffage. En un mot, suivant le numéro, un bon ouvrier peut faire de 12 à 20 clous par minute.

Le premier essai de clous découpés dans la tôle de fer, à l'aide de machines et d'emporte-pièce, est dû à l'ingénieur français B r u n e l, qui ne s'occupa d'abord que des très-petits clous employés pour la chaussure. Il réussit au delà de ses espérances, et d'autres fabricants ne tardèrent pas à appliquer pour de plus grandes dimensions un procédé qui , au surplus, n'offre une grande économie que dans la fabrication des très-petits clous. Dans cette fabrication, on emploie de la tôle très-douce, d'une épaisseur correspondant au diamètre des clous qu'on veut faire : d'abord on la découpe à la cisaille circulaire par bandes parallèles d'une largeur égale à la longueur qu'on veut ménager au clou. On a soin que ce découpage ait lieu dans une direction telle que la nervure du fer se trouve dans le sens transversal de ces bandes. Cette précaution est essentielle pour la ténacité des clous. Ces bandes, étant découpées à leur tour en petites pièces cunéiformes, qui ont alternativement leur tête d'un côté et de l'autre, forment les éléments des clous. Ce second découpage s'exécute de plusieurs manières, soit par des emporte-pièce à balancier, soit par des machines à mouvement de rotation continu. Ce dernier système est en général préféré. Les têtes des clous découpés s'exécutent ensuite comme celles des clous dits d'épingle, en saisissant successivement chaque clou entre les mâchoires d'un étau, et laissant tomber dessus un marteau de poids est tel qu'il puisse former cette tête du premier coup. Le travail de ces clous étant terminé, on les fait pendant quelques heures dans les tonneaux à polir, avec du gravier et du grès écrasé, et on soumet, par un moyen quelconque, ces tonneaux enfilés par un axe, à un mouvement rapide de rotation, afin d'émousser un peu les aspérités les plus saillantes qu'a occasionnées le découpage, mais qu'on se garde bien cependant de faire disparaître entièrement ; car c'est en grande partie à ces aspérités qu'il faut attribuer le bon usage de ces clous, qui adhèrent fortement au bois dans lequel on les fiche. Comme ces clous en sortant des tonneaux sont très-blancs et brillants, pour leur rendre l'aspect des clous forgés ordinaires, plusieurs fabricants, afin de satisfaire au goût ou au préjugé des consommateurs, les exposent pendant quelques minutes sur la sole d'un four de réverbère chauffé au rouge obscur : ils en sortent avec la teinte noir-brun désirée.

La fabrication des clous au cylindre, aujourd'hui presque généralement abandonnée, ne peut offrir d'avantage que dans les grandes dimensions; et d'ailleurs l'appareil est coûteux et fort sujet à se détériorer. C'est un système de laminoir dans lequel chaque cylindre d'acier, fortement trempé, porte une gravure en creux correspondant à un creux semblable pratiqué sur le deuxième cylindre. Sous l'action d'une forte pression, lorsqu'on introduit entre les deux cylindres des plaques de fer préalablement ramollies par une chauffe à blanc, on sent que les creux se rempliront aux dépens des plaques, détacheront le morceau à la manière d'un emporte-pièce, et les cylindres dans leur rotation laisseront tomber les clous tout formés qui s'en détacheront. Indépendamment des inconvénients que nous avons signalés plus haut dans ce genre de fabrication, il s'en offrait un suffisant pour attacher une grande défaveur aux clous ainsi fabriqués : c'est l'espèce de bavure qui accompagne toujours le clou dans la partie correspondant à la commissure des deux gravures en creux des cylindres, et qu'il fallait faire disparaître par un limage subséquent.

En employant de la fonte douce de bonne qualité, on peut jeter en moule des clous d'un bon service pour quelques emplois spéciaux, et dont le travail est fort économique. Les Anglais en font un grand usage.

La fabrication de l'espèce de clous dits *clous d'épingle*, ou *pointes de Paris*, dont la forme est cylindrique, n'exige qu'un fil de fer. Le travail consiste en trois opérations distinctes : 1° le découpage par bouts égaux d'environ 0ᵐ,65 pour redresser le fil ; 2° l'*appointissage* et le coupage des pointes à longueur voulue; 3° la formation de la tête. Les deux premières opérations sont tellement simples que nous éviterons de les décrire : quant à la formation des têtes, il procédé est le même que celui que nous venons de faire connaître en parlant des clous découpés dans la tôle.

PELOUZE père.

Aux temps où la magie était en crédit, les *clous*, d'un usage si commun dans divers métiers, étaient recommandés pour guérir des maladies causées par des *sorts*. A cet effet, on devait enfoncer des clous dans un cœur de bœuf ou de cheval, qu'on faisait cuire dans un pot neuf. Van Helmont n'a pas dédaigné de nous transmettre cette recette. La crédulité et le fanatisme ont encore assez de puissance aujourd'hui dans quelques provinces pour qu'on trouve des experts qui conseillent, comme moyen de guérir les maux de dents, *d'enfoncer un clou dans un chêne tandis qu'on récite des prières, en nombre impair* (bien entendu)! Pour se débarrasser aussi de la poursuite des v a m p i r e s, l'usage voulait, aux temps de cette superstition, qu'on déterrât le corps de celui qui était suspecté, et qu'on lui enfonçât un clou dans le cœur, après quoi *le mort était bien mort*, et ne pouvait plus nuire à personne. Dʳ CHARBONNIER.

CLOU (*Pathologie*). On donne vulgairement ce nom à des tumeurs arrondies et peu considérables qui se développent le plus communément dans l'épaisseur de la peau ainsi que dans le tissu cellulaire sous-jacent, et qui s'élèvent en pointe. C'est cette forme qui a motivé leur dénomination, si ce n'est la douleur vive qui les accompagne, et que des personnes qui l'endurent comparent à celle qui résulterait d'un clou fiché dans les chairs. Nous parlerons de ces tumeurs sous leur nom technique (*voyez* FURONCLE).

La forme des clous métalliques, ou leur implantation dans différents corps, on induit à donner encore ce nom à d'autres affections pathologiques. Ainsi, on appelle vulgairement *clou de l'œil* une tumeur qu'on nomme *staphylôme* dans le langage médical. Des tumeurs cornées qui naissent sur les orteils ou sur d'autres parties du pied sont comparées à des clous, parce qu'elles semblent avoir une racine acérée enfoncée dans les chairs. Enfin on appelle *clou hystérique* une douleur vive et constante sur un point très-circonscrit de la tête, et qu'on observe dans d'autres maladies que dans l'h y s t é r i e (*voyez* CÉPHALALGIE). Dʳ CHARBONNIER.

CLOUD (Saint). C l o d o m i r, en mourant, avait laissé la tutelle de ses trois fils, *Gontaire*, *Théobald* et *Clodoalde* ou *Chlodowalde* (dont on a fait Cloud) à leur grand-mère Clotilde. Childebert, leur oncle, auquel ils donnaient de l'ombrage, les fit demander, afin, disait-il, de les couronner ; mais à peine les a-t-il en son pouvoir qu'il les jette en prison. De concert avec Clotaire, il envoie un émissaire à Clotilde ; l'homme se présente, un poignard d'une main, une paire de ciseaux de l'autre. Suivant certaines chroniques, la reine lui répond : « Puisque leurs oncles n'en veulent point faire des rois, que ces enfants meurent plutôt que de vivre sans chevelure ! » La chevelure en effet était en grand honneur chez les Franks. L'émissaire reporta cette réponse. A l'instant Clotaire égorge l'aîné ; le second, tremblant pour sa vie, se jette aux pieds de ses oncles, et attendrit un moment Childebert ; mais Clotaire, inaccessible à la pitié, finit par lui plonger un poignard dans le sein. Chlodoalde, le troisième enfant, sauvé du trépas par les seigneurs ou *leudes*, se retira dans un couvent, se coupa les cheveux, et se consacra plus tard volontairement à la vie monastique. Il reçut l'habit religieux des mains de saint Severin, alla mener une vie solitaire en Provence, et revint ensuite à Paris, où il fut ordonné prêtre par l'évêque Eusèbe. Il passa le reste de ses jours dans un monastère qu'il fit bâtir à Nogent, où il mourut, vers 560. Il a été depuis canonisé. Le bourg de Nogent, où il fut inhumé, prit ensuite son nom (*voyez* SAINT-CLOUD).

CLOU D'ATTRAPE. *Voyez* CHAUSSE-TRAPE.

CLOUÈRE ou **CLOUIÈRE**. *Voyez* CLOU (*Technologie*).

CLOUET (FRANÇOIS), peintre français, appelé ordinairement *Janet*, comme son père *Jean* CLOUET, lui succéda vraisemblablement en 1545 en qualité de *peintre ordinaire du roi* François Iᵉʳ, et continua de remplir cette charge sous les rois François II et Charles IX. On suppose qu'il mourut en 1572. A Howard-Castle, propriété de lord Carlisle, on voit de lui un remarquable tableau de grandeur naturelle représentant la reine Catherine de Médicis avec ses enfants. La galerie du Belvédère, à Vienne, possède de lui le portrait en pied de Charles IX, en costume de gala. Il en existe une copie au Louvre, où l'on voit aussi quelques autres beaux portraits de lui, la plupart représentant des personnages marquants de la cour d'alors. Il y a aussi de lui à Howard-Castle plusieurs charmants petits portraits, pour la plupart de personnages de la cour de France de cette époque. Ses dessins au crayon noir et rouge sont nombreux; on en compte quatre-vingt-huit au château d'Howard, et les différentes collections de l'Europe en possèdent aussi quelques-uns. Ordinairement on les attribue, bien à tort, à Holbein. Le style de Clouet est essentiellement flamand. La manière fine et vraie de concevoir ses sujets rappelait, il est vrai, Holbein, quoiqu'il ne l'ait jamais égalé par la vérité de son coloris.

Le Musée de Versailles possède un portrait de François 1er par Jean Clouet, œuvre de mérite, traitée dans toutes ses parties avec l'exactitude minutieuse que l'on trouve dans une peinture *naïvement gothique*. Ce tableau est curieux et précieux, à cause de l'imitation scrupuleuse, servile même, avec laquelle tous les plus petits détails sont rendus; mais l'ensemble offre peu d'agrément.

CLOVIS ou **CHLODWIG**. La France compte trois rois de ce nom.

CLOVIS 1er, de la famille des Mérovingiens, fils de Chilpéric et de Bazine, né vers l'an 466, fut proclamé roi des Franks-Saliens en 481. Les Bourguignons, reconnaissant pour chefs Gondebaud et Godegesil, étaient alors maîtres des régions comprises entre la haute Loire, l'Helvétie occidentale et les cantons provençaux au nord de la Durance. Alaric II, avec ses Visigoths, occupait presque toute l'Aquitaine et les contrées adjacentes jusques au-delà des Pyrénées. La vieille race kimrique, demeurée libre en Bretagne, défendait vaillamment sa frontière; enfin les Ripuaires jouissaient en paix de quelques campagnes à l'ouest de Soissons, sous l'autorité apparente du patrice de cette cité, Syagrius. Au milieu de ces divers conquérants s'étendait le reste des provinces gauloises, affaissées sous les derniers débris de la domination romaine. C'est dans cet espace encore vide de barbares que se précipita Clovis.

Pour entrer en Gaule cependant, Clovis avait une première barrière à franchir, celle des diverses tribus de Franks échelonnées depuis près d'un demi-siècle sur l'une et l'autre rive du Rhin. Il n'usa pas ses forces à les vaincre; il aima mieux grossir son armée de leurs levées, et il entraîna dans sa course Regnacaire, Cararic, et Sigebert, chef de Cologne, ou, grâce à cette alliance, l'armée franque passa le Rhin librement. De là elle s'enfonça dans les Ardennes, puis s'abattit sur les provinces romaines. Soissons, résidence de Syagrius, devint la première conquête et la première station de Clovis. C'est alors qu'Aurélien, noble gallo-romain, devenu leude du chef des Franks, fut député vers Gondebaud pour lui demander sa nièce Clotilde; le roi bourguignon, effrayé de voir s'allier à ce hardi guerrier une jeune fille dont il avait assassiné le père, consentit malgré lui à la laisser partir. Devenue reine des Franks, la noble Bourguignonne n'oublia rien sans doute pour convertir l'esprit du roi barbare à la religion catholique; elle lui fit sentir les avantages qu'il y aurait à s'allier au clergé catholique pour former dans les Gaules une domination stable; elle lui fit comprendre que Clovis idolâtre ne serait jamais qu'un ennemi barbare aux yeux des populations romaines, tandis que Clovis catholique deviendrait le sauveur de ces peuples opprimés sous des étrangers hérétiques. Ces insinuations, déposées dans le cœur de Clovis, ne tardèrent pas à porter fruit.

La route tracée par les Franks au sein de la Gaule était restée ouverte aux barbares du Nord; une puissante troupe d'Alemans, grossie d'un grand nombre de Suèves, s'y élança vers 495; cette masse redoutable vint, comme les Franks, passer le Rhin à Cologne et disputer à Clovis le prix de ses rapides exploits.

Les deux armées se rencontrèrent à Tolbiac ou Zulpick, dans le duché de Juliers. Au fort de la bataille, Clovis fit vœu de se faire chrétien; et la fortune, qui semblait l'abandonner, tourna en sa faveur. Les Alemans vaincus coururent chercher au-delà du Rhin le siège d'un autre empire : celui de la Gaule appartient désormais aux Franks. Clovis traversa le Rhin et le Mein à la suite de l'armée vaincue, et il en poursuivit les débris jusques au pied des Alpes Rétiennes; tout le pays compris entre le Mein, le Danube, les montagnes de Bohême et le Tyrol, devint le fruit d'une bataille. Au retour, Clotilde et le saint évêque Remi attendaient Clovis à Reims pour lui demander l'accomplissement de son vœu solennel. Clovis convoqua ses Franks, leur expliqua le dessein qu'il avait de recevoir le baptême, et leur demanda s'ils voulaient aussi échanger leurs idoles sauvages contre le Dieu des temples romains. Oui, s'écria-t-on de toutes parts, nous rejetons les dieux mortels, nous reconnaissons le Dieu de Remi. » Et de ce jour la race franque devint le plus ferme soutien de l'Église.

Pour concevoir l'importance de cet événement, il faut essayer de se représenter quel était au moment où il s'accomplit l'état moral des Gaules. L'empire romain avait fui dans l'Orient; la Gaule, ainsi que l'Espagne et les autres provinces de l'ouest, dénuée désormais de l'appui de Rome, et privée, par suite du système proconsulaire des Romains, de forces militaires qui lui fussent propres, se trouvait, depuis la chute de la métropole, à la merci du premier envahisseur; mais une société civilisée ne s'éteint pas subitement au souffle de la conquête. Aussi, devant la force brutale et toute guerrière des barbares, la société romaine, lettrée, éloquente, souple et religieuse, se maintint vivante, debout, luttant de force morale et de pensée contre les hordes armées du Nord. Il importait peu sans doute à cette société défaite que ce fût telle ou telle de ces races étrangères qui pesât sur elle, pourvu que cette race, satisfaite de ravir aux vaincus la terre et le pouvoir matériel, leur laissât du moins la liberté de culte et de pensée. Mais en Gaule les Visigoths et les Bourguignons n'eurent pas ce ménagement : à peine assis sur leurs conquêtes, ils se mêlèrent de querelles philosophiques, embrassèrent l'hérésie d'Arius, et persécutèrent le reste de cette société religieuse, où le catholicisme dominait. De là leur chute. A peine les évêques catholiques de l'est et du midi des Gaules virent-ils le chef des Franks converti à la foi de leur Église, qu'ils usèrent de leur influence pour faciliter l'extension de ses conquêtes; et Clovis, au sortir de Reims, trouva toutes les voies aplanies. Les Armoricains vaincus et réduits, Gondebaud resserré dans ses limites; l'Aquitaine conquise et conservée, malgré la défaite de Carcassonne, prouvent assez que les Franks n'éprouvèrent pas d'obstacles sérieux de la part des Gallo-Romains, et que leurs plus redoutables ennemis furent les tribus de la Germanie. Aussi, après la défaite d'Alaric, Clovis abandonna-t-il Soissons, trop rapproché de la frontière du nord, et vint-il établir sa principale force à Paris, c'est-à-dire au centre de provinces toutes romaines.

Lorsque Clovis marchait contre Alaric, il reçut d'Anastase-Dicore, empereur d'Orient, une couronne et les titres d'auguste, de consul, de patrice. Il en revêtit solennellement les insignes dans l'église de Saint-Martin à Tours, et cette cérémonie, sans importance apparente, contribua puissamment à lui rendre plus amie la masse de la population. Les Gallo-Romains, le voyant combattre les barbares, décoré du costume d'un patrice romain, crurent presque recouvrer leur splendeur, et lui décernèrent volontiers le titre de *libérateur des Gaules*. A dater de ce jour commen-

48.

cèrent réellement la nation et le royaume des Franks.

Après avoir vaincu deux fois Gondebaud, reconnaissant que la race bourguignonne se trouvait sans force et sans appui, tandis que la race visigothe, aidée de Théodoric, offrait une rivale redoutable, Clovis tourna ses armes contre celle-ci, pour lui faire vider le sol français. La guerre contre les Visigoths fut le premier acte politique entrepris en commun par les populations gauloise et franque. Les Romains même y prirent une part active. Les évêques se firent les instigateurs de cette guerre, on dirait presque de cette croisade contre une race tout arienne. Quant à Clovis, il se contenta d'assembler ses tribus au champ de mars et de leur dire : « Il me déplaît que ces Visigoths ariens possèdent une partie des Gaules : marchons avec l'aide de Dieu, et, après les avoir vaincus, emparons-nous de leur pays. » Il s'agissait de pillage : les Franks n'eurent qu'une voix pour la guerre ; mais Clovis sut bien d'où venait la véritable force de son expédition, et, pour récompenser l'Église de l'appui qu'elle lui prêta et de la levée faite sous son influence, il commença sur le mont Lucotius, aujourd'hui montagne Sainte-Geneviève, une basilique dédiée à Saint-Pierre et Saint-Paul.

Lorsque la bataille de Vouillé eut décidé de son triomphe et proclamé la suprématie des Franks, Clovis, au lieu d'abattre les plus dominants d'entre les vaincus, prit le soin cruel de se défaire par le meurtre des principaux de la race victorieuse. Sigebert, roi de Cologne, et Chloderic, son fils ; Cararic, chef aussi d'une tribu de Franks ; Regnacaire, établi à Cambray ; Ricaire, son frère ; Regnier, roi du Mans, furent successivement égorgés ; tandisque Syagrius, commandant de Soissons, est presque le seul exemple d'un Gallo-Romain considérable mis à mort par Clovis. La bataille de Tolbiac et précédemment l'invasion de Bazin, roi de Thuringe (491), ne lui avaient que trop appris d'où venaient ses véritables ennemis. En outre, les Gallo-Romains, vaincus, soumis, résignés, ne devaient plus lui porter ombrage ; les principaux chefs de sa propre race, au contraire, pouvaient lui disputer le domaine ; enfin, ne tirant sa puissance que du commandement des Franks, il devait chercher à réunir sous sa main toutes les tribus éparses sous différents chefs. Enfin, la rédaction de la *loi salique* ressortait également du mouvement général de l'époque. Lorsque le Code Théodosien commençait d'être en vigueur ; que l'empire recueillait de tous côtés les lois romaines et barbares ; que les Franks Ripuaires jouissaient d'un droit constant, sinon encore promulgué ; que Gondebaud venait de faire écrire le code de sa loi, Clovis, conquérant paisible de vastes et riches provinces, pouvait-il refuser à ses compagnons d'armes l'honneur de rédiger leur loi nationale ?

Clovis eut deux mérites incontestables, d'où découla toute sa fortune : d'abord, il fut brave, actif et volontaire comme un digne chef de Franks, et ces vertus guerrières lui concilièrent l'attachement de ses leudes. Ensuite, après Tolbiac, il fut le seul roi catholique d'Orient et d'Occident ; et cet avantage lui valut l'appui de la société religieuse gallo-romaine, le titre de libérateur, et par suite la stabilité de son règne.

Rien ne complète mieux la vie de Clovis que le concile d'Orléans, tenu en 511 ; car ce concile fut une sorte de réalisation des conventions tacites passées depuis Tolbiac entre le roi frank et le clergé. Déjà Clovis, bien convaincu de ce qu'il devait au pouvoir ecclésiastique, avait fait bâtir plusieurs églises et les avait dotées richement. Hincmar nous apprend « qu'il avait fait don à l'église de Reims d'autant de terre que saint Remi pourrait en parcourir à cheval pendant qu'il prendrait son sommeil du midi. » Selon la charte de fondation de Réomans, « il avait aussi donné à ce monastère toutes les terres dont saint Jean, son fondateur, pourrait faire le tour en une journée, monté sur son âne. »

Dans le concile d'Orléans, il fit au clergé plus que de grandes libéralités, il lui concéda des droits dont le principal fut le droit d'asile, accordé aux églises ; en échange, les évêques lui assurèrent les droits de régale, et pour obtenir l'agrément du saint-siège, Clovis fit don au pape Symmaque de la couronne à lui envoyée par Anastase-Dicore, couronne qui forma depuis la première de la tiare.

Après ce concile, la mission de Clovis se trouva remplie ; il n'avait plus de parents à détruire, plus d'ennemi puissant à vaincre ; il avait cessé d'être chef frank pour commencer d'être roi de France ; enfin il venait de jeter les bases d'un contrat politique entre sa tribu toute guerrière et la société gallo-romaine, représentée par le clergé : c'en était assez d'un tel œuvre pour un chef barbare, si nouvellement sorti de ses forêts. Il expira le 27 novembre 511, à l'âge de quarante-cinq ans, et après trente années de règne.

L'église de Saint-Pierre et Saint-Paul, qu'il avait fait bâtir, lui servit de sépulture, ainsi qu'à Clotilde, la pieuse reine. Depuis, ces tombes royales ont disparu, et dans le temple qu'elles occupaient une seule tombe est restée, celle d'une simple jeune fille, sainte Geneviève, patronne de Paris.
G. OLIVIER.

CLOVIS II, second fils de Dagobert Ier et de Nantilde, succéda à son père en 638 dans les royaumes de Neustrie et de Bourgogne, sous la tutelle du maire Ægа, et plus tard sous celle d'Erchinoald ou Archambaud, maire de Neustrie, et de Flachoat, maire de Bourgogne. Archambaud lui fit épouser Batilde, son esclave, que l'Église a canonisée. Clovis II n'est connu de l'histoire que par un trait de bienfaisance. On raconte que dans une disette, après avoir distribué aux pauvres tout l'argent qu'il possédait, il fit arracher les lames d'or et d'argent dont son père avait recouvert les tombeaux des rois dans la basilique de Saint-Denis, et qu'il en fit partager le produit entre les plus misérables de ses sujets. Après la mort de son frère Sigebert, qui régnait en Austrasie, et la tentative avortée de l'ambitieux maire Grimoald, Clovis II réunit encore une fois les trois royaumes franks ; mais il mourut deux mois après en 655, laissant trois fils mineurs, Clotaire III, Childéric II et Thierry, ce dernier encore au berceau. Il passe pour être le premier roi de France qui se soit servi d'une voiture, jusque dans la réservée pour les reines.

CLOVIS III, fils de Thierry III, lui succéda, en 690, sous la tutelle de Pepin d'Héristal, qui avait réuni les deux mairies d'Austrasie et de Neustrie. Ce roi fainéant ne fut qu'une ombre sur le trône. Il mourut à Choisy-sur-Aisne, en 695, âgé de quatorze ans.

CLOWN, le comique de la scène anglaise, proche parent du *hanswurst* des Allemands et du *gracioso* des Espagnols, était jadis regardé comme indispensable même dans la tragédie, ainsi qu'on peut le voir par un passage de Shakspeare, et improvisait ses rôles à sa fantaisie. On le voit apparaître dans l'histoire de l'art dès le commencement du seizième siècle. Plus ses plaisanteries étaient acérées, vives, grossières et même licencieuses, plus le peuple y prenait de plaisir. Plus tard, on le bannit des pièces un peu relevées, et on ne le fit plus figurer que dans les petites pièces, à l'exception des pièces autorisées de Shakspeare, puis dans les pantomimes et sur les tréteaux des danseurs de corde. Le *clown* joue aujourd'hui un grand rôle dans les pantomimes dites de la nuit de Noël (*Christmas-pantomimes*), espèce de pièces de circonstance, que l'on représente à cette époque de l'année sur les théâtres de *Drury-Lane* et de *Covent-Garden*, et qui sont bien ce que l'on peut voir au monde de plus magnifique pour le luxe des décorations, les enchantements, les surprises, l'art du machiniste et la pantomimique. L'inimitable Jon Grimaldi, qui fit pendant si longtemps le succès des pantomimes jouées sur le théâtre de Covent-Garden, est le *clown* qui dans ces dernières années s'est fait le plus de réputation. Boz a écrit l'histoire de sa vie, précédée d'une appréciation de son talent.

CLUB

CLUB, mot anglais, dont la véritable signification est *massue*, *gourdin*, *gros bâton*, et qui, par une acception détournée, signifie l'écot, la cotisation que chaque convive paye dans une société régie par certains règlements. De là on est parti pour appliquer le mot *club* aux sociétés mêmes, puis au local où elles se réunissent.

L'Angleterre est le véritable pays des clubs. D'une part, l'isolement de la vie de famille et la rigide séparation des sexes dans les rapports sociaux; de l'autre, l'excessive liberté personnelle dont chacun jouit en vertu de la loi, ont favorisé depuis longtemps à Londres et dans d'autres villes de la Grande-Bretagne ces réunions d'hommes qui se rassemblent pour causer de choses graves ou frivoles. A cela il faut ajouter la publicité et l'énergique développement de la vie politique, qui assure à chacun un droit et un intérêt dans les événements les plus importants relatifs à l'État et à la société, et qui porte à créer des centres, des réunions où l'on puisse se renseigner sur l'état des affaires publiques et travailler à l'obtention de certains droits ou avantages politiques.

Toutes les classes et toutes les subdivisions des classes de la société anglaise, les artisans comme les lords ou les *clergymen*, ont donc leurs clubs, servant tantôt de centres à une société élégante, tantôt de points de réunion aux partis politiques, et quelquefois aussi participant de l'une et de l'autre de ces destinations.

Les clubs sérieux à Londres sont : les deux *United Service Clubs* et le *Army and Navy Club*, pour les officiers de l'armée et de la flotte; le *Carlton Club*, centre de réunion des conservateurs et le *Reform Club*. Viennent ensuite *Arthur's Club*, *Doodle's Club*, *Brooke's Club*, *Crockford's Club*, *White's Club*, l'*Erechtheum*, le *Parthenon*, l'*Oriental Club* et le *Traveller's Club*, où l'on n'admet que ceux qui ont fait de grands voyages; le *Whittington Club*, pour les jeunes marchands, ouvriers, etc.; le *Club des Joueurs d'Échecs*, qui a eu quelque temps son émule à Paris, et le *Jockey Club*, que nos *gentlemen riders* sont parvenus à naturaliser chez nous.

La plupart de ces réunions à Londres possèdent chacune un local particulier, et quelques-uns de ces édifices sont de ceux qui font le plus d'honneur à la capitale de l'empire britannique : par exemple le bâtiment appartenant au *Reform Club*, qui a été construit par Barry sur le modèle du palais Farnèse de Rome, et celui de l'*Army and Navy Club*, imitation d'un palais de Venise. On a aussi imité les clubs de l'Angleterre en Allemagne, en Russie, dans d'autres pays du Nord; mais ils n'y ont guère réussi que dans la noblesse, dans le commerce, parmi les fonctionnaires publics. Il n'en est pas de même dans l'Amérique du Nord, dont le goût national est resté fidèle à cette importation de l'ancienne métropole. Les femmes jouent chez nous un trop grand rôle dans toutes les spécialités sociales, et notre caractère est beaucoup trop vif, pour que les clubs anglais aient pu s'acclimater en France. Nos *casini* et nos cercles de Paris et de province n'en sont que la contrefaçon.

[Le mot *club* francisé, que l'on prononce arbitrairement *cleub*, *clob*, *cloub*, et de mille autre façons encore, ne sert le plus généralement à exprimer dans notre langue qu'une réunion politique, et c'est dans cette acception surtout qu'il est reçu en France depuis plus de soixante-dix ans. Auparavant il n'avait point été adopté pour désigner ces sociétés, qui prenaient ordinairement le nom de leur local ou celui d'un de leurs principaux membres. Ainsi la réunion présidée par l'abbé Alary et celle du docteur Quesnay, fondateur de la secte des *économistes*, s'appelaient, la première, *Société de l'Entre-Sol*; la seconde, *Société de Quesnay*. Les plus graves questions d'économie politique et de philosophie étaient discutées dans d'autres réunions devenues fameuses sous le nom de *Diners du baron d'Holbach*, et de *Soupers du comte de Boulainvilliers*. Les encyclopédistes se réunissaient aussi chez Mme Necker, et cette société de graves philosophes s'appelait, par esprit d'opposition, la *Petite Église*.

La première société politique qui prit le nom de *club* fut celle dont les séances commencèrent à Paris en 1782, sous le ministère Calonne. La principale condition imposée par le gouvernement aux fondateurs contrastait singulièrement avec son titre de *Club Politique* : on ne devait y parler ni de l'autorité ni de la religion. Il est inutile de dire que cette condition, ridicule dans les circonstances où allait se trouver la France, ne fut nullement observée. Un second club fut établi en 1785, au Palais-Royal, par le duc d'Orléans, sous le titre de *Club de Boston* ou *des Américains* : dénomination qui s'explique par l'intérêt puissant qu'excitait alors cette partie du monde, dont l'indépendance était si récente. Le nom de *Club* fut adopté par toutes les sociétés politiques qui se formèrent depuis. Le Dauphiné, la Bretagne et d'autres provinces avaient leurs clubs avant la Révolution de 1789.

Déjà on avait vu naître à Paris le *Club des Arcades*, établi aussi au Palais-Royal; le *Club des Étrangers*, au Panthéon, dans la rue de Chartres (aujourd'hui démolie), au local qu'occupa longtemps le théâtre du Vaudeville, véritable Athénée où l'on faisait des cours publics, et qui fut transféré rue du Mail; et le *Club de la Société Olympique*, qui n'était dans le principe qu'une loge maçonnique. Toutes ces réunions, à l'exception de la dernière, furent dissoutes en 1787. Mais les grands événements qui se préparaient occupaient trop sérieusement les esprits pour qu'ils consentissent à rester isolés et ne cherchassent pas à se grouper pour se communiquer leurs craintes, leurs espérances, leurs vues d'amélioration. Le premier club fondé après la convocation des états généraux fut le *Club Breton*, qui prit ensuite le nom de *Société des Amis de la Constitution*, puis *des Amis de la Liberté et de l'Égalité*, à jamais fameux dans l'histoire sous celui de *Club des Jacobins*, qu'il reçut du lieu où il tenait ses séances. Vinrent ensuite le Club des *Feuillants*, fondé par les premiers membres du Club Breton, distancés par leurs nouveaux affiliés, puis le Club des *Cordeliers*, auxiliaire et rival de celui des Jacobins, et dont Marat, Hébert et Camille Desmoulins furent les chefs.

Outre le Club Breton, les chefs du parti réformateur avaient, dès 1789, fondé à Montrouge une réunion aux délibérations de laquelle le nom du duc d'Orléans, fort populaire à cette époque, donna d'abord un grand relief. Cette société, connue sous le nom de *Club de Montrouge*, était fort nombreuse. Parmi ses principaux membres figuraient M i r a b e a u, S i e y è s, Latouche, Sillery et L a c l o s.

Plus indépendants par leur position, les membres d'un autre club, appelé le *Cercle social* ou *La Bouche de Fer*, n'étaient pas obligés de se renfermer dans le cercle étroit des spécialités, et professaient hautement les doctrines de la plus pure démocratie. Ce club, formé, en 1789, par Bonneville, auteur de l'*Esprit des Religions*, prit l'initiative de la propagande des grandes doctrines républicaines. C'était la chose, moins le mot. Un journal, rédigé avec un rare talent et une entière indépendance d'opinions, était publié par ces premiers tribuns de la Révolution. Mais il n'était donné qu'aux hommes instruits de comprendre et d'apprécier ces théories nouvelles. L'attention générale était absorbée par l'importance et la variété des événements de chaque jour. Les membres du Cercle Social de *La Bouche de Fer* tinrent leurs premières séances au C i r q u e d u P a l a i s - R o y a l. Ce club avait adopté quelques formules maçonniques : les membres s'appelaient *francs frères*, et l'objet de leurs travaux était la *recherche de la vérité*.

A cette même époque d'autres clubs, moins influents, et qui occupent dans l'histoire révolutionnaire de la fin du dix-huitième siècle une place moins importante, se formaient à Paris, dans les provinces et à l'étranger. Il y en eut en Ailemagne, en Italie, en Espagne. Dans ce premier pays, une loi de l'empire, rendue en 1793, prohiba ces réunions. Plus tard un décret fédéral interdit de nouveau toute espèce de club, de réunion ou d'association politique. Nous citerons encore à Londres le *Club des Amis de la Révolution*, fondé en 1789, et dans la même ville le *Club des Amis du Peuple*, établi en 1793 par lord Grey. Des membres distingués de la chambre haute et d'autres grands seigneurs étaient membres de cette réunion, qui avait adopté et publié une déclaration des droits de l'homme, rédigée par son secrétaire Mackintosh. Cette déclaration était simple et claire, comme cette belle pensée de Fox : « L'homme a du moins le droit d'être bien gouverné. » La modération de cette déclaration des droits parut hostile à l'*attorney* général, sir John Scott, depuis lord Eldon; qui en 1795 proposa au parlement la suspension de l'*habeas corpus* et dénonça la *Société des Droits de l'Homme*, son secrétaire et sa déclaration. A Paris, au contraire, la fondation du premier club, en 1789, n'avait nullement alarmé le ministère; loin de là, un des ministres ne voyait dans cette innovation qu'un événement sans conséquence, qu'une fantaisie anglomane, qu'un moyen de distraire l'attention publique. C'est demain, disait ce ministre, que s'ouvre le premier club à Paris ; et son excellence annonçait cette nouvelle comme s'il s'agissait d'une mode frivole et passagère. Quelqu'un de mieux avisé, et qui en prévoyait toutes les conséquences, lui répondit : « C'est une plante nouvelle et qui nous donnera du fruit nouveau, mais ce n'est pas une plante monarchique. »

Cependant ces assemblées, où se formaient les convictions, où les plus graves intérêts de la France étaient discutés, où prenaient souvent naissance des résolutions qui devaient avoir la plus grande influence sur la marche de la Révolution, n'étaient encore que tolérées, et aucune loi n'avait essayé en les mentionnant seulement de les soustraire à l'arbitraire du pouvoir exécutif, lorsque l'Assemblée nationale régularisa cette institution par son décret du 19 juillet 1791. L'article 14 dispose : « Ceux qui voudront former des sociétés ou clubs seront tenus, à peine de 200 livres d'amende, contre les présidents, secrétaires ou commissaires de ces clubs, de faire préalablement, au greffe de la municipalité, la déclaration des lieux et jours de leurs réunions, et, en cas de récidive, à peine de 500 livres d'amende. » Une loi du 29 septembre suivant leur interdit toute forme d'existence politique et toute action sur les pouvoirs légalement constitués. Mais cette prohibition fut levée en 1793 par la Convention, qui fit des clubs de véritables assemblées politiques, dont la réunion formait l'un des premiers pouvoirs de l'État.

Au moment où le Club Breton prenait le titre de *Société des Amis de la Constitution*, une autre réunion, sous celui de *Club Monarchique*, ou de *Sociétédes Amis de la Constitution monarchique*, se formait dans un but tout à fait opposé. Ses principaux associés étaient les membres de la minorité royaliste de l'Assemblée nationale, et elle était composée en grande partie de nobles et de partisans de l'ancien régime. Les *monarchiens*, comme on les appelait, pour se concilier l'opinion populaire, parurent au commencement s'occuper des besoins des indigents, et firent distribuer à domicile, dans des dépôts indiqués, du pain, d'autres aliments et même de l'argent. Ils s'étaient d'abord établis rue de Chartres, dans les salles du Wauxhall ou Panthéon. Expulsés brutalement de ce local par une émeute, ils transférèrent leurs séances dans l'ancienne église de la maison professe des jésuites, rue Saint-Antoine (maintenant paroisse Saint-Louis et Saint-Paul). Une nouvelle émeute, non moins violente que la première, les chassa de ce second local. Ce club fut bientôt après irrévocablement dissous. D'autres clubs de diverses opinions, dans le sens monarchique et dans le sens révolutionnaire ou constitutionnel, s'élevèrent sous les noms de *Club Richelieu*, *Club de la Bibliothèque*, *Club des Mathurins*, *Club du Faubourg Saint-Antoine*. Ce dernier était le plus nombreux, et comptait huit cents membres.

On parlait aussi beaucoup, à cette même époque, du *Club de la Société Fraternelle*, qu'on venait d'inaugurer, au commencement de 1791, rue vieille du Temple, dans le local occupé aujourd'hui par les ateliers de l'Imprimerie Impériale. Tallien passait pour l'avoir fondé. Il est du moins certain qu'il en était le principal orateur. Ce n'étaient dans l'origine que des conférences. On y professait la morale la plus pure; on y peignait le patriotisme comme l'heureuse réunion des vertus publiques et privées; enfin la tolérance de toutes les opinions politiques et religieuses y était entendue dans sa plus large acception. Il résulte d'un discours prononcé par Tallien, le 20 février 1791, qu'on avait tenté de substituer à ces paisibles conférences d'orageuses discussions politiques. L'orateur s'opposait à cette *dangereuse* innovation. Mais bientôt Tallien lui-même oublia de joindre l'exemple au précepte, et sa défection fut contagieuse pour ses *frères* et *sœurs* de la vieille rue du Temple, qui eurent bientôt leur tribune politique et leurs orateurs comme la *Société fraternelle des Cordeliers* et celle *des Mathurins*.

Après le vieux Club des Cordeliers, la réunion qui poussa le plus à l'exagération fut le *Club des Enragés*. Les motions les plus incendiaires partaient de ce centre, dont les principaux membres étaient Maillard, Voidel, Saint-Hurugue, Santerre, Henriot, Payan et Lazouski. L'influence de ces hommes, qui prenaient entre eux le nom de *Casse-Cous*, fut beaucoup plus nuisible qu'utile à la Révolution.

La constitution de l'an III n'avait pas formellement interdit les réunions politiques; elle leur avait seulement défendu de s'intituler *sociétés populaires*, de s'affilier, de correspondre, de présenter des pétitions collectives. Cependant, en l'an IV, les deux Conseils et le Directoire sentirent la nécessité de *remonter* l'esprit public, mais en évitant de donner à ces assemblées un caractère et surtout une autorité politique. De nouveaux clubs furent donc légalement autorisés sous le titre de *cercles constitutionnels*. Ce fut encore sous le prétexte de contre-balancer l'influence d'un cercle démocratique ouvert à l'hôtel de Noailles, quartier du Palais-Royal, que des députés du centre, réunis à des hommes influents par leurs talents et leur position, fondèrent un cercle rival, connu sous le nom de *Club de Clichy*. C'étaient les anciens clubistes feuillants sous un autre nom. Ces deux clubs ou cercles, ainsi que plusieurs autres qui s'étaient établis dans la capitale, furent fermés par un arrêté du Directoire de ventôse an VI.

Le *Club Massiac*, composé en grande partie de colons de Saint-Domingue et des commissaires de cette colonie, avait été fermé par le gouvernement révolutionnaire, et ses membres les plus influents, ou présumés tels, avaient été emprisonnés; mais, sur le rapport du représentant Marec, la Convention ordonna la mise en liberté provisoire de la plupart d'entre eux. Ce club fut, avec beaucoup d'autres, dissous par la loi de fructidor an III.

Les principaux membres du *Club du Panthéon* jouèrent un rôle important dans la collision du 13 vendémiaire. Le Directoire, ou du moins Barras, en son nom, fit un appel à leur *patriotisme* contre les bandes vendéennes organisées à Paris ; mais ils n'abandonnèrent pas leur projet de renverser le gouvernement fondé par la constitution de l'an III. Ce club fut fermé par arrêté du Directoire du 5 ventôse an IV. Deux autres, dont l'un siégeait au théâtre de la rue Feydeau, l'autre dans l'église Saint-André-des-Arcs, furent dissous par le même arrêté.

Les autres clubs fondés à Paris depuis 1789 jusqu'à la promulgation de la constitution de l'an III (1795), ou qui s'établirent sous le nom de cercles constitutionnels depuis la loi du 6 fructidor an V, n'eurent aucune importance historique. Leurs noms, pris du lieu où ils se rassemblaient, présentent une singulière distinction dans le choix des localités. Pendant les trois premières années de la Révolution, ils se réunissaient dans les bâtiments d'anciens couvents; mais depuis la réaction thermidorienne jusqu'à leur dissolution définitive les réunions eurent lieu, du moins en partie, dans d'anciens hôtels. C'est à la seconde époque qu'appartiennent les clubs du *Manège*, de la *rue du Bac*, du *Théâtre-Français*, de la *Sainte-Chapelle*, des hôtels *Richelieu*, de *Salm*, de *Toulouse*, de *Noailles*, etc. « Après le 30 prairial, dit Gohier (*Mém.*, t. I, page 92), le Corps législatif, voulant ranimer l'esprit public, et rendre les citoyens à l'entier exercice de leurs droits, ne crut pas qu'un gouvernement républicain pût subsister sans la liberté d'écrire et de parler.... On se rappelait la part que les sociétés politiques avaient eue à l'énergie nationale, et qui fit triompher la Révolution de tous ses ennemis, et l'on pensa que dans les circonstances où se trouvait la république le rétablissement de ces sociétés ne pouvait avoir qu'un résultat heureux. En conséquence, la liberté de la presse et le droit qu'avaient les citoyens de se réunir pour s'occuper de leurs intérêts politiques furent proclamés. » Mais il fallait aussi prévenir le retour des excès dont le souvenir était la principale cause de nos divisions intestines. C'était l'unique ressource des ennemis de la Révolution; c'était à ce souvenir qu'ils devaient leurs déplorables succès. Le Conseil des Cinq-Cents adopta un projet de résolution qui en rétablissant les clubs circonscrivait leurs attributions dans les limites de leur primitive organisation, et prescrivait des mesures de prudence et de sévérité contre les abus de la presse. Cette résolution fut rejetée par le Conseil des Anciens; mais, suivant le rapport de la commission, ce rejet n'était pas définitif, et le rapport même indiquait les modifications qui devaient servir de base à un nouveau projet de loi. Tandis que les clubs existants attendaient cette loi, le comité des inspecteurs de la salle fit fermer, le 8 thermidor an VI, le Club démocratique du Manège : la salle où il s'assemblait était dans la partie des bâtiments dépendant de ce comité. Il avait suffi au comité, pour assurer l'exécution de son arrêté, de placer une sentinelle à la porte, avec la consigne de se retirer dès qu'on paraîtrait lui faire la moindre insulte. Les réacteurs thermidoriens avaient compté sur une résistance violente, dont ils se seraient autorisés pour faire ordonner la clôture définitive et irrévocable de tous les clubs, appelés alors *cercles constitutionnels*. L'arrêté fut exécuté, et le club, sans opposer la moindre résistance, alla s'établir ailleurs. Le Directoire et le Conseil des Anciens le poursuivirent dans son nouveau local; mais la majorité du Conseil des Cinq-Cents défendit ces sociétés patriotiques, menacées, disait-elle, par les royalistes, les chauffeurs et les chouans. Le président du Directoire Sieyès soutint qu'il ne se trouvait dans les clubs que des démagogues, des brouillons et des bavards; c'est alors qu'on fit fermer le *Club du Manège* et opérer une perquisition dans les bureaux du *Journal des Hommes libres*.

Aucun des autres cercles constitutionnels ne survécut au succès du coup d'État du 18 brumaire. Toutes les libertés conquises par la révolution de 1789 tombèrent frappées du même coup. La souveraineté nationale ne fut plus qu'une déception, et le gouvernement consulaire abolit successivement les institutions républicaines, au nom de la république. Sous le Consulat, sous l'Empire, sous la Restauration, il ne fut plus question de clubs. Les **sociétés secrètes** les remplacèrent.

Sous la première république, à l'époque où les sociétés populaires avaient non pas usurpé, mais accepté la large part que leur avaient faite les lois nouvelles dans l'action gouvernementale, des femmes pensèrent que le titre de *citoyennes* leur donnait les mêmes droits qu'aux hommes. Elles se réunirent donc en sociétés politiques. Ces clubs n'eurent qu'une courte existence : ils furent irrévocablement supprimés par la loi du 12 brumaire an II, et, loin de songer à les rétablir, il fut proposé, le 9 thermidor, d'interdire aux femmes la faculté d'assister aux séances des sociétés populaires, dont cette loi avait augmenté les attributions.

Sous le nom de *fédérations*, des sociétés politiques se formèrent à Paris et dans les principales villes des départements pendant les Cent-Jours. On en comptait deux à Paris : l'une au Tivoli d'hiver, rue de Grenelle-Saint-Honoré, l'autre au café Montansier, au Palais-Royal.

Après la révolution de 1830, des citoyens, persuadés que le nouveau gouvernement allait déchirer les traités de 1815 et s'engager dans une guerre de propagande, ouvrirent, pour le seconder, deux clubs sous les noms de *Société des Amis du Peuple* et de *Société des Droits de l'Homme*. Les séances de la première étaient publiques. Ces réunions furent dissoutes par la loi sur les associations; et même avant la promulgation de cette loi leur dissolution avait été prononcée par le pouvoir judiciaire, en vertu et par application de l'article 291 du Code Pénal; mais, comme il arrive toutes les fois que l'élan populaire est violemment comprimé, ce fut le signal de la formation d'un grand nombre de **sociétés secrètes**, plus redoutables cent fois qu'une discussion libre et contradictoire en présence des agents de l'autorité.

Dufey (de l'Yonne)].

La révolution de Février 1848 rendit la voix aux clubs. Le triomphe avait pris tous les partis au dépourvu. Personne ne pensait à rétablir ce qui était tombé, mais personne ne savait bien ce qu'on pouvait y substituer. Il était donc essentiel de laisser un libre courant à l'esprit public, et la liberté de la presse la plus illimitée ne pouvait suffire à ce besoin de discussion générale. Le gouvernement provisoire représentait lui-même cette espèce de compromis des partis. Chacun espérait du reste arriver à maîtriser les masses auxquelles la souveraineté était dévolue par la force des choses; mais pour parvenir à ce résultat il fallait les dominer par la parole. Ce fut donc un cri général qu'il fallait éclairer le peuple, *faire son éducation*, et les barricades étaient encore debout, que déjà des clubs s'ouvraient. Si le peuple est souverain, il a en effet le droit de se réunir. C'était d'ailleurs pour maintenir le droit de réunion que la révolution avait éclaté. Ce fut bientôt un élan universel. Des femmes même en ouvrirent pour discuter leurs droits, et ce n'étaient pas les moins amusants. Les spectacles, les bals, les concerts, devinrent déserts : tout se métamorphosa en clubs. Le gouvernement provisoire, les municipalités prêtèrent des salles publiques; les cafés, les bals louèrent leurs salles; hommes, femmes, enfants allaient le soir discuter ou entendre discuter les affaires publiques : il n'y en avait plus d'autres.

Quelques-uns de ces clubs prirent le nom de certaines vertus républicaines, d'autres du lieu de leurs séances, d'autres du nom ou de la qualité de leurs fondateurs. Le plus célèbre sans contredit fut la *Société centrale républicaine*, qui s'assemblait rue Bergère, au Conservatoire de Musique, et dont le président Auguste Blanqui. Aucun n'inspira plus de terreur aux bons bourgeois de Paris, qui croyaient chaque jour voir le communisme sortir tout armé de cette bouillante assemblée, comme Minerve sortit autrefois du cerveau de Jupiter. On était persuadé qu'il y avait là un arsenal, des troupes dévouées, et que rien ne résisterait au déchaînement de ces nouveaux barbares. Cependant, lorsqu'on assistait aux séances de ce club, on était étonné d'y rencontrer un certain calme. A la vérité, toutes sortes de plans saugrenus y étaient développés; mais le président ramenait toujours à une certaine modération. L'exaltation de cette assemblée demeurait d'ailleurs sans écho au dehors; et lorsque quelques clubs s'avisèrent, le 16 avril, de promener leurs bannières sur le boulevard, cette stupide démonstration fit prendre les armes à toute la garde nationale, et amena de la part des *amis de l'ordre* une contre-démonstration gigantesque.

A côté de ce club, appelé aussi *Club Blanqui*, tous les autres restent sans couleur. Le *Club de la Révolution*, présidé par Barbès, fit peu parler de lui. Les clubs faisaient peur, et pourtant personne ne dédaignait de les fréquenter. On y allait même pour la *bonne cause* : le loup s'affublait de la peau de l'agneau; la blouse était de grande tenue, et comme nul n'osait se montrer franchement hostile à la république dans les clubs, toutes les opinions à peu près s'y produisaient à la tribune. La marche du gouvernement, les nouvelles étrangères, les élections, l'état de souffrance du peuple, du commerce et de l'industrie, les questions sociales, y étaient le thème le plus général des discussions; mais la tolérance, l'indifférence, le doute étaient tels, que souvent les propositions les plus contraires étaient adoptées avec le même enthousiasme, et que souvent les discussions se fermaient sans résultat sous le feu d'un quolibet ou d'une plaisanterie. On retrouvait dans les clubs cette incertitude des esprits qui au dehors portait les masses à inscrire sur les listes de candidats les noms des hommes représentant les principes les plus opposés : comme Louis-Napoléon, Thiers et Raspail.

C'est pourtant dans les clubs qu'étaient éclos tous les projets d'action violente sur le gouvernement provisoire. C'est là qu'on avait demandé la remise du vote électoral, *l'éducation* du peuple n'étant pas faite. C'est là qu'on s'opposait au retour de l'armée dans la capitale; c'est là qu'on demandait *l'épuration* des administrations; c'est là que MM. Ledru-Rollin et Jules Favre étaient traités de *réactionnaires*; c'est là qu'on imaginait les *grandes manifestations*. Un homme avait eu l'idée de centraliser les clubs en créant le *Club des Clubs*; mais peu obéirent au mot d'ordre : presque tous voulaient être indépendants.

Au dehors, la haine contre les clubs croissait d'ailleurs en proportion des souffrances de l'industrie, de la gêne du commerce. Quand l'Assemblée se réunit le 4 mai, les clubs avaient fait leur temps. Ils ne pouvaient espérer de conserver un reste d'influence : l'assemblée était notoirement contre-révolutionnaire. Les hommes du régime détruit le 24 février avaient été, malgré les menaces, malgré les questions rigoureuses adressées aux candidats, élus en grande majorité. Alors eut lieu l'attentat du 15 mai; il s'organisa, dit-on, dans le club Blanqui. Le soir même, une collision sanglante éclata au club de la salle Molière (rue Saint-Martin). Des gardes nationaux s'égarent dans de sombres couloirs; des coups de fusil partent de tous côtés ; des victimes tombent, sans que l'enquête arrive à constater autre chose que de l'imprudence. L'assemblée ne fit encore rien pour restreindre les clubs, dont les plus turbulents se fermèrent spontanément par suite de l'arrestation des principaux chefs qui avaient figuré dans l'invasion du local de l'Assemblée. Les événements de j u i n ne furent pas précisément leur œuvre, car déjà ils faisaient moins parler d'eux. La chose publique se discutait alors plutôt au grand air, sur la place, dans la rue. L'insurrection une fois étouffée, l'assemblée les fit provisoirement fermer tous. Bientôt une loi vint régler la matière. Un commissaire de police devait assister à ces réunions et constater par des procès-verbaux les délits qui pourraient s'y commettre et dont la connaissance devait être déférée au jury. On ne manqua pas d'en trouver, et le jury se montra impitoyable envers les clubistes. La constitution de 1848 maintint le droit de réunion *paisible* et *sans armes*, en donnant toutefois pour limites à l'exercice de ce droit les droits ou la liberté d'autrui, ou la sécurité publique. C'en fut assez pour que l'Assemblée constituante, sur la proposition de M. Odilon Barrot, les fit fermer l'année suivante.

CLUNIPÈDES (de *clunis*, croupion ou fesse, et de *pes*, pied). On désigne sous ce nom les oiseaux qui, comme les plongeons et les grèbes, ont les pieds placés tout à l'arrière du corps, et semblent marcher sur le croupion.

CLUNY, ville de France, chef-lieu de canton dans le département de Saône-et-Loire, sur la rive gauche de la Grône, à 19 kilomètres de Mâcon, avec une population de 4,411 habitants, un collége, un dépôt d'étalons, d'importantes tanneries et un commerce de bois, de bestiaux, de blé et de fourrages.

C'est vers la fin du neuvième siècle que quelques religieux de l'ordre de Saint-Benoît fondèrent près de Cluny le chef-lieu d'une congrégation qui huit siècles plus tard comptait plus de deux mille maisons en Europe. Les clunistes donnèrent le premier exemple d'une congrégation composée de plusieurs monastères vivant sous une même règle, ne formant qu'un seul corps et ne reconnaissant qu'un seul chef. Les religieux de l'ordre de Saint-Benoît qui conçurent le projet de cet institut spécial jetèrent leur premier choix sur Bernon, abbé de Gigny, et, sous la conduite de ce chef renommé pour la pureté de sa vie et l'étendue de son savoir, ils vinrent chercher asile et protection près de Guillaume Ier, duc d'Aquitaine et comte d'Auvergne. Ce seigneur s'empressa de leur donner en pur don le lieu qu'ils avaient choisi. Après avoir fondé plusieurs monastères en Berry, en Bourbonnais et ailleurs, Bernon mourut, et Odon prit le gouvernement de sa congrégation, qu'il étendit beaucoup. Les clunistes se mirent sous la protection immédiate du saint-siége, qui fit défense à tous séculiers ou ecclésiastiques, de les troubler dans leurs priviléges, surtout dans l'élection de leur abbé. Plus tard les clunistes voulurent profiter de cette disposition pour se soustraire à la juridiction de l'évêque de Mâcon; mais cette prétention finit par être jugée contre eux.

Odon s'étudia avec tant de zèle à établir parmi les frères de sa congrégation une pieuse et sévère discipline, il s'appliqua surtout à la si bien suivre lui-même, que bientôt tous les couvents de l'Europe adoptèrent sa règle. Cependant cette règle excita les reproches de plus d'un critique. On la trouva trop dure, trop rigoureuse; les clunistes eux-mêmes ne tardèrent pas d'y chercher des adoucissements; dès le douzième siècle, ils abandonnèrent les prescriptions de saint Odon; mais ces règles, méprisées parmi ceux qui les avaient vues naître, trouvèrent un vengeur et un défenseur dans saint Bernard, qui les recueillit fidèlement et les donna aux religieux de Cîteaux. Il s'éleva à cette occasion quelques discussions entre lui et Pierre le Vénérable, alors chef de la congrégation de Cluny; mais ce dernier dut s'avouer vaincu, et il imposa derechef à ses frères la règle de saint Odon. En 1621 il y eut une nouvelle réforme dans la congrégation de Cluny. Le cardinal de Guise, qui était alors abbé, chargea dom Jacques d'Arbouze d'en dresser les règlements, et les approuva. Il fut fait également sous le cardinal de Bouillon différents règlements qui s'observaient encore en 1780. Sans compter les monastères qui avaient embrassé la réforme, il y en avait encore sept en Bourgogne, qui prenaient le titre d'*étroite observance de Cluny*.

Il n'y avait que la maison de Cluny dans cette congrégation qui fût une abbaye; les autres monastères ne pouvaient avoir que le titre de *prieurés*. Par religieux de Cluny on n'entendait donc pas seulement un religieux de l'abbaye même, mais encore de toute maison qui en dépendait. L'abbé de Cluny, supérieur général de la congrégation, était électif; et dans les derniers siècles, c'étaient ordinairement des cardinaux ou des ecclésiastiques appartenant aux premières familles de France qu'on élisait en cette qualité, avec le consentement du roi. Le titre d'*abbé des abbés* excita de grands débats entre l'abbé de Cluny et l'abbé du mont Cassin; mais un concile de Rome l'adjugea exclusivement au dernier, en 1126. L'abbé de Cluny s'en dédommagea par le titre d'*archiabbé*.

L'abbaye de Cluny, immense construction, avait une église gothique remarquable, et l'une des plus vastes de la France.

Comme toutes les congrégations appartenant à l'ordre des bénédictins, celle de Cluny a produit un très-grand nombre de savants et d'écrivains. Un catalogue indiquant le titre de leurs ouvrages et le nom de leurs hommes distingués a été dressé par Martin Marier sous le titre de *Bibliothèque des Écrivains de la Congrégation de Cluny*, et ce simple catalogue forme un volume in-fol. Sans doute la bibliothèque de Cluny devait renfermer un véritable trésor littéraire. Malheureusement, comme Jumiéges, comme Saint-Wandrille, et tant d'autres abbayes, la métropole des bénédictins subit toutes les chances des guerres religieuses du seizième siècle. Les calvinistes brûlèrent ce précieux dépôt de livres et de manuscrits. A la Révolution, l'abbaye, en partie détruite, devint propriété communale. Aujourd'hui, ce qui reste des bâtiments sert à divers établissements publics. Le collége en occupe une partie.

CLUNY (Hôtel et Musée de). L'hôtel de Cluny est situé à Paris, rue des Mathurins-Saint-Jacques. Les ruines de l'antique palais des Thermes ayant été acquises vers l'an 1340 par Pierre de Chaslus, abbé de Cluny, un de ses successeurs, Jean de Bourbon, jeta, plus d'un siècle après, sur une partie de leur emplacement les fondations d'un bel édifice gothique, qui fut achevé au commencement du seizième siècle par l'abbé Jacques d'Amboise, frère de l'illustre cardinal Georges, et comme lui passionné pour les chefs-d'œuvre de l'art. L'hôtel de Cluny dut être une admirable chose au sortir des mains de l'architecte, à qui la sculpture et la peinture étaient venues en aide pour en faire un prodige d'élégance et de richesse. Paul Ponce, l'auteur du tombeau de Louis XII, avait décoré la chapelle de nombreuses statues. Propriété inaliénée des abbés de Cluny jusqu'à la Révolution, cette belle demeure reçut successivement dans son sein des hôtes bien divers : on y vit la reine Marie d'Angleterre, veuve de Louis XII, le roi Jacques d'Écosse, les princes et les cardinaux de la maison de Lorraine, les comédiens de Henri III, le nonce du pape en 1601, et pendant un moment, au dix-septième siècle, les religieuses de Port-Royal. Cependant, de génération en génération, la brillante résidence des abbés de Cluny perdit peu à peu de son éclat; et longtemps avant la Révolution l'hôtel n'avait plus rien d'entier que sa chapelle. A cette époque des clubistes ignorants et fanatiques brisèrent les merveilles du ciseau de Ponce, bien que la Constituante et la Convention eussent déclaré l'hôtel de Cluny propriété nationale. La chapelle fut convertie en un amphithéâtre d'anatomie et en un magasin de librairie; des imprimeries s'établirent dans les appartements du premier et du second étage. Déjà trois savants célèbres, Delisle, Lalande et Messier avaient tour à tour établi durant bien des années leur observatoire dans la tour octogone de l'hôtel, construite peut-être pour servir à leurs devanciers, les astrologues du quinzième siècle. Ce vieil hôtel semblait destiné à périr lentement par l'incurie de ses habitants.

Un jour cependant il secoua son deuil séculaire, et reprit un air de fête oublié depuis trois cents ans : les voûtes noircies et les plafonds délabrés revêtirent de nouveau leur parure de pourpre et d'azur; les murailles nues disparurent sous les cuirs vernis aux grandes fleurs d'or; le soleil recommença de se jouer à travers les vitraux peints; les chaires et les crédences sculptées, les missels historiés, les reliquaires dorés, les *fiertes* brodées à jour, les diptyques d'ivoire encombrèrent la chapelle; un vaste lit royal, celui de François Ier, éleva son premier étage à caryatides dans une salle du premier étage, pleine de riches trophées et d'armures résonnantes; les faïences peintes, les émaux du seizième siècle, les rustiques figulines de Bernard de Palissy s'étalèrent sur de larges dressoirs, comme si Jacques d'Amboise fût revenu parer son logis bien aimé pour y recevoir la belle veuve de Louis XII ou son amant, le duc de Suffolk. Ce prodige, cette résurrection était l'œuvre d'un homme qui s'é-tait épris pour le noble manoir d'un de ces amours d'anti-quaire si profonds et si tenaces. Dusommerard y transporta en 1832 sa collection archéologique, véritable trésor amassé par trente ans de recherches, de fatigues et de sacrifices de tout genre. L'hôtel de Cluny fut dès lors, grâce à l'amabilité extrême avec laquelle il accueillait tous les amateurs, un véritable Musée public. Tous les dimanches, il y avait foule chez lui comme au Louvre. Enfin sa collection devint propriété de l'État en vertu d'une loi du 29 juillet 1843, qui autorisa également l'acquisition de l'hôtel de Cluny. Cet hôtel, réuni au palais romain des Thermes, forme aujourd'hui un Musée d'antiquités nationales, qui s'est augmenté, depuis son ouverture, de monuments très-précieux, et s'enrichit encore chaque jour de tous les fragments du moyen âge que d'heureux hasards peuvent encore faire découvrir ou que de pieuses intentions lèguent aux générations futures.

Le musée se compose de quatre salles au rez-de-chaussée, et de sept au premier étage, en y comprenant la chapelle. Dans la première salle du rez-de-chaussée, on a rassemblé des bas-reliefs, des fragments de grande sculpture, des moulages et des estampages de monuments du moyen âge et de la renaissance. On remarque dans la seconde un élégant groupe des trois Parques attribué à Germain Pilon, et des peintures sur cuir doré qui tapissent la muraille, specimen précieux d'un genre abandonné. Elles représentent Scévola, Torquatus, Coclès, Curtius, Manlius, Calpurnius; ces figures sont d'un style tudesque et très-lourd, mais elles ne manquent pas d'expression, de fierté, de grandeur. La troisième salle contient un grand dressoir de sacristie à trois étages, magnifique boiserie de la fin du quinzième siècle, provenant de l'église de Saint-Paul de Léon, et un grand banc de réfectoire portant les armes de France, qui lui fait face. Les cheminées des deux pièces précédentes, splendides monuments de l'art français datent de 1562, et sont de Hugues Laliement, sculpteur de Troyes. L'une a pour sujet principal l'histoire d'Actéon, l'autre le Christ à la fontaine; elles viennent d'une ancienne maison de Châlons-sur-Marne. La quatrième salle est très-vaste; plus basse que les précédentes, elle est de construction romaine, sauf la voûte, qui est récente, ainsi que le pavé émaillé; elle est tapissée par de superbes tapisseries de Flandre représentant l'histoire de David.

Un nouvel escalier, construit avec des fragments abandonnés d'un escalier de l'ancien hôtel de la cour des comptes, conduit au premier étage par l'extrémité même de la salle des armes, où l'on voit, outre les fameux étriers de François Ier reconquis sur l'Espagne, une foule de pièces d'armures damasquinées et repoussées, des trousses de chasse, des ferrures de coffrets, de grandes glaces à couronnement sculpté ou à bordures ciselée et des figurines en bronze italien. La salle suivante, qui porte le nom de François Ier, contient le lit de ce prince. Au pied de ce lit sont réunies, dans une montre placée au ceintre de la salle, quelques pages de miniatures d'époques variées et d'un beau choix. Une porte à gauche conduit dans une salle qui a retenu le nom de la reine Blanche, parce qu'elle fut choisie pour retraite par la veuve de Louis XII, et que les reines de France portaient le deuil en blanc. Sur la cheminée de cette chambre on voit un admirable morceau de sculpture en bois par François Quesnoy, représentant l'Enfant Jésus bénissant le monde. A droite de la cheminée est suspendu un bas-relief également très-remarquable; c'est une Diane attribuée à Jean Goujon. Là se voient encore deux ravissantes aiguières en étain, décorées d'ornements et de figurines en relief, œuvre de François Briot, digne émule de Benvenuto Cellini. On passe ensuite dans la chapelle, l'un des chefs-d'œuvre de l'architecture du quinzième siècle; elle est meublée d'un retable flamand en bois doré, de siéges à dais, de bancs d'œuvre et d'un prie-Dieu d'un travail précieux.

La salle Dusommerard, vers laquelle il nous faut à présent

revenir, est splendidement décorée par des peintures anciennes et un mobilier complet en bois d'ébène de la première moitié du dix-septième siècle. La salle des émaux vient après; cette salle raconte toute l'histoire des fabriques d'émaux de Limoges, avec les noms des patients et laborieux artistes qui ont rendu le monde entier tributaire de leur industrie depuis le douzième siècle jusqu'au milieu du dix-huitième. On y voit le long des murs les plus belles pièces d'émail connues représentant les Dieux et les Vertus, exécutées en 1559 pour le château de Madrid par Pierre Courtoys. La cheminée très-remarquable qui orne cette salle appartenait à la ville de Troyes. La dernière salle est consacrée aux poteries et aux faïences. La pièce la plus considérable qu'on y voit est une superbe terre cuite émaillée, de Luca della Robbia; cette salle renferme en outre une merveilleuse collection de poteries, fontaines, plats et coupes de Faenza, un grand nombre des compositions de Bernard de Palissy et de ses imitateurs, des faïences de Nevers et de Rouen, des poteries d'Avignon, des grès de Flandre, des bassins, des aiguières, des cruches, des encriers, des couvre-feux, des clepsydres, en un mot tous les ustensiles de la table et du ménage, dont se servaient nos aïeux. Mais ces ustensiles sont autant de chefs-d'œuvre et à eux seuls valent plus d'une fortune.

De l'hôtel de Cluny on passe par une galerie découverte, débouchant dans la chapelle basse, à la grande salle de bains, seul reste de l'immense construction gallo-romaine qu'on nomme le palais des Thermes. On y a rassemblé des débris des monuments romains; cette dernière collection ne peut manquer de s'augmenter, par suite des fouilles qu'on entreprend pour les constructions et les nivellements sur les différents points du sol de Paris.

Tel est le musée de l'hôtel de Cluny; lorsqu'on en sort, on a fait un cours d'archéologie nationale; on connaît les mœurs et les usages d'autrefois, on sait comment nos ancêtres s'habillaient, se meublaient, priaient et combattaient.

Le *collége de Cluny*, aujourd'hui détruit, était situé sur la place Sorbonne. Il avait été fondé en 1269 par Yves de Vergy, abbé de Cluny, en faveur des jeunes religieux de son ordre qui étudiaient en philosophie et en théologie. Son église, qui était d'une construction fort élégante, mais qui n'existe plus, servit longtemps d'atelier au peintre David.
W.-A. DUCKETT.

CLUPES ou **CLUPÉES**, famille de poissons de l'ordre des malacoptérygiens abdominaux, caractérisés par l'absence de la dorsale adipeuse, leur mâchoire supérieure formée, comme dans les truites, au milieu par des os intermaxillaires sans pédicules, et sur les côtés par les maxillaires. Leur corps est toujours recouvert d'écailles; presque tous ont une vessie natatoire et de nombreux cœcums. Parmi les groupes génériques nombreux que renferme cette famille, nous indiquerons comme le plus remarquable le genre *hareng* (qui nous fournit le hareng proprement dit, la sardine, l'anchois, l'alose), et les genres *vastrès*, *lépisostée* et *bichir*.
L. LAURENT.

CLUSIUM. *Voyez* CHIUSI.

CLYDE, l'un des fleuves les plus considérables du sud de l'Écosse, prend sa source dans les montagnes de Lanark, baigne les villes de Lanark, Hamilton, Glasgow, Renfrew et Dumbarton, et se jette, après un cours de 100 kilomètres environ, par le large golfe de la Clyde, près du château de Dumbarton, dans la mer d'Irlande. La Clyde, navigable jusqu'à Glasgow pour les navires d'un assez fort tonnage, forme dans les montagnes plusieurs chutes d'eau célèbres; on cite, entre autres, la cataracte de *Corrahouse*, qui a vingt-huit mètres de hauteur, et celle de *Stonebyres*, qui en a près de vingt-sept. Elle donne son nom au golfe de la Clyde et au canal de la Clyde ou de Glasgow, qui établit une communication entre elle et le Forth. Le pays qu'elle arrose est l'un des plus romantiques, des plus fertiles et des plus peuplés de cette contrée. Un peu au-dessus de Glasgow on trouve les grandes forges et usines à fer de la Clyde, les plus considérables qu'il y ait en Écosse.

CLYSMIENS (Terrains). Alexandre Brongniart donne ce nom, dérivé du grec κλύζω, *je lave à grande eau*, aux terrains formant l'étage tout à fait supérieur de la période saturnienne, c'est-à-dire antérieur à la dernière grande révolution du globe. Ce sont les terrains *diluviens*, *de transport*, *d'alluvion*, *d'atterrissement*, de divers autres géologues, produits d'inondation, portant l'empreinte évidente d'un délaissement des eaux, mais plutôt par transport violent que par dépôt tranquille. Leurs parties sont quelquefois volumineuses; leurs roches, le plus souvent formées par voie d'agrégation, rarement homogènes, même à l'œil nu, et presque toujours de texture grossière. Cependant leurs éléments divers se trouvent assez souvent liés par un ciment provenant de dissolution chimique, par exemple, dans les poudingues, les brèches osseuses, ou bien elles résultent entièrement de ce mode de formation, comme dans les travertins et les calcaires concrétionnés anciens. Tantôt c'est dans leur position que se trouvent leurs caractères propres : ainsi les terrains clysmiens se présentent soit à des élévations soit à des distances où aucun cours d'eau mû par les forces actuelles les plus violentes ne pourrait arriver; tantôt c'est par le volume et la nature des débris et des masses qui les composent, comme dans le phénomène si curieux des blocs erratiques; tantôt, enfin, c'est par les caractères des restes organiques qu'ils renferment, que ces terrains se distinguent de ceux de la période jovienne ou plus récente, ayant à peu près la même structure.

Notre savant géologue divise les terrains clysmiens en plusieurs groupes, auxquels il donne les noms de *clastiques*, *plusiaques*, *limoneux*, et *détritiques*.
E. LE GUILLOU.

CLYSOIR. Ce mot a la même racine grecque que le mot *clystère* : celui-ci veut dire *laver*, l'autre *lavoir*. Cet instrument à donner un bain intérieur (hygiène empruntée par les prêtres égyptiens à l'oiseau symbolique qui faisait partie de leur mythologie, l'ibis, et par les peuples modernes à la cigogne), est un tuyau en caoutchouc, terminé d'un bout par le bec ordinaire des seringues, et de l'autre par un orifice évasé en coupe, destiné à recevoir l'onde rafraîchissante et à la verser d'un point élevé, pour qu'elle agisse à la façon ordinaire des jets d'eau. Cet appareil a deux avantages sur les plus anciens : celui de laisser agir seul le malade et de ne pas exiger une grande force.

CLYSO-POMPE. Cet instrument, qui remplace le clysoir et la seringue, se compose d'une pompe aspirante et foulante à laquelle est adapté un tuyau flexible et imperméable que termine une canule. Le grand avantage du clyso-pompe est de ne nécessiter aucun mouvement au malade et d'être mis en usage avec la plus grande facilité. Il est plus propre à vaincre les obstacles que le clysoir, et il est autant que la seringue; il a sur cette dernière l'avantage de pouvoir introduire, sans avoir besoin d'être dérangé, une quantité indéterminée de liquide.

CLYSTÈRE (de κλύζειν, laver). *Voyez* LAVEMENT.

CLYTEMNESTRE, fille de Tyndare et de Léda, celui-là roi de Sparte et celle-ci fille de Thestius, roi de Pleuron, fut la sœur d'Hélène, de Castor et Pollux, et femme d'Agamemnon. Elle était toute jeune et dans la fleur de sa beauté quand ce *roi des rois* l'épousa, dit Homère, passage qui a donné lieu à Eustathe de réfuter Euripide, Pausanias et Diodore de Sicile, qui veulent que Clytemnestre ait contracté un premier hymen avec Tantale, roi de Lydie, dont elle aurait eu un fils. Dans une des tragédies du premier, il est dit qu'Agamemnon, ayant tué le père et le fils, enleva Clytemnestre, qui, veuve par un crime, entra sous ces sanglants auspices, épouse et reine, dans le lit d'un fils d'Atrée. La Fable, qui dans ses voiles mystérieux, enveloppe l'histoire des temps héroïques, dit que cette princesse naquit d'un des œufs dont Léda, sa mère, accoucha, après avoir reçu Jupiter sous la forme d'un beau cygne. Cette merveille est postérieure à Homère, qui n'en fait nulle mention ; seulement, quand il place Hélène sur la tour d'où elle voit défiler sous ses yeux toute l'armée des Grecs, il dit que ses frères Castor et Pollux n'y étaient point : probablement ils étaient morts. Lorsqu'il partit pour le siége de Troie, Agamemnon confia son trône et sa jeune épouse à Égisthe. Quel choix! Égisthe était le fruit de l'inceste de Thyeste avec sa fille Pélopée, et l'ennemi né de la maison des Atrides. En vain le frère de Ménélas laissa-t-il auprès de la belle Clytemnestre un poëte, un chantre divin, pour nourrir dans son âme les pensées élevées, l'adultère y était déjà : éprise d'Égisthe, sa passion était publique; on dit même qu'elle vint jusqu'aux murs de Troie ajouter aux soucis du chef de l'armée des Grecs. Les deux amants avaient préludé par le meurtre du poëte à celui d'Agamemnon. Une sentinelle apostée sur la côte par Égisthe, depuis un an guettait le retour du roi d'Argos; enfin elle le signala : deux talents d'or furent sa récompense. Clytemnestre, par ses feintes caresses, sut dissiper les soupçons si fondés de son époux, dont elle méditait l'assassinat. Selon Homère, ce fut au bas du golfe de Laconie, dans le palais d'Égisthe, au milieu d'un festin, que ce meurtre fut consommé. Les tragiques Grecs veulent que ce soit à Mycènes, dans le palais même d'Agamemnon.

Il paraît, d'après Eschyle, que l'horrible piége que lui tendit sa femme fut une tunique fermée par le haut, qu'elle lui présenta au sortir du bain. Pendant que ce prince, la tête engagée dans le vêtement, en cherchait l'issue, secondée d'Égisthe, elle le poignarda à coups redoublés, ce qui inspira cette sublime exclamation, que le tragique met dans la bouche d'Agamemnon. « Dieux! on me frappe encore! » Ce fut l'an 1183 avant J.-C. que ce mémorable forfait fut commis. Après avoir immolé à sa rage jalouse Cassandre et les enfants que cette malheureuse fille de Priam avait eus du vainqueur; après avoir marié Électre, sa propre fille, à un homme obscur, de l'ambition duquel elle n'eût rien à craindre, elle épousa Égisthe, et lui mit la couronne sur la tête. Oreste, qu'elle croyait mort, ne lui portait point ombrage; elle jouissait sans crainte du fruit de son crime, lorsque ce prince, qu'Électre avait fait cacher à la cour de Strophius, roi de Phocide, revint à l'improviste, avec Pylade, son cousin et son ami, dans les murs d'Argos; tous deux embusqués dans le temple d'Apollon, ils se jetèrent d'abord sur Égisthe, qu'ils percèrent au pied de l'autel. Clytemnestre, sur le corps sanglant d'Égisthe, dans les *Coéphores* d'Eschyle, montre en vain à son fils le sein qui l'allaita; après un court dialogue entre lui et sa mère, Oreste la frappe en disant : « Coupable d'un parricide, un parricide vous immole! » Elle avait vécu sept ans après le meurtre d'Agamemnon, dont le tombeau se voyait encore à Argos du temps de Pausanias. Quant aux corps de l'assassin Égisthe et de l'adultère Clytemnestre, ils furent enterrés sans honneur, hors l'enceinte de la ville.

Sophocle donne cinq enfants à cette reine, tous cinq issus d'Agamemnon : Oreste et ses quatre sœurs, Iphigénie, Électre, Iphianasse et Chrysothémis. Cette criminelle et illustre alliée d'une des familles de la Grèce les plus fécondes en forfaits a épuisé tout le pathétique des poëtes tragiques, anciens et modernes. DENNE-BARON.

CLYTIE, une des Océanides selon les uns, une fille selon les autres d'Eurynome et d'Orchame, septième descendant de Bélus, roi de Babylone, fut aimée d'Apollon. Ce Dieu, épris des charmes de Leucothoé, sœur de Clytie, s'il faut en croire ces derniers, abandonna pour elle cette tendre amante, qui poussa la jalousie jusqu'à dévoiler au roi ces secrètes et nouvelles amours. Orchame fit enterrer Leucothoé toute vive. Clytie, s'étant attiré par cette action les dédains de son amant, en fut inconsolable. « Couchée jour et nuit sur la terre, dit Ovide, sans vêtement, les cheveux épars, elle n'eut pendant neuf jours pour nourriture que ses larmes et la rosée du ciel; elle ne se leva pas durant tout ce temps-là ; seulement, elle tournait les yeux vers le soleil et l'accompagnait de ses regards pendant sa course. » Apollon en eut pitié : il la changea en cette belle fleur à la tige élancée, appelée vulgairement *tournesol* ou *soleil*, et chez les botanistes *hélianthe à grandes fleurs*. DENNE-BARON.

COACCUSÉ, celui qui avec un ou plusieurs autres se trouve impliqué dans une même affaire criminelle. Cette expression s'applique spécialement à celui ou à ceux qui n'ont participé au fait incriminé que dans quelques-unes des circonstances qui en ont préparé, accompagné ou suivi la consommation. On appelle principal ou principaux accusés celui ou ceux sur lesquels l'accusation pèse de tout son poids, ou qui ont pris une part plus directe, plus active, au fait incriminé. La différence d'état ou de condition des coaccusés peut donner lieu à de graves questions de compétence, et même de pénalité : ainsi, un coaccusé non militaire ne peut être jugé que par les tribunaux ordinaires, et s'il a des complices militaires, ceux-ci sont traduits devant les mêmes juges, et non devant les conseils de guerre. Un coaccusé qui se trouve en état de vagabondage, ou déjà frappé d'une condamnation antérieure, est pour le fait qui a donné lieu à la seconde condamnation frappé d'une peine plus forte que celle infligée à des coaccusés qui ne sont pas dans le même cas d'exception. DUPEY (de l'Yonne).

COADJUTEUR, en latin *coadjutor*, fait de *coadjuvare*, aider, suppléer quelqu'un, expression empruntée aux usages de l'empire romain. Symmaque cite les aides ou coadjuteurs que l'on donnait aux magistrats pour les suppléer dans l'exercice de leurs fonctions, dans les cas d'absence ou d'infirmité : *adjutores publici officii*. Mais dans les langues modernes ce mot n'a plus qu'une acception spéciale, et s'applique exclusivement aux prélatures et aux abbayes. On a prétendu, mais sans succès, étendre la *coadjutorerie* aux canonicats, aux prébendes, aux cures, et même aux bénéfices simples appelés *chapelles*. Les coadjuteurs des archevêques et des évêques devaient être évêques eux-mêmes, puisqu'ils remplissaient, à défaut du titulaire, toutes les fonctions épiscopales. Ils étaient nommés évêques *in partibus infidelium*. Ils n'avaient aucun droit aux revenus de l'archevêché ou de l'évêché dont ils étaient coadjuteurs, mais ils étaient largement indemnisés par des abbayes. Les papes leur donnaient des *provisions* qui leur assuraient la survivance du siége après le décès du titulaire. Au roi seul appartenait le droit de les nommer. Un coadjuteur était ordinairement neveu du titulaire. Ainsi les grandes dignités de l'Église devenaient de fait héréditaires. C'était une violation manifeste des maximes de l'Église consacrées par le concile de Trente, qui avait formellement interdit toute apparence d'hérédité dans la transmission des bénéfices. Mais ce concile en consacrant le principe avait établi des exceptions qui en rendaient l'application illusoire : il admettait des coadjuteurs dans les cas où les besoins des églises épiscopales ou des abbayes, ou toute autre cause d'utilité, les rendraient nécessaires; et les papes, malgré les prohibitions ordonnées par le concordat et les maximes de l'Église gallicane, n'en persistaient pas moins à instituer des coadjuteurs, même pour les simples canonicats, notamment dans les trois évêchés de Toul, Metz, Verdun, et en Bretagne. Cette prétention n'était pas désintéressée : le fisc pontifical ajoutait à ses revenus par ces collations extraordinaires. Le concordat de 1801 a maintenu pour les prélatures l'usage des coadjuteurs.

Dans les communautés religieuses, les *coadjuteurs* et *coadjutrices* succédaient de plein droit aux abbés et abbesses titulaires. Chez les jésuites et les jésuitesses on appelait *coadjuteurs* et *coadjutrices* les frères servants et les sœurs converses. Dans la congrégation de Saint-Joseph, l'administration était dirigée par une prieure, une intendante et une coadjutrice.

COAGULATION, COAGULUM. La coagulation des liquides est dans beaucoup de cas un phénomène physique remarquable; elle peut être lente ou instantanée. Il n'y aurait rien de singulier dans l'épaississement ou même la solidification complète d'une liquide par l'effet du refroidissement : tel est le phénomène de la glace. On conçoit également bien qu'un liquide dans lequel sont tenues en dissolution ou à l'état de suspension des substances de nature différente, venant à éprouver un mouvement intestin, soit par l'agitation mécanique ou la fermentation, permette aux molécules similaires de se rapprocher de s'isoler de celles qui leur sont dissemblables : c'est ainsi que le lait, par l'agitation dans la baratte, offre l'agrégation des parties butyreuses; c'est encore ainsi que lorsqu'il s'aigrit, le *serum* se détache du *caseum*. Mais il est étrange que l'albumine de l'œuf, par exemple, que l'on considère comme une substance homogène, passe par l'application de la chaleur de l'état liquide à une grande solidité, et que ni le refroidissement subséquent ni aucun procédé qui n'opère pas la décomposition de l'albumine ne puissent lui rendre la liquidité et la solubilité dans l'eau qu'il a perdue. On peut inférer de ce phénomène que le mode d'union des principes de l'albumine a été totalement changé par l'application de la chaleur; mais cette explication est encore obscure et peu certaine. Le *coagulum* est le produit de la *coagulation*. PELOUZE père.

COAR. *Voyez* COKE.

COALITION (de la préposition *cum*, avec, et du verbe *alescere*, prendre force). Ce mot a plusieurs acceptions. Suivant la première, et la plus ancienne, il caractérise l'acte de politique intérieure par lequel des hommes influents, appartenant à des partis différents et même opposés, s'entendent pour chasser du pouvoir le parti dominant et se partager ses dépouilles. Cette tactique politique ne pouvait guère être d'abord mise en œuvre qu'en Angleterre, où la constitution a placé le gouvernement dans les mains des majorités parlementaires: aussi l'expression employée pour signaler cette manœuvre est-elle d'origine anglaise. La plus célèbre des coalitions de ce genre est celle que formèrent Fox et ses amis avec lord North et ses partisans pour renverser le ministère dont Pitt faisait pour la première fois partie. Fox avait lui-même antérieurement précipité la chute de lord North. Lorsque ces ligues se concertent entre des partis professant des principes contraires, comme en Angleterre entre les *whigs* et les *tories*, l'opinion publique, se croyant autorisée à supposer le sacrifice de ce qu'il y a de plus sacré, la conviction, ne les accueille qu'avec défaveur et n'attache aucune confiance à leurs résultats : on ne croit point à la durée d'une union entre éléments hétérogènes. Un *ministère de coalition* est regardé comme un *ministère de transition*, et l'expérience a toujours confirmé cet augure. Il faut, du reste, recourir à ce moyen, dans les gouvernements constitutionnels, lorsque aucune fraction parlementaire n'est assez considérable pour constituer une majorité suffisante. C'est ainsi qu'après la chute du ministère Derby, lord Aberdeen fut obligé de s'unir à lord Russell et à lord Palmerston pour former le ministère qui gouverne aujourd'hui la Grande-Bretagne. Souvent aussi, de pareilles alliances n'ont lieu que pour la satisfaction de quelques vanités et pour des amours-propres froissés. Les suites de semblables unions sont évidemment illusoires et frustratoires pour le pays, qui, pour nous servir d'une expression triviale, mais vraie, paye toujours les violons. Aussi M. Guizot avait-il grandement raison de s'écrier en 1830 :
« Les ministres de coalition ne sont pas des ministres de gouvernement ; il faut, avant tout, dans un conseil qui veut agir, de l'homogénéité : c'est à ce prix seulement qu'un gouvernement peut s'affermir et durer. »

La grande coalition parlementaire de 1838 et 1839 offrit le spectacle à la fois le plus singulier et le plus triste pour les partisans du régime constitutionnel. Le ministère Molé, dit *du 15 avril*, tenait depuis une année à cette époque les rênes de l'État; ses actes les plus remarquables avaient été l'évacuation d'Ancône, le refus d'intervention en Espagne, une grande pusillanimité dans les relations extérieures à propos des affaires de Belgique et de Suisse, et enfin l'amnistie pour les délits politiques, palliatif restreint et insuffisant, à l'aide duquel le cabinet cherchait à atténuer ses fautes et à conquérir la popularité qui lui manquait. Ce ministère avait laissé en dehors de l'action gouvernementale des hommes influents qui aspiraient à reprendre le pouvoir, et qu'il pouvait dès lors considérer comme ses ennemis politiques : aussi la session de 1837 et 1838 n'avait-elle été, pour ainsi dire, qu'une lutte incessante et passionnée, où les intérêts du pays avaient disparu souvent devant les intérêts des partis et des ambitions personnelles. Ce fut en 1838 que la coalition se révéla pour la première fois, notamment lors de la discussion des fonds secrets, les 12 et 13 mars ; mais son hostilité était encore timide et peu agressive. M. Jaubert seul refusa d'abord formellement son concours au cabinet. M. Guizot se borna à signaler la gravité de la situation à une administration qui, disait-il, manquait d'unité et d'énergie, et se comportait de façon à éloigner la France des principes épurés de 1789 et de 1830. M. Passy lui reprocha son isolement et sa faiblesse. Cependant il fallait un drapeau aux minorités de diverses nuances qui ne visaient qu'au renversement du cabinet. Elles se rallièrent toutes au prétendu axiome constitutionnel : *Le roi règne et ne gouverne pas*, qu'elles reprochaient au ministère de ne pas maintenir. Le but patent de la coalition, M. Guizot compris, était donc de faire triompher la prérogative des chambres, affaiblie et menacée par les envahissements de la prérogative de la couronne. La gauche intelligente comparait la situation à une lutte où les partis ennemis du progrès se livraient dans la boue, et elle ne se mêlait à ceux que dans l'espoir de les faire tous glisser sur cet immonde champ de bataille. Quant au pays, il assistait avec dégoût à ce pugilat, où chaque coup porté se résumait en ces termes si peu dignes : *Ote-toi de là, que je m'y mette!*

Ce fut en janvier 1839, lors de la discussion de l'adresse, que commença la grande bataille. La commission nommée, prise dans le sein de la coalition, était hostile au ministère ; le projet de rédaction présenté par elle impliquait un blâme virtuel des principaux actes du pouvoir. Les coalisés proclamaient hautement l'administration insuffisante; dans un des champions du ministère, M. Liadières, leur répondit en qualifiant leur adresse de « respectueusement violente et académiquement révolutionnaire ». La mêlée s'engagea bientôt, et devint générale. M. Guizot cria à M. Molé : « L'anarchie est entrée avec vous dans cette chambre, elle n'en sortira qu'avec vous. » « L'anarchie! lui répondit M. Molé, elle est dans la confusion des hommes et des drapeaux les plus opposés. » M. Thiers qualifiait dédaigneusement les sorties du président du conseil « de diatribes aussi vulgaires par la pensée que par l'expression ». Derrière ces deux chefs intéressés de la coalition se groupaient MM. Passy, Billault, Duvergier de Hauranne, Odilon Barrot, Jouffroy, Duchâtel, Berryer. Les coups étaient rudes, l'attaque hardie, précipitée, et M. Molé, forcé de faire face à tant d'adversaires à la fois, succombait à la tâche. Un premier vote, provoqué par un amendement de M. Amilhau, qui substituait au blâme de la commission une approbation de la conduite du cabinet, fit pencher la balance en faveur de M. Molé : 216 votants sanctionnèrent sa politique ; mais il eut contre lui une imposante minorité de 209 suffrages. La coalition redoubla donc d'efforts : un succès aussi incertain pour le ministère était déjà pour elle une véritable victoire; chaque paragraphe de l'adresse devint un nouveau champ de bataille, où la coalition succomba, mais toujours à une minorité aussi faible. Un amendement de M. Lanyer, favorable au ministère, ne fut adopté qu'à la majorité absolue, plus une voix; enfin l'adresse, amendée dans le sens du cabinet, réunit 222 approbateurs contre 213 improbateurs. M. de Lamartine avait prêté son appui à M. Molé, « ne voulant pas, disait-il, voir la royauté reléguée comme une simple abstraction ». Seul de l'opposition de gauche, M. Pagès de l'Ariége s'était séparé de la coalition, moins par sympathie pour le cabinet que par dégoût pour toutes ces ambitions aussi contre-révolutionnaires que lui, qui gravitaient autour de son lit de mort.

La coalition était vaincue par le fait, mais elle entraînait le ministère Molé dans sa chute et l'écrasait à jamais sous son poids. Le président du conseil et ses collègues offrirent leur démission, elle ne fut pas acceptée; ils eurent alors recours à une dernière chance de salut, la dissolution des chambres. Les choix des électeurs furent favorables à la coalition, et quatre jours avant l'ouverture de la session nouvelle, le 31 mars, le cabinet Molé fut remplacé par un cabinet intérimaire, dont firent partie MM. Girod de l'Ain, de Montebello, Gasparin, Cubières, Tupinier, Gauthier, Parent. La crise ministérielle continua; car la coalition était aussi impuissante à enfanter qu'elle avait été puissante à détruire; il fallut que l'insurrection du 12 mai fit siffler des balles pour mettre un terme à cette situation inouïe dans les fastes constitutionnels.

MM. Soult, président du conseil, Teste, Schneider, Duperré, Duchâtel, Cunin-Gridaine, Dufaure, Passy et Villemain, constituèrent le cabinet du 12 mai, nommé par quelques-uns *ministère de la coalition*. Cette administration, vivant au jour le jour comme ses devancières, succomba sous le coup du rejet de la loi de dotation du duc de Nemours, et alors eut lieu un nouvel avénement au pouvoir de M. Thiers. Napoléon GALLOIS.

C'est en détournant le mot *coalition* de son sens primitif, qu'on l'a appliqué aux actes de la politique extérieure : c'est ainsi qu'il a été employé pour désigner les ligues successives formées par les puissances européennes contre la Révolution et contre l'Empire français. On a assimilé aux coalitions parlementaires de la Grande-Bretagne ces grandes confédérations entre des États divisés par d'autres intérêts, mais réunis momentanément par le péril commun dont ils se croyaient menacés et par une haine commune contre un principe dont ils redoutaient l'hostilité. Cette aversion était motivée : la liberté, jusque dans sa modération, est en effet hostile au despotisme et au privilège. Elle les répudie et les repousse de toute sa force morale, lors même qu'elle ne les attaque pas. L'enthousiasme qui affranchit la France en 1789 devait donc soulever les passions des adversaires de la liberté. Quand cet enthousiasme, corrompu par des ambitions furieuses, ou irrité et poussé à la violence par des provocations et des résistances injustes, dégénéra en un fanatisme féroce, les excès, tout en inspirant des frayeurs légitimes, envenimèrent les haines et appelèrent la répression.

Aussi l'inimitié de l'aristocratie anglaise, résumée dans William Pitt, et l'hostilité des États du continent, manifestée par la convention de Pilnitz, conclue le 27 août 1791 entre l'Autriche et la Prusse, et à laquelle adhérèrent toutes les puissances de l'Europe, sauf la Suède, le Danemark, la Suisse et la Turquie, ne tardèrent-elles pas l'une à comprimer les sympathies généreuses de l'opposition parlementaire dans la Grande-Bretagne, l'antre à faire briller le glaive destiné à venger la monarchie et l'aristocratie françaises en reconstituant leur ancienne puissance. Tels furent le but et l'espoir avoués de la *première coalition*. Le monde sait avec quelle énergie, trop souvent cruelle jusqu'à l'atrocité, contre les complots réels ou présumés de l'intérieur, ses efforts furent paralysés au dedans et repoussés au dehors; comment, d'attaquée devenue agressive, la Révolution française, reportant la guerre à ses adversaires, arbora ses drapeaux victorieux sur les remparts de leurs villes, et comment, enfin, cette république, qu'ils avaient maudite et méprisée, leur imposa les premières conditions de paix, le 17 octobre 1797, à Campo-Formio.

L'histoire a déjà célébré nos revers et nos triomphes, provoqués par les coalitions suivantes, et terminés par deux terribles désastres; déjà souvent elle a raconté les succès de la *seconde coalition*, ranimée en mars 1799 par l'acharnement de l'Angleterre, entre l'Autriche, la Russie, la Turquie, les États-Barbaresques et les Deux-Siciles, après l'assassinat de nos plénipotentiaires à Rastadt, les victoires de Souvarof, arrêtées par le génie de Masséna, vainqueur à son tour à Zurich, et rendues infructueuses par le génie, plus puissant encore, du vainqueur de Marengo; le triomphe de Hohenlinden décidant la paix ou plutôt les trèves à Lunéville en 1801 et à Amiens en 1802, une *troisième coalition*, bientôt reformée, par la haine persévérante du cabinet britannique, avec l'Autriche et la Russie, échouant à Ulm et à Austerlitz, aboutissant à la paix de Presbourg, signée le 26 décembre 1805, se ranimant en septembre 1806 entre la Prusse, la Russie et l'Angleterre, pour se terminer à la paix de Tilsitt, signée les 7 et 9 juillet 1807; une *cinquième coalition*, formée en avril 1809 entre l'Autriche et l'Angleterre, échouant en une seule campagne à la bataille de Wagram, qui amène la paix de Schœnbrun, signée le 14 octobre 1809; une *sixième*, conclue en 1813, après les désastres de Moscou, entre la Russie, la Prusse, l'Angleterre, la Suède et l'Autriche, aboutissant à l'abdication de Napoléon à Fontainebleau, le 11 avril 1814, et à la restauration de la famille des Bourbons sur le trône de France; une *septième* et dernière *coalition*, enfin, formée en 1815, après le retour de Napoléon, sans la coopération cette fois de la Suède, coalition qui, malgré les traités funestes qui suivirent la seconde restauration, s'est perpétuée, en quelque sorte, à travers la Sainte Alliance jusqu'à nos jours, persistant plus que jamais dans son opiniâtre haine contre la France.

C'est par abus qu'on a fait dévier le mot *coalition* de sa signification primitive pour l'appliquer aux réclamations concertées des agents de l'industrie contre les prétentions des entrepreneurs, ou des intérêts ou des opinions diverses et même opposées se coalisent contre un intérêt ou un parti qui les opprime ou dont elles veulent triompher; quand aux intérêts identiques ou analogues, ils se concertent, ils forment des unions, des associations ou même des ligues, pour vaincre des refus et obtenir satisfaction. Telle est la position des ouvriers en présence des maîtres ou des capitalistes qui exploitent une industrie. La prétention de l'ouvrier à une part suffisante dans les bénéfices, à titre de salaire ou d'indemnité pour le sacrifice de son temps, de ses forces, de son intelligence, souvent même de sa santé et de sa vie, est de toutes les prétentions la plus légitime, puisqu'elle est fondée sur le plus sacré de tous les droits, celui d'exister en travaillant, et sur la plus sacrée des propriétés, celle du travail, qui crée les propriétés de tout genre. Rien donc de plus naturel que leur concert pacifique entre les agents d'une industrie pour obtenir justice de ceux qui les exploitent, et la législation actuelle de l'Angleterre a reconnu l'iniquité des lois antérieures qui prohibaient ces unions entre les ouvriers. Il n'y a délit, et la répression n'est juste, que quand des menaces ou des violences troublent la paix publique par la contrainte exercée sur les ouvriers et sur les maîtres.

Mais pour qu'il y ait coalition dans les réclamations des agents de l'industrie qui demandent un salaire ou une indemnité plus élevée, il faut d'abord qu'il y ait *bénéfice* sur ses produits; car si la hausse du salaire n'offrait à l'entrepreneur que la chance de pertes constantes, il est évident qu'au delà du salaire accordé, et malgré son insuffisance, il n'y aurait rien à partager. Dans ce cas le concert entre les ouvriers ne pourrait aboutir qu'à l'anéantissement d'une industrie improductive; mais ce cas aussi signalerait un désordre, causé le plus souvent par le vice des lois fiscales, et l'intérêt commun des maîtres et des ouvriers devrait les porter à se réunir pour en poursuivre la réformation. Une seconde condition de justice pour les réclamations des agents de l'industrie, c'est qu'elles n'excèdent point la mesure des droits et des besoins réels. Tant qu'il y a bénéfice, l'entrepreneur doit à ses agents la subsistance et l'entretien pour eux et leurs familles dans un état favorable à la santé, à la propreté, à l'exercice de leurs forces et à leur sécurité en cas d'inaction momentanée ou de maladie. L'excédant seul lui appartient, et quelque élevé qu'il puisse être, c'est le prix légitime de son propre travail, de son intelligence et de l'emploi de ses capitaux : toute exigence de la part des ouvriers qui dépasserait leurs droits réels serait injuste. Toutefois, il ne saurait guère en résulter de préjudice pour les maîtres, toujours libres d'appeler des coopérateurs disposés à se contenter de conditions plus raisonnables. Mais dans le cas où le tort serait du côté des entrepreneurs, décidés à repousser des réclamations légitimes, le refus de travail, sans menaces ni violences, est l'arme dont le droit investit les ouvriers. Ce refus, comme celui de l'impôt, lorsque les lois sont violées, est le privilége des peuples libres : l'un et l'autre sont des moyens légitimes pour ramener les pouvoirs usurpateurs au respect du droit et des lois (*voyez* Grève).

AUBERT DE VITRY.

Dans l'intérêt de la liberté du commerce et de l'industrie, le législateur a porté des peines sévères contre les maîtres ou les ouvriers qui se *coalisent* les uns contre les autres pour réduire ou augmenter les salaires. Toute coalition des premiers contre les seconds, lorsqu'elle est suivie d'une tentative ou d'un commencement d'exécution, est punie d'un emprisonnement de six jours à un mois et d'une amende de 200 francs à 3,000 francs. Toute coalition de la part des ouvriers pour faire cesser en même temps le travail, l'interdire dans un atelier, empêcher de s'y rendre avant ou après de certaines heures et en général pour suspendre, empêcher, enchérir les travaux, s'il y a eu tentative ou commencement d'exécution est punie d'un emprisonnement d'un mois au moins et de trois mois au plus. Les chefs ou moteurs sont punis d'un emprisonnement de deux à cinq ans. Sont punis des mêmes peines et d'après les mêmes distinctions les ouvriers qui ont prononcé des amendes, des défenses, des interdictions ou toutes proscriptions, sous le nom de *damnations*, et sous n'importe quelle autre qualification soit contre les directeurs d'ateliers et entrepreneurs d'ouvrages, soit les uns contre les autres. Dans tous les cas les chefs ou moteurs peuvent être mis après l'expiration de leur peine sous la surveillance de la haute police pendant deux ans au moins et cinq au plus (art. 414, 415 et 416 du Code Pénal).

COASSEMENT. Ce nom, formé par onomatopée, a été d'abord donné par les Grecs au cri des grenouilles, dont Aristophane essaya de reproduire la discordance par ces syllabes inharmoniques βρεκεκεκὲξ κοὰξ κοὰξ. Il est ensuite passé dans le même sens dans la langue latine (*coaxatio*), et nous l'avons adopté avec la même intention dans le français. Le mécanisme du coassement diffère suivant les diverses espèces de grenouilles. Les autres batraciens ne coassent point : les uns poussent des cris plus ou moins aigus ou rendent des sons flûtés ou analogues à ceux des cymbales, les autres ne produisent qu'une sorte de grognement ou de gargouillement. C'est à l'aide d'une membrane mince qui se trouve de chaque côté sous l'oreille des mâles, et qui se gonfle d'air, que le coassement est produit.

C'est principalement lors des temps de pluie et dans les jours chauds, le soir et le matin, que les grenouilles coassent; aussi sous ce bon régime féodal, lorsque tous les châteaux étaient entourés de fossés pleins d'eau, était-il en beaucoup de lieux ordonné aux vilains de battre matin et soir l'eau de ces fossés, afin d'empêcher les grenouilles de troubler le sommeil du seigneur.

COATI, nom américain d'un genre de mammifères carnassiers plantigrades, qui se rapprochent des ours par leur système dentaire. Le caractère le plus remarquable de l'organisation de ces animaux est l'allongement et la mobilité de leur nez, qui dépasse d'environ trois centimètres l'arc des dents incisives. Cette espèce de boutoir, qui est mu par deux muscles plus forts à proportion que dans les cochons, n'est point le siége du sens du toucher, comme le groin de ces derniers animaux. Leurs pieds, qui sont à demi palmés, ont cinq doigts, dont les trois intermédiaires sont les plus longs et le pouce le plus court; on a cru que leurs ongles allongés leur servaient à fouir. La pupille se resserre en une fente transversale quand leur œil est exposé au soleil. Leur corps est très-allongé eu égard à la brièveté des jambes. La longueur de la queue égale celle du corps. Dans l'état ordinaire, elle est redressée en haut et droite. Leur tête est si prolongée qu'en retranchant le boutoir elle paraît encore aussi effilée que celle des renards. L'agitation continuelle de ce long nez, toujours fouillant et touchant à tout ce qui est à leur portée, donne au *faciès* de ces animaux un caractère de turbulence. C'est avec le boutoir et non avec les pieds qu'ils fouissent; ils ne creusent point de terriers.

On connaît deux espèces de coati, le roux et le brun. Ces noms, tirés de la couleur de leur pelage, les distinguent, en outre du nombre des mamelles, qui est de cinq paires dans la première espèce, et de trois paires dans la seconde. Les coatis n'habitent que les forêts, où ils vivent en petites troupes, plus nombreuses dans l'espèce brune. On les apprivoise aisément. Leur cri dans la colère est un aboiement très-aigu; dans le contentement, ils font entendre un petit sifflement assez doux. Ils aiment les caresses, mais ne sont pas susceptibles d'affection. En buvant, ils lapent comme des chiens et retroussent leur nez pour ne pas le mouiller. Dans les deux espèces de coatis, il naît constamment plus de mâles que de femelles. Ce sont ces mâles surnuméraires qui rôdent seuls jusqu'à ce qu'ils en aient rencontré une. On leur donne dans le pays le nom de *mondé* ou *mondi*.

Les coatis grimpent sur les arbres, y poursuivent les oiseaux, dont ils ravagent les nids. Ils en descendent la tête la première, ce qu'ils doivent à la faculté de retourner leurs pieds de derrière, dont ils accrochent les ongles à l'écorce. On croit que dans les forêts ils nichent sur les arbres. Si l'on y en surprend une troupe, dit Azara, et si l'on fait semblant d'abattre l'arbre, ils se laissent tous tomber comme des masses. Leur morsure est dangereuse, à cause de leurs canines, qui sont fortes et tranchantes. Ils se servent de leurs pieds pour déchirer et porter leurs aliments à la bouche, et se couchent en rond comme les chiens. Toutes les variétés de coatis ont été observées à l'état vivant au Muséum d'Histoire Naturelle de Paris.

L. LAURENT.

COBAD. *Voyez* KHOBAD.

COBAIE. *Voyez* COBAYE.

COBALT. On rencontre dans plusieurs parties du nord de l'Europe, et particulièrement en Saxe, un minerai qui renferme un métal particulier, dont quelques-unes des combinaisons ont une très-grande importance pour les arts. Ce métal, qui a reçu le nom de *cobalt*, est uni en assez grande proportion avec de l'arsenic et diverses autres substances, que l'on doit également en séparer, en grande partie au moins, pour les divers usages auxquels il peut être employé. Lorsqu'il doit seulement servir à la préparation de l'azur, on le bocarde, on l'a, après l'avoir lavé, on le grille dans des fourneaux construits à la cheminée est plusieurs fois coudée, et communique avec des chambres de condensation, de manière à recueillir la plus grande quantité possible d'arsenic : en élevant la température, le soufre se convertit en grande partie en acide sulfureux, qui se dégage au dehors (une petite partie se sublime), l'arsenic en acide arsénieux, ou arsénic blanc, qui se condense sous forme de croûte sur les parois de la cheminée et que l'on en détache de temps à autre pour le verser dans le commerce. Quand le minerai ne renferme pas de nickel ou n'en offre que de très-faibles proportions, le résidu du grillage ne contient que de l'oxyde de cobalt et de fer; si le nickel existe en grande quantité dans la matière première, on grille moins, et dans l'opération suivante on obtient une matière fondue, le *speiss*, qui contient beaucoup de nickel, un peu de cobalt, de fer, de soufre et d'arsenic, et qui sert particulièrement à préparer le packfond.

La matière provenant du grillage est fondue avec du quartz en poudre et de la potasse pour donner le *smalt*, espèce de verre coloré : cette fonte s'opère dans des creusets ou pots analogues à ceux que l'on emploie dans les verreries; il se précipite au fond de chacun d'eux du speiss, quand la mine est riche en nickel, et au-dessus deux couches, l'inférieure de smalt, celle qui est au-dessus de *fiel de verre*, que l'on enlève d'abord ; ensuite, on puise avec une cuiller le verre bleu, que l'on coule dans l'eau pour le briser. Le verre est alors bocardé à sec, et ensuite broyé sous des meules avec de l'eau, que l'on y ajoute par petites quantités, de manière à le réduire en une bouillie claire; on jette le tout dans les cuves où l'azur le plus gros se précipite le premier; après avoir décanté la liqueur, on recommence ainsi l'opération à plusieurs reprises, et on obtient par là des azurs de diverses qualités, que l'on dessèche, soit dans les étuves, soit à l'air; on broie ensuite les masses dures, et on tamise la poudre avec des tamis convenables.

A l'état de pureté, le cobalt n'est digne d'intérêt que sous le rapport scientifique; mais, outre les produits que nous avons déjà signalés, il en est encore un qui est fort employé dans la peinture, c'est le b l e u d e c o b a l t ou *de Thénard*, découvert par ce savant chimiste dans ses recherches pour trouver un succédané de l'outremer. On le prépare en dissolvant dans de l'acide nitrique la mine de cobalt grillée, évaporant la liqueur à siccité pour chasser l'excès d'acide, et redissolvant la matière dans l'eau, la précipitant par du phosphate ou de l'arséniate de potasse : le phosphate et l'arséniate de cobalt, après avoir été bien lavés, sont mêlés, le premier avec un huitième, et le second avec un seizième d'alumine en gelée. La masse desséchée est ensuite chauffée au rouge : elle est alors d'un très-beau bleu, et s'emploie pour les couleurs à l'huile; elle est d'une très-grande solidité.

Les sels de cobalt en dissolution sont quelquefois employés comme e n c r e d e s y m p a t h i e, quand ils sont purs et très-étendus d'eau : les caractères qu'ils ont servi à tracer sur le papier ne sont point perceptibles, mais en chauffant le papier le sel se dessèche et donne une couleur bleue qui disparaît ensuite par l'humidité de l'air, ou en y insufflant l'haleine; si le cobalt contient un peu de fer, la couleur est verte.

H. GAULTIER DE CLAUBRY.

Le cobalt est un corps simple métallique, presque inodore, insipide, dur, fragile, à grain fin et serré, d'une couleur blanche nuancée de bleu, s'il est bien pur. Ordinairement il présente une couleur grise bleuâtre, parce qu'il retient quelques atomes de charbon. Sa pesanteur spécifique varie de 7,7 à 8,6 suivant sa pureté. Il jouit, comme le fer et le nickel, de la propriété magnétique, mais à un moindre degré; d'un autre côté, il la conserve lorsqu'elle lui a été communiquée. La forme géométrique de ses cristaux paraît être le cube. Il fond vers 130° du pyromètre de Wedgwood. Ce métal est cassant, peu ductile et peu malléable. L'air sec à la température ordinaire n'a aucune action sur le cobalt; l'air humide ternit sa surface : il se forme alors un *hydrate de peroxyde noir*. Chauffé au rouge au contact de l'air, il en absorbe rapidement l'oxygène; sans action sur l'eau à froid, il la décompose à la chaleur rouge. Ce fut B r a n d t qui découvrit en 1732 le cobalt dans le minerai employé depuis 1540 pour colorer le verre. Il n'a pas encore été trouvé par à l'état natif. Il existe dans la nature en très-petite quantité à l'état d'oxyde, de sulfate et d'arséniate : les deux minerais dont on le tire communément sont connus sous les noms de *cobalt arsénical* et de *cobalt gris*. On le trouve à Tunaberg, en Suède; à Schneeberg, en Saxe; à Joachimsthal, en Bohême; à Riegelsdorf, dans la Hesse; à Allemont, en France; à Skutterne, en Norvège, etc. Le cobalt fait partie, à l'état d'alliage, de la plupart des *fers météoriques*. Il s'unit d'ailleurs à presque tous les corps simples. Le *zincate de cobalt* ou *vert de Rinmann* s'obtient en précipitant par le carbonate de soude une dissolution d'une partie de sulfate de cobalt pour deux ou trois de sulfate de zinc.

COBAYE ou COBAIE (en latin *anæma et cavia*). On a donné ce nom à un genre de mammifères rongeurs, de la famille des caviens de Blainville (genre *c a b i a i* de M. F. Cuvier), lequel ne renferme que deux espèces, l'une anciennement connue, qui est l'*aperea*, petit animal que l'on trouve au Brésil, et que l'on considère comme le type sauvage du *cochon d'Inde*; la seconde espèce, qui n'est connue que depuis peu, paraît différer très-légèrement de l'*aperea* : elle a reçu de M. Isid. Geoffroy, qui l'a décrite, le nom de *cobaye austral*.

P. GERVAIS.

COBBETT (WILLIAM), célèbre publiciste anglais, né en 1766, fils d'un petit propriétaire du comté de Surrey, abandonna la charrue en 1783, et entra comme scribe chez un homme de loi à Londres. Par suite de l'inquiétude naturelle de son caractère, il ne tarda pas à se dégoûter de ce métier, et s'enrôla en 1784 comme tambour. Il consacra alors ses heures de loisir à la lecture, et plus particulièrement à l'étude de la grammaire. En 1785 il dut suivre son régiment à la Nouvelle-Écosse, où il resta jusqu'en 1791, époque où, parvenu au grade de sergent, il obtint son congé. Il séjourna pendant peu de temps à Paris, et retourna dès 1792 à Philadelphie, où il ne tarda point à s'établir libraire, et où il fit paraître, sous le titre de *The Porcupine (Le Porc-épic)*, un journal dans lequel il défendait les intérêts anglais et attaquait ceux de la France, alors, en grande faveur aux États-Unis. Condamné à une forte amende pour fait de libelle, il revint en 1801 en Angleterre, où il publia *The Works of Peter Porcupine (Œuvres de Pierre Porcépic* [Londres, 12 vol., 1801]), choix d'articles insérés déjà par lui dans son journal. Un journal hebdomadaire, intitulé *Weekly political Register*, qu'il commença en 1803 et qu'il continua jusqu'à sa mort, offre un certain intérêt pour l'histoire contemporaine, et excite la curiosité par sa spirituelle polémique. Ses lettres sur le traité de paix d'Amiens, dont Jean de Muller a dit que c'était ce qu'on avait écrit de plus éloquent depuis Démosthène, firent grande sensation. Il soutenait le cabinet, et il n'y avait pas de banquet tory où l'on ne bût à sa santé. Il garda cette attitude jusqu'au moment où, offensé d'une manière ou d'une autre par Pitt, il devint tout à coup l'un de ses adversaires les plus acharnés, et à partir de 1805 il appartint au parti extrême des radicaux.

Condamné en 1810 à deux ans de prison et à 1,000 liv. sterling d'amende à l'occasion d'un article dans lequel il provoquait à l'insurrection, il continua en prison la publication de son journal, faisant de plus belle la guerre aux puissants du jour. Compromis dans une désagréable affaire de police, et par suite sous le coup d'une grande gêne pécuniaire, il partit de nouveau en 1817 pour l'Amérique, où il se fixa dans une contrée isolée. Une année après, il était déjà de retour en Angleterre. Jamais il ne fut naturalisé aux États-Unis, parce qu'il refusa de prêter serment d'obéissance à une puissance étrangère, ainsi que l'exigeait la loi. Il figurait fréquemment dans les réunions populaires en Angleterre, et y obtenait souvent de véritables succès. Plus tard il s'occupa beaucoup aussi d'agriculture, et s'efforça d'introduire la culture du maïs en Angleterre. Sa *Grammaire*

Anglaise, l'une des meilleures qui existent en cette langue et remarquable aussi par le choix des exemples, toujours pris de façon à former une violente satire contre la royauté, a eu de nombreuses éditions et a été traduite en diverses langues étrangères. On lui est redevable aussi d'une *Collection of state trials* (*Collection de Procès politiques* [Londres, 1811]) et d'une collection de *Parliamentary Debates* (*Discussions du Parlement* [20 vol., Londres, 1803-1811]).

En 1824 il publia ses célèbres *Lettres sur l'Histoire de la Réforme*, pamphlet qui contribua puissamment à répandre dans les classes populaires des sentiments de tolérance à l'égard du catholicisme. Mal pensé, mal écrit, cet ouvrage n'en est pas moins un chef-d'œuvre quand on le juge au point de vue politique, surtout quand on se rappelle les circonstances au milieu desquelles il parut. Si les catholiques d'Angleterre ont enfin obtenu les droits politiques dont ils étaient privés depuis deux siècles, W. Cobbett a pu à bon droit réclamer une bonne part de cet acte de justice, provoqué, arraché peut-être, par la puissante ironie de son célèbre pamphlet.

Les lectures publiques sur la politique qu'il fit en Angleterre en 1829 et en Irlande en 1834 produisirent une très-vive sensation, et lui rapportèrent des sommes importantes. Lorsque la question de la réforme parlementaire vint à s'agiter, il réussit à se faire élire membre de la chambre des communes par le bourg d'Oldham, grâce à l'influence d'un grand manufacturier. Dans cette assemblée il se signala par le cynisme de son radicalisme, sans jamais y exercer aucune influence.

On peut dire de Cobbett comme écrivain qu'il ne brillait ni par l'abondance ni par l'originalité des idées; en revanche, il possédait un rare talent d'observation qui le rendait propre à saisir et à rendre admirablement certaines situations, certaines données. Dans ses discours comme dans ses écrits, il se répétait quelquefois à en devenir fatigant; et il arrivait souvent que sa vivacité dégénérait en grossièreté. Mais son style brillait par une extrême clarté, par une certaine vigueur particulière, par beaucoup de pureté et de simplicité, n'excluant point souvent une ingénieuse élégance d'expression. Il mourut le 18 juin 1835, dans un domaine qu'il possédait dans le comté de Surrey.

COBDEN (Richard), le célèbre champion de la liberté commerciale ou, pour parler le langage de la coterie économiste, du libre-échange, sans contredit l'un des hommes les plus remarquables de notre époque, est né en 1804 à Medhurst dans le comté de Sussex. Son père appartenait à cette classe de petits propriétaires cultivant par eux-mêmes leur lopin de terre, qui aujourd'hui a presque complètement disparu en Angleterre par suite de la tendance de plus en plus prononcée de la propriété territoriale à se concentrer entre un petit nombre de mains. Le père de Cobden, lui aussi, fut victime de cette tendance; il perdit son patrimoine, et laissa une famille de neuf enfants dans un complet état d'indigence. C'est ainsi que dans son enfance le jeune Cobden fut réduit à garder les moutons aux environs du château de Goodwood, la princière résidence du duc de Richmond, devenu par la suite l'un des chefs du parti *protectioniste*. Toute l'instruction que reçut l'enfant consista dans la lecture, l'écriture et l'arithmétique élémentaire; et ce fut plus tard seulement qu'à force d'efforts et de travail il parvint à acquérir des connaissances plus étendues. Cependant, comme il annonçait beaucoup de vivacité d'esprit et de fermeté de caractère, un sien oncle, qui avait acquis à Londres un peu d'aisance comme fabricant de cotonnades, l'appela auprès de lui. Mais au bout de quelques années, les affaires de cet oncle ayant mal tourné, Richard Cobden se trouva encore une fois complètement sans ressources.

A cette époque c'était dans les environs de Londres que se fabriquaient toutes les toiles de coton de première qualité; tandis que les sortes inférieures, composant la grande masse de la production anglaise, se fabriquaient à bien plus bas prix à Manchester et aux environs. Le jeune Cobden eut alors l'idée de se rendre à Manchester, et, en profitant de l'expérience spéciale qu'il avait acquise à Londres, d'y fonder une manufacture de toiles fines de coton. Il est vraisemblable que certaines personnes, ayant confiance dans son entente des affaires, dans sa loyauté et son énergie, lui avancèrent les premiers capitaux nécessaires à cet effet; suivant une autre version, il aurait débuté dans cette ville par y exercer l'emploi de commis voyageur pour le compte d'une maison de Manchester. Ce qu'il y a de certain, c'est qu'il réussit en peu de temps à créer une fabrique dont les produits équivalaient pour la couleur et le dessin aux cotonnades fabriquées à Londres. Or la main d'œuvre étant de beaucoup meilleur marché à Manchester qu'à Londres les bénéfices réalisés par Cobden furent considérables; aussi quand en 1835 il entra dans la politique, était-il compté parmi les premiers manufacturiers de cette ville.

De fréquentes excursions en France, en Belgique et en Suisse, avaient élargi le cercle de ses idées; et une brochure qu'il publia en 1835 contre le *russophobe* Urquhart lui fournit pour la première fois l'occasion de développer la théorie qui, sauf quelques modifications dans les détails, a constamment dirigé depuis tous ses actes. Cobden s'y prononçait pour le système de la paix, tournant en ridicule les prétentions de la diplomatie, rejetant bien loin le vieux dogme de l'équilibre politique des puissances, et soutenant que la mission de l'Angleterre consiste à étendre ses relations commerciales et son influence morale dans l'univers entier sans faire la guerre à personne. Cet écrit et un autre conçu dans le même esprit produisirent une vive sensation à Manchester, et donnèrent à l'auteur une certaine influence sur l'aristocratie industrielle du Lancashire. Cobden le mit à profit pour fonder l'*Athenæum*, institution destinée à l'éducation intellectuelle et morale des jeunes gens occupés dans les fabriques et les comptoirs de Manchester. L'inauguration de cet établissement eut lieu au mois de décembre 1835. Cobden y prononça un discours. C'était pour la première fois qu'il lui arrivait de parler en public.

Manchester avait beau être la première ville manufacturière de l'Angleterre, elle se trouvait encore alors sous la juridiction d'un seigneur féodal qui dirigeait l'administration municipale et déterminait la quotité des taxes locales suivant son bon plaisir. D'accord avec quelques amis partageant ses idées, Cobden entreprit d'affranchir la ville de cet humiliant servage, et réussit à faire substituer à l'autorité du *lord of the manor* celle d'un conseil municipal, dont il fut appelé à faire partie comme alderman. A peu de temps de là, il fut élu président de la chambre de commerce de Manchester, et la considération qui s'attachait à sa personne s'en accrut beaucoup chaque jour davantage. Dans l'intervalle, un voyage aux États-Unis lui avait permis d'étudier l'état de ce pays au point de vue économique et industriel. Il parcourut ensuite l'Égypte, la Turquie, la Grèce et en 1838 l'Allemagne. L'aspect des châteaux féodaux dont les ruines s'élèvent sur les rives du Rhin et du Danube, et les souvenirs de la Ligue hanséatique, comme il l'a dit lui-même, lui inspirèrent la première idée d'une association ayant pour but de protéger les intérêts des classes moyennes contre les prétentions insolentes de l'aristocratie; pensée qui amena la fondation de l'*Anti-corn-law League*.

Les résultats des lois anglaises relatives aux céréales étaient depuis longtemps appréciés en Angleterre (*voyez* Corn-Laws). Bowring, Thompson, et d'autres encore avaient appelé l'attention de leurs concitoyens sur cette importante question; et une petite association existait déjà depuis plusieurs années dans le but d'éclairer le public sur l'importance de cette question, lorsqu'au mois d'octobre 1838 Cobden revint d'Allemagne à Manchester. Peu de jours après son arrivée, la chambre de commerce se réunissait à l'effet de délibérer sur une pétition à adresser au gouvernement pour l'inviter à opérer certaines modifications dans la législation sur les céréales. Cobden prit la parole pour en réclamer la complète abolition, et, après une discussion des plus vives, son amendement obtint la majorité des voix. La pétition adressée au parlement le 13 décembre 1838 par la chambre du commerce de Manchester n'eut pas plus tôt été rendue publique, que des manifestations semblables eurent lieu sur tous les points du royaume; et au printemps de 1839 on vit arriver à Londres des délégués porteurs de pétitions revêtues de plus de *deux millions* de signatures. Elles ne rencontrèrent cependant que peu de sympathies dans la chambre des communes; et une motion de Villiers, ayant pour but leur prise en considération, fut rejetée à une formidable majorité. Les champions du libre échange ne perdirent pas pour cela courage. Ils se réunirent de nouveau le lendemain même; et c'est à cette occasion que l'association, en raison d'un discours énergique de Cobden, fut baptisée de ce nom de *league* (ligue), devenu depuis si célèbre.

Cobden se dévoua dès lors, avec toute l'énergie de son esprit et avec l'infatigable constance dont seul il était capable, à l'organisation de cette association. Toutefois, ce ne fut qu'en l'année 1841 qu'il réussit à se faire élire membre de la chambre basse par la ville de Stockport. Il commença par y étudier son terrain et par se familiariser avec le mécanisme des discussions parlementaires. Puis, au mois de février 1843, une discussion ayant surgi au sujet de la détresse des districts manufacturiers, Cobden prit la parole avec une vivacité extraordinaire, traçant le plus émouvant tableau des souffrances des classes populaires du nord de l'Angleterre, rendant le premier ministre, comme principal défenseur de la législation sur les céréales, personnellement responsable de toutes les misères auxquelles le pays était en proie. Sir Robert Peel, qui se trouvait précisément ce jour-là dans une disposition d'esprit très-irritable par suite de l'assassinat de son secrétaire Drummond, entra en fureur à cette apostrophe de l'orateur, et l'accusa de provoquer contre lui à l'assassinat. Il en résulta dans la chambre le plus effroyable tumulte, de sorte que la voix de Cobden, qui cherchait à se justifier, se trouvant couverte par les cris de la majorité, l'orateur dut quitter la séance. Ses ennemis le croyaient désormais perdus dans l'opinion; mais quand les détails de cette scène furent connus dans le pays, partout des *meetings* s'organisèrent pour exprimer l'indignation profonde qu'inspirait aux membres de la *league* la manière indigne dont on en usait à l'égard de son chef. Peel lui-même se convertit peu à peu aux idées de son adversaire; et lorsque la suppression des droits d'entrée qu'on percevait sur les grains étrangers eut été résolue, sur la proposition même de cet homme d'État, il eut la loyauté de déclarer dans son discours, à jamais célèbre, du 26 juin 1846 que tout l'honneur d'avoir accompli cette bienfaisante réforme revenait uniquement à Cobden.

La chute du système protecteur clôt une phase principale de la vie de Richard Cobden. Ses concitoyens reconnaissants réunirent par voie de souscription nationale une somme de 80,000 liv. sterl. (2 millions de francs) pour l'indemniser des pertes de temps et d'argent dont la défense de leurs intérêts avait été pour lui la cause. Après avoir refusé un siège dans le cabinet whig qui se forma alors, Cobden, pour se distraire de ses longues fatigues, entreprit un voyage sur le continent. Il parcourut la France, l'Espagne et l'Italie, puis l'Allemagne, la Russie et la Suède. Partout il fut l'objet du plus cordial accueil; à Moscou on lui fit même une véritable ovation. A Madrid il reçut la nouvelle que le *West-Riding* du Yorkshire l'avait élu à 38,000 voix pour son représentant au parlement. Mandataire d'un district si riche et si populeux, la considération attachée à sa personne ne pouvait qu'augmenter encore, et il continua à défendre cha-

leureusement dans la chambre des communes toutes les améliorations, toutes les idées utiles et généreuses. En 1849 il contribua à faire supprimer l'acte de navigation; c'était là d'ailleurs une conséquence naturelle de l'abolition de la législation sur les céréales, mais elle eut à triompher d'une résistance opiniâtre de la part des armateurs. A l'*Anti-corn-law League* avait succédé la *Financial-reform Association*, qui se confondit plus tard avec l'association pour la réforme électorale, et les efforts de Cobden eurent dès lors plus particulièrement pour but d'opérer dans l'administration les économies les plus convenables et d'obtenir l'extension du droit de suffrage pour l'élection des membres du parlement.

Cobden est en même temps un zélé protecteur des sociétés pour l'établissement de la paix universelle; il prend une part active à leurs travaux et délibérations, et défend leurs doctrines avec toute la puissance de ses chaleureux discours. C'est ainsi qu'il assista aux différents *congrès de la paix* qui se tinrent à Paris en 1849, à Francfort en 1850. C'est aussi dans cet esprit qu'était conçue une motion qu'il présenta au parlement pour la création d'un tribunal arbitral international; motion qui fut, il est vrai, repoussée en 1849 par 176 voix contre 97, mais qui, renouvelée en 1851 par son auteur, provoqua de la part de lord Palmerston la déclaration qu'il en approuvait complètement les principes et qu'il s'efforcerait autant que possible de les appliquer. Cobden n'a cependant pas toujours été d'accord avec la politique de ce ministre. Ainsi, dans les débats qui eurent lieu en juin 1850 au sujet de la Grèce, il fit de sa conduite dans cette affaire la critique la plus sévère. Il témoigna en outre le plus vif intérêt pour la cause hongroise, et chercha, mais inutilement, à empêcher le monde financier de s'intéresser à l'emprunt que le gouvernement russe contracta peu de temps après la catastrophe de Villagos. Quand Kossuth arriva en Angleterre, il lui fit l'accueil le plus empressé. L'avénement de lord Derby au ministère le fit rentrer de nouveau en campagne et relever le drapeau de l'*Anti-corn-laws League*; et il eut la joie de voir son principe sortir triomphant de la lutte.

Cobden est incontestablement la figure la plus remarquable d'entre tous les chefs du mouvement réformateur en Angleterre; et en réfléchissant au discrédit profond dans lequel y sont tombés tous les vieux partis, à l'impuissance des whigs et à la dissolution complète des tories, on ne peut qu'être porté à penser qu'il a encore devant lui un bel avenir. Il s'en faut, du reste, qu'il appartienne aux radicaux exagérés, et dans une conférence pour la réforme tenue à Manchester, le 3 décembre 1851, il s'est prononcé pour un programme qui repousse quant à présent l'adoption des plans de la fraction la plus avancée de son parti relativement à l'obtention du suffrage universel.

COBÉE ou COBÆA, genre de plantes de la famille des polémoniacées, dont on ne connaît que trois espèces. La plus commune est la *cobée grimpante* (*cobæa scandens*), plante à longues tiges, toujours croissantes, et s'élevant dans une année à dix mètres et quelquefois davantage, dont le feuillage se compose de feuilles nombreuses à trois folioles ovales et d'un beau vert, entremêlées de fleurs très-grandes et violettes. La cobée est une plante chérie des Parisiens, qui la mettent partout, sur leurs croisées, sur les terrasses, et dans les jardins. Elle est originaire du Mexique. Vivace dans l'orangerie, elle se multiplie de graines, de boutures et de marcottes; mais comme elle fleurit et produit ses graines la première année, on en a fait une plante annuelle, qu'on sème sur couche ou en pleine terre dès que celle-ci est échauffée par la saison.

C. TOLLARD aîné.

COBENZL (Louis, comte DE), ministre des affaires étrangères d'Autriche, né à Bruxelles, le 21 novembre 1753, était fils du ministre *Jean* DE COBENZL, mort en 1770, et qui a laissé les plus glorieux souvenirs dans les Pays-Bas. Entré en 1772 au service de l'empereur, Louis de Cobenzl fut nommé, en 1774, plénipotentiaire à Copenhague, envoyé avec le même titre en 1777 à Berlin, puis en 1779 à Saint-Pétersbourg, où il resta jusqu'en 1797 et se concilia les bonnes grâces de l'impératrice Catherine, autant par son habileté dans les affaires que par le zèle qu'il apporta à la composition de pièces nouvelles pour le théâtre particulier de cette souveraine, et à la représentation desquelles il prenait part personnellement. En octobre 1795 il conclut, au nom de l'empereur, un traité d'alliance avec l'Angleterre et la Russie. En 1797 il fut un des plénipotentiaires envoyés à Udine pour négocier avec Bonaparte, et le 17 octobre il signa la paix de Campo-Formio. Il assista ensuite au congrès de Rastadt, d'où il alla reprendre son poste à Pétersbourg. En 1801 il conclut le traité de Lunéville, et fut alors nommé chancelier d'État et ministre des affaires étrangères. En novembre 1805 il accompagna la cour à Olmütz, et après la conclusion de la paix de Presbourg il se démit de ses fonctions. Il mourut à Vienne, le 22 février 1809. Cet homme d'État se montra constamment l'adversaire de la Révolution française, des idées et des institutions politiques qu'elle représentait.

COBI ou **GOBI.** *Voyez* Kobi.

COBLENTZ. Cette ville, autrefois résidence de l'électeur de Trèves, puis, au temps de Napoléon, chef-lieu du département de Rhin-et-Moselle, aujourd'hui chef-lieu du cercle du même nom, est située dans une riche contrée, à l'endroit où la Moselle se décharge dans le Rhin. De là le nom de *Confluentia* qu'elle portait autrefois. On y passe le Rhin sur un pont de bateaux de 485 pas géométriques de longueur, appuyé sur 38 pontons conduisant à la petite ville de *Thalehrenbreitstein*, située en face, sur la rive droite du fleuve, et que domine l'imposante forteresse d'**Ehrenbreitstein** assise sur un immense rocher. Coblentz du côté du Rhin et de la Moselle n'est point pourvue de fortifications; mais à la base du triangle qu'elle forme au confluent de ces deux cours d'eau, du côté de la campagne, elle a une enceinte tenaillée, à cinq bastions et des ouvrages extérieurs répondant aux angles rentrants. Un second pont, long de 536 pas et construit en pierres, duquel on découvre les plus beaux points de vue, sert au passage de la Moselle. Coblentz est le siège d'un président supérieur, sous l'autorité auquel sont réunis depuis le mois d'avril 1822 les cinq gouvernements rhénans de Coblentz, de Cologne, de Trèves et d'Aix-la-Chapelle, du commandant en chef du huitième corps d'armée, d'un tribunal de première instance, d'un tribunal provincial (*Landgericht*), d'un tribunal de commerce, d'une direction des douanes rhénanes et d'un consistoire évangélique.

La ville se divise en *vieille ville* et *ville neuve*, autrement appelée *Clemenstadt*, et est généralement bien bâtie, surtout la ville neuve. Les principaux édifices sont : l'ancien château électoral, dans le style antique et orné de colonnes d'ordre ionique, qui au temps de l'occupation française avait été converti en caserne; l'ancien collége des jésuites; l'hôtel de Metternich-Winneburg, habité par le commandant de la place; l'hôtel de la famille des comtes Leyen avec un beau jardin, résidence du général commandant en chef; l'hôtel de Boos-Waldeck, habité par le président supérieur. On voit en outre à Coblentz quatre églises catholiques, quatre églises évangéliques et un théâtre. La ville est redevable au dernier électeur de Trèves de la construction du bel aqueduc qui conduit dans tous les quartiers de l'eau de source d'une extrême pureté et provenant d'une montagne voisine du village de Metternich. Le chiffre de la population dépasse 16,000 âmes et même 20,000 en y comprenant la garnison. Des fabriques d'objets en fer blanc laqué, de tabac, de meubles et de voitures, constituent, avec le commerce des vins de France et des vins de la Moselle, les principales ressources des habitants. Depuis 1826 le grand hôpital civil est placé sous la direction de sœurs de la charité appelées à cet effet de Nancy. Sur la route conduisant à Cologne on voit le monument élevé en 1795 à la mémoire du général Marceau.

Pendant la Révolution française, Coblentz, comme on sait, servit longtemps d'asile et de lieu de réunion aux nombreux émigrés, qui devaient former l'avant-garde des armées coalisées contre la France. La sotte jactance de cette noblesse accueillie par l'électeur de Trèves est devenue proverbiale, et le nom de Coblentz est resté attaché aux souvenirs de l'émigration.

Le *cercle de Coblentz*, dépendant de la province prussienne du Bas-Rhin, contient 500,000 habitants répartis sur un territoire d'environ 55 myriamètres carrés.

COBOURG (*Koburg*), capitale du duché de Saxe-Cobourg-Gotha, et résidence du duc, alternativement avec Gotha, compte une population d'environ 10,000 âmes et est le centre d'une industrie et d'un commerce assez actifs. La ville est mal bâtie, mais entourée de belles promenades qui la séparent de ses faubourgs. En fait d'édifices, on remarque l'église Saint-Maurice, le château ducal, dit *Ehrenburg*, l'hôtel du gouvernement, construit dans le style italien, le manége, le théâtre et la prison. La ville possède un collége fondé en 1605 par le duc Casimir, d'où lui vient la dénomination de *Casimirianum*, une école normale, quatre écoles urbaines, une bibliothèque publique de 26,000 volumes, une institution de sourds-muets et divers autres établissements de bienfaisance. Aux environs on trouve le vieux château de Cobourg, transformé aujourd'hui en établissement pour les aliénés et en maison de correction.

COCAGNE, autrefois aussi *Cocaigne*, *Caucagne* ou *Coucagne*. Un *pays de cocagne* est une contrée imaginaire, dont les habitants vivent dans une heureuse abondance sans rien faire; c'est l'*utopie*, l'*âge d'or* du peuple, tant le besoin de rêver un ordre de choses meilleur se fait sentir aux hommes les plus vulgaires! Legrand, qui a fait représenter en 1718 une comédie intitulée *Le Roi de Cocagne*, trace de ce pays une description qui, à la différence du ton et du style, rappelle celle de l'*âge d'innocence* dans les *Géorgiques* :

LUCELLE.
Et ce qu'on entend dire
De ce charmant pays, est-ce une vérité ?

BOMBANCE.
Oui, l'on le peut nommer un séjour enchanté,
Et je doute qu'au monde il en soit un semblable.

ZACORIN.
Est-il vrai qu'on y passe et jour et nuit à table,
Qu'on y marche en tout temps sans crainte des voleurs,
Qu'on n'y souffre avocats, sergents ni procureurs,
Que l'on n'y plaide point, qu'on n'y fait point la guerre,
Que sans y rien semer tout vient dessus la terre,
Que le travail consiste à former des souhaits,
Que l'on y rajeunit, et que de nouveaux traits,....

BOMBANCE.
Il n'est rien de plus vrai; mais prêtez-moi l'oreille :
Je vais vous raconter merveille sur merveille.
Quand on veut s'habiller, on va dans les forêts,
Où l'on trouve à choisir des vêtements tout prêts :
Veut-on manger, les mets sont épars dans nos plaines,
Les vins les plus exquis coulent de nos fontaines,
Les fruits naissent confits dans toutes les saisons,
Les chevaux tout sellés entrent dans nos maisons.
Le pigeonneau farci, l'alouette rôtie,
Nous tombent ici-bas du ciel comme la pluie.
Dès qu'on ouvre la bouche, un morceau succulent,....

De là viennent ces *mâts de Cocagne*, accompagnement obligé de nos fêtes populaires, dégradante sportule jetée à l'indigence, et qui prouve combien peu de place le peuple occupe encore dans nos sociétés.

Mais quelle est l'origine du mot *Cocagne*? Ménage du mot *Cocagne* renvoie à *Coucagne*, et il oublie ce renvoi !

COCAGNE — COCARDE

Furetière et le *Dictionnaire de Trévoux* disent que dans le haut Languedoc on appelle *cocagne* un petit pain de pastel, et que comme le pastel est une herbe qui ne croît que dans des terres extrêmement fertiles, on a nommé ce pays-là *un pays de cocagne*. En Italie, dit Brossette, en commentant Boileau, sur la route de Rome à Lorette, il y a un canton que l'on nomme *Cuccagna*, dont la situation est très-agréable et le terroir très-fertile; mais surtout les denrées y sont excellentes et à bon marché. Ne serait-ce point le *pays de Cocagne* ? Bernard de La Monnoye, l'homme qui savait le mieux et qui traitait le plus sérieusement les petites choses, était persuadé que cette façon de parler vient du fameux Théophile Folengo, surnommé *Merlin Cocaïe*, qui tout au commencement de sa première macaronée, après avoir invoqué *Togna*, *Pedrala*, *Mafelina* et autres muses burlesques, décrit les montagnes où habitent comme un lieu où l'on ne voit que sauces, potages, brouets, ragoûts restaurants, fleuves de vin, ruisseaux de lait, etc. De *Cocaio* on aura donc fait *cocagne*. Cette façon de parler, observe La Monnoye, n'est pas ancienne dans notre langue : on ne la trouve ni dans Rabelais, ni dans Marot, ni même dans Régnier. Elle s'est établie un peu tard en France, parce que Merlin Cocaïe, dont le jargon n'est pas fort aisé à entendre, y a trouvé peu de lecteurs, et que la traduction qu'on en a faite en prose française n'a été imprimée qu'en 1606. Or Théophile Folengo ne naquit qu'en 1491, et M. H. Hofmann a publié une petite pièce flamande antérieure intitulée : *Dit is van dat edele lant van* COCKAENGEN. Ce n'est donc pas Merlin Cocaïe qui a donné naissance à cette expression, et il faut lui chercher une autre source. Le savant Huet croyait que *cocagne* dérivait de *gogaille* : *pays de gogaille*, et par corruption, *pays de cocagne*. Selon lui, *gogaille* vient de *gogue*, qui est une espèce de saupiquet ou de farce. Cette explication ne nous paraît pas préférable aux autres. Nous avouons pourtant, à notre honte, que nous n'en avons pas de meilleure à offrir. *Cocagne* est jusque ici un terme sans ascendants. Roquefort prête au mot *cocaigne* la signification de contestation, querelle, différend, dispute. Cette définition n'a aucun rapport avec le sujet dont nous nous occupons.

Le quatrième volume des *Fabliaux et Contes*, publiés par M. de Méon, en contient un intitulé : *Cocaigne*. L'auteur, que nous supposons du treizième siècle, dit qu'ayant été demander une pénitence au pape, il fut envoyé dans un pays où plus on dort plus on gagne. Les murs des maisons y sont faits de barbeaux, de saumons et d'aloses; les chevrons sont d'esturgeons, les couvertures de lard, les lattes de saucisses. Il y coule une rivière, dont un côté est du vin rouge, le meilleur qu'on puisse trouver à Beaune, et l'autre, du vin blanc, le meilleur qui vienne à Auxerre, La Rochelle et Tonnerre; chacun peut en boire à volonté. Tout le conte, qui est du même genre, a peut-être servi d'original au rimeur de la description flamande, et il n'est pas hors de vraisemblance qu'il a fourni à Rabelais l'idée du pays de Papimanie. De son côté, Legrand d'Aussy a donné ce fabliau en prose dans son recueil. Cet écrivain cite aussi une farce de l'année 1631, intitulée *Des Roulles-Bontems de la haute et basse Cocagne*, et remarque que les Orientaux, dans leurs romans, ont une île merveilleuse dont le séjour est si délicieux qu'on ne veut plus en sortir une fois qu'on y est entré. Ils supposent, en outre, dans le paradis terrestre, au rapport de d'Herbelot, une fontaine et un arbre qu'ils appellent *de vie*, parce que selon eux les eaux de l'une et les fruits de l'autre donnent l'immortalité : et c'est ainsi, disent-ils, que le prophète Élie et le prophète Kedher entretiennent la leur, en attendant le jugement dernier. Terminons en rappelant la jolie chanson où Béranger raconte son *Voyage au pays de Cocagne*. DE REIFFENBERG.

COCARDE. Ce mot, dérivé de *coquardeau*, s'est d'abord écrit *coquarde*. Il a la même étymologie que *coquart* ou *quoquart*, qui signifiait un merveilleux, un mirliflor, un homme faisant le coq. L'expression *coquardeau* se retrouve dans le *Blazon des faulses Amours* : on y lit :

S'un (si un) *coquardeau*
Tombe en leurs mains (des coquettes),
C'est un oiseau
Pris au gluau.

L'emploi que fait la langue anglaise du mot *cockarde* (cocarde), mot dans lequel est entièrement contenu le mot *cock* (coq), témoigne aussi en faveur de cette étymologie. La langue italienne n'a rien qui ressemble à notre mot *cocarde*. Elle emploie avec une signification pareille des mots tout différents, tels que *nappa* ou *fiocco*; ce dernier répond à notre ancien mot *floquet*. Être *in fiocchi*, c'est être dans ses atours. Court de Gébelin prétend qu'on a donné le nom de cocarde à une aigrette ou à un flocon de rubans imitant la crête du coq, mais cette supposition n'est pas absolument exacte. La *coquarde* était une des enjolivures dont s'attifait un *coquardeau*; c'était le nœud de ruban qui pendait du chapeau d'un Colin; c'était la jarretière de la mariée, que, dans les noces de campagne, on plaçait en bouffette à la boutonnière ou aux aiguillettes du pourpoint.

Au temps de Charles IX, quand la cour organisa les égorgeurs de la Saint-Barthélemy, elle leur enjoignit de se reconnaître au moyen d'une « croix de papier attachée au chapeau. » Cette espèce d'ordre du jour, mentionnant les mots *croix de papier*, témoigne qu'à cette époque on n'avait encore aucune idée de la cocarde actuelle. Au temps de la Fronde, vers 1650, on ne connaissait pas encore la *cocarde*; les *Mémoires de Chavagnac* le prouvent; on y lit : « Ils s'avisèrent (les frondeurs) de porter sur leurs chapeaux de la paille pour signal de faction, etc. » Dulaure ajoute « qu'un abbé Fouquet, au Palais-Royal, fit un discours sur les avantages du retour du roi, et les engagea (les Parisiens) à placer un morceau de papier à leur chapeau, en opposition à la paille; chaque fois que la paille rencontrait le papier, ceux qui avaient ces signes se battaient avec fureur. » Cet usage de se distinguer par quelques productions des champs, par quelques branchages, est fort ancien. Certaines troupes ou bandes, qu'on a nommées jadis *feuillards*, *foillards*, ou *lances vertes*, portaient un rameau à leur chapeau ou à leur lance. Plusieurs auteurs prétendent que la cocarde est en usage depuis Louis XIII : ils se trompent. Le mot est si peu ancien, que Furetière, mort en 1688, n'en fait pas mention. Cependant, Walter Scott, dans la *Dame du Lac*, donne à entendre que, vers la première moitié du seizième siècle, la cocarde ornait les toques des clans écossais; mais l'expression est plus pittoresque que technique, et l'on eût mieux fait de la traduire par *floc* ou *floquet*, qui étaient les expressions du temps.

C'est seulement dans les dernières guerres du dix-septième siècle, qu'à défaut d'habits d'uniforme, ou faute de vêtements assez reconnaissables, on se servit de *cocardes* pour se distinguer dans le combat : ainsi, dans la guerre de 1688 les chapeaux de l'armée française furent reconnaissables, un jour d'action, par des cocardes de papier. L'usage de la cocarde devint plus général dans la guerre de 1701, parmi les troupes françaises combattant au nord; dans l'armée opposée, Eugène et Marlborough donnèrent aux Allemands, aux Anglais, aux Hollandais, une poignée de paille en guise de *cocarde*; ce dernier usage se retrouvait encore de nos jours dans les armées autrichiennes, sous le nom de signe de campagne, ou *feldzeichen*. On ne doit donc regarder la *cocarde* comme usitée que depuis la suppression assez générale de l'aiguillette et des nœuds d'épaule, c'est-à-dire de 1700 à 1710. Son emploi se régularisa, dans la guerre de la succession, parmi les troupes combattant au midi; là les armées combinées de France et d'Espagne adoptèrent l'une et l'autre des cocardes *blanches* et *rouges*, comme mélange des couleurs des deux armées et comme témoignage de la communauté des intérêts qui les unissaient. L'électeur de Bavière, s'alliant à nous dans cette guerre, fit prendre à ses troupes des cocardes *blanches et bleues* ; le duc de Mantoue, se liant d'intérêt avec la France et avec l'Espagne, donna à son contingent la cocarde *blanche, rouge et jaune*.

Quels que soient les noms qui aient été donnés à ces signes distinctifs, on peut affirmer que le mot *cocarde* ne s'est francisé sous son acception actuelle que vers le temps de la régence et depuis l'adoption des chapeaux à trois cornes, parce qu'une cocarde en chamarra le bord de gauche; mais la couleur en était encore fort indéterminée ; car dans la guerre de 1756, où nous combattions comme alliés de l'impératrice-reine, la cocarde française était *blanche et verte*. Les généraux avaient affecté aux commis du pain une cocarde *blanche*; les commis à la viande la portaient *rouge*; les maîtres-d'hôtel ou valets de chambre, exempts de livrée, *jaune*. La mode et le caprice, plutôt que la loi et la nécessité, en maintinrent l'usage dans nos troupes; et cet usage devint, vers le milieu du dix-huitième siècle, une institution légale. Les gravures de l'ouvrage de Puységur et celles du règlement de 1755, etc., nous montrent sur le bord galonné des chapeaux de nos soldats une petite croix de ruban, du diamètre d'un pouce à peine : c'était leur cocarde, que soutenait une ganse. Le règlement de 1767 intervient en cette matière, jusque là abandonnée à l'arbitraire, et dispose que chaque soldat se fournira d'une cocarde de basin *blanc*.

A mesure que l'uniforme se perfectionna, la cocarde de basin blanc devint la seule qu'il fût permis aux officiers français de porter sous les drapeaux. C'est ainsi que l'ordonne le règlement d'habillement de 1779; cette disposition est fortifiée par l'ordonnance de 1782, qui prononce peine de prison contre tout individu non militaire prenant la cocarde. Hors du régiment, la couleur de la cocarde française était si peu fixée, que jusqu'en 1789 les jeunes officiers français qui se piquaient d'élégance et de bon ton ne portaient au chapeau, quand ils étaient en semestre, en habit de ville, ou à la cour, que de grosses touffes ou rosaces de rubans de soie *noire*. Ces capricieuses modes étaient tout à fait inconnues dans l'armée qui donnait le ton à celles de l'Europe : la milice prussienne au temps de Frédéric II ne portait pas de cocarde. Avant 1789 jamais en France cocarde n'avait été attachée à un schako de hussard, à un casque, à un bonnet à poil, c'eût été une hérésie en fait de tenue, une impardonnable faute contre la mode. Par une raison analogue, la milice autrichienne, qui ne connaissait pas les chapeaux, ne connaissait pas non plus les cocardes.

Jusqu'à la guerre de la révolution la cocarde ne fut qu'un signe purement militaire : aussi, disait-on, dans les milices anglaise et française : *to wear a cockade* ou *porter cocarde*, comme synonyme de *servir, être au service*. La cocarde cessa d'être purement militaire et les citoyens prirent le ruban *tricolore* le 13 juillet 1789, comme insigne politique. Il fut donné bientôt à l'armée. Ce signe rassemblait, soit par hasard, soit par combinaison, les couleurs qui de tout temps avaient été celles de nos rois, de l'armée, de la nation, de la ville de Paris; il associait deux couleurs que Henri IV avait portées; il rappelait les trois couleurs que ce grand roi avait données au pavillon hollandais et celles qui avaient mené à la victoire l'armée de Charles VII et la marine de Louis XIV ; mais la cocarde de 1789 devait pâlir un jour devant une coalition étrangère, et la cocarde *blanche* reparaître dans l'armée française par une décision du 13 avril 1814. On vit à cette époque des individus zélés en attacher d'énormes à leur chapeau. Bientôt la mode introduisit dans quelques corps des cocardes de métal *blanc*. Le ministère combattit d'abord par circulaires cette altération des anciens usages; mais la loi militaire, qui presque toujours se plie aux modes qui s'enracinent, accueillit en 1818 cette innovation ; l'ordonnance du 25 novembre la consacra. Une circulaire de 1830 rétablit la cocarde *tricolore*, que notre armée n'a plus cessé de porter. Gal BARDIN.

Ajoutons à ce qui précède que chaque commune en France avait jadis ses couleurs, et chaque paroisse son drapeau. Les trois couleurs arborées en 1789 comme signe révolutionnaire étaient elles-mêmes avant la révolution *celles de France* : on pouvait tellement les considérer comme celles du blason de la monarchie, qu'Henri IV, invité, comme on l'a dit, par les Provinces-Unies, dont il avait appuyé l'insurrection, à déterminer les couleurs de leur drapeau, leur donna celles de France, *blanc, bleu et rouge*. Elles sont ainsi indiquées dans sa réponse à la nouvelle république. Mais ce n'est pas comme couleurs du blason monarchique de France qu'elles ont été adoptées en 1789 pour les drapeaux et pour la *cocarde* nationale. La cocarde prise comme premier signe de l'insurrection le 13 juillet 1789 était *blanche et verte*; un seul homme fit dès le lendemain proscrire ces couleurs : Camille Desmoulins, pérorant en plein air au Palais-Royal, fit observer que la couleur verte était celle d'un *traître*, du comte d'Artois : il proposa donc les couleurs de la ville de Paris, *rose et bleu*; dès lors les cocardes de la veille disparurent. La cocarde nationale fut *bleue et rouge*; la couleur *blanche* n'y fut ajoutée que le 17 juillet, lorsque le roi accepta la nouvelle cocarde à l'hôtel de Ville. On a dit que le général La Fayette proposa cette troisième couleur en signe d'union du peuple et du roi. Le procès-verbal de cette fameuse séance de l'hôtel de ville n'en dit rien. Il y a plus : le même procès-verbal constate que La Fayette, occupé à maintenir l'ordre dans les quarante-huit bataillons de la milice bourgeoise improvisée depuis deux jours, ne parut à l'hôtel de ville qu'à l'instant où le roi se disposait à en sortir pour retourner à Versailles.

L'assemblée des électeurs, qui s'était spontanément chargée de l'administration municipale de Paris dès le premier moment de l'insurrection, n'avait adopté la cocarde que comme signe distinctif des citoyens inscrits par leur district sur les registres de la milice bourgeoise. Le même arrêté (13 juillet 1789, art. 10) porte : « Comme il est nécessaire que chaque membre qui compose cette milice parisienne porte une marque distinctive, les couleurs de la ville ont été adoptées par l'assemblée générale des électeurs. En conséquence, chacun portera la cocarde bleue et rouge. Tout homme qui sera trouvé avec cette cocarde sans avoir été enregistré dans l'un des districts sera mis à la disposition du comité permanent; le grand état-major réglera les distinctions ultérieures de tout genre. » Les officiers ne furent distingués provisoirement que par une petite écharpe blanche au bras. Les premières cocardes étaient composées, comme en 1830, de petits rubans, mais bientôt les jeunes gens en portèrent d'énormes, qu'on appelait *choux*; leurs nuances distinguèrent les partis : aux cocardes des jeunes patriotes le rouge et le bleu dominaient : à celles des *aristocrates*, c'était le blanc ; le rouge était à peine indiqué. Ces différences dans la symétrie et la dimension des couleurs de la cocarde devinrent la cause où le prétexte de rixes fréquentes et graves, qu'on espéra prévenir en n'admettant qu'une forme unique et égale. Mais la jeunesse des deux partis, ne pouvant plus se distinguer par la cocarde, adopta un nouveau signe de reconnaissance dans l'empreinte des boutons et la couleur des gilets. On lisait sur certains boutons : *Vivre libre ou mourir*! sur d'autres : *Vive le roi !* Quelques jeunes gens avaient des gilets rouges, d'autres des gilets blancs.

Une loi du 21 septembre 1793, veille du premier anniversaire de la fondation de la république, imposa aux femmes l'obligation de porter la cocarde, sous peine d'être détenues huit jours pour la première fois, et d'être traitées comme suspectes, en cas de récidive. Cette prescription n'était que facultative trois ans après; le ministère de la police en prescrivit de nouveau l'observation; mais cet ordre ne put faire revivre une loi tombée en désuétude; le port de la cocarde nationale n'était pas même rigoureusement exigé pour les citoyens : les aristocrates s'en abstenaient sans être remarqués. Afin de se reconnaître entre eux, ils avaient adopté la cravatte verte, parure obligée des *muscadins* ou de *la jeunesse dorée*. La cocarde ne fut plus de rigueur sous le Directoire que pour les fonctionnaires, la garde nationale et l'armée. Les couleurs furent placées dans un nouvel ordre sous l'Empire : le blanc passa du centre au bord extérieur. Mais elle reprit sa forme originaire et légale à la révolution de 1830. Une évolution en sens inverse fut tentée dans les premiers jours de la république de 1848 pour rompre complétement avec le signe distinctif de la monarchie de Louis-Philippe; mais cette innovation ne réussit pas, et la cocarde française actuelle est, au moins jusqu'à nouvel ordre, celle de 1789.   DUFEY (de l'Yonne).

COCCAIE (MERLIN), *Merlinus Coquus*, c'est-à-dire *Merlin le Cuisinier*, surnom burlesque du moine Théophile Folengo, inventeur de la poésie macaronique.

COCCINELLE, genre d'insectes coléoptères de forme arrondie et presque hémisphérique dans un très-grand nombre d'espèces; la tête est petite, les antennes courtes, le corselet plus large que long et convexe, l'écusson très-petit et triangulaire, les élytres très-bombées, sous lesquelles les ailes sont repliées; les pattes sont courtes, et comme l'insecte les replie souvent sous son corps, il paraît alors privé de cet organe de mouvement. Cent quarante espèces de ce genre actuellement connues et décrites semblent indiquer une grande variété de caractères spécifiques; mais ces caractères sont peu saillants et ne constituent peut-être que des variétés et non des espèces.

Les coccinelles ne sont pas grandes : elles n'ont que cinq à six millimètres au plus, et quelques espèces même deux à trois seulement. Elles ne se font pas remarquer par la magnificence des couleurs, et cependant elles plaisent aux yeux par leur forme, le brillant et le poli de leurs élytres, la promptitude de leurs mouvements, etc. Elles portent partout des noms vulgaires, qui attestent l'intérêt qu'elles inspirent, surtout aux enfants; dans notre langue, ce sont des *bêtes à Dieu*, des *bêtes à la Vierge*, des *vaches de Dieu*, etc. Comme leurs pattes sont très-courtes, elles marchent lentement, mais leur vol est assez rapide, et l'ouverture des élytres et le déploiement des ailes sont exécutés avec une vitesse surprenante.

Les coccinelles font la chasse aux pucerons, et subsistent aux dépens de ces insectes, si incommodes dans les jardins. Il faut donc mettre la coccinelle au nombre des espèces qui méritent la protection de l'homme. L'insecte parfait et ses larves vivent également de pucerons et en font une grande consommation, surtout les larves. L'insecte parfait résiste à la rigueur de nos hivers, et reparaît aux premiers beaux jours du printemps, ce qui a contribué sans doute à la sorte d'affection qu'il s'est conciliée. Cependant, on eût pu repousser ces petits animaux à cause de l'odeur désagréable d'une liqueur qu'ils répandent lorsqu'on les touche. Le printemps est pour eux la saison de l'accouplement et le terme de leur existence ; une génération nouvelle vient bientôt les remplacer. Les œufs sont déposés sur les plantes où les insectes ont vécu ; les larves qui en sortent sont organisées pour faire la guerre aux pucerons; elles les saisissent avec leurs pattes de devant et les portent à leur bouche, où ils sont retenus par deux grands barbillons, dont la mâchoire inférieure est munie. Toute autre proie qui peut être saisie et enlacée devient comme les pucerons, et, faute d'autre subsistance, ces larves s'attaquent les unes les autres, suivant l'usage de tous les insectes carnassiers. Lorsque le temps de la transformation de ces larves est arrivé, leur corps allongé se raccourcit ; elles se collent contre une feuille par le dernier anneau de leur enveloppe, et au bout de deux ou trois jours elles sont tout à fait débarrassées de ce vêtement, qui ne convient plus à leur taille. Quoique les nymphes aient besoin de repos durant tout le temps de leur passage à l'état d'insecte parfait, celles des coccinelles peuvent exécuter quelques mouvements sur la feuille où elles sont attachées par la partie postérieure de leur corps; on les voit se dresser sur cette feuille et rester quelques instants dans cette position. Dès ce moment elles sont déjà revêtues de quelques-uns des signes qui font reconnaître les espèces, et de quelques couleurs de l'insecte. Au bout de six jours la transformation est accomplie; mais ce temps est quelquefois plus long, et peut être presque double. Les élytres et le dessous du corps de l'insecte ne se colorent qu'à l'air, à mesure que ces parties prennent de la consistance.

Les caractères spécifiques des coccinelles sont déduits de la couleur des élytres et des autres parties du corps, du nombre, de la grandeur, de la couleur et de la disposition des points dont les élytres sont parsemés, etc. C'est principalement en Amérique que l'on trouve les plus grandes espèces. Ce genre est également répandu dans les deux continents et dans les îles où les arbres peuvent végéter; il y a même des coccinelles au Groënland : tout le monde habitable paraît convenir à ces petits animaux, pourvu qu'à l'exemple de l'homme ils trouvent des faibles à capturer et à dévorer.   FERRY.

COCCYX. On désigne sous ce nom, en anatomie, l'os qui termine en bas et en arrière la colonne vertébrale chez l'homme et les animaux qui n'ont point de queue, tels que certains singes, les grenouilles après leur vie de têtards, etc. Chez l'homme cet os, ainsi nommé à cause de sa prétendue ressemblance avec le bec du coucou (en grec κόκκυξ), est symétrique, triangulaire, situé sur la ligne médiane au-dessous ou en arrière du sacrum, avec lequel il contribue à faire partie du bassin. Sa base, tournée en haut et en arrière pendant la station verticale, est articulée avec ce dernier os, sur lequel il peut exécuter des mouvements, soit en avant, soit en arrière. Ces mouvements ont lieu pendant l'excrétion du bol fécal et l'accouchement; aussi a-t-on égard à la distance entre son sommet et le milieu de l'arcade du pubis. Le coccyx donne attache à des muscles qui vont aux membres, à d'autres destinés à le mouvoir, et aux ligaments qui l'unissent au sacrum. Il est plus court, plus recourbé en avant chez la femme que chez l'homme. Pendant le jeune âge, il est composé de quatre pièces réunies par des fibres ligamenteuses, qui se condensent et s'ossifient de bonne heure. Cet os est susceptible de fractures et de luxations dans les chutes sur le siége et sous l'influence des efforts qui le dépriment trop fortement en arrière ou en avant, surtout chez les personnes âgées.

Le coccyx doit être considéré comme un prolongement caudal rudimentaire, et chacune des pièces qui le composent comme représentant les vertèbres caudales ou coccygiennes des animaux dont la queue est plus ou moins longue.   L. LAURENT.

COCHABAMBA, département de la république de Bolivie (Amérique du sud), d'une superficie de 1,430 myriamètres carrés, possédant un sol excellent, sur lequel réussissent toutes les plantes et toutes les céréales du sud de l'Europe, et surtout le coton et la canne à sucre. Le chiffre des habitants s'élève à environ 250,000; leur industrie principale consiste dans la fabrication de tissus de coton. Ce département est divisé en 8 provinces. Son chef-lieu, *Cochabamba*, bâti sur la rivière du même nom, dans une contrée fertile, produisant beaucoup de céréales, compte une population de 31,000 âmes. Il faut encore citer, comme ville importante, *Cropsa*, avec 23,000 habitants, qui fabriquent un peu de verroterie et beaucoup d'étoffes de coton.

COCHE, mot dérivé du latin *concha*, coquille, suivant les uns; de l'italien *cocchio* ou du hongrois *hotcsi*, chariot, selon les autres. L'Espagnol dit *coche*, l'Allemand *kutsche*, et l'Anglais *coach* pour désigner voiture en général, mots qui ont une analogie parfaite, on le voit, et qui bien certainement viennent de la même source. L'*Encyclopédie* définit le coche une voiture publique qui transporte les particuliers et leurs effets de la capitale en différents endroits du royaume et de ces endroits dans la capitale : « Il y a deux sortes de *coches*, dit-elle, les *coches d'eau* et les *coches de terre*. Les *coches d'eau* sont de grands bateaux distribués en différentes chambres, où se retirent les voyageurs, et en un grand magasin, où sont déposées les marchandises. Les *coches de terre* sont des vastes carrosses à un grand nombre de places; les voyageurs occupent ces places, les marchandises sont chargées sur le derrière. Le devant est occupé par un grand tissu d'osier, qu'on nomme le *panier*, où l'on met aussi des marchandises et où sont reçues à un prix médiocre les personnes qui ne trouvent plus de place dans le coche ou qui ne sont pas en état d'en prendre. L'institution de ces *coches* remonte au règne de Charles IX. Ils étaient loués par des particuliers, mais bientôt il y eut un privilège exclusif et une inspection des *coches*, inspection que Henri IV remplaça par une surintendance; preuve qu'ils existaient déjà en grand nombre. Alors commença aussi la police de ces voitures relativement à la qualité des marchandises, à l'exactitude des départs, aux prix et à l'ordre des places, à la tenue des registres, à la sûreté des effets, aux devoirs des cochers. » Telle est l'origine des diligences et des messageries.

Outre ces *coches publics*, il y avait des *coches particuliers*, qu'on appelait aussi carrosses. Cette dernière dénomination finit même par leur rester exclusivement; il n'y eut plus que les transports en commun par eau et par terre, et bientôt les premiers seuls, qui conservèrent l'appellation de *coches*.

Ce mot a donné naissance à un grand nombre de façons de parler proverbiales, qui disparaissent successivement à la suite de l'objet qui leur a donné naissance. Grâce à la fable de La Fontaine, la *mouche du coche* reste encore debout, pour signifier l'empressé, le nécessaire, s'attribuant le succès des choses auxquelles il contribue le moins. *Manquer le coche* marque le désappointement d'un dessein avorté par l'imprévoyance ou l'incapacité de celui qui l'avait conçu.

Quant au mot *coche*, employé dans le sens d'incision, en taille légère, faite dans du bois ou dans quelque autre corps solide pour l'arrêter, y fixer, y marquer quelque chose, Ménage le fait dériver de l'italien *cocca*, qu'il dit venir du latin *cavum* (cave). On dit des coches à une taille (morceau de bois destiné à cet effet) pour marquer et pouvoir compter la quantité de pain, de vin ou d'autres denrées prise à crédit chez un marchand. Les anciennes arbalètes avaient sur leur fût une coche ou entaillure qui servait à arrêter la corde quand on voulait bander l'arme; le bout penné de la flèche d'un arc a également une espèce de *coche* qui sert à l'affermir sur la corde lorsqu'on veut tirer. De là est venue l'expression de *décocher une flèche* ou *un trait*, qui s'emploie aussi au figuré quand on dit *décocher un trait*, *une épigramme*, *un bon mot*, contre quelqu'un.

COCHENILLE, genre d'insectes, de la famille des gallinsectes, analogues aux kermès, avec lesquels on les a d'abord confondus. D'après l'opinion la plus généralement reçue, la femelle est aptère et le mâle pourvu de deux ailes membraneuses assez longues. Dans les deux sexes, les antennes sont sétacées, mais celles du mâle sont plus longues. La tête est terminée par une trompe. Six pattes, un corps de quatorze anneaux, et quatre filets bien courts au bout de l'abdomen, complètent les caractères génériques de ces insectes, dont on compte dix-neuf espèces, sur lesquelles deux fournissent une matière précieuse pour les arts. Toutes les autres ne sont connues que par les dommages qu'elles causent aux arbres, dont elles attaquent le feuillage, à des plantes cultivées, telles que les fraisiers, et à la plupart de celles qui sont renfermées dans les serres. L'une de ces dernières espèces vit aux dépens de l'oranger, une autre attaque l'olivier, une autre le figuier, etc. On livrerait avec moins de regret l'orme et le saule à celles qui se contentent du feuillage de ces arbres stériles. Quant à la *cochenille du nopal* (*coccus cacti*, Linné), on prend soin de la multiplier, de lui offrir les aliments qu'elle préfère, jusqu'au moment où elle contient en plus grande quantité le précieux carmin renfermé dans le corps des femelles avant la ponte. Celles qu'on réserve pour la propagation de l'espèce ne sont pas tout à fait dépourvues de matière colorante, mais elle y a subi une altération qui en diminue le prix en même temps que la quantité; on ne peut en extraire qu'un carmin de seconde qualité. Cette cochenille est originaire du Mexique, d'où elle a été transportée non-seulement dans les autres parties de l'Amérique où le nopal peut-être cultivé, mais jusqu'aux Indes orientales. Outre l'espèce qui se nourrit exclusivement sur cette plante, on en connaît une autre, que l'on nomme *cochenille sauvage* ou *sylvestra* (*coccus sylvestris*), et qui est peut-être l'espèce primitive, dont la première ne serait qu'une variété. La cochenille sauvage ne donne qu'un carmin plus terne, et elle en fournit moins; il est donc très-essentiel de ne pas la confondre avec l'espèce cultivée, lorsque l'on veut introduire cette culture dans un pays assez chaud pour que le nopal y croisse assez abondamment. Comme les formes extérieures ne présentent aucune différence assez apparente entre l'une et l'autre, il faut prendre les précautions nécessaires pour que l'on ne fasse pas un choix désavantageux.

Les cochenilles multiplient beaucoup, et rapidement. Lorsque la saison est favorable, on peut faire jusqu'à trois récoltes par an. La beauté du carmin que l'on en tire dépend de la température à laquelle on soumet les insectes pour les faire mourir; elle doit être la moins élevée de celles qui peuvent opérer cet effet, car à mesure que la chaleur augmente, le rouge se rapproche de plus en plus du violet.

Après la cochenille du nopal, celle qui fournit le plus de carmin, et qui est encore employée sous le nom de *graine d'écarlate*, ce qui indique assez son emploi, est la *cochenille dite de Pologne* (*coccus polonicus*, Linné), que l'on recueille dans ce pays sur les racines de quelques plantes. Elle n'est pas l'objet d'une culture mais d'une récolte dans les terrains non cultivés. On la trouve aussi en France, mais beaucoup plus rarement que dans les autres parties de l'Europe où l'étendue des landes permet encore la multiplication de ces insectes, qui cherchent un sol non remué pour y subir leurs métamorphoses.

On a beaucoup moins d'observations sur les mâles des cochenilles que sur les femelles. Celles-ci sont presque confinées au lieu de leur naissance, peu lestes dans leurs mouvements, au lieu que les mâles ont un vol léger et rapide, et ne sont qu'en très-petit nombre, en comparaison de l'autre sexe. Au temps de l'union, les mâles volent d'un arbre à un autre, et fécondent plusieurs centaines de femelles, bien plus à cet égard de la foule d'époux dont la seule femelle d'une ruche d'abeilles se trouve environnée.

Les cochenilles, comme tous les autres gallinsectes, sont de très-petite taille : les plus gros individus vivants n'excèdent pas le volume d'un petit pois, et dans l'état de dessiccation leur grosseur ordinaire est à peu près celle d'un grain de poivre. Mais leur prodigieuse multiplication les rend aussi redoutables que plusieurs autres genres, dont les dévastations sont en quelque sorte compensées par le spectacle qu'ils mettent sous nos yeux, la diversité de leurs formes, l'éclat de leurs couleurs, l'air de vie qu'ils répandent autour de nous, au lieu que les plantes attaquées par ces invisibles rongeurs se flétrissent, et sont bientôt dépouillées de leur verdure. La *cochenille des serres* (*coccus adonidum*), l'une des plus petites, est un fléau dont les amateurs de plantes exotiques préservent difficilement les objets de leurs soins. Il n'y a donc que deux espèces utiles, et tôt ou tard on n'en comptera plus qu'une seule, la cochenille du nopal, dont la récolte est plus abondante et plus facile, et le produit beaucoup meilleur. FERRY.

Dès le milieu du siècle dernier, on avait fait en Europe quelques efforts pour y transporter la culture de la cochenille. En 1787 Thierry de Ménonville importa à Saint-Domingue des cactus chargés d'insectes; mais la révolution d'Haïti ne permit pas de mettre à profit son dévouement. Cependant, cette industrie commençait à se développer en Espagne. En 1806 M. Souceyllier, chirurgien de la marine, apporta de Cadix des cochenilles vivantes, qu'il remit à M. Robert, professeur de botanique à Toulon. En 1827 on tenta, sans beaucoup de succès, cette naturalisation en Corse. La même année elle fut introduite aux îles Canaries, et y réussit parfaitement. Le gouvernement espagnol, comprenant tout l'avenir de cette industrie, défendit sous peine de mort l'exportation des cochenilles. Cependant, en 1831 M. Simonnet, pharmacien à Alger, réussit à importer quelques insectes du royaume de Valence en Algérie; mais, contrarié par le mauvais temps, il eut la douleur de voir ses essais infructueux. Deux ans après, M. le docteur Loze, chirurgien de la marine, fut plus heureux; il rapporta plusieurs pots de cactus, chargés chacun de 30 à 40 cochenilles pleines de vie, et s'empressa de faire des essais d'éducation. Dès la fin de 1834 il présentait à l'Académie des Sciences les échantillons de ses premières récoltes, qui furent déclarés de qualité excellente. Rappelé en 1836, M. Loze fut obligé de laisser ses cactus et ses cochenilles au jardin d'Hussein-Dey, où ils eurent beaucoup à souffrir. Peu de temps après, M. Hardy, directeur de la pépinière centrale, s'efforça d'en sauver les débris; à peine put-il recueillir deux ou trois pieds de cactus portant encore quelques mères fécondées; c'est avec ces faibles éléments que M. Hardy a relevé une culture qui présente aujourd'hui le plus bel avenir.

Le climat et le sol de l'Algérie, excepté dans les régions montagneuses, conviennent parfaitement à la culture de la cochenille. Les échantillons de cochenille provenant de l'Algérie peuvent rivaliser sinon avec les premières qualités du Mexique, du moins avec les cochenilles les plus estimées des îles Canaries.

On peut juger des progrès de cette culture par les données suivantes : En 1845 la culture de la cochenille, qui commençait seulement à se répandre à Java, vivement encouragée par le gouvernement hollandais, s'élevait déjà à 225,000 kilogrammes dans les établissements publics. Aux Canaries, la première récolte de 1831 fut de 32 hectogrammes seulement; l'année suivante elle était de 48 kilogrammes; en 1833 elle s'élevait à 528 kilogrammes; et en 1838 elle était de 7,520 kilogrammes. Enfin, en 1849, on en exportait l'énorme quantité de 320,000 kilogrammes, dont la majeure partie s'expédiait en France et en Angleterre. Cette industrie donne aux îles Canaries un revenu qui s'accroît d'année en année, en même temps que la population et les revenus qu'elle fournit au trésor d'Espagne. La cochenille y est devenue le principal objet d'exportation. A l'heure qu'il est, tous les terrains impropres à la culture de la vigne ou de la pomme de terre y sont consacrés à celle de la cochenille et convertis en riches plantations de nopals.

COCHER, nom de celui qui menait jadis un *coche*, un *carrosse*, et qui mène aujourd'hui toute voiture publique ou particulière servant à transporter, à rouler des créatures humaines, vivantes ou mortes, depuis les voitures d'apparat jusqu'aux omnibus, depuis le fiacre obscur jusqu'au corbillard. Il faut en excepter toutefois les *diligences*, les *messageries* et les *chaises de poste* dont les postillons. On appelait autrefois *cocher du corps* celui qui menait la carrosse du roi, de la reine ou du dauphin. Un bon cocher n'est pas moins nécessaire qu'un bon cuisinier, et plus d'un grand personnage a dû à l'adresse et à l'habileté du premier la conservation d'une vie que l'art du second avait maintes fois compromise. Nous ne disons pas cela pour Napoléon, dont la sobriété était passée en proverbe à sa cour. Il y a eu des cochers dans plus d'une noble famille, depuis Néron, dont Racine a dit dans *Britannicus* :

Pour toute ambition, pour vertu singulière,
Il excelle à conduire un char dans la carrière,

jusqu'à nos modernes Phaétons qui conduisent eux-mêmes leur léger équipage au bois de Boulogne,

Tandis que leur jockey, se carrant auprès d'eux,
Presse nonchalamment un coussin moelleux.

COCHER (*Astronomie*). Le *Cocher* ou le *Charretier* est une des constellations boréales connues des anciens; le catalogue britannique la compose de 66 étoiles. Son nom en latin est *Auriga*, et en grec, Ἡνίοχος (celui qui tient les rênes); cet astérisme forme sur le firmament un grand pentagone irrégulier; il se fait remarquer par une magnifique étoile de première grandeur appelée la *Chèvre*, que les mythologues disent être la chèvre qui allaita Jupiter; elle est toujours sur l'horizon de Paris. Tout près de cette belle étoile, il y en a trois petites disposées en un petit triangle : ce sont les *Chevreaux*; ils servent à la distinguer dans le ciel de toutes les autres primaires. Au temps d'Horace et de l'astronome Aratus, leur lever annonçait les tempêtes; le poète latin appelle *insana sidera Capellæ* (les astres fougueux de la Chèvre).

Le passage du soleil à l'équinoxe du printemps, il y a quatre à cinq mille ans, époque où furent inventées les fables, était alors annoncé par le lever héliaque de la Chèvre et du Cocher. C'est à cause de cela, dit Dupuis, que le nom de *Phaéton* fut aussi donné à cet astérisme, parce qu'alors en automne se couchaient presque simultanément la constellation de l'Éridan et du Cocher, qui semblait disparaître avec cette première, lorsque le lever héliaque du Scorpion avait lieu; animal hideux, qui dans la fable épouvanta les coursiers du soleil et les fit se précipiter avec leur conducteur dans le fleuve. Le cocher est aussi nommé *Ericthonius*, d'un roi d'Athènes, l'inventeur du char à quadrige; *Myrtile*, de l'écuyer d'Œnomaüs; *Absyrtha*, du frère de Médée; *Bellérophon*, *Hippolyte*, et enfin *Arator*, le laboureur, ou *Horus*, de celui qui enseigna l'agriculture aux Égyptiens.
DENNE-BARON.

COCHEREL (Bataille de). Dans la guerre de la France avec Charles le Mauvais, qui signala le commencement du règne de Charles V, Duguesclin fut chargé de tenir tête en Normandie à Jean de Grailly, captal de Buch, qui commandait pour le roi de Navarre. Le 16 mai 1364 il rencontra les Navarrais près de Cocherel, village à trois lieues d'Évreux. Pour leur enlever l'avantage du terrain, il fit sonner la retraite et déloger ses troupes avec une apparente précipitation. Le captal de Buch ne fut point la dupe de cet artifice; mais il ne put retenir l'impétuosité du capitaine anglais John Joël, qui, malgré ses exhortations et même ses ordres, s'élança dans la plaine en criant : « En avant, saint Georges! qui m'aime me suive. » Le captal ne voulut point l'abandonner; il le suivit dans la plaine au moment où les Français, qui s'étaient retournés, l'attaquaient vigoureusement au cri de Notre-Dame Duguesclin! Mais une autre ruse de guerre avait été préparée par Duguesclin : trente cavaliers, les plus braves de sa troupe, montés sur les trente meilleurs chevaux, avaient eu la commission de ne s'occuper que d'une seule chose, c'était d'enlever le captal de Buch. L'ayant reconnu qui combattait à pied au premier rang, une hache d'armes à la main, ils se jetèrent tous ensemble sur lui, l'enlevèrent entre leurs bras et repartirent au grand galop. Les Navarrais ne se découragèrent point cependant et combattirent avec acharnement jusqu'au moment où le capitaine Joël, ayant été blessé mortellement, le sire de Saux et le bâtard de Mareuil tués, ils se trouvèrent sans chefs : leur déroute alors fut complète ; bien peu s'échappèrent du champ de bataille. A. SAVAGNER.

COCHIN (Famille), ancienne famille de la bourgeoisie de Paris, célèbre au barreau et par ses fondations hospitalières.

COCHIN (HENRI), avocat fameux, né à Paris, le 10 juin 1687, mort le 24 février 1747, s'attacha, dès son début, à vingt-deux ans, au grand conseil du parlement, et se plaça de prime abord à la tête des avocats de son époque. On le regardait comme le modèle de l'éloquence du barreau français. Ce qui nous reste de lui ne semble pas justifier cette haute réputation, mais peut-être faut-il s'en prendre à ce qu'on n'a pas su recueillir ses improvisations, qui passaient à juste titre pour la partie saillante de son talent. C'était en outre un homme pieux et modeste. Ses œuvres ont été imprimées, en 1751, en 6 volumes in-8°, et publiées de nouveau, en 1821-1824, en 8 volumes in-8°, par un de ses descendants.

COCHIN (DENIS-CLAUDE), doyen des échevins de Paris, de la même famille que le précédent, mourut en août 1786, à quatre-vingt-huit ans. Il aimait la botanique, et avait créé dans la banlieue de la capitale, à Châtillon, un très-beau jardin, où il cultivait les plantes les plus rares, et que Jean-Jacques Rousseau visitait souvent. Le catalogue des richesses d'horticulture de Denis-Claude Cochin a été publié en 1771, in-8°.

COCHIN (JACQUES-DENIS), fils du précédent, a laissé une mémoire durable dans le plus pauvre des arrondissements de Paris, le douzième, qui lui doit la création d'un hôpital auquel la reconnaissance publique a attaché le nom de son digne fondateur. Né à Paris, en 1726, J.-D. Cochin entra dans les ordres, et fut nommé, en 1756, à la cure de Saint-Jacques-du-Haut-Pas. Peu d'ecclésiastiques déployèrent jamais plus de zèle dans l'exercice des fonctions du ministère sacré. Véritable homme de Dieu, il était à tout et à tous ; il ne quittait la chaire que pour s'établir au confessionnal le médecin des âmes affligées, ou bien pour aller soulager les misères si nombreuses et si poignantes dans la population sur laquelle il avait charge d'âmes. C'est en 1780 que ce digne ministre de l'Évangile eut l'idée de fonder l'hôpital qui porte son nom, et pour la création duquel il commença par verser de ses propres deniers une somme de 37,000 livres. L'appel qu'il adressa à la charité publique fut entendu, et bientôt les offrandes arrivèrent de toutes parts. En moins de deux années, la construction du nouvel hôpital fut terminée, et l'architecte, dont nous aimons à rappeler ici le nom, Viel, refusa de recevoir ses honoraires.

J.-D. Cochin n'était pas seulement un bon prêtre, c'était encore un homme d'une rare instruction, et on a de lui un grand nombre d'ouvrages de piété, parmi lesquels nous citerons : *Exercices de retraite pour l'intervalle de l'Ascension à la Pentecôte* (1778) ; *Œuvres spirituelles* (1784) ; *Paraphrase de la prose Dies Iræ, ou Sentiments du pécheur qui désire travailler sincèrement à sa conversion* (1782) ; *Paraphrase des Psaumes, prières et cantiques qui se chantent à Saint-Jacques* (1786) ; et un grand nombre de prônes et d'instructions familières, qui ne formant pas moins d'une douzaine de volumes in-12, publiés de 1786 à 1806. L'abbé Cochin mourut à Paris, le 3 juin 1783, un an après l'ouverture de l'asile dont il avait doté les pauvres de son quartier.

COCHIN (JEAN-MARIE-DENIS), de la même famille, né en 1789, officier de la Légion d'Honneur, ancien avocat au Conseil d'État et à la Cour de Cassation, ancien membre du conseil général de la Seine, est surtout connu comme fondateur des salles d'asile de Paris et par les efforts qu'il a faits pour améliorer et propager l'instruction primaire. Son fils, M. *Augustin* Cochin, a suivi ce noble exemple. Il est aujourd'hui adjoint du dixième arrondissement municipal de Paris.

COCHIN (CHARLES-NICOLAS), célèbre graveur, né à Paris, en 1688, pratiqua jusqu'à l'âge de vingt-et-un ans l'art de la peinture, ce qui lui fut d'un grand secours lorsque plus tard il se consacra à la gravure. En 1731 il fut élu membre de l'Académie des Beaux-Arts, et mourut en 1754. Son dessin, surtout dans les figures de grandeur moyenne, se distingue par la noblesse, l'exactitude, l'harmonie et la finesse.

Son fils, *Charles-Nicolas* COCHIN, né à Paris, en 1715, qui le surpassa dans son art, étudia sous la direction de Jean Restout. Après avoir fait, en 1749, le voyage d'Italie, à la suite du marquis de Marigny, nommé depuis peu intendant des bâtiments de la couronne, il devint successivement membre de l'Académie de Peinture, garde des dessins du cabinet du roi, dessinateur et graveur du roi, chevalier de l'ordre de Saint-Michel, et mourut le 29 avril 1790. Son triomphe était la gravure à l'eau-forte. La collection de son œuvre contient plus de 1,500 morceaux, dont 112 portraits médaillons, représentant les savants et artistes français les plus célèbres de son époque, et qui pour la plupart étaient ses amis. On vante surtout de lui, et avec raison, des *Vues* de seize ports de mer français. Le caractère général de sa composition est la grâce, la douceur et le moelleux. Il a consigné les observations fruit de son voyage en Italie dans un ouvrage intitulé : *Voyage en Italie, ou Recueil de notes sur les ouvrages de peinture et de sculpture qu'on voit dans les principales villes d'Italie* (3 vol., Paris, 1758). Il publia aussi, en société avec Gravelot, une *Iconologie par figures, ou Traité complet des allégories, emblèmes*, etc. (4 vol. in-4°). Seize grandes estampes représentant des sujets historiques, empruntés à l'histoire de la Chine, et dont les dessins avaient été faits par les missionnaires, furent gravées sous sa direction par ordre et pour le compte de l'empereur de la Chine. Elles sont devenues aujourd'hui d'une rareté extrême, les planches ayant coulé avec le bâtiment qui les transportait de France en Chine. Il n'en avait été tiré d'autres épreuves que celles des artistes et celles que l'éditeur avait offertes à la famille royale de France. Elles ont été regravées en petit par Helmann.

COCHINCHINE, ou ANNAM MÉRIDIONAL, contrée de l'Asie orientale ; dans l'empire d'Annam, située entre 100° 40' et 107° de longitude orientale, 8° 40' et 18° de latitude septentrionale, bornée au nord par le Tonkin, à l'ouest par le Laos et le Cambodge, et partout ailleurs par la mer. La Cochinchine, partagée en neuf provinces, n'est qu'une étroite langue de terre de 1,500 kilomètres de long sur 120 de large, avec trois millions d'habitants, dont 70,000 environ sont chrétiens. Elle est séparée du Laos et du Cambodge par une haute chaîne de montagnes très-escarpées, très-malsaines et dont les passages sont rares et difficiles. La religion dominante est le bouddhisme. Le climat est brûlant. La terre y produit du riz, du sucre, de la cannelle très-prisée à la Chine, et du thé de qualité inférieure. Elle nourrit des tigres, des éléphants et une très-grande quantité de vers à soie.

Les Portugais ont donné à ce pays le nom de Cochinchine à cause de la ressemblance qu'ils lui trouvaient avec le pays de Cochin, sur la côte du Malabar, et parce qu'ils le regardaient comme une dépendance de la Chine. Cette contrée, autrefois province du royaume de Tonkin, devint indépendante au moyen âge. Au commencement du dix-huitième siècle, elle s'accrut du Cambodge et du Champa, devenant ainsi le noyau de l'empire d'Annam, que l'on désigne quelquefois aussi, mais à tort, sous le nom d'empire de Cochinchine. Outre ses intrépides missionnaires, il se trouve encore bon nombre d'Européens établis dans les principales villes de la Cochinchine. Ce sont surtout des descendants de Portugais qui se fixèrent sur le littoral après leur expulsion du Japon et de la presqu'île de Malacca, au commencement du dix-septième siècle.

Hué, capitale de la Cochinchine et de tout l'empire d'Annam, est une ville très-grande et très-forte, située sur le fleuve du même nom. Ses ouvrages extérieurs furent construits par des ingénieurs français, à la fin du dix-huitième siècle. Elle compte 80,000 âmes.

COCHLÉARIA, genre de plantes dicotylédones, appartenant à la famille des crucifères de Jussieu et à la tétradynamie siliculeuse de Linné, caractérisé de la manière suivante par De Candolle : Calice étalé, à sépales concaves et égaux à leur base; pétales dont le limbe est obtus et ovoval; étamines sans appendices; silicule ovée ou oblongue, à mince cloison et à valves ventrues et très-épaisses; les loges sont le plus souvent polyspermes; semences non bordées, à cotylédons plans et accombants. Les cochléarias sont des plantes herbacées ou vivaces, souvent glabres et charnues, quelquefois couvertes d'un duvet formé de poils épars. Leurs feuilles ont des formes très-variées, les radicales sont souvent pétiolées, celles de la tige sagittées et auriculées. Les fleurs, de couleur lilas dans une seule espèce, sont blanches, en grappes terminales, et portées par des pédicelles filiformes et dépourvues de bractées. Parmi les espèces dont ce genre est composé, nous n'en citerons que deux, qui présentent quelque importance sous le rapport de leur utilité.

Le *cochléaria officinal* (*cochlearia officinalis*, Linné) a les silicules ovées, de la moitié plus courtes que les pédicelles, les feuilles radicales pétiolées, cordées en forme de cuiller d'où le nom scientifique de *cochlearia* (de *cochlear*, cuiller) donné à tout le genre, et le nom vulgaire d'*herbe aux cuillers* appartenant à cette espèce; les feuilles de la tige sont ovales, dentées, et anguleuses. La tige est légèrement anguleuse, très-glabre, plus ou moins rameuse, un peu couchée à sa base, et haute de $0^m,16$ à $0^m,32$. Le cochléaria officinal fleurit en mai, juin et juillet, sur les rivages de la mer, en Normandie, en Bretagne, et au bord des ruisseaux dans les Pyrénées. Les feuilles, qui sont la partie employée de cette plante, ont une saveur âcre et un peu amère; quelques personnes les mangent en salade. Mais c'est surtout pour leur emploi en thérapeutique que cette plante est cultivée. Les feuilles du cochléaria officinal possèdent en effet au plus haut degré les propriétés toniques et antiscorbutiques des crucifères. On en prépare, entre autres, l'*esprit de cochléaria*, dont on se sert contre les ulcères scorbutiques de la bouche et des gencives, le vin et le sirop antiscorbutiques administrés dans la même maladie. Ces feuilles doivent être employées fraîches, si on veut que les préparations dont elles font la base aient quelque efficacité.

Le *cochléaria de Bretagne* (*cochlearia armoracia*, Linné), vulgairement appelé cran ou cranson, *raifort sauvage*, *grand raifort*, *moutarde des capucins*, etc., croît spontanément dans les lieux aquatiques et montueux de l'Europe, depuis l'Angleterre jusque dans le midi de la France. Ses feuilles radicales sont très-grandes, ovales-oblongues, crénelées, et celles de la tige sont lancéolées, dentées ou incisées. Ses fleurs sont blanches, disposées en panicules au sommet de la tige et des rameaux ; les silicules sont ovales. Cette plante, qui a les mêmes propriétés que la précédente, est aussi employée dans les mêmes préparations; mais les principes actifs auxquels elle doit ses vertus résident dans sa racine, qui est grosse et charnue. On fait de cette racine, qui a lorsqu'elle est fraîche une odeur pénétrante et une saveur âcre et piquante, une sorte de moutarde appelée *moutarde des Allemands* ou *des capucins*, qui sert au peuple, dans quelques provinces, d'assaisonnement et de stimulant. Démézil.

COCHON. Sous ce nom les zoologistes rangent une famille de p a c h y d e r m e s, celle des *suilliens* (de *sus*, cochon) de M. Isidore Geoffroy-Saint-Hilaire. Cette famille, l'une des plus naturelles, renferme les quatre genres *pécari*, ou *cochon d'Amérique*, *babiroussa*, ou *cochon-cerf*, *phacochère*, et *cochon proprement dit*. Nous ne nous occuperons ici que de ce dernier.

Le *cochon proprément dit* (*sus*, Linné), encore nommé *porc* ou *pourceau*, offre les caractères suivants : Tous les pieds ont deux doigts mitoyens, grands, armés de forts sabots, et deux extérieurs beaucoup plus courts, et ne touchant presque pas à terre; six incisives, dont les inférieures sont couchées en avant; des canines sortant de la bouche et se recourbant vers le haut. Le nez, prolongé et cartilagineux, renferme un os particulier (os du boutoir), et se termine par un museau ou groin propre à fouiller la terre, et au bout duquel sont percées les ouvertures des narines. Les yeux sont petits, et la peau, épaisse, garnie de poils roides et longs, connus sous le nom de *soies* recouvre une large couche de graisse, plus particulièrement nommée *lard*.

Les cochons sont des animaux à formes et à allures lourdes, à intelligence obtuse, quoique faciles à réduire en domesticité et à apprivoiser ; à sens grossiers, si l'on en excepte le sens de l'odorat, dont les organes sont excessivement développés, et qui jouit d'une exquise sensibilité. Ils habitent les forêts humides, dans le voisinage des eaux et des marais, et se nourrissent de fruits, de racines, qu'ils se procurent en fouillant la terre avec leur groin. Ils se font remarquer par leur gloutonnerie et leur voracité. Leur naturel est plutôt sauvage que féroce. Les femelles font un assez grand nombre de petits.

Ce genre se trouve dans tous les continents, et est d'une grande utilité pour l'homme : les espèces en sont peu nombreuses, et la plus commune comprend un grand nombre de variétés et de races (*voyez* Sanglier).

Dans le langage vulgaire, le nom de *cochon* s'applique spécialement au *porc* ou *sanglier domestique*, lorsqu'il a été châtré. Quand il n'a pas subi cette opération, on le nomme *verrat*. La *laie*, femelle du sanglier, devient, en domesticité, une *truie*. Démézil.

Pour obtenir et propager de bonnes espèces, il faut choisir un verrat qui ait la tête grosse, les yeux ardents, la soie épaisse et rude; le tenir enfermé avec la truie durant un mois, qui sera le mois de novembre ou celui de décembre, si l'on veut avoir des *cochons de lait* en février ou en mars. La femelle une fois pleine, on doit en séparer le verrat, qui depuis deux ans jusqu'à dix peut suffire à vingt truies. Passé l'âge de huit à dix ans, on doit mutiler le mâle ainsi que la femelle, parce qu'ils ne peuvent à cet âge donner que des produits inférieurs, et les mettre ensuite à l'engrais. La truie se laisse saillir par le verrat quoique déjà pleine, ce que ne fait point la laie, et dans les bois elle reçoit le *ragot*, tandis que la laie se refuse au verrat. Parmi les douze mamelles dont la truie est pourvue, il n'y en a point de spécialement attachée à chacun des cochonnets; ils prennent indifféremment l'une ou l'autre, et même vont par faire arriver parfois de s'adresser à d'autres nourrices que leur mère quand ils les trouvent sur le chemin. Ces mauvaises mœurs n'ont pas lieu parmi les sangliers et les laies des bois; mais, d'un autre côté, on doit cette justice au cochon domestique, qu'il porte plus loin que les animaux sauvages l'esprit d'association. Le mauvais traitement exercé sur l'un d'eux met toute leur république en insurrection. Au premier cri d'un frère ou d'une sœur opprimée, ils se souviennent que la violence exercée sur un seul est l'affaire de tous; ils s'attroupent, et avant de se déclarer en guerre ils poussent des cris affreux; ils caressent, lèchent et secourent la victime qu'on opprime; ils mordent aux jambes leurs oppresseurs, et c'est ainsi qu'ils conservent la maxime controversée parmi les sociétés humaines, et toujours en bonneur dans la leur, que *l'insurrection est le plus saint des devoirs*. Ainsi que dans les insurrections populaires, les plus vieilles truies sont plus hargneuses et plus acharnées que les jeunes, et les cochons de lait plus hardis que les verrats.

Quoique les femelles ne soient pourvues que de douze mamelles, il leur arrive quelquefois de donner naissance à vingt porcs. On donne alors à la truie beaucoup de laitues, qui augmentent en elle la quantité de lait; ou bien on nourrit avec du lait de vache le jeune porc, que l'on vend au bout de trois semaines comme cochon de lait. L'allaitement du porc ne doit pas durer au delà de vingt et un jours.

L'habitation du cochon, ou autrement le *toit à porc*, doit être propre, aérée, pavée de grès ou blettonnée, en conservant la pente qui est nécessaire pour l'écoulement des urines en dehors. Au-devant de l'habitation doit être placée une petite basse-cour, dans laquelle l'animal puisse aller librement faire ses ordures, et se vautrer pour se rafraîchir. Son tempérament particulier est un état permanent de chaleur qui lui fait soulever, avec le boutoir, les terres argileuses, ou fouiller dans les terres boueuses pour y chercher le frais. C'est d'après cette considération que son traitement le plus ordinaire doit consister en trèfle, luzerne et graines, qui le rafraîchissent, plutôt qu'en avoines grillées, qui ne sont nécessaires pour l'échauffer que dans des cas très-rares.

Malgré sa mauvaise réputation, le cochon aime la propreté autant qu'aucun autre animal, et quand il s'est délecté dans des boues fraîches, il ne faut jamais manquer de l'essuyer, de l'éponger, et de flatter les femelles en les chatouillant sous le ventre. Les mêmes motifs exigent qu'on change fréquemment ses litières, qui ne sont pas appréciées dans les fermes tout ce qu'elles valent. Lorsqu'on les a laissées longtemps fermenter, et qu'on les a mêlées avec d'autres engrais animaux, il n'y a pas de meilleurs engrais pour les terres froides et alumineuses. On doit établir entre la laiterie et le toit à porcs un canal qui conduise le petit-lait et les lavages dans leur auge, et l'on doit adopter un moyen semblable pour y porter les eaux de vaisselle qui coulent par les éviers.

Le cochon, nourri de lait sur les montagnes où paissent de grands troupeaux de bêtes laitières, a la chair molle et fade; nourri de gland, sa chair est plus ferme et plus savoureuse. Tant qu'il n'est pas à l'engrais, il lui faut fournir des boissons abondantes, composées d'eaux grasses et savonneuses, épaissies avec des fécules ou des racines broyées et relevées avec des tourteaux de colza ou des pains de noix, que l'on nomme dans le midi *pétillon*. Quand on a commencé le dernier engraissage, il faut donner peu de boisson, et l'on ne doit le commencer que lorsque l'accroissement de la bête est fini. Les légumes cuits, servis tièdes et un peu liquides, lui sont ce qui convient le mieux. Dans la cuisson, les principes du végétal se développent et prennent la saveur et l'odeur qui convient à l'animal. La première graisse s'acquiert dans les bois, soit à la glandée, soit à la faîne. On afferme la glandée d'un bois, et chaque jour on y conduit les troupeaux de porcs durant deux ou trois mois. Ils y mangent non-seulement les glands et les faînes, mais encore les vers, les lézards, les serpents, et tout ce qu'ils peuvent y rencontrer appartenant au règne animal. Leur santé s'y fortifie, ils y prennent la chair plus ferme, et leur tempérament s'y développe d'autant mieux au dernier engraissage. Un porcher ne peut jamais gouverner plus de trente porcs; et s'il se trouve, dans le trajet de l'étable au bois, des cultures renfermées par des haies, on applique sur le poitrail de la bête un triangle en bois qui lui ôte le pouvoir d'enfoncer les haies, les palissades, et de pénétrer dans les taillis jeunes et bien fourrés. Les futaies séculaires et les vieux gaulis sont les bois où l'on puisse permettre de faire paître les porcs. Dans les taillis au-dessous de quarante ans, ils commettent des dégâts et des dommages considérables.

On a remarqué que la faîne donne un lard jaune, qui passe facilement au rance, et une chair qui n'a pas une saveur égale à celle qui provient du gland, et que rien ne donne un meilleur goût au cochon que la racine et la tige de fougère. C'est à cette plante que quelques-uns attribuent la grande renommée dont jouissent les jambons de Bayonne, et principalement les cochons de Madère. Ce qui convient mieux au cochon engraissé dans l'étable, et qui est le plus communément à la portée des fermiers et des cultivateurs, ce sont les racines ou les tubercules, tels que carottes, topinambours, pommes de terre, betteraves champêtres, broyés ou coupés en tranches et assaisonnés avec des eaux grasses. On engraisse aussi les cochons avec le trèfle et la luzerne, mais il faut ne les leur laisser manger que lorsqu'ils ne sont pas couverts de rosée, et en petite quantité, parce qu'ils sont sujets, quoique non ruminants, aux mêmes coliques que les bêtes qui ont une double panse. Cependant, dans quelques contrées d'Angleterre, on les parque dans des carrés de luzerne, dont on circonscrit chaque jour l'espace dans une proportion suffisante pour leur nourriture quotidienne. Non-seulement ils mangent l'herbe, mais ils labourent le sol, l'ameublissent, l'émiettent, l'aèrent avec leur groin, le fument et le disposent ainsi à recevoir une semence nouvelle. Pour arracher les pommes de terre et les topinambours, il n'existe pas de meilleur ouvrier que le porc, et nul autre animal ne peut se flatter d'avoir le flair aussi délicat que lui pour découvrir la truffe. Dans quelques maigres cantons d'Angleterre, on attelle, dit-on, un âne et un cochon à une légère binette. Tout en le tirant, le cochon fouille à droite et à gauche avec son groin, et donne ainsi un double labour, et, tandis qu'il travaille et qu'il mange, son sobre compagnon de labour attend et rumine.

Pour donner le dernier degré de fin à l'engraissage, et huit jours seulement avant qu'il soit terminé, on ne doit employer que des grains et de la farine. Il faut pratiquer dans l'étable autant de stalles que vous avez de porcs à engraisser. Quand la bête a été bien préparée, six semaines suffisent, et alors elle ne sort plus de sa stalle. Il lui faut un repos, un silence, une obscurité parfaite. Il faut chasser les grogneurs et les ronfleurs de l'étable, parce qu'ils pourraient, par leurs grognements et leurs ronflements, nuire au repos de l'engraissé. On a remarqué que l'engraissage se fait mieux par les temps de pluie et de brouillard que durant les grandes chaleurs. Ce que l'animal perd l'été dans la transpiration, il le gagne en graisse l'hiver dans le repos. Il doit chercher à provoquer en lui le sommeil, en lui servant de l'ivraie, de la jusquiame, du stramonium ou d'autres plantes narcotiques, mêlées avec ses aliments. Pour exciter son appétit, on lui donne peu d'abord, et on lui augmente successivement la dose de la nourriture, en le servant toujours à heure fixe et en variant l'espèce de denrées. Il faut lui en donner assez, mais jamais trop, et c'est ce motif qui a sans doute inspiré l'idée d'une trémie placée au-dessus de l'auge, que l'animal relève avec son groin quand il a appétit, et qui laisse échapper successivement une quantité de grain assez petite pour exciter son appétit, et jamais assez abondante pour le dégoûter. C'est là une attention qui appartient à tout ce qu'il y a de plus délicat dans le service de la table. On y fait moins de façons lorsque, huit à quinze jours avant la fin de l'engraissage, on attache la bête par ses quatre pieds, afin qu'il ne lui reste d'autre mouvement que celui des mâchoires.

Dans une partie de l'Anjou, on engraisse les cochons avec le gui de chêne mêlé à la luzerne; dans quelques cantons de Bretagne, avec des feuilles d'orme. Sur les côtes de l'Océan, où on les mène pâturer, ils mangent les poissons jetés par la marée sur les rivages, ils ouvrent les coquillages aussi bien que peut le faire l'écaillère la mieux exercée, et ils en avalent les mollusques.

On tue toute l'année pour avoir du porc frais et du petit salé; mais les grandes salaisons ne se font que durant le froid, qui seul peut faire prendre le sel. Le saloir doit être construit en bois de chêne, et avant de le remplir on doit le laver avec de l'eau bouillante d'abord, et le passer ensuite à l'eau fraîche, le parfumer avec du cumin, de la lavande, du serpolet et d'autres herbes odoriférantes, et couvrir ensuite le fond d'une épaisse couche de sel. Sur cette première couche, on place les plus grosses pièces, que l'on couvre de sel, et ainsi de suite, de couche en couche, et en finissant par les plus petits morceaux, qui se trouvent suffisamment salés au bout de trois à quatre semaines. Le saloir doit être privé d'air, et par conséquent rarement ouvert et hermétiquement fermé par un couvercle. Il faut de cinq à dix kilogrammes de sel par cent kilogrammes de cochon; mais il n'y a jamais de risque à en employer une plus grande quantité, parce que la viande ne prend jamais que ce qui lui est nécessaire pour en être saturée. Il faut apporter un choix particulier dans la qualité du sel, car on prétend que c'est à celui que fournit la fontaine de *Salies* que les jambons de Bayonne doivent leur supériorité.

Il y a diverses races de cochons. On reconnaît la *normande* à la petitesse de ses os et de sa tête, à ses pattes menues, à ses oreilles étroites. On la nourrit avec des laitages, des trèfles, des luzernes, des grains. Le poids de quelques individus de cette race s'élève jusqu'à trois quintaux. Il est remarquable que celle de nos provinces qui fournit la crème la plus épaisse, les fromages les plus gras et les beurres les plus estimés, nous fournit en même temps les meilleurs cochons. La seconde race est la *poitevine*, de couleur blanche. Elle a la tête grosse et longue, l'oreille longue et pendante, le front droit, le cou allongé, les soies rudes, les pattes longues et fortes, et cette race produit des individus dont le poids s'élève jusqu'à deux cent cinquante kilogrammes. La troisième race est la *périgourdine*, au poil noir et rude, au cou gros et couvert, au corps large et ramassé. De cette race noire, croisée avec la poitevine blanche, il est né une race *mulâtre*, de couleur pie, qui est réputée la meilleure entre toutes les races. On a aussi introduit en France l'espèce de *Siam*, qui n'a que 0ᵐ 54 de hauteur et 0ᵐ 90 de longueur. Cette espèce a pour caractères : Tête implantée dans les omoplates, épine dorsale rectiligne et quelquefois un peu compacte, corps large, ventre bas, mamelles traînant à terre. Elle s'apprivoise facilement. Elle est parmi les porcs ce que le chien caniche est parmi les chiens. C'est le *cochon d'appartement*. Aussi l'élève-t-on dans le sein des villes. On connaît encore la race de *Guinée* et celle d'*Andalousie*.

La maladie la plus commune dans toutes les races de cochons, c'est la ladrerie. Du reste, la chair des cochons ladres, quoique d'une qualité inférieure, n'est point malsaine. On s'aperçoit seulement en la mangeant que les tubercules croquent sous la dent. Outre la ladrerie, qui est héréditaire, il y a la maladie de la soie, qui n'est autre chose qu'une sorte de charbon. Aussitôt qu'on aperçoit des bubons, on doit les arracher, les brûler et les cautériser; sans cette précaution la gangrène gagne et le malade succombe en peu de jours. La vesce, qui est si favorable à la propagation des pigeons, est mortelle pour les cochons. Elle les épuise en excitant en eux trop de chaleur, et c'est ce qu'en termes de porcherie on nomme *cochon brûlé*. Tandis que le cochon, plus heureux que Laocoon, triomphe des serpents les plus gros, les écrase, les tue, les mange, ainsi que les lézards et les vipères, un insecte qui vit dans les jardins sous le nom de *taupe-grillon* l'empoisonne, s'il a été assez malheureux pour l'avaler.

Dans les pays méridionaux, où les forces digestives sont débilitées par d'abondantes transpirations, on a cru longtemps que la viande de porc était malsaine, et l'on a proscrit le cochon comme un animal immonde. En Égypte, on sacrifiait des cochons à la lune, comme des victimes d'expiation. S'il arrivait à un Égyptien de toucher un cochon, la loi religieuse l'obligeait de se purifier dans les eaux du Nil. Cependant, comme les préjugés n'infectent pas un pays tout entier, et qu'il y reste toujours quelques asiles secrets où la raison s'abrite contre leur invasion, il y avait en Égypte des porcs et des porchers; mais ceux-ci faisaient une classe à part, comme les parias de l'Indostan, et ils étaient exclus des temples comme les pestiférés.

Cᵗᵉ FRANÇAIS (de Nantes).

Le cochon se trouve dans tout l'univers. Bougainville et Cook en ont rencontré jusque dans les îlots de l'immense océan Austral ; les habitants les faisaient cuire, ou plutôt rôtir dans de petits fossés où ils avaient brûlé du bois auparavant. Tous les peuples ont des cochons, mais ces utiles et sales animaux n'ont pas de maîtres qui les traitent avec autant de distinction que les Mexicains. Dans cette *heureuse* contrée, les cochons qu'on se propose de conduire au marché sont bottés avant le départ; les hommes qui les conduisent marchent pieds nus. Le Lévitique et le Coran défendent aux juifs et aux mahométans de manger de la chair de cochon ; on a cru et l'on croit encore que les législateurs de ces peuples proscrivirent la chair de ces animaux parce qu'ils la supposaient propre à favoriser le développement des maladies de la peau, comme la lèpre, etc. Aujourd'hui il est bien reconnu que les maladies cutanées auxquelles les habitants des pays chauds sont particulièrement sujets ont pour cause principale l'excessive transpiration que la chaleur de leur climat excite sans cesse. Il est donc certain que la chair de porc peut être mangée sans danger par les peuples de tous les pays. La chair de cochon et le pain noir forment la base de la nourriture de la plupart des habitants de la campagne; le bas peuple des grandes villes en mange aussi beaucoup; elle est très-nourrissante et d'un goût agréable lorsqu'elle est bien préparée. Tout ce qu'on tire du cochon, excepté les os et les sabots, est utile; le sang, les intestins, se mangent; sa graisse entre dans une foule de préparations culinaires ; de ses soies on fait des brosses, des pinceaux. Sa peau fortifié et couvre avec avantage les coffres qui sont exposés à des secousses et à des frottements.

La manière de saler le porc varie suivant les pays. En général, quand le cochon est égorgé on l'enveloppe de paille, à laquelle on met le feu pour brûler les soies; d'autres le lavent à l'eau bouillante, après quoi les soies s'arrachent facilement; la couenne d'un cochon ainsi pelé est fort propre. Le porc se sale de deux manières : dans certains pays, on le coupe en morceaux, comme on l'a vu plus haut; après avoir enlevé la hure, l'épine du dos, les côtes, la panne, les quatre jambes, on étale le reste sur une table, la couenne en dessous; on relève les bords de cette espèce de manteau de chair qu'on appelle *bacon*, et l'on répand dessus une couche de sel. La hure, les pieds, se salent de la même manière sur le bacon. L'opération ne réussirait qu'imparfaitement si on n'avait soin de distribuer convenablement le sel de temps en temps, et d'arroser toutes les parties, en répandant dessus celui qui est fondu. Quand les chairs ont pris la quantité de sel convenable, on les fait sécher en les suspendant au plafond; le bacon est mis à cheval sur une barre, la couenne en dessus. La qualité du sel contribue beaucoup à la bonté du *salé*.

Les habitants de la campagne, qui mangent souvent du porc, n'en éprouvent pas d'inconvénients notables, parce qu'ils le préparent bien et n'en font pas d'excès. Pour les voyages de long cours le porc salé est de la plus grande utilité. Dans les grandes villes, l'abus ou même l'usage trop fréquent de la charcuterie doit produire des résultats qui peuvent devenir graves à la longue. Les charcutiers salent mal leurs viandes; aux produits du cochon ils savent mêler le sang et les chairs d'autres animaux, tels que bœufs moutons, ânes, mulets; ils se servent plusieurs fois de certaines sauces, et ils possèdent l'art de dissimuler les symptômes qui annoncent un commencement de corruption. TEYSSÈDRE.

La malpropreté du cochon est devenue proverbiale, et son amitié aussi. Rien en effet ne le dégoûte de ses semblables. Il paraît même que la familiarité de ces animaux immondes se communique à ceux qui les soignent, si l'on en croit le proverbe qui fait remettre à sa place l'homme qui s'oublie en lui rappelant qu'on n'a pas *gardé les cochons ensemble*. A ce propos, on se souvient de ce jeu de mot d'un critique qui, pensant que les rois sont des pasteurs de peuple, disait d'une actrice se vantant d'avoir reçu de la reine d'Angleterre un bracelet portant *Victoria à Rachel*, qu'elles n'avaient pourtant pas *gardé les Anglais ensemble*.

COCHON (Charles), comte de L'APPARENT, ancien ministre et préfet, né dans le Poitou, le 25 janvier 1749, exerçait modestement les fonctions de conseiller au présidial de Fontenai lorsque ses principes philosophiques le firent nommer, en 1789, député suppléant aux états généraux, où il alla bientôt remplacer un député démissionnaire. Il y parla sur l'organisation des districts et sur la caisse d'escompte; il y fit deux rapports, l'un en 1790, sur le procès du parlement de Toulouse contre l'imprimeur Brouilhet; l'autre, en 1791, sur l'émeute d'Aix, où avaient perdu la vie Pascalis, La Roquette, et Guiraman. Député des Deux-Sèvres à la Convention nationale, en 1792, il y vota, malgré sa modération, avec les démagogues, pour la mort de Louis XVI, sans appel et sans sursis. Il fut un des trois commissaires envoyés à l'armée du Nord, pour remplacer ceux que Dumouriez avait livrés aux Autrichiens. Cochon et ses collègues n'osèrent pas tenter de faire arrêter ce général; mais ils le contraignirent de passer à l'ennemi, et se saisirent de son secrétaire. Assiégés dans Valenciennes, ils rejetèrent les propositions du prince de Cobourg, et contribuèrent à la vigoureuse résistance de cette place, sans pouvoir empêcher le général Ferrand de la rendre par capitulation après que 144,000 projectiles eurent été lancés sur la ville. De retour à la Convention, en août 1793, Cochon y justifia ce général, accusé de trahison.

Élu, en février 1794, un des secrétaires de l'assemblée, il louvoya entre les factions qui la divisèrent jusqu'à la mort de Robespierre, et devint en septembre membre du comité de salut public, où il cut la plus grande influence dans les affaires militaires : aussi fut-il renvoyé, en janvier 1795, à l'armée du Nord, à la tête de laquelle Pichegru venait de conquérir la Hollande. Membre du Conseil des Anciens, après la dissolution de la Convention, il se prononça contre les démagogues qui compromettaient le triomphe de la cause républicaine, et remplaça en avril 1796, au ministère de la police Merlin de Douay, qui passa à celui de la justice. Dans ces pénibles fonctions, Cochon sut, par sa vigilance et son activité, ramener l'ordre et la tranquillité dans la capitale, en déjouant deux conspirations anarchiques, celle de Babeuf, qu'il fit arrêter avec ses complices, et celle de Grenelle, où les Jacobins furent dispersés et sabrés. Accusé de royalisme par les journaux ultra-révolutionnaires pour avoir employé dans ces circonstances des agents royalistes, il s'en justifia en rappelant à la tribune nationale qu'il avait voté la mort de Louis XVI, en déjouant bientôt après la conspiration monarchique de Brottier et La Vilheurnoy, avec lesquels on l'accusait d'intelligence, et en faisant un rapport contre les ecclésiastiques déportés et rentrés, qui corrompaient l'esprit public. Le fait est que Cochon était du parti clichien, qui formait alors le juste-milieu entre les deux partis extrêmes, et s'est sorti tant de personnages qu'on a vus figurer depuis parmi les girouettes. Ses opinions vacillantes lui firent manquer la majorité des voix pour remplacer Letourneur de la Manche au Directoire exécutif, où Barthélemy entra en mai 1797. Cet échec fut pour Cochon le prélude d'une disgrâce complète; il perdit son portefeuille quelques jours avant le 18 fructidor, et le lendemain de cette révolution il fut compris sur la liste des déportés; mais il n'alla pas à Sinnamari avec son ami Rovère, et il en fut quitte pour une détention de deux ans dans l'île d'Oléron.

Rendu à la liberté par la journée du 18 brumaire, il fut, dès la création des préfectures, nommé par le premier consul à celle de la Vienne, qu'il administra de 1800 à 1804. Il passa alors à celle des Deux-Nèthes (Anvers), après avoir reçu la croix de la Légion d'Honneur. En 1809 Napoléon le fit sénateur et *comte de l'Apparent*. Ce titre plaisait fort à Cochon, malgré sa disparité avec son nom, voué partout au ridicule, et même avec son physique assez grêle. Membre du grand conseil d'administration du sénat, en 1811, le comte de l'Apparent fut envoyé, après les désastres de 1813, avec le titre de commissaire extraordinaire, à Périgueux, pour organiser la défense dans la 20ᵉ division militaire. Malgré son zèle et son dévouement, il adhéra, comme ses collègues, à la déchéance de l'empereur, en avril 1814; mais exilé du Luxembourg par les Bourbons, dont il n'obtint que la croix d'officier de la Légion d'Honneur, il accepta dans les Cent-Jours la préfecture de la Seine-Inférieure; et après la seconde abdication de Napoléon 1ᵉʳ, fit proclamer à Rouen Napoléon II. Rendu à la vie privée en 1815, par le second retour de Louis XVIII, et atteint en 1816 par la loi contre les régicides, il se retira à Louvain, en Belgique. Autorisé à rentrer en France en 1817, il alla se fixer à Poitiers, où, il mourut le 17 juillet 1825. On a de Cochon une très-bonne *Statistique générale du département de la Vienne* (1802, in-8°).

Son fils, auditeur au conseil d'État, sous-préfet d'Issoudun, commissaire général de police à Livourne sous l'Empire, encore sous-préfet d'Issoudun sous la Restauration, et préfet de l'Hérault dans les Cents-Jours, suivit son père en Belgique en 1816, rentra avec lui en 1817, et mourut du choléra en 1832, à Charleville, où il était receveur des douanes. H. AUDIFFRET.

COCHON DE MER. *Voyez* MARSOUIN.

COCHON D'INDE. Ce petit mammifère, dont la taille dépasse à peine celle d'un jeune lapin, offre un système de coloration très-remarquable, dont l'irrégularité est certainement le produit de la domesticité et ne se retrouve point dans l'*aperea*, qui est le même animal à l'état sauvage (*voyez* COBAYE). Le cochon d'Inde, ou la variété domestique de l'aperea, est nommé par les Anglais *Guinea pig*. On le trouve aujourd'hui dans toute l'Europe tempérée; son corps est trapu et court, son cou gros et sa tête peu distincte; son pelage est varié de larges plaques noires, blanches et fauves; il vit d'herbes et de fruits, ainsi que de son et de pain, et préfère par-dessus tout le persil. C'est un animal stupide et dégradé, qui n'a pas même le sentiment de sa conservation; il n'a d'autres besoins que ceux du sommeil, de la faim et de la reproduction. Son grognement ordinaire est semblable à celui du petit cochon de lait; il a aussi un petit gazouillement qui indique le plaisir qu'il éprouve, et un cri aigu, qu'il pousse lorsqu'on l'inquiète. La femelle, qui est de la taille du mâle, est de très-bonne heure capable de le recevoir; elle porte peu de temps, et met bas ordinairement à chaque portée huit, dix et même douze petits, qui ont en moins de quinze jours pris assez d'accroissement pour se passer de sa mère. On élève les cochons d'Inde plutôt par amusement ou parce qu'on dit qu'ils font fuir les souris, que pour tirer quelque parti de leur chair, qui est peu abondante et plus fade encore que celle du lapin clapier. Ce sont des animaux sales, peu difficiles pour la nourriture, mais qui craignent beaucoup le froid. P. GERVAIS.

COCHONNET (Jeu du). Outre une petite boule que l'on nomme *but* ou *cochonnet*, les instruments de ce jeu de force et d'adresse sont des boules de moyenne grosseur en nombre suffisant pour que chaque joueur en ait deux. On joue en plein champ à deux ou trois joueurs, chacun pour son compte, ou à quatre, deux contre deux. Le premier à jouer lance le cochonnet à la distance qui lui convient, puis ensuite une de ses boules de manière à la placer le plus près possible de ce but. Les autres joueurs en font successivement autant de leur première boule. Le premier joue sa seconde boule, et les autres jouent ensuite. La manière de compter les points est absolument la même qu'au jeu de grosses **boules**.

Les règles précédentes sont souvent modifiées. Les joueurs peuvent avoir plus de deux boules chacun. S'il n'y a que deux joueurs, après que celui qui a lancé le but a placé sa première boule, le second joueur tâche de placer la sienne plus près du cochonnet. S'il réussit, c'est au premier à jouer ; mais s'il en est autrement, le second joueur continue jusqu'à ce que l'avantage soit pour lui ou qu'il n'ait plus de boules. C'est alors au tour du premier joueur, et ainsi de suite jusqu'à épuisement complet de toutes les boules. Dans le cas où l'on joue deux contre deux, ou trois contre trois, la même règle s'applique ; chaque *parti* ne compte que pour un joueur.

La difficulté du jeu consiste à bien calculer l'impulsion de la boule relativement à sa *portée*, c'est-à-dire à la distance à laquelle il lui faut toucher terre pour que, continuant à rouler sur le sol, elle vienne mourir le plus près possible du but. Quand la boule d'un adversaire est trop près du but pour que l'on puisse espérer se placer plus près, il faut *pointer* : on lance alors sa boule de plein fouet sur celle de l'adversaire, de manière à l'envoyer au loin et à prendre sa place. Il arrive aussi que lorsqu'un joueur a beaucoup de boules bien placées, un autre joueur pointe le cochonnet, et, l'entraînant avec sa boule change complètement la face de la partie.

On voit que le jeu du cochonnet est rempli de succès inespérés, de revers inattendus, qui expliquent le vif intérêt qu'il inspire. A Paris, le cours la Reine et quelques endroits peu fréquentés des boulevards de la rive gauche sont les lieux où se réunissent ordinairement les amateurs. Qui n'a vu cette nombreuse galerie formée de deux longues files de flâneurs suivant avidement du regard les moindres mouvements des joueurs de cochonnet, au risque de recevoir quelques boules dans les jambes ou sur la tête ? Mais les émotions des spectateurs n'approchent pas de celles des acteurs. Chez ceux-ci, c'est une acharnement, une passion, qu'on se livre à ce *délassement* sitôt que la terre est assez sèche pour que les boules puissent rouler. La plupart, petits rentiers ou marchands retirés, font du cochonnet la principale occupation de leur vie. Ils ne connaissent entre eux d'autre distinction sociale que celle qu'établit leur force au cochonnet. Toute leur hiérarchie se borne à une division en trois catégories ; les joueurs de première force, les joueurs de seconde force et les joueurs de troisième force. Il faut renoncer à peindre la joie d'un joueur qui passe d'une catégorie inférieure à une plus élevée. C'est qu'aussi les catégories ne se confondent jamais ; le plus intrépide joueur, s'il est de première force, ce que l'on appelle aussi être de la *grande partie*, ne jouera pas avec des adversaires d'une catégorie inférieure. Un apologiste de ce jeu l'a dit : « Au cochonnet, le mérite ne s'abaisse jamais, mais il peut s'élever. »

COCHRANE (Thomas), comte de DUNDONALD, marin célèbre par la hardiesse et le bonheur de ses entreprises, de même que par diverses circonstances de sa vie, né le 14 décembre 1775, est le fils d'*Archibald* Cochrane, comte de *Dundonald*, qui s'est fait un nom comme chimiste, et fut élevé par son oncle, l'amiral sir *Alexandre* Cochrane, qui en 1814 prit et dévasta Washington. Dans les guerres maritimes contre la France, Thomas Cochrane ne tarda pas à être compté parmi les officiers les plus distingués de la flotte ; et en 1806 il obtint le commandement d'une frégate. La même année il s'empara d'un des forts qui défendent la côte de Barcelone ; et en 1809 il prit une part importante à la destruction d'une partie de la flotte française, à l'embouchure de la Charente. Élu plus tard membre de la chambre des communes, il y vota avec les membres de l'opposition la plus extrême, et combattit en toute occasion le ministre Castlereagh. Au mois de février 1814, lord Cochrane fut accusé d'avoir, dans l'intérêt d'une vaste spéculation d'agiotage sur les fonds publics, répandu le bruit de l'abdication de Napoléon. Il fut judiciairement poursuivi par le comité de la bourse et condamné à l'exposition publique, à un an de prison et à 1000 liv. sterling d'amende, puis exclu à la majorité de la chambre des communes, rayé de la liste des chevaliers de l'ordre du Bain et de celle des capitaines de vaisseau.

On lui fit grâce de l'exposition ; ses amis payèrent l'amende, et l'opinion publique fut si peu contre lui que tout aussitôt les électeurs de Westminster l'élurent pour leur représentant. Après avoir subi une année d'emprisonnement, peine à laquelle il avait vainement essayé de se soustraire par la fuite, il rentra à la chambre des communes, et y reprit sa place sur les bancs de l'opposition. Il passa ensuite à l'étranger, et commanda avec le plus grand succès les forces navales du Chili en 1818, et en 1822 celles du Brésil. En 1823 l'empereur dom Pedro récompensa ses brillants services en lui conférant le titre de marquis *de Marañao*. Lorsque la paix fut rétablie entre le Portugal et le Brésil, il quitta le service brésilien, revint en Angleterre, et dès 1826 il préparait une expédition maritime destinée à venir en aide aux Grecs. Toutefois divers obstacles imprévus l'empêchèrent d'arriver avant l'année 1827 en Grèce, où on le nomma grand amiral. Le déplorable état des affaires de ce pays l'empêcha de rien entreprendre de bien important ; cependant il réussit à détruire la piraterie dans les eaux de l'archipel. Ses violences et ses actes arbitraires ne tardèrent pas à lui enlever toute considération et toute influence ; aussi dès le commencement de 1828 était-il de retour en Angleterre sans autorisation du gouvernement grec.

Le 30 septembre de la même année il reparut dans les mers de la Grèce, montant le vapeur *Hellas*, construit en Angleterre. Mais le président Capo-d'Istria n'approuva point ses plans, et lui donna même à entendre, le 1er décembre, dans une lettre polie, que, placés désormais sous la protection des grandes puissances, les Grecs n'avaient plus besoin de ses talents. Cochrane renonça alors à toutes prétentions sur la corvette *Hydra*, de même qu'à une somme de 20,000 livres sterling qui lui avait été assurée pour prix de ses services, et s'en retourna aussitôt en Angleterre, où, à la mort de son père, arrivée le 1er juillet 1831, il hérita de son titre. Le roi Guillaume IV, qui déjà autrefois avait été son protecteur, le fit rétablir en mai 1832 sur les cadres de la marine anglaise, et, suivant son ordre d'ancienneté, avec le grade de contre-amiral. En 1842 il passa vice-amiral. En 1847 il fut nommé chevalier grand'-croix de l'ordre du Bain et bientôt après appelé à un commandement dans les eaux des Indes occidentales et de l'Amérique du Nord, d'où il revint en 1851 avec le rang d'amiral du *Pavillon bleu*. Il a consigné les observations que cette dernière campagne lui avait fourni l'occasion de recueillir, dans ses *Notes on the Mineralogy, Government and Condition of British West-India Islands*, etc. (Londres, 1851).

COCHRANE (John Dundas), capitaine de la marine britannique, autre neveu de l'amiral sir Alexander Cochrane, célèbre comme voyageur par ses excentricités, entra de bonne heure au service, et eut occasion de se distinguer dans les Indes occidentales à l'époque des guerres contre la France. Au rétablissement de la paix, il parcourut à pied la France, l'Espagne et le Portugal ; et en 1820 il présenta un plan pour un voyage de découvertes en Afrique. L'amirauté ne l'ayant point agréé, il se rendit à Saint-Pétersbourg pour gagner les côtes de la mer Polaire, et, en traversant à pied la Sibérie, il parvint au Kamtschatka, où il se maria. Puis, ayant reconnu l'impossibilité de réaliser son plan, il s'en revint en Angleterre. Il a décrit dans un livre intitulé *Nar-*

rative of a pedestrian Journey through Russia. (Londrès, 1824) ce voyage remarquable, auquel il consacra les années 1820 à 1823. De retour en Angleterre, il repartit aussitôt pour l'Amérique, et mourut le 12 août 1825, à Valencia en Colombie, au moment où il entreprenait de parcourir à pied l'Amérique du Sud. Sa veuve, fille d'un sacristain de Pétropawlowsk, s'est remariée avec le contre-amiral russe Anjou, célèbre aussi par ses voyages au nord-est de la Sibérie.

COCHRANE (Sir Thomas-John), fils de l'amiral sir Alexandre Cochrane, entra tout jeune aussi dans la marine. En 1806 il était déjà parvenu au grade de capitaine, et se distingua dans la guerre d'Amérique sous les ordres de son père. Après avoir pendant plusieurs années rempli les fonctions de gouverneur de Terre-Neuve, il fut élu en 1837 par la ville d'Ipswich membre du parlement, où il vota avec sir Robert Peel et avec les conservateurs. En 1841 il fut promu contre-amiral, et en 1844 appelé à exercer un commandement aux Indes orientales. Il y entreprit avec succès une expédition contre les pirates de l'Archipel indien, et dans une seconde campagne, faite en 1846, s'empara de la capitale du sultan de Bornéo. Cette action d'éclat lui récompensée au mois d'octobre 1847 par la croix de commandeur de l'ordre du Bain. Il est vice-amiral depuis 1850.

COCHRANE (Alexander-Dundas-Baillie), fils ainé du précédent, qui depuis 1841 représente au parlement la ville de Bridport, et qui a épousé en 1844 la fille de l'amiral Seymour, de la famille des ducs de Somerset; s'est montré, dans un ouvrage intitulé *Young-Italy* (Londres, 1850), l'ardent champion de la politique contre-révolutionnaire. A la chambre des communes, il a dans diverses circonstances, et notamment en juin 1850, attaqué avec la plus grande violence le système suivi en politique par lord Palmerston. Au mois de mars 1851 il sommait le ministère de remettre en vigueur l'*alien-bill*, pour assurer la tranquillité de l'Angleterre, compromise suivant lui par la prochaine exposition universelle. Dans le courant de cette même session il défendit, à diverses reprises, les gouvernements autrichien et napolitain contre le parti libéral. Ses romans *Lucille Belmont* et *Ernest Vane* sont de pâles imitations de Bulwer.

COCKERILL (John), l'un des hommes qui méritèrent le plus de l'industrie moderne, était le plus jeune des trois fils d'un constructeur de machines de Haslington, dans le comté de Lancastre, et naquit le 3 août 1790. Son père, accompagné de ses deux fils ainés, *William* et *James*, s'étant rendu en 1797 en Suède, et de là à Vorviers, afin d'y établir une filature pour le compte d'une maison de cette place, le confia en partant aux soins de parents par lesquels l'enfant fut fort mal traité. En effet, quand il eut atteint l'âge de neuf ans, ce fut à grand'peine que son père put obtenir qu'on l'envoyât à l'école; mais une fois qu'il eut pu l'obtenir, celui-ci l'appela auprès de lui à Verviers, où il lui fit apprendre son état. Le frère ainé, William, avait établi en France une filature qui fut détruite par un incendie; et à la suite de ce sinistre il alla en fonder à Guben (dans le Brandebourg) une autre, qui est encore aujourd'hui en pleine voie de prospérité. Les deux autres frères, *James* et *John*, furent établis à Liége par leur père, qui y avait fondé un atelier de construction de machines. A partir de ce moment on vit se développer chaque jour davantage chez les frères Cockerill un remarquable caractère de prudence et d'activité. Les affaires de la maison prirent toujours plus d'extension, quoique le frère ainé eût insensiblement cessé de prendre part à leur direction, et que le père, qui en 1812 avait obtenu des lettres de naturalisation, eût à son tour fini par y renoncer tout à fait (1814).

L'immense établissement de Séraing, près de Liége, dont la fondation remonte à l'année 1816, et qui absorba un capital de plus de 16 millions de francs, resta toujours le centre commun des établissements, aussi nombreux que divers, que John Cockerill créa dans les localités les plus différentes. Cette vaste usine, qui à l'époque de sa plus grande activité ressemblait à une petite ville, occupait journellement environ 2,000 ouvriers, dont les salaires s'élevaient à plus de 70,000 fr. par semaine, et faisait une recette brute de près de 15 millions par an. Elle se composait d'un ensemble de mines de charbon, de fonderies de fer et d'ateliers pour la construction des machines, notamment des chaudières et des cylindres à vapeur, et de tout l'outillage nécessaire à diverses industries. On l'a toujours considérée comme un modèle d'organisation; et ce qu'il y avait encore de plus remarquable que les proportions énormes de ses constructions et de son outillage, c'étaient l'ordre et la régularité qu'on y voyait régner dans les moindres détails, et qui étaient l'image fidèle du génie de son fondateur. Pour réunir les capitaux immenses qui furent nécessaires à l'effet de monter un pareil établissement industriel, comme aussi par la part active qu'il prit à la création de la banque de Belgique, John Cockerill fit preuve d'une capacité financière qui le plaça incontestablement à la tête de l'industrie belge.

En 1825, James Cockerill ayant vendu au roi des Pays-Bas sa part dans la propriété des établissements de Séraing, ce monarque se trouva de la sorte l'associé de John.

John Cockerill eut d'abord le plus grand succès dans toutes ses entreprises, et fut assez heureux pour toujours rencontrer des aides et des collaborateurs capables de le parfaitement seconder. Cette circonstance, jointe à l'entraînement naturel qui le portait à se jeter constamment dans de nouvelles opérations, l'empêcha de se borner à l'exploitation de Séraing, et lui fit créer une soixantaine de manufactures différentes en Belgique, en France, en Allemagne, notamment à Aix-la-Chapelle et à Stolberg près d'Aix-la-Chapelle (où en 1830 son intention était de fonder un nouveau Séraing), à Kotbus, etc.; en Espagne, en Pologne, et jusqu'en Surinam, où il possédait d'importantes plantations. C'étaient des houillères, des mines de fer, des fabriques de machines (à Liége, Val-Benoît, Verviers, Aix-la-Chapelle, Decazeville, Bezèche, Pétersbourg et Surinam), des filatures (à Liége, Namur, Spa, Aix-la Chapelle et Saint-Denis), des fabriques de draps (à Kotbus et en Pologne), une verrerie, une manufacture de papier, etc., etc. Encore bien que le nombre et l'importance de ces entreprises prouvassent ses ressources et l'étendue de son génie commercial, il faut avouer que la cause de sa chute et de sa ruine doit dans l'immensité des développements donnés à ses opérations industrielles. Les capitaux nécessaires pour les mener à bonne fin étaient trop considérables pour que l'une de ces crises si communes dans le monde commercial ne vînt pas tôt ou tard ébranler cette grande position industrielle.

La révolution belge de 1830 fut le premier événement qui compromit un instant cette prodigieuse prospérité. Sous le rapport financier, John Cockerill ne tarda pas à triompher de ce premier échec; mais il fut vivement contrarié d'avoir pour partenaire le gouvernement belge au lieu et place du roi Guillaume. Pendant les deux années qui suivirent cette révolution, il s'occupa fort peu de Séraing; mais étant alors devenu seul propriétaire de l'usine, moyennant le payement d'une somme importante, ce fait fut salué par les acclamations de joie des ouvriers, dont il s'était constamment montré le père et l'ami. L'usine eut bientôt repris son ancienne prospérité, qui en 1838 avait atteint son apogée, lorsque la suspension des payements de la banque de Belgique vint lui porter un coup terrible. John Cockerill avait trop de loyauté et de probité pour essayer de se soutenir par des moyens factices. Il se mit en liquidation en 1839. Son bilan présentait un actif de 26 millions de francs, tandis que le passif ne s'élevait qu'à 18 millions; cependant la réalisation ne produisit pas le chiffre énoncé à l'actif. L'infatigable John Cockerill partit quelque temps après pour la Russie, où l'appelait le gouvernement russe, à l'effet d'y fonder de nouveaux établissements; mais il mourut à son arrivée à Varsovie, dans les premiers mois de 1840, et sa dépouille mortelle fut ramenée à Séraing. Il n'a point laissé d'héritiers de son génie. James Cockerill est le seul de ses frères qui ait des enfants.

Le nom de Cockerill, on peut le dire, est désormais impérissable dans les annales de l'industrie belge, et occupera toujours une place importante dans l'histoire de l'industrie en Europe.

COCKNEY. C'est à Londres ce qu'à Paris nous appelons un *badaud*; espèce particulière de bipèdes commune à l'une et à l'autre de ces deux grandes capitales du monde civilisé. Les étymologistes ne sont pas d'accord sur l'origine de ce mot *cockney*. Suivant les uns il serait synonyme de *coq dans une corbeille*, suivant d'autres il viendrait d'une vieille anecdote relative à un bourgeois de Londres qui, ayant quitté sa ville pour la première fois de sa vie et ayant alors entendu un coq chanter, saisi d'admiration, s'écria que le coq hennissait (*the cock neighs.*). Il en est qui veulent faire dériver l'expression de *cockney* de celle de *Land of Cockeign* (Pays de Cocagne), qu'on employait déjà au moyen âge pour désigner la ville de Londres, en raison du luxe extrême qui y régnait. Ce qu'il y a de certain, c'est que le mot *cokney* était déjà en usage au douzième siècle avec sa signification actuelle. Le roi de Cockney était un des personnages traditionnels qui figuraient dans les jeux célébrés au *childermas day* (fête des petits innocents), solennité du genre de notre antique fête des fous.

COCLES (HORATIUS). *Voyez* HORATIUS COCLÈS.

COCO ou NOIX DE COCO. Tout le monde connaît ce fruit du cocotier dont on importe d'assez grandes quantités en Europe; mais on se ferait une fausse idée de la valeur de ce fruit comme comestible et article de dessert si on en jugeait par la noix sèche. Avant d'arriver à cet état, la pulpe sucrée et butyreuse qu'elle renferme passe par tous les degrés de consistance : encore molle, c'est ce qu'on appelle le *coco à la cuiller*; légèrement assaisonnée de sucre, de jus de citron et de muscade, c'est peut-être le plus friand manger que puisse rechercher un gastronome.

Le *beurre de coco* est une substance grasse et concrète, qui se sépare spontanément du lait contenu dans le fruit du cocotier. Ce beurre est très-doux, fort agréable, et sert à l'assaisonnement des mets.

COCON (du latin *concha*, dérivé du grec χόγχη, qui signifie *conque, coquille*, ou enveloppe solide). On donne ce nom à l'enveloppe de soie que filent et tissent les chenilles de plusieurs espèces de bombyces, et en particulier celle du murier (*bombyx mori*), avant de se transformer en chrysalides. Les cocons des chenilles ou larves des lépidoptères nocturnes ne sont pas tous construits avec une matière soyeuse pure ni de la même manière. Il y a sous ce rapport de nombreuses variétés, qu'on peut ramener à trois principales constructions. Tantôt l'animal, dont les organes sécréteurs de la soie sont très-développés, peut s'entourer d'une enveloppe entièrement soyeuse et fixée aux corps extérieurs par divers fils, ou par un pédicule tenant aux rameaux des arbres au moyen d'un anneau circulaire; c'est le cas des cocons parfaits, dont le tissu peut même être très-solide. Tantôt la chenille, peu riche en sucs soyeux, ajoute aux fils qu'elle tisse largement les poils nombreux agglomérés en brosse qu'elle avait en réserve pour cet objet; le cocon est alors plus ou moins incomplet, et on peut voir la chrysalide à travers les mailles de son tissu. Enfin, l'animal, encore plus au dépourvu de matière soyeuse et n'ayant pas de poils à y ajouter, y supplée en agglutinant autour de lui des débris de végétaux ou de la poussière de sciure de bois, dont il se nourrit, ou du terreau.

C'est en dévidant les cocons du bombyx du murier qu'on obtient la soie, que l'industrie humaine transforme en riches étoffes et en tissus très-variés. C'est à des fils de soie non tordus que la physique expérimentale a recours pour la construction de certains instruments. Les larves des ichneumons filent aussi des coques soyeuses, dont les unes sont agglomérées, nues ou enveloppées de bourre ou de coton, tandis que d'autres, appartenant à certaines espèces, sont suspendues, au moyen d'un fil assez long, à une feuille ou à une petite branche.

On donne encore le nom de *cocon* : 1° à l'enveloppe soyeuse que les araignées construisent pour y renfermer leurs œufs; et 2° à l'espèce de capsule mucoso-cornée et spongieuse qui protège les œufs ou germes de sangsues, etc.

L. LAURENT.

COCOTIER, genre de la famille des palmiers et de la monœcie hexandrie de Linné. Les deux espèces les plus importantes dont nous traiterons ici sont le *cocotier commun* (*cocos nucifera*, Linné) et le *cocotier du Brésil* (*cocos butyracca*, Linné).

Le cocotier croît de préférence, et même exclusivement, sur les sables des rivages maritimes. Le noyau, ou *noix de coco*, enfoui sous le sable humide et salé, germe au bout d'un mois; mais la croissance de la plante est excessivement lente ensuite. Il lui faut au moins dix ans pour atteindre à cinq mètres de hauteur. Cet arbre, qui finit par s'élever jusqu'à plus de vingt mètres, ne porte guère de fruits avant vingt ans de plantation, et le *régime* ou *spadix* (rameau floral), sur lequel ces fruits sont attachés ne mûrit les derniers cocos, provenant des fleurons terminaux, qu'au bout de trois ans, en sorte que lorsqu'une fois le cocotier a commencé à donner du fruit, la récolte s'en fait sans discontinuer pendant tout le temps de son existence; car les régimes se succèdent sur le même arbre.

La tige du cocotier est unique, cylindrique, décroissant faiblement dans son diamètre jusqu'à l'extrémité supérieure; elle imite assez bien, sur une grande échelle, les joncs à canne. Cette tige est un chaume dur, à fibres compactes; on y reconnaît encore, en zones circulaires, la trace des feuilles caduques, dont elle s'est dépouillée dans le progrès de sa croissance. Le chaume d'un cocotier de vingt à vingt-cinq ans a acquis de 40 à 55 centimètres de diamètre, et l'arbre ne croît plus qu'en hauteur. C'est une magnifique colonne, ordinairement très-droite, bien perpendiculaire au sol, couronnée par un faisceau épais de longues feuilles étalées, horizontales. Le régime pointe à la base des feuilles inférieures; c'est un gigantesque panicule qui naît entre de grandes spathes, et ce spadix commun se charge de nombreux fleurons, dont les ovaires ne se développent que successivement de la base au sommet du spadix, et à de longs intervalles. Les feuilles sont formées d'une côte ou prolongement du pétiole, fort dure et solide, de quatre à cinq mètres de long, qui porte ses deux lignes latérales opposées des folioles de $1^m,30$ à $1^m,60$.

Nul arbre au monde n'offre à l'homme des ressources naturelles plus variées. Il semble avoir été approprié par la Providence au sol tropical où il croît, pour s'harmoniser avec l'indolence des indigènes et le peu de développement de leurs facultés industrielles. Le tronc du cocotier, qui n'offre une grande dureté qu'à l'extérieur, consiste en un faisceau serré de fibres flexibles et résistantes, qu'on peut détacher pour en faire des cordages solides et durables. Les feuilles, si coriaces et presque incorruptibles, conviennent parfaitement pour la couverture des habitations. Les folioles se tressent, et on en fait des chapeaux légers, imperméables à la chaleur tropicale dont on a à se défendre. L'enveloppe extérieure du tronc, dégagée des fibres intérieures et de la matière médullaire farinacée qui les entoure, offre des poutres légères et incorruptibles pour les cases, et convient on ne peut mieux pour les gouttières et conduites d'eau. Les petites côtes médianes des folioles sont excellentes pour la confection des paniers et d'une multitude d'ustensiles. L'enveloppe fibreuse de la noix de coco (*caire*) est une matière non moins précieuse pour le calfatage des canots. La coque de l'amande est dure, solide, durable, imperméable à tous les liquides, et chacun connaît les jolis vases, les tasses, les ustensiles de toutes sortes qu'elle procure, et qui sont susceptibles de sculpture et de tous les genres d'ornements. On retrouve de ces travaux, fruit de l'art, chez les Caraïbes, qui offrent une étonnante variété et les rudiments d'une imitation très-pittoresque des objets naturels, ou des rites bizarres du culte de *Manitou*. Ce n'est pas tout encore : si l'on veut faire le sacrifice du fruit, et qu'on coupe le bout du régime dans sa jeunesse, ou qu'on y pratique des incisions et des ligatures, il s'en écoulera un suc abondant, sucré, suave, qui à l'état de fraîcheur offre une boisson rafraîchissante, tonique et délicieuse, dont on peut obtenir par l'évaporation un beau sucre cristallisé, et qui soumise à la fermentation donne un vin parfumé dont il est possible d'obtenir une eau-de-vie très-suave et fort enivrante, ou d'excellent vinaigre. C'est ce suc fermenté que les Caraïbes appelaient *sourou*, *calou*, ou *vin de palmier*.

Le *cocos butyracea* (*pindova* de Pison) a pour caractères : Spathe générale à une seule loge, spadix rameux ; dans la fleur mâle, calice à trois divisions, corolle tripétale ; dans la fleur femelle, calice à deux divisions, corolle à six pétales ; style nul, stigmate creux, drupe fibreux. Cette espèce de palmier est indigène du Brésil, où on la trouve en abondance dans le voisinage des mines d'Ybaqueases. C'est un arbre élevé, couvert d'une écorce rude, et dont le feuillage forme un faisceau très-dense. Le fruit, que l'on récolte dans tous les temps de l'année, est un drupe succulent, obovale, à une seule loge, uni, de couleur jaune, pointu à l'extrémité supérieure, et conservant à sa base le calice dur et persistant. La noix a une peau cartilagineuse et une pulpe fibreuse qui a à peu près la même saveur que celle de la noix de coco ordinaire ; elle contient un noyau osseux très-dur. C'est ce noyau qui fournit l'*huile de palme*. PELOUZE père.

COCTION (du latin *coctio*, fait du verbe *coquere*, cuire). C'est l'action de faire cuire dans l'eau bouillante ou dans un autre liquide les matières animales ou végétales. En termes de chimie, *faire la coction*, c'est donner le feu propre aux matières sur lesquelles on travaille. Hippocrate donnait le nom de *coction* à l'élaboration que les aliments subissent dans l'estomac pour être convertis en chyme. En pathologie, lorsque l'humorisme était la doctrine dominante, on admettait que la matière morbifique existait dans deux états, l'un de *crudité*, l'autre de *coction*, et l'on avait établi dans le cours d'une maladie aiguë trois périodes, savoir : celle de *crudité*, celle de *coction*, et la troisième celle de la *crise*.

COCYTE, un des quatre fleuves de l'enfer du paganisme. Son nom lugubre vient du verbe grec κωκύειν, lamenter, parce que les poètes théologiens supposaient que ses ondes étaient les larmes des coupables, fleuve amer qui environnait le Tartare, et sur les bords duquel erraient cent ans les malheureux qui avaient été privés de sépulture. Cette dernière fable était empruntée de l'Égypte. Le Cocyte des enfers se perdait parmi les eaux de l'Achéron, le fleuve *sans joie* ; et ses roseaux fangeux étaient le plus doux séjour de la furie Alecto. Ce fut en Épire, pays bas et brumeux, par rapport à l'orient de la Grèce, que les Hellènes puisèrent l'idée de cette fable, qu'ils mêlèrent avec celles de Memphis, parce qu'il y avait dans la Thesprotie, province humide de l'Épire, un marais bourbeux, nommé Cocyte, qui se déchargeait dans un lac voisin appelé *Acherusia*.

Bientôt les Latins et leurs poètes, tout imitateurs des Grecs, voulurent aussi avoir leur Cocyte en Italie : ils choisirent donc un ruisseau qui coulait dans la Campanie, aujourd'hui terre de Labour, près du lac Averne, et qui se jetait dans le lac Lucrin.

Il y eut en l'honneur de Proserpine des fêtes appelées *Cocyties* ou *Cocytiennes*. DENNE-BARON.

CODA, mot italien dérivé du latin *cauda*, queue. On l'emploie en musique pour désigner les quelques mesures qu'on ajoute à un morceau pour le terminer plus complètement. La *coda* est rarement indispensable ; cependant elle donne souvent du brillant au morceau à la suite duquel elle est placée.

CODE. Ce mot vient du latin *codex*, et il exprime le recueil, la collection des lois, soit qu'elles aient été rassemblées, dit le *Répertoire de Jurisprudence*, par l'autorité publique du législateur, soit par le zèle de quelques jurisconsultes seulement.

Bien que, sous le règne de Tarquin l'Ancien, les lois eussent été mises en ordre à Rome sous le titre de *Code Papirien*, du nom de Papirius, qui présida à cet arrangement, et quoique plus tard la loi des Douze Tables eût formé pendant longtemps l'ensemble du droit romain, il n'y eut pas de code réellement officiel avant celui qui fut formé par les ordres de l'empereur Théodose. Il reçut l'autorité de la loi dans tout l'empire, et il annula même les anciennes lois qui n'étaient pas consignées dans ce recueil. Cependant, et à peu près vers le temps des empereurs Dioclétien et Maximien, quelques jurisconsultes, sans être investis d'un caractère public, sans avoir reçu aucune mission de l'autorité, avaient essayé de rassembler en un corps de droit les lois des empereurs : telle fut l'origine du *Code Grégorien* et du *Code Hermogénien*, qui durent leur formation aux soins de deux hommes tellement obscurs qu'on ne sait pas même exactement sous quel règne ils ont vécu. Ces deux codes eux-mêmes ont disparu, et on ne les connaît aujourd'hui que par la compilation qui en fut faite par les ordres d'Alaric II, roi des Visigoths ; compilation qui fut grossie de tout ce qu'on emprunta au code de Théodose, et qui fut publiée à Aire (en Gascogne) le 2 février 506 sous le nom de *Code Théodosien*. Ce code resta longtemps en usage. Il forma tout le droit romain qui s'observait en France, principalement dans la partie voisine de l'Espagne ; mais il fut abrogé par celui que l'empereur Justinien publia en 519. Ce prince en avait confié la rédaction aux soins du célèbre Tribonien, auquel il adjoignit neuf autres jurisconsultes, et le nouveau code fut publié en l'année 529 ; mais bientôt il fallut remédier à des omissions graves, à des imperfections nombreuses, et l'empereur en ordonna la révision. Ce fut encore Tribonien, aidé de quatre autres jurisconsultes, qui demeura chargé de ce travail ; enfin, dans l'année 534, le code révisé parut sous le titre de *Codex Justinianeus repetitæ prælectionis*. Ce code est divisé en douze livres, et malgré les lacunes, le défaut d'ordre et les obscurités que parfois on peut lui reprocher, le livre de Justinien n'en est pas moins un des plus beaux monuments sortis de la main des hommes.

A l'imitation du code des lois romaines, d'autres codes ont été publiés : ainsi, l'on trouve le *Code Canonique* (*Codex*, *seu Corpus Canonum*), qui est composé de la collection des canons des apôtres et de ceux des conciles (*voyez* CORPUS JURIS CANONICI).

Quant aux lois des barbares, elles ont toutes été rassemblées par un jurisconsulte sous le titre de *Codex Legum Barbarorum*. La première de ces lois est celle qui fut écrite par les ordres d'Alaric, roi des Visigoths, dont nous avons déjà parlé ; elle fut augmentée par les soins des rois ses successeurs : on l'appelle, par excellence, la *Loi Gothique*, et c'est de plus la plus belle, la plus ample des lois barbares. Le second des codes compris dans la collection est celui des Bourguignons, ou la *Loi Gombette*. La *Loi Salique*, qui forme la troisième des codes barbares, fut rédigée lorsque les Francs sortirent des forêts de la Germanie. La *Loi des Frisons* date de Pepin et de Charles Martel, qui soumirent ces peuples.

D'autres codes furent encore établis par les différents peuples du Nord destructeurs de l'empire romain; et, chose remarquable, il règne dans tous ces codes, dit Montesquieu, une simplicité admirable, une rudesse originale, un esprit qui, selon l'expression de ce grand homme, n'avait pas été affaibli par un autre esprit. Toutes ces lois et bien d'autres disparurent avec la féodalité; et il naquit alors une foule de coutumes et d'usages qui, ne reposant pas sur des bases fixes et certaines, jetèrent la plus grande incertitude dans la jurisprudence.

Charles VII fut le premier qui chercha d'une manière efficace à détruire l'anarchie, et qui commença à établir, par ses ordonnances, des principes uniformes sur des objets importants. Louis XI avait la pensée de promulguer une loi *unique* pour toute la France, et Henri III lui-même en avait formellement annoncé le dessein lors de la tenue des états de Blois. Ce fut le célèbre président Barnabé Brisson qu'il chargea de l'exécution de ce projet, et ce magistrat se mit aussitôt à l'ouvrage; mais il se repentit pour avoir tenté de résister aux entreprises des Seize; et l'on sait que, sans égard pour la grâce qu'il demandait d'être enfermé entre quatre murailles pour qu'il pût achever son œuvre commencée, il fut traîné au Châtelet et pendu à une poutre de la chambre du conseil. Le jurisconsulte Charondas reçut la mission de reprendre ce travail; mais son ouvrage, fort imparfait (appelé *Code Henry*), n'a jamais eu force de loi. Il n'en a pas été de même du *Code Marillac* ou *Code Michault*, ainsi appelé du nom de Michel de Marillac, garde des sceaux, qui en fut l'auteur. Il fut publié en 1629. « Cette ordonnance, dit le *Répertoire de Jurisprudence*, une des plus amples et des plus sages que nous ayons, contient 471 articles, dont les premiers règlent ce qui a rapport aux ecclésiastiques; les autres concernent les universités, l'administration de la justice, la noblesse et les gens de guerre, les tailles, les levées qui se font sur le peuple, les finances, la police, le négoce et la marine. » Elle fut d'abord reçue avec applaudissement dans le royaume; mais ensuite elle fut abandonnée, excepté dans le ressort du parlement de Dijon, où l'on continua de l'observer. Toutefois, dans les autres parlements, on recommençait à la citer et à l'appliquer comme une loi sage, lorsque Louis XIV conçut le projet d'une ordonnance beaucoup plus complète, beaucoup plus étendue: ce prince, qui saisissait toutes les idées de gloire, voulut ajouter à tant de titres glorieux celui de législateur de sa nation. On a donné le titre de *Code Louis* ou de *Code de Louis XIV* au recueil de ses principales lois. Ces lois ou ordonnances sont celle de l'année 1667 pour la procédure civile, celle de 1669 pour les évocations et *committimus*, une autre de la même année pour les eaux et forêts, celle de 1670 pour la procédure criminelle, celle de 1672 pour la juridiction de la ville de Paris, celle de 1673 pour le commerce, celle de 1680 pour les gabelles, celle de 1681 pour la marine, le *Code Noir* ou l'ordonnance de 1685 pour la police des nègres dans les îles françaises de l'Amérique et de l'Afrique, celle de l'année 1687 pour les fermes, l'édit de 1695 concernant la juridiction ecclésiastique.

Ces différentes ordonnances étaient préparées dans une réunion des magistrats et des avocats les plus distingués; puis elles étaient portées au conseil, où le roi, en personne, adoptait ou rejetait les dispositions projetées, selon qu'elles étaient trouvées justes ou inconvenantes. Louis XIV avant de leur imprimer le sceau de la loi voulut les faire examiner encore par les principaux officiers du parlement; elles furent présentées ensuite à l'enregistrement des cours souveraines. En outre, on rédigeait des procès-verbaux des conférences. On y voit que les plus grandes questions de la jurisprudence furent approfondies, les points les plus subtils et les plus épineux de la procédure discutés avec clarté. Nous avons peu de monuments aussi précieux dans la jurisprudence, puisqu'ils présentent l'histoire de nos lois,

leurs motifs généraux, les raisons particulières de chacun de leurs articles. Bien que ces ordonnances fussent très-étendues, elles n'embrassaient pas, à beaucoup près, la totalité du système des lois, et la tâche du petit-fils de Louis XIV était encore difficile à remplir; ce fut l'illustre chancelier D'Aguesseau qui dut aplanir la route, et c'est à ses soins que l'on dut plusieurs ordonnances aussi sages qu'importantes, telles que celle des donations, de 1731; celle du faux, de 1737; celle des substitutions, de 1747; celle des cas prévôtaux, et surtout celle des testaments, de 1735. C'est au recueil de toutes ces lois que l'on a donné le nom de *Code de Louis XV*. Tels étaient les divers codes généraux connus en France avant 1789.

Nous ne nous occuperons pas d'un grand nombre de recueils ou de compilations que l'on a pompeusement décorés du titre de codes, tels que le *Code des Chasses*, le *Code Municipal*, le *Code Militaire*, le *Code des Terriers*, le *Code des Rentiers*, le *Code des Procureurs*, etc., etc.; nous nous hâtons d'arriver aux grands ouvrages du règne de Napoléon, ouvrages qui seuls auraient suffi pour éterniser sa gloire. Cependant il est utile de dire qu'avant la promulgation de ce *corps de droit* on avait déjà donné le nom de code à quelques lois importantes, telles que la loi du 25 septembre 1791, qui fut appelée *Code Pénal*; celle du 3 brumaire an IV, qui fut qualifiée *Code des Délits et des Peines*; celle du 9 messidor an III, qu'on nomma *Code Hypothécaire*, etc., etc. Toutes ces dénominations étaient impropres; car les lois auxquelles on les appliquait ou n'étaient point complètes, ou n'embrassaient pas un système assez étendu: elles ont dû disparaître devant les grands édifices modernes de la législation.

L'un des premiers soins de Napoléon quand il se saisit du pouvoir fut de réaliser les promesses dont depuis douze ans des gouvernements éphémères avaient successivement bercé la France. Il appela dans son conseil des hommes dont la réputation était sans doute déjà fort belle, mais qu'il eut le mérite de choisir et d'employer suivant leurs talents et leurs capacités. Il sut donc s'entourer des Bigot-Préameneu, des Portalis, des Tronchet, des Merlin, des Berlier, des Treilhard, des Henrion de Pensey, et de plusieurs autres jurisconsultes ou magistrats dont les procès-verbaux nous ont conservé les noms: et cette réunion si rare d'hommes qui joignaient à une science profonde, à l'expérience des affaires et au jugement qui rectifie tout, l'habitude de la parole et la connaissance des hommes et des choses, produisit les différents projets qui furent présentés successivement à l'approbation du Corps législatif, et qui ne subirent qu'un bien petit nombre de modifications. Napoléon lui-même prenait part aux discussions de ses conseillers, et, bien qu'il ne se fût jamais livré à l'étude des lois, il n'était pas possible qu'un aussi puissant génie ne donnât pas de temps en temps des preuves de la rectitude de ses idées et de l'étendue de ses conceptions. Heureux si, bornant son ambition à celle d'enrichir son pays de grandes, de sages institutions, il n'eût pas troublé le repos du monde par des expéditions lointaines, usé sa fortune, compromis sa renommée et laissé pâlir l'étoile de la France!

Le 1ᵉʳ titre du *Code Civil* ou *Code Napoléon* fut décrété le 5 mars 1803, et le dernier fut promulgué le 30 mars 1804. Ainsi, ce fut dans l'espace d'un an que ce vaste monument fut élevé! Le *Code de Procédure civile*, autre loi d'une immense importance, et qui présentait de grandes difficultés, fut décrété dans la session de 1806. Bientôt, et dans la session de 1807, parut le *Code de Commerce*; puis dans la session suivante fut émis le *Code d'Instruction criminelle*; et enfin, après un intervalle de deux ans, l'ensemble de la législation principale fut complété par la promulgation du *Code Pénal*.

Il restait encore à faire un certain nombre de codes d'une importance moins générale, mais dont la nécessité était également sentie : ce fut l'ouvrage de la Restauration. Le *Code Forestier* parut et fut accompagné du *Code de la Pêche fluviale*. On pourrait encore, vu la multitude de lois qui ont été rendues sur l'imprimerie et la librairie, appeler *Code de la Presse* le recueil des dispositions législatives qui ont paru depuis le 19 juillet 1793 jusqu'à ce jour; mais la plupart de ces lois se contredisent entre elles, et d'ailleurs on ne peut raisonnablement attribuer le titre de *code* qu'aux lois qui présentent, outre l'idée d'un travail complet, le caractère de durée et de fixité : or, il n'est rien de plus mobile et qui paraisse moins fait pour obtenir le respect des générations futures que des lois répressives, presque toujours écrites sous l'empire de circonstances plus ou moins impérieuses, et dans lesquelles l'esprit de parti parvient souvent à s'introduire.

DUBARD, ancien procureur général.

Plusieurs codes sont encore à désirer en France, entre autres un code administratif, un code militaire, un code maritime, etc.

CODÉINE (de κώδεια, tête de pavot), un des alcaloïdes qu'on extrait de l'opium. Découverte par Robiquet en 1832, la codéine s'obtient en traitant une dissolution aqueuse d'opium par le chlorure de calcium. A l'état de pureté, elle se présente en longues aiguilles d'une grande blancheur, contenant 9,6 d'eau pour 100. Elle fond à 150°, et se prend en une masse cristalline par le refroidissement. Elle est plus soluble que la morphine, car elle se dissout dans cent fois son poids d'eau à 15°. Si l'on porte l'eau à 100°, elle dissout 5,88 pour 100 de codéine.

La codéine se distingue de la morphine en ce que l'acide nitrique ne la colore point en rouge et que les sels de peroxyde de fer ne la bleuissent pas. Suivant Robiquet, elle est composée de 72 de carbone, 7,5 d'hydrogène, 5,4 d'azote, et 15,1 d'oxygène. Les acides se combinent facilement avec elle, et produisent des sels cristallisables.

Quoique la codéine provoque le sommeil et agisse sur le cerveau comme la morphine, son action sur l'économie animale est différente. Elle ne produit ni engourdissement, ni vertiges, ni accablement chez les personnes qui sont sous son influence.

CODE NAPOLÉON ou CODE CIVIL. La loi du 19 brumaire an VIII, qui établissait le gouvernement consulaire, annonçait dans son article 4 la prochaine publication d'un code de lois civiles. Un arrêté des consuls, du 24 thermidor an VIII, nomma une commission composée de quatre membres, pris dans le sein du conseil d'État, savoir : Tronchet, président du tribunal de cassation ; Portalis, commissaire du gouvernement au conseil des prises ; Bigot de Préameneu, commissaire près le tribunal de cassation, et Maleville, membre de ce tribunal, pour déterminer le plan qui paraîtrait le plus convenable pour la rédaction d'un code civil et discuter les principales bases de la législation en cette matière. En janvier 1801 un projet de code civil fut publié et envoyé au tribunal de cassation et à tous les tribunaux d'appel de la république. Tous moins un approuvèrent la pensée qui avait inspiré les quatre jurisconsultes, sauf des critiques de détail. Après que le projet eut été amendé par ses auteurs, d'après les observations des tribunaux, il fut soumis d'abord au conseil d'État, aux termes de la constitution de l'an VIII. La section de législation examinait d'abord chaque titre et en arrêtait provisoirement la rédaction en présence des commissaires-rédacteurs du projet. Les membres qui composaient cette section étaient : Régnier, Réal, Berlier, Emmery, Thibaudeau, Muraire, Galli, Treilhard. La rédaction de la section était soumise ensuite à l'assemblée générale du conseil d'État, discutée sous la présidence du premier ou du deuxième consul, et chaque titre, plus ou moins amendé, était adopté ou renvoyé à la section de législation pour subir une nouvelle rédaction. Les titres définitivement adoptés étaient ensuite portés au Corps législatif et au Tribunat, qui, comme on sait, n'avaient aucun droit d'amendement.

La discussion du Tribunat engagée en l'an X sur les premiers titres de ce projet fut orageuse, et le Corps législatif en rejeta même un. Aussitôt le premier consul fit suspendre la discussion du Code Civil ; mais bientôt il la fit reprendre dans des conditions plus favorables. Il élimina du Tribunat les membres de l'opposition; divisa l'assemblée des tribuns en trois sections, dont une de législation : cette section discutait dans son sein les différents titres qui lui étaient successivement communiqués, et proposait des amendements au conseil d'État ; si celui-ci ne les adoptait pas, une conférence s'établissait entre les commissaires respectifs nommés par les deux corps sous la présidence d'un consul, ordinairement Cambacérès ; puis le Conseil d'État arrêtait une rédaction définitive, et le projet de loi subissait ensuite l'épreuve, dès lors peu redoutable, de la discussion officielle au Tribunat et du vote silencieux et secret du Corps législatif.

Le vote du Corps législatif était décisif; il s'appelait *décret*. Le décret devenait obligatoire par sa promulgation, qui avait lieu le dixième jour après l'émission du vote, à moins qu'il n'y eût eu dans l'intervalle recours au Sénat conservateur pour cause d'inconstitutionnalité.

Chaque matière était l'objet d'une loi distincte, qui était votée et promulguée séparément. Ces lois, au nombre de trente-six, et dont la première a été décrétée le 14 ventôse an XI, ont été réunies par la loi du 30 ventôse an XII en un seul code de lois sous le nom de *Code Civil des Français*, et avec une seule série de numéros. Le nombre de ces numéros est de 2,281. La loi du 3 septembre 1807 substitua le titre de *Code Napoléon* à celui de Code Civil. Sous la Restauration, la royauté de Juillet et la deuxième république la dénomination de Code Civil prévalait; mais depuis le rétablissement de l'Empire celle de *Code Napoléon* est seule officielle. Il se compose d'un titre préliminaire en six articles intitulé : *De la Publication, des Effets et de l'Application des lois en général*, et de trente-cinq autres titres répartis en trois livres : savoir onze dans le livre premier, *Des Personnes*; quatre dans le livre deuxième, *Des Biens et des différentes modifications de la propriété*; et vingt dans le livre troisième, *Des différentes manières d'acquérir la propriété*.

Depuis sa promulgation le Code Napoléon a subi un certain nombre de modifications, dont nous signalerons seulement les plus importantes. Ainsi dès le 24 mars 1806 une loi sur le transfert des inscriptions de rentes appartenant à des mineurs et à des interdits vint déroger aux articles 457, 458, 459 et 484. Le Code de Procédure civile vint à son tour compléter ou modifier le Code Civil par son article 834, qui permet au créancier hypothécaire de prendre utilement son inscription dans la quinzaine de la transcription de l'acte de vente de l'immeuble hypothéqué. L'article 896 du Code Napoléon, qui prohibe les substitutions, fut modifié par la loi du 3 septembre 1807. Une autre loi du même jour a modifié l'art. 1907, en instituant un taux légal pour l'intérêt de l'argent. La loi du 14 novembre 1808, modificative de l'article 2210, a permis la saisie immobilière simultanée des biens d'un débiteur situés dans plusieurs arrondissements, toutes les fois que la valeur locale des biens serait inférieure au montant réuni des sommes dont on l'aurait saisissant qu'aux autres créanciers inscrits. La loi du 8 mai 1816 prononça l'abolition du divorce; celle du 14 juillet 1819 abolit le droit d'aubaine et les articles 726 et 912. La loi du 17 mai 1826 sur les substitutions abrogea implicitement les articles 1048, 1049 et 1050. La loi du 21 mars 1832 sur le recrutement abrogea l'article 374, en disposant que l'on ne pourrait s'engager avant l'âge de vingt ans sans le consentement de ses père et mère ou tuteur. La loi du 16 avril 1832 donna une nouvelle rédaction de l'article 162, et permit au roi de lever les prohibitions aux m a r i a g e s entre beaux-frères et belles-sœurs. La loi du 17 avril 1832 modifia considérablement le titre 16 du Code sur la c o n t r a i n t e p a r c o r p s en matière civile, législation sur laquelle on est encore revenu plusieurs fois depuis. La loi du 12 mai 1835 abolit les m a j o r a t s. La loi du 18 juillet 1837, sur l'administration municipale, modifia dans de certaines limites les articles 910, 937, 2045. D'autres modifications résultent encore de la loi du 20 mai 1838 sur les v i c e s r é d h i b i t o i r e s dans les ventes et échanges d'animaux domestiques; de la loi du 20 juin 1838 sur les a l i é- n é s , qui apporte une extension importante à l'art. 504 ,etc.

Le Code Napoléon reçut force de loi dans les pays qui furent successivement réunis à la France, en Italie, dans le royaume de Hollande, dans les départements hanséatiques, dans le grand-duché de Berg. Il fut également introduit dans le grand-duché de Varsovie, où il forme encore la base de la législation, ainsi que dans les provinces Rhénanes , en Belgique, etc. Plusieurs autres pays ont depuis codifié leur législation civile. La plupart de ces codes ne sont que le Code Napoléon modifié suivant les idées de chaque nation. Les Romains attendent encore l'effet de la promesse que la lettre du président de la république française à son aide de camp Edgar Ney semblait leur faire de l'application du Code Napoléon à leur patrie.

CODE NOIR. Sous ce titre est ordinairement désigné un édit célèbre du mois de mars 1685, contre-signé C o l b e r t, et ayant pour objet principal de régler la condition des esclaves dans nos colonies des Indes occidentales. Déjà l'autorité métropolitaine avait cru devoir prendre quelques mesures au sujet de ces malheureux Africains transportés en Amérique pour hâter le développement des cultures intertropicales, et auxquels la politique et l'humanité faisaient une loi d'accorder quelque protection contre leurs barbares possesseurs. Le Code Noir résuma et compléta ces essais informes de législation. Il se compose de soixante articles. Il porte que l'esclave est *chose ou meuble*, et non personne civile; à ce titre il ne peut rien posséder lui-même, et fait partie de la communauté entre époux ; son témoignage n'est point admis en justice. Toutefois , on ne tarda pas à reconnaître que si cette dernière disposition était appliquée dans toute sa rigueur, les atrocités commises sur les habitations resteraient toujours impunies. L'esclave fut donc admis à porter témoignage en justice, mais en aucun cas *contre son maître*.

Il fallait de toute nécessité que le Code Noir réservât une pénalité cruelle aux infractions à la loi commises par des êtres humains placés sous de telles conditions. L'esclave qui a frappé son maître ou quelqu'un des siens *au visage* avec contusion ou effusion de sang est puni de mort. Celui qui a été en fuite pendant un mois a les oreilles coupées et est marqué d'une fleur de lis sur l'épaule ; s'il arrive dans la même faute, on lui coupe un jarret et on le marque sur l'autre épaule ; la troisième fois , il est mis à mort. Du reste, il est loisible au maître de faire enchaîner, battre de verges ou de cordes son esclave; non pourtant, sous peine de confiscation par l'État, de lui faire subir des tortures ou des mutilations. Il peut être poursuivi criminellement s'il l'a tué de ses propres mains.

Voici quelques autres règles protectrices en faveur des individus non libres, que contient l'édit : Il est généralement enjoint à toute personne qui possède des esclaves de les gouverner en bon père de famille. On doit des soins à ceux qui sont tombés malades ou devenus infirmes. La quantité de vivres, l'espèce de vêtements qui doivent leur être distribués sont déterminés avec précision. Le concubinage avec une esclave est interdit. Les enfants qui en sont issus se trouvent affranchis par l'union du père avec sa concubine, laquelle en ce cas est également libre par le fait. Quant à l'affranchissement en général, il peut être effectué au profit de ses esclaves par tout habitant âgé de vingt ans, au moyen de donations entre vifs ou pour cause de mort, disposition qui subit plus tard d'importantes restrictions.

Le Code Noir, dont la date se rapporte à peu près à celle de la révocation de l'édit de Nantes, devait présenter quelques traces de cet esprit d'intolérance qui domina la vieillesse de Louis XIV. Il interdit dans nos possessions tout autre culte que la religion catholique, et bannit sévèrement les juifs du sol colonial. A la suite de ces dispositions condamnables, il en est d'autres qu'on ne peut qu'approuver. Les maîtres sont tenus de faire baptiser et instruire leurs esclaves ; ils doivent leur permettre d'assister aux exercices religieux. Le travail est suspendu pendant vingt-quatre heures , le samedi à partir de minuit. Il est enjoint de favoriser les mariages entre les esclaves, et interdit de les marier contre leur gré. Le corps de ceux qui décèdent après avoir été faits chrétiens doit être déposé en terre sainte.

Cet acte, qui, envisagé comme œuvre de codification, présente pour nous aujourd'hui de véritables monstruosités, fut pourtant un bienfait pour cette population laborieuse de nos établissements, à laquelle il reconnaissait quelques droits. Il admettait de la manière la plus explicite l'égalité civile des blancs et des hommes de couleur libre, point tant contesté depuis, et qui n'a été véritablement consacré en fait que de nos jours.

Au Code Noir se rattache une ordonnance de Louis XVI, portée un siècle après , en 1784 , et qui compléta la législation coloniale en matière d'esclavage. Cet acte statue, après avoir mieux spécifié les heures de repos accordées aux esclaves les jours de fête et dimanches , qu'il sera alloué à chacun d'eux un petit terrain qu'ils cultiveront dans leurs loisirs, et dont les produits tourneront entièrement *à leur aisance personnelle ;* qu'il sera établi sur les habitations des infirmeries convenablement meublées pour les malades; qu'il est défendu de laisser coucher les esclaves par terre; que les femmes enceintes et les nourrices ne seront assujetties qu'à un travail modéré; que le nombre des coups de fouet infligés comme châtiment ne devra jamais dépasser cinquante ; enfin, que les procureurs ou économes des habitations pourront, suivant les cas, être , pour sévices à l'égard des esclaves, révoqués de leurs fonctions, et condamnés à l'amende, même à la peine de mort.

Ces prescriptions font assez voir ce qu'était devenue la condition des esclaves sous le régime du Code Noir ; c'est qu'il est de la nature des dispositions législatives destinées à régler cette déplorable iniquité qu'on appelle l'esclavage que tout ce qu'elles présentent de rigoureux est outre-passé, tandis qu'on ne tient guère compte de ce qu'elles renferment de précautions humaines et généreuses. Même après l'ordonnance de Louis XVI , que nous venons de citer, un écrivain qui a une grande autorité dans la question , Malouet, pouvait écrire, en 1788 , qu'en réalité les règles qui protégeaient les esclaves étaient tombées en désuétude, et que *tout était à peu près à la discrétion du maître.* C'est cet ordre de choses que la Révolution vint changer : on sait les désastres qui suivirent le brusque renversement des lois qui régissaient les colonies. Le Code Noir avait été aboli par la loi du 16 pluviôse an II, qui proscrivait l'esclavage ; mais il fut remis en vigueur sous le Consulat par la loi du 30 floréal an x , qui, par un triste retour au passé, rétablit dans nos établissements l'ordre existant avant 1789.

Dans ces dernières années diverses ordonnances royales avaient graduellement adouci cette législation, qu'une loi avait même modifiée et détruite en faisant une condition nouvelle à l'esclave, en ce la préparant à cette grande mesure d'é m a n c i p a t i o n. Mais l'heure où elle devait sonner a été devancée par la révolution de Février, et l'humanité lui en gardera une éternelle reconnaissance. P.-A. DUFAU.

CODEX, mot latin qui signifie *code* en français, et qui sert à désigner les recueils de recettes pour préparer les médicaments. Il est ainsi synonyme des mots *antidotaire*, dispensaire, formulaire, et pharmacopée. Les codex se composent d'instructions élémentaires sur l'histoire naturelle, chimique et physique des substances pharmaceutiques; sur leurs propriétés médicales, sur les procédés à suivre pour les préparer selon l'art du pharmacien; sur la composition des divers médicaments ou formules, et sur les doses auxquelles il convient de les administrer. L'origine de ces livres remonte à peu près à celle de la médecine. Ce ne furent d'abord que des listes incohérentes des moyens curatifs que l'empirisme enseignait à connaître. Le premier composé dans un ordre méthodique eut, dit-on, pour auteur Hérophile, qui vivait 570 ans avant J.-C.; mais cette œuvre n'est point parvenue jusqu'à nous. On en a publié depuis lors un nombre considérable; ce n'est pas ici le lieu de les énumérer : il suffit d'énoncer qu'ils ont été subordonnés à la marche des connaissances sur lesquelles l'art de guérir est fondé, et qu'ils en résument assez fidèlement l'histoire.

Les progrès que la médecine a faits au dix-huitième siècle ont beaucoup réduit le volume de ces livres : on en a banni une foule de substances annoncées comme douées de propriétés merveilleuses; presque tous les corps de la nature y figuraient, même les plus dégoûtants, tels que le crapaud, les excréments des chiens : les anciens n'ont jamais tant déraisonné qu'en traitant des médicaments. Quelle qu'eût été cette réforme en France, on désirait il y a peu d'années un code à la hauteur des autres parties de la médecine; on enviait pour nous des *pharmacopées* semblables à celles d'Édimbourg, de Londres, de Vienne, de Berlin, etc. Ce souhait fut écouté par les puissances universitaires : le *Codex medicamentarius* fut rédigé à Paris par divers professeurs, et décrété comme devant servir seul de guide aux pharmaciens; mais ce livre ne répondit point à l'attente que les noms de ses auteurs avaient fait concevoir, et l'on le critiqua avec d'autant plus d'amertume qu'on était contraint de s'en pourvoir à un prix très-élevé. On crut toutefois qu'il servirait à établir dans les compositions pharmaceutiques une uniformité très-désirable pour l'exercice de la médecine, et qu'il pourrait prévenir des erreurs trop communes et souvent funestes. Malheureusement, l'expérience prouva le contraire : un événement tragique démontra que les poètes ont bien fait de paver l'enfer avec de bonnes intentions.

Le professeur Magendie ayant recommandé dans sa formulaire de sa composition l'acide prussique ou cyanhydrique pour combattre des maladies contre lesquelles la médecine échoue souvent, cette recommandation engagea un médecin de Paris dans sa pratique les propriétés de cette substance, un des poisons les plus énergiques. Il obtint des résultats assez satisfaisants pour désirer accroître le nombre de ses recherches, et il usa de l'occasion dont il pouvait disposer, étant chargé en partie du service médical de Bicêtre. Quatorze épileptiques, de l'âge de quinze à trente ans, furent réunis, en 1828, par ses ordres, dans une même salle, et il se procura du sirop cyanique à la pharmacie centrale. La dose prescrite par ce médecin, et qu'il avait employée sans inconvénients, était de 30 grammes à prendre en une seule fois dans de la tisane de chiendent; mais cette quantité fut réduite de moitié, d'après les observations du pharmacien de l'hôpital. L'infirmier chargé de satisfaire à cette ordonnance un était acquitté pour sept malades, et allait continuer sa tâche, quand, sur l'appel de quelques assistants, il revint sur ses pas; le premier qui avait pris la potion était mort, le second existait, mais l'agonie se manifestait chez le troisième; quelques minutes après tous les sept avaient cessé de vivre. Un événement aussi remarquable excita la clameur publique, et il fut le sujet d'une enquête judiciaire. On constata qu'aucune méprise n'avait été commise dans la préparation de la potion ordonnée, et que le sirop dont on avait fait usage était exactement celui du *Codex* imposé par l'autorité. L'erreur déplorable vint de ce que ce sirop contient un dixième d'acide cyanhydrique, tandis que celui préparé suivant la formule de Magendie, et que le médecin de Bicêtre avait éprouvé préalablement, avons-nous dit, n'en contient qu'une 128ᵉ partie.

Cet empoisonnement mémorable provoqua un examen plus sévère du *Codex medicamentarius* : on y découvrit des vices graves, telles que des formules contraires aux lois de la chimie, et même inexécutables : on lui reprocha en outre de poser des limites qui étaient un obstacle aux progrès de l'art. Finalement, ce code officiel, qui a acquis quelque célébrité par l'événement de Bicêtre, est aujourd'hui respecté dans les pharmacies comme la charte constitutionnelle l'était à une certaine époque dans les ministères. En revanche, on a publié plusieurs *pharmacopées*, ou *formulaires* qui laissent peu à désirer. L'une offre tout le luxe des pharmacies d'Allemagne et d'Angleterre, pays de Cocagne pour les apothicaires; d'autres, moins volumineuses, sont cependant satisfaisantes; il en est d'un format et d'une brièveté qui permettent aux médecins de les porter dans leur poche. Les auteurs de ces ouvrages ont pris des précautions pour éviter de nouvelles méprises dans l'emploi des médicaments tirés des poisons, surtout de l'acide cyanhydrique : il aurait été sage d'en exclure totalement une substance douée d'une action toxique aussi terrible que celle de cet acide quand il n'est pas combiné avec des bases qui le neutralisent, et qui d'ailleurs ne possède pas des propriétés médicales assez avérées pour en compenser le danger.

Dʳ Charbonnier.

Le mot *codex* sert encore à désigner certains livres, certains manuscrits, parmi lesquels nous citerons le *Codex Alexandrinus* et le *Codex Argenteus*.

Le *Codex Alexandrinus* est un manuscrit de l'Écriture Sainte en langue grecque, d'une haute importance pour la critique, et qui se trouve au *British Museum*, à Londres. Il est écrit sur parchemin en belle écriture onciale carré, sans esprits, sans accents ni divisions de mots, date de la seconde moitié du sixième siècle ou selon Rug du cinquième siècle, et, à l'exception de quelques lacunes, contient toute la Bible grecque (l'Ancien Testament d'après la version des Septante) ainsi que les Épîtres de Clément le Romain. Son texte est d'une importance extrême pour la critique des Épîtres du Nouveau Testament, attendu que le document original que le copiste avait devant les yeux pour les Évangiles était évidemment beaucoup plus fautif. Ce manuscrit célèbre faisait déjà partie en l'année 1098 de la bibliothèque du patriarche à Alexandrie. Le patriarche de Constantinople, Cyrille Lucaris, qui en 1628 en fit présent au roi d'Angleterre Charles 1ᵉʳ, assurait l'avoir reçu d'Égypte; et en effet diverses marques, tant intérieures qu'extérieures, indiquent bien que c'est là qu'il a dû être écrit. Grabe le prit pour base de son édition des Septante (4 vol. in-fol.; Oxford, 1707-1720). Wolde a donné une édition complète et diplomatiquement fidèle du Nouveau Testament (in-fol. Londres, 1786); Baher en a fait autant pour l'Ancien Testament (in-fol. Londres 1816-1818).

Le *Codex Argenteus* est un beau manuscrit in-4º renfermant les quatre Évangiles en langue gothique de la version d'Ulphilas, mais avec beaucoup de lacunes. Il date du commencement du sixième siècle. Les caractères, de couleur d'or et d'argent, y sont peints sur du parchemin d'un rouge pourpré. Antoine Morillon, secrétaire du cardinal de Granvelle, le découvrit dans la bibliothèque du monastère de Werden (Belgique) au seizième siècle. A la fin de la guerre de trente ans ce manuscrit, qui avait été transporté à Prague, fut envoyé à Stockholm par le comte de Kœnigsmark; de Stockholm il revint en Belgique, où il fut acheté par le comte de La Gardie, qui lui fit mettre une couverture d'argent et en fit présent à la bibliothèque de l'université d'Upsal, où il se trouve encore. Il se composait originairement de trois cent vingt feuillets; il n'en reste plus maintenant que cent soixante-seize.

CODICILLE. En droit romain un codicille était un acte par lequel on exprimait ses dernières volontés sans employer les solennités du testament et avec l'intention de ne pas les employer. Son origine se lie intimement à celle des fidéicommis. L'usage en fut introduit sous Auguste, afin que ceux qui entreprenaient de longs voyages et qui n'avaient pas la facilité de faire leur testament ne mourussent pas *intestat*. Ou les codicilles étaient bien faits *ab intestat*, et dans ce cas leurs dispositions ne pouvaient être que des fidéicommis ; ou bien ils étaient rattachés à un testament, soit antérieur, soit postérieur, dont ils suivaient le sort. S'ils étaient confirmés par ce testament, ils pouvaient contenir des legs, des révocations de legs, des nominations de tuteurs, aussi bien que des fidéicommis ; mais jamais des institutions d'héritier. S'ils n'étaient pas confirmés, ils ne pouvaient contenir que des fidéicommis. Les codicilles n'étaient dans le principe soumis à aucune solennité ; mais sous les empereurs de Constantinople ils furent assujettis à certaines formalités. Ils devaient être faits d'un seul contexte, soit verbalement, soit par écrit, en présence de cinq témoins ; si les codicilles étaient écrits, les témoins devaient y apposer leur marque.

La *clause codicillaire* est celle qu'un testateur mettait au bas de son testament dans la crainte qu'il ne fût annulé. Elle était ainsi conçue : « Je veux que mon testament vaille comme codicille dans le cas où il ne vaudrait pas comme testament. »

En France, dans les pays régis par le droit coutumier, on appelait *codicille* une disposition de droit écrit qui différait en quelques points des dispositions testamentaires. Les codicilles ont été abolis par la loi du 30 ventôse an XII ; et le Code Civil voit des testaments dans tous les actes de dernière volonté. Cependant telle est la force de l'usage, que les personnes qui n'ont pas l'habitude de la langue du droit disent et diront toujours : J'ai fait un codicille, pour exprimer qu'elles ont ajouté ou retranché à leur testament.

CODICILLES DE LOUIS XIII. Tel est le titre d'un ouvrage très-prisé des amateurs de livres singuliers, et que l'on peut regarder comme un des plus étranges qui aient paru au dix-septième siècle. C'est la production d'un fou, mais d'un fou plein de talent, penseur profond dans ses accès lucides, et dont le nom a jusque ici échappé à toutes les recherches. Son écrit forme quatre tomes fort minces, imprimés dans le format in-24, si prompt à se dérober à un œil indiscret ; il porte la date de 1643, et renferme une série de conseils que Louis XIII est censé adresser à son fils. La plupart de ces recommandations portent l'empreinte d'une expérience consommée, qui s'élève parfois jusqu'au ton d'une haute éloquence, et qui s'exprime avec une hardiesse fort remarquable pour l'époque. « Réformez votre maison, » dit-il au jeune roi ; « purgez-la de fainéants. Congédiez les machinistes de vos plaisirs. Videz vos écuries de chevaux, vos étables de chiens. Ne laissez aucun membre de votre noblesse dans l'oisiveté. Obligez les ecclésiastiques à résider. Confiez la justice à l'ordre démocratique. Ne soyez avare que du sang des hommes. Tâchez d'ôter aux moines le plus possible la confession et l'instruction de la jeunesse. Finissez le Louvre. » Tracés il y a deux siècles, ces derniers conseils se retrouvent aujourd'hui de circonstance. Ailleurs le droit divin est combattu : « La royauté ne doit point vous donner une haute idée de vous-même. Ce n'est qu'une pure imagination, comme les autres dignités humaines. » L'auteur demande, en outre, l'installation en France d'un patriarche, projet qu'avait médité Richelieu ; il réclame le mariage des prêtres ; il s'occupe des moyens d'arriver à la fusion de l'Église gallicane avec l'Église réformée.

Malheureusement toutes ces idées, si neuves pour 1643, se trouvent mêlées aux aberrations les plus décousues. Le prétendu Louis XIII soutient que son fils est souverain légitime du Canada et du Mexique ; il trace un plan de campagne pour rentrer en possession de cette partie de ses États ; indique la composition des armées expéditionnaires dans les moindres détails ; donne la liste exacte de tous les officiers et soldats formant le régiment de Pont-de-l'Arche, corps qui accompagna Charlemagne dans toutes ses guerres ; fixe le menu repas qu'un évêque, lors d'une tournée pastorale, trouvera chez un curé, menu dont il ne sera point permis de s'écarter, une demi-livre de beurre, six œufs, deux livres de pain, etc.

Il est à peu près certain que Louis XIV ne jeta jamais les yeux sur ces *codicilles* ; ils tombèrent dans l'oubli ; le titre seul survécut dans quelques dictionnaires. Mais personne n'en parla avec quelque détail avant M. le marquis du Roure, qui en inséra la description dans un recueil de notices bibliographiques, publié en 1838, sous le nom d'*Analectabiblion*. A peine subsiste-t-il encore quelques exemplaires des *codicilles* ; ils ont été payés 120,150 et jusqu'à 240 fr. par des amateurs jaloux de posséder ce que bien peu de personnes possèdent. G. BRUNET.

CODIFICATION. On appelle ainsi la réunion systématique des lois, décrets, ordonnances, arrêtés, etc., relatifs à une branche particulière de la législation pour en composer un code particulier. Afin de mettre dans les lois de l'ordre et de la clarté, et rendre facile la séparation de ce qu'elles peuvent avoir d'inutile ou de tombé en désuétude, on a dans ces derniers temps entrepris presque partout de soumettre les différentes branches de la législation à la codification. C'est ainsi que le droit criminel, la procédure criminelle, le droit civil, la procédure civile, le droit commercial, le droit industriel, le droit forestier, etc., ont été réunis et commentés en codes systématiques. La France a donné l'exemple de la codification de son droit civil, commercial et criminel, et depuis plusieurs lois ont mérité ce nom par leur application à résumer et à annuler les lois antérieures. L'Angleterre n'a pas encore adopté ce système si simple. Dans ce pays de vieille coutume les lois s'ajoutent les unes aux autres sans se détruire. L'essai tenté par lord Brougham de codifier la législation pénale n'a pas même pu aboutir. En France, du reste, plusieurs matières attendent encore leur codification.

CODRINGTON (Sir ÉDOUARD), amiral anglais, né en 1770, d'une ancienne famille élevée à la dignité de *baronet* sous le règne de Georges Ier, entré au service dès l'année 1783 en qualité de *midshipman*, se distingua comme lieutenant de vaisseau à la bataille livrée le 1er juin 1794, sous les ordres de l'amiral Howe. A l'affaire de Trafalgar il commandait le vaisseau de ligne l'*Orion* en qualité de capitaine. En 1809 il prit part à l'attaque de Flessingue ; plus tard, après avoir défendu pendant quelque temps Cadix, il reçut le commandement d'une escadre destinée à croiser sur les côtes de Catalogne, et qui rendit aux Espagnols de grands services dans leur lutte contre les Français. En 1814 il fut promu au grade de contre-amiral ; en 1825 il passa vice-amiral. Peu de temps après il obtint le commandement de l'escadre chargée d'observer dans la Méditerranée les mouvements de la flotte turque. En cette qualité, il prit les mesures les plus énergiques contre les pirates grecs, et notifia au gouvernement grec qu'il ne permettrait à aucun navire d'armer en course.

Lorsque, conformément au traité du 6 juillet 1827, une escadre française, aux ordres de l'amiral de Rigny, se fut réunie dans la Méditerranée, Codrington contraignit Ibrahim-Pacha, commandant des forces turco-égyptiennes en Morée, à conclure, le 25 septembre, un armistice aux termes duquel les troupes de terre et de mer réunies à Navarin devaient s'abstenir de toute hostilité. Ibrahim-Pacha viola cet armistice, et fit commettre en Morée, par ses troupes, les plus horribles dévastations. L'escadre russe aux ordres de l'amiral Heyden étant venue sur ces entrefaites rallier les escadres anglaise et française, la flotte combinée forma une force de beaucoup supérieure à celle des Turcs ; et six

Édouard Codrington, comme l'amiral le plus ancien en grade, en prit le commandement en chef. Elle ne tarda pas à se disposer à forcer l'entrée du port de Navarin, afin de contraindre Ibrahim à respecter l'armistice et à renvoyer la flotte turque en Égypte et aux Dardanelles. Le 20 octobre, la flotte combinée s'étant approchée de Navarin, un bâtiment égyptien vint au-devant d'elle notifier à l'amiral anglais qu'aucun bâtiment de guerre ne pouvait entrer dans le port sans la permission d'Ibrahim. Sir Édouard Codrington repondit qu'il était venu pour donner des ordres, et non pour en recevoir, et que si les Turcs osaient tirer un seul coup de canon, il anéantirait leur flotte. A peine quelques bâtiments anglais furent-ils à portée, que les Turcs ouvrirent le feu, et alors une bataille générale s'engagea; bataille qui se termina, au bout de trois heures, par la destruction de la plus grande partie de la flotte turco-égyptienne. Pendant toute la durée de cette mêlée meurtrière, sir Édouard Codrington ne quitta pas d'un seul instant le pont de son vaisseau amiral, dirigeant de là avec autant d'intrépidité que de sang froid les mouvements de la flotte combinée dans les eaux étroites du port de Navarin. La France et la Russie témoignèrent leur satisfaction au vainqueur de Navarin par les plus flatteuses distinctions. Le peuple anglais célébra hautement sa valeur; mais, tout en lui envoyant les insignes de grand-croix de l'ordre du Bain, les ministres anglais lui adressèrent en même temps une série de questions qui impliquaient un blâme secret de l'opération, qu'ils qualifièrent quelque temps après, en plein parlement, d'événement malheureux (*untoward event*).

En 1828, sir Édouard Codrington parut à la tête de plusieurs vaisseaux de guerre devant Alexandrie, et sut négocier si habilement avec le vice-roi, que Méhémet-Ali envoya à son fils l'ordre d'évacuer la Morée. L'amiral Codrington avait déjà maintes preuves de la défaveur dans laquelle il était tombé auprès du ministère tory, lorsqu'il reçut l'avis que son souverain venait de lui donner un successeur. Le 22 août 1828 il résigna son commandement, et retourna en Angleterre. La suite prouva, comme on l'avait tout d'abord présumé, qu'à la bataille de Navarin sir Édouard Codrington, indépendamment de ses instructions officielles, en avait encore reçu de secrètes du lord grand-amiral d'alors, le duc de Clarence, devenu plus tard roi sous le nom de Guillaume IV. Quand ce prince monta sur le trône, sir Édouard Codrington obtint enfin dans son pays les distinctions et les remerciements qui lui avaient déjà été prodigués dans un voyage à Paris et à Saint-Pétersbourg.

En 1831 il fut encore chargé du commandement de la flotte anglaise mouillée devant Lisbonne. De 1832 à 1840 il représenta la ville de Devonport au parlement, et y vota avec les whigs. En 1846 la reine Victoria le nomma chambellan. A sa mort, arrivée le 28 avril 1851, sir Édouard Codrington avait le grade d'amiral du pavillon rouge.

CODRUS, fils de Mélanthus et dernier roi d'Athènes, sauva sa patrie, vers l'an 1068 avant J.-C., suivant la tradition ordinaire, en sacrifiant volontairement sa vie. Voici à quelle occasion : les Athéniens se trouvant engagés dans une guerre contre les Doriens, qui avaient envahi le Péloponnèse, l'oracle, consulté, déclara qu'ils remporteraient la victoire si leur roi se faisait tuer par l'ennemi. En conséquence, Codrus, travesti en paysan, s'approcha du camp des Doriens, engagea une mauvaise querelle avec quelques-uns d'entre eux, et se fit tuer. La victoire demeura aux Athéniens. C'est ainsi que chez ce peuple fut close l'antique royauté par le plus beau trait dont un roi ait rendu le monde témoin. Dès ce jour Athènes fut constituée en république, et passa sous le gouvernement des magistrats appelés *archontes*, dont Médon, fils de Codrus, fut le premier.

Virgile, dans ses *Bucoliques*, parle d'un excellent poëte, du nom de Codrus, qu'ailleurs il accuse d'envie. Celui dont Juvénal fait mention dans ses satires, et qui vivait comme lui sous Domitien, fut auteur d'une *Théséide*, œuvre perdue, que le satirique a, dans ses vers, stigmatisée de l'épithète de *rauque*. Il ne fut célèbre que par son indigence; à Rome on disait proverbialement : « *Pauvre comme Codrus.* »

DENNE-BARON.

CŒCUM (de *cæcus*, aveugle). C'est le nom d'un intestin en cul-de-sac, ou borgne, où s'accumulent les matières excrémentitielles. Les aliments, préalablement chymifiés par l'estomac, sont convertis en chyle, et en fèces dans l'intestin grêle. Le chyle est absorbé par cet intestin; mais les matières fécales sont dirigées vers l'*anus*. Avant qu'elles y soient parvenues, on les trouve d'abord agglomérées dans la partie inférieure de l'intestin grêle, qui s'insère dans le cœcum, auquel il les transmet, et dans lequel elles peuvent s'accumuler en raison de la forme et de la structure de ce dernier intestin, sans pouvoir refluer dans la portion du tube qui les a apportées. Le cœcum est un véritable réservoir ou organe de dépôt provisoire des matières excrémentitielles. Il est précédé d'un tube à diamètre moindre, qui s'importe dans sa cavité; et il se continue avec un autre canal qu'on appelle *colon*, sans qu'il y ait aucune trace de démarcation entre eux. C'est à ce canal que le cœcum transmet les matières qui ont séjourné un temps plus ou moins long dans sa cavité. L'organisation du cœcum est la même que celle de tout le tube digestif, mais modifiée pour le but de la défécation. Il se distingue des deux autres portions du gros intestin, dont il est le commencement : 1° par sa forme dilatée; 2° par l'existence d'une *valvule* ou soupape *iléo-cæcale* ou *de Bauhin*, destinée à ne plus permettre aux matières de retourner dans l'iléon. Cette valvule, large, épaisse, molle, dirigée transversalement, est fendue et divisée en deux lèvres adhérentes par leur bord convexe, et flottant dans le cœcum par leur bord concave. Les extrémités de ces lèvres forment en se réunissant une saillie appelée par Morgagni *freins de la valvule de Bauhin*. Le cœcum présente en lui un appendice, dit *vermiforme* ou *cœcal*, dont la longueur varie de cinq à dix centimètres, qui verse dans sa cavité un fluide muqueux abondant; cet appendice, de la grosseur d'un tuyau de plume à écrire, est cylindrique, flexueux et assujetti au cœcum par un repli du péritoine. C'est dans la fosse iliaque droite qu'est situé le cœcum. Le péritoine, ou la membrane qui tapisse tout l'abdomen, ne recouvre que la partie antérieure et les côtés du cœcum, et ne lui forme point un mésentère, comme à la plus grande partie du gros intestin. Le cœcum est susceptible de déplacement : on l'a vu former des hernies inguinales.

L. LAURENT.

COEFFICIENT (de *co*, pour *cum*, avec, et *efficio*, je produis). En algèbre, toute quantité, numérique ou littérale, qui en multiplie une autre porte ce nom. Ainsi, dans $3a$ (expression qui équivaut à $a + a + a$), le coefficient de a est 3. Dans ab, a est le coefficient de b, ou b est le coefficient de a; mais en général lorsque plusieurs facteurs entrent au même titre dans un produit, le coefficient est celui qui précède les autres. Quand l'un des facteurs est numérique, c'est ordinairement lui que l'on considère comme le coefficient de la quantité qu'il accompagne. Le coefficient 1 peut toujours être supposé dans une quantité, car a est la même chose que $1a$.

Dans les équations, on appelle *coefficients* les facteurs connus dont sont affectées les inconnues. Ainsi l'équation $3y^2 - 2xy + 4 = 0$ a pour coefficients 3, $-2x$, et même 4, puisque ce dernier nombre peut-être regardé comme étant le coefficient de x^0 ou de y^0. Les coefficients des équations algébriques dont une inconnue sont des fonctions déterminées des diverses combinaisons des racines de ces équations.

Parmi les méthodes d'élimination qui servent à résoudre les équations du premier degré à plusieurs inconnues, il en est une qui prend le nom de *méthode des coefficients indéterminés*, quoique nombre d'auteurs pensent qu'il seraît plus exact de dire *méthode des coefficients à déterminer*. Aidée des procédés du calcul différentiel, la méthode des coefficients indéterminés s'applique à des questions d'un ordre plus élevé, telles que le développement en série d'une expression donnée.

L'analyse fait encore usage des *coefficients différentiels*, dont la notion est intimement liée à celle de la différentielle.

La physique mathématique emploie le mot *coefficient* dans plusieurs acceptions; mais il est toujours accompagné d'une qualification qui indique clairement à quoi il se rapporte. C'est ainsi qu'il y a des *coefficients de dilatation, de dispersion* (voyez RÉFRACTION), *d'élasticité, de frottement*, etc.   E. MERLIEUX.

COEHOORN (MENNO, baron DE), célèbre ingénieur, contemporain et rival de Vauban, né en 1641, près de Leuwarden, dans la Frise, reçut de son père, capitaine d'infanterie, les premières notions de l'art militaire, et montra de bonne heure une grande aptitude pour l'art de la fortification. Il termina ses études à l'université de Francker, sous la direction de son oncle Bernardus Fullenius, mathématicien distingué, et obtint dès l'âge de seize ans le grade de capitaine au service des Pays-Bas. Il prit part en cette qualité à la défense de Maëstricht en 1673, et la même année se signala au siége de Grave en se servant pour la première fois de petits mortiers de son invention, que l'on a depuis souvent imités et employés avec succès. Sa belle conduite à l'affaire de Senef (1674) lui valut le grade de colonel. Après avoir assisté aux combats de Mont-Castel et de Saint-Denis et à quelques siéges, il fut chargé, après la conclusion du traité de Nimègue, en 1680, de fortifier Coeverden au moyen d'ouvrages extérieurs, tout en conservant à cette place sa forme pentagonale. Un autre ingénieur, appelé Louis Paan, ayant reçu la même mission, il en résulta entre eux des discussions, par suite desquelles Coehoorn développa de la manière la plus lucide les éléments de l'art de la fortification des places dans les ouvrages intitulés : *Versterkinge des vijfhoeks met alle sijne buijtenwerken* (Leuwarden, 1682) et *Nieuwe vestingbouw* (Leuwarden, 1685; traduit en français; La Haye, 1741). Son système obtint beaucoup d'approbation en Allemagne, où on le préféra même à celui de Vauban. La guerre de 1688 fournit à Coehoorn l'occasion de faire de nouvelles expériences et de recommander l'usage du mortier. Par suite des services qu'il lui avait rendus pendant le siége de Bonn, l'électeur de Brandebourg lui offrit un grade élevé dans son armée; mais Coehoorn ne l'accepta point. Il assista à la bataille de Fleurus (1690) avec le grade de brigadier. En défendant, en 1692, avec le rhingrave, contre Louis XIV et Vauban, Namur, dont il avait notablement amélioré le système de défense, il repoussa, à la tête de 1500 hommes à peine, pendant deux jours entiers, les assauts de l'ennemi contre le fort Wilhelm, qu'il avait construit lui-même, mais qu'on était parvenu à couper par une parallèle, et dut finir par céder à des forces de beaucoup supérieures aux siennes. En 1694 il dirigea les opérations du siége de Huy, et contribua l'année suivante à la reprise de Namur par un feu d'artillerie concentré autant que possible sur un même point et de beaucoup supérieur à celui des assiégés. Quand éclata la guerre de la succession d'Espagne, il fut placé à la tête d'un corps de 10,000 hommes. En 1702 il enleva le fort Donatus et détruisit les redoutes et les lignes qui le protégeaient. Il dirigea plus tard, sous les ordres du prince de Nassau-Saarbruck, les opérations du siége de Venloo et de celui de Ruremonde, qui, par suite de ses habiles dispositions, que le mortier dut de sept jours. Il s'empara ensuite du château de Liége, de Kaiserswerth et de Bonn; succès dûs particulièrement à l'emploi de la bombe. Après avoir, avec Sparre et Tilly, chassé les Français des retranchements de Stekene, il s'empara d'Huy et de Limbourg. Il venait d'être invité par Marlborough à se rendre à La Haye, pour y délibérer sur un nouveau plan de campagne, lorsqu'il mourut, le 17 mars 1704. Il fut enterré à Wijkel, en Frise, où ses enfants lui élevèrent un superbe monument.

Le système de fortifications de Coehoorn a été exposé par lui sous trois aspects différents, calculés tous sur le sol de la Hollande, qui est presque partout à fleur d'eau. Au premier se rattache la défense de Nimègue, de Bréda, de Namur, de Berg-op-Zoom et de Manheim. Dans la manière de Coehoorn, le corps principal est relativement bas, pourvu d'une escarpe en maçonnerie, dérobée au feu direct de l'ennemi par des ouvrages élevés qui le précèdent. Les bastions, au nombre de 6 à 8, sont pleins et spacieux, avec de larges flancs et d'étroites faces. Une fausse braie pour l'infanterie, séparée du rempart principal par un fossé sec, l'entoure ainsi que les ravelins. Le grand fossé et le fossé des ravelins sont pleins d'eau. Les couvrefaces sont si peu de développement, que lorsque l'ennemi s'en est emparé, il lui est impossible de s'y maintenir. Le chemin couvert est vaste, pourvu de grandes places d'armes, et possède, comme les ravelins, des réduits et des traverses en maçonnerie. Le sol des fossés secs de même que le chemin couvert sont à fleur d'eau, de sorte que l'assiégeant ne saurait y creuser de tranchées, et se voit obligé pour s'y couvrir d'apporter de loin des matériaux. Ils sont défendus par des feux de mousqueterie au moyen de caponnières à fossé et de galeries de dégagement. En avant de l'épaulement du bastion se trouve sur la fausse braie un orillon en maçonnerie, pourvu de casemates munies de pièces, enfilant le fossé de la fausse braie en avant des faces du bastion. Le flanquage est partout convenablement ordonné, et l'offensive contre l'assiégeant facilitée par de larges fossés secs et un vaste chemin couvert. Les frais des fortifications de ce genre sont singulièrement diminués par le peu d'ouvrages en maçonnerie qu'elles exigent; circonstance d'une haute importance dans un pays dépourvu de pierre et hérissé de places fortes comme la Hollande. Un grand inconvénient de la manière de Coehoorn, quoiqu'il fut moins sensible à une époque où l'art du tir avait atteint bien moins de précision que de nos jours, c'est qu'elle offre peu d'abri contre les bombes. On trouvera une exposition détaillée de son système dans l'ouvrage de Mandar intitulé *De l'Architecture des Forteresses* (Paris, 1801), et dans l'*Essai général de Fortification* de Bousmard (Paris, 1814). Consultez aussi Zastrow, *Geschichte der beständigen Befestigung* (Leipzig, 1839, 2ᵉ édit.).

COELÉSYRIE. Voyez CÉLÉSYRIE.

COELIAQUE ou **CÉLIAQUE** (de κοιλια, ventre), qui a rapport aux intestins. L'*artère cœliaque* est une des ramifications de l'aorte dans l'abdomen. L'entrelacement nerveux que forme le grand sympathique autour de cette artère a reçu le nom de *plexus cœliaque*.

COELIUS (Mont), une des sept collines de Rome antique, situé à l'orient du Palatin. Il s'appelait autrefois *Querquetulanus*, parce qu'il était couvert de chênes; on le nomma *Cœlius*, selon Tacite, du nom de Celès Vibenna, chef de la nation étrusque, qui, étant venu au secours de Rome, fut établi avec sa troupe dans ce quartier par Tarquin l'ancien. Le mont Cœlius est la plus grande des sept collines de la ville éternelle; il n'a pas moins cinq kilomètres de tour. Aujourd'hui la *Via de S. Gregorio* le sépare du Palatin, et la *Via Labicana* de l'Esquilin.

COERCITION, COERCITIF (du latin *coercere*, forcer, contraindre). C'est une contrainte physique ou matérielle exercée contre quelqu'un. Les *moyens coercitifs* sont ceux qu'on emploie pour exercer la contrainte; c'est l'usage légitime de la force publique dans les termes autorisés par la loi. Les moyens coercitifs s'exercent soit contre les biens, soit contre les personnes. Contre les biens, on arrive à l'exécution par la saisie et la vente; contre les personnes, par l'emprisonnement ou la contrainte par corps. Un des moyens coërcitifs les plus puissants pour contraindre à l'exécution d'une obligation, c'est la fixation d'un délai passé lequel les tribunaux condamnent à des dommages-intérêts, dont ils fixent le montant par chaque jour de retard apporté à l'exécution. Il ne faut donc pas confondre les *moyens coërcitifs* avec les *mesures correctionnelles* ; et bien que dans l'un et l'autre cas on soit souvent obligé de recourir à l'emploi de la force publique, on ne doit pas oublier que la coërcition ne s'emploie qu'à titre de nécessité, et non à titre de peine, de sorte qu'on peut toujours en arrêter l'emploi en satisfaisant à l'obligation contractée. C'est ainsi que le détenu pour dette peut toujours faire cesser l'exercice de la contrainte par corps, qui n'est qu'une mesure coërcitive, en acquittant ce qu'il doit, et qu'en général tout débiteur peut arrêter l'effet d'une saisie ou d'une expropriation en satisfaisant le créancier poursuivant.

On appelle *lois coërcitives* celles qui ont spécialement pour but de réprimer les actes contraires à la chose publique, à l'ordre et aux bonnes mœurs.

COÈSRE (Grand). C'était le titre du chef des Bohémiens. On le donnait également dans le dix-septième siècle encore au chef suprême des gueux de Paris, habitants des cours des miracles. Dans un recueil de gravures du temps, faites par Boulonois, intitulé *Livre des Proverbes*, on voit le grand Coësre, vêtu d'un manteau déchiré, coiffé d'un vieux chapeau orné de coquilles, appuyé sur un bâton noueux en forme de béquille, assis sur le dos d'un coupeur de bourse, nommé en langage d'argot *mion de bouille*, et recevant sur cette espèce de trône vivant les contributions de ses sujets. Un bassin est à ses pieds, où chacun vient déposer son offrande : ce qu'on nomme en ce langage *cracher au bassin*. L'archi-suppôt, élevé sur une estrade, lit et explique une ordonnance du grand Coësre. Les *archi-suppôts* ou *cagoux* étaient seuls exempts de contributions envers le grand Coësre. DULAURE.

COEUR (en latin *cor*, *cordis*, du grec κέαρ). Dans l'anatomie physiologique, le cœur est considéré comme une pompe aspirante et foulante, placée au centre de l'appareil vasculaire, qui reçoit le sang de toutes les parties du corps, le dirige vers les organes respiratoires, reçoit encore le sang qui a respiré et le distribue dans toute l'étendue de l'organisme animal. Chez l'homme, les mammifères et les oiseaux, le cœur est composé de quatre cavités, dont deux plus petites, à parois moins épaisses, appelées *oreillettes*, et distinguées en droite et en gauche, sont les *sinus aspirants*, la première, du sang du corps, la seconde, du sang des poumons ; tandis que les deux autres, plus grandes, nommées *ventricules*, et distinguées également en droit et en gauche, sont les *sinus refoulants*, le premier vers le poumon, et le second vers toutes les parties du corps, depuis les plus voisines jusqu'aux plus éloignées de ces centres vasculaires. Ce double mécanisme contribue beaucoup à ce mouvement des fluides sanguins connu dans les animaux sous le nom de *circulation*.

Chez tous les êtres animés à sang chaud (mammifères et oiseaux), les cavités droites du cœur ne communiquent point avec les cavités gauches, si ce n'est pendant la vie fœtale, où cette communication a lieu par l'ouverture de la cloison des oreillettes, qu'on nomme le *trou de Botal*. Pour l'intelligence des caractères physiologiques du cœur, considéré dans toute la série animale, il est indispensable de faire remarquer que les cavités droites de cet organe, qui reçoivent le sang du corps pour le porter au poumon, ont été appelées à cause de cela *cœur pulmonaire*, ou *cœur droit*, ou *cœur à sang noir*, et que les cavités gauches, qui accumulent le sang venu des poumons pour le distribuer dans tout le corps, ont reçu le nom de *cœur aortique*, du nom de la grande artère ou aorte et de toutes ses branches, qui charrient le sang rouge : ce cœur est aussi dénommé *cœur gauche* ou *cœur à sang rouge*.

Dans les reptiles écailleux (tortues, crocodiles, lézards et serpents), le cœur se compose de deux oreillettes, l'une pour le sang noir, l'autre pour le sang rouge, et d'un seul ventricule à trois loges, qui distribue le sang au poumon et au reste du corps ; les reptiles à peau nue (grenouilles, crapauds, salamandres, protées, sirènes) n'ont au cœur qu'une seule oreillette et un seul ventricule, mais ce cœur dirige encore le sang vers le poumon et tout le corps.

Chez les poissons, le cœur, réduit de même à une seule oreillette et à un seul ventricule, ne sert plus, dit-on, qu'à la circulation branchiale. Il ne serait que pulmonaire, tandis que dans les mammifères et les oiseaux il y a à la fois un cœur aortique et un cœur pulmonaire, et que le ventricule unique du cœur des reptiles remplit à lui seul directement ou indirectement l'office de ces deux cœurs. Mais il convient de faire remarquer que chez les poissons il y a à l'origine de l'artère branchiale un renflement musculaire qui est un vrai ventricule accessoire, et plus petit que celui où l'oreillette vient aboutir. Ce ventricule auxiliaire sert évidemment à propager l'action du cœur jusqu'à l'aorte ou grande artère du corps. On observe de même dans le cœur des embryons des mammifères et des oiseaux un renflement appelé *bulbe de l'aorte*.

Chez les céphalopodes (poulpes, seiches, calmars), il y a deux sinus ou ventricules pulmonaires ou branchiaux et un seul cœur aortique. Les autres mollusques ont un cœur aortique sans cœur pulmonaire. Il n'y a de même qu'un seul cœur aortique sans ou sans sinus pulmonaires ou branchiaux chez les arachnides et les crustacés. Mais déjà chez les arachnides trachéennes le cœur se transforme en un vaisseau dorsal qui tient lieu de cœur dans tous les insectes. On trouve dans les annélides pour organes d'impulsion du sang quatre grands troncs vasculaires, deux médians, l'un dorsal, l'autre ventral, et les deux autres latéraux. Enfin, dans les animaux où le mouvement du sang est réduit à l'oscillation et ne circule plus, on ne trouve aucune trace de ces organes qui ont suppléé le cœur. Les holothuries offrent seules un appareil vasculaire, qu'il ne faut pas confondre avec leurs tubes aquifères.

Chez l'homme, le cœur, situé comme dans tous les vertébrés, dans la cavité thoracique, entre les poumons, au-dessus du diaphragme, au-dessous des bronches et du thymus, se distingue du cœur de tous ces animaux, par l'aplatissement de sa face postérieure et inférieure, et par la déviation de sa pointe en avant et à gauche. Nous signalons ces caractères distinctifs, parce qu'ils indiquent dans cet organe la disposition la plus favorable à la station verticale. En outre des ouvertures par lesquelles le sang arrive dans les oreillettes, on en observe deux autres, qu'on nomme *ouvertures auriculo-ventriculaires*, parce qu'elles établissent la communication entre les cavités des oreillettes et celles des ventricules, et deux autres encore par lesquelles les ventricules communiquent avec les cavités de leurs grandes artères. A l'une des ouvertures de l'oreillette droite se voient les vestiges d'une grande *valvule* dite *d'Eustache* ; au-dessous de chaque ouverture auriculo-ventriculaire droite et gauche est une sorte de cône membraneux fixé aux parois du ventricule par des brides tendineuses, qui fait l'office de valvule ou de soupape. La valvule du ventricule droit est trifide ou tricuspide ; celle du ventricule gauche est bifide ou mitrale. Enfin, d'autres valvules, qui ont la forme de petits paniers de pigeon, sont au nombre de trois, placées à la circonférence des ouvertures ventriculo-artérielles. Tout ce système de soupapes a été évidemment établi pour favoriser l'accès du sang dans les cavités qui le reçoivent en l'aspirant, et pour s'opposer à son reflux au moment où ces sinus se contractent pour pousser le sang et le refouler dans les cavités qui leur succèdent.

De ce simple énoncé des usages des poches vasculaires et de leurs valvules, dont la combinaison constitue des cœurs plus ou moins complexes, on peut facilement déduire l'organisation de ces parties centrales de l'appareil circulatoire. Malgré la complication apparente de cette organisation, on peut ramener les parties composantes à trois couches ou tuniques, savoir d'une *interne*, en contact avec le sang, dont la duplication forme les valvules : c'est la membrane séreuse; l'autre *moyenne*, contractile et musculaire, dont les fibres se croisent et forment des plans observés par Wolf et M. Gerdy en France; la troisième, *externe*, est d'un tissu lâche, qui lui permet de se transformer de bonne heure en membrane séreuse, revêtue à l'extérieur par une couche fibreuse. C'est cette troisième couche qui forme la poche dite *péricarde*, dans laquelle se meut le cœur. Toutes ces couches ou tuniques vasculaires du cœur sont vivifiées par des vaisseaux et des nerfs qu'on a appelés *cardiaques*. Parmi les particularités de la structure de cet organe, nous indiquerons : 1° l'existence d'un os normal dans le cœur du bœuf, des daims, des cerfs, etc.; 2° la nature musculaire de la valvule du ventricule droit chez les oiseaux.

L'action du cœur, si intimement liée à celle du cerveau et des poumons, l'a fait considérer avec raison comme un des organes qui dans les animaux élevés forment le *trépied vital*. Ses autres relations avec la moelle spinale et le foie, et la manière dont il meurt dans les vivisections, ont été le sujet de recherches nombreuses, qu'on a reconnues être moins utiles à la science que l'étude des maladies, des monstruosités et de l'anatomie comparée des organes vasculaires.

L. LAURENT.

Le cœur est sujet à de nombreuses affections, dont la plupart résultent de l'influence de l'action nerveuse et de celle du sang sur cet organe. On sait quel désordre amènent dans ses contractions les passions vives, comme la colère, qui accélère la c i r c u l a t i o n, la tristesse, la peur, qui congestionnent le cœur et y retiennent le sang : les p a l p i t a t i o n s, la s y n c o p e ne sont pas toujours le résultat d'actions physiques. Corvisart attribuait une grande valeur aux causes morales : il pensait que les scènes sanglantes de 93, les bouleversements de fortune, les émotions et les chagrins qui en ont été la suite, avaient augmenté sensiblement, à cette époque de notre histoire, le nombre des affections organiques du cœur. Cependant, il faut ranger parmi les causes de ces affections les violences extérieures, les coups portés sur la poitrine; les chutes, dans lesquelles diverses parties du cœur ont été soumises à une contusion plus ou moins violente; une alimentation trop succulente ou trop abondante, l'abus des spiritueux, du café, et des excitants de toutes espèces; les exercices qui augmentent l'activité du cœur, le chant, les cris, l'usage des instruments à vent, la course, l'habitude de soulever des fardeaux, la lutte, le saut, l'abus des plaisirs vénériens, les veilles prolongées, etc.

L'*inflammation du cœur* peut avoir pour siége le péricarde, l'endocarde ou le tissu musculaire, de là sa distinction en *péricardite*, *endocardite* et *cardite*.

L'*anévrisme du cœur* résulte d'une dilatation de cet organe, et ne doit pas être confondu avec son *hypertrophie*, dont il offre d'ailleurs la plupart des symptômes. Mais dans l'anévrisme les palpitations sont plus sourdes et les syncopes plus fréquentes, le pouls est moins faible, et en général régulier. Un praticien exercé peut aussi établir un diagnostic différentiel à l'aide de la percussion et de l'auscultation. Il est d'autant plus important de s'assurer de l'existence d'un anévrisme du cœur, que cette maladie n'est curable qu'à son début. Un régime rigoureux longtemps prolongé, l'emploi des diurétiques et particulièrement de la digitale, forment alors le fond du traitement. Lorsque la maladie est trop avancée, on a encore recours aux mêmes moyens; mais ce ne sont plus que des palliatifs, qui ne peuvent que retarder plus ou moins une issue fatale qu'annonce l'apparition de l'anasarque.

L'*atrophie du cœur* est plutôt une maladie consécutive que primitive. Elle consiste dans la diminution d'épaisseur des parois du cœur, accompagnée ou non de la diminution de ses cavités. Le traitement de cette affection est entièrement subordonné à la cause dont elle dépend. Le plus souvent il faut accélérer les contractions du cœur par des toniques.

Indépendamment de l'*angine de poitrine*, on observe quelquefois certaines douleurs nerveuses du cœur ayant tous les caractères d'une n é v r a l g i e. Les *abcès* et les *ruptures du cœur* sont des maladies peu connues. Les *concrétions polypiformes*, nommées par les anciens *polypes du cœur*, sont incurables; il faut en dire autant du *cancer*, des *tubercules*, et des *kystes du cœur*.

Il nous reste à dire quelques mots des *plaies du cœur*. Elles sont pénétrantes ou non, suivant qu'elles ont atteint les cavités ou seulement les parois de l'organe. Dans le premier cas, l'hémorrhagie qui résulte de la contraction continue du cœur rend ces plaies presque toujours mortelles : pour peu que la blessure soit large, celui qui en est atteint tombe comme frappé de la foudre. Les plaies non pénétrantes sont moins graves, surtout s'il n'y a pas d'artère ouverte, et s'il ne se déclare pas de péricardite aiguë : on cite plusieurs cas de guérison, dus au repos, aux saignées et à l'administration de la digitale.

L'importance du cœur dans l'organisme et les influences nombreuses que les passions exercent sur ses mouvements donnent sans doute la raison de l'exubérance de l'emploi de son nom dans une foule de locutions. On a remarqué, en effet, que le *cœur* bat plus ou moins vite suivant l'intensité des sentiments dont l'âme est affectée, tandis que la longue méditation nous fait éprouver dans la tête une certaine douleur. Des philosophes anciens, oubliant que la c o n s c i e n c e nous atteste directement l'unité du *moi*, en ont conclu l'existence de deux âmes : l'une, principe des passions et des appétits, placée dans le *cœur* ou dans la poitrine; l'autre, principe de la connaissance, ayant son siége dans la tête ou le c e r v e a u. De là vient que le *cœur* et la tête sont pris pour les représentants, l'un des affections, l'autre de l'intelligence, et qu'on dit souvent d'un homme : bon *cœur* et mauvaise *tête*.

Les *battements du cœur* sont le signe de la vie. *Tant que le cœur me battra* signifie donc figurément tant que je vivrai. Siége de l'amour, le *cœur bat*, *palpite*, à la pensée de l'objet aimé. Le cœur tressaille de joie, il s'épanouit ; le plaisir le dilate, le chagrin le resserre. On a le cœur navré, blessé, gros de soupirs. Qui ne connaît les plaisirs, les peines, les plaies du cœur? On dit encore: *Toucher au cœur, blesser quelqu'un au cœur, déchirer, fendre le cœur, avoir un poids sur le cœur, avoir quelque chose sur le cœur.*

Mon cœur, mon petit cœur, mon cher cœur sont des expressions de tendresse affectées, souvent sans conséquence. *De bon cœur, de grand cœur, de tout cœur*, c'est volontiers, avec plaisir; *à contre-cœur*, c'est avec répugnance, malgré soi.

Cœur s'applique encore aux inclinations de l'âme : *un bon cœur, un mauvais cœur, avoir le cœur bien placé, un cœur d'or, n'avoir pas de cœur, être tout cœur, avoir un cœur de roche, de marbre, d'airain*. Rien ne bat sous la mamelle gauche de certaines femmes, a dit Jules Janin. Certains hommes n'ont qu'un bouton d'habit où les autres ont le cœur, a dit un poëte. Le cœur d'un homme d'État doit être dans sa tête, a dit Napoléon.

Cœur se dit quelquefois par opposition à esprit : Ce sermon plaît à l'esprit et ne touche pas le *cœur*. Former l'esprit et le *cœur* des enfants. Son esprit égare son *cœur*.

Cœur est encore synonyme de courage, fermeté d'âme, constance : Avoir un *cœur de lion*, un *cœur de poule*. *Remettre le cœur au ventre à quelqu'un, faire contre fortune bon cœur*.

Cœur signifie aussi la pensée intime, les dispositions secrêtes de l'âme : Dieu sonde les *cœurs*, il voit le fond des *cœurs*, il pénètre dans les replis du *cœur*. Parler le langage du *cœur*, laisser parler le *cœur*. Le *cœur* des rois est dans les mains de Dieu. Se parler *cœur à cœur*, c'est se parler avec franchise. Avoir le *cœur* sur les lèvres, c'est être sincère. Ouvrir son *cœur* à quelqu'un, c'est lui confier ses plus secrets sentiments. Parler à *cœur ouvert*, c'est parler sans déguisement. Parler d'abondance de *cœur*, c'est parler avec épanchement.

Cœur se prend parfois abusivement pour estomac : *mal de cœur*, *cœur barbouillé*, *cœur qui se soulève*. Faire la bouche en *cœur*, c'est donner à sa bouche une forme mignarde, affectée.

Cœur se dit particulièrement d'une des quatre couleurs des cartes françaises, dont les points sont figurés par des *cœurs* rouges.

Par analogie, c'est le milieu de quelque chose, le *cœur* de la ville, du royaume, etc. Au *cœur* de l'hiver ou de l'été, c'est au plus fort de ces deux saisons. Le *cœur* de la cheminée est le fond de l'âtre. Le *cœur* d'un arbre est la partie intérieure de son tronc : c'est aussi le milieu d'un fruit, d'un légume : *cœur de pomme*, *de poire*, *d'ananas*, *de laitue*.

En termes de blason, *cœur*, ou *abîme*, signifie le milieu de l'écu. En astronomie, on nomme *cœur du scorpion* et *cœur du lion* deux étoiles qui font partie de ces deux constellations ; le *cœur de Charles II* est une étoile de la constellation des chiens de chasse.

En géométrie, *cœur* est un solide engendré par la révolution d'une demi-ellipse, non autour d'un son axe, mais autour d'un de ses diamètres.

Par cœur, façon de parler adverbiale, signifiant de mémoire : apprendre, savoir, réciter *par cœur*. Savoir un homme *par cœur*, c'est le connaître à fond. Dîner *par cœur*, c'est se passer involontairement de dîner.

Après que la philologie nous a indiqué la raison de la fréquence de l'emploi d'un terme, qui, pour être aussi commun, n'est jamais trivial, il faut demander à la philosophie morale ou plutôt à l'expérience de nous apprendre à reconnaître le vrai *langage du cœur*, qui ne prodigue point le mot, et à ne point l'assimiler à ce ton parlait et à ces dehors gracieux d'une politesse mielleuse qui sous les formes les plus affectueuses n'est souvent rien autre chose qu'un *vernis de cordialité*.

CŒUR (*Conchyliologie*). Beaucoup de coquilles portent chez les marchands des noms empruntés à leur forme, qui rappelle plus ou moins celle d'un cœur. Telles sont celles du genre *bucarde*. De même on nomme *cœur marin* une espèce du genre *spatangue*, et *cœur de la Jamaïque*, *cœur des Indes*, *cœur en arche*, *cœur en carène*, différentes espèces de coquilles bivalves du genre *arche*.

On a aussi désigné sous la dénomination de *cœur* les trigonies et le noyau ou moule intérieur des coquilles bivalves bombées fossiles.

CŒUR (Mal de). *Voyez* NAUSÉE.

CŒUR (JACQUES), argentier de Charles VII, né à Bourges, vers 1395, occupe une place honorable dans l'histoire du quinzième siècle. Fils d'un riche marchand pelletier, natif de l'Altier, il reçut, sans parvenir aux grades supérieurs des universités, une éducation assez soignée pour être admis de bonne heure à la tonsure, avec le titre et les privilèges de *clerc*, ce qui ne l'empêcha pas d'épouser, vers 1418, la fille du prévôt de Bourges, petite-fille du maître de la monnaie. Vers 1427, il souilla d'une tache le début de sa carrière : associé à un monnayeur, et pressé, dit-on, par les demandes que lui adressaient les gens du roi, il fit affiner au-dessous du titre légal fixé par les ordonnances jusqu'à 300 marcs d'argent, « auquel affinage, dit un acte authentique, tudit Jacques a pu avoir profit de six à sept vingt escus. » Les coupables néanmoins obtinrent du roi des lettres de rémission, qui les déchargèrent en 1429 de toute poursuite moyennant une amende solidaire de mille écus d'or.

Lorsqu'un homme qui a failli se redresse avec honneur, il devient plus grand et se retrempe dans l'expérience de sa faute. Tel apparaît Jacques Cœur après cette faiblesse. Les facultés de son esprit et son activité se dirigèrent alors vers les entreprises commerciales, et bientôt il s'éleva par ses talents aux plus hautes dignités de l'État, se créant une fortune colossale. « Jacques Cœur, dit Mathieu de Coucy, par son sens, vaillance et bonne conduite, se façonna tellement, qu'il entreprit plusieurs grosses affaires, et fut ordonné argentier du roi Charles, dans lequel office il s'entretint longtemps en grand règne et prospérité. Il avoit plusieurs clercs soubs luy par tous les pays et royaulmes chrestiens, mesme en Sarrazinance (la Turquie), qui se mesloient de marchandises. Il avoit à ses despens plusieurs grands vaisseaux, qui alloient en Barbarie et jusques à Babylone querir toutes marchandises par la licence du soldan des Turcs. Il gagnoit chascun au plus que ne faisoient ensemble tous les aultres du royaulme ; il avoit bien trois cents facteurs soubs luy, qui s'estendoient en divers lieux, tant sur mer que sur terre. »

Ce fut vers 1432 que Jacques Cœur fit voile lui-même pour le Levant, s'arrêta notamment à Damas, y jeta les fondements de relations inconnues à la France, puis, au retour, établit à Montpellier un comptoir, dont il fit le centre de ses opérations, et qui eut en peu de temps des succursales à Marseille, à Tours, à Bourges et dans nos principales villes. En 1435, Charles VII, réfugié à Bourges, dernier asile que lui disputaient encore les Anglais, voulut appliquer à son service les talents de Jacques Cœur, et le fit maître des monnaies de Bourges, puis de Paris, qui ne devait rentrer sous sa domination que l'année suivante : le malheur efface les distances. Le roi et la reine étaient réduits à vendre leurs joyaux pour vivre ; un poulet rôti et une queue de mouton composaient tout le menu royal. Sans armée, sans argent, presque sans États, Charles VII devait envier l'aisance du plus mince bourgeois. Le marchand Jacques Cœur avait plus de commis que le roi de France n'avait de soldats : de là le surnom de *petit roi de Bourges*, que lui avaient donné ses ennemis, et qui n'était qu'une déplorable vérité. Jacques Cœur rétablit le titre altéré des espèces et l'ordre troublé de l'administration. En 1440 il fut anobli et devint argentier du roi, charge importante, qui pouvait être comparée à celle d'un intendant général de la liste civile. Mais ce fut peu pour lui de faire face avec exactitude aux obligations de son emploi ; il devint, on peut le dire, le banquier du roi, de la cour, de tout tout ce qui avait alors besoin de crédit, le banquier même universel du négoce, qui se résumait tout entier en lui. Une immense autorité, une puissance d'action sans exemple, en fut le résultat. En 1444 il fut un des hauts commissaires chargés d'aller instituer le parlement de Toulouse. Jusqu'en 1450 il présida annuellement pour le roi les états généraux de Languedoc, fut choisi en 1445 pour concilier le différend du comte de Foix et des trois états de son comté de Comminges, alla en 1446 annexer la république de Gênes à la France, négocia en 1447 l'extinction du schisme qui désolait l'Église, auprès de l'anti-pape Félix, et entra l'année suivante en triomphateur, à la tête d'un pompeux cortège, à Rome, à la suite de cette ambassade.

Charles VII, en 1449, ayant résolu de faire rentrer sous sa domination la Normandie, qui était encore au pouvoir des Anglais, eut recours à Jacques Cœur pour subvenir aux énormes dépenses de cette expédition. « Sire, ce que j'ai est vôtre », répondit le patriotique argentier, et il avança au roi deux cent mille écus. Dès lors les vaillants capitaines restés fidèles à leurs serments, à la patrie, trouvèrent des soldats. Jeanne d'Arc leur donna l'exemple du plus héroïque dévoûment, et l'ennemi, partout attaqué, partout vaincu, fut contraint d'évacuer nos provinces envahies et non conquises. « Lorsque le roi fit son entrée dans Rouen, dit Alain Chartier, on vit le comte de Dunois, le seigneur de la Varennes et Jacques Cœur, marcher à côté les uns des autres, et tous trois habillés de la mesme façon; ils avoient des jaquettes de velours violet, fourrées de martre, et les houssures de leurs chevaux toutes pareilles, bordées de fin or et de soie. » Charles VII avait exigé que Jacques Cœur parût dans cette cérémonie triomphale avec le même costume et marchât sur la même ligne que lui et Dunois. Quelques historiens ont attribué à la vanité de Jacques Cœur ce qui n'était que l'effet des ordres formels de la gratitude du monarque.

L'argentier avait atteint l'apogée de sa fortune. Il avait marié sa fille au vicomte de Bourges. Son frère était évêque de Luçon. L'aîné de ses fils avait été, à vingt-cinq ans, grâce à son crédit, élu par le chapitre, nommé par le roi et confirmé par le pape archevêque de Bourges et primat d'Aquitaine. Son commerce, desservi par 7 navires et 300 facteurs, embrassait la France, la Catalogne, l'Italie, l'Angleterre, l'Afrique et l'Asie. Il possédait, outre ses nombreux comptoirs et entrepôts, une papeterie dont les archives de l'empire conservent des produits à l'estampille de ses armes; des mines de plomb, de cuivre, d'argent dans le Bourbonnais et le Lyonnais, plus de trente châtellenies, seigneuries ou paroisses, deux hôtels à Paris, deux à Tours, six à Lyon, d'autres à Beaucaire, à Béziers, à Saint-Pourçain, à Montpellier, à Marseille, à Bourges. Enfin deux locutions proverbiales sont restées traditionnelles dans le Berry : *Riche comme Jacques Cœur*, —et : *Le roi fait ce qu'il peut, Jacques Cœur ce qu'il veut*.

L'hôtel de Bourges, aujourd'hui rendez-vous incessant des archéologues, effaçait alors en élégance le Louvre, le palais de Bourges, et les châteaux de Loches et Mehun-sur-Yèvre, résidences royales. Partout les *cœurs* et les coquilles de saint Jacques, insignes allégoriques de l'argentier, s'y mêlent aux emblèmes rappelant son origine et la source de sa fortune. Dans les trèfles à jour de la balustrade, sur la façade de l'hôtel se découpait à la lumière cette devise : *A vaillans cœurs rien impossible*.

Agnès Sorel avait été pour Charles VII plus que la reine; elle était morte en 1450, instituant pour son exécuteur testamentaire Jacques Cœur, avec le roi et deux grands personnages. Une fidélité à toute épreuve, un dévoûment sans bornes, bien des services rendus, donnaient à l'argentier de justes droits à la reconnaissance de Charles VII; mais ce prince devait être plus qu'ingrat. Tandis que Jacques Cœur le représentait aux conférences de Lausanne, et que, par sa magnificence et ses talents, il s'y montrait le digne envoyé de la France, Chabannes de Dammartin, favori du roi, et La Trémoille, qui convoitaient sa fortune, avaient attaqué son honneur par les plus absurdes et les plus criminelles calomnies. A son retour de cette mission, qu'il avait remplie avec autant d'habileté que de bonheur, il se vit contraint de répondre à la plus grave, à la plus inique accusation, et Agnès Sorel n'était plus là pour confondre les lâches calomniateurs de l'homme qu'elle estimait le plus. Jacques Cœur, sans autre appui que son innocence, se présenta volontairement pour se justifier; il fut jeté dans la prison du château de Lusignan en Poitou, et mis au secret. Les quatre principaux chefs d'accusation, suivant Matthieu de Coucy, portaient : « 1° Qu'il falloit qu'il eust desservi le roi; 2° qu'il avoit envoyé au soudan de Babylone un chrestien qui s'estoit échappé de ses mains, crainte qu'on ne lui arrestast ses galères et vaisseaux, chargés de riches marchandises; 3° qu'il avoit fait empoisonner la belle Agnès Sorel, de l'amour de laquelle le roi estoit fort enamouré, et cela pour l'enflamber davantage contre luy; 4° qu'il avoit envoyé en présent au susdit soudan de Babylone une armure complète, pour servir à son usage. » Tous ses biens furent saisis, et Chabannes de Dammartin, qui se les était fait adjuger d'avance

par le roi, se fit nommer président de la commission chargée d'instruire le procès. D'autres seigneurs, capitaines, aventuriers, violents, avides, hommes de main, très-familiers du fait, peu respectueux du droit, jaloux de Jacques Cœur, envers qui ils étaient débiteurs de fortes sommes qu'il leur avait prêtées, se réunirent à Chabannes et à La Tremoille contre ce malheureux : ils espéraient se libérer de leurs obligations en le faisant condamner. Jacques Cœur réfuta, avec le calme de la raison et de l'innocence, tous les chefs de cette monstrueuse accusation; toutes ses actions déposaient de sa constante fidélité, de son entier dévoûment au roi. Le fait de l'esclave chrétien, vrai ou supposé, lui était tout à fait inconnu, et ce chef d'accusation n'était appuyé d'aucune preuve directe ni indirecte. L'accusation d'empoisonnement n'était ni vraie ni vraisemblable : Agnès en expirant avait mis au jour une fille, qui avait survécu six mois à sa mère. Et pour ce qui était de l'envoi d'un *harnois* au soudan, c'était avec l'agrément du roi qu'il l'avait fait, pour remercier le grand seigneur de la protection qu'il lui accordait.

Cette déclaration était l'expression de la vérité. Mais Jacques Cœur était riche, et il avait pour juges ses accusateurs. Son fils, l'archevêque de Bourges, les évêques de Poitiers et autres prélats, le pape Nicolas V prirent hautement sa défense, et fatiguèrent le monarque de vaines supplications; on refusa au prévenu la juridiction de l'Église, qu'il réclamait au titre de sa tonsure, aussi bien que des juges ordinaires. Mille irrégularités, mille iniquités vicièrent la procédure. On lui dénia l'assistance d'un conseil. Défense lui fut faite de communiquer même avec ses enfants. Tout le zèle de ses défenseurs ne put que faire trainer deux ans son procès en langueur. Le 22 mars 1453 il fut soumis à la torture, et avoua tout ce qu'on voulut. Le 29 mai de la même année un arrêt de condamnation fut prononcé à Lusignan au nom du roi : Jacques Cœur était déclaré coupable sur tous les points, excepté le premier, ce qui ne l'exemptait pas de la peine de mort; mais Charles VII, « attendu que le pape avait rescript et fait requeste en faveur du condamné, attendu aussi ses bons services » lui faisait remise de la vie.

L'argentier devait, indépendamment d'autres réparations civiles, faire amende honorable et payer 400,000 écus d'or. « Au surplus, ajoutait la sentence, avons déclaré et déclarons tous les biens dudit Jacques Cœur confisqués envers nous, et avons icelui Jacques Cœur banny et bannissons perpétuellement de ce royaume, réservé sur ce notre bon plaisir. »

Cet arrêt monstrueux fut exécuté et même aggravé : Le 5 juin 1453, l'argentier, nu-tête et en chemise, fut amené publiquement dans le prétoire de Poitiers et aux commissaires assemblés. Là, tenant en main une torche ardente de dix livres, et à genoux, il confessa « qu'il avoit mauvaisement, induement et contre raison, envoyé et faict présenter harnois et armes au soudan, ennemy de la foy crestienne et du roy..., faict mener et transporter aux Sarrasins grande quantité d'argent blanc, etc., etc., dont il requéroit mercy à Dieu, au roy et à justice. » Aussitôt ses biens furent mis en vente, et, ce qui jette sur cette trame honteuse l'évidence du jour, les juges ou commissaires se partagèrent immédiatement avec Charles VII ses dépouilles. Le roi prit 100,000 écus pour la guerre de Guienne, et abandonna le reste aux *vautours* de sa suite.

Jacques Cœur était déchu, proscrit, ruiné, et l'animosité de ses persécuteurs n'était point encore assouvie. Interprétant dans le sens le plus rigoureux les termes de l'arrêt, au lieu de lui accorder au moins *la liberté de l'exil*, ils le retinrent dans une étroite prison. Il trouva moyen de s'évader. Se dirigeant hors du royaume du côté de la Provence, il arriva à Beaucaire, y fut reconnu, et se jeta dans un couvent de cordeliers ou jacobins, réclamant le droit d'asile, dont ce lieu possédait le privilége. Mais bientôt il fut rejoint et poursuivi jusque dans ce refuge par les limiers d'un Otto Castellani, Italien, l'un de ses persécuteurs les plus acharnés.

Placés entre leur immunité et les attentats auxquels elle les exposait gratuitement, les moines auraient volontiers livré un hôte aussi incommode. Jacques était gardé à vue. Il avait toutefois intéressé à son sort frère Hugo, l'un des religieux. Une première fois, pendant la nuit, un sicaire d'Otto pénétra jusque auprès du réfugié, et l'aurait mis à mort si ce dernier, muni d'un maillet de plomb dont le bon frère l'avait armé, n'avait racheté sa vie à la force de son bras et de son courage. Cependant la patience des moines se lassait ; le péril devenait extrême. Beaucaire n'est qu'à 80 kilomètres de Marseille, où Jacques Cœur a un ami dévoué, son facteur, Jean de Village, qui a épousé sa nièce. Le malheureux proscrit lui adresse une lettre dans laquelle il le presse de venir à son secours.

Jean de Village dresse aussitôt son plan de campagne. Il se rend à Tarascon, et, assisté de dix-huit à vingt *compagnons de guerre*, il enlève l'illustre captif. Le comté de Provence et le petit état de Marseille ne lui offrant pas, cependant, un asile assez sûr, il se dirige, tantôt par terre, tantôt par eau, du côté de Nice. Un navire armé le conduit à Pise, et de là, enfin, Jacques se rend à Rome, où le pape Nicolas V l'accueille avec toutes les marques possibles d'estime et de sympathie.

Nicolas mourut peu de temps après l'arrivée de Jacques Cœur, laissant dans le trésor de saint Pierre 200,000 écus d'or destinés à une nouvelle croisade. Son successeur Caliste III, délaissé par la foi attiédie des princes de la chrétienté, équipa seul seize galères, dont il donna le commandement à l'argentier, avec le titre de capitaine général des forces maritimes de l'Église; la flotte, ralliée par des pirates catalans et par quelques autres auxiliaires, s'engagea résolument dans l'Archipel, mais ne put que ravager les côtes de l'Asie Mineure et quelques îles. Jacques Cœur s'y comporta vaillamment. Blessé en tombe malade entre Rhodes et Chio, il relâcha dans cette dernière île, où il expira, le 25 novembre 1456.

La mort de Jacques Cœur désarma enfin la rage de ses ennemis. Charles VII accorda des *lettres de rémission* aux enfants courageux, aux serviteurs reconnaissants, qui avaient déployé pour leur bienfaiteur l'énergie de leur piété filiale. Les loyales restitutions de ses facteurs, les lenteurs de la justice avaient conservé intacts quelques débris de sa colossale opulence. Louis XI les rendit, ainsi que l'hôtel patrimonial de Bourges, aux héritiers de l'argentier, ordonna la révision complète de son procès, fit réhabiliter sa mémoire, et n'eut de repos qu'il n'eût vu condamner Chabanes de Dammartin, son délateur et son juge, à la restitution de la portion des biens de la victime qu'il s'était fait livrer. Une expédition en forme du procès scandaleux de Jacques Cœur et de l'arrêt qui en a prononcé l'annulation est conservée dans les archives du château de Saint-Fargeau, qui a appartenu à Jacques Cœur, et qui est l'un des domaines héréditaires de la famille Lepelletier. DUPEY (de l'Yonne).

CŒUR DE BŒUF (*Botanique*). *Voyez* ASIMINIER.

CŒUR DEHORS. Un arbre qui a très-peu d'aubier, très-estimé à Cayenne pour les constructions, dont on se sert avec succès pour les moyeux des roues, le rouleau des moulins à sucre et les pilotis, a été ainsi nommé à cause de l'épaisseur considérable de sa partie ligneuse dure ou *cœur* du bois.

COFFRE, meuble en forme de caisse, qui se ferme avec un couvercle et une serrure. Ce mot, suivant Ménage, vient de *coffinus* ou *coffin*, et suivant Noël, de *cophinum*, panier. Il y a des coffres de toutes grandeurs, de toutes formes, servant à tous usages. Si le coffre a un couvercle voûté, c'est un *bahut*; s'il est couvert de cuir ou de peau de sanglier, c'est une *malle*. S'il est en bois léger, il sert à mettre des chapeaux, des chiffons de femme; s'il est en laque de Chine, on y enferme des bijoux et des choses précieuses : c'est un *coffret*, une *boîte*. S'il est en fer, ou en bois épais doublé de fer, ou garni de forts assemblages en bandes de fer et d'une ou plusieurs serrures compliquées et à secret, c'est un *coffre-fort*, où l'on serre l'or, l'argent, les papiers d'importance.

La clef du *coffre-fort* et des cœurs, c'est la même,

a dit La Fontaine. Saint-Évremond a écrit dans le même sens : « Tant que nous aurons de l'argent dans nos *coffres*, nous aurons des amis assurés. » On dit d'un financier égoïste et opulent qu'*il a l'âme aussi dure que le coffre-fort*; ou même que c'est un *coffre-fort vivant*. Les *coffres du roi* étaient les recettes des domaines et des revenus du prince, des parties casuelles et autres droits qui venaient du trésor royal. On ne remboursait les domaines et les charges que sur le prix réellement entré dans les *coffres* du roi.

En termes d'architecture et de menuiserie, on appelle *coffre d'autel* la table d'un autel avec l'armoire qui est dessus, placés dans un retable en marbre et en bois. Le *coffre* d'un carrosse, d'une diligence, c'est la caisse de la banquette du fond dans laquelle le cocher serre les objets qui lui sont nécessaires pour son service, quelquefois même de l'argent. Le *coffre à l'avoine*, meuble d'écurie, n'a pas besoin d'explication; mais on appelle aussi *coffres à avoine* les grands chevaux qui en consomment beaucoup. En termes de facteurs d'instruments, le *coffre* est l'assemblage et le corps d'un clavecin, d'un orgue, d'un piano. C'est enfin un terme de chasse, de haras et d'anatomie, soit qu'il s'agisse du corps d'un cerf dont on a fait la curée, ou des flancs d'une jument, ou de la partie du corps humain qui contient le cœur, le poumon et le foie.

En termes de guerre, le *coffre* est un logement creusé dans un fossé sec, peu différent de la caponière, et qui sert aux assiégés à empêcher qu'on ne franchisse le fossé de la place. *Piquer le coffre* se dit de ceux qu'on trouve toujours dans les antichambres, où il n'y a ordinairement que des coffres pour s'asseoir. *Rire comme un coffre*, c'est rire à gorge déployée. H. AUDIFFRET.

En termes d'artillerie, on donne le nom de *coffre* à une caisse destinée à contenir des munitions pour les pièces de campagne. Ce coffre, fait en bois d'orme ou de sapin, garni de ferrures nécessaires, est divisé à l'intérieur en compartiments, dans chacun desquels se place une gargousse à balles ou à boulet; le nombre de ces compartiments varie suivant le calibre de la pièce à laquelle appartient le coffre. L'avant-train de la bouche à feu, comme celui du caisson, porte un coffre à munitions; le caisson en porte deux. Dans les manœuvres des batteries, ou lorsqu'une bouche à feu est obligée de se porter vivement sur un point indiqué, les canonniers se placent sur les coffres pour suivre le mouvement. Le *coffre* a remplacé le *coffret* de l'ancien système, qui se trouvait placé entre les flasques de l'affût des pièces de campagne, et qu'il fallait enlever ou replacer chaque fois qu'on ôtait ou qu'on ramenait l'avant-train, opération qui occasionnait la perte d'un temps précieux en présence de l'ennemi.

En termes de marine, on désigne sous le nom de *coffre* l'espace compris sur le pont, entre les murailles d'un navire. On dit qu'un bâtiment a *beaucoup de coffre* si cette muraille est fort élevée, et qu'il a *peu de coffre* si elle n'a que de 1ᵐ à 1ᵐ,30 au-dessus du pont. Dans les gros temps, les navires à grand coffre exigent une extrême prudence de manœuvre dans les virements de bord. A la cape, ils sont plus exposés à chavirer que les autres. Lorsqu'il y a un aumônier à bord, on nomme *chapelle* le *coffre* contenant les vases sacrés et les ornements sacerdotaux. MERLIN.

Autrefois on embarquait sur les bâtiments des *coffres* d'armes, de pharmacie, de chirurgie, etc. Aujourd'hui toutes ces choses sont placées dans des endroits qui leur sont destinés, sur des tablettes ou dans des armoires, et par conséquent plus sous la main. A bord des navires du commerce seulement, où l'on trouve plus difficilement de la place pour tous les menus objets d'armement, il y a encore le *coffre du charpentier* et le *coffre des médicaments*, petite pharmacie de campagne, avec quelques instruments de chirurgie indispensables.

COFFRE (*Ichthyologie*), genre de poissons osseux, de la famille des sclérodermes, ainsi nommés parce qu'ils ont, au lieu d'écailles, une espèce de cuirasse à compartiments ou *coffre* qui revêt la tête, le corps, et laisse passer par des ouvertures la queue, les nageoires, la bouche et une sorte de petite lèvre qui garnit le bord des ouïes. Les parties placées en dehors de cette cuirasse sont les seules qui soient mobiles. Les pièces qui constituent ce coffre sont osseuses en dedans, crétacées ou pierreuses en dehors, et disposées avec beaucoup d'ordre et de régularité. Leur surface est garnie d'une grande quantité de petites élévations, qui la font paraître comme ciselée. Les coffres sont peu utiles à l'homme, à cause de la petite quantité de chair qui se trouve sous leur tégument osseux.   L. LAURENT.

COFIDÉJUSSEUR, COFIDÉJUSSION. *Voyez* CAUTION.

COGELS (JOSEPH-CHARLES), paysagiste distingué, né à Bruxelles, en 1785, devait d'abord embrasser la carrière administrative; mais il réussit à triompher des obstacles qui s'opposaient à sa passion pour l'art, et en 1802 il put aller suivre les cours de l'école de peinture de Dusseldorf. Revenu en Belgique trois ans après, il fut nommé membre de l'Académie de Gand. Après deux voyages à Paris, il se rendit à Munich, et s'y fixa. En 1825 l'Académie de cette ville l'admit dans son sein. Cogels mourut en 1831, à Leithein, près de Donauwerth. Ses toiles se distinguent par une vive intelligence de la nature et du caractère qui lui est propre dans son pays natal. Sa manière est d'ailleurs facile autant qu'ingénieuse, et l'on remarque surtout dans ses toiles des effets d'air et de lumière tout à fait surprenants.

COGNAC, ville de France, chef-lieu d'arrondissement dans le département de la Charente, à 35 kilomètres d'Angoulême, sur la rive gauche de la Charente, avec une population de 5,887 habitants, un tribunal de commerce, une typographie et des distilleries d'eau-de-vie très-renommées. Située sur une éminence au milieu d'une vallée fertile, elle est assez mal bâtie et ne renferme aucun édifice remarquable. Il s'y fait un commerce très-considérable en eaux-de-vie de la Charente, dont cette ville est le principal entrepôt, et auxquelles elle donne son nom; on y fait aussi le commerce des vins. Les environs produisent de bons vins blancs de liqueur, dits *des Grandes-Borderies*. Cette ville était autrefois dominée par un château-fort, dont il ne reste plus que quelques ruines et dans le parc duquel la duchesse d'Angoulême, Louise de Savoie, accoucha de François Ier, au pied d'un arbre qui fut longtemps fameux sous le nom d'Ormeille, mais que le temps détruisit en 1494. Il s'y tint trois conciles dans le treizième siècle. En 1526 François Ier y conclut un traité avec le pape Clément VII, les Vénitiens, le duc de Milan, Sforza, et le roi d'Angleterre, Henri VIII, contre Charles-Quint. Les principaux articles de ce traité avaient pour but d'obliger l'empereur à mettre en liberté les fils du roi de France, moyennant le payement d'une rançon raisonnable, et à rétablir Sforza dans la possession paisible du duché de Milan. Si Charles-Quint refusait d'acquiescer à ces deux conditions, les alliés s'engageaient à fournir une armée de trente-cinq mille hommes, qui, après avoir chassé les Espagnols du Milanais, iraient attaquer le royaume de Naples. Le roi d'Angleterre fut nommé protecteur de cette ligue, qu'on qualifia du titre de *sainte*, parce que le pape en était le chef; et afin de déterminer Henri par des motifs encore plus puissants, on s'engagea à lui donner dans le royaume de Naples une principauté de trente mille ducats de revenu annuel, et à Wolsey, son favori, des terres de la valeur de dix mille. En outre Clément VII, de sa pleine autorité papale, releva François du serment qu'il avait fait d'accomplir le traité de Madrid. Charles-Quint envoya Lannoy et Alarçon sommer François Ier de tenir ses engagements. Le roi de France, qui ne s'en souciait nullement, assembla les princes, les grands et les évêques qui se trouvaient alors à la cour, dans la ville de Cognac, et fit jouer par cette réunion de notables, devant les ambassadeurs de l'empereur, une pitoyable comédie. En effet l'assemblée posa en principe que le roi ne pouvant aliéner le domaine de la couronne ni trahir le serment qu'il avait fait à son sacre, l'engagement qu'on lui avait fait prendre était nul de plein droit. En quittant la France, Lannoy et Alarçon entendirent publier la sainte ligue qui venait de se former contre leur maître.

En 1551 la ville de Cognac fut assiégée inutilement par le prince de Condé. C'était avant la révolution le chef-lieu d'une élection et le siège d'un bailliage.

COGNASSIER, genre d'arbres de la famille des rosacées, tribu des pomacées. On cultive comme arbres fruitiers : le *cognassier commun* (*cydonia vulgaris*), dont on possède deux variétés, l'une en forme de pomme, dite *coing en pomme*, et l'autre en forme de poire, dite *coing en poire*; le *cognassier de Portugal* (*cydonia lusitanica*), dont les fruits sont plus gros, moins cotonneux, moins acerbes, plus tendres et plus parfumés, en même temps que ses fleurs sont plus grandes que dans le précédent; le *cognassier de la Chine* (*cydonia sinensis*) dont le fruit, très-gros, de forme elliptique, exhale l'odeur la plus suave et la plus douce, et sert comme les précédents à tous les usages ordinaires des coings, tandis que ses grandes et belles fleurs odorantes le font l'un des plus beaux arbres d'ornement; le *cognassier du Japon* (*cydonia japonica*) dont on cultive deux variétés, l'une à fleurs d'un blanc rosé, et l'autre à feuilles panachées. Ces cognassiers se multiplient par leurs semences, par couchages, par marcottes, par boutures, et par la greffe sur le cognassier commun. Ce dernier arbre, originaire des parties méridionales de l'Europe, est un sujet de greffe pour le poirier, qu'il détermine à produire plutôt du fruit que si ce dernier était greffé sur lui-même. On croit généralement que le nom latin du cognassier lui venait de Cydonie, ville de Crète, d'où serait originaire le cognassier commun.   C. TOLLARD aîné.

COGNATION, COGNATS. En droit romain la *cognation* était la parenté naturelle, qu'elle résultât des justes noces, ou de l'adoption. La cognation ne donnait aucun droit de famille; la seule parenté de droit civil était l'agnation.

En droit coutumier, on nommait *succession cognatique* celle où les collatéraux de la ligne féminine étaient admis à défaut d'héritiers mâles, de branche en branche.

COGNÉE. On écrivait autrefois *coignée*, vient du latin *cuneus*, dont nous avons également fait le mot *coin*. C'est une espèce de hache à long manche, qu'on emploie surtout à fendre du bois et qui peut être regardée comme le *gagne-pain* du bûcheron, ainsi que l'appelle fort bien La Fontaine. Cette appropriation de la cognée a fait entrer son nom dans quelques expressions du langage figuré. On dit, par exemple, qu'*il faut mettre la cognée à l'arbre*, pour dire qu'il est temps de commencer une affaire; *il ne faut pas jeter le manche après la cognée*, pour dire qu'il ne faut pas se décourager et abandonner une chose, parce qu'on en a mis une partie en oubli.

COGNIET (Léon), peintre d'histoire, membre de l'Institut, est né à Paris, en 1794. Il entra assez jeune dans l'atelier de Guérin, et dès que le maniement du pinceau lui eut été révélé, il prit part aux concours de l'école des Beaux-Arts. Il ne fut d'abord heureux qu'à demi. Après avoir obtenu le second prix de peinture en 1815, il remporta le premier en 1817, et partit pour Rome. A son retour, il débuta au Salon de 1822 par un tableau qui représentait *Métabus, roi des Volsques*, et une étude que le livret de cette exposition désigne sous le titre d'*Une jeune Chasseresse déplorant l'innocente victime de son adresse*. A défaut d'autre renseignement, le choix seul de ces sujets et leur puérilité sentimentale indiqueraient assez dans quel système ils étaient conçus et exécutés. M. Léon Cogniet n'était alors qu'un pâle élève de Guérin. Ce ne fut qu'au Salon de 1824 que l'attention commença à se fixer sur lui. Son *Marius à Carthage* fut acquis par le gouvernement pour le Musée du Luxembourg; et bien que tout a fait mélodramatique d'intention et de gestes, sa *Scène du Massacre des Innocents*, reproduite par la gravure, donna l'essor à sa renommée.

Au Salon suivant (1827), M. Cogniet grandit encore dans l'estime publique par son *Numa*, figure un peu froide et banale, qui, primitivement destinée à l'une des salles du Conseil d'État, décore aujourd'hui le Musée du Luxembourg, et surtout par un *Saint Étienne portant des secours à une pauvre famille*, tableau bien composé, qu'on voit maintenant à l'église Saint-Nicolas-des-Champs. Par sa coloration harmonieuse, mais non sans vigueur, cette peinture se place bien au-dessus de toutes celles que nous venons d'énumérer. Ces œuvres sérieuses n'empêchaient pas M. Léon Cogniet de peindre des compositions d'une dimension plus réduite et de simples tableaux de chevalet : nous n'avons pas à en dresser la liste. L'*Enlèvement de Rébecca*, exposé en 1831, participe à la fois de ces deux genres. C'est une brutale enluminure, un amalgame étrange de tons brillants et criards. La *Garde Nationale partant pour l'armée en 1792* (Salon de 1836) est, au contraire, un tableau lumineux, sans style aucun, mais agréable comme une vignette colorée. Ce tableau, qui est placé au Musée de Versailles, ouvrit à M. Léon Cogniet une voie nouvelle. Pendant les six années qui suivirent, il s'abstint d'exposer, absorbé qu'il était par les commandes que le roi lui avait faites pour les galeries de son palais agrandi. La *Bataille de Rivoli* est le plus sérieux ouvrage que M. Cogniet ait fait pour Versailles : dans les autres compositions, presque toutes empruntées à l'histoire de la campagne d'Égypte, il ne fut que le collaborateur de Philippoteaux, Karl Girardet, J. Vignon et Guyon.

Au Salon de 1843 on le vit reparaître avec un important tableau, *Le Tintoret peignant le portrait de sa fille morte*, peinture d'un sentiment emphatique et exagéré, mais qui, à cause de ses défauts mêmes, obtint un succès véritable. N'oublions pas de signaler parmi les œuvres de M. Léon Cogniet le plafond du Louvre, où il a représenté, dans la manière claire et un peu convenue d'Horace Vernet, l'*Expédition de Bonaparte en Égypte*, et la décoration d'une des chapelles de la Madeleine, travail sérieux, pour lequel il fit quelque temps des études de peinture à la cire. Parmi les portraits qu'il a exposés, on a remarqué, indépendamment de ceux du maréchal Maison (1831) et de Louis-Philippe jeune, qui sont à Versailles, ceux de son père (1824), de Pierre Guérin (1831), de Granet (1846) et surtout celui de Mme de Crillon (1852). Ce dernier est le meilleur de tous ; c'est une peinture sobre et précise, quoique d'une exécution mesquine.

Cette carrière si bien remplie n'a jamais été saluée de bien vifs applaudissements, mais elle n'est pas restée sans récompenses. Chevalier de la Légion d'Honneur le 23 avril 1828, et officier du même ordre le 5 juillet 1846, M. Léon Cogniet est entré à l'Institut en 1849, à la place de Garnier. Il est en outre professeur de dessin au Lycée Louis le Grand et à l'École Polytechnique , où il a remplacé Charlet. Talent modeste, esprit sans ambition , M. Cogniet a l'estime de tous : l'homme a fait aimer l'artiste.   Paul Mantz.

COHABITATION (du latin *habitare cum*, habiter avec). Ce mot, dans son acception la plus étendue, signifie l'état de deux ou plusieurs personnes habitant ensemble. Dans un sens plus restreint et aussi plus usuel, il désigne l'état de deux personnes de sexe différent ayant ensemble vie commune et rapports intimes. Sous ce point de vue on distingue la *cohabitation licite* et la *cohabitation illicite*. La cohabitation licite est celle qui existe entre époux ; la loi leur fait un devoir de la vie commune, dont ils ne peuvent être dispensés que par la séparation de corps. La déclaration de 1639 exigeait la cohabitation publique des époux pour que le mariage produisît des effets civils ; quelques coutumes voulaient même que le mariage ne fût réputé consommé que par la cohabitation ; c'est ainsi que la coutume de Normandie portait que la femme ne gagnait son douaire qu'au coucher. Aujourd'hui le m a r i a g e est consommé non plus par la cohabitation ; mais par la prononciation de l'union faite par l'officier de l'état civil.

La cohabitation produit les effets suivants. Elle rend inadmissible l'action en nullité du mariage pour cause de consentement non libre ou d'erreur, lorsqu'elle a été continuée pendant six mois depuis la découverte de l'erreur ou le recouvrement de la liberté. En matière de filiation le mari peut exercer l'action en désaveu de paternité , s'il établit l'impossibilité de cohabitation pendant le temps qui a couru depuis le trois centième jusqu'au cent quatre-vingtième jour avant la naissance de l'enfant. Si la cohabitation est constatée après une demande en séparation de corps, elle a pour résultat le rejet de cette demande; si elle a lieu après la séparation prononcée, elle en fait cesser les effets.

La cohabitation illicite ou concubinage est celle qui peut exister entre deux personnes qui ne sont pas unies par mariage. Or, cette cohabitation peut avoir lieu entre personnes libres, et alors il y a simple concubinage ; entre personnes unies par certains liens de parenté qui interdisent le mariage, et alors il y a inceste ; entre personnes engagées soit toutes les deux, soit l'une d'elles seulement, dans les liens du mariage, et alors il y a adultère.

COHÉRENCE, mot fait, ainsi que cohésion, du latin *cohærere*, unir, lier, joindre. Il indique la connexion d'une chose avec une autre, et s'emploie au propre et au figuré. Dans la première de ces acceptions , il se dit, en botanique, de certaines parties lorsqu'elles sont totalement appliquées ou collées sur une autre. Au figuré , c'est un terme de dogmatique ou de didactique, par lequel on peint la suite, la liaison, la convenance que des propositions ou des parties du discours peuvent avoir entre elles.

COHÉRITIER. C'est celui qui, lors de l'ouverture d'une succession dont il est appelé à recueillir sa part héréditaire, se trouve dans l'indivision avec les autres successeurs jusqu'au partage.

COHÉSION. Les physiciens connaissent sous ce nom la force qui tient liées ensemble les molécules des corps (voyez Attraction), et qui varie d'après l'état physique sous lequel ils se présentent à nous : prédominante dans les corps solides, elle est beaucoup moindre dans les liquides et ne paraît pas exister dans les gaz, ou, pour mieux dire , elle est contre-balancée dans tous les cas par une force opposée , le calorique , dont l'effet est de dissocier les parties des corps et de tendre à les faire passer de l'état solide à l'état liquide, et de celui-ci à l'état gazeux , comme on le voit, par exemple, par l'eau, que l'on peut obtenir à volonté dans l'état de glace, liquide ou en vapeur, en la soumettant à l'action de la chaleur ou du froid.

H. Gaultier de Claubry.

COHOBATION. Les anciens chimistes caractérisaient par ce mot l'action de soumettre plusieurs fois, et consécutivement, la même substance à la distillation . Le produit obtenu une première, une seconde fois, ou plus souvent encore, était de nouveau et successivement remis sur le résidu, et on procédait derechef à la distillation. Les alchimistes , qui attribuaient une grande importance et beaucoup d'efficacité à ces distillations répétées, avaient imaginé, pour pouvoir y procéder avec plus de commodité, une espèce d'alambic en verre dont le chapiteau portait deux tuyaux recourbés, qui ramenaient, autant de fois qu'ils le jugeaient convenable, le liquide distillé dans la cucurbite; et comme ils n'étaient pas avares de noms singuliers, qu'ils imposaient à toutes les substances, à toutes les opérations et à tous les instruments de leurs travaux, cet alambic avait reçu d'eux celui de *pélican*. La cohobation est encore quelquefois pratiquée dans les officines, dans la vue de charger les produits distillés de plus de principes volatils.

PELOUZE père.

COHORTE. Le mot *cohorte* est, suivant quelques opinions, d'étymologie orientale; d'autres le tirent du latin *cohortari*, haranguer, parce que le volume de la cohorte était proportionné à l'étendue de la voix humaine. La cohorte romaine, comparée au bataillon moderne, a eu, comme lui, des acceptions nombreuses. Suivant le temps, elle a été manipulaire, ensuite en forme de phalange. Il y a eu des cohortes indépendantes des légions; il y a eu des cohortes équestres et pédestres; il y en a eu de milliaires, de prétoriennes, de sacrées. Bornons-nous à l'examen de la cohorte de légion, prise dans un sens analogue à celui de bataillon d'infanterie française de ligne, à cette différence près que la cohorte comprenait des hommes à cheval et des vélites.

Les *cohortes*, comme moyen tactique et comme troupe massée, avaient été une formation momentanée, employée en Espagne par Lentulus et par Scipion, en Afrique par Regulus; mais elles appartiennent, comme ordre constitutif et permanent, au consulat de Marius ou à l'année de Rome 645 environ. Jusque là l'armée romaine avait combattu en se rangeant par manipules, comme elle le fit dans les guerres puniques; mais 107 ans environ avant J.-C. elle combat rangée en cohortes. Ainsi, la milice de Rome a existé six siècles et demi avant de s'ordonner en cohortes sur le champ de bataille; où, si le mot cohorte est plus ancien, c'est un terme d'administration ou de police, et non de tactique. Quand les cohortes devinrent un instrument d'évolutions, elles furent un amalgame de trois manipules; les armes des soldats restèrent à peu près les mêmes, mais autrement employées, et l'organisation fut tout autre, puisque les princes, les triaires, les hastaires cessèrent de former trois colonnes spéciales. Les cohortes se divisèrent, depuis César jusqu'à la complication de l'armée, en trois, en cinq, en six centuries : les vieux soldats occupaient le premier et le dernier rang de l'espèce de bataillon épais qu'elles composaient, ce qui différait essentiellement des usages suivis par les manipules primitifs. Chaque cohorte avait ses boucliers peints d'une manière particulière, et elle était suivie de chariots qui transportaient les flèches et les javelots de rechange. La manière dont les dix cohortes d'une légion se rangeaient en bataille a été trop variable, elle est l'objet de trop de dissentiments, pour être retracée ici. Les soldats en furent d'abord armés tous d'épées et de *pilum*; les premiers rangs prirent un peu plus tard la pique. L'épaisseur de la cohorte a varié entre cinq et dix rangs; mais tout ce que les théoriciens ont dit du mécanisme évolutif des légions n'est assis pour la plupart du temps que sur des suppositions : le nombre de rangs, le nombre de lignes qu'elles ont formé, la place que les machines y occupaient, les intervalles qu'elles ont observés, leur agencement entre elles, ne sont dépeints nulle part avec unanimité. Des preuves satisfaisantes et claires manquent totalement, ou ne se rapportent qu'à des modes qui ont eu peu de durée. En définitive, le système des manipules était plus savant que celui des cohortes; l'apparition de celles-ci fut le signal de la décadence de l'art; elles s'éteignent après l'établissement de l'empire d'Orient, et font place aux bandes, aux tagmes, aux dronges de la milice byzantine.

Gal BARDIN.

Cette dénomination était restée sans application dans nos armées, quand le premier consul l'introduisit dans l'organisation primitive de la Légion d'Honneur, puis dans celle de la garde nationale active, qui, d'après un décret du 30 septembre 1805, se composa de légions et de cohortes, chacune de celles-ci formant dix compagnies : une de grenadiers, une de chasseurs et huit de fusiliers. Plusieurs de ces légions furent comprises dans la malheureuse capitulation du général Dupont à Baylen. D'autres repoussèrent les Anglais débarqués à Flessingue, et leur firent évacuer l'île de Walcheren.

Dans la *conversation* ordinaire, comme dans beaucoup d'écrits, *cohorte*, quand il n'a pas les acceptions spéciales qu'on vient de définir, se prend en général pour une troupe de gens de guerre et s'applique par extension à une réunion de toutes sortes de gens. Ainsi Boileau dans son épître à Louis XIV lui dit :

Ta valeur, arrêtant les troupes fugitives,
Rallia d'un regard leurs *cohortes* craintives.

Et ailleurs il fait une application plaisante de ce mot, en peignant la noblesse,

Qui, bravant des sergents la timide *cohorte*,
Laisse le créancier se morfondre à la porte.

Edme HÉREAU.

COHUE. On donnait autrefois ce nom à une galerie ouverte, élevée sur une place publique, quelquefois dans un cimetière, sous laquelle se tenait le marché d'une ville, et où se rendait, en quelques lieux, la justice, lorsqu'il ne s'agissait que de causes sommaires ou d'un faible intérêt. Ce sont les halles de nos jours. Le droit que les vendeurs y payaient jadis à la ville ou au seigneur s'appelait *cohuage*. En Normandie et en Poitou la *cohue* était le lieu où se tenaient les plaids, quel que fût celui où siégeait le magistrat. C'est à la grande affluence de monde qu'on rencontrait dans les marchés et dans les salles de tribunaux qu'est dû le mot *cohue*, que nous employons aujourd'hui pour peindre d'une assemblée, d'une foule quelconque où il y a beaucoup de bruit, de mouvement, de confusion.

COIFFE (autrefois *coëffe*), sorte de *coiffure* légère. On appelait ainsi autrefois une pièce de linge ou d'étoffe que les guerriers portaient sous leur casque pour prévenir l'effet d'une pression trop immédiate. L'ordonnance qui concerne l'armement des *chevaliers du Bain* en Angleterre dit qu'ils devront se pourvoir à leurs frais de la *coëffe*, des gants et de la ceinture. Ces exemples prouvent que la *coiffe* a été également à l'usage des hommes. La doublure même de leurs chapeaux porte encore ce nom. Quant aux *coiffes des femmes*, elles consistaient jadis en coiffures légères de gaze, de crêpe ou de dentelle, qu'elles mettaient pour sortir lorsqu'elles n'avaient pas ajusté leurs cheveux, et qui descendaient quelquefois assez bas pour cacher une partie de leur figure. C'étaient des *coiffes* de dessus. On ne donne plus guère ce nom aujourd'hui qu'aux coiffures de dessous, à celles dont on se sert principalement la nuit. On appelle coiffe à perruque le tissu ou le réseau sur lequel sont implantés les cheveux d'une perruque.

En marine, la *coiffe* est un petit morceau de toile que les matelots appliquent sur le bout de certains gros cordages stationnaires, tels que ceux qui sont employés à maintenir les mâts. Recouverte de goudron et de peinture, elle a pour effet d'empêcher l'infiltration des eaux pluviales dans les bouts spongieux des cordages. On met également dans un étui au bout des mâts dans le même but. Les pêcheurs se servent d'une espèce de filet évasé, à grandes mailles, qu'ils nomment *coiffe*.

En anatomie, c'est le nom de la membrane ou d'une portion de l'enveloppe de l'œuf, que quelques enfants apportent en naissant sur leur tête, et qu'on regardait autrefois comme d'un heureux augure. Divers anatomistes ont aussi donné le nom de coiffe à l'épiploon.

Le verbe coiffer s'emploie dans plusieurs acceptions, dont quelques-unes s'éloignent assez du sens propre et direct pour exiger une définition. En termes de reliure, coiffer un livre c'est en arranger le cuir de chaque extrémité du dos; coiffer une bouteille, c'est la boucher bien hermétiquement et couvrir ou envelopper le bouchon de quelque matière, telles que filasse ou cire, pour empêcher que le vin ou la liqueur ne s'évente. En termes de chasse, coiffer le sanglier se dit de l'action de deux chiens ayant saisi chacun une des oreilles de la bête. Coiffer quelqu'un de quelque chose, c'est le lui jeter, le lui appliquer sur la tête. On dit familièrement qu'une femme coiffe son mari pour dire qu'elle lui est infidèle, et qu'une jeune personne coiffera sainte Catherine pour dire qu'elle mourra vieille fille.

On dit d'un homme heureux à qui tout réussit, qu'il est né coiffé, en faisant allusion à l'augure favorable qu'on tirait autrefois de la coiffe qu'un enfant apportait en naissant. Un chien est bien coiffé quand il a les oreilles longues et pendantes ; un cheval, au contraire, quand il les a petites et placées vers le haut de la tête. On dit enfin que le drap est bien ou mal coiffé, pour dire que la lisière est bien ou mal faite.

Ce verbe, dans la forme réfléchie, marque la préférence, la prévention trop favorable que l'on a souvent pour une personne ou pour une chose.

Chaque mortel, coiffé de sa chimère,
Croit à part soi que mieux on ne peut faire,

dit Mme Deshoulières. Et Molière fait dire à Marianne par Dorine, sa suivante, dans Tartufe :

. . . Si votre père est un bourru fieffé,
Qui s'est de son Tartufe entièrement coiffé.

On disait autrefois d'un vin fumeux, des vins blancs en particulier, qu'ils étaient sujets à coiffer, c'est-à-dire à porter à la tête, et l'on se servait de l'expression se coiffer, pour dire boire, s'enivrer.
Edme HÉREAU.

En artillerie et en marine, dans les manœuvres de force, coiffer la chèvre veut dire fixer par un nœud, sur la coiffe de cette machine, le câble qui sert à suspendre les pièces de canon ou tout autre objet qu'on veut élever, et qui, passant par les poulies de l'écharpe, revient se rouler autour du treuil de cette même chèvre. On dit encore, dans l'artifice de guerre, coiffer la fusée pour appliquer et fixer sur le calice des fusées à bombes, à obus et à grenades, une couverture en parchemin ou en toile dans le but d'empêcher la composition de s'échapper et la mèche de se détacher ou de s'éventer. Lorsque ces fusées doivent rester longtemps en magasin, ou lorsqu'elles doivent voyager, on garnit la coiffe d'un enduit composé de cire jaune et de suif.

Coiffer s'applique à la situation d'un bâtiment sous voiles présentant son cap à la direction du vent, qui pour la marche doit le prendre par l'arrière ou le travers : dans ce cas, les voiles collées sur les mâts provoquent un mouvement de recul ou tout au moins d'arrêt momentané. Soit que le cri un homme à la mer ! ait retenti à bord, soit qu'il faille éviter le choc d'un bâtiment, une roche, un écueil imprévu, lorsqu'il est urgent d'arrêter immédiatement la marche d'un navire, on dit qu'il coiffe, c'est-à-dire qu'après avoir cargué une partie des voiles, on brasse sur le mât celles qui restent, et plus ordinairement celles de l'avant. Quelquefois, à la suite d'un grain ou au milieu d'un gros temps, le vent, par un changement subit, saute violemment sur l'avant des voiles : on dit alors que le navire est coiffé ou masqué. En pareil cas, le moindre délai dans la manœuvre tendant à rétablir le vent dans l'arrière des voiles peut compromettre la mâture et conséquemment le salut du navire. Il peut arriver encore qu'étant orienté au plus près du vent, un timonier inhabile laisse coiffer le navire ; il faut alors virer de bord, vent devant malgré soi, c'est-à-dire faire chapelle. Ce mouvement est d'autant plus dangereux que le vent est plus fort et la mer plus grosse ; il a dans tous les cas le grave inconvénient de faire perdre beaucoup d'avance au navire.
MERLIN.

COIFFE (Botanique). Lorsque paraît le pistil des mousses et des hépatiques, il se montre revêtu d'une enveloppe que l'on a appelée épigone. C'est cet organe qui, à la maturité du pistil, prend le nom de coiffe ou calyptre. Il peut alors servir à caractériser chacune des deux familles chez lesquelles on le rencontre ; car, tandis que la coiffe se déchire circulairement à la base du pédicule des mousses, elle se rompt toujours un peu au-dessous du sommet ou même au sommet de celui des hépatiques. Dans les mousses, la coiffe offre aussi pour distinguer les genres des caractères auxquels on s'attache d'autant plus qu'ils sont ordinairement liés avec d'autres plus importants.

FIN DU CINQUIÈME VOLUME.

www.ingramcontent.com/pod-product-compliance
Lightning Source LLC
Chambersburg PA
CBHW061730300426
44115CB00009B/1155